ENCYCLOPÉDIE

MÉTHODIQUE,

O U

PAR ORDRE DE MATIÈRES;

PAR UNE SOCIÉTÉ DE GENS DE LETTRES, DE SAVANS ET D'ARTISTES;

Précédée d'un Vocabulaire univerfel *, fervant de Table pour tout l'Ouvrage, ornée des Portraits de MM.* DIDEROT & D'ALEMBERT *, premiers Éditeurs de l'Encyclopédie.*

ENCYCLOPÉDIE
MÉTHODIQUE.

COMMERCE.
TOME PREMIER.

À PARIS,

Chez PANCKOUCKE, Libraire, hôtel de Thou, rue des Poitevins;

À LIÈGE,

Chez PLOMTEUX, Imprimeur des États.

M. DCC. LXXXIII.

AVEC APPROBATION, ET PRIVILÈGE DU ROI.

AVERTISSEMENT.

LES Rédacteurs de l'Encyclopédie avoient puisé tous les articles relatifs au Commerce dans le Dictionnaire de Savari, le seul qu'on eût alors ; le seul qu'on ait encore, jusqu'au moment où M. l'Abbé Morellet publiera le grand ouvrage qu'il compose avec tant de soins & de persévérance.

Il eût été fort utile que ce nouveau Dictionnaire eût précédé la publication de l'Encyclopédie Méthodique. En y supprimant, comme on a fait ici pour l'autre, tout ce qui concerne la pratique des arts, des manufactures & des métiers, ainsi que les détails de la géographie commerçante, (qui sont traités spécialement dans d'autres parties de la nouvelle collection ;) nous l'aurions enrichie des connoissances précieuses qui doivent résulter d'un travail entrepris & suivi par le zèle le plus vif & le plus éclairé : Nous n'aurions eu qu'à profiter en abrégeant.

Mais réduits à l'ancien Dictionnaire, nous nous sommes vûs forcés de corriger, de supprimer, d'ajouter ; & pour comble de malheur, nous n'avons point, comme nous les aurions eu, des guides assurés reconnus pour tels par le gouvernement & par le public.

Ainsi, nous demeurons seuls responsables des innovations ; excepté peut-être de celles que nous avons puisées dans la nouvelle édition de Ricard, dans les Tables qui ont été fournies à l'abbé Rainal par une personne fort instruite & justement célèbre, & dans quelques mémoires particuliers, que nous avons insérés en totalité dans cette édition, ne présumant pas qu'il nous fût possible de faire mieux que les Rédacteurs modernes du Traité général du Commerce, ou de l'histoire des deux Indes & les autres écrivains que nous avons copiés.

On nous accusera peut-être de n'avoir pas assez corrigé Savari & les premiers Encyclopédistes. Nous répondrons avec simplicité qu'il faudroit être ou plus habiles que nous ne sommes, ou plus présomptueux que nous ne voudrions être, pour parvenir sur les seuls ouvrages qui soient encore jusqu'à présent livres élémentaires en cette partie des corrections qu'on *prépare depuis vingt ans par ordre de l'adminiſtration publique, qui verront tôt ou tard la lumière, & qui auroient toujours éclipſé les nôtres.*

L'Encyclopédie Méthodique a ſur l'ancienne, cet avantage, que les portions qu'il faudra renouveller peuvent l'être facilement, ſans retoucher les autres. Intimément perſuadés que la publication du grand Dictionnaire du Commerce par M. l'abbé Morellet, feroit déſirer encore une refonte de celui qu'on nous avoit chargés de revoir & de corriger, nous avons cru devoir uſer ſobrement des droits que s'arrogent les nouveaux Éditeurs. Nous avons ajouté beaucoup de faits, beaucoup de tables, beaucoup de comptes ſimulés, beaucoup d'obſervations, qui ne ſont point de nous, mais des Auteurs que nous venons d'indiquer, nous nous ſommes permis de notre chef quelques réflexions & quelques changemens analogues à nos principes qui ſont aſſez connus pour qu'on nous pardonne d'y demeurer conſtamment attachés. Sans nous flatter d'avoir mis cette nouvelle rédaction dans un état de perfection, qui ne pouvoit & ne devoit pas être notre ouvrage, nous oſons aſſurer que nous l'avons rendue beaucoup moins inéxacte & infiniment plus complette; c'eſt tout ce que nous nous étions propoſé.

NOUVEAUX ÉLÉMENS
DU COMMERCE,
PAR M. L'ABBÉ BAUDEAU,

SERVANT de Difcours Préliminaire à la nouvelle rédaction du Dictionnaire de Savari, pour l'Encyclopédie Méthodique.

Continuo has Leges, æternaque fœdera cunctis,
Impofuit natura Locis.

VIRGILE.

PARMI les animaux répandus fur la furface du globe que nous habitons, l'homme eft le feul qui s'empare de la terre elle-même, qui la fubjugue par fon intelligence & fon travail ; qui la contraigne à lui fournir par préférence les productions qu'il défire, à les faire naître avec plus de certitude & d'abondance, à les douer des qualités qui lui font plus agréables ou plus avantageufes.

L'homme eft le feul qui fçache façonner les matériaux fortis des mains de la nature dans un état informe de fimplicité primitive ; qui les analyfe, les fépare, les combine, les polifle, les incorpore, pour former de vingt fubftances différentes, un feul objet de jouiffances.

Il eft le feul enfin qui puiffe d'un pole à l'autre, en voiturant à fon gré fur la terre & fur l'onde les ouvrages de l'art formés fous les climats les plus éloignés, en communiquant avec facilité jufques à l'émifphère oppofé, fes penfées, fes travaux & fes propriétés, raffembler dans le point qu'il occupe toutes les richeffes des deux mondes.

Tels font les heureux fruits de la fociété, que l'Auteur même de la nature a fondée parmi les hommes, pour affurer la confervation, le bien être, la multiplication de notre efpèce. Tels font les heureux fruits du Commerce proprement dit, c'eft-à-dire, de l'échange des travaux & des propriétés qui conftitue le mouvement & la vie des fociétés civilifées.

Laiffons aux déclamateurs oififs les éloges de la vie fauvage, & la noble émulation d'imiter les bêtes féroces errantes dans les forêts. Nous aimons à croire que l'homme eft le fruit de la fociété qui précéda fa naiffance, qui conferva fes jours, qui développa fes facultés, qui lui procura fes premières propriétés.

Pouvons-nous jamais oublier un triple amour, une triple alliance qui nous donnèrent le jour, qui gouvernèrent notre longue enfance ? Des époux, un père, une mère, des frères & des fœurs, fociété de famille, fource de notre exiftence même & de tous les biens dont elle peut être accompagnée ; pourquoi la trifte philofophie de quelques publiciftes atrabilaires, anciens ou modernes, voudroit-elle détourner nos regards de ces objets fi confolans, où nous fommes fans ceffe rappellés par les fentimens les plus doux de la nature ?

Semblables à l'auteur fabuleux de Robinfon, les calomniateurs de l'humanité ne fçauront-ils jamais donner à Crufoë dans fon iſle déſerte pour toute compagnie qu'un malheureux eſclave, afin de montrer le premier principe des ſociétés, dans la foibleſſe qui ſert & dans l'orgueuil qui domine?

A la place du ſerf opprimé, du maître tyrannique; mettez un homme aimable, une compagne chérie, faites croître autour d'eux, une poſtérité nombreuſe & raiſonnable; que Cruſoë fidèle à l'inſtinct de la nature qui nous fait laboureurs, ſoit le chef d'une famille cultivatrice, vous n'imaginerez plus le roman de l'humanité, vous en écrirez l'hiſtoire.

Doutez-vous qu'ils forment une première, une intime ſociété, ces tendres parens & ces enfants bien aimés qui les environnent? Déja les premiers ramaux ſe réuniſſent, déja les alliances multipliées ont donné l'être à de nouveaux rejettons. Pour quoi ſuppoſez-vous que les jeunes époux vont ſe bannir au plutôt loin des auteurs de leur naiſſance, dont la tendreſſe bienfaiſante protège leur foibleſſe, inſtruit leur ignorance & multiplie chaque jour leurs propriétés?

Vous imaginez qu'ils vont prendre la fuite & ſe perdre dans les déſerts; mais quels puiſſants motifs auroient-ils donc de renoncer aux lieux qui les ont vu naître, embellis par les ſoins de la famille & par les travaux de leur adoleſcence? Vous les croyez donc tous aveugles ſur leurs propres intérêts, inſenſibles à l'amitié fraternelle & dépouillés de toute pitié filiale?

Pourquoi ne pas admettre qu'ils puiſſent vivre en paix, croître & multiplier au ſein même de la ſociété qui leur a donné le jour? A quoi bon les diſperſer en idée parmi les bois comme des bêtes fauves, pour les raſſembler enſuite à l'aventure & leur dicter au gré de vos ſyſtèmes des pactes arbitraires?

Laiſſons auprès de Robinſon l'eſſein nombreux de ſes arrières petits-fils, voyons-les étendre leurs domaines, améliorer leurs cultures, perfectionner leur induſtrie; bientôt l'heureux Cruſoë ſera le fondateur d'un vaſte Empire. Diſtinguez les tribus qui reconnoiſſent pour premières tiges les fils du patriarche, & vous aurez des royaumes.

Dans ces ſociétés qui ne compoſoient originairement qu'une ſeule famille, remarquez avec ſoin comment les hommes ſe partagent entr'eux, les devoirs & les travaux. Car c'eſt cette diverſité des fonctions, c'eſt elle préciſément & uniquement qui fait l'eſſence même & le vrai principe conſtitutif des états policés, ſans autres pactes ni conventions tacites ou formelles. Grande vérité fondamentale, probablement ignorée des anciens & peu développée par les modernes, qui mérite d'autant mieux d'être miſe ici dans tout ſon jour, qu'elle renferme les vrais titres de la nobleſſe du Commerce & vrai-ſemblablement les ſeules régles qui doivent le gouverner.

Qu'il nous ſoit donc permis de creuſer juſqu'aux premiers fondemens de cette utile théorie, qui n'ont point été ſuffiſamment approfondis, même par les plus zélés panégyriſtes du Commerce, ni par les premiers défenſeurs de ſa liberté. Nous n'aurons pas beſoin d'une longue digreſſion, trois principes clairs & frappans ſuffiront à ce développement.

1°. » Pourvoir le mieux poſſible à ſa » propre conſervation, à ſon propre bien-» être, pour éviter la ſouffrance & la mort » dont nous ſommes ſans ceſſe menacés » par la nature: « c'eſt le *devoir* des hommes. Il eſt manifeſte, univerſel, impreſcriptible. C'eſt le premier, le ſeul fondement de toute morale & de toute politique.

2°. Pour que l'eſpèce humaine rempliſſe le mieux poſſible ce *devoir naturel*, deux conditions eſſentielles ſont preſcrites avec la plus ſuprême évidence. » La première exige » que nul mortel n'opère ſa conſervation » perſonnelle & ſon bien-être particulier, » en détruiſant celui d'un autre, « & c'eſt *la loi de juſtice*. La ſeconde veut qu'aucun des humains ne ſe faſſe du bien à lui-même, qu'en le partageant avec ſes ſemblables & c'eſt l'*ordre de bienfaiſance*. Lecteur, qui que tu ſois, qui ne trouverois pas ces deux vérités gravées dans ton cœur; ce n'eſt pas à toi que je parle, c'eſt pour des hommes que j'écris.

3°. Quels ſont les *moyens* naturels que peut employer notre intelligence pour accomplir ainſi de mieux en mieux ce premier *devoir* général & continuel? Ce ſont nos

propriétés,

propriétés, c'eft-à-dire, les biens qui nous font acquis fpécialement par le travail. Elles feules nous procurent des jouiffances utiles, une vie douce, une exiftance commode.

La loi de juftice exige donc impérieufement que l'homme n'attente jamais aux propriétés d'autrui, l'ordre de bienfaifance confifte donc effentiellement à faciliter pour nos femblables l'amélioration de leurs propriétés, puifqu'elles font les feules caufes de tout bien être.

Mais pour déduire en peu de mots de ces trois premières maximes philofophiques auffi fimples que fécondes, toute la doctrine du Commerce, il eft néceffaire de faire obferver foigneufement trois efpèces différentes de propriétés, dont la diftinction très-réelle & très-utile à connoître, avoit été néanmoins peu confidérée, même dans les meilleurs ouvrages élémentaires.

Toutes les trois font en effet la matière & la bafe du Commerce, qui confifte uniquement, comme nous l'avons expofé, dans l'*échange des travaux & des propriétés qui en font le fruit.*

La première des trois efpèces eft celle des *propriétés perfonnelles.* Ce font pour tous les hommes, leurs organes & leurs forces phifiques, leurs qualités morales, leurs facultés intellectuelles, les talens qui naquirent avec eux ou qu'ils fe procurèrent par l'inftruction, par l'exercice, par la perfévérance.

Il eft évident que ces biens leur appartiennent fpécialement, qu'on peut en régler l'ufage, le reftraindre ou l'empêcher, qu'ils peuvent ou les employer avec fageffe, avec juftice, avec bienfaifance, ou les faire tourner, par un coupable abus, contr'eux-mêmes & contre la fociété.

Propriétés mobiliaires. C'eft la maffe des productions de la nature, ou des ouvrages de l'art, tranfmiffibles & faciles à déplacer, que chacun des hommes poffède par héritage ou par acquifition; foit meubles, bijoux & vêtemens façonnés par l'induftrie, foit fubfiftances comeftibles ou matières premières dans l'état primitif de leur fimplicité naturelle.

Propriétés foncières enfin. Ce font les édifices, les clôtures, les terreins cultivables

formés par l'inftinct le plus caractériftique de l'efpèce humaine, qui maîtrife la nature elle-même. Car le globe terreftre, dans fon premier état, n'offre à nos befoins, ni prés, ni terres, ni vignes, ni vergers; mais des marais fangeux, des friches ftériles, des forêts ténébreufes.

Le travail de l'homme qui fe donne luimême le premier, avec toute fon intelligence, tout fon temps & toutes fes facultés au fol encore brut & fauvage qu'il faut conquérir, forme le titre qui l'inveftit de la propriété tranfmiffible de cette portion, que fes foins ont rendu productive & qui ne peut continuer de l'être, que par la perpétuité de fa follicitude.

Ces propriétés s'acquièrent par le travail, elles profpèrent par la diftinction des emplois qui conftitue la fociété civile, elles fe communiquent par le Commerce.

Pourquoi faut-il que des philofophes, d'ailleurs éclairés, (par quelques déclamations indifcrettes contre le droit fi légitime dans fon principe & fi favorable au genre humain dans fes effets de l'hérédité des biens, que le travail nous procure immédiatement ou par un libre échange;) faffent répéter fi fouvent aux échos littéraires, cent diatribes abfurdes contre les propriétés, contre la fociété dont elles font les fruits, & fans le fçavoir, contre le commerce dont elles font le feul aliment?

Le droit vague, général, indéfini de tous les hommes, à toutes les productions de la nature, à toutes les portions de la terre, feroit abfolument nul, fi chacun d'eux ne pouvoit l'exercer, en facrifiant le premier fa perfonne, fon temps, fes avances à s'approprier celles qui ne font encore acquifes à nul autre par aucune efpèce de travaux.

Vous ufez de ce droit en vous attachant, en vous incorporant le premier de tous à ce territoire encore inculte, pour le rendre mille fois plus utile au bien être du genre humain, aux dépens de vos facultés perfonnelles & des biens mobiliers que vous aviez précédemment acquis.

Calomniateurs inconfidérés des propriétés, des fociétés qui nous les affurent & du

Commerce qui nous en facilite la jouiſſance, enviez-vous de bonne foi le deſtin d'une horde ſauvage errante dans les déſerts de l'Amérique Septentrionale.

Mais encore y trouvez-vous un commencement de ſociété, c'eſt-à-dire, un partage des fonctions & des travaux : une idée formelle & même un reſpect profond pour les propriétés, des échanges mutuels & le germe du commerce.

Les guerriers chaſſent, pêchent & combattent ſous la conduite de leurs chefs ; les vieillards infirmes gardent les maiſons, apprêtent les dards & les filets ; les femmes cultivent les jardins, font cuire les alimens, portent les vivres aux guerriers & façonnent leurs vêtemens. Car enfin ſuivant le témoignage unanime des voyageurs, on n'a point encore trouvé de peuplade aſſez agreſte pour ne pas offrir ainſi les ſemences primitives, ou peut-être les derniers reſtes de tous les arts qui nous diſtinguent des autres animaux.

Encore n'en peut-il ſubſiſter que deux ou trois cent, réduits au plus ſtrict néceſſaire dans un eſpace auſſi grand qu'une de nos plus belles provinces ; encore la chaſſe & la pêche de ce vaſte territoire occaſionnent-elles des guerres ſanglantes & continuelles.

Chercher au jour le jour une ſubſiſtance douteuſe ; être expoſés à demi-nuds à toutes les injures de l'air ou étouffés de fumée dans une cabane infecte ; avoir pour alimens des chairs ou des poiſſons à demi grillés, de l'eau pour boiſſon, quelques lambeaux pour vêtemens, pour lit un tas de mouſſe ou de roſeaux, pour parure un collier de verre ou de coquillages, pour amuſement quelques pipes de tabac. Trembler ſans ceſſe qu'un peuple voiſin ne vienne inopinément mettre en fuite vos guerriers, incendier vos cabanes, vous enchaîner avec vos femmes & vos enfans, vous brûler tous vifs & ſe repaître de vos entrailles. Le voilà ce ſort ſi merveilleux des ſauvages, qui manquent des avantages que nous recueillons du Commerce & des Arts dans les ſociétés perfectionnées.

Les charmes de l'éloquence ou de la poëſie, peuvent embellir la peinture exagérée de cette vie ſolitaire & vagabonde, pour occuper un moment dans les grandes villes un ſibarite effeminé, que toute ſingularité frappe, que tout paradoxe reveille & tire un moment de ſa léthargie.

Mais le dernier de nos mendians ne voudroit pas changer ſon ſort pour celui-là. Son taudis ſeroit un palais pour le chef des ſauvages ; ſes haillons, une parure & la ſoupe qu'on lui diſtribue à la porte de nos couvens, un repas délicieux.

Mais le mieux logé, le mieux vêtu, le mieux nourri de ces barbares, ne l'eſt pas auſſi bien que le moindre de nos artiſans, que le dernier valet de nos baſſes-cours.

Il faut donc laiſſer aux ſophiſtes, aux verſificateurs, ces louanges emphatiques des plaiſirs qu'on doit goûter dans la vie ſauvage. Ce n'eſt pas à des philoſophes raiſonnables qu'il convient d'invectiver contre la ſociété, ni d'exalter cette chimérique égalité des hommes entr'eux, excluſive de toute propriété, de tout commerce, qui rendroit tous les mortels étrangers à tous leurs ſemblables.

Quelques milliers de créatures iſolées, triſtes & dénuées de tout, c'eſt ainſi que vous conſtitueriez le genre humain. Obligés d'acheter journellement par un long travail le plus ſtrict néceſſaire, expoſés ſans ceſſe aux accidents les plus terribles & privés de toutes reſſources dans les malheurs, telle ſeroit notre deſtinée dès qu'on nous auroit ſéqueſtrés de la grande famille & privés de toutes relations, de tout Commerce avec nos frères ; en nous chargeant de nous loger, de nous alimenter, de nous défendre ſeuls nous-mêmes.

Bien loin de produire la félicité publique, cette égalité parfaite, ſi prônée par de beaux eſprits, ſoit diſant profonds, ne ſeroit qu'une miſere univerſelle. Mais heureuſement c'eſt une chimère abſurde, puiſque la nature ne connut jamais en rien l'égalité dans cet univers, elle qui ne ceſſe de répandre la plus grande variété ſur toutes ſes productions, elle qui diſtingue avec tant de ſoin les êtres de la même eſpèce & qui ne permet pas de confondre l'une avec l'autre deux feuilles de la même plante.

Vous prétendez que toute inégalité parmi les hommes vient de leurs conventions ou même de leurs erreurs : que toute autorité se fonde sur un pacte conditionnel ou sur l'usurpation : que toute propriété, tout Commerce ont pour principe l'invasion & l'injustice. Aveugles volontaires, quoi ! la nature ne met aucune différence entre un homme sain, robuste, intelligent, dans l'âge mûr, & ce malheureux infirme accablé de blessures & de maladies, ce vieillard décrépit, cet enfant qui vient de naître.

Quoi ! c'est par un pacte conditionnel consenti de ma part, ou par usurpation, que mon ayeul, mon père, mes instituteurs, mes bienfaiteurs ; sont les premiers principes de mon être, les sources des lumières qu'ils m'ont transmises par l'instruction, les créateurs des propriétés personnelles, mobiliaires & foncières, qu'ils m'ont fait acquérir dans le temps où je ne me connoissois pas moi-même ! oh prétendus sages du siècle ! sur quels délires bâtissez-vous des systêmes ?

Tous les animaux suivent docilement l'instinct que leur a donné la nature, pourquoi voudriez-vous nous engager à contrarier le nôtre ? Il est de rester en société, de nous en partager les fonctions, d'acquérir des droits & des propriétés, de les échanger librement par le commerce, pour multiplier nos jouissances.

Ce n'est point un état d'opposition continuelle, de guerre, de pillage universel par la fraude ou la violence, comme l'ont imaginé tant de raisonneurs inconséquens. C'est un état de paix, de justice & de bienfaisance, dont le commerce est le seul & vrai lien pour la plus grande prospérité de l'espèce entière, de toutes les sociétés particulières émanées de la grande famille, de toutes les classes de citoyens & de tous les individus qui les composent.

Chacun d'eux a son intérêt, son ministère, ses devoirs, ses droits, ses propriétés; les échanges du Commerce entretiennent seuls l'harmonie générale, sans usurpations, sans dol, sans tirannie ; mais aussi sans autre pacte, sans autre condition quelleconque, ni tacites, ni formels. C'est sous ce point de vue vraiment philosophique & jusqu'ici mal éclairci, qu'il faut le considérer pour en concevoir toute la dignité, toute l'importance.

Les sociétés civilisées subsistent par les travaux combinés de plusieurs *arts*, que la foule des publicistes avoit négligé d'analyser, & de classer avec exactitude & précision.

Les uns sont des arts *primitifs*, les autres sont des arts *secondaires*, & pour les discerner, il existe une ligne frappante de démarcation, c'est la récolte annuelle des productions de la terre dans l'état encore brut & informe de leur simplicité primitive.

Les travaux, les dépenses des arts primitifs sont antérieurs à la récolte ; ils en sont les principes & la cause effective.

Les travaux, les dépenses des arts secondaires sont postérieurs à la récolte, ils en sont les effets, ils opèrent sur les productions qui la composent, pour en procurer aux hommes la jouissance & la consommation.

La récolte annuelle donne la masse générale des subsistances qui se consomment subitement par une destruction prompte & totale; des alimens, des boissons, des remèdes, des combustibles. La matiere première des ouvrages de durée, qui se détruisent par une consommation lente, partielle & successive ; des édifices, des meubles, des bijoux, des vêtemens & des parures.

Avant la récolte & pour la préparer s'exercent les travaux primitifs de l'autorité souveraine tutelaire & bienfaisante : ceux des propriétaires fonciers qui rendirent le sol productif & ceux des cultivateurs qui le sollicitent & le contraignent à faire naître les objets utiles au genre humain.

Après la récolte & pour l'appliquer à nos usages, s'exercent les travaux secondaires des manufacturiers qui polissent les matières, les unissent, les incorporent, les amalgament : ceux des voituriers qui sçavent par l'utile invention des charrois, des bateaux & des navires, transmettre les productions, qui se varient dans les climats éloignés, suivant les loix ou physiques & constantes de la nature, ou factices & mobiles de l'industrie, & les porter avec facilité du lieu de leur origine à celui de leur confommation : les travaux des négocians en gros & des marchands en détail, qui les rassemblent , les enmagasinent, les débitent journellement suivant la commodité des acheteurs particuliers ; les travaux des ouvriers, qui les emploient pour en former ou décorer les édifices, les habits, les meubles & les bijoux : ceux de tous les hommes, enfin, qui nous en font jouir.

C'est par la correspondance de ces fonctions, par leur enchaînement, par la continuité des fecours qu'elles se prêtent l'une à l'autre & des échanges qu'ils nécessitent, que les fociétés policées se forment , se maintiennent, fe perfectionnent de plus en plus. Ce n'est point par des volontés délibérées & prononcées, ni par un prétendu contrat focial, qui ne fut jamais dressé, qui ne le fera jamais.

Car enfin cette phrase bannale fi fouvent répétée par la tourbe de nos écrivains, » *quand les hommes fe réunirent en fociété* « n'exprime qu'une chimère abfurde , tout mortel de notre espèce étant né dans une fociété dont il étoit l'*effet* & non la *cause*; c'est une idée fausse & ridicule d'imaginer plusieurs milliers de créatures humaines parvenues à l'âge viril , pleines d'intelligence, de fageffe & d'induftrie, qui naquirent, vécurent & s'élevèrent ainfi toutes feules, comme par enchantement, qui fe réunissent tout à coup par hafard , qui difcutent , pérorent, balancent les opinions, recueillent les voix & conviennent à la pluralité des fuffrages de former un corps politique.

Vous tous qui méditez profondément, pour découvrir ce que les hommes ont dû penfer, dire & ftatuer dans cette première diette, que vous regardez comme l'origine de la fociété civile, ou qui répetez à cet égard les rêves des autres; réfléchissez auparavant de quels membres vous la composez , alors la plus petite attention fur l'ordre de la nature, vous fera voir qu'elle ne fe tînt jamais & qu'il étoit impossible de la rassembler.

C'est fans réunion fortuite , fans diette préparée, fans difcussion, fans pacte, que des époux, des enfants, des fils, des petits-

fils, des arrières-petits-fils fages [1], juftes , honnêtes , bienfaifans & cultivateurs par inftinct naturel , forment un fociété nombreufe, puissante & profpère, jufqu'au moment où l'exceffive multiplication de la famille & la trop vafte étendue de fes poffeffions obligent à la partager en tribus, que les progrès des mêmes arts & l'accroiffement de la population feront encore fubdivifer. Voilà probablement la vraie marche de la nature. Les fciffions & les réunions poftérieures font les effets de l'art ou de la politique , de l'adreffe , du bonheur , des erreurs , des paffions & des crimes.

C'est dans la grande famille originelle que vous verrez la nature elle-même, indiquer & néceffiter le partage des fonctions, des devoirs & des travaux qui fonde, qui maintient & qui perfectionne par lui-même *la fociété.*

N'est-ce pas évidemment la nature qui met une inégalité fenfible, inévitable, univerfelle, entre les fexes, les âges & les individus, inégalité de force, d'adreffe , de fanté, d'intelligence & d'énergie morale ? & c'est-là ce qui force les premiers chefs de la famille , à diftinguer les fonctions, à diftribuer les travaux entre leurs enfants à mefure qu'ils voyent croître & multiplier autour d'eux leur nombreufe poftérité.

N'est-ce pas encore la nature elle-même qui détermine l'ordre & l'enchaînement de ces travaux ? des efprits fuperficiels ont voulu méconnoître cet ordre effentiel & manifefte ; les uns ont cru faire des merveilles en effayant de le tourner en ridicule , les autres fe font offenfés qu'on eût dit qu'il étoit *évident* par lui-même, prétendant que ce privilége n'eft réfervé qu'aux vérités mathématiques.

Sans manquer de refpect aux géomètres , nous ofons croire que pour tout homme raifonnable, il eft d'une fuprême évidence que le drap doit exifter avant l'habit, la laine avant le drap, le mouton avant la laine, le fourage avant le mouton, le cultivateur avant le fourage , le premier propriétaire fondateur du pré avant le cultivateur , & qui plus eft qu'avant la création , la culture & la récolte de la prairie avant la tonte & le façonnement de la laine, il faut que les hommes soient formés à la théorie & la pratique de tous ces arts primitifs & secondaires, qui dérivent les uns des autres par l'instruction, qu'ils soient assurés de leurs propriétés & de leurs jouissances par la protection, qu'ils ayent entr'eux des relations très-intimes, facilitées par une bonne administration. Et c'est-là précisément, manifestement, uniquement la société.

Remettons pour plus grand éclaircissement Robison Crusoë dans son isle déserte, remettons-le même sans compagne.

Il est évident, quoiqu'on en puisse dire, mais de la plus sensible évidence, que son premier soin, son premier travail, sa première fonction sera de réfléchir, d'examiner, de *s'instruire* lui-même par la méditation; évident, que le second sera de veiller à sa propre conservation, de penser & de pourvoir à sa défense, que le troisième sera de se frayer une route vers les objets qu'il appercevra, s'ils ont l'apparence d'être propres à satisfaire ses besoins.

Avant même qu'il use des fruits spontanés de la nature, il remplira sur lui-même les fonctions primitives & fondamentales de l'instruction, de la protection, de l'administration, fonctions très-réelles, très-importantes, qui précédent les autres, qui les produisent & qui les dirigent.

Devenu cultivateur par la force de son inclination naturelle & par l'étendue de ses réflexions; autant qu'il aura de connoissances, de sécurité, de facilités, autant prospèreront ses avances foncières. Ses travaux annuels de culture & ses récoltes seront proportionnés à ces deux causes antérieures. Il ne pourra consommer de subsistances, ni façonner de matières premières qu'autant qu'il les aura recueillies & qu'il sçaura les employer en pleine tranquillité, ni jouir d'aucuns ouvrages de durée qu'après les avoir formés, avec plus ou moins de perfection, suivant l'étendue de ses moyens & le développement de son industrie.

Il est donc évident que même dans l'homme le plus isolé, ces arts caractéristiques, sont essentiellement distingués & subor-

donnés les uns aux autres, qu'ils naissent, qu'ils opèrent successivement par gradation dans l'ordre des effets & des causes.

Dans la première famille leurs fonctions, leurs devoirs, leurs droits se partagent naturellement, & c'est principalement de leur distinction, de leur influence mutuelle, de leur correspondance réciproque, de leurs intimes & perpétuelles relations que se forme la vraie société.

Cette même distinction, ce même enchaînement subsiste dans les grandes familles secondaires, que nous appellons des empires & des états. Premièrement l'autorité tutelaire & bienfaisante du père & de la mère sur leurs enfants, des frères aînés sur leurs cadets, s'exerce de même dans un corps politique par les agens de la souveraineté, dont les devoirs & les droits sont précisément semblables & se réduisent à l'instruction qui nous éclaire, à la protection qui garantit nos propriétés, à l'administration qui nous facilite les moyens d'en acquérir & d'en faire usage.

Quelque soit un citoyen, la sollicitude paternelle de l'autorité suprême l'instruit, le protège, le dote plus ou moins de propriétés personnelles, mobiliaires & foncières, long-temps avant qu'il puisse la concevoir, long-temps avant qu'il se connoisse lui-même. Bien loin d'en être les créateurs, nous en sommes tous les productions, puisque notre existence, nos facultés, nos talens & nos biens sont leur ouvrage.

Il est nécessaire d'établir cette grande vérité si méconnue, si contredite, parce qu'une erreur trop commune, confond avec l'autorité; la force & son *usage purement arbitraire*, ennemi des connoissances, des talens & de l'instruction qui les procure, usurpateur des propriétés, violateur de la loi de justice, perturbateur de l'ordre de bienfaisance, destructeur des régles naturelles, de l'administration prospère; c'est-à-dire, la lumière avec les ténèbres, le bien avec le mal, les vices avec les vertus, la destruction & le désastre de l'espèce humaine avec son bien être & sa propagation. Car dans leurs procédés, ainsi que dans les effets qu'ils produisent, cet aveugle pouvoir arbitraire & l'autorité, font les deux oppofés précifément comme le ciel & l'enfer, car la véritable autorité vient du premier & l'autre fort du fecond.

Ce n'eft donc pas à la force prédominante quelqu'en foit l'ufage jufte ou injufte, utile ou deftructeur, que nous donnons le titre augufte & facré d'*autorité*, que nous attribuons l'honneur d'être la fource primitive de tous les biens, le plus noble de tous les arts qui conftituent les fociétés, le plus grand principe de perfection pour les autres, & par conféquent l'origine de toute fplendeur, de toute profpérité pour le commerce, qui confifte dans les échanges mutuels des travaux & des propriétés qui en font le fruit ; c'eft à l'inftruction, à la protection, à l'adminiftration publique, fonctions effentiellement bienfaifantes par elles-mêmes, dont nous fommes obligés de faire fentir l'influence auffi falutaire qu'indifpenfable pour expliquer de mieux en mieux l'harmonie fociale & la vraie dignité du Commerce qui l'entretient feul par fes relations.

L'homme naturel brut & fauvage qu'on abandonneroit à lui-même, ne développeroit, ni les difpofitions de fon efprit, ni les qualités les plus utiles de fes organes corporels. Il languiroit dans l'inertie ; cupide & colère, il n'écouteroit que des défirs fougueux, privé de la prévoyance qui les empêche de naître, & de la réflexion qui les tempère, il fe livreroit aux ufurpations, aux violences, aux repréfailles & aux vengeances.

L'homme inftruit avec foin par la follicitude privée de l'amour paternel, par la follicitude publique du père commun de la grande famille, eft capable de porter à la plus fublime perfection, toute efpèce de juftice exacte & de vertu bienfaifante, toutes les fciences, tous les arts utiles & agréables.

L'inftruction contient l'enfeignement, l'exemple, les moyens d'émulation ; c'eft elle qui s'empare de nous, fous mille & mille formes diverfes dans les fociétés policées dès la première aurore de notre intelligence; c'eft elle qui forme le cœur, l'efprit, les organes de tous les citoyens, fuivant leur état & leur condition ; c'eft elle qui pofe la bafe de leur vie, le fondement du fort qui les attend eux-mêmes & prefque toujours de celui qu'éprouvera leur poftérité.

C'eft par la généralité, par la continuité, par la perfection du grand art d'inftruire, le premier des arts, le vrai principe de tous les autres, que l'homme & l'homme feul fur la terre s'approprie de bonne heure les réflexions, les expériences, les fuccès de plufieurs générations, de plufieurs fiècles, de plufieurs peuples, & c'eft principalement dans cette appropriation peu remarquée jufqu'ici, que confifte la grande perfectibilité de l'induftrie qui rend l'efpèce humaine la maîtreffe & la reine du globe terreftre.

C'eft par l'*inftruction* que nous devenons capables d'accomplir tous & de mieux en mieux le *devoir naturel*, qui nous eft prefcrit de veiller à notre confervation, à notre bien-être, non-feulement avec le refpect le plus inviolable pour *la loi de la juftice* qui nous défend d'attenter aux propriétés d'autrui ; mais encore en contribuant à l'*ordre* général de *bienfaifance*, par l'utilité de nos travaux particuliers, ou du moins par celle de nos jouiffances, que l'harmonie de l'état focial & les relations du Commerce ne nous procurent jamais qu'avec un avantage certain & réel pour plufieurs de nos femblables, même fans volonté fpéciale de notre part, fans pacte, fans facrifice d'aucun de nos droits, ni d'aucunes de nos propriétés.

La protection confervatrice, fecond devoir, fecond droit de l'autorité tutélaire, veille fur nous dès notre premier inftant. Sa néceffité vient de l'inclination trop réelle qu'ont tous les hommes à la violence & à l'ufurpation deftructive des propriétés.

Rien de plus naturel à l'homme que de vouloir jouir, & dans l'impétuofité de la première concupifcence, rien de plus facile, de plus prompt, de plus doux en apparence que de s'approprier les fruits du travail d'autrui, plutôt que de travailler foi-même pour acquérir des jouiffances légitimes.

Dans le vrai cependant, l'ufurpation, la violence, font les moyens les plus couteux, les plus dangereux, les plus odieux pour chaque mortel pris en particulier, puif-qu'ils engendrent la haine, les combats, les peines, au moins la crainte, la honte, & les remords : elles font en pure perte pour l'efpèce humaine prife en général & par conféquent contraires au vœu de la nature, puifque tout ufurpateur pourroit fouvent fe procurer plus de biens exempts de la tache qu'imprime l'injuftice, avec moins de temps, de force & d'adreffe qu'il n'en met à préparer, exécuter, pallier & foutenir fes ufurpations.

Mais dans la fougue des défirs, tout homme eft capable de ne confulter que fa force ou d'y fuppléer par les artifices de la fraude.

L'autorité garante & protectrice des propriétés, quand elle eft précédée d'une excellente inftruction générale, qui rend les hommes plus fages, plus induftrieux & plus fenfibles, quand elle eft armée pour le foutien de la juftice & la confervation de l'ordre feulement, d'une force prédominante, quand elle eft affez bien organifée du centre à la circonférence pour être partout préfente, agiffante, impofante; prévient, arrête, réprime, ou punit au dedans toutes les ufurpations particulières par les agens de la législation civile & criminelle, au dehors par la puiffance militaire.

Mais ce n'eft pas tout encore pour les états civilifés, pour les arts & le Commerce qui font leur gloire & leur bonheur; il faut enrichir leur territoire des grandes propriétés publiques & communes, d'où dépend effentiellement la perfection des héritages particuliers & l'utilité de leurs productions. Il faut des chemins, des ponts, des canaux, des ports, des villages, des villes & tous les grands édifices qui font à l'ufage de tous les citoyens; & qui fondent le patrimoine précieux de la fouveraineté.

C'eft l'*adminiftration* fuprême qui forme, entretient, améliore ces grands établiffemens publics, c'eft elle qui reçoit par un jufte échange la portion des revenus territoriaux, dont le partage eft déterminé par la nature, c'eft-à-dire, par la juftice & par l'utilité même; car en effet les fonctions de l'autorité bienfaifante, ont une telle influence

fur notre félicité, que la fageffe & l'équité nous obligent à décerner aux mortels vénérables qui les exercent de grade en grade, proportionnellement à l'étendue réelle de leur furveillance, un jufte tribut de notre amour, de notre refpect & des biens que la nature accorde tous les ans aux travaux de la fociété qu'ils gouvernent, & cet hommage eft d'autant mieux fondé qu'ils rempliffent avec plus de zèle, de talens & de fuccès toutes ces fonctions intéreffantes.

L'art d'exercer l'autorité publique, le premier des arts, antérieur à la récolte des productions naturelles, eft en fociété très-intime avec les deux autres qui le fuivent immédiatement; c'eft-à-dire, avec celui des propriétaires fonciers & des cultivateurs, fans autre pacte ni condition que le partage qu'ils font entr'eux de toute la valeur des fruits, annuellement récoltés, en trois portions différentes.

La première de ces portions appartient au cultivateur comme *reprifes*; la feconde au propriétaire foncier comme revenu; la troifième à la fouveraineté comme droit de perception directe; chacun ayant pour titre fes avances & fes travaux; le fermier ceux de la culture habituelle & journalière, le maître du fol & des édifices, les avances, les travaux les entretiens du premier défrichement & des premières conftructions; les agens de l'autorité fuprême, les avances, les travaux de l'inftruction, de la protection, de l'adminiftration publiques.

Ce partage focial réduit à fa forme naturelle, déterminé fuivant les régles de la juftice & de l'utilité générale, fans confufion, fans oppofitions, fans prétentions aveugles & déprédatrices, opère néceffairement, & par lui-même toutes les relations, tous les échanges, toutes les opérations des arts fecondaires; & principalement celles du trafic ou du négoce.

Quand une heureufe & continuelle abondance de récoltes fournit tous les ans une grande maffe de fubfiftances & de matières premières, alors les manufatures de toute efpèce, peuvent augmenter & perfectionner leurs ateliers : alors les voituriers couvrent la terre & les mers : alors les marchands multiplient leurs achats & leurs ventes, les artiftes, les artifans, leurs ouvrages journaliers; toutes les claffes de la fociété devenues plus nombreufes & jouiffant toutes à la fois d'une plus grande aifance, accroiffent néceffairement la fomme des échanges mutuels & précipitent leur mouvement, qui fait feul, comme nous l'avons obfervé, toute la vie politique des états civilifés.

Telles font la nature, l'origine, l'influence du Commerce proprement dit, confidéré philofophiquement dans fon effence, dans fa perfection, dans fon univerfalité; qui comprend toutes les grandes fociétés, toutes les divifions, toutes les familles, tous les individus de l'efpèce humaine fans aucune exception, qui les réunit & les lie naturellement & très-intimement entr'eux, fans aucun autre pacte, fans nulle condition factice, auffitôt que nul obftacle ne s'oppofe à fa liberté.

Liberté, difons-nous : pourquoi faut-il que ce mot fi doux à prononcer, foit encore aujourd'hui le fignal de la divifion, pour les hommes dévoués à répandre la lumière de l'inftruction publique, à remplir le miniftère augufte de la légiflation, ou les fonctions refpectables de l'adminiftration?

La liberté qu'on effaye en vain de définir par des idées pofitives, puifqu'elle confifte dans une fimple négation, c'eft-à-dire, dans l'inexiftence abfolue de tout obftacle; la liberté qui n'eft pour vous que l'ufage de votre propriété, fans nul empêchement; la liberté qui n'eft que l'ufage, c'eft-à-dire, la jouiffance jufte & raifonnable de vos biens, non l'abus contre vous-même qui ne convient qu'aux infenfés, non l'abus contre vos femblables & contre leurs propriétés qui caractérife les oppreffeurs & leurs ufurpations : la liberté n'eft pas, comme penfent plufieurs, même chofe que l'autorité, mais elle en eft, quoi qu'en difent plufieurs autres, l'effet le plus naturel.

On peut être parfaitement libre fans participer en rien aux fonctions publiques de la fouveraineté, fans fe confacrer aux travaux honorables & pénibles de l'inftruction, de a protection civile & militaire de l'adminiftration politique. On eft parfaitement libre

quand on ufe à fon gré, fans nulle oppofition arbitraire & factice, de fes propriétés. Il eft étrange que cette vérité fi fimple foit fi fouvent obfcurcie, & que les hommes les plus éclairés foient fi facilement induits à confondre la franchife ou la liberté avec la participation aux devoirs & aux emplois de l'autorité fuprême.

Dans les républiques les plus démocratiques, le même homme ufe évidemment de deux droits tout-à-fait diftingués par la nature même, quand il difpofe à fon gré fans nul obftacle pour fa propre utilité de fes biens perfonnels, ou quand il dirige fuivant le befoin général, avec fes autres co-opérateurs pour l'avantage public, les intérêts de l'état dont il eft membre. Dans le premier cas, il exerce fa liberté comme homme & comme citoyen; dans le fecond cas, il s'acquite comme Démocrate en qualité de co-fouverain d'une des fonctions de l'autorité fuprême.

Dans l'empire le plus defpotique, l'homme obfcur & fortuné qui difpofe actuellement à fon gré du bien qu'il a, fans rencontrer pour le moment nulle difficulté à faire ce qui lui plaît, jouit pour lors de la liberté.

Dans les démocraties, comme dans le defpotifme, les prohibitions, les exclufions, les affujetiffemens quelconques, reftraignent la liberté naturelle. Et pour citer un exemple frappant, le fénateur Bernois, comme le Knées Mofcovite, ne font pas plus libres l'un que l'autre de porter un habit brodé d'or, puifqu'une loi fomptuaire leur défend à tous deux cette parure; ils le feroient également après l'abrogation de ce réglement, qui fait feul obftacle à leur liberté.

Obligés d'appuyer avec clarté fur cet éclairciffement préliminaire, nous allons expliquer avec foin quelles idées l'école philofophique dont nous fommes difciples attache à ces mots liberté du Commerce.

Réalifons cette idée qui fut fouvent dans les derniers fiècles un des rêves de tout homme de bien.

Le genre humain n'étant plus qu'une feule & même famille, chacun des fouverains ne feroit plus occupé, que de fon propre héritage,

héritage, bien loin de fonger à nuire à fes frères par les entreprifes fanglantes & périodiques de la guerre, ou par les hoftilités fourdes & continuelles de la fifcalité mercantile; il ne fongeroit qu'à lui prêter & qu'à recevoir de lui tous les fecours poffibles par l'échange des biens que la nature & l'art font éclore, avec plus ou moins d'abondance, de facilités & d'avantages fuivant la diverfité des climats & des autres circonftances.

Que dans un même empire les hommes fe fuffent obftinés à fe regarder non-feulement comme étrangers, mais encore comme ennemis de province à province, de territoire à territoire, de famille à famille; qu'au lieu de s'occuper directement à perfectionner leurs connoiffances, leurs induftries, leurs propriétés, ils euffent continué d'employer leur temps, leurs talents, leurs moyens à détériorer celles d'autrui; quelle folie! quel défordre!

C'étoit pourtant l'efprit de l'anarchie féodale, quand chacun des plus minces vavaffeurs prétendoit hériffer fes petites frontières des mêmes obftacles qu'il voyoit oppofer au Commerce à l'entrée des grandes feigneuries, pour l'affujettir aux exactions qu'une politique plus fage a depuis fait difparoître.

S'il refte encore quelques traces de ce fyftème quant à fon influence fur le Commerce; tout s'accorde à les condamner, tous les gouvernemens travaillant depuis long-temps à les détruire.

On ne met plus en problème, s'il faut ifoler chaque département du même état, reftreindre leurs communications & doubler les douanes aux limites qui les féparent. Un pareil procédé feroit unaniment appellé le comble de la barbarie.

Mais de royaume à royaume, c'eft autre chofe, fuivant le préjugé qui refte encore, à ce qu'on affure, dans plufieurs têtes bien organifées.

Qu'il nous foit permis de faire une feule réflexion fur cet objet. De Paris à Soiffons nous ne trouvons plus de frontières, plus de bureaux de traites, plus de douanes. Si quelque faifeur de projets fifcaux propofoit

d'établir entre ces deux villes une double barrière, une double armée de commis, un double droit d'entrées & de forties; nous fommes bien affurés qu'on le rejetteroit avec horreur.

Le moindre politique calculeroit combien cette fciffion feroit défavantageufe aux deux provinces; combien elle entraîneroit de faux frais, de pertes & de vexations, combien le roi de France lui-même y perdroit, comme fouverain de ces deux territoires.

Ces préjudices maintenant bien reconnus pour évidents & réciproques; feroient produits comme un effet néceffaire & inévitable par de pareilles caufes; ils feroient également réels, également funeftes dans le Soiffonnois, que dans l'ifle de France; & le monarque, bien loin d'y gagner, y perdroit beaucoup dans ces deux vaftes & fertiles portions de fon domaine.

Mais autrefois Soiffons & Paris formoient deux royaumes. S'ils euffent ainfi fubfifté, les barrières, les droits, les bureaux étant abfolument les mêmes, auroient produit précifément les mêmes effets; le roi de Paris & le roi de Soiffons, auroient donc jadis perdu l'un & l'autre, puifqu'aujourd'hui le monarque de France y perdroit doublement comme fouverain commun; le peuple Parifien & le peuple Soiffonnois en auroient donc fouffert, puifqu'au jourd'hui les deux provinces en fupporteroient de grands dommages.

Il feroit peut-être difficile d'oppofer une folution claire & précife à cette difficulté.

Si les exclufions, les prohibitions, les formalités, les perceptions diverfes qui féparent un état de fes voifins, ne lui caufent aucun préjudice; comment lui en cauferoient-elles, au moment où les deux couronnes fe réuniroient fur la même tête, puifque cette réunion toute morale n'operoit par elle-même aucun changement phyfique dans les deux états?

Il faut donc avouer que ces inftitutions de la fifcalité mercantile nuifent en effet aux deux états qu'elles féparent l'un de l'autre. Mais dans le conflit mutuel, la politique moderne fe confole du mal qu'elle éprouve par la confidération de celui que l'autre doit reffentir, le grand art eft à fon avis d'éviter le plus qu'on peut de ces préjudices communs, d'en rejetter le plus qu'on peut fur fes voifins, qu'on appelle rivaux.

Un art bien plus facile, bien plus fûr & bien plus confolant, feroit de tarir la fource même de tous ces préjudices réciproques, précifément par ce moyen fi fimple qu'on employe de province à province, de fief à fief, dans tous les états qui s'éclairent fur leurs vrais intérêts.

Le gouvernement quelqu'il foit, qui donneroit ce bel exemple, recueilleroit tant de bénédictions & d'avantages inéftimables, qu'il forceroit bientôt les autres à le fuivre, c'eft notre opinion.

Attendre que la réciprocité foit établie par un accord univerfel, c'eft renvoyer pour le moins à des époques très-éloignées cette heureufe révolution, qu'un feul grand état peut opérer tout à coup par une ferme & généreufe détermination, qui procureroit d'abord fa gloire & fa profpérité particulière, bientôt le plus grand bien général de l'humanité.

En déclarant une paix générale & perpétuelle à tout le genre humain, par l'entière & parfaite ceffation de toutes les hoftilités qu'entraîne la fifcalité mercantile, un fouverain s'éleveroit par cet acte de bienfaifance au-deffus de tous les autres; il n'en eft point qui ne trouvaffent dans l'amélioration des propriétés foncières des arts & du Commerce de leurs fujets, un ample dédommagement des revenus, que leur procurent des perceptions auffi défagréables, que difficultueufes.

Quoi qu'il en foit, c'eft le vœu que nous formons en faveur de la famille entière, très-intimement perfuadés qu'il affureroit fon bonheur.

C'eft par les mêmes motifs que nous voudrions voir établir dans l'intérieur des grandes familles particulières, cette même *liberté* qui n'eft ni la *licence*, ni l'*autorité*.

Liberté pour le propriétaire foncier de difpofer de fon héritage de la manière qu'il juge la plus avantageufe: d'en faire à fon gré des prés, des vignes, des terres, des bois, des mines, des carrières: *liberté* pour le cultivateur de femer, récolter & vendre à fon gré les productions qu'il a fait naître: *liberté* pour le manufacturier de façonner, pour le voiturier de tranfporter, pour le négociant d'acheter & revendre: *liberté* pour l'ouvrier quelconque, de travailler comme il peut, comme il fçait & comme il veut, fans gênes, fans prohibitions, fans conditions & fur-tout fans rien payer; les revenus publics étant d'ailleurs amplement affurés au moyen d'un partage focial de la valeur effective des récoltes annuelles entre le fouverain, le propriétaire & le colon, partage réglé par la nature.

Nous n'ignorons pas que beaucoup d'écrivains ont regardé cette idée comme chimérique; mais nous fçavons auffi qu'on a réuni toute forte de moyens pour la faire croire telle, excepté la réponfe claire, directe & pofitive aux raifons que nous avons alléguées cent & cent fois pour en prouver, non-feulement la poffibilité, mais encore l'extrême facilité. C'eft qu'en effet tout le refte étoit beaucoup plus facile que de répondre.

Nous ofons répéter que c'eft néanmoins un problême digne d'être examiné fans paffion, ni perfonnalité.

Nous ne nous permettons pas la moindre accufation, pas le plus petit reproche contre les auteurs qui prônent & qui défendent de leur mieux tout l'appareil des législations réglementaires fur les manufactures, le négoce & les autres arts fecondaires, même fur les procédés des arts primitifs, de la culture & des avances foncières. Encore moins oferions-nous attaquer en rien les adminiftrateurs de prefque tous les états modernes, qui fe croyent obligés de maintenir ce code quel qu'il foit dans fon intégrité.

Si ce font des erreurs, comme nous ofons le croire & le dire, du moins commencent-elles à être anciennes, du moins paroiffent-elles accréditées, du moins étoient-elles devenues prefque générales; du moins leur entière réformation peut-elle en effet exiger beaucoup de précautions & de maturité, du moins pour le dire avec franchife, les procédés de ceux qui voulurent les anéantir ont-ils été jusqu'à présent affez mal combinés; parce qu'avec des lumières & de bonnes intentions, le zèle peut s'égarer lui-même, il peut être féduit ou mal fervi par les agens fubordonnés.

Mais on nous permettra d'expofer avec la même naïveté pour la juftification du fentiment que nous avons adopté, quelques motifs qui toucheront peut-être les efprits juftes, les cœurs droits & fenfibles.

Sans doute les partifans de la doctrine que nous combattons, n'y trouveront que des *préjugés.* Eh bien! nous les annonçons nous-mêmes fous ce titre, au moins nous femblent-ils, préjugés bien légitimes.

Voici le premier. On fe défie communément des imaginations, on fuit les fyftêmes, on craint les nouveautés, on a raifon fans doute; mais pour le genre humain, les innovations fyftématiques font précifément ce corps de doctrine foi-difant politique de tous les états Européens : ces injonctions, ces prohibitions, ces taxations oppofées à la pleine franchife, à la parfaite immunité des arts & du Commerce; il n'en eft point qui n'ait une date connue, précife & très-récente.

Pour faire obferver cet amas de réglemens modernes, qui différent entr'eux fuivant les lieux & fuivant les époques qui les ont vu naître; il faut articuler, citer & produire des commandemens pofitifs, écrits & promulgués par des hommes, il faut prouver qu'ils font encore en pleine vigueur, car tout le monde fçait que les actes publics de cette efpèce font alternativement modifiés, rétablis, abrogés, oubliés, renouvellés & augmentés fous divers prétextes, toujours confus, très-fouvent contradictoires entr'eux.

Mais la liberté, l'immunité, pour les établir dans tous les droits de leur antique & primitive intégrité, vous n'auriez befoin d'aucun effort d'efprit humain, d'aucunes combinaifons d'une prétendue fcience, d'aucunes volontés humaines, mobiles & tranfitoires.

Otez tout ce qui eft factice, tout ce qui fut créé par des imaginations, tout ce qui vint fyftématiquement après coup, dans un temps & par des perfonnes qu'on peut indiquer; que vous reftera-t-il? La liberté, l'immunité qui fubfiftent feules par elles-mêmes, qui régnent naturellement par leurs propres forces, quand l'homme n'y met pas un empêchement formel; comme le foleil éclaire tous ceux qui ne fe dérobent pas à fa lumière.

Vous parlez d'innovations? Mais vous affignez vous-mêmes avec exactitude la première époque, où la doctrine que vous défendez, fut mife en pratique. Vous en louez les auteurs avec enthoufiafme, vous vous irritez quand on les critique; mais vous-mêmes tous les jours vous en difcutez les principes & les conféquences, vous les corrigez, vous les retranchez, ou vous les étendez, vous les reffufcitez, vous les replongez dans le néant, fuivant vos opinions différentes.

Vous ne demanderez pas à la liberté parfaite, à l'immunité générale, quand elles furent *inventées?* Par qui? dans quels lieux elles prirent naiffance? Elles vous répondroient, nous étions avant qu'il y eut des fyftêmes pour nous reftreindre; nous fommes dans tous les lieux où les fyftêmes n'ont pas pénétré; nous renaiffons par-tout de nous-mêmes auffitôt que les fyftêmes font abolis.

Second préjugé. L'état le plus avantageux au genre humain, eft certainement l'état de fociété, c'eft-à-dire, de tendreffe paternelle & de piété filiale entre les fouverains & leur nation, de rélations fraternelles entre les grandes familles, qu'on appelle des empires. Il eft évident qu'il vaut mieux à tous égards pour les hommes être réunis que divifés; s'aimer, que fe hair; s'aider que fe détruire.

Mais ces modernes fyftêmes d'injonctions, de prohitions, de taxations forment un état de guerre continuelle non-feulement de peuple à peuple; mais encore de citoyens à concitoyens, les agens de l'adminiftration réglementaire, étant obligés de veiller fans ceffe, d'arrêter & de vifiter même les plus paifibles & les plus foumis des fujets, de contraindre par des procédures, de dépouiller par des confifcations, de détruire par des fupplices les mortels audacieux qui bravent les commandemens de la police mercantile.

Troifiéme préjugé. Dans l'indifpenfable néceffité d'entretenir & d'améliorer fans ceffe les grandes avances de la fouveraineté qui font les premières fources de la profpérité générale ; les dépenfes continuelles de l'inftruction, de la protection, de l'adminiftration publiques; il faut un patrimoine à l'autorité tutelaire & bienfaifante. D'où il réfulte, comme on dit ordinairement, que les propriétés particulières font obligées de contribuer à la perfection des grandes propriétés communes.

Mais la plus raifonnable, la plus utile des régles en cette matière eft fans doute, fuivant l'accord univerfel, d'éviter les frais, les faux frais, les bénéfices intermédiaires, les pertes & les non-valeurs, qui font payer aux fujets des fommes prodigieufes dont il n'entre pas une obole dans le tréfor public.

A mefure que vous multipliez ces charges fur-ajoutées, vous appauvriffez d'autant le citoyen, non-feulement fans que vous enrichiffiez la fouveraineté qui n'en profite point, mais encore en l'appauvriffant elle-même; car les taxes impofées au Commerce affectent les dépenfes de l'état, comme celles des particuliers, & le prince qui les paye directement fur fes confommations, eft encore obligé de les rembourfer à cette foule immenfe d'agens de toute efpèce, qu'il entretient par des falaires.

Le produit net au tréfor public provenant des perceptions fifcales fur le commerce, eft donc en grande partie totalement illufoire pour le fouverain, puifqu'il eft obligé de furpayer d'une main en accroiffement de marchandifes une forte portion de ce qu'il a reçu.

Mais ce produit net, prefque fictif & chimérique, eft lui-même énormément inférieur aux débourfés & aux pertes de la nation entière. Il eft évident qu'elle paye en outre, 1° les bénéfices intermédiaires des fermiers ou régiffeurs; 2° les falaires, appointements & gratifications, même, les fraudes & pillages fecrets de leurs agens fubalternes ; 3° les dépenfes inévitables des

barrières, des bureaux, des efpionnages & des écritures ; 4° les frais des procédures, faifies, amendes, confifcations, emprifonnemens & fupplices ; 5° les bénéfices mêmes de la contrebande, car le fraudeur fait toujours payer au-delà du prix naturel, pour s'indemnifer de fes dangers & de fes pertes.

De ces caufes réunies, toutes réelles & néceffaires, il ne peut manquer de réfulter cette difparité prodigieufe entre le total des paiemens faits par la totalité des citoyens & les verfemens opérés au tréfor public.

Mais ce n'eft pas tout encore, outre ce que la nation paye ou débourfe en deniers effectifs, il faut compter ce qu'elle perd, & ce font encore des articles de la plus grande importance. Pertes de temps, pertes de marchandifes & denrées; pertes d'induftrie & de talents; fur-tout pertes d'hommes utiles transformés par les loix prohibitives d'une part en contrebandiers qu'on extermine & de l'autre en agens de la follicitude réglementaire qui les pourfuivent.

Des calculateurs ont affuré que les fujets étoient obligés de payer & de perdre fous cette forme dix fois plus que ne reçoivent effectivement les fouverains. Les apologiftes des fyftêmes modernes, défiés de répondre, n'ont pas ofé les contredire comme ils l'avoient annoncé, par l'expofition fimple & naïve des faits dont ils ont néanmoins la connoiffance exacte & journalière.

On ne commet point ailleurs fans répugnance des erreurs de cette efpèce. Quel particulier honnête & fenfible, quel propriétaire fage & bienfaifant trouveroit bon en tout autre cas, que leur débiteur pour s'acquiter d'une piftole, fût obligé d'en facrifier dix?

Quatriéme préjugé. L'expérience eft fans doute le meilleur de tous les maîtres, & c'eft par les effets qu'il faut juger du mérite des caufes. Voyez donc fi depuis cette époque fi vantée du fameux acte de navigation chez les Anglois & de la fcience politique du commerce en France par Colbert, qui donnèrent l'extenfion la plus complette à ce fyftême réglementaire & qui foutinrent leurs prétendus avantages par tant de guerres purement mercantiles dans leur principe, les souverains & les états jouissent d'une plus grande richesse, d'une plus douce prospérité, si les uns ont moins de dettes & les autres moins d'impôts à payer.

Voyez si dans ce moment nos voisins, qui se firent si long-temps un devoir & une gloire de porter le système réglementaire à sa plus sublime perfection, ne sont pas forcés de l'abandonner pour éviter le péril pressant d'une ruine infaillible, eux qu'on avoit si souvent proposés pour modèles.

N'est-ce pas assez d'une expérience de plus d'un siècle pour faire soupçonner enfin que cette doctrine, qui promet à toutes les nations de les enrichir seules, par l'appauvrissement de toutes les autres ; en semant partout l'injustice oppressive, ne recueille que l'envie, la haine & les désastres ? Elle est certainement plus douce & plus efficace, la doctrine, antique simple & naturelle de nos premiers ayeux, qui croyoient que la vraie prospérité du Commerce consistoit pour les états, pour les provinces, pour les familles, premièrement à ce que chacun s'enrichît soi-même par la perfection de son gouvernement, de ses avances foncières, de son agriculture, de ses manufactures, de son négoce & des autres arts ; secondement que tous fussent d'accord pour se communiquer la surabondance de leurs biens, par des échanges réciproques avec pleine franchise, liberté parfaite, immunité générale.

A ces quatre préjugés faut-il ajouter des raisons plus directes ? eh bien ! nous allons discuter les idées soi-disant profondes, qui servent de base au système que nous combattons, peut-être réussirons-nous à démasquer les équivoques dont il est composé, les erreurs qui résultent de ses premiers sophismes.

Nous osons croire qu'il nous est permis d'entrer dans cet examen, sans qu'on puisse nous accuser comme on faisoit autrefois d'être les ennemis du Commerce, des arts qui l'alimentent & de ceux qu'il fait naître, nous avons fait si souvent notre profession de foi sur leur utilité, que le public attentif nous a vengés de ce reproche.

Nous serions les ennemis du Commerce, nous qui n'avons cessé de l'annoncer comme le lien & la vie des états policés, nous qui réclamons depuis vingt ans pour lui, toute liberté, toute immunité, toute facilité !

Ses amis seroient donc ceux qui veulent qu'on le charge d'exclusions, de prohibitions, de perceptions, qu'on l'arrête à chacun de ses pas, en leur opposant des barrières & des armées, en le menaçant d'espionages, de procédures, de prisons & de supplices ?

A Dieu ne plaise que nous nous hasardions à récriminer, en imputant par représailles aux partisans du Colbertisme, cette inimitié dont ils voulurent jadis nous faire encourir le blâme peu mérité. C'est à regret sans doute qu'ils se croyent obligés de soutenir ces espèces d'hostilités rendues nécessaires par les résultats d'une doctrine, qui s'annonçoit avec appareil comme la source de la richesse & de la force pour les empires. C'est dans toute notre Europe & dans le cours entier du dernier siècle que les agens de l'administration se sont vus forcés de la pratiquer sans pouvoir l'approfondir, tandis que les beaux esprits soi-disant philosophes, l'exaltoient à qui mieux mieux, sans se douter qu'elle étoit parfaitement contradictoire à toutes leurs autres opinions, malgré l'évidence de cette opposition.

La première des équivoques, la plus féconde en erreurs, consiste à restreindre les intérêts du Commerce aux prétentions souvent injustes & déraisonnables d'une seule classe de ses agens & même de ses agens accidentels, à l'exclusion des vrais & légitimes droits de ses premiers co-opérateurs nécessaires & indispensables, en faisant une confusion tacite du simple négoce ou trafic mercantil avec le vrai commerce dont il n'est qu'un accessoire.

Il ne faut que peu de mots pour sentir la justesse & l'utilité de cette explication.

Deux cultivateurs voisins échangent entr'eux les productions de la nature qu'ils viennent de récolter. Le premier donne ses fruits, il reçoit les légumes du second. Tous les deux consomment les alimens qu'ils se sont procurés par un service mutuel.

Voilà certainement le Commerce primitif

dans fa plus grande fimplicité ; mais dans fa perfection, .

Si vous analyfez philofophiquement les parties conftitutives qui forment fon effence, vous y trouverez d'abord deux productions, puis un échange: enfin deux confommations.

Il en eft de même dans toute efpèce de Commerce le plus compliqué, La fource eft toujours productions, l'intermédiaire échanges ; la fin confommations,

Otez les *producteurs* de la matière première, ôtez les *confommateurs* des marchandifes plus ou moins façonnées, vous n'avez plus de commerce. N'eft-il pas étonnant qu'une vérité fi frappante foit oubliée dans prefque tous les ouvrages modernes les plus vantés, & qu'on ait pris cet oubli pour bafe de toute la doctrine politique fur le commerce?

Il eft vrai qu'il faut employer très-fouvent d'autres agens très-utiles, dont le miniftère néanmoins n'eft pas également indifpenfable,

La plupart des objets propres à nos jouiffances ont pour première bafe plufieurs affemblages de vingt matières différentes, réunies, combinées, embellies les unes par les autres. C'eft la claffe des manufacturiers qui les a formés,

Par une des loix de la nature, les premières & les plus fimples productions & par fuite les ouvrages de l'art qu'elles peuvent compofer, fe trouvent avec plus d'abondance & de perfection, fous un climat, que fous un autre, C'eft la claffe des voituriers par terre & par mer, qui les tranfmet du lieu qui les vit naître à celui qui les verra périr par la confommation,

Mais il exifte encore une autre claffe d'agens du Commerce prefque toujours très-utile, fans être néanmoins abfolument néceffaire, c'eft celle des acheteurs-revendeurs, qui ne font ni producteurs des matières premières, ni manufacturiers, ni voituriers, ni confommateurs ; mais des commiffionnaires prévoyans, libres & volontaires, qui prennent les denrées & marchandifes de la main des uns pour les tranfmettre aux autres,

Leur miniftère confifte dans un double échange qu'ils font d'une part avec les producteurs ou les manufacturiers, d'autre part avec les confommateurs. Lors du premier ils donnent de l'argent monnoyé pour des marchandifes, lors du fecond des marchandifes pour de l'argent monnoyé. Leur but eft de retirer du fecond échange une fomme fupérieure à celle qu'ils ont avancée par le premier.

L'opération de cette claffe très-intéreffante de citoyens s'appelle proprement le trafic ou le négoce, les hommes refpectables qui la compofent s'appellent ou *négocians en gros* ou *marchands en détail* ; mais dans l'ufage vulgaire on leur donne quelquefois le titre de *commerçans* & leur profeffion s'appelle tout fimplement le *Commerce*,

Exactement parlant, c'eft une équivoque, Les achats & reventes du négoce ne font point le vrai Commerce, le Commerce proprement dit, ils n'appartiennent pas même à fon effence. Ils n'en font qu'une portion fubfidiaire & contingente.

Rendons cette vérité plus fenfible encore par un fecond exemple. On dit communément en langage vulgaire d'un négociant de Bordeaux qu'il fait le *Commerce* de France en Amérique, des farines & des fucres, fouvent même on imagine qu'il fait feul tout ce Commerce,

Dans le vrai, les premiers, les vrais agens néceffaires & indifpenfables, font d'abord le propriétaire, le cultivateur de l'Agenois, du Condomois, du Bazadois, qui font naître les bleds & les farines, les Colons des ifles qui s'en nourriffent, enfuite ces mêmes Colons Américains fabricateurs du fucre & les Européens qui le confomment,

Le Bordelois fert l'un & l'autre comme agent intermédiaire, très-utile fans être abfolument néceffaire, car il eft poffible ftrictement parlant & même il n'eft pas fans exemple qu'un François faffe paffer en Amérique des vins, des fruits & d'autres comeftibles de fes récoltes, qu'il reçoive en retour du fucre & du café pour fa confommation, fans ventes ni reventes.

En pareil cas les deux propriétaires fonciers commercent entr'eux, quoiqu'ils ne trafiquent pas. Elle eft bien fimple, cette obfervation, rapprochez-la de ces traités fi prônés, de ces differtations foit-difant, fi profondes fur le Commerce qu'on a fi long-temps citées comme des oracles, & voyez fi cette doctrine orgueilleufe n'étoit pas totalement fophiftique.

Rien de plus grand, de plus utile, de plus intéreffant que le Commerce, vous difent pompeufement tous les exordes, c'eft la fource de la richeffe & de la puiffance pour les états policés.

Oui fans doute, le Commerce proprement dit, le Commerce entier, le Commerce parfait qui renferme, premièrement comme parties effentielles, indifpenfables, les producteurs & les confommateurs; fecondement comme parties contingentes & acceffoires, les manufacturiers, les voituriers, les négocians, acheteurs-revendeurs.

Admirez, nous difent tout de fuite nos modernes differtateurs, les Tyriens, les Athéniens, les Milefiens, Gènes, Venife, les villes Anféatiques, la Hollande & l'Angleterre.

Aucun de ces grands efprits ne s'apperçoit qu'il a changé tout à coup d'objet & de matière, en paffant du Commerce qui eft le tout, au fimple négoce qui n'en eft qu'une portion.

Ces Phéniciens, ces Athéniens, ces Milefiens, ces Carthaginois n'étoient que des marchands & des voituriers par mer, achetant dans un lieu pour tranfporter & revendre dans un autre. Ils fervoient comme agens & commiffionnaires, le Commerce réel que faifoient avec la Grece proprement dite, d'une part les Gaulois, les Efpagnols les Lybiens & les Egyptiens, d'autre part les nations répandues fur les deux rives du Pont-Euxin.

Les producteurs & les propriétaires de ces contrées, leurs récoltes, leurs manufactures, leurs jouiffances étoient les premières caufes effentielles de ce Commerce. Le centre principal du trafic, c'eft-à-dire, le rendez-vous le plus fréquenté des acheteurs-revendeurs, & le chantier le plus apparent des voitures navales, fut transféré fucceffivement de l'enceinte de Tyr à

celle d'Athènes, de Milet, d'Alexandrie, de Carthage, de Marfeille, de Venife, de Gènes, des villes Anféatiques & des places modernes.

Mais ce négoce maritime que vous allez confondre avec le Commerce entier, n'en fut jamais que la cinquième portion la plus mobile & la moins effentielle.

Dans combien d'erreurs cette feule équivoque n'a t'elle pas jetté les auteurs politiques & ceux qui les ont pris pour maîtres? Quand vous leur parlez Commerce, ils oublient tout le refte & ne penfent qu'aux acheteurs-revendeurs; confulter le Commerce, c'eft interroger les trafiquants; favorifer le Commerce, c'eft accorder des priviléges à des marchands, qui les autorifent à rançonner les producteurs & les confommateurs; enrichir le Commerce, c'eft multiplier l'argent de tels & tels négocians, même aux dépens des autres membres de la fociété.

Nous fommes bien éloignés de difputer à la claffe très-utile & très-induftrieufe des acheteurs-revendeurs la reconnoiffance qui lui eft due, la rentrée de fes avances, la récompenfe de fes peines, la jufte compenfation de fes rifques & de fes pertes, Tous fes bénéfices font légitimes, quand la pleine & libre concurrence les met à leur taux naturel, fans caufe factice, fans volontés arbitraires qui faffent pancher la balance.

Le négoce exempt de toutes fraudes, de toute violence, eft un travail qu'il faut payer & dont le prix fe régle comme celui de tous les autres dont les hommes commercent entr'eux librement, fuivant le taux qu'y met l'accord naturel & volontaire, de celui qui le vend avec ceux qui l'achettent.

Cette loi de libre concurrence qui légitime tous les profits, n'eft pas feulement pour ceux du trafic, elle régle également ceux des autres fervices que nous pouvons nous rendre entre nous dans la fociété, les autres échanges des travaux & des propriétés.

Mais confondre comme on a fait, le fimple trafic avec le vrai Commerce dont il eft le commiffionnaire, c'eft s'expofer par cette équivoque aux erreurs que nous allons démafquer.

Posons deux questions bien précises & très-communes. Le Commerce est-il toujours la cause de la prospérité d'un état? du moins en est-il toujours l'effet & par conséquent la preuve infaillible?

D'après la tourbe des auteurs, on ne pourroit faire qu'une seule réponse. Elle seroit affirmative. Nous voyons au contraire avec évidence qu'il en faut faire deux & que la seconde sera négative.

Oui, si vous parlez du Commerce entier & parfait, qui comprend toutes les classes de la société, c'est-à-dire, les producteurs des matières premières, les fabriquants des marchandises, les voituriers qui les transportent, les marchands qui les achettent pour les revendre, les artistes & les artisans qui nous en font jouir.

Il est évident que l'accroissement & la perfection des dépenses & des travaux de l'autorité suprême, en faveur des grandes propriétés communes : l'accroissement & la perfection des avances foncières & des soins paternels des propriétaires pour la prospérité de leurs héritages : celles du savoir & de l'aisance, des chefs d'exploitations rurales pour la multiplication des récoltes : celle des moyens & de l'industrie, des manufacturiers pour l'amélioration de leurs ateliers : celles des fonds & de l'intelligence des négocians pour étendre leurs spéculations & pour en assurer les bons effets : celle enfin de l'adresse & de l'émulation de tous les ouvriers pour nous procurer des jouissances plus utiles & plus agréables, font en même temps la cause, l'effet & le signe infaillible de la prospérité générale d'un empire, puisqu'elle n'est elle-même que le résultat de ces prospérités particulières, qui s'opèrent l'une par l'autre, de grade en grade, par l'influence des travaux utiles des premières classes de la société sur ceux des autres.

Mais la seconde réponse n'est pas moins juste, *non* si vous parlez comme le vulgaire du simple trafic ou négoce actuel de tels ou tels acheteurs-revendeurs, ou même comme on fait souvent de l'établissement actuel de telle ou telle manufacture locale, de l'état florissant actuel de telle ou telle espèce d'ouvriers.

Distinguez deux sortes de dépenses pour l'état en général & pour chacun de ses membres en particulier. Les unes font des dépenses productives, qui font augmenter la valeur des fonds & des revenus, les autres font des dépenses purement stériles qui ne vous font jouir qu'une fois, sans accroître ni les capitaux ni les rentes, ces idées font faciles à saisir.

Il existe une régle bien simple & bien connue, qui détermine la quotité des dépenses purement stériles qu'on peut se permettre, c'est précisément celles des revenus ordinaires, clairs & liquides, après l'acquittement de toutes les charges nécessaires à l'entretien & aux réparations du fonds qui les produit.

Ne dépenser annuellement que ses revenus annuels ; prélever d'abord sur ces revenus tout ce qu'exige la conservation du capital ; c'est la loi la plus juste & la plus utile pour toute administration publique ou privée.

Consacrer pour l'amélioration de ses fonds à quelques dépenses productives une portion même de ce revenu quitte & net, qu'on pourroit employer à ses jouissances personnelles sans détériorer sa fortune ; c'est un acte de sagesse pour soi-même & de bienfaisance pour sa postérité.

Mais dépenser uniquement pour jouir, plus que ses revenus, en détériorant son capital, c'est un *excès*, puisqu'on passe la mesure naturelle ; & cet excès est précisément le *luxe*, si souvent & si mal défini par tant d'écrivains qui prétendoient faire connoître l'*excès*, même sans avoir cherché quelle est la *mesure*.

Le luxe public & privé multiplient donc les dépenses qui se font uniquement pour jouir une fois, ils les multiplient au-delà des revenus quittes & disponibles qu'on y peut employer, ils les multiplient au préjudice des avances productives qu'on devroit destiner à l'amélioration de ses fonds, à l'accroissement futur de ses revenus.

Leur effet infaillible est au vrai de multiplier pour un temps certaines manufactures, certains négoces, certains ouvrages, qui servent à satisfaire le faste & les fantaisies

des

des diffipateurs. Mais cette profpérité n'eft que locale, partielle & momentanée.

L'héritier inconfidéré d'un bien qui rapporte dix mille livres de rente, peut éclipfer pendant trois ou quatre ans dans le tumulte de la Capitale, le fage propriétaire d'une terre de trente mille livres de revenus, qui n'en donne que vingt-quatre à fes jouiffances perfonnelles pour en réferver fix aux améliorations productives. Mais c'eft à condition qu'à la fin de ce terme, l'infenfé verra fon héritage mal entretenu, dégradé par un décret & vendu par fes créanciers, dans un état horrible de délabrement qui l'enverra mourir à l'hôpital.

Il en eft de même pour les empires. Leurs adminiftrateurs peuvent par des emprunts, par des taxes exorbitantes, dépenfer le fonds de l'État, au lieu d'employer fimplement fes revenus.

Dans le premier cas, vous verrez des ouvriers, des marchands, des fourniffeurs abonder pendant trois ou quatre ans autour du prodigue & s'enrichir à fes dépens; dans le fecond, vous les verrez couvrir pendant quelque temps la furface d'un État qui fe ruine, fur-tout inonder les capitales & les réfidences des fouverains dont le patrimoine eft dans le même défordre.

Mais elle eft bien courte la durée de cette fauffe profpérité du négoce & des arts qui fervent aux jouiffances purement ftériles, quand elle eft fondée fur une dilapidation continuelle des capitaux productifs.

Au contraire la fageffe bienfaifante d'un grand nombre de pères de famille qui retrancheroient annuellement la cinquiéme partie des revenus employés à leurs jouiffances purement perfonnelles, pour les confacrer en réferves & améliorations foncières : celles d'un gouvernement qui réformeroit fes autres dépenfes, pour augmenter les avances vraiment utiles feroient diminuer, pendant quelque temps, les opérations & les profits de la partie la plus brillante & la plus remarquable des ouvriers, des négocians & des manufacturiers qui fervent le fafte & la profufion des déprédateurs. Mais ce feroit pour affurer enfuite à tous les arts une folide & jufte *profpérité.*

Commerce. Tome I.

Elle eft encore frivole & totalement illufoire, celle qu'on fait remarquer quelquefois avec tant de jactance aux fouverains & à leurs fujets, comme une augmentation réelle, & qui n'eft dans le vrai qu'un fimple déplacement, qu'un fimple changement de formes, de lieux & de perfonnes.

Quand vous n'avez pas amélioré d'abord le gouvernement même, caufe première de tout bien, les propriétés foncières, les exploitations rurales qui fourniffent la maffe annuelle des fubfiftances & des matières premières; tout ce que vous faites pour améliorer les manufactures, le négoce & les autres arts eft précaire, mobile, incertain, fouvent chimérique.

Vous divifez ce qui étoit réuni, vous raffemblez ce qui étoit féparé, vous produifez fous un afpect ce qui fe préfentoit fous un autre, & vous vous imaginez avoir créé ! pure illufion, quand même vous n'auriez employé pour opérer ces reviremens de parties que des moyens fimples, juftes & naturels de la libre concurrence. C'étoit bien pis quand on les produifoit par des injonctions, des prohibitions, des exclufions & des perceptions qu'on foutenoit les armes à la main.

Autre erreur encore plus bifare, c'eft de ne prendre pour vrai fymptôme de la puiffance & de la félicité d'un État que le *négoce extérieur.*

Il eft très-vrai qu'un empire bien organifé, qui jouiroit dans tout le refte d'une grande profpérité, feroit probablement un affez grand Commerce avec les autres nations. De riches confommateurs font bien aifes de jouir des productions variées de la nature & des richeffes de tout l'univers.

La multiplicité des importations & des exportations, peut donc être l'effet de l'opulence réelle qui marche à la fuite de la bonne adminiftration publique & privée.

Mais auffi maintes caufes funeftes pour les propriétaires, pour les cultivateurs, pour les manufacturiers, pour le commerce intérieur & pour tous les arts fubféquens, peuvent accroître le *négoce extérieur;* nous nous contenterons de les indiquer.

d

Les unes font naturelles & les autres font factices. Nous allons donner un exemple de chaque espèce qui ne laissera probablement aucun doute.

Supposez d'abord deux grandes nations agricoles & commerçantes dont les deux territoires produisent du vin, des grains, des bêtes à laine. Tant que les récoltes de ces trois genres prospéreront dans l'une & l'autre contrée, les opérations du *négoce* extérieur quoiqu'absolument libres, seront peu nombreuses, presque tout le Commerce restera dans l'*intérieur*.

Mais qu'il arrive un double malheur, que l'intempérie des saisons fasse périr pendant quelques années toutes les vignes de l'un, tous les grains & tous les moutons de l'autre. Ce seront certainement deux pertes réelles & désastrueuses. Il en résultera cependant le plus grand accroissement possible d'importations & d'exportations, car il faudra que l'une prenne de l'autre tout le vin qu'elle voudra boire, qu'en échange elle envoie toute la farine ou toute la laine que celle-ci voudra consommer.

Il se fera donc cent fois plus de *négoce étranger*, par mer & par terre, quoiqu'on ait moitié moins de productions & de consommations, moins de richesses & de jouissances : les deux États pris ensemble ayant perdu la moitié du vin qu'ils commerçoient & buvoient, la moitié des grains dont ils se nourrissoient, la moitié des matières premières qu'employoient leurs manufactures.

L'effet des causes factices ne sera pas moins démonstratif, c'est celui de quelques colonies modernes dans les isles de l'Amérique, dont les Anglois ont donné l'exemple, en renchérissant beaucoup sur la politique mercantile des Espagnols & des Portugais.

Les colons Anglois producteurs du sucre, sont obligés d'aller chercher un sol à la Jamaïque, à la Barbade : d'acheter des ouvriers agricoles en Afrique; de tirer les outils, les vivres, les vêtemens d'Europe & des Indes Asiatiques.

Il est certain que ce système entraîne beaucoup de voyages sur mer, beaucoup de négoce extérieur, d'autant mieux qu'après avoir produit le sucre en Amérique, il faut l'importer en Angleterre avant de le répandre dans le reste du monde.

Eh bien! dès le premier voyage, dès le premier trafic, les marchands d'hommes qui vont à la traite des négres, n'auroient qu'à demander des cannes de sucre au lieu de créatures humaines, on les donneroit grasses, succulentes, délicieuses, car toute l'Afrique en est pleine. Les habitans & leur bétail s'en nourrissent, suivant le rapport unanime des voyageurs & des géographes. Les Portugais naturalisés sur les côtes de cette partie du monde en fabriquent tant qu'ils veulent.

Si l'Anglois eût pris comme eux le parti si simple & si naturel de laisser les pauvres noirs dans leur pays natal, de les engager à cultiver leurs cannes paisiblement; s'il leur eût donné l'eau-de-vie, le fer & les autres marchandises de l'Europe en échange, non pas de leurs enfans ou de leurs voisins, mais de leur sucre brut, cette denrée couteroit infiniment moins de frais, elle seroit moins chère & plus abondante; les consommateurs y profiteroient, & le vrai Commerce général seroit en effet plus étendu.

L'accroissement du *négoce extérieur* n'est donc pas, quoiqu'on dise, la même chose que la prospérité du Commerce & la félicité publique. Il peut en être une suite naturelle; mais il peut marcher sans elles, il peut même avoir pour cause leur dépérissement.

Ce malheur arrive toutes les fois que ses profits, bien loin d'être précédés ou suivis par ceux des producteurs & des consommateurs, se fondent au contraire sur leurs pertes & préjudices causés ou par les fléaux passagers de la nature, ou par les fléaux malheureusement plus durables des erreurs humaines.

Nous ne dissimulerons pas le prétexte spécieux qui concilie tant de suffrages à cette doctrine mercantile, mais nous allons tâcher de l'exposer & de le discuter en peu de mots.

» L'argent fait la richesse & la puissance » des États; attirer l'argent des étrangers, » retenir l'argent national, voilà tout le » but de l'administration politique; & pour » y parvenir, le vrai, le seul moyen est

» de régler comme on fait le Commerce » extérieur , d'importer le plus qu'il est » possible des subsistances ou des matières » premières, d'en vendre le moins : c'est de » débiter au dehors beaucoup de marchan- » dises façonnées & le moins possible de » denrées simples; afin de faire pencher, en » faveur de l'État la balance du Commerce, » & d'introduire toujours de nouvel argent » qui l'enrichisse de plus en plus.«

Examinons ces grandes idées que le vulguaire a si long-temps révérées comme des oracles. La première n'est-elle pas une puérilité née de l'ignorance & du préjugé dans les grandes villes , fomentée par l'orgueil dans les comptoirs des capitalistes, adoptée par l'aveugle cupidité, dans les spéculations de la prodigalité dissipatrice?

Les Citadins qui n'ont de revenus qu'en argent, qui sont contraints de payer en bonne monnoie jusqu'à l'eau qu'ils boivent & l'air qu'ils respirent, se figurent aisément que l'argent seul est tout & que le reste n'est rien.

Mais expliquez-nous donc comment l'argent est seule richesse, comment il est puissance? C'est, dites-vous, qu'avec lui vous pouvez acheter toute espèce de denrées, de marchandises & de services........ il faut donc pour jouir de la richesse, pour développer effectivement la puissance, faire des emplettes, des paiemens , par conséquent se dépouiller de son argent pour se procurer des effets utiles; pour avoir des subordonnés à ses gages.

L'homme qui posséderoit directement sans être obligé de les acheter d'autrui , ces denrées & ces marchandises, & qui pourroit de son propre fonds entretenir tous les subalternes dont les services lui sont nécessaires, auroit donc évidemment les mêmes jouissances & le même pouvoir.

Sortez de vos murailles, voyez un grand propriétaire entouré d'une famille nombreuse, d'une troupe d'hôtes & de convives, d'une foule de domestiques ; ce repas délicat & somptueux, qui vous couteroit des sommes immenses, ne l'obligera pas à débourser un écu; le pain, le vin , la bonne chère, sont les fruits de sa récolte, il n'a

pas eu besoin de les acheter ; si vous lui disiez que l'argent seul est tout & qu'on ne peut rien sans monnoie , vous le feriez rire de pitié.

Avoir la nourriture, le vêtement, le logement pour un très-grand nombre d'hommes disponibles , c'est-à-dire , d'hommes qu'on peut employer à son gré , soit aux fonctions de l'instruction , de la protection civile & militaire, ou de l'administration publique dans tous les grades, soit à celles des arts utiles & agréables pour ses jouissances personnelles, c'est là ce qui fait la richesse & la puissance d'un souverain.

Si son empire couvert des grandes propriétés communes qui vivifient le territoire, & de riches avances foncières, & d'une classe aussi nombreuse que fortunée de bons agriculteurs, produit annuellement une abondante récolte de subsistances & de matières premières, dont la valeur se distribue également entre lui-même & les deux autres ordres de citoyens producteurs, par les conditions du partage que la nature a fondé sur la justice & sur l'utilité commune ; si nul obstacle factice, nulles volontés arbitraires ne s'opposent aux travaux & aux progrès des arts secondaires, du manufacturier, du voiturier par terre & par mer, du négociant, de l'artiste & de l'ouvrier; qu'importe l'argent, qu'importe qu'il en entre, qu'il en sorte, ou qu'il en demeure ? on en donnera plus ou moins en échange de telle denrée, de telle marchandise, de tel service, la masse qui circule aura plus de volume & plus de poids ; mais les jouissances, mais le pouvoir seront les mêmes.

Vous qui croyez que l'argent seul est tout en politique, imaginez que la Providence nous munisse l'un & l'autre d'un plein pouvoir, & nous charge de doubler la richesse, la puissance de deux empires qui sont actuellement dans l'état de la plus entière & la plus parfaite ressemblance ; opérons à qui mieux mieux d'après nos principes respectifs.

Doublez, triplez, décuplez la masse d'argent que possède le vôtre, je me contenterai d'élever à une double perfection, dans le mien, 1°. toutes les fonctions de l'autorité suprême tutelaire & bienfaisante, l'instruction, la protection, la bonne adminif-tration ; 2°. toutes les avances foncières, les défrichemens, les conftructions d'édifices ruraux, les plantations, les amandemens du fol qui durent des années & des fiècles ; 3°. les dépenfes primitives & annuelles de l'agriculture & des autres exploitations terri-toriales, des pêches, des mines, des carrières ; 4°. par une fuite néceffaire je doublerai toutes les récoltes, je doublerai la maffe des fubfiftances & des matières premières ; 5°. par une dernière conféquence auffi na-turelle, je doublerai le nombre des hom-mes dans toutes les claffes de l'État ; car j'aurai *d'avance* le double de ce qui les alimente & les entretient.

Lequel de nous deux aura doublé les richeffes & la puiffance ? fa queftion réduite à cette fimplicité ne doit pas être difficile à réfoudre.

Ces deux grands effets ultérieurs que nous défirons l'un & l'autre, la politique la plus fublime ne fe flatte pas de les opérer comme par enchantement d'un feul coup de baguette ; mais elle y tend comme à fon but & fe flatte d'y parvenir par des progrès fuccef-fifs ; fi le vôtre eft de doubler l'argent & le mien de doubler tout le refte ; nous devons nous trouver l'un & l'autre au bout de la car-rière au même état où la Providence nous auroit mis en un inftant par deux mi-racles. J'ofe donc me flatter que dans le choix, vous auriez embraffé la chimère & moi la réalité.

D'ailleurs eft-il bien certain, bien évi-dent que le fyftême fi compliqué des in-jonctions, des prohibitions, des perceptions qui compofent le code fifcal du Commerce réglementé, procurent aux États l'accroiffe-ment progreffif de richeffe, de puiffance & de félicité ? non fans doute, & la vérité des faits démentiroit trop clairement qui-conque oferoit l'attefter comme un principe indubitable.

Pourquoi donc s'être tant preffés d'ab-diquer l'antique fimpleffe de nos ayeux ? pourquoi n'y pas revenir ?

Vous parlez de faire toujours entrer l'ar-gent dans un État, de ne l'en laiffer jamais fortir ? c'eft le vœu d'une cupidité mal éclairée, c'eft le comble de l'illufion. Perro-quets politiques, jufques à quand répéterez-vous des mots vuides de fens, qui ne furent jamais entendus ni de vous, ni de ceux qui vous fifflèrent ?

Parlez de multiplier les liens fraternels qui réuniffent les hommes, de perfectionner le gouvernement, l'agriculture, les manufac-tures & tous les arts caractériftiques des focié-tés bien organifées ; laiffez l'argent circuler de lui-même par l'exercice des droits refpectifs, par l'échange des travaux & des propriétés.

Mais dans le choc des intérêts, au mi-lieu des hoftilités générales qu'opère le code fifcal & mercantil ; un feul empire pourroit-il donner le premier exemple de l'immunité, de la liberté générale ? C'eft peut-être au-jourd'hui le plus grand problême à réfoudre, car le préjugé battu femble s'être barricadé dans ce dernier retranchement.

Une grande nation qui remettroit en vi-gueur l'antique & primitif ufage de la fran-chife la plus abfolue, obligeroit bientôt les autres à l'imiter : elle s'affureroit par cette feule prérogative la fupériorité la plus com-plette, une fupériorité légitime, fondée fur les fervices qu'elle rendroit à l'humanité.

Imaginez un vafte empire fans barrières fifcales, dont les limites feroient marquées par le fceau de la fouveraineté, décoré de ces mots fimples & fublimes, » *liberté par-*» *faite, immunité générale du commerce &* » *des arts, droits facrés de la propriété,* « dont les côtes & les ports feroient acceffibles à tous les navires ; dont le territoire feroit cou-vert de canaux navigables, de chemins excellens ; dont les magiftrats exerceroient partout pour les étrangers, comme pour les nationaux, la juftice la plus prompte & la plus exacte ; dont les adminiftrateurs fuffifamment dotés par une portion du revenu territorial, n'exigeroient aucune contribu-tion, ni fur les perfonnes, ni fur les actions, ni fur les marchandifes ; où les propriétaires & les cultivateurs feroient maîtres de dif-pofer à leur gré de leurs héritages, de leurs exploitations & des fruits de leurs récoltes ; où les manufacturiers, les voitu-riers, les négocians, les ouvriers de toutes efpèces, jouiroient fans trouble, fans frais, fans gênes & fans contraintes, des grandes propriétés communes & participeroient à la plus libre concurrence. Ajoutez-y la douceur des mœurs & la beauté du climat, quel autre peuple oferoit fe comparer à celui-là ? quel homme ne feroit pas tenté d'y tranfporter, s'il en avoit la poffibilité, fes richeffes & fon induftrie ?

On a beau s'aveugler, s'endurcir l'efprit & le cœur, la raifon & le fentiment fe réuniffent pour nous perfuader que c'eft l'état primitif des fociétés, l'intérêt de l'humanité, le vœu de la nature : que tout le refte eft moderne, factice, arbitraire & fatal au monde.

Pour s'en convaincre plus intimement, il ne faudroit que difcuter les objections qu'on oppofe dans la plupart des États policés, pour établir qu'il feroit impoffible ou du moins très-difficile de revenir au droit originaire de l'antique liberté. Sans entrer ici dans un détail qui n'eft pas de notre fujet, un feul mot nous fuffira pour les réfoudre.

La doctrine moderne & fyftématique du code fifcal & réglementaire, qui s'eft établi dans les temps de trouble, d'ignorance, de befoins publics, mais fans difcuffion approfondie, affecte évidemment les propriétés, les droits, les libertés des *producteurs* & des *confommateurs*, & cependant on ne les a jamais confultés pour en établir, modifier, fufpendre, détruire & reffufciter ces régles pratiques, fi mobiles & fi diverfes, qui fe font fuccédées dans les mêmes lieux & dans les mêmes circonftances; ne feroit-il pas jufte de les entendre à leur tour?

L'intérêt des fouverains eft abfolument nul dans cette queftion, fi les producteurs des matières premières affurent au tréfor public le même revenu quitte & net, pour prix de la liberté générale des arts & du Commerce. Les dépofitaires de l'autorité publique doivent être parfaitement neutres ; c'eft aux débiteurs qui fe reconnoiffent pour tels à choifir le moyen le moins onéreux de remplir leurs obligations.

Nous avons offert, nous offrons encore aux partifans de l'opinion moderne cette épreuve falutaire, que nous perfiftons à croire très-facile. Qu'on propofe aux pro-

priétaires fonciers, fuffifamment éclairés fur leur intérêt, de dédommager la fouveraineté. Qu'on aboliffe à cette condition, premièrement toutes les innovations récentes, tous les fyftêmes d'injonctions, de prohibitions, de formalités, de perception établies fur les principes des derniers fiécles, pour ne les rétablir qu'à mefure qu'ils feront demandés en pleine connoiffance de caufe, en pleine liberté par les producteurs & les confommateurs, qui font les premières, les principales parties néceffaires & conftitutives du Commerce.

Ils ne la connoiffoient point, ou du moins ils la dédaignoient ouvertement cette moderne politique mercantile, notre fage Louis XII, notre bon Henri IV, les pères du peuple ; il étoient riches, ils étoient puiffants ; au dehors toute l'Europe les reconnoiffoit pour fes arbitres, au dedans ils étoient tendrement chéris, comblés de bénédictions. L'univers adore encore leur mémoire.

Nous les avons fouvent revues, fouvent arrofées de nos larmes ces trois pages fi fublimes dans leur fimplicité des comptes du tréfor de Louis XII. *Mutua facta regi nihil*, LES EMPRUNTS DU ROI. RIEN.

Impofitio foranea nihil. IMPOSITION FORAINE (fur le Commerce) RIEN. *Emolumenta portuum nihil.* EMOLUMENTS DES PORTS. RIEN. Si jamais une jufte reconnoiffance érigeoit à ce monarque fi bienfaifant une ftatue qu'il a tant méritée, nous doutons qu'on pût la décorer d'une plus belle infcription.

Mais c'eft affez nous abandonner au torrent d'un zèle qu'on accuferoit probablement d'indifcrétion. Peut-être le temps & les circonftances, peuvent-ils feuls accélérer ou ralentir le retour à l'état primitif de franchife & d'immunité parfaites ; peut-être eft-ce une erreur de le défirer, une illufion de l'efpérer. Si c'eft une chimère, au moins elle eft douce, au moins c'eft celle d'un patriotifme défintéreffé, qui n'a pour bafe que la loi de juftice & l'ordre de bienfaifance : pour but, que la plus grande perfection de tous les arts primitifs & fecon-

commencement ou à la fin dudit Ouvrage, foit tenue pour duement fignifiée, & qu'aux copies collationnées par l'un de nos amés & féaux Confeillers-Secrétaires, foi foit ajoutée comme à l'original. COMMANDONS au premier notre Huiffier ou Sergent fur ce requis, de faire pour l'exécution d'icelles, tous actes requis & néceffaires, fans demander autre permiffion, & nonobftant clameur de Haro, Charte Normande & Lettres à ce contraires: Car tel eft notre plaifir. Donné à Paris, le feptiéme jour du mois de Juin l'an de grace mil fept cent quatre-vingt, & de notre Régne le feptiéme. Par le Roi, en fon Confeil.

Signé, LEBEGUE.

Regiftré fur le Regiftre XXI de la Chambre Royale & Syndicale des Libraires & Imprimeurs de Paris, n°. 244, fol, 317, conformément aux difpofitions énoncées dans le préfent Privilége ; à la charge de remettre à ladite Chambre les huit exemplaires prefcrits par l'article CVIII du Réglement de 1623. A Paris, ce 20 Juin 1780.

Signé, QUILLAU, Adjoint.

A, première lettre de l'alphabet François , & de toutes les autres langues.

Les marchands, négocians, banquiers & teneurs de livres, se servent de l'*A* initial, ou tout seul, ou suivi de quelques autres lettres , aussi initiales, pour abréger certains termes de négoce, & ne pas tant employer de tems ni de paroles à charger leurs journaux, livres de comptes, & autres regiſtres.

L'*A* mis tout seul, après avoir parlé d'une lettre de change , signifie *accepté*. A. S. P. *accepté sous protest.* A. S. P. C. *accepté sous protest, pour mettre à compte.* A. P. *à protester.*

* AAGGI-DOGII. Mot Persan, qui signifie en François *Montagne amère.* Elle est ainsi nommée, à cause qu'elle forme un passage très-dangereux aux caravanes qui vont en Perse , & qui prennent la route de Constantinople à Ispaham. On la trouve en sortant de Chaouqueu, à une journée de Louri.

Lorsque les caravanes arrivent au défilé de cette montagne, on compte tous les chameaux & tous les chevaux, pour chacun desquels le caravan-bachi tire un droit qu'il emploie, partie au paiement de quelques soldats, & armemens pour la garde & la sûreté de la caravane; partie en d'autres menus frais; gardant néanmoins la plus grande pour lui-même. Cette exaction seule pourroit autoriser le sur-nom que les Orientaux donnent à la montagne.

AAM, ou HAAM. Mesure des liquides dont on se sert à Amsterdam : elle contient 28 mingles, & pèse environ 63 livres, poids de marc ou poids de France. *Voyez* la TABLE DES MESURES.

A B

ABACA. Sorte de lin ou de chanvre que l'on tire d'une espece de bananier nommé *coffo*, dans quelques-unes des îles Manilles.

L'*abaca* blanc sert à faire des toiles très fines. On ne fait que des cordages & des cables avec le gris.

ABAGL. Monnoie Géorgienne d'argent, qui porte la même marque que les abassis de Perse; mais qui vaut le double. *Voyez* la TABLE DES MONNOIES.

ABAJOUR. Espece de fausse vûe, ou faux jour, que les marchands ont ordinairement dans leurs magasins & boutiques, pour empêcher que la trop grande lumière ne diminue la beauté & l'éclat de leurs étoffes.

ABANDONNEMENT. (*Délaiſſement, ceſſion de biens.*) Ce marchand a fait un *abandonnement* de tous ses biens à ses créanciers. On dit faire un contrat d'*abandonnement.*

ABANDONNER. (*Céder, quitter.*) Ce négociant est obligé d'*abandonner* ses effets à ses créanciers; cet autre veut *abandonner* le commerce.

ABAS. Poids dont on se sert en Perse pour péser les perles, il pèse un peu moins de trois grains & demi, poids de marc. *Voyez* la TABLE DES POIDS.

ABASSI ou ABBASSI. Monnoie d'argent de Perse , de la figure & de la grandeur, environ , qu'étoient autrefois les pièces de quinze sols de France.

L'ABASSI est ainsi appellé du nom de *Scah-Abas* II roi de Perse, qui en ordonna la fabrication. D'un côté il a pour légende la *profession de foi des Mahométans*, & de l'autre le nom d'*abas*, & celui de la *ville* où l'*abassi* a été frapé.

En Perse, l'*abassi* vaut deux mamoudis, ou quatre chayés. *Voyez* la TABLE DES MONNOIES.

Il y a aussi des pièces de cinq *abassis*, c'est-à-dire, de quatre livres, douze à treize sols de France : & des pièces de-deux *abassis*, qui en valent la moitié; mais il s'en fabrique peu, & ils n'ont guères de cours dans le commerce, ne se regardant pour l'ordinaire que comme, ce qu'on appelle en terme de monnoie, des *pièces de plaisir.* La pièce de cinq *abassis* est ronde, un peu plus épaisse & plus grande que l'écu François : la demie à proportion.

Dans le commerce, soit à Ispaham soit dans le reste de la Perse, les espèces d'argent se pèsent & ne se comptent pas. Les sacs sont de cinquante tomans, qui font deux mille cinq cent *abassis*. On les pèse par pésées chacune d'un toman, ou de cinquante *abassis*. Si l'on soupçonne qu'il y ait des *abassis* légers, on les découvre en les pésant vingt-cinq contre vingt-cinq, & ainsi de suite.

ABATANT. Planche, ou morceau de menuiserie en forme de dessus de table, que les marchands font placer dans leurs boutiques & magasins du côté que vient la lumière, & qui se leve ou s'abat, selon le jour qu'ils veulent donner aux marchandises qu'ils font voir.

ABAT-CHAUVÉE. On nomme ainsi en Poitou, dans l'Angoumois, dans la Xaintonge, dans la Marche, & dans le Limosin, une sorte de laine de moindre qualité, à peu près semblable à ce qu'on appelle des *paignons* & des *plutes*.

Les *abat-chauvées*, lorsqu'elles sont transportées des provinces réputées étrangères, dans les provinces de l'étendue des cinq grosses fermes, payent l'entrée à raison de trente sols du cent pésant, conformément à l'arrêt du 19 avril 1723; & les nouveaux sols pour livre.

ABATELEMENT. (*Terme usité parmi les François dans les Echelles du Levant.*) Il signifie une

Commerce. Tome I.   A

fentencé du conful, portant interdiction de tout commerce contre les marchands & négocians de la nation, qui défavouent leurs marchés, ou qui refufent de payer leurs dettes. Cette interdiction eft fi rigide, qu'il n'eft pas même permis à ceux contre qui elle eft prononcée, d'intenter aucune action pour le paiement de leurs dettes, jufqu'à ce qu'ils aient fatisfait au jugement du conful, & fait lever *l'aba-telement*, en payant & exécutant ce qui y eft contenu.

ABATIS. (*Commerce des cuirs.*) On appelle *cuirs d'abatis*, les peaux de ces animaux encore en poil, & telles que les bouchers les ont levées de deffus la bête.

** ABBEVILLE. Les draps & ratines de la manufacture de cette ville, font marqués par une lifière bleue à quatre fils aurore, par le nom de *Vanrobès* brodé & par deux plombs.

* A.B.C. (Qu'on nomme auffi *croix de par Dieu.*) Petit livre dans lequel on commence à apprendre à lire aux enfans. Les *A.B.C.* font du nombre des livres qu'il eft permis aux marchands merciers-groffiers de vendre, par l'article V. du réglement de la librairie & imprimerie de 1723. Les autres font des almanachs & des petits livres d'heures & de prières, imprimés hors de la ville de Paris, dont les libraires ne fe font pas réfervé le monopole.

ABEL-MOSC. C'eft la femence d'une plante qui croît en Egypte & dans l'intérieur de l'Afrique. Cette graine n'eft guères plus groffe que la tête d'une très-groffe épingle, de la forme d'un petit rognon, grifâtre & comme chagrinée par deffus. Son principal ufage eft pour la compofition de la poudre de Chypre. Les parfumeurs Italiens s'en fervent beaucoup. En France les religieufes & les *patenôtriers* en font des chapelets.

L'ancien Dictionnaire du Commerce la confondoit avec l'ambrette de la Martinique & des autres ifles Antilles, dont elle eft abfolument différente.

ABLAQUE. La foie *ablaque* n'eft autre chofe que la foie ardaffine que l'on tire de Perfe par la voie de Smyrne. Ce font les François qui lui ont donné le nom *d'ablaque*. Elle eft fort belle, mais ne fouffre pas l'eau chaude, ce qui la rend moins propre aux manufactures.

** ABONDANCE. Plénitude de biens qui réfulte d'une très-ample récolte.

Jufqu'à préfent ce mot n'étoit point entré dans les Dictionnaires de Commerce, on n'avoit pas obfervé que *l'abondance* eft la feule caufe des échanges & la fource de tout négoce.

L'auteur des Élémens du Commerce & les autres écrivains, foi-difant politiques, avant ou après lui, faifoient naître le trafic des *befoins*. Théorie abfolument fauffe. J'ai *befoin* du pain qui me manque, vous avez *befoin* de vin dont vous manquez. Jamais il ne réfultera de cette double privation le moindre commerce entre nous. Mais vous avez trop de bled parce que les grains font abondans chez vous. J'ai trop de vin par excès de récolte. C'eft le cas de faire un échange entre-nous, même fans *befoin actuel*

ni de vin pour vous, ni de bled pour moi ; mais par prévoyance pour l'avenir. C'eft ce qu'il auroit fallu mieux diftinguer que ne l'ont fait ces auteurs. Ce n'eft même pas à proprement parler *le befoin réel*, qui eft la caufe occafionnelle du commerce. Le fuperflu dont nous avons *envie* fans en avoir un *befoin réel*, caufe plus des trois quarts des opérations du commerce. Mais le vrai principe effectif de tout échange, de tout trafic, la vraie condition effentielle, c'eft *l'abondance*. Le commerce va chercher les denrées & marchandifes où elles abondent, pour les transporter où elles manquent & où elles font défirées foit par befoin, foit par fantaifie ; mais ce défir, ce befoin, cette fantaifie ne fuffifent pas ; il faut de plus qu'il y ait encore une autre *abondance* d'argent ou de marchandifes pour les payer, autrement le commerce n'ira pas fatisfaire le *befoin* même le plus réel.

Pour fentir d'autant mieux combien il eft abfurde de donner aux échanges & trafics, pour fource & pour principe *les befoins*, comme on l'a fait dans les Élémens du Commerce & autres femblables traités modernes : Suppofez que des fléaux naturels ou factices détruifent les trois quarts des denrées & marchandifes dans tous les pays des deux hémifphères ; il y aura certainement beaucoup *plus* de *befoins*, que jamais. Il y aura cependant infiniment *moins* de commerce. Et rien n'eft plus évident. Si cette erreur n'étoit que de théorie encore paffe. Mais malheureufement dans la pratique on a vu des adminiftrations détruire *l'abondance*, faire naître des befoins réels & fe perfuader qu'elles favorifoient le commerce par ces beaux fyftêmes. On en a vu craindre *l'abondance* & qui pis eft la rendre vraiment funefte, par un moyen très-fimple & très-infaillible, en empêchant de vendre les denrées que la nature avoit prodiguées aux foins & avances des producteurs.

ABORDAGE, RIBODAGE, ou RIBORDAGE. (*Terme de marine*,) qui fignifie le *choc de deux vaiffeaux*, que la faute du timonier, ou la force du vent fait dériver l'un fur l'autre, foit en allant de compagnie, foit lorfqu'ils fe trouvent en même mouillage dans une rade ou dans un port.

Les dommages caufés par les *abordages* font du nombre des *avaries* ; ils doivent être fupportés également, tant par le navire qui l'a fait que par celui qui l'a fouffert, à moins qu'il n'y eût de la faute de l'un des maîtres des vaiffeaux, auquel cas le dommage doit être réparé par celui qui l'a caufé. *Ordonn. de la marine du mois d'août 1681, art. 10 & 11, tit. 7 du liv. 3.*

ABOUCOUCHOU. Sorte de drap de laine qui fe fabrique en France, particulièrement en Provence, Languedoc & Dauphiné, dont la deftination eft pour l'Egypte. *Voyez* DRAP, *où il eft parlé de ceux qui s'envoient au Levant par la voie de Marfeille.*

ABOUGRI, ou RABOUGRI. On appelle *bois abougri*, du bois de mauvaife venue, dont le tronc eft court , raboteux , & plein de nœuds.

ABRA. Monnoie d'argent de Pologne. *Voyez* la TABLE DES MONNOIES.

L'*abra* a cours à Conftantinople & dans tous les états du grand-feigneur , & y eft reçu fur le pied du quart d'un affelani , ou daller de Hollande.

ABREVIATIONS. Lettres initiales , ou caractères , dont fe fervent ordinairement les marchands , négocians , banquiers , & teneurs de livres pour abréger certains termes de négoce , & rendre les écritures plus courtes.

C . fignifie.	Compte.
C . O.	Compte ouvert.
C . C.	Compte courant.
M . C.	Mon compte.
S . C.	Son compte.
L . C.	Leur compte.
N . C.	Notre compte.
A.	Accepté.
ACCEPTÉ S. P. . .	Accepté fous proteft.
ACCEPTÉ S. P. C. .	Accepté fous proteft, pour mettre à compte.
A . P. . . .	A Protefter.
P.	Protefté , ou payé.
T.RE. ou T.RS. . . .	Traite , ou Traites.
Rs.	Remifes.
RU.	Reçû.
PR. ⁰⁰ . . .	Pour cent.
No.	Numéro.
Fo.	Folio , ou page.
Ro.	Recto.
Vo.	Verfo.
▽.	Ecu de foixante fols , ou de trois livres tournois.
W.	Ecus de foixante fols , ou de trois livres tournois.
FL. ou Fs. . . .	Florins.
RX. ou RLE . . .	Richedale , Rifdale , Rixdale , ou Retchedale.
DAL. ou DRE . .	Daller , & Daldre.
DUC. ou DT. . .	Ducat.
M . L. . . .	Marc Lubs.
L . ST. . . .	Livres Sterlings.
L. DE. G. ou L. G.	Livres de Gros.
L. ou ℔ . .	Livres Tournois.
S. ou ß . .	Sous Tournois.
D. ou đ. . .	Deniers Tournois.
℔. . . .	Livres de poids.
M.c ou Ms. . .	Marcs.
ONC . ou ON. . .	Onces.
G.	Gros.
DEN.	Deniers , ou Gros.
Do.	Dito.
Dt.	dit.

La plupart de ces termes font expliqués en leur ordre.

En faveur de ceux qui font le commerce en Hollande , on va ajouter ici les *abréviations* dont les marchands & banquiers Hollandois , ou leurs caiffiers & teneurs de livres ont coutume de fe fervir dans leurs comptes.

Abréviations des monnoies de compte en Hollande.

Toutes les marchandifes qui fe vendent de Hollande , & particulièrement à Amfterdam , s'y vendent par livres de gros , par rifdales , par florins d'or , par florins , par fous de gros , par fous communs , & par deniers de gros. Pour abréger toutes ces monnoies de compte on fe fert des caractères fuivans.

Livres de gros	L *en François*, & LvLs. *en Hol.*
Rifdales	R.
Florins d'or	F. *d'or en François*, ₷ *en Hol.*
Florins	F.
Sous de gros	ß.
Sous communs	S. *en François*, & ft ʋ. *en Hol.*
Deniers de gros	đ.

Abréviations pour les poids.

Schippont , poids de 300 liv.	Schipp.t
Lifpont , poids de 15 liv.	L. p.t
Quintal , poids de 100 liv.	C.t ou ℔
La livre de 2 marcs ou 16 onces	℔
Steen , ou Pierre , poids de 8 liv.	Stz.

ABROHANI , ou **MALLEMOLLE.** On appelle ainfi une certaine mouffeline , ou toile de coton blanche , claire & fine , qui eft apportée des Indes orientales , particulièrement de Bengale , dont la pièce a feize aunes de long fur trois quarts , à cinq huit de large.

ABUCCO , **ABOCCO** ou **ABOCCHI.** Poids dont on fe fert dans le royaume de Pegu.

Un *abucco* eft de douze *teccalis* & demi. Deux *abuccos* font l'agito , qu'on nomme auffi *giro*. Deux *giri* font une demie *biza* , & la biza pèfe cent *teccalis. Voyez* LA TABLE DES POIDS.

ABUKESB. C'eft ainfi que les Arabes & les Turcs habitués au Caire , auffi-bien que le refte des négocians des villes marchandes d'Egypte , appellent le daller ou écu de Hollande , qu'à Smyrne , à Conftantinople & dans les autres Echelles du Levant on nomme ASLANI.

Cette différente dénomination vient de l'empreinte du lion , qui eft frappée de chaque côté de ces pièces d'argent , appellé en Turc ASLANI , que les Arabes prennent pour un chien , nommé en leur langue ABUKESB.

Le daller vaut au Caire trente-trois meidins au change , & trente-huit , quelquefois plus en efpèce , à raifon de dix-huit deniers de France le meidin , où de trois afpres monnoie de Turquie. On le reçoit à peu près fur le même pied à Conftantinople & dans le refte de l'empire Turc. *Voyez* la TABLE DES MONNOIES.

A C

ACACIA VERA. Dans le commerce des épiciers & droguistes, c'est une gomme rougeâtre, qui vient du Levant en boules rondes de différentes grosseurs, enveloppées de vessies fort minces.

L'ACACIA-VERA pour être bonne doit être bien cuite, de couleur tannée, c'est-à-dire, d'un brun tant soit peu rougeâtre, unie, luisante, d'un goût astringent & un peu désagréable.

Cette drogue n'a pas grand usage en médecine, & sans qu'elle entre dans la composition de la thériaque, elle ne vaudroit pas la peine que les marchands droguistes s'en chargeassent.

ACACIA GERMANICA. Est un acacia contrefait, avec le suc de prunelles sauvages, cuit ensuite en consistances d'extrait solide, & mis dans des vessies comme l'acacia-vera qui vient d'Egypte. Il n'est pas possible cependant de s'y méprendre, l'acacia-vera étant d'un rouge tanné, & l'acacia germanica étant aussi noire que du beau suc de reglisse commun.

Les droits d'entrée réglés pour l'acacia par le tarif de 1664, sont différents, suivant la qualité de la drogue; le cent pesant d'acacia-vera payant sept livres dix sols, & le commun ou acacia germanica, seulement cinquante sols, avec les nouveaux sols pour livre.

ACAJOU. C'est le fruit, ou plutôt la semence d'un arbre, qui croît dans les isles Antilles, & en plusieurs endroits du continent de l'Amérique, surtout au Bresil.

C'est de l'huile tirée de cette noix qu'on se sert pour extirper les duretés qui viennent aux pieds; elle est propre aussi à enlever les taches de rousseur de dessus le visage : mais outre que ce remede cause une douleur très-sensible, les taches ne disparoissent que pour un tems.

Il faut choisir les acajoux nouveaux, gros, & de couleur d'olive. L'arbre d'acajou quand on y fait des incisions, jette aussi une gomme claire & transparente très semblable à la gomme d'Arabie.

ACAPALTI. Plante de la nouvelle Espagne, qui porte le poivre long.

Ce poivre se mange également en verd ou séché, & des deux manieres donne un goût très-relevé aux viandes, pourvû néanmoins qu'après l'assaisonnement on ne les remette plus au feu, parce qu'alors il n'a pas tout son goût & toute sa force.

* ACCAPARER. (Acheter des marchandises.) Il se prend d'ordinaire en mauvaise part, & signifie enlever des foires ou des marchés, toute une certaine sorte de marchandise pour la vendre plus cher en la rendant plus rare, & se faisant seul le maître de la vente.

On dit accaparer des laines, des blés, des cires, des suifs, &c.

L'on a vû sur la fin du dix-septieme siecle plusieurs sentences & quelques arrêts, portant défenses d'accaparer ces quatre sortes de marchandises, sous peine de confiscation des marchandises accaparées, d'amende pécuniaire, & même de punition corporelle en cas de récidive.

Mais la manœuvre d'accaparer est infiniment rare,

& dans l'état de liberté parfaite du commerce la peine seroit infaillible, sans nulle intervention d'autorité publique. Tout le monde pouvant acheter, l'accapareur seroit obligé de payer très-cher pour avoir seul par préférence toute la denrée. Mais ensuite tout le monde pouvant apporter & vendre la marchandise que l'accapareur tiendroit à très-haut prix, on accourroit de proche en proche pour profiter du renchérissement, & cette concurrence l'obligeroit à vendre à perte.

L'accaparement ne peut donc avoir lieu que dans les cas où le commerce est gêné par des prohibitions, & restreint par des privileges exclusifs accordés à des monopoleurs. Par exemple, quand il y a d'une part des défenses générales à tous les producteurs d'une denrée de la vendre ailleurs que dans les halles & marchés publics, & d'autre part des commissionnaires favorisés, qui ont seuls droit d'acheter dans les maisons particulieres, ces privilégiés peuvent accaparer, surtout s'ils sont assurés par avance du débit avantageux, ou même ce qui est plus ordinaire, s'ils achetent & vendent au compte du public avec permission de perdre une partie des fonds qui leur sont confiés. Alors leur intérêt est de ruiner les autres commerçans en achetant plus cher qu'eux & en vendant à meilleur marché. Ils multiplient par-là leur droit de commission, & leurs autres bénéfices permis ou illicites. Le moyen le plus simple & le plus certain d'empêcher les accaparemens est donc la liberté la plus parfaite, sans prohibition, sans injonctions, surtout sans permissions particulieres, ni commission pour le public.

Quelques-uns confondent le terme d'accaparer avec celui d'enharrer; mais ils sont différens.

ACCEPTANT, ou ACCEPTEUR. Celui qui accepte, qui signe une lettre de change, qui s'oblige de payer la valeur & contenue au tems de son échéance. Parmi les négocians on se sert quelquefois du terme d'acceptator, qui signifie la même chose.

Tant que l'acceptant est maître de sa signature, c'est-à-dire, qu'il n'a point encore rendu la lettre, il peut rayer son acceptation; mais lorsqu'il l'a une fois délivrée, il n'est plus à son pouvoir de le faire, quand même elle reviendroit dans ses mains. En un mot elle ne peut plus se retracter, il faut qu'il paye.

ACCEPTATION, (terme de commerce de lettre de change.) Faire l'acceptation d'une lettre de change, c'est la souscrire, la signer, se rendre le principal débiteur de la somme qui y est contenue, s'obliger en son nom de l'acquitter dans le tems marqué.

L'ACCEPTATION se fait ordinairement par celui sur qui la lettre est tirée, lorsqu'elle lui est présentée par celui qui en est le porteur.

On ne fait point d'acceptation des lettres payables à vûe, parce qu'elles doivent être acquittées à leur présentation, sinon protestées faute de paiement.

Il y a des acceptations qu'il n'est pas nécessaire de dater, & d'autres qu'il est nécessaire de dater.

Les *acceptations* qu'il n'eft pas néceffaire de dater font celles qui fe mettent fur les lettres payables à jour nommé , à ufance , ou à double ufance ; fur celles-là on ne doit mettre feulement que *accepté*, & figner ; la date y étant inutile, puifque le tems de celles qui font à jour nommé, court toujours jufques à leur échéance , & que le tems des lettres à ufance, ou double ufance, commence à courir du jour de la date des lettres mêmes.

Il n'eft pas néceffaire , fi l'on ne veut, de faire faire l'*acceptation* des lettres à jour nommé, à ufance, ou à double ufance, puifque leur tems court toujours ; il eft cependant avantageux à ceux qui en font les porteurs de les faire accepter, parce qu'au moyen de l'*acceptation*, ils ont deux obligés pour un ; l'un l'accepteur, & l'autre le tireur.

Si celui fur qui une lettre eft tirée à jour nommé, à ufance ou à double ufance, faifoit difficulté de l'accepter, le porteur feroit en droit de la faire protefter faute d'acceptation, & pourroit retourner fur le tireur pour l'obliger à la faire accepter ou à donner caution (en cas qu'à l'échéance de la lettre, celui fur qui elle a été tirée ne payât pas) de rendre & reftituer la fomme mentionnée en icelle avec les changes, rechanges, & frais de proteft.

Les *acceptations* qu'il eft néceffaire de dater font celles qui fe font fur les lettres tirées à quelque nombre de jours de vûe ; parce que le tems ne commence à courir que du lendemain du jour de l'acceptation. Cette efpèce d'*acceptation* fe fait ainfi, *accepté le tel jour*, & on figne.

Si le porteur d'une lettre de change fe vouloit contenter d'une *acceptation* pour payer à vingt jours de vûe, au lieu de huit jours de vûe que porteroit la lettre, il courroit le rifque des douze jours qu'il auroit prolongés, fuppofé que l'accepteur vînt à manquer dans le tems de la prolongation, & la lettre demeureroit pour fon compte, fans qu'il pût avoir de recours fur le tireur.

Si une lettre portoit de payer trois mille livres , & que le porteur eût la facilité de fe contenter feulement de l'*acceptation* pour deux mille livres, & qu'il ne reçût que cette fomme, il courroit le rifque des mille livres reftans ainfi que pour le tems prolongé.

Ces exemples peuvent fervir pour toutes les *acceptations* de ces efpèces ; il eft cependant bon de remarquer, que fi le porteur de la lettre avoit un ordre par écrit du tireur de les faire de cette manière, en ce cas il n'y a pas lieu de douter qu'il ne pût avoir fon recours fur lui.

Autrefois les lettres payables dans le tems des foires de la ville de Lyon, que l'on appelle *paiemens*, ne s'acceptoient pas par écrit. Celui fur qui elles étoient tirées difoit verbalement : *Vû fans accepter pour répondre au tems*, & le porteur en faifoit mention fur fon billan ; mais à caufe des conteftations qui arrivoient fur ces fortes d'*acceptations* verbales, par la mauvaife foi des accepteurs, il fut inféré un article dans le réglement de la place du change de la ville de Lyon, qui fut fait le 2 Juin 1667, par lequel la manière de faire les *acceptations* fut déterminée. C'eft l'art. 3, voici ce qu'il porte.

Que les acceptations defdites lettres de change, fe feront par écrit, datées, & fignées par ceux fur qui elles auront été tirées, ou par perfonnes duement fondées de procuration, dont la minute demeurera chez le notaire, & toutes celles qui feront faites par facteurs, commis & autres non fondés de procuration, feront nulles, & de nul effet contre celui fur qui elles auront été tirées, fauf le recours contre l'accepteur.

Ce réglement a été confirmé par l'article 7 du titre 5 de l'ordonnance du commerce du mois de mars de l'année 1673, dont s'enfuit la teneur :

N'entendons rien innover à notre réglement du fecond jour de juin 1667, pour les acceptations, les paiemens & autres difpofitions concernant le commerce de notre ville de Lyon.

Et par l'article 2 du même titre de ladite ordonnance de 1673, la manière de faire les *acceptations*, a été auffi réglée pour les autres places du royaume ; en voici la difpofition.

Toutes lettres de change feront acceptées par écrit purement & fimplement. Abrogeons l'ufage de les accepter verbalement, ou par ces mots, Vû fans accepter ; ou, accepté pour répondre au tems ; & toutes autres acceptations fous condition, lefquelles pafferont pour refus, & pourront les lettres être proteftées.

Quoique par l'article ci-deffus il foit porté que les *acceptations* feront pures & fimples, & fans conditions, on ne laiffe pas cependant en certains cas d'en faire de conditionnelles. Telles font les *acceptations*, pour payer à foi-même, celles fous proteft, & celles fous proteft pour mettre à compte, dont l'ufage eft univerfellement pratiqué partout, fuivant qu'il eft rapporté par du Puys de la Serra dans les chapitres 8 & 9 de fon Traité de l'Art des Lettres de Change, qui fe trouve à la fuite du Parfait Négociant de M. de Savary, imprimé à Paris par Guignard & Robuftel en 1713, auquel le lecteur peut avoir recours pour fa plus grande inftruction.

L'on ne parle point ici de l'*acceptation* des fecondes & des troifièmes lettres de change, parce qu'on en doit parler ailleurs. *Voyez* LETTRE DE CHANGE. On fe contentera feulement d'avertir que quand il y a cette multiplicité de lettres de change tirées pour la même fomme, ceux qui acceptent les derniers ne peuvent avoir trop d'attention pour éviter les furprifes qu'on leur pourroit faire. Au refte l'*acceptation* des dernières lettres annulle entièrement les premières, pourvû qu'elles ne foient pas acceptées, car fi elles l'étoient, l'accepteur auroit accepté deux fois, feroit tenu de payer deux fois, fauf fon recours.

ACCEPTATOR. Terme Latin, ou plutôt à demi barbare, dont on fe fert quelquefois dans le commerce des lettres de change pour fignifier *acceptant* ou *accepteur. Voyez* ci-deffus ACCEPTANT.

ACCEPTER UNE LETTRE DE CHANGE. C'eſt la ſouſcrire, s'engager au paiement de la ſomme y portée, dans le tems marqué, ce qui s'appelle *accepter pour éviter à proteſt.*

Il faut bien prendre garde à ne point *accepter* des lettres que l'on n'air proviſion en main, ou qu'on ne ſeroit certain qu'elle ſera remiſe dans le tems; car quand une fois on a accepté une lettre on en devient le principal débiteur, il la faut abſolument acquitter à ſon échéance; autrement on en ſeroit pourſuivi à la requête de celui qui en eſt le porteur, après le proteſt qu'il en auroit fait faire faute de paiement: *art. 11 du titre 5 de l'ordonnance du mois de mars 1673.*

Il eſt d'uſage de laiſſer les lettres de change chez ceux ſur qui elles ſont tirées pour les *accepter*, ſoit lorſqu'ils ne ſe rencontrent pas chez eux, ſoit parce qu'ils le requièrent ainſi, pour avoir le tems de voir leurs lettres d'avis, pour ſe déterminer ſur ce qu'ils ont à faire, ou pour en prendre des notes. Cet uſage quoiqu'établi parmi les marchands & négocians, ne laiſſe pas d'être très-dangereux, particulièrement lorſque les lettres reſtent trop long-tems chez les perſonnes qui les doivent *accepter*; il en eſt même ſouvent arrivé des inconvéniens de conſéquence.

Quand une lettre de change eſt ſignée au dos pour acquit, & qu'elle n'eſt pas encore acceptée, comme il peut arriver quelquefois, il ne la faut point laiſſer, pour quelque raiſon que ce ſoit, chez celui qui la doit *accepter*; parce que s'il n'étoit pas de bonne foi; il pourroit en méſuſer; ainſi il faut faire en ſorte qu'elle ſoit acceptée ſur le champ, c'eſt-à-dire, dans le moment qu'elle eſt préſentée à celui ſur qui elle eſt tirée.

Si celui chez qui une lettre de change a été laiſſée pour *accepter*, la vouloit retenir ſous quelque prétexte que ce fût; la difficulté qu'il feroit de la rendre vaudroit acceptation, & il ſeroit obligé d'en payer le contenu; ce qui a été jugé par ſentence confirmée par arrêt, rapporté par du Puys de la Serra dans ſon Traité des Lettres de Change chapitre 19. On a dit à l'article précédent que ce Traité ſe trouve à la fin des dernières éditions de Paris du Parfait Négociant.

Il eſt à propos de faire obſerver à ceux qui veulent ſe mêler du commerce des lettres de change, que celles qui ſont tirées des places où le vieux ſtyle eſt en uſage, comme à Stokolm, ſur d'autres places où l'on ſuit le nouveau ſtyle comme à Paris, la date diffère ordinairement de dix jours, c'eſt-à-dire, que ſi la lettre eſt datée le 11 mars, en Suéde ce ſera le 21 mars à Paris; il en eſt demême de toutes les autres dates.

Il faut remarquer que cette obſervation n'eſt pas également ſûre pour tous les lieux où l'ancien ſtyle eſt en uſage. En Suéde, par exemple, la différence eſt toujours de dix jours, ce qui a changé en Ruſſie depuis 1700, où elle a commencé d'être de onze jours à cauſe que cette année n'a pas été biſſextile.

ACCEPTEUR. (*Celui qui accepte une lettre de change.*) Le terme d'*acceptant* eſt plus en uſage.

La coutume d'Amſterdam eſt, que tous ceux qui acceptent des lettres de change ſe rendent débiteurs par le moyen de leur acceptation; & quoique les tireurs vinſſent à devenir *inſolvables* avant le jour de l'échéance, les *accepteurs* ne peuvent pas avoir recours contre les endoſſeurs des lettres. *Ordonnances d'Amſterdam citées par Samuel Ricard dans ſon Traité général du Commerce, au titre des acceptations.*

* ACCISE. Droit qui ſe paye à Amſterdam & dans tous les états des Provinces-Unies ſur diverſes ſortes de marchandiſes & denrées, comme ſont le froment &. autres grains, la bierre, les tourbes, les charbons de terre, &c.

Les droits d'*acciſe* du froment ſe paient à Amſterdam à raiſon de trente ſols le laſt, ſoit que les grains ſoient chers, ſoit qu'ils ſoient à bon marché, outre les droits d'entrée qui ſont de dix florins, & non compris ce que les boulangers & les bourgeois paient pour le meſurage, le courtage, & le port à leurs maiſons.

Malgré ces droits, la Hollande qui ne recueille preſque point de grains, n'a jamais eu de diſette & n'a même nulle crainte de manquer de pain, quoiqu'elle ſoit couverte de tant de villes & de gros bourgs. Pourquoi? c'eſt que le commerce des grains y eſt abſolument libre, ſans gêne, ni reſtrictions, & ſurtout c'eſt que les adminiſtrateurs publics ne ſe mêlent jamais d'aucun approviſionnement, c'eſt que les magiſtrats n'uſent en aucun cas d'aucune injonction ni prohibition envers les négocians. Auſſi bien loin de manquer jamais d'une denrée qui ne naît pas chez eux, ils en fourniſſent très-ſouvent aux nations agricoles, que les réglemens, les prohibitions, les permiſſions réduiſent à manquer du néceſſaire.

ACCOLER. Signifie *faire un certain trait de plume* en marge d'un livre, d'un compte, d'une mémoire, d'un inventaire, qui marque que pluſieurs articles ſont compris dans une même ſuppuration ou dans une ſeule ſomme, laquelle eſt tirée à la marge du côté où ſont les chifres dont on doit faire l'addition à la fin de la page.

EXEMPLE.

Dettes actives tant bonnes que douteuſes, à moi dûes par les ci-après.

Bonnes.

Par Jacques.	300.	}
Par Pierre.	200.	} 500.

Douteuſes.

Par Jean.	400.	}
Par Nicolas.	500.	} 900.

TOTAL. 1400.

ACCORD, (*Accommodement.*) Contrat que fait

un négociant avec ses créanciers. *Voyez* CONTRAT D'ACCORD & D'ATERMOYEMENT.

ACHALANDER. Attirer les marchands, accréditer, mettre une boutique, un magasin en réputation, y faire venir les chalands.

ACHALANDÉ, ACHALANDÉE. (*Qui a des chalands.*) Il se dit également du marchand & de la boutique. Un marchand *achalandé*, celui qui fait un grand débit. Une boutique *achalandée*, celle où il vient quantité de marchands pour acheter des marchandises.

ACHAT. Contrat ou traité, soit verbal, soit par écrit, par lequel on convient du prix d'une chose que l'on paye comptant, ou qu'on prend à crédit. Faire *achat* de marchandise, c'est acheter des marchandises, en faire emplette. On dit aller aux *achats*, envoyer aux *achats*, il a fait un bon achat, un mauvais achat. Il est plus avantageux à un marchand de faire ses *achats* lui-même que de les faire par autrui : ce n'est pas le tout d'être habile à l'*achat*, il le faut être aussi à la vente.

ACHAT, se prend quelquefois pour la chose achetée. Je voudrois bien vous faire voir mon *achat*.

On appelle livre d'*achat*, un livre particulier dont les marchands se servent pour écrire journellement toutes les marchandises qu'ils achetent. *Voyez* LIVRES.

M. Savary dans son Parfait Négociant, donne d'excellentes maximes pour se bien conduire dans l'*achat* des marchandises. *Voyez chap. 6 du liv. 4 de la première partie, & chap. 5 du liv. premier de la seconde.*

ACHETER DES MARCHANDISES. C'est en faire l'achat pour un prix dont on convient, moyennant quoi on s'en rend le propriétaire. Il ne suffit pas de bien *acheter*, il faut bien vendre, & bien payer. Il y a différentes manières d'*acheter* qui vont être expliquées.

ACHETER COMPTANT. C'est payer sur le champ en monnoie réelle les marchandises qu'on vient d'*acheter*.

ACHETER AU COMPTANT, (*pour comptant.*) C'est une manière de parler de négocians, qui semble signifier qu'on devroit payer *comptant*; cependant elle peut avoir une autre signification, d'autant que quand on achete de cette façon, on a quelquefois jusques à trois mois de terme pour payer.

ACHETER A CRÉDIT ou à TERME, c'est-à-dire, *acheter* à condition de payer dans un certain temps dont on convient.

ACHETER partie comptant, & partie à tems, ou à crédit. C'est payer une partie sur le champ, & prendre du temps pour l'autre.

ACHETER à crédit pour un temps, à charge d'escompte, ou de discompte, ou à tant pour cent par mois pour le prompt paiement. C'est une convention par laquelle le vendeur s'oblige de faire une diminution ou rabais sur le paiement des marchandises qu'il a vendues, supposé que l'acheteur veuille les lui payer avant le tems, & cela à proportion de ce qui en restera à expirer à compter du jour du paiement.

ACHETER A PROFIT. C'est *acheter* suivant le livre journal d'achat du vendeur, à tant pour cent de bénéfice.

ACHETER pour payer d'une foire à l'autre, ou pour payer de foire en foire. C'est proprement *acheter* à crédit pour un temps.

ACHETER pour son compte. C'est *acheter* pour soi-même.

ACHETER pour commission. C'est *acheter* pour le compte d'autrui, moyennant un droit que l'on appelle de *commission*.

ACHETER partie comptant, partie en lettres de change, & partie à terme ou à crédit. C'est payer en argent comptant une partie, une autre en lettres de change, & s'obliger à payer l'autre partie dans un certain temps dont on convient.

ACHETER partie comptant, partie en promesses, & partie en troc. C'est payer une partie en monnoie réelle & sur le champ, une autre en promesses ou billets payables dans des temps, & donner pour l'autre partie des marchandises dont on convient de prix; ce qui s'appelle marchandise en troc.

La manière la plus avantageuse d'*acheter*, est celle qui se fait à crédit pour un temps à charge d'escompte, ou de discompte.

ACHETEUR. Marchand qui achete des marchandises pour faire du commerce, pour les revendre en gros ou en détail, en magasin, en boutique, en foire, &c. *Voyez* ASSORTIMENT, ASSORTIR, & ASSORTI.

ACHEVEMENT. (*Terme de teinture*). Il se dit particulièrement des étoffes teintes en noir qui sont commencées par les teinturiers du grand teint, & achevées par ceux du petit teint. On fait des dessbouillis pour bien juger du bon *achevement* des noirs.

ACHIA. Sorte de canne qui croît dans les Indes orientales, que l'on confit en verd dans le pays avec de fort vinaigre, du poivre, quelques épiceries & autres ingrédiens.

Cette confiture vient en Europe dans des espèces d'urnes de terre d'environ un pied de hauteur, & autant de largeur, dont l'embouchure se resserre & est assez étroite.

Les morceaux de canne ont un pouce & demi de diamètre, & un peu plus de deux pouces de long, de la consistance à peu près des cornichons qu'on confit en France; étant aussi fermes, & se coupant aussi nettement. Leur couleur est d'un jaune pâle, & au lieu de pulpe, ce n'est qu'un composé de fibres assez serrés, comme celui qu'on trouve au dedans de nos cannes ordinaires quand on en a enlevé la pelure.

Les Hollandois apportent beaucoup de cette confiture, que la froideur de leur climat leur fait trouver excellente. Ils en mangent ordinairement à la fin du repas, la croyant très-propre à réveiller l'appétit & à fortifier l'estomach, à cause du fort vinaigre, du citron, du poivre & des épiceries, dont est composée la saumure où il faut que l'*achia* trempe toujours pour le conserver, qui lui donne un goût piquant, & lui communique beaucoup de chaleur & de feu.

ACHIOTL. Nom que les Brefiliens donnent à la drogue des teinturiers, qu'on appelle plus communément *Rocou*.

ACHTELING. (*Mefure des liqueurs dont on fe fert en Allemagne*). Il faut trente-deux *achtelings* pour un heemer. Quatre fchiltems font un *achteling*. *Voyez* la TABLE DES MESURES.

ACHTENDEELEN ou ACHTELING.(*Mefure des grains dont on fe fert en quelques endroits de la Hollande.*) Deux hoeds de Gormiheng font 5 *achtendeelens.*

Vingt-huit *achtendeelens* d'Afperen en font 32 de Roterdam, mais il n'en faut que 26 de ceux de Worcum.

Vingt-neuf *achtendeelens* de Delf font 12 viertels d'Anvers.

Quatre *achtendeelens* $\frac{44}{55}$ de Delf font le hoed de Bruges. *Voyez* la TABLE DES MESURES.

ACICOCA. Herbe qui croît dans le Perou, & que l'on fubftitue quelquefois à l'herbe du Paraguay, dont elle a, dit-on, toutes les propriétés.

Il s'en tranfporte tous les quantité de Lima, & des autres ports du Perou, à la ville d'Avira, dont on la conduit au Potofi, fur-tout lorfque le Paraguay y eft rare, & par conféquent cher. *Voyez* PARAGUAY.

ACIER. Efpèce de fer rafiné & purifié par le feu, qui le rend plus blanc, plus folide, & d'un grain plus menu & plus fin.

Il vient de l'*acier* d'Allemagne, de Hongrie, d'Efpagne, d'Italie, de Piémont, & il s'en fabrique auffi en quantité dans plufieurs provinces & villes de France, fur-tout à Vienne & à Rive en Dauphiné; à Clamecy en Auvergne; à Saint-Dizier en Champagne; à Nevers & à la Charité-fur-Loire, & aux environs de Dijon, Befançon & Vefoul en Bourgogne. Le meilleur de tous fe nomme *acier de Carme*, du nom de la ville de Kernnent en Allemagne où il fe travaille: on l'appelle auffi *acier à la double marque*, & on ne l'emploie que pour les ouvrages les plus fins, comme rafoirs, lancettes & autres inftrumens de chirurgie, filières pour les tireurs d'or, burins pour les graveurs, &c.

L'ACIER A LA ROSE, ainfi nommé, ou d'une efpèce de rofe couleur d'œil de perdrix, qui paroît au milieu, quand on l'a caffé, ou de la marque que l'on met fur les barils dans lefquels on l'envoie, eft auffi très-beau, & fert aux mêmes ufages que celui de Carme. Le rebut, qui eft de l'*acier* extrémement mol, fe nomme *acier* à la fimple marque.

Ces fortes d'*aciers*, ainfi que tous les autres qui viennent d'Allemagne, pour petites batres carrées de 4, 5 & 6 lignes de large, & depuis un pied jufqu'à deux & demi de long.

L'ACIER DE PIÉMONT eft de deux fortes, le naturel & l'artificiel; le naturel eft le meilleur: l'un & l'autre fe vendent en carreaux.

L'ACIER EN GRAIN, de motte ou de mondragon,

vient d'Efpagne. Il eft en groffes maffes en forme de grands pains plats, qui ont quelquefois dix-huit pouces de diamètre, & 2, 3, 4 & 5 pouces d'épaiffeur: il eft bon pour les gros ouvrages, & particulièrement pour les outils dont on fe fert pour couper le fer à froid.

Enfin le PETIT ACIER ou *acier commun*, qu'on nomme autrement *Soret*, *Clamecy*, & *Limoufin*, ou du nom des autres villes ou provinces de France où il fe fabrique, eft le moindre de tous, & auffi celui qui fe vend à plus bas prix. Il fe débite par carreaux ou billes; mais plus petites, plus plattes que celles de l'*acier de Piémont*. La marque du lieu de fa fabrique doit être au bout de la bille du côté qui paroît avoir été le plus applatti. La bonté de tous ces différens *aciers* confifte, à fe caffer facilement, à avoir le grain net, menu, ferré, blanc argentin, & brillant, fans pailles, furchaufures, veines noires & fourures de fer.

L'acier non ouvré paie les droits d'entrée & de fortie du royaume & des provinces réputées étrangères, à raifon de tant du cent péfant; fçavoir, une livre deux fols de fortie, en conféquence du tarif de 1664, & de fix livres d'entrée par l'arrêt du confeil du 25 novembre 1687, & les nouveaux fols pour livre.

L'on fe fert de la limaille d'*acier* dans la médecine, la meilleure, & la plus naturelle eft celle des aiguilles: l'épreuve eft de la mettre fur la lumière d'une chandelle, celle qui ne brûle qu'à moitié, & qui fouffle la chandelle eft mélangée de limaille de fer.

L'ACIER DE DAMAS capitale de Syrie, étoit autrefois d'une grande réputation; & l'on en voit encore des fabres & des épées dans des cabinets de curieux: le grain en eft fi fin & fi ferré, qu'on prétend qu'il peut couper le fer fans être trempé; ce qui paroît plus véritable que ce qu'on lit dans quelques relations, que toute la trempe de ces fabres ne vient que de la forte impreffion de l'air, lorfqu'un Cavalier courant à toute bride & le tenant nud à la main en fait le moulinet autour de lui; ou ce que d'autres affurent, qu'ils ne fe trempent qu'en les paffant fur un chamois mouillé, le tranchant tourné comme fi on vouloit couper le chamois.

L'ACIER fe vend à *Amfterdam*, ou en barils ou à la botte, fuivant les lieux d'où on le tire. L'*acier de Dantzick* eft en baril du poids environ de cent deux livres. Cette marchandife ne donne point de tare ni de déduction pour bon poids. La déduction pour prompt paiement eft d'un pour cent.

L'ACIER DE SUÈDE eft auffi en baril du même poids que celui de Dantzick. La déduction pour prompt paiement eft d'un pour cent.

L'ACIER DE STIERMARCK eft en botte. La botte contenant 9 billes ou pièces de 6 à 7 pieds de long, péfant enfemble depuis 116 jufqu'à 117 livres.

ACORI, ou CORAIL BLEU. Le véritable *acori* eft très-rare: on en pêche néanmoins fur quelques côtes d'Afrique, particulièrement depuis Rio-del-Re jufqu'à jufqu'à la rivière des Camarones. Ce corail fait partie des marchandifes que les Hollandois traitent aux Camarones : celui du royaume de Benin eft auffi affez eftimé, il croît en forme d'arbre fur un fond pierreux.

ACORUS-VERUS. (*Plante.*) Efpèce de flambe bâtarde, que les apothicaires appellent *calamus* *odoratus*, quoiqu'improprement. Ses feuilles, & fes racines font affez femblables à la véritable flambe ou iris, mais plus étroites & plus longues : elles font odorantes, & piquantes au goût.

Il y a de deux fortes d'*acorus*, le vrai & le faux : ce dernier eft proprement la racine du glayeul aquatique, dont les fleurs font jaunes, il eft très-commun dans ce pays.

L'*acorus vrai* une eft racine noueufe, rougeâtre en deffus, & blanche en dedans, garnie de longs filamens, d'une fubftance légère, qui pouffe des feuilles vertes, longues & étroites, & des fruits d'environ trois pouces de long, de la groffeur & figure du poivre long. La racine de l'*acorus* eft pour l'ordinaire de la groffeur du petit doigt & de près de demi-pied de long; elle vient de Pologne, de Tartarie, & même de l'île de Java, où on l'appelle *diringo*. Elle eft de quelqu'ufage dans la médecine étant un des ingrédiens qui entrent dans la compofition de la thériaque. Les parfumeurs en employent auffi beaucoup.

Il faut choifir l'*acorus*, nouveau, bien nourri, mondé de fes filamens, difficile à rompre, d'un goût âcre accompagné d'une amertume agréable, & d'une odeur douce & aromatique.

On met encore au nombre des *acorus* le grand & petit *galanga*, quoique peut-être mal-à-propos, étant des efpèces fort différentes de l'*acorus*.

Le grand *galanga* a les feuilles comme celles de l'iris, & le petit eft une racine rougeâtre tant dedans que dehors, d'un goût fort piquant, & fort aromatique. Ces deux *galanga* viennent des Indes & de la Chine, fur-tout de l'île de Java. Les vinaigriers s'en fervent pour faire le vinaigre, mais beaucoup plus du petit, qui eft auffi de quelque ufage en médecine.

L'*acorus paie en France des droits d'entrée, deux livres dix fols du cent péfant, conformément au tarif de 1664, & les nouveaux fols pour livre.*

ACQUIESCEMENT. Confentement qu'un négociant, ou autre perfonne donne à l'exécution d'une fentence arbitrale, d'une fentence des confuls, ou autre acte fait en Juftice. On ne peut revenir contre un jugement après un *acquiefcement*. L'exécution d'un jugement paffe pour *acquiefcement*.

ACQUIESCER. (*Demeurer d'accord d'une chofe, en convenir.*) Ce marchand a été obligé d'*acquiefcer* à la fentence arbitrale rendue contre lui.

ACQUIT. Efpèce de quittance ou billet imprimé fur du papier timbré, qui eft expédié & délivré aux marchands, commiffionnaires, ou voituriers,

par les commis, receveurs & contrôleurs des bureaux des cinq groffes fermes, établis aux entrées & forties du royaume de France, & des provinces réputées étrangeres.

Il y a de quatre fortes d'*acquits* qui font, l'*acquit de paiement*, l'*acquit à caution* ou de précaution, l'*acquit à caution de tranfit*, & l'*acquit* ou certificat de franchife.

L'ACQUIT DE PAIEMENT, fait mention de la qualité, quantité, poids, ou valeur des marchandifes, du nombre des caiffes, balles, & ballots où elles font renfermées; de leurs marques & numéros; des plombs qui y ont été appofés; de la fomme qui a été payée pour les droits d'entrée ou de fortie; du nom du marchand pour le compte duquel les marchandifes font envoyées; du lieu où elles doivent être déchargées, & de la route que les voituriers doivent tenir. Cet *acquit de paiement* doit fuivre la marchandife & doit refter au dernier bureau où elles doivent être recenfées, & examinées par les commis des fermes, pour connoître fi les droits ont été bien ou mal reçus; & s'ils ont été mal reçus, en faire payer le fupplément par les marchands à qui elles appartiennent.

Outre toutes ces circonftances obfervées dans les *acquits de paiement*, on y marque auffi le temps que les marchandifes doivent paffer au dernier bureau; après lequel ils reftent nuls & ne peuvent être reçus par les commis, à moins qu'il n'y ait eu quelque empêchement légitime qui doit être juftifié par un procès-verbal en bonne forme. Il eft de plus défendu aux voituriers de paffer par d'autres bureaux, que par ceux marqués dans les *acquits*; & ils font tenus de conduire directement les marchandifes à tous les bureaux de leur route, & d'y repréfenter leurs *acquits* pour y faire mettre un vû; & enfin de les laiffer au dernier bureau, où après que les ballots, caiffes, ou balles ont été ouvertes & vifitées, les commis leur délivrent fans frais un brevet de contrôle. Les voituriers font encore tenus de repréfenter leurs *acquits* fur la première réquifition qui leur en eft faite par les commis ou gardes qu'ils trouvent fur leur route, à qui même il eft libre de les retenir en leur délivrant pareillement un brevet de contrôle, fans néanmoins que l'ouverture & vifite des balles fe puiffent faire autre part que dans les bureaux, & encore feulement des marchandifes qui n'ont pas été vifitées; étant défendu, pour celles qui l'ont déja été, de les ouvrir ailleurs qu'au dernier bureau. Le tout conformément à l'*ordonnance des cinq groffes fermes du mois de février 1687, titre 2, articles 16, 17, 18, 19 & 20.*

L'ACQUIT A CAUTION OU DE PRÉCAUTION, eft délivré par les commis des traites à un particulier, qui fe conftitue pour *caution*, qu'une balle de marchandife fera vûe & vifitée par les commis du bureau du lieu pour lequel elle eft deftinée, & que les droits y feront payés; & aucuns font dûs; & à cet effet la balle eft cordée, ficelée, & plombée, au bureau où l'*acquit* eft délivré, pour qu'elle ne puiſſe être ouverte , ni les marchandiſes changées dans la route qu'elle doit tenir; & lorſque la balle eſt parvenue au lieu de ſa deſtination , & que les marchandiſes , ou autres choſes qui y ſont contenues, ont été vûes & viſitées par le commis - viſiteur , les receveur & contrôleur , ſur le vû du viſiteur , en font payer les droits , ſuppoſé qu'il en ſoit dû, & mettent enſuite la décharge au dos de l'*acquit*, lequel eſt après renvoyé à la perſonne qui s'eſt rendue *caution*, pour le repréſenter aux commis qui le lui ont délivré, afin de ſe faire décharger de ſon cautionnement.

L'ACQUIT A CAUTION DE TRANSIT, regarde certaines marchandiſes, ou choſes ſervant aux ouvrages & fabrication d'icelles, qui ſont exemptes des droits d'entrée & de ſortie du royaume, même des péages, octrois, & autres droits , comme ſont celles qui regardent les manufactures établies dans les villes & châtellenies de Lille, Douay, Orchies, Tournay & autres villes des Pays-Bas, conquiſes par ſa majeſté très - chrétienne , ou qui lui ont été cédées en Flandres par les traités de paix & de trève, leſquelles entrent & ſortent par les bureaux de Calais , Bayonne , Septeme , Pont de Beauvoiſin, Strasbourg & Péronne , pour aller dans les Indes , en Eſpagne, en Italie & en Angleterre.

Cet *acquit* eſt ordinairement délivré par les commis de la douane de Lille , ſuivant le certificat du magiſtrat de la ville , & fait mention du nom de celui pour le compte duquel ſont les marchandiſes , de la quantité, qualité, & poids d'icelles, du nombre des balles , ballots , ou caiſſes dans leſquelles elles ſont renfermées , de ce qu'elles ont été cordées, ficelées & plombées , de leurs marques & numéros , des bureaux par où elles doivent entrer & ſortir; qu'elles ne peuvent être entrepoſées; ſinon dans les bureaux des douanes par où elles doivent paſſer ; ni ouvertes qu'au dernier bureau de la frontière par où elles doivent ſortir , & où elles doivent être vûes & viſitées par les commis des fermes. Pour aſſurance de quoi , le marchand , ou le commiſſionnaire qui en fait l'envoi , donne caution de rapporter dans quatre mois du jour de la délivrance de l'*acquit* , un certificat en bonne forme, comme leſdites marchandiſes auront été trouvées en nombre, poids, quantité & qualité , & les balles & les cordes avec les plombs de la douane ſains & entiers , conformément à l'*acquit*. Ce certificat étant ainſi rapporté au dos de l'*acquit*, la *caution* eſt déchargée ſans aucune difficulté.

L'ACQUIT OU CERTIFICAT DE FRANCHISE, concerne l'exemption des droits de ſortie des marchandiſes deſtinées pour envoyer hors le royaume, leſquelles ſont achetées & enlevées pendant le tems des *franchiſes* des foires.

On s'en ſert particulièrement à Lyon pendant les quatre foires *franches* , qui ſont celles des Rois, de Pâques, d'Août , & de tous les Saints, qui durent chacune quinze jours francs, & commencent; ſçavoir, celle des Rois , le premier lundi après cette fête ;

celle de Pâques, le premier lundi après Quaſimodo; celle d'août , le quatre du même mois ; & celle des Saints , le trois de novembre. *Voyez* l'ARTICLE DES FOIRES.

Cet *acquit* ou *certificat de franchiſe* , eſt d'abord délivré par les receveurs & contrôleurs commis députés par les prévôt des marchands & échevins de la ville ; il fait mention de celui pour le compte de qui ſont les marchandiſes , de la qualité & poids d'icelles, du nombre des balles , ballots ou caiſſes , & qu'il n'a été payé aucuns droits de ceux dûs à la ville , & que leſdites balles , ballots ou caiſſes ont été enlevées & chargées pendant le tems de la *franchiſe* , & qu'elles ont été par eux marquées d'une marque particulière , dont l'empreinte eſt en marge du certificat, & qu'il n'y a aucunes choſes prohibées ni défendues.

Au dos de l'*acquit* ou *certificat* doit être l'expédition des commis du bureau général de la douane, portant ordre aux commis des portes de la ville , de vérifier la ſortie des balles , ballots , ou caiſſes dont eſt mention dans l'*acquit* ou *certificat* de MM. de ville , & que les droits ſont tenus pour payés durant la foire , & que l'on a déclaré les faire ſortir du royaume par une telle province.

On doit remarquer que pour jouir de la *franchiſe* , il faut que les marchandiſes ſoient miſes hors de la ville dans la fin de chacune foire , & qu'elles ſortent du royaume avant le premier jour de la foire ſuivante , ſauf néanmoins les juſtes & légitimes empêchemens.

L'*acquit* ou *certificat de franchiſe* doit accompagner la marchandiſe juſques au dernier bureau de ſortie , & il y doit reſter , le tout pour faciliter & favoriſer le commerce. Car il faut obſerver que toutes ces formalités ſont partie d'un nouveau ſyſtême très - compliqué de finance & de légiſlation, introduit ou du moins perfectionné en ſon genre depuis un ſiècle. Syſtême que ſes partiſans annoncent avec confiance, comme plus propre à favoriſer le commerce , que la primitive & antique immunité naturelle qui diſpenſoit les négocians de toutes ces exactions & peines , les gouvernemens de pareilles ſollicitudes.

ACQUIT. Parmi les négocians , veut encore dire *quittance* , *reçu*., ou *récépicé*. Payé à un tel par *acquit* , du tel jour, c'eſt-à-dire ; ſur ſa quittance , reçu , ou récépicé.

Quand un banquier ou autre perſonne donne une lettre de change échûe à un garçon pour en aller recevoir le paiement , il l'endoſſe en blanc , afin que le garçon puiſſe mettre le *reçû* au-deſſus de ſa ſignature. Il faut obſerver toujours en faiſant ces ſortes d'endoſſemens en blanc , de mettre au - deſſus de ſa ſignature ces mots , *pour acquît* , & cela afin qu'on ne puiſſe pas remplir le blanc d'un ordre payable à un autre. Ce qui pourroit produire de très-fâcheux inconvéniens.

ACQUITTER. Signifie *payer des droits pour des marchandiſes* , aux entrées & ſorties du royaume, aux entrées des villes & dans les bureaux du roi. Ce marchand fait un gros commerce, il a *acquitté*, il a *payé* cette année pour plus de 10000 livres de droits au roi.

Il signifie aussi *payer ses dettes*. Ce négociant s'est enfin *acquitté* envers ses créanciers, il les a *payés* entièrement.

On dit, *acquitter* des lettres & billets de change, des promesses, des obligations ; pour dire, les *payer*.

ACRE. Monnoie de compte, de quelques endroits des Indes orientales. On le nomme plus ordinairement *lacre*. *Voyez* LACRE.

ACRE, que l'on appelle communément *rotte*, est aussi un poids dont on se sert dans plusieurs échelles du Levant. *Voyez* ROTTE.

ACRE, est encore une mesure des terres, dont on se sert dans quelques provinces de France, particulièrement en Normandie : elle est plus ou moins grande suivant les lieux ; elle contient ordinairement cent soixante perches.

L'ACRE des bois est de quatre vergées ; la vergée de quarante perches ; la perche de vingt-quatre pieds ; le pied de douze pouces ; & le pouce de douze lignes, suivant l'évaluation rapportée par Furetière.

Par toute l'Angleterre on compte toujours par *acre* ; & dans tous les achats, ventes & baux de terres, on fait mention communément de la quantité ou nombre d'*acres* dont est question.

ACREMENS. On nomme ainsi à Constantinople une sorte de peaux de bœufs & de vaches qui y sont apportées de la mer noire.

Les *acremens* approchent assez des peaux qu'on appelle *premiers couteaux*, & ne se vendent qu'environ un quart de piastre moins. *Voyez* COUSTEAUX.

ACTION. Droit que l'on a de poursuivre quelque demande ou prétention en Justice. Il se dit aussi des procès qu'on intente & des procédures qu'on fait pour soutenir & faire valoir son droit. Subroger quelqu'un à ses droits, noms, raisons & *actions*, c'est lui céder tout le droit que l'on a sur quelque chose, & le mettre en état par cette cession de le poursuivre en Justice en son propre nom & comme lui appartenant.

ACTION. Signifie quelquefois *les effets mobiliaires* ; & l'on dit, que les créanciers d'un marchand se sont saisis de toutes ses *actions*, pour dire, qu'ils se sont mis en possession & se sont rendus maîtres de toutes ses dettes actives.

ACTION RÉDHIBITOIRE. C'est celle par laquelle l'acheteur peut obliger son vendeur à reprendre des marchandises viciées & défectueuses.

ACTION DE COMPAGNIE. C'est une partie ou égale portion d'intérêt, dont plusieurs jointes ensemble composent le fonds capital d'une *compagnie de commerce* ; ainsi une *compagnie* qui a trois cents *actions* de mille livres chacune, doit avoir un fonds de trois cent mille livres ; ce qui s'entend à proportion, si les *actions* sont réglées plus haut ou plus bas.

On dit qu'un marchand ou quelqu'autre personne que ce soit, a quatre ou six *actions dans une compagnie*, quand il contribue au fonds capital & qu'il y est intéressé pour quatre ou pour six mille livres, si chaque *action* est de mille livres, comme on vient de le supposer.

Un actionnaire ne peut avoir voix délibérative dans les assemblées de la *compagnie*, qu'il n'ait un certain nombre d'*actions* fixé par les lettres patentes de son établissement ; & il ne peut être directeur, qu'il n'en ait encore une plus grande quantité : cette proportion d'*actions* pour la voix délibérative & pour la direction, est rapportée ailleurs.

ACTION. S'entend aussi des obligations, contrats & reconnoissances que les directeurs des *compagnies de commerce* délivrent à ceux qui ont porté leurs deniers à la caisse, & qui s'y sont intéressés. Ainsi, délivrer une *action*, c'est donner & expédier en forme le titre qui rend un actionnaire propriétaire de l'*action* qu'il y a prise.

Les *actions* des compagnies de commerce haussent ou baissent suivant que ces *compagnies* prennent faveur ou perdent leur crédit.

Peu de chose cause quelquefois cette augmentation ou cette diminution du pied des *actions*, & il ne faut souvent que le bruit incertain d'une rupture entre des puissances voisines, ou l'espérance d'une paix prochaine lorsqu'elles sont en guerre, pour diminuer ou augmenter considérablement le prix pour lequel elles ont coutume de se négocier.

On a vû en France en 1719, jusqu'où le crédit même le plus factice d'une *compagnie* peut porter celui de ses *actions* ; celles de la *compagnie d'Occident*, connue depuis sous le nom de *compagnie des Indes*, ayant monté en moins de six mois jusqu'à dix-neuf cent pour cent ; ce qui n'étoit jamais arrivé à aucune autre *compagnie*, quelque accréditée & quelque puissante qu'elle fût. On se réserve de parler ailleurs des *actions de la compagnie Françoise* au mot *banque*.

Avant la guerre que la France déclara aux Provinces-Unies en 1672, les *actions de la compagnie Hollandoise des Indes orientales*, étoient montées jusqu'à six cent cinquante pour cent, qui est le plus haut qu'on les ait vûes ; mais les premiers mois de cette guerre qui pensa être si fatale à cette république, les fit tomber à moins de deux cent cinquante.

S'étant ensuite rétablies, & étant remontées après la paix de Nimègue ; les différentes ruptures arrivées entre la France & la Hollande, jusqu'au traité d'Utrecht, soit à cause de la ligue d'Aufbourg, soit pour la succession d'Espagne, y ont à la vérité apporté quelque diminution ; mais toujours peu considérable en comparaison de celle de 1672, & elles se sont aisément remises à la fin de chaque guerre presque au plus haut pied de valeur qu'elles aient jamais été. Enforte qu'en 1718, elles n'étoient pas loin de six cent pour cent ; les actionnistes, comme on parle en Hollande, voyant par là leur premier capital augmenté six fois plus qu'il n'étoit d'abord ; & chaque *action*, qui, à l'établissement de la *compagnie*, n'alloit qu'à cinq cent livres de gros, ou trois mille florins, valant alors jusqu'à dix-huit mille florins.

Le commerce des *actions* est un des plus importans qui se fasse à la bourse d'Amsterdam & des autres villes des Provinces-Unies, où il y a des chambres de la *compagnie des Indes Orientales*, & qui ne s'enrichissent que de ce négoce.

Ce qui rend ce commerce si commun, & souvent si lucratif en Hollande, c'est qu'il se peut faire sans un grand fonds d'argent comptant, & que, pour ainsi dire, il ne consiste que dans une vicissitude continuelle d'achats & de reventes d'*actions*, qu'on acquiert quand elles baissent, & dont on se défait quand elles haussent.

L'on se sert presque toujours de l'entremise d'un courtier, lorsqu'on veut acheter ou vendre des *actions de la compagnie Hollandoise* ; & quand l'on est convenu du prix, le vendeur en fait le transport, & en signe la quittance en présence d'un des directeurs, qui les fait enregistrer par le secrétaire ou greffier ; ce qui suffit pour transporter la propriété des parties vendues, du vendeur à l'acheteur.

Les droits du courtier pour sa négociation, se payent ordinairement à raison de six florins pour chaque action de cinq cent livres de gros, moitié par l'acheteur & moitié par le vendeur.

Les *actions de la compagnie Françoise des Indes orientales*, ne sont plus qu'un titre au porteur, dont le capital est de 2400 liv. produisant 120 liv. de rente annuelle, assignée sur la ferme du tabac.

NOURRIR UNE ACTION. C'est payer exactement à leur échéance les diverses sommes pour lesquelles on a fait sa soumission à la caisse de la *compagnie*, suivant qu'il a été réglé par les arrêts du conseil, donnés pour la création des nouvelles *actions*.

FONDRE DES ACTIONS. C'est les vendre & s'en défaire, suivant les besoins que l'on a de fonds, soit pour nourrir d'autres *actions*, soit pour ses autres affaires.

UNE ACTION NOURRIE, est celle dont tous les paiemens sont faits, & qui est en état d'avoir part aux dividendes ou répartitions des profits de la *compagnie*. Jusqu'à cet entier & parfait paiement, ce n'est pas proprement une *action* ; mais simplement une *soumission*. *Voyez* SOUMISSION.

DIVIDENT ou DIVIDENDE. C'est ce qu'on nomme autrement *répartition*, c'est-à-dire, la part qui revient à chaque actionnaire dans les profits d'une *compagnie*, au prorata de ce qu'il y a d'*actions*. *Voyez* RÉPARTITION.

Ce qui se pratique à Amsterdam pour le transport des actions.

Lorsque deux personnes ont conclu entr'elles, ou par l'entremise d'un courtier, le prix d'une ou plusieurs *actions*, & qu'il est question de les livrer ;

le vendeur va à la maison des Indes pour en faire sa déclaration au teneur de livres, qui l'enregistre aussi-tôt, &, qui, après l'avoir fait signer à celui qui *transporte l'action*, y fait encore ajouter la signature d'un des directeurs, devant lequel il faut outre cela que le vendeur déclare de bouche la vente qu'il en a faite.

Le *transport* ainsi enregistré, & l'acheteur en ayant été informé, il est permis à ce dernier d'aller s'en assurer à la maison des Indes, s'il ne se fie pas à celui avec qui il a traité ; après quoi il doit faire écrire en banque la valeur des *actions transportées* pour le compte du vendeur, qui de son côté, quand il est certain que la somme lui a été écrite en banque, retourne à la maison des Indes en signer la quittance au bas du *transport* qu'il en a fait.

Tant que cette quittance n'est point signée, l'acquéreur ne peut disposer des *actions transportées*, bien qu'il en ait fait le paiement : aussi en cas de refus par le vendeur, de signer cette quittance après en avoir reçu la juste valeur, il y peut être contraint sur une simple requête présentée aux échevins.

Il en coute trois florins dix-huit sols pour chaque *transport*, tant pour le sceau que pour le teneur de livres.

Il faut remarquer que tous les registres des *transports* sont composés de formules imprimées, dont le commis n'a qu'à remplir les blancs : ces formules s'appellent les *sceaux*, à cause qu'elles ont une empreinte à peu près comme les papiers timbrés de France. *Voyez* SCEAU.

Cette police pour le *transport des actions* a été réglée par divers placards ou ordonnances des états généraux des Provinces-Unies : entr'autres par ceux des 15 juillet 1621, 20 mai 1624 & 16 septembre 1677. Par ces mêmes ordonnances il est défendu à toutes personnes, de quelque qualité qu'elles soient, de vendre à terme ou au comptant aucunes *actions de la compagnie*, soit pour soi, soit pour autrui, que lesdites *actions* ne soient réellement & actuellement sur leur compte, ou de ceux pour qui elles les vendront dans le temps qu'elles en feront la vente, à peine pour les vendeurs de payer une amende du quart de la valeur pour laquelle elles auront été vendues : enjoignant en outre d'en faire enregistrer le *transport* dans l'espace de quatorze jours après la vente, si elles sont vendues dans la ville de la chambre de leur ressort ; ou d'un mois si c'est dans une autre ville, sous la même peine de l'amende du quart, sans qu'à l'avenir les contractans puissent faire aucunes renonciations auxdites ordonnances, ni les courtiers pour eux, sous peine pour les courtiers d'être sur le champ privés de leurs offices, & à ceux qui ne le sont pas, d'être punis arbitrairement suivant l'exigence des cas.

Du commerce des actions dans les pays étrangers, depuis l'année 1719 jusqu'en 1721.

L'exemple de ce qui se passoit en France dans le négoce des *actions*, & les fortunes immenses qui s'y faisoient, ayant tenté en même temps les Anglois & les Hollandois, on vit bien-tôt un nombre infini de nouvelles compagnies inonder, pour ainsi dire, l'Angleterre & la Hollande. Amsterdam, Leyden & Harlem furent presque les seules villes des Provinces-Unies, qui ne se laissèrent point emporter au torrent, & l'on vit à Londres une si grande quantité de ces extravagans établissemens, que tout le commerce de cette grande ville fut en quelque sorte réduit au seul négoce des *actions*, qui, dans leur décadence, ruinèrent enfin les fortunes les mieux établies des négocians, & les maisons les plus illustres de la Grande-Bretagne.

Les compagnies dont les *actions* firent le plus de bruit à Londres, furent parmi les anciennes, celles *du sud*, celles *des Indes* & celles *de la banque*.

Les *actions du sud* qui, au commencement du mois d'avril 1720, n'étoient qu'à cent vingt pour cent, furent poussées au mois de juillet de la même année jusqu'à mille vingt pour cent.

Les *actions de la banque* de cent quarante-huit montèrent à trois cent; & *celles des Indes* de cent quatre-vingt-dix-huit à près de cinq cent.

Ce temps si favorable aux actionnaires dura à peine quelques mois : après diverses variations, les *actions du sud* baissèrent au mois de novembre à cent, & vers le commencement de 1721, ne purent remonter qu'à 150 pour cent ; *celles de la banque* à 130, & *celles des Indes* à 160, & elles devinrent ensuite dans un tel discrédit, que le Parlement fit sa principale affaire pendant plus d'une année, de découvrir & de punir les malversations des caissiers & des directeurs de ces trois *compagnies*, & de tâcher de remettre leurs *actions* en faveur, ce qui même jusqu'en 1723 ne lui put réussir.

La *compagnie des assurances de Londres* fut celle des nouvelles compagnies d'Angleterre qui parut d'abord, à ce qui sembloit, sous de plus favorables auspices. Ces *actions* pour lesquelles l'on n'avoit fourni d'abord que dix pour cent, valurent aussi-tot jusqu'à cent vingt, c'est-à-dire, douze fois leur capital, & même jusqu'à cent soixante. Cet état florissant dura peu. Une tempête qui fit périr, sur la fin d'octobre 1720, douze vaisseaux de la Jamaïque, dérangea tellement les affaires de cette *compagnie* naissante, que ses *actions* furent dans le même mois à soixante pour cent, & d'autres pertes l'ayant encore affoibli peu de temps après, elles tombèrent à douze ou quinze pour cent. Enfin cette brillante *compagnie* ne subsistoit plus guères sur la fin de la même année, que dans les plaintes des actionnaires d'avoir été trompés par leurs directeurs : ce qui ne manque jamais d'arriver.

Les *actions des nouvelles compagnies établies en Hollande*, ou augmentées sur le modèle de celles d'Angleterre, y éprouvèrent à peu près les mêmes révolutions.

Les directeurs de la *compagnie des Indes occidentales* ayant obtenu des Etats Généraux la permission de faire de nouvelles souscriptions sur le pied de deux cent cinquante pour cent, les virent

bien-tôt poussées jusqu'à six cent cinquante ; mais baissant ensuite presque tout à coup, elles tombèrent à cent pour cent.

Les *actions de la compagnie des assurances de Roterdam*, établie au commencement de juillet 1720, pour lesquelles on avoit fourni seulement quatre sols pour cent, c'est-à-dire, dix florins par action, montèrent jusqu'à cent pour cent, de sorte qu'on donnoit cinq mille florins pour un capital de dix florins ; mais à peine leur crédit eut duré quelques mois, qu'on n'en voulut pas même à huit pour cent.

Celles de Goude, pour lesquelles on n'avoit fourni qu'un pour cent, après avoir valu jusqu'à trente pour cent, revinrent bien-tôt à leur première valeur.

Celle de la compagnie de Delft eurent le même sort, & encore en moins de temps. Enfin pour ne point entrer dans un détail ennuyeux, comme il n'y avoit pas eu presque de ville de la nord-Hollande, même les moins considérables, où à l'exemple de Roterdam, on n'eût établi des *compagnies de navigation & d'assurance* ; il n'y en eut point aussi où l'avidité de leurs actionnaires ne fût punie par la chûte de leurs *actions*, & la perte entière des fonds qu'ils y avoient employés.

ACTIONNAIRE ou ACTIONNISTE. (*Celui qui a des actions dans une compagnie de commerce.*) En France l'usage est pour *actionnaire*; en Hollande pour *actionniste*. Il est permis à un *actionnaire* de vendre ses *actions* en tout ou en partie, à perte ou à gain.

ACTIONNER. (*Intenter un procès à quelqu'un pour avoir un paiement de ce qui est dû.*) Ce terme étoit autrefois d'usage dans le commerce, présentement on s'en sert rarement, on dit, *assigner*.

ACTUEL. (*Ce qui se fait dans le moment, ou qui s'exécute véritablement.*) Un paiement *actuel* se dit d'un paiement effectif & en deniers comptans & à découvert. *Voyez* PAIEMENT.

AD

ADARMÉ. Petit poids d'Espagne, & dont on se sert aussi à Buenos-Ayres & dans toute l'Amérique Espagnole. C'est la seizième partie de l'once, ce qu'on appelle à Paris le demi-gros. Mais il faut remarquer que l'once d'Espagne est d'un septième par cent moins forte que celle de Paris ; en sorte que cent onces de Madrid n'en font que quatre-vingt-treize de Paris. *Voyez* LA TABLE DES POIDS.

ADATAIS. Mousseline ou toile de coton très-fine & très-claire, dont la pièce a dix aunes de longueur sur trois quarts de large. Cette mousseline vient des Indes orientales. Les plus beaux *adatais* se font à Bengale. *Voyez* MOUSSELINE.

ADEN, café d'*Aden*, ou d'Arabie de première qualité. Ce nom lui vient d'un port de la mer rouge, qui partage ce commerce avec Moka.

ADENOS. Le coton *adenos*, qu'on nomme autrement *coton de marine*, se tire d'Alep par la voie de Marseille. Il y paye le droit de vingt pour cent, conformément au Tarif de 1706.

ADIRER ou ADHIRER. (*Egarer, perdre quelque chose.*) Il se dit particulièrement des papiers : j'ai *adhiré* une obligation de mille écus : cette lettre de change est *adhirée*, on ne la peut retrouver ; elle est *égarée* ou *perdue*.

Lorsqu'une lettre de change, payable à un particulier & non au porteur, ou ordre, est *adhirée*, le paiement en peut être poursuivi & fait en vertu d'une seconde lettre, sans donner caution, en faisant mention que c'est une seconde lettre, & que la première ou autre précédente demeurera nulle.

Et au cas que la lettre *adhirée* fût payable au porteur, ou à ordre, le paiement n'en doit être fait que par ordonnance de Justice, en baillant caution de garantir le paiement qui en sera fait.

Cela est conforme aux articles XVIII & XIX de l'ordonnance de 1673, tit. V.

ADMINISTRATION. Les Espagnols du Perou nomment ainsi le *magasin d'entrepôt* établi à Colao, petite ville située sur la mer du sud, qui sert de port à Lima, capitale de cette partie de l'Amérique méridionale.

C'est à l'*administration* que les navires étrangers, qui obtiennent la permission de trafiquer le long de ces côtes, sont obligés de faire décharger les marchandises d'Europe qu'ils y apportent, en payant treize pour cent du prix de la vente, si la cargaison est entière, & jusqu'à seize pour cent si elle ne l'est pas ; on paye outre cela trois par mille pour les droits de consulat & autres petits droits royaux : il est triste qu'*administration* & impôt soient synonimes.

ADRAGANTH, autrement TRAGACANTH. (*Espèce de gomme.*)

Il faut choisir l'*adraganth* clair, lissé, tortillé en forme de vermisseaux, & dont les brins soient un peu longs.

Cette gomme a quelqu'usage dans la médecine, où elle entre dans la composition des électuaires pour les maladies des yeux ; mais sa grande consommation se fait par plusieurs ouvriers & artisans qui l'employent dans divers ouvrages.

Les peaussiers, qui s'en servent beaucoup dans les préparations de leurs cuirs, préfèrent la rouge & la noire à la blanche & à la grise : presque tous les autres usent des deux dernières espèces qui sont les meilleures.

On trouve aussi de la gomme *adraganth* dans l'isle de Candie.

L'*adraganth*, que dans les tarifs de France on nomme *tragagans*, paye de droits d'entrée dans ce royaume, *cinquante sols le cent pésant*, avec les *nouveaux sols pour livre*.

ADRESSE. Souscription que l'on met sur le dos d'une lettre missive pour la faire tenir, ou par la poste ou autrement, à la personne à qui elle est destinée.

Cette *adresse* ou *souscription* doit contenir les noms, demeure & qualité de celui à qui elle doit être rendue, avec la province, la ville ou le lieu où l'on veut envoyer la lettre.

Monsieur Savary, dans son Parfait Négociant, recommande aux marchands, négocians, banquiers & autres qui se mêlent de commerce, une grande exactitude à bien mettre les *adresses* de leurs correspondans & commissionnaires ; une seule lettre perdue, ou seulement retardée, pouvant, selon les circonstances, causer de grands désordres dans le négoce, & même dans la fortune d'un négociant.

ADRESSE, se dit plus ordinairement de ce qu'on écrit & met sur les balles, ballots, bannes, mannes ou futailles remplies de marchandises qu'on envoye au loin par les voituriers. Ces *adresses* doivent contenir à peu près les mêmes choses que les *souscriptions* des lettres. Il y a néanmoins des occasions où il faut ajouter d'autres circonstances qui leur sont propres. *Voyez* EMBALLAGE & EMBALLEUR.

ADRESSE. Ce terme a encore plusieurs autres significations dans le commerce. On dit : mon *adresse* est à Orléans chez un tel ; pour marquer que c'est là qu'on doit envoyer ce qu'on veut qui me soit rendu. J'ai accepté une lettre de change payable à l'*adresse* de M. Nicolas ; ce qui sert comme d'élection de domicile, pour le paiement de cette lettre, ou pour les poursuites que le porteur pourroit être obligé de faire faute d'être acceptée ou payée. Cette lettre de change est à l'*adresse* du sieur Simon, pour dire qu'elle est tirée sur lui.

ADRESSER. (*Envoyer des marchandises en quelque lieu ou à quelque personne.*) Je viens d'*adresser* quatre balles de poivre à Lyon. Mon correspondant de la Rochelle est sûr ; vous pouvez lui *adresser* vos marchandises.

AE

ÆS-USTUM, (ou *cuivre brûlé.*) C'est du cuivre rouge, coupé en petites plaques, & mis par lits dans un creuset avec du soufre & un peu de sel marin, & ensuite exposé à un grand feu de charbon : lorsque tout le soufre est consommé, la drogue est dans sa perfection.

La bonté de l'*æs-ustum* consiste dans son épaisseur, qui doit être médiocre ; dans sa couleur, qu'il doit avoir gris de fer par-dessus, gris rougeâtre en dedans, & d'un rouge de cynabre quand on en frotte deux morceaux l'un contre l'autre. Il faut aussi qu'il soit cassant & brillant lorsqu'il est cassé. Le meilleur *æs-ustum* vient de Hollande.

Les médecins se servent de cette drogue dans quelques-uns de leurs remèdes, mais avec de grandes précautions. Son plus grand usage est pour la chirurgie, où elle est bonne à manger & consommer les chairs & excroissances dans la guérison des plaies.

L'*æs-ustum* paye des droits d'entrée en France *quatre livres du cent pésant, avec les sols pour liv*.

AEM, ou AM. Mesure dont on se sert à Amsterdam pour les liquides.

L'*aem* est de 4 anker, l'*anker* de 2 stekans ou de 32 mingles ou mingeles, & le *mingle* revient à deux pintes mesure de Paris. Six *aems* font un tonneau de quatre bariques de Bordeaux, dont chaque barique rend à Amsterdam 12 stekans ½, ce qui fait 50 stekans le tonneau, ou 800 mingles vin & lie; ce qui peut revenir à 1600 pintes de Paris; & par conséquent l'*aem* revient à environ 250 ou 260 pintes de Paris. *Voyez* la TABLE DES MESURES.

AEM, AM, AME. Cette mesure pour les liqueurs, qui est en usage presque par toute l'Allemagne, n'est pourtant pas la même que celle d'Amsterdam, quoiqu'elle en porte presque le nom; & elle n'est pas même semblable dans toutes les villes d'Allemagne. L'*ame* communément est de 20 fertels ou 80 masses. A Heydelberg elle est de 12 vertels & la vertel de 4 masses, ce qui réduit l'*ame* à 48 masses. Et dans le Wirtemberg l'*ame* est de 16 yunes, & l'yune de 10 masses; ce qui fait monter l'*ame* jusques à 160 masses. *Voyez* la TABLE DES MESURES.

AF

AFEURER. Vieux mot de commerce, qui signifie *mettre les marchandises & les denrées qui s'apportent dans les marchés, à un certain prix; les taxer, les estimer. Voyez* AFFORAGE.

AFFAIRE. (*Ce qui nous occupe, ce à quoi nous travaillons.*)

Ce terme est d'un grand usage dans le commerce, & y a diverses significations. Quelquefois il se prend pour marché, achat, traité, convention, &c. mais également en bonne ou en mauvaise part, suivant ce qu'on y ajoute pour en fixer le sens. Ainsi on dit: cet homme a fait une bonne *affaire*, pour faire entendre, qu'il y a beaucoup à gagner; & au contraire, qu'il a fait une mauvaise *affaire*, quand il y a considérablement à perdre dans le marché, l'achat, le traité, la convention, &c. dont il est question.

Quelquefois *affaire* se prend pour la fortune d'un marchand; & en ce sens on dit, qu'il est bien dans ses *affaires*, quand il est riche & à son aise, sans dettes, & avec des fonds considérables: & qu'il est mal dans ses *affaires*, quand il a fait de grandes pertes, & qu'il doit beaucoup.

Entendre ses *affaires*; c'est se bien conduire dans son négoce.

Entendre les *affaires*, signifie aussi entendre un peu la *chicane* ou *procédure en Justice*. On dit, cet homme n'entend pas les *affaires*, il ne sçait comment conduire un procès.

Donner ordre à ses *affaires*; c'est les régler, les mettre en bon état, payer ses dettes; liquider ce qui est dû.

On dit en proverbe, *qui fait ses affaires par procureur, va à l'hôpital en personne.*

AFFERMER. Donner ou prendre à ferme quelque terre ou quelques droits pour un certain temps & moyennant un certain prix. *Voyez* FERME.

AFFICHE. Placard attaché en lieu public pour rendre une chose notoire à tout le monde.

L'usage des *affiches* est très-commun dans le commerce. On en met pour la vente des marchandises, pour celles des vaisseaux, pour donner avis des bâtimens qui se disposent à faire voyage: celles-ci doivent contenir les lieux où ils vont, ceux où ils doivent toucher pendant la route, le nombre de tonneaux qu'ils contiennent & celui des canons dont ils sont armés. C'est aussi par des *affiches* que les compagnies de commerce apprennent au public la qualité des étoffes, des toiles, des métaux, des drogues & épiceries & autres effets qui leur arrivent par le retour de leurs navires. On y explique ordinairement le lieu de leur arrivée, le jour de leur vente, & souvent sous quelles conditions elles doivent être vendues. Enfin il y a peu de chose dans le négoce pour lesquelles les marchands ne soient quelquefois obligés de faire apposer des *affiches*, quand ce ne seroit que pour indiquer les nouvelles fabriques dont ils entreprennent l'établissement, ou même seulement le changement du lieu de leur demeure, pour se conserver la pratique de leurs chalants.

Il n'est pas permis à Paris de faire mettre des *affiches*, pour quelque raison que ce soit, sans en avoir obtenu la permission du lieutenant général de police ou des juges supérieurs, suivant l'exigence des cas.

AFFINAGE. Action par laquelle on épure quelque chose, on la rend plus fine, plus nette, ou meilleure. On le dit des métaux, du sucre, du chanvre, des aiguilles, &c. qui deviennent par l'*affinage* plus précieux dans le commerce.

AFFINEUR. (*Celui qui affine.*) Il y a des *affineurs* pour l'affinage de l'or & de l'argent, dont quelques-uns sont en titre d'offices, entr'autres les *affineurs* établis dans les hôtels des monnoies de France: des *affineurs* dans les fonderies & forges de fer, des *affineurs* pour les sucreries; & ainsi de toutes les choses qui peuvent se mettre à l'affinage.

AFFINEUR, se dit aussi dans les manufactures de lainage, des ouvriers qui tondent les draps d'affinage. L'article 27 du réglement de 1708, *pour les draps destinés à être envoyés au Levant, rend les foulonniers, teinturiers, tondeurs, affineurs, &c. responsables envers les marchands fabriquans, chacun en ce qui le concerne, des amendes & confiscations prononcées à cause des étoffes défectueuses.*

AFFINOIR. (*Terme de chanvrier & de cordier.*) C'est le *seran* ou *peigne de fer*, avec lequel on affine le chanvre. Ainsi nommé, parce que les bouches ou dents de cet instrument à travers desquelles on passe la filace, étant plus petites & plus serrées, elle en sort plus fine & mieux dégrossie.

AFFIRMATION. C'est le serment qu'on prête en Justice, & l'assurance qu'on donne de la vérité de quelque fait: ce qui se passe en présence du juge, lequel fait lever la main & jurer que la chose affirmée est véritable.

Il y a un article dans l'ordonnance de 1673, qui preſcrit l'*affirmation* en certains cas pour fait de lettres ou billets de change : c'eſt le XXI. du ,titre V. Voici ce qu'il porte : *que les lettres ou billets de change ſeront réputés acquittés après cinq ans de ceſſation de demande & de pourſuites, à compter du lendemain de l'échéance, ou du proteſt, ou de la dernière pourſuite. Néanmoins les prétendus débiteurs ſeront tenus d'affirmer, s'ils en ſont requis, qu'ils ne ſont plus redevables ; & leurs veuves, héritiers, ou ayant-cauſe, qu'ils eſtiment de bonne foi, qu'il n'eſt plus rien dû.*

AFFOIBLIR. (*Rendre plus foible.*) Il ſe dit particulièrement des *monnoies*, lorſqu'on les altère, ſoit au titre, ſoit au poids, ſoit de quelqu'autre manière que ce puiſſe être.

AFFOIBLISSEMENT en termes de monnoyeurs, ſe prend dans toutes les ſignifications d'*empirance.*

AFFORAGE. Droit ſeigneurial qui ſe paye au ſeigneur, pour avoir permiſſion de vendre du vin ou autre liqueur, dans ſon fief, & ſuivant la taxe réglée par ſes officiers.

AFFORAGE ſignifie auſſi dans les ordonnances de la ville de Paris, le *prix* d'une denrée, mis & fixé par l'autorité des prevôt des marchands & échevins. L'ordonnance de 1672, chap. 9, porte : *qu'on ne pourra expoſer en vente aucuns vins étrangers, que le prix n'en ait été fixé par les échevins, & qu'il n'en ſoit fait mention dans l'acte d'afforage.*

Si quelqu'homme raiſonnable eût exigé des rédacteurs de ce réglement qu'ils rendiſſent compte de leurs motifs, il les auroit bien embarraſſé. Car enfin le vin qu'on apporte à Paris *a un prix certain*, qui eſt compoſé 1°. du taux courant dans le pays d'où il vient ; 2°. des frais & faux frais, 3°. du bénéfice mercantil. Or les officiers municipaux le taxeront (puiſque taxe y a) ou *plus cher*, & en ce cas ils font tort aux pariſiens ; ou *plus bas*, & ils font tort aux marchands qui n'en rapporteront plus ; ou *tout juſte à ſa valeur*, & en ce cas c'eſt peine inutile, car la libre concurrence l'auroit fait ſans eux. La faculté de taxer qui eſt contraire au droit naturel & à la juſtice & à la bonne politique, eſt un de ces abus que les ſubalternes intéreſſés veulent en vain maintenir pour ſe faire une autorité & des revenans bon. L'expérience & la raiſon en font ſentir les vices & les laiſſent tomber en déſuétude. Les échevins de Paris ne taxent point les vins.

AFFRETEMENT. (*Terme de commerce de mer.*) Il ſignifie la convention faite entre un marchand & le propriétaire d'un vaiſſeau pour le louage de ſon bâtiment. Ce terme eſt particulièrement en uſage ſur l'océan. Sur la médirerranée, on ſe ſert du mot de *noliſſement*, qui ſignifie la même choſe qu'*affretement*. Il y a des lieux où l'on donne le nom de *contrat* à cette convention. *Voyez* FRET & FRETTEMENT.

AFFRETER, (*Prendre un vaiſſeau à louage.*) Le

maître ou propriétaire du bâtiment *frete* ou donne à louage, & le marchand chargeur *affrete*, ou prend à louage. On *affrete* ordinairement à tant par voyage, par mois, ou par tonneau. *Voyez* FRETER.

AFFRETEUR. On donne ce nom à un marchand, lorſqu'il prend un vaiſſeau à loyer, pour faire tranſporter & voiturer des marchandiſes d'un port à l'autre. On dit en ce ſens : c'eſt un tel marchand qui eſt l'*affreteur* d'un tel navire, pour faire entendre, que c'eſt lui qui l'a pris à louage.

En France il eſt défendu de donner aucun des navires du roi à fret, que l'*affreteur* ne paye comptant au moins la dixième partie du fret dont on eſt convenu. Et ce cas eſt très-rare. Ce ſeroit peut-être un moyen d'exercer la marine royale en temps de paix que de lui permettre l'*affretement* des vaiſſeaux ou frégates de guerre.

AFFRONTER. Tromper quelqu'un ; lui vendre une marchandiſe pour une autre ; lui emprunter pour ne lui pas rendre.

AFFRONTEUR. (*Celui qui trompe, qui affronte.*)

AFFUST. Sorte de chariot étroit & renforcé, dont on ſe ſert dans le ſervice de l'artillerie, ſoit pour en pointer les pièces, ſoit pour les tranſporter d'un lieu à un autre. L'*affût* à pointer n'a que deux roues : celui à tranſporter en a quatre. Il y a des *affûts* pour le canon, des *affûts* pour les mortiers, des *affûts* de terre, des *affûts* de marine & quelques autres.

Toutes ces ſortes d'*affûts* ſont du nombre des marchandiſes de contrebande, dont la ſortie eſt défendue par toute l'étendue du royaume, terres & pays du roi de France, à peine de confiſcation. *Ordonnance du roi de 1687, tit. 8, art. 3,* Pourquoi ? Ce n'eſt pas choſe aiſée à deviner. Les voiſins qui paieroient les *affûts* en font eux-mêmes. Ils ont des canons montés, & le charron François n'a pas leur argent. Les Chinois ont grande raiſon de dire que *nous n'avons qu'un œil pour ne voir qu'à demi.* Les auteurs de ces prohibitions en ſont bien la preuve. On voit qu'ils s'arrêtent à la première idée. Une ſeconde réflexion rend abſurdes autant qu'injuſtes tous leurs beaux Réglemens.

AFIOUME. Sorte de lin qui vient du Levant par la voie de Marſeille. *Voyez l'article* DU LIN.

AFRIQUE. (*Commerce d'*) il ſe fait tout entier par les nations Européennes, les François, les Anglois, les Hollandois, les Danois, les Eſpagnols, les Portugais, &c. *Voy.* les articles EGYPTE, FRANCE, ANGLETERRE, HOLLANDE, DANEMARCK, ESPAGNE, PORTUGAL & ITALIE.

AFSLAGERS. On nomme ainſi à Amſterdam des perſonnes établies par les bourguemaîtres, pour préſider aux ventes publiques qui ſe font dans la ville : y recevoir les enchères & faire l'adjudication des cavelins ou partie de marchandiſes au plus offrant & dernier enchériſſeur. L'*afſlager* doit toujours être accompagné d'un clerc de la secrétairie pour tenir une note de la vente. Ces commiſſaires ſe nomment auſſi *Vendu-meeſter* ou maître de la vente, & c'eſt ainſi qu'on les appelle le plus ordinairement. *Voyez ce dernier article.*

A G

AGALLOCHUM. Sorte de bois qu'on apporte des Indes orientales, qui eſt une des eſpèces de bois d'aloès, que vendent les marchands épiciers droguiſtes de Paris. Il eſt marqueté de diverſes couleurs, odorant & a quelque acremonie pour le goût. Sa ſubſtance trop compacte le rend difficile à brûler ; mais quand on le met au feu, il en ſort beaucoup de ſuc qu'on croit ſouverain pour les maladies du cœur ; enſorte qu'on le met du nombre des meilleurs cardiaques. Il a une écore mince & maniable, qu'on pourroit plutôt appeller une peau qu'une écorce. Il eſt rare qu'on en voie en France de gros morceaux, n'y venant guères qu'en petites pièces.

AGARIC. Excroiſſance, qui naît comme un potiron ou comme un champignon, ſur le tronc & ſur les groſſes branches de différens arbres, particulièrement ſur le melaiſe ou larix, ou ſur quelques eſpèces de chênes, lorſqu'ils ſont vieux & ſur leur retour.

Il y a de trois ſortes d'*agaric* ; le mâle, l'*agaric* femelle, & celui qu'on appelle *agaric faux.*

L'AGARIC MASLE, nommé autrement, *agaric* commun ou péſant, eſt de couleur tirant ſur le jaune, & aſſez compacte. Il s'emploie ordinairement pour teindre en noir ; & on le met au nombre des drogues non colorantes, dont les teinturiers du grand & bon teint doivent ſe ſervir. On l'appelle *drogue* non colorante, parce qu'elle ne peut d'elle-même produire ni former aucune couleur, à moins qu'elle ne ſoit mêlée avec d'autres ingrédiens.

L'AGARIC FEMELLE eſt le plus eſtimé, parce qu'il a beaucoup d'uſage dans la médecine. Pour être bon, il faut qu'il ſoit blanc, grand, leger, friable ou facile à mettre en poudre, d'un goût amer, & d'une odeur vive & pénétrante.

L'AGARIC FAUX, ou *agaric* de chêne, eſt celui qui ſe recueille ſur ces ſortes d'arbres. Il eſt ordinairement rougeâtre & fort péſant. On l'eſtime très-peu ; & c'eſt apparemment ce qui lui a fait donner le nom d'*agaric* faux. Les droguiſtes ne regardent comme véritables, que ceux qui ſe recueillent ſur les melaiſes.

L'*agaric* ſe tire de différens endroits. Le meilleur vient du Levant ; & ceux qui viennent de Savoie & de Dauphiné, ſont moins eſtimés. La Hollande en fournit auſſi, & c'eſt le moindre de tous, à cauſe qu'il eſt râpé & blanchi par-deſſus avec de la craye.

La plûpart de l'*agaric* qui vient du Levant, ſe tire par Smyrne, où on l'envoie de Dadalié, ville qui eſt à plus de quinze journées. On en peut ache-

ter année commune juſqu'à cinq cent ocos. Il vient en caiſſe d'environ ſoixante ocos.

L'*agaric* eſt ou *brut*, ou *mondé*, ou en *trochiſque.*

Le *brut*, eſt celui qui eſt tel que l'on le tire de deſſus l'arbre, ſans avoir eu d'autre façon que celle qu'il a reçue de la nature.

Le *mondé*, eſt celui qui étant purgé & nettoyé de ſes impuretés & imperfections, eſt en état d'être employé.

A l'égard de l'*agaric*, qu'on nomme *trochiſque*, c'eſt ordinairement de l'*agaric* femelle réduit en poudre très-déliée, incorporée avec quelque liqueur & miſe en maſſe, dont on fait de petits pains de diverſes figures & groſſeurs, qu'on fait ſécher à l'air & à l'ombre, & ſans l'approcher du feu.

Il y a encore une autre ſorte d'*agaric* que l'on nomme *agaric minéral.* C'eſt une certaine pierre qui ſe trouve dans les fentes des rochers en divers endroits d'Allemagne. Cette pierre eſt très-blanche ; auſſi l'appelle-t-on *lait de lune :* on lui donne encore le nom de *moele de pierre*, ou *lithomagra*, & d'autres l'appellent *ſtenomagra.* On prétend que la calcination de cette pierre ſe fait par la vapeur des métaux cachés dans le ſein des rochers où elle ſe trouve. Cet *agaric* n'a guères d'uſage que pour la médecine.

L'*agaric* fin ne payoit en France des droits d'entrée que ſept livres dix ſols le cent péſant, & le gros ſeulement trois livres, par le tarif de 1664, mais depuis il a été mis par l'arrêt du conſeil d'état du roi du 15 août 1685, du nombre des marchandiſes venant du Levant, Barbarie & autres pays & terres de la domination du grand-ſeigneur, du roi de Perſe, & d'Italie, ſur leſquelles il doit être levé vingt pour cent de leur valeur & les nouveaux ſols pour livre.

AGATE. Pierre précieuſe qui a différens noms ſuivant ſes diverſes couleurs. Il y a des *agates* tranſparentes, d'autres opaques, & quelques-unes partie tranſparentes partie opaques.

Les *agates* qu'on nomme *ſardoines*, ſont rouges ; les plus eſtimées ont une petite teinture couleur de chair mêlée de brun ; les moindres ſont celles dont le rouge tire ſur le jaune.

Les *onix* que l'académie Françoiſe appelle *onyces*, ſont toutes opaques, de couleur blanchâtre & noire.

Les *ſardonix* tiennent de l'onix & de la ſardoine. Cette dernière eſpèce d'*agate* eſt la plus précieuſe de toutes.

Il y a encore l'*agate calcedoine*, autrement *chalcedoine* ou *calcidoine*, l'*agate* d'Egypte, l'*agate* Romaine & l'*agate* ſacrée ou de Candie, dont parlent quelques anciens. Cette dernière qui ne ſe voit plus préſentement, étoit rouge comme du corail, & mouchetée d'or.

L'*agate* eſt une des pierres précieuſes à laquelle les anciens ont attribué le plus de propriétés occultes & miraculeuſes. Pline en a rempli tout un chapitre ;

& Ariſtote, long-temps auparavant, lui en avoit montré l'exemple & préparé la matière. Les modernes plus ſimples ou plus éclairés, ſe contentent de l'uſage, & en mépriſent les vertus.

L'on emploie l'*agate*, en vaſes, en bagues, en cachets, en manches de couteaux & fourchettes, en poignées de couteaux de chaſſe, en chapelets, en caſſolettes, en boëtes à mouches, en tabatières, en ſalières, en petits mortiers & en quantité d'autres bijoux. On en fait auſſi entrer dans la compoſition de quelques tabernacles, cabinets & tables de pierres précieuſes de rapport ou de marqueterie; cette ſorte de pierre ſe taillant, ſe ſciant, ſe poliſſant & ſe gravant aſſez facilement. On en apporte quantité de Straſbourg toutes fabriquées, mais il s'en faut bien qu'elles ſoient ni ſi dures, ni d'un ſi beau poli que les véritables Orientales.

Il n'y a à Paris que les marchands merciers & orfèvres, qui ſoient en droit d'en faire le négoce. Il eſt cependant permis aux maîtres fourbiſſeurs d'en vendre; mais ce n'eſt que lorſqu'elles ſont montées en couteaux de chaſſe. Il en eſt de même à l'égard des couteliers pour leurs couteaux & fourchettes.

Suivant le tarif de 1664, l'agate doit payer les droits d'entrée & de ſortie du royaume & des provinces réputées étrangères, à raiſon de cinq pour cent de ſa valeur, ſuivant l'eſtimation, attendu qu'elle ne ſe trouve point tarifée, & les nouveaux ſols pour livre.

A G E, qu'on nomme auſſi *uſance des bois*, ſignifie dans le commerce de cette marchandiſe *le temps qu'il y a qu'on n'a coupé un taillis*.

L'ordonnance des eaux & forêts veut, *que dans la coupe des taillis on laiſſe ſeize baliveaux par arpent de l'âge du bois, pour croître en futaie*.

On appelle l'*âge* de conſiſtance d'un arbre, celui où il ne croît plus. L'*âge* de conſiſtance du chêne eſt à cent ans.

AGE, ſe dit auſſi en terme de *manège* & parmi les marchands de chevaux, de la connoiſſance qu'on a du nombre des années de ces animaux, par l'inſpection de leurs dents tant qu'ils ne déraſſent point, ou par les crocs & les coins quand ils ont ceſſé de marquer.

AGENDA. Tablette ou livret de papier, ſur lequel les marchands écrivent tout ce qu'ils doivent faire pendant le jour, pour s'en ſouvenir, ſoit lorſqu'ils ſont chez eux, ſoit lorſqu'ils vont par la ville.

L'*agenda* eſt très néceſſaire aux négocians, particulièrement à ceux qui ont peu ou point de mémoire, ou qui ſont chargés de grandes affaires; n'étant que trop ordinaire que faute de s'en être ſervi, on manque de bonnes occaſions dans le commerce, ſoit pour l'achat, ſoit pour la vente, ſoit pour les négociations des lettres de change. C'eſt ſurtout un petit meuble dont les commiſſionnaires & ceux qui travaillent pour le compte d'autrui, doivent être toujours pourvûs, pour ne pas porter préjudice à leurs commettans.

AGENDA. C'eſt auſſi un petit *almanach* de poche, que beaucoup de marchands ont coutume de porter ſur eux, pour s'aſſurer des dates ou des jours dont ils ont beſoin pour leurs dépêches, leurs rendezvous, ou autres choſes ſemblables.

AGENT. Celui qui eſt commis pour faire les affaires d'autrui, ou qui eſt chargé d'agir en quelque négociation.

AGENT DE BANQUE & DE CHANGE. C'eſt une perſonne publique, qui dans les villes & lieux de négoce, s'entremet entre les marchands, négocians, banquiers, gens d'affaires & de finances, ou autres, pour faciliter le commerce d'argent & la négociation des lettres & billets de change.

Il n'y a guères de ville en France, pour peu qu'elle ſoit conſidérable par le négoce, où il n'y ait de ces ſortes d'*agens*; mais il n'y a que celles de Paris, de Lyon, de Marſeille & de Bordeaux, où ils ſoient établis en titre d'offices: ceux qui avoient été créés en 1705 pour diverſes autres villes du royaume ayant été ſupprimés en 1707, comme on le dira dans la ſuite.

Avant le règne de Charles IX, chacun ſe mêloit à ſa volonté du courtage, ſoit d'argent, ſoit de marchandiſes; & l'on ne faiſoit alors aucune différence entre les courtiers de marchandiſes & les *agens de change*; nom nouveau, que ces derniers n'ont commencé à porter qu'en 1639.

Pour s'ériger en courtier, il ſuffiſoit le plus ſouvent d'une réputation de probité bien établie, & de beaucoup de pratique & de connoiſſance avec les marchands, négocians & banquiers: mais pour l'ordinaire, comme il s'obſerve encore en pluſieurs endroits, les courtiers étoient choiſis par les prévots des marchands, maires & échevins, ou par les juges-conſuls des villes, entre les mains deſquels ils prêtoient le ferment de bien & fidellement s'acquitter de l'emploi qu'on leur confioit. C'étoit un commencement de monopole ou privilège excluſif.

Charles IX, ſous prétexte de prévenir, comme il l'expoſe dans ſon édit du mois de juin 1572, enregiſtré au parlement au mois de ſeptembre enſuivant, & d'empêcher les abus & malverſations infinies qui ſe commettoient dans l'exercice du courtage; où chacun s'ingéroit à ſon gré, fut le premier qui érigea & établit en titre d'office tous les courtiers qui l'exerçoient alors, tant de change & deniers, que de draps de ſoie, laines, toiles, cuirs & autres ſortes de marchandiſes; même des vins, bleds & autres grains; chevaux, bœufs, & tout autre bétail; à la charge par eux de prendre des proviſions deſdits offices & de s'y faire recevoir par les baillifs, ſénéchaux & autres juges royaux des lieux de leur réſidence & exercice, pour en jouir & uſer comme les autres pourvûs de ſemblables offices. C'étoit un des expédiens de finance imaginés par les Italiens dont la France fut la proie ſous les enfans de Catherine de Médicis. Le vrai but étoit de *vendre* des charges, le bon ordre & la police n'étoient que le maſque. Le parlement de Paris ne s'y trompoit pas. Il avoit rejetté toutes ces inventions fiscales, & ne les toléra que par force. Henri IV en 1595, déclara par un arrêt de son conseil » n'en- » tendre point qu'aucun soit contraint de se servir de » leur ministère dans les négociations de change & » de banque, ou de vente de marchandises, si bon » ne lui semble ; « ce qui a toujours été depuis ajouté dans toutes les autres créations qui ont suivi cette première, c'est au moins une partie de la li- berté rendue au commerce.

Agens de change de la ville de Paris.

Depuis la création de huit courtiers ou *agens de change* pour la ville de Paris, le nombre en a été à diverses fois augmenté sous le régne suivant. D'abord de peu en 1620, de quelques autres en 1629, d'autres encore en 1633, & jusqu'au nombre de vingt en 1634. La dernière création & augmenta- tion qui se fit sous Louis XIII, fut de dix nou- veaux offices, pour faire avec les vingt anciens le nombre de trente, & avoir avec eux bourse com- mune ; & pour les profits, qu'on supposoit que les anciens en devoient tirer, il fut dit qu'ils seroient taxés modérément à une nouvelle finance. Car c'est toujours le motif de ces beaux réglemens qu'on tâche de colorer si mal adroitement de spécieuses vûes d'u- tilité publique. On veut de l'argent : pour en avoir on aliéne à des officiers privilégiés la liberté publi- que des vendeurs & des acheteurs présens & à venir.

L'édit de cette dernière création donné au mois de décembre 1638, parut si onéreux aux anciens & nouveaux officiers, particulièrement à cause de la bourse commune, si contraire au secret nécessaire dans cette profession, où les emprunteurs & les prê- teurs affectent presque également de n'être pas con- nus, qu'ils firent des remontrances au conseil, en conséquence desquelles ils obtinrent un arrêt le 2 avril 1639, qui non-seulement les déchargea de l'obligation de la bourse commune, mais encore de la taxe à eux imposée à raison d'icelle ; & pareil- lement d'une autre taxe qu'on leur demandoit pour la confirmation de l'hérédité de leurs charges ; les fixant pour toujours au nombre de trente, & leur donnant au lieu du nom de courtiers, la qualité d'*agens de banque & change*, dont ils ont joui jus- qu'à ce que sous le régne de Louis XIV, on leur ait donné des qualités encore de plus grande dis- tinction.

C'est sous ce dernier régne, fécond en créations d'offices, à cause des longues guerres qui l'ont pres- que tout occupé, que ceux des *agens de banque* ont reçu les changemens les plus considérables, mais aussi les plus honorables & les plus avantageux pour eux.

Dès l'année 1645, Louis XIV par son édit du mois de février, créa six nouveaux offices d'*agens de change*, lesquels étant restés sur ce pied jusqu'au mois de juillet 1705, c'est-à-dire, 60 ans entiers, un nouvel édit en établit encore deux autres, mais qui n'eurent pas le tems d'être levés, puisque par un

second édit du mois de décembre de la même année, tous les offices de courtiers de change, *agens de change, de banque* & marchandises, créés jusques- là dans toute l'étendue du royaume, furent éteints & supprimés à la réserve de ceux des villes de Mar- seille & de Bordeaux ; & en leur place, cent seize nouveaux offices furent créés pour être distribués dans les principales villes du royaume, avec la qua- lité de conseillers du roi, *agens de banque, change, commerce* & *finances*.

De ce grand nombre d'offices, vingt furent desti- nés pour Paris, autant pour Lyon, six pour la Rochelle, six à Montpellier, cinq à Aix, pareil nombre à Strasbourg &. Metz, dix à Rouen, quatre à Tours, autant à S. Malo, Dijon, & Bayonne, deux à Toulouse, deux à Dieppe, de même à Dunkerque, Rochefort, Rennes & Brest, & chacun un au Havre, à Calais & au Port-Louis.

Par cet édit, des gages furent attribués à chacun des nouveaux officiers au denier vingt, sur le pied de la finance de leurs offices ; & leurs droits réglés à cinquante sols par mille livres, dans les négo- ciations en deniers comptans, billets & lettres de change, payables moitié par le prêteur & moitié par l'emprunteur : & pour les négociations en fait de marchandises à demi pour cent de leur valeur dans la ville de Paris, & ailleurs, sur le pied qu'ils se payoient aux courtiers & *agens de change* sup- primés.

Il leur fut aussi permis de tenir caisse & bureau ouvert dans leurs maisons, nonobstant la disposition des articles I & II du titre II de l'ordonnance de 1673. Mais il leur fut enjoint de coter les bil- lets & lettres de change qu'ils négocieroient, & d'en certifier les signatures véritables ; avec défenses à tous autres qu'auxdits *agens* de s'immiscer dans aucune négociation de change, banque, marchan- dises, &c. ni d'en recevoir les droits, sous peine de six mille livres d'amende.

Enfin, pour ajouter l'honorable à l'utile, sa ma- jesté déclara que les charges & fonctions d'*agens de change* ne seroient point dérogeantes à noblesse, & seroient compatibles avec les charges de secré- taires du roi, soit de la grande chancellerie, soit des chancelleries des cours souveraines, suivant néan- moins la qualité de leur finance ; & qu'ils seroient exempts de tailles, ustensiles, tutelle, curatelle, &c. le roi accordant en outre deux minots de franc-salé à chacun des *agens de change* de Paris & un minot à chacun de ceux des villes.

Pour l'entière exécution de cet édit, enregistré en parlement le 30 décembre de la même année 1705, il fut donné un arrêt du conseil d'état du roi le 10 avril de l'année suivante 1706 ; par lequel il fut fait défenses, sous peine de mille livres d'amende, à tous *agens de change* supprimés, fac- teurs, caissiers, commis, commissionnaires & ban- quiers non marchands de Paris, de proposer, traiter, ni conclure aucune négociation, ni d'agir en fait de banque, change, commerce & finances, pour le compte d'autrui, ou pour leur compte particulier, sinon par l'entremise des *agens de banque* créés par l'édit de 1705.

Les *agens de banque* de Paris déja pourvus au nombre de dix, s'étant assemblés au mois de juin 1706, dressèrent communément & arrêtèrent quatorze articles en forme de statuts & réglemens, pour être observés entr'eux, & servir de discipline à leurs corps, qui furent approuvés & confirmés par lettres patentes du mois d'octobre suivant & enregistrés en parlement le 3 février 1707.

A peine les vingt offices d'*agens de banque* créés pour Paris commençoient à se remplir ; & les nouveaux officiers commençoient à se former en corps, qu'ils furent encore supprimés par un édit donné à Fontainebleau au mois d'août 1708, & quarante autres conseillers *agens de banque* créés en leur place, avec les mêmes droits, priviléges, & prérogatives portés par le premier édit de 1705, à la réserve des gages, qui furent fixés à quarante mille livres à répartir entr'eux, & du droit de *committimus* en la petite chancellerie, qui leur fut attribué. On leur y diminue néanmoins le droit de franc-salé, ne leur en étant attribué à chacun qu'un minot au lieu de deux, portés par le premier édit. Ce dernier fut enregistré au parlement en vacations le 25 septembre de la même année.

L'année suivante le roi donna sa déclaration le 3 septembre 1709, portant défenses à toutes personnes de faire aucune des fonctions attribuées aux *agens de change*. On n'en dira rien du tout, étant à cet égard toute conforme à l'arrêt du conseil du 10 avril 1706, dont il est parlé ci-dessus ; & l'on ne dira rien non-plus d'une autre déclaration du 7 décembre de la même année 1709, qui accorde à ces officiers l'exemption des tailles, ustensiles, &c. n'étant qu'une confirmation des priviléges accordés aux *agens de change* par l'édit de 1705, auquel il n'avoit pas été dérogé par celui de 1708.

Enfin, environ un an avant la mort de Louis XIV, il se fit une troisiéme & dernière création de vingt nouvelles charges d'*agens de banque* pour Paris, aux mêmes droits, priviléges & exemptions des quarante créés par l'édit de 1708, & pour faire avec eux un même corps & communauté. Ce dernier édit est du mois de novembre 1714, enregistré au parlement le 5 décembre ensuivant.

Le corps de ces conseillers du roi, *agens de change* de la ville de Paris, composé de soixante officiers, ne subsista guères que six ans en cet état, le titre en ayant été supprimé en 1720, & soixante autres *agens par commission* ayant été établis pour remplir leurs fonctions.

Comme par les divers édits de création des conseillers du roi, *agens de change*, sa majesté n'a dérogé qu'aux articles de l'ordonnance de 1673, concernant les caisses & bureaux ouverts, que les nouveaux agens ont eu permission de tenir chez eux pour le fait de leurs négociations seulement ; tous les autres articles de cette ordonnance étant restés en leur

entier : les nouveaux pourvus étoient obligés de s'y conformer, ainsi que faisoient les anciens, & par conséquent ils étoient tenus :

1°. D'avoir un livre journal, dans lequel ils devoient porter toutes les parties qu'ils avoient négociées.

2°. Leurs livres devoient être cotés, signés, & paraphés par un juge-consul sur chaque feuillet ; & il devoit être fait mention dans le premier, du nom de celui qui devoit s'en servir, & de la qualité du livre & numéro, c'est-à-dire, si c'est un journal, ou si c'est pour la caisse, & si c'est le premier ou second régistre qui ait été ainsi coté & paraphé.

3°. Il étoit défendu aux *agens de change*, de faire ni le change ni la banque pour leur compte, soit sous leur nom, soit sous des noms empruntés.

4°. Enfin, ainsi qu'il l'a été remarqué dans le sixiéme article de leur réglement, nul qui avoit fait faillite, obtenu lettres de repi, ou fait contrat d'atermoyement, ne pouvoit être reçu *agent de change*.

A l'égard du droit de cinquante sols par chaque sac de mille livres accordé aux *agens de banque* par les nouveaux édits de création, ce n'est point une augmentation de droit ; mais l'ancien droit sous une autre expression ; les *agens* ayant toujours été payés d'un octave par l'emprunteur & d'un octave par le prêteur ; ce qui s'entend du huitiéme de la livre de vingt sols par chacun, ou du quart par tous les deux, c'est-à-dire, de cinq sols par chaque fois cent livres des négociations qu'ils font ; ce qui étant multiplié dix fois, revient aux cinquante sols par chaque sac de mille livres.

Les *agens de change* de la ville de Paris exerçoient leurs offices sur le pied des réglemens rapportés ci-dessus, & continuoient de jouir des priviléges qui y avoient été attachés par les édits des mois d'août 1680 & novembre 1714, lorsque dans la sixiéme année du régne de Louis XV, il fut donné un arrêt du 30 août 1720, qui en ordonnant la suppression des soixante offices d'*agens de ces deux créations*; ordonna en même-temps l'établissement de soixante autres *agens de banque par commission*.

Cet arrêt explique en dix articles les intentions de sa majesté sur ce changement, & contient aussi, en huit autres articles, un réglement que sadite majesté veut être gardé & observé par les conseillers du roi, *agens de banque par commission* : & comme l'arrêt & le réglement fixent les fonctions, les droits & les priviléges de ces officiers, on va en donner ici l'extrait ; qui joint aux édits & réglemens précédens, en ce qui n'y est point dérogé par ces derniers, achevera de mettre devant les yeux du lecteur toute la police & la discipline de ce nouveau corps d'*agens de banque & de finance*, principalement établi pour les opérations de la banque royale & de la compagnie des Indes.

Arrêt du conseil d'état du roi du 30 août 1720, portant suppression des soixante agens de change de la ville de Paris, créés ci-devant en titre d'office ; & l'établissement de soixante autres conseillers du roi, agens de banque par commission, pour servir en leur place.

Par les dix articles de cet arrêt il est ordonné :

1°. Que les pourvus desdits soixante offices supprimés seront tenus de rapporter leur titre de propriété, pour être procédé à la liquidation de leur finance & pourvu à leur remboursement.

2°. Qu'au lieu & place des soixante anciens officiers, il en sera établi soixante autres en vertu de commissions du grand sceau, pour exercer les mêmes fonctions, & jouir des mêmes droits, priviléges & exemptions attribués auxdits anciens officiers, à la réserve du franc-salé.

3°. Que les particuliers choisis pour exercer lesdites commissions, seront tenus, avant qu'elles leur puissent être expédiées, de rapporter un certificat de la banque, pour justifier qu'ils y ont déposé dix actions nouvelles de la compagnie des Indes, provenant de la conversion des anciennes ; ou quinze actions rentières, qui ne pourront leur être rendues, tant qu'ils exerceront lesdites commissions ; mais seulement en recevront les dividendes comme les autres actionnaires.

4°. Que nul ne pourra être reçu *agent de change,* s'il n'a vingt-cinq ans au moins, & s'il ne fait apparoître de sa capacité pour en exercer les fonctions, par un certificat des juges consuls & des gardes en charge des six corps des marchands de la ville de Paris.

5°. Que lesdits *agens par commission* seront tenus de se faire recevoir & prêter serment par-devant le prévôt de Paris, ou ses lieutenans.

6°. Que ceux qui auront fait faillite, contrat d'atermoyement, ou obtenu lettres de repi, ne pourront être admis au nombre desdits *agens de change par commission,* conformément à l'art. III du titre XI de l'ordonnance de 1673, & qu'ils ne pourront être reçus à faire contrat d'atermoyement, obtenir lettres de repi, ou faire cession de leur bien, pour raison des effets qui leur auront été confiés ; & en cas de rétention desdits effets ou de faillite, leur procès leur sera fait comme pour banqueroute frauduleuse.

7°. Qu'ils ne pourront avoir caisse, ni faire aucune négociation pour leur compte, non plus qu'endosser aucune lettre ou billet, sinon pour en certifier la signature véritable ; le tout à peine de nullité, privation de leurs emplois, & de deux mille livres d'amende.

8°. Qu'ils ne pourront pareillement faire aucune négociation de lettres ou billets de change de cinq cent livres & au-dessus, ni pour vente de marchandises en gros, autrement qu'en compte, en banque, à peine de cinq cent livres d'amende & de destitution de leur emploi.

9°. Qu'aucunes personnes, autres que lesdits *agens de change par commission,* ne pourront s'immiscer de leurs fonctions, ni exiger ou recevoir aucuns droits pour quelque négociation que ce puisse être,

à peine de trois mille liv. d'amende, même de prison & de plus grande peine s'il y échet, contre les apprentis, compagnons, ouvriers & gens sans aveu.

10°. Enfin, que lesdits *agens de change* seront tenus de se conformer, tant pour leur police intérieure, que pour l'exercice de leur commission, au réglement arrêté le même jour au conseil d'état du roi, & attaché sous le contre-scel de l'arrêt : sa majesté enjoignant au lieutenant général de police de tenir la main à l'exécution dudit arrêt, que dudit réglement ; & voulant que tout ce qui sera par lui ordonné en conséquence, soit exécuté par provision, nonobstant toutes oppositions, dont, si aucune intervient, elle se réserve la connoissance & à son conseil, privativement à tous autres Juges.

Réglement que sa majesté veut & entend être gardé & observé par les agens de change par commission établis par l'arrêt précédent.

Les deux premiers articles de ce réglement, l'un concernant les devoirs de religion auxquels sont tenus les nouveaux *agens,* & l'autre qui traite de l'élection des syndic & adjoints de la compagnie, étant tous semblables aux deux premiers statuts de 1706, rapportés ci-dessus, on se contentera de les indiquer ici, afin qu'on puisse y avoir recours ; ce qu'on fera pareillement des autres articles qui auront été tirés des mêmes réglemens, ne s'arrêtant qu'à ceux qui ont quelque différence essentielle.

Par le troisiéme article du nouveau réglement, il n'est point marqué, comme dans l'ancien, de jour fixe par semaine pour la tenue des assemblées ; mais il est laissé à la discrétion du syndic, ou à son défaut, de l'adjoint, d'en convoquer toutes les fois qu'il en sera besoin, avec peine de six livres d'amende payable par ceux qui ne s'y trouveront pas sans cause légitime ; & au contraire avec distribution d'un jetton d'argent pour droit de présence à chacun de ceux qui y assisteront.

Le quatriéme article établit la police des négociations, & ordonne que lorsqu'un *agent de change* sera en conférence & traitera d'affaires avec quelque banquier ou négociant, un second *agent de change* survenant ne pourra les écouter, ni les interrompre à peine de cinquante livres d'amende, payable par le contrevenant au profit du plaignant, sans néanmoins que la liberté soit ôtée audit banquier, négociant ou autre, de conférer en particulier avec le dernier, même de conclure avec lui, s'il le juge à propos, plutôt qu'avec le premier.

Le cinquiéme article régle les droits des *agens de change par commission* sur le pied de ceux attribués aux *agens* officiers par les édits des mois d'août 1708 & novembre 1714, avec défenses d'en exiger ou recevoir davantage sous peine de concussion ; leur étant néanmoins loisible de se faire payer de leurdits droits, après la consommation de chaque négociation, ou suivant l'ancien usage, sur des mémoires qu'ils fourniront de trois mois en trois mois aux banquiers, négocians, ou autres avec qui ils auront négocié ; fans pourtant pouvoir être-préférés & privilégiés fur les effets mobiliers defdits banquiers ou autres, que pour les négociations faites dans les trois derniers mois.

Les regiftres de la communauté, qui par l'onziéme article des anciens ftatuts, n'avoient été ordonnés qu'au nombre de deux, font augmentés d'un troifiéme par le fixiéme article du nouveau réglement, & ce troifiéme regiftre doit fervir uniquement à enregiftrer les commiffions & fentences de réception de chacun defdits employés.

Le feptiéme article porte, que chaque fyndic fortant de charge fera tenu de repréfenter fon compte de recette & de dépenfe trois mois après fon année d'exercice, fur le bureau de l'affemblée ordinaire, pour après l'examiner, & fur le rapport qui en aura été fait par deux perfonnes de la compagnie nommées à cet effet, lui être alloué ce qui fe trouvera avoir été par lui dépenfé pour le bien & utilité de ladite compagnie ; & felon le finito dudit compte, lui être rembourfé ce qu'il lui fera dû ; ou par lui payé au fyndic entrant en charge, ce dont il fe trouveroit être redevable.

Enfin, le huitiéme & dernier article ordonne, que la lecture du préfent réglement fera faite à toutes les affemblées qui fe tiendront pour l'élection des fyndic & adjoint, auxquels il eft enjoint de tenir la main à leur exécution ; ce qui pareillement avoit été ordonné par le quatorziéme & dernier article des ftatuts de 1706.

Les agens de banque par commiffion, créés en 1720 pour la ville de Paris, furent à leur tour fupprimés & d'autres établis en leur place, en titre d'office par édit du mois de Janvier 1723.

Par cet édit, fa majefté après avoir d'abord dit, qu'ayant été informée que les différens changemens furvenus dans ces offices, par les fuppreffions & les rétabliffemens qui en avoient été ordonnés, rendant leurs états entièrement incertains, elle avoit pris la réfolution d'y pourvoir, en faifant une nouvelle création de ces officiers ; elle déclare enfuite qu'elle éteint & fupprime tous les offices d'agens de change, banque & commerce, établis jufqu'alors dans la ville de Paris, en quelque nombre, à quelque titre, & fous quelque dénomination qu'ils aient été créés & établis ; & qu'elle crée & établit en leur place 60 nouveaux offices de confeillers agens de change, banque & commerce, pour exercer par eux les mêmes fonctions, & jouir des mêmes prérogatives & des mêmes droits fur les négociations qui feront par eux faites, dont jouiffoient les agens de change, banque & commerce, créés par les édits des mois d'août 1708 & novembre 1714, fans, néanmoins qu'ils puiffent prétendre aucune des exemptions de tailles, uftenfiles, & autres charges, qui étoient attribués auxdits offices & fans aucuns gages & franc-falé. Et pour accélérer le rembourfement des dettes de l'état & donner plus de facilité aux particuliers qui voudront acquérir lefdits offices, fadite majefté permet que la finance,

enfemble les deux fols pour livres d'icelle, foient payés en contrats de rente fur la ville, en rentes provinciales & autres telles créances de l'état bien & düement liquidées. Ordonnant en outre que le droit annuel defdits offices demeurera réduit à moitié de ce qu'ils en devoient payer fur le pied de la finance defdits offices, & que les acquéreurs y feront reçus en la même manière que les précédents titulaires, en vertu des provifions qui leur feront fcellées en la grande chancellerie, en payant moitié des droits ordinaires de marc-d'or, d'enregiftrement & de fceau. Sa majefté voulant au furplus que ce qui eft ordonné par les édits des mois d'août 1708 & novembre 1714, & par les déclarations intervenues en conféquence, concernant les fonctions & droits d'agens de change, foit exécuté felon fa forme & teneur, en ce qui n'y eft point dérogé par le préfent édit.

L'enregiftrement au parlement eft du 12 février de l'année 1723.

Pour l'exécution de cet édit & la liquidation des nouveaux offices d'agens de change, il fut depuis nommé des commiffaires par arrêt du confeil du 5 Avril, & il en fut pareillement donné un le 4 août enfuivant, pour le rembourfement des offices fupprimés, aux titulaires defquels il avoit été défendu par ledit édit de s'immifcer dans les fonctions d'agens de change, ni de prendre & percevoir aucuns des droits qui leur font attribués, à peine de trois mille livres d'amende.

Sa majefté ayant trouvé à propos d'établir en 1724 une bourfe dans la ville de Paris, où feroient négociées les lettres de change & autres papiers commerçables, tant de l'intérieur que de l'extérieur du royaume ; & les charges d'agens de change, créés l'année précédente n'ayant point été levées, fa majefté crut plus convenable au nouvel établiffement de cette bourfe, de commettre l'exercice defdits offices, & de nommer foixante perfonnes habiles & de probité pour en faire les fonctions, en la forme & fous les conditions prefcrites par le réglement qui feroit dreffé au confeil.

Ce réglement contient vingt-cinq articles, qui font partie des quarante-un articles, dont eft compofé l'arrêt du confeil du 24 feptembre 1724, qui ordonne l'établiffement d'une bourfe dans la ville de Paris.

On ne rapportera ici que ceux qui regardent les fonctions des agens de change commiffionnaires, renvoyant à l'article de la bourfe ceux qui ne concernent que la police, qui doit s'obferver dans la place de cette bourfe, Voyez BOURSE.

Les articles de l'arrêt qui contiennent le réglement pour les fonctions des agens de change, commencent au dix-feptiéme inclufivement, & continuent jufqu'au quarante-uniéme & dernier. On va les donner ici dans cet ordre.

XVII. Sa majefté permet à tous marchands, négocians, banquiers & autres, qui feront admis à la bourfe, de négocier entr'eux les lettres de change, billets au porteur ou à ordre, ainfi que les marchandifés fans l'entremife des *agens de change* ; & à l'égard de tous les autres effets & papiers commer-çables pour en détruire les ventes fimulées, qui en ont caufé jufqu'à préfent le difcrédit, ils ne pour-ront être négociés que par l'entremife des *agens de change*, de la manière & ainfi qu'il fera ci-après expliqué ; à peine de prifon contre ceux qui en feront le commerce, & de fix mille livres d'amende payable par corps, dont la moitié appartiendra au dénonciateur & l'autre à l'hôpital général, laquelle ne pourra être remife ni modérée.

XVIII. Toutes négociations de papiers commer-çables & effets, faites fans le miniftère d'un *agent de change*, feront déclarées nulles en cas de con-teftations : faifant fa majefté défenfes à tous huiffiers & fergens de donner aucune affignation fur icelle, à peine d'interdiction & de trois cent livres d'amende, & à tous juges de prononcer aucun jugement, à peine de nullité defdits jugemens.

XIX. Les foixante offices d'*agens de change, banque & commerce*, créés par édit du mois de janvier 1723, n'ayant pas été levés, fa majefté ordonne qu'il fera commis à l'exercice defdits offices, pour les exercer en la forme qui fera prefcrite par le préfent réglement.

XX. Il fera fait choix de dix notables bourgeois & négocians de la ville de Paris, lefquels exami-neront la capacité de ceux qui fe préfenteront pour être pourvus des foixante commiffions d'*agens de change, banque & commerce* ; & fur l'avis defdits notables & négocians, fa majefté leur fera déli-vrer des lettres en grande chancellerie pour exercer lefdites commiffions.

XXI. Les *agens de change*, feront tous de la religion catholique, apoftolique & romaine, & François ou régnicoles au moins naturalifés, ayant atteint l'âge de vingt-cinq ans accomplis & d'une réputation fans tache ; ceux qui auront obtenu des lettres de répi, fait faillite ou contrat d'atermoye-ment, ne pourront être *agens de change*.

XXII. Les *agens de change* prêteront ferment de s'acquitter fidellement de leurs commiffions, entre les mains du fieur lieutenant général civil de Paris, après information par lui faite de leurs vies & mœurs ; & ils ne payeront aucun droit de ferment ni de réception.

XXIII. Les commiffions d'*agens de change* pourront être exercées fans aucune dérogeance à nobleffe. Sa majefté permettant à ceux qui en fe-ront pourvus, de les exercer conjointement avec les offices de confeillers fécretaires du roi, tant en la grande chancellerie, que dans les autres chancel-leries du royaume, fans qu'il leur foit befoin d'arrêt ni de lettres de compatibilité, dont fa majefté les a difpenfés & déchargés.

XXIV. Arrivant un changement par mort ou autrement dans le nombre des foixante *agens de change*, qui auront été nommés pour exercer lef-dites commiffions ; l'examen de ceux qui leur fuc-céderont, fera renvoyé aux fyndics des *agens de change* en place, fur l'avis defquels il leur fera expédié de nouvelles commiffions.

XXV. Les *agens de change* feront tenus de fe trouver tous les jours à la bourfe, depuis dix heures du matin, jufqu'à une heure après midi, à l'excep-tion des dimanches & fêtes, fans qu'ils puiffent s'en difpenfer pour quelque caufe que ce foit, fi ce n'eft en cas de maladie.

XXVI. Ils tiendront chacun un regiftre journal qui fera cotté & paraphé par les juges & confuls de la ville de Paris ; fur lequel fa majefté leur en-joint de garder une note exacte des lettres de change, billets & autres papiers commerçables, & des mar-chandifes & effets qui feront par eux négociés, fans y enregiftrer aucuns noms, mais en diftinguant chaque partie par une fuite de numéros, & de dé-livrer à ceux qui les employeront, un certificat figné d'eux de chaque négociation qu'ils feront ; lequel certificat portera le même numéro & fera timbré du folio, où la partie aura été infcrite fur leur regiftre.

XXVII. Les *agens de change* auront foi & fer-ment devant tous juges, pour les négociations qu'ils auront faites ; auxquels juges, ainfi qu'aux arbitres, qui pourront être nommés, ils feront tenus, lorf-qu'ils feroient requis, d'exhiber l'article de leur regiftre, qui fera le fujet de la conteftation.

XXVIII. Lorfque les négociations de lettres de change, billets au porteur, ou à ordre & de mar-chandifes, feront faites à la bourfe, par le minif-tère des *agens de change*, le même *agent* pourra fervir au tireur & au vendeur, & à l'acheteur des marchandifes.

XXIX. A l'égard des négociations des papiers commerçables & autres effets, elles feront toujours faites par le miniftère de deux *agens de change*, à l'effet de quoi les particuliers, qui voudront ache-ter, ou vendre des papiers commerçables & autres effets, remettront l'argent ou les effets aux *agens de change* avant l'heure de la bourfe, fur leurs ré-connoiffances portant promeffe de leur en rendre compte dans le jour ; & ne pourront néanmoins lefdits *agens de change*, porter ni recevoir aucuns effets, ni argent à la bourfe, ni faire leurs négo-ciations, autrement qu'en la forme ci-après marquée : le tout à peine contre les *agens de change* qui con-treviendront au contenu au préfent article, de deftitution & de trois mille livres d'amende, paya-bles par corps, dont la moitié appartiendra au dénonciateur & l'autre moitié à l'hôpital général.

XXX. Lorfque deux *agens* feront d'accord à la bourfe d'une négociation, ils fe donneront récipro-quement leurs billets, portant promeffe de fe four-nir dans le jour ; fçavoir, par l'un les effets né-gociés & par l'autre le prix defdits effets ; & non-feulement chaque billet fera timbré du même numéro, fous lequel la négociation fera infcrite fur le regiftre de l'*agent de change* qui fera le billet, mais encore il rappellera le numéro du billet, fourni par l'autre *agent de change*, afin que l'un ferve de renfeignement & de contrôle à l'autre : lefquels billets feront régulièrement acquittés de part & d'autre dans le jour à peine d'y être contraints par corps, même pourfuivis extraordinairement en cas de divertiffement des deniers ou effets.

XXXI. Les *agens de change* feront pareillement tenus, en confommant leurs négociations avec ceux qui les auront employés, de leur repréfenter le billet, au dos duquel fera l'acquit de *l'agent de change*, avec qui la négociation aura été faite ; & de rappeller dans le certificat qu'ils en délivreront, conformément à l'article 26, le nom dudit *agent de change*, & les deux numéros du billet, auffi-bien que la nature & la quantité des effets vendus ou achetés & le prix defdits effets.

XXXII. Sa majefté fait très-expreffément défenfes aux *agens de change*, de faire aucune fociété entr'eux, fous quelque prétexte que ce puiffe être, ni avec aucun négociant ou marchand, foit en commandite ou autrement ; même de faire aucune commiffion pour le compte des forains ou étrangers, à moins qu'ils ne foient à Paris lors de la négociation, fous les peines portées par l'article 29.

XXXIII. Sa majefté leur défend de fe fervir, fous quelque prétexte que ce foit, d'aucun commis, facteur, ou entremetteur, même de leurs enfans, pour aucunes négociations de quelque nature qu'elles puiffent être, fi ce n'eft en cas de maladie, & feulement pour achever les négociations qu'ils auront commencées, fans qu'ils puiffent en faire de nouvelles, fous les peines portées par l'article 29.

XXXIV. Lefdits *agens de change* ne pourront fous les mêmes peines, faire aucun commerce, ni directement, ni indirectement, de lettres, billets, marchandifes, papiers commerçables & autres effets pour leur compte.

XXXV. Nul ne pourra être *agent de change* s'il tient les livres, ou s'il eft caiffier d'un négociant ou autre.

XXXVI. Les *agens de change* ne pourront nommer dans aucun cas les perfonnes qui les auront chargés de négociations, auxquelles ils feront tenus de garder un fecret inviolable, & de les fervir avec fidélité, dans toutes les circonftances de leurs négociations, foit pour la nature & la qualité des effets, ou pour le prix d'iceux : & ceux qui feront convaincus de prévarication, feront condamnés de rapporter le tort qu'ils auront fait, & en outre aux peines portées par l'article 29.

XXXVII. Défend fa majefté auxdits *agens de change*, de négocier aucunes lettres de change, billets, marchandifes, papiers & autres effets, appartenans à des gens dont la faillite fera connue, fous les peines portées par l'article 29.

XXXVIII. Leur défend fa majefté fous les mêmes peines, d'endoffer aucunes lettres de change, billets au porteur, ou à ordre, ni d'en donner leur aval ; mais feulement pourront, quand ils en feront requis, certifier les fignatures des tireurs, accepteurs,

ou endoffeurs des lettres & de ceux qui auront fait les billets.

XXXIX. Leur défend pareillement fa majefté fous mêmes peines, de faire ailleurs qu'à la bourfe, aucune négociation de lettres, billets, marchandifes, papiers commerçables & autres effets.

XL. Il fera attribué auxdits *agens de change*, pour les négociations en argent comptant, lettres de change, billets au porteur, ou à ordre & autres papiers commerçables, cinquante fols par mille livres ; payables, fçavoir, vingt-cinq fols par l'acheteur & vingt-cinq fols par le vendeur, ainfi qu'il eft d'ufage ; & à l'égard des négociations pour fait des marchandifes, ils en feront payés fur le pied de demi par cent de la valeur d'icelles, dont un quart pour cent par l'acheteur & un quart pour cent par le vendeur ; fans que fous aucun prétexte ils puiffent exiger aucun autre, ni plus grand droit, à peine de concuffion.

XLI. Les noms des *agens de change* qui tomberont en contravention & qui auront été deftitués, feront infcrits à la bourfe dans un tableau, afin que le public foit informé de ne plus fe fervir de leur miniftère.

L'arrêt du 24 feptembre 1724, concernant l'établiffement d'une bourfe dans la ville de Paris, & de foixante *agens de change par commiffion*, ne tarda guère d'être exécuté, par rapport à la nomination de ces nouveaux officiers ; & dès le 14 octobre enfuivant, fa majefté ordonna par un fecond arrêt de fon confeil, que, vu les certificats des dix notables bourgeois & négocians, commis pour l'examen de ceux qui fe préfenteront pour remplir lefdits offices d'*agens de change par commiffion*, les foixante dénommés en fondit arrêt, feroient reçus pour les exercer ; & en conféquence feroient en ladite qualité, les négociations de toutes lettres de change, de place en place, & fur les pays étrangers, billets au porteur, ou à ordre & autres papiers commerçables, & des marchandifes & effets, à la charge par lefdits foixante *agens de change* dénommés audit arrêt, de prêter ferment par-devant le lieutenant général civil de la ville de Paris, que fa majefté a commis à cet effet.

Il eft aifé de voir par toutes ces variétés que la création de ces officiers étoit une affaire purement fifcale. Voici le dernier état des chofes.

Arrêt du confeil d'état du roi du 26 novembre 1781, portant réglement pour la compagnie des agens de change ; pour le cautionnement qui en fera exigé à l'avenir & pour le nombre & la police des afpirans.

Sur ce qui a été repréfenté au roi, étant en fon confeil, que quoique par plufieurs réglemens il ait été fait défenfes à toutes perfonnes, autres que les *agens de change*, de faire à la bourfe des négociations d'effets & papiers commerçables, néanmoins nombre de particuliers fe mêlent journellement defdites négociations & abufent fouvent de la confiance qu'ils

qu'ils

qu'ils ont furprife, en prenant le titre de *cour-*
tiers & même d'*agens de change*; que fa majefté
dans la vue de fupprimer ces abus, avoit par arrêt
de fon confeil du 24 juin 1775, fixé à cinquante le
nombre des *agens de change*; que depuis cette
époque ce nombre s'eft fucceffivement réduit à
trente-huit, par la mort ou la démiffion defdits
agens de change qui n'ont pas été remplacés; que
la fûreté publique exige que fa majefté veuille bien
établir un nouvel ordre, tant pour les nominations
aux places d'*agens de change* qui pourront vaquer,
que pour qu'il n'y foit nommé que des perfonnes
qui auroient fuivi la bourfe pendant un certain
temps, & donné preuve des qualités néceffaires
pour bien remplir à tous égards des fonctions auffi
importantes. A quoi voulant pourvoir : ouï le rapport du fieur Joly de Fleury, confeiller d'état
ordinaire, & au confeil royal des finances; le roi
étant en fon confeil, a ordonné & ordonne ce qui
fuit :

Article I. Le nombre des *agens de change, ban-*
que & finance pour la ville de Paris, fera, & demeurera fixé à quarante, dérogeant fa majefté, à
cet égard, audit arrêt du confeil du 24 juin
1775.

II. Ceux qui feront nommés par la fuite aux
places d'*agens de change*, feront tenus de fournir
avant de pouvoir obtenir l'expédition de leurs commiffions, un cautionnement en immeubles, montant à la fomme de foixante mille livres, dont la
folidité fera examinée par le fieur lieutenant général de police, auquel l'acte en fera remis en forme
exécutoire.

III. Au lieu dudit cautionnement en immeubles,
il leur fera libre de verfer au tréfor royal la fomme de quarante mille livres en efpèces, de laquelle
l'intérêt au denier vingt, fans retenue, leur fera
payé annuellement par le garde du tréfor royal, à
compter du premier jour du mois qui fuivra le
verfement.

IV. La commiffion defdits *agens de change* ne
pourra être expédiée que fur le vu, foit du certificat du fieur lieutenant général de police, de la
remife à lui faite du cautionnement en immeubles,
foit de la quittance de finance dudit cautionnement
en argent, & il en fera fait mention dans ladite
commiffion : à l'égard des *agens de change* actuels,
fa majefté les difpenfe de tout cautionnement.

V. Le marc d'or à payer pour l'obtention defdites commiffions demeurera fixé à la fomme de
cinq cents livres en principal : veut fa majefté
qu'il ne foit paffé outre à l'expédition de leur
commiffion, que fur le vu de la quittance dudit
droit.

VI. Nul ne pourra être reçu *agent de change*,
qu'il n'ait juftifié avoir travaillé & demeuré au moins
cinq ans fans interruption dans les comptoirs de
banque ou de commerce, dans les bureaux des
finances, ou études des notaires; & il ne pourra
conferver & cumuler avec fa place aucun emploi

de caiffier ou autre comptabilité, & ils ne pourront faire aucune négociation pour leur compte.

VII. Les *agens de change* éliront dans une affemblée générale, & par la voie du fcrutin, dix fujets
d'une conduite fans reproche, & ayant la capacité
& les qualités requifes pour remplir les places qui
viendront à vaquer par la fuite. Il fera dreffé une
lifte des fujets ainfi élus, qui fera remife au lieutenant général de police, lequel l'approuvera, &
le double en fera dépofé aux archives des *agens de*
change.

VIII. Dans le cas où l'un des afpirans nommé
dans la forme portée au précédent article, paffèroit
à la place d'*agent de change*, il fera procédé de la
même manière à l'élection d'une autre perfonne pour
le remplacer.

IX. Lorfqu'il vaquera une place d'*agent de*
change, l'un defdits afpirans fera choifi & nommé
par le miniftre des finances, pour la remplir, dans
le nombre des trois fujets qui auront eu la pluralité
des voix dans l'affemblée des fyndics & autres *agens*
de change, laquelle fe tiendra chez le fieur lieutenant général de police & par fa préfence.

X. En cas de décès ou de démiffion de l'un des
agens de change cautionnés, fon cautionnement
en immeubles fubfiftera pendant fix mois entiers
après fon décès ou démiffion admife, fans qu'aucuns créanciers dudit *agent de change* puiffent après-
ledit temps, actionner la perfonne ou les biens de
la caution, à laquelle la groffe de l'acte de cautionnement fera rendue.

XI. Si dans le même cas, le cautionnement eft
en argent, il fera rendu & payé à l'*agent de change*
ou à fes ayant caufe, ladite fomme de quarante
mille livres avec les intérêts qui s'en trouveront
dûs, en juftifiant qu'il n'y a point d'oppofition audit
rembourfement.

XII. Il ne pourra être fait à la bourfe aucune
négociation après le fon de la cloche de retraite,
à peine de nullité defdites négociations & d'interdiction des *agens de change* qui les auront faites.

XIII. Fait fa majefté défenfes à toutes perfonnes
autres que les *agens de change*, de s'immifcer dans
les négociations d'effets royaux & papiers commerçables, comme auffi de prendre la qualité d'*agent*
ou *courtier de change*, d'avoir & tenir dans la
bourfe aucuns carnets, pour y infcrire les cours des
effets, & de refter à la bourfe après le fon de la
cloche qui en indique la fortie; à peine, pour l'une
ou l'autre de ces contraventions, de nullité des négociations, de trois mille livres d'amende, & en
cas de récidive, de punition corporelle.

XIV. Il fera néanmoins permis aux marchands,
négocians, banquiers & autres qui font dans l'ufage
d'aller à la bourfe, de négocier entr'eux les lettres
de change, billets au porteur, à ordre & de marchandifes, fans l'entremife des *agens de change*,
en fe conformant au furplus aux réglemens.

XV. Ordonne fa majefté que les différens réglemens concernant la bourfe & les *agens de change*,

feront exécutés en tout ce qui n'eſt pas contraire aux diſpoſitions du préſent arrêt , ſur lequel toutes lettres patentes néceſſaires feront expédiées.

Fait au conſeil d'état du roi , ſa majeſté y étant, tenu à Verſailles le 26 novembre 1781. *Signé* AMELOT.

Agens de change de Lyon , de Marſeille & de Bordeaux.

Ces trois villes de France étant, après Paris, celles du plus grand commerce pour la banque & le change, Henri IV, comme on l'a vû ci-deſſus , ne les avoit pas oubliées dans la création des *courtiers de change* de l'année 1595 , & l'on en avoit deſtiné douze pour Lyon , quatre pour Marſeille & trois pour Bordeaux.

Il ne paroît pas toutefois que ces créations ayent eu d'exécution , ou du moins il y a bien de l'apparence que l'établiſſement n'en ſubſiſta pas long-tems ; puiſqu'en 1692 , ces trois villes avoient des *agens de change* érigés , pour ainſi dire , en offices municipaux & dans quelques-unes en quelque ſorte héréditaires.

Lyon avoit quarante *courtiers* pour les lettres de change , la banque , & remiſe de deniers , & achat des marchandiſes. Les particuliers qui en faiſoient les fonctions , ne prenoient point de proviſions du roi , mais les exerçoient ſur de ſimples commiſſions des prévôt des marchands & échevins , & ſe faiſoient payer de leurs droits & émolumens ſur les tarifs dreſſés par ces officiers de ville , particulièrement par celui du 31 décembre 1668.

Le nombre des *courtiers agens de change & marchandiſes* étoit encore plus grand à Marſeille , & pour ainſi dire , leurs fonctions plus autoriſées. Ils étoient quarante-ſix , qui par la longue poſſeſſion regardant leurs commiſſions comme de vrais offices, en diſpoſoient comme des charges héréditaires , les faiſoient entrer en partage dans leur famille, & les hypothéquoient comme des biens immeubles.

Les choſes étoient à peu près ſur le même pied à Bordeaux ; & ces commiſſions y étoient regardées comme des charges de ville.

Toutes ces commiſſions furent créées & érigées en titre d'offices formés & héréditaires par trois édits de l'année 1692 , mais de différens mois. Ils n'eurent néanmoins une entière exécution que pour Marſeille & pour Bordeaux , les *courtiers & agens de change* de ces deux villes ayant été exemptés de la ſuppreſſion générale, qui ſe fit en 1705 , dans laquelle ceux de Lyon furent compris comme tous les autres du royaume.

L'édit qui ordonnoit cette ſuppreſſion ayant fait en même tems une création de cent ſeize nouveaux offices de conſeillers du roi , *agens de change*, comme on l'a pu voir ci-devant, il y en eut vingt pour Paris , & vingt pour Lyon , mais l'édit du mois de mai 1707 , les ayant encore tous ſupprimés , à la réſerve de ceux de Paris , celui de 1692 ,

ſubſiſta pour Lyon , & fut , pour ainſi dire, remis dans ſa première autorité , à laquelle néanmoins il n'avoit été dérogé que pour le nombre des *courtiers & agens*.

Les droits des nouveaux *agens de change* de ces trois villes étoient reſtés ſur le pied ancien qu'en recevoient les commiſſionnaires, à la réſerve que pour ceux de Lyon ils avoient été augmentés & fixés à un demi pour mille , au lieu du tiers attribué par le tarif de cette ville , pour l'argent du dépôt , changemens d'eſpéces , traittes & remiſes pour les places étrangères ; ce qui s'obſerve encore aujourd'hui.

Agens de change de la ville d'Amſterdam.

Il n'eſt perſonne qui ne ſçache que la ville d'Amſterdam eſt une des villes du plus grand commerce qu'il y ait au monde, ſoit par la quantité de remiſes d'argent que ſes marchands & banquiers font dans tous les pays étrangers , ſoit par le nombre preſque infini de marchandiſes dont ſes magaſins ſont remplis , & qui y entrent ou en ſortent ſans ceſſe par le négoce qu'elle entretient juſqu'aux extrémités de la terre.

On a établi dans cette fameuſe ville deux ſortes de *courtiers* ou *agens de change & marchandiſes ;* les uns qu'on nomme *makelaers* ou *courtiers jurés,* & les autres *makelaers* ou *courtiers ambulans.*

Les *courtiers jurés* ſont ceux qui , pour ainſi dire, le ſont en titre d'offices ; & qui étant choiſis par les magiſtrats , prêtent le ſerment entre leurs mains. On en compte de ceux-ci juſqu'à trois cent ſoixante-quinze de chrétiens & vingt de juifs, aux places ou charges deſquels , lorſqu'elles viennent à vaquer , le bourguemaître en ſemeſtre a ſoin de pourvoir.

On appelle *courtiers ambulans* , ceux qui ſans avoir de proviſions du magiſtrat & ſans avoir prêté ſerment en juſtice , font les fonctions d'*agens & courtiers* , & s'entremettent des négociations, ſoit pour les traittes & remiſes d'argent , ſoit pour la vente & achat de marchandiſes. Le nombre de ces derniers eſt encore plus grand que celui des *makelaers jurés ;* en ſorte que des uns & des autres il y en a plus de mille qui travaillent au courtage , & qui pour la plûpart ſont très-ſurchargés d'affaires & de négociations.

La ſeule différence qu'il y ait entre ces deux eſpéces d'*agens & courtiers de change & de marchandiſes,* eſt que les *courtiers jurés* ſont crus en juſtice , s'il ſurvient des conteſtations ſur le fait de leurs négociations & traittes ; & que les *courtiers ambulans* ne ſont pas reçus à faire foi en juſtice ; & qu'en cas de deni par l'une des parties, les marchés ſont déclarés & reſtent nuls.

Les droits des *agens & courtiers de banque & de change,* ſe payent également par ceux qui donnent leur argent , & par ceux qui le prennent ou qui fourniſſent les lettres de change , à moins qu'il ne ſoit convenu du contraire.

Ces droits ont été réglés pour Amſterdam par les

ordonnances des mois de janvier 1613 & 22. novembre 1624, à raison de 18 sols pour cent livres de gros, qui font six cent florins, c'est-à-dire, 3 sols par chaque cent florins, payables moitié par le tireur & moitié par le donneur d'argent.

Pour faciliter au lecteur l'intelligence de la matière des courtages d'Amsterdam, & des droits qui s'en payent aux *agens & courtiers*, on va ajouter ici la table que le sieur Samuel Ricard en a donnée dans son Traité général du Commerce, au titre des changes.

Table des droits de courtage qui se payent à Amsterdam, sur le pied de 18 sols par chaque 100 livres de gros.

Pour 100 livres de gros	0 fl.	18 s.
Pour 1000 florins	1 fl.	10 s.
Pour 1000 écus que l'on compte comme 3000 florins	4 fl.	10 s.
Pour 100 livres sterlings que l'on compte comme 1000 florins . . .	1 fl.	10 s.
Pour 1000 daelders ou 1666⅔ flor . .	2 fl.	10 s.
Pour 100 risdales sur Leipsick & Breslaw.	3 fl.	10 s.
Pour 100 ducats	5 fl.	0 s.
Pour 100 cruzades.	2 fl.	10 s.
Pour 100 florins d'argent de banque contre de l'argent courant	1 fl.	0 s.
Pour une action de 100 livres de gros de la compagnie des Indes orientales.	6 fl.	0 s.

La méthode Hollandoise est donc absolument contraire à celle de France. Nos réglemens défendent à toute personne autre que les *agens de change en charge* ou *commission* de faire les fonctions d'*entremetteur*. Les Hollandois le permettent. Sur ce point le préjugé doit-il être pour nous; quand même il faudroit juger par la plus grande utilité, avant de décider par la justice absolue, & par le droit général de la liberté? mais pourquoi déclarer nulle en justice, une convention faite en présence d'*agens de change non jurés*, si elle est constatée par écrit? ceci ne vise-t-il pas au monopole des officiers nommés par le magistrat? pourquoi fixer le salaire des *courtiers*? s'il y avoit pleine liberté, concurrence parfaite, on n'en trouveroit peut-être qui se réduiroient à beaucoup moins. Les Hollandois eux-mêmes sont donc encore éloignés de la perfection, quelle en est la cause? rien de plus évident. C'est l'arrêt particulier de ceux qui nomment aux places de *makelaers jurés*. De tous les privilèges funestes au bien public, les plus redoutables sont ceux qu'on laisse prendre aux officiers publics chargés de maintenir le bon ordre dans les grandes cités. Suivant la loi primitive & avant l'introduction des nouveaux systèmes, il servoit d'agent qui le vouloit, ne s'en servoit pas qui n'en vouloit point; étoit *agent* qui le vouloit & le pouvoit; le salaire étoit, suivant la convention, plus fort ou plus foible à la volonté

des parties. Pourquoi pas? mais on vous trompera dit le réglementaire. Eh bien! c'est mon affaire, si je suis libre, mais si votre homme à vous me trompe après m'avoir rançonné, c'est pour moi deux maux au lieu d'un.

Droits de courtage qui se payent aux agens de change en plusieurs villes d'Europe.

A Londres, un quart pour cent livres sterlings, ce qui fait un huitième pour chacune des parties.

A Venise, deux tiers pour mille.

A Gênes, un tiers d'écu pour cent écus.

A Livourne, demi pour mille.

A Boulogne, un sol pour cent écus.

AGGOUED-BUND. C'est la meilleure des six sortes de soies qui se recueillent dans les états du Mogol.

AGIO. (*Terme de banque.*) Dans les villes de commerce où il y a des banques publiques établies, le mot d'*agio* exprime le *change*, ou la différence qui se rencontre entre l'argent ou monnoie de banque, l'argent courant ou monnoie courante & de caisse.

De sorte que si un marchand en vendant sa marchandise, stipule le paiement ou seulement cent livres en argent de banque, ou cent cinq en argent de caisse, en ce cas on dit, que l'*agio* est de cinq pour cent.

L'*agio de banque* est variable dans presque toutes les places. A Amsterdam il est ordinairement d'environ trois ou quatre pour cent; à Rome de près de vingt-cinq sur quinze cent; à Venise de vingt pour cent fixe.

Ce terme est originairement Italien, & signifie *commodément*, *à son aise*, *sans se gêner*. On dit, faire quelque chose à *bel agio*, *à sa commodité*, *à son aise*, *sans se presser*. C'est dans ce même sens qu'on s'en sert en musique, où on le trouve répété si souvent. *Adagio*, *agagio*, *lentement*, *doucement*, *commodément*.

AGIO. Se dit aussi pour exprimer le *profit* qui revient d'une avance que l'on a faite pour quelqu'un; de sorte qu'en ce sens les mots d'*agio* & d'*avance* sont synonimes, & l'on s'en sert parmi les marchands & négocians, pour faire entendre que ce n'est point un intérêt, mais un profit pour avance faite dans le commerce. Ce profit se compte ordinairement sur le pied de demi pour cent par mois, c'est-à-dire, à raison de six pour cent par an. On lui donne quelquefois le nom de *change*, quoique ce terme n'y ait pas autrement de rapport.

AGIO. Se dit encore, mais improprement, pour signifier le *change* d'une somme négociée, soit avec perte, soit avec profit.

Quelques-uns appellent AGIO D'ASSURANCE, ce que d'autres nomment *prime* ou *coût d'assurance*. *Voyez* PRIME D'ASSURANCE.

AGIOTAGE. Ce terme ne se prend guères qu'en mauvaise part; & signifie ordinairement un *commerce illicite & usuraire. Voyez* COMMERCE ILLICITE.

AGIOTER. Faire valoir fon argent à gros intérêt : faire, un trafic ufuraire des billets, promeffes & autres papiers, que les malheurs d'un état ont décrédités. *Voyez l'article fuivant.*

AGIOTEUR. Terme nouvellement en ufage parmi les *marchands, négocians, banquiers & gens d'affaires;* qui fignifie une *perfonne* qui fait valoir fon argent à gros intérêt, en prenant du public des billets, promeffes, affignations & autres femblables papiers, fur un pied très-bas, pour les remettre dans le même public fur un pied plus haut.

Les *agioteurs,* dit Savari dans fon Dictionnaire de commerce, font des peftes publiques & des ufuriers de profeffion, qui en bonne police mériteroient punition exemplaire. Mais ne devoit-il pas ajouter que bien pires peftes publiques, font encore ceux qui confeillent aux nations des guerres injuftes, ruineufes, deshonorantes, qui néceffitent ces malheureufes opérations de finances, d'où naiffent la création puis le difcrédit des papiers qu'on *agiote.*

AGITO. (*Qu'on nomme auffi GIRO.*) Petit poids dont on fe fert dans le royaume de Pegu. Deux agiti font une demi-biza, & la biza pèfe cent teccalis, c'eft-à-dire, deux livres cinq onces poids fort, ou trois livres neuf onces poids léger de Venife.

AGNEAU. (*Jeune animal engendré de la brebis & du belier.*) Quelques-uns veulent que ce terme dérive du latin *anniculus,* qui fignifie *an,* parce que l'*agneau* quitte fon nom fitôt qu'il a paffé une année. *Voyez* MOUTON.

Suivant l'arrêt du confeil du 29 octobre 1701, il eft défendu à toutes fortes de perfonnes qui élèvent & nourriffent des troupeaux dans toute l'étendue du royaume, de tuer des *agneaux;* & d'en vendre; & aux bouchers, rôtiffeurs, hôteliers, traiteurs, cabaretiers & autres, d'en acheter, tuer, apprêter & vendre pour être mangés, en quelque temps de l'année que ce foit, fi ce n'eft dans l'étendue des dix lieues à la ronde de Paris, où il eft feulement permis de tuer, apprêter & vendre des *agneaux* de lait, pour leurs mangés, depuis noël jufqu'à la pentecôte; réglement arbitraire qui, comme tant d'autres, refté fans exécution, excepté quand il plaît à quelque officier fubalterne de s'en fervir pour vexer ou rançonner quelque pauvre diable.

Outre la chair des *agneaux,* qui fe fert fur les tables les plus délicates, on en tire encore, pour le négoce, les peaux, lefquelles étant bien préparées avec leurs laines, font les fourrures ou par les mégiffiers, s'employent à des fourrures très-chaudes, qu'ils appellent *fourrures d'angelins.* Ces mêmes peaux, après en avoir fait tomber la laine par le moyen de la chaux, fe paffent encore en blanc, autrement dit en mégie, pour fervir à la ganterie; & la laine qui s'en tire, entre dans la compofition de plufieurs fortes d'étoffes & bonneterie. *Voyez* PELLETERIE & MÉGIE.

Il vient de Lombardie certaines peaux d'*agneaux* renommées par leur noir-luifant, que les fourreurs coupent par petits morceaux, dont ils tavelent ou mouchetent les fourrures d'hermines, pour en faire paroître davantage le blanc.

Les *agneaux d'un an gras & maigres, paient en France deux fols la pièce de droits de fortie, & trois fols auffi par pièce de droits d'entrée, avec les fols pour livre.*

AGNEAU. On appelle étain à l'*agneau,* celui qui, par l'effai qu'on en a fait, a été jugé très-doux.

Ce mot vient de la marque d'un *agneau pafcal,* que les potiers d'étain de Rouen, qui avoient ci-devant ufurpé le droit d'effayer tout l'étain qui arrivoit à Rouen, même pour paffer debout, avoient coutume de graver fur les pièces qu'il trouvoient douces. *Voyez* ÉTAIN.

AGNEAUX DE TARTARIE. Les Tartares Culmicks, & la plupart de ceux qui fréquentent les bords du Volga, ont des *agneaux* dont la fourrure eft précieufe & très-eftimée des Mofcovites. La peau de ces *agneaux* chargée de leur toifon, fe vend deux ou trois fois plus cher que tout l'*agneau* même, après qu'on la lui a tondue. Leur laine eft parfaitement noire, d'une frifure forte, très-courte & très-douce, & qui a un beau luftre; les plus grands feigneurs de Mofcovie en fourrent leurs robes & leurs bonnets, & il y en a beaucoup qui les préfèrent aux martes zebelines, & aux autres riches fourrures, dont il y a fi grand nombre dans toute la Mofcovie, & dans les états qui en dépendent.

AGNEAU DE PERSE. Les fourrures de ces *agneaux* font encore plus eftimées & plus chères que celles de Tartarie; & à Mofcou, où on les leur préfère, elles font toutes grifes, & ont la frifure plus petite & plus belle que les autres : on n'en fait guères le retrouffi des bonnets, à caufe de leur prix exceffif, & peu de grands feigneurs font affez riches pour en avoir des robes entières.

AGNELET. (*Jeune agneau, petit agneau.*) *Voyez l'article précédent.*

AGNELINS. Peaux d'*agneaux* que préparent les mégiffiers, en les paffant d'un côté, & en laiffant la laine de l'autre. *Voyez comme deffus.*

AGNELINS. Ce font auffi les laines des *agneaux* ou *jeunes moutons,* qui n'ont pas encore été tondus, que l'on lève de deffus les peaux, qui proviennent des abatis des boucheries & des rôtiffeurs *Voyez* LAINE.

AGNUS-CASTUS, que quelques-uns nomment auffi *vitex.* Plante ou arbriffeau, qui quelquefois s'élève à la hauteur d'un moyen arbre.

La meilleure femence d'*agnus-caftus* eft celle qui eft nouvelle, groffe, bien nourrie, & qui vient des pays chauds, celle des pays froids ayant beaucoup moins de vertu. Son ufage eft pour la médecine, où elle s'emploie pour la guérifon des maux vénériens.

L'*agnus-caftus* paie en France de droits d'entrée cinquante fols du cent pefant; & les fols pour livre.

AGRA. Espèce de bois de senteur, qui se trouve dans l'isle de Haynan, dépendant de la Chine.

AGRA-CARAMBA. Autre bois de senteur qui vient pareillement dans l'isle de Haynan. Ce bois est propre à purger les femmes. Les Japonois en font grand cas, & les Chinois leur en portent beaucoup.

AGREAGE. On nomme ainsi à Bordeaux, ce qu'ailleurs on appelle communément *courtage*. La *pipe d'eau-de-vie de cinquante veltes paie à Bordeaux cinq sols pour droit d'agréage*.

Ces sortes de droits s'établissent peu à peu sans réflexion sous des prétextes illusoires. De prétendus experts s'entremettent d'office entre le vendeur & l'acheteur. D'abord leur ministère est purement libre, volontaire & presque gratuit, bientôt c'est une nécessité qu'on impose à l'acheteur & au vendeur, ce sont ensuite des commissions ou des charges, avec priviléges exclusifs de tous autres : on fixe des émolumens qui prennent le nom de droit. On supprime ensuite les officiers, ce qui prouve leur inutilité, leur prétendu service ne se fait plus, mais le droit demeure à titre d'impôt.

AGRÉER. Trouver bon, approuver, ratifier un contrat d'atermoyement. *Voyez* RATIFIER.

AGRÉER un vaisseau. (*Terme de commerce de mer.*) C'est équiper un vaisseau de ses agrets. On appelle *agréeur*, celui qui en fait l'équipement. *Voyez ci-après* AGREITS.

AGRÉER un vaisseau, signifie aussi entre marchands l'*accepter*, convenir du prix pour le fret. *Voyez* FRET.

On dit en proverbe dans le commerce, *qu'il faut payer ou agréer*, pour dire qu'un débiteur doit satisfaire son créancier, ou en argent comptant, ou en bonnes paroles.

AGRÉEUR. (*Terme de commerce de mer.*) C'est celui qui fournit à un vaisseau marchand tout ce qu'il faut pour le mettre en mer. On le dit aussi de celui qui a soin de mettre tous les agrets en ordre, cordages, voiles, poulies, &c. *Voyez l'article suivant.*

AGREITS. (*Terme de marine, dont on se sert sur l'océan.*) Ce sont les voiles, cordages, poulies, & autres choses nécessaires pour les manœuvres d'un vaisseau, & pour le mettre en état de voguer à la mer. On les appelle aussi en certains endroits *agrez* & *agrezils*, & sur la méditerranée on les nomme *sartie*. On se sert du terme *d'agrets* en ce sens, un tel vaisseau a tous ses *agrets*. Le mot *d'apparaux* a la même signification qu'*agreits*; ce qui fait qu'on ne les sépare presque jamais On fait des assurances sur le corps & quille du vaisseau, ses *agreits, apparaux*, &c. *Voyez* ASSURANCE.

AGUILLES. Toiles de coton qui se fabriquent à Alep.

AGUITRAN, autrement poix molle. *Voyez* POIX.

L'aguitran paie les droits de douane de Lyon sur le pied d'un sol par quintal, & les sols pour livre.

AIDES à mouleurs de bois. Ce sont à Paris de petits officiers de ville, commis par les prévôt des marchands & échevins, pour remplir les membrures, corder les bois, & mettre dans la chaine les bois à brûler qui sont de qualité à y être mesurés, qui arrivent & se déchargent sur les ports; ce qu'ils font en présence & sous les ordres des mouleurs de bois, qu'ils aident ainsi & soulagent dans ces fonctions, qui sont les principales de leurs offices. *Voyez* MOULEUR DE BOIS.

AIDES de maîtres des ponts. Ce sont des officiers de la ville, qu'on nomme autrement *chableurs*, qui aident à faire passer les bateaux sous les arches des ponts, par les pertuits & autres passages difficiles. *Voyez* CHABLEURS.

AIDES. Se dit en général de tout subside qui se lève par l'autorité du prince, ou qui s'accorde volontairement par les peuples dans des occasions extraordinaires, pour aider & secourir l'état dans ses besoins. En particulier on l'entend en France d'une des fermes générales du roi, qui consiste principalement dans les droits qui se lèvent sur le vin. On appelle ordonnance des *aides*, une ordonnance de Louis XIV, donnée à Fontainebleau au mois de juin 1680, qui sert de réglement pour le commerce, vente, transport, entrée & sortie de vins, tant dedans que dehors le royaume. C'est un des chefs-d'œuvre du ministre Colbert, qui jouit autrefois d'une grande réputation. Pour la juger avec une sage impartialité, il ne faudroit pas être intéressé au système de perception dont les *aides* font partie, ni propriétaire de vignobles, ni cultivateur, ni même consommateur; il est bien fâcheux que la nécessité de l'impôt mette de pareilles entraves au droit de propriété.

AIGLE. Grand oiseau de proie, à qui la poësie donne le nom & la qualité de *roi* parmi les oiseaux. L'*aigle* a le bec long & crochu, les jambes jaunâtres & couvertes d'écailles, les ongles grandes & fort recourbées, le plumage châtain, brun, roux & blanc.

On ne parle ici de cet oiseau (qui d'ailleurs n'a pas grand rapport au commerce) qu'à cause de la fameuse pierre d'*aigle*, que vendent quelques droguistes & épiciers de Paris, & qu'une tradition peu certaine, pour ne pas dire fabuleuse, fait encore présentement passer pour souveraine, pour avancer ou reculer les accouchemens des femmes.

Cette pierre est pour l'ordinaire platte, noirâtre, chagrinée & sonnante, à cause d'une autre petite pierre, quelquefois dure, quelquefois mollasse, qu'elle renferme en forme de noyau.

On l'appelle pierre d'*aigle*, parce qu'on suppose qu'on ne se trouve que dans les nids de ces oiseaux, qui vont, dit-on, s'en pourvoir jusques dans le fond des Indes, afin de faire éclore plus facilement leurs petits.

Ce sont les pélerins de saint-Jacques de Compostelle en Galice, qui rapportent ces pierres, dont ils se fourniffent à leur paffage dans les Pyrenées.

Il y a une forte de bois précieux, que l'on nomme bois d'aigle. Voyez ALOÉS & ASPALATHE.

AIGOCERAS, ou corne de bœuf. C'eft la plante que l'on connoît en France fous le nom de fenegré ou fenugré.

Cette plante croît en plufieurs provinces du royaume, & on la cultive en quelques endroits des environs de Paris. Voyez FENUGRÉ.

Le fenegré paie en France des droits de fortie hors du royaume huit fols du cent pefant, & dix fols de droits d'entrée avec les fols pour livre.

AIGREFIN ou EGELFIN. Sorte de poiffon de mer, affez femblable au merlan, mais plus long, plus gros, plus ferme & de meilleur goût, ayant une ligne noire depuis la tête jufqu'à la queue. Il s'en pêche beaucoup fur les côtes d'Ecoffe. On le mange frais; & pour le garder on le fale, & l'on le fait fumer & fécher à la cheminée. Le négoce de ce poiffon eft peu confidérable en France, à caufe de la gabelle, & prefque toute la confommation s'en fait fur les côtes où il fe pêche.

AIGRETTE. Oifeau qui porte fur fa tête une plume fort blanche, fort fine & fort haute; c'eft une efpèce de heron.

C'eft des plumes de cet oifeau que l'on fait ces belles panaches, dont les nations qui fe couvrent la tête de turbans ou de bonnets, comme les Turcs, les Perfes & les Polonois, ont coutume de les orner, & qu'ils y attachent avec de riches bouquets de pierreries. En France, on en pare le haut des capelines pour les tournois & pour les théâtres: on en met auffi fur les bouquets de plumes des dais & des plus beaux lits.

La plupart des plumes d'aigrette font apportées en France du Levant par la voie de Marfeille. On les contrefait avec un art merveilleux par le moyen de l'émail tiré à la lampe en filets très-déliés. Voyez ÉMAIL.

AIGUEMARINE. Pierre précieufe qui fe trouve le long de quelques côtes de la mer Océane. Elle eft d'un affez beau verd de mer, qu'on croit qu'elle acquiert à force d'être battue du flux & reflux qui la roule fur le fable. Elle n'eft guères moins dure que l'amétifte orientale.

AIGUILLE ou ÉGUILLE. Petit morceau d'acier poli & délié, pointu par un bout, & percé de l'autre, qui fert à coudre, à broder, à faire de la tapifferie, du point, &c.

Les aiguilles tiennent un rang affez confidérable dans le négoce de la mercerie, & dans celui des maîtres aiguilliers-alefniers. Il s'en fait une confommation & un débit très-grand dans Paris, & de fort gros envois dans toutes les provinces de France, même dans quelques pays étrangers.

Les lieux du royaume où il fe fabrique le plus d'aiguilles, font Paris, Rouen & Evreux. Il s'en tire néanmoins une quantité prodigieufe d'Allemagne, particulièrement d'Aix-la-Chapelle, par la voie de Liége, d'où elles font envoyées par gros

paquets quarrés, longs & couverts d'une forte toile.

Chaque paquet contient, pour l'ordinaire, cinquante milliers d'aiguilles de différentes qualités & groffeurs, y en ayant depuis n°. 1 qui font les plus groffes, jufqu'à n°. 22 qui font les plus petites & les plus fines; leur degré de fineffe augmentant ainfi imperceptiblement depuis le prem. n°. jufqu'au dernier.

Chaque paquet d'aiguilles de cinquante milliers eft compofé de treize plus petits paquets; fçavoir, douze de quatre milliers, & un de deux milliers. Le paquet de quatre milliers contient quatre paquets d'un milier, & le paquet d'un millier quatre paquets de deux cent cinquante aiguilles. Sur chacun de ces différens paquets eft imprimé le nom & la marque de l'ouvrier, avec le n°. des aiguilles & le nombre qui y eft renfermé. Tous font en papier blanc, à l'exception des paquets de deux cent cinquante, dont le papier eft d'un gros bleu turquin très-fort.

Les treize plus gros paquets, qui compofent les cinquante milliers, font tous enfemble empaquetés dans de gros papier blanc, en fix ou fept doubles, bien entouré de ficelle, couvert par-deffus de deux veffies de cochon, auffi bien ficellées, & par-deffus le tout eft la groffe toile bife, qui fert comme d'emballage au gros paquet. Enfin, fur cette toile eft marqué avec de l'encre les différens numéros des aiguilles qui y font.

On prend toutes ces précautions à bien empaqueter les aiguilles, à caufe du poliment, qui eft très-fujet à fe gâter par la rouille, ce qui les met abfolument hors d'état de vente.

Quoique les aiguilles foient diftinguées par numéros, on ne laiffe pas de leur donner encore des noms particuliers, qui ont du rapport aux ouvriers ou artifans qui s'en fervent, ou aux chofes à quoi elles peuvent être propres, dont voici les principaux.

AIGUILLES A TAILLEUR, dans lefquelles font comprifes les aiguilles à bouton ou à galon, les aiguilles à boutonnières, les aiguilles à coudre ou à rabattre, & les aiguilles à rentrer.

AIGUILLES A BRODEUR, qui renferment les aiguilles à paffer l'or & l'argent; les aiguilles à foie, à lifière ou à enlever; les aiguilles à frifure, ou à paffer du bouillon, qui fervent auffi aux boutonniers. Aiguilles à faire du point; aiguilles à tapifferie; aiguilles à perruques, &c.

Il y a encore de certaines aiguilles que l'on appelle paffe groffe ou paffe très-groffe, qui ne font d'aucun numéro. On les nomme ainfi, à caufe qu'elles excèdent de beaucoup la groffeur de celles du premier numéro. Il s'en confomme peu de cette dernière efpèce.

Les aiguilles de Rouen font les moins eftimées de toutes, n'étant pour la plupart fabriquées qu'avec une forte de fer rafiné, que l'on appelle du petit acier, qui n'a prefque pas de réfiftance; au lieu que celles des autres fabriques font ordinairement faites de pur acier le plus fin; ce qui fait qu'elles caffent plutôt que de plier, & que les pointes en font plus piquantes. Les *aiguilles* de Rouen ont cependant affez de reffemblance pour la façon à celles de Paris & d'Evreux ; ayant comme elles, la tête longue, la canelle bien faite, & la pointe évidée ; ce qui ne fe rencontre pas dans celles d'Allemagne, dont la tête eft plus courte, la canelle moins bien faite & la pointe plus groffière, quoique mieux polies.

Les aiguilles payent les droits d'entrée & de fortie du royaume, & des provinces réputées étrangères, comme mercerie, à raifon de quatre livres du cent péfant pour l'entrée, & de trois livres pour la fortie avec les fols pour livre.

Il y a peu de marchandife qui foit à meilleur marché que les *aiguilles*, y en ayant qui ne fe vendent en détail qu'un liard les quatre. On feroit fans doute furpris de ce grand marché en confidérant la manière de les fabriquer, & le nombre infini de façons qu'il leur faut donner, avant que d'être dans leur dernier état de perfection.

AIGUILLES. Se dit auffi de plufieurs fortes d'inftrumens d'acier, de fer ou de léton, de différentes longueurs, groffeurs, formes & figures, qui ont chacun leur ufage particulier, & dont quelques marchands merciers font négoce, auffi-bien que les maîtres aiguilliers, qui font les artifans qui les fabriquent.

AIGUILLE AIMANTÉE, ou AIGUILLE MARINE. Fil d'archal plié en lozange, ou comme parlent les géomètres, de figure romboïque, qui fait la principale partie & la plus effentielle de la bouffole. *Voyez* BOUSSOLE. *Voyez auffi* AIMANT.

AIGUILLETTE ou ESGUILLETTE. Morceau de treffe, tiffu ou cordon, rond ou plat, plus ou moins long, ferré par les deux bouts d'un petit morceau de fer blanc ou de léton, rond & pointu, dont on fe fert pour attacher quelque chofe, ou pour mettre fur l'épaule.

Les *aiguillettes* font partie du négoce privilégié ou monopole des marchands merciers de Paris. Il eft cependant permis aux maîtres paffementiers-boutonniers d'en faire & d'en vendre, pourvu qu'elles foient faites de treffes rondes ou plattes.

On appelle *ferets d'aiguillettes*, ces petits morceaux de fer blanc ou de léton, dont les *aiguillettes* font ferées.

AIGUILLETTES DE MAHOT. Ce font de petites cordes faites avec l'écorce du mahot filé, dont l'on fe fert à plufieurs ufages dans les ifles Françoifes de l'Amérique, particulièrement pour attacher les plantes de tabac aux gaulettes, lorfqu'on veut les faire fécher à la pente. *Voyez l'article du* TABAC.

AIGUILLETIER. Artifan dont le métier eft de ferer des *aiguillettes* & des laffets. On les appelle auffi *ferreurs d'aiguillettes*.

AIGUILLIER ou ÉGUILLIER. Artifan qui fait & qui vend les aiguilles, des alefnes, &c.

A Paris les *aiguilliers* formoient une communauté, dont les ftatuts font du 15 feptembre 1599.

Par ces ftatuts ils étoient qualifiés maîtres *aiguilliers*, alefniers, faifeurs de burins, carrelets & autres petits outils fervans aux orfévres, imprimeurs, cordonniers, bourreliers & autres.

Suivant ces ftatuts, aucun ne pouvoit être reçu maître *aiguillier*, qu'il n'ait atteint l'âge de vingt ans, fait apprentiffage pendant cinq ans, fervi les maîtres trois autres années après l'apprentiffage & fait chef-d'œuvre. Les enfans des maîtres étoient exempts de toutes ces formalités, pouvant être admis à la maîtrife après une fimple expérience, c'eft-à-dire que la nature étoit obligée non-feulement, de donner à un fils de maître la capacité de faire de bonnes alènes avant l'âge de vingt ans fans apprentiffage & fans avoir fervi les maîtres pendant cinq ans ; mais encore de refufer cette capacité à ceux qui n'étoient pas fils de maître, ou bien que le réglement n'avoit en vue, ni la bonté de l'ouvrage, ni l'utilité du confommateur ; mais le monopole des privilégiés.

Les maîtres *aiguilliers* font tenus d'avoir des marques diftinctes & féparées, pour marquer leurs ouvrages, dont l'empreinte doit être mife en une table de plomb, qui eft en la chambre du procureur du roi du châtelet ; leur étant défendu, fous peine d'amende, de vendre aucunes marchandifes de leur métier à autre marque que la leur, fans le confentement de celui à qui la marque appartient.

La communauté des *aiguilliers* avoit quatre maîtres jurés, prépofés pour tenir la main à l'exécution de fes ftatuts, & veiller aux affaires particulières qui la regardent, dont tous les ans il s'en élit deux nouveaux en préfence du procureur du roi ; enforte que chaque juré refte deux années entieres en fonction.

La communauté des *aiguilliers* de Paris ne fubfiftant qu'avec peine vers la fin du dix-feptiéme fiécle, & les maîtres n'étant plus qu'au nombre de cinq ou fix, elle fut réunie à celle des épingliers par des lettres patentes de Louis XIV, du mois d'octobre 1695, avec quelques changemens pour la police ; entr'autres à l'égard des jurés, qui furent réduits à trois, deux *épingliers* & un *aiguillier*, les ftatuts des deux communautés reftans pour le furplus en leur entier. Cette réunion prouve jufqu'à quel point l'efprit fifcal avoit dégradé l'autorité légiflative, dont il employoit tout l'appareil à méraphifiquer en pure perte fur des pointes d'aiguilles.

AIL. Plante de la nature de l'oignon, qui a l'odeur très-forte. Les Efpagnols & les Gafcons en mangent beaucoup ; & le commerce qui s'en fait en plufieurs provinces de France parut affez confidérable, pour que cette efpece de légume eût place dans le tarif de 1664, dont les rédacteurs avoient grand peur de rien oublier.

Les aulx payent des droits de fortie du royaume cinq fols de la fomme, & autant de droits d'entrée, avec les fols pour livre.

AIMANT ou AYMAN, qu'on appelle auffi

calamite. Pierre minérale presque noire, qui a de merveilleuses propriétés; entr'autres d'attirer le fer & de tourner ses poles vers le nord & le midi.

Quelques auteurs prétendent que *l'aimant* a ses propres mines, mais pour l'ordinaire il se trouve dans les mines des métaux, particulièrement dans celle de cuivre & de fer; on l'estime même la marcassite de ce dernier métal.

Les anciens comptoient de cinq sortes d'*aimant*, différens de couleur aussi-bien que de vertu; l'éthiopique, le magnésien, le boëtique, l'alexandrin & le natolien. Ils croyoient aussi qu'il y en avoit de mâle & de femelle; mais toute la vertu qu'ils lui connoissoient alors, étoit l'attraction du fer & quelque usage dans la médecine, surtout pour la guérison des brûlures & des fluxions sur les yeux.

Les modernes, où plus heureux, ou plus attentifs à étudier la nature de cette admirable pierre, ayant découvert le regard fixe de ses deux poles vers le nord & vers le midi, en ont fait le guide de leurs voyages de long cours, en s'en servant pour aimanter & comme pour animer l'aiguille de la boussole.

AIRAIN. C'est proprement le cuivre rouge. *Voyez* CUIVRE.

L'airain non ouvré paye en France de droits de sortie de cent pésant trois livres, & de droits d'entrée cinquante sols avec les sols pour livre.

AIS. Piéce de bois de sciage & peu épaisse. *Voyez* BOIS.

Les ais de sapin payent en France de droits de sortie trois livres dix sols du cent en nombre & les sols pour livre.

AIS-SY, qu'on nomme plus ordinairement AISSEAU & *bardeau.* Petit ais ou planche fort mince de la grandeur d'une thuile, qui sert en quelques lieux à couvrir les maisons. On dit *ais-sy*, comme qui diroit *ais-scié. Voyez* BARDEAU.

AISSIEU ou ESSIEU. Piéce de bois de charronage, ordinairement d'orme & quelquefois de charme, qui se débite & s'envoye en grume. Les *aissieux* en grume font partie du commerce des bois.

AISSIL. (*Vieux mot qui signifie vinaigre.*) Il se trouve dans les anciens statuts de la communauté des vinaigriers. *Voyez* VINAIGRE.

AISSIN. Certaine mesure de froment, dont il est parlé dans les anciennes ordonnances de la ville de Paris, qui n'en expliquent pas la continance.

AL

ALBASTRE. Espèce de pierre brillante, gipseuse, tendre & facile à tailler. Il y en a de plusieurs sortes. Le plus commun est blanc & luisant; il étoit autrefois le moins estimé. On n'estimoit guères non plus celui qui étoit couleur de corne & transparent. Le plus précieux tiroit sur le jaune, un peu semblable au miel & étoit marqueté de quelques points ou venules. Le blanc semble à présent l'emporter sur les autres. On en fait des statues, des

colomnes & des vases de diverses grandeurs. Les anciens se servoient de ces vases pour mettre leurs parfums les plus exquis.

Les contrées de l'Europe où il se trouve le plus d'*albâtre*, sont l'Allemagne, du côté de Coblents; le Mâconnois, aux environs de Cluny; l'Italie, vers Rome dont celui de Montaïout se distingue non-seulement par sa blancheur, mais encore pour la grosseur de ses blocs ou morceaux, y en ayant de si considérables, qu'on en peut aisément former des statues aussi grandes que nature. Il s'en voit aussi en quelques endroits de Lorraine, qui n'est pas beaucoup estimé.

L'albâtre non ouvré paye en France quatre sols du pied de droit d'entrée & autant pour la sortie, avec les sols pour livre.

ALBAZARIN ou ALBARAZIN. Sorte de laine d'Espagne. *Voyez* LAINE, *où il est parlé de celles d'Espagne.*

ALBERNUS. Espèce de camelot ou bouracan, qui vient du Levant par la voie de Marseille.

Par le tarif de la douanne de Lyon les albernus payent dix sols de la piéce pour l'ancien droit, & cinq sols pour la nouvelle réapréciation. Voyez BOURACAN.

ALBERTUS. Monnoie d'or frappée en Flandres pendant le gouvernement d'Albert archiduc d'Autriche. Il est du poids de quatre deniers, au titre de vingt-un carats trois quarts. Il n'est qu'au marc dans les hôtels des monnoies, pour être fondu & converti en louis d'or.

ALBS. Petite monnoie d'Allemagne qui vaut huit fenins du pays. *Voyez* la TABLE DES MONNOIES.

ALBUS. Petite monnoie de Cologne qui vaut douze deniers ou deux creutzers. Il faut 78 *albus* pour la richdale. *Voyez* la TABLE.

ALCANA. Drogue qui sert à la teinture, qui vient d'Egypte & de quelques autres endroits du Levant. Les botanistes appellent *ligustrum ægyptiacum*, ou troesne d'Egypte, la plante qui produit cette teinture.

La couleur qu'on tire de ses feuilles, est rouge ou jaune, suivant qu'on la prépare; jaune, si on la fait tremper dans de l'eau; & rouge, si on la laisse infuser dans du vinaigre, du citron ou de l'eau d'alun.

L'huile qu'on extrait des bayes de l'*Alcana*, est d'une très-agréable odeur, & a quelque usage dans la médecine, particulièrement pour adoucir les nerfs. On l'appelle *huile de cyprus*, qui est aussi le nom que l'on donne quelquefois à la plante.

ALCAVALA. Droit de douanne que l'on paye en Espagne & dans l'Amérique Espagnole. C'est un droit d'entrée à raison de cinq pour cent du prix des marchandises.

ALDERMAN. On nomme ainsi en Angleterre ce qu'on appelle à Paris, *garde* ou *juré.* Chaque corps de métier a son *alderman*, qui est chargé de veiller à ce qu'on appelle la *police* du corps & l'exécution de ses statuts, c'est-à-dire, principalement à

la

la conſervation des priviléges excluſifs de la corporation, contre la liberté publique.

ALESNE. Outil d'acier emmanché de bois, le
plus ordinairement de buis, qui ſert comme d'aiguille à pluſieurs artiſans.

ALESNIER. Artiſan qui fabrique & vend des
aleſnes, des aiguilles, des épingles, &c. Voyez
AIGUILLIER.

ALEVIN. Menu poiſſon dont on peuple les
étangs, les marais & les rivières.

ALEVINAGE. On appelle ainſi tous les petits
poiſſons, qui ne ſeroient pas propres à vendre, &
que les pêcheurs rejettent dans l'eau pour peupler,
quand ils les ont pris dans leurs filets.

ALEVINER un étang. C'eſt y jetter de l'alevin,
afin de le peupler.

ALEZAN ou ALZAN. Cheval d'un poil rouſ-
ſâtre, ordinairement avec des crins roux ou blancs.

Il y a ſix ſortes d'alezans: alezan brûlé, alezan
bay tirant ſur le roux, alezan poil de vache, alezan
clair, alezan commun, & alezan obſcur.

Preſque tous les alezans ſont eſtimés; les bruns
& les clairs ſont les moindres. Les alezans brûlés
ſont les meilleurs.

ALFANDIGA. C'eſt ainſi que l'on nomme la
douane de Liſbonne, capitale du Portugal. L'on
ſçait aſſez, que c'eſt dans ce lieu que ſe payent les
droits d'entrée & de ſortie, comme il ſe pratique
dans toutes les douanes des autres états: mais peut-
être il ne ſera pas inutile à ceux qui y veulent
faire commerce, d'être inſtruits, que tous les galons, franges, brocards, & rubans d'or & d'argent,
y ſont confiſqués, comme marchandiſes de contrebande; n'étant permis à qui que ce ſoit en Portugal,
d'employer de l'or ni de l'argent filé ſur ſes habits,
ni pour ſes meubles; réglement très-remarquable
dans un pays qui récolte beaucoup d'or dans ſes
colonies.

ALGATRANE. (Eſpèce de poix). Elle ſe trouve
dans la baye que forme la pointe de Sainte-Hélène,
au ſud de l'iſle de la Plata.

Cette matière bitumineuſe qui ſort d'un trou en
bouillonnant, à quatre ou cinq pas des bornes où
monte la haute mer, eſt d'abord liquide comme du
goudron; mais à force de bouillir elle devient dure
comme de la poix; & l'on peut s'en ſervir à tous les
uſages que la poix s'emploie.

ALIBANIÈS. Toiles de coton qu'on apporte en
Hollande des Indes orientales, par les retours de
la compagnie.

ALICONDE. Arbre qui croît dans quelques endroits de la baſſe Éthiopie, dont le fruit eſt ſemblable à la noix du cocos; mais qui ne vaut rien à
manger.

On tire de l'écorce en la battant, une eſpèce de
filaſſe qu'on file, & dont on fait des toiles preſque
auſſi belles que celle du chanvre.

ALIPON-MONTIS-CETI. (Eſpèce de turbit
blanc, qui eſt un puiſſant purgatif). Il ſe trouve
en pluſieurs endroits de Languedoc, particulièrement

auprès de Cete, d'où les botaniſtes modernes lui ont
donné le nom.

On le ſubſtitue quelquefois au ſené; ce qui peut
être dangereux, étant beaucoup plus violent que
cette herbe orientale. Voyez TURBIT.

ALISIER ou MICOCOULIER. (Eſpèce de grand
arbre aſſez connu en France). Son bois ſert à monter
les outils à fuſt des menuiſiers, & à faire des chevilles ou fuſeaux pour les rouets ou lanternes des
moulins. Le bois deſtiné à ces derniers ouvrages
doit ſe débiter en morceaux de trois ou quatre pouces
en quarré ſur ſeize ou dix-huit pouces de longueur.
Paris eſt le lieu du royaume où il s'en fait le plus
grand négoce.

ALKERMES. Sirop d'alkermes; confection d'alkermes. Voyez ESCARLATE.

ALLÉGE. C'eſt ſur les rivières un bateau
vuide, qu'on attache à la queue d'un autre plus
grand pour l'alléger & prendre une partie des marchandiſes dont il eſt chargé, au cas qu'il vînt à lui
arriver quelque accident dans ſa route. Les coches
d'eau & les bateaux de conſéquence, ne vont jamais
ſans alléges, particulièrement quand ils ſont beaucoup chargés.

Sur mer on appelle auſſi alléges, certains bâtimens ſervans à porter les marchandiſes des vaiſſeaux,
qui, à cauſe de leur trop grande charge, ont de la
difficulté à naviger; ou pour faciliter l'entrée de ceux
qui prennent trop d'eau, dans les ports & rivières,
qui n'ont pas ſuffiſamment de fonds.

On ſe ſert encore d'alléges pour faire le déleſ-
tage des bâtimens. En quelques endroits on leur
donne le nom de ſouléges.

Le maître ne peut retenir la marchandiſe dans
ſon vaiſſeau, faute de paiement de ſon fret; mais il
peut dans le tems de la décharge, s'oppoſer au
tranſport, ou la faire ſaiſir, même dans les alléges
ou gabarres. Art 24 du titre 3 de l'ordonnance de
la marine de 1681. Voyez GABARRE.

ALLÉGES D'AMSTERDAM. Ce ſont des bateaux
groſſièrement faits, ſans mâts ni voiles, dont on ſe
ſert dans les canaux de cette ville, pour décharger
& tranſporter d'un lieu à un autre cette prodigieuſe
quantité de marchandiſes qui s'y débitent. Le voileur
ſert de gouvernail.

ALLÉGEAS. Étoffe fabriquée aux Indes orientales. Il y en a de deux ſortes. Les unes ſont de
coton, & les autres de pluſieurs eſpèces d'herbes qui
ſe filent comme le chanvre & le lin. Leurs longueurs
& largeurs ſont de huit aunes de long ſur cinq, ſix
ou ſept huitiémes de large; & de douze aunes ſur
trois quarts & cinq ſixiémes.

ALLEMAGNE. (Etat actuel du commerce d')

NUMÉRO PREMIER.

Commerce intérieur.

L'Empire d'Allemagne poſſède non-ſeulement
toutes les choſes néceſſaires & utiles à l'homme;

mais un fuperflu confidérable de productions qu'il peut exporter. La culture des terres, qui s'y perfectionne chaque jour, ne ceffe d'en augmenter la fertilité, la richeffe & la beauté. Il fournit toutes fortes de denrées, comme feigle, froment, orge, avoine, pois, lentille, &c. On y trouve du chanvre, du lin, du tabac, du houblon, de la garance, de l'anis, du cumin & du fafran. On y cultive la vigne qui, en plufieurs endroits, donne des vins qui font encore fort inférieurs à ceux de Hongrie & de France; les meilleurs viennent dans le Cercle du Bas-Rhin, fçavoir, les vins du Rhin (parmi lefquels celui du Rhingau eft eftimé le meilleur) & les vins de Mofelle. Les vins blancs de Franconie, le Neckar, le Kocher & le Mufcat, quoique d'une moindre qualité, font bons auffi. On y fait encore des vins rouges & clairets. L'Autriche produit des vins excellens; mais les vins de Bohême, de Moravie, de la Baffe-Luface & de la Haute-Saxe font beaucoup inférieurs aux précédens. Le régne minéral fournit beaucoup d'articles de commerce en *Allemagne*. Parmi les différentes efpèces de terres nous ne ferons mention que des terres colorées, des terres glaifes, des terres figillées, de la terre de porcelaine, & du tripoli; & parmi les pierres nous diftinguerons l'albâtre, l'ardoife & diverfes fortes d'agates. Parmi les minéraux il faut diftinguer les fels acides, le vitriol, & le falpêtre qu'on trouve en quantité dans l'empire; le fel de roche qui abonde dans le pays au-deffus de l'Ens en Tirol & dans l'évêché de Saltzbourg; le fel de fontaine dont l'empire eft plus abondamment fourni que tous les autres états de l'Europe; le charbon de pierre, le foufre, le vif-argent, le cinabre, la mine de plomb, l'antimoine, le kobold, le bifmut, & l'arfenic; & parmi les métaux, le fer, l'acier, le cuivre, le vitriol, le plomb, l'étain, l'argent, dont l'empire abonde plus que les autres états de l'Europe; enfin l'or, qu'on trouve non-feulement dans les mines, mais auffi dans des fleuves, fçavoir dans le Rhin, l'Eder, &c.

L'*Allemagne* nourrit une grande quantité d'ouvriers & de fabricants, & conféquemment a un grand nombre de manufactures & de fabriques. Elle doit cet ineftimable avantage à des François réfugiés, établis en *Allemagne* après la révocation de l'édit de Nantes. Ces manufactures fe font tellement multipliées, que celles de France, d'Angleterre & de Hollande en fouffrent beaucoup; en un mot, il en fort une fi grande quantité de marchandifes de toute efpèce, qu'elles fourniffent abondamment au commerce d'exportation. La culture de la foie s'y perfectionnant de jour en jour, il eft à préfumer que les manufactures de foie y augmenteront auffi de plus en plus. On fait avec le lin diverfes fortes de fils; on en tord une partie & le refte fert à faire des toiles de diverfes qualités. Outre le linge de table damaffé, qui eft de toute beauté, on fabrique en *Allemagne* du coutil, de la toile rayée, à carreaux, cirée, gommée, teinte, imprimée &

peinte. On y fait toute forte de papiers : papier à écrire, à imprimer, à emballer; papier brouillard, marbré, peint, doré, argenté, & papier brocard. On emploie le fil à différens ufages, comme pour rubans, galons, &c. & principalement pour la dentelle, dont la fineffe attefte celle du fil. Les feuilles de tabac de même que la garance & le paftel y font apprêtées & employées en quantité. On y donne au chanvre & au coton toutes les façons dont ils font fufceptibles. Les raffineries de fucre font nombreufes. On fait des vafes de terre de diverfes fortes, des pipes, de la porcelaine, de la fayance. On tire plufieurs couleurs de différentes terres. On coule des glaces d'une grande beauté, tant pour les miroirs que pour d'autres ufages. On prépare en *Allemagne* du vitriol, de l'alun, du falpêtre & du foufre : on y fait du cinabre, de l'arfenic, du fmalt, de l'amidon & de l'azur; on y emploie l'or & l'argent pour toutes fortes d'ufages; ces métaux y font battus en feuilles, en paillettes, tirés en fil; on en fait des étoffes, des galons, dentelles, franges, treffes & broderies en une infinité de façons. On y travaille également pour tous les ufages connus, le cuivre, le fer, l'étain, le plomb; de même que les métaux compofés, comme le laiton, le *pinchebec*, compofitions blanches; & le fimilor ou *tombac*, compofition rouge; enfin la fonte & l'acier. Les peaux de bêtes fourniffent toutes fortes de cuirs. La laine de brebis, tant celle du pays que celle qui vient du dehors, eft fabriquée en draps, ratines, étoffes, tapifferies, bas, bonnets, camifoles, &c. ou feule, ou mêlée avec la foie & le fil. Les cheveux d'hommes, le poil des bêtes fervent à divers ufages. La foie s'emploie pour rubans, galons, étoffes, bas, &c. La cire eft blanchie, teinte, fondue, & modelée de toute manière.

L'*Allemagne* a de grands avantages pour le commerce. La mer du Nord, la mer Baltique & le golfe de Venife, qui l'environnent en partie; un nombre confidérable de fleuves & de rivières navigables qui l'arrofent; fa fituation furtout, au centre de l'Europe, facilitent extrêmement l'exportation du fuperflu de fes productions, tant naturelles qu'artificielles, & l'importation des marchandifes étrangères. Pour augmenter le *commerce intérieur*, les principales villes commerçantes ont établi des voitures publiques au moyen defquelles les marchandifes font tranfportées à un prix modique. Mais chaque feigneur territorial s'arroge le droit d'établir des manufactures, ou d'en abandonner l'établiffement à d'autres; de prohiber les marchandifes étrangères, ou de les charger d'impôts; d'interdire ou de reftreindre la fortie des matières crues; d'empêcher les étrangers de faire aucun commerce hors le tems des foires, ou d'en borner l'étendue; d'établir des tribunaux pour connoître des matières du commerce; & même de faire des prétendues Loix, qui ne tendent qu'à introduire ou favorifer le monopole.

Les principaux fleuves qui contribuent à rendre

floriffant le *commerce intérieur d'Allemagne* font : le Danube, le Rhin, le Mein, l'Elbe, l'Oder & le Wefer.

La defcription des pays n'entrant dans le plan de cet ouvrage qu'autant qu'il eft néceffaire de faire connoître à nos lecteurs la fituation du commerce, nous refferrerons le plus poffible la defcription de l'*Allemagne*.

§. I. Cerclès d'Autriche, de Bavière, de Suabe & de Franconie.

On a établi depuis peu de tems à Vienne toutes fortes de fabriques & manufactures qui, moyennant l'appui & la protection dont elles jouiffent, y ont fait les plus grands progrès. Les plus floriffantes de toutes font celles de foie, & cela vient de ce que la foie de Florence n'y paye qu'une entrée modique. Les autres manufactures fabriquent des glaces, de la quinquaillerie, de la porcelaine & d'autres marchandifes. Les ouvrages de porcelaine de Vienne, quoiqu'inférieurs à ceux de Saxe pour l'extérieur, les furpaffent pour la matière, qui eft à l'épreuve du feu. La terre dont on la compofe eft ramaffée avec beaucoup de foin & de peine en plufieurs endroits des pays héréditaires d'*Autriche*.

Pour encourager l'établiffement des fabriques & manufactures, la banque de Vienne fait des avances depuis 10 jufqu'à 50 & même 100 mille florins fans intérêt à ceux qui defirent faire des entreprifes pour l'avancement du commerce & des manufactures, pourvu que la reftitution de la fomme capitale paroiffe affurée & folide. Cette banque n'eft au furplus qu'un établiffement utile, deftiné à y placer des fonds à un intérêt raifonnable, & à en fournir la manière que nous venons de dire. Son origine ne remonte qu'à l'année 1703.

Vienne eft le centre du commerce dans les états de la maifon d'*Autriche*. On y trouve des négocians de prefque tous les états de l'Europe & de l'Afie. Ils font divifés en plufieurs claffes qu'il feroit fuperflu de détailler. Le principal commerce fe fait avec la Turquie : les fujets Turcs jouiffant en *Autriche* de grands privilèges, il s'eft établi beaucoup de Turcs, Grecs, Arméniens & autres fujets de la Porte à Vienne & dans les autres villes des états de la maifon d'*Autriche*. La plûpart des marchandifes de ce pays qui paffent en Turquie, font des verres, des miroirs & glaces, du drap, des écus d'*Autriche* monnoyés à Vienne, des piaftres d'Efpagne qui ont cours dans toute la Turquie, & principalement toutes fortes d'ouvrages en fer. L'exportation du gros fer en gueufe & en barre étant défendue, on ne fait guère d'envois en Turquie que de couteaux & de faulx. Pour donner une idée de l'importance de ce commerce, il faut remarquer qu'à Kirchdorf & à Muhldorf, dans le pays au-deffous de l'Ens, on trouve 42 fabricans qui envoient tous les ans en Turquie pour 400000 florins de faulx. Les principales marchandifes qu'on

reçoit de ce pays, font du coton, du poil de chévre, du cuir, du café, du fruit & du vin.

Mais on y a établi comme ailleurs avec privilèges plufieurs *compagnies de commerce*. La plus ancienne eft la compagnie de Fiume dont l'objet principal eft la raffinerie du fucre. La compagnie de Temefwar fait un grand commerce en bled, cire, cendre calcinée, dite *potafche*, & laine de Hongrie ; elle envoie ces articles par Triefte en France, en Efpagne & en Italie : fon fonds eft d'un million de florins. La compagnie de Bohême, qui commerce en toiles, a pareillement un fonds d'un million de florins : elle prit naiffance à Vienne en 1768 ; elle trafique en Amérique par Cadix. La compagnie d'Egypte trafique en Egypte & en quelques endroits de l'Afie. Son entrepôt principal eft à Smirne, & fon directeur réfide à Vienne. Elle tranfporte toutes les productions des manufactures d'*Autriche* en Afie, & en rapporte la matière brute. Le directoire général du commerce a fondé entre autres établiffemens, une école de commerce pour les jeunes gens qui defirent apprendre la théorie du commerce. On y enfeigne toutes les fciences effentielles aux négocians, fpécialement la connoiffance des marchandifes, l'arithmétique, la géographie & les relations de commerce entre les différens pays ; fans doute qu'on y joindra quelque jour les rapports effentiels du commerce avec la loi naturelle de juftice, avec les droits facrés de propriété & de liberté, avec les vrais *droits* & les vrais *devoirs* des fouverains.

L'INZ ou *Lintz*, capitale de la haute *Autriche*, fait un bon commerce, qu'elle doit à fon heureufe fituation fur le Danube & fur le grand chemin de Vienne & de la Hongrie. On y fait une quantité prodigieufe de poudre à canon qui eft très eftimée des étrangers ; auffi en fait-on des envois confidérables dans les pays éloignés. On a établi à *Lintz* beaucoup d'autres manufactures & fabriques dont les produits enrichiffent les habitans de cette ville.

KREMS, ville principale de la baffe *Autriche* fur la rive feptentrionale du Danube, fait auffi un bon commerce, tant en gros qu'en détail, auquel contribuent beaucoup fes deux foires annuelles, l'une à la faint Jacques, l'autre à la faint Simon & faint Jude, qui durent chacune 14 jours, & pendant lefquels on fait jouir le commerce d'une plus grande *liberté*, d'une plus grande *immunité*.

GRATS, capitale de la Stirie, duché du cercle d'*Autriche*, fait un affez bon commerce dans le pays & en Hongrie. Les principaux articles du commerce de la Stirie font des ouvrages de fer & d'acier.

Villach, ville de la Carinthie, duché du cercle d'*Autriche*, fait auffi un grand commerce en ouvrages de fer & d'acier.

LAUBACH, capitale de la Carniole, duché du cercle d'*Autriche*, eft une grande & belle ville qui commerce en huile, vins, ouvrages de fer &

d'acier, en marbres & principalement en vif-argent, dont il y a une mine célèbre tout près d'Idria, ville de la Carniole : il fort année commune de cette mine environ 12000 quintaux de mercure.

Bischofslack, *Goritz*, *Laas*, *Neumarck*, *Igg* & *Wippach* font des villes du même duché qui font quelque commerce en diverses marchandifes. On trouve quelques fabriques de draps communs dans plusieurs de ces villes, & une de draps fins à *Wippach*.

Trieste & Fiume, villes de l'Iftrie dans le litorale Autrichien, font fituées fur la mer Adriatique ; nous nous réfervons à traiter du commerce qu'elles font, dans le chapitre du commerce d'Italie.

Bolzan ou *Bolzano*, eft une grande & belle ville du comté du Tirol, dont le commerce eft confidérable en pelleteries, en verres & en fel, principales productions de ces pays. On y tient tous les ans quatre grandes foires, la première à la mi-carême, la deuxième le premier lundi après la fête-Dieu, la troifiéme le lendemain de la nativité de la Vierge, qu'on nomme foire d'*Egide* ou de faint Gilles ; la quatrième le premier jour ouvrable après la foire de faint André. Chacune de ces foires dure 15 jours. Les lettres de change payables dans ces foires, doivent être acceptées dans les 12 premiers jours ; & les paiemens font comptant, foit par viremens ou par *rifcontre*, commencent le treizième jour & doivent s'effectuer au plus tard le dernier jour de la foire. Mais les principaux marchands étrangers qui fréquentent ordinairement ces foires font matriculés, c'eft-à-dire, entrés en *contractation*. Ces *contractans* ont divers priviléges. La ville de *Bolzan* jouit de ce *prétendu droit* qu'on appelle droit d'*étape*, & eft l'entrepôt de prefque tout le commerce entre l'Allemagne & l'Italie.

Inspruck, capitale du Tirol, eft une belle ville dont le commerce eft affez grand. Il confifte principalement en beaucoup de gants très-bien travaillés, quantité de bonnets noirs, tant de foie que de fil, & autres ouvrages qu'on y fabrique.

Munich, capitale de l'électorat de *Baviere*, eft une des plus belles villes de l'empire, dans laquelle on voit diverfes manufactures de tapifleries de haute liffe, qui, pour la beauté de l'ouvrage, vont de pair avec la manufacture des Gobelins de Paris. On y voit auffi quelques fabriques de draps & de petites étoffes de laine.

Ratisbonne, en Allemand *Regensburg* ou *Regenspurg*, ville impériale & très-peuplée, fait un grand commerce de bois, de grains & de toutes fortes de comeftibles qu'elle envoie à Vienne par le Danube. Elle doit d'ailleurs être regardée comme un grand & riche magafin de fel, dont le débit fe fait continuellement dans le haut Palatinat & dans les autres provinces voifines, fituées le long du Danube. Elle jouit du droit d'étape pour les marchandifes qu'on tranfporte fur le Danube, fpécialement pour le fel. L'hydromel de Ratisbonne eft renommé & on en fait un grand commerce.

Berchftolsgaden, petite ville de la haute *Baviere*, n'eft remarquable que par les petits ouvrages de bois peints qui s'y font par les pauvres gens de la campagne. On les porte vendre à Nuremberg, & Nuremberg les envoie partout où ils fe débitent.

Saltzbourg, capitale d'un évêché du même nom dans le cercle de *Baviere*, eft une ville bien peuplée & dont le commerce eft confidérable, principalement en fel, que l'on tranfporte à Paffaw par le moyen de l'Inn, de même que le fer, le cuivre, l'acier, le marbre, les meules de moulin & les pierres à aiguifer ; marchandifes que l'on apporte à Saltzbourg de divers endroits du diocèfe, qui en fournit abondamment.

Amberg & *Allensberg*, villes du haut Palatinat dans le cercle de *Baviere*, font quelque commerce, notamment en fer & en cuivre, dont il y a dans ce pays beaucoup de forges & de manufactures.

Augsbourg, ou *Augufte*, grande ville impériale, capitale de la *Suabe*, fait un commerce des plus confidérables en toute forte de marchandifes. *Augsbourg* eft le point de communication du commerce qui fe fait entre l'Allemagne & l'Italie; quoiqu'infiniment déchue de fon ancienne fplendeur, cette ville conferve néanmoins encore une bonne partie des affaires immenfes qu'elle faifoit il y a deux ou trois fiécles. Le commerce d'*Augsbourg* a pour véhicules principaux, d'un côté les marchandifes qui paffent en tranfit par cette ville, tant celles qui vont en Italie que celles qui en viennent, & d'un autre côté celles qu'on fabrique dans fon enceinte. En effet, il n'y a guere de jour qu'on ne voie entrer à la douane d'*Augsbourg* 40 à 50 chariots de marchandifes qui arrivent de différens endroits, foit pour les dépofer ou vendre dans la ville, foit pour les tranfporter ailleurs. C'eft probablement dans cette douane qu'il faudroit chercher la caufe qui fait dégénérer le commerce d'*Augsbourg*. Les ouvrages qui s'y font confiftent pour la plupart en pièces bien travaillées, d'or & d'argent ; on y fait d'ailleurs de belles tables à écrire, de belles eftampes & figures en taille douce. Le deffein, la taille douce en manière noire & plufieurs autres arts qui exigent de grands talens y font cultivés admirablement. Les petits & menus ouvrages & les bijoux d'*Augsbourg* font d'un bon débit dans prefque toute l'Europe. Il s'y fait de beaux ouvrages incruftés de nacre de perle, d'ambre jaune & autres matières précieufes. On y contrefait en étain fin les plus belles pièces d'argenterie. On y fabrique des lunettes, des miroirs, de l'or en feuilles, des paffemens. Le papier peint, appellé papier de *Turquie* ou marbré, & le doré & argenté fe fabriquent en très-grande quantité à *Augsbourg*, & y font à très-bon marché. On y grave les plus belles cartes géographiques de l'Europe. Les fabriques de futaine d'*Augsbourg* font les plus anciennes qu'on connoiffe : il en fort tous les ans plus de 39000 pièces de différentes qualités & de divers prix. La fabrique de chitz établie depuis quelque tems dans cette ville a acquis une telle réputation, que l'on donne à la marchandise qui en sort, la préférence sur celle des fabriques d'Angleterre & de Suisse, tant à cause de la beauté des desseins que pour la durée des couleurs ; les chitz & les futaines d'*Augsbourg* sont de différentes qualités & prix. Il en est de même des matelas, des toiles mi-fil de lin, & des couvertes de chevaux dont on fait dans cette ville un commerce très-étendu, spécialement avec l'Italie. Les étrangers commandent d'ordinaire les marchandises dont nous venons de parler, ou toute autre dont ils ont besoin, parce que les ouvriers sont en état d'en faire une grande quantité en peu de temps ; d'une autre part, les maîtres s'entendent bien ensemble, & l'un étant fait à l'ouvrage de l'autre, ils s'aident mutuellement ; & de cette bonne intelligence résultent de grands avantages pour *Augsbourg* sur quantité d'autres villes.

Il se fait à *Augsbourg* un grand commerce de change ; les négocians les plus riches en font leur principale occupation ; ils entretiennent à cet effet des relations très-étendues avec les autres places de change, tant de l'*Allemagne* que de l'Italie, de la Hollande & des autres parties de l'Europe.

CONSTANCE, ville de la *Suabe*, fait un assez joli commerce en toiles, vins, fruits & autres productions.

LINDAU, ville libre & impériale dans le cercle de *Suabe*, fait un grand commerce de vin, de sel & d'étoffes de laine de ses manufactures, tant avec les autres villes de l'*Allemagne*, qu'avec la Suisse, la France & l'Italie. Elle est située sur deux petites isles que forme le lac de Constance.

MUHLHAUSEN, ville du cercle de *Suabe*, fait un bon commerce, principalement en marchandises de ses fabriques & manufactures dont elle a un grand nombre.

MONTBELLIARD, en Allemand *Mumpelgand*, ville du même cercle, fabrique une sorte de toile de lin, bleue & blanche, rayée & à carreaux, qu'on emploie à divers usages, surtout pour les matelas, & connue en effet sous le nom de *toile à matelas*, quoiqu'on l'appelle aussi quelquefois *toile de Montbelliard*, & plus communément *toile à carreaux*. La pièce est ordinairement de 20 aunes de long & de $\frac{5}{8}$ jusqu'à $\frac{3}{4}$ d'aune de large mesure de Paris.

ULM, ville libre & impériale du cercle de *Suabe*, est située sur le Danube & fait un grand commerce, principalement en papier, en futailles & en toiles de lin blanches ; ces toiles ont 1 $\frac{3}{4}$ ou 2 aunes de largeur & depuis 1200 jusqu'à 4000 fils. On trouve aussi dans cette ville des ouvrages de fer de toute sorte, qu'on y apporte de divers endroits de ses environs.

WIRTEMBERG ou *Würtemberg*, grand Duché dans le cercle de *Suabe*, a plusieurs villes qui font un commerce considérable, sçavoir *Stuttgard*, *Louisbourg*, *Calw* ou *Calb*, *Canstadt* & *Vrach*. Ce Duché est un pays très-fertile : il produit beau-

coup de vin. Il possede d'ailleurs un grand nombre de manufactures. Celles de laine à Blaubeuern, à Balw, à Louisbourg & à Vrach sont en très-bon état. On fabrique des toiles par tout le duché ; mais Vrach & Louisbourg se distinguent par leurs toiles damassées ; en divers endroits du duché il y a des fabriques & manufactures de crépons de soie, de chapeaux, bas, papier, miroirs & verres, & de beaucoup d'ouvrages en fer. Une si grande quantité de marchandises donne au pays le moyen de faire un grand commerce. Quelques sociétés établies dans les principales villes, notamment à Louisbourg, contribuent beaucoup à son état florissant, en facilitant l'écoulement des marchandises chez l'étranger, avantage dont ne jouissoit pas ce pays avant l'établissement de ces sociétés.

NUREMBERG, ville libre & impériale du cercle de *Franconie*, est du nombre des villes d'*Allemagne* les plus célèbres par leur commerce. Il se fabrique dans son enceinte & aux environs, des ouvrages de toutes les sortes, en lin, laine, or, argent, cuivre, laiton, acier, fer, albâtre, ivoire, bois, &c. &c. Ces ouvrages, dont un plus grand détail nous meneroit trop loin, s'envoient de *Nuremberg* dans toutes les parties de l'Europe, & telle est la quantité qui en sort, qu'il n'y a peut-être pas de ville tant soit peu considérable où l'on ne trouve des marchandises de *Nuremberg*, surtout de la quinquaillerie de toute espèce.

Le *rouge de Nuremberg*, en Latin *Terra Noribergensis rubra*, & en Allemand *Nürnberger rothe farbe*, est une substance argilleuse rouge qu'on trouve à une certaine profondeur en terre près de Petzenstein, petite ville entre *Nuremberg* & Bareith. On la fait sécher au four ; après quoi on la transporte à *Nuremberg*, où on la vend au quintal ; & de là on en envoie des quantités de tous côtés. Les Peintres en emploient beaucoup. L'acheteur doit prendre garde qu'elle ne soit pas mêlée de pierres.

Il y a dans cette ville une banque qui date sa fondation de l'année 1621. Elle y fut établie pour la conservation des grosses espèces d'argent, monnoie qui alors avoit cours dans cette ville. Tous les paiemens qui s'y font, soit de lettres de change, soit d'assignations au-dessus de 150 florins, doivent se faire par cette banque, de même que le montant des marchandises au-dessus de 200 florins, sous peine pour les contrevenans d'une amende de 10 p$\frac{0}{0}$ sur les sommes qu'ils auroient payées d'une autre manière. Cette banque se ferme deux fois par an, l'une à la fin d'avril & l'autre à la fin d'octobre ; & pendant environ 15 jours qu'elle reste fermée chaque fois, on fait la balance de ses livres.

Les marchands de *Nuremberg* jouissent de plusieurs prérogatives & priviléges dans diverses villes d'*Allemagne*, dont ils fréquentent les foires ; & ils sont réputés régnicoles dans toutes les villes de France. On tient tous les ans à *Nuremberg* une foire qui commence après les fêtes de pâques & dure une quinzaine de jours.

SCHWABACH ou *Schwobach*, ville du cercle de *Franconie*, est habitée par un grand nombre de François réfugiés qui y ont établi beaucoup de fabriques & manufactures de draps, d'étoffes & bas de coton, de tapis, étoffes & autres ouvrages en or & en argent. Sa situation sur le grand chemin d'Augsbourg en Italie & en Suisse, lui est très-avantageuse, en ce qu'elle lui facilite les moyens de faire un commerce très-considérable, ses fabricans & ses marchands ayant ainsi un grand débouché pour leurs marchandises.

§. II. *Cercles du Haut & du Bas-Rhin.*

Les cercles du *haut* & du *bas-Rhin* sont les pays les plus fertiles de l'*Allemagne* ; on y recueille beaucoup & d'excellens vins, des grains de toute espèce, du tabac & divers autres articles, qui passent en plus grande partie dans les autres provinces de l'empire. Parmi les villes que renferment ces deux cercles, il y en a quelques-unes qui font un commerce considérable ; celles-ci seules fixeront notre attention.

FRANCFORT *sur Meyn*, célébre ville marchande impériale, dans le cercle du *haut-Rhin* sur les frontières de la Franconie, est une des plus commerçantes de l'intérieur de l'*Allemagne*. Le plus grand commerce de *Francfort* consiste en vins du Rhin, en tabac, tartre, cendre calcinée, soufre, prunes, verres à vin, noir de fumée & quelques autres marchandises que le pays fournit. On y en apporte plusieurs autres de l'étranger, qui se débitent dans la même ville, soit pour sa propre consommation, soit pour être envoyées au dehors. Il passe au travers de *Francfort* des quantités immenses de marchandises, tant de celles qui remontent le Rhin pour aller en Suabe, en Lorraine, en Alsace, dans le Palatinat, en Suisse & même en Italie ; que de celles qui descendent ce fleuve & qui viennent de ces différens païs pour passer en Hollande & ailleurs. Ce qui contribue le plus à augmenter le commerce ordinaire de *Francfort* sont les deux foires célèbres qui s'y tiennent ; la première commence le mardi après pâques & la seconde le jour de la nativité de la Vierge ; quand cette fête tombe le dimanche ou un des trois jours suivans, la foire commence toujours le lundi de la même semaine ; au contraire, si la fête tombe un des trois derniers jours de la semaine, la foire ne s'ouvre que le lundi suivant. Les marchands étrangers qui fréquentent ces foires, ne viennent pas seulement des villes & provinces d'*Allemagne* ; en temps de paix il en vient beaucoup de France, d'Italie, de Suisse, de Genève & de Hollande. Les Hollandois ont la commodité de pouvoir transporter leurs marchandises sur le Rhin & de là sur le Meyn, jusqu'à *Francfort* ; c'est la raison pourquoi on voit à toutes les foires un grand nombre de marchands Hollandois.

Malgré le grand commerce que fait cette ville, elle n'a pas, à beaucoup près, autant de fabriques & manufactures qu'en ont plusieurs autres villes d'*Allemagne* de moindre considération. On y fabrique quelques étoffes de soie, de la fayance & l'on y prépare du tabac en poudre & à fumer.

CASSEL, capitale du Landgraviat de Hesse, est une ville qui fait un assez grand commerce en laine ; elle a aussi des fabriques considérables de gants, de chapeaux, d'étamines fines & communes, & d'autres étoffes de laine qu'y ont établi des François réfugiés. Les environs de cette ville fournissent beaucoup de fil.

MAYENCE, en Allemand *Mayntz*, est une ville commerçante du cercle du *bas-Rhin*, distante de quatre milles seulement de Francfort ; elle est située sur la rive gauche du *Rhin* dans l'endroit où ce fleuve reçoit les eaux du Meyn. Le pays d'alentour est très-fertile en grains, & produit un des meilleurs vins du *Rhin*, dont Francfort & Mayence sont les entrepôts. Les vins du Rhin sont donc la principale branche du commerce de *Mayence*. Elle a d'une autre part un objet important dans l'exaction qu'on appelle droit de *transit* des marchandises, soit quand elles descendent le *Rhin*, soit quand elles montent du *Rhin* dans le Meyn, droit aussi légitime & aussi utile au genre humain, que celui d'*aubaine* dont tous les souverains ont senti l'injustice & l'absurdité.

MANHEIM, ville du Palatinat dans le cercle du *bas-Rhin*, est située dans l'endroit où le Neckre vient se perdre dans le *Rhin*. Elle fait quelque commerce en tabac, draps & toiles de lin, dont elle a plusieurs fabriques & manufactures.

COBLENTZ, grande & belle ville de l'électorat de Trèves dans le cercle du *bas-Rhin*. Son principal commerce consiste en vin de Moselle & en bois, dont le pays abonde.

COLOGNE, ville impériale située dans l'électorat du même nom dans le cercle du *bas-Rhin*, fait un grand commerce, particulièrement avec les Hollandois qui ont la facilité de remonter par le *Rhin* jusqu'à cette ville. Les marchandises qu'on y va chercher sont les vins du *Rhin* & de Moselle dont elle est l'entrepôt ; des ouvrages de fer de toute espèce ; des canons de fer, boulets, bombes, &c. des bois de charpente, des poteries de terre & divers autres articles.

Lorck a une manufacture de glaces de miroirs qui acquiert de la célébrité. Le magasin général de cette fabrique se tient ordinairement à Francfort sur le Meyn.

§ III. *Cercles de la Haute & Basse-Saxe.*

Tous les pays compris dans ces deux cercles sont riches & comblés des dons de la nature. Indépendamment de leur fertilité en grains de toute espèce & en vin, on y recueille du houblon, du lin, du fenouil, de la coriande & des fruits en quantité. Les minéraux & les fossiles y sont très-communs & l'on en tire beaucoup des entrailles de la terre. Avec tant de richesses naturelles, & d'ailleurs l'esprit industrieux des habitans de ce pays, notamment de la *Saxe* proprement dite, il n'est pas surprenant que le nombre des fabriques & manufactures y soit considérable. Nous ne citerons que les plus importantes, comme celles d'or & d'argent à Dresde, Leipzig, Weissenfelds, Schneeberg & Schwartzenberg; celles de laiton à Oberaverbach dans le Voigtland; celles de tombac à Frezberg en Misnie; celles de cuivre à Dresde; à quoi l'on doit ajouter les forges de fer du bailliage de Schwartzenbourg & les marteaux à battre le fer blanc; la fameuse fabrique de porcelaine établie à Meissein, qui égale & surpasse même celles du Japon & de la Chine; la belle fayancerie de Dresde; les fabriques de glaces de Senslenberg, les verreries de Glucksbourg, de Pretsch, de Parsenstein, de Carlsberg, de Johan-Georgenstadt & de Naufcha; les belles fabriques d'armes d'Olbernau & de Suhla dans le Henneberg; les salines de Frenkenhausen, &c. Nous ne devons pas omettre aussi qu'il y a en *Saxe* une infinité d'endroits où l'on travaille des minéraux; d'autres où l'on fait du salpêtre, de la poudre à canon; d'autres où l'on purifie l'alun, &c.

Il ne seroit pas possible de détailler ici les manufactures d'étoffes & autres ouvrages de coton; celles de toiles de lin, dont il se fait un commerce immense à Leipzig; celles de toiles damassées; celles de toiles cirées, ainsi que les moulins à papier; mais nous observerons que les fabriques de damas de Leipzig sont fort renommées; qu'on fait à Forsta de beaux mouchoirs de soie; qu'à Borna, Oschatz, Langensaltze, Bissehofferda, Stolpe & Mitweyda il y a des fabriques de peluches; que dans presque toutes les villes de *Saxe* il y a des manufactures de draps de toutes couleurs, tant gros que fins, & de toutes sortes d'étoffes de laine; enfin, qu'on prépare de beaux maroquins dans plusieurs villes.

La *Saxe* a porté l'art de la teinture à un très-haut degré. On connoît le beau verd-qui porte son nom. Les teintureries de Dresde, de Leipzig, de Weyde & de Grossenhayn ont de la réputation. Il faut dire encore qu'il sort des ouvrages sans nombre des imprimeries de toiles de lin, de flanelles, de toiles de coton & de tapisseries, établies à Dresde, Leipzig, Waldheim, Grimme, Lauban & Hernhut; & que la broderie en or, en argent, en soie, en laine & en fil a été poussée si loin par les femmes Saxonnes, que leurs ouvrages se sont fait connoître & rechercher dans toutes les parties du monde.

DRESDE, capitale de l'électorat de *Saxe*, est renommée par ses manufactures d'étoffes pour habillement & ameublement, par ses fabriques de cuirs, maroquins, &c. Plusieurs petites villes & villages des environs ont aussi différentes fabriques qui appartiennent aux manufacturiers de *Dresde*;

c'est dans ces fabriques que se font communément les plus belles étoffes, tant de fil seul que de fil mêlé de soie; on en fait de rayées & à fleurs, & on les teint en toutes sortes de belles couleurs, comme les gingams. On a inventé à *Dresde* une composition qui ressemble parfaitement à l'indigo, c'est le bleu d'azur, ou *smalt*, connu généralement sous le nom de *bleu de Saxe*. Le commerce de *Dresde* se fait par l'Elbe & par terre. Il y a des marchands fort riches dans cette ville, qui font un grand commerce en articles des fabriques & manufactures du pays, en bois de toute espèce, pierres, froment, seigle, potasse, fil, acier, fer-blanc & diverses autres marchandises.

LEIPZIG, ville de la Misnie dans le cercle de la *haute-Saxe*, est la plus célèbre & la plus commerçante de l'*Allemagne*. Elle est située au milieu d'une plaine agréable & fertile en fruits, froment, seigle, orge, avoine, lin, chanvre, navets & tabac. Mais ce ne sont pas ces articles seuls qui y font fleurir le commerce; ce sont plutôt les marchandises qui abordent de toutes parts dans cette ville, comme au magasin général de l'*Allemagne*. Le grand nombre de fabriques & manufactures qu'elle possède, ne contribue pas peu aussi à augmenter le commerce que sa position lui attire. Parmi ces fabriques & manufactures, on doit remarquer spécialement, celles en or & en argent; en soie pure; en soie mêlée; en velours; en bas de soie; en teintureries de soie; en draps de laine; en étoffes de laine & fil; en cuirs; enfin, en couleurs bleues, ou teintures de Berlin. Outre le grand nombre de bras employés à ces diverses manufactures, il y a beaucoup d'artisans & gens de métier qui trouvent de l'occupation à *Leipzig*. Un magistrat préside dans chaque corps de métier pour décider les cas importans & difficiles qu'entraîne la législation contre nature des corporations & privilèges.

Les marchands de *Leipzig* sont divisés en trois corps, communautés ou sociétés, qu'on nomme *société des négocians* ou *marchands en gros*; *société de marchands en détail* & *société de marchands drapiers*; chacune de ces sociétés a ses députés ou représentans, qui s'assemblent & décident les affaires qui sont de leur ressort, conformément à leurs intérêts & aux réglemens arbitraires.

Indépendamment du commerce en marchandises, qui est immense, *Leipzig* en fait un autre très-important en espèces & en change. C'est surtout dans le temps des foires qui se tiennent dans cette ville trois fois par an, que le commerce y est florissant. Alors les marchands de presque toutes les nations de l'Europe accourent à *Leipzig*, tant pour vendre les marchandises de leurs pays, que pour acheter celles qu'ils pensent leur convenir le mieux. Le marchand Bohémien apporte toutes sortes de verres, de toiles, de fil de lin; &c. Le Silésien apporte principalement des toiles; le Polonois des cuirs, de la cire, de la laine; &c. le Poméranien & le Brandebourgeois les marchandifes de leurs manufactures en laine, & en foie ; le Franconien & le Nurembergeois, leurs marchandifes refpecti- ves ; l'habitant de la Suabe ou d'Augfbourg vient avec fes toiles & fes ouvrages en argenterie ; l'Au- trichien, le Hongrois, le Tranfilvanien avec leurs cuirs de Hongrie, leur vin, leur maroquin de diverfes couleurs & quelque peu de fafran ; le Suiffe avec les marchandifes de fes manufactures en laine, en foie & en toiles ; l'Italien avec fa foie & fes étoffes de foie ; le François avec fes mar- chandifes en laine, en foie & de modes ; le Hol- landois avec toute forte d'épiceries & drogueries, toiles, draps, dentelles ; &c. l'Anglois avec fes cuirs, fon drap & fes étoffes, &c. Tel eft à peu de chofes près le concours des marchands étrangers aux foires des principales villes d'Allemagne. Les foires de Leipzig fe tiennent, la première au nouvel an, la feconde le troifiéme dimanche après pâques, & la dernière à la faint Michel. Ces foires ne durent chacune que huit jours.

MEISSEN, capitale du Margraviat de Mifnie dans le cercle de haute-Saxe, eft placée fur la rive gauche de l'Elbe dans une des plus belles fituations qu'on puiffe imaginer. En 1710, on plaça dans fon château, nommé Albrechtsburg, les fourneaux & tous les uftenfiles de la précieufe fabrique de porce- laine de Saxe, appartenante à l'électeur. Il y a dans cette fabrique un infpecteur, un teneur de livres, un contrôleur & un peintre de la cour qui a fous lui tous les autres peintres en miniature de la fabrique : toutes les marchandifes qui en for- tent font envoyées à Dresde, où elles reftent en entrepôt fous les voûtes du palais, jufqu'à ce qu'on les faffe partir pour la foire de Leipzig. Elles font vendues par un facteur affermenté, conformément à la taxe des commiffaires. Il fort de cette fabri- que des ouvrages émaillés & non émaillés, peints, dorés au feu, qui égalent à certains égards & qui furpaffent même à d'autres, les porcelaines du Japon & de la Chine. On diftingue l'ancienne porcelaine de Saxe d'avec la nouvelle. Il s'en faut de beaucoup cependant que cette porcelaine ait acquis la perfection que l'on defire ; elle pêche par le coup d'œil du grain de fa caffure. Cette porcelaine, à proprement parler, n'a point de grain & ne paroît dans fon intérieur qu'une maffe d'émail liffe vitrifiée & parfemée de petites gerçures. La ville de Meiffen fait un commerce de vin con- fidérable.

MAGDEBOURG, ville capitale du Duché du même nom dans le cercle de baffe-Saxe, a un grand nombre de fabriques & manufactures de draps & autres étoffes de laine, de coton & de fil, ainfi que de bas de foie, toiles, chapeaux, tabac à fumer & à raper & favon verd : ces manufactures & fabriques fourniffent les principaux articles de fon commerce.

HALL, autre ville du duché de Magdebourg,

mérite d'être remarquée, principalement à caufe de fes fources d'eau falée dont on tire par la cuif- fon une prodigieufe quantité de fel, qui fe con- fomme en plus grande partie dans les états du roi de Pruffe.

HANOVRE, capitale de l'électorat de ce nom dans le cercle de la baffe-Saxe, eft une ville belle & bien peuplée qui fait un bon commerce, ayant de quoi y fournir abondamment dans le grand nombre de marchandifes qui fortent des manufactures & fabriques dont elle eft remplie.

MUNDEN, ville du même électorat, eft remar- quable par le prétendu droit d'étape dont elle jouit fur le fleuve Wefer : en vertu de ce droit, toutes les marchandifes que les négocians & marchands de Saxe, de Franconie, de Bavière, de Francfort fur le Meyn, & de Heffe envoient à Munden par eau ou par terre, y font déchargées, & peu de jours après rembarquées fur d'autres vaiffeaux pour être envoyées à leur deftination ultérieure. Si la nature avoit mis là quelque obftacle capable d'ar- rêter le commerce & de lui caufer de grands frais, une louable induftrie s'appliqueroit à corriger le vice deftructeur. Par quelle fatalité les hommes ont-ils voulu créer des obftacles cent fois pires que ceux de la nature ? Comment peut-on ne pas voir qu'un droit d'étape eft une déclaration de guerre contre le genre humain ? Si chaque ville & chaque village depuis Cadix jufqu'à Peterfbourg, exigeoient un droit d'étape femblable à celui de Munden, où en feroit le commerce ! or pourquoi ne le pas exiger, fi c'eft un droit ?

LUNEBOURG, capitale de la principauté du même nom, dans le cercle de baffe-Saxe, eft mé- diocrement grande, mais bien peuplée & affez commerçante. Cette ville a dans fon enceinte une fameufe faline dont le fel eft très-blanc & très-dur, & qui lui rapporte un profit confidérable. Les fources d'eau falée font dans la partie de la ville qu'on nomme la fultze, qui eft entourée d'une mu- raille particulière. Cette partie de la ville embraffe 54 maifons, dont le bas étage eft creufé en terre. Dans chacune de ces maifons il y a quatre gran- des chaudières de plomb qu'on refond tous les ans. On y fait couler les eaux falées qui s'évapo- rant peu-à-peu n'y laiffent plus enfin que le fel; Les fources de ces eaux font au nombre de huit; elles font conduites par des canaux dans un grand baffin d'où elles font partagées dans les 54 maifons. On croit que ces falines rapportent pour environ cent mille thalers de fel.

Nous n'avons fait ici aucune mention de Lubeck, non plus que des villes des deux Poméranies, du Mecklenbourg & du Holftein, quoique comprifes dans le cercle de baffe-Saxe : nous rendrons à l'article Lubeck, compte du commerce qu'elles font. Nous n'avons pas nommé non plus parmi les villes du même cercle, Hambourg, Bremen, Stade & quelques autres, parce qu'il nous femble plus

plus convenable de parler féparément du commerce de ces villes.

§. IV. Cercle de Weſtphalie.

Le cercle de *Weſtphalie*, particulièrement le duché de *Weſtphalie*, eſt regardé comme l'un des pays les plus froids d'*Allemagne*, ce qui n'empêche pas qu'il ne ſoit très-peuplé & que dans divers endroits il abonde en grains & autres choſes néceſſaires à la vie. Mais les plus grands avantages de la *Weſtphalie* conſiſtent dans ſes vaſtes prairies & dans ſes forêts. On élève beaucoup de bétail dans les prairies & l'on engraiſſe une quantité prodigieuſe de cochons dans les forêts qui donnent du gland en abondance. Les jambons de *Weſtphalie* ſont renommés par toute l'Europe, & ſont un objet de commerce important pour ce pays. Dans le voiſinage du Rhin, ainſi que dans les montagnes de la Heſſe, on tire de la terre beaucoup de fer, de cuivre, de plomb & d'autres métaux. Il eſt peu d'endroits en *Weſtphalie* où l'on ne cultive le lin & le chanvre dont les ſemences ſe tirent ordinairement de Hambourg & de Bremen, où on les apporte de Riga, de Konigſberg ou de Liebau. Ce pays ne manque pas non plus de manufactures : une des plus conſidérables eſt celle du fil de fer qui ſe tire à Altena. Le chanvre & le lin qui croiſſent en divers endroits ſont envoyés en majeure partie à Biclefeldt, Wahrendorff, Tecklenbourg, Oſnabruck, Stenford, Detmold, Ravensberg, Ritteln & divers autres lieux où l'on fait un grand commerce tant de fil, de toiles de chanvre & d'étoupes, que de toiles de lin groſſes ou fines, unies, rayées ou à carreaux, blanchies ou crûes, à fil double ou ſimple. Les toiles de lin qui ſortent d'Oſnabruck, de Tecklenbourg, de Bielefeldt & de Wahrendorff, paſſent en plus grande partie en Hollande & ſont d'un très-bon uſage, ſurtout celles de Wahrendorff qui ſont très-propres à faire des chemiſes.

MUNSTER, ville capitale de l'évêché du même nom en *Weſtphalie*, fait un bon commerce de toiles & de bleds ; mais elle n'a ni fabriques ni manufactures.

OSNABRUCK, capitale d'un autre évêché de *Weſtphalie*, fournit aux Hollandois & à d'autres peuples du voiſinage, des toiles connues ſous le nom de *toiles à la roſe*, qui quoique groſſières, ſont néanmoins beaucoup eſtimées. Cette ville fait, d'ailleurs, un très-grand commerce de jambons, de lard, &c.

LIÉGE, eſt une ville ancienne, grande & bien peuplée, ſituée dans un vallon agréable & fertile. Elle eſt capitale d'un évêché, dans le territoire duquel, ainſi qu'à *Liége* même, on fabrique une quantité immenſe de toute ſorte d'ouvrages de fer, comme canons, fuſils, piſtolets, lames d'épées, couteaux, cizeaux, mais ſurtout de clous de toutes les eſpèces. La plus grande partie de ces ouvrages, les clous principalement, paſſent par la Hollande,

qui en fait un commerce conſidérable. Comme les marchands Liégeois vendent ordinairement leurs marchandiſes à livrer quittes de tous frais à Amſterdam, nous nous référons pour les prix des clous à ce que nous en marquerons dans le prix courant général de cette dernière ville. Indépendamment d'un grand nombre de fabriques d'armes & autres ouvrages de fer, *Liége* a beaucoup de manufactures de gros draps, friſes, camelots, étoffes de ſoie, connues ſous le nom de *ſerge de Liége*; de galons de fil, boutons de cuirs & ſurtout de cuirs à ſemelles qui ſont très-eſtimés :

ARNSBERG, capitale du duché de la *Weſtphalie* propre, n'a rien de remarquable que ſes deux foires annuelles, qui dans le tems y attirent beaucoup de monde.

CLEVES, capitale du duché du même nom dans le cercle de *Weſtphalie*, fait quelque commerce par le moyen du Rhin & de la Meuſe qui traverſent ce duché. Elle poſſede pluſieurs fabriques & manufactures de draps & autres étoffes de laine, & une d'étoffes de ſoie qui eſt conſidérable.

MINDEN, capitale de la principauté du même nom, auſſi dans le cercle de *Weſtphalie*, fait un très-bon commerce en fils & toiles de lin, ſurtout en toiles à napage.

ALTENA, ISERLON & PLETTENBERG, villes du comté de la Marck, font un commerce conſidérable en ouvrages de quincaillerie, de fil de fer & d'archal, d'aiguilles, de balances, de faulx & faucilles, qu'on fabrique dans ces trois villes & aux environs. On y trouve auſſi pluſieurs fabriques & manufactures de laine & de ſoie.

BIELEFELD, capitale du comté de Ravensberg, fait quelque commerce en toiles, bas de laine & autres productions de ſes manufactures.

LINGEN & TECKELENBOURG, capitales des comtés de leurs noms, font pareillement quelque commerce en toiles, dont il ſe fabrique de fortes quantités dans ces villes, ſurtout à *Teckelenbourg*.

DUSSELDORP & ELBERFELD ou *Elverfeld*, villes du duché de Berg, font un commerce conſidérable en marchandiſes de leurs fabriques & manufactures dont les principales ſont, de fil, de cordons & rubans de fil, de fil de cordonniers, de toiles blanches, rayées & à carreaux. On fait auſſi à *Elberfeld* des ouvrages de fer, ſurtout de bonnes lames d'épées & des armes de toute eſpèce. On trouve à *Duſſeldorp* quelques fabriques & manufactures de draps & autres étoffes de laine.

JULIERS, capitale du duché du même nom, fait un grand commerce de fil & de toiles blanches.

AIX-LA-CHAPELLE, en Allemand *Aachen* ou *Achen*, eſt une ville libre & impériale ſituée aux confins des duchés de Juliers & de Limbourg. Elle fait un commerce conſidérable en draps qui ſe fabriquent tant dans ſon enceinte que dans ſes environs, comme nous le dirons ci-après; en chaudrons & autres ouvrages de cuivre & de laiton; & ſurtout en aiguilles à coudre qui ſont recherchées

F

partout. On en fait des envois confidérables , &
cette ville en approvifionne une grande partie de
l'Europe. Cette fabrique emploie beaucoup d'enfans
depuis l'âge de 7 à 8. ans jufqu'à 12. Ils peuvent
feuls *palmer* les aiguilles , c'eft-à-dire en applatir
un bout & enfuite le percer, ouvrage qui exige une
vue fine.

Il n'y a guère de pays où l'on trouve dans un
territoire aufli borné que celui d'*Aix-la-Chapelle*
autant de fabriques & manufactures de draps. Un
négociant que fes affaires avoit conduit dans ce
pays , y ayant demeuré affez long-temps pour en
acquérir une parfaite connoiffance , a bien voulu
nous communiquer un précis des obfervations qu'il
a faites concernant les fabriques d'*Aix-la-Chapelle* & de fes environs : nous l'avons trouvé fi
intéreffant & fi digne de la curiofité de nos lecteurs,
que nous nous faifons un devoir de le placer ici.

» On eftime qu'à *Aix-la-Chapelle* , *Borcette*
& *Vaëls*, il fe fabrique annuellement quinze mille
piéces de drap , de 130 aunes du pays de long
les unes dans les autres , au fortir du métier , &
de $\frac{2}{4}$ de large. NB. Perfonne n'eft cenfé ignorer que
la piéce de drap de 130 aunes de long au fortir du
métier fe retire beaucoup à la teinture , au foulon
& dans les autres procédés fubféquens, au point
même qu'on a lieu d'être très-fatisfait lorfqu'elle
donne en dernière analyfe 90 à 100 aunes. Il faut
$\frac{2}{4}$ d'*Aix-la-Chapelle* pour faire $\frac{4}{4}$ de Paris. On
compte qu'à *Vervier*, *Hodimont*, *Enzival* & *Fran-
comont* il fe fabrique annuellement une égale quantité de quinze mille piéces de draps, des mêmes
largeurs & longueurs ; cinq mille à *Montjoie* &
Emgenbruch , & dix mille à *Eupen* & *Difon*.
D'après ce calcul , les fabriques de ces quartiers
produifent annuellement quarante-cinq mille piéces
de drap , qui , au prix de 415 florins les unes dans
les autres, donnent 18675000 florins. Il faut 150 ℔
de laine à-peu-près pour une piéce de drap ; ainfi
une balle de 12 arrobes ou 300 ℔ fuffit pour deux
piéces. La confommation des laines d'Efpagne , de
Portugal , de la Pouille & de la Romanie s'élève
dans les fabriques d'*Aix-la-Chapelle* , &c.

à	7500	balles de 300 ℔ pour *Aix-la-Cha-pelle* , Borcette & Vaëls.
	7500	dites, pour Vervier , Hodimont , Enzi-val & Francomont.
	5000	dites, pour Eupen & Difon , &
	2500	dites, Monjoie & Emgenbruch.

font 22500 balles de 300 ℔ chacune , ce qui feroit

environ 30000 balles de 8 arrobes de
300 ℔ chacune , celles qu'elles s'embarquent à Bilbao. De ces 22500 balles
de 300 ℔, il en ya ,
20000 Balles on environ à Amfterdam , où
les fabricans les font acheter.
10000 dites , leur viennent directement

d'Efpagne par la voie d'Oftende , dont
7000 de Seville & 3000 de Bilbao.
2500 dites , de Portugal , de la Pouille &
de la Romanie , par diverfes voies.

J'évalue ces 22500 balles de laine de 300 ℔
chacune , à environ 9000000 de florins , ce qui ne
fait que la moitié à-peu-près du montant des draps.
Il faut conféquemment que la teinture , la main
d'œuvre & le bénéfice du fabricant emportent le
refte. «

Nous ajouterons à ce tableau de l'état des fabriques
d'*Aix-la-Chapelle* & fes environs , que l'on y fait
des draps non-feulement de $\frac{2}{4}$ d'aune de large ,
mais auffi de $\frac{3}{4}$ ainfi que de $\frac{10}{4}$: cette dernière forte
n'a au vrai que 2$\frac{1}{4}$ aunes , quoiqu'elle fe vende
pour $\frac{10}{4}$ ou 2$\frac{1}{2}$ aunes. Les prix varient donc néceffairement , tant en raifons des largeurs différentes
des draps , que de leurs qualités , de leurs couleurs
& de la manière que celles-ci fe donnent , c'eft-à-
dire fi les draps font fabriqués avec de la laine colo-
rée , ou s'ils font teints en piéce. On fait prefque
généralement cette dernière méthode dans les fabriques d'*Aix-la-Chapelle* , *Bortfcheidt* ou Borcette
& Vaëls ; au contraire , dans celles de Monjoie ,
Eupen , Vervier & Hodimont , l'on fabrique la plus
grande partie des draps avec de la laine déjà teinte.
On fabrique à Monjoie trois qualités de draps de
$\frac{10}{4}$ aunes de large en couleurs communes : la première forte fe paye 6 florins , la feconde 5$\frac{1}{2}$ fl. &
la troifième 5 florins , argent courant de Hollande.
Les couleurs fines fe payent quelque chofe de plus
à-peu-près comme fuit ;

30 à 35 fols l'aune pour l'écarlate , cramoifi &
prune monfieur , bon teint.

20 à 22 dits , dite , pour la couleur dite *capucine*.

15 à 17 dits , dite , pour la *jujube* ou le bleu
de roi.

8 à 9 dits , dite , pour le puce bon teint.

6 à 7 dits , dite , pour le verd de Saxe.

Les draps fabriqués à Vervier , Hodimont , &c.
de $\frac{2}{4}$ de large valent communément fl. 4$\frac{1}{2}$ la piéce,
& ceux de $\frac{10}{4}$ ou plutôt de 2$\frac{4}{4}$ aunes , 5 & 5$\frac{1}{2}$ fl. On
y fabrique en outre des draps de $\frac{3}{4}$ qui valent , fui-
vant leur qualité , depuis 40 jufqu'à 70 fols , argent
courant de Hollande : ces draps font en plus grande
partie deftinés pour les foires de Leipzig , Francfort
fur Meyn & d'autres villes d'*Allemagne*, où il s'en fait
un très-grand débit. Au refte , dans les prix ci-deffus
font compris tous les frais de tranfport jufqu'à Amfterdam. Ces frais font fupportés par les fabricans.

D**ORTMUND** , ville libre & impériale , fituée dans
le comté de la Marek , dans le cercle de *Weftphalie* , fait un bon commerce en bleds & en toiles.

§. V. *Bohême*, *Moravie*, *Siléfie* & *Luface*.

Les pays qui ne font pas dans les cercles de
l'empire, & qui néanmoins font partie de l'*Allemagne*,

font : le royaume de *Bohême*, la *Moravie*, la *Siléfie* & la *Luface*; il nous refte à en décrire le commerce, & nous le ferons d'une manière fuccinéte.

Le royaume de *Bohême* eft fertile en feigle, froment, orge, millet & pois. Il y croît une quantité prodigieufe de houblon, qui eft d'une bonté parfaite, & dont on fait commerce dans différentes parties de l'Europe, tant pour braffer la biere que pour d'autres ufages. Il y croît du vin en affez grande quantité, du rouge principalement, mais d'une médiocre qualité. Outre beaucoup de mines d'or, d'argent & autres métaux, la *Bohême* poffede des mines de pierres précieufes de toutes les efpèces. La richeffe du terrein n'empêche pas les habitans d'être fort induftrieux. Les verreries de *Bohême* font fort célébres, entr'autres celles de Kreibitz, Grunfvalde, Chemnitz, Herrolecz & Winterbourg. On y fait de très-beaux ouvrages. Les Bohémiens fçavent tailler & polir le verre de craie avec tant d'art, qu'on le préfère à tous les autres verres; on en envoie la plûpart des états de l'Europe & jufqu'en Amérique. Les lames d'épées & de couteaux de Pardubitz font fort eftimées; & l'on fait beaucoup de cas de la poterie de Leipa & de Beraun. Un objet qui ne mérite pas moins d'attention, ce font les draps fins qui fe font en *Bohême*, particulièrement à Leypa, à Neuhaus & à Reichenbach. On peut mettre auffi au nombre des fabriques de ce royaume les moulins à poudre & les papéteries, qu'on y trouve en grande quantité.

PRAGUE, capitale de la *Bohême*, eft une des plus grandes villes de l'Europe; elle eft fituée fur la *Muldaw* entre des collines couvertes de vignes. C'eft dans cette ville que fe trouvent pour ainfi dire concentrés le commerce & les richeffes de la *Bohême*. Une des principales fabriques qu'on y trouve eft celle où l'on apprête les cuirs de vache, qui différent peu du *roufi* ou cuir de Mofcovie. *Prague* a le droit de tenir par an fix foires que les marchands des grandes villes d'*Allemagne* fréquentent beaucoup. Elle fait auffi un affez grand négoce de change.

LA SILÉSIE eft un beau pays & très-bien peuplé; il feroit difficile d'en trouver un qui fourniffe plus copieufement au befoin de fes habitans. Il produit du feigle, de l'orge & de l'avoine en quantité, de même que des pois, du millet, des raves, du bled de Turquie; enfin du lin & du chanvre dont les habitans tirent de grands avantages, ces productions leur procurant en abondance du fil, des toiles & de l'huile de lin. La garance qui y fut apportée en 1541, ne leur rapporte guère moins de profit; ils la cultivent principalement dans les campagnes de Breflau, de Liegnitz, d'Ohlau & de Schrelitz; non-feulement ils en font ufage pour la teinture de leurs draps & autres étoffes; mais ils en envoient beaucoup en Hollande, en Saxe, en Pologne & en Italie. Les Siléfiens font auffi un grand commerce de fer en barres, de cire & autres productions de leur pays.

La beauté du lin qui croît en *Siléfie*, étant la principale fource de la richeffe du pays, la plus grande partie du peuple s'eft attachée au filage. De-là font venus le grand nombre de manufactures de fils de toutes les fortes, & la quantité prodigieufe de fabriques de toiles de lin & de linon qui fleuriffent aujourd'hui en *Siléfie*, plus qu'en tout autre endroit. Les principales fabriques de toiles font dans les cercles des montagnes, où il y a des villages entiers qui ne font habités que par des tifferans. La majeure partie des toiles qu'ils font, fe blanchit dans ce qu'on appelle les *villes des montagnes*, où fe trouvent les plus belles blanchifferies qu'on puiffe voir. Outre ces fabriques de toile, la *Siléfie* a, par le moyen de fes brebis, de quoi fournir à l'entretien de diverfes manufactures de laine. Les fabriques de drap fe font tellement multipliées en *Siléfie*, qu'il s'en trouve dans prefque toutes les villes. De plus, il y a dans plufieurs endroits, comme à Breflau, Oels, &c. des fabriques d'étoffes de toute efpèce; de bas, de maroquins, de cuirs à femelles, de cuirs à la livre; de peaux de veau apprêtées à la manière Angloife; de verres; d'ouvrages d'acier, imitant ceux d'Angleterre, & divers autres objets de commerce dont le détail feroit trop long.

BRESLAU, capitale d'une principauté du même nom dans le duché de *Siléfie*, eft fituée fur le rivage gauche de l'*Oder*, près de l'endroit où ce fleuve va fe joindre à l'*Ohlau*. Cette ville eft le centre du commerce de toute la *Siléfie*. Les marchands de *Breflau* font leur plus grand commerce avec les Allemands & les Polonois, dont ils font commiffionnaires: ils font divifés en deux claffes; dans la première, font les négocians & les marchands en gros, & dans la feconde, les marchands détailleurs. On peut divifer le commerce de *Breflau* en cinq branches principales, fçavoir: 1°. le commerce des laines, dont la vente fe fait à deux foires tenues en cette ville, l'une le Lundi avant la Pentecôte; on y vend la laine d'hiver: l'autre, le lundi avant la S. Michel; on vend dans celle-ci la laine d'été; 2°. le commerce de toiles fines de lin, de toiles à voiles & d'étoffes de toute efpèce, fabriquées à *Breflau*; 3°. le commerce de draps; 4°. le commerce de garance; & 5°. celui de fil de lin. On tient à *Breflau*, depuis l'année 1742, deux grandes foires dont l'une eft fixée au lundi après le 4°. dimanche de carême, & l'autre le lundi avant la nativité de la Vierge; elles ne durent que huit jours chacune. La population, les manufactures & le commerce de la *Siléfie*, diminuent tous les jours par des caufes peu difficiles à découvrir.

LA LUSACE, en Allemand *Lautfiz*, fe divife en haute & baffe; elle eft fertile en grains de toute forte, fpécialement en feigle, en lin & en tabac. Elle produit auffi beaucoup d'autres denrées & marchandifes, mais en moindre quantité. La principale fource de fes richeffes eft dans fes fabriques & manufactures; les draps & toiles de toutes les fortes, qui fortent des manufactures; les autres marchandises qui, d'une autre part, sortent en quantité des fabriques, donnent lieu à un commerce considérable avec les pays étrangers; commerce qui est encore alimenté par un bon nombre de tanneries, de verreries, de blanchisseries de cire; de moulins à papier, à foulon, à poudre à canon, &c.

BAUTZEN, en Bohêmien *Budissin*, capitale de la *Haute-Lusace*, sur la Sprée, a sept belles blanchisseries aux environs de la ville. On y blanchit une quantité considérable de toiles fabriquées par les habitans de la campagne. Ceux-ci les vendent aux marchands de *Baudzen*, qui en font un très-grand commerce. *Baudzen* en fait un, d'ailleurs, assez considérable en divers articles de ses fabriques, dont elle a bon nombre, telles que de draps, fils, maroquins, chapeaux, bas, guêtres & bonnets.

GORLITZ, l'une des plus grandes & des plus belles villes de la *Haute-Lusace*, a de belles fabriques de draps & autres étoffes de laine, ainsi que de napes & serviettes à fleurs. Elle fait en outre un grand commerce en toiles & fil blanc, qui cependant n'égale pas celui de Bautzen.

FORST, LAUBEN, LŒBAU, ZITTAU ou *Sitau*, font des villes de *Lusace* qui font un grand commerce de toiles blanches & en couleur, de rubans de fil, de mouchoirs de poche de fil, & moitié fil & moitié soie; de draps & autres articles, dont ces quatre villes ont des fabriques ou des manufactures.

Les autres villes de la *Lusace* font LUCKA, capitale de la *basse-Lusace*, dont la plus grande partie des habitans, au nombre de plus de 4000, font fabricans de draps, ou tisserans, ou brasseurs de bierre; *Camentz, Fürstemberg, Gubben, Marklissa, Pforten, Schonberg & Sorau*, qui la plupart possèdent nombre de fabriques & manufactures de draps & autres étoffes de laine, & qui toutes font un bon commerce de toiles.

NUMÉRO II.

Commerce extérieur.

Les principaux ports d'*Allemagne* par où se fait le commerce extérieur de cet empire, font Hambourg, Altena, Glückstadt, Bremen, Embden & quelques autres situés sur la mer Germanique. Ce que ce commerce a de plus essentiel sera expliqué à l'article de Hambourg, dont nous allons nous occuper; & nous indiquerons en peu de mots les marchandises qu'on a coutume de tirer des autres ports ci-dessus nommés, pour les pays étrangers.

HAMBOURG est une des plus grandes, des plus célèbres, des plus riches & des plus commerçantes villes d'*Allemagne*. Elle est située avantageusement dans un terrein fertile & agréable du cercle de la basse-Saxe, sur trois rivières; car l'*Elbe* la baigne du côté du midi, la *Bille* du côté du levant, & l'*Alster* du côté du nord. Ses édifices les plus remarquables sont l'hôtel-de-ville qui est très-simple; la banque dont nous parlerons bientôt; & la bourse située vis-à-vis de ces deux édifices, qui a 712 pieds

de longueur sur 42 de largeur. Tout à l'entour régne un portique, où on est à l'abri de la pluie; au-dessus est une très-vaste salle, où les négocians, & même les autres bourgeois, s'assemblent lorsqu'ils ont quelque délibération à faire. Au bas de la bourse, il y a une grue pour élever les marchandises qu'on veut embarquer, & une balance pour les peser. Il y a encore une pareille grue & une semblable balance auprès du port, où les navires mouillent. La plus grande partie des magasins font bâtis sur les bords de l'*Alster*, qui traverse la ville, & d'un canal appellé *Flet*, où, quand la mer est haute, on peut transporter aisément, sur des alleges, les marchandises qui arrivent à *Hambourg*, & rapporter de la même manière aux navires celles qu'on veut embarquer.

Cette ville est très-peuplée, & ses habitans sont non-seulement laborieux & diligens, mais encore d'un commerce aisé, deux choses qui contribuent depuis long-temps à y faire fleurir les manufactures, qui y sont en grand nombre. Les plus remarquables sont celles de velours unis & à fleurs, riches & légers, ou peluches, tant noirs qu'en couleurs; elles fournissent tous les ans une grande quantité de piéces de différentes sortes. Les manufactures de brocards & autres étoffes en or & argent, & celles en soie, en laine, en poil de chévre, &c. ne sont pas moins célèbres, de même que les fabriques de bas. Il y a divers moulins à filer & tordre la soie gréze que l'on tire tous les ans d'Italie & de divers autres endroits, & que l'on rend propre à être employée dans les fabriques. Il y a d'ailleurs à *Hambourg* des manufactures de toiles de coton imprimées; des raffineries de sucre qui ont acquis de la célébrité; des fabriques de tabac que l'on en file de toutes les espèces & en très-grande quantité, pour la consommation de la majeure partie de l'*Allemagne*; des manufactures d'or & d'argent; des tanneries où l'on prépare des cuirs à femelles fort estimés, de même que des maroquins de toutes les sortes, des cuirs de veau apprêtés à la manière angloise, & des peaux mises en couleur, que l'on fabrique dans la même ville, où l'on trouve aussi quelques fabriques de bazins & de rubans de soie; des blanchisseries de toiles; des fabriques de fils de fer & de cuivre, & d'autres enfin où l'on fait divers ouvrages & ustensiles de cuivre, de laiton & autres métaux.

La banque de *Hambourg* fut érigée en 1619 sur le modèle en partie de celle d'Amsterdam, & en partie de celle de Venise. Il faut être bourgeois de *Hambourg* pour pouvoir se faire ouvrir un compte en banque. Elle ne reçoit d'autres espèces que de vieilles reichsthales d'empire, du poids de 2 loths (une once) d'argent, au titre d'environ 14 loths 4 grains (10 den. 16 gr.) Ces espèces gagnent à la banque 1 par mille lorsqu'on les y porte, & 1½ par mille lorsqu'on les retire; c'est-à-dire, que la banque crédite de 1001 rthls ou 3003 marcs, valeur de banque, pour 1000 reichsthales d'espèce qu'on lui porte, & elle débite de 1001 rthls 10 ß valeur de banque, pour les mêmes 1000 rthls d'espèce qu'elle retourne. Les paiemens des lettres de change de 100 marcs & en sus se font par la banque, en transportant les parties d'un compte à l'autre, comme il se pratique à Amsterdam. Au reste, il nous semble superflu de donner le réglement de la banque de *Hambourg*, qui date de 1710, vu sa conformité avec celui de la banque d'Amsterdam.

Le commerce de *Hambourg* est très-important, quoique partagé par Altona sa rivale, comme nous le remarquerons ci-après. C'est à proprement parler le commerce de l'*Allemagne*, car il consiste en plus grande partie en productions & marchandises de cet empire. Parmi les marchandises, les toileries de toutes sortes peuvent être regardées comme formant la première branche du commerce de *Hambourg*. Cette ville reçoit, tant d'*Allemagne* que de divers autres pays situés sur la Baltique & ailleurs, un très-grand nombre d'articles que nous nous contenterons de nommer, sans en faire le détail, attendu que la plupart de ces articles se tirant à meilleur compte de quelques autres pays que de *Hambourg*, il convient mieux aux étrangers de les faire venir directement des lieux qui les produisent, que de cette ville. Ces articles sont entr'autres du froment, du seigle; du bois de chêne & de sapin; des douves à pipes & à barriques; de la cire, de la garance, du lin & de la graine de lin; des cuirs de Russie, des toiles à voile & plusieurs autres. Nous ne devons pas oublier de dire que *Hambourg* envoie tous les ans dans le Groënland & au détroit de Davis quelques navires qui y font la pêche de la baleine, dont la graisse étant apportée & fondue à *Hambourg*, & l'huile consommée en plus grande partie en *Allemagne*, il nous semble inutile de donner des comptes simulés, ainsi que des autres marchandises que nous avons nommées ci-dessus, à l'exception de la cire blanche & du cuivre en rosette, dont la qualité est très-estimée, & dont il se fait de forts envois en Espagne, en France & ailleurs. Au reste, nous ferons suffisamment connoître les principales espèces de toiles que fournit l'*Allemagne*, & qu'on tire non-seulement par la voie de *Hambourg*, mais encore par celle d'Altona, comme nous le dirons ci-après.

On fabrique en *Allemagne* tant de différentes sortes de toiles, qu'il seroit impossible d'en donner un détail exact, qui d'ailleurs seroit inutile à la majeure partie de nos lecteurs. Nous nous contenterons donc de parler des principales espèces de ces toiles, qui ont le plus de débit dans les pays étrangers, en Amérique sur-tout où s'en fait la plus grande consommation. Ces toiles sont appellées dans le commerce, *platilles royales & simples, boccadilles, sangales, estopilles, libretes, bretagnes & roüens contrefaits, crées, toiles à carreaux, coutis, bazins,* &c. On tire ordinairement les platilles, les boccadilles, les sangales, les estopilles, les libretes, les bretagnes & les roüens de Hirs-

chberg, Waldenbourg, Landshut, Schmiedeberg & Schweidnitz en Siléfie; les crées de Bautzen, Lœbau & Zitau en Luzace; les toiles à carreaux, les coutis & les bazins, de Chemnitz, Mitweide, Leipzig, en haute-Saxe. Souvent on fait acheter en écru la plupart de ces toiles qu'on apporte vendre des villages d'alentour dans les susdites villes, & l'on donne commission de les y blanchir & de leur donner les autres apprêts dont elles ont besoin, avant d'en faire l'expédition. Les achats de toiles se font dans les lieux respectifs en automne & en hiver; on les blanchit au printems & on les expédie en été; de sorte qu'il faut qu'un négociant étranger s'y prenne six ou huit mois d'avance pour se procurer les toiles qu'il desire avoir. On trouve cependant quelquefois des toiles toutes préparées, soit en Siléfie, soit en Luzace, au moment qu'on les demande; mais ce n'est jamais en grande quantité: les commissionnaires établis dans les villes ci-dessus dénommées, n'en achetant presque jamais que ce qu'il leur faut pour remplir les ordres qu'ils reçoivent des pays étrangers. C'est en Siléfie sur-tout qu'on suit cette maxime; mais l'on s'en écarte quelquefois dans la Luzace & en Saxe, où l'on trouve presque toujours, & dans tous les temps de l'année, de beaux assortimens de crées & de bazins, spécialement dans les grandes villes, telles que Bautzen, Leipzig & Chemnitz; cependant les toiles qu'on fait acheter en écru dans l'automne, sont moins chères que celles qu'on achete préparées, & l'on peut même dire que les qualités en sont beaucoup meilleures. Il est donc clair qu'un spéculateur trouvera mieux son compte à suivre la première méthode. Il n'y a d'autre inconvénient pour lui que d'être en avance du montant des toiles qu'il fait acheter pendant 6 ou 8 mois avant qu'il les reçoive. Il court aussi quelque risque en se chargeant de faire blanchir les toiles, parce qu'elles sont exposées à se gâter dans les blanchisseries, à y être enlevées par les inondations, qui quelquefois peuvent survenir, notamment dans les pays montueux. Mais ces risques sont en général regardés comme peu de chose, & compensés par des avantages dont les spéculateurs les plus expérimentés & les mieux en état de suivre ce commerce sçavent profiter. Ces spéculateurs s'adressent ordinairement aux lieux où ils sçavent que se trouvent les espèces de toiles qu'il leur faut, soit en Saxe, soit dans la Lusace, soit en Siléfie; & en donnant leurs ordres aux commissionnaires qu'ils ont dans les lieux mêmes, ils leur indiquent une maison, soit à Amsterdam, soit à *Hambourg*, qui est chargée d'accueillir leurs traites pour le montant des toiles qu'ils feront dans le cas d'acheter pour leur compte. Les mêmes spéculateurs suivent eux-mêmes leur correspondance directement avec les commissionnaires de Saxe, de Luzace & de Siléfie, non-seulement pour l'achat des toiles, tant en écru que blanchies, mais encore pour en faire effectuer l'expédition par la voie la plus prompte & la plus économe. *Hambourg* & *Altona* sont les deux meilleures voies ; mais il est des circonstances où la voie d'*Altona* est préférable à celle de *Hambourg* ; c'est quand les commissionnaires Allemands se font remboursés du montant de leurs toiles sur une maison d'*Amsterdam* ; car on a reproché souvent aux négocians de *Hambourg* d'avoir en pareille occasion usé de supercherie, en retardant l'expédition de toiles qu'ils reçoivent d'*Allemagne*, pour être embarquées pour l'étranger, espérant par là persuader aux receveurs de ces toiles qu'il seroit plus avantageux pour eux d'en faire faire le payement à *Hambourg* qu'à *Amsterdam*. Mais, pour montrer que cette prétention des négocians de *Hambourg* n'est nullement fondée ; nous observerons d'une part, qu'en faisant embarquer les toiles d'*Allemagne* à *Altona*, il y a autant d'avantage, si même il n'y en a plus, que de les faire embarquer à *Hambourg* ; & d'autre part, que les changes de Leipzig, de Breslau & des autres villes d'*Allemagne* sur Amsterdam, & ceux de cette dernière ville sur la France & sur l'Espagne, sont presque toujours infiniment plus avantageux pour les étrangers, que les changes de Leipzig & de Breslau sur *Hambourg*, & de *Hambourg* sur la France & l'Espagne.

Il y a des négocians en France & en Espagne qui se servent des maisons, tant de *Hambourg* que d'*Amsterdam*, pour ordonner les achats des toiles dont ils ont besoin, aux lieux mêmes où on les trouve de meilleure qualité & à des prix plus modérés. Il peut y avoir souvent de l'avantage à suivre cette méthode, car il est à présumer que les maisons de *Hambourg* & Amsterdam se trouvant plus à portée des lieux où l'on trouve en plus grande quantité, & de meilleure qualité, les toiles dont on a besoin, elles sont très-bien instruites des moyens de spéculer avantageusement dans ces articles, dont enfin il est temps que nous donnions quelques comptes simulés.

Compte simulé de 810 schocks de toile de *Silésie* de $\frac{5}{4}$ d'aune de large, achetés en écru à Waldenbourg, dont 540 schocks blanchis & préparés en *platilles royales* pliées en long, & 270 schocks en 540 pièces de toile pliés en *livrètes* ; ayant coûté en écru comme suit, sçavoir :

216 Schocks,	à 7½ thalers, argent courant de Brandebourg, ... Th.	1620	″
162 Dits,	à 7¼ dites, ...	1174	15
162 Dits,	à 7 dites, ...	1134	″
162 Dits,	à 6¾ dites, ...	1093	15
54 Dits,	à 6½ dites, ...	351	″
54 Dits,	à 6¼ dites, ...	337	15

810 Schocks achetés l'un portant l'autre à 7$\frac{1}{20}$ thlr . . . . en Th. 5710 15

FRAIS.

Pour blanchissage, apprêt, 15 caisses, & emballage à 1 thaler par schock, thlr. 810 ″
Droits de sortie, ... 20 ″
Voitures jusqu'à Altona ou Hambourg, sur 73 quintaux à 3½ thalers par quintal, fait thaler 243½ en louis à 6 p°. de bénéfice 257 28
Frais de transport à Altona ou à Hambourg jusqu'à bord du navire, à 2 thalers par caisse, ... 30 ″
Commission de thaler 6828 13 à 3 p°. 204 25
Provision pour la négociation des traites à Breslau & port de l'argent sur thaler 7033, à $\frac{5}{6}$ p°. 58 18
                                             1381 ″

                               Thlr. 7091 16 gr.

Compte simulé d'achat à Hirschberg de 100 schocks de *platilles royales* de $\frac{5}{4}$ d'aune de large pliées en long, à 7 thalers . . . . Thlr. 700 ″

FRAIS.

Blanchissage, apprêt, 2 caisses & emballage à 32 gr. . . . . Thlr. 106 20
Droits de sortie. 6 29
Droits de poids de 8½ quintaux. . . . . ″ 4½
Voitures jusqu'à Lunebourg de 8½ quintaux à 3½ thalers. 27 39
Frais de Lunebourg jusqu'à bord du navire à Altona, ... 5 20
Commission d'achat sur thaler 400 à 3 p°. . . . . 12 ″
Provision des traites & port de l'argent ½ p°. 2 14½
                                             161 27

                               Thlr. 861 27

Compte simulé de 500 ſchocks de *bocadilles* de $\frac{5}{4}$ d'aune de large, achetées en écru à Waldenbourg, dont,

50 piéces à 9 thalers la piéce.	Thlr.	450	″
100 dites, à $8\frac{1}{2}$ dites,		850	″
50 dites, à $8\frac{1}{4}$ dites,		412	15
150 dites, à 8 dites,		1200	″
100 dites, à $7\frac{3}{4}$ dites,		775	″
50 dites, à $7\frac{1}{2}$ dites,		375	″
500 piéces ou ſchocks.	Thlr.	4062	15

F R A I S.

Blanchiſſage, apprêt, 30 caiſſes & emballage, à 33 gr. Thlr	550	″		
Droits de ſortie,	14	″		
Voitures jusqu'à Altona de 45 quintaux, à 3 thalers & 6 p$\frac{o}{o}$	143	3		
Frais à Altona juſqu'à bord du navire,	18	″		
Commiſſion d'achat de thaler 4787 18 à 3 p$\frac{o}{o}$	143	19		
Proviſion des traites & port de l'argent, $\frac{5}{6}$ p$\frac{o}{o}$	41	2		
			909	24
Argent courant de Brandebourg, Thlr.			4972	9

Compte simulé de 350 ſchocks de *bocadilles* de $\frac{6}{4}$ d'aune de large achetés en écru à Hirſchberg, dont,

50 Piéces à $9\frac{1}{2}$ thalers.	Thlr.	475	″
150 Dites, à $8\frac{3}{4}$ dites,		1312	15
250 Dites, à $8\frac{1}{4}$ dites,		1237	15
350 Piéces	Thlr.	3025	″

F R A I S.

Blanchiſſage, apprêt, caiſſes & emballage à 35 Thlr.	408	10		
Droits de ſortie,	21	15		
Voitures juſqu'à Lunebourg de $33\frac{3}{4}$ quintal à 3 thalers & 6 p$\frac{o}{o}$	107	10		
Frais de Lunebourg juſqu'à bord du navire à Altona,	14	15		
Commiſſion d'achat 3 p$\frac{o}{o}$.	106	29		
Proviſion des traites & port de l'argent $\frac{1}{2}$ p$\frac{o}{o}$	18	11		
			677	″
Argent courant de Brandebourg, Thlr.			3702	″

Compte simulé de 20 webes ou 80 piéces d'*eſtopilles* achetées en écru à Waldenbourg, dont,

5 Webes à 12 thlr	Thlr.	60	″
5 Dits, à 11.		55	″
5 Dits, à 10.		50	″
5 Dits, à 9.		45	″
20 Webes d'Eſtopilles	Thlr.	210	

F R A I S.

Blanchiſſage, apprêt, caiſſes & voitures juſqu'à Altona Thlr.	26	20		
Droits de ſorties 25 gros, & frais à Altona $1\frac{1}{2}$ thlr.	2	10		
Commiſſion d'achat & proviſion des traites $3\frac{5}{6}$ p$\frac{o}{o}$	9	6		
			38	6
Argent courant de Brandebourg, Thlr.			248	6

Compte simulé de 50 pièces de *rouens contrefaits* de Hirschberg achetés en écru , à 13 thalers de Prusse. . . . . Thlr. 650   "

F R A I S.

Blanchiffage , apprêt , caiffes , &c. à 2 thalers . . . . Thlr.	100	"
Droits de fortie & du poids , ...	5	12
Voitures jufqu'à Lunebourg & frais jufqu'à bord , ...	33	8
Commiffion d'achats , à 3 p.°	23	21
Provifion des traites & port de l'argent , à ½ p.°	4	2

                                          166   13

                 Argent courant du Brandebourg , Thlr. 816   13

Compte simulé de 100 *fchocks* ou 500 pièces de *bretagnes* larges de $\frac{5}{4}$ achetées en écru à Hirschberg , à 9 thalers le fchock , ... Thlr. 900   "

F R A I S.

Blanchiffage , apprêt , pliage , emballage , &c. à 32 gros . . . . Rthlr.	106	20
Droits de fortie & du poids	6	24
Voitures jufqu'à Lunebourg de 9¼ quintaux à 3¼ thlr., ...	30	2
Frais de Lunebourg jufqu'à bord du navire à Altona , ...	5	20
Commiffion d'achat , à 3 p.°	31	12
Provifion des traites & port de l'argent , ...	5	12

                                          177   "

                Argent courant de Brandebourg , Thlr. 1077   "

Compte simulé de 140 pièces de *crées* achetées à Bautzen , dont ,

48 Pièces de *crées larges* afforties de 12 du n°. 5 , 12 du n°. 6 , 12 du n°. 7 & 12 du n°. 8 à 14¼ thalers la pièce . . . . Thlr. 708   "
½ Dite de *crée* étroite pour l'emballage , ... 4   12

                                          712   12

F R A I S.

Douane ou droits de fortie , ... Thlr.	9	22
Apprêt à 6 gros , thaler 12 & la caiffe 4½	16	12
Voitures jufqu'à Altona , ...	34	"
Commiffion d'achat 2 p.°	14	6

                                          74   16

                                    Thlr. 787   4

32 Pièces *crées entrelarges* , dont 10 du n°. 6 , 11 du n°. 7 & 11 du n°. 8 à 12¼ thalers . . . . Thlr. 408   "
½ Pièce de *crée* étroite pour l'emballage 4   12
Tous les frais jufqu'à Altona & commiffion 47   "

                                          459   12

60 Pièces *crées étroites* , dont 20 du n°. 6 , 20 du n°. 7 , & 20 du n°. 8 à 11¼ thalers . . . . Thlr. 675   "
½ Pièce de *crée* étroite pour l'emballage 4   12
Tous les frais jufqu'à Altona & commiffion 76   12

                                          756   16

                        Argent courant de Saxe, Thlr. 2002   "

NB. Ces 140 pièces de *crées* mises en trois caiffes ont fait de frais à Altona jufqu'à bord du navire 2 marcs lubs courans.

                                               Compte

Compte simulé de 32 pièces de crées achetées à Leipzig, dont,

16 Piéces de $\frac{5}{8}$ d'aune de large n° 8, à 16 thalers . . . . Thlr.	256	//
8 Dites, de $\frac{1}{2}$ dit, ... à 13$\frac{1}{2}$	108	//
8 Dites, de $\frac{5}{8}$ dit, ... à 12$\frac{1}{4}$	102	//
3 demi-piéces $\frac{5}{8}$ pour l'emballage	12	//

              478 //

F R A I S.

Apprêt, caisse, emballage, &c. . . . . Thlr.	16	16
Voitures de Meywa à Leipzig & frais	10	12
Frais de transport jusqu'à bord du navire à Hambourg	17	7
Commission sur thaler 522 à 4 p$\frac{0}{0}$	20	21

              65 8

       Argent courant de Saxe, Thlr. 543 8

Compte simulé de 10 caisses de basins tirés des fabriques de Chemnitz, dont,

25 Piéces façonnées du n°. 30, à 6$\frac{1}{2}$ thalers . . . . Thlr.	162	12
25 Dites, ... n°. 22, à 5$\frac{1}{2}$	137	12
75 Dites, ... n°. 18, à 4$\frac{3}{4}$	356	6
100 Dites, ... n°. 16, à 4	400	//
250 Dites façon de Bruges, ou canevas, à 2$\frac{2}{3}$	666	16
50 Dites, ... dit, ... à 2$\frac{1}{3}$	118	8
Pour les caisses & l'emballage, ...	12	18

             1854 //

Rabais pour prompt paiement, 4 p$\frac{0}{0}$ 74 4

       Argent courant de Saxe, Thlr. 1779 20

Compte simulé de 3 caisses de basins achetés à Leipzig, dont,

15 Piéces à simples raies du n°. 40, à thlr. 5	6 . . . . Thlr.	78	18
15 Dites, ... n°. 32, à . . 4	22	73	18
19 Dites, ... n°. 28, à . . 4	12	80	18
14 Dites, ... n°. 24, à . . 4	8	60	16
11 Dites, ... n°. 20, à . . 3	21	42	15
14 Dites, ... n°. 18, à . . 3	16	51	8
17 Dites, ... n°. 16, à . . 3	10	58	2
18 Dites, ... n°. 12, à . . 3	2	55	12
15 Dites, ... n°. 9, à . . 2	21	43	3
12 Dites, ... n°. 6, à . . 2	14	31	//

150 piéces de basins fins assortis . . . . Thlr. 571 14

F R A I S.

Droits de sortie, caisses & emballage, ... Thlr.	8	12
Voiture jusqu'à Lunebourg, ...	7	3
Frais jusqu'à bord du navire à Altona, ...	8	3
Commission d'achat, 2 p$\frac{0}{0}$	12	//

             35 18

       Argent courant de Saxe, Thlr. 611 8

« *Compte simulé de* 15 ballots de *toiles à carreaux* assorties , achetées à Herrnhut , sçavoir :

10 Ballots contenant 120 piéces, *toiles à carreaux* , bleu, rouge & blanc , & violet, rouge, jaune & blanc, chaque piéce de 60 aunes de long & de $\frac{6}{4}$ d'aune de large à $4\frac{4}{5}$ thlrs.   Thlr.   555   //

5 Ballots contenant 60 piéces de mêmes *toiles,* mêmes longueur & largeur ; mais de couleur plus ordinaire , comme bleu & blanc, à $4\frac{1}{2}$ thlrs. 270   //

F R A I S.

Pour apprêt, toile cirée , papier & emballage . . . . Thlr.   26   6
Pour frais jusqu'à bord du navire à Altona 57   12
Commission d'achat sur thaler 909 , à 2 p$\frac{c}{o}$ 18   4

                                                    101   22

                     Argent courant de Saxe, Thlr.   926   22

Compte simulé de 15 ballots de *coutils* achetés à Herrnhut , sçavoir :

10 Ballots contenant 120 piéces , chacune de 60 aunes de long & $\frac{6}{4}$ d'aune de large , à grandes & moyennes raies & couleurs vives , à 10 thalers la piéce , . . Thlr.   1200   //

15 Ballots contenant 60 piéces, mêmes longueur & largeur , à petites raies , à $9\frac{1}{2}$ thalers.   570   //

                                                  1770   //

F R A I S.

Apprêt, toile cirée , papier & emballage , ... Thlr.   26   6
Frais jusqu'à bord du navire à Altona , ... 75   //
Commission d'achat sur thaler 2070 , à 2 p$\frac{c}{o}$, ... 41   10

                                                   142   16

                     Argent courant de Saxe, Thlr.   1912   16

Compte simulé de 140 douzaines de *mouchoirs ordinaires de fil , à la matelote* , achetés à la fabrique à Lœbau , comme suit , sçavoir :

140 Douzaines de *mouchoirs de fil* $\frac{7}{4}$ de large , assortis en diverses couleurs, dont ,

   30 Douzaines du n°. 306, à $2\frac{4}{5}$ thalers. . . . . Thlr.   82   12
   40 Dites , ... n°. 312, à 3 120   //
   70 Dites , ... n°. 318, à $3\frac{1}{4}$ 227   12

140 Douzaines   430   //

                           Pour la caisse & l'emballage ,   1   12

                                         Thlr.   431   12

Les frais de transport de ces *mouchoirs* de Lœbau à Altona , & ceux jusqu'à bord du navire sont de 25 marcs bco.

Indépendamment de ces articles , qui sont les plus constamment demandés pour la France , le Portugal & l'Espagne , sur-tout pour ce dernier royaume , il y en a beaucoup d'autres en *Silésie* , en *Saxe* & en *Lusace*, dont le détail seroit plus ennuyeux qu'utile. Nous nous bornerons donc à remarquer que l'on fabrique en *Silésie* toute sorte de toiles fines & moyennes , qui diffèrent dans leur longueur & largeur. Cependant , suivant la nouvelle ordonnance rendue sur le fait des toiles & des linons , la longueur doit correspondre avec la largeur ; de façon qu'une piéce de toile de $\frac{4}{4}$ de large doit avoir 62 aunes de long ; une de $\frac{5}{4}$, 60 ; celles de $\frac{3}{4}$ & de $\frac{2}{4}$, 47 aunes ; une de $\frac{8}{4}$, 84 aunes ; une de $\frac{11}{8}$, 72 aunes ; & quant aux piéces de linon , celles de $\frac{3}{4}$, $\frac{15}{4}$, $\frac{7}{4}$ & $\frac{13}{8}$ de largeur sont fixées à 68 aunes de longueur ; & celles $\frac{5}{4}$ & de $\frac{6}{4}$ de largeur, à 54 aunes de longueur. Les toiles dont la piéce est de 60 aunes ou d'un *schoch* ou soixantaine , comme les *platilles,* se nomment en Allemand *schock-leinwandt* , & une piéce de 62 aunes s'appelle un *webe* ou *tissu.* Le *schock-leinwandt* & le *webe* se vendent aussi en 4 coupons, chacun d'environ 15 aunes de longueur. Les toiles de l'espèce particulière dont nous avons donné un compte simulé sous le nom d'*estopilles,* s'appellent en *Silésie, toiles de Jauer* , par la raison qu'on en fabrique principalement dans la principauté de Jauer. Les prix des toiles & linons de *Silésie* different comme leur qualité, & varient d'un jour à l'autre. On a des toiles dont la piéce va à 50 thlrs. & quelquefois au-delà, suivant la bonté & la finesse de la marchandise. Les piéces ordinaires de 65 aunes se vendent depuis 5 jusqu'à 30 & 40 thlrs. Les toiles à carreaux, où ce qu'on appelle *breslauer-balle*, sont toutes rayées; il y en a de différentes sortes. Quant aux linges de table damassés avec des figures ou des fleurs, & qui sont faits *à la tire*, on les vend communément par paquets qui contiennent une nappe & douze serviettes, de $\frac{10}{4}$ jusqu'à 3 aunes de large, depuis 16 jusqu'à 40 thlrs. & quelquefois au-delà; de même les balles de serviettes qui contiennent ordinairement trois douzaines de serviettes, se vendent depuis 10 jusqu'à 20 thlrs. ou au-delà, suivant leur finesse. On fabrique encore en *Silésie*, & notamment à Greifenberg, Jauer & Schmiedeberg, de belles nappes de 6 aunes de large & même au-delà. On fabrique en *Saxe* des basins blancs, croisés, rayés ou à fleurs, de toutes les qualités qu'on veut avoir, de $\frac{7}{4}$ d'aune de large, & de $22\frac{1}{4}$ aunes de long, dont les prix vont depuis 2 jusqu'à 10 thlrs. & quelquefois davantage; des mouchoirs de poche de fil bleu, rouge & blanc, de $\frac{5}{4}$, de $\frac{7}{8}$, de $\frac{6}{8}$, de $\frac{5}{4}$ & de $\frac{6}{4}$ de large; d'autres mouchoirs de demi-fil & demi-coton, avec des raies & des fleurs, de $\frac{6}{4}$, de $\frac{7}{8}$, de $\frac{5}{4}$ & de $\frac{11}{4}$ de large, & qui se vendent à la douzaine depuis 2 jusqu'à 6 thlrs. On fabrique aussi en *Saxe* des toiles de lin de toutes les sortes & de différens prix; des

toiles de coton, & moitié fil & moitié coton, blanches & en couleur, de $\frac{6}{4}$, de $\frac{5}{16}$ & de $\frac{7}{4}$ de large, & 23 aunes de long. Nous ne parlons pas des draps & autres étoffes de laine dont il se fabrique des parties considérables en *Saxe*. Les toiles de la *Luzace*, dont le débit pour l'étranger est le plus grand, sont les crées de $\frac{6}{4}$ d'aune de large & de 108 aunes de long; elles valent depuis 12 jusqu'à 17 thalers la piéce; celles de $\frac{11}{8}$ d'aune de large & de 108 aunes aussi de long, valent d'un $\cdot$10 à 14 thlrs.; celles de $\frac{6}{8}$ d'aune de large, même longueur que les précédentes, valent de 9 à 13 thlrs. On nomme ces trois sortes de crées, *larges*, *entre-larges* & *étroites*. On fabrique d'ailleurs en *Luzace* des rouens contrefaits de $\frac{7}{4}$ d'aune de large & 84 aunes de long, qui roulent de 10 jusqu'à 15 thlrs. la piéce; des *doulas* de $\frac{11}{4}$ de large & 54 aunes de long, valant de 5 à 7 thlrs. la piéce, & ceux de $\frac{7}{4}$ de même longueur de 4 à 6 thlrs. la piéce; des mouchoirs de fil de toute espéce, depuis 1 jusqu'à 7 thlrs. la douzaine; des coutils & des toiles à carreaux d'une infinité de qualités, & d'autres étoffes de fil, de demi-fil & demi-soie, de coton, &c. On trouve presque toujours à *Hambourg* de beaux assortimens des toiles d'*Allemagne*, dont il se fait un très-grand débit en France, en Espagne, en Portugal & dans les autres pays où la consommation en est considérable. Les négocians qui s'occupent de cette branche de commerce verront d'un coup d'œil, dans les comptes simulés qui vont suivre, les frais d'expéditions des toiles d'*Allemagne* à *Hambourg*.

Compte simulé d'achats à Hambourg de 100 piéces *platilles royales* écrues, à 6 thlrs. la piéce,   Marcs   1800   //

Frais jusqu'à bord du navire, ...	8	//
Commission à 2 p%	36	//

                   Marcs bco.   1844   //

Compte simulé de 100 piéces de *platilles royales* apprêtées en blanc, à 7 thlrs. la piéce . . . . Marcs   2100   //

Frais jusqu'à bord du navire, ...	8	//
Commission à 2 p%	42	//

                   Marcs bco.   2150   //

Compte simulé de 800 piéces *platilles simples*, à 6 thlrs. les 4 quarts de piéce, Marcs   3600   //

Rabais $8\frac{1}{3}$ p%	287	2
	3312	14
Frais jusqu'à bord du navire, ...	16	//
Commission à 2 p%	66	4

                  Marcs bco.   3395   2

Compte simulé de 100 piéces *platilles royales* teintes, à 6 ½ la piéce, . . Marcs   1950   *"*
Frais jusqu'à bord du navire, ... 8   *"*
Commiſſion à 2 p.° 39   *"*

                                        Marcs bco.   1997   *"*

Les aſſortimens des *platilles teintes* dépendans du caprice des acheteurs , le négociant eſt quelquefois expoſé à les garder long-temps, à voir les couleurs ſe ternir & la toile ſe piquer. Les aſſortimens les plus ordinaires ſont ſur 100 piéces , de 33 roſe vif, 33 noir, 8 bleu de roi , 8 bleu de ciel , 18 chamois & jaune.

Compte simulé de 200 piéces *fangales* aſſorties à 7 marcs la piéce . . . Marcs   1400   *"*
Frais jusqu'à bord du navire , ... 8   *"*
Commiſſion à 2 p.° 28   *"*

                                        Marcs-bco.   1436   *"*

Les *fangales* ſont entièrement déchues depuis qu'on s'eſt mis dans le goût d'employer les platilles teintes au même uſage. L'aſſortiment ordinaire des *fangales* eſt ſur 100 piéces , de 50 piéces noires , 25 roſe vif , 5 pourpre , 5 mordoré , 5 jaunes & citron , 5 bleu de roi & 5 bleu céleſte.

Compte simulé de 400 piéces *eſtopilles* unies ou claires à 9 marcs la piéce , Marcs   3600   *"*
                Rabais à 8 ¾ p.° 262   *"*

                                        3338   *"*
Frais jusqu'à bord , ... 6   *"*
Commiſſion à 2 p.° 66   13

                                        Marcs bco.   3410   13

Compte simulé de 100 piéces *librelles* rayées & à carreaux , à 8 marcs , la piéce . . . . Marcs   800   *"*
Frais jusqu'à bord , ... 6   *"*
Commiſſion à 2 p.° 16   *"*

                                        Marcs bco.   822   *"*

         Compte simulé de 500 piéces *Bretagnes contrefaites* , dont

250 Piéces de ¾ à 6 marcs , ... Marcs   1500   *"*
150 Dites, de ¾ à 5 marcs , ... 1250   *"*
Frais jusqu'à bord , ... 8   *"*
Commiſſion à 2 p.° 55   *"*

                                        Marcs-bco.   2813   *"*

Compte simulé de 150 piéces de *Rouens contrefaits* , apprêtés , de ¾ & 84 aunes à 15 marcs . . . . Marcs   2250   *"*
Frais jusqu'à bord du navire , ... 13   *"*
Commiſſion à p.° 45   *"*

                                        Marcs bco.   2308   *"*

Compte simulé de 100 piéces de toile dite *arabias* , à 19 marcs , ... Marcs   1900   *"*
Frais jusqu'à bord , ... 6   *"*
Commiſſion à 2 p.° 38   *"*

                                        Marcs bco.   1944

Compte simulé de 72 piéces de *crées contrefaites* larges aſſorties , de 72 vares
d'Eſpagne, chaque piéce, à 14 thlrs. . . . . Marcs   3024   //

Toile d'emballage, ... Marcs   60   //
Frais juſqu'à bord du navire, ... 21   //
Commiſſion à 2 p°. 60.   8

                                                141   8

                                 Marcs bco.   3165   8

Compte simulé de 400 piéces de *caſerillos* larges , ou toiles de ménage de ⅘ &
83¼ vares d'Eſpagne de long à 2½ marcs, ... Marcs   1000   //
Toile d'emballage , ... Marcs   23   4
Frais juſqu'à bord du navire , ... 7   8
Commiſſion à 2 p°. 20   //

                                           50   12

                                 Marcs bco.   1050   12

Aux comptes simulés ci-deſſus, il eſt bon d'en ajouter deux autres, dont l'un de *cire blanche* &
l'autre de *cuivre jaune en roſette*, deux articles qu'on tire communément de Hambourg quand on les
peut avoir à bon compte.

Compte simulé de 100 demi-marquettes de *cire blanche*
    peſant . . . . . 9800 ℔ ⎫
    bon poids ½ p°.   49 ⎭ net 9751 ℔ à 39 ß la ℔ . . . . Marcs   11884   //
Frais juſqu'à bord, ... 156   4
Commiſſion ſur marcs 12040 à 2 p°. 240   12

                                 Marcs bco.   12281   //

Compte simulé de 6 futailles de *cuivre en roſette*, peſant
    enſemble . . . . 6360 ℔ ⎫
Rabais ½ p°. . . . . 32 ⎭ 6392 ℔ à 56 th. le ſchi℔ . . . . Marcs   3796   13
Frais juſqu'à bord du navire 12   //
Commiſſion ſur marcs 3807 à 2 p°. 76   3

                                 Marcs bco.   3885   //

Le commerce d'importation de *Hambourg* eſt
extrêmement étendu ; cette ville fourniſſant à une
grande partie de l'*Allemagne* , les marchandiſes
étrangères dont elle a beſoin , notamment les vins ,
eaux-de-vie , ſucre , café , indigo , thé & autres
articles. C'eſt par l'Elbe que ces marchandiſes ſont
tranſportées de *Hambourg* dans l'intérieur de l'*Allemagne.*

Le voiſinage d'Altona a fait un tort conſidérable
au commerce de *Hambourg* , en ce qu'elle lui
en a enlevé une partie , qu'elle tâche de conſerver
& même d'augmenter par tous les moyens poſſibles ,
mais en vain ; car il eſt infaillible & prouvé par
l'expérience de toutes les nations , dans tous les
ſiècles , que ces fameux entrepôts *du trafic ,*
appellés improprement *états commerçants ,* ſe forment , s'élevent , brillent & diſparoiſſent ; c'eſt une
proſpérité facile & accidentelle que l'émulation &
la concurrence détruiſent tôt ou tard.

Harbourg, ville ſituée ſur la rive gauche de l'Elbe,

vis-à-vis de Hambourg , eſt pourvue d'un petit port
qui eſt fréquenté par des navires Friſons & Hollandois ; cette ville fait un bon commerce.

BREMEN , capitale d'un duché auquel elle donne
ſon nom , eſt une ville anſéatique , libre & impériale ,
ſituée ſur le *Wezer* , à 15 milles au-deſſus de ſon
embouchure dans la mer du nord , & à 12 milles
de Hambourg. Elle eſt grande & bien peuplée ; le
Wezer, qui coule au milieu , ſépare la vieille & la
nouvelle ville. Cette dernière eſt à l'eſt du Wezer
& communique à la vieille ville par un pont. *Bremen*
a le droit d'entrepôt , les marchandiſes que l'on fait
monter ou deſcendre le Wezer, y devant être miſes
en entrepôt. Le port ou havre de *Bremen* , nommé
Wegeſach, eſt ſitué à un mille & demi au-deſſous
de la ville. C'eſt-là que les marchandiſes ſont chargées & déchargées , les gros navires ne pouvant
monter plus haut.

Le commerce d'exportation de *Bremen* quoique beaucoup plus borné que celui de Hambourg,

eft néanmoins confidérable. Il confifte principalement en groffes toiles & en bleds, dont il s'expédie
prefque tous les ans quelques chargemens pour
l'étranger. On achete ordinairement les fromens,
les feigles & les autres fortes de grains rendus francs
à bord du navire : par exemple, le froment de 70
à 90 thlrs. le laft ; le feigle de 50 à 75 thlrs. ;
l'orge de 30 à 50 thlrs. ; l'avoine de 20 à 25 thlrs.,
les grandes feves à mulet de 35 à 55 thlrs., & les
petites feves de 40 à 60 thlrs. Les haricots fe vendent
depuis 2 jufqu'à 3 thlrs., le quintal de 100 lb.,
& l'on compte ⅛ thlr. par quintal, pour les frais
jufqu'à bord du navire, indépendamment de la commiffion de 2 p.⁰. Il y a plufieurs fortes de toiles à
Bremen, qui font fort recherchées par les étrangers ; principalement des cannamafos, ou toiles
écrues ; des cafferillos, ou toiles de ménage, &
des toiles à la rofe. Donnons pour l'ufage des
fpéculateurs des comptes fimulés de ces trois dernières
fortes de toiles.

Compte simulé de 60 piéces de cannamafos ou cagnamafos dont,

	Thlr.	
20 Piéces à 5 thlrs. la piéce,	100	″
20 Dites, à 4½ dites,	90	″
20 Dites, à 4 dites,	80	″
	Thlr. 270	

FRAIS D'EXPÉDITION.

Frais jufqu'à bord du navire,	Thlr.	5	45
Toile d'emballage,		9	″
Commiffion à 2 p.⁰		5	7
		17	59
	Thlr.	289	52

Compte simulé de 400 piéces de caferillos larges & étroites, achetées en affortiment
à 3½ thlrs. les 3 piéces, ... Thlr. 466 48

FRAIS D'EXPÉDITION

Droits de douane & frais jufqu'à bord du navire,	Thlr.	5	″
Toile d'emballage & nattes,		11	9
Commiffion à 2 p.⁰		9	5
		25	14
	Thlr.	491	62

Compte simulé de 46 piéces de toiles à la rofe, mefurant enfemble 5000 aunes
doubles, à 22 thalers les 100 aunes . . . . Thlr. 1100 ″

FRAIS D'EXPÉDITION.

Toile d'emballage,	Thlr.	10	36
Frais jufqu'à bord du navire,		5	45
Commiffion 2 p.⁰		22	″
		38	9
	Thlr.	1138	9

Le commerce d'importation de Bremen confifte
en quelques chargemens de vins, eaux-de-vie,
fruits & autres articles, que les négocians de cette
ville tirent de France & d'Efpagne. Les Brémois
font auffi un bon commerce avec Bergen, d'où ils
font venir tous les ans plufieurs navires chargés de
harengs, poiffons fecs, planches & autres articles,
qui fe confomment à Bremen & dans les pays
voifins.

Stade eft une petite ville du duché de Bremen,
renommée autrefois pour le commerce qu'elle faifoit
alors ; mais ce commerce eft tellement déchu aujour-
d'hui, qu'il ne refte aucun veftige de fon ancienne
opulence : quand il s'élève un entrepôt, les autres
difparoiffent.

Embden, capitale de l'Oft-Frife dans le cercle
de Weftphalie, eft fituée fur l'Embs, tout proche
de l'endroit où cette rivière fe jette dans le Dollart.
C'eft une ville grande & opulente, qui a un port
fûr & commode, & par ce moyen fait un commerce
affez confidérable. Le roi de Pruffe, fouverain de
l'Oft-Frife, a établi à Embden une compagnie des

Indes orientales; mais elle a si peu prospéré & fait si peu d'expéditions depuis quelques années, qu'elle ne fait, pour ainsi dire, aucune sensation dans le commerce.

Nous finirons cette description du commerce d'*Allemagne* par une reflexion.

Si les états divers qui composent ce grand empire appartenoient à un même souverain, tout le monde s'accorderoit à regarder comme une barbarie funeste, la conservation des douanes d'entrée & de sortie, des droits prétendus de transit & d'étape ; on diroit que ces exactions nuisent à toutes les provinces & au souverain lui-même. Comment se fait-il que dans l'état actuel elles soient utiles à la totalité des souverains, & à la totalité des états ? C'est une question dont nous voudrions bien voir la solution claire, précise & de bonne foi.

ALLER EN TRAITTE. (*Terme usité dans le commerce des castors & autres pelleteries du Canada.*)

La différence qu'il y a d'*aller en traitte* & faire la traitte, c'est que le premier signifie *aller porter aux Sauvages*, jusques chez eux, des marchandises qui leur conviennent, pour les échanger avec leurs pelleteries ; & que faire la traitte, signifie *attendre de traiter avec les Sauvages*, lorsqu'ils viennent eux-mêmes apporter leurs marchandises aux villes, forts ou habitations des François, pour les y troquer, & y choisir en échange les choses dont ils ont besoin. *Voyez* TRAITTE & COUREURS DE BOIS.

ALLEVEURE. (*Petite monnoie de cuivre*,) la plus petite qui se fabrique en Suède. Elle ne vaut pas tout-à-fait le denier tournois de France. Deux alleveures font le rustique, huit rustiques le marc de cuivre, & vingt-quatre marcs la richedale commune. *Voyez* la TABLE DES MONNOIES.

ALLIAGE. (*Mélange de divers métaux*,) ou de plusieurs portions d'un même métal de différens titres.

Les monnoyeurs ne fabriquent point d'espèces d'or & d'argent sans *alliage*, & mêlent toujours du cuivre avec ces deux métaux, suivant certaines proportions portées par les réglemens, qui ne peuvent être changées que par des édits, déclarations & ordonnances de nos rois.

Les monnoies de billon sont faites de l'*alliage* du cuivre, & de quelques parties d'argent fin, aussi ordonnées par le prince.

Les orfèvres, les tireurs & batteurs d'or & les joyailliers, font obligés de se servir d'*alliage* dans les matières d'or & d'argent qu'ils employent; mais qui doit toujours être moindre que celui des monnoies, pour empêcher le billonnage qui se commet en fondant les espèces, pour les employer dans leurs ouvrages.

Les fondeurs en bronze ont pareillement leur *alliage* de cuivre, d'étain & de léton, différent suivant les fontes qu'ils font, ou de statues, ou de canons, ou de cloches.

Enfin, les potiers d'étain se servent, pour la fabrique de vaisselle, de l'*alliage* du cuivre rouge, du régule d'antimoine, & de quelques autres minéraux. On parlera dans la suite de cet article de toutes les sortes d'*alliages*.

Il y a deux sortes d'*alliages* qui se font dans la fabrique des monnoies ; l'un quand on employe des matières d'or & d'argent, qui n'ont point encore servi pour le monnoyage ; l'autre, quand l'on fond ensemble diverses sortes d'espèces ou de lingots de différens titres, pour en faire une nouvelle monnoie.

L'évaluation, ou plutôt la proportion de l'*alliage* avec le fin, est facile dans le premier cas ; puisque sçachant par l'affinage le titre des matières, il n'y a qu'à y ajouter la quantité d'*alliage* de cuivre permise ou ordonnée, pour les réduire au titre légitime.

Dans l'autre cas, l'opération a plus de difficulté. C'est néanmoins une des choses qu'il est plus important de sçavoir à un maître des monnoies ; & qu'il faut que sçachent aussi tous ceux qui travaillent sur les matières d'or & d'argent, pour ne pas se tromper dans l'*alliage* que les uns & les autres sont souvent obligés de faire de l'or & de l'argent à différens titres.

Tous les auteurs qui ont traité des monnoies, ont donné des tables pour faire cette réduction ; & les arithméticiens, comme on le dira à la fin de cet article, ont leur règle d'*alliage*, dont on peut aussi se servir : mais il semble que l'auteur anonyme du petit Traité qui se trouve à la suite de celui de M. Boisard, de l'édition de 1711, en a donné la pratique la plus aisée.

Comme cette pratique est commune pour les espèces d'or & d'argent, on n'en donnera qu'un seul exemple, après avoir néanmoins averti que le calcul pour l'*alliage* de l'or, se fait par les trente-deuxièmes qui manquent au titre, ou qui l'excédent dans les matières qu'on veut employer, & que pour l'argent on compte par grains de fin.

Quand on veut faire cette sorte d'*alliage*, ou plutôt l'évaluation de l'*alliage*, pour ajouter ou diminuer ce qui manque au titre, il faut dresser un bordereau des matières qu'on a à fondre, contenant leur qualité, leur poids & leur titre. Ce bordereau se partage ensuite en deux autres, dont l'un comprend toutes les matières qui sont au-dessus du titre auquel on doit faire la fonte, & l'autre toutes celles qui sont au-dessous.

Chaque bordereau s'étant calculé séparément, on voit par le calcul du premier ce que les matières fortes de titre ont au-dessous du titre ordonné; & par le second calcul, ce que les matières foibles ont au-dessous : ensorte que les deux produits étant comparés, ont sçait précisément par une soustraction, combien il faut ajouter ou de fin ou d'*alliage*, pour réduire toutes les matières au titre réglé pour la nouvelle fonte. Voici l'exemple qu'en donne l'auteur anonyme.

Le titre des louis d'or, dont la fonte est ordonnée, doit être de 21 carats ¾. Pour faire cette fonte, j'ai diverfes efpèces & lingots de différens titres ; j'en dreffe d'abord mon premier bordereau de la manière fuivante :

Numéro,	Marcs,	Onces.		Carats.
1	1	4	Jacobus à	21 $\frac{10}{32}$
2	2	6	Lingots à	20 $\frac{1}{2}$
3	1	4	Lingots à	18 $\frac{1}{4}$
4	3	6	Ducats à	23 $\frac{1}{4}$
5	1	4	Nobles à	23 $\frac{1}{4}$
6	1	4	Pift. Ital. à	21 $\frac{1}{4}$
	12	4		

J'ai donc douze marcs quatre onces d'or de différens titres, qu'il faut que je rende au titre de 21 carats $\frac{1}{4}$.

Dans les fix articles qui compofent le premier bordereau, il y en a trois qui font les 1er, 4e & 5e qui fe trouvent au deffus du titre ordonné ; & trois autres, les 2e, 3e & 6e qui font au-deffous ; je les fépare & j'en fais deux bordereaux :

OR HAUT.

Numéro,	Marcs,	Onces.		Trente-deuxièmes.	
1	1	4	C'eft de bon,	9	32es.
4	3	6	Idem . . .	210	32es.
5	1	4	Idem . . .	96	32es.

Total du bon fur ces trois articles, 315 32es.

OR BAS.

Numéro,	Marcs,	Onces.		Trente-deuxièmes.	
2	2	6	Manquent .	110	32es.
3	1	4	Idem . . .	144	32es.
6	1	4	Idem . . .	12	32es.

Total de ce qui manque à ces 3 art. 266 32es.

Comparaifon des deux produits,
Bon 315
Manque 266

Refte de bon 49 32es, pour lefquels il faut mettre quatre gros & demi de cuivre, & alors la fonte fera au titre de 21 carats $\frac{3}{4}$. Le poids des matières fe trouvant par conféquent augmenté jufqu'à douze marcs quatre onces jufte, à caufe de l'augmentation de l'alliage.

Il ne refte plus qu'à fçavoir comment fe peut calculer la proportion qu'il y a entre quarante-neuf trente-deuxièmes d'or fin, & quatre gros & demi de cuivre ; mais l'opération en eft facile, pour peu que l'on fçache les premiers élémens de l'arithmétique, & qu'on foit inftruit que 696 — 32es de bon, valent un marc de cuivre, c'eft-à-dire, 64 gros, & que fur ce pied-là cinq trente-deuxièmes & cinq huitièmes valent un gros.

Cet exemple, qui eft pour l'excédent du titre, peut auffi fervir pour le défaut ; mais alors il faudroit ajouter du fin autant de trente-deuxièmes, qu'on en auroit trouvé de manque.

Les principales raifons que les auteurs donnent de l'alliage des monnoies, font 1°. le mélange des métaux, qui au fortir des mines ne fe trouve pas d'une pureté parfaite ; 2°. le ménage de la dépenfe que l'on feroit obligé de faire, s'il les falloit affiner ; 3°. l'obligation où l'on eft de les rendre plus durs, en y faifant entrer quelque portion d'un autre métal, pour empêcher la diminution que le frai pourroit caufer au poids des efpèces ; 4°. la fonte des monnoies étrangères qui font alliées ; 5°. les dépenfes de la fabrication qui fe doivent prendre fur les efpèces fabriquées ; 6°. enfin, le droit de feigneuriage qui revient au fouverain, à caufe du pouvoir qu'il a de faire battre monnoie dans fes états.

L'ALLIAGE du cuivre pour les ftatues, les canons ou les cloches, a auffi fes proportions : mais comme elles font arbitraires, & qu'elles dépendent abfolument du goût & de l'expérience des fondeurs, il n'eft guères poffible d'en donner des règles certaines.

M. Felibien prétend que le bon alliage pour les ftatues ou figures de bronze, doit être fait avec moitié de rofette, ou cuivre rouge, & moitié de léton, ou cuivre jaune. D'autres veulent, & c'eft le fentiment de M. de Saint-Remy, qu'il doit y entrer quatre livres d'étain & huit livres de léton fur chaque cent pefant de cuivre rouge. On laiffe à ceux qui ont acquis de l'expérience dans la fonte & alliage des métaux, à décider lequel des deux a le plus de raifon.

Pour faire l'alliage propre aux canons, mortiers & autres pièces d'artillerie de bronze, on fe fert du meilleur & du plus doux étain de Cornouaille. Il en faut jufqu'à fix & huit livres pour cent de cuivre rouge, plus ou moins, fuivant que ce dernier métal fe trouve de bonne ou de mauvaife qualité.

L'alliage pour les cloches fe fait ordinairement avec vingt livres d'étain le plus dur, fur un cent pefant de rofette.

L'alliage pour les différentes fortes d'étains deftinés pour la vaiffelle, ou autres uftenfiles, fe fait avec le cuivre rouge, la régule d'antimoine, l'étain de glace ou le plomb. Les potiers d'étain de Paris difent alloyage au lieu d'alliage. Ils ont tiré ce terme de leurs ftatuts, où il eft dit, que le bon fin étain fonnant fera alloyé de fin cuivre & d'étain de glace. Voyez ÉTAIN. Vous y trouverez la manière d'allier les différentes fortes d'étain.

ALLOCATION. (Terme de reddition de compte) qui fe dit quand on a approuvé, alloué ou admis un article de l'une des trois parties d'un compte, recette, dépenfe ou reprife, pour le paffer en compte à l'état final.

ALLONGE. Se dit dans le commerce des dentelles de Flandre, des morceaux que les marchands
qui

qui veulent frauder le droit de marque defdites dentelles, font ajouter, & pour ainfi dire, rentrer aux reftes de dentelles qui ont été anciennement marquées. L'arrêt du 24 juin 1684, concernant ladite marque, porte qu'elle fera appofée à l'un des bouts des dentelles, & aux *allonges* qui fe rencontreront en chacune pièce.

ALLONGER. En termes de manufactures de lainage, fignifie *rendre une étoffe plus longue*, à force de la tirer avec des machines ou inftrumens, pour en avoir un plus grand aunage. Les réglemens des manufactures défendent de tirer, *allonger* ni arramer aucune pièce de marchandifes, tant en blanc qu'en teinture ; mais quelle eft la garantie de leur exécution ?

ALLOUÉ. (*Terme en ufage dans les communautés des arts & métiers*). C'eft un garçon qui, au fortir du temps de fon apprentiffage, s'engage chez un maître du métier dont il eft apprentif, pour y faire le temps du fervice ordonné par les ftatuts ; car les marchands & ouvriers privilégiés, pour éviter la concurrence, ont grand foin non-feulement de reftreindre le nombre des apprentifs, mais encore de leur prefcrire, quand ils fçavent leur métier, un temps plus ou moins long, pendant lequel ils ne peuvent pas exercer leur induftrie pour leur propre compte, mais font obligés de fervir les maîtres. On fent bien l'utilité de ce réglement pour les maîtres, & on conçoit que le pauvre apprentif eft forcé de s'y foumettre. Mais le public confommateur a-t-il donné fon confentement à ces monopoles, & les maîtres ont-ils droit de l'y foumettre ? N'eft-il pas étrange qu'on ait attendu fi long-temps à faire une queftion fi fimple & fi naturelle ? Ce n'eft pas à la liberté feule de ce garçon que vous attentez, en lui défendant de travailler pour moi ; c'eft auffi à la mienne. De quel droit m'impofez-vous un pareil joug ?

ALLOUÉ. (*Terme qui fe met dans la marge d'un compte d'ordre, vis-à-vis les articles de dépenfe*). On dit *alloué* pour la dépenfe, & accordé pour la recette & la reprife.

ALLOUER. (*Approuver quelque article, le paffer, en demeurer d'accord*). Il fe dit particulièrement en fait de compte, notamment des articles de la dépenfe, à côté defquels en examinant un compte pour l'arrêter, celui à qui on le rend, met en apoftille *alloué*, pour dire qu'il le paffe. Quelquefois on met fimplement *alloué*, quand la partie eft affez juftifiée ; & quelquefois *alloué* en rapportant quittance, ou juftifiant de l'ordre, quand l'article n'eft pas affez certain ou affez éclairci. Je vous *allouerai* cette fomme dans votre compte : cette dépenfe ne lui fera pas allouée ; pour fignifier *qu'on tiendra compte de l'une, & non pas de l'autre.*

ALLOY. (*Titre ou bonté intérieure*) que doivent avoir les monnoies ou les ouvrages d'or & d'argent, fuivant les ordonnances du prince. L'*alloy* de l'or s'eftime par carats, & celui de l'argent par deniers.

Le terme d'*alloy* n'eft guères d'ufage dans les monnoies : on s'y fert plus ordinairement des mots de titre, de fin & de loy. *Voyez ces trois articles.*

Dans l'ufage commun on dit de l'or, de l'argent de bon *alloy*, pour fignifier *de l'or ou de l'argent* très-fin & à très-haut titre. On dit de même de l'or ou de l'argent de mauvais ou de bas *alloy*, pour dire *de l'or ou de l'argent* au-deffous du titre qu'ils doivent avoir.

ALLOY. On fe fert auffi de ce terme dans le commerce, pour fignifier qu'*une marchandife, une drogue* n'eft pas de bonne qualité.

ALLOYAGE. (*Terme en ufage chez les potiers d'étain*), pour fignifier l'*alliage* ou *mélange* des métaux. *Voyez* ALLIAGE.

ALLOYAU. (*Terme burlefque*) qu'on a donné à la confrérie des garçons marchands, établie à Paris dans l'églife de la baffe Sainte Chapelle du Palais, fous l'invocation de S. Louis. Ils prétendent avoir droit de faire payer un droit de confrérie à tous les garçons qui fervent les marchands, à moins qu'il ne foient reçus marchands eux-mêmes ; & vont à cet effet en vifite chez chacun d'eux pour exiger ce droit. On les nomme vulgairement *les confrères d'alloyau.*

ALLUMELLE. (*Fer délié & plat*) qui fait la lame des épées, couteaux & autres inftrumens tranchans.

Les allumelles de couteaux de toutes fortes, payent en France de droits d'entrée une livre dix fols du cent péfant.

ALLUMETTE. Petit bâton de bois fec, de rofeau ou de chenevotte, trempé des deux bouts dans du foufre, qui fert à allumer la chandelle. On appelle par mépris marchands d'*allumettes* les marchands dont le négoce eft peu confidérable.

Les allumettes payent en France de droits d'entrée deux fols du cent péfant, & un fol de droits de fortie. On voit que rien n'eft oublié dans ces fameux tarifs de M. Colbert.

ALLURE ou ALLEVEURE. (*Petite monnoie de cuivre*) qui fe fabrique en Suéde, & qui vaut environ 4 fols de France. Il faut deux *allures* pour le roufting, & huit rouftings pour le marc de cuivre.

ALMADIE, eft un vaiffeau des Indes, fait en forme de navette de tifferan, à la réferve qu'il a l'arrière quarré. Il y en a de quatre-vingt pieds de long, & de fix ou fept de large. Ils peuvent contenir quantité de marchandifes ; & c'eft avec quoi les plus riches marchands Indiens font leur principal commerce, foit qu'ils les chargent pour leur propre compte, foit qu'ils les louent à fret aux marchands d'Europe.

ALMANACH. Calendrier ou table où font marqués les jours & fêtes de l'année, le cours du foleil & de la lune, & quantité d'autres chofes curieufes ou néceffaires.

Les marchands en ont toujours dans leur boutique, & ne manquent point d'en porter dans leur agenda, pour y trouver les dates dont ils ont befoin.

H

ALMENE. (*Poids de deux livres*) dont l'on se sert à péser le safran dans plusieurs endroits du continent des Indes orientales.

ALMENDINE, ALMANDINE ou ALBANDINE. (*Pierre précieuse*) qui est une espèce de rubis, mais plus tendre & plus légère que le rubis oriental. Sa couleur tire néanmoins plus sur celle du grenat, que sur le rouge du rubis.

ALMONDE. (*Mesure de Portugal*) qui sert à mesurer les huiles. Les Portugais vendent leurs huiles d'olive par *almondes*, dont les vingt-six font une botte ou pipe. Chaque *almonde* est composée de douze canadors, & le canador est semblable au mingle d'Amsterdam. *Voyez* la TABLE DES MESURES.

ALMOXARISFASGO. On nomme ainsi dans quelques ports de l'Amérique Espagnole, particulièrement à Buenos-Ayres, *un droit de deux & demi pour cent* de la véritable valeur des peaux de taureaux, qui se payent au roi d'Espagne, pour la sortie des cuirs qui s'embarquent sur les vaisseaux d'Europe. Outre ce droit il est encore dû le droit du quint, mais seulement à raison de quatre réaux chaque cuir.

ALMUDE. (*Mesure des liquides*). On la nomme plus ordinairement *almonde*. *Voyez* ci-devant ALMONDE.

ALOÉS. Ce nom est commun à trois choses différentes ; à un arbre très-précieux & très-rare ; à une drogue fort utile dans la médecine, & à une plante, de la racine & des feuilles de laquelle on tire cette drogue, qui en est le suc. La plupart des auteurs confondent l'arbre & la plante, sans doute à cause du peu de connoissance que l'on a de l'arbre ; & que la drogue que produit la plante, est bien plus connue & d'un plus grand usage.

On peut juger du prix & de la rareté de l'arbre d'*aloés* par l'origine fabuleuse que les Indiens, & même quelques-uns de nos auteurs, n'ont point rougi de lui donner, en le faisant croître dans le paradis terrestre ; & ne le faisant venir jusqu'à nous que par le moyen des eaux, qui inondent quelquefois un séjour si délicieux ; & l'on en jugera aussi de ce que d'autres le placent sur des montagnes inaccessibles, & lui établissent comme pour gardiens les animaux les plus féroces.

L'on n'a pas eu besoin de l'arrivée des ambassadeurs Siamois en France, en 1686, pour être désabusé de ces fables, auxquelles personne de bon sens n'est capable d'ajouter foi ; non pas même ceux qui les inventent ; mais ils ont beaucoup aidé à faire connoître cet arbre, dont il n'y avoit presque que le nom de connu.

L'arbre d'*aloés* croît dans la Chine, dans le royaume de Lao & dans la Cochinchine. Il est à peu près de la hauteur & de la figure de nos oliviers. Ses feuilles sont aussi semblables aux leurs ; & son fruit est rouge & peu différent de celui du cerisier.

Le tronc de cet arbre est de trois couleurs ; ce qui fait trois sortes de bois différens, & de noms,

& de propriétés. Immédiatement sous l'écorce il est noir, compact & pésant. Le bois qui suit est de couleur tannée, léger, veineux & semblable à du bois pourri. Enfin, le cœur est le précieux bois de *tambac* ou *calambac*, plus cher aux Indes que l'or même ; & qui faisoit, au gré des Siamois, la partie la plus rare, & qu'ils estimoient le plus, des magnifiques présens qu'ils apportèrent à Louis le Grand, de la part du roi leur maître.

Le *tambac* est d'une odeur forte, mais agréable. Il sert de parfum pour parfumer les habits & les appartemens ; de cordial souverain dans l'épuisement & la paralisie ; & l'on l'employe aussi pour monter les bijoux les plus précieux qui se travaillent aux Indes.

Des deux autres bois, celui qui suit l'écorce, & qui est noir, a été nommé par les Portugais, à cause de sa noirceur, *pao d'aquila*, *bois d'aigle*. Il ne s'en fait point de commerce en France, où l'on n'en trouve que dans les cabinets de quelques curieux. Le bois de couleur tannée, qui est entre le bois d'aigle & le tambac, n'est autre chose que le bois de *calambouc*, qui est le seul véritable *bois d'aloés*, que les marchands droguistes de Paris soient en état de débiter, les deux autres étant trop rares ; & tant de bois à qui on donne le nom d'*aloés*, étant tous bois supposés, sans vertu & d'aucune valeur.

Il faut choisir le bois de *calambouc* d'un jaune luisant & bien jaspé au dehors, poreux & d'un blanc jaunâtre au dedans ; léger, résineux, semblable à un bois pourri ; d'un goût amer, tel que la drogue qu'on nomme *aloés*, qui pour cela lui a communiqué son nom, & que jetté au feu, il brûle comme la cire, & exhale une odeur agréable. Le vrai *calambouc* est ordinairement en morceaux plats ; ce qui, avec sa grande légèreté, le distingue aisément de tant d'autres bois qu'on veut lui substituer.

Le Tunquin ne produit pas moins d'*aloés* que la Chine & la Cochinchine ; & après les soies c'est dans cet arbre précieux que consiste sa plus grande richesse.

L'*aloés* de Tunquin est si bon, qu'il y en a qui s'y vend jusqu'à mille écus la livre, ce qui s'estime suivant qu'il a plus ou moins de graisse ; celui qui n'en a point se vendant à peine trois écus, & n'étant propre qu'à la marquetterie ou à faire des chapelets, tels qu'on en voit beaucoup à Paris.

Tous les Orientaux, particulièrement ceux qui laissent croître leur barbe, font grand cas de ce parfum, à cause de l'usage établi dans tout le levant, de n'admettre chez soi aucunes personnes un peu considérables, sans la cérémonie de leur donner le parfum ; ce qui se fait en leur couvrant la tête d'une petite toilette ou d'un grand mouchoir d'étoffe de soie, ou de toile de coton, sous lequel on met une cassolette où l'on brûle de l'*aloés*, ou quelqu'autre parfum exquis.

Tavernier, dans sa relation du Tunquin, assure

avoir vu, à Hifpahan, une buche de bois d'*aloés* de fix pieds de haut & de deux de tour, qui avoit coûté quarante mille pardos, qui font cinquante-quatre mille livres monnoie de France.

La plante d'aloés, eft cette plante que l'on a élevée dans le jardin du roi à Paris, que plufieurs particuliers cultivent parmi les plantes étrangères, & dont quelques droguiftes & épiciers ornent leurs boutiques.

Cette plante croît en bien des endroits des Indes orientales & occidentales. Il s'en trouve auffi en Europe, & fur-tout en Efpagne, dans les montagnes de la Siera Morena, où elle vient d'une groffeur & d'une hauteur extraordinaire. Ses feuilles font vertes, épaiffes, dures & piquantes; & on en tire une efpèce de foie rougeâtre, propre à faire des dentelles, dont on a vu quelques morceaux en France, que M. de Tournefort y avoit apportés d'Efpagne. Du milieu des feuilles fort une tige, qui porte fa fleur & fon fruit, dont la femence eft une graine blanche extrêmement légère & demi ronde.

Les plantes d'*aloés* qui ont fleuri plufieurs fois au jardin royal, & fur-tout en 1664, ont défabufé de l'erreur populaire, qui étoit prefque paffée jufqu'aux fçavans, qu'elles ne fleuriffoient que tous les cent ans, & que la fleur faifoit un bruit terrible en fortant, puifqu'on eft préfentement accoutumé à les voir fleurir, & qu'à l'épanouiffement de leurs fleurs, non-feulement l'on n'a jamais entendu ce bruit furprenant, mais qu'on n'en a point du tout entendu.

L'aloés, dont on fe fert dans la médecine, & que les maréchaux employent auffi pour la guérifon des chevaux, eft le fuc de la racine ou des feuilles de cette plante, tiré en confiftance d'extrait.

On diftingue de trois fortes d'*aloés*; le *focotrin* ou *lucide*, qu'on appelle auffi *fuccotrin* & *ciccotrin*; le *citrin* & le *cabalin*, qui ne font pourtant que le même fuc, plus ou moins épuré. L'*aloés focotrin* eft le meilleur, & vient de Socotra, à l'entrée de la mer rouge, d'où il a pris fon nom. Le *cabalin* eft le moins bon, & ne fe donne qu'aux chevaux; d'où peut-être il eft appellé *cabalin*. Le *citrin* eft entre deux.

Le *focotrin* vient dans de petites veffies extrêmement minces. Il faut qu'il foit friable, leger, clair, tranfparent, de la couleur d'un beau verd d'antimoine, d'un goût amer, prefque fans odeur; & que réduit en poudre, il foit d'un jaune doré.

C'eft de l'*aloés cicotrin* dont on fe fert en médecine, mais dont il faut ufer avec difcrétion, étant un purgatif violent.

Il entre dans la compofition de ces pilules, qu'on nomme *pilules de Francfort* ou *pilules gourmandes*, & fait auffi la bafe de celles qu'on appelle *pilules angéliques*.

L'*aloés rofat* & l'*aloés violat*, font des extraits que les apothicaires font de cet *aloés*, en le diffolvant dans du fuc de rofes ou de violette; & après l'avoir filtré, en l'expofant au foleil ou fur un petit feu, pour l'épaiffir, & lui donner la confiftance propre à le réduire en pilules.

L'*aloés cabalin* eft noir, fec, prefque fans odeur, & vient dans des paniers de palmier ou de jonc. Les droguiftes qui en ont de la bonne foi, avouent que c'eft une très-mauvaife drogue, & qu'il la faudroit défendre, n'étant qu'un réfidu brûlé, qui n'a ni force ni vertu; mais ils voudroient que les maréchaux lui fubftituaffent dans les remèdes où ils font entrer l'*aloés*, celui qu'on appelle *aloés hépatique*.

Cet *aloés* vient des ifles de l'Amérique, & eft tiré de la racine d'une plante peu différente de l'*aloés* du levant. On l'apporte dans des gourdes ou calebaffes de différens poids, depuis deux livres jufqu'à cent. Il faut le choifir couleur de foye, d'où lui vient le furnom d'*hépatique*, fec & le moins puant qu'il fe pourra; car pour l'ordinaire il eft d'une puanteur infupportable.

Le tarif des entrées de 1664 avoit fixé les droits des aloés, fçavoir, à dix livres le cent péfant pour l'aloés focotrin ou lucide; à trois livres quinze fols pour le citrin; à vingt-cinq livres pour l'aloés lignum fin; & à trois livres pour l'aloés moyen ou cabalin. Mais l'arrêt du 15 août 1685, qui n'en diftingue que trois, qui font l'apatique, (il devoit dire hépatique,) le cicotrin & le cabalin, les met du nombre des marchandifes venant du levant, Barbarie & autres pays & terres de la domination du grand feigneur, du roi de Perfe & d'Italie, fur lefquelles il eft ordonné de lever vingt pour cent de leur valeur.

ALOIGNE. (*Terme de marine*), qui fignifie la même chofe que *bouët*. Voyez BOUÉE.

ALOSE. (*Sorte de poiffon de mer*) reffemblant à la fardine pour la figure, mais bien plus groffe. Elle eft du nombre de ceux qu'on appelle *poiffons de faifon ou de paffage*, n'ayant coutume de remonter les rivières que dans le printems.

Les œufs d'*alofe* font autant eftimés dans les Indes orientales, que ceux d'efturgeon en Mofcovie, & ceux de meuges dans la mer noire; & le commerce qui s'en fait n'eft guères moins confidérable, s'y en confommant chaque année la charge de plufieurs navires.

En France, où l'on ne mange que la chair du poiffon, le cent d'alofes en nombre paye vingt fols de droits d'entrée & les fols pour livre.

ALOUCHI. (*Efpèce de gomme de bonne odeur, qui coule de l'arbre qui produit la canelle blanche.*) Voyez CANELLE BLANCHE. Voyez auffi BEDELIUM.

ALPAGNE. (*Animal à laine, fort femblable aux llamas & aux vigognes, à la réferve qu'il a les jambes plus courtes & le mufle plus ramaffé; de forte qu'il a quelque reffemblance au vifage humain.*) Les habitans du Pérou le mettent au nombre des bêtes de charge, & leur font porter jufqu'à cent livres péfant. De leur laine ils font des étoffes, des cordes, des façs; de leurs os, des inftrumens pour les tifferans ; & mettant même leur fiente à profit, ils s'en fervent à faire leur feu, foit dans leur chambre, foit à la cuifine.

La laine de l'*alpagne* paffe aifément pour celle des vigognes ; & il eft rare que la laine de ces derniers, qui vient du Pérou en Efpagne, n'en foit pas fourrée. *Voyez* VIGOGNE.

ALPARGATES. (*Mot Efpagnol*, qui fignifie *des fouliers de corde.*)

ALPHABET, TABLE, INDEX ou REPER-TOIRE DU GRAND LIVRE. Ce font les divers noms que les marchands, négocians, banquiers & teneurs de livres, donnent à une efpèce de regiftre, compofé de vingt-quatre feuillets cottés & marqués chacun en gros caractères d'une des lettres de l'*alphabet*, fuivant leur ordre naturel, en commençant par A & finiffant par Z.

Cet *alphabet*, où font écrits les noms & fur-noms de ceux avec lefquels on eft en compte ouvert, & les folios du grand *livre* où ces comptes font débités & crédités, fert à trouver facilement & fans peine les endroits du grand *livre* dont on a befoin.

ALPHABET, fe dit auffi, mais moins ordinaire-ment, des fimples tables qui fe mettent au commen-cement des autres livres, dont les négocians fe fervent dans les affaires de leur commerce, foit pour les parties fimples, foit pour les parties doubles.

On parlera plus amplement de ces divers *alpha-bets* aux articles de ce Dictionnaire, où l'on traite des livres des marchands. *Voyez* LIVRES.

ALPHABET, fignifie encore les *poinçons* ou *fer-remens* dont fe fervent les graveurs fur métal, pour marquer, graver, ou imprimer les différentes let-tres & caractères qui conviennent à leurs ouvrages, foit pour les légendes ou autres infcriptions.

Les relieurs de livres, doreurs fur tranche, ont pareillement de petits fers qu'ils nomment *alphabets*, avec lefquels ils mettent en or, au dos des livres, leurs titres, & le numéro de leurs volumes.

ALPHÆNIX. C'eft le *fucre d'orge blanc*, ou *fucre tors*, auquel on donne un nom extraordinaire pour le faire valoir.

Ce *fucre* qu'on eftime bon pour le rhume, fe fait avec du fucre ordinaire cuit à caffer, que l'on jette fur un marbre graiffé d'un peu d'huile d'amandes douces, & que l'on contourne de diverfes figures avec un crochet de cuivre. On peut le falfifier avec l'amidon. *Voyez* SUCRE.

ALPISTE, ou ALPICE. (*Sorte de graine*) qui fert de nourriture aux oifeaux, fur-tout dans le temps de leur ponte, quand on veut les échauffer. La graine d'*alpifte* eft de figure ovale, d'un jaune pâle tirant fur ifabelle, brillante & comme luftrée. Elle fait partie du négoce des grainiers.

ALQUIER, (qu'on nomme auffi CANTAR.) Me-

fure dont on fe fert en Portugal pour mefurer les huiles. L'*alquier* contient fix cavadas; il faut deux *alquiers* pour faire l'almude.

L'ALQUIER eft auffi la mefure des grains à Lif-bonne. Cette mefure eft très petite, enforte qu'il ne faut pas moins de deux cent quarante *alquiers*, pour faire dix-neuf feptiers de Paris. Soixante *al-quiers* font le muid de Lifbonne, cent deux à cent trois *alquiers*, le tonneau de Nantes, de la Ro-chelle & d'Auray; & cent quatorze à cent quinze, le tonneau de Bordeaux & de Vannes. M. Ricard, dans fon Traité du négoce d'Amfterdam, dit qu'il ne faut que 54 *alquiers* pour le muid de Lifbonne.

La mefure de Porto, en Portugal, s'appelle auffi *alquier*, mais elle eft de vingt pour cent plus grande que celle de Lifbonne ; enforte que le ton-neau ne rend que quatre-vingt-fept *alquiers* de Porto : ce qui s'entend à proportion des autres me-fures dont on a ci-deffus donné l'évaluation.

Les grains qui fe transportent de l'ifle de Saint-Michel à celle de Madère, donnent 4 *alquiers* de bénéfice fur 60 *alquiers*, les 60 de Saint-Michel en rendent 64 à Madère, ce qui eft un bénéfice de 2 ⅔ pour cent. *Voyez* la TABLE DES MESURES.

On fe fert auffi d'*alquiers* dans d'autres états du roi de Portugal, particulièrement aux ifles Açores, & dans l'ifle de Saint-Michel ; dans ces deux endroits, fuivant le même M. Ricard, le muid eft de 60 *al-quiers*, & il en faut 240 pour le laft d'Amfterdam.

ALQUIFOUX. (*Efpèce de plomb minéral*) très-pefant, facile à mettre en poudre, & difficile à fondre. Quand on le caffe, il paroît en écailles luifantes, d'un blanc tirant fur le noir, affez appro-chant de la couleur des aiguilles d'antimoine. Les potiers de terre s'en fervent pour vernir leurs ou-vrages en verd.

L'*alquifoux* vient d'Angleterre en faumons de différentes groffeurs & péfanteurs. Il faut le choifir en gros morceaux, bien péfant, en écailles brillan-tes, comme gras, c'eft-à-dire, doux à manier, & approchant de l'étain de glace.

L'alquifoux paye en France les droits d'entrée, fur le pied de dix fols du cent péfant, comme le plomb.

ALTIN. (*Monnoie de compte de Mofcovie.*) Il vaut trois copecs, à quinze deniers de France le copec. *Voyez* la TABLE DES MONNOIES.

ALTOM. On nomme ainfi dans plufieurs des états du grand feigneur, particulièrement en Hon-grie, ce que les Européens appellent commune-ment un *fequin*. L'on ne donne cependant guère ce nom qu'aux *fequins* frappé au coin du monar-que Turc. *Voyez* la TABLE DES MONNOIES.

ALUDE. (*Sorte de bafane*) dont un des côtés eft fort velu. *Voyez* BASANE.

ALUN. (*Efpèce de fel foffile*) ou minéral blanc, qui fe trouve mêlé parmi une forte de terre, dont on le tire, & on le fépare en la lavant avec de l'eau qui prend toute la qualité du fel, & qu'on fait enfuite bouillir; pour la faire réduire & évaporer, de même qu'on fait au falpêtre.

Il y a de trois principales fortes d'*alun* : fçavoir; l'alun de Rome, ou *de Civitavecchia*; l'alun d'*Angleterre*, autrement appellé, *alun de roche*, *alun blanc*, ou *alun de glace*, & l'alun de Liége ou de *Méziers*.

L'ALUN DE ROME eft en pierre de moyenne groffeur, rougeâtre au-deffous & au-dedans, clair & tranfparent, d'un goût acide & défagréable. Il eft rougeâtre, parce que la terre d'où il eft tiré, eft de cette couleur. Pour le bien choifir, il faut qu'il foit peu rempli de menu, rougeâtre au-dedans & au-dehors; & fur-tout prendre garde qu'il ne foit contrefait; car il y en a qui rougiffent de l'*alun* d'Angleterre & de Liége, avec du rouge brun. La vraie marque à laquelle on reconnoît s'il a été contrefait, c'eft lorfqu'en le caffant il n'eft pas auffi rouge au-dedans qu'au-dehors.

L'ALUN D'ANGLETERRE eft en très-groffes maffes, ou morceaux clairs & tranfparens comme le criftal. Il eft plus ou moins beau, felon qu'il a été bien ou mal purifié. Il s'en rencontre quelquefois de couleur noirâtre, & un peu humide. Pour le bien choifir, il faut qu'il foit blanc, clair & tranfparent, fec, & peu rempli de menu & de pied.

L'ALUN DE LIÉGE & DE MÉZIERS, eft de la même qualité que celui d'Angleterre, à l'exception qu'il eft plus gras.

Ces trois fortes d'*aluns* font employés à différens ufages, mais particulièrement pour les teintures. Le meilleur & le plus eftimé, eft celui de Rome; celui de Liége ou de Méziers eft le moindre, parce qu'il eft gras, & par conféquent moins propre aux teinturiers, qui ne s'en fervent que lorfqu'ils n'en peuvent trouver d'autre. Il eft affez difficile de teindre fans *alun*, étant le principal ingrédient qui difpofe les étoffes à recevoir la couleur.

L'ALUN DU LEVANT n'eft guères différent de ces trois fortes d'*aluns*, & fert aux mêmes ufages; mais il eft moins commun en France, à caufe de la facilité qu'il y a d'avoir des autres. L'on peut acheter à Smyrne fix mille quintaux d'*alun* tous les ans. Il y en a de gros & de menu. Le gros eft le bon; & l'on en donne ordinairement trois quintaux de menu pour deux d'gros. Le lieu où fe tire l'*alun*, eft éloigné de fix ou fept journées de Smyrne; & comme cette mine eft affermée, & qu'il faut néceffairement paffer par les mains du fermier, il en augmente & diminue le prix à fon gré, & fuivant qu'il voit que les Européens y mettent la preffe. On tire auffi de l'*alun* de Conftantinople, qui eft plus gras & meilleur que celui de Smyrne. L'un & l'autre viennent par facs.

Outre les quatre fortes d'*alun* dont il vient d'être parlé, les marchands épiciers & droguiftes en comptent encore de cinq fortes, qui font, l'*alun brûlé* ou *calciné*; l'*alun fuccarin*, *zaccarin*, ou *zuccharin*; l'*alun de plume* ou *de Sicile*; l'*alun*

fcakolle, autrement, *pierre fpéculaire*, ou *miroir d'âne*; & l'*alun catin*, ou *de foude*.

L'ALUN BRULÉ eft l'*alun de glace* mis dans un pot fur un grand feu, qui en fait la calcination, en le rendant plus léger, plus blanc, & facile à mettre en poudre.

L'ALUN SUCCARIN reffemble tout-à-fait à du fucre. Il fe fait avec de l'*alun de glace*, de l'eau rofe & des blancs d'œufs, que l'on fait cuire enfemble, jufqu'à ce qu'il foit devenu en confiftance de pâte; ce qui le met en état de recevoir la forme qu'on veut lui donner, qui eft ordinairement celle d'un pain de fucre; & c'eft de-là qu'il tire fon nom de *fuccarin*. Lorfque cette pâte eft entièrement refroidie, elle devient dure comme de la pierre.

L'ALUN DE PLUME eft une efpèce de pierre minérale, filandreufe, & de différentes couleurs; le plus fouvent d'un blanc tirant fur le verd, approchant du talk de Venife, à la réferve qu'elle n'eft ni fi verte, ni fi luifante; & qu'au lieu de fe mettre par écailles, elle fe leve par filets blancs & doux, femblables à la barbe d'une plume; auffi c'eft de-là qu'elle a pris fon nom d'*alun de plume*. Quelques-uns prétendent que c'eft le *lapis amiantus* des anciens.

Il ne faut pas confondre l'*alun de plume* avec la pierre incombuftible, comme font la plupart des droguiftes François, Italiens, Anglois & Hollandois, qui lui fubftituent ordinairement une efpèce de méchante amiante, que l'on apporte des environs de Caryfto, dans l'ifle de Négrepont, ou les amianthes de Smyrne, de Gênes & des Pyrénées.

La différence de tous ces amianthes avec l'*alun de plume*, confifte en ce que ce dernier eft un véritable fel, qui ne differe de l'*alun* ordinaire qu'en ce qu'il eft partagé en filets, & que l'autre eft une matière pierreufe, infipide, qui s'amolit dans l'huile, & y acquiert affez de foupleffe pour pouvoir être filée fur du fil de coton; c'eft de l'amianthe que l'on fait des mouchoirs & des bourfes qui blanchiffent au feu.

L'ALUN SCAZOLLE eft une pierre blanche, tranfparente, à-peu-près femblable au criftal de roche ou talk, qui fe trouve dans les carrières de Paffy. Par la calcination que l'on fait de cette pierre, elle devient d'un très-beau blanc.

L'ALUN CATIN eft la même chofe que le fel de foude. *Voyez* SOUDE.

Ces cinq dernières fortes d'*alun* font propres à diverfes chofes; mais leur emploi le plus ordinaire eft pour la médecine.

Toutes ces fortes d'alun payent en France de droits d'entrée, l'un portant l'autre, trois livres du cent péfant, & de fortie, feulement vingt fols; à la réferve néanmoins des aluns qui viennent de Conftantinople, de Smyrne, & des autres lieux du levant, terres & pays de la domination du grand-feigneur, du roi de Perfe, & d'Italie fur lefquels il fe leve vingt pour cent de leur va-

leur, conformément à l'arrêt du conseil du 15 août 1685, avec les sols pour livres.

ALYPON-MONTIS-CETI, autrement TURBIT BLANC.(*Plante*) qui vient en plusieurs endroits en France, particulièrement en Provence & en Languedoc. C'est une espèce de séné. *Voyez* SENÉ.

A M

AMADOU. (*Espèce de méche noire qui vient d'Allemagne*). Elle se fait avec cette sorte de grands champignons, ou d'excroissances fongueuses, qui viennent ordinairement sur les vieux arbres, particulièrement sur les chênes, les frênes & les sapins. Cette matière étant cuite dans de l'eau commune, puis séchée & bien battue, se remet ensuite dans une forte lessive préparée avec du salpêtre, au sortir de laquelle on la met de nouveau sécher au four. Les épiciers vendent cette méche en gros, & plusieurs petits merciers en font le détail. Elle sert à mettre dans les fusils pour recevoir & entretenir le feu, qu'on excite avec l'acier & le caillou frappés l'un contre l'autre.

Quelques-uns nomment l'*amadou*, éponge pyrotechnique, à cause de la facilité qu'il a de prendre feu.

L'*amadou* paye en France quinze sols du cent pésant, de droits d'entrée.

AMADOURI. (*Sorte de coton*) qui vient d'Alexandrie par la voie de Marseille.

L'estimation de ce coton, suivant le tarif de 1706, pour la levée du droit de vingt pour cent, est de cinquante-sept livres douze sols le quintal.

AMANBLUCÉE. (*Sorte de toile de coton*) que l'on tire du levant par la voie d'Alep. *Voyez* l'article DES TOILES DE COTON.

AMANDES. Ces sortes de fruits, & les arbres qui les portent, sont trop connus, pour avoir besoin d'être décrits.

Le commerce qui s'en fait en France, est très-considérable, tant à cause des huiles qu'on en tire, que parce qu'il s'en consomme quantité en carême, soit de cassées, soit avec leurs coques; & qu'on en emploie aussi beaucoup de douces en dragées de toutes sortes, & d'amères en biscuits & massepins, &c.

Les marchands épiciers & droguistes de Paris, les font venir les unes & les autres des provinces du royaume, ou du voisinage, comme Provence, Languedoc, Touraine, le comtat Venaissin, Avignon, &c. Il leur en vient aussi de Barbarie.

L'on tire deux sortes d'huiles des *amandes*, soit douces, soit amères; l'une par le moyen du feu, & l'autre sans feu. Celle que l'on tire avec le feu, n'est bonne qu'à brûler; mais l'huile d'*amandes* douces tirée sans feu, est employée à bien des usages différens, soit dans la médecine, soit par les parfumeurs & perruquiers.

Il en est de même de l'huile d'*amandes amères*, qui entr'autres vertus qu'on lui attribue, est estimée souveraine pour les maux d'oreilles.

On sçait assez que les pâtes pour laver les mains, se font avec des *amandes* douces ou *amères*, & quelques autres ingrédiens; on dira seulement que celle d'*amandes amères* est la meilleure.

Les amandes de toutes sortes payent en France les droits de sortie sur le pied de fruits secs, c'est-à-dire, douze sols du cent pésant.

Les droits d'entrée sont de quinze sols pour les amandes non cassées, & dix-huit sols pour les amandes douces & amères de toutes sortes, aussi le cent pésant.

AMANDES. C'est aussi un fruit qui sert de basse monnoie dans plusieurs endroits des Indes orientales, particulièrement où les cauris, ces petites coquilles qui viennent des Maldives, n'ont point de cours.

Ces *amandes* croissent dans les déserts du royaume de Lar, autrement dans la Caramanie déserte; d'où elles sont transportées à Ormus, isle de Sein Persique, autrefois occupée par les Portugais, & que les Persans ont repris sur eux vers le milieu du dix-septiéme siécle, avec le secours des Anglois. C'est d'Ormus que ces *amandes* se répandent dans une grande partie des Indes.

La bonne ou mauvaise récolte de ce fruit en augmente ou fait baisser la valeur. Année commune, on donne quarante ou quarante-quatre *amandes* pour un pecha, petite monnoie de cuivre, qui, suivant les lieux, vaut tantôt six, & tantôt sept deniers, monnoie de France.

Ce fruit est si amer, qu'il n'est pas possible d'en manger; & d'ailleurs la coquille en est si dure, que pour l'une & l'autre raison, cette monnoie est à couvert de la friandise des enfans, qui sans cela ne manqueroient pas d'en faire une grande consommation.

AMANDES. Les lapidaires & miroitiers appellent aussi *amandes*, les morceaux de cristal de roche, ou de cristal fondu, qu'ils ont taillés au rouet, d'une figure approchante de ce fruit. On s'en sert dans la monture des lustres de cristal, à en faire des pendans qu'on mêle avec les boules.

AMARQUE, autrement BOUÉE, ou BALISE. (*Terme de marine, & de commerce de mer*). C'est une marque ou signal que l'on met aux endroits dangereux pour la navigation, afin d'avertir les vaisseaux qui font route, de s'en éloigner. On se sert ordinairement, ou de tonneaux flottans, ou de mâts élevés à l'endroit qu'il faut éviter. *Voyez* BALISE & BOUÉE.

AMATELOTER. On dit aux isles Françoises de l'Amérique, s'*amateloter*, pour dire s'*associer* deux ou trois personnes ensemble, pour entreprendre le défrichement de quelque nouvelle habitation, lorsque l'on ne se sent pas assez riche & assez fort pour le faire tout seul.

AMATHYSTE. (*Sorte de pierre précieuse*, que l'on appelle plus ordinairement *améthyste*.) *Voyez* AMETHYSTE.

AMAZONE. (*Tabac d'Amazone.*) C'est une des quatre espèces de tabac que l'on cultive dans l'Amérique. *Voyez l'article* DU TABAC.

AMBRE GRIS. (*Efpèce de gomme grife ; qui a une odeur agréable & douce.*)

Autant que cette gomme précieufe eft connue par le grand ufage & par l'eftime fingulière qu'on en fait partout, autant l'eft-elle peu par rapport à fon origine. Ce qu'on fçait fûrement, c'eft qu'elle fe trouve fur les côtes de la mer en plufieurs endroits ; furtout lorfqu'après quelque tempête, l'agitation des vagues l'a pouffée fur le rivage.

Les lieux où il y en a le plus communément, font, cette partie de la côte d'Afrique & des ifles voifines, qui s'étendent depuis Mozambique, jufqu'à la mer rouge ; l'ifle Sainte-Marie & celle de Diego Ruis près de Madagafcar ; l'ifle Maurice, qui n'en eft pas fort éloignée ; & la côte au de-là du Cap de Bonne Efpérance.

L'*ambre gris* des Indes Occidentales eft ordinairement jetté fur les côtes des ifles Barmudes, dans le détroit de Bahama, & dans les ifles Simbales, qui tiennent prefque à la Peninfule de Jucatam. L'on en trouve auffi fur quelques côtes de la Méditerranée.

Les Indiens des ifles Simbales le vont pêcher ou recueillir d'une manière affez curieufe.

Quand la mer a été agitée d'une tempête, & qu'il y a apparence que l'*ambre gris* aura été jetté à la côte, ces Indiens, tributaires des Efpagnols, y courent, pour prévenir certains oifeaux qui le mangent & qui en font fort friands. Ils vont contre le vent jufqu'à ce qu'ils fentent l'odeur de l'*ambre*, qui étant récent, en exhale beaucoup ; & lorfqu'ils le perdent, ils retournent fur leurs pas, & ainfi le découvrent enfin fur le fable ; & fouvent même les oifeaux qui le font appellés par l'odeur, le leur montrent, en piquant où il eft.

L'*ambre gris* doit être choifi en beaux morceaux, de couleur toute grife au dehors, & d'un gris marqueté de petites taches noires en dedans, d'une odeur gréable ; & fur-tout prendre garde s'il n'eft point fofiftiqué & mêlé de gomme, ou autres drogues avec lefquelles il eft affez facile de le contrefaire.

L'*ambre gris* fert aux parfumeurs dans leurs parfums, aux médecins dans quelques remedes & aux confifeurs dans plufieurs fortes de confitures & dragées. Il entre auffi dans la compofition du chocolat.

On en fait des extraits, des effences & des teintures. La meilleure effence d'*ambre gris* vient de Hollande & de Portugal.

Outre l'*ambre gris*, il y a encore deux fortes d'*ambres*, le *blanc* & le *noir*. Le *blanc* fe prend dans des bouillons, comme une efpèce de cardiaque. Le *noir* s'appelle auffi *ambre renardé*, parce qu'on fuppofe que cette couleur noire lui vient d'avoir féjourné quelque tems dans les inteftins de certains poiffons, qui en font très-friands. Il fert aux parfumeurs, qui l'emploient volontiers à la place du *gris*, parce qu'il coute moins.

L'*ambre gris* paye en France les droits d'entrée fur le pied de huit francs la livre.

AMBRE JAUNE OU KARABÉ, que l'on nomme en latin *fuccinum*. C'eft une efpèce de gomme ou de réfine d'arbre, qui fe trouve ordinairement dans la mer Baltique, fur les côtes de la Pruffe. Quand de certains vents régnent, il eft jetté fur le rivage ; & les habitans qui craignent que la mer qui l'y a jetté, ne le rentraîne, le vont ramaffer au plus fort de la tempête.

Les mouches, fourmis & autres infectes, qui fe trouvent affez communément enfermés dans des pièces d'*ambre jaune*, prouvent affez que c'eft une production de la terre & non pas de la mer.

C'eft de Pologne & de Hongrie que vient l'*ambre* le mieux travaillé, & où auffi il fe vend le plus cher.

Il a quelque ufage en médecine, pourvu qu'il foit véritable *karabé* ; bien des gens ayant l'art de le contrefaire avec de la thérébentine & du coton, ou avec des jaunes d'œufs & de la gomme arabique ; & d'autres vendent à fa place de la gomme de copal.

On tire de l'*ambre jaune* une teinture, un efprit, un fel volatil & une huile ; cette huile fert à faire du vernis d'efprit de vin.

En France les droits d'entrée de l'ambre jaune, ou karabé, font de trois livres le cent péfant.

AMBRE LIQUIDE, que l'on nomme auffi LIQUID-AMBAR. Efpèce de réfine claire & rougeâtre, très-liquide quand elle eft nouvelle, mais qui s'épaiffit beaucoup à mefure qu'elle vieillit. On la met auffi au nombre des baumes. *Voyez* LIQUID-AMBAR, BAUME & GOMME.

AMBREADE. On nomme ainfi l'*ambre faux* ou *factice*, dont on fe fert pour la traitte fur quelques côtes d'Afrique, particulièrement au Sénégal.

Il y en a de groffes rouges, dont le millier qui eft de vingt cordes, pefe trois livres ; & d'autres de petites rouges qui ne pefent que deux livres & demie. *Voyez* VERGOTERIE.

AMBRETTE ou GRAINE DE MUSC. C'eft la femence d'une plante qui croît dans les Ifles Antilles & en Egypte, qui approche de l'odeur du véritable mufc. Les parfumeurs s'en fervent dans quelques-uns de leurs parfums ; & les patenôtriers en font des chapelets. *Voyez* ABEL-MOSC.

AMBULANT. On appelle *commis ambulans* dans les fermes du roi, des commis qui n'ont point de bureau fixe, mais qui parcourent tous les bureaux d'un certain département, pour voir s'il ne fe paffe rien contre les droits du roi, & l'intérêt de la ferme. *Voyez* COMMIS.

AMBULANT, fe dit auffi à Amfterdam, des *courtiers* ou *agens de change*, qui n'ont pas fait ferment par-devant les magiftrats de la ville. Ils travaillent comme les autres, mais ils ne font point crus en juftice. *Voyez* AGENS DE CHANGE.

AME, qui fe nomme auffi NOYAU. (*Terme de fondeurs de grands ouvrages.*) C'eft la maffe de terre ou de plâtre, qui fert à former les figures qu'on jette en bronze, ou en autre métal, & fur laquelle fe travaille ce qu'on appelle la *cire*. On dit auffi dans le même fens, l'*ame* d'un canon, d'un mortier, d'une cloche. *Voyez* FONDEURS.

L'on appelle l'*ame* d'un rolle de tabac le bâton autour duquel le tabac cordé eft monté. Quelques-uns difent l'*effieu*. *Voyez l'article* DU TABAC, où il eft parlé de la manière de le filer & de monter les rolles.

AME. Se dit auffi des petites *feuilles de tabac* dont on remplit le dedans de ce qu'on nomme aux ifles *andouilles de tabac*.

AMENAGE. (*Terme de voiturier*, qui fignifie quelquefois *voiture*, & quelquefois *la peine de celui qui amene*, ou *le prix qu'on lui donne*.) Dans le premier fens, on dit : l'*aménage* des marchandifes ne peut faire charroi dans les pays de montagnes ; & dans le fecond, on dit : j'ai tant payé par piéce pour l'*aménage* de mon vin. *Voyez* VOITURE.

AMENAGER. (*Terme d'exploitation & de commerce de bois.*)

Aménager un arbre, c'eft le débiter foit en bois de charpente ou autrement.

L'article 4 du titre XVII de l'ordonnance de 1669 fur le fait des eaux & forêts, défend de réferver ni façonner les bois chablis, fous prétexte de les *aménager* ou débiter dans un autre tems au profit du roi.

AMENDABLE. (*Ce qui peut s'amender, fe corriger, être réparé.*) Ce terme eft très-commun dans les ftatuts des corps & communautés des arts & métiers, & fe dit auffi des ouvrages faifis par les jurés, qui font en état d'être rendus meilleurs, & qui pour cela ne font pas fujets à confifcation. A Paris, c'eft à la chambre de police que fe juge fi une befogne eft *amendable*, ou non.

AMENDABLE, s'entend auffi des artifans qui méritent d'être mis à l'amende, pour avoir contrevenu à leurs ftatuts & réglemens.

AMENDER un ouvrage. (*C'eft en corriger la défectuofité.*) Les réglemens pour les manufactures de lainerie portent, que les draps & étoffes de laine, qui ne pourront être *amendés*, feront coupés par morceaux de deux aunes de long, quelquefois fans *amende* & quelquefois fans préjudice de l'*amende*.

Parmi les artifans, les befognes faifies par les jurés, qui ne peuvent être *amendées*, font fujettes à confifcation.

C'eft-à-dire, que tous les corps d'artifans & marchands privilégiés ont commencé par prefcrire des méthodes prefque toutes arbitraires, que leurs membres feroient tenus de fuivre dans leurs ouvrages, fans confulter le goût ni l'intérêt du citoyen confommateur, & qu'ils ont prononcé divers dégrés de peines, fçavoir, de perdre une portion de fa marchandife qu'on coupe en morceaux difficiles à

vendre, ou de la perdre entière par une confifcation, ou enfin de payer une fomme pour *amende*. Les réglemens font plus ou moins obfervés, fuivant que les prépofés font vigilans & avides, ou pareffeux & défintéreffés. Ce qu'il y a de plus curieux, c'eft que les fragmens des marchandifes qu'on coupe & le total de celles qu'on a confifquées, font vendus pour l'ordinaire, preuve qu'il y a des confommateurs qui s'en contentent. Pourquoi donc empêcher qu'on ne leur en fabrique ? Le pire abus de tous ces réglemens, eft celui de les reffufciter tout à coup après un long-temps de défuétude, alors les réglementaires font un bon coup de filet au préjudice des manufacturiers ou artifans & de l'utilité publique : c'eft le Pérou de certaines gens.

AMER DE BŒUF. Les maîtres fripiers détacheurs appellent ainfi le *fiel* de cet animal, dont ils fe fervent pour enlever les taches de deffus les étoffes.

C'eft auffi dans cet *amer* que fe trouve une pierre jaunâtre, dont les peintres en miniature fe fervent pour faire quelques nuances de jaune. On l'appelle communément *pierre de fiel*.

AMÉRIQUE. (*Quatrième partie du monde.*) Pour connoître l'état actuel de fon commerce, *voyez* le mot *colonies* & le mot *états-unis*.

AMETHYSTE, que quelques-uns appellent auffi AMATHISTE. (*Pierre précieufe de couleur violette, tirant fur le pourpre.*) Il s'en trouve dans toutes les parties du monde.

Les *amethyftes* orientales font de toutes les plus eftimées ; les moindres font celles de l'ifle de Madagafcar ; celles de Cartagéne & d'Allemagne tiennent le milieu. L'Auvergne en fournit auffi ; mais on ne les confidère guères plus que les facices, dont il eft parlé à la fin de cet article. La manière de les tailler, ajoute à la beauté de la couleur, & par conféquent aux prix de la pierre. Les couleurs fatinées ou veloutées ont la préférence.

L'*amethyfte* n'eft pas extrêmement dure ; & il fuffit pour la tailler d'une roue de plomb imbibée de poudre d'émeril détrempée avec de l'eau. Elle fe polit fur une roue d'étain avec le tripoli. L'on grave aifément fur l'*amethyfte*, foit en relief, foit en creux. L'on fe fert pour cela d'une machine appellée *touret*, qu'on fait tourner avec le pied, & qui par fon mouvement fait agir de petits inftrumens de fer, ou de cuivre, auxquels on préfente la pierre d'une main.

Il eft furprenant combien les anciens ont attribué de vertus à l'*amethyfte*. Ariftote & Pline ont donné auffi-bien que les autres dans le fabuleux ; & outre la force de défenyvrer, dont fa couleur affez vineufe lui a fans doute attiré la chimérique propriété, on l'a cru encore propre à chaffer les penfées défagréables, à attirer la confiance & l'eftime des princes, à rendre heureux, & même à diffiper les orages & la grêle.

L'on contrefait les *amethyftes* avec du verre, auquel

auquel on donne la couleur convenable. Il s'en est fait en France, de si belles vers l'an 1690, qu'on pouvoit aisément y être trompé, à moins d'ôter la pierre du chaton.

Les amethystes payent en France les droits d'entrée sur le pied de cinq livres le cent pésant.

AMI. Ce terme a plusieurs significations dans le commerce ; il signifie un *correspondant*, un *mandataire* & un *commettant*.

On dit en proverbe dans le négoce : *les bons comptes font les bons amis* ; pour signifier, *qu'on en vit mieux ensemble, quand on n'a plus d'intérêt à démêler & qu'on se paye exactement.*

AMIABLE. On appelle *amiable compositeur*, celui qui fait l'office d'ami, pour accommoder deux négocians, qui ont des contestations ou des procès ensemble. Il est différent de l'arbitre, en ce que pour concilier & rapprocher les esprits, il retranche souvent quelque chose du droit de chaque partie ; ce que l'arbitre, qui remplit la fonction de juge, semble n'avoir pas la liberté de faire. *Voy.* ARBITRE.

A L'AMIABLE ou AMIABLEMENT. (*De concert & avec douceur.*) Tout s'est passé à l'*amiable* entre ces deux associés. Ces marchands feront bien, pour éviter les frais, de finir leur affaire *amiablement*.

AMIDON. C'est une fécule, ou résidu, qui se trouve au fond des tonneaux, où les amidonniers ont mis tremper dans de l'eau des recoupes de froment.

L'amidon sert à faire de la colle ; de l'empoix blanc & de l'empoix bleu ; celui-ci en y ajoutant de l'émail. On s'en sert aussi à faire de la poudre à mettre sur les cheveux ; & les teinturiers, qui en emploient beaucoup, le mettent au nombre des drogues ou ingrédiens non colorans, parce que de lui-même il ne peut produire aucune couleur.

Le meilleur *amidon* est celui qui est blanc, tendre, friable, ou facile à mettre en poudre, en gros morceaux & séché au soleil ; celui qui a été séché au four, étant plus gris & plus dur.

L'*amidon* dont on se servoit autrefois en France, venoit de Flandre ; depuis il s'en faisoit, suivant Savari, une si prodigieuse quantité & de si excellent à Paris, que non-seulement cette grande ville n'avoit pas besoin d'en faire venir d'ailleurs, mais même qu'on en faisoit un commerce incroyable dans les provinces du royaume & dans les pays étrangers.

L'amidon paye en France les droits d'entrée sur le pied de quatorze sols le cent pésant, & pour ceux de sortie douze sols, outre les sols pour livre.

M. l'abbé Terrai établit sous Louis XV un nouvel impôt sur l'amidon, qui se leve chez les amidoniers, où il entraîne des visites & formalités que les ouvriers trouvent aussi onéreuses que désagréables. Le produit quitte & net en est très-modique, vu l'énormité des frais. Le commerce d'amidon en a beaucoup souffert, c'est l'effet inévitable d'un impôt de cette nature.

AMIDON DE RACINE. Outre l'*amidon* qui se fait avec les recoupes du froment, on avoit découvert dans le commencement du dix-huitiéme siécle la racine d'une plante, dont on en peut faire de très-bon & qui est aussi propre aux mêmes usages que l'ancien *amidon*. La plante a presque autant de noms, qu'il y a de différens endroits en France où elle se trouve. Les plus communs sont, *l'arum, l'épileste, le choux à la serpente, l'herbe à prêtre, les pieds de veaux, le tarus, le sara, l'aron, barba-aron,* &c. Les lieux où elle abonde le plus, sont les bois, les haies, les lieux marécageux & sombres, & presque toutes les terres incultes.

La racine *amidonnière*, si l'on ose risquer ce nouveau terme, n'a point de grosseur fixe ; & elle est plus forte ou plus menue, suivant la qualité des terres. Elle est blanche, ferme, sans coton, mordicante à la langue, & couverte d'une pellicule noirâtre. La feuille est plus longue que large, tachée d'un peu de blanc. Sa tige haute d'un pied ou environ, & d'une couleur rougeâtre, pousse un épi assez semblable à celui du mays ou bled de turquie, & produit ordinairement plus de cent grains, qui peuvent se semer & qui multiplient abondamment par la culture.

Cette plante, au contraire des autres, se séche en été, & n'est verte qu'en hiver ; mais ce qui est d'une grande commodité, c'est que la racine bien nétoyée, & mise en monceau, se conserve aisément, pourvû qu'on ait soin de la remuer de temps en temps.

Cette nouvelle découverte avoit fait naître comme un nouveau corps d'amidonniers ; un particulier s'étant fait accorder le privilége exclusif de la fabrique de cet *amidon de racine* pendant vingt ans, pour lui, ses héritiers, successeurs & ayans cause. Ce privilége exclusif a eu le sort de tant d'autres qui s'achettent à grands frais, c'est-à-dire, qu'il est demeuré sans exécution.

AMIDONNEUR ou AMIDONNIER. (*Ouvrier qui fait de l'amidon*).

AMIERTIES. (*Toiles de coton qui viennent des Indes*).

AMIRAL. (*Celui qui commande une flotte*). Il se dit aussi du *vaisseau* que monte cet officier.

En France, l'*amiral* est un des grands officiers de la couronne, le chef de la marine, & des armées navales du royaume.

C'est de lui que les capitaines & maîtres des vaisseaux équipés en marchandises, doivent prendre leurs congés, passeports, commissions & sauf-conduits.

Le dixiéme de toutes les prises faites en mer, ou sur les gréves, sous commission & pavillon de France, lui appartient ; ensemble le dixiéme des rançons ; le total des amendes adjugées dans les siéges particuliers de l'amirauté, & la moitié de celles prononcées aux tables de marbre.

Il jouit encore des droits d'ancrage, de tonnes

& de balifes, & du tiers des effets tirés du fond de la mer, ou qui ont été jettés à terre par le flot ; le tout conformément à l'ordonnance de marine de 1681.

La charge de grand, haut ou premier *amiral* (car différens pays lui donnent différentes épithétes) eft toujours très-confidérable, & une des premières charges de l'état dans tous les royaumes & fouve-rainetés bordées de la mer, & n'eft poffédée com-munément que par des princes & perfonnes du premier rang. Nous avons vû, par exemple, en An-gleterre, Jacques duc d'York, frere unique du roi Charles II (qui fut lui-même roi après, & eft mort ici en France) revêtu de cette charge pendant la guerre contre les Hollandois, & fon titre étoit, le lord haut *amiral* d'Angleterre, avec de très-grandes prérogatives & priviléges. Nous avons auffi vû plus d'une fois dans le même royaume cette importante charge partagée entre plufieurs commiffaires, que l'on appelle dans ce cas *lords commiffaires de l'amirauté*, & actuellement elle fe trouve ainfi partagée n'y ayant point de haut *amiral* de ce royaume.

AMIRAL, fe dit auffi du *vaiffeau* le plus confi-dérable d'une flote marchande, qui va de con-ferve ; & du capitaine qui la commande. *Voyez* CONSERVE.

Il en eft de même des vaiffeaux tetreneuviers, qui vont fur le grand banc pour la pêche de la morue verte.

A l'égard de ceux qui vont pour la morue fêche, lorfque plufieurs navires de pêcheurs fe rencontrent, & qu'ils veulent pêcher & préparer leur poiffon dans le même havre, celui dont la chaloupe arrive la première à terre, a le billet *d'amiral*.

Les fonctions de cet *amiral* font, de faire dref-fer, & de faire garder à l'échaffaut du croc, l'affi-che où chaque maître de navire eft tenu de faire écrire fon nom & le jour qu'il eft arrivé ; de don-ner des ordres, d'affigner les places pour la pêche à ceux qui arrivent après lui & de régler leurs con-teftations : auffi a-t-il par prérogative le choix du galet, & tous les bois qui fe trouvent à la côte, lorfqu'il y aborde.

Tant que dure la pêche, cet *amiral* porte le pavillon au grand mât. *Voyez l'article de la* MORUE.

AMIRAUTÉ. (*Charge d'amiral.*) En France l'*amirauté* n'eft poffédée que par des princes ou par des perfonnes d'une naiffance, ou d'une qualité diftinguée.

On appelle *droits d'amirauté*, les droits qui appartiennent à l'*amiral*, & qui fe perçoivent fous fon nom dans tous les ports & lieux de fa dépen-dance, par fes receveurs ou prépofés. *Voyez ci-deffus* AMIRAL. *Vous y trouverez en quoi confiftent ces droits.*

AMIRAUTÉ, fe dit auffi de la *jurifdiction* ou *fiége*, où fe rend la juftice au nom & fous l'autorité de l'*amiral*.

L'amirauté générale de France au siége de la table de marbre du palais à Paris, tient fes audien-ces les lundis, mercredis & vendredis de chaque femaine. Elle eft compofée d'un lieutenant général, qui en eft le chef ; d'un lieutenant particulier, de trois confeillers, d'un avocat & procureur du roi, d'un greffier en chef & de deux huiffiers.

Tous ces officiers, ainfi que ceux des autres fiéges généraux & particuliers de l'*amirauté*, établis dans les ports & havres du royaume, font à la nomination de l'*amiral* ; mais ils doivent prendre des provifions du roi.

La compétence *des juges de l'amirauté* a été réglée par le titre II du livre I de l'ordonnance de la marine du mois d'août 1681. Ce titre eft com-pofé des quinze articles fuivans.

I. Les *juges de l'amirauté* connoîtront privati-vement à tous autres, & entre toutes perfonnes, de quelque qualité qu'elles foient, même privilé-giées, François & Étrangers, tant en demandant que défendant, de tout ce qui concerne la conf-truction, les agrés & apparaux, armement, avic-tuaillement & équipement, vente & adjudication de vaiffeaux.

II. Déclarons de leur compétence, toutes actions qui procédent de chartes parties, affretemens ou noliffemens ; connoiffemens ou polices de charge-ment ; fret & nolis ; engagement & loyer de matelots, & des victuailles qui leur feront fournies pour leur nourriture par ordre du maître pendant l'équipement des vaiffeaux ; enfemble des polices d'affurances, obligations à la groffe aventure ou à retour de voyage ; & généralement de tous contrats concernant le commerce de la mer, nonobftant toutes foumiffions & privilèges à ce contraires.

III. Connoîtront auffi des prifes faites en mer, débris, naufrages & échouemens ; du jet & de la contribution, des avaries, & dommages arrivés aux vaiffeaux & aux marchandifes de leur chargement ; enfemble des inventaires & délivrance des effets délaiffés dans les vaiffeaux par ceux qui meurent en mer.

IV. Auront encore la connoiffance des droits de congé, tiers, dixième, balife, ancrage & autres appartenans à l'*amiral* ; enfemble de ceux qui feront levés ou prétendus par les feigneurs, ou autres particuliers voifins de la mer, fur les pêcheries ou poiffons, & fur les marchandifes ou vaiffeaux fortans des ports ou y entrans.

V. La connoiffance de la pêche qui fe fait en mer, dans les étangs falés & aux embouchures des rivières, leur appartiendra ; comme auffi celle des parcs & pêcheries, de la quantité des rets & filets, & des ventes & des achats de poiffon dans les bateaux ou fur les gréves, ports, & havres.

VI. Connoîtront pareillement des dommages caufés par les bâtimens de mer aux pêcheries conf-truites, même dans les rivières navigables, & de ceux que les bâtimens en recevront ; enfemble des chemins deftinés pour le halage des vaiffeaux venans de la mer, s'il n'y a réglement, titre, ou possession contraire.

VII. Connoîtront encore des dommages faits aux quais, digues, jetées; palissades & autres ouvrages faits contre la violence de la mer; & veilleront à ce que les ports & rades soient conservés dans leur profondeur & netteté.

VIII. Feront la levée des corps noyés, & dresseront procès-verbal de l'état des cadavres trouvés en mer, sur les grèves, ou dans les ports; même de la submersion des gens de mer étant à la conduite de leurs bâtimens dans les rivières navigables.

IX. Assisteront aux montres & revûes des habitans des paroisses sujettes au guet de la mer; & connoîtront de tous différends qui naîtront à l'occasion du guet; comme aussi des délits qui seront commis par ceux qui feront la garde des côtes, tant qu'ils seront sous les armes.

X. Connoîtront pareillement des pirateries, & des pillages & désertions des équipages, & généralement de tous crimes & délits commis sur la mer, ses ports, havres & rivages.

XI. Recevront les maîtres des métiers de charpentier de navire, calfateur, cordier, trévier, voiliers, & autres ouvriers travaillans seulement à la construction des bâtimens de mer, & de leurs agrès & apparaux, dans les lieux où il y aura maîtrise, & connoîtront des malversations par eux commises dans leur art.

XII. Les rémissions accordées aux roturiers pour crimes, dont la connoissance appartient aux *officiers de l'amirauté*, seront adressées & jugées ès siéges d'amirauté, ressortissant nuement en nos cours de Parlement.

XIII. Les *officiers des siéges généraux de l'amirauté aux tables de marbre*, connoîtront en première instance, des matières tant civiles que criminelles, contenues en la présente ordonnance, quand il n'y aura pas de siéges particuliers dans le lieu de leur établissement; & par appel, hors le cas où il écheroit peine afflictive; auquel cas sera notre ordonnance de 1670 exécutée.

XIV. Pourront évoquer des juges inférieurs les causes qui excéderont la valeur de 3000 livres, lorsqu'ils seront saisis de la matière par l'appel, de quelque appointement ou interlocutoire donné en première instance.

XV. Faisons défenses à tous prévôts, châtelains, viguiers, baillifs, sénéchaux, présidiaux & autres juges ordinaires, juges-consuls & des soumissions; aux gens tenans les requêtes de notre hôtel & du palais, & à notre grand-conseil, de prendre aucune connoissance des cas ci-dessus, circonstances & dépendances; & à nos cours de parlement d'en connoître en première instance; & à tous négocians, mariniers & autres, d'y procéder pour raison de ce, à peine d'amende arbitraire.

Réglement fait en ladite amirauté de France, le 29 août 1779.

Ce réglement consiste en 12 articles qui fixent sous le bon plaisir du roi, les procédures qui doivent se faire dans les contestations & procès qui y sont portés.

I. Les audiences se tiendront tous les lundis, mercredis & vendredis matin de chaque semaine, depuis dix heures jusqu'à midi; & en cas que l'un desdits jours se trouve être un jour de fête, l'audience sera remise au jour d'après.

II. Les ajournemens & assignations, à l'égard des parties domiciliées à Paris, ou qui auront fait élection de domicile, par eux ou par leurs commis ou préposés, seront donnés à trois jours, dans lesquels seront compris le jour de l'assignation & celui de l'échéance; & à l'égard des forains & non domiciliés dans les causes & instances d'évocation & d'appel, les délais ordinaires seront observés.

III. Néanmoins où il y auroit péril en la demeure, seront donnés de jour en jour, en vertu d'une ordonnance apposée au bas d'une requête, laquelle à cet effet sera présentée par la partie, & signée de son procureur.

IV. A l'échéance de l'assignation la cause sera portée à l'audience, & faute de comparoître par l'une ou l'autre des parties, sera donné défaut au demandeur emportant profit, la demande trouvée juste & équitable; & semblablement congé au défendeur emportant profit, en coutant par lui procureur, au préalable, en ladite audience, dont lui sera donné acte & fait mention en la Sentence; lesquels défaut & congé pourront être rabatus en la même audience, sans qu'en ce cas il en soit délivré aucune expédition.

V. Les parties comparantes en personne à l'audience, seront reçûes à plaider, sans ministère d'avocat ni procureur, si bon leur semble.

VI. La partie condamnée par défaut ou congé pourra se pourvoir par opposition dans la huitaine du jour de l'assignation, en refondant les dépens qui seront & demeureront liquidés de plein droit à la somme de quatre livres.

VII. L'opposition sera reçûe, soit qu'elle soit formée par requête ou par un simple acte signé du procureur.

VIII. Trois jours après l'opposition, y compris le jour de la signification & celui de l'échéance, elle sera portée à l'audience, sans besoin d'autre avenir, pourvû que par l'exploit de signification, le demandeur ait marqué le jour qu'il en poursuivra l'audience.

IX. Après une première opposition formée, si l'opposant est débouté par congé, il ne pourra plus se pourvoir par une seconde opposition, sous quelque prétexte que ce soit, sauf à se pourvoir par appel, lequel ne pourra être converti en opposition, que du consentement de toutes les parties.

X. Si le défendeur en l'opposition ne compare en

l'audience au jour précis pour défendre à ladite opposition, sera donné défaut, pour le profit duquel le demandeur sera reçû opposant en refondant, & sur le principal, les parties renvoyées à l'audience suivante pour être jugées diffinitivement.

XI. Les affignations non plus que les autres procédures, ne pourront être signifiées que par les huissiers du siége.

XII. Ce douziéme article ordonne que ce réglement sera publié à l'audience, & signifié au greffier de la communauté des avocats & procureurs du parlement, & au greffier de la chambre des affurances de Paris.

AMIRAUTÉ DE HOLLANDE.

L'amirauté des états généraux des provinces-unies est divisée en cinq colléges, qui font celui d'Amsterdam, celui de Roterdam, celui de Hoorn, celui de Midelbourg, & celui de Harlingen.

Chaque collége a ses officiers particuliers; sçavoir, un avocat fiscal, un receveur général, un commis général, divers secrétaires & greffier, un maître d'équipage, un commissaire des ventes, un trésorier payeur, un grand prévôt, & quantité de commis pour la visite des passeports & la réception des droits.

Pour donner une idée plus complette de tous ces colléges, de leurs droits, priviléges & fonctions, on va entrer dans quelque détail sur celui d'Amsterdam, ce qui suffira pour faire connoître les autres.

Le collége d'Amsterdam est composé de douze seigneurs qui ont titre de conseillers de l'amirauté: de ces douze seigneurs, l'un est de la part de la noblesse de Hollande, un de la ville d'Amsterdam, un de celle de Leyden, un de celle de Harlem, un de celle de Goude & un de celle d'Edam, & six qui sont de la part des autres provinces, sçavoir Gueldres, Zelande, Utrecht, Frise, Groningue & les Ommelandes.

C'est aux seigneurs de l'amirauté qu'appartient le droit de prendre connoissance de tous les cas qui arrivent au sujet des fraudes, malversations & contraventions qui se commettent contre les placards & ordonnances qui regardent la marine, tant pour les droits d'entrée & de sortie des marchandises, que pour tenir la main aux défenses du transport de celles de contrebande; sur tous lesquels cas ils prononcent sommairement & souverainement, à la réserve néanmoins des matieres civiles, dans lesquelles il s'agit de sommes au-dessus de 600 florins, où l'on peut se pourvoir par appel par-devant les états généraux, & en obtenir la revision du procès.

Les passeports doivent aussi se prendre à l'amirauté, & on les distribue dans des chambres ou bureaux auxquels on donne simplement le nom de convoi, qui est aussi le nom qu'on donne aux droits d'entrée & de sortie dûs pour les marchandises. A Amsterdam le convoi se tient dans la cour du prince, qu'on nomme en Hollandois het princen hof.

Cette cour du prince est un grand bâtiment où le collége de l'amirauté tient ses séances.

Tous les droits d'entrée & de sortie qui se payent par les marchandises qui entrent dans les provinces-unies, ou qui en sortent, se payent aux amirautés, dont chaque collége a divers bureaux & commis pour en exiger le paiement.

Le collége d'Amsterdam a les siens à l'entrée de la ville qui s'appelle boorn. Lorsqu'un bateau va à quelque navire ou en revient avec des marchandises, les commis ont droit de le visiter & d'examiner s'il n'y a pas plus de marchandises que n'en porte le passe-port, auquel cas ils sont en droit de l'arrêter, sans néanmoins qu'il leur soit permis d'ouvrir ou d'enfoncer rien, qu'ils n'en aient donné connoissance au commis général.

On parle ailleurs des droits d'entrée & de sortie qui se payent à Amsterdam & dans toutes les sept provinces, & des tarifs sur lesquels on les reçoit. Voyez DROITS D'ENTRÉE ET DE SORTIE. Voyez aussi TARIFS.

AMITIÉ. On dit quelquefois, qu'un drap, qu'une étoffe de laine, n'ont point d'amitié, pour dire, qu'ils sont durs, & pas assez amiables: on se sert du même terme pour exprimer un certain moëlleux qui caractérise les fromens & les farines de bonne qualité.

AMMI. (Graine qui vient du Levant, que l'on fait entrer dans la composition de la thériaque.)

Cette graine, que les apothicaires appellent ammioselinum & quelquefois cuminum œthiopicum, est presque ronde, menue & un peu longuette, assez semblable à des grains de sable. La plante qui la produit est haute & pousse plusieurs rameaux, au haut desquels il vient des petites fleurs blanches. Ses feuilles sont petites, étroites & peu différentes de celles de l'anet.

On estime que l'ammi est incisif & apéritif, & qu'il est excellent contre les morsures des serpens. Le meilleur vient du Levant.

L'ammi paye en France les droits d'entrée & de sortie sur le pied de graine de cumin. Voyez CUMIN.

AMMONIAC, qu'on appelle aussi, mais improprement, ARMONIAC. (Gomme) qui découle en larmes blanches, des branches coupées & de la racine incisée d'une espèce de férule, qui croît en abondance dans les sables de Libie, surtout aux environs des lieux, où l'on suppose qu'étoit autrefois le fameux temple de Jupiter Ammon, d'où l'on prétend que lui vient son nom d'ammoniac.

La tige de cette plante s'élève droite & assez haute. Ses feuilles sont très-petites & forment ensemble comme de longues & larges panaches. Elle n'a de fleurs qu'à la cime de sa tige; & ces fleurs attachées à des queues un peu longues & fermes font des ombelles. Sa graine est semblable à celle du galbanum.

La gomme ammoniaque est apportée en larmes,

ou en groſſes maſſes. Celle en larmes doit ſe choiſir en larmes rondes, blanches dedans & dehors, d'une odeur douce, & d'un goût amer & déſagréable.

Il ne faut obſerver dans le choix de celle en maſſe, ſeulement qu'elle ſoit chargée de larmes, ſans ſaletés & ſans grains.

On tire un eſprit & une huile de cette *gomme* à qui l'on attribue de grandes vertus.

Cette *gomme* ſervoit d'encens aux anciens dans leurs ſacrifices.

AMMONIAC, eſt auſſi une eſpèce de ſel, que l'on nomme autrement *armoniac.* *Voyez* ARMONIAC.

AMODIER ou ADMODIER. (*Affermer une terre en grain ou en argent.*)

AMODIATION. (*Bail à ferme d'une terre en grain ou en argent.*)

AMODIATEUR. (*Celui qui prend une terre à ferme.*)

AMOME en GRAPPE ou en RAISIN. (*Fruit*) que l'on apporte des Indes, & que l'on met au rang des drogues qui ſervent à la médecine. *Voyez ci-après* AMOMUM RACEMOSUM.

AMOMI. C'eſt ainſi que les Hollandois appellent le *poivre* de la Jamaïque, qu'on nomme autrement *graine de girofle. Voyez* INDE.

AMOMUM RACEMOSUM, AMOMUM VERUM ou AMOME en GRAPPE ou en RAISIN. (*Eſpèce de fruit que l'on apporte des Indes, le plus ordinairement par la voie de Hollande & de Marſeille.*)

L'*amomum*, qu'on compte parmi les drogues qui ſervent à la médecine, & qui entre particulièrement dans la compoſition de la thériaque, croît ſur un arbriſſeau du même nom, dont les feuilles longuettes & étroites ſont d'un verd pâle, & la fleur comme celle du violier blanc.

Ce fruit eſt aſſez ſemblable au raiſin muſcat, en couleur, en groſſeur & en figure; mais il eſt moins rempli de grains & moins ſucculent. Ses gouſſes, qui n'ont point de queues, ſont comme entaſſées, & collées ſur un long nerf qu'elles entourent juſqu'au bout & qui leur ſert de ſoutien. Au dedans de ces gouſſes on trouve des grains purpurins & preſque quarrés, ſéparés & couverts par de légères membranes blanches. Le goût de ces grains eſt âcre & mordicant, & l'odeur extrêmement perçante & aromatique.

Le meilleur *amomum* eſt toujours le plus nouveau & celui dont les gouſſes ſont rondes, de couleur blanchâtre tirant ſur le blond, péſantes & bien remplies. Celui dont les gouſſes ſont légères & dont les grains ſont noirs & ridés, eſt peu ou point eſtimé.

Bien des gens confondent l'*amomum* avec la *maniguette* ou grande *cardamome*, quoiqu'ils ne ſe reſſemblent en rien. Les Anglois & Hollandois appellent *amomi*, ce que nous appellons en France *poivre* de la Jamaïque.

Il y a encore l'*amomum* de Pline, qui a un fruit ſemblable à la graine de l'alkekange, arbriſſeau très-connu.

L'*amomum verum paye en France des droits d'entrée quatre livres du cent péſant.*

AMONT. (*Terme de voiturier de rivière, qui eſt oppoſé à aval.*) Il ſignifie *ce qui vient ſur l'eau en deſcendant; comme aval, ce qui vient en remontant.*

Il y a à Paris différens ports pour les marchandiſes qui arrivent ou d'*amont* ou d'*aval*. Le port ſaint Paul, la grève, &c. ſont pour les bateaux d'*amont*, tels que ſont ceux de la Bourgogne & de la Champagne; & le port de l'école de ſaint Nicolas, &c. pour les bateaux d'*aval*, comme ceux de la Normandie.

AMORCE. (*Appas dont on ſe ſert à la pêche, pour attirer & prendre le poiſſon.*) La meilleure eſt celle qu'on appelle *achée* ou *laiche*, qui ſe fait avec des vers de terre. *Voyez* ACHÉE ou PÊCHE.

AMPAN ou EMPAN. (*Meſure étendue*) qui ſert à meſurer les diſtances & les longueurs. *Voyez* PALME & la TABLE DES MESURES.

AMPHIAM. (*Nom que les Turcs donnent au ſuc de pavot, qu'on nomme ordinairement opium.*) *Voyez* OPIUM.

AMPHORA. C'eſt la plus grande meſure dont on ſe ſerve à Veniſe pour les liquides. L'*amphora* contient quatre bigots, le bigot quatre quartes, la quarte quatre fiſchauſteras. Soixante-ſeize muſtachi font l'*amphora*; dont les trente-huit font la botte ou le muid; ainſi le muid n'eſt que la moitié de l'*amphora.* *Voyez* la TABLE DES MESURES.

AMPLIATION. C'eſt le double qu'on retire, ou qu'on donne d'une quittance, d'un acquit, d'un compte, & autres pièces. On dit, *ſigner une copie par ampliation*, pour dire, en *ſigner* une ſeconde.

C'eſt en ce ſens qu'on appelle *ampliation*, une copie imprimée ſur papier de la groſſe en parchemin d'un contrat de rente ſur la ville de Paris. Les notaires en délivrant la groſſe au rentier, doivent auſſi en même temps lui délivrer une *ampliation* en papier, laquelle il eſt obligé de fournir au payeur attachée avec la quittance, la première fois qu'il prétend recevoir la rente.

AMURCA. Les apothicaires & droguiſtes appellent ainſi *la lie des olives preſſurées.* Cette drogue cuite dans un vaiſſeau de cuivre & épaiſſie juſqu'à la conſiſtance de miel, eſt aſtringente. *Voyez* OLIVE & HUILE D'OLIVE.

AMYANTHE. (*Eſpèce de pierre, dont on dit qu'on peut tirer un fil, qui réſiſte au feu & qui eſt incombuſtible.*)

A N

ANA. (*Terme de pharmacie, très-connu des médecins & apothicaires.*) Voici l'uſage & la ſignification.

Les médecins dans leurs ordonnances, où il entre pluſieurs drogues, ſi par haſard il ſe trouve qu'il doit y avoir même quantité, poids ou mesure, de deux, trois, ou plusieurs desdites drogues; ces médecins, en écrivant les noms des drogues, ne mettent point la quantité qu'il en faut après chacune, mais seulement après la dernière, ils écrivent le mot *ana* 4 *gros*, par exemple : ce qui signifie *que de toutes les drogues précédemment écrites, où il n'y a point de quantité marquée, il faut mettre quatre gros de chacune.* Ainsi,

℞. Rhubarbe,
    Séné,
    Casse, *Ana* 4 *gros;*
veut dire *quatre gros* de chaque : & l'apothicaire en le voyant, l'entend tout aussi-tôt.

Le mot d'*ana* a encore quelques autres significations, mais comme elles ne regardent point le commerce, elles n'entrent point non plus dans le dessein de ce Dictionnaire.

ANACARDES. (*Espèce de féves qui sont apportées des grandes Indes.*) Les feuilles de l'arbre qui les produit, sont verdâtres & à demi fondes. Les féves se trouvent dans une gousse de la figure de celles de nos grosses féves, qui contient ordinairement deux *anacardes.* La bonté des *anacardes* consiste à être grosses, bien nourries, nouvelles, féches, & que l'amande soit blanche. Ces sortes de féves sont de quelque usage en médecine, étant un bon purgatif, mais dont il ne faut pas se servir que de l'avis d'un habile homme. On tire de l'huile des *anacardes,* qui a la propriété de l'huile d'acajou. Les apothicaires en font aussi le miel qu'ils nomment *anacardin.*

Les droits d'entrée que payent en France les anacardes, sont de trente - cinq sols le cent pésant avec les sols pour livre.

ANACARDES ANTARTIQUES. Ce sont les noix d'*acajou,* à qui les épiciers-droguistes de Paris donnent ce nom, à cause de quelque ressemblance qui se trouve entre ces deux dangereux purgatifs. *Voyez* ACAJOU.

ANACOSTE ou ANASCOTE. (*Espèce d'étoffe de laine croisée, très-rase, fabriquée en manière de serge de Caen, mais pas si couverte de poil & de meilleure laine.*) Elle se fait à Leyden en Hollande, à Bruges & à Ascot dans les pays-bas Espagnols; à Ypres & aux environs dans la Flandre Françoise. Cette étoffe a une aune de large, ainsi que les serges de Caen, & vingt aunes ou environ de long. Elle s'envoie ordinairement en blanc & en noir en Espagne, où il s'en fait une grande consommation. Il s'en fabrique depuis peu en France, particulièrement à Beauvais, où elles sont parfaitement bien imitées; & les marchands de cette ville-là en envoient aussi quantité en Espagne. *Voy.* BAYETTE.

ANAGROS. (*Mesure pour les grains*) dont on se sert en quelques villes d'Espagne, particulièrement à Séville. L'*anagros* contient un peu plus que la mine de Paris; ensorte que trente-six *anagros* font dix-neuf septiers, mesure de Paris. *Voyez* la TABLE DES MESURES.

ANATE ou ATTOLE. (*Sorte de teinture rouge, qui se trouve aux Indes Occidentales.*) Elle se fait d'une fleur rouge qui croît sur des arbrisseaux de sept ou huit pieds de haut. On la jette, comme l'indigo, dans des cuves ou des citernes faites exprès; avec cette différence, qu'on n'employe que la fleur, qu'on effeuille comme on fait les roses; & lorsqu'elle est pourrie & qu'à force de l'agiter elle est réduite à une substance épaisse & liquide, on la laisse sécher au soleil, & on en forme des rouleaux ou tourteaux.

Il n'y a plus que les Espagnols qui cultivent & qui préparent l'*anate,* la plantation que les Anglois de la Jamaïque avoient à S. Angels, ayant été ruinée. Cette drogue est plus estimée des teinturiers d'Angleterre que l'indigo; aussi les marchands de la Jamaïque, qui s'en fournissent à Porto-rico, l'achetent-ils un quart plus cher, ne donnant que trois réales de la livre d'indigo, & quatre de l'*attole.* C'est présentement de la baye des Houduras, que les Européens, qui font ce négoce, en tirent la meilleure partie. Cette marchandise est de bon débit; & il y a toujours cinquante à soixante par cent à gagner, quand on l'a de la première main.

ANATRUM ou NATRUM, que chez les épiciers de France on nomme vulgairement NATRON. (*Espèce de salpêtre naturel, qui n'est proprement que de la soude blanche.*) *Voyez* SALPÊTRE.

ANATRUM, qu'on écrit plus communément ANATRON; est l'*écume du verre* qui surnage sur les creusets, lorsque la matière est en fusion. Cette écume qui paroît diversifiée de plusieurs couleurs, entr'autres de gris, de blanc, de brun & de bleu, contient une espèce de sel, qui est propre à l'engrais des brebis & qu'on donne aussi aux pigeons. Lorsqu'on la réduit en poudre, & qu'on la laisse exposée à un air humide; elle se dissout; & le résidu qui se trouve coagulé au fond du vaisseau, n'est guères différent du sel marin ordinaire. *Voyez* VERRE.

ANCHOIS. (*Très-petit poisson de mer*) que quelques-uns estiment n'être qu'une espèce de hareng; & que d'autres confondent avec la sardine : mais à en juger par la figure & par le goût, on peut sans témérité affirmer, que l'*anchois* est un poisson d'une espèce particulière, & qu'il n'a rien de commun, qu'une assez légère ressemblance avec le hareng ou la sardine.

La pêche des *anchois* se fait sur les côtes de Provence dans les mois de mai, juin & juillet; saison, où régulièrement cette sorte de poisson entre dans la méditerranée par le détroit de Gibraltar.

Nices, Cannes, Antibes, S. Tropes & quelques autres endroits de Provence, sont les lieux d'où on les envoie aux marchands épiciers de Paris. Il s'en fait aussi des envois considérables pour les pays étrangers. La pêche des *anchois* est pareillement très-abondante dans la rivière de Gênes & sur les côtes de Catalogne.

Il faut choifir les *anchois*, petits, nouveaux, blancs deffus, vermeils dedans, & qu'ils ayent le dos rond, les *anchois* plats, ou trop gros, n'étant fouvent que des fardines. Il faut outre ces qualités, qu'à l'ouverture des barils, ou des pots, la fauce foit d'un bon goût & ne fente point l'évent.

En France les anchois payent des droits d'entrée feize fols du cent péfant, & quatorze fols de droits de fortie, avec les fols pour livre.

ANCHUE. (*Terme de manufacture de lainage*, qui fignifie *ce qu'on nomme plus communément la trame d'une étoffe.*) Le terme d'*anchue* eft particulièrement en ufage parmi les ouvriers de la fayetterie d'Amiens. Du côté d'Aumale, on dit *enflure*. *Voyez* TRAME.

ANCRAGE. (*Terme de commerce de mer & de marine.*) En général, il fignifie *le lieu où l'on jette l'ancre pour arrêter un navire*.

On le dit auffi en particulier, du droit que les capitaines & maîtres des vaiffeaux marchands payent en plufieurs endroits au roi ou à l'amiral, pour avoir permiffion d'entrer dans les ports & havres des côtes de France.

Ce droit n'entre point dans les avaries, & les affureurs n'en font point tenus.

Il eft dû & fe paye par le maître du navire, conformément à l'ordonnance de la marine de 1681.

ANCRURE. (*Terme de tondeur de draps*) qui fignifie un *petit redouble* ou *plis*, qui fe fait à l'étoffe que l'on tond, parce qu'elle n'a pas été bien tendue ou arrêtée avec les crochets par les lifières fur la table ou couffin à tondre.

L'*ancrure* eft un défaut confidérable dans l'apprêt de la marchandife; parce que la force paffant fur ce rendouble, qui quelquefois eft prefque imperceptible, elle coupe de fi près le poil de l'étoffe, que l'on en découvre entièrement le fond ou la corde.

Pour remédier à ce défaut, on fe fert ordinairement d'une boffe de chardon, avec laquelle on retire un nouveau poil, que l'on retond enfuite, afin de l'égaler au refte. Mais quelque chofe que l'on puiffe faire pour cacher cette défectuofité, il eft prefque impoffible de pouvoir empêcher que l'on ne s'en apperçoive; & l'on regarde toujours ce défaut comme une tarre à l'étoffe.

ANDELLE, (*bois à brûler*), prefque tout de hêtre, plus court d'un pied que le bois ordinaire, qui prend fon nom de la rivière d'*andelle* qui tombe dans la feine. *Voyez l'article* DES BOIS.

ANDOUILLE. (*Mets*) que préparent les chaircuitiers avec des boyaux renfermés dans un autre boyau, que pour cela on appelle *la robe de l'andouille*.

Il fe fait dans quelques villes de France un très-grand commerce d'*andouilles*, entr'autres à Tours, Blois & à Troyes.

ANDOUILLES. On nomme *andouilles de tabac*, des feuilles de tabac préparées & mifes enfemble, de manière que par leur longueur & leur figure, elles ont affez de reffemblance avec les *andouilles* des chaircuitiers; avec cette différence pourtant qu'elles font plus enflées au milieu qu'aux extrêmités. Les plus groffes *andouilles* de tabac ne paffent pas dix livres, & les plus petites n'en ont pas moins de cinq.

Pour faire ces *andouilles*, on étend fur une table des feuilles de tabac prêtes à torquer, les plus faines & les plus belles d'abord, & les plus petites pardeffus. On roule enfuite ces feuilles qui fervent de moule ou d'ame à d'autres dont on les couvre, jufqu'à ce qu'elles aient la groffeur & le poids qu'on veut leur donner; alors on les enveloppe dans un morceau de groffe toile imbibée d'eau de mer ou d'une liqueur compofée, & on la lie ferme d'un bout à l'autre avec une petite corde dont les tours fe touchent. On les laiffe en cet état jufqu'à ce qu'on juge que les feuilles font tellement liées les unes aux autres, qu'elles ne font plus qu'un corps, & alors on ôte la corde & la toile, & l'on coupe les deux bouts des *andouilles* pour faire voir la qualité du tabac dont elles font faites.

Lorfque les *andouilles* font bien faites, elles fe confervent long-temps, & peuvent aifément fe tranfporter par-tout.

ANE ou ASNE. (*Animal domeftique*), lent, pareffeux, mélancholique; mais patient, dur au travail, & bon pour le portage & le tirage. Sa femelle s'appelle *âneffe*.

Les ânes & les âneffes, grands & petits, payent en France des droits d'entrée dans le royaume, ou dans les provinces réputées étrangères, six fols de la pièce & dix-huit fols de droits de fortie & les fols pour livre.

ANÉE ou ASNÉE. (*Mefure de grains en ufage en quelques provinces de France, particulièrement dans le Lyonnois & dans le Mâconnois.*)

Ce n'eft pas néanmoins une mefure effective, telle que peut être à Paris le minot, mais un affemblage d'un certain nombre d'autres mefures.

A Lyon l'*ânée* eft compofée de fix bichets, qui font un feptier & trois boiffeaux de Paris. A Mâcon l'*ânée* eft de vingt mefures, qui reviennent à un feptier huit boiffeaux de Paris.

Le bichet de Lyon pèfe 60 l. & l'*ânée* 360 l. le poids de Lyon eft plus foible que celui de marc de 16 onces pour cent.

Une *ânée* & un bichet rendent à Marfeille fept fivadières : cent *ânées* font 131 charges un quart; & une *ânée* y donne une charge un quart un feize.

Par rapport aux mefures étrangères, quatre *ânées* de Lyon font fept muddes d'Amfterdam, pour lefquels il n'en faut que trois de Mâcon. *Voyez* MUDDE.

Différentes mefures depuis Lyon jufqu'à Gray, & leur rapport avec l'ânée de Lyon.

La mefure de Neuville jufqu'à Genay, à une lieue de traverfe, eft de deux pour cent plus petite que celle de Lyon.

A Trevoux & jufqu'à Montmerle, & de traverfe jufqu'à S. Trivier, les 100 *neuvaines* font 112 *ânées* de Lyon.

De Montmerle jufqu'au Brief de Davaunon & à la traverfe jufqu'à Toiffey 100 *ânées* en font 136 de Lyon.

Au pont de Vefle & de Bage jufqu'au pont de Vaux 100 *ânées* en font 137 de Lyon.

A Mâcon, comme au précédent.

A Tournus 100 *bichets* font 120 *ânées* de Lyon.

A Châlons 100 *bichets* font 85 *ânées* de Lyon.

A Verdun le *bichet* eft égal à l'*ânée* de Lyon.

A Baume 100 *bichets* font 114 *ânées* de Lyon.

A Seurre 100 *bichets* font 107 *ânées* de Lyon.

A Nuits ils en font 110.

Cent *hemines* de Saint-Jean de Laune font 126 *ânées*.

A Auxone 222 & à Maxilli 250.

A Marnaud les 100 *ânées* en font 112 de Lyon.

A Lovaur 100 *carteaux* font 118 *ânées* de Lyon.

A S. Trivier 100 *bichets* font 120 *ânées* de Lyon.

A Belleville & à Montmerle, l'*ânée* eft de 17 mefures qui doivent faire à Lyon *huit bichets*. Ladite *ânée* péfe 440 liv. poids de Lyon & poids de marc, 404 L.

ANÉE. Se dit encore à *Lyon* d'une certaine quantité de vin, qui fait la charge qu'un *âne* peut porter en un feul voyage. Cette *ânée* eft fixée à quatre-vingt pots.

ANEGRAS. (*Mefure de grain dont on fe fert à Seville & à Cadix en Efpagne.*) Quatre *anegras* font un cahis : quatre cahis font le fanega, & 50 fanegas font le lart d'Amfterdam.

ANGELIQUE, qu'on appelle auffi ARCHAN-GELIQUE ou RACINE DU S. ESPRIT ; en latin *angelica*, autrement *radix siriaca*. Plante médicale fort eftimée, à caufe des vertus qu'on lui croit contre les poifons, qui la fait entrer dans la compofition de la thériaque.

Il faut choifir les racines d'*angelique* groffes, longues & blanches en dedans ; qu'elles ne foient point vermoulues, ce qu'elles évitent rarement quand on les garde ; qu'elles ayent une odeur & un goût agréables & aromatiques, accompagnés d'un peu d'amertume. Les *angeliques* que l'on tire de Bohême, font meilleures que celles qui viennent d'Angleterre & de Hollande.

Il faut fur-tout prendre garde, que ce ne foit des racines de *meon*, plante qui vient de Bourgogne ; ce qui fe peut reconnoître aifément. Les racines de l'*angelique* reffemblant à l'ellebore noir, & celles du meon aux racines du perfil ordinaire.

On fe fert de la graine d'*angelique* pour faire des dragées ; & l'on confit au fucre la racine & les côtes, quand elles font encore fraîches. Les Anglois font cas de cette forte de confiture.

L'*angelique*, à qui le tarif de 1664 a confervé fon nom latin d'angelica, paye de droits d'entrée en France, quarante fols du cent péfant.

ANGELOT, (*Monnoie d'or frappée en*

Angleterre, où il s'y en voit encore quelques-uns.) L'*angelot* a été ainfi nommé de la figure d'un *ange* repréfenté fur l'empreinte d'effigie. Il eft du poids de quatre deniers trébuchans, & tient de fin vingt-trois carats trois quarts.

Il y a eu auffi des *angelots* d'or battus en France. Ceux-ci portoient dans l'empreinte d'effigie un S. Michel tenant une épée d'une main, & de l'autre un écu chargé de trois fleurs-de-lys, un ferpent fous fes pieds.

Les *angelots* d'argent, que les Anglois, maîtres de Paris fur la fin du régne de Charles VI & dans les commencemens de celui de Charles VII, y firent fabriquer, avoient auffi un ange, mais qui portoit les écus de France & d'Angleterre ; Henri VI, fe qualifiant alors de roi de ces deux royaumes. Ils valoient quinze fols.

ANGELOT. Eft auffi une forte de petit fromage très-gras & très-excellent, qui fe fait au pays de Bray, d'où il eft appellé *angelot de Bray*. Cette efpéce de fromage fe dreffe ordinairement dans des écliffes, qui font formées en cœur, ou de figure quarrée. *Voyez* FROMAGE.

ANGLETERRE. (*Etat actuel du commerce d'*)

§. I. L'*Angleterre* contient 25 cités & 750 grandes villes appellées *Market-towns*. L'air y eft épais ; les brouillards fréquents & le temps fort variable, ce qui vient de ce qu'elle eft environnée de la mer de toutes parts. Les pluies & les brouillards y entretiennent une agréable verdure, & font qu'elle abonde en beaux pâturages. Cette humidité tempère les chaleurs de l'été & les froids de l'hiver. Le pays eft admirable par fa beauté naturelle ; il eft découvert & uni, à quelques colines près qui ne fervent qu'à en relever la beauté, étant ornées de verdure durant prefque toute l'année. Une infinité de rivières l'arrofent & lui donnent avec la fertilité, de grandes commodités pour le commerce.

L'*Angleterre* produit fi abondamment du froment & toute forte de grains, qu'elle s'eft vue fouvent en état d'en fournir des quantités confidérables à l'Efpagne, au Portugal & même à la France. Les autres marchandifes du cru de l'*Angleterre*, font l'étain, le charbon de terre, les laines & quelques autres articles. L'exportation de la laine en nature eft défendue, & cette prohibition fait qu'il fe fabrique dans le royaume une telle quantité de draps & autres étoffes légères & très-propres, qu'il en paffe chez l'étranger pour environ 200000 livres fterlings par an. C'eft en apparence un grand profit pour les manufacturiers & les marchands, que celui d'avoir des laines en abondance, & à 40, 50 & même 60 pour cent à meilleur marché que l'étranger, qualité pour qualité. Mais c'eft une grande perte pour les fermiers & les propriétaires terres ; d'ailleurs, les impôts multipliés qui ren le prix de la main-d'œuvre, plus cher fouvent 30 p ⅔ que chez l'étranger, abforbent en grande partie ce prétendu bénéfice. Leurs laines font propres

pour

pour la fabrication de toute forte d'étoffes, fi l'on en excepte les draps les plus fins, que les Anglois ne peuvent fabriquer fans le fecours des laines d'Efpagne. Parmi les laines courtes, les plus belles font celles de Cotefvold en Glocefterſhire, eſtimées les plus fines d'*Angleterre*, & les plus approchantes des laines d'Eſpagne; celles de Hereford, du Worceſterſhire & de pluſieurs autres lieux du royaume. Les laines longues à carder les plus renommées, font celles de Warwik, Northampton, Lincoln, Durham, des marais falés de Rumney; mais celles du fud des marais de Lincoln & Leiceſter, ont l'avantage fur toutes les autres pour la longueur, la fineſſe, la douceur & le brillant. Ces laines font employées concurremment avec celles d'Irlande, dans les châlons, ſerges, camelots, callemandes & autres étoffes, fans nombre, de Norwich. On les emploie encore avec des laines cardées dans les baïes, droguets, flanelles, &c.; on les mêle enfin avec le coton & la foie dans diverſes étoffes, comme alapéens, bombazins, crêpes, &c. Après les fabriques & les manufactures de laine, viennent celles de foie. Les principales étoffes qui en ſortent, font des moires ondées & tabiſées, tant noires qu'en couleur; des tâffetas de diverſes qualités, des toiles de foie, des bas de foie, des ſatins, damas, velours, peluches, brocards, & autres étoffes très-recherchées. L'*Angleterre* a auſſi des manufactures & fabriques de toiles de différentes fortes, tant de lin que de chanvre; de cordages, cordes, ficelles, fils, papier, dentelles de fil, &c.; des imprimeries de toiles de coton; des manufactures de cuirs, peaux, poil d'animaux, parchemin, vélin & cuirs apprêtés pour toutes fortes d'uſages; de fourrures, gants, chapeaux & divers autres articles dont il fe fait un grand commerce dans le royaume. Les manufactures de quincaillerie de Birmingham & de pluſieurs autres villes font très-connues & eſtimées des étrangers. Celles des inſtrumens de mathématiques, de lunettes, téleſcopes, microſcopes & ſurtout celles des glaces, font aujourd'hui en *Angleterre* à un dégré de perfection qu'aucune nation n'a pu ſurpaſſer.

Outre tous ces genres d'induſtrie qui forment autant de branches particulières du commerce des Anglois, cette nation s'eſt appliquée depuis longtemps à la pêche, dont elle n'a pas cependant tiré tout l'avantage qu'elle auroit pu. Le faumon de Berwick & de Neucaſtle, les harengs de Yarmouth & de Leoſtof, font deux articles qui s'exportent pour l'étranger, mais en ſi petite quantité que nous ne pouvons les regarder comme des branches de commerce intéreſſantes. Nous pouvons en dire autant des produits de la pêche de la baleine, à laquelle les Anglois ſe font adonnés depuis la fin du ſeiziéme ſiécle.

Tels font les articles principaux des productions de l'induſtrie de l'*Angleterre*; mais, comme ce royaume en a pluſieurs autres qu'il tire de fon commerce & de ſes poſſeſſions en Aſie, en Amérique

Commerce. Tome I.

& en Afrique, nous devons en dire quelque chofe avant d'entrer dans le détail de fon commerce d'Europe.

§. II. Le commerce des Anglois aux Indes Orientales & en Aſie, eſt entre les mains d'une compagnie qui depuis long-temps en a obtenu le privilége excluſif des rois d'*Angleterre*. Cette compagnie avoit commencé à ſe former dans les dernières années du régne d'Élizabeth; mais elle ne devint floriſſante que fous celui de Charles II qui la combla de faveurs. Ce prince lui accorda de grands priviléges, & il eſt vraiſemblable qu'elle feroit montée en peu de temps au comble de grandeur & de puiſſance où elle eſt parvenue de nos jours, fans le beſoin d'argent où Charles fe trouvoit fans ceſſe; ce qui l'obligea ſouvent à vendre à des particuliers la permiſſion de faire le commerce aux Indes, fans aucune dépendance de la compagnie, à qui cette concurrence étoit fort préjudiciable. Mais ce qui acheva de mettre le commerce de la compagnie fur le penchant de ſa ruine, ce fut d'une part l'établiſſement d'une nouvelle compagnie privilégiée & favoriſée par le parlement, & d'une autre part les guerres qu'elle eut à ſoutenir depuis 1685 juſqu'à 1698; tantôt contre le Grand-Mogol, tantôt contre les François. Heureuſement ôn prit le parti de ne former qu'une feule compagnie de l'ancienne & de la nouvelle, & c'eſt à dater de leur réunion que la compagnie des Indes Orientales qui ſubſiſte aujourd'hui en *Angleterre*, s'eſt élevée graduellement à un tel dégré de puiſſance & de ſplendeur, qu'à bien des égards elle eſt ſupérieure à la compagnie Hollandoiſe, reconnue autrefois pour la plus conſidérable de toutes celles de l'Europe. Le premier fonds de cette compagnie fut de 369891 livres 5 shillings ſterlings, & les premières actions de 50 livres ſterlings chacune; mais ayant eu en 1676 une répartition conſidérable à faire à ſes intéreſſés, au lieu de retirer le profit elle l'ajouta au principal, enforte que les fonds doublèrent ainſi que les actions, qui dès-lors furent de 100 livres ſterlings. Sa proſpérité fut conſtante dès les premières années de ce ſiécle; mais après avoir encore beaucoup ajouté à fon fonds, elle a éprouvé de temps en temps des viciſſitudes; en conſéquence les actions ont éprouvé des hauſſes & des baiſſes conſidérables felon les pertes ou gains qu'elle a faits à différentes époques. Le détail en feroit inutile quand même il feroit poſſible; ainſi nous nous contenterons de remarquer ici que les prix des actions roulent aujourd'hui de 140 à 160 p%, & que c'eſt fur les variations continuelles qu'éprouvent ces prix, qu'eſt fondée une partie du commerce d'actions qui fait à préſent l'occupation de beaucoup de ſpéculateurs. La vente des actions eſt très-facile; elle ſe fait en changeant les noms fur les livres de la compagnie, où l'on met le nom de l'acquéreur de l'action à la place de celui du vendeur. Pour pouvoir être membre de la compagnie, il faut être Anglois ou naturalifé Anglois, & lui payer cinq livres fterlings en fe faifant recevoir. L'élection du gouverneur, du député-gouverneur & des vingt-quatre affiftans fe fait tous les ans au mois d'avril à la pluralité des voix. Pour être directeur, il faut avoir deux mille livres fterlings de fonds, tant anciens que nouveaux : les voix fe donnent par bulletins où l'on écrit fon nom & le nom de celui qu'on élit, en combinant les fommes comme on a dit ci-deffus, quand on ne poffede pas un fonds fuffifant pour compofer feul une voix. Le gouverneur & le député-gouverneur ne peuvent être continués que deux années de fuite; mais après un interftice, ils peuvent être élus de nouveau. A l'égard des directeurs, on eft obligé d'en changer fept ou huit tous les ans. L'affemblée des directeurs fe tient tous les mercredis & vendredis de chaque femaine; elle eft ordinairement partagée en divers comités ou bureaux, mais qui tous ne décident qu'en comité général. De ces bureaux l'un eft pour l'achat des marchandifes que la compagnie envoie aux Indes, l'autre pour l'affretement des vaiffeaux : un troifiéme pour la difcuffion de ce qui fe paffe aux Indes; un quatriéme pour avoir foin des magafins; & un cinquiéme enfin, pour là follicitation des affaires. La compagnie a un fecrétaire & un teneur de livres; celui-ci a fous lui douze commis & l'autre fix, tous jeunes gens qu'on met là pour s'inftruire. Le caiffier général & le garde-magafin font encore au nombre des premiers commis de la compagnie. La compagnie n'a en propre que quelques petits vaiffeaux dont elle fe fert aux Indes; les autres navires qu'elle emploie pour fon commerce appartiennent à des particuliers, ordinairement à trois ou quatre des plus riches directeurs, ou à quelques négocians de Londres fort opulens, qui font conftruire ces navires exprès pour les fréter à la compagnie pour chaque voyage.

Quoique tout le commerce des Indes Orientales appartienne à la compagnie, en vertu des chartes qui lui font accordées exclufivement, les particuliers, fans en être membres, peuvent y avoir part de deux manieres; l'une, en obtenant d'elle la permiffion d'y envoyer des navires fuivant les conditions d'une charte-partie qu'ils paffent avec elle; l'autre, par le moyen des pacotilles qu'elle accorde aux propriétaires des navires qu'elle affrete, ainfi qu'aux capitaines, officiers & matelots qui les commandent & les montent. Les principales conditions des chartes-parties font : que les navires armés par les particuliers porteront fans fret une certaine quantité de marchandifes pour le compte de la compagnie; qu'ils fe chargeront d'un certain nombre de foldats à fa folde, pour les tranfporter dans fes comptoirs, fans payer ni paffage ni nourriture; que dans leur cargaifon ils mettront parmi leurs marchandifes, de l'or, de l'argent, des joyaux, du corail brut & toute forte d'ouvrages des manufactures d'*Angleterre*, en payant à la compagnie, fçavoir, pour l'or, l'argent & les joyaux, 2 p°₀; pour les étoffes de laine 12 p°₀, & pour le corail brut auffi 12 p°₀.

Quand ces navires de permiffion font arrivés aux Indes, ils y peuvent négocier de port en port, en payant un certain droit, fuivant la nature des marchandifes dont ils font commerce, & dont ils rendent compte aux commis de la compagnie. Il ne leur eft pas néanmoins libre de rapporter en Europe toute forte de marchandifes, mais feulement du poivre & d'autres articles qu'on tire de la Chine, du Tunquin & du Japon, pour lefquels ils doivent payer un certain droit. A leur arrivée en *Angleterre*, il faut que la cargaifon de ces navires foit confignée à la compagnie qui en fait la vente à l'enchere à la première vente générale. Enfin, en cas que la compagnie ait befoin de vaiffeaux dans les Indes, ceux des navires de permiffion qui s'y trouvent, font obligés de là fervir à certaines conditions, établies d'après les délibérations de la compagnie. Il eft encore permis aux particuliers de faire le commerce de diamans par les navires qu'envoie la compagnie aux Indes, moyennant un certain droit pour le fret; fçavoir, 2 p°₀ pour ceux qui font membres de la compagnie, 6 p°₀ pour les Anglois qui n'en font pas, & 8 p°₀ pour les étrangers.

La compagnie a trois principaux établiffemens aux Indes; fçavoir, à Surate, ou à la côte de Malabar; à la côte de Coromandel & au Golfe de Bengale. Les principales factories de la côte de Malabar font, Surate, Bombay, Gomron, Anjingo & Tallichery; celles de la côte de Coromandel font, Madras ou le Fort St. George, le Fort St. David, Trichenapaly, Maduré, Vizagapatam, Ingeram & Madipolan; & Calcuta dans le royaume de Bengale où la compagnie Angloife eft toute-puiffante. Cette compagnie a auffi des factories dans plufieurs autres états de l'Inde & de l'Afie & principalement dans l'ifle de Sumatra, à Canton en Chine, dans le Golfe Perfique, en Perfe même & dans la mer rouge; enfin, elle pofféde dans l'Océan l'ifle de Ste. Hélène où les Anglois relâchent ordinairement, foit en allant d'Europe en Afie, foit en revenant d'Afie en Europe.

Les marchandifes que la compagnie envoie dans l'Inde font, de l'or & de l'argent monnoyés ou non monnoyés, du plomb, du fer, des canons de fer, de la poudre à canon, de la mêche, des draps, ferges & autres étoffes; de la cochenille, du vif argent, du vermillon, du corail brut, de l'ambre en grain & beaucoup de petits ouvrages. Elle reçoit en retour, du poivre, des drogues, du café, du falpêtre, du coton, des fils & toiles de coton; des étoffes de foie & quantité de foies crues de Perfe & de la Chine; enfin, des cabinets, des paravents & autres curiofités pareilles. La plus grande partie de ces articles de retour forment des branches de commerce importantes pour la Grande-Bretagne. Depuis 1773 le dividende eft de 6 p°₀. Le 31 janvier 1776, le capital de la compagnie Angloife étoit de 256 millions, 518 mille 67 liv. 10 f. argent de France. Sa dette de 195 millions,

248 mille 655 liv. Mais le 31 janvier 1778, son capital libre, dettes déduites, étoit de 102 millions 708 mille 112 liv. 10 f. sans compter ses magasins, ses navires, ses fortifications & tous les fonds de ses établissemens.

Les possessions territoriales rendoient en 1773, de produit annuel 113 millions, 791 mille 652 liv. 10 f. Les frais dans l'Inde étoient de 81 millions, 153 mille 652 liv. 10 f., ensorte que le revenu quitte & net montoit dès-lors à 32 millions, 660 mille 100 liv. monnoie de France.

Les ventes de 1775 ont été de 78 millions, 627 mille 712 liv. 10 f.; celles de 1776 ont été de 74 millions, 400 mille 457 liv. 10 f., sans compter la contrebande & les diamans qu'on évalue à plus de 12 millions même monnoie. Les Anglois prétendent qu'ils n'exportent depuis long-temps aux Indes Orientales qu'environ un million de livres sterlings, c'est-à-dire environ 22 millions monnoie de France.

§. III. Les colonies que les Anglois avoient établies en Amérique, étoient situées partie dans les isles & partie dans le continent. Elles s'occupent à divers genres d'industrie, suivant la nature du sol; celui des isles étant très-propre à la culture du sucre, du café, du coton, de l'indigo & autres denrées, tandis que le sol du continent est excellent pour la culture des bleds de toute espèce, & du tabac, & donne des fruits en quantité. Voyons quels païs occupent ou occupoient naguère les Anglois dans cet hémisphère, & quelles productions chacun de ces païs procure ou procuroit au commerce de la Grande-Bretagne.

La Barbade, une des isles Antilles, est une des principales colonies que les Européens aient dans l'Amérique, & où les Anglois font un très-grand commerce, quoique beaucoup déchu de ce qu'il étoit autrefois. Elle est de 28 milles anglois de longueur sur 17 dans sa plus grande largeur. Sa situation à 13 dégrés 20 minutes de latitude septentrionale, fait que le climat est très-chaud; mais une humidité continuelle qui en modère la chaleur, donne une telle fécondité à la terre, qu'il n'y a guère de lieu où les arbres & les plantes croissent autant & aussi rapidement. Les principales productions de cette Isle sont, du sucre, du rum ou tafia, du coton & du gingembre, dont il s'exporte tous les ans des quantités considérables pour l'Angleterre. Le gayac, les bois propres pour la teinture & la marquetterie, les confitures sèches, l'eau de Barbade, la mélasse & le sirop de limon sont des articles qui méritent d'être comptés parmi les exportations de cette colonie, qui, au reste, est la seule commerçante qu'aient les Anglois aux Isles du vent. Presque tous les vaisseaux négriers qui viennent d'Afrique abordent à la Barbade, & pour l'ordinaire y font la vente de leurs nègres, ensorte que cette isle est devenue le marché général de cette forte de marchandise pour toutes les Antilles.

Saint-Christophe appartenoit autrefois en commun aux François & aux Anglois. Cette isle resta à ces derniers par le traité d'Utrecht de 1713. Elle est située au 17e dégré 25 minutes de latitude nord, & peut avoir 73 milles Anglois de circuit. Ses salines & sa soufrière sont fort utiles à ses habitans; mais ses véritables richesses consistent dans la culture du tabac, de l'indigo, du gingembre, du sucre & du coton. Ces marchandises passent en plus grande partie en Angleterre, d'où on envoie de retour à Saint-Christophe des vins, de l'eau de vie, des toiles, des étoffes de laine & de soie, des chapeaux, bas & souliers, & autres articles nécessaires pour la consommation des habitans de cette isle.

Antigoa, isle située au 16e dégré 11 minutes de latitude nord, a environ 20 milles de longueur & autant de largeur. Les écueils qui l'environnent en rendent l'approche dangereuse. Saint Johns-town, chef-lieu de cette isle, contient 200 maisons, ses habitans, comme ceux de la campagne, s'adonnent à la culture du sucre, de l'indigo & du gingembre, qui leur réussit fort bien.

Monserrat, autre isle située au 17e dégré de latitude nord, a environ 27 milles de circonférence. Elle est bien cultivée & produit les mêmes denrées que les autres isles.

Nevis ou newis, est une des plus petites Antilles. Elle a été une des plus florissantes relativement à son étendue qui n'est que de 18 milles de circuit : elle fait encore actuellement un bon commerce, principalement en sucre.

La Barboude, l'Anguilla, les Vierges & Tabago sont des Isles que les Anglois possèdent depuis plus d'un siècle. Elles sont peu considérables; nous n'en faisons mention que parce qu'elles font partie des domaines de la Grande-Bretagne.

La Grenade a appartenu aux François jusqu'à la paix de 1762, qu'ils furent obligés de la céder à l'Angleterre. Ils l'ont reconquise pendant cette guerre, de même que les isles de Saint Vincent & de la Dominique; mais ce ne sera qu'à la paix qu'on pourra sçavoir laquelle des deux nations en restera maîtresse. La Grenade n'est éloignée de la terre ferme que de 30 lieues au nord, & de la Martinique que de 70 au sud-ouest; elle a 22 lieues de circonférence. Cette isle est très-fertile. On y cultive avec le plus grand succès le sucre, le café, le coton. Le sucre de la Grenade est regardé comme le plus beau sucre des isles. On trouve sur la côte un fort bon port. Le gibier & le poisson abondent à la Grenade. En un mot, cette isle est une possession très-précieuse. On voit tout proche une chaîne de petites isles qu'on nomme Grenadines, qui s'étendent du nord au midi.

Saint Vincent est une isle d'environ 20 lieues de tour, dont le tabac est la principale production. Elle est en plus grande partie peuplée de Caraïbes, reste des anciens habitans des Antilles.

La Dominique est située entre la Martinique qu'elle a au midi & la Guadeloupe au nord. On

K ij

lui donne environ 35 lieues de circuit ; mais elle n'est pas peuplée en proportion de sa grandeur, quoique plusieurs Caraïbes y vivent encore dispersés.

La Jamaïque est une des plus importantes colonies qu'aient les Anglois au nouveau monde. Cette isle est située entre les deux Tropiques aux 17e & 18e dégrés, ayant l'isle de Cuba au sud & Saint Domingue à l'ouest. Dans un circuit de 100 lieues de France qu'a la Jamaïque, on trouve une infinité de baies & de ports excellens. Les Anglois l'ont enlevée aux Espagnols & en sont restés tranquilles possesseurs depuis 1655 ; ils y sont au nombre de 20000, sans compter une multitude d'esclaves nègres. Santiago de la Vega, que les Anglois appellent Spanish-Town, est la capitale de l'isle ; on y compte environ 800 maisons. Elle est très-bien peuplée, avantage qu'elle doit en grande partie à sa proximité de la mer dont elle n'est distante que de quelques milles. Port-Royal & Kingston sont ensuite les deux villes les plus considérables de l'isle ; les autres sont peu de chose. Le sucre dont la qualité est excellente, le coton, le gingembre, la graine de bois d'inde, le poivre ou piment & les cuirs de la Jamaïque forment le principal commerce de cette isle. On en tire aussi du bois pour la teinture, des drogues pour la médecine & d'autres objets commerçables. Il s'expédie tous les ans de la Jamaïque pour l'Europe 4 à 500 navires du port d'environ 100 tonneaux chacun.

Les Bermudes, que les Anglois nomment Summers, sont des isles situées entre les 32e & 33e dégrés de latitude septentrionale à la sortie du détroit de Bahama. La ville de St. George, bâtie dans la plus grande des isles appellée aussi St. George, est une des plus fortes & des mieux construites qui se voient dans les colonies Angloises de l'Amérique. Le bois de construction, un peu de tabac, d'excellens fruits, des limons & des oranges, sont les productions principales des Bermudes.

Les isles Lucayes ou de Bahama, sont au nombre de 4 à 500 ; Bahama, la Providence & Lucaye ou Lucayonnette en sont les principales. La situation de ces isles dans le voisinage de St. Domingue & de la Havane, favorise beaucoup le commerce clandestin des Anglois dans ces deux isles. C'est le seul avantage qu'elles procurent à la nation.

L'isle de Terre-neuve est située par les 46 & 53 dégrés de latitude nord, vis-à-vis du Golfe de St. Laurent ; elle n'est séparée du continent que par un très-petit détroit qu'on nomme passage du nord ; on lui donne environ 300 lieues de tour. Tout le commerce de l'isle consiste en poisson sec, les habitans se souciant peu de cultiver une terre ingrate qu'ils soigneroient inutilement ; mais quand le sol de Terre-neuve seroit aussi fertile que l'est celui du Canada, il est vraisemblable qu'ils préféreroient encore la pêche de la morue aux travaux

de l'agriculture. La préparation de la morue seche occupe les habitans pendant presque toute l'année afin que les navires marchands trouvent leur charge en arrivant, & qu'ils ne soient pas obligés de faire une pause de trois à quatre mois, comme ceux qui viennent pour faire la pêche eux-mêmes. La pêche pour la morue, qu'on nomme morue seche, se fait à deux lieues des côtes ; les habitans & les navires y envoient tous les jours leurs chaloupes qui en reviennent toutes pleines. En abordant, les pêcheurs jettent leur poisson sur la grève. Là le décoleur, armé d'un couteau pointu & à deux tranchans, coupe la tête de la morue & lui fend le ventre pour la vuider. Un autre homme, qu'on nomme le trancheur, la prend dans cet état, & avec un couteau à un seul tranchant, long de six pouces, large de 18 lignes & fort épais du côté du dos pour en augmenter le poids, en détache avec dextérité l'arrête, à prendre depuis les deux tiers du côté de la tête jusqu'à la queue. Le saleur la reçoit de ses mains & la porte tout de suite dans un tonneau où il la met la peau en dessous ; il la saupoudre ensuite de sel, mais très-légèrement, ayant soin à mesure qu'il met les morues dans le tonneau de les arranger couche par couche. Ce poisson reste dans le sel 3 à 4 jours, quelquefois jusqu'à huit & même audelà, selon le temps ; après quoi on le met dans un endroit qu'on nomme le lavoir, & on le lave bien ; ensuite on en fait des piles qu'on appelle pâte ou arime. Quand il fait beau on l'étend d'abord la peau en dessous sur des espèces de claies qu'on appelle vigneaux, élevées de terre d'environ deux pieds, ou sur des pierres appellées graves. Avant la nuit on le tourne la peau en haut, & on en use ainsi toutes les fois qu'il tombe de la pluie. Quand la morue est tant soit peu seche, on la met par paquets de 5 à 6, & on continue de l'étendre jusqu'à ce qu'elle soit à demi-seche, toujours avec la précaution de lui tenir la peau en dehors durant la nuit & dans le mauvais temps. Cette opération dure plus ou moins selon le beau ou le mauvais temps. Quand la morue est à demi-seche on en fait des piles en rond de 12 à 15 pieds de haut, & on la laisse ainsi pendant quelques jours ; après quoi on la remet encore à l'air, & quand elle est presque seche on la met en tas & on la laisse suer ; on la change ensuite pour la dernière fois de place ; on appelle cette dernière opération récapiler. Enfin, cette morue ainsi apprêtée est ordinairement bonne & appétissante, plus ou moins cependant, selon le temps qu'on a eu, & l'habileté du maître de grave.

La morue que l'on prépare au printems & avant les grandes chaleurs, est communément la plus belle, de la meilleure qualité & la plus brumée, sur-tout quand elle n'a ni trop ni trop peu de sel. Le trop de sel la rend plus blanche, mais sujette à se rompre & à paroître gluante dans les mauvais temps. Au reste, le lingard, qui, dit-on, est le mâle de la morue, est meilleur & plus délicat que l'espèce en général. La morue qu'on pêche pendant l'automne, en octobre, novembre & décembre, & quelquefois en janvier, reste dans le sel jusqu'à la fin de mars ou au commencement d'avril. On la lave alors & on y fait les opérations ci-devant décrites. Sans être plus salée que l'autre, elle est moins estimée, ce qui est un indice certain que cette sorte de poisson ne peut être parfaitement apprêtée, qu'autant que la préparation s'en est faite dans un temps convenable & promptement. Il est essentiel aussi d'avoir de bon sel pour l'apprêt de la morue : le sel dont se servent les Anglois étant minéral, & par conséquent corrosif, lui donne un goût acre ; c'est la raison pourquoi leur morue n'est ni si bonne ni si estimée que la morue préparée par les François : cependant comme ils sont maîtres des grèves & des établissemens de Terre-neuve, & qu'ils peuvent donner leur poisson à meilleur marché que les François, ils en vendent plus qu'eux aux Espagnols, aux Italiens & dans les îles de l'Amérique.

Outre cette pêche que les Habitans de Terre-neuve font sur leurs propres côtes, & qu'on appelle par cette raison pêche sédentaire, il s'en fait une autre très-considérable par les navires qui viennent d'Europe, & de divers lieux de l'Amérique septentrionale, sur les bancs de Terre-neuve, dans la saison la plus convenable pour cette pêche : on l'appelle pêche errante ; elle se fait ordinairement proche le grand banc, où la morue se pêche en plus grande quantité que par-tout ailleurs. Ce fameux banc n'est pas un sable mouvant comme quantité d'autres bancs ; c'est un terrain ferme, pierreux, mêlé de sable & de gravier qui s'élève du milieu de la mer, & qui a plus de 200 milles anglois d'étendue du nord au sud. La mer est très-profonde aux environs, & l'on y trouve depuis 150 jusqu'à 200 brasses d'eau. Le banc est d'une largeur très-inégale, ayant de profondes découpures en beaucoup d'endroits, & s'étrécissant beaucoup aux deux extrémités, de manière cependant que l'extrémité septentrionale est plus étroite de moitié que la méridionale. Ce n'est pas seulement au grand banc que l'on va pêcher la morue ; il y a plusieurs petits bancs où l'on en pêche d'aussi bonne, & même, selon quelques-uns, de meilleure, entr'autres le banc verd, le banc neuf, le petit-banc & les banquereaux. Quoique tous les petits bancs s'appellent en général banquereaux, il n'y a néanmoins que ceux qui sont situés entre l'île de terre & Terre-neuve, qui portent proprement le nom de banquereaux. En général les meilleures, les plus grasses & les plus grandes morues sont celles qui se pêchent proche le grand banc du côté de sud ; aussi sont-elles toujours plus estimées. Celles qui se pêchent au nord de ce même banc, sont ordinairement petites & ne se vendent pas à beaucoup près aussi cher que les grandes. La morue se prend à la ligne ; la pêche est quelquefois si abondante, qu'en deux heures de temps on en peut prendre 250 : un pêcheur habile en prend jusqu'à 400 par jour.

Les navires qui font la pêche de la morue, &

ceux qui viennent acheter la morue préparée à Terre-neuve, après avoir pris leur chargement de ce poisson vont le porter dans les ports de l'Europe, où ils espèrent le vendre avec plus d'avantage. On fait divers assortimens de morue qu'on distingue ordinairement par les noms de poisson privé, dont la qualité est la-plus estimée, & est en effet supérieure à toutes les autres ; de poisson grand marchand ; de poisson moyen marchand ; de poisson petit marchand & de poisson de rebut. Outre ces distinctions particulières qui appartiennent spécialement à la morue sèche, il y en a une très-grande qui regarde la préparation de cette même morue & celle de la morue verte. Cette dernière se vend dans les mêmes barils où on l'a salée & encaquée. Cet encaque se fait ainsi : on commence par couper la tête du poisson ; puis on lui arrache les entrailles qu'on sale avec la langue ; on fend ensuite la morue pour en ôter l'arrête ; cela fait, on la sale & on en fait une première couche dans le baril, observant à mesure qu'on la place de la mettre tête à queue & queue à tête, avec la précaution de mettre entre les couches assez de sel pour que les peaux du poisson ne se touchent pas, & l'attention aussi de n'en pas trop mettre, car le défaut & l'excès du sel seroient également préjudiciables à la morue, & elle en seroit infailliblement avariée. Les entrailles de ce poisson qu'on nomme noues, les langues & les rogues ou raves, ou œufs, se salent dans les lieux de la pêche, & se vendent avantageusement, de même que l'huile qu'on tire des foies, dans les ports où les navires portent leurs chargemens.

Le commerce de la morue est infiniment précieux ; il occupe plus de 500 navires, & procure à ceux qui le font, des bénéfices souvent considérables. Les Anglois s'en étoient rendus les maîtres, & le possédoient presque sans concurrence avant la guerre actuelle. Ils en ont retiré de très-grands profits tout le temps qu'ils en ont été paisibles possesseurs.

Les colonies Angloises du continent de l'Amérique septentrionale, sont tellement étendues & peuplées, & elles faisoient un si grand commerce avant qu'elles eussent entrepris de secouer le joug de leur métropole, que nous ne pourrions entrer là-dessus dans quelque détail sans passer les bornes de notre plan. Nous nous contenterons donc de dire que la nouvelle Angleterre, dont Boston est la capitale, faisoit avant la révolution un grand commerce en fourrures & pelleteries, particulièrement en peaux de castors & d'orignaux ; en farines, biscuits, fromens & diverses autres sortes de grains; en sel & viandes salées; en poissons, entr'autres en morue verte & sèche; en chanvre, lin, poix, goudron, cendres calcinées & gravelées. Le même commerce se faisoit à la baie de Massachuset, au Connecticut, à l'île de Rhode & à la nouvelle Hampshire, provinces ou colonies qu'on peut regarder comme faisant partie de la nouvelle Angleterre. La Pensilvanie, province fertile en grains & légumes, fournissoit du froment, de l'orge, du ris, du maïs, des féves &

des melons ; il en fortoit encore des farines, du biſcuit, du bœuf & du porc ſalé, des jambons, du lard, du fromage, du beurre, du ſavon, du ſuif, de la bougie de l'arbre cirier, des chandelles de ſuif, de la cire ordinaire, de l'huile de lin, de l'huile de baleine, de la morue, des cuirs verds & des cuirs tannés, des bois de conſtruction & divers autres articles. La nouvelle York, dont *New-Yorck* eſt la capitale, & la nouvelle Jerſey faiſoient un grand commerce en bled & farines ; en huile de baleine & de veau marin ; en bois de conſtruction ; en peaux de caſtor, de loutres, d'ours & autres animaux. La Virginie & le Maryland, fertiles en grains & légumes, & ſur-tout en tabac, expédioient tous les ans plus de 500 navires en Europe & ailleurs, avec des chargemens compoſés en plus grande partie de tabac. Les deux Carolines, dont *Charles-town* eſt la capitale, la nouvelle Georgie & la Floride, provinces où ſe recueillent abondamment du ris d'une qualité ſupérieure & infiniment eſtimé ; du lin, du goudron, du tabac, du coton, de l'indigo, &c. faiſoient un grand commerce de tous ces articles. Les habitans de la nouvelle Ecoſſe, ou Acadie, dont *Halifax* eſt la capitale, ceux de la nouvelle Bretagne, ou Labrador, & ceux de la baie de Hudſon, faiſoient pareillement un grand commerce en pelleteries, en morue & autres poiſſons ſecs & ſalés, en huile de poiſſon, & notamment de baleine. Enfin, le Canada, que les Anglois poſſedent depuis la paix de 1762, eſt un pays très-riche en peaux de caſtor, d'orignaux & autres animaux.

Les habitans de l'Amérique ſeptentrionale ont toujours eu la liberté d'expédier directement leurs productions dans les pays de l'Europe, où ils comptoient les vendre plus avantageuſement ; & ce commerce étoit devenu tellement étendu, qu'il faiſoit déja un tort infini à celui de pluſieurs peuples du nord, accoutumés de temps immémorial à fournir au midi de l'Europe pluſieurs marchandiſes que les Américains étoient en état de fournir à meilleur marché qu'aucune nation Européenne.

§. IV. Les Anglois ont, ſur une partie des côtes d'Afrique, des forts & des loges, pour la protection du commerce, & pour la traite des négres dont ils ont beſoin pour leurs colonies d'Amérique. Tout négociant Anglois a la liberté d'y porter des marchandiſes, & d'en rapporter ſelon ſon bon plaiſir. La côte depuis le Cap-Verd juſqu'à Sierra-Leona, eſt peu fréquentée par les Anglois ; ils ont preſqu'entièrement renoncé au commerce qui s'y fait, & n'ont conſervé que le fort de S. James, le port de Joar, appelé *Kower*, & quelques autres loges & comptoirs au Sénégal, dans le département de la Gambra ou Gambie, d'où ils tirent des eſclaves, de l'ivoire, de la gomme, de la cire & des cuirs. Preſque ſeuls maîtres du commerce de la rivière de Serre-Leone juſqu'à la rivière d'Ardres, ils tirent auſſi de ces cantons du ris, de la civette, de l'ambre gris & du morfil ou ivoire brute, qui eſt une des meilleures

de la côte d'Afrique. Ils ont un établiſſement au Cap-Monte, ſur la côte de Maniguette ; un autre au Cap-Corſe, ſur la côte d'Or, & quelques forts, loges & comptoirs répandus ſur les côtes d'Acara, de Lampi, de Juda & d'Ardres : ils tirent des eſclaves de tous ces endroits. Le commerce que les Anglois font à la côte du royaume de Benin, ſur le golfe de Guinée & à Congo, eſt peu conſidérable ; en revanche ils tirent d'Angola dans le Congo, de Loango, de Malimbo & de Cabindo, les meilleurs négres qui ſoient en Afrique. Ces pays fourniſſent en outre de l'ivoire, de petits pois à boire, de l'huile de palmier & des plumes de lit.

Les Anglois ne fréquentent pas ſeulement en Afrique les pays où l'on fait la traite des négres ; ils étendent leur commerce ſur quelques côtes juſqu'au-delà du Cap de Bonne-Eſpérance, en deça du Cap-Verd ; mais ce commerce ne procurant à cette nation aucune marchandiſe dont elle puiſſe trafiquer avec les peuples de l'Europe, nous le rangeons dans la claſſe des branches acceſſoires du commerce principal, dont les bornes de cet ouvrage ne nous permettent pas de nous occuper.

§. V. Le commerce d'exportation de la Grande-Bretagne peut être diviſé en deux parties ; ſçavoir, le commerce des productions du pays, tant naturelles qu'artificielles, & le commerce des denrées & marchandiſes de ſes poſſeſſions en Amérique, en Aſie & en Afrique. Sous ces deux points de vue, le commerce d'exportation eſt preſqu'entièrement concentré dans la ville de LONDRES, capitale du royaume de la Grande-Bretagne, l'une des plus grandes, des plus riches & des plus floriſſantes villes de l'univers ; elle eſt ſituée à 51½ degrés de latitude ſeptentrionale au nord de la Tamiſe, ſur une coline dont le fond eſt de gravier. Londres a tous les avantages qu'on peut ſouhaiter pour une ville commerçante. Les plus gros navires marchands y viennent juſqu'au quai de la douane, proche du premier pont. La Tamiſe eſt ſi remplie de navires de ce côté-là, qu'on croit voir une grande forêt ; il y entre & il en ſort tous les ans pluſieurs milliers de bâtimens de toutes les grandeurs. Londres eſt remarquable par un grand nombre de beaux édifices publics & particuliers. La *douane*, ſituée ſur le bord de la Tamiſe, eſt une des plus belles & des plus vaſtes qu'on puiſſe voir ; les magaſins qui ſont accolés ſont d'une grandeur & d'une étendue extraordinaire. Il y afflue une ſi grande quantité de monde pour affaires, qu'on a peine à y aborder. La *bourſe royale* eſt le plus noble édifice en ce genre qui ſoit dans l'univers ; elle a coûté cinquante mille livres ſterlings, & rend 4 mille livres de rente par an. Les négocians & tous autres faiſant commerce, s'y aſſemblent tous les jours de la ſemaine. Près de la bourſe, à l'hôtel des épiciers, eſt la *banque royale d'Angleterre*. Son crédit eſt immenſe ; ſes billets ont cours comme l'or & l'argent, & facilitent extrêmement le commerce du pays. Les particuliers dépofent leur argent dans cette banque quand ils veulent, & le retirent de même quand il leur plaît. Les paiemens s'y font ou par tranfport des comptes, ou par billets payables au porteur, ou en argent effectif, qui ne differe en rien de l'argent courant. Cette banque fut établie fous Guillaume III, pour fournir, par prêt d'argent, aux befoins de l'état en payant 8 p̃ d'intérêt ; mais au commencement le principal ne devoit pas excéder 1,200,000 livres fterlings. En 1699 l'ordre qui fut donné de porter à l'hôtel des monnoies tout l'argent frappé au marteau, ayant prodigieufement fait baiffer le crédit de la banque, on jugea devoir le rétablir en ajoutant 800,000 liv. au premier capital ; en même temps le terme qui lui avoit été donné, fut prolongé par acte de parlement jufqu'à l'année 1719. Le capital ayant ainfi augmenté par de nouvelles foufcriptions, & cés foufcriptions devant être acquittées par des taillis ou par des billets de banque, la banque recouvra promptement fon crédit ; enforte qu'en peu de temps les billets de banque qui ne portoient point d'intérêt paffèrent pour argent comptant, & ceux qui portoient intérêt furent eftimés plus que l'argent. Le crédit de la banque ainfi rétabli, les affaires changèrent de face, & l'argent circula à des conditions raifonnables. Depuis cette époque le crédit de la banque a encore augmenté, & le terme de fa durée a été prorogé à diverfes reprifes. La banque royale d'Angleterre a les mêmes officiers que l'échiquier. (Il y a deux échiquiers établis à Londres ; l'un nommé grand échiquier, eft proprement une cour de juftice, ou chambre des comptes, où l'on juge les caufes touchant le tréfor & les revenus du roi : l'autre appellé petit échiquier, eft le tréfor même, auquel on donne auffi le nom de tréforerie. C'eft de ce dernier qu'on entend parler communément par le fimple nom d'échiquier : fes billets ont cours dans le commerce fur le pied des billets de banque & des actions des compagnies de commerce.) Elle eft principalement fous la direction d'un gouverneur & fous-gouverneur qui, avec les autres officiers, forment enfemble une communauté. Le parlement eft garant de la banque ; c'eft lui qui affigne les fonds néceffaires pour les emprunts qu'elle fait pour l'état. Ceux qui veulent mettre leur argent à la banque, en reçoivent des billets dont les intérêts leur font payés jufqu'au jour du remboursement à raifon de 5 p̃ par an.

Les officiers de la banque font publier de temps en temps les paiemens qu'ils doivent faire, & pour lors ceux qui ont befoin de leur argent, le viennent recevoir : il eft cependant permis aux particuliers d'y laiffer leurs fonds, s'ils le jugent à propos, & les intérêts leur en font continués fur le même pied à 5 p̃ par an. Comme il n'y a pas toujours des fonds à la banque pour faire des paiemens, ceux qui ont befoin de leur argent, dans le temps que la caiffe de la banque eft fermée, négocient leurs billets à plus ou moins de perte, fuivant le crédit que ces papiers ont dans le public ; ce qui fe regle ordinairement fur l'idée qu'on a du bon ou mauvais fuccès des affaires de l'état. Cette banque, qui eft compofée du capital dont nous avons parlé ci-deffus, lequel fut fourni par plufieurs particuliers, fait valoir fes fonds non-feulement en prêtant de l'argent à l'état, comme nous l'avons obfervé plus haut, mais auffi en efcomptant les lettres de change qu'on lui préfente, & le profit qu'elle en tire fe partage entre les intéreffés ou actionnaires : ceux-ci peuvent céder ou vendre leurs actions à qui leur plaît ; ce trafic fe fait à peu près de la même manière que celui de la vente & achat des actions de commerce, & a fouvent le même fort, les actions augmentant ou baiffant, fuivant le crédit qu'elles confervent, ou le difcrédit où elles tombent.

Prefque tout le commerce d'Angleterre fut d'abord entre les mains d'un grand nombre de compagnies ou fociétés de commerce privilégiées, & chacune l'exerçoit exclufivement dans le pays dont elle avoit obtenu la conceffion par fa chartre. Voici quels étoient les noms des principales de ces fociétés, dont une partie exifte encore : la compagnie Angloife des Indes orientales, qui fut établie en 1599 ; la compagnie Angloife du fud, établie à la fin du 17ᵉ fiecle ; la compagnie Angloife d'Afrique, vers le milieu du 17ᵉ fiecle ; la compagnie Angloife du levant, fous le régne d'Elifabeth ; la compagnie Angloife de Hambourg, la plus ancienne de toutes, puifque fa première chartre date du 5 février 1406, fous le régne de Henri IV, roi d'Angleterre ; la compagnie Angloife de Mofcovie ou de Ruffie, dont la chartre date du 26 février 1555 ; la compagnie Angloife de la baie de Hudfon, qui fut établie en 1681 ; les compagnies de la Virginie, de la nouvelle Angleterre, de la nouvelle Yorck, de la Penfilvanie, de la nouvelle Ecoffe ou Acadie, de Maffachufet, de Connecticut, des Bermudes ou ifles d'Eté & de la Caroline, lefquelles compagnies furent établies pour le défrichement des terres dans chacun de ces pays quand on y fonda des colonies. Mais aujourd'hui que commerce eft parfaitement libre en Angleterre, fi l'on en excepte celui des Indes orientales qui fe trouve encore au pouvoir de la compagnie des mêmes Indes ; chaque négociant ce royaume peut trafiquer là où il veut, & le commerce ne fe trouve que mieux d'une liberté qui ne fçauroit lui être préjudiciable.

Les marchandifes du fol de la Grande-Bretagne, dont on fait commerce avec l'étranger, font l'étain & le plomb, le charbon de terre, l'alun & la couperofe ; celles que l'induftrie de fes habitans lui procure, font des draps & autres étoffes de laine, des bas de laine, de la quincaille, du fer-blanc, de la fayence, de la bierre & quelques autres articles; celles enfin que ce royaume tire de fes poffeffions dans le vieux & le nouveau monde, font les marchandifes & denrées des Indes orientales, de l'Amérique & de l'Afrique : nous en donnerons quelques comptes fimulés pour l'ufage de ceux qui feront dans le cas de tirer quelques-unes de ces marchandises.

De tous les pays de l'Europe, il n'y en a point qui ait des mines d'étain aussi abondantes & d'une aussi bonne qualité que la Grande-Bretagne. L'étain est un métal blanc comme l'argent, très-flexible & fort mou ; quand on le plie, il fait un bruit ou cri qui le caractérise & auquel il est aisé de le distinguer. C'est le plus léger de tous les métaux ; il n'est presque point sonore quand il est sans alliage ; mais il le devient quand il est uni avec d'autres substances métalliques : c'est donc une erreur de croire, comme font bien des gens, que plus l'étain est sonore, plus il est pur. Les mines d'étain ne sont pas si communes que celles des autres métaux.

Les provinces de Dévonshire & de Cornouailles en Angleterre, en possèdent plusieurs où l'on exploite une très-grande quantité de ce métal. D'une autre part les provinces de Derby, de Northumberland & quelques autres ont des mines fécondes en plomb, dont la qualité est très-estimée. Tout le monde connoît ce métal mou, pésant, noirâtre, en un mot le moins prisé de tous les métaux. Il est des physiciens qui regardent l'étain comme la première qualité du plomb, le bismuth comme la seconde, & le plomb noir comme la troisième. Ce dernier se brûle très-facilement & se réduit en chaux grise. Ce résidu exposé à un feu violent devient jaune & enfin rouge : c'est là qu'on l'appelle *mine de plomb, minium* ou *vermillon.*

Compte simulé de quelques parties d'*étain, de plomb* & de *vermillon.*

		L.		
20 Blocs d'étain pesant 70 quintaux à 71 s. le quintal rendu à bord du navire . . L.		248	10	"
20 Barrils d'étain en barres, pesant 80 quintaux à 72 s. 6 d. à bord		290	"	"
100 Saumons de plomb raffiné, pesant 149 quintaux 3 quarts 17 ℔ à 14 l. 10 s. le fodder de 19½ quintaux		111	9	8
100 Barrils de vermillon, pesant 89 quintaux 1 quart 7 ℔ tare à 21 ℔ par barril, ... 1 . . . 3 . . . 4 . .				
Net 87 quintaux 1 quart 21 ℔ à 14 s. 9 d.		64	9	8
L.		714	9	4
Menus frais, connoissemens, passeport, &c. . . . . L. " 9 10				
Commission d'expédition à 2 p⁰⁄₀ 14 5 10				
		14	15	8
L. st.		729	5	"

Le charbon de terre ou minéral est une substance inflammable, composée d'un mélange de terre, de pierre, de bitume & de soufre. On en distingue ordinairement deux espèces ; la première est grasse, dure & compacte ; sa couleur est d'un noir luisant, comme celle du jayet : il est vrai qu'elle ne s'enflamme pas aisément ; mais, une fois qu'elle est allumée, elle donne une flamme claire & brillante, surmontée d'une fumée forte épaisse : c'est la meilleure espèce. Le charbon de la seconde espèce est tendre, friable & sujet à se décomposer à l'air ; il s'allume

assez aisément ; mais il ne donne qu'une flamme de peu de durée : il est inférieur à celui de la première espèce. C'est la différence qui se trouve entre ces deux espèces de charbons fossiles, qui semble avoir donné lieu à la distinction que quelques-uns font du charbon de terre & du charbon de pierre. On trouve du charbon fossile ou minéral dans presque toutes les parties de l'Europe & surtout en *Angleterre* ; celui des environs de Newcastle est le plus estimé, aussi fait-il une branche très-considérable du commerce de la Grande-Bretagne.

Compte simulé de 76 Weys, égaux à 60 chaldrons *charbon de terre*, chargés en

			L.		
grenier, à 13 s. 4 d. . . . . L.			50	13	4

FRAIS D'EXPÉDITION.

	L.					
Droits de sortie à 25 s. par chaldron de 61 boisseaux, ... L.	75	"	"			
Nouvel impôt de 1779, à 5 p⁰⁄₀ sur L. 75	5	15	"			
Droit de ville 3 s. droit de quai 18 s. & entrée 3 s. 6 d.	1	4	6			
Visite, officiers du roi & dépêches	1	5	"			
Port à bord & connoissement, ...	"	13	2			
Commission d'expédition sur L. 135 à 2 p⁰⁄₀	2	14	"			
				86	11	8
L. st.				137	5	"

Les

Les mines d'alun d'*Angleterre* qui se trouvent dans les provinces d'Yorck & de Lancastre, sont en pierres bleuâtres assez semblables à l'ardoise. On fait des monceaux de ces pierres & on y met le feu pour faire évaporer le soufre qu'elles contiennent. Le feu s'éteint de lui-même après l'évaporation. Alors on met en digestion dans l'eau pendant vingt-quatre heures la pierre calcinée ; ensuite on verse dans des chaudières de plomb l'eau chargée d'alun. On fait bouillir cette eau avec une lessive d'algue marine, jusqu'à ce que ce mélange soit réduit à un certain degré d'épaississement ; cela fait on y verse une certaine quantité d'urine pour précipiter au fond du vaisseau le soufre, le vitriol & les autres matières hétérogènes ; après quoi on transvase la liqueur dans des baquets de sapin. Peu-à-peu l'alun se cristalise & s'attache aux parois des vaisseaux. On l'en retire en cristaux blancs, que l'on fait fondre sur le feu dans des chaudières de fer. Lorsque l'alun est en fusion, on le verse dans des tonneaux ; il s'y refroidit, & on a des masses d'alun de la même forme que les tonneaux qui ont servi de moules. On a aussi appellé cet alun, *alun de roche* peut-être parce qu'il est en grandes masses. Il est plus ou moins beau, selon qu'il a été bien ou mal purifié : il s'en trouve quelquefois de couleur noirâtre & un peu humide. Le meilleur est blanc, clair, transparent, sec & peu rempli de menu & de pied. Dans les mines d'alun d'*Angleterre* on voit couler sur les pierres alumineuses une eau claire d'un goût styptique. On tire de l'alun de cette eau en la faisant évaporer.

Compte simulé de 6 barriques d'alun d'Angleterre pesant

Brut . .	86 quintaux 3 quarts 21 ℔			
Tare . . 753 ℔	6	3	21	
Bon poids 24 .				

				L.			
Net	79 quintaux,	à 21 l. 3 d. . . . . L.	83	18	9

FRAIS D'EXPÉDITION.

	L.		
Droits d'exportation sur 79 quintaux à 1 s. . . . . L.	3	19	//
Pour les barriques à 6 s. piéce, ...	1	16	//
Entrée, 4 s. 6 d. visite, droit de quai & gabarre, port à bord & connoissement, 17 s. 10 d.	1	2	4
Courtage d'achat à ½ p°.	//	8	5
Commission d'expédition sur L. 91, 5, 6, à 2 p°.	1	16	6

		L. st.			
			9	2	3
			93	1	//

Les draps & étoffes de laine d'*Angleterre* ont toujours été beaucoup estimés & d'un débit courant en Espagne, où la consommation en a été si considérable ; qu'elle formoit avant la guerre actuelle une des plus intéressantes branches du commerce d'*Angleterre* ; c'est pourquoi nous en donnons les comptes simulés suivans :

Compte simulé de 10 piéces de drap bleu ordinaire de 52 pouces de large sur 28 yards de long, qui font 280 yards, comptés seulement pour 270, à 4 sh. le yard, . L.   54   //   //

FRAIS D'EXPÉDITION.

	L.		
Papier, à 2 s. d. . . . . L.	1	5	//
Emballage 10 s. frais de douane, port à bord, &c. 5 s. 4 d. . . .	//	15	4
Commission d'expédition à 2 p°. sur L. 56	1	2	5

		L. st.			
			3	2	9
			57	2	9

Compte simulé de 8 piéces de drap superfin d'Angleterre, mesurant 228 yards, comptés seulement pour 220, à 22 s. le yard . . . . L.   242   //   //

Tranſport de l'autre part . . . . L.   242   //   4

FRAIS D'EXPÉDITION.

Pour étendre ces 8 piéces , apprêter , meſurer , plier & mettre en
    toiletes , à 7 ſ. . . . . L.   2   16   //
Emballage 10 ſ. , frais de douane , port à bord , &c. . . . . . .   //   16   4
Commiſſion ſur L. 245 , à 2 p.º   4   18   //

                                  7   10   4

                          L. ſt.   249   10   4

Compte ſimulé de diverſes étoffes de laine des fabriques Angloiſes , propres pour le commerce d'Eſpagne & de Portugal.

10 Piéces *ermines* , d'un yard de large & de 45 yards de long , en diverſes couleurs ,
    à 2 ſ. 6 d. le yard , ... L.   56   5
10 Piéces *bayetons* de ⁷⁄₄ de large & 37½ yards de long , en diverſes couleurs , à 5 ſ. .   93   15   //
10 Piéces *ratti-coatings* , mêmes largeur & longueur , à 6 ſ. 6 d.   121   17   6
10 Piéces *ratines* , de ⁶⁄₄ de large & 37½ yards de long , en diverſes couleurs , à 6 ſ. .   108   //   //

                              L.   379   17   6

Pour meſurer , plier & mettre en papier , à 1 ſ. 6 d. . . . . L.   3   //   //
Emballage de 4 balles à 10 ſ. chacune , frais de douane , ...   2   18   6

                                  5   18   6

                          L. ſt.   385   16   //

10 Piéces *ſerge de Nîmes* , de 30 yards la piéce , à 65 ſ. la piéce , . L.   32   10   //
Teinture en noir , à 3 ſ. 6 d.   1   15   //

                                  34   5   //

Pour les ſécher , calendrer , apprêter & plier en papier
    à 2 ſ. 6 d. . . . . L.   1   5   //
Emballage 8 ſ. frais de douane , port à bord . . .   //   12   6

                                  1   17   6

                                  36   2   6

12 Piéces *ſatins de Nîmes* ſuperfins de 45 yards de long , me-
    ſurant enſemble 540 yards comptés pour 528 , en blanc , à 3 ſ.
    4 d. le yard . . . . L.   88   //   //
Teinture en noir , à 6 ſ. la piéce   3   12   //

                                  91   12   //

Pour les ſécher , apprêter , meſurer & plier , à 3 ſ. L.   1   16   //
Emballage 12 ſ. douane & port à bord , 7 ſ. 4 d. . .   //   19   4

                                  2   15   4

                                  94   7   4

20 Piéces *ſempiternes* de 30 yards , à 30 ſ. en blanc . . . . . L.   30   //   //
Teinture de 10 piéces , en noir , muſc , café , &c. à 3 ſ.   1   10   //
Dite des 10 dite , en bleu , verd , rouge , &c. à 5 ſ.   2   10   //

                                  34   //   //

Pour les ſécher , apprêter , calendrer , plier , &c. . L.   1   12   6
Emballage 8 ſ. frais de douane & port à bord . .   //   12   6

                                  2   5   //

                                  36   5   //

                           L.   552   10   10

Transport de l'autre part · · · · · · · · · · · · · · · ·L.   552   10 10

20 Piéces *durances* de 45 pouces de large & 35 yards de long, dont

8 Piéces couleur de café , noir & clairet, à 32 f. · · · · · · · ·L.	12	16	"
8 Dites bleu , verd , rouge, violet, à 34 f. · · · · · · · · · ·	13	12	"
4 Dites , écarlate, cramoifi , à 45 f. · · · · · · · · · · · ·	9	"	"

20 Piéces ·L.	35	8	"
Emballage 10 f. port à la douane, frais jufqu'à bord & connoiffement 6 f. 4 d. · · · · · · · · · · · · · · · · ·	"	16	4

                                           36   4   4

20 Piéces *barragans* teintes en couleurs ordinaires , dont

10 Piéces ordinaires mefurant 30 yards , à 75 f. la piéce · · ·L.	37	10	"
10 Dites fuperfines de 50 yards la piéce, à 3 f. 6 d. le yard · · ·	85	15	"

                                   123   5   "

Pour mefurer , plier & mettre en papier · · · ·L.	"	15	"
Emballer 18 f. port à bord & frais de douane, · · ·	1	7	4

                                  2   2   4   125   7   4

10 Piéces *flanelles* , larges , fines , reblanchies, de 64 yards la piéce,

font 640 yards comptés pour 600 verges à 2 f. 6 d. · · · · ·L.	80	"	"
Mefurer, plier, mettre en papier, &c. à 4 f. 1½ ·L.	2	1	3
Emballage 10 f. port à bord & frais de douane, · ·	"	16	5

                                2   17   8   82   17   8

30 Piéces *étamines* ou *serges fégoviennes fines* , couleurs mélangées ,

de 27 pouces de large & 45 yards de long, à 52 f. · · · · ·L.	78	"	"
Pour les examiner, mefurer, plier, &c. à 9 d. · ·L.	1	2	6
Emballage 10 f. port à bord & frais de douane · · ·	"	16	4

                                1   18   10   79   13   10

10 Piéces *bayettes de Miliquin* fines , mefurant 1046 aunes de Brabant, comptées feulement pour 1010 aunes , dont 103 en rouge , 104 en bleu ; 211 en verd , 107 en jaune, 107 en noir , 306 reblanchies , à 16 d. l'aune en blanc · · · · · ·L.

· ·L.	67	6	8
Teinture de 4 piéces en rouge , bleu & verd, à 24 f. · · · · · ·	4	16	"
De 1 dite , en jaune, · · · · · · · · · · · · · · ·	1	2	"
De 1 dite , en noir , · · · · · · · · · · · · · · ·	"	16	"
De 1 dite , en écarlate , · · · · · · · · · · · · · ·	5	"	"
Pour reblanchir 3 piéces · · · · · · · · · · · · · ·	2	2	"

                              L.   81   2   8

Pour fécher, tirer, mefurer , plier, &c. à 4 f. ·L.	1	13	4
Emballage 10 f. port à bord , douane, &c. · · ·	1	7	4

                                3   "   8   84   3   4

20 Piéces *bayettes alconcher* fines , à 100 f. en blanc · · · · ·L.

20 Piéces bayettes alconcher fines , à 100 f. en blanc · · · · ·L.	100	"	"
Teinture de 4 piéces en écarlate à 50 f. · · · · · · · · · ·	10	"	"
De 6 dites , dont 2 rouges , 2 vertes , 2 bleu de roi, à 12 f. · ·	3	12	"
De 2 dites en rose , à 37 f. 6 d. · · · · · · · · · ·	3	15	"

                          L.   117   7   "   961   2   4

	L.					
Tranſport de l'autre part . . . . L.	117	7	4	961	2	4
De 2 dites , en jaune , à 10 ſ. . , ...	1	ʺ	ʺ			
De 6 dites, reblanchies, à 7 ſ.	2	2	ʺ			
L.	120	9	4			
Pour tirer, ſécher, meſurer & plier à 1 ſ. 8.d. . L. 1 13 4						
Emballage 20 ſ. port à bord & frais de douane , . . 1 13 4						
. 3 . 6 . 8				123	15	8
22 Piéces *bukrans*, meſurant 852 yards à 7½ ꝺ . . . . L.	26	12	6			
Emballage 8 ſ. frais de douane , port à bord , &c. 5 ſ. 4 d. . . , .	ʺ	13	4			
				27	5	10
20 Piéces *brocards ſatinés* à fleurs , de 18 pouces & 32 yards , en diverſes couleurs aux échantillons , à 66 ſ. . . . . L.	66	ʺ	ʺ			
20 Piéces *ſatins* à fleurs, de 18 pouc. 32 yards à 50 ſ.	50	4	4			
30 Piéces *camelotins* rayés & quadrillés de 20 pouces & 30 yards, à 35 ſ.	52	10	ʺ			
20 Piéces *damas*, en laine à fleurs , de 22 pouces & 40 yards, à 110 ſ. la piéce, ...	110	ʺ	ʺ			
20 Piéces *ſatins* unis & rayés, de 19 pouces & 30 yards, en couleurs ordinaires, à 40 ſ.	40	ʺ	ʺ			
20 Piéces *callamandres* unies & rayées, de 18 pouces & 32 yards, à 36 ſ.	36	ʺ	ʺ			
L.	354	10	ʺ			
Pour examiner & plier ces 130 piéces à 6 ꝺ . . L. 3 5 ʺ						
Emballage à 10 ſ. par balle . . . . 3 ʺ ʺ						
Frais de douane , port à bord & connoiſſement . . ʺ 13 4						
6 18 4				361	8	4
4 Piéces *morines* de 30 yards, ſuperfines, à 44 ſ. . . . . . . L.	8	16	ʺ			
8 Piéces *bombazins* de 60 yards, dits à 120 ſ.	48	ʺ	ʺ			
Emballage, port à bord & frais de douane , &c.		13	4			
				57	9	4
20 Piéces *tabis*, ou *camelots*, en ſoie & poil de chevre, ſuperfins, en diverſes couleurs, meſurant 66 yards chacune , enſemble 660 yards comptés ſeulement, pour 620 yards, à 5 ſ. 9 ꝺ l'aune . L.	178	5	ʺ			
Emballage 8 ſ. frais de douane , 5 ſ. 4 ꝺ	ʺ	13	4			
				178	18	4
4 Piéces de *camelots* ſuperfins de 27 pouces & 40 yards à 95 ſ. . . . . L.	19	ʺ	ʺ			
4 Dites , 22 dites , 50 dits , à 74 ſ.	14	16	ʺ			
4 Dites , de 22 dites , 40 dits , à 50 ſ.	10	ʺ	ʺ			
Emballage 6 ſ. port à bord & autres frais, 4 ſ. 4 d.	ʺ	10	4			
				44	6	4
300 Piéces *buntings*, ou toile de lin pour pavillon, de ⅝ de yard de largent & 44 yards de longueur, à 17 ſ. 6 la piéce en blanc . L.	262	10	ʺ			
Teinture de 100 piéces en écarlate, à 7 ſ. 9 d.	38	15	ʺ			
De 100 dites en bleu de roi , à 2 ſ.	10	ʺ	ʺ			
Les 100 autres reſtent en blanc . . . . L.	311	5	ʺ			
L.				1754	6	4

Transport de l'autre part . . . . L.	311	5	//		1754	6	2

Emballage des 300 en 6 balles, à 10 f. . . . . L.   3 // //
Frais de douane, port à bord & connoiffement . . . 1 6 4

           4 6 4   315 11 4

20 Piéces *ferafines* larges, ou *emboff'd ells* de 37 ½ yards, à 50 f. la
    piéce en blanc . . . . L.   50 // //
Impreffion de 10 piéces en trois couleurs, fond citron avec fleurs
    rouges, vertes & bleues, faifant 375 yards à 7 ½ d. 11 14 5
Impreffion de 10 piéces en deux couleurs, fond blanc avec fleurs
    rouges & noires, 375 yards à 6 d. 9 7 6

                L.   71 1 11

Examiner, mefurer & plier ces 20 piéces, à 9 d. . L.   // 15 //
Emballage 12 f. port à bord, douane, &c. 8 f. 4 d. .   1 // 4

         1 15 4   72 17 3

20 Piéces *chalons* fins de 30 yards, à 35 f. en blanc . . . . . . L.   35 // //
Teinture de 10 piéces, en noir & couleurs communes à 2 f. . .   1 // //
     De 6 dites, en bleu, verd & rouge à 3 f. . . . . .   // 18 //
     De 4 dites, en écarlate & cramoifi, à 18 f. . . . .   3 12 //

                L.   40 10 //

Sécher, apprêter, luftrer & plier, à 2 f. 6 d. . . L.   2 10 //
Emballage 8 f. port à bord & frais de douane . . .   // 14 4

         3 4 4   43 14 4

10 Piéces *anafcotes* fines, de 30 yards, à 60 f. en blanc . . . . . L.   30 // //
10 Dites, fuperfines, de 42 dits, à 126 f. . . . .   63 // //
Teinture de 10 piéces de 30 yards, en noir, à 4 f. . . . .   2 // //
Reblanchiffage & apprêt de 10 piéces de 42 yards, à 6 f. 1 ½ d. . .   3 1 3

                L.   98 1 3

Sécher, apprêter & plier les 10 piéces en noir . L.   // 10 //
Emballage en deux balles à 8 f. chacune . . . . .   // 16 //
Port à bord, frais de douane & connoiffement . .   // 13 4

         1 19 4   100 // 3

80 Piéces *amens*, dont 20 brochées à fleurs, 20 figurées, 20 rayées &
   20 unies, de 30 yards, à 42 f. en blanc . . . . L.   168 // //
Teinture de 60 piéces en couleurs ordinaires, à 3 f. . . . . . .   9 // //
     De 12 dites, en bleu, verd, rouge, &c. à 4 f. 6 d. . . .   2 14 //
     De 8 dites, en écarlate & cramoifi, à 21 f. . . . . .   8 8 //

                L.   188 2 //

Sécher, apprêter, calendrer & plier à 1 f. 8 . . L.   6 13 4
Emballage en 4 balles à 10 f. chacune . . . . .   2 // //
Frais de douane, port à bord & connoiffement . . .   // 18 4

         9 11 8   197 13 8

                           L.   2484 13 4

Commiffion d'expédition, à 2 p° . . . .   49 14 //

                    L. ft.   2534 7 4

Compte simulé de différentes autres fortes d'étoffes, fçavoir;

				L.		
1 Piéce coton fin de Nîmes, ... d'½ yard large fur 32 yards, à 3 f. 6d. **L.**				5	12	//
1 Dite , dit, *thickfetts* à carreaux . . . . ½ dit , & 30 dits, à 3 4 . .				5	//	//
1 Dite , bazin cordé , ... ½ dit , & 30 dits, à 2 8 . .				4	//	//
1 Dite , fatinet fin , ... ½ dit , & 30 dits, à 3 10 . .				5	15	//
1 Dite , coton piqué , pour jupes , ... 1 dit , & 30 dits, à 5 9 . .				8	12	6
1 Dite , jennets , ... ½ dit , & 30 dits, à 2 10 . .				4	5	//
1 Dite , petit velours , foit *velveret* noir, . . ½ dit , & 30 dits, à 3 6 . .				5	5	//
1 Dite , velours de manchefter, noir fuperfin, . ½ dit , & 30 dits, à 10				15	//	//
1 Dite , dit, tramé de velours génois , . . . ½ dit , & 30 dits, à 11				16	10	//
1 Dite , velours figuré , imprimé à carreaux, ½ dit , & 30 dits, à 7 6 . .				11	5	//
1 Dite , dit, à raies de différentes couleurs , . ½ dit , & 30 dits, à 7 6 . .				15	5	//
1 Dite , bafin fuperfin à côtes , ... ½ dit , & 30 dits, à 3 4 . .				5	//	//
			L.	97	9	6

Coût de la caiffe . . . . **L.**	//	10	6
Port à bord , frais de douane & connoiffement . . . . . , . .	//	5	4
Commiffion d'expédition fur **L.** 98 à 2 p°⁄°	1	19	2
		2	15	//
	L.	100	4	6

Les bas de laine ont toujours fait une branche importante du commerce d'*Angleterre* ; il s'en faifoit ci-devant, pour l'Efpagne furtout, des exportations confidérables, mais qui ont extrêmement diminué depuis que l'introduction de cet article a été défendue dans ce royaume. Il y a à *Londres* des magafins pour les différentes fortes de bas ; fçavoir , des magafins où l'on ne vend que des bas d'Écoffe ou d'Aberdeen ; ce font des bas communs tricotés à l'aiguille & de bonne durée ; ils font de couleur mélangée ; la laine eft teinte avant d'être tricotée. Les prix font de 18 à 30 fh. la douzaine. Il y a d'autres magafins pour les bas de Jerfey. Ceux-ci font auffi tricotés , s'achettent en blanc & font ordinairement teints à *Londres* par les acheteurs. Il y a enfin des magafins pour les bas des différentes provinces d'*Angleterre* , notamment des comtés de Leicefter , Derby & Nottingham. Ces bas font faits au métier en toute forte de qualités , & coûtent depuis 20 jufqu'à 48 fh. la douzaine. Les fabriques de bas de Nottingham & de Derby travaillent dans les qualités fines & celles de Leicefter dans les qualités moyennes & communes. Ces mêmes fabriques fourniffent plufieurs autres articles, comme veftes, bonnets, piéces pour culotes , ainfi que des bas de foie, de coton & de fil. Voici un compte fimulé des bas de laine :

10 Douzaines bas tricotés à l'aiguille affortis depuis 18 jufqu'à 28 f. la douzaine, en écru, ... **L.**	11	13	//
Teinture en couleurs ordinaires, à 2 f. 8 d.	1	6	8
10 Douzaines bas au métier, pour enfans de l'âge de trois à huit ans, couleur mélangée, affortis depuis 5 f. 8 d. jufqu'à 7 f. 6 d. la douzaine, ...	2	11	//
10 Douzaines bas au métier pour garçons de l'âge de 9 jufqu'à 18 ans , couleur mélangée , affortis depuis 10 f. 6 d. jufqu'à 25 f. la douzaine, ...	8	14	//
13 Douzaines bas au métier pour homme , couleur ordinaire, avec ou fans apprêt , affortis depuis 16 f. jufqu'à 40 f. la douzaine , ...	18	4	//
	L.	42	7	8

Coût du coffre , en poil bleu, avec ferrure de métal, ... **L.**	1	1	//
Frais de douane , port à bord, connoiffement &c.	//	8	10
Commiffion d'expédition fur **L.** 43¼ à 2 p°⁄°	//	17	2
		2	7	//
	L.	44	14	8

La quincaillerie, qu'on écrit & qu'on prononce quelquefois *clinquaillerie* , eft un terme général de négoce qui renferme une infinité d'efpéces différentes de marchandifes d'acier , de fer & de cuivre ouvrés , qui font partie du commerce de la mercerie. Nous n'entrerons pas dans le détail des noms de marchandifes , & nous nous contenterons d'obferver que la quincaillerie de Birmingham & de Sheffield eft, fans contredit , la mieux travaillée , la plus finie & la plus parfaite qu'on connoiffe dans le monde. Le commerce qui s'en fait étant l'un des plus confidérables de l'*Angleterre* , il eft effentiel d'en donner un compte fimulé.

30 Douzaines canifs à une lame , manche ordinaire de corne de diverfes formes & grandeurs ,	à 2 f.	6 d.	. L.		3	15	//
12 Dites, canifs à 4 lames de métal blanc & jaune ,	à 5	10			3	10	//
12 Dites , couteaux de table ordinaire , manches de corne noire ,	à 5	6			3	6	//
12 Dites, fourchettes afforties aux couteaux ,	à 4	//			2	8	//
30 Dites, cuillers d'étain à foupe ,	à 2	4			3	10	//
20 Dites, cadenats de fer verni , grands ,	à 6	9			6	15	//
20 Dites , dits, moyenne grandeur ,	à 5	//			5	//	//
20 Dites , dits, petits ,	à 3	9			3	15	//
					31	19	//
Coût du barril, 4 f. & frais jufqu'à bord , 5 f. 4 d.					//	9	4
20 Douzaines limes bâtardes plates de 12 pouces ,	à 4 f.	d.	. L.		4	//	//
20 Dites, dites, de 10 ,	à 2	3			2	5	//
20 Dites, dites, de 8 ,	à 1	6			1	10	//
10 Dites, dites, de 6 ,	à 1	3			//	12	6
10 Dites, dites, de 5 ,	à 1	1			//	10	10
10 Dites limes bâtardes triangulaires de 6 pouces ,	à 1	6			//	15	//
10 Dites, dites, de 7 ,	à 2	//			1	//	//
12 Dites, lim. douc. démi-rondes de 6 pouces ,	à 3	//			1	16	//
12 Dites, dites, de 7 ,	à 3	8			2	4	//
20 Dites, dites plates, de 5 ,	à 2	6			2	10	//
112 ℔ d'acier fondu de 3 à 4 lignes d'épaiffeur & large à proportion , à 10 ℔ la ℔.					4	13	4
			L.		21	16	8
Coût d'une caiffe & frais jufqu'à bord du navire ,					//	9	10
					22	6	6
6 Grandes fcies de 6 pieds de long ,	à 11 f.	d.	. L.		3	6	//
6 Dites , de 6½ ,	à 12	//			3	12	//
6 Dites, 7 ,	à 13	//			3	18	//
6 Dites , 7½ ,	à 14	6			4	7	//
11 Douzaines de fcies montées pour charpentier ; afforties depuis 16 pouces jufqu'à 36, de 9 f. jufqu'à 1 livre fterling , fuivant la longueur ,					7	19	//
			L.		23	2	//
Coût de la caiffe , port à bord & frais de douane					//	9	4
					23	11	4
20 Douzaines de *guinblets* ou petits perçoirs pour menuifier à 5 d. L.					//	8	4
20 Dites, dits , plus grands	à 7 d.				//	11	8
20 Dites, dits, moyens	à 9 d.				//	15	//
20 Dites, dits, plus grands,	à 11 d.				//	18	4
1 Dite , guinblets pour charpentier , de ½ pouce d'épaiffeur ,					//	4	8
1 Dite , dits, ¼ pouce					//	7	//
1 Dite , dits, 1 dit ,					//	9	//
2 Douzaines compas de fer , de 6 pouces de long , à 2 f. // d.					//	4	//
2 Dites, dits, 7 dites ,	à 2	4			//	4	8
2 Dites, dits, 8 dites ,	à 3	4			//	6	8
				4 9 4	80	15	6

			L.	4	9	4		80	15	6
Tranſport de l'autre part • • • • • • • • • • • • • •L.										
2 Douzaines gonds pour portes • • de 10 pouces, à 13 ſ. 6 d. • •L.			1	7	//					
2 Dites, dits, • • • • • • • • •de 11 dits, • • à 17	6	• •	1	15	//					
1 Dite, dits, • • • • • •de 12 dits, • • à //	//	• •	//	19	//					
2 Dites, pour fenêtres, • • • •de 6 pouces, à 9	//	• •	//	18	//					
2 Dites, dits, • • • • • • • •de 7 dits, • •à 11	//	• •	1	2	//					
2 Dites, dits, • • • • • • • •de 8 dits, • •à 13	6	• •	1	7	//					
12 Verroux de fer ordinaire, • • • • • • • •à 4	6	• •	2	14	//					
10 Garnitures pour bureaux ou commodes en métal laqué ou doré, différents deſſeins, • • • •à 7	6	• •	7	10	//					
		L.	22	1	4					
Coût de la caiſſe, port à bord & frais de douane, • • • • •			//	11	6					
							22	12	10	
					L.		100	19	//	
Commiſſion 2 p.o •							2	//	//	
					L. ſt.		102	19	//	

Le fer blanc étant un article des fabriques d'*Angleterre* dont il ſe fait un grand commerce, ainſi que les feuilles de corne à lanterne, il eſt bon de donner le compte ſimulé ſuivant, ſçavoir :

			L.	145	//	//
20 Caiſſons fer blanc de 225 feuilles chacun • à 52 ſ. 6 d. • • • • • •L.			52	10	//	
5000 Feuilles de corne à lanterne, grandes, • • •à 12	//	• • • • • •	40	//	//	
5000 Dites, moyennes, • • • • • • • • • • •à 12	//	• • • • • •	30	//	//	
5000 Dites, petites, • • • • • • • • • • • •à 9	//	• • • • • •	22	10	//	

			L.	4	10	//
Coût de la fabrique pour les feuilles de corne, • • • • • • • •L.	//	7	6			
Entrée du fer blanc & feuilles de corne, frais de douane, port à bord & connoiſſement, • • • • • • • • • • • • • • • • • • •	1	4	6			
Commiſſion à 2 p.o ſur L. 146, • • • • • • • • • • • • •	2	18	//			
			L.	149	10	//

La Fayence d'*Angleterre* eſt tellement eſtimée des étrangers, qu'il n'y a guère de pays où l'on n'en faſſe uſage, excepté la France qui l'a prohibée comme étant une marchandiſe de contrebande, mais qui ne peut pas l'imiter, parce qu'il entreroit dans ſa couverte une trop grande quantité de ſel marin dont la gabelle rend l'emploi phiſiquement impoſſible dans les manufactures communes. Auſſi s'en fait-il un commerce important, c'eſt pourquoi nous avons cru devoir placer ici un compte ſimulé de cet article.

			L.	6	5	8
20 Douzaines aſſiettes unies & à ſoupe, • • • • • • • •à 2 ſ. 6 d. • • • • •L.			2	10	//	
4 Grands plats ovales, aſſortis aux aſſiettes, • • • •à 1	6	• • • • • •	//	6	//	
4 Plats moins grands, • • • dits, • • • • • • • • •à 1	4	• • • • • •	//	5	4	
4 Dits, petits, • • • • • • • • • • • • • • •à 1	1	• • • • • •	//	4	4	
4 Grandes terrines à ſoupe, avec leurs couvercles, • • • •à 6	6	• • • • • •	1	6	//	
4 Terrines moyenne grandeur, dites, • • • • • • • • •à 5	//	• • • • • •	1	//	//	
4 Dites, petites, • • • • • • • • • • • • • • •à 3	6	• • • • • •	//	14	//	

					L.		1	10	4
4 Douzaines, •L.									
Coût d'un punchon, 22 ſ. & frais juſqu'à bord • • • • • •L.	1	7	4						
Commiſſion 2 p.o • • • • • • • • • • • • • • • •	//	3	//						

			L.	7	16	//

La

La bière d'*Angleterre*, dite *porter*, est connue dans tous les pays où l'on fait une grande consommation de cette boisson. Celle qu'on brasse à Londres est estimée la meilleure, soit que les brasseurs de cette capitale sachent mieux préparer la drêche & lui donner le dégré de cuisson convenable, soit que l'eau de la Tamise dont ils se servent soit plus propre qu'aucune autre pour faire cette bière. Quoi qu'il en soit, nous allons faire suivre ici un compte simulé de cette boisson dont il se fait un commerce très-important en *Angleterre*.

Compte simulé de 20 barriques de *bière forte*, ou *porter*, chacune de 56 galons

à 42 s. la barrique, ... L.	42	//	//
Coût de 20 futailles avec cercles de fer, & les arranger à 14 s.	14	//	//
Frais de douane, gabarre & embarquement, ...	1	10	//
Commission d'expédition à 2 p°/° sur L. 57 ½	1	3	//
	L.	58	13	//

Compte simulé de 5 barriques *gomme* de Sénégal, pesant

Brut . . 59 qx. 19 qts. 15 ℔

Tare . . . . 6 . . 11 }			
Bon poids . . // . . 20 } 6 . 1 . 3			
Net . . . . 53 // 12 ℔ à L. 6. 7. 6. le cent, . . . L.	338	11	//
Rabais au comptant, à 2 ½ p°/°	6	9	8
	L.	332	1	9

FRAIS D'EXPÉDITION.

Droits de sortie sur 53 quintaux 12 ℔ à 5. s. 3 d. . . . . L.	13	19	//
Nouvel impôt de 1779, 1 p°/°	//	14	//
Entrée, passeport, officiers du roi & dépêche, ...	//	11	//
Tonnelier pour accommoder les barriques & porteur, ...	//	11	//
Port à la douane & frais jusqu'à bord, ...	1	2	4
	16	17	7
	L.	348	19	4
Commission à 2 p°/°	6	19	8
	L.	355	19	//

Compte simulé de 5 balles marchandises des Indes, contenant

120 Piéces, *baftias*, . . . de 12 ½ 1 yard, 150 *calicoes* à 34 s. . . . . L.	204	//	//
100 Dites, *caffes*, . . . de 20 ½ 1 ½ . . 341 ⅓ . . . . à 95	475	//	//
100 Dites, *doreas* brodés . . 20 ½ 1 . . . . à 200	1000	//	//
100 Dites, basins, ... 12 ½ 1 . . . . à 52	260	//	//
100 Dites, mouchoirs, . . . 12 ¾ . . . . à 25	125	//	//
Calicoes 491 ⅞ L.	2064	//	//
Escompte de la compagnie des Indes 6 ½ p°/°	134	3	2
	1929	16	10
Frais d'emballage & d'expédition ½ p°/° & courtage ¼ p°/°	14	9	6
	L.	1944	6	4

Tranfport de l'autre part . . . . L.   1944   6   4

Drawback, ou retour de droits fur

491⅔ *calicoes*, à	4 f. 6 d. . . . . L.	110	12	6
L. 939 . . . . à 12	19	3	p̊	121	14	4
1000 . . . . . . à 42	3	3	. . . .	421	12	6
1250 yards de bafin, . . . à 1	3		. . . .	78	2	6

732   1   10

Intérêts de 3 mois de débours à 1½ p̊   10   19   8

721   2   2

Commiffion d'expédition 2 p̊ 14   9   3

L.   1247   13   5

La compagnie des Indes alloue 6½ p̊ d'efcompte fur les marchandifes qu'elle vend & qui ne peuvent être retirées de fes magafins qu'après en avoir payé la valeur. Le *Drawback*, ou retour de droits, eft payé par la douane 3 à 4 mois après la date de l'expédition ; c'eft pourquoi les commiffionnaires qui bonifient dans les factures ce retour de droits, paffent à leurs commettans 1½ p̊ pour l'intérêt du temps qu'ils en font en débours. Les *drawbacks*, ou retour de droits, font différens fuivant les diverfes fortes de marchandifes. Sur les toiles blanches & mouffelines non-brodées, il eft de 4 f. 6 d. par *callicoe* ; & de 12 l. 19 f. 3 d. p̊ fur la valeur. Le *callicoe* eft de 10 yards pour les marchandifes dont la largeur eft au-deffous de 1¼ yard ou de 6 yards feulement pour celles qui ont 1¼ yard de largeur & en fus. Le retour de droit fur les mouffelines brodées eft de 42 l. 3 f. 3 d. p̊ de la valeur, & celui fur les bafins des Indes de 12 l. 19 f. 3 d. p̊ de la valeur, & 1 f. 3 d. par yard.

Compte fimulé de 10 balles de poivre jambé, chacune de 2 qx. 3 qx. 12 ℔. pefant enfemble brut: 3200 ℔.
Tare à 4 ℔ par balle: 40

3160 ℔
Ton poids à 4 ℔ par 104 ℔ 121½

Net   3038½ ℔ à 13¼ & . . . . L.   174   1   7
Efcompte de la compagnie des Indes 6½ p̊   11   6   4

L.   162   15   3

FRAIS D'EXPÉDITION.

Frais aux magafins des Indes & dépêches, ... L.	//	2	6
Emballer, marquer, &c. à 2 f. 6 d. par balle	1	1	8
Officiers du roi & porteurs ; entrée, certificat & caution, ...	//	15	6
Frais de douane, port à bord & connoiffement, ...	//	18	4
Courtage d'achat ⅓ p̊	//	10	10
Commiffion d'expédition fur L. 166, à 2 p̊	3	6	5

6   15   3

L.   169   10   6

Compte simulé de 10 balles *café de Moka*, pesant
Brut 29 qx. 2 qis. 24 ℔
Tare à 20 ℔ par balle,   1   3   4

Net 27   3   20 ℔ à 10 l. . . . . L.   279   5   9

Escompte de la compagnie des Indes à 6½ p°.   18   3   1

                        261   2   8

FRAIS D'EXPÉDITION.

Aires à la vente 1 f. port des marchandises du magasin à l'embar-
quement & dépêches , ... L.   //   5   6
Entrée , passeport , certificat & caution , ...   //   13   6
Frais de *debenture* & parchemin pour le recouvrement du *drawback*,   1   3   6
Port à la douane , visite , droit du quai , port à bord & con-
noissement , ...   1   7   4
Courtage d'achat, à ⅓ p°. . . . .   //   17   4
Commission d'expédition sur L. 265½ à 2 p°.   5   6   2

                        9   13   4

                      L.   270   16   //

Drawback, ou retour des droits,
Sur 27 qx. 3 q. 20 ℔ à 30 f. 2¼ d. . . . . L.   42   3   2
Retour de l'impôt de 1779, à 5 p°.   2   2   //

                   L.   44   5   2
Intérêt de 3 mois à 1¼ p°. . . . .   //   11   //

                        43   14   2

                      L.   227   1   10

Compte simulé de 10 futailles *café des isles*, pesant ensemble
Brut 67 qx. 1 qt. 24 ℔
Tare des futailles 800 ℔ }   8   2   10
Bon poids, à 5 ℔, 50   }

Net 58 qx. 3, 14, à 87 f. 6 d. . . L.   257   11   6

FRAIS D'EXPÉDITION.

Entrée 10½ f. debenture pour le *drawback*, 23½ f. . . . . . . L.   1   14   //
Rabattage des futailles 15 f. & porte-faix 1 f. . . . .   //   16   //
Visite 3 f. passeports, certificats, officiers & porte-faix 16½ . . . .   //   19   6
Transport sur les frais d'embarquement, &c.   1   17   4
Commission d'expédition sur L. 267, à 2 p°.   5   6   11

                        10   13   //

                      L.   268   5   3

Drawback, ou retour des droits,
Sur 59 qx. 3 qt. 14 ℔ à 3 f. 3 9/10 f. . . . . L.   9   19   //
Intérêt de 3 mois à 5 p° l'an, ...   //   2   5

                        10   1   5

                      L.   258   3   10

Compte simulé de 22 barrils de *cacao des ifles*, pefant enfemble

	Brut	33 qˣ.	2	qˡˢ.	18 ℔
Tare des barrils,	652 ℔ }				
Bon poids à 2 ℔,	44 }	6	‖	24	
		27	1	22	
Pouffière 4 ℔ par quintal		‖	3	26	
	Net 26	1	24 ℔ à 45 f. . . . . L.	59	10 10

FRAIS D'EXPÉDITION.

Tonnelier, arrangement, tare, &c. . . . . L.	‖	11	‖
Entrée, paffeport, certificat, caution, &c.	‖	14	8
Port à la douane, officiers, vifite, droit du quai, gabarre, port à bord & connoiffement, ...	2	9	6
Commiffion d'expédition fur L. 63, à 2 p⁰ₒ	3	3	‖

L.   6 18 2

L.   ⊥ 66 9 ‖

Drawback, ou retour,

Sur 26 qˣ. 1 qt. 24 ℔ cacao, à 14¼ ♂ . . . . L.	1	11	5
Intérêts de 3 mois de retard & coût de la débenture & parchemin, . .	‖	13	5

‖ 18 ‖

L.   65 11 ‖

On trouve quelquefois à Londres du cacao de Maracaïbo, de celui de Guayaquil & de celui de Carra-ques, mais ce n'eft qu'accidentellement; au lieu que le cacao des ifles s'y trouve toujours en abondance.

Compte simulé de 4 barriques de *piment* ou *poivre* de la Jamaïque, pefant enfemble

	Brut	27 qˣ.	1	qˡ.	23 ℔
Tare des barriques,	545 ℔ }				
Bon poids à 3 ℔	12 }	4	3	25	
		22	1	26	
Pouffière à 4 ℔ par 104 ℔,		‖	3	12	
	Net 22	2	14 à 8½ ♂ rendu		

franc de tous les frais à bord du navire, ... L.	85	15	7
Commiffion d'expédition, à 2 p⁰ₒ . . . . L.	1	14	5

L.   87 10 ‖

Depuis que le Canada eft au pouvoir de l'*Angleterre*, le commerce des pelleteries de ce pays, qui appartenoit auparavant à la France, eft concentré prefque entièrement à Londres, qui expédie des parties confidérables de ces articles, fur-tout de peaux de caftor & d'orignal, dans toute l'Europe. Il eft néceffaire en conféquence de donner le compte fimulé fuivant :

Compte simulé de 100 peaux *de cerfs & orignaux* du Canada achetées en vente

publique à 17 f. 3 d. . . . . L.	172	10	‖
Efcompte de la vente à 2½ p⁰ₒ	4	6	3

168 3 9

Transport de l'autre part . . . . L. 168 3 9

FRAIS D'EXPÉDITION.

Aires à la vente sur 4 lots & porte-faix du magasin, ... L.	//	4	6
Transport chez l'emballeur & emballage à 10½ f. la balle, ...	2	2	//
Entrée, passeport, certificat, caution & note d'embarquement, . .	//	15	6
Port à la douane, officiers, visite & frais jusqu'à bord, ...	1	2	4
Courtage d'achat à ½ p°.	//	16	9
Commission sur L. 173., à 2 p°.	3	9	3

                          8 10 4

                       L. 176 14 1

Drawback, ou retour des droits.

Sur 200 peaux à 1 f. 3 $\frac{21}{40}$ d. . . . . L.	12	18	9
Intérêt de 3 mois à 5 p° l'an & coût de la debenture & parchemin, .	1	5	9

                         11 13 //

                       L. 165 1 1

Compte simulé de diverses pelleteries, sçavoir :

140 Peaux de renard rouge, ... à 5 f. 9 d. . . . . L.	40	5	//
291 Dites, de loutres, ... 1re. sorte, à 26 6	385	11	6
271 Dites, de martres d'Albanie, ... 1re. sorte, à 8 9	118	11	3
292 Dites, ... dites, ... 2de. sorte, à 6 2	90	//	8
88 Dites, d'ours noirs, ... 1re. sorte, à 22 //	96	16	//
100 Dites, de loups-cerviers, ... 1re. sorte, à 15 6	77	10	//
103 Dites, de loups, ... 1re. sorte, à 25 4	130	9	4
912 Dites, de marmotes, ... 1re. sorte, à 2 9	125	8	//
1112 Dites, ... dites, ... 2de. sorte, à 1 5	78	15	4
866 Dites, de rats musqués, ... à // 11	39	13	10
220 Peaux de castors maigres du Canada, 1re. sorte,			
Pesant . . . . . 401 ℔			
Bon poids . . . 2			
399 ℔ à 8 f. 3 d.	163	11	9

                       1347 12 8

Escompte de la vente 2½ p°. 33 13 10

                       L. 1313 18 10

FRAIS D'EXPÉDITION.

Aires à la vente 5½ f. & porteurs au magasin 5 f. . . . . L.	//	10	6
Port chez l'emballeur, emballage de 9 balles, &c.	5	1	6
Entrée, passeport, caution, certificat & dépêches, ...	//	16	6
Port à la douane & à bord, visite, droit du quai, &c.	2	7	4
Coût de la débenture & parchemin pour le drawback, ...	1	3	6
Droits de sortie au roi pour 220 peaux castor, à 7 d., ...	6	8	4
Nouvel impôt de 1779, sur 6 l. 8 f. 4 d. à 5 p°	//	6	6
Courtage d'achat, à ½ p°.	6	11	3
Commission sur L. 1337, à 2 p°.	26	14	10

                         50 // 3

                        1363 19 1

Drawback, ou retour des droits,

Sur les peaux de renards, loups, loups-cerviers, martres, ours, marmotes & rats musqués ci-dessus, ... L.	108	11	5
Nouvel impôt de 1779, à 5 p°	5	8	6

                       113 19 11

Dont à déduire pour intérêt de 3 mois à 5 p°. 1 8 6

                       112 11 5

              L. st. 1251 7 8

Telles sont les principales marchandises que les étrangers tirent d'*Angleterre*, indépendamment de plusieurs autres de moindre importance qu'on ajoute quelquefois pour assortir les chargemens & en rendre la vente plus avantageuse & plus facile. En revanche, les marchandises que les Anglois tirent de l'étranger sont en grand nombre. Les principales sont, des fruits, des vins & autres liqueurs de France, d'Espagne, de Portugal & d'Italie ; des chanvres, lins, bleds, fils, bois & autres articles du Nord. Parmi ces marchandises, il s'en trouve qui forment des branches de commerce singulièrement intéressantes ; mais ce sont des objets de spéculation pour les Anglois eux-mêmes, & non pas pour les étrangers, qui sont rarement portés à envoyer en *Angleterre* de semblables marchandises pour y être vendues pour leur compte. Il n'y a que les Espagnols qui sont presque toujours forcés d'y envoyer leurs laines, dont l'*Angleterre* consomme une grande partie ; c'est pourquoi nous faisons suivre ici deux comptes de vente simulés de laines d'Espagne qui viennent ordinairement de ce royaume en *Angleterre*.

Compte simulé de 10 balles laine lavée dite léonèse, dont

4 R pesant ensemble . . . . . . 1102 ℔
    Bon poids à 2 ℔ la balle 8 ℔ ⎫
    Tare à 20 ℔ . . . 80 ⎬ 88
                 ⎭

           Net . . 1014 ℔ vendues à 8 mois de

               terme, à 3 s. 4 d. la ℔ . . . L.   169 // //

4 F pesant ensemble . . . . . . 1106 ℔
    Bon poids & tare comme dessus, . 88

           Net . . 1018 ℔, au même terme, 2 s. 6 d. . . .   127 9 //

2 T pesant ensemble . . . . . . 519 ℔
    Bon poids & tare comme dessus, . 44

           Net . . 475 ℔, au même terme, à 2 s. 3 d. . . .   53 8 9

                                L. 349 13 9

FRAIS DE RÉCEPTION ET DE LIVRAISON.

Fret & primage de Bilbao à Londres sur 10 balles, ...	6	10	6
Entrée pour compte étranger & petits droits aliens, ...	//	15	6
Débarquement, droit du quai, visite, officiers & porteurs, ...	1	17	6
Charretes, conduire au magasin ces 10 balles & les peser à leur réception, ...	//	7	6
Raccommoder les balles, les porter du magasin, peser lors de la livraison, & recharger sur les charretes, ...	//	12	6
Assurance contre le feu sur ces 10 balles depuis leur arrivée, évaluées à L. 375, à ⅕ p.% & la police 6 s. 6 d.	//	15	10
Emmagasinage de ces 10 balles pour 24 semaines à 1 d. par balle par semaine, ...	1	//	//
Courtage de vente, à ½ p.%	1	15	//
Commission de vente & ducroire des acheteurs, 4 p.%	13	19	9
		27	14	1

                                       L. . 321 19 8

8 Mois d'intérêt sur le montant de la vente à 5 p.% l'an . . . .   11 13 //

    Produit net des 10 balles laine *léonèse*, ... L. 310 6 8

Compte de vente simulé de 12 balles laine Ségovienne *, dont*

R peſant enſemble . . . . . . 1325 ℔
Bon poids à 2 ℔ . . . 10 ℔ ⎰
Tare à 20 ℔ . . . 100 ℔ ⎱ 110 ℔

        Net . . . 1215 ℔ vendues à 8 mois de

                    terme à 2 L. 6 d. la ℔ . . L.   151 17 6

F peſant enſemble . . . . 1339 ℔
Bon poids & tare , ... 110

        Net   1229 ℔ , au même terme , à 2 L. . . . . .   122 18 "

S peſant enſemble . . . . . . 545 ℔
Bon poids & tare , ... 44

        Net   501 ℔ , au même terme , à 1 L. 8 d. . . . .   41 15 "

                             L.   316 10 6

Fret, frais de réception & livraiſon , commiſſion & *ducroire* des acheteurs , dans la
proportion du compte ſimulé précédent , ...   28 8 6

                                      288 2 "
8 Mois d'intérêt ſur L. 316, 10, 6, à 5 p.⁰⁄₀ l'an . . . .   10 11 "

    Produit net des 12 balles laine Ségovienne , ...   277 11 "

Pour faire connoître le commerce d'Angleterre , nous allons mettre ſous les yeux des lecteurs
l'état général des importations & des exportations pendant 20 années , depuis 1753 , juſqu'en 1773 ,
extraits par le chevalier Wilworth des regiſtres de la douane.

Du 25 Décembre 1752 au 25 Décembre 1753.

PAYS.	IMPORTATIONS.			EXPORTATIONS.			EXCÉDANT des IMPORTATIONS.			EXCÉDANT des EXPORTATIONS.		
	℔	ß	d.	℔	ß	d.	℔	ß	d.	℔	ß	d.
Afrique	34,011	13	5	275,360	8	10	. . . .	•	•	241,348	15	5
Isles Canaries.	6,020	8	9	32,620	5	3	. . . .	•	•	26,599	16	6
Danemarck & Norwège.	86,774	6	3	86,822	17	11	. . . .	•	•	48	11	8
Dantzick.	244,655	15	8	172,532	12	4	72,123	3	4			
Indes orientales. . . .	1,007,662	13	3	788,374	19	8	219,287	13	7			
Flandre . . . . : .	93,610	17	8	443,701	18	9	. . . .	•	•	350,091	1	1
France.	75,427	10	4	505,409	12	3	. . . .	•	•	429,982	·1	11
Allemagne	741,612	3	11	1,284,292	5	7	. . . .	•	•	542,680	2	6
Groenland.	18,684	3	10	21	15	11	18,662	8	10			
Hollande.	330,176	12	1	1,661,040	6	8	. . . .	•	•	1,330,863	14	7
Irlande	561,489	1	11	1,149,552	7	11	. . . .	•	•	588,063	6	11
Italie , ...	561,923	5	1	256,782	15	10	305,140	9	3			
Isles Madères	3,965	3	3	32,893	18	9	. . . .	•	•	28,928	15	6
Terre-neuve , ...	37,824	14	10	40,927	8	10	. . . .	•	•	3,102	14	11
Portugal.	332,279	8	11	1,156,001	11	6	. . . .	•	•	823,722	3	6
Russie , ...	555,777	15	2	94,103	17	6	461,673	17	8			
Espagne	441,903	6	3	1,064,428	1	2	. . . .	•	•	622,524	14	11
Gibraltar	95,126	6	7	655,181	8	8	. . . .	•	•	560,055	2	1
Suède	208,667	11	8	8,897	11	7	199,770	11	1			
Levant	226,967	19	2	136,652	1	10	90,315	17	4			
Venise.	27,253	2	4	4,790	17	11	22,462	4	5			
Isles en Eur. { Aurigny	103	5	11	519	16	1	. . . .	•	•	416	11	1
Garnesey	31,273	12	1	58,046	11	6	. . . .	•	•	26,772	19	5
Jersey.	14,659	15	3	15,450	12	5	. . . .	•	•	790	17	2
Anguille.	. . . . . .	•	•	192	2	11	. . . .	•	•	192	2	11
Antigoa	330,416	10	10	109,067	13	9	221,348	17	1			
Barbades, . . .	279,014	1	6	190,487	14	1	88,526	7	5			
Bermudes	896	14	2	11,148	11	2	. . . .	•	•	10,251	6	11
Caroline.	164,634	10	11	213,009	18	7	. . . .	•	•	48,375	7	8
Géorgie	3,057	11	6	14,128	8	11	. . . .	•	•	1,071	7	6
Baie de Hudson . .	9,874	10	1	3,778	18	4	6,095	11	9			
Colonies Angloises. { Jamaïque	852,024	16	5	387,459	12	4	464,565	4	1			
Monserrat	78,972	10	1	18,501	18	8	60,470	11	5			
Nevis	73,154	8	3	14,233	14	9	58,920	13	6			
NouvelleAngleterre	83,395	13	5	345,523	3	8	. . . .	•	•	261,127	10	3
Lucaye	3,932	9	6	540	18	3	3,391	11	3			
Nouvelle York . .	50,553	2	4	277,864	19	10	. . . .	•	•	227,311	17	6
Nouvelle Ecosse. .	934	9	7	29,552	14	9	. . . .	•	•	28,618	5	2
Pensylvanie . . .	38,527	12	5	245,644	13	11	. . . .	•	•	207,117	1	6
Saint-Christophe. .	258,450	11	8	100,755	15	3	157,694	16	5			
Tortola	26,106	17	6	531	17	6	25,575	11	11			
Virginie & Mariland	632,574	4	8	356,776	11	3	275,797	13	5			
Prises	659	1	5	. . . . . .	••	•	659	1	5			
Espèces étrangères & matières d'or & d'argent.	. . . . . .	•	•	2,021,009	17	11	. . . .	•	•	2,021,009	17	11
TOTAUX . .	8,625,029	4	3	14,264,614	3	11	2,752,481	2	3	8,392,066	1	11

EXCÉDANT DE L'EXPORTATION . . . 5,639,584. 19. 8

Du.

PAYS.	IMPORTATIONS.			EXPORTATIONS.			EXCÉDANT des IMPORTATIONS.			EXCÉDANT des EXPORTATIONS.		
	₶	ß	d.	₶	ß	d.	₶	ß	d.	₶	ß	d.
Afrique	22,024	8	1	235,057	13	6				213,033	5	5
Isles Canaries. . . .	3,571	1	8	21,927	17	9				18,356	16	1
Danemarck & Norwège.	66,702	4	4	80,931	12	5				14,229	8	1
Dantzick.	252,361	19	11	179,219	13	10	73,142	6	1			
Indes orientales. . .	1,186,159	13	4	844,247	14	8	341,911	18	8			
Flandre	90,493	2	9	450,536	16	6				360,043	13	9
France.	58,886	11	1	434,880	10	3				375,993	19	2
Allemagne.	709,489	1	9	1,229,406	4	1				519,917	2	4
Groenland	30,259	8	2	609	12	9	29,649	15	5			
Hollande	273,160	1	1	1,786,142	18	8				1,512,982	17	7
Irlande	610,466	13	3	1,173,829	11	3				563,362	7	4
Italie	533,742	2	3	255,514	10	11	278,227	11	4			
Isles Madères. . . .	4,958	8	7	17,102	10	11				12,144	2	4
Terre-neuve	32,803	14	4	50,752	4	9				17,948	10	5
Portugal.	254,033	10	1	1,165,087	4	1				911,053	14	//
Russie.	473,705	13	4	73,862	16	9	399,842	16	7			
Espagne.	368,644	9	7	936,160	6	4				567,515	16	9
Gibraltar.	158,666	//	8	711,372	19	7				552,706	18	11
Suède.	230,627	//	4	23,117	11	3	207,509	9	1			
Levant.	156,012	8	6	170,585	18	//				14,573	9	6
Venise.	36,374	3	1	6,539	1	1	29,835	2	//			
Isles en Eur. { Aurigny . . .	84	17	6	714	11	7				629	14	1
Garnesey . . .	33,213	16	4	42,976	16	3				9,762	19	11
Jersey. . . .	14,567	4	8	15,714	6	6				1,147	1	10
Anguille	296	//	//	. . . . .			296	//	//			
Antigoa.	98,877	16	8	77,237	8	2	21,640	8	6			
Barbades.	206,516	4	2	158,005	15	3	48,510	8	11			
Bermudes.	2,248	19	9	2,421	11	7				172	11	10
Cap Breton				41	11	6				41	11	6
Caroline	307,238	18	8	149,215	10	4	158,023	8	4			
Géorgie	3,236	18	11	1,974	14	8	1,262	4	3			
Baie de Hudson . .	6,966	//	11	4,671	1	10	2,294	19	1			
Jamaïque.	852,589	8	8	363,846	16	7	488,742	12	1			
Montserrat	53,449	5	7	11,317	18	10	42,131	6	9			
Nevis	44,639	10	2	15,654	15	3	28,965	14	11			
Nouvelle Angleterre.	66,538	7	1	329,433	11	//				262,895	3	11
Lucayes	2,707	19	//	164	14	2	2,543	4	10			
Nouvelle Yorck .	26,663	10	8	127,497	15	3				100,834	4	7
Nouvelle-Ecosse . .	2,102	7	9	14,702	4	7				12,599	16	10
Pensylvanie. . .	30,649	16	10	244,647	14	8				213,997	17	10
Saint-Christophe. .	195,253	18	6	57,190	17	4	138,063	1	2			
Saint-Thomas. . .	8,063	4	6	. . . . .			8,063	4	6			
Tortola	11,010	6	5	. . . . .			11,010	6	5			
Virginie & Mariland	573,435	6	1	323,513	19	2	249,921	6	11			
Espèces étrangères & Matières d'or & d'argent .				1,609,024	16	9				1,609,024	16	9
TOTAUX . .	8,093,472	15	//	13,396,853	9	7	2,561,587	5	10	7,864,968	//	5

EXCÉDANT DE L'EXPORTATION . . . 5,303,380. 14. 7.

PAYS.	IMPORTATIONS.			EXPORTATIONS.			EXCÉDANT des IMPORTATIONS.			EXCÉDANT des EXPORTATIONS.		
	℔	ß	d̃	℔	ß	d̃	℔	ß	d̃	℔	ß	d̃
Afrique	40,254	16	8	173,670	"	"				133,415	3	4
Isles Canaries	7,874	3	1	29,785	15	5				21,911	12	4
Danemarck & Norwège.	73,946	19	6	89,210	10	2				15,263	10	8
Dantzick	267,228	14	2	174,579	12	6	92,649	1	8			
Indes orientales . . .	1,246,776	11	3	874,921	6	8	371,855	4	7			
Flandre	91,623	14	1	463,173	19	9				371,550	5	8
France	37,002	8	8	186,310	1	4				149,307	12	8
Allemagne	696,093	4	9	1,361,964	13	5				665,871	8	8
Groenland	28,857	5	4	1,367	14	11	27,489	10	5			
Hollande	276,237	4	4	1,710,587	13	1				1,434,350	8	9
Irlande	643,165	15	5	1,070,063	10	6				426,897	15	1
Italie	690,136	9	7	216,429	4	1	473,707	5	6			
Isles Madères	3,075	17	1	16,486	16	8				13,410	19	7
Terre-neuve	37,105	9	5	36,946	8	8	159	"	9			
Portugal	263,080	16	9	1,072,700	6	7				809,619	9	10
Russie	661,740	1	11	85,327	8	3	576,412	13	8			
Espagne	363,464	17	3	973,335	4	5				604,870	7	2
Gibraltar	137,414	17	4	547,310	2	11				409,895	4	8
Suède	200,049	5	2	19,234	2	8	180,815	2	6			
Levant	69,687	1	7	71,589	12	9				1,902	11	2
Venise	28,886	5	"	8,790	14	8	20,095	10	4			
Isles en Eur. ⎧ Aurigny. . . .	5	5	"	877	11	5				872	6	5
⎨ Garnesey	36,085	15	11	26,049	2	3	10,036	13	8			
⎩ Jersey	18,016	17	1	18,962	4	2				945	7	1
Anguille	2,091	11	2				2,091	11	2			
Antigoa	366,012	19	10	80,686	18	5	285,326	1	5			
Barbades	275,490	1	3	197,267	7	7	78,222	13	8			
Bermudes				4,074	2	3				4,074	2	3
Caroline	325,525	13	6	187,887	4	9	137,638	8	9			
Géorgie	4,437	16	10	2,630	19	4	1,806	17	6			
Baie de Hudson . .	7,998	12	1	3,849	15	5	4,148	16	8			
Jamaïque	775,096	9	6	335,504	14	1	439,591	15	5			
Montferrat	79,972	2	3	4,488	15	8	75,483	6	7			
Nevis	82,463	15	6	14,260	13	9	68,203	1	9			
Nouvelle-Angleterre	59,533	6	11	341,796	7	3				282,263	"	4
Lucayes	1,473	"	6				1,473	"	6			
Nouvelle Yorck . .	28,054	12	3	151,071	5	"				123,016	12	9
Nouvelle Écosse . .	487	17	3	24,052	14	10				23,564	17	7
Pensylvanie . . .	32,336	10	6	144,456	7	2				112,119	16	8
Saint-Christophe . .	269,575	9	3	57,927	1	10	211,648	7	5			
Saint-Thomas . .	31,279	11	6				31,279	11	6			
Tortola	18,556	18	7	457	19	8	18,094	18	11			
Virginie & Mariland	489,668	17	10	285,157	4	5	204,511	13	5			
Espèces étrangères & Matières d'or & d'argent . .				1,117,012	9	9				1,117,012	9	9
TOTAUX . . .	8,772,865	2	10	12,182,255	17	6	3,312,744	7	9	6,722,135	2	5

EXCÉDANT DE L'EXPORTATION . . . 3,409,390. 14. 8.

PAYS.	IMPORTATIONS.			EXPORTATIONS.			EXCÉDANT des IMPORTATIONS.			EXCÉDANT des EXPORTATIONS.		
	ħ	ß	đ	ħ	ß	đ	ħ	ß	đ	ħ	ß	đ
Afrique	39,166	3	11	188,582	19	6	. . . .			149,416	15	7
Isles Canaries.	2,289	12	4	45,712	17	4	. . . .			43,423	5	//
Danemarck & Norwège.	83,121	9	1	71,432	18	10	11,688	10	3			
Dantzick	282,957	1	1	208,666	15	9	74,290	5	4			
Indes orientales. . . .	796,472	9	7	488,880	3	4	307,592	6	3			
Flandre	55,792	10	10	382,817	5	10	. . . .			327,024	15	//
France	19,714	5	6	10,854	4	2	8,860	1	4			
Allemagne	751,639	3	2	1,246,173	16	2	. . . .			494,534	13	//
Groenland	22,301	5	7	. . . . . .			22,301	5	7			
Hollande	300,047	3	5	1,424,971	7	7	. . . .			1,124,924	4	2
Irlande	827,811	//	6	1,111,801	15	10	. . . .			283,990	15	4
Italie	380,294	//	1	262,797	16	1	117,496	4	//			
Isles Madères.	2,149	2	8	19,728	8	3	. . . .			17,579	5	7
Terre-neuve	21,427	1	9	29,648	1	5	. . . .			8,220	19	8
Portugal.	171,952	3	6	1,512,581	9	10	. . . .			1,340,629	6	4
Ruffie	569,685	2	3	76,497	19	6	493,187	3	3			
Espagne	468,925	13	4	1,463,613	4	3	. . . .			994,687	10	11
Gibraltar	84,135	4	11	519,854	3	//	. . . .			435,718	18	1
Suède	205,881	3	2	36,902	4	7	168,978	18	7			
Levant	170,881	7	6	91,770	7	7	79,110	19	11			
Venise.	54,525	10	1	7,829	2	3	46,696	7	10			
Toiles d'Anglre. & d'Irlande par gratification.	. . . . .			2,361	13	//	. . . . .			2,361	13	//
Isles en Eur. { Aurigny . . .	29	8	//	968	9	11	. . . . .			939	1	11
Garnesey . . .	47,231	13	5	37,949	5	2	9,282	8	3			
Jersey. . . .	20,932	1	10	18,162	2	2	2,769	19	8			
Antigoa	256,278	16	//	110,808	2	6	145,470	13	6			
Barbades	222,424	4	1	133,492	6	7	88,931	17	6			
Bermudes. . . .	2,081	//	1	7,569	18	4	. . . . .			5,488	18	3
Caroline	222,915	4	11	181,780	//	3	41,135	4	8			
Georgie	7,155	8	3	536	7	4	6,619	//	11			
Baie de Hudson . .	7,595	6	7	4,257	10	//	3,337	16	7			
Jamaïque	805,945	7	//	374,656	9	//	431,288	18	//			
Montferrat	70,028	13	4	5,978	10	9	64,050	2	7			
Nevis	68,695	12	5	12,079	8	10	56,616	3	7			
Nouvelle Angleterre	47,359	13	1	384,371	15	4	. . . . .			337,012	2	3
Lucaye.	2	1	8	. . . . .			2	1	8			
Nouvelle York . .	24,073	1	4	250,425	9	6	. . . . .			226,352	8	2
Nouvelle Ecoffe . .	671	6	2	42,634	6	9	. . . . .			41,963	//	7
Penfylvanie. . . .	20,095	14	7	200,169	19	9	. . . . .			180,074	5	2
Saint Chriftophe. .	241,962	1	11	88,226	18	5	153,735	3	6			
Sainte Croix . . .	. . . . .			127	11	9	. . . . .			127	11	9
Saint Thomas . . .	14,087	9	9	. . . . .			14,087	9	9			
Tortola	21,844	7	3	647	1	10	21,197	5	5			
Virginie & Mariland	337,759	18	6	334,897	8	6	2,862	10	//			
Toiles d'Angleterre & d'Irlande par gratification	. . . . .			52,982	8	//	. . . .			52,982	8	//
Efpèces étrangères & matières d'or & d'argent .	. . . . .			796,894	13	//	. . . .			796,894	13	//
Prifes. . . .	211,266	4	5	274,545	11	//	. . . .			63,279	6	7
TOTAUX . . .	7,961,603	8	10	12,517,640	8	3	2,371,588	17	11	6,927,625	17	4

EXCÉDANT DE L'EXPORTATION . . . 4,556,036. 19. 5.

PAYS.	IMPORTATIONS.			EXPORTATIONS.			EXCÉDANT des IMPORTATIONS.			EXCÉDANT des EXPORTATIONS.		
	#	ß	d.	#	ß	d.	#	ß	d.	#	ß	d.
Afrique	30,453	4	7	154,498	2	8	. . .	.	.	124,044	18	1
Isles Canaries.	3,565	7	4	40,395	13	11	. . .	.	.	36,830	6	7
Danemarck & Norwège.	69,724	1	9	71,723	9	n	. . .	.	.	1,999	7	3
Dantzick	375,148	19	10	125,269	17	11	249,879	1	11			
Indes orientales. . . .	1,111,908	n	n	845,466	19	7	266,441	n	5			
Flandre	52,098	3	n	255,856	2	9	. . .	.	.	203,757	19	9
France	2,117	17	3	80,665	16	4	. . .	.	.	78,547	19	1
Allemagne	809,408	18	5	915,894	1	1	. . .	.	.	106,485	2	8
Groenland	19,518	5	n				19,518	5	n			
Hollande.	421,784	19	3	1,304,021	n	6	. . .	.	.	882,236	1	3
Irlande	687,471	8	4	960,843	7	4	. . .	.	.	273,371	19	n
Italie	402,521	11	n	295,457	9	2	107,064		10			
Isles Madères. . . .	2,019	2	7	13,985	9	9	. . .	.	.	11,966	7	2
Terre neuve	33,324	6	2	23,537	7	9	9,786	18	5			
Portugal.	281,544	11	8	1,587,989	9	5	. . .	.	.	1,306,444	17	9
Ruffie.	436,533	1	2	57,206	7	11	379,326	13	3			
Espagne	332,520	18	8	1,164,973	11	3	. . .	.	.	832,452	12	7
Gibraltar	75,039	6	4	447,283	19	6	. . .	.	.	372,244	13	2
Suède	222,572	13	n	13,594	1	10	208,978	11	2			
Levant	222,346	9	1	71,467	18	3	150,878	10	10			
Venise	27,806	19	7	26,266	11	2	1,540	8	5			
Toiles d'Anglre. & d'Irlande par gratification.	. . .	.	.	3,181	13	6	. . .	.	.	3,181	13	6
Isles en Eur. { Aurigny . . .	35	n	n	744	18	3	. . .	.	.	709	18	3
{ Garnesey . . .	34,394	6	3	25,522	n	1	8,872	6	2			
{ Jersey . . .	17,557	16	6	19,086	15	8	. . .	.	.	1,528	19	2
Antigoa	322,733	2	2	113,308	8	8	209,424	13	6			
Barbades	221,564	3	10	156,932	17	6	64,631	6	4			
Bermudes . . .	5	2	8	2,890	10	7	. . .	.	.	2,885	7	11
Caroline	130,889	5	9	213,949	17	3	. . .	.	.	83,060	11	6
Géorgie	. . .	.	.	2,571	6	8	. . .	.	.	2,571	6	8
Baie de Hudson . .	8,276	18	3	4,033	17	6	4,243	n	9			
Jamaïque. . . .	866,124	17	5	352,797	9	9	513,327	7	8			
Montserrat	68,125	7	4	18,069	1	n	50,056	6	4			
Nevis	84,055	10	7	15,420	4	10	68,635	5	9			
Nouvelle Angleterre	27,556	9	5	363,404	n	9	. . .	.	.	335,847	11	4
Lucaye. . . .	3,530	17	4	1,013	5	5	2,517	11	11			
Nouvelle York. . .	19,168	4	5	353,311	17	8	. . .	.	.	334,143	13	3
Nouvelle Ecoffe . .	96	14	2	70,600	7	2	. . .	.	.	70,503	13	n
Penfylvanie. . .	14,190	n	9	268,426	6	6	. . .	.	.	254,236	5	9
Sainte Croix . . .	. . .	.	.	197	9	6	. . .	.	.	197	9	6
Saint Chriftophe . .	320,498	11	7	116,549	3	n	203,949	8	7			
Saint Thomas . .	626	19	4	. . . .			626	19	4			
Tortola	23,056	n	3	304	9	7	22,751	10	8			
Virginie & Mariland.	418,881	12	3	426,687	3	10	. . .	.	.	7,805	11	7
Toiles d'Angleterre & d'Irlande par gratification. . . .	. . .	.	.	147,346	1	11	. . .	.	.	147,346	1	11
Prifes.	1,052,522	10	6	1,205,809	12	4	. . .	.	.	153,287	1	10
Espèces étrangères & Matières d'or & d'argent .	. . .	.	.	1,099,729	5	n	. . .	.	.	1,099,729	5	n
• TOTAUX . . .	9,253,317	14	9	13,438,285	1	n	2,542,449	8	3	6,727,416	14	6

EXCÉDANT DE L'EXPORTATION . . . . 4,184,967. 6. 3.

P A Y S.	IMPORTATIONS.			EXPORTATIONS.			EXCÉDANT des IMPORTATIONS.			EXCÉDANT des EXPORTATIONS.		
	₶	ß	đ	₶	ß	đ	₶	ß	đ	₶	ß	đ
Afrique	43,952	1	10	167,899	16	6				123,947	14	8
Isles Canaries	4,338	5	6	52,178	11	1				47,840	5	7
Danemarck & Norwège	85,716	4	2	63,377	8	9	22,338	11	5			
Dantzick	313,598	17	5	126,012	13	6	187,586	3	11			
Indes orientales	222,946	15	4	922,142	7	5				699,195	12	1
Flandre	8,242	8	10	276,722	19	9				268,480	10	11
France				93,740	19	7				93,740	19	7
Allemagne	778,708	13	8	1,473,354	7	7				694,645	13	11
Groenland	13,473	10	8				13,473	10	8			
Hollande	472,915	19	5	1,620,139	6	5				1,147,223	7	ıı
Irlande	1,050,332	19	3	926,886	10	1	123,446	9	2			
Italie	662,127	16	3	339,669	18	1	322,457	18	2			
Isles Madères	1,342	2	3	21,508	15	4				20,166	13	1
Terre neuve	38,220	16	1	25,454	9	11	12,766	6	2			
Portugal	257,150	5	8	889,490	17	2				632,340	11	6
Russie	370,131	13	2	102,939	14	11	267,191	18	3			
Espagne	462,768	14	6	1,147,341	1	3				684,572	6	9
Gibraltar	74,038	13	10	473,673	8	2				399,634	14	4
Suède	236,844	3	4	16,394	1	6	220,450	1	10			
Levant	26,294	16	4	9,588	12	1	16,706	4	3			
Venise	45,493	15	7	23,209	3	10	22,284	11	9			
Toiles d'Anglre. & d'Irlande par gratification				3,472	11	ıı				3,492	11	ıı
Isles en Eur. ⟨ Aurigny	17	10	ıı	784	14	7				767	4	7
Garnesey	46,391	17	1	24,620	6	8	21,771	10	5			
Jersey	25,415	17	8	17,244	ıı	4	8,171	17	4			
Anguille	97	10	ıı				97	10	ıı			
Antigoa	327,202	18	3	124,279	10	6	202,923	7	9			
Barbades	220,602	11	1	142,140	1	10	78,462	9	3			
Bermudes	26	5	ıı	9,489	2	2				9,462	17	2
Cap Breton				12,409	14	3				12,409	14	3
Caroline	150,511	14	4	181,002	12	2				30,490	17	10
Géorgie				10,212	9	5				10,212	9	5
Colonies Angloises. ⟨ Baie de Hudson	7,504	12	ıı	3,273	2	1	4,231	9	11			
Jamaïque	896,855	ıı	8	462,080	6	6	434,774	14	2			
Montserrat	68,233	14	4	9,929	1	7	58,304	12	9			
Nevis	71,009	7	10	21,909	16	10	49,099	11	ıı			
Nouvelle Angleterre	30,204	14	7	465,694	16	3				435,490	1	8
Lucaye	4,173	11	8				4,173	11	8			
Nouvelle York	14,260	15	7	356,555	5	7				342,294	10	ıı
Nouvelle Ecosse	530	18	8	78,005	2	4				77,474	3	8
Pensylvanie	21,383	14	10	260,953	11	1				239,569	16	3
Saint Christophe	241,483	6	8	108,237	13	8	133,245	13	ıı			
Sainte Croix	5,434	16	3	13,725	4	10				8,290	8	7
Saint Thomas	185	6	3				185	6	3			
Tortola	32,944	9	ıı	253	8	7	32,691	ıı	5			
Virginie & Mariland	454,362	15	4	438,471	17	8	15,890	17	8			
Toiles d'Anglre. & d'Irlde. par gratific.				200,657	16	3				200,657	16	3
Prises	627,553	8	8	901,207	9	9				273,654	1	1
Espèces étrangères & Matières d'or & d'argent				2,416,659	11	9				2,416,659	11	9
TOTAUX	8,415,025	4	10	15,034,994	10	7	2,252,725	7	2	8,872,694	12	11

EXCÉDANT DE L'EXPORTATION . . . 6,619,969. 5. 9.

PAYS.	IMPORTATIONS.			EXPORTATIONS.			EXCÉDANT des IMPORTATIONS.			EXCÉDANT des EXPORTATIONS.		
	#	ß	d.	#	ß	d.	#	ß	d.	#	ß	d.
Afrique	24,382	6	2	228,460	10	//	. . . . .	.	.	204,078	3	10
Isles Canaries.	3,719	6	1	40,401	16	4	. . . . .	.	.	36,682	10	3
Danemarck & Norwège.	87,137	15	7	76,459	8	11	10,678	6	8			
Dantzick	254,899	1	9	185,913	17	8	68,985	4	1			
Indes orientales. . .	973,805	2	2	665,445	18	11	308,359	3	3			
Flandre	15,766	7	9	276,871	12	6	. . . . .	.	.	261,105	4	9
France	. . . . .	.	.	174,170	18	//	. . . . .	.	.	174,170	18	//
Allemagne.	554,408	16	10	1,451,941	5	10	. . . . .	.	.	897,532	9	//
Groenland	9,927	6	4	7	//	//	9,920	6	4			
Hollande	386,864	13	8	1,864,141	7	10	. . . . .	.	.	1,477,276	14	2
Irlande	832,127	12	9	931,358	15	5	. . . . .	.	.	99,231	2	8
Italie	514,719	5	11	280,712	5	11	234,007	//	//			
Isles Madères.	3,052	7	1	32,517	1	10	. . . . .	.	.	29,464	14	9
Portugal.	273,268	14	5	1,221,787	13	2	. . . . .	.	.	948,518	18	9
Russie.	928,354	13	3	45,153	13	11	883,200	19	4			
Espagne	340,191	6	4	1,548,016	13	11	. . . . .	.	.	1,207,825	7	7
Gibraltar	66,633	2	7	453,695	5	9	. . . . .	.	.	387,062	3	2
Suède	185,204	2	2	19,113	8	4	166,090	13	10			
Levant	285,013	14	6	30,928	//	5	254,085	14	1			
Venise	48,644	3	11	15,173	6	5	33,470	17	6			
Toiles d'Anglre. & d'Irlande par gratification.	. . . . .	.	.	4,563	1	//	. . . . .	.	.	4,563	1	//
Isles en Eur. { Aurigny	50	10	//	2,029	17	4	. . . . .	.	.	1,979	7	4
Garnesey. . . .	49,902	12	2	30,867	10	11	19,035	1	3			
Jersey	29,306	19	5	30,585	19	//	. . . . .	.	.	1,278	19	7
Antigoa	156,317	1	10	119,761	14	6	30,555	7	4			
Barbades	167,916	16	11	127,398	12	6	40,518	4	5			
Bermudes. . . .	386	16	4	17,418	10	6	. . . . .	.	.	17,031	14	2
Cap Breton	62	17	1	22,165	1	8	. . . . .	.	.	22,102	4	7
Caroline	206,534	2	2	215,255	7	1	. . . . .	.	.	8,721	4	11
Géorgie	6,074	3	9	15,178	18	10	. . . . .	.	.	9,104	15	1
Guadeloupe. . . .	72,726	6	9	43,339	11	8	29,386	15	1			
Baie de Hudson . . .	7,715	19	9	3,602	3	9	4,113	15	3			
Jamaïque	1,199,899	//	9	570,040	6	4	629,858	14	5			
Montferrat	45,182	12	9	12,253	17	1	32,928	15	8			
Nevis	38,042	2	10	4,970	2	//	33,072	//	10			
Nouvelle Angleterre	25,985	8	11	527,067	2	8	. . . . .	.	.	501,081	13	9
Terre neuve . . .	50,772	19	7	36,923	8	4	13,849	11	3			
Lucayes	776	3	8	. . . . .	.	.	776	3	8			
Nouvelle York. . .	21,684	10	3	630,785	8	6	. . . . .	.	.	609,100	18	3
Nouvelle Ecosse . .	18	3	//	76,699	16	7	. . . . .	.	.	76,681	13	7
Pensylvanie. . . .	22,404	13	1	498,161	5	3	. . . . .	.	.	475,756	12	2
Québec	158	12	1	. . . . .	.	.	158	12	1			
Sainte Croix. . . .	1,186	15	4	3,510	14	1	. . . . .	.	.	2,323	18	9
Saint Eustache. . .	6,866	8	6	406	10	4	6,459	18	2			
Saint Christophe . .	208,121	5	3	82,896	15	9	125,224	9	6			
Tortola	24,169	16	4	. . . . .	.	.	24,169	16	4			
Virginie & Mariland	357,228	7	4	459,007	//	1	. . . . .	.	.	101,778	12	9
Toiles d'Anglre. & d'Irlde. par gratific.	. . . . .	.	.	177.886	3	//	. . . . .	.	.	177,886	3	//
Prises.	441,364	17	//	692,743	7	3	. . . . .	.	.	251,378	10	3
Espèces étrangères & matières d'or & d'argent .	. . . . .	.	.	749,104	//	//	. . . . .	.	.	749,104	//	//
TOTAUX . . .	8,922,976	1	4	14,696,892	7	1	2,958,905	10	4	8,732,821	16	1

EXCÉDANT DE L'EXPORTATION . . . 5,773,916. 5, 9.

PAYS.	IMPORTATIONS.			EXPORTATIONS.			EXCÉDANT des IMPORTATIONS.			EXCÉDANT des EXPORTATIONS.		
	#	ß	d	#	ß	d	#	ß	d	#	ß	d
Afrique	39,410	14	//	345,546	//	1	. . . . .	.	.	306,135	6	1
Ifles Canaries.	3,131	//	5	58,859	4	4	. . . . .	.	.	55,728	3	11
Danemarck & Norwège.	58,745	10	10	108,627	3	//	. . . . .	.	.	49,881	12	2
Dantzick.	205,464	16	5	190,217	//	11	15,247	15	6			
Indes orientales. . . .	1,785,679	11	1	1,161,670	6	//	624,009	5	1			
Flandre	31,228	3	//	379,093	11	9	. . . . .	.	.	347,865	8	9
France	37	5	9	209,946	9	7	. . . . .	.	.	209,909	3	10
Allemagne.	668,076	11	4	1,544,016	15	5	. . . . .	.	.	875,940	4	1
Groenland	10,824	3	//	27	11	7	10,796	11	5			
Hollande	412,397	3	1	1,784,442	11	2	. . . . .	.	.	1,372,045	8	1
Irlande	904,180	14	8	1,050,401	//	10	. . . . .	.	.	146,220	6	2
Italie.	506,100	15	7	210,096	10	2	296,004	5	5			
Ifles Madères.	3,386	14	10	31,605	11	9	. . . . .	.	.	28,218	16	11
Portugal.	299,088	4	8	1,291,560	11	10	. . . . .	.	.	992,472	7	2
Ruffie.	474,680	2	9	38,710	//	1	435,970	2	8			
Efpagne.	460,042	13	9	1,048,222	18	1	. . . . .	.	.	588,180	4	4
Gibraltar	61,850	1	4	399,819	1	9	. . . . .	.	.	337,969	//	5
Suède.	193,340	2	5	13,657	13	//	179,682	9	5			
Levant	58,916	12	6	55,730	//	10	3,186	11	8			
Venife.	41,138	2	6	6,105	5	11	35,032	16	7			
Toiles d'Anglre. & d'Irlande par gratification.	. . . .	.	.	4,692	4	//	. . . . .	.	.	4,692	4	//
Ifles en Eur. { Aurigny . . .	51	3	6	921	4	10	. . . . .	.	.	870	1	4
Garnefey. . . .	39,119	4	2	44,761	18	8	. . . . .	.	.	5,642	14	6
Jerfey	23,003	9	1	27,865	17	//	. . . . .	.	.	4,862	7	11
Antigoa	159,162	19	//	191,117	13	2	. . . . .	.	.	31,954	14	2
Barbades	223,716	12	11	269,449	6	2	. . . . .	.	.	45,732	13	3
Bermudes.	70	12	7	16,115	14	8	. . . . .	.	.	16,045	2	1
Cap Breton	5	8	3	11,048	14	5	. . . . .	.	.	11,043	6	2
Caroline	162,769	6	7	218,131	7	8	. . . . .	.	.	55,362	1	1
Géorgie	12,198	14	10	. . . .	.	.	12,198	14	10			
Guadeloupe. . . .	424,366	18	4	118,569	5	10	305,797	12	6			
Baie de Hudfon . .	9,142	12	5	4,959	15	10	4,182	16	7			
Jamaïque	1,034,283	3	8	585,771	13	2	448,511	10	6			
Montferrat	75,936	12	4	23,143	13	4	52,792	19	//			
Nevis	45,750	11	//	20,390	9	8	25,360	1	4			
Nouvelle Angleterre	37,802	13	1	599,647	14	8	. . . . .	.	.	561,845	1	7
Terre neuve. . . .	26,360	2	4	56,643	1	6	. . . . .	.	.	30,282	19	2
Lucaye.	1,730	//	7	. . . .	.	.	1,730	//	7			
Nouvelle York. . .	21,125	//	//	480,106	3	1	. . . . .	.	.	458,981	3	1
Nouvelle Ecoffe . .	701	7	4	52,767	2	2	. . . . .	.	.	52,065	14	10
Penfylvanie. . . .	22,754	15	3	707,998	12	//	. . . . .	.	.	685,243	16	9
Québec	2,154	18	5	51,629	18	5	. . . . .	.	.	49,475	//	//
Sainte Croix. . . .	. . . .	.	.	1,657	3	7	. . . . .	.	.	1,657	3	7
Saint Chriftophe . .	292,470	19	2	149,142	4	10	143,328	14	4			
Tortola	30,351	19	//	397	18	7	29,954	//	5			
Virginie & Mariland	504,451	4	11	605,882	19	5	. . . . .	.	.	101,431	14	6
Toiles d'Anglre. & d'Irlde. par gratific.	. . . .	.	.	183,467	1	//	. . . . .	.	.	183,467	1	//
Prifes.	465,602	18	5	340.336	3	5	125,266	15	//			
Efpèces étrangères & matières d'or & d'argent .	. . . .	.	.	884,102	11	3	. . . . .	.	.	884,102	11	3
TOTAUX . .	9,832,802	11	1	15,579,073	//	5	2,749,053	2	10	8,495,323	12	2

EXCÉDANT DE L'EXPORTATION . . . 5,746,270. 9. 4.

PAYS.	IMPORTATIONS.			EXPORTATIONS.			EXCÉDANT des IMPORTATIONS.			EXCÉDANT des EXPORTATIONS.		
	ʜ	ß	d.	ʜ	ß	d.	ʜ	ß	d.	ʜ	ß	d.
Afrique.	12,201	3	2	325,307	1	11				313,105	18	9
Isles Canaries. . . .	482	17	10	64,543	5	1				64,060	7	3
Danemarck & Norwège. .	78,377	6	11	111,227	cc	1				32,845	13	2
Dantzick	133,536	7	cc	202,254	16	1				68,718	9	1
Indes Orientales. . . .	840,987	11	4	845,797	cc	4				4,809	9	cc
Flandre.	30,546	11	5	425,130	19	4				394,584	7	11
France	480	8	2	74,242	5	7				73,761	17	5
Allemagne.	704,744	13	5	2,249,279	2	9				1,544,534	9	4
Groenland.	7,972	17	10	34	11	1c	7,938	6	c			
Hollande	437,127	7	7	2,245,695	12	4				1,808,568	4	9
Irlande	853,804	8	cc	1,476,114	14	3				622,310	6	3
Italie	761,916	18	7	199,461	6	9	562,455	11	1c			
Isles Madères	6,714	15	9	46,931	16	9				40,217	1	cc
Portugal	241,956	3	9	1,264,071	15	1				1,022,115	13	4
Ruſſie	765,427	17	9	47,479	17	10	717,947	19	11			
Eſpagne.	433,917	4	9	1,253,737	17	11				819,820	13	2
Gibraltar	103,628	16	5	389,577	5	2				285,948	8	9
Suède	270,968	7	7	23,128	4	8	247,840	2	11			
Levant	163,366	19	6	54,282	14	2	109,084	5	4			
Veniſe	15,229	12	5	26,367	6	7				11,137	14	2
Toiles d'Angleterre & d'Irlande par gratification . .				12,691	12	cc				12,691	12	cc
Iſles en Europ. { Aurigny . . .	45	10	cc	1,138	19	cc				1,093	9	cc
Belle-Iſle . . .	821	4	cc	54,576	12	8				53,755	8	8
Garneſey . . .	58,339	17	4	32,162	4	cc	26,177	13	4			
Jerſey . . .	26,704	15	4	21,132	15	1	5,572	cc	3			
Antigoa . . .	280,869	16	1	108,244	4	8	172,625	11	5			
Barbades	253,960	10	1	215,479	16	3	38,420	13	10			
Bermudes , . . .	1,265	cc	3	14,207	2	2				12,941	1	11
Cap Breton . . .	16	cc	cc				16	cc	cc			
Caroline . . .	253,002	17	11	254,587	11	cc				1,584	13	1
Géorgie . . .	5,764	11	9	24,279	19	9				18,515	8	cc
Guadeloupe . . .	482,179	2	2	131,942	19	11	350,236	2	3			
Baie de Hudson. . .	11,294	3	2	5,858	16	1c	5,435	6	4			
Jamaïque . . .	932,197	5	8	441,618	12	3	490,578	13	5			
Montſerrat . . .	79,982	cc	4	21,072	2	9	58,909	17	7			
Monte Chriſti . .	8,314	11	5	2,533	4	5	5,781	7	cc			
Nevis	67,538	12	3	12,134	14	4	55,403	17	11			
Nouvelle Angleterre .	46,225	11	11	334,225	13	7				288,000	1	8
Terre neuve . . .	25,282	7	8	57,964	2	10				32,681	15	2
Lucayes . . .	1,727	7	cc				1,727	7	cc			
Nouvelle York . ,	48,648	cc	2	289,570	5	1				240,922	4	11
Nouvelle Ecoſſe. . .	80	14	cc	59,408	17	3				59,328	3	3
Penſylvanie . . .	39,170	cc	cc	204,067	2	3				164,897	2	3
Québec . . .	14,015	16	1	226,292	9	5				212,276	13	4
Sainte-Croix . . .	199	10	c	254	11	5				55	1	5
Saint-Euſtache . . .				5,603	6	9				5,603	6	9
Saint-Chriſtophe. . .	294,850	14	5	134,069	11	11	160,781	2	6			
Saint-Thomas . . .	5	cc	cc				5	cc	cc			
Tortola . . .	44,286	2	11	998	4	2	43,287	18	9			
Virginie . . .	455,083	cc	2	545,350	14	6				90,267	14	4
Toiles d'Angleterre & d'Irlande par gratification .				141,895	6	cc				141,895	6	cc
Priſes	248,702	5	3	195,164	14	1	53,537	11	cc			
Eſpèces étrangères & matières d'or & d'argent. . . .				1,492,761	19	9				1,492,761	19	9
TOTAUX .	9,543,501	14	4	16,366,953	cc	7	3,113,762	8	7	9,935,813	14	10

EXCÉDANT DE L'EXPORTATION . . . 6,822,051. 6. 3.

PAYS.	IMPORTATIONS.			EXPORTATIONS.			EXCÉDANT des IMPORTATIONS.			EXCÉDANT des EXPORTATIONS.		
	℔	ß	d.	℔	ß	d.	℔	ß	d.	℔	ß	d.
Afrique	30,540	16	3	273,127	18	7				242,587	2	4
Isles Canaries	1,912	19	««	370	««	9	1,542	18	3			
Danemarck & Norwège	70,474	16	1	142,052	9	8				71,577	13	1
Dantzick	105,373	8	10	298,776	6	2				193,402	17	4
Indes orientales	972,838	11	7	1,067,353	13	««				94,515	1	5
Flandre	25,252	1	11	360,462	6	10				335,210	4	11
France	12	2	7	171,535	18	10				171,523	16	3
Allemagne	516,489	9	6	2,435,106	5	3				1,918,616	15	9
Groenland	4,217	11	8	17	3	1	4,200	8	7			
Hollande	493,944	14	2	2,107,957	16	11				1,614,013	2	9
Irlande	889,368	6	10	1,528,696	6	10				639,328	««	«
Italie	508,951	14	5	509,517	13	10				565	19	5
Isles Madères	3,729	19	7	43,232	6	5				39,502	6	10
Portugal	359,127	14	8	908,729	2	9				549,601	8	1
Russie	627,451	19	1	61,509	19	8	565,941	19	««			
Espagne	131,279	7	1	139,580	19	5				8,301	12	4
Gibraltar	11,876	17	10	58,964	12	9				47,087	14	11
Suède	201,160	3	««	17,507	13	7	183,652	9	5			
Levant	71,761	9	9	63,738	19	5	8,022	10	4			
Venise	9,916	««	8	32,246	18	5				22,330	17	9
Toiles d'Angleterre & d'Irlande par gratification				1,071	6	8				1,071	6	8
Isles en Europ. Aurigny	112	8	1	1,535	16	9				1,423	8	8
Belle-Isle	715	3	««	21,625	7	9				20,910	4	9
Garnesey	109,657	5	2	27,588	1	3	82,069	3	11			
Jersey	17,912	7	11	15,357	13	11	2,554	14	««			
Colonies Angloises. Antigoa	249,367	««	9	125,323	9	««	124,043	11	5			
Barbades	254,860	17	6	213,177	4	5	41,683	13	1			
Bermudes	988	15	««	7,786	7	««				6,797	12	«
Caroline	181,695	10	3	194,170	14	1				12,475	3	10
Georgie	6,522	17	7	23,761	8	10				17,238	11	3
Grenade	26,560	16	9	119	6	1	26,441	10	8			
Guadeloupe	513,244	9	9	170,226	9	1	343,018	««	8			
Havane				116,777	9	11				116,777	9	11
Baie de Hudson	12,119	14	5	4,122	2	9	7,997	11	8			
Jamaique	852,777	14	««	460,631	16	««	392,145	18	««			
Martinique	288,425	8	8	166,196	2	5	122,229	6	3			
Monte Christi	20,487	8	««				20,487	8	««			
Montserrat	57,122	6	««	23,895	9	11	33,226	16	1			
Nevis	42,095	3	8	9,066	6	3	33,028	17	5			
Nouvelle Angleterre	41,733	17	6	247,385	18	3				205,652	««	9
Terre neuve	23,436	8	11	34,387	13	1				10,951	4	2
Lucaye	1,902	7	3				1,902	7	3			
Nouvelle York	58,882	6	5	288,046	16	10				229,164	10	5
Nouvelle Ecosse	1,144	6	5	25,071	2	4				23,926	15	11
Pensylvanie	38,091	2	2	206,199	18	8				168,108	16	6
Québec	32,079	9	6	148,478	4	2				116,398	14	8
Sainte Croix	4,464	4	10	6,254	6	9				1,790	1	11
Saint Christophe	246,360	16	««	102,627	2	10	143,733	13	2			
Saint Thomas				525	16	5				525	16	5
Tortola	33,265	3	6	2,052	««	1	31,213	3	5			
Virginie & Mariland	415,709	10	9	417,599	15	6				1,890	4	9
Toiles d'Angleterre & d'Irlande par gratification				28,260	13	1				28,260	13	1
Prises	302,819	10	««	235,364	8	9	67,455	1	3			
Espèces étrangères & Matières d'or & d'argent				588,922	2	6				588,922	2	6
TOTAUX	8,870,234	14	3	14,134,093	3	6	2,236,591	2	7	7,500,449	11	10

EXCÉDANT DE L'EXPORTATION . . . 5,263,858. 9. 3.

Du 25 Décembre 1762 au 25 Décembre 1763.

PAYS.	IMPORTATIONS.			EXPORTATIONS.			EXCÉDANT des IMPORTATIONS.			EXCÉDANT des EXPORTATIONS.		
	℔	ß	d	℔	ß	d	℔	ß	d	℔	ß	d
Afrique	18,128	2	8	463,818	9	4				445,690	6	8
Isles Canaries. . . .	2,739	13	1	21,032	16	9				18,293	3	8
Danemarck & Norwège .	89,179	11	2	140,610	10	7				51,430	19	5
Dantzick	247,066	1	6	299,857	7	7				52,791	6	1
Indes orientales . . .	1,059,335	18	7	887,083	7	«	172,252	11	7			
Flandre	83,320	3	10	384,177	12	2				300,857	8	10
France	43,158	5	5	197,100	11	3				153,942	5	10
Allemagne.	1,085,107	«	9	2,272,272	16	5				1,187,165	15	11
Groenland	8,117	15	2	22	15	3	8,094	19	11			
Hollande	476,383	10	3	1,910,240	19	5				1,433,857	9	2
Irlande.	769,379	11	8	1,640,717	3	3				871,333	11	7
Italie	948,140	8	«	468,779	18	4	479,360	9	8			
Isles Madères. . . .	1,119	3	9	37,278	13	3				36,159	9	6
Portugal	304,056	«	10	727,623	12	9				423,567	11	11
Russie	801,279	«	7	78,901	1	11	722,377	18	8			
Espagne	590,506	5	11	1,168,072	1	3				577,565	15	4
Gibraltar	20,276	11	4	325,622	18	«				305,346	7	2
Suède	249,540	15	«	20,494	1	7	229,046	13	5			
Levant.	76,004	9	2	93,646	13	11				17,642	4	9
Venise.	31,841	18	4	20,259	14	«	11,582	4	4			
Toiles d'Angleterre & d'Irlande par gratification .				1,963	6	3				1,963	6	3
Isles en Europe. — Aurigny. . .	63	«	«	1,235	14	5				1,176	14	6
Belle-Isle . . .	17	13	7	929	9	6				911	15	11
Garnesey . . .	127,192	14	5	26,219	17	10	100,972	16	7			
Jersey . . .	17,639	13	4	16,287	«	5	1,352	12	11			
Colonies Angloises. — Anguille . . .	2,369	18	9				2,369	18	9			
Antigoa . . .	180,347	3	1	101,574	8	2	78,772	14	11			
Barbades . . .	252,537	10	«	213,905	4	9	38,628	5	3			
Bermudes . . .	«	«	«	8,623	15	11				8,623	15	11
Canada . . .	26,856	13	5	149,539	16	4				122,683	2	11
Caroline . . .	282,366	3	6	250,132	2	«	32,234	1	6			
Dominique . . .				1,264	5	6				1,264	5	6
Floride . . .				9,946	3	2				9,946	3	2
Géorgie . . .	14,469	18	4	44,908	19	5				30,439	1	5
Grenade . . .	261,552	3	«	53,118	5	6	208,433	17	6			
Guadeloupe . . .	412,303	18	7	11,159	1	4	401,144	17	3			
Havane . . .	249,387	4	8	6,643	11	6	242,743	13	2			
Baie de Hudson. . .	8,567	10	1	4,393	2	7	4,174	7	6			
Jamaïque . . .	1,159,023	15	11	584,978	1	5	574,045	13	6			
Martinique . . .	344,162	7	1	12,455	14	2	331,706	12	11			
Montferrat . . .	59,571	15	11	15,505	13	1	44,065	17	10			
Nevis . . .	45,280	9	10	29,557	7	8	15,723	«	2			
Nouvelle Angleterre .	74,815	1	1	258,854	19	6				184,039	18	5
Terre-neuve . . .	34,102	18	8	55,102	8	7				20,999	5	11
Lucaye. . . .	6,438	2	11				6,438	2	11			
Nouvelle York . .	53,988	14	4	238,560	2	1				184,571	7	9
Nouvelle Écosse .	4,312	9	10	16,303	3	4				11,990	13	6
Pensylvanie . .	38,228	10	2	284,152	16	«				245,924	5	10
Saint Christophe. .	234,981	17	9	104,724	7	10	130,257	9	11			
Sainte Croix . .	8,396	5	9	1,144	«	«	7,252	5	9			
Tortola. . .	58,571	4	2	1,901	1	«	56,670	2	10			
Virginie & Mariland	642,294	2	9	555,391	12	10	86,902	9	11			
Indes occidentales en général.				39,578	10	10				39,578	10	10
Toiles d'Angleterre & d'Irlande par gratification .				28,641	«	3				28,641	«	
Espèces étrangères & matières d'or. & d'argent . .				1,672,674	12	6				1,672,674	12	6
Prises	160,516	12	10	201,194	6	7				40,677	13	9
TOTAUX. . . .	11,865,306	«	3	16,160,181	16	3	3,586,603	18	8	8,481,749	14	2

EXCÉDANT DE L'EXPORTATION . . . 4,495,145. 15. 6.

PAYS.	IMPORTATIONS.			EXPORTATIONS.			EXCÉDANT des IMPORTATIONS.			EXCÉDANT des EXPORTATIONS.		
	₶	ß	d	₶	ß	d	₶	ß	d	₶	ß	d
Afrique.	35,738	9	2	464,878	14	2				429,140	5	«
Isles Canaries.	3,158	10	7	31,867	10	2				28,708	15	7
Danemarck & Norwège.	85,027	9	6	141,534	5	5				56,506	15	11
Dantzick.	224,499	8	1	290,331	6	5				65,831	18	8
Indes Orientales.	1,182,844	18	6	1,165,600	12	4	17,244	6	2			
Flandre.	145,772	2	3	546,777	16	10				401,005	14	7
France.	95,430	19	11	208,765	14	8				113,334	14	9
Allemagne.	606,410	1	2	2,379,315	3	9				1,772,905	2	7
Groenland.	7,936	17	«				7,936	17	«			
Hollande.	371,730	2	2	2,040,467	9	9				1,668,737	7	7
Irlande.	777,412	19	8	1,634,382	1	8				856,969	2	«
Italie.	810,902	9	5	754,446	4	2	56,456	5	3			
Isles Madères.	5,792	9	3	40,152	12	6				34,360	3	3
Portugal.	312,974	8	5	1,244,198	6	7				931,223	18	2
Russie.	920,293	12	3	67,952	8	6	852,341	3	9			
Espagne.	503,489	6	4	1,318,345	4	11				814,855	18	7
Gibraltar.	32,271	4	11	120,574	9	7				88,303	4	8
Suède.	253,280	1	11	28,351	4	7	224,928	17	4			
Levant.	191,565	16	«	70,008	16	11	121,556	19	1			
Venise.	54,992	10	5	9,952	11	10	45,039	18	7			
Toiles d'Angleterre & d'Irlande par gratification				1,295	18	2				1,295	18	2
Aurigny	173	10	1	1,104	3	2				930	13	1
Belle-Isle				4	6						4	6
Garnesey	27,075	15	11	34,064	19	4				6,989	3	5
Jersey	18,282	«	5	19,353	1	1				1,071	«	8
Antigoa.	307,392	6	8	63,136	10	10	244,255	15	10			
Barbades	300,213	17	3	181,710	11	3	118,503	6	«			
Bermudes	165	11	1	10,534	3	7				10,368	12	6
Canada	44,669	9	5	251,385	12	6				206,716	3	1
Caroline	341,727	12	7	305,808	1	6	35,919	11	1			
Dominique	31,894	6	2	16,415	12	6	15,478	13	8			
Floride	294	3	4	15,004	15	7				14,710	12	3
Géorgie	31,325	9	4	18,338	2	11	12,987	6	5			
Grenade	206,889	13	6	65,935	3	5	140,954	9	9			
Guadeloupe	33,551	17	«				33,551	17	«			
Havane	5,735	8	«				5,735	8	«			
Baie de Hudson	9,272	9	2	3,892	11	2	5,379	18	«			
Jamaïque	1,076,155	1	5	456,528	1	11	619,626	19	10			
Martinique	3,169	6	8				3,169	6	8			
Montserrat	82,966	15	«	7,532	8	9	75,434	6	3			
Nevis	60,652	11	2	7,934	16	5	52,717	14	9			
Nouvelle Angleterre	88,157	1	9	459,765	«	11				371,607	19	2
Terre neuve	30,354	2	4	72,588	6	3				42,234	3	11
Lucayes	4,436	6	7	2,808	6	5	1,627	15	10			
Nouvelle York	53,697	10	4	515,416	12	1				461,715	1	9
Nouvelle Ecosse	32	19	3	15,434	17	«				15,401	17	9
Pensylvanie	36,258	18	1	435,191	14	«				398,932	1	11
Sainte-Croix.	8,681	12	6	6,625	16	10	2,055	15	8			
Isle Saint Jean	80	17	2				80	17	2			
Saint-Christophe	283,842	4	1	98,321	8	2	185,520	1	11			
Saint-Eustache	917	«	10				917	«	10			
Saint-Vincent				971	15	2				971	15	2
Tortola	41,549	1	11	2,485	1	«	39,064	«	11			
Tabago				349	8	5				349	8	5
Virginie & Mariland	559,408	15	1	515,192	10	6	44,216	4	7			
Isles Espagnoles	9,398	11	3				9,398	11	3			
Toiles d'Angleterre & d'Irlande par gratification				23,567	11	«				23,567	11	«
Espèces étrangères & matières d'or & d'argent.				310,024	19	6				310,024	19	6
Prises	44,361	5	2	35,782	19	2	8,578	6	«			
TOTAUX.	10,364,307	12	3	16,512,403	16	3	2,970,678	17	8	118,775		1

EXCÉDANT DE L'EXPORTATION . . . 6,148,096. 4. 11.

Du 25 Décembre 1764 au 25 Décembre 1765.

PAYS.	IMPORTATIONS.			EXPORTATIONS.			EXCÉDANT DES IMPORTAT.			EXCÉDANT DES EXPORTAT.		
	℔	ß	d	℔	ß	d	℔	ß	d	℔	ß	d
Afrique	51,592	2	11	469,034	14	4				417,342	11	5
Isles Canaries	8,591	4	11	42,365	15	8				33,774	10	9
Danemarck & Norwège	85,901	3	9	132,588	16	10				46,687	13	1
Dantzick	128,901	18	2	239,717	5	5				110,815	7	1
Indes orientales	1,455,589	1	2	914,278	14	1	541,310	7	1			
Flandre	146,412	4	9	456,817	19	1				310,405	14	4
France	186,333	8	10	153,076	11	"	33,256	17	10			
Allemagne	602,624	12	7	1,869,465	18	8				1,266,841	6	1
Groenland	10,639	11	"	15	5	7	10,624	5	5			
Hollande	420,273	4	3	2,026,772	16	11				1,606,499	12	8
Irlande	1,070,533	11	11	1,767,020	1	6				696,486	9	7
Italie	785,030	7	6	824,803	5	8				39,772	18	2
Isles Madères	3,974	12	1	40,797	3	3				36,822	11	2
Portugal	354,307	5	1	679,037	16	"				324,730	11	"
Russie	967,339	11	7	76,170	18	9	891,168	12	10			
Espagne	594,893	9	3	1,237,551	3	11				642,657	14	8
Gibraltar	28,057	7	8	80,306	16	"				52,249	8	4
Suède	234,452	"	1	49,003	17	8	185,448	2	5			
Levant	122,652	2	11	91,735	1	3	30,917	1	8			
Venise	47,912	11	10	22,481	1	4	25,431	10	6			
Isles en Eur. — Aurigny	157	"	5	1,333	16	5				1,176	16	"
Garnesey	17,595	3	5	29,024	10	2				11,429	6	9
Jersey	16,793	4	7	12,109	6	10	4,683	17	9			
Colonies Angloises — Antigoa	159,152	12	5	149,751	1	8	9,401	10	9			
Anguille	3,536	11	"				3,536	11	"			
Barbades	326,688	6	8	191,202	19	"	135,485	7	8			
Bermudes	9,973	4	8	17,715	15	3				7,742	10	7
Canada	39,034	4	4	213,509	14	9				174,475	10	7
Caroline	385,918	12	"	334,709	12	8	51,208	19	4			
Dominique	73,497	10	10	8,656	3	3	64,841	7	7			
Floride	684	8	4	19,888	9	8				19,204	1	4
Géorgie	34,183	15	8	29,165	16	9	5,017	18	11			
Grenade	199,909	"	11	77,673	9	1	122,235	11	10			
Guadeloupe	66,560	15	7				66,560	15	7			
Havane	6,451	"	"				6,451	"	"			
Baie de Hudson	10,654	10	1	4,394	5	5	6,260	4	8			
Jamaïque	1,023,091	13	9	415,624	"	4	607,467	13	5			
Martinique	24	16	1				24	16	1			
Monferrat	66,694	12	11	15,938	15	4	50,755	17	7			
Nevis	54,528	17	6	11,905	19	5	42,622	18	1			
Nouvelle Angleterre	145,819	"	"	451,299	14	7				305,480	14	6
Terre-neuve	43,928	4	11	70,498	7	9				26,570	2	10
Lucaye	4,871	3	5	4,227	18	3	643	5	2			
Nouvelle York	54,959	18	2	382,349	11	1				327,389	12	11
Nouvelle Ecosse	164	2	1	48,211	19	8				48,047	17	7
Pensylvanie	25,148	10	10	363,368	17	5				338,220	6	7
Sainte Croix	7,089	10	4	4,800	18	11	2,288	11	5			
Isle Saint Jean				862	11	9				862	11	9
Saint-Christophe	245,095	3	7	111,357	9	11	133,737	13	8			
Sainte Lucie	447	3	6				447	3	6			
Saint Vincent	4,459	14	5	1,443	18	9	3,015	15	8			
Tabago				546	19	11				546	19	11
Tortola	38,972	13	10	21,171	17	9	17,800	16	1			
Virginie & Mariland	595,971	9	9	383,224	13	"	122,446	16	"			
Indes occid. en général				1,383	15	3				1,383	15	3
Isles Espagnoles	11,874	5	8	113	8	3	11,760	17	"			
TOTAUX	10,889,742	13	10	14,550,507	1	8	3,186,852	7		6,847,616	15	1

EXCÉDANT DE L'EXPORTATION . . . 3,660,764. 7. 10

PAYS.	IMPORTATIONS.			EXPORTATIONS.			EXCÉDANT DES IMPORTAT.			EXCÉDANT DES EXPORTAT.		
	#	ß	d	#	ß	d	#	ß	d	#	ß	d
Afrique	52,217	3	11	496,789	12	"				444,572	8	1
Isles Canaries.	10,378	12	6	47,472	13	10				37,094	1	4
Danemarck & Norwège.	93,473	"	1	157,064	"	10				63,591	"	9
Dantzick	152,884	16	7	171,869	18	"				18,985	1	5
Indes orientales.	1,975,981	7	9	783,961	17	10	1,192,019	9	11			
Flandre	125,211	8	5	433,553	12	7				308,342	4	2
France	81,470	13	9	201,032	6	10				119,561	13	1
Allemagne.	633,672	17	11	1,811,268	2	3				1,177,595	4	4
Groenland.	9,625	5	4	33	"	"	9,592	5	4			
Hollande.	374,587	"	1	1,602,924	6	7				1,228,337	6	6
Irlande.	1,154,982	4	7	1,920,015	19	6				765,033	14	11
Italie.	812,179	4	"	839,838	7	7				27,659	3	7
Isles Madères.	6,988	17	8	36,260	10	"				29,271	12	4
Portugal.	347,806	2	2	667,104	7	8				319,298	5	6
Russie.	684,585	16	5	109,900	16	10	574,684	19	7			
Espagne.	558,002	12	7	1,078,731	10	1				520,728	17	6
Gibraltar	14,103	13	10	59,678	19	1				45,575	5	3
Suède.	195,449	5	9	47,393	18	1	148,055	7	8			
Levant	106,522	7	9	100,796	4	4	5,726	3	5			
Venise	63,105	7	9	42,643	10	"	20,461	17	9			
Isles en Eur. { Aurigny	82	5	"	1,984	"	3				1,901	15	3
Garnesey	22,534	2	1	40,059	3	11				17,525	1	10
Jersey.	12,241	19	4	23,521	5	4				11,279	6	"
Antigoa	396,465	12	3	142,326	16	7	254,138	15	8			
Anguille.	3,225	19	11				3,225	19	11			
Barbades.	296,732	16	7	194,042	7	1	102,690	9	6			
Bermudes.	3,475	14	1	11,299	6	3				7,823	12	2
Canada.	46,982	12	3	366,573	4	11				319,590	12	8
Caroline.	293,587	7	8	296,732	1	4				3,144	13	8
Dominique.	111,649	5	9	20,792	6	"	90,856	19	9			
Floride	2,113	7	7	38,718	14	10				36,605	7	3
Géorgie.	53,074	16	7	67,268	5	5				14,193	8	10
Grenade.	264,194	5	7	89,431	1	9	174,763	3	10			
Havane.	1,511	3	3				1,511	3	3			
Baie de Hudson.	10,199	17	6	4,631	6	3	5,568	11	3			
Jamaïque.	1,201,801	16	4	415,544	17	4	786,256	19	"			
Martinique.	13	15	"				13	15	"			
Montserrat.	71,562	2	4	26,826	1	10	44,936	"	6			
Nevis.	74,200	16	"	18,989	8	"	55,211	8	"			
Nouv. Angleterre	141,733	4	11	409,642	7	6				267,909	2	7
Terre neuve	45,207	15	"	65,779	10	9				20,571	15	9
Lucaye.	4,585	9	5	15,085	13	9				10,500	4	4
Nouvelle York	67,020	11	8	330,829	15	9				263,809	4	"
Nouvelle Ecosse.	1,433	9	4	14,181	6	5				12,747	17	1
Pensylvanie.	26,851	3	1	327,314	5	3				300,463	2	2
Sainte-Croix.	11,807	3	7	1,425	7	"	10,381	16	7			
Isle Saint Jean.				560	19	2				560	19	2
Saint Christophe.	304,778	9	2	91,736	17	6	213,041	11	8			
Sainte Lucie.	581	5	"				581	5	"			
Saint Vincent.	31,028	1	7	5,325	6	7	25,702	15	"			
Saint Eustache.	96	1	6				96	1	6			
Tabago.				13	2	6				13	2	6
Tortola.	48,280	5	8	18,218	"	7	38,062	5	1			
Virginie & Mariland	461,693	9	4	372,548	16	1	89,144	13	3			
Indes occid. en général.				1,673	11	"				1,673	11	"
Isles Espagnoles.	11,601	2	6	3,555	1	11	8,046	"	7			
TOTAUX	11,475,775	5	8	14,024,964	2	8	3,846,769	18	"	6,395,958	15	"

EXCÉDANT DE L'EXPORTATION . . . 2,549,188. 17. "

PAYS.	IMPORTATIONS.			EXPORTATIONS.			EXCÉDANT des IMPORTATIONS.			EXCÉDANT des EXPORTATIONS.		
	℔	ß	d.	℔	ß	d.	℔	ß	d.	℔	ß	d.
Afrique	55,981	8	6	558,062	5	8				502,080	17	2
Isles Canaries	6,661	19	4	38,289	4	5				32,227	5	1
Danemarck & Norwège	75,308	3	10	159,730	16	2				84,422	12	4
Dantzick	267,085	7	6	150,754	1	10	116,331	5	8			
Indes orientales	1,981.173	"	11	1,272,654	13	3	708,518	6	10			
Flandre	268,322	13	1	545,919	14	3				277,597	1	2
France	174,089	17	4	232,031	7	4				57,941	10	"
Allemagne	680,963	9	10	1,506,293	10	11				825,330	1	1
Groenland	7,900	17	9				7,900	17	9			
Hollande	743,703	8	8	1,539,705	18	"				796,002	9	4
Irlande	1,103,285	6	11	1,880,486	13	9				777,201	6	10
Italie	630,447	17	6	606,506	5	1	23,941	12	5			
Isles Madères	6,211	"	"	34,253	5	6				28,042	5	6
Portugal	340,289	13	1	515,080	14	3				174,791	1	2
Russie	822,271	14	5	125,208	19	7	697,062	14	10			
Espagne	593,504	19	3	1,144,777	19	8				551,273	"	5
Gibraltar	11,375	19	11	69,772	5	4				58,396	5	"
Suède	175,515	7	6	44,336	16	5	131,178	11	1			
Levant	99,950	15	10	44,094	19	10	55,855	16				
Venise	57,457	12	7	31,984	3	"	25,473	9	7			
Isles en Eur. ⎰ Aurigny	153	13	"	1,242	13	"				1,089	"	"
Garnesey	17,898	4	9	36,968	15	6				19,070	10	9
Jersey	18,646	15	8	21,652	"	4				3,005	4	8
Anguille	4,117	13	10				4,117	13	10			
Antigoa	394,727	10	2	119,740	16	6	274,986	13	8			
Barbades	219,682	3	9	145,083	4	4	74,598	19	5			
Bermudes	1,417	12	5	12,133	9	4				10,715	16	11
Canada	42,044	12	5	194,406	3	9				152,361	11	4
Caroline	395,027	10	1	244,093	6	"	150,934	4	1			
Dominique	118,978	19	3	30,863	6	6	88,115	12	9			
Floride	12,681	6	8	30,963	13	11				18,282	7	3
Géorgie	35,856	15	7	23,334	14	2	12,522	1	5			
Grenade	243,618	18	3	89,767	19	2	153,850	19	1			
Baie de Hudson	9,942	10	11	4,981	18	8	4,960	12	3			
Jamaïque	1,243,742	13	9	467,681	4	4	776,061	9	5			
Martinique	572	"	8				572	"	8			
Montserrat	54,960	9	9	23,071	9	3	31,889	"	6			
Nevis	60,690	14	7	11,875	18	8	48,814	15	11			
Nouv. Angleterre	128,207	17	4	406,081	9	2				277,873	11	10
Terre-neuve	48,950	18	6	53,550	10	7				4,599	12	1
Lucayes	4,487	3	"	14,986	"	3				10,498	17	3
Nouvelle Yorck	61,422	18	7	417,957	15	5				356,534	16	10
Nouvelle-Ecosse	753	4	5	25,094	10	1				24,341	5	8
Pensylvanie	37,641	17	"	371,830	8	10				334,188	11	10
Sainte Croix	10,584	1	2	882	7	2	9,701	14	"			
Saint Eustache	2,740	7	8				2,740	7	8			
Saint Jean	178	12	8	1,942	"	8				1,763	8	"
Saint-Christophe	276,013	9	9	106,162	8	7	169,851	1	2			
Sainte-Lucie	629	13	9				629	13	9			
Saint Vincent	24,282	7	1	14,822	2	"	9,460	5	1			
Tortola	48,864	8	4	27,010	1	4	21,854	7	"			
Virginie & Mariland	437,926	15	"	437,628	2	6	298	12	6			
Isles Espagnoles	15,611	8	3	7,995	4	5	7,616	3	10			
Indes occid. en général				763	13	"				763	13	"
TOTAUX	12,073,956	"	11	13,844,511	1	8	3,609,839	2	2	5,380,394	2	11

(Colonnes gauche : Isles en Eur. / Colonies Angloises)

EXCÉDANT DE L'EXPORTATION · · · 5,770,555 · " · 9·

PAYS.	IMPORTATIONS.			EXPORTATIONS.			EXCÉDANT des IMPORTATIONS.			EXCÉDANT des EXPORTATIONS.		
	₶	ß	d.	₶	ß	d.	₶	ß	d.	₶	ß	d.
Afrique	67,249	1	4	612,392	9	8				545,143	8	4
Isles Canaries	4,785	5	5	39,840	19	5				35,055	14	//
Danemarck & Norwège	79,043	15	5	178,041	7	10				98,997	12	5
Dantzick	318,840	13	4	124,121	5	3	194,719	8	1			
Indes orientales	1,507,963	//	2	1,156,082	16	8	351,880	3	6			
Flandre	118,595	16	5	608,258	9	1				489,662	12	8
France	133,100	7	3	271,828	15	7				138,728	8	4
Allemagne	689,562	17	9	1,499,732	//	4				810,169	2	7
Groenland	12,483	15	6	63	12	//	12,420	3	6			
Hollande	455,814	4	9	1,744,974	5	8				1,289,160	//	11
Irlande	1,226,094	//	3	2,248,315	6	5				1,022,221	6	2
Italie	673,915	11	5	781,350	11	11				107,435	//	6
Isles Madères	3,864	16	8	25,588	6	3				21,723	9	7
Portugal	391,502	3	8	711,908	4	4				320,406	//	8
Russie	934,817	13	6	126,569	14	4	808,247	19	2			
Espagne	472,045	2	6	1,076,005	7	10				603,960	5	4
Gibraltar	12,212	18	6	91,005	18	2				78,792	19	8
Suède	204,278	17	2	56,352	19	7	147,925	17	7			
Levant	103,679	19	4	109,194	7	8				5,514	8	4
Venise	78,209	6	4	41,294	17	8	36,914	8	8			
Isles en Eur. Aurigny	134	15	//	662	8	6				527	13	6
Garnesey	21,850	3	4	29,031	7	6				7,181	4	2
Jersey	14,302	9	8	17,762	5	9				3,459	16	1
Anguille	6,607	12	1				6,607	12	1			
Antigoa	330,013	9	4	132,139	9	6	197,873	19	10			
Barbades	281,461	3	8	191,601	17	7	89,859	6	1			
Bermudes	829	8	//	10,526	9	11				9,697	1	11
Canada	37,162	6	4	110,598	12	5				73,436	6	1
Caroline	508,108	6	10	289,868	12	3	218,239	14	7			
Dominique	203,828	14	8	18,411	3	1	185,417	11	7			
Floride	14,078	6	3	32,572	//	7				18,493	14	4
Géorgie	42,402	13	10	56,562	13	5				14,159	19	7
Grenade	376,940	12	2	120,419	18	2	256,520	14	//			
Baie de Hudson	8,008	7	6	5,500	13	9	2,507	13	9			
Jamaïque	1,215,628	19	9	473,146	13	3	742,482	6	6			
Montferrat	69,563	11	3	25,572	5	10	43,991	5	5			
Nevis	71,144	17	10	15,874	//	3	55,270	17	7			
Nouvelle Angleterre	148,375	3	6	419,797	9	4				271,422	5	10
Terre-neuve	48,357	//	6	46,761	2	1	1,595	18	5			
Lucayes	2,523	6	4	6,752	13	9				4,229	7	5
Nouvelle Yorck	87,115	5	10	482,930	14	4				395,815	8	6
Nouvelle Écosse	1,247	2	6	19,571	12	10				18,324	10	4
Pensylvanie	59,406	8	5	432,107	17	4				372,701	8	11
Sainte Croix	12,383	19	4	6,387	4	4	5,996	15	//			
Saint-Thomas	19	5	4				19	5	//			
Saint-Christophe	301,328	15	6	143,739	//	7	157,589	14	11			
Sainte Lucie	891	3	//				891	3	//			
Saint Vincent	35,762	6	8	24,553	13	4	11,208	13	4			
Tabago				485	//	2				485	//	2
Tortola	50,443	19	10	17,746	//	9	32,697	19	1			
Virginie & Mariland	406,048	13	11	475,954	6	2				69,905	12	3
Indes occid. en général				3,328	15	8				3,328	15	8
Isles Espagnoles	34,633	8	1	4,694	18	//	29,938	10	1			
TOTAUX	11,878,661	2	7	15,117,982	16	7	3,590,817	//	9	6,830,138	14	3

EXCÉDANT DE L'EXPORTATION . . . 3,239,321. 13. 6.

PAYS.	IMPORTATIONS.			EXPORTATIONS.			EXCÉDANT des IMPORTATIONS.			EXCÉDANT des EXPORTATIONS.		
	₶	ß	d.	₶	ß	d.	₶	ß	d.	₶	ß	d.
Afrique	58,955	12	6	605,180	5	11				546,224	13	5
Isles Canaries	6,612	5	11	36,036	6	3				26,424	"	4
Danemarck & Norwège	82,469	8	4	169,155	6	2				86,685	17	10
Dantzick	159,481	13	9	74,422	3	2	85,059	10	7			
Indes orientales	1,863,233	14	10	1,205,388	18	4	657,844	16	6			
Flandre	103,276	18	3	623,579	2	10				520,302	4	7
France	91,245	6	11	113,310	9	11				22,065	3	"
Allemagne	619,181	11	9	1,338,866	9	8				719,684	17	11
Groenland	21,353	"	5	72	"	"	21,281	"	5			
Hollande	323,720	14	5	1,658,551	13	1				1,334,830	18	8
Irlande	1,265,107	12	8	1,964,742	1	9				699,634	9	1
Italie	930,045	19	"	746,220	6	2	183,825	12	10			
Isles Madères	4,935	9	7	27,459	2	3				22,523	12	8
Portugal	369,120	9	1	545,367	2	2				176,246	13	1
Russie	1,038,614	15	10	158,777	11	5	879,837	4	5			
Espagne	577,816	6	4	830,893	19	6				253,077	13	2
Gibraltar	7,775	5	7	142,237	15	4				134,462	9	9
Suède	182,896	8	3	57,211	14	8	125,684	13	7			
Levant	144,419	17	3	90,880	12	6	53,539	4	9			
Venise	60,376	5	8	74,371	8	8				13,995	3	"
Isles en Eur. ⎰ Aurigny	112	1	"	814	18	7				702	17	7
Garnesey	17,912	12	1	37,508	14	10				19,596	2	9
Jersey	14,703	7	3	27,471	6	5				12,767	19	2
Colonies Angloises ⎰ Anguille	3,747	17	3				3,747	17	3			
Antigoa	232,680	8	6	151,642	2	9	81,038	5	9			
Barbades	254,092	15	6	165,050	10	9	89,042	4	9			
Bermudes	1,744	19	3	12,621	8	9				10,876	9	6
Canada	43,434	2	3	174,435	5	7				131,001	3	4
Caroline	387,114	12	1	306,600	5	6	80,514	6	7			
Dominique	158,543	2	4	31,863	10	1	126,679	12	3			
Floride	1,744	12	2	29,509	4	10				27,764	12	8
Géorgie	82,270	2	3	58,340	19	4	23,929	2	11			
Grenade	307,562	15	1	113,054	6	8	194,508	8	5			
Baie de Hudson	7,087	5	7	4,655	13	4	2,431	12	3			
Jamaïque	1,266,630	9	4	570,468	10	11	696,161	18	5			
Montferrat	77,653	16	"	23,110	1	9	54,543	14	3			
Nevis	40,379	4	6	10,428	9	5	29,950	15	1			
Nouv. Angleterre	129,353	3	8	207,993	14	3				78,640	10	7
Terre neuve	50,835	3	3	64,080	5	4				13,245	2	1
Lucaye	4,435	15	11	6,682	18	8				2,247	2	9
Nouvelle York	73,466	3	9	74,918	7	10				1,452	4	1
Nouvelle Ecoſſe	2,270	3	7	19,271	"	2				17,000	16	7
Penſylvanie	26,111	11	4	199,909	17	11				173,798	6	7
Sainte Croix	18,220	1	3	2,809	4	10	15,410	16	5			
Saint Chriſtophe	224,096	9	9	115,609	10	4	108,486	19	5			
Saint Vincent	70,772	9	3	33,720	16	10	37,051	12	5			
Tabago				6,119		"				6,119	"	"
Tortola	54,560	1	5	27,106	12	10	27,453	8	7			
Virginie & Mariland	361,892	12	"	488,362	15	1				126,470	3	1
Iſles Eſpagnoles	81,494	2	6	11,352	3	7	70,141	18	11			
TOTAUX	11,908,560	16	5	13,438,236	6	11	3,648,164	16	9	5,177,840	7	3

EXCÉDANT DE L'EXPORTATION . . . 1,529,675. 10. 6.

PAYS.	IMPORTATIONS.			EXPORTATIONS.			EXCÉDANT des IMPORTATIONS.			EXCÉDANT des EXPORTATIONS.		
	℔	ß	à	℔	ß	à	℔	ß	à	℔	ß	à
Afrique	68,449	13	7	371,003	6	9				502,553	13	2
Isles Canaries	10,656	8	9	41,532	11	10				30,696	3	1
Danemarck & Norwège	76,898	17	2	167,257	4	11				90,358	7	9
Dantzick	175,552	15	6	80,329	//	8	95,223	14	10			
Indes orientales	1,941,627	4	//	1,082,030	8	10	859,596	15	2			
Flandre	113,860	11	7	678,286	12	1				564,426	//	6
France	65,975	19	11	156,509	6	7				90,533	6	8
Allemagne	684,463	8	11	1,272,569	//	4				588,105	11	5
Groenland	22,626	6	1	29	6	4	22,596	19	9			
Hollande	352,535	6	4	1,766,333	10	2				1,413,798	3	10
Irlande	1,214,398	4	5	2,125,466	12	8				911,068	8	3
Italie	815,944	17	2	756,385	11	3	59,559	5	11			
Isles Madères	4,935	12	6	26,500	15	3				21,565	2	9
Portugal	329,663	3	4	534,708	19	1				205,045	15	9
Russie	1,046,710	5	11	145,743	6	9	900,966	19	2			
Espagne	505,267	13	2	887,099	1	4				381,831	8	2
Gibraltar	7,083	11	5	148,813	18	3				141,730	6	10
Suède	136,616	6	//	58,576	4	8	78,040	1	4			
Levant	164,366	3	6	22,032	15	8	142,333	7	10			
Venise	82,963	19	7	71,541	5	4	11,422	14	3			
Isles en Europ. Aurigny	38	10	//	992	9	8				953	19	8
Garnesey	27,735	18	8	26,656	14	6	1,079	4	2			
Jersey	19,768	5	9	24,959	1	7				5,190	15	10
Colonies de l'Amérig. septent. Canada	40,703	6	7	231,626	6	6				190,922	19	11
Caroline	278,907	14	//	146,273	17	//	132,633	17	//			
Cap Breton	197	4	4				197	4	4			
Floride	3,688	3	//	39,857	12	11				36,169	9	11
Géorgie	55,532	7	5	56,193	16	7				661	9	2
Baie de Hudson	10,715	//	7	4,623	2	1	6,091	18	6			
Nouvelle Angleterre	148,011	14	9	394,451	7	5				246,439	12	8
Terre-neuve	45,108	11	//	91,058	//	//				45,949	9	//
Lucaye	6,387	11	10	6,060	7	7	327	4	3			
Nouvelle York	69,882	10	5	475,991	12	//				406,109	1	7
Nouvelle Ecosse	7,324	7	4	45,092	4	10				37,767	17	6
Pensylvanie	28,109	5	11	134,881	15	5				106,772	9	6
Virginie & Mariland	435,094	9	7	717,782	17	3				282,688	7	8
Isles des Indes occidentales. Anguille	167	17	11				167	17	11			
Antigoa	349,102	1	8	112,533	2	//	236,568	19	8			
Barbades	283,455	19	1	203,568	9	8	79,887	9	5			
Bermudes				9,705	15	6				9,705	15	6
Dominique	136,152	18	7	34,209	7	10	101,943	10	9			
Grenade	433,421	12	1	136,792	12	8	296,628	19	5			
Jamaïque	1,274,807	13	6	558,219	10	6	716,588	3	//			
Montserrat	83,947	9	1	19,297	16	5	64,649	12	8			
Nevis	97,152	19	5	17,307	10	3	79,845	9	2			
Sainte Croix	21,386	12	9	1,069	5	3	20,317	7	6			
Saint Eustache	476	18	11				476	18	11			
Saint Christophe	324,287	7	8	96,834	10	1	227,452	17	7			
Saint Vincent	81,965	18	3	42,821	13	11	39,144	4	4			
Tobago	2,323	11	10	19,123	4	9				16,799	12	11
Tortola	43,230	4	4	16,985	12	9	26,244	11	7			
Isl. Esp. Baie de Honduras	87,256	19	2	9,115	1	9	78,141	17	5			
TOTAUX	12,216,937	14	3	14,266,653	17	5	4,278,127	5	10	6,327,843	9	//

EXCÉDANT DE L'EXPORTATION . . . 2,049,716 . 3 . 2 .

Du 25 Décembre 1770 au 25 Décembre 1771.

PAYS.	IMPORTATIONS.			EXPORTATIONS.			EXCÉDANT des IMPORTATIONS.			EXCÉDANT des EXPORTATIONS.		
	⊕	ß	d.	⊕	ß	d.	⊕	ß	d.	⊕	ß	d.
Afrique	97,486	19	3	712,538	7	4				615,051	8	1
Isles Canaries. . . .	6,803	18	10	23,825	9	8				17,021	10	10
Danemarck & Norwège.	83,711	6	4	152,340	11	5				68,628	14	1
Dantzick.	195,357	"	2	95,961	19	11	99,395	"	3			
Indes orientales. . .	1,882,139	5	9	1,184,824	13	11	697,314	11	10			
Flandre	142,138	2	6	861,777	16	7				719,639	14	1
France	51,645	8	11	146,128	3	2				94,482	14	3
Allemagne. . . .	765,774	2	"	1,316,492	1	4				550,717	19	4
Groenland	13,803	5	10	10	6	3	13,792	19	7			
Hollande	428,080	1	7	1,685,397	16	"				1,257,317	14	5
Irlande	1,380,737	14	11	1,983,818	17	6				603,081	2	7
Italie.	947,138	12	8	782,582	15	7	164,555	17	1			
Isles Madères. . . .	2,067	18	2	11,213	17	9				9,145	19	7
Portugal. . . .	354,631	10	7	716,122	3	5				361,490	12	10
Russie.	1,274,620	12	"	150,159	16	6	1,124,460	15	6			
Espagne.	568,323	11	3	1,224,811	11	10				656,488	"	7
Gibraltar	3,604	13	6	153,323	16	11				149,719	3	5
Suède.	157,851	10	1	64,180	"	1	93,671	10	"			
Levant	100,443	2	9	20,573	15	3	79,869	7	6			
Venise.	83,335	"	1	73,956	18	1	9,378	2	1			
Isles en Eur. { Aurigny . . .	95	13	8	1,125	12	9				1,029	19	1
Garnesey . . .	38,103	7	6	34,541	"	1	3,562	7	5			
Jersey . . .	18,603	12	9	22,898	14	6				4,295	1	9
Colonies de l'Amériq. septent. { Canada. . . .	37,286	12	8	170,962	8	11				133,675	16	3
Caroline	420,311	14	8	409,169	9	4	11,142	5	4			
Cap Breton . . .	14	9	5				14	9	5			
Floride. . . .	21,856	11	11	66,647	9	11				44,790	18	"
Géorgie	63,810	10	9	70,493	19	3				6,683	8	6
Baie de Hudson . .	9,225	18	"	5,822	1	8	3,403	16	4			
Nouvelle Angleterre	150,381	17	2	1,420,119	1	1				1,269,737	3	11
Terre neuve. . . .	49,424	18	8	89,394	1	7				39,969	2	11
Lucaye. . . .	7,837	"	3				7,837	"	3			
Nouvelle York. . .	95,875	8	11	653,621	7	6				557,745	18	7
Nouvelle Ecosse . .	3,451	14	3	51,581	12	8				48,129	18	5
Pensylvanie. . . .	31,615	19	9	728,744	19	10				697,129	"	1
Virginie & Mariland.	577,848	16	6	920,326	3	8				342,477	7	2
Isles des Indes occidentales. { Antigoa	180,923	3	"	118,152	10	11	62,770	12	1			
Barbades	163,053	1	4	120,011	"	3	43,042	1	1			
Bermudes. . . .	836	8	3	8,645	15	9				7,809	7	6
Dominique . . .	170,623	19	3	55,612	2	3	115,011	17	"			
Grenade	361,839	10	7	138,431	6	6	223,408	4	1			
Jamaïque	1,261,675	7	8	494,888	"	10	766,787	6	11			
Montserrat . . .	63,034	4	8	15,642	"	6	47,392	4	2			
Nevis	67,291	3	2	19,751	7	1	47,539	16	1			
Sainte Croix. . .	4,685	16	2				4,685	16	2			
Saint Eustache. .	1,406	2	11				1,406	2	11			
Saint Christophe .	268,276	16	8	95,442	17	10	172,833	18	10			
Saint Vincent . .	123,919	4	5	35,200	1	11	88,719	2	6			
Tobago	7,091	2	7	28,610	14	11				21,519	12	4
Tortola	41,466	4	1	20,969	5	"	20,496	19	1			
Saint Thomas . .	447	7	1				447	7	1			
Isl. Esp. Baie de Honduras	39,988	"	9	4,301	"	2	35,687	"	7			
TOTAUX . . .	**12,821,995**	**16**	**9**	**17,161,146**	**14**	**2**	**3,938,626**	**11**	**2**	**8,277,777**	**8**	**7**

EXCÉDANT DE L'EXPORTATION . . . 4,339,150. 17. 5

PAYS.	IMPORTATIONS.			EXPORTATIONS.			EXCÉDANT des IMPORTATIONS.			EXCÉDANT des EXPORTATIONS.		
	₶	ß	₰	₶	ß	₰	₶	ß	₰	₶	ß	₰
Afrique	92,338	12	//	866,394	11	3				774,055	19	3
Isles Canaries	12,773	10	7	32,539	7	3				19,765	16	8
Danemarck & Norwège	85,521	17	2	161,972	14	3				76,450	17	1
Dantzick	209,189	14	5	103,661	2	5	105,528	12	//			
Indes orientales	2,473,192	8	2	941,361	4	5	1,531,831	3	9			
Flandre	99,473	6	9	793,454	12	5				693,981	5	8
France	54,948	11	5	290,989	16	1				236,041	4	8
Allemagne	701,813	5	1	1,354,181	6	6				652,368	1	5
Groenland	23,449	16	5	36	15	4	23,413	1	1			
Hollande	324,901	8	8	1,997,815	1	4				1,672,913	12	8
Irlande	1,242,305	18	5	1,963,787	4	//				721,481	5	7
Italie	858,599	8	10	831,514	1	8	27,085	7	2			
Isles Madères	3,330	3	8	12,107	2	2				8,776	18	6
Portugal	347,373	11	2	635,114	4	2				287,740	13	//
Russie	1,008,948	11	5	139,470	15	5	869,477	16	//			
Espagne	510,637	9	1	805,038	//	1				294,400	11	//
Gibraltar	13,902	15	1	141,729	8	7				127,826	13	6
Suède	187,826	15	2	54,698	19	9	133,128	2	5			
Levant	154,052	8	3	96,823	4	4	57,229	3	11			
Venise	64,605	8	//	80,849	17	//				16,244	9	//
Isles en Eur. Aurigny	79	13	//	1,470	18	1				1,391	5	1
Garnesey	31,845	1	7	31,564	10	3	280	11	4			
Jersey	17,627	3	5	31,999	12	10				13,472	9	5
Colonies de l'Amériq. septent. Canada	47,995	4	4	203,779	5	6				155,784	1	2
Caroline	425,923	1	1	449,610	2	2				23,687	1	1
Cap Breton	255	8	7	121	6	9	134	1	10			
Floride	15,722	17	6	40,458	2	9				24,735	5	3
Georgie	66,083	18	9	92,406	4	4				26,322	5	7
Baie de Hudson	8,005	17	1	6,381	2	9	1,624	14	4			
Nouvelle Angleterre	126,265	7	6	824,830	8	9				698,565	1	3
Terre-neuve	67,625	2	11	107,822	14	//				40,197	11	1
Lucaye	5,817	18	9	1,564	//	9	4,253	18	//			
Nouvelle York	82,707	8	6	343,970	19	9				261,263	11	3
Nouvelle Ecosse	4,663	12	3	34,688	3	3				30,024	11	//
Pensylvanie	29,133	12	3	507,909	14	//				478,776	1	9
Virginie & Mariland	528,404	10	6	793,910	13	2				265,506	2	8
Isles des Indes occidentales Antigoa	166,351	12	4	116,074	10	11	50,277	1	5			
Barbades	210,842	12	6	138,841	10	7	72,001	1	11			
Bermudes	525	2	10	11,798	14	6				11,273	11	8
Dominique	215,667	7	1	60,526	14	2	155,140	12	11			
Grenade	492,974	5	3	191,774	18	9	301,199	6	6			
Jamaïque	1,483,818	19	8	592,733	5	1	891,085	14	7			
Montferrat	82,873	18	2	23,334	7	8	59,539	10	6			
Nevis	82,331	17	9	18,277	15	1	64,054	2	8			
Sainte Croix	24,947	18	//				24,947	18	//			
Saint Christophe	302,952	2	//	118,914	4	9	184,037	17	3			
Saint Eustache	8,152	5	//				8,152	5	//			
Saint Vincent	155,182	18	//	38,361	18	10	116,820	19	2			
Tobago	19,718	19	8	36,797	4	10				17,078	5	2
Tortola	58,111	9	5	30,586	//	11	27,525	8	6			
Baie de Honduras	51,079	13	10	1,535	14	10	49,543	19	//			
Côte des Mosquites	15,580	3	//	4,728	12	11	10,851	10	1			
TOTAUX	13,298,452	2	3	16,159,412	14	4	4,769,163	19	4	7,630,124	11	5

EXCÉDANT DE L'EXPORTATION . . . 2,860,960. 12. 1.

PAYS.	IMPORTATIONS.			EXPORTATIONS.			EXCÉDANT des IMPORTATIONS.			EXCÉDANT des EXPORTATIONS.		
	₶	ß	d	₶	ß	d	₶	ß	d	₶	ß	d
Afrique	68,424	19	9	662,112	7	11				593,687	8	2
Isles Canaries	10,635	11	9	43,889	10	1				33,253	18	4
Danemarck & Norwège	71,044	4	!!	161,399	4	10				90,355	!!	10
Dantzick	164,337	12	2	68,571	19	8	95,765	12	6			
Indes orientales	1,933,096	18	5	845,707	16	6	1,087,389	1	11			
Flandre	79,957	1	4	1,006,601	6	7				926,644	5	3
France	44,484	1	3	285,776	4	!!				241,292	2	9
Allemagne	454,186	9	5	1,337,552	1	10				883,365	12	5
Groenland	17,644	14	10	28	10	4	17,616	4	6			
Hollande	411,642	6	!!	1,873,860	14	5				1,462,218	8	5
Irlande	1,252,817	3	7	1,918,802	18	10				665,985	15	3
Isle de Man	4,563	4	8	18,335	4	4				13,772	19	8
Italie	480,349	6	!!	848,729	!!	1				368,379	14	1
Isles Madères	2,499	!!	8	13,118	14	7				10,619	13	11
Portugal	349,214	13	4	522,379	10	1				173,164	16	9
Russie	850,112	18	5	196,229	1	3	653,883	17	2			
Espagne	462,342	12	6	839,072	7	6				376,729	15	!!
Gibraltar	714	9	!!	63,098	6	9				62,383	17	9
Suède	161,603	16	1	36,308	!!	1	125,295	16	1			
Levant	163,538	17	9	118,475	6	!!	45,063	11	9			
Venise	104,003	10	7	98,371	4	6	5,632	6	1			
Isles en Eur. Aurigny	623	5	9	1,891	15	7				1,268	9	10
Garnesey	43,291	5	9	39,223	9	!!	4,068	5	!!			
Jersey	11,881	4	4	20,665	1	!!				8,783	16	8
Antigoa	112,779	!!	10	93,323	1	3	19,455	19	7			
Barbades	168,682	6	1	148,817	9	3	19,864	16	10			
Bermudes	509	10	!!	10,051	18	9				9,542	8	9
Canada	42,394	11	2	316,867	19	6				274,473	8	4
Caroline	456,513	8	4	344,859	9	1	111,653	19	3			
Cap Breton		16	6	984	6	4				983	9	10
Dominique	248,868	16	5	43,679	12	7	205,189	3	10			
Floride	7,129	13	6	51,502	7	2				44,372	13	8
Géorgie	85,391	1	8	62,932	19	8	22,458	2	!!			
Grenade	445,041	!!	9	102,761	1	6	342,279	19	3			
Baie de Hudson	8,943	4	2	6,467	9	9	2,475	14	5			
Jamaïque	1,286,888	16	6	683,451	8	10	603,437	7	8			
Montserrat	47,911	12	8	14,974	6	1	32,937	6	7			
Nevis	39,299	7	6	9,181	14	8	30,117	12	10			
Nouvelle Angleterre	124,624	19	6	527,055	15	10				402,430	16	4
Terre neuve	68,087	11	9	77,744	1	4				9,656	9	7
Lucaye	3,379	11	4	2,132	16	4	1,246	15	!!			
Nouvelle York	76,246	12	!!	289,214	19	7				212,968	7	7
Nouvelle Ecosse	1,719	9	3	27,032	18	4				25,313	9	1
Pensylvanie	36,652	8	9	426,448	17	3				389,796	8	6
Sainte Croix	6,706	8	9	1,248	3	6	5,458	4	11			
Saint Eustache	5,730	19	4				5,730	19	4			
Saint Christophe	150,512	5	5	62,607	19	10	87,904	5	7			
Saint Thomas				271	14	3				271	14	3
Saint Vincent	145,619	!!	2	38,444	4	5	107,174	15	9			
Tobago	20,453	19	2	30,049	2	!!				9,595	2	10
Tortola	48,000	5	2	26,927	3	3	21,073	1	11			
Virginie & Mariland	589,803	14	5	328,904	15	8	260,898	18	9			
Isles Espagnoles	35,941	5	7	15,114	18	11	20,826	6	8			
TOTAUX	11,406,841	3	8	14,763,253	2	4	3,934,898	5	2	7,291,310	3	10

(Colonne de gauche : Isles en Eur. ; Colonies Angloises.)

EXCÉDANT DE L'EXPORTATION . . . 3,356,411. 18. 8.

RÉCAPITULATION TOTALE DES VINGT ANNÉES.

ANNÉES.	IMPORTATIONS.			EXPORTATIONS.			EXCÉDANT des IMPORTATIONS.			EXCÉDANT des EXPORTATIONS.		
	#	ß	d.	#	ß	d.				#	ß	d.
1752	7,889,369	9	3	13,221,116	3	11				5,331,746	14	8
1753	8,625,029	4	3	14,264,614	3	11				5,639,584	19	8
1754	8,093,472	15	"	13,396,853	9	7				5,303,380	14	7
1755	8,772,865	2	10	12,182,255	17	6				3,409,390	14	8
1756	7,961,603	8	10	12,517,540	8	3				4,556,036	19	5
1757	9,253,317	14	9	13,438,285	1	"				4,184,967	6	3
1758	8,415,025	4	10	15,034,994	10	7				6,619,969	5	9
1759	8,922,976	1	4	14,696,892	7	1				5,773,916	5	9
1760	9,832,802	11	1	15,579,073	"	5				5,746,270	9	4
1761	9,543,901	14	4	16,365,953	"	7				6,822,051	6	3
1762	8,870,234	14	3	14,134,093	3	6				5,263,858	9	3
1763	11,665,036	"	9	16,160,181	16	3				4,495,145	15	6
1764	10,364,307	12	3	16,512,403	16	3				6,148,096	4	"
1765	10,889,742	13	10	14,550,507	1	8				3,660,764	7	10
1766	11,475,775	5	8	14,024,964	2	8				2,549,188	17	"
1767	12,073,956	"	11	13,844,511	1	8				1,770,555	"	9
1768	11,878,661	2	7	15,117,982	16	1				3,239,321	13	6
1769	11,908,560	16	5	13,438,236	6	11				1,529,675	10	6
1770	12,216,937	14	3	14,266,653	17	5				2,049,716	3	2
1771	12,821,995	16	9	17,161,146	14	2				4,339,150	17	5
1772	13,298,452	2	3	16,159,412	14	4				2,860,960	12	1
1773	11,406,841	3	8	14,763,253	2	4				3,356,411	18	8

Ces états ne prouvent point, comme quelques lecteurs inattentifs seroient tentés de le croire, l'augmentation de la prospérité publique, ni même celle du commerce extérieur. Les impôts, les prohibitions, les privilèges ont fait augmenter nécessairement les frais de la culture, ceux des fabrications & ceux du négoce même ; les subsistances, les marchandises & les ouvrages ont plus que doublé de prix ; une masse de douze ou quinze millions rançonnée à la douane en 1773, ne vaut pas plus qu'une de six ou sept taxée en 1720. Les guerres de commerce qui causent tant de maux dans notre siécle & dont les politiques Anglois sont si grands partisans, n'ont donc eu pour leur pays même que des effets désastrueux. Le trafic extérieur dont ils sont tant de cas est peut-être diminué chez eux autant & même plus que chez nous & chez les autres nations, bien loin de s'être accru dans cette époque. Les impôts & les dettes restent par milliards, les hommes ont péri par millions. Nous avons inondé de sang & de ruines toutes les mers & toutes les contrées des deux hémisphères pour nous disputer les avantages du commerce que nous détruisions au lieu de travailler en paix à l'étendre & à le perfectionner.

ANGOURE DE LIN, en Latin, angina lini. C'est une espéce d'epithym, qui croît sur la plante dont on fait le lin. Les épiciers-droguistes l'appellent ordinairement cuscute. Voyez cet article. Voyez aussi EPITHYM.

ANGUILLE. (Terme de manufacture d'étoffes de laine). Il signifie les bourlets ou faux-plis qui se forment aux draps en les foulant, lorsque les foulons ne sont pas assez attentifs à visiter leurs piles.

ANGUILLE. Est aussi un poisson de rivière long & menu, de la figure d'un serpent, dont il se fait un grand négoce en France.

Les anguilles payent de droits d'entrée dans le royaume, dix sols le cent en nombre, & quatorze sols de droits de sortie, & les sols pour livre.

ANIL. (Plante ou arbrisseau, dont les tiges & les feuilles servent à faire cette drogue, que l'on appelle inde ou indigo, dont les teinturiers font un si grand usage.)

ANIL. Qu'on nomme plus communément ANIS. Sorte de bois gris propre aux ouvrages de la marqueterie & du tour.

ANIME. On appelle gomme anime, une gomme jaunâtre & transparente, qui distile par incision de quelques arbres de la nouvelle-Espagne.

ANINGA. (*Racine* qui croît dans les îles Antilles, qui est assez semblable à la *squine*.)

C'est de la décoction de cette *racine* dont l'on se sert présentement dans les sucreries, pour affiner les sucres : ce qui est plus sûr & moins dangereux, que l'affinage qu'on y faisoit autrefois avec le sublimé & l'arsenic, avant qu'on eût découvert que la racine de l'*aninga* eût cette propriété. *Voyez* SUCRE, & AFFINAGE.

ANIS, ou ANIL. (*Bois grisâtre* qui vient des Indes, en grosses-bûches, & que l'on nomme *anis*, à cause de son odeur assez approchante de celle de la plante qui porte ce nom, & qui est si commune en France dans les jardins.)

Le bois d'*anis* s'emploie aux ouvrages de marqueterie & de tour ; & les droguistes en vendent aussi la semence, qu'ils déguisent sous différens noms ; l'appellant quelquefois *anis* de la Chine, de Sibérie, des îles Philippines, & des Indes ; & le nommant le plus souvent, pour lui donner plus de réputation, *semence de Badian*, ou *semence de Zingi*.

Cette graine, qui est enfermée dans une petite gousse fort dure & fort épaisse, est tout-à-fait semblable à celle de la *coloquinte*, à la réserve seulement qu'elle est d'une couleur tannée & luisante, & qu'elle a une assez bonne odeur.

Les Chinois s'en servent pour préparer leur thé ; & les Hollandois, à leur imitation, en mettent aussi dans cette boisson, ainsi que dans leurs sorbecs ; prétendant par-là les rendre plus agréables. Jusqu'ici le goût n'en est pas passé en France.

ANIS. Est aussi *une sorte de semence*, ou *graine longuette*, *assez semblable à l'ache*, *dont l'odeur & le goût sont aromatiques*. Cette semence provient d'une plante à ombelle du même nom, trop connue, pour qu'il soit nécessaire d'en faire la description.

L'*anis* fait une partie du négoce des marchands du corps de l'épicerie. Ils en tirent beaucoup d'Alicante & de Malte, par la voie de Marseille. Tours & Chinon leur en fournissent aussi une assez grande quantité.

Les bonnes qualités de l'*anis* sont d'être nouveau, gros, bien net, d'une bonne odeur, d'un goût piquant & aromatique, sans amertume ; à quoi celui de Chinon est assez sujet.

L'*anis* est d'une nature chaude, propre à chasser les vents du corps. On en fait entrer souvent dans les médecines, où il est regardé comme l'un des correctifs du séné. Les confiseurs en employent beaucoup à faire des dragées, qu'ils vendent sous divers noms.

On tire de l'*anis*, par la distillation, une sorte d'huile blanche, que l'on appelle aussi *essence*, ou *quinte essence d'anis*, dont la plus estimée vient de Hollande. Cette huile, à laquelle les médecins & les apothicaires attribuent de grandes vertus, est d'une odeur très-forte & très-pénétrante, ce qui fait qu'ils ne l'employent qu'avec modération. Les parfumeurs en font entrer dans la composition

de leurs pâtes & pomades, pour leur donner de l'odeur ; & ils en mettent dans certains mélanges d'aromats, qu'ils nomment *pots-pourris*.

L'huile d'*anis* doit être choisie blanche, claire, & transparente, d'une odeur forte, aussi facile à se liquéfier au moindre chaud, qu'aisée à se congeler au plus petit froid.

En distillant l'*anis* pour en tirer l'huile, il se forme une eau claire, que l'on nomme *eau d'anis*, dont les effets sont à-peu-près semblables à ceux de l'huile.

L'*anis* fournit encore une autre sorte d'huile toute verte, qu'il rend par expression, à laquelle on attribue les mêmes vertus qu'à la blanche, quoique son effet ne soit pas si vif, ni si prompt.

Le cent pésant d'anis verd, ou en graine, paye en France une livre de droits d'entrée ; & les sols pour livre.

ANKER. (*Mesure des liquides*, *dont on se sert à Amsterdam*). L'*anker* est la quatrième partie de l'aём, & contient deux stekans. Chaque stekan fait seize mingles ou mingelles ; chaque mingle est de deux pintes de Paris ; ensorte que l'*anker* contient soixante-quatre pintes de cette dernière mesure.

ANNABASSES. Espece de *couvertures*, ou *de pagnes*, qui se font à Rouen & en Hollande.

Les *annabasses* ont ordinairement trois quarts & demi de long sur trois quarts de large, & sont rayées de bleu & de blanc par rayes égales, environ d'un pouce de large.

C'est une des meilleures marchandises pour le commerce de Guinée, & particulièrement de la côte d'Angole.

A Loango de Boirie, où l'on compte par macoute & par cent, une *annabasse* se compte trois macoutes, c'est-à-dire, trente, chaque macoute valant dix.

A Malimbo & Cabindo, où l'on compte par pièce, dix *annabasses* ne valent qu'une pièce ; ce qui néanmoins par l'évaluation, revient sur le pied des trois macoutes que chaque *annabasse* s'estime à Loango.

ANNEAU. (*Cercle de matière solide*, *dont on se sert pour attacher quelque chose*). Il y en a de fer, de cuivre, de corne ; de gros, de petits, de médiocres. Les *anneaux* de cuivre & de fer, qui servent aux rideaux des lits & des fenêtres, se vendent au poids ; ceux de corne au compte. Ils font partie du négoce des marchands de fer, & des quincailliers.

ANNEAU, que l'on nomme aussi MOULE. C'est une sorte de *grand cercle de fer*, ayant deux pieds un pouce de diamètre, sur six pieds trois pouces de circonférence, qui sert aux mouleurs de bois à mouler ou mesurer les bois de compte & d'Andelle, en y faisant entrer autant de morceaux ou buches, qu'il en peut contenir.

Le bois de compte, se moule ou se mesure par trois *anneaux*, en y ajoutant douze morceaux du même bois, qui est à raison de quatre morceaux par anneau au-delà de ce qu'il peut contenir. Ces morceaux se nomment *les témoins*, & composent, avec le contenu des trois *anneaux*, la voie entière de bois de compte.

A l'égard du bois d'Andelle, on le mesure par quatre *anneaux*; & pour les témoins, l'on augmente seize buches du pareil bois, qui est quatre morceaux par *anneau*, ce qui rend la voie de bois d'Andelle complette.

ANNUALES. Espèce de *myrabolans*, qu'on nomme autrement *emblis*. *Voyez* MYRABOLANS.

ANNULLER. (*Casser un acte, le rendre de nulle valeur*). En fait de commerce on *annulle* un billet, une lettre-de-change, une vente, un marché, une obligation, &c.

ANNULLER. (*Terme de teneur de livres*). *Annuller*, en fait de parties doubles, signifie *rendre un article nul, le mettre en état de n'être compté pour rien*.

Pour *annuller* un article, qui a été mal porté, soit sur le journal, soit sur le grand livre, il faut mettre à la marge, à côté de l'article, un ou plusieurs O; ou bien, comme font quelques-uns, le mot de *vanas*, terme corrompu du Latin, qui signifie *vain* ou *nul*.

ANONYME. (*Qui n'a point de nom*). En fait de commerce, on appelle sociétés *anonymes*, celles qui ne se font sous aucun nom, & dans lesquelles chacun des associés travaille de son côté, & sous son nom particulier; se rendant compte ensuite les uns aux autres des profits & des pertes qu'ils ont faits dans leur commerce. Ces espèces de sociétés sont secrettes, & ne sont connues que des associés.

ANTALE, que les tarifs des entrées de France de l'année 1664, nomment *lapis entalis*, mais dont le véritable nom Latin est *antalium*. C'est un coquillage en forme de tuyau, long d'un pouce & demi, & de la grosseur d'un tuyau de plume, creux en dedans, cannelé de petites lignes, plus gros par un bout que par l'autre; d'un blanc tantôt mat & tantôt verdâtre. —

Il y a encore une espèce d'*antalé* composé de plusieurs petits tuyaux joints ensemble.

L'un & l'autre *antalé* se mettent au nombre des alkalis; & les apothicaires les font entrer en cette qualité dans plusieurs compositions galeniques.

L'*antalé*, ou lapis entalis, *paye en France cent sols du cent pésant de droits d'entrée, & les sols pour livre.*

ANTICIPER UN PAYEMENT. (*C'est le prématurer, le faire avant son échéance*).

ANTIDATE (*Date falsifiée & antérieure à la véritable date*). Dans les affaires de négoce, les *antidates* sont dangereuses.

ANTIDATER. (*Mettre une date antérieure*; dater d'un jour qui précède celui qu'on devroit naturellement mettre.*)

Autrefois qu'on étoit dans le mauvais usage de laisser les ordres en blanc au dos des lettres-de-change; c'est-à-dire, qu'on ne mettoit simplement

que sa signature, il étoit facile de les *antidater*; ce qui pouvoit produire de très-grands abus, particulièrement de la part de ceux qui faisoient des faillites.

En effet, ceux qui tomboient dans ce malheur, & qui avoient des lettres tirées à double usance, ou payables en payement de Lyon, dont l'ordre étoit en blanc, pouvoient les *antidater*, & ainsi les faire recevoir sous des noms empruntés, ou les donner en payement à des créanciers qu'ils vouloient favoriser au préjudice des autres, sans qu'on pût en demander le rapport à la masse; parce que la *date* de leurs ordres paroissant fort antérieure à l'ouverture de leurs faillites, l'on ne pouvoit alléguer qu'ils les eussent négociées dans le temps qui avoisinoit leur faillite.

Le réglement pour le commerce, qui fut fait en 1673, a pourvu à ce que l'on ne pût *antidater* si facilement les ordres, en ordonnant par l'article XXIII du titre V. Que les signatures au dos des lettres-de-change ne serviront que d'endossement, & non d'ordre, s'il n'est daté, & ne contient le nom de celui qui aura payé la valeur en argent, marchandises; on autrement. Et par l'article XXVI, du même titre, *que l'on ne pourra antidater les ordres, à peine de faux*.

ANTIDATÉ. (*Daté faussement & antérieurement*). L'ordre qui est au dos de cette lettre-de-change a été *antidaté*: cette promesse, ce compte est *antidaté*, il y a de la fausseté.

ANTIGORIUM. On appelle ainsi *l'azur*, ou *gros émail, dont se servent les fayanciers pour peindre leur fayance. Voyez* AZUR *ou* ÉMAIL.

ANTIMOINE. (*Minéral* qui approche fort de la nature des métaux, & à qui il semble qu'il ne manque que d'être ductile, ou de pouvoir souffrir le marteau, pour en être un véritable.) Il se trouve dans les mines de toutes sortes de métaux, & particulièrement dans celles d'argent & de plomb, ce qui a fait croire à quelques artistes, qu'il en contenoit tous les principes.

L'*antimoine*, tel qu'il se tire de la mine, est en pierre de différentes grosseurs, assez approchant en figure au plomb minéral, à la réserve qu'il est plus léger & plus dur. Il se dissout difficilement au feu, mais plus aisément dans l'eau.

Autrefois la Hongrie étoit le seul endroit où il se trouvoit des minières d'*antimoine*. On en a depuis découvert quantité en France, sur-tout en Poitou, en Auvergne & en Bretagne.

L'*antimoine* de Bretagne & de Poitou, est le plus estimé; & l'on tient que celui d'Auvergne est plus rempli de soufre. Il y a néanmoins de l'*antimoine* de Hongrie en plein de trois ou quatre livres, en petites éguilles entrelassées l'une dans l'autre, d'une couleur jaune tirant sur le doré, sur un fond blanc comme de l'argent; d'une qualité au-dessus de tous les autres *antimoines*; mais il est devenu si rare, qu'on peut presque dire qu'on n'en voit plus en France.

Il y a de l'*antimoine* cru, & de l'*antimoine* préparé.

L'*antimoine* cru devroit être l'*antimoine* tel qu'il eſt tiré de la mine ; mais celui à qui les marchands droguiſtes donnent ce nom, ne le porte qu'improprement, puiſqu'il a été fondu & réduit en éguilles, plus groſſes ou plus petites, ſuivant les provinces d'où il vient : celles de l'*antimoine* de Poitou étant belles, longues, larges, blanches & brillantes ; & celles de l'*antimoine* de Bretagne étant plus petites, mais très-pures.

L'*antimoine* préparé eſt celui qui a paſſé par les mains des artiſtes pour l'épurer. Quelques auteurs diviſent l'*antimoine* en mâle & femelle : mais bien des connoiſſeurs n'y ont pû découvrir cette différence.

L'*antimoine* eſt d'un grand uſage, ſoit dans la fonte des métaux, ſoit dans la médecine, ſoit dans les remèdes dont les maréchaux ſe ſervent.

Les droits d'entrée que l'antimoine paye en France, ſont de quinze ſols par cent péſant pour l'antimoine cru, & de trois livres pour l'antimoine préparé avec les nouveaux ſols pour livre.

ANTIPATHES. (*Nom que l'on donne au corail noir*). *Voyez* CORAIL.

ANTI-SPODE. Sorte de *cendre* ou de *calcination propre à la médecine*. *Voyez* SPODE.

ANTOLFLE DE GIROFLE. On nomme ainſi les *girofles* qui reſtent par haſard ſur les arbres qui portent le clou de girofle, après que la récolte en a été faite. Ces fruits ainſi reſtés à l'arbre, continuent de groſſir, & deviennent de la groſſeur du pouce. On y trouve une gomme dure & noire, d'une agréable odeur, & d'un goût fort aromatique. Les Hollandois les nomment *clous matrix*, ou *mers de girofle* ; & les droguiſtes François, *antolfle de girofle*. Ils ſont d'un aſſez grand uſage en médecine ; mais les apothicaires lui ſubſtituent ſouvent le *girofle* ordinaire, quoique les vertus & l'odeur en ſoient bien différentes. *Voyez* GIROFLE.

L'antolfle de girofle paye les droits d'entrée en France, ſur le pied de ſept livres dix ſols le cent péſant avec les ſols pour livre.

ANTORA. (*Plante*). C'eſt une eſpèce d'aconit, qui eſt néanmoins un contre-poiſon. *Voyez* THORA.

A P

APHRONITRE. Eſpèce de *ſalpêtre naturel*, que l'on nomme communément *ſalpêtre de roche*. *Voyez* SALPÊTRE.

APOSTILLE. (*Annotation*), ou renvoi qu'on fait à la marge d'un écrit, pour y ajouter quelque choſe qui manque dans le texte, ou pour l'éclaircir & l'interpréter.

Toutes les *apoſtilles* qui ſe mettent ſur les actes paſſés pardevant notaires, doivent être ſignées, ou du moins paraphées d'eux & des parties.

On doit obſerver la même choſe dans les actes faits ſous ſeing-privé, ſi les *apoſtilles* ſont de conſéquence.

APOSTILLE. En matière d'arbitrage, ſignifie *un écrit ſuccinct, que des arbitres mettent à la marge d'un mémoire, ou d'un compte, à côté des articles qui ſont en diſpute*. Les *apoſtilles* doivent être écrites de la main des arbitres ; & on les doit regarder comme autant de ſentences arbitrales, puiſqu'elles jugent les conteſtations qui ſont entre les parties.

APOSTILLER. (*Mettre des apoſtilles en marge d'un mémoire, d'un compte, d'un acte, d'un contrat*).

APOSTILLÉ. Quand on dit *qu'un mémoire, qu'un compte eſt apoſtillé des arbitres* ; c'eſt dire, qu'il a été réglé & jugé par eux.

APOTHICAIRE. (*Celui qui exerce l'art de pharmacie* ; c'eſt-à-dire, cette ſeconde partie de la médecine, qui conſiſte en l'élection, préparation, & mixtion des médicamens.)

Les *apothicaires* ſont auſſi appelés *pharmaciens*, ou *pharmacopoles*, de la pharmacie dont ils ſont profeſſion. Ce dernier terme ne ſe dit guères qu'en dériſion ou en burleſque. La femme d'un *apoticaire* eſt nommée *apoticareſſe* ou *apoticaireſſe*.

Les *apothicaires* de Paris ne faiſoient autrefois, avec les marchands épiciers, qu'une ſeule & même communauté, qui eſt la deuxième des ſix corps des marchands. Mais à préſent ils forment un corps ſéparé ſous le nom de *collège de pharmacie*.

Par un réglement du 15 octobre 1631, il eſt défendu aux *apothicaires* de Paris, de donner aucuns médicamens aux malades, ſi ce n'eſt de l'ordre & conſeil d'un médecin de la faculté, ou de quelqu'un qui en ſoit approuvé : comme auſſi d'exécuter aucune ordonnance de qui que ce ſoit, ſe diſant médecin, empirique ou opérateur.

APOTHICAIRERIE. Se dit *de la boutique d'un apothicaire*, de l'endroit où les remèdes ſe préparent & ſe vendent. Il ſe dit auſſi de l'art ou manière de les bien préparer : ainſi l'on dit, voilà une belle *apothicairerie* : il entend bien l'*apothicairerie*. Il y a des *apothicaireries* dans toutes les communautés religieuſes, & ſur-tout dans les hôpitaux.

Chez les Moſcovites, & dans quelques autres petits états du nord, l'*apothicairerie* eſt en privilége excluſif au profit du ſouverain. C'eſt ſans doute un des plus dangereux que l'eſprit fiſcal pût inventer.

APPARAUX. (*Terme de marine*), qui ſignifie *la même choſe qu'agreits* ; c'eſt-à-dire, les voiles, cordages, poulies, & autres uſtenſiles ſervant à équiper un vaiſſeau.

L'article VIII du titre IV du livre III de l'ordonnance de la marine de France de 1681, porte que : *lorſque l'aſſurance eſt faite ſur le corps & quille du vaiſſeau, ſes agreits & apparaux, l'eſtimation en ſera faite par police, ſauf à l'aſſureur, en cas de fraude, de faire procéder à nouvelle eſtimation*. Voyez AGREITS.

APPAREIL. (*Terme de carrier & de tailleur de*

de pierre). C'est la hauteur d'une pierre, ou son épaisseur entre deux lits.

On appelle pierre de grand *appareil*, une pierre qui est fort épaisse ; & au contraire, pierre de petit *appareil*, celle qui a peu d'épaisseur. Mettre des pierres de même *appareil*, c'est les mettre de même hauteur.

APPAREILLÉ, APPAREILLÉE. (*Ce qui est semblable, ce qui convient l'un à l'autre*). Ces soies sont bien *appareillées*, c'est-à-dire, sont bien assorties. Cette doublure est parfaitement *appareillée* à l'habit, c'est-à-dire, est parfaitement de même couleur, ou du moins d'une couleur assortissante.

Une pierre *appareillée*, est une pierre tracée par l'appareilleur, ou du moins sur ses desseins. *Voyez* APPAREILLEUR.

APPAREILLER. (*Trouver le pareil à une chose, ou ce qui lui est convenable*). *Appareiller* des laines, des soies, une doublure : ce terme est fort commun dans le commerce de mercerie.

APPAREILLER. (*Terme de marine*). *Appareiller* un vaisseau, c'est-à-dire, disposer toutes choses pour partir incessamment.

APPAREILLER. (*Terme de chapelier*, qui signifie *faire le mélange des poils ou laines qui doivent entrer dans la composition des chapeaux, suivant la qualité dont on veut qu'ils soient fabriqués*.)

APPAREILLER. Est aussi *un terme de bonnetier*, qui signifie *apprêter*. Par les réglemens de la bonneterie, il est défendu de se servir de cardes de fer, & de pomelles, pour apprêter & *appareiller* les bas, les bonnets, &c.

APPAREILLEUR. Se dit (*chez les bonnetiers,*) de l'ouvrier qui apprête les bas, les bonnets, & autres ouvrages de bonneterie.

APPAREILLEUR. (*Marchand appareilleur de soie*), est celui qui prépare les soies, pour être employées dans la manufacture & fabrique des étoffes. On le nomme aussi *marchand façonnier de soie.*

APPAREILLEUR. Se dit encore (*dans les atteliers de maçonnerie*), de celui qui a soin de choisir les pierres qui doivent être employées à la construction des ouvrages, de les marquer & de les tracer, ou du moins, de fournir aux tailleurs de pierre, les patrons & panneaux sur lesquels ils doivent en faire la taille & la coupe. *Voyez* MAÇON.

APPARIER. Se dit presque dans toutes les significations d'appareiller, & signifie, comme cet autre verbe, *joindre ensemble des choses qui sont égales ou semblables, ou qui conviennent ensemble*. Ainsi on dit, cette paire de bœufs, ces deux chevaux de carrosse, sont bien *appariés*. Il faut *apparier* ces bas, ces gants, ces manchettes, c'est-à-dire, leur chercher leur pareil. *Voyez* ci-dessus APPAREILLER.

APPARONNÉ. (*Terme de jaugeage dont on se sert à Bordeaux*). On appelle une barique *jau-*

gée & *apparonnée*, celle qui a été jaugée & marquée par les officiers jaugeurs. On le dit aussi des vaisseaux. Les lettres-patentes pour l'établissement des foires franches de Bordeaux, portent que les marchands seront tenus de porter certification même pendant lesdites foires, & que les vaisseaux seront jaugés & *apparonnés*, dont la connoissance demeurera aux maire & jurats, comme auparavant. C'est une précaution fiscale pour assurer la perception de quelques petits impôts.

APPEAU. (*Sorte d'étain en feuille, qui vient de Hollande*). *Voyez* ÉTAIN.

APPEAU. (*Terme d'oiselerie*). C'est le sifflet avec lequel l'oiselier appelle les oiseaux, pour les faire donner dans les filets qu'il leur a tendus.

Les *appeaux* sont différens suivant les oiseaux qu'on veut appeller, & sont tous composés d'un anche, d'une petite boîte, & d'un petit sac de cuir en forme de soufflet, qui forment, par le mouvement qu'on leur donne, un chant ou cri semblable à celui de l'espèce d'oiseau qu'on veut attirer.

APPEL, APPELLER. (*Terme de jurisprudence, mais assez en usage dans le commerce parmi les négocians*). C'est réclamer le tribunal ou l'autorité d'un juge supérieur légitime & compétent, quand on se croit lésé par la sentence d'un juge ou d'un tribunal inférieur. Il n'y a rien de plus autorisé dans le droit, soit canonique, soit civil. On dit, cet homme a *appellé* de la sentence des consuls ou du châtelet, au parlement ; pour marquer qu'il ne veut pas se soumettre à ce qui a été prononcé en première instance. C'est très-souvent la ressource prétendue de mauvais plaideurs pour gagner du tems ; mais pour les punir, l'*appel* est très-souvent mis au néant ; la première sentence confirmée, & l'appellant condamné aux dépens, &c. Il y a un certain tems limité, différent dans différentes jurisdictions, pour porter son *appel* ; lequel temps passé, on n'est plus recevable. C'est l'affaire du procureur de le sçavoir.

APPERT. Il *appert*, signifie *il paroît*, *il se voit*. Les négocians se servent souvent de ce terme dans la tenue de leurs livres.

EXEMPLE.

M. Roger secrétaire du roi doit donner,

1er Juin. *Pour marchandises, suivant sa promesse payable dans trois mois. Appert au journal de vente.*   fol. 2 ℔ 40 — 10.

APPETIT. (*C'est un des noms que l'on donne au hareng sor*). Il n'est guères en usage que parmi le menu peuple de Paris. *Voyez* HARENG, vers la fin de l'article.

APPIETRIR. On dit qu'*une marchandise s'appietrit*, lorsque sa bonté, sa qualité & sa valeur diminuent, soit à cause qu'elle se corrompt & se gâte, soit parce que la mode ou le débit s'en passe, & qu'il s'en fait de mauvais restes.

APPIOS. (*Semence*). On nomme ainsi la semence

d'une plante, qui vient du levant, particuliérement de l'isle de Candie. Ses tiges sont fort menues & rougeâtres : elle porte des fleurs assez semblables à celles de la rue. Sa graine, qui est fort petite, est du nombre des drogueries que vendent les épiciers en gros.

En France, l'appios paie cinquante sols d'entrée le cent pesant & les nouveaux sols pour livre.

APPLEGEMENT. (Mot qu'on trouve dans plusieurs coutumes). Il signifie la même chose que cautionnement. Voyez CAUTIONNEMENT, & CAUTION.

APPOINT, ou APOINT. (Terme de banque). C'est une somme qui fait la solde d'un compte ou le montant de quelqu'article, que l'on tire juste. J'ai un appoint de telle somme à tirer sur un tel lieu.

Voici comme Samuel Ricard parle de l'appoint, dans son Traité général du commerce, imprimé à Amsterdam en 1700, page 509.

Lorsqu'on veut sçavoir le profit, ou la perte faite sur une traite, ou sur une remise, l'on doit diminuer le profit, & augmenter la perte avec double courtage; sçavoir, celui du tireur & celui du donneur d'argent. Que si l'on fait revenir la somme tirée ou remise, & qu'on veuille voir le profit ou la perte qu'on peut avoir fait, en tirant ou remettant sur une autre place, il faut déduire de la somme remise, la provision & le courtage, & le surplus est appellé appoint, qu'il faut compter suivant le cours du change opposé; & l'on trouve le provenu du rechange, le comparant avec la somme donnée, & augmentée par le courtage de la remise; & la différence sera le profit, ou la perte faite sur une telle négociation.

Pour se prévaloir, ou retirer par appoint, on doit ajouter au contenu de la lettre-de-change payée, à payer, ou qui est tenue pour payée, les frais des courtages, port des lettres, protêt, ou autres frais, suivant la coutume; & cette somme est le contenu de la retraite par appoint.

Lorsqu'on retire ou lorsqu'on se prévaut par appoint, on doit compter la provision de la somme qui est tirée, & le courtage de celle qu'on retire.

Quand on remet par appoint, on doit compter le courtage & la provision de la somme qu'on remet.

Lorsqu'un commissionnaire remet & qu'il veut se prévaloir de cette remise, ou qu'il tire une certaine somme, & en remet le contenu par appoint en quelque place, il doit compter la provision & courtage de la somme qu'il remet, & non pas de celle qu'il tire, ou de laquelle il se prévaut.

APPOINT. Signifie aussi la même chose que passe, dans les paiemens qui se font comptant, en espèces, c'est-à-dire, ce qui se paye en argent, si le paiement se fait en or, ou en petite monnoie, s'il se fait en argent, pour parfaire la somme qu'on paye, & la rendre complette.

APPOINTER. (Donner des appointemens ou des gages à quelqu'un). Ce commis de banquier,

ce garçon marchand est appointé : il gagne tant d'appointemens ou de gages par an.

APPOINTÉE. On appelle une étoffe appointée, celle dont les plis ont été arrêtés avec de la soie, du fil ou de la ficelle, par quelques points d'aiguille. Voyez EMPOINTER.)

APPORT. (Lieu public ou espèce de marché, où l'on apporte les marchandises pour vendre.

Il n'y avoit autrefois à Paris que deux apports : celui du grand Châtelet, qu'on appelle présentement par corruption, porte de Paris, & l'apport Baudoyer, près Saint-Gervais, à qui l'on a pareillement donné le nom de porte.

APPORT. Signifie aussi le concours des marchands & du peuple, qui se fait dans les foires qui se tiennent dans quantité de villages ou petites villes de France, le jour de la fête de leur patron.

APPORTAGE. (Peine & salaire de celui qui apporte quelque fardeau). Ce terme n'est guéres d'usage que parmi les gagne-deniers & crocheteurs de la ville de Paris, qui apportent de dessus les ports, des charges de cotterets, de fagots ou de falourdes, dans les maisons des particuliers. Il faut quarante sols pour une charge de cotterets, & cinq sols pour l'apportage.

APPORTER. (Prendre une chose dans un lieu pour la mettre dans un autre). Il se dit parmi les marchands & les voituriers, de la conduite & du transport des marchandises. Ce roulier m'a apporté six ballots de laine. L'Amphitrite a apporté de la Chine quantité de porcelaine.

APPRÉCIATEUR. (Celui qui met le prix légitime aux choses). On a ordonné que telles marchandises seroient estimées, & mises à prix par des experts & appréciateurs.

APPRÉCIATEURS. L'on nomme ainsi à Bordeaux, ceux des commis du bureau du Convoi, & de la Comptablie, qui font les appréciations & estimations des marchandises qui y entrent ou qui en sortent, afin de régler le pied sur lequel les droits d'entrée & de sortie en doivent être payés.

L'emploi des appréciateurs consiste :

1°. A tenir un registre ou mémorial paraphé du directeur, par n°. , & d'y transcrire ou rapporter toutes déclarations qui s'expédient jour par jour au bureau de la comptablie, sans y rien augmenter ni diminuer sans ordre exprès des supérieurs.

2°. A expédier diligemment autant de billettes d'entrée que porte d'articles chaque déclaration.

3°. Les marchandises étant entrées & apportées audit bureau, suivant l'ordre desdites billettes, les appréciateurs sont obligés de procéder à la visite & ouverture d'icelles quand les marchands le requièrent, pour en reconnoître la qualité & quantité; ce qui étant trouvé conforme tant aux déclarations que billettes, les appréciateurs font une juste estimation de chaque marchandise en particulier suivant les prix courans.

4°. Ils doivent mettre la même estimation sur leur registre tant du poids que de la qualité &

quantité des marchandiſes qu'ils ont trouvées en la viſite qu'ils en ont faite ; & à l'égard des marchandiſes qui ſe péſent dans ledit bureau, les *appréciateurs* les expédient ſur le rapport du garde-magaſin.

5°. Ils ſont obligés après l'eſtimation des marchandiſes, d'expédier une ſeconde billette qui ſert aux marchands pour acquitter leurs marchandiſes, tant au convoi s'il eſt dû quelque droit, qu'à la comptablie & au courtage.

6°. Ils doivent enregiſtrer ladite billette ſur le regiſtre d'entrée de mer ; & s'il y a de la droguerie, il faut pareillement qu'ils l'enregiſtrent ſur celui de recette deſtiné à cet effet pour en payer par les marchands les droits dûs au convoi, ſuivant le tarif imprimé ; & pour les marchandiſes qui viennent des Iſles d'Occident, leſdits *appréciateurs* ſont tenus d'enregiſtrer dans un regiſtre particulier, toutes celles qui viennent indifféremment de même que dans le regiſtre de recette de mer avec les appréciations, à l'exception des ſucres qui ne ſe couchent point dans celui de mer, de comptablie, mais bien dans un regiſtre particulier qui eſt tenu par le receveur du convoi, auſſi-bien que ledit regiſtre du domaine d'occident.

7°. Pour les marchandiſes qui ne ſe portent pas au bureau, comme tables de ſapin & autres, bourdillon, merrains, doüellin & ſemblables bois qui viennent par mer, leſdits *appréciateurs* les expédient ſur le rapport & viſite qui en eſt faite par les viſiteurs d'iſſue ; & à l'égard du godron, gomme, poix, huile de baleine, hareng, ſardines, &c. ils les expédient ſuivant le rapport de la porte ; & pour le poiſſon verd & ſec, leſdits *appréciateurs* les expédient ſur le rapport des commis qui ont aſſiſté à la décharge & port d'icelles.

8°. Ils font tous les quartiers un état alphabétique de toutes les marchandiſes qui s'acquittent audit bureau, venant par mer, & ce à la fin de chaque quartier.

9°. Enfin pour les marchandiſes qui viennent par terre, les *appréciateurs* ont diverſes choſes à obſerver ; ſçavoir, à celles qui viennent par les bateaux de Touloufe, Agen & autres lieux du côté du haut pays, ils font la même choſe qu'à celles qui viennent par mer, excepté ſeulement qu'ils ne délivrent point de billette pour entrer les marchandiſes, ce qui ſe fait par les ſcribes de la comptablie après qu'ils en ont reçu les déclarations.

Et pour celles qui viennent tant par coche, meſſagers, rouliers & autres voituriers, ils les acquittent ſur les certificats ou acquits qui ont été donnés par les commis des bureaux par où ils ont paſſé.

APPRÉCIATION. (*Eſtimation faite par experts de quelque choſe, lorſqu'ils en déclarent le véritable prix*). On ne le dit ordinairement que des grains, denrées ou choſes mobiliaires. On condamne les débiteurs à payer les choſes dues en eſpèces,

ſinon la juſte valeur, ſuivant l'*appréciation* qui en ſera faite par experts.

APPRÉCIER. (*Eſtimer & mettre un prix à une choſe qu'on ne peut payer ou repréſenter en eſpèce.*)

APPRENTIF ou APPRENTI. (*Jeune garçon qu'on met & qu'on oblige chez un marchand pour un certain temps, pour apprendre le commerce, le négoce, la marchandiſe & ce qui en dépend, afin de le rendre en état de devenir un jour marchand lui-même.*)

Les *apprentifs* marchands ſont tenus d'accomplir le temps porté par les ſtatuts : néanmoins les enfans des marchands ſont réputés avoir fait leur apprentiſſage, lorſqu'ils ont demeuré actuellement en la maiſon de leur père ou de leur mère, faiſant profeſſion de la même marchandiſe, juſqu'à dix-ſept ans accomplis. *Article 1 du titre 1 de l'ordonnance de 1673.*

Par les ſtatuts des ſix corps des marchands de Paris, le temps du ſervice des *apprentifs* chez les maîtres eſt différemment réglé.

Chez les drappiers-chauſſeriers, il doit être de trois ans.

Chez les épiciers, ciriers, droguiſtes & confiſeurs, de trois ans.

Chez les merciers-joyailliers, de trois ans.

Chez les pelletiers-haubanniers-fourreurs, de quatre ans.

Chez les bonnetiers-aulmuciers-mitonniers, de cinq ans.

Et chez les orfévres-joyailliers, de huit ans.

Les *apprentifs* doivent être obligés pardevant notaires ; & un marchand n'en peut prendre qu'un ſeul à la fois, ce qui reſtreint le nombre & diminue la concurrence au profit des maîtres, mais au détriment du public.

Savary recommande aux *apprentifs*, 1°. de s'attacher à connoître la marque ou le chiffre du maître, pour ſçavoir le prix que coutent les marchandiſes.

2°. D'acquérir une connoiſſance parfaite de toutes ſortes de meſures & de poids, tant ceux de France que ceux des pays étrangers.

3°. D'apprendre les endroits où ſe mettent les marchandiſes de différentes eſpèces, pour les pouvoir trouver, & prendre à point nommé quand elles ſont demandées ; les manier, replier & replacer promptement.

4°. De s'appliquer à la connoiſſance de toutes les ſortes de marchandiſes, & de n'avoir point de honte de demander d'où proviennent les défauts que ceux à qui elles ont été montrées, pour les acheter, y ont remarqués. S'enquérir encore de quels endroits elles viennent ; & ſi c'eſt dans le royaume, ou dans les pays étrangers, qu'elles ont été fabriquées : ſi elles ont été achetées de la première main, c'eſt-à-dire, dans les lieux de manufactures où elles ont été fabriquées ; si c'est comptant ou à crédit, pour quel temps, & quelle différence il y a du prix du temps au comptant. Ils doivent aussi s'appliquer à connoître les longueurs & largeurs des étoffes & leurs qualités.

Ceux qui vendent des marchandises liquides, doivent sçavoir les mesures jusqu'à la moindre partie, soit pour la longueur ou la circonférence des vaisseaux qui les contiennent, ou de ceux qui servent à les mesurer. Il en doit être de même pour les marchandises séches qui se vendent à la mesure ronde, comme le boisseau.

5°. D'apprendre à bien faire un paquet & un ballot, afin que les marchandises qui y sont renfermées, se puissent conserver dans le transport que l'on en pourra faire. Si ce sont des marchandises précieuses, outre la caisse, la paille & la toile d'emballage, il faut encore y mettre une toile cirée, pour les garantir des injures du temps ; & si ce sont des marchandises fragiles, marquer d'un pinceau avec de l'encre, une main sur les ballots ; cela servant d'avertissement aux crocheteurs & voituriers qu'ils doivent être maniés avec précaution.

Outre cela il faut encore être bien exact à bien mettre les adresses, les marques & les numéros sur les paquets & ballots. Les apprentifs doivent prendre garde à toutes ces choses, lorsque leurs maîtres leur laissent le soin de l'emballage des marchandises.

6°. De se perfectionner dans la vente. Pour y réussir, il faut être homme de bien, ne tromper personne, ne point vendre à faux poids ni à fausse mesure. En aunant les marchandises, de bien conduire l'étoffe bois à bois, sans la tirer pour l'étendre davantage. En pésant, ne point par artifice & subtilité de la main, faire pancher la balance où est la marchandise, afin qu'il s'y trouve davantage de poids ; ne point vendre une marchandise pour une autre ; ne point faire de mauvais restes, c'est-à-dire, de vendre autant qu'il est possible toute la piéce, sans qu'il en reste de morceaux, parce que ces morceaux ne se trouvant plus propres à rien, ou à très-peu de chose, cela cause une perte considérable pour le maître. De ne point favoriser personne, soit pour le prix, soit pour la marchandise, ni donner de bonnes mesures d'aunages ou autrement, sans le consentement du maître.

7°. De se rendre agréable aux personnes qui viennent acheter ; ne les point vouloir persuader mal-à-propos ; ne point s'accoutumer à mentir ni à jurer pour faire valoir les marchandises ; ne point s'impatienter quand les personnes les rebutent ou les méprisent ; leur représenter avec honnêteté qu'elles sont belles & bonnes, & qu'on n'estime pas qu'ils en puissent trouver ailleurs de plus parfaites ni à meilleur marché. Si après cela ils sortent sans acheter, il faut au lieu de se mettre de mauvaise humeur, les reconduire en leur témoignant avec un air affable, qu'on a du déplaisir de ne leur avoir pas vendu pour l'estime que l'on a de leur personne ; ce qui

ne peut que les engager à revenir, s'ils ne trouvent pas ailleurs de quoi se satisfaire.

Les apprentifs doivent s'attacher à suivre & à pratiquer toutes les maximes qui viennent de leur être données, s'ils veulent se rendre un jour capables de faire avec avantage le commerce pour leur compte.

On peut voir plus au long aux livre & chapitre du Parfait Négociant, ci-devant cités, les devoirs des apprentifs marchands qu'on s'est contenté de donner ici en abrégé.

Outre les apprentifs des six corps, dont on vient de parler amplement, il y a encore des apprentifs dans toutes les communautés des arts & métiers de la ville & fauxbourgs de Paris. Ils doivent tous, aussi-bien que les premiers, être obligés pardevant notaires, & sont tenus après leur apprentissage de servir encore chez les maîtres pendant quelque tems, en qualité de compagnons. Les années de leur apprentissage, aussi-bien que de ce second service, sont différentes suivant les différens statuts des communautés.

Le nombre des apprentifs que les maîtres peuvent avoir à la fois, n'est pas non plus uniforme.

La veuve d'un maître peut bien continuer l'apprentif commencé par son mari, mais non pas en faire un nouveau.

La veuve qui épouse un apprentif, l'affranchit dans plusieurs communautés.

Les apprentifs des villes où il y a jurande, peuvent être reçus à la maîtrise de Paris, après avoir été quelque temps compagnons chez les maîtres, plus ou moins, suivant les communautés.

En général il est absolument nécessaire d'apprendre le métier qu'on veut faire : mais combien de temps faut-il mettre à s'instruire ? Il est évident que cette question ne peut se résoudre que par la facilité qu'a l'apprentif à se former, & par celle qu'a le maître à l'endoctriner. Prescrire un temps uniforme à tous, régler le nombre d'élèves que chaque maître peut avoir, ce sont des abus. Un ouvrier peut être bon pour opérer, & très-mauvais pour instruire, & d'autres, quoique médiocrement adroits eux-mêmes, peuvent avoir des talents supérieurs pour diriger des ouvriers & faire des apprentifs. En général les statuts des corporations, qui ont été abrogés en 1775, étoient l'ouvrage de l'ignorance & de la cupidité. Le parlement de Paris s'étoit opposé à ces établissements ; la plûpart ont été enregistrés sous Louis XIV, dans le temps où la magistrature n'étoit pas libre.

L'on peut voir dans les articles où l'on a traité des divers arts & métiers de Paris, ce qu'ils peuvent avoir de différence par rapport aux apprentifs. Au reste, ces avis si sages & si convenables de l'auteur du Parfait Négociant, quoique destinés aux seuls apprentifs des six corps des marchands, peuvent être néanmoins d'une grande utilité, à proportion, à ceux des autres communautés.

APPRENTISSAGE. Se dit du temps que les

apprentifs doivent être chez les marchands ou maîtres des arts & métiers. Les brevets d'apprentiſſage doivent être enregistrés ſur les regiſtres des corps & communautés ; & leur temps ne commence à courir que du jour de leur enregiſtrement. Aucun ne peut être reçu marchand qu'il ne rapporte ſon brevet & ſes certificats d'apprentiſſage. *Art. 3 du tit. 1 de l'ordonnance de 1673.*

APPRENTISSE. (*Fille* ou *femme qui s'engage* chez une maîtreſſe pour certain temps , par un brevet devant notaires, afin d'apprendre ſon art & ſon commerce de la même manière à peu près que les garçons *apprentifs.*)

APPRÊT. Eſt proprement un terme générique, qui comprend toutes les *diverſes façons qu'on donne à certaines marchandiſes* , pour les achever & les perfectionner avant de les mettre en vente.

APPROVISIONNEMENT. (*Ce qui eſt deſtiné pour la provision d'une communauté, d'une ville*). C'eſt encore une grande queſtion d'économie politique de ſçavoir , s'il faut laiſſer à la liberté parfaite du commerce, le ſoin d'approviſionner les grandes villes de toute eſpèce de denrées & de marchandiſes, ou s'il faut y pourvoir d'autorité, 1°. par des réglemens portant injonctions & prohibitions, 2°. par des commiſſionnaires particuliers & privilégiés ?

Les négocians éclairés aſſurent tous que la liberté parfaite approviſionneroit toujours les pays & les villes les plus immenſes le mieux qu'il ſoit poſſible. Les philoſophes déſintéreſſés qui ont examiné cette queſtion , tant par les principes de la juſtice qu'il faut conſulter avant tout, que par ceux de l'utilité, qui viennent enſuite, ſont du même avis que les négocians : mais les partiſans des réglemens , ſoutiennent qu'il y auroit de grands inconvéniens à cette liberté générale. Chacunde deux partis invoque l'*expérience*. S'il falloit juger par elle, il y auroit quelques obſervations préliminaires & indiſpenſables à faire ; ſçavoir, 1°. que la liberté parfaite n'a jamais exiſté en France depuis Colbert ; 2°. que dans le temps où les réglemens & les *approviſionnemens* d'ordonnance ont été en leur plus grande vigueur, il y a eu des diſettes & chertés horribles ; 3°. que dans les temps de liberté même imparfaite, il y a eu, toutes choſes égales d'ailleurs , plus d'abondance & meilleur marché.

APPUREMENT. (*Terme de réddition de compte* , dont on ſe ſert quelquefois en fait de compte de marchands, mais plus ordinairement pour les comptes de finances.) Il ſignifie *la clôture d'un compte & l'acte mis au bas*, par lequel il paroît que le comptable a payé ſon reliquat, s'il y en a ; fait lever toutes les ſouffrances & ſatisfait à toutes les apoſtilles. *Voyez* COMPTE.

APPURER UN COMPTE. C'eſt le faire *clore*, en *payer* le reliquat, & s'en faire *donner* quittance & décharge finales.

ARABIE. (*Commerce d'*)

De toutes les villes commerçantes de l'*Arabie* , la plus riche, la plus floriſſante , eſt celle de Moka, ſituée dans un terroir ſtérile, à 13° 19 degrés de latitude. On voit preſque toujours ſon port rempli de vaiſſeaux qui arrivent d'Egypte & des Indes.

SANA , capitale de l'Iemen , eſt le lieu de la réſidence de l'iman. Sa ſituation, peu favorable pour le commerce, n'y attire point cette foule d'étrangers qu'on remarque dans les villes dont nous allons parler ; mais l'air y eſt infiniment plus pur , plus ſain, & le ſoleil beaucoup moins ardent. Elle commande une vaſte plaine où la nature a pris plaiſir d'étaler ſes plus précieux tréſors. Tel eſt le ſéjour où quelques pontifes Muſulmans s'endorment dans les bras de la moleſſe & de la volupté.

ADEN , l'une des plus anciennes, des plus célèbres & des plus commerçantes villes de l'*Arabie* , ſituée à 12ᵈ 40 de latitude , fournit le café qui porte ſon nom. L'exportation du café d'*Arabie* ſe monte à 12 ou 13 millions de livres péſant. Les Européens en achètent un million & demi ; les Perſans trois millions & demi ; la flotte de Suède ſix millions & demi ; les caravanes de terre un million : le reſte paſſe dans l'Inde.

L'*Arabie* reçoit de la mer rouge des moutons de Loriie, des eſclaves de Lambe, du tabac de Dattes & des grains ; d'Europe du fer , du plomb, du cuivre ; de l'Inde beaucoup de toiles communes & des épiceries : le tout pour environ ſix millions de livres tournois.

MASCAT, ſitué au 23ᵈ 37' de latitude, a un port auſſi ſûr que commode. Cette ville , la plus riche & la plus commerçante de l'*Arabie* , qui s'étend le long du golfe Perſique, eſt défendue par deux châteaux. Les Portugais s'emparèrent de cette place en 1508 , & ils la perdirent 150 années après , parce que le gouverneur avoit enlevé la fille d'un banian.

Parmi les différentes colonies Arabes , établies ſur la plage maritime du golfe Perſique, la plus conſidérable eſt la ville d'Abuſchahr , éloignée de l'équateur de 28ᵈ 59'. Celle de Gambron, fondée par Schab-Abbas, a perdu depuis les troubles qui ſuivirent la mort violente de Schach-Nadir, cette opulence, cette ſplendeur qu'elle devoit à l'étendue de ſon commerce.

L'iſle de Baharein, qui renferme cinquante petits villages, appartient maintenant, ainſi que la pêche des perles qui ſe fait dans les parages, au ſcheich d'Abuſchahr, Arabe de nation : elle lui produit environ 67 mille écus.

A cinq lieues de cette iſle, on trouve la ville de Katif, qu'enrichit la pêche des perles, entrepriſe aux frais des habitans.

Le ſultan envoie chaque année à la Mecque & à Médine quatre ou cinq vaiſſeaux chargés de denrées, qui ſont diſtribuées aux habitans de ces villes. Il fait paſſer auſſi annuellement au ſiège de la foi Muſulmane, des ſommes immenſes que partagent entr'eux les deſcendans de Mahomet.

De tous les animaux, le cheval eſt le plus eſtimé, ſur-tout l'eſpèce de ceux que l'on appelle *kochlani*, dont la nobleſſe eſt juridiquement prouvée, & que les Bedouins élèvent entre Baſſora, Merdin & la frontière de la Syrie : ils ne ſont remarquables ni par leur grandeur ni par leur beauté ; une agilité extraordinaire, une douceur extrême, un attachement ſingulier pour leurs maîtres, voilà ce qui en fait le prix. L'ancien commerce du beaume & des aromates, détruit par des impôts exceſſifs, ne paſſe pas aujourd'hui la valeur de huit cent mille livres.

ARABIQUE. (*Ce qui appartient à l'Arabie ou qui en vient.*)

GOMME ARABIQUE, eſt une *gomme* qui vient d'une plante épineuſe qui croît en Arabie, & dans quelques lieux de l'Égypte. *Voyez* GOMME.

ARAIGNÉE. (*Petit inſecte venimeux*, qui fait un merveilleux tiſſu de filets avec une eſpèce de ſoie qu'il devide par l'anus.)

Il n'a pas tenu à un ſçavant aſſocié de la ſociété royale des ſciences de Montpellier, que cet inſecte, juſqu'ici l'horreur preſque univerſelle de tout le monde, n'ait été élevé au même degré d'eſtime & d'utilité que les vers à ſoie ; & l'on peut dire que l'excellente diſſertation de M. Bon, pour lors premier préſident en ſurvivance de la chambre des comptes, aides & finances de Montpellier, donna en 1710, ſur l'utilité des ſoies d'*araignées*, les a du moins tirées du mépris où elles avoient toujours été, ſi elle ne les a pû égaler aux véritables vers à ſoie.

Il préſenta à la ſociété royale des bas & des mitaines faits de cette ſoie d'*araignée*, & on en vit pluſieurs à Paris, dont il avoit fait préſent à des princes & à des miniſtres d'état : mais cette idée n'a pas eu de ſuite ; ce qui provient ſans doute, du défaut de méthode pour nourrir & multiplier ces araignées.

ARAINS. (*Armoiſins ou taffetas rayés & à carreaux*, qui viennent des Indes.) *Voyez* ARMOISINS DES INDES.

ARAK. (*Eſpèce d'eau-de-vie* que font les Tartares Tungures, ſujets du grand duc de Moſcovie.) Cette eau-de-vie ſe fait avec du lait de cavale que l'on laiſſe aigrir, & qu'enſuite on diſtile à deux ou trois repriſes entre deux pots de terre bien bouchés, d'où la liqueur ſort par un petit tuyau de bois. Cette eau-de-vie eſt très-forte & enyvre plus que celle de vin.

ARANNEA. (*Minerai d'argent* qui ne ſe trouve que dans les mines de Potoſi, & encore dans la ſeule mine de Catamito.) Son nom lui vient de quelque reſſemblance qu'il a avec la toile d'araignée, étant compoſé de fils d'argent pur, qui paroiſſent à la vue comme un galon d'argent qu'on auroit brûlé pour en ôter la ſoie. C'eſt le plus riche de tous les minerais.

ARARES. (*Nom que les Indiens donnent à cette ſorte de fruits*, qu'on appelle en Europe *mirobolans citrins.*) Cette eſpèce de mirobolans eſt eſtimée propre à purger la bile. *Voyez* MIROBOLANS.

ARATE. (*Poids de Portugal*, qui eſt auſſi en uſage à Goa & dans le Breſil.) On le nomme aſſez ſouvent *arobe*, qui eſt le nom qu'il a en Eſpagne. L'*arate* ou *arobe* Portugaiſe eſt de beaucoup plus forte que l'arobe Eſpagnole ; celle-ci ne péſant que vingt-cinq livres, & celle-là trente-deux ; ce qui revient, poids de Paris, à près de vingt-neuf livres celle de Liſbonne, & celle de Madrid ſeulement à vingt-trois & un quart. *Voyez* AROBE.

ARBITRAGE. (*Juriſdiction qu'on choiſit volontairement*, & qui s'exerce en vertu d'un pouvoir qui eſt donné par les parties.) Il ſe dit auſſi de la diſcuſſion d'une affaire & du jugement qui eſt porté par les arbitres. Ces marchands ſe ſont mis en *arbitrage* ; ce négociant eſt fort occupé aux *arbitrages* ; ce procès a été jugé par *arbitrage*.

ARBITRAGE, en matière de change. Veut dire *une combinaiſon* ou *aſſemblage*, que l'on fait de pluſieurs changes, pour connoître quelle place eſt plus avantageuſe pour tirer & remettre. *Voyez* CHANGE.

ARBITRAL. Se dit *d'un jugement ou d'une ſentence prononcée par les arbitres*. Ce négociant a été condamné par un jugement *arbitral*, par une ſentence *arbitrale*.

Les ſentences *arbitrales* entre aſſociés pour négoce, marchandiſe ou banque, doivent être homologuées en la juriſdiction conſulaire des lieux, s'il y en a, ſinon ès ſièges ordinaires des juges royaux, ou de ceux des ſeigneurs. *Article 13 du titre 4 de l'ordonnance de 1673.*

L'homologation des ſentences *arbitrales* ſe doit faire pour deux raiſons ; la première, afin d'établir l'hypothèque ſur les immeubles du condamné, laquelle ne peut ſe compter que du jour de la ſentence d'homologation : la ſeconde, pour faire confirmer en juſtice ce qui a été ordonné par les arbitres. *M. Savary, Parfait Négociant.*

ARBITRALEMENT. (*Terme qui ne ſe dit ordinairement qu'en cette phraſe* : c'eſt une choſe jugée *arbitralement*, c'eſt-à-dire, par des *arbitres*.)

ARBITRATEUR. La différence qu'il y a entre l'*arbitrateur* & l'*arbitre*, conſiſte en ce que l'*arbitre* eſt choiſi par les parties comme juge, pour décider leurs cauſes & procès, la forme de droit, coutume & ſtyle gardés ; & que l'*arbitrateur* eſt élu pour les appointer, accorder & juger par amiable compoſition, & ſelon qu'il ſe trouve juſte & équitable. *Voyez l'article ſuivant.*

ARBITRE. Eſt *un juge* nommé par le magiſtrat, ou choiſi volontairement par les parties, auquel elles donnent pouvoir par un compromis de juger de leur différend.

Les *arbitres* compromiſſionnaires doivent juger à la riguerr, auſſi bien que les autres juges, & ſont obligés de rendre leur jugement dans le temps qui leur eſt limité, ſans pouvoir excéder les bornes du pouvoir qui leur eſt preſcrit par le compromis.

Quoiqu'il vienne d'être dit que les *arbitres* doivent juger à la rigueur, de même que les autres juges, cela doit s'entendre lorſque cela eſt ainſi ſtipulé par le compromis : car ſi les parties les ont autoriſés à prononcer ſelon la bonne foi, & ſuivant l'équité naturelle, ſans les aſtreindre à la rigueur de la loi; alors ils ont la liberté de retrancher quelque choſe du bon droit de l'une des parties, pour l'accorder à l'autre, & de prendre un milieu équitable entre la bonne foi, & l'extrême rigueur de la loi. *De Launay, Traité des Deſcentes.*

Les actes de ſociétés doivent contenir la clauſe de ſe ſoumettre aux *arbitres*, pour les conteſtations qui peuvent ſurvenir entre aſſociés; & ſi cette clauſe étoit omiſe, un des aſſociés en peut nommer, ce que les autres ſont pareillement tenus de faire; autrement il en doit être nommé par le juge, pour ceux qui en font refus.

Lorſqu'il arrive le décès, ou une longue abſence d'un des *arbitres*, les aſſociés en peuvent nommer d'autres, ſinon il doit être pourvu par le juge pour les refuſans.

Quand les *arbitres* ſont partagés en opinions, ils peuvent convenir de *ſur-arbitres* ſans le conſentement des parties; & s'ils n'en conviennent, il en eſt nommé un par le juge.

Pour parvenir à faire nommer d'office un *ſur-arbitre*, il faut préſenter requête au juge, en expoſant que les *arbitres* nommés ne ſe trouvant pas d'accord dans leurs opinions, & ne pouvant convenir ent'eux de *ſur-arbitres*, pour juger avec eux le différend des aſſociés, qui eſt pendant pardevant eux; qu'il plaiſe leur en nommer un d'office, pour le juger conjointement avec eux, ſuivant & au deſir de l'ordonnance du juge; laquelle ordonnance doit être ſignifiée à la diligence de l'une des parties aux *arbitres*, en les priant de vouloir procéder au jugement de leur différend.

Les *arbitres* peuvent juger ſur les piéces & mémoires qui leur ſont remis, ſans aucune formalité de juſtice, nonobſtant l'abſence de quelqu'une des parties.

Tout ce qui vient d'être dit, a lieu à l'égard des veuves, héritiers, & ayans-cauſe des aſſociés; & eſt conforme aux articles 9, 10, 11, 12, & 14 du titre 4 de l'ordonnance de 1673.

Dans les contrats ou polices d'aſſurance, il doit y avoir une clauſe, par laquelle les parties ſe ſoumettent aux *arbitres*, en cas de conteſtation, *article 3, du titre 6, du livre 3 de l'ordonnance de la marine du mois d'août 1681.*

ARBITRER. (*Liquider, eſtimer une choſe en gros, ſans entrer en un détail.*) Les juges-conſuls ont *arbitré* les dépens, dommages & intérêts à une telle ſomme. Des arbitres, des amis communs ont *arbitré* à quoi peut aller le dépériſſement de ces marchandiſes.

ARCANNE. (*Minéral ou eſpèce de craye*

rouge, qu'on appelle en latin *rubrica fabrilis*, à cauſe qu'elle ſert aux charpentiers à teindre leur cordeau, pour marquer leur bois.) Il y a auſſi une *arcanne* factice, qu'on fait avec de l'ocre brûlé.

ARCANÇON, autrement BRAY SEC. (*Eſpèce de poix-réſine* qui ſe fait avec le galipot, ou encens madré, en le faiſant cuire juſqu'à ce qu'il ſoit preſque brûlé.)

L'*arcançon* que vendent les droguiſtes de Paris, vient de Bordeaux & de Bayonne, & n'eſt autre choſe que ce qui eſt reſté dans les alambics, après qu'on a tiré l'huile. Il doit être ſec, tranſparent & foncé en couleur. C'eſt avec l'*arcançon* qu'on fait la poix noire.

Quelques-uns le confondent avec la colophane, mais mal-à-propos. *Voyez* BARRAS. *Voyez auſſi* POIX.

L'arcançon paye en France de droits de ſortie ſeize ſols le cent péſant, & dix ſols de droits d'entrée avec les nouveaux ſols pour livre.

ARCASSOUL. (*Drogue médicinale qui ſe trouve dans le royaume de la Chine.*) Les Chinois en portent beaucoup à Batavia. Elle coute trois tacles deux mas le pic à Canton & ſe vend neuf pataques à Batavia.

ARCHAL. On appelle *du fil d'archal, du fer paſſé par la filière. Voyez* FIL, *à l'endroit où il eſt parlé du fil de fer.*

ARCHANGELIQUE. (*Plante médicinale*) qu'on nomme autrement *angelique* ou *racine du St. Eſprit. Voyez* ANGELIQUE.

ARCHARD. (*Fruits verds qu'on met confire dans le vinaigre.*) Ils ſont extrêmement eſtimés dans toutes les Indes Orientales, & il s'en fait un très-grand commerce. Les meilleurs viennent de Perſe & ſe confiſent dans des bouteilles, à peu près comme l'on fait en France les petits concombres, qu'on appelle vulgairement des *cornichons*. Chaque fruit ne ſe confit pas à part, mais dans la même bouteille : on en met de diverſes eſpèces.

ARCHINE. (*Meſure*) c'eſt l'aune des Moſcovites. Elle contient 26 pouces ſix lignes 1/10 de France au rapport de MM. de Liſle & de Vinsheim, qui furent chargés en 1738 de comparer l'*archine* avec notre pied de roi. *Voyez* la TABLE DES MESURES.

ARCOT. (*Nom que les fondeurs donnent à une ſorte de métal qui n'eſt autre choſe qu'une eſpèce de potin.*) *Voyez* POTIN.

ARCOT. On appelle *ſerge d'arcot*, une eſpèce de ſerge qui ſe fabrique à *Arcot*, & aux environs. *Voyez* SERGE.

ARDASSES & ARDASSETTES. Ce ſont les plus groſſières de toutes les ſoies de Perſe & comme le rebut de chaque eſpèce. On dit en ce lieu, *des legis, des houſſets, des choufs & des payas ardaſſes*, pour marquer les moindres de ces quatre ſortes de ſoies Perſiennes. *Voyez* SOIE DU LEVANT & D'ITALIE.

ARDASSINES, qu'on nomme en France

ABLAQUES , *font de très-belles foies de Perfe* , qui ne cédent guères pour la finesse aux fourbastis. On s'en fert néanmoins très peu dans la fabrique des étoffes de foie de Lyon & de Tours , parce que cette forte de foie ne souffre pas l'eau chaude dans le dévidage. *Voyez* SOYES DU LEVANT.

ARDOISE. (*Pierre bleue & foffile* qui eft tendre au fortir de la carrière , & qu'on coupe aifément en feuilles déliées , pour faire des couvertures de maifons, au lieu de tuiles.) On en fait auffi des tables, des carreaux ou pavés & autres ouvrages. Les *ardoifes* d'Anjou font les plus en réputation : celles de Mezières font plus tendres & s'écaillent. On a ouvert des *ardoifières* à quelques lieues de Charleville, dont la pierre n'eft pas moins belle , ni de moindre fervice que celle d'Anjou , quoiqu'elle ne foit pas tout-à-fait fi bleue , ou fi noire.

Le commerce des *ardoifes* eft plus confidérable en Anjou , que partout ailleurs ; & ce font les *ardoifières* de cette province , qui en fourniffent prefque toutes les autres du royaume & les pays étrangers.

Les lieux dont on tire les plus belles , font Trelazé & les Ayraux, paroiffes à une lieue d'Angers. Les perrières les plus abondantes & où fe trouvent les meilleures efpèces , fe nomment *les petits carreaux & la noue*. Celles de la Jouvencière , du Bois & du petit-Bois , en fourniffent d'auffi noires, & qui ne contiennent pas moins la vue ; mais la pierre en eft aigre & trop dure. La perrière de Villechien, dans la paroiffe de S. Léonard , eft pareillement en réputation. Il y a auffi quelques trous ouverts aux environs de Condé , la Jaille , Château-Gontier & Juvigné fur Loire : mais outre qu'il s'en tire peu, celles qu'on y fabrique étant mal unies, groffières & trop molles, le débit ne s'en fait que pour l'ufage du pays même ; & il ne s'en envoie aucune dans les autres provinces du royaume, ou dans les pays étrangers.

Les différentes efpèces d'*ardoife* font , le poil roux, le gros noir, le poil noir & la groffe noire, la carrée forte & la carrée fine.

Des coupeaux , ou déchet des pierres, on en fait encore de trois fortes ; la taillette, la cartellette ou carlette & le fendis.

L'*ardoife* cofine, qui fert à couvrir les dômes des églifes , eft très-rare : elle fe fabrique avec des callots de pierre , un peu courbés en voute ; ce qui la rend plus commode pour ces fortes d'ouvrages : à fon défaut on fe fert de la carlette, qui eft la plus petite de toutes les efpèces d'*ardoife*,

Les *ardoifes* les plus fines & les meilleures, s'envoient à Paris & à Rouen : la groffe noire & d'autres de moindre qualité, fe débitent ordinairement pour les pays du Maine & depuis Saumur jufqu'à Orléans. Les poil noir & poil gros noir, font propres pour Nantes & vers le bas de la rivière de Loire.

Pour les pays étrangers , les envois fe font plus communément de la carrée fine & de la carrée forte ;

parce qu'étant d'un plus petit volume que les autres, elles s'embarquent & fe chargent plus aifément dans les vaiffeaux.

Les *ardoifes* fe vendent au cent , au millier , & à la fourniture , qui eft de vingt-un milliers, fournis de quatre au cent. Quand elles font prifes fur la perrière , on en met dix au cent pour dédommager les acheteurs des rifques de la voiture , étant une marchandife fort facile à fe caffer. On eftime qu'année commune il fe fabrique jufqu'à un million de milliers d'*ardoifes* par mois de toutes les efpèces différentes, qui fe tirent des *ardoifières* d'Anjou.

L'on trouve dans le chapitre 29 de l'ordonnance de la ville de Paris de 1672 , trois articles, qui font le quatrième , le cinquième & le fixième , fervant de réglement pour la moiffon, qualité , & vifite des *ardoifes* qui y arrivent pour la provifion de cette capitale.

Par le premier de ces trois articles, il eft enjoint aux marchands trafiquans d'*ardoifes* pour Paris, de n'en faire venir que de deux qualités ; fçavoir , de la quarrée forte , de dix à onze pouces de longueur fur fix à fept de largeur , & de deux lignes d'épaiffeur, fans être traverfine, ni mêlée de fine : & de la quarrée fine de treize pouces de largeur & une ligne d'épaiffeur : ces deux fortes d'*ardoife* de quartiers forts & fonnants , & tirées de la troifième foncière de chaque perrière.

Par le fecond de ces articles , il eft défendu de mélanger les qualités d'*ardoife* ; & pour cela ordonné aux marchands & voituriers d'en faire différentes piles dans leurs magafins & bateaux.

Enfin , le dernier de ces trois articles régle la vifite & l'arrivage des *ardoifes* , & ordonne aux jurés couvreurs de venir faire au bureau de la ville, leur rapport des quantités & qualités qui font arrivées à chaque marchand , & en repréfenter les échantillons, pour le prix en être taxé. Comment *taxer* des *ardoifes* , dont l'extraction fe fait dans les provinces éloignées avec des frais que les taxateurs ne peuvent évaluer, & le tranfport fur des voitures dont le prix leur eft également inconnu ? arbitrairement , c'eft-à-dire au préjudice du vendeur ou de l'acheteur ce qui eft injufte , ou tout jufte au *prix naturel* , ce qui eft inutile.

Les droits de fortie que l'on paye en France pour les ardoifes , font de quinze fols , & ceux d'entrée de dix fols pour le millier en nombre , & les nouveaux fols pour livre.

ARDOISIÈRE. Les frais pour exploiter les *ardoifières* , font très-confidérables ; mais les rifques que courent les ouvriers qui les exploitent font encore plus grands ; & il n'arrive que trop fouvent que les fondis & cabremens entraînent hommes, chevaux & engins au fond de la perrière , & y accablent & enfeveliffent les malheureux ouvriers d'abas : outre que les voies & fources d'eau y caufent quelquefois de fubites inondations , qu'il eft très-difficile de prévoir & encore plus d'éviter dans des fouterrains fi profonds.

Cet

Cet article eſt copié mot à mot du Dictionnaire de Savary ; de ce même Auteur qui trouve tout ſimple, qu'il y ait dans les villes des gens qui *taxent* les *ardoiſes*. On l'auroit bien embaraſſé en lui demandant pour quel prix il faiſoit entrer dans la taxe les riſques des malheureux ouvriers qui travaillent dans les *ardoiſières* ? Car enfin quand des bourgeois taxateurs tiennent à bas prix les *ardoiſes* importées dans une grande cité, les entrepreneurs qui exploitent les carrières ne peuvent payer que très-mal les malheureux ouvriers qu'ils emploient.

AREB. (*Monnoie de compte* dont on ſe ſert dans les états du grand mogol, particulièrement à Amadabath.) Quatre *arebs* font un crou ; un crou vaut cent laes ; & un laes, 10000 roupies. *Voyez* la TABLE DES MONNOIES.

ARECA ou AREQUE. (*Fruit fameux dans les Indes*, où il s'en fait un commerce & une conſomation incroyable, n'y ayant perſonne qui n'en uſe, & étant également de mode parmi les plus grands & les plus riches, comme parmi les plus petits & les plus pauvres.)

L'arbre qui porte l'*areque*, eſt grand, droit, délié & rond. Le brou, qui en enveloppe le fruit, eſt uni par dehors, mais raboteux & velu par dedans, aſſez ſemblable en cela au brou du cocos. Sa groſſeur eſt celle d'une noix raiſonnable : ſon noyau, gros environ comme une muſcade, à qui il reſſemble aſſez par dehors, en a auſſi les veines blanchâtres quand on le coupe en deux. Au centre du fruit, quand il eſt encore tendre, eſt renfermée une ſubſtance griſâtre, molle & preſque liquide, qui ſe durcit à meſure que le fruit approche de ſa maturité. Le fruit mûr eſt jaunâtre, & toujours fort amer, mais jamais dégoûtant.

Le grand uſage de l'*areque*, eſt de le manger avec des feuilles de betel, en y mettant un peu de chaux rouge faite de coquillage. Lorſque l'*areque* eſt encore frais, il ſe fond entièrement dans la bouche ; s'il eſt ſec, il laiſſe un peu de marc. Dans l'un & l'autre état il fait beaucoup cracher ; & la ſalive qu'il excite, auſſi-bien que le ſuc qui ſort de l'*areque* & du betel, ſont d'un rouge brun, qui communique une teinture de même couleur aux lèvres & aux dents ; ce qui apparemment empêchera toujours que l'uſage de cette drogue ne s'établiſſe en Europe, & particulièrement en France, où l'on fait conſiſter la plus grande perfection des dents dans leur blancheur.

On prétend que l'*areca* fortifie l'eſtomac, quand on en avale le ſuc, comme font la plupart des Indiens. Une de ſes autres vertus, eſt d'emporter tout ce que les genſives peuvent avoir de malſain & de corrompu.

Les Siamois l'appellent *plou* en leur langue. On parle ailleurs amplement du commerce qui ſe fait de cette drogue dans tout l'Orient.

ARGENT. (*Métal blanc*, qui tient le ſecond rang entre les métaux, & qui après l'or eſt le plus beau, le plus ductile & le plus précieux.)

Il ſe trouve des mines d'*argent* dans les quatre parties du monde. L'Europe en a quantité ; & la France même en a quelques-unes, mais qui ne ſont ni riches, ni abondantes ; & dont, à ce que pluſieurs croyent, la dépenſe excéderoit de beaucoup le produit.

Les mines du Pérou & de quelques autres endroits de l'Amérique, ſont les plus fécondes de toutes ; & elles paroiſſent juſqu'à préſent inépuiſables. Celles du Potoſi ſurtout, continuent de ſe fouiller preſque avec le même ſuccès qu'au commencement de la découverte qu'en firent les Pizares, ces fameux conquérans Eſpagnols ; avec cette différence toutefois, que les filons de la mine étoient d'abord preſque ſur la ſuperficie de cette fameuſe montagne, & qu'à préſent il faut les chercher & les ſuivre dans des profondeurs affreuſes, où l'on pénètre à peine après des quatre cens marches de deſcente. Il eſt inconcevable à combien de millions d'Indiens il a coûté la vie, depuis qu'on y travaille, & combien il en périt encore chaque année.

Suivant l'édit de Henri II, du mois de mars 1554, art. 7, les orfévres ne peuvent travailler l'*argent*, ſoit en groſſerie, ou menuiſerie, qu'au titre d'onze deniers douze grains fin, à deux grains de remède. Cet *argent* ainſi travaillé, ſe nomme *argent-le-roi*.

L'*argent* ſe tire des Indes & d'Eſpagne, ca barres, en eſpèces ou pièces de monnoie ; en plaques, en culots & en pignes.

Les barres ont pour l'ordinaire quatre marques, qui ſont celle du poids ; celle du titre, celle de l'année & celle de la douane où les droits en ont été payés. Pour ce qui eſt du poids, il diffère de celui de France de ſix & demi pour cent ; de manière que cent marcs d'Eſpagne ne péſent que quatre-vingt-treize marcs quatre onces de France ; & ſuivant cette proportion, le poids d'Eſpagne eſt moins fort d'une demie-once par marc que celui de France.

A l'égard du titre, les dégrés de la bonté de l'*argent* y ſont partagés, de même qu'en France, en douze deniers, & chaque denier en vingt-quatre grains.

Le poids des barres d'*argent* eſt ordinairement proportionné à leur titre : par exemple, celles qui ſont à onze deniers dix-neuf à vingt grains, appellés *de toute loy*, ſont de deux cent marcs, même davantage ; & celles d'un titre au-deſſous, qui ne ſont numérotées que 2200 juſqu'à 2300, ne ſont que de cent cinquante marcs.

Le titre eſt indiqué ſur les barres par des numéros, qui déſignent autant de *maravedis* : ces maravedis ſont le compte numéraire en Eſpagne. Le maravedis y vaut trois deniers, monnoie de France ; en ſorte que vingt maravedis font cinq ſols, & les huit & un tiers font deux ſols un denier, qui eſt la valeur du grain de fin.

Les barres de toute loy font numérotées 2376, ou 2380, & ces numéros fignifient autant de *maravedis*. Lorfqu'elles font d'un titre au-deſſous, fuppofé à onze deniers dix-fept grains, elles ne font numérotées que 2355, à cauſe que les vingt-cinq qui fe trouvent de moins que les 2380, marquent autant de *maravedis*, qui font 6 ſ. 3 d. qui eſt la valeur de trois grains de fin qui manquent ſur ces eſpèces de barres.

Aux Indes & en Eſpagne, lorſque l'on parle d'eſpèces d'*argent*, on dit *réale* au fingulier & *réaux* au pluriel. La réale y vaut une pièce de huit réaux de plate; la pièce de huit réaux de plate y vaut une piaſtre; & la piaſtre eſt égale à un écu de foixante fols monnoie de France; de manière que la réale, la pièce de huit & la piaſtre, quoique de différens noms & empreintes, ne font néanmoins qu'une même choſe pour le titre & pour le poids, ainſi que l'écu de France.

Le marc des barres d'*argent* de toute loy eſt évalué aux Indes à 70 réaux de plate. Sur ce pied, ſi un marchand y vend pour 2000 piaſtres de marchandiſe, on le paye en ces fortes d'eſpèces, ou bien on lui donne deux cent vingt-huit marcs quatre onces, quatre gros & demi, poids d'Eſpagne, en barres de toute loy.

Ces barres de toute loy valent en Eſpagne foixante douze réaux le marc, c'eſt-à-dire, huit écus trois quarts, monnoie de France. On les a même vû aller juſqu'à foixante-quinze réaux, par rapport aux riſques, & aux frais de voiture.

Lorſque les barres, que l'on négocie aux Indes, & en Eſpagne, ne font de toute loy, le compte s'en fait fur le pied du titre qui y eſt marqué; mais comme ce titre ne fe trouve pas toujours fidéle, on ne doit le recevoir en France, qu'après en avoir fait l'eſſai.

Les plaques & les culots ne font autre choſe, que des reſtes de l'*argent*, qui a été amalgamé en faifant les laveures; & comme cet *argent* eſt mis au feu dans de certains vaiſſeaux ou creuſets, pour en féparer le vif-argent, il conferve la forme de ces vaiſſeaux, ou en plaques ou en culots. Cette forte d'*argent* ne s'achete fur les lieux qu'au hafard, le titre n'étant point marqué deſſus: c'eſt pourquoi on fe doit donner de garde de s'en charger, fans être fûr de l'eſſai.

L'*argent* monnoyé, ou non monnoyé, auſſi-bien que l'or, ne paye aucuns droits d'entrée; mais, comme l'or, il eſt auſſi marchandiſe de contrebande, qu'on ne peut faire fortir du royaume fans paſſeport du roi.

L'*argent* en maſſe, en lingots & en vaiſſelle, fortant par paſſeport, doit payer les droits, à raiſon de trente fols du marc. A l'égard de celui en ouvrages d'orfévrerie & filegrame, comme boucles, agrafes, boutons, chaînes, tabatières, boëtes à mouches & à portraits, étuis de poche, &c. de même que le trait & le filé, il peut fortir fans paſſe-

port du roi, en payant; ſçavoir, pour les ouvrages d'orfévrerie & filegrame fur le pied de fix pour cent de la valeur, fuivant l'eſtimation; & pour le trait & filé, à raiſon de trois livres quatre fols de la livre péſant. Cela eſt conforme à l'arrêt du conſeil du 8 octobre 1663, & au tarif du 18 ſeptembre 1664.

ARGENT MONNOYÉ. Eſt de l'*argent* qu'on a mis en morceaux ronds & plats, que l'on nomme *flaons*, qu'on a enſuite frappé fous le balancier dans les lieux deſtinés à cet effet, & qui eſt marqué de l'image des princes, ou des armes des états, qui, comme fouverains, ont pouvoir de faire battre monnoie. La valeur n'en eſt point réglée; elle hauſſe ou baiſſe, fuivant que les fouverains le déſirent, par rapport à la néceſſité de leurs états, ou de leurs peuples.

L'ordonnance de Louis XII, du mois de novembre 1506, art. 7, l'édit de François I, du 21 Septembre 1543, art. 19, les lettres patentes de Henri II, du 14 janvier 1549, & l'édit de ce même prince du mois de mars 1554, art. 18, défendent très-expreſſément à toutes fortes de perſonnes d'acheter l'*argent monnoyé*, foit du coin de France, ou autres, pour le fondre, difformer, reſouder ou recharger, fous peine de confiſcation, & d'amende, même de punition corporelle.

ARGENT BLANC. C'eſt la *monnoie* qui eſt véritablement de ce métal, comme écus, pièces de vingt-quatre fols, de douze fols, &c.

ARGENT DE BANQUE. C'eſt l'*argent* que les négocians ou autres particuliers mettent en dépôt dans les tréfors publics qu'on nomme des *banques*; tels que font la banque d'Amſterdam, le banco de Veniſe, & quelques autres. Cet *argent* eſt toujours plus cher dans le négoce que l'*argent* courant. *Voyez* BANQUE. *Voyez auſſi* BANCO.

ARGENT A RETOUR DE VOYAGE. On dit en terme de commerce de mer, *prendre de l'argent à retour de voyage*; pour dire, prendre de l'*argent* à tant pour cent pour faire le chargement d'un vaiſſeau marchand en tout ou en partie, à condition de ne payer l'intérêt ou principal qu'au retour du bâtiment. C'eſt de cette manière que la plupart des Turcs & des Grecs de Conſtantinople ont coutume de faire le négoce de la mer noire, n'y en ayant guères qui ſoient aſſez riches pour l'entrepriſe de leurs propres fonds.

ARGENT TRAIT, autrement FIL D'ARGENT. C'eſt de l'*argent* qu'on a tiré à travers les trous d'une filière, & qu'on a réduit par ce moyen à n'être pas plus gros qu'un cheveu. Il y a de l'*argent* *trait* fin, & de l'*argent* *trait* faux.

ARGENT EN LAME. Eſt de l'*argent* trait, qu'on a applatti entre deux rouleaux d'acier poli, pour le difpoſer à être filé fur la foie, ou pour être employé tout plat dans la compoſition de certains ouvrages, comme broderies, dentelles, étoffes, &c.

pour les rendre plus brillantes, & plus riches. L'*argent en lame* se nomme aussi *argent battu*. Il y a de l'*argent en lame fin* & de l'*argent en lame faux*.

ARGENT FILÉ, que l'on appelle ordinairement DU FILÉ D'ARGENT. C'est de l'*argent* en lame, dont on a couvert un long brin de soie, en le tortillant dessus par le moyen d'un rouet. Il y a de l'*argent filé fin* & de l'*argent filé* faux. *Voyez* OR, *à l'endroit où il est parlé de la manière de le tirer, pour le disposer à être employé en lame, en trait, ou en filé.*

ARGENT EN FEUILLE ou ARGENT BATTU. Est celui que les batteurs d'or ont réduit en feuilles très-minces & très-déliées, à l'usage des doreurs en bois, en fer, &c.

L'ARGENT EN COQUILLE, est fait de rogneures des feuilles ou des feuilles mêmes d'*argent* battu. On s'en sert à peindre, & à argenter quelques ouvrages. L'*argent en coquille* se prépare de même que l'or en coquille.

ARGENT VERNI, qu'on nomme aussi ARGENT COLORÉ & ARGENT DORÉ ; c'est, en terme de peintres & doreurs, un *ouvrage argenté*, auquel par le moyen d'un verni, on donne la couleur & l'éclat du véritable or.

La facilité qu'il y a de tromper le public par cette fausse dorure a donné occasion au réglement de 1721, par lequel il est défendu, sous peine de confiscation & de cent livres d'amende, à tous peintres & doreurs, de travailler aucun ouvrage en *argent verni*, à moins d'en avoir fait déclaration au bureau de la communauté, de leur avoir fait apposer par les jurés un plomb avec cette inscription, *argent verni sans or :* & pour plus grande sureté, d'avoir mis en quelque lieu apparent desdits ouvrages, une feuille d'argent, pour faire connoître qu'ils ne sont point faits avec de véritable or.

ARGENT FIN. C'est de l'*argent* à douze deniers, qui est le plus haut dégré de bonté où l'on le puisse pousser.

ARGENT FIN FUMÉ. C'est de l'*argent fin*, soit trait, soit filé, soit battu & escaché, que l'on met long-temps prendre couleur à la fumée, afin de le vendre pour de l'*argent fin doré.*

L'article VI des statuts & réglemens des maîtres tireurs & escacheurs d'or de la ville de Lyon, *défend, sous peine de confiscation, & de deux mille livres d'amende, à tous marchands & ouvriers de la ville, ou forains, de faire, vendre, ou mettre en œuvre aucun argent fin, à qui l'on a donné le fumé, pour le faire passer pour argent fin doré.*

On va voir par ce qui suit, l'effet qu'ont toujours les réglemens & les prohibitions en fait de manufactures & de commerce.

L'article VI des statuts & réglemens des tireurs d'or de la ville de Lyon de l'année 1656, n'ayant pu empêcher l'abus qui se commettoit dans le fumage de l'*argent* fin filé qui continuoit à s'employer comme véritable *argent* doré, & quelquefois pour du surdoré ; il s'est rendu depuis divers arrêts, tant du conseil du roi, que de la cour des monnoies, pour arrêter ce commerce frauduleux & infidèle, capable non-seulement de décrier les manufactures de France, mais encore de donner occasion aux étrangers d'introduire dans le royaume cette sorte de fausse dorure.

Les principaux de ces arrêts sont, deux de la cour des monnoies, l'un du 9 août 1672, l'autre du 24 octobre 1681 ; & deux du conseil d'état du roi, le premier du 23 octobre 1680, & le second du 10 novembre 1691 ; à quoi l'on peut ajouter une déclaration du 25 octobre 1689, dont l'article XVI, porte défenses d'apporter ou faire venir en France, des pays étrangers, aucuns lingots affinés, gancites battus & fil d'or & d'*argent.*

De ces cinq arrêts ou déclarations qui défendent le commerce & l'usage de l'*argent fin fumé*, comme aussi sous le nom d'*argent à la mode*, on ne parlera ici que de celui du conseil du 10 novembre 1691, parce qu'il est le plus important, & que d'ailleurs il les rappelle tous, & en ordonne l'exécution.

Par cet arrêt, sa majesté en son conseil fait très-expresses inhibitions & défenses aux tireurs, écacheurs & fileurs d'or & d'argent & à toutes autres personnes de quelque qualité & condition qu'elles puissent être, d'employer aucun parfum ou fumaye, tant sur les lames, que sur le trait & filé d'*argent*, en quelque sorte & manière que ce puisse être, pour leur donner la couleur & l'éclat de l'or ; soit que lesdites lames, trait & filé d'argent, ayent été dorés, ou qu'il n'y ait été appliqué aucunes feuilles d'or.

Fait pareillement sa majesté défenses à tous ouvriers, d'employer dans les galons, dentelles, passemens, boutons & autres ouvrages d'or & d'*argent*, aucune lame, trait, ou fil parfumé ou fumé, & à tous marchands d'en vendre & débiter, & aux maîtres tireurs d'or & d'argent, compagnons dudit métier, & autres, de faire aucun travail concernant ledit métier, dans des lieux écartés, privilégiés ou prétendus privilégiés ; le tout à peine de confiscation & de trois cent livres d'amende.

En conséquence ordonne sa majesté que tous les outils ou machines qui servent pour le parfum & fumage, seront incessamment rompus. Fait défenses d'en faire d'autres à l'avenir pour un semblable usage, à peine de punition corporelle.

Et pour connoître les contrevenans, ordonne conformément aux statuts dudit métier de tireur d'or, & à l'arrêt de la cour des monnoies, du 19 août 1672, que chaque maître sera tenu de marquer ses ouvrages d'une marque particulière ; fait défenses d'en vendre aucuns qui ne soient marqués, sous les peines portées par lesdits réglemens.

Enfin pour ôter aux étrangers toute occasion d'en faire entrer dans le royaume, sa majesté, conformément à l'article XVI de la déclaration du 25 octobre 1689, fait défenses à tous marchands, ouvriers & autres personnes de quelque qualité & condition qu'elles foient, d'apporter ou faire venir en France, des pays étrangers, & des principautés enclavées dans le royaume, aucuns lingots affinés, ganettes, trait, battu & fil d'or & d'argent ; ni de les négocier & employer, fous femblables peines.

Toutes ces défenses font demeurées fans aucune efpèce d'exécution, comme il ne manque jamais d'arriver en pareil cas.

ARGENT appellé FAUX. C'eft un lingot de cuivre rouge, couvert de feuilles d'argent à plufieurs fois par le moyen du feu, à l'ufage des tireurs d'or. *Voyez* OR, *à l'endroit où il eft parlé de la manière de tirer l'or & l'argent faux, pour le difpofer à être employé en trait, en lame, ou en filé, de même que le fin.*

ARGENT BAS OU BAS ARGENT. Eft de *l'argent* au deffous du titre des efpèces, jufqu'à fix deniers. Quand il eft plus bas que fix deniers, on le nomme *billon d'argent. Voyez* BILLON.

ARGENT TENANT OR. Quand l'or eft au-deffous de dix-fept carats, & qu'il eft allié fur le blanc, il perd fon nom & fa qualité d'or, & n'eft plus qu'*argent* tenant or. *Voyez* OR, *vers le commencement de l'article.*

ARGENT DE CENDRÉE. C'eft cette poudre d'*argent*, qui fe trouve attachée aux plaques de cuivre qu'on a mis dans l'eau forte, qui a fervi à l'afinage de l'or, après qu'elle a été mêlée d'une certaine portion d'eau de fontaine. L'*argent* de cendrée eft eftimé à douze deniers, qui eft le titre de l'*argent* le plus fin. *Voyez* OR, *vers le commencement de l'article, à l'endroit où il eft parlé de l'affinage de ce métal.*

ARGENT EN PASTE. C'eft de l'*argent* prêt à fondre dans le creufet.

ARGENT EN BAIN. Se dit *de celui qui eft entièrement fondu dans le creufet.*

ARGENT DE COUPELLE. C'eft de l'*argent* à onze deniers vingt-trois grains.

ARGENT. Signifie quelquefois *tout métal monnoyé, fervant au trafic, ou à faire des paiemens.* Ainfi l'on dit : j'ai payé cette marchandife *argent* comptant, quoiqu'elle n'ait été payée qu'en louis d'or.

Faire valoir fon *argent ;* c'eft en tirer du profit de quelque manière que ce foit ; mais plus communément cela s'entend de donner fon *argent à* intérêt.

Payer ou vendre *argent comptant ;* c'eft vendre ou payer fans délai, fans demander ou faire crédit.

On appelle de l'*argent mort*, un fonds dont on ne peut faire ufage, & qui n'apporte aucun profit ou intérêt. Il fe dit auffi des marchandifes hors de mode, & qui n'ont plus de débit.

On nomme au contraire *argent en barre*, les effets & les marchandifes dont on peut fe défaire aifément & quand on veut.

ARGENT-VIF. *Voyez* VIF-ARGENT.

ARGENT A LA GROSSE. *Voy.* GROSSE AVANTURE.

ARGENT DE PERMISSION. On nomme ainfi *dans la plupart des villes des pays-bas, François ou Autrichiens,* ce qu'on nomme ailleurs *argent de change.* Cet *argent* eft différent de l'*argent* courant ; & les cent florins de permiffion, y valent cent huit florins & un tiers courants. Il en eft de même des livres de gros.

C'eft en *argent de permiffion* que fe réduifent toutes les remifes que l'on veut faire dans les pays étrangers. *Voyez* CHANGE.

ARGENTERIE. (*Vaiffelle ou uftenfiles d'argent.*)

On appelle *argenterie* d'église, les vafes, & autres ornemens d'églife, qui font faits de métal, & qui fervent, ou à parer les autels, ou à célébrer les divers offices de la liturgie catholique, comme les calices, les ciboires, les burettes, les croix, les chandeliers, les encenfoirs, les benitiers, & autres femblables.

Le commerce & la fabrique de l'*argenterie* appartiennent au corps de l'orfévrerie. *Voyez* ORFÉVRERIE & ORFÉVRE.

ARGENTEUX. (*Celui qui a beaucoup d'argent,* qui eft à fon aife.) Il eft peu d'ufage.

ARGENTIERS. Dans quelques lieux de Normandie, particulièrement à Caen, où l'on donne ce nom aux orfévres, & dans les anciennes ordonnances, les *argentiers* fignifient *ceux qui fe mêlent du commerce de l'argent,* comme les banquiers & les changeurs.

ARGILE ou TERRE A POTIER. (*Terre grace & gluante,* qui fert aux potiers de terre à faire leurs divers ouvrages.) Les fculpteurs & les orfévres s'en fervent auffi pour modeler ; & c'eft encore cette terre qu'emploient les fontainiers pour glaifer les baffins, où ils veulent faire tenir l'eau.

C'eft ce qu'on appelle ordinairement *de la glaife. Voyez* GLAISE & POTIER DE TERRE.

ARGOUDAN. (*Sorte de coton qui fe recueille en divers endroits de la Chine.*) Il fait une partie du négoce des Chinois de Canton, avec les habitans de l'ifle de Hainan. *Voyez l'article du* COTON.

ARGUE. Sorte *de machine* dont les orfévres & les tireurs d'or fe fervent pour dégroffir & rendre plus menus leurs lingots d'or, d'argent, ou de cuivre, en les faifant paffer de force à travers certaines groffes filières dont les pertuits ou trous ronds, vont toujours en diminuant de groffeur.

On appelle à Paris *argue royale,* un lieu ou bureau public établi pour la confervation des droits de marque fur les ouvrages d'or & d'argent, où les orfévres & les tireurs d'or font tenus de porter leurs lingots d'or & d'argent, pour y être tirés & dégroffis, & les droits de marque payés aux commis prépofés à cet effet ; n'étant pas permis aux orfévres & tireurs d'or, d'avoir en leurs maifons & boutiques aucunes *argues*, ni machines propres à tirer & dégroffir les lingots d'or & d'argent.

ARIDAS. Espèce de taffetas assez connu, qui se fabrique aux Indes Orientales, d'une espèce de soie ou fil lustré, qu'on tire de quelques sortes d'herbes & de plantes : aussi les appelle-t-on aridas d'herbe. Voyez TAFFETAS.

ARINDRATO. (Arbre qui croît dans plusieurs cantons de l'isle de Madagascar, dont le bois, quand il est pourri, exhale une odeur très-agréable, lorsqu'on le met au feu.)

On en apportoit autrefois en France, lorsque la colonie Françoise y subsistoit encore ; & par les essais qu'on y en fit alors, on ne le trouva pas moins propre aux parfums, que quantité de bois fort estimés, qui viennent des Indes Orientales & Occidentales.

ARISTOLOCHE, ou ARISTOLOCHIE. (Plante qui entre dans la composition de la thériaque.) Il y en a de plusieurs espèces, dont les anciens n'en connoissoient que de trois : la femelle, le mâle & celle qu'ils nommoient clematitis.

L'aristoloche femelle produit des feuilles semblables à celles du lierre, qui sont molles, âcres au goût & fort odorantes. Ses fleurs sont blanches, de la figure d'un chapeau : il s'y trouve au dedans un peu de rouge qui sent très-mauvais.

L'aristoloche mâle, autrement appellée sarrasine longue ou dactilis, a ses feuilles plus longues, sa fleur rouge & de mauvaise odeur, & qui en flétrissant prend la forme d'une poire.

L'aristoloche clematitis produit des branches déliées toutes garnies de feuilles rondes, semblables à celles de la petite jonbarde. Ses fleurs sont comme les fleurs de la rue, & ses racines longues, minces & couvertes d'une écorce épaisse & odorante, propre à entrer dans la composition des parfums.

Les modernes à ces trois espèces en ajoutent deux autres nouvelles, à qui ils donnent le nom de phistolochia & polyrchizos, qu'ils prétendent avoir encore plus de vertu que les anciennes. Bien des gens croyent que ces deux espèces ne sont point différentes, mais la même sous divers noms.

Toutes ces espèces d'aristoloches, que Pomet décrit avec quelque diversité, quoique peu essentielle, de la description ci-dessus, se trouvent dans les prés & dans les vignes de Languedoc.

Les bonnes aristoloches doivent être sèches, & bien nourries, pesantes, jaunes dedans & grises & unies par-dessus, point ridées ou arides. On s'en sert très-utilement pour les obstructions, étant fort purgatives ; & on en fait aussi des décoctions, injections, lotions & portions détersives & vulnéraires ; sur-tout elles sont admirables pour la gangrene.

Les aristoloches payent en France des droits d'entrée vingt sols du cent pesant, & les sols pour livre.

ARLET. Espèce de cumin dont il se fait un assez grand négoce aux Indes Orientales, particulièrement à Surate.

Ce cumin de Surate est de trois sortes ; le blanc qui se vend huit mamoudis, le cumin noir qui ne se vend que trois mamoudis, & le petit arlet qui est au même prix que le noir. Voyez l'article DU CUMIN.

ARMADILLE. On nomme ainsi dans l'Amérique Espagnole, une escadre de vaisseaux de guerre, ordinairement de six ou huit, depuis vingt-quatre jusqu'à cinquante pieces de canon, que le roi d'Espagne entretient pour empêcher que les étrangers n'aillent négocier avec les Espagnols & les Indiens, soit en temps de paix soit en temps de guerre. Elle a même pouvoir & ordre de prendre tous les vaisseaux marchands Espagnols qu'elle rencontre à la côte sans permission du roi d'Espagne.

La mer du sud a son armadille aussi-bien que la mer du nord. Celle-ci réside ordinairement à Carthagène, & l'autre à Calao qui est le port de Lima.

ARMATEUR. (Terme de marine.) C'est celui qui commande un vaisseau armé, ou équipé en guerre, pour courre & faire des prises sur les ennemis de l'état. On lui donne aussi le nom de capre ; avec cette différence, que capre ne se dit que de celui qui commande un très-petit bâtiment ; & quelquefois (mais par un mauvais usage) celui de corsaire ou pirate. On est en ce sens : c'est un brave armateur : cet armateur est heureux, il fait souvent des prises : cet armateur est habile, il entend bien la course.

ARMATEUR. On appelle encore armateurs, les marchands, négocians & autres, qui font des armemens ou qui s'y intéressent, quoiqu'ils ne montent point les bâtimens, & qu'ils en commettent le soin à des capitaines, dont ils font le choix. Ainsi l'on dit : ce sont messieurs N. N. négocians de Saint-Malo, qui sont les armateurs du vaisseau le Pontchartrain.

On ne peut armer un vaisseau en guerre sans commission de M. l'amiral. Celui qui a obtenu cette commission est tenu de la faire enregistrer au greffe de l'amirauté du lieu où il fait son armement, & doit donner caution de la somme de 1500 liv. laquelle doit être reçue par le lieutenant de l'amirauté, en présence du procureur de sa majesté. Art. 1 & 2, du titre 9 du livre 3 de l'ordonnance de la marine du mois d'août 1681.

ARMATEUR. Se dit aussi du marchand qui équipe un vaisseau pour aller en marchandises, particulièrement si c'est pour les voyages de long cours.

ARMELINE. C'est un des noms que l'on donne à la marte zibeline, cet animal qui fournit aux pelletiers une fourure si précieuse. Voyez MARTE.

ARMEMENT. Se dit de l'équipement d'un vaisseau de guerre ; de l'embarquement des troupes qui le doivent monter. Il se prend aussi en certaines occasions pour les gens de l'équipage. Tout l'armement se soulève contre le capitaine.

L'état d'armement est la liste ou le mémoire des officiers, tant majors que mariniers, qui doivent servir ; & de la qualité & quantité des agrets, apparaux, munitions & autres chofes néceffaires au vaiffeau, dont on veut faire l'*armement*.

ARMEMENT. Se dit auffi des *vaiffeaux marchands*, que l'on équipe pour des voyages de long cours. Ainfi on dit, que l'*armement* de l'Amphitrite, pour aller à la Chine, fe fit à Port-Louis; pour dire, qu'il y fut équipé, & qu'il y prit fon chargement.

ARMÉNIENNE. On appelle *pierre Arménienne*, une efpèce de lapis mêlé de verd, mais qui n'a aucune veine dorée. Cette *pierre*, qu'on met au nombre des pierres précieufes, fe trouve dans le Tirol, dans la Hongrie & dans la Tranfilvanie, où à caufe du verd qu'elle a, on lui donne auffi le nom de verd d'azur. On l'emploie dans les ouvrages de pierres de rapport; & comme on lui croit quelque vertu pour la guérifon de quelques maladies, elle a auffi un peu d'ufage dans la médecine.

ARMER un vaiffeau. (*C'eft l'équiper des chofes qui lui font néceffaires.*) Un *vaiffeau armé* moitié en guerre, moitié en marchandifes, eft celui qui outre l'équipage néceffaire pour le conduire, a encore des officiers, des foldats, des armes, & des munitions propres pour l'attaque & pour la défenfe. La plupart des vaiffeaux marchands François, qui font des voyages de long cours, font ainfi *armés*; ce qui fait que leurs retours ne font jamais fi confidérables que ceux des Hollandois, qui ne s'arment qu'en marchandifes.

ARMES. (*Ce qui fert à attaquer fon ennemi, ou à s'en défendre.*)

On appelle un maître en fait d'*armes*, celui qui tient falle pour exercer la jeune nobleffe, ou toutes autres perfonnes qui veulent fe rendre habiles à bien manier les *armes*. Il y a à Paris une communauté de maîtres en fait d'*armes*, qu'on nommoit autrefois maîtres d'efcrime.

ARMES. Les *armes* font de toutes les marchandifes de contrebande, celles dont la fortie hors du royaume fans permiffion ou paffeport, eft le plus formellement défendue, & le plus févérement punie par les diverfes ordonnances des rois de France.

Les peines de cette contrebande portées par l'ordonnance fur le fait des cinq groffes fermes du mois de février 1687, font la confifcation des *armes*; enfemble de tous les chevaux, voitures, charettes & équipages, qui auront fervi à les conduire, même des autres marchandifes qui fe trouveront fur lefdits équipages, ou qui feront fous l'emballage defdites *armes*; & en outre l'amende de cinq cent livres contre les marchands & voituriers, fans préjudice des peines afflictives portées par les ordonnances, fuivant la qualité de la contravention, ou l'exigence des cas.

Sous le nom d'*armes*, les tarifs comprennent, outre les *armes* défenfives & offenfives, toutes les munitions, inftrumens & autres affortimens de guerre compris dans l'état fuivant.

Ces prohibitions ont-elles jamais empêché les autres nations d'avoir des *armes*, quand elles ont voulu faire la guerre aux François? Non. Mais elles ont empêché les François d'avoir leur argent, même en temps de paix.

Etat des marchandifes fervant à la guerre, dont la fortie eft défendue par toute l'étendue du royaume, terres & pays de l'obéiffance du roi, fuivant leur ordre alphabétique.

Affuts.	Grenades.
Bombes.	Hallebardes.
Bandouillieres.	Javelines.
Balles.	Moufquets.
Baudriers.	Mortiers.
Canons.	Méches.
Cercles à feu.	Petards.
Cafques.	Poiffes.
Cuiraffes.	Poudre à feu.
Ceinturons.	Piques.
Epées.	Sauciffes.
Fufils.	Salpêtre.
Foureaux de piftolets.	Selles de chevaux.

Les armes, arquebufes, piftolets, harnois braffarts, moufquets, canons d'armes & autres armes de fer, payent en France les droits d'entrée dans le royaume, fur le pied de quarante fols du cent péfant & les fols pour livre.

ARMOISIN. (*Etoffe de foie*, ou forte de taffetas de moyenne bonté, qui fe fait à Lyon & en plufieurs endroits de l'Italie.) Il y a des demi *armoifins* qui fe font à Avignon, qui font de moindre prix & qualité que les autres. On fabrique des *armoifins* à trois fils. On tire auffi des *armoifins* de toutes les couleurs, des Indes Orientales, particulièrement de Caffombazard, par la voie de Bengale. *Voyez l'article fuivant.*

On prétend que ce mot vient de l'Italien *armefino*; ou qu'il a été ainfi appellé, à caufe que l'on mettoit des armoiries fur la toilette qui en faifoit l'envelope. *Voyez* TAFFETAS.

ARMOISIN DES INDES. C'eft un *taffetas* fabriqué aux Indes Orientales, mais plus foible & de moindre qualité que les *armoifins* qui fe font en Europe. Les couleurs, fur-tout le cramoifi & le rouge, en font ordinairement fauffes; & ils ont peu de luftre, & point du tout de brillant.

Il y en a de deux efpèces; les arains, qui font des taffetas ou rayés, ou à carreaux; & les damavars, qui font des *taffetas* à fleurs. Leurs longueurs font depuis fept aunes jufqu'à vingt-quatre, & leurs largeurs depuis fept feiziémes jufqu'à cinq fixiémes.

ARMONIAC ou AMMONIAC. (*Efpèce de fel dont il fe fait une grande confommation en France.*)

Il y a de deux fortes de fel armoniac: l'*armoniac* naturel & l'*armoniac* artificiel, dont la figure est bien différente, quoique les propriétés soient assez semblables.

L'*armoniac* naturel se subdivise, pour ainsi dire, en deux ; l'un, qui est le véritable & qu'ont connu les anciens, n'est autre chose, à ce qu'ils disent, que l'urine des chameaux cristalisée, & réduite en masse blanche par l'ardeur du soleil, à qui les sables ardens des deux Arabies, & tant d'autres lieux arides & déserts de l'Afrique & de l'Asie, où ces animaux vivent pendant les longs voyages qu'y font les caravanes, ont servi comme de matras & de vaisseaux pour perfectionner ce sel.

On le nomme *armoniac*, (c'est encore l'opinion des anciens) du temple de Jupiter Amon, sur la route duquel on en trouvoit abondamment.

Ce sel est blanc, assez semblable pour le goût au sel commun : on y remarque de petites éguilles cristalisées, comme au salpêtre rafiné ; & quand il est véritable, il y paroît encore une partie du sable où il a été sublimé par la chaleur du soleil. Cet *armoniac* est si rare en France, qu'il ne s'en fait aucun commerce ; & il n'y a que quelques curieux qui en ayent dans leurs droguiers.

L'autre sel *armoniac* naturel n'est guères plus commun. C'est une espèce de terre ou d'écume salée, qu'on travaille comme le salpêtre. On le trouve dans quelques endroits des Indes Orientales, surtout dans de vieilles cavernes, & dans des fentes de rochers, qui sont entre Labor, Thanasseri, & Trerhint.

La rareté de ces deux *armoniacs*, & la nécessité de se servir de cette drogue dans quantité d'opérations ou d'ouvrages, où l'on ne peut s'en passer, ont obligé les chimistes à le contrefaire ; & c'est de cet *armoniac* artificiel dont il se fait une si grande consommation à Paris.

On le tire par le moyen des vaisseaux sublimatoires, de toutes sortes d'urines d'hommes & d'animaux, où l'on a mêlé du sel commun & de la suie de cheminée. Quelques-uns prétendent qu'il se tire aussi de toute sorte de sang. De quoi qu'il soit composé, il vient ordinairement de Venise & de Hollande, d'où il est apporté en masses de différentes couleurs, faites en forme de couvercle de pot. Autrefois il étoit en pain de sucre, & d'une qualité bien au-dessus de celui d'à présent.

Il faut choisir l'*armoniac* blanc, clair, transparent, sec, sans crasse, & que cassé il y paroisse comme des éguilles.

Le sel armoniac paye cent sols par cent pesant de droits d'entrée, en conséquence du tarif de 1664, & par l'arrêt du conseil d'état, du 15 août 1685, vingt pour cent de sa valeur, pour celui qui a été interposé dans les pays étrangers avec les sols pour livre.

L'usage de ce sel est fort considérable en France, soit pour la médecine, pour laquelle on en tire quantité de préparations chimiques, soit pour beaucoup d'ouvriers, qui auroient peine d'achever & de perfectionner leurs ouvrages sans son secours : tels sont

entr'autres les teinturiers, orfévres, fondeurs, épingliers, maréchaux, &c. Ces derniers l'employent, réduit en poudre impalpable, pour manger les tayes qui viennent aux yeux des chevaux ; & à l'égard des teinturiers, ils le mettent au nombre de leurs drogues non colorantes, c'est-à-dire, qui d'elles-mêmes ne produisent aucune couleur, mais qui prépare les étoffes, soies, fils, laines, &c., à recevoir celle qu'on leur veut donner.

L'*armoniac* est si rare, qu'il acheve la dissolution de l'or, mêlé avec l'eau-forte, ou l'esprit de nître ; ce que ces deux grands dissolvants ne pourroient faire sans lui.

Ce sel purifié par le moyen du feu, de l'eau & du papier-gris, se réduit en sel très-blanc, dont on se sert pour provoquer les urines & les sueurs, &c. On le réduit aussi en fleurs, à l'aide du sel commun décrépité ou calciné, ou de la limaille d'acier. On en tire pareillement divers esprits, aussi-bien qu'une huile. Enfin, on le fixe par le secours des coquilles d'œufs ou de la chaux vive & du feu.

L'on croit faire plaisir au lecteur, d'ajouter à cet article la manière de faire le sel *armoniac* en Egypte, qui a paru depuis la mort de l'auteur, dans le journal de Trévoux, du mois de novembre 1717.

Ce sel, dit le père Sicard, jésuite, dans sa lettre à M. le comte de Toulouse, de laquelle on a fait l'extrait dans ce journal, se fabrique dans des fours, dont le dessus est fendu en long en plusieurs endroits. On pose aux ouvertures des bouteilles de verre, suivant le travail, ou autant qu'il en peut tenir ; ordinairement cependant il y en a depuis vingt jusqu'à trente.

Ces bouteilles, qui sont rondes, d'environ un pied & demi de diametre, avec un col long d'un demi pied, s'emplissent de suie, d'un peu de sel marin & d'urine de bestiaux, après quoi on les bouche exactement. Quand elles ont été ainsi disposées & remplies, on fait un massif de terre grasse & de brique, qui les environne & qui les couvre entièrement, à la réserve du col qui reste à l'air ; après quoi on met le feu au four, qu'on y entretient pendant trois jours & trois nuits consécutifs.

Le flegme des matieres contenues dans ces bouteilles s'exhalant par l'ardeur du feu, & les sels acides & alkalis, dont elles sont fort chargées, se rencontrant & s'accrochant les uns aux autres proche du col, s'y épaississent & forment une masse blanche & ronde, qui est le sel *armoniac*. L'opération finie, on casse les bouteilles pour en tirer & achever de le sécher.

L'expérience a fait connoître que toute sorte de suie n'étoit pas propre à faire cette sublimation, & qu'il falloit que celle dont on impreignoit l'urine des animaux, pour la condenser en sel, fût produite par la fumée de ces espèces de mottes à brûler, qu'on nomme *gellé* en Arabe, & qui se font avec la fiente des bestiaux, à peu près de la maniere qu'on fait à Paris, avec de vieux tan, celles dont les pauvres gens fe chauffent pendant l'hiver, & que l'on n'y connoît que fous le nom de *mottes à brûler.*

M. d'Herbelot, dans fa Bibliothèque Orientale, rapporte qu'il y a une grotte dans le petit pays de Boton, en Afie, où fe trouve le véritable fel *armoniac.*

Il s'élève continuellement dans cette grotte une efpèce de vapeur qui reffemble à de la fumée pendant le jour, & à de la flamme pendant la nuit : c'eft de cette vapeur condenfée que fe fait l'*armoniac*, qu'en langage du pays on appelle *nufchader.* Cette vapeur eft fi maligne, que fi ceux qui y travaillent, n'ufent d'une grande précaution & d'une extrême diligence pour le tirer, ils courent rifque de la vie : auffi ces ouvriers font-ils vêtus de groffes étoffes pour en éviter l'impreffion. Il eft vrai que hors la grotte, la vapeur condenfée n'a plus de malignité.

ARMONIAC. Il y a auffi une gomme qu'on appelle *gomme armoniaque*, mais affez improprement; fon véritable nom s'écrivant & fe prononçant AMMO-NIAC. *Voyez* AMMONIAC.

AROBE, que quelques-uns écrivent & prononcent ARROBE, en Efpagnol *arobas*, & en langue du Pérou *arroue.* (*Poids* dont on fe fert en Efpagne, en Portugal, à Goa & dans toute l'Amérique Efpagnole.) Les Portugais s'en fervent auffi au Bréfil, où, auffi-bien qu'à Goa, on l'appelle quelquefois *arate.* Tous ces *arobes* n'ont guères que le nom de femblable; & ils font d'ailleurs affez différens pour leur péfanteur, & pour leur évaluation au poids de France.

L'*arobe* de Madrid, & du refte de prefque toute l'Efpagne, à la réferve de Seville & Cadix, eft de vingt-cinq livres Efpagnoles, qui n'en font pas tout à fait vingt-trois & un quart de Paris; enforte que le quintal commun, qui eft de quatre *arobes*, ne fait que quatre-vingt-treize livres de celles-ci.

L'*arobe* de Seville & de Cadix eft auffi de vingt-cinq livres, mais qui en font vingt-fix & demie, poids de Paris, d'Amfterdam, de Strafbourg & de Befançon, où la livre eft égale. Quatre *arobes* font le quintal ordinaire, c'eft-à-dire, cent livres : mais pour le quintal macho, il faut fix *arobes*, ce qui revient à cent cinquante livres, le tour de Seville & de Cadix, qu'on peut réduire en livres de Paris, fur le pied de la réduction qu'on a faite ci-deffus de l'*arobe* de ces deux villes.

L'*arobe* de Portugal eft de trente-deux livres de Lifbonne, environ à vingt-neuf liv. de Paris. *Voyez* la TABLE DES POIDS.

AROMATS ou AROMATES. (*Gommes, fruits,* ou *écorces odoriférantes*, qui font du nombre des drogueries & épiceries.)

Les *aromats gommes* font le ftorax, l'encens, le benjoin & le baume.

Les *aromats écorces* font la canelle & le macis. Et les *aromats fruits* font le girofle, la mufcade & le poivre.

Les uns & les autres fe tirent d'Orient, & font

une portion très-confidérable du commerce des marchands épiciers-droguiftes. Ils fe trouveront expliqués chacun à fon article.

AROMATIQUE. (*Qui eft de la nature des aromates.*) Les apothicaires font divers remedes compofés de *drogues aromatiques.*

On nomme en France *herbes aromatiques* les herbes fines, dont l'odeur eft forte, quoiqu'agréable ; telles font la lavande, la marjolaine, la fauge, le thym, la fariette, l'hyfope, le bafilique, le romarin, la citronelle, &c.

AROMATISATION. (*Terme d'apothicaire*,) qui fignifie l'*action par laquelle on mélange des aromats dans les drogues & médicamens*, comme le mufc, l'ambre gris, la civette, le macis, la canelle, le girofle, &c. L'*aromatifation* fert autant à augmenter la force des remedes, qu'à les rendre plus agréables, ou plus fupportables à l'odorat & au goût.

AROUE. (*Poids* dont on fe fert dans le Pérou, le Chily & autres royaumes & provinces de l'Amérique, qui font de la domination Efpagnole.)

L'*aroue*, qui n'eft rien autre chofe que l'*arobe*, d'Efpagne, pefe vingt-cinq livres poids de France ; elle fert principalement pour péfer l'herbe du Paraguay, dont les Efpagnols & les Indiens, qui s'en fervent comme de thé, font une fi grande confommation, qu'il en faut pour le Pérou feul jufqu'à 75000 *aroues* par an. *Voyez* la TABLE DES POIDS.

AROUGHCUN. (*Animal* qui fe trouve dans la Virginie, qui eft tout femblable au caftor, à la réferve qu'il fe nourrit & faute fur les arbres à la manière de l'écureuil.)

Les Anglois en eftiment affez la fourrure, & elle fait une partie de la traitte de cette nation avec les Sauvages, qui font dans le voifinage de leur colonie.

ARQUEBUSIER, qu'on nommoit autrefois ARTILLIER. (*Artifans* qui fabriquent les petites armes à feu, telles que font les arquebufes, dont ils ont pris leur nouveau nom ; les fufils, les moufquets, les piftolets, &c. qui en forgent les canons, qui en font les platines, & qui les montent fur des futs de bois.)

Les *arquebufiers*, que quelques-uns nomment improprement *armuriers*, compofent une des plus nombreufes & des plus confidérables communautés de la ville & fauxbourgs de Paris ; quoique leur érection en corps de jurande ne foit pas d'une grande antiquité,

L'invention de la poudre à canon & des armes à feu, n'étant pas elle-même très-ancienne en France, il ne faut pas s'étonner fi les ouvriers, qui fe font appliqués à la fabrique de ces nouvelles armes offenfives, n'ont pas eu de bonne heure de lettres-patentes pour les ériger en communauté, ni des ftatuts pour régler leur difcipline.

En effet, à peine peuvent-ils remonter quelques années au-delà du règne de Henri III, que leur furent donnés leurs premiers réglemens, dreffés

par

par les maîtres de la nouvelle communauté en 1574, confirmés par lettres-patentes du mois de décembre 1575, & enregistrés en parlement le 23 mars 1577 par lettres de jussion, comme les autres de cette espèce.

Par ces réglemens, composés de vingt-huit articles, & depuis confirmés de temps en temps sous les règnes suivans, les jurés sont fixés au nombre de quatre, dont deux s'élisent chaque année.

Ces jurés sont chargés de la passation & enregistrement des brevets d'apprentissage, des réceptions à maîtrise, pour lesquelles ils donnent le chef-d'œuvre; des visites tant ordinaires qu'extraordinaires, soit des ouvrages des maîtres, soit des marchandises foraines; enfin, de tout ce qui regarde l'exécution des statuts, & la police de la communauté.

Nul ne peut tenir boutique qu'il n'ait été reçu maître, & aucun ne peut être reçu maître qu'il n'ait été apprentif & compagnon du métier d'arquebuserie.

Il n'est permis aux maîtres d'ouvrir sur rue qu'une seule boutique.

Tout maître doit avoir son poinçon pour marquer ses ouvrages, dont l'empreinte doit rester sur une table de cuivre, déposée au châtelet dans la chambre du procureur du roi.

L'apprentissage doit être de quatre années consécutives; & le compagnonage, c'est-à-dire, le service chez les maîtres en qualité de compagnons, avant d'aspirer à la maîtrise, de quatre autres années.

Chaque maître ne peut avoir qu'un seul apprentif à la fois, sauf néanmoins à ceux qui le veulent, d'en prendre un second après la troisième année du premier achevée.

Il est défendu à tout apprentif d'être plus de trois mois hors de chez son maître, s'il n'a cause légitime, à peine d'être renvoyé & être déchu de tout droit à la maîtrise.

Les maîtres ne peuvent se débaucher, ni les apprentifs, ni les compagnons; non plus que ceux-ci quitter leurs maîtres pour aller chez d'autres, avant que leurs ouvrages, ou leur temps, ne soient achevés.

Tout aspirant à la maîtrise doit chef-d'œuvre, à l'exception des fils de maîtres, qui ne doivent qu'expérience.

Les fils de maîtres, soit qu'ils travaillent dans la maison de leurs pères, soit qu'ils apprennent le métier de cuivre, sont obligés à l'apprentissage de quatre ans, tenant lieu d'apprentifs aux autres maîtres, mais non pas à leurs pères.

Nul apprentif ne peut racheter son temps.

Les compagnons qui ont fait apprentissage à Paris, doivent être préférés pour l'ouvrage chez les maîtres aux compagnons étrangers, à moins que les premiers ne voulussent pas travailler au même prix que les derniers.

Les veuves restant en viduité, jouissent des priviléges de leurs maris, sans néanmoins pouvoir faire

d'apprentifs, & elles & les filles de maîtres affranchissent les compagnons qui les épousent.

Toute marchandise foraine du métier d'arquebuserie, arrivant à Paris, pour y être vendue, soit par les marchands forains mêmes, soit par ceux de la ville, ne peut être exposée en vente qu'elle n'ait été visitée & marquée du poinçon de la communauté; étant au surplus défendu aux maîtres d'aller au devant desdits forains, ni d'acheter d'eux aucune marchandise avant ladite visite faite.

Enfin, il est défendu aux maîtres de la communauté & aux forains, de brazer ni d'exposer en vente aucuns canons brazés, avec faculté aux jurés, qui en font la visite, de les mettre au feu, pour découvrir ladite brazure & les autres défauts desdits canons; à la charge néanmoins par lesdits jurés de les remettre, s'ils se trouvent de bonne qualité, au même état qu'ils étoient auparavant qu'ils les eussent mis au feu.

Ce fut aussi par le vingt-cinquième article de ces premiers statuts, qu'il fut permis aux maîtres de cette communauté, d'établir à Paris un jeu d'arquebuse, tel qu'on le voit présentement, dans les fossés de la porte S. Antoine, pour y exercer la jeune noblesse, & ceux qui font profession des armes. Cet article porte: *qu'il sera donné par sa majesté un certain lieu en butte, pour à cette fin de faire un jeu tous les premiers dimanches du mois, soit en temps de paix que de guerre, là où seront reçus les capitaines, gentilshommes & enfans de la ville, pour y tirer.*

L'expérience & le temps ayant fait remarquer que ces vingt-huit articles de réglement n'étoient pas suffisans pour conserver la paix entre les maîtres, & régler les ouvrages appartenans au métier d'arquebuserie, sur lequel les maîtres de quelques autres corps & arts & métiers entreprenoient, sous prétexte que cette communauté devoit se restreindre aux seules armes & ouvrages marqués dans lesdits statuts; les maîtres *arquebusiers*, dans une assemblée générale de leur corps, tenue au commencement de l'année 1634, dressèrent six nouveaux articles pour être ajoutés aux anciens, dont ils demandèrent l'homologation au prévôt de Paris, qu'ils obtinrent sur le vu du procureur du roi au châtelet, & qui leur fut accordée par sentence du lieutenant civil, en forme de lettres, du 4 mai de la même année 1634. Ces six nouveaux articles sont:

I. Que tous les maîtres du métier d'*arquebusier*, pourront faire toutes sortes d'arbalêtres d'acier, garnies de leurs bandages, arquebuses, pistolets, piques, lances & fusels; monter lesdites arquebuses, pistolets, halebardes & bâtons à deux bouts, & les férer & vendre.

II. Que lesdits maîtres pourront pareillement fabriquer & vendre, dans leurs boutiques, tous autres bâtons ouvragés en rond & au rabot, privativement à tous autres métiers.

III. Qu'aucun maître ne pourra tenir plus de deux

compagnons, que les autres maîtres n'en ayent autant, si bon leur semble, à peine d'amende.

IV. Que les fils de maîtres feront reçus maîtres audit métier, en faisant par eux l'expérience accoutumée.

V. Que les compagnons épousant les filles de maîtres, feront pareille expérience à celle des fils de maîtres.

VI. Enfin, qu'aucun maître dudit métier ne pourra être élu juré, qu'il n'ait été auparavant maître de confrérie, à peine de nullité de l'élection qui en aura été faite, & de demi écu d'amende contre chacun des maîtres, qui auront donné voix à celui qui n'aura été maître de confrérie.

C'est encore par ces trente-quatre articles de statuts anciens & nouveaux, que la communauté des maîtres *arquebusiers* est gouvernée; ceux qui ont été depuis ajoutés, sous le régne de Louis XIV, pour la réunion de plusieurs offices de nouvelle création, depuis l'année 1691 jusqu'en 1712, tels que sont ceux des jurés-syndics, des auditeurs des comptes, des trésoriers des deniers communs, des contrôleurs-visiteurs des poids & mesures, des greffiers des enregistremens, & quelques autres semblables, étant moins des statuts de police & de gouvernement, qu'une imposition de nouveaux droits pour l'acquittement des sommes empruntées par la communauté pour la finance desdits offices.

Toutes les armes que fabriquent les *arquebusiers*, consistent en quatre principales pièces, qui sont le canon, la platine, le fust & la baguette.

Les meilleurs canons se forgent à Paris par des maîtres de la communauté, qui ne s'appliquent qu'à cette partie du métier, & qui en fournissent les autres. Il en vient néanmoins quantité de Sedan, de Charleville, d'Abbeville, de Forez & Franche-Comté, &c. Les canons des belles armes s'ornent vers la culasse d'ouvrages de cizelure & de damasquinerie, d'or & d'argent, suivant le génie de l'ouvrier, ou le goût de celui qui les commande.

C'est aussi à Paris que se travaillent les plus excellentes platines; chaque maître faisant ordinairement celles des ouvrages qu'il monte. Plusieurs néanmoins se servent de platines foraines pour les armes communes, & les tirent des mêmes lieux que les canons.

Les fusts, qu'on employe pour l'*arquebuserie*, sont de bois de noyer, de frêne ou d'érable, suivant la qualité ou la bonté des armes qu'on veut monter dessus. Ce sont les marchands de bois qui vendent les pièces en gros; les menuisiers qui les débitent, suivant les calibres ou modèles qu'on leur fournit, & les *arquebusiers* qui les dégrossissent & les achevent.

On embellit quelquefois ces fusts de divers ornemens d'argent, de cuivre ou d'acier, gravés & cizelés; les statuts de la communauté permettant aux maîtres de travailler & d'appliquer ces ouvrages de gravure & de cizelure, de quelque métal qu'ils veuillent les faire.

Les baguettes sont de chêne, de noyer ou de baleine; il s'en fait aux environs de Paris, mais la plus grande quantité & les meilleures viennent de Normandie & de Ligourne. Elles se vendent au paquet, au demi paquet & au quart de paquet. Le paquet entier est ordinairement de cent baguettes; le nombre néanmoins n'en est pas réglé. Ce sont les *arquebusiers* qui les ferent & qui les achevent: ils font aussi les baguettes, ou verges de fer, qui servent à charger certaines armes, particulièrement celles dont les canons sont rayés en dedans.

C'est aussi aux maîtres *arquebusiers* à faire tout ce qui sert à charger, décharger, monter, démonter, & nétoyer toutes les sortes d'armes qu'ils fabriquent, ou qu'ils ont permission de fabriquer.

Les outils & instrumens dont se servent les maîtres *arquebusiers*, sont la forge comme celle des serruriers, l'enclume, la grande bigorne; divers marteaux, gros, moyens & petits; plusieurs limes, les compas communs, les compas à pointes courbés, les compas à lunette & les compas à tête; les calibres d'acier doubles & simples, pour roder les noix & les vis; d'autres calibres de bois, pour servir de modèle à tailler les fusts; diverses filières, les unes communes, les autres simples & les autres doubles: des pinces ou pincettes, des étaux à main, des rifloirs, des cizelets, des matoirs, des gouges & des ciseaux en bois & en fer; des rabots; la plane ou couteau à deux manches; la broche à huit pans, pour arrondir les trous; celle à quatre pour les aggrandir & équarir; les tenailles ordinaires, les tenailles à chanfraindre; la potence, l'équiere, les fraises; le tour avec ses poupées & son archet; le poinçon à piquer pour ouvrir les trous; le bec-d'âne pour travailler le fer; des écouennes & écouenettes de diverses sortes; des porte-terrières, des porte-broches; un chevalet à fraiser avec son arçon: enfin, plusieurs scies à main & à refendre, & quelques autres outils que chaque ouvrier invente, suivant son génie & son besoin, & qui ont rapport à plusieurs de ceux qu'on vient de nommer.

On peut voir la description de ces divers outils & instrumens à leurs propres articles, suivant leur ordre alphabétique.

ARRACHE-PERSIL. On nomme ainsi sur la rivière de Loire, les *mariniers* qui tirent les équipes ou trains de bateaux, qui la remontent jusqu'à Roanne.

ARRÉRAGES. Le courant d'une rente annuelle ou de quelqu'autre redevance, comme sont les pensions, les cens, les droits Seigneuriaux, & les loyers des terres & des maisons.

Il n'est avantageux, ni au débiteur, ni au créancier, de laisser amasser beaucoup d'*arrérages*.

ARRÉRAGES. Se dit aussi des vieilles dettes.

ARRES.

On appelle *arres* ou *arrhes*, la somme qu'un acheteur donne à son vendeur, à-compte de la marchandise qu'il achete à livrer. *Voyez* ARRHES.

ARRÊT DE DÉFENSES. C'est un *arrêt*, ou du conseil du roi, ou du parlement, qu'un négociant;

qui eſt mal dans ſes affaires, obtient, pour empêcher que ſes créanciers ne le faſſent arrêter, & pour lui donner la ſûreté & le tems pour traiter avec eux. *Voyez* DÉFENSES GÉNÉRALES.

ARRÊT DE SURSÉANCE. Il y a peu ou point de différence entre cet *arrêt* & l'*arrêt de défenſes*, dont on a parlé dans l'article précédent. *Voyez comme deſſus. Voyez auſſi* RÉPY.

ARRÊTÉ D'UN COMPTE. C'eſt l'*aɛe* ou *écrit qu'on met au bas d'un compte*, par lequel comparant enſemble le produit de la recette & de la dépenſe, on déclare laquelle des deux excède l'autre; ce qui rend le comptable débiteur, ſi l'excédant eſt du côté de la recette; & au contraire l'oyant compte, ſi c'eſt du côté de la dépenſe que cet excédant ſe trouve. On l'appelle auſſi *finito de compte. Voyez cet article.*

ARRÊTÉ. Se dit encore dans les ſociétés de marchands & dans les compagnies de commerce, des réſolutions priſes par les aſſociés ou directeurs, à la pluralité des voix. Ainſi on dit, les actions de la compagnie des Indes ont été fixées à 9000 livres chacune, par l'*arrêté* de l'aſſemblée générale, pour ſignifier qu'*il y a été réſolu qu'elles demeureroient à l'avenir à cette fixation.*

ARRÊTER UN COMPTE. C'eſt, après l'avoir examiné & vérifié ſur les pièces-juſtificatives, & en avoir calculé les différens chapitres de recette & de dépenſe, en faire la balance, & déclarer au pied par un écrit ſigné, leſquels des uns ou des autres ſont les plus forts. On dit auſſi *ſolder un compte. Voyez* COMPTE.

ARRÊTER UN MÉMOIRE., ARRÊTER DES PARTIES. C'eſt régler les prix des marchandiſes qui y ſont contenues, en apoſtiller les articles, & mettre au bas le total à quoi ils montent, avec promeſſe de les payer & acquitter dans les temps convenus.

ARRÊTER. Signifie auſſi *convenir d'une choſe, la conclure, en tomber d'accord avec les aſſociés.* Il a été *arrêté* de faire un emprunt de cent mille écus au nom de la ſociété. *Voyez* SOCIÉTÉ.

ARRHEMENT ou ENARRHEMENT. (*Convention* que l'on fait pour l'achat de quelque marchandiſe, ſur le prix de laquelle on paie quelque choſe par avance.) *Voyez les deux articles ſuivans.*

ARRHER ou ENARRHER. (*Donner des arrhes*). Les ordonnances de police défendent à tous marchands & regratiers, d'aller au-devant des laboureurs & marchands forains, pour *arrher* les grains & les marchandiſes, & de les acheter avant que d'être arrivées ſur les ports, où ils paient des impôts. Ce ſont des réglemens contraires à la liberté & au bien; quel mal il y a-t-il que moi, qui ai beſoin de la denrée, je faſſe la moitié du chemin, & celui qui me l'apporte, l'autre moitié, ſi cet arrangement nous convient à tous les deux?

Par les ſtatuts des marchands bonnetiers de Paris,

de l'année 1608, art. 27, il leur eſt défendu, & à tous autres, ſur peine d'une amende de 10 livres pariſis, d'aller au-devant des marchands & des marchandiſes de bonneterie, deſtinées pour être amenées & vendues dans Paris, & de les *arrher* ni acheter par les chemins. Et par l'article 28 des mêmes ſtatuts, il eſt auſſi défendu d'acheter ou *arrher* dans Paris, aucunes marchandiſes de bonneterie foraine, qu'auparavant elles n'aient été vues & viſitées par les maîtres & gardes du corps de la bonneterie, ce qui ne ſe fait jamais ſans payer quelques droits.

ARRHES, que quelques-uns écrivent & prononcent par corruption, ERRES. C'eſt *un gage* qu'on donne pour aſſurance de l'exécution de quelque convention ou marché qu'on a fait verbalement, & qui eſt pour l'ordinaire une avance d'une partie du prix convenu. En droit, qui rompt un marché, perd les *arrhes* qu'il a données; ou ſi c'eſt celui qui les a reçues, il rend les *arrhes* doubles.

Les *arrhes* ſont comme un gage, que l'acheteur donne au vendeur en argent, ou en autre choſe, ſoit pour marquer plus ſûrement que la vente eſt faite, ou pour tenir lieu de paiement de partie du prix, ou pour les dommages & intérêts contre celui qui manquera d'exécuter la vente. Ainſi les *arrhes* ont leur effet, ſelon qu'il en a été convenu. *Les loix civiles, tome* 1.

Lorſque l'acheteur ſe dédit & ne prend point la marchandiſe achetée, il en eſt quitte pour perdre ſes *arrhes.* Ainſi le vendeur doit avoir ſoin de ſe faire donner des *arrhes* ſuffiſantes pour la ſûreté de ſon marché.

Par l'article 18 des ſtatuts des drapiers de Paris, de l'année 1573, il eſt porté en ces termes: *que ſi aucun achette draps ou draps d'aucuns des confreres de ladite confrérie, ſuppoſé qu'il ait baillé des* arrhes, *s'il ne vient querir le drap ou draps dedans un mois, après qu'il aura été ſommé duement du vendeur, il perdra ſes* arrhes, *s'il n'y a convention au contraire, & ne pourra rien demander au vendeur; & lui fera ſçavoir, ledit vendeur, ladite ordonnance, quand il lui fera faire ladite ſommation.*

Il n'en va pas de même du denier à Dieu, qui n'eſt quelquefois que quatre ou cinq ſols, ſur un marché de dix mille livres; comme ce denier à Dieu eſt toujours une ſomme modique, donnée en faveur des pauvres, qui ne doit point reſter au vendeur, l'acheteur ne peut pas ſe délier en l'abandonnant. Ainſi le denier à Dieu eſt dans un marché, une ſûreté plus grande que les plus fortes *arrhes* qu'on puiſſe donner.

ARRIÈRE-BOUTIQUE. (*Magaſin*), ou *boutique de derrière* d'un marchand, où ſe mettent ordinairement les marchandiſes les plus précieuſes, ou celles dont le commerce ou le débit eſt défendu.

Les orfévres ne peuvent avoir des forges & fourneaux dans leurs *arrière-boutiques*, ou *ſalles baſſes*, ſans la permiſſion des maîtres & gardes de leur corps. Ainſi jugé par ſentence de police du 6 février 1671.

ARRIÈRE-CHANGE. C'eſt l'*intérêt des intérêts.* Ce terme rapporté dans Furetiere, n'eſt guères d'uſage dans le commerce.

ARRIÉRÉ. On dit d'un marchand qu'il eſt *arriéré*, lorſqu'il ne paye pas régulierement ſes lettres-de-change, billets, promeſſes, obligations, & autres dettes ; & que pour ainſi dire, il les laiſſe en arriere. M. Savary donne pour maxime, dans ſon Parfait Négociant, que depuis qu'un marchand eſt une fois *arriéré*, il eſt preſqu'abſolument perdu ; & qu'il rétablit rarement ſon crédit, à moins d'un grand haſard, & d'un bonheur extraordinaire.

ARRIÉRER UN PAIEMENT. C'eſt ne le pas faire à ſon échéance, le différer, le remettre.

ARRIVAGE. (*Abord des marchandiſes dans un port*). L'ordonnance de la ville de Paris de 1672, veut, qu'il y ait un échevin prépoſé pour recevoir les déclarations des *arrivages* des marchandiſes ſur le port. *Voyez* PORT.

ARROBE, que l'on écrit, & que l'on prononce plus ordinairement AROBE. (*Poids d'Eſpagne & de Portugal*, dont on ſe ſert auſſi dans l'Amérique Eſpagnole, dans le Breſil & à Goa.) *Voyez* AROBE.

ARRUMAGE, on ARRIMAGE. (*Terme de marine, qui a du rapport au négoce*). Il ſignifie *la diſpoſition & l'arrangement des marchandiſes, ou de la cargaiſon d'un vaiſſeau.* *Arrimage* eſt le plus en uſage. On ſe ſert auſſi du mot *arrumage,* qui ſignifie la même choſe. Par une ordonnance de 1672, il eſt défendu de défoncer les futailles vuides, & de les mettre en fagots; & il eſt ordonné qu'elles ſeront remplies d'eau ſalée, pour ſervir à l'*arrimage* des vaiſſeaux. *Voyez* ENCOMBREMENT.

ARRUMER, ARRIMER, ARRUNER. (*Placer avec ſoin la cargaiſon d'un vaiſſeau*). On dit qu'un vaiſſeau n'eſt pas bien *arrumé*, lorſque ſa charge eſt mal diſpoſée, mal arrangée ; ce qui fait qu'il eſt trop ſur l'avant, ou trop ſur l'arriere, & qu'il a peine à gouverner ; ce qui s'appelle ſur la mer du levant, *être mal mis en eſtime.* On dit encore qu'un vaiſſeau eſt mal *arrumé,* lorſqu'en voguant, les poinçons dont il eſt chargé, ſe dérangent de leur place ; & qu'en roulant, ils ſe heurtent rudement les uns contre les autres ; ce qui les enfonce, & cauſe de grands coulages.

ARRUMEURS, ou ARRIMEURS. *Petits officiers* établis ſur les ports de mer, particulierement en Guienne, & dans le pays d'Aunis, que les marchands chargeurs payent, pour avoir ſoin de placer & de ranger leurs marchandiſes dans les vaiſſeaux, & ſur-tout celles qui ſont en tonneaux, & qui craignent le coulage.

ARSCHIN. (*Meſure étendue, dont on ſe ſert à la Chine pour meſurer les étoffes*). Elle eſt de la même longueur que l'aune de Hollande, qui contient 2 pieds 11 lignes de roi, ce qui revient à ⅞ d'aune de France; en ſorte que 7 *arſchins* de la Chine, font 4 aunes de France.

Pour réduire par régle d'arithmétique, les *arſchins* de la Chine en aunes de France, il faut dire : ſi 7 *arſchins* de la Chine ſont 4 aunes de France, combien tant d'*arſchins* de la Chine? Et pour réduire les aunes de France en *arſchins* de la Chine, il faut dire au contraire : ſi 4 aunes de France font 7 *arſchins* de la Chine, combien tant d'aunes de France ?

ARSEN. L'on nomme ainſi à Caffa, principale échelle de la mer noire, le *pic* ou *meſure d'étendue* qui ſert à meſurer les draperies & les ſoieries. Celle pour les toiles ſe nomme ſimplement *pic.Voyez* la TABLE DES MESURES.

ARSENIC. (*Minéral* très-cauſtique, & poiſon très-violent.)

Il y a trois ſortes d'*arſenic ;* le rouge, le jaune, & le blanc.

L'ARSENIC ROUGE ſe confond ordinairement avec le réagal ; & on les prend preſque toujours l'un pour l'autre, quoiqu'il y ait quelques auteurs veulent que ce ſoit deux drogues très-différentes ; eſtimant le réagal un minéral naturel, mais qui ne differe à la vérité de l'*arſenic* blanc naturel, que par la couleur ; & croyant au contraire l'*arſenic rouge* ſeulement de l'orpiment jaune, tel qu'il ſort de la mine, mais rougi au feu par le moyen des huiles de chenevis, d'olive ou de noix.

Il faut choiſir cet *arſenic* ou *orpiment rouge*, en gros morceaux, péſans, luiſans, & très-hauts en couleur. Il n'eſt guères d'uſage qu'en peinture. *Voy.* ORPIMENT & RÉAGAL.

L'ARSENIC JAUNE n'eſt autre choſe que l'*orpiment* ou *orpin. Voyez* ORPIMENT.

L'ARSENIC BLANC eſt proprement le ſeul que les marchands épiciers-droguiſtes vendent pour vrai *arſenic.* Les auteurs néanmoins ne conviennent pas davantage ſur la nature de cet *arſenic*, que ſur celle de l'*arſenic* rouge ; & l'on eſt encore à ſçavoir bien ſûrement, s'il y en a de naturel, ou ſi ſeulement il eſt factice.

Suivant la première opinion, cet *arſenic* eſt un minéral blanc & écailleux, qui ſe trouve dans les mines de cuivre ; & dans le ſecond ſentiment, ſeulement une ſublimation d'orpiment & de ſel commun.

La plus grande partie de l'*arſenic blanc*, qui ſe vend en France, & ſur-tout à Paris, vient de Hollande. Il y en a de deux ſortes, de matte, & de tranſparent, qu'on nomme *arſenic criſtalin.* On ne peut guères décider ſur la préférence que l'on doit donner à l'un ou à l'autre pour la bonté ; y ayant des ouvriers & des artiſtes, qui eſtiment davantage le matte, & d'autres au contraire qui ne veulent ſe ſervir que du criſtalin. Tous deux, comme on l'a dit d'abord, ſont de violens poiſons ; & les marchands ne doivent les vendre, qu'avec les précautions portées dans les ordonnances.

Les teinturiers mettent l'*arſenic* au nombre des

drogues non-colorantes, & ils en font une confommation confidérable pour leurs teintures. Les maréchaux, entr'autres ouvriers, en confomment auffi
beaucoup; & c'eft ce poifon qui entre dans la compofition de ce qu'on nomme de la mort aux rats ou
aux fouris: drogue à la vérité très-utile pour fe
délivrer de ces incommodes animaux; mais fouvent
très-dangereufe, par les accidens qui en arrivent,
par le peu de précaution avec laquelle on fe fert
ordinairement de cet appas empoifonné.

Le régule d'*arfènic*, le foufre d'*arfènic*, l'*arfènic* cauftique, le beurre ou huile d'*arfènic*, auffi
bien que l'aimant *arfènical*, font toutes préparations chimiques où entre l'*arfènic*, qu'on peut voir
dans les pharmacopées, & dans les traités de chimie;
mais dont il ne faut fe fervir, fur-tout intérieurement, quelque dulcifiés qu'ils foient, que par l'avis
d'habiles médecins, à caufe de la malignité qu'on
ne peut jamais ôter à ce minéral.

*L'arfènic paye en France de droits d'entrée,
vingt-cinq fols du cent péfant & les nouveaux
fols pour livre.*

ARTICLE. (*Petite partie* ou *division* d'un compte, d'un mémoire, d'une facture, d'un inventaire, d'un
livre journal.) On dit: ce compte eft compofé de
tant d'*articles* en débit, & de tant d'*articles* en
crédit. Le mémoire, la facture des marchandifes,
que je vous ai fournies, contient tant d'*articles*,
dont le montant eft de tant. Dans mon inventaire,
l'*article* des ferges d'Aumale monte à tant.

Un bon teneur de livres doit être exact à porter
fur le grand livre, au compte de chacun, foit en
débit, foit en crédit, tous les *articles* qui ont été
écrits fur le livre journal, & ainfi du refte.

ARTICLE. Se dit auffi des claufes, conditions, &
conventions portées dans les fociétés, dans les marchés, dans les traités, & des chofes jugées par des
arbitres.

Dans ce fens, on dit: il eft porté par un tel
article de notre fociété, que les loyers de notre
maifon feront payés en commun. Dans le marché
que nous avons fait enfemble, il y a un *article* qui
vous oblige à telle chofe: cela eft conforme à un des
articles de notre traité: nos arbitres ont jugé cet
article en ma faveur.

ARTICLE. Se prend encore pour les différens
chefs portés & réglés par les ordonnances & les
réglemens, particulièrement quand on les cite. Ainfi
on dit: cela eft conforme à tel *article* de l'ordonnance de 1673, ou à tel *article* des réglemens pour
les teintures, & de même des autres.

ARTISAN. Ouvrier qui gagne fa vie en travaillant aux arts méchaniques, tels que font les chapeliers, menuifiers, bahutiers, &c. *Voyez l'art. fuiv.*

L'article 6 du titre premier de l'ordonnance de
1673, porte: *que tous les artifans, maçons,
charpentiers, couvreurs, ferruriers, vitriers,
plombiers, paveurs, & autres de pareille qualité,
feront tenus de demander paiement dans l'an
après la délivrance.*

ARTS ET MÉTIERS. On appelle ainfi à Paris
les communautés d'artifans établies en corps de jurande, & où il y a apprentiffage, maîtrife & jurés.
Ils font différens de ce qu'on nomme *les six corps
des marchands. Voyez* COMMUNAUTÉ.

A S

AS. C'eft à Amfterdam une des divifions de la
livre, poids de marc; 32 *as* font un engel; dix
engels font un loot; & 32 loots font la livre. *Voyez
ce dernier article.*

ASCLEPIAS, ou CONTRA-YERVA BLANC.
C'eft la plante que les botaniftes appellent *hirundi-
naria*, qui eft très-commune en France. La racine
de cette plante, à qui l'on attribue les mêmes vertus
du *contra-yerva* de la nouvelle Efpagne, eft fort
déliée, blanchâtre, & affez femblable à celle de
l'*afarum*.

Il faut la choifir nouvelle, bien nourrie, & d'un
goût un peu piquant, & un peu aromatique. *Voyez*
CONTRA-YERVA.

ASLANI, qu'on nomme auffi, mais un peu improprement, ASSELANI. Eft le *dalle* ou *piaftre*
de Hollande, qui a grand cours dans toutes les
échelles du levant. Les Turcs, qui nomment un
lion, *aflani*, lui ont donné ce nom, à caufe de
ceux dont la figure eft empreinte des deux côtés de
la pièce.

Il y a deux fortes d'*aflani*; celui de Hollande,
& celui qui fe frappe à Infpruck. Non-feulement la
piaftre Hollandoife eft à plus bas titre que celle
d'Infpruck; mais fi l'on en croit le chevalier Chardin,
fi célèbre par fes voyages, & par les agréables &
exactes relations qu'il en a données au public; l'argent que les Hollandois portent au levant, eft très-
mêlé de pièces fauffes; & fur-tout les quarts de piaftres font, ou tout-à-fait faux, ou n'ont au plus
que la moitié de fin. Les Arabes, qui prennent le
lion pour un chien, les appellent *albukesb*. L'*aflani* vaut jufqu'à cent quinze ou cent vingt afpres.

ASPALATHE, ASPALATH, ou ASPALA-
TUM. C'eft le bois d'un arbre, que l'on emploie dans la pharmacie, & dont il eft difficile
de faire une exacte defcription, les auteurs ayant
de la peine à convenir du vrai *afpalathe*.

En effet, l'on voit de trois fortes de bois, à qui
l'on donne ce nom. Le premier, eft un bois noirâtre, & que bien des gens croient affez vraifemblablement n'être autre chofe que le bois d'aigle, dont
l'odeur eft forte.

Le fecond, eft le bois d'un petit arbre épineux,
péfant & maffif, oléagineux, âcre & amer au goût,
de couleur purpurine & marquetée, affez odorant.
Il approche des vertus, du goût, de l'odeur, de
la péfanteur, & de la figure du bois d'aloès; & on les
fubftitue fouvent l'un à l'autre dans la compofition
des médicamens.

Les parfumeurs en ufent dans leurs parfums.

Pomet, qui n'ofe décider que cette efpèce foit le
véritable *afpalathe*, bien que d'habiles pharmaciens
foient de ce fentiment, fe contente de dire, que

c'eſt celui que l'on vend ordinairement pour l'aſpalathe.

Le plus grand uſage de ces deux ſortes d'aſpalathe, qui ſont très-peu connus, & très-rares,
eſt pour la compoſition des trochiſques d'Hedy-
cŗoum.

Le troiſième bois d'aſpalathe, eſt le bois de
roſe, ou de Rhode, qui ſignifie la même choſe en
Grec, & que quelques-uns confondent auſſi avec
le bois de Chypre. Ce bois eſt très-commun. Voyeȥ
ROSE, BOIS.

Quelques auteurs ajoutent un quatrième aſpalathe, qui a l'écorce cendrée, & le bois rouge.
L'odeur, qui eſt très-forte, frappe l'odorat auſſi vîte
& auſſi vivement que le caſtoreum. Il jette des
branches en forme de ſarment, & il eſt quelque
peu épineux.

Il y auſſi pluſieurs plantes à qui on donne le même
nom, & qui ſont des eſpèces de celle qu'on appelle
geniſta ſpartium.

*L'aſpalatum paye en France les droits d'entrée
ſur le pied de trois livres le cent péſant, & les
nouveaux ſols pour livre.*

ASPHALTUM, ou BITUME DE JUDÉE.
Ce *bitume* ſe tire du lac Aſphatique, autrement
mer morte, dans la *Judée.*

Ce lac, ſi fameux dans l'écriture ſainte, & qui
eſt encore un terrible monument de la juſte punition
de Sodome & de Gomorre, & des autres villes con-
ſumées par le feu du ciel, ne nourrit aucun poiſſon, & tue même, par l'extrême puanteur de ſes
exhalaiſons, les oiſeaux qui paſſent par-deſſus : mais
ſur la ſuperficie de ſes eaux, nage une eſpèce de
graiſſe noirâtre, que les Arabes recueillent, & qui
ſert à goudronner les vaiſſeaux au lieu du bray, du
goudron & de la poix, que les Européens emploient.

Cette graiſſe eſt le véritable *aſphaltum*, dont
les juifs ſe ſervoient autrefois pour embaumer leurs
morts, & qui eſt encore d'un aſſez grand uſage en
France, ſoit dans la médecine, où il entre dans la
compoſition de la thériaque; ſoit pour faire ces beaux
vernis noirs, qui imitent ſi bien ceux de la Chine.

L'*aſphaltum* eſt d'un noir luiſant, ſi ſemblable
à la poix noire de Stokolm, qu'il n'y a que la
mauvaiſe odeur de cette poix, & la dureté de
l'*aſphaltum*, qui puiſſent en faire faire la différence.

On le ſofiſtique quelquefois, en y mêlant de la
poix; & c'eſt ce qu'on appelle *piſaſphaltum artificiel*. C'eſt encore par la puanteur de l'odeur,
& par le vilain noir de cette drogue, que l'on
découvre la tromperie.

*L'aſphaltum paie en France de droits d'entrée,
cinq livres du cent péſant, & les nouveaux ſols
pour livre.*

ASPHALTUM. C'eſt auſſi une eſpèce de *pierre*,
ou de *matière minérale*, qui ſe trouve dans la vallée
de Sydim en Aſie, près l'ancienne Babylone; &
dont depuis le commencement du dix-huitième ſiécle,
on a découvert une mine dans le comté de Neuf-
chatel, en Suiſſe.

Cet *aſphaltum minéral* a diverſes propriétés.

1°. Préparé avec d'autres matières, on en fait
un excellent ciment, incorruptible à l'air, & impé-
nétrable à l'eau.

2°. On compoſe avec l'huile, qu'il eſt facile d'en
tirer, une eſpèce de bray ou de goudron, propre à
calfater les vaiſſeaux & bâtimens de mer & de rivière,
qui les garantit mieux des vers que les drogues ordinaires dont on ſe ſert pour le calfat, & qui
réſiſte davantage aux impreſſions de l'eau douce &
de l'eau ſalée.

3°. Enfin, ſon huile employée toute ſeule, ou
mêlée dans quelques remèdes topiques, a diverſes
vertus particulières, qui font qu'on s'en ſert heureuſement dans la médecine & la chirurgie, pour la
guériſon de divers maux, ſur-tout pour celle des
ulcères, & de toutes les maladies qui ſurviennent
à la peau.

Il y a bien de l'apparence que le *bitume*, dont
Hérodote, & après lui tous les anciens, diſent qu'on
avoit fait la liaiſon des pierres des célèbres murs de
Babylone, qu'on mettoit au nombre des ſept merveilles du monde, n'étoit autre choſe que l'*aſphaltum* de Sydim, qu'on appelloit ſimplement *bitume*,
à cauſe de la nature bitumineuſe & oléagineuſe du
ciment qu'on en compoſoit.

Cet *aſphaltum* Aſiatique, ou Babylonien, eſt
aſſez rare en Europe, & particulièrement en France;
où celui qui y entre, paye les droits ſur le pied
d'*aſphaltum* de Syrie, autrement, de *bitume* de
Judée, dont on a parlé ci-deſſus. *Voyeȥ l'article
précédent.*

ASPIC. (*Plante* qui croît en abondance dans
le Languedoc & dans la Provence, ſur-tout ſur la
montagne de la Sainte-Baume.)

C'eſt une eſpèce de *lavande*, aſſez ſemblable à la
lavande de nos jardins, tant pour la fleur qui eſt
bleue, que pour la figure & le verd de la feuille.
Les botaniſtes l'appellent *lavande mâle*, en Latin,
lavendula-mas. Ils lui donnent encore d'autres
noms, comme *ſpica-nardi*, *nardus italica*, ou
pſeudo-nardus.

L'huile d'*aſpic*, dont les peintres, les maréchaux,
& autres ouvriers ſe ſervent, & qui eſt de quelque
uſage en médecine, où elle entre dans pluſieurs
compoſitions galéniques, eſt tirée des fleurs & des
petites feuilles de cette plante. Cette huile eſt fort
inflammable, & quand elle eſt en feu, il eſt preſqu'impoſſible de l'éteindre.

La véritable huile d'*aſpic* eſt blanche, d'une
odeur aromatique ; & il n'y a qu'elle ſeule qui puiſſe
diſſoudre le ſandarac ; ce qui la fait aiſément reconnoître d'avec celle qui eſt contrefaite, & qui n'eſt
que de l'huile de thérébentine mêlée avec un peu
d'huile de pétrolle.

ASPINY, ou ESPINES ANGLIERES. (*Drogue*
qui ſert à la médecine.)

*Par le tarif de la douane de Lyon, l'aſpiny
paye trois livres douȥe ſols ſix deniers le quintal
pour l'ancien droit; & douȥe ſols pour les quatre*

pour cent, aussi anciennement imposés & actuellement les nouveaux sols pour livre.

ASPIRANT. (*Celui qui aspire à quelque chose, qui veut y parvenir*). Il se dit particulièrement des apprentifs, qui veulent devenir maîtres, soit dans les six corps des marchands de Paris, soit dans les communautés d'arts & métiers.

ASPIRANT A LA MAITRISE dans les six corps des marchands de Paris, étoit celui qui ayant l'âge requis, avoit fait son tems d'apprentissage, servi chez les maîtres, & aspiroit à se faire recevoir maître lui-même.

Personne ne pouvoit aspirer à être reçu marchand, qu'il n'eût vingt ans accomplis, & ne rapportât le brevet & les certificats de son apprentissage, & du service qu'il avoit fait depuis chez les maîtres. Si le contenu aux certificats ne se trouvoit pas véritable, l'*aspirant* seroit déchu de la maîtrise ; le maître d'apprentissage, qui auroit donné son certificat, condamné en cinq cent livres d'amende ; & les autres certificateurs, chacun en trois cent livres.

L'*aspirant* à la maîtrise devoit être interrogé sur les livres & registres à parties doubles & parties simples, sur les lettres & billets de change, sur les régles d'arithmétique, sur les parties de l'aune, sur la livre & poids de marc, sur les mesures & les poids, & sur les qualités des marchandises, autant qu'il doit convenir pour le commerce dont il entendoit se mêler.

Il étoit défendu aux particuliers & aux communautés, de prendre ni recevoir des *aspirans*, aucuns présens pour leur réception, ni autres droits, que ceux qui sont portés par les statuts, sous quelque prétexte que ce puisse être, à peine d'amende, qui ne peut être moindre de cent livres. Défendu à l'*aspirant* de faire aucun festin, à peine de nullité de sa réception.

Outre ces réglemens généraux, extraits des articles 3, 4 & 5, du titre premier de l'ordonnance de 1673, chacun des six corps des marchands en avoit en particulier, soit pour le tems de l'apprentissage, soit pour celui du service chez les maîtres, soit enfin pour le chef-d'œuvre, auquel il n'y en avoit que quelques-uns qui fussent soumis.

Quoiqu'on ait rétabli les corps & communautés de marchands & d'ouvriers, supprimés en 1775, on n'a pas remis en vigueur cette foule de statuts bisares, que chacun s'étoit donnés suivant la fantaisie des rédacteurs. On a promis d'en faire de nouveaux, que le progrès des lumières doit rendre très-difficiles à rédiger. On a réduit par provision tout l'ancien appareil, au paiement d'un brevet & d'une réception. L'étendue & les limites des priviléges exclusifs de chacune des corporations sont demeurées au pouvoir de l'administration. Par la confiance avec laquelle on s'en tient à maintenir cet état, il paroîtroit qu'on n'auroit eu d'autre but, en faisant revenir le législateur sur ses pas, que d'assurer le paiement du brevet & des frais de réception.

ASPRE. (*Petite monnoie d'argent*, qui se fabrique & qui a cours dans tous les états du grand-seigneur.) Elle vaut un peu plus que huit deniers tournois. Quand elle est de bon alloi, on n'en donne que quatre-vingt pour l'écu de France de soixante sols ; mais comme il y en a quantité de fausses, que les bachas & les juifs font faire dans les provinces éloignées, on ne les reçoit le plus souvent, que sur le pied de six deniers ; & alors il en faut six vingt pour l'écu.

Evaluation de diverses monnoies qui ont cours dans les états du grand-seigneur, sur le pied de l'aspre, à prendre l'aspre pour neuf deniers de France.

Trente-cinq *aspres* valent vingt-sept sols de France.

Un sequin de Venise, cent soixante *aspres*, ou six livres tournois.

Une réale d'Espagne, quatre-vingt-six *aspres*, ou trois livres tournois.

La réale de l'Empire, quatre-vingt-deux *aspres*.

La richedale de Hollande, soixante-dix *aspres*.

Un sequin de Turquie, cent soixante *aspres*, ou six livres de France.

Un sequin commun de Turquie, cent cinquante *aspres*, ou cinq livres quinze sols de France.

Un hongre, comme le sequin commun de Turquie.

ASPRE. Est aussi une monnoie de compte, & les livres se tiennent à Constantinople, & dans les échelles du levant, en piastres au bouquet, en medins & en *aspres*.

ASSA DOUX. L'on nomme ainsi quelquefois le *benjoin. Voyez* BENJOIN.

ASSA FOETIDA, ou ASA FOETIDA. (*Gomme qui se tire d'une plante, qu'on appelle en Latin laserpitium, dont la tige ressemble à la ferule ; & les feuilles à l'ache, & qui porte une graine large.*)

Cette gomme, que les apothicaires, pour abréger, appellent simplement l'*aser*, se trouve rarement pure, & sans être sophistiquée.

Pline, Théophraste, & les autres anciens, qui en ont parlé, témoignent tous également, qu'elle étoit en grande estime de leur tems, qu'elle s'y vendoit au poids de l'argent, & que les empereurs même la mettoient au nombre des choses les plus précieuses, dont ils remplissoient leurs trésors.

Il ne paroît pas que cette description, que M. Furetiere a pris du chapitre 3 du 19e. livre de l'Histoire naturelle de Pline, mais qu'il a fort embellie, convienne à l'*assa fœtida*, que vendent présentement nos droguistes, ou du moins il faut qu'il y ait quelques-unes de ses vertus que l'on ne connoisse plus.

L'*assa fœtida* d'aujourd'hui, qui n'a plus guère d'usage que pour les maréchaux, qui en consomment beaucoup, est une gomme qui coule pendant les grandes chaleurs, d'un petit arbrisseau, qui a les feuilles femblables à la rue. Il en vient des Indes, de Perfe, de la Médie, de l'Affyrie & de l'Arabie. Des auteurs affurent, que celle qu'on apporte de Perfe, fe tire d'un arbre, qui a les feuilles comme celles de la rave.

Cette gomme eft d'un blanc tirant d'abord fur le jaune, enfuite fur le rouge & enfin fur le violet. Son odeur eft fi forte & fi puante, que les Allemands l'ont appellé *ftercus diaboli* ; & nos droguiftes lui donnent le même nom en François ; l'appellant auffi *fuc fyriaque, liqueur de Syrie & fuc de Médie*.

La plus grande partie de l'*affa fœtida* qu'on a en France, vient de Londres. Les Anglois l'envoient dans de grands tonneaux reliés de fer ; ce qui fait reconnoître l'*affa fœtida* d'Angleterre, d'avec celle de Marfeille, qui eft dans des paniers de feuilles de palmier.

Cette gomme eft en maffe, ou en larmes ; mais il s'en débite peu en larmes ; les maréchaux accoutumés à l'acheter en maffe, ne la reconnoiffent prefque plus quand elle eft en larmes.

On a déja dit qu'il eft facile de la fofiftiquer ; & l'on a vû des gens affez hardis, pour vendre en fa place du gallipot madré, ou encens commun.

La bonté de l'*affa fœtida* fe reconnoît à la couleur & l'odeur. Une odeur fupportable & une couleur claire, font les marques de fa bonne qualité : la couleur noire & la puanteur dénotent le contraire.

L'*affa fœtida ne payoit en France par le tarif de 1664*, que trois livres le cent péfant pour droits d'entrée ; mais depuis elle a été mife du nombre des marchandifes venant du Levant, &c. fur lefquelles il eft ordonné de lever vingt pour cent de leur valeur, en conféquence de l'arrêt du confeil du 15 août 1685 avec les fols pour livre.

ASSECTEUM. *Drogue* dont il eft fait mention dans le tarif de la douane de Lyon, dont les rédacteurs eftropient fouvent le nom des marchandifes.

Les droits de l'affecteum réglés par ce tarif, font de 13 fols 4 deniers du quintal pour l'ancien droit ; de 6 fols 8 deniers pour la nouvelle réapréciation ; de 20 fols pour les quatre pour cent anciennement impofés ; & de 10 fols pour la réapréciation ou augmentation defdits quatre pour cent avec les fols pour livre.

ASSELANI, C'eft ainfi que parmi quelques Européens, on nomme la *piaftre*, ou *daller de Hollande*, qui a cours dans les échelles du Levant. Le véritable nom que les Turcs lui donnent, eft *aflani. Voyez* ASLANI & LA TABLE DES MONNOIES.

ASSEMBLÉE. (*Jonction* qui fe fait de plufieurs perfonnes dans un même lieu, pour délibérer fur quelques affaires importantes.) On dit, une *affemblée* de créanciers, une *affemblée* de négocians. Les *affemblées* générales des fix corps des marchands de la ville de Paris, fe tiennent dans le bureau du corps de la draperie, qui en eft le premier. *Voyez* CORPS

ASSERBE ou AZERBE. C'eft le nom que l'on donne à la mufcade fauvage ou mufcade mâle. *Voy.* MUSCADE.

ASSIENTE ou ASSIENTO. Ce terme eft Efpagnol & fignifie une *ferme. Voyez le chap. 17 de la première partie del Négociante di Peri.*

En France, ce mot s'eft introduit depuis le commencement de la guerre pour la fucceffion d'Efpagne. On l'entend d'une compagnie de commerce établie pour la fourniture des négres dans les états du roi d'Efpagne en Amérique, particulièrement à Buenos-aires.

Ce fut l'ancienne compagnie Françoife de Guinée, qui après avoir fait fon traité pour cette fourniture avec les miniftres Efpagnols, prit le nouveau nom de compagnie de l'*affiente*, à caufe du droit qu'elle s'engagea de payer aux fermes du roi d'Efpagne, pour chaque négre, pièce d'Inde, qu'elle pafferoit dans l'Amérique Efpagnole.

Ce traité de la compagnie Françoife, qui confiftoit en trente-quatre articles, fut figné le premier feptembre 1702, pour durer pendant dix années, & finir à pareil jour de l'année 1712 ; accordant néanmoins aux *affientiftes* deux autres années pour l'exécution entière de la fourniture, fi elle n'étoit pas finie à l'expiration du traité.

Les deux principaux de ces trente-quatre articles regardoient ; l'un, la quantité des négres que la compagnie devoit fournir aux Efpagnols : l'autre, le droit qu'elle en devoit payer au roi d'Efpagne pendant le temps de la *ferme* ou *affiento*.

A l'égard du nombre des négres, il fut fixé à trente-huit mille, tant que la guerre, qui avoit commencé l'année d'auparavant, dureroit ; & à quarante-huit mille, en cas de paix. Pour ce qui eft du droit du roi d'Efpagne, il fut réglé à trente-trois piaftres un tiers pour chaque négre, pièce d'Inde, dont la compagnie paya par avance la plus grande partie.

La paix d'Utrecht, par laquelle Philippes V fut reconnu roi d'Efpagne, par la reine Anne d'Angleterre & par tous les alliés, à la réferve de l'empereur, ayant fini la guerre ; & l'un des articles du traité entre la France & l'Angleterre, ayant été la ceffion de l'*affiente* ou *fermes* des négres, en faveur de cette dernière, les Efpagnols traitèrent avec les Anglois pour la fourniture des négres.

Ce traité femblable en plufieurs articles à celui de la compagnie Françoife, mais de beaucoup plus avantageux par plufieurs autres aux *affientiftes* Anglois, devoit commencer au premier mai 1713, pour durer trente ans, c'eft-à-dire, jufqu'à pareil jour de l'année 1743.

La compagnie du fud établie en Angleterre depuis le commencement de cette même guerre, mais qui ne fubfiftoit qu'à peine, fut celle qui fe chargea de l'*affiento* des négres pour l'Amérique Efpagnole,

Lij

La fourniture qu'elle doit faire, est de quatre mille huit cent négres par an, pour lesquels elle doit payer le droit par tête sur le pied réglé par les François ; n'étant néanmoins obligée qu'à la moitié du droit pendant les vingt-cinq premières années, pour tous les négres qu'elle pourroit fournir au-delà du nombre de quatre mille huit cent, stipulé par le traité.

Le quarante-deuxième article de ce traité, qui est aussi le dernier, & peut-être le plus considérable de tous, n'étoit point dans le traité fait avec les François.

Cet article accorde aux *assientistes* Anglois la permission d'envoyer dans les ports de l'Amérique Espagnole, chaque année des trente que le traité doit durer, un vaisseau de cinq cent tonneaux, chargé des mêmes marchandises que les Espagnols ont coutume d'y porter ; avec liberté de les vendre & débiter concurremment avec eux aux foires de Puerto-Bello & de la Vera-Cruz.

On peut dire que la fourniture même des négres, qui fait le fond du traité, non plus que plusieurs autres articles, qui accordent quantité de priviléges à la nouvelle compagnie de l'*assiente*, ne lui apportent peut-être point tous ensemble autant de profit, que cette seule faculté donnée aux Anglois contre l'ancienne politique, & la jalousie ordinaire des Espagnols à l'égard de leur commerce de l'Amérique, pour des raisons que l'on pourra expliquer ailleurs. *Voyez au commencement de ce volume, dans l'article du commerce de l'Amérique, celui des navires de registres.*

L'on a depuis ajouté cinq nouveaux articles à ce traité de l'*assiente* Angloise, pour expliquer quelques-uns des anciens.

Le premier porte, que l'exécution du traité ne seroit censée commencer qu'en l'année 1714. Le second, qu'il seroit permis aux Anglois d'envoyer leur vaisseau marchand chaque année, bien que la flotte, ou les gallions Espagnols, ne vinssent point à l'Amérique. Le troisième, que les dix premières années ce vaisseau pourroit être du port de six cent cinquante tonneaux. Enfin, les deux derniers, que les marchandises qui resteroient de la traitte des négres, seroient renvoyées en Europe, après que les noirs auroient été débarqués à Buenos-Ayres ; & que si la destination des négres étoit pour Puerto-Bello, la Vera-Cruz, Cartagène & autres ports de l'Amérique Espagnole, elles seroient portées dans les isles Antilles Angloises, sans qu'il fût permis d'en envoyer à la mer du sud.

La manière d'évaluer & de payer le droit d'*assiento* pour chaque négre, piéce d'Inde, lorsqu'il arrive sur les terres du roi d'Espagne dans l'Amérique, est la même avec les *assientistes* Anglois, qui se pratiquoit avec les *assientistes* François, c'est-à-dire, que lorsque ces négres sont débarqués, les officiers Espagnols de concert avec les commis de l'*assiente*, en font quatre classes.

Premièrement, ils mettent ensemble tous les

négres de l'un & l'autre sexe, qui sont en bonne santé, & qui ont depuis quinze ans jusqu'à trente ; ensuite ils séparent les vieillards, les vieilles femmes & les malades, dont ils font un second lot. Après suivent les enfans des deux sexes de dix ans, & au-dessous jusqu'à quinze ; & enfin ceux depuis cinq jusqu'à dix.

Ce partage étant fait, on en vient à l'évaluation, c'est-à-dire, qu'on compte les négres de la première classe, qui sont sains, chacun, sur le pied d'une piéce d'inde : les vieux & les malades, qui font la seconde classe, chacun sur le pied de trois quarts de piéce d'inde : les grands enfans de la troisième classe, trois pour deux piéces ; & les petits de la quatrième, deux pour une piéce ; & sur cette réduction on paye le droit du roi.

Ainsi d'une cargaison de cinq cent soixante-cinq têtes de négres, dont il y a deux cent cinquante de sains, soixante malades ou vieux, cent cinquante enfans de dix ans & au-dessus, & cent cinquante depuis cinq jusqu'à dix, le roi ne reçoit son droit que de quatre cent quarante. *Voyez l'article des compagnies de commerce, aux deux paragraphes des compagnies Françoises & Angloises.*

ASSIENTISTE. (Celui qui a part, qui a des actions dans la compagnie de l'*assiente*.) *Voyez l'article précédent.*

ASSIETTE. Vendre du vin à l'*assiette*, c'est vendre du vin en détail, avec permission de donner à manger à ceux à qui on le débite ; de couvrir la table d'une nappe, & d'y servir des *assiettes* : ce qui est différent de vendre du vin à pot, qui est aussi une vente en détail, mais où l'on ne peut mettre ni nappe, ni *assiettes*, ni donner à manger. Les marchands de vin, cabaretiers, vendent à *assiette*, parce qu'ils payent pour cette faculté ; les bourgeois à pot, parce qu'ils ne payent pas.

ASSIETTE, en fait de commerce de bois, s'entend de la descente que les officiers des eaux & forêts font sur les lieux où se doivent faire les coupes, pour marquer aux marchands les bois qui leur ont été vendus. En ce sens on dit, faire l'*assiette* des ventes.

L'*assiette* s'ordonne par le grand maître, qui désigne aux officiers les lieux & cantons des triages, & se fait par son arpenteur, ou du moins par son absence par l'un des deux qui est établi dans chaque maîtrise particulière.

Faire l'*assiette*, c'est fixer la consistance de chaque coupe, & en assurer le mesurage par des tranchées & des layes qui l'environnent ; & en marquant du marteau du roi, & de ceux du grand maître & de l'arpenteur, ce qu'on appelle en terme d'exploitation & de commerce de bois, des *pieds corniers, des arbres de lisières & des parois. Voyez* ces trois articles. *Voyez* aussi celui des ARPENTEURS DES EAUX ET FORÊTS.

ASSIGNATION. (*Ajournement, exploit de sergent*), par lequel on somme une personne de comparoir à certain & compétent jour, par-devant

T

un juge, pour répondre à la demande ou à la plainte qu'on a formée contre lui, ou pour venir dépofer, prêter ferment, ou faire un autre acte de juftice.

L'ordonnance, ou code civil, du mois d'avril 1667, art. 1 du tit. 2, veut que les *affignations* ou ajournemens foient libellés, & qu'ils contiennent les conclufions, & fommairement les moyens de la demande, à peine de nullité des exploits. Il paroît que cela a été ainfi ordonné, afin que le défendeur fçache à quelle fin & pourquoi il eft *affigné* ou ajourné, & qu'il vienne prêt pour fe défendre.

Par les art. 1 & 2 du tit. 16 de la même ordonnance, il eft porté que ceux qui feront affignés pardevant les juges & confuls des marchands, feront tenus de comparoir en perfonne à la première audience, pour être oüis par leur bouche : & qu'en cas de maladie, abfence ou autre légitime empêchement, qu'ils pourront envoyer un mémoire contenant les moyens de leur demande ou défenfe, figné de leur main, ou par un de leurs voifins ou amis, ayant de ce charge & procuration fpéciale dont il fera apparoître, & que la caufe fera vuidée fur le champ, fans miniftère d'avocat ni de procureur.

Ces trois articles de cette ordonnance font conformes à l'article 5 de l'édit de Charles IX, portant création des juges & confuls des marchands de Paris.

Dans les matières attribuées aux juges & confuls, le créancier peut faire donner l'*affignation* à fon choix, ou au lieu du domicile du débiteur, ou au lieu auquel la promeffe a été faite, & à la marchandife fournie, ou au lieu auquel le paiement doit être fait *Art. 17 du tit. 12 de l'ordonnance de commerce, du mois de mars 1673.*

Les *affignations* pour le commerce maritime, doivent être données pardevant les juges du lieu où le contrat a été paffé ; & celles qui font données pardevant les juges & confuls du lieu d'où le vaiffeau eft parti, ou de celui où il a fait naufrage, font de nul effet. *Art. 18 du même tit. 12 de l'ordonnance ci-deffus rapportée.*

Dans les affaires de marine où il y a des étrangers ou forains parties, & en celles qui concernent les agreits, victuailles, équipages & radoubs des vaiffeaux prêts à faire voile, & autres matières provifoires, les *affignations* doivent être données de jour à jour & d'heure à autre, fans qu'il foit befoin de commiffion du juge, & le défaut peut être jugé fur le champ. *Article 2 du titre 11 du livre 1 de l'ordonnance de la marine, du mois d'août 1681.*

Assignation Signifie encore une *ordonnance, mandement* ou *refcription*, pour faire payer une dette fur un certain fonds, dans un certain temps, par certaines perfonnes.

Lorfque des gens de qualité ou autres, donnent des *affignations* à prendre fur leurs fermiers, ou autres, aux marchands auxquels ils doivent, il eft à propos que ces marchands les faffent accepter par ceux fur qui elles font données, afin d'éviter toutes les conteftations qui pourroient arriver à leurs échéances ; car fouvent il arrive que l'on donne deux *affignations* fur une même perfonne, pour une même dette.

Quand une fois on a accepté une *affignation*, on fe rend le débiteur de celui à qui elle a été donnée.

Comme ces fortes d'*affignations* peuvent être négociées par ceux à qui elles appartiennent, il eft bon de remarquer qu'il ne faut point s'en charger, fans faire mettre deffus l'aval de celui qui l'a négociée, d'autant que cela le rend garant du paiement ; outre que l'on a par ce moyen trois débiteurs pour un, fçavoir, celui qui a donné l'affignation en premier lieu, celui qui l'a acceptée & celui qui a mis fon aval. On ne peut revenir fur celui qui a mis fon aval, non plus que fur celui qui a donné originairement l'*affignation*, fans rapporter des diligences en bonne forme, qui juftifient l'impoffibilité que l'on a eu de s'en faire payer par celui fur qui elle a été donnée.

ASSIGNER. (*Ajourner*, fommer quelqu'un de comparoir devant un juge, pour défendre & répondre à une demande qu'on lui fait.)

Assigner. Signifie auffi *donner* une *ordonnance,* un *mandement* ou une *refcription à quelqu'un*, pour charger quelqu'autre du paiement d'une dette. On lui a affigné fa dette fur le fermier d'une telle terre.

ASSISES. (*Séances extraordinaires*, que des juges fupérieurs tiennent pour recevoir les plaintes qui fe font contre les juges ou officiers inférieurs & fubalternes.)

Les *affifes* des maîtrifes particulières des eaux & forêts doivent fe tenir deux fois l'année, conformément à l'ordonnance de 1669.

Il eft permis par l'article 1x du titre des *affifes* de la même ordonnance, à tous marchands & facteurs d'y porter leurs plaintes contre ceux qui les auront troublé en l'exportation de leurs ventes, ou qui leur auront fait quelques exactions ou violences.

ASSOCIATION. (*Traité de fociété*, par lequel deux ou plufieurs perfonnes fe joignent enfemble, pour agir en commun, ou pour fe mettre en état de faire un commerce plus confidérable & plus étendu.) Il y a une *affociation* entre ces deux compagnies de commerce, entre ces deux marchands, entre ces banquiers.

Par les ftatuts du corps de la mercerie, article 6, il eft défendu aux marchands merciers de faire ni de contracter aucune *affociation* avec qui que ce foit, s'il n'a été reçu marchand dans ledit corps, à peine de privation de la maîtrife & d'amende arbitraire.

ASSOCIER. (*Faire une fociété*, ou admettre, quelqu'un dans un traité de fociété, lui donner part dans le négoce que l'on veut entreprendre ou que l'on a déja entrepris.) *Voyez* société.

ASSOCIÉ. (*Qui eft d'une fociété.*) C'eft mon

affocié. Je fuis fon *affocié* dans un tel commerce. Un *affocié* peut engager fon *affocié.*

De la manière dont les *affociés* vivent enfemble, dépend le bon ou le mauvais fuccès des affaires de *fociété.* Savary, dans fon parfait Négociant, chap. 4, du livre premier de la feconde partie, donne des avis à ce fujet, qu'il feroit à fouhaiter que ceux qui entrent en *fociété*, voulußent fuivre.

ASSORTIMENT. Se dit de plufieurs marchandifes qu'il faut acheter ou amaßer, pour faire le fonds d'une boutique, ou d'un magafin, afin d'avoir de quoi fatisfaire ceux qui viendront acheter. Ce marchand a fait un nouvel *affortiment* d'étoffes de Tours, de Lyon, &c.

Les marchands libraires difent außi un *affortiment* de livres ; ce qui eft différent de ce qu'ils appellent *livres de fortes* : ceux-ci étant tout ce qu'ils impriment eux-mêmes en vertu de priviléges ou permißions, & ceux-là, les livres qu'ils tirent, foit des libraires tant de Paris que des provinces, foit des pays étrangers, par échange, achat ou autrement.

Un marchand ne devant point faire fes achats, qu'auparavant il n'ait dreßé un mémoire, qui doit contenir l'*affortiment* qu'il veut faire ; & étant néceßaire que ce mémoire foit fait dans un certain ordre, on a cru qu'on ne feroit pas fâché d'en trouver ici une formule, fur laquelle on pût fe régler, fuivant les diverfes efpèces de marchandifes dont on fait commerce.

MODELE D'UN MÉMOIRE
d'affortiment de marchandifes.

Etoffes de Tours.

Taffetas blanc noir.
Dit deux tiers.
Dit blanc.
Dit incarnadin.
Ainfi de toutes les étoffes de Tours.

Etoffes de Lyon.

Armoifin bleu.
Dit verd.
Dit jaune.
Satin noir.
Ainfi de toutes celles dont on jugera avoir befoin.

Férandines.

Férandines noires à 6 fils.
Dit 8 fils.
Et continuer ainfi les titres, pour écrire au-deßous les marchandifes que l'on jugera être néceßaires pour fon *affortiment.*

Il eft important aux marchands d'avoir beaucoup d'attention dans les achats qu'ils font, aux *affortimens* qui leur font convenables ; car de là dépend la bonne ou mauvaife vente des marchandifes. *Voy.* ACHAT, ACHETER, ACHETEUR.

ASSORTIMENT. Se dit außi parmi les imprimeurs,

de tout ce qui convient à chaque corps de caractères ; comme les großes & petites capitales, la courante, l'italique de la courante, les lettres à accent, celles à abbréviation, les points de toute façon, les virgules, les guillemets, les vignettes, les quadrats & quadratins, enfin, tout ce qui peut entrer dans la compofition d'une forme de chaque corps de caractères.

Les imprimeurs appellent außi *affortiment*, un certain nombre de corps de caractères qu'ils ont, ou doivent avoir, pour entretenir fußißamment une imprimerie. L'article 6 de la déclaration du mois d'octobre 1713, en interprétation du réglement du mois d'août 1686, concernant la librairie, ordonne à chacun des trente-fix imprimeurs de Paris, d'avoir au moins quatre preßes, & huit fortes de caractères romains avec leurs italiques, depuis le gros canon jufqu'au petit texte.

ASSORTIR. (*Appareiller*, mettre enfemble deux étoffes qui conviennent.) Cette étoffe eft fort belle, il faut l'*affortir* d'une doublure qui lui convienne.

ASSORTI. ASSORTIE. (*Qui eft convenable.*) Ce drap eft bien *afforti* ; pour dire, que la doublure y convient. Ces deux couleurs font mal *afforties.* La levée de cet habit eft bien *affortie.*

ASSORTI. ASSORTIE. (*Qui eft bien fourni de toutes fortes de marchandifes.*) Ce mercier eft bien *afforti* : cette lingère eft bien *affortie* ; pour dire que l'un & l'autre ont dans leurs magafins & boutiques, toutes les efpèces des meilleures marchandifes qui conviennent à leur négoce.

ASSOURU. Nom que les Indiens donnent au bois qui eft connu en Europe fous le nom de *bois d'inde. Voyez* INDE bois, *ou* BOIS D'INDE.

ASSURANCE, ou POLICE D'ASSURANCE. (*Terme de commerce de mer.*)

C'eft un contrat où convention, par lequel un particulier, que l'on appelle *affureur*, fe charge des rifques d'une négociation maritime, en s'obligeant aux pertes & dommages qui peuvent arriver fur mer à un vaißeau, ou aux marchandifes de fon chargement, pendant fon voyage ; foit par tempêtes, naufrages, échouemens, abordages, changement de route, de voyage ou de vaißeau ; jet en mer, feu, prife, pillage, arreft de prince, déclaration de guerre, repréfailles, & généralement toutes fortes de fortunes de mer ; moyennant une certaine fomme de fept, huit & dix pour cent, plus ou moins, felon le rifque qu'il y a à courir ; laquelle fomme doit être payée comptant à l'aßureur par les aßurés, en fignant la *police d'affurance.*

Cette fomme s'appelle ordinairement *primé* ou *couft d'affurance. Voyez* PRIME D'ASSURANCE.

Il faut néanmoins remarquer que s'il arrivoit changement de route, de voyage, ou de vaißeau, par l'ordre des aßurés, fans le confentement des aßureurs, en ce cas les aßureurs ne feroient point tenus des rifques, non plus que de tous les dommages qui arriveroient par la faute des affurés.

L'on fait des *affurances* de différentes manières ; les unes, fur les marchandifes de la cargaifon du vaiffeau ; les autres, fur les corps & quille du bâtiment, fes agrets, apparaux & victuailles ; le tout conjointement ou féparément.

Il y a des *affurances* qui ne font que pour l'aller, d'autres pour le retour & d'autres pour l'aller & le retour, ou pour un temps limité.

Plufieurs prétendent que l'*affurance* ne doit point avoir de temps limité, & que celle qui fe fait par mois, eft ufuraire.

Les *polices d'affurance* font ordinairement dreffées par le commis du greffe de la chambre des *affurances*, dans les lieux où il y en a d'établies ; & dans ceux où il n'y en a point, on les peut faire pardevant notaires, ou fous fignature privée.

Dans les pays étrangers, où il y a des confuls de la nation Françoife, les *polices d'affurance* peuvent être paffées en la chancellerie du confulat, en préfence de deux témoins.

Ces *polices* doivent contenir le nom & le domicile de celui qui fe fait affurer ; fa qualité, foit de propriétaire ou de commiffionnaire ; & les effets fur lefquels l'*affurance* doit être faite.

Il faut femblablement qu'elles contiennent les noms du navire & du maître ; ceux du lieu où les marchandifes auront été, ou devront être chargées ; du havre ou port d'où le vaiffeau devra partir ou fera parti ; des ports où il devra charger & décharger, & de tous ceux où il devra entrer.

Enfin, il faut auffi y marquer le temps auquel les rifques commenceront & finiront, les fommes que l'on entend affurer, la prime ou couft d'*affurance*, la foumiffion des parties aux arbitres, en cas de conteftation ; & généralement toutes les autres claufes dont elles feront convenues, fuivant les us & coutumes de la mer. *Voyez l'ordonnance de la marine du mois d'août 1681, titre 6 du livre 3. Voyez auffi* POLICE D'ASSURANCE.

Il y a des *affurances*, que l'on appelle *fecretes*, ou *anonymes*, qui fe font par correspondance chez les étrangers, même en temps de guerre.

On entend dans les *polices* de ces fortes d'*affurances*, qu'elles font pour compte d'ami, tel qu'il puiffe être, fans nommer perfonne.

Il faut remarquer que fi le navire, ou les marchandifes qui ont été affurées, viennent à fe perdre, le chargeur doit faire le délai ou délaiffement à fes affureurs, par un greffier, notaire, ou fergent royal, c'eft-à-dire, que l'affuré doit leur notifier par un acte en forme, la perte du navire & des marchandifes, & leur déclarer & dénoncer qu'il leur en fait l'abandonnement, à la charge par eux de lui payer les fommes affurées dans le temps porté par la *police d'affurance*.

Il y a encore une autre efpèce d'*affurance*, qui eft celle pour les marchandifes qui fe voiturent & transportent par terre.

*Cette forte d'*affurance* fe fait entre l'affureur &

l'affuré, fouvent par convention verbale, & quelquefois, fous fignature privée ; mais très-rarement de cette dernière manière.

Les marchands & négocians s'en fervent ordinairement, pour faire paffer par terre d'un pays à un autre, (particulièrement en temps de guerre) des marchandifes défendues, de contrebande, ou en fraude des droits du prince. Ces marchandifes font remifes à l'affuré par l'affureur jufques dans fes magafins, moyennant une certaine fomme convenue, plus ou moins forte, felon les marchandifes, le temps & les rifques qu'il y a à courir de la part de l'affureur.

Cette dernière manière d'affurer n'eft aucunement permife par les ordonnances ; cependant l'on s'en pourroit fervir, comme pouvant être de quelque utilité au commerce, pourvû qu'il n'y eût aucun dol, fraude, ni contrebande.

L'origine des *affurances* vient des juifs : ils en furent les inventeurs, lorfqu'ils furent chaffés de France en l'année 1182, fous le régne de Philippe-Augufte. Ils s'en fervirent alors pour faciliter le transport de leurs effets. Ils en renouvellèrent l'ufage en 1321, fous Philippe-le-Long, qu'ils furent encore chaffés du royaume.

ASSURE. (*Terme de commerce de mer.*) Il fignifie *le propriétaire d'un vaiffeau*, ou des marchandifes qui font chargées deffus, du rifque defquelles les affureurs fe font chargés envers lui, moyennant le prix de la prime d'affurance convenu entr'eux. On dit en ce fens, un tel vaiffeau eft *affuré* ; pour faire entendre, que celui qui en eft le propriétaire, l'a fait affurer : ou un tel marchand eft *affuré* ; pour dire, qu'il a fait affurer fes marchandifes.

L'*affuré* court toujours rifque du dixième des effets qu'il a chargés, à moins que dans la police il n'y ait déclaration expreffe, qu'il entend faire affurer le total.

Lorfque l'*affuré* eft dans un vaiffeau, ou qu'il en eft le propriétaire, il ne laiffe pas de courir le rifque du dixième, quoiqu'il ait fait affurer le total. *Art. 18 & 19 du titre 6 du livre 3 de l'ordonnance de la marine du mois d'août 1681.*

ASSURER. (*Terme de commerce de mer.*) Il fe dit du trafic qui fe fait entre marchands & négocians, dont les uns moyennant une certaine fomme, que l'on appelle *prime d'affurance*, répondent en leurs noms, des vaiffeaux, marchandifes & effets, que les autres expofent fur la mer.

On peut faire *affurer* la liberté des perfonnes, mais non pas leur vie : il eft néanmoins permis à ceux qui rachetent des captifs, de faire *affurer* fur les perfonnes qu'ils tirent de l'efclavage, le prix du rachat que les affureurs font tenus de payer ; fi le racheté faifant fon retour, eft pris ou s'il périt, par autre voie que par fa mort naturelle.

Les propriétaires des navires, ni les maîtres, ne peuvent faire *affurer* le fret à faire de leurs bâtimens, ni les marchands le profit efpéré de leurs marchandifes, non plus que les gens de mer leur loyer. *Art.* 9, 10, 11 & 15 *du titre 6 du livre 3 de l'ordonnance de la marine du mois d'août* 1681.

ASSURETTE. (*Terme de commerce de mer.*) C'eft la même forte qu'affurance. Un mémoire concernant le négoce de la mer noire, dreffé par un provençal établi à Conftantinople, porte que dans cette ville il ne fe peut faire d'*affurettes* pour aucun endroit que ce foit, & qu'ainfi on eft contraint de courir tous les rifques de cette mer, quand on veut y envoyer des navires marchands.

ASSUREUR. (*Terme de commerce de mer.*) Il fignifie *celui qui affure un vaiffeau, ou les marchandifes de fon chargement,* & qui s'oblige, moyennant la prime qui lui eft payée comptant par l'affuré, en fignant la police d'affurance, de réparer les pertes & dommages qui peuvent arriver au bâtiment, ou aux marchandifes, fuivant qu'il eft porté par la police. On dit en ce fens, un tel marchand eft l'*affureur* d'un tel vaiffeau, ou de telles marchandifes.

Les *affureurs* ne font point tenus de porter les pertes & dommages arrivés aux vaiffeaux & marchandifes par la faute des maîtres & mariniers, fi par la police ils ne font pas chargés de la baraterie de patron; ni les déchets, diminutions & pertes qui arrivent par le vice propre de la chofe; non plus que les pilotages, touages, lamanage, droits de congé, vifites, rapports, ancrages & tous autres impofés fur les navires & marchandifes. *Art.* 28, 29 & 30 *du titre 6 du livre 3 de l'ordonnance de la marine du mois d'août* 1681.

ASSUTINAT. Sorte de *graine* d'une qualité très-chaude dont on fait un affez grand ufage en plufieurs endroits des Indes Orientales, foit dans l'apprêt de certains ragoûts du pays, foit dans la médecine. Cette graine eft du nombre des drogues qui fe tirent de Surate; elle fe vend un mamoudis le main.

ASTERIE. *Fauffe opale,* que l'on nomme autrement *Girafol.* Voyez GIRASOL & OPALE.

ASTI. *Gros os de cheval,* ou de *mulet,* pris ordinairement de la jambe de devant de l'animal, dont fe fervent les cordonniers & favetiers.

La tête de l'os fert à liffer les femelles & quelques autres parties du foulier; & dans la cavité de moele, qui eft ouverte à l'autre bout, ils mettent le fuif dont ils graiffent leur alefne, pour qu'elle perce plus facilement le gros cuir. Ce font les marchands de crefpin qui les préparent & qui les vendent.

ASTOUR. On nomme ainfi aux Indes Orientales, ce qu'en France on nomme *efcompte* & en Hollande, *rabat.* A Ougly l'efcompte eft ordinairement d'un quart par roupie. Voyez ESCOMPTE & RABAT.

ASUSTUM ou CHAUX D'AIRAIN. Voyez CUIVRE, *à la fin de l'article.*

ATCHÉ. C'eft la plus petite monnoie qui fe fabrique & qui ait cours dans les états du grand feigneur; elle eft d'argent & vaut environ quatre deniers de France. Comme il n'y a point de monnoie de cuivre dans tout l'empire Ottoman, excepté dans la province de Babylone, où il fe trouve des liards de Lyon & de Dombes; les pauvres à qui l'on veut faire l'aumône s'en trouvent bien; le moins qu'ils puiffent recevoir étant toujours l'*atché* ou quatre deniers.

Ces *atchés* ou petits afpres, comme quelques-uns les appellent, reffemblent affez à ces paillettes d'auripeau dont on relevoit autrefois nos broderies d'or & d'argent, à la réferve qu'elles font un peu plus fortes & un peu plus longues. Elles font marquées comme les para de caractères arabes.

On donne ordinairement trois ou quatre *atchés* pour un para. Voyez PARA.

ATERMOYEMENT. (*Terme ou délai de payer.*)

Il y a des lettres de chancellerie, que l'on nomme *répy*; des arrêts du confeil, appellés de *furféance*; & des arrêts du parlement, nommés de *défenfes*; par lefquels on accorde un terme ou délai à un débiteur, pour payer fes créanciers, qui le pourfuivent trop rigoureufement. Voyez RÉPY & DÉFENSES GÉNÉRALES.

Il fe fait auffi des contrats volontaires d'*atermoyement* entre les créanciers & les débiteurs. Voyez CONTRAT D'ACCORD ou D'ATERMOYEMENT.

ATERMOYER. (*Donner du terme,* ou prolonger celui qui a déja été donné & qui eft échu.) Les créanciers ont *atermoyé* leur débiteur, pour empêcher le divertiffement de fes effets. On expédie des lettres, on rend des arrêts pour *atermoyer,* pour furfeoir les paiemens.

ATERMOYÉ. On appelle un billet *atermoyé,* celui qui doit être payé à certain terme, ou à certain temps.

ATIBAR. Nom que les habitans du royaume de Gago en Afrique, donnent à la *poudre d'or.*

C'eft de ce mot que les Européens, fur-tout les François, ont compofé le mot de *tibir,* qui veut auffi dire *poudre d'or,* parmi ceux qui en font le commerce. Voyez POUDRE D'OR.

ATTACHE. Dans le commerce de la bonneterie, on appelle *bas d'attache,* de grands bas qui vont jufqu'au haut des cuiffes, & que l'on attache avec des aiguillettes à la ceinture de la culotte. On les nomme auffi *bas à botter.*

ATTLAS. (*Satin de foie fabriqué aux Indes.*) Il y en a de pleins, de rayés & à fleurs, dont les fleurs font ou d'or, ou feulement de foie. Il y en a auffi de toutes fortes de couleurs, mais la plupart fauffes, fur-tout les rouges & cramoifis.

Il faut avouer que la fabrique en eft admirable & finguliere, & que, fur-tout dans les *attlas* à fleur, l'or & la foie y font employés d'une manière inimitable aux ouvriers d'Europe; mais auſſi il s'en faut bien qu'ils ayent cet œil & cet éclat, que les François ſçavent donner à leurs étoffes de ſoie.

Entre les différentes ſortes d'*attlas*, les plus conſidérables ſont les *cotonis*, les *cancanias*, les *calquiers*, les *cotonis bouilles* & les *bouilles chaſmay* ou *charmay*. Les *attlas cotonis* ſont ainſi nommés, parce que le fond eſt de coton & le reſte de ſoie. Les *cancanias* ſont des ſatins rayés à chaînettes. On appelle *quemkas*, ceux des *cancanias* qui paroiſſent plus ſoyeux. Les *calquiers* ſont des ſatins à la Turque ou point d'Hongrie. Les *bouilles cotonis* & *bouilles charmay*, ſont des étoffes de ſoie, en façon de gros de Tours, couleur d'œil de perdrix.

Il y a des *attlas* de différentes longueurs & largeurs, depuis 4 aunes $\frac{1}{8}$ de long ſur $\frac{2}{3}$ de large, juſqu'à 14 aunes de longueur, ſur $\frac{9}{16}$ de largeur. On appelle demi-piéces, ceux qui approchent de la moitié des longueurs ordinaires.

A T T O L E. (Sorte de *teinture rouge*.) *Voyez* ANATTE.

A V

AVAL. C'eſt une ſouſcription qu'on met ſur une lettre de change, ou ſur une promeſſe d'en fournir quelqu'une; ſur des ordres, ou des acceptations; ſur des billets de change, ou autres billets; & ſur tous autres actes de ſemblable eſpèce, qui ſe font entre marchands & négocians, par laquelle on s'oblige d'en payer la valeur, ou le contenu, en cas qu'ils ne ſoient pas acquittés à leurs échéances par ceux qui les ont acceptés, ou qui les ont ſignés. C'eſt proprement une caution pour faire valoir la lettre, la promeſſe, &c.

On appelle ordinairement ces ſortes de cautions, *donneurs d'aval*, leſquels ſont tenus de payer ſolidairement avec les tireurs, prometteurs, endoſſeurs & accepteurs, encore qu'il n'en ſoit pas fait mention dans l'*aval*. Ordonnance de 1673, art. 33 *du titre 5*.

Suivant l'article premier du titre 7 de la même ordonnance, les donneurs d'*aval* peuvent être contraints par corps.

Ceux qui ſouſcrivent, ou donnent leur *aval* ſur les lettres & billets, ne peuvent prétendre ni reclamer le bénéfice de diſcuſſion & diviſion, mais ils peuvent d'abord être contraints par corps au paiement; ce qui a été jugé par arrêt du parlement de Paris, inféré au recueil de Laurent Bouchel & Joly, chap. 16; ce qui eſt auſſi conforme aux déciſions de la Rote de Gênes.

Les courtiers de marchandiſes ne peuvent ſigner aucune lettre de change par *aval*; ils peuvent ſeulement certifier que la ſignature des lettres eſt véritable. *Art. 2 du titre 2 de l'ordonnance de 1673*.

Il ſemble qu'il en devroit être de même à l'égard des agens de change & banque, d'autant que par l'article premier du même titre, il leur eſt défendu de faire le change & la banque pour leur compte personnel.

AVALANT. On appelle *un bateau avalant*, celui qui ſuit le cours d'une rivière en deſcendant. L'ordonnance de la ville de Paris de 1672, ſervant de réglement aux voituriers par eau, porte: que *lorſque deux bateaux, l'un montant & l'autre avalant, ſe trouvent en pleine rivière, c'eſt au montant à ſe garer vers terre, pour laiſſer paſſer l'avalant.*

AVALER. (*Terme de rivière*.) C'eſt conduire un bateau, ou un train de bois aval de la rivière, c'eſt-à-dire, en deſcendant, & en ſuivant le cours de l'eau. Les bateaux de Champagne, qui viennent à Paris, *avalent*; ceux qui y arrivent de Normandie, montent.

AVALER une lettre de change, un billet de change. C'eſt y mettre ſon *aval*, le ſouſcrire, en répondre. Il eſt peu d'uſage. *Voyez* AVAL.

AVANCE. (*Anticipation de temps.*) Payer un billet, une promeſſe d'*avance*, c'eſt en compter la valeur avant le temps de ſon échéance; ce qui ſe fait ordinairement en eſcomptant.

AVANCE. Signifie auſſi *prêt d'argent ou fourniture de marchandiſes*. Je ſuis en *avance* avec un tel; je lui ai prêté des ſommes conſidérables; je lui ai fourni beaucoup de marchandiſes; je ne ſçai quand j'en pourrai être rembourſé.

AVANCE. On dit en termes de lettres de change, avance *pour le tireur*, lorſque d'une lettre négociée, celui qui la négocie, en reçoit plus que le pair, c'eſt-à-dire, plus que la ſomme portée par la lettre. On appelle au contraire, *avance pour le donneur & perte pour le tireur*, lorſque par la négociation, celui à qui appartient la lettre, n'en reçoit pas l'entière valeur. *Voyez négocier une lettre de change.*

AVANCER. (*Faire les frais d'une entrepriſe, avant que le temps ſoit venu de s'en rembourſer.*) Il faut beaucoup avancer d'argent dans les armemens avant que d'en rien retirer. Il a avancé tous les frais de cette manufacture.

AVANCER. Signifie auſſi, *prêter de l'argent, fournir des marchandiſes à quelqu'un*. J'ai beaucoup avancé d'argent; j'ai beaucoup fourni de marchandiſes à ce négociant, pour le ſoutenir dans ſon commerce.

On dit, *avancer les paiemens*, pour dire, *payer avant les échéances des temps*. Quand on avance le paiement d'un billet, d'une promeſſe, il ne faut pas oublier d'en tirer l'eſcompte.

AVANCES. Les *avances*, ſont les ſommes qu'il faut débourſer en toute entrepriſe d'exploitation, de manufacture, de commerce ou d'ouvrages quelconques, avant d'en retirer les profits. Il faut payer les denrées & marchandiſes, les ouvriers ou domeſtiques, les voituriers, les loyers de magaſins, les taxes, impôts, &c. &c. Les *avances* ſont préciſément le mobile univerſel de la culture, des arts & du commerce. Il eſt étonnant qu'on n'y ait pas fait plus d'attention dans les ouvrages d'économie politique. Ces *avances* sans lesquelles rien ne peut marcher dans les sociétés policées, exigent des capitaux, du crédit & la liberté de vendre au prix le plus avantageux. Toutes les opérations publiques dont l'effet est de diffiper les capitaux, d'affoiblir le crédit, de diminuer l'avantage & la liberté des ventes, font périr les *avances* & ruinent ainfi les états. C'est par l'indifpenfable néceffité de retirer avant tout fes *avances*, qu'on est obligé de partager le prix qu'on obtient de chaque vente en deux portions, dont l'une s'appelle *reprife*, c'est le total des *avances* & l'intérêt de la fomme à laquelles elles fe montent, l'autre s'appelle *produit net* ou *net produit*, c'est le bénéfice pour les *avances* prélevées. On a perfiflé pendant quelque temps cette diftinction si naturelle & si néceffaire; les bonnes gens n'en ont pas moins continué de calculer fur trois données, 1°. produit total ou recette entière, 2°. reprifes ou frais & *avances* à prélever, 3°. produit net ou bénéfice clair. & liquide.

AVANIE. (*Infulte, affront, mauvais traitement, querelle que l'on fait à deffein & fans raifon.*)

Ce terme est particulièrement en ufage dans le Levant & dans tous les états du grand-feigneur, pour fignifier, *les préfens* ou *les amendes*, que les bachas & les douaniers Turcs exigent des marchands chrétiens, ou leur font payer injuftement & fous de faux prétextes de contravention.

Quand une *avanie* regarde toute une nation, ce font les ambaffadeurs ou les confuls, qui les réglent, & qui enfuite en ordonnent la levée fur les marchands & particuliers de la nation : mais ordinairement de l'avis & avec la participation des principaux d'entre eux.

Pour les *avanies* particulières, chacun s'en tire au meilleur marché qu'il lui est poffible, en employant néanmoins toujours le crédit & l'entremife des ambaffadeurs & des confuls, dont le principal emploi à Conftantinople & dans les échelles de la Méditerranée, est de protéger le commerce & les négocians, & de prévenir ou faire ceffer les *avanies*.

AVARIES. (*Terme de commerce de mer.*) Ce font les accidens & mauvaifes avantures qui arrivent aux vaiffeaux & aux marchandifes de leurs cargaifons, depuis leur chargement & départ, jufqu'à leur retour & déchargement.

Il y a trois fortes d'*avaries*, de fimples ou particulières, de groffes ou communes, & des menues.

Les fimples *avaries* confistent dans les dépenfes extraordinaires, qui font faites pour le bâtiment feul, ou pour les marchandifes feulement; & alors le dommage qui leur arrive en particulier, doit être fupporté & payé par la chofe qui a fouffert le dommage, ou caufé la dépenfe.

On met au nombre des fimples *avaries*, la perte des câbles, des ancres, des voiles, des mâts & des cordages, arrivée par tempête ou autre fortune de mer : & encore le dommage des marchandifes caufé, foit par la faute du maître du vaiffeau, ou de l'équipage, foit pour n'avoir pas bien fermé les écoutilles ou bien ancré le bâtiment, foit pour n'avoir pas fourni de bons guindages & cordages, &c. Toutes ces *avaries* doivent tomber fur le maître, le navire & le fret.

Les dommages arrivés aux marchandifes par leur vice propre, par tempête, prife, naufrage, ou échouement; les frais faits pour les fauver & les droits, impofitions & coutumes, doivent tomber fur le compte des propriétaires.

Quand on dit, le vice propre des marchandifes, cela doit s'entendre, l'empirance, pourriture, dégât, mouillure d'eau, coulure, &c.

La nourriture & les loyers des matelots, lorfque le navire est arrêté en voyage par ordre d'un fouverain, font auffi réputés fimples *avaries*, lorfque le vaiffeau est loué au voyage, & non au mois; & c'est le vaiffeau feul qui les doit porter.

Les groffes ou communes *avaries*, font les dépenfes extraordinaires faites, & le dommage fouffert pour le bien & le falut commun des marchandifes & du vaiffeau. De ce nombre font :

Les chofes données par compofition aux pirates pour le rachat du navire & des marchandifes, celles-jettées en mer, les cables & mâts rompus ou coupés, les ancres & autres effets abandonnés pour le bien commun du bâtiment & des marchandifes.

Le dommage fait aux marchandifes reftées dans le navire en faifant le jet en mer, les panfemens & nourritures des matelots bleffés en défendant le bâtiment, & les frais de la décharge pour entrer dans un havre ou dans une rivière, ou pour remettre à flot le vaiffeau.

La nourriture & les loyers des matelots d'un navire arrêté en voyage par l'ordre d'un fouverain, lorfque le bâtiment est loué au mois, & non pour le voyage.

Toutes ces *avaries*, groffes & communes, doivent tomber, tant fur le vaiffeau, que fur les marchandifes, pour être regalées fur le tout au fol la livre.

Les menues *avaries* font les lamanages, touages, pilotages pour entrer dans les havres & rivières ou pour en fortir : elles doivent être fupportées, un tiers par le navire & les deux autres tiers par les marchandifes.

L'on ne répute point pour *avaries*, les droits de congé, vifite, raport, tonnes, balifes, & ancrages; cela doit être fupporté & acquitté par le maître du vaiffeau.

Le dommage caufé par les abordages des vaiffeaux, les uns fur les autres, doit être payé & fupporté par égale portion par les maîtres des navires; cela n'entrant point, & ne faifant point partie des autres *avaries*; cependant lorfque l'abordage est arrivé par la faute d'un des maîtres du vaiffeau, en ce cas le dommage doit être réparé par lui feul.

On peut voir toutes ces *avaries* dans l'ordonnance de la marine du mois d'août 1681, au titre 7 du livre 3.

AVARIE. Signifie encore *un droit* qui fe paye pour l'entretien d'un port, par chaque vaiffeau qui y vient mouiller.

AVARIÉ. AVARIÉE. Ils fe difent *des marchandifes & effets*, qui ont été endommagés dans les vaiffeaux marchands ; pendant leur voyage , foit par tempête, naufrage, échouement, ou autrement. Du caffé *avarié* : de la cochenille *avariée*.

AUBAN. On appelle *droit d'auban*, un droit qui fe paye au feigneur ou aux officiers de police, pour avoir permiffion d'ouvrir boutique. Il s'entend auffi *de la permiffion même.*

Il faut fans doute une ordonnance bien précife pour autorifer une pareille perception. Car enfin le droit de travailler & de vendre en boutique eft certainement général par la nature , jufqu'à ce que l'autorité vraiment légiflative y mette obftacle de fait.

AUBER ou AUBERE. Cheval qui a le poil blanc , femé par tout le corps de poil alezan & bay.

Cette forte de poil eft peu eftimée ; & rarement les chevaux qui en font , réuffiffent-ils. *Voyez* CHEVAL.

AUBIER , qu'on nommoit anciennement AUBOUR. Se dit *de cette partie molle & blanchâtre*, qui fe rencontre autour de l'arbre , entre l'écorce & le bois vif.

L'*aubier* peut être auffi regardé comme une manière de feconde écorce, dont les fibres font plus ferrées que ceux de la première : c'eft proprement le lard du bois. L'*aubier* fe durcit par le moyen du fuc qui s'y décharge, & de la feve qui y coule; en forte qu'il devient petit à petit , & comme imperceptiblement , une partie de la fubftance ligneufe de l'arbre ; c'eft-à-dire, qu'il fe transforme en bois vif.

Il y a peu d'arbres qui n'ayent de l'*aubier* ; mais il s'y rencontre plus ou moins épais, fuivant la fituation où les arbres fe trouvent plantés : car plus ils font expofés aux rayons ardens du foleil , & moins s'y en trouve-t-il. L'*aubier* du chêne ne paffe guères un pouce ou un pouce & demi d'épaiffeur.

On a remarqué que lorfqu'un arbre eft abattu, ou qu'il meurt fur pied, l'*aubier* demeure toujours de fa même épaiffeur, fans qu'il puiffe jamais fe former en bois vif.

L'*aubier* eft très-fujet à fe corrompre; c'eft pourquoi les marchands qui font équarrir du bois, doivent bien prendre garde qu'on y en laiffe le moins qu'il eft poffible.

Par les ftatuts des maîtres charpentiers & des maîtres menuifiers, il leur eft abfolument défendu

d'employer aucuns bois où il y ait de l'*aubier*; ftatut qui s'obferve comme les autres.

AVELANEDE ou VALANEDE. C'eft *la coffe du gland*, c'eft-à-dire , ce petit vafe ou coque, auquel tient la queue du fruit, & qui eft ornée d'une efpèce de cizelure naturelle. On s'en fert pour paffer les cuirs.

Comme il y a beaucoup de chênes en France, il n'eft pas néceffaire d'en faire venir des pays étrangers : les François en font néanmoins un affez grand négoce dans le Levant, particulièrement à Smyrne, d'où l'on en peut enlever chaque année jufqu'à cinquante mille quintaux : on en laiffe perdre cent fois davantage dans nos bois faute d'en connoître l'utilité & peut-être faute d'avoir la liberté de les recueillir.

AVELINE. (*Efpèce de fruit femblable à la noifette*, mais plus rond & dont la coque eft plus dure.)

Il y en a de deux fortes , les lacadières & les communes; les lacadières font groffes & fort liffées; les communes approchent davantage de la noifette, étant un peu longuettes. Les unes & les autres viennent de Provence.

On fait des dragées d'*avelines*, en les couvrant de fucre ; mais leur plus grande confommation fe fait aux defferts & collations de carême.

Elles font une partie du négoce des épiciers.

Les avelines payent en France feize fols du cent péfant pour droits d'entrée, & feulement douze fols pour droits de fortie, & les nouveaux fols pour livre.

AVENTURE. (*Terme de commerce de mer*, dont on ne fe fert néanmoins, qu'en y ajoutant le mot de *groffe.*) Mettre de l'argent à la *groffe aventure*, c'eft le mettre à profit fur des vaiffeaux. *Voyez* contrat ou obligation à la groffe aventure.

AVENTURIER. Signifie *un homme , peu ou point connu , qui n'a peut-être ni feu ni lieu, qui fe mêle hardiment d'affaires & qui communément n'eft qu'un affronteur.* Tous les bons négocians doivent bien fe garder de telles perfonnes.

AVENTURIER. On appelle auffi de la forte *ces pirates hardis & entreprenans*, qui s'uniffent contre les Efpagnols dans les Indes Occidentales, & qui font fur eux des courfes fur mer & des entreprifes fur terre qu'on auroit peine à croire , fi les *aventuriers* François de Saint-Domingue ne les avoient en quelque forte juftifiées par la prife de Cartagène , fous les ordres de meffieurs de Pointis & du Caffe. On leur donne plus ordinairement le nom de *boucaniers*, quoique moins honorable. *Voy*. BOUCANIER,

AVENTURIERS. Les Anglois appellent encore *aventuriers*, ceux qui prennent des actions dans les compagnies formées pour l'établiffement de leurs colonies de l'Amérique ; ce qui les diftingue de ceux qu'ils nomment *planteurs*; c'eft-à-dire , des habitans qui y ont des plantations.

Les

Les derniers s'occupent à planter & à cultiver les terres, & les autres prêtent leur argent, & pour ainsi dire, le mettent à l'aventure, dans l'espérance des profits qu'ils en doivent retirer par des dividens. Ceux-ci sont proprement ce qu'on nomme en France, *actionnaires*; ceux-là, ce qu'on y appelle *habitans, colons & concessionnaires*. Dans ce sens on trouve dans le Recueil des chartres d'Angleterre, les *aventuriers & planteurs* de la Virginie; les *aventuriers & planteurs* de la nouvelle Angleterre, & ainsi des autres; les chartres accordées pour les nouvelles colonies y distinguant toujours ces deux fortes d'intéressés, & leur accordant des priviléges différens.

AVENTURIER. On appelle *vaisseau aventurier*, un vaisseau marchand qui va trafiquer dans l'étendue de la concession d'une compagnie de commerce, sans en avoir obtenu permission. *Voyez* INTERLOPRE.

AVENTURINE ou ADVENTURINE. (*Pierre précieuse tirant sur le jaune-brun, remplie de quantité de points d'or.*) Il s'en trouve d'assez beaux morceaux en Bohême & en Silésie.

Cette *pierre* prend avec facilité le poliment, mais elle est aisée à se casser. On en fait entrer dans les plus beaux ouvrages de pierres de rapport: on en fait aussi des tabatières, des boëtes à mouches, des boëtes de montre, &c.

On contrefait l'*aventurine* avec la limaille de cuivre & du verre, à qui l'on a donné une teinture jaune; l'*aventurine* factice n'approche jamais de la véritable.

AVETTE. Les anciennes instructions concernant le commerce du miel, de la cire & des mouches qui les produisent, se servent toujours de ce terme, pour signifier *abeille* ou *mouche à miel*. *Voyez* MIEL.

AVEUGLE. On nomme à Smyrne des *tapis aveugles*, les grands tapis qui se vendent au pic, lorsque le travail ne rend pas bien le dessin.

AVICTUAILLEMENT. Provision de *victuailles* que l'on met sur un vaisseau, pour le mettre en état de faire voyage. *Voyez* VICTUAILLES.

AVICTUAILLEUR, (*Terme de commerce de mer.*) C'est le marchand qui fournit les *victuailles* d'un vaisseau, & les ustensiles nécessaires pour en user. *Voyez* comme dessus.

AVILIR. (*Devenir de bas prix ou hors de vente.*) Les marchandises s'avilissent, quand elles sont hors de mode, ou qu'elles sont devenues gardes-magasin.

AVILISSEMENT. Se dit dans le même sens qu'*avilir*.

AVIRON. (*Longue piéce de bois*, plate par un bout, & ronde par l'autre, qui sert à faire avancer les bateaux sur les riviéres.)

Les *avirons* s'attachent quelquefois à des chevilles de bois, qui sont à l'avant des bateaux, avec des anneaux de fer arrêtés au tiers de leur longueur. Quelquefois ils se placent seulement entre

Commerce. Tome I.

deux chevilles. Les *avirons* des maîtres passeurs d'eau de la ville de Paris & des pêcheurs, ont des anneaux; les autres en ont rarement.

Les *avirons* payent en France de droits d'entrée dans le royaume, ou dans les provinces réputées étrangères, cinquante sols du cent en nombre, & huit livres de droits de sortie, avec les sols pour livre.

AVIS ou ADVIS. (*Avertissement, instruction* qu'on donne à quelqu'un de quelque chose qu'il ignore.) On dit donner *avis*, pour dire, *faire sçavoir ce qui se passe*. Mon correspondant de Nantes m'a donné *avis* d'une telle banqueroute.

Parmi les négocians Provençaux, on se sert quelquefois du terme *adviso*, qui leur vient d'Italie.

Une lettre d'*avis* est une lettre missive, par laquelle un marchand, ou un banquier, mande à son correspondant qu'il a tiré sur lui une lettre de change, ou que son débiteur a mal fait ses affaires, ou bien qu'il lui a fait un envoi de marchandise.

Aux lettres d'*avis* pour envoi de marchandise, on joint ordinairement la facture.

A l'égard des lettres d'*avis*, pour payement des lettres de change, elles doivent contenir le nom de celui pour le compte de qui on tire; la date du jour, du mois, & de l'année; la somme tirée; le nom de celui qui en a fourni la valeur. Elle doit aussi faire mention du nom de celui à qui elle doit être payée, & du temps auquel elle doit l'être; & quand les lettres de change portent de payer à ordre, on le doit pareillement spécifier dans la lettre d'*avis*.

On peut se dispenser d'accepter une lettre de change, quand on n'a point eu d'*avis*.

AVIS. Se prend aussi pour sentiment ou pour conseil. Cela est mon *avis*: je n'ai rien fait en cela, que par l'*avis* & conseil des plus habiles négocians.

M. Savary a donné au public un excellent livre intitulé, *Parères ou Avis & Conseils sur les plus importantes matières du commerce. Voyez* PARERES.

AVISER. (*Avertir.*) Je vous *avise* qu'un tel banquier ne paroît plus sur la place de notre ville: je vous *avise* qu'un tel vaisseau est arrivé en ce port. Ce terme vieillit & n'est presque plus en usage parmi les négocians.

AVIVAGE. (*Terme de miroitier.*) C'est la premiére façon que l'on donne à la feuille d'étain, pour recevoir le vif-argent.

L'*avivage* se fait en frottant cette feuille avec du vif-argent, mais sans l'en charger; en sorte néanmoins qu'elle devienne aussi vive & aussi brillante, que si c'étoit un miroir. On se sert d'une pelote de serge pour prendre le vif-argent dans la grande sébille & en *aviver* la feuille. *Voyez* GLACE.

AVIVAGE, se dit aussi en Touraine & dans quelques lieux de la généralité d'Orléans, d'une espéce de *teinte* que l'on donne aux étamines, pour en cacher les défectuosités. *Voyez* à l'article des réglemens, celui du 19 Janvier 1713.

V

AVIVER UNE COULEUR. (*Terme de teinturier.*) C'eſt la rendre plus vive, plus éclatante, plus brillante, en la paſſant, lorſqu'elle eſt teinte & bien lavée, ſur de l'eau tiéde mêlée de quelques ingrédiens. Le bleu, par exemple, s'*avive* ſur de l'eau tiéde un peu alunée. *Voyez* TEINTURE & TEIN-TURIER.

AULMULCIERS. Les marchands bonnetiers de la ville & fauxbourgs de Paris, prennent cette qualité dans leurs ſtatuts. *Voyez* BONNETERIE & BONNE-TIER.

AUNAGE ou AULNAGE. *Meſurage* des étoffes, toiles, rubans, &c. qui ſe fait avec une meſure certaine & réglée, qu'on appelle à Paris & preſque dans toutes les villes de France, en Flandre, Brabant, Allemagne, Hollande & en quelques autres pays de l'Europe, une *aune*, laquelle, quoique du même nom, n'eſt pas uniforme par tout. *Voyez* AUNE.

BON D'AUNAGE, EXCÉDANT D'AUNA-GE, BÉNÉFICE D'AUNAGE, ſont mots ſynonymes, qui ſignifient *quelque choſe que l'on donne ou que l'on trouve au-delà de la meſure ou de l'aunage ordinaire.*

Par le réglement des manufactures de lainage du mois d'août 1669, art. 44, il eſt porté, que pour les draperies, dont l'uſage eſt de donner par le façonnier au marchand acheteur, un *excédant d'aunage* pour la bonne meſure, l'*excédant* ne pourra être ſeulement que d'une *aune*, & un quart au plus ſur vingt-une *aunes* & un quart vulgairement appellé vingt & un quarts pour vingt, & des demi-piéces à proportion.

Sous la halle aux toiles de Paris, l'uſage eſt d'*auner* les toiles le pouce devant l'*aune*; ce qui s'apelle *pouce & aune* ou *pouce évant*; ce qui produit de bon *aunage* pour l'acheteur environ une *aune* demi tiers ſur cinquante *aunes*. Outre ce pouce, on donne encore une *aune* ſur cinquante *aunes* pour la bonne meſure; enſorte qu'il y a de bénéfice ſur chacune fois cinquante *aunes*, environ deux *aunes* un demi-tiers.

Quant on dit, mettre le plomb d'*aunage* à une étoffe, c'eſt y appliquer ſur la liſiére, du côté du chef, un plomb ſur lequel on marque en chiffres le nombre d'*aunes* que la piéce contient, ſuivant qu'on l'a reconnu par l'*aunage* qui en a été fait.

Il y a des lieux en France, où, quoique l'*aune* ſoit égale à celle de Paris, l'on trouve un bénéfice conſidérable, ſur l'*aunage*; ce qui provient de l'uſage où ſont les ouvriers & manufacturiers de donner des *excédants d'aunage* à ceux qui achetent d'eux: cela regarde particuliérement le commerce des toiles.

A Rouen, Laval, Alençon, Mortagne, Mamers & Wimoutiers, ils donnent 24 *aunes* pour vingt.

A Bollebecq, Orvillé, Berné & au-delà de Rouen, vingt-ſept pour vingt.

A Beaumont & à Breaune, vingt-huit pour vingt.

A Tilliers, vingt-deux pour vingt.

A Saint-Georges, trente pour vingt.

Et à Laigle, vingt-huit trois quarts pour vingt.

Cet uſage de donner ainſi des *excédants d'aunages*, a été introduit par les ouvriers & manufacturiers, dans la vûe d'attirer le commerce dans leurs villes, au préjudice des autres où il y a moins d'*aunage*. Cependant il faut remarquer, que dans les lieux où l'on donne de ſi forts *excédants d'aunages*, les marchandiſes ſont toujours plus chéres, que dans ceux où l'on n'en donne point: ainſi l'un revient à l'autre; car une piéce de toile que l'on acheteroit vingt ſols l'*aune* en un endroit où l'on ne donne point d'*excédant*, s'acheteroit vingt-ſept ſols, en celui où l'on donne vingt-ſept pour vingt; bien entendu qu'elles fuſſent de la même qualité & largeur.

Il faut encore obſerver, que dans les endroits où l'on donne de ſi forts *excédants d'aunages*, pour l'ordinaire les marchandiſes n'y ſont pas ſi bonnes, ni ſi parfaites, qu'en ceux où l'on n'en donne que peu ou point: c'eſt à quoi il faut prendre garde dans les achats que l'on en peut faire, afin de n'être pas trompé.

On nomme *table du bordereau d'aunage*, une certaine table, compoſée de diverſes fractions de l'*aune*, ſuivant qu'elle eſt différemment diviſée, comparées aux parties de la livre de vingt ſols. *Voyez* BORDEREAU; *vous y trouverez cette table, avec la maniére de s'en ſervir.*

AUNE. (*Bâton d'une certaine longueur*, qui ſert à meſurer les étoffes, toiles, rubans, &c.)

Les *aunes* ſont plus ou moins longues, ſelon les pays & les lieux.

L'*aune* de Paris contient trois pieds, ſept pouces, huit lignes, conformément à l'étalon qui eſt dans le bureau des marchands merciers. Elle ſe diviſe en deux maniéres.

La premiére, en demi-aune, en tiers, en ſixiéme, & en douziéme.

Et la ſeconde, en demi-aune, en quart, en huit & en ſeize, qui eſt la plus petite partie de l'*aune*; après quoi elle ne ſe diviſe plus.

La différence qu'il y a d'un douziéme à un ſeiziéme, eſt d'un quarante-huitiéme: celle d'un ſixiéme à un huitiéme, eſt d'un vingt-quatriéme: celle d'un tiers à un quart, eſt d'un douziéme: celle de onze douziémes à ſept huitiémes, eſt d'un vingt-quatriéme: celle de cinq ſixiémes à trois quarts, eſt d'un douziéme: celle de deux tiers à une demie, eſt d'un ſixiéme: & celle d'une demie à un tiers, eſt d'un ſixiéme. On pourroit bien porter ces différences plus loin, mais cela ſeroit inutile; il ſuffit aux marchands de ſçavoir celles qui viennent d'être rapportées.

L'*aune* de Bordeaux, la Rochelle, Rouen & de preſque toutes les autres villes de France, eſt égale à celle de Paris.

En Angleterre on ſe ſert d'une *aune* pour auner les toiles, qui eſt ſemblable à celle de Paris. On tient auſſi que l'*aune* d'Oſnabrug eſt de même longueur.

Par arrêt du conseil du 14 juin 1687, il a été ordonné, que ceux qui vendent & achetent des étoffes en la province du Languedoc, soit de laine, soie, fil & autres, seront obligés, dans la vente & le débit qu'ils feront de leurs marchandises, soit en gros ou en détail, de se servir de l'*aune* de Paris, au lieu de cannes, dont l'usage est défendu en ladite province, à peine d'amende. *Voyez l'article des réglemens.*

Par autre arrêt du conseil du 27 octobre de la même année, pareilles défenses ont été faites pour la province de Dauphiné. *Voyez comme dessus.*

L'*aune* de Troyes en Champagne contient deux pieds six pouces une ligne, conséquemment trente *aunes* de Troyes font vingt-une *aunes* de Paris.

L'*aune* d'Arc en Barrois & de quelques-unes des villes de Picardie & de Bourgogne, est conforme à celle de Troyes.

L'*aune* de Bretagne contient quatre pieds deux pouces onze lignes; ce qui fait sept sixiémes d'*aune* de Paris & l'*aune* de Paris fait six septiémes d'*aune* de Bretagne; de manière que six *aunes* de Bretagne font sept *aunes* de Paris & sept *aunes* de Paris font six *aunes* de Bretagne.

L'*aune* de S. Genoux en Berry, est plus longue que celle de Paris d'environ huit lignes; ce qui va à une *aune* & demie de plus sur cent aunes.

L'*aune* de Lyon est de quelque chose plus courte que celle de Paris; mais cette différence est très-peu considérable, ne pouvant aller tout au plus qu'à une *aune* de moins sur cent *aunes*.

L'*aune* de Musquinier est d'un pouce plus longue que celle de Flandres; ensorte que vingt-cinq *aunes* de Musquinier font quinze *aunes* de Paris, au lieu que vingt-cinq *aunes* de Flandres ne font que quatorze *aunes* sept douziémes de Paris, ce qui est cinq douziémes de moins. *Voyez* Musquinier.

L'*aune* de Flandres contient deux pieds un pouce cinq lignes & demie ligne, qui font sept douziémes d'*aune* de Paris; & l'*aune* de Paris fait une *aune* cinq septiémes de Flandres; de façon que douze *aunes* de Flandres font sept *aunes* de Paris.

L'*aune* de Brabant & d'Allemagne, est semblable à celle de Flandres.

L'*aune* d'Amsterdam ou de Hollande, est semblable à la brasse de Milan, dont on se sert pour mesurer les draps de laine. Elle contient un pied onze lignes, ce qui fait quatre septiémes d'*aune* de Paris; & l'*aune* de Paris fait une *aune* trois quarts d'Amsterdam; de manière que sept *aunes* d'Amsterdam font quatre *aunes* de Paris. L'on prétend que l'*aune* de Nuremberg est égale à celle d'Amsterdam.

Pour réduire les *aunes* d'Amsterdam en *aunes* de Paris, il faut se servir de la régle de trois, & dire: si sept *aunes* d'Amsterdam font quatre *aunes* de Paris, combien tant d'*aunes* d'Amsterdam? Et au contraire, pour réduire les *aunes* de Paris en *aunes* d'Amsterdam, il faut dire: si quatre *aunes*

de Paris font sept *aunes* d'Amsterdam, combien tant d'*aunes* de Paris?

Cette manière de réduire les *aunes* d'Amsterdam en *aunes* de Paris & celles de Paris en *aunes* d'Amsterdam, peut servir pour toutes les réductions que l'on aura à faire des autres *aunes* de différente villes & pays, par rapport à celle de Paris.

Outre ces diverses mesures des longueurs, tant de France, que des pays étrangers, auxquelles on donne le nom d'*aune*, il y en a quantité d'autres qui, sous un autre nom, servent au même usage. Les principales de ces mesures sont, la canne de Provence, de Toulouse & de Naples; la varre d'Arragon; la verge d'Angleterre & de Seville; la barre de Castille & de Valence; le ras de Piémont; la brasse de Lucques, de Venise, Boulogne, Modene, Mantoue, Bergame, Florence & Milan; le yard d'Angleterre; la palme de Gènes; le pic de Constantinople, de Smyrne & du Caire; la gueze des Indes & celle de Perse, que les Européens nomment néanmoins plus communément *aune* que *gueze*, comme on le remarque à la fin de cet article.

On peut voir ce qu'on dit de ces différentes mesures & les réductions qu'on en fait à l'*aune* de Paris, dans leurs propres articles, suivant l'ordre alphabétique.

On appelle *aune étalonnée*, celle qui a été marquée aux deux bouts par l'officier étalonneur, ou autre ayant droit de le faire; ce qui fait connoître qu'elle est juste & qu'elle a été confrontée avec celle qui sert d'étalon, ou de mesure matrice ou originale, qui est ordinairement gardée dans le greffe de la haute justice des lieux, ou au bureau de la ville, ou au bureau des marchands.

L'étalon de l'*aune* de Paris, qui est dans le bureau des merciers, est de fer; & par l'inscription qui est gravée dessus, il paroît qu'il a été fait en 1554, sous le règne de Henri II.

Par l'ordonnance de commerce de 1673, art. 11 du titre premier, il est enjoint à tous négocians & marchands, tant en gros qu'en détail, d'avoir chacun à leur égard des *aunes* ferrées, & marquées par les deux bouts; & il leur est défendu de s'en servir d'autres, à peine de faux, & de cent cinquante livres d'amende.

La raison pour laquelle il est défendu de se servir d'autres *aunes*, que de celles qui sont ferrées par les deux bouts, est afin que par l'usage les *aunes* ne puissent pas se racourcir.

AUNE. Se dit aussi *de la chose mesurée*. Une *aune* de drap: une *aune* de taffetas.

Quand on dit, *cette étoffe*, *cette toile* vaut tant l'*aune*, cela doit s'entendre, l'*aune* de Flandres & d'Amsterdam, parce qu'elles sont de beaucoup plus petites que celle de Paris, ainsi qu'il est ci-devant marqué.

AUNE COURANTE ou AUNE DE COURS. C'est une *mesure* d'étoffe ou de tapisserie, qui s'étend sur les longueurs, sans considérer la largeur, ou la hauteur:

& lorsqu'on dit, qu'une *tapisserie* est composée de cinq piéces, qui font douze *aunes* courantes ou de cours, cela doit s'entendre, que les cinq piéces jointes ensemble font douze *aunes* en longueur.

On appelle *porte-aune*, une espéce de machine de bois, au haut de laquelle l'*aune* est attachée solidement ; ce qui sert aux marchands à auner seuls leurs étoffes ; & cela pour ne pas occuper inutilement deux personnes pour une : car lorsque l'on veut auner sans *porte-aune*, il faut de nécessité être deux ; l'un pour tenir l'*aune* & l'autre pour auner l'étoffe.

AUNE. Il y a deux sortes d'*aunes* en Perse ; l'une qu'on appelle *aune royale*, qui a trois pieds de roi moins un pouce, l'autre, qu'on appelle *aune racourcie*, en Persan *guez̧e-moukesser*, qui n'a que les deux tiers de l'*aune-royale*. Ces beaux tapis de Perse, que nous voyons en France, se mesurent à l'*aune* carrée, en prenant la largeur pour le multipliant & la longueur pour le multiplié ; ce que les Persans appellent *aune à aune*.

Rapport de l'aune d'Amsterdam avec les mesures des principales villes de l'Europe.

100 aunes d'*Amsterdam* sont égales à
98 $\frac{1}{4}$ d'Anvers ou de Brabant,
41 $\frac{3}{4}$ cannes de Barcelonne,
120 aunes de Bâle & de Berne,
102 $\frac{1}{4}$ brasses de Bergame,
110 aunes de Bergue & Norwége,
58 $\frac{1}{2}$ de Bordeaux,
107 $\frac{1}{7}$ brasses de Bologne,
80 aunes de Breslaw en Silésie,
101 $\frac{1}{3}$ aunes de Bruges,
100 $\frac{1}{4}$ aunes de Bruxelles,
80 barres de Castille,
120 aunes de Cologne,
102 aunes $\frac{4}{5}$ pics de Constantinople,
114 $\frac{1}{2}$ aunes de Copenhague,
112 aunes $\frac{1}{4}$ de Dantzick,
75 verges de Dublin,
75 verges d'Edembourg,
29 $\frac{4}{5}$ cannes de Florence de 8 palmes,
122 $\frac{22}{49}$ brasses dudit Florence,
120 aunes de Francfort,
93 $\frac{1}{4}$ aunes de Gand,
39 $\frac{2}{9}$ cannes de Gênes de 9 palmes,
60 aunes de Genève,
120 de Hambourg,
150 cavidos des Indes Orientales,
58 $\frac{1}{2}$ aunes de la Rochelle,
120 aunes de Leipsick,
125 aunes de Liége,
96 $\frac{2}{4}$ aunes de Lisle,
55 aunes de Lyon,
61 barres de Lisbonne,
29 $\frac{1}{2}$ cannes de Livourne de 8 palmes,
122 $\frac{22}{49}$ brasses dudit Livourne,
75 verges de Londres,
120 aunes de Lubeck,
100 $\frac{1}{4}$ de Malines,
35 cannes de Marseille,
166 aunes de Meinden,
39 $\frac{9}{25}$ cannes de Messine,
128 $\frac{4}{7}$ brasses de Milan,
34 $\frac{2}{7}$ cannes de Montpellier,
58 $\frac{1}{2}$ aunes de Naples,
30 $\frac{1}{2}$ cannes dudit Naples,
100 aunes de Norwége,
120 aunes de Nuremberg,
58 $\frac{1}{2}$ aunes d'Osnabrug,
39 $\frac{7}{25}$ cannes de Palerme,
58 $\frac{1}{2}$ aunes de Paris.
114 $\frac{4}{7}$ ras de Piémont,
33 cannes de Rome pour les toiles,
58 $\frac{1}{2}$ aunes de Rouen,
112 $\frac{1}{2}$ rotolis de Smyrne,
37 $\frac{1}{2}$ aunes de Toulouse & haut Languedoc,
114 $\frac{4}{7}$ ras de Turin,
74 $\frac{4}{7}$ barres de Valence,
102 brasses de Venise.

AUNER. (*Mesurer avec une aune.*) Il faut *auner* cette piéce de drap, pour voir combien elle contient d'*aunes*. Les marchands ont une adresse particuliere pour *auner*; & il est facile à ceux qui ne sont pas de bonne foi, de tromper en *aunant*.

AUNER BOIS A BOIS OU AUNER PINCE A PINCE. C'est-à-dire, *auner* juste, sans donner ou faire aucune bonne mesure.

Par l'article 44 du réglement des manufactures de lainage du mois d'août 1669, il est ordonné, que toutes sortes de marchandises seront *aunées bois à bois*, justement, & sans évant ; & il est défendu aux auneurs d'en user autrement, à peine de 100 l. d'amende pour chacune contravention. *Voyez* POUCE-ÉVANT.

Suivant l'arrêt du conseil du 3 octobre 1689, il est au choix de l'acheteur de faire *auner* toutes les piéces de marchandises, tant par la lisiére, que par le dos ou faîte, & d'en payer le prix sur le pied du moindre aunage qu'elles contiennent, soit qu'il ait été fait par le dos ou par la lisiére.

A Paris l'ufage eſt d'*auner* les toiles le pouce devant l'*aune*. *Voyez ci-devant* AUNAGE.

AUNEUR. (*Officier ou commis prépoſé pour auner* ou *meſurer les draps, ſerges, toiles &c.*)

Auneurs de toiles.

Il y avoit à Paris une communauté de cinquante *jurés auneurs - viſiteurs de toiles*, créés en titre d'offices héréditaires. Ils prêtoient ſerment pardevant le lieutenant-général de police. Les droits qui leur ſont attribués, ſont de douze deniers pour aune ſur toutes ſortes de toiles, tant fines que groſſes, étrangères ou du royaume, canevas, coutils, treillis, coupons, bougrans, ſervìettes, mouſſelines, batiſtes, futaìnes, baſins, toiles de coton & de lin & autres ouvrages de fil, qui ſont amenés & vendus en la ville & fauxbourgs de Paris; même ſur les *toiles* & autres ouvrages ci-deſſus, qui ſont fabriqués en ladite ville & fauxbourgs. Ils avoient deux bureaux établis, où ils faiſoient leurs fonctions & la perception de leurs droits; l'un étoit à l'hôtel des fermes, & l'autre à la halle aux *toiles*.

Les cinquante offices de *jurés auneurs & viſiteurs de toiles* ayant été ſupprimés par édit du mois de ſeptembre 1719; & un certain nombre de commis ayant été nommés par le lieutenant-général de police, pour faire les aunages & viſites des *toiles* en leur place, les droits qu'ils recevoient ont été modérés. Ces officiers ont été rétablis par l'édit de juin 1730, puis ſupprimés encore en 1776, mais non leurs droits qui ſe lèvent au profit de la finance, il en eſt de même des *auneurs de draps*.

AVOINE. Eſpèce de *grain*, qui fait partie des petits blés, qu'on appelle *mars*.

L'*avoine* aime les lieux froids & humides.

Par l'ordonnance du mois d'octobre 1669, l'*avoine* doit être meſurée dans les mêmes meſures qui ſervent au blé; avec cette différence néanmoins, que le ſeptier d'*avoine* doit avoir vingt - quatre boiſſeaux.

En France l'avoine paye de droits de ſortie du royaume treize livres ſix ſols du muid meſure de Paris, contenant douze deniers, faiſant deux tonneaux; & ſeulement dix ſols de droits d'entrée auſſi par muid, lorſqu'elle entre par les provinces d'Anjou, le Maine & Thouars & les nouveaux ſols pour livre.

Réduction de diverſes meſures dont on ſe ſert en France, en Flandres & en Allemagne, à meſurer les avoines, avec le boiſſeau de Paris.

La diverſité des *meſures* qui ſervent à meſurer les *avoines* étant d'un très-grand embarras dans le commerce de cette ſorte de grain, & les munitionnaires des armées & troupes de garniſon des places du roi, auſſi-bien que tous ceux qui ſe mêlent de ce négoce, trouvant ſouvent de la difficulté à en faire la réduction à une meſure fixe & commune, on a pris ſoin de raſſembler ici quantité de ces meſures & de les réduire toutes au boiſſeau de Paris.

Les trois ſeptiers, meſure de Saint - Quentin, compoſent 11 boiſſeaux de Paris; d'autres cependant les évaluent autrement, & ſelon eux le ſeptier de Saint-Quentin contient 4 boiſſeaux de Paris. Deux maucaults font le ſeptier, ainſi chaque maucault eſt de deux boiſſeaux.

13 Septiers de Ham, font 11 boiſſeaux moins $\frac{1}{16}$ de la même meſure.

3 *Meſures* de Beaune font 7 boiſſeaux de Paris.

4 *Meſures* de Juſſey près Langres, font 4 boiſſeaux $\frac{3}{4}$ de Paris. Ces 4 meſures font carte.

A Philippeville le ſac contient 4 retz ou rays, & la ray 3 boiſſeaux de Paris; elle pèſe 128 l. poids de marc.

A Landrecy, le maucault meſuré comble fait 7 boiſſeaux $\frac{3}{4}$ de Paris ou 11 rations: & meſuré raz, ou comme dit-on dans le pays, à *main tierce*, ſeulement 6 boiſſeaux ou 10 rations. C'eſt l'uſage de Landrecy de meſurer le maucault comble dans les mois d'août, ſeptembre, octobre, novembre, décembre, janvier & février, & raz ou à main tierce, les cinq autres mois.

A Choiſeuil en Comté, l'hémine contient 5 bichets & le bichet 6 boiſſeaux de Paris.

A Langres l'hémine contient 8 bichets, & le bichet 3 boiſſeaux $\frac{3}{4}$ de Paris.

A Port ſur Saonne proche Juſſey, la carte contient 4 boiſſeaux $\frac{3}{4}$ de Paris.

A Landeau la maldre contient 11 boiſſeaux $\frac{1}{3}$ de Paris.

A Chaulny le ſeptier contient 4 boiſſeaux, meſure de Paris.

A Riblemont près la Fère, le jablois comble, fait 4 boiſſeaux de Paris.

A Nancy la carte fait 2 imaux, & les 4 cartes le réal qui contient 15 boiſſeaux de Paris.

A Neuſtad, il y a deux ſortes de maldre, la grande & la petite; la grande fait 12 boiſſeaux de Paris, la petite ſeulement 10 $\frac{1}{2}$.

A Straſbourg un réal $\frac{1}{4}$ fait 12 boiſſeaux de Paris.

A Bourbonne-les-bains le bichet rend 6 boiſſeaux de Paris.

A La Motte à 4 lieues de Bourbonne, de même.

A Antreville en Lorraine, de même.

A Troyes le ſeptier contient 16 boiſſeaux de la même ville, qui en font 30 meſures de Paris. Quelques-uns cependant ne les évaluent qu'à 29 boiſſeaux $\frac{1}{2}$.

A Briel comme à Troyes.

A Châtillon la meſure rend 2 boiſſeaux de Paris.

A Vendeuvre le boiſſeau en vaut 2 de Paris.

A Sémeur les 4 meſures font 5 boiſſeaux de Paris.

A Vitaux & Montbarts les 3 meſures font 4 boiſſeaux de Paris.

A Ligne le bichet contient 4 boiſſeaux $\frac{1}{2}$ de Paris.

A Miffy la *mefure* comble fait deux boiffeaux ¼ de Paris.

A Guife & aux environs, le jalais fait cinq boiffeaux de Paris.

A Hambourg en Allemagne le maldre contient 16 boiffeaux de Paris.

A Courtray la razière contient 4 lavots qui font 7 boiffeaux ⅓ de Paris.

A Mons le muid eft de fix feptiers, & le feptier fait près de 12 boiffeaux ½ *mefure* de Paris. La rafière de Mons fait 4 boiffeaux ⅓ de Paris.

A Mont-Royal & Traherbac, la maldre contient 24 boiffeaux de Paris.

A Douay en Flandres la rafière fait 7 boiffeaux ½ & ⅓ de boiffeau de Paris.

AVOIR. (*Terme de commerce & de teneurs de livres.*) Les marchands & négocians, ou leurs commis ou premiers garçons, qui tiennent leurs livres, ont coûtume de mettre ce mot *avoir* en gros caractères, au commencement de chaque page, à main droite du grand livre, ou livre d'extrait & de raifon, ce qu'ils appellent le *côté du crédit*, ou *des dettes actives*, par oppofition aux pages à gauche, qui font le côté du débit, ou des dettes paffives, qu'on diftingue par le mot *doit*, auffi écrit en groffes lettres.

Tous les autres livres des négocians, qui fe tiennent en débit & crédit, doivent pareillement avoir ces deux titres à chacune des pages oppofées.

AURORE. (*Jaune doré & éclatant* comme celui qui paroît ordinairement dans les nues au lever du foleil.)

Les teinturiers font les couleurs *aurores* en les alunant & gaudant fortement, & les rabatant avec le raucour diffous en cendres, gravelées, potaffe ou foute. Cette couleur doit auffi être garancée.

Par l'article 24 du réglement du mois d'août 1669, fur le fait des teintures, il eft ordonné que l'*aurore* foit de gaude, fuivant fa nuance & garance.

AURIPEAU. (*Cuivre* ou *faux or réduit en lame.*)

Les droits que l'auripeau paye à la douane de Lyon, font de trente-cinq fols par charge pour l'ancienne taxe; outre cela cinq fols du cent péfant pour la nouvelle réapréciation & les nouveaux fols pour livre.

AUTOUR. (*Efpèce d'écorce qui entre dans la compofition du carmin.*) Cette écorce eft affez femblable à celle de la canelle, excepté qu'elle eft plus pâle par deffus, & en dedans de la couleur d'une noix mufcade, mais parfemée de petits brillans. Elle eft fort légère, fpongieufe, d'un goût prefque infipide, & fans odeur.

L'*autour* fait partie du négoce des marchands épiciers-droguiftes de Paris, qui la tirent du levant par la voie de Marfeille. *Voyez* CARMIN.

AUTRUCHE. Les plumes & le duvet, ou poil d'*autruche*, font les principales marchandifes que fournit cet oifeau.

Les plumes des mâles font les plus eftimées, parce qu'elles font plus larges, mieux fournies, leurs bouts plus touffus, & leur foie plus fine; il en vient beaucoup par la voie de Marfeille, qui y font apportées de Barbarie, d'Egypte, de Seyde & d'Alep.

Les marchands qui font commerce de plumes d'*autruche*, les divifent en premières, fecondes & tierces; femelles claires, femelles obfcures; bouts de queues; bailloques, qui font mêlées de brun obfcur & blanc; noir grand & petit, & petit gris. Les premières plumes font les plus belles & les plus chères.

Voici à peu près le pied fur lequel on peut les eftimer toutes par proportion des unes aux autres.

Si le cent des premières plumes vaut foixante-quinze livres, les fecondes ne vaudront que quarante livres; les tierces douze; les femelles claires quarante; les obfcures douze; les bouts de queues, les bailloques & le grand & petit noir trois livres.

A l'égard de celles appellées *petit gris*, elles fe vendent ordinairement au poids, & quelquefois auffi le petit noir; avec cette différence que quand le petit noir vaut quatre francs la livre, le petit gris ne doit valoir que vingt fols.

Les plumes d'Egypte font eftimées à peu près un cinquième moins que celles de Barbarie, de Seyde & d'Alep.

Les plumes d'*autruche* s'apprêtent, fe blanchiffent & fe teignent en diverfes couleurs par les marchands plumaffiers, qui les vendent pour fervir d'ornement aux chapeaux, aux dais, aux lits, &c.

Le rebut de ces plumes, & quelquefois même le petit noir & le petit gris fe frifent avec le couteau, & s'employent à garnir des bonnets, qui s'envoyent en quantité en Efpagne. On en fait auffi des manchons, des palatines, des écrans, des balais, & d'autres femblables ouvrages.

Les plumes d'*autruches* naturellement noires ne fe teignent jamais : on leur donne fimplement une eau, pour en augmenter le noir, & les rendre d'un plus beau luftre. Les bailloques ne fe teignent point auffi, on les employe telles qu'elles font, après cependant les avoir favonnées. Pour ce qui eft des autres plumes, on les teint en toutes fortes de couleurs, & cette teinture ne fe fait prefque jamais qu'à froid. Quant aux blanches fines, on ne fait que les favonner, pour en augmenter le blanc.

Ce qu'on appelle *une maffe de plumes d'autruches*, c'eft un paquet de plumes qui en contient cinquante; en forte que les deux maffes compofent un cent. Il n'y a que les plumes blanches & fines qui fe vendent en maffes : les autres fe vendent au cent.

Le poil ou duvet d'*autruche* eft de deux fortes, le fin & le gros : le fin, que l'on nomme fimplement *fin d'autruche*, entre dans la fabrique des chapeaux communs, tels que font ceux de Caudebec; & le gros, que l'on appelle ordinairement *gros d'autruche*, fe file & s'employe dans les manufactures de lainages, pour faire les lisières des draps noirs les plus fins.

Quelques-uns, mais par corruption, donnent au poil ou duvet d'*autruche*, le nom de *laine d'autruche*, d'autres l'appellent *laine* ou *ploc d'autruche*; & c'est ainsi qu'il est nommé dans le tarif des droits d'entrées de 1664. Les marchands de France le tirent ordinairement par la voie de Marseille ou de Rouen.

Les plumes d'autruches non apprêtées, y compris les bouts, payent en France de droits de sortie trois sols la livre; & celles qui sont apprêtées six sols. Les droits d'entrée de ces mêmes plumes sont de vingt sols par livre dans le tarif de 1664; & de vingt pour cent de leur valeur dans l'arrêt du 15. août 1685, lorsqu'elles ont été entreposées dans les pays étrangers avec les nouveaux sols pour livre.

AUVENT. (*Petit toît fait de planches*, qu'on met au-dessus des boutiques, pour les garantir de la pluie & du soleil.)

AUVERNAT. (*Vin fort couvert* qui vient d'Orléans, & qu'on appelle souvent *casse-tête*, parce qu'il est extrêmement fumeux.) Il n'est bon à boire qu'à plus d'un an; mais quand on le peut garder deux ou trois ans, il est excellent.

AUXY. On appelle *laines auxy* des laines filées aux environs d'Abbeville par ces ouvriers fileurs, qu'on nomme *houppiers* : elles sont très-fines & très-belles, & pour cela on les employe plus ordinairement à la fabrique des bas au métier, ou à l'aiguille, les plus fins, & du plus haut prix. *Voyez* LAINES, *au titre des laines de France.*

A X

AXI ou CARINE. C'est un des noms que les Indiens du Mexique donnent à cette *graine*, dont les qualités approchent de celles du poivre, qu'on nomme pour cela en France, *poivre de Guinée.* *Voyez* POIVRE. *Voyez aussi* CORAIL DES JARDINS.

AXONGE. (*Sorte de graisse qui se trouve sur le corps de plusieurs animaux.*) On le dit aussi de l'écume du verre. *Voyez les deux articles suivans.*

AXUNGE, autrement AXONGE. C'est la graisse la plus humide & la plus molle qui se trouve sur le corps des animaux : on la nomme aussi de l'*oing*. Elle est différente du suif, qui est une graisse sèche, & du lard, qui est une graisse ferme. On employe en médecine de l'*axonge* de canard, d'oie, de vipère, & de divers autres animaux. Celle de l'homme est la plus estimée, quand elle est bien préparée avec des herbes aromatiques; ayant, à ce que l'on prétend, la vertu de résoudre les humeurs, & d'appaiser les douleurs qui proviennent du froid.

AXUNGE. On appelle aussi de la sorte, ce qu'on nomme autrement *fiel* ou *sel de verre*, c'est-à-dire, cette espèce d'écume qui vient sur la matière du verre, avant qu'elle se vitrifie. *Voyez* VERRE.

A Y

AYMAN. (*Pierre qui a la faculté d'attirer le fer.*) *Voyez* AIMANT.

A Z

AZARIA. On nomme ainsi à Smyrne une des sortes de corail que les marchands d'Europe y portent. *Il paye les droits d'entrée de cette ville, à raison de trente aspres l'ocque.*

AZARINA. (*Espèce d'azarum ou nard sauvage*). *Voyez l'article suivant.*

AZARUM, vulgairement appellé CABARET, ou NARD SAUVAGE. Est une *racine* qui croît en quelques endroits du levant, en Canada, & même en France aux environs de Lyon. C'est de ce dernier lieu que les droguistes de Paris, peut-être pour épargner la dépense, tirent presque tout celui qu'ils vendent.

Cette *racine*, autrefois peu connue, est devenue d'un grand débit, depuis que les maréchaux ont découvert par l'usage, qu'il n'y a guères de drogues aussi souveraines pour la guérison du farcin des chevaux, quand on la leur fait prendre en poudre depuis une once jusqu'à deux.

La *racine* de l'*azarum* tale extrêmement sur la terre, & y entre peu avant. Ses tiges, qui sont assez longues, n'ont des feuilles qu'aux extrémités; & ces feuilles sont vertes, épaisses & faites en cœur. Ses fleurs sont par boutons comme ceux de la rose, & en ont même assez la couleur.

L'*azarum* doit se choisir véritable levant, s'il est possible, en belles racines, ni fibreuses ni brisées, de couleur grise dedans & dehors, d'une odeur pénétrante & d'un goût un peu amer.

Quelques droguistes voudroient substituer l'*azarina* au vrai *azarum*; mais il est difficile de s'y méprendre.

L'*azarina* vient ordinairement de Bourgogne. Ses racines sont très-petites, noirâtres, sèches, arides, & si remplies de filamens, qu'on n'en peut aisément distinguer ni démêler les véritables racines.

L'azarum paye en France de droits d'entrée deux livres dix sols le cent pésant & les sols pour livre.

AZARIMIT. (*Pierre qui a la même vertu que la terre sigillée.*) On la tire d'une mine qui se trouve au royaume de Cananor. On s'en sert contre la fièvre, le flux de sang, & les morsures de serpens. *Voyez* TERRE SIGILLÉE.

AZEBOUCQ. (*Drogue médicinale* que les Chinois de Canton tirent de Batavia.) Elle s'achete trente pataques le pic de Batavia, & se vend trente taëls à Canton.

AZERBE ou ASSERBE (*Muscade mâle*, qu'on nomme autrement *muscade sauvage.*)

Les asserbes payent en France les droits d'entrée comme vraies muscades, c'est-à-dire, trente livres le cent pésant avec les sols pour livre. Voyez MUSCADE.

AZI. Sorte de *présure* composée de petit lait &

de vignaigre, dont on se sert en Suisse, particulièrement à Griers & à Berne, pour faire le second fromage, qui se tire du petit lait du premier. *Voyez* FROMAGE, *où il est parlé des fromages de Suisse.*

AZUR, (*Pierre minérale*, qu'on appelle communément *lapis* ou *lapis lazuli.*)

Sa couleur est d'un bleu assez foncé, mais qui ne laisse pas d'être très-beau & très-vif.

Il se trouve de l'*azur* dans plusieurs endroits de l'Europe ; mais le plus beau & le plus précieux vient de Perse, & des Indes orientales.

Les orfévres, les lapidaires & les ouvriers qui travaillent en marqueterie, & pièces de rapport de pierres précieuses, s'en servent à faire divers ouvrages ; mais son emploi le plus ordinaire est pour faire ce bleu si estimé des Peintres, que l'on appelle *outremer*, & que les marchands épiciers vendent si cher. *Voyez* OUTREMER.

Pour que la pierre d'*azur*, ou *lapis lazuli*, soit de bonne qualité, & propre à faire l'outremer, elle doit être pésante, peu remplie de roche & de veines de cuivre, d'un bleu foncé tirant sur celui du bel inde, Il faut prendre garde qu'elle n'ait été frotée avec de l'huile d'olive ; ce, qui la fait paroître d'un bleu plus foncé & turquin qu'elle ne le seroit naturellement. Cette tromperie peut se découvrir en la cassant. Si la couleur se trouve plus foible en dedans qu'au dehors, c'est une marque qu'elle a été falsifiée. On peut encore connoître si la pierre d'*azur* est de bonne qualité, en la faisant rougir au feu, ce qui ne la doit point faire changer de couleur ; au contraire elle doit tirer de cette épreuve un nouvel éclat.

Il y a une autre sorte d'*azur*, ou *lapis lazuli*, qui est très-commun en France, dont la couleur tire sur le verd. Il s'en trouve particulièrement en Provence ; aux environs de Toulon : il est d'une qualité beaucoup inférieure à celui qui vient de Perse & des Indes, & n'est nullement propre à faire le bon outremer.

L'AZUR en PIERRE, ou SMALTE, autrement faux *lapis*, ou *lapis* composé, est une vitrification ou émail fait d'étain, de soude d'Alicante, de cendre gravelée, de sablon &, de safre ; & c'est ce dernier ingrédient qui lui donne cette couleur bleue, approchante de celle de la véritable pierre d'*azur*.

L'AZUR EN POUDRE, ou A POUDRER, auquel on donne aussi le nom de *cendre d'azur*, ou d'*émail*, n'est autre chose que de l'*azur* en pierre, ou smalte pulvérisé, qu'on tire de divers endroits, particulièrement d'Allemagne & de Hollande. Ce dernier est le plus cher & le plus estimé, parce que dans l'emploi que l'on en fait, son bleu approche le plus de celui de l'outremer; aussi lui donne-t-on le nom d'*outremer commun*, ou de *Hollande*.

Pour bien choisir l'*azur* en poudre, il faut que celui d'Allemagne soit sableux, bien grenu, & le plus foncé en couleur qu'il sera possible. Pour ce qui est de celui de Hollande, plus il est fin & pâle, & plus il est estimé : car quoique sa couleur paroisse comme perdue, à force d'être broyé, néanmoins lorsqu'il est employé par le peintre, elle révient d'un très-beau bleu.

Il y a une autre sorte d'*azur* d'Allemagne, qui est une teinture qu'on cueille & ramasse proprement au-dessus des pierres, qui sont dans les mines d'argent.

Il y a aussi un AZUR FACTICE, qui se fait avec de l'indigo ou du suc de violette broyé avec certaine craye : l'ordinaire se fait avec du sel armoniac, & des lames d'argent ; ou bien avec du soufre, du vif-argent & du sel armoniac.

L'azur de roche fin paye en France des droits d'entrée, quarante livres du cent pésant : l'azur d'émail, ou azur gros & commun, ne paye que trois livres aussi le cent pésant, avec les sols pour livre.

B

BAAT en Siamois, en Chinois TICAL. Poids tout enfemble & monnoie, qui ont cours, & dont on fe fert dans ces deux royaumes. Le *baat* péfe environ demi-once. *Voyez* la TABLE DES POIDS ET MESURES ET CELLE DES MONNOIES.

BABIOLE. Chofe puérile, & de peu de valeur. Il fe dit particulièrement des *jouets* & *poupées*, qu'on donne aux enfans pour les amufer. Ce font les petits merciers & les bimbelotiers, qui font ce commerce. *Voyez* BIMBELOT & BIMBELOTIER.

BAC. C'eft *un grand bateau plat*, qui n'a ni poupe, ni proue ; mais qui eft ouvert par le devant & le derrière, avec une efpèce de bafcule ou de pont, qui s'abaiffe fur le rivage, pour faire entrer ou fortir les charettes & autres voitures. Ces fortes de bateaux fervent à traverfer les rivières, par le moyen d'un long cable, attaché à terre des deux côtés, qu'on fait rouler fur un treuil placé au milieu du *bac*.

Le droit de *bac*, eft un droit feigneurial, qui fe paye par les voituriers, à moins qu'il ne foit autrement porté dans les marchés faits avec eux pour le transport des hardes & marchandifes. *V.* VOITURIER.

BACALIAU. C'eft ainfi que les Bafques nomment le *poiffon* que plus communément nous appellons *morue*. Ils nomment ainfi l'ifle de *Terre-neuve*, l'ifle de *Bacaliau* ou de la *morue*, à caufe de la morue qui s'y pêche & qui s'apprête. Il y a cependant à une lieue à l'oueft de cette grande ifle, une autre petite ifle plus fpécifiquement appellée *bacaliau*. *Voyez* MORUE.

BACCHAS. Lie qui fe trouve au fond des tonneaux, où l'on a mis repofer le fuc ou jus de citron. *Voyez* CITRON.

BACHE. Grande *couverture* faite de groffe toile, que les rouliers & voituriers mettent par-deffus leurs charettes, avec du foin deffous, pour couvrir les marchandifes dont elles font chargées, & empêcher qu'elles ne foient mouillées & gâtées par la pluye, ou autres intempéries de l'air. On l'appelle auffi *banne*.

BACHELIER. Nom qu'on donne dans quelques-uns des fix corps des marchands de Paris, aux anciens & à ceux qui ont paffé par les charges & qui ont droit d'être appellés par les maîtres & gardes, pour être préfens avec eux, & les affifter en quelques-unes de leurs fonctions, particulièrement en ce qui regarde le chef-d'œuvre des afpirans à la maîtrife.

Dans le corps des marchands pelletiers-haubaniers-fourreurs, le chef-d'œuvre doit être fait en préfence de quatre gardes, qui font tenus d'appeller avec eux quatre *bacheliers* dudit état ; fçavoir, deux

Commerce. Tome I.

bacheliers marchands pelletiers-haubanniers, & deux de chef-d'œuvre.

Dans le corps des marchands bonnetiers-aumuciers & mitonniers, le chef-d'œuvre doit être fait en préfence de quatre gardes, & anciens *bacheliers* de la communauté.

Le terme de *bacheliers* eft auffi en ufage dans la même fignification, dans la plupart des communautés des arts & métiers de la ville & fauxbourgs de Paris. *Voyez* COMMUNAUTÉ.

BACHER une charette. C'eft mettre la *bache* avec du foin par-deffus les marchandifes. On dit auffi *débacher* une charette ; pour dire, en ôter la *bache*. *Voyez* BACHE.

BACHOT. *Petit bateau leger*, ordinairement fans bordage, dont les pêcheurs à engins fe fervent pour aller à la pêche fur les rivières & étangs.

Les grands bateaux de commerce, comme les coches d'eau, les fonces, les chalans, &c. ont toujours quelque *bachot*, pour porter leurs cordages à terre & faire les autres fervices néceffaires, ou à leur navigation, ou à leur négoce. *Voyez* BATEAU, & VOITURE PAR EAU.

BACLAGE. (*Terme de commerce de rivière, particulièrement en ufage fur les ports de la ville de Paris.*) Il fignifie l'arrangement des bateaux dans un port, que l'on y fait entrer les uns après les autres pour y ouvrir & y faire la vente des marchandifes dont ils font chargés. On le dit auffi du *droit* qui fe paye à ceux qui font chargés de cet arrangement.

BACLER un bateau. C'eft *le placer dans un port*, le mettre en lieu commode & fûr pour la charge & décharge des marchandifes, & l'y arrêter avec des cables & cordages aux anneaux de fer deftinés à cet ufage ; en forte qu'il n'en arrive aucun accident.

A Paris il y a de petits officiers de ville, établis fur les ports, pour *bacler* & *débacler* les bateaux. Ils fe nomment *débacleurs*, & dépendent pour la jurifdiction & la police, des prévôt des marchands & échevins. Leurs droits & fonctions font réglés par l'ordonnance de la ville de 1672. *Voyez* DÉBACLAGE, DÉBACLER & DÉBACLEUR.

BACLER. Veut dire auffi, *boucher*, *embaraffer un port par le mauvais arrangement des bateaux qui y font.*

On dit quelquefois en termes de commerce : *qu'une affaire eft baclée*, *qu'un marché eft baclé*, pour dire, *qu'ils font finis*, *arrêtés & terminés* : mais ce mot n'eft guères d'ufage que parmi les petits marchands.

BACON. *Vieux mot*, encore en ufage dans quelques provinces de France, où il fignifie *du*

X

Poiſſon ſalé & ſéché. MM. du Cange & Ménage entendent au contraire , par le terme de *bacon*, l'un , *du porc engraiſſé & ſalé* ; & l'autre , *du lard ſalé & fumé.* L'un & l'autre croyent que c'eſt de *bacon* , que vient le mot *boucaner. Voyez* BOU-CANER.

BAETAS. Les Eſpagnols & Portugais appellent ainſi *cette eſpèce d'étoffe de laine non croiſée* , qui ſe nomme en France *baguette* ou *bayette* , & qui fait une partie du commerce des François en Eſpagne & en Portugal.

BAFFETAS. (*Toile toute de fil de coton blanc,* très-groſſe , qui vient des Indes Orientales.) Les meilleures ſont celles de Surate. Elles ont treize aunes trois quarts à quatorze aunes de long , ſur ſept huitiémes de large. Il y en a auſſi qui n'ont que cinq ſixiémes de largeur , & même qu'une demi-aune. Ces *baffetas* étroits ſe nomment des *Orgagis* , des *Noſſaris* , des *Gaudivis* , des *Nerindes* & des *Da-bouis* , du nom des lieux où ces toiles ſe fabriquent.

Il y a encore des *baffetas Narou-vhit* qui ont 13 aunes ½ de long ſur une demi-aune de large : Des *baffetas Broad-vhit* qui portent quatorze aunes ſur trois quarts :

Des *baffetas Broad-brou* & d'autres *Naroubrou.* Ces deux eſpèces ſont des toiles écrues , les pre-mières larges & les autres plus étroites : les étroites ont 14 aunes de long ſur demi-aune de large ; & les larges , même longueur ſur trois quarts de lar-geur. Depuis que ſous M. Bertin , miniſtre, ami de la liberté du commerce , les manufactures de toiles pein-tes ont été permiſes , nous avons beaucoup d'ateliers où l'on imprime joliment les *baffetas* des Indes.

BAFFETAS. Eſt auſſi une étoffe des mêmes In-des , qu'on nomme autrement *ſhaub. Voyez* SHAUB.

BAGUE. (*Joyau enrichi de quelques pierreries.*) Il ſe dit particulièrement des anneaux que l'on porte aux doigts. Une *bague* d'oreille eſt un petit cercle d'or , ſoit uni , ſoit orné de quelques pierres pré-cieuſes, que les dames portent aux oreilles, qu'elles ſe font percer pour cela. On l'appelle plus ordi-nairement *boucle d'oreille* ; & lorſqu'il n'y a qu'une pierre ſans pendeloque , *boucle de chien.* Ce ſont les orfévres & joyailliers , qui font , qui montent & qui vendent les *bagues*, en concurrence avec les marchands merciers.

Par le tarif de France de 1664 , les bagues d'or payent les droits de ſortie à l'eſtimation ; à raiſon de ſix pour cent de leur valeur , & les ſols pour livre.

BAGUETTE , qu'on nomme plus ordinairement BAYETTE. *Etoffe de laine non croiſée* , qui ſe fa-brique dans pluſieurs provinces de France , & qui eſt propre pour le commerce d'Eſpagne & de Portugal.

BAGUIER. Petit coffre ou écrain doublé de velours , & diviſé en différentes parties de diverſes forme & grandeur , où les dames ſerrent leurs bagues & bijoux ; & les marchands orfévres &

joyailliers, leurs pierreries , ſoit qu'elles ſoient mon-tées, ſoit qu'elles ne le ſoient pas.

BAHAIRE, que les Portugais appellent BARRE , & que l'on nomme plus ordinairement BAHAR. *Poids* dont on ſe ſert dans pluſieurs lieux de l'Orient , particulièrement aux Indes , & à la Chine.

BAHAR, BAHAIRE ou BARRE. *Poids* dont on ſe ſert à Ternate , à Malaca , à Achem , & en plu-ſieurs lieux des Indes Orientales.

Il y en a de deux ſortes ; l'un , que l'on appelle *grand bahar* ; & l'autre , que l'on nomme *petit bahar.*

— On péſe au *grand bahar*, le poivre, le girofle , la muſcade , le gingembre , la canelle & autres épiceries. Il eſt compoſé de 200 catis ; le catis de 26 taëls ou 38 onces & demie , poids de Portugal ; chaque taël étant eſtimé une once & demie de ce poids : enſorte que ce *bahar* eſt de 550 livres de Portugal , qui reviennent à 481 livres 4 onces de Paris , de Straſbourg , d'Amſterdam , Beſançon , &c.

C'eſt au *petit bahar* que l'on péſe le vif-argent , le vermillon , l'yvoire , la ſoie , le muſc , & autres marchandiſes précieuſes. Ce *bahar* contient auſſi 200 catis ; mais chaque catis n'eſt que 22 taëls , ou 32 onces un huitiéme de Portugal ; de manière qu'il ne fait que 458 livres 13 onces de Portugal , qui rendent environ 401 livres 7 onces de Paris.

Le *bahar* de la Chine eſt de 300 catis , mais qui n'en font que 200 de Malaca ; chaque catis de la Chine ne contenant que 16 taëls. Le taël péſant une réale & demie de huit , eſt de dix mas ou maſes , & chaque mas de dix condorins. *Voyez* la TABLE DES POIDS & MESURES.

Le *bahar* de Mocha ville d'Arabie eſt de 420 livres. Il faut quinze traſſells pour faire le *bahar* ; c'eſt à ce poids qu'on vend le café.

BAHUT. *Coffre* couvert de cuir , dont le cou-vercle eſt arrondi.

BAHUTIER. (*Ouvrier qui fait des bahuts.*) Ces ouvriers compoſent à Paris une communauté ; mais qui eſt établie , & plus connue ſous le nom de *maîtres coffretiers-malletiers.*

BAI, qu'on écrit plus ordinairement BAY. Ne ſe dit que de la couleur du poil des chevaux, qui tire le roux.

BAIGNEUR. Celui qui fait profeſſion de baigner les autres , & qui tient chez lui des bains pour la commodité publique. Les *baigneurs* ſont à Paris du corps & communauté des perruquiers-barbiers-étu-viſtes , qui fabriquent & vendent les perruques.

BAIGNOIRE. (*Le vaiſſeau ou la cuve dans laquelle on ſe baigne.*) Les *baignoires* de cuivre ſe font par les chaudronniers , & celles de bois par les tonneliers.

BAIGU , ou BEGU. *Cheval* qui marque toujours naturellement , & qui juſqu'à ſa vieilleſſe conſerve dans les dents, ce qu'on appelle les *coins* , cette mar-que noire , à qui , en terme de manége , on a donné le nom de *germe de féuve.* On croit que ce qui fait que les chevaux *baigus* ne ceffent point de marquer, eft la nature de leurs dents, qui étant plus dures & plus fortes qu'aux autres, ne font pas fi fujettes à s'ufer, & par conféquent à rafer. On connoît l'âge des chevaux *baigus*, lorfqu'ils ont les dents longues, jaunes, craffeufes, & décharnées: les jeunes chevaux les ayant ordinairement courtes, nettes & blanches.

BAIL. Convention qu'on fait pour donner à ferme, à loyer, ou à rente, une maifon, une terre, un héritage, un droit, pour toujours, ou pour un certain nombre d'années. Ce mot vient de *bailler*.

Le *bail à ferme* ou *à loyer*, fe fait ordinairement pour trois, fix ou neuf années. Le *bail d'héritage* ou *à rente*, eft à perpétuité, foit que la rente foit rachetable, foit qu'elle ne le foit pas.

Le *bail emphitéotique* eft à longues années, fouvent pour 99 années; après quoi l'héritage aliéné revient à fon propriétaire naturel, ou à fes héritiers ou ayans-caufe.

Enfin, le *bail judiciaire* eft celui qui fe fait par ordonnance de juftice, & dont le produit fe porte aux confignations, pour le conferver aux créanciers de celui fur qui les biens font faifis réellement.

BAIL. Signifie auffi l'*acte* paffé par-devant notaires, ou libellé fous feing privé, par lequel le bailleur & le preneur font convenus des claufes de leur marché. On donne auffi ce nom aux *expéditions de ces actes*.

BAILE. On nomme ainfi à Conftantinople, l'ambaffadeur de la république de Venife, réfidant à la Porte.

Outre les affaires de politique & d'état, dont ce miniftre eft chargé, il fait auffi les fonctions de conful de la nation dans cette capitale de l'Empire Ottoman; & c'eft proprement de lui que dépendent les autres confuls établis dans les échelles du Levant, qui pour la plupart ne font que des vice-confuls.

BAILLER à ferme, à loyer, à cens, à rente. C'eft donner & abandonner à quelqu'un la jouiffance d'une terre, d'une maifon ou autre héritage, moyennant certaines conventions & à certain prix, rente & redevance. *Voyez ci-devant* BAIL.

BAILLER OU DONNER A LA GROSSE. (*Terme de commerce de mer.*) *Voyez* GROSSE AVENTURE. *Voyez auffi* ASSURANCE.

BAILLEUR DE TABLE. Petit officier établi dans les halles de la ville d'Amiens, pour livrer & fournir aux marchands & fabriquants, tant de la feyetterie, que de dehors, les tables dont ils ont befoin pour placer leurs marchandifes. Leur droit eft d'un fol par chaque marchand.

BAILLIARGE. Efpèce de *grain* dont il eft parlé dans le tarif de 1664. C'eft un mêlange d'orge, de feigle & d'autres grains.

Il paye les droits de fortie du royaume fur le pied de l'orge, c'eft-à-dire, 13 liv. le muid:

fçavoir, pour l'ancien droit 20 f. & pour la traitte domaniale 12 liv. avec les fols pour livre.

BAILLOQUE. *Plumes d'autruche* mêlées naturellement de brun obfcur & de blanc. Ces fortes de plumes pour l'ordinaire ne fe teignent pas, mais font employées par les plumaffiers, telles qu'elles ont été tirées de deffus l'oifeau, après cependant les avoir favonnées, pour les rendre un peu vives, & leur donner de l'éclat. La plume *bailloque* eft une des moins eftimées. *Voyez* AUTRUCHE.

BAIOQUE. En Italien *baioco*. Monnoie toute de cuivre, qui fe fabrique & qui a cours à Rome, & dans l'état eccléfiaftique. Le *baioque* vaut environ neuf deniers de France. Il en faut dix pour un jule. Il y a auffi des demi-*baioques*, ou piéces de quatre deniers & demi. *Voyez* la TABLE DES MONNOIES.

BAIQUE. Les Flamands donnent ce nom à cette efpèce d'étoffe de laine, que les François appellent *bayette* ou *baguette*. *Voyez* BAYETTE.

BAISSIÈRE. Se dit des liqueurs, lorfqu'à force d'en tirer du tonneau, il ne refte prefque plus que la lie; ou du moins qu'il ne refte qu'une liqueur trouble, qui n'eft plus potable. Une *baiffière* de vin, de cidre, de bière, &c. On le dit auffi des *huiles*.

L'ordonnance des aides de 1680, titre 2, article 14 de la vente des vins en détail, veut: *que les* baiffières *du vin qui aura été vendu & démarqué, foient furvuidées les unes fur les autres; & qu'à mefure qu'un tonneau en fera plein, il foit inceffamment tiré de la cave, & tranfporté chez les vinaigriers, à peine de cent livres d'amende, en cas de contravention.* C'eft porter bien loin les précautions pour empêcher qu'on ne tire des *baiffières* clarifiées quelques verres de vin très-médiocre qui n'auroit pas payé l'impôt.

BALAI. *Voyez* BALAY.

BALAIS. On appelle *rubis-balais*, les rubis qui font d'un rouge de rofe vermeule. *Voyez* RUBIS.

BALANCE. Inftrument qui fert à connoître l'égalité, ou la différence de la pefanteur des corps graves, & avec lequel on pefe les marchandifes qui fe vendent au poids.

Il y a deux fortes de *balances:* l'une, eft la romaine ou l'ancienne, autrement appellée *pefon & crochet:* l'autre, eft la commune ou l'ordinaire, que l'on appelle *balance à plateaux, à baffins* ou *à plats*.

LA ROMAINE eft compofée, 1°. D'une verge, ou branche de cuivre, de fer ou de bois, que quelques-uns appellent, quoiqu'improprement, *fleau* ou *flayau,* fur laquelle font marqués les points de divifion, tant du côté du fort, que du côté du foible, pour connoître le poids des marchandifes que l'on veut pefer.

2°. D'un crochet qui eft attaché par un touret ou boulon, à une garde ou membrure placée à l'extrémité de la verge, du côté gauche, d'une manière à pouvoir toujours tomber en bas, foit qu'on tourne

X ij

la verge du côté du fort, soit qu'on la tourne du côté du foible : c'est sur ce crochet que l'on charge ou qu'on attache les marchandises que l'on veut peser.

3°. D'une garde forte, qu'on appelle aussi *membrure*, qui est placée proche la garde du crochet, en retrogradant du côté droit. Cette garde est appellée *forte*, parce qu'elle sert à peser les marchandises d'un poids considérable.

4°. D'un anneau ou crochet attaché par un touret au haut de la garde-forte, qui sert à suspendre, ou à soutenir en l'air la *romaine*.

5°. D'une garde foible, qui est aussi nommée *membrure*, laquelle est attachée auprès de la garde forte ; ensorte que cette garde forte se trouve placée entre la garde du crochet & la garde foible ; mais plus éloignée de la garde foible, d'une fois & demie, qu'elle ne l'est de la garde du crochet.

6°. D'un anneau, ou crochet attaché au haut de la garde foible, qui y est joint par un touret. L'usage de cet anneau est semblable à celui de la garde forte.

7°. D'une broche, clou ou pivot, qui passe au travers de la verge & qui soutient la garde du crochet.

8°. D'une autre broche, qui passe aussi au travers de la verge & qui soutient la garde forte.

9°. D'une troisiéme broche, qui passe pareillement au travers de la verge, pour soutenir la garde foible.

10°. De deux aiguilles ou languettes, placées sur la branche ; l'une au-dessus de la broche qui porte la garde forte ; & l'autre au-dessus de celle qui porte la garde foible.

11°. D'un anneau, ou bec de corbin mobile, sur lequel on fait courir la verge, le long de son plus long côté, qui est vers la droite.

12°. Enfin, d'une masse, poire, bouillon, ou contrepoids, qui est attaché à l'anneau mobile par une S, lequel sert pour trouver l'équilibre de la marchandise & en connoître le poids.

Il y a des *romaines* de plusieurs grandeurs.

Celles dont on se sert dans les boucheries, marchés, & foires, sont les plus petites, parce qu'elles doivent être portatives. Ce sont celles-là que l'on appelle ordinairement, *pesons* ou *crochets* : depuis quelques années, il est défendu par un réglement de police de se servir de pesons ou *romaines* dans les boucheries de Paris.

Les *romaines*, dont on se sert dans les bureaux des douanes, dans les arsenaux de France, & dans d'autres endroits, pour peser les gros fardeaux, sont très-grandes & très-fortes, y en ayant avec lesquelles on peut peser jusqu'à douze milliers, comme sont celles des arsenaux ; & ce sont celles-ci, qu'on appelle précisément *romaines*.

A Rouen, il y a un lieu que l'on nomme *bureau de la romaine*, ainsi appellé, parce que l'on se sert dans ce bureau d'une *romaine*, pour peser les

marchandises qui y acquittent les droits du roi. C'est proprement le bureau de la douane.

LA BALANCE COMMUNE OU ORDINAIRE, se fait avec un fleau suspendu également par le milieu, aux extrémités duquel y a des plateaux, bassins ou plats attachés avec des cordes. Les parties de cette *balance* sont, le fleau, que l'on nomme aussi *flayau* ou *traversin* ; l'aiguille ou languette, les deux pivots, les deux plateaux, le brayé & la chasse, au haut de laquelle est un touret en forme d'anneau, qui sert à suspendre la *balance* en l'air. Il y a à chaque bout du fleau, un crochet ou anneau, auquel on attache les cordes qui tiennent aux plateaux. Les *balances communes* sont de différentes grandeurs, selon les fardeaux ou marchandises que l'on a à peser.

LES BALANCES FINES, appellées autrement TRE-BUCHETS, sont de petites *balances*, dont on se sert pour peser les monnoies d'or & d'argent, les matières & choses précieuses, qui sont en petite quantité. Les *trébuchets*, dont on se sert ordinairement en France, se font à Paris, à Lyon & en Forez ; mais ceux de Paris sont les plus estimés.

BALANCE SOURDE. Sorte de *balance* dont on se sert dans les monnoies, qui a ses deux bouts de son fleau plus bas que son clou, & sa chape qui est soutenue en l'air par le moyen d'une guindole, que les ouvriers appellent *guinole*. *Voyez* MON-NOIES.

BALANCE D'ESSAIS. Autre terme de monnoyeurs. C'est une *balance* de la plus grande justesse, & de la plus parfaite précision, que l'on enferme encore dans une grande lanterne de verre, afin que l'air n'y puisse causer aucune agitation. *Voyez comme dessus.*

A la Chine, l'on se sert d'une sorte de *balance*, qui a assez de rapport à la *balance Romaine*, étant composée d'un petit plat, d'un bras ou branche, & d'un poids courant. Le bras est d'ébene ou d'yvoire, ordinairement de la longueur & grosseur d'une plume à écrire, divisé en de très-petites parties sur trois faces différentes, & suspendu par des fils de soie à l'un des bouts, en trois différens points, afin de pouvoir peser avec plus de facilité, toutes sortes de poids, si petits qu'ils soient.

Quand cette *balance* a une longueur un peu considérable, elle est d'une précision si grande, que le moindre poids fait pencher sensiblement le bassin. Pour la rendre plus portative, on la renferme ordinairement dans un étui de bois vernissé, fort léger & très-propre.

Tous les marchands, manufacturiers, ouvriers & artisans, qui vendent leurs marchandises au poids, se servent de l'une ou l'autre *balance*, c'est-à-dire, de la *balance commune*, ou de la *romaine* & *peson*. Il seroit trop long & assez inutile, de rassembler ici tous ceux qui en font usage dans leur négoce, sur-tout l'ayant indiqué à l'article de chacun de ceux à qui elles sont nécessaires. On parlera seulement ici des *balances* des chandeliers, parce qu'elles sont un peu différentes des autres.

Les *balances* dont on se sert pour le commerce de la chandelle, sont de deux sortes; de grandes pour les grosses pesées, & de petites pour le détail. Ces dernières ont leurs bassins en forme de petits chaudrons, de quatre ou cinq pouces de profondeur, & sont ainsi faites, pour que les chandelles qu'on y pese, puissent s'y mettre, & y tenir toutes droites. Les grandes *balances* sont à-peu-près comme celles dont se servent les autres marchands, qui vendent au poids, avec cette différence, que les bassins en sont plus plats, & presque point concaves, afin qu'en y mettant la chandelle couchée en pile l'une dessus l'autre, elle ne porte point à faux, & ne se puisse casser.

BALANCE, en terme de teneur de livres à parties doubles, signifie *l'état final*, ou *la solde du grand livre*, ou *livre de raison*, ou *d'un compte particulier*.

BALANCE. Se dit encore de la clôture de l'inventaire d'un marchand, qui se fait en débit & crédit; dans lequel il met en débit d'un côté, qui est la gauche, l'argent qu'il a en caisse, ses marchandises, ses dettes actives, ses meubles & ses immeubles: & en crédit, du côté de la droite, ses dettes passives, & ce qu'il doit payer en argent; & quand il a défalqué ce qu'il doit d'un côté, de ce qu'il a d'effets d'un autre, il connoît, tout étant compensé & *balancé*, ce qui lui doit rester de net & de clair, ou ce qu'il a perdu ou gagné.

On se sert quelquefois du mot de *bilan*, au lieu de *balance*, mais c'est improprement, d'autant que *bilan* a une autre signification plus précise. *Voyez* BILAN.

BALANCE signifie aussi *la déclaration que font les maîtres des vaisseaux, des effets & marchandises dont ils sont chargés*. Ce terme est en usage dans ce sens parmi les marchands qui trafiquent en Hollande par les rivières du Rhin & de la Meuse. L'article CXXII du placard pour l'exécution du nouveau tarif de Hollande, de l'année 1725, porte *que les maîtres des vaisseaux descendant le Rhin & la Meuse, feront leurs déclarations*, (ou balances, comme elles se nomment,) *sçavoir à Schenkensken pour ceux du Rhin, & à Mastric, & Catwytk pour la Meuse.*

BALANCIER. *Ouvrier qui fait divers instrumens qui servent à peser toutes les sortes de marchandises, denrées, métaux, & autres choses, qui s'achetent ou se vendent au poids, ou dont on veut connoître la pesanteur.* Ce sont aussi les *balanciers*, qui font & qui vendent les divers poids de cuivre, de fer ou de plomb, dont on se sert pour peser.

On a parlé ci-dessus des instrumens qui ont été inventés pour cette opération, si nécessaire dans le commerce, comme sont *la balance, la romaine ou peson, le trébuchet*.

La communauté des *balanciers*, établie à Paris en corps de jurande, y est très-ancienne; elle a sur les autres l'avantage qu'on peut la considérer comme très-utile; toute bonne police en fait de commerce, consistant précisément dans le soin d'inspecter les poids & mesures, les monnoies, & de punir avec une égale sévérité ceux qui les falsifient. Le sceau du prince qu'on imprime aux poids, aux mesures, aux monnoies, est un certificat juridique aux acheteurs, qui rend le souverain même caution de leur justesse; il seroit très-embarrassant & très-difficile aux particuliers, de les vérifier en détail. Ainsi, la vraie police rend un service essentiel à tout commerce, en vérifiant les monnoies, les poids & les mesures, & en certifiant cette vérification par l'empreinte du sceau de la souveraineté. Le marchand qui refuseroit cette *légalisation*, seroit justement suspecté de fraude, ou tout au moins, de déraison, puisqu'il refuseroit un moyen simple, peu dispendieux, & néanmoins très-assuré, de gagner la confiance publique. Celui qui falsifie l'empreinte, est faussaire & voleur. C'est-là le vrai crime de lèze-majesté au second chef, qui viole par fraude un des droits les plus utiles de la souveraineté.

Les statuts des *balanciers* sont enregistrés à la cour des monnoies, que les maîtres reconnoissent pour leur jurisdiction, en ce qui concerne leur art & métier. C'est à cette cour qu'ils doivent être reçus à la maîtrise; ils y prêtent le serment, ils y font étalonner les poids de cuivre qu'ils fabriquent, & ils y prennent les petits poids matrices, sur lesquels ils coupent ces légeres feuilles de léton, dont on se sert dans les trébuchets, & les petites balances des joyailliers, épiciers-droguistes, apothicaires, pour peser les grains, les gros, les scrupules, & autres semblables petites parties & diminutions du marc.

Chaque *balancier* est tenu d'avoir son poinçon, dont l'empreinte se conserve sur une table de cuivre, au greffe de la cour des monnoies, & au bureau de la communauté, pour y avoir recours si le cas y écheoit, & pour y faire le rengrainement.

Ce poinçon, sur lequel il n'y a ordinairement que la première lettre du nom de chaque maître, avec une couronne fleurdelisée au-dessus, sert à marquer leur ouvrage, afin que chacun en puisse répondre, s'il se trouvoit quelqu'altération aux poids ou aux balances.

Aux balances, dont les bassins sont de cuivre, la marque se met au fond des bassins: aux autres, c'est au fleau. Pour les poids, s'ils sont de cuivre, ils se marquent par-dessous, qui est aussi l'endroit où s'applique l'étalonnage de la cour des monnoies. A ceux de plomb, la marque se met sur le plomb même: & à ceux de fer, qui ordinairement sont carrés, avec un anneau dessus, & une profondeur par-dessous, sur le plomb qui est dans cette cavité, & qui sert à la justesse du poids. Les gros, les grains & les autres diminutions, portent aussi l'empreinte du poinçon.

L'étalonnage de la cour des monnoies se fait pareillement avec un poinçon, où est seulement gravée en creux une fleur-de-lys; mais l'on ajoute avec d'autres poinçons, des chifres Romains, ou des points qui marquent la pefanteur du poids.

Les maîtres ne font pas obligés de faire étalonner les petites diminutions; mais ils les dreffent fur la matrice étalonnée qu'ils ont chez eux, & enfuite les marquent de leur propre poinçon, avec les chifres & les points convenables à leur pefanteur.

On appelle, chez les *balanciers*, *remède de poids de marc*, ce qu'ils doivent donner à tous les poids qu'ils fabriquent, au-delà de leur jufte pefanteur; à la réferve néanmoins des diminutions, depuis quatre onces jufqu'au demi-felin, auxquels on ne donne aucun remède : on en parlera ailleurs. *Voyez* RE-MEDE DES POIDS DE MARC, *ou* MONNOIAGE, *&* MONNOIE.

Quoique ces maîtres, pour la difcipline de leur corps, aient toujours recours à leurs anciens ftatuts, c'eft cependant par les divers articles des arrêts du confeil de 1691, de 1695, & autres fuivans, que le corps fe gouverne.

Les deux jurés, ou du moins l'un des deux, a droit par leurs ftatuts, confirmés par plufieurs arrêts du parlement, d'affifter aux vifites que font les maî-tres & gardes des épiciers, ou autres des fix corps des marchands, qui dans leur profeffion ufent de balances & de poids; afin de juger avec eux, des défauts que peuvent avoir lefdits poids ou balances, & des abus qui s'y commettent : mais cette police qui paroît fi raifonnable, vu la capacité & la con-noiffance que doivent avoir les *maîtres balanciers* dans ce qui eft le principal objet de leur art & métier, ne s'obferve plus : & la communauté des *balanciers*, qui à peine fubfifte encore, n'eft guè-res en état de faire valoir ce privilége, dont fans doute le public ne fe trouveroit pas plus mal, s'ils y étoient rétablis.

Balance du Commerce.

La *balance du commerce* eft une comparaifon qu'on tâche d'établir comme on fçait & comme on peut, entre les *achats* annuels que font les négo-cians d'un pays, & leurs *ventes* dans les autres contrées, pour déterminer, à ce qu'on dit, s'il *entre* plus d'or & d'argent qu'il n'en *fort*, ou s'il en *fort* plus qu'il n'en *entre*.

Cette comparaifon eft-elle *poffible*, eft-elle utile? L'entrée & la fortie de l'argent font-ils ou ne font-ils pas des objets importans, que l'adminiftration puiffe & doive connoître, régler & modifier? Ce font de grandes queftions que nous ne devons pas réfoudre ici nous-mêmes : nous nous contenterons d'expofer, fur cette matière, les fentimens divers, d'après les auteurs les plus célèbres que nous citerons mot à mot; le premier fera M. Melon, partifan de l'opinion vulgaire des politiques modernes; le fecond, M. Hume, qui tient un parti mitoyen; le troifième enfin, M. de la Riviere, qui défend les principes économiques fur la liberté générale & l'immunité parfaite de tout commerce.

N°. PREMIER.

Opinion vulgaire des politiques modernes, expofée par M. Melon.

L'objet principal de cet article, eft d'examiner comment le légiflateur peut connoître la *balance du commerce*; & cette connoiffance fuppofée, com-ment il doit agir, ou pour la foutenir fi elle eft avantageufe, ou pour la changer à notre avantage.

Il femble d'abord que la connoiffance des mar-chandifes d'entrée & de fortie, doit procurer en même temps la connoiffance de l'avantage ou du défavantage avec les nations où nous envoyons, & de qui nous recevons. Mais cette connoiffance eft imparfaite, parce qu'elle ne peut pas être accom-pagnée du prix des marchandifes, car ce feroit une inquifition dangereufe du commerce, d'exiger une telle déclaration des négocians, & les vérifications en feroient impoffibles.

C'eft le change qui avertit du commerce, non pas le change momentané, & de quelques jours, mais la totalité des changes d'une année. Si deux nations n'avoient de commerce qu'entr'elles, comme dans la fuppofition de deux ifles, le change fupé-rieur de l'une, démontreroit fa fupériorité dans le commerce. Mais entre tant de nations commerçantes, ce que l'une gagne d'un côté, elle peut le perdre de l'autre, & il n'eft pas poffible de fuivre tous les détours des arbitrages fur tant de changes différens: toutefois une expérience raifonnée nous apprend qu'ils peuvent tous fe rapporter aux grandes places où la nation commerce le plus. Ainfi lorfque la fomme des changes pendant une année aura été favorable à la France fur Amfterdam, Londres & Cadix, on peut affurer que la *balance* nous a été favorable : il fuffiroit même de connoître le change entre Paris & Amfterdam, ces deux villes étant comme la caiffe générale de l'Europe commerçante. Londres & Amfterdam peuvent avoir le change défavorable avec la France, & avoir cependant une totalité de commerce avantageux, parce qu'ils foldent fur l'Efpagne & fur le Portugal, qui ne foldent qu'en argent.

Les profits du change doivent être proportionnés aux profits du commerce, ou autrement à la dette de la nation. Suppofons le commerce d'une année avantageux, de forte que le change donne deux pour cent. Si le même profit fubfifte les années fuivantes, le change devroit aller en augmentant toujours de fuite : cependant ce progrès du change n'arrive jamais, quoique le même profit de com-merce fubfifte, parce que le négociant n'acquitte en change qu'autant qu'il lui eft plus profitable que les périls & les frais de la voiture : ainfi le change ne peut hauffer par de-là ce point; car par de-là, le négociant voitureroit.

Si le change indique une *balance* défectueufe, alors par l'examen des marchandifes d'entrée, par des comparaifons avec les années précédentes, &

par d'autres obfervations faciles, le légiflateur voit quelle eft la partie fouffrante, & cherche les moyens de la rétablir; & c'eft là un des principaux ufages des bureaux d'entrée & de fortie.

Ce n'eft pas qu'une *balance* pourroit être bonne, & le commerce défectueux ou infuffifant, quoique fupérieur par le change à celui de nos voifins; nous pourrions leur envoyer une plus grande quantité de marchandifes que nous n'en recevons, le tout en fi petite quantité, qu'il nous refteroit du fuperflu, & que nous manquerions de quelque néceffaire : alors cela tient à des caufes étrangères au commerce, comme il a pû arriver dans les guerres où toutes les puiffances de l'Europe commerçoient entr'elles à notre exclufion. Mais il leur manquoit tant de chofes effentielles, que les Hollandois, au plus fort de la guerre, nous demandèrent un commerce néceffaire pour eux, par la fertilité de notre excellent terroir.

Il y a eu fouvent dans des temps de guerre une compenfation entre les profits de notre commerce, & les pertes de nos emprunts à l'étranger. C'étoit le régne de l'ufure; à peine connoiffoit-on les termes de *balance du commerce* ; il ne s'agiffoit que d'offrir des avances, partie en fauffe valeur fur des créations de charges, inutiles ou pernicieufes, avec trois fois en dehors, ou deux fois en dedans de profit, & quelque indemnité. Ces avances funeftes étoient acceptées par le miniftre toujours en befoin d'argent : & les étrangers riches de leur banque, de leur crédit & de nos fautes, fourniffoient aux entreprifes des traitans enrichis encore à prendre de l'argent à tout prix.

Quelle pouvoit être alors la reffource du négociant, dont le commerce doit porter encore plus fur fon crédit que fur fes fonds, & qui fait que fes profits ne peuvent pas foutenir un intérêt de dix pour cent à payer? il cherche le bas intérêt, & le prend chez l'étranger, où fouvent fes marchandifes font dépofées en attendant la vente. L'étranger affuré par ce gage, prête à meilleur marché fur fon crédit de banque : ainfi fans fonds & fans péril, il gagne tranquillement fur nous, autant & plus que l'on commerce ne lui donneroit, & nous en devenons par-là tributaires.

Il eft effentiel à la *balance du commerce*, que dans les circonftances où l'intérêt eft permis, il ne foit pas à un plus haut prix chez nous que chez l'étranger, parce que le négociant à qui l'argent coûte le moins, peut toujours vendre par préférence fur fes concurrens.

L'intérêt a diminué à mefure que la quantité d'argent a augmenté en Europe. L'intérêt ou le prix de l'argent, comme celui des marchandifes, dépend de l'abondance toujours relative à la demande. Ainfi lorfque par une déclaration de guerre, ou par quelque diminution d'efpèces, l'argent devient plus cher, ce n'eft pas que fa maffe ait diminué, c'eft que le propriétaire de l'argent a prévu que la demande en feroit plus grande : car dans le cas de la guerre, le roi qui le paie plus cher, en

demandera ; & dans le cas de la diminution, la même demande numéraire augmente la demandé de la maffe.

Il n'eft pas difficile de prouver que le monopole fur l'argent, eft du moins auffi pernicieux & auffi coupable que le monopole fur quelqu'autre denrée : car en parlant de la fimplicité de nos principes, & en fuppofant une ifle de récolte d'argent en concurrence des autres ifles, & dans les mêmes circonftances, comme il ne feroit pas permis à une des autres ifles de cacher une partie de fa denrée, pour avoir avec moins la même quantité de denrées des autres ifles; de même il n'eft pas permis à l'ifle d'argent d'en cacher une partie pour avoir avec moins de fa matière, la même quantité des denrées des autres, qui ont droit de fe contraindre réciproquement à l'égalité, & d'empêcher toute forte de monopole : & ce droit eft encore plus légitime dans le commerce actuel, où l'argent eft devenu plus néceffaire, comme gage univerfel, qualité qu'n'ont point les autres denrées. Mais ce principe de juftice théorique, ne peut pas être de pratique, parce que le monopole de l'argent eft difficile à découvrir fans une inquifition générale, trop à charge au paifible citoyen.

Qu'il foit défendu au propriétaire de l'argent de retirer quelque rétribution de fon prêt au négociant, ou bien qu'il ne veuille prêter au négociant qu'à un intérêt plus fort que le commerce n'en peut comporter, ce font deux extrémités également deftructives du commerce. Mais pourquoi ne feroit-il pas permis de tirer quelque rétribution de l'argent, puifqu'il y a toujours quelque péril à le prêter fans gage ni hypothéque, & que le propriétaire en peut toujours faire quelqu'autre bon ufage ? Et qu'eft-il befoin d'avoir recours à de frivoles & gênantes diftinctions ? Pourquoi auffi l'intérêt n'eft-il pas en France auffi bas que chez nos voifins commerçans ? N'avons-nous pas autant & plus de maffe d'argent qu'eux ? Nos circulations ne peuvent-elles pas être auffi abondantes, & les effets publics ne doivent-ils pas parvenir à leur véritable valeur, équivalente au crédit ? Alors le monopole de l'argent difparoîtra, car l'ufure ne fe manifefte que dans le difcrédit public.

C'eft une erreur groffière que de croire fuppléer à la difette d'argent par le monnoyage de la vaiffelle ; la maffe générale en acquiert une légère augmentation, bientôt engloutie avec le refte. Cette difette d'argent ne vient point du défaut de quantité, elle vient de la méfiance fur l'emploi. Détruifez l'ufure, ranimez le crédit, alors bien loin que ces particuliers envoient leur vaiffelle à la monnoie, ils en feront faire de nouvelle, & l'argent monnoyé abondera par-tout.

Dans le temps malheureux où l'argent augmente de prix, les denrées baiffent dans la même proportion, & par conféquent les fonds qui les produifent. Le propriétaire des terres vit à peine, & paie mal l'impofition. Le débiteur ne peut plus payer l'intérêt , par la vente de sa denrée avilie : accablé sous le poids de l'usure , il abandonne sa terre qu'il ne cultiveroit que pour son créancier , & ce créancier s'en empare à vil prix , après que les formalités l'ont dégradée & laissée en friche pendant plusieurs années. Or toute la masse d'argent dans sa valeur ordinaire , ne vaut pas la dixiéme partie des terres : les terres sont des richesses réelles , qui ne peuvent être suppléées qu'en partie , & qu'avec peine par un commerce laborieux. Les valeurs de l'argent se suppléent aisément , & dans sa cherté il n'y en a qu'une petite partie en circulation. Soutenir la cherté de l'argent aux dépens de celle des terres , c'est préférer un à mille , c'est préférer l'usurier au citoyen , au laboureur , à l'ouvrier. C'est l'enrichir aux dépens des autres parties de l'état, qui ne sont en valeur qu'autant que l'abondance des circulations les animent ; enfin c'est détruire le commerce intérieur , abandonner le commerce étranger.

Les assurances maritimes doivent entrer pour beaucoup dans la *balance du commerce* , & il n'est pas difficile d'en calculer les profits ; car par une note de la quantité de vaisseaux naufragés & de ceux qui sont venus à bon port de la même navigation , la perte du commerce dans cette partie sera connue. Il n'y a qu'à soustraire l'un de l'autre , mais en attendant ces vérifications , nous pouvons assurer hardiment que les assurances sont lucratives : les Hollandois les ont établies à la naissance de leur république. Les Anglois les étendent sur toutes sortes de risques ; & l'une & l'autre nation assurent sur les vaisseaux de toutes les autres nations.

La raison est d'accord avec l'expérience sur les profits des assurances. Un négociant ne charge un vaisseau qu'avec des probabilités d'un heureux voyage, cependant il n'ose pas risquer un si grand fonds. Il a recours à l'assureur qui ne veut , ni ne doit entrer dans ces risques sans avoir aussi quelque probabilité pour lui. L'assurance est un jeu favorable à l'assureur , à l'assuré & au commerce. Lorsque ce jeu est porté sur les négociations des effets publics , il peut être avantageux ou pernicieux au crédit , suivant les circonstances.

Les Anglois ont une compagnie d'assureurs sur l'incendie des maisons ; ils observent là-dessus l'art. 19 de l'ordonnance de la marine de France , par lequel le propriétaire du vaisseau doit toujours se réserver l'intérêt d'un dixiéme , afin que cet intérêt le rende plus attentif à sa conservation. Les Anglois assurent aussi sur la vie des voyageurs , ce qui est défendu par notre ordonnance , & par celle des Hollandois ; cette contradiction n'est pas assez importante pour mériter un examen.

Il fut établi en la ville de Paris , par édit du mois de mai 1686 , une compagnie générale d'assurances & grosses aventures. L'acte de société fut fait en conséquence & autorisé par arrêt du conseil du 6 juin suivant. Cet édit n'a point eu d'exécution, ou

en a eu pendant si peu de temps , qu'il n'en reste aucune trace. Il est à croire que notre commerce n'étoit pas alors assez considérable pour soutenir les frais de cet établissement ; soit qu'il y eût assez d'assureurs dans nos ports ou que les Hollandois assurassent à meilleur marché ; ces raisons ne subsistent plus par l'augmentation continuelle de notre commerce maritime , & par ses richesses qui fournissent de quoi assurer à aussi bas prix que les autres nations. Nous pouvons donc retenir ces profits par le renouvellement de cette compagnie.

Un auteur Anglois en parlant de la *balance du commerce* , dit sagement , qu'il vaut mieux chercher les moyens de la rendre favorable que ceux de la connoître , & la plupart des moyens qu'il propose , regardent la police du commerce. Nous en rapporterons quelques uns des plus applicables à notre dessein ; mais nous devons observer auparavant qu'il y en a deux qui manquent aux Anglois , & que nous avons d'une manière parfaite ; le premier , qu'il appelle *le transport des dettes* , est nos billets payables à ordre , dont les négociations faciles multiplient tant la circulation. L'autre , qu'il appelle *une cour de marchands* , est notre jurisdiction consulaire , dont les sages loix devroient servir de modèle à toutes les législations.

La banque des Anglois peut , en quelque façon, suppléer au défaut des billets transportables , mais il est difficile d'imaginer ce qui supplée au manque de la jurisdiction marchande. Le commerce ne peut sans un grand dommage, essuyer les formalités des jurisdictions ordinaires ; plus la nation devient commerçante , & plus la jurisdiction consulaire devient nécessaire.

Voici les quatre moyens principaux d'où l'auteur déduit tous les autres.

1°. L'augmentation des mains de commerce.
2°. L'augmentation des fonds de commerce.
3°. De rendre le commerce facile & nécessaire.
4°. Qu'il soit de l'intérêt des nations de commercer avec nous.

Sous le premier , sont compris les secours aux pauvres, ensorte qu'ils ne puissent point être oisifs , & que la misère ne leur fasse point quitter leur pays ; une plus facile & libre admission d'habitans.

Sous le second , est la loi pour le transport des dettes , & pour diminuer le nombre des fêtes , parce que les fonds augmentent de la quantité de marchandises fabriquées ces jours-là.

Sous le troisiéme , sont encore le transport des dettes , la jurisdiction des marchands , & les frais de visite pour les douanes.

Sous le quatriéme , de bien concerter les traités de commerce avec les nations , de fournir abondamment & loyalement à l'étranger.

Le bas prix de l'intérêt est la base de tous les articles , & le plus grand objet de son livre sur lequel nous ne nous étendrons pas davantage, nous proposant de dire là-dessus, dans les occasions , tout ce qui a rapport à notre dessein.

L'objet

L'objet de la *balance*, est d'augmenter la masse d'or & d'argent, comme gage des échanges. De cette augmentation du gage, suit la facilité de toutes les entreprises de commerce, si souvent arrêtées, ou ruineuses par l'usure ; il suit par conséquent un commerce plus étendu, qui soutient toujours la faveur de la *balance* ; & il suit enfin que les habitans ont été pourvus, dans le temps, de ce qui leur étoit nécessaire, puisque la demande des marchandises étrangères a été moins grande que celle de nos marchandises à l'étranger.

Il est une *balance* intérieure. *Balance* de la plus grande importance, qui doit toujours subsister entre la capitale & les provinces. Nous allons entrer là-dessus dans quelques détails, qui, quoique très-connus, n'attirent pas l'attention qu'ils méritent.

La capitale est le centre, où aboutissent toutes les richesses ; outre la dépense de la maison du roi, les seigneurs & les pensionnaires y consomment les revenus de leurs terres, leurs pensions & les appointemens de leurs gouvernemens. Les habitans y reçoivent quarante millions de rentes sur la ville, six ou sept millions de dividendes d'actions, les gages des jurisdictions, & les frais des plaideurs ; les fermiers du roi, les receveurs, les traitans, y font venir leurs produits : ce sont les provinces qui fournissent à tant de dépenses annuelles.

Les impositions sont toujours évaluées & payées en argent, comme mesure commune, mais elles sont toujours réductibles en denrées ; sans cela, les provinces épuisées d'argent dès la première année, seroient dans l'impuissance de payer l'année suivante. Ainsi, lorsque le législateur régle l'imposition, il doit déterminer la somme de chaque province sur l'abondance de ces denrées & sur ses ressources pour les vendre ; ressources qui, de proche en proche, dépendent de la capitale & des opérations du gouvernement.

C'est principalement des consommations de la capitale, que les provinces tirent l'argent, qui doit remplacer ce qu'elles paient annuellement de taille, de sel, de dixième ; &c. Plus l'imposition augmente, & plus la consommation devient nécessaire, à cause des profits sur les entreprises, sur les recouvremens, &c. Et voilà comment le luxe sera toujours avantageux, lorsqu'il y aura tant de moyens de s'enrichir dans la capitale. Les étoffes d'or de Lyon, les vins de Bourgogne & de Champagne, les volailles de Normandie & du Maine, les perdrix & les truffes du Périgord, paient les tributs de ces provinces. Le vulgaire ignorant s'irrite de ces folles dépenses, & l'homme d'état les regarde comme un effet désirable d'une cause qui en devient moins mauvaise.

Les accroissemens de la capitale dépendent de la quantité de rentes, de pensions, de gages attribués aux habitans, des gains des fermiers & receveurs royaux. Ce n'est point par de telles richesses, qu'il faut juger de celles de l'état ; leur durée sera courte, si la *balance* manque entre la somme des tributs & *Commerce. Tome I.*

la vente des productions de la terre. Sur vingt parties d'habitans, il y en a environ seize de cultivateurs, deux d'artisans, une d'église, de justice & de militaire, & une de négocians, de financiers & de bourgeois. C'est ici où le législateur doit prendre la *balance* des hommes, car il est fait pour les rendre tous heureux, chacun selon sa profession, & le laboureur mérite plus d'attention que les autres, parce qu'il est plus nombreux, & que son travail est plus essentiel ; mais son bonheur n'est pas de la même espèce, il doit le mériter par un travail assidu, & le législateur doit lui procurer la jouissance tranquille du fruit pénible de son labeur, par une vente proportionnée à une imposition équitable. Négliger cette portion d'hommes, à cause de leur prétendue bassesse, est une injustice grossière & dangereuse, car alors l'équilibre de cette *balance* fondamentale des hommes & du commerce, seroit rompue. Le laboureur découragé se refuseroit à sa profession : les vivres manqueroient peu à peu : l'imposition seroit mal payée, & le reste de la société seroit entraîné dans un malheur commun, plus affreux encore pour l'habitant de la capitale, que pour le laboureur accoutumé dès long-temps à la pauvreté. Quel terrible spectacle pour un citoyen, de voir tant de millions d'hommes dans la misère ! Mais quels regrets affligeans, s'il soupçonne qu'il est des moyens faciles d'arrêter ou de prévenir leur infortune !

Loin de nous, loin de la douceur de notre gouvernement la maxime horrible, que plus les peuples sont dans la misère, plus ils sont dans la soumission. C'est la dureté de cœur, & non la politique qui l'a dictée, & chez un autre peuple que le peuple François, dont la fidélité & l'attachement pour son roi sont inébranlables. Mais dans toute sorte de gouvernement, s'il y a quelque chose à craindre, c'est d'un peuple que sa pauvreté réduit au désespoir, & qui n'a plus rien à perdre.

L'homme riche profitant de la misère publique, fait travailler le mercenaire pour un salaire modique. Si quelqu'heureuse opération rétablissant l'abondance, procure à plus de citoyens de quoi occuper les ouvriers, & de quoi acheter les denrées du laboureur ; cet homme riche doit-il appeller insolence ou mutinerie, le refus de travailler ou de vendre au même prix ? La richesse du travailleur, consiste dans un travail assuré, qui lui donne de quoi nourrir sa famille ; à peine ses plus grandes réserves pourroient-elles le nourrir huit jours sans un nouveau travail. Peut-on leur envier une bonne nourriture si bien méritée ? L'ambition de Henri IV, devenu roi paisible, étoit de procurer l'abondance dans les campagnes ; je veux, disoit ce monarque bienfaisant, que chaque paysan de mon royaume ait bientôt de quoi mettre une poule au pot tous les dimanches, expression annoblie par la grandeur du sentiment. *Essai politique sur le commerce, par* MELON.

Y

Numéro II.

Opinion mitoyenne, exposée par M. Hume.

Il est très-ordinaire parmi les peuples qui ignorent la nature du commerce, de défendre l'exportation des commodités, & de vouloir conserver parmi eux tout ce qu'ils croient utile ou précieux. Ils ne considèrent pas que par cette défense, ils agissent directement contre leurs intentions, & que plus il s'exportera de quelque denrée que ce soit, plus on en cultivera dans le pays, & qu'ils en auront toujours la première offre.

C'est un fait convenu des sçavans, que les anciennes loix d'Athènes rendoient l'exportation des figues criminelle; ce fruit étant supposé d'une espèce si parfaite dans l'Attique, que les Athéniens le trouvoient trop délicieux pour la bouche d'un étranger. Cette défense ridicule étoit une chose si sérieuse, que c'est de-là que les délateurs ont été parmi eux appellés *Sycophantes*, de deux mots Grecs qui signifient *figue* & *déceleur*. J'ai souvent entendu dire que plusieurs anciens actes de notre parlement, ont été dictés par la même ignorance dans la nature du commerce. Jusqu'à ce jour, dans un royaume voisin, la sortie du blé est presque toujours défendue, pour prévenir, comme on dit, les famines, quoiqu'il soit évident que rien ne contribue davantage aux famines fréquentes qui affligent si souvent ce fertile pays.

La même jalousie à l'égard de l'argent a aussi prévalu parmi plusieurs nations: on avoit besoin de la raison & de l'expérience pour convaincre les peuples que ces défenses ne servent qu'à tourner le change contr'eux, & à produire encore une plus grande exportation.

On peut dire que ces erreurs sont grossières & palpables; mais à l'égard de la *balance du commerce*, parmi les nations même qui l'entendent le mieux, une forte jalousie prévaut encore: elles craignent toujours que tout leur or & leur argent ne les quittent. Cette crainte cependant me paroît entièrement dépourvue de fondement dans presque tous les cas. J'apprehenderois aussitôt de voir tarir toutes nos sources & nos rivières, que de voir l'argent abandonner un royaume, où il y a du peuple & de l'industrie. Conservons soigneusement ces derniers avantages, & nous n'aurons jamais à craindre de perdre le premier.

Il est aisé de remarquer que tous les calculs touchant la *balance du commerce* sont fondés sur des suppositions & des faits incertains. On convient que les registres de douanes ne sont pas un fondement suffisant pour en pouvoir raisonner. Le prix du change n'est guère meilleur, à moins que de le comparer avec celui de toutes les nations, & de connoître aussi les proportions des différentes sommes remises, ce que l'on peut assurer hardiment être impossible. Tout homme, qui a raisonné sur ce sujet, a toujours prouvé sa théorie, quelle qu'elle

fût, par des faits & par des calculs, & par un détail de toutes les commodités que l'on envoie à l'étranger.

Les écrits de M. Gée frappèrent la nation d'une terreur universelle, quand on vit qu'il démontroit clairement par un détail de particularités, que la *balance* étoit contr'elle pour une somme si considérable, que dans cinq ou six ans elle devoit rester sans un scheling: mais heureusement vingt ans se sont depuis écoulés, avec une guerre étrangère très-coûteuse; & cependant on suppose communément que l'argent est encore plus abondant parmi nous, que dans aucune autre époque des temps qui ont précédé.

Rien n'est plus amusant sur ce sujet que les ouvrages du docteur Swift, auteur qui a plus d'esprit que de connoissance, plus de goût que de jugement, plus d'humeur, de préjugé & de passion que de quelqu'autre qualité que ce soit. Il dit dans son court examen de l'état de l'Irlande, que tout l'argent de ce royaume ne monte qu'à cinq cens mille livres sterling; que de ce fonds on en remettoit tous les ans près d'un million à l'Angleterre, & que les Irlandois n'avoient presque aucun moyen de faire quelques compensations, & peu de commerce étranger, que par l'importation des vins de France qu'ils paient en argent comptant. La conséquence de cette situation, que l'on doit avouer être désavantageuse, étoit que dans le cours de trois ans, l'argent monnoyé d'Irlande de cinq cens mille livres sterling, seroit réduit à moins de deux cens mille. Aujourd'hui, suivant ce calcul, ce fonds doit donc absolument être réduit à rien: cependant je ne comprens pas comment cette opinion de la ruine entière d'Irlande, qui a causé tant d'indignation à ce docteur, paroît continuer encore & s'accrédite même de plus en plus parmi tant de gens.

Enfin la *balance du commerce* est de telle nature, que toutes les fois qu'un homme est mécontent du ministère, ou qu'il a des vapeurs, elle lui paroît toujours contraire; & comme on ne peut la réfuter par un détail particulier de toutes les exportations qui contrebalancent les importations, il est plus à propos de répondre ici à ces vaines déclamations par un argument général, qui prouve l'impossibilité de cet événement, aussi long-temps que nous conservons notre peuple & notre industrie.

Supposons que quatre parties de tout l'argent de la Grande-Bretagne fussent anéanties dans une nuit, & qu'à cet égard la nation fût réduite à la même condition qu'elle étoit sous les règnes des Henri & des Edouard; quelle en seroit la conséquence? Le prix du travail & des denrées ne tomberoit-il pas à proportion, & chaque chose ne seroit-elle pas à aussi bon marché qu'elle l'étoit de ce tems-là? Quelle nation pourroit alors nous le disputer dans le commerce avec l'étranger, ou prétendre de naviguer, ou de vendre le produit de fes manufactures au même prix qui nous apporteroit un profit fuffifant ? En combien peu de temps donc cet avantage ne nous feroit-il pas revenir tout l'argent que nous aurions perdu, ce qui nous remettroit tout de fuite de niveau avec toutes les nations voifines. A peine y ferions-nous arrivés, que nous perdrions de nouveau cet avantage du bon marché, du travail & des commodités : ainfi ce flux furabondant d'argent feroit arrêté par notre plénitude & notre réplétion.

Je fuppofe encore que tout l'argent de la Grande-Bretagne vînt à quadrupler dans une nuit, l'effet contraire n'arriveroit-il pas néceffairement ? Ne faudroit-il pas que tout le travail & les commodités montaffent à un prix fi exorbitant qu'aucune nation ne feroit en état d'acheter de nous ? tandis que de l'autre côté leurs commodités deviendroient à fi bon marché, en comparaifon des nôtres, qu'en dépit de toutes les Loix que l'on pourroit faire, elles entreroient chez nous & que notre argent en fortiroit, jufqu'à ce que nous fuffions redevenus de niveau avec les étrangers, & que nous euffions perdu cette grande fupériorité de richeffes qui nous auroit expofés à ces défavantages.

Il eft donc évident que les mêmes caufes qui corrigeroient ces inégalités exorbitantes, fi quelque miracle venoit à les produire, doivent les empêcher d'arriver dans le cours ordinaire de la nature, & conferver pour jamais, dans toutes les nations voifines, l'argent proportionné à l'art & à l'induftrie de chaque peuple.

Toute l'eau, quelque part qu'elle fe communique, demeure toujours de niveau. Demandez-en la raifon aux naturaliftes ; ils vous diront que fi elle avoit à s'élever dans un endroit, la gravité fupérieure de cette partie n'étant pas balancée, doit l'abaiffer, jufqu'à ce qu'elle rencontre un contrepoids ; & que la même caufe qui réprime l'inégalité quand elle arrive, doit la prévenir pour toujours, à moins de quelque opération violente & extérieure.

Peut-on imaginer qu'il eût jamais été poffible par quelque loi, ou même par quelque art ou induftrie que ce fût, de conferver en Efpagne tout l'argent que les gallions ont apporté des Indes ? Ou que toutes les commodités pourroient être vendues en France pour la dixième partie du prix qu'elles auroient coûté de l'autre côté des Pyrénées, fans trouver le moyen de s'y introduire, & par conféquent de diminuer cet immenfe tréfor ? Quelle autre raifon, en vérité, peut-on donner du gain que font à préfent toutes les autres nations, dans leur commerce avec l'Efpagne & le Portugal, fi ce n'eft, qu'il en eft de l'argent comme d'un fluide, qu'il eft impoffible d'amaffer au-deffus de fon propre niveau ?

Les fouverains de ces contrées ont affez témoigné l'envie qu'ils auroient eu de garder pour eux-mêmes leur argent, fi la chofe eût été poffible : mais comme tout corps d'eau peut être élevé au-deffus du niveau de l'élément qui l'environne, pourvû qu'il n'y ait aucune communication entre les deux ; de même à l'égard de l'argent, fi par quelque empêchement matériel & phyfique (car toutes les loix feules feroient infuffifantes) la communication en eft coupée ; il fe peut qu'en pareil cas, il fe trouve une grande inégalité d'argent avec les autres pays. Ainfi la diftance immenfe de la Chine & les monopoles de nos compagnies des Indes, empêchant la communication, confervent en Europe l'or, & fur-tout l'argent, dans une beaucoup plus grande abondance qu'on ne les trouve dans ce royaume.

Mais malgré cette grande obftruction, la force des caufes dont j'ai parlé, eft toujours évidente. En général il y a en Europe beaucoup plus d'habileté & d'adreffe qu'à la Chine, à l'égard des arts manuels & des manufactures ; cependant nous n'avons jamais été en état de trafiquer en ce pays-là fans de grands défavantages ; & fans les remplacemens continuels que nous recevons de l'Amérique, l'argent tomberoit bientôt en Europe, & monteroit à la Chine jufqu'à être prefque de niveau dans l'une & dans l'autre contrée. Aucun homme raifonnable ne peut douter que fi cette nation induftrieufe étoit auffi voifine de nous que la Pologne ou la Barbarie, elle n'épuifât le furplus de notre efpéce, & n'attirât à elle la partie la plus confidérable des tréfors des Indes Occidentales. Pour expliquer la néceffité de cette opération, nous n'avons pas befoin d'avoir recours à une attraction phyfique. Il y a une attraction morale réfultante des intérêts & des paffions des hommes, qui n'eft ni moins puiffante, ni moins infaillible.

La *balance* peut-elle être confervée dans les provinces de chaque royaume entr'elles, autrement que par la force de ce principe, qui fait qu'il eft impoffible à l'argent de perdre fon niveau & de hauffer ou de baiffer au-delà de la proportion du travail & des commodités qui font dans chaque province ? Si une longue expérience ne nous raffuroit pas à ce fujet, quel fonds de trifles réflexions ne nous offriroit pas un mélancolique campagnard de la province d'Yorck, dans des calculs où il fupputeroit & amplifieroit toutes les fommes que Londres tire par les taxes, les commodités, &c. tandis qu'en comparaifon les articles oppofés fe trouveroient fi inférieurs ? Il n'eft pas à douter que fi l'heptarchie eût fubfifté en Angleterre, le miniftère de chaque état n'eût été continuellement alarmé par la crainte d'avoir contre foi la *balance* ; & comme il eft probable que la haine mutuelle de ces états eût été extrêmement violente, à caufe de leur étroit voifinage, chaque gouvernement eût chargé & opprimé tout commerce par des précautions fuperflues.

Depuis que l'union de l'Angleterre & de l'Ecoffe a fupprimé les barrières qui les féparoient, laquelle de ces deux nations gagne-t-elle fur l'autre par ce libre commerce ? Si l'Angleterre a reçu quelque augmentation de richeffes, peut-on l'attribuer à autre chofe qu'à fon augmentation d'art & d'induftrie ? Nous apprenons par l'abbé du Bos, qu'avant la réunion, on appréhendoit communément en Angleterre que fes tréfors ne paffaffent en Ecoffe, fitôt qu'un commerce ouvert y feroit permis; les Ecoffois eux-mêmes craignoient exactement tout le contraire : le temps a fait voir fi de part & d'autre on avoit raifon.

Ce qui arrive en de petites portions du genre humain, doit avoir lieu en de plus grandes. Les provinces de l'Empire Romain gardoient fans doute leur *balance* entr'elles & avec l'Italie, indépendamment des attentions du gouvernement, auffi-bien que les différentes provinces de l'Angleterre, ou les différentes paroiffes de chaque province. Tout homme aujourd'hui qui voyage en Europe, peut voir par le prix des denrées, que l'argent en dépit de l'abfurde jaloufie des princes & des états, s'eft mis de lui-même à-peu-près de niveau, & que la différence entre un royaume & un autre, n'eft pas plus grande, à cet égard, qu'elle l'eft fouvent entre les différentes provinces du même royaume. Les hommes fe raffemblent naturellement dans les capitales, dans les ports de mer, ou fur les rivières navigables. Là nous trouvons plus d'hommes, plus d'induftrie, plus de travail, & par conféquent plus d'argent ; mais la dernière différence eft encore en proportion avec la première, & le niveau eft toujours confervé.

Notre jaloufie & notre haine, à l'égard de la France, font fans bornes, & il faut avouer que le premier fentiment eft très-raifonnable & très-bien fondé. Ces paffions ont occafionné des barrières innombrables, & les plus fortes obftructions au commerce, où nous fommes accufés d'être ordinairement les aggreffeurs : mais qu'avons-nous gagné à ce marché ? Nous avons perdu le commerce de nos manufactures de laine que nous avions avec la France, & nous avons transféré celui du vin à l'Efpagne & au Portugal, où nous achetons à plus haut prix une beaucoup plus mauvaife liqueur. Il y a peu d'Anglois qui ne cruffent leur pays abfolument ruiné, fi l'on vendoit en Angleterre les vins de France à fi bon marché & en télle abondance, qu'ils puffent, s'il eft permis de parler ainfi, fupplanter toute l'ale & les autres liqueurs qui fe braffent chez nous.

Mais en n'écoutant pas le préjugé, il ne feroit peut-être pas difficile de prouver que rien ne pourroit être plus innocent, peut-être plus avantageux. Chaque nouvel acre de vigne planté en France, pour fournir des vins à l'Angleterre, obligeroit les François, pour fubfifter eux-mêmes, de recevoir le produit d'un acre Anglois femé en blé ou en orge, & il eft évident que nous gagnerions par-là l'avantage de la meilleure denrée.

Il y a plufieurs édits du roi de France qui défendent de planter de nouvelles vignes, & qui ordonnent que toutes celles qui ont été nouvellement

plantées feront arrachées, tant on eft convaincu en ce pays de la valeur fupérieure du blé fur toute autre production.

Le maréchal de Vauban fe plaint fouvent, & avec raifon, des droits abfurdes dont on charge l'entrée des vins de Languedoc, de Guyenne, & des autres provinces méridionales, qui s'envoient en Bretagne & en Normandie. Il ne doute pas que ces dernières provinces ne puffent conferver leur *balance*, malgré le commerce ouvert qu'il propofe. Il eft évident que quelques lieues de plus de navigation en Angleterre ne feroient aucune différence, ou s'il en arrivoit quelqu'une, que fon effet fe porteroit également fur les commodités des deux royaumes.

Il y a, à la vérité, un moyen par lequel on peut faire baiffer, & un autre par lequel on peut faire hauffer l'argent au-deffus de fon niveau naturel en quelque royaume que ce foit ; mais ces cas, lorfqu'ils feront bien examinés, rentreront dans notre théorie générale & lui donneront encore une nouvelle autorité.

Je ne connois point de méthode plus fûre, pour faire tomber l'argent au-deffous de fon niveau, que ces établiffemens de banques, de fonds & de papiers de crédit, dont nous fommes fi infatués en ce royaume. Ces banques rendent le papier équivalent à l'argent, le font circuler dans tout l'état, lui font tenir lieu d'or & d'argent, hauffent en proportion le prix du travail & des commodités, & par ce moyen, ou font fortir une grande partie de ces précieux métaux, où ils empêchent de s'accroître davantage. Que nos raifonnemens fur ce fujet montrent combien nous avons la vue courte ! Nous nous imaginons que parce qu'un individu feroit beaucoup plus riche, fi fon fonds d'argent étoit doublé, que le même effet avantageux arriveroit fi l'argent de chaque particulier augmentoit, ne confidérant pas que le prix de toute chofe haufferoit d'autant, & réduiroit par-là chacun avec le temps à la même condition qu'auparavant. C'eft feulement dans nos négociations publiques, & dans nos engagemens avec les étrangers, qu'un plus grand fonds d'argent eft avantageux; & comme là nos papiers ne font abfolument d'aucune valeur, nous fentons par ces moyens tous les mauvais effets que produit une grande abondance d'argent, fans recueillir aucun des avantages.

Suppofons qu'il y a douze millions de papier qui circulent dans le royaume comme de l'argent, (car nous ne devons pas imaginer que tous nos fonds énormes font employés dans cette forme) & fuppofons que l'argent réel du royaume monte à dix-huit millions. Voici un état qui, comme l'expérience le démontre, peut foutenir un fonds de trente millions. Je dis que s'il eft en état de le foutenir, il l'eût acquis néceffairement en or & en argent, fi nous n'euffions empêché l'entrée de ces métaux par cette nouvelle invention de papiers. D'où auroit-il tiré cette fomme ? De tous les royaumes du monde. Mais pourquoi ? Parce que si vous ôtez ces douze millions, l'argent est dans l'état au-dessous de son niveau comparé avec nos voisins, & il faut qu'aussitôt nous tirions d'eux tous, jusqu'à ce que nous soyons pleins, & que, pour ainsi dire, nous n'en puissions plus tenir. Par notre sage politique, nous sommes si soigneux de farcir la nation de cette belle denrée de billets de banque & autres papiers, qu'il semble que nous ayons peur d'être surchargés d'or & d'argent.

Il n'est pas à douter que la grande abondance de matière en France, est en grande partie dûe au manque de papier de crédit. Les François n'ont point de banque. Les billets des négocians ne circulent pas parmi eux comme parmi nous. L'usure, ou le prêt sur intérêt n'est point directement permis chez eux. Ainsi plusieurs citoyens ont des sommes considérables dans leurs coffres. Il y a beaucoup d'argenterie dans les maisons particulières, & toutes les églises en sont pleines. Par ce moyen les denrées & le travail sont encore à beaucoup meilleur marché parmi eux, que chez des nations qui ne sont pas la moitié si riches en or & en argent. L'avantage de cette situation en fait de commerce, aussi-bien que dans le cas des nécessités publiques, est trop évident pour être disputé.

Le même usage, qui a lieu en Angleterre & en Hollande, de se servir de porcelaine au lieu de vaisselle d'argent, prévalut il y a quelques années à Gênes; mais le sénat, qui en prévit sagement les conséquences, défendit qu'on se servît de cette brillante commodité au-delà d'une certaine proportion, tandis qu'il laissa l'usage de la vaisselle d'argent illimité. Je suppose que la république, dans les dernières extrémités où elle a été réduite depuis peu, a ressenti les bons effets de cette sage ordonnance.

Avant l'introduction des papiers de crédit dans nos colonies, elles avoient assez d'or & d'argent pour leur circulation: depuis l'introduction de cet effet, le moindre des inconvéniens qui en soient résultés, est le bannissement total de ces précieux métaux. Or après l'abolition du papier, peut-on douter que l'argent n'y retourne, tandis que ces colonies posséderont les manufactures & les commodités, les seules choses estimables dans le commerce, & pour lesquelles seules tous les hommes désirent de l'argent ?

Quel dommage que Lycurgue n'ait pas pensé au papier de crédit, lorsqu'il vouloit bannir l'or & l'argent de Sparte! Il eût mieux répondu à ses fins que les morceaux de fer qu'il mit en usage pour monnoie, & auroit aussi prévenu plus efficacement tout commerce avec les étrangers, comme étant intrinséquement d'une valeur moins réelle.

Mais comme nos projets favoris de papier de crédit, sont pernicieux, étant presque le seul expédient par lequel nous pouvons faire tomber l'argent au-dessous de son niveau; à mon avis aussi, le seul moyen par lequel nous pouvons le porter au-dessus de ce même niveau, est une pratique contre laquelle tout le monde s'écrieroit comme destructive; c'est-à-dire, d'amasser des sommes considérables dans le trésor public, de les y enfermer, & d'en prévenir absolument la circulation. Le fluide ne communiquant pas avec l'élément voisin, peut, par un pareil artifice, être élevé à la hauteur qu'on veut lui donner.

Pour prouver ceci, nous n'avons qu'à supposer de nouveau l'anéantissement de la moitié, ou de quelque partie de notre argent: nous trouverons que la conséquence immédiate d'un pareil événement, seroit qu'il attireroit une somme égale de tous les royaumes voisins; & il ne paroit pas, par la nature des choses, qu'il y ait des bornes nécessaires à mettre à cette pratique d'entasser l'espèce. Une petite ville, comme Genève, en continuant cette politique pendant quelques siécles, pourroit se rendre maîtresse des neuf dixièmes d'argent de l'Europe. Il semble à la vérité, que dans la nature de l'homme, on trouve un obstacle invincible à cet immense accroissement de richesses. Un état foible, avec un trésor si considérable, deviendroit bientôt la proie de quelqu'un de ses voisins plus pauvre, mais plus puissant. Un grand état dissiperoit ses richesses en projets dangereux & mal concertés, & probablement détruiroit en même-temps ce qui est plus précieux que l'argent, l'industrie, les mœurs & le nombre de ses sujets. Le fluide en ce cas, élevé à une trop grande hauteur, force & brise le vase qui le contient, & se mêlant avec l'élément qui l'environne, reprend bientôt son niveau naturel.

Ce principe nous est si peu familier, que quoique tous les historiens s'accordent à rapporter uniformément un événement aussi récent que l'immense trésor amassé par Henri VII. (qu'ils font monter à un million sept cens mille livres sterlings) nous rejettons plutôt le concours de leurs témoignages, que d'admettre un fait qui cadre si peu avec des préjugés aussi enracinés que les nôtres.

Il y a grande apparence, à la vérité, que tout l'argent qui est en Angleterre, ne monte guère qu'au quatrième de cette somme; mais où est la difficulté qu'un prince adroit, avide, frugal, & de plus monarque presqu'arbitraire, pût en amasser une pareille ? Il n'est pas même probable que le peuple ait dû s'appercevoir d'une manière sensible, de la diminution de l'argent circulant, ou qu'elle ait pu lui porter aucun préjudice. Le prix de toutes les commodités tombant à proportion, a dû remplacer immédiatement cet argent, en donnant à l'Angleterre l'avantage dans son commerce, avec tous les royaumes voisins.

N'avons-nous pas un exemple dans la petite république d'Athènes avec les alliés, qui dans l'espace d'environ cinquante ans, entre la guerre de Médie & celle du Péloponèse, amassa une somme plus grande que celle de Henri VII ? Car tous les historiens & les orateurs Grecs, conviennent que les Athéniens ramaſſèrent dans la citadelle plus de dix mille talens, qu'ils diſſipèrent après à ſe ruiner par des entrepriſes imprudentes & téméraires; mais lorſque cet argent rentra dans le commerce, & que le fluide commença à ſe mêler avec l'élément qui l'environnoit, quelle en fut la conſéquence? Reſtera-t-il dans l'Etat? Non, car nous trouvons par le cens mémorable dont Démoſthène & Polybe font mention, qu'environ cinquante ans après, toute la valeur de la république, y compris les terres, les maiſons, les marchandiſes, les eſclaves & l'argent, étoit au-deſſous de ſix mille talens.

Quelle étoit l'élévation d'eſprit & l'ambition de ce peuple, d'amaſſer & de garder dans leur tréſor, pour ſervir à leurs conquêtes, une ſomme qu'il étoit chaque jour dans le pouvoir des citoyens, par une ſimple délibération, de ſe diſtribuer parmi eux, & qui auroit preſque triplé les richeſſes de chaque particulier! Car nous devons obſerver que ſelon les anciens hiſtoriens, les richeſſes publiques & particulières des Athéniens, n'étoient pas plus grandes au commencement de la guerre du Péloponéſe, qu'au commencement de celle de Macédoine.

L'argent n'étoit guère plus abondant dans la Grèce, dans le temps de Philippe & de Perſée, qu'en Angleterre durant le règne d'Henri VII. Cependant ces deux monarques, en trente ans, amaſſèrent dans le petit royaume de Macédoine, un tréſor beaucoup plus grand que celui du monarque Anglois. Paul Emile apporta à Rome environ un million ſept cens mille livres ſterling; Pline dit deux millions quatre cent mille, & cette ſomme n'étoit qu'une partie du tréſor de Macédoine, le reſte fut diſſipé par la réſiſtance & la fuite de Perſée.

Nous apprenons de Sanian, que le canton de Berne a prêté trois cens mille livres à intérêt, & qu'il y en avoit plus de ſix fois autant dans le tréſor public. Voici donc une ſomme amaſſée d'un million huit cens mille livres ſterling, qui eſt au moins le quadruple de ce qui devroit circuler naturellement dans un ſi petit état. Cependant en voyageant dans le pays de Vaux, on en trouve autre partie de ce canton, on ne remarque pas qu'il y ait moins d'argent qu'on n'en doit naturellement ſuppoſer dans un pays de cette étendue, & qui auroit à-peu-près le même ſol & la même ſituation: au contraire, il y a peu de provinces intérieures dans le continent de France ou d'Allemagne, où les habitans ſoient aujourd'hui auſſi opulens; quoique ce canton ait prodigieuſement augmenté ſon tréſor depuis 1714, le temps où Stanian a écrit le compte judicieux qu'il a rendu de la Suiſſe.

Ce qui eſt rapporté par Appien du tréſor des Ptolomées, eſt ſi prodigieux, qu'on ne peut l'admettre, d'autant plus que l'hiſtorien dit que malgré la frugalité des autres ſucceſſeurs d'Alexandre, pluſieurs d'entr'eux avoient des tréſors qui n'étoient pas de beaucoup inférieurs. Cet eſprit d'économie des princes voiſins, doit, ſuivant la théorie précédente, avoir arrêté la frugalité des monarques d'Egypte. La ſomme dont il fait mention eſt de ſept cens quarante mille talens, ou de cent quatre-vingt-onze millions, cent ſoixante-ſix mille ſix cens ſoixante-ſix livres ſterling treize ſchelings & quatre ſols, ſuivant le calcul du docteur Arbuthnot; cependant Appien dit qu'il a extrait le compte, qu'il en rend des regiſtres publics, & il étoit lui-même natif d'Alexandrie.

De ces principes, réſulte le jugement que nous devons former de ces empêchemens ſans nombre, de ces obſtructions, & ces impoſitions que toutes les nations de l'Europe, & l'Angleterre plus que toutes les autres, ont miſes ſur le commerce, par un déſir exorbitant d'amaſſer de l'argent, qu'on ne peut jamais entaſſer au-deſſus de ſon niveau, tandis qu'il circule, ou par une crainte mal fondée de perdre l'eſpèce qui ne ſauroit tomber au-deſſous. Si quelque choſe pouvoit diſſiper nos richeſſes, ce ſeroient des meſures ſi contraires à la bonne politique. Il en réſulte encore ce mauvais effet, qu'elles privent les nations voiſines de cette liberté de communication & d'échange que l'auteur de la nature a eu en vue en leur donnant des ſols, des climats & des génies ſi différens les uns des autres.

Nos politiques modernes, par ce grand uſage du papier du crédit, embraſſent l'unique méthode de bannir l'argent, & rejettent en même-temps le ſeul moyen de l'augmenter, c'eſt-à-dire, la pratique de l'entaſſer; c'eſt ce qui les oblige d'avoir recours à cent manœuvres, qui ne ſervent qu'à arrêter l'induſtrie, & à nous priver, nous & nos voiſins, des bénéfices communs de l'art & de la nature.

Cependant toutes les taxes ſur les commodités étrangères, ne ſont pas regardées comme inutiles, ou comme préjudiciables, mais uniquement celles qui ſont fondées ſur la jalouſie dont je viens de parler. Une taxe ſur les toiles d'Allemagne encourage nos propres manufactures, & augmente par-là notre peuple & notre induſtrie. Comme il eſt néceſſaire d'établir des impoſitions pour le ſoutien du gouvernement, il doit paroître plus convenable de les mettre ſur les commodités étrangères, qu'il eſt plus aiſé d'arrêter au port & de ſoumettre à ce droit. Nous devons pourtant toujours nous ſouvenir de cette maxime du docteur Swift, que dans l'arithmétique des douanes, deux & deux ne font pas quatre, mais ſouvent ne font qu'un. Il eſt preſque certain que ſi les droits ſur le vin étoient réduits à un troiſième, ils rapporteroient beaucoup plus au gouvernement qu'à préſent. Notre peuple ſeroit par-là à portée de boire une liqueur meilleure & plus ſaine. La *balance du commerce*, dont nous ſommes ſi jaloux, n'en ſouffriroit pas. La manufacture de l'aile, au-delà de l'agriculture, eſt peu conſidérable, & n'emploie que peu de mains. Le tranſport du vin & du bled n'en occuperoit guère moins.

Mais n'y a-t-il pas, me direz-vous, des exemples fréquens d'états & de royaumes qui étoient anciennement riches, & qui ſont à préſent pauvres? L'argent qui y abondoit autrefois, ne les a-t-il pas quittés? Je réponds que ſi ces états perdent leur commerce, leur induſtrie & leur peuple, il leur eſt impoſſible de garder leur or & leur argent; car ces précieux métaux ne peuvent tenir qu'en proportion de ces premiers avantages. Lorſque Liſbonne & Amſterdam ont enlevé le commerce des Indes orientales aux Vénitiens & aux Gènois; ces villes leur ont auſſi enlevé les profits & l'argent qui en provenoient. Où le ſiége du gouvernement eſt tranſporté, où l'on entretient de nombreuſes armées à de grandes diſtances, où des fonds conſidérables ſont poſſédés par des étrangers, il doit réſulter naturellement de toutes ces cauſes, une diminution de l'eſpèce. Mais nous pouvons obſerver que ces manières de faire ſortir l'argent, ſont violentes & forcées, & qu'elles ſont ſuivies communément du tranſport du peuple & de l'induſtrie: mais où le peuple & l'induſtrie demeurent les mêmes; où la cauſe d'un trop grand écoulement ceſſe, l'argent trouve toujours le moyen de retourner par cent canaux, dont nous n'avons ni notion ni ſoupçon. Quels immenſes tréſors n'ont pas été répandus par tant de nations, en Flandres depuis la révolution, dans le cours de trois longues guerres? Plus d'argent peut-être que la moitié de ce qui eſt à préſent dans toute l'Europe. Mais qu'eſt-il devenu? Eſt-il dans le cercle reſſerré des provinces autrichiennes? Non certainement. Il eſt pour la plus grande partie retourné aux pays dont il venoit, & a ſuivi l'induſtrie & les arts par leſquels il avoit été acquis dans ſon principe.

Enfin un gouvernement a raiſon de conſerver avec grand ſoin ſon peuple & ſes manufactures: à l'égard de l'argent, il peut en toute ſûreté s'en fier au cours des affaires humaines; on s'il fait attention à cette dernière circonſtance, ce ne doit être qu'autant qu'elle peut intéreſſer la première.

Numéro III.

Opinion des économiſtes expoſée par M. Mercier de la Rivierre, conſeiller au parlement, ci-devant intendant de la Martinique.

C'eſt parce qu'on a pris l'argent pour le principe & la meſure de la proſpérité d'une nation, que les politiques ont adopté comme une maxime d'état, que le commerce extérieur n'étoit avantageux qu'autant qu'il faiſoit entrer beaucoup d'argent chez une nation, ſans l'en faire reſſortir; de-là, le ſyſtême de toujours vendre & de ne jamais acheter: du moins de vendre beaucoup & d'acheter peu des étrangers; de-là, cette idée chimérique de commercer avec les autres nations pour gagner ſur elles, pour s'approprier une partie de leur argent. Mais que dis-je? Une partie? C'eſt la totalité que cette fauſſe politique doit ſe propoſer de dévorer; car un tel ſyſtême n'a point de bornes; perſonne ne peut marquer le point fixe auquel les ſpéculations doivent s'arrêter: dès qu'on admet qu'il eſt utile de gagner ſur les autres nations, cette utilité doit néceſſairement être toujours la même; il faut donc étendre néceſſairement auſſi cette ſpéculation, juſqu'à faire paſſer chez vous tout l'argent

qu'elles ont chez elles; il faut en un mot, que dans votre ſyſtême, elles ne ceſſent de perdre, juſqu'à ce que vous les ayez réduites à une impuiſſance abſolue d'alimenter vos profits en argent.

Eh bien, aveugle & cupide politique, je vais combler vos vœux: je vous donne toute la quantité d'argent qui circuloit chez les nations avec qui vous commerciez: la voilà raſſemblée chez vous; que voulez-vous en faire? Je vois déjà que vous avez perdu autant de conſommateurs étrangers que vous en avez ruiné: vous en aviez beſoin cependant; & faute de ces conſommateurs, qui ne peuvent ſe remplacer pour vous, il va ſe faire un vuide dans la conſommation de vos productions; une partie doit reſter invendue, & dégénérer en ſuperflu; dès-lors vos cultivateurs vendent, non-ſeulement en moindre quantité, mais encore à moindre prix; car, l'effet de la ſur-abondance eſt de faire diminuer les prix; elles ne renaîtront plus pour nous ces productions qui ſont réduites à manquer de débit.

Voilà donc le déſordre dans la claſſe qui chez vous reproduit les valeurs diſponibles; voilà qu'une portion de vos terres va reſter en friche; que la diminution de la maſſe de vos productions va en occaſionner une proportionnelle dans votre population; avec une plus groſſe maſſe d'argent, vous allez voir moins de valeurs renaiſſantes, moins de travaux, moins d'hommes entretenus, moins de revenus réels, moins de moyens de jouir pour le ſouverain & pour les propriétaires fonciers; quel avantage l'accroiſſement de cette maſſe d'argent vous aura-t-il donc procuré? Celui d'être obligé d'employer cent écus pour payer ce qui ne ſe vendoit que dix; mais en cela je ne vois qu'un fardeau de plus, qu'un embarras de plus dans votre commerce intérieur.

Il eſt pourtant encore d'autres inconvéniens attachés à cette révolution: 1°. votre nouvelle opulence invite toutes les nations à venir reprendre ſur vous par la force, ce que vous leur avez enlevé par votre politique ſpoliatrice. En ſecond lieu, la cherté exceſſive de tout ce qui ſe vend dans votre intérieur, eſt garante, que malgré toutes les précautions que vous pourrez prendre, il entrera chez vous une grande quantité de marchandiſes étrangères qui ne ſeront point échangées contre les vôtres, parce que les vôtres ſont trop chères, mais bien contre votre argent, parce qu'il eſt à bas prix. Par cette voie, votre argent, tel qu'une rivière, qui ne pouvant plus être contenue dans ſon lit, s'élève au-deſſus des digues qu'on lui oppoſe, ſe déborde, & répand ſes eaux de tous côtés; votre argent, dis-je, refluera chez tous les étrangers qui ne ceſſeront d'introduire clandeſtinement chez vous des marchandiſes; ce même argent alors ne reviendra plus à votre claſſe productive; celle-ci verra ſes ventes diminuer d'autant; nouvel échec dans les revenus du ſouverain & des propriétaires fonciers; nouvelle cauſe de dépériſſement de votre agriculture; nouvelle diminution dans la maſſe de vos productions & dans votre population: tel eſt l'ordre de la nature, que vous ne pouvez le violer qu'à votre préjudice.

On ne finiroit point si on vouloit parcourir tous les inconvéniens inséparables de la prétendue fortune que vous venez d'acquérir par votre commerce extérieur, ou plutôt dont on vient de vous faire un présent funeste; il suffit de vous faire observer qu'à peine est-elle faite, qu'elle se change en appauvrissement; que votre ruine est une suite nécessaire de vos succès: ils sont donc des désordres, puisqu'ils portent avec eux leur punition.

Pour combattre d'une manière plus victorieuse encore, les idées bizarres qu'on s'est formées de la *balance du commerce*, & des avantages qu'on a cru trouver à rendre aux étrangers moins d'argent qu'on n'en reçoit d'eux; perdons de vue la brillante & chimérique hypothèse que l'on vient de présenter; suivons pas à pas les systêmes de la politique à cet égard, & voyons s'ils ne seroient point impossibles dans leur exécution.

Le commerce extérieur ne peut faire entrer chez une nation, plus d'argent qu'il n'en fait ressortir, qu'autant qu'elle porte aux étrangers plus de marchandises que d'argent; & qu'en retour elle en reçoit plus d'argent que marchandises. Mais si chaque nation policée ou soi-disant, adopte la même politique, il n'est plus possible qu'il se fasse entr'elles aucun commerce; toutes n'auront que des marchandises à vendre pour de l'argent, & aucune ne voudra donner son argent en échange des marchandises des autres. Comme une telle politique est contre nature, comme elle fait violence au penchant naturel qui porte les hommes à vendre pour acheter & jouir, qu'ainsi elle ne peut s'établir qu'en détruisant toute liberté; chaque gouvernement fera valoir sa politique par les prohibitions & la force qu'il emploiera pour les faire observer: dans cette position respective, la société des nations n'existe plus; les voilà rivales, jalouses, ennemies les unes des autres; bientôt des guerres cruelles & destructives viendront les punir de leurs contraventions à l'ordre essentiel de cette société.

Plus nous analyserons cette politique, & plus ses contradictions se multiplieront à nos yeux: nous venons de la voir anéantissant tout commerce, quoique son but soit de faire de grands profits en argent par le commerce; examinons présentement dans le détail, quels moyens elle emploie pour se ménager ces mêmes profits.

Le commerçant, agent intermédiaire du commerce extérieur, est un homme qui doit être indemnisé de tous ses frais; il lui est dû en outre, des salaires, & des intérêts pour toutes les sommes qu'il est dans le cas d'avancer: lorsqu'en retour des productions exportées, il rapporte des marchandises étrangères, toutes les reprises de ce commerçant lui sont payées en commun, par la nation dont il exporte les productions, & par les étrangers dont il fait consommer aussi les marchandises. Mais lorsqu'en échange des productions exportées, il ne rapporte que de l'argent, ces productions deviennent le seul objet sur

lequel ses reprises puissent s'exercer: quoique ses voitures ou ses vaisseaux reviennent à vuide, il n'en fait pas moins les mêmes frais pour leur retour, si vous en exceptez ceux qui sont particulièrement occasionnés par les chargemens & les déchargemens, & ce sont des articles peu importans. Ce n'est donc que sur le prix de ces productions exportées, qu'il peut prendre tout ce que ses opérations lui donnent le droit d'exiger. Cela posé, il est de toute nécessité qu'il achette d'autant moins cher les productions qu'il exporte; car il ne peut les revendre chez les étrangers qu'au prix courant du marché général: ainsi, le propre de cette façon de commercer, est de faire baisser nécessairement le prix de ces productions dans l'intérieur de la nation cultivatrice, qui en est propriétaire.

Cet inconvénient ne frappe pas sur les seules productions exportées; il affecte encore toutes celles qui se consomment chez cette nation; 1º. parce qu'une même espèce & qualité de marchandise, n'a qu'un même prix courant pour tous les acheteurs; 2º. parce qu'il règne habituellement un équilibre nécessaire entre les valeurs vénales de toutes les productions d'une nation: ainsi, par la seule raison que les productions exportées perdent une partie du prix qu'elles devroient avoir dans les mains des premiers vendeurs, toutes les autres productions, quoique consommées dans l'intérieur de la nation, sont contraintes de subir le même sort. Jugez maintenant quelle doit être la diminution des revenus communs du souverain, & des propriétaires fonciers: heureux encore si cette perte étoit la seule que cette fausse politique leur fait éprouver, mais nous en découvrirons d'autres dans un moment.

Voici donc que, déduction faite des reprises des commerçans, la valeur des productions exportées revient en argent: il s'agit de sçavoir ce qu'il va devenir.

Quelque soit cette somme d'argent, elle n'est que le représentant d'une valeur semblable en productions cueillies sur le territoire de la nation qui les vend, & consommées par l'étranger qui les achette. cet argent se distribue donc à tous les premiers propriétaires de ces productions: ainsi, par le moyen de cet échange, s'il pouvoit se renouveller tous les ans, il se trouveroit que l'étranger seroit assuré d'un revenu annuel en productions, quoiqu'il n'en cueillît point, & que la nation supposée ne se verroit qu'un revenu annuel en argent, quoiqu'elle cueillit ces mêmes productions. Qu'on me dise donc de quelle utilité lui sera ce revenu en argent, si elle ne le convertit pas en choses usuelles, en choses propres à procurer des jouissances. Mais si elle veut faire cette conversion, comment pourra-t-elle y parvenir, puisque les choses usuelles ne se trouvent plus chez elle, & qu'elle ne veut point acheter de celles qui sont chez l'étranger?

Peut-être demandera-t-on pourquoi il ne se trouve plus dans cette nation une quantité de choses usuelles, dans l'achat desquelles elle puisse dépenser

ser son revenu en argent ? Mais la raison en est bien simple : puisqu'elle a vendu aux étrangers une portion de marchandises pour de l'argent, cela fait qu'il se trouve chez elle plus d'argent & moins de marchandises ; qu'ainsi la somme d'argent qu'elle a reçue de l'étranger, ne peut plus trouver à s'employer. Développons cette vérité, car elle est d'une grande importance.

Distraction faite de la portion des denrées que le souverain, les propriétaires fonciers & les cultivateurs consomment en nature, divisons les productions en deux parties, dont l'une est vendue aux étrangers, & l'autre à la classe industrieuse. Sur la partie que cette classe achete, elle doit prendre toutes ses consommations, & le surplus doit être revendu par elle en argent, aussi cher qu'elle l'a payé. Si elle le revend moins, elle se ruine, & ce commerce ne pourra bientôt plus avoir lieu ; si elle le revend plus, elle s'enrichit aux dépens du souverain & des propriétaires fonciers : elle diminue la masse du produit net, & altere un des principes de la reproduction. Ainsi pour que personne ne soit lésé, l'ordre veut que l'argent débourfé par la classe industrieuse lui revienne, mais aussi qu'il ne vienne que la même somme, & que par ce moyen il se fasse une circulation qui ne puisse jamais être interrompue.

Les premiers propriétaires des productions vendues à la classe industrieuse, doivent donc avoir dans leurs mains, l'argent qui suffit à payer les ouvrages que cette classe se trouve en tour avoir à leur vendre ; par conséquent celui que ces propriétaires reçoivent de l'étranger, ne peut plus trouver à s'employer dans la nation. Dans une telle position, il est moralement impossible qu'ils n'achetent pas à leur envi les ouvrages de la classe industrieuse, & qu'ils ne fassent pas renchérir fort au-dessus du prix que ces ouvrages devroient naturellement avoir ; car dans le cas supposé toute autre jouissance leur est interdite, & la concurrence des vendeurs étrangers ne vient point donner des loix à la cupidité des vendeurs nationaux de ces mêmes ouvrages.

Deux effets doivent alors nécessairement résulter de ce renchérissement : une double diminution dans la richesse & les jouissances du souverain & des propriétaires fonciers, & l'enrichissement de la classe industrieuse à leur préjudice. Ces conséquences paroissent peut-être un peu précipitées ; mais voici le développement méthodique & graduel des liaisons qu'elles ont avec leur principe.

Le renchérissement des travaux de la main-d'œuvre ne produit-il pas le même effet qu'une diminution réelle du revenu des propriétaires fonciers & du souverain ? Voilà donc déja une première perte. Mais ce renchérissement peut-il avoir lieu sans frapper aussi sur les cultivateurs, & par contre-coup, sur les avances de la culture ? Voilà donc encore une seconde perte ; car de cette charge indirecte sur les avances de la culture, résulte une diminu-

tion dans la masse des productions ; diminution qui, comme nous l'avons déja fait voir, doit être entièrement supportée par les co-propriétaires du produit net.

Le résultat d'un tel système est donc tel que je viens de le présenter : il doit opérer l'appauvrissement du souverain & des propriétaires fonciers, & l'enrichissement de la classe industrieuse à leurs dépens. Mais comme tout se tient, & qu'il n'est point de désordre qui n'ait ses contre-coups, il nous faut encore examiner quels sont ceux de ce dernier inconvénient. On demande donc quel usage la classe industrieuse fera de l'argent qu'elle gagne ainsi, chaque année, sur les premiers propriétaires des productions ? certainement elle ne l'employera point en acquisitions de terres ; car dans notre hypothèse, l'état du propriétaire foncier est un mauvais état, au lieu d'être le meilleur état possible. Il faudra donc que les agens de l'industrie, à mesure qu'ils auront fait fortune, aillent avec leur argent s'établir chez l'étranger.

En dernière analyse : que gagnez-vous donc à vouloir toujours vendre aux étrangers, sans rien acheter de leurs marchandises ? Vous leur échangez vos consommations, vos jouissances, pour de l'argent que vous ne pouvez conserver & qui ressortira de vos mains sans qu'il ait pu vous être utile. Cependant pour acheter ce triste & ridicule avantage, vous commencez par enlever à vos productions une portion de la valeur vénale qu'elles devroient avoir ; vous aggravez cette perte pour leurs premiers vendeurs, en faisant renchérir le prix qu'ils sont obligés de mettre aux ouvrages de la main - d'œuvre ; vous altérez ainsi la masse des reproductions en faisant supporter aux avances de la culture une partie du poids de ce renchérissement ; comptez bien ; vous allez trouver le souverain & les propriétaires fonciers grévés de trois manières ; ils le sont par la diminution du prix des productions ; ils le sont par une autre diminution dans leurs récoltes ; ils le sont par le renchérissement d'une partie des choses qu'ils sont obligés d'acheter. Livrez-vous à tous les jeux de votre imagination ; choisissez entre toutes les suppositions que vous pourrez inventer ; je vous défie d'en trouver une qui puisse vous mettre à l'abri de tous ces inconvéniens à la fois.

Toutes les différentes dispositions auxquelles l'imagination puisse se prêter un moment, se réduisent aux deux que voici : les ouvrages de l'industrie ne renchériront point, ou que s'ils renchérissent, les productions renchériront à proportion.

Si les ouvrages de l'industrie ne renchériffent point, l'argent provenant des ventes faites à l'étranger est donc destiné à rester oisif dans les mains des premiers propriétaires des productions, à ne leur procurer aucunes jouissances. Mais dans ce cas pourquoi veut-on qu'ils achetent, par des privations, un argent qui doit n'être pour eux d'aucune utilité ? Un tel argent n'est plus une richesse dès

qu'il n'eſt plus un moyen de jouir ; il eſt au contraire la cauſe d'un appauvriſſement très-réel ; car
être pauvre , c'eſt être privé des moyens de jouir.

L'avare , cet eſclave d'une paſſion qui le laiſſe
manquer de tout pour enfouir ſon argent , eſt
très-véritablement pauvre : nous plaignons ſon
aveuglement , & cependant le ſyſtême de ce malheureux n'eſt en petit , que ce que votre ſyſtême
politique eſt en grand ; car s'il eſt bien que les
co-propriétaires du produit net ſe privent du quart
ou du tiers de leurs jouiſſances pour s'enrichir en
argent, il ſera mieux encore qu'ils ſe privent de
la totalité pour augmenter chez eux ce même argent.
D'après les impulſions des mobiles qui ſont en nous,
les hommes ne ſont avides des richeſſes en argent ,
que parce qu'ils ſont avides des jouiſſances qu'on
obtient par le moyen de ces richeſſes : tous déſirent ainſi de s'enrichir pour jouir ; mais dans le
ſyſtême factice de notre politique , il faut renoncer
à jouir , pour s'enrichir ; cette ſeule contradiction
ſuffit pour caractériſer ſon abſurdité.

Votre ſeconde reſſource eſt de ſuppoſer que
l'augmentation du prix des productions ſuivra celle
du prix de la main-d'œuvre : ne vous égarez pas
ici dans de vains raiſonnemens ; cette ſuppoſition
eſt phyſiquement impoſſible : vous avez beſoin des
étrangers pour opérer la conſommation totale de
vos productions , puiſque vous leur en vendez tous
les ans une partie ; mais vous ne pouvez les leur
vendre au-deſſus du prix courant du marché général , & ſur ce prix , il faut que les commerçans
prélèvent toutes les repriſes qu'ils ont à faire ; car
les étrangers, qui ne vous vendent rien , ne payent
pour vos productions , que le prix courant du
marché général , & rien de plus. Or , il eſt conſtant
que le conſommateur national n'achetera pas , dans
ſon propre pays, plus cher que le conſommateur
étranger ; que ſi ce dernier ceſſe d'acheter , vous
manquez d'un débit ſuffiſant pour vos productions ;
& que toutes les fois que la reproduction excéde
la conſommation , le prix de la marchandiſe ſura-
bondante doit diminuer au lieu d'augmenter. Cette
ſuppoſition renferme ainſi deux choſes abſolument
contradictoires ; le renchériſſement de vos productions , & néanmoins la continuation de leur vente
aux étrangers.

Si on vouloit analyſer plus particulièrement cette
même ſuppoſition, on y trouveroit encore d'autres
contradictions ; mais celle-ci ſuffit. Revenons donc
à votre première hypotéſe , & ſuppoſons , contre
toute vraiſemblance , que le produit en argent des
ventes faites à l'étranger reſte oiſif dans les mains
du ſouverain & des propriétaires fonciers , & qu'au
moyen de ſon oiſiveté , les ouvrages de l'induſtrie
ne ſoient vendus qu'à leur prix naturel & néceſſaire : dans ce cas même , le moins défavorable de
tous , vos prétendus avantages ne ſeront pas de
longue durée ; par la raiſon que les étrangers ne
vous vendent rien , leur richeſſe en argent diminue
néceſſairement ; bientôt ils ſont forcés d'acheter une

moindre quantité de vos productions , ou de vous
en donner un moindre prix , ou plutôt même de
faire les deux à la fois : de toute façon, la diminution du produit de vos ventes eſt un malheur
inévitable pour vous ; & ce malheur eſt d'autant
plus grand , qu'il entraîne après lui une autre perte
bien plus grande encore ; il enlève à toutes les
productions qui ſe conſomment dans l'intérieur de
la nation , une partie du prix courant qu'elles
avoient ; car encore une fois , le prix courant eſt
un prix commun pour tous les acheteurs , & toutes
les valeurs vénales ont entr'elles un équilibre habi-
tuel & néceſſaire ; le prix des unes décide du prix
des autres.

Il eſt donc évident que cette diminution de la
valeur vénale , & du débit de toutes vos productions, doit être progreſſive ; ainſi, pour peu qu'un
tel déſordre continuât , tout le territoire de votre
nation ſe trouveroit en non-valeur ; alors il ne vous
faudroit que des yeux pour voir évidemment que
la manière dont vous comptez vous enrichir aux
dépens des autres nations , n'eſt qu'un ſecret pour
ruiner le ſouverain & l'état.

Une objection à laquelle on s'attend , c'eſt que
la maſſe de l'argent croiſſant d'année en année dans
notre continent , le ſyſtême en queſtion peut , ſans
nul inconvénient , ſe réduire à s'approprier cet
accroiſſement , du moins pour la majeure partie :
à la bonne heure, mais à condition que ce ſera pour
en jouir ; car enfin , jouir eſt le motif & l'objet
ultérieur de tous nos travaux , du travail ou ſpéculations : auſſi voyons-nous qu'en général , ſi quelqu'un ſuſpend ſes jouiſſances , ce n'eſt que dans la
vue d'augmenter ſes jouiſſances à venir.

Cependant ſi vous prétendez jouir de cet accroiſſement d'argent , ſans le faire repaſſer aux étrangers;
ſi vous comptez toujours qu'ils acheteront de vous
beaucoup plus qu'ils ne vous vendront ; ſi vous
parvenez , en un mot , à augmenter la maſſe de
votre argent bien au-delà de ce qu'elle augmente
chez les autres nations, toutes proportions gardées,
il en réſultera que cet argent diminuera chez vous
de valeur vénale , tandis qu'il conſervera toujours
ſa même valeur vénale dans les autres pays ; c'eſt-
à-dire , qu'à meſure que vos richeſſes en argent ſe
multiplieront , il en faudra donner une plus grande
quantité en échange des choſes uſuelles ; mais ſitôt
qu'il faudra deux écus pour acheter de vous ce qui
ne ſe vend qu'un écu chez les autres , ils vendront
& vous ne vendrez plus; ainſi vos marchandiſes qui
ſe conſommoient au dehors , reſteront invendues;
les ſuites funeſtes de cet engorgement vous feront
bientôt connoître que , ce que vous avez regardé
comme un bien , eſt pour vous le principe de
beaucoup de maux ; qu'il eſt une proportion naturelle , ſuivant laquelle chaque nation commerçante
doit participer à l'accroiſſement annuel de l'argent
en Europe ; que prétendre excéder cette proportion,
eſt une ſpéculation dont le ſuccès ne peut être ni
durable ni avantageux.

Obſervez cependant qu'une nation qui n'auroit que de l'argent à vendre, formeroit une exception à la loi commune, qui régle entre les nations commerçantes, le partage à faire dans l'accroiſſement de l'argent. Plus l'argent ſe multiplie, & plus il perd de ſa valeur vénale, tandis que les autres marchandiſes augmentent de valeur par rapport à lui : cette contrariété de progreſſion, dans les révolutions des valeurs, ſeroit évidemment au détriment de la richeſſe d'une nation qui ne cueilleroit chez elle que de l'argent : obligée de le cultiver par l'entremiſe des productions étrangeres, d'année en année, les frais de cette culture augmenteroient pour elle, tandis que la valeur vénale de l'argent qu'elle récolteroit diminueroit ; elle s'appauvriroit de jour en jour.

Je n'ai jamais conçu comment la politique pouvoit s'occuper ſérieuſement des moyens d'augmenter chez une nation la maſſe de l'argent. Je conçois biens moins encore, qu'elle puiſſe ſe propoſer d'obtenir cette augmentation par l'enchaînement de la liberté de ſon commerce : l'accroiſſement annuel de cette maſſe d'argent dans chaque nation commerçante, eſt un effet naturel & néceſſaire de cette liberté ; & ce n'eſt que par cette liberté qu'il peut s'opérer.

Les nations qui exploitent les mines d'or & d'argent, multiplient ces matieres dans notre continent. Cette exploitation les met dans le cas de faire une grande conſommation de productions étrangeres ; & quand elles ne ſeroient pas obligées d'envoyer ces productions dans les lieux d'où elles tirent l'or & l'argent, il eſt évident que pour convertir ces matieres en jouiſſance, elles ſeroient encore dans la néceſſité de recourir aux autres nations, & d'en acheter les marchandiſes uſuelles.

Les nations d'Europe commerçantes ſe diviſent donc naturellement en deux claſſes ; les unes mettent dans le commerce plus de productions que d'argent, & les autres plus d'argent que de productions : ainſi, ce que vous appellez la *balance du commerce*, doit être néceſſairement chaque année au profit des premieres, à quelques variations près, qui ne peuvent être que momentanées.

Il ne faut donc point regarder comme le fruit d'une politique profonde, l'avantage d'augmenter chez une Nation la maſſe de l'argent : cet accroiſſement s'opère de lui-même, quand on ne fait rien pour l'empêcher ; il eſt l'effet néceſſaire de la liberté, puiſque c'eſt par la liberté que ſe multiplient les valeurs qui doivent être échangées contre l'argent, & que ce n'eſt qu'en raiſon de ces valeurs, que la maſſe de l'argent peut s'accroître chez tous les peuples qui font commerce de leurs productions.

L'argent eſt une eſpece de fleuve ſur lequel on voiture les choſes commerçables, & qui arroſe tous les lieux où s'étend le commerce. Voulez-vous vous en procurer une grande abondance ? Multipliez, creuſez, élargiſſez les canaux qui le reçoivent ; mais diſpoſez-les auſſi de maniere que rien ne puiſſe ralentir ſon cours : il ne doit faire que paſſer ; & la liberté de ſa ſortie doit être égale à la liberté de ſon entrée ; car le volume qui entre perpétuellement, ſe meſure toujours & néceſſairement ſur le volume qui ſort. Si pour le retenir chez vous, vous arrêtez ſon écoulement naturel, vous ceſſerez bientôt d'en recevoir la même quantité que la nature vous avoit deſtinée ; en tout cas, ce que vous en poſſédez, ne pourra s'accroître que pour vous occaſionner de grands ravages par ſes inondations, tandis que l'interception de ſon cours, ne vous permettant plus de vous en ſervir pour l'exportation de vos marchandiſes, vous perdez ainſi toute l'utilité que vous deviez en retirer.

Il eſt ſenſible que les canaux déſignés par cette comparaiſon, pour recevoir l'argent, ſont toutes les productions territoriales qu'une nation peut vendre aux étrangers, & que l'argent qui entre par ce moyen, doit reſſortir par des achats qu'elle fait chez eux pour des ſommes égales à celles de ſes ventes. A meſure que la maſſe de l'argent s'accroît, il perd de ſon prix ; & conſéquemment il entre en plus grande abondance ; vous en poſſédez ainſi toujours une plus grande quantité, quoique vous en faſſiez reſſortir une plus grande quantité. La même augmentation encore a lieu, ſi, pour multiplier vos achats chez les étrangers, vous parvenez à multiplier les ventes que vous leur faites. Mais cet avantage alors ſuppoſe néceſſairement la multiplication de vos productions, & outre cela une grande liberté de vendre & d'acheter ; car richeſſe c'eſt moyen de jouir ; ainſi ſans la liberté de jouir, les productions ne peuvent plus ni devenir de véritables richeſſes, ni ſe multiplier.

En conſidérant l'argent dans le point de vue où cette comparaiſon nous le préſente, on convient qu'on peut juger de la richeſſe d'une nation agricole par la quantité d'argent qu'on voit chez elle : cette quantité, qui ſans ceſſe ſe renouvelle, eſt toujours proportionnée à la quantité & à la valeur vénale de ſes productions, en un mot, au montant des ventes qu'elle eſt en état de faire annuellement aux autres nations. Mais ne nous y trompons pas : l'argent alors n'eſt que le ſigne de la richeſſe ; il l'annonce & ne la fait point ; auſſi eſt-ce d'après l'argent qui paſſe librement chez cette nation, & non d'après l'argent qui y demeure engorgé, que nous pouvons nous former une idée juſte de ſa véritable richeſſe ; de celle qui eſt diſponible pour elle, dont elle peut jouir annuellement ſans s'appauvrir ; diſons plus, dont elle doit néceſſairement jouir, ſi elle veut la perpétuer. *L'Ordre naturel & eſſentiel des ſociétés politiques.*

BALANÇONS. Sorte de *bois de ſapin* débité en petit, dont on fait grand commerce en Languedoc.

Les *balançons*, la douzaine eſtimée trois livres, paient les droits forains dans les bureaux de cette province, à raiſon de cinq ſols, & pour la réappréciation autant.

BALASSOR. *Etoffe* faite d'écorce d'arbre, que les Anglois rapportent des Indes orientales. Les pièces ont huit aunes de long fur trois quarts de large.

BALAST, ou QUINTELAGE. (*Terme de commerce de mer.*) Il fignifie la même chofe que *left*.

BALASTRI. On nomme ainfi à Smyrne, les plus beaux *draps d'or* qui fe fabriquent à Venife, & que les vaiffeaux Vénitiens portent dans les échelles du Levant. Ils paient à la douane de Smyrne, les droits d'entrée, à raifon de cinq piaftres la pièce.

BALAUSTES. Ce font *les fleurs du grenadier fauvage.* Il y en a de deux fortes; de fines, & de communes.

Les communes ont peu de vertu, & doivent être rejettées de la médecine, où les fines peuvent être de quelqu'ufage, étant eftimées aftringentes. Elles viennent les unes & les autres du Levant, & font proprement la même drogue; mais les *balauftes fines* font garnies de leurs fleurs, & les communes n'ont que leur pecou, c'eft-à-dire, cette efpèce de gaîne ou bouton en forme d'écorce affez épaiffe, qui enferme les fleurs avant qu'elles foient éclofes, & qui les foutient quand elles le font.

Il faut choifir les *baulauftes*, fines, nouvelles, larges, h utes en couleur, c'eft-à-dire, d'un beau rouge velouté, & s'il fe peut, fans pecou ni menu.

Les balauftes communes paient en France les droits d'entrée fur le pied de deux livres ou quarante fols le cent pefant; & les fines cinq livres, avec les fols pour livre.

BALAY. (*Inftrument de ménage*, qui fert à amaffer, & à ter les ordures, & à tenir les maifons propres & nettes). Les *balays*, particulièrement ceux de poil, fe font par les broffiers, vergetiers. La fabrique & le commerce des autres, dont il fe fait une grande confommation à Paris, font encore permis à tous ceux qui veulent s'en mêler. L'efprit réglementaire qui s'eft abaiffé jufqu'à tant de petits objets, n'ayant pas encore daigné prendre celui-ci en confidération.

Ce font les chandeliers, les regratiers & les fruitiers, qui font le plus grand débit de *balays de bouleau*, foit de ceux qui fe font à la ville, foit de ceux qui y viennent en quantité de la campagne.

BALAZÉES, ou SAUVAGUZÉES de Surate. (*Toiles blanches de coton,* qui fe fabriquent dans cette ville du grand mogol & aux environs.) Elles ont treize aunes & demie de long fur deux tiers de large.

BALEINE. C'eft le plus gros des poiffons.

Les plus grandes *baleines* font celles qui fe pêchent dans la mer du nord, vers le Spitfberg. On y en prend de 200 pieds de long, & de groffeur proportionnée à la longueur. Les médiocres font de 130 ou 160 pieds; & un voyageur affure, que l'on tira plus de 350 livres pefant de barbes ou fanons d'une feule baleine, qui fut prife en fa préfence.

* Celles de la mer de l'Amérique font auffi fort grandes, & il y en a de 90 ou de 100 pieds, entre la tête & la queue. Les moindres font celles qui attériffent fur les côtes de Guyenne, & fur celles de la Méditerranée.

Il y a deux efpèces de *baleine*; l'une qui retient fon nom, l'autre que l'on appelle *cachalot.* Leur différence confifte en ce que le *cachalot* a des dents, & que la *baleine* au lieu de dents, a feulement des fanons, ou barbes dans la gueule, qui font larges d'un empan, & longues de 15 pieds, plus ou moins, fuivant la grandeur de l'animal, & qui finiffent en une efpèce de frange, affez femblable aux foies de pourceau.

La pêche de la *baleine* eft d'un grand profit, & il y va tous les ans quantité de vaiffeaux de différentes nations.

Ces énormes poiffons fe harponnent par les plus robuftes & les plus adroits des pêcheurs, que l'on appelle pour cela *harponneurs*, du nom du harpon dont ils fe fervent, qui eft une efpèce de dard ou javelot long de cinq ou fix pieds, dont la pointe fort acérée & tranchante, eft triangulaire en forme du fer d'une flèche.

Le harponneur, du bout de la pinaffe où il commande à tout l'équipage, lance rudement le harpon fur la tête de la *baleine*; & s'il eft affez heureux pour le faire entrer à travers du cuir & du lard jufques dans la chair, il laiffe filer une corde attachée au harpon, au bout de laquelle eft une courge fèche qui, nageant fur l'eau, fert d'indice pour découvrir où fe trouve la *baleine*, qui auffi-tôt qu'elle fe fent bleffée, fe tapit & cale à fond.

Si la *baleine* revient fur l'eau pour refpirer, le harponneur prend occafion de la bleffer de nouveau, & lorfqu'enfin, à force de perdre du fang, elle eft aux abois, les autres pêcheurs l'approchent par les côtés, & lui pouffent fous les bras ou nageoires, une longue lance ferée dans la poitrine, à travers les inteftins, pour l'achever; & quand le cadavre flotte fur fon lard, ils le touent & le pouffent à terre, où ils la dépècent, & la bonifient, c'eft-à-dire; ils en font fondre le lard.

La pêche de la *baleine* occupoit autrefois un grand nombre de vaiffeaux & de matelots Bafques, & vers le milieu du dix-feptiéme fiécle, les habitans de Saint-Jean-de-Lutz, de Bayonne & de Ciboure, y envoyoient jufqu'à cinquante & foixante navires. Les Hollandois, qui à préfent en font la plus grande pêche, n'y en envoyoient pas alors davantage. Mais en 1689 & 1690, les chofes étoient déjà bien changées, les Bafques ayant à peine armé pour cette pêche, dix-huit ou vingt vaiffeaux; & les Hollandois y en ayant envoyé plus de trois cent de toute grandeur: ce qui eft à-peu-près refté fur le même pied.

Les Bayonnois, & les autres François ou Bafques, portent ordinairement leur pêche au Havre, à Dieppe & à Rouen, & reviennent hiverner chez eux, avec quelque petite quantité d'huile & de fahons, pour la confommation du pays. Ces marchandifes s'y débitent à Tufau, Chalofe, & Marfan ; il s'en tranfporte auffi en Béarn, & quelquefois jufqu'à la Rochelle.

A l'égard du *cachalot*, il fe porte tout à Bayonne & s'y purifie, après quoi on l'envoye à Rouen pour Paris.

L'on tire trois fortes de marchandifes de la *baleine*. L'huile, les fanons & le fperme, ou nature de *baleine*.

L'huile eft le lard ou la graiffe de la *baleine*, que l'on fait fondre après l'avoir dépecé. Le tems que les pêcheurs font obligés de perdre à terre pour faire cette fonte, a fait imaginer à un bourgeois de Ciboure, nommé François Soupite, l'invention de fondre & de cuire les graiffes à flot & en pleine mer, en bâtiffant un fourneau fur le fecond pont du navire, & en fe fervant des grillons & du marc de la première cuite pour faire la feconde.

Il fe fait un commerce très-confidérable de cette huile, fur-tout en temps de paix, à caufe du grand ufage qu'elle a en France, tant pour brûler, que pour une infinité d'ouvrages où l'on auroit peine à s'en paffer.

On l'employe principalement pour rafiner le foufre, pour la préparation de certains cuirs, pour engraiffer le brai, qui fert à enduire & fpalmer les navires. Quelques ouvriers en draps préparent auffi leurs laines avec cette huile, bien que dans les manufactures de draperies fines, l'on ne fe ferve que de bonne huile d'olive. Les peintres en ufent pareillement pour certaines couleurs : les foulons pour faire leurs favons ; même les architectes & fculpteurs, pour compofer une efpèce de laitance avec la cerufe ou la chaux, qui fait croûte & peut réfifter aux injures de l'air. Enfin il feroit trop long de faire le détail de tous les artifans & ouvriers à qui l'huile de *baleine* eft utile.

Cette huile a une propriété merveilleufe, & l'on affure, que quoiqu'elle foit toute bouillante, on y peut mettre la main fans fe brûler. Elle vient en futailles ou bariques, que l'on nomme quartaux, du poids de 520 à 600 livres.

De la fonte du lard de la baleine, & de la manière d'en tirer l'huile.

Lorfque les nations de l'Europe commencèrent à s'appliquer à la pêche de la *baleine*, la pratique générale fut d'abord de bonifier le poiffon à terre, c'eft-à-dire, de l'y dépecer & d'en faire fondre les graiffes.

Nos Bafques qu'on peut-peut-être regarder comme les premiers qui ont appris aux autres peuples l'utilité de ce commerce de l'huile de *baleine*, & la manière de faire cette huile, ont auffi été les premiers à s'éloigner de la pratique qu'ils avoient enfeignée aux autres, & inftruits par un de leurs compatriotes, ils crurent plus commode, & d'une opération plus facile & plus prompte de fondre leurs graiffes à bord.

La nouvelle manière des pêcheurs François, ne fut pas néanmoins fuivie ; & foit que les rifques du feu dont plufieurs de leurs bâtimens furent de temps en temps confumés, euffent effrayés les autres ; foit qu'on trouvât que la grande quantité de bois dont ils étoient obligés de charger leurs navires, y occupoit affez inutilement une place, qui eût été mieux remplie par des quartaux à l'huile ; foit enfin qu'il fût difficile de s'accoutumer à l'odeur prefqu'infupportable des cretons brûlés, avec lefquels dans cette nouvelle invention, il falloit achever les dernières cuites des lards, on s'en tint longtems à l'ancienne pratique de fondre à terre.

Les Hollandois qui furent prefque les derniers, qui parurent dans les mers du Nord pour prendre part à cette pêche, & qui cependant font préfentement ceux de tous les pêcheurs, qui y ont le plus grand nombre de navires, & qui fondent des huiles de *baleine* en plus grande quantité ; les Hollandois, dis-je, crurent affez long-temps qu'il étoit plus avantageux de retenir l'ancienne pratique ; & l'on voit encore au *Schmerenbourg* un des havres de la mer Glaciale, les reftes des bâtimens où ils avoient coutume de faire bouillir leurs huiles, avec quelques-unes des chaudières & autres uftenfiles néceffaires pour cette fonte qu'ils y ont abandonnés : on affure même qu'ils y avoient voulu faire un établiffement permanent ; mais que tous ceux qui hafardèrent d'y paffer l'hiver, périrent, quelques précautions qu'ils euffent prifes contre le froid & contre la faim, tant par des magafins remplis de vivres & d'habits, que par des poêles dont chaque maifon de celles qui y formoient une efpèce de village, en avoit un, comme il eft facile de le remarquer dans trois ou quatre de ces maifons qui y font reftées de bout, & dans les ruines de plufieurs autres où l'on trouve des huîtres, des karteis ou tonneaux, les uns vuides & défoncés, & les autres reliés avec la liqueur qui étoit dedans, pour ainfi dire pétrifiée par la force du froid & de la gelée, & tous les inftrumens & ferremens propres à divers métiers, & particulièrement au métier de tonnelier.

Cette tentative n'ayant pas réuffi, & les Hollandois s'étant contenté pendant quelque temps de fondre à terre, & de mettre à la voile auffi-tôt la fonte faite, l'expérience leur fit enfin reconnoître que cette pratique retardant leur retour, leur faifoit courir rifque de refter engagés dans les glaces, & que le plus fûr feroit de rapporter chez eux le produit de leur pêche en graiffe non-fondue, pour enfuite la bonifier dans des atteliers, comme faifoient déjà les particuliers qui alloient à cette pêche, n'y ayant que les pêcheurs de leur compagnie de la *baleine*, qui euffent le droit de bonifier fur les lieux, comme on l'a remarqué à l'article des compagnies de Hollande.

Toutes les autres nations, à l'exception de quelques François, fe font conformées à cette pratique Hollandoife, & tous les pêcheurs de *baleine*, Anglois, Suédois, Danois, Hambourgeois, &c. après avoir dépecé leur poiffon à bord, de la manière qu'on l'a dit ci-devant, mettent à la voile auſſi-tôt après la pêche finie, & viennent chez eux travailler à leur fonte, comme on va préſentement le dire.

Manière dont on fait l'huile de baleine à Hambourg.

L'on pourra voir à l'article de la pêche de la *baleine*, qu'à meſure qu'on en coupe le lard, on en remplit des tonneaux que les François nomment *quartaux*, & les Allemands *kartels*, où on les preſſe beaucoup, & en les y mettant, & avant d'en remettre les fonds.

Le lard réduit en petits morceaux, & ainſi encaqué, fermente de lui-même dans les tonneaux, mais jamais aſſez pour en faire ſauter les cerceaux, quoiqu'ils ſoient bien fermés & bien bondonnés. C'eſt cette fermentation qui, pour ainſi dire, donne la première façon à l'huile, la graiſſe en fermentant ſe réduiſant preſque d'elle-même en liqueur, en ſorte qu'on eſtime qu'il y a preſque vingt pour cent à perdre, lorſque la graiſſe n'a pas fermenté, & qu'on la fait frire quand elle eſt encore fraîche, ce qui arrive également aux François qui fondent à bord, & à ceux qui fondent à terre.

Dans chaque attelier il y a au moins une chaudière, une grande cuve pour vuider les kartels de graiſſe, trois autres cuves pour clarifier l'huile, un tamis pour la paſſer, diverſes cuillières de cuivre pour la tirer de la chaudière, quelques rabots du même métal pour la remuer à meſure qu'elle fond, & un vaiſſeau où pot de cuivre pour remplir les kartels quand l'huile eſt faite. Lorſqu'il y a deux chaudières ou même davantage, chacune doit avoir cette ſuite de cuves & d'autres uſtenſiles; il y a cependant des atteliers où l'on ne donne que deux cuves à clarifier pour chaque chaudière, mais cette épargne rend l'huile moins claire & moins bonne.

Les chaudières ſont de cuivre, larges & plates, en forme de grandes caſſeroles maçonnées & murées comme celles des Teinturiers. Au deſſous eſt le fourneau où l'on entretient un feu continuel; chaque chaudière contient deux kartels ou quarteaux de graiſſe, c'eſt-à-dire, 120, 130 & quelquefois juſqu'à 140 gallons meſure d'Angleterre, à prendre le gallon ſur le pied de quatre pintes de Paris ou environ.

Lorſqu'on veut travailler à la fonte, & que tout eſt prêt pour frire le lard, pour parler en terme de fondeurs, on tire la graiſſe des tonneaux, & on la met dans une grande cuve qui eſt à côté de la chaudière, où deux hommes la jettent incontinent après, partie avec des pelles, & partie avec des cuillières ou chaudrons de cuivre, ſuivant qu'elle a fermenté, & qu'il y a encore des morceaux de lard ſolides, ou ſeulement de la graiſſe liquide.

A meſure que la graiſſe ſe frit, ce qui ſe fait comme à toute autre ſorte de graiſſe qu'on veut fondre, on la remue avec les rabots pour en détacher les nerfs & les parties charnues qui reſtent toujours; ce qu'on fait juſqu'à ce que tout ſoit bien conſommé, & que le marc aille au fond.

L'huile en cet état ſe paſſe dans un grand tamis poſé ſur une cuve qui eſt au bas de la chaudière. Pour lui donner cette première façon, on la puiſe avec les cuillières ou petits chaudrons de cuivre qui ont ſervi à remplir la chaudière; & comme le tamis eſt raiſonnablement ſerré, il n'y a que l'huile qui y trouve paſſage: le reſte ſe jette auſſi-bien que le marc de la chaudière, à moins qu'on ne la veuille repaſſer comme on le dira tantôt.

La cuve ſur laquelle eſt poſé le tamis eſt à moitié pleine d'eau, afin que l'huile s'y puiſſe refroidir & s'éclaircir, & que toutes les ſaletés allant au fond, il n'y ait que l'huile pure & nette qui nage ſur l'eau, ce qui arrive à celle de la *baleine* comme à toutes autres ſortes d'huiles.

Au bas de cette première cuve, & environ à l'endroit juſqu'où monte l'eau dont elle eſt en partie remplie, il y a un petit robinet par où l'on fait couler l'huile dans une autre cuve de la même grandeur que la précédente qui eſt placée au-deſſus; & de cette ſeconde dans une troiſième.

Il faut obſerver que ces deux dernières cuves ſont remplies d'eau de la même manière que la première. C'eſt de la troiſième cuve, quand l'attelier en a trois, ou de la ſeconde, quand il n'en a que deux, que l'on tire l'huile pour en remplir les kartels; ce qui ſe fait par un tuyau diſpoſé à cet effet à l'endroit de ces cuves où l'huile ſurnage au-deſſus de l'eau. Le pot ou vaiſſeau qui ſert à cet uſage, eſt de cuivre ou ſeulement de bois cerclé de fer, & peut contenir juſqu'à dix pintes de liqueur.

On a oublié de remarquer que la graiſſe des *baleines* eſt de différentes couleurs; les unes l'ayant blanche, d'autres jaune, & quelques-unes rouge. La meilleure de toutes eſt la jaune; auſſi rend-elle une plus grande quantité que les deux autres; la blanche ſuit après, mais elle eſt ſi remplie de petits nerfs, qu'elle produit toujours un déchet conſidérable. Pour la rouge on l'eſtime peu, parce qu'elle eſt remplie de quantité d'eau; elle provient des *baleines* mortes d'elles-mêmes, que l'on rencontre aſſez ſouvent parmi les glaces ou échouées à terre. L'huile qu'elle donne eſt très-mauvaiſe, & en très-petite quantité.

Une obſervation, qui eſt importante, regarde la différence des kartels qui ſervent à mettre le lard avant qu'il ſoit fondu, d'avec ceux où l'on met l'huile quand elle eſt faite: les kartels à lard contenant juſqu'à 64 gallons ou environ, comme on l'a dit, & le véritable kartel d'huile n'étant que de 34 gallons.

Il y a des fondeurs qui repaſſent les marcs, c'eſt-à-dire, qui les font frire une ſeconde fois; mais l'huile qu'on en tire eſt ſi brune, & de ſi mauvaiſe qualité, que la plupart les négligent.

Nota. Jufqu'en l'année 1724, les Mofcovites n'a-voient point paru au nombre des pêcheurs de *baleine*, & tandis que fa majefté Czarienne armoit des flotes pour porter le commerce de fes fujets jufqu'au bout de l'Orient, il y avoit quelque lieu de s'étonner qu'elle en négligeât un fi fort à fa bienféance, & fi peu éloigné de fes états.

C'eft donc pour prendre part à cette pêche avec les autres nations de l'Europe, qu'il s'eft enfin for-mé une compagnie que le Czar a approuvée, & fur le projet de laquelle il a fait expédier toutes les lettres patentes néceffaires pour fon établiffe-ment; & afin d'encourager davantage les intéreffés dans la fufdite compagnie à faire le commerce des huiles de *baleine*, tant au dedans qu'au de-hors de fes états, & pour empêcher en même temps qu'ils n'y foient troublés par les étrangers, il a fait défenfes par les mêmes lettres-patentes de laiffer entrer dans les ports de Mofcovie, aucune huile de *baleine* qui auroit été fabriquée par d'autres que par fes fujets, ou qui ne proviendroit pas de leur pêche.

On juge affez que ce nouvel établiffement, quoiqu'il ne foit guères encore qu'en projet, peut caufer quelque ombrage aux nations dont une partie du commerce avec les Mofcovites, foit d'Archan-gel, foit de la mer Baltique, confifte dans les huiles de poiffon. On verra dans la fuite fi ces nations feront autant d'efforts contre cette nouvelle compagnie, qu'elles en ont fait contre celle d'Of-tende; ce qu'on en peut augurer, c'eft qu'appa-remment elles ne trouveront pas moins de fermeté du côté de la cour de Péterfbourg, qu'elles en ont trouvé du côté de la cour de Vienne.

Les FANONS, qui tiennent en quelque forte lieu de dents aux *baleines* qui n'en ont point, & qui font enchaffés par les mêmes, dans leur palais, font proprement ce qu'on appelle de la *baleine* chez les marchands merciers, & parmi les ouvriers qui les emploient. On s'en fert à faire des parafols, des éventails, des baguettes, des corfets, & des buf-ques; & les couteliers & tourneurs en confomment auffi beaucoup.

Il y a à Paris & à Rouen des ouvriers, qui n'ont d'autre emploi que de couper & façonner les *fa-nons*, pour les mettre en état d'être employés. Ce commerce, qui étoit autrefois très-grand & fur-tout à Rouen, eft fort diminué. Peut-être cette di-minution provient-elle, de ce que les femmes ne portent prefque plus de corps de juppe, ni de bufques, & de ce que les éventails fe montent préfentement plus ordinairement avec du bois, qu'avec de la *baleine*. La diminution de ce com-merce vient peut-être auffi de la quantité de *ba-leine* coupée, qu'on envoie d'Efpagne & de Hol-lande à Bordeaux, d'où elle fe répand enfuite dans le refte de la France, & même jufqu'à Rouen & à Paris.

Le balenas, qui eft le membre génital de ce

poiffon, eft de même efpèce que les *fanons*, & s'emploie aux mêmes ufages.

Du commerce des fanons de baleine à Amfterdam.

On diftingue à Amfterdam deux fortes de *ba-leines*; la *baleine en fanons* & la *baleine coupée.* Les bons *fanons de baleine* doivent pefer 4 liv. pièce. Les 100 livres de *fanons* fe vendent 182 florins. Les déductions pour le bon poids & pour le prompt paiement font d'un pour cent chacune.

Les cent livres de *baleine coupée* fe vendent 86 florins, elle fe coupe ordinairement de la longueur de 7 à 10 quarts de l'aune d'Amfterdam. Les déduc-tions comme à l'autre.

Le SPERME, ou nature de *baleine*, à qui fans doute l'on a donné ce nom pour en hauffer le prix, en fuppofant fa rareté, n'eft autre chofe que la cervelle du *cachalot*, cette forte de *baleine* qui a des dents, & que les Bafques appellent *byaris*.

Cette drogue fi eftimée des dames, & que l'on nomme autrement *blanc de baleine* ou *fperma-ceti*, fe prépare ordinairement à Bayonne, & à Saint-Jean de Lutz. Mais cette fabrique eft devenue fi rare en France, qu'en 1705 il n'y avoit plus que deux ouvriers dans cette dernière ville qui la fçuffent bien préparer.

La préparation du *fperme de baleine* fe fait, en le fondant & refondant plufieurs fois, & en le lavant à diverfes reprifes, jufqu'à ce qu'étant extrêmement purifié, il devienne très-blanc. En cet état, par le moyen d'un couteau fait exprès, on le coupe en écailles telles qu'on les trouve chez les droguiftes.

La bonne qualité de cette drogue confifte à être blanche, claire, tranfparente, & d'une odeur fauva-gine, que quelques-uns s'imaginent être une odeur de violette. Quelquefois on la folfiftique avec de la cire; mais on le reconnoît, ou à l'odeur que la cire que l'on y mêle, ne peut jamais entière-ment perdre; ou à la couleur, qui eft d'un blanc mat. On peut encore être trompé en achetant du *fperme de baleine*, fait feulement de la graiffe & non pas de la cervelle de l'animal. Cette dernière forte de blanc de *baleine* jaunit auffi-tôt qu'il eft à l'air.

En général, cette marchandife ne craint rien tant que d'y être expofée; & l'on ne peut la con-ferver trop foigneufement dans des bouteilles de verre, ou dans les barils mêmes dans lefquels elle vient.

On fait quelque ufage du *blanc* ou *fperme de baleine*, dans la médecine; ce qui en confomme néanmoins fi peu, qu'il ne feroit d'aucun prix, fi les dames, ou par un excès de propreté, ou ce qui les touche encore davantage, pour conferver ou pour augmenter leur beauté, ne le faifoient entrer dans les pâtes dont elles fe fervent à laver les mains, & dans les fards dont elles s'efforcent fi vainement de s'embellir le vifage.

Les dents du *cachalot* fervent aux tourneurs &

aux couteliers ; & ils en font divers beaux ouvrages.

L'ordonnance de la marine du mois d'août 1681, a réglé diverses chofes touchant les *baleines*.

Suivant l'art. 2 du titre 7, du livre 5, les *baleines* & autres poiffons à lard, qui font échoués & trouvés fur les gréves de la mer, doivent être partagés comme efpaves, & ainfi que les autres effets échoués.

Et par l'article 3 du même titre, il eft porté : que les poiffons royaux, & à lard, qui auront été pris en pleine mer, appartiendront à ceux qui les auront pêchés, fans que les receveurs de fa majefté, ni les feigneurs particuliers & leurs fermiers, y puiffent prétendre aucun droit, fous quelque prétexte que ce foit.

La baleine coupée & apprêtée, paye en France de droits d'entrée, fuivant le tarif de 1667, 15 livres du cent pefant ; à la réferve néanmoins de la baleine provenant de la pêche des Hollandois, & qu'ils apportent dans le royaume, dont les droits ont été modérés à 9 livres, par la déclaration du 29 mai 1699.

Par le même tarif de 1667, la baleine en fanons, le cent en nombre, tant grands que petits, environ du poids de trois cent livres, paye 30 liv. & celle des Hollandois, feulement 20 liv.

L'huile ou graiffe de baleine, & d'autres poiffons, paie par les mêmes tarif & déclaration, la barque du poids de cinq cent vingt livres, fept livres dix fols par les Hollandois, pour celle de leur pêche, & douze livres par les autres.

Les droits de fortie pour la baleine coupée & apprêtée, font de quinze fols du cent pefant, autant pour les fanons auffi du cent, & feulement huit fols pour l'huile ; le tout avec les nouveaux fols, pour livre.

BALENAS. *Membre de la baleine*, qui fert à la propagation de l'efpèce : ce qui eft particulier à cette forte de poiffon, qui eft le feul qui engendre à la manière des animaux terreftres.

Le *balenas* fert aux mêmes ufages que ce qu'on appelle *fanons de baleine*, ou *baleine coupée*, qui fe vend chez les marchands merciers.

BALINE. Efpèce de *groffe étoffe de laine*, d'un très-bas prix, qui fert à faire des emballages.

Les balines ou emballages de laine, paient de droits d'entrée en France, quinze fols du cent pefant, avec les fols pour livre.

BALISE. (*Terme de marine.*) Marque ou indice, qu'on met fur les côtes de la mer, ou à l'entrée des ports, havres & rivières navigables, pour affurer la navigation, & indiquer la route que les vaiffeaux doivent tenir, pour fe garantir des dangers.

Les *balifes* font ordinairement des pièces de bois en forme de mâts, qui font placées dans des lieux apparens. Quelquefois ce font de grands arbres plantés d'une certaine manière, au nombre de deux au moins, lefquels il faut prendre en ligne droite, l'un cachant l'autre ; en forte que les deux ne paroiffent qu'un à la vue. C'eft cette manière d'entrer dans les ports, havres ou rivières, qu'en terme de marine on nomme. *travers*.

On appelle auffi *balife*, un tonneau vuide, & bien clos, qui nage fur l'eau, attaché par une chaîne ou corde, à une groffe pierre, ou à une pièce de canon de fer rompu, qu'on jette au fond de la mer, pour marquer les endroits périlleux. Le véritable nom de cette *balife*, eft *tonne*. *Voyez* TONNE.

Les maîtres des vaiffeaux marchands font obligés de payer un droit dans les ports & paffages, pour l'entretien des *balifes*.

Le droit de *balife* ou *balifage*, comme on le nomme en quelques endroits, n'eft point réputé avaries, & doit être acquitté par le maître du vaiffeau. *Ordonnance de marine, août 1681, art. 9 du titre 7 du livre 3.*

BALIVAGE, ou BAILLIVAGE. (*Terme d'exploitation de bois.*) C'eft le compte ou la marque des baliveaux, qu'on doit laiffer dans chaque arpent de bois qu'on a coupés, ou qui font à couper.

L'ordonnance des eaux & forêts de France, règle le *balivage* à feize baliveaux par arpent de bois taillis, de l'âge du bois qu'on coupe, outre les anciens & modernes.

BALIVEAUX, ou BAILLIVEAUX. (*Terme de commerce de bois.*) Nombre d'arbres, dont le nombre eft réglé par les ordonnances des eaux & forêts, que les marchands qui achetent les bois fur pied, doivent laiffer par chaque arpent.

On appelle ordinairement *baliveaux*, les chênes, hêtres & châtaigniers, qui font au-deffous de quarante ans.

Les ordonnances des eaux & forêts, de François I, de 1515 & de 1518 ; de Henri II, de 1554, & de Louis XIV., de 1669, enjoignent de réferver feize baliveaux par arpent, lors de l'exploitation des taillis ; lefquels *baliveaux* doivent avoir au moins l'âge de dix ans, outre ceux des coupes précédentes ; & ne peuvent être coupés qu'ils n'aient au moins quarante ans. Tout le monde convient aujourd'hui que ces réglemens font contraires aux régles de la bonne phyfique, & par conféquent de la faine politique fur l'amélioration des bois. Pourquoi donc fe font-ils établis ? Pourquoi donc fe font-ils maintenus avec tant d'empire, & quoiqu'avec tant d'effets défaftrueux ?

BALLE. Se dit des marchandifes enveloppées ou empaquetées dans de la toile, avec plufieurs tours de corde bien ferrés par-deffus, après les avoir bien garnies de paille, pour empêcher qu'elles ne fe brifent, ou ne fe gâtent par les injures du temps.

La plupart des marchandifes qui vont aux foires, &

& toutes celles qui font deftinées pour être tranfportées & envoyées dans les pays éloignés , doivent
être en *balles* ; car l'on ne peut prendre trop de
foin de leur emballage, pour en éviter le dépériffement.

On met toujours des marques & des numéros fur
les *balles*, afin que les marchands à qui elles appartiennent , les puiffent plus facilement connoître.

Quand on dit , vendre des marchandifes fous cordes en *balles* ou en *balles* fous cordes, c'eft-à-dire,
les vendre en gros fur la montre, ou échantillon ,
fans les déballer, ni en ôter les cordes.

On nomme *porte-balles*, les petits merciers qui
vont par la campagne, & qui portent fur leur dos
des *balles* de menue mercerie.

Une *balle* mife de champs, eft celle qui eft
chargée, ou pofée fur fon côté le plus étroit.

On appelle *marchandifes de balles*, certaines
quincailleries, & autres efpèces de marchandifes qui
viennent de différens pays , particulièrement du Forez, qui font ordinairement fabriquées par de mé-
chans ouvriers , & avec de mauvaifes matières. On
les appelle ainfi, pour les diftinguer de celles qui
font de commande , & faîtes de main de bons
ouvriers.

Une *balle de papier* fe dit de plufieurs rames
mifes enfemble dans une efpèce de ballot. Il y a des
balles de plus ou moins de rames. Celles deftinées
pour Conftantinople, n'en contiennent ordinairement que douze. Il n'y a guères que le papier aux
trois croiffans qu'on tranfporte en cette ville, &
qu'on fabrique à Marfeille , qui fe vende à la *balle* :
celui à la couronne , & à la croifette, qu'on envoye
auffi au Levant, fe vend au ballon.

Une *balle de dez*, eft un petit paquet en papier,
où il y a une ou plufieurs douzaines de dez à jouer.

BALLE , (*en terme de paumier.*) C'eft un petit
globe ou boule faite & couverte de drap, pour jouer
à la paume. Son peloton doit être bien rond & bien
ficelé : le drap dont on la couvre doit être neuf, &
toute faîte & couverte, elle doit être du poids de
dix-neuf eftelins; le tout conformément aux ftatuts
des maîtres paumiers, qui y font appellés *faifeurs*
d'efteufs, pelotes & balles.

BALLE de moufquet, de piftolet, d'arquebufe ,
& autres petites armes à canon,

Les *balles de plomb & de fer*, font marchandifes de contrebande, pour la fortie du royaume de
France, fuivant l'ordonnance de 1687, titre 8,
art. 3, & tous les traités de paix, & en conféquence
fujettes à confifcation ; & ceux qui en favorifent la
fortie, aux amendes & autres peines portées par
lefdites ordonnances, qui n'ont jamais empêché les
étrangers de tirer autant de coups d'armes à feu
qu'ils ont voulu ; mais peut-être les François de leur
vendre, même en temps de paix, du *plomb en*
balles. Exemple femblable à mille autres, pour
caractérifer l'efprit qui préfidoit à cette immenfité
de réglemens, dont le commerce eft emmaillotté
dans notre Europe, fi juftement accufée par les

Chinois, de n'avoir encore en fcience d'adminiftration , qu'un œil parfaitement ouvert.

BALLE. S'entend auffi de certains *paniers* ou
corbeilles, qui fervent à emballer les marchandifes,
& à les mettre en *balle*. On les nomme plus ordinairement *bannes*. *Voyez* BANNE.

Les *balles*, *paniers & corbeilles*, *paient en*
France les droits d'entrée fur le pied de fix fols
la douzaine ; & pour ceux de fortie , feulement
deux fols , avec les fols pour livre.

BALLE. Eft auffi une *petite paille* ou *gouffe*,
qui fert de légère enveloppe au bled, à l'avoine,
& autres grains , & qui s'en fépare, en les battant
& les vannant. Outre l'ufage que l'on fait de la
balle des grains, pour la nourriture des beftiaux,
on en apporte auffi une affez grande quantité à
Paris, particulièrement de celle d'avoine, dont les
pauvres gens font des matelas & des traverfins. On
l'appelle ordinairement *paille d'avoine*, mais improprement.

BALLIN. On nomme ainfi à Bordeaux, à Bayonne,
& dans les autres villes de commerce de la Guyenne,
ce qu'on appelle à Paris & ailleurs, *emballage*.

A Bayonne, dans le négoce des laines, on déduit le *ballin* fur chaque balle ; ce qui va depuis
onze jufqu'à quatorze livres, fuivant que la toile
du *ballin* eft plus ou moins groffe ; ou la balle
plus grande ou plus petite.

BALLON, qu'on nomme auffi BALLOT.
C'eft dans le commerce du verre de Lorraine, une
certaine quantité de tables de verre, plus ou moins
grandes, fuivant fa qualité. Le *ballon de verre*
blanc contient vingt-cinq liens, à raifon de fix
tables au lien ; & le *ballon de verre de couleur*,
feulement douze liens & demi ; & trois tables au lien.

BALLON. C'eft auffi un terme de commerce de
papeterie.

Le papier de Marfeille, que l'on nomme *à la*
croizette, dont il fe fait un grand débit à Conftantinople, fe vend au *ballon*, compofé de vingt-
quatre rames. Le *ballon* du papier à la couronne,
qui fe fabrique en quelques endroits de Provence,
& qui eft auffi très-propre pour le négoce du Levant, où il fe vend pour papier de Venife, n'eft
que de quatorze rames.

BALLOT. (*Petite balle* ou *paquet de mar-*
chandife.) On le dit auffi quelquefois des groffes
balles.

Les *ballots* de quelques efpèces de marchandifes
font ordinairement compofés d'un certain nombre
de paquets, d'écheveaux ou de pièces. Les *ballots*
de fil de fayette font de quinze à dix-huit paquets;
chaque paquet de trois ou quatre livres. Il en eft
de même du *ballot* de verre, comme on l'a dit ci-
devant au mot *ballon*, qui eft le nom le plus ordinaire que les vitriers lui donnent,

BALSAMUM. Terme latin , qui fignifie tout
enfemble , & l'arbre qui produit le baume du
Levant & cette précieufe gomme. Les épiciers-
droguiftes fe fervent quelquefois de ce mot latin,

A a

au lieu du mot François, dans le commerce des drogues.

BALZAN. (*Terme de manége & de commerce de chevaux.*) On appelle un *cheval balzan*, celui qui a à quelqu'un des pieds, ou même à tous les quatre, ces marques qu'on nomme *balzanes*.

BALZANE. *Marque blanche*, que les chevaux noirs ou bays, ou autres couleurs brunes, ont aux pieds, ordinairement depuis le boulet jusqu'au fabot. Les écuyers, & les marchands de chevaux, qui s'y connoiffent, croyent qu'on peut juger aux *balzanes*, les bonnes ou mauvaifes qualités des chevaux.

Les *balzanes* aux trois pieds font les meilleures; celles au pied du montoir vont après; enfuite font celles de deux pieds; & enfin, les *balzanes* des quatre pieds, qui, quoique bonnes, font moins eftimées que les précédentes. On appelle *chevaux trayats*, ceux qui ont les *balzanes* aux deux pieds du même côté; & *traveftats* ou *traftavats*, ceux qui n'en ont auffi que deux, mais placées comme en échiquier. En général, les *balzanes* baffes, & qui font herminées, font excellentes.

BAMBOCHE. (Petite *canne* légère & pleine de nœuds, qui vient des Indes Orientales.) C'eft le diminutif de bambouc.

BAMBOUC. (*Bois extrêmement noueux*, qui croît dans plufieurs endroits des Indes Orientales.) C'eft une efpèce de canne, mais qui croît d'une hauteur & d'une groffeur extraordinaire, y en ayant de groffes comme la cuiffe, & hautes à proportion. Les gros *bamboucs* fervent à faire les bâtons fur lefquels les efclaves portent cette efpèce de litière, qu'on appelle *palanquin*, qui eft d'un ufage fi ordinaire, & d'une fi grande commodité dans tout l'Orient. On en fait auffi des efpèces de fceaux, où l'eau fe conferve extrêmement fraîche. Les bamboches que l'on voit en Europe, & que vendent les marchands merciers & tabletiers, font les premiers & les plus petits jets des *bamboucs*.

BAN. Se dit du cri public, qui fe fait pour annoncer la vente de quelque marchandife, particulièrement quand il eft précédé du fon du tambour. On fe fert auffi du *ban* pour recouvrer les chofes perdues, en promettant quelque récompenfe à ceux qui en donnent des nouvelles.

BAN DE VENDANGES. C'eft la permiffion qui fe donne par autorité de juftice, de faire les *vendanges* à certain jour, & la publication qui s'en fait à l'audience.

FOUR A BAN. C'eft un *four* où le feigneur a droit d'obliger fes vaffaux de venir cuire leur pain.

BAN, Sorte de *mouffeline unie & fine*, que les Anglois rapportent des Indes Orientales. La piéce eft de feize aunes fur trois quarts.

BANC. Les banquiers avoient autrefois des *bancs* dans les places publiques, & dans les lieux où fe tenoient les foires; & c'étoit où ils faifoient leur commerce d'argent & de Lettres de change. Quand un banquier faifoit faillite, on rompoit fon *banc*, comme pour avertir le public, que celui à qui appartenoit le *banc* rompu, n'étoit plus en état de continuer fon négoce : & comme cet ufage étoit très-ordinaire en Italie, on prétend que le terme de *banqueroute*, dont on fe fert en France, vient des mots Italiens, *banco rotto*, qui fignifient *banc rompu*.

BANCO ou BANQUO. Mot Italien, qui fignifie *banque*. On s'en fert ordinairement pour exprimer celle qui eft établie à Venife.

Le *banco* de Venife, que l'on appelle vulgairement *banco del giro*, eft proprement un bureau du dépôt public, ou une caiffe générale & perpétuelle pour tous les marchands & négocians.

Il a été établi par un édit folemnel de la république, qui porte : que les paiemens des marchandifes en gros, & des lettres de change, ne pourront fe faire qu'en *banco*; & que tous les débiteurs & créanciers feront obligés; les uns, de porter leur argent au *banco*; & les autres, de recevoir leur paiement en *banco*; de manière que les paiemens fe font par un fimple tranfport des uns aux autres; celui qui étoit créancier fur le livre du *banco*, devient débiteur, dès qu'il a cédé fa partie à un autre, lequel eft couché pour créancier en fa place; ainfi les parties ne font que changer de nom, fans que pour cela, il foit néceffaire de faire aucun paiement réel & effectif.

On ne laiffe pourtant pas quelquefois de faire des paiemens effectifs, particulièrement lorfqu'il s'agit du négoce en détail; ou que des étrangers veulent avoir de l'argent comptant, pour l'emporter en efpèces; ou que quelques particuliers font bien-aifes d'avoir leurs fonds en monnoie courante, pour le faire valoir dans le commerce des lettres de change ou en difpofer autrement.

La néceffité qu'il y a quelquefois de faire ces paiemens effectifs, a donné lieu à l'ouverture d'une caiffe de comptant, pour ceux qui veulent être réellement payés.

On a éprouvé que cette caiffe de comptant ne caufe aucune diminution fenfible dans le fonds du *banco*; & qu'au contraire, la liberté qu'on a de retirer fon argent, quand on veut, l'a plutôt augmenté, que diminué.

Par le moyen du *banco*, la république, fans gêner la liberté du commerce & fans payer aucun intérêt, fe rend la maîtreffe de cinq millions de ducats, à quoi eft fixé le fonds de ce *banco*; ce qui monte à plus de trente millions de livres, monnoie de France; ce qui eft caufe qu'elle n'eft point obligée dans les preffantes néceffités de l'état, d'avoir recours à des impofitions extraordinaires. Auffi le bon ordre qu'elle a toujours fait obferver dans l'adminiftration du *banco*, dont elle eft caution, a rendu cet établiffement fi folide, qu'il y a lieu de juger qu'il durera autant que la république même.

Dans le *banco*, les écritures fe tiennent en livres,

fols & deniers de gros. La livre vaut 10 ducats de *banco* ou 240 gros, parce que le ducat est composé de 24 gros.

La monnoie de change s'entend toujours ducat de *banco*, qui est imaginaire, 100 desquels font 120 ducats, monnoie courante : ainsi la différence des ducats de *banco*, & des ducats courans, est de vingt pour cent ; étant défendu aux courtiers de traiter à plus haut prix.

Le *banco* se ferme quatre fois l'année ; sçavoir, le 20 mars, le 20 juin, le 20 septembre & le 20 décembre ; & il demeure fermé chaque fois l'espace de vingt jours. Pendant ce temps on ne laisse pas de disposer sur place du comptant, & des parties de *banco*, pour les écrire lors de son ouverture.

Il y a encore les clôtures extraordinaires du *banco*, qui sont de huit à dix jours pour le carnaval & autant pour la semaine sainte. On le ferme aussi chaque vendredi de la semaine, quand il n'y a point de fête, & cela pour faire le bilan.

Les lettres de change qui se font pour les places, ou pour les foires, se doivent payer en *banco*.

Un vendeur ne peut refuser le paiement de ses marchandises en *banco*, quand il n'y a point de convention contraire.

Les lettres de change depuis leur échéance, ont six jours de faveur ou *de rispetto de banco* ; & au défaut de paiement, l'on n'est obligé à faire le protêt, que le sixiéme jour, passé lequel, on demeure chargé du risque.

Du moment que le *banco* est fermé, on ne peut contraindre un débiteur au paiement des lettres de change, au comptant, ni en autre manière ; ni faire le protêt, qu'à l'ouverture du *banco*, & seulement le sixiéme jour, suivant la coutume, excepté néanmoins lorsqu'il y a faillite, auquel cas chacun peut faire ses diligences, pourvu que le temps de l'*uso* des lettres soit échu.

Les lettres endossées ne peuvent être payées en *banco* : celui à qui la lettre est payable, doit envoyer procuration à son correspondant de Venise, pour recevoir pour lui ; autrement il est nécessaire que la lettre soit payable à ce correspondant.

Les conventions pour marchandises se font en monnoie courante hors du *banco*, excepté l'huile & l'argent vif, desquels on traite toujours en monnoie de *banco*.

BANDE. *Petit poids d'environ deux onces*, dont on se sert en quelques endroits de la côte de Guinée, pour peser la poudre d'or.

BANDECHE. C'est ce qu'on nomme en François un *cabaret*, c'est-à-dire, cette espèce de table ou sans pieds ou avec des pieds, sur laquelle on sert le café, le thé & le chocolat.

BANDEROLLE. Dans le négoce de bois à brûler & du charbon, signifie une *petite planchette de bois*, ou *feuille de fer blanc*, carrée-longue, sur laquelle est collé le tarif du prix de ces espèces de marchandises, suivant qu'il a été réglé par les prévôt des marchands & échevins.

L'ordonnance générale de la ville de Paris du mois de décembre 1672, chap. 19, art. 3, porte : que les jurés mouleurs de bois, départis sur les ports, apposeront tous les jours, avant l'heure de la vente, à chaque pile ou bateau de bois à brûler, des *banderolles*, contenant le prix de chaque espèce, & que ces *banderolles* seront ôtées tous les soirs.

Suivant la même ordonnance, art. 5 du chap. 21, les jurés mesureurs de charbon, sont tenus d'apposer tous les jours à chaque bateau de charbon qui est en vente, & dans les places publiques, où il se fait débit de cette sorte de marchandise, une *banderolle*, faisant mention de la taxe qui en a été réglée au bureau de la ville.

Ce sont les prévôt des marchands & échevins, qui fournissent les *banderolles* aux jurés mouleurs de bois & aux jurés mesureurs de charbon.

Les propriétaires des bois n'ont point été consultés par les rédacteurs de cette ordonnance, qui disposoient pourtant de *leur propriété*, peut-être même sans le sçavoir. Car enfin le marchand qui sçait la taxe, qui connoît les frais à faire & les impôts à payer, ne peut acheter les bois des propriétaires qu'en proportion exacte, de manière à lui laisser son bénéfice mercantile. Si l'on avoit demandé à ces rédacteurs par quelle régle de justice & par quel bon principe d'administration convenable à une monarchie, des chefs de la bourgeoisie d'une ville doivent être constitués maîtres de disposer à leur gré des propriétés du clergé, de la noblesse & du tiers état de dix grandes provinces, on les auroit sans doute beaucoup embarassés. Si leur intention étoit que le bois fût dans Paris à meilleur marché que l'équité & la justice ne le permettroient, c'est un grand abus de l'autorité. Si c'est pour l'avoir au même prix, c'est une grande inutilité.

BANDOUILLIÈRE. Espèce de *baudrier*, que l'on met sur le corps de gauche à droite, aux cavaliers à porter leurs carabines & mousquetons ; & servoit autrefois aux fantassins à y attacher ces petits étuis de cuir, que l'on nommoit des *charges*. L'ordonnance de 1687 met les *bandouillières* au nombre des marchandises de contrebande, qu'il est défendu de faire sortir du royaume. Notez que cette prohibition tombe uniquement sur la forme des *bandouillières*, car toutes les matières qui les composent peuvent s'exporter.

BANGE DE BOURGOGNE. *Etoffe* qui se fabrique dans cette province, dont il se fait un assez grand commerce à Lyon.

Les banges de Bourgogne payent à la douane de Lyon 10 sols du quintal pour l'ancien droit, & 4 sols pour la nouvelle réappréciation ; & si elles ne sont pas en balles, 3 sols de la pièce pour l'ancienne taxe, & 1 sol pour la nouvelle, avec les sols pour livre.

BANGMER. Espèce de *camelot* façonné, qui se fabriquoit autrefois à Amiens.

BANILLA. Les Espagnols nomment ainsi cette *gousse précieuse*, que les François nomment *vanille*, qui vient de la nouvelle Espagne, & qui entre dans la composition du chocolat. *Voyez* VANILLE.

BANNE. *Grande toile*, ou *couverture*, qui sert à couvrir quelque chose, & à la garantir du soleil, de la pluie & autres intempéries de l'air.

BANNE. Les marchandes lingères appellent aussi de la sorte, *une grosse toile* de cinq ou six aunes de long, & d'environ trois quarts de large, qu'elles attachent sous l'auvent de leurs boutiques, & qui leur sert comme de mont e.

BANNE. On appelle *ch rbon en banne*, celui qui vient par charroi. En ce sens, la *banne* signifie *une grande manne*; parce qu'en effet les charettes de ces charbonniers sont faites de menus branchages d'arbres, entrelassés comme des mannes à emballer.

BANNE, qu'on nomme aussi MANNE & MANNETTE. Grand *panier d'osier* fendu, plus long que large, & de peu de profondeur, qui sert à emballer certaines sortes de marchandises.

BANNE. Se dit aussi *d'une grande toile*, dont l'on couvre les bateaux de grains, de drogues d'épicerie, ou d'autres marchandises, qui peuvent s'altérer par le soleil, la pluye ou autre intempérie de l'air.

BANNE. Est encore la *pièce de toile*, que les rouliers & autres voituriers par terre, mettent sur les balles, balots, caisses & paquets, qu'ils voiturent, afin de les conserver.

BANNE. C'est encore le nom que les boulangers donnent à *la toile* dont ils couvrent leur couche, c'est-à-dire, la table sur laquelle ils font revenir leur pain, avant de l'enfourner.

BANNE, qu'on nomme quelquefois BANNEAU. Est une *tinette de bois*, qu'on met des deux côtés d'un cheval de bast, ou autres bêtes de somme, pour transporter plusieurs sortes de marchandises. Elle contient environ un minot de Paris.

BANNEAU. C'est quelquefois la même chose que la *banne*, dont on vient de parler; quelquefois c'est une mesure des liquides; & quelquefois encore un vaisseau propre à les transporter. On s'en sert de cette dernière manière, pour porter la vendange : & les vinaigriers, qui courent la campagne, ont aussi des *banneaux*, dont deux font la charge d'un cheval. Ceux-ci sont couverts par-dessus, & ont au bas une canelle, pour tirer le vinaigre.

BANNETTE. Espèce de *panier* fait de menus brins de bois de châtaignier, fendus en deux & entrelassés les uns dans les autres, qui sert à mettre des marchandises, pour les pouvoir faire voiturer & transporter.

Souvent on se sert de deux *bannettes* pour les marchandises qui sont un peu de conséquence, dont on met une dessous & l'autre dessus. Celle de dessus se nomme *la coeffe*, parce qu'elle embrasse & couvre celle de dessous.

On met aussi des marchandises en simples *bannettes*, avec un morceau de toile cousue le long du bord, qui en couvre le dessus.

Il y a des *bannettes* de toutes grandeurs. On dit, une double *bannette*, quand il y en a deux l'une sur l'autre; une simple *bannette*, quand il n'y en a qu'une. Une double *bannette* de chapeaux; une simple *bannette* ou une *bannette* de mercerie, &c.

Les marchands se servent plus volontiers de *bannettes* pour emballer leurs marchandises, que de caisses, parce qu'elles coutent moins, & qu'elles ne pesent pas tant.

Quand les marchandises sont précieuses, on fait emballer les *bannettes* dans de la paille, avec une toile par-dessus, pour les mettre à couvert des injures du temps. On les met aussi quelquefois dans un double emballage, dont l'un, qui est celui de dessous, est de toile cirée; & celui de dessus, de toile ordinaire : c'est selon la qualité de la marchandise.

BANNETTE. Les boucaniers François de l'île de S. Domingue dans l'Amérique, se servoient aussi de ce terme dans le commerce des cuirs, pour signifier un certain nombre de *peaux de taureaux*, *de bouvarts & de vaches*, dont ils composoient ce qu'ils appellent, *une charge de cuirs*. La *bannette* contient, ou deux taureaux ou un taureau & deux vaches, ou quatre vaches ou trois bouvarts, autrement trois jeunes taureaux.

On appelle ces cuirs *bannettes*, à cause de la manière dont ils sont pliés.

BANNETTON. (*Terme de pêcheurs de rivière*.) C'est une espèce de coffre, ou de réservoir de bois, que les pêcheurs construisent, pour y conserver leur poisson. Il est percé de plusieurs trous, pour donner passage à l'eau, & se ferme à clef par-dessus.

BANNIÈRE, qu'on nomme aussi PAVILLON, ou *étendard d'un vaisseau*. C'est une espèce de grand drapeau, qu'on arbore sur la poupe d'un navire, qui sert à le distinguer, & à marquer la nation d'où il est. Il y a aussi des *bannières de partance*, des *bannières de conseil* & plusieurs autres.

Le terme de *bannière* n'est guères en usage, que dans les mers du Levant : dans celles du Ponant on dit *pavillon*. *Voyez* cet article; on y expliquera tout ce qui concerne le *pavillon*, par rapport aux navires marchands.

BANQUE. Trafic, commerce d'argent, qu'on fait remettre de place en place, d'une ville à une autre, par des correspondans & commissionnaires, par le moyen de lettres de change.

L'origine du mot de *banque* vient des Italiens, *banca*, qui a été fait de *banco*; parce qu'autrefois dans toutes leurs villes de commerce, la *banque* s'exerçoit publiquement dans des places ou bourses, où ceux qui s'en mêloient, avoient des sièges ou bancs, sur lesquels ils s'asseioient pour compter leur argent , & écrire leurs lettres & billets de change.

Quelques auteurs ajoutent, que quand les négocians venoient à manquer, on rompoit leur banc, soit pour marque d'infamie, soit pour en remettre un autre en la place ; & ils prétendent que de ce banc rompu , font venus les mots de *banqueroute* & de *banqueroutier*.

Il n'est pas nécessaire en France , d'être marchand pour faire la *banque ;* elle est permise à toutes sortes de personnes , même aux étrangers.

En Italie le commerce ne déroge point à noblesse , particulièrement dans les républiques ; & c'est ce qui fait que la plupart des cadets de condition entreprennent de le faire , pour soutenir leur maison. Aussi est-il constant que ce font des nobles de ce pays , singulièrement de Venise & de Gênes, qui ont tenu pendant plusieurs siècles les principales *banques* de France, aussi-bien que des autres états de l'Europe.

Un négociant qui fait la *banque* & qui veut avoir de l'ordre , doit tenir deux livres principaux ; l'un appellé *livre des traittes*, pour écrire toutes les lettres de change , qu'il tire sur ses correspondans ; & l'autre , nommé *livre des acceptations*, sur lequel il doit écrire par ordre de date les lettres de change qu'il est obligé d'acquitter, en marquant le nom du tireur , la somme , le temps de l'échéance , & le nom de ceux qui les lui ont présentées.

BANQUE. Se dit aussi *du lieu public* où les banquiers s'assemblent , pour exercer leur trafic ou commerce. On nomme ce *lieu* différemment, selon les pays : à Paris , c'est la place du change ; à Lyon, le change ; à Londres & à Rouen, la bourse ; à Marseille , la loge , &c.

BANQUE. Se dit encore de certaines *sociétés*, *villes* ou *communautés*, qui se chargent de l'argent des particuliers , pour le leur faire valoir à gros intérêt ou pour le mettre en sûreté. Il y a plusieurs de ces espèces de *banques* établies dans les principales villes de commerce de l'Europe, comme à Paris , à Amsterdam , à Roterdam , à Hambourg , &c.

On ne parlera ici que de la *banque* d'Amsterdam, de celle de Hambourg & de la *banque* royale de France, comme les plus considérables de toutes ; & sur le modèle desquelles, au moins des deux premières, la plupart des autres ont été réglées. On peut voir ci-dessus ce qui a été dit du banco de Venise. *Voyez* BANCO.

BANQUE D'AMSTERDAM.

Cette *banque* fut établie en 1609, à-peu-près sur le pied du banco de Venise. C'est proprement une caisse perpétuelle pour les négocians, & son fonds est monté à des sommes si prodigieuses, que l'on ne l'estime pas moins de 3000 tonnes d'or, évaluées à 100000 florins la tonne.

Par son établissement , il est ordonné que les paiemens des lettres-de-change , & des marchandises en gros, ne pourront se faire qu'en argent de *banque*, à moins que la somme soit au-dessous de 300 florins ; & on ne peut aussi se faire écrire en *banque* pour moins que cette somme , qu'en payant six sols , soit pour recevoir , soit pour payer ; (à la réserve néanmoins des compagnies des Indes orientales & occidentales, qui sont exemptes de ce droit ;) de sorte que tant les débiteurs que les créanciers , sont obligés, les uns de porter leur argent à la *banque*, & les autres, de le recevoir en *banque*.

Les paiemens se font par un simple transport, ou assignation des uns aux autres ; celui qui étoit créancier sur les livres de la *banque*, devenant débiteur, du moment qu'il a signé sa partie en faveur d'un autre , lequel est couché pour créancier en sa place.

Quoique la *banque* d'*Amsterdam* n'ait point de caisse ouverte pour le comptant, ainsi que le banco de Venise , on ne laisse pas, nonobstant le réglement de la *banque*, de faire quelquefois des paiemens en argent effectif ; & il y a des caissiers particuliers hors de la *banque*, qui font ces paiemens, moyennant un huit pour cent, c'est-à-dire, deux sols & demi pour cent florins.

On tolère cette contravention, comme utile au commerce ; d'autant que quelquefois on est obligé de faire des paiemens en monnoie réelle, pour ce qui concerne le détail ; & que souvent des particuliers sont bien-aises d'avoir leur argent comptant, pour le faire valoir ailleurs que dans la *banque publique*, par des négociations, ou pour payer des lettres-de-change , lorsqu'elles portent expressément , qu'elles seront acquittées hors de la *banque ;* ce qui veut dire , *en argent comptant* ou *courant*.

C'est par cette *banque* que la ville d'*Amsterdam* se soutient avec tant d'éclat ; & que sans troubler la liberté du négoce , elle se rend la maîtresse de la plus grande partie de l'argent de ses habitans ; personne ne se trouve moins riche, pour n'avoir son bien qu'en *banque ;* d'autant qu'avec des parties de *banque*, l'on peut, quand on veut, avoir de l'argent comptant, & avec de l'argent comptant, l'on peut aussi avoir des parties de *banque*.

Pour faire cette espèce de commerce, ou d'échange , l'on n'a qu'à s'adresser à certains négocians, ou caissiers particuliers, que l'on trouve ordinairement sur la place du Dam, avec lesquels on négocie, moyennant l'agio ; ce qui se fait au plus haut prix, lorsqu'on vend, & au plus bas prix, lorsque l'on achete.

La différence qu'il y a de l'achat à la vente, est ordinairement d'un seize à un huit pour cent ; & l'agio roule depuis trois jusqu'à six pour cent, quelquefois plus, d'autres fois moins, suivant la variété du change, ou la rareté de l'espèce.

Lorsque le paiement se fait en ducatons, ou en rixdaelders, & que ce n'est point en menues espèces, l'on donne moins pour l'agio, parce que les grosses monnoies sont reçues en *banque*.

Ces fortes de négociations fe font auffi à la bourfe, ou dans les maifons, de marchand à marchand, ou par l'entremife des courtiers, auxquels on donne pour falaire un pour mille, dont moitié leur eft payée par le vendeur, & l'autre moitié par l'acheteur.

Pour avoir un compte ouvert en *banque*, il faut payer dix florins une fois feulement.

L'argent que l'on dépofe dans la *banque*, doit être en ducatons, rixdaelders, & autres femblables efpèces. On fait la réduction des ducatons à foixante fols, au lieu de foixante-trois fols qu'ils valent en argent comptant, ou courant, & des autres efpèces à proportion.

On y dépofe encore des lingots d'or, & des barres d'argent, dont le prix fe régle fuivant leur valeur, après l'effai qui en a été fait par l'effayeur de la ville: c'eft par cette raifon que l'argent de *banque* vaut ordinairement plus que l'argent courant; & cette différence fe nomme *agio de banque*.

Ceux qui ont de l'argent en *banque*, le peuvent retirer, quand bon leur femble, en payant un feize pour cent pour la garde, ou en difpofer par billets; & fi en le retirant de la *banque*, l'agio étoit au-deffous de cinq pour cent, le tréforier feroit payer la différence qu'il y auroit, attendu que lorfqu'il a été reçu, on s'en eft chargé fur le pied de cinq pour cent.

Les livres de la *banque* fe tiennent en florins, fols & pennings; le florin vaut vingt fols, & le fol feize pennings ou deniers, dont les huit pennings font un denier de gros, ou gros; & ainfi le fol fait deux gros.

Quand une perfonne doit recevoir paiement en *banque*, d'une lettre-de-change qui lui a été remife ou cédée, elle met un ou deux jours après celui de l'échéance, au dos de la lettre: *il vous plaira écrire en banque fur mon compte, le contenu en la préfente. A Amfterdam, ce tel jour*; & figner: & fi l'on defire que la lettre-de-change foit écrite fur le compte d'un autre, auquel on en veut faire ceffion, il faut endoffer de cette autre manière: *il vous plaira écrire en banque, fur le compte d'un tel, le contenu de l'autre part, valeur reçue de lui. A Amfterdam, ce tel jour*; & figner.

Celui qui feroit écrire en *banque* plus qu'il ne lui feroit dû, encourreroit l'amende de trois florins pour cent.

La *banque* fe ferme deux fois l'année; fçavoir, en janvier ou février, & en juillet ou août, & demeure fermée huit, dix ou quinze jours, pendant lefquels on travaille à faire la balance ou bilan.

Elle fe ferme encore aux fêtes de pâques, de l'afcenfion & de noël, & lorfqu'il y a des jeûnes. On la ferme auffi environ le 22 feptembre, que commence le kermiffe ou foire.

Si pendant que la *banque* eft fermée, les fix jours de faveur, que l'on a coutume de donner après l'échéance des lettres, viennent à expirer, celui qui en eft le porteur, eft toujours à temps de les faire protefter, faute de paiement, le fecond ou le troifiéme jour après l'ouverture de la *banque*.

Lorfque quelqu'un, qui a compte ouvert en *banque*, vient à mourir, fes héritiers doivent juftifier par bons titres, le droit qu'ils ont de demander à faire paffer à leur profit les fommes qui étoient dûes à celui qui eft décédé.

Lorfqu'il arrive quelque difficulté entre les marchands & négocians concernant la *banque*, elle eft réglée fommairement par des commiffaires nommés à cet effet par les magiftrats d'Amfterdam.

Il s'obferve encore quelques formalités concernant cette *banque*, que l'on n'a pas jugé à propos de rapporter, étant de peu de conféquence.

BANQUE DE HAMBOURG.

Quoique le fonds de cette *banque* ne foit pas fi confidérable, que celui de la *banque* d'Amfterdam, la fidélité & l'exactitude avec lefquelles toutes chofes s'y paffent, lui ont donné une grande réputation par toute l'Europe, & particuliérement dans le Nord.

Ce font les bourgeois & le corps-de-ville, qui font, pour ainfi dire, les cautions & les répondans de cette *banque*, fans que le fénat y ait aucune infpection.

Les directeurs font au nombre de quatre, dont l'élection fe fait à la pluralité des voix, parmi les principaux de la bourgeoifie.

C'eft à eux à veiller fur l'obfervation des réglemens & à faire fournir de l'argent aux caiffiers, lorfqu'il y a des paiemens à faire; ce qui fe fait néanmoins fans toucher au tréfor, les directeurs ayant foin de pourvoir à d'autres fonds.

A l'égard du capital de ce tréfor, on le fuppofe très-confidérable; mais comme les teneurs de livres font ferment de garder le fecret fur ce qui entre en *banque*, & ce qui en fort, & fur ce que chaque particulier y a mis, il eft très-difficile d'en dire rien de certain: auffi ne fe peut-il faire aucune faifie des parties que les particuliers y ont: cette obligation du fecret en ôtant toute connoiffance à leurs créanciers.

Les teneurs de livres, qui auffi-bien que les directeurs, font au nombre de quatre, font tenus de donner chaque femaine aux contrôleurs, deux bilans, ou balances de la *banque*.

Il n'y a que les bourgeois de la ville, qui puiffent avoir compte en *banque*, & dont on y reçoive l'argent en dépôt, & fans intérêt; & c'eft de ces billets de *banque*, qu'ils ont la commodité de payer leurs lettres-de-change, & même plufieurs fortes de marchandifes, en faifant un virement de parties.

On ne peut écrire en *banque* moins de cent marcs lubs. On paie deux fols lubs pour chaque partie qui ne paffe pas trois cent marcs; au-delà on les écrit *gratis*.

Il y a des heures marquées chaque jour pour écrire en *banque*; fçavoir, le matin, depuis fept heures jufqu'à dix; & l'après-dînée, depuis trois jufqu'à cinq. C'eft aufli dans les mêmes heures du matin, qu'on peut aller s'informer, fi les parties où l'on a intérêt, ont été écrites. On le peut aufli depuis 10 heures jufqu'à une après-midi ; mais en payant un droit de deux fols lubs au teneur de livres.

Il y a des marchands qui s'abonnent avec la *banque* à tant par an, pour pouvoir faire écrire leurs parties en *banque*, depuis fept heures du matin jufqu'à une heure après midi ; ce qui va depuis vingt marcs jufqu'à quarante, fuivant le commerce du marchand, & la quantité d'affaires qu'il fait.

Lorfqu'on veut commencer à avoir un compte en *banque*, il en coûte cinquante richedales de trois marcs, ou quarante-huit fols lubs à la richedale.

La *banque* fe ferme tous les ans le dernier du mois de décembre, & demeure fermée jufqu'au 15 de janvier fuivant.

Les efpèces qui font ordinairement reçues en *banque*, font des richedales, des demies, des quarts, & des huitiémes de richedales, qui ont coutume de valoir un huitiéme, fouvent un quart, & même quelquefois un demi pour cent plus que l'argent, qui s'écrit par billets en *banque*, c'eft-à-dire, que fi l'on a befoin de richedales en efpèces, il faut écrire en *banque*, un huit, un quart, & jufqu'à un demi pour cent plus que la fomme qui a été reçue ; & que fi au contraire on a de l'argent en efpèces à placer en *banque*, la caiffe de la *banque* fait bon d'un huitiéme, & quelquefois d'un quart pour cent de bénéfice fur les efpèces.

Les livres & écritures de *banque* fe tiennent en marcs, fols & deniers lubs. Il faut obferver que les fractions ne s'écrivent point au-deffous d'un fol, ou de fix deniers.

La *banque* d'Hambourg, reçoit aufli des gages, fur lefquels elle prête aux particuliers les fommes dont ils ont befoin, moyennant un intérêt affez modique pour cent, à la charge de rendre dans fix mois le principal & l'intérêt convenu ; faute de quoi, les effets mis en dépôt font vendus à la barre de la *banque*, au plus offrant & dernier enchériffeur, après y avoir fait mettre des affiches, contenant le jour de leur vente, & de leur délivrance.

BANQUE ROYALE DE FRANCE.

La *banque générale* établie à Paris en 1716, & convertie en *banque royale* en 1718, étoit affez femblable à celle d'Amfterdam, dans plufieurs de fes fonctions, & dans quantité d'articles de fa police. Il y a bien de l'apparence, que c'eft fur ce modèle, & fur celui du banco de Venife, que le fieur Law, Anglois, (depuis contrôleur-général des finances) l'avoit formée, après y avoir pourtant ajouté beaucoup de chofes du fien, pour en rendre l'utilité plus grande, & pour affurer davantage l'intérêt des particuliers & du public.

Le fieur Law avoit d'abord propofé, qu'on donnât à cette *banque*, le nom de *banque royale* ; que le fonds en fût fait des deniers du roi ; & qu'elle fût adminiftrée au nom de fa majefté, & fous fon autorité.

Le projet de ce nouvel établiffement ayant été examiné dans le confeil des finances, où plufieurs banquiers, négocians & députés des villes de commerce, réfidens à Paris, avoient été appellés, il fut approuvé, & l'on en réfolut l'exécution ; non fous le nom du roi, & des deniers de fa majefté, mais fous celui du fieur Law & de fa compagnie, qui en feroient les fonds, & qui auroient foin de fon adminiftration.

Les principaux motifs de l'établiffement de cette nouvelle *banque*, furent : qu'elle augmenteroit la circulation de l'argent : qu'elle feroit ceffer l'ufure : qu'elle fuppléeroit aux voitures des efpèces entre Paris & les provinces : qu'elle faciliteroit aux étrangers le moyen de faire avec fûreté des fonds dans le royaume ; enfin, qu'elle donneroit aux peuples plus de facilité pour le débit de leurs denrées, & le paiement de leurs impofitions.

Les lettres-patentes accordées pour l'érection de la *banque générale*, font du 2 mai 1716, enregiftrées en parlement le 4 des mêmes mois & an ; & contiennent en dix articles, les conditions fous lefquelles fa majefté permet au fieur Law & à fa compagnie, d'en faire l'établiffement.

Le premier article de ces lettres, porte un privilége exclufif, en faveur de cette compagnie, d'établir une *banque générale* dans le royaume, & de la tenir & exercer pendant vingt années, à commencer du jour de l'enregiftrement des lettres ; avec permiffion de ftipuler, tenir leurs livres, & faire leurs billets en écus d'efpèces, fous le nom d'*écus de banque* : fous qui feroit entendu des écus du poids & titre de ce jour : permettant pareillement à tous ceux, foit fujets, foit étrangers, qui contracteroient avec la *banque*, de ftipuler de la même manière.

Le fecond article affranchit la *banque* de toutes taxes & impofitions ; & décharge les actions de la *banque*, & les fommes qui y feront en caiffe, appartenantes aux étrangers, des droits d'aubaine, de confifcations, & lettres de repréfailles, même en cas de guerre.

Le troifiéme article régle la forme des billets de *banque*, fur les modèles annexés aux lettres-patentes ; & ordonne, qu'ils feront fignés par le fieur Law, & l'un de fes affociés, & vifés par l'infpecteur.

Le quatriéme article porte, que la caiffe générale de la *banque* fera fermée à trois ferrures & à trois clefs, dont l'une fera mife entre les mains du fieur Law ; l'autre, dans celles de l'infpecteur ; & la troifiéme, donnée au directeur.

Le cinquiéme & le fixiéme traitent des regiftres, & par qui ils doivent être paraphés : du bureau général qui doit être établi à Paris, & de l'heure qu'il doit s'ouvrir & fe fermer chaque jour.

Le feptiéme article ordonne, qu'il ne fera délivré que des *billets de banque* payables à vue.

Le huitiéme défend, fous peine de la vie, de

fabriquer ou falfifier les *billets de banque*, ou d'en contrefaire le cachet ou les planches.

Par le neuviéme, monfeigneur Philippes duc d'Orléans, régent de France, eft nommé protecteur de la *banque*, avec pouvoir de s'en faire rendre compte, ou à ceux par lui prépofés, toutes les fois que bon lui femblera; lui étant pareillement réfervée la nomination de l'infpecteur, & l'approbation des réglemens, &, projets de régie concernant ladite *banque*.

Enfin, le dixiéme & dernier article, déclare, que par le privilége accordé au fieur Law & à fa compagnie, fa majefté n'entend empêcher en aucune manière les banquiers du royaume, de continuer leur commerce comme à l'ordinaire.

A la fin de ces lettres-patentes, font ces trois modèles de *billets de banque.*

N°.   Dix écus d'efpèces.

La banque promet payer au porteur à vûe dix écus d'efpèces du poids & titre de ce jour, valeur reçue à Paris le... de... 171

N°.   Cens écus d'efpèces.

La banque promet payer au porteur à vûe cent écus d'efpèces du poids & titre de ce jour, valeur reçue à Paris le... de... 171

N°.   Mille écus d'efpèces.

La banque promet payer au porteur à vûe mille écus d'efpèces du poids & titre de ce jour, valeur reçue à Paris le... de... 171

La *banque générale* ayant ainfi été établie en conféquence de ces lettres patentes, fa majefté en accorda d'autres le 20 du même mois de mai 1716, enregiftrées en parlement le 23 enfuivant, pour prefcrire la forme, les conditions & les régles, qui doivent être obfervées dans la régie & adminiftration de cette nouvelle *banque*, afin que les actionnaires & le public y trouvaffent également leurs fûretés.

Ces lettres en forme de réglemens, contiennent vingt-un articles, dont on ne mettra ici que les principaux.

Le premier fixe le fonds de la *banque* à douze cens actions, de mille écus de *banque* chacune, revenant à fix millions argent comptant.

Le quatriéme ordonne, que la *banque* fera ouverte chaque jour, depuis neuf heures jufqu'à midi, & depuis trois jufqu'à fix, à l'exception des dimanches & fêtes folemnelles, & des jours marqués pour faire le bilan de la *banque*.

Le fixiéme entend, que dans les affemblées générales de la compagnie, qui, en conféquence du huitiéme article, doivent fe tenir deux fois l'année, les 20 de juin & de décembre, à dix heures du matin, tout s'y décidera à la pluralité des voix,

qui feront comptées: fçavoir, une voix pour chaque actionnaire qui aura cinq actions, & au-deffus, mais moins de dix: deux voix pour ceux qui en auront dix, & au-deffus jufqu'à quinze, & ainfi de cinq en cinq: ceux qui ont moins de cinq actions, n'y ayant point de voix.

Le feptiéme régle les bilans de la *banque* à deux par an, l'un au mois de juin & l'autre au mois de décembre, & qu'alors la *banque* fera fermée pendant cinq jours, depuis le 15 jufqu'au 20 de chacun de ces deux mois.

Par le neuviéme, dixiéme, onziéme, douziéme & treiziéme articles, la caiffe de la *banque* eft partagée en caiffe générale, & en caiffe ordinaire: la caiffe générale, [où feront enfermés les fonds confidérables en argent comptant; les billets fignés, vifés & fcellés, à mefure qu'ils fe feront; les billets rendus & biffés par les caiffiers, le fceau de la banque, & les planches fur lefquels lefdits billets auront été gravés,] doit être fermée à trois ferrures & à trois clefs, dont l'une fera gardée par le directeur, l'autre par l'infpecteur, & la troifiéme par le tréforier; en forte qu'elle ne puiffe s'ouvrir qu'en préfence de ces trois perfonnes. Et à l'égard de la caiffe ordinaire, elle fera confiée au tréforier: à la charge néanmoins que les fonds qui y feront mis & gardés, ne pourront paffer deux cent mille écus de *banque*, defquels les caiffiers particuliers ne pourront avoir chacun plus de vingt mille écus à la fois, dont même ils donneront tout fûreté fuffifante.

Dans le quatorziéme article, il eft parlé du regiftre pour la vente & tranfport des actions, fur lequel l'actionnaire vendeur fignera fa vente & tranfport.

Le feiziéme & le dix-feptiéme permettent à la *banque* de fe charger de la caiffe des particuliers, tant en recette qu'en dépenfe: de faire le virement des parties, ou le paiement en argent comptant, moyennant cinq fols de *banque* pour mille écus de *banque*; comme pareillement de pouvoir efcompter les billets ou lettres de change, de la manière réglée par la compagnie.

Par le dix-huitiéme article, pour ne porter aucun préjudice aux particuliers, marchands, banquiers ou négocians, il eft défendu à la *banque* de faire, par terre ni par mer, aucun commerce en marchandifes ni d'affurances maritimes; ne lui étant pas permis non plus de fe charger des affaires des négocians par commiffion, tant en dedans qu'au dehors du royaume.

Le dix-neuviéme, qui eft un des plus importans, ordonne que la *banque* ne pourra faire de billets payables à terme, mais que tous les billets feront payables à vûe; & qu'elle ne pourra emprunter à intérêt, fous quelque prétexte & de quelque manière que ce puiffe être,

Les deux derniers articles font de fimple police & de difcipline, comme ce qui concerne les vifites des caiffes, le choix des emplois, le pouvoir du *confeil* conseil de la *banque*, pour faire les réglemens particuliers pour sa régie & son administration.

Deux mois après ces dernières lettres patentes, le roi donna encore une nouvelle déclaration du 25 juillet 1716, qui ordonnoit que tous les endossemens qui seroient mis sur les billets de la *banque générale*, n'engageroient point les endosseurs, à moins qu'ils n'eussent stipulé la garantie, auquel cas la garantie ne subsisteroit que pour le temps porté par l'endossement.

La *banque générale* commençant à s'établir, & ses billets ayant déja un assez grand crédit, tant au dedans du royaume que dans les pays étrangers ; pour les accréditer encore davantage, il fut rendu un arrêt du conseil d'état du roi, le 10 avril 1717, par lequel sa majesté ordonne que les billets de la *banque* seroient reçus comme argent comptant, pour le paiement de toutes les espèces de droits & d'impositions dans tous les bureaux de ses recettes, fermes & autres revenus ; & que tous ses officiers comptables, fermiers, sous-fermiers, receveurs, commis & autres chargés du maniment de ses deniers, seroient tenus d'acquitter à vue, & sans aucun escompte, les billets de ladite *banque* qui leur seroient présentés : leur défendant de remettre aucune partie du fonds de leur recette, en lettres de change ou par voitures, & d'acquitter aucune réscription, si ce n'est de l'excédent qu'ils auront en caisse, après avoir préalablement payé lesdits billets de *banque*.

La *banque* étoit en cet état, lorsque le roi, instruit du grand succès qu'elle avoit à Paris & dans la province, & même au dehors, trouva plus à propos pour le bien de son royaume, & du commerce de ses sujets, & pour donner à cette *banque* encore plus de crédit, de reprendre le premier dessein que l'on avoit eû d'abord, de l'établir sous le nom de *banque royale*, dont les fonds se feroient par sa majesté, & qui seroit administrée sous son autorité.

Dans cette vûe, sa majesté donna sa déclaration le 4 décembre 1718, où après avoir exposé les différens avantages ; que l'établissement de cette *banque* auroit à ses sujets & aux étrangers : comme sont entr'autres la facilité de faire venir à Paris les deniers royaux sans frais, & sans dégarnir les provinces d'espèces, & celle qu'ont les particuliers d'établir des fonds dans tous les lieux du royaume, & dans les places étrangères : la diminution des usures, à cause de l'intérêt modique auquel la *banque* fait des escomptes des lettres de change : les sommes qu'elle a prêtées aux négocians & manufacturiers ; la règle rétablie dans le commerce & dans les changes étrangers, & quelques autres utilités semblables causées par la *banque générale*. Sa majesté déclare qu'elle a résolu de la continuer sous le titre de *banque royale*, & d'en faire faire à l'avenir en son nom & sous son autorité ; en ayant fait rembourser aux actionnaires, en deniers effectifs, leurs capitaux ; & par ces rembourse-

mens étant devenue seule propriétaire de toutes les actions de ladite *banque*. Et afin d'expliquer ses intentions, tant au sujet de la régie qui se feroit désormais de ladite *banque*, que pour la reddition de ses comptes, sa majesté explique en dix-sept articles de réglement, quelles sont là-dessus ses intentions.

Par le premier article, sa majesté convertit la *banque générale*, établie par lettres-patentes des 2 & 20 mai 1716, en *banque royale*, à en commencer la régie en son nom & sous son autorité, du premier janvier 1719, sous les ordres de monseigneur le régent, qui en est seul l'ordonnateur.

Par le second, le fonds de la *banque* reste de six millions de livres, comme auparavant ; ladite somme étant actuellement dans la caisse de la *banque générale*, en billets d'actions de la compagnie d'occident, & appartenans à sa majesté, au moyen du remboursement qu'elle en a fait de ses deniers aux actionnaires de la *banque*.

Le troisiéme établit un directeur, sous les ordres de monseigneur le duc d'Orléans, & commet un inspecteur, un trésorier & un contrôleur, & tels autres officiers qui seront jugés nécessaires.

Le quatriéme règle les fonctions du trésorier, qui recevra tous les fonds qui seront apportés à la *banque* ; signera seul tous les billets qui seront pourtant visés par l'inspecteur, & contrôlés par le contrôleur ; fera toutes les recettes & dépenses concernant la *banque*, & en comptera seul, tant au conseil, qu'à la chambre des comptes.

Le cinquiéme & le sixiéme ordonnent que tous les billets qui seront faits à l'avenir, seront scellés d'un cachet particulier aux armes de France avec ces mots *banque royale* : que les empreintes ne s'en feront que dans le bureau de la caisse générale, où le cachet restera déposé, & que ladite caisse sera fermée, comme auparavant, avec trois clefs, & ne pourra s'ouvrir qu'en présence du directeur, de l'inspecteur & du trésorier, qui en seront dépositaires.

Par les septiéme, huitiéme & neuviéme articles, il est dit qu'il sera tenu quatre registres ; trois par l'inspecteur, le trésorier & le contrôleur ; un par chacun d'eux, pour l'enregistrement des billets, & le quatriéme par le trésorier seulement, qui contiendra les profits & bénéfices provenans des escomptes des lettres de change & autres opérations de la *banque*, qui sera visé, au moins tous les semaines, par l'inspecteur & le contrôleur ; lesquels quatre registres seront paraphés par un commissaire du conseil nommé par sa majesté, auquel il appartiendra pareillement de faire les visites, examen & vérification desdits registres & des caisses, &c. Le septiéme article ordonnant de plus qu'il ne sera fait aucuns billets, qu'en conséquence d'arrêts du conseil, en vertu desquels lesdits billets pourront être faits au choix du porteur, en écus de *banque* ou en livres tournois.

Le dixiéme article parle des appointemens & frais

Bb

de régie, & régle qui les ordonnera, qui en fera le paiement, qui en fera comptable, & pardevant qui.

Les onziéme, douziéme, treiziéme, quatorziéme & quinziéme articles expliquent la manière que feront dreſſés les procès-verbaux des effets de l'ancienne *banque générale*, & par qui : à quoi ſont tenus les inſpecteurs, tréſoriers & contrôleurs, par rapport aux extraits, pièces & copiés de leurs regiſtres, qu'ils ſont obligés de fournir chaque année au greffe de la chambre des comptes : de l'état au vrai ſur lequel le tréſorier comptera chaque année au conſeil, & enſuite à ladite chambre des comptes un an après la fin de chaque année : des 36000 liv. fixés pour les épices, façons & vacations deſdits comptes : & enfin comment ces comptes ſeront dreſſés, combien ils devront avoir de chapitres de recette & de dépenſe, & ce que contiendront ces chapitres.

Le ſeiziéme article pour établir davantage l'ordre, & mettre la *banque* en état de rendre aux particuliers la valeur des billets qu'ils auront perdus ou égarés, déclare que les billets de ladite *banque* ſeront preſcrits après cinq ans du jour de la date, faute d'en avoir fait la demande au tréſorier pendant ledit temps.

Enfin, ſa majeſté ayant, par l'article 16 des lettres patentes du 20 mai 1716, permis à la *banque générale* de ſe charger de la caiſſe des particuliers, tant en recette qu'en dépenſe, ſadite majeſté entend & déclare par le dix-ſeptiéme & dernier article, que la *banque royale* jouïſſe de la même faculté, mais ſans aucun émolument, & que les particuliers payent les cinq ſols de *banque* par mille écus, qui avoient été accordés à la *banque* du ſieur Law. Sa majeſté ordonnant de plus que leſdits comptes en *banque* ne pourront être ſaiſis, ſous quelque prétexte que ce puiſſe être, même pour ſes propres affaires & deniers; permettant néanmoins, en cas de faillite & de banqueroute, aux termes de l'article premier du titre 11 de l'édit de mars 1673, ou en cas de décès, de faire ſaiſir & arrêter entre les mains de la *banque*, les fonds que les particuliers banqueroutiers ou décédés, y pourroient avoir eſcompté ſur les livres; auquel cas de ſaiſie la *banque* ne ſera tenue de faire ſignifier aux ſaiſiſſans dans huitaine du jour de la ſaiſie, au domicile par eux élu, & ce par une ſimple déclaration ſignée du tréſorier, & viſée par l'inſpecteur & le contrôleur, ce qui eſt dû aux perſonnes ſur qui la ſaiſie aura été faite, le tout conformément à l'article 12 de l'édit du mois de décembre 1717, donné en faveur de la compagnie d'occident. Sa majeſté confirmant en outre les lettres patentes du 2 & 20 mai 1716, & la déclaration du 15 juillet enſuivant; ordonnant que'elles ſeront exécutées ſelon leur forme & teneur, en ce qui n'y eſt point dérogé ni innové par la préſente déclaration.

Cette déclaration n'ayant point été enregiſtrée en parlement, ſa majeſté ordonna par un arrêt de ſon

conſeil d'état, du 27 décembre de la même année 1718, à tous les intendans & commiſſaires départis dans toutes les provinces & généralités du reſſort du parlement de Paris, de l'envoyer aux bailliages, ſénéchauſſées & ſiéges royaux de leur département, pour y être lûe, publiée, affichée & enregiſtrée conjointement avec les autres lettres patentes, déclarations & arrêts, attachés enſemble ſous le contre-ſcel de la chancellerie.

Ce dernier arrêt du conſeil, adreſſé aux intendans, contient outre cette adreſſe huit articles de réglement, dont quelques-uns regardent la *banque royale* & régie de la *banque royale*, & les autres les paiemens qui ſe font en eſpèces de billon, & en monnoie de cuivre ou en eſpèces d'or & d'argent.

À l'égard de la régie, il eſt ordonné, 1°. que dans le premier mars de l'année ſuivante 1719, outre le bureau général de Paris, il ſera établi dans les villes de Lyon, la Rochelle, Tours, Orléans & Amiens, un bureau particulier de *banque*, compoſé de deux caiſſes, l'une en argent pour acquitter à vue les billets qui y ſeront préſentés, & l'autre en billets pour fournir à ceux qui en demanderoit. 2°. Attendu que les billets de *banque* ſeront toujours payés à vue, il eſt défendu dans les villes où il y aura des bureaux de *banque*, à tous notaires, ſergens & huiſſiers de faire aucun proteſt, ni autres actes, contre ceux qui offriront leſdits billets en paiement. Que néanmoins, à cauſe que dans quelques-unes deſdites villes de bureaux, il arrivât que les billets de *banque* n'y fuſſent pas payés ſur le champ & à vue, il ſera permis auxdits officiers de proteſter, & de faire à cet effet tous actes qu'il appartiendra.

Pour ce qui regarde le paiement en billon ou en monnoie de cuivre, le réglement porte :

Premièrement, que dans la ville de Paris, & dans les autres villes où la *banque royale* aura ſes bureaux, ces eſpèces & petites monnoies ne pourront être données ni reçues que dans les paiemens qui ne paſſeront pas ſix livres, ſi ce n'eſt pour les appoints.

Secondement, que dans les mêmes villes les eſpèces d'argent n'y pourront être reçues ni données dans les paiemens qui excéderont la ſomme de 600 liv., excepté pour les appoints; & que pour les ſommes excédantes, le paiement en ſera fait en or ou en billets de la *banque*.

Enfin, que pour faire ceſſer les abus qui ſe commettent dans les payemens en eſpèces d'argent, ſous prétexte du droit de ſac; qu'à l'avenir les ſacs d'argent ne ſeront faits que de 600 liv. complettes, ſans qu'il puiſſe être rien retenu pour les ſacs, excepté dans les bureaux de la *banque*, où il ſera permis aux commis de tenir 4 ſols par chaque ſac de 600 liv. qu'ils payeront en eſpèces; étant pareillement leſdits commis tenus de faire bon des mêmes 4 ſols à ceux qui apporteront des ſacs d'argent à la *banque*.

Le crédit de la *banque royale* s'étant conſidérablement augmenté dès les premiers mois de fon établissement, le roi, pour l'accréditer davantage & faciliter fa régie, & la circulation de fes billets, donna plufieurs nouveaux arrêts, entr'autres un du 5 janvier, un autre du 11 février, un troifiéme du premier avril, & encore un quatriéme du 12 du même mois 1719, concernant les fabrications des billets de la *banque*; le total defdites fabrications, leurs différentes valeurs; le nombre & les numéros de chaque efpèce de billets; les regiftres qui en dévoient être dreffés, & la manière d'en faire les paiemens.

De ces quatre arrêts, on ne donnera ici l'extrait que du dernier; fa majefté, comme elle s'exprime elle-même dans les motifs de l'arrêt, ayant voulu raffembler dans un feul, tous les réglemens rendus fucceffivement touchant les billets de *banque* & l'ordre dans les paiemens.

Par cet arrêt du 22 avril 1719, qui contient dix articles, il eft ordonné:

I. Que l'arrêt du confeil, du 5 janvier de la même année, en ce qui concerne la confection de vingt-cinq regiftres, contenant chacun huit cent billets de cent écus d'efpèces du poids, & titre de ce jour, faifant deux millions d'écus, & la fomme de douze millions de livres, demeurera fans exécution.

II. Qu'il fera fait foixante regiftres, contenant chacun huit cent billets, de la fomme de mille livres chaque billet, numérotés depuis le N°. 48001, jufqu'au N°. 96000 incluſivement, faifant la fomme de quarante-huit millions; & trente regiftres, contenant chacun mille billets de cent livres, chaque billet, numérotés depuis le N°. 100001, jufqu'au N°. 130000 incluſivement, faifant la fomme de trois millions; & le total joint à celui des arrêts précédens, faifant celle de cent dix millions; defquels fa majefté ordonne, qu'il en foit réfervé dix millions, qui ne pourront être délivrés que pour remplacer les billets de même nature, qui rentreront endoffés, & qui ne pourront plus fervir.

Il avoit été fabriqué en conféquence des arrêts précédens jufqu'à cinquante-neuf millions de billets en livres tournois; fçavoir, douze millions de billets de mille livres, & fix millions de billets de cent livres, par l'arrêt du 5 janvier; feize millions auffi de mille livres, & quatre millions de billets de cent livres, par l'arrêt du 11 février, & vingt millions pareillement de billets de mille livres, & un million de billets de cent livres, par l'arrêt du premier avril.

III. Que les billets de la *banque*, ftipulés en livres tournois, ne pourront être fujets aux diminutions qui pourront furvenir fur les efpèces, & qu'ils feront toujours payés en leur entier.

IV. Que conformément à l'arrêt du 10 avril 1717, les billets de *banque* feront reçus dans les recettes & bureaux pour le paiement des droits de fa majefté; & que les receveurs & commis defdits bureaux, feront tenus de changer en efpèces d'or

& d'argent, tous lefdits billets qui leur feront préfentés, jufqu'à la concurrence des fonds qu'ils auront dans leurs caiffes. *Voyez ci-deffus l'extrait de cet arrêt.*

V. Que dans les villes où la *banque* a des bureaux, les créanciers pourront exiger de leurs débiteurs le paiement de leurs créances, de quelque nature qu'elles foient, en billets de *banque*; fans qu'ils puiffent être contraints d'en recevoir aucune partie en efpèce d'or ou d'argent, excepté les appoints.

VI. Que dans lefdites villes, où il y a de ces bureaux, ceux qui font chargés de la recette & maniment des deniers royaux, tiendront leur caiffe en billets de *banque*; & en cas de diminution des efpèces, porteront la perte de celles qui fe trouveront dans leurdite caiffe.

VII. Que dans ces mêmes villes, aucuns fermiers, directeurs des poftes, maîtres des caroffes, ou autres voitures, & leurs conducteurs, ne pourront fe charger d'aucunes efpèces, pour les tranfporter d'autres villes, où il y a pareillement des bureaux de *banque*, à moins que ce ne foit pour le fervice de la *banque*, de quoi ils prendront certificat.

VIII. Qu'il ne fe fera que des facs de fix cent livres pour les paiemens en argent; & qu'il ne fe retiendra rien pour les facs, fi ce n'eft les quatre fols accordés feulement aux caiffiers de la *banque*. *Voyez l'arrêt du 11 avril 1717.*

IX. Que les efpèces de billon & de cuivre ne pourront être données, ni reçues dans les paiemens qui pafferont fix livres. *Voyez le même arrêt.*

X. Enfin que les conteftations, oppofitions ou empêchemens à l'exécution du préfent arrêt, feroient réfervés à fa majefté & à fon confeil d'état; la connoiffance en étant interdite à tous autres juges. Il eft de plus ordonné, qu'il fera donné au public des modèles des différentes efpèces de billets de la *banque* en livres tournois.

Ces billets de la *banque* font de trois fortes; les uns de mille, d'autres de cent, & d'autres encore de dix livres.

Les billets de mille livres font écrits en lettres rondes; les billets de cent livres, en lettres bâtardes; & les billets de dix livres, auffi en lettres bâtardes, mais d'un plus petit caractère.

La marge de chaque billet eft bordée d'une vignette en taille-douce. Dans le corps du papier, fur lequel les billets font imprimés, il y a ces mots, *billet de banque*, au lieu de la marque du papetier: & au bas de chaque billet eft l'empreinte du fceau. *Voyez ci-deffus quelle eft cette empreinte.*

Les trois efpèces de billets de *banque* étant libellés de la même manière, à la réferve des fommes qui font différentes, il fuffira d'en donner ici un feul modèle.

MODÈLE DES BILLETS DE BANQUE.

N°. { Mille
     { Cent livres tournois.
     { Dix

La banque promet payer au porteur à
{ Mille
vûe { Cent livres tournois en espèces
{ Dix
d'argent, valeur reçue. A Paris le

Vû   contrôlé.

La banque continuant de prendre faveur, il fut encore fait une fabrication de billets par un arrêt du 10 juin, montant à cinquante millions, dont quarante-huit millions furent en billets de mille livres & deux millions en billets de cent livres.

Ces cent soixante millions ne suffisant pas, tant le crédit de la banque continuoit de s'augmenter, on en ordonna une dernière au mois de juillet, de deux cent quarante millions; sçavoir, deux cent millions en billets de mille livres, trente millions en billets de cent livres & dix millions en billets de dix livres; faisant en tout avec les fabrications précédentes, quatre cent millions, auxquels les billets de la banque restèrent alors fixés.

De ces deux cent quarante millions, quarante millions furent destinés à être distribués dans la ville de Paris, cent millions dans les bureaux de la banque établis dans les provinces; & les autres cent millions furent réservés, pour être fournis à ceux qui rapporteroient des billets endossés.

L'arrêt du 25 juillet 1719, qui ordonne cette nombreuse fabrication de billets de banque, & qui en régle la destination, ordonne encore:

Qu'il sera incessamment établi par le directeur de la banque, des bureaux particuliers dans chaque ville du royaume, où il y a des hôtels des monnoies, à l'exception de la ville de Lyon.

Que dans chacun desdits bureaux, il y aura une caisse en billets, pour en fournir à ceux qui en demanderont; & une caisse en argent, pour payer à vûe & gratis, les billets qui seront présentés.

Et que du jour de l'ouverture de ces bureaux, il sera permis aux créanciers d'exiger de leurs débiteurs leur paiement en billets de banque, même dans le cas où lesdits billets gagneroient sur les espèces; sa majesté exceptant néanmoins de cette dernière disposition les lettres tirées des pays étrangers ou qui y seront endossées, qui continueront d'être payées, conformément à l'arrêt du conseil du 27 mai de la même année 1719. Voyez ce qui est dit de cet arrêt, à l'article des lettres de change.

Ces trois articles de police avoient déja été ébauchés dans la déclaration du 4 décembre 1718, pour la conversion de la banque générale en banque royale, & dans les arrêts du conseil du 27 des même mois & an & du 22 avril 1719: mais ce n'est proprement que par ce dernier arrêt du 25 juillet, que l'établissement des bureaux de la banque, & le privilége de ses billets, ont reçû toute leur perfection.

Les quatre cent millions de billets de banque fabriqués jusqu'au mois de juillet 1719, ayant été bientôt épuisés par la grande circulation qui s'en faisoit dans le commerce, soit à Paris, soit dans les provinces, il fallut songer à de nouvelles fabrications, pour faciliter au public un négoce si commode.

Ces fabrications sont au nombre de trois, toutes, comme les précédentes, faites dans l'année 1719.

La fabrication du 12 septembre consiste en cent vingt millions, distribués en vingt registres, contenant chacun six cent billets de dix mille livres chaque billet, numérotés depuis le n°. 1, jusques & compris le n°. 12000.

La seconde, du 24 octobre, est toute semblable à celle du mois de septembre, pour le nombre des registres, la quantité de billets que chacun doit contenir, la valeur de chaque billet, & la somme totale de cent vingt millions de livres; ces derniers billets commençant au n°. 12001, jusques & y compris le n°. 24000.

La troisième de ces dernières fabrications est du 29 décembre, & la plus forte, non-seulement des deux précédentes, mais encore de toutes celles qui avoient été fabriquées jusques-là; son total montant à trois cent soixante millions, distribués en quatre classes de billets de dix mille livres, de mille livres, de cent livres & de dix livres; sçavoir:

En billets de dix mille, vingt registres, contenant chacun six cent billets; dont dix registres sont gravés dans la forme ordinaire, numérotés depuis le n°. 24001, jusques & compris le n°. 30000; & les dix autres sont imprimés, & les billets numérotés depuis le n°. 1, jusques & compris le n°. 6000; faisant ensemble la somme de cent vingt millions,

En billets de mille livres, cent quatre-vingt-quatorze registres, contenant chacun huit cent billets, dont quatre-vingt registres sont gravés & les billets numérotés depuis le n°. 344001, jusques & compris le n°. 408000; & les autres quatorze sont imprimés, & les billets numérotés depuis le n°. 1, jusques & compris le n°. 91200, faisant ensemble la somme de cent cinquante-cinq millions deux cent mille livres.

En billets de cent livres, sept cent vingt-huit registres, contenant chacun mille billets, dont cinquante registres sont gravés & les billets numérotés depuis le n°. 450001, jusques & compris le n°. 500000: & les six cent soixante-dix-huit autres sont imprimés, & les billets numérotés, depuis le n°. 1, jusques & compris le n°. 678000; faisant ensemble la somme de soixante-douze millions huit cent mille livres.

Enfin, en billets de dix livres, douze cent registres, tous imprimés, contenant chacun mille billets, numérotés depuis le n°. 1, jusques & compris le n°. 1200000, faisant la somme de douze millions.

Ce font donc les mille millions de billets, à quoi montent les diverfes fabrications faites depuis l'établiffement de la *banque*, jufqu'à la fin de l'année 1719, qui doivent déformais faire fon fonds capital ; & ce fonds ayant paru fuffifant avec l'ef-pèce courante, pour fournir à la circulation du royaume, fa majefté déclare par le même arrêt du mois de décembre, qu'il n'en fera plus fait aucune à l'avenir ; fi ce n'eft la quantité de billets impri-més, qui fera néceffaire, pour remplacer les billets endoffés & biffés.

C'eft pour l'exécution de cette réferve du rem-placement des billets, qu'a été ordonnée, par arrêt du confeil du 10 février 1720, une nouvelle & dernière fabrication de deux millions de billets ; avec défenfes au tréforier général, de les employer à d'autres ufages, que pour remplacer les billets qui feront rentrés endoffés.

Ces nouveaux billets, qui tous doivent être datés du premier janvier 1720, font diftribués feulement dans trois claffes, c'eft-à-dire, en billets de dix mille, de mille & de cent livres.

Les regiftres pour les billets de dix mille livres, font au nombre de trente-trois, contenant chacun fix cent billets imprimés, numérotés depuis le n°. 6001, jufques & compris le n°. 25800, mon-tant à la fomme de cent quatre-vingt-dix-huit millions.

Pour les billets de mille livres, il n'y a que deux regiftres, contenant chacun huit cent billets imprimés, numérotés depuis le n°. 91201, jufques & compris le n°. 92800, faifant la fomme de feize cent mille livres.

Enfin, quatre regiftres font deftinés pour les billets de cent livres, chaque regiftre contenant mille billets imprimés, numérotés depuis le n°. 678001, jufques & y compris le n°. 682000, faifant la fomme de quatre cent mille livres.

Il faut remarquer que les billets de *banque* de dix livres, dont il n'eft point fait mention dans l'arrêt, parce qu'ils n'avoient pas coutume de s'en-doffer, à caufe de leur modicité, furent depuis fupprimés, afin de mettre davantage d'argent comptant, dans le commerce & encore enfuite réta-blis, quand on en eut davantage connu l'utilité, ainfi qu'on le dira dans la fuite.

L'arrêt, où la fuppreffion de ces petits billets fut d'abord ordonnée, eft du 22 du même mois de février 1720 ; & il paroît que c'eft lui qui donne à la *banque royale* fa dernière forme & fon entière perfection, du moins pour fa régie, en confirmant fon union avec la compagnie des Indes.

Son alteffe royale monfeigneur le duc d'Orléans, régent, s'étant trouvé à l'affemblée générale de cette compagnie, tenue à l'hôtel de la *banque* le 22 février ; & cette union, qu'il propofa au nom du roi, ayant été acceptée, fa majefté en régla les conditions par l'arrêt du 23, qui contient en douze articles ; outre ce qui concerne la *banque*, la

confirmation de tout ce qui avoit été propofé par fon alteffe royale & accepté par la compagnie dans l'affemblée du jour précédent.

Les difpofitions de cet arrêt, qui fixent pour l'avenir l'état de la *banque*, font principalement celles des quatre premiers articles & du dernier, qui feront auffi les feuls qu'on rapportera ici ; re-mettant les autres à l'article de la compagnie des Indes. *Voyez* COMPAGNIE DE COMMERCE.

Par le premier de ces quatre articles, fa majefté charge la compagnie des Indes de la régie & admi-niftration de la *banque*, pour tout le temps qui refte à expirer du privilège de ladite compagnie & lui céde tous les profits & bénéfices de la *banque*, même ceux faits depuis qu'elle eft convertie en *banque royale*.

Le fecond déclare, que la *banque* reftant *banque royale*, fa majefté demeurera refponfable au public de la valeur de fes billets : la compagnie reftant pareillement refponfable au roi, de l'adminiftration & maniment de la *banque*, dont les feize cent millions, qu'elle a prêté à fa majefté, refteront ga-rants ; avec défenfes aux directeurs de faire de nou-veaux *billets de banque*, qu'en vertu d'arrêt du confeil.

Il eft ordonné par le troifième, que la compagnie comptera de la recette & dépenfe, tant par bref état au vrai, au confeil, qu'en la chambre des comp-tes, conformément à la déclaration du 4 décem-bre 1718.

Le quatrième défend à la compagnie, d'exiger davantage les cinq pour cent, qui avoient été accor-dés à la *banque* fur l'argent qui fera porté à fes bureaux, ni de recevoir & donner les efpèces au prix courant : fa majefté voulant au furplus, qu'il ne foit plus délivré à l'avenir, que trois fortes de billets ; fçavoir, de dix mille, de mille &, de cent livres : & qu'à l'égard des billets de dix livres, ils foient encore reçus pendant deux mois aux bureaux des recettes de fes droits, ou payés en efpèces au bureau de la *banque*, à la volonté des porteurs.

Cette fuppreffion des billets de dix livres, non-feulement n'eut pas lieu, comme on l'a déjà dit ; mais il en fut fabriqué de nouveaux, pour couper ceux de dix mille ; fans néanmoins que cette nouvelle fabrication augmentât le nombre total des billets de banque, marqué ci-deffus ; les billets coupés de dix mille livres ayant été biffés, & mis hors de commerce. Voyez ci-après l'arrêt du 19 avril 1720.

Enfin, par le onzième & dernier article, le fieur contrôleur-général des finances eft nommé par fa majefté, infpecteur-général de la compagnie des Indes, & de la *banque* ; & fadite majefté ordonne au fieur Pelletier de la Houffaye, confeiller d'état ordi-naire, & au fieur prévôt des marchands de Paris, affiftés de deux des plus anciens échevins, lors en charge, avec le juge, & le premier conful de la jurifdiction confulaire, de faire la vifite des caiffes & livres de la *banque*, quatre fois par année, &

plus souvent, s'ils le jugent à propos ; sans être tenus d'en donner aucun avertissement.

L'arrêt du 19 avril 1720, dont on vient de parler, concernant la suppression des *billets de banque* de dix mille livres, & la fabrication d'autres billets de mille, de cent, & de dix livres, pour être substitués, porte : que le roi étant informé, qu'il convient, pour la facilité du commerce, d'augmenter le nombre des *billets de banque* de mille, de cent, & de dix livres, pour être coupés, ordonne : qu'il sera fait pour quatre cent trente-huit millions de *billets de banque*, de mille, cent, & de dix livres : sçavoir, trois cent registres de billets de mille livres, contenant chaque registre huit cent billets imprimés, de mille livres chaque billet, numérotés depuis le n°. 212801, jusques & compris le n°. 450800, faisant la somme de deux cent quarante millions : dix-huit cent dix registres de billets de cent livres, contenant chaque registre mille billets imprimés, de cent livres chaque billet, numérotés depuis le n°. 682001, jusques & compris le n°. 2492000, faisant la somme de cent quatre-vingt-un millions : & dix-sept cent registres de billets de dix livres chaque billet, numérotés depuis

le numéro 1200001, jusques & compris le numéro 2900000, faisant la somme de dix-sept millions, & en total celle de quatre cent trente-huit millions ; laquelle jointe à celle de sept cent soixante-deux millions, en pareils billets de mille, cent, & dix livres, jusques-là fabriqués, forme en total la somme de douze cent millions. Sa majesté ordonnant au surplus, que dans trois mois, les billets de dix mille livres seroient rapportés aux bureaux de la banque dans les provinces, pour être coupés en billets de mille, cent, & dix livres.

Le public, qui depuis l'établissement de la *banque*, avoit toujours eu quelque peine à se charger de billets, étant enfin revenu de ses craintes, commençoit à leur donner faveur ; & déjà à Paris, & dans les provinces, les marchands les plus accrédités les préféroient aux paiemens en espèces ; & il étoit commun de les voir gagner un, & un & demi pour cent, lorsqu'il parut un arrêt du conseil d'état, du 21 mai 1720, qui ordonnoit la réduction des billets à la moitié, dans les termes portés par ledit arrêt, afin de les mettre au pair de l'argent en espèces, dont la diminution avoit été aussi ordonnée par un arrêt précédent, & qui devoit se faire dans tout le reste de ladite année 1720.

T A B L E par laquelle on verra d'un coup d'œil comment ces diminutions sur les billets de banque étoient arrangées de mois en mois par l'arrêt du vingt & uniéme mai 1720.

Le 20 mai 1720 un *billet de banque*			
	de 10000 liv.	valoit	10000 l.
	1000		1000
	100		100.
	10		10
Le 22 mai,	10000 ne vaudra que		8000.
	1000		800.
	100		80
	10		8
Le 1 juillet,	10000 ne vaudra que		7500.
	1000		750
	100		75
	10		7 l. 10 f.
Le 1 août,	10000 ne vaudra que		7000
	1000		700
	100		70
	10		7
Le 2 septembre,	10000 ne vaudra que		6500
	1000		650
	100		65
	10		6 10
Le 1 octobre,	10000 ne vaudra que		6000
	1000		600
	100		60
	10		6
Le 1 novembre,	10000 ne vaudra que		5500
	1000		550
	100		55
	10		5 10
Le 1 décembre,	10000 ne vaudra que		5000
	1000		500
	100		50 4
	10		5

L'arrêt du 21 mai 1720, qui ordonnoit toutes ces diminutions, a causé une si grande consternation dans le public, qu'on a jugé à propos de le révoquer six jours après par un autre arrêt du 27 du même mois, qui rétablit les *billets de banque* en leur entier, comme il a été dit en son lieu.

Néanmoins le 10 octobre suivant, tous lesdits *billets de banque* ont été entièrement supprimés, pour n'avoir plus aucun cours après le premier jour de décembre, lors prochain de ladite année 1720, du temps de la régence de S. A. R. monseigneur le duc d'Orléans.

Bien que cette réduction des *billets* eût semblé absolument nécessaire ; que les motifs expliqués par l'arrêt fussent pressans & bien fondés ; & que l'exécution en eût été concertée & ordonnée avec toutes les précautions & les ménagemens les plus propres, pour empêcher le public de ressentir toute la charge de cette diminution ; néanmoins le roi ayant été informé, que contre ses intentions, cette réduction produisoit un dérangement général dans le commerce, & voulant favoriser la circulation des *billets de banque* à l'avantage des particuliers, qui les donneroient & recevroient en paiement, sa majesté ordonna par un arrêt du 27 des mêmes mois & an, (mai 1720,) que les *billets de banque* auroient, & continueroient toujours d'avoir cours sur le même pied, & pour la même valeur, qu'avant l'arrêt du 21, que sa majesté révoquoit.

Sa majesté donna au mois de juin ensuivant un édit pour la création de vingt-cinq millions de rente sur la ville de Paris, dont les capitaux se payeroient en billets & récépissés, qui seroient biffés. Elle indiqua & établit encore depuis d'autres débouchemens auxdits *billets de banque* ; ce qui diminuant leur trop grand nombre, & les réduisant à la quantité nécessaire, pour soutenir le crédit & le commerce de la *banque*, l'auroit mise sur le pied des *banques* de Venise, de Londres, d'Amsterdam & des autres villes de l'Europe, où il y en a d'établies, dont toutes ces nations ressentent depuis si long-temps l'utilité & la commodité.

La suppression totale des *billets de la banque royale*, ayant enfin été jugée nécessaire à l'état, sa majesté étant informée que le commerce ne pouvoit plus se passer de la circulation des espèces, à cause des abus que les usuriers & agioteurs avoient introduit dans le négoce des *billets de banque*, qui les avoient presqu'entièrement mis en discrédit, ordonna cette suppression par un arrêt de son conseil d'état, du 10 octobre 1720, ne les laissant plus dans le commerce que jusqu'au premier novembre ensuivant ; mais accordant jusqu'au dernier dudit mois de novembre, à ceux qui s'en trouveroient chargés, les débouchemens portés par ledit arrêt, qu'on va donner ici en entier à cause de l'importance de la matière.

Arrêt du conseil d'état du roi, portant suppression des billets de banque, du 10 octobre 1720.

Le roi s'étant fait représenter en son conseil, l'état annexé à la minute du présent arrêt, de tous les *billets de banque*, tant gravés qu'imprimés, qui ont été faits en vertu de différens arrêts sur ce rendus, sa majesté a reconnu que la totalité desdits billets de toute espèce, a monté à la somme de deux milliards six cens quatre-vingt-seize millions quatre cens mille livres, sur laquelle quantité desdits billets, il en a été converti de ceux de mille & de dix mille livres pour la somme de deux cens millions, en billets de cent, de cinquante, & de dix livres, par forme de division seulement, & sans aucune augmentation de la somme totale, & ce en exécution des arrêts des 26 juin, 2 & 19 septembre derniers : que de ladite somme totale desdits *billets de banque*, il en a été brûlé en l'hôtel-de-ville de Paris, pour sept cens millions trois cens vingt-sept mille quatre cens soixante livres, suivant les procès-verbaux qui ont été dressés, tant par les sieurs commissaires à ce députés par sa majesté, que par les sieurs prévôt des marchands & échevins de ladite ville, en date des 28 Juin, 1, 9, 16, 23 & 30 juillet, 6, 20 & 29 août derniers ; outre laquelle quantité de billets brûlés, il a été porté au trésor royal, pour acquisition de rentes perpétuelles ou viagères, plus de cinq cens trente millions ; à la caisse de la *banque*, plus de deux cens millions, pour avoir des comptes ouverts à ladite *banque*, suivant l'arrêt du 31 juillet dernier ; & pour environ quatre-vingt-dix millions dans les différentes caisses de la compagnie des Indes, de la *banque*, & des hôtels des monnoies, par le paiement qui en a été fait en espèces, lesquels *billets* seront incessamment brûlés en l'hôtel-de-ville de Paris, à mesure que lesdits sieurs commissaires du roi en auront achevé les procès-verbaux ; en sorte qu'il ne reste plus de *billets de banque* dans le commerce, que pour la somme d'un milliard cent soixante-dix-neuf millions soixante-douze mille cinq cent quarante livres : pour retirer laquelle somme, outre ce qui restera à consommer en billets du fonds des vingt-cinq millions de rentes créées par édit du mois de juin dernier, il en sera encore éteint quatre cens millions, pour le capital des huit millions de rentes au denier cinquante, créées par édit du mois d'août dernier, sur les impositions des provinces du royaume ; & cent millions pour le capital des quatre millions de rentes viagères au denier vingt-cinq, créées par édit du mois d'août dernier : & ce qui n'aura point été porté auxdits débouchemens, pourra, ou être employé en acquisition de dixièmes d'actions, suivant l'article 8 de l'arrêt du 15 septembre dernier, montant à quatre cens millions, ou être porté aux hôtels des monnoies, suivant l'édit du même mois de septembre, ou demeurer actions rentières, avec la garantie du roi. Et comme par toutes ces dispositions, sa majesté a donné aux *billets de banque* des débouchemens convenables aux différentes vues de ses sujets, au-delà même de ce qui est nécessaire pour éteindre lesdits *billets* ; que d'ailleurs ceux de cent, de cinquante & de dix livres, qui ont encore cours dans le commerce, suivant les arrêts précédens, y font néanmoins tombés dans un tel difcrédit, qu'ils n'y ont plus de valeur comme efpèces, & qu'on ne les y confidère que par rapport aux emplois qu'on en peut faire; en forte que le peu de paiemens qui fe fait encore avec lefdits billets, ne fert qu'à empêcher la circulation de l'argent, & à foutenir le haut prix des denrées & marchandifes, & à introduire ou à perpétuer une infinité d'abus dans le commerce, qui ne peuvent ceffer que par le rétabliffement des paiemens en efpèces, fa majefté a jugé à propos de l'ordonner dans un terme convenable, en fe chargeant elle-même, à commencer du premier janvier de la préfente année, d'acquitter de cette manière les arrérages de toutes les rentes qu'elle doit : enfemble des penfions, gages, appointemens, charges & dépenfes, de quelque nature qu'elles foient. A quoi étant néceffaire de pourvoir, oüi le rapport. SA MAJESTÉ ÉTANT EN SON CONSEIL, de l'avis de monfieur le duc d'Orléans, régent, a ordonné & ordonne ce qui fuit :

I. Les *billets de banque* ne pourront, à compter du premier novembre prochain, être donnés ni reçus en paiement, pour quelque caufe & prétexte que ce foit, que de gré à gré ; à l'effet de quoi fa majefté a dérogé & déroge aux articles III & IV de l'arrêt de fon confeil, du 15 feptembre dernier.

II. Veut néanmoins fa majefté, qu'à compter du jour de la publication du préfent arrêt, il ne foit reçu aucun *billet de banque* dans les bureaux de fes recettes & fermes, même pour les droits & impofitions dûes antérieurement à la publication dudit arrêt : & que lefdits droits & impofitions, de quelque forte & nature qu'ils puiffent être, foient acquittés en entier en efpèces, à l'exception néanmoins des fommes dûes, tant pour lefdits droits & impofitions, ou autrement, avant le premier janvier dernier, lefquelles pourront être payées jufqu'au premier décembre prochain, en *billets de banque* de cent, de cinquante & de dix livres.

III. Veut auffi fa majefté, que les rentes, penfions, appointemens, gages, & autres parties qui reftent à payer, par fa majefté, fur les dépenfes de la préfente année 1720, foient acquittées en efpèces ; & que les fommes par elle dûes pour les années antérieures à la préfente, foient feulement payées en *billets de banque* de cent, de cinquante, & de dix livres.

IV. Les dividendes dûs par la compagnie des Indes jufqu'au premier janvier prochain, feront payés en *billets de banque* de cent, de cinquante & de dix livres : & à l'égard des arrérages, tant des actions rentières, que des rentes viagères dûes par ladite compagnie; veut fa majefté, qu'ils foient payés en efpèces, à commencer du premier juillet dernier.

V. Permet, fa majefté, aux porteurs des *billets de banque* de cent, de cinquante & de dix livres, de les placer jufqu'au dernier novembre prochain inclufivement, dans les emplois par elle indiqués ; paffé lequel temps, ce qui reftera defdits *billets*,

ne pourra plus être converti qu'en actions rentières ou en dixièmes d'actions mentionnées en l'article VIII de l'arrêt du confeil du 15 feptembre dernier. Et fera le préfent arrêt, lu, publié & affiché partout où befoin fera ; & feront, pour l'exécution d'icelui, toutes lettres néceffaires expédiées. FAIT au confeil d'état du roi, fa majefté y étant, tenu à Paris, le dixième jour d'octobre 1720. *Signé*, PHELIPEAUX.

Un des principaux & des derniers débouchemens, & l'on peut dire le plus convenable au négoce & aux négocians, a été fans doute l'établiffement des comptes ouverts, & des viremens des parties, ordonné par l'arrêt du 13 juillet de la même année 1720.

Dès la première érection de la *banque générale*, on avoit penfé à cet établiffement ; & par les articles 16 & 17 des lettres patentes du 20 mai 1716, il avoit été permis à cette *banque* de fe charger de la caiffe des particuliers, tant en recette qu'en dépenfe, & de faire le virement des parties ; ce qui lui fut pareillement accordé & confirmé par la déclaration du roi, du 4 décembre 1718, par laquelle fa majefté voulut bien l'honorer du titre de *banque royale*, & ordonner qu'à l'avenir la régie s'en feroit en fon nom & fous fon nom.

Il eft vrai que la *banque* n'avoit point encore ufé de fon privilège, & que fi quelques particuliers avoient porté leurs fonds à la caiffe, c'étoit plutôt en forme de dépôt, que pour y avoir des comptes ouverts, & y faire des viremens de parties : en quoi il faut avouer que la *banque* Françoife étoit bien inférieure aux *banques* étrangères, qui par les opérations de ces comptes & de ces viremens, ont mis dans leur commerce, & parmi leurs négocians, une facilité & une fûreté dont il eft étonnant que l'on ne fe fût point encore avifé en France, où, particulièrement depuis un fiècle, on a fait tant d'établiffemens avantageux au négoce & à ceux qui s'en mêlent.

C'eft donc tout enfemble, & pour retirer jufqu'à fix cens millions de billets de *banque*, & pour faire jouir les négocians François des avantages que les états voifins ont coutume de trouver dans leurs comptes courans & leurs viremens de parties, que fa majefté a ordonné par fondit arrêt du confeil du 13 juillet 1720, qu'il en feroit ouvert des livres, tant à Paris que dans les principales villes du royaume, conformément à ce qui s'obferve dans les pays, où pareils établiffemens ont été faits, & fuivant qu'il eft plus amplement expliqué par les dix-huit articles de cet arrêt, dont on va donner ici l'extrait, auffi-bien que de l'inftruction dreffée en conféquence pour en faciliter l'exécution.

Le premier article de l'arrêt ordonne qu'il fera ouvert à l'hôtel de la *banque* à Paris, le 20 du même mois de juillet, & le 20 du mois d'août enfuivant dans toutes les villes du royaume, où il y a des hôtels des monnoies, & dans toutes celles où il fera jugé néceffaire de faire de pareils établiffemens, un livre de comptes courans & de viremens de parties, dont le fonds ne pourra passer six cens millions.

2°. Que sur ledit fonds de six cens millions, il en sera réservé trois cens millions pour les villes de provinces.

3°. Que le fonds de trois cens millions pour Paris, sera fait en l'hôtel de la *banque*, en billets de *banque* de dix mille livres & de mille livres seulement, qui seront reçus par le trésorier de la *banque*, par lui biffés en présence des porteurs, & ensuite brûlés en la forme prescrite par l'arrêt du 11 juin précédent; & qu'il sera donné crédit au porteur, du montant desdits billets.

4°. Que le fonds de trois cens millions réservé pour les villes de provinces, sera fait en pareils billets que ci-dessus, entre les mains des directeurs des hôtels des monnoies desdites villes, pour être par eux biffés en présence des porteurs, & après envoyés au trésorier de la *banque* de Paris, où ils seront brûlés en la manière portée dans l'article précédent.

5°. Que les six cens millions qui composeront le fonds desdits comptes & viremens de parties, seront stipulés en livres tournois, & ne pourront être sujets à aucune variation, quelque diminution qui survienne dans le prix courant des espèces.

6°. Que toutes lettres de change & billets de commerce de cinq cens livres & au-dessus; ensemble les ventes des marchandises en gros dans les villes, où les livres des comptes courans & viremens de parties, seront établis, seront acquittés en écritures, à peine de nullité du paiement, & de cinq cens livres d'amende au profit de la *banque*, tant contre le créancier que contre le débiteur.

7°. Que ceux qui auront compte en *banque* dans quelques-unes des villes mentionnées au premier article, & qui voudront faire des paiemens dans quelques autres des mêmes villes, le pourront faire par virement de parties de ville en ville.

8°. Que les fonds des sujets de sa majesté mis en *banque*, ne seront sujets à aucune saisie, pas même pour les propres deniers & affaires de sa majesté.

9°. Que les étrangers pourront avoir des comptes courans en *banque*, qui ne pourront pareillement être sujets à aucune saisie ou confiscation, sous prétexte de guerre, représailles & d'aubaine, non plus que de la part de leurs créanciers.

10°. Que les écritures pourront être négociées contre argent courant, à quelques sommes qu'elles se montent.

11°. Que le prévôt des marchands de la ville de Paris, assisté de l'ancien échevin tiré de l'ordre des marchands, aura l'inspection générale des écritures, cotera & paraphera les registres, & se les fera représenter toutes les fois qu'il le jugera à propos.

12°. Que la régie desdites écritures se fera par quatre directeurs, sous les ordres d'un contrôleur général, lesquels seront nommés par sa majesté,

& prêteront serment entre les mains dudit prévôt des marchands.

13°. Que le bilan général des livres sera fait deux fois l'année, sçavoir en décembre & en juin; à l'effet de quoi les livres seront fermés depuis le 20 desdits mois jusqu'à la fin; pendant lequel temps il ne pourra être fait aucun protêt de lettres ou billets de change: sa majesté voulant que les protêts faits dans les trois jours après l'ouverture des livres, ayent le même effet que s'ils avoient été faits aux jours des échéances survenues dans le temps que les livres auront été fermés.

14°. Que pour la sûreté & conservation des écritures, les livres seront tenus doubles par les teneurs de livres & leurs contrôleurs, & qu'ils seront déposés en différens lieux.

15°. Que ceux qui auront des paiemens à faire en *banque*, porteront aux teneurs de livres un billet signé d'eux; ou s'ils ne peuvent s'y transporter, ils l'envoyeront par un commis, ou autre chargé d'un pouvoir : lesdits billet & pouvoir conformés aux modèles suivans.

MODÈLE DE BILLET.

Messieurs les directeurs de la banque *payerons à M.*   *la somme de*
valeur
A   *le*   *jour de*
mil sept cent

MODÈLE DU POUVOIR.

Je soussigné donne pouvoir au sieur de porter pour moi aux teneurs de livres de la banque, *les billets que je fournirai sur les fonds que j'aurai en compte courant, & d'en faire passer écriture au débit de mon compte, & au crédit de ceux auxquels j'aurai assigné les sommes portées par lesdits billets; comme aussi l'autorise à demander aux teneurs de livres, quelles sommes auront été payées à mon crédit par mes débiteurs. Fait à*   *le*   *jour de mil sept cent*

16°. Que tous ceux qui auront compte ouvert en *banque*, seront tenus de signer à la marge du folio où leur compte aura été ouvert.

17°. Qu'en cas qu'il arrive à quelque négociant de tirer sur la *banque* au de-là du crédit qu'il y a, il sera tenu de payer par forme d'amende la somme de 500 liv. au profit de la *banque*.

18°. Enfin, que s'il survient quelques contestations en exécution du présent arrêt, elles seront jugées par les juges-consuls, & par appel au conseil: sa majesté en interdisant la connoissance à toutes ses cours & juges.

L'instruction suivante dressée pour faciliter l'exécution de l'arrêt précédent, est conforme en partie à ce qui se pratique dans le *banco* de *Venise*, & dans les *banques* d'*Amsterdam* & de *Hambourg*.

Cc

doit on a parlé ci-deſſus, & en partie compoſée d'opérations qui ne ſont propres & ne conviennent qu'à la *banque royale* de France.

Comme cette matière étoit en quelque ſorte toute nouvelle pour les négocians François, particulièrement pour ceux qui ne ſont pas le commerce étranger, l'auteur de l'inſtruction eſt entré dans un grand détail, mais ſi néceſſaire & ſi inſtructif, qu'on a cru difficile de l'abréger, ſans en retrancher quelque choſe d'utile. Ainſi on la donne ici en ſon entier, à la réſerve du modèle des comptes courans & viremens de parties, qui ſe trouve à la fin, qu'il n'eût pas été aiſé de faire entrer dans les colonnes, dont l'édition de ce dictionnaire eſt compoſée ; outre qu'il eſt aſſez ſemblable aux comptes en parties doubles, dont on parle à l'article des comptes, & deſquels il n'y a guères de marchands, négocians & banquiers un peu habiles qui n'ayent connoiſſance.

Inſtruction ſur la manière dont ſont ouverts les comptes courans en banque, & comment ſe font les viremens de parties.

Il ne doit y avoir qu'un ſeul livre pour les comptes en *banque* ; mais autant de parties qu'il eſt néceſſaire. Chaque partie ne doit contenir qu'environ deux cens feuilles, leſquelles ſeront numérotées, ſçavoir, la première partie depuis le n°. 1 juſqu'au n°. 100 ; la ſeconde partie depuis le n°. 201 juſqu'au n°. 400, & ainſi de ſuite.

Chaque teneur de livres ne doit avoir qu'environ deux cens comptes, c'eſt aux directeurs à les leur diſtribuer ; ayant égard que les comptes qui demandent beaucoup d'écritures, ſoient tellement partagés entre les teneurs de livres, que l'un n'ait pas plus de travail que l'autre, & cela autant que faire ſe pourra.

Chaque teneur de livres doit avoir ſon contrôleur, c'eſt-à-dire, que le contrôleur doit avoir la contre-partie du même livre que celui du teneur de livres, & les mêmes folios ; en ſorte que lorſque le teneur de livres couchera une ſomme ſur un compte, le contrôleur couchera la même ſomme dans le même ordre, afin qu'ils ſoient toujours d'accord l'un avec l'autre : auſſi tous les ſoirs ils doivent, avant que de quitter, pointer les parties qu'ils ont écrites, afin de prévenir toutes les erreurs.

Tous les ſoirs les contrôleurs doivent porter leurs livres en un lieu ſéparé des autres livres, qui leur ſera aſſigné à cet effet, afin de les garantir des accidens, qui peuvent être cauſés par le feu ou autrement.

Pour les billets ou bulletins, il ſera prépoſé un commis, qui tous les huit jours les retirera des teneurs de livres, pour les mettre, ſuivant l'ordre de leurs dates, en liaſſes, & enſuite les dépoſer en lieu de ſûreté, afin qu'ils ſoient garantis du feu, & qu'on y puiſſe avoir recours en cas de beſoin.

Le bureau de la *banque* ſera ouvert tous les jours, excepté les fêtes & dimanches, depuis huit heures

du matin juſqu'à onze heures, & l'après-midi depuis trois heures juſqu'à ſix.

Ceux qui voudront avoir compte en *banque*, y porteront leurs billets de *banque* : le tréſorier, ou celui qui ſera prépoſé pour cela, leur donnera ſon récépiſſé, lequel ils remettront aux directeurs, qui doivent leur faire ouvrir un compte, & leur donner crédit du montant de la ſomme portée par le récépiſſé, & cela en leur préſence.

Par exemple : Pierre veut avoir un crédit en *banque* de L 120000, Jacques de L 80000, & Paul de L 50000 : ayant remis chacun la valeur en billets de *banque* au tréſorier de la *banque*, il leur donnera par contre ſon récépiſſé, qu'ils remettront aux directeurs, qui en leur préſence leur fera ouvrir un compte, donner crédit de cette ſomme, & ſera débiter la caiſſe.

Voyez { Fol. 1. *Compte de la caiſſe générale.* Fol. 2. *Compte de Pierre.* Fol. 3. *Compte de Jacques.* Fol. 4. *Compte de Paul.*

Pierre & les autres doivent prendre une note du folio où leurs comptes ſont couchés, afin de mettre le même folio ſur leurs billets, lorſqu'ils voudront payer ou faire écrire quelque partie en *banque*.

A l'égard des paiemens ou viremens des parties, que les particuliers veulent faire les uns aux autres, l'opération ſuivra comme il ſuit.

Par exemple : Pierre doit payer à Jacques une ſomme de trois mille livres, pour valeur reçue en marchandiſes ; le jour qu'il doit faire ce paiement, il doit porter ou envoyer au teneur de livres, par celui qui eſt chargé de ſon pouvoir, un billet en la forme ſuivante.

Fol. 2. pour L 3000.

Meſſieurs les directeurs de la banque royale payeront à Jacques trois mille livres, pour valeur reçue en marchandiſes. A Paris ce 20 juillet 1720.
PIERRE.

Le folio 2 indiquera au teneur de livres le compte de Pierre, il le débitera de L 3000 ; & par le regiſtre de l'alphabet, il trouvera le folio du compte de Jacques, qu'il créditera de L 3000.

Voyez { Fol. 2. *Compte de Pierre.* Fol. 3. *Compte de Jacques.*

Le lendemain Jacques doit aller à la *banque*, ou envoyer celui qui ſera porteur de ſon pouvoir, pour demander ſi la partie de Pierre lui a été écrite, & la demande ſe fait ainſi : *par Jacques fol. 3 de Pierre, trois mille livres* ; ſi le teneur de livres trouve la partie écrite, il répond : *par Pierre, trois mille livres.*

Si Jacques veut payer ce jour quelque partie, il remet au même temps ſes billets au teneur de livres, en la forme mentionnée ci-haut, pour n'être pas obligé ce jour de revenir, ou d'envoyer à la *banque.*

Toutes les lettres de change de cinq cens livres &

au-deſſus, tirées des pays étrangers, ſeront payées en *banque.* Par exemple : une lettre de change de deux mille livres , tirée d'Amſterdam ſur Paul à vue, dont Pierre eſt porteur, Pierre doit préſenter ſa lettre à Paul, qui la trouvant bonne & la voulant payer, Pierre écrira au dos de ladite lettre : *payez ſur mon compte en banque le contenu de l'autre part. A Paris ce*

Le même jour Paul doit porter, ou envoyer par celui qui a ſon pouvoir, un billet à la *banque,* en la forme ſuivante :

Fol. 4 pour *L* 2000.

Meſſieurs les directeurs de la banque royale *payeront à Pierre deux mille livres, pour valeur reçue en une lettre tirée ſur moi d'Amſterdam, A Paris ce 20 juillet 1720.*

PAUL.

Le lendemain Pierre doit aller à la *banque* pour ſçavoir ſi Paul l'a payée ; au défaut de paiement il fera ſes diligences.

Si Pierre ne veut pas confier à Paul ſa lettre de change acquittée , il peut la remettre au teneur de livres qui tient les comptes de Paul , pour la remettre à Paul après qu'il l'aura payée.

On agira de même pour les billets, ſoit à volonté ou à terme, portant promeſſe de payer des ſommes.

Il en ſera uſé de même des lettres de change à quelques jours de vue, d'une ou pluſieurs uſances, dont l'acceptation ſe fera à l'ordinaire ; mais le jour de l'échéance au matin, le porteur d'icelle doit envoyer à l'accepteur les lettres de changes endoſſées: *payez ſur mon compte en banque ;* & l'on opérera comme il a été dit pour les lettres à vue.

Les villes des provinces où il y a bureau de la *banque,* feront les mêmes opérations.

Toutes les villes où il y a bureau de la *banque,* doivent correſpondre les unes avec les autres, pour les paiemens que les négocians, & ceux qui ont compte en *banque,* voudront faire. Par exemple : de Paris, Pierre veut remettre à Claude de Lyon ſix mille livres : Jacques veut remettre à Jean de Lyon quatre mille livres ; & d'autres de même ; l'opération ſe fait ainſi.

Pierre portera un billet à la *banque,* qu'il remettra au directeur, ou l'envoyera par celui qui a ſon pouvoir, en la forme ſuivante :

Fol. 2 pour *L* 6000.

Meſſieurs les directeurs de la banque royale *payeront à Claude à Lyon, ſix mille livres, pour valeur en compte. A Paris ce 20 juillet 1720,*

PIERRE.

Ainſi agira Jacques pour faire la remiſe de quatre mille livres de Jacques à Lyon.

Les teneurs de livres, après avoir débité Pierre & Jacques des ſommes mentionnées, & crédité le bureau de la *banque* de la ville de Lyon, remet-

tront une note aux directeurs, pour qu'ils envoyent une feuille à Lyon, afin qu'il ſoit donné crédit à Claude de *L* 6000, & à Jean de *L* 4000. La feuille ſera conſtruite dans la forme ſuivante.

Fol. 5 pour *L* 10000.

Meſſieurs les directeurs du bureau de la banque royale *à* Lyon, *payeront aux ſuivans :*

    A Claude, valeur de Pierre.   *L* 6000

    A Jean, valeur de Jacques.   4000

                     L 10000

Pour la ſomme de dix mille livres. A Paris ce 20 juillet 1720.

Viſé par un inſpecteur, ſigné par un directeur.

Les directeurs auront ſoin d'envoyer par le premier ordinaire à Lyon, la feuille mentionnée ; & le directeur du bureau de la *banque* de Lyon en réponſe, accuſera la reception de cette feuille en faiſant mention des ſommes y contenues, & qu'il en a donné crédit auxdites perſonnes.

Voyez { Fol. 2. *Compte de Pierre.*
        { Fol. 3. *Compte de Jacques.*
        { Fol. 5. *Compte de Lyon.*

A Lyon l'on agira de même pour les ſommes que ceux qui ont compte en *banque,* voudront remettre à Paris. Par exemple : Claude de Lyon veut remettre deux mille livres à Pierre à Paris, & Jean de Lyon trois mille livres à Jacques de Paris ; l'opération ſe fait comme il ſuit.

Claude porte au bureau de la *banque* de Lyon ſon billet, pour que le directeur paye à Pierre à Paris, deux mille livres.

Jean agit de même pour payer trois mille livres à Jacques de Paris. Par le premier ordinaire, le directeur du bureau de la *banque* doit envoyer la feuille aux directeurs de la *banque* de Paris, en la forme ſuivante :

Fol. 5 pour *L* 5000.

Meſſieurs les directeurs de la banque royale *à* Paris, *payeront aux ſuivans ;*

    A Pierre, valeur de Claude,   *L* 2000

    A Jacques, valeur de Jean,   *L* 3000

                     L 5000

Pour la ſomme de cinq mille livres. A Lyon ce 20 juillet 1720.

Viſé par un inſpecteur, ſigné par le directeur.

Les directeurs doivent faire donner crédit des ſommes portées par la feuille de Lyon , à Pierre & à Jacques, & débiter le bureau de *banque* de Lyon, de la ſomme totale.

Voyez { Fol. 2. *Compte de Pierre.*
        { Fol. 3. *Compte de Jacques.*
        { Fol. 5. *Compte de Lyon.*

Les directeurs de la *banque* à Paris accuſeront

aux directeurs de Lyon, la reception de la feuille; & feront auffi mention de la fomme y contenue, & qu'ils ont donné crédit à ceux qui y font mentionnés.

Comme la *banque* agit avec le bureau de *banque* à Lyon, & le bureau de la *banque* de Lyon avec la *banque* de Paris, l'on doit opérer de même avec toutes les villes où il y a bureau de la *banque*. Ainfi ceux qui ont compte en *banque*, peuvent remettre telle fomme qu'ils fouhaitent dans toutes les villes du royaume où il y a bureau de *banque*, fans aucuns frais, ni rifques, pourvû toutefois que cette fomme n'excéde point la valeur du crédit de leur compte.

La même opération fe doit faire des villes de provinces à une autre ville de province, où il y a bureau de *banque*; & l'on doit agir, comme il a été dit par l'exemple de Paris à Lyon. Les bureaux doivent envoyer femblables feuilles par-tout où les particuliers, qui ont compte en *banque*, veulent faire des remifes.

Les directeurs en province, où il y a bureau de *banque*, feront également leur bilan dans le temps preferit par l'arrêt du confeil d'état ci-devant rapporté, & en envoyeront copie aux directeurs de la *banque* à Paris, fignée par les infpecteurs & contrôleurs.

Les teneurs de livres feront tenus d'envoyer tous les foirs à ceux qui le fouhaitent, une note de toutes les parties qui leur auront été payées ou écrites, ou des remifes qui leur ont été faites des villes de provinces. Pour cet effet il fera payé au teneur de livres, par ceux qui auront fouhaité cette note, cinquante livres toutes les années, fans que ceux-ci puiffent en exiger davantage; laquelle fomme doit être remife aux directeurs, qui la partageront par égale portion entre les teneurs de livres.

Quelque utile qu'eût paru d'abord l'établiffement des comptes en *banque*, le fuccès ne répondit pas à l'efpérance qu'on en avoit conçûe; au contraire, il caufa beaucoup de trouble dans le commerce intérieur & extérieur du royaume. Le public y prit peu de confiance, à caufe de l'impoffibilité de les convertir en argent; & craignit que lefdits comptes ne devinffent dans la fuite forcés pour le paiement de toutes fortes de dettes.

Ces inconvéniens ayant paru plus grands, que les avantages qu'on s'en étoit promis; & une courte, mais fûre expérience, ayant fait connoître que les négocians François ne s'accoutumeroient qu'avec peine à cet commerce d'écritures, bien que fi utile à leurs voifins, fa majefté toujours attentive à la plus grande commodité & au plus grand bien de fes fujets, trouva à propos de fupprimer les comptes en *banque* par un arrêt du 26 décembre 1720, indiquant en même temps des emplois & des débouchemens pour les fommes qui y avoient été portées.

* L'exécution de cet arrêt ayant fait naître quan-

tité de contefations au fujet du paiement des traites & tranfactions faites en écritures de *banque* avant leur fuppreffion; fa majefté, pour les arrêter & prévenir, donna un fecond arrêt le 21 janvier 1721, par lequel après avoir de nouveau confirmé ladite fuppreffion des comptes en *banque*, elle ordonne entr'autres chofes.

1°. Qu'il ne feroit plus permis à l'avenir de donner lefdites écritures, en paiement, même de gré à gré; fa majefté déclarant néanmoins valables les offres faites en juftice avant la publication du précédent arrêt. 2°. Que les billets de commerce & autres payables en écritures en *banque* anciennes ou nouvelles, ne feroient payés dans la fuite qu'en efpèces. 3°. Que l'évaluation defdites écritures fe régleroit eu égard à ce que perdoient les comptes en *banque* au temps de la tranfaction defdits billets, & ce par rapport aux efpèces d'or & d'argent du cours d'alors.

Cet arrêt a encore quelques autres difpofitions, mais moins importantes.

Enfin, pour terminer entièrement l'affaire des comptes en *banque*, le roi par un troifiéme arrêt du 14 février 1721, confirma les emplois defdits comptes, déja indiqués dans l'arrêt du 26 décembre 1720; fçavoir, en rentes viagères fur les aides & gabelles, en rentes fur les tailles & autres impofitions, créées par édit du mois d'août précédent; ou en actions rentières fur la compagnie des Indes; & preferivit plus particuliérement la forme en laquelle lefdits emplois, & les certificats des directeurs defdits comptes en *banque*, pourroient être faits.

Savari qui nous a donné ces détails, avoit été témoin oculaire & très inftruit des opérations de la fameufe *banque* de Law. On peut compter fur leur exactitude. Il en réfulte; 1°. que la *banque* en elle-même étoit d'abord un établiffement utile au commerce; que l'efprit d'inconféquence qui veut tout conduire aux extrêmes & qu'on reproche fi fouvent à la nation Françoife, avec tant de juftice, en fit un coloffe monftrueux. Après avoir incorporé la *banque* à la compagnie des Indes & à une nouvelle fociété plus vicieufe encore du Miffifipi qui n'étoit qu'un être imaginaire, on confondit avec elle toutes les finances du roi, & par une fuite que les erreurs des derniers fiècles ont rendu néceffaire, notre légiflation qui eft plus d'à demi-fifcale, fut foumife à tous les caprices des directeurs de la *banque*; il falloit une démence complette pour exagérer le montant des billets jufqu'au delà de deux milliards & demi. Où étoit la valeur? *ubi pretium?* comme difoit Rabelais; c'étoit la feule réfutation digne d'un pareil délire.

Mais en revanche le même efprit amateur des extrêmes, a confondu les idées des *banques* fages & utiles, comme celles d'Amfterdam & de Hambourg, avec les déplorables extravagances de Law, & les caiffes d'efcomptes qu'on a vu s'établir à Paris, ont eu à combattre le préjugé; des adminiftrateurs

pusillanimes pour le bien , ont souvent rejetté certaines opérations de finance qui auroient été fort
utiles pour le moment, parce qu'elles avoient un
certain rapport avec les premieres opérations de
la *banque*. Circonspection d'autant plus remarquable en eux, qu'ils ne faisoient aucune difficulté d'imiter
en partie la banqueroute par laquelle finit le fameux
système.

BANQUE ROYALE D'ANGLETERRE.

La *banque royale d'Angleterre* a les mêmes officiers que l'échiquier. (*Voyez cet article.*) Le parlement en est garant ; c'est lui qui lui assigne les fonds
nécessaires pour les emprunts qu'elle fait pour l'état.

Ceux qui veulent mettre leur argent à la *banque*,
en prennent des billets dont les intérêts leur sont
payés jusqu'au jour du remboursement, à raison de
six pour cent par an.

Les officiers de la *banque royale* font publier de
temps en temps les paiemens qu'ils doivent faire ,
& pour lors ceux qui ont besoin de leur argent le
viennent recevoir. Il est cependant permis aux particuliers d'y laisser leurs fonds , s'ils le jugent à propos , & les intérêts leur en sont continués sur le
même pied de six pour cent par an.

Comme il n'y a pas toujours des fonds à la *banque* pour faire des paiemens, ceux qui , dans les
temps que la caisse de la *banque* est fermée, ont
besoin de leur argent, négocient leurs billets à plus
ou moins de perte, suivant le crédit que ces papiers
ont dans le public ; ce qui arrive ordinairement
suivant les circonstances , & le bon ou mauvais
succès des affaires de l'état.

BANQUE. On employe ce terme en diverses significations mercantiles , dont on va rapporter ici
celles qui sont le plus en usage.

BANQUE. Avoir un compte en *banque* : c'est y
avoir des fonds , & s'y faire créditer ou débiter ,
selon qu'on veut faire des paiemens à ses créanciers , ou en recevoir de ses débiteurs en argent
de *banque*, c'est-à-dire, en billets , ou écritures de
banque.

Avoir crédit en *banque* : c'est être écrit sur les
livres de la *banque* , comme son créancier : y avoir
débit , c'est en être débiteur.

Ouvrir un compte en *banque* : c'est la première
opération que font les teneurs de livres d'une *banque*, lorsque les particuliers y portent des fonds
pour la première fois.

Donner crédit en *banque* : c'est charger les livres
de la *banque* des sommes qu'on y apporte ; ensorte
qu'on fait débiter sa caisse, c'est-à-dire, qu'on la
rend débitrice à ceux qui y déposent leurs fonds.

Ecrire une partie en *banque* : c'est faire enregistrer
dans les livres de la *banque*, le transport mutuel
qui se fait par les créanciers & les débiteurs, des
sommes ou des portion des sommes qu'ils ont en
banque, ce qu'on appelle *virement des parties*.
Voyez VIREMENT.

Créditer quelqu'un en *banque* : c'est le rendre

créancier de la *banque* : le débiter, c'est l'en faire
débiteur.

Ecritures de *banque* ; ce sont les diverses sommes , pour lesquelles les particuliers , marchands,
négocians, & autres, se font faire écrire en *banque*.
L'article 6 de l'arrêt du 13 juillet 1720, rapporté
ci-dessus, ordonne : *que toutes lettres de change ,
billets de commerce , &c. de cinq cent livres , &
au-dessus , seront acquittés en écritures , à peine
de nullité, &c.*

BANQUE D'EMPRUNT, en Hollandois bankvan-
leening. C'est une espece de mont de piété établi
à Amsterdam , où l'on prête de l'argent aux particuliers qui en ont besoin. , moyennant qu'ils y
déposent des gages pour la sureté des sommes prêtées ; & qu'ils en payent l'intérêt réglé à tant par
mois par les bourguemestres ou échevins. C'est
qu'on nomme plus ordinairement la *maison des
lombards* ou simplement le *lombard*. *Voyez ce dernier article.*

BANQUÉ. Nom qu'on donne aux *bâtimens* ou
navires , qui vont sur le grand banc de Terre-
neuve , à la pêche des morues. On dit, qu'un navire est *banqué* ; pour dire, qu'il est sur le grand
banc ; & qu'il est *débanqué*, pour signifier qu'il en
est dehors.

BANQUEREAU , (*petit banc de mer.*) Il se
dit principalement des *petits bancs* qui ne sont pas
éloignés du grand banc où l'on pêche la morue.

Ces *petits bancs* sont , le banc au verd , le banc
neuf , le *petit banc* ou *banc jacquet* & les *ban-
queraux* proprement dits, qui sont entre l'Isle de
sable & Terre-neuve.

BANQUEROUTE. *Faillite*, fuite, abandonnement de biens, que fait un banquier , un marchand ,
ou un négociant.

On fait pourtant différence entre la *banqueroute*
& la *faillite* ; parce que la *banqueroute* est volontaire & frauduleuse , quand le marchand fait
perdre malicieusement à ses créanciers, ce qu'il leur
doit , & qu'il leur fait cession & abandonnement de
ses biens , après en avoir mis à couvert ou emporté
les meilleurs & les plus liquides : & qu'au contraire
la faillite est contrainte & nécessaire, & toujours causée
par quelque accident.

L'on tient qu'un homme a fait *faillite* , dès qu'il
n'a pas payé à l'échéance les lettres de change qu'il
a acceptées ou qu'il n'a pas rendu l'argent à ceux à
qui il a fourni des lettres qui sont revenues à protêt, & qu'elles lui ont été dénoncées ; ou qu'il n'a
pas payé les billets qu'il a faits dans les temps de
leurs échéances , soit à cause de l'impuissance dans
laquelle les disgraces qui lui sont arrivées , l'ont
réduit , soit à cause que ses effets ne sont pas exigibles , & qu'il ne les peut retirer dans le temps
qu'il a demandé les fonds.

Cette *faillite* diminue à la vérité le crédit & la
réputation du marchand , mais elle ne le note pas
d'infamie , comme fait la *banqueroute* frauduleuse ,
pourvû qu'il paye exactement ses créanciers, aux

termes de contrats d'atermoyement qu'il a paffé avec eux.

Il y a encore une autre efpèce de *faillite*, qui eft différente de la *banqueroute* frauduleufe, & qui néanmoins eft regardée comme plus infamante que la première : c'eft lorfqu'un marchand ayant perdu la plus grande partie de fon bien, par le naufrage, ou prife de fes vaiffeaux, par les *banqueroutes* & *faillites* de fes débiteurs, par l'infidélité de fes affociés ou par d'autres femblables accidens, eft contraint de faire perdre à fes créanciers une partie de ce qu'il leur doit, & de leur demander du temps pour le refte.

Quand un marchand difparoît, fans une raifon légitime & apparente, & que l'on ne le voit plus fur la place du change, ou à la bourfe, cela fe nomme *faillite de préfence & de crédit*, d'où eft venu le mot *faillite*.

La *banqueroute* ou *faillite*, eft réputée ouverte du jour que le débiteur s'eft retiré, ou que le fcellé a été appofé fur fes biens.

Ceux qui ont fait *faillite*, font obligés de donner à leurs créanciers, un état certifié d'eux, de tout ce qu'ils poffèdent, & de tout ce qu'ils doivent, & de leur repréfenter tous leurs livres & regifres en bonne forme; autrement ils feroient réputés *banqueroutiers frauduleux*.

Si quelqu'un a aidé ou favorifé une *banqueroute frauduleufe*, en quelque manière que ce foit, il encourt la peine d'une amende de 1500 liv., & paye le double de ce qu'il peut avoir diverti, ou trop demandé; ce qui tourne au profit des créanciers, le tout conformément à l'ordonnance du mois de mars 1673.

Il y a une déclaration du roi du 18 novembre 1702, qui veut que toutes les ceffions & tranfports fur les biens des marchands qui font *faillite*, foient nuls & de nulle valeur, s'ils ne font faits dix jours au moins avant la *faillite* publiquement connue : comme auffi que les actes & obligations qu'ils pafferont pardevant notaires, au profit de quelques-uns de leurs créanciers, ou pour contracter de nouvelles dettes; enfemble les fentences qui feront rendues contr'eux, n'acquéreront aucune hypothèque ni préférence fur les créanciers chirographaires, fi lefdits actes & obligations ne font paffés, & fi lefdites fentences ne font rendues pareillement dix jours au moins avant la *faillite* publiquement connue.

Par autre déclaration du 13 juin 1716, tous marchands, négocians, banquiers, & autres qui ont fait ou feront *faillite*, font tenus de dépofer un état détaillé & certifié véritable, de tous leurs effets, meubles & immeubles, comme auffi de leurs dettes, enfemble tous leurs livres & regiftres, au greffe de la jurifdiction confulaire du lieu de leur demeure, ou de la plus prochaine; faute de quoi, ils ne pourront être reçus à paffer avec leurs créanciers, aucuns contrats d'atermoiement, concordats, tranfactions, &c, non plus que fe prévaloir d'aucun fauf-conduit à eux accordé par leurfdits créanciers; & pourront être pourfuivis extraordinairement, comme banqueroutiers frauduleux, par les procureurs-généraux, ou leurs fubftituts, même par un feul de leurs créanciers, fans le confentement des autres : fa majefté déclarant néanmoins qu'elle n'entend déroger en aucune manière aux ufages & privilèges de la jurifdiction confulaire de Lyon, qui feront obfervés comme auparavant.

BANQUEROUTIER. (*Marchand, banquier, ou négociant* qui fait banqueroute, qui fe dérobe à fes créanciers, par la fuite ou par l'abfence, pour les fruftrer de ce qu'il leur doit).

On appelle proprement *banqueroutiers frauduleux*, ceux qui par une malice affectée détournent leurs effets, ou qui les mettent à couvert fous des noms empruntés par des fauffes ventes ou des tranfports fimulés, ou qui font paroître de faux créanciers.

L'ordonnance de Henri IV, de l'an 1609, & celle de Louis XIV, de l'an 1673, veulent qu'ils foient pourfuivis extraordinairement, & punis de mort.

Ces ordonnances ne fçauroient être trop exactement obfervées, ni trop févèrement exécutées; étant à craindre que l'indulgence pour ces fortes de banqueroutiers, ne foit caufe que les négocians ne tombent dans le défordre, par l'efpérance de l'impunité, & que le commerce ne diminue, la bonne foi & la fûreté ceffant de s'y trouver.

BANQUEROUTIER VOLONTAIRE. Nous allons propofer une queftion de jurifprudence, de morale & de politique, digne d'être éclaircie par les auteurs, & réfolue par la puiffance légiflative. Nous appellerons *banqueroutier volontaire*, un négociant qui, connoiffant l'état de fes affaires, & le peu de profit qu'il retire annuellement de fon commerce, n'en fait pas moins pour lui-même, pour fa famille, pour fes plaifirs, & même pour fes vices, des dépenfes trèsfaftueufes, qui diffipe ainfi fcandaleufement les femmes qui lui ont été confiées, foit en argent, foit en marchandifes, foit en cautionnemens par des dépofeurs de bonne foi; qui fe met en conféquence, le fachant & le voulant, dans le cas de faire banqueroute, & de ruiner plufieurs familles honnêtes. Le cas eft très-commun; il femble n'être pas prévu par nos loix, parce qu'on n'ofe pas lui donner la qualification de banqueroute frauduleufe, à laquelle eft attachée une peine trop grave. Il falloit donc un autre mot, & il faudroit une autre peine, car les fupplices trop cruels, dérobent les coupables à l'animadverfion.

Les droits des femmes pour leur dot & leur douaire, dans les pays coutumiers, favorifent encore beaucoup les banqueroutes volontaires; c'eft une reffource qui affure au *banqueroutier*, au moins une très-honnête médiocrité, après avoir long-temps vécu dans le luxe & la débauche, aux dépens d'autrui.

Pour arrêter cet abus, qui fe multiplie tous les jours, la loi devroit ordonner qu'avant de permettre à un *failli*, nul arrangement avec fes créanciers,

il fût permis à chacun d'eux en particulier, de l'ac-
cufer en banqueroute volontaire, caufée par fon
luxe, auquel cas il feroit tenu de juftifier du contraire, en prouvant fes pertes réelles; tout ce qu'il
n'auroit pas juftifié perdu fans faute de fa part, étant
cenfé par lui faftueufement dépenfé; auquel cas il
feroit déclaré atteint & convaincu de banqueroute
volontaire, & condamné au *blâme* ou à l'*infamie*,
afin qu'il n'arrivât plus que lui, fa femme, fes
enfans, fes concubines infultent à la bonne foi, aux
bonnes mœurs, en étalant après une pareille banqueroute, des dépenfes infolentes & fcandaleufes.

Autant l'honnête & modefte négociant qui a eu
des malheurs, mérite d'égards & de fecours, autant
l'homme faftueux qui dépenfe volontairement le
bien des autres, mérite-t-il l'indignation publique,
& la flétriffure de l'infamie.

BANQUIER. *Celui qui fait la banque*, c'eft-à-
dire, négociant, commerçant, ou trafiquant en argent; qui fait des traittes & remifes d'argent; qui
donne des lettres-de-change, pour faire tenir de
place en place. C'eft proprement un marchand d'argent. *Voyez* BANQUE, BILLETS, CHANGE & RE-
CHANGE.

Les *banquiers* font réputés majeurs pour le fait
de leur commerce & banque, & ne peuvent être
reftitués pour caufe de minorité. *Art. 6 du titre
premier de l'ordonnance du mois de mars 1673.*

Il y avoit des efpèces de *banquiers* chez les
Romains, mais dont l'emploi & les fonctions avoient
bien une autre étendue qué celles des *banquiers*
d'aujourd'hui. Ils étoient des officiers publics, qui
réuniffoient pour ainfi dire les offices d'agens de
change, de courtiers, de commiffionnaires & de
notaires, faifant le change, fe chargeant des dépôts,
fe mêlant des achats, & des ventes, & faifant tous
les actes & écritures néceffaires pour tant de diverfes fonctions.

BANQUO, ou BANCO. *Banque* pour le commerce, qui eft établie à Venife. *Voyez* BANCO.

BANSE. *Grande manne* carrée, longue & profonde, faite de menus morceaux de bois entrelaffés,
ordinairement de châtaignier, qui fert à transporter
plufieurs fortes de marchandifes, particulièrement
des chaudrons, & autres ouvrages de chaudronnerie.

BAN-VIN. *Privilége*, ou *droit*, qui donne
pouvoir aux feigneurs de vendre le vin de leur crû,
durant le temps porté par les coutumes, où par
leurs titres, à l'exclufion de tous autres, demeurans
dans l'étendue de leurs fiefs & feigneuries.

Ce droit, en certains lieux, s'étend non-feulement
aux autres liqueurs, mais encore à la chair des
bœufs, vaches, porcs, & autres animaux nourris
dans les baffes-cours des feigneurs.

Nous devons à la fage bienfaifance du roi, la
deftruction des abus infinis qu'on avoit fait réfulter
du droit de *ban-vin*, né comme tant d'autres dans
les ténèbres du régime féodal. Le magnifique édit

que nous allons tranfcrire, eft un des plus beaux
monumens du miniftère de feu M. Turgot.

ÉDIT DU ROI,

*Par lequel fa majefté permet de faire circuler
librement les vins dans toute l'étendue du
royaume, de les emmagafiner, de les vendre
en tous lieux & en tout temps; & de les
exporter en toute faifon, par tous les ports,
nonobftant tous priviléges particuliers & locaux
à ce contraires, que fa majefté fupprime.*

Donné à Verfailles au mois d'avril 1776.

*Regiftré aux parlemens de Touloufe & de Dau-
phiné, & au confeil fouverain de Rouffillon.*

LOUIS, par la grace de Dieu, roi de France
& de Navarre : à tous préfens & à venir; SALUT.
Chargés, par la Providence de veiller fans ceffe au
bonheur des peuples qu'elle nous a confiés, nous
devons porter notre attention fur tout ce qui concourt à la profpérité publique. Elle a pour premier
fondement la culture des terres, l'abondance des
denrées & leur débit avantageux feul encouragement de la culture, feul gage de l'abondance. Ce
débit avantageux ne peut naître que de la plus
entière liberté des ventes & des achats. C'eft cette
liberté feule qui affure aux cultivateurs la jufte
récompenfe de leurs travaux, aux propriétaires
des terres un revenu fixe, aux hommes induftrieux
des falaires conftans & proportionnés, aux confommateurs les objets de leurs befoins, aux citoyens
de tous les ordres la jouiffance de leurs véritables
droits.

Nous nous fommes d'abord occupés de rendre par
notre arrêt du 13 feptembre 1774, & nos lettres-
patentes fur icelui, du 2 novembre de la même
année, la liberté au commerce de la denrée la plus
effentielle à la fubfiftance de nos fujets, & dont, par
cette raifon, il importe le plus d'encourager la
culture & de faciliter la circulation.

Les *vins* font la feconde richeffe de notre
royaume : ils font prefque l'unique reffource de
plufieurs de nos provinces, qui n'ont pas d'autre
moyen d'échange pour fe pourvoir de grains, &
procurer la fubfiftance journalière à une population immenfe que le travail des vignes emploie,
& dont les confommations enrichiffent à leur tour
la partie de nos fujets occupés à la culture des grains,
& en augmentent la production par l'affurance du
débit.

La France, par une forte de privilége attaché à
la nature de fon climat & de fon fol, eft le feul
pays qui produife en abondance des *vins* recherchés de toutes les nations, par leur qualité fupérieure, & parce qu'ils font regardés comme plus
propres que ceux des autres contrées, à la confommation habituelle.

Ainfi les *vins* de France devenus, pour la plupart

des pays à qui cette production a été refusée, une boisson d'un usage journalier qu'on croit ne pouvoir remplacer par aucune autre, forment pour notre royaume l'objet du commerce d'exportation le plus étendu & le plus assuré.

Animés du désir de voir fleurir une branche de commerce si importante, nous avons recherché les causes qui pouvoient mettre obstacle à ses progrès.

Le compte que nous nous sommes fait rendre de quelques contestations mues en notre conseil entre diverses provinces & villes de notre royaume, nous a fait reconnoître que le transport, la vente & l'achat des vins se trouvent assujettis dans un très-grand nombre de lieux, & sur-tout dans nos provinces méridionales, à des prohibitions, à des gênes multipliées, que les habitans de ces lieux regardent comme des priviléges établis en leur faveur.

Les propriétaires des vignobles situés dans la sénéchaussée de Bordeaux sont en possession d'interdire la consommation & la vente dans la ville de Bordeaux, de tout autre vin que celui du crû de la sénéchaussée : il n'est pas même permis à tout propriétaire de vendre le sien en détail, s'il n'est bourgeois de Bordeaux, & s'il ne réside dans la ville avec sa famille, au moins pendant six mois chaque année.

Le Languedoc, le Périgord, l'Agénois, le Querci & toutes les provinces traversées par cette multitude de rivières navigables, qui se réunissent sous les murs de Bordeaux, non-seulement ne peuvent vendre leurs vins aux habitans de cette ville, qui voudroient les acheter ; ces provinces ne peuvent pas même profiter librement, pour les vendre aux étrangers, de cette voie que la nature leur offroit pour communiquer avec toutes les nations commerçantes.

Les vins du Languedoc n'ont pas liberté de descendre la Garonne avant la S. Martin ; il n'est pas permis de les vendre avant le premier décembre.

On ne souffre pas ceux du Périgord, de l'Agénois, du Querci & de toute la haute Guyenne arriver à Bordeaux avant les fêtes de Noel.

Ainsi les propriétaires des vins des hauts pays ne peuvent profiter, pour les vendre, de la saison la plus avantageuse, pendant laquelle les négocians étrangers sont forcés de presser leurs achats, pour approvisionner les nations du nord, avant que les glaces n'aient fermé les ports.

Ils n'ont pas même la ressource de laisser leurs vins à Bordeaux, pour les y vendre après un an de séjour : aucun vin étranger à la sénéchaussée de Bordeaux, ne peut rester dans cette ville passé le 8 septembre. Le propriétaire qui n'a pu vendre le sien à cette époque, n'a que le choix, ou de le convertir en eau-de-vie, ou de le faire ressortir de la sénéchaussée en remontant la rivière ; c'est-à-dire, d'en diminuer la valeur, ou de la consumer en frais inutiles.

Par cet arrangement, les vins de Bordeaux n'ont

à craindre aucune concurrence, pendant tout l'intervalle qui s'écoule depuis les vendanges jusqu'au mois de décembre.

Depuis cette époque même du mois de décembre, jusqu'au 8 septembre de l'année suivante, le commerce des vins du haut-pays gémit sous des entraves multipliées.

Les vins ne peuvent être vendus immédiatement à leur arrivée : il n'est pas libre de les verser de bord à bord, dans les vaisseaux qui pourroient se trouver en chargement dans ce port ou dans quelqu'autre port de la Garonne. Il faut nécessairement les décharger & les entreposer, non pas dans la ville de Bordeaux, mais dans un fauxbourg, dans un espace déterminé de ce fauxbourg, & dans des celliers particuliers, où il n'est pas permis d'introduire des vins du territoire de Bordeaux.

Les vins étrangers à ce territoire doivent être renfermés dans des futailles d'une forme particulière, dont la jauge est moins avantageuse pour le commerce étranger. Ces futailles, reliées avec des cercles en moindre nombre & d'un bois moins fort, sont moins durables & moins propres à soutenir les voyages de long cours, que les tonneaux affectés exclusivement aux vins de Bordeaux.

L'exécution de cet assemblage de réglemens, combinés avec le plus grand art pour assurer aux bourgeois de Bordeaux propriétaires de vignobles dans la sénéchaussée, l'avantage de vendre leur vin plus cher, au préjudice des propriétaires de tous les autres vignobles des provinces méridionales, au préjudice des consommateurs de toutes les autres provinces du royaume, au préjudice même des commerçans & du peuple de Bordeaux, s'appelle dans cette ville la police des vins. Cette police s'exerce par les jurats, sous l'autorité du parlement.

La ville de Bordeaux n'a jamais représenté de titre originaire, portant concession de ce privilége ; mais elle en est en possession depuis plusieurs siècles, & plusieurs de nos rois nos prédécesseurs l'ont confirmé en différens temps. Les premières lettres de confirmation que l'on connoisse, ont été données par Louis XI en 1461.

Les autres provinces du royaume n'ont pas cessé de réclamer contre le préjudice que faisoient à leur commerce les gênes qu'il éprouvoit à Bordeaux. En 1483, les députés du Languedoc en portèrent leurs plaintes dans l'assemblée des états-généraux tenue à Tours. En 1499, sous le règne de Louis XII ; le Languedoc, le Querci, l'Agénois, la Bretagne & la Normandie s'opposèrent à la confirmation demandée par les habitans de Bordeaux, de tous leurs priviléges relatifs au commerce des vins : ces priviléges reçurent dans ces deux occasions quelques modifications.

Depuis cette époque, la ville de Bordeaux a obtenu successivement différentes lettres confirmatives de sa possession. Plusieurs contestations ont été élevées successivement par différentes villes, par différentes

rentes provinces, qui tantôt réclamoient contre le privilége en lui-même, tantôt attaquoient les extensions qu'y ont données successivement les Bordelois, tantôt se plaignoient de quelques vexations de détail, de quelques saisies particulières. Ces contestations ont donné lieu quelquefois à des transactions, quelquefois à des jugemens de notre conseil, tantôt plus, tantôt moins favorables au privilége de Bordeaux, ou aux intérêts des provinces d'en haut.

Quoique deux arrêts du conseil du 10 mai & du 2 juillet 1741, paroissent avoir de nouveau consacré les priviléges de la ville de Bordeaux, contre les *vins du haut pays*, les autres provinces n'ont pas cru avoir perdu le droit de faire encore entendre leurs réclamations.

La ville de Cahors a présenté en 1772, une requête, tendante à ce que toutes les lettres confirmatives des prétendus priviléges accordés à la ville de Bordeaux, fussent déclarées obreptices & subreptices, & à ce que l'entière liberté du commerce & de la navigation, fût rétablie en toute saison. Cette requête est devenue l'objet d'une instance liée en notre conseil, par la communication que l'arrêt du 11 août 1772, en a ordonnée aux maires & jurats de Bordeaux.

Les états de Languedoc, les officiers municipaux de la ville de Domme, prenant fait & cause des propriétaires des vignes de la province du Périgord, les états de Bretagne, sont intervenus successivement dans cette contestation, qui est instruite contradictoirement.

Un très-grand nombre de villes dans nos provinces méridionales, s'attribuent, comme la ville de Bordeaux, le droit de refuser le passage aux *vins* des autres villes, & de ne laisser vendre, dans leur enceinte, que le *vin* produit par leur territoire; & nous n'avons pas été peu surpris de voir que la plus grande partie des villes du Querci, du Périgord, de la haute Guyenne, celles même qui se plaignent avec le plus d'amertume des entraves que la ville de Bordeaux met à leur commerce, prétendent avoir les mêmes priviléges, chacune dans leur district, & qu'elles ont eu recours, pour les faire confirmer, à l'autorité du parlement de Bordeaux. La ville de Domme est dans ce cas.

La ville de Bergerac a autrefois porté l'abus de ses prétentions, jusqu'à vouloir interdire la navigation de la Dordogne, aux *vins* des territoires situés au-dessus de cette ville. Cette vexation fut réprimée en 1724, par arrêt du conseil.

Les consuls & jurats de la ville de Belves, en Périgord, demandèrent, il y a peu d'années, par une requête au parlement de Bordeaux, qu'il fût défendu, sous peine de cinq cens livres d'amende, & de confiscation des bœufs, chevaux & charrettes, d'introduire dans leur ville & banlieue aucuns *vins* ni *vendanges* des lieux voisins & étrangers. Ils demandèrent qu'il leur fût permis, à l'effet de l'empêcher, de se transporter dans toutes les maisons,

caves, celliers de la ville & de la banlieue, d'en demander l'ouverture, de faire briser les portes en cas de refus, & de prononcer eux-mêmes les amendes & confiscations en cas de contravention. Toutes leurs conclusions leur furent adjugées sans difficulté par l'arrêt du parlement de Bordeaux, du 12 août 1765.

Plus récemment encore, la ville de Montpasier, le 26 novembre 1772, & celle de Badefol, le 7 décembre de la même année, ont obtenu du parlement de Bordeaux, sur la requête de leurs officiers municipaux, des arrêts qui défendent aux aubergistes de ces villes, le débit & la vente de tous *vins étrangers*, jusqu'après la consommation des *vins du territoire*. A cette époque même, la vente des *vins des territoires voisins*, qu'on appelle *étrangers*, n'est tolérée qu'après qu'on en a obtenu la permission des officiers municipaux.

Le prétexte allégué par ces villes pour faire autoriser ce monopole en faveur des *vins de leur territoire*, étoit qu'en 1685 elles avoient acquis, ainsi que plusieurs autres villes, le droit de *ban-vin* que Louis XIV avoit alors aliéné; & que ces autres villes ayant en conséquence interdit l'entrée des *vins étrangers à leur territoire*, elles devoient avoir le même droit.

Rien n'étoit plus frivole que ce prétexte. Le droit de *ban-vin* qui, comme les autres droits féodaux, a beaucoup varié suivant les temps & les lieux, ne consistoit que dans un droit exclusif exercé par le seigneur, de faire vendre son *vin* en détail pendant un certain nombre de jours. Les besoins de l'état firent imaginer, dans les temps difficiles, d'établir sous ce titre, au profit du roi, dans les lieux où les droits d'aides n'avoient point cours, & où ce droit ne se trouvoit pas déja établi au profit, soit du domaine, soit des seigneurs de fiefs, un droit exclusif de débiter du *vin en détail pendant quarante jours*; ce droit fut mis en vente avec faculté aux seigneurs, & aux villes & communautés de l'acquérir par préférence.

Il est évident que ce droit de vendre exclusivement du *vin en détail pendant quarante jours*, ne pouvoit s'étendre à la défense de consommer pendant un temps indéfini, aucun *vin recueilli hors du territoire*; il n'est pas moins évident qu'en acquérant ce droit, ont dû l'acquérir pour l'avantage de leurs concitoyens, par conséquent pour les en libérer, & non pour en aggraver encore le fardeau; que sur-tout après avoir laissé écouler quatre-vingt ans sans exercer ce prétendu droit, les officiers municipaux ne devoient plus être autorisés, sur leur seule demande, & sans aucun concours de l'autorité législative, à imposer de nouvelles prohibitions au commerce.

On ne peut imputer la facilité avec laquelle le parlement de Bordeaux s'est prêté à leur demande, qu'à l'habitude de regarder ce genre de prohibitions si fréquent dans ces provinces, comme étant en quelque sorte de droit commun.

En effet, la même façon de penser, paroît avoir régné dans toute la partie méridionale du royaume.

Les états de Béarn défendirent en 1667, l'introduction & le débit de tous *vins étrangers*, depuis le premier octobre jusqu'au premier mai de l'année suivante. En 1745, ces mêmes états prirent une délibération qui proscrivoit le débit de tous *vins*, jusqu'à ce que ceux du cru de la province fussent entièrement consommés. Cette délibération fut homologuée par arrêt du parlement de Pau. Elle fut cassée, ainsi que l'arrêt, le 2 septembre 1747, sur la réclamation portée au conseil par les états de Bigorre.

Les états de Béarn s'étant pourvus en opposition en 1768, contre ce dernier arrêt, ils en furent déboutés, & l'arrêt qui cassoit leur délibération fut confirmé. Mais sans la réclamation de la province de Bigorre, les états d'une province particulière auroient établi, de leur seule autorité, une prohibition qui auroit pu avoir lieu long-temps sans que le gouvernement y remédiât, & en fût même informé.

Quoique cette prohibition ait cessé entre le Béarn & la Bigorre, celles qui ont lieu entre les différentes villes du Béarn n'en subsistent pas moins dans leur entier; quoiqu'en général elles ne soient pas établies sur d'autres titres que sur des délibérations des communautés elles-mêmes homologuées par des arrêts du parlement.

Plusieurs villes du Dauphiné & de la Provence, se sont arrogé le même droit, d'exclure de leur territoire la consommation des *vins prétendus étrangers*, ou entièrement, ou jusqu'à une époque déterminée, ou seulement jusqu'à ce que le *vin du territoire fût vendu*.

Les habitans de la ville de Veyne, située en Dauphiné, se pourvurent en 1756 au conseil, pour obtenir la confirmation de leurs priviléges, qui consistoient dans la prohibition faite par délibération de la communauté, de laisser entrer aucuns *vins étrangers*, afin de favoriser la consommation des *vins de leur territoire*, qui n'étoient pas, disoient-ils, faciles à vendre, attendu leur mauvaise qualité. Ils représentoient que cette prohibition avoit été confirmée par arrêt du parlement de Grenoble, du 27 juillet 1732; & que la faveur qu'ils reclamoient avoit été accordée à la ville de Grenoble, à celle de Gap, & à plusieurs autres du Dauphiné.

Aucune ville n'a porté ce privilége à un plus grand excès, aucune ne l'a exercé avec plus de rigueur que la ville de Marseille. De temps immémorial, lorsque cette ville jouissoit d'une entière indépendance, elle avoit interdit toute entrée aux *vins étrangers*. Lorsqu'elle se remit sous l'autorité des comtes de Provence, elle exigea d'eux par les articles convenus en 1257, sous le nom de *chapitres de paix*, qu'en aucun temps ces princes ne souffriroient qu'on portât dans cette ville du *vin* ou *des raisins nés hors de son territoire*, à l'exception du *vin* qui seroit apporté pour être bu par le comte & la comtesse de Provence, & leur maison, lorsqu'ils viendroient à Marseille & y demeureroient, de manière cependant que ce *vin* ne fût pas vendu.

En 1294, un statut municipal ordonna que le *vin* qui seroit apporté en fraude seroit répandu, les raisins foulés aux pieds, les bâtimens ou charrettes brûlés, & les contrevenans condamnés en différentes amendes.

Un réglement du 4 septembre 1610, ajouta à la rigueur des peines prononcées par les réglemens précédens, celle du fouet contre les voituriers qui ameneroient du *vin* étranger dans la ville de Marseille.

C'est ainsi que par un renversement de toutes les notions de morale & d'équité, un vil intérêt sollicite & obtient, contre des infractions qui ne blessent que lui, ces peines flétrissantes que la justice n'inflige même au crime qu'à regret, & forcée par le motif de la sûreté publique.

Différens arrêts du conseil & du parlement de Provence, des lettres-patentes émanées des rois nos prédécesseurs, ont successivement autorisé ces réglemens. Un édit du mois de mars 1717, portant réglement pour l'administration de la ville de Marseille, confirme l'établissement d'un bureau particulier, chargé, sous le nom de *bureau du vin*, de veiller à l'exécution de ces prohibitions.

L'article XCV de cet édit fait même défenses à tous capitaines de navires qui seront dans le port de Marseille, d'acheter, pour la provision de leur équipage, d'autre *vin* que celui du territoire de cette ville. « Et pour prévenir, est-il dit, les con-» traventions au présent article, les échevins ne » signeront aucune patente de santé pour lesdits bâti-» mens de mer, qui seront nolisés dans ladite ville » & qui en partiront, qu'il ne leur soit apparu des » billets de visite des deux intendans du *bureau du* » *vin* & de leur certificat, portant que le *vin* » qu'ils auront trouvé dans lesdits bâtimens de mer, » pour la provision de leurs équipages, a été acheté » dans la ville de Marseille ».

Comme si l'attestation d'un fait devoit dépendre d'une circonstance absolument étrangère à la vérité de ce fait ! comme si le témoignage de la vérité n'étoit pas dû à quiconque le réclame ! comme si l'intérêt qu'ont les propriétaires des vignes de Marseille, à vendre leur *vin* un peu plus cher, pouvoit entrer en quelque considération, lorsqu'il s'agit d'un intérêt aussi important pour l'état & pour l'humanité entière, que la sécurité contre le danger de la contagion !

Le corps-de-ville de Marseille a étendu l'effet de cette disposition de l'édit de 1717, jusqu'à prétendre interdire aux équipages des bâtimens qui entrent dans le port de Marseille, la liberté de consommer le *vin* ou la bière dont ils sont approvisionnés pour leur route, & les obliger d'acheter à Marseille une nouvelle provision de *vin*. Cette prétention forme la matière d'une contestation entre la ville de Marseille & les états de Languedoc.

La ville de Marseille s'est même crue en droit d'empêcher les *vins* des autres parties de la Provence, d'emprunter le port de Marseille pour être vendus aux étrangers. Ce n'est qu'après une longue discussion, qu'une prétention aussi injuste & aussi funeste au commerce général a été proscrite par un arrêt du conseil, rendu le 16 août 1740, & que le transit des *vins* par le port de Marseille a été permis, moyennant certaines précautions.

L'étendue des pays où régne cette espèce d'interdiction de commerce de canton à canton, de ville à ville, le nombre des lieux qui sont en possession de repousser ainsi les productions des territoires voisins, prouvent qu'il ne faut point chercher l'origine de ces usages dans des concessions obtenues de l'autorité de nos prédécesseurs, à titre de faveur & de grace, ou accordées sur de faux exposés de justice & d'utilité publique.

Ils sont nés & n'ont pu naître que dans ces temps d'anarchie, où le souverain, les vassaux des divers ordres, & les peuples ne tenant les uns aux autres que par les liens de la féodalité, ni le monarque, ni même les grands vassaux, n'avoient assez de pouvoir pour établir & maintenir un systême de police, qui embrassât toutes les parties de l'état, & réprimât les usurpations de la force. Chacun se faisoit alors ses droits à lui-même.

Les seigneurs molestoient le commerce dans leurs terres, les habitans des villes, réunies en communes, cherchoient à le concentrer dans l'enceinte de leurs murailles ou de leur territoire.

Les riches propriétaires, toujours dominans dans les assemblées, s'occupoient du soin de vendre seuls à leurs concitoyens, les denrées que produisoient leurs champs, & d'écarter toute autre concurrence ; sans songer que ce genre de monopole devenant général, & toutes les bourgades d'un même royaume, se traitant ainsi réciproquement comme étrangères & comme ennemies, chacun perdoit au moins autant à ne pouvoir vendre à ces prétendus étrangers, qu'il gagnoit à pouvoir seul vendre à ses concitoyens, & que par conséquent cet état de guerre nuisoit à tous, sans être utile à personne.

Cet esprit exclusif a dû varier dans ses effets, suivant les lieux & suivant les temps.

Dans nos provinces méridionales, plus fertiles en *vins*, où cette denrée forme en un grand nombre de lieux, la production principale du territoire, la prohibition réciproque du débit des *vins*, appellés *étrangers*, est devenue d'un usage presque universel ; le droit que se sont arrogé à cet égard presque toutes les villes particulières, n'a pas même été remarqué, il s'est exercé tellement sans contradiction, que le plus grand nombre n'ont pas cru avoir besoin de recourir à nos prédécesseurs pour en obtenir la confirmation, & que plusieurs n'ont même pensé que dans ces derniers temps, à se faire donner par des arrêts de nos cours une autorisation qui n'eût pu en aucun cas suppléer à la nôtre.

L'importance & l'étendue du commerce de Marseille, la situation du port de Bordeaux, entrepôt naturel & débouché nécessaire des productions de plusieurs provinces, ont rendu plus sensible l'effet des restrictions que ces deux villes ont mises au commerce des *vins*, & le préjudice qui en résulteroit pour le commerce en général : ces villes, dont les prétentions ont été plus combattues, ont employé plus d'efforts pour les soutenir.

Il n'est pas étonnant que dans des temps où les principes de la richesse publique, & les véritables intérêts des peuples étoient peu connus, les princes, qui avoient presque toujours besoin de ménager les villes puissantes, se soient prêtés avec trop de condescendance à confirmer ces usurpations, qualifiées de privileges, sans les avoir auparavant considérées dans tous leurs rapports avec la justice dûe au reste de leurs sujets, & avec l'intérêt général de l'état.

Les priviléges dont il s'agit n'auroient pu soutenir sous ce double point de vue, l'examen d'une politique équitable & éclairée : ils n'auroient pas même pu lui offrir la matière d'un doute.

En effet, les propriétaires & les cultivateurs étrangers au territoire privilégié, sont injustement privés du droit le plus essentiel de leur propriété, celui de disposer de la denrée qu'ils ont fait naître.

Les consommateurs des villes sujettes à la prohibition, & ceux qui auroient pu s'y approvisionner par la voie du commerce sont injustement privés du droit de choisir & d'acheter, au prix réglé par le cours naturel des choses, la denrée qui leur convient le mieux.

La culture est découragée dans les territoires non privilégiés, & même dans ceux dont le privilége local est plus que compensé par le privilége semblable des territoires environnans.

De telles entraves sont funestes à la nation entière, qui perd ce que l'activité d'un commerce libre, ce que l'abondance de la production, les progrès de la culture des vignes & ceux de l'art de faire les *vins*, animés par la facilité & l'étendue du débit, auroient répandu dans le royaume de richesses nouvelles.

Ces prétendus priviléges ne sont pas mêmes utiles aux lieux qui en jouissent. L'avantage en est évidemment illusoire pour toutes les villes & bourgs de l'intérieur du royaume, puisque la gêne des ventes & des achats est réciproque, comme le sera la liberté lorsque tous en jouiront.

Par-tout où le privilége existe, il est nuisible au peuple consommateur, nuisible au commerçant ; les propriétaires des vignes ne sont favorisés en apparence qu'aux dépens des autres propriétaires & de tous leurs concitoyens.

Dans Marseille, dont les chefs se montrent si zélés pour l'exclusion des *vins étrangers*, cette exclusion est contraire aux intérêts du plus grand nombre des habitans de la ville, qui non-seulement

Dd ij

font forcés de consommer du *vin* médiocre à un prix que le défaut de concurrence rend exceffif; mais qui même feroient obligés de fe priver entièrement de *vin*, fi malgré la défenfe de faire entrer dans cette ville des *vins* prétendus étrangers, ceux qui font fi jaloux de cette défenfe & du privilége exclufif qu'elle leur donne, ne fe réfervoient pas auffi le privilége de l'enfreindre par une contrebande notoire, puifqu'il eft notoirement connu que le territoire de Marfeille ne produit pas la quantité de *vin* néceffaire pour les befoins de fon immenfe population.

Auffi n'eft-ce que par les voies les plus rigoureufes que le *bureau du vin* peut maintenir ce privilége odieux au peuple, & dont l'exécution a plus d'une fois occafionné les rixes les plus violentes.

Bordeaux, dont le territoire produit des *vins* recherchés dans toute l'Europe par leur délicateffe, & d'autres qui dans leur qualité groffière ne font pas moins précieux par la propriété ineftimable qu'ils ont de réfifter aux impreffions de la mer, & à la chaleur même de la Zone Torride; cette ville, que la fituation la plus favorable pour embraffer le commerce de toutes les parties du monde, a rendue le rendez-vous de toutes les nations de l'Europe; cette ville, dont toutes les provinces qui peuvent vendre leurs denrées en concurrence des fiennes, font forcées d'emprunter le port, & ne peuvent en faire ufage fans payer à l'induftrie de fes habitans un tribut qui ajoute à fon opulence; Bordeaux enfin dont la profpérité s'accroît en raifon de l'activité, de l'étendue de fon commerce, & de l'affluence des denrées qui s'y réuniffent de toutes parts, ne peut avoir de véritable intérêt à la confervation d'un privilége qui, pour l'avantage léger & douteux de quelques propriétaires de vignes, tend à reftreindre & à diminuer fon commerce.

Ceux donc qui ont obtenu de nos prédéceffeurs l'autorifation des prétendus priviléges de Bordeaux, de Marfeille & de plufieurs autres villes, n'ont point ftipulé le véritable intérêt de ces villes, mais feulement l'intérêt de quelques-uns des plus riches habitans, au préjudice du plus grand nombre & de tous nos autres fujets.

Ainfi, non-feulement le bien général de notre royaume, mais l'avantage réel des villes mêmes qui font en poffeffion de ces priviléges, exigent qu'ils foient anéantis.

Si dans l'examen des queftions qui fe font élevées fur leur exécution, nous devions les difcuter comme des procès, fur le vu des titres, nous pourrions être arrêtés par la multiplicité des lettres-patentes & des jugemens rendus en faveur des villes intéreffées.

Mais ces queftions nous paroiffent d'un ordre plus élevé; elles font liées aux premiers principes du droit naturel & du droit public entre nos diverfes provinces. C'eft l'intérêt du royaume entier que nous avons à pefer; ce font les intérêts & les

droits de tous nos fujets, qui, comme vendeurs & comme acheteurs, ont un droit égal à débiter leurs denrées & à fe procurer les objets de leurs befoins à leur plus grand avantage; c'eft l'intérêt du corps de l'état, dont la richeffe dépend du débit le plus étendu des produits de la terre & de l'induftrie, & de l'augmentation de revenu qui en eft la fuite. Il n'a jamais exifté de temps, il ne peut en exifter, où de fi grandes & de fi juftes confidérations aient pu être mifes en parallèle avec l'intérêt particulier de quelques villes, ou, pour mieux dire, de quelques particuliers riches de ces villes. Si jamais l'autorité a pu balancer deux chofes auffi difproportionnées, ce n'a pu être que par une furprife manifefte, contre laquelle les provinces, le peuple, l'état entier lézé, peuvent réclamer en tout temps, &, qu'en tout état de caufe, nous pouvons & voulons réparer, en rendant, par un acte de notre puiffance légiflative, à tous nous fujets, une liberté dont ils n'auroient jamais dû être privés.

A CES CAUSES, & autres à ce nous mouvant; de l'avis de notre confeil, & de notre certaine fcience, pleine puiffance & autorité royale, nous avons, par notre préfent édit perpétuel & irrévocable, dit, ftatué & ordonné; difons, ftatuons & ordonnons, voulons & ce qui fuit:

ARTICLE PREMIER. Avons révoqué & abrogé, révoquons & abrogeons tous édits, déclarations, lettres-patentes, arrêts & réglemens accordés à des villes, bourgs ou autres lieux, portant empêchement à l'entrée, au débit, à l'entrepôt, au tranfport par terre, par mer, ou par les rivières, des *vins* & eaux-de-vie de notre royaume, à quelque titre & fous quelque prétexte que lefdits édits, déclarations, lettres-patentes, arrêts & réglemens aient été rendus.

II. Avons éteint & aboli, éteignons & aboliffons le droit de *banvin* appartenant à des villes, bourgs ou autres lieux, à quelque titre que ledit droit leur appartienne, & foit qu'il ait été acquis des rois nos prédéceffeurs ou de quelques feigneurs; de tels droits n'ayant dû être acquis par lefdites villes que pour en procurer aux habitans l'affranchiffement.

III. Et à l'égard du droit de *banvin* appartenant à des feigneurs eccléfiaftiques ou féculiers, même à nous, à caufe de nos domaines, voulons que nonobftant ledit droit, les *vins* & eaux-de-vie puiffent, en quelque temps que ce foit, paffer en tranfit dans l'étendue defdites terres, par les chemins, fleuves & rivières navigables; que le chargement defdits *vins* & *eaux-de-vie* puiffe y être fait, foit de bord à bord, foit autrement. Défendons à tous nos fujets, de quelqu'état & qualité qu'ils foient, d'interdire lefdits paffages & chargement, & d'y apporter aucun obftacle, à peine de répondre perfonnellement envers les parties, de tous dépens, dommages & intérêts.

IV. En conféquence des difpofitions portées aux

articles précédens, la circulation des *vins* fera & demeurera libre dans notre royaume : voulons que tous nos fujets & tous autres propriétaires, marchands, voituriers, capitaines de navire, patrons & généralement toutes perfonnes, puiffent dans tous les temps & faifons de l'année, faire tranfporter librement des *vins* & *eaux-de-vie*, ainfi qu'ils aviferont; même des provinces de l'intérieur, dans celles qui feront réputées étrangères, & les faire entrer ou rentrer de celles-ci, dans les provinces de l'intérieur; les entrepofer par tout où befoin fera, & notamment dans les villes de Bordeaux & de Marfeille, fans pouvoir être forcés à les dépofer dans aucun magafin, à fe pourvoir pour leurs confommations ou pour leurs provifions dans leur route, d'autres *vins* que de ceux qu'ils y auront deftinés, à faire fortir leurs *vins* à certaines époques, de la ville où ils feront dépofés, ou à les convertir en eaux-de-vie, ni pouvoir être affujettis à autres régles ou formalités que celles qui font ordonnées pour la fûreté & perception de nos droits, de ceux d'octrois appartenans aux villes, & autres droits légitimement établis par nous ou par les rois nos prédéceffeurs.

V. Pourront auffi lefdits propriétaires, marchands, voituriers, capitaines de navire, patrons & autres, acheter & vendre en toutes faifons, lefdits *vins* tant en gros qu'en détail, dans lefdites villes de Bordeaux, de Marfeille & autres qui auroient ou prétendroient les mêmes priviléges : à l'exception néanmoins des terres des feigneurs eccléfiaftiques ou féculiers, dans lefquelles ledit droit de *banvin* feroit établi, & dans le temps ou dans la faifon feulement qui font fixés pour l'exercice dudit droit; le tout, en acquittant par lefdits propriétaires & autres, l'entrée, fortie, tranfport & vente en gros ou en détail, tous les droits qui nous font dûs, à quelque titre que ce foit, les droits d'octrois par nous accordés à quelques provinces, villes, communautés, & les autres droits généralement quelconques, établis par titres valables.

VI. Faifons défenfes à tous maires, lieutenans de maire, échevins, jurats, confuls, & tous autres officiers municipaux, même aux officiers compofant le bureau des *vins* établi à Marfeille, & autres adminiftrations femblables, qui font & demeureront fupprimées par le préfent édit, de porter aucun obftacle à la liberté de ladite circulation, en-gafinement, achat & vente; de requérir aucune confifcation, amende ou autres condamnations, pour raifon de contravention aux édits, déclarations, arrêts ou réglemens aufquels il eft dérogé par l'article premier du préfent édit, ainfi que pour raifon de contravention au droit de *banvin* qu'ils prétendroient appartenir aufdites villes; & ce, en quelque temps & fous quelque prétexte que ce puiffe être; à peine de demeurer perfonnellement refponfables de tous frais, dépens, dommages & intérêts, qui feront adjugés aux parties, pour lef-

quels ils n'auront aucun recours contre lefdites villes & communautés.

Si DONNONS EN MANDEMENT à nos âmes & féaux confeillers les gens tenant notre cour de parlement à Touloufe, que notre préfent édit ils aient à faire lire, publier & regiftrer, le contenu en icelui garder, obferver & exécuter felon fa forme & teneur, non-obftant toutes chofes à ce contraires. CAR TEL EST NOTRE PLAISIR; & afin que ce foit chofe ferme & ftable à toujours, nous y avons fait mettre notre fcel. DONNÉ à Verfailles au mois d'avril, l'an de grace mil fept cent foixante-feize, & de notre régne le deuxiéme. Signé LOUIS. Et plus bas, par le roi. Signé DE LAMOIGNON. Vifa HUE DE MIRO-MÉNIL. Vu au confeil, TURGOT. Et fcellé du grand fceau de cire verte en lacs de foie rouge & verte.

BAPTÊME. *Cérémonie* qui fe fait dans les voyages de long cours fur les vaiffeaux marchands, à ceux qui paffent pour la première fois le tropique ou la ligne, & aux vaiffeaux mêmes qui ne les ont point encore paffés.

Le *baptême des vaiffeaux* eft fimple, & fe fait en le lavant par-tout d'eau de mer. Pour celui des paffagers, il fe fait avec plus de cérémonie & de myftére, comme on le dira dans la fuite : mais l'un & l'autre ne s'achèvent point, fans donner pour boire à l'équipage; les matelots, à l'égard du *baptême du vaiffeau*, fe croyant en droit d'en couper l'éperon, fi le capitaine ne rachete de plufieurs bouteilles d'eau-de-vie, & de quelqu'argent. Ce préfent du maître ne paffe point pour avarie; & les fretteurs n'en font point tenus, mais le propriétaire du vaiffeau.

Pour ce qui eft du *baptême des perfonnes*, voici comme il fe fait.

Le plus ancien des matelots, qui ont déjà paffé la ligne ou le tropique, bifarrement équipé, le vifage noirci, un bonnet grotefque en tête, un routier ou autre livre de marine en main, & fuivi de plufieurs autres matelots mafqués comme lui, & chacun quelqu'uftenfile de cuifine pour armes, vient tambour battant, fe placer gravement fur un fiége préparé pour lui fur le tillac, au pied du grand mât.

C'eft entre les mains de ce plaifant magiftrat, que chaque paffager, non encore initié à ce myftère, va jurer de faire obferver la même cérémonie, lorfqu'il fe trouvera dans le cas. Si le paffager donne comptant quelque gratification, ou la promet, il en eft quitte pour fon préfent, & quelques goutes d'eau : les autres, au contraire, ainfi que le commun des matelots, font inondés de fceaux d'eau, qu'on tient prêts dans des baies ou bacquets. Pour les mouffes, on les met fous un panier, où ils font mouillés à difcrétion; & de plus, en mémoire d'une fi rare cérémonie, ils font obligés de fe fouetter les uns les autres, à quoi ils ne s'épargnent pas.

L'argent mis au baffin, ou fe partage entre les matelots de l'équipage, ou fe réferve pour leur acheter des rafraîchissemens au premier lieu commode où l'on aborde.

BAQUIER. (*Coton* de très-médiocre qualité, dont il se fait quelque négoce à Smyrne.) Il ne s'y en débite, année commune, que quatre ou cinq quintaux, qui se vendent depuis huit jusqu'à dix piastres le quintal.

Il paye à Marseille & au Pont-de-Beauvoisin, le droit de vingt pour cent, sur le pied de quarante-huit livres le quintal, & les sols pour livre.

BAR. (*Instrument dont on se sert pour transporter des fardeaux.*) C'est une espèce de civière renforcée. Le *bar* est composé de deux longues & fortes pièces de bois équaries, à la réserve des deux extrémités de chaque pièce, qui sont arrondies pour les mieux empoigner, & qui ont des mantonnets par-dessous, pour arrêter les bretelles des bardeurs : quatre, quelquefois six traverses, moins fortes que les deux pièces, & seulement longues de deux pieds au plus, y sont emmortoisées & les unissent ensemble.

Cet instrument se porte à deux, à quatre ou à six, suivant le poids des choses qu'on veut transporter. Les deux manœuvres, qui sont entre les branches, ont des bretelles ; les quatre autres, si l'on porte à six, n'en ont point, mais soutiennent le *bar* des deux mains ; & s'appuyant deux à chaque côté de ceux qui sont dans les branches, marchent en les arc-boutant épaules contre épaules. Souvent quand le poids est extraordinaire, deux arbalêtriers soutiennent encore le *bar* par le milieu, en mettant des pinces de fer en travers.

BARANCA. Les Espagnols de la Castille d'or & de la Carthagène de l'Amérique, appellent *baranca de Malambo*, le bureau de recette qu'ils ont sur la rivière de la Magdeleine, à six lieues de la mer du Nord, où se déchargent toutes les marchandises d'Europe, destinées pour la nouvelle Grenade. Ce bureau est à trente lieues de Carthagène, & à vingt de Sainte-Marthe.

BARANDAGE. (*Sorte de pêche qui est défendue par les ordonnances.*) *Voyez* l'article X du titre XXXI de l'ordonnance de 1669.

BARAS. Nom que plusieurs ouvriers, qui se servent du borax, donnent à ce minéral. *Voyez* BORAX.

BARAT. Vieux mot François & hors d'usage, qui signifioit autrefois *tromperie, fourbe, mensonge.* C'est de *barat* que vient le terme de *baraterie,* dont il y a un titre dans les ordonnances de marine.

BARATERIE. (*Malversation, tromperie.*) Ce terme est tiré du vieux mot François *barat,* qui signifioit *toutes sortes de tromperies.* On disoit aussi, *barater,* pour dire *tromper.*

BARATERIE DE PATRON, en terme de commerce de mer, veut dire, les *larcins,* les *déguisemens* & *altérations de marchandises,* que peuvent causer le maître & l'équipage d'un vaisseau, & généralement toutes les *supercheries* & *malversations,* qu'ils mettent assez souvent en usage pour tromper le marchand chargeur, & autres qui ont intérêt au vaisseau.

L'article 28 du titre 6 du livre 3 de l'ordonnance de marine, du mois d'août 1681, porte : que les assureurs ne seront tenus de porter les pertes & dommages arrivés aux vaisseaux & marchandises, par la faute des maîtres & mariniers, si par la police ils ne sont chargés de la *baraterie de patron.*

Les peines de la *baraterie* sont mentionnées dans cette même ordonnance, au titre premier du livre 2, dont les articles suivent.

Art. 20. Le maître qui a pris sans nécessité de l'argent sur le corps, avictuaillement, ou équippement du vaisseau, vendu des marchandises, engagé des apparaux, ou employé dans ses mémoires des avaries, & dépenses supposées, est tenu de payer en son nom, déclaré indigne de la maîtrise, & banni du port de sa demeure ordinaire.

Art. 32. Il est défendu à tous maîtres, de revendre les victuailles de leur vaisseau, & de les divertir ou receler, à peine de punition corporelle.

Art. 35. Si le maître fait fausse route, commet quelque larcin, souffre qu'il en soit fait dans son bord, ou donne frauduleusement lieu à l'altération, ou confiscation des marchandises, ou du vaisseau, il doit être puni corporellement.

Art. 36. Le maître, qui est convaincu d'avoir livré aux ennemis, ou malicieusement fait échouer ou périr un vaisseau, doit être puni du dernier supplice.

BARBACOA. (*Espèce de grand gril de bois,* élevé dans le milieu d'un boucan, sur lequel l'on met la viande & le poisson, qu'on veut faire boucaner.) Ce terme, qui est *Caraïbe,* a passé dans la langue Françoise, depuis que les François se sont établis dans les isles Antilles de l'Amérique. *Voyez* BOUCAN.

BARBARIE. Grande étendue de pays dans l'Afrique, assise le long de la Méditerranée, où les marchands François, particulièrement les Provençaux, font un assez grand commerce ; mais ce commerce n'est pas libre. Une société de marchands Marseillois, douée d'un privilège exclusif, qui porte le nom de *compagnie d'Afrique,* en a le monopole. Pour connoître l'état actuel de cette société, *voyez* les articles *France* & l'article *compagnies.* Nous nous contenterons de remarquer ici, que la compagnie Marseilloise établie pour commercer dans les petits états de Maroc, d'Alger & de Tunis, avoit pris le nom pompeux de *compagnie d'Afrique,* pour étendre son privilège exclusif, si elle en avoit eu le pouvoir, sur la totalité de cette partie du monde. Car l'esprit de conquête & d'envahissement général n'existe nulle part en un degré aussi éminent, que dans les compagnies mercantiles, qui ont eu le bonheur d'acheter un bon privilège exclusif, par quelques sacrifices adroitement faits aux subalternes des administrations publiques, aux protecteurs, & sur-tout aux protectrices, qui traquent de leur crédit, c'est-à-dire, des propriétés & des libertés de tous les citoyens, par des marchés d'autant plus faciles à conclure, que les vrais & seuls intéressés n'y sont jamais appellés.

BARBE. (*Cheval* qu'on tire de Barbarie).

Les *chevaux barbes* sont très-estimés pour leur vigueur & leur vîtesse, & peut-être encore plus pour leur rareté. Ils sont ordinairement d'une taille menue, & les jambes fort déchargées. On s'en sert également à la selle & au carosse ; & l'on en fait d'excellens étalons pour les haras. Pour les faire reconnoître, on a coutume en France, particulièrement à ceux de carosse, de leur pendre au-dessous de la gorge, une espèce de *barbe* de crin ordinairement teinte en rouge.

Les consuls François qui résident dans les villes de Barbarie, font assez souvent des voitures de *chevaux barbes*, ou que des gens de qualité leur demandent, ou qu'ils envoyent en France pour leur compte : mais les connoisseurs estiment peu ceux qui viennent par cette voie ; s'y en trouvant toujours de rebut, à cause que les consuls, quelque bonnes intentions qu'ils ayent, se connoissent ordinairement beaucoup mieux en tout autre commerce qu'à celui des chevaux.

Quand le roi veut des *barbes* pour ses haras ou ses écuries, il en charge quelqu'un de ses écuyers, qui pour l'ordinaire passe pour envoyé auprès des princes Africains ; mais qui pour cela n'en paye pas moins les droits.

Ces droits ne sont pas égaux par-tout, & souvent il se fait de grandes avanies avant que les chevaux soient à bord ; ces Barbares ne cherchant qu'à surprendre les Européens qui trafiquent avec eux. Au bastion de France on paye 13 piastres pour les droits de sortie de chaque cheval ; sçavoir, 10 au gouverneur, 2 au capitaine & une au truchement. *Voyez* le commerce de Barbarie & du bastion de France. *Voyez aussi* l'article DES CHEVAUX.

BARBE DE RENARD, ou RAME DE BOUC. (*Espèce de gomme qui vient du levant.*) On la connoît davantage sous le nom d'*adraganth*. *Voyez* ADRAGANTH.

BARBERIE. Nouveau mot qui signifie dans les statuts des maîtres chirurgiens jurés de Paris, & dans ceux des maîtres perruquiers, l'*art de faire & de raser la barbe & les cheveux*. *Voyez* CHIRURGIEN & PERRUQUIER.

BARBOTINE, ou SEMEN CONTRA, (il faut sous-entendre *vermes*.) *Graine* qui sert à faire mourir les vers qui s'engendrent dans le corps humain, auxquels sur-tout les enfans sont fort sujets.

On l'appelle encore *semen sanctum*, *semen santonicum*, femencine, santoline ou xantoline ; enfin, poudre à vers.

La plante qui produit cette *graine*, a les feuilles si petites, qu'on a peine peut-on les distinguer de la *graine* même. On prétend qu'il en croît en Xaintonge, d'où lui vient un de ses noms : mais celle

que vendent les marchands droguistes, vient de Perse & des confins de la Moscovie ; & les François, Anglois & Hollandois la tirent d'Alep, d'Alexandrette & de Smyrne.

Cette *graine*, pour être bonne, doit être bien nourrie, verdâtre, d'une odeur agréable & très-verte, sur-tout prendre garde qu'on ne l'ait point verdie, ou qu'on ne lui substitue de la semence d'automne.

Les Anglois & Hollandois se servent de cette *graine* pour en faire des dragées, comme on en fait d'anis.

La barbotine, ou femen contra, paye en France de droits d'entrée 5 livres du cent pesant, conformément au tarif de 1664, & encore vingt pour cent de sa valeur, suivant l'arrêt du conseil du 15 août 1685, comme marchandise venant de Perse & du Levant, avec les sols pour livre.

BARCALLAO. (*Espèce de morue tout-à-fait semblable à celle de Terre-neuve.*) Elle se trouve dans plusieurs endroits de la mer du sud ; mais la plus grande pêche s'en fait sur les côtes de l'isle de Juan-Fernando, à quatre-vingt lieues à l'ouest de Valparesso, sur la côte du royaume de Chily.

Un nommé d'Apremont, François de nation, qui avoit été garde du corps du roi de France Louis XIV, fut le premier qui apprit aux Espagnols du Pérou, à pêcher, apprêter & sécher cette morue, vers l'an 1713.

BARDE. *Tranche de lard*, large & mince, qu'on met sur les chapons, poulets, pigeons & autres volailles, qu'on veut rôtir & manger sans être lardées. Les *bardes* se font du plus gras & du plus épais des flèches de lard. Ce sont les rôtisseurs & cuisiniers qui les taillent & coupent ; mais ce sont les chaircuitiers qui vendent le lard, dont ceux-ci les font. *Voyez les articles de ces trois communautés.*

BARDEAU. (*Petit aïs* dont on se sert au lieu de tuiles, pour couvrir les maisons.) C'est une espèce de mairin, débité en morceaux carrés longs, de dix à douze pouces de longueur, sur six à sept de largeur. On appelle aussi *bardeau*, de vieilles douves de futailles, coupées en morceaux, dont on fait des couvertures aux bâtimens peu considérables.

Les droits d'entrée & de sortie du bardeau *se payent à peu près sur le pied du* mairin.

BARDENOCHE. (*Espèce d'étoffe dont il est parlé dans le tarif de la douane de Lyon.*) Les marchands de Paris ne la connoissent pas, bien que le tarif marque, qu'il s'en fabrique dans le royaume aussi-bien que dans les pays étrangers.

BARDOT. *Petit mulet*, que l'on employe à porter le bagage. *Voyez* MULET & HARAS.

BARETZ. *Gros bourg de Poitou*, où l'on fait de ces sortes de serges que l'on appelle *boulanger de camp*.

BARFOULS. Sorte d'*étoffe* qui se fait dans le royaume de Cantor, situé sur les bords de la rivière de Gambie. Les *barfouls* servent d'habits aux négres qui se nomment des *pagues*. Ils en font aussi un grand commerce avec les Européens, avec qui ils les échangent contre des barres de fer.

BARGUIGNER. Marchander quelque chose sou à sou ; avoir peine à se déterminer sur le choix ou le prix d'une marchandise.

Chez les Italiens on se sert de ce mot, pour signifier *vendre à terme & à crédit.*

En Anglois *bargain*, qui vient de l'ancien mot François *bargagner*, veut dire une *convention*, un *marché*.

BARGUIGNEUR. Celui qui barguigne, qui est indéterminé & irrésolu, qui marchande trop.

BARIGA DE MORE. Sorte de *soies* que les Hollandois apportent des Indes orientales sur les vaisseaux de la compagnie. La meilleure *bariga* vaut environ 21 s. ½ de gros la livre. Elle se pese au poids d'annas. La *bariga* commune se vend 16 s. ½ de gros. *Voyez* l'article DES SOIES.

BARIL. *Vaisseau rond*, plus long que large, fait de bois en forme de petit tonneau, qui sert à renfermer diverses espèces de marchandises, tant liquides que séches.

Il y a des *barils* de plusieurs sortes de bois, comme de sapin, de chêne, de hêtre ; & il s'en fait de plus ou moins grands, suivant la quantité ou la nature des marchandises que l'on veut mettre dedans.

Les barils *vuides payent en France de droits de sortie, huit sols du leth*, qui est de douze barils, & douze sols de droits d'entrée ; avec les sols pour livre.

BARIL, en Italien BARILE. C'est la seconde des mesures dont on se sert à Florence pour les liquides. Il faut trois *barils* pour faire un *star*, & vingt fiasques pour le *baril*. *Voyez* la TABLE DES MESURES.

BARIL. Se dit aussi des marchandises contenues dans un *baril*, & souvent il en dénote la qualité, ou en fixe le nombre ou le poids. Ainsi on dit un *baril* ou *caque* de hareng, un *baril* de maquereau, dont les douze *barils* font un leth ; chaque *baril* en contenant plus ou moins, suivant l'espèce.

Un *baril* de morue verte, un *baril* de noues ou nos, autrement tripes de morue ; un *baril* de langues de morues ; un *baril* de rogues, ou œufs de morue.

Un *baril* de thon, d'esturgeon, d'anchois. *Voyez* les articles de ces poissons.

Six hambourgs de saumon font huit *barils*. *Voyez* HAMBOURG.

Un *baril* ou carteau de savon.

Un *baril* de fer blanc, un *baril* de fer noir. *Voyez* FER EN FEUILLES.

Un *baril*, ou caque de poudre pour les vaisseaux, est ordinairement le poids de cent livres.

On dit encore, un *baril* de chair salée, un *baril* d'huile d'olive ; un *baril* de caspres, d'olives, de vinaigre, de verjus, de moutarde de Dijon, &c. pour dire, un *baril* rempli de l'une de ces choses.

BARILLAGE. Se dit des petits barils qui tiennent environ la huitiéme partie d'un muid & au dessous.

En fait de commerce de saline, quand on parle du *barillage*, cela doit s'entendre de toutes sortes de tonneaux ou futailles, comme gonnes, hambourgs, barils, demi-barils, quarts & demi-quarts, ou huitiémes de barils, dans lesquels sont renfermées les diverses sortes de poissons salés ; comme saumon, morue, hareng, maquereau, thon, esturgeon, anchois, &c. Il y a des contrôleurs du *barillage* de la saline.

L'ordonnance des aides du mois de juin 1680, titre 4 des entrepôts & du *barillage*, art. 3 & 6, défend expressément de faire le *barillage*, c'est-à-dire, de faire arriver du vin en bouteilles, cruches ou barils, ni vaisseaux moindres que muids, demi-muids, quarts & huitiémes ; à l'exception des vins de liqueur, qui viennent en caisse ; comme aussi d'en vendre en gros dans des vaisseaux moindres que demi-muids ou quarts de muids. Il n'est pas même permis aux vendans vin en détail, d'avoir chez eux du vin en bouteilles, cruches & barils.

BARILLE. Espèce de *soude* que l'on fait en Espagne avec des herbes brûlées ; on la nomme aussi *fourée.*

BARILLO. Les Portugais qui font le commerce des soies dans les Indes Orientales, nomment ainsi les soies de la moindre qualité : les plus fines s'appellent *cabeça.*

BARIQUAULT. Se dit quelquefois de certaines petites futailles ou tonneaux, dont les grandeurs ne sont point réglées. Ainsi l'on dit, un *bariquault* de sucre, un *bariquault* de soufre, &c. pour dire, un petit *tonneau* rempli de l'une de ces sortes de marchandises.

BARIQUE. *Tonneau* ou *futaille*, qui sert à mettre diverses sortes de marchandises, particuliérement du vin & de l'eau-de-vie.

Les quatre *bariques* de vin font à Paris trois muids ; à Bordeaux, un tonneau, ou six tierçons ; & en Anjou, deux pipes. La *barique* contient deux cent dix pintes de Paris, ou vingt-six septiers & un quart de septier ; ce qui revient à trois cent soixante pintes de Hollande.

Quoique les eaux-de-vie se mettent dans des futailles de différentes grosseurs, que l'on nomme *pipes, piéces, bottes*, &c. qui contiennent depuis soixante jusqu'à quatre-vingt-dix verges ou veltes ; cependant ces diverses futailles, lors de la vente, se réduisent toutes en *bariques* ; & ces *bariques* sont estimées contenir plus ou moins de verges, suivant les lieux.

A la Rochelle, Cognac, en l'isle de Rhé & dans tout le pays d'Aunis, aussi-bien qu'à Embden en Frise, la *barique* est de vingt-sept verges.

A Nantes, & en divers lieux de Bretagne & d'Anjou, de vingt-neuf verges.

A Bordeaux, & en plusieurs endroits de Guienne ; à Bayonne & aux environs, de trente-deux verges.

A

A Amsterdam, & dans toute la Hollande, ainsi qu'à Hambourg & à Lubeck, de trente verges.

En Angleterre, la *barique* de vin, ou d'eau-de-vie, est de soixante-trois galons, chaque galon faisant quatre pintes, mesure de Paris ; ensorte que la *barique* de vin ou d'eau-de-vie, doit être en Angleterre de deux cent cinquante-deux pintes de Paris.

L'huile de morue se met en *bariques*, ou piéces ; & ces *bariques* sont ordinairement du poids de quatre à cinq cent livres, même jusqu'à cinq cent vingt.

Les sardines & l'huile qui en provient, se mettent aussi en *bariques*.

Les ranes, rogues ou coques de maquereau, dont il se fait un grand négoce sur les côtes de Bretagne, se mettent pareillement en *bariques*.

BAROQUE. (*Perles baroques.*) Ce sont les perles qui ne sont pas rondes, mais d'une forme irrégulière. *Voyez* PERLE.

BARQUE. *Bâtiment de mer* ou *de rivière*, qui sert à transporter diverses sortes de marchandises.

On appelle à Paris, *huîtres de barque*, les huîtres qui y sont amenées en bateau, en remontant la rivière ; ce qui les distingue des huîtres de chasse, qu'apportent les chasse-marée sur des chevaux. Celles-ci faisant plus de diligence & restant moins de temps en route, sont toujours les plus fraîches, & par conséquent les plus estimées & les meilleures.

BARRA, que l'on appelle quelquefois BARRO. Mesure des longueurs, dont on se sert en Portugal, pour mesurer les corps étendus, comme draps, serges, toiles, &c. Les six *barras* font dix cabidos ou cavidos ; chaque cabidos faisant quatre septiémes d'aunes de Paris. *Voyez* la TABLE DES MESURES.

BARRA. Est aussi une mesure des longueurs, qui sert en quelques endroits d'Espagne, à mesurer les étoffes. C'est la même chose que la verge de Seville.

BARRACAN, ou comme on le nomme à Lyon, BARRAGAN. Espèce d'étoffe à gros grain, non croisée. *Voyez* BOURACAN.

BARRACANIER. Ouvrier qui travaille en bouracan. *Voyez* BOURACANIER.

BARRAGAN. *Voyez ci-dessus* BARRACAN.

BARRAGE. Sorte de *linge* ouvré, qui se manufacture à Caen & aux environs de cette capitale de la Basse-Normandie. Il y a du grand *barrage* fin, du grand *barrage* commun & du petit *barrage*. *Voy.* LINGE.

BARRAGE. Droit établi pour la réfection des ponts & passages, particulièrement du pavé. Ce droit s'appelle ainsi, à cause des barres ou barrières, qui traversent le chemin, aux entrées des villes, & autres lieux, où ce droit est établi. Il ne se paye guères que par les voituriers pour leurs chariots, charrettes & chevaux de somme. Il y a cependant des lieux, où toutes les voitures en général, même les gens de pied, ont coutume de le

payer. Il est inégal & plus ou moins fort, suivant les lieux. Les voituriers qui se chargent du transport des personnes, hardes & marchandises, se chargent ordinairement de ces menus frais, sans augmentation de prix.

Les *barrages* appartenans au roi, entr'autres celui de Paris, composoient autrefois une ferme particulière : elle est présentement unie à celle des aides.

Les droits de *barrage* se payent à Paris sur tout ce qui y entre & arrive, soit par terre, soit par eau. Avant l'arrêt du conseil du roi, du premier février 1640, on distinguoit ces droits en nouveaux & anciens *barrages*, qui avoient été fixés par un arrêt précédent du 21 août 1638.

L'exécution de celui-ci ayant souffert de la difficulté, tant à cause de cette diversité de droits, que parce qu'ils n'avoient pas été assez clairement expliqués dans le tarif qui en avoit été dressé, on crut plus convenable à l'intérêt du roi & du public de supprimer tous les droits de *barrages* tant anciens que nouveaux, & d'en rétablir d'autres qui seront payés sur un seul tarif plus clairement & plus exactement exprimé.

En conséquence de cette résolution, le roi en son conseil, sans s'arrêter aux taxes portées par les premiers tarifs, ni à la manière de les percevoir, & ayant néanmoins aucunement égard audit arrêt du 21 août 1638 ; ordonne que tous lesdits droits de *barrage* qui se levoient aux portes de la ville & fauxbourgs de Paris, & sur les chaussées & grands chemins de Châtre sous Montlhery, Linois, Lonjumeau, Bourg-la-Reine, saint Cloud, le Roulle, Chaunevannes, pont de Chatou, saint Marcel & Coupeaux, Charenton, saint Maur, Ville-Juifve, Juvisi, Essonne, Corbeil, Ville-neuve saint George, le Tilloi, Verberie, Louvres, Vaudrelan & Beaumont sur Oyse, ensemble les droits de chaussées dont jouissoient les prévôt des marchands & échevins de Paris aux portes de ladite ville, & sur les chemins de la Chapelle, saint Denis, & du Bourget, seroient & demeureroient unis & incorporés auxdits nouveaux droits de *barrages* que sadite majesté avoit ordonné être levés tant sur les marchandises, denrées & autres choses sujettes auxdits droits, entrant par les portes de ladite ville & fauxbourgs de Paris, qu'arrivant sur ses ports & quais, tant en montant qu'en avalant, & ce suivant l'état & tarif dressé au conseil les même jour & an ; auxquels droits dûs par les marchands, à cause desdites marchandises, les conducteurs & voituriers seroient contraints comme pour les affaires de sa majesté : lesquels à cet effet se chargeront par leurs lettres de voitures, du paiement desdits droits, pour s'en faire payer & rembourser par lesdits marchands, &c... pour être les deniers d'iceux droits employés ; sçavoir, à ce qui conviendra pour l'entretien des pavés de ladite ville & fauxbourgs, & banlieue, ensemble des chaussées étant aux avenues de ladite ville ; & le surplus, si aucun y a, au détoyement des boues à la décharge des taxes payables pour cet effet par les bourgeois.

Le tarif dreſſé au conſeil contient 61 articles, la plus grande partie concernant les marchandiſes & denrées arrivant par terre, & le reſte pour celles arrivant par eau. On n'a pas cru devoir le rapporter ici, à cauſe des changemens qui y ont été faits, & qu'on le peut trouver dans l'ordonnance des aides, à la ferme deſquelles le *barrage* a depuis été uni.

Des droits de *barrage*, tant par terre que par eau, ſont exceptés par le même arrêt de 1640, les voitures de ſel, les munitions de guerre, les blés, farines, pains, les fruits cruds y compris les oranges, citrons, grenades & marons, ſoit que leſdits fruits ſoient entonnés ou non; les herbages, la cendre, le ſablon, les blanchiſſages de linge, les pierres de taille, les moilons, les plâtres cruds & cuits, la chaux & le pavé : enſemble les ſerges & draps rapportés de la teinture des Gobelins, en juſtifiant de l'acquit du paiement fait pour leſdites ſerges & draps à l'entrée, comme auſſi toutes les marchandiſes paſſant debout, & ſans qu'aucunes marchandiſes ſoient tenues de rien payer à la ſortie.

Par ordonnance des préſidens tréſoriers de France généraux des finances, & grands voyers de la généralité, du 27 octobre 1648, le précédent tarif fut affiché aux portes, ports & quais de ladite ville, avec défenſes aux fermiers & commis de prendre ni exiger des particuliers, autres ni plus grands droits que ceux portés par icelui, à peine de concuſſion & de punition corporelle.

Les droits du domaine & du *barrage* de la ville de Paris qui ſe payoient, les uns en exécution du tarif de 1651, & les autres, conformément à celui de 1640, ayant été unis pour ne plus faire qu'un ſeul & même droit, il en fut dreſſé un tarif commun par déclaration du roi du 17 ſeptembre 1692; mais les droits du pied fourché y ayant été omis, quoiqu'ils fuſſent compris dans leſdits tarifs de 1640 & 1651 ; ſa majeſté, par une nouvelle déclaration du 3 mars 1693, vérifiée en parlement le premier avril de la même année, ordonne que les droits du pied fourché ſeroient payés comme ils l'avoient toujours été, quoiqu'ils euſſent été oubliés dans la déclaration du 17 ſeptembre 1692. *Tous ces droits ont été garnis comme les autres des nouveaux ſols pour livre.*

BARRAGER. *Commis* établi aux barrières, pour faire payer & recevoir les droits de barrage.

BARRAS. *Gomme* ou *réſine*, qui découle des pins, par les inciſions qu'on y fait.

Il y a deux ſortes de *barras*, qui ne ſont guères connus ſous ce nom, mais que l'on nomme communément; l'un, *encens blanc*; & l'autre, *encens marbré* ou *madré*, comme diſent les Provençaux.

La différence de ces deux *barras* ne vient que de leur couleur; & la diverſité de leur couleur, de ce

qu'ils ſont recueillis plus ou moins proprement, ou qu'ils coulent par un beau ou mauvais temps.

Le *barras*, ou *encens marbré*, quand il eſt beau & bien net, ſe vend quelquefois par les colporteurs, pour du benjoin, à qui véritablement il reſſemble aſſez ; mais l'odeur leur ſuffit, pour découvrir la fripponerie.

Le *barras*, ou *encens blanc*, eſt le véritable galipot. *Voyez* GALIPOT & *encens*.

BARRE. (*Meſure* étendue, dont on ſe ſert en Eſpagne pour meſurer les étoffes, ainſi que l'on fait de l'*aune de France*.) Il y a de trois ſortes de *barres*; celle de Valence, celle de Caſtille, & celle d'Arragon.

La *barre de Valence* contient deux pieds neuf pouces ſept lignes, qui font dix treiziémes de l'aune de Paris; de manière que treize *barres de Valence* font dix aunes de Paris, ou dix aunes de Paris font treize *barres de Valence*.

La *barre de Caſtille* contient deux pieds ſept pouces deux lignes, & peu ou plus, qui font cinq ſeptiémes de l'aune de Paris ; enſorte que ſept *barres de Caſtille* font cinq aunes de Paris, ou cinq aunes de Paris font ſept *barres de Caſtille*.

La *barre d'Arragon* eſt, à quelques lignes près, ſemblable à celles de Valence & de Caſtille ; enſorte que trois *barres d'Arragon*, font deux aunes de Paris.

Pour réduire les *barres de Caſtille* en aunes de Paris, il faut ſe ſervir de la régle de trois, & dire : ſi ſept *barres de Caſtille* font cinq aunes de Paris, combien tant de *barres de Caſtille* feront-elles d'aunes de Paris ? Et ſi au contraire, on veut réduire les aunes de Paris en *barres de Caſtille*, il faut dire : ſi cinq aunes de Paris font ſept *barres de Caſtille*, combien tant d'aunes de Paris feront-elles de *barres de Caſtille* ? Cette même régle doit ſervir pour faire les réductions des *barres de Valence*, en aunes de Paris, & des aunes de Paris en *barres de Valence*. *Voyez* la TABLE DES MESURES.

BARRE. Se dit auſſi des choſes meſurées avec la *barre* : une *barre de ſerge* : deux *barres de taffetas*.

BARRE. Les Portugais de Goa, & avec eux quelques Européens, qui négocient aux Indes, appellent *barre*, le poids que l'on nomme autrement *bahar*. *Voyez* BAHAR.

BARRE. On appelle *barres*, en terme de couverturier, ces *deux rayes de laine bleue qui ſont aux deux bouts de la couverture*, & *qui n'y ſervent que d'ornement* : elles ſe font ſur le métier en même temps que la couverture, au contraire des couronnes qui ſont aux quatre coins, que le tiſſeran-couverturier ne fait qu'après coup, & lorſqu'il a levé la couverture de deſſus le métier.

BARRER des articles ſur ſon livre, ſignifie, en terme de commerce, effacer, rayer les articles portés en crédit ſur un journal, ou autre regiſtre, pour faire voir qu'on en a reçu le paiement.

On barre auſſi tout autre écrit, billet, obligation, quand on le veut annuller. On appelle cela *barrer*, parce qu'on appelle *barres*, les lignes ou traits de plume, dont on croise ce qu'on veut qui reste inutile dans quelqu'acte ou regiftre.

BARRIÈRES. On appelle ainfi dans les principales villes de France, particulièrement à Paris, *les lieux où font établis les bureaux des entrées, & où les commis en reçoivent les droits, fuivant les tarifs ou pancartes réglées au confeil du roi.* On leur a donné le nom de *barrières*, parce que les paffages par lefquels arrivent les voitures & les marchandifes fujettes aux droits, font traverfées par une barre de bois qui roule fur un pivot, & qui s'ouvre ou fe ferme à la volonté du commis.

Il y a à Paris foixante *barrières*, qui font toutes placées à la tête des fauxbourgs. Dans vingt-deux de ces *barrières* qui font les principales, outre les commis du barrage, il y a des commis pour la douane qui examinent les lettres de voiture, qui reçoivent les principaux droits, & qui veillent aux intérêts des fermiers-généraux. Les autres *barrières* ne font pour ainfi dire que des *barrières fuccurfales*, pour tenir plus libres celles-ci, qui ne manqueroient pas d'être toujours embarraffées s'il n'y avoit qu'elles qui fuffent ouvertes pour introduire dans cette capitale du royaume, ce nombre prefqu'infini de marchands, de voitures, & de marchandifes qui y arrivent fans ceffe.

C'eft à ces foixante *barrières* que toutes les voitures & ceux qui font chargés de denrées comprifes dans les tarifs, doivent s'arrêter, fouffrir la vifite, & payer les droits; les commis ont même la permiffion de vifiter les carroffes, berlines, chaifes, & furtouts des particuliers, pour voir s'il n'y a point de contrebande cachée, ou de denrées fujettes aux droits, ce qu'ils font pareillement dans les portemanteaux, valifes & coffres dont on doit leur repréfenter les clefs; faififfant & arrêtant tout ce qui n'a point été déclaré, qui, conformément aux ordonnances, refte confifqué auffi-bien que les voitures qui s'en trouvent chargées, les autres denrées, hardes & marchandifes avec lefquelles elles font mêlées.

Pour la conduite & régie de toutes les *barrières* où il y a des commis pour la douane, il y a un commis ambulant qui en parcourt continuellement les bureaux, & qui contrôle & vérifie les regiftres des commis, dont il rend compte enfuite au bureau de la ferme-générale.

Comme l'on pourroit faire entrer en fraude, diverfes fortes de chofes, particulièrement des vins, des eaux-de-vie, des toiles peintes, & autres femblables qui font, ou de contrebande ou fujettes aux droits, en les cachant dans les charrettes & charriots de paille & de foin, ou dans ceux qui voiturent des balles de coton, de laine, de chanvre, & telles autres matières molles & de grand volume, les commis ont à la porte de leur bureau, des inftrumens de fer, emmanchés de bois, qu'ils nomment des fondes, qui leur fervent effectivement à fonder toutes les efpèces de denrées, dans lefquelles ils peuvent

foupçonner que font renfermées d'autres marchandifes dont on veut cacher l'entrée au bureau.

C'eft aux *barrières* que fe paient les droits d'entrée pour le vin, le pied fourché, les foins, les bois, les charbons, les fruits, la viande dépecée, & prefque tout ce qui eft deftiné pour la confommation de Paris.

De temps en temps on recule un peu les *barrières*, & l'enceinte immenfe de la capitale s'aggrandit au profit de la finance, qui perd bien d'ailleurs ce qu'elle a l'air de gagner aux entrées de Paris.

BARSES. (*Grandes boîtes d'étain, dans lefquelles on apporte le thé de la Chine.*) Il y a des *barfes* qui contiennent depuis une livre jufqu'à dix livres de cette herbe.

BARUTH. *Mefure des Indes*, qui contient dix-fept gantans, c'eft-à-dire, cinquante à cinquante-fix livres de poivre, poids de Paris, dont la livre eft de feize onces. Sur ce pied-là le gantan doit tenir approchant de trois livres de poivre. *Voyez* GANTAN.

BAS, que l'on appelloit anciennement CHAUSSE. C'eft cette partie de l'habillement du pied & de la jambe, qui fert à couvrir leur nudité, ou les garantir de la rigueur du froid.

Autrefois l'on ne fe fervoit communément en France, que de *bas* ou *chauffes de drap*, ou de quelqu'autre *étoffe de laine drapée*, dont le trafic fe faifoit à Paris par des efpèces d'artifans, qui de-là fe nommoient *drapiers-chauffetiers*, & qui formoient alors une communauté particulière, qu'on réunit enfuite au corps de la draperie.

Depuis que l'on s'eft attaché à faire des *bas au tricot*, & que l'on a trouvé la manière d'en fabriquer fur le métier avec la foie, le fleuret, la laine, le coton, le poil, le chanvre, ou le lin filé, la mode des *bas d'étoffe* s'eft entièrement perdue; enforte que préfentement on ne parle plus que de *bas au tricot* ou de *bas au métier*.

Ces fortes de *bas*, foit au métier, foit au tricot, font des efpèces de tiffus formés d'un nombre infini de petits nœuds ou manière de bouclettes entrelaffées les unes dans les autres, que l'on nomme des *mailles*; & ce font ces ouvrages, qui font la principale partie du négoce de la bonneterie.

Bas au tricot.

Les *bas au tricot*, que l'on nomme auffi *bas à l'aiguille*, ou *bas brochés*, fe font avec de longues & menues aiguilles, ou petites broches de fil de fer, ou de léton poli, qui en fe croifant les unes fur les autres, entrelaffent les fils & forment les mailles dont les *bas* font compofés; ce qui s'appelle *tricoter*, ou *brocher les bas*, ou les *travailler à l'aiguille*.

Il feroit difficile de pouvoir précifément dire, à qui l'on doit l'invention du tricot : cependant quelques-uns prétendent que ce foit aux Ecoffois, fondés fur ce que les premiers ouvrages au tricot, qui se font vûs en France, venoient d'Ecoffe ; & l'on veut même, que c'est ce qui a donné lieu au corps de la bonneterie de Paris, & à la communauté des maîtres bonnetiers au tricot des fauxbourgs, de prendre pour patron saint Fiacre ; parce que, selon quelques-uns, il étoit fils d'un roi d'Ecoffe.

Encore qu'il fût permis à tout le monde de faire des *bas au tricot*, il ne laissoit pas d'y avoir à Paris une communauté assez considérable d'ouvriers de ce métier, établis dans les fauxbourgs, dont les statuts sont du 16 août 1527.

Ces ouvriers étoient nommés *maîtres ouvriers en bas*, & autres ouvrages au tricot, ou *maîtres bonnetiers au tricot*, pour les distinguer des bonnetiers de la ville, que l'on appelle *marchands bonnetiers-aulmulciers-mitonniers*, & des *maîtres faiseurs de bas*, & autres ouvrages de bonneterie au métier. Cette communauté des fauxbourgs a été réunie au corps de la bonneterie.

L'article 19 des statuts du corps de la bonneterie du mois de juillet 1608, défend de faire des *bas au tricot* en moins de trois fils ; demandez pourquoi ?

Bas au métier.

Les *bas au métier* sont des *bas* ordinairement très-fins, qui se manufacturent par le moyen d'une machine de fer poli, très-ingénieuse, dont il n'est pas possible de bien décrire la construction, à cause de la diversité & du nombre de ses parties, & qu'on ne comprend même que très-difficilement quand on l'a devant les yeux.

Les Anglois se vantent d'en être les inventeurs, mais c'est en vain qu'ils en veulent ravir la gloire à la France ; & tout le monde sçait présentement qu'un François ayant inventé une si surprenante & si utile machine, & trouvant quelques difficultés à obtenir un privilége exclusif, qu'il demandoit pour s'établir à Paris, passa en Angleterre, où sa machine fut admirée, & l'ouvrier magnifiquement récompensé.

Les Anglois devinrent si jaloux de cette nouvelle invention, qu'il fut long-temps défendu sous peine de la vie, de transporter hors de leur isle aucune machine, ni d'en donner aucun modèle aux étrangers : mais comme un François les avoit enrichis de ce présent, un François le rendit à sa patrie ; & par un effort de mémoire & d'imagination, fit à Paris, au retour d'un voyage de Londres, le premier métier sur lequel ont été faits tous les autres qui sont en France, & même en Hollande.

La première manufacture de *bas au métier* qui se soit vûe en France, fut établie en 1656, dans le château de Madrid, au bois de Boulogne, près Paris, sous la direction du sieur Jean Hindret : cette époque est remarquable ; les partisans de M. Colbert, ayant voulu faire honneur à ce ministre de cet utile établissement, dont la date est, comme on voit, très-antérieure à son ministère.

Ce premier établissement ayant eu un succès considérable, le sieur Hindret forma en 1666, une compagnie qui, sous la protection royale, porta la manufacture des *bas au métier*, à un si haut degré de perfection, que six ans après (en 1672) on érigea en faveur des ouvriers qui y travailloient, une communauté de maîtres ouvriers en *bas au métier*. On leur donna alors des statuts, non-seulement pour les régler entr'eux, mais encore pour empêcher qu'ils ne portassent préjudice à la fabrique des *bas au tricot*, qu'on regarde toujours comme très-nécessaire pour l'entretien d'une partie considérable du menu peuple.

Les articles de ces statuts réglent la préparation & la qualité des soies, qui doivent être employées dans les ouvrages de la bonneterie au métier, le nombre des brins dont ces soies doivent être composées, la quantité de mailles vuides qu'il doit y avoir aux lisières, la quantité de mailles sur quoi se doivent faire les entures, & le poids des *bas de soie* pour hommes & pour femmes.

Par ces mêmes statuts, aucun ne peut être admis à la maîtrise qu'il n'ait fait apprentissage de trois ans, & servi les maîtres deux autres années en qualité de compagnon ; qu'il ne sçache monter son métier de toutes ses pièces, & le bien entretenir, en sorte qu'il n'y ait aucunes coupures, serrures, ouvertures, arrachemens, coups de presse, portes & autre travail imparfait, & qu'il n'ait fait le chef-d'œuvre.

Ce chef-d'œuvre, qui consiste à faire un *bas de soie* façonné aux coins & par derrière, & en telle autre pièce ordonnée par les jurés, se fait dans la chambre de la communauté, & en présence desdits jurés & de quatre maîtres, tant anciens que nouveaux.

Les fils de maîtres sont exempts du chef-d'œuvre, & seulement tenus de la simple expérience.

Les jurés au nombre de quatre, dont deux s'élisent chaque année, veillent à l'observation des réglemens, font les visites, & sont chargés des deniers, titres & papiers. Ce réglement de 1672, qui ne tend, comme on voit, qu'à restreindre l'art dans ses bornes, comme tous les autres de pareille espèce, est le seul ouvrage de Colbert relativement au métier à faire des *bas*.

Avant l'année 1684, les ouvriers en *bas au métier* ne pouvoient travailler qu'en soie ; mais par arrêt du conseil du 12 janvier de ladite année, il leur fut permis de faire des *bas*, & autres ouvrages de bonneterie, de plusieurs autres matières, telles que sont la laine, le fil, le poil & le coton ; à la charge cependant que chaque maître seroit tenu d'occuper au moins la moitié de ses métiers aux ouvrages de soie, & de n'en avoir aucun pour les ouvrages des autres matières, que ceux propres à travailler celles dont le filage seroit fin. Mais comme depuis cet arrêt, les ouvriers au métier s'étoient relâchés d'une telle manière, qu'ils faisoient des ouvrages grossiers & de bas prix, & employoient des matières des qualités les plus inférieures ; ce qui portoit un préjudice très-considérable à la manufacture du tricot ; il fut rendu un arrêt du conseil d'état, en forme de réglement, le 30 mars 1700.

Par cet arrêt, sa majesté ordonne que les maîtres faiseurs de *bas* & autres ouvrages de soie, laine, fil ou coton au métier, établis dans les villes de Paris, Dourdan, Rouen, Caen, Nantes, Oleron, Aix, Toulouse, Nismes, Usez, Romans, Lyon, Metz, Bourges, Poitiers, Orléans, Amiens & Reims, continueront d'y travailler suivant les statuts de l'année 1672 & le présent réglement.

I. Fait sa majesté défenses à tous maîtres, apprentifs & compagnons, dudit métier, & à toutes autres personnes, de faire aucun établissement de ladite manufacture de *bas*, & autres ouvrages au métier, en d'autres villes & lieux de son royaume, que ceux ci-dessus dénommés, sans une permission expresse de sa majesté, à peine de confiscation de leurs métiers, outils, matières, ouvrages, & de mille livres d'amende.

II. Fait sa majesté défenses à toutes personnes, d'entreprendre des ouvrages dudit métier, ni d'y faire travailler dans l'étendue desdites villes, fauxbourgs & banlieue d'icelle, sans avoir été auparavant reçus maîtres, & avoir satisfait à ce qui est prescrit par lesdits statuts, pour parvenir à la maîtrise dudit métier.

III. Ordonne sa majesté que les *bas*, calleçons, camisolles, & autres ouvrages de soie qui se feront au métier, ne pourront être faits que sur des métiers montés au moins en vingt-deux plombs, portant chacun trois aiguilles dans la jauge de trois pouces d'étendue.

IV. Les soies préparées pour lesdits ouvrages, ne pourront être employées en moins de huit brins.

V. Les soies qui seront destinées pour lesdits ouvrages, seront débouillies dans le savon, bien teintes & desséchées, nettes & sans bourre, doublées & suffisamment adoucies, plattes & nerveuses ; ensorte qu'elles remplissent la maille.

VI. Fait sa majesté défenses à tous ouvriers, ouvrières, devideuses, doubleuses & autres, d'employer ou faire employer de l'huile dans le travail desdits ouvrages de soie, à peine d'être exclus desdits travaux.

VII. Les ouvrages de pure soie qui seront fabriqués, pour être mis & usés en noir, ne pourront être teints qu'après qu'ils auront été travaillés & levés de dessus les métiers, à l'exception néanmoins des ouvrages mêlés, & de ceux dans lesquels il entrera de l'or ou de l'argent, dont les soies pourront être teintes avant que d'être employées auxdits ouvrages.

VIII. Les ouvrages qui seront faits de soie, ou poil mêlé avec de la laine, ne pourront être faits que sur des métiers montés au moins en dix-huit plombs, portant chacun trois aiguilles dans chacune jauge ; & n'y pourra être employé moins de trois brins ; sçavoir, deux de soie ou poil, & un de laine,

ou deux brins de laine & un brin de soie ou poil, suivant la qualité de la soie, du poil ou de la laine.

IX. Les *bas*, calleçons, camisolles & autres ouvrages de laine, fil, coton ou castor, qui se feront au métier, ne pourront être faits que sur des métiers montés au moins en vingt-deux plombs, portant chacun deux aiguilles dans la jauge de trois pouces d'étendue.

X. Les laines, tant d'étain, dont se font les *bas*, & autres ouvrages d'estame, que de treme dont se font les ouvrages drapés ; les fils, cotons ou castors préparés pour lesdits ouvrages, ne pourront être employés sur les métiers en moins de trois fils ; & ne pourront les maîtres & ouvriers dudit métier, employer ni faire employer aucun fil d'estame ou d'étain tiré à feu, parmi les trois fils de treme dont doivent être composés les *bas* & autres ouvrages drapés ; mais seulement du fil de treme, dont la laine aura été bien & duement cardée sans mélange.

XI. Il ne pourra être employé dans lesdits ouvrages, que des laines de bonne qualité, comme celles d'Angleterre, Irlande, Hollande, Espagne, Languedoc, Berri, Auxois & du Cotantin, bien nettes & sans bourre ; & ne pourront y être employées des laines d'angelins, peignons, pelades, morines, ni autres mauvaises qualités de laines.

XII. Lesdits ouvrages, tant de soie que de laine, fil, poil, coton ou castor, seront bien proportionnés & suffisamment étoffés, de manière que la maille soit remplie ; & seront lesdits ouvrages faits d'une égale force & bonté dans toute leur étendue, sans maille double, maille mordue, arrachures, serrures ni ouvertures.

XIII. Les lisières seront bien faites & d'une égale force, ayant au moins une maille vuide ; & les entures se feront doubles & bien nettes.

XIV. Les entures seront au moins de cinq à six mailles, & les bords & talons remontés sur le métier.

XV. Les ouvrages qui se feront sur le métier avec de la laine, ne pourront être foulés qu'avec du savon blanc ou verd, à bras ou aux pieds : fait sa majesté défenses d'employer dans le blanchissage desdits ouvrages, aucune craie ni blanc.

XVI. Fait sa majesté défenses aux fouleurs desdits ouvrages, de se servir d'autres instrumens, que de râteliers de bois, ou à dents de fer ; & aux foulonniers de moulins à fouler draps & étoffes, de recevoir dans leurs moulins des *bas* & autres ouvrages faits au métier, pour les fouler.

XVII. Lesdits fouleurs donneront au moins deux eaux vives auxdits ouvrages de laine, faits sur le métier, après les avoir dégraissés.

XVIII. Fait encore sa majesté défenses aux maîtres dudit métier, & aux fouleurs & apprêteurs desdits ouvrages, de se servir de pomelles & cardes de fer, pour les apprêter, appareiller & draper ; & de se servir d'autres choses, pour faire lefdits apprêts , que de chardons fins ; comme auffi de tirer au chardon les ouvrages d'eftame.

XIX. Tous lefdits ouvrages , tant de foie , caftor , que de laine , fil , poil , coton , ou autres matières , avant que d'être expofés en vente ; & auffi-tôt qu'ils feront tirés du métier, qu'ils auront été coufus & foulés, feront marqués par le maître qui les aura fabriqués ou fait fabriquer , d'un petit plomb , portant d'un côté le nom dudit maître , & de l'autre celui de la ville en laquelle il fait fa demeure.

XX. Pourront néanmoins les particuliers, auxquels fa majefté a accordé des priviléges , pour établir des manufactures defdits ouvrages , mettre une fleur de lys au lieu de leur nom, avec la première lettre de leurs nom & furnom , fur plomb dont ils marqueront leurs ouvrages.

XXI. Les maîtres dudit métier & lefdits privilégiés , porteront au bureau de la communauté defdits maîtres , chacun une empreinte de leur marque , dont il fera fait un ou plufieurs tableaux , dans lefquels le nom de chacun maître , ou privilégié , fera écrit au-deffus de fa marque , pour y avoir recours dans les occafions.

XXII. Seront les articles ci-deffus exécutés , à peine de confifcation des métiers & ouvrages, qui feront trouvés en contravention au préfent réglement , foit chez les maîtres dudit métier , foit chez les marchands qui font commerce defdits ouvrages, & de cent livres d'amende , tant contre les marchands, chez lefquels il fera trouvé des bas & autres ouvrages au métier , fans le plomb de la marque du maître qui les aura fabriqués ou fait fabriquer , que contre les maîtres dudit métier , les foulonniers de moulins à fouler draps , & les fouleurs & apprêteurs defdits ouvrages , qui contreviendront au contenu defdits articles.

XXIII. Les maîtres dudit métier ne pourront vendre , ni expofer en vente , autres ouvrages, que ceux qu'ils auront faits , ou fait faire par leurs apprentifs & par les compagnons reconnus par la communauté defdits maîtres.

XXIV. Les maîtres dudit métier & les particuliers privilégiés pour ladite manufacture, pourront faire carder, peigner , filer , mouliner & doubler les foies , laines & filages dont ils auront befoin ; comme auffi fouler, preffer, apprêter , & mettre leur ouvrage en état de perfection.

XXXII. Fait fa majefté défenfes à tous marchands , ouvriers , & à toutes autres pefonnes, de tranfporter , ni faire fortir hors du royaume , aucun métier , à peine de confifcation & de mille livres d'amende.

XXXIII. Ne pourront les maîtres , ouvriers dudit métier entreprendre fur celui des maîtres ouvriers en bas & autres ouvrages au tricot; ni les maîtres ouvriers en bas & autres ouvrages au tricot, fur ceux au métier , fous quelque prétexte que ce puiffe être.

XXXIV. Veut & entend fa majefté , que lefdits

ftatuts de l'année 1672 , foient au furplus exécutés felon leur forme & teneur.

Louis XIV ayant créé au mois de mars 1708 , des charges d'infpecteurs, contrôleurs, vifiteurs & marqueurs de toutes fortes de bas , & autres ouvrages de bonneterie au métier, avec attribution de droits , conformément à un tarif attaché fous le contre-fcel de l'édit de leur création ; & ces charges n'ayant point été levées, la communauté des marchands fabriquans defdits ouvrages , fut obligée d'en payer la finance , pour le rembourfement de laquelle les mêmes droits , mais avec quelque modération , leur furent cédés , & de nouveaux articles de réglement ajoutés aux ftatuts de 1672 , & au réglement du 30 mars 1700 , rapportés ci-devant. Tous ces articles néanmoins n'avoient guères de rapport qu'à la perception defdits droits, & à quelques autres qui furent établis pour la réception à l'apprentiffage , pour celle à la maîtrife , pour les vifites & pour les maîtres fans qualité : ainfi on ne les rapportera pas ici , tous ces droits n'ayant dû être perçus , que jufqu'à l'entier rembourfement des fommes empruntées par la communauté , pour acquitter la finance du prix des charges qui lui avoient été réunies : d'ailleurs , une partie a été réduite , fupprimée , ou autrement réglée par la déclaration dont on va parler.

L'exécution de ce dernier réglement de 1708 , fit naître de grandes conteftations entre les jurés de la communauté , chargés du recouvrement des droits , & les ouvriers prétendus privilégiés , qui refufoient de les payer. L'affaire fut portée à diverfes jurifdictions , caufa de grands frais à la communauté , & empêcha même que les ftatuts de 1672 & le réglement de 1700 , ne fuffent régulièrement exécutés.

Louis XV fut obligé , pour rétablir l'ordre, & faire ceffer les troubles , de donner une déclaration du 18 février 1720 , enregiftrée en parlement le 9 mars enfuivant , qui fixe , pour ainfi dire , pour toujours la police & la difcipline des marchands fabriquans des ouvrages de bas, au métier , & qui pour cela a femblé mériter d'être rapportée ici prefque en fon entier.

Les articles de réglement portés par cette déclaration , font au nombre de vingt-huit.

Par le premier , fa majefté ordonne , qu'au lieu des droits ci-devant établis, il feroit payé par les propriétaires des métiers à faire bas , & autres ouvrages de bonneterie, demeurant dans le fauxbourg faint Antoine , le Temple , faint Jean de Latran & autres lieux prétendus privilégiés , la fomme de trente livres par métier , fous peine de confifcation defdits métiers.

Les maîtres de la communauté font tenus par le fecond , de payer dans un mois , à compter du jour de l'enregiftrement de ladite déclaration, la moitié de ce qu'ils pouvoient devoir par le paffé , & l'autre moitié deux mois après ; après lequel terme , il feroit appofé fur les métiers des maîtres,

qui auroient fait lefdits paiemens , une marque
différente de celle qui feroit mife fur les métiers
appartenans aux ouvriers , qui n'ont pas été reçus
maîtres de ladite communauté , & dont il feroit
dreffé procès-verbal , lors de la clôture duquel ,
les métiers appartenans auxdits maîtres , qui ne
les auroient pas fait marquer , & ne rapporteroient
pas une quittance finale dudit droit , feroient faifis
& vendus , pour être le prix employé par préférence au paiement de ce dont lefdits maîtres fe
trouveroient débiteurs ; avec défenfes à tous maîtres,
de tranfporter leur métier dans aucuns lieux prétendus privilégiés , à peine d'être déchûs de leur
maîtrife , rayés de la lifte , & de cinq cens livres
d'amende , applicables un tiers à l'hôpital général ,
un tiers à fa majefté , & l'autre tiers à la communauté.

Le troifiéme article fixe le droit qui fera payé
pour tous les métiers qui ont été numérotés ou
déclarés en exécution de l'édit du mois de mars
1708 , & qui ont été depuis tranfportés hors la
ville & fauxbourgs de Paris , à la fomme de trente
livres , pour la fuppreffion & extinction des droits
ci-devant établis ; à moins que les propriétaires ne
juftifient que ledit droit a été payé jufqu'au jour du
tranfport qui aura été fait defdits métiers , en conféquence d'une déclaration au bureau de la communauté , & d'un paffe-avant délivré par les jurés.

Le quatriéme article augmente les années d'apprentiffage , & veut qu'à l'avenir les brevets des
apprentifs foient de cinq années au lieu de trois ;
& qu'il foit payé pour l'enregiftrement de chaque
brevet , la fomme de trente livres , dont vingt-
quatre feront employées à l'acquittement de dettes
de la communauté , vingt fols pour le droit de confrérie ; & que du furplus , il en foit payé trois livres
aux jurés , vingt fols à l'huiffier , & vingt fols au
clerc , fur quoi vous obferverez qu'un homme va-
lide & de la plus médiocre adreffe peut apprendre
en huit jours très-parfaitement à faire un *bas* fur
le métier.

Le droit du tranfport d'un brevet d'apprentiffage
eft réglé par le cinquiéme article , à la fomme de
trente-cinq livres , dont vingt-neuf font pour l'acquittement des dettes , & les fix livres reftantes diftribuées de même que dans l'article précédent.

Le fixiéme article ordonne , que le compagnonage fera auffi à l'avenir de cinq années ; & que
les apprentifs , leur apprentiffage fini , feront tenus
de fe faire enregiftrer au bureau de la communauté ,
en qualité de compagnons , pour lequel enregiftrement ils payeront la fomme de trois livres ; avec
défenfes aux maîtres de quittancer les brevets de
leurs apprentifs , & de leur donner à travailler , en
qualité de compagnons , que lefdits apprentifs ne
fe foient fait enregiftrer , & payé ladite fomme
de trois livres , à peine contre les maîtres , de déchéance de la maîtrife , & de cinq cent livres
d'amende , applicable comme deffus.

Le feptiéme article veut , qu'après l'expiration

des dix années d'apprentiffage & de compagnonage ,
ceux qui afpirent à la maîtrife , foient tenus de
juftifier par un extrait baptiftaire en bonne forme ,
qu'ils font de la religion catholique, apoftolique &
romaine ; de rapporter leurs brevets d'apprentiffage ,
& un certificat de leur compagnonage , & de faire
le chef-d'œuvre , qui fera marqué de leurs nom &
furnom.

Les frais de réception à la maîtrife y compris
ceux de la lettre de maîtrife , font fixés par le
huitiéme article à 550 l. dont 350 , y compris le
droit de bourfe commune , & le droit royal , feront
employés au paiement des arrérages & principaux
des rentes dûs par la compagnie , 12 l. pour le
droit de confrérie & les 188 l. reftans diftribués
pour les droits de préfence , ou en la fabrique
des jettons d'argent , pour être les uns & les autres
partagés , ainfi qu'il eft plus amplement expliqué
par ledit article.

Le neuviéme article exempte de la moitié des
droits ci-devant fixés , ceux qui épouferont les filles
de maîtres , & régle l'âge de la réception des fils
defdits maîtres à dix-fept ans ; ne foumettant ceux-
ci qu'à la fimple expérience , & réduifant les droits
qu'ils doivent payer à 50 l. outre le droit royal ,
& le demi-droit aux jurés & anciens ; laquelle fomme de 50 l. fera employée à l'acquittement des dettes
de la communauté.

Le dixiéme article traite des maîtres fans qualité ,
permettant à la communauté d'en recevoir jufqu'au
nombre de quarante , pendant le temps & efpace
de dix années , en faifant néanmoins le chef-
d'œuvre en la manière accoutumée ; & en payant
par chacun d'eux la fomme de 700 l. dont 500
feront pour le paiement des dettes de la communauté & le furplus diftribué , conformément à l'article huit.

L'article onziéme ordonne , qu'il fera payé la
fomme de 50 l. pour chacun des nouveaux métiers
qui feront faits jufqu'en l'année 1730 , en confidération de l'extinction des droits ci-devant établis ;
déclarant fujets au paiement dudit droit de 50 l.
tous métiers faits depuis le premier juillet 1719. On
peut voir dans le même article , à quoi font tenus
les maîtres qui font conftruire de nouveaux métiers ,
& les ferruriers , arquebufiers , & autres qui les
fabriquent & conftruifent ; & les peines & amendes
auxquelles les uns & les autres font condamnés ,
faute d'avoir obfervé les formalités qui leur font
enjointes.

Le douziéme article défend auxdits ferruriers ,
arquebufiers , ou autres , de faire , ou même de
commencer aucunes piéces defdits métiers pour
autres perfonnes , que pour les maîtres de la communauté , ou pour ceux établis dans les villes &
lieux où la fabrique des *bas* au métier eft permife ,
à peine de 1000 l. d'amende. Ordonnant au furplus , que pour chaque métier qu'ils auront fait
pour les maîtres des autres villes que Paris , ils
paieront la fomme de 50 l. fans pourtant qu'ils les

puiffent envoyer aux lieux de leur deftination, qu'après avoir fait une déclaration au bureau de ladite communauté, y avoir préfenté un certificat légalifé par les juges de la ville pour laquelle ils font deftinés, & avoir pris un paffe-avant audit bureau.

Le treiziéme article fait pareillement défenfes à tous maîtres, apprentifs & compagnons dudit métier & à toutes autres perfonnes, à peine de confifcation de leurs métiers, outils, ouvrages, &c. & de 1000 l. d'amende, de faire aucun établiffement de ladite manufacture en d'autres villes du royaume, que celles dénommées par le réglement du 30 mars 1700 & du 28 mars 1708, fçavoir, Paris, Dourdan, Rouen, Caen, Oleron, Aix, Touloufe, Nifmes, Ufez, Romans, Lyon, Metz, Bourges, Poitiers, Orléans, Amiens & Reims, s'ils n'en ont obtenu un privilége fpécial de fa majefté, enregiftré au parlement, avec permiffion néanmoins à ceux qui auroient fait de pareils établiffemens, de fe retirer dans les villes défignées pour cette fabrique, fous les conditions expliquées plus au long dans le préfent article, & furtout à l'égard de la ville de Paris, conformément à l'article 31 du réglement de 1700.

Le quatorziéme article renouvelle les articles 25 & 26 dudit arrêt de réglement du 30 mars 1700, & en ordonne l'exécution.

Le quinziéme article établit un regiftre, qui fera tenu par chacun des maîtres de ladite communauté, pour infcrire les noms & demeures des ouvriers, qu'ils feront travailler hors de chez eux, dans des lieux prétendus privilégiés, où ils feront mention des matières qu'ils leur auront livrées, & des paiemens qu'ils leur auront faits. Enjoignant pareillement aux ouvriers de tenir regiftres de leur côté, du nom & demeure des maîtres pour qui ils travailleront, des matières à eux livrées, & des paiemens qu'ils auront reçus ; afin qu'en cas que lefdits regiftres ne fe trouvent pas conformes, les matières trouvées chez lefdits ouvriers foient faifies, confifquées & vendues, moitié au profit de la communauté, & moitié au profit de l'hôpital général ; avec défenfes aufdits ouvriers & compagnons, de travailler pour d'autres que pour les maîtres, ou de les quitter, s'ils travaillent chez eux, qu'ils ne les en ayent avertis un mois auparavant ; avec pareille obligation pour les maîtres qui voudront renvoyer leurs ouvriers, ou compagnons, de les en avertir, mais feulement quinze jours auparavant.

Les feiziéme & dix-feptiéme articles parlent des compagnons forains, dont ceux qui viendront pour travailler chez les maîtres, après les trois mois depuis la publication de la préfente déclaration accordée aux ouvriers fans qualité, pour fe faire enregiftrer au bureau de la communauté, feront tenus à pareil enregiftrement, pour lequel ils payeront 3 l. pour la première fois, & feulement 30 f. par chacune année, jufqu'à ce qu'il en ait été autrement ordonné par fa majefté ; avec défen-

fes aux maîtres de donner à travailler auxdits compagnons, qu'ils ne leur ayent fait apparoître de leurdit enregiftrement ; & aux jurés de les enregiftrer, s'ils n'ont juftifié de leur brevet d'apprentiffage, paffé en forme avec des maîtres des lieux deftinés pour ladite fabrique.

Le dix-huitiéme article permet aux ouvriers des lieux prétendus privilégiés, d'apprendre leur métier à leurs fils feulement, qui, après le décès de leurs peres, ou lorfqu'ils auront quitté la maifon paternelle, feront tenus de fe faire enregiftrer & de payer les 3 l. pour droit d'enregiftrement, après quoi ils feront cenfés & réputés compagnons forains ; avec défenfes aufdits ouvriers, qui travaillent dans lefdits lieux prétendus privilégiés, de faire aucun alloué ; & aux compagnons & apprentifs, fervans actuellement chez les maîtres, de s'établir dans lefdits lieux : défendant pareillement aux premiers, d'avoir chez eux d'autres métiers, que ceux fur lefquels ils travaillent & leurs enfans.

Par le dix-neuviéme article, le nombre des jurés de la communauté eft réglé à fix, au lieu de quatre, à commencer du jour de la faint Louis de l'année 1720, & jufqu'à ce qu'autrement il en ait été ordonné par fa majefté ; à l'effet de quoi il en feroit élu deux en ladite année 1720 ; & les deux plus anciens actuellement en charge, qui auront dû fortir, refteroient jufqu'à la fête S. Louis 1721 ; outre lefquels fix grands jurés, il feroit encore fait élection de fix maîtres, qui auroient la qualité de petits jurés, lefquels néanmoins ne feroient tenus de payer aucuns droits de jurande, dont les deux plus anciens fortiroient tous les ans au premier octobre, pour être remplacés par deux autres.

Le vingtiéme article régle les fonctions des fix petits jurés, dont les principales font : d'aller faire, fans l'affiftance des grands jurés, la vifite dans les lieux prétendus privilégiés & autres lieux, où il n'eft pas permis d'avoir des métiers, en fe faifant affifter d'un commiffaire au châtelet ; & de faifir dans les rues de la ville & fauxbourgs, les *bas* & autres ouvrages de bonneterie, qu'ils trouveront non conformes aux ordonnances & réglemens, & ès mains des perfonnes fans qualité, qui en feroient commerce ; à la charge néanmoins, en cas de faifies faites par eux, de les rapporter au bureau, pour en faire pourfuivre la confifcation par les jurés en charge.

Par le vingt-uniéme article, les vifites d'obligation des grands jurés font fixées à fix par an ; pour chacune defquelles les maîtres payeront à l'avenir vingt fols, au lieu de dix fols qui fe payoient précédemment ; de la moitié defquels droits le juré comptable fera obligé de fe charger dans fon compte, pour être employée à l'acquittement des dettes de la compagnie ; au paiement defquelles feront pareillement deftinés les 150 l. que chacun defdits grands jurés fera tenu de donner immédiatement après fon élection ; avec défenfes à ceux des jurés & maîtres,

qui

qui affifteront, & feront déformais appellés auxdites élections, d'exiger aucune chofe, fous prétexte de repas, ou autrement, à peine de concuffion.

Le vingt-deuxiéme article parle des comptes que
les jurés comptables rendront tous les mois pardevant huit anciens, deux modernes & deux jeunes ;
& du compte général, qui fera rendu tous les ans
au premier octobre, par-devant le lieutenant général
de police.

Il eft ordonné par le vingt-troifiéme, qu'en cas
que les droits ci-deffus impofés ne foient pas fuffifans
pour payer les dettes de la compagnie, & qu'il
ait été ainfi vérifié par-devant ledit fieur lieutenant
général de police, les jurés impoferont fur les
maîtres un fol pour livre de la capitation par eux
payée à fa majefté, jufqu'à la concurrence defdites
rentes feulement.

Le vingt-quatriéme article défend aux jurés d'employer lefdits droits deftinés à acquitter les dettes de
la compagnie, à quelque autre ufage que ce puiffe
être, à peine d'en répondre en leur propre & privé
nom ; & même fous plus grande peine, fi le cas y
échéoit.

Le vingt-cinquiéme veut, que les maîtres faffent
enregiftrer fur le livre de la communauté, les nouveaux métiers qu'ils feront fabriquer, inceffamment
après que les ferruriers les leur auront délivré, à peine
de confifcation, de 300 l. d'amende & d'être rayés
de la lifte.

Le vingt-fixiéme défend aux maîtres de vendre
aucun ouvrage dudit métier, qu'il ne foit apprêté,
parfait & marqué, conformément au réglement de
1700 & de 1708, à peine d'être déchus de leur
maîtrife, d'être rayés de la lifte, & de 1000 l.
d'amende.

Par le vingt-feptiéme, défenfes font faites à tous
graveurs, de faire, fans la permiffion expreffe du
lieutenant de police, aucuns poinçons de marque,
pour autres que pour les maîtres, à peine de confifcation defdits poinçons, & de 500 liv. d'amende.

Enfin, le vingt-huitiéme & dernier ordonne, que
les édits, arrêts & réglemens concernant ladite fabrique, regiftrés aux cours de parlement ; entr'autres,
l'arrêt & réglement du 30 mars 1700, & l'édit du
même mois de mars 1708, feront au furplus exécutés felon leur forme & teneur ; en ce qui n'eft point
contraire à la préfente déclaration.

Depuis le réglement de 1708, il a été rendu divers
arrêts du confeil, concernant la fabrique des bas au
métier, entr'autres ceux des 28 août 1717, 22 novembre 1720, 3 juillet, 28 août, 6 & 30 feptembre, 10 & 27 novembre 1721, & 6 feptembre
1723. De ces neuf arrêts, cinq contiennent des
réglemens généraux pour tous les fabriquans du
royaume qui travaillent aux bas au métier ; les
quatre autres font pour les ouvriers de la ville de
Caen, les fabriquans du Languedoc, & les entrepôts
de Rouen & de Bordeaux ; ceux-ci font les arrêts
du 20 août 1717, 28 août & 10 novembre 1721.

On va donner l'extrait de ces neuf arrêts, en
commençant par ceux pour la ville de Caen.

Les fabriquans de *bas au métier* de cette capitale
de la baffe-Normandie, forment une communauté
très-confidérable ; ils avoient été érigés en forme de
jurande en 1691, & la même année ils avoient reçu
des ftatuts autorifés par des lettres-patentes de
Louis XIV, alors régnant. Par l'article xxv de
ces ftatuts, ils avoient été autorifés à travailler en
bas d'eftame à deux fils, & avoient continué à en
faire de cette qualité, malgré le réglement général
de 1700, qui avoit ordonné qu'il ne s'en feroit plus
qu'à trois fils.

Cette contravention quoique tacitement permife,
donna lieu à l'arrêt du 28 août 1717, par lequel,
en prenant un milieu entre l'interdiction totale de la
fabrique à deux fils, & la permiffion de continuer
d'en faire de cette forte ; fa majefté permet aux fabriquans de Caen, d'en fabriquer encore pendant trois
années, après lefquelles ils rentreroient dans la régle
générale.

A l'expiration de ces trois années, il parut un arrêt
du 3 juillet 1721, qui ordonnoit de nouveau l'exécution du réglement de 1700, & qui en révoquant
la permiffion accordée par un autre arrêt du 22
novembre 1720, de faire des *bas à deux fils*, faifoit de plus expreffes défenfes de jamais fabriquer
des *bas*, foit au tricot, foit au métier, à moins
de trois fils.

Les fabriquans de Caen efpérant fe conferver leur
ancienne liberté, & fe flattant qu'ils obtiendroient,
comme auparavant, au moins pour un temps, que
l'exécution de l'arrêt du 3 juillet fût fufpendue à
l'égard de leur communauté, préfentèrent leur requête au confeil, par laquelle ils remontrèrent que,
s'ils étoient privés de la faculté de faire des *bas de
deux fils*, ils feroient obligés d'abandonner cinq
cent métiers fur lefquels il fe faifoit plus de huit cent
paires de *bas* par jour, & de renvoyer plus de cinq
mille ouvriers qu'ils occupoient aux divers ouvrages
de leurs manufactures ; offrant pour éviter tout abus,
de mettre aux *bas à deux fils* une marque qui les
diftinguât des *bas à trois fils*.

C'eft fur cette requête que fut rendu l'arrêt du
10 novembre 1721, par lequel fa majefté fans y
avoir égard, ordonne que les arrêts du 30 mars 1700
& 3 juillet 1721, feroient exécutés felon leur forme
& teneur ; & en conféquence, fait défenfes aufdits
fabriquans de la ville de Caen, de fabriquer des
bas à deux fils, & d'en vendre, ni débiter, fous les
peines portées par lefdits arrêts.

RÉGLEMENS GÉNÉRAUX.

Le premier des cinq arrêts portant *réglement
général pour la fabrique des bas au métier*, eft
celui du 22 novembre 1720. Le plus important des
articles qui le compofent, eft le deuxiéme, par
lequel fa majefté déroge à l'article dix du *réglement*
de 1700, qui défend de fabriquer aucun *bas d'eftame à moins de trois fils*, leve cette défenfe ; &

Ff

permet aux fabriquans d'en acheter d'eux, & de les envoyer tant en Italie qu'en Espagne, & autres pays méridionaux, avec néanmoins expresses inhibitions d'en exposer en vente, ni en faire aucun débit dans le royaume.

Cette permission générale ayant causé quantité d'abus que la restriction qu'on y avoit ajoutée, n'étoit pas suffisante d'arrêter, & sa majesté ayant été informée que sous le prétexte du transport des *bas à deux fils*, qu'on supposoit qu'on envoyoit à l'étranger, il s'en faisoit un grand déversement dans les provinces de l'intérieur du royaume; outre que cette liberté de faire des *bas* de cette qualité, pouvoit causer du relâchement parmi les fabriquans, & être préjudiciable à la perfection à laquelle cette fabrique l'avoit porté jusqu'alors, comme l'avoient reconnu les fabriquans de Paris même, en renonçant par une délibération générale du 3 mai 1721, à la fabrique & à l'usage des *bas à deux fils*, comme mauvais & pernicieux au royaume.

Pour toutes ces raisons, il fut rendu au conseil un arrêt du 3 juillet de la même année 1721, par lequel sa majesté révoquant la permission accordée par l'article 2 de l'arrêt du 22 novembre 1720, ordonne l'exécution de l'arrêt du 30 mai 1700; & en conséquence que les *bas* & autres ouvrages d'estame ne pourront être fabriqués sur les métiers à moins de trois fils, ni être exposés en vente, qu'ils ne soient marqués par le maître qui les aura fabriqués ou fait fabriquer, d'un plomb portant d'un côté le nom dudit maître, & de l'autre celui de la ville en laquelle il fait sa demeure: faisant, sa majesté, très-expresses défenses à tous fabriquans de faire des *bas d'estame à deux fils*, & aux marchands négocians d'en acheter, d'en avoir dans leurs magasins, ni d'en vendre tant en gros qu'en détail, sous peine, en cas de contravention ou de défaut de marque, de cinq cent livres d'amende pour la première fois, & de trois mille livres d'amende & de déchéance de la maîtrise en cas de récidive; se réservant, sa majesté, de pourvoir par des arrêts particuliers, s'il y avoit lieu, à ce qui peut conserver la fabrique & le commerce des *bas à deux fils*, pour le pays étranger.

C'est en conséquence de cette dernière clause du précédent arrêt, qu'ont été rendus celui du 28 août & les deux du 6 septembre ensuivant, par lesquels il est réglé ce qui concerne le commerce des *bas à deux fils*, destinés à l'étranger, tant pour le Languedoc, que pour Rouen & Bordeaux.

A l'égard de l'arrêt pour le Languedoc, qui est le premier & le plus considérable, les principaux motifs sur lesquels il a été rendu, sont qu'il se fait dans cette province, particulièrement dans les diocèses de Toulouse, de Carcassone, de Castres, de Beziers, d'Agde, de Montpellier, de Nîmes, d'Uzez & d'Alais, quantité de *bas à deux fils*, dont la destination est pour l'étranger: que dans la seule ville de Nîmes & les diocèses d'Uzez & d'Alais, il y a environ deux mille cinq cens métiers où il se fabri-

que de cette sorte de *bas*: que jamais on n'avoit eu aucune plainte sur la mauvaise qualité desdits *bas*: que si on en défendoit la fabrique, la province du Languedoc se trouveroit privée d'un de ses principaux commerces: enfin, qu'il seroit facile d'empêcher qu'ils ne puissent se débiter dans le royaume, ce qui étoit le principal objet de la défense.

Sur ces représentations, & le roi y ayant égard, permit aux fabriquans de Languedoc, particulièrement des diocèses nommés ci-dessus, de fabriquer des *bas à deux fils*, & à tous marchands d'en acheter d'eux pour les envoyer en Italie, en Espagne, & autres pays méridionaux; dérogeant à cet effet aux défenses portées par l'arrêt du 3 juillet; avec injonction néanmoins, pour empêcher toutes sortes d'abus, d'apposer sur chaque *paire de bas*, un plomb où le nom de celui qui les aura fabriqués sera marqué d'un côté, & de l'autre ces mots: *bas à deux fils*, ou *bas à trois fils*, pour distinguer ceux qui peuvent être débités dans le royaume, d'avec ceux qui doivent être envoyés à l'étranger: faisant, sa majesté, défenses expresses auxdits fabriquans & aux marchands, de faire aucun débit dans le royaume desdits *bas à deux fils*, à peine de confiscation, & de mille livres d'amende pour la première contravention, & de trois mille livres d'amende & de déchéance de la maîtrise, en cas de récidive.

Les deux arrêts du 6 septembre 1721, ordonnent de nouveau l'exécution de celui du 3 juillet précédent: mais pour faciliter aux marchands bonnetiers de la ville de Rouen & de celle de Bordeaux, les moyens de se défaire & d'envoyer à l'étranger les *bas à deux fils* qu'ils avoient dans leurs boutiques & magasins, au lieu du terme d'un mois qu'il leur avoient seulement accordé, ils établissent dans chacune de ces villes, un magasin d'entrepôt où lesdites marchandises destinées à l'étranger, pourront être déposées jusqu'à ce qu'il se soit trouvé des occasions de les faire passer hors du royaume.

L'arrêt du 30 septembre 1721, charge les inspecteurs de la draperie, de visiter les *bas* & autres ouvrages au métier; & pour les autoriser dans cette visite, ordonne que chacun dans leur département, dans les lieux où il est permis de travailler en *bas au métier*, ils prendront également connoissance desdits ouvrages, comme des manufactures de la draperie & autres étoffes de laine, & exerceront de même leur fonction pour parvenir à l'exécution exacte des différens réglemens intervenus pour l'une & l'autre fabrique. Sa majesté enjoignant aux fabriquans desdits *bas* & ouvrages, de souffrir la visite desdits inspecteurs, & de leur faire ouverture de leurs boutiques & ouvroirs, quand ils en seront requis, comme les fabriquans de draps, serges, & autres étoffes de laine, sont tenus de recevoir la visite desdits inspecteurs, & sous les mêmes peines.

L'arrêt du 27 novembre de la même année 1721, porte défenses aux *fabriquans* de *bas* & autres ouvrages au tricot, comme aussi d'avoir chez eux des laines de pelis & pelades, sous prétexte que ces sortes de laines n'étant défendues que pour les ouvrages au métier, il leur étoit permis de les employer à ceux du tricot, auxquels ils prétendoient d'être en droit de faire travailler.

La communauté des maîtres *fabriquans de bas au métier* de la ville de Paris, ayant depuis été réunie par arrêt du 17 avril 1723, au corps des marchands bonnetiers de la même ville, on peut voir dans ce Dictionnaire, à l'article des bonnetiers, ce en quoi il peut avoir été dérogé au précédent arrêt.

Le réglement du mois de mars de l'année 1700, avoit ordonné l'apposition d'un plomb à tous les *bas* & autres ouvrages au métier, avant que d'être exposés en vente, & aussi - tôt qu'ils auroient été cousus & foulés ; mais il n'avoit pas pourvu à l'inconvénient qui arrive, lorsque ces sortes d'ouvrages ayant été achetés en blanc, les marchands qui les ont achetés sont dans la suite obligés d'en détacher le plomb pour le mettre à la teinture, ou leur donner quelqu'autre apprêt, crainte que ledit plomb, ou n'y fasse des trous, ou ne tache les couleurs fines, parce qu'alors lesdits ouvrages se trouvant sans le plomb de fabrique, sont sujets à la confiscation, & les marchands foulonniers, fouleurs, teinturiers, & apprêteurs exposés à encourir l'amende ordonnée par ledit réglement.

C'est pour y pourvoir, & en même-temps pour assurer l'exécution des réglemens, qu'a été rendu l'arrêt du 6 septembre 1723.

Sa majesté ordonne par ledit arrêt :

1°. Que les marchands & négocians qui auront acheté en blanc, des *bas* & autres ouvrages au métier, & qui voudront les faire teindre & apprêter, seront tenus avant que d'en détacher le plomb, d'en faire au bureau des fabriquans desdits ouvrages, ou à leur défaut, au bureau des marchands bonnetiers établi dans la ville où lesdits *bas* & autres ouvrages au métier, seront teints & apprêtés, une déclaration contenant le nombre & la qualité desdits ouvrages, qu'ils représenteront aux gardes - jurés desdits fabriquans ou marchands bonnetiers ; & que lesdits gardes-jurés écriront ladite déclaration sur un registre particulier, qu'ils tiendront pour cet effet.

2°. Sa majesté ordonne, qu'après que lesdits ouvrages auront été teints & apprêtés, lesdits marchands les rapporteront audit bureau, où il en sera fait mention sur le registre, à la marge de ladite déclaration, & qu'il y sera attaché un nouveau plomb contenant d'un côté le nom de la ville, avec ces mots, *nouvelle marque ;* & de l'autre côté, *à deux fils* ou *à trois fils*, suivant la différente qualité desdits ouvrages.

3°. Pour chacun desdits ouvrages au métier, sur lesquels ledit nouveau plomb sera apposé, il doit être payé six deniers.

4°. Enfin il est ordonné que tous ceux desdits ouvrages qui seront trouvés sans le plomb du fabriquant ou ledit nouveau plomb, seront confisqués, & les fabriquans ou marchands, chez lesquels ils seront trouvés, condamnés aux amendes portées par lesdits réglemens.

Il avoit été fait défenses par une des dispositions du réglement du 30 mars 1700 pour les *bas* & autres ouvrages au métier, à tous serruriers, arquebusiers, & à toutes autres personnes, de faire des métiers pour autres que pour les maîtres dudit métier, ou pour les particuliers privilégiés pour ladite manufacture. Comme aussi il avoit été défendu à tous marchands, ouvriers, & à toutes autres personnes, de transporter ni faire sortir hors du royaume aucun métier, à peine de confiscation & de mille livres d'amende : sa majesté voulant assurer l'exécution desdites défenses pour la conservation d'une manufacture si avantageuse à ses sujets, les a confirmées, expliquées & étendues par un nouveau réglement dressé en son conseil d'état, le 25 avril 1724, & donné à ce sujet.

Sept articles composent ce réglement.

Par le premier article, il est fait très-expresses inhibitions & défenses à tous maîtres serruriers & autres qui sont en droit de fabriquer des métiers à faire *bas* & autres ouvrages de soie, laine, fil ou coton, comme aussi à tous marchands fabriquans lesdits ouvrages, de vendre des métiers à aucunes autres personnes qu'à des marchands travaillant auxdits ouvrages, à peine de trois cent livres d'amende, qui ne pourront être modérées pour quelque cause & prétexte que ce soit.

2°. Il est enjoint sous les mêmes peines auxdits serruriers & autres fabriquans desdits métiers, aussibien qu'aux marchands fabriquans lesdits *bas* & autres ouvrages, qui voudront vendre un ou plusieurs métiers, d'en faire leur déclaration dans les vingt-quatre heures, aux syndics, ou gardes-jurés desdits marchands fabriquans de *bas* de la ville, où lesdits métiers seront vendus ; laquelle déclaration contenant le nombre desdits métiers, avec les noms & qualités du vendeur & de l'acheteur, sera inscrite dans un registre particulier, que sa majesté ordonne auxdits syndics ou gardes de tenir à cet effet, & qui sera signé par le vendeur en cas qu'il sçache signer, sinon en sera fait mention sur ledit registre.

3°. Il est ordonné que sur le même registre, le marchand fabriquant qui aura acheté un ou plusieurs métiers, s'il est domicilié dans la même ville, sera tenu de s'en charger & de faire sa soumission, de les représenter sur la première réquisition qui lui en sera faite, à peine de mille livres d'amende, & de confiscation des métiers.

4°. Si l'acheteur est résidant dans une autre ville de la province, ou généralité, en laquelle ville la fabrique desdits *bas* est permise ; il sera tenu sous les mêmes peines de faire par lui, ou par un commissaire, une pareille déclaration sur le registre des syndics ou gardes-jurés de la ville où l'achat en aura été fait, & d'y faire mention de la ville en laquelle lesdits métiers seront transportés, avec une soumission de rapporter aux syndics, ou gardes-jurés, dans un délai qui sera par eux fixé à propor-

Ff ij

tion de la diſtance des lieux, un certificat des juges de police, pour juſtifier de la remiſe deſdits métiers, au lieu de leur deſtination.

5°. Sa majeſté veut & entend que le voiturier, ou autre chargé du tranſport deſdits métiers, ſoit, à peine de confiſcation des métiers, & de cent livres d'amende, porteur d'une copie deſdites déclaration & ſoumiſſion, qui lui ſeront délivrées par leſdits ſyndics, ou gardes-jurés, qui ſera viſée par les juges de police du lieu du départ, & qui ſera repréſentée avec la lettre de voiture, aux juges exerçant la police dans le lieu de leur deſtination, ſur la première requiſition que ſa majeſté ordonne auxdits juges de faire auſſi-tôt après l'arrivée deſdits métiers.

6°. En cas que leſdits métiers ſoient tranſportés dans une autre province ou généralité, ſa majeſté veut & entend que ledit tranſport ne puiſſe être fait qu'en conſéquence d'une permiſſion par écrit qui ſera donnée par le ſieur lieutenant-général de police, pour la ville, fauxbourgs & banlieue de Paris; & dans les provinces, par le ſieur intendant ou commiſſaire départi de celles deſdites provinces, d'où les métiers ſeront enlevés, pour être remiſe au voiturier, & par lui repréſentée aux juges de police dans la ville pour laquelle ils ſeront deſtinés, avec la copie deſdites déclarations & ſoumiſſions; &. en cas d'inexécution du contenu audit article, leſdits métiers ſeront confiſqués, & l'acheteur ſera condamné à mille livres d'amende, & le voiturier à cent livres, ce qui ſera pareillement obſervé en cas que leſdits métiers ſoient tranſportés par mer dans les pays étrangers, & les capitaines, patrons & maîtres des vaiſſeaux, barques & autres bâtimens maritimes, ſeront perſonnellement condamnés à ladite amende de cent livres, au paiement de laquelle les charrettes & autres voitures, enſemble les chevaux & bâtimens de mer ſeront & demeureront affectés, ſauf le recours deſdits voituriers par terre, & des capitaines, maîtres & patrons, contre les propriétaires deſdits métiers, s'il y écheoit.

7°. Enfin, ſa majeſté ordonne en outre que leſdits juges de police ſeront tenus de remettre dans le mois de janvier de chaque année, audit ſieur lieutenant-général de police de la ville, fauxbourgs & banlieue de Paris, & auxdits ſieurs intendans, un état détaillé deſdites déclarations, ſoumiſſions & permiſſions, &. du nombre des métiers étant dans chaque ville, où la fabrique deſdits bas & autres ouvrages, eſt permiſe; lequel état ſera par eux ſigné & certifié véritable, pour être enſuite envoyé au ſieur contrôleur-général des finances, par leſdits ſieurs lieutenant-général de police, & intendans de province; afin qu'il puiſſe être reconnu ſi le même nombre de métiers eſt exiſtant dans chacune deſdites villes, & pour quelle cauſe il ſera augmenté ou diminué.

On appelle bas d'eſtame, des bas qui ſe font avec du fil de laine très-tort, que l'on nomme fil d'eſtame, ou fil d'eſtain. Ces ſortes de bas ſont fort ras, n'ayant point été tirés avec le chardon.

Des bas drapés, ou foulés, ſont des bas, qui ayant été fabriqués avec de la laine un peu lâchement filée, que l'on appelle file de treme, ont paſſé par la foule, & dont le poil a été enſuite tiré avec le chardon; ce qui les a rendus ſuperficiellement ſemblables à cette étoffe, que l'on appelle drap de laine.

On nomme bas à étrier, des bas coupés par le pied, qui ne ſervent qu'à couvrir la jambe, & non pas le pied. Cette eſpèce de bas ne ſe met que ſous un bas à pied, pour tenir la jambe plus chaude.

Anciennement il ſe faiſoit une ſorte de bas, que l'on appelloit bas d'attache, parce qu'il s'attachoit au haut des chauſſes avec des rubans, ou des aiguillettes; mais l'uſage des bas d'attache eſt abſolument perdu.

Il ſe fait auſſi des bas de chamois, teints en différentes couleurs; mais ces ſortes de bas ne regardent point le négoce de la bonneterie; ce ſont à Paris les marchands peauſſiers qui les taillent, qui les couſent & qui les vendent.

On fait encore des bas de toile jaune & griſe, ordinairement écrue, qui ſe débitent par les marchandes lingères, ou par les marchands merciers.

Les bas de ſoie payent en France de droits d'entrée, en conſéquence du tarif de 1667, deux livres de la paire; ceux d'eſtame & de laine huit livres par douzaine de paires, & ceux de coton & de fil quatre livres auſſi par douzaine. Les uns & les autres, conformément à l'arrêt du 15 juin 1688, ne peuvent entrer par mer dans le royaume que par Rouen, Nantes, la Rochelle & Bordeaux.

Les droits de ſortie des bas de ſoie ſont de douze ſols la livre peſant, & des bas de laine ſeulement de deux livres par cent peſant, à quoi ces derniers ont été modérés par l'arrêt du 3 juillet 1692; le tout avec les deux ſols pour livre.

Un dernier arrêt du conſeil d'état du roi, du 3 mai 1720, a encore ajouté de nouvelles précautions pour l'entrée de la bonneterie de laine de fabrique étrangère dans le royaume; & pour empêcher qu'elle n'y puiſſe entrer en fraude, a ordonné que les bas, & tous autres tels ouvrages de bonneterie, compoſés de laine venans de pays étrangers, n'entreront à l'avenir dans les états de ſa majeſté, que par les ports de Calais & de ſaint-Vallery, où les droits d'entrée ſeront payés, conformément audit tarif du 18 avril 1667; & leſdits bas & ouvrages marqués d'un plomb, portant d'un côté une fleur-de-lys, & de l'autre ce mot, Calais ou ſaint-Vallery: déclarant ſadite majeſté tous autres ports, chemins & paſſages, même la ville de Sedan, voies obliques & prohibées; défendant à tous marchands de faire entrer leſdites marchandiſes par d'autres endroits que par leſdits ports, à peine de confiſcation, & de 500 livres d'amende. Ces réglemens ont coûté bien des soins à leurs fabricateurs; il n'en est pas moins vrai cependant qu'on fait d'excellens *bas au métier*, qui conviennent aux consommateurs, & qu'on leur vend à bon marché, dans les pays où ces réglemens sont inconnus.

Il faut avouer néanmoins que les *bas* de Paris sont très-beaux & très-bons sans être trop chers; ce qui n'arriveroit que mieux encore pour toute espèce de marchandise usuelle, dans une immense & riche capitale, où le goût semble fixer son empire.

BAS. (*Mettre bas*.) On dit qu'un manufacturier de draps de laine, ou d'autres étoffes, a mis *bas* une partie de ses métiers; pour dire qu'il en a retranché une certaine quantité, à cause du peu de consommation qui se faisoit des marchandises de ses fabriques.

On dit absolument qu'une manufacture, ou fabrique, est *bas* ou à *bas*; pour dire qu'il n'y a plus d'ouvriers, que le travail en est tout-à-fait cessé, que les métiers sont délabrés ou démontés.

BAS. Les marchands orfévres nomment de l'or *bas*, de l'argent *bas* ou de *bas alloi*, celui qui est foible & rempli d'alliage, qui n'est pas au titre du poinçon de Paris, ou de celui auquel on bat les monnoies. L'argent d'Allemagne est d'un titre très-*bas*. On appelle *bas billon d'argent*, celui qui est au-dessous de cinq deniers; & *haut billon*, celui qui est au-dessus jusqu'à dix. *Voyez* OR, ARGENT & BILLON.

BAS. En fait de tapisseries, on dit *haute* & *basse lisse*, ou *basse marche*, pour exprimer la façon de leur travail. *Voyez* BASSE LISSE & HAUTE LISSE.

BAS A HOMME, BAS A FEMME. Ce sont des noms que l'on donne à certains papiers très-communs, qui servent aux marchands bonnetiers pour empaqueter leurs marchandises. Il y a de ces papiers qui sont collés, & d'autres qui ne le sont point. *Voyez* PAPIER.

BASANE, que quelques-uns écrivent aussi BAZANE. (*Peau de belier, mouton ou brebis*, passée en tan ou en redon.)

Les *basanes* s'employent à divers usages, suivant qu'elles sont différemment apprêtées. On en couvre des livres, des porte-feuilles, des porte-cédules, des miroirs de toilette, des boîtes à poudre, des fauteuils, des chaises & perroquets, des formes à banquettes, & des tabourets. On en fait aussi des tapis, des soufflets, des fourreaux d'épées, des tapisseries de cuir doré, des talons de souliers & de bottes, &c. La France ne tire point de *basanes* des pays étrangers, au contraire les étrangers en tirent des François.

Les *basanes* se distinguent en *basanes tannées*, ou de *couche*, en *basanes coudrées*, en *basanes chippées*, en *basanes passées en mesquis*, & en *basanes* appellées *aludes*.

Les *basanes tannées*, ou de *couche*, sont celles qui ont été étendues & couchées de plat dans la fosse au tan, pour y être tannées, de même que les peaux de veau, à l'exception qu'elles n'y ont pas resté si long-temps. Les *basanes* de cette espèce viennent pour l'ordinaire de Nonancourt, de Verneuil au Perche, de Mortagne & de Montereau, d'où elles sont envoyées en croute, c'est-à-dire, telles qu'elles sont sorties des tanneries. Leur emploi le plus ordinaire est pour faire des tapisseries de cuir doré & des talons de souliers. La consommation de cette sorte de *basane* est de beaucoup diminuée, depuis que l'on s'est avisé de porter des talons de bois.

Les *basanes coudrées* sont des *basanes* qui n'ont été que rougies dans l'eau chaude avec le tan, après avoir été pelées & plainées par le moyen de la chaux. Cette sorte de *basane* s'emploie aux mêmes usages que celle de couche, & vient des mêmes endroits. *Voyez* TANNER; *la manière de rougir les currs, ou de les mettre en coudrement y est plus amplement expliquée.*

Les *basanes chippées* sont des *basanes* apprêtées d'une certaine manière particulière.

Les *basanes passées en mesquis*, sont celles dans l'apprêt desquelles les tanneurs ont employé le redon au lieu de tan. Les Lyonnois & les Limosins sont ceux qui en fabriquent le plus: ils les envoyent dans toutes les villes du royaume, & particulièrement à Paris, toutes teintes en noir, en rouge, en jaune, en bleu, en verd & en violet.

Les *basanes*, que l'on nomme *aludes*, sont pour l'ordinaire teintes en verd & en violet, fort velues d'un côté. Elles sont appellées *aludes* à cause que dans les apprêts qu'on leur donne, on y emploie de l'eau d'alun. Cette sorte de *basane*, qui est toute différente des autres, ne s'emploie ordinairement qu'à faire des couvertures de livres & des porte-feuilles d'écoliers.

On nomme encore *basanes*, quoiqu'assez improprement, les *peaux de belier, mouton & brebis passées en mégie*, qui servent à faire des culottes, des poches, des goussets, des sacs, des tabliers d'ouvriers, &c. soit qu'elles soient simplement en blanc, ou qu'elles ayent été mises en couleur par les peaussiers. Paris est la ville du royaume où il s'apprête le plus de ces sortes de *basanes*: il s'en tire néanmoins assez considérablement de Limoges, de Lyon, de Nantes, de Dijon & de Châlons-sur-Saône. *Voyez* MÉGIE.

Les *basanes* tannées *payent en France de droits d'entrée, & de droits de sortie; six sols la douzaine, conformément au tarif de 1664, avec les nouveaux sols pour livre.*

BASARUCO. (*Petite monnoie des Indes*, de très-bas alloi, n'étant faite que de très-mauvais étain.) Il y en a de deux sortes, les uns que l'on appelle *bons*, & les autres *mauvais*. Ces derniers sont d'un sixième moindre que les bons. Il faut trois *basarucos* pour deux reys de Portugal, quinze pour un vintain, & trois cens soixante-quinze pour un pardao-xerafin: ce qui s'entend des bons *basa-*

rucos ; le nombre des mauvais devant s'augmenter d'un sixiéme à proportion.

BAS-BRETON. On appelle *fils bas-bretons ,* des fils blancs , qui viennent de Morlaix , qu'on nomme plus communément *fils de Cologne.*

BASCULE. (*Terme de marchand en détail.*) On appelle *bascule de comptoir,* la petite plaque de fer carrée , qui hausse & qui baisse dans le milieu d'un comptoir , par le trou de laquelle les marchands font tomber dans un tiroir fermant à clef, qui est au-dessous , l'argent qu'ils reçoivent journellement de la vente de leurs marchandises.

BASIN. (*Etoffe croisée ,* qui doit être fabriquée toute de fil de coton , tant en chaîne qu'en treme.)

Il se fait des *basins* de différentes qualités & façons : de larges , d'étroits , de fins , de moyens , de gros , d'unis avec du poil d'un côté ; d'autres à petites rayes imperceptibles sans poil , & d'autres à grandes rayes ou barrés , aussi sans poil. Il y en a quelques-uns dans lesquels l'on fait entrer du fil de chanvre ou de lin , &. quelquefois du fil d'étoupe ; mais ces sortes de matières sont défendues par les réglemens , en ce qui concerne la manufacture des *basins.*

L'on fabrique beaucoup de *basins* en France , particulièrement à Troyes, à Rouen & à Lyon , où d'abord la fabrique en fut établie vers l'an 1580.

Les *basins* de Troyes sont les plus estimés. Il s'en consomme quantité dans le royaume, & il s'en fait de grands envois dans les pays étrangers.

Cette manufacture, qui servoit de mode à toutes les autres de semblable espèce, fut réglementée au mois de janvier 1701.

Il est porté par ce réglement, que les *basins* ou *bombasins larges,* soit unis, soit à petites rayes , ou à grandes rayes, auront demi-aune & un pouce de large en peigne & sur le métier : qu'ils seront composés de vingt-quatre portées de quarante fils chacune ; & que la pièce aura vingt-quatre aunes de longueur.

Que ceux à petites rayes auront cent soixante rayes dans l'étendue de leur largeur.

Que les *basins* à trente-six barres auront demi-aune moins un pouce de large en peigne & sur le métier, & seront composés de vingt-deux portées de quarante fils chacune : que la pièce contiendra vingt-quatre aunes de long ; qu'ils auront effectivement trente-six barres également compassées dans leur largeur, & que chaque barre aura trois rayes.

Que les *basins* étroits, unis , ou à petites rayes , ou à vingt-cinq barres , seront de demi-aune moins un vingt-quatriéme de large en peigne & sur le métier : que la pièce contiendra vingt-deux aunes, & qu'ils seront composés : sçavoir , les unis de vingt portées, ceux à petites rayes de cent quarante rayes , & ceux de vingt-cinq barres, chaque barre de trois rayes.

Que les *basins* à la mode , ou de la nouvelle façon, ne se pourront faire que d'une demi-aune

un pouce de large , & de vingt-quatre aunes de long , ainsi que les *basins* larges ; ou de demi-aune moins un vingt-quatriéme de large , & de vingt-deux aunes de long , ainsi que les *basins* étroits : & qu'ils seront composés d'un nombre de portées, ou de rayes convenables à la largeur qui leur sera donnée : que le nombre des portées & des fils en sera augmenté , à proportion de leur degré de finesse & de leurs différentes qualités, afin qu'ils puissent se trouver de l'une des largeurs ci-devant marquées.

Que les chaînes des *basins* seront montées de fils de coton , filés d'un égal degré de finesse ; & qu'elles seront également serrées , tant du côté des lisières que dans le milieu , d'un bout de la pièce à l'autre.

Que tous les *basins* seront fabriqués de pur coton, sans aucun mélange d'étoupe , ou de fil de chanvre , ou de lin : que les barres & les rayes seront de fil de coton retors ; & les pièces suffisamment remplies de treme , & fappées sur le métier , afin de soutenir & conserver leur largeur.

Par ce même réglement , il est encore porté que les lames & rots , dont les maîtres tisserans & leurs ouvriers , se serviront pour faire les *basins* , seront également compassés ; ensorte que les dents des peignes ne soient pas plus larges au milieu qu'aux deux extrémités ; & il est défendu à ces mêmes tisserans de vendre ni livrer aux marchands, aucunes pièces de *basins*, quand même elles auroient été par eux ordonnées , qu'auparavant elles n'ayent été vues & visitées dans le bureau par les jurés de leur communauté , & par eux marquées d'un plomb, portant d'un côté ces mots, *fabrique de Troyes,* & de l'autre les armes de la ville , au cas qu'elles soient trouvées de bonne qualité & fabrique , pour les frais de laquelle marque , il doit être payé huit deniers pour chacune pièce.

Quoique par ce réglement, les longueurs des pièces de *basin* soient fixées à vingt-deux & à vingt-quatre aunes de long , on ne laisse pas néanmoins, pour la facilité du commerce , & suivant un ancien usage , de couper les pièces en deux, après qu'elles ont été fabriquées ; de manière que l'on les vend ordinairement par demi-pièces d'onze & douze aunes.

Encore qu'il y ait en France de très-bonnes manufactures de *basins*, on ne laisse pas cependant d'en tirer des pays étrangers , particulièrement de Hollande , de Bruges & des Indes orientales , soit parce qu'ils sont , ou d'une plus grande finesse , ou d'une autre qualité & façon que ceux de France , soit à cause que la nation Françoise est naturellement portée à préférer ce qui vient des pays éloignés à ce qui se trouve chez elle.

Les *basins* que l'on tire de Hollande , sont ordinairement rayés. On en fait beaucoup d'estime , à cause de leur grande finesse & bonté. Leur largeur la plus ordinaire est de cinq huitiémes d'aune , &

leur longueur d'environ douze aunes mesure de France.

Ceux qui viennent de Bruges, sont appellés *bombasins*, & c'est de-là que les François ont pris le terme de *bombasins* dans leurs manufactures. Ils sont, ainsi que ceux de France, ou unis, ou à poil, ou rayés à petites rayes imperceptibles, & à grandes rayes ou barres de trois petites rayes chacune. Les unis ou à poil, sont ordinairement de cinq douze de large, sur environ douze aunes de long, mesure de Paris : & les rayés ou barrés sont de près d'un pouce moins larges, & de deux tiers moins longs que les unis.

Il se fait à Bruges de quatre sortes de *basins* unis, qui vont en diminuant de qualité, depuis la première sorte jusqu'à la dernière ; ce qui se connoît à certaines marques, lettres, hoches ou coupes de ciseaux, qui sont aux chefs des pièces.

La première sorte, qui est la plus estimée, est appellée *basin double lion*, parce que les pièces sont marquées de deux lions rouges.

La deuxième sorte est nommée *basin simple lion*, à cause qu'il n'y a qu'un seul lion qui soit marqué en rouge sur la pièce.

La troisième sorte est appellée *basin B*, parce que cette lettre se trouve à la tête de la pièce.

Et la quatrième sorte se nomme *basin C*, à cause de cette lettre, qui est marquée au premier bout de la pièce.

Il faut remarquer qu'outre les marques qui sont aux deux, trois & quatrième sortes de *basins* dont il vient d'être parlé, on y trouve encore au chef, des hoches, ou coupes de ciseaux, qui désignent aussi leur qualité. La deuxième sorte a une hoche, la troisième en a deux, & la quatrième en a trois ; ensorte que la première n'en a point du tout.

Les *basins* de Bruges rayés sont de deux sortes ; la première, qui est la plus estimée, est appellée *basin FF double lion*, à cause de ces deux lettres & des deux lions, qui sont marqués en rouge au chef & premier bout de la pièce. On ne trouve point de hoche à cette première sorte de *basin* rayé.

La deuxième est nommée *basin F simple lion*, à cause qu'il y a cette lettre & un seul lion marqués en rouge au chef du bout de la pièce. Outre ces marques, on y trouve encore une hoche.

Les *basins* qui viennent des Indes orientales, sont blancs & sans poil. Il y en a de deux façons ; les uns croisés ou sergés, & les autres à carreaux ou ouvrés. Les meilleurs sont ceux qui se fabriquent à Bengale, à Pondichery & à Ballasor. Les derniers sont les plus estimés.

Les longueurs & les largeurs des *basins* des Indes les plus ordinaires, sont de cinq, six & trois quarts de large, sur sept, neuf & dix aunes de long, & de trois & cinq quarts, sur sept aunes & demie, & neuf aunes un tiers de long.

Les *basins* s'employent à faire des camisoles, des jupons, des corsets, des courtepointes & des

tours de lits d'été pour la campagne, des rideaux de fenêtres, &c. Ceux des Indes sont les plus propres pour faire des rideaux.

BASINS. On nomme ainsi dans le commerce des peintres & doreurs du pont Notre-Dame & du quai de Gèvres à Paris, certaines sortes de bordures, ordinairement de bois uni, qui servent à encadrer des estampes. Le nom leur vient d'un nommé *Basin* assez habile graveur, qui gravoit des sujets de dévotion tous d'une même grandeur.

Les *basins* portent neuf pouces quatre lignes de hauteur, sur sept pouces quatre lignes de largeur.

Les petits *basins* qu'on nomme aussi des *pecouls*, du nom d'un autre graveur qui fit en petit les mêmes sujets, ont sept pouces neuf lignes, sur cinq pouces six lignes.

BASSÉE. *Mesure* dont on se sert en quelques lieux d'Italie, pour mesurer les liquides. La *bassée* de Veronne est la sixième partie de la brente. *Voy.* BRENTE.

BASSE-ÉTOFFE. (*Terme de potier d'étain.*) C'est une composition faite en partie de plomb, & en partie d'étain. On l'appelle aussi *petite étoffe*, *claire étoffe* & *claire soudure*. *Voyez* ÉTAIN.

BASSE-LISSE. Espèce de *tissu* ou *tapisserie* faite de soie & de laine, quelquefois rehaussée d'or & d'argent, où sont représentées diverses figures de personnages, d'animaux, de païsages ou autres semblables choses, suivant la fantaisie de l'ouvrier, ou le goût de ceux qui les lui commandent.

La *basse-lisse*, est ainsi nommée, par opposition à une autre espèce de tapisserie, qu'on nomme *haute-lisse* : non pas de la différence de l'ouvrage, qui est proprement le même ; mais de la différence de la situation des métiers, sur lesquels on les travaille ; celui de la *basse-lisse* étant posé à plat & parallèle à l'horison ; & au contraire, celui de la *haute-lisse* étant dressé perpendiculairement & tout debout.

On appelle quelquefois *basse-marche* parmi les ouvriers, ce que le public ne connoît que sous le nom de *basse-lisse* ; & ce nom de manufacture lui est donné, à cause des deux marches, que celui qui les fabrique, a sous les pieds, pour faire hausser & baisser les *lisses*, ainsi qu'on l'expliquera dans la suite, en expliquant la manière d'y travailler.

BASSE-LISSIER. *Ouvrier* qui travaille à la basse-lisse. On le dit aussi du marchand qui en vend.

BASSICOT. *Machine* faite en forme d'une grosse cage de charpente, ouverte par en haut, dans laquelle l'on met les masses de pierre, qui se tirent des ardoisières d'Anjou. *Voyez* ARDOISIÈRE.

BASSIN. Espèce de très-grand *plat*, qui a peu de profondeur & qui sert à laver les mains, à parer un buffet, & à servir sur table des pyramides de viandes ou de fruits.

Il a plusieurs choses dans le commerce, dont se servent divers maîtres des communautés des arts &

métiers, qu'on appelle *baffins*, foit parce qu'elles leur reffemblent affez, foit parce qu'elles y ont un rapport au moins éloigné.

VENTE AU BASSIN. On nomme ainfi à Amfterdam, les *ventes publiques* qui fe font par autorité de juftice, & où préfide un officier commis par les bourguemeftres qu'on nomme *vendu-meefter*; c'eft-à-dire, *maître de la vente*. On appelle cette vente, *vente au baffin*, parce qu'avant de délivrer les lots ou cavelins au plus offrant & dernier enchériffeur, on frappe ordinairement fur un *baffin de cuivre*, pour avertir qu'on va adjuger. *Voyez* VENDU-MEESTER.

BASSINS DE CUIVRE. Il fe fait à Amfterdam un très-grand commerce de toute fortes d'uftenfiles de cuivre, particulièrement de *baffins*, de *chaudrons*, de *chaudières*, de *baffines*, &c.

BASSINOIRE. *Baffin couvert*, affez connu par fon ufage, & qui fait partie du commerce des chaudronniers. *Voyez* CHAUDRONNIER.

BAST. *Selle groffière*, que l'on met fur le dos des bêtes de fomme. Les *bafts* de mulets font extrêmement hauts & rambourrés; ce qui les diftingue de ceux des chevaux & des bêtes afines, qui font très-bas. Ils font partie des ouvrages & du négoce de felliers.

Les bafts *payent les droits d'entrée & de fortie fur le pied de felles communes, c'eft-à-dire, six fols de la pièce, avec les fols pour livre.*

BAST. Petite monnoie d'argent, qui a cours dans plufieurs villes d'Allemagne, particulièrement à Nuremberg. Le *baft* vaut quatre crutzers, à raifon de quatre deniers, ou huit fenins le crutzer.

BAST. Il eft auffi des *bafts* en Suiffe, qui font des monnoies de billon, c'eft-à-dire, d'argent & de cuivre, qui y ont cours fur différens pieds, fuivant le plus ou le moins d'alliage, dont ils font compofés. A Zurich, la richedale, ou écu de foixante fols de France, vaut vingt-huit *bafts* deux fchellings de cette ville, qui font plus hauts que les *bafts* de Suiffe; (c'eft ainfi qu'on nomme ceux de *Berne*, *Lucerne & Fribourg*) de forte qu'un *baft* de Zurich vaut deux fols & un denier de France.

Les *bafts* de Bafle, de Schaffoufe, & de Saint-Gal, font les meilleurs de tous; & ceux de Berne, Lucerne & Fribourg les moins bons. On ne donne que vingt-fept *bafts* des premiers pour la richedale; & il en faut trente des derniers, qui pour cela font nommés communément des *bafts courts.*

Les bons *bafts* valent dix rapes, la rape valant un peu plus d'un double de France ou de deux deniers tournois. Les mauvais *bafts* ou *bafts courts*, valent une rape de moins que les bons.

BASTARD. (*Safran bâtard.*) *Voyez* SAFRAN.

BASTARD. On appelle dans le métier de boulanger, particulièrement parmi les boulangers, qui font le bifcuit de mer, *de la pâte bâtarde*, de la pâte qui n'eft ni trop molle ni trop forte. *Voyez* l'article du BISCUIT DE MER.

BASTARDE. Se dit chez les manufacturiers de draperies, pour fignifier, *une fauffe largeur d'étoffe; une largeur extraordinaire*, qui n'a nulle conformité aux réglemens. Les draps d'une aune demi-quart, font d'une largeur *bâtarde*, & comme tels, fujets à confifcation.

On appelle une ÉCRITURE BASTARDE, celle qui tient de la Françoife & de l'Italienne.

BASTARDE. *Laine bâtarde* de Vigogne, qu'on appelle encore *laine carmelite.* C'eft la feconde efpèce de laine, de celle qui fe coupe de deffus la peau du vigogne.

BASTARDES. Ce font auffi des laines communes du levant. Il y en a de Conftantinople & d'autres d'Alep. Celles d'Alep font noires, & s'appellent *bâtardes noires*. *Voyez* LAINE DU LEVANT.

BASTES. On nomme ainfi dans la Flandre Autrichienne, les étoffes d'*écorce d'arbre* qui viennent des Indes Orientales & de la Chine. *Voyez* ÉCORCE-D'ARBRES.

BASTIER. Ouvrier qui fait & qui vend des *bafts* de mulets & autres bêtes de fomme. Les *baftiers* de Paris font partie de la communauté des maîtres felliers.

BASTIMENT. *Terme de marine*, qui fignifie toutes fortes de *vaiffeaux & navires*, depuis le plus petit jufqu'au plus grand, qui ne font point armés en guerre. Beaucoup de marins cependant l'attribuent également aux vaiffeaux de guerre & aux navires marchands, quoique felon d'autres, affez improprement. *Voyez* NAVIRE MARCHAND.

BASTIMENT MARCHAND. Signifie toutes efpèces de *navires* ou *vaiffeaux*, grands ou petits, fervans à tranfporter des marchandifes d'un lieu à un autre. *Voyez* NAVIRE & VAISSEAU.

BASTION DE FRANCE. Établiffement que les François ont fur la côte de Barbarie, près des fonds où fe fait la pêche du corail.

BASTON DE JAUGE, que l'on appelle auffi fimplement JAUGE. C'eft un inftrument qui fert à jauger ou mefurer les tonneaux & futailles à liqueurs, pour connoître leur confiftance & capacité. *Voyez* JAUGE.

BASTON DE CASSE. (*Terme de pharmacie & de droguifte.*) C'eft de la *caffe* qui n'eft pas mondée, mais qui eft encore dans fon écorce, & telle qu'on la tire du levant. *Voyez* CASSE.

BASTON DE CIRE D'ESPAGNE. C'eft de la *lacque* ou *cire d'Efpagne*, réduite en *bâton*, de la groffeur du doigt du milieu de la main, de fept à huit pouces de longueur. C'eft au milieu du *bâton* que le marchand ou l'ouvrier, a coutume de mettre fa marque ou enfeigne. *Voyez* CIRE D'ESPAGNE.

BASTUDE. (*Terme de marine.*) C'eft une efpèce de filet, duquel on fe fert pour pêcher dans les étangs falés. L'ordonnance de 1681 fait défenfes aux pêcheurs qui fe fervent d'engins, appellés *fichures*, de prendre les poiffons enfermés dans les *baftudes*, à peine de punition corporelle.

BAT.

BAT. Eſt la queue du poiſſon, ainſi nommée, de ce qu'il s'en. ſert pour battre l'eau. Le grand poiſſon de rivière & d'étang ſe meſure entre *œil* & *bat*.

BATANOMES. *Toiles* qui ſe vendent au Caire. Elles ſont longues de vingt-huit pieds la piéce, & coutent vingt meſdins.

BATEAU. *Vaiſſeau* qui ſert à naviger ſur les rivières, les lacs & les étangs, & ſur lequel on charge les diverſes marchandiſes & denrées que l'on veut tranſporter par eau, d'un lieu à un autre.

La conſtruction & le nom des *bateaux* ſont différens, ou ſelon les uſages pour leſquels ils ſont deſtinés, ou ſelon les uſages pour leſquels ils ſont conſtruits.

Les *bateaux* de Seine, ſont de grands bâtimens longs & forts, avec le bordage aſſez élevé, qui viennent de Rouen & de la rivière d'Oiſe, & qui ſervent ordinairement à faire de grandes voitures de bois à brûler & d'épiceries. On les nomme des *foncets*.

Les *bateaux* qui viennent de la Loire, s'appellent des *chalands*. Ils ſont étroits, médiocrement longs, & peu élevés, à cauſe des canaux & des écluſes par leſquels il faut qu'ils paſſent pour arriver à Paris. Ils ſervent à voiturer les vins, & les autres productions & marchandiſes des provinces voiſines de la Loire & de l'Allier.

Les *bateaux* de la rivière de Marne conſervent le nom de cette rivière, & ſont nommés *bateaux Marnois*. Ils ſont plats & de moyenne grandeur. Leur charge conſiſte ordinairement en vins, en grains & en bois, de la province de Champagne.

Les *bateaux-coches*, plus connus ſous le nom de *coches d'eau*, ſont de grands *bateaux* couverts qui ſervent, particulièrement ſur la rivière de Seine, à la commodité des voyageurs, & pour le tranſport de toutes ſortes de marchandiſes. Les principaux ſont, les coches de Sens, d'Auxerre, de Montereau, & de Fontainebleau ou Valvin. *Voyez* COCHES.

On appelle *bateau de foin*, *bateau de fagots*, *bateau de bois*, *bateau de charbon*, *bateau de blé*, *bateau de vin*, &c. les *bateaux* qui ſont chargés de ces ſortes de marchandiſes.

Les *bateaux* des maîtres paſſeurs d'eau de Paris, s'appellent des *flettes*. L'ordonnance de la ville de 1672, leur enjoint de les tenir garnis de leurs crocs & avirons, & d'en avoir un nombre ſuffiſant aux endroits & paſſages déſignés par les prevôt des marchands & échevins. *Voyez ci-après* BATELIER & PASSEURS D'EAU.

Les *bateaux* des pêcheurs ſur rivières, ne ſe connoiſſent guères que ſous le nom de *bachot*. Leur équipage conſiſte en deux avirons, un croc, une affiche, un maſt & un cordeau. *Voyez l'explication de ces termes à leurs articles.*

L'ordonnance de Louis XIV du mois de décembre

1672, citée ci-deſſus, contient quantité d'articles concernant les garres, c'eſt-à-dire, les lieux où doivent s'arrêter les *bateaux* chargés de marchandiſes, qui arrivent à Paris, lorſqu'il n'y a point de place pour les recevoir dans les ports. Il y en a d'autres pour le débaclage des mêmes *bateaux*, lorſqu'ils ont été vuidés & déchargés : & d'autres encore pour les *bateaux* naufragés & coulés à fond dans leſdits ports, auſſi bien que pour l'enlèvement, marque & vente de leurs débris.

Quelques articles de cette ordonnance règlent le rang des *bateaux* en pleine rivière, ſoit en avalant, ſoit en montant : quelques autres, ce qui doit ſe pratiquer aux paſſages des ponts & pertuits, & quels ſont ceux qui ſont obligés de ſe garrer.

Il y en a pour le temps de l'entrée des *bateaux* dans les ports ; pour la déclaration de leur arrivage ; de la décharge des marchandiſes qui y ſont contenues ; & des hypothéques, ou recours, que les marchands peuvent avoir ſur les *bateaux*, pour mécompte, pertes ou autres accidens arrivés auxdites marchandiſes, par la faute des conducteurs, voituriers & maîtres des *bateaux* ; & l'on y voit en quel cas les *bateaux* n'en ſont point reſponſables, ou quand le maître en peut faire ceſſion.

Enfin, il y a des articles qui marquent le temps que les *bateaux* doivent tenir port, ſuivant la qualité des marchandiſes qui ſont deſſus.

On peut lire ſur ces matières du commerce par eau, les chapitres 1, 2, 3, 4 & 16 de ladite ordonnance ; ou bien les articles de ce Dictionnaire, dans leſquels il eſt parlé des voitures & voituriers par eau ; des pettuis, des débaclage & débacleurs ; des maîtres des ponts, des garres, des chableurs, des trains de bateaux, & autres ſemblables, qu'on trouvera dans leur ordre alphabétique.

BATEAUX DES SELLES. Ce ſont à Paris de grands *bateaux* plats & couverts, qui ont le long de chaque bord, des bancs, ou eſpèces de tables, ſur leſquels les blanchiſſeuſes lavent leur linge, moyennant un certain droit qu'elles payent aux propriétaires des *bateaux*. Ils ont ordinairement deux petites roues à aîles, qui tournant au cours de la rivière, vuident l'eau dont ils ſe rempliſſent. Un battoir de bois eſt le ſeul inſtrument dont les blanchiſſeuſes ſe ſervent. *Voyez* BATTOIR. *Voyez auſſi* BLANCHISSEUSE.

BATEAUX DE POSTE. Ce ſont des *bateaux* établis ſur la rivière de Loire pour la commodité du public. Ils ſont longs & étroits, & font une très-grande diligence. Il y en a auſſi ſur le Rhône, qui vont ordinairement de Lyon à Avignon en vingt-quatre heures. *Voyez l'article des* POSTES.

BATEAUX MAIRES (*Terme de gabelle.*) On appelle ainſi les principaux *bateaux* deſtinés à la voiture des ſels. L'ordonnance veut, que le péage du ſel ſoit ſeulement levé ſur les *bateaux maires*, & non ſur les alleges, tirots & ſous-tirots. *Voyez* SEL *ou* GABELLE.

On appelle *ais de bateau*, les bois qui viennent de la démolition des vieux *bateaux*, dont les menuisiers se servent dans plusieurs de leurs ouvrages, où il n'est pas besoin de bois neuf. Le commerce de ces ais est très-considérable à Paris. *Voy.* AIS.

Les bateaux *neufs payent en France les droits d'entrée & de sortie sur le pied de cinquante sols la piéce.*

BATEAUX, (en termes de *sellier-carossier*,) signifie l'*assemblage de bois de menuiserie*, qui fait le corps d'un carosse, sur lequel on cloue les garnitures de cuir & d'étoffe, tant par dedans, que par dehors. *Voyez* CAROSSE.

BATELÉE. Charge d'un bateau, ce qu'il contient de marchandises. On dit, une *batelée* de cinquante muids de blé, & six milliers de foin; pour dire, qu'un *bateau* de blé, ou de foin, est chargé de cette quantité de l'une ou de l'autre marchandise.

BATELIER. Celui qui conduit un bateau. On le dit plus ordinairement des maîtres passeurs d'eau de Paris. Les autres *bateliers*, qui sont chargés de la conduite des foncets, chalands, coches d'eau & autres grands bateaux destinés au transport des marchandises, s'appellent communément *mariniers* ou *compagnons de rivière*. *Voyez* VOITURIER PAR EAU. *Voyez aussi* COMPAGNONS DE RIVIÈRE.

Les maîtres *bateliers* ou *passeurs d'eau* de Paris, y ont toujours formé une espéce de corps & communauté, qui avoit ses officiers, ses statuts, sa confrérie, ses priviléges, & ses apprentifs; n'étant pas néanmoins du nombre des grandes communautés des arts & métiers, & n'ayant point été érigés en corps de jurande.

Les dépenses des longues guerres qui ont duré presque autant que le régne de Louis XIV, ayant obligé à chercher des fonds extraordinaires dans la création de divers offices, il s'en fit une sur la fin du dix-septiéme siécle, des maîtres *bateliers* de Paris, sous le nom d'*officiers passeurs*, qui furent réduits au nombre de vingt.

Ces offices sont héréditaires; mais les *passeurs d'eau* prennent toujours leurs lettres du prévôt des marchands; prêtent serment entre ses mains; & sont tenus, comme auparavant, d'observer & exécuter les ordonnances de la ville.

Deux syndics ont soin des affaires de ce nouveau corps, & doivent se trouver journellement, l'un au port S. Paul & l'autre au port S. Nicolas, pour veiller à ce que le public soit bien servi, & les ordonnances ou statuts, régulièrement observés.

Les veuves jouissent des offices & des priviléges qui y sont attachés, & ont part à la bourse commune, y ayant dans chacun desdits ports, un maître & un bureau établi, pour faire la recette & rendre compte chaque jour des deniers reçûs.

Les principaux statuts de cette communauté, (si l'on peut appeler de la sorte quelques articles de réglement, qui leur ont été donnés par les prévôt des marchands & échevins, à la jurisdiction & police desquels ils sont soumis) sont contenus dans les quatre derniers articles du cinquiéme chapitre de l'ordonnance de la ville de 1672, dont on a parlé ci-dessus.

Le premier de ces quatre articles, qui est le septiéme du chapitre, ordonne : qu'aucun ne sera reçu au métier de *maître passeur d'eau*, qu'il n'ait fait apprentissage chez un maître pendant deux ans, & qu'il n'ait fait expérience devant les maîtres; ce qui doit être attesté par lesdits maîtres, aux prévôt des marchands & échevins, lors de la réception de l'apprentif à la maîtrise.

Le second enjoint aux *maîtres passeurs*, d'avoir des flettes garnies de leurs avirons & crocs en nombre suffisant, aux endroits désignés par les prévôt des marchands & échevins, pour passer ceux qui se présentent depuis le soleil levant jusqu'au couchant, avec défenses de passer la nuit, à peine d'amende, pour le paiement de laquelle, leurs flettes seront saisies, & s'il est ordonné, vendues.

Le troisiéme, régle à cinq le nombre des passagers suffisant, pour que les *bateliers* les passent, sans en attendre davantage; leur défendant d'exiger d'autres droits ou salaires, que ceux qui leur sont attribués par les prévôt des marchands & échevins, à peine de concussion.

Enfin, le dernier de ces quatre articles, déclare les *maîtres bateliers passeurs d'eau*, responsables de toutes les pertes & exactions arrivées dans leurs bateaux, conduits par leurs compagnons & garçons, & les condamne solidairement avec eux, à la restitution des choses perdues, & au paiement des amendes encourues.

Outre ces réglemens généraux, qui regardent le service du public, le corps des *bateliers* en a d'autres particuliers, concernant la police qui doit s'observer entr'eux, pour l'observation desquels, ils ont présentement leurs syndics. Ils ont aussi une confrérie, dont le patron est S. Nicolas, & des maîtres ou administrateurs pour en avoir soin.

Ce sont ces *bateliers maîtres officiers passeurs d'eau*, qui dans les grandes réjouissances, comme aux entrées solemnelles des rois & reines dans la ville de Paris, à leur mariage, à la naissance des dauphins, & autres pareilles occasions, font sur la rivière de Seine, ordinairement devant les galeries du château du Louvre, ces joûtes & ces jeux de l'oie, qui valent aux vainqueurs quelques priviléges, que le roi, s'il y est présent, ou les prévôt des marchands & échevins, en son nom, ont coutume de leur accorder.

BATISTE. Nom que l'on donne à une sorte de *toile de lin*, très-fine & très-blanche, qui se fabrique à Valenciennes, Cambrai, Arras, Papaume, Vervins, Péronne, Saint-Quentin, Noyon, & autres endroits des provinces de Hainault, Cambresis, Artois & Picardie.

Il y a trois sortes de *batistes*, les unes claires, les autres moins claires, & les autres beaucoup plus fortes, qu'on appelle *batistes Hollandées*;

parce qu'elles approchent de la qualité des toiles de Hollande, étant comme elles, très-serrées, & très-unies.

Les deux premières espèces se font pour l'ordinaire en Artois, en Picardie, & dans le Cambresis. Leurs largeurs accoutumées sont de deux tiers, & de trois quarts & demi. Les plus claires se mettent ordinairement par demi-pièces de six aunes, & les autres par demi-pièces de sept aunes.

A l'égard des *Hollandées*, qui se manufacturent presque toutes à Valenciennes, & aux environs, elles sont en pièces de douze à quinze aunes de long, sur deux tiers de large, le tout mesure de Paris.

Il faut observer, que quoique les ouvriers fassent les *batistes claires*, de douze à quinze aunes, néanmoins les courtiers, qui les vendent sur les lieux, sont dans l'usage de les réduire toutes sur le pied de douze aunes; c'est-à-dire, qu'ils coupent de chaque pièce, ce qui peut excéder les douze aunes; & ces pièces de douze aunes sont encore coupées le plus souvent en deux, pour en faire des demi-pièces de six aunes.

Quand les morceaux qui ont été coupés de ces pièces, sont de deux aunes justes, on les nomme *coupons*, & se vendent ainsi par morceaux; mais lorsqu'ils ont moins de deux aunes, on les joint ensemble bout à bout avec du fil, & en cet état, ils sont vendus sur le pied de l'aune courante.

Les *batistes* sont envoyées des lieux où elles se fabriquent, en petits paquets carrés, couverts d'un papier brun battu, liés d'une ficelle. Chacun de ces paquets est, ou d'une pièce entière, ou de deux demi-pièces jointes ensemble; ensorte néanmoins que chaque demi-pièce ait son enveloppe particulière.

Les *coupons* & les morceaux sont aussi empaquetés, de même que les pièces & demi-pièces; & ces paquets ainsi disposés, sont renfermés dans des espèces de caisses de bois blanc, faites exprès, dont les planches sont réunies ensemble, par le moyen de petites chevilles de bois, au lieu de clous.

Les *batistes* servent à faire des fichus, ou mouchoirs de col, des garnitures de tête, & d'autres choses semblables pour les femmes. On en fait aussi des surplis, des rochets, des rabats, des manchettes, des cravattes, &c. à l'usage des ecclésiastiques, & des gens du monde.

Il y a une autre sorte de toile de *batiste écrue*, à laquelle on donne le nom de *toile d'ortie. Voyez* TOILE, *à l'endroit où il est parlé de celle de Picardie.*

Les *toiles* de batiste, *ou façon de* batiste, *de Gand, Cambrai, & autres semblables, paient en France, la pièce de quinze aunes, huit livres de droits d'entrée, suivant l'arrêt du 22 mars 1692, & les nouveaux sols pour livre, & ne peuvent entrer par mer que par le port de Rouen, & par terre, que par la ville de Lyon.*

BATMAN, ou BATTEMANT. (*Poids de Turquie.*)

Il y a deux sortes de *batmans*; l'un est composé de six ocquos, chaque ocquo pesant trois livres trois quarts de Paris, où la livre est de seize onces; en sorte que ce premier *batman* pèse vingt-deux livres & demie.

L'autre est pareillement composé de six ocquos, mais chaque de ces ocquos ne pèse que quinze onces, qui est trois quarts moins que le premier; de manière que ce dernier *batman* ne fait que cinq livres dix onces.

Le quintal, qui est aussi un poids de Turquie, pèse trente *batmans. Voyez* QUINTAL & OCQUO. *Vous trouverez au dernier de ces articles, la manière de faire la réduction de ces poids en livres de Paris.*

BATMAN. Est aussi un *poids de Perse*. Il y en a de deux sortes, ainsi qu'en Turquie: l'un, qui est le poids de roi, se nomme *batman de Chahi*, ou *Cheray*; & l'autre s'appelle *batman de Tauris*, du nom d'une des principales villes de Perse.

Celui de *Chahi* sert à peser, tant les choses nécessaires à la vie, que les charges des bêtes de somme. Il pèse douze livres & demie de Paris, où la livre est de seize onces; ensorte que deux de ces *batmans*, font vingt-cinq livres de Paris.

Celui de *Tauris*, qu'on ne met en usage que pour les marchandises de négoce, pèse six livres un quart, qui est moitié moins que celui de *Chahi*; de manière qu'il en faut quatre pour faire vingt-cinq livres de Paris.

Pour réduire les *batmans de Tauris* en livres de Paris, il faut se servir de la régle de trois, & dire: si quatre *batmans de Tauris* font vingt-cinq livres de Paris, combien tant de *batmans* feront-ils de livres?

Et au contraire, pour réduire les livres de Paris en *batmans de Tauris*, il faut, en se servant de la même régle, dire: si vingt-cinq livres font quatre *batmans*, combien tant de livres feront-elles de *batmans*?

La même régle peut servir pour la réduction des *batmans de Chahi*, en livres de Paris, & des livres de Paris en *batmans de Chahi*.

Il faut observer, que la proportion qui se rencontre entre les *batmans de Perse* & la livre de Paris, doit être regardée de même à l'égard de la livre d'Amsterdam, de Strasbourg & de Besançon, y ayant de l'égalité entre la livre de Paris, & celle de ces villes.

Le chevalier Chardin ne fait pas les deux *batmans de Perse* aussi forts, que le sieur Tavernier, des relations duquel on a tiré une partie de ce qu'on en vient de dire. Selon le premier, le *batman* du poids, ou de *Tauris*, ne pèse que cinq livres quatorze onces de Paris; & le *Chahi* ou *Cheray*, c'est-à-dire, le *batman de roi*, seulement douze livres douze onces.

Les divisions du *batman de Tauris*, en ne le prenant qu'à cinq livres quatorze onces, comme fait le chevalier Chardin, sont le ratel, qui en est la sixiéme partie, qui revient un peu moins qu'à une livre Parisienne : le derhem, ou dragme, qui est la cinquantième partie d'une livre : le mescal, qui est le demi derhem : le dung, qui est le sixième du mescal, & vaut six grains, poids de carat : enfin, le grain d'orge, qui est la quatrième partie du dung.

Outre ces divisions, les Persans ont encore le vakié, qui revient à une once de France; & le sah-cheray, qui vaut onze cent soixante-dix derhems. Voyez la TABLE DES POIDS.

BATTANT. Se dit du volet d'un comptoir de marchand ou de banquier, qui se lève ou se baisse, pour entrer & sortir dans les endroits où sont la caisse & les marchandises.

BATTANT. Métier battant, terme de manufacture. C'est un métier monté de la chaîne de l'étoffe qu'on y doit faire, & sur lequel l'ouvrier bat & travaille actuellement, c'est-à-dire, jette sa trème à travers des fils de cette chaîne, & la bat, ou serre avec la chasse. On dit, qu'un maître drapier drapant a six métiers battans, quand il a six métiers montés & travaillans.

BATTERIE DE CUISINE. Ce mot comprend tous les ustensiles qui peuvent servir à la cuisine, soit qu'ils soient de fer, de cuivre, de potin, ou autres métaux & matières. Dans une signification moins étendue, il s'entend seulement des ustensiles de cuivre, comme chaudrons, chaudières, tour-tières, fontaines, marmites, cuillières, grandes ou petites, coquemars, poiffonniers, & autres semblables. C'est en ce sens que le terme de bat-terie est mis dans les statuts de la communauté des maîtres chaudronniers de la ville de Paris, qui y sont nommés maîtres marchands du métier de chaudronnerie, batterie & dinanderie. Ce mot vient de celui de battre, parce que tous ces ou-vrages sont battus au marteau.

La batterie d'airain & de cuivre, paye en France des droits de sortie, sur le pied de 40 sols le cent pesant; & ceux d'entrée, à raison de 5 livres, & les sols pour livre.

BATTEURE. (Terme de doreur en détrempe.) C'est une espèce de dorure, dont l'assiette se fait avec du miel détrempé dans de l'eau de colle & du vinaigre. On ne s'en sert guères que pour faire des rehauts aux tableaux, & autres ouvrages en détrempe & à fresque, où elle tient lieu de ce qu'on appelle or couleur, dans les peintures à l'huile. On l'appelle autrement, dorure à miel, & quelquefois colle à miel.

BATTIN. (Foin ou jonc d'Espagne).

Les droits d'entrée que le battin paye en France, sont d'une livre cinq sols du cent pesant, & les droits de sortie d'une livre dix sols, avec les sols pour livre.

BATTORIE. Nom que les villes Anséatiques donnent aux comptoirs ou magasins qu'elles ont hors de chez elles. Les principales de ces batto-ries, sont celles d'Archangel, de Novogrod, de Berhem, de Lisbonne, de Venise & d'Anvers. Elles

en avoient aussi une à Londres; mais il y a déjà du temps qu'elles s'en sont retirées, à cause des grosses impositions qu'on mettoit sur leurs marchandises.

BAUDROYER. Ancien terme, qui signifie, courroyer, ou préparer les cuirs. Il ne se disoit que des cuirs courroyés en couleurs.

BAUDROYEUR. Artisan qui courroye les cuirs de couleurs.

Les baudroyeurs faisoient autrefois à Paris, une des quatre communautés d'artisans qui travailloient & préparoient les cuirs au sortir de la tannerie, & leur donnoient la dernière façon. Ils sont présente-ment unis à celle des courroyeurs, qui, à cause de cela, se qualifient aussi de maîtres baudroyeurs.

BAUDRUCHE. Boyau de bœuf bien dégraissé & préparé, dont les batteurs d'or forment les deux derniers moules, dans lesquels ils battent l'or & l'argent, pour les étendre & les réduire en feuilles très-minces, propres à la dorure.

Chaque moule de baudruche est composé de cinq cens feuilles. Le premier, qui est le plus petit, s'appelle chaudret. On nomme le second grand moule à achever. Voyez BATTEUR D'OR.

BAUGE. Droguet qui se fabrique en Bourgo-gne, avec du fil filé gros & de la laine grossière.

Cette étoffe doit avoir une demi-aune de largeur au sortir du foulon, & être montée sur des rots de trois quarts.

BAUME. Espèce de gomme de grande réputation en médecine & en chirurgie, qu'on liquifie par le moyen de l'esprit-de-vin ou de l'huile, & qui est un remède souverain pour la guérison des playes, & de quantité de maladies. Les dames en font aussi un cas extraordinaire, parce que mêlé avec un jaune d'œuf & de l'esprit-de-vin, elles en composent un fard excellent.

Il y a bien des sortes de baumes, si l'on met de ce nombre tous les remèdes à qui les empiriques, ou même les médecins & les chirurgiens veulent donner ce nom : tels sont les baumes aplopleĉtique, stomachique, besoardique, histérique vulnéraire, magistral, & tant d'autres. Mais les véritables baumes, c'est-à-dire, les baumes naturels, se réduisent presque au baume du levant, & au baume du Pérou, quoiqu'on mette encore en ce rang plusieurs autres gommes, dont on parlera dans cet article.

Le baume du levant, que l'on tient pour le plus excellent, bien que celui du Pérou n'ait peut-être pas moins de vertu, coule de l'incision que l'on fait dans un arbre du même nom, qui croît en Egypte & en Judée, & qui est si précieux, qu'il fait partie du domaine particulier du grand seigneur.

Cet arbre, qui est de la hauteur d'un grenadier, jette quantité de branches. Sa feuille, semblable à celle de la rue, est toujours verte. Ses fleurs sont blanches & en forme d'étoiles, d'où sortent de petites bayes pointues, dans lesquelles il y a une médiocre amande.

L'incision par où coule cette admirable gomme,

se fait dans les jours caniculaires. Ce suc, qui est d'abord liquide, s'épaissit ensuite, & devient tel qu'on le voit en Europe. Peu de personnes peuvent se vanter de l'avoir pur; & son prix est cause qu'on le sophistique presque au sortir de l'arbre d'où il distille.

Les marques de sa pureté & de son excellence, sont, à ce qu'on prétend, lorsque l'odeur en est forte & pénétrante, qu'il est frais, qu'il n'est point aigre, qu'il est aisé à dissoudre, astringent & piquant au goût, & lorsqu'il ne laisse aucune tache sur le drap de laine. Sa véritable couleur est de jaune doré, & son odeur a quelque chose du citron.

Balsamum, c'est le mot Latin de l'arbre d'où coule le *baume*; *opo-balsamum*, c'est le suc qui en distille, c'est-à-dire le *baume*; *carpo-balsamum*, c'en est le fruit, & *xylo-balsamum*, c'en est le bois. Tous ces mots, quoique d'une langue étrangère, sont passés dans la langue Françoise; & les marchands droguistes s'en servent dans le débit de ces marchandises.

Le *carpo-balsamum* entre dans la composition de la thériaque, n'ayant guères d'autre usage dans la médecine. Il faut le choisir nouveau, d'un goût aromatique, & d'une odeur agréable.

Le *xylo-balsamum*, qui, aussi-bien que toutes les autres marchandises qui se tirent de l'arbre qui produit le *baume*, est apporté du Caire par la voie de Marseille, est en petits fagots, & n'est autre chose que la taille ou rognures de ces arbres précieux, ou le bois de ceux qui meurent par accident. Son usage est pour les trochismes d'*hedycum*. Il faut qu'il soit en petites verges noueuses, l'écorce rouge, le bois blanc, résineux & aromatique.

Il y a encore le *baume de la Mecque*, qui est une *gomme* seche & blanche; il ressemble assez à de la couperose blanche, sur-tout quand il est vieux. Ce *baume* est apporté de la fameuse ville de la Mecque, par le retour des caravannes des pélerins & marchands Mahométans, qui y vont révérer le lieu de la naissance de leur faux prophéte. Il a toutes les vertus du *baume de Judée*, & il y a bien de l'apparence que c'est le même qui s'est durci, & qui a changé de couleur.

On peut falsifier ce *baume* en plusieurs manières, mais il y a aussi plusieurs manières d'en reconnoître la falsification; on n'en rapportera ici qu'une seule, qui est la plus simple & la plus sûre.

Pour cette épreuve on fait tomber une goutte ou deux du *baume* liquide dans un verre plein d'eau; si elle va au fond sans ensuite remonter à la superficie, ou qu'elle reste en goutte, comme de l'huile, le *baume* est falsifié: si au contraire elle s'étend sur l'eau comme une toile subtile d'araignée à peine visible à l'œil, & que s'étant congelée elle puisse se ramasser avec une épingle ou une paille, le *baume* est pur & naturel.

Lorsque le *baume* est trop épais, pour le tirer de la bouteille, on n'a qu'à l'approcher du feu, la

moindre chaleur le liquefiant aisément; on doit remarquer que les bouteilles ne soient pas entièrement pleines, de peur qu'elles ne se cassent; cette liqueur étant facile à se rarefier, & par conséquent à augmenter de volume, & de faire des efforts contre le verre.

Il y a trois sortes de *baumes du Pérou*, ou plutôt un seul *baume*, à qui l'on donne trois noms différens: ces noms sont le *baume d'incision*, le *baume sec*, & le *baume de lotion*, que produit un même arbre, qui ne s'élève pas bien haut, & qui a les feuilles dentelées comme l'ortie.

Le *baume d'incision* est une résine blanchâtre & gluante, qui coule par l'incision que l'on fait à l'arbre, & qui s'épaissit ensuite & se durcit.

Le *baume sec* est rougeâtre, & distille par le bout des branches que l'on coupe, auxquelles on attache de petits vases appellés au Pérou *cochines* & *maracas*, pour recevoir cette liqueur, qui est d'abord comme du lait, & qui ne rougit que parce qu'on l'expose au soleil.

Enfin, le *baume de lotion* est noir, & il provient de l'écorce, des petits rameaux & des feuilles de l'arbre hachées & bouillies ensemble.

Le *baume blanc du Pérou* est souverain pour les plaies nouvelles, pour la guérison desquelles on n'a point encore employé d'autres onguens. Il faut le choisir bien blanc, le plus approchant qu'il se peut de l'*opo-balsamum*, avec lequel il a de grands rapports, si l'on en excepte néanmoins l'odeur, qui seule le fait reconnoître.

Le *baume du Pérou* se vend à Amsterdam en pots ou en bouteilles. La déduction pour le prompt paiement est d'un pour cent. On y tare les pots & les bouteilles.

Le *baume sec*, pour être parfait, doit être rouge, odorant & très-sec, comme porte son nom. Son plus grand usage est pour faire du lait virginal, beaucoup meilleur que celui qu'on compose avec le benjoin & le storax.

Le *baume de lotion* sert aussi pour les plaies, comme le blanc; & à cause de son excellente odeur, il est assez estimé des parfumeurs. Il doit être épais, noirâtre, de bonne odeur, & point sophistiqué avec de l'huile d'amandes douces.

Quelques auteurs veulent faire croire que sur les bords de la rivière des Amazones, il croît une plante nommée *capayba*, qui donne un *baume*, qui surpasse de beaucoup, & celui du levant, & celui du Pérou.

Après ces deux *baumes*, qu'on doit regarder comme les seuls véritables, les marchands-épiciers-droguistes vendent encore du *baume de copaü*, du *baume de tolu*, du *baume liquid-ambar*, & un quatrième, qu'ils appellent *baume nouveau*.

Le *baume de copaü*, autrement *copaif* & *campaif*, vient du Bresil, & est envoyé en France, de Portugal, dans des bouteilles de terre pointues par le bout. Il est en huile, ou claire, ou épaisse: la première espèce est claire & blanche, d'une odeur de réfine ; l'autre eft un peu plus dorée. C'eft un remède admirable pour les plaies.

Le *baume de tolu* eft une réfine liquide , qui en vieilliffant , devient en confiftance & de la couleur de la colle de Flandre nouvellement faite. Elle coule auffi par incifion de quelques arbres , qui croiffent dans la nouvelle Efpagne , où les habitans la reçoivent dans de petits vafes de cire noire. Ce *baume* eft rare en France ; mais on en peut faire venir d'Angleterre. Le bôn doit être nouveau, d'une odeur agréable & pénétrante, approchant du *baume de Judée*, En vieilliffant il prend la confiftance du *baume fec.*

Le *baume liquid-ambar* eft une réfine claire & rougeâtre , que produifent certains arbres de la nouvelle Efpagne , nommés par les originaires *oçoçol.* L'écorce de ces arbres eft fort épaiffe , & leurs feuilles font femblables à celles du lierre.

On appelle ce *baume, liquid-ambar,* c'eft-à-dire, *ambre liquide*, parce qu'il a beaucoup de rapport avec l'ambre gris, auquel le meilleur doit reffembler pour l'odeur. Il faut outre cela qu'il foit clair, & d'un blanc doré quand il eft nouveau, mais rougeâtre quand il eft vieux.

Le *baume* nouveau eft liquide , & s'appelle *huile de liquid-ambar* , & celui qui eft vieux eft épais , & fe nomme *baume de liquid-ambar.* Ils viennent l'un & l'autre d'Efpagne, dans des barils. Il eft préfentement auffi rare en France , qu'il y étoit autrefois commun. Ce *baume* eft fouverain pour la guérifon des plaies, fur-tout on l'emploie heureufement pour les fiftules à l'anus.

On fubftitue quelquefois à l'huile de *liquid-ambar,* celle de millepertuis, ou celle de camomille. On parle de cette dernière à l'article des huiles. Pour celle de millepertuis, qu'on peut appeler un véritable *baume,* quand elle eft vieille faite, elle eft compofée avec les fleurs de millepertuis, & l'huile d'olive , qu'on expofe au foleil dans les grandes chaleurs de la canicule. La meilleure eft celle où l'on ajoute de la térébenthine fine & du fafran.

Le *baume* nouveau, qui eft fi rare en France, qu'on n'y connoît quafi que fon nom, & qui ne fe trouve que chez quelques droguiftes curieux, approche affez du *baume de tolu*, pour l'odeur & pour la couleur. Ce *baume* s'exprime de la même manière que l'huile de laurier , & fe tire de petits fruits rouges , qu'on trouve affez ordinairement dans l'ifle de faint-Domingue. Ils y viennent en grappes fur des arbres , dont les feuilles font très-larges & très-longues, fort vertes deffus, & feulement verdâtres deffous. On en dit des merveilles ; peut-être eft-ce la rareté qui lui donne cette réputation.

Le baume, *fuivant le tarif de 1664., paye de droits d'entrée en France, fept fols la livre.*

Le baume blanc *eft du nombre des marchandifes venant du levant, Barbarie & autres pays & terres de la domination du grand feigneur, du roi de Perfe & d'Italie, fur lefquelles il eft ordonné être levé vingt pour cent de leur valeur,*

conformément à l'arrét du confeil, du 15 août 1685 , & les nouveaux fols pour livre.

BAVOIS ou BAVOÜER. (*Terme de monnoie.*) On appelle ainfi la *feuille de compte* où eft contenue l'évaluation des droits de feigneuriage, foiblage, écharceté & braffage, fuivant le prix courant que l'ordonnance attribue à l'or, argent & billon , en œuvre & hors d'œuvre.

BAY. C'eft une des couleurs du poil des chevaux, tirant fur le rouge, & approchant de la couleur d'une châtaigne. Le bay a, pour ainfi dire, cinq nuances, qui font *bay châtaigne, bay clair, bay doré, bay fanguin*, qu'on nomme auffi *bay d'écarlate* & *bay brun.* On en parle ailleurs, auffi-bien que de la connoiffance qu'on prétend que ces couleurs peuvent donner, des bonnes & mauvaifes qualités des chevaux. *Voyez l'article du* CHEVAL.

BAYE. Les Anglois donnent ce nom à une étoffe de laine , que l'on appelle en France, *bayette* ou *baguette. Voyez ci-après* BAYETTE.

BAYE. Se dit, en termes de marchandife de drogues médicinales, des gouffes & fruits de plufieurs arbres.

BAYE DE LAURIER. Efpèce de *fruit* ou de *graine*, que produit le *laurier franc*, dont les épiciers font quelque négoce. *Voyez* LAURIER.

Les bayes de laurier *payent en France de droits d'entrée 10 f. du cent pefant & les fols pour livre.*

BAYETTE, que l'on nomme auffi quelquefois BAGUETTE. Étoffe de *laine* non croifée, fort lâche & tirée à poil d'un côté. C'eft une efpèce de revêche ou de flanelle très-groffière & très-large.

Il fe fabrique quantité de *bayettes* à Colcefter en Angleterre , où elles font appellées *bayes*. On en fait auffi en Flandres affez confidérablement, particulièrement à Tournay , à Lille à Neuf-Églifes , auxquelles les gens du pays donnent le nom de *baiques.*

Les ouvriers François fe font avifés d'en manufacturer ; & ils y ont parfaitement bien réuffi, fingulièrement ceux de Beauvais, de Caftres, de Montpellier & de Nifmes.

Les largeurs ordinaires des *bayettes* font , une aune, une aune & un quart, une aune & demie, & une aune trois quarts , fur vingt-huit à trente-une aunes de longueur, mefure de Paris.

Le débit en eft très-grand en Efpagne , & en Portugal, où elles fe nomment *baetas.* Il s'en confomme auffi un affez grand nombre en Italie. Les marchands de France y en envoyent beaucoup en blanc , en noir, & de toutes fortes de couleurs, ainfi que font depuis long-temps les Anglois & les Flamands. Celles d'une aune & demie font les plus propres pour le commerce d'Efpagne.

Il fe fabrique auffi à Alby, & aux environs de cette ville, une forte d'étoffe de laine, que l'on appelle *bayette,* dont le prix eft des plus médiocres.

Elle n'a que deux pans deux quarts de large, mesure du pays ; ce qui revient à demi-aune moins un seize, mesure de Paris. Cette largeur a été ainsi réglée par arrêt du conseil du 15 juillet 1673, nonobstant l'article 30 du réglement général des manufactures du mois d'août 1669, qui porte : qu'il ne sera fait aucunes étoffes, de si petit prix qu'elles puissent être, par les drapants, ou sergers & par qui que ce soit, qu'elles n'ayent une demi-aune de large, mesure de Paris.

Les bayettes payent les droits de sortie du royaume & des provinces réputées étrangères, sur le pied de 3 liv. du cent pesant, comme draps petits ; & pour l'entrée à raison, sçavoir, celles d'Angleterre, de 20 liv. la piéce de vingt-cinq aunes ; & les doubles de 60 liv. la piéce de cinquante aunes, suivant l'arrêt du 20 décembre 1687 ; avec défenses d'entrer dans le royaume par d'autres ports que ceux de Calais & saint Valery.

Les bayettes ou revêches de Flandres, & autres semblables, ne payent d'entrée que 4 liv. la piéce de vingt aunes, conformément au tarif de 1664, le tout avec les sols pour livre.

BAYLES. On appelle ainsi à Bordeaux ces officiers, qui sont à la tête des communautés, qu'on nomme ailleurs *jurés.* Voyez JURÉS.

BAZAC. *Coton filé*, très-beau & très-fin qui vient de Jérusalem ; ce qui le fait aussi appeller *coton de Jérusalem.* Le *demi-bazac* & le *moyen bazac* sont des cotons qui viennent du même endroit, mais d'une qualité beaucoup inférieure. Voyez COTON.

BAZANE. *Cuir préparé*, & passé au tan, ou en redon. Voyez BAZANE.

BAZAR ou BAZARI. Lieu destiné au commerce parmi les Orientaux, particulièrement chez les Persans. Les uns sont découverts, comme les marchés d'Europe, & servent aux mêmes usages ; mais seulement pour y vendre les marchandises les moins précieuses & de plus grand volume. Les autres sont couverts de voûtes fort élevées, & percés par des dômes, qui y donnent du jour. C'est dans ces derniers, où les marchands de pierreries, de riches étoffes, d'orfévrerie & d'autres semblables marchandises, ont leurs boutiques. Quelquefois même les esclaves s'y vendent ; quoique ce barbare commerce se fasse aussi dans les *bazars* découverts. Furetiere dit que ce terme est purement Arabe, & signifie *achat* & *échange de marchandises*, & se dit, par extension, des lieux où se fait le trafic.

Le *bazar* ou *maidan* d'Ispahan est une des plus belles places de toute la Perse, & surpasse même celles qu'on voit en Europe : mais nonobstant sa grande magnificence, il faut avouer que le *bazar* de Tauris est la place la plus vaste que l'on connoisse. On y a plusieurs fois rangé trente mille hommes en bataille. Il contient plus de quinze mille boutiques, & passe sans contredit pour le plus superbe de la Perse. On appelle dans cette dernière ville le *bazar* de pierreries, *kaiserié*, c'est-à-dire marché royal.

BAZAT. Le *coton bazat* est une sorte de coton qu'on tire de Leyde par la voie de Marseille. On en distingue de trois espèces ; savoir, le *bazat* de la première sorte, le *bazat* ordinaire & le *bazat* moyen. La première sorte & l'ordinaire valent jusqu'à quatre-vingt-dix-neuf livres quatre sols, & le moyen seulement soixante & treize livres douze sols.

BAZGENDGE. Espèce de *noix* de galle rouge, dont les Turcs se servent pour faire l'écarlate. Voyez GALLE.

BAZZO. Petite *monnoie* d'Allemagne, qui vaut environ deux sols de France. Voyez la TABLE DES MONNOIES.

B D

BDELIUM. Sorte de *gomme* aromatique, que l'on nomme plus ordinairement *bedelium.* Voyez ci-après BEDELIUM.

B E

BEAUCAIRE, en Languedoc, ville fameuse par sa foire, la plus célèbre de toutes celles qui se tiennent en Europe.

BEBY. Sortes de *toiles de coton* qui se fabriquent à Alep & aux environs. Voyez TOILES DE COTON.

BECARD. Nom que l'on donne à la femelle du saumon, à cause qu'elle a le bec plus aigu : d'autres néanmoins croient que l'on ne doit appeller ainsi, que les *saumons du printemps*, lorsqu'ils se pêchent au mois d'août & de septembre, tems de toute l'année où ces sortes de poissons sont les moins bons. Voyez SAUMON.

BECHET. L'on nomme ainsi une des trois espèces de chameaux. Voyez CHAMEAU.

BECHU. Cheval qui marque toujours, & dont à cause de cela, il est difficile de pouvoir reconnoître aux dents l'âge qu'il peut avoir. On dit plus ordinairement *baigu.* Voyez BAIGU.

BECULO. *Plante* médicinale. C'est l'ipécacuanha. Voyez cet article.

BEDELIN. Sorte de *coton* qui vient du Levant par la voie de Marseille. Voyez FIN BEDELIN.

BEDELIUM, BENDELEON ou BDELIUM. Espèce de *gomme.*

Ce nom est très-connu parmi les gens de lettres, quoiqu'ils ne soient pas d'accord de ce qu'il signifie. L'écriture sainte (*Gen. c. 2, v. 12.*) en parle ; & Joseph, qui veut expliquer ce que c'est, assure que c'est la gomme d'un arbre, qui ressemble à l'olivier, qui a des feuilles comme celles du chêne ; & que la manne, dont Dieu nourrit si long-tems son peuple dans le désert, ressembloit à cette drogue. Cependant bien des sçavans ne conviennent point de cette explication ; & Scaliger, suivi de plusieurs autres, avoue que l'on ne sait pas au vrai ce que c'est que le *bedelium* de la sainte écriture.

Le *bedelium*, que vendent les marchands épiciers & droguiftes, n'eft guères plus connu que celui des anciens.

Quelques-uns difent qu'il coule d'un arbre épineux, dont les feuilles font femblables à celles du chêne, & le fruit à celui du figuier fauvage, ayant néanmoins un affez bon goût : d'autres font reffembler l'arbre d'où on le tire, à l'arbre qui produit la myrrhe. Les uns font croître ces arbres dans la Bactriane ; d'autres dans l'Arabie heureufe, près d'une ville nommée *Saraca* ; ceux-ci en Afrique, fur les bords de la rivière de Senegal ; & ceux-là dans les grandes indes.

Quoi qu'il en foit, cette gomme eft apportée par la voie de Marfeille, ou par les vaiffeaux de la compagnie d'Afrique.

Celle qui vient par Marfeille, n'eft autre chofe, à ce que difent les connoiffeurs, que la gomme nommée *alouchi* ; & ils prétendent que le véritable *bedelium* eft celui du Senegal.

Il faut le choifir en morceaux clairs & tranfparens, d'un gris rougeâtre au-deffus, de couleur de colle d'Angleterre en dedans ; & lorfqu'on paffe la langue par-deffus, il doit devenir jaune. Cette gomme entre dans la compofition du mitridate, de l'emplâtre divin, &c.

Par le tarif de 1664, le bedelium paye en France de droits d'entrée quatre livres du cent pefant ; mais par l'arrêt du 15 août 1685 il paye vingt pour cent de fa valeur, lorfqu'il vient du Levant, de Barbarie, & autres terres & pays de la domination du grand feigneur, du roi de Perfe & d'Italie, avec les fols pour livre.

BEE. On appelle *futaille à gueule bée* une futaille ouverte, & défoncée par un bout. *Voyez* FUTAILLE.

BEGUQUELLA. *Plante* médicinale, dont la racine eft fouveraine pour la diffenterie. *Voyez* IPECACUANHA.

BEHEIRE. *Lac* entre Rofette & Alexandrie, où fe fait la boutargue.

BEHEN. *Racine* médicinale.

BEHEN. *Fruit* dont on tire de l'huile. } *Voy.* BEN,

BEID. *Plante* qui croît en Egypte, près du village de Martarea. Cette plante pouffe beaucoup de racines, d'où fortent plufieurs branches & rejettons de cinq ou fix pieds de haut. Ses feuilles, qui font deux à deux, font larges, fort épaiffes, & fe terminent en ovale. Quand elles font encore tendres, il en fort une efpèce de lait, qui fe caille à la chaleur. Ses fleurs, de couleur de fafran, tirant fur le rouge, croiffent par faifceaux au bout des branches, où elles font attachées à de longues queues ; & où elles forment une efpèce de couronne tournée vers la terre. Les abeilles recueillent fur ces fleurs de la cire & d'excellent miel. Une efpèce de coton, plus doux que la foie, couvre fa femence & fon fruit, & fert à faire des matelas & des couffins. Il ne faut pas oublier que le lait qui diftille des feuilles de cette admirable plante, eft propre à corroyer les

cuirs, & qu'il a diverfes propriétés & ufages dans la médecine, comme de fervir de dépilatoire, pour faire tomber le poil, & de guérir la teigne, la galle & autres petites tumeurs qui fe forment fur la peau. Les feuilles, cuites dans l'eau, ou même crues, appliquées fur les humeurs froides, les diffipent par tranfpiration. On a vu à Paris, dans quelques jardins de curieux, des plantes de *beid* ; mais on n'en a pu conferver l'efpèce, la graine y germant & y fleuriffant, mais fans y porter de fruit. On fait auffi en France quelque commerce de fon coton : toutefois ce qu'on en apporte du Levant n'eft pas confidérable, & eft plus pour la curiofité, que pour l'ufage.

BEIGE. (*Serge beige*). C'eft le nom que les Poitevins donnent à une forte de *ferge*, noire, grife, ou tannée, que d'autres appellent *ferge de couleur de brebis*, ou *ferge naturelle* ; parce que la laine dont elle a été fabriquée, n'a reçu aucune teinture, ayant été employée, foit pour la chaîne, foit pour la treme, toute telle qu'elle a été levée de deffus le mouton, ou la brebis. Les *beiges* doivent être compofées de 38 à 39 portées au moins, & les portées chacune de 20 fils.

BELANDRE. Petit *bâtiment* de mer, du port d'environ 80 tonneaux, qui fert au tranfport des marchandifes. C'eft une efpèce de heu, qui fe conduit par quatre ou cinq hommes feulement, & qui a fon appareil de mâts & de voiles, tout femblable à celui des heus. *Voyez* HEU.

BELCHITTE. (*Laine belchitte*). C'eft une des fortes de laines que les marchands de Bayonne tirent d'Espagne.

BELELACS. *Etoffes de foye* en manière de taffetas, qui fe fabriquent au Bengale. Leur aunage eft de quarante cobres de long fur deux de large, à raifon de dix-fept pouces & demi de roi le cobre. Les Anglois qui font le négoce de Madras aux Manilles, y en envoient beaucoup.

BELEDIN. Nom que l'on donne à une efpèce de *coton filé*. Cette marchandife eft de médiocre qualité ; ce qui la rend de peu de débit en France.

BELINGE. On nomme ainfi en Picardie, particulièrement du côté d'Amiens, une *tiretaine* fil & laine très-groffière.

BELLERIS, que les Indiens nomment GOTIN, Efpèce de *myrabolans*.

BELOCUNO. C'eft un des noms qu'on donne à une *plante médicinale*, fpécifique & fouveraine pour la diffenterie. *Voyez* IPECACUANHA.

BEN, ou BEHEN. Il y a de deux fortes de *drogues* bien différentes, qui portent ce nom. L'une eft une *racine médecinale*, qu'on met au nombre des *cardiaques*, & des *contre-poifons* ; & l'autre, un *fruit*, dont on tire une huile propre aux Parfumeurs de gants.

Le *ben racine* fe divife encore en deux efpèces ; fçavoir le *ben blanc* & le *ben rouge*.

Le

Le blanc eſt une racine aſſez ſemblable à la *pi-rèthre*, griſâtre au-deſſus, & un peu plus blanche en dedans ; d'un goût preſqu'inſipide, qui laiſſe pourtant une amertume aſſez déſagréable, quand on la garde quelque temps dans la bouche. Ses feuilles ſont vertes & longues ; & ont cela de ſingulier, & qui ne ſe voit peut-être à aucune autre plante, qu'elles ont toutes quatre autres petites feuilles attachées à l'oppoſite les unes des autres, préciſément où les grandes feuilles ſont jointes à leur queue. Ses tiges, qui ſont toutes garnies de quelques feuilles, portent des boutons fermés par écailles, qui en s'épanouiſſant, font voir une petite fleur jaune.

Le *ben rouge* a ſa racine de la figure de nos gros naveaux, fibreuſe, brune à l'extérieur, & rougeâtre dedans : de cette racine, ſortent quantité de longues feuilles vertes, qui y ſont toutes attachées ; & du milieu des feuilles, ſortent auſſi des tiges garnies des deux côtés d'un grand nombre de petites fleurs rouges, faites comme des eſpèces de grenades.

Les racines du *ben*, tant blanc que rouge, ſont apportées du mont Liban, & autres endroits de Syrie, en tronçons comme le *jalap*.

Il faut les choiſir nouvelles, ſèches, hautes en cou-leur, d'un goût aromatique & aſtringent. Elles ſervent aux mêmes uſages, & ſe ſubſtituent l'une à l'autre.

Le *ben*, *blanc* & *rouge*, paye en France de droits d'entrée, *deux livres du cent peſant & les nouveaux ſols pour livre*.

Le *ben*, duquel on tire l'huile pour les parfu-meurs de gants, eſt un *fruit* gros comme une aveline, qui croît ſur un arbre ſemblable au tamariſe. Les meilleures *noix de ben*, ſont celles qui ſont pleines, fraîches, blanches, & aiſées à peler. On en exprime l'huile de la même manière qu'on l'exprime des amandes amères. Cette huile eſt légère & ſubtile, n'a point d'odeur d'elle-même, & jamais ne devient rance, quelque vieille qu'elle ſoit. On ſe ſert auſſi de *l'huile de ben*, pour enlever les taches ou len-tilles du viſage.

BEN DE JUDÉE. C'eſt un des noms que les mar-chands épiciers-droguiſtes donnent à la *drogue*, qu'on nomme autrement *benjoin*. *Voyez* BENJOIN.

BENDELEON. Le tarif de la douane de Lyon nomme ainſi cette eſpèce de *gomme*, que l'on nomme à Paris, & preſque par-tout ailleurs, *bedelium*, ou *bdelium*. *Voyez* BEDELIUM.

BÉNÉFICE. Signifie *avantage*, *gain*, *profit*. Ce terme eſt fort en uſage parmi les marchands, banquiers & négocians.

On dit qu'un marchand a eu un *bénéfice* conſidé-rable ſur un marché, ou ſur la vente qu'il a faite de quelque partie de marchandiſe, lorſqu'il y a beaucoup gagné.

Quand on dit qu'un banquier fait tenir de l'ar-gent d'une place à l'autre, avec *bénéfice* ; cela doit s'entendre, qu'au lieu de demander quelque choſe pour l'échange, il donne du profit. Il y a tant pour cent de *bénéfice* à tirer des lettres de Paris ſur Anvers.

Quand le change eſt au pair, il n'y a ni *bénéfice* ni perte.

On nomme *bénéfice d'aunage*, le profit qui ſe rencontre ſur l'aunage des étoffes, des toiles, &c. Il y a des endroits où, quoique l'aune ſoit égale à celle de Paris, l'on ne laiſſe pas de trouver un *béné-fice* conſidérable ſur l'aunage. A Rouen, on donne vingt-quatre aunes de toile pour vingt aunes ; ce qui eſt quatre aunes de bon, ou de *bénéfice* ſur chaque fois vingt aunes. *Voyez* AUNAGE.

BÉNÉFICIER. Verbe uſité parmi les ouvriers qui travaillent aux mines d'or, d'argent, & des autres métaux. Il ſe dit du plus ou du moins de facilité que l'on a à tirer le métal du minéral, ou pierre métallique. Cet or eſt difficile à *bénéficier*, les frais en ſeront grands. Cette mine de cuivre ſe *bénéficie* aiſément, le propriétaire s'y enrichira.

BENJANS. Sorte d'*Indiens* répandus dans toute l'Aſie, par les mains deſquels paſſe preſque tout le commerce que les Européens y font. On peut les aſſocier aux Arméniens & aux Juifs pour leur expé-rience & leur habileté dans toute ſorte de négoce.

Il y a beaucoup de *benjans* en Perſe, particuliè-rement à Iſpaham & à Bender-Abaſſi : les principaux y ſont très-riches, mais leurs richeſſes ne les empê-chent point de s'occuper aux trafics les moins impor-tans & même les plus ſordides, pourvu qu'il y ait un ſol à gagner. La plupart ſont le courtage, & les principaux courtiers des compagnies de France, d'Angleterre & de Hollande, ſont de cette nation : au reſte ils ſont fort fidèles, & ont preſque tou-jours entre leurs mains, les fonds & la caiſſe de ces compagnies.

Ils font auſſi la banque, & il n'y a guère d'en-droits des Indes orientales pour leſquels ils ne puiſſent donner des lettres-de-change. Ils ont même une eſpèce de caiſſe des emprunts où l'on peut dépo-ſer ſon argent, avec la faculté de le retirer quand on veut.

BENJOIN. Eſpèce de *gomme*, que quelques-uns mettent au nombre des *encens* & des *aromates*.

L'arbre d'où coule le *benjoin*, croît en quantité dans la Cochinchine ; & il s'en trouve auſſi beau-coup dans les forêts du royaume de Lao, & de Siam.

Cet arbre reſſemble aſſez à l'amandier ; mais ſes feuilles ſont plus longues, & arrondies par le bout. C'eſt par les inciſions que l'on fait à ſon tronc, & à ſes principales branches, que coule le *benjoin* ; quoique quelques auteurs prétendent mal-à-propos, qu'il ſe trouve dans des eſpèces de gouſſes, & qu'il ſe forme d'une huile épaiſſe par l'ardeur du ſoleil.

L'on vend chez les marchands épiciers & dro-guiſtes, deux ſortes de *benjoin* ; le benjoin *en larmes*, & le benjoin *en ſorte*.

Le véritable *benjoin en larmes*, qu'on trouve rarement en France, & dont les gens de la ſuite de l'ambaſſadeur de Siam apportèrent aſſez grande quantité, eſt d'un jaune doré au dehors, blanc au dedans, rayé de petites veines claires, blanches & rouges, friable, & sans aucun goût; mais d'une odeur douce & fort aromatique; bien différent du *benjoin en larmes*, qui se vend communément à Paris, qui est en masse, clair & transparent, de couleur rougeâtre, & mêlé de larmes blanches, semblables à des amandes; ce qui lui a fait donner le nom de *benjoin amygdaloïde*.

Ce dernier *benjoin* doit être choisi avec les qualités les plus approchantes que l'on pourra du premier, surtout qu'il soit sans ordures; ce qui est assez rare.

Le *benjoin en sorte* est le plus commun de tous, & est très-sujet à être falsifié par plusieurs gommes fondues ensemble. Pour être de bonne qualité, il doit être bien net, de bonne odeur, fort résineux, chargé de beaucoup de larmes blanches. Il faut rejetter absolument celui qui sera trop noir & de nulle odeur.

Cette drogue a plusieurs noms. On l'appelle *assa-doux*, *ben de Judée*, *benjoin de beninas*, &c.

On tire du *benjoin* des fleurs blanches propres pour les asmatiques; & une huile, qui est une espèce de baume pour les playes.

Le benjoin de toutes sortes paye en France les droits d'entrée sur le pied de six liv. le cent pesant; mais lorsqu'il a été entreposé, & qu'il vient du Levant, de Barbarie, de Perse & d'Italie, il est du nombre des marchandises, sur lesquelles, conformément à l'arrêt du conseil du 15 août 1685, il doit être levé vingt pour cent de leur valeur, & même sans être interposé, quand il entre par le port de Rouen, le tout avec les sols pour livre.

BENNE. *Petit vaisseau*, qui sert à charger les bêtes de somme, pour porter des grains, de la chaux & autres choses. En quelques endroits on dit *banne*, en d'autres *banneau*; & il y en a où il est une des mesures de continence. *Voyez* la TABLE DES MESURES.

BERAMS. *Grosse toile*, toute de fil de coton, qui vient des Indes Orientales, particulièrement de Surate. Il y a des *berams blancs unis*, & d'autres *rayés de couleur*. Les blancs sont de neuf aunes à la piéce, sur sept huit de large; & les rayés sont douze aunes & demie de long, sur trois quarts de large.

BERCEAU. *Petit lit d'enfant*, à quatre pieds, fait ordinairement d'osier blanc entrelassé, qui a un petit arceau du côté du chevet, pour porter le rideau dont on le couvre. Il fait une partie du commerce & des ouvrages des vanniers.

Les berceaux d'osier payent en France les droits d'entrée sur le pied de 10 s. la charretée, & pour ceux de sortie, un sol de la douzaine, avec les sols pour livre.

BERCHEROCT. *Poids* dont on se sert à Archangel, & dans tous les états du czar de Moscovie, pour peser les marchandises de grande pesan-teur ou de grand volume, comme est la potasse, &c. Le *bercheroct* pese 400 l. Moscovites qui rendent environ 328 l. poids de Paris. *Voyez* la TABLE DES POIDS.

BERGAME. *Grosse tapisserie*, qui se fabrique avec différentes sortes de matières filées, comme bourre de soie, laine, coton, chanvre, poil de bœuf, de vache ou de chévre. C'est proprement un tissu de toutes ces sortes de fils, dont celui de la chaîne est ordinairement de chanvre, qui se manufacture sur le métier, à peu près comme la toile. Quelques-uns prétendent que le nom de *bergame* lui a été donné, de ce que les habitans de *Bergame* en Italie en ont été les premiers inventeurs.

Rouen & Elbœuf, villes de France, de la province de Normandie, fournissent une quantité considérable de *bergames* de toutes les couleurs & nuances; les unes en façon de point de Hongrie; les autres à grandes barres chargées de fleurs & d'oiseaux ou d'autres animaux; d'autres à grandes & petites barres unies, sans aucune façon; & d'autres, qu'on appelle *chine & écaille*, parce qu'elles sont remplies de façons qui imitent le point de la Chine, & les écailles de poisson. Il s'en faisoit une sorte particulière à Rouen, que l'on nommoit *tortin*, à cause qu'il y entre de la laine torse. Il s'en fait aussi quelques-unes à Toulouse.

Les hauteurs les plus ordinaires des *bergames* sont une aune & demie, une aune trois quarts, deux aunes & deux aunes & demie. Il s'en fait néanmoins quelques-unes de deux aunes trois quarts; mais cette dernière hauteur est peu commune, ne s'en faisant guères que pour les marchands qui les demandent de cette manière. Il y en a de fines, de moyennes, de grosses ou communes.

Autrefois il se faisoit quelques envois de *bergames* dans les pays étrangers, particulièrement du côté du nord; mais à présent la consommation ne s'en fait quasi plus que dans le royaume, principalement à Paris, y ayant peu d'artisans ou gens de basse condition de cette grande ville, qui ne se fasse un point d'honneur en s'établissant, d'avoir dans sa chambre une tapisserie de *bergame*.

On leur donne encore le nom de *tapisserie de la rue S. Denis* ou de *la porte de Paris*, parce qu'il s'en vend plus dans ce quartier-là, que dans tous les autres de Paris.

Ceux qui en font commerce, sont les marchands merciers, les tapissiers & les fripiers; mais il n'y a guères que les premiers qui les tirent directement des lieux où elles se fabriquent.

Il vient de Tournay une sorte de *bergame à la Romaine* ou *bergame de Flandres*, qui se fabrique par bandes & bordures, dont on fait des tapisseries beaucoup plus estimées que celles de Rouen & d'Elbœuf. La multiplication des toiles peintes & des papiers à meubler, font tomber le commerce des *bergames*.

BERGLBLEAU. C'eft ce qu'on nomme autre-
ment *cendre verte* ou *verd de terre*. *Voyez* PIERRE
ARMÉNIENNE.

BERIL. *Pierre précieufe*, femblable au criftal.
Elle vient des Indes. Il s'en trouve auffi fur les
bords de l'Euphrate.

Il y a plufieurs fortes de *berils* ; & l'on en
compte même jufqu'à dix efpèces. Les plus eftimées
font le *beril*, le *chryfoberil* & le *chryfoprasin*.

Le *beril* tire un peu fur le verd de mer ; ce qui
le fait appeller en latin *aqua-marina*, en François
eque-marine. Pour lui donner du feu, il faut le
tailler en facette ; le poliment ne lui donnant aucun
éclat, de quelque autre manière qu'il foit taillé.

Le *chryfoberil* eft plus pâle & un peu couleur
d'or.

Le *chryfoprasin* a le verd qui lui domine.

Quelques-uns croyent que le *beril* eft le diamant
des anciens. Ce qui eft certain, c'eft que des joyailliers modernes très-habiles s'y font quelquefois
trompés.

Il s'en trouve quelquefois de fi groffes piéces,
qu'elles peuvent fervir à former de très-beaux vafes.
On dit qu'il y en a quantité à Cambaye, à Marta-
ban, au Pégu & dans l'ifle de Ceilan.

Les propriétés du *beril* étoient grandes dans l'opinion des naturaliftes & des philofophes de l'antiquité. Il faifoit éviter les embûches des ennemis ;
excitoit le courage aux timides ; guériffoit le mal
des yeux, & les maux d'eftomac. Préfentement il
ne fait rien de tout cela, parce qu'on n'eft plus
affez fimple de croire qu'il ait la vertu de le faire.

BERLONG ou BARLONG. Ce qui eft fait
ou tiré inégalement. On dit (*en termes de manufacture de lainage*) que les liziéres d'une étoffe
font bien *évrées*, *épinées* & *berlonguées*, quand
elles ne font point plus courtes que le corps de
l'étoffe, ou que les deux lifiéres font d'une égale
longueur.

Les réglemens de 1667 pour la fergeterie de
Beauvais, condamnent à vingt fols d'amende pour
chaque piéce de revêches blanches, façon d'Angleterre & de baguettes, dont les liziéres n'auront
pas été bien *berlonguées*, avant d'être envoyées au
moulin.

BERTAUDER. (*Terme de tondeurs de draps*,
qui eft en ufage dans les manufactures de Berry.)
On dit ailleurs *ebertauder*. *Voyez* ÉBERTAUDER.

BERUSE. Sorte d'étoffe, dont il fe fait quelque
commerce à Lyon.

*Par le tarif de la douane de cette ville, les
berufes payent cinq fols de la piéce pour l'ancien droit, & un fol fix deniers pour la nouvelle réapréciation, avec les fols pour livre.*

BESESTAN. On nomme ainfi à Andrinople &
dans quelques autres des principales villes des états
du grand-Seigneur, les lieux où les marchands ont
leurs boutiques & étalent leurs marchandifes. Chaque forte de marchand a le fien ; ce qui s'entend
auffi des ouvriers qui travaillent tous dans le même

endroit. Ce font ordinairement de grandes galleries voutées, dont les portes fe ferment tous les
foirs. Quelquefois les concierges & gardiens de
ces *befeftans* répondent des marchandifes pour un
droit affez modique qu'on leur paye pour chaque
boutique.

Les *befeftans* d'Andrinople font très-beaux, fur-
tout celui où fe vendent les étoffes, & un autre où
font les boutiques des cordonniers.

BESOGNE FAITE. (*Terme de manufacture de
laine*, qui eft en ufage dans les fabriques de
Poitou.) Il fe dit des ferges, étamines, draps, tirtaines, &c. encore en toile & telles qu'elles fortent du métier, avant que d'avoir reçu aucun
apprêt.

BESON. Mefure des liquides, dont on fe fert en
quelques lieux d'Allemagne, particuliérement dans
la ville d'Aufbourg. Douze *befons* font le jé & huit
maffes le *befon*. *Voyez* la TABLE DES MESURES.

BESORCH. Monnoie d'étain ou de métal d'alliage, qui a cours à Ormus, à peu près fur le
pied des liards de France. Dix *beforchs* valent un
pays, quatre pays un foudis, dix pays un chay,
qui vaut 4 f. de Hollande ; vingt pays un mamoudi,
ou 8 f. ; deux mamoudis un abbaffi, ou 16 f. ; vingt-
cinq pays un larin ; cinq larins la réale ou richedale ; & cent mamoudis un toman.

On compte à Ormus par tomans comme l'on
fait en Hollande par livres de gros.

BESTAIL ou BÉTAIL. (*Terme collectif*, qui
fignifie *les bêtes à quatre pieds* qui fervent au labourage & à la nourriture de l'homme.) Il fe diftingue en gros, & menu *bétail*. Le gros *bétail* comprend les taureaux, les bœufs, & même les veaux
& petites géniffes. Petit *bétail* fe dit des beliers, brebis, moutons, agneaux, boucs, chévres, cabrils &
autres femblables.

BÊTE DE SOMME. Se dit, *en termes de commerce*, de tous les animaux à quatre pieds, qui fervent à porter des fardeaux & marchan-
difes fur leur dos. On les appelle auffi *bêtes de
charge* & *bêtes de portage*, pour les diftinguer de
celles que l'on deftine au tirage. *Voyez* PORTAGE
& TIRAGE.

Les *bêtes de fomme*, dont on fe fert le plus
ordinairement, font les éléphans, les dromadaires,
les chameaux, les chevaux, les mulets, les bêtes
afines, les vigognes, & les brebis du Mexique &
du Pérou. Il y a auffi quelques lieux des côtes
d'Afrique, où l'on fe fert des bœufs ; & il n'eft pas
même jufqu'aux dogues & gros chiens, que l'on
emploie à cet ufage, comme on le voit en Flandres, & en quelques autres endroits. On peut voir
dans ce Dictionnaire les articles où l'on parle de
ces animaux par rapport au commerce.

BESTIAUX. Animaux à quatre pieds, qui font
le principal emmeublement d'une ferme.

On appelle *marchands de beftiaux*, ceux qui
en font commerce, qui les amènent & les vendent
dans les marchés & dans les foires.

Hh ij

VENDEURS DE BESTIAUX. Officiers créés fur le pied des vendeurs de marée & de volaille, pour avancer aux marchands le prix des *bestiaux*, qu'ils vendoient aux marchés de Poiſſy & de Seaux près Paris, moyennant un petit droit, payable par le vendeur & l'acheteur pour l'indemnité de cette avance. Ces charges avoient été créées ſous le régne de Louis XIV ; mais le préjudice que l'on repréſenta, qu'elles apportoient au commerce des *bestiaux*, les fit ſupprimer. On les a rétabli depuis ſous le nom de *caiſſe de Poiſſy*.

FOIRES DE BESTIAUX. Ce ſont des *foires* principalement deſtinées pour la vente des *bestiaux*. On les appelle autrement *foires graſſes*.

BETEL. Plante d'une grande réputation dans tout l'Orient, particulièrement dans les Indes, où il s'en fait une conſommation & un commerce incroyables.

Ce ſont les feuilles de cette plante, dont les Indiens mangent continuellement avec cette eſpèce de noix, qu'ils nomment *areca*, qui leur rend les lèvres ſi rouges, & les dents ſi noires, couleur que, comme on ſçait, ils préfèrent à la blancheur de celles des Européens.

Le commerce qui ſe fait des feuilles de *betel*, eſt très-conſidérable. Quantité de gros marchands s'en mêlent & entretiennent pluſieurs vaiſſeaux pour en faire le tranſport preſque dans tout l'Orient, où il eſt d'un uſage ſi commun, que les grands & le peuple, les riches & les pauvres ne ſont jamais ſans leur boëte de *betel*. Ils s'en préſentent les uns aux autres, quand ils ſe rencontrent : & c'eſt un cérémonial établi auſſi-bien parmi les hommes, que parmi les femmes, de s'en offrir dans les viſites qu'ils ſe rendent ; & de regarder comme un affront, ou de n'en pas être régalés, ou de le refuſer, quand on en offre. Ce qui rend ce négoce facile, c'eſt la propriété que les feuilles de *betel* ont de ſe conſerver long-temps ſans ſe gâter.

BETILLES. Mouſſelines ou *toiles de coton blanches*, qui ſe fabriquent aux Indes Orientales, particulièrement à Pondichery. Il y a de trois ſortes de *betilles*.

La première, appellée ſimplement *betille*, eſt un peu groſſière. Sa largeur ordinaire eſt de cinq ſixièmes, & ſa longeur de ſeize & de vingt aunes la piéce.

La deuxiéme ſorte, nommée *betille organdy*, a le grain rond, & eſt très-fine. La piéce contient douze aunes & demie de long, ſur trois quarts & cinq ſixiémes de large.

La troiſiéme ſorte, qui s'appelle *betille tarnatane*, eſt fort claire, & a douze aunes & demie à treize aunes à la piéce, ſur ſept huit de large. *V.* MOUSSELINES.

BETILLES. Ce ſont auſſi des toiles de coton blanches, qu'on apportoit autrefois en France, pour les y peindre de diverſes couleurs. Les unes ſont de ſeize aunes & d'autres de vingt.

Les *betilles* rouges & blanches, qui viennent

de Bengale, portent à peu près le même aunage.

BEUGLE. On nomme ainſi dans quelques provinces de France, cette eſpèce de groſſe étoffe de laine, qui s'appelle plus ordinairement *bure*.

BEURRE. Subſtance graſſe & onctueuſe, qui ſe tire du lait ou plutôt de la crême qui ſe forme ſur le lait de vache.

L'on peut réduire le *beurre* comme à trois eſpèces ; le *beurre frais*, le *beurre ſalé* & le *beurre fondu*.

Il ſe fait un grand commerce des deux derniers *beurres*, tant dedans que dehors le royaume. Pour le *beurre frais*, on n'en parle ici que par rapport au commerce qui s'en fait à Paris.

Le *beurre frais* eſt celui qui eſt nouvellement battu. Il eſt apporté ou en livres ou en mottes. Le *beurre* en livres vient des villages voiſins de Paris : il en vient auſſi de S. Germain & de la petite province de Gaſtinois. Celui de Vanvres, qu'on forme dans de petits moules ronds, avec les armes de France, eſt le plus eſtimé.

Les *beurres* en mottes ſont envoyés d'Iſigny, de Gournay, de la Louppe, &c. mais ceux d'Iſigny & d'autres lieux, qui ſont un peu éloignés, ne ſont le plus ſouvent apportés que l'hyver.

Le *beurre ſalé* eſt du *beurre* frais, que l'on a pétri avec le ſel, pour le conſerver. L'expérience a appris que le ſel blanc étoit moins propre que le gris pour les ſalaiſons, & qu'il rendoit les *beurres* plus âcres.

L'on tire les *beurres ſalés*, ou des provinces du royaume ou des pays étrangers.

Les provinces qui fourniſſent le plus de ces ſortes de *beurres*, ſont la Bretagne, la Normandie, le Boulonnois, &c. Les *beurres* étrangers viennent de Flandres, de Hollande, d'Angleterre, d'Ecoſſe, & d'Irlande.

Des *beurres ſalés* de Bretagne, ceux de la Prévalais ſont les plus eſtimés. Ils viennent en petits pots de grès d'un quarteron & de demi-livre. C'eſt plutôt un négoce du meſſager de cette province, que des marchands épiciers. Il n'eſt pas de garde & ſe graiſſe aiſément.

La Normandie fournit de deux ſortes de *beurres ſalés* ; les gros *beurres* & *beurres* fins, ou *beurres* d'herbes. Les uns & les autres ſe tirent d'Iſigny, où ſe tient le marché des *beurres ſalés* du Cotantin & de toute la baſſe Normandie.

Les *beurres* fins ou *beurres* d'herbes (ainſi appellés, parce qu'ils ſont faits dans le temps que les vaches ſont dans les pâturages & avant qu'elles ſe nourriſſent de fourage,) ſont envoyés dans de petits pots de grès d'une demi-livre, ou d'une livre. Ces *beurres* ſont en Normandie, ce que ceux de la Prévalais ſont en Bretagne. Ainſi le plus grand commerce des *beurres ſalés* de Normandie, eſt celui des gros *beurres*. On les apporte en pots de grès ou en tinettes de bois. Les pots, qui ſont nommés *tallevanne*, ſont du poids depuis ſix juſqu'à quarante livres. Les tinettes peſent depuis vingt livres juſqu'à deux cens.

Les beurres ſalés du Boulonnois viennent ordinairement dans des tinettes, à peu près du poids de celles des gros beurres de Normandie.

A l'égard des beurres ſalés étrangers, ceux de Dixmuyde, petite ville des pays-bas Eſpagnols, ont la préférence. Les marchands de Paris les nomment quelquefois, par corruption, beurres de diximus. Les tinettes peſent depuis vingt livres juſqu'à ſoixante.

Les beurres ſalés d'Irlande entrent ordinairement dans le royaume par le Havre, ou par Rouen. Ils ſont dans des barils de quatre-vingt juſqu'à deux cent cinquante livres. Les meilleurs ſe tirent de Dublin, capitale de ce royaume. Quoiqu'ils ſoient les moins eſtimés de tous les beurres étrangers, il s'en conſomme quantité du côté de Bordeaux & aux environs de la Garonne. Le peu qu'il en vient à Paris, s'enlève preſque toujours par les marchands de la campagne.

Il n'y a guères de différence entre les beurres d'Angleterre, & ceux d'Irlande, ſoit pour la bonté, ſoit pour le poids des barils, dans leſquels on les envoie. Ils entrent auſſi aux mêmes ports. Il en eſt de même de ceux d'Écoſſe.

Les beurres ſalés de Hollande viennent pareillement en barils. Ils ſont beaucoup meilleurs que ceux d'Irlande & d'Angleterre; mais le commerce n'en eſt pas conſidérable, les Hollandois employant la plus grande partie de leurs laits à faire des fromages, & réſervant pour eux preſque tout ce qu'ils ſalent de beurres.

Les beurres fondus viennent preſque tous d'Iſigny & d'autres endroits de Normandie: on en tire néanmoins quelques-uns des autres provinces, où les pâturages ſont abondans.

Ces beurres ſe fondent dans de grandes chaudières, afin d'en ſéparer le lait, & les autres impuretés qui contribuent à les corrompre, & pour les mettre en état de ſe conſerver plus long-tems, les beurres bien fondus & bien empottés dans des pots de grès pouvant ſe maintenir bons deux ans entiers.

Ces ſortes de beurres ſont envoyés, ou en pots depuis ſix juſqu'à quarante livres; ou en tinettes depuis vingt juſqu'à deux cent livres.

On appelle beurre gras, celui qui s'eſt graiſſé, ou pour avoir été mal ſalé, ou pour avoir été mal conſervé dans les magaſins depuis les ſalaiſons. Il entre à Paris tous les ans 7,387,665 liv. de beurre.

Les beurres de Hollande ne payent en France de droits d'entrée, en vertu du tarif de 1664, confirmé par la déclaration de 1699, que 12 ſols du cent peſant, & les autres beurres 6 livres, en conſéquence de l'arrêt du conſeil du 28 octobre 1692.

Les droits de ſortie pour toutes ſortes de beurres ſont de 26 ſols auſſi du cent peſant.

Les beurres de France, qui ſe tranſportent dans les pays, terres & ſeigneuries de l'obéiſſance des Etats-Généraux, n'y payent les droits d'entrée, que ſur le pied de 10 ſ. pareillement du cent, conformément à la même déclaration de 1699, le tout avec les nouveaux ſols pour liv.

Commerce des beurres à Amſterdam.

Les principaux beurres dont on fait commerce à Amſterdam, ſont ceux de Hollande, de Leyde, de Friſe, d'Irlande & de Bretagne.

Les marchands épiciers-droguiſtes & apothicaires de Paris vendent auſſi quantité de drogues médicinales, extraites par le moyen de la chymie, auxquelles les artiſtes donnent le nom de beurres, à cauſe de leur reſſemblance avec le beurre de vache: tels ſont les beurres de Saturne, de nitre, de ſalpêtre, ou de Pierre-Jean Fabre, d'antimoine, de cire, &c. dont quelques-uns ſont ici expliqués, & les autres renvoyés à leurs articles.

BEURRE DE SATURNE. Sorte d'onguent liquide, qui ſe fait de vinaigre & de plomb incorporé dans l'huile rozar. Le beurre de Saturne eſt eſtimé propre à la guériſon des dartres.

BEURRE DE NITRE, ou DE SALPÊTRE. Eſpèce de drogue qui ſe tire du ſalpêtre par le moyen du tartre. La manière de le bien préparer eſt décrite dans les Œuvres de Chymie de l'excellent M. Charas. Le lecteur peut y avoir recours. Quelques-uns appellent le beurre de nitre, beurre de Pierre-Jean Fabre, apparemment du nom de l'artiſte qui a trouvé le premier le ſecret de le faire.

BEURRIER. BEURRIÈRE. (Marchand ou marchande qui fait le commerce du beurre). La différence qu'il y a entre le beurrier & la beurriere, eſt que le premier s'entend toujours d'un marchand en gros, & l'autre ſe dit ordinairement d'une marchande en détail. On ne comprend pas les épiciers au nombre des beurriers, quoiqu'ils faſſent auſſi le commerce des beurres ſalés. Quelquefois on nomme coquetiers, les marchands beurriers qui viennent apporter à Paris ſur des chevaux des beurres frais en mottes.

Il y a dans Paris un impôt ſur le beurré, les œufs & les fromages, créé ſous le miniſtère de M. Colbert, dont la légiſlation, compoſée d'édits, déclarations & arrêts du conſeil, forme un recueil effrayant. Cet impôt ſe monte à 13 livres ſur cent francs de marchandiſes. Le produit quitte & net, eſt bien modique pour le roi; mais il n'en eſt pas moins très-onéreux & très-embarraſſant au vendeur, par conſéquent fort coûteux au conſommateur. Il n'y a d'excepté que les œufs & les beurres frais apportés en panier à bras & en petites quantités des environs de Paris.

BEURT-SCHEPEN ou BEURT-SCHUYTEN. En françois, navires ou bateaux de tour.

On nomme ainſi à Amſterdam des bâtimens de mer ou de ſimples bateaux de rivière, qui ont ſeuls le privilége de charger en cueillette pour diverſes villes, tant du dehors que du dedans des ſept provinces-unies. Ils ſont nommés de la ſorte, parce que chacun eſt obligé de partir & de charger à ſon tour pour l'endroit où il doit aller ; ce qui eſt reglé par les ſupérieurs de la communauté des bateliers.

Les endroits privilégiés pour les bâtimens ſont pour la France, Rouen & Saint-Vallery ; pour l'Angleterre, Londres ; Hambourg & Bremen pour l'Allemagne ; il y en a auſſi pour Midelbourg en Zeelande, pour la plupart des villes de Brabant, de Flandres, & preſque pour toutes les villes des ſept provinces ; ce qui eſt d'une très-grande commodité pour les marchands d'Amſterdam qui n'ont point aſſez de marchandiſes pour charger un navire ou bateau en entier, & qui en payant le fret réglé par les ordonnances, trouvent dans ces bâtimens de quoi envoyer dans tous ces endroits en ſi grande ou ſi petite quantité qu'ils veulent.

Chacun de ces bâtimens ou bateaux a ſa place fixe dans un des canaux de la ville, ou ſur le port, & ne peut en ſortir qu'il ne ſoit plein, & que ſon tour ne ſoit venu.

Lorſqu'un marchand a aſſez de marchandiſes pour charger un ou pluſieurs navires ou bateaux pour un de ces lieux privilégiés, il lui eſt permis de convenir du fret, ſans ſe conformer aux réglemens, & de choiſir tel qu'il veut des bâtimens & des maîtres ou bateliers, quoiqu'ils ne ſoient point du tour ; mais il doit auparavant ſavoir des ſupérieurs de la communauté, s'ils le voudront bien permettre, parce qu'en cas que le maître ou batelier ne fût pas bourgeois d'Amſterdam, & qu'il ſe préſentât un bourgeois pour charger, ce dernier a la préférence.

La permiſſion étant obtenue, il faut outre cela que le marchand qui veut charger, en faſſe ſa déclaration aux commiſſaires dans la forme ſuivante.

Meſſieurs les commiſſaires des navigateurs hors du pays, je vous prie de permettre à maître N. N... de charger (pour Rouen par exemple), à condition qu'il ne prendra des marchandiſes que pour moi ſeul. A Amſterdam, ce ...., &c. J. P. R.

On donne cette déclaration au maître ou au batelier qu'on a freté ou qu'on veut freter, lequel la porte aux commiſſaires qui lui en font expédier la permiſſion. En cas de refus, ce qui arrive rarement, le ſeul remède eſt de chercher un autre maître ou batelier pour qui les commiſſaires ayent plus d'indulgence, n'étant pas ſûr de charger ſans permiſſion ; ces meſſieurs étant très-jaloux de leurs priviléges, outre qu'ils trouvent quelque intérêt perſonnel, quand les marchandiſes paſſent par leurs mains.

Pour donner une plus juſte idée de ces bâtimens & bateaux de tour, on va ajouter ici un extrait de celle des ordonnances de police, qui a été faite pour les *beurt-ſchepens* qui ſont privilégiés pour Rouen & pour Londres.

Ordonnance pour les bâtimens qui pourront aller par tour pour Rouen & pour Londres.

Premièrement aucun bâtiment qui eſt en état de voyager hors de ces pays, ne pourra charger pour les ports ſus-mentionnés qu'à ſon tour, & il faudra que les bâtimens qui voudront voyager par tour, ſoient bien pourvus d'ancres, de cables, de voiles, &c. afin que les marchandiſes puiſſent être tranſportées ſeches & bien conditionnées, le tout à la diſcrétion des ſupérieurs de la communauté des navigateurs hors du pays ou autres, qui pourront être commis pour en prendre inſpection.

2°. Qu'on mettra toutes les deux ſemaines deux bâtimens en charge pour Londres, & tous les 22 jours deux bâtimens pour Rouen.

3°. Ceux pour Londres ſe mettront au quai le lundi, l'un pour y reſter juſqu'au ſamedi ſuivant, c'eſt-à-dire ſix jours après ; & l'autre pour partir ſept jours après le départ du premier, c'eſt-à-dire quatorze jours après qu'il aura été mis en tour.

4°. Le premier de ceux pour Rouen partira du quai le ſoir du dixiéme jour qu'il s'y ſera mis, & le ſecond dix jours après le premier, c'eſt-à-dire vingt jours après qu'il y ſera entré.

5°. Leſdits bâtimens mettront à la voile le ſecond jour après être ſortis du quai, & d'autres y rentreront en leur place pour y obſerver le même ordre, à peine de 25 florins pour les maîtres qui ſeront en tour, & qui négligeront de s'y trouver.

6°. En hyver les bâtimens auront deux jours de plus pour charger qu'en été, c'eſt-à-dire ceux de Londres huit jours, & ceux de Rouen douze. L'été ſera cenſé commencer au premier mars pour durer juſqu'au premier octobre, & l'hiver depuis le premier octobre juſqu'au premier mars.

7°. Les bâtimens, après être ſortis du quai, ne pourront charger aucune marchandiſe, à peine de ſix florins d'amende pour chaque paquet ou piéce, & d'être interdits du tour pendant un an pour la première fois, & ſous pareille peine, & de correction arbitraire pour la ſeconde.

8°. Si les bâtimens ou l'un d'eux ont leur entière charge avant le tems limité, ils ſeront obligés de partir auſſi-tôt du quai, & un autre ſera mis inceſſamment en ſa place, les jours de planche duquel ne commenceront que du jour que devoit finir le terme de celui à qui il ſuccéde.

9°. Il ſera permis aux maîtres qui auront reſté en charge pendant le tems limité, & qui n'auront pu avoir leur entier chargement, d'acheter des marchandiſes pour leur compte, afin d'achever leur cargaiſon, ſans que cela puiſſe néanmoins cauſer aucun retardement à leur départ, ni de préjudice aux marchandiſes des particuliers déjà chargées ; à peine de 25 florins d'amende. Ceux des maîtres qui auront ainſi acheté des marchandiſes, ne payeront aucun fret à leurs aſſociés, s'ils en ont.

10°. Deux marchands ou commiſſionnaires pourront freter un bâtiment dans la ville pour l'un des ports ſus-mentionnés, au prix dont ils pourront convenir avec le maître ; mais le maître ne pourra charger d'autres marchandiſes que celles deſdits marchands & commiſſaires, à peine comme deſſus.

11°. Les maîtres qui ſeront de tour, ſeront obligés de prendre fans aucune diftinction toutes les marchandifes qui feront portées à leur bord, quand même ils auroient déjà promis d'en prendre d'autres, les premières arrivées devant être les premières chargées.

12°. Les maîtres qui voyagent par tour, ne pourront entreprendre aucun voyage, ni fervir d'alléges huit jours avant que leur tour puiffe arriver; mais feront obligés de mener leur bâtiment au quai, quatre jours avant qu'ils doivent entrer en charge, & fe mettre auprès de celui dont il doit prendre la place, afin de s'aider les uns aux autres, à peine de 50 florins d'amende & d'interdiction du tour pendant un an. Mais fi, fans qu'il y ait de fa faute, un maître ne peut prendre fon tour, les autres maîtres tireront au fort à qui remplira fa place; ce que celui à qui le fort tombera fera obligé de faire, à peine de 25 florins d'amende & d'interdiction pendant un an.

13°. Les maîtres qui auront fait leur tour pour Rouen, l'auront enfuite pour Londres; ce qui s'entend pareillement pour ceux de Londres, qui chargeront enfuite pour Rouen.

14°. Les deux maîtres qui fe mettront en même tems en charge pour Londres, partageront leur fret en commun; ce que feront pareillement entr'eux les deux pour Rouen; & faute de bon compte par l'un d'eux, celui qui aura manqué, payera 50 florins d'amende, & fera interdit du tour pour trois ans.

15°. Aucun maître de bâtiment ne pourra voyager par tour, qu'il n'ait été quatre ans bourgeois de cette ville.

16°. Les bâtimens qui fe mettront enfemble en charge, tireront au fort à qui des deux partira le premier.

17°. Les maîtres des bâtimens qui voyagent par tour en Zelande, à Anvers ou en d'autres endroits en dedans des terres, ne pourront entrer en tour pour aller à Londres ou à Rouen, à moins qu'ils ne quittent leur tour du dedans de terre, & qu'ils n'y renoncent.

18°. Les maîtres des bâtimens qui voyagent par tour, feront obligés de refter auprès de leurs bâtimens, depuis le matin jufqu'au foir, excepté vers le midi qu'ils pourront aller à la bourfe; & fi quelqu'un, tandis qu'il eft en charge, eft trouvé faire autrement, ou qu'il aille boire dans un cabaret ou ailleurs, il payera trois florins d'amende chaque fois qu'il y fera pris.

19°. Les feigneurs de la juftice commettront une perfonne pour avoir infpection fur les quais où feront les bâtimens en tour pour Londres & pour Rouen, & qui les feront partir dans leur tems.

20°. Toutes les amendes feront appliquées un tiers au feigneur, un tiers aux pauvres, & un tiers au délateur.

21°. Et afin que les marchands puiffent favoir fur quoi ils auront à fe régler pour le paiement du fret des bâtimens qui voyagent par tour, mefdits feigneurs ont ordonné par la préfente qu'il fera payé fur le tarif fuivant, dont les droits pourront bien être diminués par les maîtres, mais non augmentés, à peine de 25 florins d'amende, & d'interdiction de leur tour pour un an.

22°. Si l'on charge quelque marchandife pour Rouen ou pour Londres, dont le fret ne foit pas exprimé dans ledit tarif; fi c'eft pour Rouen, & que le fret fe trouve dans le tarif de Londres, ou au contraire fi c'eft pour Londres, & qu'il fe trouve dans le tarif de Rouen, on payera un tiers de plus.

Enfin les maîtres payeront à l'infpecteur chaque fois avant leur départ, favoir, pour les bâtimens au-deffus de 31 lafts, 3 florins; & pour ceux au-deffous, deux florins, fous peine de payer le double à leur retour.

Arrêté le 19 février 1611.

Cette même ordonnance contient auffi un ordre, fuivant lequel les maîtres des bâtimens qui voyagent en tour pour Londres & pour Rouen, doivent fe régler par rapport à leur grandeur ou capacité, pour partager le fret entr'eux.

Un bâtiment depuis 26 jufqu'à 31 lafts eft compté pour 30 lafts; depuis 31 jufqu'à 36 pour 35; depuis 36 jufqu'à 41 pour 40; & depuis 41 jufqu'à 46 & au-deffus pour 45 lafts.

Il y a quantité d'autres femblables ordonnances pour le fret des bâtimens qui vont à Hambourg, en Zelande, en Flandres & dans les provinces-unies, dont on trouve à Amfterdam le recueil en Hollandois. Celle de Hambourg, qui eft du 27 avril 1631, a cela de particulier, que fon tarif fait différence du fret d'été & du fret d'hiver, & encore de celui qui fe paye d'Amfterdam à Hambourg, d'avec celui de Hambourg à Amfterdam. On peut voir ce tarif & ceux de Londres & de Rouen, dans le Traité du négoce d'Amfterdam, donné au public en 1722 par M. J. P. Ricard, & l'on fe contentera d'ajouter ici, à l'égard de ces trois tarifs, que dans celui de Rouen les marchandifes font tarifées en florins, fols & pennins; dans celui de Londres en livres, fols & deniers fterlings; & dans celui de Hambourg pour ceux qui partent d'Amfterdam en marcs & fols lubs; & pour ceux qui y reviennent, en florins & en fols.

Les François fe font toujours plaints de ce *beurtz* pour Dunkerque, S. Valery & Rouen, & femblent affez bien fondés:

1°. S'il fe trouve un François qui demande à charger, on le fait attendre jufqu'à ce que trois vaiffeaux Hollandois paffent avant lui; fur quoi il faut remarquer que chaque vaiffeau reftant quinze jours en cueillette, le tour du François eft fix femaines à venir.

2°. Qu'il n'eft pas permis au marchand à qui le François eft adreffé, de le dépêcher lui-même avant le tems qui lui eft prefcrit, quand même il lui donneroit la moitié de fa charge, ne le pouvant faire qu'en lui donnant fon chargement entier; ce qui ne fe rencontre jamais, attendu qu'on n'envoie de Hollande en Picardie & en Normandie que des marchandifes fines, à la réferve pourtant des potaffes & vedaffes ; ce qui oblige le plus fouvent les François de s'en retourner à vuide , ou de prendre parti pour un autre port.

3°. Les directeurs du *beurtz* font fi bien à l'avantage de leur nation, que dans l'intervalle des quinze jours que le vaiffeau François refte en cueillette, il ne fe trouve quafi rien pour lui ; les marchandifes à fret qui fe préfentent, fe confervant toujours pour le Hollandois qui le doit fuivre.

Un autre inconvénient très-préjudiciable au commerce , que produit ce *beurtz* , c'eft que faifant ainfi charger les navires à tour de rôle, le fret des marchandifes fe maintient toujours fur un haut pied. Et en effet on remarque qu'une balle de poivre ou d'autre marchandife, paye d'Amfterdam à Rouen deux ou trois fois plus que d'Amfterdam à Bayonne, & feulement à caufe qu'on charge à tour de rôle pour Rouen & non pas pour Bayonne ; ce qui ne peut pas manquer d'enchérir à proportion les marchandifes venant de Hollande, qui entrent dans le royaume par la Picardie & la Normandie.

Cet exemple , rapporté par l'auteur du Dictionnaire du commerce, auroit dû lui faire fentir à quel point les priviléges, les corporations, les réglemens font préjudiciables à toute efpèce de bien public. Il en auroit dû conclure que tout cet attirail eft auffi préjudiciable en fes effets, qu'injufte dans fon principe.

BEUVANTE. On nomme ainfi dans le commerce de mer un droit qu'un maître de barque ou de navire fe réferve, lorfqu'il donne fon vaiffeau à fret.

Ce droit fe régle fuivant la grandeur & le port du vaiffeau.

Aux maîtres de barque on retient la place pour mettre deux ou trois bariques de vin, & aux maîtres de navires quatre ou cinq bariques.

Au lieu de ce droit de réferve, les marchands chargeurs donnent ordinairement aux maîtres de barque ou de vaiffeau une demi-barique ou une barique entière de vin, pour empêcher que ni lui ni fes matelots ne boivent de celui du chargement. On convient auffi quelquefois pour la *beuvante* depuis 5 f. jufqu'à 8 f. par tonneau.

BEUVETTIER. Celui où l'on fait des *beuvettes*, où l'on va boire.

Les maîtres vinaigriers-moutardiers de la ville de Paris prennent la qualité de *beuvettiers*, parce qu'il leur eft permis de donner à boire dans leurs boutiques des eaux-de-vie qu'ils ont la faculté de diftiller. Comme cette liqueur chaude & brûlante n'étoit pas autrefois à la mode en France, comme elle y eft préfentement, & qu'on n'en faifoit pas de débauche, on appelloit *beuvette* le peu qu'on en beuvoit le matin ; & *beuvettier* le vinaigrier chez qui les beuvettes fe faifoient.

BEZANS. Toiles de coton qui fe tirent de Bengale. Il y en a de blanches & de rayées de diverfes couleurs. *Voyez* l'article des TOILES DE COTON.

BEZESTIN ou BESESTAN. On nomme ainfi

à Conftantinople des efpèces de *halles couvertes* où fe vendent les plus riches & les plus précieufes marchandifes.

Il y a deux *bezeftins* dans cette capitale de l'empire Ottoman, le vieux & le nouveau.

Le vieux a été bâti en 1461 fous le règne de Mahomet II. Il y a peu de marchandifes fines : on y vend des armes & des harnois de chevaux affez communs, quoiqu'on y en trouve auffi enrichis d'or, d'argent & de pierreries.

Le *bezeftin* neuf eft deftiné pour toutes fortes de marchandifes : on n'y voit guère cependant que les marchandifes les plus belles & les plus riches, comme de l'orfévrerie, des fourrures, des veftes, des tapis, & des étoffes d'or, d'argent, de foie & de poil de chévre : les pierres précieufes & la porcelaine n'y manquent pas non plus.

Ce dernier, qu'on nomme auffi le *grand bezeftin*, eft bâti en rond tout de pierres de taille. Il y a quatre portes qui ne font ouvertes que pendant le jour. On y enferme pendant la nuit des gardes pour la fûreté des boutiques. Chaque corps de métier a fa place affignée, hors de laquelle perfonne ne peut vendre ni même expofer en vente les mêmes fortes de marchandifes. C'eft dans ce *bezeftin* que les marchands François, Anglois & Hollandois, ont leurs boutiques de draperie.

Les marchandifes font en grande fûreté dans ces lieux, & les portes en font fermées de bonne heure. Les marchands Turcs qui y ont des boutiques vont coucher chez eux dans la ville. Pour les marchands chrétiens ou juifs, ils fe retirent au-delà de l'eau & reviennent le lendemain matin.

BEZOARD ou BEZOUARD. (*Pierre médicinale.*)

Il y a plufieurs fortes de *bezoards*, entr'autres l'oriental, l'occidental & celui d'Allemagne.

Il faut choifir le *bezoard oriental* luifant, d'une odeur tirant fur celle de l'ambre gris, doux à la main, & en gros & beaux morceaux. Pour la figure, elle eft indifférente, auffi-bien que la couleur ; mais la plus ordinaire eft de couleur d'olive.

Il eft facile de fophiftiquer le *bezoard* ; il ne l'eft pas moins de découvrir la tromperie. Voici plufieurs manières de l'éprouver.

1°. Le laiffer tremper trois ou quatre heures dans de l'eau tiède : fi l'eau ne change point de couleur, & que la pierre ne perde point de fon poids, le *bezoard* eft fans mélange.

2°. Le fonder avec un fer pointu & chaud : lorfque le fer entre, & que fa chaleur fait riffoler le *bezoard*, il eft factice & compofé.

3°. Enfin, fi en le paffant fur un papier frotté de cerufe, il le fait devenir jaune, on doit être affuré de fa bonté.

Le *bezoard occidental*, ou du *Pérou*, eft fort différent de ce premier. Il fe trouve dans le ventre de plufieurs animaux, qui font particuliers à cette partie de l'Amérique. Dans les uns, le *bezoard* eft de la groffeur d'une noifette ; dans les autres, de celle

celle d'une noix : il y en a même de la grosseur d'un œuf de poule.

Il n'y a pas moins de différence dans leur figure que dans leur grosseur ; les uns sont ovales, d'autres ronds, & d'autres presque plats. Pour leur couleur, elle est ou cendrée ou obscure.

Ce bezoard est formé par écailles comme l'oriental, mais beaucoup plus épaisses. Etant cassé, l'on diroit qu'il a été sublimé, à cause de quantité de petites aiguilles luisantes, dont il paroît composé : il est d'ailleurs fort doux & fort uni par-dessus.

Le bezoard d'Allemagne, que quelques-uns appellent œufs de vache, se trouve dans le ventricule de quelques vaches, mais plus sûrement dans celui des chamois ou isards. Il y a de ces pierres qui pèsent jusqu'à dix-huit onces. Ce bezoard est peu estimé.

Outre ces trois sortes de bezoards, qui ne sont pas très-rares en France, & que l'on trouve chez presque tous les droguistes & apothicaires de Paris, les curieux en ont encore dans leurs cabinets, de trois autres espèces, que la difficulté d'en avoir a mis à un prix excessif.

Ces bezoards sont la pierre de porc, la pierre de malaca, ou de porc-épic, & la pierre de singe.

BEZOARD DE BŒUF, qu'on nomme autrement PIERRE DE FIEL. C'est une pierre jaunâtre, qui se trouve dans la vessicule du fiel de cet animal, dont les médecins se servent dans quelques-uns de leurs remèdes, & que les peintres en miniature employent dans plusieurs teintes du jaune. Voyez BŒUF. Voyez aussi FIEL.

Les droits d'entrée de tous les bezoards ne sont reglés en France, que sur le pied de bezoards de levant & de ponant : sçavoir, quinze livres la livre de poids du bezoard de levant, & trois livres seulement pour celui du ponant ; les autres passant pour l'une ou l'autre espèce, à cause de leur ressemblance, avec les sols pour livre.

BI

BIA. Les Siamois nomment ainsi ces *petits coquillages blancs*, qui viennent des Maldives, que l'on nomme coris presque par toutes les Indes orientales, & qui y servent de menue monnoie. A Siam l'on donne huit cent bias pour un fouang, qui est le huitième d'un tical ; en sorte que huit bias, ou coris, n'y valent pas tout-à-fait un denier. On parle ailleurs amplement de cette menue monnoie dès Indes, qui a aussi un grand cours sur plusieurs côtes d'Afrique. Voyez CORIS.

BIAMBONNÉES. Sortes d'étoffes des Indes qui sont toutes d'écorce. Voyez ÉCORCE.

BIARIS. (Espèce de baleine qui a des dents.) On la nomme aussi cachalot. C'est de la cervelle de ce poisson que se fait cette drogue, que l'on vend sous le nom de blanc de baleine, autrement sperma-ceti.

BIASSE. On appelle soie de biasse, une sorte de soie crue que les Hollandois tirent du levant.

Commerce. Tome I.

Elle se vend à Amsterdam 24 sols de gros la livre d'Anvers. Voyez l'article DES SOIES.

BICHET. Quantité ou mesure de grains qui est différente, suivant les lieux où elle est en usage. Le bichet n'est pas une mesure de bois, telle que peut être le minot à Paris ; c'est un composé de plusieurs autres certaines mesures.

A Tornus, le bichet est de seize mesures, ou boisseaux du pays, qui font dix-neuf boisseaux de Paris, un peu plus.

Le bichet de Beaune, aussi-bien que celui de Tornus, se divise en seize mesures ou boisseaux ; mais ces seize mesures ne rendent à Paris que dix-huit boisseaux.

A Verdun, le bichet est composé de huit mesures, ou boisseaux du pays, qui font à Paris quinze boisseaux.

Le bichet de Châlons-sur-Saône contient huit mesures, qui font quatorze boisseaux de Paris, égaux au quartal de Bresse.

En quelques autres endroits de France, & particulièrement à Lyon, le boisseau se nomme bichet, quoique bien différent des autres bichets, dont il a été parlé.

On se sert aussi du bichet en quelques lieux de l'Alsace & des trois Evêchés.

A Sarrebourg, le bichet de froment pèse 23 livres, poids de marc, de méteil 22, & de seigle 21 : celui d'avoine y pèse 146 livres même poids.

A Toul, le bichet de froment pèse aussi poids de marc 134, de méteil 129, de seigle 119, & d'avoine seulement 80 livres.

A Void, le bichet de froment pèse 67 livres, de méteil 66, de seigle 65 livres.

A Chaumont, le bichet de froment pèse 72 livres, de méteil 70 ½, de seigle 74, d'avoine 41.

A Bourbonne, l'on se sert du bichet de Choiseuil, qui pèse pour le froment 82 livres, pour le méteil 82, pour le seigle 78, & pour l'avoine 65. On se sert aussi à Bourbonne du penal. Voyez cet article.

A Vaucouleurs, le bichet de froment pèse 88 livres, de méteil 83, de seigle 80, & d'avoine 58.

Toutes ces pesées sont réduites au poids de marc.

BICHET. S'entend aussi d'une certaine mesure de terre, qui s'estime par celle d'un bichet de grain, qu'on y peut semer. Voyez ARPENT.

BIDAUCT. Nom que les teinturiers donnent à la suie de cheminée, dont ils se servent pour les couleurs brunes, musques & autres semblables.

Les teinturiers ne peuvent faire imprimer de bidauct aucunes toiles neuves ou vieilles, ni de fil de lin, chanvre ou coton, qu'ils ne les ayent auparavant engallé de bonne galle. Statuts des marchand maîtres teinturiers en soie, laine & fil, du mois d'août 1664, art. 74. Voyez SUIE.

BIDET. Cheval de petite taille. On dit un double bidet, lorsque la taille du cheval est médiocre, & un peu au-dessus de celle du bidet. Voyez CHEVAL.

BIDON. Mesure des liquides, qui tient environ

cinq pintes de Paris. Cette mesure n'est guères d'usage que parmi les équipages de marine, où elle sert à mettre le vin que l'on donne à chaque plat de matelots. C'est une espèce de broc de bois, relié de cercles de fer plat.

BIENS. Ce qui fait la richesse d'un particulier. On dit qu'un débiteur fait cession de *biens*, lorsqu'il abandonne à ses créanciers généralement tout ce qu'il possède en meubles, en argent, en pierreries, en marchandises, en rentes, en immeubles & en fonds de terre.

BIÈRE. Liqueur faite de grains, dont on se sert en Europe pour boisson ordinaire, dans les lieux où il ne croît point de vignes, & où le cidre est rare & de peu d'usage.

On brasse de diverses sortes de *bière*, de la rouge, de la blanche, de la petite, de la forte, de la double; cette différence ne consistant guères que dans la manière de les brasser, ou de leur donner plus ou moins de cuisson; & il en est à peu près comme du vin qui est blanc, paillet, rouge ou couvert, suivant qu'on le laisse plus ou moins cuver.

Ce sont les brasseurs qui vendent à Paris la *bière* en gros, & qui en font même un assez grand débit, particulièrement ceux des fauxbourgs de S. Antoine & de S. Marcel. Les autres détailleurs de *bière* sont les limonadiers, les fayanciers, les chandeliers, les fruitiers & plusieurs regratiers.

On brasse de la *bière* en toute sorte de saison; mais celle qui est brassée dans le mois de mars, est estimée plus excellente & de meilleure garde.

Le commerce des *bières* de France ne s'étend guères au-delà du royaume; mais il s'en fait un très-considérable à Paris, & dans quelques provinces, particulièrement dans la Flandre Flamingante, la Flandre Françoise & la Picardie.

Les droits de sortie se payent en France sur le pied de vingt-six sols le tonneau de bière; & ceux d'entrée à raison de douze sols le hambourg ou baril.

Ces droits sont reglés par le tarif de 1664. A l'égard des droits de la vente en gros & en détail, ceux du huitiéme, de l'augmentation du quatriéme, de la subvention, du contrôle, &c. ils le sont par l'ordonnance des aides de 1680.

Par l'article premier du titre de cette ordonnance, concernant les droits sur la bière, le droit de contrôle, qui se lève sur chaque muid de bière, mesure de Paris, qui se façonne dans toutes les brasseries du royaume, est de trente-sept sols six deniers pour la ville & fauxbourgs de Paris, & seulement trente sols pour les autres villes, bourgs & paroisses.

Le sixiéme article du même titre, régle le droit de gros, au vingtiéme du prix de la vente de quelque qualité que soit la bière, c'est-à-dire, blanche, petite ou double, & celui du huitiéme à huit sols par muid, dans tous les endroits où le gros & le huitiéme du vin ont lieu; à la réserve de la ville & fauxbourgs de Paris, qui

en sont déchargés par le neuviéme article, aussi-bien que du droit réglé, & de la subvention & augmentation pour la vente en détail.

Par le huitiéme article, le droit réglé qui se paye pour la vente en détail, à pot ou à assiette, est fixé à trois livres dix sols par muid, pour être payé dans tous les lieux où ce droit a lieu pour le vin.

Enfin, le dixiéme article ordonne le paiement du quatriéme parisis, du sol & six deniers, & du droit de subvention réglé à treize sols six deniers par muid, par tout aussi où ces droits se payent sur le vin.

On appelle *levure de bière*, l'écume de la *bière* qui sort par le bondon. Cette *levure* sert aux pâtissiers & boulangers de petit pain, à faire lever leur pâte. Les boulangers s'en servent aussi pour leurs croutes légères; & elle est pareillement de quelque usage parmi les teinturiers & les dégraisseurs & détacheurs d'habits. *Voyez* LEVURE.

BIEVRE. *Animal amphibie*, plus connu sous le nom de *castor*, dont la peau, garnie de son poil, sert à faire de riches fourures; & le poil séparé de la peau, s'emploie à la fabrique des chapeaux, & quelquefois à faire des étoffes & ouvrages de bonneterie. *Voyez* CASTOR.

BIGARADE. Sorte d'*orange aigre*, qui a sur la peau diverses excrescences en pointes. Son principal usage est d'être servie sur les tables délicates, pour manger avec diverses sortes de mets, dont elle relève le goût. Ce sont les épiciers, les fruitiers & regratiers, qui en font à Paris le négoce. *Voyez* ORANGE.

BIGOT, en Italien *bigontia*. Mesure pour les liquides, dont on se sert à Venise. Le *bigot* est la quatriéme partie de l'amphora, & la moitié de la botte. Il faut quatre quartes, ou quartoni, pour le *bigot*, & quatre tischaufera pour la quarte. *Voyez* la TABLE DES MESURES.

BIJON. Sorte de *térébenthine*, qui est regardée comme une espèce de baume blanc. Ce baume coule naturellement, & sans incision, pendant les grandes chaleurs, des sapins, des pins & des melesses qui se trouvent dans les bois.

BIJOU. Se dit de toutes les *petites curiosités* qui ornent une chambre, ou un cabinet, même de celles dont les femmes se servent pour se parer.

BIJOUTERIE. C'est la profession de ceux qui font le négoce de bijoux & de pierres précieuses; mais en ce sens *bijouterie* n'est pas en usage; il faut dire *joyaillerie*; le terme de *bijouterie* ne pouvant passer qu'en lui donnant un sens plus général & plus étendu qu'à *joyaillerie*: ainsi *bijouterie* sera le commerce de toutes sortes de petites curiosités, qui servent à orner ou les personnes ou les appartemens.

BIJOUTIER. (*Celui qui fait commerce de toutes sortes de bijoux & de curiosités.*) A Paris, ce sont les merciers & les orfévres, en qualité de marchands joyailliers, qui font ce commerce.

BIIS. Poids tout enfemble & mefure, dont on fe fert fur la côte de Coromandel, aux Indes orientales. C'eft la huitiéme partie du man. Un *biis* contient cinq ceers, & un ceer vingt-quatre tols. *Voyez* la TABLE DES POIDS ET CELLE DES MESURES.

BILAN. *Livre* dont les marchands, négocians, & banquiers, fe fervent pour écrire leurs dettes actives & paffives, c'eft-à-dire, ce qui leur eft dû, & ce qu'ils doivent.

Ce *livre*, qui eft du nombre de ceux que l'on appelle *livres d'aides*, ou *livres auxiliaires*, fe tient en débit & crédit, ainfi que le grand livre. On lui donne divers autres noms : les uns le nomment *livre des échéances*; les autres, *livre des mois*, ou *des paiemens*; & d'autres l'appellent *carnet*.

Autrefois les marchands, négocians, & banquiers de la ville de Lyon, portoient fur la place du change, un petit livre, qu'ils appelloient *bilan des acceptations*, fur lequel ils écrivoient toutes les lettres-de-change qui étoient tirées fur eux, à mefure qu'elles leur étoient préfentées.

Leur acceptation n'étoit autre chofe, que de mettre une croix à côté de la lettre qu'ils avoient enregiftrée dans leur *bilan*, qui fignifioit *accepté*; & s'ils vouloient délibérer fur l'acceptation, ils mettoient un V, qui vouloit dire *vue*; & s'ils ne vouloient pas l'accepter, ils mettoient S. P, qui fignifioit, *fous protêt*; c'étoit à dire, que celui qui en étoit le porteur, la devoit faire protefter dans trois jours après le paiement échu, qui étoit le troifiéme du mois fuivant: mais à préfent les acceptations fe font par écrit, fuivant l'article 3 du réglement de la place du change de Lyon, du 2 juin 1667.

On appelle à Lyon, l'entrée & l'ouverture du *bilan*, le *fixiéme jour du mois des paiemens*, jufqu'au dernier jour duquel mois inclufivement, on fait le virement des parties; chaque négociant écrivant de fon côté fur fon *bilan* les parties qui ont été virées : enforte que fi après le mois expiré il fe faifoit quelques viremens des parties, ils demeureroient nuls, fuivant l'article 4 du réglement déjà rapporté.

Le *bilan*, que les négocians portent fur la place du change de Lyon, pour le virement des parties, eft un petit livre que l'on appelle quelquefois *carnet*: il fe tient en débit & crédit, mettant d'un côté ce qui eft dû, & de l'autre ce qu'on doit.

Ceux qui veulent virer partie, s'adreffent à ceux à qui ils doivent quelque fomme, & leur propofent d'en faire virement, en leur donnant pour débiteurs, une ou plufieurs perfonnes, qui leur doivent femblable fomme; la chofe réfolue, ils en font mention réciproquement fur leur *bilan*; & dans le moment les parties font cenfées virées, & demeurent aux rifques de ceux qui les ont acceptées. C'eft de cette manière que fe font les paiemens; & à la fin du mois, ceux qui doivent plus qu'il ne leur eft dû paient en argent comptant aux porteurs de lettres, ce qu'ils doivent.

Si un banquier, marchand ou négociant, qui eft

dans l'habitude de porter *bilan* fur la place, ne s'y trouvoit pas, ou autre perfonne pour lui, dans les temps ordinaires des paiemens, il feroit réputé avoir fait faillite : ainfi il eft de conféquence de ne pas s'en difpenfer, à moins d'une raifon effentielle & connue.

Lorfqu'un marchand ou négociant a fait faillite, & qu'il veut s'accommoder avec fes créanciers, il doit leur préfenter fon *bilan*, c'eft-à-dire, un état au vrai de fes affaires.

BILAN. Eft encore la *folde du grand livre*, ou d'un *compte particulier*, ou de *la clôture d'un inventaire*; mais en ce fens, le terme de *bilan* n'eft pas fi propre que celui de la *balance*.

BILLET, *en termes de commerce*, fignifie un *écrit fuccinct fait fous fignature privée*, par lequel une perfonne s'oblige envers une autre, à faire quelque paiement dans un certain temps, moyennant une certaine valeur reçue.

Il y a plufieurs efpèces de *billets*, dont les marchands, banquiers & négocians fe fervent dans le commerce, lefquels opèrent divers effets.

Les uns font caufés pour valeur reçue en lettres-de-change; les autres portent promeffe d'en fournir; d'autres font conçus pour argent prêté, & d'autres pour marchandifes vendues; mais de ces diverfes fortes de *billets*, il n'y en a que deux qui foient réputés *billets de change*, & qui ayent les mêmes priviléges que les lettres de change; les autres n'étant regardés que comme de fimples promeffes, qui cependant peuvent être négociées, ainfi que les *billets de change*, pourvu qu'ils foient payables à ordre, ou au porteur.

C'eft l'utilité que les négocians ont trouvée dans le commerce des lettres de change, qui a donné lieu à toutes ces fortes de *billets*, pour la facilité des paiemens, & pour n'être pas obligés de tenir leur argent en caiffe, fans mouvement, & fans en tirer du profit.

La première efpèce de *billets de change*, font ceux qui font caufés pour valeur reçue en lettres de change, c'eft-à-dire, lorfqu'un marchand ou banquier, fournit à un autre négociant des lettres de change pour les lieux dans lefquels il a befoin d'argent, & que pour la valeur de ces lettres, il donne fon *billet* de payer pareille fomme au tireur. *Art.* 27, *tit.* 5, *ord. de* 1673.

Cette première forte de *billets* doit faire mention de celui qui en aura payé la valeur; & fi le paiement a été fait en deniers ou marchandifes, ou autres effets, à peine de nullité; c'eft-à-dire, que faute d'être conçus dans ces termes, ils ne font plus regardés comme *billets de change*, mais feulement comme fimples *billets* pour argent prêté, qui n'ont pas les mêmes priviléges. *Art.* 28, *tit.* 5, *ordon.* 1673.

La deuxiéme efpèce de *billets de change*, font ceux qui portent : *pour laquelle fomme je promets fournir lettre de change fur une telle ville*. Ces *billets* font très-utiles dans le commerce; en ce que par leur moyen un négociant qui a de l'argent oisif dans son coffre, & qui n'en a besoin que pour faire des paiemens dans certaines villes, & dans des temps qui sont encore éloignés, dispose de son argent avec d'autres banquiers & négocians, qui en ont dans les mêmes villes, & qui leur doit être payé dans les mêmes temps. *Art. 27, tit. 5, ord. 1673.*

Il est de l'usage, que ceux au profit desquels sont faits ces sortes de *billets de change* pour lettres à fournir, ou ceux au profit desquels les ordres sont passés, puissent contraindre les débiteurs à leur fournir ces lettres, & au refus, leur faire rendre l'argent qu'ils ont reçu, & leur faire payer ce qu'il coûteroit pour avoir leur argent par lettres de change dans les lieux désignés par leur *billet*.

Cette espèce de *billet de change* doit aussi faire mention du lieu où les lettres de change doivent être tirées, si la valeur en a été reçue, & de quelles personnes, à peine de nullité. Cette peine de nullité produit le même effet que dans les autres *billets de change*, en les convertissant, comme il a été dit, en simples *billets* ou *promesses*; que s'ils ne contiennent que valeur reçue purement & simplement, la valeur en sera réputée en argent comptant. *Art. 29, tit. 5, ord. 1673.*

Les *billets de change* payables à un particulier y nommé, ne sont point réputés appartenir à autre, encore qu'il y ait eu un transport signifié, s'ils ne sont payables au porteur, ou ordre, & cela pour abolir l'usage des cessions & transports en matière de *billets de change*, à cause des fréquens inconvéniens qui s'en ensuivoient; ces termes, *payables au porteur, ou ordre,* tenant proprement lieu de transports & cessions. *Art. 80, tit 5, ordonnance de 1673.*

Les *billets,* que l'on nommoit autrefois *billets en blanc,* c'est-à-dire, où l'on laissoit en blanc le nom de celui à qui ils devoient être payés, pour être remplis toutesfois & quantes, & sous quel nom il plairoit à celui au profit duquel ils étoient faits, & dont la cause portoit simplement *valeur reçue,* sans exprimer la valeur, non-seulement ne sont plus en usage, mais sont absolument défendus : & en effet, comme après avoir passé par plusieurs mains, il n'étoit pas possible d'en découvrir l'origine, il étoit aisé de s'en servir pour un commerce usuraire.

L'on a tâché d'introduire dans le commerce, d'autres *billets,* qui ne sont pas moins dangereux que les précédens, pour couvrir l'usure; ce sont ceux *payables au porteur,* sans faire mention ni de qui on a reçu la valeur, ni quelle sorte de valeur a été reçue.

Les plus sûrs de tous les *billets* dont on peut se servir dans le commerce, & les moins susceptibles d'usure, sont ceux qui sont faits à une personne précise, ou à son ordre, pourvu qu'ils portent ces mots essentiels, *valeur reçue d'un tel,* & que la valeur y soit exprimée. Il ne sera pas inutile de donner un modèle de ces sortes de *billets,* qui sont tout-à-fait conformes à l'ordonnance de 1673.

MODÈLE DU BILLET.

Je payerai au 20 du mois prochain, au sieur Pierre Doré, marchand de cette ville, ou à son ordre, la somme de douze cent livres, valeur reçue de lui en deniers comptans. Fait, &c.

Dans le chap. 10 du livre 3 de la première partie du Parfait Négociant de M. Savary, il est donné des modèles de toutes les sortes de *billets,* tant de change que payables à ordre, ou au porteur, pour toutes sortes de valeurs. On y peut avoir recours, si on le juge à propos.

L'article premier du titre 7 de l'ordonnance de 1673, spécifie assez au long pour quels *billets* ceux qui les ont faits & souscrits, sont sujets à la contrainte par corps.

Quoique par ledit article premier du tit. 7 de ladite ordonnance, il semble qu'il n'y ait que les marchands & négocians, qui puissent être contraints par corps pour les *billets* qu'ils ont faits ou souscrits, il y a néanmoins une déclaration du roi, du 26 février 1692, qui ordonne, en expliquant cet article, que la contrainte par corps aura aussi lieu contre les receveurs, trésoriers, fermiers & sous-fermiers des droits de sa majesté, intéressés & gens chargés du recouvrement de ses deniers, & tous autres qui lui sont comptables.

Le porteur d'un *billet négocié,* est tenu de faire ses diligences contre le débiteur dans dix jours, s'il est pour valeur reçue en deniers, ou en lettres de change qui auront été fournies, ou qui le devront être; & dans trois mois, s'il est pour marchandises, ou autres effets, & les délais doivent être comptés du lendemain de l'échéance, icelui compris. *Art. 31, tit. 5, ordon. 1673.*

Un *billet négocié* est celui qui a passé en main tierce au moyen de l'ordre qui a été mis au dos; tout *billet payable au porteur,* est aussi censé *billet négocié.*

Les diligences que l'on est obligé de faire, faute de paiement d'un *billet,* sont différentes de celles qui se font faute de paiement des lettres de change, n'étant pas besoin de protêt pour les *billets,* mais de simples sommations, suivant le réglement du 26 janvier 1664.

Les *billets de change* se prescrivent pour cinq ans, à compter du lendemain de la dernière poursuite; le porteur a néanmoins la voie de faire affirmer le débiteur. *Art. 21, tit. 5, ord. 1673.*

Il est d'usage, ou pour mieux dire de régle, que lorsque le porteur d'un *billet de change* a négligé de faire ses diligences dans les dix jours, celui à qui il le négocie après les dix jours passés, n'est point chargé de l'événement du *billet,* qui demeure aux risques du premier porteur.

Le réglement de la place du change de la ville de Lyon, n'accorde que deux mois au porteur d'un *billet négocié,* pour faire ses diligences, & avoir ses recours. *Régl. du 2 juin 1667, art. 9.*

Faute de paiement d'un *billet de change,* le porteur doit faire signifier ses diligences à celui qui à figné le *billet* ou *l'ordre. Art 32, tit. 5, ord.* 1673.

L'article 13 du titre 5 de la même ordonnance, explique en détail les différens délais que l'on accorde fuivant la diftance des lieux & des domiciles de ceux qui ont tiré ou endoffé des lettres de change; ce qui doit fervir de régle pour les *billets de change*, & qui s'étend même jufqu'aux *billets pour valeur reçue en deniers comptans, marchandifes, ou autres effets.*

Les juges-confuls de la bourfe commune de Bordeaux, ayant remarqué par une longue expérience, qu'il naiffoit de grandes conteftations au fujet des actions en garantie, pour certains *billets* qui font en ufage parmi les négocians de cette ville, payables en deniers au porteur, fans autre reçu, & fans délai affuré, ont fait un réglement, qui enfuite a été homologué par arrêt du parlement de la même ville, du 5 feptembre 1685.

Par ce réglement, ceux qui ont reçu en premier lieu ces fortes de *billets*, c'eft-à-dire, ceux au profit defquels ils ont été faits, & qui les ont enfuite négociés, en demeurent garans pendant trente jours, à compter & y compris le jour de la date & de l'échéance, durant lefquels les porteurs de ces *billets* font obligés de fommer par acte, ceux qui les ont faits de les payer, & faute de paiement, les mêmes porteurs n'ont que trois jours après les trente premiers pour fommer ceux qui les leur ont donnés, de les rembourfer; & ainfi, en remontant, en cas qu'ils aient paffé en plufieurs mains, fans néanmoins que ceux qui ont fait originairement les *billets*, puiffent prétendre jouir du delai defdits trente jours; & faute par les porteurs fucceffivement, d'avoir fait les fommations & autres diligences dans les trois jours qui leur font à chacun d'eux accordés, lefdits *billets* reftent fur le compte de celui qui a manqué auxdites formalités.

Ceux qui ont foufcrit ou endoffé des *billets de change*, (ce qui doit même s'entendre des *billets pour valeur reçue en deniers comptans, marchandifes, &c.*) font tenus folidairement avec ceux qui ont fait les *billets*. Il en eft de même de ceux qui y ont mis leur aval, encore qu'il n'en foit pas fait mention dans l'aval. *Art. 33, tit. 5. ord. 1673.* Voyez AVAL.

Quand on dit, faire courir le *billet*, c'eft-à-dire, négocier un *billet*, ou chercher à emprunter de l'argent par le moyen des agens de change, ou autres perfonnes.

Par un édit de mai 1716, il étoit défendu à toutes perfonnes, de quelque qualité & condition qu'elles foient, de faire ou de recevoir à l'avenir, aucunes lettres ou *billets* payables au porteur; déclarant nuls & de nul effet, tous ceux & celles qui ne feront pas faits au profit de perfonnes certaines, dénommées dans lefdits *billets*, ou à leurs ordres; lefquels ordres ne pourront pareillement être mis fucceffivement fur lefdites lettres & *billets*, qu'au profit de perfonnes certaines & y dénommées, à peine

de nullité defdits ordres. Sa majefté néanmoins, avant de prononcer pour l'avenir, l'entière abolition des *billets* & lettres de change payables au porteur, avoit pris, par rapport au paffé, des précautions conformes à l'équité.

L'édit de 1716, ayant été exécuté pendant plus de quatre années, & l'expérience ayant fait connoître que les inconvéniens de l'ufage des *billets payables au porteur*, étoient moindres que les avantages qu'ils pouvoient apporter au commerce, fur-tout dans un temps où il étoit également important pour le foutien du négoce & pour celui des finances, de ranimer la circulation de l'argent; fa majefté, fur les repréfentations des principaux négocians du royaume, & ceux qui font intéreffés dans fes affaires, & pour fatisfaire au vœu commun des perfonnes les plus intelligentes dans l'une & l'autre profeffion, déclare & ordonne par cette nouvelle déclaration, qu'à l'avenir, en tous commerces & négociations, pour prêt d'argent, vente de marchandifes ou autrement, il fera loifible d'en ftipuler par lettres ou *billets* le paiement au porteur, fans dénomination de perfonnes certaines; fadite majefté par fa préfente déclaration, rétabliffant l'ufage des lettres ou *billets* de change payables au porteur, révoquant à cet égard les défenfes portées par l'édit du mois de mai 1716, & voulant que le premier article du titre 7 de l'ordonnance de 1673, enfemble la déclaration du 26 Janvier 1692, foient exécutés; & qu'en conféquence tous négocians & marchands, comme auffi tous ceux qui font chargés du recouvrement des deniers royaux, qui auront figné des billets payables au porteur pour valeur reçue comptant ou en marchandifes, pourront être contraints par corps au paiement defdits *billets*; & que les demandes & conteftations formées à cet égard ne pourront être portées que pardevant les juges & confuls des marchands, aufquels fa majefté en attribue à cet effet toute cour, jurifdiction & connoiffance, fauf l'appel aux cours de parlement.

Cette déclaration donnée à Paris le 21 janvier 1721, fut enregiftrée en parlement le 25 enfuivant.

Les *billets* au porteur n'engagent que celui qui les a foufcrits, ceux qui les ont donné en paiement n'en font point garants à moins qu'il n'y ait un acte formel de garantie. Mais l'action pour fe faire payer d'un *billet* au porteur dure trente ans & ne fe prefcrit qu'après ce terme de 30 années; ainfi jugé par arrêt du parlement de Paris du 17 mai 1724.

Les particuliers qui ne font ni marchands, ni manufacturiers, ni artifans, ni fermiers d'héritages ruraux, ne peuvent foufcrire des *billets* à ordre ou au porteur écrits de la main d'un autre, à moins de mettre au bas l'approbation & la fomme; autrement les *billets* font nuls fuivant la déclaration du 22 feptembre 1733.

BILLET. Se dit auffi de toute écriture privée, par laquelle on s'oblige au paiement de quelque fomme, ou à l'exécution de quelque chofe.

BILLETS. Les marchands Perfans font leurs *billets* & promeffes en mettant leur fceau au bas & leur nom en haut : les témoins atteftent le fceau du contractant en y joignant le leur. Il n'y a qu'entre marchands que ces fortes de *billets* foient valables, quoique non faits en juftice.

BILLETS DE L'ÉPARGNE. Ce font d'anciens *billets*, mandemens, ou refcriptions, dont le paiement avoit été autrefois affigné fur l'*épargne* du roi, mais qui ayant été fupprimés dans le commencement du miniftère de M. Colbert, font devenus depuis furannés & de nulle valeur dans le commerce.

BILLETS. Sont encore des efpèces de *paffe-ports* que l'on prend aux portes & barrières des villes où il y a barrage, lorfque l'on veut faire paffer debout des vins & des beftiaux à travers defdites villes. *Voyez* PASSER-DEBOUT.

BILLETS LOMBARDS. Ce font des *billets* d'une figure & d'un ufage extraordinaire, dont on fe fert en Italie & en Flandre, & qui depuis l'année 1716 fe font auffi établis en France.

Les *billets lombards* d'Italie qui font de parchemin coupé en angle aigu, de la largeur d'un pouce ou environ par le haut, & finiffant en pointe par le bas, fervent principalement lorfque des particuliers veulent prendre intérêt à l'armement d'un vaiffeau chargé pour quelque voyage de long cours : ce qui fe fait de la manière fuivante.

Celui qui veut s'intéreffer à la cargaifon du navire, porte fon argent à la caiffe du marchand armateur, qui enregiftre fur fon livre de caiffe le nom du prêteur & la fomme qu'il prête; enfuite il écrit fur un morceau de parchemin de la largeur de douze ou quinze lignes, & de fept ou huit pouces de longueur, le nom & la fomme qu'il a enregiftrés; & coupant ce parchemin d'une angle à l'autre en ligne diagonale, il en garde une moitié fur fon bureau & délivre l'autre au prêteur, pour le rapporter à la caiffe au retour du vaiffeau & le confronter avec celui qui y eft refté avant que d'entrer en aucun paiement, foit du prêt, foit des profits.

Il fe fait à peu près la même chofe en Flandre par ceux qui prêtent fur gages. Ils écrivent fur un pareil morceau de parchemin le nom de l'emprunteur & la fomme qu'il a reçue; & l'ayant coupé en deux, ils en donnent la moitié à l'emprunteur, & coufent l'autre moitié fur les gages, afin de les lui remettre en rendant la fomme ftipulée.

BILLETS DE LA CAISSE D'ESCOMPTE. *Voyez* à la lettre *C* l'article CAISSE D'ESCOMPTE.

BILLETS DE SUCRE. On appelle ainfi aux Ifles Antilles, des *billets* contenant obligation & promeffe de payer au porteur aux temps marqués, une certaine quantité de *fucre*.

BILLETTE ou BILLOT. Petite *enfeigne* en manière de barillet ou morceau de bois rond, qu'on place ordinairement au bout d'une perche, aux endroits où il y a des droits de péages établis, pour faire entendre aux marchands & voituriers, qu'il ne faut pas paffer fans acquitter le droit dû au roi, ou aux Seigneurs qui font obligés d'entretenir les chemins.

BILLETTE. L'on nomme auffi de la forte dans la douane de Bordeaux, l'acquit que le commis délivre aux marchands pour juftifier du paiement des droits de fortie, ou, comme on y parle, des droits d'iffue des marchandifes qu'il veut faire embarquer pour envoyer à l'étranger. Ces *billets* duroient autrefois un mois entier, après lequel mois il étoit permis de les faire renouveller fi les marchandifes n'avoient pû être embarquées : préfentement le commis y ajoûte pour l'ordinaire la claufe : *non valable après trois jours*.

BILLETTER. Attacher des étiquettes, mettre des billets aux étoffes. C'eft fur ces billets que les marchands, particulièrement ceux qui font le détail, mettent les numéros, & les aunages des piéces entières, fuivant les factures des commiffionnaires qui leur en font les envois, & qu'ils écrivent chaque jour ce qui a été levé de celles qui font entamées.

Les marchands ont pareillement coutume de *billetter* leurs étoffes lorfqu'ils veulent travailler à dreffer l'inventaire, que, fuivant l'ordonnance, ils font obligés de faire tous les ans ou du moins tous les deux ans. *Voyez* INVENTAIRE.

BILLETTIER. Commis qui expédie & délivre les *billettes*. Il fe dit auffi à Bordeaux des commis des fermes du Roi qui ont la garde des portes.

Il y a Bordeaux jufqu'au nombre de 24 *billetiers* difperfés aux quatorze portes de la ville, pour les garder depuis fix heures du matin jufqu'à fix heures du foir, après quoi ils fe retirent chez eux, l'entrée & garde defdites portes étant abandonnée à la difcrétion des portiers, qui font aux gages de la ville.

Les fonctions des *billetiers* font de prendre garde à tout ce qui entre & fort, & de tenir des regiftres, plus ou moins fuivant l'importance & la qualité de leurs poftes.

Aux portes du Chapeau rouge & d'Efpeau, qui font les plus confidérables de toutes, parce que c'eft par ces deux portes que paffe la plus grande partie des marchandifes qui font portées au magafin du grand bureau, les *billetiers* tiennent trois regiftres. Le premier pour enregiftrer les marchandifes qui entrent pour aller au magafin, jufqu'où un *billetiers* eft tenu de les conduire. Le fecond regiftre fert pour l'enregiftrement des billettes du grand bureau, prifes au menu, pour les marchandifes qui fortent pour aller hors de la fénéchauffée & auffi pour celles qui font chargées pour l'étranger. Le troifiéme regiftre eft pour enregiftrer l'entrée de tous les fucres & mofcouades qui font portés au magafin, pour y être pefés.

Porte de Caillau. Il n'y a tient qu'un regiftre, contenant deux chapitres, l'un pour l'entrée, l'autre pour l'iffue.

Porte du pont S. Jean. Les *billetiers* y tiennent

trois regiſtres, l'un pour l'entrée des marchandiſes, l'autre pour l'iſſue, & le troiſième pour tenir le compte du poiſſon ſec qui eſt peſé à la nouvelle halle. On y enregiſtre auſſi le poiſſon verd.

Porte Tannet. Il n'y a qu'un ſeul regiſtre, dont moitié pour l'entrée & moitié pour l'iſſue.

Porte des Saliniers. Il s'y tient quatre regiſtres, l'un pour l'entrée des marchandiſes conſiſtant en groſſes eſpèces ; le ſecond pour l'iſſue des marchandiſes deſtinées pour la cargaiſon ou pour être portées hors de la Sénéchauſſée ; le troiſième, pour le ſel qui entre dans la ville, après avoir été taillé ; & le quatrième, pour les ſels qui ſortent de Bordeaux par petites parties, ſur les billettes du grand bureau.

Porte de Grace. Les regiſtres s'y tiennent au nombre de trois, dont l'un eſt diviſé en deux chapitres, d'entrée & de ſortie ; l'autre ſert pour du ſel l'entrée en ville, & l'autre pour la ſortie hors de la ville.

Porte ſainte Croix. Un regiſtre ſuffit à cette porte ; il eſt partagé entre l'entrée & la ſortie.

Les ſix autres portes qui ſont les portes de terres, ayant peu d'occupation, les billetiers n'y ont qu'un regiſtre diviſé en deux chapitres, comme celui de ſainte Croix. Ces ſix portes ſont S. Julien, S. Eulalie, S. André, la porte de Dijon, la porte Dauphine & celle de S. Germain.

Il y a deux commis qu'on nomme contrôleurs des billetiers, dont les fonctions ſont d'examiner le travail de ces commis, & voir s'ils ſont ſédentaires à leurs portes.

BILLON. (Terme de monnoie) qui ſe dit de toute matière d'or & d'argent, alliée ou mêlée d'une portion de cuivre plus forte ou plus conſidérable, que celle réglée par les ordonnances rendues touchant le titre des monnoies.

Il eſt défendu à tous marchands merciers, billonneurs & autres perſonnes qui ne ſont pas du corps des marchands orfèvres, d'acheter, ni de vendre aucun or ni argent, à moins que ce ne ſoit pour billon.

On appelle auſſi billon, toute ſorte de monnoie dont le cours eſt défendu, de quelque alloi, & à quelque titre qu'elle puiſſe être. En ce ſens on dit, qu'il faut porter la monnoie au billon ; ce qui ſignifie, qu'elle ſera fondue pour en faire d'autre qui aura cours dans le commerce.

On nomme encore billon, la monnoie de cuivre mêlée d'un peu de fin, comme les ſols marqués, les neſles, &c. & la menue monnoie de cuivre, pur, comme les liards, doubles, deniers, & autres.

L'on appelle auſſi billon, du bas argent qu'on affine avec la caſſe d'orfèvre, ainſi que l'autre argent, ſans cependant ſe ſervir d'eau forte.

Le mot de billon ſe prend encore pour le lieu où l'on doit porter la monnoie décriée, légère & défectueuſe, pour la mettre à la fonte, & en recevoir la juſte valeur, comme ſont les bureaux de la monnoie & du change. En ce ſens on dit, envoyer au billon, porter au billon.

BILLON DE GARANCE. C'eſt le nom que l'on donne à une des eſpèces de garance, qui eſt la moindre de toutes. Voyez GARANCE.

BILLONNAGE. Négoce, trafic défendu & illicite que fait celui qui billonne. Le billonnage eſt regardé de même que le crime de fauſſe monnoie ; & celui qui en eſt convaincu, eſt ſujet à la même punition. Voyez BILLONNER.

BILLONNEMENT. Signifie quelquefois la même choſe que billonnage, & quelquefois il ſe prend pour l'action du billonneur. Voyez BILLONNEUR.

BILLONNER. (Terme de monnoie, qui ſelon les circonſtances, eſt pris en bonne & mauvaiſe part.)

On le prend en bonne part, quand il ſignifie recueillir les eſpèces décriées & envoyées au billon ; ce qui étoit autrefois permis à certaines perſonnes deſtinées à cela : mais ordinairement il ſe prend en mauvaiſe part, & veut dire négocier, trafiquer de monnoie de billon, mettre de mauvaiſes eſpèces en place de bonnes. Les ordonnances de 1559, 1574, 1577, 1578, 1629 & l'arrêt de la cour des monnoies du 13 juin 1600, en font un crime capital, qui ſe peut commettre en neuf différentes manières.

1º. Lorſqu'on achete, ou qu'on change la monnoie pour moins qu'elle n'a cours, pour la remettre à plus haut prix, ſoit dans le même lieu, ſoit dans une autre province.

2º. Quand les receveurs & les collecteurs retiennent les bonnes eſpèces d'or & d'argent qu'ils ont reçues des contribuables, & n'envoyent au tréſor royal que les eſpèces de billon & de cuivre ; ou bien retiennent les eſpèces peſantes, & ne font leurs paiemens qu'en eſpèces legères.

3º. Lorſque les changeurs remettent dans le commerce les eſpèces défectueuſes, étrangères, & décriées qu'ils ont changées.

4º. Quand on ne veut recevoir les eſpèces qu'au prix de l'ordonnance, & qu'on ne les veut expoſer qu'au prix qu'elles ont par le ſur-hauſſement du peuple.

5º. Lorſqu'on trafique des monnoies étrangères & décriées, & qu'on leur donne cours dans le royaume.

6º. Quand les marchands ſe tranſportent ſur les ports de mer, pour y acheter les eſpèces à deniers comptans plus qu'elles ne valent ; ou bien, qu'ils ſtipulent que leurs marchandiſes leur ſeront payées en ces ſortes d'eſpèces, afin de les paſſer enſuite de ville en ville ſous la faveur du commerce, juſqu'aux places frontières, & les tranſporter ainſi dans les pays étrangers ; ou bien pour les vendre aux orfèvres du royaume, parce qu'ils les achetent à tel prix que l'on veut, pour employer en ouvrages, à cauſe qu'ils ſe ſauvent ſur les façons.

7º. Lorſqu'on choiſit les eſpèces les plus peſantes pour les fondre, ou les vendre aux orfèvres qui fondent pour leurs ouvrages.

8º. Quand on change les eſpèces qu'on a reçues & qu'on en achete d'autres pour faire les paiemens.

9°. Enfin, lorfqu'on recherche des efpèces d'or ou d'argent dans une province, & qu'on en donne quelque bénéfice, afin de les remettre à plus haut prix dans une autre province.

BILLONNEUR. Celui qui fe mêle de billonner.

Autrefois les *billonneurs* étoient en France des gens prépofés de la part du roi, pour recueillir & raffembler les efpèces décriées, pour être mifes au billon; & fous le règne de Charles VI, vers l'année 1385, ces *billonneurs* avoient encore leur boutique dans la rue aux Fers, du côté du cimetière des Innocens, & cet endroit fe nommoit le *billon*.

Aujourd'hui l'on nomme *billonneur*, celui qui fait un négoce illicite d'or & d'argent, en profitant fur la valeur des efpèces ou monnoies. Les ordonnances prononcent des châtimens très-rigoureux contre les *billonneurs*. Celles de 1559 & 1577, portent la peine de mort; & celles de 1574, 1578 & 1629, veulent la confifcation du corps & des biens.

BILLOS. Droit d'aide qui fe lève fur le vin en quelques provinces de France, & particulièrement en Bretagne. Il ne fe paye que par les cabaretiers & autres qui vendent des vins. On ne fe fert guères de ce terme fans que celui d'impôt le précède; ainfi l'on dit, les *impôts & billos*. Il fe leve auffi en quelques lieux fur la bière, le cidre & les autres boiffons. Ce droit n'eft pas par-tout un droit royal, & il y a des feigneurs particuliers & des villes qui en jouiffent.

BIMAES. Sorte de bois Bréfil, qui eft une des deux efpèces de celui qu'on appelle *fapan* ou *Japon*.

BIMBLOT. (Petit *colifichet* ou *jouet* d'enfant.) BIMBLOTERIE. Ce qui concerne la fabrique des bimblots. Il fe dit également & du métier de faifeur de bimblots, & du commerce qui s'en fait.

L'art de faire ces bagatelles, & le débit qui s'en peut faire, ne paroît pas d'abord un objet de commerce confidérable : il l'eft cependant, & nonfeulement la confommation en eft très-grande à Paris & dans les provinces; mais il s'en fait encore des envois au dehors, & jufques dans l'Amérique Efpagnole, fur lefquels il fe fait d'affez grands profits, fur-tout de ces belles poupées qu'on envoye toutes cœffées & richement habillées, dans les cours étrangères, pour y porter les modes françoifes des habits, foit des dames, foit des cavaliers.

L'on peut diftinguer deux fortes de *bimbloterie*, dont l'une qui faifoit autrefois un métier à part, eft préfentement du nombre des ouvrages qu'il n'appartient de faire qu'aux maîtres miroitiers-lunetiers-bimblotiers; & l'autre, qui n'occupe pas les maîtres d'une communauté particulière, mais qui fe fait & fe vend par des marchands du corps de la mercerie.

La *bimbloterie* des miroitiers ne peut être que d'étain mêlé d'alloi, c'eft-à-dire, de plomb ou de quelque minéral, dont ils font de petits ménages d'enfans, comme plats, affiettes, éguières, &c. ou de petites vaiffelles d'églife, comme croix, chandeliers, encenfoirs, &c. qui tous n'excèdent guères quatre ou cinq pouces de haut, & qui ont encore moins de diamètre.

La *bimbloterie* des merciers confifte en tout ce qu'une imagination féconde & ingénieufe peut inventer de nouveau, pour divertir des enfans qui font encore réduits au jeu de la poupée. Tels font les poupées même, les chevaux de carte, les petits carroffes, les religieux fonnant leur cloche, les prédicateurs en chaire, les crocheteurs chargés de bombons; enfin tant d'inventions grotefques- & ridicules, propres à amufer un âge incapable d'aucune occupation plus férieufe.

Les plus fameux bimblotiers de Paris de cette dernière efpèce, font ceux qui étalent dans les falles du palais, ou aux foires de faint Germain & de faint Laurent. Il s'en fait auffi quelques petits étalages en d'autres endroits; mais c'eft peu de chofe.

La bimbloterie *paye de fortie, comme mercerie, trois livres le cent pefant, à moins que ce ne foit de ces riches poupées, qu'on envoye pour les modes, qui payent par eftimation, avec les fols pour livre.*

BIMBLOTIER. Celui qui fait ou qui vend des bimblots. Les maîtres miroitiers-lunetiers de Paris, ajoutent à ces deux qualités, celle de *bimblotiers*, à caufe de la faculté qu'ils ont de faire des bimblots d'étain allié de plomb.

BIMILION. (Ancien *terme d'arithmétique*, dont l'ufage eft perdu.) Il fignifie un ancien *nombre*, que l'on nomme aujourd'hui *milliard*. *Voyez* MILLIARD.

BINDELY. Petit *paffement* foie & argent qui fe fabrique en plufieurs endroits d'Italie.

Par le tarif de la douane de Lyon, les bindelys *payent huit fols de la livre.*

BINNELANDS PAS. On nomme ainfi à Amfterdam & dans le refte des villes de la domination des états généraux de Hollande, les efpèces *de paffeports*, ou, comme on les appelle en France, *de paffavans*, qu'on eft obligé de prendre quand on veut tranfporter une marchandife d'une ville à une autre fans payer aucuns droits d'entrée & de fortie. Ce *paffeport* ne coûte que vingt-quatre fols; mais il faut le rapporter acquitté au bout de fix femaines, c'eft-à-dire, avec un certificat des commis, que les marchandifes font arrivées au lieu de leur deftination, fans quoi elles payeroient comme fi elles étoient forties pour être tranfportées dans les pays étrangers.

BIROTINE. Sorte de *foies* du levant, dont il fe fait un affez grand commerce à Amfterdam.

BIS. Ce terme eft abfolument Latin, & veut dire en notre langue *deux fois*,

On s'en fert fouvent parmi les négocians, particulièrement lorfque par mégarde on a coté dans un livre deux feuillets du même nombre; en ce cas on met *bis* à côté du chiffre, qui marque le nombre de de l'un des deux feuillets, pour faire connoître qu'il est employé doublement.

La même chose s'observe à l'égard des numéros que l'on met sur les pièces d'étoffes, lorsque l'on en a mis deux fois un même. On a trouvé ce moyen pour n'être pas dans l'obligation de réformer toute une suite de cotes ou de numéros.

BISA ou BIZA. *Monnoie & poids des Indes.* Voyez la TABLE DES MONNOIES.

BISCUIT. (*Ce qui est cuit deux fois.*) On le dit particulièrement du pain que l'on prépare pour les voyages de mer, sur-tout ceux de long cours.

Ce biscuit doit avoir quatre cuissons; on n'en donne que deux pour les autres.

Le bon biscuit doit être fait six mois avant l'embarquement, de farine de froment épurée de son & de pâte bien levée.

L'eau & le biscuit sont les victuailles les plus nécessaires pour l'armement des vaisseaux; & si l'un ou l'autre se perd ou se gâte, les équipages languissent & souvent périssent misérablement, sur-tout s'ils se trouvent engagés dans les voyages de long cours.

On peut voir à l'article de l'eau, celle qui est la plus propre à être embarquée, les précautions qu'il faut prendre pour la conserver ou pour l'empêcher de couler, & même les diverses expériences qu'on a faites de temps en temps pour ôter la salure à l'eau de mer, & la rendre potable s'il est possible.

A l'égard du biscuit, on va donner ici diverses observations tirées d'un mémoire dressé par le sieur Savary de Ganche, un des frères d'un auteur du Dictionnaire de Commerce, pendant dix années qu'il a été chargé de la direction générale des vivres de la marine, dans le département de Brest.

Lorsqu'on tire le grain des bâtimens, il faut du moins le faire rasseoir quinze jours, & le remuer avec des pelles du moins deux ou trois fois. Quand il est échauffé seulement dans sa superficie, ce qu'on connoît s'il ne sent pas l'aigre, & si les grains ne s'attachent pas l'un à l'autre en le pressant avec la main, il lui faut un mois de magasin, & le remuer continuellement jusqu'à ce qu'il soit bien remis.

La mouture doit être d'un son plat & large, & il ne faut l'employer que quinze jours après qu'elle est venue du moulin, afin qu'elle perde l'humidité & la moiteur qu'elle y a contractée, & qu'elle passe mieux au buleteau, ce qui est absolument nécessaire pour la confection & la qualité du bon biscuit.

Il faut prendre garde que, par paresse, le boulanger ne pétrisse deux fournées sur le même levain; ce qui feroit que le biscuit seroit sujet à se corrompre. Il faut observer qu'en hiver il y ait ⅛ de levain plus qu'en été. En tous temps il faut le couvrir de quelque étoffe, drap, frise ou ratine, & jamais de toile, afin qu'il ne s'y forme point de croûte.

Le biscuit doit être embarqué dans un beau temps sec, dans des barques chalandes, ou des chaloupes en bon état, & qu'il n'y demeure pas long-temps.

Les soutes des vaisseaux doivent être bien doublées & calfatées, & chauffées pendant six jours & six nuits avec du charbon, après quoi il faut les laisser reposer trois ou quatre jours, afin que l'humidité que le feu y aura attirée, soit consommée & évaporée.

Les soutes doivent ensuite être nattées de bonnes nattes haut & bas, & de tous côtés: sur quoi on a observé que les nattes de Provence étoient plus propres à cet usage que celles du Ponant.

Lorsque le biscuit aura été mis dans les soutes, & qu'elles auront été bien fermées, il ne les faut ouvrir que l'une après l'autre, & à mesure qu'on en aura besoin, & ne prendre le biscuit qu'à l'entrée de l'escoutille.

BISCUIT. Se dit aussi d'une *pâtisserie* fine & délicate, qui se fait avec de la farine, du sucre & des œufs. Le commerce des biscuits de Blois est très-considérable, & il s'en fait une assez grande consommation à Paris.

BISCUIT. (*Terme de teinturier.*) C'est une fausse teinture, défendue par les réglemens. Les maîtres teinturiers en soie, fil & laine, ne peuvent, sous peine d'amende, faire aucun biscuit ou faux noir, c'est-à-dire, entre deux galles vieille & neuve. *Article 33 de leurs statuts du mois d'août 1669.*

BISE ou BIZE. *Monnoie de Pégu,* qui y a cours pour un demi ducat.

BISE. Est aussi un poids qui sert dans le même royaume à peser les marchandises. Il revient à deux livres cinq onces, poids de Venise, ou trois livres neuf onces du poids subtil ou léger de la même ville. Chaque bise pese cent tecalis.

Au-dessous de la bise, le plus petit poids est l'abocco, qui ne pese que douze tecalis & demi. L'agito pese deux abocchis, & deux agiti la demi-bise, c'est-à-dire, cinquante tecalis. Voyez les TABLES.

BISÉE. (*Terme de teinturier.*) On appelle une *étoffe bisée,* une étoffe qui a été reteinte & repassée. On dit aussi *étoffe réparée.*

BISETTE. Sorte de *petite dentelle* de fil de lin blanc, très-basse, & de peu de valeur, que font les paysannes pour leur usage ou pour vendre.

Les bisettes se travaillent sur l'oreiller, de même que les dentelles, avec des fuseaux & des épingles, en suivant une espèce de dessein.

Il s'en fait de fines, de moyennes & de grosses. Gisors, saint Denis en France, Montmorency, Villiers-le-Bel, & les environs de ces lieux, sont les endroits où il s'en fabrique le plus.

Quoique la bisette soit une marchandise de peu de conséquence, elle ne laisse pas de faire une partie du trafic des merciers & des lingères.

BISETTIERE. Celle qui travaille à faire de la bisette.

BISEURS ou RÉPAREURS. Qualité que l'on

Commerce. Tome I.   Kk

donnoit autrefois aux maîtres teinturiers du petit teint, parce qu'il n'appartenoit qu'à eux de faire le bisage & le réparage. On les appelloit aussi *teinturiers de Georget*, du nom d'un teinturier des Gobelins, qui s'appliqua le premier à faire cette sorte de seconde teinture, & qui y excelloit. Présentement il ne peut y avoir dans Paris & ses fauxbourgs, que douze *biseurs* & *répareurs*. Ce sont eux qui composent la communauté du petit teint.

BISMUTH. Le *bismuth* naturel est un corps minéral & à demi-métallique.

On lui donne le nom d'*étain de glace*, parce qu'étant brisé, il fait voir plusieurs petites parties brillantes & polies comme une glace.

Les potiers d'étain s'en servent au lieu de régule d'antimoine. Par les préparations chymiques, on en tire des fleurs & un magistère, que l'on appelle *blanc de perle*, dont on use pour entretenir ou pour augmenter la beauté.

Le *bismuth* artificiel est tout semblable au naturel, soit pour la forme, soit pour les propriétés & l'usage. On le fait en réduisant de l'étain en petits morceaux, ou lames très-minces, & en le cimentant par une mixtion de tartre blanc, de salpêtre, & d'arsenic stratifié dans un creuset à feu nud. Il en vient beaucoup d'Angleterre, mais qui a un œil rougeâtre, à cause du cuivre que les Anglois, à ce qu'on dit, font entrer dans sa composition. Celui qu'on fait à Paris est plus blanc & plus pur.

Il faut le choisir en belles écailles, larges, blanches & faciles à casser.

Le bismuth, ou étain de glace, paye en France de droits d'entrée quatre livres du cent pesant, avec les sols pour livre.

BISNAGUE ou VISNAGUE. *Plante* assez semblable au fenouil, dont les mouchets, c'est-à-dire, les petites branches qui en soutiennent les fleurs, ou ombelles, servent de cure-dents. Cette plante croît en quantité au levant, d'où les marchands droguistes & épiciers de Paris ont coutume de la tirer.

Il s'en trouve néanmoins dans quelques provinces de France, & l'on en cultive dans le jardin du roi; mais celle qui est ainsi transplantée, perd non-seulement une partie de sa bonne odeur, mais encore la propriété que les Turcs lui croyent de conserver les dents.

Le *bisnague* doit se choisir entier, le plus gros & le plus blond qu'il se peut. Ces cure-dents s'appointent par les deux bouts, & se vendent au millier. On les préfére à ceux de plume, parce qu'ils sont moins sujets à piquer la gencive. Ils font partie du négoce des merciers, quand ils sont taillés.

BISQUAINS. *Peaux de mouton en laine*, préparées & passées par les mégissiers. C'est de ces peaux que l'on nomme communément *housses*, dont les bourreliers se servent pour faire des couvertures aux colliers des chevaux de harnois.

BISTI. *Petite monnoie de Perse.* Quelques relations d'assez bonne main, mettent le *bisti* au nombre des monnoies courantes d'argent, qui se fabriquent en Perse, & le font valoir un sol quatre ou six deniers de France. D'autres, peut-être plus croyables, & entr'eux le chevalier Chardin, ne donnent le *bisti* que pour une monnoie de compte. Il est vrai qu'ils l'appellent *dinar-bisti*, qu'ils font valoir dix dinars simples; en sorte que sur le pied de dix mille dinars simples, qu'il faut pour le toman, autre monnoie de compte, il n'en faut que mille de ceux qu'on surnomme *bisti*.

BISTORTE. Plante médicinale, dont la racine entre dans la composition de la thériaque. La *bistorte* vient dans les Alpes, dans les Pyrennées & dans les montagnes d'Auvergne. Ses feuilles sont assez semblables à celles de la patience sauvage, d'un verd gai au-dessus, & d'un verd de mer au-dessous. Ses fleurs, qui s'épanouissent au mois de mai, sont d'une belle couleur de chair, très-petites, & entassées en manière d'épi, comme le sont celles de quelques amarantes. Pour sa racine, qui est la seule partie de la plante dont les droguistes fassent commerce, elle est tortue & roulée en forme de colonne torse, ridée & par anneaux; brune en dehors, couleur de chair en dedans, accompagnée de fibres chevelues, & d'un goût astringent. On la tient bonne pour les cours de ventre & dans les hernies; mais sa principale vertu est d'être souveraine pour les poisons.

Il faut la choisir bien nourrie, nouvelle, brune au-dessus, rougeâtre au-dedans, & sur-tout qu'elle vienne des pays chauds.

BISTRE. C'est de la suie de cheminée, la plus recuite & la plus brillante, qu'on pulvérise & qu'on passe au tamis, pour en faire de petits pains, après l'avoir pétrie dans un peu d'eau gommée.

Les peintres & les ingénieurs s'en servent pour laver, les uns leurs desseins, & les autres leurs plans. On l'emploie aussi dans plusieurs teintes de la miniature. Ce sont les épiciers, marchands de couleurs, qui préparent & vendent le *bistre*.

BITCHEMARE. Sorte de *poisson* qui se sale & se seche comme la morue. Il se pêche sur quelques endroits des côtes de la Cochinchine, & fait une partie du commerce des Cochinchinois avec la Chine. Il paye les droits d'entrée à Canton sur le pied de quatre mas le pic, & de fret sept pour cent. Les Hollandois en fournissent aussi beaucoup aux Chinois.

BITUME. Matière inflammable, grasse & onctueuse.

Les marchands droguistes distinguent trois espèces de *bitume*, qu'ils subdivisent en plusieurs autres, les *bitumes* durs, les *bitumes* mols, & les *bitumes* liquides ou huileux. Au nombre des *bitumes* durs ils mettent l'ambre jaune (peut-être y pourroient-ils mettre plus justement l'ambre gris), le geest ou jayet, l'asphaltum ou *bitume* de Judée, le pisasphaltum, le charbon de terre, la pierre noire & les soufres. Les mols sont le maltha, le *bitume* de

Colao, de Sirnam, & le *bitume* Copal. Enfin le naphta d'Italie & le petroleum se comptent parmi les *bitumes* liquides.

De ces *bitumes*, les uns sont fossiles, les autres nagent sur la superficie des eaux de quelques lacs & étangs, & d'autres sortent de terre presque à la manière des fontaines.

Il y a des *bitumes* si durs, qu'on s'en sert dans les forges, comme de charbon. Il y en a de si lians, qu'ils peuvent tenir lieu de ciment dans les bâtimens. C'est de ceux-ci que les fameux murs de Babylone étoient bâtis; & il s'en trouve de tellement liquides, qu'on en brûle dans les lampes à la place d'huile. On expliquera toutes les sortes de *bitumes* à leur article.

Le *bitume* d'Auvergne est une espèce de poix d'une assez mauvaise odeur, que l'on trouve entre Clermont, Montferrant & Riom, en un endroit appellé *le puits de Pege*. Il y en a en si grande quantité, & il sort de terre en telle abondance, que les chemins en sont quelquefois impraticables.

C'est cette drogue séchée & durcie que quelques colporteurs vendent pour le vrai asphaltum, ou *bitume* de Judée, aux apothicaires & épiciers-droguistes, qui n'ont pas encore une parfaite connoissance des drogues; mais sa puanteur insupportable suffit seule, pour s'empêcher d'être trompé par ces affronteurs.

BITUME DE JUDÉE. *Voyez* ASPHALTUM.

BIZA ou PISA. Poids dont on se sert dans le royaume de Pegu; il pèse quarante onces de Venise, ou cent tecalis. Un giro fait vingt-cinq tecalis, & un abucco douze & demi.

BIZERERE-RUBERÉ. Nom que les Turcs donnent à cette espèce de drogue, propre pour la teinture, que l'on appelle communément *tournesol en drapeau*.

B L

BLAFARD, BLAFARDE. Couleur passée & effacée, qui tire sur le blanc.

Il se dit particulièrement des étoffes mal teintes & décolorées. Les étoffes de couleur légère & peu foncée sont sujettes à devenir *blafardes*, quand on les garde trop long-temps dans le magasin, ou qu'elles sont mal enveloppées.

BLAFFART. Petite monnoie qui a cours à Cologne. Le *blaffart* vaut quatre albus, & l'albus 9 deniers ⅓ de France. *Voyez* DAALDER.

BLAIREAU, que quelques-uns écrivent aussi BLEREAU. Animal sauvage à quatre pieds, un peu plus grand que le renard, auquel il a quelque rapport, & qui tient aussi quelque chose du porc & du chien.

Quoiqu'il semble que cet animal ne soit pas d'une grande utilité pour le commerce, on en tire cependant trois sortes de marchandises : sa peau, qui est du nombre des pelleteries communes, que l'on appelle *sauvagine* : sa graisse, que vendent les marchands épiciers-droguistes, qu'on tient bonne pour les maux de reins & les gouttes sciatiques : & son

poil, dont on fait des pinceaux pour les peintres & les doreurs.

BLANC D'ESPAGNE. Est une espèce de *blanc*, dont les femmes se servent quelquefois pour blanchir leur visage, & en cacher les defauts. Il se fait avec de l'étain de glace, dissous dans l'esprit de nitre, & précipité en une poudre extrêmement blanche, par le secours de l'eau salée.

BLANC DE PLOMB. C'est du plomb dissous avec du vinaigre. Ce *blanc* se fait de deux manières différentes, qu'on pourroit cependant ne regarder que comme la même. Quelques-uns réduisent du plomb en lames très-minces & très-déliées, qu'ils font tremper dans de fort vinaigre; tous les dix jours ils enlèvent & raclent une espèce de crasse, qui se forme sur les lames, & recommencent jusqu'à ce que le plomb soit entièrement disparu, & transformé en cette crasse, qui est le *blanc de plomb*, qu'on broye, & qu'on fait sécher. Les autres se servent aussi de plomb battu en feuilles; mais ils roulent ces feuilles en forme cylindrique, de la manière dont on rouleroit une feuille de papier; en sorte toutefois que le plomb ne se touche point, & qu'il reste une distance entre chacun tour que les feuilles forment. Ces feuilles ainsi roulées se suspendent dans le milieu de certains pots de terre, au fond desquels il y a d'excellent vinaigre, que l'on bouche ensuite exactement, & que l'on enterre dans du fumier; au bout de trente jours, l'opération est faite, & à l'ouverture des pots le plomb se trouve comme calciné, & réduit en ce qu'on appelle *blanc de plomb*, qu'on brise en morceaux, & qu'on expose à l'air, pour le sécher.

Il n'y a guères que les peintres qui se servent de ce *blanc*, soit à huile, soit avec l'eau gommée. Il fait une très-belle & bonne couleur; mais il est dangereux de s'en servir, & sur-tout de le broyer sans précaution, étant un poison très-subtil.

Il faut choisir le *blanc de plomb* tendre, blanc dessus & dessous, en belles écailles, le moins rempli d'écailles noirâtres, d'ordures & de menu, qu'il se pourra.

Le *blanc de plomb* est la matière dont on fait la céruse, & par conséquent le fard dont les dames se servent, où la céruse entre.

Le blanc de plomb *paye en France des droits d'entrée* 15 sols du cent pesant & les sols pour livre.

BLANC. Petite monnoie de cuivre qui avoit autrefois cours en France sur le pied de cinq deniers tournois.

Les pièces de trois *blancs* étoient de billon, c'est-à-dire, de cuivre allié d'un peu d'argent, & valoient quinze deniers. Les vieilles tenoient de fin six deniers trois grains, & les nouvelles seulement trois deniers dix-huit grains.

Les pièces de six *blancs*, de la valeur de trente deniers, ont aussi été fabriquées, tantôt prenant plus de fin, tantôt moins. Il en fut ordonné une fabrication sous le règne de Louis XIV, par un édit du mois d'août 1657, mais qui fut révoqué par des lettres-patentes du mois de novembre de la même année.

Il en fut frappé en 1670, sous le même règne, au titre de trois *blancs*, qu'on appella *pièces de six blancs au cordonnet*. Toutes les autres, ne prenoient de fin que trois deniers dix-sept ou dix-huit grains.

Depuis, ces espèces n'ont plus été une monnoie courante, mais seulement comme une monnoie de compte; & l'on dit toujours trois *blancs*, pour en signifier *quinze deniers*; & *six blancs*, pour en signifier *trente*, ou *deux sols six deniers*; mais ce dernier est bien plus en usage que le premier.

BLANC. C'est ainsi que les négocians nomment les espaces non écrits qui se trouvent quelquefois sur les livres journaux; ce qui est très-dangereux par rapport à l'abus qu'on en peut faire. Les livres des marchands n'ont foi en justice, que parce qu'on les suppose écrits tout de suite, dans des temps non suspects; mais si-tôt qu'il s'y rencontre quelque *blanc*, c'est-à-dire, quelque espace vuide, ne fût-il que de deux lignes, comme il arrive quelquefois à la fin des pages, le livre ne mérite plus qu'on y ajoute foi. C'est à quoi les arbitres nommés par le consulat doivent bien prendre garde que les articles contestés ne se trouvent pas écrits à la fin des pages, ce qui paroît fort suspect : & dans le rapport qu'ils font de l'état des livres qui leur sont représentés, ils doivent toujours dire s'ils y ont trouvé du *blanc* ou non, & s'il y a de l'apparence qu'on y ait laissé des *blancs* qu'on a pu remplir après coup.

BLANC-SIGNÉ ou BLANC-SEING. Est un papier sur lequel on n'a simplement mis que sa signature. Les *blanc-signés* se confient ordinairement à des arbitres ou à des amis, pour les remplir de ce qu'ils jugeront à propos pour terminer quelque contestation ou procès. Il faut être bien sûr de la probité des personnes, pour leur confier son *blanc-signé*.

Une procuration en *blanc*, est celle où l'on a laissé du *blanc*, pour remplir le nom de celui qui doit agir.

En fait de lettres de change, on dit qu'un endossement est en *blanc*, pour faire entendre qu'il n'a au dos d'une lettre qu'une simple signature, au-dessus de laquelle il y a de l'espace suffisamment pour écrire un ordre, ou pour mettre un reçu ou quittance.

Parmi les marchands & négocians, on appelle *billets en blanc*, ceux dans le corps desquels on a laissé du *blanc*, pour remplir, quand on le jugera à propos, les noms des personnes auxquelles on voudra les rendre payables.

Les marchands libraires appellent *livres en blanc* ceux qui sont en feuilles, sans être reliés.

On dit que des étoffes de laine, des chapeaux, des bas & autres semblables marchandises sont en *blanc*, pour dire qu'elles n'ont point encore passé par la teinture.

Il n'est pas permis aux teinturiers de teindre au-

cunes étoffes de laine directement de *blanc* en noir; il faut qu'elles soient auparavant guédées, ou mises en bleu. *Réglement du mois d'août 1669.*

On dit en commun proverbe qu'un marchand est réduit en *blanc*, pour dire qu'il est devenu si pauvre, qu'il ne peut plus soutenir son commerce.

On dit encore proverbialement, qu'un négociant est sorti de son négoce le bâton *blanc* à la main, pour faire entendre qu'il en est sorti tout-à-fait gueux.

BLANCARDS. Nom que l'on donne à certaines sortes de toiles de lin, ainsi appellées, de ce que le fil, qui sert à les fabriquer, a été demi-blanchi, avant que d'être mis en œuvre.

Les toiles *blancards* se manufacturent toutes en Normandie, particulièrement dans les villages & lieux dépendans des élections de Ponteau-de-mer, de Bernay & Lisieux. Elles ne sont ni grosses ni fines. Leur largeur est de trois quarts & demi à un seize, pour revenir en blanc à trois quarts & demi. Elles sont en pièces de soixante à soixante-six aunes, pliées par petits plis d'un quartier, & se vendent au cent d'aunes courantes, le tout mesure de Paris.

Ces espèces de toiles, qui sont destinées pour les Indes Espagnoles, où ceux qui travaillent aux mines s'en servent à faire des chemises, se blanchissent dans les blancheries des environs de Rouen, & dans celles qui sont établies le long de la rivière de Rille.

Les toiles *blancards*, avant que d'être mises au blanchissage, c'est-à-dire, étant encore en écru, doivent passer par la halle aux toiles de Rouen, pour y être visitées & marquées. Cette marque, qui s'applique aux deux bouts des pièces avec du noir détrempé dans de l'huile, que l'on nomme *ponce*, représente un mouton tenant une croix, qui sont les armes de la ville de Rouen. Après que ces toiles ont été ainsi visitées & marquées, les ouvriers les portent au marché du bourg de Saint-Georges, où ils les vendent aux marchands de Rouen, commissionnaires & autres, qui les font ensuite blanchir dans les lieux ci-dessus marqués.

Autrefois l'on choisissoit parmi les toiles *blancards* les plus fines & les meilleures, auxquelles l'on donnoit le nom de *fleurets*; mais il y a long-temps qu'il ne s'en vend plus sous ce titre, n'étant fait mention à présent que des toiles *blancards*.

BLANCHERIE DE CUIR. Le tarif de la douane de Lyon nomme ainsi les peaux de moutons, agneaux, chèvres, chevreaux & autres, passées en *blanc*.

La balle de blancherie de cuir y paye 7 sols d'ancien droit; & 2 sols de la nouvelle réapréciation, avec les sols pour liv.

BLANCHERIE DE CUIVRE. L'on appelle ainsi dans quelques provinces de France, & particulièrement à Lyon, ce qu'on nomme à Paris & ailleurs *batterie de cuisine de cuivre*, c'est-à-dire, tous les ustensiles qui servent à la cuisine, qui sont faits de ce métal , comme chaudrons , marmites , poêlons , écumoires , & plusieurs autres semblables.

La blancherie de cuivre paye à la douane de Lyon 8 sols du quintal pour l'ancien droit , & 12 sols pour le nouveau droit, ou réapréciation , avec les sols pour liv.

BLANCHERIE. On nomme ainsi à Toulouse . & dans quelques autres endroits du Languedoc le petit cuir , comme les moutons , les chèvres , &c.

BLANCHISSAGE. C'est le travail du blanchiffeur. Ainsi lorsque l'on dit , que des toiles, des bas , des étoffes de laine , des soies , de la cire , & d'autres semblables marchandises , sont au blanchiffage , cela doit s'entendre , qu'elles sont actuellement entre les mains des ouvriers qui les doivent blanchir. On ne peut se servir de chaux dans le blanchiffage des toiles. Réglement de Rouen, 24 décembre 1701 , art. 49.

Il est défendu d'employer dans le blanchiffage des bas & autres ouvrages de bonneterie de laine , qui se fait au métier , aucune craye , ni blanc. Réglement , 30 mars 1700 , art. 15.

En quelques provinces de France , particulièrement en Normandie , on dit mettre la toile au curage , pour dire la mettre au blanchiffage. Il n'est pas permis aux ouvriers , non plus qu'aux auneurs de toiles , de mettre au curage aucune toile pour leur compte particulier. Réglement pour la Normandie , 14 août 1676 , art. 9. Voyez BLANCHIR, où l'on explique les blanchimens des soies, étoffes de laine & toiles.

BLANCHISSAGE DES CIRES. Ce terme est en usage dans les meilleures manufactures de cire blanche. Blanchiment se dit peu , hors dans quelques provinces.

BLANCHISSERIE , BLANCHIRIE ou BLANCHERIE. Ce sont les divers noms que l'on donne à certains lieux destinés pour faire le blanchiment des toiles.

En quelques provinces de France , particulièrement en Normandie , on dit curanderie , qui a la même signification.

Il y a des blanchifferies en Hollande , en Flandres, en Picardie , en Anjou , en Normandie , en Champagne , & dans presque tous les lieux où la manufacture des toiles est considérable. Les blanchifferies de Hollande sont les plus importantes de toutes , particulièrement celles qui sont établies depuis Harlem jusqu'à Alcmaër, le long des Dunes.

BLANCHISSERIE. Se dit aussi des lieux où l'on blanchit les fils. Les blanchifferies d'Anvers pour les fils , sont les mieux établies.

BLANCHISSERIE. Se dit encore des endroits où l'on blanchit la cire. Les principaux lieux de France , où il y a des blanchifferies établies pour le blanchiffage de la cire , sont Château-Gontier , Angers, le Mans, Amboise, Chaumont près Troyes, & Rouen. Il y en a aussi plusieurs en Hollande.

BLANCHISSEUR. (Ouvrier qui blanchit les toiles, la cire, les fils , &c.) En Normandie , & en quelques autres provinces de France, ceux qui travaillent au blanchiment des toiles , sont appellés curandiers.

Les blanchiffeurs ou curandiers de l'étendue des généralités de Rouen & d'Alençon , ne peuvent recevoir dans leurs blanchifferies ou curanderies , aucunes pièces de toiles , sans la marque de la ville de Rouen. Il leur est aussi défendu de se servir de chaux dans le blanchiffage des toiles , qui leur sont données à blanchir. Réglement des toiles pour la Normandie , 24 décembre 1701 , art. 46 , 47 & 49.

BLANQUE. Sorte de jeu de hafard , que quelques-uns qualifient du nom de commerce.

Le jeu de la blanque a été apporté en France par les Italiens qui y suivirent la reine Catherine de Médicis.

Ce jeu, tel qu'on le jouoit alors , & qu'Etienne Pasquier nous en a laissé la description dans le chapitre 49 du livre 8 de ses Recherches , n'étoit autre chose que ce qu'on appelle aujourd'hui , une loterie, dont depuis un demi-siècle, l'usage est devenu si ordinaire en France. Voyez l'article des LOTERIES.

Présentement la blanque n'a rien de commun avec la loterie, que le hafard qui distribue les lots de l'une & de l'autre.

Chaque particulier y peut éprouver sa bonne ou mauvaise fortune. Sans attendre compagnie , & s'il lui plaît , il peut en réitérer l'épreuve sur le champ , avec la seule obligation de payer pour chaque coup qu'il tire , la somme à laquelle le maître les a taxés.

Le fonds de la blanque consiste ordinairement en petits bijoux de diverses espèces, en tableaux , en hardes , en marchandises , en meubles & en colifichets , le tout de peu de conséquence , qu'on étale dans quelque boutique pour tenter les passans.

Comme ce n'est presque toujours qu'aux foires de villages , que se tiennent les blanques , il n'y a guère aussi que le peuple & le paysan qui y mettent la presse & qui s'en fassent un divertissement , sans prendre garde qu'il n'y en a guère qui ne doivent être suspectes d'infidélité , quoiqu'elles ne puissent s'établir qu'avec la permission des officiers des seigneurs des lieux où se tiennent les foires.

On tire la blanque de deux manières ; l'une avec un livre ou registre ; l'autre avec une machine qui approche un peu de ces pourtiques où l'on a joué si gros jeu à la cour , sous le règne de Louis XIV.

Pour tirer à la blanque de cette dernière manière , on jette une boule d'yvoire ou une balle de plomb dans un entonnoir suspendu au-dessus d'une table partagée en quantité de ronds un peu enfoncés , & celui de ces ronds où la boule s'arrête , fixe le sort du tireur qui fait blanque , c'est-à-dire qui n'a aucun lot , si son rond est blanc ; & qui a le lot indiqué par le chiffre dont chaque rond noir est numéroté , si la boule demeure dans un rond de cette couleur.

Il n'y a point ou peu de ces fortes de *blanques* qui foient fidèles, & les pentes que celui qui la tient a coutume de donner aux ronds qui font blancs, y attirent fi bien la boule, que fes nippes lui reftent toujours au grand étonnement du badaud qui y a mis fon argent.

A l'égard de la *blanque* qui fe tire au livre, il y en a véritablement de fûres & où le hafard n'eft point déterminé par l'adreffe; mais le mieux eft de s'en défier comme des autres, à caufe des fripponneries qu'on y peut faire.

Lorfqu'on veut tenir une de ces *blanques*, on numérote tous les lots qui doivent la compofer, Ces numéros font enfuite diftribués dans les feuillets d'un gros livre de papier blanc, en prenant néanmoins la précaution que les petits lots foient mêlés avec les gros, afin de donner plus de lieu au hafard. Lorfque ce livre, ou les feuillets blancs excédent quelquefois les noirs de plus de cent fur un, le blanquier, après avoir reçu fon droit, préfente au tireur une grande aiguille de léton, que celui-ci fiche dans quelqu'endroit qu'il lui plaît du livre, que l'autre tient & lui préfente. Si le feuillet qu'il ouvre eft blanc, il fait *blanque* & n'a rien: fi au contraire le feuillet a un chiffre, on lui délivre le lot défigné par le numéro.

Il paroîtroit à ce qu'on vient de dire, que la *blanque au livre*, devroit être exempte de tout foupçon; cependant il n'eft pas difficile d'y tromper, & la manière dont ce livre fe préfente au tireur, celle dont il s'ouvre après qu'on a tiré, n'eft pas un des moindres tours d'adreffe, que les *teneurs de blanques*, qui font frippons, ont foin d'apprendre des joueurs de gobelets, pour faire que les feuillets tirés fe trouvent toujours blancs, ou du moins qu'il n'y ait que quelque très-petit lot, pour encourager le fpectateur à rifquer fortune.

BLANQUETTE. Efpèce de *bière très-foible*. En Flandre & en Hollande, on l'appelle de la *molle*.

BLANQUETTE, Eft auffi une forte de *vin blanc*, qui vient de Gafcogne.

BLANQUILLE. *Petite monnoie d'argent*, qui a cours à Maroc, & fur les côtes de Barbarie, *Voyez* la TABLE DES MONNOIES.

BLARE. *Petite monnoie de cuivre*, avec le mélange ou alliage d'un peu d'argent, qui fe fabrique à Berne en Suiffe. Elle eft à-peu-près au même titre, & de la même valeur que les ratz de Soleure, de Fribourg, & de quelques autres villes de Suiffe, *Voyez* la TABLE DES MONNOIES.

BLASTIER. *Marchand* qui va acheter des bleds dans les greniers de la campagne, pour les tranf-porter & les vendre dans les marchés des villes & gros bourgs. Ce commerce rural eft le plus impor-tant de tous les commerces. Par conféquent, celui qui mérite le plus d'avoir toute liberté, toute facilité, toute immunité de la part des gouvernemens. Il n'en peut réfulter que le bien général de l'état, dans tous les cas & dans toutes les circonftances poffibles.

BLATA-BIZANTIA, qu'on nomme auffi UNGUIS ODORATUS. Eft le deffus du coquil-lage, que les Latins appellent *conchilium*.

Il y en a de différentes grandeurs, mais toutes ont la figure d'une griffe, ou ongle d'un animal féroce, ce qui lui a donné le fecond nom fous le-quel il eft connu; ayant le premier, parce qu'il vient plus ordinairement de Conftantinople, qu'on nommoit autrefois *bizance*.

Le *blata-bizantia* eft fort mince, de couleur brune, facile à brûler, & de mauvaife odeur, quand on le brûle. On s'en fert au même ufage que le *caftoreum*; c'eft-à-dire, pour les vapeurs.

Quelques auteurs font fort embarraffés de deviner pourquoi on nomme ce coquillage *unguis odoratus*, ongle odorant, puifqu'au contraire il eft d'une puan-teur très-grande: mais outre que Diofcoride, qui en parle affez amplement, affure que le parfum qu'il exhale, quand on le brûle, eft très-agréable, ce qui feroit croire que le *blata-bizantia* des modernes, n'eft pas le même que celui des anciens; ne pour-roit-on pas dire, qu'il eft nommé *odorant* par antiphrafe, comme difent les Latins, ou par iro-nie, comme parlent nos François, parce qu'en effet il eft très-puant? Cette manière d'exprimer les cho-fes par leur contraire, étant affez ordinaire dans les langues, fur-tout en Latin.

Le *blata-bizantia* étant affez rare à Paris, les apothicaires y fubftituent quelquefois le *folen*, qui eft une autre forte de coquillage; mais moins fou-verain pour les maladies où l'on emploie le *blata-bizantia*.

Le blata-bizantia *paye en France les droits d'en-trée fur le pied de* 3 liv. 10 fols le cent pefant, & fix fols pour livre.

BLAYE, ville de France dans le Bordelois, fituée fur la Gironde à huit lieues au-deffous de Bordeaux. *Voyez* les différentes parties du commerce de cette ville, dans l'état général, page 57.

BLED, ou BLÉ. (*Plante* qui produit un grain propre à la nourriture de l'homme.) Il fignifie auffi le *grain que cette plante porte, battu & féparé de l'épi*.

Dans le commerce des *bleds*, on n'en diftingue que de trois fortes: le *bled* proprement dit: qu'on nomme *froment*: le *feigle*, qui eft une efpèce bien différente & d'une qualité fort au-deffous: & un troifiéme *bled*, qui réfulte du mélange des deux autres, qu'on appelle *bled méteil*. A l'égard des laboureurs, ils mettent encore au nombre des *bleds*, plufieurs de ces grains, que l'on feme au mois de mars, comme l'orge, l'avoine, les pois, les veffes; &c. mais pour les diftinguer, ils les qua-lifient de petits *bleds*.

Le mays & le farazin font encore des grains, auxquels on donne le nom de *bled*; l'un s'appel-lant *bled de Turquie*, & *bled d'Inde*; & l'autre, *bled noir*.

Quand on dit fimplement du *bled*, on l'entend toujours du *froment*: quelques-uns néanmoins y ajoutent son nom spécifique, & disent du *bled froment*.

On trouve dans le Dictionnaire de Savary, la liste effrayante des réglemens, prohibitions, formalités, exactions & autres entraves qu'on avoit accumulés sur le commerce des *bleds*. Tout le monde connoît aujourd'hui les effets de cette législation fiscale, & des monopoles qu'elle rendoit indispensablement nécessaires. Les meilleures terres tomboient successivement en friches. Les cultivateurs ; les propriétaires ; la noblesse, propriétaire des rentes seigneuriales ; le clergé décimateur ; & le roi, comme propriétaire des impositions territoriales, perdoient des millions de revenus, tandis que quelques commissionnaires privilégiés, & les officiers subalternes qui leur vendoient des permissions ou commissions, acquéroient des fortunes scandaleuses.

La liberté du commerce des grains & subsistances, donnée sous le ministère de M. Bertin, en 1763 & 1764, puis restituée par sa majesté sur les instances de feu M. Turgot, a ranimé la culture, rehaussé les revenus ; & bien loin de faire aucun mal, a prévenu les mauvais effets qu'auroient produit les mauvaises récoltes de 1768 & 1769. S'il y eut en France beaucoup d'inconvéniens depuis 1770, jusqu'en 1774, c'est une insigne mauvaise foi aux partisans des prohibitions & des vieilles ordonnances, d'attribuer ces maux à la liberté *qui n'existoit pas alors*, puisqu'à cette époque, on employoit le ministère des commissionnaires.

Ceux des étrangers, avec lesquels la France fait le plus grand commerce de ces *bleds*, sont, les Anglois, les Ecossois, les Irlandois, & les Hollandois, qui les viennent enlever à Nantes, à la Rochelle, & dans quelques autres ports du royaume.

Les Espagnols, à qui les Nantois portent ceux de leur crû, & qui en tirent quantité de Bourgogne.

Plusieurs états d'Italie, qui s'en fournissent aussi dans cette dernière province.

Les Suisses & les Gènevois, qui achettent ceux de Franche-Comté.

Enfin, les Flamands qui font venir ceux dont ils ont besoin, de la Champagne, & du Soissonnois.

Quoique toutes ces nations enlèvent beaucoup de *bleds* en France, elles en tirent cependant encore en plus grande quantité du Nord, & de la mer Baltique ; particulièrement lorsque les récoltes n'ont pas été abondantes dans le royaume, ou que la guerre en interrompt le commerce.

Hambourg, Bremen sur le Weser, Riga, Revel, Nerva, Pernau, Libaw en Curlande, Conisberg, dans la Prusse ducale, Stetin, capitale de la Poméranie Polonoise ; mais sur-tout Dantzic, cette ville si célèbre pour son commerce, & l'Amsterdam du Nord, sont les ports où il s'en charge davantage.

Les magasins de Dantzic sont si vastes, & toujours si bien remplis, qu'en certaines années on enlève de cette seule ville, jusqu'à huit cens mille tonneaux de *bled* : aussi les marchands de Dantzic ont-ils un privilége exclusif pour tous les *bleds* de Pologne, qui entrent dans leur ville, n'y ayant qu'eux qui les puissent acheter : les Dantziquois sont tenus de prendre tous les *bleds*, qui arrivent chez eux, à quelque quantité qu'ils puissent monter, suivant le prix fixé par le tarif du magistrat.

C'est aussi dans ce port si fameux, que les François vont, dans les temps de disette, chercher, ainsi que les autres nations, les *bleds* qui leur manquent, & dont dans l'abondance, ils ont coutume de secourir leurs voisins.

Ce sont les Provençaux qui font le plus grand commerce des *bleds* de Barbarie, qu'ils portent ensuite dans plusieurs ports d'Italie, & particulièrement à Gênes ; d'où après ils se répandent à Rome, & dans les principales villes de l'état ecclésiastique, du royaume de Naples, & même du duché de Milan.

Le bastion de France, & les ports de la Calle, du cap de Rose, de Bonne, & de Colle, qui en dépendent, sont les lieux d'où l'on tire la plus grande quantité de *bleds* ; les Maures Auleddalis, gens laborieux, qui habitent assez avant dans les terres, les conduisant jusqu'à la mer, pour les vendre aux François.

La mesure dont ils se servent pour ce commerce, s'appelle *gautte*, & contient environ trente boisseaux. Le prix des *bleds* se fait avec eux au commencement de la récolte ; & chaque mesure s'achette depuis une piastre jusqu'à deux, qui se revend à Gênes depuis deux piastres trois quarts, jusqu'à trois piastres & demi au moins ; mais à la mesure Génoise, qui est d'un cinquiéme plus petite que celle des Maures ; ensorte que c'est encore un bénéfice de vingt pour cent pour le vendeur.

On peut traiter avec les Maures du bastion de France, & ses dépendances, environ cinquante mille mesures de froment, & beaucoup plus d'orge, & d'autres grains ; outre ce qu'on en peut tirer des autres ports de cette côte.

Mais ce commerce est abandonné par un privilége exclusif, à une *compagnie* qui subsiste à Marseille, sous le titre de *compagnie d'Afrique* ; on peut voir le détail de ce monopole ci-dessus, au mot *Barbarie*.

BLED DE TURQUIE, qu'on nomme autrement MAYS. Est une plante, dont le grain est rond, & de la grosseur d'un pois. On l'appelle *bled de Turquie*, parce que plusieurs endroits des états du grand-seigneur, en produisent en quantité. *Voyez* MAYS.

BLED NOIR, OU BLED SARASIN. Plante dont les fleurs sont rouges, & la graine noire. Quelques-uns distinguent ces deux *bleds*. *Voyez* SARASIN.

On appelle PETITS BLEDS, les grains que l'on sème en France au mois de mars, comme l'*orge*, l'*avoine*, les *pois*, les *vesses*, &c. *Voyez* ces ARTICLES.

BLED MÉTEIL. C'est un mélange de plusieurs sortes de *bleds*, particulièrement de froment & de seigle. *Voyez* MÉTEIL.

BLED BARBU, en Latin, *melica*. Espèce de millet, dont les tiges s'élèvent à la hauteur de huit à neuf pieds. *Voyez* MILLET.

BLED LOCULARD, autrement, FROMENT LOCAR, FROMENT ROUGE, & plus communément SPAUTRE ou ÉPAUTRE. Espèce d'orge, dont le grain est menu, & d'un rouge-brun. *Voyez* LOCULAR.

BLED SEIGLE. Il diffère du froment, en ce que ses feuilles sont plus étroites, ses épics plus longs, plus fermes & plus applatis. *Voyez* SEIGLE.

BLEREAU, que l'on écrit plus ordinairement BLAIREAU, & que l'on appelle quelquefois TESSON, ou TAISSON. Animal sauvage à quatre pieds, qui fournit plusieurs choses pour le commerce. *Voyez* BLAIREAU.

BLEU. Ce qui est de couleur *bleue*, c'est-à-dire, de couleur d'azur.

Le *bleu* est une des cinq couleurs simples, & matrices, dont les teinturiers se servent pour la composition des autres.

Le *bleu* des teinturiers se fait avec le pastel, qui croît dans le haut-Languedoc; le vouede ou petit pastel, qui vient de Normandie, & l'indigo qu'on apporte des Indes.

De ces trois drogues, le pastel est la meilleure, & la plus nécessaire à la teinture. Le vouede, quoique moindre en qualité, en force & en substance, fait aussi une assez bonne couleur : mais l'indigo ne fait qu'une fausse couleur, qu'on peut néanmoins employer, si on n'en mêle pas au-delà de six livres sur chaque grosse balle de pastel, & si on ne l'emploie qu'après être apprêté dans la bonne cuve, & dans les deux premiers réchaux : aussi est-il défendu de l'employer autrement qu'avec le pastel, & sans être apprêté avec la cendre gravelée.

Le vouede, qui a fort peu de substance, ne peut être employé seul, ni corriger le défaut de l'indigo, à moins qu'il ne soit aidé du pastel ; mais si on l'emploie seul avec l'indigo, il ne faut guères plus d'une livre d'indigo sur un cent passant de vouede.

Quelques teinturiers, pour augmenter la couleur du *bleu*, se servent du bois d'Inde, Brésil, & Orseille ; mais l'ordonnance de 1669, article 5, leur a défendu de s'en servir, ni d'en avoir chez eux.

Le *bleu* se peut aviver, en passant l'étoffe, après être teinte & bien lavée sur de l'eau tiède ; & il s'avive encore beaucoup mieux en faisant fouler l'étoffe teinte avec du savon fondu, & la faisant ensuite bien dégorger.

Les *bleus Turquins*, & au-dessus, s'avivent en les passant sur un bouillon, & ensuite sur un cochenillage ; mais les *bleus célestes*, & au-dessous, griseroient, & perdroient leurs couleurs, si on les y passoit.

Les nuances du *bleu* sont, *bleu blanc, bleu naissant, bleu pâle, bleu mourant, bleu mignon, bleu céleste, bleu reine, bleu turquin, bleu de roi, fleur de guede, bleu pers, aldego, & bleu d'enfer*.

Les étoffes qu'on teint en *bleu*, se font de blanc

en *bleu*, sans autre préparation que celle qu'elles reçoivent du foulon.

Afin de sçavoir si le fond, ou pied de *bleu* a été effectivement donné aux étoffes, les teinturiers sont tenus de laisser au bout de chaque pièce, une rose bleue de la grandeur d'un écu d'argent. *Réglement de 1669, art.* 34.

Le chef-d'œuvre des teinturiers du bon teint, consiste à tirer la teinture *bleue* du pastel, depuis la nuance la plus brune jusqu'à la plus claire, & l'appliquer sur les étoffes de draperie. *Réglement de 1669, art.* 50.

Le *bleu* ne manque jamais, si la couleur en est bonne.

Le *bleu* des peintres est différent, suivant les différentes espèces de peintures où l'on veut travailler. L'outremer, les cendres *bleues* & l'émail s'emploient également en huile à fresque, en détrempe, & en miniature. Ces trois sortes de *bleus*, dont on traite à leur article particulier, sont naturelles, si l'on en excepte l'émail, qui tient presqu'autant de l'art que de la nature. Il y a aussi un outremer, qui est tout factice, dont on donne la recette à son article. L'inde ou indigo préparé, est encore une couleur *bleue*, dont l'on se sert en huile & en miniature.

Ce sont les marchands droguistes-épiciers, qui vendent ces sortes de couleurs, soit en poudre, soit broyées à l'huile.

Le *bleu* des peintres-émailleurs & des peintres sur verre, se prépare par ceux mêmes qui les emploient ; chacun ayant sa manière de le faire.

On appelle *azur* de Hollande, l'*émail* qui se prépare à Amsterdam & en quelques autres endroits des provinces-unies. Il est plus propre pour le linge, que pour la peinture.

BLEU DE TOURNESOL. C'est un *bleu* propre à peindre sur le bois, qui se fait avec la graine de cette plante. On emploie quatre onces de *tournesol*, que l'on fait bouillir pendant une heure dans trois chopines d'eau, où l'on a auparavant éteint de la chaux vive.

BLEU DE FLANDRES. C'est un *bleu* tirant sur le verd, que l'on n'emploie guères que dans les paysages. On l'appelle autrement, *cendre verte*.

BLEU. Les curandiers ou blanchisseurs de toiles fines, disent, donner le *bleu* à une toile ; pour signifier, *la faire passer dans une eau*, où ils ont fait dissoudre un peu d'amidon, avec de l'émail, ou azur de Hollande. On donne ordinairement deux *bleus* aux batistes ; l'un, qui est le *bleu* du blanchiment, par les curandiers ; & l'autre, le *bleu* de l'apprêt, par les marchands.

BLEU. L'on se sert aussi de *bleu* dans le blanchiment des soies, pour leur donner cet œil bleuâtre, qui en relève la blancheur & l'éclat. Le *bleu* des soies se donne à froid dans une cuve d'eau claire, où l'on a détrempé un peu de savon & d'indigo.

ELOC, (en termes de commerce.) Se prend pour plusieurs pièces ou sortes de marchandises,

considérées

confidérées & eftimées toutes enfemble. Ainfi l'on dit, ce marchand a acheté toutes les marchandifes de cette boutique, de ce magafin, en *bloc*.

On dit auffi, faire un marché en *bloc* & en *tâche*; lorfque, fans entrer dans le détail de ce que chaque chofe doit coûter en particulier, on convient d'un certain prix pour un ouvrage ou pour une entreprife. J'ai fait un marché en *bloc* & en *tâche* avec un voiturier, pour m'amener mes marchandifes franches de tous droits.

BLUETTE DU RHIN. Efpèce de *laine*, qui vient d'Allemagne.

BLUTEAU. Nom que l'on donne à une forte d'*étamine*, ainfi nommée, parce qu'entre autres ufages on s'en fert pour bluter la farine.

BO

BOCAGE. Nom qu'on donne en général, à toutes les efpèces de *linge ouvré*, qui fe font en baffe Normandie, particulièrement aux environs de Caen. *Voyez* LINGE.

BOCAL, en Italien BOCCALE. Mefure des liquides, en ufage à Rome. Le *bocal* eft proprement ce qu'on appelle en France une *bouteille*. Il contient un peu plus que la pinte de Paris. Il faut fept *bocals* & demi pour la rubbe ou *rubbia*; & treize rubbes & demi pour la brante, qui ainfi contient quatre-vingt-feize *bocals*.

BOCKING. On nomme en Hollande *haring bocking*, ce qu'on appelle en France *hareng fumé* ou *forel*. Le tarif de Hollande de 1725, en diftingue de trois fortes; fçavoir les *bockings* en général, ceux péchés les treize jours après la chandeleur & ceux de mars, qu'on nomme aufli *meybockings*. Ces trois fortes de harengs font francs d'entrée, à l'égard de la fortie ils en payent les droits diverfement.

La première forte, à raifon d'un florin dix fols le laft de 10000 ou 20 paillis. La feconde forte 15 f. du même laft. Et la dernière forte, feulement 3 fols.

BODINERIE. Efpèce de contrat qui eft en ufage fur les côtes de Normandie. C'eft une forte de prêt à la groffe avanture, qui eft affigné fur la quille ou bodine du vaiffeau, & où l'on hypotéque non-feulement le corps du vaiffeau, mais encore les marchandifes qui y font chargées. *Voyez* GROSSE AVANTURE.

La *bodinerie* diffère du contrat d'affurance, en ce qu'on ne paye point de prime, & qu'il n'eft rien dû en cas de naufrage, prife d'armateurs, pirates, corfaires, mais feulement quand il arrive heureufement à bon port, on paye la fomme principale avec l'intérêt ou profit maritime ftipulé dans ledit contrat.

Il eft encore différent du contrat d'affurance pour la négative ou conteftation, en ce que c'eft au créancier de prouver devant les juges de l'amirauté, que le navire eft arrivé à bon port, pour déclarer l'obligation de *bodinerie* exécutoire, & établir fon droit

de créance; ce qui n'eft pas dans les polices d'affurance, où c'eft à l'affuré de juftifier la perte, ou naufrage dudit navire pour fon rembourfement de la chofe affurée.

BODRUCHE. *Voyez* BAUDRUCHE.

BOESTE. Petit vaiffeau, qui ferme avec un couvercle, & qui fert à renfermer diverfes fortes de marchandifes ou autres chofes que l'on veut conferver, comme rubans, confitures, fruits fecs, dragées, &c.

Il y a des *boëtes* de plufieurs matières, grandeurs, & formes, de bois, de carton, de cuir, &c. de petites, de moyennes, de grandes, de longues, de quarrées, de rondes, d'ovales, de creufes, de plattes, &c. de garnies, de ferrées, de peintes, de non peintes, &c.

Toutes ces fortes de boëtes payent en France, les droits d'entrée & de fortie, fuivant leurs différentes qualités & façons.

DROITS DE SORTIE.

Les boëtes *ferrées, le cent pefant, 26 fols.*

Les boëtes de fapin, *de Foncine & autres lieux, le char, 40 fols.*

Les boëtes de fapin, *peintes & cabinets d'Allemagne, Flandre & autres lieux, de peu de valeur, comme mercerie, 3 liv.*

Les boëtes *non peintes, le cent pefant, 30 fols.*

ENTRÉES.

Les boëtes de fapin, *venant de Foncine & d'ailleurs, le char, 16 fols.*

Les boëtes *blanches à mettre confitures & autres, non peintes, le cent pefant, 16 fols, par le tarif de 1664.*

Et les boëtes *ferrées, malles & bougettes, aufli-bien que les* boëtes de fapin *peintes, 10 l. pareillement du cent pefant, fuivant l'arrêt du confeil du 3 juillet 1692, le tout avec les nouveaux fols pour livre.*

BOETE A LA FEUILLE, ou BOETE-FEUILLE. Efpèce de petite *boëte* de fapin, longue d'environ trois pouces & demi, fur un pouce & demi de haut & deux pouces de large, dont le couvercle eft à couliffe, qui renferme ordinairement fix petites feuilles quarrées de cuivre battu très-mince, qu'on appelle *paillons*, roulées féparément, & nouées par le milieu d'un petit brin de fil.

Ces fortes de feuilles, ou paillons, qui font colorées d'un côté, de rouge, de verd, de bleu, de jaune, de gris de lin, ou de quelqu'autre femblable couleur, très-vive & très-brillante, fervent à mettre par petits morceaux dans le fond des chatons des pierres précieufes ou criftaux, pour en relever la couleur, ou pour leur en donner une particulière qu'elles n'ont pas.

Les *boëtes* à feuilles fe tirent d'Allemagne, particulièrement de Nuremberg, & font partie du négoce des marchands merciers-quinquailliers.

Il fe fait aufli à Paris des paillons de toutes les couleurs, mais en petite quantité, dont les ouvriers

L4

font une eftime toute particulière, les préférant à ceux d'Allemagne.

BOESTIER. Efpèce de petite boëte, ordinairement de chagrin ou de maroquin, doublée de velours, dans laquelle les marchands joyailliers mettent leurs bagues & leurs bijoux. Il fe dit auffi d'une petite boëte ovale, d'argent ou de fer blanc, féparée en plufieurs petites cellules, dans laquelle les maîtres chirurgiens mettent plufieurs fortes d'onguens les plus d'ufage, pour les porter fur eux, & les avoir à la main dans les occafions.

BŒUF. Taureau qu'on a châtré pour l'engraiffer, ou pour le rendre plus docile à porter le joug pour le labourage, ou pour le charroi.

Quoique le bœuf, fi utile à l'homme, foit affez connu dans toutes les parties du monde, & furtout en Europe, pour ne pas s'arrêter à en faire la defcription; on a cru cependant à propos de ne pas l'oublier dans un Dictionnaire de commerce, à caufe de la quantité de diverfes marchandifes qu'on en tire, & dont il fe fait un très-grand négoce.

Il y a en France des marchands fort riches, qui ne font d'autre commerce que de bœufs, foit pour le tirage, foit pour la boucherie. Les premiers les achetent tout jeunes, & les vendent aux laboureurs & aux voituriers. Les autres les vont chercher dans les provinces où ils font engraiffés, pour les faire conduire enfuite dans les foires & marchés des villes & bourgs du royaume, où ils les vendent aux bouchers, qui les tuent, pour en débiter la chair à la livre ou à la main, dans leurs étaux particuliers, ou dans les boucheries publiques.

Avant que de paffer aux diverfes marchandifes qu'on tire du bœuf, on va donner ici quelques avis, dont les marchands de bœufs peuvent avoir befoin pour leur commerce.

Les bœufs ne vivent ordinairement que jufqu'à quatorze ans. A trois, il font propres à tirer; à dix il faut les retirer du chariot ou de la charue, pour les mettre à l'engrais.

L'âge des bœufs, auffi-bien que l'âge des chevaux, fe connoît aux dents. A dix mois, ils jettent leurs premières dents de devant, & en pouffent d'autres plus larges & moins blanches. A dix-huit mois, une autre partie de leurs dents de lait tombe encore, & le refte dans les dix-huit mois qui fuivent; en forte qu'à trois ans toutes leurs dents font égales, & qu'ils ne marquent plus. Quelques-uns croyent qu'on peut voir auffi l'âge du bœuf fur fes cornes, & que chaque anneau qui fe forme à leur extrémité, indique chacune de leurs années; mais bien des marchands de bœufs très-habiles, eftiment cette connoiffance moins fûre que celle des dents, & ne s'y fient guères.

Les bœufs deftinés au tirage, doivent être faciles à manier, d'une taille médiocre & raifonnablement chargés de graiffe.

Quoiqu'il y ait des bœufs excellens de tout poil, les marchands y doivent néanmoins faire attention. Le poil doux, luifant & épais eft une bonne

marque : le poil ras, mal uni & rude, en eft au contraire une mauvaife.

Le bœuf fous poil tout noir, eft lourd & nonchalant; mais c'eft un figne de vigueur s'il a quelque blancheur aux pieds ou à la tête.

Le poil rouge eft le meilleur; cette couleur dénotant du feu & de l'ardeur : on eftime le bai à peu près de même; du blanc aux extrémités né gâte rien ni à l'une ni à l'autre couleur.

Les bœufs fous poil brun, font médiocres, leur ardeur ne durant pas long-temps; le poil moucheté eft encore moins bon; le blanc & le gris ne valent rien; en récompenfe ce font les meilleurs pour engraiffer, à la réferve du poil gris, qui ne réuffit pas même à l'engrais.

Engrais des bœufs.

On met ordinairement à l'engrais les bœufs qui ont fervi au tirage, d'où on les tire communément à l'âge de dix ans : on en engraiffe néanmoins quelquefois de beaucoup plus jeunes, foit de ceux qui fe ruinent de bonne heure au harnois, foit de ceux qui n'y ont jamais été propres. Les vieux ne s'engraiffent jamais bien.

Tant que les bœufs font à l'engrais, on ne doit aucunement les faire travailler, & l'on ne peut en prendre un trop grand foin, foit pour les envoyer aux pâturages pendant l'été, foit pour leur nourriture pendant l'hiver.

En quelque temps qu'on veuille engraiffer les bœufs, il faut les premiers huit jours, leur donner foir & matin, un fceau d'eau échauffée au foleil, ou tiède fur le feu, dans laquelle on aura jetté trois picotins de farine d'orge, fans avoir été bluée, & qu'on aura laiffé repofer quelque temps : obfervant de ne leur donner d'abord que l'eau blanche, & de leur réferver le refte pour le foin.

En été, c'eft-à-dire, depuis le mois de mai jufqu'à la faint Martin, il faut les envoyer aux pâturages après que la rofée eft tombée; les ramener à l'étable pendant la grande chaleur, & enfuite les remettre aux herbages jufqu'au foir, ne leur épargnant pendant la nuit, ni la litière, ni les herbes nouvellement cueillies.

En hiver, ce qui s'entend depuis la S. Martin jufqu'au mois de mai, il faut les renfermer dans l'étable, les y tenir chaudement, leur donner du foin autant qu'ils en veulent, pendant le jour & la nuit; & le foir, leur faire des pelotes de farine de feigle, d'orge ou d'avoine, pétrie avec de l'eau tiède & du fel. Dans le temps des raves, on peut leur en donner de fraîches, & dans la faifon des vendanges, du marc de raifins, mêlé avec trois picotins de fon, le tout dans de l'eau chaude.

Marchandifes propres au commerce que l'on tire du bœuf.

La chair de bœuf fe fale, pour la pouvoir tranfporter plus facilement, fans fe corrompre, dans les pays où elle peut être vendue avec avantage.

Les marchands des différents ports du royaume, particulièrement ceux de faint-Malo & de Nantes en Bretagne, en font des cargaifons confidérables pour la Martinique, & autres ifles Françoifes de l'Amérique : ils la tirent prefque toute d'Irlande, d'où elle leur eft envoyée par barils, ordinairement du poids de deux cens livres.

Les peaux de *bœufs*, qu'on appelle autrement *cuirs*, fe vendent en poil, c'eft-à-dire, ou verds, ou falés, ou fecs & fans poil ; ce qui comprend les cuirs tannés, ceux apprêtés à la façon de Hongrie, & ceux paffés en huile, à la manière des bufles.

Outre les cuirs de *bœuf* qui font du crû de France, on en apporte de fecs en poil, de prefque tous les lieux où les François vont négocier, tant dans l'orient que dans l'occident, fur-tout des Indes, du Pérou, de Barbarie, de Madagafcar, du Cap-Verd, du Sénégal, de Mofcovie & d'Irlande.

Les marchands de Rouen entr'autres, font un grand négoce de ceux de Barbarie & de S. Domingue, qui leur font apportés par les vaiffeaux François qui reviennent des Indes occidentales.

Il fe fait auffi un grand négoce de peaux de *bœufs* à Conftantinople, d'où les François, Anglois & Hollandois en tirent, année commune, jufqu'à cinquante mille : elles font de trois fortes ; les unes, qui font les meilleures, s'appellent les *premiers couteaux* ; ce font celles des abbatis qui fe font depuis juin jufqu'à novembre. Les fecondes font les *patrements*, qu'on leve de deffus les bêtes en novembre & décembre. Les troifiémes fe nomment *acrements*, qui viennent de la mer noire, & qui pour la bonté approchent des premiers couteaux.

Les os de *bœufs* s'employent par les tourneurs, tabletiers, couteliers & patenoftriers, dans leurs différens ouvrages. On les brûle auffi, pour faire ce qu'on appelle *du noir d'os*, qui fert à la peinture, & à faire l'encre pour imprimer en taille-douce.

Des rognures des peaux, des cartillages, des pieds & des nerfs bien bouillis, & diffous dans l'eau, fe fait la colle forte, foit celle qu'on fabrique en France, foit celle d'Angleterre, ou de Flandre.

Le poil de leur queue, le plus long, après avoir été bien cordé & bouilli, pour le frifer, fournit une partie du crin que les tapiffiers, & autres ouvriers employent ; & du poil court on en fait de la bourre, dont on rembourre plufieurs meubles de peu de conféquence, des felles pour monter à cheval, des bâts de mulets, &c. Il fe confonme auffi beaucoup de poil de *bœuf* à Rouen & à Elbœuf en Normandie, pour les manufactures de tapifferie que l'on nomme *bergame*.

La corne de *bœuf*, foit de la tête, foit des pieds, s'amollit par le feu, & fe prépare pour quantité d'ouvrages, comme peignes, tabatières, lanternes, écritoires de poches, étuis à cure-dents, &c.

Le nerf qui fe tire de la partie génitale du *bœuf*, étant fec & préparé en manière de filaffe, s'emploie par les felliers & faifeurs de battoirs de jeu de paume, qui l'achetent des marchands quinquailliers.

Les boyaux de *bœuf* bien dégraiffés & préparés, s'appellent *baudruche* ; ils fervent à faire des moules pour battre l'or & l'argent, pour le réduire en feuilles propres à la dorure.

On tire auffi des graiffes du *bœuf*, un fuif affez bon pour faire de la chandelle, ou pour préparer certains cuirs. Le meilleur eft celui qu'on nous apporte d'Irlande.

Enfin, jufques dans le cœur & dans la veffie des *bœufs*, ou plutôt dans la véficule de leur fiel, on trouve quelque chofe d'utile au commerce. Le cœur fournit un cartilage affez femblable à celui qu'on tire du cœur de cerf : on l'appelle, *os de cœur de bœuf*, & on le fubftitue quelquefois à celui du cerf, quoique peut-être mal-à-propos.

Le fiel du même *bœuf* fert aux détacheurs & à plufieurs autres artifans, qui s'en fervent à divers ufages.

Pour la veffie ou véficule du fiel, elle renferme très-fouvent une pierre de la groffeur & de la figure d'un jaune d'œuf, moiïaffe & par écailles, comme le bezoard, auffi en porte-t-elle quelquefois le nom ; mais plus ordinairement celui de *pierre de fiel*.

Les bœufs, gras ou maigres, venant en France, des pays étrangers, payent de droits d'entrée 3 liv. la piéce ; & ceux de même qualité, venant des provinces du royaume où les aides n'ont point de cours, feulement vingt fols.

Les bœufs & langues falées, de toutes fortes, payent quarante fols du cent pefant de droits d'entrée.

Les droits de fortie pour toutes fortes de bœufs gras, petits ou maigres, font de 2 liv. 10 f. la piéce, le tout foumis aux nouveaux fols pour livre.

On ne met point ici les droits d'entrée, ou de fortie, que payent les cuirs & autres marchandifes qui proviennent du *bœuf* ou *taureau*. On les peut voir dans les divers articles qui ont été indiqués.

Commerce du bœuf falé à Amfterdam.

Le *bœuf* falé fe vend à Amfterdam par barils, la déduction pour le prompt paiement eft d'un pour cent.

Bœuf salé d'Irlande.

Par arrêt du 29 juin 1688, il fut établi un droit de 5 liv. par cent pefant, fur les *bœufs* falés venant d'Irlande : mais par un fecond arrêt du 7 décembre de la même année, & un autre du 20 mai 1704, ladite marchandife entrant dans le royaume par les ports du Havre, de Nantes, de S. Malo, de la Rochelle, de Bordeaux & de Breft, & qui eft déclarée pour les ifles Françoifes de l'Amérique, eft déchargée dudit droit, en obfervant néanmoins les précautions ordonnées par lefdits arrêts.

BOHÉE. On appelle *thé-bohée* ou *thé-bou*, comme on le prononce en France, une des meilleures efpèces de thé de la Chine. Il y en a de trois fortes : la première s'achete à Canton 80 taëls le pic ; la féconde, 45 ; & la troifiéme 25. Les Hollandois les revendent l'une 180 pataques ; l'autre 120 ; & la dernière 75.

BOÍE. Efpèce de revêche, qui fe fabrique par les fayetteurs-drapans d'Amiens. Il y en a de trois largeurs : les larges, qui ont trois quartiers de large, fur vingt aunes & demie de long : les moyennes, qui ont moins de trois quartiers, fur la même longueur : & les petites, qui n'ont que demi-aune, fur vingt aunes de long.

BOILIAMINI. Les Lyonnois nomment ainfi ces efpèces de bois que les marchands épiciers-droguiftes de Paris appellent, brouilliamini. Voyez BROUILLIAMINI.

BOIRE. Donner pour boire aux ouvriers, c'eft leur donner quelque gracieufeté par-deffus leur falaire ou le prix dont on eft convenu pour leur ouvrage.

BOIRE le vin du marché. C'eft quand le vendeur & l'acheteur boivent enfemble en confidération du marché qu'ils ont fait. Ce terme & cette coutume ne font guères d'ufage que parmi les petites gens & le peuple de la campagne.

BOIRE. Les papetiers & les maîtres écrivains difent, que du papier boit, lorfque faute d'être fuffifamment colé, l'encre s'y étend ou pénètre à travers.

BOIQUETEAU ou BOQUETEAU. (Terme d'exploitation & de marchandife de bois.) C'eft un petit canton de bois planté en futaie ou en taillis, qui n'excéde pas la quantité de 50 arpens. Le boiqueteau eft moindre que le buiffon, comme le buiffon eft moindre que la forêt.

BOIS. Subftance folide, qui forme la tige & les branches des arbres ; qui reçoit fa nourriture, & prend fon accroiffement de l'humide radical ou fuc de la terre.

BOIS ARSINS. Terme d'eaux & forêts, qui fe dit des bois où le feu a été, foit qu'il y ait pris par cas fortuit, ou qu'il y ait été mis exprès par méchanceté. Ce mot vient du latin, ardere.

BOIS BLANC. Se dit des bois légers & peu folides, comme bouleau, tremble, peuplier & autres femblables.

BOIS BOMBE. Terme de marchand de bois quarré & de charpentier, qui fe dit des bois qui font naturellement un peu courbes.

BOIS A BRUSLER, qu'on nomme auffi BOIS DE CHAUFFAGE. C'eft du bois qui fe débite ou fe coupe dans les forêts, d'une certaine manière, qui le rend propre à faire du feu, & à être commodément brûlé dans des fours, fourneaux, cheminées, &c.

Les meilleurs bois à brûler font le hêtre, le charme, & le chêne : les bois blancs, legers, & peu folides, comme le bouleau, le tremble, le peuplier, &c. étant fi peu eftimés, qu'il eft défendu

à Paris d'en mettre dans les membrures au-delà d'un tiers.

Les endroits qui fourniffent le plus de bois à brûler, pour la provifion de Paris, font la Lorraine, la Champagne, la Bourgogne, la Brie, la Picardie & la Normandie.

Les bois à brûler fe diftinguent en bois neuf, en bois flotté, & en bois demi-flotté. Les uns & les autres doivent avoir trois pieds & demi de longueur, compris la taille.

Le bois neuf eft celui qui vient dans des bateaux, ou par charroi, fans avoir trempé dans l'eau. Les marchands qui font arriver des bois neufs de différentes qualités dans un même bateau, font tenus de les y faire mettre par piles féparées.

Le bois flotté eft du bois que l'on amène en trains, & lié avec des perches & des rouettes fur les rivières.

Il y en a une forte, que l'on nomme bois de traverfe, qui eft tout de hêtre, fans écorce, dont la deftination eft pour les boulangers & pâtiffiers, qui s'en fervent à chauffer leur four.

Il eft enjoint aux marchands de bois flotté de Paris de faire triquer leurs bois, & de les faire empiler dans leurs chantiers féparément, felon leurs différentes qualités, & chaque pile doit être mife à telle diftance, qu'elle puiffe être entièrement vue & vifitée par les officiers à ce prépofés.

Le bois demi-flotté, que l'on appelle auffi bois de gravier, parce qu'il croît dans des endroits graveleux & pierreux, eft du bois qui a refté la moitié moins dans l'eau, que les autres bois flottés.

L'invention de flotter le bois, & d'en compofer des trains, n'eft pas extrêmement ancienne. Jean Rouvet, bourgeois & marchand de Paris, commença le premier à s'en fervir en 1549, pour faire defcendre dans cette ville, par la rivière de Seine, les bois du Morvans, petite province, qui fait partie de celles de Bourgogne & du Nivernois.

Jean Tournouer & Nicolas Gobelin en firent autant, douze ou quinze ans après pour la rivière de Marne, en rendant flottables & commodes pour la conduite des trains les petites rivières d'Orne & de Saulx, & les ruiffeaux de Lifle & de Loupy, pour conduire les bois de Lorraine, Barrois & Champagne. Enfin on a encore depuis eux rendu flottables quelques autres petites rivières & ruiffeaux, pour les bois de la forêt de Compiegne. Ceux-ci ne font que demi-flottés, n'arrivant pas à flot jufqu'à Paris ; mais étant débardés à Conflans-Sainte-Honorine, pour être chargés fur des bateaux, & conduits au port de l'Ecole.

Lorfque les bois ne font pas éloignés des rivières flottables, on les y voiture fur des charrettes & des bêtes de fomme, & l'on en compofe des trains, que l'on met enfuite à l'eau. Mais s'il n'y a que de petits ruiffeaux, on les y jette à bois perdu, chaque marchand marquant les búches aux deux bouts, qui n'ont point de taille, mais qui font unis & coupés à la fcie.

A mefure que le *bois* arrive à l'embouchure des ruiffeaux, dans les rivières de flot, où il eft arrêté par des perches, ou des cordages, on le retire de l'eau, & l'on en fait le triage fuivant les marques qu'on y trouve ; après quoi, lorfqu'il y en a affez d'amaffé, on en forme des trains de diverfes force, profondeur ou grandeur.

Toutes les fortes de *bois* à brûler fe diftinguent encore en *bois* de moule & en *bois* de corde.

Le *bois* de moule, que l'on nomme autrement *bois* de compte, fe mefure avec un anneau, ou moule, chaque voye devant être compofée de trois anneaux, & de quatre morceaux au-delà de ce que peut contenir chaque anneau. La groffeur de chaque bûche, ou morceau de *bois*, doit être au moins de dix-huit pouces.

Il y a deux fortes de *bois* de corde, l'un appellé *bois* de quartier, qui doit avoir au moins dix-huit pouces de groffeur, ainfi que celui de moule ; & l'autre nommé *bois* taillis, ordinairement en rondins, qui n'en doit avoir que fix auffi au moins.

L'un & l'autre de ces *bois* de corde fe vendent & fe mefurent, dans les forêts, à la corde ; & dans les chantiers & fur les ports de Paris, à la membrure, qui eft une demi-corde faifant une voye.

Il y a encore une troifiéme efpèce de *bois* de corde, qui eft du jeune chêneau, menu & rond, auquel on donne le nom de *bois* pelard, parce qu'il a été pelé, ou que l'écorce en a été ôtée pour faire du tan ; il fe vend & fe mefure de même que les deux autres. Il eft défendu aux marchands de peler les *bois* de leurs ventes, étant debout & fur pied.

Il y a enfin une dernière forte de *bois* à brûler, extraordinaire & bien différent des autres par fa beauté, fa bonté & longueur ; on le nomme *bois* d'*Andelle*, nom d'une petite rivière du Vexin-Normand, aux environs de laquelle il s'en façonne une très-grande quantité. Ce *bois* eft une efpèce de *bois* de compte ou de moule, très-droit & fans nœuds, ordinairement tout de hêtre, & quelquefois mêlé d'un peu de charme. Sa longueur ordinaire eft de deux pieds quatre pouces ; fa groffeur n'eft pas déterminée, y en ayant de gros, de moyen & de plus menu ; il fe mefure à l'anneau, ainfi que le *bois* de compte ordinaire. Les quatre anneaux & quatre morceaux fur chaque anneau compofent une voye de Paris.

Les cotterets & les fagots font auffi du nombre des *bois* à brûler.

Les marchands de *bois* à brûler, de Paris, font obligés, auffi-tôt après l'arrivée de leurs *bois*, d'aller aux bureaux des jurés mouleurs de *bois*, pour leur repréfenter leurs lettres de voiture, dont il doit être tenu regiftre.

Ils font auffi tenus, avant que de les mettre en vente, de faire porter au bureau de la ville des montres de chaque efpèce, pour y être mis prix

par les prévôt des marchands & échevins, étant expreffément défendu à tous marchands de *bois* de les vendre au-delà de la taxe, qui doit être marquée fur une banderole appofée à chaque pile, ou bateau de *bois*.

Tous les réglemens imaginés par Colbert fur les *bois*, qu'on exécute depuis plus d'un fiècle, n'ont pas empêché la pleine dégradation de tous nos *bois* en France.

En 1723 & 1724 le confeil du Roi fe plaignoit amèrement de cette dégradation générale, dans fes arrêts du 9 août & du 25 janvier. Une expérience de plus de cent années confécutives prouve évidemment que les auteurs de ces inftitutions avoient employé, pour parvenir au but qu'ils s'étoient propofé, des moyens infuffifans ; c'eft bien là le cas de s'écrier : *quo ufque eadem ?*

BOIS CANARDS. Ce font les *bois* qui reftent dans le fond de l'eau, ou qui s'arrêtent le long des rivières, ruiffeaux ou canaux, où les marchands ont fait jetter un flot de *bois* à *bois* perdu. *Voy.* BOIS PERDU.

Les marchands font en droit de faire pêcher durant quarante jours, après que leur flot a paffé, les *bois* qui ont été au fond de l'eau ; & fi pendant ces quarante jours, d'autres marchands viennent à jetter un autre flot, les quarante jours ne doivent commencer à courir, pour les marchands, que du jour que le dernier flot aura entièrement paffé.

Les feigneurs des rivières & ruiffeaux ne peuvent fe faire payer aucune chofe, fous prétexte de dédommagement de la pêche, ou autrement, des *bois* canards. Cependant lorfque les marchands négligent de faire pêcher durant les quarante jours, les feigneurs & autres ayant droit fur les rivières, le peuvent faire, après les quarante jours, à la charge toutefois de laiffer les *bois* fur les bords des rivières ; pour les frais de laquelle pêche & occupation des terres, leur doit être payé, par les marchands à qui le *bois* appartient, ce qui aura été arbitré par gens à ce connoiffans, dont les parties auront convenu, étant défendu aux feigneurs & autres de faire porter dans leurs châteaux & maifons aucuns *bois* canards, fous peine d'être déchus de tout rembourfement de pêche, & de reftitution du quadruple du prix des *bois* qu'ils ont enlevés, dont les marchands peuvent faire faire recherche. *Ordonnance de la ville de Paris, du mois de décembre 1672, chap. 17, art. 9 & 10.*

BOIS CHABLIS, CAABLÉ, ou BOIS VERSÉ. (*Terme d'eaux & forêts*), qui fignifie toutes fortes de *bois* rompus, abattus, ou renverfés par la force des vents, foit par le pied, foit ailleurs, au corps, ou aux branches, ou déracinés. L'on comprend auffi parmi les *bois* chablis les arbres de condamnation pour délit, ou forfaiture.

BOIS DE CHARRONAGE. Eft celui dont les charrons fe fervent à faire des roues, des trains de carroffes, des brancards de chaifes roulantes, des chariots, charrettes, haquets, &c. Les *bois* les plus propres pour le charronage font l'orme, le chêne, le charme & le frêne ; l'orme est le plus estimé.

BOIS DE CHARPENTE. Se dit des *bois* quarrés, destinés pour les bâtimens.

BOIS A DÉBITER. On appelle ainsi une sorte de *bois* de charronage, qui s'envoie en grume.

BOIS D'EBÈNE. *Voyez* EBÈNE.

BOIS D'ÉCHANTILLON. Ce font des *bois* à brûler, dont les grosseurs & longueurs font reglées par les ordonnances. *Celle de la ville de Paris, du mois de décembre 1672, art. 1, chap. 17, défend aux marchands de bois de faire façonner, pour la provision de Paris, aucuns bois qui ne soient des échantillons réglés.*

BOIS ÉCHAPPÉS. Se dit des *bois* flottés, qui s'échappent dans les terres & prés par les crues d'eau & inondations.

BOIS ENCROUÉ. Signifie *un arbre qui*, en l'abattant, est tombé fur un arbre de réserve, qui ne doit point être coupé, en forte que leurs branches foient embarrassées les unes dans les autres. *L'ordonnance des eaux & forêts, du 13 août 1669, art. 43 du titre de l'assiette, balivage, martelage, & vente de bois, défend aux marchands de bois de faire abbatre les arbres fur lesquels les autres fe trouveront encroués, fans la permission du grand-maître ou des officiers.*

BOIS D'ENTRÉE. Se dit dans les eaux & forêts, du *bois* entre verd & fec, dont les arbres, ou les houppiers, ou quelques branches, font féches, & d'autres vertes. La coupe en est défendue aux usagers.

BOIS D'ÉCARISSAGE, ou BOIS QUARRÉ.

BOIS EN ÉTANT. Signifie tout *bois* debout, & fur pied, vivant, & prenant fon accroissement fur la terre.

BOIS DE FUSTAYE OU DE FUTAYE. Se dit en général de tous les *bois* qui ne fe vendent point par coupes réglées, comme les taillis, & qu'on laisse croître au-delà de quarante ans, jusqu'à deux cent. Les *bois* de futaye, dont l'âge excède jusqu'à deux cent, fe nomment *bois fur le retour.*

BOIS GELIF. Est du *bois* qui a des fentes que la gelée a causées.

BOIS GISSANT. Est du *bois* coupé, ou abbatu, & couché fur terre dans les forêts.

BOIS EN GRUME. Se dit de tous les *bois* qui s'amènent fans être équarris, qui font encore avec leur écorce, & tels qu'ils étoient fur le pied, comme font les pilotis, & quelques *bois* d'ouvrages & de charronage. Les charrons, par corruption, les nomment *bois en gourme.*

BOIS DE HAUT REVENU. Se dit des *bois* de quarante ans jusqu'à foixante, qu'on nomme ordinairement *demi-futaye.*

BOIS MAIRRAIN. C'est du *bois* de chêne refendu en petites planches, dont on fe fert à faire des douves de tonneaux ; on l'appelle aussi BOIS A PIPES, BOIS A BARIL, BOIS D'ENFONÇURES & BOIS DOUVIN. Il y a une autre forte de *bois mairrain*, que les menuisiers emploient à faire des panneaux.

BOIS MALANDREUX. Qui a des malandres.

BOIS MARMENTEAUX ou BOIS DE TOUCHE. Se dit, tant des *bois* de haute futaye, que taillis, qui font plantés autour des châteaux & maisons de campagne, pour leur fervir d'ornement, auxquels on ne touche point. Il n'est pas permis aux usufruitiers de couper les *bois marmenteaux.*

BOIS MÉPLAT. Est du *bois* beaucoup plus large qu'épais, comme les membrures qui s'employent en menuiserie.

BOIS MORT & MORT-BOIS. Les *bois* morts font ceux qui ont féché fur pied, & qui n'ont plus ni sève, ni vie ; & les *mort-bois* font ceux qui vivent, mais ne portent pas de fruit. La Chartre Normande, accordée par Louis X en 1313, admet de neuf espèces de *mort-bois*, qui font les *faux*, *marsaux*, *épines*, *puines*, *aunes*, *genets*, *genièvres*, *ronces*, *& le feur* ou *fureau.*

François I, par fon ordonnance fur le fait des chasses, art. 55, déclare que, pour ôter toute difficulté fur ce qu'on doit appeller *bois mort & mort-bois* ; il veut qu'on fuive l'interprétation & la restriction contenues en la chartre aux Normands du Roi Louis X. Les ordonnances faites depuis font conformes à celles de François I.

BOIS DE MOULE ou BOIS A BRUSLER.

BOIS D'OUVRAGE. Est du *bois* qui fe travaille aux environs des forêts, dont on fait des focques & des fandales pour les religieux, des formes & des talons pour les cordonniers, des fabots pour la chaussure des payfans, des pelles, des cuillières, des falières, des fceaux, des fuseaux, des quenouilles & des rouets pour filer ; des bois de raquettes, de piques & de hallebardes ; des baguettes de moufquets, fufils & piftolets ; des éclisses ou ferches pour les boisseliers ; des lattes, tant quarrées que volices ; des cercles ou cerceaux pour les tonneliers, &c.

L'ordonnance des eaux & forêts, du 13 août 1669, art. 23 du titre de la police & conservation des forêts, veut que les ouvriers qui fabriquent toutes ces fortes de marchandises, ne puissent tenir ateliers qu'à demi-lieue des forêts du roi, à peine de confiscation, & de cent livres d'amende.

BOIS OUVRÉ. Se dit de tous les *bois* qui ont été façonnés par les mains des ouvriers.

BOIS NON OUVRÉS. Signifie ceux qui ne font point ouvrés, mais qui font en état de le pouvoir être.

BOIS PERDU. Est du *bois* qu'on jette dans les petites rivières, ruisseaux ou canaux, qui ne font pas fuffisamment fournis d'eau pour pouvoir porter des trains ni des bateaux, & qu'on va recueillir, & mettre en trains dans les endroits où ils peuvent porter.

Chaque marchand qui jette à *bois* perdu, fait marquer fon *bois* d'une marque particulière, pour le pouvoir reconnoître quand il s'agit de le mettre en trains.

Les marchands de *bois* flotté peuvent jetter leur *bois*, à *bois* perdu, fur toutes les rivières ou ruisfeaux, en avertiſſant les ſeigneurs & propriétaires qui y ont intérêt, par des publications, qui doivent être faites dix jours avant que de jetter les bois, aux prônes des meſſes des paroiſſes, ſituées depuis le lieu où ils ſont jettés, juſqu'à celui où ils doivent s'arrêter.

Il leur eſt auſſi permis de faire de nouveaux canaux, & de ſe ſervir des eaux des étangs & foſſés des gentilshommes, & autres, pour faire flotter leurs bois; le tout en dédommageant les propriétaires, des dégradations qui auront pu être faites. *Ordon. de la ville de Paris, du mois de décembre 1672, chap. 17, tit. 5, 6 & 8.*

Bois QUARRÉ, ou BOIS D'ÉQUARRISSAGE. C'eſt ainſi qu'on appelle les *bois équarris des quatre faces*, qui ſont deſtinés à bâtir, & particuliérement ceux de brin au-deſſus de ſix pouces; car pour les autres au-deſſous, quoique quatrés, ſont nommés *bois de ſciage.*

Suivant que les *bois quarrés* ſont débités, chaque groſſeur porte ſon nom particulier; on leur donne auſſi en général le nom de *bois de charpente*, parce que ce ſont les charpentiers qui les employoient ordinairement dans la conſtruction des bâtimens.

La Lorraine, la Champagne, la Bourgogne, la Brie, la Picardie & la Normandie ſont les provinces d'où Paris tire le plus gros *bois quarré.*

Dans le négoce du *bois* de charpente, lorſque l'on parle d'un cent de *bois*, cela doit s'entendre de cent fois ſoixante-douze pouces de *bois* en longueur, ou une pièce qui a douze pieds de long, ſur ſix pouces d'épaiſſeur & de largeur; de manière qu'une ſeule poutre eſt ſouvent comptée pour quinze ou vingt pièces.

Tout le *bois* de charpente ſe réduit ſur le pied de cette meſure, ſoit pour la vente, ſoit pour la voiture, ſoit pour le toiſé.

Il eſt taillé en longueur de 6, 9, 12, 15, 18, 21, 24, 27 & 30 pieds, & ainſi en augmentant les pièces de trois pieds en trois pieds. Cependant il ne s'en fait que rarement au-deſſus de quatre toiſes, de même qu'il n'y en a point qui ſoit de longueur moindre de ſix pieds.

Lorſqu'une pièce de *bois quarré* a deux groſſeurs différentes, c'eſt-à-dire, qu'elle eſt plus groſſe par un bout que par l'autre, on dit qu'elle a un redent; & ce redent provient de ce que la pièce a été formée, avoit pluſieurs branches au haut de ſa tige, dont la plus convenable a été laiſſée; en ſorte que la pièce ayant été équarrie, elle ſe trouve de deux groſſeurs, la branche qui eſt reſtée étant plus menue que la tige de l'arbre. C'eſt à celui qui toiſe les *bois quarrés*, à bien prendre garde aux redens, afin que ni l'acheteur, ni le vendeur ne puiſſent être trompés.

Quand on dit que des *bois quarrés* ſont malandreux, cela doit s'entendre, qu'ils ont des endroits gâtés & pourris, que l'on nomme ordinairement *malandres*, leſquels ne peuvent ſervir à aucuns ouvrages. Dans les comptes ou toiſés qui ſe font des *bois quarrés*, les *malandres* doivent être rabattues.

Du *bois quarré flacheux*, eſt celui qui a des flaches, & ces flaches ſont des endroits mal équarris, y ayant de l'aubier le long des quarres, ou arrêtes, qu'on auroit dû ôter en l'équarriſſant. Lorſque l'on meſure les *bois quarrés*, on doit diminuer de leur groſſeur à proportion des flaches qui s'y rencontrent.

Un brin de *bois*, ou du *bois* de brin, ſe dit des morceaux de *bois* de belle venue, longs & droits, qui n'ont d'autre façon que celle de l'équarriſſage, & qui ſont de toute la groſſeur des arbres.

BOIS DE REFEND, que quelques-uns appellent *bois de refente*, ou *bois de fente*. C'eſt du *bois* de fil refendu par éclats. Il ſe dit plus particuliérement du *mairrain*, des *lattes*, des *échalas*.

BOIS SUR LE RETOUR. Se dit des *bois* de haute futaie, dont l'âge eſt au-delà de deux cens ans.

BOIS ROULÉ, (en termes d'eaux & forêts, & de marchands de bois.) Se dit des *bois* qui ont été extraordinairement battus & fatigués des vents, dans le temps de leur ſève; de manière que les crues de chaque année n'ont pu faire corps l'une avec l'autre, étant reſté de leur épaiſſeur ſans aucune liaiſon. Ces ſortes de *bois* ne ſont propres tout au plus que pour les petits ouvrages; ne pouvant être débités, ni en fente, ni en autre marchandiſe.

BOIS RUSTIQUE & NOUAILLEUX, que l'on appelle auſſi BOIS MADRÉ. Eſt du *bois* qui a crû dans une terre graveleuſe, & expoſée au ſoleil du midi. Cette nature de *bois* eſt difficile à fendre, ſi ce n'eſt vers le tronc. Il ſe dit auſſi des racines de noyer, d'olivier, & d'autres pareils *bois*, rempli de veines, dont ſe ſervent les tourneurs, les ébéniſtes, & autres ouvriers.

BOIS SAIN ET NET. Se dit des *bois* qui n'ont ni gale, ni fiſtules, ni nœuds vicieux, ni autres ſemblables défauts.

BOIS DE SAINTE-LUCIE. Eſpèce de *bois* qui vient de Lorraine. Son odeur agréable, & la facilité de l'employer à pluſieurs ouvrages de ſculpture, de tour, de marqueterie, dont les curieux, & ſurtout les dames, ornent leurs cabinets & leurs toilettes, rendent ce *bois* d'un aſſez grand débit. Il eſt d'un gris un peu rougeâtre, dur, moyennement lourd, couvert d'une écorce mince & brune, ſemblable à celle du ceriſier, à cela de ſingulier, qu'il n'a jamais d'aubier; & que plus il vieillit, & plus ſon odeur augmente. Il faut le choiſir bien compacte, & ſans nœuds.

BOIS DE SCIAGE. Se dit de tous les *bois*, coupés en longueur avec la ſcie, & ſuivant la manière dont ils ſont débités. Chaque pièce a ſon nom particulier, comme ſolive, contrelate, membrure, poteau, limon, battan, gouttière, &c. Ces termes ſont expliqués chacun à leur article.

Les longueurs ordinaires des *bois* de ſciage, deſtinés pour la menuiſerie, ſont de ſix, neuf & douze pieds: il s'en fait néanmoins de quinze pieds, mais très-rarement.

Il faut remarquer que tous les *bois quarrés*, dont

la grosseur est au-dessous de six pouces, sont mis au rang des *bois* de sciage.

BOIS TAILLIS. Se dit des *bois* qui se mettent en coupes, ou ventes ordinaires, ou réglées, dont l'âge n'excède pas quarante ans ; car lorsqu'ils sont au-dessus de cet âge, on les nomme *futayes sur taillis*.

L'ordonnance des eaux & forêts du 13 août 1669, veut : que les bois taillis *ne puissent être coupés que de dix en dix ans au moins, avec réserve de seize baliveaux par arpent, de l'âge du bois, outre & par-dessus les anciens & modernes*.

La même ordonnance veut encore, que les bois taillis *soient coupés & abbatus dans le 15 avril, avec la coignée, à fleur de terre, sans les écuisser ni éclater ; ensorte que les brins dépecés n'excèdent pas la superficie de la terre, s'il est possible, & que tous les anciens nœuds recouverts, & causés par les précédentes coupes, ne paroissent aucunement*.

Les *bois taillis* appartiennent aux usufruitiers. Ils se vendent ordinairement à l'arpent, & se débitent en *bois* de corde, qui doit avoir au moins six pouces de grosseur, & de trois pieds & demi de longueur, compris la taille.

On en fait aussi des cotterêts, des fagots, du charbon, & d'autres marchandises & ouvrages.

On appelle *bois à faucillon*, les menus *bois* taillis, qui se peuvent couper facilement avec un instrument tranchant, fait en forme de petite faucille, que l'on nomme communément *faucillon*. Ces sortes de *bois* ne sont guères propres que pour le fagotage.

BOIS DE TEINTURE. Ce sont les *bois*, dont on peut tirer quelque couleur, propre pour les étoffes, les soies, les laines, les fils, &c. comme le *Fustel*, l'*Inde*, le *Fustok*, le *Bresil* ou *Bresillet*, & autres semblables, qui sont expliqués chacun à son article.

BOIS TRANCHÉ. Se dit des *bois* qui ont le fil de travers ; qui au lieu de suivre le long de l'arbre passe transversalement d'un côté à l'autre de l'écorce. Cette espèce de *bois* se casse aisément ; ce qui fait qu'on ne peut l'employer, ni en mairrain, ni en lattes, ni en autres marchandises de fente.

BOIS DE TRAVERSE. Sorte de *bois* flotté, propre aux pâtissiers & boulangers.

BOIS VIF, (*en termes d'eaux & forêts*.) Signifie celui *qui vit, qui prend nourriture, ou qui porte du fruit, qui pousse des branches & des feuilles* ; comme chêne, hêtre, châtaigner, & autres qui ne sont point compris dans les *morts-bois*. Voyez BOIS-MORT, & MORT-BOIS.

BOIS VOLANS. C'est ainsi que les marchands de *bois* flotté, appellent les *bois* qui viennent par le flot des rivières, droit au port où ils doivent être recueillis.

* En Hollande, le négoce des *bois*, qui se tirent du Nord par la mer Baltique, est un des plus importans. On ne sera peut-être pas fâché de trouver ici ce qui en est rapporté par l'auteur anonyme du livre intitulé, *le Grand Trésor historique & politique du florissant commerce des Hollandois, imprimé à Rouen en 1712*. Voici comme il en parle dans les pages 77 & 78 de ce livre.

« Le trafic des *bois* est un des plus considérables,
» après celui des grains : car outre que leur marine
» en consomme beaucoup, ils en employent une
» très-grande quantité à faire des tonneaux, des
» pipes, des barils, & autres futailles ; sans compter
» celui qu'ils consomment en bâtimens, édifices,
» bateaux, digues, estacades & fortifications, tant de
» mer que de terre. Ils en vendent aussi pour de
» grosses sommes, tant aux François, Italiens, qu'Es-
» pagnols. Tout cela n'égale pas la quantité pro-
» digieuse qu'ils en emploient à la construction des
» vaisseaux, navires, & autres pareils bâtimens,
» qui leur servent continuellement à la navigation,
» soit pour leur usage, soit pour celui des autres
» nations. Le *bois* blanc & de sapin se tire principa-
» lement de Norvègue & de Suède. La mer Balti-
» que fournit encore de beaux chênes & du bourdillon
» de chêne, dont on fait des tonneaux. Les mats de
» vaisseaux viennent de Norvègue, de Moscovie,
» de Riga, de Narva, de Revel, & de Dantzik.
» Les Hollandois tirent encore une grande quantité
» de *bois* par les rivières de l'Elbe, du Weser &
» du Rhin ; ensorte que ce commerce doit être consi-
» déré comme un des plus importans & nécessaires
» à l'état de cette république ».

On nomme *louppes de bois*, certains gros nœuds, ou bosses, qui paroissent élevés sur l'écorce des vieux arbres.

On appelle *bois qui se tourmente*, le *bois* qui n'étant pas sec, lorsqu'il est employé, ne manque jamais de se déjeter.

On nomme *l'âge du bois*, ou *l'essence du bois*, le temps écoulé depuis la dernière coupe.

L'usance des *bois* se dit de leur exploitation.

Une coupe de *bois* réglée, est le partage qui se fait d'un grand *bois* en plusieurs portions, afin qu'on en puisse couper chaque année une certaine quantité, sans dégrader le *bois*, ni en diminuer le revenu.

On appelle *marchand de bois*, celui qui fait le commerce des *bois*. A Paris, il y en a de deux sortes pour les *bois* de chauffage : les uns, qu'on appelle *marchands forains* ; & les autres *marchands bourgeois* ; avec cette différence, que pour les *bois* qui viennent du pays d'Amont, qui est le grand commerce, à cause du flottage & du cours de la rivière, il y a plus de marchands bourgeois que de forains, & qu'au contraire, du pays d'Aval, il y a plus de forains que de bourgeois.

Tarif

Tarif des droits d'entrée & de sortie, de tous les bois dont il est fait mention ci-dessus.

ENTRÉES.

Bois *réputés drogues.*

Bois & écorce de gayac, 15 *s. du cent pesant.*
Bois d'eschine, 10 *liv. du cent pesant.*
Bois néphrétique, *le cent pesant* 3 *liv.* 15 *s.*

Bois *pour la teinture.*

Bois de Bresil, ou gros *bois* de Lamon de Fernambouc, *le cent pesant* 20 *s.*
Bois de Bresil, de Laval & Campêche ; *bois* jaune & violet ; *bois* de bresillet, d'Inde & Japon, & autres *bois* servans à teintures, *le cent pesant 12 s.*

Bois *de marqueterie.*

Bois d'ébène, *le cent pesant* 15 *s.*
Bois de cédre, d'olivier & de jaraconda, de toutes sortes, 20 *s.*
Bois rouge & *bois* rosart, 10 *s.*
Bois de fustel, 8 *s.*
Bois d'if, 10 *s.*

Bois *communs.*

Bois de chêne, *la piéce de* 25 *à* 30 *pieds en longueur, &* 6 *pouces en quarré & au-dessous,* 6 *sols.*
Bois à faire sommiers, *de* 25 *à* 30 *pieds de longueur, plus ou moins à proportion,* 1 *liv.*
Bois à bâtir, *la longue piéce à l'équipolent du sommier.*
Bois ouvré à bâtir, *le char* 12 *s.*
Bois sciés en barreaux & planches, *le cent en nombre* 16 *s.*
Bois à baril, *le millier en nombre* 15 *s.*
Bois de mairrain, de toutes sortes, servans à muids & tonneaux, *le millier en nombre* 13 *s.*
Bois de buis & *bois* en copeaux à faire peignes, *le cent pesant* 10 *s.*
Bois à brûler, *chargé un charriot* 6 *s.* & chargé une charrette 4 *s.*
Bois à faire fourreaux d'épées & étuis, *le paquet contenant* 50 *ou* 60 *feuillets,* 3 *s.*

SORTIE.

Bois de Bréfil, & tous autres *bois* à faire teintures, 13 *s. le cent pesant.*
Bois d'ébène, *le cent pesant* 16 *s.*
Bois de miroirs faits de *bois* blanc, *le cent pesant* 13 *s.*
Bois de chêne, *chaque piéce de* 25 *à* 30 *pieds de long, &* 6 *pouces en quarré,* 7 *s.*
Bois à faire sommiers, *la piéce de* 25 *à* 30 *pieds* 26 *sols.*
Bois à bâtir, *la longue piéce à l'équipolent du sommier.*
Bois mairrain à faire poinçons, *le millier en*

Commerce. Tome I.

nombre de long bois *& cinq cent d'enfonçures,* 8 *liv.*
Bois à bâtir, *le char* 22 *s.*
Bois sciés, tant en barreaux, qu'en planches, *le cent en nombre* 3 *liv.*
Bois à barils, *le millier en nombre de long* bois, *& cinq cent d'enfonçures,* 3 *liv.*
Bois à douvain & pipes, *le millier en nombre de long* bois, *& cinq cent d'enfonçures,* 5 *liv.*
Bois de buis, *le cent pesant* 10 *s.*
Bois à brûler, *chargé un chariot* 4 *s.* & chargé une charrette 2 *s.*
Bois à brûler, *le millier de fagots* 1 *liv.* 10 *s.*
Bois à faire fourreaux d'épées & étuis, *le paquet contenant* 50 *à* 60 *paquets,* 5 *s.*
Le tout avec l'addition des nouveaux sols pour livre.

BOIS DE GROS ECHANTILLON. On appelle ainsi dans le commerce de bois de charpente, les plus grosses *piéces*, que l'on façonne dans les forêts de haute futaye, comme sont les poutres, les arbres de pressoirs, les couillards, les tessons, les jumelles, & autres telles piéces d'une force extraordinaire.

BOIS-A-BOIS (*Terme d'aunage & d'auneurs.*) Auner une étoffe, ou toile *bois-à-bois,* c'est l'auner juste, sans faire aucune bonne mesure. *Voyez* AUNER.

Conduire une étoffe *bois-à-bois,* c'est la conduire le long de l'aune, lorsqu'on la mesure, sans la tirer pour l'étendre.

BOISSEAU. Mesure ronde de bois, ordinairement ceintrée par le haut d'un cercle de fer, appliqué en dehors, bord à bord du fust.

Le *boisseau* sert à mesurer les corps, ou choses séches, comme les grains, qui sont le froment, le seigle, l'orge, l'avoine, &c. les légumes, qui sont les pois, les féves, les lentilles, &c. les fruits secs, qui sont les chataignes, les noix, &c. la farine, les navets, les oignons, le son, la cendre, &c.

Le *boisseau* est très-différent en France, & change presque dans toutes les jurisdictions.

En plusieurs endroits, & particulièrement à Lyon, il est appellé *bichet.*

A Paris, le *boisseau* qui sert à mesurer toutes les choses ci-dessus exprimées, se divise en deux demi-*boisseaux,* le demi-*boisseau* en deux quarts, le quart en deux demi-quarts, le demi-quart en deux litrons, & le litron en deux demi-litrons ; ensorte que le *boisseau* est composé de trente-deux demi-litrons, ou seize litrons, ou huit demi-quarts, ou quatre quarts, ou deux demi-*boisseaux.*

Suivant une sentence des prévôt des marchands & échevins de la ville de Paris, du 29 décembre 1670, inférée dans l'ordonnance générale de la même ville, du mois de décembre 1672, chap. 24, le *boisseau* doit avoir huit pouces deux lignes & demie de haut, sur dix pouces de diametre, ou de large : le demi-*boisseau,* six pouces cinq lignes de haut, & huit pouces de diametre : le quart, quatre pouces neuf lignes de haut, & six pouces neuf lignes de large.

le demi-quart, quatre pouces trois lignes de haut, & cinq pouces de diametre, le litron, trois pouces & demi de haut, & trois pouces dix lignes de diametre, & le demi-litron, deux pouces dix lignes de haut, fur trois pouces une ligne de large.

Il faut remarquer, que fuivant la fentence ci-devant rapportée, la largeur, ou diametre du boiſſeau & de ſes diminutions, doit être priſe d'un fuſt à l'autre, à le prendre en dedans de la meſure ; & que toutes ces meſures peuvent être ceintrées par le haut & en dehors d'un cercle de fer, de tôle forte, bord à bord de leur fuſt.

Les trois boiſſeaux font un minot, ſix boiſſeaux font une mine, douze boiſſeaux font un feptier, & cent quarante-quatre boiſſeaux font un muid.

Il y a pluſieurs villes de France, comme Amboiſe, Blois, Tours, la Rochelle, Bordeaux & Avignon, qui ſe ſervent du boiſſeau pour l'eſtimation ou réduction des meſures de leurs grains, de la même manière qu'à Paris on ſe ſert du ſeptier.

On a cru utile de mettre ici les proportions du boiſſeau de ces villes avec le feptier de Paris.

Quatorze boiſſeaux un huitiéme d'Amboiſe font le feptier de Paris.

Vingt boiſſeaux d'Avignon font trois feptiers.

Vingt boiſſeaux de Blois ne font qu'un feptier.

Il faut deux boiſſeaux de Bordeaux pour un feptier de Paris.

Trente-deux boiſſeaux de la Rochelle pour dix-neuf feptiers de Paris.

Quatorze boiſſeaux un huitiéme de Tours, comme on l'a dit d'Amboiſe, pour le feptier de Paris.

Quatre boiſſeaux de Rouen font la mine, & deux mines le feptier.

Les huit boiſſeaux de Roane font un feptier de Paris ou une mudde ½ d'Amſterdam.

Cinq boiſſeaux d'Avignon font quatre muddes ¼ d'Amſterdam.

Les trente-huit boiſſeaux de Bordeaux font un laſt. d'Amſterdam ou 19 feptiers de Paris. Quand le bled eſt bon, le boiſſeau de Bordeaux doit peſer 122 à 124 liv. de marc.

Cinq boiſſeaux & ¼ du Havre-de-Grace, font une mudde ½ d'Amſterdam.

Le boiſſeau du Havre meſure de la halle, pèſe, favoir pour le froment 55 liv. poids de marc; pour le méteil 53 liv. & pour le feigle 51 liv.

Il y a au Havre une autre meſure qu'on appelle meſure du quai, qui eſt compoſée de trois boiſſeaux.

Quatorze boiſſeaux d'Amboiſe font pareillement une mudde & demie d'Amſterdam.

Les quatorze boiſſeaux de Tours, les vingt boiſſeaux de Blois, les cinq boiſſeaux d'Aubeterre, de Barbeſieux & de Perigueux, & les quatre boiſſeaux d'Auvray, font auſſi une mudde ⅔ d'Amſterdam.

A Arnay-le-Duc, quatre boiſſeaux font égaux à cinq boiſſeaux de Paris; ainſi neuf boiſſeaux trois cinquiémes font un feptier de Paris.

A Aubeterre, le boiſſeau pèſe cinquante livres

poids de marc; de ſorte que deux de ces boiſſeaux font égaux à cinq de Paris.

A Blois, le boiſſeau pèſe 12 livres poids de marc, 20 de ces boiſſeaux font un feptier de Paris.

A Breſt, le boiſſeau pèſe 110 liv. 20 boiſſeaux compoſent le tonneau du poids de 2200, le tonneau rend neuf feptiers deux boiſſeaux de Paris. Sur ce pied 72 tonneaux de Breſt font 55 muids de Paris.

A Fribourg, le boiſſeau de froment pèſe 27 liv. poids de marc : celui de méteil 25 & celui de feigle 25.

A Feſcamp le boiſſeau de méteil pèſe 56 livres poids de marc.

A Seez en Normandie, le boiſſeau de froment pèſe 84 liv. & celui de méteil 80 liv. poids de marc.

L'avoine ſe meſure au double des autres grains; enforte qu'il faut vingt-quatre boiſſeaux d'avoine pour faire un feptier, & deux cent quatre-vingt huit boiſſeaux pour faire le muid. Le boiſſeau d'avoine ſe diviſe en quatre picotins; le picotin en deux demi-quarts ou quatre litrons; le demi-quart en deux litrons.

L'eſpalement & l'eſtalonage du boiſſeau & de toutes ſes diminutions, même du minot, ſe font à l'hôtel de ville de Paris, par les jurés meſureurs de ſel, étalonneurs de meſures de bois, qui ſont les dépoſitaires des étalons de cuivre ou meſures matrices & originales, qui doivent ſervir de régle à toutes les autres.

Les grains, les légumes & les graines, ſe doivent meſurer à boiſſeau ras, ſans laiſſer grains ſur bord, c'eſt-à-dire, que le boiſſeau étant rempli par-deſſus le bord, il doit être exactement radé ou rafé avec la radoire, inſtrument de bois fait exprès pour cela.

La farine, les châtaignes, les noix & le fon, ſe meſurent auſſi à boiſſeau ras; avec cette différence néanmoins, que les noix, les châtaignes & le fon ſe raſent ſimplement avec la main.

A l'égard des oignons, des navets & de la cendre, la meſure s'en fait à boiſſeau comble.

Les regrattiers à petites meſures ne doivent point ſe ſervir, pour vendre leurs grains, graines & légumes, de picotins, ni de meſures d'oſiers; mais feulement du boiſſeau & de ſes diminutions juſqu'au demi litron.

On ſe ſert auſſi du boiſſeau pour meſurer le ſel; & il a ſes diviſions plus étendues que pour le bled.

Suivant l'art. 2 du tit. 9 de l'ordonnance des gabelles du mois de mai 1680, le boiſſeau de ſel ſe doit diviſer en demi-boiſſeau; quart de boiſſeau, demi-quart de boiſſeau, litron, demi-litron, quart de litron, demi-quart de litron & meſurette; de manière que le boiſſeau de ſel eſt compoſé de deux demi-boiſſeaux ou quatre quarts de boiſſeau, ou huit demi-quarts de boiſſeau, ou ſeize litrons ou trente-deux demi-litrons, ou ſoixante-quatre quarts de litron, ou cent vingt-huit demi-quarts de litron ou deux cens cinquante-six mesurettes.

Les quatre *boisseaux* de sel font un minot, & seize *boisseaux* font un septier; ensorte qu'il faut cent quatre-vingt-douze *boisseaux* pour faire un muid.

Le sel se mesure ras ainsi que les grains.

Le charbon de bois se mesure pareillement au *boisseau*, & le *boisseau* se divise, ou en deux demi-*boisseaux*, ou en quatre quarts de *boisseau*, ou en huit demi-quarts de *boisseau*. Il faut huit *boisseaux* pour faire un minot, seize *boisseaux* pour faire une mine; les vingt mines, ou quarante minots faisant un muid; ainsi il faut trois cens vingt *boisseaux* pour faire le muid.

Le charbon de bois, qui se vend par les regratiers au *boisseau*, *demi-boisseau*, *quart de boisseau* & *demi-quart de boisseau*, doit-être mesuré comble, suivant l'arrêt du Parlement de Paris, du 24 juillet 1671, dont il est fait mention dans l'ordonnance de ladite ville, du mois de décembre 1672, chap. 24, dont il a déja été parlé.

Le charbon de terre, qui se mesure comble, se vend aussi au *boisseau*, & le *boisseau* se partage en quatre quarts. Il faut trois *boisseaux* pour faire un demi-minot, les trente demi-minots faisant la voie; en sorte qu'il faut quatre-vingt-dix *boisseaux* pour faire une voie de charbon de terre.

Le plâtre se mesure encore au *boisseau*. Il y a une ordonnance de police, qui règle le sac de plâtre à deux *boisseaux* radés. Il faut soixante-douze *boisseaux*, ou trente-six sacs, pour faire un muid de plâtre.

La chaux est pareillement mesurée au *boisseau*, lequel se divise en quatre quarts, chaque quart contenant quatre litrons. Il faut trois *boisseaux* de chaux pour faire un minot, les quarante-huit minots faisant le muid; de manière qu'il faut cent quarante-quatre *boisseaux* pour faire un muid de chaux.

Quand on dit un *boisseau* de bled, un *boisseau* d'avoine, un *boisseau* de sel, un *boisseau* de charbon, &c. cela doit s'entendre un *boisseau* plein de l'une de ces sortes de marchandises.

BOISSELÉE. Ce qui est contenu dans un boisseau. Une *boisselée* de froment, d'orge, de pois, de féves, &c.

Boisselée. Est aussi une certaine mesure de terre dont on se sert en plusieurs provinces de France. Cette mesure consiste en autant de terre, qu'il en faut pour contenir la semence du grain, dont un boisseau est rempli. Huit *boisselées* font un arpent de Paris ou environ.

BOISSELIER. Artisan qui vend des boisseaux, des litrons, des seaux, des pelles, & autres ouvrages de bois.

BOISSON. Ce qui est propre à boire; comme l'eau, le vin, la bière, le cidre, &c.

Boisson, qu'en quelques lieux on nomme BOITE. Signifie aussi *un mélange d'eau avec quelque reste*

de *vin de pressurage*, qu'on fait à la campagne pour les valets & domestiques. Il se dit aussi du vin de prunelles.

BOITTE, qu'on nomme encore BOETE & BOETTE. C'est l'appas dont les pêcheurs de morue se servent pour amorcer leurs hameçons. Les François, qui font la pêche du Cap Breton, y mettent ordinairement des harengs & du maquereau, que la morue aime beaucoup, & qui donnent en quantité autour de l'isle.

BOKAS. *Toile de coton* que l'on tire de Surate: il y en a de blanches & d'autres bleues. *Voyez* l'article DES TOILES DE COTON.

BOL. Se dit en général de diverses sortes de terres qui entrent dans les préparations galéniques, ou dont se servent les peintres & quelques artisans.

BOL D'ARMÉNIE. Sorte de terre propre à la médecine, qui vient d'Arménie. Les médecins l'appellent *rubrica synopica*, & les apothicaires *boli armeni*; les uns de la ville de Synope, où ils supposent qu'on le trouve; les autres de l'Arménie, où ils disent qu'est située la ville de Synope.

Ce *bol*, dont la couleur tire sur le rouge pâle, tient beaucoup de la nature de la pierre; mais il est mol, friable, & facile à se pulvériser.

On le croit dessicatif, & cette qualité le fait employer pour plusieurs maux intérieurs & extérieurs. Le *bol* d'Arménie se falsifie aisément.

BOL FIN DU LEVANT. C'est une terre médecinale, qu'on apporte du levant, à peu près de la même nature, & avec les mêmes qualités que le *bol* d'Arménie.

Les *bols* dont on se sert à Paris, viennent de Blois, de Saumur & de Bourgogne. Il y en a de plusieurs couleurs, sur-tout de gris, de rouge & de jaune. Ce dernier est le plus estimé & le plus d'usage parmi les doreurs. Le *bol* qu'on tire de Bâville, & d'autres endroits d'autour de Paris, coute moins, & sur ce pied est d'un plus grand débit. Tous ces *bols*, pour être de bonne qualité, doivent être doux, luisans & astringens, c'est-à-dire, que mis sur les lévres, ou sur la langue, ils ayent peine à s'en séparer.

Il y a une autre sorte de *bol*, qu'on nomme *bol en bille*, ou *brouilliamini*; c'est un *bol* lavé au sortir des carrières, pour en séparer le gravier, & réduit en pâte, dont on forme des billes ou morceaux plats, de la grosseur & longueur du doigt.

Le bol d'Arménie & le bol fin du levant, payent en France de droits d'entrée, par le tarif de 1664, le premier dix sols & l'autre trente sols le cent pesant; & par l'arrêt du 15 août 1685, ils sont mis au nombre des marchandises du levant, de Barbarie, de Perse, &c. sur lesquelles il est ordonné de lever vingt pour cent de leur valeur, & les sols pour livre.

BOLLOS. On nomme ainsi dans les mines du Potosi & du reste du Pérou, les lingots ou barres, qui se font de l'argent qu'on tire du minéral, par l'opération du feu souvent répétée, ou par le moyen des eaux fortes. *Voyez* ARGENT.

BOLZAS. Efpèce de *coutil*, fait de fil de coton, qui vient des Indes. Il y en a de tout blancs & d'autres rayés de jaune, dont les rayes fe font avec du fil de coton écru.

BOMBASIN. Etoffe de foie qui fe fabrique à Milan, d'où la manufacture en a été apportée en quelques provinces de France.

Les bombafins de foie *payent à la douane de Lyon, six livres par balle pour l'ancien droit, & trois livres pour la nouvelle réapréciation.*

BOMBASIN. C'eft auffi une étoffe croifée, faite de fil de coton.

Les bombafins *de toutes fortes payent en France les droits de fortie fur le pied de mercerie, c'eft-à-dire, trois livres du cent pefant, & de droits d'entrée une livre dix fols la pièce de douze aunes, avec les fols pour livre.*

BOMBE. Efpèce de groffe grenade, dont on fe fert à la guerre, & qu'on tire avec un mortier.

Les bombes *font du nombre des marchandifes de contrebande, dont la fortie eft défendue par l'ordonnance de 1687.*

BOMERIE. (*Terme de commerce de mer,* particulièrement en ufage fur les côtes de Normandie.) C'eft une efpèce de *contrat,* ou de *prêt à la groffe avanture,* affigné fur la quille du vaiffeau; différent de l'affurance, en ce qu'il n'eft rien dû en vertu de ce contrat, en cas de naufrage, mais feulement quand le navire arrive à bon port.

BOMERIE. Se dit auffi quelquefois de l'argent prêté à gros intérêt.

BON. (*Terme d'honneur* dont on fe fert dans le commerce, pour dénoter un marchand riche & folvable.) Vous pouvez hardiment confier votre marchandife à monfieur un tel, je vous garantis qu'il eft *bon.*

BON D'AUNAGE ou BONNE MESURE. Ce que l'on donne au-delà de la jufte & ftricte *mefure.*

BON OUVRIER. On appelle *fil blanc bon ouvrier,* une forte de fil qu'on tire de Lille en Flandre, & qui eft plus connu à Paris fous le nom de *fil d'Epinay.*

BON TEINT. C'eft la même chofe que *grand teint.*

BONNET. Habillement de tête, qui fert à la couvrir.

Deux des fix corps des marchands de la ville de Paris, font le commerce de *bonnets.* Les uns, qui de ce négoce ont pris le nom de *bonnetiers,* font & vendent des *bonnets* de foie, de laine, de coton & de fil, tricotés à l'aiguille & faits fur le métier; & encore des *bonnets* carrés de drap, pour l'ufage des gens d'églife & de robe. Les autres, qui font les merciers, particulièrement ceux qu'on nomme *marchands du Palais,* font & vendent toutes autres fortes de *bonnets* à l'Angloife, à la Polonoife, de brocard, de velours, de taffetas, de toile & avec fourrures.

Les droits d'entrée des *bonnets de laine de toutes fortes, fe payent en France, conformément au tarif de 1667, à raifon de vingt livres le cent pefant; & pour droits de fortie, fuivant le tarif de 1664, trois livres comme mercerie, avec les fols pour livre.*

BONNETS DE MARSEILLE. Ce font des *bonnets* de laine fabriqués à Marfeille, à Toulon & dans quelques autres lieux de Provence, que les marchands Provençaux envoyent au levant, particulièrement à Smyrne; ils fervent à faire cet habillement de tête que les Turcs nomment des *turbans.* Il y en a de fins & de communs; ils s'envoyent en caiffes à tant de douzaines par caiffe que les marchands du pays vendent enfuite en détail. C'eft fur ces *bonnets* que s'arrangent les toiles de mouffelines qui fervent comme de bords aux turbans.

BONNET VERT. Marque d'infamie dont on punit les marchands & autres, qui font ceffion judiciaire de leurs biens à leurs créanciers, qu'ils ne font pas en état de fatisfaire. *Voyez* CESSION.

BONNETERIE. On appelle *ouvrage de bonneterie,* ou *marchandife de bonneterie,* les bonnets, les bas, & autres marchandifes & ouvrages de cette nature, que les marchands bonnetiers ont la faculté de vendre & de faire fabriquer.

Il avoit été ordonné par un arrêt du confeil, du premier août 1713, que toutes les marchandifes de *bonneterie* venant du dehors, feroient portées à la douane de Paris, pour y être vifitées.

En 1716, un autre arrêt du 8 janvier avoit enjoint à tous les voituriers, maîtres de coches & meffagers, de déclarer aux commis des portes & des barrières, toutes les marchandifes de *bonneterie* dont ils feroient chargés, enfemble les noms des marchands à qui elles feroient adreffées, avec obligation de prendre des paffavants defdits commis pour la douane, à peine de confifcation.

L'inexécution de ces deux arrêts avoit donné lieu à un troifiéme arrêt rendu le 20 novembre 1717, fuivant lequel toutes les marchandifes de *bonneterie* fans diftinction, tant à l'aiguille qu'au métier, devoient être portées à ladite douane.

Mais ces trois arrêts continuant d'être également mal exécutés, particulièrement du côté des commis des portes & barrières, qui négligeoient d'envoyer à la douane lefdits voituriers & leurs marchandifes de *bonneterie;* fa majefté pour lever tous ces prétextes, & pour affurer de plus en plus la vifite des marchandifes de *bonneterie* à la douane de Paris, ordonna par un dernier arrêt du 28 août 1721, l'exécution des trois autres, & en conféquence:

Premièrement, que les commis des portes & barrières de Paris, feroient tenus, fous peine d'in-

terdiction pendant un mois, & de révocation &
amende en cas de récidive, d'envoyer au bureau
général de la douane, tous les marchands forains,
voituriers, conducteurs de coches & messagers,
qu'ils trouveront être chargés de paquets, caisses
ou ballots de marchandises de *bonneterie*, tant au
métier qu'à l'aiguane, de leur délivrer des envois,
de leur faire laisser des gages proportionnés à la
quantité de marchandises dont ils seront chargés, &
même de les faire conduire à ladite douane lorsqu'il
y aura apparence de fraude.

En second lieu, qu'en cas qu'il se trouvât des
voituriers, marchands forains ou autres qui voulussent faire entrer lesdites marchandises sans les
déclarer ; lesdits commis seroient tenus d'en dresser
leur procès-verbal qu'ils remettroient avec lesdites
marchandises dans les vingt-quatre heures, à l'inspecteur ou à son adjoint ; lequel après les avoir
visitées, en feroit son rapport au lieutenant général
de police, pour sur icelui en ordonner ce qu'il
appartiendra.

Enfin, que pour dédommager les commis de
leurs peines, sa majesté ordonne qu'il leur appartiendra le tiers des marchandises qui entreront en
fraude, & dont ils auront procuré la confiscation.

BONNETIER. Celui qui vend, ou qui fabrique
& apprête des bonnets, des bas & autres ouvrages
de bonneterie.

Il y avoit autrefois à Paris deux sortes de *bonnetiers* : les premiers appellés par leurs statuts,
marchands bonnetiers - aulmulciers-mitonniers,
composoient le cinquième des six corps des marchands, & ne tenoient boutique que dans la ville.
Les seconds étoient les maîtres *bonnetiers* au tricot
ou maîtres *ouvriers* en bas & autres ouvrages au
tricot, qui n'habitoient & travailloient que dans les
fauxbourgs, & qui étoient ainsi nommés, parce
que leur métier étoit de travailler à tricoter ou
brocher à l'aiguille, des bonnets, des camisoles, &c.
On les appelloit encore *maîtres bonnetiers apprêteurs, foulonniers & appareilleurs*, à cause que
c'étoit eux qui se mêloient ordinairement d'apprêter,
fouler & appareiller toutes sortes de bas & autres ouvrages de bonneterie.

Les maîtres *bonnetiers* au tricot, qui, comme
on vient de dire, n'étoient établis que dans les
fauxbourgs, particulièrement dans celui de S. Marcel, vulgairement appellé *S. Marceau*, qui a
donné son nom à certains bas au tricot fort estimés ;
formoient alors une communauté particulière d'ouvriers ou artisans, qui avoit des jurés préposés
pour en maintenir les privilèges. Leurs statuts,
qui ont été abrogés depuis leur réunion avec les
bonnetiers de la ville, dont on parlera dans la
suite de cet article, étoient du 26 août 1527, donnés
par le bailli de S. Marcel, & renouvellés le 7
janvier 1619 par celui de sainte Geneviève.

Suivant ces statuts, aucun ne pouvoit être reçu
maître dans la communauté, s'il n'avoit fait un

apprentissage de quatre ans, servi les maîtres en
qualité de compagnon pendant deux autres années,
& fait chef-d'œuvre, qui consistoit à brocher, ou
tricoter à l'aiguille, deux bonnets, (anciennement
nommés *cremyolles*) à l'usage d'homme, en trois
fils de mère laine fine, & un bas d'estame, façon
d'Angleterre, en quatre ou cinq fils, de fine laine
d'estame, & à les fouler & appareiller.

Par ces mêmes statuts, les fils de maîtres étoient
exempts de chef-d'œuvre, & il leur suffisoit d'avoir
travaillé chez les maîtres.

Les fréquentes contestations qui se formoient
entre les différents corps & communautés de marchands & d'ouvriers, sur le fait du commerce, fabrique, apprêt & visite des marchandises de bonneterie, tant du tricot, que du métier, ont donné
lieu à un arrêt du conseil d'état du roi, en forme
de réglement, rendu le 17 mai 1701, dont voici
l'extrait.

Le roi étant en son conseil, faisant droit sur le
tout, & interprétant, en tant que besoin, l'arrêt
du conseil du 30 mars 1700, portant réglement
pour la fabrique des bas & autres ouvrages au
métier, a ordonné & ordonne ce qui ensuit :

1°. Pourront les maîtres *bonnetiers* au tricot des
fauxbourgs de Paris, continuer, suivant la possession & usage où ils sont, de vendre & débiter des
bas, & autres ouvrages de bonneterie au métier,
faits par des maîtres de la communauté des maîtres-
faiseurs de bas au métier de Paris, ou par des
particuliers ayant permission expresse & lettres de
privilège de sa majesté, pour faire des bas & autres
marchandises de bonneterie au métier, dans Paris,
& marqués de la marque particulière desdits maîtres-
faiseurs de bas au métier ou desdits particuliers privilégiés.

2°. Ne pourront lesdits maîtres *bonnetiers* au
tricot des fauxbourgs de Paris, faire faire directement, ni indirectement, des bas & autres ouvrages
de bonneterie au métier, par des ouvriers non
maîtres ou n'ayant point de privilège de sa majesté,
soit qu'ils travaillent dans les lieux privilégiés de
Paris ou ailleurs, ni par des maîtres des autres
villes & lieux du royaume, à peine de confiscation
& de 300 l. d'amende.

3°. Ne pourront aussi lesdits maîtres *bonnetiers*
au tricot acheter, ni faire venir des bas & autres
ouvrages au métier, des autres villes & lieux du
royaume, non plus que des pays étrangers, à
peine de confiscation des marchandises de bonneterie au métier, qui se trouveront chez eux, sans
la marque d'un maître ou d'un privilégié faiseur de
bas au métier, de Paris ; à peine aussi de 300 liv.
d'amende, & de tenir leurs boutiques fermées pendant trois mois.

4°. Ne pourront lesdits maîtres *bonnetiers* au
tricot avoir chez eux des bas & autres marchandises de bonneterie faites au métier, marquées d'une
autre marque, que de celle des maîtres ou privi-

légiés de Paris, sous les peines ci-dessus, à moins que lesdites marchandises n'appartinssent à des marchands *bonnetiers*, & n'eussent été par eux données à fouler & apprêter aux *bonnetiers* des fauxbourgs; & que ces marchandises, ensemble les noms des marchands ou autres, qui les auront donné à fouler & apprêter, ne soient écrits sur le registre, que lesdits maîtres *bonnetiers* des fauxbourgs doivent tenir, suivant la sentence du sieur lieutenant de police du 10 janvier 1698.

5°. Les marchands *bonnetiers* de Paris pourront apprêter chez eux, & faire apprêter par des marchands de leurs corps & communauté, les bas & autres marchandises de bonneterie de leur commerce.

6°. Les maîtres faiseurs de bas au métier, pourront apprêter chez eux & faire apprêter pour des maîtres de leur communauté, les bas & autres ouvrages de leur fabrique.

7°. Les maîtres *bonnetiers* au tricot des fauxbourgs, pourront fouler & apprêter les bas & autres marchandises de bonneterie de leur commerce & les bas & autres marchandises de bonneterie, qui leur seront donnés à apprêter par les marchands *bonnetiers* & par les maîtres faiseurs de bas au métier ou autres dont ils tiendront registre, suivant ladite sentence du 10 janvier 1698, au fur & à mesure que lesdites marchandises de bonneterie leur seront données à apprêter.

8°. Et seront au surplus ledit arrêt du conseil du 30 mars 1700, portant réglement pour la fabrique des marchandises de bonneterie au métier; ensemble l'arrêt du parlement de paris du 7 août 1674, portant réglement pour le commerce dans Paris, des marchandises de bonneterie au tricot, exécutés selon leur forme & teneur.

9°. Les maîtres & gardes des marchands *bonnetiers*, feront quatre visites au moins par an chez les maîtres *bonnetiers* au tricot des fauxbourgs & chez les maîtres faiseurs de bas au métier; ensemble chez les ouvriers faiseurs de bas au métier, non maîtres, travaillant dans les lieux privilégiés, assistés d'un juré de la communauté des maîtres *bonnetiers* au tricot, & d'un juré de la communauté des maîtres faiseurs de bas au métier, qu'ils manderont à cet effet, pour y faire saisir & arrêter les marchandises de bonneterie, tant au tricot, qu'au métier, les métiers & les instrumens servant à l'apprêt & foulage des bas, qu'ils trouveront en contravention au présent arrêt & auxdits réglemens; & en poursuivre le jugement, suivant iceux, par-devant le sieur lieutenant général de police.

10°. Pourront encore lesdits maîtres & gardes des marchands *bonnetiers*, faire seuls des visites extraordinaires chez les marchands de leur corps, chez lesdits maîtres *bonnetiers* des fauxbourgs, chez les maîtres ouvriers, non maîtres, faiseurs de bas au métier, sur les avis qui leur seront donnés,

des contraventions qui pourroient se commettre contre le présent arrêt & contre lesdits réglemens; après néanmoins avoir obtenu permission du sieur lieutenant général de police, pour faire lesdites visites extraordinaires.

11°. Ne pourront les jurés de la communauté des maîtres faiseurs de bas au métier, faire seuls aucune visite chez les marchands *bonnetiers* au tricot des fauxbourgs; & seront tenus de requerir un des maîtres & gardes marchands *bonnetiers*, de les accompagner dans ces visites; après avoir obtenu permission du sieur lieutenant général de police, de faire des visites chez les maîtres *bonnetiers* au tricot.

Dix ans après ce réglement, de nouveaux troubles agitèrent le corps des marchands *bonnetiers* de la ville de Paris, & celui des *bonnetiers* ouvriers au tricot des fauxbourgs.

Louis XIV avoit ordonné par son édit du mois de décembre 1673, la réunion de tous les corps & communautés des arts & métiers des fauxbourgs, avec les corps & communautés de la ville, de même qualité. Le réglement de 1701, montre assez, que jusqu'alors les ouvriers au tricot n'avoient point pensé à se réunir; & les marchands *bonnetiers* de leur part n'avoient pas crû être dans le cas de la réunion, leur qualité de marchand & la simple qualité d'ouvrier des autres, ne leur laissant pas même lieu de soupçonner que ces derniers pussent former cette prétention.

Cependant les *bonnetiers* des fauxbourgs s'étant pourvus au parlement pour cette réunion, & ceux de la ville la refusant, il intervint un arrêt du 15 février 1714, portant renvoi de l'instance au conseil du roi, afin qu'il plût à sa majesté déclarer son intention sur l'exécution de l'édit de 1678, par rapport à la réunion demandée & contestée.

C'est en conséquence de cet arrêt de renvoi, & sur les requêtes respectives des parties, qu'a été rendu le 23 février 1716, un arrêt du conseil, qui ordonne cette réunion & en régle les conditions; qui cependant, à cause des difficultés survenues pour l'exécution, ne l'a eu pleine & entière, qu'au commencement de l'année 1718, que la plus grande partie des maîtres des fauxbourgs ont été reçus maîtres de la ville; ou plutôt que les deux communautés ont été réunies, pour ne plus faire désormais, qu'un seul corps de marchands *bonnetiers*.

Les conditions de cette réunion en forme de réglement, sont:

1°. Que conformément à l'édit de 1678, la communauté des *bonnetiers* des fauxbourgs sera éteinte & supprimée, & demeurera unie au corps des marchands *bonnetiers* de Paris.

2°. Que les maîtres des fauxbourgs, reçus avant l'arrêt du parlement de 1714, seront censés & réputés marchands *bonnetiers* de Paris, avec faculté d'y tenir boutique ; & qu'ils jouiront, eux, leurs veuves & enfans, de tous les droits qui appartiennent aux marchands *bonnetiers* de la ville.

3°. Que les enfans desdits maîtres, dont la réception est antérieure à la date dudit arrêt, seront reçus marchands, sans autre expérience, ni plus grands droits, que les enfans de ceux de la ville.

4°. Que les apprentifs & compagnons, qui ont fait leur apprentissage aux fauxbourgs avant ledit temps, seront admis dans le corps des marchands, aux mêmes conditions que les apprentifs de ces derniers.

5°. Que les maîtres des fauxbourgs de la qualité ci-dessus, paieront néanmoins aux gardes du corps des marchands *bonnetiers*, la somme de cinquante livres en s'y faisant réunir.

6°. Qu'au moyen de cette réunion, les prétendus statuts de la communauté des fauxbourgs, demeureront abrogés & tous les procès assoupis entre les deux corps, sans pouvoir être poursuivis, sous quelque prétexte que ce soit.

7°. Que les maîtres des fauxbourgs n'auront rang avec les marchands de la ville, que du jour du nouveau serment qu'ils prêteront en conséquence de ladite réunion.

8°. Que les maîtres des fauxbourgs, après le serment prêté lors de leur réunion, pourront être élus gardes, ainsi que les autres marchands.

9°. Que les maîtres des fauxbourgs, ainsi reçus, seront tenus, pour leurs part & portion, de toutes les dettes du corps des marchands *bonnetiers* de la ville ; & réciproquement ledit corps, de toutes celles de la communauté des fauxbourgs.

10°. Que tous les effets actifs de cette communauté appartiendront au corps des marchands, auquel elle est réunie ; & qu'en conséquence tous les meubles, argenterie & ornemens de sa confrérie seront remis entre les mains du garde comptable desdits marchands, après un inventaire préalablement fait.

11°. Que les maîtres *bonnetiers* des fauxbourgs, reçus depuis le 15 février, date de l'arrêt du parlement, ne pourront être admis dans le corps des marchands *bonnetiers*, qu'en payant au garde en charge les sommes que les apprentifs du corps doivent payer, déduction faite néanmoins de ce qu'il leur en aura coûté pour la maîtrise des fauxbourgs.

12°. Enfin il est seulement permis à ceux desdits maîtres, reçus depuis l'arrêt, qui ne voudront pas fournir ladite somme, comme il est dit en l'article précédent, de continuer de tenir boutique, soit dans la ville, s'il y sont établis, soit dans les fauxbourgs, s'ils y demeurent actuellement, sans pouvoir transférer leur boutique, ou magasin, dans la ville ; ni les uns & les autres former aucune communauté, élire aucun syndic ou juré ; faire aucun apprentif, ni recevoir aucun maître ; mais seulement continuer de vendre & débiter les ouvrages de leur fabrique, sur lesquels les maîtres & gardes du corps des mar-

chands *bonnetiers* auroient néanmoins tout droit de visite & d'inspection.

Le corps des marchands *bonnetiers* de la ville de Paris, qui avoit été considérablement augmenté en 1716 par l'union de la communauté des *bonnetiers* au tricot des fauxbourgs, le fut encore beaucoup plus en 1723 par la réunion de la communauté des maîtres fabriquans de bas & autres ouvriers au métier.

Le roi ayant été informé qu'il arrivoit journellement des contestations entre ces deux corps, qui troubloient également l'un & l'autre, & apportoient un préjudice considérable au public, en négligeant la perfection des ouvrages de bonneterie, sa majesté jugea que le moyen le plus propre pour y remédier, étoit d'en faire la réunion de la même manière que sept ans auparavant elle avoit ordonné celle des maîtres *bonnetiers* au tricot des fauxbourgs, & des marchands *bonnetiers* de la ville.

Pour y parvenir, il fut d'abord sursis par un arrêt du 18 août 1722, à la réception des maîtres & à l'élection des jurés de la communauté des fabriquans au métier : ensuite de quoi les uns & les autres ayant fourni leurs mémoires respectifs pardevant les commissaires du conseil pour les affaires du commerce, ladite réunion fut ordonnée par un arrêt du conseil d'état du Roi, du 12 avril 1723, contenant huit articles de réglement pour assurer & fixer l'état des nouveaux réunis.

Par le premier de ces huit articles, sa majesté ordonne que les maîtres fabriquans de bas au métier de la ville & fauxbourgs de Paris, seront & demeureront unis aux marchands *bonnetiers* de ladite ville, pour ne faire à l'avenir qu'un seul & même corps, au moyen de quoi la communauté des maîtres fabriquans demeureroit éteinte pour toujours.

Le second article permet, en conséquence de ladite union, aux marchands *bonnetiers* de fabriquer & faire fabriquer toutes sortes de bonneterie au métier, ainsi & de même que les fabriquans ; lesquels de leur part, sans être tenus de prêter aucun nouveau serment, pourront tenir boutiques, magasins, & faire le commerce de la bonneterie, comme étant marchands *bonnetiers*, avec la faculté aux uns & aux autres de faire des apprentifs, & entretenir des compagnons sans aucune distinction, tant pour le négoce que pour la fabrique.

Le troisième accorde aux veuves & enfans des maîtres fabriquans tous les droits qui appartiennent aux veuves & enfans des marchands *bonnetiers*, dont ceux-ci seront reçus marchands sans faire plus grande expérience, ni payer plus grands droits que les fils des marchands ; ce qui aura pareillement lieu à l'égard des compagnons.

Le quatrième règle le rang & la séance des marchands *bonnetiers* & des maîtres fabriquans réunis, aussi-bien que l'élection des gardes pour l'avenir ; lesquels, y compris le grand-garde, seront désormais au nombre de sept, dont celui-ci, ainsi que les deux gardes anciens, seront toujours pris du nombre de ceux qui auront été gardes ; & que pendant dix ans feulement les quatre jeunes gardes feront choifis ; favoir , deux d'entre les jeunes marchands originaires , & deux entre les anciens fabriquans réunis.

Le cinquiéme traite des dettes des deux corps & communautés , & ordonne que les fabriquans réunis feront pour leurs part & portion des dettes du corps des marchands *bonnetiers* ; & réciproquement les marchands *bonnetiers*, des dettes de la communauté des maîtres fabriquans, dont les effets actifs appartiendront au corps des marchands *bonnetiers*.

Le fixiéme ordonne que tous les meubles , argenterie & ornemens de la confrérie de ladite communauté , feront remis par inventaire entre les mains du garde comptable du corps des marchands *bonnetiers*,

Le feptiéme , au moyen de cette union , abroge les ftatuts des maîtres fabriquans, mais quant à la régie feulement, qui fera exercée à l'avenir fuivant ceux des marchands *bonnetiers* ; & en ce qui concerne la fabrication de toutes fortes d'ouvrages de bonneterie au métier, lefdits ftatuts & autres réglemens continueront d'être obfervés & exécutés fuivant leur forme & teneur, jufqu'à ce qu'il plaife à fa majefté d'accorder de nouveaux ftatuts, qui renferment dans un feul & même réglement les loix du négoce & de la fabrique.

Enfin par le huitiéme & dernier article , tous les procès d'entre le corps des marchands & la communauté des fabriquans demeurent éteints & affoupis , fans qu'ils puiffent être pourfuivis ou renouvellés en quelque manière & fous quelque prétexte que ce foit.

On voit par cet article de Savari , qui fe qualifioit alors d'*infpecteur des ouvrages de bonneterie*, combien le fyftême réglementaire occupoit & dégradoit en quelque forte la majefté fouveraine , en prodiguant les formes les plus refpectables de la légiflation à des tracafferies toujours renaiffantes , & aux détails puérils des métiers les plus fimples.

BONNETIER. On appelle *chardon à bonnetier*, ou *à drapier*, une forte de chardon , propre à tirer le poil , ou la laine de deffus les bonnets , les bas & autres ouvrages de bonneterie qu'on veut draper. Il eft défendu de fe fervir de chardon pour les ouvrages d'eftame. *Voy.* CHARDON.

Les chardons à drapier *font du nombre des marchandifes de contrebande, qu'il eft défendu de faire fortir du royaume, fans paffeport du roi, fuivant l'arrêt du premier mars 1689 ; & en cas de paffeport, ils payent les droits de fortie fur le pied de 10 liv. par balles du poids de cent cinquante livres.*

Les droits d'entrée *font de 20 fols la balle du même poids, avec les fols pour livre.*

BONTANS. Sorte d'*étoffes* ou de *couvertures de coton rayées de rouge*, qui fe fabriquent à Cantor, royaume fitué fur le haut de la rivière de Gambie. Les François , les Anglois & les Hollandois en en-

lèvent quantité , qui leur fervent dans le négoce qu'ils font avec d'autres peuples des côtes d'Afrique.

BOQUELLE. C'eft ainfi que le peuple nomme en Egypte l'*écu*, ou *daller de Hollande* , que dans le commerce & parmi les marchands on appelle communément ABUKESB.

BORAX. Minéral qui fert à fouder & brafer l'or & les autres métaux.

Les anciens l'ont connu fous le nom de *chryfocolle*, en latin *chryfocola*. Pline , liv. 33 , ch. 5 de fon Hiftoire Nat. en parle amplement ; mais ce qu'il en dit n'eft pas entiérement conforme à ce que l'expérience a fait découvrir depuis.

Cet auteur divife le *borax* en *borax* naturel & *borax* artificiel. Le *borax* naturel n'eft , felon lui , qu'une humeur limoneufe , qui coule dans les mines d'or, d'argent , de cuivre , & même de plomb , & qui étant congelée & durcie par le froid de l'hiver , prend la confiftance de la pierre-ponce.

A l'égard du *borax* artificiel , il prétend qu'il fe fait en faifant couler de l'eau dans les veines de la mine , tout le long de l'hiver , jufqu'au mois de juin , & en laiffant fécher la mine pendant deux mois : de-forte que , felon lui , le *borax* n'eft autre chofe que la mine putréfiée & corrompue.

Le même auteur en diftingue de noir, de verd , de blanc & de jaune, qui prennent ces couleurs, auffi-bien que leur prix, des mines d'où on les tire. Le naturel, felon lui, eft beaucoup plus dur que le factice.

Les modernes connoiffent auffi deux fortes de *borax* ; le naturel , que l'on appelle *borax* brut, ou *borax* gras ; & l'artificiel, qui eft le même purifié & raffiné.

Lorfque l'on a tiré ce minéral de la terre, on l'expofe à l'air, où il acquiert une efpèce de graiffe rougeâtre , qui lui fert de nourriture , & qui empêche qu'il ne fe calcine.

Le *borax* étant dans fa perfection , les marchands Perfans l'envoient ordinairement à Amadabat , ville de l'empire du grand-mogol , d'où les François , Anglois , Hollandois & autres nations le tirent , & l'apportent en Europe.

L'on voit une autre efpèce de *borax* naturel , qui eft plus fec , dont la couleur eft grife , & qui eft affez femblable à de la couperofe d'Angleterre qui a demeuré long-temps à l'air ; mais au fond , il n'eft différent du premier , que parce qu'étant refté davantage expofé à l'air , il s'eft deffèché , & a perdu cette graiffe rouge dont il étoit chargé. Ceux qui font commerce de ces fortes de *borax* bruts, doivent prendre garde qu'ils ne foient pas fophiftiqués , ou remplis de pierres & d'autres corps étrangers.

Les Vénitiens font les premiers qui ont fait le *borax* artificiel , ou plutôt qui ont trouvé l'art de purifier & raffiner le *borax* naturel. Ils le purifient, en le faifant diffoudre dans de l'eau, en le filtrant, en le cryftallifant enfuite ; fe fervant , pour le réduire en cryftaux , de méches de coton , fur lef-

quelles

quelles le *borax* se cryſtallise comme le ſucre candy, & le verd de gris ſur le bois.

D'autres ſe ſont aviſés, après avoir raffiné le *borax*, de le réduire en petites pierres, de la forme d'un fer d'aiguillette ; mais parce qu'il avoit un œil trop verdâtre, les Hollandois, qui y ont auſſi travaillé, l'ont mis en plus gros morceaux ; ce qui lui donne un œil plus blanc, & le rend de meilleur débit. C'eſt cette dernière eſpèce de *borax* qui ſe vend préſentement chez les épiciers & droguiſtes de Paris.

Le *borax* raffiné, ſoit de Veniſe, ſoit de Hollande, doit pour être bon, être clair & tranſparent, & d'un goût preſque inſipide ; il faut ſur-tout qu'il n'y ait aucun mêlange d'alun d'Angleterre ; ce qu'il eſt aſſez difficile de reconnoître à la vue, quoique le *borax*, qui eſt ſophiſtiqué, ne ſoit jamais ſi blanc, ni ſi léger que celui qui eſt pur ; mais l'uſage ne fait que trop tôt connoître la friponnerie, l'alun n'étant point propre à braſer les métaux, lorſqu'il eſt mis ſur du charbon allumé, ne bouffant, & ne s'élevant pas tant que le *borax*.

Le *borax* eſt de quelque uſage dans la médecine, où il entre dans la compoſition de l'onguent citrin ; on l'emploie auſſi pour faire de certains fards pour les femmes.

Agricola dit qu'il y a du nitre foſſile, qui n'a pas moins de dureté qu'une pierre, dont les Vénitiens font le *borax*. Il a raiſon en cela, & ce nitre n'eſt autre choſe que le *borax* de Perſe, dont on vient de parler. Mais ce qu'il ajoute, ſelon que le rapporte Furretière, que le *borax* de Veniſe ſe fait avec de l'urine de jeunes garçons buvans vin, que l'on bat avec un pilon dans un mortier de bronze, juſqu'à conſiſtence d'onguent, & où l'on ajoute de la rouille d'airain, & quelquefois du nitre, non-ſeulement n'eſt pas véritable, mais n'eſt qu'un endroit corrompu du chapitre de Pline ci-deſſus cité, où il n'eſt aucunement parlé du vin que l'on fait boire aux jeunes enfans, de l'urine deſquels Agricola prétend qu'on ſe ſert.

Le borax gras paye en France les droits d'entrée, à raiſon de 4 livres le cent peſant ; & le borax raffiné, ſur le pied de 7 liv. 10 ſols ; l'un & l'autre conformément au tarif de 1664, avec les ſols pour livre.

BORD. Ruban, galon ou dentelle, qu'on met aux extrémités des chapeaux, des juppes, & ſur les coutures, ou couvertures des habits, &c. Il ſe fabrique des *bords* plus ou moins larges, & de différentes matières d'or, d'argent, de ſoie, de fleuret, de laine, de fil, &c.

A Amiens il ſe manufacture quantité de *bords* de laine ; &, ſuivant les ſtatuts de la ſayeterie de cette ville, du mois d'août 1666, on en compte de trois ſortes ; l'une que l'on appelle *petite bordure,* dont la chaîne doit être compoſée de vingt-ſept fils, & la pièce doit avoir vingt-quatre aunes de long ; l'autre, que l'on nomme *bord & demi,* dont la chaîne doit être faite de trente-trois fils, & la pièce

doit avoir pareillement vingt-quatre aunes de longueur ; & la troiſiéme ſorte, qui s'appelle *bord à dentelle*, dont la chaîne doit être de trente-ſix fils, & la pièce de trente-ſix aunes de long. Cette dernière eſpèce de *bord* n'eſt preſque plus en uſage ; c'eſt pourquoi il ne s'en fabrique que très-peu, pour ne pas dire point du tout. Outre ces *bords* de laine, il ſe fabrique encore à Amiens quantité de galons, rubans, ou rouleaux de laine, qui ſont expliqués chacun à ſon article.

BORD DE MANCHON DE FOUINE. Fourure que l'on fait de la peau de cet animal, pour border des manchons.

Les bords de manchons de fouine, teints, payent en France les droits d'entrées ſur le pied de 12 ſols la pièce, avec les ſols pour livre.

BORD. En terme de commerce de mer, ſignifie *navire, vaiſſeau, bâtiment*. Quand on dit que des marchandiſes ſont à *bord* d'un navire, cela doit s'entendre, qu'elles ſont chargées ſur ce navire ; & lorſque l'on dit qu'elles ſont hors du bord, cela veut dire qu'elles ont été déchargées, & miſes à terre.

On appelle *vaiſſeau de haut-bord*, un grand bâtiment à voiles, à la différence des pataches & des petits bâtimens, qu'on nomme *bas-bord*.

On appelle *bas-bord* le côté gauche du navire, & *ſtribord*, *dixtribord* ou *tienbord*, le côté droit, eu égard à la main du patron qui eſt à la poupe.

BODRAT. Petite étoffe, ou tiſſu étroit, qui ſe fabrique en quelques lieux d'Egypte, particulièrement au Caire, à Alexandrie & à Damiette.

BORDEREAU. Mémoire ou note des eſpèces, ou monnoies que l'on donne en payement, ou que l'on reçoit, ou que l'on a dans ſa caiſſe. On dit en ce ſens, un *bordereau d'eſpèces*, ou *bordereau de caiſſe*.

On appelle *bordereau de compte*, l'extrait d'un compte, dans lequel on comprend toutes les ſommes tirées hors lignes, ſoit de la recette, ſoit de la dépenſe, afin de connoître le détail de l'une & de l'autre, pour ſavoir s'il eſt dû par le comptable, ou ſi on lui doit.

Les marchands, négocians & banquiers ont un livre de caiſſe & de *bordereaux*, ſur lequel ils portent toutes les ſommes qu'ils reçoivent & qu'ils payent journellement. Ce livre eſt du nombre de ceux que l'on appelle *livres d'aides*, ou *livres auxiliaires*.

On nomme auſſi *bordereau*, un petit livret que les commis, facteurs, garçons & porteurs d'argent des marchands, négocians & banquiers, qui vont à la recette de la ville, portent dans leurs poches, & ſur lequel ils écrivent, à meſure qu'on leur fait quelque payement, les dates des jours qu'ils ont reçu, les noms de ceux qui ont payé, les ſommes qui leur ont été payées, & en quelles eſpèces ou monnoies.

On appelle *table du bordereau*, une table compoſée de diverſes fractions de l'aune, ſuivant qu'elle eſt différemment diviſée, comparées aux parties de la livre tournois de 20 ſols.

Cette table & la manière de s'en ſervir, qui ſe voient dans Legendre, ont paru d'une ſi grande utilité pour ceux qui voudront entreprendre le négoce des marchandiſes ſujettes à l'aunage, qu'on a cru ne pouvoir ſe diſpenſer de les rapporter telles qu'elles ſe trouvent dans les ouvrages de ce fameux arithméticien.

TABLE
DU BORDEREAU D'AUNAGE.

PARTIES DE L'AUNE.	PARTIES DE LA LIVRE.
$\frac{1}{24}$	0 ſols 10 deniers
$\frac{1}{16}$	1 . . . 3
$\frac{1}{13}$	1 . . . 4
$\frac{1}{12}$	1 . . . 8
$\frac{1}{8}$	2 . . . 6
$\frac{1}{6}$	3 . . . 4
$\frac{5}{24}$	4 . . . 2
$\frac{1}{4}$	5 . . . 0
$\frac{1}{3}$	6 . . . 8
$\frac{3}{8}$	7 . . . 6
$\frac{5}{12}$	8 . . . 4
$\frac{11}{24}$	9 . . . 2
$\frac{1}{2}$	10 . . . 0
$\frac{9}{16}$	11 . . . 3
$\frac{7}{13}$	11 . . . 8
$\frac{5}{8}$	12 . . . 6
$\frac{2}{3}$	13 . . . 4
$\frac{17}{24}$	14 . . . 2
$\frac{3}{4}$	15 . . . 0
$\frac{5}{6}$	16 . . . 8
$\frac{7}{8}$	17 . . . 6
$\frac{11}{12}$	18 . . . 4
$\frac{15}{16}$	18 . . . 9
$\frac{23}{24}$	19 . . . 2
$\frac{24}{24}$	20 . . . 0

BORDURE. Sorte de tiſſu, ou ſangle de chanvre, large d'environ un pouce de roi, qui ſe fabrique par les cordiers, & dont les tapiſſiers ſe ſervent à border les tentes de campagne & les tapiſſeries.

BORDURE. (*Terme de boiſſelier*). C'eſt un bord en forme de cerceau, de la largeur de deux ou trois pouces, qu'on met par en haut & par en bas d'un ſceau, pour le renforcer. Lorſque les ſceaux ſont grands, & qu'on veut davantage les fortifier, les *bordures* ſont de ſix à ſept pouces; ce qui s'appelle *doubler un ſceau.*

BOSSE DE CHARDON, autrement TÊTE DE CHARDON. Petit globule longuet & épineux,

qué produit une plante, qui eſt une eſpèce de chardon.

On ſe ſert des *boſſes* ou *têtes de chardon* dans les manufactures de lainages, pour laner, ou tirer la laine du fond des étoffes, afin de les couvrir de poil.

BOSSETIER. Qualité que ſe donnent les fondeurs de Paris dans leurs ſtatuts, où ils ſont appellés *maîtres fondeurs, mouleurs en terre & en ſable, boſſetiers, ſonnetiers,* &c. Ce nom leur vient de ce qu'ils font des ouvrages de rond de boſſe, & de ce qu'il leur eſt permis de faire des boſſettes de cuivre pour mettre aux mors des chevaux.

BOSSU. C'eſt ainſi qu'en Touraine on appelle cette *monnoie de billon,* qu'on nomme à Paris *ſous marqué.*

BOTTAGE. Eſt un *droit* que l'abbaye de Saint-Denis en France lève ſur tous les bateaux & marchandiſes qui paſſent ſur la rivière de Seine, à compter du jour de Saint Denis 9 octobre, juſqu'à celui de Saint André 30 novembre.

Ce droit eſt aſſez conſidérable, pour que les marchands prennent leurs meſures de bonne-heure pour l'éviter, ſoit en prévenant l'ouverture de ce droit pour le paſſage de leurs marchandiſes, ſoit en différant juſqu'après ſa clôture, ſur-tout ſi ces marchandiſes ſont de gros volume.

BOTTANNE. Sorte d'étoffe qui ſe fabrique dans les pays étrangers, & dont il ſe fait un aſſez grand négoce à Lyon.

Par le tarif de la douane de cette ville, les bottannes payent par pièces 5 ſols d'ancien droit, & 10 ſols de nouvelle réapréciation.

BOTTE. Se dit d'un certain tonneau, ou vaiſſeau de bois à mettre du vin, ou autre liqueur. Une *botte* de vin d'Eſpagne, une *botte* d'huile.

La *botte* pour les huiles eſt à peu près ſemblable à un muid; celles pour les vins ſont plus larges par le milieu que par les extrémités, allant toujours en diminuant depuis le bondon juſqu'au jable.

Le terme de *botte* eſt uſité particulièrement dans les provinces de France qui approchent de l'Italie, où l'on appelle *bottaio* un tonnelier. Il eſt auſſi en uſage chez les Eſpagnols, où la *botte* contient trente arrobes, chaque arrobe peſant vingt-cinq livres.

En Bretagne, on jauge les *bottes* par veltes, chaque velte eſtimée 4 pots, c'eſt-à-dire, 8 pintes meſure de Paris. Les *bottes* de Portugal jaugent 67 à 68 veltes: celles d'Eſpagne ne ſont pas ſi grandes.

Les *bottes* d'huile d'Eſpagne & de Portugal peſent environ un millier. En Bretagne, on les vend au poids, & l'on diminue 16 pour cent pour la tarre. Il y a auſſi des demi-*bottes* d'huile, qui peſent à proportion.

La *botte* de Veniſe eſt la moitié de l'amphora, & contient 2 bigots ou bigonti; le bigot 4 quartes; la quarté 4 tiſchauſtères. La *botte* Vénitienne ſe diviſe auſſi en muſtaches, dont il en faut 76 pour l'amphora.

La *botte* de Lisbonne n'eft pas fi grande que celle d'Efpagne ; la première ne rendant à Amfterdam que 25 à 26 fteckans, & l'autre 36 à 37.

BOTTE. Efpèce de fagot de plufieurs chofes de même genre, liées enfemble. Une *botte* d'échalats, de lattes, de perches, d'ofier.

Il fe dit auffi des foies non ouvrées, & des fils à coudre. Une *botte* de foie, une *botte* de fil.

Les fils de chanvre, qui viennent de Troyes, font ordinairement en *bottes* d'une ou deux livres : celles d'une livre font appellées *fil en botte*, par petit détail, parce que les écheveaux en font très-petits.

On appelle auffi *bottes*, certains petits rouleaux d'environ un pied de long, couverts d'étoffes, de ruban ou de papier de diverfes couleurs, que quelques marchands, particulièrement les merciers, font pendre à leurs boutiques, pour leur fervir d'étalage & de montre.

BOTTE DE PARCHEMIN. C'eft une certaine quantité de peaux, ou de cayers de parchemin liés enfemble en forme de paquet.

La *botte de parchemin* en coffe, de même que celle de *parchemin* raturé, foit qu'il foit équarré ou non, eft compofée de trente-fix peaux. Le parchemin raturé en cayers, fe vend auffi par *bottes* de dix-huit cayers chacune, le cayer compofé de quatre feuilles, ce qui fait en tout foixante-douze feuilles.

BOTTE DE CORDE DE BOYAU. C'eft un petit paquet de *cordes de boyau* plié en fept ou huit plis.

BOTTE ou JAVELLE D'ÉCHALAS. C'eft un certain nombre d'*échalas* liés enfemble, plus ou moins fuivant leur longueur.

BOTTE DE MOUCHOIRS. Les *mouchoirs* des Indes, qui fe vendent au Caire, s'achettent à la *botte*. La *botte* de fins & de ceux au-deffous, eft compofée de dix-huit mouchoirs, & la *botte* des communs feulement de dix.

BOTTES. (*Soies en bottes.*) Ce font des organ-fins, qui au fortir de la teinture font mis en *bottes* par les plieurs de foies. Les foies plattes s'y mettent auffi après qu'elles ont été teintes.

Ce pliage eft carré, long environ d'un pied, fur deux pouces d'épaiffeur de tout fens, & chaque *botte* pèfe une livre de quinze onces. Il y a des marchands qui ne font que le négoce de ces fortes de foie, d'où on les appelle *marchands de foie en bottes*.

BOTTES. On donne auffi le nom de *bottes*, à de gros paquets de chanvre, du poids de cent cinquante livres, que les marchands de fer de Paris tirent de Bourgogne & de Champagne. *Voyez* CHANVRE.

BOTTES. Signifie encore une *chauffure de cuir*, dont on fe fert pour monter à cheval.

Les bottes neuves, de toutes fortes, payent en France de droits d'entrée, fix livres de la douzaine, & trois livres dix fols de fortie, avec les fols pour livre.

BOTTES. On nomme ainfi dans les manufactures de lainages de la province de Champagne, une *forte de forces* qui fervent à tondre les droguets en dernier. Le réglement du 15 août 1724, ordonne, article VI, que les droguets qui fe font à Reims, feront tondus deux fois à l'endroit, & que la dernière tonte fe fera avec des forces appellées *bottes*.

BOU-ARGUES. Les Provençaux nomment ainfi ce qu'on appelle plus communément *boutargue*.

BOUC. (*Le mâle de la chèvre.*) Quand il eft encore très-jeune, on l'appelle *chevreau*.

On tire du *bouc* quantité de marchandifes qui entrent dans le commerce. Les principales font les fuivantes, qui font toutes expliquées à leur article, que l'on pourra confulter.

Le lapdanum naturel ou en barbe ; le lapdanum liquide, ou baume noir ; le lapdanum en tortis ; le fang de *bouc* ; le fuif de *bouc* ; les peaux de *bouc*, foit paffées en maroquin, en chamois ou en mégie, foit en poil, qu'on nomme *outre*, ou fimplement *bouc*, & quelques autres moins importantes.

Les boucs vivans payent en France les droits d'entrée fur le pied de trois fols la pièce, & pour ceux de fortie cinq fols.

Les peaux de boucs non apprêtées payent de droits de fortie, fuivant le tarif de 1667, douze fols la douzaine, & de droits d'entrée, venant tant d'Ecoffe que d'ailleurs, huit fols ; le tout avec les fols pour livre.

BOUC-ESTAIN, qu'on écrit auffi & qu'on prononce BOUQUETIN. C'eft un *bouc* fauvage, de la grandeur d'un *bouc* ordinaire, mais dont les cornes font d'une longueur démefurée, fi on les compare à la petiteffe de l'animal ; fon fang paffe pour être un remède fouverain qui brife la pierre dans la veffie, fuppofant que dans les rochers où il fe nourrit, il ne vit que d'herbe qu'on nomme *faxifrage*.

BOUC, autrement OUTRE. C'eft une peau de *bouc* où le poil tient encore, dont on fe fert comme de vaiffeau pour mettre du vin, de l'huile, & autres liqueurs qu'on veut tranfporter.

Les peuples d'Orient, & fur-tout les Arabes, paffent les plus rapides rivières fur ces peaux de *boucs* enflées & remplies de vent. On en fait auffi des radeaux pour porter les marchandifes & les voyageurs, fur l'Euphrate & autres fleuves, dont la navigation eft interrompue par des fauts & chutes d'eau, & où les barques feroient moins commodes, & courroient plus de rifque.

BOUCASSIN. C'eft le nom que l'on donnoit autrefois à certaines efpèces de toiles gommées, calendrées & teintes en différentes couleurs. Ce n'étoit autre chofe qu'une efpèce de bougran ou gros treillis.

Les boucaffins fervant à doubler, payent en France, de droits d'entrée, quinze fols de la pièce de douze aunes, & de droits de fortie deux livres du cent pefant, comme mercerie, fuivant l'arrêt du 3 juillet 1692 , avec les sols pour livre.

BOUCASSIN DE SMYRNE. Ce sont des toiles de coton , apprêtées & empesées avec de la colle de farine ; on les fait à Tiria & dans quelques autres villages des environs.

Ces *boucassins* qui sont assez fins, se peignent en indiennes pour être plus de débit ; & c'est ce que font ordinairement les Provençaux.

BOUCASSINÉE. Une toile *boucassinée* , est celle qui a été apprêtée & mise en boucassin.

BOUCAUT. Moyen tonneau , ou vaisseau de bois , qui sert à renfermer diverses sortes de marchandises, particulièrement du girofle , de la muscade , de la morue , &c.

On se sert aussi des *boucauts* pour le vin & autres liqueurs.

Quelquefois *boucaut* se prend pour la chose même qui est contenue, & ainsi on dit un *boucaut* de girofle , un *boucaut* de vin, pour dire un *boucaut* rempli de ces sortes de liqueurs ou de marchandises.

BOUCHER. Marchand qui prépare , qui habille , qui coupe , & qui vend la viande à la boucherie.

La communauté des marchands *bouchers* est une des plus anciennes , & des plus considérables de celles qui sont établies en corps de jurande à Paris. *Voyez* CAISSE DE POISSY.

BOUCHERIE. Lieu où s'expose & se vend la viande que tuent & débitent les marchands bouchers.

Il y a à Paris plusieurs *boucheries* publiques , entr'autres la *boucherie* de l'apport de Paris, communément de la porte de Paris ; celle de Beauvais, celle du Cimetière saint-Jean , celle de la rue Montmartre , &c. Il y a outre ces *boucheries* renfermées dans des enceintes communes, des quartiers & des rues, qui ne sont presque occupés que d'étaux de bouchers ; tels sont la rue des Boucheries au fauxbourg saint Germain , le bout de la rue saint Martin , vers saint Nicolas-des-Champs , & la montagne sainte Geneviève , aussi-bien qu'une partie de la place Maubert.

On appelle *viande de boucherie* , la grosse viande , qui comprend le bœuf, le veau & le mouton.

Les boutiques des marchands bouchers se nomment des *étaux*. Elles ont sur le devant de grandes tables pour débiter & couper leurs chairs ; & au-delà des tables , un étalage de figure cylindrique, aussi long que les tables mêmes , sur lequel ils arrangent la viande dépecée , pour l'exposer aux yeux du chaland. Ils en pendent aussi une partie à des crochets attachés à des nerfs de bœuf, qu'ils passent à des chevilles disposées au haut de la boutique.

Les marchands bouchers, du nom de ces étaux, s'appelloient autrefois *étaliers-bouchers* : mais le titre d'étaliers a passé à leurs garçons & compagnons , & il n'y a plus qu'eux qui le portent.

* On ne peut s'empêcher de parler ici de cette espèce de substitution établie parmi les quatre plus anciennes familles des marchands bouchers de Paris, depuis plus de trois siècles. Ces familles sont celles des Sainctyon , des Deladehors , des Thiberts & des Dauvergne , qui presque toutes ont quitté ce commerce depuis plus de cent cinquante ans , & sont depuis entrées dans des charges considérables de judicature & de finances , ou bien exercent avec réputation les professions très-honorables de la médecine , du droit & du plus riche commerce.

Les étaux sujets à cette substitution , sont ceux des deux anciennes *boucheries* de Paris, qui sont, l'une celle de l'apport de Paris , qu'on appelle la *grande boucherie* , & l'autre la *boucherie* du cimetière saint Jean. Comme les revenus en sont inégaux , le loyer de quelques-uns n'allant guère qu'à douze cens livres par an , & celui de quelques autres au-delà de deux mille livres ; afin que chacun puisse y avoir part , ils se possedent comme par indivis , les intéressés à ces substitutions se succédant néanmoins les uns aux autres, quand il arrive ouverture par la mort , & passant à un plus riche étal à mesure qu'il y en a de vacant.

Ce fut à l'occasion de ces étaux substitués , qu'intervint , en 1589, l'arrêt du parlement , & encore depuis celui du 22 décembre 1599, qui ont depuis servi de réglement entre les quatre familles propriétaires de ces étaux , & les marchands bouchers qui les occupent & les louent d'elles. On peut voir ce qui en a été dit ci-devant à l'occasion des statuts des bouchers.

Les propriétaires de ces étaux ayant payé au roi, en juillet 1637 , une somme de 90000 livres pour être confirmés dans leur possession , obtinrent , sous ce prétexte , sans que les officiers du châtelet ni les maîtres bouchers eussent été entendus ; des lettres-patentes , dans lesquelles ils firent insérer qu'il leur seroit permis de louer leurs étaux à tel qu'ils jugeroient à propos, sans pouvoir être astreints à l'observation des réglemens de police , faits ou à faire sur la réduction des loyers ; en quoi ils furent encore maintenus par arrêt contradictoire de la cour de parlement , du 13 mai 1718, qui leur donne la liberté de disposer de leursdits étaux librement , & au profit de tels des bouchers qu'ils aviseroient bon être. Mais sa majesté étant informée que si lesdits propriétaires avoient la faculté de louer leurs étaux à ceux des maîtres bouchers qui leur en donneroient le plus , non-seulement cela causeroit de grands troubles parmi lesdits bouchers, qui par jalousie ou par animosité , les enchériroient les uns sur les autres ; mais encore que le public en souffriroit par l'augmentation du prix de la viande, qui seroit une suite nécessaire de cette liberté laissée aux propriétaires ; sadite majesté ordonna par une déclaration donnée à Paris le 13 mars 1719 , enregistrée au parlement le 30 janvier 1720 : que sans s'arrêter à la clause portée dans les lettres-patentes du mois de juillet 1637 , ni à tout ce qui s'en étoit ensuivi , qu'elle avoit révoquée & révoquoit, les ordonnances & réglemens de police, fussent exécutés selon leurs forme & teneur, sauf aux propriétaires desdits étaux à se retirer pardevant elle pour leur indemnité s'il y écheoit.

BOUCHON. Sorte de laine d'Angleterre, ainsi nommée, de ce qu'elle est tournée & pliée en des espèces de paquets ou *bouchons*, assez semblables à ceux qui servent à bouchonner les chevaux.

L'article 10 des réglemens de la sayetterie d'Amiens, ordonne que les laines-mères, que les houppiers auront apprêtées, seront pliées en *bouchon* à l'ordinaire; & les pelures, en forme de *bouchons* de laine d'Angleterre.

BOUCHON DE CABARET, BOUCHON DE TAVERNE. C'est un signe que l'on met à une maison ou à une cave, pour indiquer aux passans, que l'on y vend du vin en détail. Il est fait ordinairement de lierre, de houx, de cyprès, ou de quelqu'autre arbre, qui conserve sa verdure; quelquefois simplement d'un chou.

L'ordonnance du roi, pour les aides, de 1680, & celle de la ville de Paris de 1672, obligent les cabaretiers, taverniers, hôteliers, & autres vendans vin en détail, de mettre des enseignes & *bouchons*, aux caves & lieux où se fait le débit de leurs vins. Il est dû un droit de *bouchon* au voyer, & aux officiers de police de la ville de Paris, par tous ceux qui sont tenus d'en mettre.

BOUCHON. Ce qui bouche quelque chose. Il se dit ordinairement de ce qui bouche les bouteilles & autres semblables vases de verre, où l'on conserve des liqueurs, particulièrement les vins.

Les *bouchons* sont de deux sortes; les uns de filasse, & les autres de liége; l'on emploie à ceux-ci le meilleur liége; la plus mauvaise filasse est bonne pour les autres.

Il se fait à Paris une très-grande consommation de *bouchons* de liége, sur-tout depuis qu'on s'y est accoutumé à tirer presque tous les vins en bouteilles de gros verre, où l'expérience a appris qu'ils se conservoient mieux que dans les futailles même. Ce sont les maîtres fayenciers qui en font le négoce, & qui ordinairement s'en fournissent chez quelques pauvres maîtres de leur communauté, qui subsistent assez commodément de ce seul trafic, la fabrique de ces *bouchons* faisant leur unique occupation.

BOUDELLE, ou BOUT-D'AILES. Plumes tirées du bout de l'aile des oyes, dont l'on se sert pour écrire. *Voyez* OYE. *Voyez aussi* PLUME A ÉCRIRE.

BOUDIN. Boyau de porc, empli de son sang & de sa graisse, assaisonnés d'épices, d'oignons & d'herbes fines. Ce *boudin* s'appelle *boudin noir*. Il se fait & se vend par les chaircuitiers, qui de-là sont appellés dans leurs nouveaux statuts, *maîtres boudiniers*.

On fait aussi des *boudins blancs*, avec du blanc de chapon, du lait, & autres ingrédiens. Ceux qui les font, sont du métier des maîtres cuisiniers-traiteurs.

BOUDIN, ou BOUDINE. C'est aussi cette partie élevée au milieu de ce que les verriers & vitriers appellent un *plat de verre*, qui a servi à le soutenir, quand on l'a mis au grand ouvreau du fourneau à verre, pour l'ouvrir.

BOUÉE. (*Terme de marine, qui a du rapport au commerce.*) C'est un morceau de bois, ou de liége; quelquefois un baril vuide & bien clos, qui flotte sur l'eau, attaché à un petit cable, retenu au fond de la mer, pour faire connoître & indiquer aux pilotes & mariniers, les endroits où les ancres sont mouillés dans les ports, ou ceux qui ont été laissés dans les rades, pour ne les avoir pu retirer; les pieux & les bris de vaisseaux qui sont enfoncés dans la mer, & autres choses semblables, qui peuvent nuire à la navigation.

Toutes ces *bouées* se distinguent par les matières dont elles sont faites. La *bouée* de mast est faite d'un bout de mast, ou à son défaut, d'une simple pièce de bois. La *bouée* de baril est de douves, foncée & reliée comme un baril; & la *bouée* de liége est composée de plusieurs morceaux de liége, attachés ensemble avec de la corde.

Un vaisseau marchand, mouillé dans un havre, doit avoir une *bouée* à son ancre, faute de quoi, s'il en arrive quelque désordre ou perte, le maître doit payer la moitié du dommage.

La *bouée* s'appelle aussi *banneau*, *aloigne*, *horin*, ou *gaviteau*. Ce dernier terme n'est en usage que sur les côtes de Provence.

Quelquefois le mot de *bouée* se prend pour tonne ou balise; & alors la *bouée* sert pour marquer les passages difficiles & dangereux.

Lorsqu'il y a des droits à payer pour les *bouées*, ce sont les maîtres des navires, qui sont tenus de les acquitter, d'autant qu'ils ne sont point du nombre des avaries.

BOUGE. Espèce d'*étamine fine*, blanche & claire, dont on fait les chemises de la plupart des religieux, qui n'usent point de chemises de toile.

Le tarif de Lyon les appelle *bouges* pour faire chemises à Chartreux.

Elles payent dans cette ville, 25 sols pour l'ancien droit, & 5 sols de la nouvelle réapréciation, avec les sols pour livre.

BOUGE. Se dit aussi de l'enflure qui paroît dans le milieu de la longueur des pipes, bariques, & autres semblables vaisseaux, qui servent à contenir des liqueurs. On dit qu'une futaille est bien bougeue, lorsque cette enflure est considérable. Le *bouge*, quand on fait le jaugeage, donne de l'excédant de jauge; & c'est à quoi il faut prendre garde en jaugeant les tonneaux.

BOUGE. L'on nomme encore de la sorte, sur les côtes de Guinée, & dans quelques lieux de l'Afrique avancée dans les terres, cette espèce de *petit coquillage blanc* qui vient des isles Maldives, qu'on nomme aux Indes orientales, des *coris*, ou *cauris*, & qui y servent de menue monnoie.

BOUGIE. Mèche de coton ou de lin, mollement filé, couverte de cire en forme de cylindre, qui étant allumée, sert à éclairer au lieu de chandelle, ou de lampe. Quelques-uns prétendent que ce terme est venu de la ville de Bugie en Afrique, d'où l'on tire quantité de cire.

La bougie fait une des principales parties du négoce des marchands épiciers-ciriers, qui la distinguent ordinairement en bougie de table, & en bougie filée.

Bougie de table.

La bougie de table, ainsi nommée, de ce que l'on s'en sert communément sur les tables des grands seigneurs, & des gens de distinction, est de différentes longueurs & grosseurs, mais toutes propres à mettre dans les bobèches des flambeaux & des chandeliers.

La mèche de cette bougie est ordinairement composée de plusieurs fils de coton, lâchement filés & tortillés ensemble. La cire blanche qui la couvre, se travaille à la cuillier, & se roule sur une table, avec un instrument de bois, long d'environ un pied, sur demi-pied de large, appellé rouloir ou platine, ainsi que la cire des cierges ; avec cette différence néanmoins, que les cierges sont percés par le bout opposé au colet ou lumignon, & qu'ils vont en augmentant de grosseur, depuis le haut jusqu'en bas ; au lieu que la bougie de table est de figure cylindrique, c'est-à-dire, qu'elle est parfaitement ronde, & d'une égale grosseur d'un bout à l'autre, sans être percée. Voyez CIERGE.

La bougie de table se vend par paquets d'une livre de seize onces : chaque paquet contient un certain nombre de bougies, suivant qu'elle est plus ou moins longue & grosse. Il s'en fait de quatre, de cinq, de six, de huit, de dix, de douze & de seize à la livre, dont les longueurs sont : savoir, celle de quatre, de treize pouces ; celle de cinq, d'onze pouces & demi ; celle de six & de seize, d'onze pouces ; & celle de huit, de dix & de douze, de dix pouces ; le tout sans y comprendre le colet ou bout de mèche, par où on commence à l'allumer.

Bougie filée.

La bougie filée se fait, ou de cire blanche, ou de cire jaune, ou de cire citronnée. La mèche est de fil de Cologne, ou de fil d'étoupe de lin blanc, que l'on nomme fil de Mosche, ou fil de Guibray, parce qu'il se tire de la chapelle Mosche, ou de Guibray en Normandie.

On l'appelle bougie filée, parce qu'effectivement elle se file à-peu-près comme le fil d'archal, par le moyen de deux gros rouleaux ou cylindres de bois, qu'on nomme tours, qui sont placés de travers sur des pieds solides, & que l'on fait tourner avec des manivelles ; ce qui fait passer, en allant & en venant plusieurs fois de suite, la mèche dans la cire fondue, qui est dans une bassine ou poële de cuivre, & en même-temps par les trous d'une filière, aussi de cuivre, attachée à l'un des bouts de la bassine ; ensorte que petit à petit on donne à la bougie telle

grosseur que l'on veut, suivant les différens trous de filière, par lesquels on l'a fait passer.

Il s'en peut filer de cette manière, tout d'une suite, jusqu'à quatre & cinq cent aunes de longueur.

Cette manière de filer la bougie fut apportée de Venise en France, dans le milieu du dix-septiéme siècle, par le nommé Pierre Blesimare, marchand cirier à Paris, l'un des plus habiles de sa profession. Avant ce temps, toute la bougie que l'on voyoit, de quelqu'espèce qu'elle fût, étoit fabriquée à la cuillier, & se rouloit sur une table, de même que l'on fait encore aujourd'hui la bougie de table & les cierges.

Les marchands épiciers-ciriers distinguent la bougie filée, en bougie de Venise, bougie de cave, bougie à lampe, bougie en billot, bougie à bougier, & bougie commune & ordinaire.

La bougie de Venise, ainsi nommée seulement, pour la différencier des autres sortes de bougies, qui lui sont inférieures en beauté & en qualité, est faite de cire la plus blanche, & de fil de Cologne très-fin.

La bougie de cave, appellée de la sorte, parce qu'elle sert ordinairement à éclairer les commis des aides, qui vont faire leur exercice dans les caves des marchands de vin, est la plus grosse de toutes les sortes de bougies filées. La cire en est, pour l'ordinaire, jaune, & la mèche de fil de Guibray, moyennement gros.

La bougie à lampe est la plus menue de toutes les bougies filées. Sa mèche, qui est très-fine, est pour l'ordinaire de fil de Cologne, & ne passe qu'une ou deux fois par la cire fondue, & par deux des plus petits trous de la filière. On lui donne le nom de bougie à lampe, parce que son usage est pour mettre dans les lampes d'église, ou dans les petites lampes de chambres.

La bougie à bougier est une sorte de bougie blanche, un peu plus grosse que la bougie à lampe, dont la mèche est de fil de Guibray fin. C'est de cette bougie, dont les tailleurs, les couturières & les tapissiers se servent à bougier la coupe des étoffes sujettes à s'effiler. On lui donne aussi quelquefois le nom de bougie en billot, parce qu'elle est tortillée en forme de petit billot.

Les bougies ordinaires se font de cire blanche, jaune ou citronnée de plusieurs grosseurs, & toutes avec de la mèche de fil de Guibray.

Il se fait encore une manière de bougie quarrée, que l'on nomme ordinairement flambeau de table, & quelquefois flambeau de chambre.

On appelle un pain de bougie, de la bougie filée, pliée en quarré, ou tournée en rond, pour la pouvoir porter à la main, ou dans la poche, ou pour la mettre dans un bougeoir avec plus de facilité.

Les pains de bougie de Venise se font de diverses grosseurs, ordinairement quarrés en forme de livre, & se peignent superficiellement de figures & de fleurs de diverses couleurs, & façons très-agréables.

On dit, filer la *bougie*, pour dire, la faire passer par la cire fondue, & par les trous ronds d'une filière, pour la mettre à son point de grosseur, suivant qu'il est nécessaire, par rapport à son espèce & qualité.

On n'emploie point de méches faites de fil de lin dans la fabrique des *bougies* de tables ; elle se font toutes de coton, le lin n'étant que pour la *bougie filée*.

Ce n'est pas seulement la *bougie*, appellée *bougie de Venise*, qui se plie en pain, & qu'on embellit de divers ornemens de peintures : toute sorte de *bougie filée* y est propre, pourvu qu'elle soit bien faite & bien blanche : & en effet celle qu'on nomme *bougie de Venise*, s'y emploie moins ordinairement que les autres. Elle est ainsi nommée, non qu'elle vienne effectivement de Venise, mais par distinction & comme pour conserver la mémoire de son origine, étant la plus grosse & la plus belle de toutes les espèces de *bougies* filées, dont, ainsi qu'on l'a dit, l'invention nous vient de Venise.

On appelle encore *bougie*, une sorte de très-menue chandelle, ou cierge de cire blanche, longue de six ou sept pouces, dont le menu peuple se sert à faire ses offrandes dans les églises. Leur prix n'est ordinairement que d'un ou deux liards.

On faisoit autrefois une sorte de *bougie* noire, dont la méche n'étoit imbibée que de poix noire ; la fumée de laquelle servoit à noircir les souliers : mais cette espèce de *bougie* n'est plus en usage, depuis que l'on a trouvé le secret de faire une composition de cire jaune, de suif & noir de fumée, fondus & mêlés ensemble, qui est beaucoup meilleure, & plus commode à noircir les souliers.

BOUGRAN. Sorte de grosse toile de chanvre, gommée, calendrée & teinte en différentes couleurs, qu'on met dans les endroits des doublures, que l'on veut qui se soutiennent, & qui conservent toujours leur forme. Il en entre aussi dans les corps de robe des femmes ; & on s'en sert souvent à faire des toilettes, pour couvrir & envelopper les draps, les serges & autres semblables marchandises, pour les conserver & empêcher que leur couleur ne se perde, ou que la poussière ne les gâte.

Les *bougrans* se vendent en gros, par douzaines de petites pièces, ou coupons d'environ quatre aunes de long chacun, larges à proportion des toiles dont ils ont été faits. On emploie quelquefois des toiles neuves, pour faire des *bougrans*; mais plus ordinairement des vieux draps de lit, & des vieux morceaux de voiles de vaisseaux. Il s'en fait beaucoup à Paris; & il en vient aussi quantité de Normandie, particulièrement de Caen, de Rouen & d'Alençon.

Les bougrans *payent en France de droits d'entrée*, 4 liv. 10 *sols du cent pesant ; & de sortie*, *tant vieux que neufs*, 4 liv. *sçavoir*, 30 *sols pour l'ancien droit*, & 50 *sols pour la traitte domaniale*, *avec les sols pour livre*.

BOUGRANÉE. On appelle une *toile bougranée*, celle qui a été apprêtée & mise en bougran.

BOUILLE. Droit qui se paie en Roussillon, pour la marque des draps & autres étoffes de laine.

Bouille. Se dit aussi de l'*empreinte*, ou *marque*, qui se met par les commis à chaque pièce de drap, ou autre étoffe de laine, déclarée au bureau des fermes du roi.

Bouille. Est encore un instrument de pêcheurs, dont ils se servent à remuer la vase des rivières ou des eaux dormantes, afin qu'en la brouillant, le poisson donne plus facilement dans leur filet. La *bouille* est faite en forme de ces rabots, que les Limosins employent à éteindre de la chaux, & à courroyer du mortier.

BOUILLE-COTONIS, BOUILLE-CHARMAIY. Ce sont deux espèces de ces satins des Indes, qu'on nomme en général des *Attlas*.

BOUILLER *une étoffe*. C'est la marquer de la manière réglée par les arrêts & déclarations du roi.

L'article 299 du bail des gabelles, & autres droits réunis, porte que dans le Roussillon, tous les marchands, ouvriers & facteurs de draps, & autres étoffes de laine dudit pays, seront tenus d'en faire leurs déclarations aux plus prochains bureaux, & de les faire *bouiller*, ou marquer de la marque de l'adjudicataire, conformément au réglement de 1658, & sous les peines y portées.

BOUILLIE. Les papetiers & cartonniers nomment quelquefois de la sorte, *les drilles* ou *drapeaux*, qu'ils ont réduits en une consistance liquide, & semblable à cette première nourriture, appellée *bouillie des enfans*. C'est avec cette *bouillie* de drapeaux, que se font le papier & le carton. *Voyez* PAPIER.

BOUILLITOIRE. C'est proprement ce qu'on appelle *blanchiment de flaons*, en terme de monnoie. Ainsi, *donner le bouillitoire*, c'est donner la couleur à l'or & blanchir l'argent. On l'appelle *bouillitoire*, du mot de *bouilloir*, qui est un grand vaisseau de poële de cuivre, dans lequel se fait le blanchiment. *Voyez* BLANCHIMENT.

BOUILLOIR. (*Terme de monnoyage.*) C'est un grand vaisseau de cuivre, dans lequel on fait bouillir les flaons, pour leur donner le blanchiment. Les orfévres se servent aussi du *bouilloir* pour leurs ouvrages d'orfévrerie; & les fondeurs, pour faire sécher leur sable.

BOUILLON. Effervescence que cause le feu aux liqueurs, lorsqu'on les fait bouillir. Ce terme a diverses significations dans le commerce, & dans les arts & métiers.

Bouillon. (*Terme de teinture*) qui se dit des eaux que l'on a mises dans des cuves ou chaudières, & que l'on a préparées avec quelques acides & drogues non colorantes, dans lesquelles on fait bouillir les étoffes, les soies, les laines, &c. afin de les disposer à prendre & retenir plus facilement la couleur qu'on doit leur donner, en les faisant passer par les autres cuves ou chaudières, où l'on a mis les drogues colorantes.

Quand les foies ont une fois paffé par les *bouillons* & par la teinture, on les appelle *foies cuites*, pour les différencier de celles qui n'ont point encore eu d'apprêt, & que l'on nomme *foies crues*.

BOUILLON. Se dit auffi d'une façon que les bouracaniers donnent à leurs bouracans, & qui leur tient lieu du foulon. Cette façon, qui fe donne au fortir du métier, confifte à faire bouillir l'étoffe deux ou trois fois dans de l'eau claire ; ce qui s'appelle les faire paffer par le *bouillon*. Voyez BOURACAN.

BOUILLON. *Sel de bouillon*. C'eft le fel blanc de Normandie. On l'appelle ainfi, parce qu'il fe fait en faifant bouillir de l'eau marine dans des efpèces de chaudières de plomb.

On appelle *droit de quart-bouillon*, le droit qui fe paie au roi fur cette forte de fel. Il eft du quatriéme du prix qu'il eft vendu.

BOUILLON. Ce terme eft auffi d'ufage dans la pêche du hareng, pour fignifier *une grande abondance* de ce poiffon. On dit en ce fens que le hareng paffe par *bouillon* dans l'endroit de la Manche où eft fitué Boulogne.

BOUILLON. C'eft auffi de la canetille platte & luifante, que les paffementiers font entrer dans la fabrique des crefpines & des broderies, pour en relever l'éclat.

BOUILLON. C'eft encore le nom d'une efpèce d'étamine.

BOUJON. (*Terme de manufacture de laine*,) en ufage dans les draperies & fergetteries de Rouen, de Beauvais & de quelques autres lieux. Il fignifie la même chofe que *jurande*. On s'en fert pour diftinguer les jurés des drapiers-drapans, d'avec ceux des drapiers-teinturiers. L'article 9 du réglement de 1670, pour la fergetterie de Beauvais, porte : que les vifites des laines fe feront par le plus ancien garde de la draperie, deux drapiers du *boujon*, deux maîtres *efgards* fergers.

On appelle à Rouen, *la maifon du Boujon*, le lieu deftiné pour faire la vifite & marque des draps & autres étoffes de laine. Et par les anciens ftatuts de la draperie de cette ville, de 1408, qui ne confiftent qu'en cinq articles, il n'eft permis à aucun maître d'avoir des apprentifs, s'il n'a fervi le roi dans l'office du *boujon*, ou s'il n'y eft entré.

BOUJONNEURS. Efpèce de maîtres & gardes, ou jurés du corps de la draperie & fergetterie de Beauvais, à qui il appartient de faire les vifites par les maifons & ouvroirs des drapiers & fergers, aux bateaux & moulins, & chez les ouvriers & foulons.

Les *boujonneurs* font au nombre de dix; cinq du corps des drapiers & fergers, trois tifferans, & deux laneurs. Chaque année les cinq plus anciens fortent de charge, & cinq autres font élus en leur place.

C'eft auffi par les *boujonneurs* & efgards en charge, que fe fait la marque des étoffes, en y appofant le plomb ordonné par le réglement de 1667.

BOUIS, ou BUIS. Arbre trop connu pour qu'il foit néceffaire d'en faire la defcription. L'on fe contentera feulement de parler de fon bois, par rapport à fa nature, à fon ufage, & au négoce qu'on en fait.

Le bois de *bouis* eft jaunâtre, dur, folide, égal, très-pefant, & prend aifément le poli.

Lorfque ce bois eft en morceau de groffeur & longueur raifonnables, il eft de bonne vente ; s'employant à faire des ouvrages de fculpture, & des inftrumens de mufique à vent ; tels que font les hautbois, flûtes, flageollets, mufettes, &c.

Le *bouis* de moindre qualité fert à faire de menus ouvrages ; comme peignes, boules de mail, toupies, cuillières, fourchettes, manches de couteau, caffe-noix, étuis à curedents, boëtes, tabatières, poulies, &c.

Le plus fin de la fciure, ou rapure du *bouis*, fert à mettre fur l'écriture nouvelle, pour la fécher promptement. Les papetiers & les peigniers en font un commerce confidérable.

La Champagne & la Franche-Comté fourniffent beaucoup de *bouis*, que l'on eftime très-bon ; mais le meilleur vient d'Efpagne & de Smyrne. Celui-ci arrive à Rouen, où les Hollandois l'apportent par le retour de leurs vaiffeaux du levant.

C'eft de cette efpèce de *bouis*, que font faits prefque tous les peignes qui fe fabriquent à Paris. Il fe vend au cent pefant, & eft en groffes & menues bûches de quatre pieds de long pour l'ordinaire. Ce font les peigniers qui le débitent eux-mêmes, & qui en font ce qu'ils appellent des *copeaux*, qui font des morceaux de bois carrés, de différentes longueurs & épaiffeurs, fuivant les peignes qu'on en veut faire.

Le bois de bouis, foit en bûche, foit en copeaux, paie en France de droits d'entrée, 10 *fols le cent pefant,* & *autant pour la fortie, avec les fols pour livre.*

La grande quantité qu'il en arrive à Rouen, fait qu'il s'y fabrique beaucoup de peignes, qui s'envoyent à Paris, dans les provinces du royaume, & même dans les pays étrangers.

On tire du *bouis*, par le moyen de la cornue, un efprit, & une huile, qui fe peut rectifier de même que celle de Gayac. Les marchands droguiftes de Paris, & ceux de quelques bonnes villes du royaume, font un affez bon négoce de cette huile, qu'on croit fouveraine à plufieurs maux ; mais qu'il eft facile de fophiftiquer.

BOUL. On nomme ainfi à Smyrne un *poinçon* ou *cachet* dont on fe fert pour marquer les toiles que l'on donne à peindre en indiennes aux Arméniens ou aux Grecs, pour empêcher qu'ils ne les puiffent changer, ces ouvriers étant tous de grands frippons. L'empreinte du *boul* fe fait avec du noir de fumée & de l'huile de lin, qui rend la marque inéffaçable.

BOULANGER, quelques-uns écrivent BOULENGER. Celui qui pétrit, fait & cuit le pain.

Il y a à Paris une communauté de *boulangers*,
qui

qui prennent la qualité de *marchands talmelliers-maîtres boulangers.*

Cette communauté, qui est une des plus anciennes qui ayent été établies dans cette ville en corps de jurande, a long-temps joui du privilége d'avoir une jurisdiction, qui lui étoit propre, à laquelle toutes les affaires concernant sa discipline & l'exécution de ses statuts étoient portées, privativement à celle du châtelet & du lieutenant de police, qui connoissent de celles de toutes les autres communautés.

Un lieutenant-général, un procureur du roi, un greffier & divers officiers composoient cette jurisdiction, dont le grand pannetier de France étoit le chef & le protecteur. C'étoit au nom de ce grand officier de la couronne, que les statuts & les réglemens étoient donnés; qu'on étoit reçu à l'apprentissage & à la maîtrise, & entre les mains de qui se prêtoit le serment: aussi étoit-ce à lui qu'appartenoient tous les droits de réception; ce qui rendoit la jurisdiction de la panneterie aussi profitable qu'honorable à ceux qui étoient revêtus de cette charge, une des plus anciennes de la monarchie.

Cette jurisdiction du grand pannetier ayant été supprimée sous le régne de Louis XIV, par un édit du mois d'août 1711, la communauté des *boulangers* de la ville & fauxbourgs de Paris est rentrée dans le droit commun des autres communautés; & comme elles, ainsi qu'on le dira dans la suite, est soumise à la jurisdiction du prévôt de Paris & de son lieutenant-général de police.

Par les anciens & nouveaux statuts des maîtres *boulangers* de la ville & fauxbourgs de Paris, il n'appartient qu'à eux de s'y établir, tenir boutique, & y vendre du pain, tant mollet & blanc, que bis-blanc & autres, à peine de confiscation & de 600 liv. d'amende; ce qui néanmoins ne préjudicie point à la liberté accordée de tout temps aux *boulangers* forains & de la campagne, comme ceux de Gonesse, Corbeil, Charenton, &c. d'apporter & de voiturer, soit par terre, soit par eau, du pain pour la provision de la ville, les jours de marchés, & de les exposer en vente dans les places publiques.

Les jours qu'on appelle *jours de marché*, sont à Paris, le mercredi & le samedi. A l'égard des places publiques, où l'exposition & vente du pain sont permises aux *boulangers* de dehors, elles n'avoient été jusqu'en l'année 1709, qu'au nombre de sept ou huit, qui étoient les plus célèbres marchés de Paris, tels que sont les halles, la place Maubert, le marché-neuf, le cimetière Saint-Jean, &c. mais dans cette année, marquée par une des plus grandes chertés de bled & d'autres grains qui ait peut-être jamais affligé la France, les officiers de police trouvèrent à propos d'en ajouter quantité d'autres; en sorte qu'il y a présentement à Paris presque autant de places où s'expose le pain de la campagne, qu'il y a de lieux un peu vastes dans tous les quartiers de cette grande ville.

BOULANGER DE CAMP. On nomme ainsi

des serges drapées de demi-aune de large, qui se fabriquent dans quelques endroits du Poitou, particulièrement à Breuil & à Barez. On les nomme *boulanger*, du nom de l'ouvrier qui en a le premier établi la fabrique; & *de camp*, parce qu'elles sont toutes de laines Espagnoles de Campo.

BOULET DE CANON. Balle de fer dont on charge le canon. Les *boulets* sont du nombre des marchandises dont la sortie est défendue en France par l'ordonnance de 1687.

BOULI. Pot à préparer le thé. Il y en a de cuivre étamé, & d'autres de terre rouge. Les *boulis* de cuivre viennent du Japon; ceux de terre, de Siam.

BOULINIS ou BOULIGNIS. Monnoie de cuivre qui se fabrique à Boulogne en Italie. Elle y tient lieu de sols; & dans les achats & ventes on y marchande par *boulinis*, comme l'on fait en France par sols.

Les *boulinis* valent quatre quadrins, c'est-à-dire la bayoque de Rome, qui y a cours en concurrence avec eux, à cause que Boulogne est terre papale. Leur nom, comme on le juge assez, vient de la ville où ils sont frappés. *Voyez* la TABLE DES MONNOIES.

BOUQUIN. Vieux livre fripé, peu connu, ou peu estimé.

BOUQUET. Assemblage de fleurs naturelles, arrangées & liées par leurs queues. On fait aussi des *bouquets* de fleurs artificielles; les uns de papiers, d'autres de cocons de vers à soie, & d'autres encore de plumes de divers oiseaux. Ces ouvrages ingénieux se font la plupart par des religieuses; mais ce sont les marchands merciers, particulièrement ceux établis sous le quai de Gêvres, qui en font le commerce à Paris.

BOUQUET D'ÉMAIL. Ce sont des fleurs artificielles que les émailleurs font avec des émaux de diverses couleurs.

BOUQUET DE PLUME. On appelle ainsi des *plumes* d'autruche de diverses couleurs, arrangées à plusieurs étages sur le bord d'un chapeau, pour y servir d'ornement; ce qui les distingue des plumets, qui ne sont composés que d'une seule *plume*, couchée sur le bord du chapeau. Les *bouquets de plumes* ne servent plus qu'aux princes & grands seigneurs dans des cérémonies extraordinaires, ou aux comédiens sur le théâtre. Ceux-ci s'appellent quelquefois des *capelines*, sur-tout quand ce sont des actrices qui s'en servent.

On appelle aussi *bouquets de plumes*, ces assemblages de *plumes* arrangées autour d'une aigrette, que l'on met aux quatre coins d'un dais, ou sur les lits, que l'on met dans les principaux appartemens des palais & des grandes maisons. Ce sont les plumassiers qui font & qui vendent les uns & les autres; d'où ils ont pris dans leurs statuts la qualité de *plumassiers-bouquetiers.*

BOUQUETIER. Celui qui fait ou qui vend les bouquets. Les *bouquetiers* à Paris ne composent

Oo

point une communauté particulière, mais font du corps des marchands merciers, & ne font appellés *bouquetiers*, que parce qu'ils font principalement le commerce des bouquets ou des fleurs artificielles dont on les compofe. Le négoce des fleurs artificielles eft confidérable, non-feulement par les grands envois dans les pays étrangers, mais encore par la confommation qui s'en fait en France, & particulièrement à Paris, foit pour l'ornement des autels, foit pour la parure des femmes, qui emploient les plus belles, ou dans les bouquets qu'elles mettent devant elles, ou dans leur coëffure, ou même dans leur habillement, fur-tout fur leurs palatines & fichus.

BOUQUETIER. Les maîtres plumaffiers de Paris fe qualifient auffi dans leurs ftatuts, *marchands maîtres plumaffiers, panachers, bouquetiers & enjoliveurs*; parce que par le fixième article de ces mêmes ftatuts, il leur eft permis, privativement à tous autres marchands, ou ouvriers, de faire toutes fortes de bouquets de plumes peintes, ou naturelles, même enrichies & enjolivées d'or & d'argent, pour les autels des églifes & les buffets des maifons.

BOUQUETIÈRE. Celle qui fait des bouquets. On appelle ainfi à Paris ces femmes établies dans les halles & marchés de la ville, ou aux portes des principales églifes, qui agencent, font & vendent des bouquets de fleurs naturelles pour la parure des dames.

Ces *bouquetières* étoient du nombre des petites communautés de Paris, qui, fans être érigées en corps de jurande, & fans avoir de jurés, ni de ftatuts, ne laiffoient pas d'obferver des efpèces de réglemens fous l'autorité & jurifdiction du prévôt de Paris, ou de fon lieutenant-général de police.

On ne met pas néanmoins de ce nombre les *bouquetières* ambulantes, qui offrent aux paffans quelques fleurs, bien différentes de celles qui font un commerce réglé de leurs fleurs & de leurs bouquets, où elles trouvent un gain confidérable.

BAURA. Sorte d'*étoffe* foie & laine. *Voyez* MONCAHIARD.

BOURACAN ou BARRACAN. Etoffe non croifée, qui eft une efpèce de camelot d'un grain beaucoup plus gros que l'ordinaire. On s'en fert à faire des manteaux, des furtouts & autres femblables vêtemens, pour fe garantir de la pluie.

Les *bouracans* fe tiffent & fe travaillent fur un métier à deux branches, avec la navette, de même que les camelots & les toiles. Le fil de la trème en eft fimple, retors & fin filé; & celui de la chaîne en eft double, ou triple, c'eft-à-dire que chaque brin de chaîne eft compofé de deux ou trois fils bien tors enfemble. La matière la plus ordinaire, dont on fe fert pour les fabriquer, eft la laine; quelquefois on y fait entrer du chanvre.

Il y a des *bouracans* dont la laine eft teinte,

avant que d'être travaillée fur le métier; ce font ceux-là que l'on nomme *bouracans teints en laine*. Il y en a d'autres qui fe fabriquent en blanc, & que l'on teint enfuite en rouge, noir, bleu, brun, &c. Ces derniers font appellés *bouracans teints en pièce*, parce qu'ils n'ont été teints, qu'après que les pièces ont été levées de deffus le métier.

Les *bouracans* ne fe foulent point; on les fait feulement bouillir deux ou trois fois dans l'eau claire, au fortir du métier, pour empêcher qu'ils ne godent ou ne gripent; ce qui s'appelle, *les faire paffer par le bouillon*: enfuite on les met fous la calandre, pour les bien unir; puis on en forme des manières de rouleaux applatis, que l'on empointe par les deux bouts, avec de la menue ficelle. Ce font ces rouleaux, que l'on nomme *pièces de bouracans*.

Les bonnes qualités du *bouracan* font, d'être bien uni, d'un grain rond, & fi ferré, que l'eau ne faffe que couler deffus, fans pouvoir paffer à travers.

Les villes où il fe fabrique le plus de *bouracans*, font Valenciennes, Lifle, Abbeville, Amiens & Rouen.

Ceux de Valenciennes font les plus eftimés: ils font compofés tout de laine, tant en chaîne, qu'en trème. Leur largeur ordinaire eft de deux tiers d'aune; & la pièce a vingt-trois aunes de longueur, mefure de Paris.

Ceux de Lifle font auffi fabriqués tout de laine, & ont la même longueur & largeur que ceux de Valenciennes; mais ils leur font inférieurs en qualité.

Ceux d'Abbeville font à peu près femblables à ceux de Valenciennes, foit pour la matière dont ils font compofés, foit pour leur largeur & longueur; auffi les appelle-t-on ordinairement, *bouracans façon de Valenciennes*, quoiqu'ils ne foient ni fi fins, ni fi bons.

Ceux qui fe fabriquent à Amiens, font pareillement tout de laine & font de deux largeurs & longueurs.

Les premiers, qui font appellés *étroits*, n'ont que demi-aune de large & vingt-une aunes de longueur. Ceux-là ont du rapport à des gros camelots, ce qui les fait nommer quelquefois *camelots fils retors* ou *camelots à gros grains*.

Les feconds, qui font nommés *larges*, ont trois quarts de largeur, & la pièce vingt-trois aunes de long. La plupart des *baracans* d'Amiens fe font en blanc, & font enfuite teints en diverfes couleurs. Ceux de demi-aune fe dégorgent ordinairement dans l'eau avec les pieds, avant que de les faire paffer par le bouillon & par la teinture.

Les *bouracans* de la manufacture de Rouen font les moindres de tous. Il s'en fait de deux fortes; les uns tout de laine, tant en chaîne qu'en trème; & les autres dont la chaîne eft de chanvre & la trème de laine; la largeur des uns & des autres eft de deux tiers ; & la longueur des piéces , de vingt-trois aunes.

L'article 19 du réglement général des manufactures , du mois d'août 1669 , & l'arrêt du conseil du 19 Février 1671, ont réglé les longueurs & largeurs des *bouracans*. Quoiqu'il paroisse par ces réglemens , que les longueurs des piéces de *bouracans* n'ayent été fixées qu'à vingt-une & vingt-trois aunes, néanmoins les ouvriers sont dans l'usage d'en fabriquer depuis vingt-une aunes , jusqu'à quarante-deux.

BOURACANS TEINTS EN LAINE. Ce sont les *bouracans* dont la laine est teinte avant de la travailler sur le métier.

BOURACANS TEINTS EN PIÉCE. Ce sont ceux qu'on ne met à la teinture qu'au sortir du métier.

ROULEAU DE BOURACAN. C'est une piéce de *bouracan* qui a tous ses apprêts , & qui est roulée & empointée.

Les droits d'entrée qui se payent en France pour les bouracans , sont différens suivant les lieux d'où ils viennent & ceux qui les font entrer

Les bouracans , fabrique de Hollande , payent 3 liv. la piéce de 22 aunes , & ne peuvent entrer que par Calais & Saint-Valery , suivant les arrêts des 8 novembre 1687 & 3 juillet 1692.

Les autres bouracans étrangers , la piéce de 22 aunes , payent 30 pour cent de leur valeur , & doivent entrer par les ports ci-dessus.

Les bouracans de fabrique Françoise , seulement 3 liv. la piéce , aussi de 22 aunes , en rapportant certificat en bonne & dûe forme , du lieu où ils auront été fabriqués. Cette dernière fixation est tirée du tarif de 1667 , les deux autres du tarif de 1699.

BOURACANIER ou BARRACANIER. *Artisan qui fabrique des bouracans.*

Il est défendu à tous maîtres *bouracaniers* de couper aucune piéce de bouracan & de la lever de dessus le métier , qu'elle n'ait été auparavant visitée par les esgards ou jurés de leur communauté , & que le plomb n'y ait été par eux appliqué & marqué sur l'étille.

BOURACHER. C'est le nom que l'on donne à Amiens aux ouvriers qui travaillent à certaines étoffes , comme raz de Gênes , &c. La communauté des *bourachers* est jointe à celle des *autelisseurs* & ont leurs esgards & jurés particuliers.

BOURDAIGNE. Espèce de *pastel-bâtard* , qu'on nomme autrement *pastel-bourg*.

BOURDAINE. Sorte de *petit bois* avec lequel on fait le charbon qui entre dans la composition de la poudre à canon.

Ce bois qui ne se trouve guères que dans les taillis, dure à peine cinq ou six ans , & ne devient jamais plus gros que deux pouces. On l'appelle quelquefois *mort-bois*, à cause de son peu de vie, mais improprement , n'étant pas du nombre de ceux que l'ordonnance met parmi les mort-bois.

Son charbon est extrêmement leger & sec , cette dernière qualité le fait préférer dans la fabrique de la poudre, à celui de chenevote qui est plus leger, mais plus humide.

Il avoit été défendu par l'ordonnance de 1669 , sur le fait des eaux & forêts , article XIII , du titre de la police des bois , de faire aucune délivrance de bois verd ou sec aux poudriers & salpétriers , sous prétexte d'en faire du charbon propre à la fabrique de la poudre à canon.

Cette défense avoit depuis été levée par arrêt du 11 janvier 1689 , & sa majesté avoit accordé permission au commissaire général des poudres & à ses commis seulement , de faire séparer dans les ventes qui auroient été adjugées aux marchands , le *bois de bourdaine* d'avec toute autre espèce de bois , lequel leur seroit délivré en payant le prix dudit bois , sur le prix de la valeur des autres bois , avec une augmentation de deux sols pour livre , qui seroit payée aux adjudicataires , & qu'au surplus l'ordonnance de 1669 seroit exécutée.

Mais comme les officiers des eaux & forêts ne vouloient pas souffrir que la délivrance de ce bois se fît autrement que dans le temps des coupes , qui ne se faisant qu'à l'âge de dix , de vingt , & de trente ans , rendoit absolument inutile la permission accordée aux poudriers & salpétriers , attendu que la *bourdaine* n'est bonne que dans sa jeunesse , & lorsqu'elle n'a que neuf ou dix lignes de diamètre ; sa majesté par un dernier arrêt du 23 août 1701 , ordonna qu'il seroit permis au commissaire général des poudres & à ses commis , de prendre & couper avec des serpettes , tant dans les bois de sa majesté , que ceux appartenans aux ecclésiastiques & communautés , la quantité de bois de *bourdaine* , de l'âge de trois à quatre ans , dont ils auroient besoin , après en avoir obtenu la permission des officiers des eaux & forêts , à la charge que les gardes seroient présens pour dresser des procès-verbaux de la quantité des bourées qu'ils y prendront , lesquelles seroient payées sur le pied des bourées marchandes , ou à sadite majesté ou auxdites communautés , ensemble les salaires desdits gardes , avec défenses aux poudriers & salpétriers de se servir d'autres outils & ferremens que des serpettes , ni de faire de nouvelles routes , à peine de confiscation des outils & de 500 l. d'amende pour la première fois & du double en cas de récidive.

BOURDALOUE. Espèce de *linge ouvré* , qui se fabrique en basse Normandie , particulièrement à Caen & aux environs.

BOURDE. Sorte de *soude* qui est très-mauvaise. *Voyez* SOUDE.

BOURDELAGE. Droit qui se paye au seigneur dans quelques coutumes. Ce droit se paye quelquefois en argent , mais plus ordinairement en bled , en plume & volaille. Dans quelques lieux le droit de *bourdelage* eſt de même nature & qualité que celui de la taille réelle.

BOURDELIER. Il ſe dit également & de celui qui doit le droit de bourdelage, & de l'héritage qui en eſt chargé.

BOURDILLON. *Bois de chêne refendu*, propre à faire des tonneaux & futailles. *Voyez* MAIRAIN.

BOURG. *Paſtel bâtard*, qu'on nomme auſſi *bourdaigne*. *Voyez* PASTEL.

BOURGEOIS. Généralement parlant, ſe dit de tout citoyen qui habite une ville. Il s'entend plus particuliérement de ceux des citoyens qui ne ſont ni du nombre des eccléſiaſtiques, ni de celui des nobles; & encore plus préciſément de ceux qui n'exerçant, à la vérité, aucune des grandes charges de magiſtrature, ou n'étant point diſtingués par des fonctions d'éclat, ſont néanmoins, par leurs biens, par leurs richeſſes, par les emplois honorables dont ils ſont revêtus, & par leur commerce, fort au-deſſus des artiſans & de ce qu'on appelle le *peuple*. Et c'eſt en ce ſens qu'on dit d'un homme qu'on veut louer, qu'il eſt un bon *bourgeois*.

BOURGEOIS (*En terme de marine.*) C'eſt le propriétaire d'un vaiſſeau, ſoit qu'il l'ait fait conſtruire lui-même, ſoit qu'il lui appartienne par achat. Comme il peut y avoir un ſeul *bourgeois* de pluſieurs vaiſſeaux, pluſieurs perſonnes peuvent être auſſi les *co-bourgeois* d'un même navire. Ce ſont les *bourgeois* des vaiſſeaux qui les équipent, qui les frettent & qui font avec ceux à qui ils les louent, cette eſpèce de traité, qu'en terme de marine on appelle *charte-partie*. *Voyez* CHARTE-PARTIE.

L'on croit communément que le terme de *bourgeois* ne s'eſt introduit dans la marine, que par l'uſage où l'on a été de tout temps dans les villes anſéatiques, de ne permettre qu'aux *bourgeois* d'avoir & de faire conſtruire des navires; ce qui peut-être a été emprunté de ce qui ſe pratiquoit dans les meilleurs temps de la République Romaine, pendant leſquels les patrices ou ſénateurs, ne pouvoient poſſéder ni tenir en propre aucun bâtiment de mer de conſéquence, mais ſeulement des barques; n'étant permis qu'aux ſimples citoyens d'armer de grands vaiſſeaux.

BOURGEOIS. Se dit auſſi parmi les artiſans, de ceux qui les font travailler & dont ils ont la pratique.

On nomme à Reims *eſtaminiers bourgeois*, des eſpèces d'eſtaminiers privilégiés, qui ne ſont pas du corps des eſtaminiers facturiers.

BOURGEOIS. On appelle *vin bourgeois*, le vin que les bourgeois de la ville de Paris recueillent de leur crû, & qu'ils ont droit de vendre à pot chez eux. On le nomme ainſi, pour le diſtinguer du *vin de cabaret*, qui a ordinairement la réputation d'être accommodé & frélaté.

BOURGETEURS. On appelle ainſi à Liſle en Flandre, les *ouvriers* qui travaillent aux manufactures de draperie & autres eſpèces de lainerie. Ce nom leur vient de la ville de Bourges, capitale du Berry, une des provinces de France d'où les premiers ouvriers d'étoffes de laine avoient été appellés à Liſle pour y en établir les fabriques.

BOURI. On nomme auſſi en Egypte le *muge*, des œufs de la femelle duquel on fait la boutargue.

BOURLET. *Bourlet* pour les enfans. C'eſt un petit rouleau d'environ un pouce ou un pouce & demi de diamètre, rempli de bourre. Ils ſont couverts communément de velours noir & pliés en forme de cercle. On les met autour de la tête des enfans quand ils commencent à marcher, pour les empêcher de ſe bleſſer en tombant. On les vend chez les marchands au palais à Paris.

BOUR ou BOURMIO. Ce ſont les *ſoies legis* de Perſe, qui ne ſont pas de la meilleure qualité; elles ne ſont que de la ſeconde eſpèce.

BOURNAL. *Miel* encore contenu & renfermé dans ſa cire. C'eſt ce qu'on appelle un *rayon de miel.*

Il eſt preſque hors d'uſage.

BOURRAS. On appelloit autrefois de ce nom une ſorte de groſſe étoffe de laine, qui ne ſervoit que pour habiller les pauvres & les payſans. Ce terme n'eſt plus en uſage, & il y a apparence qu'on lui a ſubſtitué celui de bure, qui ſignifie préſentement la *même choſe. Voyez* BURE.

BOURRE. Poil de pluſieurs animaux, comme taureaux, bœufs, vaches, veaux, bufles, chevaux, cerfs, &c. qu'on détache par le moyen de la chaux, ou qu'on raſe avec un couteau de deſſus leurs peaux ou cuirs, lorſqu'on les prépare dans les tanneries, ou chez les mégiſſiers, chamoiſeurs & hongrieurs.

La *bourre* ſert à garnir des ſelles, des bâts, des chaiſes, des tabourets, des banquettes, ou formes, &c.

A Paris, ce ſont les marchands de fer, qui ſont du corps de la mercerie, qui font preſque tout le négoce de cette ſorte de *bourre*, quoiqu'il ſoit auſſi permis aux marchands épiciers de la faire. Ceux qui en font commerce, l'achetent en gros des Ouvriers qui préparent les cuirs, & la revendent enſuite en détail aux artiſans qui en ont beſoin.

BOURRE-LANISSE, ou BOURRE-NALISSE. Eſt *la laine* que les laineurs, ou éplaigneurs tirent de deſſus les draps, ratines, & autres étoffes de laine, lorſqu'ils les préparent ſur la perche avec le chardon, pour les mettre en état d'être tondues. On s'en ſert principalement à faire des matelats, & à rembourer des bâts de mulets. Cette ſorte de marchandiſe fait auſſi partie du commerce des marchands de fer.

BOURRE-TONTISSE, autrement TONTURE DE DRAPS. Eſt celle qui ſe tire des draps & étoffes de laine, qui paſſent par les mains des tondeurs. C'eſt la moins eſtimée de toutes les ſortes de *bourres*, parce qu'elle eſt extrêmement courte; auſſi eſt-il défendu aux tapiſſiers d'en mettre dans les matelats entre deux futaines.

Celle qui est de la plus belle couleur, & la mieux conditionnée, s'employe à faire des tapisseries, des pavois pour les vaisseaux, & d'autres semblables ouvrages de différens desseins & nuances, en la semant, par le moyen d'un tamis, sur des toiles préparées, & peintes auparavant avec des couleurs à huile.

Les *bourres-tontisses* écarlates & couleur de feu, servent encore, en les faisant bouillir avec quelques drogues, à en tirer un assez beau rouge, qu'on employe ordinairement pour mettre en couleur les crins dont on fait des aigrettes aux chevaux de carosse; & l'yvoire ou os que l'on employe en tabatières, pommes de cannes, patenôtres, ou chapelets, & autres semblables menus ouvrages. On en peint aussi les fleurs artificielles, dont on fait des bouquets d'églises; & les dames mêmes en usent quelquefois au lieu de rouge d'Espagne.

Le rebut de ces sortes de *bourres*, de quelque couleur qu'elles puissent être, s'employe à rembourrer des bourrelets pour mettre sur des bassins de commodité, que vendent les potiers d'étain.

BOURRE DE LAINE. Se dit aussi de ce qui tombe sous la claye, lorsqu'on y bat la laine. *Voyez* LAINE.

BOURRE DE SOIE, que l'on appelle aussi *filoselle* ou *fleuret*. C'est de la soie de rebut & imparfaite, qu'on tire avec la carde ou le peigne, après que l'on a dévidé la fine soie de dessus les cocons. *Voyez* SOIE.

La *bourre de soie* se file, & se met en écheveaux, de même que la bonne soie, & entre dans la composition de plusieurs sortes d'étoffes; elle s'employe aussi à fabriquer des bas, des gants, des padoues, des ceintures, des aiguillettes, des lacets, du cordonnet, & autres semblables ouvrages.

Les bourres, suivant leur nature & qualité, payent différemment les droits d'entrées & de sortie en France.

La bourre ou capiton de soie, paye d'entrée seulement 2 liv. 10 s. du cent pesant, & 5 liv. de sortie.

La bourre chiquette ou bourre de toutes sortes, 10 sols du cent pour l'entrée, & 18 sols pour la sortie.

La bourre-lanisse, 20 sols d'entrée.

La bourre rouge, & bourre à faire lits, 13 sols d'entrée, & 2 liv. 10 sols de sortie. Ce qui s'entend toujours du cent pesant, avec les sols pour liv.

La fabrique des *bourres* vient du Levant, & celles de Marseille, de Nîmes & des autres villes de France n'en sont qu'une imitation. Depuis que cette manufacture a été établie dans le royaume, les *bourres* étrangères ont été défendues.

BOURRE DE MARSEILLE. Nom que l'on donne à une sorte d'étoffe moërée, dont la chaîne est toute de soie, & la trême entierement de *bourre* de soie. Elle a pris son nom de la ville de Marseille, où l'on en a d'abord fabriqué. On en fait

présentement à Montpellier, à Nîmes, à Avignon, à Lyon, & même à Paris.

Les *bourres de Marseille* sont de trois largeurs; de demi-aune juste, de demi-aune moins un seize ou sept seize, & d'un quartier & demi ou trois huit. Ces sortes d'étoffes font partie du négoce des marchands merciers.

BOURRE. Le tarif de la Douane de Lyon distingue les *bourres* en *bourre* de cerf, *bourre* à bâtier, *bourre* à boucher, *bourre* de chévre, *bourre* de soie cardée, *bourre* de soie filée, & *bourre* de soie de Vicence, Lucques, Gènes, & autres lieux; ce qui revient aux diverses sortes de *bourre* dont on a parlé dans les articles précédens.

BOURRE. Chez les teinturiers, se dit du poil de chévre le plus court, apprêté avec de la garence, dans laquelle on l'a fait bouillir plusieurs fois.

Quand cette *bourre* a été bien préparée, elle se fond dans la cuve à teindre, d'une manière à n'en retrouver aucune chose; & cette fonte se fait par le moyen de quelques acides que l'on mêle avec, comme cendre gravelée, urine, &c.

Cette *bourre*, ou poil ainsi apprêtée, est mise au nombre des drogues colorantes; aussi s'en sert-on à teindre en rouge, que l'on appelle *rouge de bourre* ou *nacarat de bourre*, qui est un des sept bons rouges admis par les teinturiers. *Voyez* ROUGE.

BOURRÉE. Petit fagot fait de fort petit bois, qui prend feu promptement, & qui dure peu. On le dit quelquefois de ce qu'on appelle *l'ame du fagot*.

BOURRELET. Signifioit autrefois cette sorte de *harnois de chevaux de charette*, qu'on nomme aujourd'hui plus communément *collier*; & c'est delà que les ouvriers qui travaillent à ces harnois ont été appelés *bourreliers*.

BOURRELIER. Celui qui fait des bourrelets ou harnois de chevaux de carosses & de charette. Les *bourreliers* sont de la communauté des selliers-lormiers, & font corps avec eux.

BOURRIER. Ce qui est fait de bourre. On appelle *bourre-burrières*, les bures qui se fabriquent à Thibivilliers dans le Vexin Normand, parce qu'elles sont faites en partie de bourre-tontisse; pour les distinguer de celles de Dreux, qu'on nomme *bures-loyales*, parce qu'il n'y entre que de bonne mére-laine.

BOURRIQUE. *Voyez* ASNE.

BOURRIQUET. *Voyez* BOURIQUET.

BOURRU. On appelle *vin bourru*, du vin qu'on a empêché de bouillir, & qui a encore toute sa douceur.

BOURSE. Espèce de petit sac, qui s'ouvre & se ferme avec des cordons, ou avec un ressort; qui sert à mettre de l'argent, des jettons, ou autres choses qu'on ne veut pas qui s'égarent. On fait des *bourses* de velours, de cuir, de tissu, de réseau d'or, d'argent, ou de soie & d'émail. On en fait de simples, de bordées d'or & d'argent, au métier, à l'aiguille; enfin de tant d'autres façons & d'étoffes, qu'il est difficile de les dire toutes. C'est du mot de *bourse*

qu'a pris son nom la communauté des maîtres bour-
liers de Paris. *Voyez* BOURSIER.

*Les bourses payent en France les droits d'entrée
& de sortie sur différens pieds, suivant leur qualité, & les divers tarifs.*

DROITS DE SORTIE.

*Par le tarif de 1664, les bourses en broderies,
& garnies d'or & d'argent fin, payent 1 liv. 10
sols la livre pesant.*

*Les bourses en broderies de soie, ou garnies de
soie, 18 sols aussi la livre.*

*Et les bourses de toutes autres sortes, sans or,
argent, ni soie, comme mercerie, 3 liv. du cent
pesant, à moins que ce soit pour passer aux pays
étrangers, que ces dernières ne payent que 2 liv.
comme mercerie. Celles en broderie d'or & d'argent 15 sols de la livre; & celles en broderie
de soie, seulement 8 sols aussi la livre, conformément à l'Arrêt du 3 Juillet 1692.*

DROITS D'ENTRÉE.

*Par le même tarif de 1664, les bourses en bro-
derie d'or & d'argent fin, payent 2 liv. de la livre.*

*Les bourses en broderie de soie, & garnies de
soie 15 sols.*

*Et par l'Edit du 3 Juillet 1662, les bourses
de cuir & laine, sans or, argent, ni soie, 10
liv. du cent pesant, comme mercerie, avec les
sols pour livre.*

BOURSE. On appelle *bourse des marchands*, ou
bourse commune des marchands, ou *bourse & convention des marchands*, des jurisdictions établies en
France dans plusieurs villes de commerce, pour connoître en première instance, des procès & différends
qui naissent & arrivent entre les marchands, négocians & banquiers, pour fait de commerce, marchandises, billets, & lettres de change, dont les
appellations des jugemens & sentences vont directement au parlement. C'est proprement une jurisdiction consulaire, semblable à celle de Paris; aussi
ceux qui composent ces sortes de jurisdictions, nommées *bourses*, sont-ils appellés *prieurs & consuls*.

La *bourse des marchands de Toulouse* fut établie
par Henri II, en l'année 1549, *ad instar* des juges
conservateurs des priviléges des foires de Lyon.

L'édit de cette érection, confirmé depuis par des
lettres patentes du même roi, du 21 Mai 1551,
permet aux marchands de cette ville d'élire, & faire
chaque année un prieur & deux consuls d'entr'eux,
pour connoître & décider en première instance de
tous & chacun les procès & différends qui, pour
raison de marchandises, changes, assurances, comptes
& autres telles choses, seroient mus & intentés entre
marchands & trafiquans à Toulouse; & par appel
d'eux, en la cour de parlement de ladite ville de
Toulouse immédiatement: au jugement desquels
procès, lesdits prieur & consuls pourroient appeller
tels personnages qu'ils verroient être à faire; leur
permettant entre outre d'acheter ou construire

un bâtiment, pour y tenir la jurisdiction & les assemblées de ladite *bourse* commune.

A l'égard des lettres-patentes, outre qu'elles confirment l'édit, elles réglent & expliquent en détail,
en dix articles, la compétence de la *bourse commune*; sur laquelle il étoit survenu quantité de
contestations entre cette jurisdiction, & les officiers
des jurisdictions ordinaires.

La plupart de ces articles sont conformes au réglement des juges-consuls de Paris, & des juges-
conservateurs de Lyon; à la réserve du dixième,
par lequel il est donné aux prieur & consuls de
Toulouse, toute inspection sur les marchandises qui
se recueillent dans le Languedoc & le Lauragais,
& qui s'y apprêtent, telles que sont, entr'autres,
le pastel & le guesde, avec pouvoir de nommer des
commis & inspecteurs pour les voir & visiter, &
sur leur rapport, ordonner ce que de raison, suivant la qualité de la contravention, ou mauvaise
qualité & apprêt desdites denrées & marchandises.

Les marchands qu'il est permis aux prieur & consuls de choisir & de s'associer, pour assister aux
jugemens de la *bourse*, s'appellent *juges-conseillers
de la retenue*, & sont au nombre de soixante. On
en parle ailleurs. *Voyez* JUGES DE LA RETENUE.

L'élection des prieur & consuls, & des juges-
conseillers, aussi-bien que les préséances disputées
entre tous ces officiers de la *bourse*, ayant long-
temps causé des contestations, que ni un arrêt du
parlement du 27 juillet 1697, ni un arrêt du conseil d'état du 26 juin 1700, n'avoient pu assoupir,
il fut enfin fait en 1701, un réglement général, par
une délibération du corps de ladite *bourse*, qui a
depuis été exactement observé.

Ce réglement qui a remis la paix dans la *bourse
de Toulouse*, est rédigé en quarante-sept articles,
qui entrent dans un grand détail, non-seulement
des élections & du droit de préférence, mais encore
des fonctions du greffier, du syndic, de la forme
de procéder dans les jugemens qui se rendent à la
bourse, des protêts des lettres-de-change, & de
quantité d'autres matières de commerce, dont l'observation est sans doute bien capable de le faire
fleurir dans cette capitale du Languedoc, & dans
tout le reste de la province.

La *bourse de Rouen*, ou comme on l'appelle
autrement, *la convention de Rouen*, est de quelques années plus moderne que celle de Toulouse,
n'étant que de l'année 1566, sous le règne de
Charles IX. Pour le reste, elle lui est à peu près
semblable.

La plus nouvelle de toutes les *bourses consulaires*, est celle de Montpellier, Louis XIV en
ayant érigé une en 1691, pour les marchands de
cette ville, dont la jurisdiction s'étend dans les diocèses de Montpellier, Nîmes, Usez, Viviers, le
Puy, Mende, Lodesve, Agde, Beziers, Narbonne & Saint-Ponts.

Cette *bourse*, comme celle de Toulouse, est
composée d'un prieur, de deux juges-consuls, d'un

fyndic, & d'un certain nombre de bourgeois & marchands, annuellement nommés par les prieur & juges-consuls, pour assister conjointement avec eux aux jugemens qu'ils sont obligés de rendre.

A Bordeaux, les consuls sont appellés *juges-consuls de la bourse commune des marchands.* *Voyez* CONSULS, & CONSULAT.

BOURSE. Se dit encore d'un lieu ou place publique, établie dans plusieurs villes de commerce de l'Europe, où s'assemblent & se trouvent à certains jours de la semaine, les marchands, négocians, banquiers, courtiers, commissionnaires, interprètes des langues, & autres personnes qui se mêlent de commerce, pour traiter de toutes sortes d'affaires, qui regardent le négoce des lettres & billets de change, grosses-avantures, assurances, affrètemens ou nolissemens, & autres négociations mercantiles, tant de terre que de mer. Ailleurs on dit, place du change, ou collège des marchands, comme dans les villes Anséatiques.

On prétend que l'origine du mot de *bourse*, qu'on donne aux places où s'assemblent les marchands pour les affaires & négociations de commerce, vient de la ville de Bruges en Flandre, où ces assemblées se tenoient près de l'hôtel des *bourses*, ainsi nommé du seigneur de l'ancienne & noble maison des *Bourses*, qui l'avoit fait bâtir, & qui en avoit orné le frontispice, de l'écusson de ses armes, chargé de trois *bourses*, qu'on assure qu'on voit encore aujourd'hui sur ce bâtiment qui a subsisté jusqu'à présent.

Les principales villes de France où l'on donne le nom de *bourse*, au lieu où se trouvent les marchands pour leurs affaires communes, sont Paris, Rouen, Nantes & Toulouse ; & dans les pays étrangers, Londres, Bruges, Anvers, Amsterdam, & Roterdam.

Les assemblées dans les *bourses*, sont tenues en certains lieux, avec tant d'exactitude, & les négocians sont si absolument obligés de s'y trouver, que si quelqu'un y manquoit, cela se feroit soupçonner de banqueroute ou de faillite ; c'est pourquoi quand on n'y auroit aucunes affaires, il ne faut pas laisser d'y aller pour s'y faire voir, afin de conserver son crédit.

L'on dit que les Anglois sont si prévenus pour ce mot de *bourse*, que la Reine Elisabeth ayant voulu par un édit faire changer le nom de la *bourse* de Londres, en celui de change royal, les marchands ne purent jamais s'y accoutumer, & qu'ils ont toujours voulu conserver le nom de *bourse*, à leur place de commerce.

La *bourse* d'Amsterdam est regardée par tous les négocians, comme la plus considérable de toutes. Celle d'Anvers étoit aussi très importante avant que le port de cette ville eût été rendu presque impraticable par les Hollandois, pour attirer tout le commerce chez eux, particulièrement à Amsterdam.

Dès le temps des anciens Romains, il y a eu dans les villes les plus marchandes de l'Empire ; des lieux destinés pour les assemblées des marchands.

Celui qui fut bâti à Rome l'an 259 de sa fondation, 492 ans avant la naissance de Jesus-Christ, sous le consulat d'Appius Claudius, & de Publius Servilius, fut nommé le *collège des marchands* ; & il en reste encore quelques vestiges, que les Romains modernes appellent la loge, *loggia*. C'est ce qu'on nomme aujourd'hui la *place Saint-Georges.*

Ces deux noms de *collège* & de *loge*, l'un ancien & l'autre nouveau, ont depuis été, pour ainsi dire, partagés entre les François & les Allemands; ceux-ci s'étant approprié le nom de *collège*, dont, comme on l'a déjà remarqué, se servent toutes les villes Anséatiques, pour signifier la *bourse* ; & quelques-uns de ceux-là, entr'autres les Lyonnois & les Marseillois, ayant donné à la place ou maison de leurs négocians, le nom de *loge du change*, ou de *loge des marchands.*

Bourse de la ville de Paris.

Jusqu'en l'année 1724, le lieu d'assemblée où les marchands, banquiers, négocians & agens de change de la ville de Paris, se trouvoient pour traiter des affaires de leur commerce, étoit appellé la *place du change.* L'on a dit (à l'article PLACE) que ce lieu étoit situé dans la grande cour du Palais, au-dessous de la galerie dauphine, du côté de la conciergerie.

La situation incommode de cette place, son obscurité, son peu d'étendue, & particulièrement l'embarras continuel des carosses qui en occupoient tous les environs, en ayant dégoûté tous les marchands, il y avoit plus de vingt-cinq années qu'ils l'avoient entièrement abandonnée, lorsqu'on songea à leur procurer une nouvelle place, qui par son air, & sa vaste étendue, la commodité de ses portiques, & tous les autres avantages dont on prendroit soin de l'accompagner, pût les engager à y tenir leurs assemblées de commerce, & à y faire les différentes négociations de lettres-de-change, de papiers commerçables, de marchandises, & autres effets, qui font fleurir le négoce dans cette capitale du royaume.

Il est vrai que quelques années auparavant (1720), on avoit voulu établir une espèce de place dans le jardin de l'hôtel de Soissons, pour le commerce des actions de la compagnie des Indes, afin de le tirer de la rue Quinquempoix, où le caprice du peuple l'avoit établi, & long-temps soutenu, malgré les défenses réïtérées de la cour & des officiers de police ; mais les actions étant alors tombées dans le discrédit, la nouvelle place fut aussi fermée sans qu'on y eût fait aucunes négociations. On peut voir ce qu'on en dit à l'article de la police.

Les choses étoient en cet état, lorsque le roi s'étant fait rendre compte de la manière dont se faisoient à Paris les négociations des lettres-de-change, billets au porteur ou à ordre, & autres papiers commerçables, & des marchandises & effets, sa majesté jugea qu'il seroit non-seulement avantageux au commerce, mais encore très-nécessaire pour y maintenir la bonne foi & la fûreté convenable, d'établir dans la ville de Paris une place où les négocians puffent s'affembler tous les jours à certaine heure, pour y traiter des affaires de commerce, tant de l'intérieur que de l'extérieur du royaume, & où les négociations de toutes lettres-de-change de place en place, & fur les pays étrangers, billets au porteur où à ordre, & autres effets commerçables, comme auffi des marchandifes & effets, puffent être faites à l'exclufion de tous autres lieux, entre gens connus ou par le miniftère de perfonnes que fa majefté commettroit à cet effet.

Pour l'exécution d'un projet fi utile, on commença par le choix du lieu où s'établiroit cette place, & l'on crut que l'hôtel de Nevers, qui fait partie du palais Mazarin, qui appartient à la compagnie des Indes, & où elle tient fes affemblées, feroit d'autant plus convenable, qu'il eft dans un des plus beaux quartiers de la ville, & qu'on y aborde de tous côtés par de larges & belles rues, particulièrement par la rue Vivienne, où l'on deftinoit d'en faire la principale entrée.

Ce choix eut à peine été fixé, qu'on vit s'élever autour de la principale cour de cet hôtel, de magnifiques portiques de pierres de taille, & s'y établir des bureaux commodes; ceux-ci, où les marchands & agens de banque pouvoient faire les écritures de leurs négociations; & ceux-là, où à l'abri des injures du temps, ils pouvoient convenir de leurs traités & de leurs marchés.

Cette place un grand carré long, qui pour fon étendue, fa magnificence & fes commodités, ne le cède pas même à la bourfe d'Amfterdam, qui eft eftimée une des plus belles de l'Europe. Voyez ce qu'on en dit au paragraphe fuivant.

Les bâtimens finis avec une dépenfe royale, & tout étant difpofé pour y recevoir les marchands, fa majefté ordonna par un arrêt de fon confeil, du 24 feptembre 1724, l'établiffement d'une bourfe dans la ville de Paris, pour y traiter des affaires de commerce, tant de l'intérieur que de l'extérieur du royaume.

Cet arrêt qui eft en forme de réglement, tant pour la police qui doit s'obferver dans la nouvelle bourfe, que pour les fonctions des agens de change, par commiffion que fa majefté y établit, eft compofé de XLI articles, les XVI premiers concernant ladite police, & les XXV autres uniquement pour lefdits agens.

On ne rapportera ici que les articles de police, les autres qui regardent les agens ayant été employés ailleurs.

ART. I. Il fera inceffamment établi dans la ville de Paris, une place appellée la bourfe, dont l'entrée principale fera rue Vivienne, & dont l'ouverture fera indiquée & faite par le lieutenant-général de police, que fa majefté a commis & commet pour avoir jurifdiction fur la police d'icelle, & dont les jugemens feront exécutés provifoirement, nonobftant oppofition ou appellation quelconques.

II. La bourfe fera ouverte tous les jours, excepté les jours de dimanche & fêtes, depuis dix heures du matin, jufqu'à une heure après midi; après laquelle heure l'entrée en fera refufée à ceux qui s'y préfenteront, de quelqu'état & condition qu'ils puiffent être.

III. Il fera établi à la porte de la bourfe, une garde commandée par un exempt, & compofée du nombre d'archers, que le fieur lieutenant-général de police jugera à propos pour empêcher les défordres.

IV. L'entrée de la bourfe fera permife aux négocians, marchands, banquiers, financiers, agens de banque & de commerce, bourgeois & autres perfonnes connues & domiciliées dans la ville de Paris; comme auffi aux forains & étrangers, pourvu que ces derniers foient connus d'un négociant, marchand, ou agent de change & de commerce, domiciliés à Paris.

V. Pour empêcher qu'il ne s'introduife à la bourfe, d'autres perfonnes que celles qui auront droit d'y entrer, veut fa majefté qu'il foit diftribué par le lieutenant-général de police, ou celui qu'il commettra à cet effet, une marque à chacun de ceux qui feront dans le cas de l'article précédent, & fur la requifition qu'ils en feront; lefquelles marques feront repréfentées à l'entrée de la bourfe, fans être obligé de les laiffer, par celui au nom duquel elles auront été délivrées, & non autrement: & fi aucune defdites marques étoit repréfentée par un autre, elle fera arrêtée ainfi que celui qui en fera porteur.

VI. Ceux qui feront porteurs defdites marques, les ayant perdues, en avertiront celui qui fera prépofé pour cette diftribution par le fieur lieutenant-général de police, & il leur en fera délivré de nouvelles. Et à l'égard de ceux qui cefferont de vouloir faire ufage de celles qui leur auront été diftribuées, ils feront tenus de les rapporter audit prépofé; & dans l'un & l'autre cas, il en fera fait mention fur le rôle de diftribution defdites marques.

VII. Il ne fera délivré des marques aux forains & étrangers, pour avoir entrée à la bourfe, que fur le certificat d'un négociant, marchand, banquier ou agent de change & de commerce, domiciliés à Paris.

VIII. Si d'autres particuliers trouvent moyen d'entrer à la bourfe fans avoir repréfenté une marque à leur nom, veut fa majefté qu'ils foient arrêtés & en foient mis hors pour la première fois, avec défenfes de s'y repréfenter, & en cas de récidive, à peine de prifon & de mille livres d'amende au profit de l'hôpital général, & payable avant que d'être élargi.

IX. Si un particulier fe fert du nom qui fera infcrit fur le billet dont il fera porteur, pour entrer à la bourfe, & qu'il y foit arrêté pour contravention à aucun des articles du préfent réglement, ordonne fa majefté que, où il y aura preuve du prêt
dudit

audit billet, celui qui l'aura prêté sera condamné en quinze cens livres d'amende payable par corps, & applicable à l'hôpital général, sans que cette peine puisse être remise ou modérée, & il ne pourra rentrer à la *bourse* où son nom sera inscrit.

X. Si l'exempt ou les gardes à la porte de la *bourse* y font entrer quelqu'un sans marque, ils seront destitués de leurs emplois, & seront en outre les gardes condamnés à un mois de prison.

XI. Les femmes ne pourront entrer à la *bourse*, pour quelque cause ou prétexte que ce soit.

XII. Toutes les négociations de lettres de change, billets au porteur ou à ordre, marchandises, papiers commerçables & autres effets, se feront à la *bourse*, de la manière & ainsi qu'il sera ci-après expliqué. Défend sa majesté à tous particuliers, de quelque état & condition qu'ils soient, de faire aucune assemblée, & de tenir aucun bureau pour y traiter de négociations, soit en maisons bourgeoises, hôtels garnis, chambres garnies, cafés, limonadiers, cabaretiers, & par-tout ailleurs, à peine de prison & de six mille livres d'amende contre les contrevenans, payable avant de pouvoir être élargis, & applicable moitié au dénonciateur & moitié à l'hôpital général; & seront tenus les propriétaires, en cas qu'ils occupent leurs maisons, & les principaux locataires, aussi-tôt qu'ils auront connoissance de l'usage qui en sera fait en contravention au présent article, d'en faire déclaration au commissaire du quartier, & d'en requerir acte, faute de quoi ils seront condamnés par corps en pareille amende de six mille livres, applicable comme ci-dessus.

XIII. Défend très-expressément sa majesté aucuns attroupemens dans les rues aux environs de la *bourse*, & dans toutes les autres rues de la ville & fauxbourgs de Paris, pour y faire aucunes négociations, & sous quelque cause & prétexte que ce soit: enjoint sa majesté au sieur lieutenant général de police, de faire arrêter les contrevenans, & de les faire constituer prisonniers.

XIV. N'entend sa majesté comprendre par les défenses portées par les deux précédens articles, les traités ou négociations pour marchandises seulement, qui outre la *bourse*, pourront continuer de se faire dans les foires, halles ou marchés à ce destinés, & sans néanmoins qu'il y puisse être fait aucune négociation d'autres effets.

XV. Afin d'établir l'ordre & la tranquillité à la *bourse*, & que chacun y puisse traiter de ses affaires sans être interrompu, sa majesté défend d'y annoncer le prix d'aucun effet à haute voix, & de faire aucun signal ou autre manœuvre pour en faire hausser ou baisser le prix, à peine contre les contrevenans d'être privés d'entrer pour toujours à la *bourse*, & condamnés par corps à six mille livres d'amende, applicable moitié au dénonciateur, & l'autre moitié à l'hôpital général.

XVI. S'il arrive à la *bourse* des contestations entre les particuliers, suivies de menaces & de voies

de fait, celui qui aura levé la main pour frapper, sera sur le champ arrêté & constitué prisonnier, pour être jugé suivant les ordonnances; & pour s'assurer des coupables, on sonnera une cloche au premier avertissement qui en sera donné, & les portes seront à l'instant fermées, sans que qui que ce soit puisse exiger qu'elles soient ouvertes, à peine contre ceux qui par violence ou autrement voudroient faire ouvrir lesdites portes, d'être traités comme complices du désordre.

Bourse d'Amsterdam.

La *bourse* d'Amsterdam, où se fait la plus grande partie du commerce d'une ville si célèbre par celui qu'elle entretient dans toutes les parties du monde, est un grand bâtiment de brique & de pierre de taille. Autour de ce bâtiment qui a 230 pieds de long, sur 130 de large, règne un peristile au-dessus duquel est une galerie de vingt pieds de large. Les piliers du peristile sont au nombre de quarante-six, tous numérotés depuis un jusqu'à quarante-six, pour distinguer les places où se tiennent les marchands, & aider à les trouver aux personnes qui ont à traiter avec eux.

C'est dans cette *bourse*, qui peut contenir environ 4500 personnes, que se trouvent chaque jour tous les négocians qui ont quelques affaires, aussi-bien que les courtiers qui sont chargés de quelque traite. Elle est ouverte tous les jours ouvrables depuis midi jusqu'à une heure & demie ou deux heures. On en annonce l'ouverture par le son d'une cloche. A midi & demi on en ferme les portes; on y peut néanmoins entrer jusqu'à une heure, en payant un certain droit que reçoit un commis établi pour le recevoir.

Chaque marchand & chaque sorte de négoce a sa place affectée dans la *bourse*, sans quoi il seroit impossible de se pouvoir trouver les uns les autres, tant la foule y est toujours grande, à la réserve néanmoins du samedi, à cause que les Juifs n'y viennent pas ce jour-là.

On tient qu'il y a environ mille courtiers à Amsterdam, tant de ceux qu'on appelle *courtiers jurés*, que des autres qui travaillent sans commission du bourguemestre. Il n'y a guères des uns ou des autres qui manquent de se trouver à la *bourse*.

Il y a encore une autre *bourse* à Amsterdam, que l'on appelle la *bourse* ou *marché aux grains*. Elle tient tous les lundis, mercredis & vendredis, depuis dix heures du matin jusqu'à midi.

Cette *bourse* est un grand bâtiment de bois, soutenu de quantité de piliers aussi de bois, où se trouvent tous les marchands de grains, tant de la ville que du dehors. Chaque marchand a son facteur, qui a soin d'y porter les montres des grains qu'ils veulent vendre. Ces montres sont dans des sacs qui en peuvent contenir une ou deux livres.

Comme le prix des grains se règle autant sur leur poids que sur leur bonne ou mauvaise qualité, il y a sur le derriere de la *bourse* diverses petites balances, par lesquelles en pesant trois ou quatre poignées de grains qu'on marchande, on connoît la pesanteur du sac ou du lait.

BOURSE. Se dit aussi de ceux qui ont beaucoup d'argent comptant, qu'ils font valoir sur la place, en escomptant des lettres & billets de change. Ainsi on dit : cet homme, ce marchand est une des meilleures bourses de Paris; cet agent de change fait les meilleures affaires, il connoît les meilleures bourses.

Lorsque le temps est malheureux, & que l'argent est rare sur la place, & parmi les négocians, on dit que les bourses sont fermées.

Quand un arbitre ou un amiable compositeur condamne quelqu'un à donner quelque chose à sa partie adverse, au-delà de ce qu'il pourroit devoir à la rigueur, pour établir la paix & la concorde entr'eux, on dit qu'il a coupé la bourse à celui qu'il a condamné.

BOURSE COMMUNE. Est proprement une société qui se fait entre deux ou plusieurs personnes de même profession ou négoce, pour partager par égale portion les profits, & supporter de même les pertes qui peuvent arriver dans leur trafic.

Les marchands & négocians qui sont en société, font ordinairement bourse commune; d'où l'on dit quelquefois tenir la bourse, au lieu de tenir la caisse, en parlant de celui qui est chargé de faire la recette & dépense des associés pour fait de négoce, marchandise ou banque.

BOURSE COMMUNE. S'entend aussi de ce qui provient des droits de réception, soit à l'apprentissage, soit à la maîtrise, dans les corps des marchands & les communautés des arts & métiers ; qui compose un fonds qui ne peut être employé que pour les besoins & les affaires communes. Les maîtres & gardes, & les jurés sont ordinairement les receveurs de ces sortes de deniers communs, dont ils sont obligés de rendre compte au sortir de charge ; quelquefois néanmoins il y a des receveurs particuliers, comme dans la communauté des courroyeurs, où le receveur est élu suivant l'ordre du tableau. C'est le premier grade pour entrer dans les charges.

BOURSE. Se dit encore de l'argent ou du bien de quelqu'un. Avoir la bourse, manier la bourse, c'est-à-dire, être maître de faire la dépense. Mettre la main à la bourse, c'est dépenser, employer de l'argent. On dit aussi, faire une affaire sans bourse délier, quand on fait un troc de marchandise, un accommodement but à but, & sans que l'on soit obligé de donner de l'argent de part ni d'autre.

BOURSE. Est aussi une manière de compter, ou si l'on veut, une espèce de monnoie de compte, fort en usage dans les états du grand-seigneur, particulièrement à Constantinople. La bourse est composée de quinze cens livres, monnoie de France. On l'appelle bourse, parce que toutes les espèces, soit d'or, soit d'argent, qui entrent dans

le trésor du sérail, sont enfermées dans des sacs, ou bourses de cuir, & ne passent jamais cinq cent écus.

La bourse d'or est de quinze mille sequins, ou de trente mille écus. On ne se sert guères de ce compte, que pour les présens que le grand-seigneur fait quelquefois à ses favoris, ou à ses sultanes les plus chéries. Ainsi quand on dit simplement une bourse dans le levant, on l'entend toujours de cinq cens écus, ou de quinze cens livres de France.

BOURSIER. Ouvrier qui fait & vend des bourses.

Les maîtres de la communauté des boursiers de Paris se qualifient maîtres boursiers, colletiers, pochetiers, calçonniers, faiseurs de brayers, gibecières, mascarines, & escarcelles d'or & d'argent; bufle, maroquin, cuir noir & blanc; & autres étoffes généralement quelconques, de la ville, fauxbourgs, banlieue, prévôté & vicomté de Paris.

BOURSILLER. Contribuer chacun de quelque somme pour achever un paiement : faire de nouvelles avances pour une entreprise où plusieurs associés ont part. Il ne se dit guères que lorsque les sommes qu'on paye de nouveau sont peu considérables.

BOUSILLAGE. (Terme de limosinerie.) C'est une construction faite avec de la terre & de la boue. Le meilleur bousillage se fait avec de la paille hachée & courroyée avec la terre.

BOUSILLAGE. Se dit parmi les artisans, d'un ouvrage mal façonné & mal fait.

BOUSILLER. Faire un ouvrage de limosinerie avec de la terre détrempée ou de la boue.

BOUSILLER. Signifie aussi gâter une besogne ou la faire mal proprement.

BOUSILLEUR. Celui qui travaille en bousillage.

BOUSILLEUR. Est encore un mauvais ouvrier qui sçait mal son métier, & qui travaille avec peu d'adresse & de propreté.

BOUSIN. Les carriers & tailleurs de pierre appellent bousin, une substance molle, & pour ainsi dire mal formée & pétrifiée, qui couvre le dessus des pierres au sortir de la carrière, & qui leur tient lieu de ce que l'aubier est au bois. Le bousin est une espèce de souchet qui ne vaut rien, & qu'on doit entièrement abattre en équarrissant les pierres. Voyez PIERRE DE TAILLE & SOUCHET.

BOUSSOLE, qu'on nomme autrement COMPAS DE ROUTE, ou CADRAN DE MER. C'est une machine dont se servent les pilotes pour pointer & assurer la route de leurs vaisseaux.

La principale pièce dont la boussole est composée, & sans laquelle elle seroit absolument inutile, est l'aiguille aimantée, qui se tournant naturellement &, sûrement vers les poles, quoiqu'à la vérité avec diverses variations & déclinaisons, dirige le pilote & lui fait connoître de quel côté il doit entretenir ou redresser sa route.

Cette aiguille, qu'anime l'aimant, & à laquelle il donne une espèce de vie, est ordinairement faite avec le fil de fer, qu'on nomme vulgairement *fil d'archal*, ou de *richard*, plié & difpofé en lozange. Ce fil eft comme enchaffé dans l'épaiffeur d'un carton taillé en rond, qui porte fur fa furface extérieure plufieurs cercles, dont l'un eft divifé en 360 dégrés, & un autre en 32 parties, qui marquent autant de différens aires de vents. L'un des angles aigus du lozange eft frotté d'un aimant le plus vif & le plus généreux qu'on puiffe avoir; ce qui fe fait avec quelque précaution, étant, comme on l'eftime, abfolument néceffaire, que lors du frottement la pierre foit tenue du côté du nord par rapport à l'aiguille. Dans cette fituation, on la paffe doucement depuis le milieu, c'eft-à-dire, depuis un des angles obtus de l'aiguille, jufqu'à l'angle aigu qu'on veut qui fe tourne vers le nord; & après l'avoir levée, on revient la paffer de la même manière depuis l'autre angle obtus, jufqu'au même angle aigu, en prenant garde de ne la point faire retourner par-deffus l'aiguille déjà touchée, & ne la point non plus arrêter au bout, lorfqu'elle y eft arrivée.

Au milieu du rond de carton où eft engagée l'aiguille, ce que l'on appelle *la rofe de la bouffole*, eft un petit cône de léton, un peu concave, qui fert à la pofer fur un pivot de même métal, attaché au fond d'une boëte de bois ouverte par-deffus, & couverte d'un verre, à travers duquel il eft facile de voir les divers mouvemens de l'aiguille.

Enfin, cette première boëte, qui eft proprement la *bouffole*, eft dans une autre plus grande, où elle eft foutenue par plufieurs cercles de cuivre, qu'on appelle *balancier*, & qui fervent à tenir la *bouffole* toujours en équilibre, & pofée horifontalement. L'on ne s'eft arrêté ici qu'à la defcription de la *bouffole* marine, de fi grand ufage dans le commerce, fur-tout pour les voyages de long cours; & l'on n'a pas cru non plus néceffaire d'y répéter ce qu'on a dit ailleurs des inventeurs, & de l'utilité de cette admirable machine.

BOUT D'ESTAMINE, qu'on nomme auffi BRUT D'ESTAMINE. *Etoffe* façonnée à la manière des eftames, dont il fe fait un affez bon négoce à Lyon. *Voyez* BRUT D'ESTAMINE, OU ESTAMINE.

BOUTANES. *Toiles* de coton qu'on fabrique dans l'Ifle de Chypre, & qui font une partie du négoce que les François & autres nations chrétiennes font dans cette échelle. *Voyez* TOILE DE COTON.

BOUTARGUE, que les Provençaux appellent *bou-argues*, eft faite avec les œufs de muge ou de mujon, gros poiffon affez commun dans la Méditerranée. C'eft une efpèce de kavia, avec la feule différence que le dernier fe fait d'œufs d'efturgeons; la *boutargue* d'ailleurs fe falant, & fe féchant au foleil comme le kavia.

La meilleure *boutargue* vient de Tunis en Barbarie; il s'en fait auffi à huit lieues de Marfeille dans un lieu nommé *Martegue*. Les Provençaux en mangent beaucoup: Il ne s'en fait pas un grand commerce à Paris, cependant les gros marchands épiciers en ont ordinairement; fur-tout vers le carême, étant

un mets propre pour ce faint tems. On mange la *boutargue* avec l'huile d'olive & le citron; il faut la choifir fèche & rougeâtre.

Il fe fait auffi quantité de *boutargue* dans divers endroits de l'Egypte, particulièrement du côté d'Alexandrie. Le poiffon des œufs duquel on fait cette drogue, eft à peu près de la longueur du brochet, mais un peu plus étroit. On l'ouvre auffi-tôt qu'il eft pris, & l'on en prépare les œufs à peu près comme on fait ceux de l'efturgeon pour le caviac. On coupe la *boutargue* par tranche, & quand on la veut garder, on met chaque morceau à part, en l'enveloppant dans des efpèces de feuilles de cire, afin d'empêcher que les mites ne s'y mettent. Il fe fait dans tout le Levant une grande confommation de la *boutargue* d'Alexandrie.

BOUTE. Efpèce de grand vaiffeau propre à tranfporter les vins dans les pays de montagne. Il eft fait de peau de bœuf fans poil, paffée & préparée de manière qu'elle eft fouple & maniable; ce qui la rend plus commode pour la charge des mulets & autres bêtes de fomme, que ne feroient les barils.

Le vin ne fe garde point long-tems dans les *boutes*; & il faut auffi-tôt qu'il eft arrivé dans les lieux pour lefquels on le deftine, le furvuider dans des tonneaux de bois, fi l'on a deffein de le conferver.

BOUTE. Se dit encore des grandes tonnes ou bariques que l'on embarque fur les vaiffeaux, pour mettre la provifion d'eau douce pour les équipages. Ces *boutes* doivent être cerclées de fer. C'eft auffi des moitiés de futailles, en manière de baquets, où l'on met le breuvage que l'on diftribue chaque jour aux matelots.

BOUTE-HORS, (*terme de marine*), fe dit des avances qu'un propriétaire de vaiffeau eft obligé de faire, pour le mettre en mer. Ce vaiffeau a coûté tant pour les frais de *boute-hors*.

BOUTEILLE. Vaiffeau propre à contenir des liqueurs. Il y a des *bouteilles* de cuir-bouilli, que font & vendent les gaîniers; des *bouteilles* de verre fin, qu'on couvre d'ofier; & d'autres de gros verre, qui ne font point couvertes. Ces deux fortes de *bouteilles* fe fabriquent dans les verreries, & fe couvrent & fe vendent par les verriers-fayanciers, couvreurs de *bouteilles* & flacons.

Autrefois elles tenoient toutes une pinte de Paris jufte, & les diminutions à proportion; mais depuis que les cabaretiers vendent dans le détail, la plûpart de leurs vins en *bouteilles*, contre les ordonnances de la ville, qui portent qu'ils ne le vendront que dans des pots & mefures d'étain marquées & étalonnées, on diroit que les verriers, comme d'accord avec eux, n'obfervent plus de les réduire à la pinte, n'y en ayant point qui ne foient diminuées, même quelquefois affez confidérablement. Outre les *bouteilles* de cuir bouilli & de verre, il y a encore des *bouteilles* de grès de diverfes fortes, que font les potiers de terre, & que débitent en détail les chandeliers & autres regratiers. *Voyez* GAÎNIER, VERRIER, FAYANCIER, CHANDELIER & POTIER DE TERRE.

Pp ij

Les droits d'entrée que les bouteilles, soit dou-
bles, soit simples, payent en France, sont de 10
liv. le cent pesant, suivant l'arrêt du 14 août 1688 ;
& ceux pour les bouteilles de terre, conformément
au tarif de 1664, 2 sols la douzaine.

Les droits de sortie sont de 2 sols la douzaine
pour celles de verre, & seulement 1 sol pour les
bouteilles de terre, avec les sols pour livre.

BOUTEILLE. *Mesure* des liquides, dont on se sert
à Amsterdam. Elle n'est point différente du mingle.
Voyez la TABLE DES MESURES.

BOUTEILLE. Se dit aussi de la liqueur qui y est
contenue. Une *bouteille* de vin, une *bouteille* de
cidre.

BOUTIQUE. Lieu où les marchands exposent
leurs marchandises en vente, qui est ouvert sur la
rue, & au rez-de-chaussée. On l'appelloit autrefois
fenêtre & *ouvroir* ; & l'on trouve plus communément ces deux mots dans les anciens statuts des
communautés des arts & métiers, que celui de *boutique.*

On dit : lever, ouvrir *boutique* ; tenir *boutique* ;
garder, conduire la *boutique* ; se mettre en *boutique* ; garçon de *boutique*, fille de *boutique*. Ce marchand a ouvert sa *boutique.*

Les merciers de Paris, suivant leurs statuts, ne
peuvent avoir plus d'une *boutique* ouverte à la fois.

Les ordonnances de police veulent que les *boutiques* soient fermées les dimanches & les fêtes, &
pendant les réjouissances publiques, ou quand il y
a une maladie contagieuse.

Il y a aussi des *boutiques* dans les foires, dans
les sales du palais, &c.

On appelle pareillement *boutique*, certains étaux
portatifs, à l'abri desquels se mettent les petits marchands, qui vont aux foires de campagne pour y
vendre des jouets d'enfans, de la quinquaillerie ou
menue mercerie.

Les savetiers & ravaudeuses de Paris, n'avoient
autrefois que de ces sortes de *boutiques*, composées
d'un auvent, pour les garantir de l'injure du tems,
& d'une espèce de caisse carrée posée devant eux,
pour serrer leurs marchandises & leurs ouvrages.
On en voit encore beaucoup de cette sorte au coin
des rues ; mais plus de ravaudeuses que de savetiers.

Ces *boutiques* sont sujettes à un droit de voyerie ;
& l'on ne peut les établir sans permission.

On donne encore le nom de *boutique*, à des ma-
nettes, boëtes ou layettes qui sont portées au col &
sur le dos, par quelques petits merciers qui courent
la campagne, & auxquels on donne le nom de *porte-
balle.*

ARRIÈRE-BOUTIQUE. Est un *magasin* sur le derrière de la maison, qui sert à mettre les marchandises de conséquence que l'on veut conserver.

GARDE-BOUTIQUE. Se dit d'une *vieille étoffe* ou
marchandise qui n'est plus de demande, pour n'être
pas à la mode, ou pour être défectueuse.

BOUTIQUE. Se dit aussi du fonds d'un marchand.
Il a vendu, il a laissé sa *boutique* à son associé, à

son garçon ; pour dire, qu'il lui a abandonné ses
marchandises, son fonds.

On appelle les garçons marchands, courtauts de
boutique ; ce qui ne se dit guères que par mépris
& par dérision.

On nomme encore *boutique*, les bateaux dont
se servent les marchands de poisson, pour faire voiturer leur poisson & le nourrir, en attendant qu'ils
puissent en faire la vente. Ces bateaux sont percés
de divers trous au-dessous du niveau de la rivière ; &
ne sont soutenus sur l'eau, qu'à cause du vuide qui est
à l'avant & à l'arrière.

Il y a à Paris quantité de ces *boutiques* à poisson.
Les ordonnances de la ville leur assignent les places
qu'elles doivent occuper dans les ports. Celles du
port saint-Paul sont les plus considérables, & sont
placées à la descente du pont Marie. Ce sont les
prévôt des marchands & échevins, qui connoissent
des contestations & délits sur le fait desdites *boutiques.*

BOUTIQUIER. Se dit des marchands qui vendent en boutique.

BOUTON. Espèce de petite boule, ou attache
ronde, applatie par-dessous, qui sert à joindre les
deux côtés d'un juste-au-corps, ou de quelqu'autre
vêtement, que l'on veut attacher, selon que l'on en
a besoin.

Il se fait des *boutons* de plusieurs grosseurs, façons & matières ; d'orfévrerie, d'étain, de léton,
d'acier, de métal, d'or & d'argent filé, de soie, de
poil de chèvre, de fil de lin ou de chanvre ; de
crin, de jayet ou jais, & de pierres précieuses, comme
diamant, agates, &c. On fait aussi des *boutons* à
queue.

On faisoit autrefois comme aujourd'hui des *boutons*, dont les moules de bois étoient couverts de
drap, ou de quelqu'autre étoffe, ou tissu fait au métier,
qui étoient d'un grand usage ; mais Louis XIV, par
sa déclaration du 25 septembre 1694, & par arrêt de
son conseil d'état, du 14 juin 1695, fit des défenses
très-expresses, sous peine d'amende, aux tailleurs
d'habits, & à toutes autres personnes, de faire &
mettre, ni porter sur les habits, aucuns *boutons* de
drap, tissu de ruban, ni d'aucunes autres étoffes de
soie, d'or & d'argent, faites au métier.

Depuis ces défenses, il s'étoit encore introduit
une mode de *boutons* de corne, qui se jettoient en
moule, & auxquels on donnoit toutes sortes d'impressions, sans que les mains ni l'aiguille y eussent
aucune part : & comme l'usage de ces sortes de
boutons ne se trouve pas moins contraire au négoce
des soies, qu'à l'intérêt des maîtres passementiers-
boutonniers, le même roi, par autre arrêt de son
conseil d'état, du 16 janvier 1712, défendit aux
tailleurs d'habits, & à tous autres, de faire & mettre, ni porter sur les habits des *boutons* de corne,
sous peine d'amende. Ces prohibitions, comme bien
d'autres pareilles, sont tombées en désuétude.

On appelle *boutons* à juste-au-corps, *boutons* à
vestes, *boutons* à soutanes, à soutanelles, à robes

de palais; *boutons* à chemifes & à camifoles; &c. des *boutons* qui font d'une groffeur & façon convenable à ces fortes de vêtemens.

Les *boutons* en forme d'olive, étoient autrefois à la mode, & l'on en portoit communément fur les habits; mais cette mode s'étant paffée en peu d'années, ils n'étoient reftés d'ufage, que pour retenir des pentes de lit, & attacher des rideaux. Les dames en ont pourtant renouvellé l'ufage; & les hommes les ont adoptés à différentes époques.

Les paffementiers & les boutonniers ne forment préfentement qu'une feule & même communauté.

Quoiqu'il fe fabrique à Paris une très-grande quantité de *boutons* de toutes les fortes, & des plus beaux, on ne laiffe pas cependant d'en tirer de plufieurs endroits du royaume, même des pays étrangers.

Ceux de Rouen, font, ou de crin, ou de fil blanc; ceux de Gifors, de fil blanc; ceux d'Apremont & de Montaterre près Chantilly, de foie & de poil de chèvre; ceux d'Auvergne & du Limôfin, de crin; ceux de Flandre, de fil blanc, très-beaux & très-fins; ceux de Hollande, font de crin, & très-eftimés; ceux de Liège font auffi de crin, mais moins beaux que ceux de Hollande. Toutes ces fortes de *boutons* fe vendent & fe débitent ordinairement à la groffe ou à la douzaine, & font une portion du négoce des marchands merciers.

Il eft défendu aux boutonniers, par leurs anciens réglemens, d'enfermer dans leurs *boutons* aucun os, ni bois de gayac, à caufe de leur pefanteur.

On appelle *le moule d'un bouton*, ce petit morceau de bois à demi-rond, percé par le milieu, qui fe trouve renfermé fous le fil d'or, d'argent, de foie, de poil, &c. dont le *bouton* eft compofé.

En France, les boutons *d'or & d'argent fin payent de droits d'entrée,* 30 *fols de la livre pefant.*

Les boutons *de* foie, 16 *fols.*

Les boutons *d'or & d'argent faux,* 15 *fols, conformément au tarif de* 1664.

Les boutons *de* fil, *de* laine, *de* verre *& de rocaille, le cent pefant,* 15 *livres.*

Et les boutons *de* crin, *auffi le cent pefant,* 10 *liv. fuivant l'arrêt du* 3 *Juillet* 1692.

A l'égard des droits de fortie, les boutons *d'or & d'argent fin, compris les bois & carton, payent* 20 *fols la livre pefant.*

Les boutons *d'or & d'argent faux, &* boutons *de foie, compris les bois & carton,* 12 *fols auffi de la livre.*

Les boutons *de* crin, verre *& rocaille, comme mercerie,* 3 *liv., & s'ils font deftinés pour aller aux pays étrangers, feulement* 2 *liv. du cent pefant, fuivant le même arrêt du* 3 *Juillet* 1692: *le tout avec les fols pour livre.*

BOUTON DE MÉTAL EN LAME. Outre les *boutons*

de divers métaux, qui fe fondent dans des moules, il s'en fait auffi quantité en France, & fur-tout à Paris, avec des lames, ou feuilles très-minces d'or, d'argent, ou de cuivre, mais particulièrement de ces deux derniers métaux. L'invention de ces *boutons*, qui eft très-ingénieufe, mais d'un affez mauvais ufage, n'eft ancienne, & n'a guère commencé qu'avec le dix-huitième fiècle, ou fur la fin du dix-feptième.

Après que le *métal* que l'on veut employer, a été réduit en lames, ou en feuilles d'une épaiffeur convenable, foit par l'orfévre, fi c'eft de l'or ou de l'argent; foit par les fondeurs & ouvriers qui battent & applatiffent le cuivre, fi c'eft du léton, on le taille en petites pièces rondes, d'un diamètre proportionné au moule de bois, qui doit remplir le *bouton de métal*. Pour débiter ces lames, on fe fert d'un emporte-pièce d'acier très-tranchant, avec lequel on les coupe fur une table de plomb, qui ne réfiftant que mollement au coup, empêche que le fil de l'outil ne fe gâte.

Chaque pièce de *métal* ainfi coupée, & enlevée de la feuille, eft enfuite emboutie avec la bouterolle, c'eft-à-dire eft réduite de la figure du deffus d'un *bouton*, en la frappant fucceffivement avec cet outil dans diverfes cavités fphériques, qui s'approfondiffent par dégrés, & en commençant par les moins profondes, jufqu'à ce que la lame ait tout le relief dont elle a befoin; & afin de ménager le peu d'épaiffeur de la lame, non-feulement on en emboutit jufqu'à dix ou douze à la fois, mais encore on les recuit, pour les rendre plus duétiles & plus malléables.

La bouterolle eft un morceau de fer rond, en forme de gros poinçon, convexe par le bout, qui fert à emboutir; & plat par l'autre, pour la pouvoir frapper plus fortement & plus fûrement.

Quand les lames font embouties, on les travaille fur le tas avec la même bouterolle; mais avec cette différence, qu'alors on met du plomb entre la bouterolle & la lame.

On appelle le *tas*, un morceau d'acier de la forme des carrés qui fervent à la fabrication des monnoies; gravé en creux par-deffus, & avec une efpèce de queue pointue par-deffous, pour l'affermir fur un billot, ou fur un établi.

La cavité du tas, où doit fe faire l'empreinte, a une profondeur & un diamètre convenables à la forte de *bouton* qu'on y veut frapper, chaque forte ayant befoin d'un tas particulier. Le plomb que l'on met entre la bouterolle & la lame emboutie, lorfqu'on la veut travailler fur le tas, fert à lui en faire prendre tous les traits; ce métal cédant facilement aux parties gravées de relief, & s'infinuant avec la même facilité dans les contours de la gravure en creux. Cette façon s'appelle *emboutir fur le tas*.

La lame ainfi emboutie fur le tas fert à faire la partie fupérieure du *bouton*, & s'appelle la *coquille*: une autre lame auffi emboutie, mais plus platte, &

fans empreinte, en fait la partie inférieure. C'eft à cette dernière qu'eft foudée une petite queue d'un même *métal*, pour arrêter & coudre le *bouton*. On joint l'une & l'autre lame, en les foudant enfemble, après y avoir enfermé auparavant un moule de bois, couvert de cire ou d'une efpèce de maftic, pour le rendre plus folide. La cire qui entre dans tous les creux du relief de la feuille de *métal*, le foutient, l'empêche de s'applatir, & lui conferve fa boffe & fon deffein. Quelquefois, & même le plus fouvent, on fe contente de couvrir le moule de bois de la coquille de *métal*, en en rabattant les bords par-deffous; & pour coudre le *bouton*, on fe fert alors d'une petite corde à boyau, qui traverfe en croix le milieu du moule.

Cette nouvelle fabrique de *boutons* fait partie du négoce de l'orfévrerie, de la mercerie, des doreurs fur *métal* & des maîtres boutonniers.

Ces derniers & les orfévres ont eu de longues conteftations au fujet de cette nouvelle fabrique, les uns prétendant être en droit de faire des *boutons* d'argent, & les autres non-feulement les revendiquant, comme faifant partie de l'orfévrerie, mais voulant auffi en faire des autres métaux, dorés d'or moulu & en feuille, ou argentés.

L'arrêt de 1717, qui a réglé ces conteftations, & qui a confervé aux orfévres les *boutons* d'argent, & aux boutonniers ceux de cuivre doré, n'a pu empêcher que les uns & les autres n'aient continué leurs mutuelles entreprifes; les orfévres, qu'on appelle de là *orfévres-boutonniers*, en faifant toujours de cuivre doré, ou argenté; & les boutonniers n'ayant point difcontinué la fabrique des *boutons* d'argent.

Il faut remarquer, par rapport à ces derniers *boutons*, que la coquille n'étant pas affez forte pour foutenir la marque du poinçon, les commis de la ferme les marquent de deux cachets, quand ils ont été mis par douzaines fur les cartons par l'ouvrier.

BOUTONNERIE. Marchandife de boutons. Il fe dit auffi de la profeffion de ceux qui en font le négoce. Les boutonniers-paffementiers fabriquent la plupart de la *boutonnerie* de foie, de fil, de poil, de crin, &c. mais ce font les marchands merciers pour qui ces ouvriers travaillent, qui en font le commerce le plus confidérable.

BOUTONNIER. Ouvrier qui fait des boutons. Les *boutonniers* ne font que rarement le commerce des boutons en détail; mais pour l'ordinaire ils les vendent en gros aux marchands merciers, aux tailleurs, aux tapiffiers, &c. A Paris les maîtres *boutonniers* font partie de la communauté des maîtres paffementiers. Ils prennent dans leurs ftatuts la qualité de maîtres *paffementiers-boutonniers-enjoliveurs*.

BOUTONNIER. On appelle *orfévres-boutonniers* ceux du corps de l'orfévrerie, qui ne s'occupent qu'à fabriquer & à vendre des boutons d'argent.

BOUTONNIER en émail, verre & criftalin. Artifan qui fait des boutons à la lampe avec ces fortes de matières. Les maîtres *boutonniers* en émail font une des communautés des arts & métiers de la ville & fauxbourgs de Paris. Ils ont été réunis en 1706 avec les maîtres verriers-couvreurs de flacons & bouteilles en ofier. Ceux-ci font plus connus fous le nom de *fayanciers*. Les autres fe nomment communément *émailleurs*. *Voyez* ÉMAILLEURS.

BOUTTES. Efpèce de grands tonneaux dans lefquels on enferme en Guyenne les feuilles de tabac, après qu'elles ont fué. Chaque *boutte* contient environ fept quintaux de feuilles; ce qui n'eft pas toujours égal, cela dépend du plus ou du moins de foin que l'on prend de les preffer : plus les feuilles font preffées dans la *boutte*, plus elles fe confervent. *Voyez* l'article du TABAC.

BOUTTE. On nomme auffi de la forte les bariques dans lefquelles on met le caviac, ou œufs d'efturgeon & de mouronne, qui viennent de la mer noire. La *boutte* de caviac pefe fept quintaux & demi.

BOUVERIE. (*Terme de marchands de beftiaux & de bouchers*). C'eft proprement une étable à bœufs.

BOYAU. Conduit difpofé dans l'animal, pour jetter au dehors les excrémens qui proviennent de la nourriture. Il y a des *boyaux* de quelques animaux, qui font utiles au commerce, après avoir été préparés par des ouvriers, qu'on nomme à Paris *boyaudiers*. *Voyez* BOYAUDIERS.

BOYAU. On appelle CORDE DE BOYAU certaines cordes faites de *boyaux* de mouton, ou d'agneau, dont il fe fait un affez grand négoce à Rome, à Touloufe, à Lyon, à Marfeille & à Paris. *Voyez* CORDES DE BOYAU.

BOYAU. On nomme, en termes de pêcheurs, *verveux en boyau*, un verveux qui n'eft point monté, & qui n'a ni fes enlarmes, ni fon archelet; enfin, qui eft tel qu'il fort de la main du pêcheur qui en a fait les mailles.

BOYAUDIER. M. Furetière dit BOYAUTIER; mais le rôle du confeil de 1691 fe fert du premier, c'eft le nom que ces ouvriers fe donnent eux-mêmes, & qu'ils ont par leurs ftatuts.

Les *boyaudiers* font des artifans qui préparent & filent les cordes à boyau, qui fervent pour les inftrumens de mufique, les raquettes, & quantité d'autres ouvrages.

Ces maîtres compofent une des communautés des arts & métiers de la ville & fauxbourgs de Paris.

BOYE. (*Terme de marine*). C'eft une marque ou enfeignement que l'on met dans les ports de mer, ou dans les rades, aux endroits dangereux. On s'en fert auffi pour marquer les lieux où les vaiffeaux ont jetté leurs ancres, & les ancres qu'on n'a pu enlever.

BOYER. Efpèce de bateau, ou chaloupe Flamande, qui fert à tranfporter les marchandifes, pour charger les vaiffeaux en rade. On s'en fert plus communément fur les rivières, canaux & autres eaux internes, que pour la mer.

BRA BRA 303

BRABANTES ou **PREXILLAS - CRUDOS.** Sortes de toiles d'étoupes de lin, qui se fabriquent aux environs de Gand, Bruges, Courtray & Ypres.

BRACELET. Ornement qu'on met autour du poignet ; on en fait de rubans, de tissus de cheveux, de crin, de perles & de pierreries ; & c'est aussi au *bracelet* qu'on attache les petits portraits de miniature qu'on porte au bras.

Les *bracelets* sont également en usage parmi les peuples les plus policés & les nations les plus barbares. Les habitans de Madagascar en font de menilles de métal, qui sont en forme de carcan. Ceux des sauvages de l'Amérique sont de rassade & de veroterie. Les noirs des côtes de Guinée en ont de ces coquillages, qu'on nomme *cauris* en Asie, & *bouges* en Afrique ; & c'est pour avoir de ces vains ornemens, qu'ils donnent les uns & les autres leurs plus riches marchandises, & même quelquefois la liberté de leurs pères, de leurs femmes & de leurs enfans.

BRAILLER. (*Terme de salaison de hareng*). C'est après qu'on a mis le sel au poisson, le remuer avec des pelles, qu'on appelle *brailles*, pour qu'il prenne mieux la saleure. Cette façon ne se donne au hareng, que lorsqu'on le sale à terre. Quand il s'encaque à bord, on le tient sur des paniers plats ; & en le plaçant dans la caque, on le saupoudre de sel à chaque rangée qu'on en fait. Il y a des endroits, où, pour lui mieux faire prendre le sel, on le sasse dans de grands paniers à anses, en le secouant, & le faisant sauter à plusieurs reprises. *Voy.* HARENG.

BRAISE. Bois, ou charbon très-allumé, & qui ne rend plus de fumée. On appelle aussi *braise*, ce charbon que les boulangers & pâtissiers tirent de leurs fours, après qu'ils les ont suffisamment chauffés, & qu'ils éteignent dans ce qu'ils appellent l'*étouffoir*. Le négoce de cette *braise* éteinte est très-considérable ; beaucoup de gens, qui craignent les mauvais effets du charbon noir, s'en servant à plusieurs usages. Elle se vend au boisseau ras.

BRANCHE. (*Terme de manufacture d'étoffes de laine*), en usage dans quelques endroits de Picardie, parmi les sergers & baracaniers, particulièrement à Abbeville. La *branche* est une portée de fils dont sont composées les portées qui font la largeur de la chaîne d'une étoffe.

L'article VI des réglemens de 1670 pour la communauté des sergers & baracaniers d'Abbeville porte, que les serges, façon de Londres, auront soixante portées à vingt fils chaque *branche*, c'est-à-dire, à vingt fils chaque demi-portée.

BRANCHE DE CYPRES. C'est une espèce de droit de balise qui se paie au bureau des fermes du roi, établi à Blaye. Ce droit est de 4 s. 6 den. par chaque vaisseau venant de Bordeaux, Libourne & Bourg. Le tiers de ce droit, montant à 1 sol 6 deniers,

appartient au fermier, les deux autres tiers sont au duc de Duras, par concession de sa majesté.

BRANDERIE. On nomme ainsi en Hollande, & particulièrement à Amsterdam, les lieux où l'on fait les eaux-de-vie de grain.

BRAN-DE-VIN. C'est ce qu'on nomme autrement *eau-de-vie.*

Ce terme n'est guère d'usage que parmi le peuple & le soldat. A Paris, où les petits marchands en débitent à petites mesures, depuis quatre deniers jusqu'à un sol ; & dans les armées, où les vivandiers, qui en font le négoce en détail, disent plus ordinairement *bran-de-vin*, qu'*eau-de-vie*. Ailleurs on ne dit qu'*eau-de-vie*, à moins que cela ne soit en plaisantant. *Voyez* EAU-DE-VIE.

BRAN-DE-SON. C'est le plus gros son des grains qu'on a fait moudre, qu'on en tire par le bluteau.

BRAND-HARING ou **HARENG DE BRAND.** Sorte de *hareng* qui se pêche par les Hollandois. Cette sorte de *hareng* est franc à l'entrée, & paye à la sortie 2 florins 10 sols du last de douze tonnes, suivant la nouvelle liste ou tarif de Hollande de 1725.

Il y a encore quelques sortes de *harengs* qui se nomment *brand*, comme *jacobi-brand*, *barthelomi* ou *kruigs-brand-gos*, ou *rouananche-brand*. Ces derniers payent quatre florins du même last de douze tonnes. *Voyez* la nouvelle liste ou tarif, à l'article LISTE.

BRANLE. (*Terme de marine*). C'est une forte toile longue de sept à huit pieds, qu'on suspend dans un vaisseau par les quatre coins, pour faire coucher un homme dessus. C'est une distinction dans un vaisseau marchand ordinaire, que de pouvoir avoir un *branle* ; il n'y en a point dans les heües, ni dans les barques, encore moins dans les tartanes.

BRANLER. Se dit d'un marchand ou d'un banquier qui fait présenter ses billets par-tout pour avoir de l'argent, & qui donne par-là à connoître qu'il est prêt à faire faillite. On entendra bientôt parler de plusieurs mauvaises affaires ; je connois deux ou trois gros marchands qui *branlent*.

BRAS. On appelle les *bras* d'une baleine, ce que dans les autres poissons on nomme des nageoires. *Voyez* BALEINE.

BRAS. Les *bras* d'une ancre sont les deux portions de la pièce de bois, qui le traversent par en haut, chaque *bras* faisant la moitié de la croisée. On dit aussi les *branches* d'un ancre. *Voyez* ANCRE.

BRASSAGE. (*Terme de monnoie*). C'est le droit accordé par le prince aux maîtres des monnoies pour les frais de la fabrication des espèces.

Ce droit, appellé dans la basse Latinité *braseagium*, du mot François *brasser*, n'a commencé de se payer en France, que sous la troisième race, la monnoie s'y fabriquant auparavant aux dépens du public ; ce qui la rendoit d'un même prix en œuvre, & hors d'œuvre.

Le droit de *brassage* n'a pas toujours été égal ; il

fut même aboli en 1679 par Louis XIV, mais ayant été rétabli dix ans après, il s'eft depuis payé fur l'ancien pied de trois livres-par marc d'or & dix-huit fols par marc d'argent.

BRASSE. *Mefure* qui contient ce qui eft compris de l'extrêmité d'une main à l'autre, lorfque les deux bras font étendus; ce qui fait environ la toife de France, ou la longueur de fix pieds de roi.

C'eft à la *braffe* que fe mefure la profondeur des rivières, des mers, des mines, des carrières, & des puits.

L'on mefure auffi la longueur des cables, qui fervent à tenir les ancres des vaiffeaux; & alors il y en a de trois fortes.

La grande, qui eft la *braffe* des vaiffeaux de guerre, eft de fix pieds.

La moyenne, qui n'a que cinq pieds & demi, fert aux vaiffeaux marchands.

Et la petite, qui n'eft que de cinq pieds, eft celle des patrons de bûche, c'eft-à-dire, des petits bâtimens, tels que ceux qui fervent à la pêche du hareng.

Les Hollandois fe fervent auffi de la grande *braffe*, pour l'armement des vaiffeaux que la compagnie envoye aux Indes Orientales.

BRASSE. Eft auffi une efpèce d'*aune* ou de *mefure de longueur*, qui fert à mefurer les corps étendus; comme draps de foie, de laine, ferges, toiles, & autres marchandifes de pareille nature.

La *braffe* eft en ufage prefque dans toute l'Italie, quoiqu'elle foit de différente longueur, fuivant les lieux.

A Venife, la *braffe* contient un pied onze pouces trois lignes, qui font huit quinziémes d'aunes de Paris; de manière que quinze *braffes* de Venife, font huit aunes de Paris; ou huit aunes de Paris, font quinze *braffes* de Venife.

La *braffe* de Bologne, Modène & Mantoue, eft femblable à celle de Venife.

A Luques, la *braffe* eft conforme au *ras de Piémont*: elle contient un pied neuf pouces dix lignes; ce qui fait une demi-aune de Paris: enforte que deux *braffes* de Luques font une aune de Paris; ou une aune de Paris fait deux *braffes* de Luques.

A Florence, la *braffe* contient un pied neuf pouces quatre lignes, qui font quarante-neuf centiémes d'aune de Paris, ce qui eft un peu moins d'une demi-aune: de manière que cent *braffes* de Florence font quarante-neuf aunes de Paris; ou quarante-neuf aunes de Paris, font cent *braffes* de Florence.

A Milan, la *braffe* dont on fe fert pour mefurer les draps de foie, contient un pied fept pouces quatre lignes, ce qui fait quatre neuviémes d'aune de Paris: de façon que les neuf *braffes* de Milan, pour les draps de foie, font quatre aunes de Paris; ou quatre aunes de Paris font neuf *braffes* de Milan.

Dans la même ville, la *braffe* deftinée pour mefurer les draps de laine, eft femblable à l'aune de Hollande, & contient deux pieds onze lignes, qui font quatre feptiémes d'aune de Paris; enforte que fept *braffes* de Milan, pour les draps de laine, font quatre aunes de Paris; ou quatre aunes de Paris font fept *braffes* de Milan.

Enfin, à Bergame, la *braffe* contient un pied fept pouces fix lignes, qui font cinq neuviémes d'aune de Paris: de manière que neuf *braffes* de Bergame, font cinq aunes de Paris; cinq aunes de Paris font neuf *braffes* de Bergame.

Pour réduire les *braffes* de Bergame en aunes de Paris, il faut fe fervir de la régle de trois, & dire: fi neuf *braffes* de Bergame font cinq aunes de Paris, combien tant de *braffes* de Bergame feront-elles d'aunes de Paris? Et au contraire, pour réduire les aunes de Paris en *braffes* de Bergame, il faut dire: fi cinq aunes de Paris font neuf *braffes* de Bergame, combien tant d'aunes de Paris feront-elles de *braffes* de Bergame?

Cette manière de réduire les *braffes* de Bergame en aunes de Paris, & les aunes de Paris en *braffes* de Bergame, peut fervir pour toutes les autres réductions. *Voyez* LA TABLE DES MESURES.

BRASSE. Se dit auffi de la chofe mefurée avec la *braffe*. Une *braffe* de velours : une *braffe* de drap.

BRASSEUR. Celui qui fait ou qui vend la bière en gros.

La communauté des maîtres *braffeurs* de la ville & fauxbourgs de Paris, eft très-ancienne; & une des premières qui ait été érigée en corps de jurande, & à qui le prévôt de Paris ait donné des ftatuts.

Outre tous les articles de réglemens contenus dans les anciens & nouveaux ftatuts des *braffeurs* de bière, il s'en trouve encore quelques-uns dans l'ordonnance des aides de 1680, qu'ils font obligés d'obferver, à peine d'encourir les amendes portées contre les contrevenans.

Ces articles font les 2e, 3e, 4e, & 5e du titre des droits fur la bière.

Par le premier de ces quatre articles, les *braffeurs* ne peuvent fe fervir de cuves, chaudières & bacs, que l'efpallement n'en ait été fait avec le fermier ou fes commis; & que ledit fermier n'y ait appofé fa marque, à peine de confifcation des vaiffeaux non-jaugés ni marqués, de la bière qui s'y trouvera, & de cent livres d'amende.

Par le fecond, ils font tenus, à chaque braffin, d'avertir par écrit les commis, du jour & de l'heure qu'ils mettent le feu fous les chaudières; & de n'entonner leur bière que de jour; fçavoir, depuis le premier avril jufqu'au premier octobre, depuis cinq heures du matin jufqu'à huit du foir; & depuis le premier octobre jufqu'au premier avril, depuis fept heures du matin jufqu'à fept du foir; & feulement en préfence des commis, ou eux dûement appellés, fous pareilles peines.

P

Par le troisiéme, il est ordonné que les tonneaux feront marqués, à mesure qu'ils feront remplis ; du nombre & de la continence desquels il sera tenu registre par les commis, avec défenses aux *brasseurs* d'en souffrir l'enlévement, qu'ils n'aient été démarqués par les commis, à peine de confiscation, & de cinq cent livres d'amende.

Enfin, par le quatriéme, il est laissé au choix du fermier, de se faire payer des droits, ou sur le nombre & la continence des vaisseaux, dans lesquels la bière aura été entonnée, sans aucune déduction ; ou sur le pied de l'espallement des chaudières, à la diminution du quart, tant pour celles où il y a des gantes, que pour celles où il n'y en a point ; & ne peuvent être les gantes, que de quatre pouces de hauteur.

BRAULS. (*Toiles des Indes* rayées de bleu & de blanc.) On les nomme autrement des *turbans*, parce qu'elles servent à couvrir cette sorte d'habillement de tête, particulièrement sur les côtes d'Afrique. *Voyez* TURBAN.

BRAY. Espèce de *poix* ou *résine*, qui sert à calfater les vaisseaux.

Il y a deux sortes de *bray* ; du *bray sec*, & du *bray liquide*.

Le *bray sec* est l'arcançon. *Voyez* ARCANÇON.

Le *bray liquide*, qu'on nomme aussi *tarc*, est le goudron. *Voyez* GOUDRON.

BRAY. Est aussi une composition de gomme, de résine, & d'autres matières gluantes, qui font un corps dur, sec & noirâtre, ou bien de la poix liquide mêlée simplement avec de l'huile de poisson. L'un & l'autre servent aux calfats des bâtimens de mer.

Le *bray qui vient en France, des pays étrangers, paye de droits d'entrée 8 liv. le leth, composé de douze barils ordinaires.*

Le *bray venant des provinces du royaume où les aides n'ont pas cours, paye 20 sols du leth, & les plus gros à proportion.*

Les *droits de sortie du bray se payent comme goudron ; c'est-à-dire, 32 sols du leth, de douze barils.*

BRAYER. *Bandage* fait d'acier, couvert ordinairement de cuir passé en chamois, & quelquefois de velours, & autres étoffes. Il sert aux personnes qui ont des hernies & descentes, pour contenir les intestins, & les empêcher de tomber dans le *scrotum*, ou dans les aînes.

Les faiseurs de *brayers* sont du corps des maîtres boursiers de la ville de Paris, qui en prennent la qualité dans leurs statuts, & qui ont été maintenus, par arrêt du parlement du mois de septembre 1636, confirmé par l'article 36 de leurs statuts de 1659, dans la faculté exclusive de faire ces sortes de bandages. Les maîtres qui s'appliquent à cette fabrique, sont reçus à saint-Côme. Il leur est néanmoins défendu de prendre la qualité de chirurgiens ; mais seulement celle d'experts en bandage pour les hernies.

BREAUNE, ou BRIONNE. Espèce de *toile blanche* faite de lin. *Voyez* BRIONNE.

BREBIS, que quelques-uns écrivent aussi BREBI. Animal à quatre pieds couvert de laine ; la femelle du belier, & qui porte les agneaux. Elle fournit pour le commerce les mêmes marchandises que le belier & le mouton ; & outre cela, son lait, dont on fait du fromage, particulièrement celui qu'on appelle de *Rocfort. Voyez* MOUTON *&* FROMAGE, *à l'endroit où il est parlé de celui du Languedoc.*

Les brebis *paient en France les droits de sortie, comme moutons, quatre sols de la pièce, & les sols pour livre.*

Les pecos du Pérou, qui sont des espèces de *brebis* grandes & fortes, dont on se sert comme de bêtes de charge, & qui peuvent porter jusqu'à cent livres pesant, sont couvertes d'une laine très-longue & très-fine, dont on fait diverses sortes d'ouvrages de lainerie, qui sont extrêmement estimés. Les historiens du Pérou en disent bien des choses extraordinaires sur les divers usages où on les emploie ; mais comme elles ont peu de rapport au commerce, on peut avoir recours aux originaux, & particulièrement à l'Histoire de la découverte de ce vaste & riche royaume, traduite de l'Espagnol d'Augustin de Zarat. On peut voir aussi dans ce Dictionnaire, l'article du *pecos*, concernant leurs différentes espèces, & les diverses étoffes qu'on fabrique de leurs laines.

BREF. Ce qui a peu d'étendue, ou qui n'est pas long.

On appelle *bref état de compte*, un compte en abrégé, & qui n'est pas dressé ni rendu en forme. *Voyez* COMPTE.

BREF, (*en terme de marine.*) Signifie en Bretagne, *congé*, ou *permission de naviger.*

Il y en a de trois sortes. *Bref de sauveté, bref de conduite*, & *bref de victuailles.* Le premier se donne pour être exempt du droit de bris ; le second, pour être conduit hors des dangers de la côte ; & le troisième, pour avoir la liberté d'acheter des vivres.

On les appelle aussi *brieux*, & dans le langage ordinaire, on dit : *parler aux Hébrieux*, pour dire, obtenir ces *brefs.*

BREFVE, ou BREVE. (*Terme de monnoyage.*) Il signifie le *poids des flaons*, que le maître de la monnoie donne au prévôt des ouvriers pour ajuster ; ainsi nommé de ce que le prévôt & le maître doivent faire un *bref état* sur leur registre ; l'un, du poids des flaons qu'il donne ; & l'autre, de celui qu'il reçoit ; le prévôt étant obligé de les rendre poids pour poids, tant ceux qui ont la pesanteur requise, que ceux qui ont été rebutés comme foibles, avec des limailles, ce qui s'appelle *rendre la breve* ; ainsi qu'on dit, *donner la breve*, quand le maître met les flaons dans les mains du prévôt. Le maître paye dans la suite au prévôt, deux sols pour marc d'or, & un sol pour marc d'argent, sur le pied de ce qui est passé de net en délivrance, pour être distribué à ceux qui ont ajusté la *breve*, c'est-à-dire, les flaons à proportion de leur travail.

BREVE. Se dit aussi du nombre des flaons que les ouvriers monnoieurs sont tenus d'aller quérir dans l'attelier, où ils ont été marqués sur trenche ; dont, tant lesdits ouvriers, que l'entrepreneur ou marqueur sur trenche, doivent tenir registre par *bref état*. Ce qui s'appelle, comme on l'a dit du prévôt des ouvriers ajusteurs, *donner la breve*, quand les ouvriers monnoyeurs reçoivent les flaons ; & *rendre la breve*, lorsqu'ils les rapportent.

BRELLE. C'est le nom que les marchands de bois quarré donnent à une certaine quantité de *piéces de bois liées ensemble*, en forme de petit *radeau*. Il faut quatre *brelles* pour faire un train complet. *Voyez* TRAIN.

BRELUCHE, ou BERLUCHE. *Droguet fil & laine*, qui se fabrique ordinairement à Rouen & à Darnetal, en basse-Normandie, & sur-tout à Caen. On appelle aussi *breluches*, les *tirtaines de Poitou;* qui sont pareillement fil & laine. *Voyez* DROGUET, & TIRTAINE.

BRENNE. Sorte *d'étoffe légère*, dont il est parlé dans le tarif de la douane de la ville de Lyon. Il y en a d'unies, & d'autres qui sont rayées de soie. *Ces dernières paient 5 f. de la liv. pour l'ancien droit, & 2 sols pour le nouveau, qu'on nomme autrement* réappréciation, *avec les sols pour liv.*

BRENTE, en Italien *brenta*. (*Mesure des liquides* dont on se sert à Rome.) La *brente* est de *96* bocales) ou de treize rubes & demi.

La *brente de Veronne* est de seize bassées. *Voyez* la TABLE DES MESURES.

BRESICATE. Espèce de *revêche*, dont il se fait quelque commerce avec les négres, qui sont au-delà de la rivière de Gambie, jusqu'à celle de Serre-Lionne. Les meilleures pour ce négoce, sont les bleues & les rouges.

BRESIL. *Bois* ainsi nommé, à cause qu'il est d'abord venu du *Bresil*, province de l'Amérique.

On le surnomme différemment, suivant les divers lieux d'où on le tire. Ainsi il y a le *bresil de Fernambouc*, le *bresil du Japon*, le *bresil de Lamon*, le *bresil de Sainte-Marthe*, & enfin le *bresillet*, qui est le moindre de tous. Ce dernier s'apporte des Isles Antilles.

Le *bresil du Japon* se nomme autrement *sapan*. Il y en a de gros & de petit ; le gros s'appelle simplement *sapan*; & le petit *sapan bimaës*.

L'*arbre de bresil* croît ordinairement dans des lieux secs & arides & au milieu des rochers. Il devient fort gros & fort grand, & pousse de longues branches, dont les rameaux sont chargés de quantité de petites feuilles, à demi rondes, d'un très-beau verd luisant. Son tronc est rarement droit, mais tortu & raboteux & plein de nœuds, à peu près comme l'épine blanche. Ses fleurs, qui sont semblables au muguet, & d'un très-beau rouge, exhalent une odeur agréable, & très-amie du cerveau, qu'elle fortifie. Son fruit est plat & renferme deux espèces d'amandes pareillement plattes, de la forme de la graine des citrouilles de France.

Quoique cet arbre soit très-gros, il est couvert d'un aubier si épais, que lorsque les sauvages l'ont enlevé de dessus le vif du bois, si le tronc étoit de la grosseur d'un homme, à peine reste-t-il une bûche de *bresil* de la grosseur de la jambe.

Le *bois de bresil* est très-pesant, fort sec & pétille beaucoup dans le feu, où il ne fait presque point de fumée, à cause de sa grande sécheresse.

Toutes ces différentes sortes de *bresil* n'ont point de moële, à la réserve de celui du Japon. Le plus estimé est le *bresil de Fernambouc*.

Pour bien choisir ce dernier, il faut qu'il soit en bûches lourdes, compact, bien sain ; c'est-à-dire, sans aubier & sans pourriture ; qu'après avoir été éclaté, de pâle qu'il est, il devienne rougeâtre ; & qu'étant mâché, il ait un goût sucré.

Le *bois de bresil* est propre pour les ouvrages de tour, & prend bien le poli ; mais son principal usage est pour la teinture, où il sert à teindre en rouge.

Il est cependant défendu par les réglemens, aux teinturiers du grand teint de s'en servir, parce que c'est une fausse couleur qui s'évapore aisément, & qu'on ne peut employer sans l'alun & le tartre. On souffre pourtant que les teinturiers du petit teint s'en servent quoiqu'il y ait aussi de grands inconvéniens à craindre.

Du *bois de bresil de Fernambouc*, on tire une espèce de carmin ; par le moyen des acides ; on en fait aussi de la lacque liquide pour la miniature. Et avec une teinture de ce bois plusieurs fois réitérée, on en compose cette craye rougeâtre, qu'on appelle *rosette*, qui n'est autre chose que du blanc de Rouen, à qui le *bresil* donne une couleur d'amarante.

Les droits d'entrée que le bresil, *ou gros bois de Lamon & de Fernambouc paye en France, sont de 20 sols le cent pesant ; & les autres bresils, comme ceux de Javal & Campêche, seulement 12 sols.*

Les droits de sortie pour tous ces bois sont de 13 sols du cent, avec les sols pour livre.

BRÉSILER. (*Terme de teinture*, qui veut dire, teindre avec du bois de bresil.) On ne doit *bresiller* aucunes toiles, ni fils à marquer, qu'ils ne soient teints en bonne cuve.

BRESILLET. *Bois de bresil* qui vient des Isles Antilles, dans les Indes Occidentales. C'est le moindre de tous les bois qu'on appelle *bois de bresil*.

Le bresillet paye en France 12 sols d'entrée & 13 de sortie du cent pesant, avec les sols pour livre.

BRETAGNES. On nomme ainsi des *toiles* qui se fabriquent dans cette province de France. Elles sont différentes des crés ou crues qui se font à Morlaix, & dans d'autres endroits de *Bretagne*. Elles sont bonnes pour le commerce des Isles Canaries.

BRETAUDER. Ancien terme en usage chez les

tondeurs de draps ; & autres étoffes de laine, qui signifioit, *tondre inégalement. Voyez* TONDRE & TONDEUR.

BRETELLES. Deux *bandes de ruban de cuir* ou *de fangle* , jointes enfemble par le moyen de deux traverfes, à une diftance raifonnable pour paffer par deffus la tête ; en forte qu'elles portent fur les épaules. Ces *bandes* font pendantes par-devant & par derrière , au bout defquelles on accroche là ceinture de la culotte pour la foutenir. Les porteurs de chaife appellent ainfi *les bandes de cuir* dont ils fe fervent pour foutenir la chaife & foulager leurs bras.

BRETELLES. Signifient encore , dans le tarif de la douane de Lyon , ce qu'on nomme à Paris, des *charges* ou *panier de verre. La bretelle de verre, si elle eft médiocre, paye par ce tarif 3 fols 6 deniers pour l'ancien droit & 2 fols pour le nouveau ; & si elle eft grande , 7 fols pour l'une & 4 fols pour l'autre. Voyez* PANIER DE VERRE.

BRETELLES. S'entend auffi , dans quelques provinces, de la charge des verres à boire & autres verreries que portent fur leurs dos, dans de grandes hottes ou paniers à claire-voie , les marchands verriers qui courent la campagne.

BREVE ou BREFVE. *Terme en ufage dans les monnoies,* pour fignifier le *poids* ou *le nombre des flaons* qui font délivrés aux ouvriers ajufteurs ou aux ouvriers monnoyeurs , par le maître de la monnoie. *Voyez* BREFVE. *Voyez auffi* MONNOYAGE.

BREVET. Se dit de plufieurs actes qui fe paffent par-devant notaires, ou qui s'expédient par les commis des douanes ou les maîtres & gardes & jurés des corps & communautés.

BREVET DE CONTRÔLLE. C'eft une efpèce de *recepiffé* ou *d'atteftation* , que donnent les commis des bureaux des douanes , traittes foraines , &c. à la fortie du royaume, à la place de l'acquit de paiement des droits, que les conducteurs & voituriers des marchandifes leur remettent entre les mains.

Ce *brevet*, qui eft fur du papier timbré, & imprimé, fe donne fans frais ; étant défendu aux commis , fous peine de concuffion , d'en prendre aucune chofe , non pas même le prix du timbre. Il fert de certificat, que les marchandifes contenues dans les acquits ont été vifitées & recenfées ; & que ce font les mêmes & en même quantité , que celles pour lefquelles les droits exprimés dans les acquits ont été payés.

Quoique ce foit ordinairement au dernier bureau que fe doivent délivrer, par les commis, ces *brevets* de contrôle, il eft néanmoins loifible aux commis des bureaux qui fe trouvent fur la route des voituriers , de fe faire repréfenter l'acquit de paiement; même de le retenir, fi bon leur femble ; en donnant en la place un de ces *brevets. Voyez* ACQUIT DE PAIEMENT , *ou l'article* 18 *du titre* 2

de *l'ordonnance des cinq groffes fermes* , *du mois de février* 1687.

BREVET D'APPRENTISSAGE. Acte qui fe délivre à un apprentif après qu'il a fervi le temps porté par les ftatuts de fa communauté, ou celui dont il eft convenu par-devant notaires , avec un maître, qui pourtant ne peut être moindre que celui réglé par les ftatuts. On appelle auffi *brevet* , *l'obligé de l'apprentif*, qui doit être enregiftré par les jurés , & qu'il doit rapporter , auffi-bien que les certificats de fon apprentiffage , & de fon fervice en qualité de compagnon , avant de pouvoir être reçu à la maîtrife & admis au chef-d'œuvre. *Voyez* APPRENTIF & APPRENTISSAGE.

BREVET. On nomme auffi quelquefois *brevet* de maîtrife, l'acte de réception à la maîtrife ; mais c'eft improprement : on dit, lettres.

BREVET, *en terme de marine*. Eft ce qu'on appelle *connoiffement*, fur l'Océan ; & police de chargement, fur la Méditerranée, c'eft - à - dire, un écrit fous feing-privé, par lequel le maître d'un vaiffeau reconnoît avoir chargé telles & telles marchandifes dans fon bord , lefquelles il s'oblige de porter au lieu , & pour le prix dont on eft convenu , fauf les rifques de la mer. *Voyez* CONNOISSEMENT & POLICE DE CHARGEMENT.

BREUILLES. Ce font les entrailles du hareng , que les pêcheurs arrachent avant que de le faler, & de l'encaquer. *Voyez* HARENG.

BRIDE A CHEVAL. Affortimens de bandes de cuir & pièces de fer jointes enfemble , propres à tenir la tête du cheval fujette & obéiffante. La *bride* eft compofée de deux rênes , d'une têtière & d'un mords. Ce font les marchands éperonniers qui les vendent.

BRIEFS. (*Terme de commerce de mer*), en ufage dans toute la Bretagne. Il fignifie la même chofe que *brieux*.

BRIEUX. Terme dont on fe fert en Bretagne, pour fignifier *les congés de l'amiral*, ou de l'amirauté. On les appelle auffi *brefs. Voyez* BREF.

Brieux qui fe payent à Nantes & dans fa prévôté.

Suivant la pancarte de cette prévôté , chaque vaiffeau portant charge de fix tonneaux, & au-deffous , paye *brieux* d'année, c'eft-à-dire, fept fols fix deniers.

Chaque vaiffeau depuis fix tonneaux jufqu'à dix, dix-fept fols fix deniers.

Chaque vaiffeau depuis dix tonneaux jufqu'à dix-neuf, doit *brieux* de conduite & victuailles , qui montent à cinquante-cinq fols.

Tout navire, barque ou vaiffeau allant à la mer, de dix-neuf tonneaux & au-deffous, doit les trois *brieux* ; favoir, de fauveté , de conduite & de victuailles, montant enfemble à cent dix fols , fauf les vaiffeaux chargés de bled & autres marchandifes qui ne peuvent fe fauver à la mer, qui ne doivent aucun *brieux* de fauveté.

Pareillement les barques & vaiffeaux qui chargent des marchandifes pour mener au dedans du comté Nantois, ne doivent aucun *brieux*, & s'ils en ont pris dans quelques havres de Bretagne, ils leur valent autant d'acquits à la prévôté, & ne font pas tenus d'en prendre d'autres pour parfaire leur voyage & retourner.

Si lefdits vaiffeaux viennent vuides pour charger des marchandifes au port de Nantes, & qu'ils ayent plus grand *brieux* que de victuailles, le receveur de la prévôté n'eft tenu de le recevoir, & le peut contraindre à payer le furplus de leur droit de *brieux*, fuivant la charge de la marchandife, qu'ils prennent audit port; mais s'ils s'en retournent vuides, ils ne peuvent être contraints à prendre d'autres *brieux* que ceux qu'ils ont apportés.

Brieux pour le fel.

Les fels chargés en Poitou & hors la comté & évêché de Nantes, comme Brouage & autres lieux des environs de la Rochelle, venant au port de ladite ville, doivent; favoir:

Chaque vaiffeau portant jufqu'à fix muids de fel, mefure Nantoife, & au-deffous, doit *brieux* d'année, c'eft-à-dire, fept fols fix deniers.

S'il porte depuis fix muids jufqu'à dix de la même mefure, il doit *brieux* de victuailles, qui montent à dix-fept fols fix deniers.

Il n'eft dû aucun *brieux* de fauveté pour les vaiffeaux chargés de fel & de quelque nombre & quantité que puiffe être leur charge.

Brieux de Guerrande & des autres bureaux de ce territoire.

Si le fel chargé à Guerrande & dans fon territoire doit être mené au dehors, ceux qui le chargent fur leurs vaiffeaux & navires, doivent le droit de *brieux* fuivant leur charge.

Si lefdits navires fortent vuides du territoire de Guerrande, pour aller charger des marchandifes hors le comté Nantois, ils doivent les *brieux* de victuailles, s'ils font du port de plus de fix tonneaux; & s'ils font de moindre port, feulement le *brieux* d'année.

Les navires qui arrivent au Croific chargés de vins & autres marchandifes, doivent les devoirs de *brieux*, felon leur charge, encore qu'ils ne déchargent lefdits vins & marchandifes audit lieu.

BRIN DE BOIS. *Terme de marchands de bois quarré & de charpentiers*, dont ils fe fervent pour diftinguer le *bois de brin* d'avec le *bois de fciage*. Ils appellent *bois de brin*, les pièces dont on a feulement ôté l'aubier pour les équarrir, & dans lefquelles fe trouve en entier le cœur du *bois*, en quoi confifte fa principale force. Ils appellent au contraire *bois de fciage*, les pièces qui ont été refendues par les fcieurs de long, & auxquelles il ne fe trouve qu'une petite partie du cœur du *bois*, non pas au milieu de la pièce, mais à un de fes angles. Le *bois de brin* eft in-

comparablement meilleur & plus fort que le bois de fciage. Il eft facile à diftinguer par le bout de la pièce nouvellement fcié. *Voyez* BOIS QUARRÉ.

Une perfonne très-intelligente, dans le commerce des bois, met au nombre des caufes du dépériffement des forêts en France, la trop grande confommation qui s'y fait des *bois de brin*, depuis environ un demi-fiécle, c'eft-à-dire, depuis que les architectes ont inventé les plafonds dans les bâtimens, qui font à la vérité, d'un grand ornement, mais qui exigeant des bois de l'âge d'environ quarante ans, au lieu qu'auparavant les planchers de folives ne fe faifoient feulement que de bois de fciage, font caufe qu'on a recours aux plus beaux baliveaux de trois & quatre âges, qui fans cela fe conferveroient, & parviendroient comme autrefois à l'âge parfait des arbres de haute futaye; ce qui eft le but des ordonnances, dans l'inftitution des baliveaux & autres arbres retenus.

BRIN. On nomme ainfi en marchandife de chanvre & en fabrique de toile, le chanvre le plus long & le meilleur, c'eft-à-dire, celui qu'on tire de la principale tige de la plante.

Le réglement du premier février 1724, pour les toiles à voile, qui fe fabriquent dans l'évêché de Rennes en Bretagne, diftingue dans plufieurs des 16 articles dont il eft compofé, celles de ces toiles, dont la chaîne on la tefture doit être de pur *brin*, & celles auxquelles il eft permis de faire de chanvre dont le *brin* eft tiré. *Voyez* ce réglement à l'article des RÉGLEMENTS POUR LES TOILES.

BRINS. Efpèces de toiles de chanvre qui fe fabriquent en Champagne. *Voyez* TOILES DE CHAMPAGNE.

BRIONNE, que l'on nomme quelquefois BREAUNE. Eft une forte de toile de lin, blanche, & affez claire, qui fe fabrique en Normandie, particulièrement à Beaumont, à Bernay, & à Brionne. C'eft de ce dernier endroit qu'elle a pris fon nom.

Les *brionnes* fe vendent à l'aune courante, & font de deux tiers, ou de trois quarts & demi de large; les pièces contenant depuis cent, jufqu'à cent vingt-quatre aunes, mefure de Paris.

Il y en a de différentes qualités, les unes fines, les autres moyennes, & les autres plus groffes, qui s'employent ordinairement à faire des rideaux de fenêtre; on ne laiffe pas cependant de s'en fervir quelquefois à faire des chemifes, & d'autres fortes de lingerie.

BRIONNE. C'eft auffi une plante que l'on nomme communément en France, *coulevrée*, & que les botaniftes appellent *vigne blanche* ou *vigne noire*, fuivant l'efpèce.

Quelques droguiftes fubftituent la racine de la *brionne* blanche, à celles du jalap & du mechoacam, ou du moins les mêlent enfemble; ce qui pourrant n'eft pas difficile à connoître. *Voyez* JALAP & MECHOACAM.

BRIONNE de l'Amérique. *Voyez* MECHOACAM.

BRIQUE. Carreau de terre graſſe & rougeâtre, qu'on fait d'abord ſécher au ſoleil, & enſuite cuire au four, après l'avoir bien pétrie & courroyée avec des rabots, ou avec les pieds. Les briques ſe dreſ-ſent dans des moules de bois de divers échantillons; c'eſt-à-dire, plus ou moins épais, ſuivant les ouvrages auxquels on doit les employer.

Les échantillons dont on ſe ſert le plus ordinai-rement en France, ſont la brique entière, qui a huit pouces de long, ſur quatre de large; & la brique de chantignole, ou d'échantillon, qu'on nomme auſſi demi-brique, qui n'a qu'un pouce d'épaiſſeur, ſur la même grandeur de la brique entière. La brique entière ſert au dedans des murs qui doivent être revêtus, de pierre ou de marbre, ou au dehors de ceux dont elle fait le parement des panneaux. La demi-brique s'emploie à faire des âtres & des contre-cœurs de cheminées, & à paver entre des bordures de pierres.

Dans les principales villes de Hollande, le pavé des rues, qu'on appelle pavé de bourguemaîtres, qui ſert aux gens de pied, eſt fait de brique d'é-chantillon, poſées de champ, c'eſt-à-dire, ſur le côté.

BRIQUE CRUE. C'eſt une brique qui n'a été ſé-chée qu'au ſoleil, & qui n'a pas été miſe au four. On s'en ſert beaucoup dans les pays chauds, & où il pleut rarement, particulièrement dans toute l'Égypte.

On appelle auſſi brique crue, une ſorte de brique qui ſe fait avec de la terre blanchâtre, & qu'on laiſſe ſécher cinq ou ſix années avant que de s'en ſervir.

En France, les droits d'entrée de la brique, auſſi-bien que ceux de ſortie, ſe payent au mil-lier en nombre, ſçavoir 8 ſols d'entrée & 5 ſols de ſortie; le millier eſtimé à dix francs & les ſols pour livre.

BRIQUE. On appelle de l'étain en brique, une ſorte d'étain qui vient d'Allemagne, en petits morceaux ou lingots de huit à dix livres, qui ont la figure d'une brique. Voyez ÉTAIN vers le com-mencement de l'article.

BRIQUE. Se dit encore de certains pains, ou morceaux de ſavon ſec & jaſpé, du poids d'une livre & demie juſqu'à trois livres. Voyez SAVON.

BRIQUET. Sorte de petit tabac dont le filage n'a guères plus de cinq lignes de diamètre. Il s'en faiſoit autrefois un commerce très-conſidérable à Dieppe, & il a été long-temps la baſe de celui que les marchands de cette ville & quelques autres Normands faiſoient dans le nord.

BRIQUETERIE. Lieu où l'on fait la brique.

BRIQUETIER. Celui qui fait ou qui vend la brique.

BRIS. (Rupture faite avec violence.) Il ſe dit dans le commerce de mer, & dans les juriſdictions des amirautés, des vaiſſeaux qui ſe briſent & ſe rompent par quelque fortune de mer.

Les ordonnances de la marine, du mois d'août 1681, & du mois de janvier 1685, enjoignent à tous ceux qui auront tiré du fond de la mer, ou trouvé ſur les flots, & ſur les grèves & rivages, des effets procédans du jet, bris ou naufrage, de les mettre en ſûreté, & d'en faire leur déclaration vingt-quatre heures après au plus tard; pour leſdits effets être proclamés aux prônes des paroiſſes du port de la ville maritime la plus prochaine, & être rendus aux propriétaires, qui les réclameront dans le jour & an de la publication qui en aura été faite, en payant les frais faits pour les ſauver; & en juſtifiant par leſdits propriétaires de leur droit & qualité, par connoiſſement, police de chargement, factures, & autres pièces ſuffiſantes. Et en cas que les effets provenans du bris ne fuſſent point réclamés, les mêmes ordonnances veulent qu'ils ſoient partagés entre ſa majeſté, ou le ſeigneur à qui elle aura cédé ſon droit, & le grand amiral de France, ou le gouverneur de la province, ſi ce n'eſt en Bretagne; les frais du ſauvement & de juſtice préalablement pris ſur le tout.

Il faut néanmoins obſerver que ſi les effets naufra-gés ont été trouvés en pleine mer, ou tirés de ſon fond, la troiſième partie en doit être délivrée inceſ-ſamment & ſans frais, en eſpèce ou en deniers, à ceux qui les ont ſauvés, & les deux autres tiers être mis en dépôt, pour en être diſpoſé comme il eſt dit ci-deſſus.

Le titre cinquième de l'ordonnance ſur le fait des cinq groſſes fermes, du mois de février 1687, règle auſſi pluſieurs choſes concernant les marchandiſes provenantes du bris des vaiſſeaux & ſauvées du naufrage; entr'autres qu'elles ne ſeront ſujettes à aucuns droits d'entrée & de ſortie, ſi elles ſont réclamées dans l'an & jour, pourvu néanmoins qu'elles ſoient tranſportées hors de France dans trois mois du jour de la réclamation jugée : à la réſerve pourtant de ce qui en aura été vendu, comme ſujet à dépériſſement, & la troiſième partie des effets naufragés délivrée à ceux qui les ont ſauvés ſur les flots, ou tirés du fond de la mer, pour leſquels les droits doivent être payés.

BRISEURS DE SEL. Petits officiers de gabelle, établis ſur les ports & dans les greniers à ſel, pour briſer le ſel trop ſec, & le mettre en état d'être porté ou meſuré. Ils ſont de plus obligés de fournir les pelles pour mettre le ſel dans la tremie, & de faire le chemin aux maîtres meſureurs & porteurs. Voyez GABELLE.

BROC. Meſure des liquides, qui contient envi-ron deux pintes de Paris. On l'appelle en quelques endroits une quarte, & en d'autres un pot. Voyez ces deux articles.

BROC. Signifie auſſi chez les taverniers & mar-chands de vin en détail, un gros vaiſſeau portatif, relié de fer, avec une pance fort large & un col aſſez étroit, dont ils ſe ſervent pour aller tirer du vin à la cave, & enſuite le débiter par petites meſures. Ces brocs n'ont point de contenance cer-taine, & ſont plus grands ou petits, ſuivant que l'ordonne le marchand de vin qui en a befoin, ou le tonnelier qui les fabrique.

BROCANTER. Ce terme, qui n'eft guères en ufage que dans Paris, & particulièrement chez les curieux & les peintres, ou parmi quelques marchands merciers, fignifie *acheter*, *revendre* ou *troquer* des tableaux, des cabinets, des bureaux, des bronzes, des tables & figures de marbre, des porcelaines, des pendules, des tapifferies, des paravens, & autres femblables marchandifes, meubles ou curiofités.

BROCANTEUR. Celui qui fe mêle de *brocanter.*

BROCARD, BROCART & BROCAT. *Etoffe* ou *drap d'or*, *d'argent* ou *de foie*, relevée de fleurs, de feuillages ou d'autres ornemens, fuivant le caprice des marchands ou des ouvriers qui inventent les modes.

Autrefois, par ce terme, on entendoit feulement une étoffe toute tiffue d'or, tant en chaîne qu'en trème, ou d'argent, ou des deux enfemble : enfuite il a paffé aux étoffes où l'on mêloit de la foie, pour relever & profiler les fleurs d'or & d'argent. Mais préfentement toute étoffe de pure foie, foit qu'elle foit gros de Tours & de Naples, fatin & même fimple taffetas, lorfqu'elle eft enrichie & ouvragée de quelques fleurs, ou autres figures, fe nomme *brocard.*

Le *brocard* d'or ou d'argent eft du nombre des quatre draps, fur l'un defquels ceux qui veulent fe faire recevoir marchands & maîtres ouvriers en draps d'or, d'argent & de foie en la ville de Paris, doivent faire leur chef-d'œuvre. *Article 25, réglement de 1667, fait fur la manufacture de ces fortes de draps.*

Les articles 49 & 50 du même réglement, & l'article 16 de celui de Lyon de la même année, enjoignent de faire les chaînes & poils des *brocards*, d'organcin filé & tordu ; & les trèmes doublées & montées au moulin, dans un peigne de onze-vingt-quatriémes d'aune entre les deux lifières, & de pure & fine foie crue, à peine de foixante livres d'amende, & de confifcation contre les contrevenans pour la première fois, & de plus grande s'il y échet.

Les droits d'entrée & de fortie fe payent fur le pied des draps d'or & d'argent, & des draps de foie. Voyez DRAPS D'OR & D'ARGENT.

BROCARDEL. Efpèce d'étoffe propre à faire des tapifferies & autres ameublemens. C'eft ce qu'on appelle communément *brocatelle.*

Le tarif de la douane de Lyon, où on lui donne le nom de brocardel, *en fixe les droits, lorfqu'elle eft mêlée de fil & de foie, à onze fols fix deniers pour la première taxe, & à deux fols fix deniers pour la réappréciation, Voyez* BROCATELLE.

BROCATELLE. Petite étoffe faite de coton ou de groffe foie, à l'imitation du brocard. Il y en a auffi de tout foie & de tout laine. La *brocatelle*

qui fe fait à Venife, a toujours été la plus eftimée.

On donne encore le nom de *brocatelle* à une autre efpèce de petite étoffe, que l'on nomme autrement *ligature* ou *mezelipe*. *Voyez* LIGATURE.

On appelle auffi *brocatelle*, une certaine efpèce de marbre.

BROCHÉ, ÉE. (*Terme de manufacture.*) Il fe dit d'une étoffe, d'un ruban, d'une gaze, &c. où il y a de la brochure.

Dans les gazes à fleurs, la brochure n'excède point la fuperficie ou le fond de l'étoffe, mais eft toute enfermée entre les foies de la chaîne & celles de la trème. Dans le brocard, au contraire, la brochure des fleurs s'élève au-deffus du fond. *Voyez* GAZE & BROCARD.

BROCHÉE DE CHANDELLE. C'eft, *en terme de chandelier*, la quantité de chandelles que l'on peut faire à la fois, en les plongeant dans le moule, ou abîme rempli de fuif liquide. On l'appelle une *brochée*, à caufe que les méches qu'on veut couvrir de fuif, font arrangées le long d'une baguette de deux pieds & demi de longueur, qu'en terme du métier on nomme *broche*. Chaque *brochée de chandelle* en contient plus ou moins, fuivant que la chandelle eft plus ou moins groffe. Aux chandelles des huit à la livre, la *brochée* eft de feize, à celles des douze, on en met jufqu'à dix-huit à la brochée.

On dit auffi une *brochée de méche*, pour fignifier le *nombre de méches* que l'on met fur chaque baguette pour les plonger dans le fuif: mais on s'en fert rarement en ce fens, & plus communément une *brochée de méche* veut dire une *baguette*, ou *broche à chandelle*, remplie, autant qu'elle en peut contenir, de méches coupées de longueur, très-ferrées les unes contre les autres ; ce qui peut aller, fuivant le nombre des fils dont chaque méche eft compofée, depuis quinze jufqu'à dix-huit douzaines. *Voyez* CHANDELLE.

BROCHER. C'eft faire la *brochure d'une étoffe,* c'eft-à-dire, paffer de l'or, de l'argent, de la foie entre les broches, ou aiguilles, ou avec une efpèce de navette, qu'on appelle *efpoulin*, pour fabriquer certaines étoffes, telles que peuvent être les brocards, les rubans façonnés, les gazes, &c.

BROCHER. Eft auffi un terme de bonneterie, qui fignifie *tricoter*, ou *travailler avec des brochts*, ou *aiguilles, des bas, des camifolles*, &c.

BROCHER. Se dit quelquefois au fubftantif. Pour lors il s'entend des façons qui ont été brochées fur une étoffe. L'on dit en ce fens que le fimblot fert au *brocher* d'un gaze, & que le *brocher* d'un brocard eft bien fait, On fe fert auffi du terme de brochure.

BROCHET. *Poiffon d'eau douce*, extrêmement vorace, qui a des dents & qui dévore les autres poiffons, ce qui fait qu'on n'en met jamais dans les étangs qu'on veut empoiffonner.

On appelle *brochet carreau*, un *gros brochet* qui a au moins dix-huit pouces entre œil & bat;

& *brocheton* celui qui eſt de petite ou de moyenne taille.

Les brochets *payent en France les droits d'entrée & de ſortie, ſur le pied du cent en nombre, ſçavoir,* 15 ſ. *du cent pour l'entrée, & trente-cinq ſols pour la ſortie, avec les ſols pour livre.*

BROCHURE. (*Terme de manufacture d'étoffes de ſoie.*) Ce ſont les façons que l'on fait ſur le fond d'une étoffe.

A quelques étoffes, comme aux gazes, la *brochure* ſe fait avec l'eſpoulin ; à d'autres, comme au brocard, elle ſe fait avec des eſpèces de broches ou d'aiguilles.

BRODER. Faire ſur quelque étoffe divers ouvrages à l'aiguille, pour l'enrichir & l'orner. On *brode* avec de l'or, de l'argent, de la ſoie, du jays, de la laine, du fil, des chenilles, du cordonnet, des nœuds, quelquefois même avec des perles, pour les ouvrages précieux.

BRODERIE, BRODEUR. Ouvrier qui travaille en *broderie.*

Les maîtres *brodeurs* de Paris prennent la qualité de *maîtres brodeurs-chaſubliers,* à cauſe que les chaſubles, vêtemens dont les prêtres ſe ſervent pour célébrer la meſſe, ſont, auſſi-bien que les autres ornemens d'égliſe, du nombre des ouvrages qu'il leur eſt permis de tailler, de faire & de broder.

BRODEUSE. Outre les filles qui travaillent chez les maîtres brodeurs, il y a certaines ouvrières, qu'on nomme particulièrement *brodeuſes de gazes,* que les marchands merciers occupent à travailler en diverſes ſortes de broderies, ouvrages & embelliſſemens ſur les gazes, dont on fait les coëffes & les écharpes. Elles paſſent pour filles de boutique des merciers, à qui il eſt permis d'enjoliver les marchandiſes qu'ils vendent, & en cette qualité ne ſont point ſujettes aux ſtatuts ni aux viſites des maîtres brodeurs.

BRONZE. Métal factice & compoſé du mélange de pluſieurs métaux.

La fonte eſt une eſpèce de *bronze,* qui ne diffère du véritable, que par le plus ou le moins d'alliage que l'on y mêle.

Pour les belles ſtatues de *bronze,* l'alliage ſe fait de moitié de cuivre rouge, & de moitié de léton ou cuivre jaune. Les Egyptiens, que quelques-uns croyent les inventeurs de cet art, mettoient les deux tiers de léton, & l'autre tiers de cuivre rouge. Le cuivre rouge en roſette eſt moins propre pour la fonte des ſtatues, que celui qui eſt battu.

Dans le *bronze* ordinaire, l'alliage ſe fait avec de l'étain, & même avec du plomb, quand on va à l'épargne. On peut voir la proportion de l'alliage de ce métal, quand il eſt deſtiné pour être employé à des pièces d'artillerie ou à des cloches, à l'article où il en eſt parlé. *Voyez* FONTE.

Il y a un autre cuivre compoſé, qu'on appelle ſimplement *métal ;* mais c'eſt véritablement du *bronze,* avec la ſeule différence de la quantité qu'on

y mêle d'étain. La proportion de l'alliage pour le métal, eſt de douze juſqu'à vingt-cinq pour cent.

Le *bronze* fournit quelques remèdes à la médecine. Sa lie, ou plutôt ſon marc, qu'on appelle *diphryes,* y eſt de quelque uſage.

La fleur de *bronze,* eſt la vapeur qui s'élève, quand on jette de l'eau ſur ce métal fondu, & qui ſe forme en petits grains, en manière de millet, lorſqu'elle ſe congèle, en s'attachant à une platine de fer, qu'on met au-deſſus.

ÉCAILLES DE BRONZE. Ce ſont ces petites parties à demi-brûlées, qui tombent, quand on bat l'airain & qu'on le met en œuvre.

Le *bronze* ſert à faire des ſtatues, des médailles, des vaſes, des mortiers, des canons, des cloches, &c.

BRONZE. C'eſt auſſi une couleur préparée par les marchands épiciers vendeurs de couleurs, pour imiter le *bronze.*

Il s'en fait de deux ſortes : *le bronze rouge,* & *le bronze jaune,* ou *doré.* Ce dernier eſt fait de ſimple limaille de cuivre, la plus fine & la plus brillante qu'il ſe peut : dans l'autre il entre quelque portion d'ocre rouge bien pulvériſé. L'un & l'autre s'emploient avec le vernis. Pour faire un beau *bronze,* & qui ne prenne point le verd-de-gris, il faut le ſécher avec un réchaud de feu, auſſi-tôt qu'il eſt appliqué.

BRONZER. Donner à un ouvrage la couleur de *bronze.*

BRONZER. Se dit auſſi chez les courroyeurs-peauſſiers-chamoiſeurs, & les cordonniers, d'une façon qu'on donne aux peaux de maroquin & de mouton, lorſqu'au lieu d'en former le grain, on y élève ſur la ſuperficie un velouté, ou eſpèce de bourre, ſemblable à celle qu'on voit ſur les bazanes velues. Le *bronze* ſe fait toujours en noir ; & c'eſt de quoi l'on fait les ſouliers & les gants de grand deuil, ſuivant la qualité des peaux *bronzées. Voyez* BAZANE.

On appelle *ſouliers bronzés, gants bronzés,* les ſouliers & les gants qui ſont faits de cette ſorte de cuir.

BROQUETTE. C'eſt la plus petite ſorte de tous les clous. Il y en a depuis quatre onces juſqu'à deux livres le millier. Cette dernière ſe nomme *broquette eſtampée,* ou *à tête emboutie.* Il y a auſſi une groſſe *broquette* eſtampée de deux livres & demie & de trois livres au millier, qui s'achete au cent. Toutes les autres *broquettes* s'achetent à la ſomme, qui eſt de douze milliers.

BROSSE. *Eſpèce de vergette,* qui ſert aux mêmes uſages que les vergettes mêmes, & qui eſt faite de même matière ; c'eſt-à-dire, de bruyère, de chiendent & de ſoie, ou poil de porc, ſoit domeſtique, ſoit ſauvage. *Voyez* VERGETTE.

Les *broſſes* ou *vergettes à nettoyer, payent en France les droits de ſortie ſur le pied de mercerie, c'eſt-à-dire,* 3 *liv. du cent peſant ; & ſeulement* 2 *liv. ſi c'eſt pour les pays étrangers,* conformément à l'arrêt du 3 Juillet 1692, avec les sols pour livre.

BROSSE. La *brosse* des Tondeurs de draps est faite de poil de sanglier. Ils s'en servent pour coucher la laine des étoffes, qu'ils ont tondues en dernier, & sur lesquelles ils ont fait passer, ce qu'ils appellent le *cardinal*.

BROSSE. Est aussi un gros pinceau de poil de cochon, médiocrement fin, avec un assez long manche de bois, dont les peintres se servent pour imprimer les grands ouvrages en huile & en détrempe.

BROSSIER. Celui qui fait des *brosses*. Il y a à Paris une communauté de maîtres Vergettiers, Raquettiers, Brossiers, &c.

BROSSURE. On appelle simple *brossure*, en termes de peaussiers-teinturiers en cuir, *la couleur que ces artisans donnent aux peaux*, en les imprimant simplement avec la brosse. La *brossure* est la moindre des teintures, qui leur sont permises par leurs statuts.

BROTTES. On nomme ainsi à Lyon, & aux environs, les cuillières de bouis, ou de simple bois, qui servent à table.

Les brottes, *par le tarif de la douane de Lyon, payent 4 sols du millier pour l'ancien droit, & 2 sols pour la nouvelle réapréciation.*

BROU, BROUT ou BRU, *Ecosse*, coque ou *écaille verte*, qui couvrent les noix, & dont il est permis aux teinturiers de se servir pour quelques teintures, & qui leur est défendue pour d'autres.

Les tourneurs, menuisiers & tabletiers, se servent aussi du *brou de noix*, pour donner à diverses sortes de bois, la couleur de bois de noyer. Toute la préparation consiste à faire bouillir le *brou* dans de l'eau plus ou moins, suivant que l'on veut que la couleur soit plus brune ou plus claire. *Voyez* NOIX, NOYER & TEINTURIER.

BROQUETTE. Petite machine en forme de charette, qui n'a qu'une roue, & que celui qui s'en sert, pousse devant soi, par le moyen de deux espèces de limons, soutenus d'un côté par l'essieu, & de l'autre, par les mains & les bretelles du brouetteur, qui se met au milieu.

Il y a deux sortes de *brouettes*; l'une à claire-voye; & l'autre, en forme de petit tombereau. Les carriers, les terrassiers & les Limosins, se servent de celle-ci, pour vuider les terres; & ces derniers encore, pour faire le service dans les atteliers de maçonnerie, & voiturer du mortier & du moilon. L'autre *brouette* sert aux vinaigriers à rouler dans les rues de Paris, & même à la campagne, leur petite boutique, chargée du vinaigre & de la moutarde, qu'ils vendent en détail, & à petite mesure.

BROUILLAMINI, BOILIAMINI ou BOL EN BILLE. C'est une des sortes de terres ou bols, que vendent les épiciers-droguistes. *Voyez* BOL D'ARMÉNIE.

BROUILLARD ou BROUILLON. C'est ainsi qu'on nomme quelquefois un *livre*, dont se servent les négocians, marchands & banquiers, pour les affaires de leur commerce. On l'appelle souvent *brouillon*; mais son nom le plus en usage & le plus ordinaire est *mémorial*. C'est proprement un livre journal qui n'est pas tout-à-fait au net.

BROUILLARD. Est aussi le nom que l'on donne à une sorte de papier gris, qui s'appelle autrement *papier à demoiselle*.

BROUT DE COCOS. C'est une espèce de bourre qui couvre la coque, ou écorce ligneuse de la *noix de cocos*, que l'on file dans plusieurs endroits de l'Orient, comme on fait le chanvre & le lin en Europe.

BROYER. Réduire quelque chose en poudre. On le dit particulièrement des couleurs qui servent à la peinture; lesquelles, après avoir été pulvérisées dans le mortier, se mettent sur le marbre, pour y recevoir la dernière façon avec la molette. Quelquefois on les broie à sec sur le marbre, ou simplement en les humectant avec un peu d'eau gommée ou collée, suivant qu'elles doivent servir à la détrempe ou à la miniature; & quelquefois avec de l'huile, ou de lin, ou de noix, quand c'est pour peindre ou pour imprimer à l'huile. Les marchands épiciers, qui font le négoce des couleurs, ont soin aussi de les faire *broyer*.

BRUGNOLES ou BRIGNOLES. Espèce de *prunes* sèches, qu'on envoie de Provence dans de petites caisses ou dans des boëtes à confitures. Les meilleures doivent être sèches, blondes & charnues. Elles viennent ordinairement de Digne, d'Aubagne & de *Brugnole*. Cette dernière, de laquelle ces prunes ont pris leur nom, est une petite ville près de S. Maximin.

BRUIÈRE à faire vergettes. C'est un arbre qui jette force branches, & qui produit des grains rouges comme le genièvre. Ces plus foibles bouts, ou rameaux qu'il pousse, sont extrêmement souples & pliables, & on en fait en France des vergettes. En Toscane, où l'on en fait des balais, l'arbre se nomme *scopa*, c'est-à-dire, un balai.

Les bruyeres *à faire vergettes payent en France 28 sols du cent pesant de droits d'entrée, & 46 sols de sortie, & les sols pour livre.*

BRUIÈRE. C'est aussi une sorte de laine d'Allemagne. Il y en a de plusieurs espèces, comme la *bruière* du Rhin, de la *bruière* de Wismar, &c.

BRUNES. Ce sont des *toiles* qui se fabriquent à Rouen & aux environs. Elles font, avec les blancards & les fleurettes, les trois espèces de toiles, au sujet desquelles ont été donnés les réglemens de 1676, 1683, 1684 & 1716. *Voyez ces réglemens. Voyez aussi l'article général des toiles, où il est parlé de celles de Normandie.*

BRUT ou BRUTE. Ce qui n'est pas poli, travaillé, fini, achevé, perfectionné. Du sucre *brut*, c'est celui qui n'est pas affiné. On appelle *des diamans bruts*, ceux qui n'ont point encore été travaillés, & qui sont tels que l'on les a trouvés dans le sable, ou dans les fentes des rochers. On en dit de même des émeraudes & des autres pierres précieuses,

précieuses, quand elles n'ont point été taillées, ni façonnées.

BRUT, ou ORT. Se doit entendre du poids de la marchandise, quand elle est pesée avec son emballage. On dit en ce sens : Cette balle de poivre pèse *brut* ou *ort* six cent livres, pour marquer que l'emballage & le poivre qui est dedans, pèsent ensemble six cent livres. Il y a des marchandises qui payent les droits d'entrée & de sortie du royaume, net ; & d'autres, *brut* ou *ort*. On se sert aussi du mot *bruto*, qui signifie la même chose ; mais il est étranger, & n'a que très-peu d'usage en France.

On appelle chez les plumassiers, *marchandises brutes, plumes brutes*, les plumes qui sont encore en paquet, ou, comme ils disent, en fagots, c'est-à-dire, telles qu'on les a de la première main. Le trentiéme article de leurs statuts défend à tout maître, ou compagnon du métier, d'aller relier ou fagoter les marchandises & plumes *brutes* dans les maisons des marchands des autres corps & communautés. Et par le trente-uniéme, il est fait pareille inhibition aux marchands forains, ou autres, d'acheter des plumes *brutes* en la ville de Paris, pour les relier & fagoter, & ensuite les revendre aux maîtres de la même ville. *Voyez* AUTRUCHE.

BRUT, ou BOUT D'ÉTAMINE. Sorte d'étoffe assez semblable à l'étamine qui se fabrique en quelques lieux de France, & dont il se fait un assez grand négoce à Lyon. *Voyez* ÉTAMINE.

Le tarif de la douane de cette ville en fixe les droits à 8 sols du quintal pour l'ancienne taxe, & à 2 sols pour la nouvelle réapréciation, avec les sols pour livre.

B U

BUANDERIE, qu'on nomme aussi BLANCHIRIE, BLANCHISSERIE & CURANDERIE. Lieu où l'on blanchit les toiles. On le dit particuliérement des salles ou ateliers, dans lesquels on fait la lessive des toiles crues, avant que de les mettre sur le pré. *Voyez* BLANCHIR, BLANCHIMENT & BLANCHISSERIE.

BUCHE, que l'on écrit aussi BUSCHE, & que quelques-uns appellent BUZE, ou FLIBOT. C'est une espéce de petite flûte, ou bâtiment de mer, dont les Hollandois se servent pour la pêche du hareng. Ils lui donnent le nom de *buis, haring-buis*. Ces sortes de bâtimens sont pour l'ordinaire du port depuis quarante-huit jusqu'à soixante tonneaux, quelquefois plus. Ils ont deux petites couvertes ou chambres, l'une à l'avant, & l'autre à l'arrière ; celle de l'avant est destinée pour la cuisine.

Chaque *bûche* a son maître ou patron, un aide, un contre-maître, & des matelots à proportion de sa grandeur. C'est le maître qui la commande en chef, sans l'ordre exprès duquel les filets ne peuvent être jettés à la mer, ni en être retirés. L'aide a le commandement après lui ; ensuite le contre-maître, dont le soin est de faire agir les matelots qui virent à

bord les aussières, ou funes ; ceux qui sont employés à saisir les filets ; & les caqueurs, qui sont ceux qui égorgent les harengs, & qui les vuident de leurs breuilles ou entrailles, à mesure qu'on les pêche. Les matelots se louent communément pour tout un voyage en gros.

Les victuailles que l'on embarque dans les *bûches*, ne consistent pour l'ordinaire qu'en biscuit, gruau, & poisson sec ou salé, l'équipage se contentant pour le surplus du poisson frais qu'il pêche.

BUCIOCHE. Sorte de *draps* de Provence & de Languedoc, que les vaisseaux François portent à Alexandrie & au Caire, où ils valent ordinairement 60 medins le pic.

BUÉE. Mot en usage dans quelques provinces de France, pour signifier ce qu'on nomme ailleurs *lessive*.

BUFFETER. Boire au tonneau. Il se dit des voituriers, tant par terre que par eau, qui mènent des vins, & qui perçant les pièces, dont la conduite leur est confiée, en boivent à discrétion, & les remplissent d'eau, & quelquefois de sable, pour ne les pas rendre en vuidange.

On a coutume, quand les vins se voiturent par eau, de donner un certain nombre de pièces pour la boisson des voituriers & batteliers, pour les empêcher de *buffeter*.

BUFFETEUR. Voiturier qui conduit des vins, & qui perce les tonneaux, pour en boire en chemin. Les ordonnances enjoignent aux juges de punir des galères les voituriers *buffeteurs*.

BUFFLE. Animal sauvage, ressemblant au bœuf, si ce n'est qu'il est plus long & plus haut. Il a la corne fort noire, son corps est très-gros & sa peau très-dure. Il a le poil court & noir, n'en a presque point à la queue, mais beaucoup sur le devant de la tête, qu'il a très-petite en comparaison du reste du corps. Ses cornes sont fort larges, son col gros & long, sa queue petite, & ses cuisses grosses & courtes. C'est proprement un bœuf sauvage, qui s'apprivoise, & qu'on fait travailler en Italie & en plusieurs autres pays, comme on fait les bœufs en France.

Les *buffles* sont très-communs dans le Levant, particuliérement aux environs de Constantinople & de Smyrne. Il s'en voit aussi beaucoup en Afrique, & sur-tout au royaume de Congo. Les marchandises qu'on en tire pour le commerce, sont les cornes, la peau ou cuir, & le poil.

Des cornes on fait divers ouvrages de tour, particuliérement des patenôtres de chapelets, & des tabatières, qu'on estime.

De la peau passée en huile, & préparée comme il faut, on en fait des espéces de juste-au-corps, appelés des *buffles*, qu'on donne à la cavalerie & à la gendarmerie. On en fait aussi des bandolières, des ceinturons, des gibecières, des gants, &c.

Les peaux de *buffles* sèches en poil font une portion du négoce que les François, Italiens, Anglois & Hollandois font à Constantinople, à Smyrne, & sur les côtes d'Afrique. Ils les y achètent en retour des marchandises qu'ils y portent de leur pays. *Voyez les chapitres 3 & 6 du livre 5 de la seconde partie du Parfait Négociant de M. Savary; vous y trouverez des instructions très-utiles, touchant le commerce qui se fait de ces sortes de peaux, soit à Smyrne, soit à Constantinople.*

Quand les peaux d'élans, ou d'orignaux, de bœufs, de vaches & d'autres semblables animaux, ont été passées en huile, & apprêtées, ainsi que celles des *buffles*, on leur donne aussi le nom de *buffles*, & elles s'emploient aux mêmes usages. Celles des bœufs & des vaches sont les moins estimées; leur emploi le plus ordinaire n'étant que pour faire des bandolières, des ceinturons & des gibecières.

Il y a en France plusieurs manufactures destinées pour l'apprêt de ces sortes de peaux, comme à Corbeil près Paris, à Niort, à Lyon, à Rouen, à Etampes, à Cône, &c. Celle de Corbeil est la plus considérable, & les peaux qui s'y apprêtent sont estimées les meilleures. On en doit le premier établissement au sieur Jabac, natif de Cologne, qui les avoit poussées à la dernière perfection.

Les peaux de *buffles*, d'élans, de bœufs, de vaches, &c. passées en huile, font une partie du négoce des marchands du corps de la mercerie. *Voyez* CHAMOIS, *vous y trouverez la manière de passer les peaux en huile.*

On parle plus bas des droits que toutes ces peaux payent tant à l'entrée qu'à la sortie de France.

Le poil de *buffle*, après avoir été levé de dessus la peau, par le moyen de la chaux, avant que d'être passée en huile, est une sorte de bourre, qui, étant mêlée avec celle de bœuf, de vache, ou d'autres semblables animaux, sert à rembourrer des meubles de peu d'importance, des selles pour les chevaux, des bâts de mulets, &c. *Voy.* BOURRE.

BUFFLETIN. On le dit également, & du buffle, quand il est encore jeune; & de la peau des jeunes buffles, apprêtée & passée en huile. *Voyez l'article précédent.*

Les buffles, élans & cerfs, passés en buffles, aussi-bien que les collets & colletins de buffles, payent en France les droits d'entrée sur différens pieds.

Ceux qui y sont apportés, soit par les sujets du roi, soit par les étrangers, autres que les Hollandois, payent 30 livres du cent pesant, conformément au tarif de 1667.

Et ceux que les Hollandois y apportent, ne payent que 26 liv. aussi du cent pesant, suivant la remise qui leur a été accordée par la déclaration du 20 mai 1699.

A l'égard des droits de sortie, les buffles apprêtés payent la pièce, l'un portant l'autre 24 s. & les buffletins 12 s.

Les buffles & buffletins du Levant, dont il y a de trois sortes; savoir, les buffles d'Alexandrie, les buffles de Constantinople, & ceux qu'on nomme

buffles escars, sont du nombre des marchandises qui viennent des terres & pays de la domination du grand-seigneur, du roi de Perse, & d'Italie. Elles paient 20 pour cent de leur valeur, conformément à l'arrêt du 15 août 1685, lorsqu'ils ont été entreposés dans les pays étrangers; & même sans avoir été entreposés, quand ils entrent par le port de Rouen, le tout avec les nouveaux sols pour livre.

BUGLOSE SAUVAGE. Plante dont la racine est colorante, & qui sert à la teinture. On l'appelle autrement *orcanette*. *Voyez* ORCANETTE.

BUHOT. Terme en usage dans les manufactures d'Amiens, qui signifie *un petit canon*, ou *tuyau*, fait de roseau, en manière de petite bobine sans bords, qui se met dans la poche de la navette, & sur lequel on devide une portion du fil destiné à former la trème d'une étoffe; c'est ce que l'on appelle communément *espoulle*. On donne encore à Amiens le nom de *buhot* aux véritables bobines. *Voyez* BOBINE, ESPOULLE & NAVETTE.

BUHOT. Ce terme est aussi en usage à Abbeville, pour signifier une *partie de la chaîne dont les étoffes sont composées*.

Le réglement de 1670, pour la communauté des maîtres sergers baracaniers de cette ville, ordonne que les serges drapées qui seront faites de laine d'Angleterre, ou de laine fine de France, auront 45 portées & 19 fils à chaque *buhot*. Le *buhot* fait une demi-portée; en sorte que dans la fabrique de ces serges, la portée entière est de 38 fils.

On se sert aussi de ce terme pour les baracans & pour les belinges qui se fabriquent dans cette manufacture; ainsi la chaîne des baracans doit être en compte de 9 *buhots* & de 52 portées, de 18 fils chaque portée; & la chaîne des belinges de laine filée au grand rouet, de 28 portées à 20 fils chaque demi-portée ou *buhot*. *Voyez* l'article DES RÉGLEMENS.

BUHOT. Se dit aussi chez les marchands plumassiers, des *plumes d'oye*, teintes de diverses couleurs, qu'ils mettent à leurs boutiques, pour y servir d'étalage & de montre.

BUIS, ou BOUIS. *Arbre*, dont le bois sert à plusieurs ouvrages de marqueterie, sculpture & tabletterie. *Voyez* BOUIS.

BUIS, HARING-BUIS. *V.* BUCHE. *V. aussi* HARENG.

BUISSERIE. Espèce de *mairrain* propre à faire des muids, & autres ouvrages de tonnellerie. *Voyez* MAIRRAIN.

BUISSON. (*Terme d'exploitation & de marchandises de bois.*) On nomme ainsi dans les eaux & forêts, un *canton de bois planté*, soit en futaye, soit en taillis, qui n'a pas assez d'étendue pour être réputé forêt. Il y a dans la généralité de Paris, des *buissons* de 1500 & 2000 arpens de bois. Les boqueteaux sont moindres que les *buissons*, & n'ont guères que depuis 30 jusqu'à 50 arpens.

EULBE, ou BULBA, qu'on nomme plus ordinairement FORLE. Petite monnoie de cuivre qui a cours en Egypte. Elle vaut un peu moins que le liard de France. *Voyez* la TABLE DES MONNOIES.

BULE; ou GROS BON. (*Terme de papeterie.*) C'eſt la pâte commune, compoſée de vieux chiffons ou drapeaux de toile de lin, ou de chanvre, pourris dans des cuves, & pilés & battus au moulin, qu'on réſerve pour la fabrique du gros papier.

BULLETIN, ou BULTIN. *Billet* que l'on donne en France, pour ſervir de certificat, qu'on a payé les droits d'entrée & de ſortie. Il eſt différent de l'acquit.

BULLETIN. C'eſt auſſi le nom que l'inſtruction dreſſée en exécution de l'arrêt du conſeil du 13 juillet 1620, pour les comptes courans en banque, & les viremens de parties, donnoit aux billets, que ceux qui avoient des comptes ouverts dans les livres de la banque royale, devoient porter ou envoyer aux teneurs de livres, pour s'y faire, ou créditer, ou débiter. L'inſtruction portoit : *que pour les billets ou bulletins, il ſeroit prépoſé un commis, qui tous les huit jours les retireroit des teneurs de livres. Voyez* BANQUE ROYALE.

BUNIAS. On nomme ainſi la *graine* ou *ſemence* du *navet ſauvage.* Elle eſt du nombre de celles dont les marchands épiciers-droguiſtes font commerce; mais comme ſon unique uſage eſt pour la compoſition de la thériaque, il n'y a que les plus curieux qui s'en chargent, les autres en connoiſſant à peine le nom. On lui ſubſtitue quelquefois la graine du navet des jardins, à laquelle celle du *bunias* reſſemble beaucoup. On peut néanmoins en connoître la différence au goût, la ſemence du *bunias* étant plus piquante.

BURA, ou BURAT, qu'on nomme auſſi quelquefois BOURA. *Etoffe*, partie ſoie, partie laine, qui eſt connue ſous le nom de *moncahiard. Voyez* MONCAHIARD.

BURAIL, qu'on nomme plus ordinairement FERRANDINE. *Etoffe* de ſoie tramée, quelquefois de ſoie, & plus ordinairement de laine, de poil, de fil ou de coton. *Voyez* FERRANDINE.

BURAIL A CONTRE-FOIL. Cette étoffe ſe fait par les haute-liſſeurs de la ſayetterie d'Amiens. Elle doit ſe monter en vingt-huit buhots trente portées, & avoir un pied & demi de roi entre deux gardes. Sa largeur, au ſortir de l'eſtille, doit être de vingt-une aunes & demie, pour revenir après l'apprêt à vingt aunes un quart ou vingt aunes & demie.

BURAIL DE ZURICH. Eſpèce de *creſpon*, qui ſe fabrique à Zurich en Suiſſe. *Voyez* CRESPON.

Il y a encore diverſes ſortes de *burail*, qui ſe fabriquent tant en France, que dans les pays étrangers; comme les *burails lis*, les *burails croiſés*, les *burails ſimples*, les *burails d'étoupes*, & les *burails de Flandre.*

Les burails ou creſpons de Zurich, *payent de droits d'entrée en France*, 30 pour cent de leur *valeur, ſuivant le tarif de 1667, & ne peuvent*

entrer que par Lyon ou par Auxonne, conformément à l'arrêt du 24 janvier 1690.

Les burails croiſés *payent* 16 liv. la pièce de 25 aunes, ſuivant l'arrêt du 20 décembre 1687, & ne peuvent entrer que par Calais & S. Valery, en conſéquence des arrêts des 8 novembre 1687 & 3 juillet 1692.

Et les burails ſimples *ou de Flandres, auſſi la pièce de 25 aunes* 3 liv. ſuivant le tarif de 1667, & ne peuvent entrer que par leſdits ports de Calais & S. Vallery, conformément aux mêmes arrêts de 1687 & 1692.

A l'égard des droits de ſorties, les burails lis & croiſés *ou* moncahiards de toutes ſortes, payent comme camelots à eau, 7 liv. du cent peſant; & les burails d'étoupes 3 liv. comme mercerie, auſſi du cent peſant, ſuivant le tarif de 1664, le tout avec les ſols pour livre.

Outre tous les *burails*, dont on a parlé ci-deſſus, le tarif de la ville de Lyon en contient encore pluſieurs autres; comme les *burails de Reims*, les *burails de Bergame*, les *burails de ſoie de Milan*, ceux de *Gênes* & ceux de *Naples*.

BURATTE, que dans quelques manufactures on appelle BURAT. Petite *étoffe toute de laine*, un peu plus forte que celles qu'on nomme *étamines à voiles*, dont pourtant elles ſont une eſpèce.

Les états de la province de Languedoc, obtinrent en 1673, un arrêt du conſeil d'état du roi, portant permiſſion aux teinturiers de cette province, & à ceux d'Auvergne, de teindre les *cadis* & *burattes* en *breſil*, pour le rouge, nonobſtant le réglement de 1669.

Il y a eu auſſi depuis deux réglemens, par deux autres arrêts du conſeil d'état des 7 juin & 5 août 1718; le premier concernant le pliage & l'autre pour les portées & largeurs des *étamines* ou *burates*, qui ſe fabriquent à Langogne & autres lieux du Gevaudan, auſſi-bien que pour la qualité des laines qui doivent y être employées.

BURATTÉE. *Etamine buratée*. C'eſt une étamine, dont la fabrique eſt à peu près ſemblable à celle des burattes.

BURATINE ou BURATIN. Eſpèce de *papeline*, dont la chaîne eſt de ſoie fort déliée, & la trême de groſſe laine; on la paſſe ſous la calandre.

BURATINES. *Soies buratines.* Ce ſont des ſoies, que l'on tire de Perſe, par la voie de Seyde. Elles ſe péſent au damaſquin de ſix cens dragmes, qui reviennent à quatre livres onze onces de Marſeille. *Voyez* SOIES DU LEVANT.

BURBAS. Petite monnoie, qui ſe frappe à Alger, & qui porte des deux côtés les armes ou enſeignes du dey. Six *burbas* valoient autrefois un aſpre : préſentement ils n'en valent plus guères que la moitié. Il s'en fait à Tunis, qui ſont reçus ſur le pied de ceux d'Alger.

BURE. Etoffe de laine, très-brute & très-groſſière, ayant un vilain poil long, point croiſée, de fort petit prix, qui ſe fabrique ſur un métier à

Rr ij

deux marches avec la navette, ainsi que les draps, & autres pareilles étoffes, qui n'ont point de croifure.

La *bure* a une aune de large. Son ufage le plus ordinaire eft pour habiller les pauvres gens. Il y a de l'apparence que fon nom dérive du mot de *bourre*; parce que fouvent l'on fait entrer dans le filage des laines qui la compofent, une portion de bourre tontiffe, qui eft cette forte de laine très-courte, qui provient du lainage & de la tonture des draps, ratines & autres femblables étoffes de laine.

Les lieux du royaume où il fe fabrique le plus de *bures*, font Gifors & Thibivilliers dans le Vexin Normand. Il s'en faifoit autrefois beaucoup à Dreux & à S. Lubin, fitués en l'Ifle de France; mais cette manufacture eft tombée. Les *bures* de Dreux fe nommoient *bures loyalles*, parce qu'elles étoient faites tout de bonne mère-laine; & celles de Thibivilliers étoient appellées, *bures bourrières*, parce que l'on y faifoit entrer de la bourre tontiffe, que l'on mêloit avec la bonne laine, en la filant. Il faut que la *bure* ait été jugée de bien peu de conféquence, puifqu'il n'en eft aucunement parlé dans les réglemens des manufactures.

Par le tarif de 1664, la *bure* eft auffi appellée *bugle* ou *beugle*; & les droits en doivent être payés à raifon de 4 liv. du cent pefant pour la fortie; & pour l'entrée, fur le pied de 40 f. la piéce de douze aunes, avec les fols pour livre.

Quelques-uns donnent le nom de *bure*, à une forte de groffe tiretaine fil & laine, qui fe fabrique à Beaucamps le Viel en Picardie, laquelle n'a qu'une demi-aune de large. *Voyez* TIRETAINE.

BUREAU. Groffe *étoffe* de laine non croifée, qui n'eft autre chofe qu'une bure renforcée.

BUREAU. On appelle le *bureau de la ville*, la jurifdiction du prévôt des marchands & échevins.

BUREAU. Se dit auffi du *lieu* où les marchands s'affemblent pour traiter & délibérer fur les affaires qui regardent leur corps. Chacun des fix corps des marchands de Paris, a fon *bureau* particulier. C'eft dans celui de la draperie, comme le premier corps, que fe font les affemblées générales des fix corps.

BUREAU. Se dit auffi d'un *endroit* établi pour la vente & le débit de certaines marchandifes de manufacture particulière. Le *bureau* des cuirs de Hongrie : le *bureau* des maroquins : le *bureau* des flambeaux : le *bureau* des chandelles, &c.

Les marchands, négocians & banquiers, appellent auffi *bureau*, une grande table, fur laquelle ils mettent leurs livres & papiers, pour travailler à faire leurs écritures.

BUREAU. Se dit encore des *lieux* deftinés pour la perception des droits établis fur les marchandifes, pour l'entrée & la fortie du royaume, & des provinces réputées étrangères. Le *bureau* de la douane de Paris : le *bureau* des traittes d'Ingrande : le *bureau* de la romaine de Rouen : le *bureau* de la comptablie de Bordeaux, &c. Il y a des *bureaux* généraux, des *bureaux* particuliers, des *bureaux* de recette & des *bureaux* de conferve.

PETIT BUREAU. C'eft ainfi que parmi les courroyeurs, tanneurs, mégiffiers & cordonniers, on appelle le *bureau des vendeurs de cuirs*.

BUREAU DE COMMERCE. C'eft un *bureau* compofé de perfonnes choifies par fa majefté parmi ceux de fon confeil, qui ont le plus d'expérience au fait du *commerce*. Il a été établi par arrêt du 22 juin 1722.

C'eft à ce *bureau* que font difcutées & examinées toutes les propofitions, & mémoires qui y font préfentés; enfemble les affaires & difficultés qui furviennent concernant le commerce tant de terre que de mer, au dedans & au dehors du royaume, & ce qui regarde les fabriques & manufactures. *Voyez* CONSEIL DE COMMERCE.

BUREAU DES CONGÉS. *Voyez* CONGÉ.

BUREAU DES CHARTRONS. *Voyez* CHARTRONS.

BURGALÈSES. *Laines burgalèfes*. Ce font des laines d'Efpagne, qui fe tirent de la ville de Burgos & de fes environs. Il s'en fait un grand négoce à Bayonne.

BURGAN DE TEINTURE. On nomme ainfi dans les Ifles Antilles Françoifes, un *poiffon teftacé* qui produit une efpèce d'écarlate ou de pourpre. *Voyez* POURPRE.

BURIN. Outil d'*acier* à quatre carres, dont la pointe eft ordinairement taillée en lozange. Il a au bout, par où on le tient, un petit manche de bouis ou d'autre bois, tourné au tour, qui fe cache entièrement dans la main de l'ouvrier, quand il s'en fert. Le *burin* eft propre à graver fur les métaux; particulièrement fur les planches de cuivre, pour faire ce qu'on appelle des *tailles-doucts*.

Les ferruriers fe fervent pareillement de divers *burins* pour leurs ouvrages : de plats, pour fendre les pannetons des clefs : de coulans, de carrés & en lozange, pour graver divers ornemens.

Les tailleurs de monnoies, les graveurs fur métaux, les orfévres, les arquebufiers, fourbiffeurs, armuriers, éperonniers & autres ouvriers qui travaillent en cifelure & damafquinerie, en ont auffi pour tailler, réparer, rechercher leur gravure, foit en creux, foit en relief. Enfin, les tailleurs de limes en ont pour piquer les rapes.

Ce font les maîtres aiguilliers qui font & vendent les *burins*; d'où ils ont entr'autres qualités, celles de *maîtres aiguilliers, alefniers, faifeurs de burins*.

BUSCHE. Gros morceau de *bois* propre à fe chauffer, dont plufieurs mis enfemble compofent la corde de bois à brûler. Il y a des *bûches* de divers échantillons, c'eft-à-dire, de différentes longueurs, depuis trois pieds fix pouces, jufqu'à quatre pieds deux pouces, & quelquefois jufqu'à quatre pieds quatre pouces, qui eft une longueur extraordinaire.

Les *bûches*, fuivant leur groffeur, fe cordent ou fe vendent au compte. *Voyez* BOIS DE CORDE & DE COMPTE.

BUSCHE. On appelle *contrôleurs de la bûche*, de petits-officiers établis fur les ports de la ville de Paris, pour veiller à ce que les bois soient de la longueur & grosseur réglées par les ordonnances, suivant leur sorte & qualité.

BUSCHER. Abbatre du bois dans les forêts pour en faire des bûches.

BUSSARD ou BUSSE. C'est une des neuf espèces de vaisseaux ou futailles régulières, dont on se sert en France, particulièrement en Anjou, & en Poitou, pour mettre les vins & autres liqueurs.

Le *bussard* est la moitié d'une pipe & est égal à une demi-queue d'Orléans, de Blois, de Nuys, de Dijon & de Mâcon ; ce qui revient aux trois quarts du muid de Paris, qui font vingt-sept septiers, chaque septier de huit pintes ; ensorte que le *bussard* est composé de deux cens seize pintes de Paris.

BUSTES. *Boëtes de sapin*, légères & à demi rondes, dans lesquelles on apporte les raisins de Damas.

C

C, troifiéme lettre de l'alphabet. Cette lettre, ou feule, ou fuivie, ou précédée de quelques autres, fert aux marchands, négocians, banquiers & teneurs de livres, pour abréger certains termes, qu'ils font obligés de répéter fouvent dans les écritures qu'ils portent fur leurs journaux ou regiftres. C. fignifie *compte*; *C. O. compte ouvert*; *C. C. compte courant*; *M. C. mon compte*; *S. C. fon compte*; *L. C. leur compte*; *N. C. notre compte*.

CAABLÉ. (*Terme de commerce de bois.*) On appelle *bois caablé*, les arbres que les vents abbatent dans les forêts. On dit auffi, pour fignifier la même chofe, *bois verfé & bois chablis*.

CABALISTE. (*Terme de commerce*) qui eft en ufage à Touloufe, & dans toute la province de Languedoc.

C'eft un marchand qui ne fait pas le commerce fous fon nom, mais qui eft intéreffé dans le négoce d'un marchand en chef.

L'article 24 du réglement général de la bourfe commune de Touloufe, de l'année 1701, pour l'élection du prieur & des confuls de ladite bourfe, porte : que tout marchand, ou fils de marchand, faifant actuellement la marchandife, fera obligé d'accepter la charge de baille, ou adminiftrateur de la confrérie, s'il y eft nommé ; & que les *cabaliftes* & intéreffés au commerce d'un marchand en chef, pourront auffi être choifis & nommés à ladite adminiftration.

CABANES. Ce font de petits bateaux, couverts de planches de fapin, fous lefquelles un homme peut tenir debout & à couvert. On les fabrique à Roanne fur la rivière de Loire, où elle commence à porter bateau, & defcendent de-là jufques à Nantes, en prenant fur la route toutes les marchandifes & paffagers qu'elles rencontrent, comme à Nevers, la Charité, Sancerre, Cofne, Briare, Gien, Orléans, Tours & autres. Ces *cabanes* arrivées une fois à Nantes, font à leur dernier gîte, à caufe de la difficulté de remonter la Loire. Les régiffeurs des nouvelles meffageries royales ayant établi des coches d'eau fur la Loire, ont fait affujettir les *cabanes* à un droit de permiffion.

CABARET. Lieu où l'on vend du vin en détail.

L'on ne pouvoit autrefois vendre au *cabaret* que du vin à pot, ou, comme parlent les ordonnances de la ville & celles des aides, à huis coupé & pot renverfé, c'eft-à-dire, en le débitant par un trou coupé & ménagé dans les treillis, qui fervoient anciennement d'huis, ou de portes aux *cabarets*, comme on en voit encore à quelques-uns, & en renverfant le pot, ou mefure, dans quoi on le

débitoit, fi-tôt que le vin avoit été livré aux bourgeois.

C'étoit alors la principale différence qu'il y avoit entre le *cabaret* & la *taverne*, où le détail fe faifoit à l'affiette, c'eft-à-dire, où il étoit permis de donner à manger à ceux qui y venoient boire. Préfentement l'on ne fait plus cette diftinction; & les marchands de vin en détail le débitent, ou à pot, ou à affiette, fuivant qu'ils en payent les droits.

VIN DE CABARET. C'eft du *vin* qui fe vend chez les cabaretiers. On le dit ordinairement par oppofition à vin bourgeois, qui eft celui que les bourgeois ont dans leurs caves pour leur provifion, ou qu'ils vendent à pot, comme de leur crû. En ce fens, quand on dit *vin de cabaret*, on l'entend du vin mixtionné, frelatté ou coupé, & qui n'eft pas naturel comme celui des bourgeois.

CABARET. On nomme auffi de la forte ces efpèces de tables, foit avec des pieds, foit fans pieds, fur lefquelles on préfente le thé, le café & les autres liqueurs chaudes, qui ont paffé du Levant dans l'Europe.

Les plus beaux de ces fortes de *cabarets* viennent de la Chine & du Japon, & font enduits de ces vernis admirables, que les Européens n'ont jamais pû bien imiter. Ils font apportés en France par les vaiffeaux de la compagnie des Indes Orientales, auffi-bien que les foucoupes, les taffes & les pots à fucre de porcelaine, dont on a coutume de les garnir, & font une partie du négoce de ces marchands merciers, qui étalent au palais & aux foires de S. Germain & de S. Laurent; & de ceux qu'on appelle quelquefois *brocanteurs*, dont il y en a de fi riches à Paris.

A l'égard des *cabarets* que l'on imite, ce font les ébéniftes & ouvriers de marqueterie, qui les font & qui les vendent.

CABARET. C'eft encore le nom que le vulgaire donne ordinairement à la racine d'*azarum* ou *nard fauvage*.

CABARETIER. Celui qui tient cabaret, qui y vend du vin en détail.

Les *cabaretiers* font à Paris du corps des marchands de vin, en ont la qualité & les priviléges & ne diffèrent d'eux, que parce qu'ils ont fait, les uns, l'option du commerce de vin en gros ; & les autres, de celui du vin en détail.

Les marchands de vin en détail ont bien les mêmes ftatuts, que ceux qui en font le commerce en gros qu'on peut voir à l'article cité ci-deffus ; mais outre cela, ils font encore tenus d'obferver divers articles de réglemens contenus dans l'ordonnance de la ville de Paris de 1672 & dans l'ordonnance des aides de 1680.

Entre les articles de l'ordonnance de la ville, les plus importans sont ceux-ci.

Les vins encavés, pour être vendus en détail, ne peuvent être vendus en gros.

Les hôtelliers & *cabaretiers* ne peuvent aller acheter, ni faire acheter par personnes interposées aucuns vins, soit dans l'étendue des vingt lieues, soit au-delà; mais sont tenus de se fournir sur les ports & étapes.

Ils ne peuvent fermer leur cave, ni discontinuer la vente de leurs vins, jusqu'à ce qu'ils soient entièrement vendus.

Il leur est fait défenses de mixtionner, ni couper leurs vins.

Ils sont tenus de ne les vendre, ni distribuer qu'en pots d'étain, & en pintes étalonnées, & non en bouteille.

Enfin, à tous les lieux où les vins se vendent en détail, il doit être mis enseignes, ou du moins bouchons.

Il y a aussi dans cette ordonnance quatre articles, concernant la vente en détail des vins étrangers, vulgairement appellés *vins de liqueur*.

La plupart de ces articles de l'ordonnance de la ville, qui servent de réglement aux *marchands de vin cabaretiers*, se trouvant aussi dans l'ordonnance des aides, presqu'en mêmes termes, on se contentera d'ajouter ici les plus importans de ceux qui sont particuliers à cette dernière ordonnance.

1°. Les *cabaretiers*, taverniers & autres vendans vin en détail, ne pourront se servir de rapés de copeaux; mais de raisin; & encore de ceux-ci seulement, d'un demi muid, par vingt muids qu'ils auront dans leur cave.

2°. Ils ne pourront les tenir dans d'autres caves, que celles de la maison où ils demeurent, ni mettre les vins dessus, qu'en présence du commis, ou icelui dûement appellé.

3°. Ils ne pourront disposer des vins de leur cave, réputés gâtés, qu'ils n'ayent été reconnus tels par le commis; & en conséquence démarqués, & même mêlés de quelques pintes de vinaigre, si le cas y échoit, & que ledit commis le trouve à propos.

4°. Toutes les baissières du vin vendu & démarqué, seront survuidées dans un même & seul tonneau; & le tonneau, quand il est plein, transporté chez les vinaigriers.

5°. Ils ne pourront tenir chez eux aucun attelier de chaudières à eau-de-vie, ni en faire, à peine de confiscation des ustensiles & de l'eau-de-vie, & de 100 liv. d'amende.

Les statuts des *cabaretiers marchands de vins en détail* de la ville & fauxbourgs de Paris, ordonnent entr'autres articles de police, qu'il ne leur sera pas permis de faire la vente de leurs vins les jours de dimanches & fêtes, pendant le service divin, non plus que les autres jours; après huit heures du soir en hiver, & dix heures en été. L'on a plusieurs sentences des officiers du châtelet qui confirment une si sage discipline, & le parlement n'a pas cru qu'il fût au-dessous de sa dignité de l'autoriser souvent par ses arrêts.

CABAS ou CABAT. *Panier* fait de jonc ou de feuilles de palmier. C'est dans ces sortes de paniers que l'on met les figues de Provence, après qu'on les a fait sécher. Il y en a de grands & de petits; les uns pour la marchandise d'élite, & les autres pour la commune. On les couvre également avec une toile ordinairement bleue, ou violette.

« Les *cabats de jonc* & autres, payent à la » douane de Lyon, par le tarif de 1632 pour la-» dite douane, 5 s. de la balle pour l'ancien droit » & deux s. pour la nouvelle réapréciation & les » sols pour livre. »

CABEÇA ou CABESSE. Les Portugais qui font le commerce des soies dans les Indes orientales, les distinguent par les mots de *cabeça* & de *barillo*, c'est-à-dire, *tête* & *ventre*. Les soies *cabeça* sont les plus fines; les *barillo* sont moindres de quinze à vingt pour cent. Les ouvriers Indiens tâchent de les faire passer l'une avec l'autre, & il n'y a guères de balles de *cabeça* qui ne soient fourrées de beaucoup de *barillo*; aussi les plus habiles des Européens qui font ce négoce, ont-ils coutume de les ouvrir & d'examiner les écheveaux les uns après les autres.

Les Hollandois qui en font un grand commerce, en distinguent de deux sortes; sçavoir, la *cabesse de more* & la *cabesse ordinaire*.

CABEER. *Monnoie* de compte dont on se sert à Mocha. *Voyez* l'article DES MONNOIES.

CABESAS. Espèce de *laines*, qui viennent d'Estramadure.

CABIDOS ou CAVIDOS. Sorte de mesure étendue, dont on se sert en Portugal, pour mesurer les étoffes, les toiles, &c.

Le *cabidos*, ainsi que l'aune de Hollande ou de Nuremberg, contient deux pieds onze lignes, qui font quatre septiémes d'aune de Paris; & l'aune de Paris fait un *cabidos* & trois quarts de *cabidos*: de sorte que sept *cabidos* font quatre aunes de Paris, ou quatre aunes de Paris font sept *cabidos*.

Pour faire la réduction des *cabidos*, en aunes de Paris, il faut, en se servant de la régle de trois, dire: si sept *cabidos* font quatre aunes de Paris, combien tant de *cabidos* feront-ils d'aunes de Paris? Et au contraire, pour réduire les aunes de Paris en *cabidos*, il faut dire: si quatre aunes de Paris font sept *cabidos*, combien tant d'aunes de Paris feront-elles de *cabidos*. *Voyez* la TABLE DES MESURES.

CABILLAUD. Espèce de *morue*. *Voy.* MORUE.

CABINET. Ouvrage de menuiserie ou d'ébénisterie.

C'est une espèce d'armoire ou de buffet à plusieurs volets & tiroirs, destiné à y enfermer les choses les plus précieuses, ou à servir simplement d'ornement dans les chambres, galleries ou autres appartemens.

Il y a des *cabinets communs* de chêne ou de

noyer ; des *cabinets verniffés* de la Chine & du Japon ; des *cabinets de pierres de rapport ;* d'autres de *marqueterie ;* d'autres d'*ébène* ou autres bois rares & précieux.

Les *cabinets* d'Allemagne étoient autrefois en grande réputation en France ; & on les y eſtimoit, à cauſe de diverſes raretés & curioſités de méchanique, aſſez ingénieuſement imaginées, dont ils étoient remplis en dedans. Ils conſervent toujours leurs prix dans les pays étrangers ; & les Hollandois en portent encore dans l'Orient ; mais l'uſage en eſt tombé parmi les François, auſſi-bien que celui des *cabinets* d'ébène, qui venoient de Veniſe.

« Les *cabinets* de la Chine, de marqueterie, de
» pierres de rapport, de bois d'ébène ou autre bois
» précieux, enrichis de bronze & cuivre doré ou
» non enrichis, payent en France les droits d'entrée
» & de ſortie à l'eſtimation, à raiſon de ſix pour
» cent de leur valeur. »

« Les *cabinets* d'autres qualités & de bois de peu
» de valeur, payent comme mercerie, ſçavoir, 10 l.
» d'entrée du cent même & 3 liv. de ſortie, con-
» formément à l'arrêt du 3 juillet 1692, qui même
» a réduit les droits de ſortie à 2 liv. lorſque cette
» mercerie eſt deſtinée & déclarée pour les pays
» étrangers, le tout avec les ſols pour livre. »

CABLE, qu'on écrit & qu'on prononce quelquefois CHABLE. Groſſe & longue corde, ordinairement de chanvre, qui ſert à tenir les navires à l'ancre ou à remonter les foncets & grands bateaux dans les rivières. Il ſe dit auſſi des cordages qui ſervent à élever de peſans fardeaux, par le moyen des grues, des chèvres, des roues à carriers & autres tels engins.

On le nomme ordinairement *cables,* que les cordes qui ont juſqu'à trois pouces de circonférence ; au-deſſous, on les appelle *cordages* & *cordes.*

Chaque *cable,* de quelque groſſeur qu'il ſoit, eſt compoſé de trois hanſières ; chaque hanſière de trois tourons ; le touron de trois cordons ; & le cordon de plus ou de moins de fils, ſuivant que le *cable* eſt plus ou moins gros. Les termes de *hanſière,* de *touron* & de *cordon,* ſont expliqués à leurs articles.

Pour faire un *cable,* après que les tourons ſont formés de la manière qu'on l'explique à l'article de la corderie, on ſe ſert de bâtons, que l'on paſſe d'abord entre les tourons dont on fait les hanſières, & enſuite entre les hanſières dont ſe compoſe le *cable,* afin que les uns & les autres tournent mieux & s'entrelaſſent plus régulièrement enſemble ; & pour empêcher qu'ils ne ſe tortillent au filage, on ſuſpend au bout de chaque hanſière & de chaque touron, un poids de plomb ou de pierre.

Quand le *cable* eſt fini & tors comme il faut, on en détord trois ou quatre tours, afin que le reſte demeure mieux en état.

Les *cables* trop retords, crèvent aiſément : quand

ils ſont filés mous, c'eſt-à-dire, qu'ils ne ſont pas aſſez retords, ils ſe rompent.

Le nombre des fils dont chaque eſpèce de *cable* doit être compoſée, eſt toujours proportionné à ſa longueur & groſſeur ; & c'eſt auſſi par le nombre des fils qui y entrent & qui font ſon diamètre & ſa circonférence, qu'on peut juger de ſa peſanteur & en faire l'évaluation.

Un *cable* de trois pouces de circonférence, ce qui revient à un pouce de diamètre, eſt de quarante-huit fils ordinaires ; & c'eſt ſur ce pied-là que ſont ſupputées les deux tables que le ſieur Aubin a rapportées dans ſon Dictionnaire de Marine, pour faire l'une & l'autre opération, & que l'on a cru néceſſaire d'inſérer dans celui-ci avec l'inſtruction pour s'en ſervir, afin de ne rien laiſſer à déſirer au lecteur dans une matière qui ne doit point être ignorée de ceux qui ſe mêlent du commerce de mer, qui arment pour eux, ou qui frettent pour autrui des vaiſſeaux marchands, qui font des polices d'aſſurance ou donnent leur argent à la groſſe avanture.

Table de la quantité de fils dont les cables *doivent être compoſés par rapport à leur circonférence, depuis trois pouces, juſqu'à vingt, & depuis 48 fils, juſqu'à 1943.*

POUCES.	FILS.
3	48
4	77
5	121
6	174
7	238
8	311
9	393
10	485
11	598
12	699
13	821
14	952
15	1093
16	1244
17	1404
18	1574
19	1754
20	1943

Pour trouver par cette table le poids que doit avoir un *cable* de certaine longueur donnée, par exemple de cent dix à ſix vingt braſſes de long, il faut meſurer l'épaiſſeur du *cable* par ſa circonférence, & voir dans la table, combien, par rapport à cette circonférence, il doit avoir de fils ; & enſuite multiplier par quatre le nombre de fils ; chaque fil de la longueur qu'il faut pour filer le *cable* de l'étendue propoſée, devant peſer environ quatre livres ; & le produit de la multiplication donnera à peu près le poids du *cable.* Ainſi un *cable* de 20 pouces de circonférence, qui ſuivant

la

la table, doit avoir 1943 fils, pesera 7772 livres ; ce qui doit s'entendre d'un *cable* neuf & qui n'a pas encore été goudronné.

Table pour évaluer le poids d'un cable *par sa circonférence.*

POUCES.	POIDS OU LIVRES.
3	192
4	308
5	484
6	696
7	952
8	1244
9	1572
10	1940
11	2392
12	2796
13	3284
14	3808
15	4372
16	4976
17	5616
18	6296
19	7016
20	7772

Par les deux tables précédentes, on peut aussi connoître combien il faut de fils pour chaque touron, suivant l'épaisseur qu'on lui veut donner. Par exemple, pour un *cable* composé de trois tourons, à qui l'on veut donner dix-huit pouces de circonférence, on mettra cinq cent cinquante fils pour chaque touron, & ainsi des autres, en remarquant néanmoins que si l'on veut faire le *cable* un peu plus serré qu'à l'ordinaire, il sera plus court & plus mince ; & que si au contraire on le veut faire plus lâche, il sera plus long & plus gros.

Il n'y a point de vaisseau marchand, si foible qu'il soit, qui n'ait au moins trois *cables* ; savoir, le *maître cable*, ou *cable de la maîtresse ancre* ; le *cable ordinaire* ; & le *cable d'affourché*, qu'on nomme aussi *greslin*, qui est le plus petit. La longueur de ces *cables* la plus ordinaire est de 110, ou de 120 brasses.

« Les *cables* payent en France les droits d'en- » trée & de sortie, sur le pied de cordages ; » savoir, pour ceux de sortie, 2 liv. du cent pe- » sant, & pour ceux d'entrée, seulement 15 sols, » & les nouveaux sols pour livre. »

CABLE. Se prend aussi, *en terme de marine*, pour une mesure de 120 brasses, à cause que c'est la longueur ordinaire de toutes sortes de *cables* : ainsi lorsqu'on dit, qu'on est mouillé à deux ou trois *cables* de terre, on doit entendre qu'on en est à deux cent quarante, ou à trois cent soixante brasses.

CABLEAU. Petit cable dont on se sert ordinairement à marrer la chaloupe d'un vaisseau. On appelle aussi *cableau* ou *cineenelle*, cette longue corde dont les bateliers se servent à tirer leurs bateaux en remontant les rivières.

CABLEUR, qu'on prononce, & qu'on écrit plus ordinairement CHABLEUR. *Officier* établi sur les rivières, pour faire passer les bateaux par les pertuis, sous les ponts, & autres endroits difficiles. *Voyez* CHABLEUR.

CABOCHE (*Terme de cloutier.*) On nomme ainsi les clous qu'on appelle vulgairement *clous à souliers*, parce que le peuple, & les gens de peine ont coutume d'en clouer dessous leurs souliers, pour en conserver plus long-tems les semelles & les bouts. Il y a deux sortes de *caboches* ; les unes qu'on nomme *caboches à deux têtes* ; & les autres, *caboches à tête de diamant*.

CABOCHE. Se dit aussi des vieux *clous*, particulièrement de ceux que l'on tire des bateaux que l'on dépèce. Ils font une partie du négoce des marchands de vieille féraille, qui les vendent à la livre, aux maçons, & autres artisans.

« Les *caboches* & vieux *clous* payent en France » 5 sols le cent pesant, pour droits de sortie, & 6 » sols pour droits d'entrée, & les sols pour livre. »

CABOCHON. (*Terme de joyaillerie.*) C'est en général toute pierre précieuse qui a seulement reçu le poliment, & à laquelle l'on n'a donné par la taille, aucune forme régulière, ni fait aucunes facettes, lui ayant conservé la figure qu'elle avoit naturellement, & au sortir de la mine. Il y a des *cabochons* de diverses formes ; entr'autres de ronds, d'ovales & de bossus. Ce terme est plus en usage pour les rubis, que pour toutes les autres pierres précieuses.

CABOTAGE. C'est proprement la connoissance des mouillages, ancrages, bans, courans, marées ; enfin de la situation de toutes les parties des côtes d'une mer.

Il se dit aussi du commerce qui se fait de proche en proche & de port en port.

CABOTER. (*Terme de marine & de commerce de mer.*) C'est naviger de port en port, & seulement le long des côtes ; c'est aussi faire le négoce de proche en proche.

CABOTTIERE. *Bateau* plat, long & étroit, d'environ trois pieds de profondeur, avec un gouvernail très-long fait en forme de rame. Cette sorte de *bateau* ne sert guères qu'au commerce qui se fait par la rivière d'Eure, qui vient du côté de Chartres, passe à Dreux, & se jette dans la Seine, à un quart de lieue au-dessus du pont de l'arche.

CABUIA. Espèce de *chanvre*, qui croît aux Indes Occidentales, dans la province de Panama.

La plante qui le produit, a des feuilles semblables à celles du chardon, ou de l'iris, quoique plus larges, plus épaisses & plus vertes. Lorsqu'elle est mûre, on la fait rouir comme le chanvre d'Europe ; après l'avoir fait sécher, on la bat avec des espèces de maillets de bois, jusqu'à ce qu'il n'y reste plus que la filasse, que les Indiens filent enfuite , & dont ils font du filet excellent , & de très-bonnes cordes. Ce filet eft fi bon & fi dur , qu'on s'en fert comme de fcie , pour fcier le fer , en le montant fur un archet , & en mettant par-deffus un peu de fable très-fin , à mefure que l'ouvrage s'avance.

CACAO. Efpèce de noifette ou de noyau, de la groffeur d'une amande médiocre , qui eft la femence du cacaoyer, arbre qui croît dans plufieurs endroits des Indes occidentales , particulièrement dans les provinces de Guatimala & de Nicaragua , & dans les ifles Antilles.

Le cacaoyer, qu'on nomme en Efpagnol , cacaotal , & en langage Mexiquain , cucuhuaguahuitl, reffemble au cerifier d'Europe , foit pour la hauteur à laquelle il a coutume de s'élever , foit pour fes feuilles , qui pourtant font un peu plus grandes , & tiennent auffi quelque chofe de celles de l'oranger.

Cet arbre eft fi délicat & fi tendre , & le terroir où il croît eft fi chaud, que pour le garantir des ardeurs du foleil , on ne le plante qu'à l'ombre d'autres grands arbres , qui de là font appellés les mères du cacaoyer , parce qu'ils lui en fervent en quelque forte , en l'élevant dans fa jeuneffe , & en lui procurant par leurs ombrages une fève abondante, dont le cacaoyer femble avoir plus befoin qu'aucun autre arbre.

Le fruit du cacaoyer eft renfermé dans une efpèce de gouffe de la groffeur d'un concombre, & de même figure , excepté qu'elle commence & finit en pointe. Le dedans de cette gouffe, qui eft épaiffe d'un demi-doigt , forme un tiffu de fibres blanches & fort fucculentes ; un peu acides, mais propres à appaifer la foif.

Ces fibres contiennent au milieu dix & douze, & même quelquefois jufqu'à quarante grains de couleur violette, qui font environ gros comme le pouce , & fecs comme un gland de chêne. Chaque grain , qui eft couvert d'une petite écorce, (lorfqu'il en eft dépouillé) , fe fépare en cinq ou fix petites pièces inégales, au milieu defquelles eft un pignon qui a le germe fort tendre , & difficile à conferver : & c'eft de cette femence que les Efpagnols , & à leur exemple , le refte des nations de l'Europe , font cette efpèce de conferve , ou de pâte , dans la compofition de laquelle on fait entrer auffi de la vanille , & d'autres ingrédiens, & dont on fe fert , délayée dans de l'eau bien chaude , à faire la délicieufe boiffon que l'on appelle chocolat. Voyez CHOCOLAT.

Le commerce que les Efpagnols font de cette précieufe amande, eft fi confidérable, qu'il y en a qui tirent plus de vingt mille écus tous les ans d'un feul jardin planté de cacaoyer.

Il y a deux efpèces de cacao. Le plus commun , qui eft néanmoins le meilleur , eft d'une couleur obfcure, tirant fur le rouge , rond & piqueté au bout : l'autre , appellé patlaxe , eft blanc

& plus large , plus gros & plus plat, fa qualité eft defficative.

Les marchands épiciers & droguiftes de Paris , en vendent néanmoins de quatre fortes ; favoir le gros & petit caraque , & le gros & petit cacao des ifles ; ce qui vraifemblablement peut fe réduire aux deux efpèces dont on vient de parler : car ce n'eft apparemment que la petiteffe ou la groffeur qui en multiplient ainfi les noms.

De ces quatre cacaos , le gros caraque , ainfi nommé de la province de Nicaragua au Mexique , eft le plus excellent ; le moindre de tous eft le petit cacao des ifles.

Le gros caraque doit être choifi nouveau , gros, pefant, noirâtre au-deffus , rouge foncé au dedans, d'un bon goût ; & qui ne fente point le moifi. Le choix du petit caraque doit fe faire à proportion du gros : il en eft de même du gros cacao des ifles ; car pour le petit , le plus fûr eft de ne s'en point charger.

Les grains du cacao font eftimés par les médecins du Mexique , un remède anodin , propre fur-tout pour tempérer les douleurs d'entrailles, en le mangeant cru. On en tire encore une efpèce de beurre , ou huile , qui eft auffi douce que celle d'amande , & qui fe fait de même ; elle eft merveilleufe pour la brûlure. Quelques créoles de l'Amérique s'en fervent comme d'un fard , pour fe rendre le teint frais & uni.

Il y a quelques endroits de l'Amérique où les grains de cacao , fervent de menue monnoie, mais feulement parmi les Indiens : on en donne douze ou quatorze grains pour une réale d'Efpagne.

CACAO CONFIT. Ils fe font dans les ifles Antilles , & ils font excellens & furpaffent même les meilleurs confitures d'Europe.

Le cacao qu'on veut confire doit être cüeilli quelque temps avant qu'il foit mûr , & la maturité de ce fruit fe connoît quand les coffes qui le renferment commencent à jaunir ; on les choifit quelques jours avant qu'elles ayent pris le jaune.

Les amandes qui en cet état font tendres & délicates , fe mettent tremper dans de l'eau douce & très-claire que l'on change foir & matin pendant cinq ou fix jours ; enfuite on les larde d'écoffes de citron & de canelle très-minces ; puis on fait un firop du plus beau fucre , mais très-clair, où on les laiffe pendant vingt-quatre heures , auffi-tôt qu'il eft hors du feu , & qu'il eft fuffifamment clarifié. Après être retirées de ce premier firop & bien égoutées , on en fait un autre un peu plus fort de fucre, où elles reftent encore un jour entier ; enfin lorfqu'elles ont paffé ainfi fucceffivement dans cinq ou fix firops , on en fait un de plus grande confiftance , où l'on mêle du mufc & de l'ambre , ou d'autres parfums, fuivant qu'on les aime, où elles reftent pour fervir au befoin.

Pour les mettre au fec on les ôte du firop ; & après les avoir bien fait égouter, on les plonge dans une baffine pleine d'un autre firop bien clarifié & fort de fucre, & fur le champ on les met dans une étuve où elles prennent le candi.

« Le cacao paye en France de droits d'entrée, » outre & par-deffus les anciens droits, 15 fols la » livre poids de marc, conformément à l'arrêt du » confeil du roi du 12 Mai 1693. »

Il eft néanmoins permis de l'entrepofer à Dunkerque, Dieppe, Rouen, S. Malo, Nantes, la Rochelle, Bordeaux & Bayonne, fans payer aucuns droits, fi à l'arrivée il eft déclaré au commis, pour être envoyé aux pays étrangers; auquel cas, il doit être mis jufqu'au tranfport, dans un magafin à deux ferrures.

Suivant les états communiqués à M. l'Abbé Rainald, il fut amené en France pendant le cours de l'année 1775, de Cayenne, 152 quintaux de cacao qui furent vendus 10,000 liv.: de la Martinique 8,656 quintaux qui furent vendus 605,000 liv.: de la Guadeloupe, 1,023 quintaux qui furent vendus 71,000 liv.: enfin de Saint Domingue, 5,787 quintaux qui valurent 405,000 liv.; en tout 15,618 quintaux.

CACAS. C'eft ainfi qu'on nomme à la Rochelle ce qu'on appelle ailleurs cacao.

CACHALOT. Sorte de baleine qui a des dents.

Corneille le Brun dans fes voyages aux Indes orientales, imprimés en 1718, parle de cette efpèce de baleine & des marchandifes qu'on en tire, mais certainement fur des mémoires très-peu fûrs, particulièrement fur ce qu'il dit de la drogue qu'on nomme communément fperma ceti ou blanc de baleine, qu'il prend pour un fel qui fe trouve fur le derrière du col de ce monftrueux poiffon, dont on peut recueillir fur chacun fept à huit tonneaux, quoiqu'il foit certain que ce fperme n'eft autre chofe que la cervelle du cachalot. Peut-être cet auteur eft-il mieux inftruit, lorfqu'il donne aux dents de ce poiffon environ cinq pouces de long. On fe fert de ces dents dans les ouvrages de tour & de tableterie.

CACHATIN. Gomme lacque cachatin; c'eft une des fortes de lacques que les marchands chrétiens portent à Smyrne. Elle y paye les droits d'entrée à la douane fur le pied de 4 afpres l'ocque.

CACHE, qu'on nomme à la Chine, cayas, & en plufieurs endroits des Indes, cas, caffe, casie, & caffie. Menue monnoie de cuivre, qui vaut un peu plus qu'un denier de France. Voyez la TABLE DES MONNOIES.

CACHERON. Efpèce de ficelle groffière qui fe tire d'Abbeville.

CACHOU. Drogue médicinale & aromatique, que l'on met au nombre des parfums.

Quoique le cachou eut été d'un très-grand ufage en France avant celui du café & du thé, & que bien des gens s'en ferviffent encore affez communément, la nature de cette drogue n'y étoit pas pour cela plus connue, même parmi les plus habiles médecins, & les plus experimentés droguiftes. Quelques-uns, parce qu'on l'appelle en

latin, terra Japonica, la mettoient au nombre des terres médicinales, & prétendoient que cette terre fe trouve fur les plus hautes montagnes, & y eft couverte des racines des cédres à qui elle fert de nourriture : qu'après en avoir été tirée, lavée en eau de rivière, & féchée au foleil, on en forme une efpèce de pâte; & que c'eft cette pâte qu'on apporte en Europe, où elle fert de bafe à ces fortes de paftilles, ou petits grains noirâtres, qu'on nomme cachou.

D'autres, un peu plus vraifemblablement, la rangeoient parmi les gommes, & difoient qu'elle fe tire de la décoction épaiffie d'un arbre nommé caious, qui croît aux Indes orientales, fur-tout dans le royaume de Cochin; que cet arbre eft de la grandeur d'un grenadier; que fa feuille, affez épaiffe, eft d'un verd clair, fa fleur blanche comme celle de l'oranger, & fon fruit de la groffeur d'une pomme, d'un beau jaune au dehors, fpongieux en dedans, & plein d'un fuc doucereux & aftringent.

On fçait maintenant que le cachou eft une drogue compofée de plufieurs autres, & particulièrement de fuc d'areca, d'extrait de reglisse & de calamus aromaticus, de graine de bangue, & de l'écorce de l'arbre que les Indiens appellent catechu, qui pourroit bien être le même dont on vient de parler, & qui apparemment a donné fon nom au cachou, bien qu'un peu altéré.

Il faut choifir le cachou d'un rouge tanné audeffus, d'un rouge clair au dedans, point brûlé, & très-luifant.

« Le cachou paye en France les droits d'entrée » fur le pied de 3 liv. le cent pefant, & les fols » pour livre. »

CADASTRE. Les marchands de quelques provinces donnent quelquefois le nom de cadaftre au journal, ou regiftre fur lequel ils écrivent chaque jour les affaires concernant leur commerce, & le détail de la dépenfe de leur maifon.

CADENAS. Serrure mobile & portative, propre à fermer des malles, des manes, & coffres de campagne, des valifes, & des porte-manteaux. On fe fert auffi de gros cadenas aux portes des chambres, des caves, & autres lieux qu'on veut qui foient plus fûrement fermés; auffi-bien qu'aux coffres forts dont fe fervent les marchands & banquiers pour ferrer leur argent comptant, & leurs autres plus précieux effets.

« Les cadenas de toutes façons, payent en » France les droits d'entrée & de fortie, comme » quincaillerie de fer; fçavoir, pour la fortie, » 10 fols du cent pefant, & pour l'entrée, 1 liv. » 12 fols, & les nouveaux fols pour livre. »

CADENE. C'eft une des fortes de tapis que les Européens tirent du Levant, par la voie de Smyrne. Ils font les moindres de tous.

CADICÉE ou CADISÉ. Sorte de droguet qui fe fabrique en Poitou.

CADIS. Sorte de petite étoffe de laine croifée,

qui n'eſt autre choſe qu'une ſergette très-étroite & légère, qui n'a que deux pans de large, meſure de Languedoc; ce qui revient à demi-aune moins un douze de Paris. Les pièces de *cadis* ont pour l'ordinaire 30 à 31 aunes de longueur, auſſi meſure de Paris.

Il s'en fabrique beaucoup en Gevaudan, dans les Cévennes, vers le Puy en Velay, & en quelques autres contrées qui avoiſinent la province du Languedoc, dont il ſe fait des envois conſidérables dans les pays étrangers. Ce ſont les Lyonnois qui en font le plus grand commerce; & preſque tous les *cadis* qui viennent à Paris, (où il s'en faiſoit autrefois une conſommation conſidérable en meubles) y ſont envoyés par eux.

Quoique par les réglemens généraux des manufactures du mois d'août 1669, il ſoit défendu de fabriquer aucune étoffe de laine, de ſi petit prix qu'elle puiſſe être, qu'elle n'ait au moins une demi-aune de large, meſure de Paris, même de les teindre en rouge avec le bréſil, au lieu de garance; cependant les *cadis*, par rapport à leur peu de valeur, ont été diſpenſés de la rigueur de ces réglemens, par arrêt du conſeil du 14 octobre 1673, qui fixe leur largeur à deux pans de large, & qui permet de les teindre en bréſil.

Il eſt bon de faire remarquer encore qu'il a été rendu un autre arrêt du conſeil le 7 octobre 1692, qui exempte cette ſorte d'étoffe de la viſite & marque des gardes-jurés des marchands de draps.

On a jugé à propos de rapporter ici ces réglemens & arrêts pour l'inſtruction des marchands & négocians, particulièrement de ceux qui ſont chargés de la viſite & marque des étoffes de laine, afin qu'ils ne puiſſent faire aucune mauvaiſe difficulté aux ouvriers qui les fabriquent, & à ceux qui en font négoce.

CADIS. On appelle encore *cadis* une autre eſpèce d'étoffe de laine fine, croiſée & drapée, d'une demi-aune de large, dont les pièces contiennent depuis 38 juſqu'à 42 aunes, meſure de Paris.

Ces ſortes de *cadis*, qui ſe fabriquent en Languedoc, particulièrement aux environs de Montauban, ſont de différentes qualités, les uns plus forts, les autres plus fins. Les plus fins ont la croiſure très-déliée, & ſont peu chargés de poil; ce qui les fait appeller *cadis ras*. Le peu qui s'en vait à Paris, y eſt envoyé ou en blanc, ou en noir. Les forts s'emploient en culottes, les fins ſervent à faire des habits pour les religieux & gens d'égliſe.

« Les *cadis* payent en France les droits de la » ſortie ſur le pied des ſerges, c'eſt-à-dire, 4 livres » du cent peſant, & les ſols pour livre ».

CADISÉ. Eſpèce de *droguet croiſé & drapé*, dont il ſe fabrique pluſieurs ſortes en divers lieux de Poitou. Leurs chaînes doivent être montées de 48 portées, de 16 fils au moins chacune, & ils doivent avoir tout apprêtés une demi-aune de large & 40 aunes de long.

CADMIE, ou PIERRE CALAMINAIRE, que l'on nomme autrement CALAMINE. Eſpèce de *minéral*, ou terre foſſile. *Voyez* CALAMINE.

CADRAN, ou COMPAS DE MER. *Voy.* BOUSSOLE.

CAFFA. *Toiles de coton* peintes de diverſes couleurs & de différens deſſeins. Elles ſe fabriquent aux Indes Orientales, où on les achète au Bengale; l'aunage en eſt inégal.

CAFFARD. On appelle *damas caffards* diverſes ſortes d'étoffes, dont quelques-unes ont la chaîne de ſoie, ou de fleuret, & la trème de fil; d'autres qui ſont tout de fil, tant en trème qu'en chaîne, & d'autres encore qui ſont tout de laine.

CAFFARD DE VILLAGE. On nomme ainſi une étoffe aſſez groſſière faite tout de laine, ou de fil & laine, ſans aucun mélange de ſoie.

« Les *caffards* de village payent en France les » droits de ſortie ſur le pied de mercerie, c'eſt-à- » dire 3 liv. du cent peſant, quand c'eſt pour rentrer » en France même, & ſeulement 2 liv. quand ils » ſont deſtinés pour les pays étrangers; à quoi ils » ont été réduits par l'arrêt du 3 juillet 1692.

» A l'égard des droits d'entrée, ils ſe payent à » raiſon de 40 ſols la pièce de dix aunes, le tout » avec les ſols pour livre ».

CAFÉ, ou CAHUÉ, comme le nomment les Orientaux.

Les Turcs & autres Mahométans, à qui le vin eſt défendu, en boivent fréquemment, & lui croient des vertus & des qualités extraordinaires.

Le commerce que l'on fait de cette fève eſt très-conſidérable; on l'apporte d'Alep, d'Alexandrette; & même, depuis le commencement du dix-huitième ſiècle, les François ſe ſont haſardés d'aller le quérir en droiture juſqu'à la première main, juſqu'à Mocha, port fameux de l'Arabie-Heureuſe, où ſe charge preſque tout celui qui ſe voit en Europe.

Le *café* de la meilleure qualité, qu'on appelle *épinoche*, doit être choiſi nouveau, verdâtre, ne ſentant point le moiſi, de moyenne groſſeur, le moins rempli qu'il ſe peut de grains ſecs & arides, ou couverts de leur coque, en un mot, qu'il ſoit parfaitement mondé.

Il faut remarquer quand on l'achète en balles, que le fond des balles n'ait point été mouillé, l'eau corrompant aiſément le *café* qui s'y trouve, dont la corruption ſe communique enſuite promptement au reſte.

Commerce du café en France.

Juſqu'au mois de novembre 1723, le commerce du *café* en fève avoit été libre en France, & il y faiſoit une des plus conſidérables parties du négoce des épiciers, ſoit en gros, ſoit en détail.

Cette liberté fut ôtée par un arrêt du 31 août & une déclaration du 10 octobre de la même année, qui accordoient à la compagnie des Indes le privilège excluſif de la vente de cette marchandiſe dans toute l'étendue du royaume, à commencer du premier dudit mois de novembre.

La déclaration confirmative de l'arrêt, & qui en ordonne l'exécution, contient en XXXVII articles la manière dont doit se faire l'exploitation du privilége accordé à la compagnie.

Ces XXXVII articles sont, pour ainsi dire, partagés en quatre classes. La première concerne le commerce du *café* dans l'intérieur du royaume ; la seconde est pour le *café* étranger, particulièrement celui qui arrive du Levant par Marseille ; la troisiéme regarde les commis de la vente exclusive du *café*, leurs fonctions & leurs priviléges ; & enfin la dernière traite des juges devant lesquels doivent être portées les contestations au sujet de ce privilége & de son exploitation.

On va parcourir les articles de ces quatre classes, ne s'arrêtant néanmoins qu'au plus important de chacune, & se contentant seulement d'indiquer les autres.

PREMIÈRE CLASSE. *De la vente du café dans l'intérieur du royaume.*

Cette classe est composée de douze articles, qui sont dispersés dans tout le corps de la déclaration, & qu'on a jugé à propos de réduire sous un seul titre pour la commodité du lecteur.

Par le premier de ces articles il est ordonné que l'arrêt du 31 août sera exécuté selon sa forme & teneur ; & en conséquence, que la compagnie fera seule, à l'exclusion de tous autres, entrer, vendre & débiter le *café* en gros & en détail dans toute l'étendue du royaume, pays, terres & seigneuries de l'obéissance du Roi, à commencer au premier novembre suivant.

Le second article fait défenses à toutes personnes, autres que la compagnie, de faire ledit commerce, & d'en faire entrer dans le royaume, soit par terre, soit par mer, à peine de confiscation, tant des *cafés*, que des vaisseaux, barques, chevaux, charrettes, &c. qui auront servi audit transport, & de mille livres d'amende solidaire, tant contre les propriétaires des *cafés*, que contre les voituriers & autres complices de la fraude.

Le troisiéme article fixe à cent sols la livre de seize onces, poids de marc, le prix du *café* qui sera vendu par la compagnie, & ordonne que ladite vente sera faite dans ses magasins & bureaux, dans des sacs de deux livres, une livre, & une demi-livre, cachetés de ses cachets.

Le quatrième article fait défenses à toutes personnes d'imiter & contrefaire lesdits cachets ; à peine de faux contre ceux qui les auront fabriqués ou fait fabriquer, ou qui s'en feront servis ; de confiscation des *cafés* qui en auront été cachetés, & de trois mille livres d'amende : Et pour pouvoir avoir recours aux véritables cachets, en cas de besoin, il est enjoint d'en déposer les empreintes en plomb ou en cire aux greffes des jurisdictions des traites ou des ports, & autres qui connoissent des droits des fermes de sa majesté.

Il est ordonné par le douziéme à tous négo-

cians, marchands, épiciers, limonadiers & autres qui auront des *cafés* en leur disposition audit jour premier novembre, d'en faire leur déclaration aux bureaux de la compagnie dans quinzaine ; après laquelle quinzaine, il leur est accordé trois mois pour les envoyer à l'étranger, s'ils n'ont pu s'accorder de prix avec la compagnie.

Par le seiziéme il est permis à la compagnie de retenir la quantité de *café* qu'elle croira nécessaire pour le fournissement de ses magasins, au même prix que les particuliers s'en seront rendus adjudicataires, à condition de le payer comptant, pourvu qu'elle, ou ses préposés pour elle, aient fait leur déclaration par écrit qu'ils le veulent retenir pour le prix de l'achat.

Le vingt-troisiéme fait inhibition à toutes personnes d'acheter aucun *café* en fraude, à peine de confiscation & de mille livres d'amende, sa majesté déclarant *cafés* en fraude ceux qui ne se trouveront pas marqués des plombs ou cachets de la compagnie, dont l'empreinte aura été déposée comme on l'a dit ci-dessus.

Le vingt-quatriéme ordonne les mêmes peines, & encore la confiscation des charrettes & équipages contre ceux qui se trouveront saisis ou vendant lesdits *cafés* en fraude. Il parle aussi des autres peines auxquelles pourront être condamnés chacun de ceux, selon leur qualité, qui ne seront pas en état de payer lesdites amendes. Ces peines sont le fouet, les galères, le bannissement & la flétrissure.

Le vingt-cinquiéme défend à tous les sujets de sa majesté de retirer dans leurs maisons les porteurs & voituriers de *cafés* en fraude, ni de souffrir que les *cafés* y soient entreposés, à peine de complicité.

Le trente-quatriéme article adjuge au profit de la compagnie toutes les confiscations & amendes qui seront prononcées en vertu du présent réglement, & fait défenses à toutes cours ou juges de les réduire, modérer, ni appliquer à d'autres usages, sous quelque prétexte que ce soit.

Le trente-sixiéme article dispense la compagnie de se servir de papier timbré, tant pour les registres de recette & de contrôle, les registres des entrepôts, de déclarations, permissions, lettres de voiture, & autres expéditions généralement quelconques qui lui seront nécessaires pour la régie & exploitation du privilége de la vente du *café*.

Enfin le trente-septiéme & dernier article ordonne que les édits, déclarations, ordonnances & réglemens concernant l'exploitation du privilége de la vente exclusive du tabac, aient lieu & soient observés dans l'exploitation dudit privilége de la vente exclusive du *café*, en ce qui ne sera point contraire à la présente déclaration.

SECONDE CLASSE. *Des cafés qui arrivent du dehors, particulièrement de celui du Levant entrant par Marseille.*

Huit articles composent cette classe ; sçavoir, le

VII, le VIII, le IX, le X, le XI, le XIII, le XIV & le XV.

Par le premier de ces articles il est défendu en général à tous marchands François & étrangers de faire entrer par mer & par terre aucuns *cafés* dans l'étendue du royaume.

Le second permet néanmoins l'entrée du *café* venant directement du Levant par des vaisseaux François dans le port de Marseille, à condition qu'en arrivant, il soit mis en entrepôt dans des magasins choisis à cet effet.

Le troisième accorde aux négocians qui auront fait venir lesdits *cafés*, la liberté de pouvoir à leur choix, ou le transporter à l'étranger, ou le vendre à la compagnie, sur le pied qu'il vaudra en Hollande lors de la vente.

Par le quatrième il est enjoint aux maîtres des bâtimens abordans à Marseille, de faire leur déclaration, dans les vingt-quatre heures de leur arrivée, au bureau de la compagnie, des quantités de café dont ils seront chargés, avec défenses d'en décharger aucun avant ladite déclaration, à peine de confiscation des *cafés*, & de mille livres d'amende.

Le cinquième ordonne, que tous les *cafés* déchargés à Marseille ne pourront être transportés hors du royaume, que dans les mêmes balles ou autres de pareille contenance, dans lesquelles ils seront arrivés; ni embarqués ou chargés qu'en présence du commis de la compagnie qui en délivrera permission, sur la soumission des marchands de rapporter dans le temps convenu un certificat de leur arrivée au lieu de leur destination, dans les formes ordonnées par ledit article, à peine de confiscation & de trois mille livres d'amende.

Les trois derniers articles de cette classe concernent les *cafés* chargés sur des vaisseaux, qui, par cas fortuits, sont obligés de relâcher dans les ports du royaume, & les *cafés* pris en mer par des vaisseaux de guerre.

Il est ordonné à l'égard de ces derniers, qu'ils seront déposés dans des magasins pour y être vendus, à la charge par les adjudicataires de les envoyer à l'étranger avec les précautions prescrites par l'article onze de la déclaration.

Dans l'autre cas les maîtres ou capitaines de vaisseaux chargés de *cafés*, outre la déclaration qu'ils feront dans les vingt-quatre heures, après être relâchés dans lesdits ports, seront encore tenus de justifier par leurs livres de bords, que lesdits *cafés* étoient destinés pour d'autres pays étrangers, à peine de confiscation des *cafés*, vaisseaux & marchandises, & de trois mille livres d'amende : Et si lesdits capitaines sont obligés de mettre à terre lesdits *cafés*, ils ne le pourront faire qu'en présence desdits commis, & seulement pour être enfermés dans des magasins à deux clefs, dont l'une restera au commis, & l'autre aux capitaines.

TROISIÉME CLASSE. *Des commis, de leurs fonctions & de leurs privilèges.*

Cette classe est la plus grande des quatre, quoiqu'elle ne contienne qu'onze articles, à cause qu'on y entre dans un grand détail de tout ce qui regarde les préposés à la vente exclusive du *café*. On va l'abréger autant qu'il sera possible, mais sans rien en retrancher d'essentiel.

1°. Il est défendu aux *commis*, & autres qui sont préposés pour la vente des *cafés*, d'en vendre aucuns qui ne soient en paquets cachetés des cachets de la compagnie, à peine de punition corporelle.

2°. Il est permis à la compagnie d'établir pour l'exploitation de son privilège, des magasins, bureaux & entrepôts, & d'y mettre des receveurs, garde-magasins, entreposeurs, débitans, *commis* & gardes, en tel nombre, & dans telles villes & lieux qu'elle jugera nécessaire.

3°. Lesdits *commis* ainsi établis pourront aller & rester à bord des vaisseaux chargés de *cafés*, pour qu'il n'en puisse être déchargé aucuns, qu'après qu'ils auront fait leur visite; & les capitaines, officiers, &c. seront tenus de les y recevoir & souffrir, à peine de trois mille livres d'amende.

4°. Les *commis* préposés pour la régie du privilège du tabac, pourront l'être en même temps pour l'exploitation de celui du *café*, sans être obligés de prendre de nouvelles commissions, ni de prêter de nouveaux sermens, à la charge néanmoins d'observer dans ledit cas les formalités ordonnées par les XIXe. & XXe. articles de la déclaration.

5°. Les *commis du café* pourront, en quelques lieux qu'ils se trouvent, même hors de la jurisdiction où ils auront prêté serment, saisir les *cafés* qui se trouveront en fraude, ensemble les petits bâtimens, bateaux, chevaux, charrettes, &c. même arrêter les petits voituriers, & conduire le tout au plus prochain bureau ou entrepôt de la compagnie, & en dresser les procès-verbaux de saisie.

6°. Il est accordé aux *commis* & autres employés de la compagnie les mêmes privilèges & exemptions dont jouissent ceux des fermes-unies de sa majesté, conformément à l'article XI du titre commun de l'ordonnance de l'année 1681.

7°. Il est enjoint aux *commis* du *café* de veiller à la conservation des droits des fermes-unies; & réciproquement aux *commis* desdites fermes de prendre soin des droits concernant ledit privilège.

8°. Les procès-verbaux faits & signés par plusieurs *commis* seront valables, lorsqu'ils seront affirmés par deux des *commis* qui les auront faits.

9°. Un seul *commis* ou garde de la compagnie, assisté d'un huissier, sergent royal ou archer de la maréchaussée, pourra faire toutes saisies & captures de *café* en fraude, & arrêter les fraudeurs; & leurs procès-verbaux seront reçus en justice, comme s'ils avoient été faits & dressés par deux *commis* ou gardes.

10°. Enfin il eſt permis auxdits *commis* & gardes, au nombre de deux au moins, de faire toutes viſites, perquiſitions & recherches dans les magaſins, boutiques, hôtelleries & maiſons des négocians & marchands, même dans les places, châteaux & maiſons royales de ſa majeſté; comme auſſi dans celles des princes & ſeigneurs, couvents, communautés, & autres lieux prétendus privilégiés; & en cas de refus d'ouvertures de portes, de les faire ouvrir par un ſerrurier ou autre ouvrier, en préſence du premier juge ſur ce requis, avec injonction aux gouverneurs, capitaines, concierges, & autres officiers deſdites places & maiſons, d'en faire ouverture auſſitôt qu'ils en ſeront requis, à peine de déſobéiſſance, &c. & les procès-verbaux qui ſeront dreſſés en ce cas, ſeront affirmés en la manière accoutumée pardevant les juges des fermes ou autres, conformément à l'article III de la déclaration de 1771.

QUATRIÈME CLASSE. *Des juges & des jugemens.*

Cette claſſe n'eſt compoſée que de ſix articles, qui ſont le XVIII, le XXIX, le XXX, le XXXI, le XXXIV & le XXXV.

Le premier de ces ſix articles attribue la connoiſſance de toutes les conteſtations qui pourront ſurvenir dans l'exploitation du privilége de la vente excluſive du *café*, tant pour le civil que pour le criminel en première inſtance, aux *officiers des élections*, & à ceux des *juriſdictions des traittes & des ports* où il n'y a point d'élection; & par appel, aux *cours des aides* ou autres cours ſupérieures, auxquelles reſſortiſſent leſdites juriſdictions.

Le ſecond ordonne, que ceux qui auront été condamnés par des ſentences, à des amendes, ou à des peines afflictives, ne pourront être reçus appellans qu'ils n'aient conſigné dans le mois de la prononciation ou ſignification d'icelles, la ſomme de 300 liv. entre les mains des receveurs, commis ou prépoſés de la compagnie; & faute par les parties condamnées, d'avoir fait ladite conſignation dans le délai ci-deſſus, elles ne ſeront plus reçues à la faire, ni à interjetter appel.

Le troiſiéme veut, que l'appel des ordonnances ou ſentences interlocutoires, ne pourra ſuſpendre ni empêcher l'inſtruction & le jugement des inſtances civiles ou criminelles, concernant ledit privilége; & défend à toutes cours ſupérieures, de donner aucunes ſurféances, & défenſes de procéder.

Il eſt ordonné par le quatriéme, que tout ce qui eſt porté par la déclaration du 14 avril 1699, & autres réglemens intervenus depuis, au ſujet des inſcriptions de faux contre les procès-verbaux des commis des fermes, ſera exécuté à l'égard des inſcriptions de faux contre les procès-verbaux des commis du *café*.

Le cinquiéme porte, que les étrangers ou autres perſonnes non-domiciliées dans le royaume, qui auront été condamnées à des amendes & confiſcations, ou qui réclameront des *cafés*, vaiſſeaux navires, & autres voitures confiſquées par ſentences; ne

pourront être reçus appellans, ni les réclamateurs parties intervenantes, qu'ils n'aient donné caution ſolvable & reçue avec la compagnie, pour l'événement deſdits appels ou réclamations.

Enfin, il eſt dit par le ſixiéme de ces articles, que le temps preſcrit par l'ordonnance du mois de juillet 1681, au titre commun articles XLVII, & XLVIII, pour relever les appels des ſentences concernant le paiement des droits des fermes de ſa majeſté, ſera auſſi obſervé dans les affaires concernant le privilége excluſif du café.

L'enregiſtrement de cette déclaration à la cour des aides de Paris, eſt du 27 octobre 1723.

Tout cet appareil de légiſlation fiſcale, fut inutile comme tant d'autres; le produit n'en valoit pas les frais. Il fallut revenir vers l'antique & primitive liberté de ce commerce, qui n'a pas ceſſé de faire les plus grands progrès, depuis qu'on l'a fait jouir d'une aſſez grande franchiſe. En voici l'état actuel ſuivant les tables communiquées à M. l'abbé Rainald. On y verra juſqu'à quel point la culture s'en eſt multipliée dans les colonies.

En 1775, la France reçut de *Cayenne*, 659 quintaux de *café*: de *la Martinique*, 96 mille 889 quintaux: de *la Guadeloupe*, 63 mille quintaux: de *Saint-Domingue*, 459,339 quintaux; en tout, environ ſix cens vingt mille quintaux.

CAFÉ MARINÉ. C'eſt du *café* qui a été mouillé de l'eau marine, ſoit par naufrage, jet en mer, ou autres tels accidens, & puis ſéché. On eſtime peu cette ſorte de *café*, à cauſe de l'acreté que lui donne l'eau marine, que ne lui ôte pas même la torréfaction, & qu'il conſerve dans la boiſſon qu'on en fait.

« Le *café* paye en France pour droits d'entrée » 20 pour cent de ſa valeur, conformément à l'arrêt » du conſeil du 15 août 1685, & encore 10 ſols » la livre peſant, outre & par-deſſus ce premier » droit, ſuivant l'arrêt du 12 mai 1693; ne pou- » vant entrer que par le port de Marſeille, où il » jouit néanmoins de la faculté de l'entrepôt, ſans » payer aucuns droits, s'il eſt à l'arrivée déclaré aux » commis, pour être envoyé aux pays étrangers; à » la charge pourtant d'être enfermé juſqu'au tranſ- » port dans un magaſin fermé à deux clefs ».

CAFÉ. Se dit auſſi des lieux deſquels on donne à boire du *café*.

Les *cafés* de Paris ſont pour la plupart des réduits ornés de tables de marbre, de miroirs, & de luſtres de criſtal, où quantité d'honnêtes gens de la ville s'aſſemblent autant pour le plaiſir de la converſation, & pour y apprendre des nouvelles, que pour y boire de cette boiſſon, qui n'y eſt jamais ſi bien préparée, que lorſqu'on la fait préparer chez ſoi. Les marchands de *café* en envoyent auſſi par la ville, avec un cabaret portatif.

Les marchands de *café* font partie de la communauté des maîtres limonadiers; & en cette qualité, vendent, ou peuvent vendre toutes ſortes de limonades, ſorbets, orgeades, eaux de fruits ou de fleurs;

auſſi-bien que toutes ſortes de ratafias, d'eaux-de-vie préparées, de roſſolis, & autres liqueurs ou de Montpellier, ou des pays étrangers.

Cabarets à *café; ce ſont de petites tables à pieds ou ſans pieds, ſur leſquelles on met les taſſes & ſoucoupes de porcelaines à prendre du café. Voyez CABARET.

CAFFETIERE. Eſpèce de coquemard à préparer le *café.

CAFFILA. Troupe de marchands ou de voya-geurs, ou plutôt troupe qui eſt compoſée des uns & des autres, qui s'aſſemblent pour traverſer avec plus de ſûreté les vaſtes états du Mogol, & autres endroits de la terre ferme des Indes.

Il y a auſſi de ſemblables *caffilas* qui traverſent une partie des déſerts de l'Afrique, particulière-ment ce qu'on appelle *la mer de ſable*, qui eſt entre Maroc & Tambouctou, capitale du royaume de Gago. Ce voyage, qui eſt de 400 lieues, dure deux mois pour aller, & autant pour le retour, la *caffila* ne marchant que la nuit, à cauſe des exceſſives chaleurs du pays. Les principales mar-chandiſes qu'elle rapporte, conſiſtent en poudre d'or, qu'ils nomment *atibar*, & les Européens, *tibir*.

La *caffila* eſt proprement ce qu'on appelle *cara-vanne* dans l'empire du grand-ſeigneur, dans celui du roi de Perſe, & autres lieux de l'orient.

CAFFILA. Se dit auſſi dans les différens ports que les Portugais occupent encore ſur les côtes du royaume de Guzarate, des petites *flotes marchandes* qui vont de ces ports à Surate, ou qui y revien-nent de Surate, ſous l'eſcorte d'un vaiſſeau de guerre, que le roi de Portugal y entretient à cet effet.

CAFFIS. Meſure de continence dont on ſe ſert pour les grains à Alicante. Le *caffis* revient à une charge & demie de Marſeille, & contient ſix quil-lots de Conſtantinople.

CAGE. Petite logette faite de menus bâtons, ou de fil-de-fer & de léton, dans laquelle on nourrit des oiſeaux. Ce ſont les maîtres oiſeliers de la ville & fauxbourgs de Paris qui font ſes ſortes de *cages*, particulièrement celles de léton & de fil-de-fer; étant néanmoins loiſible aux maîtres vanniers d'en faire d'oſier, en forme de paniers, où l'on nourrit ordinairement des merles & des ſanſonnets, & d'au-tres plus plates & ſans fond, où l'on enferme les poulets que l'on veut engraiſſer.

Les ſtatuts des oiſeliers de 1600, diſtinguoient dans le commerce des oiſeaux deux ſortes de *cages*; ſçavoir les *cages hautes* & *chantereſſes*, & les *cages baſſes* & *muettes*; ces dernières ſe nomment auſſi des *égrainoires*.

Ceux qui expoſent des oiſeaux en vente, pour n'en point impoſer au public, en vendant des fe-melles pour des mâles, ſont tenus de mettre ceux-ci dans les chantereſſes, & les autres dans les égrai-noires; & lorſqu'ils en ont quantité enſemble, & qu'ils ſont obligés de ſe ſervir de *cages baſſes* & muettes pour les uns & les autres, ils doivent les

y tenir ſéparément; & ſur celles des femelles ajou-ter un écriteau qui marque qu'elles ſont de ce genre & qualité.

Il eſt permis aux maîtres oiſeliers de fondre en plomb les augets des *cages* qu'ils fabriquent.

C'eſt porter bien loin les petites précautions régle-mentaires, & faire deſcendre bien bas l'autorité légiſlative d'un grand empire.

CAGOSANGA. C'eſt la plante ſi ſouveraine pour la dyſſenterie, qu'on nomme autrement, *ipeca-cuanha. Voyez ſon article.

CAHOANNE. Sorte de *tortue*, qu'on appelle auſſi *kaouanne. Voyez* TORTUE.

CAHUÉ. Les Orientaux nomment ainſi ce qu'on appelle *café*, en Occident. *Voyez* CAFÉ.

CAHYS. Meſure des grains dont on ſe ſert en quelques endroits d'Eſpagne, particulièrement à Seville & à Cadix. Quatre *cahys* font le fanega, & 56 fanegas font le laſt d'Amſterdam. Il faut douze anegras pour un *cahys. Voy.* la TABLE DES MESURES.

CAJANTES, qu'on nomme auſſi PLUMET-TES. *Voyez* PLUMETTES. Cette ſorte d'étoffe ſe fabrique à Lille & dans quelques autres endroits des Pays-bas. La largeur de celles de Lille eſt de $\frac{1}{4}$ à $\frac{1}{2}$ d'aune, & leur longueur de 20 aunes ou de 40. Les autres *cajantes* ont les mêmes longueurs ſur 1 aune $\frac{1}{4}$ de large. Il s'en débite beaucoup en Hol-lande, où elles paient les droits d'entrée ſur le pied général des manufactures; ſuivant la nouvelle liſte ou tarif de Hollande de 1723. *Voyez* cette liſte à ſon article.

Quelques-uns les appellent autrement *gros grains, plemates*, ou *calandrez*.

CAILLE. Petit oiſeau de paſſage, d'un plumage grivelé, qui s'engraiſſe aiſément, & qui eſt excellent à manger.

« En France, les *cailles*, graſſes ou maigres, » paient les droits de ſortie ſur le pied de 2 ſols la » douzaine, avec les ſols pour livre ».

CAILLOTIS. Sorte de *ſoude*, dont les pierres ſont de médiocre groſſeur, & ſont ſemblables à des cailloux, d'où elle a pris ſon nom: cette *ſoude* eſt fort eſtimée par ceux qui en font commerce. *Voyez* SOUDE.

CAILLOU. Petite pierre dure, quelquefois po-lie & luiſante. La mode des tabatières de *caillou* a commencé en France avec le dix-huitième ſiècle. Les *cailloux* dont on les fait, viennent d'Allema-gne, & particulièrement du côté de Straſbourg. La diverſité des couleurs, & le beau poli que prennent ces *cailloux*, les a fait mettre au nombre des pierres précieuſes; & ils l'emportent ſur l'agate & l'onix. On s'en étoit néanmoins toujours ſervi dans les ouvrages de pierres de rapport; mais les *cailloux* qu'on y employoit, n'étoient ni ſi grands, ni ſi beaux que ceux des tabatières.

« Les *cailloux* en tabatières, paient en France » les droits d'entrée ſur le pied de bijouterie, à raiſon » de cinq pour cent de leur valeur, &les ſols pour liv. »

CAIMACANIS. Sorte de *toiles* fines dont il ſe
fait

fait un grand commerce à Smyrne : elles font du nombre des cambrafines de Bengale. *Voyez* CAM-BRASINES.

CAJOU, ou ACCAJOU. Arbre qui croît dans le Brefil, & dans quelques autres endroits de l'Amérique, qui porte la noix *d'Accajou. Voyez* ACCAJOU.

CAISSE. Efpèce de vaiffeau, ou coffre fait de menues planches de fapin, ou autre bois léger, jointes enfemble par des clous, ou des chevilles de bois, dans lequel on met diverfes fortes de marchandifes, pour les pouvoir transporter plus facilement fans fe gâter ni fe corrompre. Une *caiffe* d'étoffes de foie, une *caiffe* de batifte, une *caiffe* de toile de Hollande, une *caiffe* d'écorce de citron, une *caiffe* d'oranges, une *caiffe* de liqueurs, &c. eft une *caiffe* remplie de l'une de ces fortes de marchandifes.

Une *caiffe* emballée, eft une *caiffe* pleine de marchandifes, qu'on a entourée de paille, & couverte d'une ferpillière, ou groffe toile qu'on a coufue à gros points avec de la ficelle, & garrotée ou liée extérieurement en plufieurs endroits avec de la corde.

Une *caiffe* cordée, eft une *caiffe* qui n'a point d'emballage, n'étant feulement que liée par-deffus avec de la corde de diftance en diftance, pour empêcher que les planches ne puiffent s'écarter les unes des autres.

Les marchands & négocians qui envoyent des marchandifes au dehors, doivent s'appliquer à les bien ranger dans les *caiffes*, & faire en forte que ces *caiffes* foient emballées & cordées comme il faut, fans quoi ils courent rifque de faire des pertes confidérables.

Quand on dit qu'une *caiffe* a été ficelée & plombée, cela doit s'entendre que les commis de la douane l'ont fait emballer & corder en leur préfence, après avoir fait payer les droits des marchandifes qui y font renfermées; & qu'ils ont fait nouer une ficelle autour du nœud de la corde qui n'eft que d'une pièce, dans laquelle ficelle ils ont fait paffer le plomb qu'ils ont marqué deffus & deffous avec les coins du bureau.

Les *caiffes* ficellées & plombées dans les douanes ne peuvent être ouvertes qu'au dernier bureau de la route, fuivant l'ordonnance de 1687.

On appelle *raifins en caiffe*, ou raifins de *caiffe*, certains raifins fecs en grappes, qu'on appelle autrement *raifins aux jubis*, qui viennent de Provence dans des *caiffes* ordinairement de fapin, de divers poids & grandeurs, qui ont chacun leur nom particulier. *Voyez* RAISIN.

CAISSE. Signifie auffi une efpèce de coffre fort tout de fer, ou de bois de chêne, garni de bonnes barres de fer & d'une ou plufieurs ferrures, qui ordinairement ont des refforts qui ne font connus que de ceux à qui la *caiffe* appartient.

C'eft dans ces fortes de *caiffes* que les marchands négocians & banquiers enferment leur argent comp-

tant, & leurs principaux effets de petit volume, comme lettres & billets de change, promeffes, lingots d'or, barres d'argent, pierreries, &c.

On entend auffi par le mot de *caiffe*, le cabinet du caiffier où eft la *caiffe*, ou coffre-fort, & où il fait fa recette & fes paiemens.

On appelle *livre de caiffe*, une forte de livre qui contient en débit & crédit, tout ce qui entre d'argent dans la *caiffe*, & tout ce qui en fort. Le livre de *caiffe* eft le plus important de tous les livres auxiliaires ou d'aide, dont les marchands, négocians & banquiers fe puiffent fervir. *Voyez* LIVRES.

CAISSE. Se dit encore de tout l'argent qu'un marchand négociant, ou banquier peut avoir à fa difpofition pour négocier. Ainfi l'on dit, la *caiffe* de ce banquier eft de cent mille livres, de deux cens mille écus, &c.

Monfieur Savary, dans fon Parfait Négociant, liv. 1, chap. 4 de la feconde partie, fait connoître que le gouvernement de la *caiffe* en fociété, eft tout ce qu'il y a de plus de conféquence pour la faire bien réuffir. Comme il donne fur cette matière d'excellentes maximes, on a jugé à propos de les rapporter ici, telles qu'elles fe trouvent en ce chapitre, étant très-difficile d'en pouvoir donner de plus judicieufes. Voici comme il s'explique.

« Les affociés doivent partager entr'eux les chofes » à quoi ils doivent être employés, tant en l'achat » qu'en la vente des marchandifes, à tenir la *caiffe* » & le livre de raifon, & regarder à quoi l'un & » l'autre feront plus propres. Celui qui eft d'une » humeur active, eft plus propre à l'achat & à la » vente, & non pas celui qui l'eft moins & qui » aime le repos. C'eft pourquoi le plus actif des deux » affociés doit être employé à l'achat & à la vente des » marchandifes, & l'autre à tenir le grand livre de » raifon & la *caiffe*; parce qu'ayant moins de feu, » il eft plus fage & moderé dans la conduite des affaires » fédentaires, que s'il avoit plus d'activité.

» Et en effet c'eft de la conduite & du bon ordre » de celui qui tient la *caiffe* & les livres, que » dépend tout le bonheur de la fociété; & cet ordre » confifte à tenir les livres fans confufion, de » fçavoir en un moment ce qui eft dû & ce qu'on » doit, & à faire bien folliciter fes dettes.

» Le plus important de tout eft le gouvernement » de la *caiffe*, parce que tout dépend de-là. Cet » ordre ne confifte feulement pas à recevoir & » payer; cela eft bien aifé; mais celui qui la gou- » verne doit avoir bien d'autres foins, d'où réfulte » tout le bonheur ou le malheur de la fociété. » C'eft pourquoi il doit veiller particulièrement à » deux chofes : la première, qu'il y ait toujours » fuffifamment d'argent en *caiffe* pour payer les » lettres de change que leurs correfpondans & manu- » facturiers tirent fur eux, & les billets qu'ils » auront faits pour les lettres que l'on aura fournies; » ou s'ils tiennent des manufactures, pour argent » prêté, afin d'acheter les matières qui y font pro-

» pres, pour ne pas faire cesser le travail des
» ouvriers, où l'argent ne doit jamais manquer.

» Secondement, de faire solliciter les débiteurs,
» parce que si l'argent de la *caisse* s'est écoulé par
» les paiemens qui ont été faits pour l'achat des
» marchandises, il faut qu'il revienne, & qu'elle
» se remplisse par le moyen de la vente qui s'en
» fait ; l'argent étant un mouvement perpétuel
» d'écoulement & de retour.

» Enfin, celui qui tient la *caisse*, est comme un
» bon pilote, qui doit prévoir tous les orages qui
» peuvent survenir pendant le cours de la société ;
» particulièrement quand l'on tient des manufactures
» de marchandises sujettes à la mode, comme des
» étoffes façonnées, qui sont au caprice du monde,
» dont le débit ne se fait pas toujours en tout
» temps. Par exemple, ceux qui font commerce
» de draps d'or, d'argent & soie, façonnés & des
» points de France, s'il survient des deuils causés
» par la mort des princes & des rois, éprouvent
» que la vente cesse ; il ne faut pas laisser de payer
» ce que l'on doit, & d'entretenir les manufactures,
» qui ne doivent pas cesser pour cela.

» C'est un temps bien fâcheux pour ces sortes de
» négocians, car les marchandises demeurent sans
» mouvement dans le magasin ; les débiteurs, qui
» font marchands en détail, ne peuvent payer ce
» qu'ils leur doivent, parce que leur commerce a
» aussi cessé ; leurs créanciers veulent être satisfaits,
» ainsi la *caisse* demeure stérile & sans fonds.

» Quand ces temps-là arrivent, c'est à celui qui
» tient la *caisse* d'avoir des ressources pour trouver
» de l'argent.

» Il y en a de trois sortes. La première, ceux
» qui doivent à la société ; la seconde, la place, &
» la troisième, les amis particuliers.

» Il ne faut pas faire beaucoup d'état des débi-
» teurs, parce qu'ils ne peuvent payer, par la
» même raison de cessation de leur commerce ; c'est
» un temps où ils doivent être traités doucement,
» pour ne les pas réduire à faire faillite.

» Le crédit de la place est incertain, parce qu'il
» dépend du caprice des hommes ; ainsi il ne faut
» pas tout-à-fait s'y attendre.

» La plus grande ressource est celle des amis par-
» ticuliers qui sont puissans en argent, qui n'en
» refusent pas quand ils y trouvent leur sûreté.

» Toutes les considérations ci-dessus représentées,
» que doit avoir un caissier pour la manutention du
» commerce, l'obligent à prévoir de bonne heure
» à toutes choses, pour n'être pas surpris ; & pour
» cela l'ordre qu'il doit tenir, est d'avoir toujours
» devant les yeux un carnet, ou bilan des débiteurs
» & créditeurs de la société, à l'effet de connoître l'état
» des affaires, soit pour solliciter les dettes actives,
» ou renouveller les billets des passives, lorsque le
» temps du paiement est échu. Et en cas que le fonds
» manque, il faut être diligent dans l'un & dans
» l'autre, & prendre soigneusement garde, si ceux
» à qui on prête les marchandises sont ponctuels au-

» paiement, & s'ils sont sages & prudens dans leur
» négoce, pour ne pas s'engager imprudemment
» à leur trop prêter, car il est important de connoître
» le sujet sur lequel l'on agit.

» Celui des associés qui a la *caisse*, doit sçavoir
» que s'il est négligent en la sollicitation des dettes
» actives, il fait deux notables préjudices à la société,
» qui ne se peuvent réparer : le premier, qu'un
» marchand est bon aujourd'hui, & ne le sera peut-
» être pas demain, & qu'il peut faire faillite par
» quelque disgrace imprévue, qui emporte une
» partie du profit que peut avoir fait la compagnie :
» le second, que n'ayant point d'argent en *caisse*,
» il en faut emprunter ; les gros intérêts que la
» compagnie paye, achèvent d'absorber tout le
» profit, & bien souvent le fonds capital.

» Je me suis un peu étendu (c'est toujours l'auteur
» du Parfait Négociant) sur les soins & l'ordre que
» doit avoir un caissier ; mais comme c'est la boussole
» & le gouvernail d'une société, pour la manuten-
» tion du commerce, j'ai cru qu'il étoit très-important
» d'en donner les préceptes que j'ai remarqués ci-
» dessus, afin que les jeunes gens puissent apprendre
» à se bien conduire dans le gouvernement de la
» *caisse* ».

CAISSE DE CRÉDIT. C'est une *caisse* établie
en faveur des marchands forains qui amènent à Paris
des vins & autres boissons.

Le premier établissement de cette *caisse* est du
mois de septembre 1719. L'édit porte que les
marchands forains & autres pourront y recevoir sur
le champ le prix de leurs vins & boissons, & y
prendre crédit, moyennant six deniers pour livre
de remise, sans néanmoins que ceux qui n'y prendroient point de crédit, pussent être tenus de payer
aucune chose de ladite remise.

La nouvelle *caisse* trouvant peu de faveur parmi
les marchands de vins, dans l'espérance de ranimer
son crédit, il fut donné un arrêt du conseil le 4
avril 1722, & ensuite des lettres patentes sur icelui
le 28 juin, enregistrées à la cour des aides le 14
août de la même année ; mais tout cela n'étant pas
encore suffisant, il parut enfin un second arrêt du
conseil, du 27 septembre 1723, qui explique dans
un grand détail les avantages que les marchands de
vins y peuvent trouver, & la police qui doit y être
observée.

Sa majesté déclare d'abord que le fonds de cette
caisse sera pris sur les deniers provenans des droits
rétablis par les arrêts des 20 & 22 mars 1722, &
par la déclaration du 15 mars suivant.

Dans cette *caisse* tous marchands forains & autres
généralement quelconques, ont la liberté d'aller
prendre le crédit dont ils ont besoin, qui pourtant
ne peut excéder la valeur de la moitié des vins &
boissons qu'ils ont amenés à Paris, soit par eau soit
par terre.

La remise que l'on paye pour y prendre crédit,
est de six deniers pour livre, sans néanmoins que

ceux qui n'en prennent point, puiſſent être tenus de ladite remiſe.

Le crédit des vins s'établit purement & ſimplement par un acte de reconnoiſſance & de ſoumiſſion ſous ſeing-privé, ſur un regiſtre expreſſément tenu à cet effet, en grand papier timbré, & paraphé par le prévôt des marchands.

Après le rembourſement du premier crédit qui doit être pris par préférence à toute autre dette, ſur les deniers qui proviendront des premières ventes des vins, il peut être encore accordé aux marchands un ſecond crédit & enſuite un troiſiéme ; même encore d'autres qui ſe feront à la même remiſe de ſix deniers par livre, mais toujours juſqu'à la concurrence de la moitié de la valeur des vins qui reſteront.

Pour ſûreté des crédits, tous les vins des marchands pour leſquels ils ont été pris, ſont rouannés d'une rouanne particulière, & mis ou à la halle au vin, ou à l'eſtape aux ſolles de l'hôtel-de-ville, ou aux caves du mont ſaint-Gervais ; auxquels lieux les ventes en gros peuvent être faites à l'ordinaire à la volonté des propriétaires, & ſans aucune contrainte.

Lors du rembourſement des premiers crédits, les vins qui ont été rouannés de la rouanne de la caiſſe, ſeront démarqués d'une raye en barre échancrée ſur l'empreinte de ladite rouanne, & rouannés de nouveau autant de fois qu'on prendra de nouveaux crédits.

Les marchands de vins, leurs aſſociés, facteurs ou commiſſionnaires, demeurent toujours dans la liberté de gouverner leurs vins de crédit, comme ceux pour leſquels ils n'en ont point pris, excepté les délivrances après les ventes qu'ils en auront faites, auxquels le caiſſier créditeur doit être appellé pour retirer ſon crédit ſur le prix des vins.

Après les rembourſemens des crédits en entier, la ſoumiſſion que le marchand a donnée ſur le regiſtre doit être déchargée, & il doit lui être délivré un certificat du caiſſier, portant que les deniers de la vente lui ont été remis ; mais ſi leſdits rembourſemens ne ſont faits qu'en partie, on doit faire ſeulement une note, tant ſur le certificat du caiſſier, que ſur le regiſtre de la caiſſe, des ſommes qui ont été reçues à compte.

Les vins de crédit qui ſortent des lieux de dépôts, après le prix en a été mis entre les mains du caiſſier, doivent être démarqués par les inſpecteurs gardiens deſdits dépôts, & dépoſitaires des rouannes de la caiſſe & non autres : ſa majeſté défendant expreſſément à tous marchands, facteurs, commiſſionnaires, tonneliers, & autres prépoſés à la direction des vins dans leſdits lieux, de démarquer euxmêmes aucun vin de crédit, à peine de confiſcation & de cent livres d'amende pour chaque pièce de vin.

S'il ſe trouve des vaiſſeaux de vin de crédit en mauvais état, & qui ne puiſſent être réparés, le tranſvaſement s'en doit faire dans un autre en pré-

ſence d'un des commis de la caiſſe, lequel nouveau tonneau doit être par lui rouanné, & la douve de l'ancien tonneau où étoit l'empreinte de la première rouanne, rompue pareillement en ſa préſence.

Enfin, ſa majeſté ordonne que le rembourſement des crédits que la caiſſe aura donné ſur les vins, ſera privilégié & préférable à toutes autres dettes & créances de telle autre nature qu'elles puiſſent être ; & qu'en cas de ſaiſie deſdits vins, aucune vente n'en pourra être faite ni ordonnée, qu'à la charge expreſſe & non autrement, dudit rembourſement par privilège & préférence, même à tous frais de juſtice, de ſaiſie & miſes d'exécution.

CAISSE DES EMPRUNTS. On nommoit ainſi en France, une caiſſe publique, établie à Paris dans l'hôtel des fermes-unies du roi, où toutes ſortes de perſonnes, de quelque qualité & condition qu'elles fuſſent, tant François qu'étrangers, étoient reçues à porter leur argent pour le faire valoir ; & d'où ils le pouvoient retirer à l'échéance des promeſſes ſolidaires, que les fermiers généraux de ſa majeſté leur en fourniſſoient, ſignées des quatre de la compagnie, prépoſés à cet effet.

Ces ſortes de promeſſes, dont le nom de celui qui en avoit payé la valeur reſtoit en blanc, étoient faites payables au porteur dans un an ; & les intérêts qui y étoient compris pour l'année, ne ſe payoient qu'à leur échéance, ſoit en les renouvellant, ſoit en retirant ſon capital.

Cette caiſſe avoit été établie, non-ſeulement pour faciliter la régie des fermes de ſa majeſté, mais encore pour donner au public le moyen de placer ſes deniers avec quelque profit, en attendant qu'il fût dans le deſſein de les employer en acquiſitions de maiſons, terres, offices, rentes ou autrement.

Le premier établiſſement de la caiſſe des emprunts ſe fit au mois d'octobre 1673, ſous le règne de Louis XIV, M. de Colbert étant contrôleur général des finances : mais après avoir ſubſiſté pluſieurs années avec une égale utilité pour l'état, & pour les particuliers, l'un y ayant trouvé de promptes reſſources dans les guerres que la France avoit eu à ſoutenir depuis 1672, & les autres un emploi prompt, & un intérêt ſûr de leur argent, elle fut ſupprimée ſur la fin du dix-ſeptiéme ſiécle, & les fonds rembourſés à ceux qui les avoient dépoſés, & tous les intérêts payés.

La commodité de cette caiſſe éprouvée ſi longtemps, jointe aux dépenſes immenſes où l'état ſe vit de nouveau engagé au commencement du dixhuitiéme ſiécle, pour ſoutenir l'acceptation du teſtament de Charles II, roi d'Eſpagne, en faveur du duc d'Anjou, fit penſer aux miniſtres à la remettre ſur pied, quoiqu'avec quelque différence pour les intérêts des ſommes dépoſées, qui furent payés ſur un pied plus haut dans la nouvelle caiſſe des emprunts, qu'ils ne l'avoient été dans l'ancienne.

Ce ſecond établiſſement fut fait en 1702, en

conséquence d'une déclaration du roi, du 11 mars de la même année.

Par cette déclaration, les intérêts furent réglés sur le pied de huit pour cent par an. Ils furent ensuite augmentés jusqu'à dix pour cent par une nouvelle déclaration du 23 mars 1705 ; mais ils furent depuis diminués, & réduits à six pour cent par une troisième déclaration du 14 octobre 1710 ; ce qui subsista jusqu'en l'année 1715, qu'ils baissèrent encore à quatre pour cent, comme on le dira dans la suite.

Les promesses de la *caisse* étant montées à des sommes immenses par le malheur des temps, le roi pensa, en 1713, à acquitter, tant les principaux qu'intérêts ; ceux-ci n'ayant pas été payés régulièrement depuis quelques années, & n'ayant pas été libre aux particuliers de retirer les autres, suivant l'institution de cette caisse.

Les premiers remboursemens de ces fonds furent ordonnés par une déclaration du roi, du 3 octobre de la même année 1713, à raison de six millions par an, qui seroient payés par mois à ceux à qui ils échoiroient par sort, & dont les promesses seroient tirées au hazard dans la forme & de la manière prescrites par la déclaration.

Cette forme de remboursement fut changée au bout d'un an ; & par une nouvelle déclaration du 15 décembre 1714, les remboursemens furent fixés à un vingtième par an ; ensorte que dans le terme de vingt années, tous les capitaux & les intérêts des promesses de la *caisse des emprunts* seroient entièrement acquittés.

Six mois après, une troisième déclaration du 7 mai 1715 apporta encore du changement, nonseulement dans la manière de rembourser ces promesses, mais encore dans les intérêts ; ceux-ci ayant été réduits à quatre pour cent, & ayant été ordonné que les autres seroient tirées au sort, de quartier en quartier, en présence de deux commissaires de sa majesté, jusqu'à un certain nombre, pour être payées & remboursées en leur entier, intérêts & principaux, sur les fonds établis par la déclaration.

Cette déclaration n'avoit encore commencé d'être exécutée que pour le quartier de juillet, lorsqu'il parut un édit du mois d'août de la même année, portant l'entière & totale suppression de la *caisse des emprunts* & de ses promesses, & en même temps création de cinq millions de rentes annuelles & perpétuelles sur l'hôtel-de-ville de Paris, au denier vingt-cinq, pour servir de remboursement auxdites promesses ; lesquelles seroient remboursées, les unes en leur entier, & les autres seulement à moitié, suivant qu'elles auroient été négociées ou non négociées ; ce qui seroit réglé & liquidé par des commissaires du conseil.

La mort de Louis XIV étant survenue au commencement du mois de septembre suivant ; & le nouveau gouvernement ayant pris de nouvelles mesures pour acquitter le dettes de l'état, Louis XV

sous la régence de Philippes duc d'Orléans, donna une déclaration le 7 décembre de la même année, pour convertir tous les billets & papiers royaux de quelque nature qu'ils fussent ; au nombre desquels par conséquent les promesses de la *caisse des emprunts* furent mises, en billets de l'état, dont sa majesté se rendit garante ; promettant d'en payer régulièrement les intérêts à quatre pour cent, en attendant qu'elle en pût successivement éteindre les capitaux par les voies les plus convenables.

Cette déclaration, qui n'étoit que préparatoire, fut expliquée par une autre du premier avril 1716, qui fixa la conversion de tous les billets royaux à deux cent cinquante millions de billets de l'état, & qui régla les différens pieds sur lesquels chaque espèce de papiers devoit être liquidée par les commissaires du conseil.

Dans cette réduction, les promesses de la *caisse des emprunts* se trouvèrent employées en trois classes.

La première, qui fut de celles dont la valeur avoit été originairement fournie en argent comptant, ou partie en argent & partie en papier, fut réduite aux trois quarts.

La seconde, qui contenoit les promesses dont il n'avoit été fourni aucune valeur réelle, mais qui avoient été expédiées il y avoit quelques années, pour être négociées à des pertes considérables, fut réduite aux deux cinquièmes.

Et enfin, la troisième & dernière classe, où étoient comprises toutes celles, qui de notoriété publique avoient été négociées dans les derniers temps du précédent règne, avec perte de plus de quatre-vingt pour cent, fut réduite à un cinquième.

• Depuis cette déclaration il n'a plus été mention en France, ni dans le commerce, ni autrement, de promesses de la *caisse des emprunts* ; & sous le nom général de billets de l'état, elles ont été consommées par les divers débouchemens ordonnés depuis par sa majesté pour ces sortes de billets ; desquels débouchemens on a parlé ci-devant à l'article des différentes espèces de billets, qui ont encore, ou qui ont eu ci-devant cours dans le commerce, tant de l'intérieur du royaume, qu'avec les étrangers.

CAISSE D'ESCOMPTE. Elle est établie à Paris par deux arrêts du conseil, dont voici la teneur.

ARRÊT

DU CONSEIL D'ÉTAT

DU ROI,

Portant établissement d'une caisse d'Escompte.

Du 24 mars 1776.

Extrait des Registres du Conseil d'État.

Sur la requête présentée au roi, étant en son conseil, par Jean-Baptiste-Gabriel Besnard, contenant : qu'il desireroit établir dans la capitale une *caisse d'escompte*, dont toutes les opérations tendroient à faire baisser l'intérêt de l'argent, & qui préfenteroit un moyen de fûreté & d'écohomie au public, en fe chargeant de recevoir & tenir gratuitement en recette & en dépenfe, les fonds appartenans aux particuliers qui voudroient les y faire verfer; qu'à cet effet, il fuppliroit fa majefté de vouloir bien l'autorifer à former une compagnie d'actionnaires, aux offres, claufes & conditions ci-après énoncées.

ART. I. Les actionnaires qui compoferont ladite compagnie, feront affociés en commandite, fous la dénomination de *caiffe d'efcompte.*

II. Les opérations de ladite *caiffe*, confifteront; premièrement, à efcompter des lettres de change & autres effets commerçables, à la volonté des adminiftrateurs, à un taux d'intérêt, qui ne pourrra dans aucun cas, excéder quatre pour cent l'an; fecondement, à faire le commerce des matières d'or & d'argent; troifiémement, à fe charger en recette & en dépenfe des deniers, caiffes & paiemens des particuliers qui le défireront, fans pouvoir exiger d'eux aucune foumiffion, rétribution ou retenue quelconques, & fous quelque dénomination que ce puiffe être.

III. La compagnie n'entend, en aucun cas ni fous quelque prétexte que ce foit, emprunter à intérêt, ni contracter aucun engagement qui ne foit payable à vue; elle s'interdit tout envoi de marchandifes, expédition maritime, affurance & commerce quelconque, hors celui qui eft précifément défigné en l'article précédent.

IV. Il fera fait par lefdits actionnaires un fonds de *quinze millions de livres*, pour lefquels il leur fera délivré *cinq mille actions de trois mille livres* chacune, qu'ils payeront en argent comptant, en un feul payement; defquels *quinze millions*, il y en aura *cinq* qui ferviront à commencer les opérations de ladite *caiffe d'efcompte*, & les autres *dix millions* feront dépofés au tréfor royal le premier juin 1776, pour fûreté des engagemens de ladite *caiffe*, ainfi & de la manière qu'il fera expliqué par l'article VI; lefquels *dix millions*, fa majefté fera fuppliée d'accepter, à titre de prêt, & de donner pour valeur, des quittances de finance du garde dudit tréfor royal, pour *treize millions* payables en treize années, afin d'opérer le rembourfement du capital & le payement des intérêts de ladite fomme de *dix millions*; lefquelles quittances de finance feront divifées & acquittées en *vingt-fix* payemens égaux, de *cinq cent mille* livres chacun, dont le premier fera échu & payable le premier décembre 1776, & qui continueront ainfi de fix mois en fix mois les premiers de juin & de décembre de chaque année, jufques & compris le premier juin 1789.

V. Pour fûreté defquels payemens, tels qu'ils font ftipulés en l'article précédent, fa majefté fera fuppliée d'affecter les produits de la ferme des poftes, & d'ordonner au garde de fon tréfor royal, en exercice chaque année, de délivrer au caiffier de ladite compagnie, en payement de la quittance

de finance de *cinq cent mille livres* qu'il aura à recevoir à chaque époque, une affignation fur l'adjudicataire de ladite ferme des poftes.

VI. Les *treize millions* de livres qui forment le montant total des quittances de finance ci-deffus mentionnées, ou ce qui en reftera, eu égard aux payemens qui auront été faits, demeureront fpécialement affectés à la fûreté & garantie générale des opérations de ladite *caiffe*: & ne pourront en aucun cas, les adminiftrateurs d'icelle, vendre, aliéner, tranfporter ni hypotéquer la portion des quittances de finance qui fe trouvera non rembourfée.

VII. Ladite *caiffe d'efcompte* fera ouverte le premier juin prochain, en tel endroit de la ville de Paris, que la compagnie des actionnaires jugera à propos de fixer.

VIII. Lefdites actions feront imprimées conformément au modèle joint à la préfente requête, & numérotées depuis le numéro *un* jufques & compris le numéro *cinq mille*: elles feront fignées par le *caiffier général*; & contrôlées par deux des adminiftrateurs de ladite *caiffe.*

IX. Le fieur de Mory fera nommé provifoirement *caiffier général de ladite caiffe d'efcompte*; recevra en conféquence toutes les fommes qui compoferont les *quinze millions* de fonds de ladite *caiffe*; & il remettra à ceux qui défireront s'y intéreffer, fes reconnoiffances portant promeffe de leur délivrer le nombre d'actions dont ils lui auront fourni la valeur, à raifon de trois mille livres par action.

X. Le fieur de Mory fera avertir les actionnaires par une affiche qui fixera, au moins dix jours à l'avance, le jour & le lieu de la première affemblée générale, dans laquelle tout porteur de vingt-cinq actions, aura entrée & voix délibérative pour le choix des adminiftrateurs de ladite compagnie.

XI. Les opérations de ladite compagnie, feront régies par fept adminiftrateurs qui feront élus, à la pluralité des fuffrages, dans ladite première affemblée générale, lefquels feront tenus, dans leur adminiftration, de fe conformer à ce qui fera déterminé par délibérations dans les affemblées générales: ils nommeront les employés, fixeront leurs appointemens, & pourront les révoquer; le tout de la manière & ainfi qu'ils le jugeront néceffaire pour le bien & l'avantage de la compagnie.

XII. Chaque adminiftrateur de la compagnie, fera tenu d'être propriétaire de cinquante actions de ladite *caiffe*, & de les remettre trois jours après fon élection, dans le dépôt dont il fera ci-après parlé; & faute par lui de faire ledit dépôt, fon élection fera nulle.

XIII. Aucun des adminiftrateurs ne pourra être deftitué, fi ce n'eft par les fuffrages des deux tiers des actionnaires préfens dans une affemblée générale, ou par la voix unanime de fix autres adminiftrateurs, ou en ceffant de conferver au dépôt de la compagnie les cinquante actions, conformément à l'article précédent.

XIV. Les honoraires des administrateurs seront pris sur les bénéfices de ladite *caisse*, & dans aucun cas, sur les quittances de finance ou assignations représentatives des *treize millions* ci-dessus énoncés ; ils n'auront même aucun honoraire, jusqu'à ce que le bénéfice forme un objet de *cent cinquante mille livres* par semestre & au-dessus ; dans ce cas seulement, ils préleveront le dixiéme desdits bénéfices, qui sera partagé entre eux en portions égales.

XV. Il sera tenu tous les ans deux assemblées générales des actionnaires, dans les mois de janvier & de juillet, pour délibérer sur les affaires de la compagnie, pour recevoir & examiner le compte du semestre qui aura précédé l'assemblée, lequel compte sera certifié véritable & signé par les administrateurs, & pour statuer sur la fixation du dividende à répartir aux actionnaires pour les six mois écoulés.

XVI. Pour parvenir à la fixation de ce dividende, il sera produit par les administrateurs, un compte détaillé des bénéfices qui auront été faits & réalisés dans le semestre écoulé, déduction faite de tous frais d'administration & des pertes, s'il y en a : sur ces bénéfices nets, lorsqu'ils excéderont *cent cinquante mille livres* dans un même semestre, & non autrement, il en sera prélevé un dixiéme pour être partagé par portions égales entre les administrateurs, ainsi qu'il est dit ci-dessus : ce dixiéme prélevé, il sera ajouté au bénéfice restant les *cinq cent mille livres* qui auront été remis pour partie des *treize millions*, & ce sera sur ce total que les actionnaires détermineront, à la pluralité des suffrages, la somme qu'ils jugeront à propos de répartir, à titre de dividende, sur leurs actions pour le semestre échu ; en conséquence, la première fixation se fera en janvier 1777, pour le restant de la présente année, & ensuite de six mois en six mois, & non autrement.

XVII. Il sera ouvert à ladite *caisse* un dépôt d'actions, tant pour celles que les actionnaires désireront y placer à l'abri de tous accidens, vols, incendies ou autres, & d'où ils pourront les retirer toutes les fois qu'ils le voudront, que pour celles qu'on auroit intention d'y remettre en vertu

d'actes devant notaires, & enfin pour celles dont le dépôt seroit ordonné par justice.

XVIII. Ladite *caisse d'escompte* sera réputée & censée être la *caisse* personnelle & domestique de chaque particulier qui y tiendra son argent ; & elle sera comptable envers lesdits particuliers, de la même manière que le seroient leurs caissiers domestiques.

Vu ladite requête, les offres faites & les conditions proposées : ouï le rapport du sieur Turgot, conseiller ordinaire au conseil royal, contrôleur général des finances ; LE ROI ÉTANT EN SON CONSEIL, a autorisé & autorise ledit Jean-Baptiste-Gabriel Besnard, à former l'établissement de ladite *caisse d'escompte*, sous les conditions ci-dessus énoncées, sans néanmoins entendre par ladite autorisation, apporter aucun changement à la liberté dont ont joui & continueront de jouir les banquiers, négocians & autres, d'escompter, de faire le commerce des matières d'or & d'argent, & de recevoir les deniers des particuliers qui desireroient les leur remettre. Et sa majesté acceptant l'offre faite de remettre *dix millions* au trésor royal, au premier juin prochain, a ordonné & ordonne au sieur Savalette, garde du trésor royal en exercice, de remettre pour valeur, tant du capital que des intérêts, *vingt-six quittances* comptables de *cinq cents mille livres* chacune, payables en *treize annnées*, de six mois en six mois, dont la première aura pour époque de payement le premier décembre 1776, la seconde le premier juin 1777, & ainsi de suite, lesquelles quittances seront expédiées au profit de la compagnie, pour être payées, à chaque échéance, par le garde du trésor royal en exercice, sur la quittance du caissier général, en une assignation aux mêmes termes, sur l'adjudicataire général de la ferme des Postes, qui demeure spécialement affecté pour sûreté du payement desdits *treize millions* : seront les quittances de finance du garde du trésor royal, qui seront remboursées à chaque époque, déchargées par le garde des registres du contrôle général des finances, qui en aura fait l'enregistrement : & seront sur le présent arrêt, toutes lettres patentes nécessaires expédiées. FAIT au conseil d'état du roi, sa majesté y étant, tenu à Versailles le vingt-quatre mars mil sept cent soixante-seize. *Signé* DE LAMOIGNON.

ACTION DE LA CAISSE D'ESCOMPTE.

Sept derniers mois 1776.	N°. CAISSE D'ESCOMPTE. DIVIDENDE D'ACTION pour les Sept derniers mois *mil sept cent soixante-seize.*
Six premiers mois 1777.	N°. CAISSE D'ESCOMPTE. DIVIDENDE D'ACTION pour les *Six premiers* mois mil sept cent soixante-dix-sept.
Six derniers mois 1777.	N°. CAISSE D'ESCOMPTE. DIVIDENDE D'ACTION pour les Six derniers mois *mil sept cent soixante-dix-sept.*
Six premiers mois 1778.	N°. CAISSE D'ESCOMPTE. DIVIDENDE D'ACTION pour les *Six premiers* mois mil sept cent soixante-dix-huit.
Six derniers mois 1778.	N°. CAISSE D'ESCOMPTE. DIVIDENDE D'ACTION pour les Six derniers mois *mil sept cent soixante-dix-huit.*
Six premiers mois 1779.	N°. CAISSE D'ESCOMPTE. DIVIDENDE D'ACTION pour les *Six premiers* mois mil sept cent soixante-dix-neuf.
Six derniers mois 1779.	N°. CAISSE D'ESCOMPTE. DIVIDENDE D'ACTION pour les Six derniers mois *mil sept cent soixante-dix-neuf.*
Six premiers mois 1780.	N°. CAISSE D'ESCOMPTE. DIVIDENDE D'ACTION pour les *Six premiers mois* mil sept cent quatre-vingt.
Six derniers mois 1780.	N° CAISSE D'ESCOMPTE. DIVIDENDE D'ACTION pour les Six derniers mois *mil sept cent quatre-vingt.*
Six premiers mois 1781.	N°. CAISSE D'ESCOMPTE. DIVIDENDE D'ACTION pour les *Six premiers mois* mil sept cent quatre-vingt-un.
Six derniers mois 1781.	N°. CAISSE D'ESCOMPTE. DIVIDENDE D'ACTION pour les Six derniers mois *mil sept cent quatre-vingt-un.*
N°.	N°. ACTION de la Caisse d'Escompte. LE PORTEUR est propriétaire d'une *Action de la Caisse d'Escompte*, établie par Arrêt du Conseil du 24 Mars 1776.

CONTRÔLÉ en vertu de la même Délibération.   SIGNÉ pour la *Caisse d'Escompte*, par Délibération du

N°.

ARRÊT DU CONSEIL,

Qui, en dérogeant à celui du 24 mars 1776, dispense le sieur Besnard, de verser au trésor royal les dix millions qu'il y devoit porter aux termes dudit arrêt : ordonne que les deux millions qui y sont déposés, lui seront rendus ; & que les fonds de la caisse d'escompte seront de douze millions seulement, divisés en quatre mille actions de trois mille livres chacune, pour être employées en totalité aux opérations de ladite caisse.

Du 22 septembre 1776.

Sur la requête présentée au roi, étant en son conseil, par Jean-Baptiste-Gabriel Besnard, contenant : que par arrêt du conseil du 24 mars 1776, il a été autorisé à former une compagnie d'actionnaires pour l'établissement d'une *caisse d'escompte* avec un capital de quinze millions de livres, dont sa majesté avoit été suppliée d'accepter dix millions à titre de prêt, aux clauses & conditions énoncées dans ledit arrêt; & les cinq millions restant, étoient destinés aux opérations de ladite *caisse* : qu'en s'occupant, en vertu de cette autorisation, à former sa compagnie, il avoit reconnu qu'il seroit plus conforme aux vues des actionnaires de ne former qu'un capital de douze millions de livres, pour être employés en totalité aux opérations d'escompte & au commerce des matières d'or & d'argent, & de ne point verser dix millions au trésor royal : qu'il supplioit en conséquence sa majesté de vouloir bien l'autoriser à former un établissement avec un capital de douze millions de livres seulement, divisé en quatre mille actions de trois mille livres chacune; de renoncer à l'offre du prêt de dix millions, & d'annuller les dispositions de l'arrêt du 24 mars 1776, relatives, tant à ce prêt qu'au fonds de quinze millions, auquel devoit être porté celui de la *caisse d'escompte*. A quoi voulant pourvoir; vu ladite requête : ouï le rapport du sieur de Clugny, conseiller ordinaire au conseil royal, contrôleur général des finances; LE ROI ÉTANT EN SON CONSEIL, a ordonné & ordonne ce qui suit :

ART. I. Les dispositions de l'article IV de l'arrêt du conseil dudit jour 24 mars 1776, demeureront sans effet, ainsi que tout ce qui y est relatif dans les articles V, VI, VIII, IX, XIV & XVI, & dans le prononcé dudit arrêt, qui se rapporte auxdits articles, & qui concerne le prêt de dix millions à faire : en conséquence, ladite *caisse d'escompte* ne versera point au trésor royal les dix millions qu'elle devoit y déposer; ordonne sa majesté que la somme de deux millions qui y avoit été portée à compte, sera remise en espèces audit Besnard & compagnie ou au caissier nommé par les administrateurs de la *caisse d'escompte* & spécialement autorisé par eux pour recevoir lesdits deux millions; à la charge d'en donner quittance au garde du trésor royal, en la forme ordinaire, & de lui rapporter les quittances de finance ou récépissés qui auroient pu être expédiés.

II. Le fonds de ladite *caisse d'escompte*, demeurera fixé à douze millions de livres, divisé en quatre mille actions de trois mille livres chacune; lesquelles seront numérotées depuis le numéro prem, jusques & compris le numéro 4000, signées par le caissier général & contrôlées par deux des administrateurs de ladite *caisse*.

III. Veut au surplus sa majesté, que l'arrêt du conseil dudit jour 24 mars 1776, soit exécuté & ait son effet pour tout ce à quoi il n'a pas été dérogé par le présent arrêt. FAIT au conseil d'état du roi, sa majesté y étant, tenu à Versailles le vingt-dénx septembre mil sept cent soixante-seize. *Signé* AMELOT.

CAISSES. L'on nomme ainsi dans le commerce de la quincaillerie certaines espèces de *boëtes de bois de sapin* extrêmement léger, longues environ d'un pied sur deux ou trois doigts de large, dans lesquelles on envoie la soie de sanglier, dont se servent les bourreliers, selliers, cordonniers, savetiers, & autres ouvriers qui travaillent en cuir, & qui le cousent.

CAISSETINS. Petites *caisses de sapin*, plus longues que larges, dans lesquelles on envoie de Provence cette sorte de raisins en grappes, séchés au soleil, qu'on appelle *raisins au jubis*.

CAISSIER. Celui qui tient la caisse, qui garde l'argent, qui est chargé de recevoir & de payer. C'est de la conduite du *caissier* que dépend tout le bonheur ou le malheur d'une société. » *Voyez* ci-» devant CAISSE, vous y trouverez de très-bonnes » maximes, pour se conduire comme il faut dans le » maniement d'une caisse ».

CAISSON. Diminutif de caisse. *Petite caisse*, dans laquelle on envoie des marchandises.

CAIVAVA. Les Espagnols appellent ainsi cette espèce de *tortue*, que les François nomment *kaouanne* ou *caboenne*. *Voyez* TORTUE.

CALADARIS. *Toile de coton* rayée, ou de rouge, ou de noir, qu'on apporte des Indes orientales, particulièrement de Bengale, dont la pièce a d'ordinaire huit aunes de long, sur sept huit de large.

CALAISON. On nomme ainsi dans les ports de la province de Guyenne, particulièrement à Bordeaux, la profondeur d'un vaisseau depuis le premier pont jusqu'au fond de cale. Ainsi dans la jauge que l'on fait des vaisseaux pour en connoître le port, on dit jauger la *calaison*, pour dire en jauger la profondeur. On voit assez que ce mot vient de fond de cale, qui signifie *la plus basse partie du navire*.

CALAMANDE, CALAMANDRE, ou CALMANDRE. Divers noms d'une étoffe qui se manufacture en Flandre & en Brabant. *Voyez* CALMANDRE.

CALAMBOUC. Espèce de *bois* qui vient de la Chine, que les marchands droguistes vendent quelquefois sous le nom de *bois d'Aloès*.

CALAMBOURG. *Bois odoriférant*, dont la couleur tire un peu sur le verd. Il est différent du calambouc; il vient des Indes en grosses & longues bûches. On en fait des chapelets & plusieurs ouvrages de tour & de tabletterie. Les barbiers & étuvistes en font aussi quelquefois bouillir dans l'eau, qui leur sert à faire la barbe, ou avec laquelle ils préparent leurs bains, pour lui donner une odeur agréable.

CALAMINE, qu'on nomme aussi CADMIE, ou PIERRE CALAMINAIRE, & quelquefois CALAMITE. Est un minéral, ou terre fossile, qui a quelque usage dans la médecine, mais qui s'emploie ordinairement par les fondeurs, pour teindre le cuivre rouge en jaune.

Il y a deux sortes de *calamine*; de la grise & de

de la rouge : la grife s'apporte d'Allemagne, d'Angleterre, & du pays de Liége : la rouge fe trouve en Berry, près de Bourges ; & en Anjou, près Saumur. Outres ces deux *calamines* naturelles, il y en a d'artificielle, dont la meilleure eft celle qu'on appelle *pompholix*. *Voyez* POMPHOLIX.

La *calamine*, foit la grife, foit la rouge, ne devient jaune, que quand on la fait recuire à la manière des briques ; & ce n'eft qu'après cette cuiffon, qu'on s'en fert pour jaunir & augmenter la rofette, ou cuivre rouge.

« La *calamine* paye en France les droits d'en-» trée fur le pied de 10 fols le cent pefant, & les » fols pour livre ».

CALAMINQUE. On nomme ainfi en Hollande, particulièrement à Amfterdam, cette forte d'*étoffe*, qu'on appelle en France *de la calmandre*.

CALAMITE. C'eft cette pierre minérale que l'on appelle plus ordinairement *aimant*.

CALAMITE. C'eft auffi une des huit fortes de calamine, ou cadmie artificielle, & la meilleure de toutes. Elle fe prend autour des perches, ou braffoirs de fer, avec lefquels on braffe & remue le bronze, lorfqu'il eft en fufion dans les fournaifes. On l'appelle *calamite*, du mot latin *calamus*, qui fignifie *rofeau*, parce que lorfqu'elle eft bien fecouée, elle repréfente la forme d'une canne, ou rofeau fendu par le milieu.

C'eft fous le nom de *calamite* que les droits de la calamine font fixés dans le tarif de la douane de Lyon de 1632.

« La *calamite* paye par ce tarif 29 fols 3 den. » du quintal pour l'ancien droit, & un fol 9 den. » pour la nouvelle réapréciation ; & encore 40 fols » pour les anciens quatre pour cent, & 5 fols pour » la nouvelle réapréciation dudit dernier droit, & » les nouveaux fols pour livre ».

CALAMUS VERUS, qu'on appelle auffi *calamus aromaticus* & *calamus amarus*. C'eft une efpèce de *rofeau*, de la groffeur d'une plume d'oye, de deux ou trois pieds de haut, divifé par nœuds, d'où fortent des feuilles vertes, & au bout duquel font des ombelles chargées de fleurs jaunes. Son principal & prefque unique ufage eft pour la thériaque.

Ce *rofeau* croît dans le Levant, d'où il eft apporté à Marfeille, quelquefois entier, mais le plus fouvent par bottes d'environ un demi pied de long. Il faut le choifir gros, nouveau, mondé de fa racine & de fes branches, & en bottes. Il doit être gris, rougeâtre en dehors, blanchâtre en dedans ; & que fa moële foit blanche, qu'il fe rompe par éclats, & qu'au goût il foit d'une amertume infupportable.

« Le *calamus verus*, fous tel nom qu'il vienne, » & de quelque forte qu'il foit, payé en France les » droits d'entrée fur le pied de 10 fols du cent » pefant, par le tarif de 1664 ; & par le tarif de la *Commerce. Tome I.*

» douane de Lyon de 1632, où il eft taxé fous le » nom de *calami aromatici*, 11 fols 8 den. du » quintal pour l'ancien droit, & un fol 4 den. » pour la nouvelle réapréciation ; & encore pour » les anciens quatre pour cent 4 fols, & 11 fols » pour l'augmentation ou réapréciation dudit der-» nier droit, & les nouveaux fols pour livre ».

CALANDEUR. L'on nomme ainfi dans les manufactures de lainerie de la ville d'Amiens, l'*ouvrier* qui met fous la calandre les camelots, baracans, & autres étoffes qui ont befoin d'être calandrées. Ces *ouvriers* ne font point de communauté, étant loifible à chacun de faire ce métier.

CALANDRE. Machine dont on fe fert dans les manufactures, pour preffer certaines étoffes de foie, ou de laine, même des toiles, pour leur donner le luftre, les rendre polies, unies & liffes, ou pour y faire venir des ondes, telles qu'on les voit fur les moires & fur les tabis.

L'on eftime la *calandre* à cheval moins bonne que celle à roue ; cette dernière ayant un mouvement plus égal & plus certain.

Il n'y a à Paris que les maîtres teinturiers du bon teint, qui puiffent tenir chez eux des *calandres* ; à Amiens & ailleurs il eft loifible à toutes perfonnes d'en avoir.

CALANDRE. Se dit auffi d'un petit infecte noir, qui fe fourre dans le bled, & qui le mange, enforte qu'il ne laiffe que l'écorce. Outre le déchet que les *calandres* caufent au bled où elles fe mettent, elles communiquent auffi un très-mauvais goût à la farine qu'on en tire. Ces infectes s'appellent encore *charençons* & *pates-pelues*.

On appelle *bled calandré*, un bled qui a été mangé des *calandres*, & enfuite criblé pour le mettre en vente. Ce bled eft peu eftimé, & d'un médiocre débit.

CALCANTHUM. C'eft le vitriol rubifié.

CALCEDOINE, qu'on nomme auffi CALCIDOINE. *Pierre précieufe*, fort femblable à l'agate commune, & qui en eft une efpèce. *Voy.* AGATE.

CALCUL. Supputation de plufieurs fommes ajoutées, ou fouftraites, ou multipliées, ou divifées.

On dit qu'erreur de *calcul* n'eft pas compte, pour faire entendre qu'on doit faire juftice des erreurs qui fe trouvent dans les comptes, lorfqu'elles proviennent du défaut de *calcul*.

On dit auffi qu'un négociant s'eft trompé dans fon *calcul*, quand il a pris de fauffes mefures, & que fes entreprifes n'ont pas réuffi, fuivant qu'il fe l'étoit imaginé.

L'erreur de *calcul* dans un compte ne fe couvre jamais, non pas même par arrêts, par tranfactions, ou autres actes.

Le *calcul* d'un compte fe fait, après que tous les articles en ont été arrêtés ; & c'eft par la comparaifon du *calcul* de la recette & de la dépenfe, que s'en fait la balance, ou bilan.

CALCULATEUR. (Celui qui calcule). Il ne se dit guères de ceux qui font des calculs mercantilles , mais affez ordinairement des aftronomes qui calculent des éphémérides , ou qui font d'autres fupputations aftronomiques.

CALCULÉ. Un compte *calculé* eft un compte , dont les fommes de tous les articles paffés ou alloués font mifes & additionnées enfemble , pour en faire un total.

CALCULER. Compter , fupputer. Les marchands négocians doivent *calculer* leurs livres , pour connoître le fond de leurs affaires.

CALE. On appelle *fond de cale* dans un vaiffeau, la partie la plus profonde du bâtiment. C'eft proprement le magafin d'un navire marchand , & le lieu où l'on ferre & empile les marchandifes du plus grand volume.

On tient le *fond de cale* plus large pour les vaiffeaux qu'on deftine à charger à cueillette, ou au quintal , que dans les autres , parce que la diverfe manière des paquets , des tonneaux , des caiffes , & de toutes les autres chofes qu'on y place , fait qu'il eft plus difficile de les bien arrimer , & qu'on ne peut empêcher qu'ils ne tiennent beaucoup d'efpace.

Le lieu du *fond de cale* , que l'on deftine aux marchandifes dans un navire marchand , fe nomme *rum* , d'où eft venu le mot d'*arrimage* , qui fignifie l'*arrangement des marchandifes dans le fond de cale*.

CALEBASSE. Vaiffeau léger fait d'une courge vuidée & féchée. Les *calebaffes* fervent à mettre diverfes marchandifes , dont les marchands épiciersdroguiftes font négoce , entr'autres , de la poix , ou arcançon.

C'eft auffi dans des *calebaffes* , que les Indiens de quelques endroits de l'Amérique , foit fur la mer du Nord , foit fur celle du Sud , mettent les perles qu'ils pêchent , & les Nègres de quelques côtés d'Afrique , leur poudre d'or : les petites *calebaffes* fervant le plus fouvent aux uns & aux autres de ces barbares , de mefures , auxquelles ils détaillent & vendent aux Européens ces précieufes marchandifes.

On fe fert pareillement de *calebaffes* pour mettre des liqueurs ; & ce font les bouteilles & les flacons les plus ordinaires des pélerins & des foldats.

CALEBASSIER. *Arbre* qui croît dans les ifles Françoifes de l'Amérique , qui produit des calebaffes.

CALEÇONNIER. Ouvrier qui fait des caleçons ; on le dit plus particulièrement de celui qui fait des caleçons de chamois ; d'où les maîtres bourfiers fe qualifient dans leurs ftatuts, *maîtres bourfiers , colletiers , pochettiers , caleçonniers.*

Les maîtres peauffiers - teinturiers en cuir prennent auffi la qualité de *caleçonniers* , à caufe de la faculté que leur donnent leurs ftatuts , de paffer les cuirs propres à faire des caleçons , qu'ils peuvent auffi faire fabriquer & vendre dans leurs boutiques.

CALEMBAC, ou TEMBAC. *Bois précieux* , qui s'apporte de la Chine. C'eft le véritable bois d'aloés, *Voy.* ALOÉS.

CALENDARS. *Toiles peintes* qui viennent des Indes & de Perfe. Ce font les plus eftimées de toutes les indiennes ; auffi leur nom fignifie-t-il *faites avec la plume* , pour les diftinguer de celles qui ne font que fimplement imprimées. Il s'en fait un grand négoce à Smyrne.

CALFAS , ou CALFAT. Enduit de fuif, de bray & de goudron , dont on bouche les trous d'un bâtiment de mer , pour empêcher qu'il ne faffe eau. On ne met le *calfas* , qu'après avoir rempli les trous d'une étoupe faite de vieux cordages , qu'on y pouffe avec force , auffi-bien qu'entre les planches du navire. Cette étoupe fe nomme auffi *calfas*.

CALFAS, ou CALFAT. Se dit auffi des inftrumens de fer , faits en cifeaux , dont on fe fert pour pouffer l'étoupe dans les fentes des planches du vaiffeau. Il y en a de larges , de ronds & à rainure.

Il fe dit pareillement de l'ouvrier qui emploie le *calfas* , & de l'ouvrage qu'il fait.

CALFATER UN NAVIRE. Le radouber , en boucher les voyes d'eau avec du calfas & du bray.

CALFATEUR. (Celui qui donne le *calfas* à un vaiffeau).

CALFATIN. (Le *mouffe* qui fert de valet au calfateur).

CALIBRE. Les marins appellent *calibre* , le modèle que l'on fait pour la conftruction d'un vaiffeau , & fur lequel on prend fa longueur , fa largeur , & toutes fes proportions. C'eft la même chofe que GABARIT.

CALICE. (Vafe d'étain, de cuivre , d'argent, ou d'or , dont fe fervent les prêtres pour célébrer la meffe). Cela fait partie du commerce des potiers d'étain & des orfèvres.

CALIN. Efpèce de *métal* plus beau que le plomb, mais inférieur à l'étain. Il eft fort commun dans la Chine , la Cochinchine , le Japon , à Siam , &c. On s'en fert communément dans les Indes pour couvrir les maifons , de même qu'on fait en France , de plomb. Les boëtes à thé , qui viennent de la Chine , font faites de *calin*.

C'eft un mélange d'étain & de plomb , plutôt qu'un métal d'une efpèce nouvelle.

CALLÉE. Cuirs de *callée* , font des cuirs de Barbarie , qui s'achetent à Bonne. Il font excellens ; mais il eft difficile d'en avoir , parce que les Tagrains & les Andaloux les achetent , & les accommodent pour l'ufage du pays.

CALLOTS. On nomme ainfi les *maffes de pierre* que l'on tire brutes des ardoifières , pour les fendre , & tailler en ardoifes.

CALMANDE , CALAMANDE , ou CALAMANDRE. Etoffe qui a du rapport à ce qu'on appelloit autrefois *ras d'Utrecht* , qui fe fabrique dans le Brabant & dans la Flandre , particulièrement à Anvers , à Lifle , Tournay , Turcoin , Roubais & Lannay. Il fe fait des *calmandes* de différentes largeurs, les unes de sept seize, les autres de deux tiers, les autres de sept douze, les autres de cinq huit, & d'autres de cinq douze, le tout aunagé de Paris. Pour ce qui est de la longueur des pièces, il n'y a rien de réglé ; les ouvriers les faisant plus ou moins longues, suivant qu'ils le jugent à propos, ou qu'elles leur sont ordonnées par les marchands. Cette étoffe est très-lustrée, & croisée en chaîne ; ce qui fait que la croisure ne paroît que d'un côté, qui est celui de l'endroit ; elle se fabrique ordinairement tout de laine. Il s'en fait néanmoins quelques-unes dont la chaîne est mêlée de soie, & d'autres où il entre du poil de chévre. Il y en a de toutes les couleurs & façons ; les unes pleines & unies, les autres à bandes chargées de fleurs, d'autres à bandes sans fleurs, d'autres rayées, & d'autres ondées. On en consomme beaucoup dans toute la Flandre & le Brabant, même en France, & il s'en envoie quantité dans les pays étrangers, particulièrement en Espagne. La calmande est propre à faire des habits, des robes de chambre, des jupons, des meubles, &c.

CALMI. Sortes de toiles peintes qui se fabriquent dans les états du grand-mogol ; le commerce en est interdit en France.

CALOTTE. Petite coeffure de tricot, de feutre, de cuir, de satin, ou d'autre étoffe, qui ne couvre que le haut de la tête, dont se servent les gens d'église pour se garantir du froid, ou même pour s'en faire une espèce de parure. La calotte rouge est une marque de dignité ; & il n'y a que ceux qui sont élevés au cardinalat, qui aient droit de la porter.

Les calottes de cuir noir, qui sont presque les seules dont on se serve présentement dans le clergé séculier de France (le clergé régulier s'étant comme réservé les calottes tricotées, ou celles de feutre & d'étoffe), furent inventées en l'année 1649 par N. le Maître, qui les fit d'abord de cuir de vieilles bottes de maroquin, qui étoient alors fort à la mode à Paris.

Cette circonstance, & l'attentat des Anglois, qui cette même année firent mourir leur roi, donnèrent cours à une fausse centurie, qu'on attribue encore aujourd'hui à Nostradamus, quoiqu'elle ne se trouve dans aucun de nos Recueils, & qui n'est pas certainement une de celles qui donnent le moins de réputation à ce ramas informe de prédictions, à qui l'on fait toujours dire ce que l'on veut.

Voici le quatrain qu'on a cru devoir rapporter ici, pour désabuser ceux qui auroient pu se laisser surprendre par la certitude de l'événement tragique & fameux qui y est prédit.

Lorsque Galoise nation, de botte aura tête chauffée,
Par insulaire trahison, sera haute tête abbaissée.

CALOTTIER. Celui qui fait, ou qui vend des calottes.

Les maîtres calottiers de la ville & fauxbourgs de Paris, ne sont point encore érigés en corps de jurande, quoiqu'on ait déjà tenté plusieurs fois de le faire ; & jusqu'ici la fabrique des calottes revendiquée par trois corps & communautés, leur est restée en commun. Les maîtres calottiers se sont comme volontairement partagés entr'elles trois ; les uns étant marchands merciers, les autres, marchands bonnetiers, & quelques-uns marchands peaussiers.

CALQUIERS. Les attlas calquiers sont des satins des Indes. Il y a aussi des taffetas des Indes qui portent ce nom.

CAMAIEU. Pierre, où par un jeu de la nature, il se trouve quelques figures représentées. Pline parle d'une agate, où se voyoit Apollon la lyre à la main au milieu des neuf Muses, sans que la nature eût été aidée de la main de l'ouvrier.

CAMAIEU. Se dit aussi de toutes espèces de pierres précieuses, comme onix, sardoines, agates, sur lesquelles ont peut graver des figures, ou en relief, ou en creux. Les maîtres lapidaires de Paris sont appellés dans leurs statuts, tailleurs de camaieux, graveurs, & cristalliers ouvrans.

CAMBAYES. Toiles de coton, qui se font à Bengale, à Madras & en quelques autres lieux de la côte de Coromandel.

La largeur & la longueur des unes & des autres, particulièrement des communes, est de quinze cobres sur deux, le cobre évalué à dix-sept pouces & demi de roi. Elles sont propres pour le commerce des Manilles, où les Anglois de Madras en envoyent beaucoup.

CAMBIO. (Terme Italien, qui signifie change.) On s'en sert assez communément en Provence ; & quelques nations, entr'autres la Hollandoise, se le sont aussi approprié. Voyez CHANGE.

CAMBISTE. Nom donné à ceux qui se mêlent du négoce des lettres & billets de change ; qui vont régulièrement sur la place ou sur la bourse, pour s'instruire du cours de l'argent, & sur quel pied il est, par rapport au change des différentes places étrangères, afin de pouvoir faire à propos des traittes & remises, ou des négociations d'argent, ou des lettres & billets de change.

Le mot de cambiste, quoique vieux, ne laisse pas d'être de quelqu'usage parmi les marchands, négocians & banquiers. Quelques-uns le font dériver du mot Latin cambium, qui signifie le change, ou la place publique où se fait le commerce du change : d'autres le tirent de cambio, qui est aussi un mot Italien, qui veut dire, je change ; & dont on se sert quelquefois dans le négoce, pour signifier change.

CAMBRASINES. Toiles fines d'Egypte, dont il se fait un assez grand commerce au Caire, à Alexandrie & à Rosette. Leur prix est de cinq piastres la pièce. Elles sont nommées cambrasines, par leur ressemblance avec les toiles de Cambrai.

Il y a aussi des cambresines que nos Provençaux tirent de Smyrne ; elles sont de deux sortes, celles qui viennent de Perse, & celles qu'on apporte de la

Mecque. Les premières conservent leur nom de *cambresines*, & les autres se nomment *mamoudis* : celles-ci sont jaunâtres, mais plus douces & plus fines que les autres : elles tirent d'ordinaire 36 pics de longueur, qui font 12 cannes de Marseille, & ont quatre pans de large. Elles se vendent depuis 4 piastres ½, jusqu'à 4 ½.

Outre ces *cambresines* de Perse & de la Mecque, il y a encore plus de trente sortes de qualités de toiles auxquelles on donne ce nom, particulièrement à celles qui viennent de Bengale, & qui ont toutes différentes longueurs & largeurs. De ces dernières il y en a de deux ou trois espèces qui se distinguent par des noms particuliers, comme les *fers à cheval*, les *turbans* & les *caimancanis*.

CAMBRAY, ou CAMBRESINE. C'est ainsi que l'on nomme une sorte de toile blanche, claire & fine, faite de lin, laquelle a quelque rapport pour la qualité aux quintins clairs & fins de Bretagne, quoique d'une qualité qui leur est beaucoup supérieure.

Ces sortes de toiles ont pris leur nom de la petite province de Cambresis, & de la ville de Cambray qui en est la capitale, où elles se fabriquoient toutes autrefois, & où il ne s'en fait que très-peu présentement ; la plupart de celles que l'on voit aujourd'hui, sous les noms de *Cambray* & de *Cambresine*, se manufacturant à Péronne, & aux environs de cette ville de Picardie.

Les *toiles de Cambray*, qui ont pour l'ordinaire deux tiers de large, se vendent par petites pièces de treize aunes, mesure de Paris. Leur usage le plus ordinaire, est pour faire des garnitures de tête pour les femmes, & des rabats & manchettes pour les hommes.

Il faut remarquer, que de toutes les toiles qui se font en Picardie, il n'y a que les *Cambrays* qui se vendent en pièces de treize aunes.

« Les *toiles de Cambray*, fines, unies ou ou-
» vrées, soit écrues, jaunes, blanches, ou bizettes,
» tant fines, moyennes, que grosses, payent en
» France les droits d'entrée sur le pied de 8. liv. la
» pièce de quinze aunes, & ne peuvent entrer que
» par Rouen & Lyon ».

« Les droits de sortie se payent à raison de 10 l.
» le cent pesant ; sçavoir, 3 liv. pour l'ancien droit,
» & 7 liv. pour la traitte domaniale ».

« Le tarif de la douane de Lyon de 1632, taxe
» *les mêmes toiles* à 12 f. 6 den. la pièce pour l'an-
» cien droit, & à 2 f. 6 den. pour la nouvelle réa-
» préciation ; le tout, avec les nouveaux sols pour
» livre ».

CAMEADE. Espèce de *poivre sauvage*, dont le grain est d'abord verd, puis rouge, & enfin noir, quand il est sec. On l'appelle quelquefois *bois gentil*, & *poivre des montagnes*.

CAMELIN, ou CAMELOTINE. Petite *étoffe* en manière de camelot, qui se fait à Amiens.

CAMELOT. Etoffe non croisée, composée d'une chaîne & d'une trême, qui se fabrique avec la na-

vette sur un métier à deux marches, de même que la toile ou l'étamine.

Les *camelots* sont plus ou moins larges, & les pièces plus ou moins longues, suivant leurs différentes espèces & qualités, & les lieux où ils se fabriquent. Il s'en fait de toutes sortes de couleurs ; les uns de poil de chèvre, tant en chaîne qu'en trême ; les autres, dont la trême est de poil, & la chaîne moitié poil & moitié soie ; d'autres, dont la chaîne & la trême sont entièrement de laine ; & enfin d'autres, dont la trême est de laine, & la chaîne de fil.

Il y en a de teints en fil, c'est-à-dire, dont le fil, tant de la trême que de la chaîne, a été teint avant que d'être tissu, ou travaillé sur le métier : d'autres teints en pièces : d'autres jaspés ou mélangés ; d'autres rayés, d'autres ondés, & d'autres gauffrés.

Les *camelots* sont propres à divers usages, suivant leurs différentes espèces & qualités. Les uns s'emploient à faire des habits, tant pour hommes que pour femmes ; les autres servent à faire des tours de lits, & autres meubles ; & d'autres sont destinés pour faire des chasubles, paremens d'autels, & autres semblables ornemens d'église.

Les endroits du royaume où il se fabrique le plus de *camelots*, sont Lille en Flandres, Arras en Artois, Amiens en Picardie, la Neuville, près Lyon, & quelques lieux d'Auvergne. En temps de paix, il s'en tire aussi des pays étrangers, particulièrement de Bruxelles, de Hollande & d'Angleterre, qui sont fort estimés.

Il en vient aussi de Bude, d'Anduenne, & de plusieurs endroits du Levant. Ces derniers entrent ordinairement par Marseille, & paient les droits sur un pied différent des autres *camelots*, comme on le dira à la fin de cet article.

Enfin, il y a des *camelots de soie* de diverses couleurs, entr'autres de rouges cramoisis, d'incarnats cramoisis, & de violets, qui se fabriquent à Venise, Florence, Milan, Naples & Lucques ; mais qui ne sont proprement que des tabis & des taffetas déguisés sous le nom de *camelots*. Voyez TABIS, & TAFFETAS.

Les *camelots ondés de Véronne*, qu'on nomme aussi *tapis de Véronne*, sont aussi des espèces de tabis.

Lille fournit quantité de *camelots*, les uns tout de poil, & les autres tout de laine, tant en chaîne qu'en trême, dont les largeurs les plus ordinaires sont, demi-aune, & demi-aune moins un seize ou sept seizes ; chaque pièce contenant vingt-une à vingt-deux aunes, mesure de Paris. Ces *camelots* se teignent en différentes couleurs, après avoir été fabriqués en blanc ; & sont ensuite passés sous la presse à chaud, pour les rendre plus unis, & leur donner ce cati, ou lustre, que l'on y remarque.

Il se manufacture encore à Lille, & en quelques autres endroits de la Flandre Françoise, une quantité prodigieuse de petits camelotins très-étroits

&-très-légers, la plupart destinés pour l'Espagne, auxquels les Flamands donnent divers noms assez bizarres, dont voici les principaux : l'amparillas, ou nompareille, polimitte, polemit, ou polomitte : picotte, ou gueuse : quinette, ou guinette, & changeant. Toutes ces différentes sortes de camelots se trouvent expliquées chacune à son article, suivant leur nom particulier.

Les camelots d'Arras sont pour l'ordinaire très-grossiers, ayant le grain fort rond, tirant plus sur celui du bouracan, que sur celui des camelots ordinaires. Ils se manufacturent pour la plupart en blanc, & sont ensuite teints en différentes couleurs, puis calandrés. Il y en a de demi-aune, & de trois quarts & demi de large, dont les pièces contiennent environ vingt aunes de longueur, mesure de Paris.

Il se fait à Amiens une très-grande quantité de camelots, dont les noms & les qualités sont différens.

Les premiers, qui sont les plus estimés de tous, sont appellés camelots façon de Bruxelles, parce qu'ils imitent, en quelque manière, les véritables Bruxelles, soit pour leur tissure, leur longueur, leur largeur, ou la matière dont ils sont composés.

Les seconds sont des espèces de petits bouracans étroits tout de laine, qui se nomment quelquefois camelots fil retors, ou camelots à gros grain.

Les troisièmes sont nommés camelots quinettes, dont le fil de la trême n'est formé que d'un seul fil très-tors. La matière en est toute de laine, la largeur de demi-aune, & la longueur des pièces de vingt-une aunes. Ils sont pour l'ordinaire manufacturés en blanc, puis teints en différentes couleurs, & pressés ou catis à chaud.

Les quatrièmes s'appellent petits camelots rayés, parce qu'ils ont des rayes de diverses couleurs, qui vont en longueur depuis le chef de la pièce jusqu'à la queue. Leur largeur est de demi-aune ; & la longueur des pièces, de vingt-une à vingt-deux aunes, mesure de Paris. Ils passent aussi par la presse à chaud, de même que les camelots quinettes.

Il se fabrique encore à Amiens quelques petits camelots fil & laine, d'une demi-aune de large ; mais il s'en fait peu de cette dernière qualité.

Les camelots d'Amiens, dont la chaîne est de poil & soie, & la trême tout poil, portent deux tiers de large sur trente-deux aunes trois quarts, & trente-huit aunes trois quarts de longueur.

Il y en a aussi dont la chaîne est de laine & soie torses ensemble, & la trême de laine. Ils ont pareillement deux tiers de large.

Par un arrêt du conseil d'état du roi, du 17 mars 1717, portant réglement pour les manufactures d'Amiens, dont les fabriquans n'ont point de statuts particuliers, il est ordonné :

I. Que les camelots de grains tout laine, façon de Bruxelles, qui se fabriquent à Amiens, auront la chaîne de 42 portées de 20 fils ou buhots chacune : qu'ils auront demi-aune demi-quart de largeur entre les gardes ou lisières, & 36 aunes de longueur.

II. Que les camelots enrichis de deux fils de soie, façon de Hollande, auront 42 portées de 26 à 28 fils, ou buhots ; demi-aune demi-quart de largeur, & 36 à 40 aunes de longueur.

III. Que les camelots superfins, façon de Bruxelles, auront la chaîne de poil de chèvre filé, autrement dit poil de chameau, & de deux fils de soie, de 42 portées de 32 à 36 fils ou buhots chacune ; la trême double de fil de turcoin, ou de poil de chèvre filé, autrement dit de chameau, de même longueur & largeur que ceux ci-dessus.

IV. Les camelots rayés & unis changeans, tout laine, auront la chaîne de 33 portées de 12 fils ou buhots chacune ; de demi-aune de largeur entre deux lisières, & de 21 & demie de longueur en toile, pour revenir à 21 aunes, suivant les réglemens de 1669.

Autrefois Amiens fournissoit une autre sorte de camelot extraordinaire, auquel on donnoit le nom de bangmers. Il étoit façonné en carreaux, ou en ondes, & se faisoit sur un métier à huit ou dix marches. La chaîne & la trême en étoient de laine, & les figures de fil d'Épinay blanc. Il s'en faisoit une assez grande consommation en France, & des envois considérables dans les pays étrangers, particulièrement en Portugal ; mais à présent il ne s'en fabrique presque plus, la mode en étant absolument perdue.

Les camelots de la Neuville sont à peu près semblables à ceux de Bruxelles, & presque autant estimés ; aussi les nomme-t-on communément, camelots façon de Bruxelles. Leur largeur la plus ordinaire est de demi-aune demi-quart, & les pièces contiennent trente-cinq à quarante aunes, mesure de Paris. C'est aux sieurs Claude & Joseph Verdun, freres, que l'on a l'obligation de l'établissement de cette manufacture.

Les camelots d'Auvergne sont semblables aux petits camelots rayés, & aux camelots quinettes d'Amiens, quoique plus grossiers & inférieurs en qualité.

C'est l'article 18 du réglement général des manufactures, du mois d'août 1669, & les arrêts du conseil des 19 février 1671, & 11 mars 1673, qui ont fixé les longueurs & largeurs des différentes espèces de camelots, qui se manufacturent en France.

Les camelots de Bruxelles sont, ou jaspés, ou unis, sans rayes ni façons. Leurs longueurs ordinaires sont de demi-aune demi-quart, & de deux tiers ; les pièces contenant depuis trente-cinq aunes jusqu'à soixante, mesure de Paris. Il y en a de tout poil, tant en chaîne qu'en trême ; & d'autres dont la trême est de poil, & la chaîne moitié poil de la couleur de la trême, & moitié soie d'une autre couleur ; ce qui en fait la jaspure, c'est-à-dire, que chaque fil de chaîne est formé de deux fils, l'un de poil, & l'autre de soie, bien tors ensemble. Les camelots de Bruxelles sont ordinairement calandrés, & supérieurs en qualité & en beauté à tous ceux qui se fabriquent en France, même en Hollande & en Angleterre ; quoique ces derniers leur foient affez femblables, & fort eftimés.

On appelle *camelots gauffrés*, certains *camelots* d'une feule couleur, que l'on a façonnés, ou imprimés de diverfes fleurs, ramages ou figures, par le moyen de certains fers chauds, qui font des efpèces de moules, que l'on fait paffer en même tems que l'étoffe fous une preffe. Les *camelots* gauffrés ne viennent guères que d'Amiens & de Flandre. Le négoce en étoit autrefois affez confidérable; mais à préfent il ne s'en voit que très-peu, qui s'employent ordinairement en ornemens d'églife, & quelquefois en meubles.

Ce qu'on nomme *camelots ondés*, font des *camelots* auxquels on a fait prendre des ondes de même qu'aux tapis, par la force de la calandre, fous laquelle on les a fait paffer plufieurs fois.

On appelle *camelot à eau*, ceux qui après être fabriqués, ont reçu un certain apprêt d'eau, & qu'on a enfuite mis fous la preffe à chaud; ce qui les a rendus catis & luftrés.

Ceux qui fabriquent des *camelots*, & les marchands qui en font le débit, doivent bien prendre garde à ne pas leur laiffer prendre de faux ou mauvais plis; étant très-difficile de les ôter de cette étoffe, quand une fois elle en a pris quelqu'un: c'eft ce qui a donné lieu au proverbe, qui dit, « qu'une per- » fonne reffemble au *camelot*, qu'il a pris fon pli; » pour faire entendre, « qu'il a contracté une mau- » vaife habitude; qu'il eft impoffible de lui faire » quitter ».

« Les *camelots* de toutes fortes payent en France » les droits d'entrée fur le pied de 12 liv. la pièce de » 20 aunes, fuivant l'arrêt du 20 décembre 1687; » à la réferve néanmoins des *camelots* à onde & de- » mi-foie, & de toutes fortes, de fabrique de » Hollande, dont les droits ont été modérés en fa- » veur des Hollandois, à 8 liv. la pièce, par le » tarif de 1699 ».

Tous les *camelots* étrangers, même ceux de Hollande, ne peuvent entrer que par les ports de Calais & de S. Vallery, conformément aux arrêts des 8 décembre 1687, & 3 juillet 1692.

« A l'égard des droits de fortie, ils fe payent fur » deux pieds différens, fçavoir les *camelots à eau* » & *fans eau*, *famis* ou *familis*, & *oftades*; *ca-* » *melots à ondes* & *fans ondes*, & autres de même » qualité, de laine & poil, 7 liv. du cent pefant; » & les *camelots d'Amiens*, & autres de laine feu- » lement & fans poil, 3 liv. auffi du cent pefant ».

« Les *camelots du Levant* font taxés fur un autre » pied que ceux d'Europe; & par l'Arrêt du 15 août » 1685, ils font compris dans le nombre des mar- » chandifes, defquelles il eft ordonné de payer les » droits d'entrée à raifon de vingt pour cent de leur » valeur, le tout avec les fols pour livre ».

CAMELOTÉ, CAMELOTÉE. Ouvrage ou étoffe tiffue & travaillée à la manière des camelots. Il y a des étamines *camelotées* à gros grain, & d'autres *camelotées* à petit grain.

CAMELOTIER. C'eft ainfi qu'on appelle une forte de *papier* très-commun. *Voyez* PAPIER.

CAMELOTIERS. Les Lyonnois appellent *camelotiers*, ceux qui font la contrebande. On dit ailleurs *contrebandiers*.

CAMELOTIN. Se dit quelquefois des petits camelots étroits, legers & de peu de valeur, qui ne peuvent être de bon ufé: ce n'eft qu'un *camelotin*, je n'en veux point.

CAMELOTINE. Petite étoffe mêlée de poil & de fleuret, faite à la manière des camelots. Ce terme, ou plutôt cette étoffe, ne fe trouve plus que dans les réglemens pour les manufactures de foie, de 1669; les manufacturiers ne fabriquant aucune étoffe qui porte ce nom, & les marchands n'en vendant point.

La *camelotine* fe peut faire de trois largeurs; fçavoir, de demi-aune moins un feize, de demi-aune entière, & de demi-aune & un feize.

CAMINI, en Efpagnol, YERVA-CAMINI. Eft une *herbe* qui fe recueille dans le Paraguay, province de l'Amérique méridionale. Elle n'eft différente de l'herbe qu'on appelle *paraguay*, ou *yerva-con-palos*, en françois, *herbe avec la paille*, que parce qu'elle eft mieux choifie, qu'elle en eft l'élite, & qu'il n'y a aucune de ces pailles ou petits morceaux de bois dont le Paraguay eft tout rempli.

CAMIONS ou RONDELLES. Nom que l'on donne aux plus petites *boffes*, ou têtes de ces chardons dont on fe fert dans les manufactures de lainerie, on les appelle auffi, *têtes de linotes. Voyez* RONDELLES & CHARDON.

CAMIONS. *Epingles* très-déliées & très-fines, qui fervent communément à attacher les coëffures, tours de gorges & autres toiles ou dentelles très-fines qui font à l'ufage des femmes.

CAMIONS. Ce font encore de petits haquets ou charrettes, à un timon ou à deux timons, qu'un feul homme, ou deux au plus, ont coutume de tirer. On s'en fert dans les douanes, & particulièrement dans celle de Paris, à tranfporter chez les marchands les ballots, caiffes & marchandifes qui leur arrivent par les rouliers & voituriers, après que la vifite en a été faite par les vifiteurs & infpecteurs; ou pour conduire à la douane celles que les marchands veulent faire vifiter & plomber avant que d'en faire les envois.

Les *camions* des douanes ont un timon; ceux des petits marchands de ballais & autres denrées qui fe vendent dans les rues, font à deux timons; ceux-ci avec des ridelles, comme les charrettes, & les autres fans ridelles, comme les haquets.

CAMISETTES. On nomme ainfi dans le tarif de la douane de Lyon, de 1632, les *camifoles* tricotées or & foie, qui fe font à Naples.

CAMISOLE ou CHEMISETTE, que les Lyonnois appellent *camifette*. Petit vêtement que l'on met la nuit, & fouvent le jour, entre la chemife & la vefte, pour fe garantir du froid. On en fait de toile, de bafin, de futaine, de molleton, de flanelle, de ratine & autres étoffes; même quelquefois de chamois : enfin, d'ouvrage au tricot, de soie, de fil ou de coton. Les *camifoles* au tricot fe font par les maîtres du corps de la bonneterie ; celles de chamois, par les peauffiers ; les autres font le partage des tailleurs & couturières.

« Par le tarif de Lyon, les *camifoles* ou *cami- fettes* de foie, qui fe fabriquent à Naples, & dans d'autres lieux d'Italie, payent les droits fur diffé- rens pieds, fuivant leur richeffe & beauté ».

« Les *camifoles* de foie, avec de l'or aux bords, payent 28 fols la pièce d'ancien droit, & 8 fols de nouvelle réapréciation ».

« Celles piquées avec taffetas ou fatins, 5 fols d'ancienne taxe, & 2 fols de réapréciation ».

« Et les *camifoles* piquées couvertes de cotonine ou bottanne, 3 fols d'ancien droit, & 2 fols de nouvelle réapréciation ; le tout avec les fols pour livre ».

CAMOMILLE, que quelques-uns appellent par corruption CAMAMILLE. *Plante* qui a les raci- nes fibreufes, les tiges & les branches velues, minces & fouples, chargées de quantité de feuilles, décou- pées très-menu ; à la cime des tiges & des branches viennent des fleurs affez grandes, radiées & atta- chées par de longues queues ; le difque ou milieu de ces fleurs, eft un affemblage de petits tuyaux de couleur jaunâtre, qui vont en élargiffant vers le haut : la couronne ou le tour, eft compofée de feuilles blanches & oblongues. Cette plante, auffi-bien que l'huile qui fe fait de fes fleurs, font du nombre des drogues propres à la médecine, dont les mar- chands épiciers-droguiftes font commerce.

« L'huile de camomille paye en France les droits de fortie fur le pied de 20 fols le cent pefant, avec les fols pour livre ».

CAMP. Les Siamois & quelques autres peuples des Indes orientales, appellent des *camps*, les quar- tiers qu'ils affignent aux nations étrangères qui vien- nent faire commerce chez eux. C'eft dans ces *camps*, où chaque nation forme comme une ville particu- lière, que fe fait tout leur négoce ; & c'eft-là où non-feulement ils ont leurs magafins & leurs bouti- ques, mais auffi où ils demeurent avec leur famille & leurs facteurs & commiffionnaires. Les Européens font exempts à Siam, & prefque par-tout ailleurs, de cette fujétion ; & il leur eft libre d'habiter dans les villes, ou dans leurs fauxbourgs, fuivant qu'ils le trouveront plus commode pour leur commerce.

CAMPANE. Manière de crépine ou de frange, faite de fil d'or, d'argent ou de foie, qui fe termine par en bas en petites houpes qui reffemblent à de petites cloches : auffi ce terme a-t-il été tiré du latin *campana*, qui fignifie *cloche*.

Il n'eft permis à Paris, qu'aux feuls maîtres paffe- mentiers-boutonniers de faire des houpes & *campanes* coulantes ou arrêtées, montées fur moules & bour- relets, nouées & à l'aiguille, pour garnir toutes fortes d'ouvrages, foit pour ornemens d'églife, ou pour ameublemens. *Article 23 de leurs ftatuts du mois d'avril 1653.*

Quoique ces ouvriers foient en droit de vendre les *campanes* qu'ils fabriquent, ou font fabriquer, les marchands merciers ne laiffent pas cependant d'en faire une portion de leur commerce.

CAMPANE. Eft auffi une efpèce de petite *dentelle* baffe, légère & fine, ordinairement de fil de lin blanc, ou de foie de diverfes couleurs, qui fe fait fur l'oreiller avec des fufeaux & des épingles, de même que les autres dentelles. Celles de fil fe coufent à de plus hautes dentelles de même manière, foit pour en augmenter la hauteur, foit pour les orner, ou pour en rétablir le picot ufé. Les femmes en mettent auffi à leurs manches, cornettes, fichus & autres femblables ajuftemens, au lieu d'autres dentelles.

Pour ce qui eft de celles de foie, elles s'appli- quent ordinairement à des écharpes, à des fichus, & à d'autres pareilles hardes de femmes. Les unes & les autres font de la dépendance du négoce des marchands merciers. Les lingères en vendent auffi, mais ce ne font que de celles de fil de lin-blanc.

CAMPANINI. *Marbre* d'Italie, qui fe tire des montagnes de Carrare, à Pietra-fanta. On le nomme ainfi à caufe qu'il raifonne en le travaillant, & qu'il imite en quelque forte le fon d'une cloche. Cette forte de marbre eft très-dure, mais auffi fort facile à s'éclater.

CAMPES. Sortes de *droguets* croifés & drapés, qui fe fabriquent à la Chafteigneraye, faint Pierre du Chemin, & autres lieux du Poitou. Ils doivent avoir tout apprêtés, demi-aune de large & qua- rante aunes de long.

CAMPESCHE (Baie de) dans l'Amérique Efpa- gnole, où l'on trouve le bois de teinture, fi eftimé en Europe pour le noir & le violet.

CAMPESCHE. *Bois* qui vient de l'Amérique, propre à la teinture & à la marqueterie, ou table- terie.

CAMPHRE. Gomme ou réfine fort facile à s'enflammer, & difficile à s'éteindre quand elle a pris feu, brûlant même dans l'eau, d'une odeur forte & pénétrante, & qui fe diffipe aifément à l'air.

Le *camphre* coule par les incifions que l'on fait au tronc & aux principales branches d'un arbre très- gros, qui croît en plufieurs endroits des Indes orientales ou de la Chine, mais plus particulièrement dans l'ifle de Borneo.

Cette gomme eft blanche ; quelques auteurs difent néanmoins qu'elle eft d'abord rouge, & qu'elle ne blanchit qu'après avoir été expofée aux rayons du foleil.

On appelle *camphre brut*, celui qui eft apporté des Indes en petits pains, tels qu'ils fe forment, & fe trouvent au pied des arbres qui ont été incifés. Le *camphre* en cet état, doit être choifi en mor- ceaux faciles à rompre, blanc, fec, de bonne odeur, & il faut qu'étant égrené il reffemble au fel blanc ordinaire.

Pour conferver le *camphre*, & empêcher qu'il

ne s'évapore, il faut le mettre dans du son ou dans de la graine de lin.

On tire du *camphre*, par le secours de l'esprit de nitre, une sorte d'huile couleur d'ambre, fort estimée pour la guérison de la carie des os. Si le lecteur est curieux de sçavoir quelque chose de plus, touchant cette espèce d'huile, il peut avoir recours à l'ouvrage de M. Lemery, l'on prétend que c'est l'un de ceux qui en a le mieux traité.

« Le *camphre*, par le tarif de 1664, paye en » France les droits d'entrée sur le pied de 15 liv. le » cent pesant ».

« Et par le tarif de la douane de Lyon, 3 liv. » 12 sols 6 den. pour l'ancien droit, & 17 sols » 6 den. pour la nouvelle réapréciation, & encore » 16 sols pour les quatre pour cent d'ancienne » imposition, avec les nouveaux sols pour livre ».

Commerce du camphre à Amsterdam.

Quand le *camphre* rafiné se vend à Amsterdam, on le tare au poids : les déductions sont de deux pour cent pour le bon poids, & d'un pour cent pour le prompt paiement.

CAMPO, ou PETIT CAMPO. Laine d'Espagne, qui vient de Seville & de Malaga.

CANABASSETE. Etoffe dont il est fait mention dans le tarif de la douane de Lyon de 1632. Il y en a de deux sortes, les unes sans soie, & les autres rayées de soie.

« Les *canabassetes* rayées de soie payent 10 s. par » pièce pour l'ancien droit, & 3 s. pour la nouvelle » réapréciation ; & les *canabassetes* sans soie 4 s. 6 d. » de la pièce, anciennement taxés, & 1 s. 6 d. de réa- » préciation, le tout avec les nouveaux s. pour l. »

CANADOR. Mesure des liquides de Portugal, dont les douze font un almonde, qui est une autre mesure du même pays. Le *canador* revient au mingle, ou bouteille d'Amsterdam. *V.* MINGLE & ALMONDE.

CANAL. Conduit artificiel, qu'on creuse dans es terres, pour faire communiquer des mers ou des rivières les unes aux autres, & par là faciliter le commerce & abréger le transport des marchandises : ouvrage dont l'utilité ne peut s'apprécier, & qu'on néglige depuis des siècles pour dépenser mille fois plus en guerres meurtrières.

La France a plusieurs de ces canaux, entr'autres le *canal de Montargis*, le *canal d'Orléans*, le *canal de Briare* & le *canal de Languedoc* ; ces trois derniers sont les plus célèbres, & seront les seuls dont on parlera ici, à réserve néanmoins du *canal de Paris*, projetté en 1722, & du nouveau *canal de Picardie* proposé en 1724, pour la jonction des rivières de Somme & d'Oise, dont nous donnerons ci-après le projet & la route, ainsi que les lettres-patentes, le tarif & autres pièces concernant ledit *canal*.

CANAL DE BRIARE.

Ce *canal* a été entrepris pour communiquer de la rivière de Loire à la rivière de Seine, par le moyen du Loing.

Il avoit été commencé sous le régne d'Henri IV, & fut achevé sous celui de Louis XIII, par les soins du cardinal de Richelieu. Il a onze grandes lieues de longueur, à le prendre depuis Briare jusqu'à Montargis. C'est au-dessous de Briare qu'il entre dans la Loire, de-là il remonte vers le nord par Ouzouer, cotoyant la rivière de Trozée ; il continue ensuite par Rogny, par Châtillon & par Montargis, & finit dans la rivière du Loing à Espoy, par le moyen de laquelle les bateaux se rendent dans la rivière de Seine, demi-lieue au-dessous de Moret, où le Loing se décharge.

Les eaux du *canal* sont soutenues par quarante-deux écluses : c'est par le moyen de ces écluses, que les trains de bois ou les bateaux montent ou descendent dans le *canal* avec une sûreté & une facilité extraordinaire.

Les bateaux & les trains qui vont de Loire en Seine ou de Seine en Loire, sont d'une largeur & d'une longueur proportionnée aux écluses, dans lesquelles ils doivent entrer pour monter ou descendre. Ce *canal* est d'une grande commodité pour la communication des provinces situées sur la Loire avec Paris & les provinces voisines de la Seine ; & l'on ne peut dire combien de marchandises y passent sans cesse. Quand les chaleurs sont grandes, il n'est pas navigable depuis la fin de juillet jusqu'à la Toussaints.

Pour l'entretien du *canal* & de ses écluses, aussi-bien que pour le remboursement des propriétaires qui en ont fait les avances, ou plutôt de leurs héritiers, il y a un droit de péage qui s'acquitte à chaque écluse suivant la pancarte qui est attachée au bureau où se paye ce droit. Lorsque pour les besoins de l'état on double ou l'on tierce les péages, cette augmentation appartient au roi, qui ordinairement les donne à ferme.

CANAL DE LANGUEDOC,
ou
CANAL DES DEUX MERS.

Ce *canal* avoit été proposé sous François I, la proposition en fut depuis renouvellée sous Henri IV & sous Louis XIII ; mais il ne fut entrepris & achevé que sous le régne de Louis XIV.

L'utilité en est considérable pour tout le royaume, & principalement pour deux de ses plus fertiles provinces, la Guyenne & le Languedoc, qui envoyent aujourd'hui leurs marchandises & leurs denrées par une voie courte & sûre, au lieu qu'auparavant il falloit prendre un détour de huit cent lieues avec tous les risques qu'on a coutume de courir sur mer, soit du côté des vents, soit de celui des corsaires.

Cette communication commence par un réservoir de quatre mille pas de circonférence & de quatre-vingt pieds de profondeur, qui reçoit les eaux de la montagne Noire. Elles descendent à Naurouse dans un bassin de 200 toises de longueur & de 150 de de largeur tout revêtu de pierres de taille. Là est le point de partage pour diftribuer les eaux à droite & à gauche, dans un canal de foixante & quatre lieues de long, où fe jettent plufieurs petites rivières foutenues d'efpace en efpace de cent quatre éclufes. Celles qui font le plus bel effet, font les huit qu'on voit près de Beziers, qui font comme une cafcade d'éclufes de cent cinquante-fix toifes de longueur fur onze toifes de pente.

Ce canal en quelques endroits, eft conduit fur des aqueducs & fur des ponts d'une hauteur incroyable qu'on a fait exprès, pour donner paffage par-deffous à d'autres rivières. Mais ce qu'il y a de plus étonnant, c'eft qu'en d'autres endroits on l'a taillé tantôt à découvert & tantôt en voûte plus de mille pas dans le roc. D'un bout il fe joint à la Garonne près de Touloufe, & de l'autre bout traverfant deux fois l'Aude, il paffe entre Agde & Beziers, & va finir au grand lac de Tau qui s'étend jufqu'au port de Cette.

Cet ouvrage comparable à tout ce que les Romains ont fait de plus grand, fut commencé en 1666 par M. Riquet, qui eut l'avantage de le finir avant fa mort, qui arriva au commencement d'octobre 1680. Ses enfans, meffieurs de Bonrepos maître des requêtes, & Caraman capitaine aux gardes, & fes deux gendres meffieurs de Grammont baron de Lanta, & Combeuil tréforier de France à Touloufe, y donnèrent la dernière main.

Il en a coûté treize millions pour achever cet admirable canal, dont le roi a donné fix millions neuf cent vingt mille huit cent dix-huit livres, & la province de Languedoc fix millions foixante & dix-neuf mille quatre-vingt deux livres, y compris la dépenfe du port de Cette montant à deux millions. Ce qu'on a dit ci-deffus des péages du canal de Briare, doit s'appliquer à proportion à celui de Languedoc : il faut feulement obferver que ce droit eft de quatre deniers par lieue pour chaque quintal poids de marc, fur quelqu'efpèce de marchandifes que ce foit ; & pour éviter toute conteftation, il y a des tarifs qui fixent le nombre des lieues qu'il y a d'un port à l'autre par eau.

Les droits qui fe perçoivent fur le canal, furent donnés par le roi à M. Riquet ; & fa famille en jouit préfentement. Pendant la paix, on les eftime année commune, foixante mille livres ; mais pendant les longues guerres du régne de Louis XIV, il y a eu des années que la recette a monté jufqu'à cinquante mille écus, à caufe des armées que nous avions en Catalogne.

La commodité de ce canal en avoit fait propofer un autre pour la communication de la mer de Provence vers les côtes de Normandie, ce qu'on prétendoit faire en joignant la rivière d'Ouche avec celle d'Armanfon vers Gros-Bois, d'où elles ne font éloignées que de trois lieues ; en forte que par cette feule jonction, on pourroit traverfer toute la France par le Rhône, la Saône, l'Ouche, l'Armanfon, l'Yonne & la Seine.

Depuis que le canal des deux mers eut été achevé, comme on vient de le dire, l'on propofa de faire un fecond réfervoir d'eau plus grand que celui de Fériol, d'élargir le canal, & d'aggrandir toutes les éclufes ; en forte que les galères y puiffent entrer & paffer ainfi plus commodément de la mer du Levant dans celle du Ponant, felon qu'il feroit néceffaire pour le fervice du Roi ; mais l'entreprife ayant paru trop grande & d'une trop grande dépenfe, on a crû plus à propos de laiffer le canal dans l'état où il fe trouve préfentement.

CANAL D'ORLÉANS.

Quoique ce canal ne paffe point à Orléans, il en a cependant pris fon nom, parce qu'il n'en eft pas éloigné, & qu'il commence au bourg de Combleux qui n'en eft qu'à une petite lieue.

Il a été entrepris vers l'année 1675, pour faire paffer les bateaux & les marchandifes de Seine en Loire, & de Loire en Seine. Ce qui avoit auffi été le deffein de celui de Briare dont on vient de parler ; mais celui d'Orléans eft plus court, & dans un terrein plus uni : par compenfation on a éprouvé que dans les années féches, les eaux étoient plus abondantes dans le canal de Briare que dans celui d'Orléans.

Ce dernier remonte de Combleux aux Pont-aux-Moines, & traverfe la forêt d'Orléans par les villages de Fay, Vitry, Sucy aux Bois, Beauchamps & Chailly, d'où il fe rend comme le canal de Briare dans le Loing au village de l'Efpoy ; laquelle rivière de Loing fe décharge dans la Seine, au-deffous de Moret.

Il y a vingt éclufes dans le canal d'Orléans, où l'on lève à peu près les mêmes droits que fur celui de Briare. Le paffage par l'un ou l'autre canal, femble être plus ou moins fréquenté fuivant les tems de guerre ou de paix, la paix augmentant celui de Briare, & la guerre celui d'Orléans ; ce qui peut aller pour les droits environ à un tiers en fus.

Pour la communication des paroiffes, par lefquelles le canal d'Orléans a fon cours, il y a divers ponts de bois où l'on ne prend aucun péage, S. A. R. Monfieur, frere unique de Louis XIV, qui l'a fait continuer & prefque achever, en ayant déchargé le public.

Ce canal avoit d'abord été entrepris & commencé par une compagnie de particuliers, qui en avoient obtenu des lettres patentes ; mais cette compagnie céda dans la fuite fes droits à fadite A. R. à la charge de le pouffer à fa perfection, & de leur en accorder la jouiffance pendant dix ans du jour qu'il feroit fini, & de leur payer après les dix années cent mille écus comptant.

C'eft Philippe d'Orléans, régent de France fous la minorité de Louis XV, qui a fait achever ce canal.

CANAL DE PICARDIE.

Le deffein d'établir une navigation en Picardie par la jonction des rivières de Somme & d'Oife, qui font les feules propres pour cette opération, n'eft pas nouveau. Il a été formé fous les miniftères des cardinaux de Richelieu & de Mazarin, & du tems de M. Colbert. Ces habiles miniftres en ont connu l'utilité ; & cet objet n'a pas été perdu de vue pendant tout le régne de Louis XIV. Mais les longues guerres, dont le régne de ce Prince a été rempli, en ont arrêté l'exécution.

Après fa mort, monfeigneur le duc d'Orléans régent du royaume, en fit faire le projet en 1717 & 1718, par le célébre père Sébaftien. Mais il n'eut pas fon exécution, parce que le gouvernement fut occupé du fyftême, qui empêcha de fonger à aucun autre établiffement de commerce.

En 1720, le fieur de Marcy, doyen des confeillers du Bailliage de S. Quentin, fit un autre projet différent de celui du père Sébaftien. Il fut propofé au confeil de fa majefté, qui ordonna à meffieurs les Intendans d'Amiens & de Soiffons, & aux commiffaires nommés pour en faire les nivellemens, d'en faire leur rapport & en donner leur avis; ce qui a été exécuté.

En 1724, M. le Peletier Desforts ayant rédigé l'avis & fait fon rapport, le roi par édit du mois de feptembre 1724, regiftré en parlement le 7 feptembre 1725, a accordé à M. de Marcy le privilége d'exécuter le projet, & de faire un *canal* en Picardie, par la jonction des rivières de Somme & d'Oife, & de rendre ces deux rivières navigables aux endroits qui feront jugés néceffaires. Les ingénieurs nommés pour l'exécution des ouvrages de ce *canal*, ont eftimé qu'il convenoit d'ouvrir la navigation par Chaulny, où la rivière d'Oife commence à être navigable, pour remonter à Tugny, fitué entre Ham & S. Quentin, où eft la rivière de Somme, y faire un bras de *canal* qui conduira à S. Quentin, & depuis Tugny fuivre la navigation en paffant par Ham, Perrone, Bray, Corbie & Amiens, où la rivière de Somme fe trouve navigable jufqu'à S. Vallery qu'elle fe perd dans la mer.

Les provinces à portée de cette rivière font le Ponthieu, le Vimeux, le Boulonnois, le pays conquis, la Flandre, l'Artois, le Cambrefis, le Hainault & la Picardie. Tout le commerce de ces provinces fe fait par différens canaux qui répondent aux rivières de la Marque, de la Scarpe, la Lis, la Deule & l'Efcaut, qui paffe à Cambray diftant feulement de fept lieues de S. Quentin.

La rivière d'Oife, dont la fource eft en Thierache, paffe par Guife, la Ferre, Chauny, Noyon, Compiégne, où elle reçoit la rivière d'Aifne, Creil, Beaumont, Pontoife, & fe décharge dans la Seine au-deffus de Conflans Sainte-Honorine. Ces rivières arrofent la Picardie, la Thiérache, le Soiffonnois, une partie de la Champagne & de l'Ifle de France.

La rivière de Seine, en la prenant à l'endroit où l'Oife fe joint à elle, (c'eft-à-dire, à Conflans Sainte-Honorine, à cinq lieues de Paris) paffe au travers de Paris, & reçoit au-deffous de Charenton la rivière de Marne, & en la remontant toujours, on trouve à Moret le *canal* de Loing qui fait fa communication avec la rivière de Loire, par les canaux de Briare & d'Orléans; & à Montreau elle reçoit auffi la rivière d'Yonne.

Ce font ces rivières & ces canaux qui abbreuvent le Soiffonnois, l'Ifle de France, le Parifis, la Champagne, la Brie, la Bourgogne, l'Orléanois, l'Anjou, la Bretagne, le Berry, le Nivernois, le Bourbonnois, l'Auvergne, le Lionnois, le Forez, la Provence, le Dauphiné, & généralement toutes les provinces qui font à portée de la Seine, de l'Allier & du Rhône, n'y ayant que douze lieues de Lyon à Rouanne, où fe font les embarquemens fur la rivière de Loire des marchandifes qui viennent des provinces ci-deffus & de la Méditerranée, pour être tranfportées à Paris, & de-là par le *canal* de Picardie conduites dans toute la Picardie & dans le pays du Nord par S. Valery.

La jonction de la Somme & de l'Oife qui fe décharge dans la Seine, fait la communication de toutes ces rivières & prefque des deux mers, & facilite le commerce de toutes les villes & provinces au-deffus & au-deffous, qui fera plus abondant & à moins de frais, au moyen du paffe-de-bout par la ville de Paris, fans payer aucuns droits pour les vins & eaux-de-vie, qu'il a plû au roi d'accorder par ledit édit.

Les avantages qu'on attend de cette entreprife ne font pas peu confidérables, puifque par l'immenfité de fon étendue, elle fera commercer par les rivières & les canaux qui la compofent & qui fe communiqueront, la partie du nord avec la méridionale, la Manche avec la Méditerranée, & qui aura pour centre de fon commerce la ville de Paris.

On avoit travaillé depuis l'année 1728 à ce *canal* dont la dépenfe montoit à plus de fix millions. Les droits qui y font attribués, font fixés par un tarif arrêté au confeil.

Le fieur de Marcy avoit cédé fon privilége à meffieurs Crozat, commandeur des ordres du roi, Couvay, fecrétaire du roi, Durant de Belguife auffi fecrétaire du roi & autres. Depuis quelques années le *canal* abandonné par les héritiers du millionaire Crozat avoit été repris par M. Laurent. Mais il eft encore fufpendu.

CANAL DE PARIS.

Le projet de ce *canal* a été inventé en 1722, par meffire Nicolas le Roi de Jumelle, chevalier comte de Jumelle, ancien officier de la marine du roi, dont la famille eft originairement de Picardie, & d'une nobleffe très-diftinguée tant par fon antiquité, que par les grands emplois qu'elle a remplis.

Le fieur de Jumelle ayant penfé que les eaux de la rivière de Croue qui arrofent la ville de S. Denis, font supérieures à celles de la rivière de Seine, qui passe au-dessus de l'arsenal à Paris, a fait faire à ses frais plusieurs nivellemens, & particulièrement par M. de Seyne de l'académie des sciences, en vertu d'un ordre du roi, pour reconnoître la possibilité d'un *canal*, en passant dans les fossés de l'arsenal & de la porte S. Antoine, jusqu'au delà du Pont-au-choux, & ensuite entre l'hôpital S. Louis & les Récollets, à travers la plaine S. Denis, jusques à ladite rivière de Croue, au-dessus du moulin Basset, & descendre par derrière. S. Denis, à la rivière de Seine; ensorte que les eaux de la rivière de Croue & celle qu'on y peut joindre, puissent servir de point de partage & pour le service des écluses des deux extrémités, dans la vûe d'abréger le cours de la navigation & de faciliter l'arrivée des provisions de Paris & le commerce des provinces étant au-dessus & au-dessous de cette capitale.

Après les nivellemens & autres opérations qui ont jetté le sieur de Jumelle dans des dépenses considérables, il a proposé l'exécution de ce projet au conseil de sa majesté, & demandé le privilège nécessaire à cet effet. L'examen de sa proposition a été d'abord renvoyé au conseil de commerce, où l'on a pris l'avis de toutes les personnes capables de juger de l'utilité de cette entreprise: il y a même un tarif arrêté par M. Lambert lors prévôt des marchands de la ville de Paris, en présence de tous les corps des marchands intéressés en ladite navigation; en sorte que les lettres-patentes demandées par ledit sieur de Jumelle lui auroient été selon les apparences accordées, si les changemens des ministres n'avoient retardé la décision de cette grande affaire.

L'utilité de ce *canal* pour celui de Picardie entre les rivières d'Oise & de Somme, avoit porté M. le Duc de Chaulnes à faire vérifier le projet du sieur de Jumelle par le sieur Oudart, ingénieur employé au *canal* de Picardie. Voici l'extrait de l'instruction que le sieur Oudart a dressée en 1729, pour la position dudit *canal*, après avoir fait le nivellement & le profil des terres des lieux par où ledit *canal* doit passer.

Le *canal* proposé commencera dans le fossé à l'angle flanqué du bastion de l'arsenal de Paris; il suivra ledit fossé, passera sous le pont de la porte S. Antoine, sous celui appellé le *Pont-aux-choux*, à cinquante toises duquel il sortira des fossés pour entrer dans les marais ou jardinages jusqu'à la rue de la Courtille qu'il traversera dans une espace vuide de maisons, à 50 toises de distance de la barrière, suivant toujours ces marais qui sont au-dessous & vis-à-vis l'hôpital de S. Louis: il formera un coude derrière le clos des Récollets, & côtoyant les maisons du fauxbourg qui regarde Montfaucon & la Voirie, il coupera de biais la chaussée de la Villette & la dernière maison détachée de celles du fauxbourg S. Martin: delà il passera à l'angle du clos derrière sainte Perinne, & continuera en ligne droite de 1800 toises jusqu'au dessus du moulin Basset, où se trouve la rivière de Croue, qui servira

de nourriture au *canal* & en même temps de point de partage.

Le *canal* descendra ensuite dans la prairie, & rentrera dans le lit de la rigole saint-Louis, au-dessous de saint-Denis, vis-à-vis le moulin de la Truie; il passera sous le pont saint-Ladre, à cent toises duquel il sortira du lit de la rigole saint-Louis, pour tomber en ligne droite dans la Seine, entre la Briche & l'embouchure de la Croue.

Le *canal* aura huit toises de largeur dans le fond, six pieds de hauteur d'eau, onze toises de largeur à la superficie, les écluses 24 pieds de passage entre les bajoyers & les sas, 24 toises entre les portes.

Ledit *canal* sera divisé en deux parties par un point de partage, situé, comme il a été dit, au-dessus du moulin Basset. Ce moulin est à 350 toises au-dessus de saint-Denis. Les eaux qui le font tourner serviront de nourriture audit *canal*. Elles sont amenées de la rivière de Croue, par une grande rigole de 18 à 20 pieds de largeur, soutenue le long du rideau de la rivière de Croue. Ladite rigole a été construite sous le règne de S. Louis, pour arroser l'abbaye & la ville de saint-Denis, dans laquelle elle fait tourner trois moulins.

Cette rigole commence au moulin de Dugny, à une petite lieue de distance, au-dessus de saint-Denis; mais cette rigole a beaucoup plus d'étendue, parce qu'il a fallu suivre le contour de la colline, pour soutenir les eaux & les mener dans la ville, qui est beaucoup plus élevée que l'ancien lit de la Croue.

Ladite rivière ayant passé entièrement sous la roue du moulin de Dugny, se divise au-dessous en deux parties: la plus grande quantité des eaux suit la rigole de saint-Louis, & le reste passe par une ouverture ou décharge faite en pierre de taille, pour tomber dans l'ancien lit de la Croue. Les eaux qui passent par cette ouverture, sont plus ou moins abondantes, suivant les différentes saisons. Il s'en écouloit lors de la visite, le 25 mars 1729, 16 pouces de hauteur sur 19 de largeur, qui faisoient tourner à 20 toises de distance, un moulin assez foiblement, malgré la hauteur de sa roue & la hauteur de sa chûte.

A cinquante toises au-dessous de ladite ouverture, suivant le lit de la rigole saint-Louis, on a construit un point d'eau, selon le terme des meûniers, lequel a été fait pour fixer la quantité d'eau qui doit entrer dans la rigole. Cet ouvrage est de niveau, pavé de dalle, & les bords revêtus de pierre de taille. Sa longueur est de trois toises, ainsi que sa largeur sur ces dimensions, & six pouces de hauteur d'eau, qui y passoit le 25 mars.

On a observé qu'en 17 secondes ou environ, il passoit la quantité de 162 pieds cubes d'eau, qui font en une heure 34305 pieds 10 pouces cubes d'eau, & en douze heures, 411670 pieds. Il passe par la décharge, dont nous avons parlé ci-dessus, la quantité de 110880 pieds cubes d'eau en douze heures ; de sorte que toute la rivière fournit 522550 pieds cubes dans les douze heures. Une écluse de dix pieds de chûte contiendra 38880 pieds cubes d'eau ; par conséquent ladite rivière donnera 13 éclusées & demie en douze heures, supposé qu'il ne se perdît point d'eau par les portes ou par transpiration. Un pied de hauteur d'eau de plus dans le *canal*, donneroit 50 éclusées, comme celle ci-dessus.

Il faut observer que la rivière diminue dans les tems secs, mais aussi qu'elle augmente considérablement dans les tems de la fréquente navigation.

Suivant le nivellement, il y a depuis la superficie de la rigole de saint-Louis, prise au-dessus du moulin Basset, jusqu'à la superficie de la rivière de Seine, vis-à-vis le bastion de l'arcenal de Paris, 12 pieds 3 pouces 8 lignes de pente, que l'on sautera par une écluse ; & depuis la même superficie des eaux au-dessus dudit moulin Basset, jusqu'à la superficie de la Seine au-dessous de saint-Denis, il y a 27 pieds 8 pouces 9 lignes de pente, que l'on franchira par trois écluses, dont les deux premières qui seront situées proche le moulin Basset, seront accollées & auront ensemble 14 pieds 8 pouces 6 lignes de chûte, au moyen de quoi on gagnera la prairie, & le *canal* tombera dans la rivière saint-Louis au-dessous de saint-Denis, dans laquelle on fera entrer la petite rivière d'Ouille, qui servira de nourriture à la troisième écluse de 13 pieds 3 lignes de chûte, par rapport à la hauteur ordinaire de la Seine. Le bout du *canal* qui entrera dans la Seine, au-dessous de la susdite écluse, sera creusé de six pieds au-dessous de la superficie de la Seine, qui n'a pas plus de profondeur dans le passage des bateaux vis-à-vis l'isle saint-Denis, & à la maison de Seine. Ladite rivière monte en cet endroit, dans le temps des inondations, 14 ou 15 pieds au-dessus de la superficie présente, & diminue de trois pieds au-dessous de la même superficie Il sera nécessaire que les portes de l'écluse de 13 pieds 3 lignes de chûte, en aient au moins 21 de hauteur ; autrement, elles seroient couvertes des grosses eaux, puisqu'elles monteront deux pieds dans le *canal* au-dessus de l'écluse.

Principaux avantages dudit canal.

Les fossés de l'arsenal & de la ville seront un Port où l'on pourra mettre les bateaux à couvert des inondations & des glaces, lorsqu'il y aura du péril ; de même qu'en débarrassant par ce moyen les quais de Paris, cela empêchera le gonflement de la rivière, qui cause souvent des désordres aux bateaux & le long des quais. Ce *canal* recevra une partie des eaux de la Seine, quand elles seront enflées, & empêchera les inondations au travers de Paris.

Ce *canal* sera un embellissement remarquable pour les environs de cette ville.

Les eaux de la rivière de Croue sont claires, elles ont un cours rapide, & ne gèlent point en hiver, à cause de la chaleur de leur source qui est peu éloignée. Elles serviront pour l'hôpital de saint-Louis, qui manque absolument d'eau, & dont on fait peu d'usage par ce défaut ; au lieu qu'à ce moyen il serviroit à débarrasser considérablement l'Hôtel-Dieu. Elles sont encore assez abondantes pour laisser un écoulement de 3 pieds du côté des marais qui sont au-dessous de Mont-martre, afin de nettoyer le ruisseau infecté, où se déchargent tous les égoûts, qui répand de mauvaises odeurs dans tous les endroits où il passe, & même dans les chemins du bois de Boulogne & de Versailles.

Ces eaux pures seront d'une très-grande commodité pour une partie du fauxbourg saint-Antoine, pour les jardiniers dans les marais, & pour les bourgeois qui occupent les maisons situées dans les différens fauxbourgs qui les traversent ou qui y sont contigus.

CANAL SAINTE-MARIE.

Avant de finir cet article des différens canaux qui ont été entrepris en France, pour la communication des provinces & le transport de leurs marchandises, on croit faire plaisir au lecteur, de n'oublier pas le fameux *canal* de sainte-Marie, qui fut commencé sur la fin de l'année 1626, par l'archiduchesse Claire Eugénie, fille de Philippes II, roi d'Espagne, gouvernante des Pays-bas.

Le dessein de ce *canal* étoit de joindre le Rhin avec la Meuse, pour ensuite le continuer depuis la Meuse jusqu'au Demer, & de-là jusqu'à l'Escaut ; afin d'ouvrir un passage aux fers, aux cuivres, aux bois, & aux autres denrées qui viennent d'Allemagne, pour le porter dans le Brabant, ce qui eût ôté aux Hollandois le profit de ce négoce.

Ce *canal* fut repris à trois fois, & toujours interrompu à force ouverte par les Hollandois, qui en prévoyoient les conséquences pour la diminution de leur commerce : enfin il fut abandonné, & l'on ne voit plus que les restes d'une entreprise qui n'étoit point au-dessus du courage d'une princesse comparable aux plus grands rois par ses rares qualités.

CANAUX DE BOURGOGNE.

On travaille actuellement à joindre par la Bourgogne, la Seine avec la Saone, d'une part : la Loire & le Rhône, d'autre part. Dieu veuille que ces deux projets utiles, arrivent enfin à leur parfaite exécution !

CANAN. Mesure des liquides, dont on se sert dans le royaume de Siam. Les Portugais l'appellent *choup*. Elle tient environ un pot, ou deux pintes de Paris. Le quart du *canan* s'appelle *leing* ; c'est notre chopine. Au-dessous du leing, sont les cocos ; il y en a cependant qui peuvent contenir une pinte entière de liqueur. *Voyez* la TABLE DES MESURES.

CANARD. On appelle *bois canard* dans le commerce du bois flotté, les pièces de bois que l'on met en flotage sur les petites rivières ou ruisseaux,

& qui y plongent ou s'y arrêtent. Les marchands ont quarante jours pour faire pêcher leurs bois canards. *Voyez* BOIS FLOTTÉ.

CANASSE. L'on nomme ainfi à Amfterdam, ces efpèces de grandes caiffes quelquefois d'étain, dans lefquelles les vaiffeaux de la compagnie apportent les différens thés de la Chine & des Indes orientales. Dans la vente de cette marchandife, on donne ordinairement 16 liv. de tare par *canaffe*.

CANASSE. C'eft auffi une forte de *tabac* filé fort menu. *Voyez* les articles DU TABAC.

CANCAMUM. Efpèce de *gomme* laque, qui fert à la médecine.

CANCANIAS. Atlas, ou fatin que l'on tire des Indes orientales.

CANCELLATION. Terme en ufage à Bordeaux, dans le bureau du courtage & de la foraine.

Il fignifie *la décharge* que le commis donne aux marchands, de la foumiffion qu'ils ont faite de payer le quatruple des droits, faute de rapporter dans un temps limité, un certificat de l'arrivée de leurs marchandifes dans les lieux de leur deftination.

La *cancellation* fe fait en barrant & déchargeant l'acte de foumiffion qu'a fait un marchand.

CANCELLES, qu'on nomme autrement SOLDAT. Efpèce de *crabe* dont on tire une huile médecinale.

CANDI, qu'on nomme plus communément CANDO. *Mefure* des Indes orientales. *Voyez* la TABLE DES MESURES.

CANDI. On appelle *fucre-candi*, du fucre que l'on a fondu & recuit à diverfes fois pour le rendre tranfparent, & plus dur. Il y a du *fucre - candi* blanc, & du *fucre-candi* rouge.

CANDIIL, ou CANDILE. Mefure dont on fe fert aux Indes, à Cambaye & à Bengale, pour vendre le ris & les autres grains; elle contient quatorze boiffeaux, & pèfe environ cinq cent livres.

C'eft fur le pied du *candiil* qu'on eftime & qu'on jauge les navires, comme l'on fait en Europe au tonneau. Ainfi lorfque l'on dit, qu'un bâtiment eft du port de quatre cent *candiils*, cela doit s'entendre, qu'il peut porter deux cent mille pefant, qui font cent tonneaux, le tonneau pris fur le pied de deux milliers.

CANDIIL. Eft auffi un poids dont on fe fert dans la Chine, & à Galanga.

Il eft de deux fortes; l'un qu'on nomme le *petit*, eft de feize mans; l'autre qui eft plus fort, eft de vingt mans. Le *candiil* de feize mans, fait trois chintals bien forts; & celui de vingt mans, trois chintals & trois rubis. Le rubis fait trente-deux rotolis. *Voyez* la TABLE DES MESURES.

CANDO, CANDI, ou CONDI. Mefure, ou aune, dont on fe fert dans plufieurs cantons des Indes, & particulièrement à Goa, capitale des places que les Portugais y occupent encore.

Le *cando* de Goa eft de 17 aunes de Hollande, de $\frac{2}{5}$ par cent plus grand que les aunes de Babel;

& de Balfora; & de 6 & $\frac{1}{2}$ plus que le *varre*, ou aune d'Ormus.

Les étoffes de foie & celles de laine, fe mefurent au varre; & les toiles au *cando*. Le *cando*, ou *condi*, dont on fe fert dans le royaume de Pégu, eft pareil à l'aune de Venife. *Voyez* la TABLE DES MESURES.

CANEFAS, ou CANEVAS. Nom que les Hollandois donnent à une forte de *groffe toile* de chanvre très-ferrée, qui eft propre à faire des voiles de navire.

CANELLA, CANELAS, ou CANELAT. Sorte de dragée, compofée d'un petit morceau de canelle, couvert de fucre blanc & dur. Le meilleur *canella* eft celui de Milan.

CANELLE, ou CANNELLE, que le tarif de France appelle auffi CINAMOME. Efpèce d'épicerie très - connue en Europe, qui vient de l'ifle de Ceylan.

La *canelle* eft l'écorce d'un arbre, que les Infulaires appellent *corunda gauhah*. Il croît dans les bois, comme les autres arbres, & ils n'en font pas grand cas.

Toute la *canelle* qui fe confomme en Europe, vient néceffairement des Hollandois, qui en font feuls le commerce, s'étant rendus maîtres de l'ifle de Ceylan, & ayant ruiné les autres arbres de *canelle* qui fe trouvoient aux environs de Cochin.

Il faut fur-tout prendre garde, quand on achette de groffes parties de cette précieufe épicerie, qu'elle ne foit point fourrée, ou mêlée de *canelle* dont l'effence, ou l'huile, ait été tirée; ce qui eft fort difficile à connoître, à moins de goûter toutes les écorces, ce qui feroit comme impoffible.

Pour le détail, il faut choifir la *canelle* en belles écorces, minces, d'un goût piquant, agréable & aromatique, & la plus haute en couleur qu'il eft poffible.

Les Hollandois envoyent auffi une efpèce de *canelle* en écorces fort épaiffes, & prefque fans goût & fans odeur. On l'appelle *canelle matte*, qui eft une marchandife de peu de valeur, & d'aucun débit, mais qui fert fouvent aux marchands épiciers & droguiftes qui manquent de bonne foi, à mêler parmi la véritable *canelle*.

On tire de la *canelle* une huile, que l'on appelle auffi *effence*, ou *quinte-effence de canelle*, qui eft un excellent cardiaque: il n'y a guères que les Hollandois qui en aient le fecret, les artiftes ou pharmaciens de France, la faifant & à plus grands frais, & moins bonne, ce qui oblige la plupart des marchands droguiftes d'en faire venir de Hollande.

La *canelle* fournit auffi, par le moyen de la chymie, des eaux, des extraits, des fels, & l'on en compofe des fyrops, des paftilles, appellées autrement, *oleo faccharum*, & une effence propre à convertir en hypocras, toutes fortes de vins blancs & rouges.

« La *canelle*, ou *cinamome*, paye en France » les droits d'entrée fur le pied de 27 liv. le cent

» pefant, conformément au tarif de 1664 : & par
» le tarif de la douane de Lyon, 3 liv. 12 fols
» 6 deniers du quintal, pour l'ancien droit, & 27
» fols 7 deniers pour la nouvelle réapréciation ;
» outre 6 liv. pour les anciens 4 pour cent, & 40
» fols pour leur réapréciation ».

« Le même tarif de Lyon parle auffi d'une fe-
» conde canelle, qu'il appelle canelle courte, qui
» paye pareillement du quintal 47 fols 6 deniers,
» anciennement taxés, & 2 fols 6 deniers de réapré-
» ciation ; & encore 3 liv. pour lefdits 4 pour cent,
» & 20 fols pour leur augmentation, avec les fols
» pour livre ».

CANELLE BLANCHE, que quelques-uns nomment
coftus blave, coftus corticus, ou corticofus, ou
écorce Wintherus, du nom de celui qui en a le
premier apporté en Angleterre. C'eft l'écorce d'un
arbre de la grandeur d'un olivier, & qui croît en
abondance à faint-Domingue, dans la Guadeloupe,
& fur-tout dans l'ifle de Madagafcar, où les Infulaires l'appellent fimpi.

Cet arbre a des branches menues, hautes, droites,
& fort garnies de feuilles délicates, fouples, d'un
verd naiffant, & d'une odeur agréable ; fon fruit eft
rond, & d'un très-beau rouge ; l'écorce de cet
arbre, qui fe fèche comme celle de la canelle, eft
d'abord grisâtre, d'un goût auffi piquant que le
poivre, d'une odeur de mufc, & qui blanchit en
féchant ; le bois en eft très-blanc, très-dur ; &
brûlé, eft très-odoriférant.

De cet arbre, coule une gomme, que les marchands droguiftes & épiciers nomment alouchi,
ou bedelium, & les habitans de Chalemboule,
une des provinces de Madagafcar, litemanghifte.
Cette gomme eft noire par-deffus, mais blanche
& grife en dedans ; c'eft une efpèce de parfum qui
n'eft pas défagréable.

La canelle blanche étoit autrefois fort rare à
Paris, & par-conféquent fort chère ; préfentement
elle y eft très-commune, mais peu eftimée : quelques colporteurs la mêlent dans les quatre épices, à
la place de la mufcade, dont elle a affez le goût.

CANELLE GIROFLÉE. C'eft auffi l'écorce d'un arbre qui croît au Brefil, & dans l'ifle de Madagafcar,
où il eft connu fous le nom de ravendfara. Les
Portugais l'appellent cravo de Marenhan, & il
s'en fait un affez grand commerce à Lifbonne, d'où
les marchands épiciers & droguiftes de Paris tirent
le plus ordinairement cette efpèce d'épicerie.

Les feuilles de l'arbre d'où l'on enlève cette écorce
aromatique font femblables à celles du laurier ; fes
fruits font ronds, de la groffeur d'une noix de galle,
& de la couleur d'une châtaigne, & ils renferment
un pepin qui a l'odeur & le goût du girofle.

L'écorce de la canelle giroflée, battue & pulvé-
rifée, eft fouvent fubftituée par les colporteurs au
véritable girofle, dont cependant elle n'approche
ni par les qualités ni par le prix.

Pour la bien choifir, il faut qu'elle foit mondée
de fa première écorce, mince, d'un goût piquant &

aromatique, & le plus approchant qu'il fe peut de
celui de girofle auffi-bien que de fon odeur.

Il y a une forte de bois que l'on nomme bois
de canelle, autrement, faffafras, faxafras, ou
pervame.

CANEPIN. Cuir très-mince & très-léger, qui fe
lève de deffus la peau du chevreau ou du mouton,
après qu'elle a été paffée en mégie, ou en blanc ;
c'eft proprement ce que les anatomiftes appellent
dans l'homme, l'épiderme.

Paris, après Rome, eft l'endroit où l'on fçait
mieux lever le canepin ; ce travail fe fait par les
peauffiers. Ceux de Rouen ont tenté plufieurs fois
de le faire ; mais ils n'ont pû jufqu'à préfent y bien
réuffir.

Les gantiers nomment ordinairement le canepin,
du cuir de poule ; & c'eft de ce cuir dont ils fabriquent la plus grande partie des gants de femmes,
deftinés pour l'été. Il s'en employe auffi beaucoup
à faire des éventails. Le canepin de chevreau eft le
plus eftimé pour la ganterie, particulièrement celui
de Rome.

CANESSE DE MORE. Sorte de foie que les
Hollandois apportent des Indes Orientales. Il y en
a de deux fortes, la meilleure & la commune. La
meilleure fe vend à Amfterdam 21 fols ¼. de gros,
& la commune 18 fols ½. La bariga de more en eft
auffi une efpèce.

CANETILLE. C'eft un morceau de fil d'or ou
d'argent trait, fin ou faux, plus ou moins gros,
qu'on a tourné fur une longue aiguille de fer, par
le moyen d'un rouet ; enforte que le morceau de
fil fe trouve formé comme une efpèce de long tire-
bourre très-ferré & très-menu.

La canetille s'employe dans les broderies, crépines & autres femblables ouvrages. Les bouquetières s'en fervent auffi à lier leurs bouquets.

Quoique la canetille faffe une portion du métier
des paffementiers-boutonniers, ce font cependant les
tireurs d'or qui en fabriquent le plus. Lorfque la
canetille eft platte & luifante, ayant été applatie
entre deux roues d'acier, on l'appelle du bouillon ;
& ce bouillon entre auffi dans la compofition des
crépines & des broderies.

« Les canetilles payent en France, par le tarif
» de 1664, les droits de fortie fur différens pieds ;
» fçavoir, les canetilles d'or & d'argent, 3 liv. 4
» fols de la livre pefant ; & les canetilles affifes
» fur draps & étoffes de foie, 46 fols auffi de la
» livre. »

» Les droits des canetilles d'or, fixés par le tarif
» de la douane de Lyon, font de 3 liv. pour l'an-
» cien droit, & de 5 fols pour la réapréciation, avec
» les fols pour livre. »

CANETTE ou CAVETTE. Petit pot, qui fert
à mettre des liqueurs. Il y en a de terre, qui viennent de Hollande, & qui fervent à boire de la
bière ; d'autres, qui font d'étain, qu'on fabrique
en France. Les unes & les autres entrent dans les
cargaifons que l'on fait pour les côtes d'Afrique.

ni les Européens vont faire la traitte des Négres.

CANEVAS. Toile écrue très-claire, de chanvre ou de lin, tissue régulièrement en petits carreaux. On s'en sert pour les ouvrages de tapisserie à l'aiguille, en passant par les intervalles ou carrés, des fils d'or, d'argent, de soie & de laine.

Presque tous les *canevas à tapisserie*, que l'on voit à Paris, se fabriquent aux environs de Montfort-l'Amaury, particulièrement en un endroit que l'on nomme, *le Mesnil*.

Il s'en fait de gros, de moyens & de fins ; les plus fins, pour l'ordinaire, sont de lin & les autres de chanvre. Il y a de l'uniformité dans la longueur des pièces de *canevas*, étant toutes de quarante-cinq aunes de long, mesure de Paris. Il n'en est pas de même de leurs largeurs, qui sont bien différentes les unes des autres, s'en faisant d'un quart, d'un quart & demi, d'une demi-aune, d'une demi-aune un seize, d'une demi-aune demi-quart, de deux tiers, de trois quarts, de trois quarts & demi, d'une aune & cinq quarts d'aune, aussi mesure de Paris.

Il s'en fabrique cependant quelques-uns de trente à quarante-cinq aunes de long, sur deux aunes de large, mesure de Paris ; mais les ouvriers n'en font point de cette espèce, qu'ils ne leur soient commandés par les marchands.

Quoique les *canevas à tapisserie* ne paroissent pas un objet considérable dans le commerce, on ne laisse pas néanmoins, outre la consommation qui s'en fait à Paris & dans les autres bonnes villes du royaume, d'en faire quelques envois dans les pays étrangers, particulièrement en Angleterre, en Allemagne, en Pologne & dans quelques endroits du Nord.

« Les *canevas à tapisseries* payent en France de
» droits d'entrée, 4 liv. du cent pesant & de droits
» de sortie, comme toile de chanvre, 3 liv. 10 s.
» aussi du cent ; sçavoir, pour l'ancien droit, 30 s.
» & 4 s. pour la traite domaniale, avec les sols pour
» livre. »

CANEVAS. Est aussi une grosse toile de chanvre écrue, un peu claire, qui se fabrique dans le pays du Perche, dont on se sert à faire des piqueurs de corps de jupes, & d'autres hardes à l'usage des femmes. Ces sortes de toiles ou *canevas*, ont deux tiers & demi de large, & les pièces contiennent depuis soixante, jusqu'à soixante-dix aunes de long, mesure de Paris ; ils se vendent à l'aune courante.

Il se fait à Vimoutiers en Normandie, une sorte de toile, à laquelle on donne pareillement le nom de *canevas*.

CANEVAS. Est encore le nom que l'on donne à une espèce de très-grosse *toile de chanvre* écrue, qui s'emploie à faire des torchons. Cette sorte de toile, qui se fabrique en Normandie, aux environs d'Alençon, & dans le Perche, vers Mortagne, contient ordinairement soixante aunes la pièce, & sa largeur est d'une demi-aune & un douze, mesure de Paris.

Toutes ces sortes de canevas *payent les droits de sortie sur le pied de toiles de chanvre.*

CANEVAS, ou CANEFAS. C'est ainsi que les Hollandois nomment certaines *grosses toiles de chanvre* très-fortes & très-serrées, qui se fabriquent chez eux, & dont ils se servent à faire des toiles de navire. Ces espèces de toiles se vendent par rouleaux, ou pièces d'environ vingt-huit aunes de long, sur près de deux tiers de large, mesure de Paris. Les François n'en tirent que rarement, pour ne pas dire point du tout.

Il faut remarquer qu'en Hollande on y appelle souvent *canevas*, ou *canefas*, les toiles à voiles qu'on y envoie de France.

CANEVASSIÈRE. C'est une des qualités ou titres qui est donnée aux marchandes lingères de Paris, par leurs statuts & lettres de maîtrise. A Lyon on nomme *marchands canebassiers*, ou *canevassiers*, ceux qui font négoce de grosses toiles. *Voyez* LINGER.

CANGETTE. Sorte de petite serge qui se fabrique dans quelques endroits de la basse Normandie, particulièrement à Caen, d'où cette étoffe a pris son nom. Elle sert à faire des habits au petit peuple, étant honnête, d'un bon usage, & d'un prix très-modique.

La manufacture de cette étoffe étoit autrefois très-considérable à Caen, & il s'y en fabriquoit jusqu'à dix-huit mille pièces par an. En 1669 cette fabrique se trouvoit réduite à moins de six mille pièces, à cause des différentes augmentations de droits qui y avoient été mises par divers tarifs arrêtés au conseil. Sur la représentation des maires & échevins de Caen, avant de faire droit sur la nomination desdites impositions, il fut ordonné par arrêt du mois d'avril de la même année, qu'il seroit dressé procès-verbal de la cause du dépérissement de cette manufacture pour y pourvoir : ce qui ayant été fait, une partie des droits a été supprimée, & la manufacture des *cangettes* en quelque sorte rétablie & renouvellée dans la ville de Caen & ses fauxbourgs, où il continue toujours de s'en faire un grand commerce.

CANICA. Sorte d'épicerie qui croît dans l'isle de Cuba. C'est une espèce de *canelle sauvage*, mais dont le goût approche plus du clou de girofle, que de la vraie canelle. On s'en sert aussi dans la médecine, où on la substitue à la casse. Elle est d'un assez bon débit dans les isles Espagnoles.

CANIF, ou CANIVET. Petit *couteau* d'acier, très tranchant, dont on se sert pour tailler les plumes ; ceux de Paris & de Toulouse sont les plus estimés.

« Les *canifs* & *canivets* payent en France les
» droits d'entrée & de sortie comme mercerie ; sa-
» voir ; 10 livres du cent pesant à l'entrée, & 3 liv.
» à la sortie ; même seulement 2 livres, s'ils sont
» destinés pour les pays étrangers, conformément
» à l'arrêt du 3 juillet 1692 ».

CANIFICE. Quelques droguistes de province appellent *canifice*, ce qu'on nomme plus ordinairement *casse en bâton*, c'est-à-dire, qui n'est pas mondée.

CANIFICIER. C'est ainsi qu'on nomme aux isles Françoises l'arbre qui produit la casse.

On a donné à l'article de cette drogue une description assez superficielle de cet arbre, qui même n'est pas dans une parfaite exactitude ; on peut la rectifier & l'augmenter sur celle du célébre P. Labat, dont on peut voir ici l'extrait.

L'arbre qui porte la casse, ou le canificier des isles, vient facilement de bouture, il croît fort vîte, & porte beaucoup, & deux fois l'année. Son bois est blanchâtre, assez mou, mais extrêmement coriace, son écorce est grise & fort raboteuse. Cet arbre vient très-grand, ses feuilles sont longues & étroites, d'un verd pâle ; il pousse des fleurs jaunes par gros bouquets, auxquelles succédent des siliques, dans lesquelles la casse qui en est comme la moelle, est enfermée. Ces siliques pendent aux branches comme des paquets de chandelles de douze, quinze, & même de vingt attachées ensemble. Elles sont vertes avant que d'être mûres. C'est à la noirceur qu'on reconnoît qu'il est temps de les cueillir. Quant à leur grosseur & à leur longueur, elles dépendent de l'âge de l'arbre & du terrein où il est planté. Plus les siliques ou bâtons de casse sont longs, gros & pesans, plus la casse est estimée.

Le canificier est naturel aux isles, c'est-à-dire, qu'il n'y a point été apporté, ni transplanté d'ailleurs. Son fruit étoit autrefois une des meilleures marchandises des isles ; mais depuis qu'on y a multiplié à l'excès les canificiers, le commerce en est beaucoup tombé. Voy. l'article de la CASSE.

CANNAGE. Mesurage des étoffes, toiles, rubans, &c. qui se fait avec la mesure des longueurs qu'on appelle canne.

CANNAMELLE, comme qui diroit CANNE-A-MIEL. C'est la canne, ou roseau dont on tire le sucre.

CANNE. Mesure de longueur, dont on se sert à mesurer les corps étendus, tels que peuvent être les draps, les serges, les toiles, & autres semblables marchandises. Cette mesure est plus ou moins longue, suivant les pays & les lieux où l'on s'en sert.

A Naples, la canne contient six pieds dix pouces & deux lignes, qui font une aune & quinze dix-septiémes d'aunes de Paris : en sorte que dix-sept cannes de Naples font trente-deux aunes de Paris, ou trente-deux aunes de Paris font dix-sept cannes de Naples.

La canne de Toulouse & de tout le haut Languedoc, même de quelques villes de Guyenne, est semblable à la varre d'Arragon. Elle contient cinq pieds cinq pouces six lignes, qui font une aune & demie de Paris ; de manière que deux cannes de Toulouse font trois aunes de Paris, ou trois aunes de Paris font deux cannes de Toulouse.

A Montpellier & dans tout le bas Languedoc, comme aussi en Provence & en Avignon, même en Dauphiné, la canne a six pieds neuf lignes de longueur ; ce qui fait une aune deux tiers de Paris : de façon que trois cannes de Montpellier font cinq aunes de Paris, ou cinq aunes de Paris font trois cannes de Montpellier. Cette canne se divise en huit pans, ou palmes. Voy. PALME.

Pour réduire les cannes de Montpellier en aunes de Paris, il faut se servir de la régle de trois, & dire : Si trois cannes de Montpellier font cinq aunes de Paris, combien tant de cannes de Montpellier feront-elles d'aunes de Paris ? Et si au contraire l'on veut faire la réduction des aunes de Paris en cannes de Montpellier, il faut dire : Si cinq aunes de Paris font trois cannes de Montpellier, combien tant d'aunes de Paris feront-elles de cannes de Montpellier ? Cette méthode peut servir pour réduire les cannes des autres lieux en aunes de Paris, & les aunes de Paris en cannes des autres lieux.

Il faut remarquer que l'usage de la canne a été défendu en Languedoc & en Dauphiné, par arrêts du conseil d'état du roi, des 24 juin & 27 octobre 1687 ; & que, suivant ces arrêts, on ne peut se servir dans ces provinces, pour l'achat & la vente des étoffes, que l'aune de Paris, au lieu de canne.

CANNE. Se dit aussi de la chose qui a été mesurée avec la canne : une canne de drap, une canne de toile.

CANNE, qu'on nomme autrement ROTTIN. C'est une espèce de roseau qu'on apporte des Indes, qui sert à faire ces sortes de bâtons qu'on porte à la main, soit pour s'appuyer & s'aider à marcher, soit par simple contenance. Il s'en fait un grand commerce à Paris par les marchands merciers, sur-tout par ceux qui ont des boutiques au Palais. On les orne par en haut de poignée d'or, d'argent, d'agathe, d'yvoire, même quelquefois de pierreries ; mais le plus souvent de simples pommes de diverses sortes de bois. On y fait aussi des poignées, qu'on appelle lorgnettes, qui ayant aux deux bouts deux verres, l'un oculaire & l'autre objectif, servent de lunettes d'approche, avec quoi l'on voit, ou, comme l'on dit, on lorgne les objets un peu éloignés, d'où elles ont pris leur nom.

Les cannes ou rottins se nomment aussi des jets, à cause qu'on les coupe ordinairement d'un jet, c'est-à-dire, d'un nœud à un autre.

Il y en a encore qu'on appelle des nœuds, à cause que leur tige en est toute couverte de deux pouces en deux pouces ; ces cannes sont roides, & ne plient point.

Il se fait une troisiéme espèce de cannes avec de simples roseaux très-légers, mais très-cassans, qui se trouvent en divers endroits de France.

Enfin on fait des cannes de diverses sortes de bois précieux, comme d'ébeine, de sainte-Lucie, de bois de rose, de bois violet, &c. Ce ne sont, à la vérité, que de simples bâtons ; mais l'usage qu'ils ont commun avec les véritables cannes, leur en a fait donner le nom.

C A N N E S D U B E N G A L E.

Les plus belles cannes que les Européens apportent

portent en France, viennent du Bengale ; il y en a qui sont si fines, que l'on en fait des vases, qui étant enduits par dedans d'une lacque noire, jaune, ou de quelqu'autre couleur, contiennent les liqueurs, comme les vases faits de verre ou de porcelaine ; aussi les habitans s'en servent-ils aux mêmes usages que ceux-ci.

Ces vases se font à peu près comme on fait en France & en Flandres ces paniers d'ozier qu'on estime si fort pour leur finesse.

CANNEQUINS. *Toiles de coton blanches.* On les apporte des Indes, & elles sont propres pour la traite des côtes de Guinée, particulièrement du Senegal & de Gambie. Ces toiles sont ployées en quarré, & ont huit aunes de longueur.

CANNER. Mesurer les étoffes, les toiles, les rubans, &c. avec cette mesure des longueurs qu'on appelle *canne*. Dans les lieux où la canne est en usage, l'on dit *canner*, dans toutes les mêmes significations qu'auner à Paris, & dans les autres endroits où l'on se sert de l'aune.

CANNETTE. On appelle ainsi, chez les fabriquans gaziers, un petit morceau de roseau, sur lequel est dévidée le soie de la trème dont on fait la gaze. La *cannette* se met dans la boëte de la navette, c'est-à-dire, dans l'enfoncement qui est au milieu.

CANON. Les *canons* & autres pièces d'artillerie, aussi-bien que leurs affuts, & tout ce qui sert pour les charger & tirer, sont du nombre des marchandises de contre-bande, dont la sortie est défendue par toute l'étendue du royaume, terres & pays de l'obéissance du roi, suivant l'ordonnance de 1687, titre 8, art. 3, & tous les traités de paix, sous peine de confiscation, d'amende & autres, s'il y échoit.

· CANON est encore la partie des mousquets, fusils, carabines, arquebuses, pistolets & autres petites armes à feu, où se met la charge de poudre & de plomb.

« Le tarif de la douane de Lyon fixe les droits
» des *canons* d'arquebuses sur deux pieds, savoir,
» les *canons* des arquebuses de France à 10 sols la
» balle, d'ancienne imposition, & à 5 sols le cent
» pesant, de nouvelle réapréciation ; & les *canons*
» étrangers à 5 livres 15 sols, d'ancien droit, la
» balle, & 15 sols du cent pesant de réapréciation,
» avec les sols pour livre ».

CANON. Est aussi une petite *bobine* sans bord, faite de roseau, ou de sureau, qui se met dans la boëte de l'espoulin, & sur laquelle se devident l'or, l'argent, & les soies dont les gaziers brochent leurs gazes.

CANON A DEVIDER. Est une espèce de *bobine* avec des rebords aux deux bouts, à l'un desquels il y a un trou pour mettre la broche du rocher.

CANON se dit encore d'une sorte de *pot de fayance* un peu long & rond, où les marchands apothicaires, particulièrement ceux de Paris, mettent les confections & les électuaires à mesure qu'ils les préparent.

CANON. Étoit autrefois un demi-bas, qui s'étendoit depuis la moitié des cuisses, jusqu'à la moitié des jambes. Il s'en faisoit de soie & de laine, au tricot. On appelloit aussi, *canon*, un ornement de toile très-fine, bordé de points & de dentelles, qui se renversoit sur les *canons*.

CANON. Les émailleurs appellent aussi de la sorte les plus gros morceaux, ou filets d'émail qu'ils tirent, pour le mettre en état d'être employé en divers de leurs ouvrages.

L'article dix-neuf de leurs statuts, porte qu'aucunes personnes, marchands ou autres, ne pourront mêler aucune sorte d'émail, ni retenir *canon* pour vendre, sinon pour les maîtres du métier. *Voyez* ESMAIL & ESMAILLEUR.

CANON DE SOUFRE. C'est un morceau de *soufre* d'environ trois pouces de grosseur, & de six à sept pouces de longueur : on le nomme aussi *bille de soufre*.

CANOT. Signifie, dans la marine des Européens, une espèce de *petite chaloupe*, ou *petit bateau* très-leger, très-court & peu large, destiné au service d'un plus grand bâtiment.

CANOT. Veut dire aussi un petit bateau d'écorce d'arbre, ordinairement de bouleau, dont plusieurs Sauvages de l'Amérique se servent pour pêcher sur mer, & pour voyager & aller en course & en traite sur les rivières.

C'est de cette sorte de canots dont les François du Canada, qu'on appelle *coureurs de bois*, se servent à l'envie des Sauvages, pour aller jusques dans leurs habitations leur porter des marchandises, & en rapporter des pelleteries. Deux hommes conduisent ces *canots* ; & quand, à cause des sauts des rivières, il faut faire portage, ils chargent *canots* & marchandises sur leurs épaules, & les transportent au-dessus, ou au-dessous des sauts, selon qu'ils montent ou qu'ils descendent les rivières. Les plus grands *canots* d'écorce ne peuvent contenir quatre personnes.

CANOT. Se dit aussi des petits bateaux de l'Amérique, & des côtes d'Afrique, qui sont faits d'un seul tronc d'arbre creusé en dedans, lorsqu'ils ne peuvent contenir que trois ou quatre négres, ou Indiens ; autrement ceux de l'Amérique le nomment *pirogues* ; & ceux de Guinée, *eham*.

Les *canots* des Sauvages du détroit de Davis sont encore plus singuliers. Ce sont des bateaux en forme de navettes, longs de sept ou huit pieds, & larges de deux, composés de petites baguettes de bois pliant en forme de claie, couvertes de peau de chien marin. Chaque *canot* ne peut porter qu'un homme, qui s'assied dans un trou pratiqué au milieu. Ils servent à la pêche, & à faire le peu de commerce, que leur pauvreté & leur indolence leur peuvent permettre.

CANQUES. Espèces de toiles de coton, qui se fabriquent à la Chine. C'est de cette toile dont les Chinois font leur premier habillement, qui est proprement la chemise Chinoise.

Il y a deux sortes de *canques*. Celles de Fochean,

qui contiennent quinze cobres de long fur quatorze ponts de largeur ; & celles de Nanquin, qui ont la même largeur, mais portent vingt cobres de longueur.

CANTAR. Efpèce de mefure. *Voyez* la TABLE.

CANTARIDE. Efpèce de mouche, ou d'efcarbot.

Cette mouche, dont le poifon eft violent, eft verte & luifante.

Ce font les payfans des environs de Paris, qui y apportent la plûpart des *cantarides*, qui s'y confomment par les marchands apothicaires & par les maréchaux. Il en vient néanmoins des pays étrangers en tonnes. Celles d'Italie, qui font plus groffes que les autres, ne font d'aucun ufage en France.

Il faut choifir les *cantarides*, nouvelles, féches & bien entières. Elles ne peuvent guères fe conferver plus de trois ans fans fe gâter, & fe réduire en poudre, qui n'eft plus bonne à rien.

« Les *cantarides* payent en France les droits » d'entrée fur le pied de 4 liv. du cent pefant ; & » pour les droits de fortie 3 liv., conformément au » tarif de 1664 »,

« Les droits qu'elles payent par le tarif de la » douane de Lyon, font de 13 fols 6 den. d'an- » cienne taxation, 26 fols 6 den. de nouvelle réapré- » ciation, 10 fols des anciens quatre pour cent, & » 50 fols d'autre réapréciation ; le tout du quintal, » avec les fols pour livre ».

CANTARO. Poids dont on fe fert en Italie, particulièrement à Livourne, pour pefer certaines efpèces de marchandifes.

Il y a de trois fortes de *cantaros* : l'un pèfe cent cinquante livres, l'autre cinquante-une livres, & l'autre cent foixante livres. La livre de Livourné eft de douze onces, poids de marc ; & celle de Paris, d'Amfterdam, de Strafbourg & Befançon, où les poids font égaux, eft de feize onces, auffi poids de marc ; en forte que fur ce pied, ces trois fortes de *cantaros* doivent rendre à Paris, &c. fçavoir :

Celui de cent cinquante livres, cent trois livres huit onces.

Celui de cent cinquante-une livres, cent quatre livres trois onces.

Et celui de cent foixante livres, cent dix livres fix onces trois gros, un peu plus.

CANTARO. Eft auffi une mefure de continence, dont on fe fert à Cochin. Il y en a jufqu'à trois, qui diffèrent de quelques livres. On s'en fert fuivant les diverfes marchandifes qu'on veut mefurer. Ordinairement le *cantaro* eft de 4 rubis, & le rubi de trente-deux rotolis. *Voyez* LES TABLES.

CANTIMARONS ou CATIMARONS. Efpèce de radeaux, dont les habitans de la côte de Coromandel fe fervent pour aller à la pêche, & même pour trafiquer de proche en proche. Ils font compofés de trois ou quatre petits canots de pied d'arbres creufés, liés enfemble avec des cordes de coco, & ont une voile de natte de forme triangulaire, de même matière que les cordes. Ceux qui les conduifent, font ordinairement à demi dans l'eau, n'y

ayant qu'un endroit un peu élevé vers le milieu, pour mettre leurs marchandifes ; ce qu'ont feulement les *cantimarons* marchands, & non les pêcheurs.

CANTOR. Poids dont on fe fert en Sardaigne. Un *cantor* pèfe 145 livres de Venife. *Voyez* LA TABLE.

CAP ou CAVESSE DE MORE. Cheval Rouan, qui a la tête & l'extrêmité des pieds noires. *Voyez* CHEVAL.

CAP ET QUEUE. Les fabriquans & les marchands difent, qu'une pièce d'étoffe, ou de toile, a *cap & queue*, pour faire entendre, qu'elle eft encore toute entière, & qu'il n'en a point été coupé. *Voyez* CHEF.

CAPACITÉ d'un vaiffeau marchand. C'eft fon port ; l'étendue ou l'efpace qu'il a pour contenir des marchandifes.

CAPALANIER. On nomme ainfi fur les vaiffeaux Bretons qui vont à la pêche de la morue féche, les matelots qui aident à cette pêche. Ils ont rang entre les décoleurs & les faleurs, & ont le même pot-de-vin.

CAPE. Efpèce de fleur & de fruit tout enfemble, que l'on confit dans le vinaigre, ou que l'on fale. On dit plus ordinairement CAPRE. C'eft le véritable mot.

CAPELET ou CHAPPELET. C'eft ce qu'on nomme autrement *canelle giroflée*.

CAPHAR. Droit que les Turcs font payer aux Marchands Chrétiens, qui conduifent ou envoyent des marchandifes d'Alep à Jérufalem, & autres lieux de la Syrie.

Le droit de *caphar* avoit été établi par les chrétiens mêmes, lorfqu'ils étoient maîtres de la terre-fainte, pour l'entretien des troupes, qu'on mettoit dans les paffages difficiles, pour obferver les Arabes & empêcher leurs courfes : mais les Turcs, qui l'ont continué & augmenté, en abufent, & fe fervent du prétexte du *caphar*, pour faire des avanies aux voyageurs & marchands chrétiens, à qui ils font payer des fommes arbitraires & confidérables, pour les défendre des Arabes, à ce qu'ils difent, avec qui néanmoins ils s'entendent le plus fouvent, pour favorifer leurs courfes & leurs brigandages.

CAPILLAIRE. Nom qu'on donne à de certaines plantes qui croiffent en filets très-déliés, & pour ainfi dire, femblables à des cheveux, d'où leur vient leur dénomination.

Les *capillaires* doivent être choifis véritables Canada, ou Montpellier, nouveaux, bien verds, & le moins brifés qu'il fera poffible. A l'égard du fyrop, il doit être d'une couleur d'ambre, d'un bon goût, cuit en confiftance raifonnable, clair, tranfparent, & ne fentant, ni l'aigre, ni le moifi. On fait auffi de la conferve liquide de *capillaires*, dont le commerce eft très-peu de chofe.

« Le fyrop de *capillaire*, que le tarif de la » douane de Lyon appelle fyrop de *capilli veneris*, » paye à cette Douane 20 fols par quintal pour » l'ancienne taxation, & 11 fols pour la nouvelle » réapréciation & les fols pour livre ».

CAPITAINE DE VAISSEAU MARCHAND. *Voyez* MAÎTRE DE VAISSEAU MARCHAND.

CAPITAL. Se dit parmi les marchands, négocians & banquiers, du fonds que chacun apporte de son chef dans une société, au moment qu'elle se commence. Il se dit aussi de la somme d'argent qu'un marchand met d'abord dans son commerce, lorsqu'il s'établit pour son compte particulier.

Le mot de *capital* est opposé à celui de gain, ou profit, quoique souvent le gain augmente le *capital*, & devienne *capital* lui-même, lorsqu'il est joint au premier *capital*.

CAPITON. Espèce de bourre de soie, qu'on tire de dessus le cocon, après qu'on en a devidé la véritable soie. On l'appelle aussi *lassis* & *cardasse*, parce qu'on en fabrique des étoffes de peu de conséquence, auxquelles on donne ces deux noms. *Voy.* SOIE.

« Le *capiton* paye, comme bourre de soie, 5 » liv. le cent pesant de droits de sortie, & seulement » 2 liv. 10 sols d'entrée, avec les sols pour livre ».

CAPLAN, Sorte de petit poisson qui se trouve en grande quantité vers les endroits où se pêche la morue : il y en a sur-tout en grand nombre sur les côtes de Plaisance. Il sert à amorcer les hameçons des lignes à prendre la morue.

On prend le *caplan* avec des seusnes, qui sont des espèces de grandes seines dont les mailles sont assez étroites.

Seusner le *caplan*, c'est le prendre avec la seusne.

CAPOC. Espèce d'ouate qu'on tire d'un arbre qu'on appelle *capoquier*. Elle est fort fine, & si courte, qu'on ne sçauroit la filer. Les Siamois s'en servent au lieu de duvet.

CAPRE, que le petit peuple de Paris appelle CAPE. C'est tout ensemble la fleur & le fruit de la plante ou arbrisseau, qu'on appelle *câprier*.

Cette plante, qui est branchue & épineuse, rampe par terre, & s'étend beaucoup en rond. Elle se plaît dans les ouvertures & crevasses des rochers & vieux murs, & dans les lieux déserts. Ses feuilles sont rondes. Sa fleur, quand elle s'épanouit, est blanche ; mais avant que de s'ouvrir, elle est verte, formant une espèce d'olive presque ronde, avec une queue. C'est ce bouton, qui est proprement le fruit du captier, que l'on confit dans le vinaigre ou dans le sel, & dont on fait un commerce considérable.

C'est des environs de Toulon, & de quelques autres lieux de Provence, que viennent, non-seulement les *câpres* qui se vendent à Paris, mais encore toutes celles qui se portent dans le reste de l'Europe, à la réserve des *câpres de Majorque*, qui sont de petites câpres salées, dont le commerce est aussi assez grand en tems de paix ; & de certaines *câpres plattes de Lyon*, qui ne sont pas d'un grand débit.

Quelques marchands épiciers, pour déguiser leurs marchandises, donnent aux *câpres de Toulon*, le nom de *câpres de Nice* ou de *Gènes*, quoiqu'il n'en vienne point de ces deux endroits ; d'autres, comme à Lyon,

les appellent *câpres busennes* : mais quelque nom qu'on leur donne, il faut les choisir nouvelles & vertes ; & comme il y en a de plusieurs grosseurs, il est bon de sçavoir que celles qui sont les plus petites, & garnies de leurs queues, sont les plus estimées.

Il y a encore d'autres sortes de *câpres*, comme *câpres capucines*, *câpres de genest*, &c. mais l'on en fait peu de commerce ; & elles ne se cueillent, & ne se confisent, ou ne se salent que par curiosité.

La *câpre de genest*, que l'on envoye par excellence du pays d'Artois, toute salée, est la fleur jaune du genest, soit sauvage, soit des jardins, qu'on cueille, lorsqu'elle est encore en bouton.

La *câpre capucine* est aussi le bouton d'une fleur à cinq feuilles, jaune & très-agréable quand elle est épanouie, que produit une plante, qui s'appelle *capucine*, qui nous a été apportée des Indes, & à laquelle on donne aussi le nom de *cresson d'Inde*, (quoiqu'elle n'ait aucun rapport au cresson de France) dont la feuille est presque ronde, à peu près semblable à un bouclier ; & dont la tige, qui est foible, & qui rampe sur la terre, s'entortille autour de l'appui qu'on lui donne, de la manière que le volubilis a coutume de faire ; & forme un obélisque fort plaisant à voir par la beauté de ses fleurs, & le verd de ses feuilles.

« Les *câpres*, de toutes sortes, payent en France » les droits d'entrée, conformément au tarif de 1664, » à raison de 36 sols le cent pesant ; & ceux de sor- » tie, comme fruits secs, c'est-à-dire, 12 sols ».

« Les *câpres*, qu'à Lyon on nomme *câpres bu- » sennes*, payent, suivant le tarif de la douane de » cette ville, 49 sols 3 deniers du quintal d'ancienne » taxation, & 10 sols de nouvelle réapréciation ; & » pour les anciens quatre pour cent, 4 sols du ba- » ril, & 10 sols de réapréciation, avec les sols pour » livre ».

CAPRE, *en terme de commerce de mer*. Se dit des armateurs & des vaisseaux armés en guerre, destinés à aller en course, pour faire des prises sur les ennemis de l'état.

CAQUE, que les Hollandois nomment *e en ton haaring*, & que nous appellons communément BARIL. C'est un petit tonneau dans lequel on encaque les harengs, c'est-à-dire, où l'on les arrange & on les enferme, après qu'ils ont été apprêtés & salés.

CAQUE. Se dit aussi des petits barils dans lesquels l'on renferme la poudre à canon.

CAQUE, c'est en Champagne ce qu'on nomme plus ordinairement un *quarteau*.

CAQUAGE ou CACAGE. Façon que l'on donne au hareng en vracq, lorsqu'on le veut saler & pacquer. Le *cacage* se fait ordinairement la nuit.

CAQUER LE HARENG. C'est l'égorger & lui arracher les brouilles ou entrailles, pour le disposer à être salé & mis dans le caque ou baril.

On dit, *encaquer du hareng*, pour dire, le mettre ou l'arranger dans un caque ou baril.

CAQUEUR, que l'on nomme aussi ÉCA-

QUEUR ou ÉTETEUR. Matelot, dont le foin est de caquer le hareng.

CARABÉ. C'est de l'ambre jaune réduit en poudre. Voyez AMBRE JAUNE.

« Le carabé ou poudre d'ambre, suivant le tarif » de la douane de Lyon de 1632, paye du quintal » 13 sols 3 deniers d'ancienne taxation ; 1 sol 9 » deniers pour la nouvelle réapréciation ; 16 sols pour » les anciens quatre pour cent, & 8 sols pour la der-» nière réapréciation. »

« Le carabe est aussi du nombre des drogues & »· marchandises, qui par l'Arrêt du 15 août 1685, ». doivent payer vingt pour cent de leur valeur, avec » les sols pour livre ».

CARABINE. Arme à feu, montée sur un fust, dont le canon est assez court, & ordinairement rayé en dedans. Elle se montoit autrefois avec un rouet, & maintenant elle a une platine comme les autres petites armes.

« Les carabines sont du nombre des marchandises » dont la sortie est défendue par toute l'étendue du » royaume en France, terres & pays de l'obéissance »· du roi, à peine d'amende & de confiscation, suivant » l'Ordonnance de 1687, tit. 8, art. 3, & tous les » traités de paix ».

CARACOLI. Espèce de métal dont les caraibes des isles Antilles font une sorte de parure en forme de croissant, qu'ils nomment aussi caracoli. Ce métal vient de la terre-ferme, & la commune opinion est qu'il est composé d'argent, de cuivre & d'or. Le mélange de ces métaux est si parfait, que celui qui en résulte a une couleur qui ne se ternit jamais quelque long-tems qu'il reste dans la mer & dans la terre. Il est aigre, graineux & cassant, & ceux qui le veulent employer, sont obligés de le mélanger avec un peu d'or pour le rendre plus doux.

Les orfévres François & Anglois ont fait plusieurs expériences pour l'imiter, ceux qui en ont le plus approché, avoient mis sur six parties d'argent trois parties de cuivre rouge purifié, & une partie d'or. Les connoisseurs trouvent cet alliage imité, quoique très-beau, bien au-dessous de celui des Sauvages.

Le P. Labat, des relations duquel on a extrait cet article, croit que le caracoli est un métal simple. On en fait aux Isles des bagues, des boucles, des poignées de cannes, & autres semblables petits ouvrages.

CARAFFE. Petite bouteille de verre, de forme ronde, propre à verser à boire, & qu'on sert sur une soucoupe. Les caraffes ne sont point de mesure réglée, hors celles qui sont de forme conique, dont se servent les marchands limonadiers pour le débit de leurs limonades, orgeades, & autres eaux rafraîchissantes, qui tiennent demi-septier bourgeois de Paris.

CARAFFON. Grosse bouteille de verre épais, à long col, avec un bouchon de liége garni d'argent ou d'étain, dont on se sert pour faire rafraîchir, & mettre à la glace les liqueurs. Il y en a de

différentes continences ; les plus grandes contenant jusqu'à quatre pintes, mesure de Paris, & les moindres deux pintes. Au-dessous on les nomme bouteilles.

CARAGACH. Sorte de coton qui vient de Smyrne par la voie de Marseille : son prix par appréciation est de quatre-vingt-seize livres le quintal.

On nomme à Smyrne FILET CARAGACH, les plus beaux fils de coton qui s'y fassent. Ils viennent de Joseplassard & des environs.

CARAGI. On nomme ainsi dans les états du grand-seigneur, les droits d'entrée & de sortie, qui se payent pour les marchandises.

On a remarqué ailleurs que les droits d'entrée ne se payoient qu'une seule fois, & seulement à la douane, où les marchandises sont d'abord déchargées ; étant libre, si on ne les a pas vendues, de les transporter dans une autre ville, où, en représentant le premier acquit, on est exempt des droits de la douane. A cet égard les Turcs sont certainement moins barbares, que d'autres peuples qui leur en donnent le nom.

CARAGI. Se dit aussi des commis des bureaux où se perçoivent les droits. Le douanier général, ou directeur de la douane, se nomme CARAGI-BACHI.

CARAGNE, ou KARAGNE. Gomme très-rare, qui vient de la nouvelle Espagne. Les arbres d'où elle coule, sont semblables au palmier. Nouvellement sortie de l'arbre, elle est blanche, mais en vieillissant elle devient grisâtre, tirant sur le verd. C'est de cette dernière sorte qu'on l'envoye en Europe ; la blanche ne s'y trouvant que rarement.

Elle y est apportée en masse, enveloppée de feuilles de roseau. Celle de la meilleure qualité doit être mollasse, comme les onguents. On en fait des emplâtres, à demi-cuite, d'une odeur agréable & aromatique, & la plus blanchâtre qu'il se pourra.

La cherté de cette gomme est cause qu'elle se vend peu souvent tout-à-fait pure, ou qu'on lui en substitue d'autres, qui n'ont point ses propriétés & ses vertus. Appliquée sur la tête, elle en appaise les douleurs. Elle fait le même effet pour celles des jointures ; & l'on l'estime tant dans la médecine, qu'on y dit en proverbe de pharmacie : que tout ce que le tacamacha n'aura pas guéri, la caragne le guérira.

Les Amériquains en composent un baume souverain, à ce qu'ils prétendent, pour la guérison des plaies & des hemorroïdes. On en peut voir la recette dans l'histoire générale des drogues du sieur Pomet.

CARAGROUCH. Monnoie d'argent de l'Empire, qui pèse neuf dragmes, ce qui ne revient pas tout-à-fait à l'écu de France de 3 liv. Il a cours à Constantinople pour 120 aspres. Il y en a de quatre fortes qui paffent fur le même pied. *Voyez* la TABLE DES MONNOIES.

CARAGUATA. Efpèce de *chardon* qui croît au Bréfil, & dans quelques autres lieux de l'Amérique, dont les feuilles bien rouies, bien lavées, & bien frottées, ou broyées, fourniffent un lin très-délié & très-fort, propre à faire divers ouvrages de corderie. Les Indiens en font des rets à pêcher.

CARAPACE. Groffe écaille très-ferme & très-folide qui couvre les tortues, & où tiennent ces riches écailles tranfparentes, qu'on nomme *caret*, ou *écaille de tortue*, dont on fait tant & de fi beaux ouvrages de marquetterie & tabletterie.

CARAPAT. C'eft ce qu'on nomme autrement PALMA CHRISTI.

CARAQUE. C'eft le nom que les marchands épiciers donnent au meilleur cacao qu'ils vendent. Il y a de deux fortes de *caraque*, le gros & le petit. *Voyez* CACAO.

CARAQUE. C'eft auffi le nom que les Portugais donnoient autrefois aux plus grands vaiffeaux qu'ils envoyoient aux Indes orientales & occidentales, chargés de marchandifes d'Europe, & fur lefquels ils faifoient leurs retours de celles de l'Afie & de l'Amérique. La *caraque* étoit ordinairement du port de deux mille tonneaux, & quelquefois à fept & huit ponts.

CARAQUE. Les Hollandois appellent *porcelaine caraque*, en leur langue *kraak-porcelein*, leurs plus fines porcelaines, parce que les premières porcelaines orientales qui font venues en Europe, y furent apportées par les *caraques* Portugaifes.

CARARA. Poids dont on fe fert en quelques endroits d'Italie, particulièrement à Livourne, pour la vente des laines & des morues.

Le *carara* eft de cent foixante livres du pays, & la livre n'eft que de douze onces, poids de marc; ce qui revient à cent dix livres fix onces trois gros, un peu plus, de Paris, d'Amfterdam, de Strasbourg, de Befançon, & autres villes, où les poids font égaux, & la livre de feize onces, poids de marc.

Le *carara* fait cent trente-fix livres, poids de Marfeille. *Voyez* la TABLE DES POIDS.

CARAT, ou KARAT. C'eft le nom du poids qui exprime la bonté ou le titre de l'or.

Les monnoyeurs, ou l'ufage, ont fixé la perfection de l'or à vingt-quatre *carats*, quoique cependant on ne puiffe jamais fi bien épurer ce précieux métal, qu'il n'y manque quelque quart de *carat*.

Le *carat* fe divife en quarts, huitièmes, feizièmes & trente-deuxièmes. Ces degrés fervent à marquer le plus ou le moins d'alliage : par exemple, l'or à vingt-deux *carats*, eft celui qui a deux parts d'argent, ou d'autre métal, fur vingt-deux parts de fin or.

L'on peut voir dans les auteurs qui ont traité des monnoies, plufieurs chofes très-curieufes fur cette matière.

Suivant l'ordonnance, les marchands orfèvres ne peuvent travailler que d'or fin à vingt-trois *carats*, fans remède & fans foudure, à un quart de *carat* de remède, & en ouvrage creux chargé de filets & de rapports, à demi *carat* de remède : mais lorfqu'on leur délivre l'or, ils peuvent travailler à tous titres, pourvu qu'ils en tiennent regiftre.

CARAT, que les Efpagnols nomment QUITALE. Eft auffi un certain poids, dont les marchands orfèvres & joyailliers fe fervent ordinairement pour pefer les pierres précieufes & perles.

Ce *carat* eft de quatre grains, un peu moins forts que ceux du poids de marc, & chacun de ces grains fe divife en demis, en quarts, en huitièmes, en feizièmes, &c., & c'eft fur ce pied que l'on eftime & qu'on donne le prix aux pierres précieufes & aux perles. Tavernier rapporte que le diamant du grand-mogol, qui eft eftimé le plus grand qui foit au monde, pèfe deux cens foixante-dix-neuf *carats* neuf feizièmes.

En Efpagne, le *carat* ou quintal, eft auffi de quatre grains. Trois *carats* font un tomin, huit tomins un caftillan, fix caftillans & deux tomins une once, & huit onces un marc; mais le marc d'Efpagne eft d'un feptième environ plus foible que celui de France.

CARAVANE. Ce terme n'eft d'ufage qu'en Orient. Il fignifie une *troupe*, ou *affemblée* de voyageurs & de pelerins, & plus particulièrement de marchands, qui, pour plus de fûreté, marchent enfemble pour traverfer les déferts, ou autres lieux dangereux, & infeftés d'Arabes ou de voleurs.

Il y a un chef, ou aga, qui commande la *caravane*, & qui a un nombre de janiffaires, ou autres milices, fuivant les états d'où les *caravanes* partent, fuffifant pour les défendre & les faire arriver aux jours & aux lieux marqués. La *caravane* campe tous les foirs auprès des puits ou ruiffeaux, qui font connus des guides, & il s'y obferve une difcipline auffi exacte qu'à la guerre.

Les chevaux, mais plus ordinairement les chameaux, font les voitures dont on fe fert; ces derniers animaux étant d'une grande fatigue, mangeant peu, & fur-tout fe paffant des trois & quatre jours de boire.

Il part des *caravanes* d'Alep & du Caire, pour la Perfe, la Mecque, &c.

Il y a auffi des *caravanes* de mer, qui font établies pour les mêmes raifons & pour le même ufage, comme celle de Conftantinople pour Alexandrie, &c.

Remarques concernant les caravanes d'Afie.

Pour former une *caravane*, il faut avoir par écrit la permiffion d'un fouverain approuvée, & pour ainfi dire légalifée, au moins par deux autres fouverains voifins. Cette permiffion doit contenir le nombre d'hommes, de voitures & de marchandifes qui doivent la compofer. Ce font à ceux à qui appartient la *caravane* à choisir les officiers ; & à régler tout ce qui regarde la police qui doit s'observer dans la marche.

Il y a ordinairement quatre principaux officiers ; sçavoir, le carvanbachi ou-chef de la *caravane*, le capitaine de conduite, le capitaine de repos & le capitaine de distribution.

Le premier commande absolument à tous les autres, & leur donne ses ordres ; le second est absolu pendant la marche ; le troisiéme n'exerce son emploi que lorsque la *caravane* s'arrête & séjourne ; & le quatriéme a soin de disposer toutes les parties de la *caravane*, en cas d'attaque & de combat. Outre cette fonction, ce dernier a encore inspection pendant la marche sur la distribution des provisions de bouche, qui se fait sous lui par divers distributeurs, qui donnent caution au maître de la *caravane*, & qui sont chargés chacun d'un certain nombre d'hommes, d'éléphans, de dromadaires, &c. qu'il doit faire conduire & nourrir à ses risques.

Le cinquiéme officier de la *caravane* est le payeur ou trésorier qui a sous lui quantité de commis & d'interprètes, qui tiennent des journaux de tout ce qui se passe ; & c'est sur ces journaux signés des officiers supérieurs, que les intéressés à la *caravane* jugent s'ils ont été bien servis.

Une autre espèce d'officiers sont des mathématiciens Arabes, sans lesquels aucune *caravane* ne voudroit marcher, y en ayant ordinairement jusqu'à trois dans les grandes *caravanes*. Ces officiers tiennent lieu tout ensemble de maréchaux des logis & d'aides de camp, guidans les troupes quand la *caravane* est attaquée, & traçant les logemens où elle doit camper.

On distingue cinq espèces de *caravanes*, les *caravanes* pesantes, composées d'éléphans, de dromadaires, de chameaux & de chevaux ; les *caravanes* légères, où il entre peu d'éléphans ; les *caravanes* ordinaires, où il n'en entre point du tout ; les *caravanes* de chevaux, dans lesquelles on ne se sert ni de chameaux, ni de dromadaires. Enfin les *caravanes* de mer, c'est-à-dire, un convoi marchand, escorté par des vaisseaux de guerre.

La proportion qu'on garde dans les *caravanes* pesantes, est que lorsqu'il y a cinq cent éléphans, ont met mille dromadaires & deux mille chevaux au moins, l'escorte est alors de quatre mille cavaliers. Il faut deux hommes pour conduire un éléphant, cinq pour trois dromadaires, & sept pour douze chameaux. Cette multitude de valets, jointe aux officiers & aux passagers, dont le nombre n'est point réglé, soutient l'escorte dans le combat, & rend la *caravane* plus terrible & plus sûre. Les passagers à la vérité ne sont pas obligés de combattre, mais s'ils refusent de le faire, ils ne doivent plus compter sur les provisions de la *caravane*, même en payant.

Il y a des éléphans qui ne servent que pour le combat ; un éléphant bien conditionné coute ordinai-

rement sept cent cinquante-sept écus. Ils viennent de l'Inde, leur beauté & leur blancheur augmente leur prix jusqu'à quinze mille francs.

Le dromadaire qui est un double chameau, se trouve dans les montagnes de Golconde, il coûte au moins trois cents écus.

Un bon chameau coûte cinquante-huit écus. La Perse & les états du Mogol en sont pleins, mais les meilleurs viennent de l'Arabie-heureuse.

L'équipage d'un éléphant coute soixante-six écus ; celui d'un dromadaire trente-deux écus, & celui d'un chameau dix-huit.

La dépense d'un éléphant monte à trois écus & demi par jour en campagne & deux écus pendant toute l'année ; un dromadaire dépense en campagne cinq abbassis, dans le séjour, il n'en dépense que la moitié ; un chameau coute en chemin trois abbassis & une dans le séjour. La nourriture d'un cheval, soit qu'il marche, soit qu'il repose, revient à un abbassis par jour ; celle de chaque homme dans les voyages de terre, revient à deux abbassis, il en coute le double dans les courses, parce que le transport de la boisson demande plus de frais. *Voyez* ABBASSIS.

On appelle *voyages de terre*, ceux qui se font dans les pays habités, où tous les soirs on trouve un caravanseras ; les voyages de courses, sont ceux qui se font à travers des déserts.

Le paiement des officiers & des valets, se fait tous les lundis, à moins qu'il ne soit pleine ou nouvelle lune, en ce cas on le remet au jour suivant : on commence à faire le paiement par les plus vils du cortége.

On explique plus bas ce que c'est qu'un caravanseras.

Les armes dont on se munit, sont une carabine rayée, une zagaye ou demi-pique, deux pistolets, un sabre, une bayonnette & une calotte de fer qu'on met sous le bonnet.

Un nik, c'est-à-dire, un enfant de neuf à dix ans dressé à cet exercice, monte chaque éléphant, qu'il a soin de conduire & de piquer pour l'animer au combat ; il a encore le soin de charger les armes de deux soldats qui montent l'éléphant avec lui.

Le jour marqué pour le départ ne change jamais.

Pour résister davantage aux grandes chaleurs, on se sert de bas & de caleçons faits d'une espèce de coton tiré (à ce que dit l'auteur) de cette pierre que les anciens appelloient *amiante*, qui a la propriété d'être filée après avoir été battue, & qu'on estime incombustible.

Comme la plupart des princes Arabes n'ont point d'autre fonds pour subsister, que le brigandage, ils entretiennent des espions pour être avertis du départ des *caravanes*, qu'ils attaquent très-souvent avec des forces supérieures, faisant leurs plus grands efforts contre le centre afin de couper & d'enlever s'il se peut l'avant-garde, ce qui leur réussit assez souvent. Lorsqu'ils ont été repoussés, on en vient ordinairement à un accommodement dont les conditions ne manquent guères d'être observées, surtout si ce sont des arabes naturels : mais si la *caravane* est battue, elle est absolument pillée, toute l'escorte demeurant esclave : il est vrai qu'on a plus de clémence pour les étrangers.

Quelquefois la prise d'une seule *caravane* suffit pour enrichir ces princes.

La peste étant fort commune en Orient, on est obligé à de grandes précautions pour empêcher que les *caravanes* ne la puissent communiquer aux lieux par où elles passent, ou qu'elles n'en puissent être infectées : aussi lorsqu'on arrive près des villes, on s'interroge mutuellement sur l'état de la santé, & l'on s'avertit de bonne foi de part & d'autre, de ce qu'il y auroit à craindre ; & quand il y a quelque soupçon de maladie, on fournit des vivres par-dessus les murailles, ne se permettant réciproquement aucune communication.

Les profits qui se font dans ces *caravanes* pendant qu'elles sont en marche, sont souvent incroyables, & l'auteur rapporte que, par différentes répétitions de troc & d'échange, un de ses amis avoit gagné jusqu'à vingt mille écus, qui ne lui avoient couté qu'une montre d'or de trente louis qu'il avoit donnée pour deux diamans bruts à un marchand de la *caravane*, avec laquelle il voyageoit.

Ces profits qui sont assez ordinaires, engagent un grand nombre de passagers à suivre les *caravanes* & adoucissent les incommodités qu'il y faut supporter. En effet, elles ne sont pas légères & il faut pour ainsi dire ne compter pour rien ni la mauvaise qualité des alimens, ni le goût insupportable des eaux qui souvent manquent tout-à-fait, ni l'effroyable confusion de langues & de nations, ni la fatigue des longues marches, qui en été commencent à cinq heures du soir & durent seize heures, ni les droits excessifs qu'il en coute pour les douanes, particulièrement aux François, à cause de la réputation qu'ils ont d'être riches : enfin les vols hardis & les filouteries subtiles où l'on est exposé au milieu de cet amas de vagabonds, qui ne fréquentent les *caravanes* que dans le dessein de vivre aux dépens du des sots ou des négligens. Il est vrai qu'on peut remédier à ce dernier inconvénient, du moins pour les choses les plus précieuses que l'on porte avec soi, en les mettant à la caisse de la *caravane*, qui est une espèce de coffre-fort, qui comme ceux d'Europe, ont une serrure qui ne peut jamais être ouverte que par ceux qui en ont le secret.

Il part d'Ezeron capitale de la partie d'Arménie, qui est sous la domination du grand-seigneur, une grande quantité de *caravanes*, les unes plus fortes, les autres moins considérables. Il y en a même quelques-unes qui ne sont composées que d'Arméniens, comme sont celles qui vont porter des soies à Toca, à Smyrne & à Constantinople : celles-ci partent ordinairement dans le mois de septembre.

CARAVANIER. Voiturier qui conduit les chameaux & autres bêtes de somme, qui ont coutume de composer dans le Levant des caravanes.

CARAVANSERA ou **KARAVANSERA.** Lieu destiné pour loger & recevoir les caravanes. C'est ordinairement un vaste & grand bâtiment carré, dans le milieu duquel se trouve une cour très-spacieuse. Sous les arcades qui l'environnent, régne une espèce de banquette élevée de quelques pieds au-dessus du rez de chaussée, où les marchands & voyageurs se logent comme ils peuvent eux & leurs équipages ; les bêtes de somme étant attachées au pied de la banquette. Au-dessus des portes qui donnent entrée dans la cour, il y a quelquefois de petites chambres, que les concierges des *caravanseras* louent très-cher à ceux qui veulent être en particulier.

Les *caravanseras* tiennent en quelque sorte lieu en Orient, des auberges ou hôtelleries d'Europe : mais une différence très-grande, c'est que dans les *caravanseras* on ne trouve absolument rien, ni pour les hommes, ni pour les animaux, & qu'il y faut tout porter.

La plupart de ces bâtimens sont les effets de la charité Mahométanne ; & les plus grands seigneurs, par dévotion, ou par ostentation, y consomment des sommes prodigieuses ; surtout si c'est dans des lieux secs, arides & déserts, où il faille faire venir de l'eau de loin & à grands frais, n'y ayant point de *caravansera* sans sa fontaine.

Il n'y a guères de grandes villes dans l'Orient, surtout de celles qui sont dans les états du grand-seigneur, du roi de Perse & du Mogol, qui n'ayent de ces sortes de bâtimens. Les *caravanseras* de Constantinople, d'Ispahan & d'Agra, capitales de trois empires, la Turquie, la Perse & le Mogol, sont surtout célèbres & par leur nombre & par leur magnificence ; & c'est-là où les marchands étrangers tiennent la plupart de leurs magasins, y en ayant plusieurs dans ces trois villes, qui, outre ce qu'on a dit ci-dessus, de la construction ordinaire des *caravanseras*, ont des lieux & des appartemens sûrs & commodes pour les marchandises & les marchands.

Les *caravanseras* de Schiras, & de Casbin, villes considérables de Perse, sont aussi en grande réputation, & ne le cèdent guères à ceux de la capitale.

Outre les *caravanseras* qui tiennent lieu dans les villes d'Orient, d'hôtelleries & de chambres garnies pour les marchands, il y en a aussi à Ispahan, qu'on peut appeller des *bazars* ou *halles couvertes*, dans lesquels il y a des boutiques & des magasins, où se serrent & s'étalent diverses sortes de marchandises & d'ouvrages, dont l'intendant ou gardien du *caravansera*, répond, moyennant un certain droit qu'on lui donne.

C'est aussi le *caravanserakier* (on nomme ainsi ce gardien) qui tient compte de toutes les marchandises qui s'y vendent à crédit ; étant tenu de les écrire sur son registre, de même que les noms des vendeurs & des acheteurs, se chargeant même du recouvrement des sommes dûes aux marchands, pour ce qui s'eſt vendu dans leur *cara-vanſera*, moyennant deux pour cent que le vendeur lui paye.

CARAVANSERAKIER. L'intendant ou gardien d'un caravanſera.

CARAVELLE. Sorte de petit *navire*. On nomme ainſi ſur les côtes de France, les bâtimens qui vont à la pêche du hareng ſur les bancs; ils ſont ordinairement de 25 à 30 tonneaux. Ceux deſtinés pour la même pêche qui ſe fait dans la Manche, s'appellent des *trinquars*; ils ſont depuis 12 juſques à 15 tonneaux.

CARBEQUI, ou ASPRE DE CUIVRE. Monnoie qui a cours dans la Géorgie, particulièrement à Teflis qui en eſt la capitale. 40 *carbequis* font l'abagi, & 10 *carbequis* le chaouri. *Voyez* la TABLE DES MONNOIES.

CARDAMOME. Plante & graine médicinale, fort aromatique, qui entre dans la compoſition de la thériaque.

Il y a trois ſortes de *cardamome*, le grand, le moyen & le petit, que les marchands-droguiſtes nomment bien ſouvent, quoiqu'en françois, *cardamome majus, medium & minus.*

Le *grand cardamome* n'eſt autre choſe que la maniguette, ou graine de paradis, qui eſt une eſpèce de poivre, qui vient à *Rio Sextos*, au petit Dieppe, & en d'autres lieux de la côte d'Afrique. On s'en eſt long-temps ſervi en France; le poivre des Indes n'étant pas ſi commun, à cauſe qu'il venoit par la Méditerranée, & qu'on ne l'alloit pas chercher de la première main par des voyages de long cours.

Les médecins qui l'éprouvèrent, dans les commencemens que les Dieppois & les Malouins en apportèrent, ne le trouvèrent guères différent de celui des Indes; ſinon qu'il étoit plus âcre & plus brûlant. Il s'en fait encore un aſſez grand commerce.

La plante qui produit le grand *cardamome*, & qui a le même nom, a ſes feuilles vertes. Son fruit eſt une eſpèce de gouſſe, ou de figue, d'un aſſez beau rouge; & la graine qu'elle renferme, qui eſt la maniguette, ou petit poivre, car on lui donne auſſi ce nom, eſt d'une figure triangulaire, rougeâtre au-deſſus; blanche en dedans; d'un goût âcre & piquant, & d'une odeur agréable, ſur-tout lorſqu'elle eſt nouvelle.

Quelques colporteurs la vendent mêlée avec le poivre. L'iſle de ſainte-Marie, Galemboue près la grande iſle de Madagaſcar, ſont très-abondans en cette ſorte de grand *cardamome.*

Le *moyen cardamome* a des feuilles dentelées & pointues, attachées trois à trois en forme de trefles. Ses gouſſes ſont de deux ou trois pouces de longueur & de figure triangulaire. Sa graine eſt auſſi en forme de triangle, un peu cannelée & applatie par le bout. Cette plante eſt rampante & s'élève peu de terre. On voit aſſez rarement de ce *cardamome* en France.

Le *petit cardamome* ſe recueille au royaume de Cananor, ſur une montagne à ſix ou ſept lieues de la mer; & c'eſt le ſeul endroit du monde où l'on en trouve. Ses gouſſes triangulaires, & d'une couleur de blanc griſâtre un peu rayé, ſont bien plus petites que celles du moyen *cardamome*, & elles couvrent une matière âpre & rude, qui ſemble une eſpèce de farine, bien que ce ſoit véritablement de la graine.

La terre où croît cette plante eſt d'un grand revenu, n'ayant beſoin ni de labour ni de ſemence: la ſeule peine qu'il ſe faut donner eſt, lorſque les pluies ſont ceſſées, de brûler les herbes qu'elles ont fait naître. Le ſoleil les ſéche en peu de temps, & leur cendre ſuffit pour diſpoſer la terre à produire le *cardamome.*

Preſque tout ce *cardamome*, qui eſt le plus eſtimé & le plus précieux, ſe débite & ſe conſomme en Orient, à cauſe que les peuples ne trouvent leur ris bien aſſaiſonné qu'avec cette ſorte de drogue ou épice. Il en paſſe néanmoins quelque peu en Europe. Nos marchands droguiſtes de France le tirent des Anglois & Hollandois. Ces derniers en conſomment beaucoup, parce qu'ils ſe plaiſent à le mâcher.

« En France, le *cardamome* paye les droits
» d'entrée ſur le pied de 5 livres du cent peſant,
» ſuivant le tarif de 1664; & par celui de la douane
» de Lyon, où il eſt appellé *cardamome*, il paye
» 3 liv. 3 ſols 6 den. d'anciens droits du quintal,
» & 4 liv. pour les quatre pour cent d'ancienne
» taxation; ce qui s'entend du *cardamome mondé,*
» le tarif de 1664 ne parlant que du *cardamome*
» *brut*, avec les ſols pour livre ».

Commerce du cardamome à Amsterdam.

On tare les caiſſes au poids; la déduction pour le bon poids eſt de deux pour cent, & celle pour le prompt paiement d'un pour cent.

CARDASSE. C'eſt une ſorte de *peigne*, ou plutôt une eſpèce de carde, propre à tirer la bourre de la ſoie, pour en faire du capiton.

CARDASSE. On appelle auſſi *cardaſſe*, la bourre de ſoie qu'on a tirée de deſſus le coton avec cette ſorte de carde. Son véritable nom eſt *capiton*; on le nomme quelquefois *laſſis.*

« Les *cardaſſes* à faire capiton payent en France
» les droits de ſortie ſur le pied de bourre de ſoie,
» 5 livres du cent peſant, & les nouveaux ſols pour
» livre ».

CARDASSES. C'eſt auſſi le nom que l'on donne dans les manufactures de draperie du Languedoc, à de certaines groſſes cardes, dont on ſe ſert pour ouvrir & peigner les laines teintes, deſtinées pour la fabrique des draps mélangés.

Dans quelques manufactures les *cardaſſes* ſont nommées *écaſſes. Voyez* FEUTRE. *Voyez* auſſi DROUSSEUR.

CARDE. Eſpèce d'inſtrument, ou plutôt de peigne.

Les

: Les *cardes* font d'un très-grand ufage dans les manufactures, où elles fervent à tirer ou démêler la laine, & autres femblables matieres, pour les difpofer à être filées, afin d'en faire des étoffes, des bas, &c. ou à être employées, fans être filées, à divers autres ufages, comme les laines & les poils, dont les chapeliers fe fervent dans la fabrique de leurs chapeaux.

: Le négoce des *cardes* eft très-confidérable en France, particulièrement de celles qui fe font dans le royaume. On en tire auffi en affez grande quantité & d'affez bonnes, des pays étrangers, fur-tout de Hollande, qui font plus petites que les *cardes* françoifes, mais font peu eftimées.

Les meilleures *cardes* qui fe faffent en France, font celles de Paris, où néanmoins les cardiers ne font que les monter : les fufts ou bois, fur quoi on les monte, y étant envoyés de Troyes en Champagne.

Après celles de Paris, on eftime davantage les *cardes* de Rouen & de Dreux. Les autres lieux où il s'en fait font Romorantin, Bourges, Aubigny en Richemont, Yvoye-les-prez en Berry, Orléans, Troyes, Elbeuf, Châteauroux, Beauvais, Tours, Poitiers & faint-Maixant.

« Les *cardes* neuves payent d'entrée en France » 30 fols le cent pefant, & les vieilles feulement » 20 fols. Elles payent auffi 20 fols neuves & » vieilles pour la fortie, & les fols pour livre ».

CARDÉ, CARDÉE. Coton *cardé*, poil *cardé*, laine *cardée*, &c.

CARDEUR. Ouvrier qui carde les laines, le poil, le coton, la bourre, &c.

Les *cardeurs* de Paris forment une communauté particulière d'artifans, dont les anciens ftatuts ou réglemens qui fe trouvent infcrits au trentième feuillet du livre, ou regiftre en parchemin des ordonnances & ftatuts, appellés le *petit cahier*, qui eft dépofé en la chambre du procureur du roi au châtelet, ont été confirmés par lettres patentes de Louis XI, du 24 juin 1467, & depuis confirmés & augmentés par autres lettres patentes de Louis XIV, du mois de feptembre 1688, regiftrées en parlement le 22 juin 1691.

Outre le pouvoir attribué aux maîtres *cardeurs* de Paris, par leurs ftatuts, de carder, peigner & arçonner la laine & le coton, de couper toutes fortes de poil, de faire des draps, de filer les lumignons, & de faire des cardes, ils ont encore la faculté, fuivant les mêmes ftatuts, de teindre ou faire teindre en leurs maifons, toutes fortes de laines en noir, mufc & brun : mais il leur eft défendu par arrêt du confeil d'état du roi, du 10 août 1700, d'arracher, couper & carder aucun poil de liévre, même d'en avoir des peaux dans leurs maifons ; n'étant pas permis aux maîtres chapeliers d'employer de cette forte de poil dans la fabrique de leurs chapeaux.

CARDIER. Ouvrier qui fait & vend des cardes, pour carder du coton, de la laine, &c.

Les ftatuts des maîtres cardeurs de Paris leur donnent entr'autres qualités celle de *cardiers*, à caufe qu'il leur eft permis de faire & monter des cardes. Ils fe fervent néanmoins rarement de cette faculté, s'en fourniffant ordinairement chez les *cardiers* de Paris, ou en tirant des provinces du royaume & des pays étrangers, particulièrement de Hollande. Quels foins ! quels détails ! & pourquoi ?

CARDINAL. Les tondeurs de draps appellent ainfi une carde à carder la laine, garnie ou remplie de bourre tontiffe jufqu'à l'extrémité des pointes, dont ils fe fervent pour coucher le poil ou la laine, fur la fuperficie des étoffes, après qu'ils les ont tondues *à fin*, c'eft-à-dire, *en dernier*, ou pour la derniere fois.

Quoique par le réglement général des manufactures du mois d'août 1669, il foit défendu aux tondeurs de fe fervir de cardes de fer, pour le couchage des étoffes, ne leur étant permis que d'employer des chardons ; néanmoins on prétend que l'expérience a fait connoître, que l'on peut fe fervir du *cardinal* avec fuccès, c'eft-à-dire, de cardes, lorfqu'elles ont été remplies de bourre, ainfi qu'il a été dit ci-deffus.

Cette réflexion naïve du bon Savari, prouve, comme cent mille autres exemples, que la plupart des prohibitions & réglemens font faits à contre-fens, & ne peuvent que nuire aux manufactures.

CARDOUZILLE. Petite *étoffe* de laine fans foie.

« Elle paye en France les droits de fortie fur le » pied de mercerie, 3 liv. le cent pefant ; & ceux » d'entrée à raifon de 40 fols la pièce de dix aunes, » avec les fols pour livre ».

CARET, qui s'écrit auffi CARRET. Efpèce de tortue, dont l'écaille eft la plus précieufe de toutes les écailles de tortue. On appelle auffi *caret*, l'écaille même levée de deffus la tortue.

CARGADORS. On nomme ainfi à Amfterdam, des efpèces de courtiers, qui ne fe mêlent que de chercher du fret pour les navires qui font en chargement, ou d'avertir les marchands qui ont des marchandifes à voiturer par mer, des vaiffeaux qui font prêts à partir, & pour quels lieux ils font deftinés.

Si le *cargador* à qui le maître d'un vaiffeau s'adreffe, trouve à le fretter tout entier, il convient du prix avec le marchand qui en a befoin ; fi au contraire il ne trouve à le charger qu'à cueillette, il diftribue des billets à la bourfe, & y fait afficher des placards conformes au modèle fuivant, qu'on fuppofe par exemple être pour la cargaifon d'un vaiffeau deftiné pour Konifberg.

POUR KONISBERG.

« Le vaiffeau eft devant le Oude-hads-herberg, » ou la vieille auberge de la ville.

» Le capitaine Teunis Alopfe de Vlieland, par- » tira (avec l'aide de Dieu) avec fa flute, extraor- » dinairement bonne voilière, nommée *le Berger*,

» montée de dix pièces de canon & autres munitions
» de guerre à proportion; si quelqu'un veut lui
» donner quelques marchandises ou autres effets, il
» les recevra & les délivrera fidèlement ».

Il faut s'adresser à Theunis Blok Courtier, & à Pieter Fleyms.

« N. P. On ne chargera rien sans en avoir parlé
» aux *cargadors*, ni sans être d'accord pour le
» fret, & l'on envoyera les connoissemens avec la
» marchandise ».

Quand un marchand est convenu du fret de ses
marchandises avec les deux *cargadors*, ou l'un
d'eux, il prend un passe-port & les envoye à bord
par son batelier qui lui en rapporte un récif,
c'est-à-dire, un billet du pilote qui les a reçues.
Par ce récif, il déclare qu'il a reçu à bord d'un tel
navire, tant de balles, tant de tonneaux, ou tant
de pièces de marchandises d'une telle marque, après
quoi le marchand en dresse trois ou quatre connoissemens qu'il donne au *cargador* avec le récif, qui
les fait signer par le capitaine du navire, qui en
garde un pour lui, & rend les autres pour être
remis au marchand.

Quand c'est pour retirer des marchandises qui
arrivent par mer à Amsterdam; ce sont aussi les
cargadors qui ont coutume d'avertir les marchands
de l'arrivée des navires; & alors, celui à qui quelque marchandise est adressée, en fait faire la déclaration par son convooy-looper, qui lui en fournit
le passe-port que le marchand n'a qu'à donner à son
batelier ou à son tonnelier avec le connoissement,
qui vont retirer la marchandise & la portent, ou
font conduire où il souhaite.

Lorsque personne ne se présente pour retirer
quelque marchandise chargée sur un vaisseau, ou
que celui à qui elle est adressée, est inconnu aux
cargadors, on fait crier à la bourse pendant plusieurs jours par un des valets de la bourse, qu'il y
a une telle partie de marchandise, d'une telle marque, dans un tel navire, venu dans un tel endroit,
chargée par un tel, & adressée à un tel, & que
celui qui en a l'ordre ou le connoissement ait à la
venir retirer, faute de quoi elle sera mise en magasin aux dépens du propriétaire.

Il faut remarquer que lorsqu'un marchand reçoit
par quelque navire, des marchandises sujettes au
coulage, s'il s'en trouve quelques pièces vuides, ou
presque vuides, en sorte qu'elles ne vaillent pas le
fret qu'il en doit payer, il n'est pas obligé de les
recevoir, & les peut laisser pour le fret qu'il déduit
de la partie entière.

Mais si ce sont des marchandises sèches qui ont
été chargées bien conditionnées, & qui se sont gâtées par quelqu'accident arrivé en chemin, le marchand qui les reçoit ne doit pas manquer en les
déchargeant, de protester ou faire un procès-verbal
de l'état où il les reçoit, afin de les faire entrer dans
les grosses avaries, ce qu'il ne pourroit obtenir s'il
manquoit à cette formalité.

Enfin, à l'égard des marchandises sujettes à se
gâter, pour ainsi dire, d'elles-mêmes, comme sont
les raisins, les figues, les châtaignes, &c. si elles
se trouvent gâtées sans aucun accident extérieur, on
est obligé d'en payer le fret, tout de même que si
elles étoient bien conditionnées.

CARGAISON. Ce terme signifie diverses choses
par rapport au commerce de mer.

Quelquefois il s'entend de la charge entière d'un
vaisseau. Souvent on le dit de la facture des marchandises, dont un navire est chargé; & l'on s'en sert
encore pour exprimer le temps propre à charger
les vaisseaux de diverses marchandises. En ce dernier
sens, on dit: ce mois est le temps de la *cargaison*
des vins, des huiles, des morues, &c.

CARGAMON. Sorte *d'épicerie* très-rare, &
très-précieuse qui ne croît que dans les terres de
Visapour, royaume des Indes orientales. Son prix
ordinaire est depuis cent jusqu'à cent dix réales les
cinq cent livres pesant.

CARGUE, ou CHARGE. *Mesure des grains*
dont on se sert à Marseille & dans le reste de la Provence. *Voyez* CHARGE.

CARILLON. Petite *barre de fer*, qui n'a que
huit ou neuf lignes en quarré.

CARISEL, qu'on nomme CRESEAU. Grosse
toile très-claire, qui sert pour travailler en tapisserie, de même que le canevas. Il y en a de blanc
& de teint en diverses couleurs.

CARISET, ou KAREZÉ. *Etoffe de laine croisée*, qui se fabrique en Angleterre & en Ecosse.

CARIVE. C'est un des treize noms que l'on donne
au *poivre de Guinée*, ou *corail des jardins*, vulgairement connu en France sous celui de *piment*.

CARLA. *Toile des Indes*, qui se fabrique dans
un village du même nom, à une lieue de Cananor,
assez près de Tilcery, ou, comme on le nomme
plus communément, Pondichery, où la compagnie
des Indes a son principal bureau.

CARLET. Sorte de *petite étoffe* toute de laine.
Voyez CARLELET.

CARLETTE. C'est une des sortes *d'ardoises* qui
se taillent sur les ardoisières d'Anjou, & du pays du
Maine.

CARLIN. Petite monnoie d'argent qui a cours
dans le royaume de Naples, & en Sicile. Le *carlin* vaut un peu moins de sept sols de France. Il
en faut neuf pour faire l'écu de soixante sols. *Voyez*
la TABLE DES MONNOIES.

CARLINE, ou CAROLINE, qu'on appelle
aussi CHAMÉLÉON. Plante médicinale, souveraine, à ce qu'on dit, contre le poison & contre
la peste, & qu'on employe pour la guérison de
quantité d'autres maladies.

Il y a de deux sortes de *carline*, la blanche & la
noire, qui ne diffèrent guères que de couleur, & en
ce que la blanche ne pousse point de tige, & la noire
s'élève raisonnablement haut.

Ses racines, pour être bonnes, doivent être nouvelles, bien nourries, d'un goût doux, & d'une

odeur aromatique. La racine de la noire ne diffère de celle de la blanche, que parce qu'elle est à demi ouverte & moins pesante.

CARLOEK. Espèce de *colle de poisson* qu'on tire d'Archangel. Elle est faite avec la vessie de l'esturgeon. Son principal usage est pour éclaircir le vin. On s'en sert aussi pour la teinture : la meilleure vient d'Astracan, ville Moscovite, à l'embouchure du Volga, où il se pêche quantité d'esturgeons.

CARME. Nom que l'on donne à une espèce d'acier. *Voyez* ACIER.

CARMELINE. Laine *carmeline* de vigogne, qu'on nomme aussi *laine bâtarde*. C'est la seconde espèce de laine qu'on tire du vigogne. *Voyez* VIGOGNE LAINE.

CARMIN. Couleur rouge très-vive, & comme veloutée, dont se servent les peintres en miniature, & quelquefois les peintres en huile, mais rarement, à cause de son prix excessif.

Le *carmin* est le plus précieuse & la plus riche marchandise que l'on tire de la cochenille mesteque : c'est une fécule ou poudre qui reste au fond de l'eau où l'on a fait tremper, & bien mêlé la cochenille, le chouan & l'autour. On y ajoute quelquefois le rocou ; mais le *carmin* en devient trop orangé.

Pour être excellent, il faut qu'il soit en poudre presqu'impalpable, haut en couleur, proprement & fidellement fait.

Quelques-uns font le *carmin* avec le bois de Brésil & de Fernambouc, bien battus dans un mortier, & trempés ensuite dans du vinaigre blanc ; & l'écume qui en sort après avoir bouilli, est le *carmin* ; mais ce *carmin* n'approche en aucune manière de la beauté du premier.

Les marchands drapiers se servent du *carmin* pour colorer & cacher les endroits de leurs écarlates qui sont restés blanchâtres, après qu'on les a épouties & énouées.

CARNET. C'est un des noms que les marchands négocians & banquiers donnent à une sorte de livre dont ils se servent pour connoître d'un coup d'œil les temps des échéances de leurs dettes actives & passives, c'est-à-dire des sommes qu'ils ont à recevoir, & de celles qu'ils ont à payer ; afin qu'en faisant la balance ou comparaison des paiemens qui leur doivent être faits, avec ceux qu'ils doivent faire, ils puissent pourvoir aux fonds nécessaires pour payer à point nommé, & dans les temps des échéances.

Le *carnet* est du nombre des livres que l'on appelle *livres auxiliaires*, ou *livre d'aide*. Ses autres noms sont *livre des échéances*, & *livre des mois*, ou *des paiemens*. Quelques-uns lui donnent encore le nom de *bilan*, parce qu'il sert, pour ainsi dire, à balancer ce qui est dû, avec ce que l'on doit. *Voyez* LIVRE DES ÉCHÉANCES.

CARNET. Se dit aussi d'une espèce de petit livre que les marchands portent dans les foires & marchés, sur lequel ils écrivent toutes les affaires qu'ils y font,

soit pour l'achat, soit pour la vente des marchandises, même leur recette & dépense journalière.

On appelle quelquefois *carnet*, une sorte de petit livre dont les marchands & négocians de Lyon se servent lorsqu'ils vont sur la place du change, pour faire le virement des parties ; mais son nom le plus en usage est *bilan*. *Voyez* BILAN.

CARNOK, ou COMB. *Mesure* qui sert en Angleterre à mesurer les grains, graines, légumes, &c. *Voy.* la TABLE DES MESURES.

CAROBES. Sortes de *fèves* qui viennent en abondance dans l'isle de Chypre ; la plupart des habitans s'en nourrissent : mais malgré cette grande consommation, ces légumes, ou, comme d'autres les appellent, ces *fruits*, font encore une partie du commerce de cette isle, d'où il s'en transporte tous les ans quantité sur des barques dans toutes les isles de l'Archipel.

CAROLINE. Plante médicinale. *Voy.* CARLINE.

CAROLINE. C'est aussi une *monnoie d'argent* de Suède, qui vaut sept marcs & demi, à raison de huit roustiques, ou six doubles au soleil le marc, ce qui fait vingt sols de Suède, & revient environ à dix-neuf sols de France, ou quinze sols de Hollande, prenant le marc sur le pied de deux sols six deniers de France, *Voy.* la TABLE DES MONNOIES.

CAROLUS. Petite monnoie de billon, ou de cuivre, tenant un peu d'argent ; ainsi nommée, de ce qu'elle avoit commencé d'êtrefabriquée en France sous le règne de Charles VIII.

Le *carolus* valoit dix deniers, lorsqu'il a cessé d'avoir cours ; il avoit été plus haut auparavant ; ce qui s'entend néanmoins suivant qu'il tenoit plus ou moins de fin, y ayant eu des *carolus*, entr'autres ceux de Lorraine, qui étoient au titre depuis cinq deniers vingt grains, jusqu'à trois deniers un grain. Ceux de France & de Bourgogne ne tenoient de fin au plus que deux deniers dix-huit grains, à la réserve des *carolus* frappés sous le règne de François I, qui étoient au titre de cinq deniers quatre grains. Ceux qui se mettent encore dans le commerce en Lorraine, ou dans quelques provinces voisines, passent sous le nom & sur le pied des sols de France de douze, ou quinze deniers.

Les *demi-carolus* sont pareillement de différentes valeurs & de divers titres, à proportion des *carolus*. Ceux à trois fleurs-de-lys en barre, qu'on appelle *demi-carolus* vieux, tiennent trois deniers quinze grains de fin ; & les neufs, seulement deux deniers six grains.

CAROTTE de tabac. On appelle ainsi dans le commerce du tabac en corde, que les regratiers de Paris vendent en détail, un morceau de tabac long environ d'un pied, gros suivant l'espèce du tabac, & ficelé fortement dans toute sa longueur, préparé ainsi pour être rapé, & réduit en poudre,

Il y a encore une autre sorte de *tabac en carotte*, qui se prépare en Hollande & en Angleterre, & qui est fait avec du tabac de Virginie, qui s'apporte en feuilles en Europe. Ces *carottes* ne font point ficellées, & ont la figure d'un cône long & étroit, assez semblable à la racine de la plante qu'on appelle *carotte*, d'où apparemment ce tabac a pris son nom. Cette dernière est la véritable *carotte*.

CARPETTES. Gros draps rayés, qu'on nomme autrement *tapis d'emballage*.

« Ces sortes de *tapis* payent 16 sols la douzaine » de droits de sortie, avec les sols pour livre ».

CARPO-BALSAMUM. On nomme ainsi les bayes, ou le fruit de l'arbre qui produit l'excellent baume du Levant.

« Le *carpo-balsamum*, ou, comme l'appelle le » tarif de la douane de Lyon, *carpo-balsamy*, » paye en France, suivant ce tarif, le quintal, 32 » sols six deniers, d'ancienne taxation ; 42 sols six » deniers pour la nouvelle réapréciation ; 4 livres pour » les anciens 4 pour cent ; & encore 4 livres pour » une autre réapréciation ; & par le tarif de 1664 » seulement 3 livres du cent pesant, avec les sols » pour livre ».

CARRAS. On nomme ainsi en Languedoc les bois de sapin, qui sont débités comme nos bois carrés. Il y en a de deux sortes, ceux de la grande forme, & ceux de la petite forme, qu'on nomme aussi *petits sommerots*.

Par les tarifs de la foraine domaniale & du denier saint-André, qui se lèvent en plusieurs bureaux de Languedoc, les grands *carras*, estimés 12 livres pièce, payent une livre de foraine, & un sol pour le denier saint-André.

Et les petits, la pièce estimée cinq livres, payent 8 sols 4 den. de foraine, & 5 den. pour le denier saint-André.

Et pour la réapréciation 1 sol 8 den. de foraine, & un denier pour le denier saint-André.

CARRE, qu'on nomme aussi CASSE. Mesure de continence dont on se sert à Briare pour mesurer les grains.

La *carre* pèse 20 liv. 10 *carres* & $\frac{10}{11}$ de ces *carres* font le septier de Paris.

CARRÉ DE CUIR. Les tanneurs, & ceux qui font commerce de gros cuir, appellent *carrés*, certains morceaux de cuir fort coupés par *carrés*, ou en forme de tableau ; ce qui leur fait aussi donner quelquefois le nom de *tableau de cuir*.

CARRÉE FINE, CARRÉE FORTE. Ce sont deux diverses espèces d'*ardoises*, qui se taillent dans les ardoisières d'Anjou.

CARREAU. Pierre de taille de grosseur ordinaire, qui se vend au charriot, le charriot contenant deux voyes, & la voye cinq *carreaux*. Les plus grosses pierres de taille s'appellent des *quartiers*. *Voy.* PIERRE.

CARREAU A PAVER. C'est un pavé plat & peu épais, qui sert à faire des planchers. Il y en a de marbre, de pierre de liais, d'ardoise, de porcelaine, de fayance, de terre cuite, de carrés, d'exagones, d'octogones, de ronds, &c.

Outre l'usage des *carreaux* de porcelaine & de fayance, pour paver quelques endroits des chambres & appartemens, on s'en sert à incruster les lieux destinés aux bains, aussi-bien que le dedans des cheminées qu'on veut qui soient un peu propres.

Les marbriers font & vendent les *carreaux* de marbre, de pierre de liais & d'ardoise ; les fayanciers ceux de porcelaine & de fayance, & les potiers de terre ceux de terre cuite. Tous ces *carreaux* se vendent au compte, c'est-à-dire, au millier, quand ils ne sont pas en place ; & à la toise quarrée, quand ils sont placés.

« Les *carreaux* de terre cuite, que le tarif de » 1664 appelle *carreaux de thuiles à paver*, payent » en France les droits d'entrée & de sortie au mil- » lier, savoir, 15 sols pour l'entrée, & 8 sols pour » la sortie ».

CARREAU DE MEULAGE. Pierre propre à paver.

« Ces *carreaux* payent au cent les droits d'entrée » & de sortie. Ceux de France, une livre 10 sols, » pour les uns & les autres droits ; & ceux de Brie » 2 liv. de sortie & 3 5 s. d'entrée, avec les s. pour l. »

CARREAU. Les statuts des maîtres paveurs de la ville & fauxbourgs de Paris, appellent *carreau* ce qu'on nomme présentement *pavé*; ce qui ne s'entend néanmoins que du pavé de grès.

Par le quinziéme article de ces statuts, il leur est ordonné de mettre de chaque côté du ruisseau jusqu'à quatre pieds de large du moins de bon sablon, & *carreau* fourni ; & au reste, tirant vers les maisons, seulement de bons *carreaux* moyens, si bon leur semble.

CARREAU. Signifie aussi le *pavé des halles* & *marchés* de la ville de Paris, sur lequel les marchands de certaines sortes de marchandises ont coutume de faire leur étalage ; tel entr'autres est le *carreau* de la porte de Paris, où les tripiers & tripières exposent chaque matin les tripes & issues qu'ils ont fait cuire ; & tel encore le *carreau* de l'ancienne & nouvelle vallée de misère, sur lequel les coquetiers étalent leurs volailles & gibier.

CARREAU. On appelle de la sorte une espèce de coussin ou d'oreiller, ordinairement de velours, brodé de riches galons d'or, dont les dames de qualité se servent pour mettre sous leurs genoux, lorsqu'elles assistent aux offices de l'église. Autrefois les *carreaux* des femmes de la cour étoient distingués de ceux des femmes de robe & de la ville, par les galons que les premières portoient d'or, & les autres seulement de soie. Présentement tous se galonnent d'or, avec quelque différence à la vérité, qui consiste dans le plus ou le moins qu'on voit de velours dans le milieu du *carreau*. Le *carreau* des dames fait une partie de leur toilette, & ce sont les marchands miroitiers qui les fournissent aux nouvelles mariées, avec le miroir, les boëtes & les carrés.

CARREAU. C'est aussi un terme dont on se sert dans le commerce de poisson d'eau douce, où l'on appelle *brochets carreaux* les plus longs & les plus gros brochets. Les fins connoisseurs ne les estiment pas tant que les brochets de médiocre longueur ;

mais comme ils se réservent ordinairement pour les présens, & qu'ils ne paroissent que sur les tables considérables, le prix, ou l'entêtement, semble y donner du goût, & les faire préférer aux autres.

CARRELET, CARLET ou CARTELET. C'est encore le nom d'une petite *étoffe de laine*, d'une qualité assez médiocre. *Voyez* CARTELET.

« Cette *étoffe* est employée dans le tarif de 1664, » sous le nom de *cartelet* ; & dans celui de la douane » de Lyon, sous le nom de *carlet*. Elle paye, con-» formément à ce dernier, les droits à raison de 4 s. » 6 deniers d'ancienne taxation par chaque pièce, » & un sol six den. pour la nouvelle réapréciation, » avec les sols pour livre ».

CARRELET. C'est une sorte de *grande aiguille* à quatre carnes ou angles, qui sert aux selliers, cordonniers, bourreliers, savetiers, malletiers, &c. pour coudre & joindre les cuirs légers.

CARRELETTES. Limes fines qui servent à polir le fer. Il y a de grosses & de petites *carrelettes*. *Voy.* LIME.

CARRET. On appelle *fil de carret*, du fil qui sert à coudre les voiles, & autres ouvrages & manœuvres sur les vaisseaux. *Voy.* FIL DE CARRET.

CARRET, qu'on écrit plus ordinairement CARET. *Ecaille de tortue*, dont les tabletiers, peigniers, ébénistes & ouvriers en piéces de rapport ou marquetterie font diverses sortes d'ouvrages. On le dit aussi de l'espéce, des amphibies qui est couverte de cette écaille précieuse.

CARROSSE. Divers ouvriers travaillent à la fabrique des *carrosses*. Les charrons font le train. Les maréchaux de gros ouvrages, les essieux, lorsqu'ils sont de fer; les arcs, les ressorts & le reste de la ferrure, comme, les bandes des roues, les arboutans, &c. Les menuisiers-carrossiers font le coffre ou batteau. Les bourreliers, les soupentes & les faussessoupentes, aussi-bien que les harnois de chevaux. Les fondeurs & doreurs de métal, fournissent les plaques, les boucles, les vases & les clous dorés. Enfin, les selliers-lormiers garnissent les *carrosses*, tant dedans que dehors; & les peintres & doreurs les peignent & les dorent.

Les lormiers-éperonniers ont aussi la permission & le droit de faire & vendre toutes sortes de *carrosses*. Au contraire, il est défendu aux marchands ferrailleurs d'en vendre, ni d'en acheter de vieux autrement que pour les dépecer.

CARROSSE DE VOITURE. C'est un *carrosse* établi pour transporter & voiturer les personnes & les marchandises, d'une ville ou d'une province à une autre, moyennant un certain prix fixé dans un tarif, arrêté par l'autorité du prince.

Il y a à Paris quantité de ces sortes de *carrosses*, qui en partent toutes les semaines à jour & à heure nommés, pour les principales villes du royaume, & dont les jours du retour sont pareillement réglés. Tels sont les *carrosses* de Lyon, de Rouen, d'Orléans, de Tours, de la Rochelle, de Poitiers, de Metz, de Strasbourg, de Lille, de Bordeaux & quantité d'autres.

Pour le transport des marchandises, il y a à l'avant & à l'arrière, deux grands paniers d'osier, arrêtés entre les moutons du *carrosse*. On les appelle *des magasins*; & c'est en effet où l'on emmagasine les ballots, coffres & valises, qu'on a soin de bien empailler, & qu'on couvre encore par-dessus d'une toile cirée, ou même quelquefois d'une couverture de cuir.

Les maîtres de ces *carrosses* sont tenus aux mêmes choses portées par les ordonnances & réglemens pour les autres voituriers publics, entr'autres d'avoir un livre pour enregistrer les hardes & marchandises; ce que les marchands, ou ceux à qui elles appartiennent, doivent avoir grand soin qui s'exécute exactement, les maîtres de ces *carrosses* n'étant proprement responsables que de celles qui sont enregistrées.

Les cochers qui conduisent ces *carrosses*, doivent avoir une lettre de voiture, pour la représenter, où, & quand il en est besoin. On l'appelle *la feuille*, qui n'est qu'un extrait du registre, signé du commis.

Lorsque les *carrosses* partis de Paris, y rentrent, les cochers doivent d'abord présenter leur feuille à la barrière, & souffrir la visite du commis des entrées, s'il la desire faire. Après quoi, ils sont tenus de mener leurs voitures à la douane, pour leur feuille y être vue, & les marchandises déchargées & visitées, sans qu'il leur soit permis d'en décharger aucune en chemin.

CARROSSE DE LA DILIGENCE. Il se dit des *carrosses* de voiture, qui par le moyen de plusieurs relais, disposés sur leur route, font une plus grande diligence que les *carrosses* ordinaires. *Voyez* DILIGENCE.

Mettre un ballot au *carrosse*: retirer un paquet du *carrosse*: envoyer une caisse par le *carrosse*; & quelques autres semblables, sont tous termes communs & usités dans le commerce qui se fait par la commodité de ces sortes de voitures, trop intelligibles, pour demander une explication.

CARSAYE ou CRESEAU. Étoffe croisée qui se fabrique en Angleterre. Il s'en fait aussi en France & en Hollande, particulièrement à Leyden.

Les *carsayes d'Angleterre* ne peuvent entrer dans les états de la république de Hollande, qu'en blanc ou teintes en laine; celles apprêtées ou teintes après avoir été levées du métier y étant du nombre des marchandises de contrebande. Les pièces en blanc sont de 15 à 16 aunes de long, ou de 30 à 32; & celles teintes en laine, depuis 16 jusqu'à 17 aunes, ou de 32 jusqu'à 34. Les *carsayes d'Ecosse* sont de 12 aunes mesurées en doubles; & celles de Leyden, de 30 aunes.

CARSE. *Mesure de grains* dont on se sert à Briare. *Voyez* CARRE.

CARTA. Quelques marchands Provençaux, & plusieurs négocians étrangers se servent de ce terme dans leurs écritures, pour signifier *la page* ou *le folio* d'un registre.

CARTAME. Efpèce de fafran bâtard, que l'on appelle auffi *fafranbourg*.

CARTES A JOUER. Le commerce des *cartes* eft actuellement affujetti dans tout le royaume à plufieurs formalités & prohibitions, à caufe de l'impôt qu'on a mis fur cette marchandife. Voici les loix qui les établiffent.

ÉDIT DU ROI,

Pour l'établiffement d'un droit fur les cartes à jouer.

Louis, par la grace de Dieu, roi de France & de Navarre : à tous préfens & à venir, falut. La néceffité où nous fommes de remplacer par quelques fecours extraordinaires, les aliénations que nous fommes obligés de faire d'une partie de nos revenus, nous a donné lieu d'écouter la propofition qui nous a été faite, d'établir un droit modique fur les *cartes à jouer*, pour en faire une ferme à notre profit, & nous avons cru ne pouvoir rien faire pour fubvenir à nos befoins qui fut moins à charge à nos fujets. A CES CAUSES, & autres à ce nous mouvans, & de notre certaine fcience, pleine puiffance & autorité royale, nous avons par le préfent édit perpétuel & irrévocable, dit & ordonné, difons & ordonnons, voulons & nous plaît, qu'à commencer du jour de la publication du préfent édit, il foit établi, impofé & levé à notre profit dans toute l'étendue de notre royaume, pays, terres & feigneuries de notre obéiffance, dix-huit deniers fur chaque jeu de *cartes* & *tarrots*, & révoquons tous dons & conceffions que nous pourrions avoir faits de femblables droits, voulons qu'à cet effet auffi-tôt après la publication des préfentes, il foit fait à la diligence de celui auquel nous ferons bail dudit droit, des procès-verbaux & inventaires des *cartes* & *tarrots* qui fe trouveront fabriqués chez les maîtres ouvriers cartiers, marchands & autres, & ce par un commiffaire du châtelet en notre bonne ville de Paris, & par les lieutenans-généraux ou autres officiers de police dans les autres villes, auxquels nous enjoignons de fe faire repréfenter par lefdits maîtres cartiers les planches qui ont fervi jufqu'à préfent à l'impreffion défdites *cartes*, pour être fur le champ rompues & brifées ; ordonnons que les *jeux de cartes* & *tarrots* qui fe trouveront chez eux affortis, feront cachetés fur les enveloppes, & qu'à l'égard des autres qui ne feront pas encore achevés, les maîtres & ouvriers cartiers feront tenus de les repréfenter dans huitaine, pour être pareillement cachetés, & être du tout les droits payés à raifon de dix-huit deniers par jeu, & s'il s'en trouve d'autres chez eux après lefdits inventaires, & aucunes planches pour les imprimer, ils feront confifqués au profit du fermier, & lefdits cartiers condamnés à cinq cent livres d'amende, dont un tiers appartiendra à l'hôpital-général des lieux, un tiers au fermier, & l'autre au dénonciateur ; accordons aux maîtres cartiers, marchands & autres, la liberté de vendre & diftribuer, jufqu'au

premier janvier prochain, les *cartes* & *tarrots* qu'ils ont ci-devant fabriquées, fans qu'à l'avenir ils en puiffent fabriquer aucunes, que dans les formes ci-après, ni qu'après ledit jour premier janvier, ils puiffent en expofer d'autres en vente, ni les garder, à peine de confifcation & de pareille amende que deffus : voulons que tous les maîtres cartiers foient tenus dans un mois de fe faire infcrire au bureau du fermier, & d'y faire leur déclaration, du nombre des ouvriers qu'ils ont chez eux ou ailleurs, fervans à la fabrique & apprêt défdites *cartes* & *tarrots*, fur les regiftres que le fermier tiendra à cet effet ; lui permettons de faire faire chez eux des vifites toutes fois & quantes qu'il le jugera à propos par fes commis : voulons qu'à l'avenir les maîtres & ouvriers cartiers foient tenus de porter aux bureaux des fermiers, les feuilles en papier des *cartes* à têtes ou figures, pour y être imprimées de figures nouvelles, & marquées de marques telles qu'il le jugera à propos, & enfuite rendues auxdits cartiers, après qu'ils auront payé ledit droit, pour les apprêter, mettre en couleur, & débiter comme bon leur femblera, & fera l'empreinte défdites figures & marques dépofée fans frais aux greffes de police des lieux, pour y avoir recours en cas de befoin ; & à l'égard des autres *cartes*, nommées *cartes à pointes ou blanches & des tarrots*, feront lefdits cartiers tenus de les apporter imprimées en carton aux bureaux du fermier, pour y être marquées de la même marque que les autres *cartes*. Permettons néanmoins auxdits maîtres cartiers d'imprimer chez eux les *cartes* appellées *tarrots*, ainfi qu'ils ont fait jufqu'à préfent, à la charge de les apporter aux bureaux du fermier, pour y être marquées comme ci-deffus, & en être les droits payés ; à l'effet de quoi, ils pourront conferver les planches qui leur ont fervi jufqu'à préfent pour l'impreffion défdites *cartes* : fera loifible à notredit fermier de changer les figures défdites *cartes*, lorfque lefdites planches fe trouveront ufées ou endommagées, lors duquel changement les anciennes planches feront rompues en préfence défdits officiers de police, lefquels en drefferont leurs procès-verbaux, & mettront en leurs greffes les empreintes des nouvelles figures ; fans toutefois que le cours des *cartes* qui fe trouveront avoir été imprimées & marquées des anciennes figures & marques, en puiffe être pour ce interrompu : défendons à tous maîtres, ouvriers, cartiers, marchands & autres, de vendre, débiter, ni fabriquer à l'avenir aucunes *cartes à jouer* ni *tarrots*, fi elles ne font imprimées & marquées dans la forme ci-deffus, ni de faire aucunes *cartes* en papier double, fimple ou autrement, à peine de confifcation défdites *cartes*, outils & autres uftenfiles fervans à leur fabrique, & de mille livres d'amende, applicable un tiers aux hôpitaux-généraux des lieux, un tiers au fermier, & l'autre au dénonciateur, même d'interdiction de leurs maîtrifes & commerce, en cas de récidive ; comme auffi à tous graveurs de graver à l'avenir aucunes planches de quelque nature que ce foit, pour imprimer des figures de *cartes*, fans la permiffion par écrit de nôtredit fermier, & ce fous les peines ci-deffus. Faifons pareillement très-expreffes inhibitions & défenfes à toutes perfonnes de quelque qualité & condition qu'elles foient, de retirer dans leurs châteaux, hôtels & maifons, même dans les lieux privilégiés & monaftères, ni laiffer travailler chez eux aucuns defdits maîtres, ouvriers, compagnons ou autres, à la fabrique defdites *cartes* & *tarrots*, à peine de défobéiffance, & de trois mille livres d'amende, applicable comme deffus. Permettons au fermier ou à fes commis & prépofés, de faire leurs vifites dans tous les châteaux, hôtels, couvents, communautés & tous lieux privilégiés & autres où ils auront avis qu'il fe commettra quelque contravention foit dans la fabrique, ou au préjudice, foit dans la fabrique, vente ou ufage defdites *cartes* & *tarrots*, fans qu'il puiffe leur être apporté aucuns empêchemens, fous quelque caufe & prétexte que ce puiffe être, pourvû néanmoins que lefdits commis foient affiftés comme deffus : Et en cas de refus defdites vifites, ordonnons à tous juges, commiffaires, prévôts, exempts & archers, de prêter toute main-forte & affiftance néceffaire à la première requifition, à peine d'en répondre en leur propre & privé nom. Défendons à toutes perfonnes de quelque qualité & condition qu'elles foient, autres que lefdits marchands cartiers, de vendre & débiter aucunes *cartes à jouer*, s'ils ne fe font fait infcrire préalablement fur les regiftres du fermier, lequel pourra faire fes vifites chez eux, de même que chez les cartiers, & feront fujets, en cas de contravention, aux mêmes peines que deffus ; faifons pareillement défenfes à toutes perfonnes de quelque qualité & condition qu'elles foient, de donner à jouer, ni de jouer avec des *cartes* autres que celles imprimées de la nouvelle empreinte & marque du fermier, après ledit jour premier janvier prochain, & à tous cartiers, merciers, chandeliers & autres, de recouper & revendre les *cartes* qui auront déja fervi, le tout fous les mêmes peines que deffus ; n'entendons néanmoins que les *cartes* & *tarrots* qui feront envoyés & portés hors le royaume, foient fujets audit droit, & à cet effet, ordonnons que les ouvriers & marchands feront tenus de faire leurs déclarations au bureau du fermier, de la quantité qu'ils en voudront faire fortir, & enfuite y envoyer les feuilles en blanc, pour y être imprimées & marquées de même que celles du royaume, & pour les diftinguer, il fera imprimé fur chaque *carte* ces mots, *franc pour l'étranger* ; au moyen de quoi, lefdits marchands ne feront tenus de payer aucuns droits audit fermier. Faifons très-expreffes inhibitions & défenfes à nôtredit fermier, de fabriquer ni vendre aucunes *cartes*, ni permettre qu'il en foit fabriqué ou vendu par fes commis & prépofés, feront tenus lefdits commis du fermier, de prêter ferment en la manière ordinaire, par-devant les officiers de police des lieux, & jouiront dans les lieux de la fabrication defdites *cartes*, des mêmes privilèges & exemptions dont jouiffent les commis

de nos fermes ; voulons que les contraventions qui pourront arriver, tant à la fabrication qu'au débit defdites *cartes* & droits établis par le préfent édit, foient inftruits & jugés fommairement ; fçavoir, dans notre bonne ville & fauxbourgs de Paris, par le lieutenant-général de police, & dans les autres villes, pendant deux années feulement, par les fieurs intendans & commiffaires départis dans nos provinces & leurs fubdélégués, après lequel temps, la connoiffance en appartiendra aux lieutenans-généraux & autres officiers de police établis par nos édits des mois d'octobre & novembre mil fix cent quatre-vingt-dix-neuf, privativement à tous autres juges. Voulons en outre que les ftatuts & réglemens des maîtres cartiers, tant de notre bonne ville de Paris, qu'autres de notre royaume, foient exécutés felon leur forme & teneur, & enjoignons aux lieutenans-généraux & autres officiers de police d'y tenir la main. SI DONNONS EN MANDEMENT à nos amés & féaux confeillers, les gens tenans notre cour de parlement & chambre de nos comptes à Paris, que notre préfent édit ils faffent lire, publier & enregiftrer, même en tems de vacations, & le contenu en icelui fuivre, garder & obferver felon fa forme & teneur, ceffant & faifant ceffer tous troubles & empêchemens qui pourroient être mis ou donnés, nonobftant tous édits, déclarations, réglemens & autres chofes à ce contraires, auxquels nous avons dérogé & dérogeons par ledit préfent édit, aux copies duquel collationnées par l'un de nos amés & féaux confeillers fecrétaires, voulons que foi foit ajoutée comme à l'original : CAR tel eft notre plaifir, & afin que ce foit chofe ferme & ftable à toujours, nous y avons fait mettre notre fcel. DONNÉ à Fontainebleau au mois d'octobre, l'an de grace mil fept cent un, & de notre régne le cinquante-neuvième. Signé, LOUIS ; & plus bas, par le roi, PHELYPEAUX, *visa* PHELYPEAUX. Vu au confeil, CHAMILLART. Et fcellé du grand fceau de cire verte, en lacs de foie rouge & verte.

« Regiftré, oüi, & ce requérant le procureur-» général du roi, pour être exécuté felon fa forme » & teneur, & copies collationnées envoyées aux » fièges, bailliages & fénéchauffées du reffort, pour » y être lues, publiées & enregiftrées. Enjoint aux » fubftituts du procureur-général du roi, d'y tenir la » main, & d'en certifier la cour dans un mois, fuivant » l'arrêt de ce jour. A Paris, en parlement, en va-» cations, le dix-neuvième octobre mil fept cent un. » Signé, ISSALY ».

DÉCLARATION DU ROI,

Qui ordonne le rétabliffement du droit d'un fol fix deniers fur chaque jeu de cartes,

Donnée à Verfailles le 16 février 1745,

Regiftrée en parlement le 26 defdits mois & an.

LOUIS, par la grace de Dieu, roi de France & de Navarre : A tous ceux qui ces préfentes lettres verront , falut. Entre tous les moyens qui nous ont été propofés pour fubvenir aux befoins actuels de l'état , & pour nous mettre en état de fupporter les nouvelles charges auxquelles nous nous fommes obligés, nous n'en avons trouvé aucun qui fût moins onéreux à nos fujets, que le rétabliffement des droits fur les cartes à jouer, dont la perception a été ordonnée par l'édit du mois d'octobre 1701 , & qui ont été perçus jufqu'en 1719. A ces causes & autres à ce nous mouvant , de notre certaine fcience ; pleine puiffance & autorité royale , nous avons par ces préfentes fignées de notre main dit , déclaré & ordonné, difons , déclarons & ordonnons, voulons & nous plaît , que le droit de dix-huit deniers par chaque jeu de cartes, établi par édit du mois d'octobre 1701., foit levé & perçu dans toute l'étendue de notre royaume , à compter du jour de la publication de la préfente déclaration , & ce fur le pied de dix-huit deniers par jeu. Voulons que les contraventions qui pourront arriver , tant à la fabrication qu'au débit defdites cartes , & droits établis par notre préfente déclaration , foient inftruites & jugées par les lieutenans-généraux & autres officiers de police , privativement à tous autres juges , fauf l'appel en nos parlemens. Et feront au furplus les difpofitions dudit édit du mois d'octobre 1701 , & de la déclaration du 17 mars 1703, exécutées felon leur forme & teneur , en ce qui n'eft pas contraire à la préfente déclaration. Si DONNONS EN MANDEMENT à nos amés & féaux confeillers, les gens tenant notre cour de parlement , chambre des comptes & cour des aides à Paris , que ces préfentes ils ayent à faire lire , publier & regiftrer , & le contenu en icelles garder & exécuter felon leur forme & teneur, nonobftant toutes chofes à ce contraires, auxquelles nous avons dérogé & dérogeons ; aux copies defquelles collationnées par l'un de nos amés & féaux confeillers-fecrétaires , voulons que foi foit ajoutée comme à l'original , car tel eft notre plaifir. En témoin de quoi , nous avons fait mettre notre fcel à cefdites préfentes. Donné à Verfailles, le feizième jour de février , l'an de grace mil fept cent quarante-cinq , & de notre régne le trentième. Signé , LOUIS. Et plus bas , par le roi , PHELYPEAUX. Vu au confeil, ORRY. Et fcellé du grand fceau de cire jaune.

« Regiftrée, oui & ce requérant le procureur
» général du roi, pour être exécutée felon fa forme
» & teneur ; & copies collationnées envoyées dans
» les bailliages & fénéchauffées du reffort , pour
» être lue , publiée & regiftrée : Enjoint aux fubf-
» tituts du procureur général du roi d'y tenir la
» main , & d'en certifier la cour dans le mois, fui-
» vant l'arrêt de ce jour. A Paris , en parlement ,
» le vingt-fix février mill fept cent quarante-cinq «.
Signé , YSABEAU.

DÉCLARATION DU ROI,

Portant augmentation du droit rétabli par celle du 16 février 1745 fur les cartes à jouer , pour le produit en être appliqué à l'hôtel de l'école royale militaire ,

Donnée à Verfailles le 13 janvier 1751 ,

Regiftrée en parlement , chambre des comptes & — cour des aides.

LOUIS , par la grace de Dieu , roi de France & de Navarre : A tous ceux qui ces préfentes verront , falut. Le droit que nous avons établi fur les cartes à jouer , par notre déclaration du 16 février 1745 , ne pouvant être onéreux à nos fujets, nous avons réfolu de l'augmenter , en faveur de la deftination que nous en avons faite , pour fubvenir aux frais de l'établiffement & de l'entretien d'une école royale militaire que nous avons fondée. A ces causes & autres à ce nous mouvant , de notre certaine fcience , pleine puiffance & autorité royale , nous avons par ces préfentes fignées de notre main dit , déclaré & ordonné, difons , déclarons & ordonnons, voulons & nous plaît , qu'à compter du jour de la publication de la préfente déclaration , le droit rétabli fur les cartes à jouer , par notredite déclaration du 16 février 1745 , foit levé & perçu dans toute l'étendue de notre royaume , pays, terres & feigneuries de notre obéiffance , fur le pied d'un denier par chaque carte dont feront compofés les différens jeux , qui font & pourront être dans la fuite en ufage , pour le produit en être appliqué , dudit jour, à l'établiffement & à l'entretien de l'école royale militaire , fuivant & aux termes de notre édit du préfent mois, portant fondation d'icelle. Et feront au furplus les difpofitions de notredite déclaration du 16 février 1745 , exécutées felon leur forme & teneur, en ce qui n'eft point contraire à la préfente déclaration. Si DONNONS EN MANDEMENT à nos amés & féaux confeillers, les gens tenant notre cour de parlement , chambre des comptes & cour des aides à Paris , que ces préfentes ils aient à faire lire , publier & regiftrer , & le contenu en icelles faire garder & exécuter felon leur forme & teneur , car tel eft notre plaifir. En témoin de quoi nous avons fait mettre notre fcel à cefdites préfentes. Donné à Verfailles , le treizième jour du mois de janvier , l'an de grace mil fept cent cinquante-un , & de notre régne le trente-fixième. Signé LOUIS. Et plus bas ; M. P. DE VOYER D'ARGENSON. Vû au confeil MACHAULT. Et fcellé du grand fceau de cire jaune.

« Regiftrée, oui , ce requérant le procureur gé-
» néral du roi, pour être exécutée felon fa forme
» & teneur ; & copies collationnées envoyées aux
» bailliages & fénéchauffées du reffort , pour y être
» lue , publiée & regiftrée. Enjoint aux fubftituts du
» procureur général du roi d'y tenir la main , &
» d'en certifier la cour dans le mois, fuivant l'arrêt
» de

*de ce jour. A Paris , en parlement , le 22 janvier » mil sept cent cinquante-un ». *Signé* YSABEAU.

« Registrées en la chambre des comptes , ouï le » procureur général du roi , pour être exécutées » selon leur forme & teneur , à la charge que ceux » qui seront préposés à la régie & perception des » droits imposés sur les *cartes à jouer*, seront tenus » d'en compter à la chambre en la manière accou- » tumée , ainsi qu'il est porté par arrêt de la cham- » bre du 15 mai 1745 , intervenu à l'enregistrement » de la déclaration du roi , du 16 février audit an, » portant établissement du premier droit sur les » *cartes à jouer*, pour , les deniers provenans des » droits établis par les présentes lettres en forme de » déclaration , être remis au trésorier de l'école » royale militaire , & être employés , suivant les » ordres du secrétaire d'état ayant le département » de la guerre , à la subsistance & entretien de ladite » école royale , conformément à la disposition de » l'article XI des lettres - patentes en forme d'édit » du mois de janvier dernier. Les semestres assemblés , » le 13 février mil sept cent cinquante-un ». *Signé* DUCORNET.

» Registrées en la cour des aides , ouï , & ce » requérant le procureur général du roi , pour » être exécutées selon leur forme & teneur ; à la » charge néanmoins que toutes les contestations » nées & à naître à l'occasion de la perception dudit » droit seront portées en première instance de- » vant les officiers de l'élection , & par appel en la » cour. Fait à Paris , en ladite cour des aides , les » chambres assemblées , le 14 août mil sept cent » cinquante-six. Collationné ». *Signé* BESNIER.

ARRÊT
DU CONSEIL D'ÉTAT.
DU ROI,

Portant réglement pour la perception du droit sur les cartes.

Du 9 novembre 1751.

Extrait des regiftres du confeil d'état.

LE ROI ayant fixé , par sa déclaration du 13 janvier dernier , le droit rétabli sur les *cartes à jouer*, par celle du 16 février 1745 , à un denier par chaque *carte* dont seront composés les jeux qui sont ou pourront être dans la suite en usage , pour le produit en être appliqué à l'établissement & à l'entretien de l'école royale militaire : & sa majesté étant informée que les précautions prises par les anciens réglemens ne suffisent pas pour arrêter les fraudes qui se commettent , sa majesté a jugé nécessaire de rendre un nouveau réglement qui , en rappellant & expliquant les dispositions des anciens , en contiendra de nouvelles , pour procurer un recouvrement plus facile , & assurer davantage la perception du

droit. A quoi desirant pourvoir : ouï le rapport , SA MAJESTÉ ÉTANT EN SON CONSEIL , a ordonné & ordonne ce qui suit :

ART. I. A compter du jour de la publication du présent arrêt , il sera fourni aux cartiers par le régisseur du droit sur les *cartes*, du papier propre à l'impression des *cartes à figures & à point*, sans qu'ils puissent en employer d'autre à cet usage ; à peine contre les contrevenans , de trois mille livres d'amende , applicable un tiers au dénonciateur , le surplus à l'école royale militaire , de confiscation des *cartes*, cartons & impressions , & d'être déchus pour toujours de la maîtrise , & du droit de fabriquer des *cartes*.

II. Pourra le régisseur faire entrer dans la composition dudit papier , telles marques ou telles filigranes que bon lui semblera : permet , sa majesté , aux fabriquans de papier qu'il commettra , de les employer , & de donner au papier qu'il fera faire pour l'impression des *cartes*, les dimensions & le poids qui leur seront ordonnés , nonobstant l'arrêt du conseil du 18 septembre 1741. Enjoint , sa majesté , à tous autres fabriquans de se conformer audit arrêt , & leur défend de contrefaire ledit papier , à peine d'être poursuivis extraordinairement , & punis comme pour crime de faux.

III. Le droit d'un denier par chaque *carte*, sera levé & perçu par le régisseur sur ledit papier , à proportion de ce que chaque feuille contiendra de *cartes*, & ce , indépendamment du prix marchand dudit papier , lesquels droits & prix marchand seront payés comptant par les cartiers , lors des livraisons qui leur en seront faites , à la déduction du droit de dix feuilles au-dessus de chacun cent , dont il leur sera fait remise pour leur tenir lieu de tous déchets ; & dans le cas où le régisseur leur auroit fait des crédits , il pourra procéder contr'eux par voye de contrainte , conformément aux réglemens rendus sur le fait des aides.

IV. Dispense , sa majesté , pour l'avenir , les cartiers de porter au bureau de la régie le papier-cartier servant au-dessus de la *carte*, pour y être timbré.

V. Les cartiers continueront de porter au bureau du régisseur , le papier destiné au moulage des figures , pour être imprimé sur ses moules ; leur fait , sa majesté , défenses , & à tous ouvriers , marchands & autres , de vendre , débiter ni fabriquer aucunes cartes à jouer , si les figures n'en sont imprimées sur lesdits moules , à peine de confiscation des *cartes*, outils & ustensiles servant à la fabrication , de trois mille livres d'amende applicable comme dessus , & d'interdiction de leur maîtrise & commerce : leur enjoint , sa majesté , sous les mêmes peines , de remettre au bureau des régisseurs , leurs moules pour les *cartes à portraits étrangers*, & leur défend d'imprimer lesdites *cartes* ailleurs qu'au bureau de la régie.

VI. Fait , sa majesté , défenses à tous particuliers , de travailler , dans quelques lieux & maisons que ce soit , à recouper des *cartes*, à peine de confiscation des *cartes*, outils & uftenfiles, & de mille livres d'amende, appliquable comme deffus, pour la première fois, & en cas de récidive, de trois mille livres d'amende & du carcan.

VII. Fait pareillement défenfes, fa majefté, aux cartiers, débitans de *cartes*, & généralement à tous autres, de vendre, débiter & colporter des *cartes* réafforties, recoupées ou fabriquées en fraude, à peine de mille livres d'amende : permet en outre, fa majefté, aux commis du régiffeur, d'arrêter & d'emprifonner ceux & celles qui feront furpris colportant defdites *cartes*.

VIII. Fait, fa majefté, défenfes à toutes perfonnes, de quelqu'état & condition qu'elles foient, de tenir dans leurs châteaux, hôtels, couvens, communautés & maifons, aucun moule propre à imprimer des *cartes à jouer*; d'y retirer ni fouffrir travailler à la fabrique & recoupe des *cartes* & *tarots*, aucuns maîtres cartiers, ouvriers, compagnons, apprentifs, ou autres, à peine de défobéiffance, & de pareille amende de trois mille livres, applicable comme deffus.

IX. Ne pourront, les cartiers, ouvriers & autres, travailler à la fabrication des *cartes*, ailleurs que dans les villes dénommées en l'état annexé au préfent arrêt, nonobftant tous ftatuts, réglemens, loix & ufages à ce contraires : fait en conféquence, fa majefté, défenfes aux cartiers qui font établis dans les autres villes, de continuer leur commerce, après avoir employé les moulages qu'ils fe trouveront avoir en leur poffeffion, lors des inventaires qui feront faits chez eux après la publication du préfent arrêt; à peine contre ceux qui contreviendront à la préfente difpofition, de confifcation des *cartes*, outils & uftenfiles, & de trois mille livres d'amende, applicable comme deffus : veut, fa majefté, que les cartiers actuellement établis dans les villes & lieux où la fabrication des *cartes* eft prohibée par le préfent arrêt, puiffent s'établir dans les villes où elle eft permife, autres toutefois que celles où il y a maîtrife & jurande, en faifant au bureau de la régie les déclarations ci-après ordonnées.

X. Les cartiers feront tenus dans le délai d'un mois, de fe faire infcrire au bureau de la régie, & d'y faire déclaration du nombre de compagnons, ouvriers & apprentifs qui travailleront chez eux à la fabrique & apprêt des *cartes* & *tarots*, defquels compagnons, apprentifs & ouvriers, ils donneront les noms, furnom, âge, demeure & pays; & ne pourront en renvoyer un ou plufieurs, ni en recevoir de nouveaux fans faire une pareille déclaration, à peine de cinq cens livres d'amende, applicable comme deffus.

XI. Ne pourront, les cartiers, travailler à l'apprêt & fabrication des *cartes*, ailleurs que dans les maifons & lieux par eux occupés, foit à titre de propriété, foit à titre de bail : leur défend, fa majefté, d'avoir des atteliers fecrets & inconnus au régiffeur, fous les peines portées par l'article V; & les propriétaires ou principaux locataires où lefdits atteliers fecrets

& cachés auront été découverts, feront condamnés perfonnellement à pareille amende de trois mille livres, applicable comme deffus, fans que cette peine puiffe être réputée comminatoire en aucun cas. Et pour prévenir toute difficulté fur l'exécution du préfent article, feront tenus, lefdits cartiers, d'inférer dans la déclaration ordonnée par l'article précédent, le nombre d'atteliers qu'ils auront dans les lieux par eux occupés; & ne pourront, fous les mêmes peines, aucuns propriétaires ni principaux locataires de maifons, louer, fous-louer ni prêter leurs maifons, en tout ou partie, à aucun cartier ou fabriquant de *cartes*, fans en faire leur déclaration au bureau de la régie; laquelle déclaration fera infcrite & par eux fignée fur un regiftre qui fera tenu à cet effet.

XII. Fait, fa majefté, défenfes à toutes perfonnes, de quelque qualité & condition qu'elles foient, autres que les maîtres cartiers, même aux maîtres & marchands des corps & communautés, qui prétendent avoir le droit de débiter des *cartes*, de vendre & colporter aucunes *cartes à jouer*, même dans les lieux où il n'y aura pas de maîtres cartiers, fans une permiffion par écrit du régiffeur, lequel pourra refufer ou révoquer ladite permiffion lorfqu'il le jugera à propos; & ce, nonobftant tous privilèges, ftatuts, lettres & ufages à ce contraires, le tout, à peine de confifcation des *cartes*, & de mille livres d'amende, applicable comme deffus. Pourra, le régiffeur, établir pour débitans, telles perfonnes qu'il jugera à propos, même dans les villes où la fabrication des *cartes* eft permife, quoiqu'il y ait maîtrife ou jurande.

XIII. Les cartiers feront tenus de mettre dans leurs enveloppes les jeux & fixains, à mefure qu'ils les affortiront : veut, fa majefté, que lefdits jeux & fixains, foient collés par les commis de la régie, chez les cartiers, avec une bande fur laquelle fera empreinte la marque du régiffeur : leur fait, fa majefté, défenfes d'avoir chez eux des jeux affortis, qu'ils ne foient dans les enveloppes, fans qu'ils puiffent en vendre aucun jeu avant que l'enveloppe ait été collée avec la bande du contrôle de la régie, à peine de confifcation des *cartes*, & de mille livres d'amende.

XIV. Les cartiers, tant dans la ville de Paris que dans les autres villes où la fabrication des *cartes* eft permife, fe conformeront aux ftatuts de leur communauté : veut fa majefté, que les enveloppes dont ils fe ferviront, portent leurs nom, demeure, enfeigne & bluteaux.

XV. Ne pourront, les commis du régiffeur, appofer la bande de contrôle, qu'au-deffous des jeux & fixains.

XVI. Enjoint, fa majefté, à toutes perfonnes qui, après la publication du préfent arrêt, fe trouveront des *cartes*, de les porter ou envoyer au bureau le plus prochain, dans le délai de trois mois, pour y recevoir *gratis* la bande de contrôle du régiffeur; à peine contre ceux chez qui il en feroit trouvé après ledit temps, de confiscation & de cinq cent livres d'amende : n'entend néanmoins, fa majefté, que le régiffeur foit tenu d'appofer la bande de contrôle fur les jeux & fixains qui ne fe trouveroient point dans l'enveloppe du régiffeur, ou cachetés de fon cachet.

XVII. Enjoint, fa majefté, à toutes perfonnes tenant académies, cafés, cabarets, tabagies, jeux de paume, de billard ou de boule; aux épiciers, chandeliers, grainiers, merciers, regratiers, enfemble à tous ceux qui font ufage de vieilles *cartes*, de fouffrir les vifites & exercices des commis du régiffeur, à peine, en cas de refus, de cinq cens livres d'amende. Leur défend, fa majefté, & à toutes autres perfonnes, de quelqu'état & condition qu'elles foient, d'acheter, vendre, tenir dans leurs maifons, ou fouffrir qu'il y foit préfenté aux joueurs, aucuns jeux de *cartes* qui n'auroient pas été fabriqués avec le papier de la régie, & qui ne porteroient pas la bande de contrôle du régiffeur, à peine de mille livres d'amende applicable comme deffus.

XVIII. Défend, fa majefté, l'entrée & le commerce des *cartes* fabriquées dans les pays étrangers & dans les principautés qui font enclavées dans le royaume, à peine de trois mille livres d'amende. Enjoint, fa majefté, à tous commis & gardes, mêmes aux cavaliers des maréchauffées, d'emprifonner ceux qui en introduiront: défend, fa majefté, l'ufage defdites *cartes* à tous fes fujets, à peine contre ceux qui s'en trouveront faifis, de confifcation & de mille livres d'amende.

XIX. Fait, fa majefté, défenfes à tous voituriers, tant par eau que par terre, de fe charger ni de transporter des *cartes* en caiffes, ballots ou autrement, fans un congé du régiffeur ou de fes prépofés, qui pourront être préfens aux chargemens & déchargemens des voitures; à peine de confifcation des *cartes*, chevaux & voitures, & de cinq cens livres d'amende appplicable comme deffus: & feront tenus, ceux pour qui les *cartes* feront deftinées, d'en faire déclaration à l'inftant de l'arrivée, au bureau de la régie, & d'y remettre le congé.

XX. Permet fa majefté aux commis & prépofés du régiffeur, de faire, pour la confervation du droit fur les *cartes*, des vifites & recherches dans les châteaux, hôtels, couvens, communautés & tous lieux privilégiés, & chez toutes fortes de perfonnes, de quelque qualité & condition qu'elles puiffent être, en prenant une ordonnance, ou en fe faifant affifter d'un juge; enjoint fa majefté au premier juge fur ce requis, d'autorifer lefdites vifites, même d'accompagner lefdits commis & prépofés; & à toutes perfonnes de les fouffrir, à peine de cinq cens livres d'amende. N'entend néanmoins fa majefté, que les commis du régiffeur foient tenus de prendre la permiffion ou de fe faire affifter d'un juge dans les vifites qu'ils feront chez les cartiers ou débitans & dans celles qui font autorifées par l'article XVII du préfent arrêt. Déclare auffi fa majefté fujets aux vifites des commis, les

maîtres cartiers, compagnons, apprentifs & ouvriers cartiers qui fe retireront dans les villes & lieux où la fabrication eft prohibée, ou qui déclareront abandonner leur profeffion.

XXI. Pour faciliter les exercices & les vérifications des commis de la régie, les cartiers feront tenus de féparer dans leurs magafins & boutiques, les différentes natures de jeux & les différentes natures de papier: leur fait défenfes d'y confondre le papier qui leur fera fourni par le régiffeur avec celui qui forme le deffus de la *carte*, ni l'un & l'autre avec l'étreffe ou main brune.

XXII. Fait fa majefté défenfes à tous graveurs, tant en cuivre qu'en bois, & à tous autres, de graver aucun moule ou aucune planche propre à imprimer des *cartes*, fans la permiffion par écrit du régiffeur; comme auffi de contrefaire fes filigrames, timbres, cachets & autres marques; à peine pour la première fois, du carcan & de trois mille livres d'amende applicable comme deffus; & en cas de récidive, de pareille amende & des galeres pour neuf ans.

XXIII. Ceux qui auront été condamnés à des amendes pour rébellion, fraude & contravention, feront contraints par corps au paiement d'icelles.

XXIV. Permet fa majefté au régiffeur, de faire informer contre ceux qui contrefaeroient les moules, formes & autres marques de la régie, qui fe fervitoient de ceux qui auront été contrefaits, & même contre ceux qui en auroient favorifé la contrefaction & l'ufage, pour les faire condamner aux peines portées par le préfent arrêt.

XXV. Veut, fa majefté, que les employés de la régie du droit fur les *cartes*, jouiffent des priviléges & exemptions dont jouiffent les commis des fermes. Seront au furplus l'édit du mois d'octobre 1701, les déclarations des 17 mars 1703 & 21 octobre 1746 & autres réglemens concernant le droit fur les *cartes*, exécutés en ce qui ne fera point contraire aux difpofitions du préfent arrêt. Enjoint fa majefté au fieur lieutenant général de police à Paris & aux fieurs Intendans dans les provinces, de tenir la main à l'exécution du préfent arrêt, qui fera lû, publié & affiché par-tout où befoin fera, & exécuté nonobftant oppofitions ou autres empêchemens, dont fi aucuns interviennent, fa majefté fe réferve la connoiffance & à fon confeil, & icelle interdit à toutes fes cours & autres juges. FAIT au confeil d'état du roi, fa majefté y étant, tenu à Fontainebleau le neuf novembre mil fept cent cinquante-un. *Signé* M. P. DE VOYER D'ARGENSON.

LOUIS, par la grace de Dieu, roi de France & de Navarre, dauphin de Viennois, comte de Valentinois & Diois, Provence, Forcalquier & terres adjacentes: A notre amé & féal confeiller en notre confeil d'état le fieur lieutenant général de police de notre bonne ville, prévôté & vicomté de paris; & auffi à nos amés & féaux confeillers en nos confeils les fieurs intendans & commiffaires départis pour l'exécution de nos ordres dans les provinces & généralités de notre royaume, SALUT. Nous voulons & vous mandons, par ces préfentes fignées de notre main, que, conformément à l'arrêt ci-attaché fous le contrefcel de notre chancellerie, cejourd'hui rendu en notre confeil d'état, nous y étant, vous ayez à vous employer & tenir la main à l'exécution dudit arrêt, fuivant fa forme & teneur. Commandons à notre huiffier ou fergent premier requis, de faire, pour l'exécution dudit arrêt & de ce que vous ordonnerez en conféquence, tous exploits, fignifications, & autres actes requis & néceffaires ; nonobftant clameur de haro, chartre normande & autres chofes à ce contraires, fans pour ce demander autre congé ni permiffion : CAR TEL EST NOTRE PLAISIR. Donné à Fontainebleau, le neuvième jour de novembre, l'an de grace mil fept cent cinquante-un, & de notre régne le trente-feptiéme. *Signé* LOUIS. *Et plus bas*, par le roi dauphin, comte de Provence. *Signé* M. P. DE VOYER D'ARGENSON. Et fcellé du grand fceau de cire jaune.

ETAT des villes où fa majefté veut & entend que la fabrication des cartes *foit reftreinte, en exécution de l'arrêt de fon confeil de cejourd'hui.*

GÉNÉRALITÉS.	VILLES où la fabrication des cartes eft permife.
Paris	Paris. Verfailles.
Artois.	Arras. Saint-Omer.
Amiens	Amiens. Abbeville.
Alençon	Alençon. Lifieux.
Alface.	Strasbourg. Colmar. Beffort.
Auch & Pau . . .	Auch. Pau. Bayonne. Dax. Tarbes.
Bourges	Bourges.
Bordeaux	Bordeaux. Agen. Périgueux.
Bretagne. . . .	Rennes. Nantes. Breft. L'Orient. Morlaix.
Caen	Caen.

GÉNÉRALITÉS.	VILLES où la fabrication des cartes eft permife.
Châlons	Reims. Troies.
Dijon	Dijon.
Flandre	Lille. Dunkerque. Cambrai.
Franche-Comté . .	Befançon. Salins.
Grenoble	Grenoble. Romans.
Hainault. . . .	Valenciennes.
La Rochelle . . .	La Rochelle. Saintes.
Limoges	Limoges. Angoulême.
Lyon	Lyon. Montbrifon.
Metz	Metz.
Montpellier . . .	Montpellier. Nîmes. Béfiers. Le Puy.
Montauban. . . .	Montauban.
Orléans	Orléans. Blois.
Poitiers	Poitiers.
Provence. . . .	Aix. Marfeille. Toulon.
Rouen	Rouen. Le Havre.
Riom	Clermont. Thiers.
Touloufe. . . .	Touloufe.
Tours	Tours. Angers. Le Mans.

« Il ne pourra s'établir des cartiers dans les géné-» ralités de Moulins & de Soiffons, ni dans la pro-» vince du Rouffillon. »

Fait & arrêté au confeil d'état du roi, fa majefté y étant, tenu à Fontainebleau, le neuf novembre mil fept cent cinquante-un. *Signé*, M. P. DE VOYER D'ARGENSON.

» Nicolas-René Berryer, chevalier, confeiller » d'état, lieutenant-général de police de la ville, » prévôté & vicomté de Paris : »

Vû l'arrêt du confeil d'état du roi ci-deffus, & les lettres de commiffion à nous adreffées, nous ordonnons qu'il fera imprimé, lû, publié & affiché, pour être exécuté felon fa forme & teneur, & à ce que perfonne n'en ignore. FAIT à Paris, en notre hôtel, le vingt-deux Décembre mil fept cent cinquante-un. *Signé* BERRYER.

CARTE ou QUARTE. Mesure des grains, dont on se sert en quelques lieux de la Savoie.

La carte de Conflans pèse trente-cinq livres, poids de marc.

La carte de saint-Jean de Maurienne, vingt-une livres, aussi poids de marc.

La carte de Faverge, trente livres, poids de Genève.

La carte de Miolan, saint-Pierre d'Albigny, & saint-Philippe, vingt-cinq livres poids de Genève.

La carte de Modane, vingt-quatre livres, pareillement poids de Genève. Voyez la TABLE DES MESURES.

CARTEL. Mesure de continence pour les grains, qui est en usage à Rocroy, à Mézières, & autres lieux.

Le cartel de froment pèse à Rocroy, trente-cinq livres, poids de marc; celui de méteil, trente-quatre, & celui de seigle, trente-trois.

A Mézières, le cartel de froment pèse trente livres; de méteil, vingt-huit; & de seigle, vingt-six livres.

A Sedan, le cartel de froment pèse trente-neuf livres; de méteil, trente-huit; de seigle, trente-sept; & d'avoine, trente-cinq.

A Montmidy, le cartel de froment pèse quarante-huit & ½; de méteil, quarante-sept; & d'avoine, cinquante livres.

Toutes les évaluations ci-dessus sont au poids de marc. Voyez la TABLE DES MESURES.

CARTELET. Petite étoffe, ordinairement toute de laine.

« Les cartelets sans soie paient en France les » droits d'entrée, sur le pied de 2 liv. la pièce de » 10 aunes, par le tarif de 1664; & ceux de sortie, » comme mercerie, à raison de 2 liv. du cent pesant, » suivant l'arrêt du 3 juillet 1692 ».

CARTELLES. (Terme de commerce des bois.) On débite en cartelles les bois qui sont de recherche, comme les noyers, les érables & les frênes nouailleux & loupeux, c'est-à-dire, qu'on les met par petites planches, ou tables de deux, trois, quatre & cinq pouces d'épaisseur, pour servir aux ébénistes, armuriers, tourneurs, &c.

CARTERON. Voyez QUARTERON.

CARTESIENNE A LA BOULONOISE. On donne ce nom à une sorte de soie que les marchands d'Amsterdam tirent ordinairement de Milan.

CARTISANE. Petite bande de carte, de parchemin ou de velin, très-étroite & très-mince, couverte de fil délié d'or, d'argent ou de soie, que l'on fait entrer dans la composition des guipures, de quelques broderies, & d'autres semblables ouvrages.

La cartisane fait partie du métier des passementiers-boutonniers: ils la travaillent au rouet, à la mollette & à la main. Il y a de l'apparence que ce terme a été tiré du petit morceau de carte, qui fait le fond de la cartisane.

CARTON. Grosse carte faite de plusieurs feuilles de papier collées ensemble. On fait aussi du carton grossier avec de vieux papiers & vieux cartons, battus au mortier, & réduits en une espèce de bouillie, à laquelle on ajoute un peu de colle, pour lui donner de la consistance, qu'on dresse ensuite dans des moules; & que pour dernière façon on met dans des presses, pour en exprimer toute l'eau, & les réduire à leur épaisseur.

L'une & l'autre sorte de carton se distinguent par des numéros, qui en marquent la finesse & la qualité. Les plus fins sont des deux côtés, couverts d'un papier très-blanc & bien lissé; d'autres ne sont blancs & lissés que d'un côté; d'autres encore ne sont couverts de part & d'autre, que de papier commun: enfin, les plus gros cartons de papier haché & battu au mortier, n'ont du papier collé ni d'un côté ni d'autre.

Le commerce du carton est très-considérable en France, & il s'en consomme une grande quantité en porte-feuilles, en étuis à chapeaux, à manchons, à bonnets carrés, & en plusieurs autres semblables ouvrages; mais particulièrement pour la reliure des livres, par les relieurs, & par les selliers pour la garniture de leurs selles & carrosses.

Ce sont les papetiers-merciers & les papetiers-colleurs de feuilles & feuillets, qu'on nomme autrement cartonniers, qui font le négoce du carton; avec cette différence que les derniers en fabriquent & en vendent, & que les papetiers-merciers débitent seulement celui qu'ils achetent d'eux.

CARTON. Les marchandes lingères du palais, appellent aussi des cartons, ces espèces de boëtes de carte, avec un couvercle de même, dans lesquelles elles mettent les garnitures de tête; les engageantes, & autre linge fin & dentelles des dames.

CARUI. Plante aromatique qui a quelque usage dans la médecine. Sa graine est du nombre de celles qui entrent dans le commerce des épiciers-droguistes: elle est très-connue, & nos jardins en sont remplis; mais nos marchands ne débitent guères que de celle qui vient de Provence & de Languedoc.

Ses bonnes qualités sont d'être nouvelle, bien nourrie, verdâtre, d'un goût chaud, âcre & piquant, & d'une odeur aromatique. On la donne pour rendre l'haleine douce, pour aider à la digestion & pour chasser les vents.

CAS. C'est ainsi qu'en langue Malaye, on appelle une petite monnoie des Indes, partie de plomb & partie d'écume de cuivre, qui se fabrique dans la Chine. Son nom Chinois qui est le véritable, est caxa. Deux cens cas font neuf deniers monnoie de Hollande, qui est d'un cinquiéme plus forte que celles de France. Voyez la TABLE DES MONNOIES.

CASAVA. Monnoie des Indes orientales. Voyez idem.

CASBEQUÉ, qu'on nomme plus ordinairement

KASBESQUI. Petite monnoie de cuivre, qui se fabrique en Perse. *V. idem.*

CASCAVILLE. On nomme ainsi à la Rochelle ce fameux fébrifuge qu'on appelle ailleurs *quinquina*. *Voyez* QUINQUINA.

CASE. Petite monnoie de cuivre du Japon, qu'on nomme aussi *cache*, *casie* & *cassie*. *Voyez* la TABLE DES MONNOIES.

CASERIES. Les Arabes de la Terre-sainte nomment de la sorte, ce qu'on appelle ailleurs des *chans* & des *caravanseras*.

Il y a deux *caseries* à Rama. Ce sont de grands enclos de murailles, au-dedans desquels il y a divers magasins pour serrer les marchandises, & plusieurs écuries pour les chameaux.

CASIE ou CASSIE, qu'on nomme aussi CASE, & plus ordinairement CACHE. Petite monnoie du Japon. *Voyez* la TABLE.

CASILLEUX. (*Terme de vitrier.*) On appelle du *verre casilleux*, celui qui se casse aisément, lorsqu'on y appuie le diamant pour le couper & débiter en morceaux. Ce défaut du verre lui vient de ce qu'on a tiré trop tôt du fourneau, ou qu'il n'a pas eu assez de recuite.

CASSA. Les Provençaux se servent assez souvent de ce mot, pour signifier la *caisse* ou *coffre fort*, dans lequel les marchands, négocians, banquiers & gens d'affaires, ont coutume d'enfermer leur argent comptant, pierreries, papiers de conséquence, & leurs autres effets les plus précieux.

CASSA-LIGNEA ou CASSIA-LIGNEA. Quelques auteurs l'entendent de la casse en bâton, qu'on nomme aussi quelquefois *canifice ;* mais le véritable *cassa-lignea* est un bois aromatique, qui est une espèce de cinnamome. Dioscoride l'appelle de la *casse dure*.

CASSE ou CANEFICE. Drogue propre à la médecine, qui purge doucement & qui est communément ordonnée par les médecins & apothicaires de France, & sur-tout de Paris.

Il y a quatre sortes de *casses*, toutes semblables pour les propriétés & presque pour la figure, étant toutes dans de longs bâtons noirs, plus ou moins gros & longs, mais ces quatre espèces sont bien différentes, si on les veut comparer ensemble par les différens arbres qui les produisent.

Ces *casses* sont, la *casse du levant*, la *casse d'Egypte*, la *casse du Brésil* & la *casse des isles Antilles*.

La *casse du levant*, est le fruit d'un arbre très-haut, dont l'écorce est cendrée, & qui a le bois très-solide & d'un grain très-serré. Son bois vers le centre, est d'un noir d'ébène & jaunâtre auprès de l'écorce. Ce cassier jette ses racines comme celles du noyer, & a les feuilles larges & d'un assez beau verd. Ses fleurs sont jaunâtres, & elles produisent un fruit, qui est une espèce de gousse longue, ronde & massive, de couleur rouge tirant sur le noir. Quand la gousse est mûre, elle est pleine de moëlle noire & douceâtre, partagée dans de petites cellules de matière ligneuse; & il se trouve mêlé à cette moëlle, une graine très-dure, en forme de petits noyaux blancs faits comme un cœur, qui est la semence de l'arbre.

Cette *casse* doit être choisie nouvelle, en gros bâtons, pesans, non encavée, d'une couleur tannée, dont l'écorce, étant cassée, soit fine & blanche au dedans, & garnie d'une pulpe ou moëlle noire & veloutée, d'un goût doux & sucré, ne sentant ni l'aigre ni le moisi. Cette *casse* vient par la voie de Marseille.

La *casse d'Egypte* est toute semblable à celle du levant, tant dans l'arbre que dans le fruit ; à la réserve que l'arbre s'élève encore plus haut, & que les feuilles sont beaucoup plus étroites. Pour le fruit, il est bien plus menu, & a l'écorce plus tendre. Le choix s'en doit faire comme de celle du levant. C'est aussi de Marseille qu'on l'apporte, où elle est envoyée du grand-caire.

La *casse du Brésil* est la plus grosse de toutes, & il s'en voit dont la gousse a quatre à cinq pouces & plus de tour.

L'arbre qui la porte a ses feuilles longues & étroites, un peu arrondies par le bout, & arrangées avec une symétrie admirable, des deux côtés des petites branches où elles sont attachées. Ses fleurs sont une espèce de rose à quatre ou cinq feuilles, dont il sort une pistille à deux ou trois filets. Cette *casse* n'est guères ordinaire chez les marchands épiciers & droguistes de Paris, & il n'y en a que quelques-uns qui en ayent par curiosité.

Enfin, la *casse des isles*, qui est celle que l'on voit, & dont on use plus communément à Paris, y est envoyée des Antilles, où elle se trouve en telle abondance, qu'elle sert de lest aux vaisseaux pour le retour, ce qui fait qu'elle paroît assez souvent crasseuse & barbouillée.

L'arbre qui porte cette espèce de *casse* est de la grosseur & presque de la figure d'un pêcher. Ses feuilles sont longues & étroites : ses fleurs, qui sont jaunes, croissent par bouquets, & en défleurissant elles poussent leur fruit, ou gousses, d'un bon pouce de grosseur, & longues d'un pied, quelquefois de deux. Ce fruit en grossissant est verd, & quand il est mûr, il devient d'un violet si brun, qu'il approche du noir.

Il n'y a rien à remarquer pour le choix de cette *casse*, que ce qu'on a déja dit en parlant de la *casse* du levant. Il faut cependant observer que si l'on veut la tirer de la Rochelle, de Nantes ou de Dieppe, il est bon d'ordonner aux commissionnaires qu'on aura dans ces villes, d'en choisir qui soit nouvelle, sans aucun mélange de vieille, qui n'ait point été enterrée pour la mieux garder, & de l'arranger de long, & proprement, dans les vaisseaux qui servent à la transporter, pour empêcher qu'elle ne se brise.

On appelle *casse en bâton*, & quelquefois *casse-fistule*, celle dont la gousse est entière, & dont la moëlle n'en a point encore été ôtée : & *casse mondée*, quand elle a été tirée & paſſée dans un tamis. Quant à cette dernière, il faut la prendre d'apothicaires connus & fidèles, ou la faire monder devant ſoi, n'y ayant rien de ſi ordinaire, que de ne trouver chez la plûpart que de la *caſſe* vieille mondée, ou cuite avec du ſucre pour la conſerver.

Le plus grand commerce de *caſſe* qui ſe faſſe en France, eſt pour Paris, y ayant peu de conſommation de cette drogue dans les provinces du royaume.

La *caſſe* verte, auſſi-bien que les fleurs du caſſier, ſe conſiſent dans le levant & dans les iſles, & ont preſque les mêmes effets que la *caſſe* ordinaire. Cette confiture purgative doit être nouvelle, & il faut que ſon ſyrop cuit en conſiſtence, ne ſente ni l'aigre ni le moiſi.

« La *caſſe du levant* & la *caſſe d'Egypte* ſont » du nombre des marchandiſes venant du Levant, » Barbarie, & autres pays & terres de la domination » du grand-ſeigneur & du roi de Perſe, ſur leſquelles » il eſt ordonné être levé vingt pour cent de leur » valeur, lorſqu'elles ont été entrepoſées dans les » villes & pays étrangers, conformément à l'arrêt » du conſeil du 15 août 1685 ».

« A l'égard des *caſſes-fiſtules des Antilles*, ou » *du Bréſil*, elles payent les droits d'entrée ſur le » pied de 3 liv. du cent peſant, le tout avec les » ſols pour livre ».

Commerce de la caſſe à Amſterdam.

A Amſterdam on tare les futailles; la déduction pour le bon poids eſt de deux pour cent, & celle pour le prompt paiement d'un pour cent.

CASSE. C'eſt une eſpèce de mouſſeline, ou toile de coton, blanche; très-fine, qui vient des Indes orientales, particulièrement du Bengale. Les pièces de ces mouſſelines ont ſeize aunes de longueur ſur ſept huit de large. On les nomme quelquefois *caſſes Bengale*, du nom du lieu d'où elles viennent, ou plutôt d'où il en vient le plus abondamment.

CASSENOLLE. Excroiſſance qui vient ſur une eſpèce de chêne, qui croît en Provence & en Gaſcogne, dont on ſe ſert pour la teinture en noir. C'eſt proprement la noix de galle. *Voyez* GALLE.

CASSIA-LIGNEA. Eſpèce de cinnamome, ou écorce fort ſemblable à la vraie canelle, & qui auſſi-bien qu'elle, ne croît que dans l'iſle de Ceylan.

Cette écorce doit être fine, haute en couleur, d'un goût agréable, piquant & aromatique, mais quelque bonne qu'on la puiſſe choiſir, elle n'approche point de la canelle; auſſi n'eſt-elle pas d'un grand débit toute ſeule : & peut-être n'en auroit-elle aucun, ſi des marchands épiciers-droguiſtes & colporteurs, avides d'un gain ſordide & injuſte, ne la mêloient avec la véritable canelle : ce qui eſt une friponnerie puniſſable; quatre livres de *caſſia-lignea* ne coutant pas tant qu'une livre de canelle

fine. On s'en ſert néanmoins dans la compoſition de la thériaque.

Commerce de la caſſia-lignea à Amſterdam.

A Amſterdam on tare les caiſſes; la déduction pour le bon poids eſt de deux pour cent, & celle pour le prompt paiement d'un pour cent.

CASSIDOINE. Pierre minérale & précieuſe, qui a des veines de pluſieurs couleurs, dont on fait des vaſes. Quelques-uns croyent que les vaſes que les anciens appelloient *murrhina*, & qu'ils eſtimoient tant, étoient de *caſſidoine* : d'autres veulent qu'ils fuſſent d'une eſpèce de porcelaine. *Voyez* PORCELAINE.

CASSIE, qu'on nomme auſſi CASIE, CASE & CACHE. Petite monnoie de cuivre du Japon, qui vaut environ un denier tournois de France. *Voyez* la TABLE DES MONNOIES.

CASSONNADE ou CASTONADE. Sucre qui n'a pas eu ſa dernière façon, & qui n'a pas paſſé par l'affinage. Elle ſe vend en poudre & en morceaux. La plus blanche, & celle dont les morceaux ſont les plus gros, eſt la meilleure. Bien des gens eſtiment qu'elle ſucre davantage que le ſucre en pain; mais en échange il eſt certain qu'elle fait bien plus d'écume. *Voyez* SUCRE.

« Les *caſtonades* blanches ou griſes, fines ou » moyennes, payent en France les droits d'entrée » ſur le pied de 15 liv. le cent peſant, ſuivant le » tarif de 1667, & l'arrêt du conſeil du 25 avril » 1690 ».

« A l'égard des droits réglés par le tarif de la » douane de Lyon, ils ſont de 26 ſols 6 deniers le » quintal pour l'ancienne taxation, 7 ſols 6 den. » pour la nouvelle réapréciation, 12 ſols pour les » anciens quatre pour cent, & 28 ſols pour leur » nouvelle réapréciation, avec les ſols pour livre ».

CASTAGNETTE. *Etoffe de ſoie, de laine & de fil*, qui ſe fait par les hauteliſſeurs de la ſayetterie d'Amiens. Elle eſt croiſée des deux côtés, & doit ſe faire ſuivant l'article 173 des réglemens de 1666, de quarante-un buhots, trente-deux portées & demie, & avoir de largeur entre les deux gardes un pied & demi de roi, ſur vingt-une aunes & demie hors de l'eſtille, pour revenir apprêtée à vingt aunes & un quart ou vingt aunes & demie.

CASTALOGNE ou CASTELOGNE. Couverture de lit, faite ſur le métier des tiſſerans avec de la laine très-fine.

« Les *caſtalognes* payent en France les droits » d'entrée ſur le pied de 6 liv. la douzaine, & ceux » de ſortie, comme mercerie, c'eſt-à-dire 3 liv. du » cent peſant, à moins qu'elles n'ayent été déclarées » pour être envoyées à l'étranger; auquel cas, » ſuivant l'arrêt du 3 juillet 1692, elles ne payent » que 2 livres ».

« Le tarif de la douane de Lyon, qui les appelle » *couvertes de Catalogne & d'Eſpagne*, en fixe » les droits à 3 livres la charge pour l'ancienne » taxation, 3 ſols pour la nouvelle réapréciation,

» 7 sols 6 deniers la pièce pour un autre ancien
» droit, & 3 sols pour la nouvelle réapréciation de
» ce dernier droit ».

CASTILLAN. Monnoie d'or qui a cours en
Espagne. Le *castillan* vaut quatorze réales & seize
deniers, ou trois livres dix sols monnoie de France.
Voyez la TABLE.

CASTILLAN. C'est aussi un poids dont on se sert
en Espagne, pour peser l'or. C'est la centiéme
partie d'une livre poids d'Espagne, qui est environ
d'un septiéme par cent plus foible que la livre poids
de marc de Paris.

Il faut cinquante *castillans* pour le marc, six
castillans & deux tomins pour l'once; huit tomins
font le *castillan*: chaque tomin est de douze grains,
& le carat de quatre grains.

Le *castillan* est pareillement en usage à Buenos-
Ayres, dans les mines du Chily & du Potosi, &
dans tout le reste de l'Amérique Espagnole.

Ce qu'on appelle ordinairement un *poids d'or* en
Espagne, s'entend toujours du *castillan*. Ainsi quand
on dit dix mille poids d'or, c'est comme si l'on
disoit, le poids de dix mille *castillans d'or. Voyez*
la TABLE.

CASTOIGNEAU ou CASLOIGNEAU. *Petit
panier* dans lequel on met quelques espèces de marchandises.

CASTONADE. *Voyez* CASSONADE.

CASTOR ou BIEVRE. Animal amphibie, qui
vit tantôt sur terre & tantôt dans l'eau.

Les marchands distinguent trois sortes de *castor*,
quoiqu'ils soient tous la dépouille du même animal : le *castor neuf*, le *castor sec* & le *castor
gras*.

Le *castor neuf*, qu'on appelle aussi *castor d'hiver
& Moscovite*, parce qu'on le réserve ordinairement
pour l'envoyer en Moscovie, est le *castor* qui provient de la chasse que les Sauvages font pendant
l'hiver. Il est le meilleur & le plus propre pour
les belles fourrures, parce qu'il n'a rien perdu de
son poil par la mue.

Le *castor sec*, que l'on nomme quelquefois
castor maigre, vient de la chasse de l'été, qui est
le temps que la bête est en mue, & qu'elle a perdu
une partie de son poil.

Quoique beaucoup inférieur au premier, il peut
aussi s'employer en fourrures; mais son plus grand
usage est pour la fabrique des chapeaux. Nos
François le nomment *castor veule* & *castor d'été*.

Le *castor gras* est celui qui a contracté une certaine humeur grasse & onctueuse, de la sueur qui
s'exhale du corps des Sauvages, qui s'en sont servis pendant quelque temps. Bien que celui-ci soit
meilleur que le sec, il ne sert toutefois que pour
faire des chapeaux.

Outre les chapeaux & les fourrures à quoi l'on
emploie ordinairement le *castor*, on tenta en 1699
d'en faire d'autres marchandises : & en effet on en
fabriqua des draps, des flanelles, des bas, &c. dans

lesquels il entroit partie poil de *castor*, & partie
laine de Ségovie.

Cette manufacture, qui fut établie à Paris, au
fauxbourg S. Antoine, réussit d'abord assez bien; &
suivant le génie François, la nouveauté donna quelque vogue aux étoffes, & aux bas de *castor* :
mais la mode en passa tout à coup, parce que
l'expérience fit connoître que l'usage en étoit très-
mauvais, & qu'outre qu'elles se déchargeoient trop
de teinture, quand elles avoient été mouillées,
elles devenoient séches & dures comme du feutre.
Aussi il n'y a pas d'apparence qu'on ose jamais en
hazarder une nouvelle manufacture; & l'on peut
pronostiquer qu'à l'avenir l'usage du *castor* se réduira, comme autrefois, aux chapeaux & aux
fourrures.

Quand on a coupé le poil de dessus la peau du
castor, pour être employée à la fabrique des chapeaux, cette peau ne laisse pas encore de servir à
plusieurs ouvriers : sçavoir, aux bahutiers, pour
couvrir des coffres & des malles; aux cordonniers
des balles, & du palais de Paris, pour mettre dans
leurs pantoufles; & aux boisseliers, à faire des cribles pour cribler les grains & graines.

« Le *castor en peau*, y compris les robes &
» morceaux qui ne sont pas en peaux entières,
» paye en France les droits d'entrée sur le pied
» de 8 liv. 4 s. la livre; ce qui monte à 820 liv.
» le cent pesant, conformément à l'arrêt du 17
» mars 1693, & ne peut entrer que par Rouen
» Dieppe, le Havre, & la Rochelle. »

» Le *castor* & bièvre en poil ou poil de *castor*
» & de loutre, en conséquence du même arrêt,
» ne peut entrer que par les mêmes ports marqués
» pour le *castor* en peau, & paye 15 liv. 7 sols
» 1 den. de la livre; ce qui évalué au cent, revient
» à 1536 liv. »

CASTOR. Signifie aussi *un chapeau* fait entièrement de poil de *castor*. Un *demi-castor*, est un
chapeau où l'on a mêlé d'autre poil avec celui du
castor.

CASTOREUM. Liqueur enfermée dans de
petites bourses, qu'on trouve vers les aînes du
castor, & non pas dans ses testicules, comme le
croyoient les anciens, puisque les femelles en ont
aussi-bien que les mâles.

Cette liqueur s'épaissit, & devient jaune comme le
miel. Si on la pend dans la cheminée, elle prend
la consistance de la cire. Quand elle est nouvelle,
les médecins y trouvent des vertus & des qualités
admirables; mais à force de vieillir, elle noircit &
devient un poison violent.

Il faut choisir le *castoreum* vrai Dantzick, celui
de Canada lui étant beaucoup inférieur. Les plus
gros roignons, & ceux dont l'odeur est la plus
forte, sont estimés les meilleurs, sur-tout quand ils
sont pesans & bien charnus. Il faut prendre cependant garde qu'on ne se serve de miel, & d'autres
mauvaises drogues pour les grossir, ce qui se peut
reconnoître en les pressant; ceux qui sont sophisti-
qués

qués, étant mollasses, & rendant un miel liquide & puant ; & les naturels étant pesans & durs, d'une odeur pénétrante & remplis de quantité de filamens.

Outre la thériaque, & le mithridat, où entre le *castoreum*, on s'en sert à composer des remédes céphaliques & histériques : on en fait l'huile, qu'on nomme *huile de castor* ; & l'on s'en sert aussi, quand il est encore en liqueur onctueuse, pour en faire des onctions dans diverses sortes de maux.

» Le *castoreum* paye en France les droits d'entrée » à raison de 5 liv. du cent pesant, suivant le tarif » de 1664. »

« Cette drogue, que le tarif de la douane de » Lyon nomme simplement *castor*, y paye les » droits ; sçavoir 47 sols 6 den. du quintal pour l'an- » cienne taxation, 3 liv. pour la nouvelle réapré- » ciation, 10 sols pour les quatre pour cent anciens » & 5 liv. 10 s. pour leur nouvelle réapréciation, » avec les sols pour livre. »

CASTOS. On nomme ainsi au Japon, les *droits* d'entrée & de sortie, que l'on paye pour les mar-chandises qu'on y porte ou qu'on en tire ; ou plutôt ce sont les présens que les Européens avoient coû-tume de faire tous les ans, pour y être reçus, avant que les Hollandois se fussent emparés de tout le commerce de ces Isles ; ce qui leur tenoit lieu de droits, dont ils étoient déchargés, & qui alloit beau-coup plus loin que ceux qu'ils auroient pû payer.

CATAPUCE. Plante qu'on appelle autrement *palma Christi*, *ricimus* ou *regium gramen*. Elle croît aussi haut que le figuier. Ses feuilles sont assez semblables à celles du plane, mais plus grandes, plus noires & plus lissées. Ses branches, aussi-bien que son tronc, sont creusés comme un roseau. On fait de sa graine une huile, qui est bonne à brûler, & qui entre dans la composition de quelques em-plâtres.

CATERGI. C'est le nom que l'on donne aux voituriers dans les états du grand-seigneur. Ils ont cela de singulier, qu'au lieu qu'en France, & presque par tout ailleurs, ce sont les marchands ou voyageurs, qui donnent des arrhes à ceux qui doivent conduire, eux, leurs hardes & marchandises ; les voituriers Turcs en donnent au contraire aux mar-chands ou autres, comme pour leur répondre qu'ils feront leurs voitures ou qu'ils ne partiront point sans eux.

CATHOLICON. Électuaire mol & purgatif, qui est une espéce de panacée ; c'est-à-dire, de reméde universel. Il y a plusieurs sortes de *catho-licons*, qu'on distingue par le nom de ceux qui en ont inventé la composition ; comme celui de Fernel, & celui de Nicolas de Salerne, qu'on nomme par excellence & absolument *catholicon*.

» Le *catholicon* paye en France les droits d'en- » trée sur le pied de 15 liv. du cent pesant & les » sols pour livre. »

CATI ou CATTI. Poids de la Chine, particu-lièrement en usage du côté de Canton.

Le *cati* se divise en seize taels, chaque tael faisant une once deux gros de France, de manière que le *cati* revient à une livre quatre onces, poids de marc. Il faut cent *catis* pour faire un pic, qui est un gros poids de la Chine, semblable à cent vingt livres de Paris, d'Amsterdam, de Besançon & de Strasbourg.

LE CATI est aussi le seul poids du Japon. On s'en sert encore à Batavia, & dans d'autres endroits des Indes, où il pese plus ou moins, suivant qu'il contient plus ou moins de taels : le *cati*, par exem-ple, de Java valant jusqu'à vingt taels, & celui de Cambaye jusqu'à vingt-sept.

CATI. C'est encore un petit poids, dont les lapi-daires de l'Orient se servent pour peser les émerau-des. Ce *cati* ne pèse que trois grains. *Voyez* la TABLE DES POIDS.

CATI. C'est pareillement une monnoie de compte, dont on se sert à Java & dans quelques autres Isles voisines. Il revient environ à dix-neuf florins, mon-noie de Hollande. Il faut cent mille caxas de Java pour le *cati*, les deux cent caxas valant neuf de-niers. *Voyez* la TABLE DES MONNOIES.

CATI. C'est aussi une sorte d'apprêt, qui se donne aux étoffes de laine, par le moyen de la presse, pour les rendre plus fermes, plus lustrées, & d'un plus bel œil.

C'est une science chez les manufacturiers, que sçavoir bien donner le *cati* aux étoffes. Les bonne-tiers donnent aussi le *cati* au bas d'estame.

CATIANG. Espéce de *légume* ou petit pois, qui croît en quelques lieux des Indes Orientales, particulièrement sur les côtes de Malabar. Cochin, Porca, Calicoulang & Coulant, petits royaumes de cette côte, sont les lieux qui en fournissent davantage ; & c'est de-là que les Anglois & Hollan-dois, qui y ont des comptoirs, en enlèvent tous les ans cette grande quantité, qu'ils distribuent dans tous les lieux des Indes, qui ne produisent point ce légume, où il leur sert à échanger contre d'autres marchandises, dont ils font les cargaisons des vais-seaux, qu'ils renvoient en Europe.

CATIR. Donner le *cati* aux draps, aux ratines, aux serges, &c.

L'arrêt du conseil d'état du 3 décembre 1697, sur ce que le réglement général des manufactures du mois d'août 1669, ne rappelloit pas l'exécution des anciennes ordonnances, a ordonné qu'elles seroient exécutées ; & fait défenses aux marchands drapiers, manufacturiers, fabriquans, foulons, ap-plaigneurs, tondeurs & autres, d'avoir chez eux aucunes presses à fer, airain, & à feu, ni de s'en servir pour presser les draps & étoffes de laine : & aux marchands, de commander ni exposer en vente, aucuns draps ni étoffes de laine, qui aient été pres-sées à fer, airain, & à feu ; le tout, sous les peines & amendes portées par ledit arrêt.

CATISSEUR. Ouvrier qui travaille dans les ma-nufactures de lainage à presser les étoffes, pour leur donner le *cati*. Cette espéce d'ouvriers se

Bbb

nomme auſſi *preſſeurs*, quoique ce ſoit ſouvent des rondeurs qui faſſent cet ouvrage.

CAVADAS, qu'on nomme auſſi CAVADO. Meſure dont on ſe ſert en Portugal, pour les huiles. Il faut ſix *cavadas* pour l'alquier, & deux alquiers pour l'almude. Le *cavadas* eſt comme le mingle, ou bouteille d'Amſterdam. *Voyez* la TABLE DES MESURES.

CAVAGE. Terme en uſage à Amſterdam, qui ſignifie, tantôt *l'action avec laquelle on encave une marchandiſe*, tantôt *le ſalaire qui eſt dû aux travailleurs qui la deſcendent & la placent dans une cave*, & tantôt encore *pour le loyer d'une cave, ſoit au mois, ſoit à l'année*.

Lorſque les caves ſe loûent au mois, le mois ſe compte depuis un jour, juſqu'à un autre jour fixe, comme du premier au 31 mars; mais lorſque c'eſt à l'année, le mois n'a que vingt-huit jours, & par conſéquent l'année a treize mois. *Voyez* ci-après l'article de MAGASINAGE.

CAVALIER. *Monnoie d'argent* de Flandres, où il s'en fabrique quelques-uns, mais peu. Ce ſont à-peu-près des demi-bajoires de Hollande.

CAVALLO. Petite monnoie de billon, ainſi nommée de l'empreinte d'un cheval, qu'elle a d'un côté.

Les premiers *cavallos* furent frappés en Piémont, en 1616; ceux-là tiennent un denier vingt-un grains de fin. I. y en a d'autres qui s'appellent *cavallos à la petite croix*, à cauſe d'une croix qui eſt entre les jambes du cheval : ceux-ci ne prennent de fin qu'un denier douze grains. Les uns & les autres ſont des eſpèces de ſous. *Voyez* la TABLE DES MONNOIES.

CAVAN. Meſure dont on ſe ſert dans quelques-unes des iſles Philippines, particulièrement à Manille, pour meſurer les grains & les légumes, entr'autres le ris. Le *cavan* de ris pèſe cinquante livres, poids d'Eſpagne. *Voyez* la TABLE DES MESURES.

CAUDEBEC. Sorte de chapeau, ainſi appellé à cauſe de la ville de *Caudebec* en Normandie, où il s'en fabrique beaucoup. Ils ſont faits de laine d'agnelins, du poil ou duvet d'autruche, ou de poil de chameau.

CAVELIN. On nomme ainſi à Amſterdam, ce qu'on nomme en France *un lot*.

Dans les ventes au baſſin qui ſe font à Amſterdam, c'eſt-à-dire, dans les ventes publiques où les marchandiſes ſe crient en préſence des vendu-meeſters, ou commiſſaires députés des bourguemaîtres, il y a de certaines ſortes de marchandiſes dont le vendeur fait les *cavelins* auſſi grands ou auſſi petits qu'il le juge à propos, par rapport, ou à leur valeur, ou à la quantité qu'il en veut vendre, & d'autres dont les *cavelins* ſont réglés par l'ordonnance du bourguemaître.

De la première ſorte ſont, la cochenille, les ſoies, l'indigo, le poivre, le café, le ſucre de Bréſil, les prunes, & pluſieurs autres. De la ſeconde ſorte, ſont, les vins, les eaux-de-vie, & le vinaigre.

Les *cavelins* de la cochenille, des ſoies, & des

autres marchandiſes les plus fines, ne ſont ordinairement que d'une balle.

Ceux des indigots, d'une barique, ou d'une, ou deux caiſſes, ou d'un ou deux ſerons.

Ceux de poivre, de 10 balles.

Ceux du café, d'une ou deux balles.

Ceux du ſucre de Bréſil, de deux grandes ou de deux petites caiſſes.

Et ceux des prunes, de deux pièces ou de quatre demi-pièces, & ainſi des autres à proportion.

A l'égard des vins, des vinaigres & des eaux-de-vie, le placard ou ordonnance des bourguemaîtres, du 16 janvier 1700, l'a réglé ainſi qu'il enſuit : ſçavoir :

Les *cavelins* des vins de France, tant blancs que rouges, à deux tonneaux, ou huit bariques, & deux florins de plokpenin, c'eſt-à-dire, de denier à Dieu.

Les *cavelins* de vin muſcat, de Frontignan, à deux bariques, & le plokpenin à vingt ſols.

Les *cavelins* du vin du Rhin & de la Moſelle, à une pièce ou deux demi-pièces, & pour le plokpenin, 2 florins.

Les *cavelins* de Rynſche-Bleckert, ou vin de Rhin, gris, à deux demi-pièces, & pour le plokpenin, 2 florins.

Les *cavelins* de vin d'Eſpagne & d'Italie, tant blancs que rouges, à deux boîtes ou pipes, & vingt ſols de plokpenin.

Les *cavelins* de vinaigre, tant de France que du Rhin, d'Eſpagne, ou d'Italie, à quatre bariques, ou deux boîtes ou ſix aams, & vingt ſols de plokpenin.

Les *cavelins* d'eau-de-vie de France, du Rhin, d'Eſpagne ou d'Italie, à deux pièces de cinquante verges chacune, ou au-deſſous, & des autres pièces à proportion, & pour le plokpenin, trente ſols.

Il faut faire deux remarques ſur ce réglement des *cavelins* des vins, vinaigres & eaux-de-vie. La première, que par l'ordonnance, tous les *cavelins* peuvent être compoſés de plus grande quantité que ne porte le placard, mais jamais de moindre. Et la ſeconde, qu'à l'égard des eaux-de-vie, le réglement n'eſt guères ſuivi; le *cavelin* d'eau-de-vie de France, ne ſe faiſant ordinairement que d'une pièce, le plokpenin reſtant néanmoins toujours à trente ſols. Ceux de l'eau-de-vie du Rhin de huit demi-aams, avec vingt ſols de plokpenin, & ceux des eaux-de-vie de grains qui ſe font dans le pays, à une pièce, & vingt ſols de plokpenin.

CAVIAL. *Oeufs d'eſturgeon*, dont il ſe fait un grand commerce en Italie, en Moſcovie, & en pluſieurs autres lieux de l'Europe. *Voyez* KAVIA.

CAVIDOS, qu'on nomme auſſi CABIDOS. C'eſt une meſure des longueurs en uſage en Portugal. *Voyez* la TABLE DES MESURES.

CAURIS, que l'on nomme auſſi BOUGES, & que l'on écrit plus communément CORIS. C'eſt une eſpèce de petit *coquillage* blanc, qui vient des

Indes orientales, & qui sert de menue monnoie en quelques endroits.

CAUTION. *Assurance* que l'on prend, ou que l'on donne pour quelque chose.

CAUTION. Se dit aussi de celui qui s'oblige pour un autre, qui promet de payer en sa place, de satisfaire pour lui. L'on ne peut venir sur la *caution*, qu'après avoir discuté le principal obligé, à moins que dans l'acte de cautionnement, il n'y ait quelque clause contraire, ou que la *caution* n'y soit déclarée *caution* solidaire.

L'article 20 du titre 5 de l'ordonnance, porte : « que les *cautions* baillées pour l'événement des » lettres - de - change, seront déchargées de plein » droit, sans qu'il soit besoin d'autres jugement, » procédures ou sommation, s'il n'en est fait aucune » demande pendant trois ans, à compter du jour » des dernières poursuites ».

CAUTION BOURGEOISE. *Répondant* qui a son domicile, qui est établi, qui a des biens apparens dans un lieu, dans une ville.

CAUTION BANALE. Se dit au contraire, d'un malheureux, qui n'ayant rien à perdre, est toujours prêt à cautionner telles personnes qui se présentent, & pour telles sommes qu'on veut.

CAUTION. Par un des articles des ordonnances & statuts du corps des orfévres de Paris, les aspirans à la maîtrise, sont obligés de donner *caution* de la somme de mille livres ; pour, en cas qu'ils contrevinssent aux ordonnances, & qu'ils fussent insolvables, avoir recours sur la *caution* pour les amendes.

CAUTIONNEMENT. *Action de celui qui cautionne*, ou l'acte qu'il en dresse chez le notaire ou au greffe.

CAUTIONNER. Se rendre *caution*, répondre pour quelqu'un, soit par acte public, soit sous seing-privé, soit par un simple engagement verbal.

CAXA. Petite monnoie de plomb, mêlé d'un peu d'écume de cuivre, qui se fabrique à la Chine ; mais qui a cours principalement à Bantan, dans tout le reste de l'isle de Java, & dans quelques isles voisines.

Cette monnoie, qui se fond à Chinceo, ville de la Chine, n'a cours parmi les Javans, que depuis l'an 1590. Elle est un peu plus mince qu'un double de France, & a un trou carré dans le milieu, qui sert à enfiler plusieurs ensemble avec un cordon de paille.

Ce cordon, qu'on nomme *santa*, est de deux cent *caxas*, qui valent neuf deniers. Cinq santas attachés en un seul paquet, font mille *caxas* ; ce qui s'appelle un *sapacou*, qui revient à trois sols neuf deniers, monnoie de Hollande.

Rien n'est si fragile que cette monnoie : il n'en tombe point de cordon, qu'il ne s'en rompe dix ou douze pièces, & même davantage ; & si on les laisse une nuit dans de l'eau salée, elles se collent si fortement les unes aux autres, qu'il s'en

casse plus de la moitié en les séparant. Les Malais les appellent *cas* ; & en langue de Java, on les nomme *pitis*.

Il y a de deux sortes de *caxas*, de grands & de petits. Les petits sont ceux dont on vient de parler, dont les trois cent mille valent à-peu-près cinquante-six livres cinq sols de Hollande. Les grands sont les vieux *caxas*, dont six mille valent une réale de huit. Ces derniers ne sont guères différens des caches de la Chine, & des casses du Japon. *Voyez* la TABLE DES MONNOIES.

CAYELAC. *Bois de senteur* qui croît dans le royaume de Siam. Les Siamois, aussi-bien que les Chinois, en brûlent dans les temples, en l'honneur de leurs Pagodes. Il fait une partie des marchandises qu'on tire de Siam pour la Chine. Il coûte à Siam un taël deux mas le pic, & se vend à Canton deux taëls deux mas.

C E

CECHIN, qu'on nomme plus ordinairement **SEQUIN**, *Monnoie d'or*, qui a cours à Venise & au Levant. *Voyez* SEQUIN.

CÉDANT. Celui qui céde, qui transporte quelque somme, quelqu'effet à un autre.

Quoiqu'un *cédant* puisse quelquefois, & suivant ses conventions, céder sans garantie, il est toujours garant de ses faits, c'est-à-dire, que la chose cédée existe, qu'elle lui appartient, ou du moins qu'il est en droit d'en disposer.

Appeller un *cédant* en garantie, c'est l'assigner pardevant les juges, pour se voir condamner à garantir ce qu'il a cédé, conformément aux clauses de son acte de cession.

CÉDER. Transporter une chose à une autre personne, lui en donner la propriété, l'en rendre le maître.

On dit, en termes de négoce, *céder* son fonds, sa boutique, son magasin ; pour dire, s'accommoder de ses marchandises, s'en défaire en faveur d'un autre, sous de certaines conditions. Ce marchand se retire du commerce ; il a cédé son fonds à son fils.

On dit encore, dans le même sens, *céder* la part qu'on a dans une société, dans une entreprise, dans l'armement d'un vaisseau. On dit aussi, *céder* une action. J'avois dix actions dans la compagnie d'Occident, je n'en ai plus que six, j'en ai cédé quatre : si vous voulez, je vous céderai les actions que j'ai dans la compagnie du Sénégal.

CÉDRA, ou **CÉDRAT.** Espèce de citronnier, dont le fruit est de bonne odeur. On donne aussi ce nom aux citrons qu'il produit. On fait une confiture liquide avec les petits *cédrats*, qu'on confit tout entiers, & une confiture séche avec les grands *cédrats*, qu'on coupe par quartiers.

L'eau de *cédrat*, qu'on estime extrémement, à cause de son excellent parfum, & peut-être aussi à cause de sa rareté, se fait avec des zestes, ou petits morceaux, que l'on coupe de dessus l'écorce des c*drats*, avant qu'ils soient dans leur entière maturité ; & dont, en les pressant, on exprime la liqueur, qu'on fait rejaillir sur un morceau de verre, d'où elle coule dans quelque vase, qu'on tient dessous. Quelques-uns l'appellent *eau des Barbades* ; mais il y a de la différence, en ce que l'eau de *cédrat* est pure, & l'eau des Barbades est un mélange d'eau-de-vie rectifiée, & d'eau pure de *cédrat*.

On fait encore l'eau de *cédrat* d'une autre manière qui n'est pas moins bonne, & qui n'est pas si longue.

CEDRE. Grand arbre. C'est du tronc & des grosses branches de cet arbre, que, pendant les grandes chaleurs, coule d'elle-même & sans incision une résine blanche, claire & transparente, qu'on appelle *gomme de cedre*, ou *manne masticine*. Les plus gros arbres en rendent à peine six onces par jour.

Quand la gomme a cessé de couler d'elle-même, on incise l'arbre, & il sort une liqueur onctueuse, qui se sèche en coulant le long du tronc. C'est la résine de *cedre* qu'on voit chez nos marchands épiciers-droguistes, & qui est d'un beau jaune, friable, lucide, transparente & d'une bonne odeur.

Enfin le *cedre* fournit encore une troisième drogue, nommée *térébenthine de cedre*, qui est une liqueur claire & blanche comme de l'eau, d'une odeur forte & pénétrante, qui est contenue dans de petites vessies, que l'excessive ardeur du soleil fait élever sur le tronc de l'arbre.

« La gomme ou résine de *cedre*, soit la blanche, soit la rouge, paye en France les droits d'entrée sur le pied de 50 s. le cent pesant, avec les sols pour livre ».

CEDRIE. On donne quelquefois ce nom à la gomme ou résine qui coule du cedre. Sa bonne qualité consiste à être grasse, épaisse, transparente, d'une odeur forte, & lorsqu'on la verse, qu'elle tombe également goutte à goutte. *Cedrie* est le nom sous lequel les tarifs de France en fixent les droits. Voy. *ci-devant l'article du* CEDRE.

CÉDULE. Petit morceau de papier où l'on écrit quelque chose.

CÉDULE. Parmi les marchands banquiers & négocians signifie assez souvent le *morceau de papier* sur lequel ils écrivent leurs promesses, lettres de change, billets payables au porteur, rescriptions, & autres tels engagemens qu'ils prennent mutuellement entr'eux par acte sous seing-privé, pour le fait de leur négoce, & particulièrement pour le payement de l'argent.

On appelle *porte-cédule* le petit porte-feuille long & étroit, couvert de cuir, d'étoffe, & quelquefois de riches tissus d'or, d'argent & de cheveux, que l'on peut mettre dans sa poche, & dans lequel on enferme ces sortes de papiers précieux, dont la garde demande du soin & de l'attention.

CÉDULES DÉTACHÉES. On nomme ainsi en Hollande, dans le bureau du convoi & licenten, les expéditions qu'on délivre aux marchands pour justifier du contenu aux déclarations qu'ils ont faites de leurs marchandises, où du payement des droits. C'est sur ces cédules que les commis aux recherches doivent faire leurs visites.

CEER, Poids tout ensemble & mesure, dont on se sert sur la côte de Coromandel. Cinq *ceers* font le biis, huit biis un man, & deux mans un candi.

Comme le candi est inégal, & qu'en quelques endroits il n'est que de trois cent quatre-vingt livres de Hollande, & en d'autres de cinq cens, le *ceer* est à proportion plus ou moins pesant, suivant les lieux. Le *ceer* contient 24 tols.

CEINTURE. On nomme ainsi à Bordeaux une espèce de jauge avec laquelle se vérifie par le dehors la véritable continence des bariques de prunes, qui passent par le bureau des chartrons, l'un des fauxbourgs de ladite ville de Bordeaux.

Cette *ceinture* est faite d'une baleine plate & pliante, sur laquelle sont marquées les divisions de la jauge, par où l'on connoît aisément les excédens ou défauts desdites bariques ; on l'appelle *ceinture*, parce que dans l'opération elle se place autour du bouge de la pièce en forme de *ceinture*.

Il y a dans le bureau une armoire où se serre la *ceinture* sous deux clefs, dont l'une est entre les mains du contrôleur, qui est le chef du bureau, & l'autre dans celles d'un des six visiteurs ; laquelle armoire ne se peut ouvrir qu'en présence de ces deux officiers.

CEINTURIER. Celui qui fait ou qui vend des ceintures.

La communauté des marchands *ceinturiers* de la ville & fauxbourgs de Paris, étoit autrefois une des plus considérables de cette ville.

CELADON. Couleur verte blafarde, mêlée de blanc, ou qui tire sur le blanc.

L'article 21 des statuts des maîtres teinturiers en soie, laine & fil, porte que les soies *celadones*, verd de pomme, verd de mer, &c. seront alunées, & ensuite gaudées avec gaude ou sarette, suivant la nuance, puis passées sur la cuve d'inde.

Le 44e. ordonne que les laines *celadones* soient gaudées & passées en cuve, sans les brunir avec du bois d'inde.

Et le 50e., que les fils pour teindre en verd gais, du nombre desquels sont les *celadons*, seroient d'abord bleus, & seroient ensuite rabattus avec bois de campêche & verdet, puis gaudés.

CELERET ou COLERET. *Filet* dont on se sert sur les côtes de Normandie. C'est une espèce de seine que deux hommes traînent en mer aussi avant qu'ils y peuvent entrer & prendre pied.

CELLERAGE. Droit seigneurial sur le vin, qui se lève lorsqu'il est dans le cellier.

En quelques endroits on l'appelle *droit de chantelage*, à cause des chantiers sur lesquels on place les tonneaux & pièces de vin dans les caves & celliers.

CENDRE. Ce qui reste du bois, ou autres matières combustibles, quand elles ont été consumées par le feu.

Outre l'usage que l'on fait de la *cendre* commune

pour les leffives & blanchiffage du linge, & pour compofer & purifier le falpêtre, elle eft encore d'une grande utilité aux teinturiers, qui la mettent au nombre des drogues non colorantes qu'ils font entrer dans les bains & bouillons où ils préparent les étoffes pour recevoir la couleur. Ils fe fervent auffi de *cendres* recuites pour le guefde. Le nom feul fuffit pour faire entendre ce que c'eft.

« Les *cendres* communes payent en France pour » droits d'entrée 30 fols du left, qui eft de douze » barils, & 36 fols de droits de fortie ».

Par les ordonnances des eaux & forêts, & particulièrement par celle de 1669, il eft défendu aux marchands ventiers, aux ufagers & à toutes autres perfonnes de faire des *cendres* dans les forêts du roi, ni dans celles des eccléfiaftiques ou communautés, s'ils n'en ont, lettres-patentes vérifiées fur l'avis des grands maîtres.

Les *cendres* qui fe font en vertu de lettres ne peuvent être faites qu'aux places & endroits marqués par les officiers, & les marchés paffés avec les cendriers doivent être enregiftrés aux greffes des maîtrifes.

Tous les atteliers de *cendres* ne peuvent être ailleurs que dans les ventes, & lefdites *cendres* n'en doivent être tranfportées que dans des tonneaux marqués du marteau du marchand.

Les *cendres de la Roquette*, qu'on appelle vulgairement *cendres du Levant*, parce que cette herbe fe brûle à faint-Jean d'Acre & à Tripoli de Syrie, fervent à faire le favon & le criftal. Celle de faint-Jean d'Acre vient dans des facs gris, & eft la plus eftimée, & celle de Tripoli dans des facs bleus.

« Les *cendres du Levant*, que le tarif appelle » *cendres de Surie*, font au nombre des marchan- » difes du Levant, Barbarie, & autres pays & terres » de la domination du grand-feigneur, du roi de » Perfe & d'Italie, fur lefquelles on lève 20 pour » cent de leur valeur, conformément à l'arrêt du » conseil du 15 août 1685, lorfqu'elles ont été entre- » pofées dans les pays étrangers, & qu'elles entrent » par Marseille; & même fans avoir été entrepo- » fées, lorfqu'elles entrent par le port de Rouen ».

Les *cendres de fougère*, plante affez connue, qui vient de Lorraine, fervent auffi à faire les verres & les bouteilles qu'on appelle de *fougère*.

La *cendre gravellée*, dont fe fervent les teinturiers, n'eft que de la vin fèche, calcinée.

» La *cendre gravellée* & *potaffe* payent en France » les droits d'entrée fur le pied de 15 fols du cent » pefant ».

» La *cendre de verre*, 4 fols auffi du cent ».

CENDRE DE PLOMB. Eft du plomb en fort menus grains, dont les chaffeurs fe fervent pour chaffer au menu gibier. *Voy.* PLOMB.

» La *cendre de plomb* paye en France 15 fols du » cent pefant de droits d'entrée, & 7 fols de droits » de fortie ».

Il y a beaucoup de couleurs que les marchands

épiciers vendent aux peintres, qui s'appellent *cendres*, comme la *cendre d'azur* & la *cendre bleue*, qu'on nomme quelquefois *cendre verte*, à caufe qu'elle verdit après avoir été employée.

Cette *cendre* eft une compofition, ou quelquefois une pierre naturelle broyée & réduite en poudre impalpable, qui approche un peu de l'outre-mer pâle. Elle vient de Dantzic, d'où les Anglois & les Hollandois l'apportent chez eux, & de là l'envoient enfuite en France. Il en arrive cependant une affez grande quantité à Rouen par les vaiffeaux Suédois, Danois & Hambourgeois. Il faut la choifir fine, haute en couleur & très-feche.

La *cendre verte*, qu'on appelle auffi *verd de terre*, fert pareillement à la peinture.

« La *cendre verte* paye de droits d'entrée 4 livres » du cent pefant, le tout avec les nouveaux fols » pour livre ».

Les autres *cendres* pour la peinture viennent ordinairement de Flandre.

CENDRE DE BRONZE. C'eft ce qu'on appelle autrement *pompholix*, ou *calamine blanche*.

CENDRÉ. (Couleur de *cendre*).

CENDRÉE. C'eft auffi la plus menue poudre de plomb, au-deffous de la cendre de plomb.

CENDREUX. On appelle du *fer cendreux*, du fer qui prend mal le poli, & qu'on ne peut jamais rendre bien clair.

CENDRIER. (Celui qui fait des *cendres*, ou le marchand qui en fait trafic).

CENSAL. (*Terme en ufage fur les côtes de Provence*, & dans les échelles du Levant). Il fignifie la même chofe que courtier, c'eft-à-dire, *celui qui s'entremet entre les marchands & négocians*, pour faire acheter & vendre des marchandifes; ou qui fe mêle de quelques autres négociations mercantiles.

Les marchands & négocians payent ordinairement un demi pour cent au *cenfal*, pour fon droit de cenferie ou courtage.

La plûpart des *cenfals* du Levant, mais particulièrement ceux qui font la cenferie ou courtage au grand Caire, font Arabes de nation. Les négociations qu'ils font entre les marchands d'Europe & ceux du pays, pour l'achat ou la vente des marchandifes, fe paffent toutes en mines & grimaces; & c'eft fur-tout une vraie comédie, quand le *cenfal* veut obliger le marchand Européen de payer la marchandife de fon compatriote à fon premier mot, ou du moins en n'en guères rabattre.

Lorfque l'Européen a fait fon offre, toujours au-deffous de ce que le vendeur en demande, le *cenfal* Arabe feint de fe mettre en colère; hurle & crie comme un furieux; s'avance comme pour étrangler le marchand étranger, fans pourtant lui toucher. Si cette première fcène ne réuffit pas, il s'en prend à foi-même, déchire fes habits, fe frappe la poitrine à grands coups de poing, & fe roulant à terre, crie comme un défefpéré, qu'on infulte un marchand d'honneur; que fa marchandife n'a point été volée, pour en méfoffrir fi extraordinairement.

Enfin, le négociant d'Europe accoutumé à cette burlesque négociation, reste tranquille, & n'offrant rien de plus, le *cenfal* reprend auffi fa tranquillité, & lui tendant la main, & l'embraffant étroitement en figne du marché conclu, finit la pièce par fon *halla quebar, halla quebir*, Dieu eft grand, & très-grand, qu'il prononce avec un auffi grand fang-froid, que s'il n'avoit pas contrefait toutes les contorfions & les cris d'un poffedé.

CENSERIE. Exprime tout ce que fignifie courtage; c'eft-à-dire, quelquefois la *profeffion du cenfal*, & quelquefois le *droit qui lui eft dû*.

CENT. Se dit d'un certain poids fixe & réglé, que l'on appelle en plufieurs endroits *quintal*. Il eft compofé de *cent livres*, la livre plus ou moins forte, fuivant les lieux.

Il y a des marchandifes qui fe vendent au *cent* de pièces, d'autres au *cent* en poids.

En Angleterre, particulièrement à Londres, on fe fert pour les drogueries & épiceries, d'un poids que l'on appelle *grand cent*, qui eft compofé de cent douze livres; dont les cinquante-fix livres font le demi-cent; les vingt-huit livres, le quarteron; & les quatorze livres, le demi-quarteron.

En France, les bois de charpente fe vendent au *cent* de pièces; les fagots & les cotterets, au *cent*; & l'on en donne quatre par-deffus le *cent*. Le hareng blanc fe vend fur le pied de cent quatre poiffons pour *cent*.

A Nantes, & dans la plûpart des ports de mer de France, la morue fe compte, & fe vend à raifon de cent vingt-quatre poiffons, ou foixante-deux poignées, ou couples pour *cent*; ce qui fe nomme *grand compte*.

A Orléans & en Normandie, le *cent* de morue, grand compte, eft de cent trente-deux poiffons, ou foixante-fix poignées.

A Paris, il n'eft que de cent huit, ou cinquante-quatre poignées; & c'eft ce que l'on appelle le *cent de morue* petit compte.

Le maquereau fe vend & s'achete auffi au *cent*. Au Havre-de-Grace & à Dieppe, on en donne cen trente-deux pour *cent*. A Rofcoff, en baffe-Bretagne, on n'en donne que cent quatre.

CENT. Eft auffi un terme dont on fe fert fouvent dans le commerce, pour exprimer *le profit* ou *la perte* qui fe rencontre fur la vente de quelque marchandife; en forte que quand on dit qu'il y a eu dix pour *cent* de gain, ou dix pour *cent* de perte fur une marchandife que l'on a vendue, cela doit s'entendre que l'on y a profité, ou que l'on y a perdu dix francs fur chaque cent francs du prix, à quoi la marchandife revenoit d'achat; ce qui eft un dixiéme de perte, ou un dixiéme de gain fur le total de la vente.

Gagner *cent* pour *cent* fur un commerce, c'eft doubler fon capital; y perdre cinquante pour *cent*, c'eft le diminuer de moitié.

CENT. Eft encore un terme en ufage dans le négoce d'argent. Il fignifie *le bénéfice* ou *l'intérêt* qui

fe tire de celui que l'on fait valoir. Ainfi, l'on dit, l'argent vaut huit pour *cent* fur la place; pour faire entendre, qu'il rend huit francs de bénéfice fur chaque fois cent francs que l'on prête.

CENT. Se dit encore par rapport aux traites, & remifes d'argent que l'on fait d'une place fur une autre place. Il en coûtera deux & demi pour *cent* pour remettre en une telle ville. Le tant pour *cent* qu'il en coûte pour les traites & remifes d'argent, eft ce que l'on appelle *le prix du change*.

Quand on dit, qu'un courtier, ou agent de change prend un octave pour *cent*, pour fon bénéfice des négociations qui fe font par fon entremife, cela doit s'entendre, qu'il lui revient la huitième partie de vingt fols, qui eft deux fols fix deniers pour chaque fois cent francs qu'il a fait négocier. L'octave pour *cent* fe donne ordinairement par les deux parties; c'eft-à-dire, par le donneur & par le preneur d'argent; en forte que chaque négociation produit deux octaves pour *cent* au courtier, qui font cinq fols, ou le quart d'une livre pour *cent*; ce qui fait cinquante fols pour chaque fac de mille livres.

Lorfqu'un commiffionnaire met en ligne de compte à la fin d'une facture d'achat, qu'il envoye à fon commettant deux pour *cent* pour fa provifion ou commiffion; cela veut dire, qu'il emploie pour fes peines & falaires, autant de fois deux livres ou quarante fols, qu'il y a de fois cent francs dans le total de la facture. Il faut remarquer que le tant pour *cent* de provifion, fe prend par le commiffionnaire fur tout le montant de la facture, c'eft-à-dire, tant fur le prix principal de l'achat de la marchandife, que fur les frais & débourfés faits pour raifon d'icelle, comme droits de traites & douanes, ports, emballages, &c.

Dans les écritures des marchands négocians & banquiers, le tant pour *cent* fe met ainfi en abregé (2 p ₈⁷) ce qui veut dire deux pour *cent*.

CENTAINE. Se dit d'un certain brin de foie, de fil ou de laine, par où on doit commencer à devider un écheveau. Pour ne pas mêler cette foie, il faut trouver la *centaine*.

CENTAL. *Bois odoriférant*, qui vient des Indes Orientales. *Voyez* SENTAL.

CEPÉES ou SEPÉES. (*Terme d'exploitation & de commerce de bois*). Ce terme fignifie quelquefois des *buiffons*, mais le plus fouvent on le dit des bois qui repouffent d'une même fouche, comme le taillis, qui de-là font appellés *bois de cepées*.

L'ordonnance de 1669 porte, que les bois de *cepées* ne feront point abbatus, ni à la ferpe, ni à la fcie, mais feulement à la coignée.

Cepées fe prend auffi quelquefois pour les fouches qui reftent après que les bois font abbatus.

CERCEAU. Lien de bois facile à fe plier, dont on fe fert pour relier les tonneaux, les cuves, cuviers, baignoires, &c. Les meilleurs *cerceaux* font ceux de châtaigner; on en fait auffi de coudre, de frêne, de bouleau & d'autres bois blancs, dont on fend les branches par le milieu. Ceux de châtignier viennent de Picardie ; & ceux de bois mêlé, de Champagne, particulièrement de la Ferté-fous-Jouare. On les apporte en molle, c'eſt-à-dire, en bottes, compoſées de plus ou moins de cerceaux, ſuivant leur eſpèce.

CERCEAU. On nomme *leton en cerceau*, des fils de leton tournés, ou pliés en paquets, de figure circulaire.

CERCHE ou SERCHE, qu'on appelle plus communément ÉCLISSE. Sorte de bois de refend, très-mince. Il ſe fait de chêne ou de hêtre.

CERCLE. Grand cerceau de bois de châtaignier, de coudre, de boulleau ou d'autres ſemblables bois flexibles, dont on ſe ſert pour relier pluſieurs ouvrages de tonnellerie. Il y a cependant quelque différence entre les *cercles* & les cerceaux ; les uns ne ſervant que pour les grands ouvrages, comme les cuves & les cuviers, les baignoires ; & les autres aux médiocres & aux petits tonneaux, tels que ſont les muids, demi-muids, barils, &c. Les *cercles* ſe vendent à la molle ; les grands, de trois à la molle, de quatre toiſes de longueur ; & les plus petits, de douze *cercles* auſſi à la botte. Les cuves d'une grandeur extraordinaire, ſe relient preſque toujours avec des *cercles* de fer ; & il y a même bien des cabaretiers & marchands de vin en détail, qui ont la précaution d'en mettre deux aux pièces de vin qui doivent long-tems reſter en cave : on les place à chaque bout, un peu au-delà du jable.

« Les *cercles* & *cerceaux* payent en France les » droits d'entrée ſur le pied de 6 ſols du millier en » nombre ; & pour les droits de ſortie, 30 ſols avec » les ſols pour livre ».

CERF. Animal ſauvage fort leger à la courſe, qui porte ſur la tête un grand bois branchu.

Les marchandiſes qu'il fournit ſont, *l'eau de tête de cerf*, ou de *crû de cerf* ; la *corne de cerf*, *l'os de cœur de cerf*, la *moëlle de cerf*, le *ſuif de cerf* ; ſon nerf, ou priape, ſa veſſie, ſa nappe ou peau ; ſa bourre ; & enfin un eſprit, un ſel, une huile & une eſpèce de ſpode ou cendre, propres à la médecine.

L'eau de tête de *cerf*, ou de *crû de cerf*, eſt une eau qu'on tire par le moyen de la diſtillation du bois de *cerf*, lorſqu'il commence à pouſſer, & qu'il eſt encore mol. C'eſt, à ce qu'on aſſure, un cardiaque, ou cordial admirable & un remède ſouverain pour faciliter l'accouchement des femmes, & pour la guériſon des fièvres malignes.

La corne de *cerf*, c'eſt le bois du *cerf*. Les ouvriers qui s'en ſervent, lui donnent le premier nom ; & les chaſſeurs, pour en parler plus noblement, lui donnent le ſecond. On rape cette corne, pour en compoſer des ptiſanes aſtringentes, & pour en faire des gelées ; c'eſt cette raclure que les marchands épiciers-droguiſtes nomment *graine de corne de cerf*. Il faut prendre garde qu'on ne lui ſubſtitue point des os de bœuf rapés. Les couteliers font des manches de couteaux avec

la corne de *cerf* ; & les fourbiſſeurs, des poignées de couteaux de chaſſe, &c.

L'os de cœur de *cerf* eſt un os, ou cartilage qui ſe trouve dans le cœur de cet animal ; il faut le choiſir médiocrement gros & bien blanc. Il ſe trouve dans le cœur du bœuf un pareil os ; quoique peut-être il ait autant de vertu, & qu'il ſoit un excellent cardiaque, pour n'être point trompé, en le recevant l'un pour l'autre des marchands épiciers-droguiſtes, on le peut diſtinguer par la figure & par la groſſeur, celui du bœuf étant beaucoup plus gros, & celui de *cerf* plus triangulaire ; ce dernier entre dans la compoſition de la confection d'hyacinthe.

La moëlle de *cerf* ſe tire de ſes plus gros os, qu'on caſſe & qu'on fait bouillir, & qu'on réduit enſuite en petits pains ronds de différentes épaiſſeurs. Fondue avec l'eſprit-de-vin, elle eſt excellente pour les humeurs froides.

Le ſuif de *cerf*, qu'on tire des parties les plus graſſes de l'animal, a preſque les mêmes propriétés que la moëlle ; l'un & l'autre ſont fort ſujets à être ſophiſtiqués.

Le nerf ou priape de *cerf*, qui eſt proprement une portion des parties génitales de cet animal, eſt mis au nombre des remèdes diurétiques ; & ſa veſſie, à ce que l'on prétend, a une vertu toute ſingulière pour guérir la teigne.

Toutes ces différentes choſes qui ſe tirent du *cerf* font une portion du négoce des marchands épiciers-droguiſtes.

Pour ce qui eſt de la peau, que les chaſſeurs appellent *nappe*, on en fait des gants, des culotes, des chemiſettes, des ceinturons & d'autres ſemblables ouvrages, après qu'elle a été paſſée en huile par les chamoiſeurs, ou en mégie par les mégiſſiers. Les marchands foureurs en font quelquefois des manchons, quand elle eſt encore avec tout ſon poil & préparée comme les autres fourures.

« Les peaux de *cerfs* & *chevreuils*, tant grandes » que petites, encore en poil, payent l'une portant » l'autre, 4 ſols de la pièce de droits d'entrée en » France ; & celles apprêtées & paſſées en buffle, » comme buffle, 15 liv. du cent peſant ».

« Les peaux de *cerfs* & *chevreuils* non apprê-» tées, payent de droits de ſortie 6 ſols de la pièce, » tant grande que petite, l'une portant l'autre, avec » les ſols pour livre ».

La bourre du *cerf*. C'eſt le poil que les mégiſſiers ou les chamoiſeurs ont fait tomber de deſſus la peau de l'animal, en lui donnant ces apprêts. Cette bourre ou poil, étant mêlée avec d'autre bourre, ſert à rembourer des ſelles, des bâts, des chaiſes, &c.

CERF-VOLANT. C'eſt ainſi que les tanneurs & autres artiſans qui font commerce de gros cuirs, appellent les cuirs tannés à fort, dont le ventre a été ôté.

CERISE. Couleur rouge, qui reſſemble au fruit qui lui a donné ſon nom. C'eſt une eſpèce d'incarnat, qui ſe teint avec les mêmes drogues & de la même manière que le véritable incarnat ; mais qui est diversement rabatu. Des taffetas, du ruban couleur de *cerise*. *Voyez* ROUGE ou INCARNAT.

CERON, que l'on nomme plus ordinairement SURON. Sorte de *ballot* de marchandise, couvert de peau de bœuf fraîche, dont le poil est en dedans. *Voyez* SURON.

CERTIFICAT. (Témoignage qu'on donne par écrit pour certifier de la vérité d'une chose).

CERTIFICAT DE FRANCHISE. C'est un *acte* qui déclare de certaines marchandises franches & exemptes des droits de sortie du royaume, pour avoir été achetées & enlevées pendant le tems des franchises des foires.

CERTIFICATEUR. Celui qui se rend caution d'une caution ; qui la certifie solvable & en répond.

La caution & le *certificateur* reçus en justice, sont solidairement obligés avec le principal débiteur, & sont également condamnés au paiement de la chose dûe, si le cas y échoit. Mais il y a cette différence entre la caution & le *certificateur*, que le *certificateur* n'est obligé que subsidiairement, & en cas d'insolvabilité de la caution ; en sorte qu'il faut discuter le principal obligé & sa caution, avant que de s'adresser au *certificateur*.

CERTIFICATION. Attestation qu'on donne en justice de la solvabilité d'une caution présentée, dont on veut bien répondre en son propre nom.

CERTIFIER. Signifie *répondre d'une caution*, après avoir attesté de sa solvabilité.

CERVIER. L'on nomme ainsi une certaine espèce d'animal, dont la fourrure fait partie du commerce de la pelleterie. On l'appelle plus ordinairement *loup cervier. Voyez* LOUP.

CERVOISE. Boisson faite de bled, d'orge & de houblon, fermentés avec de l'eau dans de grandes cuves, & ensuite bouillis, cuits & braffés dans des chaudières de cuivre. C'est ce qu'en France, on appelle présentement de la *bière*.

CERVOISIER ou CERVISIER. Celui qui fait & qui vend de la cervoise. C'est ce qu'on nomme un *brasseur*.

CERUSE, qu'on appelle aussi CHAUX DE PLOMB. C'est du blanc de plomb réduit en poudre & broyé à l'eau, dont on forme, dans des moules, de petits pains qu'on fait sécher.

« La *ceruse* fine paie en France les droits d'entrée » sur le pied de 20 sols le cent pesant ».

« Ceux taxés par le tarif de la douane de Lyon, » sont 12 sols 8 deniers d'ancienne taxation du quin- » tal, 8 sols pour les anciens 4 pour cent ; & 4 sols » pour la nouvelle réappréciation, avec les sols pour » livre ».

CERUSE D'ESTAIN. *Voyez* ESTAIN.

CESSION. C'est un abandonnement, un délaissement qu'un négociant fait à ses créanciers, de tous ses biens, tant meubles qu'immeubles, soit volontairement, soit en justice, pour éviter la contrainte par corps, qu'ils pourroient exercer contre lui.

Il y a deux sortes de *cessions* ; la *cession* volontaire & la *cession* judiciaire.

La *cession* volontaire, est lorsqu'un négociant se voyant hors d'état de pouvoir payer entièrement ses créanciers, leur fait *cession* & abandonnement de tous ses biens généralement quelconques, & que cette *cession* est consentie & acceptée volontairement par ses créanciers : ce qui se fait par un contrat que l'on appelle *contrat de cession* ou d'abandonnement de biens.

Celui qui fait *cession* volontaire, doit donner à ses créanciers un état au vrai de tous ses biens & effets, tant meubles qu'immeubles, sans aucune exception, & faire homologuer en justice son contrat de *cession* avec ceux qui y ont signé volontairement, & le faire déclarer commun avec ceux qui auront été refusans de le signer.

Quoique cette *cession* volontaire soit acceptée par les créanciers, elle ne laisse pas cependant d'être infamante à celui qui l'a faite, d'autant qu'on la regarde comme si c'étoit une véritable banqueroute ; ce qui le met hors d'état de pouvoir jamais aspirer à aucune charge publique, à moins que par la suite il ne paie entièrement ses créanciers, & qu'il n'obtienne des lettres de réhabilitation en chancellerie.

Un débiteur qui a fait *cession* de ses biens à ses créanciers, qui l'ont consentie volontairement sans y avoir été forcés, est déchargé envers eux de toutes choses généralement quelconques, sans qu'ils puissent avoir aucune action de recours contre lui, sur les biens qu'il auroit pû acquérir depuis la *cession*.

La *cession* judiciaire est celle qui se fait par un négociant qui est actuellement détenu prisonnier par ses créanciers, & qui est absolument hors d'état de les payer, lequel demande en justice qu'il lui soit permis d'être reçu à *cession*. Cette *cession* judiciaire est certainement forcée de la part des créanciers, puisque le débiteur est ordinairement reçu au bénéfice de *cession* par ordonnance de justice, nonobstant les oppositions formées de la part de ces mêmes créanciers pour l'empêcher ; & c'est ce qui la rend par conséquent plus infamante que celle qui est volontaire.

Celui qui fait *cession*, doit la faire devant les juges-consuls du lieu de sa résidence, l'audience tenant ; & s'il n'y a point de consuls, en présence de l'assemblée commune de la ville ; & cela personnellement, tête nue & non par procureur, si ce n'est qu'il fût malade ou pour quelque autre raison légitime ; & doit y déclarer son nom, sur-nom, qualité & demeure, & qu'il a été reçu à faire *cession* de biens, laquelle déclaration doit être publiée par le greffier & insérée dans le tableau public. Ce qui est conforme à l'ordonnance de Moulins de Charles VIII, du 28 décembre 1490, art. 34 ; à celle de Lyon de Louis XII, du mois de juin 1510, art. 70 ; à celle de Louis XIII, de janvier 1629, art. 143 ; & à celle de Louis XIV, du mois de mars 1673, tit. 10, art. 1.

Suivant

Suivant l'ufage ordinaire, celui qui fait *ceſſion* doit être conduit par un huiſſier ou ſergent, à la place publique, un jour de marché, pour faire la publication en ſa préſence de la *ceſſion* qu'il a faite; de laquelle publication l'huiſſier doit dreſſer ſon procès-verbal.

Il y a de certains cas où l'on ne peut être reçu au bénéfice de *ceſſion*, comme pour banqueroute frauduleuſe.

Pour *reliqua* d'un compte de tutelle; ce qui a été jugé par arrêt du 7 mai 1608.

Lorſqu'un étranger n'a pas obtenu de lettres de naturalité, ou de déclaration de naturalité. *Art. 2 du tit. 10 de l'ordonnance de 1673.*

Un naturel François contre un étranger; ainſi jugé par trois arrêts des 18 avril 1566, 5 décembre 1591 & 17 août 1598.

Pour deniers royaux.

Pour ſtellionnat & fauſſe vente. *Arrêt du 8 février 1611.*

Ceux qui ont des deniers conſignés entre les mains par ordonnance de juſtice.

Pour moiſſons de grains. *Arrêt du 28 mars 1583.*

Ceux qui ont obtenu de leurs créanciers, par des contrats d'atermoyement, un délai pour payer, & qui ont reçu d'eux quelque remiſe. *Arrêt du 11 février 1611.*

Ceux qui ont obtenu des lettres de répit. *Arrêt du 8 février 1611.*

Et pour vin vendu par un bourgeois dans ſa cave. *Arrêt du 11 juillet 1611, confirmé par autre arrêt du 12 avril 1612.*

Un débiteur ne peut renoncer au bénéfice de *ceſſion*, par l'obligation qu'il fait à ſon créancier. *Arrêt du 22 novembre 1599.*

Les biens acquis par un ceſſionnaire judiciaire depuis ſa *ceſſion*, ſoit par ſucceſſion, donation ou autrement, ſont toujours affectés & obligés à ſes créanciers, juſqu'à concurrence de ce qui peut leur être dû du reſte, ſans toutefois qu'ils puiſſent exercer aucune contrainte par corps contre lui.

Autrefois celui qui faiſoit *ceſſion*, étoit obligé de porter un bonnet verd, qui devoit être acheté par ſes créanciers; & s'il étoit trouvé dans les rues par quelqu'un de ſes créanciers, ſans avoir ſur ſa tête le bonnet verd, il étoit permis à ce créancier de le faire remettre en priſon. Cela a été même jugé par divers arrêts; néanmoins cette coutume a été abrogée, particulièrement à l'égard des ceſſionnaires qui ont agi de bonne-foi & ſans fraude.

L'ordonnance de Louis XIII, du mois de janvier 1629, porte que ceux qui feront *ceſſion*, pour être tombés en pauvreté par des pertes qui leur ſeront arrivées dans leur commerce, & qui ſeront reconnus de bonne-foi, n'encoureront point d'infamie. Cependant, nonobſtant la diſpoſition de cette ordonnance, ces ſortes de *ceſſions* ne laiſſent pas de paſſer pour infames dans l'opinion générale, & ceux qui les ont faites ne ſont jamais élus en aucune

charge & emplois publics. En ſorte que l'on peut dire que la *ceſſion* eſt une eſpèce de mort civile; cependant lorſqu'un ceſſionnaire a payé entièrement ſes créanciers, il peut être réhabilité par des lettres du prince. *M. Savary, Parfait Négociant.*

CESSIONNAIRE. Celui qui accepte & à qui on fait une ceſſion, ou tranſport de quelque choſe. Le *ceſſionnaire* n'a pas plus de droit que le cédant.

On appelle encore *ceſſionnaire*, un marchand, ou autre perſonne, qui a fait une ceſſion ou un abandonnement de tous ſes biens à ſes créanciers, ſoit en juſtice, ſoit volontairement.

CHA. C'eſt une *étoffe de ſoie* très-ſimple & très-légère, dont les Chinois, chez qui elle ſe fabrique, s'habillent le plus ordinairement en été; elle approche aſſez de nos taffetas, hors qu'elle eſt moins ſerrée & moins luſtrée, mais auſſi beaucoup plus moëlleuſe; ce qui vient apparemment de ce qu'il y a moins d'apprêt. Il y en a d'unies & d'autres à fleurs, dont les fleurs ſont percées à jour, & vuidées comme les dentelles d'Angleterre, & quelquefois en ſi grande quantité qu'on ne voit pas le corps de l'étoffe.

Cha. C'eſt auſſi le nom que l'on donne à la fleur de thé.

« Le *cha* paye en France les droits d'entrée ſur » le pied de 20 liv. le cent peſant, avec les ſols » pour livre ».

CHABLE. *Voyez* CABLE.

CHABLEAU. *Voyez* CABLEAU.

CHABLEUR. Officier de la ville de Paris, établi pour faire paſſer les bateaux, coches, chalans, foncets, & autres voitures par eau, ſous les ponts & par les pertuis, & autres paſſages difficiles & dangereux des rivières.

On confond aſſez ſouvent les *officiers chableurs* avec d'autres officiers, dont les fonctions ſont peu différentes, comme ſont les maîtres des ponts, leurs aides & les maîtres des pertuis. Ils ne ſont pas pourtant les mêmes.

Les ſix premiers articles du quatriéme chapitre de l'ordonnance de la ville de Paris de 1672, règlent les fonctions de tous les officiers, & la police qui doit s'y obſerver entr'eux.

Par le premier, ils ſont obligés de faire réſidence ſur les lieux, de travailler en perſonne, & d'avoir des flettes, cordes & autres équipages néceſſaires : faute de quoi ils ſont tenus des dommages & intérêts des voitures, même de la perte des bateaux & marchandiſes, naufrage arrivant aux ponts & pertuis, faute de bon travail.

Par le ſecond article, il eſt enjoint aux marchands & voituriers de ſe ſervir de ces officiers aux ponts & paſſages des rivières, où il y en a d'établis; & aux officiers de paſſer les bateaux ſans préférence, & ſuivant l'ordre de leur arrivée.

Le troiſiéme défend à ces officiers de faire commerce ſur la rivière, entreprendre voiture ni tenir taverne, cabaret ou hôtellerie, dans les lieux où ils exercent leurs fonctions,

Le quatriéme ordonne qu'il fera mis une pancarte au lieu le plus éminent des ports & garres ordinaires, contenant les droits qui leur font attribués.

Le cinquiéme les charge de dénoncer toutes les entreprises faites fur les rivières, par conftructions de moulins, gros, pertuis, &c.

Enfin, le fixiéme article enjoint pareillement la réfidence aux aides de ces officiers, & leur commande l'obéiffance aux ordres de leurs maîtres, fous peine d'être refponfables des pertes arrivées, faute de les avoir exécutés.

CHABLIS. (*Terme de commerce de bois.*) On appelle *bois chablis*, les bois abbatus dans les forêts par la violence des vents & des orages.

Le dix-feptiéme titre de l'ordonnance de 1669, fur le fait des eaux & forêts, contient en fept articles ce qui regarde la vente de ces fortes d'arbres.

Lorfqu'il fe trouve des *chablis* dans les bois & forêts du roi, le fergent à garde doit en dreffer fon procès-verbal, & le garde-marteau veiller à ce qu'il n'en foit rien pris, enlevé ou ébranché, fous prétexte d'ufage, de coutume, ou d'autres droits.

Ces arbres ne peuvent être réfervés ni façonnés, fous prétexte de les amenager ou débiter en autre temps pour le profit du roi; mais doivent être vendus en l'état qu'ils fe trouvent.

Les adjudications s'en font par le grand maître, ou les officiers des maîtrifes, à l'extinction des feux, après deux publications faites à l'audience, ou au marché du lieu, & aux prônes des villes & villages prochains.

Le temps des vuidanges ne peut être que d'un mois pour le plus.

Les *chablis* font du nombre des menus marchés.

Jufqu'à l'arrêt du confeil du 30 décembre 1687, les officiers des maîtrifes avoient coutume de faire des ventes & adjudications de *bois chablis* & *volis* de deux ou trois arbres feulement; ce qui étoit caufe de différens abus, non-feulement par le bas prix qu'ils fe vendoient, mais à caufe principalement que fous le prétexte d'emporter & d'enlever les *bois chablis* adjugés, on avoit la liberté d'y prendre d'autre bois de délits. Sa majefté pour prévenir ce défordre, ordonna par ledit arrêt, que la vente & adjudication defdits *chablis* & *volis* feroit faite dans la forme prefcrite dans l'ordonnance de 1669, & qu'à l'avenir il ne s'en pourroit faire vente moindre que de dix cordes à la fois.

CHABNAM, ou ROSÉE. Efpèce de *mouffeline* ou *toile de coton* très-claire & très-fine, dont la pièce contient feize aunes de long, fur deux tiers & trois quarts de large, qu'on apporte des Indes orientales, particuliérement de Bengale.

CHACART. Efpèce de *toile de coton* à carreaux, de différentes couleurs. Elles viennent des Indes orientales, particuliérement de Surate. Les pièces font d'onze aunes & demie de long, fur trois quarts de large.

CHAFAUDIER. On nomme ainfi fur les vaiffeaux Bretons, qui vont à la pêche de la morue & qui la font fécher, ceux de l'équipage qui dreffent les échafauds fur lefquels on met fécher le poiffon.

CHAFERCONNÉES. *Toiles peintes* qui fe fabriquent dans les états du grand mogol. On les tire par Surate. Elles font du nombre des toiles dont le commerce a été défendu pendant long-temps en France.

CHAFFE. (*Terme d'amidonnier.*) Ceux qui font l'amidon avec du froment en grain, appellent la *chaffe*, l'écorce ou fon du grain qui refte dans leurs facs, lorfqu'avec de l'eau ils en ont exprimé toute la fleur du froment.

CHAGRIN ou CHAGRAIN. Efpèce de peau, ou cuir très-dur, couvert & parfemé de petits grains ronds, qui apparemment font caufe qu'on lui a donné le nom de *chagrin*.

Les peaux de *chagrin* viennent aux marchands de Paris de bien des différens endroits; entr'autres de Tauris, de Conftantinople, d'Alger, de Tripoli, de Pologne, &c. Celles de Conftantinople font les plus eftimées; le *chagrin* gris qu'on en apporte, eft le meilleur de tous, le blanc, ou falé, eft moindre.

Le *chagrin* prend telle couleur que l'on veut, noir, jaune, verd, rouge; le rouge eft le plus beau & le plus cher, à caufe du vermillon & du carmin qui fervent à le rougir.

Il faut choifir les peaux de *chagrin* vraies Conftantinople; à leur défaut celles de Tauris, d'Alger & de Tripoli; mais rejetter abfolument celles de Pologne, qui font trop feches, & prennent mal la teinture. Les peaux doivent être grandes, belles, égales, de petit grain rond bien formé, & fans miroirs, c'eft-à-dire, fans places unies & luifantes: ce n'eft pas que celles de gros grain, ou inégales, ne foient auffi bonnes, mais elles ne font pas de vente.

On contrefait le *chagrin* avec du maroquin paffé en *chagrin*; mais le maroquin s'écorche, ce que ne fait pas le *chagrin*; & c'eft à quoi on peut les diftinguer.

« Les peaux de *chagrin* payent en France les » droits d'entrée fur le pied de 25 fols la douzaine » & les fols pour livre. »

CHAGRIN. C'eft auffi une *étoffe de foie* très-légère, dont les façons élevées fur la fuperficie de l'étoffe, imitent affez bien le grain de cette efpèce de peau dont on a parlé dans l'article précédent. Il s'en fait de toutes fortes de couleurs, particuliérement de noirs, qui prefque tous ne fervent qu'aux doublures des habits d'été. C'eft une efpèce de taffetas moucheté.

CHAIR SALÉE. C'eft celle qui a été faupoudrée de fel, & mife dans des barils, pour la conferver ou pour en faire commerce.

CHAIR BOUCANÉE. C'eft de la *chair* fumée, & féchée dans un boucan, à la manière des Sauvages de l'Amérique.

« Les *chairs falées* de toutes fortes, y com-

» pris le lard, les langues, & les jambons, payent » en France les droits d'entrée sur le pied de 5 liv. » du cent pesant; à la réserve néanmoins du bœuf » salé d'Irlande entrant par les ports du Havre, de » Nantes, S. Malo, la Rochelle & Bordeaux, & » déclaré pour être envoyé aux Isles Françoises de » l'Amérique, qui est exempt de ce droit, en » l'entreposant toutefois, jusqu'à ce que le charge- » ment s'en puisse faire sur les navires, dans un » magasin à deux serrures & deux clefs, dont le com- » mis du fermier en aura une, suivant l'arrêt du 7 » décembre 1668. »

« A l'égard des droits de sortie, le tarif de 1664 » en règle que pour les *chairs* fraiches de mou- » tons, de bœufs, & de vaches; sçavoir, pour la » *chair* de mouton tuée & habillée, 4 sols de la » pièce; & 35 sols aussi de la pièce pour la *chair* » de bœufs & de vaches pareillement habillée, avec » les sols pour livre. »

CHAIR. On appelle *couleur de chair*, une des nuances du rouge, c'est-à-dire, un rouge mêlé de quelque blanc, qui imite la couleur du teint d'une belle femme un peu animée.

Ces sortes de rouges, si ce sont des soies, doivent être alunés, & faits de pur Brésil; si ce sont des fils, ils se font avec le Brésil de Fernambouc, ou quelqu'autre Brésil, & le Raucou.

CHAIRCUITIER, ou CHARCUTIER. Marchand de chair cuite. On le dit à Paris des maîtres d'une communauté considérable, qui ont seuls la permission d'apprêter la chair de pourceau, & d'en faire commerce, soit crue, soit cuite, aussi-bien que de plusieurs ragoûts qui se font de chairs hachées, comme saucisses, cervelas, boudins & autres semblables.

Les statuts anciens & nouveaux de cette communauté, donnent toujours aux maîtres la qualité de *chaircuitiers*; aussi il paroît que c'est mal les appeller, que de les nommer *charcutiers*. Cependant, puisque l'Académie Françoise a décidé pour ce dernier, on s'en tient à sa décision; & c'est à l'article de *charcutier* qu'on remet à parler amplement des maîtres *charcutiers*, de leurs statuts & de leur commerce.

CHAISNE. *Terme de manufacture*, qui se dit des fils de soie, de laine, de lin, de chanvre, de coton, &c. étendus en long sur les métiers des tisseurs, tisserans & tissutiers, à travers desquels l'ouvrier fait passer transversalement le fil de la trème, par le moyen d'un outil appelé navette, pour fabriquer les étoffes, les rubans, les toiles, les basins, les futaines, &c.

Pour qu'une étoffe de laine soit de bonne qualité, & bien conditionnée, drap, ratine, serge, &c., il faut que les fils de la *chaîne* soient d'une même espèce de laine, & d'une égale filure; qu'ils soient collés, ou empesés comme il faut avec de la colle de Flandre, ou de rature de parchemin bien apprêtée, & que ces fils soient en nombre suffisant par rapport à la largeur que l'on veut donner à

l'étoffe, afin de la pouvoir rendre de la finesse, bonté, & force convenable à son espèce & qualité. *Art. 28, du règlement général des manufactures, du mois d'août 1669.*

Ourdir la *chaîne* d'une étoffe, d'une toile, &c. c'est en disposer les fils sur l'ourdissoir, pour la mettre en état d'être montée sur le métier. *Voyez* OURDIR, & OURDISSOIR.

Par les réglemens faits en 1667, pour les manufactures de Lyon & de Tours, il est défendu aux marchands & maîtres ouvriers, de faire ourdir aucunes *chaînes* pour manufacturer les étoffes, & draps d'or & d'argent, ou de soie, & autres étoffes mélangées, ailleurs que dans leurs maisons & ouvroirs, ou chez des maîtres, ou veuves de leur même communauté, à peine de confiscation des marchandises & ourdissoirs.

Les *chaînes* des futaines & des basins, doivent être montées des fils de coton filés d'un même degré de finesse, & également serrés, tant aux lisières, qu'au milieu, d'un bout à l'autre de la pièce. *Art. 10 & 14 du règlement fait pour la ville de Troyes, le 4 janvier 1701.*

Les articles 2 & 6 du règlement du 7 avril 1693, pour les toiles qui se fabriquent dans les généralités de Caen & Alençon, veulent que les *chaînes* des toiles soient également serrées, tant aux lisières, qu'au milieu, d'un bout à l'autre de la pièce, & qu'elles soient montées d'un nombre suffisant de fils, pour que les toiles soient d'une largeur proportionnée à ce qui est porté par ce règlement.

Les *chaînes* des toiles qui se fabriquent dans la généralité de Rouen, doivent être montées d'un nombre de fils suffisans, par rapport à leur finesse, & à la largeur dont elles doivent être. A l'égard des toiles appellées *fleurettes*, & *blancardes*, le nombre des fils dont les *chaînes* doivent être composées, est fixé; sçavoir pour les fleurettes, à 2200 fils au moins, & pour les blancardes, à 2000 fils aussi au moins; & ces toiles, tant fleurettes que blancardes, doivent être fabriquées en *chaîne* & en trème, toutes de fil blancard, ou toutes de fil brun lessivé, avec la trème de fil blancard, ou la *chaîne* de fil blancard, avec la trème de fil brun lessivé. *Art. 12, 13, 14 & 16, du règlement du 24 décembre 1701.*

Les *chaînes* des étoffes, tant de soie que de laine, sont composées d'une certaine quantité de portées, & chaque portée, d'un certain nombre de fils.

CHAISNE. C'est aussi une longue pièce de métal composée de plusieurs chaînons, ou anneaux engagés les uns dans les autres. On fait des *chaînes* d'or & d'argent, de léton, d'étain; de rondes, de plates, de carrées, de doubles, de simples; enfin, de tant d'espèces & à tant d'usages, qu'il seroit difficile d'en faire le détail.

Ce sont les maîtres chaînettiers à qui il devroit appartenir, privativement à tous autres, de faire ces sortes d'ouvrages dans la ville & fauxbourg de Paris;

mais outre que les orfévres & joyailliers ont aussi le droit d'en faire d'or & d'argent, & que ce sont eux qui sont seuls, & qui montent ce qu'on appelle des *chaînes de diamans*, & autres pierreries, la communauté des chaînettiers est tellement tombée, que le peu de maîtres qui la soutiennent encore, ont peine à subsister de leur métier, à cause de la quantité de chamberlans qui y travaillent. *Voyez* CHAISNETTIERS.

Dans le négoce qui se fait de cette marchandise, les grosses *chaînes* de fer se vendent à la pièce; les médiocres de fer, & les *chaînes* de cuivre de toutes grosseurs, se vendent au pied; & quelquefois celles de cuivre, aussi au poids, quand elles sont fines. C'est pareillement au poids que se vendent celles d'or & d'argent; mais pour ces deux dernières sortes, les façons s'en payent à part.

CHAISNE. Espèce de mesure nommée ainsi, parce qu'elle consiste dans une petite *chaîne* de fer, ou de léton, de longueur convenable aux choses qui doivent se mesurer.

Dans le commerce des bois à brûler, il y a des *chaînes* pour le bois de compte, pour le bois de corde, pour les fagots, pour les cotterets, & pour les falourdes. On en fait aussi pour la mesure des gerbes de toutes sortes de grains, particulièrement par rapport à la redevance des dixmes: il y en a pour les bottes de foin, & d'autres encore pour mesurer la hauteur des chevaux.

Toutes ces *chaînes* sont divisées par pieds, par pouces, ou par paumes, suivant leur usage; & ces divisions se marquent le long de la *chaîne*, par de petits fils de léton ou de fer, de quelques lignes de longueur, qui y sont attachés.

On ne parlera ici que de la *chaîne* qui sert à Paris pour mesurer les bois à brûler, comme étant d'un usage plus commun. On ajoutera seulement que c'est au greffe du châtelet que se gardent tous les différens modèles des mesures appellées *chaînes*

qui sont en usage dans la ville, fauxbourgs, & prévôté de Paris; & que c'est sur ces modèles que les chaînettiers sont obligés de mesurer les *chaînes* qu'ils fabriquent, qui y doivent être étalonnées, pour être employées dans le commerce.

Ce sont les jurés mouleurs de bois qui mesurent sur les ports de Paris, les diverses espèces de bois à brûler qui y arrivent, & qui sont sujets à la mesure de la *chaîne*.

Celle dont les officiers se servent, est une menue chaînette de fil de fer, longue de quatre pieds. A l'un des bouts, est un petit anneau à passer le doigt; & à l'autre, un petit crochet. Depuis l'anneau, jusqu'au crochet, sont marquées par de petites esses, aussi de fil de fer, les différentes grosseurs des trois sortes de bois de compte, & autres semblables bois, qui ne se mesurent pas dans la membrure, & qui se vendent au compte.

Pour se servir de la *chaîne*, on entoure la pièce de bois qu'on veut mesurer avec la partie de cette même *chaîne* qui lui convient, en sorte que le crochet puisse entrer dans la bouclette, ou anneau de l'esse qui désigne sa grosseur. Si la *chaîne* reste lâche, la pièce n'est pas suffisamment grosse, & est rejettée; si au contraire le crochet ne peut entrer dans la bouclette, elle l'est trop, & est réservée pour un plus gros compte. En un mot, il faut que la *chaîne* se trouve juste.

Les mouleurs de bois ne sont pas restreints à la longueur de quatre pieds qu'ils donnent à leur *chaîne*, & ils peuvent la prendre aussi longue qu'il leur plaît. Mais comme les membrures où se mesure ce qu'on appelle *bois de corde*, soit neuf, soit flotté, soit demi-flotté, doit porter quatre pieds en quarré, ces officiers réduisent leur *chaîne* à cette mesure afin qu'elle puisse leur servir à vérifier ces membrures, au lieu de la canne, aussi de quatre pieds, dont quelques-uns aiment mieux se servir.

CHAISNETTE.

CHAISNETTE. Les frangiers appellent ainsi une espèce de petit tissu de soie, qu'ils font courir sur toute la tête de la frange.

CHAISNETTE. C'est encore une sorte de broderie de fil ou de soie, dont on fait des liserages à l'aiguille sur des mousselines, ou des étoffes légères.

CHAISNETTE. C'est aussi un long filet, qui régne tout le long de la lisière d'une étoffe de soie, pour en faire connoître la qualité. Elle est de couleur différente de celle de la chaîne de l'étoffe, ordinairement de soie, mais quelquefois d'or ou d'argent fin.

CHAISNETTIER. (Ouvrier qui fait des chaînes, ou le marchand qui les vend).

CHALAND. Bateau plat, dont on se sert sur la rivière de Marne, pour apporter à Paris les marchandises de Champagne, & des autres provinces voisines. Ceux qui se fabriquent sur cette rivière, s'appellent de son nom, des Marnois. On les remonte en traits de 50 & 60 chalands, attachés deux à deux, qu'on fait tirer par quelques attelages de chevaux.

Les chalands plus proprement dits, sont les bateaux qui navigent sur la Loire, particulièrement ceux qui sont destinés pour le canal de Briare. Ils ont douze toises de long, dix pieds en large, & quatre de hauteur de bord. Ils sont très-légers, & assez mal construits: aussi ne remontent-ils jamais en Loire. Les mariniers qui les ont conduits, les vendent à Paris, où ils sont dépecés, & remportent leurs cordages, leurs bannes, & autres ustensiles propres à cette navigation, par les rouliers d'Orléans, qui, après avoir déchargé leurs vins à Paris, s'en retournent le plus souvent à vuide.

CHALAND. Celui qui a coutume d'acheter dans la boutique d'un marchand. C'est mon chaland, je lui vends ordinairement.

Il signifie quelquefois simplement un acheteur. Attirer les chalands, rebuter les chalands.

Dans la plupart des statuts des communautés des arts & métiers, il y a des articles qui défendent aux maîtres d'appeler les chalands qui sont aux boutiques de leurs voisins. Ceux des pâtissiers ordonnent, que les maîtres qui étalent aux pardons des saints, pour y vendre des gaufres, seront au moins à deux toises les uns des autres, pour ne pas s'ôter les chalands. Ceux des rôtisseurs veulent, que les maîtres laissent les chalands se retirer d'eux-mêmes des fenêtres des autres, avant que de leur faire signe, & les convier de venir acheter chez eux.

CHALANDISE. Concours de chalands, qui vont acheter dans une même boutique. En ce sens on dit, qu'un marchand a beaucoup de chalandise, quand grand nombre d'acheteurs va chez lui: qu'il a perdu

sa chalandise, quand les acheteurs n'y vont plus que rarement.

CHALANDISE. Se dit aussi de l'habitude qu'on a d'acheter chez un marchand, ou même du dessein qu'on forme d'y acheter à l'avenir. Il y a long-temps que ce drapier a ma chalandise: vous aurez désormais ma chalandise.

CHALCÉDOINE, ou CALCIDOINE. Pierre précieuse; qu'on met au nombre des agates. Voyez AGATHE.

CHALCEDOINEUX. Terme de joyaillier, qui se dit d'un défaut qui se trouve en plusieurs pierres précieuses, quand en les tournant, on apperçoit quelques marques, ou taches blanches, semblables à celles de la chalcedoine. Le défaut d'être chalcedoineux se rencontre particulièrement aux rubis & aux grenats, que l'on chève, pour en ôter la chalcedoine.

CHALCITE. Sorte de vitriol naturel, qu'on nomme plus ordinairement CHALCITIS, quelquefois COLCOTAR. C'est une espèce de vitriol rouge, naturel, en forme de pierre rougeâtre. Les anciens confondoient la chalcitis avec le misi, le melanteria, & le sori: ou plutôt ils disoient, qu'il se faisoit une transmutation successive de ces quatre minéraux, qui commençoit par la chalcitis, qui devenoit misi, ensuite melanteria, & qui enfin demeuroit sori. Les marchands droguistes de Paris ne connoissent & ne vendent que la chalcitis; & à peine quelques habiles d'entr'eux savent-ils le nom des trois autres.

Cette drogue est apportée d'Allemagne ou de Suède: elle se trouve ordinairement dans les mines de cuivre. Il faut la choisir en beaux morceaux, d'un rouge-brun, de goût du vitriol, qui se fonde facilement à l'eau, & qu'étant cassée, elle soit un peu brillante, & de couleur de cuivre. Son plus grand usage est pour la thériaque. On lui substitue quelquefois le calcanthum, ou vitriol rubefié, la couperose blanche calcinée, ou la pierre calaminaire.

CHALOUPE. Petit bâtiment qu'un vaisseau prend ordinairement avec lui, pour s'en servir en cas d'accident: quelquefois il la fait suivre lorsque la mer est médiocrement agitée; mais si-tôt qu'il survient quelque tempête, il la tire dans son bord par le moyen des moufles. Les grands vaisseaux ont quelquefois deux ou trois chaloupes dont ils savent se servir à propos.

CHAMBERLAN ou CHAMBRELAN. Artisan, ouvrier qui travaille en chambre.

Il y a de deux sortes de chamberlans. Les uns, qui sont maîtres de quelque communauté, & qui n'ayant pas moyen de tenir boutique, se retirent dans des chambres, pour faire les ouvrages de leur

Ccc

métier. Ceux-ci jouiſſent de tous les priviléges des communautés dont ils ſont maîtres, & ne ſont tenus que comme les autres aux viſites de leurs jurés, & à l'exécution des ſtatuts & réglemens.

L'autre eſpèce de *chamberlans* eſt compoſée des apprentifs, compagnons ou garçons, ou même gens ſans aucune de ces qualités, qui travaillent ſecrettement, dans des lieux cachés & détournés, aux ouvrages de quelque métier qu'ils ont appris ſous les maîtres de la campagne, ou ſous d'autres *chamberlans* comme eux. Les ouvrages de ces derniers ſont ſujets à confiſcation, & eux au payement des amendes portées par les ſtatuts des communautés, & ſouvent à la priſon, pour avoir commis le grand crime de faire l'ouvrage qui leur eſt demandé très-volontairement par un citoyen qui le trouve bon pour lui, ſans avoir payé la permiſſion d'employer ainſi l'induſtrie que la nature & le travail leur ont acquiſe.

CHAMBOURIN. Eſpèce de pierre, qui ſert à faire les verres, qu'on appelle *verres de criſtal*. On y employe auſſi d'autres matières, comme du ſable & des cailloux blancs; mais c'eſt ſeulement de *chambourin* qu'on les fabrique dans les verreries de Nonant & de Tortiſſambert en Normandie.

CHAMBRE. Se dit des lieux où ſe tiennent certaines aſſemblées, ſoit pour rendre juſtice, ſoit pour traiter d'autres affaires ou publiques, ou particulières. La *grand'chambre*, les *chambres* des enquêtes & des requêtes, la *chambre* des comptes & pluſieurs autres établies dans le palais de Paris & ailleurs, ſont du nombre des premières. Les *chambres* de commerce, les *chambres* d'aſſurances, la *chambre* royale ou ſyndicale des libraires & toutes celles de cette eſpèce, ſont des dernières. On va traiter dans les articles ſuivans, de toutes les *chambres* qui concernent le commerce, les marchands, & les corps & communautés, tant en général, qu'en particulier.

CHAMBRE. Se dit non-ſeulement du lieu où il ſe tient de certaines aſſemblées; mais encore des aſſemblées mêmes.

CHAMBRE DE COMMERCE. C'eſt une aſſemblée de marchands & négocians, où il ſe traite des affaires du commerce.

L'établiſſement général des *chambres du commerce* dans pluſieurs des principales villes de France eſt du 30 août 1701; mais les établiſſemens particuliers, ne ſont que de quelques années après, & ont preſque tous différentes dates d'érection. Il y avoit cependant avant ce temps-là quelques villes du royaume, qui jouiſſoient du privilège d'en avoir; & la ville de Marſeille, entr'autres, en avoit une établie depuis pluſieurs années; à l'exemple de laquelle celle de Dunkerque, qui a auſſi précédé l'établiſſement général, fut créée par édit du roi Louis XIV, au mois de février 1700.

La *chambre* de Dunkerque eſt compoſée d'un préſident, de quatre conſeillers, dont deux ſont pris du nombre des échevins actuellement en charge, & deux parmi les plus notables marchands & négo-

cians, qui ont déja été échevins, & d'un penſionnaire.

Ces ſix perſonnes s'aſſemblent deux fois la ſemaine dans une des ſalles de l'hôtel de ville, pour y conférer ſur le moyen de faire fleurir le commerce dans leur propre ville; de l'augmenter, tant au dedans qu'au dehors du royaume, & de recevoir les avis & propoſitions utiles au négoce, deſquels ils tiennent regiſtre, auſſi-bien que des délibérations, dont ils envoient les extraits tous les trois mois à l'intendant, s'il eſt ſur les lieux; & en ſon abſence quand les affaires preſſent, en droiture à la Cour.

C'eſt auſſi le préſident de cette *chambre*, ou l'ancien des conſuls à ſon défaut, qui donne les certificats pour la ſortie des marchandiſes qui en ont beſoin.

L'établiſſement qui fut fait d'un conſeil royal de commerce en 1700, fut cauſe de celui des *chambres* dans les principales villes du royaume en 1701 & du bureau du commerce à Paris.

Dans le premier projet pour l'érection de ce bureau, le roi, outre ſix commiſſaires de ſon conſeil d'état, avoit trouvé à propos qu'il fût compoſé de douze principaux marchands négocians de Paris & des provinces; ſçavoir, deux de cette capitale, & un de chacune des villes de Lyon, Rouen, Bordeaux, Marſeille, la Rochelle, Nantes, S. Malo, Liſle, Bayonne & Dunkerque; auxquels il fut ajouté par arrêt du conſeil du mois de ſeptembre de la même année, un député de la province de Languedoc, & en conſéquence de la ville de Montpellier. Sa majeſté jugea depuis, qu'afin que ce bureau pût être mieux informé de tout ce qui concerneroit le commerce des provinces, il falloit y établir des *chambres* avec leſquelles il fût en relation, qui lui puſſent fournir des mémoires, & faire les propoſitions ſur leſquelles le bureau auroit à délibérer.

Cette vûe donna occaſion à l'arrêt du conſeil du 30 août 1701, qui ne fut à la vérité qu'un préliminaire pour l'établiſſement des *chambres de commerce*, mais qui ordonna que les marchands & négocians de Lyon, de Liſle, de Rouen, Bordeaux, la Rochelle, Nantes, S. Malo & Bayonne, auſſi-bien que la province de Languedoc, enverroient dans le 15 du mois d'octobre ſuivant, leurs avis ſur la manière la plus convenable, & la plus avantageuſe, d'établir ces *chambres* dans leurs villes. Marſeille & Dunkerque n'y furent point nommées, parce qu'il y en avoit d'établies chez elles.

LA CHAMBRE DU COMMERCE DE LA VILLE DE LYON, fut établie la première de toutes celles dont l'érection ſe fit en conſéquence de l'arrêt du conſeil du 30 août 1701.

L'aſſemblée générale des prévôt des marchands & échevins, tant anciens, qu'actuellement en charge, & des principaux négocians, députés des quatre corps des marchands, ayant été tenue le 20 février 1702, & le réſultat envoyé à la cour, le roi donna un arrêt le 20 juillet de la même année, pour l'établiffement de la *chambre* particulière de cette ville.

Par cet arrêt, la *chambre* fut compofée du prévôt des marchands, d'un échevin négociant, d'un exconful marchand, d'un marchand drapier, de deux banquiers ou marchands de foie, d'un marchand épicier, ou d'un marchand de dorure & d'un marchand fabriquant de la communauté des marchands maîtres ouvriers en foie, faifant fabriquer, qui tous font appellés *directeurs de la chambre du commerce*.

En l'abfence du prévôt des marchands, l'échevin préfide ; & l'exconful en l'abfence du prévôt des marchands & de l'échevin.

La *chambre* tient fes féances une fois la femaine dans l'hôtel de ville.

Les affemblées générales pour les élections fe font tous les ans le 15 décembre ; & dans ces affemblées on choifit quatre nouveaux directeurs : enforte que chacun d'eux ne refte que deux ans en place, dans laquelle ils ne peuvent être continués que deux autres années.

L'élection du député du commerce réfident à Paris, fe fait conjointement par le corps de ville & la *chambre*, qui ont tous deux le même fecrétaire.

Pour fubvenir aux frais de la *chambre*, on prend tous les ans 13000 liv. fur les deniers communs de la ville, dont 8000 font pour les appointemens du député du commerce, & 2000 pour ceux du fecrétaire ; le refte s'emploie aux frais de bureau ; à la diftribution de deux jettons d'argent à chaque directeur, à la fin de toutes les affemblées ; & d'une médaille d'or du poids de cinq louis d'or, auffi à chacun d'eux en fortant de charge ; de même qu'au député, quand il ceffe d'en faire les fonctions.

Il fe fit deux érections de *chambres* particulières de commerce pendant l'année 1703 ; l'une le 19 juin à Rouen, & l'autre le 29 décembre à Toulouse.

LA CHAMBRE DE COMMERCE DE ROUEN, eft compofée du prieur, des deux juges-confuls en charge, du procureur-Syndic, & de cinq marchands ou négocians, avec la qualité de fyndics du commerce de la province de Normandie.

La *chambre* s'affemble une fois chaque femaine dans la maifon confulaire.

L'élection des nouveaux fyndics fe fait tous les ans au mois de décembre ; de deux fyndics une année, & de trois la fuivante ; & ainfi alternativement ; enforte que chaque fyndic eft au moins deux ans en charge ; pouvant être continué deux autres années, mais jamais au-delà.

La nomination du député du commerce réfident à Paris fe fait par la *chambre*, & par les anciens juges-confuls & les anciens fyndics conjointement.

Le fecrétaire, qui doit être marchand, ou avoir fait le commerce, s'élit tous les deux ans, & peut être continué.

Les appointemens du député font fixés à 8000 l.

& 4000 liv. font deftinés pour ceux du fecrétaire, frais de l'écritoire, bois, bougies, &c. comme auffi pour la diftribution des jettons d'argent à chacun des fyndics, à la fin de chaque affemblée ; & celle d'une médaille d'or à eux, & au député, quand ils fortent de fonction.

Pour établir ce fonds, le même arrêt régle un tarif de nouveaux droits, qui doivent être payés, tant à Rouen, que dans toute la province de Normandie ; & pour la réception & diftribution de l'argent provenant defdits droits, un des fyndics eft nommé *tréforier* feulement comptable à la *chambre*.

Enfin, aucun *parère*, fait fur la place de la bourfe, n'a d'autorité, qu'après avoir été propofé à la *chambre* & avoir eu fon approbation.

LA CHAMBRE DE COMMERCE DE TOULOUSE, n'eft compofée que de fept perfonnes, fans compter le fecrétaire ; fçavoir, du prieur de la bourfe, comme préfident ; des deux confuls de la bourfe en charge ; & de quatre marchands & négocians, foit en gros, foit en détail, foit nobles ou autres, qui ont la qualité de députés.

Les nobles, quand il y en a d'élus, ont féance à la droite du prieur ; & le plus ancien d'eux préfide en fon abfence.

L'affemblée de la *chambre*, où le fyndic de la province de Languedoc a féance, quand bon lui femble, fe tient dans la maifon de la bourfe une fois la femaine.

Deux des députés fe renouvellent tous les ans ; & l'élection s'en fait à la fin de l'année. Ils peuvent être continués pour deux années, mais néanmoins volontairement ; & ceux qui l'ont déja été, peuvent être élus de nouveau, après quelques années d'intervalle : en cas d'égalité de fuffrages, le fort en décide.

Les *parères* faits fur la place de la bourfe, n'ont d'autorité, qu'après que la *chambre* les a approuvés.

Enfin, les états de la province de Languedoc payent chaque année une fomme de 6000 liv. tant pour les appointemens du fecrétaire, que pour les autres frais & dépenfes de la *chambre*. Il n'eft parlé dans l'arrêt d'érection, ni du député du commerce, ni de fes appointemens.

LA CHAMBRE DE COMMERCE DE MONTPELLIER, fut établie par arrêt du confeil d'état du roi, du 15 janvier 1704.

Le nombre & les qualités des perfonnes qui la compofent, leur nom, leur rang, leurs fonctions, le lieu, les jours de l'affemblée, les élections des députés, la fomme que les états de la province de Languedoc fourniffent chaque année, pour fubvenir aux frais de la *chambre*, en un mot tout ce qui regarde fon autorité & fes prérogatives, eft fi femblable à ce qu'on vient de rapporter de celle de Touloufe, qu'il feroit inutile & fuperflu d'entrer dans aucun détail. Il faut feulement ajouter, que s'il n'y eft point non plus fait mention du député du commerce, c'eft que le roi avoir agréé fur la délibération des états de la province de Languedoc, du 12 janvier 1703, que le fyndic général de ladite province, qui feroit de tour pour être député à la cour, rempliroit auffi la place de député du commerce, quoiqu'il ne fût pas négociant, fans préjudice néanmoins aux états de nommer, quand bon leur fembleroit, un marchand négociant, pour remplir la place de député du commerce.

LA CHAMBRE DE COMMERCE DE BORDEAUX, eft une des dernières qui ait été établie.

L'arrêt du confeil qui ordonne fon établiffement, eft du 15 mai 1705.

Les juges & confuls de cette ville, avec fix négocians actuellement marchands, ou qui ont exercé le négoce, fujets du roi, ou naturalifés, la compofent, fous le nom de *directeurs du commerce de la province de Guyenne.*

Un fecrétaire en enregiftre les délibérations, & un des directeurs eft nommé tréforier pour recevoir, fur la recette générale de la province de Guyenne, 4086 liv. par an, payées auparavant chaque année par le roi, pour des gages annuels attribués aux corps & communautés des marchands & artifans de la ville de Bordeaux, & deftinées par l'affemblée générale defdits corps & communautés, du 5 feptembre 1704, pour les frais & dépenfes de la *chambre.*

Cette fomme eft employée au paiement des appointemens du fecrétaire, aux frais de l'écritoire, du bois & bougies; en jettons d'argent, pour être diftribués deux à chaque député aux jours d'affemblées qui fe tiennent une fois chaque femaine dans l'hôtel de la bourfe; & en médailles d'or aux directeurs en fortant de charge, & au député du commerce, en quittant fes fonctions.

Les élections des directeurs fe font tous les ans, & de trois à chaque fois. Tout le refte des droits, fonctions, prérogatives, autorité de cette *chambre,* particulièrement fur les *parères* faits à la bourfe, eft femblable à ce qui a été rapporté plus au long, en parlant de l'établiffement de la chambre de Touloufe.

CHAMBRE DE COMMERCE DE LA ROCHELLE. Cette *chambre* eft une de celles dont l'établiffement a été le plus long-temps différé. Il fut fait en 1710, par arrêt du confeil du 21 octobre, rendu fur le réfultat de l'affemblée des marchands de cette ville.

La *chambre* eft compofée d'un directeur, de quatre fyndics & d'un fecrétaire, qui tous doivent fe faire par élection, à la réferve néanmoins de la première nomination qui fut faite par le roi.

Trente négocians de même ville font appellés chaque année, pour élire le directeur & deux fyndics; enforte que le directeur ne refte qu'une année en charge, & chaque fyndic deux années.

Le fecrétaire qui eft choifi par la *chambre* feule, ne fe change que tous les deux ans, pouvant néan-

moins être continué. Les uns & les autres doivent être actuellement marchands, ou ayant exercé le commerce au moins quinze années.

Les affemblées de la *chambre* font fixées à une feule par femaine, qui fe tient dans la maifon confulaire.

C'eft à la *chambre,* conjointement avec trente négocians convoqués à cet effet, à nommer le député du commerce établi à Paris; & c'eft à elle auffi, mais fans l'intervention de marchands convoqués, d'approuver les *parères* faits fur la place, afin qu'ils ayent force de loi.

Les frais de la *chambre,* & les appointemens du fecrétaire, font reglés à 2000 liv. par an; & ceux du député, auffi-bien que les fonds pour les uns & pour les autres, remis à la volonté du roi pour en ordonner.

Enfin, les directeurs, fyndics & députés, reçoivent tous au fortir de charge, une médaille d'or du prix de 60 livres, & dans chaque affemblée il fe diftribue à chacun de ceux qui y affiftent, deux jettons d'argent du poids de fix deniers.

L'intendant de la Rochelle a droit de fe trouver aux affemblées, quand il juge à propos, & d'y préfider.

CHAMBRE DE COMMERCE DE LA VILLE DE LILLE. Son établiffement eft feulement du 31 juillet 1714. Les malheureux événemens des dernières années de la guerre pour la fucceffion d'Efpagne, le fiège fameux de cette célèbre ville, & fa prife en 1708 par l'armée des princes réunis dans la grande alliance contre la France & l'Efpagne, après une défenfe très-longue & très-fanglante, avoient empêché le roi Louis XIV de lui donner plutôt cette marque de fa bienveillance, & de la fatisfaction qu'il avoit de fon zèle & de fa fidélité: mais auffi-tôt que cette importante ville eût été reftituée à la France par le traité d'Utreck, on ne perdit aucun temps pour y établir une *chambre* particulière du commerce, projettée dès 1701.

Cette *chambre* eft compofée d'un directeur, qui en eft préfident, & de quatre fyndics, lefquels, pour la première fois, furent nommés par le roi.

Les élections fe font d'année en année, mais feulement de deux fyndics, afin que chacun y refte deux ans entiers.

Nul ne peut être élu pour directeur, qu'il n'ait été auparavant fyndic.

Dans les féances, les fyndics nobles précèdent les autres.

Ceux qui font conviés pour les élections, s'ils font élus eux-mêmes, font tenus d'accepter l'emploi, à moins d'excufe légitime.

L'hôtel-de-ville eft le lieu des affemblées de la *chambre,* qui s'y tiennent tous les jeudis, depuis dix heures jufqu'à midi.

Pour l'élection du député du commerce, il faut, outre le directeur & fyndics, vingt notables bourgeois mandés.

Le fecrétaire, qui doit être marchand, ou avoir fait

fait commerce, ne s'élit que pour deux ans; mais il peut être continué.

Les *parères*, ou avis faits sur la place en fait de négoce, n'ont d'autorité qu'après l'approbation de la *chambre*.

Les frais pour les appointemens du secrétaire, bois, bougies, port de lettres, &c. dans lesquels sont compris la distribution de deux jettons d'argent, chaque jour d'assemblée, aux directeur & syndics; & celle d'une médaille d'or de la valeur de 60 liv. aux mêmes directeur & syndics, & au député, lorsqu'ils sortent d'emploi, sont fixés à 2000 livres par an.

Les appointemens du député sont remis à la volonté du roi, & la somme qui lui est réglée, aussi-bien que les 2000 liv., sont prises sur les fonds & revenus de la ville.

Enfin, les directeur & syndics, tant qu'ils sont en charge, jouissent de la même exemption de droits que les magistrats, & autres officiers de la gouvernance, pour les denrées qui se consomment dans leurs maisons.

Les *chambres de commerce* de Bayonne, de Nantes, de saint-Malo & d'Amiens ont été établies depuis.

L'objet de ces *chambres* est de procurer de temps en temps au conseil du commerce, des mémoires fidèles & instructifs sur l'état du commerce de chaque province où il y a des *chambres*, & sur les moyens les plus propres à le rendre florissant: par-là le gouvernement est instruit des parties qui exigent un encouragement ou un prompt remède.

Comme la pratique renferme une multitude de circonstances que la théorie ne peut embrasser ni prévoir, les négocians instruits sont seuls en état de connoître les effets de la loi, les restrictions ou les extensions dont elle a besoin. Cette correspondance étoit très-nécessaire à établir dans un grand royaume où l'on vouloit animer le commerce: elle lui assure toute la protection dont il a besoin, en même temps qu'elle étend les lumières de ceux qui le protégent.

Cette correspondance passe ordinairement par les mains du député du commerce des villes, qui en fait son rapport. La nature du commerce est de varier sans cesse; & les nouveautés les plus simples dans leur principe, sont souvent de grandes conséquences dans leurs suites. Il seroit donc impossible que le député d'une place travaillât utilement, s'il ne recevoit des avis continuels de ce qui se passe.

CHAMBRE DES ASSURANCES. C'est une société, ou assemblée de plusieurs personnes, marchands, négocians, banquiers & autres, pour entreprendre le *commerce des assurances*.

Il y avoit long-temps que les polices & contrats d'assurance, & grosse avanture, avoient cours en France; & une longue expérience avoit assez justifié combien ce commerce étoit utile à ceux qui font le négoce de mer, particulièrement lorsqu'ils entreprennent des voyages de long cours; puisque

moyennant des sommes assez modiques qu'ils payent pour faire assurer leurs vaisseaux & marchandises, ils évitent de grandes pertes, & souvent leur ruine entière; cependant avant l'année 1668, il n'y avoit guères que dans les villes maritimes du royaume, que l'on fît ce commerce, & ce ne fut qu'alors que l'on crut avantageux de l'établir dans la capitale.

Il est vrai que depuis quelques années il se faisoit à Paris des assemblées d'assurance; mais comme elles ne se tenoient qu'entre particuliers, & qu'elles n'étoient point autorisées par les lettres du prince, on y avoit peu de confiance, & il ne s'y faisoit pas des polices considérables, ni en grand nombre.

Ce fut donc par un arrêt du conseil d'état, du 5 juin de la même année 1668, que Louis XIV, alors régnant, accorda permission aux marchands, négocians, assureurs & assurés, & autres personnes de la qualité requise, de la ville de Paris, qui depuis quelque temps avoient commencé à s'assembler pour le fait des assurances & grosses avantures, de continuer leurs assemblées, & même d'établir un bureau qui porteroit le nom *des assurances*, au-dessus de la porte duquel seroit mis pour inscription: *chambre des assurances & grosses avantures, établies par le roi*; & le 16 du même mois, le lieutenant général de police ordonna, par sentence, l'enregistrement de l'arrêt du conseil au greffe de ladite police.

Cette *chambre* ne parvint pas tout d'un coup à sa perfection, & ce ne fut qu'en 1671 que les associés, au nombre de plus de soixante des plus riches marchands, négocians, banquiers & autres bourgeois de Paris, accrédités dans le commerce, firent un réglement dans leur assemblée générale du 4 décembre, qui fut homologué par arrêt du conseil du 10 du même mois, & registré au greffe de la police, par sentence de M. de la Reynie, alors lieutenant général de ladite police, le 16 aussi dudit mois de décembre.

Ce réglement contient en vingt-trois articles, toute la police de cette chambre.

Les quatre premiers concernent l'établissement des bureaux, tant général que particulier, ou chambre du conseil.

Le cinquième fixe au nombre de cinq, les commissaires, ou juges particuliers, pour les affaires renvoyées par le bureau général, y compris le rapporteur, pour les affaires sommaires, à sept pour celles qui seroient un peu plus considérables, & à neuf pour les plus importantes; tous néanmoins nommés par le président, & consentis par les parties intéressées.

Le sixième marque les jours d'assemblées générales, & les indique à deux vendredis par mois, de quinze jours en quinze jours; & l'onzième traite des assemblées particulières, qui se doivent tenir tous les autres vendredis vacans.

Le septième ordonne qu'il sera fait un tableau des assureurs & assurés, contenant leurs noms &

demeures, pour être mis dans la salle du bureau principal.

Le huitiéme régle la distribution des jettons d'argent aux trente plus anciens, qui se trouveroient aux assemblées générales, à raison de quatre à chacun, n'y ayant point de distribution aux assemblées particulières, suivant l'exception marquée au onzième article.

Les neuviéme & dixiéme nomment le président, & parlent des séances des assureurs & assurés.

Les douziéme, treiziéme, quatorziéme, quinziéme, seiziéme, dix-huitiéme, dix-neuviéme & vingt-uniéme, réglent les fonctions du greffier; la manière de tenir les registres; l'ordre que l'on doit observer pour dresser & clore les polices; l'exactitude, la diligence & le désintéressement qu'il doit avoir pour la délivrance des actes & extraits de la *chambre*; le paiement des primes; ses correspondances avec les négocians des villes maritimes, & son assiduité au bureau, de lui, son caissier ou sous-caissier.

Le dix-septiéme enjoint aux juges nommés par la *chambre*, de s'en tenir dans leurs jugemens, non-seulement aux conditions écrites & décidées par les polices; mais aussi de suivre en tout les ordonnances, réglemens, us & coutumes de la mer.

Le vingtiéme ordonne pardevant qui doivent être prêtés les sermens, lorsque le cas y échet.

Le vingt-deuxiéme contient le réglement des prières & messes à faire dire pour les assureurs & assurés, après leur décès.

Enfin la *chambre* dans le vingt-troisiéme se nomme un greffier, & délibère que sa majesté sera très-humblement suppliée d'ordonner l'homologation de ce réglement, par un arrêt du conseil d'enhaut.

Cette *chambre* ajouta dans la suite plusieurs autres articles à son réglement, & en éclaircit & expliqua quelques autres: & toutes ces délibérations, qui concernoient le public, furent autorisées par des arrêts du conseil.

Il y en a un du 13 septembre 1672, pour laisser aux assurés la liberté de choisir leur débiteur, & ordonner que les polices seroient distribuées entre les assureurs avec beaucoup de prudence & de bonne foi.

Un autre du 26 août 1673, pour empêcher les assureurs & les assurés de porter les différends survenus entr'eux, pour fait des polices d'assurances & grosses aventures dans les justices réglées, & les obliger à prendre des arbitres pour être jugés parmi ceux qui composent la *chambre*.

Et un troisième du 11 janvier 1675, au sujet des assurances faites pour compte d'ami, & pour savoir, lorsque le cas y écheoit, le véritable nom des personnes pour lesquelles on a fait assurer.

Les choses restèrent en cet état jusqu'en 1683, que la *chambre* jugeant par les polices d'assurances qu'elle faisoit, qu'il falloit établir la compagnie sur un autre pied, fit divers projets pour l'établissement d'une nouvelle société, sur les fondemens néanmoins du premier réglement. Mais ce ne fut que trois ans après qu'elle donna entièrement la forme à cette société, qui fut alors établie en conséquence d'un édit du roi du mois de mai 1686, vérifié en parlement le 30 des mêmes mois & an, portant création & réglement d'une compagnie générale pour les assurances & grosses avantures de France, en la ville de Paris.

L'édit n'offre d'ailleurs rien de remarquable que l'esprit de gêne, qui s'étoit alors introduit dans l'administration politique du commerce, & qui l'a long-temps effarouché. L'article 25 interdit tout commerce d'assurances & de grosses avantures dans la ville de Paris, à d'autres qu'aux membres de la compagnie; c'étoit ignorer que la confiance ne peut être forcée, & que la concurrence est toujours en faveur de l'état.

L'article 27 laisse aux négocians des villes maritimes la liberté de continuer leur commerce d'assurances, mais seulement sur le pied qu'ils le faisoient avant la date de l'édit. Cette clause étoit contraire à la concurrence & à la liberté; peut-être même a-t-elle retardé dans les ports l'établissement de plusieurs *chambres*, qui, enrichies dans ces temps à la faveur des fortes primes qu'on payoit, seroient devenues plutôt assez puissantes pour se charger de gros risques à moindre prix, & pour nous soustraire à l'empire que les étrangers ont pris sur nous dans cette partie.

Il s'est formé en 1750 une nouvelle *chambre des assurances* à Paris, à laquelle le roi permit de prendre le titre de *chambre royale des assurances*. Son fonds étoit de six millions, divisés en deux mille actions de trois mille livres chacune. Cet établissement n'a pas eu de suites.

Dans presque toutes les grandes villes maritimes de France il y a plusieurs *chambres d'assurance* composées de négocians; Rouen en a sept, Nantes trois, Bordeaux, Dunkerque, la Rochelle en ont aussi; mais ce n'est que depuis la dernière paix qu'elles sont formées.

La ville de saint-Malo, toujours distinguée dans les grandes entreprises, est la seule de France qui ait eu le courage de former une *chambre d'assurance* pendant la dernière guerre; elle étoit composée de vingt actions de soixante mille livres chacune. Malgré le malheur des temps, elle a produit, à sa résiliation à la paix, quinze mille livres net par chacune action, sans avoir fait aucune avance de fonds: le profit eût été plus considérable encore, sans la réduction des primes qui fut ordonnée à la paix.

Indépendamment de ces sociétés dans nos villes maritimes, il se fait des assurances particulières: un négociant souscrit à un prix une police d'assurance, pour la somme qu'il prétend assurer; d'autres négocians continuent à la remplir aux mêmes conditions.

C'est de cette façon que se font les assurances en Hollande; les paysans mêmes connus prennent un risque sur la police ouverte; &, sans être au fait du commerce, se réglent sur le principal assureur.

Le quarante-troisiéme ftatut de la reine Elifabeth établiffoit à Londres un bureau public, où toutes les polices d'affurance devoient être enregiftrées : mais aujourd'hui elles fe font entre particuliers, & font de la même valeur en juftice, que fi elles étoient enregiftrées : la feule différence, c'eft que perdant une police non enregiftrée, on perd le titre de l'affurance.

Le même ftatut porte, que le lord chancelier donnera pouvoir à une commiffion particulière de juger toutes difcuffions au fujet des polices d'affurance enregiftrées. Cette commiffion doit être compofée d'un juge de l'amirauté, de deux docteurs en droit, de deux avocats, de huit négocians, au moins de cinq ; elle doit s'affembler au moins une fois la femaine au greffe des affurances, pour juger fommairement & fans formalités toutes les caufes qui feront portées devant elles, ajourner les parties, entendre les témoins fur ferment, & punir de prifon ceux qui refuferont d'obéir.

On peut appeller de ce tribunal à la chancellerie, en dépofant la fomme en litige entre les mains des commiffaires : fi la fentence eft confirmée, les dépens font adjugés doubles à la partie qui gagne fon procès.

Ce tribunal eft tout-à-la-fois une cour de droit & d'équité, c'eft-à-dire, où l'on juge fuivant l'efprit de la loi & l'apparence de la bonne foi.

Les affurances fe font long-temps faites à Londres par des particuliers qui fignoient dans chaque police ouverte jufqu'à la fomme que leurs facultés permettoient.

En 1720 plufieurs particuliers penfèrent que leur crédit feroit plus confidérable s'il étoit réuni, & qu'une affociation feroit plus commode pour les affurés qui n'auroient à faire qu'à une feule perfonne au nom des autres.

Deux *chambres* fe formèrent, & demandèrent la protection de l'état.

Par le fixiéme ftatut de George I, on voit que le parlement l'autorifa à accorder, fous le grand fceau, deux chartes à ces deux *chambres*, l'une connue fous le nom de *royal exchange affurance*, & l'autre de *london affurance*.

Il eft permis à ces compagnies de s'affembler, d'avoir refpectivement un fceau commun, d'acheter des fonds de terre, pourvu que ce ne foit pas au-deffus de la fomme de mille livres par an ; d'exiger de l'argent des intéreffés, foit en foufcrivant, foit en les faifant feulement contribuer au befoin.

Les mêmes chartes défendent le commerce des affurances & de prêt à la groffe avanture à toutes autres *chambres*, ou affociation dans la ville de Londres, fous peine de nullité des polices ; mais elles confervent aux particuliers le droit de continuer ce commerce.

Les deux *chambres* font tenues par leurs chartes d'avoir un fonds réel en efpèces, fuffifant pour répondre aux obligations qu'elles contractent : en cas de refus ou de retard de payement, l'affuré doit intenter une action pour dette contre la compagnie

dont il fe plaint, & déclarer la fomme qui lui eft due ; en ce cas, les dommages & intérêts feront adjugés au demandeur, & tous les fonds & effets de la *chambre* y feront hypothéqués.

Le roi fe réferve par ces chartes le droit de les révoquer après le terme de trente-un ans, fi elles fe trouvent préjudiciables à l'intérêt public.

Dans le deuxiéme ftatut du même prince, il eft ordonné que dans toute action intentée contre quelqu'une des deux *chambres d'affurance*, pour caufe de dette ou de validité de contrat en vertu d'une police d'affurance paffée fous fon fceau, elle pourra alléguer en général, qu'elle ne doit rien au demandeur, ou qu'elle n'a point contrevenu aux claufes du contrat : mais fi l'on convient de s'en rapporter au jugement des jurés, ceux-ci pourront ordonner le payement du tout ou de partie, & les dommages qu'ils croiront appartenir en toute juftice au demandeur.

Le même ftatut défend, fous peine d'une amende de cent livres, de différer de plus de trois jours la fignature d'une police d'affurance dont on eft convenu, & déclare nulle toute promeffe d'affurer.

Les *chambres d'affurance* de Londres font compofées de négocians ; elles choififfent pour directeurs les plus connus, afin d'augmenter le crédit de la *chambre* ; leurs appointemens font de trois mille liv. Elles fe font diftinguées l'une & l'autre, dans les temps les plus critiques, par leur exactitude & leur bonne foi.

Sur la fin de la dernière guerre, il leur fut défendu de faire aucune affurance fur les vaiffeaux ennemis : on a diverfement jugé de cette loi ; les uns ont prétendu que c'étoit diminuer le profit de l'Angleterre ; d'autres ont penfé, avec plus de fondement, que dans la pofition où étoient les chofes, ces affurances faifoient fortir de l'Angleterre la majeure partie du produit des prifes.

Cette défenfe avoit des motifs bien fupérieurs : le gouvernement Anglois penfoit que c'étoit nous interdire tout commerce avec nos colonies, & s'en faciliter la conquête.

Les loix de l'Angleterre fur les affurances font affez femblables aux nôtres, que l'on trouve au titre 6 de l'ordonnance de la marine de 1681.

CHAMBRE ROYALE, ou CHAMBRE SYNDICALE DES MARCHANDS LIBRAIRES DE PARIS. C'eft une *chambre* établie pour y tenir les affemblées, y délibérer des affaires du corps de la librairie, & veiller au maintien des privilèges exclufifs de la communauté. Elle eft auffi deftinée à fervir de dépôt à tous les livres qui arrivent à Paris, jufqu'à ce que les ballots & paquets y ayent été ouverts, & les livres vus & vifités par les fyndic & adjoints : & c'eft encore dans cette *chambre*, que les marchands forains doivent faire la vente, ou l'échange des livres qu'ils apportent à Paris pour les y vendre ou échanger, après qu'ils y ont auffi été vifités.

L'établissement du dépôt des livres n'est guère plus ancien que le commencement du dix-septiéme siécle, quoique la visite des livres & l'ouverture des ballots, balles & paquets par les syndic & adjoints aient été ordonnées, dès le régne de Henri II, par l'article 15 du réglement de 1551.

Ce fut le réglement de 1610 qui le premier ordonna ce dépôt. L'article 3 porte, que, du consentement du procureur du roi, il seroit choisi un lieu propre, où toutes les marchandises de librairie arrivant à Paris, seroient déchargées ; & les articles 14, 15, 16 & 17 réglent la forme du dépôt, & la discipline de la visite.

Il paroît par l'article 19 du réglement de 1618, que ce fut la *chambre syndicale*, qui pour la plus grande commodité fut choisie à cet effet : on l'appelloit aussi le *magasin de la communauté*.

A peu près dans le même temps il fut ordonné, d'abord seulement par le prévôt de Paris, & ensuite par quantité d'édits & de déclarations du roi, & arrêts de son conseil, & enfin en 1698, par une sentence du lieutenant général de police qui en ordonne l'exécution, que tous les livres arrivant à Paris par toutes sortes de voitures, seroient portés en droiture à la douane, sans que les voituriers en pussent faire aucun entrepôt, avant que d'entrer à Paris, ni les délivrer à leur adresse, lorsqu'ils y seroient entrés, autrement que sur les billets des syndic & adjoints de la librairie.

Un inspecteur général des manufactures ayant été établi de la part du roi à la douane de Paris en 1686, on le chargea presqu'aussi-tôt de tenir registre des livres arrivant à la douane, & de les envoyer à la *chambre*, où sur ses billets ils seroient reçus par le commis ou clerc de la librairie, qui en donneroit son récépissé, pour y être incessamment visités, conformément au réglement de la même année 1686.

Par ce réglement, le syndic & les quatre adjoints, ou du moins trois d'entr'eux, doivent se trouver à la *chambre* tous les mardis & vendredis à deux heures de relevée, pour faire la visite des livres qui y ont été envoyés.

Les factures dont le syndic reste chargé ayant été représentées, & les ballots ouverts, s'il ne s'y trouve rien de contraire aux réglemens, ils sont délivrés aux libraires & à leurs facteurs, ou autres personnes à qui ils ont été adressés ; mais ils sont retenus & arrêtés, s'il s'y trouve des livres de contrebande, & non permis par les ordonnances.

Les livres qui sont censés de contrebande, sont les livres contre la religion, le repos de l'état & les bonnes mœurs ; les libelles diffamatoires ; les livres imprimés sans nom d'auteur, de libraire, ou de la ville où ils ont été imprimés ; enfin ceux qui ont été contrefaits sur les livres imprimés avec privilége, ou continuation de privilége. Toutes ces espéces de livres doivent être arrêtées & saisies par les syndic & adjoints ; ensemble tous les autres livres, même permis ; comme aussi toutes les marchandises qui se trouvent enfermées avec les livres de contrebande dans les balles, ballots & paquets.

Des livres saisis, les uns, comme les livres contre la religion, l'état, les bonnes mœurs, & les libelles diffamatoires, sont déchirés & lacérés pour être envoyés au pilon, c'est-à-dire, aux papetiers-cartonniers pour être pilonnés, & réduits en cette pâte dont ils font certaine sorte de carton. Les autres, comme les livres contrefaits, sont délivrés à ceux à qui ils appartiennent en vertu de leur privilége, les frais de saisie, ou autres, préalablement payés, & le restant est vendu au profit de la *chambre*.

C'est dans la *chambre syndicale*, ainsi qu'on l'a remarqué ci-dessus, & qu'on le dira plus au long à l'article des libraires forains, que se doivent faire la visite, la vente & l'échange de leurs livres. Il est néanmoins défendu aux syndic & adjoints, en faisant cette visite, d'acheter ou faire acheter pour leur compte, ni de mettre à part, pour échanger, aucun des livres qu'ils auront visités, sinon vingt-quatre heures après la visite faite, qu'ils pourront, concurremment avec les autres libraires, acheter ou échanger ce qui restera desdits livres. Sur ce modèle on vient d'établir des *chambres syndicales* dans toutes les grandes villes du royaume.

CHAMBRELAN. Ouvrier qui travaille en chambre. Tous les statuts des communautés des arts & métiers appellent *chamberlans* ces sortes d'ouvriers, malgré l'étimologie. *Voy.* CHAMBERLAN.

CHAMEAU. Animal domestique à quatre pieds, fort doux, très-connu dans plusieurs endroits de l'Asie & de l'Afrique.

Le poil tombe à ces animaux au printemps, & est recueilli avec soin, à cause du grand commerce qu'on en fait. Il est propre à être filé, pour en faire des étoffes, ou à être mêlé parmi les autres poils qui entrent dans la fabrique des chapeaux, particulièrement de ceux qu'on appelle *caudebecs*. Le meilleur poil de *chameau* est celui du dos, & qui est le moins rempli de blanc. Presque tout le poil de *chameau*, qui se voit en France, se tire du Levant par la voie de Marseille ; les Lyonnois en font un assez grand négoce.

» Le poil de *chameau*, qui vient du Levant, & » qui est entreposé dans les pays étrangers, avant » que d'entrer en France, ou qui y entre par le » port de Rouen, paye les droits d'entrée sur le » pied de vingt pour cent de sa valeur, conformé- » ment à l'arrêt du conseil du 15 août 1685, avec » les sols pour livre.

» A l'égard des droits de sortie, il paye 6 livres » du cent pesant, suivant le tarif de 1664 ».

Commerce du poil de chameau à Amsterdam.

On vend à Amsterdam deux sortes de *poil de chameau*, celui d'Alep & celui de Smyrne ; l'un & l'autre se vendent à la livre.

CHAMFRAIN. Couper du bois en *chamfrain*, signifie (en termes de charpentier & de menuisier) le *couper en biais*. On dit aussi chamfrainer du bois, mais il est moins d'usage.

CHAMOIS. Efpèce de chèvre fort fauvage, mais différente en bien des chofes de la chèvre commune, ou domeftique. On l'appelle auffi *ifard*.

Il fe rencontre quelquefois dans la veffie de cet animal, une pierre de différente groffeur & couleur; à qui on donne le nom de *bezoard* d'Allemagne; & auquel les Allemands attribuent prefque les mêmes propriétés qu'au bezoard oriental.

La peau du *chamois* eft fort eftimée, préparée & paffée en huile, ou en mégie. Elle fert à quantité d'ouvrages, & même de vêtemens d'autant plus commodes, qu'outre qu'ils font doux & chauds, on les peut favonner, fans qu'ils perdent rien de leur qualité: auffi quelques perfonnes s'en fervent fur la peau même à cru. La peau de *chamois* fert auffi à purifier le mercure, qu'on fait paffer à travers fes pores, qui font fort ferrés.

Le mot de *chamois* fe prend auffi pour la peau de l'animal. Ainfi l'on dit, un caleçon de *chamois*, une culote de *chamois*, des gants de *chamois*, des bas de *chamois*, &c.

La plus grande partie des peaux de *chamois*, qui fe voyent en France, viennent toutes apprêtées de Genève, de Chambery & de Grenoble; les unes en jaune paffées en huile, & les autres en blanc paffées en mégie.

« Les peaux de *chamois* apprêtées, habillées, ou » paffées tant en blanc qu'en jaune, doivent payer en » France les droits d'entrée & de fortie du royaume, » & des provinces réputées étrangères; fçavoir, pour » l'entrée, à raifon de 3 liv. de la douzaine, fuivant » le tarif de 1667, & l'arrêt du 15 février 1689; & » pour la fortie, fur le pied de 36 f. auffi de la dou- » zaine, conformément au tarif de 1664 ».

» A l'égard des droits fixés par le tarif de la douane » de Lyon, ils font de 13 f. 6 den. par douzaine » d'ancienne taxation, & de 5 fols de nouvelle réa- » préciation, avec les fols pour livre ».

L'on contrefait le véritable *chamois* avec des peaux de boucs, de chèvres, de chevreaux, & de mouton. Lyon, Grenoble, Niort, Poitiers, Orléans, Marfeille, Nîmes, Touloufe, & Maringue, font les lieux du royaume de France, où il s'en apprête le plus: mais Lyon, Grenoble, Niort & Poitiers, l'emportent pour la quantité des peaux de boucs, de chèvres & de chevreaux; car dans les autres endroits, on n'y prépare quafi que des peaux de mouton.

Quoique le *chamois* imité avec la peau de mouton, foit le moins eftimé, on ne laiffe pas cependant d'en fabriquer une quantité prodigieufe, & d'en faire un négoce & une confommation confidérables.

CHAMOIS. Se dit auffi d'une forte de couleur tirant fur l'ifabelle, à-peu-près femblable à celle d'une peau de *chamois*, qui a été apprêtée & paffée en huile. Ainfi l'on dit, une étoffe teinte en *chamois*, pour dire, une étoffe à laquelle le teinturier a donné cette couleur, par le moyen de certaines drogues.

CHAMOISERIE. Lieu où l'on prépare les peaux de chamois, ou d'autres peaux, qu'on veut leur rendre femblables, en les apprêtant & les paffant en huile.

On prétend que les premières *chamoiferies* qui fe font vues en France, furent établies à Poitiers, du temps de François premier.

CHAMOISEUR. Celui dont la profeffion eft de préparer & paffer en huile des peaux de *chamois*, ou de travailler à les imiter avec des peaux de boucs, de chèvres, de chevreaux, de moutons, &c.

CHAMPI. Sorte de *papier* propre pour les chaffis.

CHAN, ou KAN. On appelle ainfi dans quelqu'endroits du Levant, particulièrement dans la Syrie, des lieux publics bâtis aux dépens du grandfeigneur, ou le plus fouvent, par la charité des particuliers, deftinés pour l'ufage des marchands & voyageurs. C'eft à-peu-près ce qu'on nomme dans la plupart des autres états du Turc, en Perfe, & prefque dans toute l'Afie, des *caravanferas*.

Ces *chans* font bâtis dans les villes, près des villages, ou même dans des lieux ftériles & déferts, dans une diftance raifonnable, & qui ne détourne point trop le voyageur ou le marchand, du grand chemin. Ils font ordinairement conftruits en forme de cloîtres, autour d'une cour de quatre-vingt, ou fix-vingt pieds en quarré, plus ou moins, felon les facultés, ou la charité du fondateur. Il eft permis à tous les paffans de s'y retirer, en payant très-peu de chofe au concierge, & fouvent rien; ce qui eft d'une affez grande commodité dans des pays où l'on ne fçait ce que c'eft que de cabarets & d'hôtelleries, mais auffi n'y trouve-t-on d'ailleurs que les quatre murailles, chacun étant obligé avant que d'y arriver, de fe pourvoir de nourriture, de boiffon, de lits, de feu & de fourage.

CHANCELLERIE. Office de *chancelier*. On le dit auffi du lieu où l'on garde les fceaux, & où l'on fcelle les expéditions.

Il fe dit, (*en terme de commerce*) du greffe des confuls, que diverfes nations de l'Europe entretiennent dans les échelles du Levant, & dans plufieurs villes où il fe fait un négoce confidérable.

CHANCELIER. C'eft le greffier des confuls nationaux établis dans les villes de grand commerce.

CHANDELIER. Ouvrier & marchand tout enfemble, dont le principal ouvrage & négoce eft de faire & de vendre des chandelles.

Par tous les réglemens & ftatuts, ils font qualifiés *maîtres chandeliers-huiliers-moutardiers*, avec faculté de faire & de vendre, non-feulement de la chandelle, qui eft la principale fonction de leur art & métier; mais encore de débiter à petits poids & mefures, en regrat, toutes fortes d'huiles à brûler, de noix, olives, navettes, pavots, pignons, chenevis, & autres graines & légumes; verres, bouteilles couvertes, & non couvertes d'ofier; fagots, cotterets, bois fendu, allumettes, charbon, moutarde, vinaigre, foin, paille, clous, fabots, lattes, pains blancs, amidon, empois, farine, favon, ris, pruneaux, pois, fèves, raifins, épingles, éguillettes de cuir, fil & foie, lacets, fruits cuits & cruds, pois fucrés en bouteilles, papier à la main, mufcade, poivre, fromages, agrafes, fil en écheveaux, pots, rocaille, images, estampes, & autres sortes de menues marchandises au regrat.

Outre ces réglemens & statuts, il y a encore deux arrêts du parlement, rendus en faveur des *maîtres chandeliers*, dont l'un, du 1 septembre 1646, leur permet de vendre du beurre ; & l'autre, du 3 février 1677, les maintient & garde dans la possession & jouissance de vendre & débiter en regrat & en détail, des marchandises de sabots, pelles, fourches, battoirs, & autres sujettes à regrat.

Les jurés *chandeliers*, c'est-à-dire, les maîtres élus & préposés par la communauté pour la régir, gouverner, en soutenir les droits, & en faire exécuter les statuts & réglemens, sont au nombre de quatre, dont deux se renouvellent toutes les années ; en sorte qu'il s'en trouve toujours en place deux anciens & deux nouveaux.

Ce sont ces maîtres jurés *chandeliers* qui, en qualité d'huiliers, prétendent devoir être les seuls dépositaires de l'étalon des mesures de cuivre destinées pour mesurer les huiles à brûler ; mais cet avantage leur est disputé par les marchands épiciers, parce que ce sont eux qui font le négoce de toutes sortes d'huiles en gros & en détail.

CHANDELLE. Petit flambeau de suif, qui sert à éclairer, dont la mèche est faite de plusieurs brins de fil de coton, grossièrement filés & tortillés ensemble.

On appelloit aussi autrefois en France, *chandelles de cire*, ce qu'on nomme présentement des *bougies*, ou des *cierges ;* mais depuis long-temps aucun ouvrage de cire propre à éclairer ; n'a conservé le nom de *chandelle*, si ce n'est parmi le peuple, qui dit toujours, présenter une *chandelle ;* pour signifier, *offrir des cierges*, ou de petites *bougies*, pour être brûlés en l'honneur des saints, à l'intercession desquels il a recours.

On nomme encore dans quelques provinces, particulièrement en Anjou, *chandelle de rousine*, une espèce de *chandelle* composée de poix-résine, & de mauvais suif, qu'on fait pour l'usage des pauvres gens : mais ce commerce, qui fait ordinairement partie de celui des marchands de fer de ces provinces, est si peu considérable, qu'il suffit de l'avoir indiqué, sans en parler en détail.

La *chandelle de suif*, pour être de bonne qualité, doit être faite moitié suif de mouton & de brebis, & moitié suif de bœuf & de vache, fondus ensemble, & bien purifiés ; étant défendu par les réglemens, d'y mêler aucun autre suif ni graisse, particulièrement de porc, ce dernier suif la faisant couler, & exhalant toujours une odeur très-mauvaise, & une vapeur noire & épaisse.

On fabrique en France, particulièrement à Paris, de deux sortes de *chandelles* ; les unes qu'on appelle *chandelles plongées ;* les autres qu'on nomme *chandelles moulées.*

CHANGE. Convention par laquelle on troque ou on donne une chose pour une autre. On est souvent trompé au change.

CHANGE, Signifie aussi *le commerce d'argent* qui se fait de place en place ou d'un lieu en un autre, par le moyen des lettres de change, en donnant de l'argent dans une ville, & recevant une lettre pour en retirer la valeur dans une autre ville.

Les négocians qui ne s'attachent uniquement qu'au commerce du *change*, s'appellent communément *banquiers.*

Le commerce du *change* est également utile aux marchands, négocians, banquiers & autres personnes : car sans la facilité qu'il donne, celui qui a de l'argent dans une ville seroit dans l'obligation de le faire venir en espèces par un messager ou autre voiturier, & celui qui en auroit besoin dans la même ville, seroit pareillement obligé de l'y faire voiturer du lieu de sa demeure : ce qui ne se pourroit faire sans grands frais & sans risque ; au lieu qu'il y a souvent du profit à tirer & à remettre des lettres de change, & peu de risque à courir.

On attache dans le moment actuel une grande importance aux opérations variables du change : cette matière étant peu connue, les politiques routiniers qui veulent toujours avoir un mystère pour prétexte, voyant qu'on avoit éclairci ceux qu'ils appelloient *balance du commerce, importation, exportation, intérêt de l'état, argent qui entre, argent qui sort*, &c. se sont jettés sur *le change.*

Il est donc absolument nécessaire d'en développer ici les principes & les opérations, d'après un auteur très-instruit, dont l'ouvrage est le plus moderne. Les commerçans y verront que les commissions du *change* leur sont très-avantageuses ; les vrais administrateurs des empires agricoles, qu'elles leur sont absolument indifférentes.

Principes & opérations du change.

La connoissance des monnoies, des poids & des mesures des différens pays, est indispensable pour quiconque veut faire de bonnes entreprises de commerce. Sans cela on est arrêté à chaque pas ; on n'a point de marche certaine, & l'on court toujours risque de faire de fausses spéculations.

Convaincus de cette vérité, nous sommes entrés dans de longs détails sur ces objets, & nous les avons présentés à nos lecteurs d'une manière simple & claire, afin qu'ils puissent sans effort acquérir une connoissance si essentielle à tout négociant. Quiconque la possédera bien, aura déjà fait un pas avancé dans la carrière du commerce, & peut se promettre que ses entreprises lui tourneront à bien ; mais s'il veut tirer le plus grand avantage possible de ses spéculations, il doit encore se mettre en état de profiter des circonstances favorables qui arrivent souvent dans les *changes.*

Pour rendre la chose plus sensible, supposons qu'un négociant ait fait des achats de marchandises dans une ville de commerce où il doit remettre des fonds pour en payer la valeur. Y enverra-t-il du papier direct, ou y en remettra-t-il d'indirect ? Lequel de ces deux partis lui rendra plus de bénéfice ? Il n'en sçait rien, & à cet égard il opère au hasard s'il n'a fait une étude du *change*, & s'il ne s'est mis en état d'en combiner avec juſteſſe les différences en diverſes places. Cependant cette combinaiſon des *changes* eſt ſouvent ou ignorée ou négligée par beaucoup de négocians, & elle eſt faite par d'autres ſur des principes faux ou erronnés, qui les empêchent de bien ſaiſir la vraie méthode d'un arbitrage, d'ailleurs ſimple & facile à trouver. Pour mettre les premiers en état de tirer un meilleur parti des occaſions qu'ils peuvent avoir d'opérer dans les changes, & rendre aux derniers leurs opérations plus aiſées ; nous allons établir dans l'article premier des principes raiſonnés, clairs & faciles pour trouver le pair du *change* de deux villes de Commerce, & pour ſçavoir quel *change* on pourra faire entre deux places par l'entremiſe d'une troiſiéme. Dans le ſecond article, nous donnerons quelques explications relatives à la méthode la plus aiſée de faire des calculs ſur les prix, les frais & les conditions d'achat & de vente de pluſieurs marchandiſes.

Comme cet ouvrage eſt deſtiné également à inſtruire ceux qui n'ont que de foibles notions du commerce, & à ſervir de recueil aux perſonnes verſées dans cette ſcience, & cenſées par cette raiſon n'ignorer rien de ce qui concerne l'arithmétique, ces derniers ne trouveront pas mauvais que nous donnions ici préalablement une explication de la régle conjointe, dont nous nous ſervirons dans tous les calculs que nous ferons dans le cas de faire ci-après.

La régle conjointe, compliquée pour quelqu'un qui n'a pas aſſez de connoiſſance du rapport des monnoies & des *changes* de divers pays, ou qui ne poſſéde de l'arithmétique que les quatre régles qu'on apprend aux écoles, eſt un calcul ſimple d'arithmétique, dont toute la difficulté conſiſte dans l'arrangement des parties, & qui ne coûte aucune peine dès qu'on en a ſaiſi la marche qui eſt clairement expoſée dans l'exemple ſuivant :

On demande combien 1000 roubles font-elles de réaux de vellon, ſi l'on tire de Peterſbourg ſur Amſterdam au change de 39 ſols par rouble, argent courant de Hollande, ſuppoſé que l'agio contre l'argent de banque ſoit dans cette derniere ville à 104¼ pour cent, & que le *change* d'Amſterdam ſur Madrid ſe trouve à 90 gros de banque par ducat de change ?

Poſez d'abord à votre droite les 1000 roubles, ainſi

        1000 Roubles.

Dites enſuite : un rouble vaut 39 ſols courans de Hollande, & poſez le chiffre 1 au côté gauche, & 39 à la droite ;

        1000 Roubles.
 1 Rouble *vaut* . . . . 39 ſols courans.

Comme 20 ſols font 1 florin, vous mettrez 20 à la gauche, & 1 à la droite, toujours en forme de colonne :

        1000 Roubles.
 1 Rouble *vaut* . . . . 39 ſols courans.
 20 Sols . . . . 1 florin.

L'agio contre l'argent de banque étant à 104¼ p ⁰⁄₀, en doublant ce nombre pour éviter la fraction, vous direz 209 florins courans valent 200 florins de banque, & poſez ainſi,

        1000 Roubles.
 1 Rouble *vaut* . . . . 39 ſols courans.
 20 Sols courans . . . . 1 florin courant.
 209 Florins courans. . . . . 200 florins de banque.

Le florin de banque contenant 40 gros, & 90 gros faiſant la valeur d'un ducat de change, ces deux parties doivent être rangées à la ſuite des précédentes, de la maniere ſuivante :

        1000 Roubles.
 1 Rouble *vaut* . . . . 39 ſols courans.
 20 Sols courans . . . . 1 florin courant.
 209 Florins courans . . . . 200 florins de banque.
 1 Florin de banque . . . . 40 gros de banque.
 90 Gros de banque . . . . 1 ducat de change.

Le ducat de *change* vaut 20 réaux 25¹⁵⁄₁₇ maravédis de vellon ; mais pour éviter les fractions, il faut dire : 867 ducats de *change* font 18000 réaux de vellon, & poſer cette partie au-deſſous des autres comme ſuit, ſavoir :

        1000 Roubles.
 1 Rouble *vaut* . . . . 39 ſols courans.
 20 Sols courans . . . . 1 florin courant.
 209 Florins courans . . . . 200 florins de banque.
 1 Florin de banque . . . . 40 gros de banque.
 90 Gros de banque . . . . 1 ducat de change.
 867 Ducats de change. . . . . . . 18000 réaux de vellon.

Toutes les parties de la régle dont on cherche la solution étant placées comme deſſus, il faut réduire, autant qu'il eſt poſſible, les nombres des deux colonnes pour rendre la multiplication de chacune moins pénible. On pourra, par exemple, ôter les 20 ſols de la colonne gauche, & ſubſtituer un 2 aux 40 gros de la colonne droite, qu'on barrera pour égaler les deux parties, puiſqu'on ne compte que 2 fois 20 dans 40. On barrera auſſi les 90 gros de la colonne gauche, & en faiſant la même choſe des 18000 réaux de celle de la droite, on y ſubſtituera le nombre 200 : car 90 fois 200 font exactement 18000, voici un exemple de cette méthode.

N. B. Nous plaçons entre deux étoiles les nombres qu'il faut barrer en opérant avec la plume.

			1000.
1.			39.
20.			1.
209.			200.
1.	2.		*40.*
90.			1.
867.		200.	*18000.*

Comme il n'eſt pas poſſible de réduire dans des nombres plus petits les 209 & 867 qui ſubſiſtent dans la colonne gauche, il faut les multiplier l'un par l'autre, & il en faut faire de même des nombres 1000, 39, 200, 2 & 200 de la colonne droite : après quoi il faut diviſer le produit de celle-ci par le produit de celle-là : ce qui réſultera de cette opération ſera des réaux de vellon, & le quotient étant multiplié par 34, & le produit diviſé par le diviſeur, il en proviendra des maravedis. En voici l'exemple :

			1000.
1.			39.
20.			1.
209.			200.
1.	2.		*40.*
90.			1.
867.		200.	*18000.*

1672.	1000.	multipliés	par 39.
1254.	font	39000.	par 200.
1463.		3900000.	par 2.
		7800000.	par 200.
181203. Diviſeur.		1560000000.	

Somme à diviſer   3120000000, par 181203 le diviſeur.

1307970   produit 17218 rx 9 mrs.
395490
330840
1496370
Quotient   46746 multiplié par 34.

Donne   1589364   qui diviſé par le diviſeur a
produit les 9 mrs.

Cette régle pourroit ſe faire auſſi d'une manière plus abrégée, ſi au lieu de réduire les ſols de Hollande en florins, on les réduiſoit en gros. En voici l'exemple :

		1000 Roubles.
1 Rouble vaut	39 ſ. ou	78 ꝗ vls. cour.
209 ꝗ vls. courans.		200 ꝗ vls. bco.
90 ꝗ vls. bco.		1 ducat.
867 Ducats		18000 réaux de vellon.

On ne pourroit dans ce cas retrancher que les 90 ⅊ de la colonne gauche, & il faudroit subſtituer dans celle de la droite les 200 qui correſpondent aux réaux, comme ſuit,

```
                                      1000.
        1. . . . . . . .               78.
     209. . . . . . . . .             200.
    *90.*  . . . . . .                 1.
     867. . . . . . . .          200. *18000.*

Diviſeur 181203.        &          3120000000. la ſomme à diviſer.
```

Produit comme à la page précédente 17218 *réaux* & 9 *mrs.* de *vellon*.

Telle eſt la régle conjointe dont nous ferons uſage dans la ſuite, mais d'une manière courte & plus propre à montrer la nature de l'opération qu'à la détailler.

ARTICLE PREMIER.

Opérations de change.

§. I. Quoique la ville d'Amſterdam ſoit regardée comme la première pour le commerce, elle ne l'eſt certainement pas pour les opérations de banque. Paris & quelques autres villes en Europe peuvent lui diſputer à juſte titre la prépondérance dans ce genre de négoce. Malgré cela, les grandes affaires qu'Amſterdam fait dans l'étranger, la mettent dans le cas de donner ſouvent la loi aux autres places de change. La ſupériorité qu'a acquis cette ville par ſon commerce ſur toutes celles de d'Europe, eſt démontrée par les *changes* avantageux qu'elle en obtient; il ne faut, pour en être convaincu, que jeter un coup d'œil ſur le tableau raiſonné que nous donnerons ci-après du pair des monnoies de change de quelques places avec celles en uſage à Amſterdam; tableau que nous avons fait ſur la valeur intrinſéque des monnoies, en égalant la valeur de l'or à celle de l'argent dans le rapport que ces deux métaux ont aujourd'hui l'un avec l'autre en Hollande.

AMSTERDAM a principalement des *changes* ouverts avec Paris en France, Madrid en Eſpagne, Lisbonne en Portugal, Veniſe, Gènes, Livourne en Italie, Londres en Angleterre, Hambourg en Allemagne. Or, pour établir le pair du *change* d'Amſterdam ſur chacune de ces villes, il eſt naturel de chercher en premier lieu, la valeur intrinſéque tant de l'or que de l'argent de chaque monnoie dans laquelle on établit le *change* dans les endroits reſpectifs. Nous avons raſſemblé cette valeur intrinſéque des monnoies, & nous avons dit que,

	Contenu	
	D'or fin.	d'argent fin.
Le florin de banque de 40 ⅊ vls d'Amſterdam a	14 $\frac{17}{100}$ as, ou	213 $\frac{70}{100}$ as.
L'écu de France de 60 ſols tournois	19 $\frac{54}{100}$ . . .	284 $\frac{22}{100}$
Le ducat d'Eſpagne de 375 mrs. de plate vieille	33 $\frac{12}{100}$ . .	518 $\frac{27}{100}$
Le cruſade de Portugal de 400 rées	17 $\frac{10}{100}$ . .	230 $\frac{84}{100}$
Le ducat de 6⅓ lire de banque de Veniſe	31 $\frac{77}{100}$ . . .	469 $\frac{54}{100}$
La pezza de Gènes de 5¼ lire fuori di banco	30 $\frac{80}{100}$ . . .	459 $\frac{17}{100}$
La pezza da 8 reali de Livourne	31 $\frac{11}{100}$ . .	451 $\frac{42}{100}$
La livre ſterling d'Angleterre	151 $\frac{11}{100}$ . .	2295 $\frac{21}{100}$
La thaler de Hambourg de 2 marcs bco	23 $\frac{62}{100}$ . .	354 $\frac{67}{100}$

Cette valeur intrinſéque connue, nous devons chercher à établir pour chacune de ces monnoies ſa valeur relative à l'argent de banque de Hollande. Pour cela, il faut commencer par diſtinguer deux valeurs dans chaque monnoie; ſçavoir, celle en or & celle en argent; enſuite prendre le prix moyen de ces deux valeurs pour déterminer la parité des monnoies qu'il ne ſeroit pas poſſible de trouver ſans cette méthode, qui eſt auſſi ſimple que claire & facile à ſaiſir: car la proportion entre l'or & l'argent étant différente en chaque pays, & néanmoins l'or & l'argent en matière y ayant des valeurs déterminées proportionnées à celles des monnoies d'or & d'argent qui y ſont admiſes, il s'enſuit naturellement que, pour établir une parfaite parité entre les monnoies étrangères, il faut calculer non-ſeulement leur poids & la fineſſe de la matière dont elles ſont compoſées, mais auſſi le rapport qu'il y a entre l'or & l'argent dans les pays auxquels elles appartiennent. Voici donc quelle eſt cette parité fondée ſur ce rapport :

	Parité relative à l'or, à l'argent.		Prix moyen.
L'écu de France répond à	54 $\frac{1}{8}$ ₰	53 $\frac{2}{7}$ ₰	ou à 53 $\frac{23}{112}$ ₰ vls. bco.
Le ducat d'Espagne	93 $\frac{1}{12}$	97 $\frac{1}{2}$ . .	. 95 $\frac{7}{24}$ dits.
Le crusade de Portugal	47 $\frac{1}{5}$	43 $\frac{7}{8}$ . .	. 45 $\frac{23}{40}$ dits.
Le ducat de Venise	88 $\frac{9}{21}$	87 $\frac{17}{21}$	. . 88 $\frac{5}{42}$ dits.
La pezza de Gênes	85 $\frac{13}{21}$	85 $\frac{19}{21}$	. 85 $\frac{17}{21}$ dits.
La pezza de Livourne	86 $\frac{1}{3}$	84 $\frac{2}{3}$.	. 85 $\frac{1}{2}$ dits.
La livre d'Angleterre	35 ß $\frac{5}{8}$	35 ß 9 $\frac{1}{5}$	. 35 ß 4 $\frac{23}{40}$ vls. bco.
La thaler d'Hambourg	32 $\frac{31}{32}$ st.	33 $\frac{5}{32}$ st.	. 33 $\frac{1}{16}$ st. bco.

Telle est la parité des *changes* de la ville d'Amsterdam sur les états & villes nommés ci-dessus. Toutes les fois donc que le cours du *change* sur quelque place que ce soit, se trouvera plus bas que le pair, ce sera une marque qu'il y a plus de tireurs que de preneurs, & par une conséquence assez sensible & presque toujours vraie, il sera à présumer que la balance du commerce d'Amsterdam avec cette place, est plutôt en sa faveur qu'à son désavantage. Il faut cependant faire attention que si l'on tire de change sur une place à un terme de deux ou trois mois, on reçoit un *change* plus bas, en raison de l'intérêt qui correspond au temps que le preneur doit attendre le remboursement du montant de la lettre de change dans l'endroit où le paiement doit se faire. Cet intérêt est compté à Amsterdam sur environ 3 p̃. l'an ; car, en supposant que le change d'une lettre payable à Paris à vue soit à 53 d., il sera à 52 $\frac{7}{8}$ à un mois de date, 52 $\frac{3}{4}$ à deux mois & à 52 $\frac{5}{8}$ à trois mois : cette proportion est pourtant sujette à varier, & il n'est pas rare de voir entre le papier court & celui à trois mois une différence dans le *change* de $\frac{1}{2}$ d. & quelquefois aussi d' $\frac{1}{4}$ d. entre des lettres à deux & d'autres à trois mois de date. Au reste, le *change* est un objet qu'il n'est pas possible de fixer ; car, indépendamment des circonstances ordinaires qui le font varier chaque jour, le crédit dont jouit sur la place le tireur d'une lettre de change ne laisse pas d'influer sur le *change*. Les circonstances qui font ordinairement varier le *change* d'un jour à l'autre, sont, ou une trop forte abondance, ou une grande rareté de papier sur une place. L'une fait baisser, l'autre hausser le *change*. Mais rien ne cause une révolution plus sensible & souvent plus funeste que l'altération des monnoies.

Quand le papier abonde, il est prudent, si on peut le faire, d'envoyer le sien à une ville où l'on sçaura qu'il est recherché, plutôt que de s'exposer à perdre gros dans le *change*, en le négociant sur la place dans cette circonstance. Il faut pour cet effet trouver dans le rapport des *changes* de plusieurs places, celui qui promet le plus grand avantage, non-seulement dans la négociation de son papier, mais aussi dans l'objet des retours qu'on en doit recevoir. Nous allons en donner des exemples qui rendront sensible l'avantage de la méthode dont nous parlons.

1ᵉʳ. *Cas.* Le papier sur l'Espagne se trouve en trop grande abondance à Amsterdam, où il s'en est négocié une partie sur Madrid au *change* de 90 d. Le papier court de Paris est par contre recherché à 53 d. pendant qu'on cote le *change* dans cette dernière ville sur Madrid à 15 l. 3 s la pistole, à uso & demi. On demande quel est le cours que pourroit faire un négociant d'Amsterdam, si envoyant à Paris son papier sur l'Espagne, il en obtenoit la négociation au cours indiqué, & s'il en fournissoit à court la valeur sur son banquier dans cette ville ? *Réponse :* 92 $\frac{1}{4}$ ₰.

Opération :

1.	75.	*375.*
1089.	101. ₰	*303.*
60. *12.* 4.		53.

Diviseur   4352.   401475. *Produit* 92 $\frac{1}{4}$ ₰.

Cette régle, comme l'on voit, est simple & facile à exécuter ; elle seroit plus compliquée, ou plutôt plus embarrassante, si les *changes* d'Amsterdam sur Paris & de Paris sur Madrid avoient des fractions ; comme par exemple 52 $\frac{15}{16}$, 53 $\frac{1}{8}$ d., ou 15 l. 1 s. 6 d. Mais il y a une autre régle qu'on peut nommer *universelle*, parce qu'elle est applicable à toutes les opérations du genre de celle-ci, régle qui, par la facilité de son exécution, pourra peut-être mieux servir à quelques personnes que celle que nous venons de donner pour exemple. La voici :

Il faut multiplier le *change* de Paris sur Madrid, d'abord les livres en sols, & ceux-ci en quarts de sols. Le produit en doit être également multiplié par le *change* d'Amsterdam sur Paris. A la somme qui en proviendra, on ajoutera premièrement $\frac{1}{39}$ ensuite $\frac{1}{105}$ après quoi on additionnera toute la quantité, de laquelle il faudra prendre 2 par mille qu'on ajoutera au total, dont on retranchera trois chiffres.

Exemple : 15 liv. 3 fols font 303 fols ou 1212 quarts de fols, qui multipliés

par 53

```
Donnent        64236.
Ajoutez . . 21412    pour 1/3
      & . . 6424     pour 1/10
```

92072.

Ajoutez encore 184 *pour 2 par mille.*

Produit 92256. *Ce qui répond à* 92 1/4 d̂.

2e. *Cas.* Le papier fur Bordeaux eft recherché à Amfterdam, où l'on donne 53 1/4 d̂, à 2 ufances, tandis qu'on marque de Bayonne que le papier fur Bilbao y eft beaucoup demandé. Ce dernier ne vaut à Amfterdam que 91 1/4 d̂. à ufo, ce qui fait feulement 91 1/2 d̂. pour celui à ufo & demi. Là-deffus, A d'Amfterdam remet à C de Bayonne fon papier fur Bilbao, le charge de le négocier pour le mieux, & d'en envoyer le produit en efpèces à B de Bordeaux, fur qui il fe rembourfe avec avantage, le *change* étant de 53 1/4 d̂. à un mois de date. C de Bayonne négocie le Bilbao à 15 l. 5 f. & en remet le produit en efpèces à B de Bordeaux. Les frais de tranfport des efpèces de Bayonne à Bordeaux, provifion & courtage à Bayonne, & provifion à Bordeaux, font enfemble un objet de 1 p̂. On demande quel *change* reviendra à A d'Amfterdam pour fon papier fur Bilbao ? *Réponfe :* 92 10/33 d̂.

Opération :	1.		375.	maravedis de plate.
	1088.		305.	fols tournois.
	101.	5.	*100.*	pour cent.
	480.	24	427.	gros de banque.

Divifeur 2637312.   244190625.   *Produit* 92 10/33 d̂.

Ces deux cas font applicables à une opération fimple de commerce qui feroit faite de la manière fuivante : A d'Amfterdam fait acheter des marchandifes dans une ville de France, pour le rembourfement defquelles il indique à B une maifon à Paris ou à Bordeaux fur laquelle il puiffe tirer fes traites. A l'échéance de celles-ci, A, qui doit en faire les fonds à C de Paris ou de Bordeaux, trouvant que le papier fur l'une & l'autre de ces villes lui coûteroit trop cher, lui remet de celui fur l'Efpagne qui lui promet plus d'avantage ; en effet, ce dernier étant négocié, comme il eft dit ci-deffus, il y trouve un bénéfice raifonnable. Tous les autres cas que nous expliquerons ci-après, peuvent être appliqués à des fpéculations de commerce dans le même fens que nous venons de montrer.

3e. *Cas.* On remet à Paris du papier fur Cadix, qui ne vaut à Amfterdam que 91 d̂., pour être négocié dans la première de ces villes, & s'en faire les retours fur une des places de l'Europe où le *change* fera le plus avantageux. Ce papier fe négocie à Paris à 15 liv. 2 fols 6 den., & on en reçoit le produit fur Hambourg à 188 liv., lequel fe négocie à Amfterdam à 33 3/4 fols. On demande quel *change* produira par cette voie le papier fur Cadix ? *Réponfe :* 92 1/3 d̂.

Opération :	1.		375.	maravedis de plate.
	2176.		605.	fols tournois.
	20.		1.	livre tournois.
	188.	5.	*100.*	marcs banco.
	4.		133.	fols bco.

Divifeur 1636352.   150871875.   *Produit* 92 1/3 d̂.

4e. *Cas.* On remet à Bordeaux du papier fur faint-Sebaftien, qui coûte à Amfterdam 91 1/4 d̂., & on en demande les retours fur Londres. Ce papier fe négocie à Bordeaux à 15 liv. 4 fols, & l'on en reçoit pour retour de celui fur Londres au *change* de 30 1/4 d̂. fterlings, qui fe négocie à Amfterdam à 35 f. 3 d̂. bco. On demande quel *change* rendra par cette voie le papier fur S. Sebaftien ? *Réponfe :* 93 1/9 d̂.

Opération :	1.		5.*	15.*	*75.*	*375.*	maravedis de plate.
	1088.	*272.*	68.	19.	*76.*	*304.*	fols tournois.
	240.	*48.*	16.			121.	deniers fterlings.
	240.	48.				423.	gros de bco.

Divifeur 52224.   4862385.   *Produit* 93 1/9 d̂.

5ᵉ. *Cas.* On remet à Marseille du papier sur Séville, qui coûte à Amsterdam 90 d. ; lequel papier est négocié dans la première de ces villes à 15. l. 1 f. 6 d. , & du produit on reçoit des remises sur Livourne à 95 fols, qui se négocient à Amsterdam à 84 d. On demande quel *change* sera-t-on par cette voie du papier sur Séville ? *Réponse* : 91 ⅞ d.

Opération :	1	ducat	75.	*375.* maravedis de plate.
	2176.	544.	603.	fols tournois.
	95.	19.	21.	*84.* ℞ de gros bco.

| Diviseur 10336. | 949725. *Produit* 91 ⅞. |

6ᵉ. *Cas.* On remet à Bordeaux du papier sur Lisbonne, qui coûte à Amsterdam 45 d. , & il y est négocié à 460 rées, dont on fait les retours en papier sur Amsterdam à 53 d. On demande quel *change* fera le papier sur Lisbonne ? *Réponse* ; 46 1/12 d.

| Opération : | 1 | cruzade | 20. | *400.* rées. |
| | *460.* | 23. | 53. | ℞ de gros bco. |

| Diviseur 23. | 1060. *Produit* 46 ½. |

Régle universelle. Multipliez les 53. d. de gros par 400, & divisez-en le produit par 460 rées, ou le *change* de Bordeaux sur Lisbonne.

7ᵉ. *Cas.* Le papier sur Venise ne pouvant être négocié à Amsterdam qu'à 86 d., on le remet à Marseille, où il est placé à 98 fols, & les retours s'en font en papier sur Amsterdam au *change* de 54 d. On demande quel *change* fera le papier sur Venise ? *Réponse* : 88 1/15 d.

| Opération : | 1 | ducat de banque | 49.* 98.* fols tournois. |
| | *60.* f. *30.* 5. | | 9.* 54.* deniers de gros. |

| Diviseur 5. | 441. *Produit* 88 ⅓ ℞. |

Régle universelle. Multipliez les 54 d. de gros, ou le *change* de Marseille sur Amsterdam par les 98 fols, ou le *change* entre Marseille & Venise, & divisez-en le produit par 60.

8ᵉ. *Cas.* On demande de Lyon du papier sur Gênes, qui coûte à Amsterdam 80 d. Ce papier est négocié à Lyon à 93 fols, & les retours s'en font sur Amsterdam à 53 d. On demande quel *change* fera le papier de Gênes ? *Réponse* : 82 ⅛ d.

| Opération : | 1 | pezza | 31. *93.* fols tournois. |
| | *60.* ℞ 20. | | 53. deniers de gros banco. |

| Diviseur 20. | 1643. *Produit* 82 ⅛ ℞. |

Régle universelle. Elle est la même que celle du cas 7ᵉ. On doit voir que l'opération que nous venons de faire est la même chose que cette régle.

9ᵉ. *Cas.* Le papier sur Livourne qu'on remet à Paris, parce qu'on ne peut le placer à Amsterdam qu'à 83 d., se négocie à 97 fols ; dont les retours sont faits de Paris sur Amsterdam au *change* de 52 ¾ d. On demande quel *change* fera le papier sur Livourne ? *Réponse* : 85 ¼ d.

| Opération : | 1 | pezza | 97. fols tournois. |
| | 240. | | 211. ℞ de gros bco. |

| Diviseur 240. | 20467. *Produit* 85 ¼ ℞. |

Régle universelle. Elle est la même que celle du cas 7ᵉ.

10ᵉ. *Cas.* On remet à Nantes du papier sur Londres, pris à Amsterdam à 34 f. 3 d., lequel est négocié à Nantes à 31 d., & on en fait les retours de Nantes sur Amsterdam à 54 d. On demande quel *change* fera par cette voie le papier sur Londres ? *Réponse*, 34 ß 10 ℞.

Opération :	1	livre	20. *240.* ℞ sterlings.
	3 f.		54. ℞ de gros bco.
	12.		1. ß vls. bco.

| Diviseur 31. | 1080. *Produit* 34 ß 10 ℞. |

Régle universelle. Elle est aussi simple que l'opération, car on peut multiplier les 54 d. de gros par 10, & en diviser le produit par 31.

11e. *Cas.* Le papier sur Hambourg étant recherché à Bayonne, on y en remet d'Amsterdam à 32 $\frac{5}{8}$ f., lequel est négocié à Bayonne à 25 $\frac{1}{2}$ f. lubs, & on fait remise du produit sur Amsterdam à 53 $\frac{1}{4}$ d. On demande quel *change* fera par cette voie le papier sur Hambourg? *Réponse*, 33 $\frac{2}{5}$ sols.

Opération :	1 thaler	8. *16*. *32.*	ß lubs bco de Hambourg.
	102. 51	213.	₰ de gros bco. d'Amsterdam.
	2.	1.	sol bco.
Diviseur	51.	1704.	*Produit* 33 $\frac{2}{5}$ ß.

Regle universelle. On peut faire cette opération d'une manière encore plus simple: multipliez les 53 $\frac{1}{4}$ d. de gros, ou le *change* de France avec Amsterdam, par 16, & divisez-en le produit par 25 $\frac{1}{2}$ f. lubs, ou par le *change* de Bayonne avec Hambourg.

12e. *Cas.* On remet à Cadix du papier sur Paris, pour en avoir des retours sur Amsterdam. Il coûte dans cette dernière ville 52 $\frac{1}{4}$ d., & est négocié à 15 livres 1 sol à Cadix, où les retours sur Amsterdam coûtent 93 $\frac{3}{8}$ d. On demande quel *change* fera par cette voie le papier sur Paris? *Réponse*, 54 d.

Opération :	1 écu	*60.*	sols tournois.
	301.	544. *1088.*	maravedis de plate.
	3000. *50.* 25	747.	₰ de gros bco.
Diviseur	7525.	406368.	*Produit* 54 ₰.

Régle universelle. Multipliez les 93 $\frac{3}{8}$ d. de gros, ou le *change* de Cadix sur Amsterdam, par 174; ajoutez-y 8, & divisez-en le produit par les 301 sols, ou par le *change* de Cadix sur Paris.

13e. *Cas.* On remet à Madrid du papier sur Cadix, qui n'a coûté à Amsterdam que 90 d.: il y est négocié à $\frac{1}{2}$ p $\frac{o}{o}$ de perte, & les retours en ont lieu de Madrid sur Amsterdam à 94 d. On demande quel *change* produit par cette voie le papier sur Cadix, en comptant que la provision & le courtage à Madrid, l'escompte & le courtage à Amsterdam, coûtent 1 $\frac{1}{8}$ p $\frac{o}{o}$? *Réponse*, 92 $\frac{1}{6}$ d.

Opération :	1 ducat	94.	₰ de gros bco.
	102. 51	50. *100.*	₰
Diviseur	51.	4700.	*Produit* 92 $\frac{1}{6}$ ₰.

14e. *Cas.* Le papier sur Lisbonne étant recherché à Madrid & peu demandé à Amsterdam, où il ne vaut que 44 $\frac{1}{2}$ d., on en remet à Madrid où il est négocié à 600 rées la piastre, & on en fait les retours à Amsterdam à 94 d. On demande quel *change* fera par cette voie le papier sur Lisbonne? *Réponse*, 45 $\frac{7}{16}$ d.

Opération :	1 cruzade	2. *400.*	rées.
	600. 3	272.	maravedis de plate.
	375.	94.	₰ de gros bco.
Diviseur	1125.	51136.	*Produit* 45 $\frac{7}{16}$ ₰.

Régle universelle. Multipliez le *change* entre Madrid & Amsterdam par 290 $\frac{1}{8}$, & divisez-en le produit par le *change* entre Madrid & Lisbonne.

15e. *Cas.* On prend à Amsterdam du papier sur Venise à 84 $\frac{3}{4}$ d. qu'on remet à Madrid, où il est négocié à 127 p $\frac{o}{o}$, & on en reçoit de retour des lettres sur Amsterdam à 94 $\frac{1}{2}$ d. On demande quel *change* fera par cette voie le papier sur Venise? *Réponse*, 86 $\frac{11}{16}$ d.

Opération :	*100.* 23 ducati	127.	piastres de change.
	1.	68. *272.*	maravedis de plate.
	375.	94.	₰ de gros bco.
Diviseur	9375.	811784.	*Produit* 86 $\frac{11}{16}$ ₰.

Régle universelle. Multipliez les 127 piastres, ou le *change* entre l'Espagne & Venise, par 7, &

enfuite par les 94 d., ou le *change* entre l'Efpagne & Amfterdam ; ajoutez-y 3 pour cent , & de ceux-ci encore ¼, & retranchez trois chiffres.

16ᵉ. *Cas.* Le papier fur Livourne, pris à Amfterdam à 83 d., eft négocié à Barcelone à 124 p⁰₀, & les retours s'en font fur Amfterdam à 94 d. On demande quel *change* produira le papier fur Livourne ? *Réponfe*, 84 $\frac{9}{16}$ d.

Opération :

100.	25 pezze		31.	*124.*	piaftres de change.
	1.			272.	maravedis de plate.
	375.			94.	ꝺ de gros bco.

Divifeur 9375.   79268. *Produit* 84 $\frac{9}{16}$ ꝺ.

Régle univerfelle. Elle eft la même que celle du cas 15ᵉ.

17ᵉ. *Cas.* On demande de Cadix à Amfterdam du papier fur Gènes au *change* de 80½ d., lequel eft négocié à Cadix à 121 p⁰₀, & les retours en ont lieu fur Amfterdam à 93½ d. On demande quel *change* s'établira pour le papier fur Gènes ? *Réponfe*, 82 $\frac{1}{16}$ d.

Opération :

100.	25 pezze.			121.	piaftres.
	1.		34. *78.*	*272.*	maravedis de plate.
750.	375.			187.	ꝺ de gros bco.

Divifeur 9375.   769318. *Produit* 82 $\frac{1}{16}$ ꝺ.

Régle univerfelle. Elle eft la même que celle du cas 15ᵉ.

18ᵉ. *Cas.* Un négociant d'Amfterdam remet à Bilbao du papier fur Londres, qui lui coûte 34 fols 9 den., lequel fe négocie à Bilbao à 38½ den., & il reçoit pour les retours du papier fur Amfterdam à 94 den. On demande quel *change* produira par cette voie le papier fur Londres ? *Réponfe*, 35 fols 5 den.

Opération :

1	livre.		4. *48.*	*240.*	ꝺ fterling.
77.				544.	maravedis de plate.
375.	75			94.	ꝺ de gros bco.
12.				1.	ß vls. bco.

Divifeur 5775.   204544. *Produit* 35 ß 5 d.

Régle univerfelle. Multipliez le *change* entre Bilbao & Amfterdam par 14½, & ôtez du produit ¼ p⁰₀ ; divifez enfuite ce qui refte par le *change* entre Bilbao & Londres. Le quotient fera multiplié par 12 pour faire des deniers de gros.

19ᵉ. *Cas.* Le papier fur Hambourg étant recherché à Cadix, on y en remet d'Amfterdam à 32 $\frac{14}{16}$ fols ; il eft négocié à Cadix à 88 den., & on en fait les retours en lettres fur Amfterdam au *change* de 93 den. On demande quel *change* fera par cette voie le papier fur Hambourg ? *Réponfe*, 33 $\frac{11}{16}$ fols.

Opération :

1	thaler		4. *8.*	*64.*	ꝺ de gros bco. de Hambourg.
88.	11.			93.	ꝺ de gros bco. d'Amfterdam.
2.				1.	fols bco.

Divifeur 11.   372. *Produit* 33 $\frac{11}{16}$ f. bco.

Régle univerfelle. Pour faire encore plus facilement cette opération, on multipliera les 93 den. de gros, ou le *change* de Cadix avec Amfterdam, par 8, & enfuite par 4 ; & on en divifera le produit par 88 d. vls bco., ou le *change* de Cadix avec Hambourg.

20ᵉ. *Cas.* Un négociant d'Amfterdam remet à Lifbonne du papier fur Paris, qui lui coûte 52 den. lequel y eft négocié à 460 rées, & il reçoit en retour du papier fur Amfterdam à 46¼ den. On demande quel *change* produira le papier fur Paris ? *Réponfe*, 53 $\frac{3}{16}$ d.

Opération

1	écu		23.	*460.*	rées.
1600.	*80.* 16		37.	*185.*	ꝺ de gros.

Divifeur 16.   851. *Produit* 53 $\frac{3}{16}$ ꝺ

Régle universelle. Multipliez les 460 rées, ou le *change* de Lisbonne sur Paris, par les 46 $\frac{1}{4}$ den., ou le *change* de Lisbonne sur Amsterdam; & divisez-en le produit par 400.

21e. *Cas.* On remet à Lisbonne du papier sur Madrid, qui coûte à Amsterdam 92 d. Il est négocié dans la première de ces villes à 2390 rées, & on en fait les retours en papier sur Amsterdam à 46 d. On demande quel *change* s'établira par cette voie pour le papier sur Madrid? *Réponse*, 94 $\frac{3}{4}$ d.

Opération :	1 ducat	75. *375.*	maravedis de plate.
	1088.	239. *2390.*	rées.
	400. *40. *20.* 4.	23. *46.*	d. de gros bco.
Diviseur	4352.	412275.	*Produit* 94 $\frac{3}{4}$ d.

Régle universelle. Multipliez le *change* entre Lisbonne & Madrid par celui entre Lisbonne & Amsterdam; ôtez-en premièrement $\frac{1}{8}$, & ensuite 1 $\frac{1}{3}$ p %, & retranchez du produit trois chiffres.

22e. *Cas.* Le papier sur Venise, pris à Amsterdam à 85 $\frac{1}{2}$ d., est négocié à Lisbonne à 750 rées, & le produit en est remis en lettres sur Amsterdam à 46 $\frac{3}{4}$ d. On demande quel *change* produira le papier sur Venise? *Réponse*, 87 $\frac{2}{3}$ d.

Opération :	1. ducat de bco.	15. *75.* *750.*	rées.
	1600. *160.* 32.	187.	d. de gros bco.
Diviseur	32.	2805.	*Produit* 87 $\frac{2}{3}$ d.

Régle universelle. Multipliez le *change* entre Lisbonne & Venise, par le *change* entre Lisbonne & Amsterdam, & divisez-en le produit par 400.

23e *Cas.* On demande de Lisbonne du papier sur Gènes, qui coûte à Amsterdam 80 $\frac{1}{4}$ d., & qui est négocié dans la première de ces villes à 724 rées; les retours s'en font sur Amsterdam à 46 d. On demande quel *change* donnera par cette voie le papier sur Gènes? *Réponse*, 83 $\frac{1}{4}$ d.

Opération :	1. pezza	181. *724.*	rées.
	400. *100.* 50.	23. *46.*	d. de gros bco.
Diviseur	50.	4163.	*Produit* 83 $\frac{1}{4}$ d.

Régle universelle. Elle est la même que celle du cas 22e.

24e *Cas.* On tire d'Amsterdam sur Lisbonne à 46 d., & on y remet en provision du papier sur Livourne qui a coûté, dans la première de ces villes, 82 d., & qui est négocié dans la seconde à 740 rées. On demande quel *change* s'établira pour le papier sur Livourne? *Réponse*, 85 $\frac{1}{10}$ d.

Opération :	1. pezza	37. *740.*	rées.
	400. *20.* 10	23. *46.*	d. de gros bco.
Diviseur	10.	851.	*Produit* 85 $\frac{1}{10}$ d.

Régle universelle. Elle est la même que celle du 22e cas.

25e. *Cas.* On remet à Lisbonne du papier sur Londres, qui coûte à Amsterdam 34 ß 3 d., & qui est négocié dans la première de ces villes à 65 $\frac{7}{8}$ d.: on reçoit en retour du papier sur Amsterdam à 46 d. On demande quel *change* aura produit ainsi le papier sur Londres? *Réponse*, 34 ß 11 d.

Opération :	1. livre sterling.	20. *240.*	d. sterlings.
	527.	20. *8000.*	rées.
	400.	46.	d. gros de bco.
	12.	11.	ß bco.
Diviseur	527.	18400.	*Produit* 34 ß 11 d.

Régle universelle. On peut faire plus facilement cette opération en multipliant les 46 d. de gros bco par 50, & en divisant le produit par les 65 $\frac{7}{8}$ d. sterlings.

26e *Cas.* On ordonne de Lisbonne d'y remettre du papier sur Hambourg, qui vaut à Amsterdam 32 $\frac{1}{2}$ ß.

On en tire le produit fur Lisbonne à 45 d., & l'on négocie dans cette dernière ville de Hambourg à 43 ¼. On demande quel *change* produira le papier fur Hambourg ? *Réponfe*, 33 ¼.

Opération :	1	thaler	64.	ꝗ. bco. de Hambourg.
	173.		90.	fols bco d'Amfterdam.

Diviseur　173.　　　　　　5760.　Produit 33 ¼ ꝗ.

Régle univerfelle. Elle eſt la même que celle du cas 19e.

27e *Cas.* On remet à Gènes du papier fur Paris, qui coûte à Amfterdam 52 ¼ d. Ce papier eſt négocié dans la première de ces villes à 91 fols, & on fait les retours fur Amfterdam à 81 ½ d. On demande quel *change* produira par cette voie le papier fur Paris ? *Réponfe*, 53 ¼ d.

Opération :	1	écu	30.	*60.* fols tournois.
	182. 91		603.	ꝗ. de gros bco.

Diviseur　91.　　　　　　4890.　Produit 53 ¼ ꝗ.

Régle univerfelle. Multipliez les 81 ½ d. de gros, ou le *change* de Gènes fur Amfterdam par 60, & divifez-en le produit par les 91 fols, ou le *change* de Gènes fur Paris.

28e *Cas.* Le papier fur l'Efpagne étant abondant à Amfterdam, où il vaut 90 ½ d., & demandé à Gènes, on y remet du Madrid, qui s'y négocie à 625 maravedis de plate par fcudo d'oro marche, & on en tire le montant fur Gènes à 83 d. On demande quel *change* fera par cette voie le papier fur Madrid ? *Réponfe*, 92 11/16 d.

Opération :	1	ducat	3.	*15.* *75.* *375.* mars de plate.
	625. 125.* 25.*	5.	1.	fcudo d'oro marche.
	191.		188.	pezze de 5 ¼ lire.
	1.		43.	ꝗ. de gros bco.

Diviseur　505.　　　　　46812.　Produit 92 11/16 ꝗ.

Régle univerfelle. Multipliez les 83 d. de gros, ou le *change* d'Amfterdam fur Gènes, par 705, & divifez-en le produit par les 625 maravedis, ou par le *change* de Gènes fur Madrid.

29e *Cas.* On tire d'Amfterdam fur Gènes à 83 d., & on y remet en provifion du papier fur Lisbonne, qui coûte dans la première ville 44 ¼ d., & qui eſt négocié dans la feconde à 730 rées. On demande quel *change* fera par cette opération le papier fur Lisbonne ? *Réponfe*, 45 ½ d.

Opération :	1.	cruzade	40.	*400.* rées.
	730. 73.		83.	ꝗ. de gros bco.

Diviseur　73.　　　　　　3320.　Produit 45 ½ ꝗ.

Régle univerfelle. Multipliez le *change* entre Gènes & Amfterdam par 400, & divifez-en le produit par le *change* entre Gènes & Lisbonne.

30e *Cas.* On remet à Gènes du papier fur Livourne, qui coûte à Amfterdam 83 d., & qui eſt négocié dans la première de ces villes à 119 f. f. di bco. On s'en rembourfe fur celle-ci à 82 d. On défire favoir comment s'établira par cette voie le papier fur Livourne ? *Réponfe*, 84 11/16 d.

Opération :	1	pezza	119.	foldi fuori di bco.
	115.		82.	ꝗ. de gros bco.

Diviseur　115.　　　　　　9758.　Produit 84 11/16 ꝗ.

Régle univerfelle. Elle eſt auffi fimple que l'opération même.

31e *Cas.* Le papier fur Venife ne pouvant être négocié à Amfterdam qu'à 84 d., on le remet à Gènes, où il fe négocie à 96 f. bco. & on en reçoit le produit en lettres fur Amfterdam à 83 d. On demande quel *change* fera par cette voie le papier fur Venife ? *Réponfe*, 85 ¾ den.

Opération :	1	ducat	31.	*224.* foldi di bco.
	96. *24.* 6		1.	fcudo di cambio.
	5.		*4.* pezze de 115 f.
	1.		83.	ꝗ. de gros bco.

Diviseur　30.　　　　　　2573.　Produit 85 ¾ ꝗ.

Régle

Régle universelle. Multipliez le *change* entre Gènes & Venise, par le *change* entre Gènes & Amsterdam, & divisez-en le produit par 120.

32ᵉ *Cas.* On a des remises à faire à Gènes, & on en fait avec du papier sur Londres, qui coûte à Amsterdam 34 f. 3 deniers, & qui se négocie dans la première de ces villes à 47 den. sterlings. Si le *change* de Gènes sur Amsterdam se trouvoit à cette époque à 82 ¼ deniers, on desire savoir quel *change* feroit le papier sur Londres, si on en recevoit des retours à ce même *change* ? *Réponse*, 35 f.

Opération :

	1	livre	5.	*60.*	*240.*	♒ sterlings.
	47.		1.	pezza de 5 ¼ lire.		
	4.		329.	♒ de gros bco.		
	12.		1.	ß vls. bco.		

Diviseur 47. — 1645. *Produit* 35 f.

Régle universelle. Multipliez le *change* entre Gènes & Amsterdam par 20, & divisez-en le produit par le *change* entre Gènes & Londres.

33ᵉ *Cas.* On remet à Gènes du papier sur Hambourg, qui coûte à Amsterdam 32 deniers, lequel est négocié dans la première ville à 81 d., & elle en fait des retours sur Amsterdam, à 83 d. On demande à quel *change* reviendra le papier sur Hambourg ? *Réponse*, 32 ¼ f.

Opération :

	1	thaler	32.	*64.*	♒ vls. bco. de Hambourg.
	81.		83.	♒ de gros bco. d'Amsterdam.	
	2.		1.	sol bco.	

Diviseur 81. — 2656. *Produit* 32 ¼ f.

Régle universelle. Multipliez le *change* entre Gènes & Amsterdam par 32, & divisez-en le produit par le *change* entre Gènes & Hambourg.

34ᵉ *Cas.* On tire d'Amsterdam sur Livourne à 84 ¼ d., & on remet dans cette dernière ville du papier sur Marseille, qui n'ayant coûté dans la première que 52 deniers, est négocié à Livourne à 94 ½ sols. On demande à combien reviendra le *change* entre Marseille & Amsterdam ? *Réponse*, 53 ½ d.

Opération :

	1	écu	5.	*29*.	*60.*	f. tournois.
	189.	63.	2.	pezze de 8 réali.		
	4.		337.	♒ de gros bco.		

Diviseur 63. — 3370. *Produit* 53 ½ ♒.

Régle universelle. Multipliez les 84 ¼ d. de gros, ou le *change* d'Amsterdam sur Livourne, par 60, & divisez-en le produit par les 94 ½ sols, ou par le *change* de Livourne sur Marseille.

35ᵉ *Cas.* On remet à Livourne du papier sur Cadix, qui a coûté à Amsterdam 91 deniers, & qui est négocié dans la première de ces villes à 124 pour ⅝. On en reçoit pour les retours du papier sur Amsterdam à 85 deniers. On demande à combien revient le *change* entre cette dernière ville & Cadix ? *Réponse*, 94 ½ d.

Opération :

	1	ducat	375.	maravedis de plate.
	272.		1.	piastre de plate.
	124.	31.	25. *100.*	pezze de 8 reali.
	1.		85.	♒ de gros bco.

Diviseur 8432. — 796875. *Produit* 94 ½ ♒.

Régle universelle. Multipliez les 85 d. de gros, ou le *change* entre Livourne & Amsterdam, par 1103, & divisez-en le produit par 912, ou par le *change* de Livourne sur Cadix, multiplié par 8.

36e. *Cas.* Obligé de faire des fonds à Livourne, on y remet du papier sur Lisbonne, qui coûte à Amsterdam 45 deniers, & qui se négocie dans la première de ces villes à 750 rées. Si on se faisoit faire des retours sur Amsterdam à 87 deniers, on demande à quel *change* reviendroit le papier sur Lisbonne ? *Réponse*, 46 ⅔ d.

Opération :

	1	cruzade	8.	*400.*	rées.
	750.	*15.*	5.	29.	*87.*	♒ de gros bco.

Diviseur 5. — 232. *Produit* 46 ⅔ ♒.

Fff

Régle universelle. Elle est la même que celle du cas 29e.

37e. *Cas* Le papier sur Venise étant demandé à Livourne, on y en remet qui coûte à Amsterdam 86 deniers ; il y est négocié à 97 pour $\frac{9}{2}$, & on en fait les retours sur Amsterdam à 86 $\frac{1}{2}$ d. On demande quel cours établit cet arbitrage entre Amsterdam & Venise ? *Réponse*, 88 $\frac{1}{7}$ d.

Opération :   97*   ducati   50. *100.* pezze de 8 reali.
           2. 1.   173.   à de gros bco.

Diviseur   97.   8650.   *Produit* 88 $\frac{1}{7}$ à.

Régle universelle. Multipliez le *change* entre Livourne & Amsterdam par 100, & divisez-en le produit par le *change* entre Livourne & Venise.

38e. *Cas.* On tire d'Amsterdam sur Livourne à 86 deniers, & on en fait la provision en papier sur Gênes, qui coûte dans la première de ces villes 81 deniers, & qui est négocié dans la seconde à 118 soldi s. di bco. On demande quel *change* produira le papier sur Gênes ? *Réponse*, 83 $\frac{13}{16}$ d.

Opération :   1   pezza   115.   soldi fuori di bco.
        118. 59.   43. *86.*   à de gros bco.

Diviseur   59.   4945.   *Produit* 83 $\frac{13}{16}$ à.

Régle universelle. Elle est aussi simple que l'opération même.

39e. *Cas.* On remet à Livourne du papier sur Londres, qui vaut à Amsterdam 34 s. 8 deniers, & qui est négocié dans la première de ces villes à 49 d. sterlings, dont on fait les retours sur Amsterdam à 87 d. On demande quel *change* reviendra pour le papier sur Londres ? *Réponse*, 35 s. 6 d.

Opération :   1   livre   20. *240.* à sterlings.
        49.   87.   à de gros bco.
        12.   1.   ß vls. bco.

Diviseur   49.   1740.   *Produit* 35 ß 6 à.

Régle universelle. Elle est la même que celle du cas 18e.

40e. *Cas.* On demande de Livourne du papier sur Hambourg, qu'on remet d'Amsterdam au *change* de 32 $\frac{1}{4}$ s. On se rembourse de la valeur sur la première de ces villes au *change* de 86 deniers. On demande à quel *change* reviendroit le papier sur Hambourg, s'il se négocioit à Livourne à 82 deniers ? *Réponse*, 33 $\frac{1}{2}$ s.

Opération :   1.   thaler   16. *32.* *64.* à vls bco. à Hambourg.
       82. 41   86.   à de gros bco. à Amsterdam.
        2.   1.   sol bco. à Amsterdam.

Diviseur   41.   1376.   *Produit* 33 $\frac{1}{2}$ s.

Régle universelle. Multipliez le *change* entre Amsterdam & Livourne par 32, & divisez-en le produit par le *change* entre Livourne & Hambourg.

41e. *Cas.* On remet à Venise du papier sur Lyon, qui coûte à Amsterdam 52 $\frac{1}{4}$ deniers, lequel s'y négocie à 62 p $\frac{9}{2}$, & les retours en sont faits sur Amsterdam à 88 d. On demande quel *change* fera par cette voie le papier sur Paris ? *Réponse*, 54 $\frac{9}{16}$ d.

Opération :   *100.* 25   écus   62.   ducati di bco.
         1.   22. *88.* à de gros bco.

Diviseur   25.   1364.   *Produit* 54 $\frac{9}{16}$ à.

Régle universelle. Multipliez le *change* entre Venise & Lyon par celui entre Venise & Amsterdam, & retranchez deux chiffres du produit.

42e. *Cas.* Le papier sur l'Espagne étant très-abondant à Amsterdam, on remet à Venise de celui sur Cadix à 92 deniers ; il est négocié à 128 p $\frac{8}{2}$, & les retours en sont faits sur Amsterdam à 89 deniers. On demande quel *change* produit le papier sur Cadix ? *Réponse*, 55 $\frac{7}{8}$ d.

Operation :   1   dùcat   375.   maravedis de plate.
          272.   1. piastre de change.
          128. 32.   25. *190.* ducati di bco.
          1.   89. ꝯ de gros bco.

Diviseur   8704.   834375. *Produit* 95 $\frac{7}{8}$ ꝯ.

Régle universelle. Multipliez les 89 deniers, ou le *change* entre Venise & Amsterdam, par 128, & déduisez-en un par mille. Ensuite divisez le produit par 128 piastres, ou par le *change* entre Venise & Cadix.

43e. *Cas.* On tire d'Amsterdam sur Venise à 87 deniers, & on y remet en provision du papier sur Lisbonne, qui a coûté dans la première ville 44 deniers, & qui se négocie dans la seconde à 770 rées par ducat. On demande quel *change* fera par cette voie le papier sur Lisbonne? *Réponse*, 45 $\frac{1}{3}$ d.

Opération :   1   cruzade   40. *400.* rées.
          770. 77   87. ꝯ de gros bco.

Diviseur   77.   3480. *Produit* 45 $\frac{1}{3}$ ꝯ.

Régle universelle. Elle est la même que celle du cas 29e.

44e. *Cas.* On reçoit avis de Venise, que le papier sur Gènes y est demandé ; on y en remet qui coûte à Amsterdam 82 deniers, & la négociation en ayant été faite à 96 soldi par scudo, on en fait les retours sur Amsterdam à 88 deniers. On demande quel *change* aura produit le papier sur Gènes? *Réponse*, 85 $\frac{1}{8}$ deniers.

Opération :   *4* pezze   5. scudi di cambio.
          1   24. *96.* soldi di bco.
          124. 31.   22. *88.* ꝯ de gros bco.

Diviseur   31.   2640. *Produit* 85 $\frac{1}{8}$ ꝯ.

Régle universelle. Multipliez les 96 sols par les 88 deniers, ajoutez-y 8 pour mille, & ôtez-en deux chiffres.

45e. *Cas.* On remet à Venise du papier sur Livourne, qui a coûté à Amsterdam 84 deniers, lequel est négocié dans la première de ces villes à 2 p% de perte, on en fait les retours sur Amsterdam à 89 deniers. On demande quel *change* produit par cette voie le papier sur Livourne? *Réponse*, 87 $\frac{1}{4}$ d.

Opération :   *102.* 51 pezze   50. *100.* ducati di banco.
          1.   89. ꝯ de gros bco.

Diviseur   51.   4450. *Produit* 87 $\frac{1}{4}$ ꝯ.

Régle universelle. Multipliez le *change* entre Venise & Amsterdam par 100, & divisez-en le produit pour les 102 pezze, ou le *change* entre Venise & Livourne.

46e. *Cas.* On remet à Venise du papier sur Londres, qui a coûté à Amsterdam 34 s. 9 deniers, & est négocié à 50 den. dans la première de ces villes, d'où l'on reçoit de retour le produit sur Amsterdam à 88 $\frac{1}{2}$ deniers. On demande quel *change* s'établit par ce moyen entre Amsterdam & Londres? *Réponse*, 35 s. 6 deniers.

Opération :   1 livre   *5.* *60.* *240.* ꝯ sterlings.
          50. *10.* 2.   1.   ducato di bco.
          4.   71. *355.* ꝯ de gros bco.
          12.   1. ß vls bco.

Diviseur   2.   71. *Produit* 35 ß 6 ꝯ.

Régle universelle. Elle est la même que celle du cas 10e.

47e. *Cas.* On remet à Venise du papier sur Hambourg, qui a coûté à Amsterdam 32 $\frac{2}{3}$ deniers ; ce papier étant négocié dans la première de ces villes à 84 $\frac{1}{4}$ deniers, les retours en sont faits sur la dernière à 87 $\frac{1}{2}$ deniers. On demande quel *change* fait par cette voie le papier sur Hambourg? *Réponse*, 33 s.

Opération :	3 thaler	64. ℔ vls bco. de Hambourg.
	339.	*2.* *4.* ducati di bco.
	2.	175. ℔ de gros bco. d'Amsterdam.
	2.	1. ſ. bco d'Amsterdam.

Diviſeur	339.	11200. Produit 33 ſ.

Régle univerſelle. Elle eſt la même que celle du cas 19e.

48e Cas. On remet à Londres du papier ſur Bordeaux qui coûte à Amſterdam 52 ¼ deniers, lequel eſt négocié dans la première de ces villes à 30 ½ deniers, & on en fait les retours ſur la dernière à 35 ſ. 5 deniers. On demande quel change s'établit par cette voie entre Bordeaux & Amſterdam ? Réponſe, 54 deniers.

Opération :	2 écus	61. ℔ ſterlings.
	240. 48.	85. *425.* ℔ pour 35 ℔ 5 ℔.

Diviſeur	96.	5185. Produit 54 ℔

Régle univerſelle. On peut autrement multiplier les 35 ℔ 5 ℔, ou les 425 ℔ gros bco. qu'ils font, par les 30½ ℔ ſterlings, cours du change de Londres ſur Bordeaux ; & le produit en doit être diviſé par 20.

49e. Cas. Le papier ſur l'Eſpagne étant recherché à Londres, on y en remet de celui ſur Bilbao, qui coûte à Amſterdam 92 ℔ : il y eſt négocié à 38⅛ ℔, & on en fait les retours ſur cette dernière ville à 35 ſ. 11 ℔. On demande quel change produira le papier ſur Bilbao ? Réponſe : 95 ℔.

Opération :	1 ducat	75. *375.* maravedis de platte.
	2176.	307. ℔ ſterlings.
	240. 48.	431. ℔ de gros bco.

Diviſeur 104448.	9923775. Produit 95 ℔.

Régle Univerſelle. Multipliez les 431 ℔ de gros, ou les 35 ℔ 11 ℔, par les 38⅛ ℔ ſterlings; ôtez du produit 8, & diviſez enſuite celui-ci par 174.

50e. Cas: On tire d'Amſterdam ſur Londres au change de 35 ſ. 8 ℔, & on y remet pour proviſion du papier ſur Porto, qui a coûté à Amſterdam 44½ d., il eſt négocié à Londres à 64½ d. On demande quel change s'établit par cette voie entre Amſterdam & Porto ? Réponſe : 46 d.

Opération :	1 crúzade	1. *400.* rées.
	2000. 5.	43. *129.* ℔ ſterlings.
	240. *60.* 20.	107. *428.* ℔ de gros bco.

Diviſeur	100.	4601. Produit 46 ℔

Régle univerſelle. On peut faire cette opération d'une autre manière. Multipliez les 44½ d. de gros par 64½ d. ſterlings, ou le change d'Amſterdam par celui de Londres, & diviſez-en le produit par 600,

51e. Cas. On remet à Londres du papier ſur Gènes, qui a coûté à Amſterdam 81 d., lequel étant négocié dans la première de ces villes à 47 d. ſterlings, on reçoit pour retour du papier ſur la dernière à 35 ſ. 9 d. On demande quel change s'établit par cette voie entre Gènes & Amſterdam ? Réponſe : 84 d.

Opération :	1 pezza	47. ℔ ſterlings.
	240. 80.	143 *429.* ℔ de gros bco.

Diviſeur	80.	6721. Produit 84 ℔.

Régle Univerſelle. Elle eſt la même que celle du cas 48e.

52e. Cas. Le papier ſur Livourne étant recherché à Londres, on y en remet d'Amſterdam à 83½ d.; il eſt négocié à Londres à 49 d., & on reçoit en retour du papier ſur Amſterdam à 35 ſ. 6 d. On demande quel change établit cet arbitrage entre Amſterdam & Livourne ? Réponſe : 87 d.

Opération :	1 pezza	49. ℔ ſterlings.
	240. 40.	71. *426.* ℔ de gros bco.

Diviſeur	40.	3479. Produit 87 ℔.

Régle universelle. Elle est la même que celle du cas 48e.

53e. Cas. L'abondance du papier sur Venise fait prendre le parti à un négociant d'Amsterdam d'en envoyer une partie à Londres, qui lui coûte 86¼ d. ; ce papier est négocié dans cette dernière ville à 50¼ d., & on reçoit en retour du papier sur Amsterdam à 35 s. 5 d. On demande quel *change* s'établit entre Amsterdam & Venise ? *Réponse ;* 89 d.

Opération :	4	ducati dit bco.	67.	*201.*	& sterlings.
	240. *48* 16.		85.	*425.*	& de gros bco.

Diviseur	64.		5695.	*Produit* 89 &.

Régle universelle. Elle est la même que celle du cas 48e.

54e. Cas. On tire d'Amsterdam sur Londres à 35 s. 4 d., & on en fait tirer le produit de Londres sur Hambourg à 34 s., parce que le *change* d'Amsterdam sur cette dernière ville n'est qu'à 32 ½ s. On demande quel *change* s'établit par ce moyen entre Amsterdam & Hambourg ? *Réponse :* 33¼ s.

Opération :	1	thaler	32.	*64.*	& vls bco. de Hambourg.
	408. 51.		53.	*424.*	& de gros bco. d'Amsterdam.
	2.		1.	s. bco. d'Amsterdam.	

Diviseur	51.		1696.	*Produit* 33 ¼ s.

Régle universelle. Elle est la même que celle du cas 19e.

55e. Cas. On remet à Hambourg du papier sur Bordeaux à 52¼ d., qui est négocié dans la première de ces villes à 26 s. lubs, & on en fait les retours sur Amsterdam à 33½ s. On demande quel *change* s'établit par cette voie entre Amsterdam & Paris ? *Réponse :* 54⁷⁄₁₆ d.

Opération :	1	écu	13.	*26.*	s lubs bco. de Hambourg.
	32. 16.		67.	& de gros bco d'Amsterdam.	

Diviseur	16.		871.	*Produit* 54 ⁷⁄₁₆ d.

Régle universelle. Multipliez les 33½ s. bco., ou le *change* de Hambourg sur Amsterdam par les 26 s. lubs, ou par le *change* de Bordeaux sur Hambourg, & divisez-en le produit par 16.

56e. Cas. On tire d'Amsterdam sur Hambourg à 33⅜ s. & l'on fait tirer par contre sur Cadix à 90 d, en même tems que le cours de la première ville sur cette dernière se trouve à 91 d. On demande quel est celui qui s'établit entre ces deux villes par cet arbitrage ? *Réponse :* 93⅞ d.

Opération :	1	ducat	45.	*90.*	& vls. bco. de Hambourg.
	256. 128.		267.	& de gros bco. d'Amsterdam.	

Diviseur	128.		12015.	*Produit* 93 ⅞ d.

Régle universelle. On peut, d'une autre manière, multiplier les 33⅜ s. bco., ou le *change* d'Amsterdam sur Hambourg, par les 90 d. de gros bco., ou le change de cette dernière ville sur Cadix ; ensuite en diviser le produit par 32.

57e. Cas. Le papier sur Lisbonne étant très-abondant à Amsterdam, où le *change* de cette ville se trouve à 45 d., on le remet à Hambourg où il est négocié à 44¼ d. & on reçoit en retour du produit du papier sur Amsterdam à 33¼ s. On demande quel *change* procure par cette voie le papier sur Lisbonne ? *Réponse :* 46½ d.

Opération :	4	cruzades	179.	& vls. bco. de Hambourg.
	128.		133.	& de gros bco d'Amsterdam.

Diviseur	512.		23807.	*Produit* 46 ½ d.

Régle universelle. Elle est la même que celle du cas 56e.

58e. Cas. On remet à Hambourg du papier sur Gènes, qui vaut à Amsterdam 80 d., lequel est négocié dans la première de ces villes à 79 d., & les retours en ont lieu en papier sur Amsterdam à 33⅜ d. On demande quel cours établit cet arbitrage entre Amsterdam & Gènes ? *Réponse :* 83 d.

Opération :	1 pezza	79. d. vls. bco de Hambourg.	
	256.	269. d. de gros bco. d'Amsterdam.	
Diviseur	256.	21251.	*Produit* 83 d.

Régle universelle. Elle est la même que celle du cas 56e.

59e *Cas.* On prend à Amsterdam du papier sur Livourne à 83 d., & on le remet à Hambourg où étant négocié à $82\frac{3}{4}$ d., on en reçoit le produit en papier sur Amsterdam au *change* de $33\frac{1}{4}$ s. On demande quel cours établit cet arbitrage entre Amsterdam & Livourne ? *Réponse :* 86 d.

Opération :	4 pezze	331. d. vls. bco. de Hambourg.	
	128.	133. d. de gros bco. d'Amsterdam.	
Diviseur	512.	44023.	*Produit* 86 d.

Régle universelle. Elle est la même que celle du cas 56e.

60e. *Cas.* Le papier sur Venise étant recherché à Hambourg, on y en remet d'Amsterdam à $86\frac{1}{2}$ d.; il est négocié dans la seconde de ces villes à $89\frac{1}{4}$ d., & les retours en ont lieu sur la dernière à $33\frac{3}{8}$ d. On demande quel cours s'établit par cet arbitrage entre Amsterdam & Venise ? *Réponse :* $88\frac{15}{16}$ d.

Opération :	4 ducati.	341. d. vls. bco. de Hambourg.	
	256.	267. d. de gros bco. d'Amsterdam.	
Diviseur	1024.	91047.	*Produit* $88\frac{15}{16}$ d.

Régle universelle. Elle est la même que celle du cas 56e.

61e. *Cas.* On remet à Hambourg du papier sur Londres, pris à Amsterdam à 33 s. 11 d, lequel est négocié dans la première de ces villes à 33 s. 2 d. Si les retours s'en font sur la dernière à $33\frac{1}{4}$., on demande quel *change* s'établira entre Amsterdam & Londres ? *Réponse :* 34 s. $5\frac{1}{2}$ d.

Opération :	1 livre sterling	199. *398.* d. vls. bco. de Hambourg.	
	126. 63.	133. d. de gros bco. d'Amsterdam.	
Diviseur	63.	26467.	*Produit* 34 ß $5\frac{1}{2}$ d.

Régle universelle. Il faut multiplier les 398 d., (qui font les 33 s. 2 d.) par les $33\frac{1}{4}$ d., & en diviser le produit par 384. Ce qui en proviendra sera des sols, & le quotient multiplié par 12, & divisé par le diviseur (384) produira les den. de gros banco.

62e. *Cas.* Le papier sur Vienne ne pouvant être négocié à Amsterdam qu'à $34\frac{1}{8}$ s., on le remet à Hambourg où il est placé à 144 p$^{o}_{o}$, & on se fait faire des retours sur la seconde de ces villes à $33\frac{1}{2}$. On demande quel *change* s'établit par cette voie entre Amsterdam & Vienne ? *Réponse :* $34\frac{7}{8}$ s. bco.

Opération :	*144.* 48 thaler	25. *50.* *100.* rthlr. bco. de Hambourg.	
	2. 1.	1. *3.* thaler bco. dit.	
	2. 1.	67. sols bco. d'Amsterdam.	
Diviseur	48.	1675.*	*Produit* $34\frac{7}{8}$ s. bco.

Régle universelle. Il faut multiplier le *change* de Hambourg sur Amsterdam par 150, & en diviser le produit par le *change* de Hambourg sur Vienne.

63e. *Cas.* On remet à Hambourg du papier sur Breslau, pris à Amsterdam à $42\frac{3}{4}$ s. Il est négocié dans la première de ces villes à 42 s., & les retours en ont lieu sur la dernière à $33\frac{1}{2}$ s. On demande quel cours établit cet arbitrage entre Amsterdam & Breslau ? *Réponse ;* 44 d.

Opération :	1 livre bco	21. *42.* ß lubs bco. de Hambourg.	
	64. 32.	67. sols bco. d'Amsterdam.	
Diviseur	32.	1407.	*Produit* 44 d.

Régle universelle. Multipliez le *change* de Hambourg sur Breslau, par le *change* de Hambourg sur Amsterdam, & divisez-en le produit par 32.

Il y a un autre arbitrage qui diffère en quelque chose de celui dont nous venons de donner 63 exemples;

il consiste à remettre d'un papier quelconque à une place étrangère pour y être négocié, & à s'en procurer les retours sur une autre place étrangère. Les exemples suivans en exposent clairement la méthode.

1er. *Exemple.* Du Papier sur Cadix, qui ne vaut à Amsterdam que 91 d., est remis à Paris pour y être négocié & en avoir les retours sur une place de l'Europe dont le *change* sera plus avantageux. Le papier sur Cadix est négocié à Paris à 15 l. 2 s. 6 d.; les retours en sont faits sur Hambourg au *change* de 188, & ils sont négociés à Amsterdam à $33\frac{1}{4}$ s. On demande quel *change* produira le papier sur Cadix? *Réponse*: $92\frac{1}{5}$ d.

Opération :	1 ducat	375.	maravedis de platte.
	2176.	605.	sols tournois.
	20. 1.	1.	livre tournois.
	188.	5. *100.*	marcs bco.
	4.	133.	sols bco. d'Amsterdam.
Diviseur	1636352.	150871875.	*Produit* $92\frac{1}{5}$ d.

2e. *Exemple.* Il y a à Londres une forte demande de papier sur l'Espagne. On y remet du Madrid qui coûte à Amsterdam $91\frac{1}{4}$ d., avec ordre d'en faire les retours en papier court sur cette dernière ville au-dessus de 35 s. 3 d., ou à défaut sur Paris, au mieux possible. La négociation du Madrid se fait à Londres à 38 d. sterlings, & les retours en ont lieu en papier court sur Paris à 30 d. sterlings, lequel est négocié a Amsterdam à $53\frac{1}{4}$ d. bco. On demande quel *change* fera par cette voie le papier sur Madrid? *Réponse*: 93 d.

Opération :	1 ducat	25. *125.* *375.*	mrs de plate.
	272. 136.	19. *38.*	d. sterlings.
	120. *40.* 8	213.	d. de gros bco.
Diviseur	1088.	101175.	*Produit* 93 d.

3e. *Exemple.* Le papier sur Porto en Portugal ne pouvant pas être négocié à Amsterdam, ou l'on n'en offre que $44\frac{3}{4}$ d. bco., on le remet à Londres où on le négocie à $64\frac{1}{2}$ d. sterlings, & d'où l'on fait les retours sur Bilbao à 38 d. sterlings. Ce papier est négocié à Amsterdam à $92\frac{1}{2}$ d., & l'on desire sçavoir quel *change* fera par cette voie le papier sur Porto? *Réponse*: $45\frac{3}{5}$ d.

Opération :	1 cruzade	*400.*	rées.
	2000. *5.*	43. *129.*	d. sterlings.
	38. 19.	68. *136.* *272.*	mrs. de plate.
	750. *375.* 125.	37. *185.*	d. de gros bco.
Diviseur	2375.	108188.	*Produit* $45\frac{3}{5}$ d.

4e. *Exemple.* On a du papier sur Venise, qu'on ne peut négocier à Amsterdam qu'à 87 d., & on le remet à Vienne où il est négocié à 28 p% de bénéfice. On en reçoit de retour du papier sur Hambourg, qui a coûté à Vienne 141 p% & qui est négocié à Amsterdam à 33 s. bco. On demande quel *change* fera par cette voie le papier sur Venise? *Réponse*: $89\frac{7}{8}$ d.

Opération :	*100.* ducati di bco	128.	thlr. cour. de Vienne.
	141. 47.	*100.*	rthlr. bco. de Hambourg.
	2.	*3.*	thlr. bco. dits.
	1.	33. *66.*	d. de gros bco.
Diviseur	47.	4224.	*Produit* $89\frac{7}{8}$ d.

§. II. La France a plusieurs places qui font un commerce très-considérable en *change*. Les principales de ces places sont Paris, Bordeaux, Lyon & Marseille. Elles ont des cours de *change* ouverts, particulièrement avec Hambourg, Leipzig & Vienne en Allemagne, Madrid & quelques autres villes en Espagne, Genève en Suisse, Gênes, Naples, Livourne, Rome & Turin en Italie, Lisbonne en Portugal, Londres en Angleterre; Amsterdam & quelques autres villes en Hollande. La France donne le certain pour l'incertain aux cinq dernières de ces places, & elle reçoit le certain pour l'incertain des huit premières. Or, pour établir la parité des *changes* sur celles-ci par la valeur intrinséque des monnoies de France, nous commencerons par rapporter les contenus d'or & d'argent des monnoies de chaque pays dont nous voulons chercher le pair du *change*, pour en fixer ensuite la vraie parité. Nous avons dit précédemment que,

	Contenu	
	D'or fin.	d'argent fin.
L'écu de France de 60 sols tournois à	19 $\frac{54}{100}$ as ou	284 $\frac{91}{100}$ as.
La pistole d'Espagne de 1088 mrs. de platte vieille	96 $\frac{30}{100}$ . . .	1505 $\frac{70}{100}$
La reichsthale de banque de Hambourg de 3 marcs, de 48 ß lubs, de 8 ß vls. ou de 96 ℔ vls. bco.	35 $\frac{54}{100}$ . . .	532
La thaler courante de Leipzig	25 $\frac{50}{100}$ . . .	364 $\frac{80}{100}$
Le florin courant de caisse de Vienne	25 $\frac{94}{100}$ . . .	364 $\frac{80}{100}$
L'écu de Genève	32 $\frac{100}{100}$ . . .	467 $\frac{98}{100}$
La pezza de 5 $\frac{3}{4}$ lire fuori di bco. de Gênes.	30 $\frac{100}{100}$ . . .	459 $\frac{37}{100}$
Le ducato di regno de Naples	27 $\frac{47}{100}$ . . .	413 $\frac{67}{100}$
La pezza da otto reali de Livourne	31 $\frac{11}{100}$ . . .	451 $\frac{42}{100}$

Le contenu d'or & d'argent de chacune de ces monnoies étant divisé par le contenu d'or & d'argent de la monnoie de France, on trouvera les parités suivantes : sçavoir :

	Parité relative		
	à l'or,	à l'argent	prix moyen.
100 Ecus de Genève, valent	164 $\frac{9}{10}$ écus	164 $\frac{1}{4}$ écus	164 $\frac{21}{40}$ écus.
100 Ducats de Naples	140 $\frac{7}{12}$ . .	145 $\frac{1}{8}$ . .	149 $\frac{7}{8}$
100 Thaler de Leipzig.	130 $\frac{1}{2}$ . .	128 . .	129 $\frac{1}{4}$
100 Rthlr. bco. de Hambourg	181 $\frac{13}{15}$ . .	186 $\frac{11}{20}$ . .	184 $\frac{1}{4}$
100 Marcs bco. de Hambourg	181 l. 17 s. 6 d.	186 l. 14 s. 2 d.	184 l. 5 s. 10 d.
1 Pistole d'Espagne	14 l. 15 s. 8 d.	15 l. 17 s. 1 d.	15 l. 6 s. 4 d.
1 Florin courant de Vienne	79 $\frac{2}{3}$ sols	77 sols	78 $\frac{1}{3}$ sols.
1 Pezza da 8 reali de Livourne	95 $\frac{1}{2}$ . .	95 $\frac{1}{12}$ . .	95 $\frac{7}{24}$
1 Pezza de 5 $\frac{3}{4}$ lire de Gênes	94 $\frac{7}{12}$ . .	96 $\frac{1}{4}$ . .	95 $\frac{1}{3}$

Telle est la parité des *changes* entre la France & les pays ci-dessus dénommés, auxquels elle donne l'incertain pour le certain, suivant la variation des *changes*. On voit d'abord que toutes les fois que le *change* de ces places est au-dessous du pair, la France y gagne, & qu'elle y perd par la même raison toutes les fois qu'il est au-dessus. Dans le dernier cas, si un négociant établi en France a de fortes sommes à se rembourser sur quelques-unes de ces places, il ne trouve des preneurs qu'à un *change* désavantageux pour lui ; mais il a un moyen de parer à cet inconvénient ; c'est de négocier ses traites dans une ville où le *change* lui soit plus favorable. Ceux qui sont versés dans cette partie de commerce, ne sont point embarrassés dans ces conjonctures ; montrons aux autres par des exemples sensibles, & leurs ressources & la manière d'en profiter.

1er. *Cas.* Le papier sur Genève ne pouvant pas être négocié à Lyon, où il vaut seulement 168 p $\frac{o}{o}$, on le remet à Leipzig, où il est négocié à 1 l. 10 s. par louis d'or de 5 thaler, & d'où les retours en ont lieu sur Lyon à 33 p $\frac{o}{o}$ de bénéfice. On demande quel *change* produira par cette voie le papier sur Genève ? *Réponse* : 173 $\frac{1}{2}$ écus.

Opération :			*100.* écus de Genève,
	1	6.	*60.* sols,
	230. 23.		5, thaler de Leipzig,
	100.		133. écus de France.

| Diviseur   23. | | 3990,   Produit 173 $\frac{1}{2}$ écus. |

Régle universelle. Multipliez le *change* entre Leipzig & la France par 5, & divisez-en le produit par le *change* entre Genève & Leipzig.

2e. *Cas.* On remet à Hambourg du papier sur Genève pris à Paris à 166 p $\frac{o}{o}$ il est négocié dans la première ville à 87 d. ; & on en fait les retours sur la dernière à 189 l. On demande quel *change* produira par cette voie le papier sur Genève ? *Réponse* : 171 $\frac{1}{7}$ p $\frac{o}{o}$.

Opération :

Opération:	1		*100.* écus de Genève.
	32.	87.	dls bco. de Hambourg.
	100.	1.	marc bco. dit.
	3.	63. *189.*	livres tournois.
		1.	écu de France.

| Diviseur | 32. | 5481. | Produit. 171 $\frac{1}{4}$ p$\frac{o}{o}$. |

Régle universelle. Multipliez le *change* entre Genève & Hambourg, par celui entre Hambourg & Paris, & divisez-en le produit par 96.

3e. *Cas*. Le papier fur Genève étant demandé à Livourne, & peu recherché à Paris, où l'on n'en peut faire que 167 p$\frac{o}{o}$, on y en remet qui eft négocié à 95 p$\frac{o}{o}$, & les retours s'en font de Livourne fur Paris à 98 fols. On demande quel *change* produit par cette voie le papier fur Genève? *Réponfe*, 172 p$\frac{o}{o}$.

Opération:		1. *20*. *100.*	écus de Genève.
	95. 19.	100.	pezze de Livourne.
	1.	98.	fols tournois.
	60. 3.	1.	écu de France.

| Diviseur | 57. | 9800. | Produit 172 p$\frac{o}{o}$. |

Régle universelle. Multipliez le *change* entre Livourne & Paris par 500, & divifez-en le produit par le *change* entre Genève & Livourne, après avoir multiplié celui-ci par 3.

4e. *Cas*. Le papier fur Genève continuant à être peu demandé à Paris, on en remet à Gênes, où il eft négocié à 94$\frac{1}{2}$ p$\frac{o}{o}$, & d'où les retours s'en font fur Paris à 97 fols. On demande quel *change* produit par cette voie le papier fur Genève? *Réponfe*, 171$\frac{1}{13}$ p$\frac{o}{o}$.

Opération:		5. *100.*	écus de Genève.
	189.	200.	pezze de Gênes.
	1.	97.	fols tournois.
	60. 3.	1.	écu de France.

| Diviseur | 567. | 97000. | Produit 171$\frac{1}{13}$ p$\frac{o}{o}$ |

Régle universelle. Elle eft la même que celle du cas précédent.

5e. *Cas*. On remet à Livourne du papier fur Naples, pris à Marfeille à 140 p$\frac{o}{o}$: ce papier eft négocié dans la première de ces villes à 112 p$\frac{o}{o}$, & les retours en ont lieu fur la dernière à 96 fols. On demande quel *change* produira par cette voie le papier fur Naples? *Réponfe*, 142$\frac{6}{7}$ p$\frac{o}{o}$.

Opération:		5. *100.*	ducats de Naples.
	112. 7.	100.	pezze de Livourne.
	1.	2. *6.* *96.*	fols tournois.
	60. *3.*	1.	écu de France.

| Diviseur | 7. | 1000. | Produit 142$\frac{6}{7}$ p$\frac{o}{o}$. |

Régle universelle. Elle eft la même que celle du cas 3e.

6e. *Cas*. Il y a à Gênes de la demande de papier fur Naples; on y en remet de Paris à 140$\frac{1}{2}$ p$\frac{o}{o}$, qu'on négocie dans la première ville à 104 foldi fuori di bco., & on en reçoit de retour du papier fur la dernière à 95 fols. On demande quel *change* produira le papier fur Naples? *Réponfe*, 143 p$\frac{o}{o}$.

Opération:		*5*. *100.*	ducats de Naples.
	1.	104.	foldi fuori di bco. de Gênes.
	115. 23.	95.	fols tournois.
	60. 3.	1.	écu de France.

| Diviseur | 69. | 9860. | Produit 143 p$\frac{o}{o}$. |

Régle universelle. Eft la même que celle du cas 3e.

7e. *Cas*. Le papier fur Leipfick abondant à Lyon, on en remet à Genève, où il eft négocié à 11 l. 1: f.,

Les retours en ont lieu de cette dernière ville sur Lyon à 169 p%. On demande quel *change* fera par cette voie le papier sur Leipsick ? *Réponse*, 130$\frac{2}{3}$ p%.

		100.	thaler de Leipsick.
Opération :	5.	58. *232.*	sols de Genève.
	60. 15.	1.	écu de Genève.
	100.	169.	écus de France.
Diviseur	75.	9802.	*Produit* 130$\frac{2}{3}$ p%.

Régle universelle. Après avoir réduit en sols le *change* de Leipsick sur Genève, multipliez-le par le *change* de Genève sur Lyon, & divisez-en le produit par 300.

8e. *Cas*. Le papier sur Leipsick n'ayant aucune demande à Paris, où le *change* est à 130 p%, on le remet à Hambourg où il est négocié à 141 p%, & les retours en ont lieu sur Paris à 188 liv. On demande quel *change* fera par cette voie le papier sur Leipsick ? *Réponse*, 133$\frac{1}{3}$ p%.

		100.	thaler de Leipsick.
Opération :	141.	100.	rthlr. bco de Hambourg.
	100.	188.	écus de France.
Diviseur	141.	18800.	*Produit* 133$\frac{1}{3}$ p%.

Régle universelle. Multipliez le *change* de Hambourg sur Paris par 100, & divisez-en le produit par le *change* entre Leipsick & Hambourg.

9e. *Cas*. On remet à Vienne du papier sur Leipsick, pris à Paris à 129 p% : il est négocié dans la première de ces villes à 1 p% de bénéfice, & les retours ont lieu de celle-ci sur la dernière à 79 sols. On demande quel *change* s'établira par cette voie pour le papier sur Leipsick ? *Réponse*, 133 p%.

		100.	thaler de Leipsick.
Opération :	*100.*	101.	thaler de Vienne.
	1.	79.	sols tournois.
	60.	1.	écu de France.
Diviseur	60.	7979.	*Produit* 133 p%.

Régle universelle. Multipliez le *change* entre Leipsick & Vienne par celui entre Vienne & Paris, & divisez-en le produit par 60.

10e. *Cas*. Le papier sur Hambourg n'ayant point de preneurs à Lyon, on le remet à Leipsick, où il est négocié à 142 p%, & on s'en fait faire les retours sur Lyon même à 133 p%. On demande quel *change* produira le papier sur Hambourg ? *Réponse*, 188$\frac{7}{8}$ p%.

		100.	rthl. bco. de Hambourg.
Opération :	*100.*	71. *142.*	thaler de Leipsick.
	100. 50.	133.	écus de France.
Diviseur	50.	9443.	*Produit* 188$\frac{7}{8}$ p%.

Régle universelle. Multipliez le *change* entre Hambourg & Leipsick, par le *change* entre Leipsick & la France, & divisez-en le produit par 100.

11e. *Cas*. On remet de Marseille à Cadix du papier sur Hambourg, qui a été pris dans la première ville à 185 écus, & qui est négocié dans la seconde à 88 den. ; on en fait les retours de Cadix à Marseille au *change* de 15 l. 3 s. la pistole. On demande quel *change* produira le papier sur Hambourg ? *Réponse*, 189$\frac{7}{8}$ p%.

		5. *100.*	rthlr. bco. de Hambourg.
Opération :	1.	*32.* *96.*	ß. vls. bco. dit.
	88.	375.	mrs. de platte vieille.
	1088. 34.	303.	sols tournois.
	60. *3.*	1.	écu de France.
Diviseur	2992.	568125.	*Produit* 189$\frac{7}{8}$ p%.

Régle univerfelle. Commencez par réduire en fols le *change* de France fur l'Efpagne, & multi-pliez-le par 1875. Multipliez enfuite le *change* entre Hambourg & l'Efpagne par 34, & vous terminerez cette opération en divifant le produit de la première multiplication par celui de la feconde.

12e. *Cas.* Le papier fur Hambourg étant fort recherché à Livourne, on y en remet de Paris à 186 p°, qui y eft négocié à 81 d. Les retours s'en font de Livourne fur Paris à 97 f. On demande quel *change* produira par cette voie le papier fur Hambourg? *Réponfe,* 191⅝ p°.

Opération :			5.	*100.* rhlr. bco. de Hambourg.
	1.		32.	*96.* à vls. bco. dit.
	81.			1. pezza de Livourne.
	1.		97.	fols tournois.
	60. *3.*			1. écu de France.

| *Divifeur* | 81. | | 15520. | *Produit* 191⅝ p°. |

Régle univerfelle. Multipliez le *change* entre Livourne & Paris par 160, & divifez-en le produit par le *change* entre Hambourg & Livourne.

13e. *Cas.* Le papier fur Hambourg étant recherché à Vienne, on y en remet de Paris qui coûte 185½ écus : il y eft négocié à 142 p°, & on en fait les retours fur Paris à 79 f. On demande à quel *change* reviendra le papier fur Hambourg? *Réponfe,* 190 5/16 p°.

				100. rthlr. bco. de Hambourg.
Opération :	*100.*		71.	*142.* thlr. de Vienne.
	1.		79.	fols tournois.
	60. 30.			1. écu de France.

| *Divifeur* | 30. | | 5709. | *Produit* 190 5/16 p°. |

Régle univerfelle. Multipliez le *change* entre Hambourg & Vienne par celui entre Vienne & Paris, & divifez-en le produit par 60.

14e. *Cas.* Le papier fur Madrid n'ayant aucune demande à Paris, où il eft à 14 l. 15 f. la piftole, on le remet à Hambourg, où il fe négocie à 88 den., & on en reçoit pour retour du papier fur Paris à 189 livres. On demande à quel *change* revient le papier fur Madrid? *Réponfe,* 15 liv. 1 fol 7 den.

Opération :	1 piftole		34.	*1088.* mrs. de platte vieille.
	375. 125.		22.	*88.* à vls. bco. de Hambourg.
	32.			1. marc bco. dit.
	100. 25.		63.	*189.* livres de France.

| *Divifeur* | 3125. | | 47124. | *Produit* 15 l. 1 f. 7 d. |

Régle univerfelle. Multipliez le *change* entre l'Efpagne & Hambourg, par celui entre Hambourg & la France, & divifez-en le produit par 1103. Le quotient devra être multiplié par 20 & divifé par le même divifeur pour faire des fols, puis on multipliera le quotient des fols par 12 pour en faire des deniers.

15e. *Cas.* On remet à Livourne du papier fur Cadix, qui a coûté à Marfeille 15 liv. ; il eft négocié dans la première de ces villes à 28 p° de perte, & les retours s'en font fur la dernière à 98 fols. On demande quel *change* fera par cette voie le papier fur Cadix? *Réponfe,* 15 l. 6 f. 3 d.

Opération :	1 piftole		*4.*	*1088.* mrs. de platte vieille.
	272.			1. piaftre de change.
	128. *32.* 16.		5.	*100.* pezze de Livourne.
	1.		49.	*98.* fols tournois.
	20.			1. livre de France.

| *Divifeur* | 16. | | 245. | *Produit* 15 l. 6 f. 3 d. |

Régle univerfelle. Multipliez le *change* entre Livourne & Marfeille par 20, & divifez-en le produit par le *change* entre Livourne & Cadix. Le quotient en doit être enfuite multiplié par 20 pour en faire des fols, & puis par 12 pour en faire des deniers.

16ᵉ. *Cas.* On demande de Gènes à Paris du papier fur Madrid, qui a coûté dans la feconde de ces villes 14 l. 17 f., & dont on tire le montant fur Gènes à 97 f.; d'après cela on demande à combien reviendroit à Paris le *change* du papier fur Madrid, s'il fe négocioit à Gènes à 650 maravedis de platte le fcudo d'oro marche? *Réponfe*, 15 l. 2 f. 3 d.

Opération :	1	piftole		272.	*1088.* mrs. de platte vieille.
	650.	325.		1.	fcudo d'oro marche di perm.
	101.			*100.*	fcudo d'oro.
	100.			94.	*188.* pezze de Gènes.
	1.			97.	fols tournois.
	20.	5.		1.	livre de France.

Divifeur 164125. — 2480096. *Produit* 15 l. 2 f. 3 d.

Régle univerfelle. Multipliez le *change* entre Gènes & Paris par cent; ajoutez au produit 2544, & divifez le tout par le *change* entre Gènes & l'Efpagne. Pour réduire le quotient en fols, il faudra le multiplier par 20, & enfuite par 12 fi vous voulez le réduire en deniers.

17ᵉ. *Cas.* On remet à Leipfick du papier fur Vienne en Autriche, qui a coûté à Lyon 77 fols; ce papier eft négocié à Leipfick à ½ p.⁰ de bénéfice, & les retours s'en font de-là fur Lyon à 132 p.⁰. On demande quel cours s'établit par cette voie entre Lyon & Vienne? *Réponfe*, 79⅗ f.

Opération :	*100.*	50	thlr. de Vienne,		201.	thlr. de Leipfick.
	100.	5.			33.	*132.* écus de France.
	1.				3.	*60.* fols tournois.

Divifeur 250. — 19899. *Produit* 79⅗ f.

Régle univerfelle. Multipliez le *change* entre Leipfick & Lyon par 3; ajoutez au produit ½ p.⁰ pour le bénéfice du *change* entre Vienne & Leipfick, & divifez-en le produit par 5. Si au lieu du bénéfice dans le *change* entre Vienne & Leipfick, il y avoit de la perte, il faudroit déduire le ½ p.⁰, au lieu de l'ajouter au produit du *change* entre Leipfick & Lyon.

18ᵉ. *Cas.* Le papier fur Vienne ne pouvant pas être négocié à Paris, on le remet à Hambourg, où il l'eft à 141 p.⁰, & les retours s'en font de cette dernière ville fur Paris à 188 p.⁰. On demande quel *change* fera par cette voie le papier tiré de Paris fur Vienne? *Réponfe*, 80 f.

Opération :	*141.*	47.	thlr. de Vienne,		*100.*	rthlr. bco. de Hambourg.
	100.				188.	écus de France.
	1.				20.	*60.* fols tournois.

Divifeur 47. — 3760. *Produit* 80 fols.

Régle univerfelle. Multipliez le *change* entre Hambourg & Paris par 60, & divifez-en le produit par le *change* entre Vienne & Hambourg.

19ᵉ. *Cas.* On remet à Livourne du papier fur Vienne, pris à Paris à 78 fols, & il y eft négocié à 63 foldi mon. buona: les retours s'en font de Livourne fur Paris à 98 f. On defire fçavoir quel *change* produira par cette voie le papier fur Vienne? *Réponfe*, 80½ f.

Opération :	*2.*	thlr. de Vienne.		3.	florins de Vienne.
	1.			63.	foldi mon. buo. de Livourne.
	115.			1.	pezza da otto réali.
	1.			49.	*98.* fols tournois.

Divifeur 115. — 9250. *Produit* 80½ f.

Régle univerfelle. Multipliez le *change* entre Vienne & Livourne, premièrement par 3, puis par le *change* entre Livourne & Paris, & divifez-en le produit par 230.

20ᵉ. *Cas.* On remet à Hambourg du papier fur Livourne, qui a coûté à Marfeille 95 fols; il eft négocié dans la première de ces villes à 82 den., & on en reçoit de retour du papier fur Marfeille à 189 livres. On defire fçavoir quel *change* reviendra entre Marfeille & Livourne? *Réponfe*, 96⅐ fols.

Opération :

1	pezza de Livourne,		41.	*82.* & vls. bco. de Hambourg.
32.	16.		1.	marc bco. dit.
100.	5.		189.	livres de France.
1.			*20.*	sols tournois.

Diviseur 80. 7746. *Produit* 96 $\frac{7}{8}$ f.

Régle universelle. Multipliez le *change* entre Livourne & Hambourg, par celui entre cette dernière ville & Marseille, & divisez-en le produit par 160.

21e. *Cas.* On remet à Cadix du papier sur Livourne, pris à Bordeaux à 96 sols, lequel est négocié dans la première de ces villes à 29 p $\frac{o}{o}$ de bénéfice ; & les retours en ont lieu sur la dernière à 15 l. 5 s. On demande quel *change* produira le papier sur Livourne ? *Réponse*, 98 $\frac{1}{8}$ f.

Opération :

100.	20 pezza de Livourne,		129.	piastres de change.
1.			*272.*	mrs. de plate vieille.
1088.	4.		61.	*305.* sols tournois.

Diviseur 80. 7869. *Produit* 98 $\frac{1}{2}$ f.

Régle universelle. Multipliez le *change* entre Livourne & Cadix, par celui entre Cadix & Bordeaux, après avoir réduit ce dernier en sols, & divisez-en le produit par 400.

22e. *Cas.* Le papier sur Livourne étant peu recherché à Paris, même à 94 sols, on le remet à Vienne, où il est négocié à 62 sols mon. buo. , & les retours s'en font de cette dernière ville sur Paris à 79 sols. On demande quel *change* produira par cette voie le papier sur Livourne ? *Réponse*, 97 $\frac{7}{7}$ sols.

Opération

1	pezza de Livourne,		115.	soldi mon. buona.
62.	31.		1.	florin de Vienne.
3.			*2.*	thlr. cour. dite.
1.			79.	sols tournois.

Diviseur 93. 9085. *Produit* 97 $\frac{7}{2}$ f.

Régle universelle. Multipliez le *change* entre Vienne & Paris par 230, & divisez-en le produit par le *change* entre Livourne & Vienne, après avoir multiplié celui-ci par 3.

23e. *Cas.* On tire de Marseille sur Gènes à 97 sols, & on remet en provision à cette dernière ville du papier sur Livourne, pris à 97 $\frac{1}{2}$ sols, qui y est négocié à 118 soldi fuori di bco. On demande quel *change* produira par cette voie le papier sur Livourne ? *Réponse*, 99 $\frac{1}{2}$ f.

Opération :

1.	pezza de Livourne,	118.	soldi f. di bco. de Gènes.
115.		1.	pezza de Gènes.
1.		97.	sols tournois.

Diviseur 115. 11446. *Produit* 99 $\frac{1}{2}$ f.

Régle universelle. Elle ne peut pas être plus simple que l'opération même.

24e. *Cas.* Le papier sur Gènes étant trop abondant à Marseille, on le remet à Cadix, où il est négocié à 660 mrs. de platte, & d'où l'on en fait les retours sur Marseille même à 15 liv. la pistole. On demande quel *change* reviendra pour le papier sur Gènes ? *Réponse*, 97 $\frac{1}{4}$ f.

Opération :

188.	47 pezze de Gènes,		101.	scudo d'oro marche di perm.
1.			165.	*660.* mrs. de platte.
1088.	272.		15.	livres de France.
1.			5.	*20.* sols tournois.

Diviseur 12784. 1249875. *Produit* 97 $\frac{1}{4}$ f.

Régle universelle. Multipliez le *change* entre Gènes & Cadix, d'abord par celui entre cette dernière ville & Marseille, & ensuite par 4, & vous en diviserez le produit par 405.

25e. *Cas.* On remet à Livourne du papier sur Gènes, pris à Paris à 95 sols, lequel est négocié dans la première de ces villes à 116 soldi f. di bco., les retours en sont faits de celle-ci sur Paris à 98 sols. On demande à quel *change* reviendra le papier sur Gènes ? *Réponse*, 97 $\frac{7}{7}$ f.

Opération :   1   pezza de Gènes,   115.   foldi fuori di banco.
               116. 58.   1.   pezza de Livourne.
                   1.   49. *98.*   fols tournois.

Diviseur   58.   5635.   *Produit* 97 ½/6 f.

Régle univerfelle. Multipliez le *change* entre Livourne & Paris par 115., & divifez-en le produit
par le *change* entre Gènes & Livourne.

Quand le *change* direct n'eft pas affez favorable pour en pouvoir retirer un avantage honnête, il
convient alors de fe faire faire les retours fur une place étrangère. La marche qu'il faut fuivre dans
ce cas, eft tracée dans les exemples fuivans, pour ceux de nos lecteurs qui peuvent avoir occafion d'en
faire ufage.

Exemple. I. On remet à Hambourg du papier fur Leipfick, pris à Paris à 129 p%, il eft négocié à
Hambourg à 142 p%, & les retours s'en font de cette ville à Paris avec du papier fur Madrid à 89 d.,
lequel papier fe négocie à Paris à 15 l. 5 f. la piftole. On demande quel *change* produira par cette
voie le papier fur Leipfick? *Réponfe*, 133 1/11 p%.

                                               5.⅝*50.* *100.* thlr. cour. de Leipfick.
Opération :   *142.* 71   25.   *100.* rthlr. bco. de Hambourg.
                    1.   1. *16* *96.* à vls. bco. dit.
                    89.   375. mrs. de platte vieille.
              1088. *68.* 17.   305. fols tournois.
              60. *6.* 1.   1.   écu de France.

Diviseur 107423.   14296875.   *Produit* 133 [13]/11 p%.

Exemple II. On remet à Cadix du papier fur Gènes pris à Paris à 89¼ fols, lequel eft négocié dans
la première de ces villes à 650 mrs le fcudo d'oro marche : on reçoit de Cadix en retour du papier fur
Amfterdam, à 90 d., lequel eft négocié à Paris à 54 d. On demande quel *change* produira par cette
opération, le papier fur Gènes? *Réponfe* : 93⅛ fols.

Opération :   *188.* 47   pezze de Gènes,   101. fcudo d'oro marche.
                   1.   13. *325.* *650.* mrs. de plate vieille.
              375. *15.*   10.   *90.* à vls. bco. d'Amfterdam.
              54. *27.* 3.   1. *15.* *60.* fols tournois.

Diviseur   141.   13130.   *Produit* 93⅛ fols.

Exemple III. On remet à Lifbonne du papier fur Madrid, pris à Paris à 15 l. 4 f. lequel eft négocié
dans Lifbonne à 2400 rées. On en reçoit de retour du papier fur Londres à 65. d., qui eft négocié à
Paris à 30 d. On demande quel *change* produira par cette voie le papier fur Madrid? *Réponfe* :
15 l. 12 f.

Opération :   1   piftole   6. *12.* *2400.* rées.
              1000. *5.* 1.   13.   *65.* à fterlings.
              30. *15.* 5.   1.   *3.* livres de France.

Diviseur   5.   78.   *Produit* 15 l. 12 f.

§. III. L'ANGLETERRE dont le commerce s'eft élevé au plus haut point de fplendeur où il puiffe
jamais atteindre, n'a qu'une feule place de *change*, qui eft Londres. Cette ville a des cours de *change*
réglés avec Amfterdam & quelques autres villes de Hollande, avec Hambourg, avec diverfes villes de
France, d'Efpagne & de Portugal, & avec Gènes, Livourne, Naples & Venife en Italie. Londres donne
le certain pour l'incertain à Amfterdam & à Hambourg, & il donne l'incertain pour le certain aux autres
pays & villes que nous venons de nommer. Il faut donc commencer par établir le pair des monnoies de
change de chacun de ces pays & villes, relativement à la monnoie courante d'Angleterre. Nous avons
dit, dans un autre endroit, que :

Contenu

	D'or fin,	d'argent fin.

La livre de 240 ₰ fterlings, a . . . . 151 $\frac{11}{100}$ as, ou 2295 $\frac{31}{100}$ as.

L'écu de France de 60 fols tournois, ... 19 $\frac{54}{100}$ . . . . 284 $\frac{92}{100}$

La piaftre actuelle de 272 mrs. de platte vieille . . . . 24 $\frac{13}{100}$ . . . . 376 $\frac{42}{100}$

Le millerées de Portugal . . . . 42 $\frac{75}{100}$ . . . . 577 $\frac{10}{100}$

La pezza de Gênes de 5 $\frac{1}{4}$ lire fuori di bco . . . . 30 $\frac{80}{100}$ . . . . 459 $\frac{37}{100}$ c

La pezza da 8 reali de Livourne. . . . . 31 $\frac{11}{100}$ . . . . 451 $\frac{43}{100}$

Le Ducato di regno de Naples . . . . 27 $\frac{47}{100}$ . . . . 413 $\frac{67}{100}$

Le ducato di banco de Venife. . . . . 31 $\frac{77}{100}$ . . . . 469 $\frac{54}{100}$

En calculant les valeurs des contenus d'or & d'argent de chacune de ces monnoies, par la valeur des contenus d'or & d'argent de la livre de 240 d. fterlings, on trouvera que la parité des *changes* de Londres fur les pays & villes ci-deffus, eft comme fuit :

Parité relative

	à l'or,	à l'argent.	*Prix moyen.*

L'écu de France vaut . . . . 31 ₰ 29 $\frac{7}{8}$ ₰ ou 30 $\frac{7}{16}$ ₰ fterlings.

La piaftre d'Efpagne . . . . 38 $\frac{3}{8}$. 39 $\frac{3}{8}$ . . 38 $\frac{7}{8}$

Le millerées de Portugal . . . . 61 $\frac{1}{4}$. 60 $\frac{1}{8}$ . . 60 $\frac{11}{16}$

La pezza de Gênes . . . . 48 $\frac{7}{8}$. 48 . . . 48 $\frac{7}{16}$

La pezza de Livourne . . . . 49 $\frac{3}{4}$. 47 $\frac{1}{4}$ . . 48 $\frac{1}{2}$

Le ducat de Naples . . . . 43 $\frac{5}{8}$. 43 $\frac{1}{4}$ . . 43 $\frac{7}{16}$

Le ducat de banque de Venife . . . . 50 $\frac{1}{8}$. 49 $\frac{1}{8}$ . . 49 $\frac{3}{4}$

Cette parité connue, comme les changes varient d'un jour à l'autre, du plus au moins, ou du moins au plus, fuivant les circonftances, il faut chercher dans la combinaifon des *changes* de Londres fur les divers lieux rapportés ci-deffus, lequel peut être le plus avantageux; enfuite de quoi on pourra opérer avec la place dont le *change* promet le mieux. Nous allons faire fuivre ici plufieurs cas qui peuvent s'offrir en ce genre aux négocians de Londres.

1er. *Cas.* On remet à Madrid du papier fur Paris pris à Londres à 30 d.; ce papier eft négocié à 15 liv. à Madrid, qui en fait les retours fur Londres à 39 d. fterlings. On demande quel *change* fera par cette voie, le papier fur Paris? *Réponfe :* 3 1$\frac{1}{5}$ *fterlings.*

Opération :

	1. écu		1.	*60.* fols tournois.
15 l. ou *300.* 5.			4.	*1088.* maravedis de platte.
272. 1.			39.	₰ fterlings.

| *Divifeur* 5. | | 156. | *Produit* 3 1$\frac{1}{5}$ ₰ fterlings. |

Régle univerfelle. Multipliez le *change* entre Madrid & Londres par 4, & divifez-en le produit par les livres du *change* entre Paris & Madrid; ou fi ce dernier *change* eft en fols, multipliez par 240, le *change* entre Madrid & Londres, & divifez-en le produit par celui entre Paris & Madrid, réduit auffi en fols.

2e. *Cas.* On remet à Lifbonne du papier fur Bordeaux pris à Londres à 29$\frac{1}{2}$ d. fterlings, & négocié à 460 rées dans la première de ces villes, qui en fait les retours fur la dernière à 67 d. fterlings. On demande quel *change* produira par cette voie le papier fur Bordeaux? *Réponfe :* 30$\frac{13}{16}$ d. *fterlings.*

Opération :

	1. écu	23	*460.* rées.
1000. 50.		67.	₰ fterlings.

| *Divifeur* 50. | | 1541. | *Produit* 30 $\frac{13}{16}$ ₰. |

Régle univerfelle. Multipliez les deux *changes*, favoir; celui entre Bordeaux & Lifbonne, par celui entre Lifbonne & Londres, & retranchez du produit trois chiffres de la droite.

3e. *Cas.* Le papier fur Marfeille étant beaucoup demandé à Gênes, on y en remet de Londres au change de 29¼ d. Il y eft négocié à 96 fols, & les retours s'en font de Gènes fur Londres, à 49 d. On demande quel *change* reviendra par cet arbitrage pour le papier fur Marfeille ? *Réponfe* : 30½ d. fterlings.

Opération :	1.	écu		5.	*60.*	fols tournois.
	96.	8			1.	pezza de Gènes.
	1.				49.	₰ fterlings.

Divifeur	8.		*245.*	*Produit* 30 ½ ₰.

Règle univerfelle. Multipliez le *change* entre Gènes & Londres par 60, & divifez-en le produit par le *change* entre Marfeille & Gènes.

4e. *Cas.* On tire de Londres fur Livourne à 49½ d. & on remet à cette dernière ville en provifion du papier fur Lyon qui a coûté 29⅝ d., & qui y eft négocié à 97 fols. On demande quel cours s'établit par cette opération pour le papier fur Lyon à Londres ? *Réponfe* : 30½ d. fterlings.

Opération :	1.	écu		30.	*60.*	fols tournois.
	97.*				1.	pezza de Livourne.
	2.				99.	₰ fterlings.

Divifeur	97.		*2970.*	*Produit* 30 ½ ₰.

Règle univerfelle. Elle eft la même que celle du cas 3e.

5e. *Cas.* On remet à Naples du papier fur Paris pris à Londres à 30¼ d. : ce papier étant négocié à 140 p⁰ dans la première place, & celle-ci en faifant des retours fur la dernière à 44 d. fterlings, on demande quel *change* produira par cette voie le papier fur Paris ? *Réponfe* : 31⅞ d. fterlings.

Opération :	*140.*	7 écus		5.	*100.*	ducats de Naples.
	1.				44.	₰ fterlings.

Divifeur	7.		*220.*	*Produit* 31 ⅞ ₰.

Règle univerfelle. Ajoutez deux zéros au *change* entre Naples & Londres, & divifez-en le produit par le *change* entre Paris & Naples.

6e. *Cas.* Venife ordonne à Londres de lui remettre du papier fur Lyon à 30 d. fterlings, & d'en prendre fur elle le rembours. Ce papier fe négocie à 62 ducati à Venife, fur qui Londres tire à 50 d. fterlings. On defire fçavoir quel cours fera par cette opération à Londres, le papier fur Lyon ? *Réponfe* : 31 d. fterlings.

Opération	*100.* *2.* 1	écu		31.	*62.*	ducats de Venife.
	1.				1.	*50.* ₰ fterlings.

Divifeur	1.		*31.*	*Produit* 31 ₰.

Règle univerfelle. Multipliez les deux *changes* ; fçavoir, celui entre Lyon & Venife, par celui entre Venife & Londres, & retranchez deux chiffres du produit.

7e. *Cas.* On remet à Paris du papier fur Madrid, pris à Londres à 37¼ d. fterlings, lequel eft négocié à 15 l. dans la première de ces villes, qui en fait les retours à Londres au *change* de 30¼ d. fterlings. On demande quel cours revient par cet arbitrage pour le papier fur Madrid ? *Réponfe* : 38⁷⁄₁₆ d. fterlings.

Opération :	4	piaftres		5.	*15.*	livres tournois.
	12.	4			123.	₰ fterlings.

Divifeur	16.		*615.*	*Produit* 38⁷⁄₁₆ ₰.

Règle univerfelle. Multipliez le *change* entre Madrid & Paris, par celui entre Londres & Madrid, & divifez-en le produit par 12.

8e. *Cas.* Londres devant faire des fonds à Lifbonne, y remet du papier fur Madrid, qui lui coûte 28 d. fterlings la piaftre. Ce papier fe négocie à 2385 rées la piftole à Lifbonne, où le *change* fur Londres fe trouve à cette époque à 66 d. fterlings. On defire fçavoir quel *change* produiroit par une pareille opération le papier fur Madrid, fi l'on en recevoit pour retour de Lifbonne du papier fur Londres ? *Réponfe* : 39⅛ d. fterlings.

Opération :

Opération :   4   piaftres   477. *2385.* rées.
     1000. *200.* 100.   33.   *66.* ⅆ fterlings.

Divifeur   400.   15741.   *Produit* 39 $\frac{1}{4}$ ⅆ.

Régle univerfelle. Multipliez le *change* de Lifbonne fur Madrid, par celui entre Londres & Lifbonne.

9e. *Cas.* On remet à Gènes du papier fur Cadix, qui a coûté à Londres 36¼ d. fterlings; il eſt négo-cié à 650 maravedis de platte dans la première de ces villes, qui en fait les retours à la dernière à 48¾ d. fterlings. On demande quel *change* fera par cet arbitrage, le papier fur Cadix ? *Réponfe* : 38 d fterlings.

Opération :   1   piaftre   34. *68.* *272.* maravedis de platte.
    650. *325.* 65.   1. fcudo d'oro marche.
    101.   188. pezze de Gènes.
    4.   1.   39. *195.* ⅆ fterlings.

Divifeur   6565.   249288.   *Produit* 38 ⅆ fterlings.

Régle univerfelle. Multipliez le *change* entre Londres & Gènes par 528, & ajoutez 4 au produit, que vous diviferez par le *change* entre Gènes & Cadix.

10e. *Cas.* On tire de Londres fur Livourne à 49 d., & l'on y remet en provifion du papier fur Cadix, qui a coûté dans la première ville 37¼ d., & qui eſt négocié dans la feconde à 127 p%. On veut ſçavoir à quel cours reviendra par cette opération à Londres, le *change* fur Cadix ? *Réponfe* : 38¾ d. fterlings.

Opération :   127   piaftres   100. pezze de Livourne.
       1.   49. ⅆ fterlings.

Divifeur   127.   4900.   *Produit* 38 $\frac{5}{8}$ ⅆ fterlings.

Régle univerfelle. Elle ne peut être plus fimple que l'opération.

11e. *Cas.* On remet à Paris du papier fur Lifbonne pris à Londres, à 66 d. fterlings : ce papier étant négocié à 450 rées dans la première de ces villes, qui en fait les retours fur la dernière à 30¼ d. fterlings, on demande quel cours s'établit par cet arbitrage pour le papier fur Lifbonne ? *Réponfe* : 67¼ d. fterlings.

Opération :   1   millerées   5. *250.* *1000.* rées.
    450. 9.   1. écu de France.
    4. 1.   121. ⅆ fterlings.

Divifeur   9.   605.   *Produit* 67 $\frac{1}{4}$ ⅆ.

Régle univerfelle. Elle eſt comme l'opération, en ne réduifant pas les nombres principaux.

12e. *Cas.* On tire de Londres fur Madrid à 39 d. fterlings, & on y remet en provifion du papier fur Lifbonne, qui a coûté 65 d. dans la première ville ; & qui fe négocie à 2360 rées dans la feconde. On demande quel cours reviendra par cette opération pour le papier fur Lifbonne ? *Réponfe* : 66⅛ d. fterlings.

Opération :   1   millerées   100. *1000.* rées.
    2360. *236.* 59.   1. *4.* piaftres de change.
       1.   39. ⅆ fterlings.

Divifeur   59.   3900.   *Produit* 66 $\frac{1}{8}$ ⅆ.

Régle univerfelle. Elle eſt comme l'opération, en ne réduifant pas les nombres principaux.

13e. *Cas.* On remet à Gènes du papier fur Lifbonne, pris à Londres à 65½ d. fterlings. Il y eſt négo-cié à 740 rées, & les retours s'en font fur Londres à 49½ d. fterlings. On demande quel *change* produit par cet arbitrage le papier fur Lifbonne ? *Réponfe* : 66 $\frac{2}{16}$ d.

Opération :   1   millerées   25. *100.* *1000.* rées.
    740. 74.   1. pezza de Gènes.
    4. 1.   197. ⅆ fterlings.

Divifeur   74.   4925.   *Produit* 66 $\frac{2}{16}$ ⅆ.

Régle universelle. Elle est comme l'opération même, les nombres principaux non réduits.

14e. *Cas.* On remet à Livourne du papier sur Lisbonne, qui a coûté $64\frac{3}{4}$ d. sterlings à Londres, d'où l'on prend le remboursement sur Livourne à 50 d. sterlings. Ce papier étant négocié dans cette ville-ci à 750 rées, on desire sçavoir quel cours il fera par cet arbitrage? *Réponse* : $66\frac{2}{3}$ d. *sterlings.*

Opération :	1 millerées.	4. *20.* *1000.* rées.
	750. *15.* 3.	1. pezza de Livourne.
	1.	50. d. sterlings.
Diviseur	3.	200. *Produit* 66 $\frac{2}{3}$ d.

Régle universelle. Elle est comme l'opération, les nombres principaux non réduits.

15e. *Cas.* On remet à Marseille du papier sur Gènes, qui a coûté $48\frac{3}{4}$ d. sterlings à Londres; il y est négocié à *96* f., & les retours s'en font sur cette dernière ville à 31 d. sterlings. On demande quel *change* établit cette opération pour le papier sur Gènes? *Réponse* : $49\frac{3}{5}$ d. *sterlings.*

Opération :	1 pezza	8. *96.* sols tournois.
	60. 5.	31. d. sterlings.
Diviseur	5.	248. *Produit* 49 $\frac{3}{5}$ d. sterlings.

Régle universelle. Elle est comme l'opération même; mais il ne faut pas réduire les nombres principaux.

16e. *Cas.* On tire de Londres sur Cadix à $38\frac{3}{4}$ d. sterlings, & l'on remet pour provision du papier sur Gènes, qui coûte dans la première ville $48\frac{1}{4}$ d., & qui se négocie dans la seconde à 128 p$\frac{o}{o}$. On desire sçavoir quel cours cet arbitrage établit entre Gènes & Londres? *Réponse* : $49\frac{3}{5}$ d. *sterlings.*

Opération :	*100.* *25.* 5 pezze	8. *32.* *128.* piastres d'Espagne.
	4. 1.	31. *155.* d. sterlings.
Diviseur	5.	248. *Produit* 49 $\frac{3}{5}$ d. sterlings.

Régle universelle. Multipliez le *change* entre Gènes & Cadix, par celui entre Cadix & Londres, & retranchez deux chiffres à la droite du produit.

17e. *Cas.* On remet à Lisbonne du papier sur Gènes pris à Londres à $47\frac{1}{4}$ d. sterlings. Il y est négocié à 720 rées, & les retours s'en font sur Londres à $67\frac{1}{2}$ d. sterlings. On demande quel cours s'établit par cette opération entre Londres & Gènes? *Réponse* : $48\frac{3}{5}$ d. *sterlings.*

Opération :	1 pezza	9. *720.* rées.
	2000. *25.* 5.	27. *135.* d. sterlings.
Diviseur.	5.	243. *Produit* 48 $\frac{3}{5}$ d. sterlings.

Régle universelle. Multipliez les deux *changes* l'un par l'autre, & retranchez-en trois chiffres à la droite.

18e. *Cas.* Naples demandant du papier sur Gènes, on y en remet de Londres, à $48\frac{1}{4}$ d., & l'on se rembourse de la dernière sur la première de ces villes, au *change* de 45 d. sterlings. Le papier sur Gènes étant négocié à Naples à *90* p$\frac{o}{o}$, on demande quel cours il feroit à Londres? *Réponse* : 50 d. *sterlings.*

Opération :	*90.* *2.* 1 pezza	50. *100.* ducats de Naples.
	1.	1. *45.* d. sterlings.
Diviseur	1.	50. *Produit* 50 d. sterlings.

Régle universelle. Elle est comme l'opération même, mais sans rien retrancher des nombres principaux.

19e. *Cas.* Le papier sur Livourne étant recherché à Venise, on y en remet à 48 d. sterlings. Il y est négocié à 2 p$\frac{o}{o}$ de perte, & les retours s'en font sur Londres à $50\frac{1}{2}$ d. sterlings. On demande quel cours s'établit par cette voie entre Londres & Livourne? *Réponse* : 49 $\frac{1}{2}$ d. sterlings.

Opération :   *102.* 51   pezza   25. *50.* *100.* ducats bco. de Venife.
       2. 1.   101.   d̑ fterlings.

Divifeur   51.   2525.   *Produit* 49 $\frac{1}{2}$ d̑.

Régle univerfelle. Elle eft comme l'opération même ; mais fans rien retrancher des nombres principaux.

20e. *Cas.* On remet à Paris du papier fur Naples, pris à 42 $\frac{1}{2}$ d. à Londres, d'où l'on fe rembourfe fur la première ville à 30 d. fterlings : le papier fur Naples y étant négocié à 144 p $\frac{0}{0}$, on defire fçavoir quel cours il aura fait par cet arbitrage ? *Réponfe :* 43 $\frac{1}{5}$ d. *fterlings.*

Opération :   *100.* *10.* 5   ducats   72. *144.* écus de France.
             1.   3. *30.* d̑ fterlings.

Divifeur   5.   216.   *Produit* 43 $\frac{1}{5}$ d̑ fterlings.

Régle univerfelle. Multipliez les deux *changes* l'un par l'autre, & retranchez deux chiffres du produit.

21e. *Cas.* On tire de Londres à 50 $\frac{1}{2}$ deniers fur Venife, où l'on remet en provifion du papier fur Naples à 43 deniers, lequel papier s'y négocie à 115 p $\frac{0}{0}$. On demande quel cours s'établit par cette voie entre Naples & Londres ? *Réponfe,* 43 $\frac{7}{8}$ d. fterlings.

Opération :   *115.* 23   ducats   10. *50.* *100.* ducats de Venife.
          2. 1.   101.   d̑ fterlings.

Divifeur   23.   1010.   *Produit* 43 $\frac{7}{8}$ d̑.

Régle univerfelle. Ajoutez deux zéros au change entre Venife & Londres, & divifez-le par le *change* entre Naples & Venife.

22e. *Cas.* On remet à Paris du papier fur Venife, prix à 46 $\frac{3}{4}$ d. à Londres, & on s'en rembourfe à 29 $\frac{1}{4}$ d. fur la première de ces villes, où le papier fur Venife fe négocie à 160 p $\frac{0}{0}$. On demande quel *change* produit par cette voie le papier fur Venife ? *Réponfe,* 47 $\frac{4}{5}$ d. fterlings.

Opération :   *100.* 5   ducats   1. *20.* *160.* écus de France.
          8. 1.   239.   d̑ fterlings.

Divifeur   5.   239.   *Produit* 47 $\frac{4}{5}$ d̑.

Régle univerfelle. Comme celle du cas 20e.

23e. *Cas.* On tire de Londres fur Livourne à 47 d. fterlings, & on y remet en provifion du papier fur Venife, pris dans la première de ces villes à 47 $\frac{1}{2}$ deniers fterlings, & négocié dans la feconde à 97 p $\frac{0}{0}$. On demande quel *change* produira par cette voie le papier fur Venife ? *Réponfe,* 48 $\frac{7}{16}$ d. fterlings.

Opération :   97   ducats   100. pezze.
          1.   47. d̑ fterlings.

Divifeur   97.   4700.   *Produit* 48 $\frac{7}{16}$ d̑.

Régle univerfelle. Elle ne peut être plus fimple que l'opération.

24e. *Cas.* On remet à Gênes du papier fur Venife, pris à Londres à 48 $\frac{3}{4}$ d. fterlings, lequel s'y négocie à 96 f. di bco, & on en fait les retours de Gênes fur Londres à 48 d. fterlings. On demande quel *change* s'établit par cette voie entre Londres & Venife ? *Réponfe,* 49 $\frac{1}{3}$ d.

Opération :   1   ducat   124. foldi bco. de Venife.
          96. *2.* 1.   1. fcudo di cambio de Gênes.
            5.   2. *4.* pezze de Gênes.
            1.   1. *48.* d̑ fterlings.

Divifeur   5.   248.   *Produit* 49 $\frac{1}{3}$ d̑.

Régle univerfelle. Multipliez le *change* de Londres fur Gênes par 99 $\frac{1}{3}$, & divifez-en le produit par le *change* entre Venife & Gênes.

25e. *Cas.* On remet à Naples du papier fur Venife, qui coûte à Londres 50 deniers fterlings ; il eft négocié à 14 p ⅖ de bénéfice dans la première ville, & l'on fait de là les retours sur Londres à 45 deniers sterlings. On demande quel cours s'établit par cette voie entre Londres & Venise? *Réponse*, 51 1/10 d.

Opération :   *100*. *50.* 10 ducats   57. *114.* ducats de Naples.
                   1.   9. *45.* à sterlings.

Diviseur   10.   513.   *Produit* 51 1/10 à.

Régle universelle. Multipliez les deux *changes* l'un par l'autre, & retranchez deux chiffres du produit.

Indépendamment des cas que nous venons de rapporter concernant le simple arbitrage entre Londres & les diverses places avec lesquelles cette ville a des cours de *change* réglés, nous donnerons quelques exemples d'arbitrage plus compliqués, pour nous conformer à la méthode que nous avons suivie dans les deux paragraphes précédens.

Exemple I. On remet à Bayonne du papier sur Madrid, qui a coûté à Londres 38 1/4 d. sterlings ; il est négocié à 15 liv. 5 sols dans la première de ces villes, qui en fait les retours en papier sur Amsterdam à 54 deniers de gros bco., lequel papier se négocie ensuite à Londres à 34 s. 6 den. bco. On demande quel *change* s'établit par cette voie entre Londres & Madrid? *Réponse* 39 1/4 d. sterl.

Opération :   1   piastre   1. *272.* maravedis de platte.
1088. *4.* 1.   305. sols tournois.
60. 1.   3. *27.* *54.* à vls. bco. d'Amsterdam.
414. *207.* 23.   1. *60.**240.* à sterlings.

Diviseur 23.   915.   *Produit* 39 3/4 à.

Exemple II. On remet à Amsterdam du papier sur Paris, qui coûte à Londres 29 1/4 d. sterlings ; il est négocié à 53 deniers dans la première ville, qui en fait les retours en papier sur Hambourg à 32 1/4 sols, & ce papier est négocié à Londres à 33 s. 9 d. vls. bco. On demande quel *change* s'établit par cette voie entre Paris & Londres? *Réponse*, 30 11/16 d. sterlings.

Opération :   1   écu.   53. à vls. bco. d'Amsterdam.
131.   128. à vls. bco. de Hambourg.
405. 27.   16. *240.* à sterlings.

Diviseur 3537.   108544.   *Produit* 30 11/16 à sterlings.

Exemple III. On remet à Bordeaux du papier sur Amsterdam, pris à Londres à 34 s. 3 deniers, lequel est négocié à 54 d. dans la première ville, qui en fait les retours à cette dernière en papier sur Lisbonne à 460 rées ; ce dernier papier est négocié à Londres à 67 deniers. On demande quel *change* s'établit par cet arbitrage entre Londres & Amsterdam? *Réponse*, 35 s. lubs.

Opération :   1   livre   1. *20.* *240.* à sterlings.
67.   1000. rées.
460. 23.   1. écu de France.
1.   54. à de gros bco. d'Amsterdam.
12.   1. ß vls. d'Amsterdam.

Diviseur 1541.   54000.   *Produit* 35 ß lubs.

Exemple IV. On remet à Amsterdam du papier sur Hambourg, pris à Londres à 33 s. 9 deniers ; il est négocié à 33 deniers dans la première ville, qui remet en retour du papier sur Paris à 53 den. de gros bco. Ce papier étant négocié à Londres à 30 d. sterlings, on veut savoir quel *change* fera par cette opération le papier sur Hambourg? *Réponse*, 34 s. 3 d. vls bco.

Opération :   1.   livre sterling.   1. *2.* *20.* *240.* à sterlings.
30. 3.   1. écu de France.
1.   53. à de gros bco. d'Amsterdam.
66. 33.   64. à vls. bco. de Hambourg.
12. 1.   1. ß vls. bco. de Hambourg.

Diviseur 99.   3402.   *Produit* 34 ß 3 à.

§. IV. HAMBOURG est une des principales places de *change* de l'Europe. Elle donne le certain pour l'incertain à Amsterdam, à Paris, à Copenhague, à Leipsick, à Vienne & à plusieurs autres villes d'Allemagne; & elle change l'incertain contre le certain avec Bordeaux & quelques autres villes de France, avec Madrid & plusieurs autres villes d'Espagne, avec Londres, Lisbonne & Venise. Nous avons dit précédemment que,

	Contenu	
	D'or fin,	d'argent fin.
La Reichsthale de 48 ß lubs ou 96 ∂ vls bco de Hambourg a	35 $\frac{54}{100}$ as ou	532 . . as.
L'écu de France de 60 ß tournois	19 $\frac{54}{100}$ . . .	284 $\frac{92}{100}$
Le ducat d'Espagne de 375 mrs. de platte	33 $\frac{12}{100}$ . . .	518 $\frac{92}{100}$
La livre sterling d'Angleterre	151 $\frac{81}{100}$ . .	2295 $\frac{21}{100}$
Le cruzade de 400 rées de Lisbonne	17 $\frac{30}{100}$ . . .	230 $\frac{84}{100}$
Le ducat de banque de Venise	31 $\frac{77}{100}$ . . .	469 $\frac{54}{100}$

En calculant donc les valeurs de ces monnoies, d'après leurs contenus respectifs, nous trouvons la parité suivante des *changes* entre Hambourg, & les états & villes nommés ci-dessus, savoir:

	Parité relative à l'or, à l'argent.	Prix moyen.	
La Livre sterling de Londres, vaut 34	ß $\frac{1}{8}$ ∂ 34 ß 6 $\frac{1}{8}$ ∂	ou 34 ß 3 $\frac{1}{8}$	
L'écu de France, ... 26 $\frac{3}{8}$ ß lubs,	25 $\frac{5}{8}$ ß lubs	ou 26 ß lubs.	
Le ducat d'Espagne, ... 89 $\frac{5}{8}$ ∂ vls.,	93 $\frac{5}{8}$ ∂ vls.	ou 91 $\frac{5}{8}$ ∂ vls.	
Le cruzade de Portugal, ... 46 $\frac{1}{8}$ . . .	41 $\frac{1}{8}$ . . .	ou 43 $\frac{7}{8}$	
Le ducat de Venise, ... 85 $\frac{7}{8}$ . . .	84 $\frac{1}{4}$ . . .	ou 85 $\frac{1}{16}$	

Cette parité établie, les *changes* variant suivant les circonstances, il convient de savoir profiter de celles-ci, lorsqu'elles sont assez favorables pour procurer un bénéfice honnête. L'arbitrage fondé sur la combinaison des *changes* étant le meilleur moyen dont on puisse faire usage pour opérer avec sûreté, nous continuerons à suivre notre méthode, en proposant quelques cas sur le *change* de Hambourg.

1er. *Cas.* On remet à Bordeaux du papier sur Madrid, pris à Hambourg à 89½ deniers, lequel est négocié à 15 l. 10 s. dans la première de ces villes, d'où les retours sont faits sur la dernière au *change* de 26 sols lubs. On demande quel *change* fait par cette opération le papier sur Madrid? *Réponse*, 92 $\frac{5}{8}$ den.

Opération:	1	ducat		125. *375.* maravedis de plate.
	2176.	544.		31. livres tournois.
	3.	1.		13. *52*. ∂ vls bco. de Hambourg.
Diviseur	544.			50375. *Produit* 92 $\frac{5}{8}$ ∂.

Règle universelle. Multipliez les deux *changes*, savoir, celui entre Madrid & Bordeaux en livres, par celui entre Bordeaux & Hambourg en sols lubs; déduisez 8 p $\frac{2}{3}$ du produit, & divisez ce qui reste par 4.

2e. *Cas.* Le papier sur Londres étant recherché à Bayonne, on y en remet de Hambourg à 34 s. 4 deniers; il est négocié à 30 d. sterlings à Bayonne, d'où l'on en fait les retours sur Hambourg à 26 $\frac{1}{8}$ s. lubs. On demande combien produit par cet arbitrage le papier sur Londres? *Réponse*, 35 s. 2 d. vls bco.

Opération:	1	livre	1. *5.* *20.* *240.* ∂ sterlings.
	30. 6.		1. écus de France.
	4. 1.		211. ∂ vls. bco. de Hambourg.
	12. 1.		1. ß vls. bco. dit.
Diviseur	6.		211. *Produit* 35 ß 2 ∂.

Règle universelle. Multipliez le *change* entre Bayonne & Hambourg par 40, & divisez-en le produit par le *change* entre Londres & Bayonne.

3e. *Cas.* On tire de Hambourg sur Bordeaux à 26 s. lubs, & l'on y remet en provision du papier sur

Lisbonne à 44 d. vls , lequel eſt négocié à Bordeaux à 450 rées. On demande quel *change* fera par cette voie le papier ſur Lisbonne? *Réponſe* , 46 $\frac{1}{16}$ d.

Opération :	1	cruzade	8. *400.* rées.
	450. 9.		1. écu de France.
	1.		52. ꝺ vls. pour 26 ß lubs.

| *Diviſeur* | 9. | 416. *Produit* 46 $\frac{1}{16}$ d. |

Régle univerſelle. Elle ne peut être plus ſimple que l'opération , en ne faiſant point de réduction.

4e. *Cas.* Le papier ſur Veniſe étant recherché à Marſeille , on y en remet de Hambourg, où il ne vaut que 84 d. vls ; il eſt négocié à 60 p $\frac{0}{0}$ à Marſeille , d'où l'on en fait les retours à Hambourg à 26 ſ. lubs. On demande quel cours fera par cette voie le papier ſur Veniſe ? *Réponſe* , 86 $\frac{2}{3}$ d.

| Opération : | *60.* *15.* 3 | ducati | 20. *100.* écus de France. |
| | 1. | | 13. *52.* ꝺ vls. pour 26 ß lubs. |

| *Diviſeur* | 3. | 260. *Produit* 86 $\frac{2}{3}$ ꝺ. |

Régle univerſelle. Comme l'opération , mais ſans diminuer les nombres principaux.

5e. *Cas.* On remet à Bilbao du papier ſur Bayonne , pris à Hambourg à 25 $\frac{1}{4}$ ꝺ vls ; il y eſt négocié à 15 l. 5 ſols , & les retours s'en font ſur Hambourg à 91 d. vls. On demande quel cours fera par cet arbitrage le papier ſur Bayonne ? *Réponſe* , 25 $\frac{11}{32}$ ſ. lubs.

Opération :	1	écu	2. *4.* *20* *60.* ſols tournois.
	305.		1088. maravedis de plate.
	375. *125.* 25.		91. ꝺ vls. bco. de Hambourg.
	2. 1.		1. ß lubs bco. de Hambourg.

| *Diviſeur* | 7625. | 198016. *Produit* 25 $\frac{11}{32}$ ß lubs. |

Régle univerſelle. Multipliez le *change* entre Madrid & Hambourg par 87 , & ajoutez 3 au produit , que vous diviſerez par le *change* entre Bilbao & Bayonne , en réduiſant auparavant les livres en ſols.

6e. *Cas.* On remet à Madrid du papier ſur Lisbonne , qui a coûté à Hambourg 43 $\frac{1}{4}$ deniers ; on l'y négocie à 2320 rées , & le retour en a lieu de Madrid ſur Hambourg à 89 d. vls. On demande quel cours fera par cette opération le papier ſur Lisbonne ? *Réponſe* , 44 $\frac{1}{2}$ d. vls. bco.

Opération :	1.	cruzade	*5.* *400.* rées.
	2320. 29.		1088. maravedis de plate.
	375. 75.		89. ꝺ vls. bco. de Hambourg.

| *Diviſeur* | 2175. | 96832. *Produit* 44 $\frac{1}{2}$ ꝺ. |

Régle univerſelle. Multipliez le *change* entre Madrid & Hambourg par 1160 , & ajoutez-y 47. Vous diviſerez enſuite le produit par le *change* entre Lisbonne & Madrid.

7e. *Cas.* Ayant à faire des fonds à Bilbao , on y remet du papier ſur Londres , pris à Hambourg à 33 ſ. 8 den. vls , lequel ſe négocie à 38 den. ſterlings à Bilbao , d'où les retours s'en font ſur Hambourg à 90 deniers vls. On deſire ſavoir quel *change* fera par cette voie le papier ſur Londres ? *Réponſe* , 34 ſ. 4 d. vls.

Opération :	1.	livre	2. *4.* *20.* *240.* ꝺ ſterlings.
	38. 19.		272. maravedis de plate.
	375. *75.* 5.		6. *90.* ꝺ vls. bco. de Hambourg.
	12. 1.		1. ß vls bco. dit.

| *Diviſeur* | 95. | 3264. *Produit* 34 ß 4 ꝺ. |

Régle univerſelle. Multipliez le *change* entre Hambourg & Bilbao par 14 $\frac{1}{2}$, & diviſez-en le produit par le *change* entre Bilbao & Londres.

8e. *Cas.* On remet à Lisbonne du papier ſur Bordeaux , pris à Hambourg à 2 ſ. lubs ; il eſt négocié à 460 rées dans la première de ces villes , & on en fait les retours de là ſur Hambourg à 46 den. vls. On demande quel cours fera par cette voie le papier ſur Bordeaux ? *Réponſe* 26 $\frac{7}{12}$ ſ. lubs.

Opération :	1 écu.	23. *460.* rées.
	400. *20.* 10.	23. *46.* d. vls bco.
	2.	1. ß lubs de Hambourg.
Diviseur	20.	529. *Produit* $26\frac{7}{16}$ ß.

Régle universelle. Multipliez les deux *changes* l'un par l'autre, & prenez le huitiéme du produit, dont vous retrancherez deux chiffres à la droite.

9e. *Cas.* On tire de Hambourg sur Lisbonne à $44\frac{3}{4}$ d. vls, & l'on remet en provision du papier sur Madrid, qui a coûté 89 d. vls. Ce papier étant négocié à Lisbonne à 2380 rées, on demande quel *change* fera par cet arbitrage le papier sur Bayonne ? *Reponse*, $91\frac{1}{4}$ d.

Opération :	1. ducat	75. *375.* maravedis de plate.
	1088.	119. *2380.* rées.
	1600. *80.* 16.	179. d. vls. bco. de Hambourg.
Diviseur	17408.	1597575. *Produit* $91\frac{1}{4}$ d.

Régle universelle. Multipliez les deux *changes*, savoir, le nombre de rées du *change* entre Madrid & Lisbonne, par le nombre de deniers vls. du *change* entre Madrid & Hambourg ; cela fait, divisez-en le produit par 683, puis le quotient par 17.

10e. *Cas.* On remet à Lisbonne du papier sur Londres, qui a coûté à Hambourg 33 s. 9 d. vls.; il y est négocié à 66 d. sterlings, & les retours se font de la première de ces villes sur la dernière à 46 deniers vls. On desire savoir quel *change* produira par cette opération le papier sur Londres ? *Réponse*, 34 sols 10 deniers.

Opération :	1 livre	10. *20.* *240.* d. sterlings.
	66. 33.	5. *1000.* rées.
	400. *2.* 1.	23. *46.* d. vls. bco. de Hambourg.
	12. 1.	1. ß vls. bco. dit.
Diviseur	33.	1150. *Produit* 34 ß 10 d.

Régle universelle. Multipliez le *change* entre Hambourg & Lisbonne par 50, & divisez-en le produit par le *change* entre Lisbonne & Londres.

11e. *Cas.* On tire de Hambourg sur Londres à 34 s. 3 deniers, & l'on y remet en provision du papier sur Bordeaux, pris à Hambourg à 25 s. lubs, lequel y est négocié à $29\frac{3}{4}$ d. sterlings. On demande quel *change* fera par cette voie le papier sur Bordeaux ? *Réponse*, $25\frac{15}{32}$ s. lubs.

Opération :	4 écus	119. d. sterlings.
	240. 80.	137. *411.* d. vls. bco. de Hambourg.
	2.	1. ß lubs bco. dit.
Diviseur	640.	16303. *Produit* $25\frac{15}{32}$ ß lubs.

Régle universelle. Multipliez les d. sterlings du *change* entre Londres & Bordeaux par les sols vls. du *change* entre Hambourg & Londres, & divisez-en le produit par 40.

12e. *Cas.* Le papier sur Cadix étant trop abondant à Hambourg, & au *change* de 91 deniers, on le remet à Londres, où il se négocie à $39\frac{1}{2}$ d. sterlings, & d'où les retours en sont faits à Hambourg au *change* de 34 s. 6 d. vls. On demande quel *change* s'établira par cet arbitrage pour le papier sur Cadix ? *Réponse*, $93\frac{7}{8}$ d. vls.

Opération :	1 ducat	25. *75.* *375.* maravedis de plate.
	544.	79. d. sterlings.
	240. *48.* *16.* 8.	207. *414.* d. vls. bco. de Hambourg.
Diviseur	4352.	408820. *Produit* $93\frac{7}{8}$ d.

Régle universelle. Multipliez les d. sterl. du *change* entre Cadix & Londres par les sols vls. du *change* entre Hambourg & Londres, doublez ensuite la somme, & vous en déduirez $1\frac{1}{2}$ par mille, & ce qui restera sera divisé par 29.

13e. *Cas.* Ayant à faire des fonds à Londres, on y remet du papier sur Porto, qui a coûté à Hambourg

44 d. vls.; ce papier eſt négocié à 66 d. ſterlings à Londres, où le *change* ſur Hambourg ſe trouve, à cette époque, à 34 ſ. 4 d. vls. à court. On deſire ſavoir quel cours auroit établi l'arbitrage pour le papier ſur Porto, ſi les retours en avoient eu lieu de Londres ſur Hambourg à ce dernier *change* ? *Réponſe*, 45 5/16 d.

Opération :	1	cruzade	1.	*2.* *400.* rées.
	1000.	5.	11.	*66.* d\ ſterlings.
	240. *120.* *30.*	5.	103.	*412.* d\ vls. bco. de Hambourg.

| *Diviſeur* | 25. | | 1133. | *Produit* 45 5/16 d\. |

Régle univerſelle. Multipliez les d. ſterlings du *change* entre Londres & Porto par les ſols vls. du *change* entre Hambourg & Londres, & diviſez-en le produit par 50.

14e. *Cas.* On remet à Londres du papier ſur Veniſe, pris à Hambourg à 85 d. vls.; il y eſt négocié à 51 d. ſterlings; & les retours en ſont faits ſur la dernière à 34 ſ. 3 d. vls. On demande quel cours s'établit par cette voie pour le papier ſur Veniſe ? *Réponſe* 87 1/3 d.

| *Opération* : | 1 | ducat | 17. | *51.* d\ ſterlings. |
| | *240.* 80. | | 411. | d\ vls. bco. de Hambourg. |

| *Diviſeur* | 80. | | 6587. | *Produit* 87 1/3 d\ vls. |

Régle univerſelle. Multipliez les d. ſterlings du *change* entre Londres & Veniſe par les ſ. vls. du *change* entre Hambourg & Londres, & diviſez-en le produit par 20.

15e. *Cas.* On tire de Hambourg ſur Veniſe à 86 d. vls., & l'on y remet pour proviſion du papier ſur Marſeille qui a coûté 25 1/4 ſ. lubs dans la première ville, & qui ſe négocie à 62 p°. dans la ſeconde. On deſire ſçavoir quel change cet arbitrage produit pour le papier ſur Marſeille ? *Réponſe* : 26 11/32 ſ. lubs.

Opération :	*100.*	50.	écus	31.	*62.* ducats bco. de Veniſe.
	1.			43.	*86.* d\ vls. bco. de Hambourg.
	2.	1,		1.	ß lubs bco. dit.

| *Diviſeur* | 50. | | 1333. | *Produit* 26 11/32 ß lubs. |

Régle univerſelle. Multipliez les deux *changes*, ſçavoir, celui entre Marſeille & Veniſe par celui entre Hambourg & Veniſe; prenez la moitié du produit de cette multiplication, & retranchez-en deux chiffres à la droite.

16e. *Cas.* On remet à Veniſe, où l'on a quelques paiemens à faire, du papier ſur Londres pris à Hambourg à 33 ſ. 6 d. vls. Ce papier ſe négocie à 50 d. ſterlings à Veniſe, où le *change* ſur Londres ſe trouve à cette époque à 86 d. vls. On deſire ſçavoir quel *change* auroit fait le papier ſur Londres, ſi l'on s'en étoit fait faire les retours de Veniſe ſur Hambourg ? *Réponſe* : 34 ſ. 5 d.

Opération :	1	livre	2. *20.* *240.* d\ ſterlings.
	50. 5.		1. ducats de Veniſe.
	1.		86. d\ vls bco. de Hambourg.
	12. 1,		1. ß vls bco. dit.

| *Diviſeur* | 5. | | 172. | *Produit* 34 ß 5 d\. |

Régle univerſelle : Multipliez le *change* entre Veniſe & Hambourg par 20, & diviſez-en le produit par les d. ſterlings du *change* entre Londres & Veniſe.

On a dû voir par ce que nous avons dit déjà, combien ces ſimples arbitrages d'une place ſur l'autre par la médiation d'une troiſiéme, ſont avantageux. Il eſt néanmoins évident qu'une opération qui ſeroit faite entre quatre places ou plus, ſeroit plus avantageuſe encore. Nous avons rendu la choſe ſenſible à ceux de nos lecteurs qui ſont le moins verſés en cette matière, dans les exemples que nous en avons donnés précédemment. Il ſera bon, malgré cela, de faire ſuivre ici deux autres exemples de notre méthode, applicables aux circonſtances des *changes* de Hambourg.

Exemple I. On prend à Hambourg du papier ſur Bordeaux au *change* de 25 1/2 ſ. lubs, & on le remet au *change* de 189 liv. à Paris, où il eſt négocié à 1 p°. de bénéfice. Paris remet en retour du papier ſur

Amſterdam

Amſterdam au change de 54 d. de gros de banque, & ce papier eſt négocié à Hambourg à 32¼ ſols, On veut ſçavoir combien aura produit par cette opération le papier ſur Bordeaux ? *Réponſe* : 26¼ d.

Opération :	*2.*	1	écu		51.	ß lubs bco. de Hambourg.
	16.	1.			1.	marc bco. dit.
	100.	25.			189.	livres tournois:
	100.				101.	dites.
	3.	1.		9.	*27.* *54.*	ᐩ de gros bco. d'Amſterdam.
	262.	131.		1, *4.* *64.* *128.*		ß lubs bco. de Hambourg.

Diviſeur 327500. 8770941. *Produit* 26¼ ᐩ.

Exemple II. On remet à Londres du papier ſur Liſbonne pris à Hambourg à 43 d. vls, lequel y eſt négocié à 66 d. ſterlings. Londres fait les retours en papier ſur Madrid à 38 d. ſterlings, & ce papier ſe négocie à Hambourg à 89 d. vls. On demande quel *change* produira cet arbitrage pour le papier ſur Liſbonne? *Réponſe* : 44 13/16 d.

Opération :	1	cruzade		1.	*2.* *400.*	rées.
	1000.	5.		22.	*66.*	ᐩ ſterlings.
	38.	19.		272.		mrs de plate.
	375.	125.		89.		ᐩ vls. bco. de Hambourg.

Diviſeur 11875. 532576. *Produit* 44 13/16 ᐩ.

§. V. Après Amſterdam, Paris & les autres villes de France, Londres & Hambourg, il n'y a point de place en Europe dont le commerce en *change* ſoit auſſi conſidérable que celles de Leipſick, Francfort ſur Meyn, Augſbourg, Nuremberg, Vienne & quelqu'autres d'Allemagne. Quoiqu'on ſe ſerve dans ces villes de monnoies différentes, il y en a une qui a prévalu ſur les autres pour le paiement des lettres de change, & cette monnoie eſt celle qu'on nomme *argent de convention*. A Leipſick & dans pluſieurs des autres villes nommées ci-deſſus, on fait quelquefois les paiemens en *louis d'or* ſur le pied de 5 thaler courantes le louis; mais cet uſage ſe perd peu à peu & finira ſans doute à la longue. Cependant en réduiſant les monnoies des divers pays avec leſquels les villes d'Allemagne ont des *changes* réglés, en celle de convention ayant cours dans ces mêmes villes; nous adopterons, pour établir la parité des mêmes *changes*, l'uſage de compter 5 thaler pour un louis; c'eſt le moyen de fixer la valeur intrinſeque en or de chaque thaler, qui varie chaque jour ſuivant la hauſſe ou la baiſſe du prix de l'or, relativement à l'argent. Preſque toutes les villes d'Allemagne ſus-mentionnées donnent l'incertain pour le certain à Amſterdam, Hambourg, Londres, Lyon, Bolzan & Veniſe; ainſi, nous devons chercher d'abord la parité des *changes* ſur chacune de ces places. Nous devons expliquer que

	Contenu	
	D'or fin,	d'argent fin.
La thaler de convention de 1½ florins, a	as, ou	364 80/800 as.
La thaler en louis d'or, à 5 thaler chacune, ...	25	
La rixdale de banque d'Amſterdam, de 50 ſols bco. .	35 92/100	534 75/100
La reichſthale de banque de Hambourg, ...	35 54/100	532
La livre ſterling d'Angleterre, ...	151 11/100	2295 21/100
L'écu de France de 3 livres, ...	19 54/100	284 92/100
La reichſthale de Bolzan de 90 kreutzers monnoie longue, .	25 77/100	364 80/100
Le ducat de banque de Veniſe, ...	31 77/100	469 54/100

La parité des *changes* étant calculée ſur le contenu tant d'or que d'argent de chacune de ces monnoies, il en réſulte que :

	Parité relative,		
	à l'or,	à l'argent,	prix moyen.
100 Reichſthales de banque d'Amſterdam, valent . . .	143 62/100	146 59/100	ou 147 13/100 thlr.
100 Reichſthales de banque de Hambourg, ...	142 16/100	145 81/100	ou 144 dites
1 Livre ſterling, ...	6 4/100	6 29/100	ou 6 17/100 dites
100 Écus de France, ...	78 16/100	78 10/100	ou 78 11/100 dites
100 Reichſthales de Bolzan, mon. longue, . . .	103 8/100	100	ou 101 54/100 dites
100 Ducats de banque de Veniſe, ...	127 8/100	128 71/100	ou 127 90/100 dites

¹. Les opérations en banque font fréquentes en Allemagne, plus même que dans aucun autre pays de l'Europe. Rien n'y contribue autant que le grand commerce d'espèces qui fe fait dans prefque toutes les grandes villes de cet Empire. Comme il y a un prodigieux nombre de monnoies différentes dans leurs poids & leurs titres, quoique pourtant prefque toutes le même nom, la connoiffance de chacune de ces monnoies eft une fcience particulière, dont ceux qui la poffedent tâchent de tirer le meilleur parti poffible. Ce font pour la plûpart des juifs qui s'occupent de ce commerce; & quoique le bénéfice qu'ils retirent de chaque opération foit fort borné, ils favent le multiplier de manière à s'enrichir. Au refte, toutes ces monnoies particulières ne regardent que le commerce intérieur de l'Allemagne. Nous avons deja vu qu'il y a dans le commerce extérieur de cet Empire une monnoie qui a prévalu fur toutes les autres, fur-tout pour le réglement des changes étrangers, & nous en avons établi les parités; il ne nous refte donc plus maintenant qu'à rapporter quelques cas & quelques opérations, qui préfenteront aux négocians d'Allemagne un tableau fimulé des bénéfices qu'ils peuvent faire dans ces mêmes *changes*.

1er. Cas. On remet de Leipfick à Amfterdam du papier fur Hambourg, qui, pris dans la première ville à 140 p⁰⁄₀, eft négocié dans la feconde à 33½ f. & dont les retours fe font fur Leipfick à 142 p⁰⁄₀. On demande quel *change* s'établit par cette opération entre Leipfick & Hambourg? *Réponfe:* 141¼ p⁰⁄₀.

Opération:		1. *100.* rthlr. bco. de Hambourg.
2. 1.		3. thaler dites.
2.		67. fols bco de Hollande.
50.		1. rixdale bco. de Hollande.
100. 1.		71. *142.* thaler de Leipfick.
Divifeur 100.		14271. *Produit* 142 ¼ p⁰⁄₀.

Régle univerfelle. Multipliez le *change* entre Hambourg & Amfterdam, premièrement par 3, puis par le *change* entre Hambourg & Leipfick: & vous prendrez la moitié du produit, dont vous couperez deux chiffres à la droite.

2e. Cas. Le papier fur Lyon ne pouvant être négocié à Leipfick qu'à 76 p⁰⁄₀, on le remet à Amfterdam où on le négocie à 53¼ d., & d'où les retours en font faits fur Leipfick à 146 p⁰⁄₀. On demande quel cours fera par cette voie à Leipfick le papier fur Lyon? *Réponfe:* 77¼ p⁰⁄₀.

Opération:		1. *100.* écus de France.
4. 2.		213. ℔ de gros bco. de Hollande.
100.		1. rixdale bco. dite.
100. 1.		71. *146.* thaler de Leipfick.
Divifeur 200.		15549. *Produit* 77¼ p⁰⁄₀.

Régle univerfelle. Multipliez le *change* entre Amfterdam & Lyon, par celui entre Amfterdam & Leipfick; & coupez deux chiffres du produit.

3e. Cas. Un négociant de Leipfick remet à Amfterdam du papier fur Londres, qui lui coûte 6 thalers par livre fterling; ce papier eft négocié à 35 f. 7 d., dans Amfterdam d'où les retours ont lieu fur Leipfick à 145 p⁰⁄₀. On demande quel *change* fera par cette voie le papier fur Londres? *Réponfe:* 6 thlr. 4¼ gros.

Opération:	1 livre fterling,	427. ℔ de gros bco. d'Amfterdam.
	100.	1. rixdale bco. dit.
	100.	145. thlr. cour. de Leipfick.
Divifeur 10000.		61915. *Produit* 6 thlr. 4¼ gros.

Régle univerfelle. Elle eft comme l'opération.

4e. Cas. On remet de Francfort fur Meyn à Amfterdam du papier fur Venife, qui a coûté 120 thalers; il eft négocié à Amfterdam à 86 d., & les retours en font faits fur Francfort à 144 p⁰⁄₀. On demande quel cours s'établira dans cette dernière ville pour le papier fur Venife? *Réponfe:* 123¹³⁄₁₆ p⁰⁄₀.

Opération:	1.	1. *100.* ducati di bco. de Venife.
	100. 1.	86. ℔ de gros bco. d'Amfterdam.
	100. 25.	1. rixdale bco. dit.
		36. *144.* thlr. cour. de Francfort.
Divifeur 25.		3096. *Produit* 123¹³⁄₁₆ p⁰⁄₀.

Régle univerfelle. Multipliez le *change* entre Amfterdam & Venife, par celui entre Amfterdam & Francfort; & retranchez deux chiffres de la droite du produit.

5e. *Cas.* Augfbourg ayant à remettre des fonds à Hambourg, y envoie du papier fur Amfterdam, qu'il a payé 141 p°. Ce papier fe négocie à 33 f., à Hambourg où le *change* fur Augfbourg fe trouve à cette époque à 144 p°. On demande quel cours fe feroit établi à Augfbourg pour le papier fur Amfterdam par un arbitrage de cette nature? *Réponfe;* 145½ p°.

Opération:

			1.	*100.* rixdales bco. d'Amfterdam.
	1.		50.	fols bco dit.
33.			1.	thaler bco. de Hambourg.
3. 1.			2.	rthlr. bco. dite.
100. 1.			48.	*144.* thlr. cour. d'Augfbourg.

Divifeur 33. 4800. *Produit* 145½ p°.

Régle univerfelle. Multipliez le *change* entre Hambourg & Haugfbourg par 33⅓, & divifez-en le produit par le *change* entre Amfterdam & Hambourg.

6e. *Cas.* On remet de Francfort à Hambourg du papier fur Londres pris dans la première ville à 6 thlr. & négocié dans la feconde à 34 f. 6 d. Les retours s'en faifant de Hambourg fur Francfort à 144 p°, on demande quel cours établit cette opération entre Francfort & Londres? *Réponfe:* 6 th. 19 kreutzers.

Opération:

	1 livre fterling,	207. *414.* & vls. bco. de Hambourg.
96. *48.* 1.		1. rthlr. bco. dite.
100.		3. *144.* thlr. cour. de Francfort.

Divifeur 100. 621. *Produit* 6 th. 19 kreutzers.

Régle univerfelle. Multipliez les d. vls. du *change* entre Londres & Hambourg, par le *change* entre Hambourg & Francfort; prenez enfuite la moitié du produit, & à cette moitié vous ajouterez 1 p° de ce même produit. Cette moitié & ce 1 p° réunis, vous en retrancherez les deux chiffres de la droite, & vous multiplierez ce qui reftera par 90 pour faire des kreutzers.

7e. *Cas.* Augfbourg tire fur Lyon à 111 fl. pour 100 écus & remet fon papier à Hambourg, où il eft négocié à 26 f. lubs & d'où les retours fe font fur Augfbourg à 143 p°. On demande quel *change* revient à Augfbourg pour le papier fur Lyon? *Réponfe:* 116 fl. 11¼ kr.

Opération:

		1.	*100.* écus de France.
	1.	13.	*26.* ß lubs bco. de Hambourg.
48. 16.		1.	rthlr. bco. dit.
100. L.		143.	thlr. d'Augfbourg.
2. 1.		1.	*3.* florins cour. dits.

Divifeur 16. 1859. *Produit* 116 florins 11¼ kreutzers.

Régle univerfelle. Multipliez le *change* entre Hambourg & Lyon, par celui entre Hambourg & Augfbourg, & divifez-en le produit par 32.

8e. *Cas.* Le papier fur Venife ne pouvant être négocié à Leipfick qu'à 119 thlr., on le remet à Hambourg où on le négocie à 84 d. vls, & d'où les retours fe font fur Leipfick à 142 p°. On demande quel *change* s'établit par cet arbitrage entre Leipfick & Venife? *Réponfe:* 124¼ p°.

Opération:

		1.	*100.* ducati di bco. de Venife.
	1.	7.	*21.* *84.* & vls. bco. de Hambourg.
96. *24.* *12.* *4.*		1.	rthlr. bco. dit.
100. 1.		71.	*142.* thlr. cour. de Leipfick.

Divifeur 4. 497. *Produit* 124¼ p°.

Régle univerfelle. Multipliez le *change* entre Hambourg & Venife par celui entre Hambourg & Leipfick, & divifez-en le produit par 96.

9e. *Cas.* On remet de Leipfick à Lyon du papier fur Amfterdam, qui a coûté dans la première ville 140 p°. & eft négocié dans la feconde à 53 d. Les retours en étant faits de Lyon fur Leipzig à 77 thlr pour 100 écus. On demande quel cours établit cette opération entre Leipfick & Amſterdam? *Réponſe:* 145⅓ p̊.

Opération:

1.	1. *100.* rixdales bco. d'Amſterdam.
53.	100. ꝗ de gros bco. dit.
100. 1.	1. écu de France.
	77. thlr. cour. de Leipfick.

Diviſeur 53.   7700.   *Produit* 145⅓ p̊.

Régle univerſelle. On ajoute deux zeros au *change* entre Lyon & Leipfick, & on en diviſe le produit par le *change* entre Lyon & Amſterdam.

10e. *Cas.* On remet d'Augſbourg à Lyon du papier ſur Hambourg pris à Augſbourg à 140 p̊, & négocié à 188 écus à Lyon, d'où les retours ſe font ſur Augſbourg à 77 p̊. On demande quel *change* s'établit par cette voie entre Augſbourg & Hambourg? *Réponſe*: 144¼ p̊.

Opération:

100. 1.	1. *100.* thlr. bco. de Hambourg.
100. 25.	47. *188.* écus de France.
	77. thlr. cour. d'Augſbourg.

Diviſeur 25.   3618.   *Produit* 144¼ p̊.

Régle univerſelle. Multipliez le *change* entre Lyon & Hambourg, par celui entre Lyon & Augſbourg, & retranchez du produit deux chiffres de la droite.

11e. *Cas.* Le papier ſur Londres ne pouvant être négocié à Vienne à 5 th. 88 kr., On le remet à Paris où il eſt négocié à 29⅞ d., & d'où les retours ont lieu ſur Vienne à 77 p̊. On demande quel cours fait par cette opération à Vienne le papier ſur Londres? *Réponſe*: 6 th. 17 kr. cour.

Opération:

1	livre	12. *240.* ꝗ ſterlings.
239.		8. écus de France.
100. 5.		77. thlr. cour. de Vienne.

Diviſeur 1195.   7392.   *Produit* 6 thlr. 17 kr.

Régle univerſelle. Multipliez le *change* entre Paris & Vienne par 2⅔ & diviſez-en le produit par le *change* entre Paris & Londres.

12e. *Cas.* Leipfick remet à Marſeille du papier ſur Veniſe au *change* de 124 p̊; il y eſt négocié à 99 ſols: & les retours en ont lieu ſur Leipfick à 78 p̊. On demande quel cours s'établit par cet arbitrage entre Leipfick & Veniſe? *Réponſe*: 128 7/10 p̊.

Opération:

1.		1. *100.* ducati di bco. de Veniſe.
60. *20.* 10.		33. *99.* ſols tournois.
100. 1.		1. écu de France.
		39. *78.* thlr. cour. de Leipfick.

Diviſeur 10.   1287.   *Produit* 128 7/10 p̊.

Régle univerſelle. Multipliez le *change* entre Veniſe & Marſeille par celui entre Marſeille & Leipfick, & diviſez-en le produit par 60.

13e. *Cas.* On remet de Vienne à Londres du papier ſur Amſterdam, qui a coûté dans la première ville 141 p̊ & qui eſt négocié à 34 ſ. 6 d. à Londres. Les retours en étant faits ſur Vienne à 6 th. On deſire ſçavoir quel *change* établit cette opération entre Vienne & Amſterdam? *Réponſe*: 145 p̊.

Opération:

1.		50. *100.* rixdales bco. d'Amſterdam.
414. *207.* 69.		100. ꝗ vls. bco. dites.
1.		1. livre ſterling.
		2. *6.* thlr. cour. de Vienne.

Diviſeur 69.   10000.   *Produit* 145 p̊.

Régle univerſelle. Ajoutez quatre zeros au *change* entre Londres & Vienne, & diviſez-le par le *change* entre Londres & Amſterdam réduit en d. vls de gros bco.

14e. *Cas.* Le papier ſur Hambourg étant trop abondant à Vienne où il ne vaut que 138 p̊, on le remet à Londres où il eſt négocié à 33 ſ. 1 d., & d'où les retours en ſont faits ſur Vienne à 6 thlr. 4 kr. On demande quel cours établit cette opération dans cette dernière ville pour le papier ſur Hambourg? *Réponſe* : 142½ p°.

Opération :

			10. *100.* thlr. bco. de Hambourg.
		1.	32. *96.* à vls. bco. dits.
	407.		1. livre ſterling.
	1.		544. kreutzers de Vienne.
	90. *9*. 3.		1. thlr. cour. de Vienne.

Diviſeur 1221. 174080. *Produit* 142½ p°.

Régle univerſelle. Multipliez le nombre de kreutzers du *change* entre Londres & Vienne par 106⅔, & diviſez-en le produit par le nombre de deniers vls bco. du *change* entre Londres & Hambourg.

15ᵉ. *Cas.* On remet de Francfort à Londres du papier ſur Bordeaux, pris dans la première ville à 75 p°, & négocié à 30½ den. ſterl. dans la ſeconde, d'où les retours ſe font ſur Francfort à 6 thlr. 6 kr. On demande quel cet arbitrage entre cette dernière ville & Bordeaux? *Réponſe*, 77¹⁄₁₀ p°.

Opération :

		1. *10.* *100.* écus de France.
	2.	61. à ſterlings.
240. *24.* 4.		91. *546.* kreutzers de Francfort.
90. 9.		1. thaler. courante dite.

Diviſeur 72. 5551. *Produit* 77¹⁄₁₀ p°.

Régle univerſelle. Multipliez le *change* entre Londres & Bordeaux, par le montant des kreutzers du *change* entre Londres & Francfort, & diviſez-en le produit par 216.

16ᵉ. *Cas.* Leipſick remet à Londres du papier ſur Veniſe à 122 p°, lequel y eſt négocié à 50 d. Les retours ſe faiſant de Londres à Leipſick à 6 thlr. 4 kr., on demande quel *change* revient dans cette dernière ville pour le papier ſur Veniſe? *Réponſe*, 126 p°.

Opération :

		5. *10.* *100.* ducati di bco. de Veniſe.
	1.	50. à ſterlings.
240. *24.* 3.		68. *544.* kreutzers.
90. 9.		1. thlr. cour. de Leipſick.

Diviſeur 27. 3400. *Produit* 126 p°.

Régle unviverſelle. Elle eſt la même que celle du cas 15ᵉ.

17ᵉ. *Cas.* Le papier ſur Amſterdam étant fort recherché à Veniſe, on y en remet de Vienne qui a coûté 142 p°; il y eſt négocié à 85 den., & l'on en fait les retours de Veniſe ſur Vienne à 125 p°. On demande quel *change* produit par cette opération à Vienne le papier ſur Amſterdam? *Réponſe*, 147 p°.

Opération :

		1. *100.* rixdales bco. d'Amſterdam.
	1.	100. à de gros bco. dit.
85. 17.		1. ducato di bco. de Vienne.
100. 1.		25. *125.* thlr. cour. de Veniſe.

Diviſeur 17. 2500. *Produit* 147 p°.

Régle univerſelle. Ajoutez deux zéros au *change* entre Vienne & Veniſe, & diviſez-le par le *change* entre Veniſe & Amſterdam.

18ᵉ. *Cas.* On demande de Veniſe du papier ſur Londres; on y en remet de Francfort au *change* de 6 thlr. 8 kr., qui y eſt négocié à 48 d. ſterlings, & les retours s'en font de Veniſe ſur Francfort à 116 p°. On demande quel cours établit cette opération dans cette dernière ville pour le papier ſur Londres? *Réponſe*, 6 th. 27 kr.

Opération :

1	livre.	
48.	*4.*	2.
100.	5.	

1.	*12.*	*240.* â̷ sterlings.
	1.	ducato di bco. de Venise.
63.	*126.*	thlr. cour. de Francfort.

Diviseur 10.   63.   *Produit* 6 th. 27 kr.

Régle universelle. Multipliez le *change* entre Venise & Francfort par 2⅖, & divisez-en le produit par le *change* entre Venise & Londres.

Rien de plus simple que la manière d'opérer dans les cas que nous venons de mettre sous les yeux de nos lecteurs. Mais il est des circonstances où, pour améliorer le *change*, il convient de faire l'arbitrage par la médiation de deux places ou plus. L'opération est alors un peu plus compliquée; mais, comme on a déja dû voir, avec un peu d'attention on en vient facilement à bout. Donnons ici deux exemples pour répandre un nouveau jour sur cet objet.

Exemple I. A de Nuremberg ayant à faire à B de Leipsick des fonds sur lesquels il risqueroit de perdre 1 pͦ dans le *change*, remet du papier sur Londres au *change* de 6 thalers à C d'Amsterdam, qui le négocie à 34 s. 6 d. Celui-ci fait les retours à A en papier sur Vienne à 33 sols, & ce papier qu'A remet à B, est négocié à Leipsick avec ½ pͦ de bénéfice. On demande quel *change* fait A de Nuremberg pour son papier sur Londres ? *Réponse*, 6 th. 27 kr.

Opération :

1	livre sterling,	
2.	1.	
33.	11.	
200.		

207. *414.* â̷ de gros bco. d'Amsterdam.
1. sols bco. dit.
1. thaler cour. de Vienne.
67. *201.* th. de Leipsick.

Diviseur 2200.   13869.   *Produit* 6 th. 27 kr.

Exemple II. On remet de Leipsick à Hambourg du papier sur Paris, pris dans la première ville à 74¼ thlr.; il est négocié dans la seconde à 187 écus, & les retours sont faits de Hambourg à Leipsick en papier sur Venise, pris au *change* de 83 d. vls. On remet ce second papier de Leipsick à Augsbourg, où il se négocie à 24 pͦ de bénéfice, & l'on s'en rembourse de la première de ces villes sur la seconde à 1 pͦ de bénéfice. On demande quels cours fera par cette opération le papier sur Paris? *Réponse*, 77⁷⁄₁₆ pͦ.

Opération :

187.
1.
83.
100. 1.
100. 1.

1. *100.* écus de France.
1. *100.* rthlr. bco. de Hambourg.
96. â̷ vls. bco. dit.
1. ducato di bco. de Venise.
124. thlr. cour. d'Augsbourg.
101. thlr. cour. de Leipsik.

Diviseur 15521.   1202304.   *Produit* 77⁷⁄₁₆ pͦ.

§. VI. GENÈVE, *Basle*, *saint-Gall*, villes de Suisse, & *Bolzan* dans le Tirol, sont des places de *change* qui font un grand négoce de banque, mais sur-tout Genève. Genève, qui tient à juste titre un rang distingué parmi les principales places de *change* de l'Europe. Genève donne le certain pour l'incertain à Amsterdam, à Lyon & à Paris, à Londres & à Turin; & reçoit le certain pour l'incertain de Leipsick, Gênes & Livourne. Basle ne donne l'incertain pour le certain qu'à Livourne seulement. Saint-Gall donne pareillement l'incertain pour le certain à Amsterdam, à Augsbourg, à Genève, à Hambourg, à Paris & Lyon, à Londres, à Livourne & à Vienne. Enfin, Bolzan donne l'incertain pour le certain à Amsterdam, à Hambourg, à Londres & à Vienne. Nous avons dit dans un autre endroit, que :

	Contenu d'or fin,	d'argent fin,
L'écu de Genève de 3 liv. ou 126 s. de Geneve, a	32 ³²⁄₁₀₀ as	467 ⁹⁸⁄₁₀₀ as,
La Rthlr. de Basle de 1⅘ fl. ou 108 kr. de change, ...	31 ⁶⁰⁄₁₀₀ ,	456 ⁴¹⁄₁₀₀
La dite, ... de 1⅘ fl. ou 106 kr. courans, ...	29 . . .	420
Le florin de S. Gall. de 60 kr. de change, ...	18 ⁴⁰⁄₁₀₀ ,	265 ³⁰⁄₁₀₀
Le dit, ... de 60 dits courans, ...	15 ²⁰⁄₁₀₀ ,	220
Le florin de Bolzan de 90 kr. monnoie longue, ...	17 ¹⁸⁄₁₀₀ . .	243 ²⁰⁄₁₀₀

	Contenu d'or fin,	d'argent fin.
La rixdale de 2½ fl. ou 50 ſ. bco. de Hollande, a	35 $\frac{92}{100}$ as ou	534 $\frac{75}{103}$ as.
La ſthlr. de 96 ℔ vls. bco. de Hambourg, ...	35 $\frac{54}{100}$ . . .	532
La livre ſterling de Londres, ...	151 $\frac{11}{100}$ . .	2295 $\frac{31}{100}$
L'écu de France, de 60 ſ. tournois, ...	19 $\frac{54}{100}$ . . .	284 $\frac{92}{100}$
L'écu de Turin de 60 ſ. de Piémont, ...	45 $\frac{37}{100}$ . . .	663
La pezza de Gênes, ...	30 $\frac{80}{100}$ . . .	459 $\frac{37}{100}$
La piaſtre de Livourne, ...	31 $\frac{13}{100}$ . .	451 $\frac{24}{100}$
Le ducato di bco. de Veniſe, ...	31 $\frac{77}{100}$ . .	469 $\frac{54}{100}$
La thaler courante de Leipſick & d'Auſbourg, ...	25 . .	364 $\frac{80}{100}$
La thaler courante de 1½ fl de Vienne, ...	25 $\frac{94}{100}$ . . .	364 $\frac{80}{100}$

En calculant les contenus d'or & d'argent de ces monnoies pour trouver la parité des *changes* de chaque état & ville nommés ci-deſſus, & de l'autre part, on trouve que :

Parité relative

	à l'or,	à l'argent.	Prix moyen.
100 Pezze de Gênes font, ...	95 $\frac{3}{5}$ . . .	98 $\frac{1}{5}$ . . . ou	96 $\frac{7}{8}$ écus de Genève.
100 Pezze de Livourne, ...	96 $\frac{1}{2}$ . .	96 $\frac{1}{2}$ . . . ou	96 $\frac{1}{2}$ dits.
100 dites de la même ville, ...	98 $\frac{2}{5}$ . . .	98 $\frac{9}{10}$ . . . ou	th. de ch. de Baſle.

Genève & Baſle donnant à Aſterdam le certain pour l'incertain.

1 Écu de Geneve répond à	89 $\frac{3}{4}$ . .	87 $\frac{1}{2}$ . . ou	88 $\frac{5}{8}$ ℔ vls. bco. d'Amſter.
100 Thlr. de change de Baſle, à	87 $\frac{97}{100}$ . .	85 $\frac{35}{100}$ . . ou	88 $\frac{66}{100}$ rdlr. bc.

Au reſte :

1 Rixdale bco. d'Amſterdam fait 117	kr. 121	kr. ou 1	kr. de ch. de S. Gall.
1 Rthlr. bco. de Hambourg, ... 116	. . . 120 . . .	ou 118 dits.	
100 Florins cour. d'Augſbourg & Leipſick. 109 $\frac{7}{10}$ fl. .	110 $\frac{4}{5}$ fl. .	. ou 110 $\frac{1}{4}$ fl. cour. de St. Gall.	
100 Florins courant de Vienne, . . . 113 $\frac{4}{5}$ fl. .	109 $\frac{1}{5}$ fl. .	. ou 111 $\frac{7}{10}$ fl. dits.	
1 Livre ſterling de Londres . . . . 9 $\frac{57}{100}$ fl. .	10 $\frac{35}{100}$ fl. .	. ou 10 $\frac{11}{60}$ fl. dits.	
1 Écu de France de 60 ſ. Tournois . . 77 $\frac{1}{8}$ kr. .	77 $\frac{7}{8}$ kr. .	ou 77 $\frac{1}{2}$ kr. courant dit.	
1 Pezza de Gênes, ... 127 $\frac{1}{4}$ kr. .	127 $\frac{3}{4}$ kr. .	ou 127 $\frac{1}{2}$ kr. dits.	
1 Pezza de Livourne, ... 122 $\frac{3}{4}$ kr. .	123 $\frac{1}{4}$ kr. .	ou 123 kr. dits.	
100 Rixdales bco. d'Amſterdam, ... 209	fl. . . 220	fl. . . ou 214 $\frac{1}{2}$ fl. m. l. de Bolzan.	
100 Rthlr. bco. de Hambourg, ... 206 $\frac{7}{8}$ fl. .	218 $\frac{7}{8}$ fl. .	. ou 212 $\frac{7}{8}$ fl. dits.	
1 Livre ſterling de Londres, ... 8 $\frac{48}{60}$ fl. .	9 $\frac{26}{60}$ fl. .	. ou 9 $\frac{14}{60}$ fl. dits.	

Rien de plus évident qu'en combinant les *changes* de deux places, on peut ſouvent opérer d'une manière plus avantageuſe qu'en négociant ſimplement les traites ſur la place ; où le petit nombre des preneurs peut faire baiſſer conſidérablement le papier. Tout ce que nous avons dit ſur ce ſujet rend la choſe ſenſible, & pour ainſi dire palpable ; cependant nous donnerons encore quelques cas en faveur des quatre villes dont eſt queſtion dans ce paragraphe.

1er. *Cas.* On remet de Genève à Amſterdam du papier ſur Livourne, pris dans la première ville à 94 p%, & négocié dans la ſeconde à 85 d. vls. Les retours s'en faiſant d'Amſterdam ſur Genève au change de 87 d., on demande quel cours établit cette opération à Genève pour le papier ſur Livourne ? *Réponſe,* 97 $\frac{11}{16}$ p%.

Opération :

	1.	100. pezze de Livourne.
	87.	85. ℔ vls. bco. d'Amſterdam.
		1. écu de Genève.
Diviſeur	87.	8500. *Produit* 97 $\frac{11}{16}$ p%.

Régle univerfelle. Elle ne peut être plus fimple que l'opération.

2e. *Cas.* Le papier fur Gènes étant recherché à Turin, on y en remet qui a coûté à Genève 94 ½ p°., & eft négocié à Turin à 9 ½ lire par fequin. Les retours en étant faits de Turin fur Genève à 84 fols de Piémont, on demande quel *change* établit cet arbitrage entre Genève & Gènes ? *Réponfe*, 96 ⅜ p°.

Opération :

	1.	25. *100.*	pezze de Gènes.
		115.	foldi f. di. bco. de Gènes.
270.	27.	19. *190.*	fols de Piémont.
84.	21.	1.	écu de Genève.

Divifeur 567. 54625. *Produit* 96 ⅛ p°.

Régle univerfelle. Multipliez le *change* entre Gènes & Turin par 42 ⅘, & divifez-en le produit par le *change* entre Turin & Genève.

3e. *Cas.* Le papier fur Amfterdam étant à Genève à 86 d. vls., eft remis à Paris où il eft négocié à 54 d. vls., & les retours en font faits fur Genève à 164 écus. On demande quel cours fait le papier fur Amfterdam à Genève ? *Réponfe*, 88 ½ d. vls. ; ce qui fait un bénéfice de 2 ⅞ p°.

Opération :

100.	25	écus de Genève.	
1			
		41. *164.*	écus de France.
		54.	vls. bco. d'Amfterdam.

Divifeur 25. 2214. *Produit* 88 ½ d.

Régle univerfelle. Multipliez les deux *changes*, fçavoir, celui entre Genève & Paris par celui entre Amfterdam & cette dernière ville, & retranchez deux chiffres de la droite du produit.

4e. *Cas.* On remet à Paris du papier fur Leipfick, pris à Genève à 11 l. 9 f., & négocié à 76 p°. à Paris, d'où les retours fe font fur Genève à 166 p°. On demande quel *change* fait par cette voie le papier fur Leipfick ? *Réponfe*, 11 l. 17 f. 9 d. de Genève.

Opération :

1.	louis.	5.	thaler de Leipfick.
76.	19.	25. *100.*	écus de France.
166.	83.	50. *100.*	écus de Genève.
1.		3.	livres dites.

Régle univerfelle. Commencez par multiplier le *change* entre Leipfick & Paris par celui entre Paris & Genève ; cela fait, divifez 150000 par le produit de cette multiplication, & le réfultat de cette divifion fera des livres de Genève.

5e. *Cas.* Bafle remet du papier fur Livourne au *change* de 94 p°. à Genève, où il eft négocié à 94 p°., & d'où les retours fe font fur Bafle à 95 p°. On defire fçavoir quel *change* fera par cette voie à Bafle le papier fur Livourne ? *Réponfe*, 97 11/12 p°.

Opération :

100.	1.	1. *100.*	pezze de Livourne.
96.	*48.* 12.	47. *94.*	écus de Genève.
		25. *100.*	thlr. de change de Bafle.

Divifeur 12. 1175. *Produit* 97 11/12 p°.

Régle univerfelle Ajoutez deux zéros au *change* entre Livourne & Genève, & divifez-le par le *change* entre Genève & Bafle.

6e. *Cas.* Le papier fur Amfterdam étant recherché à Augfbourg, on y en remet de faint-Gall au *change* de 119 kr. de *change* ; ce papier étant négocié à 140 p°. dans la feconde de ces villes, & les retours en ayant lieu fur la dernière au *change* de 13 p°. de bénéfice, on defire favoir quel *change* fera par cette voie le papier fur Amfterdam ? *Réponfe*, 122 ½ *kreutzers de change*.

Opération :

100.	*5.* 1	rixd. bco. d'Amft.	7. *140.* thlr. cour. d'Aufbourg.
2.	1.		3. fl. dits.
100.		113.	fl. cour. de St. Gall.
1383.	461.	119. *238.* *1190.*	fl. de change de St. Gall.
1.		1. *3.* *60.*	kreutz. de change-dit.

Divifeur 2305. 282387. *Produit* 122 ½ kr. de ch.

Régle

Régle universelle. Multipliez le *change* entre Augsbourg & saint-Gall, par celui entre Amsterdam & Augsbourg; puis déduisez 20 du produit, après quoi vous le diviserez par 129.

7e. *Cas.* On remet de saint-Gall à Leipsick du papier sur Hambourg, qui a coûté dans la première de ces villes 115 kr. de ch., & qui est négocié à 141 p$\frac{o}{o}$ dans la seconde. Les retours en étant faits sur saint-Gall à 8 fl., le louis à 5 thalers, on demande quel cours fait par cet arbitrage le papier sur Hambourg ? *Réponse,* 117$\frac{1}{3}$ kr. de change.

Opération:	*100.*	*50.* 5	rthlr. bco. de Hamb.		71.	*141.* th. cour. de Leipsick.
	5.	1.				8. flor. cour. de St. Gall.
	1383.	461.			119.	*1190.* flor. de change dit.
	1.				4.	*12.* *60.* kr. dit.

| *Diviseur* 2305. | | | | 270368. | *Produit* 117$\frac{1}{3}$ kr. |

Régle universelle. Multipliez le *change* entre Hambourg & Leipsick, par celui entre Leipsick & saint-Gall en florins; vous déduirez ensuite 180 du produit, & vous diviserez ce qui restera par 9.

8e. *Cas.* Le papier sur Paris ne pouvant être négocié à saint-Gall, pas même à 72 kreutzers cour. avec 2 p$\frac{o}{o}$ d'agio, on le remet à Hambourg, où il est négocié à 187 écus p$\frac{o}{o}$, & d'où les retours sont faits sur saint-Gall à 120 kr. de *change.* On demande quel *change* fait par cette voie le papier sur Paris ? *Réponse,* 72 kreutzers & 5$\frac{1}{2}$ p$\frac{o}{o}$ d'agio.

Opération:	187. écus de France,		10. *100.* rthlr. bco. de Hambourg.
	1.		121. kr. de change de St. Gall.
	1190. 119.		1383. kr. cour. dits.

| *Diviseur* 22253. | | 1687260. | *Produit* 72 kr. & 5$\frac{1}{2}$ p$\frac{o}{o}$. |

Régle universelle. Multipliez le *change* entre saint-Gall & Hambourg par 116$\frac{1}{6}$, & divisez-en le produit par les écus de *change* entre Paris & Hambourg.

9e. *Cas.* On remet de Bolzan à Hambourg du papier sur Amsterdam, pris dans la première ville à 201 florins, & négocié dans la seconde à 33 s. Les retours en ont lieu de Hambourg sur Bolzan au *change* de 205 florins. On demande quel *change* fait par cette opération le papier sur Amsterdam ? *Réponse,* 207 fl. 4 kr. de Bolzan.

Opération:			1. *100.* rixd. bco. d'Amsterdam.
	1.		50. sols bco. d'Amsterdam.
	33.		1. thlr. bco. de Hamb.
	3.		2. rthlr. bco. dits.
	100. 1.		205. fl. de Bolzan.

| *Diviseur* 99. | | 20500. | *Produit* 207 fl. 4 kr. |

Régle universelle. Multipliez les florins du *change* entre Bolzan & Hambourg par 33$\frac{1}{3}$, & divisez-en le produit par les sols du *change* entre Amsterdam & cette dernière ville.

10e. *Cas.* On remet de Bolzan à Vienne du papier sur Hambourg au *change* de 202 florins, lequel se négocie à 140 p$\frac{o}{o}$ à Vienne, d'où les retours se font sur Bolzan à 101 p$\frac{o}{o}$. On demande quel cours s'établit par cet arbitrage entre Bolzan & Hambourg ? *Réponse,* 207 fl. 55 kr.

Opération:			1. *100.* rthlr. bco. de Hambourg.
	100. 1.		70. *140.* thlr. cour. de Vienne.
	2. 1.		3. thlr. cour. dites.
	101.		100. fl. de Bolzan.

| *Diviseur* 101. | | 21000. | *Produit* 207 fl. 55 kr. |

Régle universelle. Multipliez le *change* entre Vienne & Hambourg par 150, & divisez-en le produit par le *change* entre Vienne & Bolzan.

Nous nous bornons à ces dix cas, qui doivent suffire à ceux de nos lecteurs, qui desirent simplement de se mettre au fait des régles simples d'arbitrage. Nous ajouterons quelques exemples d'opérations plus compliquées pour ceux qui font du *change* un objet de spéculation, & notamment pour les personnes qui font le négoce de *change* & de banque dans les villes de Suisse & de Tirol ci-dessus dénommées.

Exemple I. On remet de Genève à Paris du papier fur Londres, pris dans la première ville à 50 d., & négocié à 29¼ den. fterlings dans la feconde, d'où l'on remet en retour à Genève du papier fur Amfterdam à 54 den. vls. bco. Ce dernier papier étant négocié à Genève à 88 d., on demande quel *change* produira cette opération à Genève pour le papier fur Londres? *Réponfe*, 48½ d. *fterlings*; bénéfice 3⅛ p⁰⁄₀.

Opération :	1	écu de Genève.	11.	*22.*	*88.*	ä vls. bco. d'Amfterdam.
	54. 27.			1.		écu de France.
	4. 1.			119.		ä fterlings.

Divifeur	27.		1309.	*Produit* 48½ ä fterlings.

Exemple. II. Bâle ayant abondamment du papier fur Livourne, qui ne vaut que 94 p⁰⁄₀; il remet à la négociation à Vienne, où il produit 64 f. m. buona, & d'où les retours lui font faits en papier fur Hambourg, au *change* de 138 p⁰⁄₀. Bafle négocie ce dernier à 90 p⁰⁄₀, & l'on defire fçavoir ce que celui fur Livourne lui produira par le moyen de cet arbitrage? *Réponfe* : 96 ⁷⁄₁₆ p⁰⁄₀.

Opération :		25.	*100.*	pezze de Livourne.
	1.	115.		foldi moneta buona.
	64. *16.* *4.* 2.	1.		flor. cour. de Vienne.
	3.	1.	*2.*	thlr. dites.
	138. 69.	25.	*100.*	rthlr. bco. de Hambourg.
	90. 9.	5.	*16.* *100.*	thlr. de change de Bafle.

Divifeur	3726.		359375.	*Produit* 96 ⁷⁄₁₆ th. de ch.

Exemple III. Le papier fur Lyon étant recherché à Leipfick, on y en remet de St. Gall au *change* de 72 kr. cour. & 2 p⁰⁄₀ d'agio : il y eft négocié à 76 p⁰⁄₀, & Leipfich remet en retour du papier fur Vienne à ½ p⁰⁄₀ de perte. Ce dernier étant négocié à St. Gall au change de 112 fl. cour. p⁰⁄₀, on defire fçavoir quel cours établit cette opération entre cette dernière ville & Lyon? *Réponfe* : 72 kr. cour. & ⅞ p⁰⁄₀ d'agio.

Opération :	*100.* 1	écu de France,	76.	thlr. cour. de Leipfick.
	201.		1. *2.* *200.*	thlr. cour de Vienne.
	2. 1.		3.	flor. dits.
	100. 5.		112.	flor. cour. de St. Gall.
	1.		3. *60.*	kr. cour. dits.

Divifeur	[1005.		76608.	*Produit* 72 kr. & 5 ⅞ p⁰⁄₀

Exemple IV. On remet de Bolzan à Amfterdam du papier fur Livourne, pris dans cette première ville à 55 p⁰⁄₀ & négocié à 85 d. vls dans la feconde, d'où les retours ont lieu en papier fur Venife au *change* de 88 d. Ce dernier papier fe négociant à Bolzan à 130 foldi di bco le fcudo, l'agio de l'argent giro contre la moneta lunga de Bolzan étant à 32 p⁰⁄₀, on demande quel change fait cet arbitrage entre ces deux dernières villes? *Réponfe* : 53 p⁰⁄₀ bénéfice 4 p⁰⁄₀.

Opération :		20.	*100.*	flor. mon buo. de Bolzan.
	132. 3.	100.		flor. giro de Bolzan.
	1.	5. *20.*	*60.*	kreutzers giro.
	93. 31.	130.		foldi bco. de Venife.
	124. 31.		*88.*	ä vls. bco. d'Amfterdam.
	85. 17.	1.		pezza de Livourne.

Divifeur	49011.		2600000.	*Produit* 53 pezza.

§. VII. Rome, Naples, Turin, Venife, Gènes & Livourne font les villes principales d'Italie pour le commerce de *change*. De tout temps elles en ont fait un très-étendu avec les autres places de l'Europe, auxquelles elles donnent le certain pour l'incertain, ou l'incertain pour le certain, felon l'ufage reçu depuis long-temps & fuivant le ftile convenu entr'elles. Rome donne l'incertain pour le certain à Amfterdam, Lyon, Livourne, Venife & plufieurs autres villes d'Italie ; Naples donne auffi l'incertain pour le certain à Rome, Venife & Livourne ; Turin à Amfterdam, Vienne & d'autres villes d'Allemagne, à Paris, Londres, Genève, Rome, Venife, Gènes & Livourne ; Venife à Lyon,

Gènes, Bolzan; Gènes à Naples, Livourne & Rome; enfin, Livourne à Vienne seulement; car cette ville donne à toutes les autres le certain pour l'incertain. Nous avons dit que :

	Contenu D'or fin,	d'argent fin.
Le scudo di stampa de 1523 mezzi quatrini de Rome, a	52 $\frac{50}{100}$ ou	769 $\frac{20}{100}$ as.
Le même scudo de 1525 dits	52 $\frac{60}{100}$ ou	770 $\frac{20}{100}$
Le scudo moneta de 100 bajocchi	34 $\frac{50}{100}$ ou	505
Le ducato di regno de Naples	27 $\frac{47}{100}$ ou	413 $\frac{67}{100}$
La lire de Turin de 20 sols de Piémont	5 $\frac{56}{100}$ ou	110 $\frac{50}{100}$
Le ducato de 124 soldi di bco. de Venise	31 $\frac{77}{100}$ ou	469 $\frac{54}{100}$
Le zecchino de Gènes de 270 soldi fuo. di bco.	72 $\frac{17}{100}$ ou	1078 $\frac{51}{100}$
Le scudo de cambio de Gènes de 92 soldi dits	24 $\frac{64}{100}$ ou	367 $\frac{58}{100}$
La pezza da otto réali de Livourne	31 $\frac{11}{100}$ ou	451 $\frac{43}{100}$
La lira de 20 soldi moneta buona de Livourne	5 $\frac{41}{100}$ ou	78 $\frac{50}{100}$
Le florin de banque d'Amsterdam	14 $\frac{37}{100}$ ou	213 $\frac{90}{100}$
La livre sterling de Londres	151 $\frac{11}{100}$ ou	2295 $\frac{21}{100}$
L'écu de 60 sols tournois de France	19 $\frac{54}{100}$ ou	284 $\frac{92}{100}$
Le florin courant de Vienne	17 $\frac{29}{100}$ ou	243 $\frac{29}{100}$
L'écu de 60 sols de Genève	32 $\frac{11}{100}$ ou	467 $\frac{93}{100}$
Le scudo de cambio de Bolzan de 93 kr.	35 $\frac{60}{100}$	

En calculant chaque contenu des monnoies ci-dessus on trouve la parité suivante des *changes* de chacune des six villes d'Italie que nous venons de nommer, sçavoir :

	Parité relative à l'or, à l'argent.		Prix moyen.
100 Ecus de Lyon font à Rome .	37 $\frac{1}{4}$ ou	37	sc. di st. 37 $\frac{1}{8}$ sc. di stam.
100 Ducati di bco. de Venise .	60 $\frac{1}{2}$	61	60 $\frac{3}{4}$ dits.
1 Florin bco. d'Amsterdam . .	41 $\frac{3}{4}$	42 $\frac{1}{4}$ bajocchi	41 $\frac{7}{8}$ bajocchi.
1 Pezza da otto réali de Livourne.	90 $\frac{1}{2}$	89 $\frac{1}{4}$	89 $\frac{3}{4}$ dits
100 Ecus, monnoie de Rome, font			
à *Naples*, ...	125 ou	122 $\frac{1}{2}$ ducats.	124 ducats.
100 Duccati di bco. de Venise .	115 $\frac{1}{5}$	113 $\frac{3}{5}$	114 $\frac{1}{3}$ dits.
100 Pezze da otto réali de Livourne.	113 $\frac{1}{4}$	109 $\frac{1}{3}$	111 $\frac{1}{16}$ dits.
1 Liv. ster. de Londres vaut à *Turin*.	19 l. 19 s. 9 d. ou	20 l. 15 $\frac{1}{2}$ s.	20 L. 7 s. 7 d. de Piem.
1 Zecchino de 270 s. de Gènes .	9 l. 10 s. 9 d.	9 l. 15 $\frac{4}{5}$ s.	9 l. 13 d.
1 Florin banco d'Amsterdam . .	38 $\frac{1}{4}$ sols	38 $\frac{3}{4}$ sols ou	38 $\frac{1}{2}$ sols de Piem.
1 Ecu de France de 60 s. tournois.	51 $\frac{1}{4}$	51 $\frac{1}{2}$ ou	51 $\frac{3}{8}$
1 Ecu de Genève de 60 sols .	85 $\frac{1}{4}$	84 $\frac{3}{4}$ ou	85
1 Scudo moneta de Rome . . .	91 $\frac{1}{4}$	91 $\frac{1}{2}$ ou	91 $\frac{3}{8}$
1 Ducat bco. de Venise	84	85 ou	84 $\frac{1}{2}$
1 Pezza da otto réali de Livourne .	82 $\frac{1}{4}$	81 $\frac{1}{4}$ ou	82
100 Ecus de 60 s. de Fr. font à *Venise*.	61 $\frac{1}{2}$ ou	60 $\frac{1}{2}$ ducats	61 ducats.
1 Scudo de cambio de Gènes . .	96	97 soldi	96 $\frac{1}{2}$ soldi.
1 Scudo de cambio de Bolzan .	139		139
Scudo mon. de Rome vaut à *Gènes*,	129 ou	126 $\frac{1}{2}$ soldi	127 $\frac{3}{4}$ soldi s. di bco.
1 Ducato di regno de Naples . .	102 $\frac{1}{2}$	103 $\frac{1}{2}$	103 dits.
1 Florin courant de Vienne . . .	64 $\frac{1}{2}$	61	62 $\frac{3}{4}$ dits.
1 Fl. cou. de Vienne v. à *Livourne*,	64 ou	62 soldi	63 s. m. b.

La parité des *changes* ainſi établie & connue , il convient de donner quelques régles d'arbitrage qui puiſſent ſervir aux négocians d'Italie pour tirer de la combinaiſon des *changes* l'avantage que les circonſtances leur peuvent offrir.

ıer. *Cas.* On remet de Rome à Gênes du papier ſur Lyon pris dans la première ville à 36 ſcudi ſtampa pour 100 écus & négocié à 96 ſols dans la ſeconde , d'où les retours ſont faits ſur Rome à 126 ſ. fuori di bco. On demande quel cours établit cet arbitrage entre cette dernière ville & Lyon? *Réponſe* : 37 ⅛ ſc. di ſtampa d'oro pour 100 écus.

Opération :

1.					.25.	*100.*		écus de France.
96.	*24.*	*6.*	*3.*	1.	5	*15.*	*60.*	ſols tournois.
126.	63.				115.		ſoldi fuori di bco. de Gênes.
61.					1.		ſcudo moneta de Rome.
					10.	*20.*	*40.*	ſcudo di ſtampa d'oro.

Diviſeur   3843.   143750.   *Produit* 37 ⅛ p. °/° .

Régle univerſelle. Multipliez le change entre Lyon & Gênes par celui entre Gênes & Rome ; & le produit ſervira de diviſeur à 452459.

2e. *Cas.* Le papier ſur Amſterdam étant trop abondant à Rome où on ne peut le négocier qu'à 43 bajocchi, on le remet à Veniſe où il eſt négocié à 86 d. Les retours en étant faits ſur Rome à 64 p°/° , on deſire ſçavoir quel *change* fait par cette voie à Rome le papier ſur Amſterdam? *Réponſe* : 45 ⅓ bajocchi.

Opération :

1	florin bco.		1.	*40.* à vls. bco. d'Amſterdam.
86.	43.		1.	ducat bco. de Veniſe.
100.	1.		32.	*64.* ſcudi di ſtampa de Rome.
40.	1.		61.	ſcudi moneta.
1.			1.	*100.* bajocchi.

Diviſeur   43.   1952.   *Produit* 45 ⅓ bajocchi.

Régle univerſelle. Multipliez le *change* entre Veniſe & Rome par 61 & diviſez-en le produit par le *change* entre Veniſe & Amſterdam.

3e. *Cas.* Rome ayant à faire des fonds à Gênes, y remet du papier ſur Veniſe au *change* de 61 p°/°. Ce papier y eſt négocié à 96 ſ. bco. par ſcudo, & les retours ſe font de Gênes à Rome à 114 ſoldi. Cela poſé, on veut ſçavoir ſur quel pied reviendra dans cette dernière ville le papier ſur Veniſe? *Réponſe* : 62 ⅞ p°/°.

Opération :

1.			100.	ducati di bco. de Veniſe.
96.	*12.*	3.	1.	*124.* ſoldi di bco. dit.
124.	1.		23.	*92.* ſoldi fuori di bco. de Gênes.
61.			1.	ſcudo moneta de Rome.
			5.	*40.* ſcudo di ſtampa d'oro.

Diviſeur   183.   11500.   *Produit* 62 ⅞ ducati.

Régle univerſelle. Multipliez le change entre Veniſe & Gênes par celui entre Gênes & Rome , & la ſomme du produit ſervira de diviſeur à 748065.

4e. *Cas.* On remet de Rome à Veniſe du papier ſur Livourne au *change* de 91 bajocchi : ce papier ſe négocie à 2 p°/° de perte à Veniſe d'où les retours ont lieu ſur Rome au *change* de 64 p°/°. On demande quel cours fera par cette voie à Rome le papier ſur Livourne? *Réponſe* : 95 ¼ bajocchi.

Opération :

102.	51	pezze de Livourne	1.	*100.* ducati di bco. de Veniſe.
100.	1.		4.	*32.* *64.* ſcudi di ſtampa de Rome.
40.	*5.*	1.	61.	ſcudi moneta.
1.			20.	*100.* bajocchi.

Diviſeur   51.   4880.   *Produit* 95 ¼ bajocchi.

Régle univerſelle. Multipliez le *change* entre Veniſe & Rome par 152 ½ , & diviſez-en le produit par le *change* entre Livourne & Veniſe.

5e. *Cas.* On tire de Naples ſur Veniſe au *change* de 118 p°/° & on remet en proviſion du papier ſur

Rome qui a coûté dans la première ville 125 p°, & qui se négocie dans la seconde à 60 p°. On desire sçavoir à combien reviendra par cette opération à Naples le papier sur Rome ? *Réponse* : 129 p°.

Opération :

			1. *100.*	scudi moneta de Rome.
	61.		2. *40.*	scudi di stampa d'oro.
60.	3.		100.	ducati di bco. de Venise.
100.	1.		118.	ducati di regno de Naples.

Diviseur 183.   23600.   Produit 129 p°.

Régle universelle. Multipliez le *change* entre Venise & Naples par. 65, ajoutez au produit 70, & divisez-le par le *change* entre Rome & Venise.

6e. *Cas.* Le papier sur Venise étant rare & demandé à Livourne, on y en remet de Naples au *change* de 115 p° : ce papier y est négocié à 3 p° de bénéfice ; & les retours se font de Livourne à Naples à 115 p°. On demande quel *change* s'établit par cet arbitrage entre Naples & Venise ? *Réponse.* 118 $\frac{1}{2}$ p°.

Opération :

		1. *100.*	ducati di bco. de Venise.
100.	1.	103.	pezze de Livourne.
100.	20.	23. *115.*	ducati di regno de Naples.

Diviseur 20.   2369.   Produit 118 $\frac{1}{2}$ p°.

Régle universelle. Multipliez le *change* entre Venise & Livourne par celui entre Livourne & Naples, & retranchez deux chiffres à la droite du produit.

7e. *Cas.* On remet de Naples à Rome du papier sur Livourne, pris dans la première ville au *change* de 113 p°, & négocié à 90 bajocchi dans la seconde, d'où les retours se font sur Naples à 128 p°. On demande quel cours revient à cette dernière ville pour le papier sur Livourne ? *Réponse* : 115 $\frac{1}{3}$ p°.

Opération :

	1.	1. *100.*	pezze de Livourne.
100.	1.	9. *90.*	bajocchi de Rome.
100.	*10.* 5.	1.	scudo moneta.
		64. *128.*	ducati di regno de Naples.

Diviseur 5.   576.   Produit 115 $\frac{1}{3}$ p°.

Régle universelle. Multipliez le *change* entre Livourne & Rome par celui entre cette dernière ville & Naples, & retranchez deux chiffres du produit.

8e. *Cas.* Turin tire sur Gènes à 9 l. 9 s. & remet en provision du papier sur Amsterdam à 37 sols, qui est négocié dans la première de ces villes à 84 d. vls bco. On desire savoir quel cours établit cet arbitrage entre Turin & Amsterdam ? *Réponse.* 38 $\frac{1}{3}$ sols de Piémont.

Opération :

1	florin,	1 *4.* *40.*	à vls. bco. d'Amsterdam.
84. *28.* *7.*	1.	115.	soldi f. di bco. de Gènes.
270. *30.*	3.	1. *7.* *63.* *189.*	sols de Piémont.

Diviseur 3.   115.   Produit 38 $\frac{1}{3}$ sols de Piémont.

Régle universelle. Multipliez le *change* entre Turin & Gènes par 17 & ajoutez 7 au produit, que vous diviserez ensuite par le *change* entre Gènes & Amsterdam.

9e. *Cas.* Le papier sur Londres étant recherché à Gènes, on y en remet de Turin à 18 l. 19 s. la livre qui y est négocié à 48 d. sterling, & dont l'on fait les retours de Gènes sur Turin à 9 l. 5 s. le zecchino. On demande quel *change* s'établit par cette opération entre Turin & Londres ? *Réponse* : 20 l. 15 $\frac{1}{4}$ s. de Piémont la livre sterling.

Opération :

1.	livre,	1 *5.* *240.*	à sterlings de Londres.
48.	1.	23. *115.*	soldi fuori di bco. de Gènes.
270. *54.* *18.*		1. 65. *195.*	sols de Piémont.
20. *4.*		1. 1.	livre de Piémont.

Diviseur 72.   1495.   Produit 20 l. 15 s. 3 $\frac{3}{4}$ d.

Régle universelle. Réduisez en sols le *change* entre Turin & Gènes, & multipliez-le par 5 ; après qnoi vous ajouterez 22 au produit , & cela fait, vous le diviserez par le *change* entre Londres & Gènes.

10e. *Cas.* On remet de Turin à Gènève du papier sur Gènes à 9 l. 5 s. pour y en faire la négociation. Elle se fait à 96 p̥̊, & les retours ont lieu de Genève sur Turin à 86 s. l'écu. On desire sçavoir quel cours s'établit par cet arbitrage entre cette dernière ville & Gènes? *Réponse* : 9 l. 13 s. 11 d. de Piémont le zecchino.

Opération: 1.   Zecchino ,   27. *270.* s. fuori di bco. de Gènes.
          115.   1.   pezza de 5¼ lire.
      100. *10.* 5.   24. *96.* écus de Genève.
          1.   43. *86.* sols de Piémont.
       20. 5.   1.   livre dite.

Diviseur   2875.   27.864.   *Produit.* 9 l. 13 s. 11 d.

Régle universelle. Multipliez le *change* entre Gènes & Genève par celui entre cette dernière ville & Turin ; ajoutez-y 6 , & divisez ensuite le produit par 852.

11e. *Cas.* On prend à Turin du papier sur Lyon au *change* de 50½ sols par écu , pour le remettre à Genève où il est négocié à 168 p̥̊ , & d'où les retours sont faits sur Turin au *change* de 88 sols par écu. On demande quel cours reviendra par cette opération entre cette dernière ville & Lyon ? *Réponse :* 52¼ sols de Piémont.

Opération :   *168.* 21.   écus de France,   100.   écus de Genève.
           1.   11. *88.* sols de Piémont.

Diviseur   21.   1100.   *Produit* 52½ sols.

Régle universelle. Ajoutez deux zeros au *change* entre Genève & Turin & divisez-le après cela par le *change* entre Lyon & Turin.

12e. *Cas.* On tire de Turin sur Paris au *change* de 52 s. , & l'on y remet en provision du papier sur Genève au *change* de 85¼ s. , lequel est négocié à Paris à 169 p̥̊. On demande quel *change* fera à Turin par cette opération le papier sur Genève ? *Réponse* : 88 s. de Piémont.

Opération :   *100.* 25   écus de Genève ,   169.   écus de France.
           1.   13. *52.* sols de Piémont.

Diviseur   25.   2197.   *Produit* 88 sols de Piémont.

Régle universelle. Elle est comme celle du cas 7e.

13e. *Cas.* Turin ayant en abondance du papier sur Livourne qu'il ne peut pas négocier au cours du *change* qui se note à 80¼ s. , il le remet à Livourne même, qui, après en avoir fait le recouvrement, en fait les retours à Turin en papier sur Genève au *change* de 96 p̥̊. Ce papier étant négocié à Turin à 87 s. par écu , on demande quel *change* fera par cette voie le papier sur Livourne ? *Réponse* : 83½ s. de Piémont.

Opération :   *100.* 25   pezze de Livourne ,   24. *96.* écus de Genève.
           1.   87.   sols de Piémont.

Diviseur   25.   2088.   *Produit* 83½ s.

Régle universelle. Elle se fait comme celle du cas 7e.

14e. *Cas.* On remet de Venise à Gènes du papier sur Paris à 59 ducati , lequel se négocie à 96 s. tournois la pezza dans Gènes , qui en fait les retours à Venise à 96 soldi di bco. Quel *change* fera donc par cet arbitrage à Venise le papier sur Paris ? *Réponse* : 60½ ducati di bco. les 100 écus.

Opération :   25. *100.* écus de France,
            1.   15. *60.* sols tournois.
      96. 1.   1.   pezza de 5¼ l. s. di bco.
        4. 1.   5.   scudi di cambio de Gènes.
          1.   1. *96.* soldi di bco. de Venise.
     124. 31.   1.   ducati di bco. de Venise.

Diviseur   31.   1875.   *Produit* 60½ ducati.

Régle univerfelle. Multipliez le *change* entre Paris & Gênes par 66½, & divifez-en le produit par le *change* entre Venife & Gênes.

15e. *Cas.* Venife, après avoir tiré fur Rome à 60 p⁰⁄₀, y remet en provifion du papier fur Gênes qui lui coûte 94½ foldi, & qui eft négocié dans Rome à 128 foldi par fcudo moneta longa. On demande quel *change* produira par cette opération à Venife le papier fur Gênes ? *Réponfe :* 97½ ducati.

Opération :

1	fcudo de cambio,	23. *92.* f. f. di bco. de Gênes.
128. *32.* *8.* 1.		1. fcudo moneta de Rome.
61		5. *40.* fcudi di ftampa.
60. 3		5. *100.* duc. di bco. de Venife.
1.		31. *124.* foldi di bco. dit.

Divifeur 183.   17315. *Produit* 97½.

Régle univerfelle. Multipliez le *change* entre Gênes & Rome par celui entre Rome & Venife ; & vous diviferez 748065 avec le produit que vous aura donné cette multiplication.

16e. *Cas.* On remet de Gênes à Naples du papier fur Rome qui a coûté 125 foldi à Gênes, & qui eft négocié à Naples à 90 p⁰⁄₀. Les retours ayant lieu de cette ville-ci fur la première à 126 p⁰⁄₀, on defire fçavoir quel *change* fera par cette voie à Gênes le papier fur Rome ? *Réponfe :* 130½ foldi fuori di bco. le fcudo moneta.

Opération :

100.	fcudi moneta de Rome,	63. *126.* ducati de Naples.
100. *10.* *5.* 1.		9. *90.* pezze de Gênes.
1.		23. *115.* foldi fuori di bco.

Divifeur 100.   13041. *Produit* 130½ f.

Régle univerfelle. Multipliez le *change* entre Rome & Naples, par celui entre cette dernière ville & Gênes, ajoutez-y 20 ; & divifez-en le produit par 87.

17e. *Cas.* Gênes ayant beaucoup de papier fur Naples en remet une partie au *change* de 88 p⁰⁄₀ à Venife, où ce papier eft négocié à 115 p⁰⁄₀, & d'où les retours fe font fur Gênes à 95 fols bco. ; on demande quel cours établit cet arbitrage pour le papier fur Naples ? *Réponfe :* 90¹¹⁄₁₆ p⁰⁄₀.

Opération :

		4. *20.* *100.* ducati de Naples.
115. 23.		20. *100.* duc. di bco. de Venife.
1.		124. foldi di bco. dit.
95. 19.		1. fcudo di cambio de Gên.
5. 1.		4. pezze de 115 foldi.

Divifeur 437.   39680. *Produit* 90¹¹⁄₁₆ p⁰⁄₀.

Régle univerfelle. Multipliez le *change* entre Naples & Venife, par le *change* entre Venife & Gênes, & le produit fervira à divifer la fomme de 992000.

18e. *Cas.* Livourne tire à 84 d. fur Amfterdam où il remet du papier fur Vienne qui lui a coûté 63 foldi m. b. & qui y eft négocié à 40 p⁰⁄₀ de bénéfice. On defire fçavoir quel *change* produit cet arbitrage à Livourne pour le papier fur Vienne ? *Réponfe :* 65½ foldi moneta buona.

Opération :

3.	florins de Vienne,	1. *2.* thaler cour. de Vienne.
140. 7.		5. *100.* rdlr. bco. d'Amfterdam.
1.		50. *100.* à vls. bco. dit.
84. *42.* *21.*		115. foldi mon. buo. de Livourne.

Divifeur 441.   28750. *Produit* 65½ foldi m. buo.

Régle univerfelle. Multipliez le *change* entre Vienne & Amfterdam, par celui entre Amfterdam & Livourne, & le produit fervira à divifer la fomme de 766667.

Indépendamment des régles de fimple arbitrage que nous venons de donner, nous devons, pour nous conformer à la méthode que nous avons fuivie dans les paragraphes précédens, donner quelques exemples d'opérations de *change* entre quatre places.

Exemple I. Rome remet à Naples du papier fur Livourne au *change* de 91 bajocchi, lequel s'y négocie à 14 p.° de bénéfice; Naples remet en retour du papier fur Venife au *change* de 116 p.°, lequel eft négocié à Rome à 64 fcudi di ftampa : on demande quel *change* fait à Rome par cette opération le papier fur Livourne? *Réponfe* : 95 $\frac{7}{8}$ bajocchi.

Opération :				
100.	1	pezze de Livourne,	114.	ducats de Naples.
116. 29.			*100.* ducats bco. de Venife.
100. 1.		2. *8.* *64.* fcudi di ftampa de Rome.
40. 5.			61. fcudi moneta dit.
1.			1. *100.* bajocchi dit.

Divifeur 145.   13908.   *Produit* 95 $\frac{7}{8}$ baj.

Exemple II. Naples remet à Gênes du papier fur Rome pris dans la première ville à 122 p.° & négocié dans la feconde à 130 f. fuo. di bco. le fcudo : Gênes fait les retours à Naples avec du papier fur Livourne au *change* de 116 foldi f. di bco. Ce dernier papier étant négocié à Naples à 14 p.° d'agio, on defire fçavoir quel cours aura fait à Gênes le papier fur Rome. *Réponfe*, 127 $\frac{1}{4}$ p.°.

Opération :			
		1. *100.* fcudi moneta de Rome.
1.		65. *130.* f. fuori di bco. de Gênes.
116. *58.* 29.		1. pezza de 8 réali de Livourne.
100. 1.		57. *114.* ducati di regno de Naples.

Divifeur 29.   3705.   *Produit* 127 $\frac{1}{4}$ p.°.

Exemple III. Il y a une telle abondance de papier fur Venife à Turin, qu'on ne peut le négocier qu'à 82 fols de Piémont; cela étant on le remet à Gênes où il eft négocié à 96 foldi bco. le fcudo, & d'où l'on fait les retours à Turin en papier fur Livourne au *change* de 116 f. fuo. di bco. Ce papier étant négocié à 84 fols de Piémont à Turin, on demande quel *change* fera par cette voie dans cette dernière ville le papier fur Venife? *Réponfe* : 86 fols de Piémont le ducat.

Opération :			
1	ducat,	31. *124.* foldi di bco. de Venife.
96. *24.* *6.* 1.		1. fcudo di cambio de Gênes.
1.		23. *92.* foldi f. di bco. dit.
116. 58.		1. pezza de Livourne.
1.		7. *14.* *84.* fols de Piémont.

Divifeur 58.   4991.   *Produit* 86 fols de Piémont.

Exemple. IV. A de Venife ayant des fonds à faire à B de Livourne, lui remet du papier fur Rome qu'il a pris à 63 fcudi di ftampa & qu'il fait négocier à Livourne à 90 bajocchi. Dans l'entrefaite B s'étant rembourfé de fes avances fur A, fait à celui-ci les retours du papier fur Rome en lettres de *change* fur Gênes, au *change* de 116 foldi f. di bco. Ces lettres de *change* étant négociées par A de Venife à 96 foldi di bco. On demande combien aura valu à ce dernier fon papier fur Rome? *Réponfe* : 4 $\frac{1}{8}$ p.° de bénéfice.

Opération :			
1.		1. *100.* ducati di bco de Venife.
96. *24.* *6.* 1.		31. *124.* foldi di bco. dit.
116. 29.		25. *92.* foldi fuo. di bco. de Gênes.
1.		1. pezza de Livourne.
100. 1.		15. *90.* bajocchi de Rome.
61.		1. fcudo moneta dit.
		10. *40.* fcudi di ftampa dit.

Divifeur 1769.   106950.   *Produit* 60 $\frac{1}{2}$ fcudi di ftampa bénéfice 4 $\frac{1}{8}$ p.°.

Exemple. V. On remet de Gênes à Livourne du papier fur Venife pris dans la première ville à 98 foldi di bco. & négocié dans la feconde à 98 ducati; Livourne en fait les retours à Gênes en papier fur Rome au *change* de 92 bajocchi; & ce papier fe négocie à Gênes à 128 foldi f. di bco. Ces différentes opérations terminées, on defire fçavoir quel *change* produit à Gênes le papier fur Venife? *Réponfe*, 95 foldi. Benef. 3 $\frac{2}{3}$ p.°.

Opération :

Opération :

1.	fcudo,	1. *92.* foldi fuo. di bco. de Gènes.
128.	*64.* 16.	1. *100.* bajocchi de Rome.
92.	1.	1. pezza de 8 réali de Livourne.
100.	1.	49. *98.* ducati di bco. de Venife.
	1.	31. *124.* foldi di bco. dit.

Divifeur   16.   1519.   *Produit* 95 foldi di bco.

Exemple VI. On remet de Livourne à Naples du papier fur Venife pris dans la première ville à 101 p.% & négocié dans la feconde à 117 ducati di regno ; Naples remet en retour à Livourne du papier fur Rome au *change* de 124 ducati di regno, lequel papier y eft négocié à 90 bajocchi. On demande quel cours fera à Livourne le papier fur Venife ? *Réponfe*, 104⅞ p.%.

Opération :

		1. *100.* ducati di bco. de Venife.
100. 1.		39. *117.* ducati di regno de Naples.
124. *62.* 31.		5. *10.* *100.* fcudi mon. de Rome.
1.		50. *100.* bajocchi dit.
90. *9.* 3.		1. pezza da 8 réali de Livourne.

Divifeur   93.   9750.   *Produit* 104⅞ p.%.

§. VIII. L'Efpagne a un commerce de *change* très-étendu , auquel toutes les nations de l'Europe font intéreffées ; foit directement foit indirectement. La balance de fon commerce lui étant fort défavantageufe , elle doit payer à ces nations une folde confidérable en efpèces ; & il réfulte ordinairement de là que fon *change* eft au-deffous du pair en raifon des frais que coûte le tranfport des matières d'Efpagne pour les autres états de l'Europe. Ce royaume a quatre places principales de *change* , qui font, Madrid, Cadix, Séville & Bilbao. Ces places donnent le certain pour l'incertain à Paris , Amfterdam, Londres , Hambourg & Lifbonne ; & l'incertain pour le certain , à Gènes & Livourne feulement. Nous avons dit précédemment que :

	Contenu D'or fin , d'argent fin.	
La piaftre de change de 8 réaux de plate d'Efpagne a	24 $\frac{13}{100}$ as ou	376 $\frac{42}{100}$ as.
La pezza de 5¼ lire de Gènes , ...	30 $\frac{89}{100}$ . . .	459 $\frac{37}{100}$
La pezza da 8 réali de Livourne, ...	31 $\frac{11}{100}$ . . .	451 $\frac{42}{100}$

Voici donc les parités des *changes* d'Efpagne fur Gènes & Livourne.

	Parité relative à l'or, à l'argent.		Prix moyen.
100 Pezze de Gènes répondent à	127 $\frac{53}{100}$ ou 122 $\frac{1}{100}$	124 $\frac{78}{100}$	piaftres.
100 Pezze de Livourne, ...	128 $\frac{82}{100}$ ou 119 $\frac{96}{100}$	124 $\frac{39}{100}$	dites.

Au refte , nous avons établi les *changes* d'Amfterdam , de France, de Londres & de Hambourg fur l'Efpagne dans les articles refpectifs de ces villes , où nous avons dit que ,

Le ducat de *change* de 375 maravedis vaut au pair . . . . 95 $\frac{7}{24}$ d. vls. bco. d'Amfterdam.

ou . . . . 91 $\frac{5}{8}$ d. vls. bco de Hambourg.

La piftole de *change* de 32 réaux de plate vieille , . . 15 l. 6 f. 4 d. de France.

La piaftre de *change* de 8 réaux dits , ... 38 $\frac{7}{8}$ d. fterlings.

Comme la réduction de ces monnoies de compte en argent courant d'Efpagne eft pénible pour ceux qui ne font pas bien verfés dans la connoiffance des monnoies de ce royaume , nous avons cru faire plaifir à nos lecteurs de leur donner les quatre tables fuivantes ; fçavoir :

1°. Une table de la réduction des piftoles de *change* en piaftres, en ducats de *change* & en réaux de vellon.

2°. Une table de la réduction des piaftres de *change* en piftoles, en ducats de *change* & en réaux de vellon.

3°. Une table de la réduction des ducats de *change* en piftoles, en piaftres de la même monnoie & en réaux de vellon.

4°. Une table de la réduction des réaux de vellon en piftoles, piaftres & ducats de *change*.

On fçait que la piftole de *change* vaut . . . . 1088 maravedis de plate vieille.
ou . . . . 2048 maravedis de vellon.
La piaftre de *change* . . . . 272 maravedis de plate vieille.
ou . . . . 512 maravedis de vellon.
Le ducat de *change* . . . . 375 maravedis de plate.
ou . . . . 705 $\frac{15}{17}$ maravedis de vellon.

Pour réduire plus facilement ces ducats en réaux de vellon, on peut multiplier la fomme des ducats par 2076 $\frac{1}{2}$ & retrancher du produit deux chiffres, dont il ne reftera plus qu'à prendre $\frac{1}{5}$ pour avoir le nombre des maravedis. D'une autre part, fi l'on veut faire des ducats, il faudra multiplier les réaux de vellon par 48 $\frac{1}{6}$ & retrancher du produit trois chiffres qu'on multipliera enfuite par 20 pour faire des fols & par 12 pour faire des deniers.

TABLE I. *De la réduction des piſtoles de change en piaſtres de change,*
ducats de change & réaux de vellon.

Piſtôl.	Rx.	Mrs.	Font.	Piaſtres.	Rx.	Mrs.	Ducats.	Sols.	Den.	Vellon.	
										Réaux.	Mrs.
10,000	//	//		40,000	//	//	29,013	6	8	602,352	32
9,000	//	//		36,000	//	//	26,112	//	//	542,117	22
8,000	//	//		32,000	//	//	23,210	13	4	481,882	12
7,000	//	//		28,000	//	//	20,309	6	8	421,647	2
6,000	//	//		24,000	//	//	17,408	//	//	361,411	26
5,000	//	//		20,000	//	//	14,506	13	4	301,176	16
4,000	//	//		16,000	//	//	11,605	6	8	240,941	6
3,000	//	//		12,000	//	//	8,704	//	//	180,705	30
2,000	//	//		8,000	//	//	5,802	13	4	120,470	20
1,000	//	//		4,000	//	//	2,901	6	8	60,235	10
900	//	//		3,600	//	//	2,611	4	//	54,211	26
800	//	//		3,200	//	//	2,321	1	4	48,188	8
700	//	//		2,800	//	//	2,030	18	8	42,164	24
600	//	//		2,400	//	//	1,740	16	//	36,141	6
500	//	//		2,000	//	//	1,450	13	4	30,117	22
400	//	//		1,600	//	//	1,160	10	8	24,094	4
300	//	//		1,200	//	//	870	8	//	18,070	20
200	//	//		800	//	//	580	5	4	12,047	2
100	//	//		400	//	//	290	2	8	6,023	18
90	//	//		360	//	//	261	2	4 $\frac{3}{4}$	5,421	6
80	//	//		320	//	//	232	2	1 $\frac{1}{4}$	4,818	28
70	//	//		280	//	//	203	1	10 $\frac{1}{4}$	4,216	16
60	//	//		240	//	//	174	1	7 $\frac{1}{4}$	3,614	4
50	//	//		200	//	//	145	1	4	3,011	26
40	//	//		160	//	//	116	1	1	2,409	14
30	//	//		120	//	//	87	//	9 $\frac{1}{4}$	1,807	2
20	//	//		80	//	//	58	//	6 $\frac{1}{4}$	1,204	24
10	//	//		40	//	//	29	//	3 $\frac{1}{4}$	602	12
9	//	//		36	//	//	26	2	3	542	4
8	//	//		32	//	//	23	4	2 $\frac{1}{4}$	481	30
7	//	//		28	//	//	20	6	2 $\frac{1}{4}$	421	22
6	//	//		24	//	//	17	8	2	361	14
5	//	//		20	//	//	14	10	1 $\frac{1}{4}$	301	6
4	//	//		16	//	//	11	12	1 $\frac{1}{4}$	240	32
3	//	//		12	//	//	8	14	1	180	24
2	//	//		8	//	//	5	16	// $\frac{1}{4}$	120	16
1	//	//		4	//	//	2	18	// $\frac{1}{4}$	60	8
//	31	//		3	7	//	2	16	2 $\frac{1}{4}$	58	12
//	30	//		3	6	//	2	14	4 $\frac{1}{4}$	56	16
//	29	//		3	5	//	2	12	4 $\frac{3}{4}$	54	20
//	28	//		3	4	//	2	10	9	52	24
//	27	//		3	3	//	2	9	11 $\frac{1}{4}$	50	28
//	26	//		3	2	//	2	7	1 $\frac{1}{4}$	48	32
//	25	//		3	1	//	2	5	3 $\frac{1}{4}$	47	2
//	24	//		3	//	//	2	3	6 $\frac{1}{4}$	45	6
//	23	//		2	7	//	2	1	8	43	10
//	22	//		2	6	//	1	19	10 $\frac{1}{4}$	41	14
//	21	//		2	5	//	1	18	// $\frac{3}{4}$	39	18
//	20	//		2	4	//	1	16	3	37	22
//	19	//		2	3	//	1	14	5 $\frac{1}{4}$	35	26
//	18	//		2	2	//	1	12	7 $\frac{3}{4}$	33	30
//	17	//		2	1	//	1	10	9 $\frac{3}{4}$	32	//

Suite de la TABLE I.

Pistol.	*Rx.*	*Mrs.*	Font.	*Piastres.*	*Rx.*	*Mrs.*	*Ducats.*	*Sols.*	*Den.*	*Vellon.*	
										Réaux.	*Mrs.*
//	16	//		2	//	//	1	9	//	30	4
//	15	//		1	7	//	1	7	2 ¼	28	8
//	14	//		1	6	//	1	5	4 ½	26	12
//	13	//		1	5	//	1	3	6 ¾	24	16
//	12	//		1	4	//	1	1	9	22	20
//	11	//		1	3	//	//	19	11 ¼	20	24
//	10	//		1	2	//	//	18	1 ½	18	28
//	9	//		1	1	//	//	16	3 ¾	16	32
//	8	//		1	//	//	//	14	6	15	2
//	7	//		//	7	//	//	12	8 ¼	13	6
//	6	//		//	6	//	//	10	10 ½	11	10
//	5	//		//	5	//	//	9	1	9	14
//	4	//		//	4	//	//	7	3	7	18
//	3	//		//	3	//	//	5	5 ¼	5	22
//	2	//		//	2	//	//	3	7 ½	3	26
//	1	//		//	1	//	//	1	9 ¾	1	30
//	//	33		//	//	33	//	1	9 ⅛	1	28 ⅛
//	//	32		//	//	32	//	1	8 ½	1	26 ¼
//	//	31		//	//	31	//	1	7 ⅞	1	24 ⅜
//	//	30		//	//	30	//	1	7 ¼	1	22 ½
//	//	29		//	//	29	//	1	6 ½	1	20 ⅝
//	//	28		//	//	28	//	1	6	1	18 ¾
//	//	27		//	//	27	//	1	5 ⅓	1	16 ⅞
//	//	26		//	//	26	//	1	4 ⅔	1	15
//	//	25		//	//	25	//	1	4	1	13 ⅛
//	//	24		//	//	24	//	1	3 ⅓	1	11 ¼
//	//	23		//	//	23	//	1	2 ¾	1	9 ⅜
//	//	22		//	//	22	//	1	2 ⅛	1	7 ½
//	//	21		//	//	21	//	1	1 ½	1	5 ½
//	//	20		//	//	20	//	1	// ⅞	1	3 ¾
//	//	10		//	//	10	//	//	6 ⅔	//	18 ⅞
//	//	9		//	//	9	//	//	5 ¾	//	17
//	//	8		//	//	8	//	//	5 ⅛	//	15 ⅛
//	//	7		//	//	7	//	//	4 ½	//	13 ¼
//	//	6		//	//	6	//	//	3 ⅞	//	11 ⅜
//	//	5		//	//	5	//	//	3 ¼	//	9 ½
//	//	4		//	//	4	//	//	2 ½	//	7 ⅝
//	//	3		//	//	3	//	//	2	//	5 ¾
//	//	2		//	//	2	//	//	1 ⅓	//	13 ⅞
//	//	1		//	//	1	//	//	// ⅔	//	1 15/17

TABLE II. *De la réduction des piastres de change en pistoles, Ducats de change & réaux de vellon.*

Piastres.	Rx.	Mrs.	Font.	Pistoles.	Rx.	Mrs.	Ducats.	Sols.	Den.	Réaux.	Mrs.
50,000	"	"		12,500	"	"	36,266	13	4	752,941	6
40,000	"	"		10,000	"	"	29,013	6	8	602,352	32
30,000	"	"		7,500	"	"	21,760	"	"	451,764	24
20,000	"	"		5,000	"	"	14,506	13	4	301,176	16
10,000	"	"		2,500	"	"	7,253	6	8	150,588	8
9,000	"	"		2,250	"	"	6,538	"	"	135,529	14
8,000	"	"		2,000	"	"	5,802	13	4	120,470	20
7,000	"	"		1,750	"	"	5,077	6	8	105,411	26
6,000	"	"		1,500	"	"	4,352	"	"	90,352	32
5,000	"	"		1,250	"	"	3,626	13	4	75,294	4
4,000	"	"		1,000	"	"	2,901	6	8	60,235	10
3,000	"	"		750	"	"	2,176	"	"	45,176	16
2,000	"	"		500	"	"	1,450	13	4	30,117	22
1,000	"	"		250	"	"	725	6	8	15,058	28
900	"	"		225	"	"	652	16	"	13,552	32
800	"	"		200	"	"	580	5	4	12,047	2
700	"	"		175	"	"	507	14	8	10,541	6
600	"	"		150	"	"	435	4	"	9,035	10
500	"	"		125	"	"	362	13	4	7,529	14
400	"	"		100	"	"	290	2	8	6,023	18
300	"	"		75	"	"	217	12	"	4,517	22
200	"	"		50	"	"	145	1	4	3,011	26
100	"	"		25	"	"	72	10	8	1,505	30
90	"	"		22	16	"	65	5	$7\frac{1}{4}$	1,355	10
80	"	"		20	"	"	58	"	$6\frac{1}{4}$	1,204	24
70	"	"		17	16	"	50	15	$5\frac{1}{4}$	1,054	4
60	"	"		15	"	"	43	10	$4\frac{3}{4}$	903	18
50	"	"		12	16	"	36	5	4	752	32
40	"	"		10	"	"	29	"	$3\frac{1}{4}$	602	12
30	"	"		7	16	"	21	15	$2\frac{1}{4}$	451	26
20	"	"		5	"	"	14	10	$1\frac{1}{4}$	301	6
10	"	"		2	16	"	7	5	"	150	20
9	"	"		2	8	"	6	10	$6\frac{1}{4}$	135	18
8	"	"		2	"	"	5	16	"	120	16
7	"	"		1	24	"	5	1	$6\frac{1}{4}$	105	14
6	"	"		1	16	"	4	7	"	90	12
5	"	"		1	8	"	3	12	$6\frac{1}{4}$	75	10
4	"	"		1	"	"	2	18	"	60	8
3	"	"		"	24	"	2	3	$6\frac{1}{4}$	45	6
2	"	"		"	16	"	1	9	$6\frac{1}{4}$	30	4
1	"	"		"	8	"	"	14	$6\frac{1}{12}$	15	2

Les réaux & les maravedis, comme dans la première table.

TABLE III. De la réduction des ducats de change en pistoles, piastres de change & en réaux de vellon.

Ducats.	Sols.	Den.	Font.	Pistoles.	Rx.	Mrs.	Piastr.	Rx.	Mrs.	Réaux.	Mrs.	17es.
100,000	"	"		34,466	29	6	137,867	5	6	2,076,124	19 $\frac{1}{4}$	"
90,000	"	"		31,020	7	2	124,080	7	2	1,868,512	3	"
80,000	"	"		27,573	16	32	110,294	"	32	1,660,899	22	"
70,000	"	"		24,126	26	28	96,507	2	28	1,453,287	6	"
60,000	"	"		20,680	4	24	82,720	4	24	1,245,674	25	"
50,000	"	"		17,233	14	20	68,933	6	20	1,038,062	9	"
40,000	"	"		13,786	24	16	55,147	"	16	830,449	28	"
30,000	"	"		10,340	2	12	41,360	2	12	622,837	12	"
20,000	"	"		6,893	12	8	27,573	4	8	415,224	31	"
10,000	"	"		3,446	22	4	13,786	6	4	207,112	15	"
9,000	"	"		3,102	"	24	12,408	"	24	186,851	7	"
8,000	"	"		2,757	11	10	11,029	3	10	166,089	32	"
7,000	"	"		2,412	21	30	9,650	5	30	145,328	24	"
6,000	"	"		2,068	"	16	8,272	"	16	124,567	16	"
5,000	"	"		1,723	11	2	6,893	3	2	103,806	7	"
4,000	"	"		1,378	21	22	5,514	5	22	83,044	33	"
3,000	"	"		1,034	"	8	4,136	"	8	62,283	25	"
2,000	"	"		689	10	28	2,757	5	28	41,522	16	"
1,000	"	"		344	21	14	1,378	5	14	20,761	8	"
900	"	"		310	6	16	1,240	6	16	18,685	4	"
800	"	"		275	33	18	1,102	7	18	16,608	33	"
700	"	"		241	8	20	965	"	20	14,532	29	"
600	"	"		206	25	22	827	1	22	12,456	25	"
500	"	"		172	10	24	689	2	24	10,380	21	"
400	"	"		137	27	26	551	3	26	8,304	17	"
300	"	"		103	12	28	413	4	28	6,228	12	"
200	"	"		68	29	30	275	5	30	4,152	8	"
100	"	"		34	14	32	137	6	32	2,076	4	"
90	"	"		31	"	22	124	"	22	1,868	17	"
80	"	"		27	18	12	110	2	12	1,660	30	"
70	"	"		24	4	2	96	4	2	1,453	9	"
60	"	"		20	21	26	82	5	26	1,245	23	"
50	"	"		17	7	16	68	7	16	1,038	2	"
40	"	"		13	25	6	55	1	6	830	15	"
30	"	"		10	10	30	41	2	30	622	28	"
20	"	"		6	28	20	27	4	20	415	7	"
10	"	"		3	14	10	13	6	10	207	20	"
9	"	"		3	3	9	12	3	9	186	29	"
8	"	"		2	24	8	11	"	8	166	3	"
7	"	"		2	13	7	9	5	7	145	11	"
6	"	"		2	2	6	8	2	6	124	19	"
5	"	"		1	23	5	6	7	5	103	27	"
4	"	"		1	12	4	5	4	4	83	1	"
3	"	"		1	1	3	4	1	3	62	9	"
2	"	"		"	22	2	2	6	2	41	17	"
1	"	"		"	11	1	1	3	1	20	25	15
"	19	"		"	10	16 $\frac{1}{2}$	1	2	16 $\frac{1}{4}$	19	24	10
"	18	"		"	9	31	1	1	31 $\frac{1}{4}$	18	23	5
"	17	"		"	9	12 $\frac{1}{2}$	1	1	12 $\frac{1}{4}$	17	22	"
"	16	"		"	8	28	1	"	28	16	20	12
"	15	"		"	8	9 $\frac{1}{4}$	1	"	9 $\frac{1}{4}$	15	19	7
"	14	"		"	7	24	"	7	24	14	18	2

Ducats.	Sols.	Den.	Font.	Pistoles.	Rx.	Mrs.	Piastres.	Rx.	Mrs.	Vellon.		
										Réaux.	Mrs.	17es.
"	13	"		"	7	5 $\frac{1}{4}$	"	7	5 $\frac{1}{4}$	13	16	14
"	12	"		"	6	21	"	6	21	12	15	9
"	11	"		"	6	2 $\frac{1}{4}$	"	6	2 $\frac{1}{4}$	11	14	4
"	10	"		"	5	17 $\frac{1}{2}$	"	5	17 $\frac{1}{2}$	10	12	16
"	9	"		"	4	32 $\frac{1}{4}$	"	4	32 $\frac{1}{4}$	9	11	11
"	8	"		"	4	14	"	4	14	8	10	6
"	7	"		"	3	29 $\frac{3}{4}$	"	3	29 $\frac{3}{4}$	7	9	1
"	6	"		"	3	10 $\frac{1}{2}$	"	3	10 $\frac{1}{2}$	6	7	13
"	5	"		"	2	25 $\frac{3}{4}$	"	2	25 $\frac{3}{4}$	5	6	8
"	4	"		"	2	7	"	2	7	4	5	3
"	3	"		"	1	22 $\frac{1}{4}$	"	1	22 $\frac{1}{4}$	3	3	15
"	2	"		"	1	3 $\frac{1}{2}$	"	1	3 $\frac{1}{2}$	2	2	10
"	1	"		"	"	18 $\frac{3}{4}$	"	"	18 $\frac{3}{4}$	1	1	5
"	"	11		"	"	17 $\frac{4}{16}$	"	"	17 $\frac{4}{16}$	"	32	6
"	"	10		"	"	15 $\frac{5}{8}$	"	"	15 $\frac{5}{8}$	"	29	7
"	"	9		"	"	14 $\frac{2}{16}$	"	"	14 $\frac{2}{16}$	"	26	8
"	"	8		"	"	12	"	"	12	"	23	9
"	"	7		"	"	10 $\frac{15}{16}$	"	"	10 $\frac{13}{16}$	"	20	10
"	"	6		"	"	9 $\frac{5}{8}$	"	"	9	"	17	11
"	"	5		"	"	7 $\frac{13}{16}$	"	"	7 $\frac{13}{16}$	"	14	12
"	"	4		"	"	6 $\frac{1}{4}$	"	"	6 $\frac{1}{4}$	"	11	13
"	"	3		"	"	4 $\frac{11}{16}$	"	"	4 $\frac{11}{16}$	"	8	14
"	"	2		"	"	3 $\frac{1}{8}$	"	"	3 $\frac{1}{9}$	"	5	15
"	"	1		"	"	1 $\frac{9}{16}$	"	"	1 $\frac{9}{16}$	"	2	16

TABLE IV. De la réduction des réaux de vellon en pistoles, piastres & ducats de change.

Vellon.		Font.	Pistoles.	Rx.	Mrs.	Piastres.	Rx.	Mrs.	Ducats.	Sols.	Den.
Réaux.	Mrs.										
1,000,000	"		16,601	18	"	66,406	2	"	48,166	13	4
900,000	"		14,941	13	"	59,765	5	"	43,350	"	"
800,000	"		13,281	8	"	53,125	"	"	38,533	6	8
700,000	"		11,621	3	"	46,484	3	"	33,716	13	4
600,000	"		9,960	30	"	39,843	6	"	28,900	"	"
500,000	"		8,300	25	"	33,203	1	"	24,083	6	8
400,000	"		6,640	20	"	26,562	4	"	19,266	13	4
300,000	"		4,980	15	"	19,921	7	"	14,450	"	"
200,000	"		3,320	10	"	13,281	2	"	9,633	6	8
100,000	"		1,660	5	"	6,640	5	"	4,816	13	4
90,000	"		1,494	4	17	5,976	4	17	4,335	"	"
80,000	"		1,328	4	"	5,312	4	"	3,853	6	8
70,000	"		1,162	3	17	4,648	3	17	3,371	13	4
60,000	"		996	3	"	3,984	3	/	2,890	"	"
50,000	"		830	2	17	3,320	2	17	2,408	6	8
40,000	"		664	2	"	2,656	2	"	1,926	13	4
30,000	"		498	1	17	1,992	1	17	1,445	"	"
20,000	"		332	1	"	1,328	1	"	963	6	8
10,000	"		166	"	17	664	"	17	481	13	4

Suite de la TABLE IV.

Vellon. Réaux.	Mrs.	Font.	Pistoles.	Rx.	Mrs.	Piastres.	Rx.	Mrs.	Ducats.	Sols.	Den.
9,000	//		149	13	8 1/2	597	5	8 1/2	433	10	//
8,000	//		132	26	//	531	2	//	385	6	8
7,000	//		116	6	25 1/2	464	6	25 1/2	337	3	4
6,000	//		99	19	17	398	3	17	289	//	//
5,000	//		83	//	8 1/2	332	//	8 1/2	240	16	8
4,000	//		66	13	//	265	5	//	192	13	4
3,000	//		49	25	25 1/2	199	1	25 1/2	144	10	//
2,000	//		33	6	17	132	6	17	96	6	8
1,000	//		16	19	8 1/2	66	3	8 1/2	48	3	4
900	//		14	30	4 1/4	59	6	4 1/4	43	7	//
800	//		13	9	//	53	1	//	38	10	8
700	//		11	19	29 3/4	46	3	29 3/4	33	14	4
600	//		9	30	25 1/2	39	6	25 1/2	28	18	//
500	//		8	9	21 1/4	33	1	21 1/4	24	1	8
400	//		6	20	17	26	4	17	19	5	4
300	//		4	31	12 3/4	19	7	12 3/4	14	9	//
200	//		3	10	8 1/2	13	2	8 1/2	9	12	8
100	//		1	21	4 1/4	6	5	4 1/4	4	16	4
90	//		1	15	27 5/8	5	7	27 5/8	4	6	8 2/5
80	//		1	10	17	5	2	17	3	17	// 4/5
70	//		1	5	6 3/8	4	5	6 3/8	3	7	5 1/5
60	//		//	31	29 3/4	3	7	29 3/4	2	17	9 3/5
50	//		//	26	19 1/8	3	2	19 1/8	2	8	2
40	//		//	21	8 1/2	2	5	8 1/2	1	18	6 2/5
30	//		//	15	31 7/8	1	7	31 7/8	1	8	10 4/5
20	//		//	10	21 1/4	1	2	21 1/4	//	19	3 1/5
10	//		//	5	12 5/8	//	5	10 5/8	//	9	7 3/5
9	//		//	4	26 9/16	//	4	26 9/16	//	8	8
8	//		//	4	8 1/2	//	4	8 1/2	//	7	8
7	//		//	3	24 7/16	//	3	24 7/16	//	6	9
6	//		//	3	6 3/8	//	3	6 3/8	//	5	9 1/4
5	//		//	2	22 5/16	//	2	22 5/16	//	4	9 4/5
4	//		//	2	4 1/4	//	2	4 1/4	//	3	10 1/4
3	//		//	1	20 3/16	//	1	20 3/16	//	2	10 3/4
2	//		//	1	2 1/8	//	1	2 1/8	//	1	11 1/9
1	//		//	//	18 1/16	//	//	18 1/16	//	//	11 4/5
//	17		//	//	9 1/32	//	//	9 1/32	//	//	5 11/44

Nous avons indiqué dans les paragraphes respectifs d'Amsterdam, de France, de Londres & de Hambourg, plusieurs *cas* qui peuvent avoir lieu pour les *changes* entre ces villes & celles d'Espagne, & dont ces dernières peuvent également profiter. Nous nous bornerons donc à exposer les deux *cas* suivans relatifs à Gènes & Livourne.

1er. *Cas.* On remet de Cadix à Amsterdam du papier sur Livourne pris dans la première de ces villes à 123 p$\frac{o}{o}$ & négocié dans la seconde à 83 d. vls bco. Les retours en étant faits d'Amsterdam en papier sur Cadix à 90 d. vls bco., on demande quel cours s'établit par cette opération entre Cadix & Livourne? *Réponse* : 127 $\frac{1}{7}$ p$\frac{o}{o}$.

Opération :

1.		5.	*10.* *100.*	pezze de Livourne.
90.	*9.* 3.		83.	à vls. bco. d'Amsterdam.
272.	136.	125.	*375.*	mrs. de plate vieille.
			1.	piastre de change.
Diviseur 408.			51875.	*Produit* 127 $\frac{1}{7}$ p$\frac{o}{o}$.

Régle

Règle universelle. Multipliez le *change* entre Amsterdam & Livourne par 138 & retranchez 11 du produit que vous diviserez par le *change* entre Amsterdam & Cadix.

2ᵉ. *Cas.* On tire de Cadix sur Londres au *change* de 36 ½ d. sterlings, & pour en faire les fonds, l'on y remet du papier sur Gènes pris à 124 p.° & négocié à Londres à 47 d. sterlings. On demande quel *change* fera par le moyen de cet arbitrage à Cadix le papier sur Gènes? *Réponse*, 128 ¾ p.°.

Opération:

	1.	100.	pezze de Gènes.
		47.	d. sterlings de Londres.
	73.	2.	piastres de change d'Espagne.
Diviseur	73.	9400.	*Produit* 128 ¼ p.°.

Règle universelle. Ajoutez deux zéros au *change* entre Londres & Gènes; & vous le diviserez ensuite par le *change* entre Londres & Cadix.

Les arbitrages par le moyen de quatre places convenant quelquefois mieux que les *changes* directs, ou les arbitrages simples, aux négocians des villes d'Espagne, nous allons en donner aussi deux exemples.

Exemple I. On remet de Madrid à Amsterdam du papier sur Gènes, pris dans la première ville à 122 p.° & négocié à 84 d. vls bco. dans la seconde, qui fait les retours à Madrid avec du papier sur Lisbonne au *change* de 45 d. vls. bco. Ce dernier papier étant négocié à Madrid au *change* de 2350 rées, on desire sçavoir quel *change* aura produit par cette voie le papier sur Gènes à Madrid? *Réponse*, 127 1/11 p.°.

Opération:

	1.	2.	*100.*	pezze de Gènes.
45.	*9.* 3.	28.	*84.* d. vls. bco. d'Amsterdam.
2350.	47.	80.	*400.* rées de Portugal.
		4.	piastres de change d'Espagne.
Diviseur	141.	17920.	*Produit* 127 1/11 p.°.	

Exemple II. On remet de Cadix à Naples du papier sur Livourne au *change* de 122 p.°. Ce papier est négocié à 14 p.° de bénéfice à Naples qui prend en retour du papier sur Gènes au *change* de 90 p.°, qu'il remet à Cadix, où il est négocié à 124 p.°. On demande quel cours revient par cette opération à Cadix pour son papier sur Livourne? *Réponse*, 127 ⅕ p.°.

Opération:

100.	1.	1.	*100.*	pezze de Livourne.
100.	*10.* 5.	57.	*114.*	ducati de Naples.
100.	25.	9.	*90.*	pezze de Gènes.
		31.	*124.*	piastres de change d'Espagne.
Diviseur	125.	15903.	*Produit* 127 ⅕ p.°.	

§. IX. Lisbonne & Porto sont les seules villes de Portugal qui fassent un négoce en *change* avec l'étranger: encore n'y a t'il que Lisbonne qui ait des *changes* réglés avec les places principales de l'Europe. Cette ville donne l'incertain pour le certain, à Madrid, Paris, Gènes & Livourne; & le certain pour l'incertain à Amsterdam, Londres & Hambourg. Nous avons dit que:

	Contenu	
	d'or fin.	d'argent fin.
1000 Rées de Portugal ont	42 75/100 as ou	577 10/100 as.
1 Pistole de 32 réaux de plate d'Espagne	96 30/100	1505 70/100
1 Ecu de 60 sols de France, ...	19 54/100	284 54/100
1 Pezza de 5 ¼ lire de Gènes, ...	30 80/100	459 37/100
1 Pezza de 8 réali de Livourne, ...	31 11/100	451 43/100

Voici les parités des *changes* que nous trouverons en calculant les valeurs de ces monnoies, fçavoir :

	Parité relative à l'or, à l'argent.		Prix moyen.
1 Piftole de *change* d'Efpagne vaut . . . . 2253 rées	2609 rées	ou 2431	rées.
1 Ecu de France de 60 fols tournois, ... 457 dits	494 dits	. . 475 ½	dits.
1 Pezza de 5¼ lire de Gènes, ... 720 dits	796 dits	. . 758	dits.
1 Pezza de 8 réali de Livourne, ... 728 dits	782 dits	. . 755	dits.

Nous allons expliquer quelques cas qui peuvent fe préfenter aux négocians de Lifbonne pour les mettre à même de profiter des circonftances que la combinaifon des *changes* peut quelquefois leur procurer.

1er. *Cas.* On remet de Lifbonne à Londres du papier fur Bilbao pris dans la première ville à 2300 rées, & négocié à 39 d. fterlings dans la feconde, d'où l'on fait les retours en papier fur Lifbonne, au *change* de 66 d. fterlings. On demande quel cours s'établit par cette opération entre cette dernière ville & Bilbao ? *Réponfe* : 2364 rées.

Opération :   1   piftole.   2.   *4.* piaftres de change.
               1.   13.   *39.* & fterlings.
      66. *22.* 11.   1000.   rées de Portugal.

Divifeur   11.   26000.   *Produit* 2364 rées.

Régle univerfelle. Multipliez le *change* entre Londres & Bilbao par 4000 ; & divifez le produit de cette multiplication par le *change* entre Londres & Lifbonne.

2e. *Cas.* On tire de Lifbonne fur Amfterdam au *change* de 46 d. vls. & l'on y remet en provifion du papier fur Paris pris à 450 rées dans la première ville & négocié à 53 d. vls. dans la feconde. On veut fçavoir quel cours fait par cette opération le papier fur Paris à Lifbonne ? *Réponfe* : 461 rées.

Opération :   1   écu de France.   53.   & vls. bco. d'Amfterdam.
      46. 23.   200. *400.* rées de Portugal.

Divifeur   23.   10600.   *Produit* 461 rées.

Régle univerfelle. Elle eft comme l'opération, mais fans réduire aucun nombre.

3e. *Cas.* Le papier fur Gènes ne pouvant être négocié à Lifbonne qu'au *change* de 745 rées, on le remet à Cadix où il eft négocié à 18 p.% de bénéfice & d'où l'on en fait les retours à Lifbonne au *change* de 2400 rées. On demande quel cours s'établit par cet arbitrage entre Lifbonne & Gènes ? *Réponfe* : 768 rées.

Opération : *100.* 1   Pezza de Gènes.   118.   piaftres d'Efpagne.
      4. 1.   6. *24.* *2400.* rées de Portugal.

Divifeur   1.   768.   *Produit* 768 rées.

Régle univerfelle. Multipliez le *change* entre Lifbonne & Cadix par celui entre Cadix & Gènes, & divifez le produit par 400.

4e. *Cas.* On remet de Lifbonne à Paris du papier fur Livourne pris à 739 rées dans la première ville & négocié à 95 fols dans la feconde : le produit en étant tiré de Lifbonne fur Paris à 480 rées on defire fçavoir quel *change* fera par cette voie le papier fur Livourne ? *Réponfe* : 760 rées.

Opération : 1   pezza de Livourne.   95. fols tournois.
        60. 1.   /8. *480.* rées de Portugal.

Diviſeur   1.   760.   *Produit* 760 rées.

Régle univerſelle. Elle eſt comme l'opération, mais ſans diminuer les nombres principaux.

Voici encore deux exemples des arbitrages entre quatre places qui peuvent auſſi être utiles aux négocians de Liſbonne ?

Exemple I. On remet de Liſbonne à Cadix du papier ſur Gênes pris à 720 rées dans la première ville & négocié à 126 p%̲ dans la ſeconde, qui en fait les retours à Liſbonne avec du papier ſur Londres, acheté à Cadix à 39 d. ſterlings & négocié à Liſbonne à 66 d. ſterlings. On demande quel cours s'établit par cette opération entre Liſbonne & Gênes ? *Réponſe* : 745 rées.

Opération : *100.* 1 - Pezza de Gênes.   63. *126.* piaſtres de change.
        1.   13. *39.* d. ſterlings de Londres.
     66. *22.* 11.   10. *1000.* rées de Portugal.

Diviſeur   11.   8190.   *Produit* 745 rées.

Exemple II. On tire de Liſbonne ſur Paris au *change* de 446 rées ; mais au lieu de négocier les traites dans cette première ville, on les envoie à Amſterdam, où elles produiſent le *change* de 52 d. vls. bco., & d'où les retours ſe font en papier ſur Madrid au *change* de 90 d. vls bco., lequel papier eſt négocié à Liſbonne à 2350 rées. On demande quel cours s'établit par cette opération entre Liſbonne & Paris ? *Réponſe* : 468 rées.

Opération : 1   écu de France.   13. *52.* d. vls. bco. d'Amſterdam.
     90. 9.   375. mrs. de plate d'Eſpagne.
  1088. 272.   235. *2350.* rées de Portugal.

Diviſeur 2448.   1145625.   *Produit* 468 rées.

§. X. Les états du Nord de l'Europe parmi leſquels nous comptons le Dannemarck, la Suède, la Ruſſie, la Pologne & la Courlande, la Pruſſe & quelques autres, ont peu ou point de places de *change* ; & encore celles qu'on y trouve, ne peuvent-elles tirer que ſur une ou deux places, comme Amſterdam & Hambourg, & quelquefois auſſi ſur Londres. Un autre inconvénient qui empêche aux villes du Nord d'opérer ſur les *changes* comme dans tout le reſte de l'Europe, eſt celui de ne pouvoir pas faire tirer ſur elles-mêmes ni ſe procurer des retours directs d'aucune des places ſur leſquelles elles ont des *changes* ouverts. Il y a cependant quelques-unes de ces villes, telles que Berlin, Dantzick, Konigſberg & Riga, qui font quelques opérations de *change* avec les premières places de *change* d'Allemagne, ſur-tout avec Leipſick, Francfort ſur Meyn & Breſlau : cette dernière ville eſt une place de *change* aſſez importante. Avant d'expoſer quelques exemples du genre de ces opérations, nous devons établir la parité des *changes* des principales villes de commerce du Nord avec l'étranger. Nous avons dit que :

	Contenu	
	d'or fin,	d'argent fin.
La Ryksdale courante de Dannemarck a	28 78/100, ou	431 75/100 as.
La Ryksdale d'eſpèce de 48 ß de Suède, ...	36 10/100	534
Le rouble de 100 copecks de Ruſſie, ukaſe de 1755, .	31 50/100	430
La Reichſthale d'Albert de Riga, ...	35	506
Le florin de 30 gros de Konigſberg, ...	8	115 81/100
Le florin de 30 gros de Dantzick, ...	5 94/100	86 81/100
La livre banco de Berlin, ...	3 1/100	454 57/100
La thaler de 24 bons-gros de Stetin, ...	24	347 41/100

	Contenu d'or fin,	d'argent fin.
La Thaler de 48 ß de Stralfund, ...	25 $\frac{40}{100}$ ou 364 $\frac{50}{100}$	
La Reichsthaler courante de 48 ß lubs de Lubeck, ...	28 $\frac{66}{100}$	. 429
La Reichsthaler de Roftock & de Wifmar, ...	29 $\frac{40}{100}$	. 429
La livre de 2 $\frac{2}{3}$ rdlr. 6 fl. ou 120 ſ. bco. d'Amfterdam , ...	86 $\frac{92}{100}$	. 1283 $\frac{40}{100}$
La livre de 2 $\frac{2}{3}$ rdlr. 6 fl. ou 120 ſ. courans dit , ...	82 $\frac{20}{100}$	. 1223 $\frac{76}{100}$
La reichsthale de 48 ß lubs bco. de Hambourg , ...	35 $\frac{54}{100}$	. 532
La reichstale de 48 ß lubs courans dit , ...	28 $\frac{66}{100}$	. 429
La livre fterling d'Angleterre , ...	151 $\frac{11}{100}$	. 2295 $\frac{11}{100}$
La thaler courante de convention , ...	25	. 364 $\frac{50}{100}$

Nous calculons d'après cela la parité des *changes* des villes de commerce du Nord nommées ci-deſſus, comme fuit, ſçavoir :

	Parité relative à l'or,	à l'argent.	Prix moyen.
D'un côté :			
100 Rixdales courantes d'Amfterdam font à *Coppenhague*, . .	119 ou 118	ou	118 $\frac{1}{2}$ rdlr. cour.
100 Reichstales banco de Hambourg, ...	123 $\frac{1}{2}$	123 $\frac{1}{4}$	. 123 $\frac{1}{8}$ dites.
1 Livre fterling de Londres , ...	5 $\frac{1}{5}$	5 $\frac{1}{7}$	. 5 $\frac{4}{15}$ dites.
1 Rixdale courante d'Amfterdam fait à *Stockholm*, . . .	45 $\frac{1}{2}$	45 $\frac{1}{4}$	. 45 $\frac{5}{8}$ ß efp.
1 Reichsthale banco de Hambourg , ...	47 $\frac{1}{3}$	47 $\frac{1}{4}$	. 47 $\frac{1}{7}$ dits.
1 Livre fterling de Londres , ...	4 $\frac{4}{4}$	4 $\frac{1}{3}$	. 7 $\frac{7}{24}$ dits.
1 Livre de gros courante d'Amfterdam fait à *Konigsberg*, .	308	. 317	. 312 $\frac{1}{2}$ gros.
1 Rthlr. banco de Hambourg , ...	133 $\frac{1}{4}$	137 $\frac{1}{4}$	. 135 dits.
1 Livre de gros banco d'Amfterdam fait à *Dantzick*, . .	435 $\frac{1}{2}$	443 $\frac{1}{2}$	. 439 $\frac{1}{2}$ gros.
1 Rthlr. banco de Hambourg , ...	179 $\frac{1}{2}$	183 $\frac{1}{4}$	. 181 $\frac{1}{4}$ dits.
100 Rxdlr. bco. d'Amfterdam, à *Stetin*, ...	149 $\frac{2}{3}$	. 154	. 151 $\frac{5}{6}$ thlr.
100 Rthlr. bco. de Hambourg , ...	148 $\frac{1}{8}$	153 $\frac{1}{8}$	. 150 $\frac{5}{8}$ dits.
100 Rdlr. bco. d'Amfterdam, à *Stralfund*, ...	141 $\frac{1}{2}$	146 $\frac{1}{2}$	. 144 thlt.
100 Rdlr. bco. de Hambourg , ...	139 $\frac{7}{8}$	145 $\frac{5}{8}$	. 142 $\frac{1}{8}$ dits.
100 Rdlr. bco. d'Amfterdam, à *Roftock* & *Wifmar*, . .	122 $\frac{1}{5}$	124 $\frac{3}{5}$	. 123 $\frac{2}{5}$ thlr.
100 Rthlr. bco. de Hambourg , ...	120 $\frac{7}{8}$	124	. 122 $\frac{7}{16}$ dits.
100 Rdlr. courantes d'Amfterdam , à *Lubeck*, ...	119 $\frac{1}{2}$	118 $\frac{7}{8}$	. 119 $\frac{11}{16}$ rthlr.
100 Rthlr. bco. de Hambourg , ...	124	124	. 124 dits.
D'un autre côté ,			
1 Rouble de *St. Petersbourg*, ukaſe de 1755.	46 ß	42 $\frac{1}{4}$ ß	ou 44 $\frac{1}{4}$ ß cour. d'Amft.
1 Dit , ...	42 $\frac{1}{2}$ ß	38 $\frac{7}{8}$ ß	ou 39 $\frac{11}{16}$ ß lubs. bco. de Hamb.
1 Dit , ...	50 å	45 å	ou 47 $\frac{1}{2}$ å fterl. à Londres.
1 Rthlr. d'Albert de *Riga* , ...	102 $\frac{1}{5}$ rdlr.	99 $\frac{1}{8}$ rdlr.	ou 100 $\frac{7}{10}$ rdlr. cour. d'Amft.
1 Dite , ...	98 $\frac{1}{2}$ rthlr.	95 $\frac{1}{8}$ rthlr.	ou 96 $\frac{13}{16}$ rthlr. bco. de Hamb.

Parité relative
à l'or à l'argent.   *Prix moyen.*

1 Livre bco. de *Berlin*, ...	43 $\frac{3}{4}$	ß	42 $\frac{1}{2}$	ß	ou	43 $\frac{1}{8}$	ß boc. d'Amst.
1 Dite, ...	42 $\frac{1}{2}$	ß	41	ß	ou	41 $\frac{1}{4}$	ß lubs bco. de Hamb.
1 Dite, ...	50	ß	47 $\frac{1}{2}$	ß	ou	48 $\frac{3}{4}$	ß sterlings.
1 Dite, ...	30 $\frac{1}{4}$	gg	30	gg	ou	30 $\frac{1}{8}$	g. groschen de Leips.
1 Dite, ...	113 $\frac{1}{3}$	xr.	112 $\frac{1}{3}$	xr.	ou	112 $\frac{1}{8}$	xr. cour. de Francf.

Nous avons dit plus haut que parmi les villes de commerce du Nord, il s'en trouve quelques-unes, comme Berlin, Dantzick, Konigsberg & Riga, qui font des opérations de *change* souvent avantageuses avec d'autres places étrangères : on va s'en convaincre par les exemples qui vont suivre.

Exemple I. Berlin tire sur Francfort sur Meyn au *change* de 110 kreutzers par livre, & y remet pour provision du papier sur Amsterdam pris au *change* de 45 f. bco., lequel ne pouvant être négocié à Francfort est envoyé à Leipsick où il produit 140 p$\frac{o}{o}$; mais cette dernière ville en fait les retours à Francfort en espèces qui perdent, tous les frais déduits, $\frac{1}{2}$ p$\frac{o}{o}$ seulement. On demande quel bénéfice aura fait Berlin au moyen de cette opération pour son papier sur Amsterdam? *Réponse* : 3 $\frac{3}{5}$ p$\frac{o}{o}$.

Opération :						
	1	livre de Berlin.		11.	*110.*	kr. cour. de Francfort.
	90.	9.		1.		thlr. cour. dit.
	201.			10.	*200.*	thlr. cour. de Leipsick.
	140.	7.		100.		rdlr. bco. d'Amsterdam.
	1.			50.		sols bco. dit.
Diviseur	12663.			550000.		Produit 43 $\frac{2}{10}$ f. bénéfice 3 $\frac{3}{5}$ p$\frac{o}{o}$

Exemple II. A de Dantzick fait faire un paiement en ducats de Hollande à 4 fl. 14 kr. par B de Vienne, qui s'en rembourse au *change* de 142 p$\frac{o}{o}$ sur C d'Amsterdam, à qui A en fait les fonds au *change* de 420 gros, pendant que le cours des ducats cordonnés est à Dantzick à fl. 12. La provision, les courtages & ports de lettres de B & C s'élèvent à 1 p$\frac{o}{o}$, & l'on veut savoir quel prix auront coûté à A de Dantzig les ducats qu'il aura fait payer à Vienne? *Réponse* : fl. 11. 11 gros; ce qui, relativement au cours des ducats à Dantzick, fait une différence de 2 $\frac{9}{10}$ p$\frac{o}{o}$ en faveur d'A.

Opération :						
	1	ducat.		127.	*254.*	kreutzers de Vienne.
	90.	18.		1.		thaler courante dit.
	142.	71.		1.	*100.*	rixdales bco. d'Amsterdam.
	12.	6.		1.	*5.*	livres de gros bco. dit.
	1.			7.	*14.* *420.*	gros de Dantzick.
	30.	1.		1.		florin dit.
	100.	1.		101.		florins.
Diviseur	7668.			89789.		Produit 11 fl. 21 gros.

Exemple III. On remet de Konigsberg à Leipsick du papier sur Amsterdam pris dans la première de ces villes au *change* de 310 gros, & négocié dans la seconde à 132 p$\frac{o}{o}$; celle-ci en fait les retours à Konigsberg en papier sur Berlin au *change* de 30 bons gros, lequel papier se négocie à Konigsberg à 132 p$\frac{o}{o}$. On demande quel *change* produira à cette dernière ville son papier sur Amsterdam? *Réponse* : 301 gros. Résulte de bénéfice 3 p$\frac{o}{o}$.

Opération :						
	5	livres bco.		3.	*12.*	rxdl. cour. de Hollande.
	100.	25.		33.	*132.*	thlr. cour. de Leipsick.
	1.			24.		gute-groschen dit.
	30.	1.		1.		livre bco. de Berlin.
	100.	25.		132.		thlr. cour. de Prusse.
	1.			3.	*90.*	gros de Prusse.
Diviseur	3125.			940896.		Produit 301 gros.

Exemple IV. Riga remet à Konigsberg du papier sur Amsterdam qu'il a pris à 5 p.% & qui est négocié à 312 gros à Konigsberg, qui en fait les retours à Riga en kreutzthalers ou écus à la croix de Bourgogne, achetés à Konigsberg à 130 gros & vendus à Riga à 91 gros. Les frais s'élevant en tout à 1 p.%, on desire sçavoir quel bénéfice revient de cette opération au spéculateur de Riga? *Réponse* : 5⅛ p.%.

Opération :

160.	1	rthlr. d'Albert.
12.	1.	
1.		
130.	*5.*	1.
1.		
101.		

105.	rxd. cour. d'Amsterd.
1.	*5.* livres cour. dites.
1. *26.*	*312.* gros de Prusse.
1.	kreutzdaler.
91.	gros de Riga.
1. *100.*	dits.

Diviseur 101.

9555. *Produit* 94⅘ gros pour rthlr. d'Alb. de 90 gros, ce qui fait 5⅛ p.% de bénéfice.

Au reste, les espèces étant d'une nécessité indispensable dans tous les ports de la mer Baltique; les opérations de l'*exemple* IV ci-dessus, s'y font en général plus fréquemment que celles des combinaisons des *changes* étrangers. Les régles que nous avons données tant dans ce paragraphe que dans les précédens, suffiront à tout lecteur intelligent pour le mettre en état de connoître cette partie, & d'opérer avec une juste confiance toutes les fois qu'il en aura occasion. Terminons cet article par quelques tables des rapports des *changes* de trois places différentes; c'est le moyen d'en faire connoître les parités au premier coup d'œil.

TABLE I. De *la combinaison des* changes *entre Amfterdam , Paris & Madrid.*

Cours des *changes* entre Amfterdam & Paris.

		51 ð.	51 ⅛ ð.	51 ¼ ð.	51 ⅜ ð.	51 ½ ð.	51 ⅝ ð.	51 ¾ ð.	51 ⅞ ð.
Paris & Madrid.		Amfter. & Madrid.	Amfter. & Madrid.	Amfter. & Madrid.	Amfter. & Madrid.	Amfter. & Madrid.	Amfter. & Madrid.	Amfter. & Madrid.	Amfter. & Madrid.
#	ß	ð vls 16es.	ð vls 16es.	ð vls 16es.	ð vls 16es.	ð vls 16es.	ð vls 16es.	ð vls 16es.	ð vls 16es.
14	10	84 15	85 2	85 6	85 9	85 12	86 //	86 3	86 6
	11	85 4	85 7	85 10	85 14	86 1	86 4	86 8	86 11
	12	85 9	85 12	85 15	86 2	86 6	86 9	86 12	87 //
	13	85 13	86 1	86 4	86 7	86 11	86 14	87 1	87 5
	14	86 2	86 5	86 9	86 12	86 15	87 3	87 6	87 9
	15	86 7	86 10	86 13	87 //	87 4	87 7	87 10	87 14
	16	86 11	86 15	87 2	87 5	87 9	87 12	87 15	88 3
	17	87 //	87 3	87 7	87 10	87 13	88 1	88 4	88 7
	18	87 5	87 8	87 12	87 15	88 2	88 6	88 9	88 12
	19	87 10	87 13	88 1	88 4	88 7	88 11	88 14	89 1
15	//	87 14	88 2	88 5	88 8	88 12	88 15	89 2	89 6
	1	88 3	88 7	88 10	88 13	89 1	89 4	89 7	89 11
	2	88 8	88 11	88 15	89 2	89 5	89 9	89 12	89 15
	3	88 12	89 1	89 4	89 7	89 10	89 14	90 1	90 4
	4	89 1	89 5	89 9	89 12	89 15	90 3	90 6	90 9
	5	89 6	89 9	89 13	90 //	90 4	90 7	90 11	90 14
	6	89 10	89 14	90 1	90 5	90 8	90 12	91 //	91 3
	7	89 15	90 2	90 6	90 10	90 13	91 1	91 4	91 8
	8	90 4	90 7	90 11	90 14	91 2	91 6	91 9	91 13
	9	90 9	90 12	91 //	91 3	91 7	91 10	91 14	92 2
	10	90 13	91 1	91 4	91 8	91 12	91 15	92 3	92 6

		52 ð.	52 ⅛ ð.	52 ¼ ð.	52 ⅜ ð.	52 ½ ð.	52 ⅝ ð.	52 ¾ ð.	52 ⅞ ð.
14	10	86 10	86 13	87 1	87 4	87 7	87 11	87 14	88 1
	11	86 15	87 2	87 5	87 9	87 12	88 //	88 3	88 6
	12	87 3	87 7	87 10	87 14	88 1	88 4	88 8	88 11
	13	87 8	87 12	87 15	88 2	88 6	88 9	88 13	89 //
	14	87 13	88 1	88 4	88 7	88 11	88 14	89 1	89 5
	15	88 1	88 5	88 9	88 12	88 15	89 3	89 6	89 10
	16	88 6	88 10	88 14	89 1	89 4	89 8	89 11	89 15
	17	88 11	88 15	89 2	89 6	89 9	89 13	90 //	90 3
	18	89 //	89 4	89 7	89 11	89 14	90 1	90 5	90 8
	19	89 5	89 8	89 12	89 15	90 3	90 6	90 10	90 13
15	//	89 10	89 13	90 1	90 4	90 8	90 11	90 15	91 2
	1	89 15	90 2	90 6	90 9	90 12	91 //	91 3	91 7
	2	90 4	90 7	90 10	90 14	91 1	91 5	91 8	91 12
	3	90 8	90 12	90 15	91 3	91 6	91 10	91 13	92 1
	4	90 13	91 //	91 4	91 7	91 11	91 14	92 2	92 5
	5	91 2	91 5	91 9	91 12	92 //	92 3	92 7	92 10
	6	91 7	91 10	91 14	92 1	92 5	92 8	92 12	92 15
	7	91 11	91 15	92 2	92 6	92 9	92 13	93 //	93 4
	8	92 //	92 4	92 7	92 11	92 12	93 2	93 5	93 9
	9	92 5	92 8	92 12	92 15	93 3	93 7	93 10	93 14
	10	92 10	92 13	93 1	93 4	93 8	93 11	93 15	94 3

CHA

Suite de la TABLE I.

Cours des *changes* entre Amsterdam & Paris.

Paris & Madrid.		53 đ.		53 ⅛ đ.		53 ¼ đ.		53 ⅜ đ.		53 ½ đ.		53 ⅝ đ.		53 ¾ đ.		53 ⅞ đ.	
		Amster. & Madrid.		Amster. & Madrid.		Amster. & Madrid.		Amster. & Madrid.		Amster. & Madrid.		Amster. & Madrid.		Amster. & Madrid.		Amster. & Madrid.	
℔	ß	đ. vls	16es.	đ. vls	16es.	đ. vls	16es.	đ. vls	16es.	đ. vls	16es.	đ. vls	16es.	đ. vls	16es.	đ. vls	16es.
14	10	88	5	88	8	88	11	88	15	89	2	89	5	89	9	89	12
	11	88	5	88	13	89	//	89	4	89	7	89	10	89	14	90	1
	12	88	14	89	2	89	5	89	8	89	12	89	15	90	3	90	6
	13	89	3	89	7	89	10	89	13	90	1	90	4	90	7	90	11
	14	89	8	89	12	89	15	90	2	90	6	90	9	90	12	91	//
	15	89	13	90	//	90	4	90	7	90	11	90	14	91	1	91	5
	16	90	2	90	5	90	9	90	12	91	//	91	3	91	6	91	10
	17	90	7	90	10	90	14	91	1	91	4	91	8	91	11	91	15
	18	90	12	90	15	91	3	91	6	91	9	91	13	92	//	92	4
	19	91	1	91	4	91	7	91	11	91	14	92	2	92	5	92	9
15	//	91	5	91	9	91	12	92	//	92	3	92	7	92	10	92	14
	1	91	10	91	14	92	1	92	5	92	8	92	12	92	15	93	2
	2	91	15	92	3	92	6	92	10	92	13	93	//	93	4	93	7
	3	92	4	92	7	92	11	92	14	93	2	93	5	93	9	93	12
	4	92	9	92	12	93	//	93	3	93	7	93	10	93	14	94	1
	5	92	14	93	1	93	5	93	8	93	12	93	15	94	3	94	6
	6	93	3	93	6	93	10	93	13	94	1	94	4	94	8	94	11
	7	93	7	93	11	93	15	94	2	94	6	94	9	94	13	95	//
	8	93	12	94	//	94	3	94	7	94	11	94	14	95	2	95	5
	9	94	1	94	5	94	8	94	12	94	15	95	3	95	7	95	10
	10	94	6	94	10	94	13	95	1	95	4	95	8	95	11	95	15

Paris & Madrid.		54		54 ⅛		54 ¼		54 ⅜		54 ½		54 ⅝		54 ¾		54 ⅞	
℔	ß	đ. vls	16es.	đ. vls	16es.	đ. vls	16es.	đ. vls	16es.	đ. vls	16es.	đ. vls	16es.	đ. vls	16es.	đ. vls	16es.
14	10	89	15	90	3	90	6	90	9	90	13	91	//	91	3	91	7
	11	90	4	90	8	90	11	90	14	91	2	91	5	91	8	91	12
	12	90	9	90	13	91	//	91	3	91	7	91	10	91	13	92	1
	13	90	14	91	2	91	5	91	8	91	12	91	15	92	2	92	6
	14	91	3	91	7	91	10	91	13	92	1	92	4	92	7	92	11
	15	91	8	91	12	91	15	92	2	92	6	92	9	92	12	93	//
	16	91	13	92	1	92	4	92	7	92	11	92	14	93	2	93	5
	17	92	2	92	5	92	9	92	12	93	//	93	3	93	7	93	10
	18	92	7	92	10	92	14	93	1	93	5	93	8	93	12	93	15
	19	92	12	92	15	93	3	93	6	93	10	93	13	94	1	94	4
15	//	93	1	93	4	93	8	93	11	93	15	94	2	94	6	94	9
	1	93	6	93	9	93	13	94	//	94	4	94	7	94	11	94	14
	2	93	11	93	14	94	2	94	5	94	9	94	12	95	//	95	3
	3	94	//	94	3	94	7	94	10	94	14	95	1	95	5	95	8
	4	94	5	94	8	94	12	94	15	95	3	95	6	95	10	95	13
	5	94	10	94	13	95	1	95	4	95	8	95	11	95	15	96	2
	6	94	15	95	2	95	6	95	9	95	13	96	//	96	4	96	7
	7	95	4	95	7	95	11	95	14	96	2	96	5	96	9	96	12
	8	95	9	95	12	96	//	96	3	96	7	96	10	96	14	97	1
	9	95	14	96	1	96	5	96	8	96	12	96	15	97	3	97	6
	10	96	3	96	6	96	10	96	13	97	1	97	4	97	8	97	12

TABLE

TABLE II. *De la combinaison des* changes *entre* Amsterdam, Paris & Londres.

Cours de *changes* entre Londres & Paris.

Amsterdam & Londres.	29 ꝺ	29⅛ ꝺ	29¼ ꝺ	29⅜ ꝺ	29½ ꝺ	29⅝ ꝺ	29¾ ꝺ	29⅞ ꝺ
	Amster. & Paris.	Amster. & Paris.	Amster. & Paris.	Amster. & Paris.	Amster. & Paris.	Amster. & Paris.	Amster. & Paris.	Amster. & Paris.
ß ꝺ vls.	ꝺ vls 32es.	ꝺ vls 32es.	ꝺ vls 32es.	ꝺ vls 32es.	ꝺ vls 32es.	ꝺ vls 32es.	ꝺ vls 32es.	ꝺ vls 32es.
33 1	48 //	48 6	48 12	48 18	48 26	49 //	49 6	49 14
2	48 2	48 10	48 16	48 22	48 30	49 4	49 10	49 18
3	48 6	48 14	48 20	48 26	49 2	49 8	49 14	49 22
4	48 10	48 18	48 24	48 30	49 6	49 12	49 18	49 26
5	48 14	48 22	48 28	49 2	49 10	49 16	49 22	49 30
6	48 18	48 26	49 //	49 6	49 14	49 20	49 26	50 2
7	48 22	48 30	49 4	49 10	49 18	49 24	49 30	50 6
8	48 26	49 //	49 8	49 14	49 22	49 28	50 2	50 10
9	48 30	49 4	49 12	49 18	49 24	50 //	50 6	50 14
10	49 2	49 8	49 16	49 22	49 28	50 4	50 10	50 18
11	49 6	49 12	49 20	49 26	50 //	50 8	50 14	50 22
34 //	49 10	49 16	49 24	49 30	50 4	50 12	50 18	50 26
1	49 14	49 20	49 28	50 2	50 8	50 16	50 22	50 30
2	49 18	49 24	49 30	50 6	50 12	50 20	50 30	51 2
3	49 22	49 28	50 2	50 10	50 16	50 24	50 30	51 5
4	49 26	50 //	50 6	50 14	50 20	50 28	51 2	51 10
5	49 30	50 4	50 10	50 18	50 24	51 //	51 6	51 14
6	50 //	50 8	50 14	50 22	50 28	51 4	51 10	51 18
7	50 4	50 12	50 18	50 26	51 //	51 8	51 14	51 22
8	50 8	50 16	50 22	50 30	51 4	51 12	51 18	51 26
9	50 12	50 20	50 26	51 2	51 8	51 16	51 22	51 30
10	50 16	50 24	50 30	51 6	51 12	51 20	51 26	52 2
11	50 20	50 28	51 2	51 10	51 16	51 23	51 30	52 5
35 //	50 24	50 30	51 6	51 12	51 20	51 26	52 2	52 8
1	50 28	51 2	51 10	51 16	51 24	51 30	52 6	52 12
2	51 //	51 6	51 14	51 20	51 28	52 2	52 10	52 16
3	51 4	51 10	51 18	51 24	52 //	52 6	52 14	52 20
4	51 8	51 14	51 22	51 28	52 4	52 10	52 18	52 24
5	51 12	51 18	51 26	52 //	52 8	52 14	52 22	52 28
6	51 16	51 22	51 30	52 4	52 12	52 18	52 26	53 2
7	51 20	51 26	52 2	52 8	52 16	52 22	52 30	53 4
8	51 22	51 30	52 6	52 12	52 20	52 26	53 2	53 8
9	51 26	52 2	52 10	52 16	52 24	52 30	53 6	53 12
10	51 30	52 6	52 12	52 20	52 28	53 2	53 10	53 16
11	52 2	52 10	52 16	52 24	53 //	53 6	53 14	53 20
36 //	52 6	52 14	52 20	52 28	53 4	53 10	53 18	53 24
1	52 10	52 18	52 24	53 //	53 8	53 14	53 22	53 28
2	52 14	52 22	52 28	53 4	53 12	53 18	53 26	54 //
3	52 18	52 26	53 //	53 8	53 15	53 22	53 30	54 4
4	52 22	52 30	53 4	53 12	53 18	53 26	54 2	54 8
5	52 26	53 2	53 8	53 16	53 22	53 30	54 6	54 12
6	52 30	53 4	53 12	53 20	53 26	54 2	54 10	54 16
7	53 2	53 8	53 16	53 24	53 30	54 6	54 14	54 20
8	53 6	53 12	53 20	53 28	54 //	54 10	54 18	54 24

CHA

Suite de la TABLE II.

Cours des *changes* entre Londres & Paris.

Amsterdam & Londres		30 ßk		30 1/8 ßk		30 1/4 ßk		30 3/8 ßk		30 1/2 ßk		30 5/8 ßk		30 3/4 ßk		30 7/8 ßk	
		Amster. & Paris.		Amster. & Paris.		Amster. & Paris.		Amster. & Paris.		Amster. & Paris.		Amster. & Paris.		Amster. & Paris.		Amster. & Paris.	
ß	ßk vls	ßk vls	32es	ßk vls	32es	ßk vls	32es	ßk vls	32es	ßk vls	32es	ßk vls	32es	ßk vls	32es	ßk vls	32es
33	1	49	20	49	26	50	2	50	8	50	14	50	22	50	28	51	2
	2	49	24	49	30	50	6	50	12	50	18	50	26	51	//	51	6
	3	49	28	50	2	50	10	50	16	50	22	50	30	51	4	51	10
	4	50	//	50	6	50	14	50	20	50	26	51	2	51	8	51	14
	5	50	4	50	10	50	18	50	24	50	30	51	6	51	12	51	18
	6	50	8	50	14	50	22	50	28	51	2	51	10	51	16	51	22
	7	50	12	50	18	50	26	51	//	51	6	51	14	51	20	51	28
	8	50	16	50	22	50	30	51	4	51	10	51	18	51	24	52	//
	9	50	20	50	26	51	2	51	8	51	14	51	22	51	28	52	4
	10	50	24	50	30	51	6	51	12	51	18	51	26	52	//	52	8
	11	50	28	51	2	51	10	51	16	51	24	51	30	52	4	52	12
34	//	51	//	51	6	51	14	51	20	51	28	52	2	52	8	52	16
	1	51	4	51	10	51	18	51	24	52	//	52	6	52	12	52	20
	2	51	8	51	14	51	22	51	28	52	4	52	10	52	16	52	24
	3	51	12	51	18	51	26	52	//	52	8	52	14	52	20	52	28
	4	51	16	51	22	51	30	52	4	52	12	52	18	52	24	53	//
	5	51	20	51	26	52	2	52	8	52	16	52	22	52	28	53	4
	6	51	24	51	30	52	6	52	12	52	20	52	26	53	//	53	8
	7	51	28	52	2	52	10	52	16	52	24	52	30	53	4	53	12
	8	52	//	52	6	52	14	52	20	52	28	53	2	53	8	53	16
	9	52	4	52	10	52	18	52	24	53	//	53	6	53	12	53	20
	10	52	8	52	14	52	22	52	28	53	4	53	10	53	16	53	24
	11	52	12	52	18	52	26	53	//	53	8	53	14	53	20	53	28
35	//	52	16	52	23	52	30	53	4	53	12	53	18	53	24	54	//
	1	52	20	52	28	53	2	53	10	53	16	53	24	53	28	54	6
	2	52	24	53	//	53	6	53	14	53	20	53	28	54	//	54	10
	3	52	28	53	4	53	10	53	18	53	24	54	//	54	4	54	14
	4	53	//	53	8	53	14	53	22	53	28	54	4	54	8	54	18
	5	53	4	53	12	53	18	53	26	54	//	54	8	54	12	54	22
	6	53	8	53	16	53	22	53	30	54	4	54	12	54	16	54	26
	7	53	12	53	20	53	26	54	2	54	8	54	16	54	20	34	30
	8	53	16	53	24	53	30	54	6	54	12	54	20	54	24	55	2
	9	53	20	53	28	54	2	54	10	54	16	54	24	54	28	55	6
	10	53	24	54	//	54	6	54	14	54	20	54	28	55	2	55	10
	11	53	28	54	4	54	10	54	18	54	24	55	//	55	8	55	14
36	//	54	//	54	8	54	14	54	22	54	28	55	4	55	12	55	18
	1	54	4	54	12	54	18	54	26	55	//	55	8	55	16	55	22
	2	54	8	54	16	54	22	54	30	55	4	55	12	55	20	55	26
	3	54	12	54	20	54	26	55	2	55	8	55	16	55	24	55	30
	4	54	16	54	24	54	30	55	6	55	14	55	20	55	28	56	2
	5	54	20	54	28	55	2	55	10	55	18	55	24	56	//	56	6
	6	54	24	55	//	55	6	55	14	55	22	55	28	56	4	56	12
	7	54	28	55	4	55	10	55	18	55	26	56	//	56	8	56	16
	8	55	//	55	8	55	14	55	22	55	30	56	4	56	12	56	20

TABLE III. *De la combinaifon des* changes *entre Amfterdam , Hambourg & Paris.*

Cours des *changes* entre Hambourg & Paris ou Bordeaux.

Amstérd. & Hambourg.	184½ p °/° ou 26 ß l.	185 p °/° ou 25 15/16 ß l.	185½ p °/° ou 25 7/8 ß l.	186 p °/° ou 25 13/16 ß l.	186½ p °/° ou 25 3/4 ß l.	187 p °/° ou 25 11/16 ß l.	187½ p °/° ou 25 5/8 ß l.	188 p °/° ou 25 9/16 ß l.
	Amfter. & Paris.	Amfter. & Paris.	Amfter. & Paris.	Amfter. & Paris.	Amfter. & Paris.	Amfter. & Paris.	Amfter. & Paris.	Amfter. & Paris.
ft. 16es.	dt vls 16es.	dt vls 16es.	dt vls 16es.	dt vls 16es.	dt vls 16es.	dt vls 16es.	dt vls 16es.	dt vls 16es.
32 //	52 1	51 14	51 12	51 10	51 8	51 5	51 3	51 1
1	52 2	52 //	51 14	51 11	51 9	51 7	51 5	51 3
2	52 4	52 2	51 15	51 13	51 11	51 9	51 6	51 4
3	52 5	52 3	52 1	51 15	51 12	51 10	51 8	51 6
4	52 7	52 5	52 3	52 //	51 14	51 12	51 10	51 7
5	52 9	52 6	52 4	52 2	52 //	51 13	51 11	51 9
6	52 10	52 8	52 6	52 3	52 1	51 15	51 13	51 11
7	52 12	52 10	52 7	52 5	52 3	52 1	51 14	51 12
8	52 14	52 11	52 9	52 7	52 4	52 2	52 //	51 14
9	52 15	52 13	52 11	52 8	52 6	52 4	52 2	51 15
10	53 1	52 14	52 12	52 10	52 8	52 5	52 3	52 1
11	53 2	53 //	52 14	52 12	52 9	52 7	52 5	52 3
12	53 4	53 2	52 15	52 13	52 11	52 9	52 6	52 4
13	53 6	53 3	53 1	52 15	52 13	52 10	52 8	52 6
14	53 7	53 5	53 3	53 //	52 14	52 12	52 10	52 7
15	53 9	53 7	53 4	53 2	53 //	52 13	52 11	52 9
33 //	53 11	53 8	53 6	53 4	53 1	52 15	52 13	52 11
1	53 12	53 10	53 8	53 5	53 3	53 1	52 14	52 12
2	53 14	53 11	53 9	53 7	53 5	53 2	53 //	52 14
3	53 15	53 13	53 11	53 8	53 6	53 4	53 2	52 15
4	54 1	53 15	53 12	53 10	53 8	53 5	53 3	53 1
5	54 3	54 //	53 14	53 12	53 9	53 7	53 5	53 3
6	54 4	54 2	54 //	53 13	53 11	53 9	53 6	53 4
7	54 6	54 4	54 1	53 15	53 13	53 10	53 8	53 6
8	54 8	54 5	54 3	54 1	53 14	53 12	53 10	53 7
9	54 9	54 7	54 4	54 2	54 //	53 13	53 11	53 9
10	54 11	54 8	54 6	54 4	54 1	53 15	53 13	53 11
11	54 12	54 10	54 8	54 5	54 3	54 1	53 14	53 12
12	54 14	54 12	54 9	54 7	54 5	54 2	54 //	53 14
13	55 //	54 13	54 11	54 9	54 6	54 4	54 2	53 15
14	55 1	54 15	54 13	54 10	54 8	54 6	54 3	54 1
15	55 3	55 1	54 14	54 12	54 9	54 7	54 5	54 2
34 //	55 5	55 3	55 //	54 13	54 11	54 9	54 6	54 4

C H A

Suite de la TABLE III.

Cours des *changes* entre Hambourg & Paris ou Bordeaux.

Amsterd. & Hambourg.	188½ p.%⁰ ou 25 7/16 ß l.	189 p%⁰ ou 25 1/8 ß l.	189½ p%⁰ ou 25 5/16 ß l.	190 p%⁰ ou 25¼ ß l.	190½ p%⁰ ou 25 3/16 ß l.	191 p%⁰ ou 25 1/8 ß l.	191½ p%⁰ ou 25 1/16 ß l.	192 p%⁰ ou 25 ß l.
	Amster. & Paris.	Amster. & Paris.	Amster. & Paris.	Amster. & Paris.	Amster. & Paris.	Amster. & Paris.	Amster. & Paris.	Amster. & Paris.
ft. 16es	à vls 16es	à vls 16es	à vls 16es	à vls 16es	à vls 16es	à vls 16es	à vls 16es	à vls 16es
32 //	50 15	50 13	50 11	50 8	50 6	50 4	50 2	50 //
1	51 //	50 14	50 12	50 10	50 8	50 6	50 4	50 2
2	51 2	51 //	50 14	50 12	50 9	50 7	50 5	50 3
3	51 4	51 1	50 15	50 13	50 11	50 9	50 7	50 5
4	51 5	51 3	51 1	50 15	50 13	50 10	50 8	50 6
5	51 7	51 5	51 2	51 //	50 14	50 12	50 11	50 8
6	51 8	51 6	51 4	51 2	51 //	50 14	50 11	50 11
7	51 10	51 8	51 6	51 3	51 1	50 15	50 13	50 11
8	51 12	51 9	51 7	51 5	51 3	51 1	50 15	50 12
9	51 13	51 11	51 9	51 7	51 4	51 2	51 //	50 14
10	51 15	51 13	51 10	51 8	51 6	51 4	51 2	51 //
11	52 //	51 14	51 12	51 10	51 8	51 5	51 3	51 1
12	52 2	52 //	51 14	51 11	51 9	51 7	51 5	51 3
13	52 4	52 1	51 15	51 13	51 11	51 9	51 6	51 4
14	52 5	52 3	52 1	51 15	51 12	51 10	51 8	51 6
15	52 7	52 5	52 2	52 //	51 14	51 12	51 10	51 7
33 //	52 8	52 6	52 4	52 2	51 15	51 13	51 12	51 9
1	52 10	52 8	52 5	52 3	52 1	51 15	51 13	51 11
2	52 12	52 9	52 7	52 5	52 3	52 //	51 14	51 12
3	52 13	52 11	52 9	52 6	52 4	52 2	52 //	51 14
4	52 15	52 12	52 10	52 8	52 6	52 4	52 2	51 15
5	53 //	52 14	52 12	52 10	52 7	52 5	52 3	52 1
6	53 2	53 //	52 13	52 11	52 9	52 7	52 5	52 2
7	53 3	53 1	52 15	52 13	52 11	52 8	52 6	52 4
8	53 5	53 3	53 1	52 14	52 12	52 10	52 8	52 5
9	53 7	53 5	53 2	53 //	52 14	52 11	52 9	52 7
10	53 8	53 6	53 4	53 1	52 15	52 13	52 11	52 9
11	53 10	53 8	53 5	53 3	53 1	52 15	52 12	52 10
12	53 11	53 9	53 7	53 5	53 2	53 //	52 14	52 12
13	53 13	53 11	53 8	53 6	53 4	53 2	53 //	52 13
14	53 15	53 12	53 10	53 8	53 6	53 3	53 1	52 15
15	54 //	53 14	53 12	53 9	53 7	53 5	53 3	53 //
34 //	54 2	53 15	53 13	53 11	53 9	53 6	53 4	53 2

TABLE IV. *De la combinaison des* changes *entre Amsterdam, Londres & Madrid.*

Cours des *changes* entre Londres & Madrid, Cadix, &c.

Amsterdam & Londres		36 ꝺ		36 ⅛ ꝺ		36 ¼ ꝺ		36 ⅜ ꝺ		36 ½ ꝺ		36 ⅝ ꝺ		36 ¾ ꝺ		36 ⅞ ꝺ	
		Amster. & Madrid.		Amster. & Madrid.		Amster. & Madrid.		Amster. & Madrid.		Amster. & Madrid.		Amster. & Madrid.		Amster. & Madrid.		Amster. & Madrid.	
ß	ꝺ vls	ꝺ vls	16es.	ꝺ vls	16es.	ꝺ vls	16es.	ꝺ vls	16es.	ꝺ vls	16es.	ꝺ vls	16es.	ꝺ vls	16es.	ꝺ vls	16es.
33	8	83	9	83	13	84	3	84	8	84	12	85	1	85	5	85	10
	9	83	12	84	//	84	6	84	11	84	15	85	4	85	9	85	13
	10	84	//	84	3	84	9	84	14	85	2	85	7	85	12	86	//
	11	84	3	84	7	84	12	85	1	85	5	85	10	85	15	86	4
34	//	84	6	84	11	85	//	85	4	85	9	85	14	86	2	86	7
	1	84	9	84	14	85	3	85	8	85	12	86	1	86	6	86	10
	2	84	13	85	1	85	6	85	11	85	15	86	4	86	9	86	13
	3	85	//	85	5	85	9	85	14	86	2	86	7	86	12	87	1
	4	85	3	85	8	85	12	86	1	86	5	86	10	87	//	87	4
	5	85	7	85	11	86	//	86	4	86	8	86	14	87	3	87	8
	6	85	10	85	15	86	3	86	8	86	12	87	1	87	6	87	11
	7	85	13	86	2	86	6	86	11	86	15	87	4	87	9	87	14
	8	86	//	86	5	86	9	86	14	87	2	87	7	87	12	88	1
	9	86	4	86	8	86	12	87	2	87	6	87	10	87	15	88	4
	10	86	7	86	12	87	//	87	5	87	9	87	14	88	2	88	7
	11	86	10	86	15	87	3	87	8	87	12	88	1	88	6	88	10
35	//	86	14	87	2	87	6	87	11	88	//	88	4	88	9	88	14
	1	87	1	87	6	87	10	87	14	88	3	88	8	88	12	89	1
	2	87	4	87	9	87	13	88	2	88	6	88	11	89	//	89	5
	3	87	8	87	12	88	//	88	5	88	10	88	14	89	3	89	8
	4	87	11	87	15	88	3	88	8	88	13	89	2	89	6	89	11
	5	87	14	88	3	88	7	88	11	89	//	89	5	89	10	89	14
	6	88	2	88	6	88	10	88	14	89	3	89	8	89	13	90	2
	7	88	5	88	9	88	14	89	2	89	6	89	11	90	//	90	5
	8	88	8	88	13	89	1	89	5	89	10	89	14	90	3	90	8
	9	88	11	89	//	89	4	89	8	89	13	90	2	90	6	90	11
	10	88	15	89	3	89	8	89	12	90	1	90	5	90	10	90	15
	11	89	2	89	7	89	11	89	15	90	4	90	8	90	13	91	2
36	//	89	5	89	10	89	14	90	3	90	7	90	12	91	//	91	5
	1	89	9	89	13	90	1	90	6	90	11	90	15	91	4	91	8
	2	89	12	90	//	90	5	90	9	90	14	91	1	91	7	91	12
	3	89	15	90	4	90	8	90	12	91	//	91	5	91	10	91	15
	4	90	3	90	7	90	11	91	//	91	4	91	9	91	14	92	2
	5	90	6	90	11	91	//	91	4	91	8	91	12	92	//	92	6
	6	90	9	90	14	91	3	91	7	91	11	91	15	92	4	92	9
	7	90	13	91	1	91	6	91	11	91	15	92	3	92	7	92	12
	8	91	//	91	5	91	9	91	14	92	2	92	7	92	11	93	//
	9	91	3	91	8	91	13	92	2	92	6	92	11	92	15	93	3
	10	91	6	91	11	92	//	92	5	92	9	92	14	93	3	93	7
	11	91	10	91	15	92	4	92	9	92	13	93	2	93	7	93	11

Suite de la TABLE IV.

Cours des *changes* entre Londres & Madrid, Cadix, &c.

Amsterdam & Londres.		37 ẟ	37⅛ ẟ	37¼ ẟ	37⅜ ẟ	37½ ẟ	37⅝ ẟ	37¼ ẟ	37⅞ ẟ
		Amster. & Madrid.	Amster. & Madrid.	Amster. & Madrid.	Amster. & Madrid.	Amster. & Madrid.	Amster. & Madrid.	Amster. & Madrid.	Amster. & Madrid.
ß	ẟ vls	ẟ vls 16ᵉˢ	ẟ vls 16ᵉˢ	ẟ vls 16ᵉˢ	ẟ vls 16ᵉˢ	ẟ vls 16ᵉˢ	ẟ vls 16ᵉˢ	ẟ vls 16ᵉˢ	ẟ vls 16ᵉˢ
33	8	85 14	86 3	86 8	86 12	87 //	87 5	87 10	87 15
	9	86 1	86 6	86 11	87 //	87 4	87 9	87 14	88 2
	10	86 5	86 10	86 15	87 3	87 8	87 12	88 1	88 6
	11	86 8	86 13	87 1	87 6	87 11	87 15	88 4	88 9
34	//	86 11	87 //	87 4	87 9	87 14	88 3	88 8	88 12
	1	86 15	87 4	87 7	87 13	88 2	88 6	88 11	88 15
	2	87 3	87 7	87 11	88 //	88 5	88 9	88 14	89 3
	3	87 6	87 10	87 14	88 3	88 8	88 13	89 2	89 7
	4	87 9	87 14	88 2	88 6	88 11	89 //	89 5	89 10
	5	87 12	88 1	88 5	88 9	88 15	89 3	89 8	89 14
	6	88 //	88 4	88 8	88 13	89 2	89 7	89 11	90 1
	7	88 3	88 8	88 12	89 //	89 5	89 10	90 //	90 5
	8	88 7	88 11	88 15	89 4	89 8	89 13	90 3	90 8
	9	88 10	88 15	89 3	89 7	89 12	90 1	90 6	90 11
	10	88 13	89 2	89 6	89 11	89 15	90 4	90 9	90 15
	11	89 1	89 5	89 9	89 14	90 3	90 8	90 13	91 2
35	//	89 4	89 9	89 13	90 1	90 6	90 11	91 //	91 5
	1	89 8	89 12	90 //	90 5	90 10	90 14	91 3	91 8
	2	89 11	90 //	90 4	90 8	90 13	91 2	91 7	91 11
	3	89 14	90 3	90 7	90 11	91 //	91 5	91 10	91 15
	4	90 2	90 7	90 10	90 15	91 4	91 8	91 13	92 2
	5	90 6	90 10	90 14	91 3	91 7	91 12	92 1	92 6
	6	90 9	90 13	91 1	91 6	91 10	91 15	92 4	92 9
	7	90 12	91 1	91 5	91 9	91 14	92 3	92 8	92 13
	8	91 //	91 4	91 8	91 13	92 1	92 6	92 11	93 //
	9	91 3	91 8	91 11	92 //	92 5	92 10	92 15	93 4
	10	91 6	91 11	91 15	92 4	92 8	92 13	93 1	93 7
	11	91 10	91 14	92 2	92 7	92 11	93 1	93 6	93 10
36	//	91 13	92 2	92 6	92 11	92 15	93 5	93 9	93 14
	1	92 //	92 5	92 9	92 14	93 2	93 8	93 13	94 1
	2	92 4	92 8	92 12	93 2	93 6	93 11	94 //	94 4
	3	92 7	92 12	93 //	93 6	93 9	93 15	94 4	94 8
	4	92 11	92 15	93 3	93 9	93 13	94 3	94 8	94 11
	5	92 14	93 3	93 7	93 13	94 //	94 6	94 11	94 15
	6	93 2	93 6	93 10	94 //	94 4	94 10	94 15	95 3
	7	93 5	93 9	93 13	94 4	94 7	94 13	95 2	95 6
	8	93 8	93 13	94 1	94 8	94 10	95 //	95 6	95 11
	9	93 12	94 //	94 4	94 11	94 14	95 4	95 9	95 14
	10	93 15	94 4	94 8	94 15	95 2	95 8	95 14	96 2
	11	94 3	94 7	94 13	95 2	95 6	95 11	96 1	96 6

Suite de la TABLE IV.

Cours des *changes* entre Londres & Madrid, Cadix, &c.

Amsterdam & Londres. (ß ds vls)	38 ds. Amster. & Madrid.	38 1/8 ds. Amster. & Madrid.	38 1/4 ds. Amster. & Madrid.	38 3/8 ds. Amster. & Madrid.	38 1/2 ds. Amster. & Madrid.	38 5/8 ds. Amster. & Madrid.	38 3/4 ds. Amster. & Madrid.	38 7/8 ds. Amster. & Madrid.
33 · 8	88 3	88 8	88 12	89 1	89 6	89 10	89 15	90 4
9	88 7	88 11	89 "	89 4	89 9	89 14	90 2	90 7
10	88 10	88 15	89 3	89 8	89 13	90 1	90 6	90 11
11	88 14	89 2	89 7	89 12	90 "	90 5	90 10	90 14
34 · "	89 1	89 6	89 10	89 15	90 4	90 8	90 13	91 2
1	89 4	89 9	89 14	90 3	90 7	90 12	91 1	91 5
2	89 8	89 13	90 1	90 6	90 11	91 "	91 4	91 9
3	89 11	90 "	90 5	90 10	90 14	91 3	91 8	91 13
4	89 15	90 4	90 8	90 13	91 2	91 7	91 11	92 "
5	90 2	90 7	90 12	91 1	91 5	91 10	91 15	92 4
6	90 6	90 11	90 15	91 4	91 9	91 14	92 2	92 7
7	90 9	90 14	91 3	91 8	91 13	92 1	92 6	92 11
8	90 13	91 2	91 6	91 11	92 "	92 5	92 10	92 14
9	91 "	91 5	91 10	91 15	92 4	92 8	92 13	93 2
10	91 4	91 9	91 14	92 2	92 7	92 12	93 1	93 6
11	91 7	91 12	92 1	92 6	92 11	92 15	93 4	93 9
35 · "	91 11	92 "	92 5	92 9	92 14	93 3	93 8	93 13
1	91 14	92 2	92 8	92 13	93 2	93 7	93 11	94 "
2	92 2	92 7	92 12	93 "	93 5	93 10	93 15	94 4
3	92 5	92 10	92 15	93 4	93 9	93 14	94 3	94 7
4	92 9	92 14	93 3	93 7	93 12	94 1	94 6	94 11
5	92 12	93 1	93 6	93 11	94 "	94 5	94 10	94 15
6	93 "	93 5	93 10	93 15	94 3	94 8	94 13	95 2
7	93 3	93 8	93 13	94 2	94 7	94 12	95 1	95 6
8	93 7	93 11	94 1	94 6	94 11	94 15	95 4	95 9
9	93 10	93 15	94 4	94 9	94 14	95 3	95 8	95 13
10	93 14	94 3	94 8	94 13	95 "	95 7	95 11	96 "
11	94 1	94 6	94 11	95 "	95 5	95 10	95 15	96 4
36 · "	94 5	94 10	94 15	95 4	95 9	95 14	96 3	96 8
1	94 8	94 13	95 2	95 7	95 12	96 1	96 6	96 11
2	94 12	95 1	95 6	95 11	96 "	96 5	96 10	96 15
3	94 15	95 4	95 9	95 14	96 3	96 8	96 13	97 2
4	95 3	95 8	95 13	96 2	96 7	96 12	97 1	97 6
5	95 6	95 11	96 "	96 5	96 10	96 15	97 4	97 9
6	95 10	95 15	96 4	96 9	96 14	97 3	97 8	97 13
7	95 13	96 2	96 7	96 11	97 "	97 6	97 11	98 "
8	96 1	96 6	96 11	97 "	97 5	97 10	97 15	98 4
9	96 4	96 9	96 14	97 3	97 9	97 14	98 3	98 8
10	96 8	96 13	97 2	97 7	97 12	98 1	98 6	98 11
11	96 11	97 "	97 5	97 11	98 "	98 5	98 10	98 15

TABLE V. *Des combinaisons des* changes *entre* Amsterdam, Londres & Lisbonne.

Cours des *changes* entre Londres & Lisbonne.

Amsterdam & Londres.		64 dß.	64 ⅛ dß.	64 ¼ dß.	64 ⅜ dß.	64 ½ dß.	64 ⅝ dß.	64 ¾ dß.	64 ⅞ dß.
		Amster. & Lisbonne.	Amster. & Lisbonne.	Amster. & Lisbonne.	Amster. & Lisbonne.	Amster. & Lisbonne.	Amster. & Lisbonne.	Amster. & Lisbonne.	Amster. & Lisbonne.
ß	dß vls	dß vls 32es.	dß vls 32es.	dß vls 32es.	dß vls 32es.	dß vls 32es.	dß vls 32es.	dß vls 32es.	dß vls 32es.
33	8	43 3	43 6	43 8	43 11	43 14	43 16	43 19	43 22
	9	43 6	43 9	43 12	43 14	43 17	43 20	43 23	43 25
	10	43 10	43 13	43 15	43 18	43 21	43 23	43 26	43 29
	11	43 13	43 16	43 19	43 21	43 24	43 27	43 30	44 //
34	//	43 17	43 19	43 22	43 25	43 28	43 30	44 1	44 4
	1	43 20	43 23	43 26	43 28	43 31	44 2	44 4	44 7
	2	43 23	43 26	43 29	44 //	44 2	44 5	44 8	44 11
	3	43 27	43 30	44 //	44 3	44 6	44 9	44 11	44 14
	4	43 30	44 1	44 4	44 7	44 9	44 12	44 15	44 18
	5	44 2	44 4	44 7	44 10	44 13	44 15	44 18	44 21
	6	44 5	44 8	44 11	44 13	44 16	44 19	44 22	44 24
	7	44 9	44 11	44 14	44 17	44 20	44 22	44 25	44 28
	8	44 12	44 15	44 17	44 20	44 23	44 26	44 29	44 31
	9	44 15	44 18	44 21	44 24	44 26	44 29	45 //	45 3
	10	44 19	44 22	44 24	44 27	44 30	45 1	45 3	45 6
	11	44 22	44 25	44 28	44 31	45 1	45 4	45 7	45 10
35	//	44 26	44 28	44 31	45 2	45 5	45 8	45 10	45 13
	1	44 29	45 //	45 3	45 5	45 8	45 11	45 14	45 17
	2	45 //	45 3	45 6	45 9	45 12	45 14	45 17	45 20
	3	45 4	45 7	45 9	45 12	45 15	45 18	45 21	45 24
	4	45 7	45 10	45 13	45 16	45 19	45 21	45 24	45 27
	5	45 11	45 14	45 16	45 19	45 22	45 25	45 28	45 30
	6	45 14	45 17	45 20	45 23	45 25	45 28	45 31	46 3
	7	45 17	45 20	45 23	45 26	45 29	46 //	46 3	46 6
	8	45 21	45 24	45 27	45 29	46 //	46 3	46 6	46 10
	9	45 24	45 27	45 30	46 1	46 4	46 7	46 9	46 13
	10	45 28	45 31	46 1	46 4	46 7	46 10	46 13	46 17
	11	45 31	46 2	46 5	46 8	46 11	46 14	46 16	46 20
36	//	46 3	46 5	46 8	46 11	46 15	46 17	46 20	46 24
	1	46 6	46 9	46 12	46 15	46 18	46 20	49 23	46 27
	2	46 9	46 12	46 15	46 18	46 21	46 24	46 27	46 30
	3	46 13	46 16	46 19	46 22	46 24	46 27	46 30	47 1
	4	46 16	46 19	46 22	46 25	46 28	46 31	47 2	47 5
	5	46 20	46 23	46 25	46 28	46 31	47 2	47 5	47 8
	6	46 23	46 26	46 29	47 //	47 3	47 6	47 9	47 11
	7	46 26	46 29	47 //	47 3	47 6	47 9	47 12	47 15
	8	46 30	47 1	47 4	47 7	47 10	47 13	47 15	47 18
	9	47 1	47 4	47 7	47 10	47 13	47 16	47 19	47 22
	10	47 5	47 8	47 11	47 14	47 16	47 19	47 22	47 25
	11	47 8	47 11	47 14	47 17	47 20	47 23	47 26	47 29

Suite de la TABLE V.

Cours des *changes* entre Londres & Lisbonne.

Amsterdam & Londres.	65 â Amster. & Lisbonne.		65 1/8 â Amster. & Lisbonne.		65 1/4 â Amster. & Lisbonne.		65 3/8 â Amster. & Lisbonne.		65 1/2 â Amster. & Lisbonne.		65 5/8 â Amster. & Lisbonne.		65 3/4 â Amster. & Lisbonne.		65 7/8 â Amster. & Lisbonne.	
ß â vls.	â vls	32es.	â vls	32es.	â vls	32es.	â vls	32es.	â vls	32es.	â vls	32es.	â vls	32es.	â vls	32es.
33 8	43	25	43	27	43	30	44	1	44	3	44	6	44	9	44	11
9	43	28	43	31	44	1	44	4	44	7	44	10	44	12	44	15
10	43	31	44	2	44	5	44	8	44	10	44	13	44	16	44	18
11	44	3	44	6	44	8	44	11	44	14	44	16	44	19	44	22
34 //	44	6	44	9	44	12	44	15	44	17	44	20	44	23	44	25
1	44	10	44	13	44	15	44	18	44	21	44	24	44	26	44	29
2	44	13	44	16	44	19	44	22	44	24	44	27	44	30	45	//
3	44	17	44	20	44	22	44	25	44	28	44	30	45	1	45	4
4	44	20	44	23	44	26	44	29	44	31	45	2	45	5	45	7
5	44	24	44	26	44	29	45	//	45	3	45	6	45	8	45	11
6	44	27	44	30	45	1	45	3	45	6	45	9	45	12	45	15
7	44	31	45	1	45	4	45	7	45	10	45	12	45	15	45	18
8	45	2	45	5	45	8	45	10	45	13	45	16	45	19	45	22
9	45	6	45	8	45	11	45	14	45	17	45	20	45	22	45	25
10	45	9	45	12	45	15	45	17	45	20	45	23	45	26	45	29
11	45	13	45	15	45	18	45	21	45	24	45	26	45	29	46	//
35 //	45	16	45	19	45	22	45	24	45	27	45	30	46	1	46	4
1	45	19	45	22	45	25	45	28	45	31	46	2	46	4	46	7
2	45	23	45	26	45	29	45	31	46	2	46	5	46	8	46	11
3	45	26	45	29	46	//	46	3	46	6	46	8	46	11	46	14
4	45	30	46	1	46	4	46	6	46	9	46	12	46	15	46	18
5	46	1	46	4	46	7	46	10	46	13	46	16	46	18	46	21
6	46	5	46	8	46	10	46	13	46	16	46	19	46	22	46	25
7	46	8	46	11	46	14	46	17	46	20	46	22	46	25	46	28
8	46	12	46	15	46	17	46	20	46	23	46	26	46	29	47	//
9	46	15	46	18	46	21	46	24	46	27	46	30	47	//	47	3
10	46	19	46	22	46	24	46	27	46	30	47	1	47	4	47	7
11	46	22	46	25	46	28	46	31	47	2	47	4	47	7	47	10
36 //	46	26	46	28	46	31	47	2	47	5	47	8	47	11	47	14
1	46	29	47	//	47	3	47	6	47	9	47	12	47	14	47	17
2	47	1	47	3	47	6	47	9	47	12	47	15	47	18	47	21
3	47	4	47	7	47	10	47	13	47	16	47	18	47	21	47	24
4	47	7	47	10	47	13	47	16	47	19	47	22	47	25	47	28
5	47	11	47	14	47	17	47	20	47	23	47	26	47	28	47	31
6	47	14	47	17	47	20	47	23	47	26	47	29	48	//	48	3
7	47	18	47	21	47	24	47	27	47	30	48	//	48	3	48	6
8	47	21	47	24	47	27	47	30	48	1	48	4	48	7	48	10
9	47	25	47	28	47	31	48	2	48	5	48	8	48	10	48	13
10	47	28	47	31	48	2	48	5	48	8	48	11	48	14	48	17

Suite de la TABLE V.

Cours des *changes* entre Londres & Lisbonne.

Amsterdam & Londres.		66 ã Amſter. & Liſbonne.		66 ⅛ ã Amſter. & Liſbonne.		66 ¼ ã Amſter. & Liſbonne.		66 ⅜ ã Amſter. & Liſbonne.		66 ½ ã Amſter. & Liſbonne.		66 ⅝ ã Amſter. & Liſbonne.		66 ¾ ã Amſter. & Liſbonne.		66 ⅞ ã Amſter. & Liſbonne.	
ß	ã vls	ã vls	32es	ã vls	32es	ã vls	32es	ã vls	32es	ã vls	32es	ã vls	32es	ã vls	32es	ã vls	32es
33	8	44	14	44	17	44	19	44	22	44	25	44	28	44	30	45	1
	9	44	18	44	20	44	23	44	26	44	28	44	31	45	2	45	4
	10	44	21	44	24	44	27	44	29	45	"	45	3	45	5	45	8
	11	44	25	44	27	44	30	45	1	45	3	45	6	45	9	45	12
34	//	44	28	44	31	45	2	45	4	45	7	45	10	45	12	45	15
	1	45	"	45	2	45	5	45	8	45	11	45	13	45	16	45	19
	2	45	3	45	6	45	9	45	11	45	14	45	17	45	20	45	22
	3	45	7	45	9	45	12	45	15	45	18	45	20	45	23	45	26
	4	45	10	45	13	45	16	45	18	45	21	45	24	45	27	45	29
	5	45	14	45	17	45	19	45	22	45	25	45	28	45	30	46	1
	6	45	17	45	20	45	23	45	26	45	28	45	31	46	2	46	5
	7	45	21	45	24	45	26	45	29	46	"	46	3	46	5	46	8
	8	45	24	45	27	45	30	46	1	46	3	46	6	46	9	46	12
	9	45	28	45	31	46	1	46	4	46	7	46	10	46	13	46	15
	10	45	31	46	2	46	5	46	8	46	11	46	13	46	16	46	19
	11	46	3	46	6	46	8	46	11	46	14	46	17	46	20	46	22
35	//	46	6	46	9	46	12	46	15	46	18	46	20	46	23	46	26
	1	46	10	46	13	46	16	46	18	46	21	46	24	46	27	46	30
	2	46	13	46	16	46	19	46	22	46	25	46	28	46	30	47	1
	3	46	17	46	20	46	23	46	25	46	28	46	31	47	2	47	5
	4	46	20	46	23	46	26	46	29	47	"	47	3	47	5	47	8
	5	46	24	46	27	46	30	47	"	47	3	47	6	47	9	47	12
	6	46	28	46	30	47	1	47	4	47	7	47	10	47	13	47	15
	7	46	31	47	2	47	5	47	8	47	10	47	13	47	16	47	19
	8	47	3	47	5	47	8	47	11	47	14	47	17	47	20	47	23
	9	47	6	47	9	47	12	47	15	47	18	47	20	47	23	47	26
	10	47	10	47	12	47	15	47	18	47	21	47	24	47	27	47	30
	11	47	13	47	16	47	19	47	22	47	25	47	27	47	30	48	1
36	//	47	17	47	20	47	22	47	25	47	28	47	31	48	2	48	5
	1	47	20	47	23	47	26	47	29	48	"	48	3	48	5	48	8
	2	47	24	47	27	47	29	48	"	48	3	48	6	48	9	48	12
	3	47	27	47	30	48	1	48	4	48	7	48	10	48	13	48	16
	4	47	31	48	2	48	5	48	7	48	10	48	13	48	16	48	19
	5	48	2	48	5	48	8	48	11	48	14	48	17	48	20	48	23
	6	48	6	48	9	48	12	48	15	48	17	48	20	48	23	48	26
	7	48	9	48	12	48	15	48	18	48	21	48	24	48	27	48	30
	8	48	13	48	16	48	19	48	22	48	25	48	27	48	30	49	1
	9	48	16	48	19	48	22	48	25	48	28	48	31	49	2	49	5
	10	48	20	48	23	48	26	48	29	49	"	49	3	49	6	49	8
	11	48	23	48	26	48	29	49	"	49	3	49	6	49	9	49	12

Suite de la TABLE V.

Cours des *changes* entre Londres & Lisbonne.

Amsterdam & Londres		67 ꝺ. Amster. & Lisbonne.		67 ⅛ ꝺ. Amster. & Lisbonne.		67 ¼ ꝺ. Amster. & Lisbonne.		67 ⅜ ꝺ. Amster. & Lisbonne.		67 ½ ꝺ. Amster. & Lisbonne.		67 ⅝ ꝺ. Amster. & Lisbonne.		67 ¾ ꝺ. Amster. & Lisbonne.		67 ⅞ ꝺ. Amster. & Lisbonne.	
ß	ꝺ vls	ꝺ vls	32es	ꝺ vls	32es	ꝺ vls	32es	ꝺ vls	32es	ꝺ vls	32es	ꝺ vls	32es	ꝺ vls	32es	ꝺ vls	32es
33	8	45	4	45	6	45	9	45	12	45	14	45	17	45	20	45	22
	9	45	7	45	10	45	13	45	15	45	18	45	21	45	23	45	26
	10	45	11	45	13	45	16	45	19	45	22	45	24	45	27	45	30
	11	45	14	45	17	45	20	45	22	45	25	45	28	45	31	46	1
34	//	45	18	45	21	45	23	45	26	45	29	46	//	46	2	46	5
	1	45	21	45	24	45	27	45	30	46	//	46	3	46	6	46	9
	2	45	25	45	28	45	31	46	1	46	4	46	7	46	9	45	12
	3	45	29	45	31	46	2	46	5	46	8	46	10	46	13	46	16
	4	46	//	46	3	46	6	46	8	46	11	46	14	46	17	46	19
	5	46	4	46	7	46	9	46	12	46	15	46	18	46	20	46	23
	6	46	7	46	10	46	13	46	16	46	18	46	21	46	24	46	27
	7	46	11	46	14	46	16	46	19	46	22	46	25	46	28	46	30
	8	46	15	46	17	46	20	46	23	46	26	46	28	46	31	47	2
	9	46	18	46	21	46	24	46	26	46	29	47	//	47	3	47	6
	10	46	22	46	24	46	27	46	30	47	1	47	4	47	6	47	9
	11	46	25	46	28	46	31	47	2	47	4	47	7	47	10	47	13
35	//	46	29	47	//	47	2	47	5	47	8	47	11	47	14	47	16
	1	47	//	47	3	47	6	47	9	47	12	47	15	47	17	47	20
	2	47	4	47	7	47	10	47	12	47	15	47	18	47	21	47	24
	3	47	8	47	10	47	13	47	16	47	19	47	22	47	24	47	27
	4	47	11	47	14	47	17	47	20	47	22	47	25	47	28	47	31
	5	47	15	47	18	47	20	47	23	47	26	47	29	48	//	48	2
	6	47	18	47	21	47	24	47	27	47	30	48	//	48	3	48	6
	7	47	22	47	25	47	28	47	30	48	1	48	4	48	7	48	10
	8	47	25	47	28	47	31	48	2	48	5	48	8	48	11	48	13
	9	47	29	48	//	48	3	48	6	48	8	48	11	48	14	48	17
	10	48	1	48	3	48	6	48	9	48	12	48	15	48	18	48	21
	11	48	4	48	7	48	10	48	13	48	16	48	18	48	21	48	24
36	//	48	8	48	11	48	13	48	16	48	19	48	22	48	25	48	28
	1	48	11	48	14	48	17	48	20	48	23	48	26	48	29	48	31
	2	48	15	48	18	48	21	48	24	48	26	48	29	49	//	49	3
	3	48	18	48	21	48	24	48	27	48	30	49	1	49	4	49	7
	4	48	22	48	25	48	28	48	31	49	2	49	5	49	8	49	10
	5	48	26	48	28	48	31	49	2	49	5	49	8	49	11	49	14
	6	48	29	49	//	49	3	49	6	49	9	49	12	49	15	49	18
	7	49	1	49	4	49	7	49	9	49	12	49	15	49	18	49	21
	8	49	4	49	7	49	10	49	13	49	16	49	19	49	22	49	25
	9	49	8	49	11	49	14	49	17	49	20	49	23	49	25	49	28
	10	49	11	49	14	49	17	49	20	49	23	49	26	49	29	50	//
	11	49	15	49	18	49	21	49	24	49	27	49	30	50	1	50	4

TABLE VI. *De la combinaison des* changes *les plus-ordinaires entre Amsterdam, Hambourg & Londres.*

Cours des *changes* entre Amsterdam & Londres.

Hamb. & Londres.		34 ß — Amsterd. & Hamb.		34 ß 1 â — Amster. & Hamb.		34 ß 2 â — Amster. & Hamb.		34 ß 3 â — Amster. & Hamb.		34 ß 4 â — Amster. & Hamb.		34 ß 5 â — Amster. & Hamb.		34 ß 6 â — Amster. & Hamb.		34 â 7 â — Amster. & Hamb.	
ft.	â vls.	ft.	16es.	ft.	16es.	ft.	16es.	ft.	16es.	ft.	16es.	ft.	16es.	ft.	16es.	ft.	16es.
32	//	34	//	//	//	//	//	//	//	//	//	//	//	//	//	//	//
	1	33	14	34	//	//	//	//	//	//	//	//	//	//	//	//	//
	2	33	13	33	14	33	15	//	//	//	//	//	//	//	//	//	//
	3	33	11	33	13	33	14	33	15	//	//	//	//	//	//	//	//
	4	33	10	33	11	33	13	33	14	33	15	34	1	//	//	//	//
	5	33	9	33	10	33	11	33	13	33	14	33	15	34	1	//	//
	6	33	7	33	9	33	10	33	11	33	13	33	14	33	15	34	//
	7	33	6	33	7	33	8	33	10	33	11	33	12	33	14	33	15
	8	33	5	33	6	33	7	33	8	33	10	33	11	33	12	33	14
	9	33	3	33	4	33	6	33	7	33	8	33	10	33	11	33	12
	10	33	2	33	3	33	4	33	6	33	7	33	8	33	10	33	11
	11	33	//	33	2	33	3	33	4	33	6	33	7	33	8	33	10
33	//	32	15	33	//	33	2	33	3	33	4	33	6	33	7	33	8
	1	32	14	32	15	33	//	33	2	33	3	33	4	33	6	33	7
	2	32	12	32	14	32	15	33	//	33	2	33	3	33	4	33	5
	3	32	11	32	12	32	14	32	15	33	//	33	2	33	3	33	4
	4	32	10	32	11	32	12	32	14	32	15	33	//	33	2	33	3
	5	32	9	32	10	32	11	32	12	32	14	32	15	33	//	33	2
	6	32	7	32	9	32	10	32	11	32	12	32	14	32	15	33	//
	7	32	6	32	7	32	8	32	10	32	11	32	12	32	14	32	15
	8	32	5	32	6	32	7	32	8	32	10	32	11	32	12	32	14
	9	32	3	32	5	32	6	32	7	32	8	32	10	32	11	32	12
	10	32	2	32	3	32	5	32	6	32	7	32	8	32	10	32	11
	11	32	1	32	2	32	3	32	5	32	6	32	7	32	8	32	10
34	//	32	//	32	1	32	2	32	3	32	5	32	6	32	7	32	8
	1	//	//	32	//	32	1	32	2	32	3	32	5	32	6	32	7
	2	//	//	//	//	32	//	32	1	32	2	32	3	32	5	32	6
	3	//	//	//	//	//	//	32	//	32	1	32	2	32	3	32	5
	4	//	//	//	//	//	//	//	//	32	//	32	1	32	2	32	3
	5	//	//	//	//	//	//	//	//	//	//	32	//	32	1	32	2
	6	//	//	//	//	//	//	//	//	//	//	//	//	32	//	32	1
	7	//	//	//	//	//	//	//	//	//	//	//	//	//	//	32	//

Suite de la TABLE VI.

Cours des *changes* entre Amsterdam & Londres.

Hambourg & Londres.	34 ß 8 ð. Amster. & Hamb.	34 ß 9 ð. Amster. & Hamb.	34 ß 10 ð. Amster. & Hamb.	34 ß 11 ð. Amster. & Hamb.	35 ß. Amster. & Hamb.	35 ß 1 ð. Amster. & Hamb.	35 ß 2 ð. Amster. & Hamb.	35 ß 3 ð. Amster. & Hamb.
ß ð vls.	ft. ð vls.	ft. ð vls.	ft. ð vls.	ft. ð vls.	ft. ð vls.	ft. ð vls.	ft. ð vls.	ft. ð vls.
32 7	34 //	// //	// //	// //	// //	// //	// //	// //
8	33 15	34 //	// //	// //	// //	// //	// //	// //
9	33 14	33 15	34 //	// //	// //	// //	// //	// //
10	33 12	33 14	33 15	34 //	// //	// //	// //	// //
11	33 11	33 12	33 13	33 15	34 //	// //	// //	// //
33 //	33 9	33 11	33 12	33 13	33 15	34 //	// //	// //
1	33 8	33 9	33 11	33 12	33 13	33 15	34 //	// //
2	33 7	33 8	33 9	33 11	33 12	33 13	33 14	34 //
3	33 5	33 7	33 8	33 9	33 11	33 12	33 13	33 14
4	33 4	33 5	33 7	33 8	33 9	33 11	33 12	33 13
5	33 3	33 4	33 5	33 7	33 8	33 9	33 10	33 12
6	33 1	33 3	33 4	33 5	33 7	33 8	33 9	33 10
7	33 //	33 1	33 3	33 4	33 5	33 6	33 8	33 9
8	32 15	33 //	33 1	33 3	33 4	33 5	33 6	33 8
9	32 14	32 15	33 //	33 1	33 3	33 4	33 5	33 6
10	32 12	32 13	32 15	33 //	33 1	33 3	33 4	33 5
11	32 11	32 12	32 13	32 15	33 //	33 1	33 2	33 4
34 //	32 10	32 11	32 12	32 13	32 15	33 //	33 1	33 2
1	32 8	32 10	32 11	32 12	32 13	32 15	33 //	33 1
2	32 7	32 8	32 10	32 11	32 12	32 13	32 15	33 //
3	32 6	32 7	32 8	32 10	32 11	32 12	32 13	32 15
4	32 5	32 6	32 7	32 8	32 10	32 11	32 12	32 13
5	32 3	32 5	32 6	32 7	32 8	32 10	32 11	32 12
6	32 2	32 3	32 5	32 6	32 7	32 8	32 10	32 11
7	32 1	32 2	32 3	32 5	32 6	32 7	32 8	32 9
8	32 //	32 1	32 2	32 3	32 5	32 6	32 7	32 8
9	// //	32 //	32 1	32 2	32 3	32 5	32 6	32 7
10	// //	// //	32 //	32 1	32 2	32 3	32 5	32 6
11	// //	// //	// //	32 //	32 1	32 2	32 3	32 5
35 //	// //	// //	// //	// //	32 //	32 1	32 2	32 3
1	// //	// //	// //	// //	// //	32 //	32 1	32 2
2	// //	// //	// //	// //	// //	// //	32 //	32 1
3	// //	// //	// //	// //	// //	// //	// //	32 //

CHA

Suite de la TABLE VI.

Cours des *changes* entre Amsterdam & Londres.

Hambourg & Londres.		35 ß 4 d.	35 ß 5 d.	35 ß 6 d.	35 ß 7 d.	35 ß 8 d.	35 ß 9 d.	35 ß 10 d.	35 ß 11 d.	36 ß
		Amster. & Hamb.	Amster. & Hamb.	Amster. & Hamb.	Amster. & Hamb.	Amster. & Hamb.	Amster. & Hamb.	Amster. & Hamb.	Amster. & Hamb.	Amster. & Hamb.
ß	d. vls	ft. 16es.	ft. 16es.	ft. 16es.	ft. 16es.	ft. 16es.	ft. 16es.	ft. 16es.	ft. 16es.	ft. 16es.
33	3	34 //	// //	// //	// //	// //	// //	// //	// //	// //
	4	33 14	34 //	// //	// //	// //	// //	// //	// //	// //
	5	33 13	33 14	34 //	// //	// //	// //	// //	// //	// //
	6	33 12	33 13	33 14	34 //	// //	// //	// //	// //	// //
	7	33 10	33 12	33 13	33 14	34 //	// //	// //	// //	// //
	8	33 9	33 10	33 12	33 13	33 14	34 //	// //	// //	// //
	9	33 8	33 9	33 10	33 12	33 13	33 14	34 //	// //	// //
	10	33 6	33 8	33 9	33 10	33 12	33 13	33 14	34 //	// //
	11	33 5	33 6	33 8	33 9	33 10	33 12	33 13	33 14	34 //
34	//	33 4	33 5	33 6	33 8	33 9	33 10	33 12	33 13	33 14
	1	33 2	33 4	33 5	33 6	33 8	33 9	33 10	33 12	33 13
	2	33 1	33 2	33 4	33 5	33 6	33 8	33 9	33 10	33 12
	3	33 //	33 1	33 2	33 4	33 5	33 6	33 8	33 9	33 10
	4	32 15	33 //	33 1	33 2	33 4	33 5	33 6	33 8	33 9
	5	32 13	32 15	33 //	33 1	33 2	33 4	33 5	33 6	33 8
	6	32 12	32 13	32 15	33 //	33 1	33 2	33 4	33 5	33 6
	7	32 11	32 12	32 13	32 15	33 //	33 1	33 2	33 4	33 5
	8	32 9	32 11	32 12	32 13	32 15	33 //	33 1	33 2	33 4
	9	32 8	32 9	32 11	32 12	32 13	32 15	33 //	33 1	33 2
	10	32 7	32 8	32 9	32 11	32 12	32 13	32 15	33 //	33 1
	11	32 6	32 7	32 8	32 9	32 11	32 12	32 13	32 15	33 //
35	//	32 5	32 6	32 7	32 8	32 9	32 11	32 12	32 13	32 15
	1	32 3	32 5	32 6	32 7	32 8	32 9	32 11	32 12	32 13
	2	32 2	32 3	32 5	32 6	32 7	32 8	32 9	32 11	32 12
	3	32 1	32 2	32 3	32 5	32 6	32 7	32 8	32 9	32 11
	4	32 //	32 1	32 2	32 3	32 5	32 6	32 7	32 8	32 9
	5	// //	32 //	32 1	32 2	32 3	32 5	32 6	32 7	32 8
	6	// //	// //	32 //	32 1	32 2	32 3	32 5	32 6	32 7
	7	// //	// //	// //	32 //	32 1	32 2	32 3	32 5	32 6
	8	// //	// //	// //	// //	32 //	32 1	32 2	32 3	32 5
	9	// //	// //	// //	// //	// //	32 //	32 1	32 2	32 3
	10	// //	// //	// //	// //	// //	// //	32 //	32 1	32 2
	11	// //	// //	// //	// //	// //	// //	// //	32 //	32 1
36	//	// //	// //	// //	// //	// //	// //	// //	// //	32 //

TABLE VII. *Des combinaisons des changes entre Amsterdam, Hambourg & Venise, & Genes, & Livourne, & Madrid & Lisbonne.*

Cours des *changes* entre Amsterdam & Venise, & Genes, & Livourne.

Hambourg & Venise.	80 à. Amster. & Hamb.		80 1/8 à. Amster. & Hamb.		80 1/4 à. Amster. & Hamb.		80 3/8 à. Amster. & Hamb.		80 1/2 à. Amster. & Hamb.		80 5/8 à. Amster. & Hamb.		80 3/4 à. Amster. & Hamb.		80 7/8 à. Amster. & Hamb.	
à. vls.	ft.	16es.	ft.	16es.	ft.	16es.	ft.	16es.	ft.	16es.	ft.	16es.	ft.	16es.	ft.	16es.
75	34	//	//	//	//	//	//	//	//	//	//	//	//	//	//	//
1/4	33	14	33	15	34	//	//	//	//	//	//	//	//	//	//	//
1/2	33	12	33	13	33	14	33	15	34	//	34	1	//	//	//	//
76	33	11	33	11	33	12	33	13	33	14	33	15	34	//	34	//
1/4	33	9	33	10	33	10	33	11	33	12	33	13	33	14	33	15
1/2	33	7	33	8	33	9	33	10	33	10	33	11	33	12	33	13
3/4	33	5	33	6	33	7	33	8	33	9	33	9	33	10	33	11
77	33	4	33	4	33	5	33	6	33	7	33	8	33	9	33	9
1/4	33	2	33	3	33	4	33	4	33	5	33	6	33	7	33	8
1/2	33	1	33	1	33	2	33	3	33	3	33	4	33	5	33	6
3/4	32	14	32	15	32	//	33	1	33	2	33	3	33	3	33	4
78	32	13	32	14	32	14	32	15	33	//	33	1	33	2	33	2
1/4	32	11	32	12	32	13	32	14	32	14	32	15	33	//	33	1
1/2	32	9	32	10	32	11	32	12	32	13	32	13	32	14	32	15
3/4	32	8	32	9	32	9	32	10	32	11	32	12	32	13	32	13
79	32	6	32	7	32	8	32	9	32	9	32	10	32	11	32	12
1/4	32	4	32	5	32	6	32	7	32	8	32	9	32	9	32	10
1/2	32	3	32	4	32	4	32	5	32	6	32	7	32	8	32	8
3/4	32	1	32	2	32	3	32	4	32	4	32	5	32	6	32	7
80	32	//	32	//	32	1	32	2	32	3	32	4	32	4	32	5

à. vis	81 à.		81 1/8 à.		81 1/4 à.		81 3/8 à.		81 1/2 à.		81 5/8 à.		81 3/4 à.		81 7/8 à.	
76	34	//	34	//	//	//	//	//	//	//	//	//	//	//	//	//
1/4	33	14	33	15	33	15	34	//	//	//	//	//	//	//	//	//
1/2	33	12	33	13	33	14	33	14	33	15	34	//	//	//	//	//
77	33	10	33	11	33	12	33	13	33	14	33	14	33	15	34	//
1/4	33	8	33	9	33	10	33	11	33	12	33	13	33	13	33	14
1/2	33	7	33	8	33	8	33	9	33	10	33	11	33	12	33	13
3/4	33	5	33	6	33	7	33	7	33	8	33	9	33	10	33	11
78	33	3	33	4	33	5	33	6	33	7	33	7	33	8	33	9
1/4	33	2	33	3	33	3	33	4	33	5	33	6	33	7	33	7
1/2	33	//	33	1	33	2	33	2	33	3	33	4	33	5	33	6
3/4	32	14	32	15	33	//	33	1	33	2	33	2	33	3	33	4
79	32	13	32	13	32	14	32	15	33	//	33	1	33	1	33	2
1/4	32	11	32	12	32	13	32	13	32	14	32	15	33	//	33	1
1/2	32	9	32	10	32	11	32	12	32	13	32	13	32	14	32	15
3/4	32	8	32	8	32	9	32	10	32	11	32	12	32	12	32	13
80	32	6	32	7	32	8	32	8	32	9	32	10	32	11	32	12
1/4	32	4	32	5	32	6	32	7	32	8	32	8	32	9	32	10
1/2	32	3	32	4	32	4	32	5	32	6	32	7	32	8	32	8
3/4	32	1	32	2	32	2	32	4	32	4	32	5	32	6	32	7
81	32	//	32	//	32	1	32	2	32	3	32	4	32	4	32	5
	//	//	//	//	32	//	32	//	32	1	32	2	32	3	32	4
	//	//	//	//	//	//	//	//	32	//	32	1	32	2	32	2
	//	//	//	//	//	//	//	//	//	//	32	//	32	1	32	//
	//	//	//	//	//	//	//	//	//	//	//	//	32	//	32	//

Suite de la TABLE VII.

Cours des *changes* entre Amsterdam & Venise, & Genes, & Livourne

Hambourg & Italie.	82 ª Amster. & Hamb.	82 ⅛ ª Amster. & Hamb.	82 ¼ ª Amster. & Hamb.	82 ⅜ ª Amster. & Hamb.	82 ½ ª Amster. & Hamb.	82 ⅝ ª Amster. & Hamb.	82 ¾ ª Amster. & Hamb.	82 ⅞ ª Amster. & Hamb.
ª vls.	ft. 16es.	ft. 16es.	ft. 16es.	ft. 16es.	ft. 16es.	ft. 16es.	ft. 16es.	ft. 16es.
77 . "	33 15	34 //	// //	// //	// //	// //	// //	// //
¼	33 13	33 14	33 15	// //	// //	// //	// //	// //
½	33 12	33 12	33 13	34 //	// //	// //	// //	// //
¾	33 10	33 11	33 12	33 14	33 15	34 //	34 //	// //
78 "	33 8	33 9	33 10	33 12	33 13	33 14	33 15	34 //
¼	33 6	33 7	33 8	33 11	33 11	33 12	33 13	33 14
½	33 5	33 6	33 6	33 9	33 10	33 11	33 11	33 12
¾	33 3	33 4	33 5	33 7	33 8	33 9	33 10	33 10
79 "	33 1	33 2	33 3	33 5	33 6	33 7	33 8	33 9
¼	33 "	33 1	33 1	33 4	33 5	33 5	33 6	33 7
½	32 14	32 15	33 "	33 2	33 3	33 4	33 5	33 5
¾	32 12	32 13	32 14	33 "	33 1	33 2	33 3	33 4
80 "	32 11	32 12	32 12	32 15	33 "	33 "	33 1	33 2
¼	32 9	32 10	32 11	32 13	32 14	32 15	33 "	33 "
½	32 8	32 8	32 9	32 12	32 12	32 13	32 14	32 15
¾	32 6	32 7	32 8	32 10	32 11	32 12	32 12	32 13
81 "	32 4	32 5	32 6	32 8	32 9	32 10	32 11	32 11
¼	32 3	32 4	32 4	32 7	32 8	32 8	32 9	32 10
½	32 1	32 2	32 3	32 5	32 6	32 7	32 7	32 8
¾	32 "	32 "	32 1	32 4	32 4	32 5	32 6	32 7
82 "	// //	// //	32 "	32 2	32 3	32 4	32 4	32 5
¼	// //	// //	// //	32 "	32 1	32 2	32 3	32 4
½	// //	// //	// //	32 "	32 "	32 "	32 1	32 2

ª vls.	83 ª	83 ⅛ ª	83 ¼ ª	83 ⅜ ª	83 ½ ª	83 ⅝ ª	83 ¾ ª	83 ⅞ ª
78 "	34 //	// //	// //	// //	// //	// //	// //	// //
¼	33 15	34 //	34 //	// //	// //	// //	// //	// //
½	33 13	33 14	33 15	33 15	34 //	// //	// //	// //
¾	33 11	33 12	33 13	33 14	33 15	33 15	34 //	// //
79 "	33 10	33 10	33 11	33 12	33 13	33 14	33 14	33 15
¼	33 8	33 9	33 9	33 10	33 11	33 12	33 13	33 14
½	33 6	33 7	33 8	33 9	33 10	33 10	33 11	33 12
¾	33 4	33 5	33 6	33 7	33 8	33 9	33 9	33 10
80 "	33 3	33 4	33 4	33 5	33 6	33 7	33 8	33 8
¼	33 1	33 2	33 3	33 4	33 4	33 5	33 6	33 7
½	33 "	33 "	33 1	33 2	33 3	33 4	33 4	33 5
¾	32 14	32 15	33 "	33 "	33 1	33 2	33 3	33 3
81 "	32 12	32 13	32 14	32 15	32 15	33 "	33 1	33 2
¼	32 11	32 11	32 12	32 13	32 14	32 15	33 "	33 "
½	32 9	32 10	32 11	32 11	32 12	32 13	32 14	32 15
¾	32 7	32 8	32 9	32 8	32 9	32 11	32 12	32 13
82 "	32 6	32 7	32 7	32 8	32 9	32 10	32 11	32 11
¼	32 4	32 5	32 6	32 7	32 7	32 8	32 9	32 10
½	32 3	32 4	32 4	32 5	32 6	32 7	32 7	32 8
¾	32 1	32 2	32 2	32 3	32 4	32 5	32 6	32 7
83 "	32 //	32 //	32 1	32 2	32 3	32 3	32 4	32 5
¼	// //	// //	32 //	32 //	32 1	32 3	32 3	32 3
½	// //	// //	// //	// //	32 "	32 1	32 1	32 2

Suite de la TABLE VII.

Cours des *changes* entre Amsterdam & Venise, & Genes, & Livourne

Hambourg & Italie.		84 ẳ		84 ⅛ ẳ		84 ¼ ẳ		84 ⅜ ẳ		84 ½ ẳ		84 ⅝ ẳ		84 ¾ ẳ		84 ⅞ ẳ	
		Amster. & Hamb.		Amster. & Hamb.		Amster. & Hamb.		Amster. & Hamb.		Amster. & Hamb.		Amster. & Hamb.		Amster. & Hamb.		Amster. & Hamb.	
ẳ	vls.	ft.	16es.	ft.	16es.	ft.	16es.	ft.	16es.	ft.	16es.	ft.	16es.	ft.	16es.	ft.	16es.
79	//	34	//	//	//	//	//	//	//	//	//	//	//	//	//	//	//
	¼	33	14	33	15	34	//	//	//	//	//	//	//	//	//	//	//
	½	33	13	33	13	33	14	33	15	34	//	//	//	//	//	//	//
	¾	33	11	33	12	33	13	33	13	33	14	33	15	34	//	34	1
80	//	33	9	33	10	33	11	33	12	33	12	33	13	33	14	33	15
	¼	33	8	33	8	33	9	33	10	33	11	33	12	33	12	33	13
	½	33	6	33	7	33	7	33	8	33	9	33	10	33	11	33	11
	¾	33	4	33	5	33	6	33	7	33	7	33	8	33	9	33	10
81	//	33	3	33	3	33	4	33	5	33	6	33	7	33	7	33	8
	¼	33	1	33	2	33	3	33	3	33	4	33	5	33	6	33	6
	½	32	15	33	//	33	1	33	2	33	2	33	3	33	4	33	5
	¾	32	14	32	14	32	15	33	//	33	1	33	2	33	2	33	3
82	//	32	12	32	13	32	14	32	14	32	15	33	//	33	1	33	2
	¼	32	11	32	11	32	12	32	13	32	14	32	14	32	15	33	//
	½	32	9	32	10	32	10	32	11	32	12	32	13	32	14	32	14
	¾	32	7	32	8	32	9	32	10	32	10	32	11	32	12	32	13
83	//	32	6	32	7	32	7	32	8	32	9	32	10	32	10	32	11
	¼	32	4	32	5	32	6	32	7	32	7	32	8	32	9	32	10
	½	32	3	32	3	32	4	32	5	32	6	32	7	32	7	32	8
	¾	32	1	32	2	32	3	32	3	32	4	32	5	32	6	32	7
84	//	32	//	32	//	32	1	32	2	32	3	32	3	32	4	32	5

		85 ẳ		85 ⅛ ẳ		85 ¼ ẳ		85 ⅜ ẳ		85 ½ ẳ		85 ⅝ ẳ		85 ¾ ẳ		85 ⅞ ẳ	
80	//	34	//	34	//	//	//	//	//	//	//	//	//	//	//	//	//
	¼	33	14	33	15	34	//	34	//	//	//	//	//	//	//	//	//
	½	33	12	33	13	33	14	33	15	33	15	34	//	//	//	//	//
	¾	33	11	33	11	33	12	33	13	33	14	33	15	33	15	34	//
81	//	33	9	33	10	33	10	33	11	33	12	33	13	33	14	33	14
	¼	33	7	33	8	33	9	33	10	33	10	33	11	33	12	33	13
	½	33	6	33	6	33	7	33	8	33	9	33	10	33	10	33	11
	¾	33	4	33	5	33	6	33	6	33	7	33	8	33	9	33	9
82	//	33	2	33	3	33	4	33	5	33	5	33	6	33	7	33	8
	¼	33	1	33	2	33	2	33	3	33	4	33	5	33	5	33	6
	½	32	15	33	//	33	1	33	1	33	2	33	3	33	4	33	5
	¾	32	14	32	14	32	15	33	//	33	1	33	1	33	2	33	3
83	//	32	12	32	13	32	14	32	14	32	15	33	//	33	1	33	1
	¼	32	10	32	11	32	12	32	13	32	13	32	14	32	15	33	//
	½	32	9	32	10	32	10	32	11	32	12	32	13	32	13	32	14
	¾	32	7	32	8	32		32	10	32	10	32	11	32	12	32	13
84	//	32	6	32	6	32	7	32	8	32	9	32	10	32	10	32	11
	¼	32	4	32	5	32	6	32	7	32	7	32	8	32	9	32	10
	½	32	3	32	3	32	4	32	5	32	6	32	6	32	7	32	8
	¾	32	1	32	2	32	3	32	3	32	4	32	5	32	6	32	6
85	//	32	//	32	//	32	1	32	2	32	3	32	3	32	4	32	5

CHA

Suite de la TABLE VII.

Cours des *changes* entre Amsterdam & Venise, & Genes, & Livourne.

Hambourg & Italie.	86 ā Amster. & Hamb.	86⅛ ā Amster. & Hamb.	86¼ ā Amster. & Hamb.	86⅜ ā Amster. & Hamb.	86½ ā Amster. & Hamb.	86⅝ ā Amster. & Hamb.	86¾ ā Amster. & Hamb.	86⅞ ā Amster. & Hamb.
ā vls.	ft. 16es.	ft. 16es.	ft. 16es.	ft. 16es.	ft. 16es.	ft. 16es.	ft. 16es.	ft. 16es.
81	33 15	34 //	// //	// //	// //	// //	// //	// //
¼	33 14	33 14	33 15	34 //	// //	// //	// //	// //
½	33 12	33 13	33 13	33 14	33 15	34 //	// //	// //
¾	33 10	33 11	33 12	33 13	33 13	33 14	33 15	34 //
82	33 9	33 10	33 10	33 11	33 12	33 13	33 13	33 14
¼	33 7	33 8	33 9	33 9	33 10	33 11	33 12	33 12
½	33 5	33 6	33 7	33 8	33 8	33 9	33 10	33 11
¾	33 4	33 5	33 5	33 6	33 7	33 8	33 8	33 9
83	33 2	33 3	33 4	33 4	33 7	33 6	33 7	33 8
¼	33 1	33 1	33 2	33 3	33 4	33 4	33 5	33 6
½	32 15	33 //	33 //	33 1	33 2	33 3	33 4	33 4
¾	32 13	32 14	32 15	33 //	33 //	33 1	33 2	33 3
84	32 12	32 13	32 13	32 14	32 15	33 //	33 //	33 1
¼	32 10	32 11	32 12	32 13	32 13	32 14	32 15	33 //
½	32 9	32 9	32 10	32 11	32 12	32 13	32 13	32 14
¾	32 7	32 8	32 9	32 9	32 10	32 11	32 12	32 12
85	32 6	32 6	32 7	32 8	32 9	32 9	32 10	32 11
¼	32 4	32 5	32 6	32 6	32 7	32 8	32 9	32 9
½	32 3	32 3	32 4	32 5	32 6	32 6	32 7	32 8
¾	32 1	32 2	32 3	32 3	32 4	32 5	32 6	32 6
86	32 //	32 //	32 1	32 2	32 3	32 3	32 4	32 5

ā vls	87 ā	87⅛ ā	87¼ ā	87⅜ ā	87½ ā	87⅝ ā	87¾ ā	87⅞ ā
81 ¾	34 1	// //	// //	// //	// //	// //	// //	// //
82 //	33 15	34 //	34 //	// //	// //	// //	// //	// //
¼	33 13	33 14	33 15	34 //	34 //	// //	// //	// //
½	33 12	33 12	33 13	33 14	33 15	33 15	34 //	// //
¾	33 10	33 11	33 11	33 12	33 13	33 14	33 15	33 15
83	33 8	33 9	33 10	33 11	33 11	33 12	33 13	33 14
¼	33 7	33 7	33 8	33 9	33 10	33 11	33 11	33 12
½	33 5	33 6	33 7	33 7	33 8	33 9	33 10	33 10
¾	33 3	33 4	33 5	33 6	33 7	33 7	33 8	33 9
84	33 2	33 3	33 3	33 4	33 5	33 6	33 6	33 7
¼	33 //	33 1	33 2	33 3	33 3	33 4	33 5	33 5
½	32 15	33 //	33 //	33 1	33 2	33 3	33 3	33 4
¾	32 13	32 14	32 15	33 //	33 1	33 2	33 2	33 3
85	32 12	32 12	32 13	32 14	32 15	33 //	33 //	33 1
¼	32 10	32 11	32 12	32 12	32 13	32 14	33 //	33 //
½	32 9	32 9	32 10	32 11	32 12	32 15	32 15	32 14
¾	32 7	32 8	32 9	32 9	32 10	32 12	32 13	32 14
86	32 6	32 6	32 7	32 8	32 9	32 9	32 10	32 11
¼	32 4	32 5	32 6	32 6	32 7	32 8	32 9	32 9
½	32 3	32 3	32 4	32 5	32 6	32 6	32 7	32 8
¾	32 1	32 2	32 3	32 4	32 4	32 5	32 6	32 //
87	32 //	32 //	32 1	32 2	32 3	32 3	32 4	32 5

Suite de la TABLE VII. Cours des *changes* entre Amsterdam & Lisbonne.

| 44 ꝺ | 44 1/16 ꝺ | 44 1/8 ꝺ | 44 3/16 ꝺ | 44 1/4 ꝺ | 44 5/16 ꝺ | 44 3/8 ꝺ |

Cours des *changes* entre Amsterdam & Venise, & Gènes, & Livourne, & Espagne.

Hambourg & Lisbonne.	Hamb. & Italie.	88 ꝺ Amster. & Hamb.		88 1/8 ꝺ Amster. & Hamb.		88 1/4 ꝺ Amster. & Hamb.		88 3/8 ꝺ Amster. & Hamb.		88 1/2 ꝺ Amster. & Hamb.		88 5/8 ꝺ Amster. & Hamb.		88 3/4 ꝺ Amster. & Hamb.	
ꝺ vls	ꝺ vls	ft.	16es.	ft.	16es.	ft.	16es.	ft.	16es.	ft.	16es.	ft.	16es.	ft.	16es.
41	82 1/4	34	"	"	"	"	"	"	"	"	"	"	"	"	"
	83	33	14	33	15	34	"	"	"	"	"	"	"	"	"
		33	13	33	14	33	14	33	15	34	"	"	"	"	"
		33	11	33	12	33	13	33	14	33	14	33	15	34	"
		33	10	33	10	33	11	33	12	33	13	33	13	33	14
42	84	33	8	33	9	33	10	33	10	33	11	33	12	33	13
		33	6	33	7	33	8	33	9	33	9	33	10	33	11
		33	5	33	6	33	6	33	7	33	8	33	9	33	9
		33	3	33	4	33	5	33	6	33	6	33	7	33	8
	85	33	2	33	2	33	3	33	4	33	5	33	5	33	6
		33	"	33	1	33	2	33	2	33	3	33	4	33	5
		32	15	32	15	33	"	33	1	33	2	33	2	33	3
43	86	32	13	32	14	32	15	32	15	33	"	33	1	33	2
		32	12	32	12	32	13	32	14	32	15	32	15	33	"
		32	10	32	11	32	11	32	12	32	13	32	14	32	14
		32	9	32	9	32	10	32	11	32	11	32	12	32	13
	87	32	7	32	8	32	8	32	9	32	10	32	11	32	11
		32	6	32	6	32	7	32	8	32	8	32	9	32	10
		32	4	32	5	32	5	32	6	32	7	32	8	32	8
		32	3	32	3	32	4	32	5	32	5	32	6	32	7

| 44 7/20 ꝺ | 44 1/8 ꝺ | 44 9/16 ꝺ | 44 5/8 ꝺ | 44 11/16 ꝺ | 44 3/4 ꝺ | 44 13/16 ꝺ |

Hambourg & Lisbonne.	Hamb. & Italie.	88 7/8 ꝺ		89 ꝺ		89 1/8 ꝺ		89 1/4 ꝺ		89 3/8 ꝺ		89 1/2 ꝺ		89 5/8 ꝺ	
41	83 1/4	33	15	34	"	34	"	"	"	"	"	"	"	"	"
42	84	33	13	33	14	33	15	34	"	34	"	"	"	"	"
		33	12	33	12	33	13	33	14	33	15	34	"	34	"
		33	10	33	11	33	12	33	12	33	13	33	14	33	15
		33	9	33	9	33	10	33	11	33	12	33	12	33	13
	85	33	7	33	8	33	8	33	9	33	10	33	11	33	11
		33	5	33	6	33	7	33	8	33	8	33	9	33	10
		33	4	33	5	33	5	33	6	33	7	33	8	33	8
		33	2	33	3	33	4	33	5	33	5	33	6	33	7
43	86	33	1	33	1	33	2	33	3	33	4	33	4	33	5
		32	15	33	"	33	1	33	1	33	3	33	3	33	4
		32	14	32	14	32	15	33	"	33	1	33	1	33	2
	87	32	12	32	13	32	14	32	14	32	15	33	"	33	1
		32	11	32	11	32	12	32	13	32	14	32	14	32	15
		32	9	32	10	32	11	32	11	32	12	32	13	32	14
		32	8	32	8	32	9	32	10	32	11	32	11	32	12
44	88	32	6	32	7	32	8	32	8	32	9	32	10	32	11
		32	5	32	5	32	6	32	7	32	8	32	8	32	9
		32	3	32	4	32	5	32	5	32	6	32	7	32	8

Suite de la TABLE VII. Cours des *changes* entre Amsterdam & Lisbonne.

| 44 $\frac{7}{8}$ ₰ | 44 $\frac{15}{16}$ ₰ | 45 ₰ | 45 $\frac{1}{16}$ ₰ | 45 $\frac{1}{8}$ ₰ | 45 $\frac{3}{16}$ ₰ | 45 $\frac{1}{4}$ ₰ |

Cours des *changes* entre Amsterdam & Venise, & Genes, & Livourne, & Espagne.

Hambourg & Lisbonne.	Hamb. & Italie & Espagne.	89 $\frac{3}{4}$ ₰ Amster. & Hamb.	89 $\frac{7}{8}$ ₰ Amster. & Hamb.	90 ₰ Amster. & Hamb.	90 $\frac{1}{8}$ ₰ Amster. & Hamb.	90 $\frac{1}{4}$ ₰ Amster. & Hamb.	90 $\frac{3}{8}$ ₰ Amster. & Hamb.	90 $\frac{1}{2}$ ₰ Amster. & Hamb.
₰ vls	₰ vls	ft. 16es.	ft. 16es.	ft. 16es.	ft. 16es.	ft. 16es.	ft. 16es.	ft. 16es.
42	84	33 15	34 //	// //	// //	// //	// //	// //
		33 14	33 15	33 15	34 //	// //	// //	// //
	85	33 12	33 13	33 14	33 14	33 15	34 //	// //
		33 11	33 11	33 12	33 13	33 14	33 14	33 15
		33 9	33 10	33 11	33 11	33 12	33 13	33 14
		33 8	33 8	33 9	33 10	33 10	33 11	33 12
43	86	33 6	33 7	33 7	33 8	33 9	33 10	33 10
		33 4	33 5	33 6	33 7	33 7	33 8	33 9
		33 3	33 4	33 4	33 5	33 6	33 7	33 7
		33 1	33 2	33 3	33 4	33 4	33 5	33 5
	87	33 //	33 1	33 1	33 2	33 3	33 3	33 4
		32 14	32 15	33 //	33 1	33 //	33 2	33 3
		32 13	32 14	32 14	32 15	33 //	33 //	33 //
44	88	32 11	32 12	32 13	32 13	32 14	32 15	33 //
		32 10	32 11	32 11	32 12	32 13	32 13	32 14
		32 8	32 9	32 10	32 11	32 11	32 12	32 13
		32 7	32 8	32 8	32 9	32 10	32 10	32 11
	89	32 5	32 6	32 7	32 8	32 8	32 9	32 10
		32 4	32 5	32 5	32 6	32 7	32 8	32 8
		32 2	32 3	32 4	32 5	32 5	32 6	32 7
		32 1	32 1	32 2	32 3	32 3	32 5	32 5
45	90	32 //	32 //	32 1	32 2	32 2	32 3	32 4
		// //	// //	32 //	32 //	32 1	32 2	32 2

| 45 $\frac{3}{16}$ ₰ | 45 $\frac{3}{8}$ ₰ | 45 $\frac{5}{16}$ ₰ | 45 $\frac{1}{2}$ ₰ | 45 $\frac{9}{16}$ ₰ | 45 $\frac{5}{8}$ ₰ | 45 $\frac{11}{16}$ ₰ |

Hambourg & Lisbonne.	Hamb. & Italie & Espagne.	90 $\frac{5}{8}$ ₰	90 $\frac{3}{4}$ ₰	90 $\frac{7}{8}$ ₰	91 ₰	91 $\frac{1}{8}$ ₰	91 $\frac{1}{4}$ ₰	91 $\frac{3}{8}$ ₰
42	85	33 14	33 15	34 //	34 1	// //	// //	// //
43	86	33 13	33 13	33 14	33 15	34 14	34 //	// //
		33 11	33 12	33 13	33 13	33 14	33 15	34 //
		33 10	33 10	33 11	33 12	33 13	33 13	33 14
		33 8	33 9	33 10	33 10	33 11	33 12	33 12
	87	33 6	33 7	33 8	33 9	33 9	33 10	33 11
		33 5	33 6	33 6	33 7	33 8	33 9	33 9
		33 3	33 4	33 5	33 6	33 6	33 7	33 8
		33 2	33 3	33 3	33 4	33 5	33 6	33 6
44	88	33 //	33 1	33 2	33 3	33 3	33 4	33 5
		32 15	33 //	33 //	33 1	33 2	33 3	33 3
		32 13	32 14	32 15	33 //	33 //	33 1	33 2
		32 12	32 13	32 13	32 14	32 15	33 //	33 //
	89	32 10	32 11	32 12	32 13	32 13	32 14	32 15
		32 9	32 10	32 10	32 11	32 12	32 13	32 13
		32 8	32 8	32 9	32 10	32 10	32 11	32 12
		32 6	32 7	32 7	32 8	32 9	32 10	32 10
45	90	32 5	32 5	32 6	32 7	32 7	32 8	32 9
		32 3	32 4	32 5	32 5	32 6	32 7	32 7
		32 2	32 2	32 3	32 4	32 5	32 5	32 6
		32 //	32 1	32 2	32 2	32 3	32 4	32 5
	91	// //	32 //	32 //	32 1	32 2	32 2	32 3
		// //	// //	// //	32 //	32 //	32 1	32 2

Suite de la TABLE VII. Cours des *changes* entre Amſterdam & Liſbonne.

45 3/4 ꝺ	45 13/16 ꝺ	45 7/8 ꝺ	45 15/16 ꝺ	46 ꝺ	46 1/16 ꝺ	46 1/8 ꝺ

Cours des *changes* entre Amſterdam & Veniſe, & Genes, & Livourne, & Eſpagne.

Hamb. & Liſbonne.		Hamb. & Italie.		91 1/2 ꝺ Amſter. & Hamb.		91 5/8 ꝺ Amſter. & Hamb.		91 3/4 ꝺ Amſter. & Hamb.		91 7/8 ꝺ Amſter. & Hamb.		92 ꝺ Amſter. & Hamb.		92 1/8 ꝺ Amſter. & Hamb.		92 1/4 ꝺ Amſter. & Hamb.	
ꝺ	vls.	ꝺ	vls.	ſt.	16es.	ſt.	16es.	ſt.	16es.	ſt.	16es.	ſt.	16es.	ſt.	16es.	ſt.	16es.
43	3/8	86	3/4	33	12	33	12	33	13	33	14	33	15	33	15	34	//
	1/2	87	//	33	10	33	11	33	12	33	12	33	13	33	14	33	15
	5/8		1/4	33	9	33	9	33	10	33	11	33	11	33	12	33	13
	3/4		1/2	33	7	33	8	33	8	33	9	33	10	33	11	33	11
	7/8		3/4	33	6	33	6	33	7	33	8	33	8	33	9	33	10
44	//	88	//	33	4	33	5	33	5	33	6	33	7	33	8	33	8
	1/8		1/4	33	2	33	3	33	4	33	5	33	5	33	6	33	7
	1/4		1/2	33	1	33	2	33	2	33	3	33	4	33	5	33	5
	3/8		3/4	32	15	33	//	33	1	33	2	33	2	33	3	33	4
	1/2	89	//	32	14	32	15	32	15	33	//	33	1	33	2	33	2
	5/8		1/4	32	13	32	13	32	14	32	15	32	15	33	//	33	1
	3/4		1/2	32	11	32	12	32	12	32	13	32	14	32	15	32	15
	7/8		3/4	32	10	32	10	32	11	32	12	32	12	32	13	32	14
45	//	90	//	32	8	32	9	32	10	32	10	32	11	32	12	32	12
	1/8		1/4	32	7	32	7	32	8	32	9	32	10	32	10	32	11
	1/4		1/2	32	5	32	6	32	7	32	7	32	8	32	9	32	10
	3/8		3/4	32	4	32	5	32	5	32	6	32	7	32	7	32	8
	1/2	91	//	32	2	32	3	32	4	32	5	32	5	32	6	32	7
	5/8		1/4	32	1	32	2	32	2	32	3	32	4	32	5	32	5
	3/4		1/2	32	//	32	//	32	1	32	2	32	2	32	3	32	4
				46 3/16 ꝺ		46 1/4 ꝺ		46 5/16 ꝺ		46 3/8 ꝺ		46 7/16 ꝺ		46 1/2 ꝺ		46 9/16 ꝺ	
				92 3/8 ꝺ		92 1/2 ꝺ		92 5/8 ꝺ		92 3/4 ꝺ		92 7/8 ꝺ		93 ꝺ		93 1/8 ꝺ	
43	3/4	87	1/2	33	12	33	13	33	14	33	14	33	15	33	//	34	1
	7/8		3/4	33	11	33	11	33	12	33	13	33	14	33	14	33	15
44	//	88	//	33	10	33	10	33	11	33	11	33	12	33	13	33	13
	1/8		1/4	33	8	33	8	33	9	33	10	33	10	33	11	33	12
	1/4		1/2	33	6	33	7	33	7	33	8	33	9	33	10	33	10
	3/8		3/4	33	5	33	5	33	6	33	7	33	7	33	8	33	9
	1/2	89	//	33	3	33	4	33	4	33	5	33	6	33	7	33	7
	5/8		1/4	33	2	33	2	33	3	33	4	33	4	33	5	33	6
	3/4		1/2	33	//	33	1	33	2	33	2	33	3	33	4	33	4
	7/8		3/4	32	15	32	15	33	//	33	1	33	1	33	2	33	3
45	//	90	//	32	13	32	14	32	15	32	15	33	//	33	1	33	1
	1/8		1/4	32	12	32	12	32	13	32	14	32	15	32	15	33	//
	1/4		1/2	32	10	32	11	32	12	32	12	32	13	32	14	32	14
	3/8		3/4	32	9	32	9	32	10	32	11	32	12	32	12	32	13
	1/2	91	//	32	7	32	8	32	9	32	9	32	11	32	11	32	12
	5/8		1/4	32	6	32	7	32	7	32	8	32	9	32	9	32	10
	3/4		1/2	32	5	32	5	32	6	32	7	32	7	32	8	32	9
	7/8		3/4	32	3	32	4	32	5	32	5	32	6	32	7	32	7
46	//	92	//	32	2	32	2	32	3	32	4	32	4	32	5	32	6
	1/8		1/4	32	//	32	1	32	2	32	2	32	3	32	4	32	4
	1/4		1/2	//	//	32	//	32	//	32	1	32	1	32	2	32	3
	3/8		3/4	//	//	//	//	//	//	32	//	32	//	32	1	32	2
	1/2	93	//	//	//	//	//	//	//	//	//	//	//	32	//	32	//

TABLE VIII. *De la combinaison des* changes *entre* Amsterdam *,* Hambourg *&* Allemagne,

Cours des *changes* entre l'Allemagne & Amsterdam.

Hambourg & Allemagne	140 ¼ p°/° Amster. & Hamb.		140 ½ p°/° Amster. & Hamb.		140 ¾ p°/° Amster. & Hamb.		141 p°/° Amster. & Hamb.		141 ¼ p°/° Amster. & Hamb.		141 ½ p°/° Amster. & Hamb.		141 ¾ p°/° Amster. & Hamb.		142 p°/° Amster. & Hamb.	
Pour cent.	ft.	16es.	ft.	16es.	ft.	16es.	ft.	16es.	ft.	16es.	ft.	16es.	ft.	16es.	ft.	16es.
135	32	1	32	//	//	//	//	//	//	//	//	//	//	//	//	//
¼	32	2	32	1	//	//	//	//	//	//	//	//	//	//	//	//
½	32	3	32	2	32	1	32	//	//	//	//	//	//	//	//	//
¾	32	4	32	3	32	2	32	1	32	//	//	//	//	//	//	//
136	32	5	32	4	32	3	32	2	32	1	32	//	//	//	//	//
¼	32	6	32	5	32	4	32	3	32	2	32	1	32	//	//	//
½	32	7	32	6	32	5	32	4	32	3	32	2	32	1	//	//
¾	32	8	32	7	32	6	32	5	32	4	32	3	32	2	32	1
137	32	9	32	8	32	7	32	6	32	5	32	4	32	3	32	2
¼	32	10	32	9	32	8	32	7	32	6	32	5	32	4	32	3
½	32	11	32	10	32	9	32	8	32	7	32	6	32	5	32	4
¾	32	11	32	11	32	10	32	9	32	8	32	7	32	6	32	5
138	32	12	32	11	32	11	32	10	32	9	32	8	32	7	32	6
¼	32	13	32	12	32	11	32	11	32	10	32	9	32	8	32	7
½	32	14	32	13	32	12	32	12	32	11	32	10	32	9	32	8
¾	32	15	32	14	32	13	32	12	32	12	32	11	32	10	32	9
139	33	//	32	15	32	14	32	13	32	12	32	12	32	11	32	10
¼	33	1	33	//	32	15	32	14	32	13	32	12	32	12	32	11
½	33	2	33	1	33	//	32	15	32	14	32	13	32	12	32	12
¾	33	3	33	2	33	1	33	//	32	15	32	14	32	13	32	13
140	33	4	33	3	33	2	33	1	33	//	32	15	32	14	32	13
¼	33	5	33	4	33	3	33	2	33	1	33	//	32	15	32	14
½	33	6	33	5	33	4	33	3	33	2	33	1	33	//	32	15
¾	33	7	33	6	33	5	33	4	33	3	33	2	33	1	33	//
141	33	8	33	7	33	6	33	5	33	4	33	3	33	2	33	1
¼	33	9	33	8	33	7	33	6	33	5	33	4	33	3	33	2
½	33	10	33	9	33	8	33	7	33	6	33	5	33	4	33	3
¾	33	11	33	10	33	9	33	8	33	7	33	6	33	5	33	4
142	33	12	33	11	33	10	33	9	33	8	33	7	33	6	33	5
¼	33	13	33	12	33	11	33	10	33	9	33	8	33	7	33	6
½	//	//	//	//	//	//	33	11	33	10	33	9	33	8	33	7
¾	//	//	//	//	//	//	33	12	33	11	33	10	33	9	33	8
143	//	//	//	//	//	//	33	13	33	12	33	11	33	10	33	9
¼	//	//	//	//	//	//	33	13	33	13	33	12	33	11	33	10
½	//	//	//	//	//	//	33	14	33	13	33	12	33	12	33	11
¾	//	//	//	//	//	//	33	15	33	14	33	13	33	12	33	12
144	//	//	//	//	//	//	//	//	33	15	33	14	33	13	33	12

Suite de la TABLE VIII.

Cours des *changes* entre Amsterdam & l'Allemagne.

Hambourg & Allemagne	142¼ p°%.		142½ p°%.		142¾ p°%.		143 p°%.		143¼ p°%.		143½ p°%.		143¾ p°%.		144 p°%.	
Pour cent.	Amster. & Hamb.		Amster. & Hamb.		Amster. & Hamb.		Amster. & Hamb.		Amster. & Hamb.		Amster. & Hamb.		Amster. & Hamb.		Amster. & Hamb.	
	ft.	16es.	ft.	16es.	ft.	16es.	ft.	16es.	ft.	16es.	ft.	16es.	ft.	16es.	ft.	16es.
137	32	1	32	//	//	//	//	//	//	//	//	//	//	//	//	//
¼	32	2	32	1	32	//	//	//	//	//	//	//	//	//	//	//
½	32	3	32	2	32	1	32	//	//	//	//	//	//	//	//	//
¾	32	4	32	3	32	2	32	1	32	//	//	//	//	//	//	//
138	32	5	32	4	32	3	32	2	32	1	32	1	//	//	//	//
¼	32	6	32	5	32	4	32	3	32	2	32	1	32	1	//	//
½	32	7	32	6	32	5	32	4	32	3	32	2	32	1	32	1
¾	32	8	32	7	32	6	32	5	32	4	32	3	32	2	32	2
139	32	9	32	8	32	7	32	6	32	5	32	4	32	3	32	2
¼	32	10	32	9	32	8	32	7	32	6	32	5	32	4	32	3
½	32	11	32	10	32	9	32	8	32	7	32	6	32	5	32	4
¾	32	12	32	11	32	10	32	9	32	8	32	7	32	6	32	5
140	32	13	32	12	32	11	32	10	32	9	32	8	32	7	32	6
¼	32	13	32	13	32	12	32	11	32	10	32	9	32	8	32	7
½	32	14	32	13	32	13	32	12	32	11	32	10	32	9	32	8
¾	32	15	32	15	32	13	32	13	32	12	32	11	32	10	32	9
141	33	//	32	15	32	14	32	13	32	13	32	12	32	11	32	10
¼	33	1	33	//	32	15	32	14	32	14	32	13	32	12	32	11
½	33	2	33	1	33	//	32	15	32	14	32	14	32	13	32	12
¾	33	3	33	2	33	1	33	//	32	15	32	14	32	14	32	13
142	33	4	33	3	33	2	33	1	33	//	32	15	32	14	32	14
¼	33	5	33	4	33	3	33	2	33	1	33	//	32	15	32	14
½	33	6	33	5	33	4	33	3	33	2	33	1	33	//	32	15
¾	33	7	33	6	33	5	33	4	33	3	33	2	33	1	33	//
143	33	8	33	7	33	6	33	5	33	4	33	3	33	2	33	1
¼	33	9	33	8	33	7	33	6	33	5	33	4	33	3	33	2
½	33	10	33	9	33	8	33	7	33	6	33	5	33	4	33	3
¾	33	11	33	10	33	9	33	8	33	7	33	6	33	5	33	4
144	33	12	33	11	33	10	33	9	33	8	33	7	33	6	33	5
¼	//	//	33	11	33	11	33	10	33	9	33	8	33	7	33	6
½	//	//	33	13	33	12	33	11	33	10	33	9	33	8	33	7
¾	//	//	33	13	33	12	33	11	33	11	33	10	33	9	33	8
145	//	//	33	14	33	13	33	12	33	11	33	11	33	10	33	9
¼	//	//	33	15	33	14	33	13	33	12	33	11	33	11	33	10
½	//	//	//	//	//	//	//	//	//	//	//	//	//	//	33	11
¾	//	//	//	//	//	//	//	//	//	//	//	//	//	//	33	11
146	//	//	//	//	//	//	//	//	//	//	//	//	//	//	33	12
¼	//	//	//	//	//	//	//	//	//	//	//	//	//	//	33	13
½	//	//	//	//	//	//	//	//	//	//	//	//	//	//	33	14
¾	//	//	//	//	//	//	//	//	//	//	//	//	//	//	33	15

CHA

Suite de la TABLE VIII.

Cours des *changes* entre Amsterdam & l'Allemagne.

Hambourg & Allemag.	144 ¼ p°. Amster. & Hamb.		144 ½ p°. Amster. & Hamb.		144 ¾ p°. Amster. & Hamb.		145 p°. Amster. & Hamb.		145 ¼ p°. Amster. & Hamb.		145 ½ p°. Amster. & Hamb.		145 ¾ p°. Amster. & Hamb.		146 p°. Amster. & Hamb.	
Pour cent.	ft.	16es.	ft.	16es.	ft.	16es.	ft.	16es.	ft.	16es.	ft.	16es.	ft.	16es.	ft.	16es.
138 ¾	32	1	//	//	//	//	//	//	//	//	//	//	//	//	//	//
139 //	32	2	32	1	//	//	//	//	//	//	//	//	//	//	//	//
¼	32	2	32	2	32	1	//	//	//	//	//	//	//	//	//	//
½	32	3	32	3	32	2	32	1	//	//	//	//	//	//	//	//
¾	32	4	32	3	32	3	32	2	32	1	//	//	//	//	//	//
140 //	32	5	32	4	32	3	32	3	32	2	32	1	//	//	//	//
¼	32	6	32	5	32	4	32	3	32	3	32	2	32	1	//	//
½	32	7	32	6	32	5	32	4	32	4	32	3	32	2	32	1
¾	32	8	32	7	32	6	32	5	32	4	32	4	32	3	32	2
141 //	32	9	32	8	32	7	32	6	32	5	32	4	32	4	32	3
¼	32	10	32	9	32	8	32	7	32	6	32	5	32	4	32	4
½	32	11	32	10	32	9	32	8	32	7	32	6	32	5	32	5
¾	32	12	32	11	32	10	32	9	32	8	32	7	32	6	32	5
142 //	32	13	32	12	32	11	32	10	32	9	32	8	32	7	32	6
¼	32	14	32	13	32	12	32	11	32	10	32	9	32	8	32	7
½	32	14	32	14	32	13	32	12	32	11	32	10	32	9	32	8
¾	32	15	32	14	32	14	32	13	32	12	32	11	32	10	32	9
143 //	33	//	32	15	32	14	32	14	32	13	32	12	32	11	32	10
¼	33	1	33	//	32	15	32	15	32	14	32	13	32	12	32	11
½	33	2	33	1	33	//	32	15	32	15	32	14	32	13	32	12
¾	33	3	33	2	33	1	33	//	32	15	32	15	32	14	32	13
144 //	33	4	33	3	33	2	33	1	33	//	32	15	32	15	32	14
¼	33	5	33	4	33	3	33	2	33	1	33	//	32	15	32	15
½	33	6	33	5	33	4	33	3	33	2	33	1	33	//	32	15
¾	33	7	33	6	33	5	33	4	33	3	33	2	33	1	33	//
145 //	33	8	33	7	33	6	33	5	33	4	33	3	33	2	33	1
¼	33	9	33	8	33	7	33	6	33	5	33	4	33	3	33	2
½	33	10	33	9	33	8	33	7	33	6	33	5	33	4	33	3
¾	33	11	33	10	33	9	33	8	33	7	33	6	33	5	33	4
146 //	33	11	33	10	33	10	33	9	33	8	33	7	33	6	33	5
¼	33	12	33	11	33	10	33	10	33	9	33	8	33	7	33	6
½	33	13	33	12	33	11	33	10	33	10	33	9	33	8	33	7
¾	33	14	33	13	33	12	33	11	33	10	33	10	33	9	33	8
147 //	33	15	33	14	33	13	33	12	33	11	33	10	33	10	33	9
¼	//	//	33	15	33	14	33	13	33	12	33	11	33	10	33	10
½	//	//	//	//	33	15	33	14	33	13	33	12	33	11	33	10
¾	//	//	//	//	//	//	33	15	33	14	33	13	33	12	33	11
148 //	//	//	//	//	//	//	//	//	33	15	33	14	33	13	33	12
¼	//	//	//	//	//	//	//	//	//	//	33	15	33	14	33	13
½	//	//	//	//	//	//	//	//	//	//	//	//	33	15	33	14
¾	//	//	//	//	//	//	//	//	//	//	//	//	//	//	33	15

Suite de la TABLE VIII.

Cours des *changes* entre Amsterdam & l'Allemagne.

Hambourg & Allemag. Pour cent	146¼ p.% Hamb. & Italie. ft.	16es.	146½ p.% Amster. & Hamb. ft.	16es.	146¾ p.% Amster. & Hamb. ft.	16es.	147 p.% Amster. & Hamb. ft.	16es.	147¼ p.% Amster. & Hamb. ft.	16es.	147½ p.% Amster. & Hamb. ft.	16es.	147¾ p.% Amster. & Hamb. ft.	16es.	148 p.% Amster. & Hamb. ft.	16es.
140 ¾	32	1	//	//	//	//	//	//	//	//	//	//	//	//	//	//
141 //	32	2	32	1	//	//	//	//	//	//	//	//	//	//	//	//
¼	32	3	32	2	32	1	//	//	//	//	//	//	//	//	//	//
½	32	4	32	3	32	2	32	1	//	//	//	//	//	//	//	//
¾	32	5	32	4	32	3	32	2	32	1	//	//	//	//	//	//
142 //	32	5	32	5	32	4	32	3	32	2	32	1	//	//	//	//
¼	32	6	32	5	32	5	32	4	32	3	32	2	32	1	//	//
½	32	7	32	6	32	6	32	5	32	4	32	3	32	2	32	1
¾	32	8	32	7	32	6	32	6	32	5	32	4	32	3	32	2
143 //	32	9	32	8	32	7	32	6	32	6	32	5	32	4	32	3
¼	32	10	32	9	32	8	32	7	32	6	32	6	32	5	32	4
½	32	11	32	10	32	9	32	8	32	7	32	6	32	6	32	5
¾	32	12	32	11	32	10	32	9	32	8	32	7	32	7	32	6
144 //	32	13	32	12	32	11	32	10	32	9	32	8	32	7	32	7
¼	32	14	32	13	32	12	32	11	32	10	32	9	32	8	32	7
½	32	15	32	14	32	13	32	12	32	11	32	10	32	9	32	8
¾	32	15	32	15	32	14	32	13	32	12	32	11	32	10	32	9
145 //	33	//	32	15	32	15	32	14	32	13	32	12	32	11	32	10
¼	33	1	33	//	33	//	32	15	32	14	32	13	32	12	32	11
½	33	2	33	1	33	//	33	//	32	15	32	14	32	13	32	12
¾	33	3	33	2	33	1	33	//	33	//	32	15	32	14	32	13
146 //	33	4	33	3	33	2	33	1	33	//	33	//	32	15	32	14
¼	33	5	33	4	33	3	33	2	33	//	33	//	33	//	32	15
½	33	6	33	5	33	4	33	3	33	1	33	1	33	1	33	//
¾	33	7	33	6	33	5	33	4	33	2	33	2	33	2	33	//
147 //	33	8	33	7	33	6	33	5	33	3	33	3	33	3	33	1
¼	33	9	33	8	33	7	33	6	33	4	33	4	33	3	33	2
½	33	10	33	9	33	8	33	7	33	5	33	5	33	4	33	3
¾	33	10	33	10	33	9	33	8	33	6	33	6	33	5	33	4
148 //	33	11	33	10	33	9	33	9	33	7	33	7	33	6	33	5
¼	33	12	33	11	33	10	33	9	33	8	33	8	33	7	33	6
½	33	13	33	12	33	11	33	10	33	9	33	9	33	8	33	7
¾	33	14	33	13	33	12	33	11	33	10	33	9	33	9	33	8
149 //	//	//	//	//	//	//	33	12	33	11	33	10	33	9	33	9
¼	//	//	//	//	//	//	33	13	33	12	33	11	33	10	33	9
½	//	//	//	//	//	//	33	14	33	13	33	12	33	11	33	10
¾	//	//	//	//	//	//	33	15	33	14	33	13	33	12	33	11
150 //	//	//	//	//	//	//	//	//	33	15	33	14	33	13	33	12

CHA

Suite de la TABLE VIII.

Cours des *changes* entre Amsterdam & l'Allemagne.

Hambourg & Allemag. Pour cent.	148¼ p%. Amster. & Hamb.		148½ p%. Amster. & Hamb.		148¾ p%. Amster. & Hamb.		149 p%. Amster. & Hamb.		149¼ p%. Amster. & Hamb.		149½ p%. Amster. & Hamb.		149¾ p%. Amster. & Hamb.		150 p%. Amster. & Hamb.	
	ft.	16es.	ft.	16es.	ft.	16es.	ft.	16es.	ft.	16es.	ft.	16es.	ft.	16es.	ft.	16es.
142 ¾	32	1	//	//	//	//	//	//	//	//	//	//	//	//	//	//
143 //	32	2	32	1	//	//	//	//	//	//	//	//	//	//	//	//
¼	32	3	32	2	32	1	//	//	//	//	//	//	//	//	//	//
½	32	4	32	3	32	2	32	1	//	//	//	//	//	//	//	//
¾	32	5	32	4	32	3	32	2	32	1	//	//	//	//	//	//
144 //	32	6	32	5	32	4	32	3	32	2	32	1	//	//	//	//
¼	32	7	32	6	32	5	32	4	32	3	32	2	32	1	//	//
½	32	7	32	7	32	6	32	5	32	4	32	3	32	2	32	1
¾	32	8	32	7	32	7	32	6	32	5	32	4	32	3	32	2
145 //	32	9	32	8	32	8	32	7	32	6	32	5	32	4	32	3
¼	32	10	32	9	32	8	32	8	32	7	32	6	32	5	32	4
½	32	11	32	10	32	9	32	8	32	8	32	7	32	6	32	5
¾	32	12	32	11	32	10	32	9	32	8	32	8	32	7	32	6
146 //	32	13	32	12	32	11	32	10	32	9	32	8	32	8	32	7
¼	32	14	32	13	32	12	32	11	32	10	32	9	32	8	32	8
½	32	15	32	14	32	13	32	12	32	11	32	10	32	9	32	9
¾	33	//	32	15	32	14	32	13	32	12	32	11	32	10	32	9
147 //	33	//	33	//	32	15	32	14	32	13	32	12	32	11	32	10
¼	33	1	33	//	33	//	32	15	32	14	32	13	32	12	32	11
½	33	2	33	1	33	//	33	//	32	15	32	14	32	13	32	12
¾	33	3	33	2	33	1	33	//	33	//	32	15	32	14	32	13
148 //	33	4	33	3	33	2	33	1	33	//	33	//	32	15	32	14
¼	33	5	33	4	33	3	33	2	33	1	33	//	33	//	32	15
½	33	6	33	5	33	4	33	3	33	2	33	1	33	//	33	//
¾	33	7	33	6	33	5	33	4	33	3	33	2	33	1	33	//
149 //	33	8	33	7	33	6	33	5	33	4	33	3	33	2	33	1
¼	33	9	33	8	33	7	33	6	33	5	33	4	33	3	33	2
½	33	9	33	9	33	8	33	7	33	6	33	5	33	4	33	3
¾	33	10	33	9	33	9	33	8	33	7	33	6	33	5	33	4
150 //	33	11	33	10	33	9	33	9	33	8	33	7	33	6	33	5
¼	33	12	33	11	33	10	33	9	33	9	33	8	33	7	33	6
½	33	13	33	12	33	11	33	10	33	9	33	9	33	8	33	7
¾	33	14	33	13	33	12	33	11	33	10	33	9	33	9	33	8
151 //	33	15	33	14	33	13	33	12	33	11	33	10	33	9	33	9
¼	//	//	33	15	33	14	33	13	33	12	33	11	33	10	33	9
½	//	//	//	//	33	15	33	14	33	13	33	12	33	11	33	10
¾	//	//	//	//	//	//	33	15	33	14	33	13	33	12	33	11
152 //	//	//	//	//	//	//	//	//	33	15	33	14	33	13	33	12
¼	//	//	//	//	//	//	//	//	//	//	33	15	33	14	33	13
½	//	//	//	//	//	//	//	//	//	//	//	//	33	15	33	14
¾	//	//	//	//	//	//	//	//	//	//	//	//	//	//	33	15

ARTICLE II.

Opérations de négoce.

On entend communément par opérations de négoce la spéculation qu'on fait d'une marchandise quelconque, achetée dans une ville de commerce, pour être transportée & vendue dans une autre ville. Dans ce sens opérer signifie *mettre en exécution la spéculation qu'on aura entreprise*. Mais ici, par opérations de négoce, nous entendons l'art de calculer avec justesse & précision la valeur des marchandises sur lesquelles on veut spéculer. Une manière bien simple pour procéder avec sureté dans une opération de négoce, est de chercher d'abord, au moyen d'un compte simulé, les prix des marchandises & les frais d'embarquement; on s'informe de ce que coûteront le fret & l'assurance; quelles seront les conditions de la vente desdites marchandises; après quoi, comparant les poids ou mesures, & les monnoies des deux païs, il sera facile d'opérer avec exactitude, au moyen de la régle conjointe qui simplifie singulièrement le raisonnement. Voici trois exemples de ces sortes d'opérations qui suffiront à nos lecteurs pour comprendre la méthode qu'il leur conviendra de suivre en pareille occasion, tous les cas se ressemblant à cet égard.

Exemple I. On se propose d'acheter à Bordeaux une partie de sucre terré dont le prix a baissé à 59 livres tournois le quintal, poids net; en ajoutant à ce prix les frais d'embarquement & la commission à Bordeaux, on trouve que le sucre coûte, rendu à bord du navire 50 livres tournois le quintal de 100 ℔, poids brut de France, qui répondent à environ 99 ℔, poids de commerce d'Amsterdam. (Le prix d'achat d'une marchandise se régle sur son poids net, c'est-à-dire, après qu'on a déduit du poids brut la tare & les autres conditions relatives au poids. C'est pourquoi, pour faire un calcul juste, on établit d'abord, au moyen d'un compte simulé, à combien revient un tel poids brut d'une telle marchandise, ce dernier poids devant rendre dans le lieu de la destination de cette marchandise le même poids brut, proportion gardée de la différence qu'il y a entre les deux poids. C'est la méthode que nous avons suivie dans ces calculs.) Le *change* sur cette dernière ville se trouve alors à Bordeaux à $53\frac{1}{2}$ d., & l'agio entre l'argent de banque & l'argent courant à Amsterdam à $4\frac{1}{2}$ p %; le fret, l'assurance, les frais du déchargement & la commission coûteront 6 p %; les conditions pour la vente des sucres étrangers dans cette ville sont 2 p % de bon poids, 18 p % de tare sur le poids brut après en avoir déduit le bon poids, & 2 p % sur le prix de la vente. Tout cela combiné, on desire sçavoir à combien reviendra à Amsterdam la livre de sucre qu'on pourroit vendre au prix de $13\frac{3}{4}$ d. *Réponse :* à $12\frac{1}{4}$ d. vls.

Opération :

					1.	livre de sucre.
100.	*2.*	1.	17.	*51.*	*102.*	pour 2 p % de bon poids à Amsterdam.
100.	50.			59.	*118.*	pour 18 p % de tare, dit,
99.	33.			1.	*50.*	livres tournois, prix auquel les 100 ℔, poids brut de Bordeaux, coûtent mises à bord.
6.	*3.*	1.			107.	₰ vls. bco. change de $53\frac{1}{2}$ ₰ pour 3 liv.
200.	100.				209.	pour l'agio de $4\frac{1}{2}$ p % à Amsterdam.
100.			17.	*51.*	*102.*	pour les 2 p % de rabais sur le prix de la vente.
100.				53.	*106.*	pour fret, assur. frais & commis.

Diviseur 1650000000. 20209510189. *Produit* $12\frac{1}{4}$ ₰ courant la ℔.

Régle universelle. Multipliez les 50 livres ou le prix du quintal, poids brut de sucre à Bordeaux, par $53\frac{1}{2}$ ₰ ou le *change*, ensuite le produit de cette multiplication par $104\frac{1}{2}$ ou l'agio, puis le produit de cette seconde multiplication par 106 ou par le tant pour cent à quoi s'éleveront le fret, l'assurance, les frais & la commission d'Amsterdam, calculés sur le montant principal de la vente du sucre dans cette dernière ville. En divisant ce dernier produit par 2419213 vous aurez exactement pour quotient, le prix courant de la livre, poids net, du sucre à Amsterdam.

Exemple II. On fait acheter à Londres une partie de poivre brun qui coûte de premier achat $11\frac{1}{4}$ ₰ sterlings la livre poids net, mais qui ne revient mis à bord du navire qu'à $10\frac{7}{10}$ ₰ la ℔ de Londres, poids brut, dont 100 font environ 92 ℔ d'Amsterdam. Le *change* entre Londres & Amsterdam se trouve alors à 35 ß par livre sterling; d'un autre part, le fret, l'assurance, les droits & frais de déchargement coûtent $6\frac{1}{2}$ p % à Amsterdam où l'on accorde seulement pour tare 4 ℔ par balle de poivre, ce qui répond à $1\frac{2}{3}$ p % du poids brut; & 2 p % de rabais sur le prix de la vente : tout cela supposé, on demande combien coûtera chaque livre de poivre, poids net d'Amsterdam, qui pourra être vendue à 25 ₰ vls bco. à Londres? *Réponse* : $22\frac{1}{2}$ ₰.

Opération :

					1.	℔ de poivre.
92.				1.	*100.*	℔, poids de Londres.
300.		*60.*	20.	61.	*305.*	pour le $1\frac{2}{3}$ p% de tare à Amsterdam.
10.					107.	₰ sterlings, prix de $10\frac{7}{10}$ ₰ que coûte la livre poids brut de poivre, mise à bord.
240.	*12.*	4.	7.	*21.*	*420.*	₰ vls. change de 35 ß par liv. sterling.
100.	1.		17.	*51.*	102.	pour les 2 p% de rabais sur l'argent.
200.	100.				213.	pour les $6\frac{1}{2}$ p% de frais, & assurance, commission, &c. à Amsterdam.

Diviseur 7360000. 165439869. *Produit* $22\frac{1}{2}$ ₰ vls. bco.

Il résulte de cette opération que le poivre, acheté à Londres à $11\frac{1}{4}$ ₰ sterlings la ℔ poids net, revient à Amsterdam à $22\frac{1}{2}$ ₰ vls. bco. la ℔, poids net de cette dernière ville. Ce qui établit la proportion de 2 ₰ vls. bco. pour 1 ₰ sterling. Voici une régle universelle qui rend l'opération encore plus facile que celle ci-dessus :

Régle universelle. Multipliez les 420 ₰ vls, ou les gros du *change* entre Londres & Amsterdam par les $10\frac{7}{10}$ ₰ sterlings ou le prix auquel la livre de poivre, poids brut, mise à bord, revient à Londres ; le produit qui en résultera sera ensuite multiplié par $106\frac{1}{2}$, ou par le tant pour cent auquel s'éleveront les frais de déchargement à Amsterdam, fret, assurance & commission ; & le produit total de ces deux multiplications, divisé par 21292 vous donnera les $22\frac{1}{2}$ ₰ vls. dits.

Exemple III. Une partie de laine en suin, achetée à Séville, à divers prix, après avoir été lavée & mise en balles & chargée à Cadix pour Amsterdam, coûte rendue à bord 102 réaux de plate vieille l'arrobe de 25 ℔, poids brut de Cadix, qui répondent à $23\frac{3}{8}$ ℔, poids de commerce d'Amsterdam ; le *change* entre cette dernière ville & Cadix est à 90 ₰ vls. bco. ; le fret, l'assurance, les frais de décharge, la commission & le ducroire des acheteurs montent à 7 p% à Amsterdam, où l'on accorde pour condition 4 ℔, plus ou moins de refaction, & 12 plus ou moins de tare, pour chaque balle pesant environ 200 ℔, ce qui fait à peu près 8 p% du poids brut ; ensuite 24 ℔ pour 175 ℔ de déduction, ce qui répond à $13\frac{5}{7}$ p% ; enfin 21 mois de bonification d'intérêt à raison de 14 florins pour 114 & 1 p% de rabais en sus, cequi fait ensemble $13\frac{2}{5}$ p%. Toutes ces conditions supposées, on desire sçavoir à combien reviendra la ℔ de laine, une qualité avec l'autre ? (*) *Réponse* : à $26\frac{1}{2}$ s. la ℔.

Opération :

					1.	℔ laine.
100.		25.		27.	*108.*	pour 8 p% réfaction & tare.
700.		175.		199.	*796.*	pour les 24 ℔ par 175 ℔.
187.		11.		204.	*816.*	réaux, à 102 rxles $23\frac{3}{8}$ ℔ d'Amsterdam.
	1.		1.	*17.*	*34.*	maravedis de plate.
375.	*75.*	25.	6.	*18.*	*90.*	₰ vls., pour le change.
40.	*2.*	1.			1.	florin bco. d'Amsterdam.
700.	175.				793.	fl. pour les 21 mois & 1 p%.
100.	25.				107.	fl. pour 7 p% de frais.
1.			1.		*20.*	sols de banque.

Diviseur 5263671875. 139506753438. *Produit* $26\frac{1}{2}$ st. bco.

Régle universelle. Multipliez les 102 réaux de plate (ou le prix de chaque arrobe de laine par 8 ; & multipliez-en le produit par 108 ou par la réfaction & la tare à raison de tant pour cent) ; multipliez encore le produit qui en reviendra par 90 ₰ ou par le cours du *change* ; multipliez enfin ce dernier produit par 107 ou par le tant pour cent à quoi peuvent s'élever les frais ; & le produit de toutes ces multiplications sera divisé par 32020918.

(*) Pour bien entendre ceci, il faut sçavoir qu'on fait en Espagne de chaque partie de laine des assortimens de qualités, qui se vendent à divers prix dans l'étranger.

Par exemple, la partie dont il est question ici, étoit de 60 balles, dont il y avoit

40 R. pesant	12300 ℔	qui, vendues à 35 s. la ℔, produisirent fl.	21525.
12 F.	3400	à 25	4250.
8 S.	2300	à 15	1725.

60 Balles pesant 18000 ℔, poids brut, produisirent à Amsterdam bco. fl. . . . . 27500.

Ces mêmes . . 18000 ℔, poids brut, coûterent à $26\frac{1}{2}$ ß la ℔ . . . . 23850.

Il y eut donc de bénéfice dans la partie $15\frac{1}{38}$ p% ou . . . . bco. fl. 3650.

CHANGE Se dit encore du profit qu'un banquier, ou un négociant, prend sur une somme de deniers qui lui est comptée, pour laquelle il tire une lettre de change, payable en quelque lieu, & par une autre personne, tant pour l'intérêt de son argent, que pour les salaires de sa négociation. Ce profit n'est jamais égal, étant quelquefois de 2, 3, 4, ou de 10 & 15 pour cent, suivant que l'*aloi* des espèces est différent, ou que l'argent est plus ou moins abondant, ou que les lettres de change sont plus ou moins rares sur les places. C'est une espèce de *change*, que l'on appelle ordinairement *change réel*, & que quelques-uns nomment aussi *change mercantil*, ou *change mixte*.

Le prix du *change* s'arbitre, où se règle, suivant le cours de la place du lieu où la lettre est tirée, eu égard à celui où la remise est faite ; ce qui est conforme à l'article 3 du titre 6 de l'ordonnance du mois de mars 1673.

L'on prétend que c'est la ville de Lyon qui donne la loi pour le prix du *change*, à la plupart des principales places de l'Europe.

Le mot de *change*, suivant quelques-uns, vient du changement perpétuel, qui se rencontre sur le prix du *change*, qui est tantôt haut & tantôt bas ; y ayant quelquefois à perdre, & quelquefois à gagner. Quelquefois, néanmoins, il n'y a ni à perdre ni à gagner, ce qui arrive lorsque le *change* est au pair. C'est cette variété qui se trouve sur le *change*, qui a fait dire au proverbe, que *change & vent changent souvent*. Ce mot de *change* peut encore venir de ce qu'on change son argent contre une lettre, ou qu'on change de débiteur.

Le *change* ne doit point être regardé comme un prêt : il diffère du prêt, en ce que dans l'un, le péril regarde celui qui emprunte ; & dans l'autre, il tombe sur celui qui a prêté. Le *change* est différent des intérêts, parce que le *change* n'est pas dû par le temps, & que les intérêts sont dûs par le temps. Le *change* se prend aussi pour une permutation d'argent présent, avec d'autre argent absent.

CHANGE. Se dit aussi du prix ou du droit que l'on donne, en changeant des monnoies contre d'autres monnoies. Cette sorte de *change* se nomme communément *change menu*, & quelquefois *change pur*, *change naturel*, *change commun*, ou *change manuel*. C'est celui qui a été le premier en usage.

CHANGE. Signifie quelquefois la menue monnoie qu'on donne pour la grosse. Il m'a demandé le *change* d'un écu.

CHANGE. Se dit encore du *profit* de l'argent qui s'emprunte ou qui se prête entre marchands & négocians, sur le pied de tant pour cent pour un certain temps, comme demi pour un mois ; ou suivant qu'il se pratique à Lyon & ailleurs, deux pour cent pour un paiement, ce qui doit s'entendre pour trois mois.

CHANGE. Se dit aussi pour exprimer la *perte* qui se rencontre sur un billet que l'on fait escompter.

CHANGE. Se dit quelquefois de l'*agio*, ou *profit* que l'on prend pour les avances que l'on fait dans le commerce pour quelqu'un.

CHANGE. Se prend aussi assez souvent pour l'*agio* de banque, qui est la différence qui se rencontre entre l'argent de banque, & l'argent courant. *Voyez* AGIOT.

CHANGE SEC, que l'on appelle aussi ADULTÉRIN, FEINT, ou IMPUR. Est celui dans lequel on prend un droit certain ou incertain, de l'argent que l'on prête sans aliénation du principal, & souvent sans risque & sans péril. Cette espèce de *change* est un prêt usuraire, défendu par les loix.

CHANGE. Signifie encore la banque, le lieu, ou la place où se fait précisément le commerce du *change*.

On nomme LETTRE DE CHANGE, une rescription que donne un banquier ou un négociant, pour faire payer à celui qui en sera le porteur en un lieu éloigné, l'argent qu'on lui compte au lieu de sa demeure *Voyez* LETTRE DE CHANGE.

On appelle BILLET DE CHANGE ; certains écrits, ou promesses succinctes, qui se font entre marchands, négocians & banquiers, pour les lettres de change qui ont été fournies, ou pour d'autres qui le doivent être. Ces sortes de *billets* ont les mêmes privilèges que les lettres de change. *Voyez* BILLET.

Les agens & courtiers de CHANGE, sont des personnes publiques, établies dans les principales villes de négoce, pour faciliter le commerce d'argent, & la négociation des lettres & billets de change. *Voyez* AGENT.

Ce qu'on nomme RECHANGE, c'est le prix d'un nouveau change, dû pour les lettres de change qui reviennent à protêt. *Voyez* RECHANGE.

CHANGEANT. *Etoffe tout de laine*, qui est une manière de camelot, qui se fabrique à Lille en Flandre. Il s'en fait de différentes qualités, dont les largeurs sont de deux tiers, & de sept seize ou demi-aune moins un tiers. La pièce contient ordinairement vingt aunes de longueur, mesure de Paris.

CHANGEANT. On appelle *taffetas changeant*, un taffetas dont la soie de la chaîne est d'une couleur, & celle de la trême d'une autre, ce qui, suivant sa différente exposition à la lumière, le fait changer, & lui donne divers reflets de couleurs.

CHANGER. Signifie troquer une chose contre une autre. Voulez-vous *changer* votre lot de mousseline contre le mien ?

CHANGER. Se dit plus particulièrement des monnoies que l'on change les unes contres les autres. C'est un trafic de *changer* de l'or en monnoie, & de la monnoie en or ou argent.

CHANGEUR. Celui dont l'occupation & le trafic est de changer les espèces ou monnoies, c'est-à-dire, des pièces d'or contre des pièces d'argent, ou des pièces d'argent contre des pièces d'or, ou de la

CHA

menue monnoie contre de plus groffe; de donner le prix de la monnoie légère, ou de celle qui eft altérée ou décriée, moyennant un certain droit qui lui eft attribué.

En France, les *changeurs* font établis par le roi: ils font obligés de porter aux hôtels des monnoies, les efpèces légères, altérées ou décriées, qu'ils ont reçues ou changées.

CHANTELAGE. *Droit* qu'on paye en quelques endroits aux feigneurs, pour le vin vendu en gros, ou à broche, fur le chantier de la cave ou du cellier.

CHANTIER. Lieu où les marchands de bois de chauffage, empilent les bois flottés qui leur arrivent à Paris, par les trains qui defcendent la rivière de Seine, & les autres rivières qui s'y déchargent.

Les *chantiers* s'établiffent ordinairement au dehors de la ville, à caufe des accidens du feu, qui peuvent arriver; les ordonnances marquant même les diftances que les piles doivent avoir des bâtimens voifins.

Les marchands qui tiennent *chantier*, font obligés d'afficher & d'expofer dans un endroit apparent, la pancarte ou tarif contenant le prix des bois, fixé par les ordonnances des prévôt des marchands & échevins: & les chartiers qui y font les voitures, ne peuvent empêcher, fous peine de punition, les bourgeois de fe fervir de leurs chariots & équipages, non plus que les gagne-deniers, troubler les domeftiques des mêmes bourgeois dans la charge des bois fur leurfdits chariots.

CHANVRE. Plante qui porte la graine de chenevis, dont on nourrit plufieurs fortes d'oifeaux, & de la tige & branches de laquelle fe tire une filaffe dont on fait du fil, ou pour la couture, ou pour être travaillé en toile & en ouvrage de corderie, &c.

CHANVRE. Signifie auffi la *filaffe*, qui eft tirée de la plante, & le *fil* qui en eft fait. On dit, voilà de beau *chanvre*. On dit auffi, une toile de *chanvre*.

Il fe fait en France un grand commerce & une grande confommation de *chanvres*, qui font employés en fil pour la couture, & en toiles de toutes fortes pour le ménage, & pour les voiles de navires.

Il entre auffi beaucoup de *chanvre* dans les ouvrages de corderie, fur-tout dans les arcenaux royaux, pour en fabriquer les cables, funains, & autres fortes de cordages propres à l'armement & à la manœuvre des vaiffeaux.

Les provinces de France où il s'en cultive davantage, font la baffe-Normandie, la Bretagne, la Picardie, aux environs de Noyon; la Champagne, le Soiffonnois; la Bourgogne; ce chanvre eft un des meilleurs: le Perche, le bas-Dauphiné, fur-tout dans le Viennois & le haut-Valentinois: le Lyonnois, dans la plaine du côté de la Saône: le Poitou, autour de la ville de Poitiers: l'Anjou, le Maine, le Nivernois, le Berri, autour de Bourges; le Gâtinois & l'Auvergne. Cette dernière en

recueilloit fi abondamment, particulièrement dans cette partie fi belle & fi féconde, qu'on appelle la *limagne*, qu'anciennement elle étoit feule en état d'en fournir affez pour les armemens les plus confidérables des flottes Françoifes; ce qui arriva en 1690 & 1691, que les arfenaux de marine, de Breft, de Rochefort & du Havre, en tirèrent toutes leurs provifions, fans que pour cela il manquât de cordages pour les bateaux des rivières de la province, ou qui en font voifines, comme l'Allier & la Loire; en ayant même fourni à Nantes pour les vaiffeaux marchands qui s'y équipèrent ces années-là. Les *chanvres* de Bourges & du Gâtinois, font ceux dont il vient la plus grande quantité à Paris.

On pourroit tirer quantité de chanvre d'Italie & du Nord: mais les François qui en ont fuffifamment chez eux, ne font guères ce commerce pour leur propre compte, que dans la néceffité & dans des cas extraordinaires. Pour les Hollandois & Anglois, dont le pays n'en produit que une très-petite quantité, à proportion de ce qu'il leur en faut pour leurs flottes & leurs vaiffeaux marchands; ils en enlèvent beaucoup tous les ans de plufieurs lieux d'Italie: & dans les pays du Nord, ils en tirent de Riga, de Conifberg, de Narva, de Courlande & de Mofcovie. Le meilleur eft celui d'Italie; celui de Riga fuit; & après, celui de Ruffie.

Les marchands épiciers-droguiftes de la ville de Paris, font le négoce des *chanvres* crus & en maffe; les cordiers & les filaffiers, celui des *chanvres* affinés, & prêts à filer.

Le *chanvre* fait auffi une partie du négoce de ces marchands du corps de la mercerie, qui font le commerce du fer. Ceux-ci tirent leur *chanvre* de Champagne & de Bourgogne, en gros paquets, ou bottes, du poids environ de cent cinquante livres chacune. Ces bottes font compofées de plufieurs autres petits paquets qu'on appelle *liaffes*. Comme ce *chanvre* eft très-gros, il fe vend aux cordiers, pour faire de la ficelle, des cordes & des fangles.

CHANVRE CRU, ou, comme quelques-uns difent, ESCRU. C'eft du *chanvre* qui n'a eu que fa première façon. On l'appelle auffi CHANVRE EN MASSE.

« Par le tarif de 1664, il paye de droits de fortie » 1 liv. 10 f. le cent pefant, & d'entrée 8 f. & les » fols pour livre ».

CHANVRE PRÊT A FILER. C'eft celui qui a reçu fes derniers apprêts, qui a paffé par les peignes les plus fins, & qui eft mis en cordons.

« Il paye 50 f. de fortie, & 10 f. d'entrée, & les » fols pour livre ».

CHANVRE AFFINÉ. C'eft le plus beau & le plus fin de tous; celui qui a reçu le plus de façons. On l'appelle fimplement de l'*affinage*.

＊ « Il faut remarquer que tous les *chanvres* du cru » du royaume n'en peuvent fortir pour aller à l'étran- » ger, qu'avec permiffion, cette marchandife ayant » été mife, par l'article 6 du titre 8 de l'ordonnance

» de 1687, au nombre des marchandises de contre-
» bande, pour la sortie hors de France ».

Le négoce des *chanvres* étant un des plus considérables qui se fasse en France, & s'en consom-
mant une très-grande quantité dans le royaume, soit
pour les fils & toiles qu'on fabrique, soit pour les
corderies de la marine & les autres ouvrages des
cordiers, la compagnie Françoise des Indes, qui
depuis son établissement a eu, pour ainsi dire, une
attention universelle pour envahir le commerce,
n'avoit pas non plus oublié la culture & le trafic
d'une plante si nécessaire.

Les directeurs de cette compagnie croyant utile
à l'état de supprimer la ferme du tabac, & de rendre
cette marchandise commune & commerçable, pro-
posèrent dans l'assemblée générale, tenue au mois
de décembre 1719, en présence de S. A. R. monseigneur Philippes d'Orléans, régent du royaume,
d'abolir toutes les plantations de tabac dans le
royaume, & d'y substituer des *chanvres*, que la
compagnie prendroit à raison de 33 livres le quintal
(ce qui est environ 6 sols la livre), à condition d'en
fournir au roi à ce prix pour sa marine.

Cette proposition ayant été agréée, il fut rendu,
le 29 du même mois de décembre, un arrêt du conseil d'état du roi, par lequel sa majesté ordonne; 1°.
que le commerce du *chanvre* dans l'intérieur du
royaume, seroit libre : 2°. fait défenses de le
faire sortir, & de l'envoyer à l'étranger; à peine de
confiscation & de dix mille livres d'amende : 3°.
permet à la compagnie des Indes d'établir des magasins, & le prix des *chanvres* : 4°. & décharge
ceux qui y seront portés, de tous droits de fermes,
octrois, péages & autres, sans aucune exception.
Voulant en outre que, dans cette vûe, les magasins
& les prix des *chanvres* soient établis, savoir, deux en
Bretagne, l'un à Nantes, où le *chanvre* seroit reçu à
raison de 33 l. le quintal; l'autre au Port-Louis, où il
seroit payé sur le pied de 35 livres; un autre magasin
à Rouen pour les *chanvres* de Normandie, desquels
le prix seroit de 33 livres aussi le quintal; un à
Tonneins pour la Guienne & le Languedoc, au
même prix qu'à Rouen; un à Valence pour le Dauphiné, au prix de 30 livres; un à Maringue, & un
autre à Clermont pour l'Auvergne, où le quintal de
chanvre se payeroit pareillement 30 livres; enfin
cinq autres magasins, sçavoir, à Auxone pour la
Bourgogne; à la Charité pour le Nivernois; à Moulins pour le Bourbonnois; à Châtelleraut pour le
Poitou; & à Saumur pour l'Anjou, dans lesquels les
chanvres seroient aussi payés à raison de 30 liv. par
quintal, le tout poids de marc.

La proposition faite par la compagnie des Indes
pour la culture & le commerce des *chanvres* dans
le royaume, n'ayant pas eu tout le succès que l'on
en avoit espéré, il fut donné dans l'année 1722 deux
arrêts du conseil pour rétablir les choses sur le pied
qu'elles étoient avant l'arrêt du 29 décembre 1719.

Par le premier de ces arrêts, qui est du 29 mai,
& qui n'est proprement qu'un arrêt préparatoire,

sa majesté révoque celui de 1719, & permet à tous
ses sujets de faire sortir pour les étrangers les *chanvres*, tant ceux du crû du royaume, que ceux qui
auroient été tirés des pays étrangers, en payant les
droits ordonnés à la sortie du royaume.

Comme l'intention de sa majesté dans ce premier
arrêt avoit été de décharger la compagnie des Indes
des engagemens qu'elle avoit pris d'établir dans les
provinces du royaume des magasins pour y déposer
les *chanvres* qui y seroient recueillis, & en fournir
les magasins de la marine à un prix convenu, &
que d'ailleurs il étoit important pour le bien de
l'état que les *chanvres* & les lins restassent comme
auparavant du nombre des marchandises de contrebande pour la sortie, il fut donné immédiatement
après l'arrêt du 29 mai un second arrêt, par lequel
sa majesté ordonne, que l'article 6 du titre 8 de
l'ordonnance du mois de février 1687, portant défenses de faire sortir les *chanvres* du crû du
royaume, sans permission de sa majesté, à peine de
confiscation & de cinq cent livres d'amende, seroit
exécuté selon sa forme & teneur, & que le commerce desdits lins & *chanvres* sera & demeurera libre dans l'intérieur du royaume entre les sujets de sa
majesté.

Ce dernier arrêt est du 23 juin 1722; il eut l'effet
infaillible de toutes les prohibitions de cette espèce;
il dégoûta les cultivateurs d'une denrée, qui ne jouissoit plus de la pleine liberté de débit : en conséquence, les François sont obligés depuis long-temps
d'acheter tous les ans une quantité prodigieuse de
chanvres aux nations septentrionales, assez heureuses
pour que leurs compagnies des Indes & leurs loix
réglementaires ne leur ayent pas défendu de nous
vendre.

CHANVRIER, CHANVRIÈRE. Le marchand,
ou la marchande qui vend du *chanvre*.

La communauté des linières, *chanvrières*, filas-
sières de la ville & fauxbourgs de Paris est très-
ancienne.

Ses derniers statuts & lettres-patentes furent enregistrés au parlement & au châtelet, suivant l'usage
ordinaire, lus & publiés à son de trompe le 8 janvier 1667.

En conséquence, les chanvres, lins & filasses qu'apportent les forains, sont sujets à visite, & les marchands sont tenus de les faire descendre, & mettre
en la halle pour y être visités.

C'est dans un canton de l'ancienne halle au bled de
Paris, que de toute ancienneté les marchandes *chanvrières* sont établies : aussi est-il fait mention de cette
place dans leurs plus anciens statuts, & toujours depuis
elles y ont été conservées & maintenues par toutes
leurs lettres-patentes jusqu'à présent. C'est-là qu'elles
ont toutes leurs boutiques, magasins & étalages,
& c'est-là, comme il est ordonné par les statuts, ainsi
qu'on l'a remarqué, que les marchands forains doivent envoyer leurs chanvres.

Il y a pourtant une exception à cet article en
faveur de la foire saint-Germain : les marchands

forains ayant droit d'y décharger leurs marchandises, que les jurées *chanvrières* peuvent bien & doivent visiter ; mais qu'elles, non plus que les autres maitresses de la communauté, ne peuvent acheter, qu'après que les bourgeois s'en sont fournis pendant les deux jours qui leur sont donnés de préférence sur elles.

CHAOURI, qu'on nomme aussi SAIN. Monnoie d'argent qui a cours à Telis, capitale de Georgie. Le *chaouri* revient à cinq sols six deniers de France ; quatre *chaouris* valent un abagi ; deux *chaouris* font un usalton ; dix carbequis ou aspres de cuivre font un *chaouri*, & dix *chaouris* & demi font la piaftre. *Voyez* la TABLE DES MONNOIES.

CHAPEAU. Couverture ou habillement de tête que font les chapeliers avec du poil, de la laine, ou autres semblables matières cardées, feutrées, & foulées avec la lie de vin détrempée dans l'eau chaude.

Les *chapeaux* de castor, qui font les plus beaux, les plus fins & les plus chers de tous, font faits du poil de l'animal appellé *castor*, ou *bièvre*, dont on a ôté les plus grands poils. Pour qu'ils soient bons, il faut y employer deux tiers de poil gras, & un tiers de maigre, ou sec, bien cardés ensemble, sans mélange d'aucunes autres étoffes.

La manufacture des *chapeaux* de castor est très-considérable en France, & sur-tout à Paris, d'où il s'en fait des envois, non-seulement dans toutes les provinces du royaume, mais encore dans les pays étrangers, particulièrement en Espagne, & dans les Indes Espagnoles par la voie de Cadix. Ceux destinés pour l'Espagne & les Indes font ordinairement noirs ou gris, de forme platte, que quelques-uns appellent, quoiqu'improprement, *forme quarrée*, doublés en dedans de satin de différentes couleurs, comme bleu, rouge, violet, verd, &c.

Il se fabrique aussi en Angleterre beaucoup de *chapeaux* de castor, qui font très-beaux & fort estimés ; mais la bonté des nôtres, jointe aux gros droits d'entrée qu'on fait payer aux *chapeaux* d'Angleterre, quand ils viennent en France, fait que nous n'en tirons que très-rarement ; ce qui ne peut être qu'avantageux à nos chapeliers & à la compagnie, qui fait le commerce des castors de Canada, disoit bonnement Savari dans son dictionnaire. Mais *le public entier*, consommateur des *chapeaux*, y trouveroit-il le même avantage ? Oh ! c'est une autre question qu'on ne s'étoit pas même avisé de faire, & d'examiner avec impartialité.

Les *chapeaux* nommés *demi-castors*, qui étoient autrefois défendus en France, mais dont la fabrique y est permise depuis l'année 1706, ne font autres que des *chapeaux* de vigogne, dans la composition desquels on fait entrer une partie de poil de castor, plus ou moins forte, suivant que le chapelier les veut rendre bons & approchans de la qualité des véritables & purs castors.

Les *chapeaux* que l'on nomme *vigogne*, ou *dauphins*, & quelquefois *loutres*, font seulement composés de poils de lapin & de laine de vigogne ; car pour le poil de loutre il n'y en entre point du tout, étant d'une qualité à ne pouvoir se feutrer avec les autres poils. Ainsi c'est un abus de donner à ces *chapeaux* le nom de *loutres*.

Les *chapeaux* de caudebec font faits de laine d'agnelins, de ploc, ou duvet d'autruche, ou de poil de chameau. Ils ont pris leur nom de la petite ville de Caudebec en Normandie, où ont été fabriqués les premiers *chapeaux* de cette sorte. Il s'y en fait encore en assez grande quantité, aussi-bien qu'à Bolbec, Falaise, Dieppe, &c. mais Rouen est le lieu où il s'en fabrique le plus.

On faisoit autrefois certains *chapeaux* gris, que l'on nommoit *breda*, qui étoient tout de pure laine de mouton ; mais ils étoient si pésans & si désagréables à la vue, que la mode & l'usage s'en font absolument perdus.

Le poil de lièvre étoit anciennement d'un grand secours pour la fabrique des *chapeaux*, & il s'y employoit même avec beaucoup de succès : cependant il a été absolument défendu par rapport au commerce du castor de Canada, dont il empêchoit effectivement la consommation.

Ce que l'on appelloit autrefois *chapeaux des sept sortes*, n'étoient que des vigognes communs, auxquels on donnoit ce nom.

On fait présentement des *chapeaux* de soye, &, ce qui pourroit bien mériter quelque attention de la part des citoyens éclairés, les *chapeaux* mêmes de castor font à meilleur marché en France, depuis que le Canada, & par suite la traite des castors dépend du roi d'Angleterre.

» Il y a en France quatre tarifs ou arrêts du conseil, suivant lesquels se payent les droits d'entrée » & de sortie du royaume pour les différentes sortes » de *chapeaux* ; savoir, le tarif de 1664 & les arrêts du 14 août 1688, du 3 juillet 1692 & du 2 » avril 1702.

» Par ces tarifs & arrêts, les *chapeaux* de castor » payent d'entrée 20 liv. la pièce ; les demi-castors » 8 livres ; les vigognes & demi-vigognes 18 livres la » douzaine ; & les *chapeaux* de feutre, de toutes » sortes de laines, poils & façons, 12 livres aussi la » douzaine.

» Les droits de sortie font de 6 liv. par douzaine » de castors, 3 liv. pour les demi-castors, 1 livre » pour les vigognes, 15 s. pour les demi-vigognes, » 10 s. pour ceux de poil commun, & 30 s. pour » ceux de feutre, tous aussi de la douzaine, le tout » aux sols pour livre ».

CHAPEAU. On nomme ainsi en Hollande une certaine mesure de compte, sur laquelle s'évaluent les droits d'entrée ou de sortie qui se payent pour le tan, ou écorce de chêne propre à préparer & tanner les cuirs. Le *chapeau* est de dix tonnes.

CHAPEAU. C'est aussi une mesure pour les grains, dont on se sert à Delft. Le *chapeau* contient treize viertels de Breda, ou quatorze d'Anvers. *Voyez* la TABLE DES MESURES.

p Les

» Les droits d'entrée & de sortie, qui se payent » en France de cette marchandise, sont de 3 sols » par douzaine & les sols pour livre ».

CHAPEAU DE MAISTRE. En termes de commerce de mer, signifie un certain droit ou présent que les maîtres des vaisseaux marchands se font donner pour chaque tonneau de marchandise qui se charge dans leurs bords. Ainsi un maître de navire dit : Il me faut tant pour le fret & tant pour mon *chapeau.*

CHAPELER. (*Terme de boulanger*). C'est ôter avec un couteau, qu'on appelle couteau à *chapeler*, la partie la plus épaisse & la plus dure de la croute du pain, pour la rendre plus mince & plus aisée à manger. *Voy.* COUTEAU A CHAPELER.

On appelle du pain *chapelé*, celui dont le plus dur de la croute a été enlevé. La chapelure de pain se dit des parties de la croute du pain, qui s'en enlevent, lorsqu'on le chapele. Les boulangers vendent au litron cette chapelure, qui sert aux traiteurs & cuisiniers à épaissir leurs sauces, & aux pauvres gens à faire du potage.

CHAPELET. On nomme ainsi plusieurs grains enfilés ensemble, qui servent à compter certaines prières que les catholiques récitent en l'honneur de Jésus-Christ, de la sainte Vierge & des Saints. On les appelle autrement *patenôtres;* ce qui a donné le nom à trois communautés de Paris. *Voy.* PATENOSTRE & PATENOSTRIER.

» Les *chapelets* & autres merceries de saint-» Claude, entrant par les bureaux de la douane de » Lyon, payent 11 sols d'anciens droits par chaque » balle, & pour la nouvelle réapréciation 12 sols » du cent.

» Les droits de sortie de toutes sortes de *cha-*» *pelets*, d'ambre, verre, rocaille & bois se payent » comme mercerie, c'est-à-dire, 3 livres du cent » pesant, conformément au tarif de 1664; & si c'est » pour envoyer à l'étranger, seulement 2 livres, sui-» vant l'arrêt du 3 juillet 1692 ».

CHAPELET. Se dit aussi de cette verroterie, ou rassade, dont il se fait un si grand commerce avec les Négres de la Guinée & les Sauvages de l'Amérique, parce que ces grains de verre sont enfilés comme des *chapelets*, pour la facilité de ce négoce. *Voyez* RASSADE.

CHAPELIER. Marchand & ouvrier tout ensemble, qui vend & qui achete des chapeaux, qui fait fabriquer & qui en fabrique lui-même.

Les *chapeliers* de Paris forment une communauté considérable.

Les marchands forains & autres, qui amenent des chapeaux pour vendre à Paris, sont obligés de les faire porter directement dans le bureau des *chapeliers*, pour y être vus & visités. Au contraire, les maîtres *chapeliers* de Paris ont la faculté d'aller ou d'envoyer acheter dans le royaume, même dans les pays étrangers, toutes sortes de marchandises & étoffes dépendantes de la chapelerie.

CHAPPA-DELLALLA. On nomme ainsi sur la côte de Coromandel, particuliérement dans le royau▸

Commerce. Tome I. Part. II.

me de Golconde, un droit qui se paie pour la marque des toiles. Ce droit, qui n'est dû que par les gens du pays, & dont les Européens sont exempts, est de douze pour cent du prix des toiles. On le dit aussi de la marque ou empreinte, que les officiers du roi mettent sur les toiles.

CHARBON. Bois à demi-consumé par le feu & réduit en braise.

CHARBON. Se dit aussi d'une matiére inflammable, que l'on trouve dans les entrailles de la terre; ou que l'on imite en quelque sorte, en faisant brûler à demi de menues branches d'arbres. Le *charbon* naturel s'appelle *charbon de terre*, quelquefois *houille*, & souvent *charbon de pierre;* quoique pourtant on puisse faire quelque différence entre ces trois *charbons.* A l'égard du *charbon* artificiel, on le nomme *charbon de bois.*

Tout le *charbon* de bois qui se débite à Paris, y vient, ou par eau dans des bateaux, ou par terre dans des charrettes, ou dans des sacs sur des bêtes de somme.

Les mesures, dont on se sert, pour en faire le débit, sont le muid, la mine, le minot, le boisseau, le demi-boisseau & le quart de boisseau, *expliquées en leur article.*

Une voie, ou une charge de *charbon*, est un sac rempli d'une mine de cette marchandise; & c'est ce qu'un homme en peut porter sur sa tête en une seule fois.

Le *charbon* de bois se distingue à Paris, en *charbon* d'Yonne, en *charbon* de Marne, en *charbon* de Loire, en *charbon* de Seine, en *charbon* de l'École & en *charbon* de Chevreuse.

Le *charbon* d'Yonne est le plus estimé de tous. Il est menu, rond & sans écorce; étant fait pour l'ordinaire de jeune chêneau, que l'on a pelé pour faire du tan. C'est celui de tous les *charbons* qui se mesure avec le plus d'avantage, parce qu'il s'entasse facilement. Les fondeurs en consomment beaucoup, à cause qu'il rend une chaleur très-vive. On lui a donné le nom de *charbon* d'Yonne, parce qu'il vient de Bourgogne par la rivière d'Yonne.

Le *charbon* de Marne, ainsi nommé, parce qu'il vient de Champagne par la Marne, est un gros *charbon*, ordinairement de quartier, & quelquefois rond; sa qualité suit celle du *charbon* d'Yonne.

Le *charbon* de Loire est gros, rond & long, ayant pour l'ordinaire son écorce. Il se fait de toutes sortes de bois; & est le moins estimé de tous, étant plus rempli de bois blanc. On l'appelle *charbon de Loire*, parce qu'il vient des bords de la Loire, par le canal de Briare.

Le *charbon* de Seine, ainsi nommé, à cause qu'il vient des lieux situés le long de la Seine, en remontant au-dessus de Paris, est fait de toutes sortes de bois. Il y en a plus de rond que de quartier; ordinairement sans écorce : il suit pour la qualité, le *charbon* de Marne.

Les *charbons*, tant d'Yonne, de Marne, que de Seine, arrivent au port de la Grève dans de moyens bateaux chargés comble , y ayant plufieurs claies de hauteur , pour foutenir le *charbon* au-deſſus des bords.

Les *charbons* de Loire arrivent au port de la Tournelle ou port Maubert ; mais les bateaux ſont chargés à plat , ſans comble , c'eſt-à-dire , qu'il n'y a qu'une claie au-deſſus du bord du bateau , pour ſoutenir le *charbon* : on les charge ainſi , pour pouvoir paſſer avec facilité dans les éclufes qui ſont le long du canal de Briare.

Le *charbon* de l'École eſt du *charbon* long & gros , quelquefois rond , quelquefois de quartier ; ordinairement ſans écorce : il eſt fait de toutes ſortes de bois. On l'envoie de Normandie & de Picardie ; il arrive au port de l'École , d'où il tire ſon nom. Les bateaux dont on ſe ſert pour les voiturer en remontant la rivière de Seine , ſont chargés comble , & beaucoup plus grands que ceux qui viennent aux ports de la Grève & au port Maubert. Ce *charbon* eſt particulièrement en uſage parmi les orfèvres ; il s'en conſomme auſſi beaucoup à la monnoie , même chez les fondeurs.

Le *charbon* de Chevreufe ſe fait dans les forêts ſituées aux environs de la petite ville de Chevreufe , d'où lui vient ſon nom. Ce *charbon* eſt amené par terre dans des charrettes garnies de claies ou menus branchages , ou ſur des bêtes de ſomme , dans de petits ſacs. Tout le *charbon* de Chevreufe ſe décharge , ou à la Grève , ou dans la rue des Egoûts , près la porte ſaint-Denis. Quand ce *charbon* eſt fait de bon bois , il eſt preſque autant eſtimé que le *charbon* d'Yonne.

Il arrive auſſi à Paris , par terre , quantité de *charbon* , qui ſe fait dans la forêt de Crecy en Brie & dans les bois de Tournon , d'Auxois & de Ferrière.

La plûpart des réglemens qui ſont faits pour le bois de chauffage qui arrive à Paris , ſont communs au commerce & à la marchandiſe de *charbon* qu'on y voiture , ſoit par eau , ſoit par terre. Il y en a néanmoins quelques-uns qui ne ſont que pour cette dernière marchandiſe.

Par ces réglemens , les proviſions de *charbon* deſtinées pour Paris , doivent y être amenées inceſſamment , ſans les arrêter en chemin , ou les vendre ailleurs.

Étant arrivées aux ports de leur deſtination , dont on a parlé ci-deſſus ; le *charbon* doit être mis à prix & à rabais de trois jours en trois jours de vente ; les meſureurs de *charbon* étant tenus pour cela , auſſi-tôt l'arrivée des bateaux , d'aller au bureau de la ville pour la fixation du prix.

Il eſt défendu d'aller audevant du *charbon* , de le marchander & acheter en chemin , comme auſſi de l'acheter ſur les ports pour les revendre.

Les marchands ſont obligés de le vendre ſur la rivière & dans leurs batteaux , par eux-mêmes , ou par leurs femmes , enfans & domeſtiques , & non par commiſſionnaires.

Il y eſt défendu de vendre du *charbon* mouillé,

trop mêlé de braife , ou autrement défectueux ; & ſans avoir été viſité par les jurés.

La braife , qui eſt le *charbon* écrafé , & réduit en trop petits morceaux pour être de vente , doit être vendue ſéparément & au prix fixé au bureau de la ville.

Il n'eſt permis d'ouvrir & de mettre en vente dans chaque port , qu'un certain nombre de bateaux à la fois ; ſçavoir , cinq bateaux d'Yonne & trois de Marne & de Seine au port de la Grève ; quatre au port de la Tournelle , & deux au port de l'Ecole.

Enfin , il eſt ordonné que le *charbon* ſoit auſſi bon , & de même qualité au milieu & au fond du bateau , qu'au-deſſus.

Tous ces articles de réglemens ne concernent que la marchandiſe de *charbon* arrivant par la rivière. A l'égard de celle qui vient par terre , ſi elle eſt en bannes ou charrettes , elle doit ſe décharger à la place pour ce déſignée , pour y être débitée ſur le pavé ; & ſi elle eſt en ſacs ſur des bêtes de ſomme , elle peut être vendue par les rues & ſur le champ , aux bourgeois & artiſans non regratiers. Les ſacs de ces petits charbonniers doivent être d'une mine , d'un minot ou demi-minot.

Les regratiers , fruitiers & chandeliers , auſſi-bien que les femmes des gagne-deniers , ou garçons de la pelle , à l'exception des plumets , peuvent faire le regrat du *charbon* ; les trois premiers , de celui qu'ils achetent ſur les ports ; & les dernières , des fonds de bateaux que les marchands donnent pour ſalaires , ou vendent à leurs maris.

« Le *charbon* de bois paie en France les droits » d'entrée à raiſon de 12 ſols de la banne , confor- » mément au tarif de 1664 ; & pour ceux de ſortie , » ſçavoir , 26 ſols de la banne ; autant en ſac chargé » plein un char ; & 18 ſols de la charretée & les ſols » pour livre ».

Le *charbon de terre* eſt une marchandiſe dont il ſe fait en France un très-grand négoce. Les ſerruriers , les maréchaux & autres ouvriers qui ſont obligés de chauffer le fer pour le battre ſur l'enclume , ne s'en peuvent preſque paſſer.

Les lieux du royaume d'où il s'en tire le plus , ſont la Foſſe en Auvergne , les mines de Braſſac près Brioude , dans la même province ; Saint-Étienne-en-Forêt , le Nivernois , la Bourgogne , Concourfon en Anjou , les environs de Mezières & de Charleville.

Il en vient auſſi quantité des pays étrangers , comme du Hainaut & du pays de Liège.

L'Angleterre en fournit très-conſidérablement , qui vient pour l'ordinaire par le port de Rouen. Ce dernier eſt le plus eſtimé , quoique pluſieurs prétendent que celui de la Foſſe-en-Auvergne ne lui cède en rien , & que d'autres donnent la préférence à celui du Hainaut , parce qu'il eſt plus gras & dure plus long-tems au feu.

Les bonnes qualités du *charbon de terre* ſont , d'être peu rempli de ſouffre , de bien chauffer le fer & de durer long-tems à la forge. Ce *charbon* a une choſe particulière en ſoi , qu'il ne peut parfairement s'allume', fans jetter de l'eau de temps en temps deſſus.

A Paris, le *charbon de terre* ſe meſure comble, & ſe vend à la voie ; chaque voie contenant trente demi-minots; le demi-minot ſe diviſant en trois boiſſeaux , & le boiſſeau ſe partageant encore en quatre quarts. Ce ſont les marchands de fer, qui ſont du corps de la mercerie, qui en font le plus grand commerce , ſoit en gros, ſoit en détail. A Rouen ; il ſe vend en barils ; & le vendeur en donne à l'acheteur cent quatre pour cent , chaque baril contenant trois demi-minots ; en ſorte que les cent barils de Rouen rendent à Paris dix voies & demie , moins trois demi-minots.

En Angleterre , où le commerce du *charbon de terre* eſt ſi conſidérable , qu'on y aſſigne ordinairement une partie des ſubſides que la Nation a coutume d'accorder pour les beſoins de l'état : la meſure à laquelle il ſe vend , ſe nomme *chauderon ;* chaque chauderon contient trente-ſix, boiſſeaux.

Le *charbon de terre* pour la proviſion de Paris, arrive & ſe diſtribue au port S. Paul, & au port de l'École.

On appelle *jurés meſureurs de charbon* , certains officiers de la ville, établis ſur les ports & places de Paris, où ſe vendent & débitent les *charbons* , tant de bois que de terre.

Outre les marchands de fer qui font à Paris le négoce du *charbon de terre* , il y a encore deux ſortes de marchands qui s'en mêlent , dont les uns s'appellent *marchands bourgeois* , & les autres *marchands forains.* Ceux-ci ſont les marchands du dehors, qui auſſi-tôt leur marchandiſe vendue , s'en retournent chez eux en préparer de nouvelles voitures: les autres ſont réſidens à la ville , & y font le détail du *charbon de terre* , dont ils font charger dans les provinces des bateaux , par leurs commiſſionnaires qui les leur envoyent à Paris.

La différence du commerce que font ces deux ſortes de marchands , conſiſte en ce que les marchands bourgeois ont la permiſſion d'avoir chez eux des magaſins , & d'y faire tranſporter leur *charbon* pour l'y débiter; & que les marchands forains ſont tenus, auſſi-tôt après leur arrivée au port de S. Paul ou de l'École, de le mettre en vente inceſſamment, ſans pouvoir le mettre à terre ou en faire des entrepôts. Auſſi ces derniers ont-ils la préférence ſur les autres pour la vente dans les ports, n'étant pas permis aux marchands bourgeois d'entamer leurs bateaux, & d'y expoſer leur *charbon* en vente avant que celui des forains ait été vendu; ce qui pourtant ne s'entend que lorſqu'il y a aſſez de marchandiſe foraine pour la proviſion de la ville.

Un réglement général pour les uns & les autres , ordonne que quand le prix aura été mis au *charbon* au commencement de la vente, il ne pourra être augmenté ; & que ſi dans le cours de la diſtribution , le marchand en fait rabais , il ſera tenu de continuer la vente au dernier & moindre prix.

Le *charbon de terre* venant des pays étrangers ,

» paye les droits d'entrée en France ſur le pied de 30 ſols le baril, ſuivant l'Arrêt du 3 juillet 1692; » & celui qui vient du dedans du Royaume, 6 de- » niers du baril, 12 ſols du ſac ou banne, chargé » un char; & 5 ſols la charretée ».

« A l'égard des droits de ſortie, le cent de barils » paye 8 livres, & celui qui eſt en houille, la char- » retée de cinq poinçons deux tiers, 22 ſols, le tout » avec les ſols pour livre ».

Par l'Arrêt du Conſeil du 6 ſeptembre 1701 , concernant les marchandiſes du crû d'Angleterre , Écoſſe & Irlande, les droits d'entrée pour le *charbon de terre* venant de ces pays, ſont fixés à une livre dix ſols le baril , conformément à l'Arrêt du 3 juillet 1692 , pour toutes ces ſortes de *charbons* venans des pays étrangers.

Le *charbon de terre* venant de la Flandre & du Hainault , & entrant par les provinces de Champagne & de Picardie , avoient été auſſi compris dans cette augmentation de droits établis par le même arrêt du 3 juillet 1692 ; mais les maîtres des forges de ces deux provinces ayant repréſenté le grand préjudice qu'ils en recevoient; ſa majeſté , par un dernier arrêt du 19 juin 1703, ordonna, qu'à l'avenir il ne ſeroit payé pour droit d'entrée aux bureaux de Picardie & de Champagne ſur les *charbons de terre* , venans de la Flandre & du Hainault , que dix ſols par baril du poids de trois cent livres , au lieu de trente ſols , portés par ledit arrêt du 3 juillet 1692.

Le *Charbon de pierre* , que quelques-uns confondent mal-à-propos avec le *charbon de terre* , quoiqu'ils n'ayent rien de commun , que leur qualité inflammable , eſt une pierre minérale , ſeche & ſulfureuſe , dont il ſe trouve diverſes carrières dans pluſieurs provinces de France , particulièrement dans le Nivernois & le Bourbonnois. C'eſt une eſpèce de pierre-ponce noirâtre , mais plus compacte , moins ſpongieuſe , & beaucoup plus dure & plus péſante que la véritable pierre-ponce. On la débite ordinairement en gros morceaux , à peu près comme les tourbes de Hollande, mais d'une figure moins régulière. Le feu du *charbon* eſt vif & dure aſſez long-tems ; mais la vapeur en eſt maligne , & d'une odeur inſupportable à ceux qui n'y ſont point accoutumés. On s'en ſert preſque à tous les uſages où l'on emploie le *charbon de bois* & celui de *terre ;* & le commerce en eſt conſidérable dans les lieux où manquent les deux autres ſortes de *charbons.*

Le bois étant devenu très-rare & très-cher à Paris en 1714 , on y amena quelques bateaux de ce *charbon de pierre* , qui ſe débiterent d'abord aſſez bien aux ports de l'École & de S. Paul, le peuple y ayant couru en foule ; & même pluſieurs bonnes maiſons en ayant voulu eſſayer dans les poëles & les cheminées des anti-chambres ; mais la malignité de ſes vapeurs , & ſon odeur de ſoufre en engendrerent bien-tôt ; & la vente des premiers bateaux n'ayant pas réuſſi , les nouveaux marchands de *charbon de pierre* ceſſerent d'en faire venir pour la proviſion de Paris. Ce *charbon* se vendoit en gros au quintal, & se débitoit en détail à la livre. On s'est ravisé depuis, sur-tout après avoir appris à épurer le *charbon de pierre*.

« Les droits d'entrée fixés en France pour le *charbon de pierre*, par le tarif de 1664, sont de 8 sols » la banne, & ceux de sortie 4 sols, avec les sols » pour livre.»

CHARBONNIER. Celui qui fait ou qui vend le charbon. On donne aussi à Paris le nom de *charbonniers*, à certains petits officiers de ville, établis sur les ports, avec la qualité de porteurs de charbon; mais qui pourtant n'en font guères les fonctions, ayant sous eux des forts ou gagne-deniers, qu'on nomme des plumets & des garçons de la pelle,

CHARBONNIERE. Place destinée dans les bois pour faire le charbon. Ce sont les officiers des eaux & forêts qui marquent les lieux destinés à cet usage ; & ce sont les ordonnances qui en fixent le nombre, à tant par coupes & vente de bois.

CHARBONNIERE. Regratière qui fait le négoce du charbon de bois à petites mesures. Outre les regratiers & regratières qui ont des brevets, il est aussi permis aux femmes & filles des garçons de la pelle, de faire le petit commerce ; mais seulement du charbon provenant des braises ou fonds de bateaux que les marchands vendent ou donnent pour salaire à leurs maris & peres.

CHARCANAS. Étoffe de soie & de coton, qui se fabrique aux Indes orientales. La longueur des pièces de *charcanas* est de sept à huit aunes, un peu plus, un peu moins ; & leur largeur, toujours de $\frac{5}{8}$.

Il vient aussi des Indes, des toiles de coton & soie, qui se nomment *charcanas*. La portée des pièces est de six, huit, ou treize aunes de longueur, sur $\frac{1}{2}$, ou $\frac{3}{4}$ de large.

CHARCUTER. Hacher ou tailler de la viande, comme font les charcutiers. C'est de ce terme que ceux qui écrivent chaircutiers, dérivent le nom de ces marchands de chair de porc, dont on parlera dans l'article suivant. Ceux au contraire qui conservent l'ancienne ortographe de chaircuitiers, qui est la véritable, le font venir de chair cuite, qui faisoit autrefois tout leur négoce.

CHARCUTER ou CHAIRCUITIER. Marchand de chair de pourceau, qui la coupe, qui la hache, qui la sale, qui l'assaisonne, pour en faire (mêlée avec du sang ou sans sang) des saucisses, boudins, andouilles, cervelats, & autres tels ragouts de chair hachée, enfermée dans des boyaux de porc ou d'autres animaux.

Ce sont aussi les *charcutiers* qui préparent, qui fument & qui vendent les jambons, languets, langues de bœuf, de porc & de mouton, & qui font le négoce du lard, du petit salé, cuit ou frais, du sain-doux, ou graisse de cochon.

Les fréquentes créations d'offices, faites depuis l'année 1691 jusqu'en 1702, pour chaque corps des marchands & communautés d'arts & métiers, qui avoient été réunies au corps des maîtres charcutiers, y avoient déja introduit quelques articles de réglement, mais qui ne regardoient guères que l'augmentation des droits de réceptions & de visites pour pourvoir aux remboursemens des sommes empruntées par ladite communauté, pour parvenir auxdites réunions.

Une création de deux offices de courtiers-visiteurs de porcs morts, lard & graisse, faite au mois de juillet 1702, qui avoit déja été précédée d'une autre de pareil nombre, & que les maîtres *charcutiers* furent pareillement obligés de se réunir, donna lieu à de nouveaux statuts, dressés & arrêtés dans une assemblée des maîtres du 14 mai 1705, confirmés par des lettres patentes en forme de déclaration, du 24 octobre de la même année, enregistrées au parlement le 12 mai 1710, à l'effet de régler tout ce qui concerne les andouilles, boudins, saucisses & cervelats.

CHARDON A BONNETIER. Sorte de plante qui produit à l'extrémité de ses tiges & surgeons, une espèce de petit globule un peu long & épineux, que l'on appelle *bosse*, ou *tête de chardon*, dont on se sert pour laner, ou tirer la laine du fond des étoffes, ou des ouvrages de bonneterie, pour les garnir & les couvrir de poil sur la superficie, afin de les rendre plus chauds, plus mollets & d'une meilleure vente.

Pour conserver les têtes, ou bosses de *chardon*, il faut les tenir dans des lieux secs ; l'humidité leur étant si contraire, que du moment qu'elles sont un peu moettes, elles sont hors d'état de pouvoir servir.

« Les bosses de *chardon* sont estimées si nécessaires » pour les manufactures de lainages, qu'elles sont » regardées comme marchandise de contrebande à la » sortie du royaume ; & il n'est permis à qui que » ce soit d'en envoyer dans les pays étrangers, » sans un passeport du roi, conformément à l'arrêt » du conseil du premier mars 1689, qui fixe le » droit des *chardons à drapiers*, sortant avec per- » mission, à 10 livres par balles du poids de cent » cinquante livres ».

« La sortie des *chardons à bonnetiers* ayant » depuis été absolument interdite, jusqu'à nouvel » ordre, par arrêt du 20 mai 1715 ; la liberté d'en » faire sortir du royaume, fut rétablie par arrêt du » 21 décembre de la même année, attendu l'abon- » dante récolte qui en avoit été faite dans la province » de Normandie pendant les deux dernières années, » & que les granges & greniers de ceux qui en » faisoient la culture, ou qui en trafiquoient, en » étoient en quelque sorte surchargés ; & même pour » en faciliter le négoce avec les étrangers, les droits » de sortie furent réduits à 4 liv. par chaque balle » de cent cinquante livres pesant, au lieu des 10 liv. » portées par l'arrêt de 1689 ».

« A l'égard des droits d'entrée, le tarif de 1664 » les règle à 20 sols aussi la balle du même poids ».

CHARENÇON. Petit insecte noirâtre, qui

s'engendre & se nourrit dans le grain de bled. On le nomme autrement *calandre*.

CHARGE. Dignité, office qui donne quelque autorité sur les autres.

Les *charges* qui sont propres au commerce, sont le grand-juge & les consuls, les maîtres & gardes dans les six corps, les syndics & les jurés, & ceux qu'on appelle *rois* dans les communautés des arts & métiers. On dit qu'un marchand, qu'un artisan a passé dans les *charges*, quand il a été élu & a exercé quelques-uns de ces offices. Les consuls & leurs chanceliers, dans les échelles du Levant, & dans plusieurs ports & villes étrangères, sont aussi des officiers de commerce.

CHARGE. Espèce de mesure de grains particulièrement en usage en Provence.

A Marseille, la *charge* de bled pèse ordinairement 300 liv. poids du pays, qui font 243 liv. poids de marc; elle est composée de quatre hémines, & chaque hémine de huit siradières.

A Toulon, la *charge* est composée de trois septiers; le septier d'une mine & demie mesure de Paris, & trois de ces mines font le septier de Paris.

La *charge* est aussi la mesure des grains dans l'isle de Candie. Cette dernière & celle de Marseille font chacune le septier de Paris.

CHARGE. Est aussi un poids en usage en plusieurs lieux. Il sert à Venise pour peser le poivre, le girofle & les autres épiceries. On se sert pour le poids de la romaine du prince ou de la république. La *charge* est estimée peser 400 livres, poids subtil de Venise, qui revient à 240 livres de Paris, de Strasbourg, de Besançon, d'Amsterdam, & autres villes où il y a égalité de poids. Cette *charge* est à Marseille de 298 livres 8 onces un peu plus; le poids de cette ville étant moins fort que celui de Paris, &c.

Il y a encore à Marseille une *charge* qui ne sert que pour peser les galles d'Alep & de Seyde, les cotons filés, & quelques autres marchandises. Elle est de 300 livres poids du pays, qui réduites au poids de Paris, de Strasbourg, de Besançon & d'Amsterdam, font 243 liv.

La *charge* d'Anvers est de 400 livres, faisant 242 livres de Paris, & de ces trois autres villes, dont le poids est au pair.

L'on se sert aussi de la *charge* en Bretagne, & particulièrement à Nantes, pour peser certaines sortes de marchandises, entr'autres les drogueries & épiceries, les futaines, les canevas, le papier, les coutils, la mercerie, la quincaillerie, & autres telles marchandises qui se mettent en ballot. La *charge* est de 300 livres Nantoises, & la demie *charge* de 150.

CHARGE. A Arles la *charge* pèse 291 l. ½ poids de marc; ainsi 60 *charges* ½ pesent autant que 73 septiers de Paris.

A Beaucaire elle pèse environ 297 ½ poids de marc, & peut contenir un septier deux boisseaux ⅞ de Paris.

CHARGE ou CARGUE. Mesure pour les grains, dont on se sert en quelques provinces de France, particulièrement en Provence. *Voyez* cet article.

A Arles, la *charge* pèse 300 livres poids de cette ville.

La *charge* de Beaucaire est de deux pour cent plus forte que celle d'Arles.

Une *charge* ou *cargue* de Marseille fait une mudde ½ d'Amsterdam.

Quarante-une *charges* de Saint-Gilles font un last d'Amsterdam. La *charge* pèse 300 livres, mais plus forte de 18 à 20 pour cent que celle d'Arles.

La *charge* de Tarascon est du poids de celle de Beaucaire : il faut 51 *charges* de Tarascon pour un last d'Amsterdam.

La *charge* de Toulon fait 4 muddes & demi d'Amsterdam.

CHARGE. Se dit aussi des fournimens de carton couverts de cuir de basane, qui sont attachés aux bandouillières des soldats, & qui contiennent chacun autant de poudre qu'il en faut pour charger un mousquet chaque fois qu'on le veut tirer.

« Ces *charges* ou fournimens sont du nombre des » marchandises de contrebande; dont la sortie est » défendue par toute l'étendue du royaume de Fran» ce, à peine de confiscation, conformément à » l'ordonnance des fermes de l'année 1687, titre 8, » article 3. *Voyez* CONTREBANDE ».

CHARGE, (*en terme de commerce de boucaniers.*) Signifie une *certaine quantité de cuirs de bœufs ou de vaches*, qu'ils appareillent ensemble pour les mettre en vente. Ces *charges*, qu'ils nomment autrement *bannettes*, sont composées d'un bœuf & de deux vaches, ou de trois cuirs de demi-taureaux, c'est-à-dire, de jeunes bouvarts, ou bien de quatre vaches : mettant ordinairement trois bouvarts pour deux bœufs, & deux vaches pour un bœuf. Ces cuirs sont pliés en bannettes, afin qu'ils les incommodent moins, lorsqu'ils marchent dans les bois dont l'isle de Saint-Domingue, où les boucaniers font leur chasse & leur commerce, est en partie couverte. Chaque *charge* se vend au prix commun, six pièces de huit monnoie Espagnole.

CHARGE. S'entend aussi de ce que peut porter un homme, un animal. On le dit pareillement de ce que peut contenir de marchandises un vaisseau, ou seulement de ce dont il est rempli.

La *charge* d'un vaisseau est proprement ce qu'on appelle sa *cargaison*; il ne se dit guères que des vaisseaux marchands.

Par le mot de *charge*, l'on n'entend ordinairement que les marchandises ou effets qu'on a mis dessus, & non pas les soldats, les mariniers, les apparaux, les munitions de guerre & de bouche, les canons, &c, quoique toutes ces choses le chargent souvent plus que les marchandises. On le dit cependant quelquefois de tout ce qui est dans le vaisseau.

On dit qu'un vaisseau a sa *charge*, quand il est aussi rempli de marchandises qu'il en peut contenir; qu'il n'a que demi *charge*, quand il n'est plein qu'à demi; qu'il revient avec une riche *charge*, quand il rapporte de précieuses marchandises & en quantité; qu'un marchand a fait toute la *charge* d'un navire, ou qu'il n'y a que moitié, qu'un quart, quand il a fait à ses dépens la cargaison entière, ou qu'il n'y a contribué que du quart ou de la moitié.

L'on compte la *charge* des vaisseaux par tonneaux, sur le pied de deux mille livres pesant le tonneau.

L'on appelle *jours de charge*, le temps qui est accordé aux marchands dans les ports des rivières, pour charger leurs marchandises dans les bateaux; c'est ordinairement trois jours.

CHARGE. On appelle à Paris, dans le commerce des menus bois de chaufage, une *charge de coterets*, ou une *charge de fagots*, un certain nombre des uns ou des autres, qu'un crocheteur peut porter sur son dos, avec des crochets. La *charge* est réglée à dix-huit fagots, ou autant de coterets. *Voyez* BOIS A BRUSLER.

CHARGE. Se dit pareillement à Paris dans le négoce du charbon, d'un sac plein de charbon qu'un gagne-denier ou plumet peut porter sur sa tête. Cette *charge* est de deux mines.

CHARGEMENT. Se dit également & de la charge entière d'un vaisseau, & de sa cargaison, ou charge des seules marchandises qu'il contient. On s'en sert dans toutes les significations du mot de *charge*. Il y a des hazards de mer, & des occasions où le maître peut vendre une partie des marchandises de son *chargement*. Les ordonnances de la marine règlent ce que les armateurs, ou chargeurs du vaisseau sont tenus d'y contribuer.

POLICE DE CHARGEMENT. C'est une reconnoissance par écrit que donne le maître, ou patron d'un vaisseau, de toutes les marchandises dont un ou plusieurs négocians chargent son vaisseau.

CHARGER UN VAISSEAU. C'est le remplir de marchandises propres pour les lieux où sa cargaison doit être déchargée & vendue.

CHARGER UN VAISSEAU A CUEILLETTE. C'est ramasser diverses marchandises de différens particuliers, pour faire l'entière charge d'un navire. Il n'est guère en usage que dans l'Océan. On dit aussi, *charger* au tonneau.

CHARGER AU QUINTAL. C'est sur la Méditéranée la même chose que *charger* à cueillette.

CHARGER EN GRENIER C'est mettre dans le fond des cale des marchandises en masses ou monceaux, comme du sel, du plomb, & autres semblables qui peuvent se conserver sans être enfermées dans des futailles & des ballots.

CHARGER. Se dit aussi dans le négoce en plusieurs significations. On dit qu'il ne faut pas se *charger* de marchandises de mauvais débit, de marchandises hors de mode, de trop de marchandises, pour dire qu'il ne faut point avoir ces marchandises, ou en trop avoir dans son magasin ou dans sa boutique. On dit presque dans le même sens en parlant d'un

marchand; il se charge de trop d'affaires, il est extrémement chargé de dettes, &c.

CHARGER SON JOURNAL, ses livres, ses regiſtres. C'est parmi les marchands, négocians & banquiers, y écrire chaque jour en recette & depense, ou, comme ils disent, en débit & crédit, tout ce qui se paye ou se reçoit journellement, soit en marchandise, soit en espèce, soit en papier.

CHARGER quelqu'un des achats de sa marchandise. C'est lui donner la commission de la choisir suivant les assortimens, & en la quantité dont on lui envoie le mémoire. Celui que l'on charge de cet emploi, se nomme *commissionnaire*, qui en envoyant les marchandises à son commettant, doit y joindre une facture des espèces & des prix.

CHARGER trop une couleur. C'est chez les teinturiers, la faire plus brune & plus obscure que l'échantillon qu'on leur a donné.

CHARGEUR. Celui qui charge. On appelle *marchand chargeur*, celui à qui appartiennent les marchandises.

CHARGEUR. C'est aussi une espèce de gagne-denier, ou de ceux qu'on appelle *forts* sur les ports de Paris, qui servent à charger & décharger les bateaux, d'où ils sont aussi appellés *déchargeurs*. Il y a pareillement des *chargeurs de bois*, qui remplissent les membrures des bois qui ont été tirés des bateaux. Les uns & les autres sont des espèces de bas officiers de la ville, dont les charges s'achetent, & qui répondent au prévôt des marchands.

La plûpart de ces charges ont été supprimées en 1719 & 1720, & réduites en commissions, dont ceux qui ont été pourvus devoient faire les mêmes fonctions que les officiers en titre, mais avec attribution de moindres droits.

Ces officiers ont été rétablis par l'édit de juin 1730.

CHARIAGE. Transport de marchandises, ou autres choses, qui se fait avec un charriot ou charrette. Il se dit aussi de la peine & salaire qui se paye au voiturier. Le *chariage* de mes ballots m'a beaucoup coûté, le *chariage* est cher cette année.

CHARIER. Voiturer avec une charrette, un charriot ou un char.

CHARIOT. Voiture toute de bois, ou espèce de charrette à quatre roues, qui sert à transporter des marchandises.

CHARIOT. C'est une mesure, ou estimation, à laquelle on vend à Paris la pierre de taille ordinaire. Le *chariot* contient deux voies, & chaque voie cinq carreaux, c'est-à-dire, environ quinze pieds cubes de pierre.

CHARIOT. Espèce de poids en usage à Anvers. *Voyez* WAGE & la TABLE.

CHARNIER. Eschalas de bois de chêne, dont on se sert aux environs de Paris, & dans quelques provinces de France, pour ficher & appuyer les vignes. Les bons *charniers* doivent être faits de cœur de chêne & sans aubier. *Voyez* ESCHALAS, *Voyez aussi* CHESNE.

CHARPENTE. Gros bois propre aux grandes conſtructions, telles que ſont les égliſes, palais, maiſons, navires, bateaux, &c.

Les bois que l'on tire de ces ſortes d'arbres, lorſqu'on les débite pour les ouvrages des charpentiers, ſe réduiſent à deux eſpèces; ſçavoir, le bois d'équarriſſage & le bois de ſciage. Celui-ci comprend tout ce qui ſe débite de longueur avec la ſcie; l'autre, tout ce qui s'équarrit avec la coignée. Les bois d'équarriſſage ſont les poutres, poutrelles, poinçons, grandes ſablières, groſſes ſolives, &c. Parmi ceux de ſciage, on met les planches, les contre-lattes, les membrures, les chevrons, les poteaux, les petites ſolives, les limons, les battans, les gouttières & les eſchênes, &c.

CHARPENTE. Signifie auſſi les *ouvrages de charpentiers*, qui ſont faits de l'aſſemblage des divers bois d'équarriſſage & de ſciage, rapportés dans l'article précédent.

CHARPENTIER. Ouvrier qui taille & qui aſſemble la charpente.

Il n'appartient qu'aux jurés du roi, de faire toute viſitation, toiſés, eſtimations, rapports, &c. défenſes ſont faites aux ſimples maîtres *charpentiers*, & non reçus auxdites charges, de s'immiſcer dans ces opérations; à peine de faux & d'amende: c'eſt pareillement aux jurés du roi, à viſiter tous les bois à bâtir, ouvrés & non ouvrés, qui arrivent ſur les ports & quais de la ville.

Aucun ne peut être reçu à la charge de juré du roi, qu'il n'ait fait connoître de ſa capacité aux ouvrages de charpenterie, qu'il n'ait ſubi toutes les formalités ordonnées pour les aſpirans à la maîtriſe; & qu'il n'ait été reçu maître cinq ans auparavant.

CHARRÉES. Ce ſont les cendres qui reſtent ſur le cuvier, après qu'on a coulé la leſſive. L'on emploie quantité de *charrées* dans les verreries, pour y faire du verre commun, & particulièrement de celui qu'on nomme verre en table, ou verre de Lorraine.

CHARRETTE. Voiture montée ſur deux roues, avec des limons & des ridelles, qui ſert à voiturer les marchandiſes & autres choſes peſantes. On le dit auſſi des choſes qui ſont voiturées dans la *charrette*; une *charrette de foin*, une *charrette de charbon*; pour dire, plein une *charrette* de ces marchandiſes.

CHARRETTÉE Ce que peut contenir, ou ce que peut porter une charrette.

CHARRON. Artiſan qui fait des carroſſes, des coches, des charriots, fourgons, littières, brancars, calèches, berlines, caiſſons, trains d'artillerie, haquets, traîneaux, & autres voitures ſemblables, ou attirails qui y ſervent.

La communauté des maîtres *charrons-carroſſiers* de la ville & fauxbourgs de Paris, eſt très-nombreuſe. Ses derniers réglemens obtenus ſous le règne de Louis XIV, furent enregiſtrés en Parlement le 10 novembre 1668, & contiennent, comme tous les autres, cept dérogations arbitraires à la liberté des *conſommateurs*, qui n'ont point été conſultés.

CHARRONAGE. Il ſe dit également de la profeſſion du charron, & des ouvrages qu'il fait.

BOIS DE CHARRONAGE. C'eſt le bois qu'emploient les charrons. Ce bois eſt de deux ſortes, particulièrement pour le bois d'orme, dont ſe font les principaux ouvrages de *charronage*; ſçavoir, le bois en grume & le bois de ſciage.

Le bois en grume eſt celui qui eſt, ou en tronçons ou en billes, comme on dit en quelques endroits, c'eſt-à-dire, qui n'eſt ni équarri ni débité avec la ſcie, & qui a encore ſon écorce; mais qui pourtant eſt coupé de certaines longueurs convenables aux ouvrages que les charrons en veulent faire.

Le bois de ſciage eſt celui qui eſt débité avec la ſcie, & réduit à des épaiſſeurs propres à d'autres ouvrages de *charronage*.

Des bois en grume, on fait les moyeux, les eſſieux, les empanons, les flèches, les jantes & les armons: les bois de ſciage ſervent à faire les liſſoirs, les moutons & les timons.

Echantillons du bois d'orme en grume.

Les grumes des moyeux doivent être longues de ſix pieds & demi, & de dix pouces de diamètre au moins, par le bout le plus menu. Celles dont les diamètres ſe trouvent depuis douze juſqu'à ſeize pouces, ſont les plus eſtimées, parce qu'on s'en peut ſervir pour les plus groſſes roues de charrettes.

Les eſſieux en grume doivent être de ſix pieds de longueur, & de ſept à huit pouces de diamètre.

La longueur des empanons eſt la même que celle des eſſieux, & le diamètre preſque ſemblable, s'ils ne ſont pas chantournés; mais s'ils le ſont, l'échantillon en peut être plus foible.

Les grumes pour les flèches doivent être de deux ſortes, ſelon qu'elles doivent ſervir, ou aux caroſſes, ou aux autres harnois. Celles des carroſſes ſe tirent depuis dix juſqu'à douze pieds de long, & celles des autres depuis douze juſqu'à quinze pieds, ſans nœuds & bien courbées.

Pour les jantes, qu'en Bourgogne on nomme *chantres*, les grumes doivent être coupées de deux pieds huit à dix pouces, & même de trois pieds, ſi leur champtourné eſt conſidérable.

Enfin, les grumes des armons doivent être de deux ſortes, ſuivant les différentes eſpèces d'armons; ſçavoir, de ſix pieds de long & de huit à neuf pouces de diamètre pour les armons ſimples, & ſeulement de quatre pieds & demi de long, mais de neuf à dix pouces de groſſeur pour ceux qu'on appelle *armons d'arcade*.

Echantillons des bois de ſciage, qui ſervent aux charrons.

Les pièces pour les liſſoirs doivent ſe débiter de ſix pieds & demi de long, & de ſix à ſept pouces de large, ſur quatre à cinq pouces d'épaiſſeur,

CHA

Les moutons, de six pieds sept à huit pouces de longueur, de cinq à six pouces de largeur, & de trois ou quatre pouces d'épaisseur.

Et les timons de neuf pieds de long, & de trois pouces & demi en quarré par le bout le plus menu, & quatre pouces par le gros.

Il faut remarquer, que comme il y a plusieurs autres pièces de bois d'orme qui s'emploient dans le *charronage*, mais que les charrons débitent eux-mêmes, les marchands ont coutume de laisser des bois en grume de diverses grosseurs & longueurs, & qui n'ont point d'échantillon réglé ; les ouvriers les choisissant dans les ventes ou dans les chantiers, suivant qu'ils les trouvent convenables aux ouvrages qu'ils ont à entreprendre. Ces bois sans échantillons, aussi-bien que les gros branchages d'orme, s'appellent par les charrons, *bois à débiter.*

Autre bois de charronage.

Le frêne se débite ordinairement en moutons, & en timons : on en laisse aussi quelquefois en grume, qui sont propres à faire ces sortes de harnois, dont on se sert pour charrier le vin, qu'on nomme à Paris *haquets*, & qu'en quelques provinces on appelle *fouftiviers*. Les échantillons de ces grumes de frêne doivent être de dix jusqu'à dix-huit pieds de longueur, & de huit à neuf pouces de diamètre.

Le débit du charme, pour le *charronage*, est le plus ordinairement en essieux, & autres pièces où l'on emploie l'orme : mais on ne s'en sert guères que dans le pays où ce dernier bois est rare.

Des branchages des ormes & des charmes, qui ne sont pas assez gros, pour être laissés en grume, ou pour être débités pour toutes les différentes sortes de pièces de *charronage*, dont on a parlé ci-devant, on fait ordinairement des rais de roues, quoique pourtant on y emploie aussi quelquefois d'autres bois, particulièrement du chêne.

CHARRUE. Instrument de Laboureur, composé d'un train monté sur deux roues, qui a un gros fer pointu, & un autre tranchant, pour couper & ouvrir la terre & y faire des sillons. Ce harnois est du nombre des ouvrages des charrons ; & ils y emploient ordinairement ces branches d'orme en grume, qu'ils nomment *bois à débiter.*

CHARTE-PARTIE. (*Terme de commerce de mer.*) C'est l'acte d'affrettement sur l'Océan, ou de nolissement sur la Méditerranée ; c'est-à-dire, un écrit conventionnel pour le louage d'un vaisseau, ou la lettre de facture, & le contrat de cargaison du bâtiment.

La *charte-partie* doit être rédigée par écrit, & passée entre les propriétaires ou le maître du vaisseau, & les marchands affretteurs ou nolisseurs. C'est proprement une police de chargement, par laquelle le propriétaire ou maître, s'engage à fournir incessamment un vaisseau prêt, équipé, bien calfaté & étanché, pourvu d'ancres, de voiles, de cordages, de palans & de tous les apparaux & agreils nécessai-

res pour naviger & faire le voyage dont il est question ; & encore de fournir l'équipage, les vivres & autres munitions, moyennant quoi le marchand affretteur s'oblige de payer au maître une certaine somme convenue pour le prix du fret.

La *charte-partie* se fait pour l'entier affrettement du navire, tant pour l'aller que pour le retour ; ce qui le rend différente du connoissement, qui est un acte particulier, qui ne se fait que pour l'aller ou pour le retour seulement. *Voyez* CONNOISSEMENT.

Suivant le tit. 1 du liv. 3 de l'ordonnance de la marine, le maître est tenu de suivre l'avis des propriétaires du vaisseau, lorsqu'il en fait l'affrettement dans le lieu de leur demeure.

La *charte-partie* doit contenir le nom & le port du vaisseau, le nom du maître & celui de l'affretteur, le lieu & le temps de la charge & décharge des marchandises, le prix du fret ou nolis, avec les intérêts des retardemens & séjours ; étant néanmoins loisible aux parties d'y ajouter telles autres clauses & conditions qu'elles jugent à propos.

Le temps de la charge des marchandises doit être réglé, suivant l'usage des lieux où elle se fait, s'il n'est point fixé par la *charte-partie*.

Si le navire est fretté au mois, & que le temps du fret ne soit point aussi réglé par la *charte-partie*, il ne doit courir que du jour que le vaisseau a fait voile.

Celui qui après une sommation par écrit, de satisfaire à ce qui est porté par la *charte-partie*, refuse, ou est en demeure de l'exécuter, doit être tenu des dommages & intérêts.

Si néanmoins, avant le départ du vaisseau, il arrivoit interdiction de commerce par guerre, représailles ou autrement, avec le pays pour lequel il est destiné, la *charte-partie* doit être résolue, sans dommages & intérêts de part ni d'autre, en payant cependant par le marchand, les frais de la charge & décharge de ses marchandises : mais si c'étoit avec un autre pays, la *charte-partie* doit subsister en tout son entier.

Lorsque les ports sont seulement fermés, ou les vaisseaux arrêtés pour un temps, par autorité supérieure, la *charte-partie* doit subsister aussi en son entier ; & le maître & le marchand doivent être tenus réciproquement d'attendre l'ouverture des ports, & la liberté des vaisseaux, sans dommages & intérêts de part ni d'autre.

Le marchand peut néanmoins pendant le temps de la fermeture des ports ou de l'arrêt, faire décharger sa marchandise à ses dépens, à condition de la recharger, ou d'indemniser le maître.

Les maîtres sont obligés d'avoir dans leur bord pendant leur voyage, la *charte-partie*, & les autres pièces justificatives de leur chargement.

Enfin, le navire, ses agreils & apparaux, le fret & les marchandises chargées, sont respectivement affectés aux conventions de la *charte-partie.*

CHARTE-PARTIE. Est encore un terme de marine,

qui

qui fignifie un *certain acte*, par lequel plufieurs perfonnes fe joignent ou s'affocient enfemble, pour naviger de compagnie, & faire quelqu'entreprife de piraterie ou d'autre chofe femblable.

CHARTIER. Celui qui mène une charrette, un chariot, un haquet, ou quelqu'autre voiture montée fur deux roues, & tirée par des animaux domeftiques.

L'ufage de la charrette étant très-commun & très-utile pour le tranfport des marchandifes, on a porté en France l'attention jufqu'à régler les fonctions, & fouvent les falaires de ceux qui les conduifent, pour les empêcher de faire des-monopoles & des affociations au préjudice du commerce.

Le roi, par fes édits, déclarations & arrêts de fon confeil, a pourvu à ce qui regarde les voitures & voituriers au dehors, comme on le peut voir aux articles du *roulage*, des *rouliers*, des *voitures*, & des *voituriers*.

A l'égard de ce qui concerne les voituriers & *chartiers* de Paris, fur-tous ceux qui travaillent fur les ports de cette capitale, il eft réglé par plufieurs articles du quatriéme chapitre de l'ordonnance de la ville, de 1672.

L'article 17 de cette ordonnance enjoint aux *chartiers* ou *voituriers* par terre, de fe trouver fur les ports aux heures de vente, avec leurs charrettes & haquets, attelés & prêts à faire leurs voitures, au prix de la taxe par les prévôt des marchands & échevins, avec défenfes d'exiger plus grand falaire, fous peine du fouet.

Le dix-huitiéme leur ordonne, & à leurs garçons, de charger eux-mêmes les marchandifes fur leurs charrettes & haquets, à l'exception néanmoins des marchandifes de bois, grains, foin & charbon, à la charge & décharge defquels il y a des officiers ou commis prépofés; défendant à tous gagne-deniers, qui travaillent fur les ports, de s'immifcer de charger aucunes marchandifes fur les charrettes & haquets, & d'exiger aucune chofe des marchands & bourgeois, pareillement à peine du fouet.

Le dix-neuviéme défend à tous *chartiers* de s'affocier & garder rang fur les ports, ou de refufer de travailler pour ceux qui les auront choifis, & offert le prix, fuivant la taxe, auffi fous la même peine.

Le vingtiéme veut, que de fix mois en fix mois, il foit mis fur les ports, & affiché en lieux apparens, à la diligence du procureur du roi de la ville, une pancarte contenant la taxe réglée par les prévôt des marchands & échevins, pour le falaire defdits *chartiers* & *voituriers*.

Le vingt-deuxiéme les rend refponfables de la marchandife, perte, ou dommage arrivant par leur faute, ou de leurs garçons,

Le vingt-troifiéme, pour empêcher que les regrattiers n'enlèvent plus de marchandifes qu'il ne leur eft permis par les réglemens; défend aux *chartiers* de charger autrement, qu'en préfence du bour-

geois qui les fait travailler, à peine d'amende.

Le vingt-quatriéme leur enjoint de ne point partir du port où la marchandife aura été chargée, que le marchand n'ait été payé, ou n'ait agréé, à peine d'en répondre en leur nom.

Enfin, le vingt-cinquiéme, pour que les *chartiers* ne troublent point les bourgeois dans leurs droits & privilèges, permet à ces derniers de faire décharger par leurs domeftiques, du bateau à terre, les marchandifes & denrées qu'ils auront fait arriver, & d'en faire la voiture fur leurs chariots, fi bon leur femble, fans être obligé de fe fervir des *chartiers*; avec défenfes auxdits *chartiers*, encore à peine du fouet, de faire aucun travail fur les ports, qu'ils n'aient été choifis & mis en befogne par les bourgeois.

CHARTIL. (*Terme de laboureur.*) Longue & large charrette à quatre roues, dont les ridelles font extrêmement évafées par en haut. Les fermiers, furtout ceux de Brie, s'en fervent pour conduire à la grange les gerbes de leur récolte. On y voiture auffi aux marchés les grains en facs, & les foins en bottes. Le *chartil* peut contenir deux cent bottes, & plus de cette dernière marchandife.

CHARTIL. Se dit auffi des *hangards*, ou *lieux couverts*, fous lefquels l'on ferre les charriots, charrettes, charrues, herfes, & autres chofes fervant au labour, & au ménage de la campagne, qui pourroient fe gâter, étant expofées à l'air.

CHASSE-MARÉE. Marchand voiturier, qui apporte en diligence à Paris & dans quelques autres principales villes du royaume le poiffon de mer frais, qui a été pêché fur les côtes les moins éloignées de ces villes.

L'établiffement des *chaffe-marées* eft très ancien en France; & le commerce qu'ils font, un des plus confidérables, & à qui les rois & les magiftrats ont accordé le plus de protection.

Lorfque le négoce du poiffon de mer frais commença à Paris, c'eft-à-dire, vers le milieu du onziéme fiécle, les pêcheurs venoient eux-mêmes y apporter leur poiffon.

Ces courfes les détournant de leur pêche, les marchands de falines, établis fur les ports, fe faifirent de ce commerce, & ils envoyoient à Paris par leurs valets le poiffon qu'ils avoient acheté des pêcheurs.

Enfin plufieurs de ces valets s'étant érigés en voituriers, & achetant eux-mêmes du poiffon, ce commerce leur refta, & ils prirent alors le nom de *chaffemarées*, à caufe des bidets qui la portent, & qu'ils chaffent devant eux.

Les marchands, qui virent fortir de leurs mains un trafic affez lucratif, voulurent du moins en retenir une partie, & prétendirent que les *chaffemarées* dévoient recevoir d'eux le poiffon. Leurs prétentions réciproques furent réglées, & la concurrence fut ordonnée entre les *chaffe-marées* & les marchands.

Ces nouveaux marchands voituriers ont depuis obtenu quantité d'autres priviléges concernant la commodité & sûreté de leur commerce.

Un des principaux & le plus honorable est l'établissement d'une jurisdiction, créée exprès pour la conservation de leurs droits, dont les séances se tiennent au palais de Paris par un président & deux conseillers au parlement, sous le nom de *commissaires de la marée*. Cette jurisdiction a aussi un procureur général; mais cet officier n'est point du corps de la cour; on l'appelle *procureur général de la marée*.

Les courses des *chasse-marées* se faisant en tout temps & à toute heure, particulièrement la nuit, ils ont eu long-temps des voyeurs particuliers sous le nom d'*élus*, pour veiller à la réparation des chemins: mais les fonctions de ces officiers étant finies en 1666, faute de nouvelle élection, les juges royaux les plus prochains des lieux par où passent les *chasse-marées*, leurs ont été substitués par plusieurs arrêts de la cour de parlement & ordonnances des juges-commissaires de la marée.

Les autres privilèges des *chasse-marées* sont:

1°. Qu'on ne peut arrêter leur personne, ni saisir leur poisson, harnois & chevaux, tant en allant qu'en revenant, ni pendant le séjour qu'ils font dans les villes pour la vente de leur marchandise.

2°. Qu'il leur a été établi un fonds assuré, pour les récompenser des chevaux qu'ils peuvent perdre par accident en chemin, & leur payer le poisson qui se gâte & se corrompt par l'intempérie des saisons, & sans qu'il y ait de leur faute.

3°. Enfin qu'ils ont le droit de pouvoir conduire & mener toutes sortes de personnes, hardes & marchandises, en allant, venant & s'en retournant.

Les *chasse-marées* qui arrivent à Paris, viennent ordinairement du Havre, de Dieppe, de Boulogne, de Saint-Vallery, & d'autres lieux & ports de mer de Normandie & de Picardie, qui ne sont éloignés guères au-delà de 40 lieues.

Les poissons qu'ils apportent sont des turbots, des barbues, des soles, des rayes, des limandes, des carlets, du merlan, des rougets, des vives, des saumons, des moules, des maquereaux, du hareng frais, de l'éperlan, &c. On parle ailleurs de la pêche & des saisons de tous ces poissons.

On appelle *huitres de chasse*, celles que les *chasse-marées* apportent, pour les distinguer des huitres de bateau, qui viennent en montant la rivière de Seine, & qui étant long-temps en chemin, ne peuvent jamais être si fraîches. *Voy.* HUITRE.

Ces marchands *chasse-marées* chassent devant eux plusieurs petits bidets chargés de poisson, enfermé dans des mannequins, ou paniers d'osier, de forme ronde & longue. Au col du premier de ces bidets pend une grosse clochette, qui avertit les autres de suivre; ce qui a été imaginé, à cause que leur chasse se fait presque toujours de nuit. Il y a des *chasse-marées* qui se servent aussi de fourgons.

La grandeur & la forme des paniers, dans lesquels se met la marée, ne sont point à la discrétion des *chasse-marées*: tous doivent être égaux & de même continence; & pour ôter toute surprise & toute occasion de tromperie, ils doivent être marqués d'une fleur de lys, &, pour ainsi dire, étalonnés sur un échantillon, qui se garde dans la chambre des vendeurs de marée.

C'est aussi sur cet étalon que se marquent les modèles, que les jurés-vendeurs, ou présentement les commis, qui leur ont été substitués en 1719, ont soin d'envoyer aux vaniers résidens sur les ports de mer, afin de s'y conformer dans la fabrique des paniers de *chasse-marées*.

Outre la marque de l'étalonnage, chaque panier doit avoir une étiquette de l'espèce du poisson qu'il contient, afin qu'il ne soit pas besoin de les ouvrir tous, lors de la vente, ou lotissage par le vendeur, ce qui seroit trop long; mais qu'on en puisse faire l'adjudication, à l'inspection du premier de chaque sorte.

Autrefois il y avoit une heure marquée pour l'arrivée des *chasse-marées* à Paris, qui étoit environ les huit heures du matin; présentement ils y arrivent entre trois & quatre heures.

A l'égard de la vente, le poisson doit être vendu le même jour qu'il arrive, depuis Pâques jusqu'à la saint-Remy; hors de-là on peut le garder deux jours.

C'est des *chasse-marées*, mais par l'entremise des vendeurs, que les harengères & vendeuses de marée des halles & marchés de Paris achètent le poisson frais de mer, pour le revendre en détail.

Lorsque les *chasse-marées* qui viennent à Paris, ont vendu leur poisson, il n'est pas nécessaire, s'ils ne le veulent, qu'ils attendent leur payement des particuliers; y ayant une caisse établie, pour leur en payer le prix comptant moyennant un droit assez modique, en sorte qu'ils peuvent repartir aussi-tôt, pour aller préparer & amener de nouvelles voitures.

Les paniers dans quoi se met le poisson frais de mer, s'appellent des *torquettes*.

CHASSEURS AU VENT, en Hollandois, *vent-jagers*. Ce sont les premiers bâtimens ou buches qui vont à la pêche du hareng. *Voy.* VENT-JAGERS.

CHASTAIGNE ou CHASTAIN. Qui est de couleur de *châtaigne*; ce qui se dit quelquefois des étoffes de soie & de laine, mais plus souvent des dernières.

CHASTAIGNIER ou CHATAIGNIER. Grand arbre assez connu, pour se dispenser d'en faire la description. On dira seulement qu'il fournit deux choses pour le négoce; savoir, son bois & son fruit, que l'on appelle ordinairement *châtaigne*.

Le bois de *châtaignier* est assez propre pour la charpente; il se voit même quantité d'anciens édifices, dans la construction desquels il en est beaucoup entré: néanmoins depuis que l'on a remarqué que le bois de chêne eſt beaucoup meilleur à cet uſage, on a laiſſé celui de *châtaignier*, qui ne ſe débite preſque plus à préſent qu'en cercles ou cerceaux, pour relier les cuves & les futailles; ou en perches, pour faire des treilles, des eſpaliers, & des clôtures de jardins, que l'on appelle vulgairement *perchis*.

L'ordonnance de Henri III, du mois de mai 1580, veut qu'on coupe les *châtaigniers* à l'âge de ſix à ſept ans, & c'eſt-là auſſi le véritable âge qu'ils doivent avoir, pour en pouvoir fabriquer commodément des perches & des cercles.

A Bordeaux & à Livourne il ſe fait un négoce aſſez conſidérable de châtaignes, qui ſe tirent du Limoſin & du Périgord, & il s'en envoye beaucoup dans les pays étrangers, particulièrement chez les Hollandois, qui en font paſſer quantité dans le Nord.

» Les *châtaignes* payent en France les droits de » ſortie ſur le pied de 2 ſols du cent peſant, & » ceux d'entrée, à raiſon de 10 ſols, avec les nou- » veaux ſols pour livre ».

CHASUBLIER. Marchand qui fait & qui vend des chaſubles & autres ornemens d'égliſe, comme chapes, tuniques, dalmatiques, paremens d'autel haut & bas, rideaux, pavillons, ciel, &c. Les maîtres de la communauté des brodeurs de la ville & fauxbourgs de Paris ſont qualifiés dans leurs ſtatuts *maîtres brodeurs-chaſubliers*.

CHAT. Il y a des *chats* domeſtiques & des *chats* ſauvages: les premiers ſont aſſez connus; les autres qui ſont très-farouches, & que les chaſſeurs nomment *chats-harets*, ſe retirent dans les bois.

Le *chat* ne fournit pour le commerce qu'une ſeule ſorte de marchandiſe, qui eſt ſa peau revêtue de ſon poil, que les pelletiers apprêtent, & dont ils font diverſes ſortes de fourrures, mais particulièrement des manchons.

Outre les peaux de *chats* que la France fournit en aſſez grande quantité, il s'en tire encore beaucoup des pays étrangers, particulièrement de Moſcovie, d'Eſpagne & de Hollande, qui ſont fort eſtimées. Ces ſortes de peaux font une portion du négoce de la pelleterie qui ſe fait à Paris, tant par les merciers, que par les pelletiers.

CHAT-HARET. *Voy.* ci-devant CHAT.

CHAT. C'eſt auſſi un nom que l'on donne à une ſorte de draps, dont la chaîne eſt pour l'ordinaire de laine de différentes couleurs, qui provient du reſte des laines filées dont on s'eſt ſervi pour fabriquer les draps de couleur, teints en laine.

CHAUDERON. Uſtencile de cuiſine.

» Les *chauderons* de cuivre, ou d'airain, payent » en France les droits de ſortie ſur le pied de bat- » terie d'airain & de cuivre, c'eſt-à-dire, 40 ſols du cent peſant, avec les ſols pour livre.

CHAUDERON. C'eſt auſſi une grande meſure dont on ſe ſert en Angleterre dans le commerce du charbon de terre; elle contient trente-ſix boiſſeaux.

CHAUDERONNIER. Celui qui fait & qui vend des chauderons & autres uſtenciles & batteries de cuiſine.

La communauté des maîtres marchands du métier de chauderonnerie, batterie & dinanderie de la ville de Paris, eſt ancienne & nombreuſe.

Par ſes ſtatuts, il eſt défendu à tous marchands forains & autres, s'ils ne ſont maîtres de la communauté, de vendre, débiter, ni diſtribuer en la ville & fauxbourgs de Paris, aucune marchandiſe du métier de chauderonnerie & batterie, ſi ce n'eſt en gros & au-deſſus de la ſomme de 40 livres.

CHAUDERONNIER AU SIFFLET. On nomme ainſi en France, les chauderonniers des provinces, particulièrement d'Auvergne, d'où il en vient la plus grande quantité; qui courant la campagne, leur petite boutique, & leur bagage ſur le dos, ſe ſervent d'un *ſifflet* à l'antique, pour avertir les habitans des petites villes & des villages où ils paſſent; de leur apporter à raccommoder les uſtenciles & batteries de cuiſine, de cuivre ou de fer, qui en ont beſoin.

Il eſt défendu à tous ces *chauderonniers* coureurs de ſiffler, & de raccommoder les ouvrages de chauderonnerie à Paris, & dans les autres villes du royaume où les *chauderonniers* ſont en corps de jurande. A l'égard de ceux qui vendent du neuf; ils y ſont traités comme marchands forains.

CHAUDIÈRE. Grand vaiſſeau de cuivre ou de tole, ſous lequel on met du feu pour faire cuire, bouillir ou affiner quelque choſe. Pluſieurs ouvriers ſe ſervent de *chaudière*, entr'autres, les affineurs de ſucre, les teinturiers, les chapeliers, les braſſeurs de bière, les boulangers, pâtiſſiers, &c.

» Les *chaudières* de cuivre, ou d'airain, payent » en France les droits de ſortie ſur le pied de bat- » terie de cuivre, à raiſon de 40 ſols le cent peſant » & les ſols pour livre.

CHAUDIÈRE DE FER. Il ſe fait auſſi dans les forges de france, de pluſieurs ſortes de chaudieres de fer, dont il ſe tranſporte une très grande quantité dans les pays étrangers. » Leurs droits de ſortie ſe » payent à raiſon de 8 ſ. du cent peſant & les ſols » pour livre.

CHAUF, CHOUF ou CHAUFETTES. Soies de Perſe, qui viennent par diverſes échelles du Levant, particulièrement par Alep & Seyde. A Alep, ces ſoies ſe peſent à la rotte de 680 drames, qui font cinq livres cinq onces; & à Seyde, au damaſquin de 600 dragmes, qui rendent quatre liv. onze onces, poids de Marſeille.

CHAUFFAGE. On appelle *bois de chauffage*, les bois que l'exploitation des forêts & des bois taillis, les marchands débitent pour ſervir à ſe chauffer. De ce nombre ſont, les bois de corde, les cotterets, les fagots, & les bourrées.

CHAUONIS. Mouſſeline ou toile de coton, qui vient des Indes orientales

CHAUSSE, que l'on appelle plus ordinairement

BAS. C'eſt cette partie de l'habillement de la jambe & du pied. *Voyez.* BAS.

CHAUSSE, en fait de marine, ſignifie en quelques endroits, un *certain préſent*, ou *pot de vin* que le marchand chargeur donne au maître du batiment, tant pour lui, que pour diſtribuer dans les occaſions, à qui il le juge à propos. Ce qui lui eſt donné pour lui en particulier, & dont il ne fait point de partage, monte pour l'ordinaire à la valeur du fret d'un tonneau.

CHAUSSE. (*Terme uſité dans le commerce de mer.*) Il ſignifie la même choſe que *chapeau*.

Le droit de *chauſſe* ou *chapeau* ſe régle ordinairement ſur le prix du fret d'un tonneau. On a coutume d'en faire mention dans la charte-partie, afin de prévenir toute conteſtation entre le marchand & le maître du vaiſſeau.

CHAUSSEAGE. Droit qui ſe leve ſur les perſonnes, voitures & marchandiſes pour avoir permiſſion de paſſer ſur de certaines chauſſées. En quelqu'endroit ce droit eſt domanial, & appartient au roi; en d'autres il eſt ſeigneurial & ſe leve par les ſeigneurs particuliers; de quelqu'eſpèce qu'il ſoit, il n'eſt accordé que pour les réparations des chauſſées d'où il a pris ſon nom.

La déclaration du roi du 29 décembre 1708 ordonne une levée par doublement de tous les droits de péages, ponteñages, chauſſeages, &c.

CHAUSSETTES. On nomme ainſi en Bretagne, particulièrement à Vitré, une des *trois ſortes des bas de fil blanc* qui s'y fabriquent. Les *chauſſettes* ſont les bas à pied entier; les autres ſont les bas à demi pied, & les bas à étrier.

CHAUSSETIERS. Anciennement les drapiers de Paris étoient appellés *marchands drapiers-chauſſetiers*, parce qu'en effet leur profeſſion étoit nonſeulement de vendre du drap, mais encore d'en faire des bas & des hauts-de-chauſſe. Préſentement on les nomme ſimplement *marchands drapiers*; & ce ſont eux qui forment le premier des ſix corps des marchands de Paris.

CHAUSSON. Ce qui ſert à couvrir le pied, & qu'on met ſous le bas, ou par propreté ou pour ſe conſerver le pied chaud. On fait des *chauſſons* de toile, de laine, de coton, de fil, de chamois, &c. Les *chauſſons* de toile ſe font & ſe vendent par les marchandes lingères; ceux de laine, de coton & de fil tricotés, par les marchands bonnetiers; & ceux de chamois, par les peauſſiers.

» Les *chauſſons* de laine payent en France les » droits d'entrée & de ſortie ſur le pied de mer- » cerie; ſçavoir, l'entrée à raiſon de 4 liv. du cent » peſant; & la ſortie à 3 liv. qui même » ont été modérées à 2 liv. par l'arrêt du 3 juillet » 1692, lorſque cette marchandiſe eſt deſtinée pour » l'étranger, avec les ſols pour livre. »

CHAUX. Les bonnes qualités de la *chaux* ſont, d'être peſante, qu'elle ſonne comme un pot de terre cuite, & qu'en la détrempant avec l'eau pour l'éteindre & la délayer avec le rabot, la fumée qui en exale ſoit épaiſſe, & s'élève en haut avec promptitude.

La *chaux* ſe vend, & ſe meſure au boiſſeau; le boiſſeau ſe diviſant en quatre quarts, chaque quart contenant quatre litrons. Il faut trois boiſſeaux de *chaux* pour faire un minot; les quarante-huit minots faiſant le muid; en ſorte qu'il faut cent quarante-quatre boiſſeaux pour faire un muid de *chaux*.

A Paris, la *chaux* ne peut être déchargée que dans le port de ſa deſtination, ſans permiſſion des prévôt des marchands & échevins, ſous peine d'amende.

Les jurés meſureurs de *chaux* ſont tenus de faire bonne meſure de cette marchandiſe, & d'empêcher qu'il n'en ſoit expoſé en vente, qu'elle ne ſoit bonne, loyale & marchande, & qu'elle n'ait été miſe à prix par les prévôt des marchands & échevins; leur étant enjoint d'avertir les acheteurs, de cette taxe, de tenir la main à ce qu'elle ſoit exécutée, & de dénoncer les contraventions, à peine d'interdiction.

Il eſt défendu aux jurés meſureurs & porteurs de *chaux*, d'en faire commerce, & de ſe faire payer plus grands droits que ceux qui leur ſont attribués. Tout cela eſt conforme aux articles 1 & 3 du chap. 29 de l'ordonnance de la ville de Paris, du mois de décembre 1672.

« Suivant le tarif de 1664, les droits de ſortie & » d'entrée, tant du royaume, que des provinces » réputées étrangères, ſont fixés ſur la *chaux*; ſça- » voir pour la ſortie, ſur le pied de 8 ſols par » tonneau; & pour l'entrée, à raiſon de 10 ſols le » tonneau contenant deux queues. »

La *chaux vive*, eſt de la *chaux* encore telle qu'elle eſt ſortie du fourneau, ſans être fuſée, ni éteinte.

La *chaux fuſée*, eſt celle qui eſt reſtée longtemps à l'air ſans qu'on l'ait éteinte, dont toutes les parties ignées ſe ſont imperceptiblement évaporées, qui s'eſt réduite en poudre fort menue, & qui n'eſt plus propre à rien.

La *chaux éteinte* ou *amortie*, eſt de la *chaux* qu'on a détrempée & délayée avec de l'eau dans un baſſin, & qu'on garde pour faire du mortier, lorſqu'on en a beſoin.

Les tanneurs, mégiſſiers & chamoiſſeurs employent beaucoup de *chaux* pour la préparation de leurs cuirs ou peaux. Il en entre auſſi dans la compoſition de quelques teintures; & elle eſt du nombre des drogues non colorantes, qui ne doivent être employées que par les teinturiers du grand & bon teint.

Les réglemens des manufactures faits pour les toiles, (particulièrement celui du 24 décembre 1701, art. 49,) défendent aux curandiers ou blanchiſſeurs de ſe ſervir de *chaux* dans le blanchiſſage des toiles, à peine de 50 liv. d'amende pour la première fois & d'interdiction de la faculté de blanchir, en cas de récidive.

CHAUX. Se dit auffi chez les chymiftes, d'une forte de poudre ou cendre très-menue, qui refte des métaux, ou des minéraux, lorfqu'ils ont été long-temps dans un feu très-violent. L'or & l'argent qu'on a réduit en *chaux*, reviennent par l'art dans leur premier être.

La *chaux d'étain*, n'eft autre chofe que de la potée d'étain plufieurs fois calcinée.

La *chaux de plomb*, eft ce qu'on appelle plus ordinairement *cerufe*.

La *chaux d'airain*, eft du cuivre rouge calciné.

La *chaux d'antimoine*, que les marchands apoticaires & droguiftes nomment auffi *antimoine diaphoretique*, eft de l'antimoine de Poitou, & du falpêtre raffiné, incorporés enfemble; dont par le moyen du feu & de l'eau chaude, on fait une poudre blanche, laquelle étant quafi feche eft mife en petits trochifques, que l'on fait bien fécher, pour les pouvoir garder.

CHAY. *Plante* qui ne croît que dans le royaume de Golconde, dont on tire cette belle couleur rouge qui fait tant eftimer les toiles de Mafulipatan. C'eft pour cette partie des Indes, ce qu'eft ailleurs, & particulièrement en Europe, la cochenille, avec cette différence néanmoins que plus on lave les toiles peintes, ou teintes avec le *chay*, plus la vivacité des couleurs augmente, cette couleur ne fe déteignant jamais.

Comment l'adminiftration à qui la compagnie des Indes a coûté tant d'argent, n'a-t-elle pas fongé à confacrer la moindre petite fomme, pour faire tranfporter & naturalifer en France mille & mille plantes utiles, dont la conquête auroit au moins un peu dédommagé la nation des dépenfes que lui coûta cette compagnie?

CHAYÉ, SCHAI, ou CHAY. C'eft la plus petite *monnoie d'argent* qui fe fabrique, & qui ait cours en Perfe. *Voyez* la TABLE DES MONNOIES.

CHEDA. *Monnoie d'étain*, qui fe fabrique, & qui a cours dans le royaume de même nom, fitué dans les Indes orientales, dans le voifinage des états du grand-mogol.

Il y a deux fortes de *cheda*; l'un de figure octogone, l'autre de figure ronde. Les uns & les autres font auffi reçus dans le royaume de Pera, dont le roi de *cheda* eft pareillement le maître. *Voyez* la TABLE DES MONNOIES.

CHEF. Se dit du commencement ou premier bout des pièces de draps, de ratines, de ferges, &c. on l'appelle auffi *tête* ou *cap*; au contraire de la fin ou dernier bout des pièces, que l'on nomme *queue*. Ainfi l'on dit d'une pièce d'étoffe qui n'a point encore été ni entamée, ni coupée, qu'elle a *chef & queue*, *tête & queue*, ou *cap & queue*.

C'eft par le *chef* que l'on commence à travailler les étoffes fur le métier; & la plupart des ouvriers & manufacturiers font le mauvais ufage de le faire plus beau & meilleur que le refte de la pièce, parce que c'eft l'endroit qui fert ordinairement de montre,

& par lequel on échantillonne; outre qu'il fert comme d'enveloppe à toute la pièce, ce qu'on appelle quelquefois *manteau de la pièce*.

Les étoffes de laine ne doivent point être entamées, ni débitées par le *chef*; ce doit être par la queue, le *chef* devant toujours refter à la pièce, à caufe des marques & enfeignemens qui y font, comme les nom, demeure & numéro de l'ouvrier qui l'a fabriquée; les rozes ou rozettes qui juftifient du bon pied de teinture; les plombs de fabrique & de vifite, qui font connoître qu'elle a été bien duement examinée par les maîtres & gardes, & infpecteurs des manufactures, foit pour la qualité, foit pour la teinture, ou pour la largeur; enfin, le plomb d'aunage, fur lequel eft marqué la quantité d'aunes que contient la pièce.

L'article 51 du réglement du mois d'août 1669, & les arrêts du confeil des 7 avril 1673, & 4 novembre 1687, portent que les entrepreneurs des manufactures de draperies, & les maîtres drapiers drapans feront tenus de mettre leur nom au *chef* & premier bout de chaque pièce fur le métier, ou de les marquer, étant en toile, de leur nom, & de celui de leur demeure, fans abbréviation, & du numéro defdites pièces, avec de la laine de couleur; en forte que le tout s'incorpore aux pièces mêmes, en paffant par le foulon.

Il leur eft néanmoins permis, pour celles deftinées à la teinture, outre lefdites marques, d'y en ajouter une autre à l'aiguille, faite avec du fil, ou du coton, ou telle autre matière que bon leur femblera.

L'arrêt du confeil du 5 février 1692, défend aux ouvriers & entrepreneurs des manufactures de draps & étoffes de laine, d'appliquer ou mettre aux pièces d'étoffes par eux fabriquées, aucunes lettres ou marques étrangères, caractères, figures ou façons, de quelque qualité qu'elles puiffent être, outre celles portées par les réglemens & arrêts ci-deffus rapportés. Pareilles défenfes font faites par le même arrêt, à l'égard des marchands drapiers de Paris, Rouen, Lyon, &c.

Les étoffes qui ont encore *chef* & *queue*, c'eft-à-dire, qui n'ont point été entamées, peuvent être revendiquées par le manufacturier, ouvrier ou marchand qui les a vendues & fournies; lorfqu'elles fe trouvent fous le fcellé d'un négociant qui a fait faillite ou banqueroute, en juftifiant néanmoins de leurs marques, qualité, quantité, couleur, & autres enfeignemens. *Voyez fur cet ufage M. Savary, dans fon Parfait Négociant, 2 part. liv. 4, chap. 3.*

CHEF. Se dit auffi des étoffes de foie, de poil, des toiles, &c. & il a la même fignification à leur égard, que pour les étoffes de laine. On doit cependant remarquer que le *chef* des toiles n'eft pas ordinairement fi beau, ni fi bon, que le refte de la pièce.

CHEF-D'ŒUVRE. Dans les fix-corps des marchands, & dans les communautés des arts & métiers de la ville & fauxbourgs de Paris, auffi-bien que dans toutes les autres villes du royaume où il y a jurande., signifie un *ouvrage* ou *expérience particulière*, que ceux qui aspirent à la maîtrise de certains états ou professions, étoient obligés de faire en présence des maîtres & gardes des corps des marchands, ou des jurés des communautés dans lesquelles ils vouloient se faire recevoir en qualité de marchands ou de maîtres. On convient généralement aujourd'hui, que les épreuves étoient inutiles, & on les a supprimées.

CHEGOS. *Poids* dont les Portugais se servent aux Indes pour péser les perles; il faut quatre *chegos* pour faire un carat, *Voyez* LA TABLE DES POIDS & MESURES.

CHEGROS, ou CHIGROS. *Gros filet de chanvre* composé de plusieurs fils, & enduit de poix, avec lequel les cordonniers, savetiers, bourreliers, selliers, & autres ouvriers qui travaillent en cuir, cousent & attachent leurs ouvrages. C'est au bout du *chegros* que l'on met les aiguilles de poil de sanglier ou de porc, avec lesquelles on fait les coutures, en passant les deux bouts du filet par les trous qu'on a faits avec l'alêne. Quelques ouvriers appellent *ligneul*, ce que les autres nomment *chegros*.

CHEIT-A-BUND. *Sorte de soie* qui se fait dans les états du mogol; elle tient le second rang parmi les six espèces qui s'y recueillent.

CHELLES. Toiles de coton à carreaux de différentes couleurs, qui viennent des Indes orientales, particulièrement de Surate. La pièce contient 13 ou 14 aunes de long sur trois quarts de large.

CHEMBALIS. *Sortes de cuirs* qui viennent du Levant, par la voie de Marseille. Ils sont sujets au droit de vingt pour cent, & le paient aux bureaux de cette ville & de Beauvoisin, conformément au tarif de 1706.

CHEMIN. L'on nomme ainsi sur les ports de la ville de Paris, les *pièces de bois* sur lesquelles les maîtres tonneliers-déchargeurs de vins, roulent les muids, queues & autres tonneaux, en les déchargeant des bateaux où ils ont été amenés.

Il est défendu aux déchargeurs de vins, par les ordonnances de la Ville, de décharger & labourer les vins, cidres, & autres boissons, sur les planches posées par les officiers plancheyeurs, mais seulement par les *chemins* qu'ils ont eux-mêmes établis, & d'y en rouler plus d'une pièce à la fois.

CHEMISE. Vêtement ordinairement de toile, que l'on met sur la chair.

« Les *chemises* de toile de lin, de toile de chanvre » & de toile d'étoupe, paient en France les droits » d'entrée & de sortie, sur le pied des toiles dont elles » sont faites, à raison de tant du cent pesant avec » les sols pour livre. »

CHEMISE (*Terme d'emballage,*) dont on ne se sert pas en France, mais qui est fort en usage dans le commerce que les Provençaux font à Smyrne, & dans les autres échelles du Levant.

On appelle la *chemise d'une balle de soie*, une toile qui l'enveloppe immédiatement. La toile de dehors se nomme *cannevas*; c'est entre ces deux toiles qu'on met du coton, pour conserver les soies qui sont au-dedans.

CHEMISETTE. Vêtement qui se met sur la chemise, & qui ne va guères plus bas que la ceinture. On en fait de diverses étoffes, & particulièrement d'ouvrages de bonneterie, de fil, de coton & de soie, mêlées d'or & d'argent.

« Par le tarif de la douane de Lyon, les *chemi-* » *settes* de soie avec or, paient 56 s. de la livre pe- » sant, pour l'ancien droit, & 4 s. pour la nouvelle » réappréciation, avec les nouveaux sols pour livre.

CHENEVIS. Petite graine que produit la plante d'où l'on tire le chanvre.

Outre l'usage de cette graine pour la nourriture de quantité d'oiseaux de diverses espèces, que la douceur de leur chant, ou la beauté de leur plumage font élever & tenir dans des cages; on tire aussi une huile des *chenevis*, utile pour brûler, & pour plusieurs ouvrages; en sorte qu'il s'en fait un négoce assez considérable dans les provinces où il se fait une grande culture de chanvre.

« L'huile de *chenevis* paie 20 s. le cent pesant » des droits de sortie, par le tarif de 1664, » avec les sols pour livre ».

CHENEVOTTE. C'est le tuyau de la plante qui produit le chanvre, lorsque le chanvre en a été séparé. On fait des allumettes de *chenevotte*, plus sèches & plus faciles à prendre feu que les allumettes faites de bois.

On fait du charbon de *chenevotte*, qui n'est pas mauvais dans la fabrique de la poudre à canon. On ne s'en sert pourtant guères que dans les lieux où l'on ne peut avoir de celui de Bordeaux, comme du côté de la Provence, où ce bois est très-rare. La qualité du charbon de *chenevotte*, est d'être très-léger, & même plus que le charbon de Bourdaine; mais comme il est extrêmement humide, ce défaut fait donner la préférence à l'autre.

CHEPULES. Espèces de myrabolans, que les Indiens appellent *areca*.

CHEQUI. C'est un des quatre poids dont on se sert dans les échelles du Levant, particulièrement à Smyrne. Il pèse deux ocos ou ocquas; l'ocqua revenant à trois livres deux onces, poids de Marseille : ainsi le *chequi* rend six livres un quart du même poids. L'on pèse le testic ou poil de chevron, au *chequi*. *Voyez* LA TABLE DES POIDS ET MESURES.

CHER. Ce qu'on achette ou qu'on vend au-dessus du prix moyen ordinaire, ou du prix commun actuel. la valeur des marchandises en argent se règle, 1°. sur l'abondance ou la rareté; 2°. sur le désir ou le besoin que les vendeurs ont de s'en défaire; 3°. sur l'envie & les moyens qu'ont les acheteurs de se les procurer.

La variété des circonstances déterminantes, fait éprouver au prix des marchandises, des alternatives plus ou moins fréquentes; tantôt elles coûtent plus, tantôt elles coûtent moins d'argent; le prix moyen est entre la plus haute valeur & le meilleur marché.

Quand les marchandises se vendent, soit par des

raisons justes & naturelles , soit par des causes factices & illégitimes , beaucoup plus que le prix moyen ,
c'est cherté générale.

Mais un marchand particulier, une compagnie de
trafic, sur-tout si elle est douée d'un privilége exclusif autorisé , peuvent dans un lieu , dans plusieurs cas, vendre au-dessus de la valeur actuelle
en argent qui existe ailleurs, & qui existeroit sans
eux dans le lieu même où ils introduisent le prix
excessif : c'est cherté particulière.

Ces idées étoient restées jusqu'à nos jours, dans
une grande obscurité, quoique pourtant bien lumi-
neuses.

CHERAFIS, qu'on nomme autrement TELA.
Espèces de *médailles* ou de *jettons d'or*, qui se
fabriquent en Perse..

Cherafis signifie *noble*, en langue Persane, &
c'est la noblesse du métail dont ces médailles sont
fabriquées, qui leur a fait donner le nom de *cherafis*.

Quelques voyageurs ont cru que le *cherafis* étoit
une monnoie courante ; mais il est certain qu'il ne se
frappe aucune espèce d'or en Perse.

CHERAFS. Ce sont des changeurs Banianes établis en Perse, particulièrement à Scamachi, sur la
mer Caspienne. Ils sont estimés si subtils dans le
négoce, qu'ils l'emportent même sur les juifs.

CHERAY ou CHAHY. L'on nomme ainsi en
Perse, un des *poids* dont on se sert dans le commerce. C'est ce qu'on nomme autrement, le *poids
civil*, ou *commun*, qui est le double de ce qu'on
appelle *poids légal*.

CHERCOLÉE. Etoffe des Indes , soie & coton.
Voyez CHUQUELAS.

CHERCONNÉE. Espèce de *chuquelas*, ou *étoffe
des Indes*, soie & coton. La seule différence qu'il
y a , & qui est peu considérable, c'est que les vrais
chuquelas sont rayés, & qu'il y a des *cherconnées*
à carreaux.

CHERIF- *Monnoie d'or*, qui se fabrique & qui
a cours en Égypte. *Voyez* LA TABLE DES MONNOIES.

CHÊNE. Objets de commerce provenant de cet
arbre.

Outre les gros échantillons, comme poutres,
sommiers, arbres à pressoirs, poutrelles, & autres
semblables, qui sont les principaux des bois de
chêne, qu'on appelle *bois de charpente ;* il s'en
débite encore dans les forêts de plusieurs autres
manières ; sçavoir , en fente, en sciage, en bois de
charronnage & rouage, & en bois à brûler.

La fente consiste en lattes quarrées, lattes volices,
échalas, mairrain, éclisses, ou serches. *Voyez* ces
termes ; ils sont expliqués chacun à leur article.

Le sciage renferme les contrelattes, les planches,
les membrures, les chevrons, les poteaux, les solives, les limons, les battans & les gouttières.

Les contre-lattes servent à la couverture des bâtimens ; elles s'attachent de hauteur entre les chevrons
par-dessous les lattes volices, sur lesquelles on attache les ardoises. Leur largeur ordinaire est de quatre
à cinq pouces, & leur épaisseur de six lignes.

Les planches ont des largeurs & des épaisseurs différentes, suivant l'usage à quoi elles sont destinées.

Les premières , que l'on appelle *planches d'en-
trevoux*, parce qu'elles servent à couvrir les entre-
voux des solives des planchers, doivent avoir neuf
pouces de large , & neuf lignes d'épaisseur. On les
emploie aussi quelquefois à faire des auvens.

Les secondes, qui sont nommés *planches ordinaires*, à cause que l'on s'en sert très - commu-
nement dans les ouvrages de menuiserie, ont un pied
de large, & treize lignes franc-sciées d'épaisseur.

Les troisièmes, qui s'employent pour l'ordinaire
à la construction des cuves, doivent avoir onze pouces de largeur, & dix-huit lignes d'épaisseur.

Enfin, celles qui servent à faire des trapes de
cave, doivent être de deux pouces d'épaisseur, & de
douze à seize pouces de largeur.

Les membrures sont de deux sortes ; les unes de
deux pouces d'épaisseur, & de six pouces de largeur, & les autres de trois pouces d'épaisseur, & de
six pouces de largeur. Elles sont propres à la menuiserie, & doivent être de bons échantillons, d'un bois
bien doux & sans roulures.

Les chevrons sont pareillement de deux sortes.
Les premiers, qui servent à mettre sur les pannes
des couvertures des maisons, pour soutenir les lattes
sur lesquelles sont attachées les ardoises ou les tuiles,
doivent avoir trois ou quatre pouces de gros, c'est-
à-dire, trois pouces sur une face, & quatre sur l'autre. Il faut, s'il se peut, qu'ils soient sans nœuds ni
aubier. Les seconds s'emploient, non-seulement à
la couverture des bâtimens, mais encore à divers
autres ouvrages de charpente, même en menuiserie ;
& lorsqu'ils se trouvent bien doux & bien quarrés,
on en fait aussi des balustres tournés pour les escaliers. Cette seconde espèce de chevrons doit avoir
quatre pouces en quarré.

Les poteaux servent dans les bâtimens, à faire des
cloisons, des pans de bois, & autres semblables ouvrages. Leur grosseur ordinaire est de quatre à six
pouces.

Les solives s'emploient à faire des planchers, en les
faisant soutenir par des poutres & des sablières. Leur
grosseur accoutumée est de cinq & sept pouces. Le
bois le plus fort & le plus rustique, est le meilleur
pour mettre en solives.

Il faut remarquer que lorsqu'il se rencontre dans
les forêts, des bois de *chêne* de brin bien droits,
qui portent depuis sept jusqu'à neuf pouces de grosseur, sur la longueur, depuis quinze pieds jusqu'à
quatre toises, même davantage, ils ne doivent pas
être débités en sciage, d'autant qu'il se construit à
présent beaucoup de bâtimens, où l'on se sert de
solives de brin pour faire les planchers, afin d'éviter
les poutres.

Les limons sont des morceaux de charpente, qui
servent à porter les marches des escaliers, & qui
forment la rampe sur laquelle sont posés les balustres.
On les fait ordinairement de quatre pouces, sur
huit, neuf & dix pouces d'épaisseur, ou de cinq

pouces, fur dix à douze pouces aussi d'épaisseur.

Les battans servent aux portes cochères. Ce sont les principales pièces en hauteur, & où se fait l'assemblage des traverses. Ils doivent se débiter de même que les limons.

Enfin, les gouttières sont des pièces de sciage tirées de bois de brin bien sain, sans roulures, nœuds ni gersures, qui se font avec des pièces de bois qui ont huit à neuf pouces d'équarrissage, en les sciant par les angles. On les creuse pour l'ordinaire à angle droit, & on ne leur laisse qu'un pouce d'épaisseur. Les longueurs que l'on donne communément aux gouttières, sont depuis six pieds jusqu'à trois toises & demie.

Le bois de *chêne* destiné pour le charronnage, est ordinairement amené en grume, ou buches garnies de leur écorce, de plusieurs grosseurs & longueurs, suivant les choses à quoi elles peuvent être propres.

Les bois de *chêne* qui ne peuvent entrer ni dans la fente ni dans le sciage, ni dans le charronnage, s'emploient à faire du bois à brûler, comme buches, fagots & cotterets.

On ajoutera ici ce qu'on a omis de dire à l'article général des bois, où l'on renvoie : que pour le *chêne* destiné au chauffage, le jeune brûle & chauffe mieux, & qu'il fait un charbon ardent & de durée : que le vieux noircit dans le feu & ne donne qu'un charbon qui s'en va par écailles, qui rend peu de chaleur, & qu'il s'éteint bientôt : & qu'enfin le *chêne pelard ;* c'est-à-dire, celui dont on a oté l'écorce, pour en faire du tan, brûle assez bien mais rend peu de chaleur ; & qu'ainsi quand on prend du *chêne* pour le chauffage, il faut le choisir avec son écorce, & en rondins de trois ou quatre pouces de diametre, & rejetter les grosses buches de quartier.

Les autres choses que le *chêne* fournit pour le commerce, après le bois & la galle, sont le gland, dont on tire une sorte d'huile, & qui sert à la nourriture des animaux, particulièrement des porcs & cochons ; & l'écorce, dont on fait le tan, qu'on lève particulièrement du chêneau ou jeune *chêne* : le guy, qui sert à faire des grains de chapelets : le polypode, qui s'emploie en médecine : l'usnée ou mousse, qui entre dans la composition de plusieurs poudres odorantes : enfin, le faux agaric, qui s'emploie dans les teintures, & dont on se sert aussi en médecine.

L'on prétend que le bois, l'écorce & les feuilles du *chêne,* aussi-bien que les glands & leurs calottes, sont de quelqu'utilité en médecine ; leur qualité étant très-astringente.

CHETIF. Qui est de peu de valeur. Il se dit des personnes & des choses. Un *chetif marchand,* est celui qui ne fait qu'un commerce peu considérable. Une *chétive marchandise,* c'est une marchandise, ou de petit prix ou mal fabriquée.

Du commerce des chevaux.

La profession de *marchands de chevaux* est en France une profession libre, où le noble aussi-bien que le roturier peut s'engager ; l'un, sans craindre la dérogeance à la noblesse, & l'autre, sans avoir besoin, ou de lettres-patentes ou de privilège ; ces sortes de marchands n'ayant point été jusqu'ici érigés en titre de communauté.

Ce n'est cependant pas la coutume d'appeller *marchands de chevaux,* les nobles qui en font des nourritures, & qui vendent des poulains élevés chez eux. Ce nom ne convient proprement qu'aux particuliers, qui vont dans les foires acheter des *chevaux* qu'on y expose en vente, ou qui parcourent les villages, pour y ramasser de quoi en faire des voitures complettes, soit pour la remonte de la cavalerie des armées du roi, soit pour la fourniture de Paris, soit enfin pour les mener dans les autres plus importantes villes du royaume, d'où ils se répandent ensuite dans les provinces où ils sont rares, & qui en ont besoin pour le tirage ou pour la charge.

A Paris, on confond assez ordinairement les maquignons avec les *marchands de chevaux,* quoiqu'il y ait bien de la différence entre les uns & les autres ; ceux-ci ne vendant guères que des *chevaux neufs,* & ceux-là au contraire, faisant trafic de *chevaux refaits,* dans lequel ils ont la réputation de vouloir toujours tromper les dupes qui achettent d'eux ; d'où vient que le nom de *maquignon* est un nom de mépris, & qu'on prend ordinairement en mauvaise part ; quoique pourtant bien des gens disent presqu'indifféremment, aller chez les maquignons, pour dire, aller chez les *marchands de chevaux.*

Dans le commerce des *chevaux* on n'en distingue proprement que de deux sortes, qui sont les *chevaux de portage,* & les *chevaux de tirage,* c'est-à-dire, ceux qui servent à tirer ou à porter, soit qu'ils aient été dressés à l'un ou à l'autre de ces usages, soit qu'ils y soient propres par leur nature & leur disposition.

Le portage comprend tous les *chevaux* qu'on appelle *chevaux de selle,* ou *de monture ;* tels que sont les *chevaux* pour la guerre, pour la chasse, pour le manége & pour le voyage ; & encore tous ceux qu'on nomme *chevaux* de somme, de charge, ou de bât ; ce qui s'entend entr'autres, des *chevaux de bagage,* dont on se sert dans les armées, & de ceux que les voituriers, messagers, coquetiers & poulailliers, emploient pour transporter leurs marchandises, paquets & denrées dans les différentes villes & provinces, où ils exercent leur négoce.

Dans le tirage, on met tous les *chevaux* qui tirent avec des traits, comme sont les *chevaux* de labour, d'artillerie, des vivres, de carosses, de charrettes, de coches, de traîneaux, & autres voitures par terre ; aussi-bien que les *chevaux* dont on compose les courbes qui servent à conduire sur les rivières, soit montant soit en descendant, les foncets, chalans, coches d'eau, & autres tels grands bateaux pour la commodité publique.

Des foires des chevaux qu'il y a en France.

Les principales foires de France pour les *chevaux,*

& où il s'en fait le plus grand commerce, font celles de Normandie, de Bretagne, de Poitou, de Franche-Comté, du Limousin, d'Auvergne, d'Anjou & du pays du Maine.

Les foires les plus considérables de Normandie, & où il se trouve un plus grand nombre de *chevaux*, particulièrement pour le tirage, sont les trois foires de Rouen ; sçavoir, les deux foires franches, dont l'une se tient à la Chandeleur, & l'autre à la Pentecôte, & la foire de S. Romain, qui arrive au mois d'octobre : la franche de Caen, comme on l'appelle dans le pays, qui ouvre le lendemain de la Quasimodo : la Guibrai, si célèbre par toute la France & dans les pays étrangers : les deux du Cotentin, dont l'une est à la S. Côme, au mois de septembre, l'autre à la S. Flexant, au mois d'octobre : trois autres près de Bayeux, la première à S. Laurent sur mer, le 11 août ; la seconde à S. Martin aussi sur mer, le 11 novembre, & la troisième à Formigny, le 4 juillet : une autre à Bayeux même, au mois de novembre : une au Neuboury au premier mai : une autre à Monte-Bourg ; enfin la fameuse foire de la Martire, qui se tient dans la paroisse de Pouldery, en basse Normandie.

Il faut remarquer qu'à cette dernière foire, aussibien qu'à celle de Guibrai, on vend plus de *chevaux Bretons*, que de *chevaux Normands* ; & que dans les autres au contraire le commerce est plus grand des *chevaux Normands*, que de ceux de Bretagne.

La Bretagne, outre la foire de la Martire, qu'elle peut mettre au nombre de ses foires, quoique située dans une autre province, à cause du grand débit qui s'y fait de *chevaux Bretons*, en a encore douze autres, la plupart très-considérables.

Ces foires se tiennent chaque année : une à Dinant au mois de mars : deux à Carhaix, au même mois & au mois de novembre : une à Clessey au mois de mai : une à Tréguier au mois de juin : deux à Pornic aux mois de septembre & de novembre : une à Noyales au mois de juillet : une autre à sainte Pazanne aussi en juillet, & deux dans le mois d'août ; sçavoir, l'une au Bourgneuf, & l'autre au Pellerin.

Les foires de Fontenai & de Niort sont les plus fameuses du Poitou. Il s'en tient trois par an dans chacune de ces villes. Celles de Fontenai sont au mois de juin, d'août & d'octobre ; cette dernière s'appelle la S. Venant.

Les foires de Niort se tiennent en février, mai & décembre ; celle de février se nomme la foire de *sainte Agathe* : à l'égard de la foire du premier décembre, elle est proprement destinée à la vente des poulains de lait ; & c'est là que ceux qui en veulent faire des nourritures, viennent ordinairement s'en fournir. Chacune de ces foires doit toujours durer trois jours francs.

Les autres foires de Poitou sont celles de Poitiers, au mois de décembre ; de Civrai, en novembre ; de Bressuire, en juillet ; de Viez, en juin, & d'Egne en février.

Il faut remarquer que dans le commerce des

chevaux de Poitou, les pouliches & les jumens sont les plus estimées, & que les connoisseurs ne font que très-peu de cas des poulains & des *chevaux Poitevins*, quoique pourtant il ne laisse pas de s'en trouver d'excellens.

C'est aux foires de Besançon, de Gray, de Vesoul, de saint-Claude & de Vosge, que se vendent les *chevaux de Franche-Comté*, & que les rouliers du duché de Bourgogne, de Champagne, du Berry & de Brie, viennent se fournir de *chevaux entiers* ; c'est aussi où les marchands de *chevaux* de ces mêmes provinces viennent faire leurs emplettes de poulains, que pour l'ordinaire ils enlevent, ou du moins qu'ils retiennent lorsqu'ils n'ont encore que six mois.

Les foires de Besançon se tiennent au mois de février & d'août ; on les tient aussi dans le même mois à Gray & à saint-Claude ; à Vesoul, c'est en septembre ; pour celles de Vosge, il y en a presque dans tous les mois de l'année.

La foire de Chalus est presque la seule, ou du moins la plus considérable du Limousin pour les *chevaux* de cette province & des provinces voisines. Elle se tient chaque année le jour de la S. Georges, dont la fête arrive le 23 du mois d'avril. La réputation de cette foire est très-grande, particulièrement en Guyenne ; & c'est une de celles de France où il se trouve les plus beaux & les meilleurs *chevaux*, & où il s'en fait un plus grand commerce.

C'est à celle d'Augas, qui s'ouvre le lendemain de la Fête-Dieu, & qui dure trois jours pour les *chevaux*, que se fait tout le commerce de ceux d'Anjou.

Le pays du Maine mene ses *chevaux* à la foire qui se tient au mois de juin, aux portes de la ville du Mans, capitale de cette petite province.

L'Auvergne a trois foires pour la vente des siens, qui toutes trois se tiennent à Clermont : l'une au mois de mai, l'autre au mois d'août, & la troisième au mois de novembre.

Enfin à la foire de Nogent-sur-Seine, du 11 du mois d'août, on voit une partie des *chevaux de la Bourgogne & de la Champagne*. Il est vrai que quelques *chevaux* de cette dernière province se menent aussi à la foire de Nangis, qui se tient le 4 juillet ; mais c'est peu de chose, & le plus grand nombre qui s'y en vend, provient des poulains nourris & élevés aux environs de Paris.

Commerce des chevaux à Paris.

La ville de Paris n'a point de foire pour la vente des *chevaux*, quoique ce soit pour elle que la plupart des provinces en élèvent, particulièrement de ceux qui sont propres au tirage ; le nombre presque infini de carrosses, de charrettes & d'autres voitures qui roulent sans cesse dans cette capitale du royaume, en consomme chaque année une quantité incroyable.

Les *chevaux neufs* que les marchands y amenent,

& qu'ils tirent ou des différentes foires des provinces dont on vient de parler, ou des pays étrangers, comme on le dira dans la suite, y arrivent par voiture, c'est-à-dire, par bandes plus ou moins fortes, dont les *chevaux* qui les composent, couverts seulement d'une simple housse, ou couverture de laine, sont attachés à la queue des uns des autres, & comme enfermés entre de longues perches, qu'on nomme *billots*, qui leur pendent de chaque côté, un peu plus bas que les épaules.

Les voitures étant arrivées, les marchands à qui elles appartiennent, en doivent donner avis à la petite écurie du roi, n'étant permis à aucun d'eux d'exposer en vente les *chevaux* de ces voitures, que M. le grand & le premier écuyer ne les ayent fait visiter, & n'aient fait choisir ce qui peut convenir à la remonte des écuries de sa majesté, ou déclaré qu'on n'en a pas besoin pour le service du roi.

La visite faite & la déclaration donnée, la vente est censée ouverte; liberté néanmoins dont le marchand n'a coutume de se servir qu'après avoir rétabli ses *chevaux* des fatigues du voyage, dans les écuries que ceux qui font ce commerce ont dans divers quartiers de Paris, particulièrement dans la rue S. Martin, vers S. Nicolas des Champs; dans celle de S. Denis, à la porte du même nom; dans les fauxbourgs de S. Michel, de S. Victor & de S. Germain, & dans plusieurs petites rues aux environs du petit pont de l'Hôtel-Dieu, qui aboutissent à la rue de la Bucherie.

C'est ordinairement dans ces écuries que se fait tout le négoce de ces *chevaux neufs*, étant rare que les marchands en envoyent au marché aux *chevaux*, excepté quelques-uns de peu de conséquence, ou qui ayant trop long-temps gardé l'écurie, paroissent difficiles à la vente.

Il y a à Paris deux marchés aux *chevaux*, l'un hors la porte de S. Honoré, qui ne subsiste plus, quoique la place où il se tenoit anciennement, en conserve toujours le nom; l'autre à l'extrémité du fauxbourg S. Victor, qui se tient tous les mercredis & samedis de chaque semaine, depuis trois heures après midi jusqu'au jour fermé.

Quoique l'on voie assez souvent des *chevaux neufs* à ce marché, soit que les marchands de Paris les y envoyent, comme on a remarqué qu'ils faisoient quelquefois, soit que les marchands forains ou les fermiers des environs, qui font des nourritures, les y amènent, c'est néanmoins de *chevaux vieux* c'est-à-dire, de *chevaux* qui ont déja servi, que s'y fait le plus grand commerce & le plus ordinaire.

En effet, c'est là que les voyageurs étrangers, qui arrivent dans cette capitale du royaume pour y faire quelque séjour, ont coutume d'envoyer les *chevaux* dont ils veulent se défaire: c'est là aussi que les bourgeois font mener leurs *chevaux de carrosse* & *de selle*, lorsqu'ils veulent renouveller leurs équipages; & c'est là pareillement que les fermiers de l'isle de France, particulièrement des environs de Paris, se défont de leurs *chevaux de*

charrue ou *de monture*, quand ils croyent que leurs fermes ont besoin d'être remontées.

Le nombre des acheteurs qui se trouvent chaque semaine à ces deux marchés aux *chevaux* de Paris, n'est pas moindre que celui des vendeurs; & outre que ceux qui y viennent vendre, y sont aussi la plupart du temps pour acheter, plusieurs officiers de cavalerie, dans le temps de la guerre, y font leur remonte; ceux qui ont des voyages à entreprendre, s'y fournissent de *chevaux de selle*; les carrossiers & les charretiers de la ville y trouvent des *chevaux de carrosses* & *de charrettes*; les messagers, poulaillers, coquetiers, des *chevaux de bast* & *de somme*; & il n'est pas jusqu'aux herbiers & aux maraichers, qui n'y trouvent des criquets, ou comme on les appelle, des *porte-choux*, pour le commerce des herbages qu'ils viennent vendre tous les matins au marché aux poirées de Paris, n'y ayant point de sorte de *chevaux* dont ces deux marchés du mercredi & du samedi ne soient toujours abondamment fournis.

Il y a à Paris deux sortes de courtiers pour le commerce des *chevaux*; les uns pour faire vendre & acheter des *chevaux*, que les marchands & maquignons tiennent dans leurs écuries, ou ceux dont les bourgeois veulent se défaire sans les envoyer au marché; les autres (qui ne manquent pas de se trouver à ce marché tous les jours qu'il se tient) pour s'entremettre des ventes & des achats qui s'y font.

Aucun de ces courtiers ne sont en titre d'office; aussi n'y a-t-il rien de fixe pour leur droit de courtage, leur salaire dépend de la bonne volonté & de la libéralité de ceux qui veulent bien s'en servir, & personne n'est obligé d'employer leur entremise pour l'achat ou vente des *chevaux*.

Il est vrai que dans la création générale des offices de commissionnaires & de courtiers, faite sous le régne de Henri III, & renouvellée sous celui de Henri IV, les courtiers commissionnaires pour la marchandise de *chevaux* ne furent pas oubliés; mais ils furent de ceux à l'égard desquels les créations n'eurent pas de lieu, & le courtage des *chevaux*, particulièrement pour Paris, est toujours demeuré libre, & s'en mêle qui veut.

De ces deux sortes de courtiers de *chevaux* dont on vient de parler, dont les uns sont, pour ainsi dire, pour la ville, & les autres pour le marché: ceux de la ville sont des espèces de gens qui se connoissent en *chevaux*, ou qui font du moins accroire qu'ils s'y connoissent, qui fréquentent les écuyers & les écuries des grands seigneurs, ou même les cochers & les écuries des autres personnes de la robbe & de la bourgeoisie qui ont équipage, qui leur indiquent où il y a chez les marchands, ou ailleurs, des *chevaux* qui leur conviennent, soit pour des attelages entiers, soit pour les appareiller, lorsqu'il leur en manque quelques-uns, & à qui, quand les marchés réussissent, le vendeur &

l'acheteur font quelque gratification convenable au service qu'ils ont rendu.

Les maîtres maréchaux se mêlent aussi le plus souvent de ce courtage ; & leur droit ordinairement réglé par l'usage, est d'un sol par livre du prix des *chevaux*, que leur paye le marchand ou maquignon, sans compter ce que leur donne le bourgeois, qui est rarement instruit de cette convention secrete.

A l'égard des courtiers du marché, ce ne sont que de jeunes gens qui y sont assidus, & qui s'informent des vendeurs & des acheteurs qui y viennent, de la qualité des emplettes qu'ils veulent faire, ou des *chevaux* qu'ils veulent vendre ; tâchant de faire conclure quelque marché, afin de tirer des uns ou des autres quelque salaire. Ce sont aussi eux qui montent & essayent les *chevaux* ; & ce petit commerce, quand ils sont un peu accrédités, ne laisse pas de leur apporter des profits assez considérables pour s'y enrichir, & devenir ensuite courtiers de la ville, qui est la plus grande fortune de ces sortes de gens.

Au reste, il est bon de remarquer que le marché aux *chevaux* de Paris est entièrement franc, & que les marchands n'y sont tenus d'aucun droit, quel qu'il puisse être.

Une seconde remarque est, qu'outre les droits volontaires du courtage, qui se payent à ces deux sortes de courtiers, il s'en est encore établi un autre, auquel il n'est plus loisible de manquer, qu'on appelle le *droit du cocher*, qui se paye par celui qui vend, au cocher de celui qui achete, & au contraire par celui qui a acheté, au cocher de celui qui a vendu, lorsque ce sont des *chevaux* bourgeois dont le marché a été conclu.

Il n'est pas permis en France aux marchands de *chevaux*, soit François, soit étrangers, de faire entrer leurs voitures dans le royaume par d'autres endroits, que par les bureaux marqués par l'ordonnance des fermes de 1687, & le tarif de 1699. Ces bureaux sont Doulens, Peronne, Amiens, Abbeville & saint-Quentin, pour ceux venans par la Picardie.

Rocroy, Torcy, sainte-Menehoult, saint-Disier & Langres, pour ceux entrans par la Champagne.

Fontaine-Françoise & saint-Jean de Laune, pour ceux passans par la Bourgogne.

A l'égard des *chevaux* qui sortent du royaume, il n'est point de bureau désigné pour leur passage ; l'article 3 du titre 8 de l'ordonnance de 1687, ayant mis les *chevaux* de toutes sortes, du nombre des marchandises de contrebande pour la sortie, à moins qu'on en obtienne permission & un passe-port exprès. Ainsi, quand en vertu de l'un & de l'autre, les marchands conduisent des *chevaux* hors de France, ils doivent suivre la route, & passer par les bureaux marqués dans lesdites permissions & passe-ports, & en ce cas payer les droits de sortie fixés par les tarifs.

Les droits d'entrée pour les *chevaux étrangers*,

» réglés par le tarif de 1664, se payoient autrefois
» suivant leur valeur, leur destination & leur âge ;
» mais cette estimation du prix & leur destination,
» soit au labour, soit à d'autres usages, aussi-bien
» que l'incertitude de leur âge, faisant naître tous
» les jours des contestations entre les marchands
» ou conducteurs de *chevaux*, & les fermiers des
» droits, sa majesté, pour les prévenir, ordonna
» par sa déclaration du 24 juillet 1691, que tous
» les *chevaux*, jumens & poulains entrans par les
» provinces de Picardie, Soissonnois & Bourgogne,
» de quelque pays qu'ils vinssent, & à quoi qu'ils
» pussent être destinés, payeroient, sçavoir, ceux
» de la valeur de six-vingt livres & au-dessus,
» 20 livres ».

« Ceux de la valeur depuis quatre-vingt livres
» jusqu'à six-vingt livres, 12 livres ».

« Et ceux au-dessous de quatre-vingt livres,
» 4 livres ».

« Qu'à cet effet les marchands & conducteurs de
» *chevaux*, jumens & poulains, seroient tenus de
» faire & signer leur déclaration par le détail, sur
» le registre du fermier, & de mettre le prix sur
» lequel ils prétendoient payer le droit pour chaque
» piece, & qu'il seroit au choix dudit adjudicataire
» & de ses commis, de recevoir les droits sur ce
» pied, ou de retenir ceux des *chevaux*, jumens
» & poulains déclarés au-dessous de 120 livres, en
» payant le prix contenu dans la déclaration, sans
» que les marchands & conducteurs puissent s'em-
» pêcher d'en faire la délivrance, sous prétexte
» d'en payer les droits sur le pied du haut prix,
» & sans aussi que le fermier puisse contester la décla-
» ration ».

« A l'égard des *chevaux* venans des provinces
» de France où les bureaux ne sont pas établis,
» comme Bretagne, Auvergne, Limousin & autres,
» de quelque qualité, prix ou espéce qu'ils soient,
» ils payent 6 livres la piece. Et les poulains &
» jumens ; sçavoir, ceux au-dessus d'un an jusqu'à
» deux, 3 livres de la piece, & ceux au-dessous
» d'un an, 40 sols, conformément au tarif de
» 1664 ».

« Les droits de sortie, réglés par le même tarif,
» sont :

« Pour les *chevaux*, tant à selle qu'à porter
» charge, de toutes sortes, la piece 6 livres ».

« Pour les petits *chevaux* & jumens, pour servir
» à labourer, 2 livres ».

« Pour les poulains, mâles ou femelles, de trois
» à quatre ans, propres à la selle, 6 livres ».

« Pour ceux au-dessus de deux ans jusqu'à trois,
» 2 liv. 10 sols ».

» Pour ceux d'un an à dix-huit mois, 2 livres ».

« Et pour les poulains de lait jusqu'à six mois,
» 1 liv. Ce qui s'entend, comme on l'a dit, quand
» on a obtenu des passe-ports pour leur sortie,
» ou qu'il ne s'agit que de la sortie des provinces
» réputées étrangeres, avec les sols pour livre ».

Objets de commerce fournis par le cheval.

Outre ce qu'on vient de dire du commerce des *chevaux*, il faut encore observer, par rapport au négoce, que le *cheval* lui fournit plusieurs choses ou utiles dans les manufactures, ou propres à être employées dans plusieurs ouvrages des arts & métiers.

Les principales de ces marchandises sont, le crin de *cheval*, son poil, sa corne & son cuir.

Le crin frisé ou non frisé, se vend par les marchands merciers & par les marchands épiciers. Il sert à rembourrer les meubles, à fabriquer des boutons, à faire des cordes, &c. *Voyez* CRIN.

Le poil, lorsqu'il a été levé de dessus la peau par la préparation que lui donne le tanneur, s'employe, mêlé avec du poil, ou bourre de bœuf & de vache, à garnir des selles, des chaises, des fauteuils, &c. *Voyez* BOURRE.

La corne préparée de différentes manières, sert aux ouvrages des tablettiers-peigniers, des lunetiers, & autres semblables artisans. *Voyez* CORNE.

Enfin, la peau de *cheval*, qu'on appelle aussi *cuir de cheval*, se passe en coudrement, & se tanne de la même manière que celle de la vache; s'employant aussi aux mêmes ouvrages par les selliers-bourreliers.

HUILE DE CHEVAL. C'en est la graisse fondue, qu'on tire ordinairement du col & du ventre, qui sont les parties les plus grasses & les plus oleagineuses de cet animal. C'est de cette *huile* ou *graisse*, que fondent les chiffonniers de Paris, que se servent les émailleurs pour entretenir le feu de leur lampe. Les boucaniers de saint-Domingue n'usent guères non plus d'autre *huile* pour brûler, & en font même un assez bon négoce à la Tortue & aux autres isles Antilles. *L'huile de cheval* rend peu de fumée, & fait un feu plus vif & plus brillant que toutes les autres *huiles*.

CHEVALINE. Vieux mot qui n'est plus guère en usage qu'à la campagne, où il signifie la nourriture & le trafic des chevaux. Ainsi on dit qu'on fait une grande nourriture de *chevaline*, pour dire qu'on a des harras, & qu'on y élève quantité de chevaux. On dit aussi trafiquer de *chevaline*, pour trafiquer de chevaux.

CHEVALIS. On nomme ainsi, en terme de navigation & de commerce de rivière, particulièrement sur la Loire, les routes que l'on est obligé d'y faire en eau basse pour le passage des bateaux.

L'article XXI de la déclaration du roi de 1703, donnée pour le rétablissement & augmentation du commerce & de la navigation de la rivière de la Loire, défend, sous peine de 50 livres d'amende, de fermer & remplir de sable les routes vulgairement appellées *chevalis* qu'on fait en eau basse pour le passage des bateaux, duquel délit & amende le maître marinier sera responsable pour ses compagnons.

CHEVEUX. Le commerce des *cheveux* est très-considérable en Europe, & sur-tout en France, depuis que la mode a presque fait une nécessité à tout le monde de prendre des perruques, & de quitter un ornement naturel, commode & de nulle dépendance, pour en prendre un qui a précisément toutes les qualités opposées.

On peut compter presque par million ce qui se consomme en France de *cheveux*, soit du crû du royaume, soit de ceux qu'on tire des pays étrangers; & c'est aussi pour des sommes immenses qu'il se fait des envois de perruques de fabrique françoise, & sur-tout de Paris, pour les nations voisines, où elles sont très-estimées.

Les *cheveux* de la meilleure qualité se tirent de Flandre, de Hollande & des pays du Nord. Ceux d'Angleterre à la vérité ne sont pas moins bons, mais outre que le commerce en est défendu, les Anglois les conservant pour eux-mêmes, il ne s'en fait qu'en petite quantité, le peuple qui est à son aise, ne consentant pas aisément à laisser couper les *cheveux* de leurs femmes & de leurs filles; aussi les Anglois sont-ils obligés d'en tirer de Flandre pour leur propre usage.

En France il n'y a guère que la Normandie, & peu d'autres provinces, également septentrionales, qui fournissent de bons *cheveux*; on sait par expérience que tous ceux des pays chauds sont très-mauvaise qualité; ce qui fait qu'on n'en tire aucuns d'Italie, d'Espagne & de Portugal.

Les *cheveux* de Normandie s'appellent *cheveux de pays*, nom que l'on donne aussi à tous ceux qui ne viennent pas des royaumes & états du Nord.

Le mérite d'un bon *cheveu* est qu'il soit bien nourri, c'est-à-dire, ni trop gros, ni trop fin: point trop gros, parce que la grosseur l'empêche de prendre facilement la frisure qu'on veut lui donner, & qu'il se jette ordinairement en crespe & non en boucle; point au contraire trop fin, parce qu'il ne prend qu'une frisure de peu de durée. Sa longueur doit être de 24 à 25 pouces; moins il est long, plus il diminue de prix.

Dans tous les lieux d'où il se tire des *cheveux*, sur-tout en Normandie, en Flandres & en Hollande, ceux qui en font le commerce en gros, ont des coupeurs de *cheveux*, qu'ils envoient dans les villages, d'où ils en rapportent six, huit ou dix livres à la fois.

Quand les grossiers en ont amassé considérablement, ils les envoient à Paris, & dans les autres lieux où il s'en consomme beaucoup par parties de 50, 60 & 100 livres, composées de toutes sortes de couleurs & de différentes qualités, tant bons que mauvais, afin que les mauvais passent à la faveur des bons, souvent dans cent livres de *cheveux* ne s'en trouvant pas vingt livres de bons. Aussi toute l'habileté des détailleurs consiste-elle à connoître parfaitement la bonté & la qualité des *cheveux* que les grossiers leur envoient, pour savoir si bien fixer le prix de chaque qualité en particulier, qu'ils trouvent leur compte sur la vente du total; y ayant tels *cheveux* dans les mêmes parties, qui ne fe vendent que quatre francs la livre , lorfque la livre des autres va fouvent jufqu'à 50 écus, & d'avantage.

Il n'y a rien de fixe pour le prix des *cheveux* , & l'on trouve en France des *cheveux* jufqu'à 40 livres l'once. Ce font les *cheveux* blonds qui font les plus rares & les plus chers. Les blancs vont pourtant prefque de pair avec eux; & une remarque , fondée fur l'expérience , c'eft que les *cheveux* blancs ne font jamais mauvais.

La rareté des *cheveux* blonds a fait imaginer de les multiplier par l'art, & de donner aux *cheveux* châtains la couleur blonde; ce qui fe fait en les mettant fur l'herbe , comme on fait la toile pour la blanchir , après les avoir lavés auparavant avec une eau limoneufe.

Cette leffive & l'expofition au foleil les rendent d'un blond fi fin & fi parfait, que les perruquiers les plus experts dans la connoiffance des *cheveux* y font aifément trompés , & ne peuvent s'appercevoir de l'artifice, qu'après qu'ils les ont fait bouillir & fécher, parce qu'alors ils deviennent couleur de feuille de noyer féche. On nomme ces fortes de *cheveux*, *cheveux herbés*. Il eft intervenu plufieurs fentences & arrêts qui en défendent le commerce, & condamnent les contrevenans à l'amende.

Il y a encore une autre manière de teindre les *cheveux* , & de leur donner couleur, qui fe fait avec le biftmut. Si ce font des *cheveux* d'un blond trop ardent, cette drogue les rend d'un blond argenté; & fi ce font des *cheveux* d'un faux châtain-clair, elle leur donne une couleur d'ardoife, qui ne déplairoit pas, fi elle étoit naturelle. Le débouilly eft l'épreuve de toutes ces fauffes couleurs, & le biftmut ne la foutient pas.

Les marchands de *cheveux* de Paris & les perruquiers n'en tirent en droiture & de la première main, que de ceux du crû du royaume de Flandre ou de Hollande. Pour les *cheveux* du Nord, ils paffent tous par les mains des Hollandois, qui les apportent de là mer Baltique, ou des ports de l'océan Germanique , par le retour de leurs vaiffeaux.

On appelle *cheveux vifs* , ceux qui ont été coupés fur la tête, foit pendant la vie des perfonnes, foit même après leur mort. Les *cheveux* morts font ceux qui font tombés après quelque maladie, ou qui fe font arrachés en les peignant. Les perruquiers emploient des uns & des autres; les vifs cependant font incomparablement meilleurs que les morts.

Les *cheveux* naturels font ceux dont la frifure n'a pas befoin d'artifice pour fe foutenir; ils font rares & très-chers; ordinairement ils font courts, & n'entrent guères que dans la fabrique des perruques d'abbés, où il faut même mêler un peu de frifure artificielle pour les foutenir.

Les *cheveux* qui ne font pas frifés naturellement, le deviennent par l'art, en les faifant d'abord bouillir, & enfuite en les mettant au four de la manière fuivante.

Après avoir féparé les *cheveux* qu'on veut frifer, & mis enfemble , fuivant leur longueur , on les roule, & on les attache fortement avec des cordes fur des bilboquets, qui font de petits inftrumens, ou de bois, ou de terre cuitte, de la longueur de trois pouces , gros de trois ou quatre lignes, de forme cylindrique , un peu enfoncés par le milieu : en cet état, on les met dans un chauderon fur le feu, où ils doivent bouillir environ deux heures. Au fortir de l'eau , on les laiffe fécher ; & quand ils font fecs, on les arrange fur une feuille de gros papier gris, leur donnant à peu près la forme de la viande que l'on deftineroit à remplir la croute d'un gros pâté; puis on les couvre d'une autre feuille de papier; & ainfi empaquetés, on les envoie au pâtiffier, qui leur fait une croute de pâte commune; & qui les ayant mis au four, les en retire, quand cette croute eft à peu près aux trois quarts de fa cuiffon.

La tête du *cheveu* eft le côté par où il tenoit à la tête d'où il a été coupé. La pointe c'eft fon extrémité, c'eft-à-dire l'endroit par où on commence la boucle de la frifure.

Autrefois les perruquiers ne faifoient aucune différence dans la fabrique de leurs perruques entre la pointe & la tête, & les treffoient également par les deux bouts; ce qui les empêchoit de donner à leurs *cheveux* une belle frifure , les *cheveux* treffés par la pointe n'en pouvant prendre de naturelle. C'eft aux Anglois à qui on eft redevable de cette découverte, & ce fut un perruquier de cette nation qui l'apporta en France.

Les barbiers, baigneurs, étuviftes, perruquiers, ont droit de vendre des *cheveux* , tant en gros qu'en détail, dans la ville, fauxbourgs & banlieue de Paris.

Ce ne font pourtant pas ordinairement les perruquiers qui font le commerce des *cheveux* à Paris. De quarante ou cinquante magafins qui s'y trouvent de cette marchandife, à peine y en a-t-il trois ou quatre qui foient entre les mains de ceux de cette profeffion.

» Les *cheveux* pour perruques payent en France » les droits d'entrée du royaume à raifon de 10 fols » par livre pefant, avec les fols pour livre ».

CHEVRE. Outre la chair de la *chevre* , qui fert quelquefois de nourriture aux pauvres gens, & fon lait, dont l'on fait du frommage, & que les médecins ordonnent aux malades pour le rétabliffement de leur fanté, on en tire pour le commerce de trois fortes de marchandifes, qui font fa peau, fon fuif & fon poil.

Sa peau fert à faire du marroquin, & quelquefois du parchemin ; l'on en contrefait auffi le véritable chamois, & elle fe peut paffer en mégie.

Le fuif de *chevre* n'eft guères moins bon pour faire de la chandelle, & pour fervir aux corroyeurs dans l'apprêt de leurs cuirs, que celui de mouton, ou de bœuf. Auffi ceux qui font des nourritures de ce bétail, ont grand foin, quand les *chevres* deviennent vieilles, de les engraiffer pour en avoir le fuif, & c'eſt auſſi de ce ſuif, dont les Portugais qui chaſſent aux *chevres* ſauvages, qui ſont en ſi grande quantité dans quelques iſles du Cap-Verd & dans d'autres de la mer Africaine, font un commerce conſidérable, en envoyant à Lisbonne chaque année pluſieurs milliers de quintaux, dont le produit, avec celui des peaux de ces animaux, leur ſuffit pour vivre aſſez commodément.

Pour ce qui eſt du poil, quand il n'eſt point filé, les teinturiers l'emploient à compoſer une ſorte de rouge, qu'ils appellent *rouge de bourre* : & lorſqu'il eſt filé, on le fait entrer dans la fabrique de pluſieurs eſpèces d'étoffes, telles que peuvent être les camelots, les pluches, ou pannes de poil, les griſettes, ou papelines, &c. On en fait auſſi des boutons, des gances, des ceintures, des lacets, des éguillettes, & autres ſemblables ouvrages.

La plus grande partie des poils de *chevre* qui ſe voient en France, & dont on ſe ſert pour les plus belles fabriques, ſe tire du Levant en écheveaux, & par balles, particulièrement d'Angora & de Beibazar, villes d'Anatolie, diſtantes de Smyrne d'environ vingt journées de caravanne, ou de douze d'homme de cheval. Ce ſont les Lyonnois qui en fourniſſent preſque toutes les villes du royaume où il y a des manufactures, & qui la font venir par la voie de Marſeille. Les Hollandois & les Anglois en font auſſi un très-grand commerce, & une conſommation conſidérable par rapport à la fabrique de leurs camelots. Les Flamands, particulièrement ceux de Bruxelles, en employent auſſi beaucoup à faire leurs camelots, qui, ſans contredit, paſſent pour être les plus beaux de tous ceux qui ſe font en Europe.

Les poils de *chevre* filés d'Angora ſont les plus eſtimés, quoique ceux de Beibazar ſoient beaucoup plus blancs, à cauſe qu'on le ſavonne ſur les lieux, pour leur donner cet œil de blancheur, qui d'ailleurs n'en augmente pas la qualité.

Il n'y a guères de marchandiſes plus difficiles à connoître que les poils de *chevre* filés, ſoit pour leur différente qualité, ſoit pour leur différent prix; y en ayant de ceux d'Angora au moins de douze ſortes, & de ceux de Beibazar de ſept à huit ſortes, qui vont toujours en augmentant de fineſſe & de prix, en rétrogradant depuis la denière ſorte, qui eſt le plus gros, juſqu'à la première, qui eſt le plus fin : de manière qu'il n'eſt pas aiſé d'en pouvoir bien diſtinguer les prix, à moins d'en avoir une parfaite connoiſſance : c'eſt à quoi ceux qui veulent entreprendre ce commerce, doivent bien prendre garde.

» Les *chevres* graſſes, petites, ou maigres,
» payent en France les droits d'entrée ſur le pied de
» 3 ſols de la pièce.

» Les peaux de *chevres* tannées payent les droits
» de ſortie à raiſon de 9 ſols la douzaine, & pour
» ceux d'entrée 16 ſols auſſi la douzaine, ſi elles
» ſont apprêtées; & pour celles non apprêtées, ve-
» nant de la Barbarie, 10 ſols.

» Les *chevres* accouſtrées en chamois payent à

» la douane de Lyon à raiſon de 7 ſols par douzaine
» pour l'ancienne taxation, & 5 ſols pour la nou-
» velle réapréciation, le tout avec les ſols pour
» livre ».

CHEVRON. Sorte de laine ou de poil qui vient du Levant. Les *chevrons* noirs viennent de Smyrne & de Perſe : les roux & blancs, fins & communs, ſe tirent de Smyrne & de Satalie. Il y a auſſi des laines de Vigogne, qui ſe nomment *laines de chevron*; elles prennent leur nom de la manière qu'on les prépare, & de leur apprêt.

CHEVROTIN. Signifie une peau de chevreau, préparée avec de la térébenthine de Veniſe, de la cire vierge, & du ſain-doux, ou panne de porc mâle, dont l'on ſe ſert dans pluſieurs incommodités douloureuſes, entr'autres pour les rhumatiſmes & pour les douleurs des pieds. Sa propriété eſt de beaucoup faire tranſpirer, & d'attirer au dehors quantité de féroſités, qu'on croit les cauſes les plus ordinaires de ces maux.

CHIARVATAR. On nomme ainſi en quelques lieux de Perſe, particulièrement à Bander-Congo, ce qu'on nomme en France un *douanier*.

CHIEN. Les peaux de *chien* dont le poil eſt fin, long & beau, s'apprêtent & ſe préparent par les marchands fourreurs, pour faire diverſes ſortes de fourrures, mais particulièrement des manchons.

Quand on en a fait tomber le poil par le moyen de la chaux, & qu'elles ont été paſſées en mégie, les gantiers les apprêtent en gras avec des huiles & des pommades, pour en faire des gants, dont les femmes font beaucoup de cas; non-ſeulement à cauſe qu'ils ſont frais pour l'été, mais parce qu'elles prétendent qu'ils ont la faculté de leur adoucir la peau des bras & des mains.

Ces ſortes de peaux ainſi paſſées en mégie, & préparées en gras par les gantiers, ſervent auſſi à faire des doublures de maſques, & de loups de velours pour les dames, qui s'imaginent qu'elles ſont capables de leur rafraîchir le teint.

Quant au poil de *chien*, il ne s'en tire que du Dannemarc, par la voie de Hollande, ou de Hambourg, & il n'y a guères que les marchands de Rouen qui en faſſent quelque négoce.

Il y a de deux ſortes de poil de *chien* de Dannemarc, l'un tout blanc, & l'autre tout noir, dont le dernier eſt le plus eſtimé. L'un & l'autre de ces poils entrent dans la compoſition des liziéres de certains draps de laine.

Quelques chapeliers ont pluſieurs fois tenté de faire entrer du poil de *chien*, particulièrement de celui du barbet, dans la fabrique de leurs chapeaux communs.

» Les peaux de *chiens* d'Ecoſſe, qui eſt preſque
» le ſeul endroit d'où il en vienne en France, payent
» les droits d'entrée ſur le royaume à raiſon de
» 24 ſols le cent peſant : les droits de ſortie pour
» les peaux de *chiens*, non apprêtées, ſont à raiſon
» d'une livre auſſi de cent peſant, avec les ſols pour
» livre ».

CHIEN DE MER OU CHIEN MARIN. C'eſt un poiſſon aſſez gros & aſſez long , qui a le muſeau très-
pointu. Sa peau eſt extrêmement dure & rude , &
d'un grain aſſez ſemblable à celui du chagrin , mais
moins rond. Les ouvriers en bois s'en ſervent pour
adoucir & polir leurs ouvrages. Les gaîniers en
font des boëtes , des étuis, &c.

Les véritables peaux de *chien de mer*, pour être
d'un grand débit, doivent être grandes & larges ,
d'un grain rude , ni trop gros , ni trop menu, &
garnies de leurs oreilles & nageoires.

Ce poiſſon ſe trouve en pluſieurs parages , mais
en grande quantité ſur les côtes de Bayonne &
d'Eſpagne , d'où les marchands épiciers de Paris les
tirent le plus ordinairement.

Il vient auſſi de Baſſe-Normandie des peaux d'un
autre poiſſon, aſſez ſemblable au véritable *chien de
mer* : mais parce qu'elles ne ſont pas ſi dures , on
les appelle des *doucettes* , à cauſe de cette différence ; & quelquefois des *rouſſettes* , par rapport à
leur couleur qui tire ſur le roux.

On fait en France & en Angleterre des manches
de couteaux & fourchettes d'une autre ſorte de peaux
qui approchent aſſez de celles du *chien
de mer* , apprêtées à dire des peaux d'une eſpèce de
rayé particulière. Elles ſont d'un grain aſſez gros,
preſque rond , & dans des diſtances égales , &
comme en quinconſe. On les teint en quelle couleur
on veut.

» Les peaux de *chien de mer* payent en France
» les droits d'entrée ſur le pied d'une livre dix ſols
» la douzaine.

» A l'égard des droits de ſortie , les peaux de
» *chien de mer*, apprêtées payent ſix livres du cent
» peſant ; le tout avec les ſols pour livre ».

CHIENDENT. Herbe très-commune & très-
connue. C'eſt de cette racine bien ſéchée, & diviſée
en pluſieurs menus filamens , que les vergettiers-
broſſiers de Paris ſe ſervent pour faire pluſieurs ſortes
d'ouvrages de leur métier.

Toute ſorte de *chiendent* n'eſt pas propre à cet
uſage ; le meilleur eſt celui de Provence. Les oyſe-
liers débitent auſſi quelque *chiendent* , mais du plus
fin , à ceux qui s'occupent du plaiſir innocent de
mettre couver des ſerins & autres oyſeaux de ra-
mage.

CHIFFES ou CHIFFONS. Vieux morceaux de
toile de chanvre , ou de lin , qui ſervent à la fabrique
du papier.

CHIFFONNIER, PATTIER, DRILLIER, ou
PEILLIER. Ce ſont les divers noms que l'on donne,
ſuivant les différens lieux , à ceux qui ſe mêlent de
faire le trafic des vieux chiffons , ou vieux drapeaux
de toile de lin & de chanvre , que l'on appelle autrement *pattes*, *drilles*, *peilles*, ou *chiffes* , deſtinées pour la fabrique du papier.

Les *chiffonniers* vont acheter & ramaſſer dans
les villes & villages ces vieux chiffons & drapeaux ;
ils en font même la recherche dans les ordures qui
ſont dans les voyeries, & dans les rues , ainſi qu'il

ſe pratique particulièrement à Paris , où ils ſont
appellés *chiffonniers*.

Après qu'ils les ont bien lavés , nettoyés & ſé-
chés , ils les gardent dans des greniers, pour les
vendre aux marchands papetiers-fabriquans qui en
ont beſoin , ou à d'autres marchands qui les emma-
gaſinent, pour enſuite les revendre à ces mêmes
papetiers-fabriquans.

Quoiqu'il ſemble , d'une première vûe , que le
négoce des vieux chiffons & drapeaux ne ſoit pas
un objet de conſidération , cependant il s'en vend
en France toutes les années pour des ſommes très
conſidérables ; la conſommation de cette marchandiſe étant prodigieuſe par rapport à la grande quantité de papeteries qui ſont établies dans le royaume.

La Bourgogne & le Mâconnois ſont les provinces
où il ſe fait le plus grand négoce de vieux chiffons
& drapeaux , particulièrement à Châlons ſur Saône
& à Mâcon , y ayant dans ces villes des marchands
qui en ont de très-grands magaſins.

Il eſt intervenu pluſieurs arrêts du conſeil pour
permettre, défendre , réglementer , taxer le commerce des chiffons. Le prétexte étoit l'utilité de
cette marchandiſe pour les papeteries. On eſſayera
peut - être un jour ſi le meilleur moyen de faire
proſpérer ces manufactures ne ſeroit pas de leur
accorder pleine liberté, pleine immunité des matières brutes ou façonnées.

CHIFFRES , ou MARQUES DES MAR-
CHANDS. On appelle ainſi des *chiffres* , ou *marques* , que les marchands, particulièrement ceux
qui font le détail , mettent ſur des petites étiquettes
de papier , ou de parchemin , qu'ils attachent au
chef des étoffes , toiles , dentelles & autres telles
marchandiſes qui déſignent le véritable prix qu'elles
leur coûtent, afin de pouvoir s'y régler dans la
vente.

On les nomme des *chiffres*, parce qu'ils ne ſignifient pas véritablement ce qu'ils ſemblent marquer
aux yeux ; & que c'eſt une eſpèce de *chiffre* myſ-
térieux , ſous l'apparence duquel les marchands ca-
chent une vérité, qu'il ne leur eſt pas avantageux
que d'autres connoiſſent.

On leur peut auſſi donner le nom de *chiffres*, à
cauſe que ces marques en ſont , ou totalement , ou
en partie compoſées , la plupart des marchands y
faiſant entrer quelques lettres de l'alphabet. Elles
conſiſtent ordinairement en dix caractères , pour
marquer les nombres depuis un juſqu'à dix.

Ces *marques* ne doivent être connues que des
marchands , & de leurs apprentis ou garçons , ou
de ceux & celles qui ſont chargés de la vente de
leurs marchandiſes , ou du détail de leurs boutiques.

M. Savary, dans ſon parfait négociant , chapitre
ſecond du deuxiéme livre de la première partie ,
met au nombre du devoir des apprentifs de bien
connoître le *chiffre* ou *marque* de leurs maîtres , &
la fidélité qu'ils doivent avoir à cet égard.

CHIFFREUR. Celui qui ſait faire avec la plume
toutes ſortes de calculs , & d'opérations d'arithmé-

tique. Pour être habile *chiffreur*, il faut savoir le livret, c'est-à-dire, savoir multiplier sur le champ & de mémoire toutes sortes de nombres les uns par les autres.

CHILCHOTES. C'est le nom que l'on donne à une des quatre sortes de poivre de Guinée.

CHILÉ. Les habitans de l'Amérique appellent ainsi le piment, ou poivre de Guinée, qu'on nomme encore *corail de jardin*.

CHILLAS. Toile de coton à carreaux, dont la pièce a huit aunes de long, sur trois quarts à cinq six de large. Les *chillas* viennent de Bengale, & de quelques autres lieux des Indes d'Orient.

CHILPELAGUA. On donne ce nom à une des quatre sortes de poivre de Guinée.

CHILTERPIN. C'est une des quatre sortes de poivre de Guinée.

CHINA, en François CHINE. Racine médicinale qui vient d'Orient. Cette racine est d'un rouge-brun, tirant sur le noir au dehors, & blanche ou rougeâtre en dedans. Elle croît dans des marais, qui sont ordinairement couverts de la mer, qui, en se retirant, en entraîne quantité sur la grève. La meilleure est celle qui est fraîche & ferme, la plus rousse en couleur, & qui n'est ni vermoulue, ni chancie : on la croit excellente pour guérir la goutte sciatique, & elle est aussi estimée souveraine contre l'hydropisie & l'asthme. Il y a aussi un *china* du Ponant qui vient du Pérou & de la nouvelle Espagne, dont la racine est plus rousse en dedans.

» Le *china* ou *chine* est du nombre des drogues » & marchandises venant du Levant, Barbarie, & » autres terres du grand-seigneur, & du roi de Perse, » qui payent en France les droits d'entrée sur le » pied de 20 pour cent de leur valeur, en consé- » quence de l'arrêt du conseil du 15 août 1685 ».

CHINA-CHINA. C'est un des noms que l'on donne au quinquina, cette écorce si souveraine pour la guérison des fièvres.

CHINE. Sorte de tapisserie de Bergame, qu'on appelle ainsi, parce que ses façons ressemblent aux ondes de ces ouvrages de soie & de laine que l'on fait à l'aiguille sur le cannevas, que l'on nomme *point de la Chine*. Voyez BERGAME,

CHINE. Toiles indiennes propres à être imprimées. Il y en a de plusieurs sortes, qui se distinguent par le nom des lieux où elles se fabriquent & par les aunages. Les principales sont ;

Les *chint-seronges*, toile blanche de coton, propre à être imprimée, & mise en couleur, qui se fabrique aux Indes Orientales ; les pièces n'ont que six aunes de long sur trois quarts de large.

Les *chint-mamodés*, qui ont sept aunes & demi de longueur sur une demi-aune de largeur.

Les *chint-broad*, même longueur sur trois quarts de large.

Les *chint-surat*, huit aunes de long, même largeur que la précédente.

Les *chint-cadix* smals, six aunes sur deux tiers.

Les *chint-jaffercon*, huit aunes sur trois quarts.

Les *chint-ramauls*. Elles ont sept aunes & demi sur deux tiers de large ; elles sont propres à faire des mouchoirs.

CHINTAL. Sorte de poids, dont les Portugais se servent à Goa, ville capitale de ce qu'ils possèdent dans les Indes orientales.

Le *chintal* est de 5 mans & 8 rotolis ; le mans de 24 rotolis : ainsi le *chintal* est de 128 rotolis, chaque rotolis pesant une livre & demi de Venise ; ce qui réduit en livres, le *chintal* pèse 192 livres de Venise, qui font 105 livres de Paris, la livre de Venise étant de 8 onces 6 gros, poids de marc. *Voy.* la TABLE DES POIDS ET MESURES.

CHIPPAGE. Apprêt que les tanneurs donnent à de certaines peaux.

Basane *chippée*. C'est celle qui a reçu de l'ouvrier un apprêt particulier qui la distingue des autres basanes.

CHIPRE, qu'on nomme aussi *sucre rouge*. C'est le rebut des sucres qu'on affine ; ce qui ne peut blanchir, ni se réduire en pain.

CHIQUET. Petite partie du tout. Ce terme est de quelque usage dans le commerce, ou néanmoins il ne se dit que dans cette phrase : Il m'a payé *chiquet à chiquet*, c'est-à-dire, petit à petit, & en plusieurs payemens.

CHIROGRAPHAIRE. Terme opposé à hypothéquaire. On appelle ordinairement dans les directions des biens de ceux qui ont fait faillite, un créancier *chirographaire*, celui qui n'a pour titre qu'un simple écrit, billet ou lettre de change de son débiteur. Cet écrit n'est censé fait que du jour qu'il a été produit en justice, & par conséquent n'est colloqué qu'après tous les contrats, obligations, sentences & autres titres dont la date ne peut être suspecte, & qui par leur nature donnent hypothèque.

CHISTIRA. Espèce de natte de paille, qui se fabrique dans la Chine. Il y en a de divers degrés de finesse. Les plus fines se consomment dans le royaume même ; les plus communes sont propres pour le commerce qui se fait de Canton à l'Isle de Haynau.

CHITES. Toiles de coton des Indes, extrêmement belles, dont la peinture ne dure pas moins que les toiles mêmes, sans rien perdre de leur éclat. Elles viennent de Masulipatan, ville du royaume de Golconde, sur la côte de Coromandel, où la compagnie des Indes de France a un de ses bureaux ou comptoirs.

Les *chites* ont ordinairement quinze cobres de long sur deux de large, le cobre revenant à 17 pouces & demi de France. Outre le grand nombre de *chites* qui viennent en Europe, on en enlève aussi beaucoup pour le commerce d'Inde en Inde, que les Anglois & Hollandois font dans l'Orient ; les premiers sur-tout en envoient quantité aux Manilles, où elles se vendent depuis cent vingt jusqu'à deux cent piastres la pièce.

CHITES D'AMADABAT, CHITES DE SERONGES. Toiles

Toiles peintes qui se tirent par Surate ; ce font les plus belles qui se fassent dans les états du grand-mogol.

CHOCOLAT ou CHOCOLATE. Pâte composée de diverses drogues, dont la principale, & comme la base, est l'amande du cacao.

Le *chocolat* en billes & en tablettes fait partie du négoce des marchands épiciers - droguistes ; & celui en breuvage est du nombre des boissons qu'il est permis aux maîtres limonadiers de vendre & débiter. Le débit s'en fait à Paris dans les caffés.

» Le *chocolat* paye en France les droits d'entrée, » conformément au tarif de 1664, à raison de 5 » liv. le cent pesant ; & par l'arrêt du 12 mai 1693, » 20 sols la livre, poids de marc, outre les anciens » droits & les nouveaux sols pour livre ».

CHOIX. En terme de commerce, signifie l'élite, le plus beau, le meilleur d'une marchandise.

CHOLET (toiles de). En Anjou, l'une des meilleures fabriques.

CHOMMAGE. L'état d'une chose qui est sans agir pendant un certain temps. Dans les arts & métiers, on déduit le *chommage* des ouvriers & compagnons, c'est-à-dire, qu'on leur rabbat le temps qu'ils ont manqué à se trouver à l'ouvrage & à l'attelier.

Le droit de *chommage*, qui se paye aux meûniers dont les moulins sont obligés de s'arrêter pour le passage des trains & bateaux, est de 40 sols par 24 heures, quelque nombre de roues qu'ils ayent.

CHOMMER. Manquer de pratique ou de travail. Il ne faut pas laisser *chommer* les compagnons, ou les payer à proportion du temps qu'on leur fait perdre.

CHOPINE. Sorte de petite mesure qui sert à mesurer le vin, l'eau-de-vie, & les autres liqueurs, même les olives & autres denrées que l'on vend à cette mesure en détail.

La *chopine* de Paris, qui est la moitié d'une pinte, se divise en deux demi-septiers ; ce qui fait qu'on l'appelle quelquefois *septiers* : chaque demi-septier contient deux poissons, & le poisson est de six pouces cubiques.

À Lyon, l'on se sert d'une petite mesure à liqueur, qui a du rapport à la *chopine* de Paris ; on lui donne le nom de *feuillette*.

À Saint-Denis en France, la *chopine* est à peu près le double de celle de Paris, n'y ayant presque que la moitié d'un verre de différence.

CHOPINE. Se dit aussi de la chose mesurée : Une *chopine* de vin, une *chopine* d'olives.

CHOUAN. Petite graine légère, d'un verd jaunâtre, d'un goût aigrelet & salé, & assez semblable à la barbotine, ou semen-contra, hors qu'elle est plus grosse. Le *chouan* doit être choisi verdâtre, gros & bien net. Il sert à faire le carmin, & les marchands plumassiers s'en servent pour teindre leurs plumes. Cette graine vient du Levant.

CHOU-FLEUR. Les marchands épiciers & les grainetiers font un grand commerce de la graine de cette plante qu'ils tirent de Marseille, où elle est

portée de l'Isle de Chypre, que l'on prétend être le seul lieu où elle en produit. Il en vient cependant de Gènes ; mais elle lève si difficilement, qu'il est plus à propos de ne s'en pas charger.

Ce qui augmente encore le prix de cette graine, c'est qu'il la faut renouveller tous les ans, n'y ayant ordinairement que celle de l'année qui soit bonne : aussi y a-t-il bien des gens qui veulent que les marchands leur donnent des certificats, que celle qu'ils leur vendent est nouvelle, vraie chypre, & non mêlangée.

La graine de *choux-fleur* ressemble assez à celle du navet, hors qu'elle est un peu plus grosse.

» Elle paye en France l'entrée comme semence » & graine de jardin, savoir, 12 sols du cent pesant, » suivant le tarif de 1664 ; & encore 20 pour cent » de sa valeur, en conséquence de l'arrêt du 15 » août 1685, avec les sols pour livre ».

CHRISTINE. Monnoie de Suède, d'argent de très-bas alloi, qui vaut environ 15 sols de France. Il y a des *demi-christines*, qui valent 20 roustiques. Ce sont, avec les carolines, presque les seules monnoies d'argent qui se fabriquent en Suède. *Voy.* la TABLE DES MONNOIES.

CHRYSOBERLE. Pierre précieuse, qui n'est autre chose qu'une sorte de beril pâle, un peu couleur d'or. *Voyez* BERIL.

CHRYSOCOLLE. Minéral qui sert à souder l'or, dont les anciens lui ont donné le nom. Il s'en trouve dans les mines d'or, d'argent, de cuivre & de plomb, qui, selon la diversité de celles d'où on les tire, est de différentes couleurs ; jaune, si c'est d'or ; blancheâtre, si c'est d'argent ; verd, si c'est de cuivre ; & noirâtre, si c'est de plomb. Les Arabes & les habitans de Guzarate l'appellent *tincar* ou *tincal*. En Europe, où il s'en trouve aussi en divers endroits, on le confond avec le borax ordinaire.

CHRYSOLITE. Pierre précieuse, de couleur jaune ; c'est la topaze des modernes. *Voy.* TOPAZE.

CHRYSOLITE. Est aussi un nom générique que les anciens donnoient à toutes sortes de pierres de couleur, où le jaune, ou couleur d'or dominoit. Quand la pierre étoit verte, on la nommoit *chrysopraseé* ; les rouges, les bleues avoient aussi leur dénomination, qui marquoit leur couleur ; & leur or, par le mot *chryso*, qui commençoit leur nom. On ne connoît plus guères toutes ces sortes de *chrysolites*, ou plutôt elles sont renvoyées aux espèces de pierres desquelles elles approchent davantage ; les vertes à l'émeraude, les rouges aux rubis, & ainsi des autres.

CHRYSOPRASIN. Sorte de pierre précieuse, de couleur verdâtre, qui est une espèce de beril.

CHUQUELAS. Etoffe soie & coton, fabriquée aux Indes Orientales. Elles sont toutes rayées, & ne diffèrent entr'elles, que parce qu'il y en a à grandes & à petites rayes. Elles ont depuis sept aunes de longueur, sur cinq huit de largeur, jusqu'à seize aunes de long, sur cinq six. On les appelle aussi *chercolées* & *cherconnées*.

CIDRE. La Normandie, l'Auvergne, la Bretagne & quelques autres provinces de France, fécondes en pommes, font des *cidres* qui leur tiennent lieu de vin, qui ne croît point chez eux, ou qui y eft rare. C'eft de Normandie que Paris tire prefque tous les cidres qui s'y confomment. Il en vient pourtant quelques-uns d'Angleterre ; mais ce font ou des préfens, ou des provifions de particuliers. Les *cidres* Anglois font eftimés les meilleurs ; ceux de Normandie viennent après, où pourtant ils font excellens, ou médiocres, fuivant les cantons.

On fait de la boiffon de *cidre* pour les domeftiques, en mettant de l'eau fur le marc des pommes, & en laifant fermenter.

On fait auffi de l'eau-de-vie de *cidre*, qui fe confomme la plupart en Normandie, où il s'en diftille le plus : il s'en fait auffi quelque commerce dans les provinces, & avec les étrangers ; mais il eft défendu, fous prétexte de fa mauvaife qualité, d'en faire entrer à Paris.

» Le *cidre* paye en France de droit d'entrée 5 liv.
» le tonneau ; & de fortie, 26 fols.

» Les autres droits qui fe payent, foit à Paris,
» foit dans les autres villes du royaume, pour les
» entrées du *cidre*, & ceux qui font dûs pour la
» vente en gros ou en détail de cette boiffon, font
» fixés par un titre exprès de l'ordonnance des aydes
» de 1680 ; favoir,

» Les entrées de Paris, tant par eau que par
» terre, à 35 fols par muid. Pour la vente en gros,
» au vingtiéme du prix. Pour le droit d'augmenta-
» tion, à 5 fols par muid. Pour la vente en détail,
» à pot, ou affiette, à la moitié du droit qui fe paye
» pour le vin. Enfin, pour le droit de fubvention,
» à 13 fols 4 deniers par muid ; ce qui s'entend
» néanmoins feulement pour les lieux où ces fortes
» de droits ont coutume d'être levés par le fermier
» des aydes.

» L'article 7 du tarif arrêté entre la France & la
» Hollande le 8 décembre 1699, & confirmé par
» arrêt du confeil d'état du roi, du 30 mai 1713,
» réduit les droits du *cidre* & poiré des provinces
» de France, entrant dans les pays, terres & fei-
» gneuries des états-généraux, à 4 florins le ton-
» neau, compofé de quatre bariques, deux pipes,
» trois poinçons, ou fix tierçons ».

CIERGIER. Celui qui fait & vend des cierges, ou qui en fait fabriquer. Ce terme n'eft guères en ufage que dans les provinces ; à Paris, on dit ordinairement *cirier*. *Voyez* CIRIER.

CIGALES. C'eft ainfi que l'on nomme aux Ifles Antilles les bouts de tabac que l'on fume fans pipe. Les Efpagnols les nomment *cigarros*.

CIGARROS. Sorte de tabac qui fe cultive en quelques endroits de l'Ifle de Cuba, particulièrement aux environs de la petite ville de la Trinité, & de celle du Saint-Efprit ; mais dont tout le commerce fe fait à la Havanne. Ce tabac fe fume ordi-

nairement fans pipe, n'étant que des feuilles de cette plante, qui ne font point filées, & que l'on tourne en forme de cornets qu'on allume par le bout.

CIGNE. Sorte d'oifeau dont les plumes & le duvet, qui font d'une extrême blancheur, font un objet confidérable de commerce. *Voy.* CYGNE.

CINABRE ou CINNABRE. Pierre minérale rouge, pefante & brillante.

Il y a auffi du *cinabre* artificiel, c'eft-à-dire, une imitation du *cinabre* minéral naturel ; il fe fait par un mélange de mercure & de foufre fublimé, & réduits en pierre. Le meilleur doit être haut en couleur, & en belles éguilles.

Outre l'ufage de ce *cinabre* artificiel dans les maladies vénériennes, les maréchaux en font des pillules pour les maladies des chevaux, & les peintres une couleur d'un rouge affez vif, mais qui féche difficilement. Quoique l'on faffe à Paris de cette forte de *cinabre*, on le tire néanmoins prefque toujours de Hollande, d'où il vient, ou en pierre, ou tout broyé.

On rend le *cinabre* ou vermillon plus beau, fi l'on y mêle, en le broyant, de l'eau de gommegutte avec un peu de fafran, ces deux drogues l'empêchant de noircir.

CINAMOME. Epicerie que l'on nomme plus communément *canelle*.

Les anciens, qui diftinguoient le *cinamome* de la canelle, avec laquelle on le confond aujourd'hui, en faifoient de cinq fortes ; le mofylitique, le *cinamome* de montagne, le *cinamome* noir & branchu, un autre blanc & fpongieux, & un cinquiéme, qui eft le moins bon, dont la couleur eft rouffâtre, & l'odeur très-forte. Il y a auffi un *cinamome* bâtard, qu'on appelle *zinziber*, mais qui n'a point les propriétés du véritable.

Tous les *cinamomes* croiffent en petits arbriffeaux, qui d'une feule racine pouffent fix ou fept verges. C'eft l'écorce de ces verges, dont les plus longues n'ont guères qu'un demi pied, qui eft le *cinamome*.

Cette épicerie étoit autrefois d'une grande réputation, & réfervée pour les princes & grands feigneurs ; préfentement on n'en connoît plus que le nom.

CINCENELLE ou CHABLEAU, que les marins nomment plus communément CABLEAU. C'eft une efpèce de petit cable.

CINCENELLE. En terme de rivière, eft la corde ou cordeau qui fert à conduire les bateaux, trains & coches d'eau, en montant ou en defcendant.

Suivant les ordonnances de la ville de Paris, la *cincenelle* du bateau montant, doit voler par-deffus le bateau defcendant ; & la *cincenelle* du bateau defcendant fe lâcher, & paffer par-deffous le montant.

CINNABRE. *Voy.* CINABRE.

CIRAGE. Se dit de l'art de cirer les toiles. Cet ouvrier eft extrêmement expert au cirage, pour dire qu'il fait de très-belles toiles cirées. *Voyez* TOILE CIRÉE.

CIRAGE. On dit encore, en terme de gantier, le *cirage* des gants, pour signifier la façon qu'on donne aux gants, qu'on nomme *gants cirés* : & en terme de cordonnier, le *cirage* des bottes & des souliers, pour dire la manière de les enduire d'une drogue composée de cire, de suif, & d'autres ingrédiens, qui les rend impénétrables à l'eau, & leur donne une couleur noire & luisante.

CIRE. Matière molle & jaunâtre, qui reste du travail des abeilles, après qu'on en a exprimé le miel.

En général, presque toute la consommation des *cires* de toutes sortes, se fait en Espagne, en Portugal, en Italie, dans la mer du Sud & en France : mais en France plus que par-tout ailleurs, particulièrement à Paris, où il se fait plus des trois quarts de la consommation du royaume.

Des *cires* étrangères, celles de Dantzick sont les plus estimées.

Il faut choisir la *cire* jaune, haute en couleur, d'une bonne odeur, facile à casser, qui ne tienne point aux dents, quand on la mâche ; qui n'ait point de pied, c'est-à-dire, qui soit bien purifiée : & quand ce sont de gros pains, tels que ceux qui viennent de Dantzick, prendre garde qu'il n'y ait au milieu, de l'eau, des pierres, ou de la terre.

Le vrai secret d'avoir de belles *cires* jaunes, est de la faire fondre à propos, & sur-tout de ne la point faire trop chauffer ; ce qui est le défaut de la plupart de ceux qui les fondent ; défaut essentiel, qui empêche les *cires* de prendre un beau blanc, ce qu'elles feroient, si elles avoient été ménagées au feu.

Les meilleures *cires* jaunes de France sont celles de Bretagne. Elles ne sont pas néanmoins d'une égale bonté, y ayant entr'elles de grandes différences, suivant les cantons d'où elles sont tirées.

Les plus estimées de cette province, & qui réussissent le mieux au blanc, sont toutes celles de la Basse-Bretagne ; celle de la Haute ne faisant que du commun.

Les *cires* de Normandie & de Sologne tiennent le second rang. Il est vrai qu'il y a trop de choix dans ces dernières, qui sont très-mêlées, y en ayant rarement d'entièrement parfaites & toujours en très-petite quantité ; ce qui n'arrive pas à celles de la Basse-Bretagne, cette province en pouvant fournir jusqu'à cent cinquante milliers de la plus belle & de la meilleure qualité.

L'on ne doit plus compter les *cires* d'Aurillac parmi celles d'Auvergne, ne s'y en faisant plus aucune ; mais en compensation on peut y substituer celles de Thiers, qui ne sont pas mauvaises, & dont il se fait dans cette ville une assez grande quantité.

Outre les *cires* du Levant dont on a parlé dans ce dictionnaire, on en tire aussi de plusieurs isles de l'Archipel, particulièrement de Candie, de Scio & de Samos. Candie en fournit beaucoup & assez bonnes, Samos peu & excellentes ; celles de Scio sont médiocres.

Il faut avoir une grande attention sur les *cires* qui viennent du Nord & de la Pologne par Dantzick, qui sont assez souvent fourées & sophistiquées. Surtout on doit se défier de celles qu'on tire par Hambourg & par Amsterdam, quand même elles auroient le sceau de l'une ou l'autre de ces villes ; arrivant souvent que, malgré ces marques respectables, ce ne sont que des *cires* refondues, presque toujours mêlées de suif & de résine. Le plus sûr est, autant qu'on peut, de ne les point prendre en pain, mais en morceaux, comme elles arrivent du pays.

Les *cires* de Bretagne & de Constantinople sont ordinairement hautes en couleur, ce qui désigne leur bonne qualité. Celles de Smyrne sont d'un jaune tirant un peu sur le blanc, sans pourtant en être moins bonnes.

La *cire* jaune se sophistique quelquefois avec de la résine, & du galipot, ou poix grasse, qu'on colore avec le rocou, ou la terramérita.

On tire de la *cire* jaune, par les opérations chymiques, une huile blanche & épaisse, qui ressemble à du beurre ; & qu'à cause de cette ressemblance, on appelle *beurre de cire*. De ce beurre on tire une seconde huile claire comme de l'eau ; l'une & l'autre sont souveraines pour les engelures.

La *cire* à gommer dont se servent les tapissiers, principalement pour les coutils, est une composition de *cire*, de térébenthine & de poix grasse, fondues ensemble, & mises dans des moules de fer-blanc, en forme de petits gobelets.

CIRE DE LA LOUISIANNE.

Cette *cire* n'est point l'ouvrage des abeilles, mais la production d'une plante qui croît en abondance dans tout le Mississipi.

La graine de cette plante, après avoir long-temps bouilli dans l'eau commune, laisse dans le fond du vaisseau où on l'a mise en digestion ; un sédiment inflammable de couleur verdâtre avec quelque tache blanche, qui peut être estimée une sorte de *cire*. A la vérité cette matière ne peut être employée toute seule ; mais quand après l'avoir épurée suffisamment au feu, on la mêle suivant une certaine proportion, avec de véritable *cire*, il s'en forme un tout auquel la *cire* semble avoir communiqué toutes ses qualités, & l'avoir rendu onctueux comme elle, & propre à entretenir la lumière d'une mèche allumée.

Les premiers essais que la compagnie Françoise des Indes en a fait faire sur quelques parties de cette graine qui lui avoit été envoyée, ont si bien réussi, que même on a fait de la bougie dont la lumière n'étoit point désagréable, ce qui fait croire qu'il sera facile d'en faire usage dans la fabrique des bougies, & des autres ouvrages de marchands ciriers ; ce qui en diminuant de plus de moitié la consommation de la *cire*, en diminuera aussi le prix, celui de cette graine qui se trouve en abondance dans toutes nos nouvelles colonies de la Louisianne, &

qui peut encore être augmentée par la culture, ne pouvant jamais être confidérable, & nous difpenfant de tirer des *cires* des pays étrangers autant qu'on fait à préfent.

CIRE NOIRE DES ANTILLES.

Les abeilles qui font cette *cire* fe trouvent principalement dans l'ifle de la Guadeloupe : elles font de moitié plus petites que celles d'Europe, plus noires & plus rondes; & à ce qui paroît fans aiguillon, ou du moins fi foible, qu'il n'a pas la force de percer la peau.

« La *cire blanche* paye en France de droits
» d'entrée 20 liv. fuivant l'arrêt du 3 février 1688,
» & de fortie 4 liv. le cent pefant, conformément
» au tarif de 1664 ».

« Les droits d'entrée pour la *cire jaune*, font
» de 5 liv., & ceux de fortie de 6 liv. auffi le cent
» pefant ».

« A l'égard de la *cire du Levant & de Barbarie*,
» elle eft du nombre des marchandifes qui, en
» conféquence de l'arrêt du confeil du 15 août
» 1685, doivent payer vingt pour cent de leur
» valeur ».

« Il faut remarquer, qu'en conféquence de la
» déclaration du roi, du 29 mai 1699, confirmée
» par l'arrêt du confeil, du 30 mai 1713, les
» droits d'entrée de la *cire blanche* ont été modérés
» à 11 liv. le cent pefant, en confidération des
» feuls Hollandois ».

CIRE D'ESPAGNE. C'eft de la laque fondue & préparée d'une certaine façon. Il s'en fait de rouge, de noire, de jaune, &c. On la vend ordinairement en petits bâtons de fix à fept pouces de long, les uns prefque quarrés, les autres tout-à-fait ronds; pour l'ordinaire du poids d'une once. On donne encore à la *cire d'Espagne*, le nom de *cire à cacheter*, parce que l'on s'en fert pour cacheter les lettres. *Voyez* LAQUE.

« La *cire d'Espagne* paye de droits d'entrée
» 6 liv. du cent pefant, par le tarif de 1664, &
» par celui de la douane de Lyon, 3 liv. 5 fols le
» quintal pour l'ancienne taxation, avec les fols
» pour livre ».

CIRIER ou CIERGIER. Qui fait commerce de cire, qui fabrique ou qui fait fabriquer des cierges; de la bougie, des flambeaux & des torches. Les *ciriers* font du corps de l'épicerie, qui eft le fecond des fix corps des marchands de Paris. *Voyez* ÉPICIER, CIRE, BOUGIE, CIERGES & TORCHES.

CIRSAKAS. Étoffes des Indes, prefque toutes de coton, avec le mélange de très-peu de foie. La longueur des *cirfakas* eft depuis huit jufqu'à quatorze aunes ou environ, & la largeur depuis deux tiers jufqu'à cinq fixiémes.

CIRURE. Compofition de cire & de fuif, où l'on mêle quelquefois un peu de falpêtre, que font les cordonniers, pour enduire les fouliers & les bottes, pour empêcher que ces ouvrages ne prennent l'eau. On dit auffi la *cirure des toiles & des taffetas*,

& la *cirure des gants*. On fe fert fouvent du terme de *cirage*, mais pas tout-à-fait dans le même fens; cirage fignifiant proprement *l'art de cirer*, & *cirure* la compofition qu'on employe pour cirer.

CISELER Se difoit autrefois des différentes façons ou figures, que l'on faifoit avec la pointe des cifeaux fur le velours plein, en découvrant une partie du fond, fuivant le deffin qu'on vouloit fuivre. L'invention de faire du velours cifelé fur le métier, a épargné cet ouvrage long & impatientant.

CISELÉ. Il ne fe dit guères que du velours qui imite fur le métier l'ancienne cifelure avec les cifeaux.

On fait à Paris une efpèce de velours, qu'on appelle improprement *velours cifelé*, & qu'on devroit plutôt appeller *velours gauffré*, puifqu'il fe fait avec des fers chauds gravés, qui applatiffant le poil du velours aux endroits qui doivent fervir de fonds, & épargnant le deffin & les façons, font une efpèce de cifelure affez agréable. On n'employe à cet ufage que des velours qui ont déja fervi; ce qui leur donne un air de fraîcheur & de nouveauté. *Voyez* GAUFFRÉ.

CISELET. Petit cifeau d'acier bien trempé, dont l'on fe fert pour cifeler. Il y en a de plufieurs fortes, de ronds, de carrés, de pointus, &c. Les ouvriers qui s'en fervent le plus communément, font les orfévres, les arquebufiers, les fourbiffeurs, les éperonniers, les armuriers, les doreurs fur métal, les graveurs fur acier, &c.

Plufieurs de ces *cifelets* font des efpèces de poinçons gravés en creux, avec lefquels l'ouvrier grave en relief la figure qui y eft repréfentée. Ils prennent leur nom de ces figures, comme le perloir, parce qu'on s'en fert pour faire des perles; la rofette, la feuille, le mafque, qui font des rofes, des feuilles de laurier & des têtes d'hommes, de femmes ou d'animaux. Il y a auffi des frailons, des couteaux à refendre, des couteaux à tracer, des matoirs, &c. *Voyez tous ces cifelets aux articles qui leur font propres.*

CISELURE. Ouvrage qui fe fait avec le cifelet. Il fe dit auffi de la façon d'un velours cifelé, & encore de l'ébauche que font les tailleurs de pierre, avec le cifeau & le maillet, autour du bloc qu'ils veulent tailler au marteau.

CISOIRES. Efpèces de grands cifeaux, qu'on appelle autrement *cifailles*.

CITOUART ou ZEDOUART, que quelquesuns écrivent ZEDOIRE. *Graine aromatique*, qui reffemble beaucoup au gingembre, mais qui eft de meilleure odeur & d'un goût moins âcre.

« Le *citouart* paye en France les droits d'entrée
» fur le pied de cinq liv. le cent pefant ».

CITRIN. Sorte de couleur jaune tirant fur le citron. Il y a un bois médicinal, que l'on nomme *fental citrin*, à caufe de fa couleur.

CITRON. Fruit qui vient des pays chauds, dont l'écorce eft jaune, ridée & d'une odeur agréable. On ne parlera ici des *citrons*, que par rapport au commerce qui s'en fait, & des marchandises que leur jus ou leur écorce fournissent.

La plupart des *citrons*, soit doux, soit aigres, que l'on vend en France, sont tirés par les marchands droguistes & épiciers du royaume; de quelques endroits de la rivière de Gènes, entr'autres de saint-Reme, ou de quelques villes des états du duc de Savoye, comme Nice & Menton, d'où ils sont transportés par mer jusqu'à Marseille, & ensuite envoyés à Paris & ailleurs.

A saint-Reme & à Menton, la vente des *citrons* ne se fait que par délibération du conseil de ville, & cela deux fois l'année, au plus trois, suivant l'abondance & la récolte, mais pour l'ordinaire aux mois de mai & de septembre.

L'on ne vend que ceux qui ne peuvent passer par un anneau de fer, dont la grosseur est réglée par autorité publique : pour les autres, ils sont rebutés comme trop petits, & ne servent que pour en exprimer le suc, ou jus, qu'on transporte à Avignon & à Lyon dans des barils, pour les teinturiers du grand teint.

A l'égard des *citrons* que l'on tire de Nice, on n'y fait pas tant de façon; en achete qui veut & quand il veut, soit gros, soit petits.

L'on vend deux sortes d'huile de *citron*; l'une qui est fort estimée, & qu'on appelle *essence de citron*, qui n'est faite que des zestes de *citrons*, ou de leur écorce rapée; l'autre qui est une huile commune, verdâtre, claire & odorante, qui se fait de la lie qu'on trouve au fond des tonneaux, où l'on a mis reposer & épurer le jus de *citron*.

Cinquante livres de cette lie, qu'on nomme aussi *bacchas*, ne rendent ordinairement que trois livres de cette huile. Les parfumeurs se servent de ces huiles, sur-tout de l'essence de cedre.

L'*aigre de cedre*, qu'employent aussi les parfumeurs, & qui est fort estimée en France, est le suc qu'on exprime d'une certaine espèce de *citrons* à demi mûrs, qui viennent de Borghere, proche de saint-Reme.

L'on envoye de Madere de petits *citrons* confits, secs & liquides, & de grandes écorces de *citron* aussi confits. Les petits *citrons* doivent être tendres, verds & nouveaux. Les grandes écorces doivent se choisir nouvelles, en petites côtes, claires & transparentes, vertes par-dessus, bien glacées par-dessous, charnues, faciles à couper & sans être piquées.

Le *citronnat* est de l'écorce de *citron* confite, & coupée par tailladins.

Le *sorbec* est fait de jus de *citron* & de sucre. Le meilleur vient d'Alexandrie.

Le *syrop de limon* est la même chose que le *syrop de citron*. Chez les droguistes, il est simplement *syrop de citron*; chez les apothicaires, il se vend déguisé sous le nom de *syrop de limon*.

« Les *citrons aigres* payent en France les droits » d'entrée à raison de 5 sols le cent en nombre, » & les *citrons doux* sur le pied de 15 sols ».

« A l'égard des droits de sortie, les *citrons* » *doux* ou *aigres* payent également 10 sols du cent » en nombre ».

« Les droits de la douane de Lyon se payent » à raison de 5 sols du quintal, avec les sols pour » livre ».

CITROUILLE. Le plus gros de tous les fruits qui rampent sur la terre. Sa graine est une de celles qu'on met au nombre des quatre semences, que les apothicaires, épiciers & droguistes appellent *froides*, à cause de leur qualité. *Voyez* SEMENCES.

« Les *citrouilles* payent en France les droits » d'entrée sur le pied de 10 s. le cent en nombre ».

CIVETTE. Espèce de parfum qui porte le nom de l'animal dont on le tire.

Le parfum que cet animal produit, s'engendre comme une espèce de graisse, ou d'écume grasse, dans une ouverture qu'il a sous la queue. On la tire de temps en temps, & elle ne foisonne qu'autant que la *civette* est bien nourrie.

Il se fait un grand trafic de *civette* à Calcut, à Bassora, & en d'autres lieux des Indes, de l'Orient & de l'Afrique, où se trouve l'animal qui produit ce parfum. On voit aussi des *civettes* vivantes en France & en Hollande; mais elles y ont été apportées du Levant. Les François ne les conservent guères que par rareté. Pour les Hollandois, qui en nourrissent en assez grande quantité, ils en tirent la *civette* pour en faire commerce; & c'est ce qui fournit une partie de celle qu'on apporte de Hollande.

Il faut choisir la *civette* nouvelle, d'une bonne consistence, c'est-à-dire, ni trop dure, ni trop molle, d'une couleur blanche, & d'une odeur forte & assez désagréable. Au reste, puisque dans le Levant, à moins que de la voir tirer soi-même, on court risque de n'avoir que de la *civette sophistiquée*; on juge bien qu'on ne doit pas s'attendre de l'avoir plus pure en Europe : aussi il ne faut que médiocrement se fier aux petits écritaux, soit imprimés, soit écrits à la main, que les Hollandois mettent ordinairement sur les pots de *civette*, comme pour certifier leur bonne foi & la pureté du parfum; & comme d'ailleurs il est bien difficile de connoître la tromperie, le plus sûr est de ne l'acheter que de marchands connus & fidèles.

Outre la *civette des Indes* & *de Hollande*, il y a encore celle de Brésil, autrement de Guinée, qui est assez semblable à celle du Levant. Ce qu'on appelle *civette occidentale*, ne lui ressemble en rien.

On employe peu de *civette* en médecine; mais elle est d'un plus grand usage pour les confiseurs & parfumeurs, qui ne doivent cependant s'en servir qu'avec modération, puisqu'autrement au lieu d'une odeur agréable, ils n'en produiroient qu'une très-mauvaise.

« Les droits d'entrée que la *civette* paye en » France, conformément au tarif de 1664, sont » à raison de 5 liv. la livre pesant ».

« Et ceux qui se payent à la douane de Lyon

» pour tous droits d'ancienne taxation 6 liv., & de
» plus 2 liv. de nouvelle réapréciation ».

C L

CLAIR. On appelle du *vin tiré au clair*, celui qu'on a tiré jufqu'à la lie, foit qu'on l'ait mis en bouteilles, pour le mieux conferver, foit qu'on l'ait entonné dans une nouvelle futaille pour le tranf-porter plus aifément, ou pour épargner de payer les droits de la lie, qui fe payent pour les vins fur lie. *Voyez* VIN.

CLAIRE-SOUDURE, CLAIRE-ÉTOFFE. Les potiers d'étain appellent de la forte, une *efpèce d'étain*, compofé de plomb & d'étain neuf. On le nomme auffi *baffe-étoffe* & *petite-étoffe*.

CLAIRE-VOYE. (*Terme de manufacture de lainage*,) qui fignifie le *jour qui refte quelquefois entre les fils de la chaîne*, après que les draps ou autres étoffes de laine, font travaillés en toile. On les nomme auffi *entrebat. Voyez* ENTREBAT.

CLAIRET. On appelle du *vin clairet*, le vin rouge, qui n'eft pas extrémement en couleur. On le nomme auffi *vin paillet*.

CLAIRET. C'eft auffi un hypocras de vin. *Voyez* HYPOCRAS.

CLAIRETTE. On appelle *eau clairette*, une efpèce de ratafia compofé d'eau-de-vie, de cerifes & de fucre.

CLAM. C'eft le plus petit des poids dont on fe ferve dans le royaume de Siam. Il pefe douze grains de ris. Deux *clams* font la paye, deux payes la fompaye, deux fompayes le fouang, deux fouangs le mayon, & quatre mayons le tical ; enforte que le tael pefe 768 grains de ris. *Voyez* la TABLE DES POIDS & MESURES.

CLAM. Eft auffi une monnoie de compte. Il faut remarquer qu'à Siam, auffi-bien qu'à la Chine, & en plufieurs autres lieux de l'Afie, les monnoies d'argent, ou du moins les morceaux d'argent qui y fervent de monnoies, y fervent auffi de poids.

CLAMESI. Sorte de petit *acier commun*, qui vient du Limoufin. C'eft de toutes les efpèces d'acier, celui qui eft à meilleur marché. Il fe vend par carreaux, ou billes de quatre pouces, ou environ.

CLARIFICATION. Action par laquelle on rend une liqueur plus claire.

Les épiciers, confifeurs & apothicaires le difent de leurs fyrops & confitures, ou plutôt du fucre qu'ils veulent faire entrer dans leurs compofitions. La *clarification* du fucre fe fait ordinairement avec les blancs & les coquilles d'œufs battus enfemble. *Voyez* SUCRE.

CLARIFIER. Rendre une liqueur plus claire ; du fucre plus pur & plus affiné.

Bien des liqueurs fe clarifient en les paffant à la chauffe ; entr'autres l'hypocras, l'hydromel & quelques autres femblables, qui fervent de boiffons ; ou en les filtrant à travers d'un gros papier gris.

Les vins fins & délicats fe clarifient avec de la

colle de poiffon : ceux qui font plus couverts, avec ce qu'on appelle une *omelette*, qui n'eft que des blancs & jaunes d'œufs battus, & délayés dans de l'eau. On les éclaircit auffi en les paffant fur un rapé de copeaux.

C'eft une erreur de croire que la colle de poiffon, ou l'omelette, puiffe être préjudiciable à la fanté ; elles frelattent, pour les ranimer, particulièrement l'eau-de-vie, les épices & la fiente de pigeon.

CLERC. On appelle ainfi dans les fix corps des marchands, & dans les communautés des arts & métiers, une *perfonne prépofée par les maîtres & gardes*, & *par les jurés*, pour faire les commiffions & les courfes néceffaires pour les affaires du corps. C'eft le *clerc* qui a foin d'avertir les maîtres, des jours qu'il y a des affemblées extraordinaires : & dans quelques communautés d'artifans, c'eft au clerc que les compagnons qui cherchent de l'ouvrage, doivent s'adreffer.

CLINQUAILLE.
CLINQUAILLERIE. } *Voyez* QUINCAILL.
CLINQUAILLIER.

CLINQUANT. Lame d'or ou d'argent, fin ou faux, écaché entre deux rouleaux par les tireurs d'or. On s'en fert dans la fabrique des dentelles d'or & d'argent, & dans les broderies. Quelquefois *clinquant* fignifie une *broderie*, où il eft entré beaucoup de ces lames, qui font très-brillantes : mais il ne fe dit guères en bonne part, & l'on ne fe fert le plus fouvent de ce terme que par dérifion.

CLINQUANTER. Vieux mot qui fignifioit autrefois couvrir un habit, ou un meuble, de broderie faite avec du clinquant. Il n'eft plus d'ufage.

CLIQUART. Sorte de pierre qui fe tire des carrières des environs de Paris. Elle a environ quinze pouces au fortir de la carrière, mais on la réduit à douze, à caufe du bouzin. Dans les carrières de faint-Maur, le banc du *cliquart* n'eft que le cin-quième en ordre : dans les autres, il eft le premier. Le *cliquart* du fauxbourg faint Jacques à Paris, étoit le meilleur de tous, mais la carrière en eft finie.

CLISSON. C'eft ainfi que l'on appelle une *forte de toile de lin blanche*, ni groffe ni fine, qui a pris fon nom de la petite ville de Cliffon en Bretagne, où elle fe fabrique ordinairement.

Les *cliffons* fe font de deux largeurs, de fept huitiémes d'aune, ou d'une demi-aune un douze, & fe vendent à la pièce de vingt aunes, mefure de Paris. Ces efpèces de toiles, qui fervent pour l'ordinaire à faire des chemifes, & d'autres fem-blables lingeries, s'envoyent pour la plupart aux ifles Françoifes de l'Amérique, & le refte fe conforme en Bretagne & dans quelques provinces voifines.

CLIVER UN DIAMANT. (*Terme de lapi-daire*,) C'eft le fendre avec adreffe, au lieu de le fcier. On ne *clive* guères que les diamans qui ont de grandes glaces.

CLOCHEPIED. C'eſt une eſpèce d'organſin, qui n'a que trois brins de ſoie, dont deux ſont moulinés enſemble ſéparément, & puis moulinés une ſeconde fois avec le troiſiéme. Il eſt appellé *cloche-pied*, comme s'il clochoit ou boitoit, à cauſe du brin de ſoie qui manque, pour ainſi dire, à un de ſes pieds. On s'en ſert dans la fabrique des ſoies. *Voyez* SOIES.

CLOISON. C'eſt un droit qui ſe paye en Anjou par les marchands, fréquentans la rivière de Loire. Il fut impoſé par Louis II, duc d'Anjou, ſous prétexte qu'il avoit beſoin de faire la *cloiſon* des villes d'Angers & de Saumur, c'eſt-à-dire, de les enfermer de murs & de les fortifier.

CLOITRE. L'on nomme ainſi le *comptoir* ou *magaſin*, que quelques villes d'Allemagne ont dans la ville de Berg, un des ports des plus conſidérables de l'Europe & le plus beau de la Norvegue.

Ce *cloître* étoit autrefois le palais épiſcopal & la demeure des chanoines. Les rois de Dannemarck, pour attirer le négoce dans cette partie de leurs états, firent préſent de ce vaſte bâtiment aux marchands de Hambourg, Lubeck, Bremen & autres villes anſéatiques, après qu'ils eurent chaſſé l'évêque & les chanoines de Berg, & aboli la religion catholique.

Non-ſeulement ce comptoir conſerve toujours le nom de *cloître*, qui étoit ſon premier nom; mais encore les négocians qui l'occupent, portent celui de moines, quoique bien éloignés des régles & de l'habit de ceux à qui ils ont ſuccédé. Il eſt vrai qu'on peut dire, qu'ils en imitent en quelque ſorte le célibat, puiſqu'on n'y ſouffre point d'hommes mariés, & que ceux qui y habitent, ſont obligés d'en ſortir, & de prendre maiſon ailleurs quand ils ſont réſolus de s'engager dans le mariage; quoique pourtant il leur ſoit toujours permis de trafiquer & d'entretenir commerce & correſpondance avec leurs anciens confrères.

Les marchands, ou ſi vous aimez mieux les moines de cette magnifique demeure, ne font pas un négoce, du moins pour l'eſpèce de la marchandiſe, qui ait quelque rapport à ce palais; puiſqu'ils ne trafiquent que de poiſſons, ou ſecs, ou ſalés, comme les harengs, les morues, les merluches, les ſtockfiſch, &c.; mais il eſt vrai qu'ils en vendent en ſi grande quantité, qu'ils en fourniſent preſque toute la Moſcovie, la Suède, la Pologne, le Dannemarck, l'Allemagne, ſans compter ce qu'il en vient par les vaiſſeaux François, Anglois & Hollandois.

CLORRE UN COMPTE. Se dit dans la même ſignification que *ſolder un compte*; c'eſt en faire l'arrêté.

CLOS. Terme dont on ſe ſert dans les manufactures de lainage, pour exprimer une *étoffe bien ſerrée*. Ainſi l'on dit: ce *drap eſt bien clos*, pour faire entendre qu'il n'eſt point lâche, que la trême

en a été bien frappée ſur le métier, qu'il a été foulé comme il faut, & qu'il n'a point été effondré dans les apprêts qu'on lui a donnés.

CLOS. On dit qu'un compte, ou qu'un inventaire eſt clos & arrêté, pour dire qu'il eſt ſoldé, la balance de la recette & dépenſe examinée & fixée; & que les aſſociés ou parties intéreſſées l'ont apoſtillé & ſigné. *Voyez* COMPTE.

CLOSTURE d'un compte, d'un inventaire. C'eſt le calcul, l'arrêté & l'état final d'un inventaire, ou d'un compte fait par des aſſociés en quelque commerce, ou par un négociant, qui ſe rend raiſon à lui-même de ſes affaires.

CLOU. Petit morceau de métal, qui eſt pointu par un bout, & a une tête platte, ou un crochet à l'autre, qui ſert à attacher, à ſuſpendre, ou à orner quelque choſe.

Les *clous de fer* ſont à l'uſage de tant d'ouvriers, & tant d'autres perſonnes s'en ſervent, qu'il ſeroit long & inutile d'en parler ici, ni d'entrer dans aucun détail, d'autant plus qu'on ſera obligé d'en dire un mot, lorſqu'on traitera de la fabrique des *clous* & du négoce de la clouterie.

Il n'y a guères de provinces en France où il ne ſe fabrique des *clous de fer*; mais celles qui en font le plus grand commerce, ſont la Normandie, la Champagne, le Limouſin, le Forez, Charleville & Liége, qui, quoique hors de France, & ſoumis à ſon prince particulier, peut en quelque ſorte être regardé comme François, à raiſon de ce négoce, la plus grande conſommation de ſes *clous* ſe faiſant, en temps de paix, dans le royaume.

La plus groſſe quantité & le plus grand aſſortiment de *clous* ſe fait à Charleville, & aux environs; les autres lieux en fourniſſent moins, & n'en ont que de certaines eſpèces.

Les différentes ſortes de *clous* ſont, la broquette, dont il y en a de commune, & d'autres qu'on nomme *broquette eſtampée*; des *clous à latte* & des *clous à ardoiſe*, appellés autrement *clous à bouche*; ces deux ſortes ſont à tête platte: *clous à bardeau*: *clous à tête ronde ou à trois coups*: *clous à tête longue* pour les parquets: *clous à crochets*, à *bec de canne* ou à *pigeon*: *clous à ſouliers*, à *deux têtes*, à *caboche* & à *pointe de diamans*: *clous à ſerruriers*: *clous communs*: *clous ſans tête* pour ferrer les fiches, pomelles, & autres ouvrages de ſerrurerie de cette ſorte: *clous à ſoufflet*: *clous à river*: *clous à deux pointes* ou à *tête de champignon*, pour les portes cocheres: *clous de cheval*, ordinaire & à glace; & enfin des *clous à bande* de deux ſortes, de communs ou à tête rabattue.

Les *clous* qui ſortent de la première main, s'achettent ou à la ſomme, s'ils ſont petits, ou au compte s'ils ſont grands. La ſomme eſt compoſée de douze milliers: en détail, ils ſe vendent ordinairement à la livre, à la réſerve des broquettes, des *clous à ardoiſe* & à *latte*; & de quelques autres fortes, que les maçons, les couvreurs, tapissiers & bahutiers, achetent des marchands de Paris à la somme.

Tous les *clous*, dont le millier pèse depuis quatre onces jusqu'à deux livres, s'appellent *broquettes*; tous ceux dont le millier pèse depuis deux livres jusqu'à quarante, s'appellent *clous*, qui sont de deux sortes, les *clous légers* & les *clous au poids*; les uns & les autres, suivant leur espèce, sont de même longueur; mais ceux au poids sont de la moitié, & quelquefois du double plus pesant que les legers.

BROQUETTE. Il y a de la *broquette* d'un quart, ou de quatre onces le millier, de demie livre, de trois quarts, d'une livre, de cinq quarts, de six quarts & de sept quarts. Celle de deux livres s'appelle *broquette estampée* ou *à tête emboutie*: il y a une autre espèce de *broquette estampée*, de deux livres & demie & de trois livres le millier, qui s'achete au cent pesant, & qui n'est guères que pour les serruriers. La *broquette* d'un quart, qui est la plus petite de toutes, sert aux tapissiers & selliers, pour clouer les plus fines étoffes, aussi-bien que les deux d'après. Celle d'une livre s'employe par les mêmes, pour les sangles & les toiles. Les cinq, six & sept quarts, sont proprement ce qu'on appelle *broquette* à l'usage de tout le monde; enfin la deux livres est propre aux tapissiers, pour tendre les tapisseries, & aux serruriers pour attacher tous leurs ouvrages legers.

CLOUS A COUVREURS ET A MAÇONS. Tous ces *clous* doivent être à tête platte. On les nomme *clous de bouche*, parce que les ouvriers qui les employent les tiennent plus communément à la bouche, pour les avoir davantage à la main en travaillant. Ils sont de deux sortes, les *clous à ardoise* & les *clous à latte*: les premiers sont de deux, de deux & demie & de trois livres au millier; les autres de quatre & de quatre livres & demie: ce dernier est plus long que les autres, parce qu'il s'employe pour clouer la latte sur de vieux bois. Ils s'achetent à la somme aussi-bien que les broquettes.

CLOUS A BARDEAU. Cette sorte de *clous* est à l'usage des selliers, serruriers, bahutiers, menuisiers, &c. Ils s'achetent aussi à la somme, comme les précédens. Tous ces *clous* ont la tête ronde & frappés à trois coups, & s'appellent *clous legers*.

CLOUS A PARQUET. Ces *clous* ont la tête longue, afin qu'elle puisse entrer dans les bois & s'y perdre. Il ne s'en fait que du 10, du 15, du 20, du 28 & du 35. Il n'y a guères que les menuisiers qui s'en servent.

CLOUS A CROCHET. On nomme ces *clous*, *clous à crochet*, parce qu'au lieu de tête, ils ont une pointe de fer, qui s'élevant en angle droit sur le *clou*, forme un véritable crochet. Ils se distinguent, comme les autres qu'on vend à la somme, par le poids du millier. Il ne s'en fait pourtant que de 6, de 8, de 10 livres au millier, qui tous sont au nombre des *clous legers*.

Quand ils sont plus gros, on les appelle *clous à crochet au cent*, à cause que la grosseur de leur corps en augmente tellement le poids, qu'ils pesent dix & douze livres plus qu'ils ne devroient par leur grandeur.

Le *clou à crochet* au-dessus, s'appelle *clou de 50*, & est encore plus gros que le *clou du cent*, le millier pesant plus de 50 livres. Le *clou de 50*, qui a le crochet plat, est ce qu'on nomme *clou à bec de canne* ou *à pigeon*, parce que son usage le plus ordinaire est pour attacher des paniers dans les colombiers, pour y faire pondre & couver les pigeons.

Il se fait encore des *clous à crochet* beaucoup plus gros; mais ils ne sont point fabriqués dans les provinces, les cloutiers de Paris les forgent suivant qu'on leur commande, & sur les échantillons qu'on leur donne.

CLOUS A SERRURIERS, & *clous communs* ou *au poids*. Ils sont de la même longueur, mais plus pesans que ceux des mêmes qualités, qu'on appelle *clous legers*; les *clous communs* d'environ le double, & les *clous à serruriers* de plus du double. Les communs sont de même forme & façon que les *clous ordinaires*; mais les *clous à serruriers* ont la tête en pointe de diamant. Les uns & les autres servent aux serruriers à attacher leurs ouvrages.

CLOUS A SOULIERS. Il y a de plusieurs sortes de *clous à souliers*; les uns qui s'achetent à la somme, & les autres au compte: ceux à la somme pesent deux livres, deux livres & demie, trois livres, trois livres & demie & quatre livres au millier; les trois premières sortes sont *clous legers*, les autres sont *clous au poids*.

Ceux au compte sont encore de deux espèces; des *clous à souliers à deux têtes*, & des *clous à souliers à caboche*, ou *à pointe de diamant*; les uns & les autres sont fort matériels, & pour cela, ne s'achetent point au poids. Les porteurs de chaises & crocheteurs de Paris, sont presque les seuls qui s'en servent, à cause qu'ils travaillent & marchent sans cesse sur du pavé.

POINTES, ou CLOUS SANS TÊTE. Il y en a de deux sortes les uns sont des *clous legers*, & les autres des *clous au poids*: les premiers sont de trois livres & trois livres & demie, quatre & cinq livres au millier, dont les trois, & trois & demie s'achetent à la somme, & les quatre & cinq au cent.

Les pointes au poids sont de 3, 4, 5 & 6; les trois & quatre s'achetent à la somme, & les cinq & six au cent; elles servent tous à ferrer les fiches qui s'appliquent aux portes, croisées & guichets d'armoires. Il y a la même différence de la pointe légère à celle au poids, que le *clou léger* à celui *au poids*.

CLOUS A SOUFFLET. Ce sont des *clous* faits comme des *clous à souliers*, mais plus longs & avec une tête plus large. On s'en sert pour les gros soufflets des

des forges, & c'est avec ces *clous* que le cuir s'attache autour des bois.

CLOUS A RIVER. Ce font encore des *clous* comme des *clous à fouliers*, avec cette différence, que leur pointe n'est point aigue, mais auffi groffe au bout, qu'au-deffous de la tête. Ce font les chauderoniers qui s'en fervent.

CLOUS A DEUX POINTES. On les nomme auffi *clous à tête de champignon*. Ce font de grands *clous*, dont la tête a plus d'un pouce de diamètre, & eft extrêmement voutée & élevée en forme de champignon. Ils ont deux pointes foudées enfemble, & faites d'un fer doux & facile à plier. Ces deux pointes font faites pour, après être paffées par le même trou de villebrequin, ou d'une petite terrière, être pliées & rivées à droite & à gauche. Ce font de ces *clous* dont autrefois on fe fervoit communément à toutes les portes cochères des maifons de Paris. On n'en emploie plus guères qu'à la campagne, aux portes des fermes, où elles fervent tout enfemble, &. d'une efpèce d'ornement, & à retenir les barres de bois qui les affemblent, ou les fortifient par derrière.

CLOUS A CHEVAL. Ce font des *clous* qui fervent à attacher les fers qu'on met fous les pieds des chevaux, pour conferver leur corne. Il y en a de deux fortes; les uns ordinaires & les autres à glace. La feule différence confifte dans la tête, que les premiers ont prefque plate, & les autres en forme de petite pointe de dard; afin que dans les temps de gelées, en s'enfonçant dans la glace, ils rendent les pas des chevaux plus fermes.

Ces fortes de *clous*, qui fe fabriquent prefque tous en baffe-Normandie, du côté de Breteuil, font de 14, 16, 18, 20, 22 & 24 livres au millier. Il s'en fait auffi un peu à Tinchebray, près Falaife, mais qui fe confomme prefque tout dans le pays.

Ce qui fait que les cloutiers des environs de Breteuil travaillent plus volontiers à cette forte de *clous* qu'à d'autres, c'est que leur fer étant très-doux & fort pliant, y eft très-propre. Le bout de ces *clous*, que les maréchaux coupent avec leurs tenailles en ferrant les chevaux, fe vend aux vitriers, qui le redreffent pour en faire les pointes dont ils attachent leur verre dans le bois des chaffis.

C'étoit autrefois du Limoufin, que Paris & prefque toutes les provinces de France tiroient les *clous à cheval*, parce que la fabrique en étoit véritablement, & en eft encore la meilleure de toutes: mais le bon marché de ceux de Normandie, joint à la perfection & la bonté de l'ouvrage où les cloutiers Normands font enfin parvenus, a fait entièrement tomber cette forte de clouterie du Limoufin.

CLOUS A BANDE, & A TÊTE RABATTUE. Ces *clous*, qui ne fe fabriquent point ailleurs qu'en Champagne, du côté de Saint-Difier, fervent à attacher les bandes de fer qu'on met aux roues des carroffes, chaifes, charrettes, &c. Ceux pour les carroffes, s'appellent fimplement *clous à bande*; ceux

pour les charrettes, qui font infiniment plus forts, & qui ont la tête plus large & plus élevée, fe nomment *clous à tête rabattue*.

Les *clous à bande* fe diftinguent pour la groffeur, par le poids du cent, c'est-à-dire, que moins il y en a au cent, plus ils font gros. Ils fe vendent au millier, c'est-à-dire au compte, les plus petits font de fept livres au millier, puis fuivent ceux de 8, 9, 10, 11 & 12. Quand ils font plus gros, ils fe vendent au poids, & fe nomment *clous au poids*. Les *clous de tête rabattue* fe vendent tous au poids; il y en a de différente groffeur.

Il n'y a guères qu'à Charleville où l'on faffe des affortimens entiers de clouterie, fur-tout de broquettes. La baffe-Normandie, particulièrement Tinchebray, près Falaife, en fournit, à la vérité, prefqu'autant que Charleville, de quelques-unes de cette dernière forte: mais outre qu'on n'y fait aucune broquette à tête eftampée, on n'y en fabrique des autres, que de cinq efpèces: du quart, de demi-livre, des trois quarts, d'une livre, & de fix quarts, toutes plus groffes dans leur qualité, & moins bien faites que celles de Charleville. Elles s'y vendent à la fachée ou à la pochée, qui pèfe 60 livres, à l'exception de celles d'un quart, qui n'en pèfe que trente. Auffi ces broquettes font-elles moins chères que celles de Charleville.

La broquette de Champagne, en général, eft mieux faite que celle de Normandie; mais moins bien que celle de Charleville. Elle eft plus chère qu'en l'un; & l'autre endroit; & il ne s'y en fait qu'en petite quantité. Les clouteries des environs de Troyes, excellent en broquettes fines. Celles de cette forte, des environs de Saint-Difier, font auffi très-bonnes. Dans tous ces lieux, il ne s'en fabrique aucune d'eftampée; & la Champagne les tire de Paris, lorfqu'elle en a befoin.

La meilleure broquette de toutes, eft celle qui fe fait en Forez; mais elle y eft fi chère, qu'il ne s'en tire point pour Paris: on la vend au millier.

Pour les *clous de la grande forte*, c'est-à-dire, qui ne font point broquettes, & dont le poids eft depuis deux livres jufqu'à quarante livres le millier; les meilleurs fe font à Saint-Difier: ceux des environs de Troyes viennent après; enfuite les *clous de Forez* & *de Liége*, qui font à-peu-près de même qualité; puis ceux de Normandie, d'Anjou, & des autres provinces de France. On a déjà remarqué que les *clous à bande*, foit pour caroffe, foit pour charrette, ne fe fabriquent qu'en Champagne, aux environs de Saint-Difier.

Il fe fait à Paris de toutes fortes de *clous*, à la réferve de la broquette. Ils y font de bonne fabrique, mais plus chers qu'en aucun autre lieu. Outre les *clous à river, ordinaires*, qui fe fabriquent par tous les cloutiers des provinces; ceux de Paris en font d'une forte particulière, qui ont environ deux pouces de long, fur différentes groffeurs; ils fervent aux ferruriers pour attacher des pentures, des couplets des charnières, & autres ouvrages de ferrurerie de gros volume.

« Toutes fortes de *clous de fer*, & de *clouteries* » paient en France, les droits d'entrée à raison de » 12 fols du cent pefant ; & ceux de fortie, fur le » pied de 8 fols, fuivant le tarif de 1664 ».

« Les droits de la douane de Lyon, pour la » clouterie, font de 2 fols par quintal d'ancienne » taxation, & 6 fols de nouvelle réappréciation, avec » les fols pour livre ».

CLOUS A TROIS TÊTES, OU CLOUS A CORDONNIER. Ce font des *clous* de deux ou trois pouces de long, dont les cordonniers & favetiers fe fervent pour monter les talons des fouliers. La tête de ce *clou*, qui eft platte par-deffus, & de quatre ou cinq lignes d'épaiffeur, eft partagée en trois dans fa hauteur, par deux efpèces de rainures, ce qui forme ces trois têtes. Ces entailles circulaires font faites, afin que la pince ou les tenailles allongées, les mordent plus fortement, pour retirer le *clou*, quand le talon eft chevillé. Ces artifans ont encore d'autres *clous à brocher* : ils n'ont qu'un pouce de long, & une tête très-platte ; c'eft avec quoi ils montent le foulier fur la forme, quand l'empeigne & le quartier font coufus, ce qu'ils appellent brocher un foulier. Ce font les marchands de Crefpin qui vendent les uns & les autres.

CLOUS A SELLIER. Ce font des *clous* à-peu-près femblables à ceux des cordonniers, hors qu'ils font ordinairement plus petits. Ils fervent à ces ouvriers à monter & établir leurs cuirs fur les bois des carroffes, chaifes, berlines, & autres tels ouvrages de leur métier, avant que de les arrêter avec la broquette, ou de les clouer avec les *clous dorés*.

« Les *clous à cordonnier* & *à fellier*, paient en » France les droits d'entrée & de fortie, fur le pied » de mercerie ; fçavoir, 10 liv. à l'entrée, confor-» mément à l'arrêt du confeil du 3 juillet 1692, & » 3 liv. à la fortie, du cent pefant, à moins qu'ils » ne foient deftinés & déclarés pour être envoyés à » l'étranger, auquel cas les droits de fortie ont » été modérés à 2 liv. par le même arrêt, le tout » avec les fols pour livre ».

CLOUS DE CHAUDERONNIER. Ce font de petites lames de cuivre, coupées en lozange, que les chauderonniers tournent en fer d'aiguillettes ; & à laquelle ils font une efpèce de tête, dans ce qu'ils appellent une *cloutière*. Ils fe fervent de ces *clous de cuivre*, pour clouer tous les ouvrages de même métal qu'ils font, & leur rivure eft fi jufte, que jamais l'eau dont on remplit les vafes & vaiffeaux qui en font cloués, n'y peut trouver le moindre paffage pour s'écouler. *Voyez* CLOUTIÈRE.

CLOUTIER. Celui qui fait & vend des clous. Les *cloutiers* font une des communautés des arts & métiers de la ville & fauxbourgs de Paris. Ils fe nomment dans leurs ftatuts, & dans les lettres-patentes des rois qui les confirment, *maîtres cloutiers*, *lormiers*, *Eflameurs*, & *marchands ferronniers*.

CO ou COS. *Herbe* qui croît dans la province de Fokin, à la Chine, dont on fait une toile appellée *copou*, qui eft fort eftimée dans le pays.

COAGIS (*Terme en ufage dans le Levant, parmi les négocians.*) Il fignifie *commiffionnaire*. Il y a des François, Hollandois, Anglois & Italiens, qui font établis dans les échelles du Levant en qualité de *coagis*, ou *commiffionnaires :* ils font commerce par commiffion, chacun pour le compte des marchands & négocians de leur nation.

COAILLE, ou QUOAILLE. La *laine* la plus groffière qui fe lève de deffus la brebis. Comme c'eft ordinairement la laine de la queue qui eft la plus mauvaife, & qu'autrefois au lieu de queue, on difoit *quoue*, quelques-uns croyent qu'on a d'abord dit, *quoouaille*, puis *quooaille* dont on a fait *coaille*.

COBALT, ou COBOLT. *Minéral*, qui eft une forte de *cadmie naturelle*, de laquelle on tire le bifmuth, l'arfenic & cette efpèce d'azur que les peintres emploient avec du blanc de plomb, pour peindre en bleu, & qui fert à donner à l'empois, la couleur bleue qui lui eft néceffaire. Ce minéral tient ordinairement quelque peu d'argent. Il y en a plufieurs mines en Allemagne, particulièrement en Saxe ; on en trouve auffi en Alface, & dans le Dauphiné.

COBIT. *Mefure* pour les longueurs, dont on fe fert en plufieurs endroits des Indes orientales. Le *cobit* n'eft pas par-tout égal, & il varie à proportion comme l'aune, dont on fe fert au même ufage en plufieurs lieux de l'Europe.

Le *cobit de Surate*, ville du plus grand commerce dans les états du mogol, duquel le fieur Tavernier a donné la longueur & la divifion dans fes obfervations fur le commerce des Indes, eft de deux pieds-de-roi, & feize lignes. Il fe divife en vingt-quatre tafots ; chaque tafot d'un peu plus d'un pouce. C'eft à cette mefure que s'achettent & fe vendent toutes les toiles de coton, les taffetas, les cotonis & autres étoffes femblables, que les vaiffeaux d'Europe apportent des Indes en fi grande quantité.

CO-BOURGEOIS. (*Terme de commerce de marine.*) Celui à qui un vaiffeau appartient en commun, avec un ou plufieurs propriétaires ; & qui en eft *bourgeois* avec eux.

COBRE. Sorte de *mefure étendue*, dont on fe fert à la Chine, particulièrement du côté de Canton, pour mefurer les étoffes, les toiles, & autres femblables marchandifes, ainfi que nous faifons de l'aune en France. Les dix *cobres* font trois aunes de Paris.

On fe fert auffi du *cobre* dans divers endroits des Indes orientales, particulièrement fur la côte de Coromandel, mais il eft plus grand que celui de la Chine, & revient à dix-fept pouces & demi de France. Les Anglois de Madras fe fervent de ce dernier pour mefurer leurs étoffes & leurs toiles. *Voyez* LES TABLES.

COBRISSO. Nom que l'on donne à la *mine d'argent*, dans le Chily & au Pérou, lorsqu'elle tient du cuivre, & que par cette raison elle est teinte d'une couleur verte ; cette sorte de mine est difficile à traiter, c'est-à-dire, à en tirer l'argent, à cause du cuivre dont elle est mêlée.

COCA. *Plante du Pérou*, dont les fruits, quand ils sont secs, y servent de petite monnoie, de même que le cacao dans le Mexique.

La plante qui produit le coca, ne s'élève guères que de trois & quatre pieds : ses feuilles sont molles, d'un verd pâle, un peu plus grandes que celles du myrte : son fruit vient en grappe, dont les grains rougissent en mûrissant, & deviennent parfaitement noirs, quand ils ont toute leur maturité. C'est en cet état qu'on les cueille, les laissant entièrement sécher avant que de les mettre dans le commerce. C'est avec cette monnoie que les Indiens montagnards font leur plus grand trafic, s'en servant pour acheter ou échanger des habits, des bestiaux, & autres semblables marchandises.

COCAIGNES. C'est ainsi qu'on appelle les *boules*, ou *pains de pastel*, avant qu'on l'ait pilé & réduit en poudre : on les nomme aussi *cocs*.

La culture de la cocaigne, ou pastel, avoit autrefois établi un si grand commerce dans le Languedoc, & cette belle province déjà si fertile & si riche d'elle-même, avoit tellement vu augmenter ses richesses, & l'abondance de toutes choses, par le grand négoce qui s'en faisoit, qu'on l'appelloit vulgairement le *pays de Cocaigne*, par une espèce de reconnoissance des avantages que lui avoit attiré une drogue si utile : ce qui depuis est passé en proverbe, & l'on dit ordinairement : *c'est un vrai pays de Cocaigne*, pour faire entendre qu'on est dans un lieu où l'on a de tout en abondance.

COCCUS. C'est le nom que la plupart des botanistes donnent à l'*arbrisseau* qui porte la graine d'écarlate. *Voyez* COCHENILLE.

COCHENILLE. *Drogue* qui sert à teindre en rouge, & qu'on emploie sur-tout dans les cramoisis, & les écarlates.

La cochenille arrive ordinairement à Cadix, en Espagne, par les gallions, qui y apportent les trésors du Mexique & du Pérou ; & de-là, elle est transportée en Hollande, en Angleterre & à Marseille, d'où les marchands épiciers & droguistes de France la tirent. *Voyez* ROUGE.

« Le tarif général de France de l'année 1664, » distingue diverses sortes de *cochenilles*, qui » paient les droits d'entrée dans le royaume sur » différens pieds, suivant leur dégré de bonté.

» La *cochenille mestèque*, à laquelle le tarif » joint le demi-mestèque & la teschiale, paye 40 liv. » le cent pesant.

» La *cochenille campeschiane*, ou *campetiane*, » 20 liv.

» Et la *cochenille sylvestre commune*, comme la » moindre de toutes, seulement 10 liv. pareillement » du cent pesant.

« A l'égard des droits qui se paient pour cette » drogue à la douane de Lyon, ils sont réglés à » raison de 10 liv. d'ancienne taxation, & 27 liv. » 10 sols de nouvelle réappréciation, le tout avec » les nouveaux sols pour livre ».

COCHON. Animal domestique, dont on tire quelqu'utilité pour le commerce & les manufactures. *Voyez* PORC.

« Les *cochons de lait* paient en France les droits » de sortie à raison de 2 sols la pièce, conformé- » ment au tarif de 1664, & les sols pour livre ».

On appelle *langayeurs de cochons*, certains officiers commis pour faire la visite des animaux de cette espèce, qui se vendent dans les marchés, ou qui se tuent par les charcutiers de la ville & faux-bourgs de Paris. Le nom de *langayeurs* leur vient de ce qu'ils visitent les *porcs*, *truies & cochons*, sous la langue, où à de certaines marques on peut connoître s'ils ne sont point attaqués de ladrerie ; le commerce de ceux qui ne sont pas sains, étant très-expressément défendu par les ordonnances & les statuts des charcutiers.

COCKIEN. Espèce de *monnoie de compte*, dont on se sert au japon, à-peu-près comme de la pistole en plusieurs lieux de l'Europe. *Voyez* LA TABLE DES MONNOIES.

COCO. Espèce de *palmier*, qui est très-commun dans l'une & l'autre Inde, & qui est d'une grande utilité pour la vie & le commerce.

COCON, qu'on nomme aussi COUCON. *Coque de ver à soie*, que ce précieux insecte se file lui-même, où il demeure enfermé 15 ou 20 jours, sur la fin desquels il se transforme en une espèce de fève, & d'où il sort en papillon, pour répandre sa graine.

« Les *cocons* ou *coucons de soie*, nom sous » lequel ils sont employés dans le tarif de Lyon de » 1632, paient les droits à la douane de cette » ville, à raison de 23 sols 6 den. la balle, pour » l'ancienne taxation, & 12 sols 6 den. pour la nou- » velle réappréciation, avec les sols pour livre ».

COCOS, ou COCO. Arbre qui produit les *noix de cocos*, dont les tabletiers, tourneurs & sculpteurs font tant d'agréables ouvrages.

Les Dieppois qui travaillent si bien l'yvoire, font aussi de très-jolis ouvrages de *cocos*, qu'ils envoyent en divers lieux du royaume, mais particulièrement aux marchands merciers de Paris, dont quelques-uns font un assez gros débit.

Cocos. *Mesure*. Le fruit du *cocos séché & vuidé de sa moële*, sert à Siam de mesure pour les liquides & pour les grains. Comme ces fruits ne font pas de la même continence, & que les uns sont plus larges & les autres moins, on en mesure la capacité avec des cauris ; ces petites coquilles des Maldives, qui servent de menue monnoie en plusieurs états des Indes. Il y a tel *cocos* qui contient mille cauris, & d'autres seulement cinq cent, & même beaucoup moins ; ce qui fait une diminution ou une augmentation de mesure, à-peu-près comme la chopine & la pinte, ou le litron & demi-litron, en France.

COCQUE DE LEVANT. Sorte de *fruit*, qui est propre à faire mourir la vermine, & à enyvrer le poisson.

COCS. Ce sont les *pains* ou *boules de pastel*, avant qu'on l'ait réduit en poudre. On les nomme aussi *cocaigne. Voyez* PASTEL.

CODE MARCHAND. C'est ainsi que l'on appelle l'ordonnance de Louis XIV, *sur le fait du commerce*, donnée à Saint-Germain-en-Laye, au mois de mars 1673. Quelquefois on la nomme simplement *l'ordonnance de 1673.*

Ce code est rédigé en douze titres, qui sont soudivisés en plusieurs articles.

Le premier titre est des apprentifs négocians & marchands, tant en gros qu'en détail; du temps de l'apprentissage & service chez les maîtres, de l'âge pour être reçu à maîtrise; de l'examen qui doit précéder; des droits de réception; de la majorité des marchands & banquiers; du temps fixé pour demander le payement de leurs marchandises & ouvrages; de celui où l'action pour le payement doit être intentée; du serment, en cas de déni, & à qui déféré; enfin, des poids & mesures.

Le second titre traite des agens de banque & courtiers; il leur ôte la liberté de tenir banque, ou faire change, ou autres trafics, pour leur compte particulier; de tenir caisse chez eux & de signer des lettres de change par aval; & défend de recevoir à la charge d'agens & de courtiers ceux qui ont obtenu des lettres de répi, ou fait faillite.

Dans le troisiéme titre il est parlé des livres & registres des négocians, marchands & banquiers; quels & comment ils les doivent tenir; de leur cotte & paraphe par premier & dernier feuillet; des lettres qu'ils reçoivent pour fait de marchandise & de leur enregistrement; de l'inventaire de leurs effets actifs & passifs; enfin des cas où les registres & inventaires doivent être communiqués en justice.

Les sociétés sont expliquées dans le quatriéme titre, leurs espéces, leurs obligations, leur enregistrement au greffe des jurisdictions, leur forme, leurs clauses en particulier, celle de se soumettre à des arbitres, le nombre & le pouvoir de ces arbitres, leurs sentences & leur homologation; on y parle aussi des veuves, héritiers, & ayans-cause des associés.

Le cinquiéme titre contient tout ce qui concerne les lettres, billets de change, & promesse d'en fournir; comment elles doivent être conçues, comment être acceptées, & par qui payées; les protêts, faute d'acceptation ou de payement; les dix jours après celui de l'échéance; les usances réduites à trente jours; les poursuites contre les tireurs, endosseurs & accepteurs; les délais, tant contre les domiciliés, que ceux qui sont dans les provinces du royaume, ou dans les pays étrangers; les lettres perdues ou adhirées, & comment s'en doit faire la poursuite & le payement; les cautions pour l'événement des lettres, & leur décharge; la prescription après cinq années de cessation de demande & poursuite; les

signatures au dos des lettres, leur endossement, les antidates des ordres, les avals; enfin toutes les précautions & toutes les clauses nécessaires pour la validité des lettres & billets de change, & promesses d'en fournir.

Les intérêts, le change & le rechange font la matière du sixiéme titre. Il est défendu à tous négocians, marchands & autres, de comprendre l'intérêt avec le principal, dans quelque acte que ce soit, ni de prendre l'intérêt de l'intérêt. On y explique sur quel pied doit être réglé le change, en quel cas doit être dû le rechange, & quand & comment on est tenu de payer l'intérêt du principal, du change & rechange. On y parle aussi du prêt sur gages, qui ne se peut faire que par acte par-devant notaires.

Le septiéme titre est des contraintes par corps, & il y est expliqué contre qui, en quelles occasions, & pourquoi elles ont lieu, & peuvent être décernées.

Le huitiéme, qui est des séparations de biens, ordonne que les séparations entre les négocians & marchands, tant en gros qu'en détail, les banquiers & leurs femmes; comme pareillement les clauses dérogatoires aux communautés de biens, mises dans les contrats de mariage entre personnes de qualité & profession mercantile, seront, outre les qualités ordinaires, publiées à l'audience de la jurisdiction consulaire des lieux, s'il y en a, ou dans l'assemblée de l'hôtel-de-ville, & insérées dans un tableau exposé en lieu public.

Le neuviéme traite des défenses & des lettres de répi; de ce qu'il faut observer pour les obtenir, & en pouvoir jouir; de la fraude qui en rend nulle l'obtention, & qui empêche même qu'on soit reçu au bénéfice de la cession; de la signification de ces défenses & lettres, du payement des créanciers sans préférence par celui qui les a obtenues; & de l'exclusion de toutes charges municipales, & autres semblables, contre ceux qui en obtiennent.

Les cessions des biens sont le sujet du dixiéme titre. Il exclut de ce malheureux bénéfice les étrangers qui ne sont point naturalisés, & veut, outre les formalités ordinaires en ce cas, que les naturels François & les naturalisés comparoissent en présence des juges-consuls, ou en l'assemblée des villes, pour déclarer leur nom, surnom, qualité, &c. & que leur déclaration soit mise dans un tableau public.

L'onziéme titre, qui est des faillites & banqueroutes, déclare depuis quand elles sont censées ouvertes; quels états de leurs biens, & quels livres & registres ceux qui font faillite, sont obligés de représenter. Il traite aussi de la nullité de tous transports, cessions, ventes, &c, faits en fraude des créanciers; des assemblées que tiennent lesdits créanciers; de l'homologation des résolutions qui s'y prennent; des hypotheques & priviléges sur les meubles & immeubles trouvés après la faillite; de la revendication; des deniers comptans, & de ceux procédans de la vente des meubles & autres effets mobiliaires. Enfin le même article défigne quels font les banqueroutiers frauduleux, en ordonne la pourfuite·extraordinaire, & la punition de mort ; & marque celle qu'encourent les particuliers qui aident & qui favorifent une banqueroute frauduleufe.

Le titre de la jurifdiction confulaire eft le douziéme & dernier du *code marchand*. Il déclare commun pour tous les fiéges des juges & confuls du royaume l'édit de leur établiffement à Paris, du mois de novembre 1563, & tous autres édits & déclarations touchant leur jurifdiction, enregiftrés dans les cours de parlement. Il marque dans un grand détail les chofes & les perfonnes dont ils pourront connoître, & prononcer leur jugement ; celles fur lefquelles ils ne peuvent juger, & en quel cas ils doivent déférer au déclinatoire, à l'appel d'incompétence, à la prife à partie & au renvoi. Enfin il régle auffi les procédures de la jurifdiction confulaire, fuivant les formes prefcrites par le titre feizieme de l'ordonnance du mois d'avril 1667, & ordonne où fe doivent donner les affignations, foit pour le commerce de terre, foit pour le commerce maritime.

Le parfait Négociant de M. Savary eft proprement un commentaire fur ces douze titres du *code marchand* ; n'y ayant guères d'articles de cette importante ordonnance, qu'il n'ait expliqués & éclaircis dans cet excellent ouvrage & dans fes pareres, qui en font la feconde partie.

On dira feulement en paffant, qu'il n'appartenoit peut-être à perfonne plus qu'à ce célèbre auteur, de donner au public des explications & des éclairciffemens, puifqu'ayant été appellé en 1670, avec plufieurs des plus habiles négocians de Paris, pour affifter & donner fes avis au confeil de la réforme, où l'on travailloit à ce *code marchand*, qui parut trois ans après, il eft de notoriété publique que prefque tous les articles y paffèrent, & y furent arrêtés fur fes mémoires & fur fes repréfentations, dont les minutes écrites de fa main font regardées par fa famille, qui les garde avec refpect, comme le plus riche héritage qu'il pût lui laiffer.

CODE NOIR. C'eft le nom que l'on donne dans les ifles Françoifes de l'Amérique à l'ordonnance de Louis XIV, du mois de mars 1685, touchant la police de ces ifles, & ce qui doit s'y obferver, principalement par rapport aux Négres.

Les Négres font le principal objet du négoce que les François & quelques autres nations de l'Europe font fur les côtes d'Afrique ; & c'eft pour ce commerce qu'on a vu fe former les compagnies du Sénégal, de Guinée, de l'Affiente, des Grillis, du Sud & de quelques autres, foit en France, foit en Angleterre, foit à Gênes, dont on parlera dans l'article des compagnies.

Ces malheureux efclaves, comme on le dit ailleurs (voyez l'article des Négres), fe tranfportent aux ifles de l'Amérique, où ils en font la plus

grande richeffe ; la culture du tabac, du fucre, de l'indigo, & de tant d'autres riches marchandifes, ne pouvant fe paffer de l'induftrie, de la force & de la patience à toute épreuve de ces nations nées, pour ainfi dire, à la fervitude ; mais à qui elle ne laiffe pas d'être avantageufe par la connoiffance du vrai Dieu & de la religion chrétienne qu'elle leur procure, comme une efpèce de compenfation de la perte de leur liberté.

C'eft principalement pour procurer aux Négres des ifles Françoifes un fi grand avantage, que le *code noir* a été dreffé, & l'on peut dire que c'en a été la première vûe, quoiqu'il foit auffi compofé de grand nombre d'articles qui n'ont pas rapport à la religion, mais qui regardent l'état civil de ces malheureux, & le pouvoir de leurs maîtres fur eux.

Ce code ou *ordonnance* de 1685, particulièrement aux ifles Françoifes de l'Amérique, qui, comme on fait, font une partie des Antilles, eft rédigé en foixante articles, qu'on peut en quelque forte divifer en fept titres.

Le premier titre, contenant quatorze articles, concerne les matières de la religion, & l'état des enfans nés de père ou de mère, l'un efclave, & l'autre libre.

Le fecond, en huit articles, traite du droit public, particulièrement du port d'armes & des affemblées des efclaves ; de la défenfe qui leur eft faite de vendre des cannes de fucre, même avec permiffion de leurs maîtres, & d'autres fruits & denrées fans leur permiffion.

Le troifiéme, en fix articles, parle du devoir des maîtres envers leurs efclaves, & de ce qu'ils font obligés de leur fournir pour leur nourriture, vêtement & entretien, tant en bonne fanté, qu'en cas de maladie incurable.

Dans le quatriéme, qui ne contient que quatre articles, on explique la capacité d'acquérir qu'ont les efclaves, & au profit de qui ; de leur pécule & trafic, & de leur incapacité de tefter, ni hériter ; non plus que de pofféder aucune charge, ni être admis en juftice en qualité de témoins.

Le cinquiéme, en douze articles, eft des pourfuites criminelles contre les efclaves, & des peines qu'encourent les maîtres, lorfqu'ils les tuent.

Par le fixiéme, on régle la qualité que doivent avoir les efclaves parmi les effets de ceux à qui ils appartiennent, où ils ne font regardés que comme meubles, & comme tels, fujets à tout ce que les ordonnances ont ftatué des effets mobiliaires, à moins qu'on ne les ait ftipulés propres de fon côté & ligne. On y traite auffi de la vente, achat & faifies réelles des fucreries, indigoteries, & habitations où travaillent actuellement les Négres ; des retraits lignagers & féodaux, & des gardes nobles & bourgeoifes, par rapport aux efclaves. Ce titre contient onze articles.

Enfin le feptiéme & dernier titre, qui a cinq articles, parle de la manumiffion des efclaves, de leurs droits comme affranchis , & du refpect qu'ils doivent à leurs anciens maîtres.

Le foixantiéme & dernier article, qu'on pourroit regarder comme un huitiéme titre , eft de la deftination des amendes & confifcations , qui n'en ont point de particuliere , & qui n'a point été réglée par aucun article des autres titres.

COEFFE. Léger habillement , ou coëffure de tête , dont fe fervent les hommes & les femmes. Les hommes ont les *coëffes* de chapeau & les *coëffes* de nuit ; les femmes en ont de taffetas , de velours , de gaze , &c.

» Les droits qui fe payent à la douane de Lyon » pour les *coëffes* à l'ufage des femmes , font , favoir ; » Pour les *coëffes* de foie , 14 fols la livre pefant » d'ancienne taxation , & 2 fols de nouvelle réapré- » ciation.

» Et pour les *coëffes* avec or & argent, dont c'é- » toit autrefois la mode , pareille fomme pour l'un » & l'autre droit , avec les nouveaux fols pour livre ».

COEFFE. La *coëffe* d'une perruque eft un léger réfeau de foie , dont les mailles font très-petites , & qui fert pour attacher & étager les treffes de cheveux dont la perruque eft compofée. *Voyez* PERRUQUE.

COEFFÉ. Drap bien *coëffé*. (*Terme de manu- facture de lainage*). Il fe dit des draps dont les li- fieres font bien faites & bien unies , d'une largeur proportionnée à l'étoffe , & d'une couleur agréable à la vue. *Voyez* DRAP.

CŒUR FLEURY. C'eft ainfi qu'on appelle une efpèce de *linge ouvré* qui fe fait en Picardie. *Voy.* LINGE.

COFFILA. C'eft un des poids dont on fe fert à Mocha pour pefer les marchandifes. Dix *coffila* font un tuckea ; quarante tuckea font un mann ; dix manns font un traffel ; quinze traffels font un ba- hars , qui pèfe 420 livres. *Voy.* la TABLE DES POIDS & MESURES.

COFFRETIER. Celui qui fait ou vend les cof- fres. On diftingue les *coffretiers-malletiers* d'avec les *coffretiers-bahutiers*. Les malletiers font & ven- dent les coffres d'armées, malles, valifes, fourreaux de piftolets, & autres femblables ouvrages , propres aux gens de guerre, ou à ceux qui vont en cam- pagne. Les bahutiers font des coffres qui fervent dans le ménage & à la ville.

Il eft défendu à tout *coffretier-malletier* de com- mencer fon ouvrage avant cinq heures du matin , ou de finir plus tard que huit heures du foir , pour que le voifinage ne foit point incommodé du bruit inféparable de ce métier.

COGMORIA. Mouffeline très-fine que les An- glois apportent des Indes Orientales ; elles ont feize aunes de long fur fept-huit de large.

COHI. Grande mefure de continence, dont l'on fe fert dans le royaume de Siam , pour mefurer les grains , graines & légumes fecs. Le *cohi* contient 40 feftes , & le fefte 40 fats ; enforte que faifant l'évaluation du fat à 3 liv, un peu plus, poids de

marc , & le refte à 100 catis, ou 125 livres du même poids , le *cohi* doit pefer 5000 livres jufte. *Voyez* la TABLE DES POIDS & MESURES.

COIANG. Poids & tout enfemble mefure de Cambaye , dans les Indes Orientales. Cinq *coiangs* font 4 lafts. *Voy.* la TABLE DES POIDS & MESURES.

COIGNASSIER. Arbre qui produit les coins.

» Les *coins* confits payent en France les droits » d'entrée & de fortie fur le pied des confitures ; » favoir , pour ceux d'entrée , 7 liv. 10 fols du cent » pefant ; & pour ceux de fortie , feulement 5 liv. ».

COIN. Se dit encore du poinçon ou marque qui fe met fur les vaiffelles & ouvrages d'or , d'argent & d'étain, foit pour faire reconnoître le lieu de leur fabrique , foit pour défigner l'ouvrier qui les a faits , foit afin qu'il apparoiffe que les droits de contrôle & de marque , impofés en France fur cette forte de marchandife depuis le milieu du dix-feptième fiécle , ont été payés.

L'empreinte des *coins* , ou poinçons particuliers des maîtres orfévres de Paris , fe conferve au greffe de la cour des monnoies ; & celle des *coins* des maîtres potiers d'étain , au greffe du châtelet , ou dans le cabinet du procureur du roi.

Les fermiers des droits de la marque d'or & d'ar- gent & d'étain , font dépofitaires des *coins* de cette marque , dont néanmoins il eft dépofé une em- preinte , ou dans la cour des monnoies pour l'or & l'argent , ou au châtelet pour l'étain.

Enfin les *coins* , ou poinçons du lieu de fabrique , font entre les mains , ou des maîtres & gardes de l'orfévrerie , pour ceux des orfévres ; ou dans celles des gardes & jurés de la communauté des potiers d'étain , s'il s'agit de cette marchandife ; à la charge du dépôt des empreintes , ou à la cour des mon- noies , ou au châtelet.

COIN. S'entend pareillement des marques que doivent avoir les maîtres des communautés de cer- tains arts & métiers , pour diftinguer leurs ouvrages. Tels font , entr'autres , les couteliers , les arque- bufiers , les tabletiers-peigniers , & quantité d'au- tres qui font obligés par leurs ftatuts à avoir de ces fortes de marques , dont l'empreinte doit être fur une table de plomb , dépofée dans la chambre du procureur du roi au châtelet.

COIN. Les marchandes beurrières des environs de Paris , & les regrattières de cette ville , qui fe mê- lent du commerce des beurres en détail , appellent *coins de beurre* , des morceaux de beurre du poids d'une livre , ou demi-livre , qui font pointus par les deux bouts , en forme de navette.

Quelques-uns de ces *coins* font ronds , & n'ont aucune façon ; d'autres font plats , & font ornés de divers fleurons , qu'on leur fait avec des moules de bois.

COINS , en terme de monnoyage d'efpèces de mé- dailles , de jettons , &c. font des morceaux d'acier bien trempés , hauts de quatre ou cinq pouces , de figure carrée par le bas , & ronde par le haut , fur lefquelles font gravées en creux avec des poinçons

& autres inftrumens les différentes empreintes & figures que doivent avoir les monnoies, les médailles, où les jettons. Ils s'appellent auffi *matrices* & *carés*.

Coins. Sont auffi les poinçons d'acier, gravés en creux, ou en relief, dont les infpecteurs & commiffaires des manufactures, & les vifiteurs des douanes, fe fervent pour frapper & imprimer les plombs, que les uns mettent à certaines marchandifes, fuivant les ordres du confeil, & que les autres appliquent fur les ballots & paquets qui doivent fortir du royaume. Il eft dû à ces derniers un certain droit pour chaque *coin* qu'ils frappent; les autres appliquent leurs plombs *gratis*.

Il y a auffi plufieurs manufacturiers, ouvriers & jurés des communautés qui fe fervent de *coins* pour frapper & appliquer leurs plombs de fabrique.

COLCOTAR. Efpèce de vitriol rouge naturel, que l'on nomme autrement *chalcitis*, ou *chalcite*.

COLERET ou CELERET. Filet de pêcheur, dont on fe fert fur les côtes de Normandie.

COLETTES. Sortes de toiles qu'on tire de Hollande & de Hambourg; elles font propres pour les ifles Canaries, où les Anglois en portent beaucoup.

COLIFICHET. Se dit de tous les jouets d'enfans, d'étoffe, de plomb, ou de carte, que font & vendent les marchands qui s'appellent *bimblotiers*, dont il y en a plufieurs qui ont des boutiques au palais à Paris, & quantité d'autres qui fréquentent les foires de S. Germain & de S. Laurent de la même ville; ou qui étalent leurs boutiques portatives dans les foires de campagne.

COLIS. *Terme de négoce*, particulièrement en ufage à Lyon. Il fignifie une *balle*, *ballot*, ou *caiffe*. Ainfi quand un marchand Lyonnois écrit : Je vous envoie fix *colis*, cela doit s'entendre qu'il envoie fix balles, fix ballots, ou fix caiffes de marchandifes. L'on prétend que les Lyonnois ont emprunté ce mot des Italiens.

COLLE. Matière tenace & gluante, qui fert à joindre & à attacher diverfes chofes enfemble, & qui, lorfqu'elle eft féchée, femble n'en faire plus qu'un même corps.

Les *colles* les plus ordinaires dont fe fervent les artifans dans leurs divers ouvrages; font la *colle* de farine, la *colle* de gants, la *colle-forte*, la *colle* de poiffon, la *colle* de parchemin, la *colle* de miel, & quelques autres.

COLLE DE FARINE. La farine la meilleure pour faire cette *colle*, eft la farine de feigle. Les ouvriers qui s'en fervent, font les tifferans, pour encoller les trames de leurs toiles; les cartonniers-colleurs de feuilles, pour faire leurs cartons; les felliers, pour nerver leurs ouvrages; les relieurs de livres, pour coller les couvertures de leurs livres; les cordonniers, les vitriers, les imagers, & quantité d'autres.

COLLE DE GANTS. C'eft la *colle* qui fe fait avec des rogneures de gants. Elle eft en ufage chez les imprimeurs, ou peintres en détrempe, auffi-bien que chez les doreurs, qui, au défaut de celle-ci, fe fervent de *colle* de parchemin, de velin, ou d'une autre faite avec de la gomme d'Arabie, diffoute dans de l'eau bouillante. *Voyez* RASURE DE PARCHEMIN, GOMME ARABIQUE, & ROGNEURE DE GANTS.

COLLE-FORTE. La *colle* qu'on appelle *colle-forte*, eft ainfi nommée, parce qu'elle unit & joint plus fortement qu'aucune autre. Il feroit difficile de marquer en détail tous les ouvriers qui fe fervent de *colle-forte*. Les menuifiers, ébéniftes, gainiers & autres femblables, font ceux qui en ufent davantage, auffi-bien que les chapeliers, relieurs de livres & plufieurs autres; ce qui produit le négoce confidérable, & la grande confommation qui fe fait de cette *colle*.

Les meilleures *colles-fortes* qui viennent en France, font apportées d'Angleterre & de Flandre. Celles d'Angleterre font les plus eftimées.

La *colle* d'Angleterre eft par feuilles quarrées, d'un verd tirant fur le noir : mais comme elle eft tranfparente, elle paroît rouge, quand on la regarde à travers.

La *colle* de Flandre eft par petites feuilles, minces & longues, de la largeur de trois doigts, d'une couleur jaunâtre. Cette dernière eft ordinairement employée dans les manufactures de lainages.

Il y a quelques endroits de France, fur-tout dans les villes & lieux où il y a des tanneries, dans lefquels font établies des fabriques de *colle-forte*, dont quelques-unes réuffiffent affez bien. De ce nombre font celles de Chaudes-aigues en Auvergne. On en avoit auffi établi une dans un des fauxbourgs de Paris, qui n'a pas réuffi, moins par le défaut des ouvriers, que parce que celui qui l'avoit entreprife, ne l'a pû foutenir, faute de fonds affez confidérables.

La *colle-forte* fe fait de la peau de toutes fortes d'animaux à quatre pieds, comme bœufs, vaches, veaux, moutons, &c. Plus les bêtes font vieilles, plus la colle qu'on fait de leur peau eft excellente. On n'emploie néanmoins que rarement des peaux entières, qui peuvent être mifes à de meilleurs ufages; mais l'on fe fert de leurs rogneures, autrement appelées *orillons*; quelquefois même la *colle-forte* ne fe fait qu'avec les pieds & les nerfs des bœufs.

Auffi comme la *colle* faite de peaux vaut mieux que celle des rogneures, celle des rogneures vaut mieux que celle des nerfs & des pieds, & c'eft fans doute ce qui fait toute la différence des *colles* d'Angleterre & de Flandre, d'avec celles qui fe font jufqu'ici fabriquées en France; les tanneurs Anglois & Flamands, qui font eux-mêmes leurs *colles*, n'épargnant pas les rogneures, qu'ils n'achetent point; au lieu que nos facturiers de *colles*, qui ne font point tanneurs, ou n'emploient point, par épargne, la quantité de rognures suffisante, ou n'emploient que les pieds & les nerfs des bœufs.

Quand la *colle* se fait des rognures, on les fait tremper deux ou trois jours dans l'eau, & après les y avoir suffisamment lavées, on les fait bouillir jusqu'à ce qu'elles viennent en consistence de forte gelée : ensuite on passe cette gelée, encore chaude, par des panniers d'osier, pour n'y rien laisser d'impur ; & afin même de la purifier davantage, on la laisse reposer quelque temps ; & quand les ordures ou corps étrangers se sont précipités au fond des tonneaux où elle a reposé, on la fait fondre & bouillir une seconde fois ; & lorsqu'enfin elle a toute sa cuisson, on la verse dans des caisses plattes de cuivre, ou de bois ; d'où étant tirée, quand elle est épaissie, & presque solide, on la coupe par feuilles avec un fil de fer, ou de leton, & ensuite on la fait sécher au vent sur des reseaux de ficelle ; après quoi on l'enfile, pour la faire encore mieux sécher.

La *colle* des pieds & des nerfs se fait de la même manière, avec la seule différence, qu'on désosse & qu'on dégraisse les pieds, & qu'on ne les met point tremper.

La meilleure *colle* est toujours la plus ancienne. Elle doit être dure, séche, transparente, de couleur vineuse, sans odeur, & que ses cassures soient unies & luisantes. La plus sûre épreuve, pour en savoir la bonté, est d'en mettre un morceau trois ou quatre jours dans de l'eau : si la *colle* enfle considérablement sans se fondre, & qu'étant tirée de l'eau, elle reprenne sa première sécheresse, elle est excellente.

» La *colle-forte* de toutes sortes paye en France » les droits d'entrée, conformément au tarif de » 1664, à raison de 18 s. du cent pesant.

» À l'égard des droits qui se payent à la douane » de Lyon, ils sont réglés, suivant la qualité de la » *colle*, savoir ;

» La *colle* de France, 4 s. du quintal pour l'an-» cienne taxation, & 3 s. 6 den. de nouvelle réapré-» ciation.

» La *colle* étrangère, 7 s. d'anciens droits, & 3 » sols de réapréciation.

» La *colle* de pays, 12 sols de la charge pour la » première taxation, & 5 s. pour la nouvelle.

» Enfin la *colle* qu'on nomme simplement *colle*, » 4 sols du quintal d'ancien droit, & 2 sols du » nouveau ».

COLLE DE POISSON, que le tarif des droits de sortie de France, de l'année 1664 nomme aussi USBLAT. C'est une *colle* qui est presque toute apportée de Moscovie, où les Hollandois & les Anglois, de qui les François la reçoivent, la vont quérir à Archangel, ce port si fameux, & dont la découverte, qui n'est pas extrêmement ancienne, a long-temps enrichi les Anglois, qui en faisoient tout le commerce, & qui est encore présentement d'une grande utilité aux Hollandois, depuis qu'ils en ont ; pour ainsi dire, chassé les Anglois, dans le temps que ces

derniers commirent l'exécrable parricide de leur roi Charles I, surnommé le Martyr.

La *colle de poisson* est faite des parties mucilagineuses d'un gros poisson, qui se rencontre plus communément dans les mers de Moscovie, que dans aucune autre.

La bonne *colle de poisson* doit être blanche, claire & transparente, de nulle odeur, & l'on doit prendre garde qu'elle ne soit point fourrée.

Pour la figure, elle est indifférente, y en ayant d'excellente en gros, aussi-bien qu'en petits cordons, & les petits se falsifiant aussi aisément que les gros.

La *colle de poisson*, qui s'achete en boucaux, c'est-à-dire, en gros, doit être examinée jusqu'au fond des boucaux, où souvent l'on trouve quantité de cordons défectueux, quoique ceux du dessus ayent paru très-beaux.

L'on se sert de la *colle de poisson* à plusieurs usages ; peu à la vérité dans la médecine, où elle n'entre guères que dans la composition de l'emplâtre de diachilon.

Les ouvriers en soie, sur-tout les rubaniers, l'emploient à donner du lustre à leurs ouvrages ; les manufacturiers de serges en collent la chaîne de leurs étoffes : on en blanchit les gazes ; elle est une des principales drogues qui servent à contrefaire les perles fines ; & les cabaretiers en éclaircissent leurs vins.

Il y a encore une sorte de *colle de poisson*, pliée en petits livres, qui vient principalement d'Angleterre & de Hollande ; mais qui n'étant pas bien blanche, ni facile à se fondre, a fort peu d'usage en France. Quelques-uns estiment que ce n'est que les restes, & le moins pur de la *colle de poisson* de Moscovie ; d'autres veulent qu'on la tire du *silure* des anciens, que nous connoissons mieux sous le non d'*esturgeon*. *Voy.* ESTURGEON.

» Les droits d'entrée & de sortie qui se payent » en France pour la *colle de poisson*, conformé-» ment au tarif de 1664, sont ; savoir, pour l'en-» trée, 3 liv. du cent pesant ; & pour la sortie, soit » sous le nom de *colle de poisson*, soit sous celui » d'*usblat*, 1 livre.

» La même marchandise paye pour tout droit à » la douane de Lyon 3 liv. 1 s. 3 deniers, le tout » avec les sols pour livre ».

COLLÉGE DES MARCHANDS. C'est ainsi que l'on nomme dans presque toutes les villes anséatiques, un *certain lieu*, ou *place publique*, où s'assemblent ordinairement les marchands & négocians, pour traiter des affaires de leur commerce. C'est proprement ce qu'on appelle à Nantes *bourse*, & à Lyon *place du change*.

On appelle aussi à Londres *collège*, un endroit où s'assemblent ceux qui sont de la société royale. Les Anglois ont joint à ce mot de *collège*, celui de *Gresham*, nom de ce fameux marchand Anglois, à la mémoire duquel il a été érigé en 1564 & 1566, des statues à Londres dans la place de la bourse & dans

dans ce collége, qui a toujours été appellé depuis Gresham collége, en considération de ce que cet illustre négociant avoit fait fleurir en Angleterre le commerce & les manufactures.

Ce Gresham fut long-temps résident dans les Pays-Bas Espagnols, particuliérement à Anvers, où il agissoit dans les affaires de négoce pour la reine Elisabeth, en qualité de facteur.

COLLÉGE. Signifie aussi en quelques endroits la même chose que communauté, c'est-à-dire, un corps d'artisans de certains métiers, unis ensemble sous une même discipline & sous les mêmes officiers.

Ce terme est passé à nous du Latin collegium, qui avoit chez les Romains la même signification dans les arts & métiers, que le mot de communauté a présentement à Paris, & presque par toute la France. Ainsi l'on voit dans les anciennes inscriptions, le collége des marchands, le collége des forgerons, le collége des boulangers, le collége des bateliers, & plusieurs autres qui nous ont été conservées par divers auteurs, & entr'autres par le sçavant Dom Bernard Montfaucon, dans son Ouvrage de l'Antiquité expliquée & représentée en figures.

Les Hollandois nomment aussi collégés les différentes chambres de leur amirauté, qui sont établies dans quelques-unes des principales villes de leur domination.

Ces colléges sont au nombre de cinq, qui sont le collége d'Amsterdam, le collége de Rotterdam, le collége de Hoorn, le collége de Middelbourg & le collége de Harlingen.

Ce sont ces colléges qui jugent de toutes les contraventions aux ordonnances de la marine ; qui délivrent les passe-ports, & qui font recevoir par leurs commis les droits d'entrée & de sortie qui sont imposés sur les marchandises, par les divers tarifs qui sont d'usage en Hollande ; on en parle ailleurs.

COLLES. On appelle serges de colles, des serges façon d'Aumale, qui se fabriquent à Colles, & dans quelques villages du duché d'Aumale.

Les serges de colles doivent avoir demi-aune demi-quart de large sur vingt-une aunes de longueur. Voyez l'article général des SERGES.

COLLET. Partie d'un habillement qui joint le cou, ou qui se met autour du cou. Un collet de chemise, un collet de manteau.

On appelle aussi collet, ce qu'on nomme autrement rabat, c'est-à-dire, un morceau de toile fine, coupé quarrément, que les gens de robbe & les ecclésiastiques portent autour du cou, & qui, outre la propreté, leur sert d'une espèce d'ornement.

Ce sont les marchandes lingéres qui font à Paris, ou qui doivent y faire cette derniére sorte de collets. Il y a cependant quantité d'ouvrières, qui ont la réputation d'être bonnes faiseuses, qui sans être maîtresses de cette communauté, se sont attirées presque tout ce négoce, qui est assez considérable ; mais elles sont regardées comme chambrelandes,

& sont sujettes aux visites & saisies des jurées lingéres.

« Il y a plusieurs sortes d'ouvrages, marchandises & étoffes qui paient les droits à la douane de Lyon, sous le nom de collets, sçavoir :

« Les collets, gazes, coëffes & crespelines, 36 sols la livre d'ancienne taxation, & 5 sols de nouvelle réapréciation ».

« Les collets de chemise manufacturés en Flandre, 10 s. la douzaine d'anciens droits, & encore 10 s. pour les nouveaux ».

« Les mêmes, manufacture de France, 5 sols la douzaine d'ancienne taxation, & 2 s. 6 den. pour la nouvelle le tout avec les nouveaux s. pour liv. »

COLLETIER. Celui qui fait & qui vend des collets de buffle.

Les maîtres de la communauté des bourfiers de Paris, se qualifient de maîtres bourfiers-colletiers, à cause qu'il leur appartient de faire & de vendre des collets de buffle. Voyez BOURFIERS.

COLLIER. Ornement que les femmes portent à leur cou. On fait des colliers de perles & de toutes sortes de pierres précieuses, ordinairement fines, mais assez souvent imitées & contrefaites.

Les lapidaires & joyailliers font & vendent les colliers fins : ce sont les patenôtriers qui fabriquent les autres & qui en font commerce ; ils entrent aussi dans le négoce de la mercerie. Les colliers de fausses perles de Paris, sont parfaitement beaux, & trompent à la vue & quelquefois au toucher.

Outre les colliers de perles fines, de diamans & d'autres pierres, on en fait aussi d'ambre, de jayet, de corail, &c.

COLOGNE. On appelle fil de cologne, une sorte de fil blanc, qui se fabrique à Morlaix en basse Bretagne. On l'appelle aussi fil bas-Breton : il sert à tricoter & à faire de ces sortes d'étoffes qu'on nomme spéculations. Les cordonniers en employent aussi beaucoup à coudre les quartiers & les empeignes de leurs souliers les plus propres & les plus légers. Les marchands merciers qui font le négoce des fils, & ceux qu'on appelle marchands de crespin, sont ceux qui le vendent à Paris en gros & en détail.

COLOMBIN. C'est la pierre minérale d'où l'on tire le plomb, pur & sans mélange d'aucun autre métal. On l'appelle PLOMBAGINE quand on y trouve de l'argent mêlé avec le plomb.

COLOMBIN. Espèce de couleur qu'on nomme quelquefois gorge de pigeon ; c'est une sorte de violet glacé.

COLOMNES ou COLONNES. On appelle dans l'Amérique Espagnole piastres-colonnes, ou simplement colonnés, celles qui se fabriquent au Potosi, à cause qu'elles ont d'un côté les fameuses colomnes d'Hercule, avec la devise nec plus ultra. On les préfére aux Mexicaines, non pas que le titre en soit plus haut, mais parce qu'elles n'ont point de leche. Voyez MEXICAINES ou LECHE.

COLON. Celui qui habite une colonie, qui y

Yyy

défriche, planté & cultive les terres. Les *colons* s'appellent encore en France *habitans* & *ceſſionnaires*. Dans les colonies Angloiſes on leur donne le nom de *planteurs*, pour les diſtinguer des avanturiers, qui ſont ceux qui prennent des actions dans les compagnies de commerce qu'on établit pour aller habiter de nouvelles terres.

COLONIE. Envoi ou tranſport d'habitans.

Les *colonies* que l'on peut appeller des *colonies de commerce*, & celles dont il s'agit principalement dans cet article, ſont les *colonies* que les François, les Eſpagnols, les Anglois, les Portugais, & quelques autres nations de l'Europe ont établies depuis plus de deux ſiècles, & continuent encore tous les jours d'établir dans pluſieurs endroits de l'Aſie, de l'Afrique ou de l'Amérique, ou pour y entretenir un négoce réglé avec les habitans, ou pour en défricher & en cultiver les terres, en y plantant les cannes de ſucre, l'indigo, le tabac & ces autres précieuſes marchandiſes que l'Europe eſtime tant, & que ſon ſol n'eſt pas propre à produire.

De ces ſortes de *colonies*, les principales ſont, l'une & l'autre Amérique, la méridionale & la ſeptentrionale, & entr'autres le Pérou, le Mexique, le Canada, la Louïſiane, l'Acadie, la Virginie, la nouvelle Angleterre, la baie d'Hudſon, les iſles Antilles, ſaint-Domingue, & les autres grandes iſles. Dans l'Afrique, Madagaſcar, le Cap de Bonne Eſpérance, le Cap-Verd & ſes iſles; & toutes ces vaſtes côtes qui s'étendent depuis ce Cap juſqu'à la Mer rouge. Enfin, dans l'Aſie, la fameuſe Batavia des Hollandois, Goa, Diu des Portugais, & quelques autres moins conſidérables des François, des Anglois & des Danois.

On traitera dans ce Dictionnaire de l'établiſſement des *colonies*, & de toutes celles que les Européens ont dans les trois parties du monde, auſſi-bien que du commerce qui s'y fait, à l'article de leurs métropoles.

COLOPHONE. Eſpèce de gomme. Ce n'eſt que de la térébenthine fine, cuite dans de l'eau juſqu'à ce qu'elle ſoit réduite en conſiſtence ſolide.

Le plus grand uſage de la *colophone* eſt pour les joueurs d'inſtrumens : ils la nomment communément *colophane*, & ils en frottent les crins des archets dont ils ſe ſervent pour en tirer du ſon & de l'harmonie des cordes; ce qui arrive, parce que cette gomme dégraiſſant ces crins, & leur communiquant une qualité tenace, les empêche de couler ſi vîte ſur les cordes, & ainſi en ſe détachant plus difficilement, ils cauſent ce tremblement qui forme le ſon en frappant l'air à pluſieurs repriſes.

COLOQUINTE. Courge ſauvage, de la groſſeur & de la forme d'une orange. Cette plante eſt de quelque uſage dans la médecine.

COLPORTER. Porter des marchandiſes dans les rues, ou de maiſons en maiſons. Il eſt défendu aux maîtres des communautés des arts & métiers, de colporter leurs ouvrages, ni d'aller chez les

bourgeois pour les vendre; à moins qu'ils n'y ſoient appellés.

COLPORTER. Signifie auſſi *porter pendu à ſon cou*, dans une manne, de petites & menues merceries, comme couteaux, peignes, ciſeaux, &c.

COLPORTEUR. S'entend particulièrement des pauvres maîtres du corps de la librairie, & de la communauté des relieurs; de leurs fils, compagnons & apprentifs, & autres à qui il eſt permis d'aller crier, vendre & débiter dans les places & rues de Paris, des édits, déclarations, arrêts, almanachs, tarifs, & même quelques petits livres brochés ou reliés à la corde.

Les principaux articles réglés par les arrêts, ſont entr'autres :

Que les maîtres imprimeurs, libraires & relieurs, leurs fils, compagnons & apprentifs, qui par pauvreté, ou infirmité d'âge, ne pourroient exercer leur profeſſion, ſeroient préférés à tous autres.

Qu'aucun ne pourroit faire le métier de *colporteur*, s'il ne ſçavoit lire & écrire, & ſeulement après avoir été préſenté par les ſyndic & adjoints de la librairie, au lieutenant général de police, & par lui reçus ſur les concluſions du procureur du roi, mais ſans frais.

Que trois jours après leur réception, ils ſeroient tenus de faire enregiſtrer en la chambre ſyndicale, leurs noms & demeures; ce qu'ils feroient autant de fois qu'ils changeroient de maiſons, dont ils donneroient avis aux commiſſaires des quartiers où ils demeureroient.

Que les huit plus anciens reçus auroient leurs départemens dans les cours & ſalles du palais, auxquelles places, vacation arrivant, le plus ancien après eux ſuccéderoit.

Que les autres vendroient par la ville & faux-bourgs, aux lieux qu'ils jugeroient les plus avantageux pour leur débit, ſans qu'au ſurplus les uns ni les autres puſſent avoir des imprimés ailleurs que dans leurs maiſons.

Qu'à la porte de chaque logis où ſeroient demeurans les *colporteurs*, il y auroit une affiche imprimée pour indiquer leur nom.

Qu'ils ne pourroient vendre ni débiter aucuns livres, factums, mémoires, feuilles ou libelles, &c. mais ſeulement des édits, déclarations, ordonnances, arrêts & autres mandemens de juſtice, dont la publication auroit été ordonnée, des almanachs & des tarifs; enſemble de petits livres brochés & reliés à la corde, qui ne paſſeroient pas huit feuilles, imprimés néanmoins avec privilège ou permiſſion, par les imprimeurs de Paris, & avec le nom du libraire.

Qu'ils ſeroient tenus de porter attaché au devant de leur habit, une marque & écuſſon, où ſeroit écrit COLPORTEUR.

Que chacun d'eux auroit une balle, dans laquelle il porteroit les imprimés qu'il expoſeroit en vente.

Enfin, qu'ils ne pourroient avoir d'apprentifs,

tenir boutique ou magafin , ni faire imprimer aucune chofe en leur nom & pour leur compte.

COLSAT ou COLZAT. Efpèce de *chou rouge*, dont la graine reffemble à celle de navette, & de laquelle on tire l'huile du même nom.

COMADRESA. Les Efpagnols appellent ainfi la *belette*, petit animal qui a quelque rapport avec le furet. C'eft auffi le nom qu'ils donnent à fa fourrure, qui fait une partie du négoce des pelletiers.

COMASSES. Petites *monnoies* qui ont cours à Moka, & qui font les feules qui fe fabriquent dans le pays. *Voyez* l'article des MONNOIES.

COMB, qu'on nomme auffi CARNOK. Mefure des corps folides en Angleterre, comme grains, graines, pois, féves, &c. Le *comb* eft compofé de 4 boiffeaux, chaque boiffeau de 3 pecks, & chaque peck de deux gallons, à raifon de 8 livres environ le gallon, poids de Troyes : deux *combs* font une quarte, & dix quartes un laft, qui pèfe environ cinq mille cent vingt livres, poids de Troyes. *Voyez* la TABLE DES POIDS & MESURES.

COMBLE. (*Terme de mefureur.*) Il fe dit de ce qui refte au-deffus des bords de la mefure, après que le mefureur l'a remplie. Il y a deux manières de mefurer; l'une à mefure *comble*, & l'autre à mefure raze. La mefure *comble* eft quand on donne à l'acheteur ce qui refte fur les bords, avec la mefure même; & la mefure rafe, quand avant de la délivrer, le vendeur la rafe avec un morceau de bois qu'on appelle la *radoire*, & en fait tomber tout ce qui eft au-deffus des bords. Il y a des grains & des légumes qui fe vendent à mefure rafe, & d'autres à mefure *comble* ; le charbon, le plâtre, la chaux fe vendent à mefure *comble*. *Voyez* MESURE & MESURER.

COM-BOURGEOIS. Signifie en terme de commerce de mer, *celui qui a part avec un autre à la propriété d'un vaiffeau.* On dit plus ordinairement *co-bourgeois.*

COMBRIÈRE ou COMBRIER. Sorte de *filet* dont on fe fert en Provence pour prendre des thons, & autres gros poiffons.

COMMANDE. *Ordre*, commiffion qu'un marchand donne à fon commiffionnaire de lui acheter, vendre ou négocier des marchandifes.

COMMANDE. Se dit auffi des ouvrages que les manufacturiers, marchands & artifans font ou font faire par ordre exprès ; ce qui les diftingue des ouvrages fabriqués pour la boutique ou le magafin, qui fe vendent au premier venu. On dit une *étoffe*, une *écharpe de commande*, & ainfi du refte.

COMMANDEUR. C'eft le nom que les Hollandois donnent ordinairement aux chefs des comptoirs qu'ils ont dans les Indes, en Perfe & dans les autres lieux de l'Orient, où ils ont porté leur commerce.

COMMANDITE. On appelle *fociété en commandite*, celle qui a part entre marchands, ou autres perfonnes, dont l'une ne fait que prêter fon argent, fans faire aucune fonction d'affocié, &

l'autre prête fon nom, & eft chargé de tout le détail de la fociété.

COMMANDO. *Terme qui vient d'Italie*, & qui eft paffé en ufage dans quelques provinces de France qui en font voifines. On s'en fert dans les écritures mercantiles, pour fignifier *ordre.*

COMMERCE, Se dit de tout échange, vente, achat, trafic, ou négoce de marchandifes, même de celui qui fe fait feulement ou en argent, ou en papier.

Les *productions* de la nature peuvent être échangées immédiatement entre deux hommes voifins, qui les ont fait naître, dont l'un veut *confommer* celle de l'autre, & réciproquement.

C'eft le *commerce* le plus fimple; il n'a befoin ni d'ouvriers qui façonnent, ni de voituriers qui tranfportent, ni de trafiquans ou négocians qui achetent pour revendre.

Ce *commerce* eft pourtant réel & parfait.

D'où il réfulte que les agens *néceffaires* de tout commerce quelconque, font 1°. le premier *producteur* des matières à échanger ; 2°. le dernier *confommateur.*

C'eft précifément ce qu'on avoit oublié dans tous les traités modernes.

Les agens acceffoires du *commerce*, qui font très utiles en plufieurs cas, mais pas abfolument *néceffaires*, font 1°. les manufacturiers ou façonneurs; 2°. les voituriers par terre, par eau douce & par mer; 3°. les acheteurs-revendeurs qui font le *trafic.*

Une grande erreur très féconde en pernicieufes conféquences, étoit de confondre le *commerce* proprement, qui comprend toujours comme parties effentielles & principales les premiers *producteurs* & les derniers confommateurs, avec le *trafic* ou négoce d'acheteurs-revendeurs qu'on appelle, mais improprement *commerce*, qui ne comprend ni le producteur ni le confommateur.

Les traits fuivans, tirés du Dictionnaire de Savary, & copiés par tous les modernes, font la preuve de cette confufion que nous allons corriger en peu de mots.

Sous les monarchies des Afiatiques & des Grecs, (dit Savary) l'hiftoire ancienne nous découvre de temps en temps, des traces d'un *commerce* cultivé par différentes nations. Il paroît avoir fleuri principalement fous la domination des Romains. On peut juger par le temoignage des hiftoriens, & par celui des anciennes infcriptions, combien les collèges, ou compagnies de marchands étoient confidérables en différentes villes. La deftruction de l'empire Romain, caufée par les irruptions d'une multitude de nations barbares, entraîna celle du *commerce*, ou fufpendit du moins pour un temps fes opérations ordinaires. Il fe ranima par la fuite, & fit peu à peu de nouveaux progrès, fur-tout en Italie.

C'eft de-là que les Pifans, les Genois & les Vénitiens, dont les flottes étoient nombreufes, fe répandoient dans tous les ports du Levant & de l'Egypte, pour en tirer les foies, les épiceries & autres marchandifes de ce pays, qu'ils furent long-temps en poffeffion de diftribuer prefque feuls à la France, à l'Allemagne, & aux autres états de l'Europe. Sur la fin du quinzième fiècle, la plus grande partie de ce *commerce* paffa de leurs mains dans celles des Portugais, après que ces derniers eurent ouvert une nouvelle navigation dans l'Océan, & fe furent établis en divers endroits des côtes d'Afrique, des Indes & de l'Arabie.

Les Portugais ne poffédèrent ces différents *commerces* que l'efpace de cent ans, ou environ. Dès le commencement du dix-feptième fiècle, les Hollandois vinrent le partager avec eux, & bientôt après les en dépouillèrent prefqu'entièrement.

Les François, les Anglois, les Danois même & les Hambourquois, excités par l'exemple de leur fuccès, ont fait auffi quelques établiffemens dans les Indes & fur les côtes d'Afrique; mais beaucoup moins confidérables, quoique les Anglois y ayent un *commerce* d'une affez grande étendue.

Enfin l'Amérique, que les Efpagnols découvrirent peu de temps après que les Portugais fe furent affurés une route vers l'orient par le Cap de Bonne-Efpérance, eft encore devenue l'objet d'un vafte & important *commerce* pour toutes les nations de l'Europe. Il eft vrai que les premiers conquérans de ce nouveau monde, en poffedent toujours la meilleure & la plus riche partie, & qu'ils en conferbent le négoce pour eux feuls avec une extrême jaloufie : mais outre que les François, les Anglois, les Portugais & les Hollandois y ont auffi plufieurs floriffantes colonies, foit dans les ifles, foit dans le continent, il eft certain que c'eft bien autant pour les autres nations, que pour eux-mêmes, que les Efpagnols envoyent tous les ans leur flote & leurs gallions fe charger des tréfors du Pérou & du Mexique.

En général le *commerce* eft une profeffion non moins honorable qu'utile. En France même, il en eft forti, & il en fort encore quantité de familles qui fe diftinguent avec honneur dans l'épée & dans la robe. Ce n'eft cependant que du *commerce* de mer, & de celui qui fe fait en gros, qu'il eft permis à la nobleffe Françoife de fe mêler, fans craindre la dérogeance.

La coutume qui s'obferve en Angleterre, n'eft peut-être pas moins fage; elle permet aux cadets des plus grandes maifons, de laiffer dormir leur nobleffe, comme on dit dans la Bretagne Françoife, & de s'enrichir par toute forte de *commerce* licite, pour foutenir un nom, qui fans cela leur deviendroit à charge : inconvénient qui ne fe fait fentir que trop fouvent chez une nation voifine, plus fçavante, à ce qu'elle croit, fur le point d'honneur, mais moins intelligente fur fon véritable intérêt.

On peut encore ajouter à l'honneur du *commerce*, que quelques princes d'Italie fe regardant comme les principaux négocians de leurs états, ne dédai-

gnent pas de faire fervir leurs propres palais, de magafins à leurs plus riches manufactures. On voit même plufieurs rois d'Afie, auffi-bien que la plupart de ceux qui commandent fur la côte d'Afrique & de Guinée, exercer le négoce avec les Européens, par leurs commis, & fouvent par eux-mêmes.

Le *commerce*, fur le pied qu'il eft préfentement, fe divife en *commerce de terre* & en *commerce de mer*; en *commerce de proche en proche*, & en *commerce par des voyages de longs cours*; en *commerce intérieur* & en *commerce extérieur*; enfin, en *commerce en gros* & en *commerce en détail*.

Il eft évident qu'il s'agit des *acheteurs-revendeurs* & de leur *trafic*, qui eft la troifiéme partie contingente & acceffoire du *commerce*, fouvent utile, mais pas toujours néceffaire.

COMMERCE DE TERRE. C'eft celui qui fe fait de ville en ville, de province en province, ou de royaume en royaume, par la voie des charrettes, de chariots, & autres voitures roulantes; ou fur le dos des chevaux, des mulets, des chameaux, & femblables animaux. Il s'exerce encore par le moyen des barques & des bateaux, fur les rivières, lacs, étangs & canaux. Enfin, dans les pays du Nord, lorfque la terre eft couverte de neige, les marchandifes fe voiturent fur les traîneaux tirés par des chevaux; affez fouvent même, & fur-tout dans quelques provinces dépendantes du Czar, du roi de Suède & de celui de Danemarck, au lieu de chevaux d'attelage, on fe fert de rennes, efpèce de petits cerfs, qui courent fur la neige avec une légéreté inconcevable.

La fûreté des grands chemins, & la commodité des voitures & voituriers publics, dont on jouit dans la plupart des états de l'Europe, donnent aux marchands une grande facilité pour le *commerce de terre*. Ces établiffemens avantagéux ne font point d'ufage dans les états de l'Afie & de l'Afrique; & de-là s'eft introduit la néceffité de n'y marcher qu'en caravanes. Elles partent dans des temps réglés, des principales villes de l'Orient, & font compofées de manière que les marchands & voyageurs raffemblés, forment une efpèce de corps d'armée, pour traverfer des déferts, & fe garantir de la violence des voleurs, particulièrement des Arabes.

COMMERCE DE MER. Il fe fait dans toutes les parties du monde où l'on peut aborder par mer, foit fur l'Océan, foit fur la Méditerranée, foit dans les mers particulières, qui ne font pourtant que des parties de ces deux principales, telles que la Mer rouge, la Mer blanche, la Mer noire, la Mer baltique, la Mer glaciale, &c.

Les rifques qu'on court en tout temps fur mer, de la part des pirates, & dans les temps de guerre par les courfes des armateurs, obligent les commercans d'affurer les marchandifes, & fouvent les vaiffeaux & bâtimens fur lefquels on les charge. Ici Savary, comme fes copiftes modernes, parle principalement de la *voiture*, fous le nom de *commerce*

COMMERCE DE PROCHE EN PROCHE. Il fe dit quelquefois du *commerce de terre*, quand le négoce qu'on fait n'oblige pas à de grands voyages pour le tranfport des marchandifes. Mais on donne ce nom plus proprement & plus ordinairement au *commerce de mer*, qui fe fait fur les côtes du même royaume, ou dans les ports des royaumes étrangers les plus voifins. C'eft ainfi que les normands qui trafiquent en Bretagne, les Rochelois & les Malouins, qui envoyent leurs vaiffeaux en Guyenne, & les Provençaux qui les frettent & les chargent pour les côtes d'Italie, ou pour quelques ports d'Efpagne, font cenfés faire le *commerce de proche en proche*. En effet, ces différens lieux, pour lefquels font deftinées les marchandifes, ne font pas extrêmement éloignés des ports où les négocians en font le chargement.

COMMERCE PAR DES VOYAGES DE LONG COURS. Son nom explique affez ce que c'eft. Il femble comprendre tout le *commerce* qui fe fait par mer, dans les pays éloignés. En ce fens, le *commerce du Levant* & celui *du Nord*, pourroient en quelque forte être cenfés compris fous ce titre : cependant il ne fe dit communément, & ne s'entend guères que du *commerce* où l'on eft obligé de paffer la ligne. Il défigne principalement, ou celui pour lequel les vaiffeaux doublent, d'un côté le Cap de Bonne-Efpérance pour aller aux grandes Indes, à la Chine, dans le golfe Perfique, &c. ou celui pour lequel ils embouquent les détroits de Magellan & de le Maire, pour pénétrer dans la mer du Sud, foit pour y commercer fur les côtes de l'Amérique Efpagnole, foit pour reprendre, par le midi, la route des ifles Mariannes, des Philippines, des Moluques, &c.

Les deux articles fuivans peuvent s'entendre du vrai *commerce*, mais pourroient auffi ne s'appliquer qu'au fimple trafic.

COMMERCE INTÉRIEUR. On doit concevoir par là celui que les fujets d'un même prince font entre eux, dans l'étendue feulement du même état, dont ils font fujets : quelquefois il s'exerce par terre, de ville en ville, & de province en province; quelquefois on le fait par mer, foit d'une extrémité de l'état à l'autre, comme de Provence en Normandie; foit de côte en côte, ou de port en port, comme de Bretagne en Saintonge, ou de Marfeille à Toulon.

COMMERCE EXTÉRIEUR. Il renferme toutes les efpèces de *commerce*, ou prochains, ou lointains, par terre, ou par mer, que les fujets d'un même état ont coutume de faire au-delà de fa frontière, & hors les bornes de fon enceinte.

Si dans les idées que vous-vous formez fur le *commerce intérieur* & *extérieur*, vous faites entrer comme objets principaux & feuls effentiels, les premiers producteurs & les premiers confommateurs; alors l'intérêt du *commerce*, & celui de l'état, ne

font plus qu'une feule & même chofe : autrement ces deux intérêts peuvent être fort oppofés.

COMMERCE EN GROS. C'eft celui où l'on vend feulement les marchandifes en caiffes, en balles, ou du moins en pièces entières. Ce *commerce* a une efpèce de nobleffe, que n'a pas le détail; auffi y a-t-il des états où les nobles l'exercent : & en France, non-feulement Louis XIII, par fon ordonnance du mois de janvier 1627, permet aux marchands groffiers de prendre la qualité de nobles; mais encore Louis XIV, fon fils & fon fucceffeur, par la fienne de la fin du dix-feptième fiècle, les déclare capables, fans quitter le *commerce*, d'être revêtus des charges de fecrétaire du roi, qui donnent la nobleffe à ceux qui les poffèdent actuellement, ou qui les ont poffédées vingt années, auffi-bien qu'à toute leur ligne directe.

Outre la nobleffe du *commerce en gros*, il eft encore confidérable par fon étendue; & ce font les marchands qui en font profeffion, qui arment ces flottes, qui par leur retour enrichiffent les nations de l'Europe des dépouilles des Indes & de l'Amérique, ou, pour tout dire, des tréfors de toutes les parties du monde.

L'on peut diftinguer trois fortes de *commerce en gros*, particulièrement en France.

L'un, qui a le moins d'étendue, fe borne aux manufactures qui fe fabriquent, ou aux marchandifes & denrées qui croiffent dans le royaume, pour en faire magafin, foit à Paris, foit dans les principales villes des provinces, pour les débiter enfuite dans ces mêmes villes, ou fous corde, ou en pièces, aux détailleurs & autres qui en ont befoin.

Ici, comme on voit, Savary paroît exclure du *commerce*, non-feulement les premiers producteurs & les derniers confommateurs, qui en font l'effence, mais encore les manufacturiers & tous les façonneurs qui en font le premier & le principal acceffoire, prefque toutes les denrées ayant befoin de travail avant d'être commercées.

La feconde efpèce de *commerce en gros*, eft celui qui fe fait avec l'étranger, en y envoyant les marchandifes, drogues & fabriques du cru du royaume, qui font propres aux nations avec qui l'on trafique; ou en tirant d'elles ce qui fe fait ou qui croît chez elles, dont la France a befoin; ou enfin en prenant chez les unes, pour porter aux autres, & de toutes enfemble, ce qui convient au négoce qu'on fait.

Ce fecond *commerce en gros*, eft proprement borné aux états de l'Europe. Mais l'on peut dire que la troifième efpèce embraffe tout le refte de la terre, ou déjà découverte, ou qui refte à découvrir. C'eft le *commerce des voyages de long cours*, trop vafte pour des particuliers, & qui ne fe fait bien que par des *compagnies* capables d'en foutenir la dépenfe, & d'en attendre patiemment les profits. Ils font immenfes, quand une fois les compagnies fe font bien affermies; mais ils ne répondent pas toujours d'abord à l'espérance impatiente de ceux qui y ont mis leurs fonds.

COMMERCE EN DÉTAIL. C'est celui où les marchandises se vendent dans les boutiques, ou même dans les magasins, à l'aune, à la livre, au boisseau & à la pinte, ou leurs diminutions suivant les différentes espèces & qualités des choses dont on trafique.

On peut, comme au *commerce en gros*, faire trois classes du *commerce en détail*.

La première, est celle des marchands qui ne vendent que des marchandises considérables, telles que font des draps d'or, d'argent, de soie & de laine; les étoffes de lainerie fine, comme serge, ratines, camelots; les dentelles d'or, d'argent; de fil, de soie; les toiles, le fer, la quincaillerie, la joyaillerie, les drogues, les épiceries, les pelleteries, la bonneterie, & autres semblables.

La seconde classe du *commerce en détail* est, pour ainsi dire, mixte. Les marchandises ne sont pas si importantes que dans la première, mais elles le sont beaucoup plus que dans la troisième. On y vend à la vérité de la menue mercerie; mais on y débite aussi quelques marchandises de plus haut prix, comme des basins, des futaines, des étamines, des serges d'Aumale, des droguets, des rubans, de la bonneterie, & des toiles de qualité médiocre, ou autres de cette sorte.

Enfin, dans la dernière classe des marchands en détail, on ne débite que de la menue mercerie, & c'est pour cela qu'ils sont ordinairement appellés *merciers*, quoique la plupart de ceux des deux autres classes soient aussi du corps de la mercerie.

C'est dans les boutiques de ces petits merciers que ceux qui en ont besoin, trouvent en si petite quantité qu'ils le veulent, du fil & de la soie par écheveaux; du rouleau, du ruban, du gallon à l'aune & au-dessous; des couteaux, des rasoirs, des ciseaux, des épingles, des éguilles, des palettes, des volans, des raquettes, des toupies, & ce nombre presque infini de bijoux, de jouets d'enfans, & d'autres petites marchandises dont on a sans cesse besoin dans les ménages, sur-tout du petit peuple, pour l'usage & la commodité.

Tous les *commerçans* qui semblent s'en arroger le titre exclusif, ne font que des acheteurs-revendeurs ou trafiquans, qui ne *peuvent rien* sans les producteurs, les consommateurs, les ouvriers façonneurs & les voituriers, & sur-tout, ce qu'il ne faudroit pas oublier, qui ne *valent rien*, ils s'arment d'exactions, priviléges & monopoles, contre les autres vrais agens essentiels du *commerce proprement dit*.

COMMERCE D'ARGENT. C'est le *commerce* des banquiers, ou des marchands qui font des traites & remises d'argent dans des lieux éloignés, pour les personnes qui en ont besoin, c'est-à-dire, qui recevant de l'argent comptant donnent à la place un écrit signé d'eux, qu'on appelle *lettre* ou *billet de change*, par lequel ils tirent sur les correspondans

qu'ils ont dans les villes du plus grand négoce de l'Europe, la somme qui leur a été comptée, pour être payée à celui qui se trouve chargé de leur billet, déduction faite néanmoins des changes, rechanges, ou autres droits de banque qui sont dus.

Rien n'est plus utile ni plus commode que le *commerce d'argent*, soit pour l'état, soit pour les particuliers, lorsqu'il se fait avec honneur & avec fidélité. Pour le faire, il n'est question que d'avoir des fonds & des correspondans. En France, le François & l'étranger le peuvent faire également; & il semble même que pour y mettre plus d'égalité, on ait exprès laissé abolir, par le non usage, l'ordonnance de Charles IX de 1563, celle de Blois de 1579, & celle de Henri III de 1581, qui toutes enjoignent aux étrangers faisant trafic de deniers, de donner caution avant que de l'entreprendre, *Voyez* BANQUE & BANQUIER.

Il y a une autre sorte de *commerce d'argent*, qui est défendu par les loix divines & humaines; c'est le négoce usuraire de l'argent, que, sans aliéner le fond, l'on prête à gros intérêts: *commerce*, qui est à la vérité, la malheureuse ressource de la jeunesse, sur-tout des enfans de famille, mais qui aussi en est infailliblement la ruine. *Voyez* USURE.

COMMERCE EN PAPIER. Il est, comme le *commerce d'argent*, de deux sortes, l'un licite & l'autre illicite. Le *commerce de papier* licite, est celui qui se fait sans aucune espèce d'or & d'argent, ou autre monnoie ayant cours; mais seulement avec des billets, lettres de change, soufcriptions, ordonnances, billets de banque, assignations, actions de compagnie, ou autres semblables bons papiers, que le débiteur cede à son créancier, & que le créancier consent de recevoir volontairement & sans perte, pour le paiement de son dû.

A l'égard du *commerce* illicite de papier, c'est celui qu'on nomme en France *agiotage*; & de son nom, ceux qui s'en mêlent, *agioteurs*. Il consiste à acheter à moitié, & aux trois quarts de perte, quelquefois davantage, ces papiers que les besoins de l'état n'introduisent que trop souvent; & de les redonner pour leur prix entier à ceux que la malheureuse situation de leurs affaires, ou le seul libertinage obligent d'avoir recours à ce moyen ruineux d'avoir de l'argent, afin de les retirer d'eux, encore à perte, sous des noms empruntés.

COMMERCE PRÉCAIRE. C'est celui qui se fait par les marchands d'une nation avec ceux d'une autre qui est son ennemie, par le moyen de ceux d'une troisième qui est neutre, & qui veut bien souffrir qu'on emprunte ses terres & son nom pour le faire. Les Anglois font ordinairement cette sorte de *commerce* avec les Espagnols, quand ils sont en guerre avec eux; & ce sont les Portugais qui les y servent, lorsqu'ils sont en neutralité des deux côtés.

Ce *commerce* n'est pas estimé fort avantageux, à cause de la quantité de correspondans & d'entrepôts dont on a befoin pour le foutenir, & qui confomment en frais & emportent tout le profit.

COMMERCE. Se prend quelquefois collectivement, en ajoutant quelque terme qui, indique par un feul mot les différens lieux où l'on peut commercer ; deux ou trois exemples fuffiront.

COMMERCE DU LEVANT. C'eft celui qui fe fait dans toutes les échelles de la Méditerranée, comme Alexandrie, Smyrne, Alep, toutes les ifles de l'Archipel, Conftantinople, &c.

COMMERCE DES INDES. Celui qui fe fait à Surate, Java, Coromandel, Bentam, Batavia, Ceylan, les Moluques, &c.

COMMERCE DU NORD. Celui qui fe fait à Dantzic, Lubec, la mer Baltique, Archangel, la Norvège, la Suède, le Dannemarck, &c.

Ces manières de parler font très-impropres. On dit, par exemple, que le *commerce* des ifles à fucre, habitées par les François, & celui des farines pour leur ufage, fe font principalement à Bordeaux. Dans le fait, c'eft le voiturage par mer, & une des opérations du trafic qui achete pour revendre, qui ont leur fiége ou entrepôt principal à Bordeaux. Les fucres font produits en Amérique, façonnés pour la plupart à Orléans, voiturés par terre & par mer dans plufieurs lieux, achetés & revendus par plufieurs fortes de marchands, & enfin confommés par des hommes de toute efpèce, étrangers ou nationaux, Tous ont pris part au *commerce* de ces fucres, & les deux principaux auteurs de ce *commerce* font l'Américain qui fait le fucre, l'Européen qui s'en nourrit.

COMMETTANT. Celui qui commet, qui confie le foin de fes affaires à un autre.

On ne fe fert guères de ce terme, que dans le *commerce*, où il fe dit par oppofition à commiffionnaire, qui eft un facteur, ou commis, par qui un marchand ou négociant fait faire les achats, ventes, réceptions, & envois de fes marchandifes & ballots dans des lieux où il ne fe peut transporter lui-même, pour y faire fon *commerce*.

COMMETTRE. En terme de négoce, fignifie confier quelque chofe à la conduite, à la fidélité & à la prudence de quelqu'un. Ce marchand a trop de confiance à fa femme, à fon maître garçon ; il leur *commet* tout le foin de fa boutique, de fon négoce ; mais il pourra bien y être trompé.

COMMETTRE. Signifie auffi employer quelqu'un à quelque négoce, à quelque entreprife, à quelque manufacture. Ce négociant eft heureux ; il ne *commet* la conduite de fes affaires qu'à d'habiles gens. Je l'ai *commis* pour le recouvrement des fommes qui me font dues. Je ne pouvois mieux *committre* mes manufactures qu'à cet homme ; il eft entendu, exact & diligent.

COMMIS. Celui à qui on commet ou confie quelque chofe. Ce terme eft d'un grand ufage chez les financiers, dans les bureaux des douanes, dans ceux des entrées & forties, & chez les marchands, négocians, banquiers, agens de change & autres

perfonnes qui fe mêlent de commerce, ou affaires qui y ont rapport.

COMMIS AMBULANT. C'eft un *commis* dont l'emploi confifte à parcourir certain nombre de bureaux, d'y voir & examiner les regiftres des receveurs & contrôleurs, pour, en cas de malverfation, en faire fon procès-verbal, ou fon rapport, fuivant l'exigence des cas & l'importance de ce qu'il a remarqué.

COMMIS AUX PORTES. Ce font ceux qui font chargés de veiller aux portes & aux barrières des villes où fe payent des entrées pour certaines fortes de marchandifes, qui en reçoivent les droits, & qui en donnent les acquits.

COMMIS AUX DESCENTES. Ce font des perfonnes prépofées par les fermiers des gabelles, pour affifter à la defcente des fels, lorfqu'on les fort des bateaux pour les porter aux greniers.

COMMIS DES RECHERCHES. On nomme ainfi en Hollande dans les bureaux du convoi & licentin, ce qu'à la douane de Paris on nomme *vifiteurs*. C'eft à ces *commis* que les marchands qui veulent charger ou décharger des marchandifes, doivent remettre la déclaration qu'ils en ont faite, afin qu'ils faffent la vifite defdites marchandifes, & juftifient fi elles y font conformes.

COMMIS. En terme de commerce de mer, fignifie fur les vaiffeaux marchands, celui qui a la direction de la vente des marchandifes qui en font la cargaifon.

SOUS-COMMIS. Eft celui qui fait la fonction de *commis*, en cas de mort, maladie & autres empêchemens.

Il y a quantité d'autres fortes de *commis*, foit pour les affaires d'état, foit pour les affaires de finances, dans les bureaux des miniftres & des fecrétaires d'état, qui en ont les départemens ; mais qui n'ayant point de rapport au commerce, ne font pas de ce dictionnaire.

A l'égard des *commis* des marchands, négocians, banquiers, agens de change, &c. ce font ceux qui tiennent ou leurs caiffes, ou leurs livres, ou qui ont foin de leurs affaires. On les nomme autrement *caiffiers, teneurs de livres, & facteurs. Voyez* ces trois articles, où leurs fonctions & obligations font expliquées.

COMMISSAIRES de la chambre des affurances. On nomme ainfi en Hollande, des juges commis pour régler les affaires de la chambre des affurances, établie à Amfterdam en 1598. Ces juges font au nombre de trois, qui doivent juger conformément aux réglemens, faits touchant le fait des affurances, particulièrement fur ce qui regarde les avaries, dont ils ne peuvent charger les affureurs au-delà de ce qui eft porté dans ces réglemens. Ils ont néanmoins le pouvoir de condamner aux dépens, ou de les compenfer fuivant qu'il eft jufte, & qu'ils le trouvent à propos.

COMMISSAIRES. Il y a encore en Hollande des *commiffaires* généraux des ports, & des *commif-*

faires des affaires de marine ; les uns, qui font chargés de faire exécuter les réglemens & ordonnances concernant la sûreté & police des ports ; les autres, qui doivent juger & terminer à l'amiable les conteſtations qui ſurviennent entre les marchands & les maîtres de vaiſſeau, ceux-ci & leurs matelots, les lamaneurs, chargeurs, affretteurs, & autres qui font employés dans la marine marchande. Ces derniers *commiſſaires* ſont au nombre de cinq à Amſterdam, qui changent tous les ans, & dont l'élection ſe fait le 8 février ; il faut qu'ils ſoient au moins trois pour tenir le ſiége.

COMMISSAIRES des manufactures. Ce ſont ceux qui ſont commis de la part du roi, dans Paris & dans les provinces, pour tenir la main à l'exécution des réglemens concernant la fabrique des étoffes & des toiles. Ils ſont plus connus ſous le nom *d'inſpecteurs des manufactures. Voy.* INSPECTEURS.

COMMISSION. Signifie la charge ou l'ordre que l'on donne à quelqu'un pour l'achat ou la vente de quelque marchandiſe, ou pour quelque négociation de banque. Cet homme a beaucoup de *commiſſions.* J'ai *commiſſion* d'acheter cinquante pièces de draps de Sedan, &c.

COMMERCE PAR COMMISSION. C'eſt celui qui ſe fait pour le compte d'autrui, & pour lequel le négociant ou banquier qui l'exerce, ne fournit que ſes peines & ſes ſoins, pour leſquels il reçoit un certain droit modique, évalué à tant pour cent, ou du prix des marchandiſes, ou des ſommes qui lui ſont remiſes par ſon correſpondant, ou qu'il reçoit pour les lui remettre.

DROIT DE COMMISSION. C'eſt le *droit* qu'un commiſſionnaire reçoit pour ſon ſalaire.

En fait de banque, on ſe ſert plus ordinairement du terme de *provision*, que de celui de *commiſſion*, qui ne ſe dit guères que pour les marchandiſes. Ainſi l'on dit : Il me m'en coûte que demi pour cent de *commiſſion* pour les marchandiſes que je fais venir de Lyon ; & pour affaires de banque on dit : Je donne un demi pour cent de *provision* à celui à qui je fais mes remiſes à Veniſe, & qui me remet ici l'argent qu'il reçoit pour moi.

COMMISSION. En termes de marine, s'entend de la permiſſion ou ordre que donnent l'amiral, le vice-amiral, ou autres officiers du roi, ou d'une république & état, pour aller en courſe ſur les ennemis prendre leurs vaiſſeaux, & les rançonner. Les armateurs qui font la courſe ſans *commiſſion*, ſont réputés pirates & forbans, & comme tels punis de mort.

COMMISSIONNAIRE. Celui qui fait des commiſſions pour le compte d'autrui.

En fait de commerce, l'on peut diſtinguer cinq ſortes de *commiſſionnaires* ; ſavoir, des *commiſſionnaires* d'achat, des *commiſſionnaires* de vente, des *commiſſionnaires* d'entrepôt, des *commiſſionnaires* de banque, & des *commiſſionnaires* des voituriers.

COMMISSIONNAIRES D'ACHAT. Ce ſont des né-

gocians établis dans les lieux où il y a des manufactures, ou dans les villes où il ſe fait un grand commerce, qui achetent des marchandiſes pour le compte d'autres marchands réſidans ailleurs ; & qui, après les avoir fait emballer, ont ſoin de les envoyer à ceux pour qui ils les ont achetées.

Il n'eſt pas néceſſaire que ces *commiſſionnaires* ſoient reçus dans les corps des marchands des villes où ils exercent le commerce par commiſſion, étant libre à chacun de faire ce négoce : il eſt bon cependant, ou qu'eux-mêmes ſoient marchands, ou qu'au moins ils ayent fait apprentiſſage chez les marchands ; parce que s'agiſſant d'achat & de choix de marchandiſes, il eſt difficile de s'y connoître, & réuſſir, qu'on ne l'ait appris ſous ceux de la profeſſion.

Les ſalaires de ces *commiſſionnaires* ſont deux ou trois pour cent de la valeur des marchandiſes ; ce qu'on appelle *droit de commiſſion*, en quoi ne ſont point compris les frais d'emballage qui ſe payent à part.

COMMISSIONNAIRES DE VENTE. Ce ſont des perſonnes réſidentes dans des lieux de bon débit, à qui des marchands envoient des marchandiſes pour vendre pour leur compte, ſuivant le prix & les autres conditions portées par les ordres qu'ils leur donnent.

La vente des marchandiſes par commiſſion n'eſt pas un négoce auſſi libre que celui que font les *commiſſionnaires* d'achat ; & il y a des villes, comme celle de Lyon, où ſans ſans être reçu marchand, on peut l'exercer ; il y en a d'autres, comme Paris, où il faut avoir été reçu maître marchand, pour avoir la liberté de vendre des marchandiſes pour ſon propre compte, ou pour celui d'autrui.

Cela même n'y eſt pas généralement permis à tous marchands ; & par les réglemens du mois d'octobre 1601, & janvier 1613, il eſt défendu aux marchands du corps de la mercerie d'être courtiers & *commiſſionnaires* pour aucun marchand étranger ou forain.

Il eſt vrai que ces réglemens ſont peu obſervés, & que c'eſt même parmi les marchands merciers, qu'on trouve le plus de ces ſortes de *commiſſionnaires.*

Les droits de commiſſion qui ſe payent pour la vente, doivent ordinairement être francs & quittes de tous frais, ſoit de voiture, ſoit de change, pour la remiſe des deniers des marchandiſes vendues, ou autres ſemblables, à la réſerve néanmoins des ports de lettres, qui ne ſe paſſent point en compte ; ce qui s'entend ſeulement des lettres écrites par le commettant à ſon *commiſſionnaire* pour le fait de leur négoce.

COMMISSIONNAIRE DE BANQUE. Ce ſont des négocians, ou autres perſonnes (étant libre à tout le monde de ſe mêler de ce négoce) qui ſont les correſpondans d'autres négocians & banquiers, & qui en cette qualité reçoivent les lettres de change qui leur ſont remiſes par leurs commettans, pour en procurer

procurer les acceptations & les payemens à leur échéance, & pour enfuite leur en remettre la valeur, ou la faire tenir en d'autres lieux, ou à d'autres perfonnes, ainfi qu'il leur eft ordonné.

Ces *commiffionnaires de banque* font, pour ainfi dire, de deux fortes.

Les uns, qui étant eux-mêmes négocians & banquiers, font des commiffions refpectives pour d'autres négocians & banquiers comme eux : les autres, qui ne faifant point de commerce pour leur compte particulier, font fimples *commiffionnaires* pour recevoir les traites des négocians & banquiers, qui font leurs commettans.

Dans le premier cas, ces négocians étant également & tour à tour commettans & *commiffionnaires*, fe payent un demi, ou un quart, ou un tiers de commiffion, ainfi qu'ils en font convenus, pour la peine réciproque qu'ils ont de faire accepter leurs lettres, en procurer le payement, & en faire les remifes dans les lieux, ou aux perfonnes qu'il convient à celui de ces deux qui en eft commettant ; & lorfqu'ils acquittent auffi réciproquement des lettres de change, dont ils n'ont point provifion, ils fe payent, outre le droit de commiffion, l'intérêt des fommes ou fournies, ou empruntées, & encore ce qu'il en coute pour le courtage des agens de change, fi l'on a été obligé de s'en fervir.

Dans le fecond cas, toutes les traites & remifes regardant purement & fimplement les commettans, c'eft auffi eux que regardent feulement tous les profits ou pertes qui arrivent dans ce commerce ; les fimples *commiffionnaires* n'y ayant d'autres parts que leur feule commiffion.

COMMISSIONNAIRES D'ENTREPÔT. Ce font des *commiffionnaires* qui demeurans dans des villes d'entrepôt, c'eft-à-dire, où les marchandifes arrivent de divers lieux, foit par terre, foit par eau, ont foin de les retirer des vaiffeaux, barques, charrettes ou charriots, pour les envoyer par d'autres voitures, ou commodités, aux lieux de leur deftination, ou aux marchands qui leur en ont donné la commiffion.

En France il y a quantité de villes d'entrepôt, où il y a beaucoup de ces *commiffionnaires*. Paris, par exemple, eft l'entrepôt pour les marchandifes qui viennent de Flandre, d'Amiens, de Reims, de Châlons & d'Orléans, qui font deftinées pour diverfes autres provinces du royaume, ou pour les pays étrangers.

Lyon eft un entrepôt pour ce qui vient d'Italie & de Marfeille.

Orléans, pour ce qui vient de Nantes & des autres villes fituées fur la Loire.

Rouen, pour les marchandifes qui viennent par mer de Hollande, d'Angleterre & des villes du Nord.

Et Nantes, faint-Malo & la Rochelle, pour celles qui arrivent auffi par mer d'Efpagne & de Portugal.

Les *commiffionnaires* d'entrepôt doivent principalement obferver deux chofes ; l'une, dans le

temps qu'ils retirent les marchandifes des maîtres & patrons des vaiffeaux, ou des voituriers, foit par eau, foit par terre, pour les ferrer dans leurs magafins d'entrepôt ; l'autre, quand ils les redonnent à d'autres voituriers, ou qu'ils en chargent d'autres bâtimens, pour les envoyer à leurs commettans.

La première chofe, qui regarde la reception des marchandifes, confifte à ne recevoir les balles & caiffes, où elles font emballées, que bien conditionnées ; ou fi ce font des huiles, vins, eaux-de-vie, ou autres liqueurs, que les barrils & tonneaux ne foient point trop en vuidange ; finon d'en faire de bons procès-verbaux, & d'en donner avis à leurs commettans, afin de ne pas refter garants envers eux des tarres, défauts & accidens arrivés aux marchandifes, avant qu'elles ayent été remifes entre leurs mains.

La feconde chofe qui concerne l'envoi des mêmes marchandifes à leurs commettans, ou aux lieux qui leur font indiqués, eft d'exprimer dans les lettres de voiture l'état où elles font en les remettant aux voituriers, afin qu'ils les rendent conformément à la lettre, ou qu'ils répondent des accidens qui leur feroient arrivés fur leur route par leur faute, y en ayant plufieurs dont ils ne font point garants, comme on le dira en l'article des voituriers, où l'on peut avoir recours.

COMMISSIONNAIRES DES VOITURIERS. Ce font ceux qui, lorfque les voituriers font arrivés, prennent foin de livrer les ballots & caiffes des marchandifes aux marchands à qui elles appartiennent, ou à qui elles font adreffées ; d'en recevoir les décharges ; de faire payer l'argent convenu pour la voiture, & de procurer aux voituriers d'autres marchandifes pour leur retour, afin qu'ils ne perdent point de temps, & qu'ils ne faffent de féjour qu'autant qu'il eft néceffaire pour leur repos & celui de leurs chevaux. Ce font auffi *commiffionnaires* qui payent ordinairement les droits de barrage & domaniaux, qui font dus aux entrées des villes où font déchargées les marchandifes, & qui fe chargent des acquits des traites foraines, ou des douanes, par lefquelles les voituriers ont paffé, afin de les remettre aux marchands, pour qu'ils ayent foin enfuite d'aller retirer leurs ballots & marchandifes.

Ce font pour l'ordinaire les hôteliers des grandes villes où arrivent les voituriers, & où ils déchargent leurs voitures, qui exercent ces fortes de commiffions ; & même jufqu'en l'année 1705 il n'y en avoit point eu dans Paris : mais au mois de février de cette année, s'étant fait une création de courtiers, facteurs & *commiffionnaires* des rouliers, muletiers & autres voituriers, ou entrepreneurs de voitures, dans la ville, fauxbourgs & banlieue de Paris, avec attribution du droit d'un fol pour livre fur toutes les voitures, balles, ballots, hardes, équipages & autres marchandifes au-deffus du poids de cinquante livres, qui fe voitureroient par terre, les chofes y ont changé ; avec efpérance néanmoins de les y voir un jour rétablies fur l'ancien pied, & la première liberté rendue.

En effet, ces offices n'ayant pu être levés, trois hôteliers des plus riches & des plus accrédités de Paris, qui exerçoient auparavant ces commissions, se joignirent à un entrepreneur de voitures, non moins à son aise qu'eux, & tous quatre acquirent pour la somme de 100,000 liv. le droit attribué aux offices de nouvelle création, qui furent éteints & supprimés par arrêt du conseil du 20 mars 1706.

Cet arrêt portoit, entr'autres choses :

1°. Que le droit subsisteroit, ainsi qu'il avoit été établi par l'édit de 1705.

2°. Que les acquéreurs de ce droit du sol pour livre en jouiroient pendant l'espace de vingt années, à commencer du premier mai de la même année, dont néanmoins ils compteroient annuellement pardevant le lieutenant général de police de Paris, pour, sur le produit, recevoir les intérêts de ladite somme de 100,000 liv. sur le pied du denier 20, jusqu'à l'entier payement, même les frais de régie ; & sur l'excédent, partie de leur capital, jusqu'à ce qu'il fût acquitté : qu'en cas néanmoins que pendant les vingt années ils n'eussent pas eu leur remboursement total, le temps seroit prorogé ; & diminué au contraire, si avant l'expiration du terme, il paroissoit par leurs comptes qu'ils eussent été remboursés de leur capital, intérêts & frais.

3°. Il étoit ordonné à tous messagers & maîtres des coches & carrosses, qui entreprendroient des voitures au-dessus du poids de cinquante livres, pour les faire conduire par d'autres voitures que carrosses, coches, charrettes & fourgons à eux appartenans, seroient tenus de payer aux acquéreurs le droit de sol pour liv., à peine de confiscation de leurs chevaux & charrettes, & de 1,000 livres d'amende.

4°. Enfin il étoit défendu à tous hôteliers de la ville, fauxbourgs & banlieue de Paris, cabaretiers & autres qui entreprennent des voitures, de s'ingérer, jusqu'à l'entier remboursement de ladite somme de 100,000 liv. de faire le courtage des rouliers, ni recevoir chez eux aucuns balots desdits rouliers, pour faire leur voiture, sous les peines portées par l'édit, sans permission par écrit des quatre acquéreurs, & en payant à leur acquit & décharge, par forme de prêt ou autrement, les sommes dont ils conviendront.

Ce monopole est aboli ; mais il reste des *commissionnaires* autorisés, avec lesquels se sont mis en concurrence les fermiers des nouvelles messageries.

COMMISSIONNAIRES, ou facteurs Anglois établis dans le Levant. Il n'y a peut-être point dans tous les endroits de la terre, où il s'exerce quelque commerce, de compagnie de *commissionnaires*, plus riche, plus qualifiée, ni plus considérable, que celle des Anglois de la ville de Smyrne. Elle est ordinairement composée de quatre-vingt ou de cent personnes, presque tous jeunes gentilshommes,

souvent fils de milords, ou sortis des meilleures maisons d'Angleterre.

Comme il n'y a point de dérogeance en Angleterre pour ceux d'entre la noblesse qui exercent le commerce, & qu'il n'y a point aussi de négoce plus lucratif pour les Anglois, que celui du Levant, la plûpart des cadets des familles nobles prennent ce parti, pour rétablir leurs affaires, ou pour pousser leur fortune.

Dans la nécessité de passer par l'apprentissage, qui est de sept ans en Angleterre, ils s'engagent pour ce temps-là à quelque gros marchand de la compagnie du Levant, qui, moyennant 3 ou 400 liv. sterling qu'ils en reçoivent, conviennent de les envoyer à Smyrne après les trois premières années de leur apprentissage ; où non-seulement ils leurs confient leurs affaires avec de gros appointemens, mais encore leur permettent de trafiquer pour leur propre compte ; ce qui leur donne le moyen de vivre splendidement, tant qu'ils restent dans la compagnie des *commissionnaires*, & les met en état, quand ils en sortent, de retourner en Angleterre exercer des emplois dignes du sang dont ils sont sortis.

C'est le consul de la nation Angloise, établi à Smyrne, qui juge en première instance des différends qui surviennent entre les *commissionnaires* pour le fait du commerce ; mais il y a appel de son jugement pardevant l'ambassadeur résident à Constantinople ; qui les décide en dernier ressort.

Les *commissionnaires* sont appellés *coagis* dans toutes les échelles du Levant.

COMMUN. Ce qui appartient à plusieurs, où plusieurs ont un égal intérêt.

On appelle *bourse commune* le produit des droits dûs à certains officiers pour leur salaire, qu'ils sont obligés de rapporter à la caisse de la compagnie pour être ensuite partagé entr'eux. Les vendeurs de vin, de marée, de volaille, & autres officiers de commerce, ont une bourse commune, où se rapportent tous les droits, salaires & émolumens. *Voyez* leurs articles.

On appelle aussi *bourse commune* parmi les six corps des marchands de la ville de Paris, & les maîtres des communautés des arts & métiers, une partie de ce qui provient des droits de reception à l'apprentissage & à la maîtrise, dont on compose un fonds, pour être employé aux affaires ou besoin des corps & communautés. *Voyez* BOURSE COMMUNE.

COMMUNAUTÉ DE BIENS. Ce terme de coutume se dit particulierement des biens qu'un mari & une femme mettent en commun, pour jouir des profits, ou porter les pertes qui peuvent arriver à l'occasion de cette portion qui leur appartient à chacun, qu'ils mettent en *communauté*, ce qui s'entend également, ou de la *communauté* établie par les coutumes, ou de celle qui est stipulée par les contrats de mariage.

La *communauté de biens* entre les négocians &

leurs femmes, étant d'une très-grande conséquence dans le commerce, à cause des engagemens que peuvent prendre les marchands, dont les femmes sont non communes, qui seroient très-préjudiciables à leurs créanciers, si ce défaut de *communauté* n'étoit pas rendu public ; l'ordonnance du mois de mars 1673 y a pourvu par l'article premier du titre huit, qui porte :

» Que dans les lieux où la *communauté de biens* » d'entre mari & femme est établie par la coutume, » ou par l'usage, la clause qui y dérogera par les con- » trats de mariage des marchands grossiers, ou dé- » tailleurs, & des banquiers, sera publiée à l'en- » droit de la jurisdiction consulaire, s'il y en a, » sinon dans l'assemblée de l'hôtel commun des » villes, & insérée dans un tableau exposé en lieu » public, à peine de nullité, & la clause n'aura » lieu que du jour qu'elle aura été publiée & enre- » gistrée ».

Il faut remarquer, que lorsqu'il est dit que l'article des contrats de mariage, portant dérogation aux coutumes qui établissent la *communauté de biens*, sera inscrit dans un tableau exposé en lieu public, l'ordonnance n'entend pas qu'on mette le tableau, ou dans les places où se tiennent les foires & marchés, ou même sur la place de la bourse & du change, mais dans les jurisdictions consulaires, ou dans l'hôtel commun des villes.

Une seconde remarque est que non-seulement les séparations de biens entre les négocians & leurs femmes sont comprises tacitement dans les clauses dérogatives aux *communautés de biens* établies par les coutumes, ou par l'usage ; mais qu'il y a même un article exprès, qui est le 2 du même titre 8 de l'ordonnance. *Voyez* SÉPARATION DE BIENS.

On peut voir le chapitre II du livre IV de la seconde partie du Parfait Négociant, où M. Savary traite des séparations de biens qui se font entre les négocians & leurs femmes, & des formalités qu'il faut observer pour les rendre bonnes & valables.

COMMUNAUTÉ. Société, corps de plusieurs personnes unies ensemble pour vivre sous de certaines régles communes, dont elles sont convenues, ou qui leur sont imposées par leurs supérieurs.

Les Romains, qui semblent avoir donné aux peuples qui ont partagé leur empire, l'exemple des *communautés*, & qui sans doute eux-mêmes l'avoient reçu de quelques-uns de leurs voisins, les appelloient des *colléges*, & ce terme avoit à peu près les mêmes significations qu'on donne présentement au mot *communauté*.

On voit en effet, parmi les sociétés qu'il y avoit à Rome, des colléges de prêtres, des colléges d'augures, & plusieurs autres semblables ; & pour se fixer seulement à ce qui a rapport au commerce, dont il s'agit uniquement dans ce dictionnaire, on remarque dans les auteurs, des colléges des négocians, ceux des serruriers, ceux des bateliers, ou voituriers par eau, ceux des fondeurs, dont même

il y en avoit jusqu'à trois classes ; ceux des argentiers ou banquiers, & plusieurs autres qui ressembleur assez aux corps & *communautés* des marchands, & des arts & métiers de Paris.

L'on croit communément que Numa, ce grand législateur des Romains, & ce grand ordonnateur de la police de leur ville naissante, a été l'instituteur des colléges des arts & métiers, comme on les appelle présentement.

Ces *communautés* d'artisans, si faciles à s'unir contre l'autorité du sénat, étant devenues dans la suite suspectes à la république, elles furent supprimées sous le consulat de L. Cæcilius & de Q. Martius ; mais le fameux Claudius, si célèbre par les troubles de son tribunat, & par ses démêlés avec Milon, qui enfin défit la ville de Rome d'un tribun si turbulent, les fit rétablir, pour se rendre le peuple favorable, & avoir dans ces sociétés d'artisans un secours toujours prêt pour soutenir la fureur de ses entreprises.

Pour ce qui est des *communautés* de la ville de Paris, l'on ne sait pas précisément l'époque de leur institution ; il est certain seulement qu'elle est fort ancienne, non pas pour la forme de gouvernement & de discipline qu'elles ont présentement, mais au moins pour l'union des marchands de même profession, & des ouvriers & artisans des mêmes arts & métiers, sous des réglemens convenus entr'eux.

On voit un roi des merciers de la seconde race, qui avoit jurisdiction sur tous ceux qui se mêloient du commerce dans tout le royaume ; il ne paroît pas néanmoins que ces *communautés* ayent eu des réglemens & statuts par autorité des magistrats, ou par lettres-patentes du roi, avant le douzième siècle, encore moins de privilèges exclusifs.

A l'égard du nombre des *communautés* de Paris, on l'a vu croître de siècle en siècle ; mais c'est principalement sous le régne de Charles IX, que plusieurs *communautés* nouvelles ont été érigées en corps particuliers de jurande, par le génie fécond des Maltotiers Italiens, qui désolèrent la France sous la malheureuse administration de Catherine de Médicis.

La plus grande augmentation s'est faite depuis 1673, sous le régne de Louis XIV, & par Colbert ; à peine y avoit-il alors 60 *communautés* à Paris ; l'édit du mois de mars de la même année les fit monter à 83, & le rôle du conseil de 1691 les mit à 129, pour en tirer quelques petites taxations ; les loix de l'apprentissage, du compagnonage & des chefs-d'œuvres, des receptions, des jurandes, &c. formant une bigarure très-étrange, faisoient naître mille & mille procès. On les avoit toutes supprimées avec l'attirail qu'elles entraînoient. On les a rétablies, mais sous une forme plus simple & sujette à moins d'inconvéniens. *Voyez* JURANDE.

COMPAGNIE. Se dit de plusieurs personnes assemblées en un même lieu, ou unies dans un même dessein.

COMPAGNIE, en fait de négoce. C'est une asso-

Zzz ij

ciation de plusieurs marchands, ou même d'autres personnes, qui ne sont point engagées dans le commerce, qui s'unissent d'intérêt. & qui contribuent de leurs fonds, de leurs conseils, de leurs soins, pour entreprendre ou soutenir quelqu'établissement utile au négoce.

Il se fait des *compagnies* pour plusieurs entreprises, comme pour des manufactures, pour des armemens de vaisseaux, soit en marchandise, en course, pour faire la banque, pour l'envoi & entretien des colonies dans les pays nouvellement découverts. Dans la librairie, pour l'édition des grands ouvrages, soit des anciens, soit des modernes. Dans les armées de mer & de terre pour la fourniture des vivres, & encore dans ces dernières, pour la fourniture des fourages, des étapes, des hôpitaux : en un mot pour toutes sortes de commerce, soit en gros, soit en détail, qui demandent des fonds & des secours extraordinaires, & au-dessus des forces d'un seul négociant.

Quoique *compagnie* & société soient en effet & dans le fond la même chose, l'usage y met pourtant quelque différence : société se disant de deux ou trois négocians, ou de peu davantage. (Ce qui est là la société proprement dite, dont on traitera dans l'article des sociétés; & *compagnie* s'entendant pour l'ordinaire d'un plus grand nombre d'associés, qui n'est fixé que suivant les secours, dont ceux qui s'associent, croyent avoir besoin pour les entreprises ou les établissemens qu'ils veulent faire.)

Une autre différence entre les simples sociétés & les *compagnies*, c'est que ces dernières, sur-tout quand elles ont des priviléges exclusifs, ne peuvent être établies que par la concession du prince, & ont besoin de lettres-patentes, d'arrêts du conseil, d'édits & déclarations ; & que pour les autres, il suffit de la volonté des associés, certifiée & fixée par les actes & les contrats, autorisée par les loix entre particuliers.

Enfin il semble que le mot de *compagnie*, en fait de négoce, ne se dise plus guères présentement, que de ces grandes associations qui se font faites, & qui se font encore pour les commerces étrangers, & pour les voyages de long cours, telles que sont les *compagnies* Françoises, Angloises & Hollandoises, des Indes orientales ou Occidentales, de la Chine, de la mer du Sud, du Sénégal, du Capverd, & autres semblables dont on va parler, après avoir expliqué quelques expressions mercantiles, où l'usage a fait entrer le terme de *compagnie*.

BILLETS DE COMPAGNIE. Sont des billets faits pour emprunter de l'argent au nom d'une *compagnie*, & qui sont souscrits par un, ou plusieurs associés.

Non-seulement les souscripteurs sont garans de ces sortes de billets, mais encore leur souscription engage tous les autres associés, & emporte leur solidité pour la sûreté & le paiement des billets, comme si tous les avoient signés.

Les billets de *compagnie* sont ordinairement estimés les meilleurs de ceux qui ont cours dans le commerce. On en a pourtant quelquefois vu de très-décriés, & dont les escomptes égaloient celles des plus mauvais papiers.

Quand un marchand ou banquier ajoute à son nom, en souscrivant un billet ou lettre-de-change ; le mot de *compagnie*, comme par exemple, *Dumont & compagnie* : il faut entendre que ce billet ou lettre-de-change ne sont pas de son fait particulier, mais une dette de lui & de ses associés.

Il en est de même à proportion, quand un tireur se sert de ce terme en tirant une lettre sur des associés, ses correspondans, ce qui se fait conformément à l'exemple suivant : *monsieur Perard & compagnie, il vous plaira payer, &c.*

Quelques négocians ont aussi coutume de mettre le mot de *compagnie* dans la suscription & adresse de lettres qu'ils écrivent à des associés, ainsi qu'il suit : *A Monsieur Divernay & compagnie.*

Voici l'ordre que nous avons suivi dans ce qui concerne les *compagnies de commerce de l'Europe*, dont nous allons parler ci-après.

Compagnies Françoises.
Compagnies établies à Vienne, & dans les Pays-Bas Autrichiens.
Compagnies Portugaises.
Compagnies Hollandoises.
Compagnies Angloises.
Compagnie des états du roi Georges, en Allemagne.
Compagnies Ecossoises.
Compagnies Danoises.
Compagnies Suédoises.
Compagnies Génoises.

Compagnies Françoises *établies pour les commerces & voyages de long cours.*

C'est véritablement aux Portugais que l'on doit la découverte de la route des Indes orientales, par le Cap de Bonne-Espérance, comme on doit pareillement aux Espagnols celle des Indes occidentales, également inconnues avant eux aux anciens & aux modernes.

Les François ont semblé cependant vouloir en disputer l'honneur aux uns & aux autres. Aux Portugais ; parce que quelques historiens disent, qu'avant 1402, ou plutôt en 1417, Jean de Bethencour, gentilhomme Normand, eût fait la conquête des isles Canaries, les François avoient pénétré jusqu'à la Côte d'or, & au-delà. Et aux Espagnols, sur une vieille tradition, peut-être assez équivoque, qui veut qu'en 1484, un pilote de Biscaye, ayant été jetté par la tempête dans une des isles de l'Amérique, & étant mort depuis entre les bras de Christophe Colomb ; ce fameux navigateur ne fit ensuite ses découvertes que sur le journal & les instructions de ce François.

Quoiqu'il en soit, sans entrer dans cette dispute, ce qui est bien certain, c'est que dès l'an 1420, Henri, fils de Jean premier, roi de Portugal, fit faire quelque découverte le long des côtes d'Afrique. Qu'en 1487, sous le règne de Jean second, Barthelemi Dias, doubla le cap des Tourmentes, qu'on nomme préfentement le cap de Bonne - Efpérance. Et qu'enfin fous Emmanuel, fucceffeur de Jean fecond, le célebre Vafco de Gama étant parti, pour tenter la même découverte, au mois de juillet 1497, arriva devant Calicut, royaume fur la côte de Malabar, dans la prefqu'ifle de l'Inde, au-deçà du golfe de Bengale, au mois de mai de l'année fuivante.

A l'égard des Indes occidentales, plus connues fous le nom d'Amérique, perfonne n'ignore l'heureufe témérité de Chriftophe Colomb, & tout le monde fait que cet hafardeur Génois, après s'être vainement offert à fa patrie, à la France, à l'Angleterre, au Portugal, & même à des feigneurs particuliers, obtint enfin des Rois Ferdinand & Ifabelle, un affez modique armement, avec lequel ayant fait voile le 3 août 1492, il découvrit le 11 octobre de la même année, l'ifle qu'il nomma de Saint-Salvador, dont il prit poffeffion au nom de fes maîtres, & qui fut les prémices des conquêtes prefqu'incroyables, que firent depuis Fernand-Cortés du côté du Mexique, & les Picards du côté du Pérou.

Les François ne furent pas des derniers à courir les côtes de l'Amérique, pour y faire ou des découvertes, ou des établiffemens; & il y eut auffi plufieurs d'entr'eux qui fe hafardèrent à fuivre les Portugais jufqu'aux grandes Indes, ce qui donna depuis occafion aux premières compagnies qui furent établies en France.

Les Bretons, les Bafques, les Normands découvrirent le grand banc en 1504. Ils s'attribuent auffi la découverte du Bréfil, bien long-temps avant qu'Améric Vefpace y vint aborder.

Le cap Breton, & l'ifle de Fernambourg furent découverts en 1520, par les trois frères Parmentiers, qui pouffèrent même leur commerce jufqu'en Guinée & aux Moluques.

La découverte de la Floride, de la Virginie, du Maragnan, fe fit en 1524, & l'on en prit poffeffion au nom de François premier.

Le Canada devint François en 1534, par la découverte de Jean Cartier de Saint-Malo; & l'établiffement qu'y fit le fieur de Roberval, planteur Picard, fix ans après en affura la poffeffion à la France, qui depuis ce temps-là en jouit paifiblement, & y a une floriffante colonie.

Pour ce qui eft des grandes Indes, quoiqu'on voye dès le temps de François premier, des édits de ce Prince, & particulièrement ceux de 1537 & 1543, pour exciter & animer fes fujets à entreprendre le commerce & les voyages de long cours, il ne paroît pas que ceux qui fe firent alors, eurent un grand fuccès; & l'on ne voit rien de bien confidérable avant l'armement du capitaine le Lièvre de Honfleur en 1616, & celui du capitaine de Beaulieu en 1619, qui y conduifirent chacun une efcadre de trois gros vaiffeaux, dont une partie revint en France très richement chargée.

Le capitaine Régimont de Dieppe, & Ricaut, capitaine de vaiffeau du roi, ne firent pas non plus ce voyage infructueufement en 1637, & dans les années fuivantes.

Toutes ces entreprifes n'avoient été jufques-là que l'ouvrage de quelques particuliers, & ce ne fut proprement que fous le miniftère du cardinal de Richelieu, que l'on vit fe former en France des compagnies fous l'autorité du roi, & avec fes lettres-patentes, pour l'une & l'autre Inde.

Celle de la nouvelle France fut établie, comme on le dira dans la fuite, en 1628; & celle pour l'ifle de Saint-Chriftophe une des plus confidérables des Antilles, fut établie au mois d'octobre 1626, tant pour cette ifle que pour les ifles adjacentes, & fut confirmée en 1642 pour toutes les ifles d'Amérique, fituées depuis le dixiéme dégré jufqu'au trentiéme au-delà de l'équateur.

Ce fut à la valeur & à la bonne conduite de M. Defnanbuc, gentilhomme Normand, de la maifon de Vanderop, que la France dût cet établiffement.

Celui de la première compagnie pour les grandes Indes, eut pour auteur le capitaine Ricaut, dont on a déjà parlé, & ne fe fit qu'en 1642.

Vingt-quatre particuliers, négocians & autres s'étant unis pour le commerce d'Orient, Ricaut obtint pour dix ans une conceffion exclufive de le faire feul avec fes affociés, & au mois de Septembre de l'année fuivante, il la fit confirmer par des lettres-patentes du roi Louis XIV, nouvellement monté fur le trône.

Quoiqu'il parut que cette compagnie n'eût en vue que le commerce des côtes Orientales de l'Afrique, & particulièrement l'établiffement d'une colonie à Madagafcar, (peut-être pour ne pas donner de jaloufie aux Hollandois, dont la France avoit alors befoin,) elle pouffa néanmoins fon négoce jufqu'à Surate, & aux autres ports des côtes de cette partie de l'Inde.

La compagnie de Ricaut, que les troubles de la minorité de Louis XIV, avoient fort affoibli, obtint néanmoins une nouvelle conceffion à l'expiration de la première. Mais le maréchal de la Meilleraye, qui avoit pris goût pour la colonie de Madagafcar, fur les rapports favorables que lui en avoit fait Pronis, premier gouverneur de l'ifle de Madagafcar, & infidèle ferviteur de fes anciens maîtres; ce maréchal, dis-je, s'en étant emparé par une efpèce de furprife, malgré les droits & les oppofitions de cette première compagnie, il en demeura en poffeffion jufqu'à fa mort, & après lui, le duc de Mazarin fon fils, qui enfin, auffi-bien que les anciens affociés, céda fes prétentions & fes droits à la célèbre compagnie des Indes, qui fut établie en 1664, dont on va parler.

COMPAGNIE DES INDES ORIENTALES.

On ne peut guères rien voir de plus beau & de plus grand que le projet de cette compagnie, qui fut dreffé en 40 articles, le 26 mai 1664, dans l'affemblée tenue à Paris par les principaux marchands de cette ville, où affiftèrent auffi quantité d'autres perfonnes de confidération, de diverfes qualités & profeffions.

Le 29 du même mois, ces ftatuts ayant été préfentés au roi à Fontainebleau, par les députés de l'affemblée, qui s'y étoient rendus; ils furent examinés & arrêtés au confeil deux jours après.

Au mois d'août, le roi donna fes lettres-patentes en forme d'édit, expédiées à Vincennes, pour fon établiffement, qui furent vérifiées en parlement, le premier feptembre fuivant.

Elles portoient entr'autres chofes : que la *compagnie* feroit formée de tous les fujets de fa majefté, même des nobles, fans crainte de dérogeance.

Que chaque part ne pourroit être moindre de mille livres, ni les augmentations au-deffous de 500 livres.

Que les étrangers, de quelques princes & états qu'ils fuffent fujets, pourroient entrer dans la *compagnie*, & que ceux qui y auroient vingt mille liv. feroient réputés regnicoles, & en cette qualité, jouiroient de tous les priviléges des vrais fujets de fa majefté.

Qu'il feroit établi une chambre de direction générale, compofée de 21 directeurs, dont 12 feroient de la ville de Paris, & les 9 autres des provinces ; & que ladite chambre pourroit établir des chambres particulières, quand & en tels lieux qu'elle le jugeroit à propos.

Que fa majefté accorde à la *compagnie*, de pouvoir feule naviger, à l'exclufion de tous autres fujets du roi, dans toutes les mers des Indes, d'Orient & du Sud, durant trente ans.

Qu'elle auroit à perpétuité la poffeffion de l'ifle de Saint-Laurent ou Madagafcar, & de toutes les autres terres, places & ifles qu'elle pourroit conquérir fur les ennemis, ou dont elle pourroit s'emparer fur les Barbares, pour en jouir en toute propriété, feigneurie & juftice, fans y réferver que la feule foi & hommage-lige, avec la redevance d'une couronne, & d'un fceptre d'or du poids de cent marcs à chaque mutation de roi ; lui accordant auffi le pouvoir de nommer & établir tous officiers de juftice & de guerre, nommer ambaffadeurs au nom de fa majefté, vers les rois & princes des Indes, & faire des traités avec eux.

Que la *compagnie* pourroit envoyer les efpèces d'or ou d'argent, dont elle auroit befoin pour fon commerce dans tous les lieux de fa conceffion, nonobftant les défenfes portées par les loix & ordonnances du royaume, & ce, par une permiffion particulière & par écrit, qui lui feroit donnée.

Que fa majefté avanceroit de fes deniers, le cinquième de la dépenfe qu'il conviendroit faire pour les trois premiers armemens, dont elle ne feroit remboursée qu'à la fin des dix premières années, & fans intérêts ; & qu'en cas qu'il fe trouvât par le compte général que la *compagnie* eût perdu de fon capi-

tal, la perte tomberoit fur la fomme avancée par fa majefté.

Que les marchandifes qui viendroient des Indes, & feroient confommées en France, ne payeroient que la moitié des droits portés par les tarifs ; & que celles deftinées pour les pays étrangers ou dans les provinces exemptes, foit par terre, foit par mer, ne payeroient aucun droit d'entrée ni de fortie, comme auffi les bois & autres chofes néceffaires pour la conftruction & armement des vaiffeaux de la *compagnie*.

Enfin, qu'il lui feroit payé par fa majefté, 50 liv. par tonneau, pour gratification des marchandifes, que fes vaiffeaux porteroient dans les pays de fa conceffion, & 75 liv. pour celles qu'ils en rapporteroient & déchargeroient dans le royaume.

Sa majefté lui accorda auffi un fceau, qui portoit pour légende, *Ludovici XIV, Franciæ & Navarræ Regis sigillum, ad ufum fupremi confilii Galliæ Orientalis*, & elle eut pour armes, un globe d'azur chargé d'une fleur-de-lys d'or, avec ces mots, *Florebo quocunque ferar* ; & pour fuppôts, deux figures, l'une repréfentant la paix & l'autre l'abondance.

Les fonds extraordinaires qui furent établis, dont le roi avança la plus grande partie, & qui ne montoient pas moins qu'à fept ou huit millions, mais qui devoient aller jufqu'à 15 ; le départ de plufieurs flottes, foit pour l'établiffement projeté à Madagafcar, qui devoit être le principal entrepôt de la compagnie, foit pour l'établiffement des comptoirs, qu'elle vouloit, dans les Indes ; enfin, l'union & l'affiduité avec laquelle les directeurs de France travailloient à foutenir cette entreprife, firent d'abord concevoir une grande idée de cette *compagnie*, & en efpérer un grand fuccès.

Mais le mauvais choix du premier entrepôt dans une ifle mal-faine, habitée par des peuples cruels & indomptables, moins riche & moins abondante qu'on ne l'avoit cru fur des relations exagérées ; la mort des plus habiles directeurs, envoyés aux Indes ; la divifion des autres, particulièrement le peu de fidélité du fieur Caron, Hollandois, qu'on avoit avec quelqu'inconfidération, mis à la tête des affaires dans ces pays éloignés ; les guerres de 1667 pour les droits de la Reine, & de 1672 contre la Hollande, enfin, le peu de fuccès de l'efcadre confidérable du roi, commandée par le fieur Deshayes, dont une partie périt en 1672, à Trinquentale dans l'ifle de Ceylan, où le même Caron l'avoit mal-à-propos engagée, & l'autre à la prife, à la défenfe & à la reddition de Saint-Thomas, en 1673 & 1674, réduifirent les chofes en un tel état, que ce qui a fubfifté depuis cette *compagnie*, ou plutôt celles qui fe font formées des débris, & que les négocians de Saint-Malo ont foutenues avec quelque fuccès jufqu'en 1719, n'en ont été proprement que le fquelette & l'ombre.

On n'avoit néanmoins rien oublié en France pour foutenir & augmenter le commerce & le crédit de cette *compagnie*. Sa première flotte composée de trois vaisseaux & d'une galliote, étoit partie de Brest le 7 mars 1665. Il en avoit été armé de plus considérables dans les deux années suivantes, pour transporter aux Indes les directeurs, & ceux d'entr'eux qui avoient été choisis ambassadeurs pour la cour de Perse, & pour celle du grand-mogol; & l'on avoit déjà eu avis que la nouvelle de ce célèbre établissement, avoit été reçue dans tout l'Orient avec une joie qui sembloit promettre encore plus de succès qu'on n'eût d'abord osé en espérer.

Sa majesté, pour répondre à ces heureux commencemens, déclara par un arrêt de son conseil du 21 septembre 1668: qu'outre les deux millions qu'elle avoit déjà mis dans les fonds de la *compagnie*, elle lui feroit encore payer par le garde de son trésor royal, semblable somme de deux millions, sur laquelle sa majesté consentoit pareillement que fussent prises toutes les pertes, qui pourroient lui arriver dans les dix premières années de son établissement.

Il étoit ordonné par le même arrêt que tous ceux qui avoient souscrit pour s'intéresser dans la *compagnie*, & qui n'avoient pas encore fourni leurs fonds, en payeroient le premier tiers dans un mois du jour de la publication de l'arrêt; le second dans le 15 novembre suivant; & le troisième tiers, dans le 15 janvier 1669, avec néanmoins permission d'abandonner leur premier tiers, s'ils ne se trouvoient pas en état, ou en volonté de fournir les deux autres.

Enfin, pour que les intéressés fussent informés des affaires de la *compagnie*, il fut indiqué une assemblée générale dans le mois de novembre suivant.

Cette assemblée fut tenue au château des thuileries, mais seulement le 15 décembre, en présence du roi, à qui M. Colbert rendit compte de l'état de la *compagnie*. Il y fut fait aussi une élection de trois nouveaux directeurs, pour être joints aux anciens; & sa majesté s'étant fait représenter la liste des intéressés, nomma plusieurs commissaires pour assister aux comptes de la *compagnie*, les examiner, les calculer & arrêter.

Les principaux de ces commissaires furent, M. de Lamoignon, premier président du parlement, MM. Pussort & Voisin, conseillers d'état, M. de la Reynie pour les maîtres des requêtes; MM. les procureurs-généraux du parlement, de la chambre des comptes & de la cour des aydes, & six des principaux marchands du royaume.

Le 5 janvier 1669, il y eut une assemblée de tous les commissaires nommés dans celle du 15 décembre précédent. M. Pussort y rendit compte de la commission, pour l'examen des livres de la *compagnie*, dont il avoit été chargé; ensuite il fut pris jour pour signer & arrêter lesdits livres, ce qui s'exécuta le 15 du même mois de janvier.

Le roi continuant toujours de vouloir être informé de l'état de la *compagnie*, ordonna par une lettre-de-cachet du 20 avril 1675, qu'il seroit tenu le 8

mai suivant, une assemblée générale des intéressés, pour y être élu de nouveaux directeurs, & nommé des commissaires, pour voir & examiner les registres, papiers & bilans.

L'assemblée ayant été tenue, & les procès-verbaux qui en furent faits, en date des 19 & 21 mai, ayant été rapportés, il intervint une déclaration du roi, du 13 septembre 1675, qui portoit:

1°. Qu'il seroit fait une répartition de dix pour cent à tous les intéressés de la *compagnie des Indes*, qui auroient payé les trois tiers des sommes, pour lesquelles ils auroient pris part au fond capital d'icelle.

2°. Que le temps de la clôture du paiement des actions, seroit prorogé jusqu'au premier juillet 1676, pendant lequel temps les actionnaires pourroient achever de payer ce qui restoit par eux dû, auquel cas il leur seroit précompté dix pour cent, pour leur tenir lieu de répartition.

3°. Qu'après ledit temps passé, sans espérance de nouveau délai, aucun n'y seroit plus reçu, & que ce qui se trouveroit avoir été par eux payé, accroîtroit au fond capital de la *compagnie*.

4°. Enfin, qu'attendu les pertes que la *compagnie* avoit souffertes par les guerres, & sa majesté y ayant égard, elle la déchargeoit des quatre millions de livres qu'elle lui avoit avancés, sans qu'elle fût tenue d'en restituer aucune chose, ni d'en compter à la chambre des comptes & ailleurs.

La *compagnie* ayant encore subsisté environ dix ans dans la première forme, qui lui avoit été donnée par l'édit de 1664; mais ne pouvant plus qu'à peine remplir ses engagemens, & continuer son commerce, on songea à lui donner une nouvelle forme, afin s'il étoit possible, de ranimer son crédit, & de la tirer de sa langueur.

Pour y réussir, on tint une assemblée générale des intéressés, le 29 mai 1684, indiquée par une lettre-de-cachet du 17 avril précédent.

Cette lettre-de-cachet ordonnoit l'élection d'un nombre suffisant de directeurs, pour remplir la place de ceux qui étoient morts, ou qui ne pouvoient plus en faire les fonctions. Elle nommoit les commissaires la plupart les mêmes qui avoient été nommés en 1675, pour faire l'examen & le bilan des livres de la *compagnie*; & marquoit que l'intention de sa majesté étoit, qu'on pourvût à faire des gratifications convenables aux directeurs, tant de la chambre générale de Paris, que des chambres particulières des provinces.

Les nouveaux directeurs ayant été élus conformément à la lettre-de-cachet; on mit pardevant les commissaires nommés par sa majesté, tous les livres de la *compagnie*, sçavoir:

Le grand livre de raison, qui finissoit par le bilan fait le 21 mai 1675.

Un autre livre de raison, dont l'entrée étoit l'issue du livre ci-dessus, & finissoit par le bilan présenté par les sieurs directeurs, & par eux fait & arrêté le 27 dudit mois de mai 1684.

Le livre de caisse contenant ce qui avoit été reçu & payé dans la suite dudit commerce.

Le livre du contrôle de la caisse.

Le livre des actions des intéressés dans la compagnie.

Le livre des effets déposés dans les magasins du Port-Louis, pour l'équipement des vaisseaux.

Le livre du comptoir de Surate.

Le livre des engagés de la compagnie, aux Indes.

Deux livres des équipemens.

Et le livre des commis qui servoient en France.

Tous ces livres avoient été arrêtés par les directeurs le 27 dudit mois de mai.

Ensuite il fut délibéré sur les gratifications des directeurs, qui furent fixées à 3000 livres pour chacun des directeurs de la chambre générale de Paris ; & 1000 livres pour chacun des directeurs des chambres particulières.

Le procès-verbal des choses réglées dans cette assemblée, fut suivi d'une déclaration du roi, du 17 juillet de ladite année 1684, & d'un arrêt du conseil du même jour, avec des lettres patentes sur icelui, portant les mêmes dispositions, sçavoir :

1°. Qu'il seroit payé aux directeurs les gratifications à eux accordées par le résultat de la compagnie.

2°. Que la déclaration du 13 septembre 1675 seroit exécutée ; & en conséquence que ceux qui n'avoient pas entièrement payé les trois tiers de ce qu'ils devoient par leur engagement, ou du moins jusqu'à la somme de 8000 livres, demeureroient purement & simplement déchus de tous les droits, actions & priviléges qu'ils auroient pû avoir dans la compagnie. Sa majesté dérogeant à cet égard à l'édit du mois d'août 1664, & aux arrêts du conseil intervenus depuis.

Cette assemblée, & l'examen des livres de la compagnie qui s'y fit par les commissaires n'ayant servi qu'à faire connoître davantage son mauvais état, & l'impossibilité qu'elle pût subsister, si on ne lui donnoit une autre forme, sa majesté ordonna, par un arrêt de son conseil du 3 septembre de la même année, qu'il seroit incessament convoqué une nouvelle assemblée, dans laquelle, en présence de MM. Boucherat, Pussort, Rouillé & de la Reynie, commissaires du roi, les livres des comptoirs des Indes, aussi-bien que les commis desdits comptoirs nouvellement arrivés, seroient entendus & examinés, & qu'il seroit dressé sur lesdits livres & autres mémoires, un nouveau bilan de la qualité & valeur des effets de la compagnie ; lequel vu par sa majesté avec l'avis des sieurs commissaires, il seroit pourvu par sadite majesté ce qu'il appartiendroit.

En exécution de cet arrêt, l'assemblée générale de la compagnie fut tenue le 11 dudit mois de septembre, ensuite continuée les 16, 18, 19, 20 & 22 dudit mois ; & enfin terminée le 6 du mois d'octobre : dans laquelle dernière session il fut ordonné que le procès-verbal de ladite assemblée seroit clos, arrêté & signé, ainsi qu'il avoit été rapporté par M. Pussort, & qu'il seroit fait un bilan général des effets de la compagnie.

Toute cette instruction fut suivie de l'avis de MM. les commissaires du conseil ; portant qu'il étoit nécessaire d'augmenter le fond de la compagnie ; & que pour y parvenir, attendu que la valeur des actions étoit réduite au quart, il falloit obliger tous les actionnaires d'augmenter leursdites actions d'un quart en sus, en deniers comptans, dans un mois du jour de la publication de l'arrêt qui interviendroit à ce sujet ; & que faute de fournir ledit quart, ils seroient remboursés d'un quart de leurs actions, moitié dans un an, & moitié un an après, le tout sans intérêt, par les personnes qui seroient nommées par sa majesté, qui resteroient subrogées aux droits & actions des actionnaires remboursés ; en fournissant néanmoins, par lesdits particuliers subrogés, les fonds nécessaires pour continuer le commerce de la compagnie.

Cet avis des commissaires fut confirmé, & son exécution ordonnée par un arrêt du conseil du 18 octobre 1684. Il fut néanmoins donné depuis un nouveau délai d'un mois, pour le paiement dudit quart en sus.

Ayant été ensuite vérifié par les comptes de la compagnie, que ses fonds ne montoient en tout qu'à la somme de 3,353,966 liv. 13 sols 4 den., & qu'il n'y avoit que quatre-vingt actionnaires qui eussent fourni leur quart en sus, montant seulement à 109,516 livres 13 sols 4 den., qui, avec le reste des effets de la compagnie, n'étoient pas suffisans pour soutenir son commerce ; le roi donna une déclaration au mois de février 1685, par laquelle il fut ordonné :

1°. Que l'édit du mois de septembre 1664 seroit exécuté suivant sa forme & teneur, au profit des anciens actionnaires, qui auroient fourni leur quart en sus, qui resteroient intéressés dans la compagnie, tant pour le quart restant de leurs actions, que pour leur nouveau fond de quart en sus.

2°. Qu'à l'égard de ceux qui n'auroient pas payé ledit quart, ils resteroient déchus de tout l'intérêt qu'ils y avoient.

3°. Que la somme de 728,975 livres à quoi montoit le supplément, qui n'avoit pas été payé par les actionnaires, seroit avancée par les personnes qui seroient nommées par sa majesté, qui demeureroient subrogées au lieu & place de ceux qui n'avoient pas suppléé ledit quart, à la charge de leur payer pareille somme de 728,975 liv. pour le quart auquel toutes les actions avoient été réduites.

4°. Qu'il seroit payé à ceux qui auroient fait de nouveaux fonds pour ce remboursement, & pour la continuation du commerce de la compagnie, l'intérêt de leursdits fonds & remboursemens, sur le pied qu'il se paie dans le commerce de mer, en attendant les profits qui pourroient venir dudit commerce.

5°. Qu'il seroit nommé, pour avoir soin de la compagnie & de son négoce, le nombre de douze directeurs

directeurs, qui feroient choifis parmi les actionnaires de la ville de Paris, qui auroient au moins
fourni 30,000 liv. de nouveaux fonds.

6°. Que quelques-uns defdits directeurs décédans,
il en feroit nommé d'autres à la pluralité des voix,
tant des directeurs furvivans, que des actionnaires
qui auroient au moins 20,000 liv. d'actions.

7°. Que lefdits directeurs auroient feuls la direction des affaires, & commerce de la *compagnie*.
Sa majefté fupprimant tous les directeurs nommés
en la chambre générale de Paris, & dans toutes
les autres chambres du royaume.

8°. Qu'en cas que la *compagnie* voulût garder
l'ifle de Madagafcar, elle feroit tenue de la foi
& hommage & redevances dues à fa majefté, &
en feroit au contraire déchargée, fi elle ne la gar-
doit pas.

Nota. La *compagnie* a renoncé à la propriété de
cette ifle en 1686; & par arrêt du confeil, du 4
janvier de la même année, Madagafcar a été réunie
à la couronne.

Il y a outre ces huit articles quantité d'autres difpofitions, mais moins importantes, & qui ne font
rien à l'hiftoire de cette *compagnie*, qui eft la
feule chofe qu'on ait ici en vue.

On a rapporté un peu au long ces divers articles
de la déclaration de 1685, parce que c'eft fur ce
fondement que la *compagnie* a fubfifté, & a été
gouvernée jufqu'à ce qu'en l'année 1719, elle a
été réunie à la *compagnie d'Occident*, connue
depuis fous le nom de *compagnie des Indes*.

Les perfonnes qui devoient payer le fupplément
de 728,975 liv. à la place des actionnaires qui
n'avoient pas fourni leur quart en fus, & faire
auxdits actionnaires le remboursement de pareille
fomme, ainfi qu'il eft porté ci-deffus par l'article 3
de la déclaration; furent nommées par fa majefté,
par un arrêt de fon confeil d'état, du 21 février
1685, fçavoir, les fieurs de Fromont, Morel de
Boiftiroux, Soulet, Mathé de Vitry la Ville,
Pocquelin, de Lifle, des Vieux, Parent, Ceberet,
du Boulay, le Brun & Tardif.

Ces douze nouveaux actionnaires furent, par le
même arrêt, déclarés feuls directeurs de la *compagnie*, & leurs droits de préfence réglés à 3,000 liv.
chacun par an.

Au mois d'avril 1687, le nombre des directeurs
fut augmenté de huit autres, pour faire enfemble
celui de vingt; lefquels nouveaux directeurs devoient payer, pour y être reçus, 40,000 livres s'ils
avoient déja 20,000 livres d'actions dans la *compagnie*, & 60,000 livres s'ils n'y avoient point
d'actions.

Par cette nouvelle forme donnée à la *compagnie
des Indes orientales*, les fonds de fon commerce
fe trouverent monter à 2,100,000 livres, dont les
directeurs en avançoient 1,200,000 livres, à raifon
de 60,000 livres chacun, & les actionnaires environ
900,000 livres.

Il fembla d'abord que fous ces nouveaux direc-

teurs, la *compagnie* avoit repris vigueur; & en
effet fon commerce ayant été heureux, elle fit deux
répartitions à fes actionnaires en 1687 & 1691,
montant enfemble à trente pour cent.

Depuis 1691 fon négoce fut fort interrompu à
caufe de la guerre, qui fuivit la révolution d'Angleterre, & celle où la France fe trouva engagée à
caufe de la fucceffion d'Efpagne.

Auffi-tôt après la paix de Ryfwick, les directeurs
firent des efforts extraordinaires, & leurs envois
furent plus confidérables qu'ils n'avoient encore été;
mais ce fut proprement là l'époque de fa chûte:
la guerre de 1700 lui ayant caufé de fi grandes
pertes, que lorfqu'elle fut réunie, dix-neuf ans après,
à la *compagnie d'Occident*, fes dettes, tant dans
le royaume qu'aux Indes, montoient à plus de dix
millions.

Il paroît qu'en 1701, la *compagnie* ayant repréfenté aux miniftres, par fes députés, le mauvais
état de fes affaires, elle obtint de fa majefté un prêt
de 850,000 livres, à la charge que chacun des
directeurs augmenteroit fon fond de 40,000 livres,
& les actionnaires de 50 pour cent.

L'exécution de ces conditions caufèrent de grands
troubles entre les directeurs & les actionnaires: les
premiers les acceptant, & les autres refufant de les
exécuter, malgré deux arrêts du confeil des 21
février & 16 mai 1702, qui homologuoient le
réfultat de l'affemblée générale, tenue le 24 janvier
de la même année.

Enfin, en 1704 toutes les conteftations furent
terminées par un arrêt du confeil du premier avril,
qui, fans avoir égard à divers autres arrêts rendus
depuis celui du 16 mai 1702, ordonne que tous
les actionnaires de la *compagnie des Indes orientales* demeureroient intéreffés dans fon commerce,
pour en partager les profits, & en fupporter les
pertes, chacun par rapport à fon fond, tant pour
le paffé que pour l'avenir.

Que pour connoître l'état des affaires de la *compagnie*, les directeurs feroient rendre inceffamment,
& avant toutes chofes, les comptes de la geftion
de fon commerce.

Qu'à l'avenir les actionnaires ne pourroient être
engagés dans aucuns nouveaux emprunts, à moins
que les délibérations ne fuffent fignées de trois
des actionnaires, du nombre des cinq, qui feroient
par eux nommés pour l'examen defdits comptes;
& figner lefdites délibérations; & qu'en cas de
refus de figner par lefdits actionnaires commis, les
parties fe retireroient pardevant le fieur de Pontchartrain, pour, fur fon rapport, y être pourvu
par fa majefté.

La reddition des comptes ayant fait naître de
nouvelles conteftations entre les directeurs & les
actionnaires, & les affaires de la *compagnie* empi-
rant tous les jours, il fut encore rendu deux arrêts,
l'un du 6 & l'autre du 12 novembre 1708.

Par le premier arrêt, il étoit ordonné qu'il feroit
tenu dans deux mois une affemblée générale des

directeurs & actionnaires de la *compagnie*, en présence du sieur prévôt des marchands, pour recueillir les différens expédiens qui seroient proposés pour soutenir & augmenter le commerce de ladite *compagnie*, pour en être ensuite ordonné par sa majesté ce qu'il appartiendroit.

Par le second arrêt, qui ordonne l'exécution du précédent, il est surcis à toutes poursuites, contraintes & exécutions, à raison des dettes de la *compagnie*, sur les effets d'icelles, & sur les personnes & biens de ses directeurs, sauf à leurs créanciers de se pourvoir au conseil, & y faire telle demande que bon leur sembleroit, avec défenses de se pourvoir ailleurs, à peine de nullité.

Enfin, les choses n'étant point encore disposées à faire en France une nouvelle *compagnie des Indes orientales*, & les ministres voulant cependant que les François y continuassent leur commerce avec quelque réputation, la cour permit aux directeurs de la *compagnie*, de traiter avec de riches négocians de saint-Malo, & de leur céder son privilége sous certaines conditions.

C'étoit entre les mains de ces derniers, que le négoce de la France recommençoit à fleurir aux Indes, lorsque se fit cette union avec la *compagnie d'occident*, dont on a déja parlé & dont on parlera encore, en traitant plus bas de l'établissement de cette *compagnie*. *Voyez ci-après* COMPAGNIE D'OCCIDENT & COMPAGNIE DES INDES.

Il faut remarquer qu'il y avoit déja long-temps que la *compagnie des Indes orientales* avoit eu la permission de faire part de son privilége à des particuliers, dans l'espérance que ce qu'elle tireroit des traités qu'elle feroit avec eux, lui procureroient de quoi soutenir son commerce aux Indes, ou du moins de quoi payer en France une partie des intérêts de tant de billets qu'elle avoit sur la place, & lui donneroient le crédit de les renouveler.

Le premier de ces traités est du 4 janvier 1698, fait avec le sieur Jourdain & ses associés, pour envoyer à la Chine. On en parle ailleurs. *Voyez* COMPAGNIE DE LA CHINE.

Il s'en étoit encore fait un autre avec le sieur Crozat & sa *compagnie* au mois de décembre 1708, homologué par arrêt du 15 du même mois.

Par ce dernier traité, les directeurs de la *compagnie* permettoient au sieur Crozat d'envoyer, sous le nom de ladite *compagnie*, deux vaisseaux aux Indes, à la charge qu'elle auroit quinze pour cent du montant de la vente des marchandises que ces vaisseaux en rapporteroient, sans aucune déduction; comme aussi deux pour cent des marchandises provenantes des prises que lesdits vaisseaux pourroient faire au-delà de la ligne; avec la liberté pour ladite *compagnie* de faire rapporter sur ces deux vaisseaux, sans payer aucun fret, jusqu'à dix tonneaux de marchandises des Indes : la *compagnie* d'ailleurs se réservant le droit de tonneau, tant pour l'aller que pour le retour, à elle accordé par sa majesté, c'est-à-dire, le droit de 50 liv. par

tonneau de marchandises que ces vaisseaux portent dans les pays de sa concession, & de 75 liv. par tonneau pour celles qu'ils en rapportent, pour être déchargées dans le royaume, que sa majesté fait payer par gratification à la *compagnie*.

Les conditions du traité avec Jourdan étoient à peu près les mêmes, que celles du traité fait avec le sieur Crozat.

Pouichery, que les François nomment plus ordinairement Pontichery & Pondichery, est le principal comptoir que la *compagnie* ait dans les Indes, la résidence du directeur général de la *compagnie*, & le centre de son commerce; les autres établissemens n'étant proprement que de simples loges, où l'on ne laisse que peu de commis, souvent qu'un seul, à la réserve de celui de Surate, qui est assez considérable. Pontichery est situé sur la côte de Coromandel, dans les états du prince Gingi, ami de la nation, à 11 degrés 48 minutes de latitude, & à 114 degrés de longitude.

La *compagnie* assura ce poste en 1688, par un fort flanqué de quatre tours, sur lesquelles sont en batterie vingt-quatre pièces de canon. La garnison y est ordinairement de 150 hommes, tous François.

Les Hollandois l'assiegèrent avec toutes leurs forces en 1693, & le prirent après un long siège; pendant lequel le sieur Martin, directeur général, qui, deux ans auparavant, avoit été honoré par le roi de lettres de noblesse, & qui le fut depuis de l'ordre de S. Michel, se signala beaucoup; & obtint pour lui & sa garnison une des plus honorables capitulations, que jamais troupes assiégées ayent reçues, outre quantité d'articles avantageux à la *compagnie*.

Pontichery fut quatre ans après restitué aux François par le traité de Riswick; & c'est encore leur principal établissement aux Indes.

Les marchandises qui viennent en France par les vaisseaux de la *compagnie*, sont :

Diverses soies, comme des tanis, des moutas ou fleurets, des courragats & des soies torses, que l'on tire toutes de Bengale.

Du coton filé & du coton en laine, qui viennent de Surate.

Du girofle, de la canelle, de la muscade, du macis des Moluques & de Ceylan.

Du poivre commun, du poivre long, du café, du ris, de l'encens, du salpêtre, de la terra-merita, trois sortes de laque, de l'indigo, de la mirrhe, du thé, du bezoad, du l'oppoponax, du vitriol, du camphre, de l'esquine, du sel armoniac, de la seracoste, du galbanum, du galanga, du sagapenum, des piraîtres, diverses espèces d'aloès, du séné, de la gomme-gutte, du cachou, des mirabolans; du folium-indum, & quelques autres sortes de drogues. Toutes ces drogues & épiceries se chargent à Surate, au Bengale & à Pontichery.

Où apporte aussi de ces trois endroits des cauris qui viennent des Maldives, du bois rouge, du bois de fandal, & du bois de fapin ; des cannes en jais, des rottins, de la cire à cacheter, de la cire jaune, & de la cire blanche.

Les marchandifes fuivantes viennent de la Chine. Du tontenacq, du cuivre rouge du Japon, du cuivre jaune, de la rhubarbe, des canques ou bafins, des toiles de Nanquin, des étoffes ou dorures fur papier, des gros de Tours, des fatins, des damas, des étoffes de Tunquin, des faya, des gazes, des crefpons, des panzi, des papiers brodés de foie & or; plufieurs foies, entr'autres des foies brutes, des foies torfes, des foies teintes, & des foies pour broderie ; des évantails, des écrans, des ouvrages de vernis, des porcelaines, du vif-argent & de l'or.

Il vient encore des Indes orientales des diamans & des perles, dont les uns fe trouvent dans le royaume de Golconde, & les autres dans l'ifle de Borneo.

On ne parle point ici de ce grand nombre de toutes fortes de toiles peintes, & d'étoffes mêlées de foie, de coton & d'herbes, dont les vaiffeaux de la compagnie ont long-temps fait le principal de leurs retours, & qui inondent encore le royaume, malgré plus de cinquante arrêts qui les défendent, & malgré même la peine de mort, qui a été enfin ordonnée en 1721, contre ceux qui en feroient le commerce; parce que toutes ces marchandifes devant être regardées comme de contrebande, il n'eft plus permis à la compagnie de s'en charger, ni aux particuliers d'en acheter d'elle.

Il eft vrai que par quelques arrêts du confeil, il lui a été accordé la permiffion d'en faire venir jufqu'à une certaine quantité, & pour une certaine fomme; mais feulement pour être envoyée à l'étranger, avec de grandes précautions pour en empêcher le déverfement dans le royaume.

A l'égard des toiles de coton blanches ou rayées, & de celles qu'on nomme des mouffelines, le commerce n'en eft pas généralement défendu en France, n'y ayant guères que celles qui viennent par la Hollande & l'Angleterre, dont le commerce foit interdit ; celles de la compagnie pouvant être vendues & achetées, pour la plupart, pourvu qu'elles foient marquées du plomb qui a été ordonné pour les diftinguer.

Les étoffes qui font défendues, font les allegeas d'herbe, les gingiras, les chuchelas, les tepis, les jamavars, les darins, les armoifins, les taffetas d'herbes, les damas blancs, le fatin de la Chine, qu'on nomme autrement pelains; les foucis, les charcanas, les cherconnées, les memishours, les firfakas, les choumicours, les allégeas de foie, les cotonis unis & à fleurs, les atlas à fleurs d'or & à fleurs de foie, d'autres atlas brodés & rayés, & d'autres encore, qu'on nomme œil de perdrix; enfin, les couvertures de coton ou fatin piquées.

Pour les toiles peintes, elles font toutes réputées de contrebande, mais particulièrement les chittes d'Amadabath & de Seronge, & celles qu'on nomme

des Chaferconnes, des Mamoudis, des Calmy & des Moultans, qui font celles dont les François fe chargent le plus volontiers.

Toutes ces étoffes & toiles, tant permifes que non permifes, fe tirent de Surate, de Bengale & de Pontichery, qui font les lieux où la compagnie a, pour ainfi dire, fixé fon commerce.

Jufqu'ici nous avons fuivi Savary, grand admirateur de la compagnie des Indes; nous allons maintenant expofer quel fut après lui, jufqu'à nos jours, le fuccès de ce grand établiffement.

Nous copierons à fon tour le mémoire que publia M. l'abbé Morellet, en 1769, avec l'approbation du gouvernement, & fur les mémoires que le miniftre lui a fournis. Les faits y font très-exacts, & les adverfaires de l'auteur furent contraints d'en convenir.

Cet ouvrage eft fi curieux, que nous nous faifons un devoir de le conferver ici. Voici le mémoire entier.

MÉMOIRE

Sur la fituation actuelle de la compagnie des Indes.

Si nous voulions examiner la queftion qui va nous occuper, d'après les principes généraux de la liberté du commerce, elle feroit bientôt décidée. Après avoir prouvé l'inutilité & les vices des compagnies en général, il ne nous refteroit pas beaucoup à faire pour combattre avec fuccès le privilége exclufif de la compagnie des Indes en particulier. Car un grand nombre des plus zélés défenfeurs de la compagnie, conviennent qu'à parler généralement, les priviléges exclufifs, accordés aux compagnies de commerce, font contraires au bien du commerce & à l'intérêt de la nation ; mais ils croyent être en droit de faire une exception en faveur de la compagnie des Indes.

Ce feroit donc à eux à produire les titres de cette exception, & à nous à les combattre. Notre rôle feroit dès-lors beaucoup plus aifé à foutenir. Nous ferions fur la défenfive, & il ne nous feroit pas difficile de prouver qu'au moins les raifons d'excepter la compagnie des Indes de la condamnation générale des compagnies, ne font pas bien démonftratives.

Mais plufieurs motifs nous déterminent à renoncer à cet avantage.

1°. La difcuffion de l'utilité générale des compagnies feroit néceffairement d'une grande étendue, & feroit perdre de vue au public l'objet particulier qui l'intéreffe plus fortement au moment où nous fommes.

2°. Par la raifon même que la queftion générale eft décidée contre les compagnies par le plus grand nombre des défenfeurs de la compagnie des Indes, & nous ofons ajouter par prefque toutes les perfonnes inftruites des véritables intérêts du commerce , il eſt moins néceſſaire de la traiter ici.

3°. Nous voulons écarter tous les reproches qu'on pourroit nous faire de raiſonner d'après des ſyſtêmes, d'après des généralités qu'on ne peut appliquer aux détails, d'abandonner les faits & autres imputations vagues qu'on prodigue ordinairement contre ceux qui connoiſſent & qui font valoir la force des raiſons contre les préjugés ou l'intérêt ; & puiſqu'il faut raiſonner d'après des faits, nous raiſonnerons d'après des faits, nous oſons le dire , mieux conſtatés & mieux examinés que ceux qu'on oppoſe à la liberté du commerce.

4°. Enfin nous voulons donner aux défenſeurs de la compagnie tous les avantages qu'ils peuvent avoir pour leur cauſe, & nous placer nous-mêmes dans le poſte où ils peuvent s'imaginer qu'ils nous forceront avec plus de facilité.

L'OBJET qui nous occupe ici, intéreſſe l'état & les actionnaires de la compagnie.

L'état qui peut ſouffrir de la ceſſation du privilége excluſif, s'il lui eſt utile, ou de ſa continuation, s'il lui eſt onéreux.

Les actionnaires qui peuvent déſirer la continuation de leur commerce dans l'eſpérance de voir augmenter leur fortune, ou craindre d'y conſommer le reſte de leur capital.

Il me paroît ſuivre de-là que toutes les queſtions qu'on agite relativement à la compagnie des Indes, peuvent ſe réduire aux ſuivantes.

1°. Eſt-il de l'intérêt des actionnaires de continuer l'exploitation de leur privilége excluſif?

2°. Les actionnaires peuvent-ils continuer l'exploitation de leur privilége excluſif ?

3°. Eſt-il de l'intérêt de l'état de conſerver à la compagnie ſon privilége excluſif?

Je ferai précéder l'examen de ces trois queſtions d'une hiſtoire ſuccinte du commerce de l'Inde par les compagnies Françoiſes, depuis ſon origine juſqu'à l'entier établiſſement de la compagnie des Indes, actuelle ; ce récit ſera une introduction naturelle aux diſcuſſions dans leſquelles je me propoſe d'entrer. J'accompagnerai les principaux faits de quelques réflexions qui ne ſeront point étrangères à mon objet.

HISTOIRE SUCCINTE

Du commerce de l'Inde , par les compagnies Françoiſes, depuis ſon origine juſqu'en 1725.

La première compagnie Françoiſe, à privilége excluſif pour le commerce de l'Inde, fut formée en 1604. Elle fut exemptée de tous droits ſur les marchandiſes qu'elle apporteroit de ſes deux premiers voyages, & en poſſeſſion du privilége excluſif de naviger aux Indes pendant quinze années.

En 1611 elle n'avoit encore fait aucune expédition. Son inaction pouvoit encourager d'autres négocians à tenter le commerce de l'Inde ; mais la

compagnie pour écarter plus fortement toute eſpéce de rivalité, ſe fit renouveller pour douze années ſon privilége excluſif, par lettres-patentes de Louis XIII, du 2 mars 1611.

En 1615 la compagnie des Indes ne faiſant encore aucun uſage de ſon privilége, des négocians de Rouen propoſèrent d'entreprendre le même commerce. La compagnie s'y oppoſa d'abord. Leur différend fut terminé par des lettres-patentes du 2 juillet 1615, qui formèrent des anciens privilégiés & des nouveaux entrepreneurs, une ſeule compagnie, & renouvellèrent le privilége excluſif pour douze ans, à compter de la première expédition. Cette compagnie qui fut appellé la flotte de Montmorenci ou la compagnie des Moluques, ne fit encore aucun uſage de ſon privilége.

De 1624 à 1635 (on peut remarquer que c'eſt depuis l'expiration du privilége de la compagnie, obſtacle éternel aux efforts du commerce particulier) quelques négocians de Dieppe firent pluſieurs voyages dans l'Inde & à Madagaſcar. Le capitaine Regimont l'un d'eux, qui y avoit été en 1633, forma en 1635 une compagnie (ſans privilége excluſif) qui envoya un vaiſſeau aux Indes. Il en revint richement chargé. Encouragé par ce premier ſuccès, il s'aſſocia le capitaine Ricault, & les deux navigateurs firent encore quelques voyages avantageux (ſans privilége excluſif.)

Le cardinal de Richelieu crut faire proſpérer ce commerce encore davantage en lui accordant, en 1642, un privilége excluſif pendant dix ans. L'événement ne juſtifia pas ſes eſpérances. La compagnie avoit envoyé en 1643 un vaiſſeau qui devoit former un établiſſement à Madagaſcar, quatre autres partirent en 1644 & 1648 ; mais vers 1650 elle avoit ceſſé tous ſes envois.

Cependant (ſelon l'uſage des compagnies à privilége excluſif) celle-ci fit renouveller le ſien pour quinze années par lettres-patentes du 4 décembre 1652.

En 1654 le maréchal de la Meilleraye voulant profiter de l'inaction de la compagnie, envoya deux vaiſſeaux à Madagaſcar & s'empara du Fort-Dauphin dont la compagnie avoit jetté les fondemens.

En 1660 la compagnie s'étant accordée avec M. de la Meilleraye, envoya un vaiſſeau qui périt dans un combat avec les Algériens.

En 1663 M. de la Meilleraye y envoya quatre-vingt Colons deſtinés à ſe joindre à ceux qui s'y étoient établis ; mais les François s'étant attirés la haine des habitans du pays par les tentatives qu'ils avoient faites pour les aſſujettir, cette entrepriſe devint toute militaire, & ſes ſuites ne peuvent plus entrer dans l'hiſtoire du commerce.

En 1664 fut créée la compagnie des Indes Orientales. Le roi lui accorde les plus grands encouragemens. Les principaux articles énoncés dans les lettres-patentes qui font encore aujourd'hui la baze des priviléges de la compagnie ſont,

Le privilége exclufif au commerce depuis le Cap de Bonne-Efpérance, dans toutes les Indes & mers Orientales & dans les mers du Sud pour le temps de cinquante années. (art. 27).

La propriété & feigneuries de toutes les places, terres & ifles que la *compagnie* pourra conquérir & occuper. (art. 28).

La promeffe de défendre la *compagnie* envers & contre tous par la force des armes en faifant efcorter fes envois & retours, non-feulement fur toutes les côtes de l'Europe & de l'Afrique, mais même jufques dans l'Inde. (art. 40).

L'exemption de tous droits d'entrée & de fortie pour les bois, chanvres, fers, cordages & muni-tions néceffaires à la conftruction & avitaillement de fes vaiffeaux, & celle de tous les droits de bris & d'amirauté. (art. 43).

L'exemption de tous droits pour les marchandifes des Indes, mifes en entrepôt. (art. 44).

Une avance de trois millions, (cette fomme fut portée en 1668 à quatre millions; & puis aban-donnée en propriété à la *compagnie*) faifant le cinquième des fonds de quinze millions, auxquels on fixa le fonds de la *compagnie*. Ladite avance faite fans intérêts pendant dix ans, & devant fuppor-ter en totalité la perte que la *compagnie* pourroit faire fur fon capital, jufqu'à la concurrence defdits trois millions. (art. 45).

Enfin une gratification de 50 l. par tonneau de marchandifes que la *compagnie* fera fortir du royau-me pour porter dans fes conceffions, & de 75 l. pour les marchandifes de l'Inde qu'elle rapportera dans le royaume. (art. 46).

Quoique le fonds de quinze millions, qu'on avoit voulu former pour le commerce de la *com-pagnie*, ne fut pas entièrement rempli, les action-naires n'ayant fourni que cinq millions, le roi, quatre, ce capital de neuf millions de livres étoit bien con-fidérable en ce temps-là.

En effet, le marc d'argent, à cette époque, étoit appelé 26 l. 10 f., ainfi neuf millions de livres défignoient en argent 339,622 marcs.

Cette quantité d'argent fin feroit appellée *aujour-d'hui environ dix-huit millions*, le marc étant à peu près à 51 l.

Cette eftimation, pour le dire en paffant, eft la plus foible qu'on puiffe faire; car il eft plus que probable que non-feulement on obtenoit en 1664 autant de denrées, de marchandifes, de travail avec un marc d'argent qu'on en obtient aujour-d'hui; mais encore le commerce n'ayant pas autant d'activité & autant d'étendue alors, & la concur-rence des vendeurs d'argent, acheteurs de denrées & de travail, étant moindre & moins animée, ils obtenoient pour la même quantité d'argent, beau-coup plus de toutes les chofes vénales qu'on n'en obtient aujourd'hui.

Mais, à ne partir que du fait inconteftable de la différence de dénomination de l'argent, & à fuppo-fer feulement l'égalité de valeur vénale réciproque

des chofes vénales & de l'argent dans les deux époques, il eft toujours bien clair que la *compa-gnie* commença alors fon commerce, avec ce que nous appellerions aujourd'hui dix-huit millions de capital.

Ses retours de 1664 & 1675 furent eftimés par fes états à 4,700,000 l. qui évalués d'après la même obfervation que nous venons de faire, for-meroient une valeur aujourd'hui appellée 9,400,000 l.

Cependant par l'expofé qui fut fait en une affem-blée générale du 8 mai 1675. La *compagnie* avoit déja confommé tous fes bénéfices & plus des deux tiers de fon capital, puifqu'il ne lui reftoit que 2,500,000 l. (qui feroient aujourd'hui cinq millions de livres.)

La fituation de la *compagnie* ne dégoûta pas le gouvernement de lui fournir des fecours. Le roi lui abandonna totalement les quatre millions qu'il lui avoit avancés; mais la confiance du pu-blic diminuoit, & les actionnaires ne fourniffoient pas le refte de leurs engagemens. Pour les y déter-miner on accorda à ceux qui les avoient déja remplis ou qui les rempliroient avant le premier juillet fuivant, une répartition de dix pour cent de leur capital.

Depuis 1675 jufqu'en 1684 la *compagnie* avoit expédié quatorze vaiffeaux, les retours avoient pro-duit 4,400,000 l.

Cependant le fonds capital étoit encore diminué & réduit à environ deux millions en effets, vaif-feaux & marchandifes. Elle devoit à Suratte 900 mille livres, dont elle payoit l'intérêt à neuf pour cent.

Les commiffaires du confeil, après avoir exa-miné les comptes de la *compagnie*, décidèrent que les trois quarts du fonds capital ayant été con-fommés, les actions ne repréfentoient plus que le quart de leur première valeur: il fut ordonné aux actionnaires, par arrêt du confeil du 18 Novembre, de payer, dans le délai d'un mois, le quart en fus des fommes auxquelles montoient leurs actions, pour fervir de nouveaux fonds audit commerce, fi-non qu'ils feroient remboursés du quart de leurs actions, fçavoir de la moitié dans un an, & de l'autre moitié un an après, le tout fans intérêt.

Cette opération ne rétabliffant pas encore le crédit de la *compagnie*, on eut recours à un autre moyen employé depuis trop fréquemment, & qui ne paroît pas bien conforme à l'efprit de droiture qui doit préfider à une entreprife de commerce: ce fut de faire des répartitions de bénéfice, tandis qu'il n'y avoit que de la perte. C'étoit un piége tendu aux propriétaires d'argent. Un négociant ne fe per-mettroit pas un pareil expédient pour engager un commanditaire qui lui auroit fourni des fonds, à lui en prêter encore dans un moment où le com-merce feroit en perte. Or, on ne voit aucune rai-fon de penfer que les principes de la morale du commerce, pour les *compagnies*, puiffent être différentes de ceux qui lient les particuliers.

Ces moyens ne fuffirent pourtant pas, & on vit commencer alors les emprunts à de gros intérêts qui ont ruiné toutes les *compagnies* ; il y eut des emprunts à la groffe de 50, de 75 pour cent. Enfin la *compagnie* ne fubfifta plus que par expédiens qui achevèrent de la conduire à fa perte.

Le commerce particulier faifoit cependant des efforts pour s'ouvrir la route des Indes. La *compagnie*, preffée par le befoin d'argent, avoit accordé, dès 1682, à des négocians particuliers la permiffion d'envoyer des fonds dans l'Inde, en payant un fret de dix pour cent ; mais elle refufa bientôt ces permiffions, parce qu'elles ne l'indemnifoient pas, difoit-elle, de fes frais.

Nous ne fçavons pas affez comment les négocians particuliers qui les obtenoient, conduifoient leur commerce dans l'Inde ; comment & par qui les fonds envoyés étoient employés, &c. Mais ce qu'il y a de fûr, c'eft que les particuliers y trouvoient leur compte ; que les envois ne ceffèrent que parce que la *compagnie* ceffa d'accorder des permiffions. Enfin, c'étoit une tentative du commerce particulier que la *compagnie* étouffa dans fa naiffance. Peut-être pourroit-on tirer quelque induction de ce fait, en faveur de la poffibilité du commerce particulier dans l'Inde ; mais nous ne nous arrêterons pas à cette idée.

De 1686 à 1697 la guerre fut prefque toujours allumée.

La ruine de la colonie de Madagafcar, la prife de Pondichery, la néceffité où la *compagnie* fe vit d'armer en guerre, fes vaiffeaux pris, fes voyages manqués, malgré quelques efcortes que le roi lui donna, lui firent effuyer des pertes qui anéantirent prefque fon capital & fon crédit.

Ces faits nous fourniroient la matière d'une infinité de réflexions, toutes décifives contre les *compagnies*. L'impoffibilité d'allier le commerce avec la guerre, plus grande encore pour les *compagnies* que pour de fimples particuliers ; les frais immenfes auxquels toute *compagnie* commerçante fera forcée par la guerre ; la feule néceffité de continuer une grande partie de fes dépenfes de commerce fans pouvoir s'en dédommager par le commerce, &c. font des vérités d'une évidence frappante, que tout le monde faifit, & que l'intérêt particulier ou les préventions peuvent feules obfcurcir. Continuons l'hiftoire de la *compagnie*.

En 1698, on voit s'ouvrir le commerce de la Chine. Le fieur Jourdan obtient de la *compagnie*, avec beaucoup de peine, la permiffion d'y envoyer un vaiffeau, à condition qu'il paieroit cinq pour cent du produit des retours. Il expédia un vaiffeau qui partit en janvier 1698, & qui revint en juillet 1700 avec une riche cargaifon.

On retrouve ici d'une manière bien marquée, & la langueur où les *compagnies*, à privilége exclufif, tiennent le commerce, & les obftacles qu'elles mettent aux efforts que l'induftrie particulière fait pour l'étendre. Depuis fon établiffement, c'eft-à-dire, en trente quatre ans de temps, la *compagnie* n'avoit fait aucun envoi en Chine ; un Négociant particulier fait l'entreprife que la *compagnie* néglige de faire ; il y met fes fonds, fes talens ; il faut qu'il paye à la *compagnie* un impôt pour employer les uns & les autres ; c'eft ce qu'on doit attendre de tout privilége excluf.

Ce fuccès ayant encouragé le fieur Jourdan, il forma une *compagnie* pour le commerce de Chine, à laquelle la *compagnie des Indes* céda cette partie de fon privilége excluf pour 25,000 l. & à condition que la nouvelle *compagnie* ne pourroit commercer dans aucune autre partie de l'Inde, ni même relâcher dans fes comptoirs.

Cette dernière claufe étoit bien dure, puifqu'elle impofoit aux vaiffeaux de la *compagnie de Chine*, la néceffité de faire un voyage de huit à neuf mois fans aucun relâche dans aucun établiffement national. Ce n'étoit là un acte ni d'humanité, ni de patriotifme ; mais cette morale eft toute naturelle à une *compagnie* excluf.

C'eft vers ce même temps que la *compagnie des Indes*, qui depuis fon origine n'avoit fait aucun ufage de fon privilége excluf au commerce de la mer du fud, le céda à une *compagnie* qui s'engagea à ne faire aucun commerce dans les mers Orientales, ni à la Chine, ni au Japon.

Voilà encore un commerce immenfe qui avoit été nul pour la Nation, parce qu'il étoit réfervé à une *compagnie*. On peut remarquer auffi dans cet exemple, que les trois parties de la terre ne font rien aux yeux des commerçans à priviléges excluffs. Mais on ne fauroit trop s'étonner de voir le gouvernement fe prêter à ces vues étroites & intéreffées, livrer à une petite *compagnie* le commerce & la navigation de mers inconnues qui embraffent la moitié du Globe, où peuvent fe trouver de nouvelles terres, de nouvelles productions, de nouveaux objets de défirs & de befoin pour les hommes ; & , en étouffant toutes les tentatives de l'induftrie particulière, reftreindre les progrès du commerce lui-même, de la navigation, de l'aftronomie, de l'hiftoire naturelle, de toutes les fciences & de tous les arts qui embelliffent la vie.

Les efforts que la *compagnie* avoit faits pour remonter fon commerce, l'eurent bientôt épuifée. La guerre de 1701 acheva fa ruine. Elle n'envoya que deux vaiffeaux en 1703 & autant en 1704. Elle fut même obligée, pour fournir aux frais de ces deux expéditions, de fufpendre le paiement de fes billets & d'emprunter encore à la groffe à 75 pour cent. Le roi lui prêta auffi 850,000 livres qui devoient lui être rendues à la fin de l'année. En 1704, on ordonna de plus que les directeurs & actionnaires feroient un nouveau fonds de la moitié de leur capital. Peu d'actionnaires fe conformèrent à cette difpofition ; on ceffa de payer même les lettres de change ; les billets du caiffier furent renouvellés fans pouvoir être acquittés. Enfin, en

1708 les directeurs supplièrent le roi d'agréer que la *compagnie* lui remît son privilége.

Les créanciers de la *compagnie* furent autorisés à élire des syndics. Les chirographaires, c'est-à-dire, les créanciers non actionnaires, non intéressés dans le commerce, répétoient 2,235,518 livres, dont ils n'ont été remboursés qu'en partie, & à des termes très-éloignés.

Quoique la *compagnie* ne fît plus aucune expédition dans l'Inde, elle jouissoit toujours de ses droits & les faisoit valoir. Elle vendit à des négocians de Saint-Malo, des permissions d'envoyer des vaisseaux dans l'Inde, moyennant 15 pour cent sur la valeur des retours, & à différentes autres conditions.

Voilà un second exemple avec celui que nous avons cité plus haut, d'un commerce de l'Inde par des négocians particuliers, & en payant à la *compagnie* sur les profits, un droit exhorbitant. Ce fait peut encore embarasser ceux qui soutiennent l'impossibilité de faire le commerce dans l'Inde, sans *compagnie* à privilége exclusif.

Le terme fixé à la durée du privilége de la *compagnie* devant expirer au premier avril 1715, il fut prorogé de dix ans, pour la mettre en état d'achever de payer ses créanciers par la vente qu'elle en pourroit faire. Elle le vendit en effet en 1716, à une *compagnie* de Saint-Malo, moyennant un droit de dix pour cent sur le produit des ventes, & de cinq pour cent sur les prises ; mais cet arrangement ne subsista que jusqu'en 1719, qu'elle fut réunie à la *compagnie* d'*Occident*. Qu'on nous permette ici une réflexion.

S'il est raisonnable de juger de l'avenir par le passé, cette destruction successive de plusieurs *compagnies* des *Indes* forme la présomption la plus forte & la plus défavorable à la *compagnie* actuelle, & donne droit de croire que si sa durée a été un peu plus longue, & si elle subsiste encore aujourd'hui, on ne peut guères se dispenser de prévoir qu'elle aura plutôt ou plus tard le sort de toutes les *compagnies* qui l'ont précédée; parce que les mêmes causes produisent toujours les mêmes effets.

Comme la *compagie* d'*Occident* est la base sur laquelle s'est élevée la *compagnie* des *Indes*, nous sommes obligés de mettre ici sous les yeux des lecteurs l'origine de cette *compagnie* d'*Occident* & les principales circonstances de son établissement : c'est une introduction nécessaire à l'Histoire de la *compagnie* actuelle jusqu'au moment présent.

La *compagnie* d'*Occident* créée en 1717, avoit été établie sur les ruines de la *compagnie* des *Indes Occidentales* (laquelle avoit été créée en 1664 en même temps que la *compagnie* des *Indes*.) Elle n'avoit pu se soutenir que jusqu'en 1673, qu'elle fut réunie au domaine d'Occident.

De 1673 à 1717 il s'étoit formé pour le commerce des Indes Occidentales trois *compagnies* ; savoir, celle du Sénégal en 1679, de Guinée en 1685 & de la Louisiane en 1698.

La *compagnie* d'*Occident* absorba en 1717, ces trois établissemens.

Les principales clauses de son privilége furent le commerce exclusif de la Louisiane pendant vingt-cinq ans, & celui du castor depuis le premier janvier 1718, jusqu'au dernier décembre 1742. Le commerce exclusif de la côte d'Afrique aux termes auxquels en avoient joui les diverses *compagnies* qui en avoient été en possession, & en dernier lieu la *compagnie* des négocians de rouen.

Le fonds de la *compagnie* d'*Occident* fut fixé par édit du mois de décembre 1717 à cent millions payables en billets d'état, pour lesquels le roi devoit constituer quatre millions de rente. Ce fonds fut divisé en deux cent mille actions de 500 liv. chacune.

Ce sont ces cent millions qui, par la réunion qui se fit en 1719 de la *compagnie* d'*Occident* & de la *compagnie* des *Indes*, devinrent le premier capital des actions qui subsistent encore aujourd'hui.

En 1718 la *compagnie* d'*Occident* fut reçue adjudicataire de la ferme du tabac pour 4,020,000 liv. Elle en rendit l'usage libre en l'assujettissant à un droit, & cette opération contribua sans doute à en augmenter la consommation; mais prétendre, comme l'a fait depuis la *compagnie* des *Indes* actuelle, que cette opération lui donnoit des droits sur cette partie des revenus publics, c'étoit abuser de l'indulgence du ministère. La *compagnie* en rendant libre l'usage du tabac, s'y détermina par l'avantage qu'elle croyoit pouvoir retirer de la colonie de la Louisiane. C'étoit voir très-raisonnablement, mais après tout, c'étoit agir toujours conformément à son propre intérêt, & ce n'est pas là un titre de propriété sur l'impôt du tabac.

Au mois de mai 1719 s'opéra la réunion des *compagnies* d'*Occident*, de celle des *Indes* & de celle de la *Chine* sous le nom de *compagnie des Indes*. C'est celle qui subsiste encore aujourd'hui & qui est l'objet des discussions qui vont nous occuper dans le reste de ce mémoire.

Les motifs de la réunion des deux *compagnies*, & de la création de la nouvelle, exposés dans le préambule de l'édit, sont que la *compagnie des Indes*, établie en 1664 avoit été formée avec un fonds qui n'étoit pas suffisant; qu'une partie avoit été consommée par des répartitions prématurées dans un temps où il n'y avoit pas de bénéfices, ce qui avoit obligé de recourir à des emprunts à la grosse ou à des intérêts excessifs; que par sa mauvaise régie elle avoit contracté des dettes immenses tant en France que dans l'Inde, ce qui l'avoit obligée d'abandonner totalement sa navigation, & de céder l'exercice de son privilége à des particuliers qui ne pouvoient eux-mêmes faire ce commerce en concurrence avec l'étranger, étant chargés de payer à la *compagnie* un droit de dix pour cent ; que d'ailleurs ces particuliers n'osoient envoyer leur vaisseaux à Suratte dans la crainte d'y être arrêtés pour les dettes de la *compagnie*.

Qu'à l'égard du commerce de Chine, la *compagnie* qui avoit été formée en 1713 n'avoit fait aucun usage de son privilége, &c.

La réflexion que cet endroit fait naître, est qu'il n'y a pas un seul des faits qu'on y énonce contre les *compagnies* qu'on détruisoit, qui ne fût un motif suffisant de se refuser à l'établissement d'une nouvelle, parce qu'il n'y a pas une seule de leurs fautes, ou si l'on veut, de leurs malheurs, qu'on ne dût craindre d'une nouvelle. Car si ces *compagnies* avoient consommé leurs capitaux, si elles n'avoient point fait de bénéfices, si elles avoient été obligées de recourir à des emprunts à un taux excessif, si elles n'avoient pas fait de leur privilége l'usage qu'elles en auroient dû faire pour l'accroissement du commerce, &c. on pouvoit attendre tout cela d'une nouvelle *compagnie*; & en tout cas il ne pouvoit rien arriver de pis en laissant le commerce libre. Après cette énumération on lit cependant *à ces causes, &c. nous réunissons, nous établissons, &c.* jamais il n'y eut de transition plus brusque & moins préparée.

La nouvelle *compagnie des Indes* fut mise en possession de tous les droits & priviléges accordés aux *compagnies d'Occident*, à celle des *Indes* & de la *Chine*, auxquels on ajouta, au mois de juin de la même année, ceux de la *compagnie d'Afrique*.

Par ce même édit de mai 1719, la *compagnie* est autorisée à créer pour vingt-cinq millions de nouvelles actions, qui devoient être payées 550 l. en argent comptant.

Mais bientôt la *compagnie* se trouva enveloppée dans les diverses révolutions du système; ses fonds ne firent plus qu'une partie de ceux de l'état. La réunion de la banque établie en 1718, à la *compagnie*, augmente encore l'obscurité. La *compagnie* n'est plus à cette époque une entreprise de commerce dont on puisse estimer le capital & les profits.

Cet état de confusion se prolonge jusques vers 1725 : &, comme c'est là le premier moment auquel on puisse connoître sa véritable situation, débarrassée de toutes les suites du système; c'est à cette époque que nous terminerons le récit historique que nous avons voulu mettre sous les yeux de nos lecteurs.

L'état actuel de la *compagnie* tient à son état en 1725. Le premier de ses bilans sur lequel on puisse compter, & qui énonce le véritable capital avec lequel elle a commencé son commerce, est de cette même année. C'est de ce point que nous partirons pour examiner les trois questions que nous avons énoncées.

PREMIÈRE QUESTION.

Est-il de l'intérêt des actionnaires de continuer l'exploitation de leur privilége exclusif?

Si le capital de commerce de la *compagnie* &

son revenu libre ont continuellement diminué depuis 1725 jusqu'à présent, & si elle doit craindre qu'ils ne diminuent encore par la suite ; si d'un autre côté ses bénéfices ont diminué depuis 1764 jusqu'à présent ; & si elle ne peut former aucune espérance raisonnable de les voir remonter dans la suite, comme il seroit nécessaire pour le rétablissement de son commerce & la conservation du capital qu'elle y mettroit, il n'est pas de l'intérêt des actionnaires de continuer le commerce. Or, je vais prouver que la *compagnie* se trouve dans cette double circonstance.

§. I.

Le capital de commerce de la compagnie & *son revenu libre ont continuellement diminué depuis 1725 jusqu'en 1769.*

Sur l'énoncé de cette proposition, on pourra croire que nous prenons une peine inutile en entreprenant de faire voir aux actionnaires une diminution dans leur capital & dans leur revenu, qu'ils ne paroissent pas devoir avoir pu ignorer. La *compagnie*, dira-t-on, a toujours fait ses bilans, & sa situation annuelle a dû être connue de tous ses actionnaires ; on ne peut donc rien leur apprendre à cet égard.

Cette réflexion manqueroit pourtant de justesse & de vérité. Les actionnaires, quoique fortement intéressés à connoître l'état de leur capital & les profits & pertes de leur commerce, n'ont jamais bien connu ni l'un ni l'autre, & ont été par-là, au moins le plus grand nombre d'entr'eux, dans l'ignorance de leur véritable situation.

Leur erreur a eu deux sources. La première est la forme de leurs bilans, dans lesquels on leur a toujours présenté, comme capitaux de commerce, des capitaux qui n'étoient pas entièrement disponibles pour le commerce; la seconde est la fixation des dividendes qui n'ont jamais été déterminés d'après le revenu libre de la *compagnie* ; mais arbitrairement, & selon qu'on jugeoit à propos de les fixer, pour soutenir le crédit & faciliter les emprunts.

Ceci a besoin d'être développé avec un peu d'étendue.

Les bilans de la *compagnie* ont toujours compris dans le capital qu'ils ont mis sous les yeux des actionnaires, les *fonds morts* qui alloient toujours en augmentant, & le *principal des rentes viagères* qui augmentoient aussi annuellement. Or, ces deux objets n'ont jamais pu être regardés comme faisant partie du capital de commerce. On entend par fonds morts les bâtimens tant civils que militaires & autres effets qui pouvant être utiles à l'administration du commerce, n'en sont pas les instrumens immédiats. Or, qui ne voit qu'on ne peut faire entrer cette espèce de fonds dans le capital du commerce d'une *compagnie*, sans induire les intéressés en erreur sur leur véritable situation. Ces fonds ne peuvent, par eux-mêmes, donner

donner aucun bénéfice ; ils font des occafions de dépenfes par le dépériffement auquel ils font fujets & les frais d'entretien qu'ils exigent. Enfin , loin d'être une richeffe , ils font au contraire une charge pour une *compagnie* de commerce. Cette vérité femble avoir été méconnue dans la confection des bilans de la *compagnie*. On augmentoit continuellement les fonds morts de cette efpèce ; on conftruifoit dans l'Inde des magafins immenfes , un palais au gouverneur , des édifices pour le logement des employés. On faifoit des dépenfes pareilles à l'Orient.; on avoit à Paris l'hôtel de la *compagnie* ; il falloit entretenir tout cela ; le capital difponible pour le commerce diminuoit d'autant ; & on comptoit toujours comme capital de commerce dans les bilans , la valeur de tous ces effets , & jufqu'aux fommes qu'on avoit dépenfées pour leur entretien. C'étoit là de mauvaifes opérations de commerce , voilées par de mauvais calculs.

Par la forme même des bilans , les actionnaires étoient encore induits en erreur , en ce que le principal des rentes viagères , lefquelles alloient toujours croiffant , ne pouvoit y être compris. Cependant le capital total de la *compagnie*, grevé d'une rente viagère , n'étoit plus un capital difponible pour le commerce. Que diroit-on d'un négociant qui , ayant commencé fon commerce avec cent mille écus de fonds , & emprunté cent mille francs à dix pour cent en rentes viagères , fe trouvant après plufieurs années avec les mêmes cent mille écus , croiroit n'avoir rien perdu fur fon capital ? N'eft-il pas clair que ce capital ne feroit plus réellement de cent mille écus , qu'il en faudroit défalquer le principal de la rente viagère , & que fon fonds feroit diminué d'autant ?

La feule infpection des bilans , qu'on verra ci-après , fournira la preuve de l'erreur que nous leur reprochons ici ; mais en attendant nous croyons devoir montrer , comment les actionnaires ont été conduits par là à croire fauffement que leur capital s'augmentoit.

Dans le bilan de 1725 , il paroît que le fonds capital , déduction faite des dettes eft de . . . . 139,385,941 l.

Mais fi on en déduit les mauvaifes dettes & fonds morts formant ci . . . . 2,089,774 l.
Et le capital au denier dix de 9,462 l. de rente viagère dont la *compagnie* fe trouve dès-lors chargée, ci . . . . 94,620 l. } 2,184,394 l.

Ces deux déductions faites, il ne refte en capital libre & difponible pour le commerce que . . 137,201,547 l.

De même au premier apperçu du bilan de 1743 , on trouve que l'actif de la *compagnie* , déduction faite de fes dettes, eft de . . 161,147,817 l.

Mais fi l'on déduit de ce capital prétendu libre les fonds morts & mauvaifes dettes , ci . . . . . . 28,364,778 l.
Comme encore le capital au denier dix de 1,514,549 l. dont la *compagnie* eft grevée, à cette époque, ci . . . . . 15,145,490 l. } 43,510,268 l.

Le vrai capital de commerce fe trouvera réduit à . . . . . 117,637,549 l.

De là réfultoit pour les actionnaires la difficulté de porter un jugement fur de l'augmentation ou diminution du capital de commerce ; car en voyant le capital de la *compagnie* en 1725, porté fur le bilan à . . . . 139,385,941 l.

Et en voyant d'un autre côté dans le bilan de 1743 , le capital porté à . . . . 161,147,817 l.

La comparaifon des ces deux capitaux a dû leur faire croire que le commerce de la *compagnie* lui avoit procuré un bénéfice de . . 21,761,876 l.

Mais fi on eût déduit également de ces deux capitaux les *fonds morts*, mauvais effets & capital des rentes viagères dans les deux époques, le fond capital de 1725 fe feroit trouvé réduit à . . . . . 137,201,547 l.

Et celui de 1743 à . . . . 117,637,549 l.

Ainfi , loin d'avoir trouvé une augmentation de capital , on eût trouvé une perte réelle de . . 19,563,998 l.
Ce qui forme une différence énorme entre la réalité des fuccès du commerce & le fimple apperçu du bilan , ci . . . . 41,325,874 l.

La preuve de la jufteffe de ces calculs fe trouvera dans les états ci-après.

Le bilan du 30 juin 1756 , comparé à celui de 1725 , nous fournit un fecond exemple , auffi frappant que le premier , de la difficulté où ont été jufqu'à préfent les actionnaires de connoître leur véritable fituation. En effet.

Le montant de l'actif du bilan de 1756, eft de . . . . . . 297,208,795 l.

Sur quoi déduifant les dettes . 69,431,404 l.

Il paroît refter un fonds capital de . . . . 227,777,391 l.

Bbbb

de l'autre part . . . . . . 227.777,391 l.

Mais en déduisant encore de cette somme, comme il convient,

1°. Les fonds morts & mauvaises dettes montant à . . . . . 62,853,526 l.

2°. Pour le capital au denier dix des rentes viagères alors subsistantes . . . .26,708,140 l.

} 89,561,666 l.

Le fonds capital restant n'est réellement que de . . . . . 138,215,725 l.

Cette somme est, à fort peu de chose près, égale au fonds capital originaire en 1725. Ainsi le commerce avoit consommé en totalité les quatre-vingt millions d'augmentation de fonds, donnés par le Roi en 1747 & les neuf millions de rentes, ainsi que toutes les gratifications par tonneau & autres, quoique les dividendes fussent diminués de près de moitié.

La seconde cause de l'erreur dans laquelle ont été long-temps les actionnaires sur leur revenu libre & sur les produits de leur commerce, est la fixation du dividende attaché à l'action déterminée arbitrairement, & non d'après le revenu libre, comme elle auroit dû l'être.

On trouve cette pratique vicieuse mise en usage dès l'origine de la *compagnie*.

Le dividende pour l'année 1722, fut fixé à cent livres par action, dont les six premiers mois devoient être payés par ordre de numéros, à commencer du premier avril suivant, & les six derniers mois à commencer du premier juillet, & à l'égard du dividende pour l'année 1723 & les suivantes, sa majesté se proposoit d'accorder différens privilèges & autres avantages à la *compagnie*, au moyen desquels le dividende seroit fixé à 150 l. indépendamment des bénéfices du commerce.

Or, d'après la situation de la *compagnie* à cette époque, ce dividende étoit beaucoup trop fort, puisqu'il montoit pour l'année 1722 à 5,600,000 l.; & pour les années 1723 & suivantes à 8,400,000 l. tandis que la *compagnie* n'avoit de revenu certain que 3,300,000. On comptoit donc prendre annuellement sur les bénéfices du commerce 5,100,000 l. indépendamment des frais nécessaires pour former tous les établissemens dont la *compagnie* avoit besoin pour l'exercice de son commerce.

A la vérité, le bénéfice que la *compagnie* a fait sur la ferme du tabac, l'a mise en état de fournir pendant quelques années à ce dividende; mais l'opération étoit vicieuse en cela même, & parce qu'en attachant les répartitions à l'action, elle présentoit le revenu comme un profit du commerce, tandis qu'il n'étoit au fonds que le produit d'une entreprise de finance très-lucrative, dans laquelle l'Etat étoit

très-fortement lésé, & qui par conséquent ne pouvoit se soutenir, aussi-tôt qu'on ouvriroit les yeux.

Si cette confusion a pu être utile à soutenir le crédit momentané des actions, elle n'en est pas moins blamable & moins contraire à la nature de toute entreprise de commerce, dont les profits doivent être clairs & constatés, si on veut qu'elle inspire aux propriétaires d'argent assez de confiance pour y verser des capitaux. Cependant on voit que la *compagnie* a, pour ainsi dire, évité de faire faire la distinction des bénéfices du commerce & de ceux de l'entreprise de finance; elle a voulu rendre ses actionnaires rentiers.

Mais si l'on vouloit assurer aux actionnaires un revenu fixe & indépendant des variations du commerce, ce qui les auroit rendus rentiers, il auroit fallu fixer cette rente à un taux beaucoup plus modique, à trois pour cent, par exemple, en y ajoutant tous les ans une répartition proportionnée aux bénéfices du commerce. Dans ce système, on auroit concilié, & en même temps distingué dans la personne de chaque actionnaire la qualité de rentier avec celle d'intéressé dans une entreprise de commerce. C'est pour n'avoir pas suivi un semblable plan, que les actionnaires n'ont jamais connu leur véritable état, & même qu'ils se sont regardés plutôt comme rentiers, que comme commerçans, & quelquefois uniquement comme l'un ou l'autre, sans songer qu'ils étoient l'un & l'autre à la fois; erreur dans laquelle le gouvernement lui-même les a confirmés quelquefois, parce qu'il l'a partagée avec eux.

Depuis 1722, on a continué de les y entretenir. En effet, le dividende des actions a été constamment jusqu'en 1744 de 150 liv.

En 1725, le revenu libre de 8,290,538 livres, partagé à 56,000 actions qui existoient alors, donnoit en effet à chacune un dividende, à peu de chose près, égal à celui-là, c'est-à-dire, de 148 livres.

Mais en 1736, le revenu libre diminué depuis 1725, & réduit à 6,973,212 liv., partagé à 51,134 actions existantes alors, ne pouvoit plus donner à chacune que 136 livres. On continua cependant de donner le même dividende, & d'induire par-là les actionnaires à penser que leur revenu libre & les produits de leur commerce ne diminuoient point.

Les actionnaires, ou au moins le commun des actionnaires, n'ont pu se détromper facilement sur les profits prétendus de leur commerce, que lorsque leur dividende a commencé à diminuer. Ils avoient joui long-temps d'un revenu de 150 livres, qu'ils regardoient comme constant; ils se croyoient à l'abri des diminutions, d'après les comptes que les administrateurs rendoient aux assemblées publiques, auxquelles le plus grand nombre assistoit, plus par curiosité que par intérêt.

Mais en 1744 & 1745 le dividende fut retranché; ils furent obligés de convertir leur revenu en capital, & d'y joindre encore 200 liv. en argent par chaque action, en recevant des billets d'emprunt.

Depuis la première époque de suspension de dividende, les diminutions ont été continuelles. En 1746 les actionnaires ont vu leur revenu diminuer de plus de moitié par la réduction du dividende à 70 livres ; ce qui a subsisté jusqu'en 1750 qu'il a été porté à 80 liv. En 1759 il a encore été diminué de moitié, le dividende ayant été réduit à 40 livres, & à 20 livres pendant l'année 1764. Enfin en 1765 il a été porté à 80 livres, au moyen d'un nouveau fonds de 400 liv. que les actionnaires ont été obligés de fournir encore, de sorte que le dividende de l'action originaire n'est plus que de 60 livres, c'est-à-dire, que les actionnaires éprouvent aujourd'hui une diminution de près des deux tiers du revenu dont ils ont joui depuis 1725 jusqu'en 1744.

On trouve encore dans les registres de la *compagnie* un fait intéressant, qui prouve comment les actionnaires ont toujours été trompés sur l'article des produits de leur commerce.

Depuis 1731 on prélevoit trois pour cent sur les bénéfices nets du commerce pour les appointemens des directeurs & syndics ; ce produit étoit réparti, un septiéme à chaque directeur, & l'autre septiéme aux deux syndics. Selon cet arrangement pendant neuf années, du premier juillet 1731 au premier juillet 1740, les directeurs partagèrent entr'eux 1,005,661 liv. 8 f. 1 den. ; ce qui supposoit pendant ce temps que la *compagnie* auroit dû faire un bénéfice net & réel de 33,522,003 liv. 18 f. 1 den., tandis qu'elle avoit été presque toujours en perte. Mais comme on s'apperçut que les calculs forcés, auxquels on étoit obligé d'avoir recours pour supposer du bénéfice, pouvoient mettre du désordre dans la comptabilité de la *compagnie*, il fut convenu qu'on attribueroit aux directeurs & syndics des honoraires fixes ; ce qui fut réglé en 1740 par un arrêt du conseil, qui fixa leurs appointemens à 12,000 liv., & supprima les trois pour cent sur les bénéfices qu'ils devoient partager entr'eux.

Il suit de ces détails, que les actionnaires se sont souvent flattés faussement d'une augmentation, tant dans les capitaux, que dans les bénéfices de leur commerce, qu'ils n'en ont jamais bien évalué les profits, ou les pertes. C'est pour les défendre d'une erreur semblable que nous allons mettre sous leurs yeux les véritables états de situation de la *compagnie*, depuis 1725 jusques & compris le moment présent, tirés des registres de la *compagnie*, pour en conclure qu'il n'est pas de leur intérêt de continuer le commerce. Nous commencerons par donner l'état de situation de 1725 pour connoître le capital originaire de la *compagnie* & son premier revenu libre ; ensuite nous partagerons l'intervalle de 1725 à 1769 en quatre époques :

La 1re de 1725 à 1736.
La 2e de 1736 à 1743.
La 3e de 1743 à 1756.
La 4e de 1756 à 1769.

Et même à 1772, en présumant pour les trois années prochaines son capital & les produits de son commerce.

ETATS DE SITUATION
DE LA COMPAGNIE DES INDES,

Dans les époques de 1725, de 1736, de 1743, de 1756 & de 1769, tirés des livres de la Compagnie.

SITUATION de la *Compagnie des Indes*, au 31 janvier 1725.

Capital en 1725, suivant le bilan.

Tous les effets appartenans alors à la *compagnie*, en y comprenant les cent millions dus par le roi, montoient, suivant l'état actif du bilan, à . . . . 143,640,987 liv.

A déduire,

1°. Dettes . . . 4,255,046 l.	
2°. Mauvais effets & fonds morts 2,089,774	
3°. Le principal de 9,462 l. de rentes viagères, provenant d'une loterie à 100 liv. le billet, formant en capital au den. dix 94,620	6,349,440

Capital libre en 1725 . . . . 137,291,547 liv.

Revenu en 1725.

Le revenu des actionnaires, indépendamment des bénéfices du commerce, consistoit ;

SAVOIR,

1°. Le produit de la ferme du tabac, ...	8,000,000
2°. Rente sur le roi, . . .	300,000
	8,300,000
A déduire la rente viagère de	9,462
Revenu libre en 1725	8,290,538

Dividende calculé sur le revenu libre en 1725.

Ce revenu, indépendant du commerce & de toutes les gratifications qui y étoient attachées, partagé

Bbbb ij

entre 56,000 actions qui existoient alors, pouvoit donner à chaque action une dividende de 148 liv.

SITUATION de la *Compagnie des Indes*, au 30 juin 1736.

Capital en 1736.

Fonds capital du bilan . . . . 158,040,138 liv.

A déduire,

1°. Dettes . . . 8,411,125 l.
2°. Fonds morts & mauvais effets 8,196,830
3°. Principal de la rente viagère provenant de la loterie à 100 l. le billet 94,620
4°. Principal de la rente viagère de 1,317,426 liv. au denier dix provenant de la loterie composée montant à . . . 13,174,260

29,876,835 l.

(On doit observer que la rente viagère, provenant de la loterie composée, a été infiniment à charge à la *compagnie*, parce que la moitié seulement des extinctions tourne à son profit, & l'autre moitié en accroissement aux autres rentiers. Cette rente qui, suivant ses constitutions faites en 1725 & 1741, montoit dans son principe à 1,905,905 livres, subsiste encore aujourd'hui pour 1,269,500 livres.)

Reste capital libre 128,163,303

Comparaison du capital libre de 1736 à celui de 1725.

Le capital libre en 1725 étoit de . . . . . 137,201,547 liv.
En 1736 il s'est trouvé de . . . 128,163,303

Donc la diminution du capital dans cet intervalle a été de 9,038,244

Revenu en 1736.

Le revenu des actionnaires,

indépendamment du commerce, montoit, comme ci-dessus, à . . 8,300,000
Il étoit chargé des deux rentes viagères ci-dessus 1,326,888

Revenu libre en 1736 . . . 6,973,112

Comparaison du revenu libre en 1736 avec celui de 1725.

Revenu de 1725 8,290,538
Revenu de 1736 6,973,112

Diminution du revenu libre de 1725 à 1736 1,317,426

Dividende calculé sur le revenu libre en 1736.

Par la loterie composée on avoit retiré 4866 actions, ce qui en réduisoit le nombre, à cette époque, à 51,134
Le revenu libre de 6,973,212 livres étant partagé entre 51,134 actions, pouvoit donner à chaque action un dividende de 136

Comparaison du dividende de 1725 à celui de 1736.

La partie du revenu libre revenant à chaque action en 1725 étoit de 148
Celle revenant en 1736 de . . 136

Diminution à la perte des actionnaires 12

SITUATION de la *compagnie des Indes*, au 30 juin 1743.

Capital en 1743 suivant le bilan.

Montant de l'actif du bilan . . 186,359,130 l.
A déduire,

1°. Detes exigibles. . . . . 19,607,164 l.
2°. Fonds morts & mauvaises dettes. 28,364,778
3°. Principal des rentes viagères de la loterie à 100 l. le billet . . 93,620
4°. Principal de celles de la loterie composée, montant à . . . 15,051,870

63,117,432 l.

Reste capital libre . . . . . 123,241,698 l.

N°. I.   *ÉTAT* général des *Dépenses* annuelles de la Compagnie des Indes.

DÉNOMINATION.	Paris.	L'Orient.	Pondichéry.	Karikal.	Mahé.	Masulipatan & Yanaon.	Bengale & dépendances	Ile de France.	Ile de Bourbon.	Bassora.	Chine.	TOTA
	liv.	liv.	liv.	liv.	liv.	liv.	liv.	liv.	liv.	liv.	liv.	liv.
Dépenses d'Administration & autres.	276,000											276,0
Employés.		350,000	187,400	10,600	25,200	12,400	148,000	122,000	84,000	15,000	60,600	1,015,
Armements		2,400,000										2,400,0
Désarmements à 80,000 liv. chaque.		960,000										960,0
Constructions annuelles des Vaisseaux.		360,000										360,0
Radoubs imprévus.		40,000										40,0
Génie.			19,500									19,5
Pour tous les Comptoirs des Indes ⎫ Troupes Blanches			321,300								4,200	325,5
& dépenses relatives ⎭ Troupes Noires.			128,000									128,0
Pions & Serviteurs.			24,000	7,100			15,000					46,
Patmars ou Couriers.			6,000		3,000		2,000					11,0
Hôpital, y compris les Chirurgiens.			100,000	2,500	6,000		30,000	53,000	9,500			201,0
Marine de l'Inde.			109,000				151,400	22,000	12,000			294,4
Relâche des Vaisseaux d'Europe.			72,000				86,400	192,000			89,500	439,9
Boths des Pilotes du Gange.							66,480					66,4
Curés.			2,400		2,400		2,400					7,2
Fortifications, dépense qui n'aura lieu que pendant 4 années.			500,000									500,0
Noirs.								66,000	7,500			73,5
Dépense générale.			50,400		24,400		24,020		22,000			120,8
Loyers.							19,300					19,3
Frais de Commerce.											145,700	145,7
Dépenses imprévues.												550,4
	liv.	liv.	liv.	liv.	liv.	liv.	liv.	liv.	liv.	liv.	liv.	liv.
	276,000	4,110,000	1,520,000	20,200	61,000	12,400	545,000	455,000	135,000	15,000	300,000	8,000,0

Comparaifon du capital libre de 1743 à celui de 1736 & à celui de 1725.

Le capital libre
en 1736 étoit de . 128,164,303 l.
En 1743 il étoit
de 123,241,698

Diminution de
1736 à 1743 . .   4,922,605
Le capital libre
en 1725 étoit de . 137,201,547
En 1743 il n'é-
toit que de . . . 123,241,698

Diminution de
1725 à 1743 . . . 13,959,849 l.

On doit obferver que, dans l'intervalle de 1725 à 1743, le commerce de la *compagnie* ne fut troublé par aucune guerre dans l'Europe, ni dans l'Inde, celle de 1736 ne l'ayant conftituée ni en pertes ni en dépenfes, & les troubles de l'Inde n'ayant commencé que poftérieurement à cette époque.

Les retours de l'Inde donnoient environ 95 pour cent de bénéfice de l'achat à la vente, tandis qu'aux dernières ventes ils n'ont pas donné 60 pour cent.

Les retours de Chine donnoient plus de 141, & ils n'ont donné, en 1767 & 1768, que 68 pour cent.

Cependant, malgré ces circonftances heureufes, la *compagnie* avoit perdu près de quatorze millions fur fon capital. Il eft vrai que fon fonds de commerce diminuant tous les ans, elle n'avoit jamais pu lui donner toute l'étendue dont il étoit fufceptible, vice ordinaire des *compagnies* exclufives, encore étoit-elle obligée d'employer les reffources les plus dangereufes, en faifant des emprunts fur la place en billets de pechévin, qui, étant à échéances fixes, la mettoient dans le rifque continuel de manquer à fes engagemens, fi le public lui avoit retiré fa confiance. Ces emprunts montoient annuellement à treize ou quatorze millions. On fentit combien cette fituation étoit précaire, & on eut recours par la fuite à des emprunts perpétuels qui, comme nous allons le voir, furent bientôt confommés.

Revenu en 1743.

Le revenu indépendamment du
commerce étant toujours de . . . . 8,300,000 l.

Se trouve grèvé de rentes viagères
montant à 1,514,549

Reftoit de libre . . . . 6,785,451 l.

Comparaifon du revenu libre de 1743 à celui de 1736 & à celui de 1725.

Revenu libre en 1725. 8,290,538 l.
Revenu libre en 1743. 6,785,451

Diminution de 1725
à 1743. 1,505,087

Revenu libre en 1736. 6,973,112
En 1743 6,785,451

Diminution de 1736
à 1743. 187,661

Dividende des actions, calculé fur le revenu libre de 1743.

Le nombre des actions alors fubfiftantes étoit de 50,269, le furplus ayant été retiré par la loterie compofée, & par différentes opérations.

Le revenu libre étant partagé entre les 50,269 actions, pouvoit donner à chaque action un dividende de . . . 135 l.

Comparaifon des dividendes calculés fur le revenu libre.

Dividende en 1725 .   148 l.
En 1736   136
En 1743   135

SITUATION de la *compagnie des Indes*, au 30 juin 1756.

Capital en 1756 fuivant le bilan.

Montant de l'actif du bilan . . 297,208,795 l.
A déduire,
1°. Dettes exigibles ou conftituées . . . . . 69,431,404 l.
2°. Fonds morts & mauvaifes dettes. 62,853,526
3°. Principal des rentes viagères à 100 livres le billet de 72,620   158,993,070 l.
4°. Principal des rentes de la loterie compofée de . . 15,635,520
5°. Principal des rentes créées en 1748 de . . . 11,000,000

Refte capital libre en 1756 . . 138,215,725 l.

Comparaifon des capitaux libres de 1725, de 1736, de 1743 & de 1756.

Capital libre en 1725 . . . . 137,201,547 l.
En 1736 128,163,303
En 1743 123,241,698
En 1756 138,215,725

Il paroît y avoir ici une augmentation de capital

de 1743 à 1756; mais loin qu'on en puiffe rien conclure en faveur de la *compagnie*, cette époque fournit des preuves décifives de la dégradation de capital qu'elle doit attendre de fon commerce feul. En effet, dans cette époque la *compagnie* a reçu du roi des fecours extraordinaires, qui ont fervi non-feulement à couvrir les pertes immenfes que fon commerce lui a données; mais encore à produire cette augmentation de capital.

En 1747, le roi augmenta le capital de fon contrat de . . . . 80,000,000 l.
Nous verrons dans la fuite que cette augmentation étoit une pure grace & une charge gratuite impofée fur l'état.

Il porta les intérêts du capital de fon contrat à 9,000,000 liv. que la *compagnie* reçut dans la fuite, au lieu de 8,300,000 liv. qu'elle avoit reçu jufqu'alors, ce qui lui procura dans cet intervalle un fecours de : . 6,300,000

Le roi fit remife des dividendes des actions & billets d'emprunt qui lui appartenoient, ces dividendes montoient à. 2,485,476

Enfin, le roi non-feulement fit remife à la *compagnie* du dixième; mais il l'autorifa encore à le retenir à fon profit fur les rentes viagères qui fubfiftoient alors; ce qui lui procura un bénéfice de. 1,604,829

TOTAL de ce que la *compagnie* a reçu du roi dans cet intervalle . 90,390,305 l.
Le capital de la *compagnie* auroit donc dû être augmenté de cette fomme de . . . . . 90,390,305 l.

Or, on ne le trouve augmenté fur le capital de 1725, que de . . . 1,014,178
Sur celui de 1736, que de . . . 10,051,422
Et fur celui de 1743, que de . . 14,974,031
La *compagnie* a donc réellement perdu de 1743 à 1756 75,416,274
De 1736 à 1756 80,338,883
De 1725 à 1756 89,376,127

Revenu en 1756.

Malgré les dons immenfes que la *compagnie* avoit reçus du roi, & quoique fon capital parût augmenté d'environ quinze millions, la fituation des actionnaires étoit beaucoup plus fâcheufe qu'avant cette époque.

La rente fur le roi, portée à . . 9,000,000 l. étoit grévée,

1°. Des intérêts des billets d'emprunts, montant alors à . . 554,575 l.
2°. Des intérêts des promeffes de paffer contrat, montant à . 1,500,000
3°. Des rentes viagères de la loterie à 100 liv. le billet . . 7,262 } 4,725,389 l.
4°. *Idem* de la loterie compofée . . 1,563,552
5°. *Idem* créées en 1748 1,100,000

Revenu libre en 1756.

Il ne reftoit donc de libre aux actionnaires que 4,274,611

Dividende calculé fur le revenu libre en 1756.

Cette rente partagée entre 50,269 actions, ne pouvoit plus donner à chaque action qu'un dividende de. 85 l.

Comparaifon des dividendes calculés fur le revenu libre en 1725 & 1756.

Ainfi la portion de la rente attribuée à chaque action, qui pouvoit être en 1725 . . . . . . 148 l.
En 1736 136
En 1743 135
N'étoit plus en 1756 que . 85

On obfervera que dans cet intervalle les bénéfices fur les retours de l'Inde, ont été de 93 pour cent, & ceux fur les retours de Chine, de 116 pour cent.

Nous voici arrivés à l'état de fituation de la *compagnie* en 1769. C'eft le point le plus intéreffant que nous ayons à traiter. Mais comme ce même état doit nous fervir à prouver, non-feulement la diminution des capitaux de la *compagnie*, mais encore d'autres vérités auffi importantes, nous lui laifferons, par cette raifon, la forme que lui ont donnée les députés & adminiftrateurs, & pour ne pas en rompre la fuite, nous renverrons, après l'état même, les obfervations que nous avons à faire fur plufieurs des articles dont il eft formé.

Nous devons remarquer encore qu'à la différence des états précédens, celui-ci s'étend au-delà même de l'époque actuelle, & qu'il comprend les années 1770, 1771 & 1772.

ÉTAT DE SITUATION *de la* compagnie des Indes, *du* 1er avril 1769, jufqu'au 31 décembre 1772, *fait & dreffé en exécution des ordres de M. le contrôleur-général, contenus en fa dépêche du* 8 avril 1769.

A C T I F.

Les biens que poffédoit la *compagnie des Indes* au premier avril 1769, confiftoient :

4°. En 9,000,000 liv. de rente au principal de 180,000,000 liv.

2°. En effets mobiliers & immobilliers à l'usage du commerce.

3°. En fonds circulans dans le commerce.

4°. Enfin, en dettes actives provenant de son commerce.

CHAPITRE PREMIER.

CONTRAT DE 180 MILLIONS.

Sur le contrat de 180 millions produisant 9,000,000 liv. de rente, il a paru convenable de déduire les sommes en capitaux & rentes perpétuelles dont ce contrat étoit grévé à l'époque du premier avril 1769, ainsi qu'il suit.

RENTES PERPÉTUELLES.

	RENTES.	CAPITAUX.
1°. 258,625 l. de rentes perpétuelles pour 10,345 billets d'emprunt à 500 l. chacun, créés en 1745, ci	258,625 l.	5,172,500 l.
2°. 900,000 l. id. pour promesses de passer contrat au denier 20, créées en 1751, ci pour la rente	900,000	18,000,000
3°. 600,000 l. id. de promesses au denier 20, créées en 1755, ci	600,000	12,000,000
4°. 964,985 l. de rentes au denier 25, créées en 1764, ci.	964,985	24,124,646
5°. 2,953,740 l. de rentes pour 36,921 actions ⅝ au principal de 1600 l. chacune, ci . . .	2,953,740	59,074,800
	5,677,350 l.	118,371,946 l.

RENTES VIAGÈRES.

	RENTES.	CAPITAUX.
1°. 1,146,368 l. de rentes viagères, créées en 1724 sous le nom de loterie composée, dont le capital ne sera évalué qu'au denier 10, ci	1,146,368 l.	11,463,680 l.
Ci-contre, . . 1,146,368 l.		11,463,680 l.
2°. 909,361 l. id. créées en 1748 sur une & deux têtes, évaluées de même au denier 10, ci . .	909,361	9,093,610
3°. 470,668 l. id. de la loterie créée en 1765, évaluées de même au denier 10, ci	470,668	4,706,680
4°. 419,102 liv. pour l'emprunt viager de 1765, évalué au denier 10, ci .	419,102	4,191,020
5°. 57,400 l. de rente constituée au profit des sieur & dame de Buffy, la dame de Valque & le sieur Taxil, évaluée au denier 10, ci	57,400	574,000
6°. Enfin 72,000 liv. pour le montant des pensions créées par le roi en 1764, ci	72,000	720,000

Nota. On ne porte point ici 61,000 l. ou environ, pour pensions, ou demi-solde, constituées par la *compagnie*, comme faisant partie des dépenses ordinaires, ci . . . . *Mémoire.*

	RENTES.	CAPITAUX.
	3,074,899 l.	30,748,990 l.

RÉSULTAT DU CHAPITRE PREMIER.

	RENTES.	CAPITAUX.
Rentes perpétuelles.	5,677,350 l.	118,371,946 l.
Rentes viagères .	3,074,899	30,748,990
TOTAL . . .	8,752,249	149,120,936
Partant à l'époque du premier avril 1769, il restoit de libre en rente & en capitaux . . .	247,751	30,879,064
Total pareil, ci.	9,000,000 l.	180,000,000 l.

CHAPITRE SECOND.

Effets mobiliers & immobiliers à l'usage de la compagnie.

MOBILIERS.

ARTICLE PREMIER.

28 vaisseaux & frégates, dont 15 du port de 9 à 1200 tonneaux, 13 de 500 à 700 tonneaux.

2 senauts du port de 110 tonneaux.

En tout 30 vaisseaux, frégates & senauts, au lieu de 31 annoncés dans l'état de situation du 29 mars dernier, la frégate le Choiseul étant périe dans le Gange, estimés, par procès-verbal du 24 avril 1769, au prix qu'ils obtiendroient dans le commerce au retour de l'expédition, suivant l'état, ci . . . . 4,010,854 l.

ARTICLE II.

Les pontons, pataches, gabares, chaloupes, & autres petits bâtimens de mer à l'usage du port de l'Orient, estimés par le même procès-verbal du 26 avril 1769, suivant l'état, ci 763,198

ARTICLE III.

Les effets de marine, d'artillerie, & autres de toute espèce existans dans les magasins & arsenaux de l'Orient le premier avril 1769, estimés aussi par les procès-verbaux du 26 avril dernier, suivant l'état, ci 3,212,775

ARTICLE IV.

1349 têtes de noirs compris en l'état, lesdits noirs restans aux isles de France & de Bourbon, après le choix fait par les commissaires du roi, estimés l'un dans l'autre à raison de 1000 livres, ci 1,349,000

ARTICLE V.

Les effets & ustensiles d'artillerie, armes

9,275,827 l.

ci-contre, . . 9,275,827 l.
& munitions de guerre restans à l'isle de France, après le partage fait avec les commissaires du roi, montent suivant l'état, ci . . 284,701

ARTICLE VI.

Les effets d'artillerie dans les comptoirs de l'Inde, ensemble les petits bâtimens de mer servant à la navigation du Gange, sauf les autres effets existans dans l'Inde, estimés suivant l'état, ci . 596,120

Total des effets mobiliers . . . . . 10,156,648 l.

IMMOBILIERS.

ARTICLE PREMIER.

L'hôtel de Paris, & bâtimens en dépendans, estimés, ci . 1,000,000

ARTICLE II.

M. le contrôleur général ayant prescrit, par sa dépêche du 8 avril dernier, de distinguer, relativement aux édifices de l'Orient, ceux qui sont une dépendance de l'administration confiée à la *compagnie*, d'avec les bâtimens civils dépendans du commerce, il avoit été écrit en conséquence aux préposés de la *compagnie* à l'Orient: mais cette opération longue & pénible n'ayant pu être exécutée jusqu'à présent, on se référera par provision au procès-verbal estimatif du 26 avril dernier, par lequel les quais, calles de constructions, les hôtels & magasins des ventes, batteries, &c, &c., & généralement tous

1,000,000 l.

ci-contre . . . 1,000,000 l. 10,156,648 l.
tous les édifices neufs & vieux ont été estimés, & sauf les terreins appartenans à la *compagnie*, suivant l'état, ci . . . . . 6,701,539.

OBSERVATIONS *des députés & administrateurs.*

Il a été arrêté que l'article ci-dessus seroit porté dans les états en ligne de compte pour toute sa valeur, conformément à l'appréciation faite à l'Orient, en même temps qu'on mettroit à la marge que cet objet ne sera pas réputé comme une valeur fixe & positive dans les biens de la *compagnie*, suivant les observations contenues dans les mémoires explicatifs des états.

ARTICLE III.

Lors de la prise de possession des isles de France & de Bourbon, les commissaires du roi s'étant mis en possession, au nom de sa majesté, de presque tous les bâtimens civils, & autres appartenans à la *compagnie*, il a été délibéré, par les syndics, directeurs & députés, de ne porter ici le prix des édifices appartenans à la *compagnie* auxdites isles que pour 42,400 liv. valeur de ceux achetés depuis ladite prise de possession, & sauf à porter à l'actif ci-après les sommes dues par sa majesté, pour raison de la remise desdits édifices, ci-conformément à la délibération 42,400

7.743,939 l. 10,156,648 l.

ci-contre . . . 7,743,939 l. 10,156,648 l.

ARTICLE IV.

Suivant la même délibération, les bâtimens civils existans dans les différens comptoirs de l'Inde, quoiqu'évalués, suivant les renseignemens qu'on a pu se procurer, à deux millions, ne seront néanmoins portés ici que pour mémoire, ci . . . . *Mémoire.*

Total des effets immobiliers . . . . 7,743,939 l.

Total du second chapitre, ci . . . . 17,900,587 l.

CHAPITRE TROISIÈME.

Fonds circulans dans le commerce.

ARTICLE PREMIER.

Au premier avril 1769, il y avoit en caisse, tant à Paris qu'à l'Orient, en argent ou effets à recouvrer jusqu'au 31 décembre 1769, suivant l'état, ci . . . . 10,716,574 l.

ARTICLE II.

Effets du Canada étant en nature, ci . . . . 248,596.

ARTICLE III.

Item à recevoir en février 1770 pour les effets invendus, restans de la dernière vente, évalués au prix de la facture, suivant l'état, ci . . . 256,008.

ARTICLE IV.

Item en marchandises d'Europe, dont une partie étoit à l'Orient le premier avril 1769, & le surplus en route pour y parvenir, suivant l'état, ci 1,609,771

ARTICLE V.

Dans le compte rendu le 29 mars 1769, on avoit fixé à 7,514,500 liv. les fonds qui devoient rester au Bengale, après les expéditions de 1769 & 1770, toutes dettes payées, & sauf les dépenses de 1770.

Suivant les comptes du comptoir

12,830,941 l.
Cccc

de l'autre part • • • • • • • 12,830,941 l.

de Chandernagor, du 12 mai 1768, les fonds qui doivent y rester après les deux expéditions attendues en 1769 & 1770, font de 8,876,000 l. fur lefquelles déduifant pour le reftant des dettes à liquider & payer 900,000 liv., & pour les dépenfes de 1770 600,000 liv., en tout 1,500,000 liv. Il y reftera net après l'expédition attendue en 1770, le tout conformément à l'état, ci • • • • • • • • 7,376,000

ARTICLE VI.

Par le réfultat que l'on a donné, le 29 mars dernier, de la fituation du comptoir de Pondichery, après les deux expéditions attendues en 1769 & 1770, on a dit qu'il n'y reftoit alors que 247,140 liv. qui ont été deftinées en même-temps à l'acquittement des dettes.

On avoit oublié de porter dans ces états 425,140 liv., qui étoient au tréfor de Pondichery à l'époque du 28 février 1768, pour quoi le préfent article fera porté conformément à l'état, ci • • • • • • • • 425,140

ARTICLE VII.

Le produit à efpérer des ventes de 1769 & 1770, ci • • • • • • • 45,240,000

ARTICLE VIII.

Dans les comptes rendus les 14 & 29 mars dernier, on a évalué à fix millions les retours attendus, des cinq expéditions faites aux ifles de France & de Bourbon depuis 1764; plus cet article a été difcuté, plus ces efpérances ont paru fondées.

On a reconnu, 1°. que les fonds en marchandifes envoyées auxdites ifles depuis 1764, avoient dû produire avec le bénéfice 12,500,000 l.

2°. Qu'outre ce produit, les prépofés de la *compagnie* avoient tiré fur la caiffe de Paris 3,744,423 liv., en ce non compris près de 4 millions de traites en contrats à 4 pour cent, dont l'objet a été l'acquittement des billets de caiffe.

En déduifant fur les deux premières fommes les dépenfes ordinaires & extraordinaires faites auxdites ifles depuis 1765, on perfifte à évaluer ces retours à 6 millions.

Mais comme, depuis le dernier

65,872,081

ci-contre • • • • • • • • 65,872,081 l.

compte rendu, les prépofés de la *compagnie* ont, d'une part, tiré fur la caiffe de Paris 256,000 liv., & de l'autre ont envoyé des états de fournitures faites au roi, montant à 976,351 liv. Ces deux fommes étant employées dans le préfent compte activement & paffivement, le préfent article, toute déduction & compenfation faites, fera réduit conformément à l'état, à • • • • • • • • 5,279,649

Total du troifième chapitre • • • 71,151,730 •

CHAPITRE QUATRIEME.

A caufe des dettes actives provenant du commerce.

ARTICLE PREMIER.

Les fommes dues par divers aux ifles de France & de Bourbon, à la Martinique & à Saint-Domingue, réduites au tiers de leur valeur réelle, ou à-peu-près, font fuivant l'état.

SÇAVOIR:

Ifle-de-France. 1,600,300 l.	
Ifle-de-Bourbon. 819,800	3,020,100 l.
Saint-Domingue	
& la Martinique. 600,000	

ARTICLE II.

Les fommes liquidées à l'époque du premier mars 1769, & dues par le roi, font fuivant l'état.

SÇAVOIR:

Par la marine. 669,036 l.	3,060,295
Par la Finance. 2,391,259	

ARTICLE III.

Item dû par la marine pour fournitures faites aux ifles-de-France & de Bourbon, ainfi qu'il réfulte des comptes arrêtés par les officiers de fa majefté, fuivant l'état.

SÇAVOIR:

Par un état du 27 février 1768. • • 156,000 l.	
Par état du 31 juillet 1768. • • 373,800	
Par état du 25 juillet 1768. • • 97,200	976,351
Par état du 24 janvier 1769. • • 155,860	
Par autre état du 25 janvier 1769. • 193,491	

7,056,746 l.

ci-contre, ... 7,056,746 l.

ARTICLE IV.

Item dû par la finance, ainsi qu'il résulte de l'état.

SÇAVOIR:

Droits de tonneaux de 1768. .	775,406	
Droits de noirs.	120,000	
Indemnité des cafés.	50,000	960,406
Excédent des pensions.	15,000	

ARTICLE V.

Item sera dû au 31 décembre 1769.

SÇAVOIR:

Droits de tonneaux pour exportation & importation, évalués conformément à l'état. .

Pour l'an 1768. .	775,406 L	
Indemnité des cafés.	50,000	840,406
Excédent des pensions.	15,000	

ARTICLE VI.

Item sera dû, en 1770, pour droits de tonneaux d'importation, évalués de même qu'en 1768. . . 479,206

ARTICLE VII.

Le roi ayant repris, en 1767, possession de fait des isles-de-France & de Bourbon, les administrateurs pour le roi, auxdites isles, se sont mis en même-temps en possession de presque tous les bâtimens, ainsi que d'une grande partie des noirs, effets d'artillerie & autres étant au pouvoir & en la propriété de la compagnie : les administrateurs pour sa majesté n'ayant point fait faire d'estimation contradictoire desdits bâtimens & effets, les préposés de la compagnie ont envoyé les procès verbaux, devis & états estimatifs desdits bâtimens & effets.

Les Syndics, directeurs & députés, ayant examiné ces états, ont distingué les bâtimens publics & inhérens à la souveraineté, d'avec les bâtimens particuliers & patrimoniaux à la compagnie ; ils ont cru

ci-contre, ... 9,336,764 l.

devoir former pour cet article un objet de prétention envers le roi, en faveur des actionnaires.

Suivant l'état, les bâtimens particuliers & patrimoniaux, la moitié des mixtes, les négres & autres effets mobiliers se montent, par le résultat du travail, à la somme de 7,625,348 liv. pour laquelle les actionnaires seront fondés à faire leur représentation au ministre du roi, ci. 7,625,348

Total du IV.e Chapitre. . . . 16,962,112 l.

Observation des députés & administrateurs.

Il a été arrêté que l'article ci-dessus seroit porté dans les états en ligne de compte pour sa valeur, conformément à l'appréciation faite aux isles de France & de Bourbon, en même-temps qu'on mettroit à la marge que cet objet ne sera pas réputé comme une valeur fixe & positive dans les biens de la compagnie, suivant les observations contenues dans les mémoires explicatifs desdits états.

Récapitulation.

Chapitre Ier. .	30,879,064 l.
Chapitre II. .	17,900,587
Chapitre III. .	71,151,730
Chapitre IV. .	16,962,112

Total de l'actif. . . . . 136,893,493 l.

PASSIF.

Les dettes de la compagnie, autres que les hypothécaires, qui ont été déduites sur le contrat de 180 millions, sont de deux espèces.

1.° Les dettes anciennes, c'est-à-dire, celles créées avant l'époque du 1 juillet 1764.

2.° Les dettes créées depuis le mois de juillet 1764, & payables à diverses époques.

PREMIÈRE ESPÈCE.

Dettes antérieures du premier juillet 1764.

ARTICLE PREMIER.

Pour acquitter d'autant les dettes liquidées dans l'Inde, à l'époque du 28 février 1768, il avoit été tiré sur la caisse de Paris, 1,429,951 liv. payables

9,336,764 l.

en contrats à 4 pour cent. Les porteurs de ces traites ne s'étant pas-présentés jusqu'à présent, le présent article sera tiré ici conformément à l'état, pour. . . . . 1,429.951 l.

On observe, à cet égard, que vrai-semblablement les porteurs des traites auront préféré d'être payés dans l'Inde en marchandises.

ARTICLE II.

Les dettes de l'Inde restantes à liquider à la même époque du 28 février 1768, montoient, suivant l'extrait de l'état de Pondichery, à 9,272,508 liv.

SÇAVOIR:

A liquider & à payer à Chandernagor, ci. . . . 1,900,000 l.
A liquider & à payer à Pondichery, Mazulipatan & Mahé, ci. . . . 4,972,508
A liquider & à payer en France, ci. 2,400,000

TOTAL. . 9,272,508 l.

BENGALE.

Dans l'état de situation du Bengale, depuis le 31 décembre 1767, on a destiné sur les fonds qui y étoient, ou y parviendroient de ladite expédition, pareille somme de 1,900,000 liv.

SÇAVOIR:

En 1768. . . 500,000 l.
En 1769. . . 500,000
En 1770. . . 900,000

TOTAL. . 1,900,000 l.

Conséquemment on doit regarder ce qui étoit à liquider & à payer dans le Bengale, comme devant être acquité dans le courant de 1770, sauf le plus ou moins résultant des liquidations, ci. . . . . *Mémoire.*

PONDICHERY.

Dans l'état de situation de Pondichery, depuis le 1 Février 1768, & pour y acquiter 4,972,508 l. qui

1,429,951

ci-contre, ... 1,429,951 l. y étoient dues, on a destiné sur les fonds qui y étoient alors, ou qui y parviendroient.

SÇAVOIR:

En 1768. . . 750,000 l.
En 1769. . . 750,000
En 1770. . . 247,200

TOTAL. . 1,747,200 l.

En supposant ces opérations exécutées, il resteroit à payer dans l'Inde, en marchandises ou contrats, sauf le plus ou le moins par l'événement de la liquidation. 3,225,308 l.
A quoi ajoutant les 2,400,000 l. à liquider & à payer en France, ci. 2,400,000

Reste net pour les dettes anciennes de l'inde, ci. 5,625,308

ARTICLE III.

Les dettes à liquider à l'isle de France, montoient à 4,083,600 l. sur quoi ayant été liquidé & payé en contrats à 4 pour cent à l'époque du 30 juin 1768, 2,622,225 l. reste à liquider & à payer en contrats, suivant l'état, ci. 1,461,375

ARTICLE IV.

Les dettes à liquider à l'isle de Bourbon, montoient, suivant l'état à 2,892,680 liv. sur quoi ayant été liquidé & payé, à l'époque du 30 juin 1768, 1,015,579 liv. reste à payer, ci. 1,877,101

ARTICLE V.

Reste des successions versées avant le 1 juillet 1764, payable en argent, suivant l'état, ci. 631,945

ARTICLE VI.

Item dû à l'ancienne *compagnie* en capital, 433,000 liv. payables en contrats à 4 pour cent, sauf l'événement de la contestation sur les intérêts, ci. 433,000

ARTICLE VII.

Les *debets* anciens. . . . . . 1,000,000 l.

12,458,678 l.

ci-contre, ... 12,458,678 l.

ARTICLE VIII.

Enfin, les créances prétendues par les héritiers Dupleix & autres, ci. . *Mémoire.*

Total des dettes anciennes. . 12,458,678 l.

SECONDE ESPÈCE.

Dettes créées depuis le premier juillet 1764, payables à diverses époques.

1º. Nouveaux *debets* évalués...   1,500,000 l.

2º. A payer du 1 avril 1769 au 31 décembre de la même année, suivant l'état, ci 32,636,985

3º. *Id.* en 1770, compris les lots de la loterie, ci 15,092,034

4º. A payer en 1771, ci . . . 15,504,841

5º. Enfin à payer en 1772, le tout ainsi qu'il résulte de l'état, ci   4,944,000

Total. . . . . . 69,677,860 l.

RÉCAPITULATION.

Dettes anciennes . . . . . . 12,458,677 l.

Dettes nouvelles 69,677,860

Total des dettes . . . . 82,136,537 l.

Résultat du nouvel état de situation.

L'actif monte à . . . . . . 136,893,493 l.

Et le passif monte à 82,136,537

Partant reste net 54,756,956

Arrêté par nous députés, syndics & directeurs de la compagnie des Indes. A Paris en l'hôtel de la *compagnie des Indes,* le 2 juin 1769. *Signé* LE DUC DE DURAS, DU VAUDIER, LA ROCHETTE, DE BRUNY, DU PAN, DE CLONARD, JAUME, MORACIN, L'HÉRITIER DE BRUTETTE, LOUIS JULIEN, DUVAL, D'ESPRÉMENIL, DE MERY DARCY, LE MOINE, RISTEAU, DE RABEC, STE-CATHERINE.

Observations sur l'état précédent.

1º. L'article premier des rentes viagères n'a été porté à . . . . 1,146,368 l. que parce qu'on en a déduit le dixiéme. Elles montent réellement en totalité à 1,273,742

Les administrateurs ont fait cette déduction, parce que la *compagnie* a été autorisée jusqu'ici à retenir le dixiéme à son profit; mais elle n'en doit pas moins la totalité de la rente, puisqu'elle pourroit être obligée dans la suite à la payer, soit par la cessation de l'impôt du dixiéme, soit dans le cas où le roi lui retireroit cette grace, qu'on ne peut regarder comme perpétuelle: ainsi on pourroit forcer cet article de 127,374 l. de rente; mais on le laissera subsister tel qu'il est, la *compagnie* ne payant actuellement que la somme portée en cet article.

2º. On croit devoir ajouter à la suite des rentes viagères 61,000 liv. pour pensions & demi-soldes constituées par la *compagnie,* quoique cette somme ne soit portée que pour mémoire dans l'état de situation. En effet, c'est une charge dont les biens des actionnaires sont grevés, & qui doit toujours avoir lieu, soit qu'ils continuent ou suspendent leur commerce; elle ne peut même qu'augmenter dans l'un ou l'autre cas, ci . . . . . . 610,000 l.

3º. Chap. 2, art. 3. Pour effets dans les magasins de l'Orient, évalués, suivant le recensement, à . . . . 3,212,776 l. Il faut remarquer que la valeur de ces effets, établie dans l'état des députés, y est formée sur le prix qu'ils ont coûté à la *compagnie,* & qu'on doit s'attendre à une diminution considérable sur celui auquel ils seroient vendus: or, ce qu'ils valent aujourd'hui n'est pas ce qu'ils ont coûté, mais ce qu'ils seroient vendus.

On doit aussi remarquer que la fixation du prix des marchandises, portée par cet état de recensement, paroît être augmentée des frais de transport, de garde & autres frais du port. On croit pouvoir évaluer ce sur-taux au moins à 15 pour cent, dont il faut par conséquent diminuer le capital. Cette diminution sera de . . . . 481,913 l.

4º. L'article 4 porte le nombre des noirs appartenans à la *compagnie* aux isles de France & de Bourbon, à 1,349 qui sont estimés, l'un dans l'autre, mille livres, ci . . . . . 1,349,000 l. Cet article paroît prodigieusement enflé, tant pour le nombre, que pour l'évaluation. Par un état de l'isle de France, du 29 juillet 1768, on voit qu'il n'y restoit que 498 Noirs, dont 282, tant mâles que femelles, bons & en état de servir, & 216 invalides, marons ou enfans. A l'isle de Bourbon il paroît effectivement, par une lettre du 9 mars 1768, qu'il pouvoit en rester 331; mais la même lettre ajoute que ces Noirs ne sont « que des vieillards, des infirmes, des impotens...; » qu'à l'exception d'un petit nombre, ils ne peu- » vent rendre que de foibles services, & qu'ils ne » seront vendus que difficilement & à très-bas prix ». On croit donc pouvoir les évaluer à 500 livres pièce, l'un dans l'autre, en y comprenant les enfans, les vieillards & autres hors de service; & on y est d'autant plus autorisé, que l'on voit que, dans le mois de novembre dernier, il en a été vendu 42 en vente publique, qui n'ont produit que 233 liv. pièce.

Cet article n'ayant dû être porté que pour . . . . 414,500 l.

Le capital doit être diminué de l'excédent montant à 934,500

Ce fonds, ainsi que le précédent, doit être regardé comme un fonds mort toujours subsistant pour l'exercice du commerce; on observera même qu'il doit être considérablement augmenté, les administrateurs pour la *compagnie* dans ces isles ayant marqué qu'il étoit nécessaire qu'ils se procurassent au moins deux cents soixante Noirs de plus; ce qui formera une nouvelle dépense pour la *compagnie*, tant pour leur achat, que pour leur entretien & remplacement.

5°. Art. 6. Pour artillerie dans les comptoirs de l'Inde & bâtimens de mer servant à la navigation du Gange, le tout évalué . . . . . . 596,120 l.

Suivant les états cités au soutien de cet article, les effets envoyés de l'isle de France à Pondichery étoient presque tous destinés pour le premier établissement, & ont dû y être consommés.

L'artillerie, suivant les évaluations, ne montoit qu'à environ . . 40,000 l. ⎫
A quoi joignant les bots ⎬ 136,000
du Gange estimés . . . . 96,000 ⎭

Il faut donc diminuer sur le capital . . . 460,120

6°. Art. 1 de l'immobilier.

L'hôtel de la *compagnie* est porté à un million. On se contentera d'observer que dans les états présentés aux assemblées du mois de mars 1769, cet objet n'a été évalué que 800,000 livres, & que c'est pour la première fois qu'il est porté pour un million dans l'actif de la *compagnie*. On ne peut imaginer aucune cause de cette augmentation de prix en trois mois de temps, à moins que ce ne soit le besoin que la *compagnie* a de montrer un gros capital.

7°. Pour l'intelligence de cet article, on croit devoir mettre sous les yeux le recensement même de l'Orient, sur lequel il est fondé.

Recensement du premier avril 1769, des édifices appartenans à la compagnie des Indes, *au port de l'Orient.*

Les quais & les calles de constructions du port, le massif & la plate-forme de la machine à mâter les vaisseaux, l'étuve à chauffer les bordages, l'hôtel

des ventes, tous les magasins neufs destinés pour les ventes & pour le service du port, le terrein & la maison louée à MM. les fermiers généraux, le terrein & les calles de construction, & les établissemens faits à Caudan, les batteries construites, tant audit lieu de Caudan qu'au Kernevel, à Saint-Michel & dans l'intérieur du port, l'achat du terrein de l'hôpital, celui des fontaines, & les dépenses qui ont été faites pour conduire à l'Orient les eaux douces nécessaires pour le service du port, la maison servant de logement aux passagers de Saint-Christophe, celle servant de logement aux passagers de Kergrois, l'achat du droit du passage de Saint-Christophe, le corps de garde de la petite porte de l'enclos, la boulangerie, le magasin au gaudron, l'apoticairerie, la boucherie, la fonderie, le parage de tout le port, & généralement tous les édifices neufs appartenans à la *compagnie des Indes* au port de l'Orient, montoient, le premier avril 1769, à la somme de . . 6,396,125 l. 10 s. 6 d.

Les dépenses en argent, relatives auxdits édifices, faites par M. Guillois, ingénieur en chef, chargé de la régie desdits édifices, montent, depuis le premier avril 1768 jusqu'au 31 mars 1769, à la somme de . . . . 89,437 l. 19 s. 7 d.

Les dépenses en effets fournis des magasins & atteliers du port pour les édifices, depuis ledit jour premier avril 1768 au 31 mars 1769, qu'on ne porte ici que sommairement, attendu que le bureau du contrôle renvoie chaque mois à la *compagnie* un état contenant le détail desdites dépenses 2,975 12 5

Les anciens édifices consistans dans l'hôtel de la direction, le magasin général, ceux des marchandises & des vivres, les maisons servant de logement à quelques employés, les forges, la corderie, le hangard de la mâture, & autres édifices estimés par M. Guillois à la somme de 213,000

Total général de toutes les parties relatives aux édifices civils . . . . . 6,701,539 l. 6

On voit par ce recensement;

1°. Que l'on comprend dans cette évaluation un très-grand-nombre de constructions, comme quais, ealles, maffif & plate-forme, batteries, fontaines, corps de garde, &c. qui font des dépendances néceffaires de la propriété rentrée, dans la main du roi, en conféquence de l'édit du mois d'août 1764, & dont la jouiffance feule eft reftée à la *compagnie* depuis cette époque.

2°. Cette pièce même montre la manière étrange dont on a procédé pour évaluer les effets de cette efpèce dans les bilans de la *compagnie*. La première valeur de ces bâtimes eft fixée à . . . 6,396,125 l.

On y ajoute les dépenfes en réparations ou entretiens faits dans l'année 1769, montant à 92,413

Et on forme de ces deux fommes la valeur totale de 6,488,538

C'eft-à-dire. qu'on compte en accroiffement de valeur fur ces bâtimens, tout ce qu'on a dépenfé à les entretenir & les réparer ; de forte que les bâtimens les plus anciens & les plus caducs auroient par cela même une valeur plus grande. On a toujours opéré de même dans toutes les évaluations de bâtimens fur les livres de la *compagnie*. Il n'eft pas befoin de nous arrêter à prouver combien une pareille eftimation eft fautive.

D'après ces deux obfervations, nous croyons devoir diminuer fur cet article la fomme de 3,351,539 l.

8°. Chapitre 3, art. 5 & 6. Fonds reftans dans le bengale 7,376,000

Idem reftans à Pondichery 425,140

Les bafes fur lefquelles on a calculé ces deux articles, font fi incertaines, toutes les dettes de l'Inde n'étant pas même connues dans l'Inde, que l'on ne peut regarder ces réfultats comme bien conftans. L'augmentation des dépenfes & de nouvelles liquidations de dettes peuvent avoir confidérablement diminué cet objet.

9°. Art. 7. Montant des ventes . . de 1769 & 1770, ci . . . . . 45,240,000 l.

C'eft la première fois, dans les bilans de la *compagnie*, que, pour connoître fa fituation, on porte à fon actif les bénéfices futurs réfultans de fes ventes. Les anciens bilans, ainfi que tous les mémoires qui ont été faits en différens temps, n'ont compris dans l'actif de la *compagnie* les fonds & marchandifes étant dans l'Inde ou en chemin, que pour la valeur qu'ils avoient en partant de France. Il eft aifé de fentir combien des calculs d'efpérances & de pures fpéculations peuvent enfler l'actif d'un bilan, & mettre d'incertitude dans des états de fituation ; ainfi cet article ne devroit être porté que pour 25,200,000 liv. de fonds réel, fauf à porter les 70 pour cent de bénéfice, comme une efpérance & non comme un fonds acquis.

Mais au moins ces bénéfices doivent-ils être calculés d'après la vraifemblance ; & il nous paroît que

les députés n'ont pas fuivi cette régle dans leur eftimation. Tout ce qu'on peut faire de plus favorable à la *compagnie*, eft de fonder les calculs de fes bénéfices futurs fur ceux de la vente dernière.

Les marchandifes de Chine ont donné à la vente dernière un bénéfice de 68 pour cent. En les portant à 70, trois millions d'achat donneront en retour une vente de . . . . 5,100,000 l.

Les retours de l'Inde ont donné de bénéfice 58 pour cent

En les portant à 60, 9,600,000 donneront à la vente 15,360,000

1600 milliers de café de Bourbon à 15 f. la livre, ... 1,200,000

Total du produit d'une vente . . . 21,660,000

Et pour les deux ventes 43,320,000

Partant à déduire de cet article . . 1,920,000

10°. Art. 8. Retours des ifles de France & de Bourbon, évalués à . . . . . 5,279,649 l.

Cette évaluation n'a pu être fondée que fur des vraifemblances, la *compagnie* n'ayant reçu aucun compte de ces colonies depuis 1763. On n'a aucun renfeignement fur la vente des marchandifes, pas même de celles envoyées en 1764. Ce que l'on peut affirmer, d'après la connoiffance de la fituation des habitans de ces ifles, & de la nature de leurs facultés, eft, qu'il n'eft pas poffible que cette fomme foit payée en moins de cinq années, à raifon de douze cent mille livres par année.

11°. Chap. 4, art. 1. Pour anciennes dettes aux ifles de France & de Bourbon en Amérique, réduites à . . . . 3,020,100 l.

Il eft néceffaire d'obferver que la rentrée de cette fomme, même malgré la réduction confidérable qui en a été faite fur ces dettes, eft encore très-incertaine, & au moins fera très-longue. On peut eftimer qu'elle pourra être payée en dix ans, à raifon de trois cent mille livres par an. Il fuit de-là qu'on ne peut pas comprendre toute cette fomme dans le capital actuel de la *compagnie*.

12°. Art. 3. Dettes de la marine 976,351 l.

Il y aura une compenfation d'environ 150,000 livres à faire fur cet article, pour journées d'hôpital & fonds fournis par le roi 150,000

13°. Art. 7. Effets des ifles de France & de Bourbon cédés au roi, évalués . . . 7,625,348 l.

L'obfervation de MM. les députés & adminiftrateurs, portée en marge de leur état, annonce qu'ils ont prévu combien cet article étoit fufceptible de diminution, même en adoptant la diftinction qu'ils ont faite des différentes natures de bâtimens. L'évaluation de ces bâtimens a été faite, non d'après leur valeur actuelle, mais suivant le prix auquel ils sont portés sur les livres de la *compagnie*, c'est-à-dire, y compris les frais de leur première construction, & des réparations & entretiens, depuis qu'ils existent. On croit, d'après des états qui ont passé sous nos yeux, que la *compagnie* seroit traitée très-favorablement, si le roi vouloit bien fixer la valeur de tous ces effets à six millions; d'où il résultera une diminution sur cet article de. . . . 1,625,348 l.

OBSERVATIONS SUR LE PASSIF.

14°. Art. 1. Dettes antérieures au premier juillet 1764 . . . . 1,429,951 l.

Cet article a été réduit à cette somme, parce que l'on suppose que les marchandises qui pouvoient rester en nature à Chandernagor, à l'époque du 31 décembre 1767, ont pu être employées à éteindre une autre partie des dettes montant à 1,068,012 l.

Cette sorte de compensation est très-incertaine, les marchandises pouvant avoir été employées à d'autres objets, ou n'avoir pas produit une somme aussi considérable.

15°. On doit observer sur les articles 2, 3 & 4, que toutes ces sommes n'ont pu être fixées que par des approximations, d'après lesquelles il peut se trouver de très-grandes réductions à faire sur le capital. Toutes ces dettes ne sont encore ni connues, ni liquidées; il n'est pas possible d'en donner aucune estimation. Mais on peut dire que la liquidation ne peut guère qu'accroître le passif.

16°. Art. 8. On n'a porté que pour mémoire les différentes créances prétendues contre la *compagnie*; mais comme cet objet ne peut qu'être très-considérable, & opérer une forte diminution sur le capital des actionnaires, on croit devoir lui donner une évaluation modérée.

Les principales demandes, actuellement connues & formées contre la *compagnie*, relatives à cet article, montent à plus de seize millions, sans y comprendre un très-grand nombre de prétentions particulières; nous croyons pouvoir supposer que par la liquidation finale de tous ces différens objets; ils seront réduits à environ 6,000,000 liv. qui doivent être encore déduits du capital, ci 6,000,000 l.

Résultat réel de l'état de situation de la compagnie des Indes *au premier avril 1769, d'après les observations précédentes.*

ACTIF.

Les effets, qui forment l'actif de la *compagnie*, sont de trois sortes, 1°. Des contrats. 2°. De l'argent. 3°. Des fonds morts dont la valeur rentrera aux actionnaires en contrats ou en argent, en cas de discontinuation du commerce.

Actif de la compagnie *en contrats, actuels ou à recevoir.*

REVENUS CAPITAUX.

CHAP. Ier. Contrat sur le roi . . . . . 9,000,000 l. 180,000,000 l.
Rentes perpétuelles à déduire suivant l'état des députés. . . 5,677,350 l. ⎱
Rentes viagères, 3,074,899 l. ⎰ 8,752,249.

Capitaux de rentes perpétuelles, suivant ledit état. . 118,371,946 l. ⎫
Id. des rentes viagères au denier 10. 30,748,990 l. ⎭ . . . . 149,120,936 l.

Reste suivant l'état. · 247,751 l. 30,879,064 l.
A déduire encore suivant l'observation N° II. 61,000 l. 610,000 l.

Reste en rentes libres. 186,751 l. 30,269,064 l.

REVENUS. CAPITAUX.

CHAP. III. ART. II. Effets du Canada rapportant dixième déduit, 4 pour cent. . . . . 9,944 l. 248,596 l.

CHAP. IV. ART. II. Pour les sommes dûes par le roi. 3,060,295 l.
AR. III. *Idem* réduit au moyen de la compensation de 150000 l. suivant l'observation N°. XII. . . 826,351
ART. IV. *Idem.* 960,406
ART. V. *Idem.* 840,406

5,687,458 l. 9,944 l. 248,596 l.
ci-contre.

REVENUS. CAPITAUX.

Ci-con. 5,687,458 l.   9,944 l.   248,596 l.

ART. VII. Pour effets de l'isle de France cédés au roi, & réduits suivant l'observation N°. XIII, à . 6,000,000

Total des articles énoncés au chapitre IVe . . . 11,687,458 l.
Intérêts à 4 pour cent . 467,498 l.

664,193 l.   42,205,118 l.

Actif de la compagnie à recevoir en argent.

CHAP. III. ART. Ier. En caisse au premier avril . . . 10,716,574 l.
ART. III. Effets invendus à recevoir en février 1770 . . . 256,000
ART. IV. Marchandises d'Europe à l'Orient . . . 1,609,771
ART. V. Fonds restés dans le Bengale, sauf l'observation N° VIII. 7,376,000
ART. VI. Fonds à Pondichery, même observation. . . . 425,140
ART. VII. Produit des ventes de 1769 & 1770 réduit d'après l'observation N°. IX . . . 43,320,000
ART. VIII. Retours des marchandises des isles de France & de Bourbon, sauf l'observation N° X, concernant la rentrée de ces fonds. 5,279,649

CHAP. IV. ART. Ier. Anciennes dettes des isles de France, de Bourbon & de l'Amérique, sauf l'observation N°. XI. . . . 3,020,100
ART. VI. Droits de tonneaux d'importation payables en 1770. 479,206 l.

72,482,440 l.

Actif de la compagnie en fonds morts.

CHAP. II. *Mobilier.* ART. Ier. vaisseaux & frégates . . . 4,010,854 l.
ART. II. Pontons, gabarres, &c. à l'Orient. . . . 203,198
ART. III. Effets étant dans les magasins & arsenaux de l'Orient

4,714,052 l.

ci-contre . . . 4,714,052 l.
réduits, à leur valeur, suivant l'observation N°. III . . . 2,730,860
ART. IV. Valeur des noirs appartenans à la *compagnie*, réduite suivant l'observation N°. IV. . . 414,500
ART. V. Effets & ustensiles d'artillerie à l'isle de France . . 284,701
ART. VI. Effets étant dans l'Inde, réduits suivant l'observation N°. V. 136,000
Immobilier. ART. Ier. Hôtel de Paris, voyez l'observation N°. VI. 1,000,000
ART. II. Bâtimens de l'Orient réduits à la valeur qu'ils auroient, si le roi prenoit possession de ce port, suivant l'observation N°. VII. 3,350,000
ART. III. Maison nouvellement acquise à l'isle de France . . . 42,400 l.

12,672,513 l.

Récapitulation.

Capital de la *compagnie* en contrats . . . 42,205,118 l.
Produisant de revenu. 664,193 l.

Sommes à recevoir en argent . 72,482,440
Fonds morts . . . 12,672,513 l.

Total de l'actif de la *compagnie.* 127,360,071 l.

PASSIF DE LA COMPAGNIE.

Dettes à acquitter en contrats.

RENTES. CAPITAUX.

ART. Ier. Dettes liquidées dans l'Inde au 28 février 1768 . . . 57,198 l. 1,429,951
ART. II. Dettes non liquidées & restantes à acquitter dans l'Inde . 225,012 5,625,308

Nota. Peut-être une partie de ces dettes sera-t-elle acquitée dans l'Inde en argent ou en marchandises; en ce cas, il faudra renvoyer des fonds plus considérables pour avoir toujours les mêmes retours, & ces fonds seront plus onéreux que des contrats à 4 pour cent.

282,210 l. 7,055,259 l.

Dddd

	RENTES.	CAPITAUX.
de l'autre part,	282,210 l.	7,055,259 l.

ART. III. Dettes restantes à acquitter à l'isle
de France 58,455   1,461,375

ART. IV. *Idem* à l'isle
de Bourbon. 75,084   1,877,100

ART. V. Successions
antérieures à 1764 . . 25,278   631,943

ART. VI. Dû à l'ancienne *compagnie* . . 17,320   433,000

ART. VII. Anciens
debets 40,000   1,000,000

ART. VIII. Créances
prétendues sur la *compagnie*, évaluées suivant
l'observation N°. XVI.. 240,000   6,000,000 l.

Total des dettes à
acquitter en contrats. . 738,347 l.   18,458,677 l.

A payer en argent.

Dettes créées depuis
le premier juillet 1764. . . . . . 69,677,860 l.

Total du Passif de
la compagnie . . . . 88,136,537 l.

Balance de l'actif & du passif de la compagnie
des Indes.

CONTRATS.

	RENTES.	CAPITAUX.
L'actif monte à . . .	664,193 l.	42,205,118 l.
Le passif à	738,347	18,458,677 l.

Manque sur le revenu . . . . . 74,154 l.

Reste sur le capital. . . . . 23,746,441 l.

FONDS EN ARGENT.

CAPITAUX.

L'actif monte à . . 72,482,440 l.

Le passif à . . . 69,677,860

Reste . . . 2,804,580 l.   2.804,580

Mais on doit observer que toutes
les sommes à payer sont à échéances
fixes & certaines, & que dans
les sommes à recevoir, dont le
montant n'est pas à beaucoup près
aussi assuré, il y a
3 millions des anciennes dettes de
l'Amérique & des isles
de France & de Bour-

26,551,021 l.

ci-contre . . . . 26,551,021 l.

bon, qui ne rentreront
qu'en dix ans.

5 millions du produit des marchandises envoyées,
depuis 1764, aux isles
de France & de Bourbon, qui rentreront au
plutôt en cinq ans.

8 millions. Ainsi bien loin d'avoir
un fond actuel & disponible de 2,804,580 l.
il se trouvera dans l'intervalle d'ici à 1772
un vuide réel de 4 à 5
millions.

FONDS MORTS.

L'actif monte à . 12,672,513 l.   12,672,513 l.

Total du capital
libre de la *compagnie*. . . . . 39,223.534 l.

COMPARAISON du capital libre & réel de
1769 à celui de 1756 & de 1725.

Pour faire la comparaison de la situation de
la compagnie au premier avril 1769 avec celle
des époques précédentes, il faut rétablir l'ordre
qui a été suivi dans les anciens bilans.

Montant de l'actif de la *compagnie*, au premier
avril 1769 d'après les observations, sans faire de
déduction des capitaux des rentes perpétuelles &
viagères que l'on portera au passif,
conformément aux anciens bilans. 277,091,009 l.

Les députés ont aussi compté
dans ce capital, les bénéfices espérés
par les ventes de 1769 & 1770 ;
ces bénéfices n'ont jamais été compris dans les précédens bilans, ainsi
il faut les soustraire pour faire une
comparaison exacte ; ils montent
pour les deux ventes à . . . . 18,840,000 l.

Total de l'actif . . . . 258,251,009 l.

A déduire,

1°. Les dettes
constituées en contrats de rentes perpétuelles non compris le capital des
actions. . . . . 59,227,146 l.

2°. Les dettes à
acquitter. . . . 88,136,537

3°. Le capital
au denier dix des
rentes viagères subsistantes . . . 31,358,990

4°. Les fonds
morts 12,672,913

Reste fonds libre, ... 66,785,823 l.

De l'autre part capital libre . . . . 66,785,823 l.

Preuves des calculs ci-deſſus.

Fixation du montant du capital.

	Suivant l'état des députés.	Déductions d'après nos obſervations.	Capital réel.
Chap. 1er de l'actif	180,000,000 l.	. . . .	180,000,000 l.
Chap. 2	17,900,587	5,228,072 l.	12,672,515
Chap. 3	71,151,730	1,920,000	69,231,730
Chap. 4	16,962,112	1,775,348	15,186,764
	286,014,429 l.	8,923,420 l.	277,091,009 l.

A déduire.

Bénéfices des ventes . . . . 18,840,000 l. ⎱
Dettes . . . . 191,465,186 ⎰ 210,305,186

66,785,823 l.

A rétablir pour comparer au réſultat de la balance de l'actif & du paſſif.

1°. Bénéfice des ventes . . . . 18,840,000 l. ⎱
2°. Fonds morts . . . . 12,672,513 ⎰ 31,512,513 l.

98,298,336 l.

Principal des actions à souſtraire 59,074,800

Somme égale au réſultat de la balance . . . . 39,223,536 l.

On peut encore arriver au même réſultat par une autre route.

Capital libre ſuivant l'état des députés . . . . 54,756,956 l.
A souſtraire les déductions faites par les obſervations . . . . . 8,923,420 l. ⎱
Pour 61,000 l. de rentes viagères . . . . 610,000 ⎰ 15,533,420 l.
Pour augmentation du paſſif 6,000,000

Somme égale . . . . 39,223,536 l.

Comparaiſon des capitaux libres de 1725, de 1756 & de 1769.

De 1725 à 1769 . . 70,415,724 l.
De 1756 à 1769 . . 71,429,902

Capital libre en 1725 . . . . 137,201,547 l.
En 1756 138,215,725
En 1769 66,785,823

La *compagnie* a donc perdu réellement de ſes fonds anciens.

Il faut ajouter à cette ſomme, l'appel fourni par les actionnaires en 1764, ci . . . . 13,772,800 l.
La *compagnie* a donc réellement perdu de ſes fonds de 1756 à 1769, la ſomme de . . . . 85,202,702 l.

Dddd ij

Nous pourrions obferver encore, que dans cet intervalle le roi a remis à la *compagnie*,

1°. 11835 Actions qui, évaluées feulement à 1200 livres, forment un capital de . . . . 14,020,000 l.

2°. 11835 billets d'emprunt de 500 l. formant un capital de 5,917,500

3°. Sommes verfées du tréfor royal dans la caiffe de la *compagnie* pendant la guerre . . . . 65,000,000 l.

Cette obfervation & les conféquences qu'on en peut tirer, trouveront leur place ailleurs.

Revenu en 1769.

Rente fur le roi . . 9,000,000 l. ⎱
Effets du Canada . . 9,944 ⎰ 9,009,944 l.

A déduire,

1°. Montant des rentes conftituées . . . . 2,723,610 l. ⎱
2°. Rentes viagères. 3,135,899 ⎰ 5,859,509 l.

Refte revenu libre . . . . . . 3,150,435 l.

Revenu de chacune des trente-fix mille neuf cent vingt & une actions . . . . 85 l. 4 f.

On doit obferver que les actionnaires ayant fourni en 1764 un appel de 400 livres, repréfentant 20 liv. de rentes, le revenu libre de chaque action, fur l'ancien fonds de la *compagnie*, n'auroit été que de . . . . 65 l. 4 f.

Comparaifon des dividendes calculées fur le revenu libre.

En 1725 . . . . 148 l.
En 1736 136
En 1743 . . . . 135.
En 1756 85
En 1769 65

Tel eft le tableau vrai de la dégradation fucceffive d'un capital immenfe entre les mains d'une *compagnie* de commerce; dégradation prouvée par des états inconteftables.

Nous ne croyons pas devoir rien ajouter à ces preuves; elles n'ont befoin que d'être expofées; & il eft impoffible de fe refufer aux conféquences qui en réfultent contre la *compagnie*.

Je fais bien que quelques défenfeurs, obftinés du privilége exclufif, diront, que la dégradation de fon capital & de fon revenu, depuis plus de quarante ans a eu des caufes qui n'auront plus lieu dans la

fuite; ils citeront les diverfes dépenfes que la *compagnie* a été obligée de faire, les pertes qu'elle a effuyées, les guerres qu'elle a foutenues, &c. & prouveront par beaucoup de raifons que ces circonftances ne fe trouveront plus.

Nous pourrions faire voir que toutes les caufes des pertes paffées, vices d'adminiftration, frais d'établiffemens, dépenfes exceffives, guerres en Europe ou dans l'Inde, &c. font, ou inhérentes à la conftitution de toute *compagnie* à Privilége exclufif, ou des fuites néceffaires de la fituation politique de l'Europe; qu'elles exifteront toujours, & qu'elles produiront, en plus ou moins de temps, la deftruction de tout établiffement femblable. Mais s'il falloit répondre en détail à tous les raifonnemens de cette efpèce, que peut faire un efprit prévenu, on fe jetteroit dans des difcuffions interminables.

Il y a un point dans la route de la vérité, où il faut s'arrêter tout court, fi l'on ne veut pas s'égarer dans un l'abyrinthe de fubtilités inutiles & dangereufes. Un grand fait, comme celui dont nous venons de donner la preuve, fuffit à un efprit jufte, & n'eft pas fufceptible de contradiction.

§ II.

Les actionnaires ne peuvent fonder fur les bénéfices futurs aucune efpérance raifonnable de continuer leur commerce avec plus de fuccès.

Une feconde preuve, qu'il n'eft pas de l'intérêt des actionnaires de continuer l'exploitation de leur privilége exclufif, eft la diminution qu'ils doivent attendre dans leurs bénéfices futurs.

Il y a deux fortes de bénéfices. Celui de l'achat à la vente, antérieur à l'évaluation des frais; & le bénéfice net, c'eft-à-dire, ce qui refte du bénéfice de l'achat à la vente, après qu'on a défalqué tous les frais. Or, pour prouver la diminution future de ces deux genres de bénéfices, 1°. nous mettrons fous les yeux des lecteurs, la diminution actuelle & graduelle des bénéfices de l'achat à la vente du commerce de la *compagnie*, depuis 1764 jufqu'à préfent; & nous ferons voir que les caufes, qui l'ont produite, fubfiftent dans toute leur force, & continueront de produire dans la fuite les mêmes effets.

2°. Nous donnerons les états dreffés par les députés & les adminiftrateurs de la *compagnie*, dans lefquels ils établiffent les bénéfices que les actionnaires peuvent efpérer de leur commerce en le continuant; les bénéfices, dis-je, nets & calculés, déduction faite des frais; & nous y joindrons les obfervations qui feront voir, combien ces efpérances font peu fondées.

3°. Nous ajouterons des réflexions générales fur la fituation actuelle de la *compagnie* dans l'Inde, & fur l'état politique de l'Europe, qui achèveront de démontrer que les actionnaires ne peuvent fe flatter d'obtenir déformais de plus grands bénéfices, & de continuer leur commerce avec plus de fuccès.

Diminution des bénéfices , & de l'achat à la vente.

Comme l'objet du bénéfice de l'achat à la vente des marchandises , n'a jamais été bien connu des actionnaires, & que les administrateurs eux - mêmes ont été d'avis très-différens sur cette fixation , nous avons cru nécessaire d'en donner un état détaillé , dans lequel nous avons compris le montant des ventes en france , & le prix d'achat dans l'Inde , d'après les factures , le tout tiré des livres de la *compagnie*. Nous avons séparé les bénéfices du commerce de l'Inde & ceux du commerce de Chine. Nous comprenons , sous le nom de commerce de l'Inde, celui de pondichery & de la côte, celui de Bengale , celui des poivres de la côte Malabar , & celui des caffés de Moka ; cette distinction nous a paru nécessaire , parce que l'on peut vouloir considérer féparement ces deux commerces , qui en effet n'ont presque rien de commun.

Etat des bénéfices de l'achat à la vente du commerce de l'Inde , depuis 1725 jusqu'en 1756.

De 1725 à 1736.

Montant des ventes en France . . . . .99,981,948 l.
Prix d'achat dans l'Inde.50,980,429

Bénéfice de l'achat à la vente . . . . .49,001,519 l. 96 ½ p⁰₀

De 1736 à 1743.

Montant des ventes en France . . . . .88,538,635 l.
Prix d'achat dans l'Inde.45,714,320

Bénéfice de l'achat à la vente . . . . .42,824,315 l. 93 ⅔ p⁰₀

De 1743 à 1756.

Montant des ventes en France . . . . .120,855,156 l.
Prix d'achat dans l'Inde.62,585,825

Bénéfice de l'achat à la vente . . . . .58,269,531 l. 93 ¹⁄₁₀ p⁰₀

L'époque de 1756 à 1764 , étant celle de la dernière guerre , il y a eu peu de retours de l'Inde , & il n'a pas été possible d'en calculer les bénéfices. Il faut dire la même chose des années 1764 & 1765.

Bénéfices de l'achat à la vente du commerce de l'Inde , depuis 1766.

1 7 6 6.

Montant de la vente des retours de l'Inde . . . . 5,787,181 l.
Prix d'achat 3,070,645

Bénéfice de l'achat à la vente . . . . 2,716,536 l. 88 ½ p⁰₀

1 7 6 7.

Montant de la vente des retours de l'Inde . . . . 10,467,779 l.
Prix d'achat 6,571,385

Bénéfice de l'achat à la vente . . . . 3,896,394 l. 59 ⅓ p⁰₀

1 7 6 8.

Montant de la vente des retours de l'Inde . . . 15,880,975 l.
Prix d'achat 10,045,915

Bénéfice de l'achat à la vente . . . . 5,835,060 l. 58 ¹⁄₁₂ p⁰₀

Etat des bénéfices de l'achat à la vente du commerce de Chine ; depuis 1725 jusqu'en 1756.

De 1725 à 1736.

Montant des ventes en France . . . . 18,961,448 l.
Prix d'achat 9,272,899

Bénéfice de l'achat à la vente . . . . 9,688,549 l. 104 ½ p⁰₀

De 1736 à 1743.

Montant des ventes en France . . . . 23,602,112 l.
Prix d'achat 9,779,705

Bénéfice de l'achat à la vente . . . . 13,822,407 l. 141 ¼ p⁰₀

De 1743 à 1756.

Montant des ventes en
France . . . . 41,695,947 l.
Prix d'achat 19,252,520

Bénéfice de l'achat à la
vente . . . . 22,443,427 l. 116 ⅔ p⁰⁄₀

1 7 6 4.

Montant des ventes en
France . . . . 5,173,666 l.
Prix d'achat 2,796,480

Bénéfice de l'achat à la
vente . . . . 2,377,186 l. 85 p⁰⁄₀

1 7 6 5,

Montant des ventes en
France . . . . 4,429,615 l.
Prix d'achat 2,427,366

Bénéfice de l'achat à la
vente . . . . 2,002,249 l. 82 ½ p⁰⁄₀

1 7 6 6,

Montant des ventes en
France . . . . 7,130,910 l.
Prix d'achat 4,157,696

Bénéfice de l'achat à la
vente . . . . 2,973,214 l. 71 ½ p⁰⁄₀

1 7 6 7,

Montant des ventes en
France . . . . 5,055,716 l.
Prix d'achat 3,013,340

Bénéfice de l'achat à la
vente . . . . 2,042,376 l. 68 p⁰⁄₀

1 7 6 8,

Montant des ventes en
France . . . . 5,838,379 l.
Prix d'achat 3,481,891

Bénéfice de l'achat à la
vente . . . . 2,356,488 l. 67 ⅔ p⁰⁄₀

Ce tableau présente deux objets de réflexions.

1°. On y voit une différence prodigieuse des bénéfices de l'achat à la vente entre l'époque de 1725 à 1756, & celle depuis la reprise du commerce en 1764 jusqu'à présent; le commerce de l'Inde ayant donné dans la première époque de 96 à 93 pour ⁰⁄₀, & dans la seconde de 88 à 58; & celui de Chine dans la première époque 141 & 116 pour ⁰⁄₀, & dans la derniere de 85 à 67 ½.

2°. Que depuis 1764, il y a eu, tant dans les bénéfices de l'Inde que dans ceux de Chine, une diminution graduelle, qu'on ne peut regarder comme passagère & momentanée.

En effet, si les causes de cette dégradation subsistent encore, si elles sont permanentes & liées avec des circonstances qu'on ne peut pas espérer de changer, nous serons en droit de conclure que non-seulement les bénéfices ne rentreront pas, mais qu'on doit s'attendre à les voir diminuer encore.

Les principales causes de la diminution des bénéfices du commerce de la *compagnie*, sur-tout dans les derniers temps, sont les troubles de l'Inde, & l'étendue qu'a pris le commerce des Anglois dans l'Inde depuis la paix. Or, non-seulement ces causes subsistent dans toute leur force, mais on ne peut pas même prévoir quand leur influence finira.

1°. L'Inde est plus agitée que jamais. Avant l'époque de 1744, la puissance du Mogol étoit encore respectée. Le regne de Nisam-El-Moulouk dans le Dékan avoit maintenu quelque tranquilité dans les provinces voisines où se trouvent situés les établissemens Européens. Aujourd'hui Cha-Halem, empereur, n'est souverain que de nom. Les Soubédars ou Vicerois des diverses provinces de l'Inde ne reconnoissent plus son autorité. Ce vaste pays se trouve partagé en un grand nombre d'états indépendans, armés ou prets à s'armer les uns contre les autres. Les Marattes, nation dont la guerre est l'unique métier, désolent tour-à-tour toutes les provinces de l'empire, & se portent sur les établissemens Européens. La guerre est dans le Carnate & dans le Dékan. La tranquilité du Bengale n'est qu'un état forcé, qui ne sauroit subsister long-temps. Le viceroi des trois grandes provinces, de Laknaor, d'Aoud & d'Eléabad, voisines du Bengale, qui a été long-temps en querelle avec les Anglois, & qui est aujourd'hui visir du mogol, peut à chaque moment troubler la paix dans cette contrée. La guerre qui embrase déjà plusieurs parties de l'Inde, peut s'étendre bientôt dans toute la presqu'isle.

Les provinces où les Européens ont fait des établissemens, sont plus exposées encore que les autres à en devenir le théâtre. Les peuples de l'Inde ne voient pas de sang-froid des étrangers, établis chez eux comme commerçans, aujourd'hui possesseurs des plus belles provinces, réduire à des pensions l'Empereur, les Soubedars, & disposer des revenus d'une partie de l'empire. On ne peut pas douter qu'ils ne profitent de la première occasion qui s'offrira de s'élever contr'eux. Ils se réuniront tôt ou tard aux Marattes, qui, déjà depuis trois années, ont commencé une guerre qui ne peut avoir que des suites fâcheuses pour la *compagnie* Angloise, mais dont les effets seront toujours funestes pour le commerce des Européens.

Dans cette agitation continuelle, les peuples, troublés par les incursions des armées, ou seulement par la crainte qu'ils en ont, vexés d'ailleurs par des tyrannies de tous les genres dans un pays sans chef & sans loix, ne peuvent se livrer à des arts tranquilles. La ruine des manufactures & la cherté plus grande des productions de celles qui se soutiendront, sont les suites nécessaires de cette situation. Ces faits généraux sont connus de toute l'Europe, & la conséquence que nous en tirons, pour en augmenter la diminution des bénéfices du commerce de la *compagnie*, nous paroît incontestable.

2°. La concurrence seule des Anglois, leur situation politique dans l'Inde, & l'étendue qu'elle les a mis en état de donner à leur commerce dans cette partie du monde depuis la dernière guerre, sont des causes qui diminueront encore les bénéfices de l'achat à la vente, & des obstacles qu'elle ne pourra pas surmonter d'ici à beaucoup de temps.

Cette assertion ne peut pas être révoquée en doute par ceux qui connoissent l'état actuel de l'Inde, &, nous osons le dire, par les députés des actionnaires & par les administrateurs. Ils sont instruits des faits sur lesquels elle est fondée. Il y a des lettres de l'Inde arrivées depuis peu, datées de diverses époques de l'année 1768, & par conséquent assez récentes pour représenter l'état actuel : ce seroit à eux à dire si ces lettres leur donneront des espérances bien flatteuses. Quant à moi, d'après ce que j'en ai entendu rapporter, je ne conçois pas comment on peut se faire encore la moindre illusion.

Ces lettres portent, dit-on, en substance : » Que » le commerce des Anglois dans le Bengale est porté » à un tel point, que les autres nations ne peuvent » rien faire.

» Que les demandes de la *compagnie* Angloise » dans les manufactures vont au-delà de ce que le » pays peut fournir ; qu'elles se montent pour l'année » 1768 à cent vingt lacs de roupies, qui font trente » millions ; que le commerce particulier des An- » glois en toiles seulement va à plus de quinze » millions.

» Que la *compagnie* Angloise envoie aussi des » fonds considérables à la Chine ; qu'elle y a fait » passer récemment une somme de six millions ». (Selon des nouvelles d'Angleterre, on a avancé, dans l'assemblée de la *compagnie*, que les achats en Chine monteroient pour l'année actuelle à un million sterling (environ vingt-deux millions).

» Qu'on ne peut former des cargaisons pour l'Eu- » rope, qu'en achetant des Anglois eux-mêmes leurs » propres marchandises à un prix exhorbitant, & qu'il » souvent d'une très-mauvaise qualité, & qu'il a

» fallu recevoir tout ce qui s'est offert, pour ne pas » renvoyer les vaisseaux à vuide.

» Que les Anglois ont sur toutes les autres na- » tions qui commercent dans l'Inde, des avantages » qui ne permettent pas à celles-ci de soutenir la » concurrence.

» Qu'il y a aux moins trente pour $\frac{o}{o}$ de différence à » la qualité égale entre le prix auquel les marchan- » dises & les toiles en particulier reviennent aux » Anglois, & celui qu'en payent les autres nations ; » de sorte que si la *compagnie* Angloise profitoit de » cet avantage pour les ventes, la *compagnie* Fran- » çoise ne pourroit jamais soutenir les siennes.

» Que les Anglois ont encore un autre avantage, » en ce qu'ils ne payent les marchandises sur les lieux » qu'avec les revenus mêmes des provinces qu'ils » ont conquises ; qu'ils pourroient vendre en Eu- » rope les marchandises de l'Inde au prix courant » de l'Inde ; tandis que la *compagnie* de France se » ruinera, lorsqu'elle ne retirera de l'achat à la vente » qu'un bénéfice de soixante, & même de soixante- » dix pour $\frac{o}{o}$.

» Que l'argent est fort rare dans l'Inde ; qu'on » n'y trouve que de l'or, sur lequel on perd jusqu'à » seize pour cent ; que les fonds de la *compagnie* » Françoise ayant été envoyés en lettres de change » sur les Anglois, & ceux-ci ne voulant donner que » de l'or, il y a eu déjà deux cent cinquante mille » livres de perte sur les traites sur Madras, pour le » comptoir sur Pondichery ; & que si les choses ne » changent point, la *compagnie* perdra plus d'un » million sur les traites pour Bengale ».

Si tous ces faits sont vrais, comme on n'en peut douter, je demande sur quel fondement on peut asseoir des espérances de voir rétablir les bénéfices de l'achat à la vente. Voilà des causes qui ont amené une dégradation successive dans les bénéfices depuis 1764 jusqu'à présent, qui continuent d'agir avec autant & plus de force que jamais, qu'il n'est pas au pouvoir de la *compagnie* d'arrêter. Elle doit donc penser non-seulement que ses bénéfices ne remonteront pas, mais même qu'ils diminueront encore ; au moins n'a-t-elle aucune raison de croire le contraire ? Au reste, nous ne nous sommes point fait de scrupule de rapporter les faits qu'on vient de voir, parce qu'il nous a paru juste & raisonnable d'éclairer les actionnaires eux-mêmes sur leurs véritables intérêts, & que pour cela on ne peut se dispenser de mettre sous leurs yeux tous les obstacles qui s'opposent au rétablissement de leurs anciens bénéfices de l'achat à la vente.

C'est dans la même vûe, que nous allons donner les états des dépenses & des produits d'une expédition, dressés en dernier lieu pour la *compagnie* elle-même, & y joindre des observations, pour en conclure que la *compagnie* ne peut pas compter davantage sur les bénéfices nets.

N.º I I.

Pour une expédition de XII vaisseaux.

Marchandises & fonds à envoyer.

Sçavoir.

En marchandises . . . . 6,500,000 l.

En espèces.
{ Pour le commerce . . . . 8,805,000 l.
Pour la partie des dépenses générales à payer aux Isles & dans l'Inde, suivant l'état, n.º 5 . . . . 3,250,000 } 12,055,000 l.

18,555,500 l.

A quoi ajoutant le bénéfice de 35 pour cent sur 6,500,000 l. de marchandises 2,275,000

20,830,000 l.

Emploi de cette somme.

3 Cargaisons de Chine d'un million chacune . . . . 3,000,000 l.
4 . . . . . de Pondichery de 1,200,000 l. . . . . 4,800,000 l.
3 . . . . . de Bengale de 2,000,000 l. . . . . 6,000,000 l.
2 . . . . . des isles de France & de Bourbon . . . . . 700,000 l.

14,500,000 l.

Pour le paiement des dépenses génér. { dans l'Inde 2,750,000
aux Isles de France & de Bourbon 590,000

Retours en lettres de change des isles de France & de Bourbon, déduction faite du montant de deux cargaisons de caffé & des dépenses générales de ces isles . . . . . 2,990,000 l.

Total . . . . 20,830,000 l.

N.º I I I.

Pour connoître sur quelle somme doit porter l'assurance pour l'expédition projetée.

Envois.

En marchandises . . . . 6,500,000 l.

---

ci-contre . . . . 6,500,000 l.

En espèces.
{ Pour le commerce . . . . 8,805,000 l.
Pour la partie des dépenses générales à payer aux Isles & dans l'Inde suivant l'état, n.º 5 . . 3,250,000 } 12,055,000 l.
Armement de 12 vaisseaux 2,400,000
Coque de 12 vaisseaux 1,200,000

22,155,000 l.

Il convient de ne compter l'assurance que sur 20 millions, à cause du risque de 10 pour cent que l'assuré doit courir conformément à l'ordonnance.

La *compagnie* aura de plus à courir le risque de 5 millions au retour.

Etat des fonds nécessaires pour l'expédition projetée, servant à faire connoître la somme dont la compagnie sera obligée de payer les intérêts.

Avant l'expédition.

Pour achats de marchandises . . 6,500,000 l.

En espèces.
{ Pour le commerce . . . 8,805,000
Pour la partie des dépenses générales à payer aux Isles & aux Indes . 3,250,000
Frais d'armements 2,400,000

20,955,000 l.

Dans le cours de l'expédition.

Construction & radoub. 400,000 l.
Dépenses de Paris . . 276,000
Idem de l'Orient . . 350,000
Dépenses imprévues . 274,000 } 1,300,000

22,255,000 l.

Après l'expédition.

Désarmements . . . 960,000 l.
Frais de la vente & droits à payer aux fermiers généraux . . . 600,000 } 1,560,000

23,815,000 l.

N.º V.

Dépenses générales à payer dans l'Inde pour une année.

SÇAVOIR.

A Pondichery. . . . . 1,520,000 l.
Karikal. 20,200
Mahé. 61,000
Mazulipatan & Yanaon . . . 12,400
Bengale & dépendances . . . 545,000
Baffora. 15,000
Chine. 300,000
                              ─────────
                              2,473,600
Dépenses imprévues. 276,400
                              ─────────
                              2,750,000
A compte des dépenses des isles
de France & de Bourbon. 500,000
                              ─────────
                              3,250,000 l.

Etat des cargaisons qui formeront les retours de l'expédition projettée & de leur bénéfice à 75 pour cent.

3 Cargaisons de Chine à un million chacune . . . . 3,000,000 l.
4 dite Pondichery à 1,200,000 l.
chacune 4,800,000
3 dite de Bengale à 2,000,000 l.
chacune 6,000,000
2 dites des isles de France & de
Bourbon à 350,000 l. chacune . 700,000
                              ─────────
                              14,500,000
Bénéfice à 75 pour cent (à leur
vente en Europe.) 10,875,000
                              ─────────
                              25,375,000 l.

N.º VII.

TABLEAU GÉNÉRAL

Des douze cargaisons de l'expédition projettée.

| | Fonds pour le commerce. | | Bénéfice de 35 pour %. sur les mar- chandises. | TOTAL. |
	En marchandises.	En espèces.		
La Chine	500,000 l.	2,325,000 l.	175,000 l.	3,000,000 l.
Pondichery & Baffora	1,800,000	2,370,000	630,000	4,800,000
Bengale.	1,400,000	4,110,000	490,000	6,000,000
Les isles	2,800,000	. . . . .	980,000	3,780,000
	6,500,000 l.	8,805,000 l.	2,275,000 l.	17,589,000 l.

A déduire,

Pour ce qui restera à l'isle de France (déduction faite de 700,000 l. montant de l'achat
de 2 millions de café) la somme de . . . .   3,080,000 l.

Partant les fonds des cargaisons de retour
monteront à . . . .   14,500,000 l.

N° V I I I.

P L A N   E T   B A L A N C E

D'une expédition de douze vaisseaux.

(Le bénéfice est calculé dans ce plan à 35 pour cent sur l'exportation , & à 75 pour cent sur l'importation.)

DOIT.		AVOIR.	
Dépenses générales , suivant l'état N° Ier.	8,000,000 l.	Produit de 12 cargaisons y compris le bénéfice de 35 pour cent sur 3,700,000 l. de marchandises exportées, suivant les états N° VI & VII	25,375,000 l.
Marchandises à exporter , suivant l'état N° II	6,500,000		
Espèces à exporter. *Idem*	8,805,000	Retour des isles y compris le bénéfice de 35 p°. sur 2,800,000 l. de marchandises , suivant l'état N° VII	3,780,000
Assurance de 20 millions à 6 p°., suivant l'état N° III, ...	1,200,000		
Intérêts de 22 millions de fonds , qui seront employés d'avance pour cette expédition à 6 p°. & pendant deux ans , suivant l'état N° IV .	2,640,000		29,155,000 l.
Achat de deux millions de cafés . .	700,000	Droit de tonneau . . 1,000,000 l. ⎱ Indemnité sur le café. 50,000 ⎰	1,050,000
Frais de la vente & droits à payer aux fermiers généraux.	600,000		
	28,445,000		30,205,000 l.
Bénéfice	1,760,000		
	30,205,000 l.		

O B S E R V A T I O N S

Sur les états précédens , pour parvenir à connoître les vrais bénéfices du commerce , déduction faite des dépenses.

OBSERVATIONS SUR L'ÉTAT, n°. I.

I. Les dépenses de Paris sont arbitrées à . . . . . . 276,000 l.

On nous a communiqué un état détaillé de ces mêmes dépenses, qui ne nous paroît pas susceptible de contradiction , & d'après lequel elles doivent être portées au moins à 350,000 liv.

Honoraires de six directeurs & jettons d'or aux six syndics   108,000

Appointemens & gratifications des employés   125,000

     233,000 l.

ci-contre , ... 233,000 l.

Gages des domestiques, étrennes , frais de bureaux & tare des sacs   31,000

Frais payés par le concierge, entretien de l'hôtel , frais d'impression , ports de lettres . .   38,000

Commission des correspondans & courtages   25,000

Dépenses extraordinaires , honoraires d'avocats & autres   23,000

     350,000 l.

D'où il résulte une augmentation de dépense de . . . .   74,000 l.

II. Les armemens sont estimés 200,000 liv. par vaisseau : cet article est fort au-dessous de sa véritable

     74,000 l.

ci-contre, ... 74,000 l.

valeur ; nous avons sous les yeux le tableau de trois expédirions ;

L'une de 8 vaisseaux de 1765 à 1766.

La seconde de 10 de 1766 à 1767.

La troisième de 11 de 1767 à 1768.

Dans lesquelles la mise hors de chaque vaisseau, les uns dans les autres, est portée à plus de 234,600 livres, nous nous dispenserons de les rapporter en entier ; mais, attendu que les frais de ces trois armemens ont été augmentés par le grand nombre de passagers qu'on a reçus, & que cette cause de dépense pourroit n'être pas aussi considérable par la suite, nous réduirons les frais d'armement de chaque vaisseau à 220,000 livres ; il en résultera pour une expédition de douze vaisseaux une augmentation de dépense de 240,000

III. Les dépenses de Pondichery sont évaluées à . . . 1,520,000 l.

Jamais depuis que la *compagnie* existe, on n'a pu donner une fixation exacte des dépenses de Pondichery, & les évaluations que l'on a essayées de faire à cet égard, ont toujours été infiniment au-dessous des dépenses réelles. On n'entreprendra pas, quant à présent, de forcer cet article, parce que l'on n'a aucune base certaine ; on observera seulement que, par les dernières lettres de Pondichery, le conseil se plaint du très-petit nombre d'employés & de la modicité de leurs appointemens ; preuve que les dépenses tendent à augmenter à ce moment même.

À l'égard du fonds destiné aux fortifications, quoique cette dépense ne paroisse que momentanée, elle se perpétuera par la nécessité de construire & d'entretenir tous les bâtimens nécessaires à l'administration du commerce, comme casernes, hôpitaux, magasins de marchandises d'Europe, de marchandises des Indes, des vivres de la marine, arsenaux & autres dont Pondichery est totalement dépourvu, & auxquels on n'a suppléé jusqu'à présent, que par des bâtimens provisoires.

314,000 l.

ci-contre, ... 314,000 l.

IV. Les dépenses de Mahé sont portées à . . . . . . 61,000 l.

Le gouverneur de Pondichery a écrit par les derniers vaisseaux, que la dépense fixe de ce comptoir étoit de 6,500 roupies par mois ; ce qui fait annuellement. . . 187,200 l.

Et donne lieu à une augmentation de 126,200

V. Les dépenses de Chandernagor sont évaluées dans l'état de l'administration à . . . . . 545,000 l.

On peut leur appliquer les observations que nous venons de faire à l'égard de celles de Pondichery ; mais de plus les chefs du comptoir marquent positivement que ces dépenses montent annuellement à 350,000 roupies, faisant argent de France . . . . 840,000 l.

Ce qui donne une augmentation de 295,000

On observe encore qu'on ne comprend point dans ce compte les dépenses en construction de bâtimens qui ne peuvent qu'être très-considérables par la suite, & notamment un seul objet dont l'administration a connoissance, & qui doit être actuellement terminé, montant à plus de . . . . 300,000 l.

VI. Les dépenses de l'isle de France sont évaluées à 455,000

On sait combien ces dépenses ont toujours été ruineuses pour la *compagnie*. Elles montoient annuellement, avant la retrocession faite au roi, à plus de deux millions. Il est vrai qu'une grande partie de ces frais est actuellement à la charge du roi ; mais on croit les établir au plus bas, même d'après les dernières lettres de cette colonie, en les fixant à . . . . 600,000 l.

735,200 l.

de l'autre part . . . . . . 735,200 l.

Ce qui donne une augmentation
de 145,000

VII. Les dépenses de l'isle de
Bourbon fixées à . . . . 135,000 l.

Monteront toujours
au moins à 300,000

En y comprenant les frais de tranfport des cafés, tant par terre que
par mer, & autres frais relatifs auxdits cafés.

Augmentation de dépense 165,000

VIII. Les dépenses imprévues font
portées à . . . . 550,400 l.

En confidérant l'étendue immenfe
& la multiplicité des établiffemens
de la *compagnie*, les événemens
auxquels ils font expofés, enfin &
fur-tout du paffé, on reconnoîtra
que cette fixation des dépenses imprévues eft encore beaucoup au-
deffous de la fomme à laquelle elles
pourront monter.

OBSERVATIONS SUR L'ÉTAT, n°. 3.

Dans le calcul des affurances que
la *compagnie* fera obligée de payer,
on ne fait entrer que les rifques ordinaires ; or la nature du commerce
de l'Inde expofe encore à des pertes
qu'on ne peut guères évaluer, & qui
ne peuvent être l'objet d'un contrat
d'affurance. On ne peut fe procurer
des marchandifes, qu'en donnant des
fonds à l'avance à des marchands qui
les diftribuent par petites parties aux
ouvriers dans l'intérieur des terres.
La mauvaife foi de ces marchands,
les accidens auxquels ils font eux-
mêmes expofés, par les guerres intérieures & les révolutions du pays,
les rifques qne courent les marchandifes dans les tranfports pour les
rendre aux principaux comptoirs,
enfin les avanies auxquelles la *compagnie* peut être expofée, & les préfens qu'elle eft obligée de faire aux
princes du pays pour s'en redimer,
toutes ces caufes réunies, peuvent
faire perdre ou la totalité, ou partie
de ces avances. Or, tous ces rifques

ci-contre, ... 1,045,200 l.
ne peuvent être affurés ; nous ne prétendons pas en donner une évaluation, mais on fent qu'elle ne pourroit être que très-confidérable.

OBSERVATIONS SUR L'ÉTAT, n°. 4.

1. On indique dans l'état, n°. 4,
une fomme de vingt-deux millions &
plus, comme devant former une
fomme dont la *compagnie* fera obligée de payer les intérêts en continuant
le commerce. Cette fomme eft portée
de même dans l'état, n°. 8 ; mais dans
ce projet les adminiftrateurs comptent, dit-on, laiffer un fonds réfidant
dans l'Inde :

SÇAVOIR,

A Bengale . . . . . 3 millions.
A Pondichery . . . 2.
A la Chine . . . . 1.

Total . . . . 6 millions.

Il faut donc faire encore entrer
dans les frais les intérêts de ces fix
millions, qui font une charge du
commerce, laquelle doit être couverte par les bénéfices de chaque expédition.

Ci pour intérêts d'un an de fix millions, à 10 p°₂ 360,000

En bornant à vingt-deux millions
la fomme dont la *compagnie* doit
payer les intérêts, on fuppofe que
les marchandifes d'Europe, exportées dans l'Inde, y feront vendues
à leur arrivée, & leur prix converti
tout de fuite en marchandifes de
l'Inde ; cependant il eft conftant que
cette valeur ne peut, même en fuppofant la rentrée la plus prompte,
fervir que pour les achats de l'année
fuivante. On s'en rapporte à cet
égard à l'expérience de MM. les adminiftrateurs. Ainfi, en ne comptant
que l'intérêt d'un an à 6 p°₂, fur le
prix d'achat des marchandifes d'Europe envoyées, dans l'Inde, montant
fuivant l'état, n° 7, à 3,200,000 l.,
il en réfulte une augmentation de
charge pour intérêts de 192,000

Cette obfervation doit encore être
appliquée aux marchandifes exportées

ci-contre, ... 1 597,200 l.

dans les isles de France & de Bourbon. Par le projet d'expédition, on compte envoyer tous les ans dans ces Colonies pour 2,800,000 l. de marchandises d'Europe, & l'on suppose qu'elles seront vendues sur le champ & comptant, puisqu'on ne compte aucun intérêt pour cette partie de fonds.

Or, on ne conçoit pas comment les administrateurs de la *compagnie*, instruits de la position actuelle de ces Colonies, & avertis par une expérience constante de plus de trente ans, & notamment depuis 1764, ont pu croire que ces retours seroient aussi prompts qu'ils les ont calculés. On sçait que ces marchandises ne se vendent que très-difficilement ; & que pour éviter le dépérissement, on est obligé de les vendre à crédit, que les paiements se font attendre, & qu'enfin les retours ne peuvent en être faits qu'en lettres de change sur le Roi, à six mois de terme.

Ce délai dans le recouvrement des valeurs envoyées aux Isles, est prouvé par des états connus des administrateurs. On y voit que la *compagnie* a envoyé aux isles de France & de Bourbon en marchandises :

S ç a v o i r.

Par les vaisseaux
de 1764 à 1765 . . 1,337,963 l.
de 1765 à 1766 . . 1,430,356
de 1766 à 1767 . . 1,774,472
de 1767 à 1768 . . 2,102,313
             6,645,104
de 1768 à 1769 . . 3,134,140

Total . . . 9,779,244 l.

Or, non-seulement elle n'a reçu encore aucun retour des 6,645,104 l. qui devroient lui être rentrés, mais le plus grand nombre de ses créanciers ont mieux aimé convertir leurs créances en contrats à quatre p%, que de prendre des marchandises en paie-

1,597,200 l.

ci-contre, ... 1,597,200 l.

ment, & les administrateurs de la *compagnie* dans ces isles n'ont cessé de tirer des lettres de change pour le paiement de leurs dépenses.

D'après cette observation, on croit faire le calcul le plus avantageux à la *compagnie*, en supposant qu'elle recevra en France la valeur de ces marchandises la troisième année de l'envoi ; on doit donc ajouter au moins une année d'intérêt des 2,800,000 l. des marchandises envoyées dans ces isles, ci . . . . 168,000 l.

Total des augmentations de dépense . . . . 1,765,200 l.

Observations sur les Nᵒ VI, VII & VIII.

Nous venons de voir que les dépenses de la *compagnie*, relatives à une expédition de 12 vaisseaux, devoient être augmentées : nous allons faire voir, par les observations suivantes, que les bénéfices eux-mêmes doivent être considérablement réduits.

I. Nous ne serions pas obligés de prouver cette proposition, si MM. les députés & administrateurs s'en étoient tenus à leurs premiers calculs. On a agité plusieurs fois, dans les assemblées des députés & de l'administration, à combien on devoit fixer les bénéfices de l'exportation & de l'importation : il a toujours été convenu, à la très-grande pluralité de voix, que les marchandises d'Europe exportées dans l'Inde, pouvoient y donner 25 pour cent de bénéfice, & que les marchandises de l'Inde rendoient à leur vente en France, un bénéfice de 70 pour cent. La question a été de nouveau agitée lorsque quelques-uns des députés & administrateurs ont été chargés de former les états, pour connoître l'augmentation de capital que pouvoit donner chaque expédition. Ils ont fait leurs calculs en conséquence. Ces états ont été paraphés par les commissaires & par une partie de l'administration : mais on a été effrayé lorsque l'on a vu que, compensation faite de la recette & de la dépense, l'excédent de recette n'étoit que de. . . . . 385,000 l.

On a craint de mettre sous les yeux des actionnaires un résultat aussi effrayant ; alors, on a remis la question en délibération. Il a passé, à la pluralité de 8 contre 7, de porter les bénéfices de l'achat à la vente des marchandises d'Europe, à 35 pour cent, & celui des marchandises de l'Inde, à 75 pour cent ; & c'est à la faveur de ces deux suppositions que l'on est parvenu à se procurer un bénéfice net de. . . . . 1,760,000 l.

On voit combien une pareille évaluation doit être suspecte.

II. Diftinguons les marchandifes d'envoi & celles de retour, & prouvons que les bénéfices font enflés relativement aux unes & aux autres.

Les marchandifes d'envoi font pour l'Inde, ou pour les ifles-de-France & de Bourbon.

Il n'a jamais été poffible de déterminer d'une manière bien certaine quel eft le bénéfice que procurent, à la *compagnie des Indes*, les marchandifes d'Europe qu'elle fait vendre dans fes comptoirs de l'Inde, parce que fi, d'une part, le prix qu'elle retire de la plus grande partie de ces effets, eft connu par des tarifs donnés, ou par les ufages communément fuivis; d'un autre côté, il eft indifpenfable d'évaluer les avaries, les déchets, les dégats, & mille autres inconvéniens que ces marchandifes éprouvent, foit par les tranfports, foit par la négligence & l'infidélité de ceux qui les fourniffent, & des prépofés auxquels la garde & la diftribution en font confiées dans les comptoirs. Il n'exifte aucun compte fatisfaifant fur ces objets. Rien n'eft par conféquent, ni fi difficile, ni fi arbitraire, que l'évaluation du bénéfice dont il s'agit. Cependant l'opinion la plus générale, la plus conftante, l'avoit établie à 25 pour cent; & cette opinion fut confacrée, en 1764, dans un rapport de MM. les députés de la *compagnie*. L'idée de porter l'eftimation des bénéfices à 35 pour cent, eft même toute récente : celle qui fonde l'avis contraire a été fuivie dans un travail préparatoire, fait par deux membres de l'adminiftration, ainfi que dans l'examen & la rédaction qui en ont été faits conjointement avec eux par trois députés nommés à cet effet : & l'évaluation à 25 pour cent, n'a été rejettée que lorfque le même travail a été porté en mai dernier à l'affemblée de la députation & de l'adminiftration.

Il n'eft point de circonftances capables de juftifier cette évaluation à 25 pour cent, qui fe réuniffent pour la faire adopter, même pour l'avenir le plus favorable. En effet, elle a été admife, en 1764, lorfqu'il exiftoit un tarif plus avantageux que celui qui exifte aujourd'hui : elle étoit le réfultat d'une expérience acquife pendant que le commerce de la *compagnie*, paffoit pour le plus floriffant, & enfin, elle étoit appuyée fur toutes les efpérances qui réfultoient du plan tracé par MM. les députés, & fuivant lequel on devoit avoir les fonds néceffaires, & ne rien négliger pour améliorer toutes les branches de ce commerce.

En rétabliffant cette évaluation fur le pied de 25 pour cent, il en réfulte une diminution fur les bénéfices portés par l'état des députés, de.   370,000 l.

Il y a des raifons bien plus fortes encore de réduire les bénéfices fur les marchandifes d'envoi dans les ifles-de-France & de Bourbon,

1º. Comment peut-on efpérer un bénéfice, & un bénéfice auffi con-

370,000 l.

ci-contre; . . . . 370,000 l.

fidérable que celui de 35 pour cent, fur une vente, dont les retours font de la plus grande incertitude.

On compte envoyer tous les ans dans ces colonies pour 2,800,000 l. de marchandifes d'Europe. A 35 pour cent de bénéfice, il faut que les retours foient de 3,780,000 l. Or, il eft évident que ces colonies ne pourront pas payer annuellement une fomme de 3,780,000 l. Elles n'auront jamais le moyen de fe procurer ces fonds tant qu'elles feront fous le joug d'un privilége exclufif, & qu'elles ne pourront faire le commerce de l'Inde avec l'Europe. Elles n'ont d'autre reffource que la culture du café, qui forme le feul objet de leur exportation, & dont le produit eft borné à 700,000 l. Il doit être démontré que, quelques efforts que faffent les Colons, jamais ils ne pourront fe libérer avec la *compagnie*, & qu'après avoir ufé des crédits que l'on fera forcé de leur accorder, leur impuiffance totale, de s'acquitter, les déterminera fucceffivement à repaffer en France, & fera tomber en pure perte les avances qui leur auront été faites.

Tout le monde connoît l'état de langueur & de foibleffe ou font ces colonies. Si elles ont pris quelques accroiffemens fous l'ancienne adminiftration, c'eft parce que la *compagnie* y a dépenfé des fommes immenfes, qui, partagées entre un petit nombre de Colons, les mettoit à portée de fubfifter, & même de faire quelques fortunes; cependant on trouve fur fes livres plus de fix millions de dettes tombées en non valeur dans l'efpace d'environ vingt ans; & en effet il eft aifé de fentir qu'une colonie foumife à un privilége exclufif, ne peut fe foutenir qu'aux dépens de la *compagnie* qui exerce ce privilége,

Cette vérité eft fi inconteftable, que les députés & les adminiftrateurs de la *compagnie* en font convenus depuis long-temps. Ils avouent tous, que ces colonies feront toujours la ruine de la *compagnie*, tant que par une fuite néceffaire de fon privilége exclufif, elle fera obligée

370,000 l.

ci-contre, ... 370,000 l.
de les approvifionner de tous leurs befoins.

2°. Sous l'ancienne adminiftration, la *compagnie* recouvroit au moins une grande partie du prix de fes marchandifes dans les dépenfes qu'elle faifoit faire, & en prenant en paiement le café de Bourbon : aujourd'hui meſſieurs les députés & adminiftrateurs reconnoiſſent, & avec raiſon, que la valeur de ces marchandifes ne pourra fervir à acquitter le prix des cafés de Bourbon, qu'ils comptent payer en lettres de change fur France ; ni les dépenfes que la *compagnie* fera obligée de faire dans les iſles pour lefquelles ils deſtinent l'envoi d'un fonds annuel de 500,000 liv.

La *compagnie* n'a donc plus d'autre reſſource pour recevoir le retour de fes marchandifes, que les lettres de change fur le tréſorier des colonies, & il faut pour cela que le roi dépenfe plus de quatre millions dans les deux iſles. Sans entrer dans les vues du miniſtère, on croit pouvoir aſſurer qu'il n'employera pas dans ces deux établiſſemens une fomme auſſi confidérable.

3°. L'évaluation du bénéfice des marchandifes d'envoi pour les iſles-de-France & de Bourbon, à 35 pour cent, n'eſt appuyée fur aucun fondement, & même elle eſt combattue par beaucoup de vraiſemblances.

On n'a encore reçu aucuns détails fur la vente des marchandifes envoyées depuis 1764, on fait ſeulement qu'il y en a eu une très-grande quantité d'avariées ou de mauvaiſe qualité, des vins gâtés, d'autres reſtés en magaſin, parce qu'ils ſont à des prix exceſſifs. Il n'eſt donc pas vraiſemblable que ces marchandifes donnent un bénéfice de 35 pour cent.

Toutes ces réflexions nous autoriſent à réduire le bénéfice fur les marchandifes d'envoi pour les iſles, de 35 à 25 pour cent, comme les adminiftrateurs l'ont calculé eux-mêmes dans les premiers états qu'ils ont préſentés aux actionnaires.

Réduction à faire fur cet article.   280,000
III. Quant aux bénéfices préten-

                     650,000 l.

ci-contre, ... 650,000 l.
dus fur les marchandifes de retour, nous renvoyons à ce que nous avons dit plus haut de la diminution ſucceſſive qu'ont eſſuyée les bénéfices de l'achat à la vente depuis 1764 juſqu'à préſent, & de l'impoſſibilité où eſt la *compagnie*, d'eſpérer raiſonnablement qu'ils augmentent dans la ſuite : nous n'avons rien à ajouter ici. Nous nous contenterons de réduire ce bénéfice à 70 pour cent, comme les adminiftrateurs eux-mêmes l'avoient évalué au mois de mars dernier ; ce qui formera fur le bénéfice des marchandifes de l'Inde & de Chine, une diminution de. .   725,000

Total des réductions à faire fur les bénéfices des marchandifes, tant d'envoi que de retour. . . . .   1,375,000 l.
Total des augmentations de dépenfes ſuivant les obſervations ci-deſſus. . . . .   1,765,200 l.

Total des réductions à faire fur l'état des députés . . . . . .   3,140,200 l.

Balance véritable d'une expédition de 12 vaiſſeaux, d'après les états précédens, corrigés ſelon les obſervations.

Dépenfes fixées par les adminiftrateurs. . 28,445,000 l.
  A ajouter d'après les obſervations. . . 1,765,200

    Total de la dépenfe réelle. . 30,210,200 l.
Produit de 12 cargaiſons, ſuivant les adminiftrateurs. . . 29,155,000 l.
  A diminuer d'après les obſervations. . . 1,375,000

Reſte produit réel des retours. . . 27,780,000
  Gratifications par tonneaux & indemnité des cafés. . . 1,050,000

Total du produit réel des retours, y compris la gratification & indemnité pour les cafés.   28,830,000

Perte réelle fur chaque expédition. . . . .   1,380,200 l.

OBSERVATION GÉNÉRALE.

On peut confidérer le commerce de la *compagnie* dans deux fuppofitions différentes. La première, en calculant le bénéfice fur les marchandifes d'envoi à 35 pour cent , & fur les retours à 75 pour cent. La deuxième, en fuppofant les bénéfices fur l'envoi à 25 pour cent , & fur les retours à 70.

Dans la première fuppofition , la *compagnie*, toutes fes dépenfes payées d'après fes propres états, auroit un profit de. . . . . . . 1,760,000 l.

Dans la feconde elle effuyeroit une perte de. 1,380,200

Mais dans l'une & dans l'autre, le bénéfice ne monte & la perte ne fe borne à ces deux fommes, que parce qu'on comprend dans la recette de la *compagnie* 1,050,000 l. qu'elle reçoit annuellement du roi, pour droit de tonneau & autres gratifications. Cette fomme étant une charge pour les finances du roi, & ne pouvant être regardée comme un profit du commerce , il s'enfuit que , pour connoître le bénéfice ou la perte que le commerce abandonné à lui-même peut donner, il faut déduire encore du produit des ventes cette fomme de 1,050,000.

Or, en faifant cette réduction dans les deux fuppofitions, on obtient des réfultats bien plus défavantageux à la *compagnie*. En effet, dans la première, qui eft celle des députés & adminiftrateurs, le profit fe réduit à. . . . . 710,000 l.

& dans la feconde dont nous avons prouvé la légitimité, la perte s'élève jufqu'à 2,430,200

dont 1,380,200 l. feroient fupportés par la *compagnie* , & 1,050,000 l. par le revenu public. Ainfi en adoptant la plus favorable de ces deux fuppofitions, celle que les adminiftrateurs préfentent comme devant avoir lieu en continuant le commerce, la *compagnie* ne peut encore fe foutenir, puifque fon commerce exigeant deux fonds & demi, employe en capitaux plus de 60 millions, qui ne rendant que 710,000 liv. ne donneroient que 1. pour cent , bénéfice trop modique pour une entreprife de commerce , d'ailleurs fujette comme nous l'ayons vu, à des rifques qu'on ne peut évaluer.

Nous fommes donc en droit de conclure d'après les états dreffés par les adminiftrateurs mêmes, & & d'après les obfervations que nous y avons jointes, que les actionnaires ne peuvent fonder aucune efpérance raifonnable fur leurs bénéfices futurs.

Les réflexions générales qu'on va voir fur la fituation de la *compagnie* dans l'Inde & en Europe, conduiront encore nos Lecteurs au même réfultat.

Réflexions générales fervant à confirmer la diminution qu'on doit attendre dans les bénéfices futurs.

Nous nous bornerons à deux objets généraux, la fituation actuelle de la *compagnie* dans l'Inde , & la poffibilité d'une guerre en Europe.

Les mêmes lettres que nous avons citées plus haut font une peinture effrayante de la fituation politique de la *compagnie* dans l'Inde. On y trouve :

« Que la *compagnie* ne pourra pas fubvenir à » fes dépenfes, ni fe relever de fes ruines, parce » que fon commerce éprouve dans l'Inde des obfta- » cles qui en arrêtent le cours.

» Que le Nabab du Bengale a fait publier diver- » fes ordonnances contraires aux priviléges dont les » François , les Danois & les Hollandois ont tou- » jours joui, comme une défenfe à tous les tifferans » de travailler pour d'autres que pour la nation » Angloife , pendant quelques mois ; une défenfe » à tout Européen, excepté aux Anglois, de péné- » trer dans les terres pour y faire leurs achats.

» Qu'on eft allé jufqu'à faire couper fur les » métiers des toiles commencées pour les François » & les Hollandois.

» Qu'on ne veut plus reconnoître les priviléges » accordés à la *compagnie* ; qu'on lui impofe des » droits nouveaux qu'elle n'avoit jamais payés.

» Que le commerce eft devenu fi difficile, qu'il » n'en refte plus que le nom ».

On fuppofera, fi l'on veut, que le tableau eft un peu chargé. On ajoutera & avec raifon qu'il n'eft pas impoffible de faire ceffer de pareilles vexations ; il n'en fera pas moins vrai que d'ici à plufieurs années, les chofes ne pouvant pas fe rétablir dans la fituation où elles devroient être pour l'intérêt de la *compagnie*, elle ne peut fe flatter de rendre à fon commerce même cette fplendeur apparente qui a fait fi long-temps illufion au public.

La feule poffibilité d'une guerre dans l'Inde & les fuites qu'elle auroit, fuffifent pour légitimer toutes les craintes.

Dans l'état où fe trouve aujourd'hui l'Europe, on ne peut avoir aucune certitude d'une longue paix. Or, dans le cas d'une rupture entre les puiffances, peut-on fe flatter que la *compagnie* fera en état de foutenir fes établiffements dans l'Inde ? Y a-t-il un feul actionnaire prudent qui puiffe le penfer, ou de bonne foi qui puiffe le dire ? Quelles efpérances peut-on donner aux actionnaires, qui foient plus avantageufes & mieux fondées que celles qu'ils pouvoient former fur leur fituation avant la dernière guerre ? L'Inde offroit alors à la *compagnie* toutes fortes de facilités pour le commerce, des comptoirs nombreux , les deux principaux. de Chandernagor & de Pondichery devenus des places fortes, une quantité prodigieufe de bâtimens, arfenaux de tout genre, cafernes pour les troupes , hôpitaux, logemens des confeillers & des employés, magafins pour les marchandifes d'Europe, & pour les

les marchandises de l'Inde, pour les vivres, pour la marine, &c. &c.

Aujourd'hui Chandernagor est une place toute ouverte & sans défense; nous n'y avons en propre aucuns bâtimens; nous payons le loyer de tous ceux qui nous sont nécessaires pour l'exploitation du commerce. On a relevé sur les ruines de Pondichery quelques-uns des bâtimens qui étoient les plus indispensables; mais quelles sommes immenses ne faudra-t-il pas dépenser pour rétablir tous les édifices qui ont été détruits, non avec leur magnificence ancienne, que l'on accuse avec raison d'avoir été excessive, mais pour nous procurer ce qui est indispensablement nécessaire pour l'exploitation d'un commerce exclusif?

En un mot, si après quarante ans d'un exercice paisible du commerce, qui avoit donné aux établissemens de la *compagnie* toute la stabilité dont ils étoient susceptibles, tout a été détruit; que fera-t-on pour se mettre à l'abri d'un semblable malheur?

Les actionnaires ont trop éprouvé jusqu'ici combien la guerre leur étoit onéreuse, pour hésiter sur le parti qu'ils auront à prendre en cas de rupture en Europe entre la France & quelque puissance maritime. Dans l'impossibilité de défendre par eux-mêmes leurs établissemens dans l'Inde, ils n'auront d'autres ressources que de suspendre leur commerce, & cependant ils seront dans la nécessité de continuer au moins une partie de leurs dépenses : quand on parviendroit à la réduire à moitié de la somme à laquelle on l'a fixée dans le temps de l'activité du commerce, il en coûteroit encore à la *compagnie* au moins quatre millions par an, qui ne pourroient être compensés par aucuns bénéfices. Que l'on fixe la durée de la guerre à six ans, le fonds capital & circulant de la *compagnie*, se trouvera diminué de vingt-quatre millions. Que l'on joigne à cette somme les risques que la *compagnie* courrera sur plus de quarante millions qui seront probablement en mer au moment de la déclaration de la guerre, & l'on verra que le fonds capital que la *compagnie* aura pu mettre dans son commerce, par quelque moyen qu'elle se le procure, courrera les plus grands risques & sera bientôt consommé.

Mais, dira-t-on, en cas de guerre, des assurances peuvent la mettre à l'abri des risques : nous avons même compté parmi les frais de la *compagnie*, le montant de ces assurances; nous ne pouvons donc pas faire valoir ici contr'elle les risques qu'elle courrera. Cela posé, elle retirera de son commerce un bénéfice moins grand, mais ce commerce se soutiendra.

Il est bien aisé de faire voir le peu de solidité de cette prétendue ressource : des assurances peuvent mettre une *compagnie* de commerce à l'abri des risques, dans une guerre ordinaire, en Europe, & dans les circonstances communes. Les risques se bornent alors aux vaisseaux qui sont en mer. Mais

dans la situation actuelle de la *compagnie*, ses vaisseaux peuvent être pris dans les rades & dans les ports de l'Inde; ses marchandises dans les magasins; elle peut perdre une grande quantité d'effets en perdant ses comptoirs ; tous les fonds d'avance qu'elle distribue dans les terres pour y contracter des marchandises, peuvent être dissipés par la suite même des troubles de la guerre de terre, qui ne permet plus aux tisserans de travailler pour remplir leurs engagemens ; & cette perte est sans ressource pour la *compagnie*, qui n'aura pas la supériorité dans l'Inde.

En supposant donc qu'il fut aisé de faire assurer quarante millions de tous risques, même de celui de guerre, à 6 pour cent, ce qui ne paroîtra peut-être pas vraisemblable ; on sait que ces assurances n'ont lieu que pendant le voyage de l'aller & du retour : mais si les vaisseaux sont pris, soit en rade, soit dans le gange, où dans quelques ports de l'Inde, la perte tombe sur la *compagnie*. Il n'est aucun moyen de la mettre à l'abri des pertes qui peuvent résulter de ces diverses circonstances.

Prétendra-t-on qu'on peut faire assurer la *compagnie* contre toutes ces espèces de risques? Sans doute la chose est possible, puisque tout risque étant évaluable en argent, peut être garanti au moyen d'une certaine valeur en argent ; mais je demande à quel prix? Qui ne voit que ces risques accumulés sont si grands que la prime d'assurance qu'on payeroit pour s'en garantir, absorberoit tout-à-coup & toutes sortes de profits & une partie des fonds mêmes?

Ainsi, d'un côté, le risque & la possibilité d'une guerre sont évidens ; de l'autre, l'impossibilité de soutenir le commerce en cas de guerre, est évident aussi. L'impossibilité de compter sur les succès futurs du commerce de l'Inde, est donc démontrée.

Je sais bien que les Anglois eux mêmes ne peuvent pas faire grand fonds sur l'état dans lequel ils sont aujourd'hui dans l'Inde, ni le regarder comme constant; il n'est pas dans la nature des choses; c'est une situation violente & qui ne peut durer; tôt ou tard ces peuples nombreux de l'Inde s'éléveront contre des commerçans qui prétendent les asservir. Une poignée d'Européens ne résistera pas à cette masse d'hommes qui se précipitera sur eux de la profondeur des terres. Les Indiens apprennent tous les jours l'art militaire des Européens eux-mêmes; ils en ont beaucoup à leur solde; il est plus que probable qu'ils secoueront le joug : mais quoiqu'il arrive, nous ne pouvons rien gagner à ces mouvemens, ou, ce qui est la même chose pour un gouvernement sage, nous ne pouvons pas être sûrs d'y gagner.

Quand les Anglois seront chassés de l'Inde, il ne s'établira pas une autre puissance Européenne à leur place, nous n'y redeviendrons pas conquérans. Si nous sommes sages, nous n'y ferons que commerçans; & pour y être commerçans, nous n'avons pas befoin d'y faire la guerre, ou fi il faut faire la guerre pour ce commerce, c'eft une preuve démonftrative que nous ne devons pas y faire ce commerce.

Nous finirons par réfoudre une objection qu'on ne manquera pas de faire contre les vérités que nous venons d'établir.

La plufpart des raifons que nous donnons de n'efpérer plus aucun fuccès dans le commerce de l'Inde par la *compagnie*, prouvent, nous dira-t-on, auffi fortement contre tout commerce particulier qu'on pourroit y entreprendre. La fituation critique de l'Inde, celle de l'Europe en cas de guerre, la concurrence de la *compagnie* Angloife, &c. font des obftacles qui doivent auffi s'oppofer à tout commerce François dans l'Inde, auffi-bien qu'à celui que nous y pourrions faire par le moyen d'une *compagnie* à privilége exclufif. Il s'enfuivroit donc de nos principes qu'il nous fera à jamais impoffible de faire aucun commerce dans l'Inde.

Nous pourrions dire que les obftacles que trouve la *compagnie* à la continuation de l'exploitation de fon privilége exclufif, ne s'oppofent pas auffi fortement au commerce libre : que le commerce particulier échappe bien plus aifément à la guerre que celui d'une grande *compagnie* dont les envois, les retours, les opérations, font vifibles à tous les yeux : qu'en cas de guerre, le pis aller du négociant particulier eft la fufpenfion du commerce, au lieu que cette fufpenfion à laquelle les grandes *compagnies* font auffi forcées, eft accompagnée de dépenfes ruineufes, qui confomment en peu d'années une grande partie de leurs capitaux, &c. On trouvera la preuve de ces vérités dans ce que nous dirons plus bas de la poffibilité du commerce particulier, en traitant la troifième queftion que nous avons annoncée ; nous nous contenterons ici d'une feule réflexion qui renverfe l'objection qu'on vient de propofer.

La poffibilité ou l'impoffibilité d'un commerce particulier dans l'Inde, n'ont rien de commun avec la queftion que nous examinons ici. Il s'agiffoit de fçavoir fi la *compagnie* peut efpérer de faire déformais fon commerce avec plus de fuccès que dans les années précédentes ; fi elle peut fe flatter d'une augmentation de capitaux ou de bénéfices de l'achat à la vente : nous avons prouvé que ces efpérances étoient fans fondement, & qu'elle a les plus légitimes fujets de crainte pour l'avenir, ou plutôt une certitude entière de voir déchoir encore & fes bénéfices & fes capitaux ; nous en avons conclu que la *compagnie* ne peut pas fe flatter de pouvoir conferver fon privilége exclufif pour le commerce de l'Inde. Nos principes font vrais, la conféquence que nous en tirons eft jufte. Après cela, que de ces mêmes principes il s'enfuive auffi que les François ne pourront faire aucun commerce, même particulier, dans l'Inde, (conféquence que nous n'avouons point, & que nous combattrons plus bas), c'eft ce qui eft parfaite-

ment étranger à la véritable queftion, à la feule qui intéreffe la fortune des actionnaires, à la feule qu'il s'agiffoit de traiter ici.

SECONDE QUESTION.

Les actionnaires peuvent-ils continuer l'exploitation de leur privilége exclufif ?

Après avoir prouvé, comme on vient de le voir, qu'il n'eft pas de l'intérêt des actionnaires eux-mêmes, de continuer le commerce, l'examen de cette feconde queftion peut paroître, & devient en effet fuperflu. Car puifque nous fommes affurés que la *compagnie* a toujours détérioré fon capital, que fon commerce ne lui donne que de la perte même en temps de paix ; que rien ne peut lui faire efpérer un avenir plus heureux ; qu'elle ne s'eft foutenue jufqu'à préfent que par les fecours exorbitans que l'état lui a accordés ; il s'enfuit, que quand même elle pourroit pourvoir aux befoins du moment, elle ne devroit pas profiter de cette reffource, qui ne pourroit que retarder fa ruine pour fort peu de temps, & compromettre vifiblement la fortune de fes actionnaires & de fes créanciers.

Cependant, pour ne laiffer aucune défenfe aux partifans du privilége exclufif de la *compagnie*, nous allons encore faire voir qu'en fuppofant que les actionnaires euffent le plus grand intérêt à continuer le commerce, ils font aujourd'hui dans l'impoffibilité de confulter cet intérêt prétendu.

En effet, la *compagnie* a befoin, pour continuer fon commerce en confervant fon privilége exclufif, d'un fonds nouveau de plus de foixante millions, qu'il eft néceffaire qu'elle fe procure d'ici à une époque très-prochaine, foit pour fatisfaire à fes engagemens, foit pour fuivre le cours de fes opérations. Or, elle eft dans l'impoffibilité de trouver une pareille fomme ; elle ne peut donc pas continuer le commerce.

Nous prouverons la première de ces propofitions, en mettant fous les yeux de nos lecteurs le réfumé de l'état des dépenfes auxquelles la *compagnie* reconnoît qu'il faut qu'elle fourniffe jufqu'au 31 Décembre 1772, dans le cas de la continuation de fon commerce, état fourni par la *compagnie* comme les précédens, & que nous accompagnerons auffi de quelques obfervations.

Je dis le réfumé de cet état, car l'état lui même eft trop volumineux pour être placé ici. On y fait connoître les befoins de la *compagnie*, mois par mois, du moment préfent au 31 décembre 1772.

Suivant cet état, la *compagnie* aura à emprunter pour remplir fes befoins :

S ç a v o i r :

En juillet 1769.	12,830,208 l.
En janvier 1770.	10,397,562
En août 1770.	10,370,262
	33,598,032 l.

Nos obfervations feront courtes, mais décifives. Les befoins de la *compagnie* ne fe trouvent bornés à cette fomme, que parce que l'on a compté dans l'état dont il s'agit, fur des recettes qui ne fe réaliferont pas en entier, ou qui ne rentreront pas en argent, & par conféquent ne feront pas difponibles pour le commerce.

En éffet, 1°. on compte dans ces états le produit des deux prochaines ventes fur le pied de. . . . . 45,240,000 l.

2°. On calcule comme fommes à recevoir en entier, d'ici à décembre 1772, dans le cas de la continuation du commerce, les articles fuivans.

Juillet 1770. . .	{ Créances fur le roi liquidées. .	4,020,701 l.
Décembre 1770.	{ Retours des marchandifes envoyées ci-devant aux ifles.	2,000,000
	{ Droits de tonneau de 1769, &c.	840,406
Juillet 1771. . .	{ Meubles & immeubles cédés au roi dans les ifles-de-France & de Bourbon.	7,625,348
Décembre 1771.	{ Droits de tonneau de 1770.	840,406
	{ Retours des marchandifes envoyées ci-devant aux ifles. . . . ,	4,256,000
	{ Retours des ifles de l'expédition de 1769 à 1770.	3,690,000
Décembre 1772.	{ Droits de tonneau de 1771.	1,050,000
	{ Retours des ifles de l'expédition de 1770 à 1771.	3,690,000
T o t a l . . .		28,012,861 l.

Or, 1°. fur le produit des deux prochaines ventes, on prévoit, fuivant la IXe. obfervation fur l'état de fituation ci-deffus, un *deficit* de. . . . . 1,920,000 l.

2°. La fomme de 28,012,861 l. eft formée de différentes créances fur le roi, fufceptibles de quelques réductions, & qui, fuivant les apparences, feront payées en contrats; des retours à attendre des ifles-de-France & de Bourbon, qu'on ne peut efpérer qu'en petite partie, avant la fin de 1772, & tout au plus à raifon de 1,200,000 l. par an. En déduifant de ces 28,012,861 l. ce que la *compagnie* pourra en recevoir en argent avant cette époque, & que l'on eftime à trois millions, les befoins de la *compagnie* augmenteront de. 25,012,861

À quoi il convient d'ajouter les intérêts pendant deux ans, des deux fommes ci-deffus, ci. 3,231,936

Total des fommes comprifes dans l'état de recette des députés, & qui ne rentreront point en argent, ce qui doit augmenter d'autant les befoins. 30,164,797

Montant des befoins fuivant l'état des députés. 33,598,032

Total des befoins réels de la *compagnie*. . . . . . . 63,762,829 l.

Nous pouvons encore voir que les befoins de la *compagnie* montent à peu-près à cette fomme, en jettant un coup d'œil fur l'état de fituation au 1 avril 1769, que nous avons vu plus haut, & en nous fouvenant toujours que la *compagnie* a befoin de deux fonds & demi pour continuer le commerce.

En effet, nous avons vu que la *compagnie* n'a prefqu'aucun fonds dont elle puiffe difpofer pour fon commerce; que les 39 millions de fon actif confiftant en contrats & fonds morts, & que, pour le continuer, il lui faut;

1°. Les fonds néceffaires pour l'expédition de cette année, montant, fuivant l'état fourni par la *compagnie*; à. . . . . 17,175,000 l.

2°. Ceux pour l'expédition de 1770, montant, fuivant le même état, à. 20,955,000

                     38,130,000 l.

de l'autre part, ... 38,130,000 l.

3°. Les fonds nécessaires pour préparer l'expédition de la fin de 1771, le produit de la vente de cette année, ne pouvant y être destiné. 12,000,000

4°. Les fonds d'avances dans l'Inde, qui ayant été compris dans l'actif, & balancés par le passif, doivent être remplacés, ci. . . . 6,000,000

5°. Les dépenses de Paris & de l'Orient, qui à raison de 3 millions par an, monteront, jusqu'à la rentrée en janvier 1772, des fonds de la vente de 1771, à 7,500,000

TOTAL. . . . . 63,630,000 l.

A déduire,

Pour les 2,800,000 l. qui restent en argent à la *compagnie*, toutes dettes payées. 2,800,000

Reste. . . . . . 60,830,000 l.

6°. Les intérêts à payer de ces 60 millions, dont l'emprunt, qui seroit fait successivement, subsisteroit au moins pendant deux ans. . 6,083,000

Total des sommes à emprunter avant le mois de janvier 1772. . 66,913,000 l.

On ne peut donc pas révoquer en doute la première des propositions que nous avons avancées : sçavoir, que la *compagnie* a besoin pour la continuation de son commerce, de plus de 60 millions. Il nous reste à prouver qu'elle ne peut pas trouver cette somme.

Cette assertion ne peut être contestée par les personnes instruites de la situation de la *compagnie* ; il est aisé de sentir l'impossibilité où elle est de se procurer un fonds aussi considérable dans les circonstances présentes : mais comme on pourroit prétendre qu'un emprunt de 20 ou 30 millions suffiroit pour attendre un temps plus favorable, nous croyons devoir montrer que cette ressource, toute foible qu'elle est, est encore chimérique, & qu'elle ne peut que compromettre la fortune des actionnaires, & peut-être celle des prêteurs.

Une remarque générale se présente d'abord. C'est qu'il ne s'agit pas de sçavoir si la *compagnie* peut emprunter par des moyens ruineux ; mais si elle le peut en ne donnant qu'un intérêt raisonnable & compatible avec le soutien d'une entreprise de commerce. Or, il paroît que si la *compagnie* peut trouver des fonds, elle ne les trouvera qu'à un prix exhorbitant

Les rentes perpétuelles créées au dernier 20 en 1751 & 1755, & qui par conséquent ont une hypothèque antérieure, perdent aujourd'hui 25 à 26 pour cent, sur la place, & à ce prix même, on ne pourroit en vendre qu'une petite quantité. On ne peut pas, sans vouloir ruiner les actionnaires, proposer à de nouveaux prêteurs, sous quelque forme que ce soit, des avantages plus grands que ceux d'un emprunt qui donne près de 7 pour cent d'intérêt, avec l'espérance de l'augmentation d'un quart sur le capital : cependant il faudroit un intérêt plus grand encore pour déterminer les propriétaires d'argent, à confier des fonds à la *compagnie*, sur-tout dans le moment où sa détresse est connue, & où le seul bien fonds qu'elle possede est totalement engagé par des hypothèques antérieures.

En un mot, si les conditions ne sont pas très-avantageuses, l'emprunt ne sera pas rempli. Si au contraire il offre des bénéfices capables d'exciter la cupidité, ces bénéfices ne peuvent être qu'aux dépens des actionnaires dont ils ameneront la ruine, & par cette raison même, les gens sages n'y porteront pas leurs fonds. Toutes les combinaisons possibles doivent retomber dans l'un ou l'autre de ces inconvéniens.

Après cette première réflexion, entrons dans des détails qui la confirment.

On n'emprunte qu'en donnant des sûretés. La situation des affaires de la *compagnie*, ne permet pas d'offrir d'hypothèque assurée & actuelle à ceux qui lui prêteroient des fonds.

Le seul objet qui puisse servir d'hypothèque à un nouvel emprunt de la *compagnie*, est le principal de 180 millions sur le roi, ou la rente de 9 millions qui le représente. Or, ce capital ne peut servir à cet usage.

En effet, on voit par le résultat réel de la situation de la *compagnie*, que la totalité des contrats appartenans à la *compagnie*, pourra monter en principal à . . . . . 191,936,054 l.

Et en revenu à. . 9,477,442 l.

Sur quoi il sera dû,

tant en rentes perpétuelles, que pour le principal des actions, en capital. 136,830,623

En revenu. . . 6,415,697

Restera en capital. 55,105,431

En revenu. . . 3,061,745

Mais ce capital & ce revenu sont grevés de rentes viageres, montant à. 3,135,899

Ces rentes affectent
au denier 20 un capi-
tal de. 62,717,980

Ainsi , les rentes
dues par la *compagnie*,
excèdent son capital
de. 7,612,549

Et son revenu de. . . 74,154 l.

. Il ne reste donc plus d'hypothèque à donner pour
de nouveaux emprunts.

Les fonds capitaux de la *compagnie* étant ainsi
engagés , ceux qui croyent encore à ses ressources ,
se sont vus réduits à indiquer comme autant d'objets ,
sur lesquels les créanciers pourroient établir leur
hypothèque.

1° Le fonds de 80 l. de rente , assuré à chaque
actionnaire par l'edit du mois d'août 1764 , pour
lequel les prêteurs seroient subrogés aux actionnaires
eux-mêmes.

2° Le fonds de rentes viageres qui doit être un
jour libre par l'extinction future & successive de ces
rentes , qui peut fournir disent-ils , à des prêteurs une
sûreté suffisante.

Ces deux projets sont également insoutenables.

1° L'edit du mois d'août 1764 , a établi une distinction dans la nature des biens & des propriétés des
actionnaires : chacun d'eux a acquis une propriété
entiere & assurée d'une rente de 80 l. au principal
de 1, 600 l. le reste des biens & des possessions de la
compagnie , ainsi que le droit à l'exercice du privilége du commerce est resté en commun.

Cet édit a eu pour objet d'assurer aux actionnaires
cette partie du dividende qu'on voudroit donner
aujourd'hui comme une hypothèque à de nouveaux
prêteurs , de leur assurer, dis-je , *d'une manière
fixe & indépendante de tout événement futur du
commerce*. Ce n'est qu'à cette condition que les
actionnaires ont consenti à l'appel des 400 livres
par actions.

On ne faisoit que soupçonner alors ce que nous
voyons clairement aujourd'hui , que l'exercice du
privilége de la *compagnie* étoit ruineux. Les
actionnaires sacrifièrent une partie de leur fortune
pour sauver le reste , & , malgré les belles espérances
dont on les flattoit , ils prévoyoient dès-lors que les
fonds qu'ils laissoient dans le commerce seroient
bientôt consommés. Peut-on aujourd'hui leur proposer de faire de nouveaux sacrifices ?

Les actionnaires véritablement instruits de leurs
intérêts , ne sont sûrement pas disposés à revenir
contre la délibération qu'ils ont prise en 1764 , &
dans laquelle ils ont persisté à l'assemblée du 3 avril
dernier. Le résultat du commerce régi par la nouvelle
administration depuis 1764 , les dernières nouvelles
reçues des différens comptoirs, la situation actuelle

de l'Inde & du commerce, ne peuvent que leur faire
sentir tout l'avantage de cet édit, & les engager à
demander qu'il ne lui soit porté aucune atteinte.

Non-seulement la propriété de la rente attachée
à l'action est indépendante des risques du commerce,
mais on peut dire encore qu'elle l'est de la volonté
des autres actionnaires : en effet, un actionnaire ne
peut-il pas prétendre que l'édit de 1764 a changé
l'état de la société entre les actionnaires, qu'il en a
tiré les intérêts , & qu'il n'a laissé en commun que
le surplus des fonds appartenans à la *compagnie* ;
que la pluralité des actionnaires peut disposer des
fonds restés en commun , qu'elle peut statuer sur la
forme de l'administration du privilége, même le
céder ou le partager , mais que les droits à la
rente de 80 liv. ne sont plus en commun, qu'ils
sont absolument individuels.

Les actionnaires délibérans peuvent sans doute
engager leurs propres actions, mais ils ne peuvent
engager celles des absens; & qui refuseroient d'hypothéquer les leurs ; d'autant plus que les délibérans
ne représentent jamais que la sixième partie au plus
des actionnaires , à la propriété desquels on porteroit
atteinte.

Enfin , un actionnaire peut dire , que dans tout
ce qui est relatif au commerce, ses associés peuvent
le lier , mais que personne n'est son associé dans la
propriété d'un effet qu'un édit solemnel a séparé totalement du commerce de la *compagnie* : que c'est
dans cette confiance qu'il a fourni l'appel en 1764;
qu'il a cru que la propriété de sa rente de 80 l. lui
étoit aussi assurée que celle d'une rente sur la ville,
ou de tout autre effet public ; qu'il a contracté en
conséquence, des engagemens qui ne pourroient plus
subsister, si ce principal & les intérêts se trouvoient
de nouveau risqués dans le commerce.

Je ne vois pas trop ce qu'on pourroit répondre à
un actionnaire qui raisonneroit ainsi. Cependant je ne
donne cette raison d'opposition de sa part , que
comme une conjecture que je soumets au jugement
des intéressés eux-mêmes.

2° Examinons maintenant le projet d'emprunt
hypothéqué sur l'extinction future des rentes viageres.

Il est vrai que des 191 millions qui forment le
capital de la *compagnie* en contrat, 136 millions
seulement sont aliénés en rentes perpétuelles & que
les 55 millions restans se libéreront successivement
par l'extinction des trois millions de rentes viageres.
Mais quel usage peut-on faire de cette propriété
éventuelle ? Il n'est point de prêteur qui consente à
donner ses fonds , dans ce moment , pour n'en recevoir les intérêts qu'à mesure de l'extinction des rentes viageres : ces sortes de spéculations éloignées ne
sont pas ordinaires, au moins en France; nous voulons jouir promptement, &. si la *compagnie* vouloit
aujourd'hui vendre cette propriété , elle ne pourroit
la vendre qu'à perte & seulement à des étrangers,
accoutumés à une économie qui leur permet de se
passer quelque tems de leur revenu , dans l'espérance

d'accroître considérablement leur capital, & qui même avec cette espérance, ne prêteroient qu'à un prix exorbitant.

Jusqu'à l'extinction de ces rentes viageres, sur quels fonds les prêteurs seront-ils assurés de toucher les intérêts de leurs capitaux ? On ne peut les affecter sur les bénéfices du commerce qui sont nuls ou au moins très-incertains ; il faudra donc que la *compagnie* emprunte annuellement les sommes nécessaires au payement de ces arrérages ; mais trouvera-t-elle à emprunter ? On sent combien ce projet seroit ruineux pour les actionnaires qu'il dépouille de la seule ressource qui leur reste pour réparer les pertes qu'ils ont souffertes, & pour les prêteurs qui courreroient le risque évident de ne toucher de long-tems leurs intérêts.

Plusieurs actionnaires peuvent se faire illusion sur la facilité avec laquelle le dernier emprunt a été rempli ; mais ce succès doit être attribué à diverses causes qui ne peuvent avoir lieu pour un emprunt proportionné aux besoins de la *compagnie*.

Ces causes sont, 1°. La forme de cet emprunt qui ne peut être employé que pour des besoins momentanés, & non pour des emprunts perpétuels. On peut risquer au jeu une partie de son superflu ; mais personne ne s'exposera à attendre tous les ans son revenu du hazard d'une loterie.

2°. La sûreté du remboursement affecté sur la vente prochaine, dont la rentrée est certaine au moins pour la somme qui y a été engagée.

3°. La briéveté du délai entre l'emprunt & le remboursement ; ce terme n'est tout au plus que de huit mois ; les billets & les lots doivent être pris pour comptant à la vente, ce qui abrége encore ce délai de deux mois.

4°. La modicité de la somme qui a pû être aisément fournie par le nombre de citoyens qui est en état de risquer une partie de son superflu.

5°. Il faut convenir que le public s'est fait payer un peu chèrement sa confiance. Cet emprunt coûte à la *compagnie* sur le pied de dix pour cent par an

6°. Enfin, il est manifeste que cette forme d'emprunt ne peut être adoptée pour un engagement perpétuel d'une somme beaucoup plus considérable, & qu'il seroit ruineux pour les actionnaires, & contraire au crédit public.

La *compagnie*, dira-t-on, a d'autres biens libres; tels sont ses fonds actuellement circulans dans son commerce & ceux-mêmes qu'elle empruntera dans ce moment, dont les prêteurs pourront suivre l'emploi, & qui continueront d'être leurs gages, aussi bien que les bénéfices que le commerce donnera.

Il est inutile de nous arrêter à prouver que les nouveaux capitaux, confiés à la *compagnie*, ne peuvent pas se servir d'hypothéque à eux-mêmes ; à ce compte il n'y auroit aucune entreprise de commerce, quelque décriée qu'elle fut, pour laquelle on ne pût trouver de fonds. Les nouveaux prêteurs courreroient tous les risques du commerce & les

actionnaires en retireroient les bénéfices si l'on pouvoit en espérer : on sent combien cette forme d'emprunt seroit contraire aux régles de la justice & de la bonne foi.

On convient que, tant que le commerce sera heureux, les capitaux seront assurés, ainsi que le paiement des intérêts ; mais au premier revers, la *compagnie* cessera de payer les intérêts, & peut-être les créanciers auront-ils de la peine à retirer une partie de leurs capitaux.

Quant aux bénéfices futurs, ce que nous avons dit plus haut de leur diminution successive depuis 1725 jusqu'à présent, & de la certitude qu'ils diminueront encore, empêche d'établir aucune espérance raisonnable sur ce fondement, & par conséquent de donner sur cet objet aucune sûreté recevable par de nouveaux prêteurs.

Je ne doute pas cependant qu'on ne fournisse des plans de nouvel emprunt qui seront fort ingénieusement combinés. Jamais la subtilité financiere ne se trouve arrêtée par le défaut de projets. Elle en produira avec la plus grande facilité, & si on prend la peine de les discuter les uns après les autres & d'en montrer les vices & l'impossibilité, elle en fournira de nouveaux qu'il faudra discuter encore. Ce sont les têtes de l'Hidre, mais il faut les couper en un coup & toutes à la fois, en disant qu'avec les pertes qu'a essuyées la *compagnie* & dans les circonstances actuelles, les actionnaires ne trouveront pas soixante, ni quarante, ni même trente millions pour continuer leur commerce. Si cette assertion a besoin d'être prouvée au long, ce ne peut-être que pour les gens à qui on ne prouve rien.

Mais, diront les défenseurs du privilége exclusif, nous convenons que la *compagnie* ne peut pas se soutenir par ses propres forces ; c'est à l'état à l'aider, comme il a déja fait plusieurs fois ; si le roi veut lui continuer sa protection & ses secours, elle se relevera de l'abaissement où elle est, & reprendra son ancienne splendeur ; elle n'est donc pas dans l'impossibilité absolue de continuer son commerce.

Il faut que l'intérêt ou les préjugés aveuglent les esprits de ceux qui donnent de pareilles raisons, ou qui les trouvent bonnes.

1°. Toute entreprise de commerce qui ne se soutient pas par elle-même, qui a besoin de secours étrangers & continuels, est à la lettre dans l'impossibilité absolue de subsister ; parce qu'il est de l'essence & de la nature d'une entreprise de commerce de s'alimenter par ses profits. C'est une extravagance, le terme n'est pas trop fort, que de vouloir continuer une entreprise qui ruine ses entrepreneurs. Certainement si à la création de la *compagnie* on eut annoncé au public que le commerce de l'Inde ne donneroit par lui-même que des pertes, mais que l'état le soutiendroit d'une partie de son revenu, la *compagnie* ne se seroit jamais formée, & le gouvernement lui-même ne se fût pas prêté à son établissement, s'il eut prévu en 1717, que cette entreprise lui coûteroit, en quarante ans , près de quatre cent millions.

Si l'on ne regarde pas aujourd'hui ces dépenses du gouvernement comme un très-grand abus, c'est qu'on s'est accoutumé à voir faire ces sacrifices qui n'en sont pas moins contraires au bien public , pour avoir été faits souvent.

2°. Que de choses plus utiles, ou du moins aussi utiles que de maintenir le commerce exclusif de l'Inde , que l'état ne peut pas exécuter ! Il seroit utile que les chemins du royaume fussent en beaucoup plus grand nombre ; qu'ils fussent construits d'une manière moins à charge aux habitans des campagnes. Il seroit utile que la France fut traversée de canaux navigables. Il seroit utile que les impôts fussent moins pésans , soit par leur quotité , soit par la forme de leur administration. Il seroit utile que les dettes de l'état fussent liquidées , &c. & sans doute tous ces objets seroient d'une utilité plus vraie , plus durable , plus importante que le maintien du commerce exclusif de l'Inde , quelque avantageux qu'on le suppose.

Cependant telle est la situation des affaires, (& presque tous les états politiques de l'Europe sont à cet égard comme la France) que l'état ne peut faire toutes ces entreprises, dont plusieurs seroient des sources abondantes de richesses : on a beau voir clairement qu'elles apporteroient des avantages infinis : on est forcé d'y renoncer pour satisfaire à des besoins plus pressans ; & sur-tout à celui de soulager les peuples , & de liquider les dettes de l'état.

3°. Les demandes que font aujourd'hui au gouvernement les députés & administrateurs de la compagnie , suffisent pour prouver combien il est impossible de la soutenir. Ils veulent que le roi s'associe au commerce, en achetant 3,079 actions pour, avec les 36,921 actuellement existantes , faire en tout 40,000 actions.

Que le roi se reconnoisse débiteur envers la compagnie d'un nouveau capital de 30 millions au denier 25 , dont partie sera en paiement des 13 à 14 millions actuellement dûs par le roi, & les 16 ou 17 millions d'excédent représenteront la perte qu'on lui a fait souffrir en lui retirant le privilége de la traite des noirs , en permettant l'introduction des cafés , & en laissant à sa charge des dépenses de souveraineté dans les différens comptoirs de l'Inde.

On ne peut s'empêcher de trouver ces deux demandes bien extraordinaires en elles-mêmes, & d'après les motifs sur lesquels elles sont fondées.

En 1764, le roi a donné à la compagnie 11,835 actions dont il étoit propriétaire depuis long-temps, on lui propose d'en racheter une partie : cela est-il juste ? Le gouvernement n'a-t-il pas lieu de craindre qu'on veuille les lui revendre encore aux premiers besoins de la compagnie.

On ne comprend pas non-plus comment les députés & administrateurs peuvent imaginer qu'outre ce premier article, qui se monteroit à environ 5 millions,

le roi leur donnera , en pur don, 16 ou 17 millions par-delà la somme de 13 ou 14 dont il leur est redevable. Ils auroient du sentir qu'il y a aujourd'hui des besoins plus pressans à satisfaire , des devoirs mêmes plus inportans à remplir de la part du gouvernement.

Les raisons qu'ils allèguent tombent au premier examen. L'état ne doit point d'indemnité pour un privilége retiré ou restraint. Mais , en tout cas , la compagnie a été indemnisée & pardelà , de la perte de son privilége à la traite des noirs par une augmentation de 30 liv. par tonneau d'exportation , qui lui a été accordée par l'Arrêt du conseil du 31 Juillet 1767 : augmentation qui lui a été beaucoup plus utile que le commerce de sénégal & de guinée ; ces deux branches de son Privilége lui ayant toujours été à charge par les dépenses excessives des établissemens de Gorée & du Sénégal.

Quant au préjudice que la compagnie a souffert , par l'introduction des cafés de marseille , nous ne saurions l'évaluer ; mais cet objet ne peut-être que très-modique.

Enfin , les depenses de souveraineté sont une condition nécessaire de l'exploitation du privilége ; & puisque la compagnie vouloit en avoir les bénéfices , il étoit juste qu'elle en supportât les charges.

Les 21 ou 22 millions que la compagnie demande (abstraction faite des 13 ou 14 qui lui sont dus) seroient donc un nouveau don du roi absolument gratuit, auquel la compagnie n'a aucun droit, & qu'il faudroit ajouter à tout ce qu'il en a déja coûté à l'état, depuis 1725 , pour le soutien du privilége exclusif. On ne croit pas qu'aucun homme désintéressé & citoyen puisse penser , après un peu d'attention, qu'il soit ni juste , ni raisonnable que le gouvernement fasse cette nouvelle dépense pour la compagnie.

Mais ce sacrifice seroit d'autant moins raisonnable qu'il seroit insuffisant. En effet la compagnie ne peut pas espérer que le roi lui paye comptant aucune partie de cette valeur de trente cinq millions. Cela est trop clair & trop connu pour avoir besoin de preuve. Or que fera-t-elle avec cette augmentation de trente & tant de millions de son contrat sur le roi ? trouvera-t-elle en argent les fonds dont elle a besoin ? ou les trouvera-t-elle à un intérêt raisonnable ? Non. Il lui sera donc impossible de continuer son commerce , & les nouveaux sacrifices que lui aura faits l'état , seront perdus comme les anciens.

La compagnie croira-t-elle trouver une ressource dans un emprunt par voie d'appel ? Elle demande en effet à y être autorisée. Elle propose de faire un appel de trois cent livres par action avec l'intérêt légal de quatre pour cent , & quatre cent à prendre sur le bénéfice des ventes , & que l'actionnaire qui ne fournira pas à cet appel , subroge le prêteur jusqu'à due concurrence desdits quatre pour cent d'intérêt à l'hypotheque de ses actions

& à celle de la rente de 80 liv. qui lui a été affectée.

On voit combien cette reſſource eſt inſuffiſante. 1°. On attribue à cet emprunt un intérêt fixe & certain de quatre pour cent, & un ſecond intérêt égal à prendre ſur le produit des ventes. Les prêteurs ſentiront bien qu'ils ne peuvent compter que ſur le premier, & en effet ils ſeront preſque aſſurés de ne pas toucher, au moins en temps de guerre, les quatre pour cent à prendre ſur les ventes ; ainſi cet emprunt offre beaucoup moins d'avantages que l'achat ſur la place, des promeſſes de paſſer contrat, qui, avec une hypotheque plus ancienne, offrent près de ſept pour cent & un accroiſſement d'un quart du capital en cas de rembourſement.

D'ailleurs les actionnaires ſe ſont déja refuſés à conſentir de ſubroger de nouveaux prêteurs à l'hypotheque qui leur a été reſervée par l'édit d'août 1764, & l'on ne doit pas compter qu'ils changent d'avis, lorſqu'ils ſeront inſtruits du peu de bénéfice, ou plutôt des pertes que donne le commerce, même en temps de paix.

Enfin ces ſecours ſeroient inſuffiſans : ils ne procureroient que douze millions, en ſuppoſant que l'emprunt eût le plus grand ſuccès ; & ſuivant les calculs des députés eux-mêmes, ils auroient encore beſoin de dix millions au mois de mars & autant au mois d'août de l'année prochaine, & cela indépendamment des vingt-huit millions qu'ils ont compté en recette & qui ne leur rentreront pas. Comment eſpèrent-ils trouver ces nouveaux fonds ? ils n'en indiquent pas même les moyens. Ainſi quand le roi leur accorderoit des demandes auſſi exorbitantes, ils ſe trouveroient bientôt encore plus embarraſſés.

Les demandes de la *compagnie* au gouvernement ſont donc d'une part mal fondées, tandis que de l'autre elle ne ſeroit pas en état de continuer ſon commerce, quand le roi les lui accorderoit. Il en faut conclure qu'elle eſt dans l'impoſſibilité de trouver les moyens de continuer ſon commerce. C'eſt le but auquel nous avons voulu arriver par l'examen de notre ſeconde queſtion.

TROISIÉME QUESTION.

Eſt-il de l'intérêt de l'état de ſoutenir le privilége exclusif de la compagnie des Indes ?

L'examen des deux premières queſtions & la ſolution que nous y avons donnée, pourroit nous diſpenſer de traiter celle-ci. En effet, s'il eſt vrai qu'il ne ſoit pas de l'intérêt des actionnaires de continuer le commerce de l'Inde, il eſt inutile d'examiner ſi l'état peut ſouffrir de la ſuppreſſion ou de la ſuſpenſion du privilége.

Cette utilité ne ſeroit pas une raiſon ſuffiſante pour obliger un corps de négocians, & un nombre conſidérable de particuliers à y ſacrifier une partie de leur fortune ; toute entrepriſe devant

être de quelque profit, ou du moins ne devant pas être une cauſe de ruine pour des entrepreneurs qui ont fourni des fonds librement, & qui ne les ont fournis que dans la vue de retirer quelque avantage de cet emploi de leurs capitaux.

A la vérité on entend des actionnaires, & ſurtout de ceux qui ont quelque intérêt à l'adminiſtration, dire « qu'ils doivent continuer l'exercice de » leur privilége, quelque perte qu'il puiſſe en ré- » ſulter pour eux ; que le ſentiment flatteur de » l'utilité du commerce de l'Inde pour l'état, doit » les dédommager de ce ſacrifice ; qu'il faut ſe » montrer patriote, &c. «

De toutes les manières de défendre la néceſſité de conſerver l'exercice du privilége excluſif de la *compagnie*, la plus mauvaiſe, ſans doute, eſt celle de mettre en avant ce prétendu patriotiſme que l'état ne demande point, & qu'on peut regarder avec raiſon, dans pluſieurs de ceux qui s'en ſervent, comme l'ouvrage du préjugé, ou ce qui ſeroit pis encore, d'une inutile affectation.

Que fait le patriotiſme dans une affaire pareille ? Un commerçant doit être patriote comme tout autre citoyen ; mais ce n'eſt pas en ſa qualité de commerçant ; en tout cas ſon patriotiſme ne peut pas conſiſter à faire pour le bien de l'état, un commerce ruineux pour lui-même.

On auroit ſans doute de meilleures raiſons d'exiger du patriotiſme d'un propriétaire de mauvais terrein, d'employer tout ſon produit net à le cultiver, quand il ne devroit lui rendre que les frais de récolte, ou le conſtituer en perte réelle. Un pareil emploi de fonds ne ſeroit pas plus déraiſonnable, que l'exploitation d'un commerce qui donne des pertes continuelles. Cependant perſonne ne propoſera ſérieuſement une entrepriſe ſemblable de culture, & perſonne n'alléguera le patriotiſme comme un motif ſuffiſant pour y déterminer un propriétaire.

Mais ce qu'il y a de plus étrange encore dans cette allégation de patriotiſme eſt, qu'elle eſt employée le plus ſouvent par ces perſonnes qui ſe donnent le droit d'être patriotes aux dépens d'autrui. Je veux dire par les adminiſtrateurs des intérêts des actionnaires. En effet, les membres de l'adminiſtration comme tels, ne ſont que les chargés d'affaires des actionnaires qu'ils repréſentent. Or, quoiqu'ils puiſſent ſans doute faire en leur propre & privé nom de grands ſacrifices au bien public, & que pluſieurs d'entre eux fuſſent capables de cet effort, ils ne ſont pas en droit en leur qualité d'adminiſtrateurs, de perdre un moment de vue l'intérêt particulier des actionnaires ; tout ce qu'ils négligeroient de faire gagner, & tout ce qu'ils feroient perdre aux actionnaires, ſeroit autant d'arraché à la propriété de leurs commettans, qu'ils ſont obligés & de conſerver & d'augmenter.

Au reſte, je décrie ce patriotiſme prétendu, avec d'autant moins de ſcrupule, que je le trouve très-mal entendu & fondé ſur une idée fauſſe de la ſociété.

fociété. Ceux qui s'en parent fuppofent que la fociété peut avoir quelque intérêt à continuer un
commerce qui ruine ceux qui le font, c'eft-à-dire,
que le mal particulier & conftant d'un grand nombre des membres de la fociété, pourroit être un
bien pour la chofe publique. Or, je le demande,
y a-t-il un paradoxe plus revoltant & une affertion
plus-fauffe? La fociété entiere eft conftituée ou doit
l'être pour le bien de chaque individu, c'eft là le
premier ou plutôt l'unique motif de fon établiffement.

Loin que des négocians doivent fe ruiner pour
l'état, c'eft à l'état à protéger les négocians & à
empêcher leur ruine par tous les moyens qui ne
font pas nuifibles à la fociété elle-même, c'eft-à-dire,
par la protection & la liberté; mais le cas eft chimérique, ou la ruine conftante & fuivie d'une claffe
de citoyens feroit de quelque utilité à la fociété.
Toujours le bien général réfulte du bien être des
individus, & le bonheur particulier eft la feule
route qui conduife fûrement au bonheur général.

D'un autre côté, fi les actionnaires font dans
l'impoffibilité de continuer leur commerce, il eft
encore fuperflu de rechercher fi l'état a quelque
intérêt à cette continuation. En effet, quelque folution que l'on donne à cette derniere queftion,
les défenfeurs du privilége exclufif de la compagnie n'en pourroient encore tirer aucun avantage;
car, que leur fervira qu'on convienne avec eux
que ce privilége eft d'une grande utilité pour l'état,
fi eux-mêmes ne le peuvent pas foutenir, & fi
l'état de fon côté ne peut pas continuer de faire
pour eux les facrifices onéreux qu'il leur a faits fi
long-temps. Or, l'impuiffance de la compagnie à
foutenir l'exploitation de fon privilége exclufif,
demeure prouvée par tout ce que nous avons dit
de fa fituation actuelle dans l'examen des deux
premieres queftions; & quand à l'impoffibilité où
fe trouve le gouvernement de facrifier aucune partie du revenu public au foutien de la compagnie,
elle n'eft ignorée de perfonne, & les défenfeurs
du privilége de la compagnie ne peuvent pas fe
la diffimuler.

D'après ces deux obfervations, la queftion que
nous annonçons devient au fonds oifeufe pour décider le parti qu'on doit ou qu'on peut prendre relativement à la compagnie. Cependant comme elle
eft fouvent agitée, que c'eft de cette utilité qu'argumentent continuellement les défenfeurs du commerce exclufif de l'Inde, nous nous déterminerons
à entrer dans cette difcuffion.

Si les dépenfes que le gouvernement a faites pour
le foutien du commerce exclufif de l'Inde, ont été
infiniment plus onéreufes à l'état que le privilége
exclufif ne lui a apporté d'avantages, en fuppofant
qu'il lui en ait apporté quelques-uns.

Si ces avantages, quels qu'ils ayent été & même
de plus grands, pouvoient & peuvent être procurés
à l'état par le commerce particulier & libre, & fans

Commerce. Tome I, Part. II.

l'intervention d'une *compagnie* exclufive, il n'eft
pas de l'intérêt de l'état de foutenir le privilége
exclufif de la *compagnie*. Or, je vais prouver ces
deux propofitions.

§ I.

*Le privilége exclufif de la compagnie a été
plus onéreux à l'état, qu'il ne lui a apporté
d'avantages.*

Nous pourrions établir cette propofition, en calculant les frais & le produit du commerce de l'Inde;
ce qu'il exporte de matieres d'or & d'argent, & de
marchandifes nationales; ce qu'il importe de marchandifes étrangeres; ce que les capitaux employés
au commerce de l'Inde produifent d'excédent de
valeur dans la nation, fi tant eft qu'ils y en ayent jamais produit, &c.

On calculeroit d'un autre côté les effets qui pourroient réfulter d'un emploi différent des capitaux mis
dans le commerce de l'Inde. Par exemple, ce que le
royaume auroit pu tirer d'avantages de ces mêmes
capitaux verfés dans des entreprifes de culture, de
navigation, de manufactures, de commerce étranger
de quelque autre efpece. On rechercheroit auffi la
fomme des valeurs prifes fur le revenu public pour
foutenir le commerce de l'Inde depuis un certain
nombre d'années; on en feroit une année commune,
qu'il faudroit ajouter aux dépenfes néceffaires pour
l'exploitation du privilége exclufif, & la comparaifon de ces différens élémens de calculs, donneroit
un réfultat qui paroit, au moins au premier coup
d'œil, ne pouvoir être favorable au privilége
exclufif.

Mais cette maniere de traiter la queftion, nous
jetteroit dans des difcuffions longues & abftraites;
nous ferions obligés de remonter à des principes
généraux, d'en tirer des conféquences, & d'en
faire au cas dont il s'agit ici, des applications
qui demanderoient des détails trop étendus.

Nous prendrons une voie plus courte & plus
aifée à fuivre: nous nous contenterons de donner
un réfultat exact, 1°. de ce que l'état a dépenfé
pour la *compagnie* depuis fon établiffement; 2°. du
produit des ventes en marchandifes de l'Inde; là
comparaifon de ces deux objets mettra le public &
les actionnaires à portée de juger fi l'état a gagné ou
perdu à foutenir le privilége exclufif de la *compagnie*.

Pour eftimer les dépenfes faites par l'état en
faveur de la *compagnie* & de fon privilége exclufif,
il faut fe rappeller ce qu'elle a eu de fonds originaires appartenant aux actionnaires. Tout ce qu'elle aura
reçu du Gouvernement en fus de ce premier fonds,
lui aura été donné en confidération de fon privilége
exclufif, & n'auroit pas été dépenfé par l'état, fi
ce privilége n'avoit pas eu lieu.

L'edit du mois de décembre 1717, qui établit la
compagnie d'occident, en fixa le fonds à cent

millions, payables en billets d'état, pour lesquels le roi créa quatre millions de rentes au profit de la *compagnie*; sçavoir, deux millions sur la ferme des contrôles, un million sur la ferme du tabac & un million sur celle des postes. Le premier août 1718, la *compagnie* se rendit adjudicataire de la ferme du tabac sur le pied de quatre millions 20,000 l.; & par l'édit du mois de septembre suivant, sa majesté aliéna au profit de la *compagnie*, quatre millions sur cette ferme, pour tenir lieu de la même rente créée par l'édit de 1717.

Le 19 septembre 1719, un arrêt du conseil réduisit à trois pour cent la rente du capital de cent millions, y affecta la ferme du tabac, & ordonna que la *compagnie* retiendroit annuellement trois millions par ses mains pendant la durée de son bail, & qu'ensuite les adjudicataires qui lui succéderoient, lui payeroient la somme de mois en mois à raison de 250,000 l.

La jouissance du bail fut interrompue pendant la régie ordonnée par sa majesté, pour les affaires de la *compagnie* & pour la reddition de ses comptes. Cette régie ayant cessé, & le roi ayant jugé à propos de rétablir la *compagnie* dans la jouissance de ses effets, il fut rendu le 22 mars 1723, un arrêt du conseil qui lui accorda la vente exclusive du tabac, *pour lui tenir lieu de la rente de trois millions* jusqu'à la concurrence de deux millions 700,000 liv. le roi se réservant de pourvoir au paiement des 300,000 l. restans.

En conséquence il fut ordonné, par un arrêt du 1er septembre suivant, « qu'il seroit passé à la com-
» pagnie des Indes un contrat d'aliénation, à
» titre d'engagement du privilége exclusif de la
» vente du tabac, pour demeurer quitte par sa majesté
» de la somme de quatre-vingt dix millions sur la
» somme de cent millions qui sont l'ancien fonds
» de ladite *compagnie*, & qui, par elle, ont été
» portés au trésor royal en exécution de l'édit du
» mois de décembre 1717 ».

Le contrat fut passé le 19 novembre 1723, & cette aliénation fut confirmée par l'article 7 de l'édit du mois de juin 1725.

La *compagnie*, en jouissant du produit de la vente exclusive du tabac, étoit donc censée n'avoir qu'un équivalent de deux millions sept cens mille livres de rente, & le roi lui donnoit trois cent mille livres par an pour completter la rente à trois pour cent du capital de cent millions.

Ces faits une fois établis, tout ce que la *compagnie* a reçu par-delà l'intérêt à trois pour cent de quatre-vingt-dix millions, est une grace du souverain, prise sur les revenus publics, c'est-à-dire, en dernière analyse sur toutes les classes des citoyens.

Or, à ne compter que de 1723 au 30 juin 1747, on trouve déja une somme de plus de 130 millions donnée par le roi à la *compagnie* par-delà ce qu'elle auroit dû recevoir, en vertu de sa rente de trois millions. En voici le calcul.

A trois millions par an la *compagnie* n'auroit

dû recevoir, à compter du premier avril 1723 jusqu'au premier juillet 1747, que . 60,625,000 l.

Dans ce même intervalle, la *compagnie* a reçu en 1725 . . . . . 7,900,000.

De 1725 au 30 avril 1730 annuellement 7,500,000

Du 30 avril 1730 à 1735 du prix de bail des fermiers généraux 7,500,000

Et du premier juillet 1735 jusqu'au premier juillet 1747 . . . . . 8,000,000 l.

Recette totale du premier avril 1723 au premier juillet 1747 . . 191,012,353 l.
On a vu plus haut qu'elle n'auroit dû recevoir que 60,625,000
Ainsi elle a profité sur l'état & aux dépens des autres citoyens de . 130,387,353 l.

Il semble que les administrateurs auroient dû se contenter d'un bénéfice aussi considérable, qu'ils devoient craindre que le ministère n'ouvrit les yeux, & qu'en les ramenant à l'exécution du titre originaire, il ne fut tenté de procurer à l'état un soulagement de 5,300,000 l. par an, en retirant une concession dont le produit excédoit beaucoup la dette de l'état, & qui étoit par-là manifestement faite aux dépens de la chose publique. Cependant nous allons voir la *compagnie* s'efforcer de prouver au gouvernement qu'elle a souffert une perte réelle, faire de cette perte un motif de demandes exorbitantes, & qui plus est obtenir de nouveaux secours aussi onéreux à l'état que les précédens: c'est ce qui se passa en 1747.

On a vu ci-dessus que le capital de la *compagnie* étoit diminué de 1725 à 1743 de près de quatorze millions. Les dépenses occasionnées par la guerre, qui suivit de près cette époque, absorbèrent bientôt la plus grande partie des fonds circulans dans son commerce. Elle suspendit le paiement des dividendes des années 1744 & 1745, & elle demanda aux actionnaires un supplément de fonds de deux cents livres par action, auquel joignant les trois cents livres pour les deux années de dividendes, elle donna en paiement aux actionnaires des billets d'emprunt de cinq cents livres, dont elle fit l'intérêt au denier vingt, par ce moyen elle épargna dans ces deux années un paiement de quinze millions, & elle se procura un nouveau fonds de dix millions.

Malgré ces secours la continuation des mêmes

dépenfes augmenta encore la détreffe & excita l'inquiétude des actionnaires, qui jufqu'alors, s'étoient regardés comme de fimples rentiers, & par cette raifon avoient pris peu d'intérêt aux fuccès du commerce. Les adminiftrateurs de la *compagnie*, pour ranimer la confiance des actionnaires, eurent recours aux bontés de fa majefté.

Ils préfentèrent un mémoire contenant douze chefs de demandes qu'ils firent monter à des fommes immenfes. Si ces demandes avoient été difcutées rigoureufement, il eft vraifemblable qu'elles auroient été réduites bien plus encore qu'elles ne le furent; mais l'on crut néceffaire alors de foutenir cet établiffement, les circonftances engagèrent à donner à la *compagnie* un nouveau crédit pour faire face à des emprunts qui lui étoient devenus néceffaires, & qui s'effectuèrent peu après; & c'eft d'après ces motifs que le roi voulut bien 1°. porter l'intérêt des anciens millions de trois à cinq pour cent, 2°. fe reconnoître débiteur de quatre-vingt millions au denier vingt, ce qui fit monter le capital de la dette du roi à cent quatre-vingt millions, & l'intérêt de la totalité de ce capital à neuf millions : ce font les difpofitions de l'édit du mois de juin 1747.

Arrêtons-nous d'abord fur cette converfion à cinq pour cent de la rente du capital de cent millions, qui n'avoit été conftituée originairement qu'à trois pour cent.

On ne démêle dans l'édit aucun motif particulier de cette claufe fi avantageufe à la *compagnie* & fi onéreufe à l'état. Elle n'y eft même énoncée qu'incidemment; comme fi une difpofition qui chargeoit l'état envers la *compagnie* d'une rente de deux millions eut été d'une petite importance. On ne peut donc l'attribuer qu'à la réfolution formée de foutenir la *compagnie*, à quelque prix que ce fût, d'après les idées qu'on fe faifoit alors de fon utilité pour le commerce & pour les opérations de finance, idées un peu différentes de celles qu'on en a aujourd'hui.

Quoi qu'il en foit, le roi, par cet édit, donnoit en pur don à la *compagnie* deux millions de rente; elle les a perçus depuis l'époque de 1747 jufqu'à préfent, c'eft-à-dire, pendant 22 ans, c'eft une fomme de 44,000,000 qu'il faut compter parmi les fecours abfolument gratuits que le roi a accordés à la *compagnie*, pour l'encouragement de fon commerce.

2° Pour mettre le public à portée de juger fi les 80 millions étoient réellement dus par l'état à la *compagnie*, ou fi cette conceffion ne doit être regardée, au moins en grande partie, que comme une pure grace, il fuffit de quelques réflexions fur le mémoire qui a fervi de fondement à l'Edit du mois de Juin 1747. Le mémoire entier fe trouvera parmi les pièces juftificatives, & fervira à tout lecteur défintéreffé d'une preuve, entre cent autres qu'on pourroit donner du peu de modération des *compagnies* exclufives dans leurs demandes au gouvernement,

Les motifs de la conceffion de la fomme de quatre-vingt millions énoncés dans les demandes de la *compagnie*, approuvés par le roi en marge defdites demandes, ou articulés dans l'édit de Juin 1747, font 1°. que c'eft à la bonne exploitation de la *compagnie* que l'augmentation du produit de la ferme du tabac doit être attribuée, que le produit n'étoit que de trois millions, lorfque la ferme lui fut aliénée en 1723, qu'il a monté fubitement à huit millions en 1730, & qu'il eft de la juftice du roi de tenir compte à la *compagnie* de toutes les dépenfes qu'elle a faites pour l'améliorer.

2°. Que la *compagnie* étoit propriétaire du privilège pour en jouir, à quelque fomme que le produit en pût monter.

3°. Qu'il étoit jufte que fa majefté fit raifon à la *compagnie* du profit que l'état avoit retiré de la ferme du tabac depuis 1738, outre & pardeffus les huit millions qui lui avoient été annuellement payés.

Or ces trois prétextes font illufoires. Le premier eft établi fur deux faits peu conformes à la vérité. En 1718, la vente exclufive avoit été affermée 4,020,000 l. Depuis 1724, elle avoit, jufqu'à 1730, conftamment produit 7,500,000 l. C'eft en 1730, c'eft-à-dire, à l'époque de la ceffation de la régie de la *compagnie* que l'augmentation fucceffive a commencé. En voici la preuve dans l'état fuivant.

La ferme du tabac a produit net, déduction faite de tous frais, année commune.

SÇAVOIR.

Du premier octobre 1730 au premier octobre 1732	12,040,334 l.
De 1732 à 1738	14,354,898
De 1738 à 1744	18,509,444
De 1744 à 1750	21,298,533
De 1750 à 1756	25,114,392
De 1756 à 1762	23,688,563

Il feroit donc plus naturel d'attribuer l'augmentation du produit à la Régie des fermiers-généraux. Mais la vérité eft qu'elle eft dûe à la fantaifie du public, à l'empire de la mode, ou fi l'on veut à la connoiffance plus répandue de ce nouveau befoin.

Le deuxième prétexte prétendu par la *compagnie* eft encore bien moins recevable, quoique avoué par le roi, dans l'édit de juin 1747. Il eft abfolument contraire au droit public du royaume. Le roi eft regardé comme pouvant toujours rentrer dans un engagement en rembourfant le prix qu'il en a reçu. Ce principe qui peut-être auroit befoin d'être modifié relativement aux domaines fonciers & à d'autres objets, eft au moins rigoureufement applicable aux engagemens du revenu public. Comment a-t-on donc pu faire achetter au roi le droit de rentrer dans une partie auffi confidérable du revenu de l'état ?

Si ce prétexte avoit eu alors quelque fondement, les actionnaires feroient également aujourd'hui en droit de demander que le roi leur tint compte des vingt-trois ou vingt-quatre millions que produit la ferme du tabac. On conviendra que la *compagnie* pourroit en effet foutenir fon commerce, fi on lui accordoit ce fecours en confidération de fes premiers droits & de fes anciens fervices. Cette prétention ne feroit pas plus déraifonnable que l'autre.

Certainement tout homme qui aura jetté des yeux attentifs fur la nature des fociétés politiques, conviendra que lorfqu'un citoyen ou une affociation particulière de citoyens ont obtenu du chef de la fociété une conceffion d'une portion du revenu public, fi l'intérêt public fe trouve lefé, le gouvernement peut toujours reclamer les droits de la fociété.

Ce principe eft fondé fur ce que le fouverain, adminiftrateur des revenus publics, n'en peut employer aucune partie que pour l'utilité publique, & que d'un autre côté il n'y a point de prefcription qu'on puiffe oppofer à l'utilité publique.

Je fçais qu'on pourroit abufer de cette maxime ; mais l'abus qu'on peut en faire n'eft pas une raifon de taire ou de cacher une vérité utile. D'ailleurs fi l'abus de cette maxime étoit à craindre ce ne feroit pas dans des circonftances de la nature de celles dont il s'agit ici.

C'eft à un particulier foible qu'on peut oppofer l'intérêt public, dans des cas où cet intérêt ne feroit qu'un prétexte pour mafquer l'injuftice & la violence ; mais lorfqu'on fait valoir ce motif contre des corps ou des affociations pour lefquels on ne peut avoir d'affections ou d'inimitiés perfonnelles, il ne peut guères arriver qu'on l'emploie injuftement.

Quant au troifiéme prétexte, pour en fentir toute la foibleffe il fuffit de fçavoir que de 1730 jufqu'en 1747 la *compagnie* avoit retiré de la ferme du tabac près de huit millions par an, c'eft-à-dire, un bénéfice annuel de 5,300,600 l. au-delà de trois millions, qui lui étoient dûs pour la remplir de la rente qui avoit été conftituée. Après cela on ne conçoit pas comment la *compagnie* ofe demander, & comment le roi lui accorde *une indemnité du bénéfice qu'elle auroit pu faire fur la ferme du tabac* depuis 1730 jufqu'en 1747.

Les motifs de cette conceffion font donc illufoires & frivoles. Nous ne difcuterons pas ici les autres chefs de demandes à la faveur defquelles on l'a fait monter à 80 millions, & qui font tous, à l'exception de l'article 5, qui eft un objet peu confidérable, fufceptibles d'être contredits avec autant de fondement.

Reprenons maintenant & mettons fous les yeux de nos lecteurs le tableau des fecours gratuits que le roi a donnés à la *compagnie* depuis fon établiffement.

E T A T des fommes fournies par le roi à la compagnie *des Indes, du premier février 1725 au premier janvier 1769.*

Produit de la ferme du tabac ; de la rente de 300,600 l. fur le roi, qui a eu lieu depuis 1725 jufqu'en 1747 & de la rente de 9 millions repréfentans les intérêts de 100 millions des premiers fonds.	376,337,354 l.
A déduire quarante-quatre ans de la rente de 3 millions que le roi devoit originairement aux actionnaires.	132,000,000
Refte payé par le roi au-delà defdits intérêts.	244,337,354 l.
Augmentation de capital accordé par le roi en 1747	80,000,000
Dividendes des actions appartenantes au roi, remis à la *compagnie* en 1749	2,485,476

Droits par tonneau jufqu'au 30 juin 1756	8,922,763 l.	11,451,553
Idem depuis le 30 juin 1764 jufqu'en 1769	2,528,790	

Paffeports & indemnités du café jufqu'au 30 juin 1756	1,168,013 l.	1,343,013
Id. du 30 juin 1764 au 1er janvier 1769	175,000	

Bénéfice des marchandifes faifies jufqu'au 30 juin 1756	2,404,927 l.	2,581,070
Idem du 30 juin 1764 au 1er janvier 1769	176,143	

	342,198,466 l.

ci-contre . . . . 342,198,466 l.

Gratification sur les noirs & sur l'or du Sénégal & de Guinée, jusqu'au 30 juin 1756 . . . . .   3,006,084 l.   3,497,900
Idem du 30 juin 1764 au 1er janvier 1769. . .   491,816

Droit de 10 l. par tête de noirs pour permissions de Guinée, jusqu'au 30 juin 1756 . . . .   1,891,623 l.   2,335,873
Id. du 30 juin 1764 au 1er janvier 1769. . .   444,250

Produit du dixième de retenue sur les rentes viagères jusqu'au premier janvier 1769   3,543,378

11835 Actions appartenantes au roi, & cédées à la *compagnie* en 1764, évaluées 1,200 l. sur le pied des 60 l. du dividende actuel, non compris le nouveau fonds de 400 l. fourni par l'appel   14,202,000

11835 Billets d'emprunt de 500 l. pareillement cédés par le roi à la même époque   5,917,500

Intérêts des billets d'emprunt & dividendes des actions dûs au roi, du 30 juin 1756 au 30 juin 1764, dont sa majesté a fait pareillement remise   5,107,400

Somme totale des secours donnés par le roi & des dépenses faites par l'état sur le revenu public pour le soutien du privilége exclusif de la *compagnie des Indes* depuis 1725. 376,802,517 l.

On observera de plus que la *compagnie* a joui de l'exemption de plusieurs droits sur ses marchandises d'importation & d'exportation.

Indépendamment de ces sommes le roi a versé pendant la dernière guerre dans la caisse de la *compagnie*, toujours pour le soutien du privilége . . . .   65,000,000 l.

Il en a coûté de plus au roi pour les vaisseaux de guerre armés dans les ports, & autres dépenses de marine, au moins. . . . . . .   20,000,000 l.

On omet les dépenses que le commerce de l'Inde a occasionnées à l'état pendant les guerres précédentes, qui pourroient monter à des sommes très-considérables.

Maintenant mettons en opposition avec ce tableau celui du produit des ventes de la *compagnie*; nous pourrons juger par là de l'importance réelle de ce même commerce pour lequel l'état a cru devoir faire les dépenses qu'on vient de voir.

Nous nous bornerons à énoncer le produit des ventes des marchandises de l'Inde, & nous écarterons celui des marchandises de Chine. En effet, les partisans les plus décidés du privilége exclusif sont toujours convenus que le commerce de chine est possible sans privilége. S'il a été attribué exclusivement à la *compagnie*, ce n'est pas qu'on ait jamais pensé, ni que la *compagnie* elle-même ait prétendu qu'il ne pouvoit se faire autrement; c'est plutôt pour lui faire trouver dans les bénéfices considérables du commerce de chine, de quoi soutenir celui de l'Inde.

Le commerce de Chine n'a jamais rien coûté à l'état. Les dépenses que le gouvernement a faites pour la *compagnie* n'ont jamais eu cet objet. Il est donc juste de ne pas nous en occuper dans la comparaison que nous voulons faire de ce que le soutien du privilége exclusif a coûté à l'état, avec les avantages que ce même privilége a pu procurer au royaume.

Nous avons d'aussi bonnes raisons pour écarter ici le commerce du sénégal, de guinée & du canada pendant le tems que la *compagnie* les a possédés exclusivement, puisqu'il ne s'agit ici que du commerce de l'Inde, dans lequel nous comprenons le commerce de Moka, de Surate & de la côte Malabar.

Etat du produit des ventes, faites par la compagnie des Indes depuis 1726 jusqu'en 1756 en marchandises de l'Inde, déduction faite des frais de vente des marchandises saisies dans le royaume, & des marchandises achetées chez l'étranger pendant les années 1749, 1750 & 1751.

Tiré des registres de la *compagnie.*

Du premier février 1725 au 30 juin 1736 . . . . 99,157,112 l. 14 s. 5 d.
Année commune . . . .   9,014,282 l. 19 s. 5 d.

Du premier juillet 1736 au 30 juin 1743 . . . .   88,043,523 l. 15 f. 4 à
Année commune . . . .   12,577,646 l. 5 f. 0 d.
Du premier juillet au 30 juin 1756 118,046,217   18   5
Année commune   9,837,184   16   6

Total des retours . . . . 305,246,852 l.

Année commune des retours depuis 1725 jusqu'en 1756 . . . .   9,846,672 l.

Mais nous avons vu plus haut que l'état a dépensé pour soutenir le privilége exclusif
de la *compagnie* 376,802,517

C'est année commune depuis 1725 . . . .   8,586,420 l,

Si l'on veut y joindre seulement les frais de la dernière guerre, l'année commune
sera d'environ . . . . 10,500,000 l.

Voilà donc une dépense annuelle de plus de dix millions, prise sur le revenu public, fournie par les citoyens de tous les ordres, enlevée aux diverses entreprises de culture, d'industrie, de navigation, de commerce, pour être employée au soutien d'un commerce exclusif, dont les retours sont, année commune, au-dessous de dix millions. (il faut bien remarquer que nous disons dix millions de *retours*, & non pas dix millions de bénéfice net, de profit du commerce. Nous ne voulons pas entrer ici dans la discussion qu'il faudroit faire pour fixer le bénéfice ; on sent seulement qu'il ne peut jamais former un objet assez important, pour que l'état dépense à se le procurer dix millions par an du revenu public.) En bonne foi, cette dépense étoit-elle raisonnable, & la perte a-t-elle été compensée par le profit.

L'agriculture favorisée par quelque bonne loi, ou plutôt par la révocation de quelques loix, les péages supprimés, un soulagement d'impôt accordé à une seule province, la construction d'un chemin, d'un canal, d'un port, une seule de ces opérations qui toutes ensembles n'auroient pas demandé une dépense sur le revenu public aussi grande que celle qui a été faite pour la *compagnie* ; une seule, dis-je, de ces opérations auroit produit au royaume des avantages infiniment plus grands, plus réels & plus durables que tous ceux que les partisans de la *compagnie* des Indes peuvent attribuer à leur commerce exclusif.

Qu'est-ce d'ailleurs pour un pays puissant & riche, pour une Nation active & industrieuse, pour un royaume tel que la france, qu'un commerce de dix millions ? Que de genres de commerce n'avons-nous pas plus riches, plus étendus, plus utiles auxquels le gouvernement n'a jamais dépensé la dixiéme partie de ce qu'il lui en a coûté pour le commerce de l'Inde, qui sont florissans, & qui se soutiennent par eux-mêmes sans mettre l'état à contribution.

Tel est notre commerce dans le nord, celui de nos vins de Guyenne, celui de nos toiles avec l'espa-

gne, de nos draps avec le levant, celui de nos colonies de l'amérique, &c.

Une considération se présente encore, qui fait sentir plus fortement la petite importance de ce commerce ; c'est l'étendue de pays qu'il embrasse, comparée au peu qu'il fait. L'Asie entière, les deux tiers du monde sont abandonnés à une petite *compagnie* ; & pour ne parler que de l'inde seule, un pays aussi grand que l'Europe, est fermé à nos navigateurs, à notre commerce, à notre industrie. Si l'on veut juger de ce que la liberté eût pu y faire, on n'a qu'à voir ce qu'elle a fait dans quelques petites isles de l'Amérique, qui ne sont pas la dix-milliéme partie de ces vastes pays, livrés au monopole de la *compagnie*.

Les retours de la Martinique & de la Guadeloupe sont évalués 36 millions, ceux de S. Domingue 80 millions. La navigation de ces deux colonies employe dans nos ports 450 à 500 vaisseaux.

Voilà des commerces intéressans, & non pas celui qu'on nous fait tant valoir, dont les retours sont de dix millions, & qui employe douze vaisseaux.

Enfin, quelque chose qu'on dise en faveur de la *compagnie*, il faut en revenir toujours à comparer la grandeur des secours que l'état accorde avec l'importance de l'objet pour lequel il les accorde. Il n'y a point de subtilité qui puisse faire entendre que l'état a bien fait de sacrifier en quarante ans près de quatre cent millions pour soutenir un commerce qui rapporte par an dix millions de retour. Nous nous en tiendrons à cette seule assertion, que nous ne croyons pas qu'on puisse contester, & nous passerons au deuxiéme objet que nous avons à traiter, la possibilité du commerce particulier aux Indes Orientales, & l'inutilité d'un privilége exclusif pour son exploitation.

§. I I.

Quand le commerce de la *compagnie* auroit

procuré à l'état des avantages réels, & capables de compenfer les dépenfes exceffives que le gouvernement a faites pour elle, ce ne feroit pas une raifon de lui conferver fon privilége exclufif; fi le commerce particulier & libre peut être fubftitué au commerce exclufif de la *compagnie*, & produire pour l'état les mêmes avantages & de plus grands. Or, c'eft ce que nous entreprenons de prouver.

Nous devons avertir que, pour faire cette difcuffion avec plus de connoiffance de caufe, nous avons lû plufieurs mémoires faits, en faveur du privilége exclufif de la *compagnie*, par des perfonnes employées dans fon adminiftration, qui ont demeuré fur les lieux, & qui nous paroiffent avoir raffemblé les raifons les plus fortes qu'on puiffe oppofer à la liberté.

L'opinion établie dans ces mémoires eft commune parmi ceux qui ont eu part à l'adminiftration de la *compagnie* dans l'Inde; mais nous ne croyons pas que cette queftion puiffe fe décider par ce genre d'autorité.

On fent que l'habitude & l'intérêt particulier peuvent influer beaucoup fur cette décifion. On eft accoutumé depuis plus de cent ans à voir exercer ce commerce par des *compagnies* exclufives, on en conclut qu'il n'eft pas poffible qu'il foit exercé par des particuliers. L'intérêt des perfonnes, attachées à la *compagnie*, agit auffi fur l'efprit d'une manière cachée & le détourne infenfiblement du chemin de la vérité : on ne voit plus que les obftacles qui s'oppofent à la liberté; on cherche même à les groffir, tandis qu'on fe diffimule les reffources puiffantes que l'induftrie humaine fçait mettre en ufage, toutes les fois qu'elle n'eft pas gênée dans fon action.

Nous avons donc examiné & péfé les raifons qu'on oppofe à la liberté, & c'eft d'après cet examen que nous croyons pouvoir décider que le commerce particulier & libre peut s'établir & fe foutenir dans l'Inde, & procurer au royaume tous les objets de fa confommation avec plus d'abondance, de facilité & de bon marché, que n'a fait jufqu'à préfent le commerce exclufif de la *compagnie*.

Mais, avant d'entrer dans les détails locaux & rélatifs à chaque branche de commerce de l'Inde, nous allons tâcher de bien établir l'état de la queftion. Cette précaution eft néceffaire, parce que les partifans du privilége exclufif font tout ce qu'ils peuvent pour nous en écarter, en raifonnant d'après des fuppofitions que nous ne pouvons pas leur paffer.

Ils fuppofent (& on en verra la preuve dans la fuite de cette difcuffion) ils fuppofent, dis-je, que le commerce particulier & libre dont nous foutenons la poffibilité dans l'Inde, y fera abandonné à lui-même, fans fecours, fans protection de la part du gouvernement, fans établiffement. Ils oppofent toutes les difficultés & écartent toutes les reffources. Ils imaginent le vaiffeau d'un négociant de Nantes ou de Bordeaux, arrivant dans les ports de l'Inde comme à une plage tout à fait inconnue, habitée

par des Sauvages, & n'y trouvant aucun Européen qui puiffe le diriger ou s'intéreffer à fon commerce en partageant les profits; ils fe repréfentent toute l'Afie armée pour écarter des Européens qui leur paroiffent devoir être traités en ennemis, parce qu'ils font les ennemis de leur privilége. Ils prononcent que le commerce particulier eft impoffible, & on les croit.

Peut-être que même en adoptant toutes leurs fuppofitions, on pourroit encore fe refufer aux conféquences qu'ils en tirent. Peut-être qu'en imaginant les Anglois, les Indiens, les Chinois, la *compagnie* elle-même luttant de toutes leurs forces contre l'établiffement du commerce libre dans l'Inde, faudroit-il encore penfer que le commerce libre s'établira en plus ou moins de temps malgré tous ces obftacles. C'eft jufques-là que doit conduire le fyftême de la liberté, quand il eft embraffé dans toute fon étendue, & qu'on en fuit conféquemment. La crois juftes & vraie. Je crois qu'il n'eft point de difficultés que l'activité d'une nation comme celle-ci ne puiffe vaincre elle feule. Je crois qu'au moins perfonne n'eft en droit de borner les effets de cette multitude de forces toujours agiffantes, dirigées par l'intérêt particulier qui fait fi bien atteindre à fon but.

Par exemple, le commerce particulier ne trouvera point de correfpondances, d'agens déja établis dans l'Inde; il s'en créera à lui-même. Il n'y aura perfonne occuppé de ménager fes intérêts avec les gens du pays; l'appât d'un profit à faire en fufcitera.

Il ne trouvera point de marchandifes toutes fabriquées : il fera les premières cargaifons moins complettes. Mais comme, par cette raifon même, les marchandifes, les toiles fabriquées & prêtes à l'arrivée des vaiffeaux auront été mieux vendues, l'année fuivante on en trouvera d'avantage de faites, & ainfi, jufqu'à ce que le commerce ait pris la forme la plus convenable aux intérêts combinés des acheteurs & des vendeurs.

Les princes de l'Inde chargeront les marchandifes du commerce particulier, de droits plus confidérables que ceux que paye la *compagnie*; le commerce fe tournera vers ceux qui le traiteront le plus favorablement, & cette préférence feule engagera quelques-uns d'entr'eux à fe relâcher un peu de leur première rigueur.

Ces droits feront encore fort pefants; le commerce particulier fe réduira à une plus grande économie pour conferver des profits plus grands. On mettra plus d'intelligence dans les armemens, plus de fageffe dans les difpofitions des voyages. Si ces moyens ne fuffifent pas, on fe contentera de profits beaucoup moindres, fans que le commerce ceffe pour cela de fe faire & de s'étendre.

Les Européens établis dans l'Inde vexeront les négocians particuliers; on achettera l'exemption de ces vexations d'eux-mêmes, & en la payant fort chèrement, le commerce particulier pourra faire encore de grands profits.

Si le joug eft trop pefant, on s'écartera ; on formera des établiffemens à diftance des leurs ; on aura pour fecours les naturels du pays & toutes les autres nations qui s'appuyeront les unes les autres contre la plus puiffante.

Beaucoup d'obftacles réunis empêcheront telle & telle efpèce de commerce dans tel & tel endroit ; on découvrira d'autres lieux, d'autres branches de commerce nouvelles, & peut-être plus lucratives.

Si l'on demande quelles affurances on peut avoir que les chofes fe pafferont ainfi ; je dirai que ces efpérances font fondées fur une grande vérité qu'on ne peut méconnoître, la force puiffante de l'intérêt particulier, & fur l'expérience mille fois répétée de tout ce que l'intérêt & la liberté réunis ont fait faire aux hommes de difficile & de grand.

Ce ne font pas en effet les loix, les réglemens, les privilèges, les compagnies qui ont inventé & perfectionné les arts & les fciences, découvert des mondes inconnus, rendu plus facile & plus fréquente la communication des hommes entr'eux, étendu l'aftronomie, la navigation, le commerce, &c. Tout cela eft l'ouvrage de la liberté, de l'induftrie agiffante, quelquefois foiblement protégée, communément abandonnée à elle-même, plus fouvent encore traverfée dans fes entreprifes, & triomphant de mille obftacles.

Ce ne font pas des compagnies qui ont découvert l'Afrique & l'Amérique ; ce n'eft pas une compagnie à privilège exclufif qui a doublé le Cap de Bonne-Efpérance ; Magellon n'étoit pas gagé par une compagnie. Le maire, après avoir paffé le détroit qui porte fon nom & perdu les trois quarts de fon équipage dans la mer du Sud, arrive à Batavia, voit fon vaiffeau confifqué, & meurt en prifon pour avoir donné atteinte au privilège de la compagnie Hollandoife.

Qu'on y prenne garde, les compagnies & les privilégiés ne font jamais qu'à la pifte de l'induftrie. Un commerçant particulier fe meut, s'agite dans l'enceinte où fa fortune & fon état actuel le tient renfermé. Il parvient bientôt à l'étendre. Il cherche & découvre de nouvelles routes à la richeffe, & les fuit avec ardeur. Il porte fes fpéculations au Nord, au Midi, en Afie, en Amérique ; des vaiffeaux volent à fes ordres, & apportent de toutes les parties de la terre des objets de defirs & de befoins pour les hommes & des richeffes pour lui.

A fon exemple d'autres hommes induftrieux fuivent la route qu'il a tracée, ou s'en ouvrent de nouvelles ; le commerce s'étend & fleurit. Alors s'éveille le privilège, qui, comme un vil frêlon, vient occuper la cellule & dévorer le miel de l'abeille laborieufe. Alors fe forment les affociations exclufives. Alors on tâche de prouver au gouvernement que cette plante née toute feule à l'ombre de la liberté, qui a déjà jetté des racines étendues, qui eft vive & vigoureufe, va fe deffécher fi on ne lui donne pas un nouveau genre de culture. On dit que le commerce manquera de capitaux ;

qu'il lui faut des grands établiffemens, des comptoirs, des flottes, des privilèges de tous les genres, &c.

Si l'on ne perfuade pas une chofe auffi peu vraifemblable, on obtient au moins des adminiftrateurs qu'ils agiffent comme s'ils en étoient perfuadés.

La compagnie s'éleve donc ; bel édifice en apparence, mais qui a toujours une étendue plus grande que celle de fes fondemens, & dont la chûte inftruit bientôt (ceux qui veulent s'inftruire) du peu de confiance qu'on devoit avoir aux grandes promeffes de ceux qui l'ont conftruit.

Voilà l'hiftoire de toutes les compagnies à privilège exclufif, toutes fe font établies fur les débris du commerce particulier, floriffant déja fans privilège, & par la feule influence de la liberté. Le commerce particulier avoit donc déja furmonté ou commencé de furmonter ces difficultés qu'on prétend devoir lui être infurmontables. Il pourra donc les vaincre aujourd'hui.

Je me raffure encore contre la crainte des difficultés que peut éprouver dans l'Indé le commerce libre, par une confidération générale qui mérite d'autant plus d'être développée, qu'elle peut être utile à faire connoître les vices de tous les établiffemens contraires à la liberté du commerce.

Les difficultés font évaluables en argent, & celui qui peut en mettre le plus à les vaincre, en triomphe fûrement. Or le commerce particulier a bien plus de reffources pour cela, parce qu'il fait moins d'autres frais inutiles. Il faut qu'une compagnie paye des directeurs, des fyndics, des gouverneurs, des employés fans nombre. Elle fe croit dans la néceffité de repréfenter. On fubftitue le fafte & la dignité à la fimplicité du négociant. Le commerce libre épargne ces dépenfes, en grande partie néceffaires aux compagnies. Or ce qu'il épargne ainfi, il l'emploie à vaincre les difficultés, ou à fe contenter d'un moindre profit.

Si le commerce de la compagnie des Indes a été à charge jufqu'ici, ce n'eft pas qu'il n'ait donné, & qu'il ne donne même encore des bénéfices bien capables d'exciter l'induftrie des négocians ; mais ces bénéfices ont été abforbés par des frais immenfes : en effet, on voit que les frais ordinaires montent à près de 10 millions pour un commerce d'environ 15 millions de retour ; c'eft-à-dire, que ces frais font de plus de 70 pour cent du fonds du commerce. Que le commerce particulier épargne feulement 30 ou 40 pour cent de ces frais, qu'il les emploie à ouvrir & applanir la route qu'il veut faire, il n'y a point d'obftacle qui puiffe l'arrêter.

Une autre différence à l'avantage du commerce libre, & qui met le commerçant particulier en état de furmonter les difficultés, eft qu'il eft exempt, au moins en grande partie, des pertes que les compagnies effuyent par la négligence ou par l'infidelité de leurs chefs mêmes & de leurs adminiftrateurs.

Parmi

Parmi ceux qui font leurs affaires, qui achettent ou vendent pour elles, qui font dépofitaires de leurs effets, qui en reçoivent des falaires à quelque titre que ce foit, il y en a toujours un grand nombre qui facrifient les intérêts de la *compagnie* au leur, qui caufent fouvent des pertes d'autant plus grandes, que l'entreprife eft plus confidérable.

Or ce genre de pertes ne tombe que rarement fur les particuliers, dans le cas d'un commerce libre. Un négociant voit par fes yeux; ce font fes enfans, fes parens, fes affociés qui l'aident dans fes entreprifes; tous font également intéreffés à ménager les fonds du commerce qui leur appartiennent, & à multiplier les profits qu'ils doivent partager. Quant aux fubalternes, ils font veillés de plus près. Comme ils ont à répondre de leur conduite à peu de perfonnes & quelquefois à une feule, la malverfation eft fûrement punie. La protection d'un directeur prévenu foutient quelquefois un fripon, dans un pofte important, contre le bien des affaires d'une *compagnie*. Un négociant chaffe fon commis fans tant de façons. Cette juftice prompte & éclairée maintient l'exactitude & la fidélité, retranche des caufes de déprédations, augmente les profits du commerce, & par conféquent les moyens de vaincre les difficultés qui peuvent le traverfer.

Nous pouvons fortir de ces généralités, & appliquer à la *compagnie* tout ce que nous venons de voir, fans que perfonne puiffe contefter la juftesse de cette application. On peut le dire, puifque c'eft une chofe connue. La *compagnie* n'a jamais fait à fon profit plus de la moitié du commerce de l'Inde. Un vaiffeau de 900 tonneaux n'emporte pas communément plus de 500 tonneaux en marchandifes pour le compte de la *compagnie* à fon départ d'Europe. Je ne dirai rien de tout ce qui peut fe paffer dans l'Inde & en Chine de contraire à fes intérêts. Au retour, la pacotille des officiers & employés fait une grande partie du chargement. Tous les frais du commerce font payés par elle, tandis qu'elle voit lui échapper une grande partie des profits. Si un négociant particulier veut facrifier le tiers de fon gain à faciliter fon expédition, je ne crois pas que perfonne puiffe foutenir, avec quelque connoiffance de caufe, que le commerce dans l'Inde lui fera impoffible. Or, en faifant ce facrifice, il fera encore but à but avec la *compagnie*. Le commerce particulier & libre pourroit donc fe fuffire à lui-même pour vaincre tous les obftacles, & triompheroit dans l'Inde de tous ceux que les défenfeurs du privilége exclufif fuppofent qu'il y trouvera, quand ces obftacles feroient auffi nombreux & auffi réels qu'ils tâchent de nous le faire croire.

Mais, pour foutenir la poffibilité du commerce particulier dans l'Inde, il n'eft pas néceffaire de pouffer auffi loin les efpérances qu'on peut fe faire de la liberté. Les obftacles ne font pas fi grands qu'on les fuppofe.

Il n'eft pas queftion d'établir un commerce dans un

pays inconnu, habité par des antropophages. Les côtes & les ifles de l'Inde font peuplées de nations civilifées, remplies d'européens, qui y font prefque naturalifés, qui favent s'y faire entendre, qui en connoiffent les mœurs & les loix. Le commerce y eft connu. Les naturels du pays y font accoutumés. Les divers travaux qui fourniffent des marchandifes aux européens, font établis & ne cefferont pas, parce que les acheteurs cefferont d'avoir un privilége exclufif. Les particuliers traiteront avec les mêmes marchands du pays, qui font aujourd'hui le commerce de la *compagnie*. Les comptoirs de la *compagnie* pourront être, comme aujourd'hui, les points de ralliement du commerce, & les établiffemens françois entretenus par le Roi, pourront y fervir de fauvegarde au commerce françois. Les chefs de ces comptoirs pourront faire dans les ports de l'Inde, ce que font nos confuls auprès des puiffances européennes, dans les echelles du levant, & jufques chez ces nations de pirates, plus féroces & plus étrangeres à la juftice & à la raifon que les nations de l'Inde.

On laifferoit fubfifter le nom de *compagnie*, parce que, toutes les poffeffions & tous les priviléges dont jouit la nation, dans le continent de l'Inde, lui ayant été accordés fous ce nom, il y auroit lieu de craindre que les princes du pays n'en priffent prétexte pour révoquer leurs conceffions, & les autres *compagnies* pour troubler les particuliers françois dans leur commerce.

Les chefs des comptoirs, repréfentans non plus la *compagnie* actuelle, mais la *compagnie* vraiment *Françoife* de tous les négocians de la nation, veilleroient à l'exécution des marchés faits entre les françois & les gens du pays. Ils auroient, pour punir & empêcher les friponneries entre les nationnaux, la même autorité dont ils jouiffent aujourd'hui. En cas de vexation, ils porteroient les plaintes du commerce aux princes du pays. Si les nations Européennes le traverfoient, ils s'en plaindroient en France, & on fauroit bien faire ceffer les injuftices & les violences. En un mot, toutes les facilités que les établiffemens de la *compagnie* donnent à fon commerce aujourd'hui, pourroient être & feroient en effet à l'ufage du commerce libre. L'exercice du privilége exclufif auroit, malgré lui, frayé la route à la liberté.

Quelle difficulté pourroit-il donc y avoir à l'établiffement du commerce libre, le privilége de la *compagnie* venant à ceffer? Le commerce exclufif aura été une efpèce d'effai, une préparation à la liberté générale du commerce. Le privilége étant fupprimé, fi le gouvernement continue de protéger le commerce François dans l'Inde; pourquoi ne fe trouveroit-il perfonne qui voulut fuivre une route deja frayée? Quelle raifon en empêcheroit dans la paix, dans ces temps où toute l'induftrie d'une nation eft en mouvement? Sans doute que plufieurs négocians tourneront leurs vues fur un commerce avantageux, & à la fuite de ceux-là, plufieurs autres. Les employés, les intéreffés dans l'ancienne *compagnie*

Hhhh

feront les premiers à le continuer, & ils le feront comme le faisoit la *compagnie* elle-même.

J'entends bien que ce projet de substituer insensiblement le commerce particulier & national à celui de la *compagnie*, peut déplaire à beaucoup de personnes : on pourra même voir une espèce d'injustice à faire ainsi servir la *compagnie*, ou au moins son nom, à l'établissement de la liberté. Des actionnaires diront, puisque nous ne continuons plus le commerce exclusif, nous voulons dissoudre tout-à-l'heure toute société entre nous ; nous partagerons nos fonds, tous nos effets, nous les emploierons tout de suite de quelqu'autre manière ; mais nous ne voulons pas contribuer nous-mêmes à l'établissement de la liberté qui s'élève sur nos ruines ; nous ne voulons plus entendre parler de cette *compagnie* ni de commerce de l'Inde, sous quelque forme qu'on nous le présente. Voilà des sentimens que peut dicter l'humeur d'un moment, mais qui ne peuvent tenir contre la voix de la justice & de la raison. C'est ce que nous allons faire voir à l'aide de quelques réflexions.

Les actionnaires, renonçant à toute espèce de commerce, retirant tout ce qu'ils ont de fonds réel & en leur possession actuelle, vendant leurs établissemens, leurs effets, meubles & immeubles dans l'Inde & en Europe, se retrouvent créanciers de l'état, pour la rente de 9 millions, au principal de 180 millions. Au premier aspect, leur sort peut paroître assuré & tranquille ; mais un examen plus attentif peut leur donner quelqu'inquiétude.

Il faut parler nettement. Je suppose un citoyen dont l'état & la fortune sont intéressés à la situation des finances du royaume, ou qui craint l'accroissement des impositions, ou qui, membre de la société, ne peut voir sans inquiétude, la dépense publique excéder le revenu. Un tel homme a sans doute quelque droit à examiner les titres qu'un actionnaire de la *compagnie* produit en faveur de sa créance ; or, voici les réflexions auxquelles cet examen pourra le conduire.

La *compagnie des Indes* a été favorisée par nos souverains, d'une infinité de privilèges & de secours très-puissans pendant une longue suite d'années, comme exerçant un commerce utile ; on trouve que l'état lui a payé une somme de 376 millions, dans l'espace de quarante-quatre ans ; ces dépenses ont été fournies par des citoyens de tous les ordres, sous le prétexte de je ne sais quels avantages d'un commerce dans l'Inde. Peut-être que seulement, à raison de ces graces accordées à la *compagnie*, même en supposant le commerce de l'Inde aujourd'hui désavantageux ; peut-être, dis-je, le gouvernement pourroit-il forcer les actionnaires à le continuer. Il pourroit leur dire : vous avez été favorisés des plus puissans secours, dans des temps plus heureux, parce que vous avez persuadé que votre commerce étoit utile à la nation ; vous avez mis à profit ces secours du gouvernement, pour votre fortune particulière ; vous avez joui long-temps de dividendes

beaucoup plus considérables que ne le comportoient les profits de votre commerce, & le prix commun de vos actions. (On en trouvera la preuve dans un état du prix commun des actions sur la place, depuis 1725, jusqu'au premier janvier 1769,) Aujourd'hui, que les circonstances vous sont moins favorables, vous voulez quitter le commerce ; c'est ce que l'administration ne peut pas vous permettre ; vous avez gagné dans des temps plus favorables, il faut que vous sçachiez perdre aujourd'hui.

L'état n'exigera pourtant pas de vous un pareil sacrifice ; mais comme il craint, avec raison, que vous ne soyez dans l'impossibilité de soutenir votre commerce, en continuant d'exercer votre privilége exclusif, & qu'il ne veut plus faire pour vous les dépenses excessives auxquelles il s'est laissé aller, il vous engage à renoncer à votre privilége, à ouvrir le commerce de l'Inde à tous les citoyens, & à préparer les voies à l'établissement du commerce particulier, sans aucun risque pour votre fortune ; si vous refusez de vous prêter à cet arrangement ; si vous ne voulez renoncer à votre privilége, qu'en renonçant en même-temps à toute association ; à la bonne-heure : mais le gouvernement qui vous laisse le choix entre les deux partis, ne peut pas vous laisser ignorer ce qu'il doit faire, si vous embrassez celui qui est le moins favorable à la nation, le moins utile à la conservation d'un commerce dans l'Inde ; il cessera de faire pour vous, aux dépens de l'état & des citoyens, des dépenses qui sont à la charge de l'état & des citoyens, auxquels vous cessez d'être utiles.

Quelle est en effet l'origine & la nature des engagemens que l'état a contractés avec vous ? Il étoit votre débiteur de trois millions de rente au principal de cent millions. Il ne vous a accordé le privilége de la vente du tabac, que pour vous tenir lieu de cette rente. Tout ce qui vous a été accordé par-delà, ne vous a été donné qu'à raison de l'utilité vraie ou prétendue de votre privilége pour l'état.

Si donc vous cessez d'être commerçans, votre droit à la continuation de cette grace s'évanouit. Pourquoi l'état, c'est-à-dire en dernière analyse, les citoyens, pourquoi les hommes industrieux qui exercent le commerce & les arts, pourquoi les agriculteurs, pourquoi les classes les plus pauvres de la société, pourquoi les riches mêmes, pourquoi tous les ordres des citoyens seront-ils forcés de fournir une partie de leurs subsistances, ou si l'on veut de leur aisance, à un petit nombre d'hommes qui ont reçu d'eux ce tribut à un titre au moins équivoque, c'est-à-dire, comme exerçant le commerce de l'Inde & qui refuseroient de se prêter au maintien du commerce de l'Inde ?

En un mot, si, en renonçant à toute espèce d'association, vous vous réduisez vous-même à la simple qualité de créanciers de l'état, il ne vous est plus dû qu'une rente de trois millions, & vous n'avez plus aucun droit à tout ce que vous avez obtenu du gouvernement, à titre de grace & d'encouragement de votre commerce.

Cette réflexion mérite d'être pesée avec attention par ceux d'entre les actionnaires qui seroient tentés de s'opposer au projet de faciliter l'établissement du commerce particulier dans l'Inde, & qui voudroient détruire tout de suite toute la partie du système de la *compagnie*, qui, sans être liée avec le privilége exclusif, pourra ouvrir la route du commerce à la liberté.

Cela posé, les comptoirs de la *compagnie* elle-même pourroient être le berceau du commerce libre. Il y pourroit croître à l'ombre de la protection du roi & de l'état, & payer bientôt les soins qu'on auroit pris de son enfance.

Voilà le point de vue sous lequel il faut voir le nouveau commerce de l'Inde, & on ne sera plus si effrayé des monstres qui doivent, dit-on, le dévorer à sa naissance.

C'est par ces précautions, & de semblables, que le commerce particulier pourra s'établir. Je ne puis pas détailler ici avec plus d'étendue, le plan d'après lequel on pourroit le conduire. On sent qu'il ne peut être que très-simple & très-facile à former & à suivre. Je le supposerai mis à exécution, & c'est dans cette supposition qu'on ne doit pas perdre de vue que je prouverai la possibilité du commerce particulier dans l'Inde en parcourant successivement les diverses branches du privilége de la *compagnie*.

Les différentes espèces de commerce exercées jusqu'à présent par la *compagnie*, sont le commerce de Moka, celui de Surate, celui de la côte de Malabar, celui du Bengale & de la côte de Coromandel, enfin celui de Chine.

Le commerce du Bengale & de la côte de Coromandel, sont ici l'objet principal, soit parce que les retours en sont plus considérables, soit parce que c'est celui pour l'exploitation duquel le privilége exclusif a toujours paru le plus nécessaire. Nous pourrions donc nous borner à prouver que des négocians particuliers peuvent le faire aussi-bien, & avec autant d'avantage pour l'état, que la *compagnie* elle-même.

Mais comme nous ne voulons négliger aucune preuve, ni laisser sans réponse aucune des objections, nous prouverons successivement la possibilité de tous ces genres de commerce abandonnés à la liberté.

Commerce de Moka.

On doit commencer par observer que le commerce qui procure les cafés de Moka par l'Inde, n'est ni important ni nécessaire. La quantité de cafés de Moka consommés en France, est bornée à 4 ou 500 milliers. Ce retour donne peu de bénéfice. Le café coûte sur les lieux 18 à 20 sous, y compris les frais du vaisseau, & se vend en France 40 sous; mais comme cette denrée est d'un grand encombrement, les frais de transport absorbent le bénéfice de l'achat à la vente.

On est fondé à croire que ce commerce ne souffrira point d'interruption, & continuera comme il se faisoit sous l'ancienne administration.

La *compagnie* y employoit un vaisseau particulier de cinq à six cens tonneaux; & comme elle n'avoit pas les fonds suffisans pour faire l'achat de la totalité des cafés qu'elle vouloit se procurer, les particuliers chargeoient dans ce vaisseau les marchandises de l'Inde, propres au commerce de Moka, dont le produit servoit à l'achat des cafés : on convenoit, avant le départ, de l'intérêt que la *compagnie* devoit payer aux particuliers pour leurs avances, & du fret pour le retour des cafés à Pondichery, & on payoit le tout ou en argent avec les fonds qui étoient arrivés en France, par les vaisseaux d'Europe, ou en marchandises, ou en lettres de change sur France.

Rien n'empêchera que les particuliers de l'Inde ne s'associent pour armer & charger le vaisseau, qui, à la même époque, partira tous les ans de Pondichery pour Moka. Chacun y chargera les marchandises de la Côte qui sont propres à ce commerce, en payant le fret convenu; un ou deux subrecargues seront chargés de la vente des marchandises, & de l'achat des cafés qu'ils feront toujours sous le nom de la *compagnie*, pour profiter de la modération des droits; on donnera comme ci-devant cinq pour cent du prix de la vente au subrecargue, & le vaisseau retournera à Pondichery; ou, ce qui paroîtroit beaucoup plus utile aux armateurs, il ira à l'île de France, y déposera sa cargaison, & y prendra les marchandises d'Europe, qu'il portera à Pondichery.

L'île de France pourroit aussi faire ce commerce directement avec Moka. M. David, commandant aux îles de France & de Bourbon, avoit été sur le point de l'établir, & on a un mémoire de lui qui en démontre les avantages. Ainsi cette branche de commerce ne paroît pas devoir souffrir de la liberté.

Enfin, le commerce du Levant pourroit seul nous procurer tout le café de Moka nécessaire à notre consommation, à aussi bon marché que la *compagnie*.

Les mémoires que j'ai cités ne combattent la possibilité de ce commerce, sans l'intervention de la *compagnie*, que par des assertions entierement gratuites. On dit : « que les cafés coûteroient beaucoup » plus chers aux particuliers; que ce n'est qu'au » moyen des priviléges dont jouit la *compagnie* » dans le pays qu'elle peut en obtenir; que ses subre- » cargues mêmes essuient des avanies de la part des » gouverneurs de Moka & de Bétel-Fagui, & que » les vaisseaux particuliers y seront encore plus » exposés, &c. »

D'abord, comme ce ne sont-là que de simples assertions dont on ne donne point de preuve, il nous suffit de les nier.

Il n'est ni probable ni possible que des gens qui ont une denrée à vendre, maltraitent davantage des acheteurs libres que des acheteurs au nom d'une *compagnie*. Au fonds, les avanies ne font qu'un enchériffement de la marchandife ; fi le gouverneur de Moka fe fait payer un droit arbitraire, ce droit peut toujours être regardé comme une partie du prix du café ; fi ce droit eft exorbitant, le café n'eft plus achetable, & le gouverneur lui-même perd fon droit. C'eft uniquement cette crainte d'écarter les acheteurs qui contient ces hommes avides. Or, cette crainte eft la même pour eux, foit que le commerce foit libre ou qu'il fe faffe par la voie de la *compagnie* ; elle peut même être moins grande dans l'état actuel ; car la *compagnie* foutiendra plutôt & plus long-temps les vexations de cette efpèce que des particuliers. Elle tient plus aux diverfes branches de commerce qu'elle fait ; elle veut s'affortir, & payera la denrée plus chérement, dût-elle y perdre. Au lieu que le commerce libre, lorfqu'il éprouve des difficultés & des augmentations de frais trop grandes fur un objet, fe tourne plus facilement vers un autre.

Ajoutons que felon ces mémoires, les vaiffeaux de la *compagnie* ne font pas exempts d'avanies & de droits arbitraires. Le commerce particulier fera donc à cet égard dans la même pofture que celui de la *compagnie*.

Enfin, ceux qui difent que les gouverneurs de Moka & de Betel-Fagui, ont toujours vexé les vaiffeaux des particuliers, nous donnent gain de caufe fans y penfer. Car cela pofé, le commerce particulier s'y fait donc en concurrence avec la *compagnie*, & s'y fait par conféquent avec profit malgré les avanies. Nous prétendons qu'il continuera de fe faire, qu'il prendra même plus d'étendue ; il nous femble que nos efpérances font mieux fondées que les craintes qu'on y oppofe.

Commerce de Surate.

On n'a rien à perdre à l'égard de ce commerce, qui autrefois étoit très-intéreffant, mais qui eft infiniment tombé par la fuite des troubles qui fe font élevés dans le pays. La *compagnie* n'y envoie plus de vaiffeaux depuis très-long-temps ; elle y tient cependant un ou deux employés pour y protéger le commerce particulier, & elle leur fait paffer de temps en temps, quelques effets & marchandifes, objet peu confidérable. Toutes les nations Euro-péennes font également admifes dans cette ville ; mais les Anglois en font aujourd'hui les maîtres, & fe font emparés de prefque tout le commerce. Cette ville offre un grand débouché de draps & autres marchandifes d'Europe : on en tire les plus beaux cottons de l'Inde, qui s'envoient dans le Bengale. Les particuliers continueront à faire ce commerce, & avec beaucoup plus d'avantage qu'une *compagnie*, parce que l'intérêt étant plus immédiat, y portera plus d'induftrie : quoi qu'il en foit, d'après l'état actuel, on ne peut que gagner fur cet objet.

Ajoutons que le dépériffement du commerce de Surate, entre les mains de la *compagnie*, confirme ici tous nos principes. Que peuvent, en effet, répon-

dre à cet exemple les défenfeurs du privilège exclufif ? Voilà un commerce très-intéreffant, celui de toute l'Inde, qui offroit le plus de débouchés à nos manu-factures, & fur-tout à nos draps, que la *compagnie* a laiffé s'anéantir entre fes mains ; que pouvoit-il arriver de pis, s'il eût été libre ?

Commerce des poivres à la côte de Malabar.

Les poivres font prefque la feule production que l'on charge à la côte de Malabar, pour le commerce d'Europe. On en tire ordinairement de Mahé, en-viron 1500 milliers pefant, qui, vendus en France 1 liv. 10 f. la livre, font un re-tour de . . . . 2,250,000 l.

Ce comptoir pourroit en fournir jufqu'à deux millions pefant.

Cette denrée eft d'un très-grand encombrement, eu égard à fa valeur ; c'eft par cette raifon qu'il n'en vient qu'une partie en facs ; le refte fe répand fur les balles des autres marchandifes plus pré-cieufes, qu'il préferve d'avaries, & dont il fixe l'arrimage.

Si les befoins de la navigation n'obligeoient pas d'avoir un établiffement à la côte de Malabar, on feroit tenté d'abandonner celui de Mahé, qui a tou-jours plus coûté à la *compagnie*, qu'il ne lui a procuré de bénéfices ; mais les mouffons, qui fixent la navigation des mers de l'Eft & de l'Oueft de la prefqu'île de l'Inde, rendent ce comptoir néceffaire pour la relâche des vaiffeaux.

La côte de Coromandel ceffe d'être navigable depuis la fin de feptembre jufqu'en janvier ; elle eft même encore dangereufe jufqu'en avril, qui eft le temps où commence ce qu'on appelle à cette côte, la *grande mouffon*.

La côte de Malabar n'eft au contraire praticable, que depuis la fin de feptembre jufqu'à la fin de mars ; ainfi, la navigation doit néceffairement fe partager entre ces deux côtes.

D'ailleurs ce comptoir eft néceffaire au commerce particulier, dont un des principaux objets eft l'é-change des marchandifes du Bengale & de la côte de Coromandel avec celles de la côte de Malabar.

Au refte, ce commerce peut fe faire par les par-ticuliers, à-peu-près comme celui de Moka, & comme il fe faifoit pendant l'adminiftration de M. Dupleix.

Vers le mois de feptembre, on expédioit un vaiffeau particulier de la côte de Coromandel pour Mahé. Le confeil, qui ordinairement n'avoit point de fonds à deftiner à ce commerce, en recevoit des particuliers en argent ou en marchandifes, & les prenoit à la groffe de vingt pour cent. Ce vaiffeau arrivoit en octobre à la côte de Malabar ; il y étoit adreffé au confeil de Mahé, qui vendoit les mar-chandifes pour le compte des particuliers, &, tant avec ce produit qu'avec l'argent qui lui étoit envoyé, achetoit les poivres, & de préférence ceux de l'année précédente ; quand ils ne fuffifoient pas, on prenoit ceux qui venoient d'être récoltés; le vaisseau repartoit en mars ou au commencement d'avril, & arrivoit en mai à la côte de Coromandel : alors on soldoit avec les grosseurs, soit en argent qui arrivoit de France dans ce temps, ou à défaut d'argent, en billets du conseil à l'intérêt de huit pour cent, ou même en lettres de change sur France.

Cette opération pourra se continuer dans la même forme, excepté qu'au lieu que les particuliers donnent leurs fonds à la grosse, ils feront faire des achats pour leur propre compte, & ces poivres de retour à Pondichery, ils les chargeront sur les vaisseaux qu'ils destineront pour Europe, ou ils les vendront à ceux qui seront chargés de marchandises du Bengale ou de la côte de Coromandel. Peut-être même ces particuliers trouveront-ils le moyen de tirer des poivres de Calicut ou de Coleche, ou de quelqu'autres parties de la côte de Malabar. On se le persuadera sans peine, si l'on considere que ce commerce est assez avantageux pour exciter l'industrie ; car, indépendamment des profits que procurent les poivres, comme retours en Europe, ils sont un objet intéressant pour le commerce des autres parties de l'Inde, & pour celui de Chine.

On trouve dans les mémoires cités, différentes raisons contre la possibilité du commerce des poivres à la côte de Malabar, & à Mahé en particulier; mais ces raisons sont très-foibles, & on y fait des aveux très-favorables au commerce particulier. On dit, 1°. que pour avoir des poivres à Mahé, « il est » absolument nécessaire d'y envoyer des fonds à » l'avance en novembre, avant le temps de la ré- » colte, ce que ne peut pas faire le commerce » particulier; & que sans cette précaution, les frau- » deurs, c'est-à-dire, des vaisseaux particuliers An- » glois & les Portugais de Macao, qui le paient » toujours plus cher, l'auroient de préférence.

2°. « Qu'il faut de plus avoir des bateaux armés, » & des détachemens de soldats qui empêchent le » poivre de sortir en contrebande du pays de Carte- » nate, soit par mer, soit par terre, & payer fort » chèrement le roi de Cartenate, pour la continua- » tion du privilège de la compagnie.

3°. « Que les Anglois de Talichery, comptoir » situé à une lieue de Mahé, ne cessent de faire au » roi de Cartenate des propositions avantageuses, » pour arracher à la compagnie, le privilège dont » elle jouit; & qu'il est très à craindre que ce prince » séduit à la fin par leurs offres, ne saisisse le plus » léger prétexte pour manquer à ses engagemens, » ce qui malheureusement est de l'intérêt du roi de » Cartenate & de son royaume ».

Il me semble que ces trois allégations sont autant de raisons très-fortes contre le maintien du privilège exclusif, & en faveur du commerce particulier.

Il faut bien qu'il ne soit pas nécessaire au commerce particulier, de faire des fonds d'avance, d'avoir des bateaux armés, & de payer fort chèrement le roi de Cattenate, pour avoir des poivres à Mahé ; puisque sans faire tout cela, les commerçans particuliers

Anglois & les Portugais de Macao enlèveroient, selon l'auteur, tous les poivres de la compagnie, & sont à tous momens à la veille de les lui enlever.

L'auteur nous explique lui-même comment & pourquoi le commerce particulier des Anglois & des Portugais est si à craindre pour la compagnie, en nous apprenant que ces fraudeurs paient le poivre plus chèrement, mais c'est précisément parce que le commerce particulier est en état de payer le poivre plus chèrement, qu'il sera possible d'avoir du poivre sans privilège exclusif. Si l'on prétendoit qu'il n'y aura que les particuliers Anglois & Portugais qui sont en état d'y mettre un meilleur prix, nous demanderions la raison de cette différence que nous ne pouvons pas imaginer.

Ce que l'auteur dit du danger continuel où est la compagnie de perdre cet établissement, est encore une raison très-forte de rendre la liberté. Alors, le roi de Cartenate sera moins tenté de se laisser gagner par les Anglois, pour leur accorder un privilège exclusif, qui le mettroit dans leur dépendance. Il sera, au contraire, de son intérêt, d'accueillir les concurrens, que la liberté donnera au comptoir Anglois de Talichery; mais en tout cas, si il est de l'intérêt du roi de Cartenate & de son royaume, d'ôter à la compagnie son privilège, il faut croire que ce privilège ne pourra pas subsister long-temps. Ce mot décide la question. Que nous importe de conserver à la compagnie exclusivement, un commerce qui exige plus de dépenses qu'il n'apporte de bénéfices, & que nous sommes toujours à la veille de perdre ? Par quel paralogisme prouvera-t-on qu'il faut faire un commerce ruineux ? on ne craint pas sans doute que nous manquions de poivre en France. Il doit même arriver qu'en l'achetant des autres nations, nous le payerons moins cher de tout l'excédent de dépenses que nous sommes obligés de faire en l'achetant nous-mêmes. Il n'y a à cet arrangement, ni obstacle invincible, ni inconvénient.

Commerce de la Chine.

On convient communément que le commerce de Chine est, de tous ceux qu'embrasse le privilège exclusif de la compagnie, le plus facile & le plus susceptible d'être fait par des particuliers. Si l'on a cru nécessaire de le réunir à la compagnie, ça été uniquement pour compenser, par les grands bénéfices qu'il apporte, les dépenses qu'entraînoit l'administration des autres branches du privilège exclusif.

En effet, on n'a point à y entretenir des établissemens coûteux ; les commerçans Européens ne sont point obligés de tirer les marchandises de l'intérieur des terres. La ville de Canton est un marché très-considérable, dans lequel sont admises toutes les nations : elles y vivent & y contractent sous l'autorité des loix du pays. Les contestations, auxquelles leur rivalité peut donner lieu, ne s'y décident point par la violence ; enfin, elles ne peuvent y combattre que les efforts de l'industrie.

Les achats se font au cours du marché ; les vendeurs, y font les marchands du pays, qui, dans l'état actuel, forment une *compagnie* exclufive fous l'infpection des magiftrats.

Les paiemens fe font à mefure des livraifons, excepté les foies de Nankin & les étoffes de foie, pour lefquelles on donne les ⅔ du prix d'avance, & dont la livraifon fe fait ordinairement au bout de 90 ou 100 jours. Enfin, le commerce particulier ne peut y rencontrer aucun des obftacles qui, felon quelques perfonnes, s'oppofent à fon établiffement dans l'Inde.

Tout concourt donc à établir la poffibilité du commerce particulier en Chine, & il n'y a que le deffein formé de foutenir, dans toute fon étendue, le privilége exclufif de la *compagnie*, qui ait pu faire dire à quelques-uns de fes défenfeurs, feulement dans ces derniers temps, que la confervation du commerce de Chine étoit attachée à celle du privilége exclufif.

Voyons cependant les raifons qu'on allégue contre la liberté.

« On dit que la *compagnie* à un comptoir féden- » taire en Chine, & que fes fubrecargues y demeurant » pendant l'hiver, & employant les fonds qu'on leur » a laiffés, lui procurent par cela feul un bénéfice » de trente pour cent, avantage dont le commerce » particulier ne pourra pas jouir ».

Je réponds, 1°. que le commerce particulier n'a pas befoin pour fe foutenir de tous les avantages que la *compagnie* a trouvés dans fon commerce de Chine. Ce commerce lui a rendu jufqu'à cent quarante pour cent de bénéfice d'achat à la vente. On conçoit facilement que les négocians de Nantes ou de Bordeaux, qui font des commerces dans lef- quels le bénéfice de l'achat à la vente, n'eft pas la dixième partie de celui-là, pourront fort bien entre- prendre & foutenir le commerce de chine. Le défaut d'employés fédentaires à la chine pourroit donc laif- fer au commerce libre des gains beaucoup moins confidérables que ceux de la *compagnie*, fans qu'il ceffât d'être poffible & de fe foutenir.

2° La *compagnie* elle-même a été long-tems fans avoir de comptoir fédentaire à canton; chaque ex- pédition conduifoit en Chine & ramenoit en France les fubrecargues & autres employés néceffaires. La nouvelle adminiftration a penfé, avec raifon, que ces employés fédentaires feroient utiles à fon commerce, parce qu'ils font plus à portée de prendre des con- noiffances de détail & de former des fpéculations dont ils peuvent profiter à l'arrivée des vaiffeaux; mais elle foutenoit fon commerce fans ce moyen; le commerce libre pourra donc s'en paffer.

3° Cet avantage n'eft pas tellement attaché au privilége exclufif de la *compagnie*, que le commerce libre n'en puiffe jouir.

Selon la remarque que nous avons faite en com- mençant cette difcuffion, dans le cas de la diffolu- tion de la *compagnie*, on pourroit laiffer fubfifter à Canton un comptoir fédentaire. Les employés de ce comptoir pourroient, à leur propre profit,

fervir d'agens au commerce particulier, & faire tout ce qu'y font les fubrecargues de la *compa- gnie*. Les bénéfices de ce commerce fe partage- roient alors entre ces agens & le négociant qui en fourniroit les fonds.

Il eft même très-poffible qu'une *compagnie* fans privilège exclufif, ou un négociant qui a de gros fonds, laiffe à fa première expédition un fubrecar- gue qui puiffe lui préparer la feconde. Les frais de l'hyvernage d'un ou de plufieurs employés ne font pas affez confidérables pour n'être pas couverts par les bénéfices qu'on en retireroit. Ainfi, à cet égard, le commerce particulier jouira des mêmes avantages que la *compagnie*.

On oppofe en fecond lieu la grandeur des fonds qu'il faut pour le commerce de Chine, & que le commerce particulier ne pourroit pas four- nir. » La *compagnie* dit-on, a toujours em- ployé à ce commerce des vaiffeaux de 900 ton- neaux, & il feroit difficile que des particuliers en employaffent d'un moindre port, parce qu'alors les frais feroient plus confidérables en proportion des bénéfices, & particulièrement par la nature des droits qui fe payent en Chine, & entr'autres le droit du houpou qui eft de 16,000 l. par vaiffeau grand ou petit. Chaque vaiffeau exigeroit une avance de 14 ou 15 cents mille livres ».

1°. Dans un état riche & puiffant comme celui-ci, jamais on ne manquera de fonds pour un commerce qui donne des bénéfices auffi confi- dérables que celui de Chine. On trouvera foit à Paris, foit dans les différens ports du royaume, à former plufieurs fociétés qui expédieront chacune un vaiffeau. Il eft à croire que l'empreffement des négocians aura plutôt befoin d'être contenu qu'ex- cité. On a la preuve de ce qu'on avance ici dans plufieurs lettres de différens ports du royaume.

2°. Cette objection contre le commerce particu- lier a d'autant plus mauvaife grace, de la part des défenfeurs du privilège exclufif, que la com- pagnie elle-même n'a jamais été en état de don- ner au commerce de Chine l'étendue dont il eft fufceptible, faute de fonds. C'eft-là une chofe con- nue & conftante. Mais c'eft ce qu'on verra pref- que toujours arriver dans les entreprifes de com- pagnie à priviléges exclufifs, parce que leurs fonds font bornés; au-lieu que ceux du commerce géné- ral n'ont de bornes que celles que met la nature même de l'entreprife à la quotité des bénéfices, qui font encore fuffifans pour le commerce parti- culier, long-temps après avoir ceffé de l'être pour une *compagnie*.

On nous fait craindre en troifième lieu les effets funeftes de la concurrence des négocians particu- liers en Chine, & l'augmentation exceffive du prix des marchandifes, & fur-tout des thés qui en fera la fuite. On dit » que la feule concurrence des *compagnies* entr'elles a fait monter les thés à un prix exorbitant; que ce fera bien pis encore, quand il fe trouvera plufieurs vaiffeaux d'une même nation

» qui , jaloux les uns des autres , montreront un
» empreſſement qui n'échappe jamais aux Chinois ;
» que bientôt il n'y aura plus de bénéfices à faire,
» ni par conſéquent de poſſibilité de ſoutenir le
» commerce ».

» On ajoute à cela que le débit des marchan-
» diſes en Europe , & principalement celui des
» thés dépend de pluſieurs circonſtances critiques ,
» dans leſquelles l'état du commerce dans l'intérieur
» de la France n'entre pour rien , puiſque ce
» royaume en conſomme très-peu ».

» Que ſi cette marchandiſe eſt trop abondante , ſi
» la communication avec l'Angleterre eſt interrom-
» pue , ſi la fraude enfin n'a pas lieu au retour
» des vaiſſeaux particuliers , il n'y a plus de vente ,
» juſqu'à ce que les choſes reviennent dans leur état
» ordinaire. Les compagnies étrangères n'auront
» qu'un effort à faire , & dès l'année ſuivante , on
» ne verra plus un François à la Chine ».

1º. Les funeſtes effets de la concurrence , ſont
l'éternelle objection des partiſans des privilèges
excluſifs , & des ennemis de la liberté du commerce. Objection cent fois détruite , & par la rai-
ſonnement & par l'expérience. Nous y répondrons
plus bas , en traitant du commerce de Bengale &
de la côte de Coromandel , & tout ce que nous
dirons en cet endroit , ſera exactement applicable
au commerce de la Chine.

2º. Les riſques que peut courir le commerce particulier pour les marchandiſes de l'Inde , à leur
retour en europe , & ſur-tout pour les thés , lui
ſont communs avec la compagnie ; ainſi on ne peut
pas en faire un argument contre la liberté du commerce.

La ceſſation de la contrebande de nos thés en
Angleterre , eſt un inconvénient , auquel la compagnie ne trouvera pas plus aiſément un remède ,
que le commerce particulier. La compagnie ne ſe
flatte pas ſans doute d'obtenir du gouvernement Anglois , qu'on rétabliſſe les droits à l'entrée des thés
dans la Grande-Bretagne , pour qu'elle puiſſe y
vendre les ſiens plus facilement. Si ce nouvel obſtacle peut être ſurmonté , c'eſt bien plutôt par l'induſtrie particulière & libre , toujours active , ingé-
nieuſe & cachée , que par une compagnie , dont
tous les mouvemens ſont lents , & toutes les demar-
ches publiques.

Pour achever de diſſiper tous les doutes ſur la
poſſibilité du commerce particulier en Chine , je
puis citer les aveux que fait l'auteur d'un des mémoires qu'on m'a communiqués. Je tranſcrirai ici
» ſes paroles. » En tout cas ; dit - il , s'il eſt vrai
» que le commerce de la Chine eſt le plus facile
» & le plus avantageux , il y auroit de l'injuſtice à
» en priver la compagnie des Indes , qui en le
» faiſant avec ſageſſe & connoiſſance , y trouve un
» dédommagement de ce qu'elle peut perdre ail-
» leurs , & des dépenſes indiſpenſables que ſes éta-
» bliſſemens lui occaſionnent.

1º. On voit par cet endroit que les défenſeurs du

privilège excluſif de la compagnie ſont tout prets
de convenir que le commerce de Chine eſt poſſible
aux particuliers , puiſqu'ils ſe retranchent ſur l'injuſtice qu'il y auroit à le leur ôter.

2º. Que ce commerce donne des bénéfices capables de couvrir d'autres dépenſes conſidérables
qui lui ſont étrangères , & auxquelles le commerce
particulier ne ſera pas ſujet: D'où ſuit encore la
poſſibilité du commerce particulier , puiſque ceux
qui l'entreprendront , pourront gagner encore autant
que la compagnie , en gagnant , de moins qu'elle ,
tout ce qu'elle eſt obligée de prendre ſur ſes
profits de Chine pour les dépenſes de ſes autres
établiſſemens.

Commerce de Bengale & de la côte de Coromandel.

Nous voici arrivés à la partie la plus importante
de la diſcuſſion préſente ; la poſſibilité d'établir le
commerce libre au Bengale & à la côte de Coromandel. Avant d'entrer dans les détails , nous pré-
parerons l'eſprit de nos lecteurs par quelques réflexions générales.

I. Les difficultés qui s'oppoſent à l'établiſſement
du commerce de l'Inde ne paroiſſent de quelque
importance , que parce qu'on en raiſonne dans une
ſuppoſition tout-à-fait fauſſe , que les ennemis de la
liberté tâchent d'accréditer autant qu'ils peuvent , &
ſur laquelle ils établiſſent preſque tous leurs raiſonnemens.

Ils ſuppoſent qu'il ne s'agit pour eux que de
prouver que le commerce particulier ne réuſſira pas
la première année de ſon établiſſement ; & que
d'ici à la fin des ſiècles on ne verra plus un ſeul
vaiſſeau François paſſer le Cap , ſi les retours des
premières expéditions ne ſont pas auſſi conſidérables que ceux de la compagnie dans les temps de
ſa plus grande proſpérité.

Il leur importe beaucoup d'établir cette opinion ,
parce qu'ils voyent d'une part qu'on ne ſauroit leur
nier que le commerce libre trouvera quelques difficultés à vaincre dans les premiers momens de ſon
établiſſement , qu'il lui faudra un peu de temps pour
ſe faire ſa route à lui-même. Ils ſentent fort bien
qu'en lui accordant quelque délai , il s'écartera ou
ſurmontera peu-à-peu tous les obſtacles. Ils tâchent
donc de perſuader que ſi on manque le premier
coup , tout eſt perdu , que le commerce libre doit
prendre toute ſa conſiſtance & toute ſon étendue
dès la première année , ſans quoi il ne s'établira
jamais.

Cette manière de préſenter la queſtion , eſt d'ailleurs un bon moyen d'effrayer les eſprits timides &
impatiens , eſpèce d'hommes trop commune aujourd'hui , & que le manque de caractère , & plus
encore celui de principes , multiplie tous les
jours.

Mais heureuſement , il y a encore des gens qui
n'ont pas peur , & qui ſçavent attendre. Ce ſont
ceux-là qui ſentiront fort bien qu'il eſt abſolument

indifférent que le commerce particulier s'établiffe en deux ou en dix ans; qu'en gouvernant un grand état, dont la durée comprend des siècles, ce font encore des mesures fages, que celles qui amenent au bout d'un certain nombre d'années un plus grand dégré de prospérité dans une nation, fans qu'on en voie tout de fuite les salutaires effets.

N'eft-il pas jufte d'ailleurs de laiffer faire à la liberté, pendant quelques années, les effais qu'ont fait fi infructueufement & fi long-temps, les *compagnies* avec leurs privilèges. Depuis plus d'un fiècle & demi, le commerce exclufif eft en poffef-fion de l'Inde, les *compagnies* fe font détruites les unes après les autres, on en a toujours élevé une nouvelle à la place de celle qui tomboit. Celle-ci eft encore fur le penchant de fa ruine. Si elle fe diffout, donnons auffi à l'induftrie libre de la nation, du temps & de l'efpace, & nous lui ver-rons élever une édifice plus folide & plus grand.

II. Dans l'examen de la poffibilité du commerce de l'Inde, les défenfeurs de la liberté ont un grand avantage. C'eft que les principes généraux font pour eux, de l'aveu même de leurs adverfaires. On convient généralement, que le commerce peut tout avec la liberté, que la liberté eft fon aliment. Quelques perfonnes feulement prétendent qu'il faut faire une exception à cette maxime pour le commerce de l'Inde. Il fuit de-là, que les premiers n'ont rien à faire pour établir leur opinion, point de preuves pofitives à en donner. Il leur fuffit d'avancer que le commerce de l'Inde doit & peut être libre, comme toute autre efpèce de commerce; & ils peu-vent s'en tenir à cette affertion, jufqu'à ce qu'on prouve clairement la néceffité de faire une excep-tion à la maxime générale, pour le commerce de l'Inde en particulier.

III. Je vais plus loin, & je dis, que les objec-tions particulières qu'on fait contre la liberté du commerce de l'Inde, font de nature à n'avoir pas befoin qu'on les refute chacune en détail. Ces objec-tions confiftent prefque toutes à dire : le commerce exclufif fe conduit de telle & telle manière, la *compagnie* fait ceci ou cela, elle paye à l'avance, elle fait blanchir & vifiter les toiles, elle affortit fes achats, elle trouve fes cargaifons toutes for-mées à l'arrivée de fes vaiffeaux, &c. Or, le com-merce libre ne pourra pas employer tous ces moyens, donc il eft impoffible de faire le com-merce dans l'Inde fans privilège exclufif.

On voit donc pour que la conféquence de ce raifonnement foit légitime, il faut fuppofer que la manière dont la *compagnie* fait le commerce, prife dans fes plus petits détails, eft abfolument l'unique qu'on puiffe employer, & telle que fi le commerce particulier ne peut pas la pratiquer exactement, il lui foit dès-lors impoffible de fe former & de fe foutenir.

Mais les défenfeurs de la liberté peuvent dire que la méthode employée par la *compagnie* n'eft

pas l'unique qui exifte dans la nature; que fans qu'ils puiffent indiquer celle que fuivra le com-merce particulier, ils font en droit de nier qu'il puiffe être arrêté par l'impoffibilité de fuivre la même marche que le commerce exclufif.

Qu'en accordant que les négocians particuliers ne pourront ni payer les toiles à l'avance dans les terres, ni les faire blanchir & battre eux-mêmes, ni trouver leurs cargaifons préparées par leurs pro-pres employés, &c. ils pourront encore ou faire le commerce fans tout cela, ou faire faire tout cela par des moyens que nous n'imaginons pas, & dont nous ne fommes pas en droit de nier la poffibilité. Qu'il s'enfuit feulement des détails qu'on leur op-pofe, que le commerce libre ne pourra pas fe faire de la même manière & fous la même forme que celui de la *compagnie*; ce qu'on peut avouer, & ce qui ne fait rien au véritable état de la queftion.

Ces objections vagues contre la poffibilité de faire telle ou telle chofe ne peuvent jamais être d'aucune force fur un bon efprit; parce qu'elles font toujours fondées fur une énumération incom-plette des moyens à prendre pour arriver au but auquel on prétend qu'on ne peut atteindre. Je les compareois à l'affurance avec laquelle les fpecta-teurs des tours d'un joueur de gobelet prononcent, qu'il ne dévinera pas la carte, ou ne fera pas re-pic dans la couleur demandée. Ils ne fe croient fi bien affurés que parce qu'ils imaginent connoître toutes les manières poffibles de les tromper. On les trompe cependant & toujours par des moyens qu'ils n'ont pas prévus. C'eft ainfi que le commerce libre s'établira dans l'Inde & s'y foutiendra malgré les prétendues impoffibilités qu'on voit à fon éta-bliffement, parce qu'il trouvera l'art de fe paffer des moyens que nous connoiffons, & d'en employer que nous n'imaginons pas.

Si ces réflexions font vraies, comme elles me le paroiffent, elles rendent la caufe de la liberté bien facile à défendre. Car d'abord elles nous difpenfent de donner des preuves pofitives à la poffibilité du commerce dans l'Inde, qui doit être regardé comme poffi-ble en conféquence des principes, tant qu'on n'aura pas démontré clairement fon impoffibilité. Elles nous mettent encore en droit de réfoudre toutes les ob-jections tirées du local, en difant que fi le com-merce particulier ne peut pas employer les moyens qu'employe aujourd'hui la *compagnie*, ou il en trouvera d'autres, ou il aura l'art de s'en paffer.

Nous ne profiterons pourtant que du premier de ces avantages qu'on ne fauroit nous contefter; & en nous difpenfant de prouver pofitivement la poffi-bilité du commerce libre dans le Bengale & à la côte de Coromandel, nous réfoudrons toutes objec-tions de détail qu'on y oppofe.

I. La première eft la crainte des inconvéniens de la concurrence des négocians François dans l'Inde. » Quand on connoît l'Inde & qu'on y a paffé
» quelques

» quelques années, on peut aſſurer, avec une cer-
» titude preſque phyſique ; que ſon commerce avec
» l'Europe étant libre à tous les particuliers pendant
» deux ou trois ans, il arrivera que les effets de
» France y ſeront vendus à plus bas prix qu'en
» France même, & que ceux de l'Inde monteront à
» plus de 50 à 60 pour cent au-deſſus de ce qu'ils
» valent actuellement.

» Le commerce des Indes ſeroit, continue-t-on,
» à ſa décadence entière, s'il n'avoit été exploité
» juſqu'à préſent par des *compagnies* excluſives &
» puiſſantes, qui ne payant les marchandiſes de
» l'Inde qu'à des prix fixes, & ne livrant celles
» d'Europe qu'à meſure qu'on les recherche, en
» ont retardé la deſtruction, & peuvent même l'em-
» pêcher de périr. Malgré cette attention, il a fallu
» diminuer les bénéfices ſur les envois, & augmen-
» ter le prix des marchandiſes de retour.

» L'intérêt particulier de chacun de ces négocians
» arrivés dans l'Inde, ſera néceſſairement oppoſé à
» l'intérêt des autres. Qu'on ſe repréſente 15 ou 20
» vaiſſeaux en concurrence, arrivant dans l'Inde après
» un long voyage de ſix mois, avec une avidité
» extrême de vendre & d'acheter, ils vendront à
» perte & acheteront à l'envi les marchandiſes qui
» doivent former leurs cargaiſons de retour : gênés
» par les mouſſons conſtantes des Indes, & pou-
» vant être forcés à un ſéjour d'un an de plus dans
» l'Inde, s'ils négligent de profiter des vents, il
» n'eſt pas douteux qu'ils n'emploient toutes ſortes
» de moyens pour vaincre les obſtacles qui peu-
» vent retarder leurs opérations, qu'ils ne ſe relâ-
» chent par conſéquent ſur la vente des effets d'im-
» portation ; en les cédant à plus bas prix, & qu'ils
» ne payent plus cher ceux d'exportation ».

1°. Je remarquerai d'abord que cette difficulté
alléguée contre la poſſibilité du commerce particulier de l'Inde, a été oppoſée à une infinité de
genres de commerce dont l'expérience a démontré
la poſſibilité.

C'eſt ſur ce même pretexte que l'on s'eſt fondé
dans tous les tems pour former des *compagnies* excluſives, & notamment pour la traite des nègres à la
côte d'afrique, & pour le commerce à l'amérique.
On oppoſoit alors comme aujourd'hui, à la liberté
du commerce, les riſques que courroient les négocians, la témérité avec laquelle ils feroient des entrepriſes, les inconvéniens de leur concurrence dans l'a-
chat des noirs en afrique, & dans leur vente en
amérique, &c. Ces raiſons & d'autres de pareille
force ont été avancées & ſoutenues avec chaleur.

Cependant on a vû depuis que cette concurrence,
bien loin d'être deſtructive du commerce, en étoit
le ſoutien, & pouvoit ſeule lui donner toute l'étendue
dont il étoit ſuſceptible. Le commerce a été rendu
libre au-moins en partie, & aux négocians nationaux.

Les établiſſemens françois en amérique étoient
demeurés juſques-là dans la foibleſſe la plus grande,
la liberté les a ranimés. La Martinique, la Guade-

loupe, Saint-Domingue, ſont devenues des colonies riches & puiſſantes. L'expérience a juſtifié les
eſpérances. Ayons encore la même confiance en la
liberté, qui n'a jamais trompé les adminiſtrateurs
qui ont compté ſur elle.

2°. Si la crainte des funeſtes effets de la concurrence avoit quelque fondement, elle agiroit aſſez
puiſſamment ſur l'eſprit des négocians du royaume,
pour les détourner du commerce de l'Inde ; car il
eſt impoſſible de ſoutenir ſérieuſement, que des
habitans de nos villes maritimes, qui entendent
aſſurément le commerce auſſi bien que des citoyens
de Paris, joueront ainſi leur fortune & celle de
leurs commettans, ſans des eſpérances raiſonnables
de réuſſir. Cependant tous les ports du royaume
attendent avec impatience qu'on leur ouvre le commerce de l'Inde. Or, n'eſt-il pas abſurde d'imaginer
que des hommes accoutumés aux ſpéculations de
commerce, qui ont le plus grand intérêt à n'en
pas faire de fauſſes, ſe tromperont auſſi groſſièrement. Ceux qui prétendent que le commerce de
l'Inde n'eſt pas poſſible ſans *compagnie*, & qui
diſent que cette impoſſibilité eſt ſi claire, croyent-
ils en avoir ſeuls le ſecret ? Les raiſons qu'ils apportent ne ſont-elles pas connues de ces commerçans, qui doivent ſe ruiner dans le commerce de
l'Inde ; & ſi ceux-ci n'en ſont pas touchés malgré
le grand intérêt qu'ils ont à ne pas ſe tromper dans
l'examen qu'ils en font, n'eſt-ce pas que ces raiſons
ſont mauvaiſes ? Leur obſtination à vouloir ſe ruiner
n'eſt-elle pas une preuve qu'ils ne ſe ruineront pas ?

L'autorité des négocians qui demandent la liberté
du commerce de l'Inde, me paroît même devoir
être aux yeux du gouvernement d'un tout autre
poids que celle des défenſeurs du privilége excluſif ; car enfin, juſqu'à préſent, le plus grand nombre de ceux-ci eſt de gens intéreſſés au privilége.
Ce ſont ou des actionnaires, ou des adminiſtrateurs
de la *compagnie*, ou ſes agens, ſes correſpondans,
ſes employés. Suppoſons même qu'il y a encore
un grand nombre de perſonnes abſolument neutres
dans cette affaire, & qui opinent contre la liberté ;
je dis que, s'il eſt queſtion de décider d'après l'autorité, celle des négocians qui la demandent, eſt
plus forte que celle de tous ceux qui s'y oppoſent.
Les perſonnes intéreſſées à la conſervation de la
compagnie peuvent ſe laiſſer tromper par le déſir
de ſoutenir leur privilége, qu'ils regardent comme
une propriété & comme une propriété utile. Celles
qui ſont neutres peuvent ſe laiſſer effrayer par des
difficultés de détail, auxquelles il eſt long & difficile de répondre ; mais elles n'ont rien à perdre
en ſe trompant, & peuvent faire cet examen avec
négligence. Il n'y a que les négocians demandant
la liberté, qui non-ſeulement n'ont aucun intérêt à
en ſoutenir la poſſibilité, mais qui au contraire
ont l'intérêt le plus grand à ne pas ſe tromper, en
croyant le commerce poſſible, ſuppoſé qu'il ne le
ſoit pas.

On allegue le caractère de la nation. On dit que

les François, nation turbulente & inconfidérée, ne connoiffent point de bornes, dès qu'ils n'ont plus de frein ; que c'eft leur génie d'outrer tout ; &c.

Malheureufement pour ce grand raifonnement, on le trouve employé par les défenfeurs des *compagnies* exclufives, chez des nations, dont le caractère eft un peu différent du nôtre. Le flegme des Hollandois ne les a pas mis à l'abri de ce reproche. *On objecte,* difoit Jean de Witt, il y a plus d'un fiècle, en plaidant la caufe de la liberté du commerce aux Indes Orientales, » que le ca-» ractère des Hollandois eft tel, que fi le com-» merce étoit ouvert en Afie, ils rempliroient » tous ces pays de marchandifes au-delà de leur » confommation, & détruiroient ainfi ce com-» merce ». Je ne rapporterai pas les réponfes que cet habile homme fait à l'objection. Il nous fuffit ici de voir qu'on l'a faite en Hollande, pour voir combien elle eft futile, & pour fe convaincre que ce n'eft qu'un lieu commun qu'on emploie, faute de raifons.

3°. On ne peut craindre les effets de la concurrence des négocians particuliers dans l'Inde, qu'autant que cette concurrence rendroit, en fin de compte & à la vente en Europe, les marchandifes achetées dans l'Inde, plus chères pour les vendeurs particuliers, qu'elles ne le font pour la *compagnie.* Or, c'eft ce qui n'arrivera pas.

Le prix auquel on achete les marchandifes dans l'Inde, leur valeur vénale n'eft pas feulement ce qu'on en donne en argent dans l'Inde, c'eft tout ce qu'on a dépenfé pour parvenir à exécuter cet achat. Il eft bien clair que fi un négociant de Saint-Malo va faire à Dantzik un chargement de grain, le prix de ce grain n'eft pas feulement ce qu'il paye à Dantzik en argent pour chaque feptier, ce font encore tous les frais de la navigation & du commerce, les gages des matelots, la portion de la valeur du navire, détruite & confommée par le voyage, la partie correfpondante des frais de fa maifon de commerce à Saint-Malo, &c. Or, de ces éléments de valeur vénale des marchandifes de l'Inde, il y en a un qui eft conftamment plus confidérable pour une *compagnie* que pour des particuliers, & c'eft l'article des dépenfes diftinguées du paiement en argent ; d'où il fuit, que quand on fuppoferoit que les particuliers, à raifon de leur nombre feul, paieroient plus en argent dans l'Inde, comme ils payeroient moins en autres dépenfes, il pourroit encore arriver que le prix total des marchandifes de l'Inde fût moindre pour eux, fi leurs dépenfes font moindres que celles de la *compagnie.* Or, c'eft ce qui arrivera infailliblement. Car en ajoutant au prix payé dans l'Inde, tout ce qu'il faut qu'une *compagnie* exclufive dépenfe pour y exécuter fes achats, on trouvera qu'elle achetera plus chèrement que les particuliers.

4°. Lorfqu'on prétend que les *compagnies* exclufives achetent moins chèrement dans l'Inde, parce que dans l'achat par *compagnies* privilégiées, il y

a moins de concurrence entre les acheteurs qui font en moindre nombre : que dans l'état préfent, il n'y a que quatre acheteurs, les Anglois, les François, les Hollandois, les Danois ; que le commerce particulier en établiroit vingt, quarante, qui, renchériffant tous à l'envi, porteroient le prix dans l'Inde infiniment plus haut ; lorfqu'on fait, dis-je, ce raifonnement, on fuppofe que le prix des marchandifes d'Europe & celui des marchandifes de l'Inde feront affectés très-fortement dans l'Inde ; par la feule caufe de l'augmentation du nombre des négocians d'Europe qui s'y rendront.

Ceux qui argumentent ainfi, n'ont probablement pas imaginé que la fuppofition fût conteftable. Elle l'eft cependant, & c'eft ici une preuve, entre beaucoup d'autres, que les paralogifmes fe gliffent avec la plus grande facilité dans les difcuffions économiques, fi on n'apporte pas la plus grande attention à les éviter.

Le premier, le vrai principe de la valeur vénale d'une marchandife, c'eft-à-dire de fon prix au marché, n'eft point la proportion numérique du nombre des vendeurs & du nombre des acheteurs en tant que diftincte de la quantité plus ou moins grande de marchandifes offertes ou demandées. Le rapport de la quantité de marchandifes en vente, ou qui peuvent être mifes à la quantité qu'on en demande ou qu'on peut en demander eft la véritable caufe qui détermine la valeur vénale.

Suppofons cent vendeurs ayant chacun pour dix mille francs à vendre, & cent acheteurs ayant chacun d'une valeur de dix mille francs en marchandifes : fi l'année fuivante le nombre des vendeurs, ayant chacun la même quantité de marchandifes à vendre, eft augmenté fans que celui des acheteurs foit diminué, la valeur vénale pourra diminuer, & réciproquement fi le nombre des acheteurs augmente, chacun d'eux ayant les mêmes befoins, & formant les mêmes demandes, le nombre des vendeurs demeurant le même. Mais pour cela, il faut que dans l'un ou l'autre cas, chaque acheteur n'ait befoin que de la même quantité de marchandifes, & que chaque vendeur n'ait pas plus de marchandifes à vendre. Car fi l'on fuppofe qu'au lieu de cent acheteurs il n'y en a que cinquante ayant chacun befoin de vingt mille francs de marchandifes, la valeur vénale demeurera à peu près la même, quoique la proportion du nombre des acheteurs à celui des vendeurs diffère beaucoup de ce qu'elle étoit auparavant.

Il faut dire la même chofe, fi au lieu de cent acheteurs de dix mille francs de marchandifes chacun, nous en fuppofons deux cent qui n'ont befoin chacun que de cinq mille francs de marchandifes ; la proportion numérique des vendeurs aux acheteurs, fera encore plus altérée. Si la valeur vénale hauffe, ne voit-on pas que ce ne peut être que très-foiblement. Mais fi, fans changer le rapport du nombre des acheteurs & des vendeurs, nous fuppofons la des mande totale des acheteurs, augmentée du double ou diminuée de moitié, si nous imaginons deux millions ou cinq cent mille francs d'achats à faire sur la place au lieu d'un million, certainement la valeur hauffera fortement dans le premier cas, & baissera beaucoup dans le second, quand on suppoferoit les acheteurs & les vendeurs en même nombre qu'auparavant.

La valeur vénale de toute marchandise, dépend donc du rapport de la quantité mise en vente, & de la quantité demandée, infiniment plus que du rapport du nombre des vendeurs à celui des acheteurs.

La proportion du nombre des vendeurs à celui des acheteurs, influe cependant un peu sur le prix au marché, toutes les autres circonstances étant égales; mais ce n'est que très-foiblement. S'il n'y a qu'un vendeur, ayant une valeur d'un million à vendre, & vingt acheteurs ayant besoin entr'eux de ce million de marchandises, le vendeur pourra gagner quelque chose de plus; que si au lieu de vingt acheteurs on n'en suppose que dix, ayant besoin de la même valeur en marchandises, parce qu'il pourra plus facilement sans se faire valoir, user de petites finesses marchandes pour soutenir le prix de sa denrée; &c. mais cette circonstance ne lui sera pas d'un grand avantage, la quantité de marchandises étant la même, parce que l'estimation de cette quantité sera la même, & par conséquent l'offre des acheteurs & la demande du vendeur, feront à-peu-près les mêmes dans l'un & dans l'autre cas.

A examiner même cette circonstance du petit nombre d'acheteurs ou de vendeurs, on voit que lorsqu'elle contribue à enchérir ou avilir la marchandise, ce n'est que parce qu'elle rentre dans celles auxquelles nous attribuons uniquement l'influence sur les prix, c'est-à-dire, les circonstances de la petite quantité de marchandise offerte ou présumée offerte. Lorsque le nombre des acheteurs est petit, ils ne tirent avantage de leur petit nombre, que parce que le vendeur a lieu de penser que par cela même, il y a une moindre quantité demandée, & que lorsqu'il y a beaucoup d'acheteurs, on en demande davantage. La preuve de cela est que si le vendeur fait que le petit nombre demande beaucoup, & que le grand nombre demande peu, il augmentera sa marchandise dans le premier cas, & la diminuera dans le deuxième. Je ne pousserai pas plus loin cette discussion qui m'écarteroit trop de mon sujet. Ce que j'en ai dit doit suffire pour faire entendre une proposition qui peut nous rassurer contre la crainte des mauvais effets de la concurrence des négocians dans l'Inde.

Le rapport abstrait du nombre des acheteurs & de celui des vendeurs, n'influe que très-foiblement sur la valeur vénale. Donc, de l'augmentation du nombre des vendeurs des denrées d'Europe, acheteurs des marchandises de l'Inde, augmentation qui aura lieu, si le commerce est rendu libre, il ne résultera pas un avilissement des premières, & un enchérissement des dernières aussi considérables qu'on

le prétend. Il faudra assigner d'autres causes de ces deux effets, si l'on soutient qu'ils feront la suite de la liberté; ou qu'ils pourront être un obstacle invincible au soutien du commerce de l'Inde, abandonné aux particuliers.

Je trouve cette crainte des effets de la concurrence, appuyée dans les mémoires cités sur un raisonnement qui n'est qu'un paralogisme. On prétend que les Indiens vendront leurs marchandises, tout ce qu'ils voudront aux négocians particuliers, parce que le commerce de l'Inde est d'une nature bien différente de tous les autres. « Les peuples de l'Inde n'ont, » dit-on, aucun besoin des productions de l'Europe, » & peuvent s'en passer absolument. Nous allons » chercher avec empressement tout ce que fournit » leur belle contrée; il en doit résulter cet effet » naturel, que ce qu'on leur demande augmente, » & que les signes avec lesquels on les paye (à » l'exception de l'or & de l'argent) doivent s'avilir, » ce qui arrive progressivement depuis quarante ans, » & ce qui rend insensiblement le commerce des » Indes moins avantageux ».

Ce raisonnement pèche par plus d'un endroit : 1°. il attaque aussi fortement le commerce de la *compagnie* que le commerce particulier. Le besoin que les Européens ont des marchandises de l'Inde, & le peu de besoin que les Indiens ont de celles que nous leur portons, doivent enchérir celles-là, & avilir celles-ci pour des privilégiés, aussi-bien que pour le commerce libre.

2°. Tout commerce est fondé sur un besoin réciproque & égal. Les Indiens ont autant de besoin de notre argent & de notre or, que nous avons besoin de leurs toiles. Car, ils ne fabriqueroient pas de toiles pour de l'argent, s'ils n'avoient pas besoin de notre argent.

3°. C'est une grande erreur que de prétendre que les choses que nous leur portons s'avilissent, *à l'exception de l'or & de l'argent*; car c'est supposer que l'or & l'argent éprouvent moins les variations de valeur vénale que les autres marchandises : mais l'or & l'argent sont eux-mêmes marchandises, exactement & uniquement de la même manière que toutes les autres choses vénales contre lesquelles on les échange. Ces métaux enchérissent quand ils s'échangent en moindre quantité contre les mêmes quantités des autres, & ils s'avilissent quand les autres marchandises ne sont données dans l'échange que pour une plus grande quantité d'or & d'argent. Si donc les choses que nous portons aux Indes s'y avilissent tous les jours, l'or & l'argent ne sont pas exempts de ce malheur.

4°. Une autre faute encore, est d'appeller *signes* les choses avec lesquelles on paie l'or & l'argent; car on ne paie point avec un *signe*, & l'or & l'argent ne sont pas plus *signes* que le vin & le bled. Je relève ces erreurs pour inspirer quelque défiance de la logique des ennemis de la liberté du commerce de l'Inde. Car comme il faut autant de sagacité & de suite dans l'esprit pour bien voir un fait même

fur les lieux, & pour en tirer des conféquences légitimes, que pour raifonner fur les matières
les plus abftraites, nous fommes en droit de ne
compter que très - foiblement, fur ce que difent
de l'impoffibilité de faire le commerce dans l'Inde,
des gens qui raifonnent fi peu exactement fur les
principes du commerce.

5°. Enfin, fi les marchandifes de l'Inde augmentent, & fi les nôtres & notre or & notre argent s'y
aviliffent, c'eft une fuite naturelle & néceffaire de
la marche du commerce, indépendamment de la
liberté que nous pouvons lui accorder ou lui refufer.
Le privilége de la *compagnie* au commerce de la
Chine, fubfifte encore en fon entier. Il a rendu jufqu'à cent quarante pour cent de bénéfice d'achat à la
vente; il ne rend plus que quatre-vingt, ce n'eft
pas le commerce libre qui a produit cet effet. Il en
eft de même du commerce de l'Inde. La concurrence
des nations de l'Europe entr'elles, (& non pas celle
des particuliers d'une même nation) la confommation
plus grande en Europe, & par conféquent la demande
plus grande dans l'Inde, des marchandifes de l'Inde,
ont diminué les profits; il n'y a point de moyen
d'empêcher cet effet. Les priviléges exclufifs de chaque nation ne pourront le retarder que fort peu,
& au grand défavantage des états qui s'obftineront
à tenir captives l'induftrie & l'activité de leurs commerçans.

II. On oppofe en fecond lieu au commerce libre
dans l'Inde, l'impoffibilité où les vaiffeaux particuliers feront, dit-on, de trouver leur cargaifon toute
préparée, condition effentiellement néceffaire & particulière à ce commerce.

« On fuppofe un vaiffeau partant d'Europe pour
» le Bengale, au mois de janvier 1770. Pour que
» ce vaiffeau puiffe faire fon retour en 1771, il
» faut qu'un autre expédié en 1769, ait porté les
» fonds néceffaires pour préparer fa cargaifon; il en
» portera lui-même pour préparer la cargaifon de
» celui qui devra être expédié en 1771, & ce dernier
» fera encore obligé d'en porter huit ou dix mois
» avant le retour de ceux envoyés par le vaiffeau
» parti en 1769 ».

» On ne peut pas attendre l'arrivée des vaiffeaux
» pour former leurs cargaifons; on ne trouve pas
» de marchandifes, parce qu'il n'y a pas-là de mar-
» chés publics, ni même de négocians particuliers
» qui en raffemblent dans des magafins, pour les
» vendre enfuite à ceux qui en auront befoin; on
» ne fabrique que des marchandifes commandées
» d'avance, & les tifferands même ne travaillent
» qu'au moyen des avances qu'on leur fait des deux
» tiers ou des trois quarts du prix des ouvrages
» qu'ils doivent fournir. Il faut que ces avances foient
» faites dès le mois de février ou de mars, pour les
» marchandifes dont on a befoin en octobre ou jan-
» vier fuivant.

Il réfulte encore de-là, un inconvénient qui
» n'eft pas de petite importance pour la *compagnie*

» elle-même, mais que le commerce particulier ne
» pourra jamais foutenir; c'eft qu'il faut avancer des
» fonds. Or, il ne fe paffe pas d'années qu'il n'y
» ait des non-valeurs caufées, tantôt par la mort
» de quelques marchands, tantôt par celle de quel-
» ques tifferands infolvables, ou enfin par des ban-
» queroutes, ce qu'on ne peut guères eftimer moins
» de dix pour cent.

» Dans l'état actuel, les marchands Indiens avec
» lefquels on contracte, forment à Pondichery un
» corps compofé de huit ou dix qui font folidaires
» entr'eux. Ils ne fortent point de la ville fans une
» permiffion du gouverneur; mais il y a toujours
» quelques pertes, & il eft difficile de folder avec
» eux autrement, qu'en faifant paffer d'un contrat
» fur l'autre les fommes dont ils font arriérés. On
» eft obligé de faire les mêmes avances à des mar-
» chands particuliers dans les comptoirs de Mafuli-
» patan & d'Yanaon ».

Je continue, comme on voit, de rapporter fidèlement & dans toute leur force, les objections qu'on
oppofe à la liberté, & j'avoue que je ne trouve pas
celle ci meilleure que toutes les autres.

Cette impoffibilité que le commerce particulier
ait des cargaifons préparées, comme la *compagnie*
elle-même, ne me paroît point du tout prouvée.

Je fuppofe une maifon de commerce, ou fi l'on
veut, une affociation de quelques négocians qui
puiffe & veuille mettre quinze cens mille francs de
fonds au commerce de l'Inde; je fuppofe qu'elle
expédie un vaiffeau chaque année pendant trois années confécutives; le premier préparera la cargaifon
du fecond, le fecond celle du troifiéme, le troifiéme celle du deuxiéme voyage du premier, &
ainfi de fuite. Je demande quelle impoffibilité on
voit à cet arrangement?

A la vérité, le premier vaiffeau fera retardé fi
l'on veut d'une année pour fon retour; mais cet
inconvénient n'aura plus lieu pour la fuite, & il
s'agit ici d'un commerce établi.

2°. Sans fuppofer que chaque maifon de commerce d'Europe faffe elle-même les fonds de trois
expéditions pour jouir de l'avantage de trouver des
cargaifons toutes préparées, ne peut-il pas s'établir,
& ne s'établira-t-il pas des maifons de commerce à
Pondichery, Chandernagor, &c. qui ramafferont les
marchandifes afforties pour l'arrivée des vaiffeaux
d'Europe. Ces pays font remplis d'Européens de
toutes les nations, qui, pouvant réunir & le commerce d'Inde en Inde, & la fourniture des vaiffeaux
d'Europe, verront dans ces entreprifes un profit
confidérable & certain; & par-tout où il y a un profit
à faire, le commerce & l'induftrie ne manquent
jamais de s'établir.

Les mémoires que j'ai cités, combattent l'établiffement de ces maifons dans l'Inde.

1°. « Parce qu'elles n'auront jamais les marchan-
» difes de l'Inde à fi bas prix que la *compagnie.*

2°. » Parce qu'elles les vendront aux négocians

» de France , au moins quarante pour cent de plus
» qu'elles ne coûtent à la *compagnie* ».

Comme on ne donne aucune preuve de la première affertion, je puis me difpenfer d'y répondre. Je dirai cependant qu'il eft tout-à-fait improbable que des maifons de commerce établies dans le pays, qui adminiftreront leurs propres affaires , qui y mettront le plus grand intérêt , ne parviennent pas à obtenir les marchandifes au même prix , pour ne pas dire à beaucoup meilleur marché que la *compagnie*.

Quant à la deuxième affertion , voyons les preuves dont on l'appuie.

« L'intérêt de l'argent , dit-on , eft ordinairement
» à dix , douze & quinze pour cent à Mahé , Pondi-
» chéry & Bengale , & généralement dans l'Inde. Les
» marchandifes que les négocians établis dans l'Inde,
» feront fabriquer pour les fournir aux vaiffeaux
» d'Europe , auront non-feulement cette augmenta-
» tion , puifqu'elles avanceront leurs fonds un an
» d'avance dans les manufactures des terres , mais
» elles auront auffi celles des non-valeurs , toujours
» inévitables , quand on fait fabriquer , qui font de
» neuf à dix pour cent , & de plus , d'autres frais,
» dont les détails font immenfes. Sur quoi , en ajou-
» tant un bénéfice naturel de quinze pour cent en
» fus de l'intérêt de l'argent , elles reviendront au
» moins à trente-cinq pour cent plus cher. Les
» effets qui auront couru des rifques fur mer ; comme
» ceux venant de Moka , de Mahé , d'Yanaon , &c.
» c'eft-à-dire , les cafés , les poivres , les toiles & les
» mouchoirs , comporteront des frais de tranfport,
» de commiffions & d'affurances , qui les renchéri-
» ront encore plus que les premières.

» Pour peu qu'on foit inftruit des avantages , que
» des négocians intelligens trouvent dans le com-
» merce d'Inde en Inde , on ne fera pas étonné
» qu'ils veuillent un bénéfice au moins égal fur
» celui qu'ils feront avec les vaiffeaux d'Europe.
» Or , la groffe d'un voyage de fix mois dans le
» commerce d'Inde en Inde , eft de vingt pour cent ».

J'ai voulu rapporter cet endroit en entier , parce qu'il renferme un paralogifme fenfible. L'auteur du mémoire compte comme dépenfes , des maifons de commerce dont il eft queftion. 1°. L'intérêt de l'argent ; 2°. les non-valeurs pour les avances qu'il éva-lue à dix pour cent ; 3°. un bénéfice qu'il appelle *naturel* de quinze pour cent , en fus de l'intérêt. Il ne peut conclure de ce détail , que les maifons de commerce vendront les marchandifes de l'Inde aux vaiffeaux d'Europe trente-cinq pour cent de plus qu'elles ne coûtent à la *compagnie* , qu'autant que la *compagnie* ne feroit pas ces mêmes frais. Car fi la *compagnie* paye auffi au moins une partie de l'intérêt de ces fonds , fi elle effuie les mêmes non-valeurs , il ne faudra pas regarder l'accroiffement de prix des marchandifes de l'Inde , qui réfulte de ces diverfes charges , comme particulières aux mar-chandifes vendues par les maifons de commerce dont il s'agit.

Or , il eft bien clair qu'une grande partie de ces frais affecte auffi le prix des marchandifes achetées par la *compagnie* avant leur embarquement pour l'Europe ; puifque la *compagnie* avance auffi fes fonds aux marchands & fabriquans dans les terres , felon l'intérêt établi à la côte ; puifqu'elle effuie auffi des pertes & des non-valeurs , puifqu'elle paye des frais de tranfport , & que tous ces frais font fup-portés par les marchandifes qu'elle charge fur fes vaiffeaux.

Quant à ce qu'ajoute l'auteur du mémoire , que ces maifons établies *voudront* gagner quarante pour cent fur la fourniture des vaiffeaux , parce que le commerce d'Inde en Inde eft très-lucratif ; je ne vois aucune liaifon entre ces deux chofes. Un com-merçant ne gagne pas ce qu'il *veut* gagner , mais ce que la concurrence , les befoins des acheteurs , &c. lui permettent de gagner. Il s'enfuivroit de-là que tous les commerces , ou au moins ceux qui feroient faits par le même négociant , devroient toujours rap-porter le même profit. La même maifon pourra fort bien gagner quarante pour cent fur ce qu'elle fera de commerce d'Inde en Inde , & vingt pour cent fur les approvifionnemens des vaiffeaux d'Europe. Ces deux commerces font de nature toute différente. Le premier eft accompagné de rifques plus grands, il eft maritime , & les dangers de la mer doivent l'enchérir. Le commerce néceffaire pour l'approvi-fionnement des vaiffeaux d'Europe , n'eft pas fujet aux mêmes rifques , & peut donner par conféquent de moindres profits.

3°. Dans la fuppofition d'un commerce particu-lier , il y a une autre reffource pour les vaiffeaux d'Europe ; au moyen de laquelle ils pourront for-mer leur cargaifon à-peu-près auffi promptement que ceux de la *compagnie*, Ces mêmes marchands Indiens qui font aujourd'hui le commerce dans les terres pour la *compagnie* ; qui font fabriquer & amener les toiles dans les comptoirs ; feront la même chofe pour des vaiffeaux d'Europe ; fi ce n'eft pas dès la première année ; au moins avec un peu de temps ils formeront à Pondichéry , Chandernagor , les affortimens de marchandifes , & ainfi on les aura de la première main , à auffi bon marché que la *compagnie* elle-même , ou du moins à un prix qui laiffera encore de grands profits aux négocians pour la vente en Europe.

» On fe tromperoit , dit-on , fi l'on compte fur
» des difpofitions de cette nature , & cela eft fans
» exemple jufqu'à préfent. Les Indiens ne rifquent
» point fur mer , & ils n'opèrent qu'à coup fûr.
» Quelques riches qu'ils foient , ils ne travaillent
» qu'avec les fonds qu'on leur avance. Il eft dans
» leur génie de ne point fe défaifir de l'argent qu'ils
» poffédent , ils en jouiffent , ils théfaurifent & prêtent
» très-rarement , ou ne prêtent que fur gages. On
» ne doit donc pas efpérer de leur faire changer de
» façon de penfer ».

Ce raifonnement eft fondé fur ce qu'on prend ce qui fe paffe actuellement dans l'Inde ; confé-quemment à la forme que la *compagnie* y a donnée

à fon commerce, comme tenant à des caufes inva-
riables, & ce qui fe fait aujourd'hui, comme la
borne du poffible.

La *compagnie* a un certain nombre de marchands
Indiens pour ainfi dire à fa folde, pour faire
des achats dans les terres fur les fonds qu'elle-
même leur fournit; ces marchands n'ont point de
fonds, donc les marchands Indiens n'en auront
jamais. Mauvaife manière de raifonner. Les achats
faits pour la *compagnie* font demeurés concentrés
entre les mains de dix à douze marchands qui doivent être regardés plutôt comme des employés de
la *compagnie* que comme des négocians. En cette
qualité ils n'ont point de capitaux; eft-ce une raifon
de croire qu'aucun Indien n'en a & ne voudra les
employer?

On n'imagine une fi grande difficulté d'avoir des
marchands qui emploient des capitaux à ce commerce,
que parce qu'on fuppofe fauffement que les achats
dans les terres doivent fe faire par un petit nombre de marchands, à chacun defquels il faut un
gros capital : mais cela n'eft nullement néceffaire,
il y aura un grand nombre de marchands qui auront
chacun un petit capital ; mais dont les capitaux
réunis feront auffi confidérables, qu'il fera néceffaire pour l'approvifionnement des vaiffeaux d'europe.

Quant à ce qu'on dit du génie des Indiens, qui
ne leur permet pas d'être commiffionnaires & employés de la *compagnie*, cette allégation ne mérite
pas de réponfe férieufe.

J'avoue que je me défie beaucoup de tous ces
raifonnemens qu'on fait fur le génie, le caractère,
les mœurs des nations pour établir des opinions
d'ailleurs contraires à tous les principes. Du temps
des privilèges exclufifs de la *compagnie* elle-même,
au commerce de la côte d'Afrique, aux Ifles &
dans le nord de l'Amérique, on prétendoit auffi
que le caractère & les mœurs des Africains & des
Sauvages du Canada s'oppofoient à l'établiffement
du commerce libre. Le caractère & les mœurs des
Turcs ne permettent pas non plus, difent les con-
tradicteurs de la liberté du commerce du Levant,
de porter librement des draps de Languedoc à
Smyrne & à Conftantinople. Il faut des arrange-
mens, des maifons privilégiées, des envois bornés,
& toutes les contraintes, fous lequel ce commerce
a gémi long-temps, dont il commençoit à fe dè-
livrer, & dont on projette aujourdhui de l'accabler
de nouveau. La vérité eft qu'en matière de commerce, les hommes de toutes les nations & de tous
les climats agiffent de la même manière, parce qu'ils
font tous guidés par le même principe; c'eft-à-dire,
par l'intérêt.

Les Indiens comme toute autre nation feront le
commerce, fi le commerce leur apporte de grands
profits, & c'eft précifément les avantages du commerce qu'ils apprendront des Européens faifant le
commerce, & qu'ils n'ont jamais appris de la *compagnie*.

III. La troifiéme objection que nous ayons à

réfoudre eft celle qu'on tire de la néceffité de faire
vifiter, aulner, blanchir & emballer les toiles qui
font l'objet pricipal des retours de l'Inde, tant du
Bengale que de la côte de coromandel. Voici fur cela
l'extrait des mémoires qu'on nous a communiqués.

» Dans l'Inde plus que par-tout ailleurs, les tiffe-
» rands avides & fripons, cherchent tant qu'ils peu-
» vent à diminuer les qualités, & à gagner quel-
« que chofe fur l'aunage; auffi la *compagnie* y
» apporte-t-elle la plus grande attention. Elle a
» dans le Bengale, comme dans les autres parties
» de l'Inde, des agens qui traitent pour elle & en fon
» nom; ils forment un confeil d'adminiftration dans
» lequel toutes les affaires font difcutées & dé-
» cidées.

» Ce confeil a fous fes ordres un corps de mar-
» chands Indiens, à qui il s'adreffe pour la vente
» & pour l'achat des marchandifes.

» C'eft avec ce corps de marchands que le confeil
» fait dès le mois de février ou de mars de chaque
» année, le contrat pour le chargement des vaiffeaux
» de la *compagnie* qui doivent arriver dans l'Inde
» depuis Juin jufqu'en feptembre.

» Comme chaque efpèce de marchandife eft dif-
» tinguée par fortes; que toutes ont une marque par-
» ticuliere, & que chaque forte eft diftinguée par
» des échantillons foigneufement confervés, le con-
» feil met fous les yeux des marchands l'état diftinct
» & détaillé de toutes les marchandifes qui doivent
» former les cargaifons de retour proportion-
» nément au nombre & à la grandeur des vaif-
» feaux.

» Les quantités convenues, on fixe les prix pour
» chaque forte qui fera fournie conforme autant qu'il
» eft poffible à l'échantillon revêtu du cachet du con-
» feil, & qui refte entre fes mains.

» Quand le montant du prix des contrats eft arrêté
» & figné : les confeillers donnent à ces marchands
» qui font reconnus fûrs & folvables, & d'ailleurs
» folidaires, des avances en argent; c'eft avec ces
» avances que ces marchands vont fur les lieux où
» l'on fabrique, ordonner aux tifferands la quantité
» des marchandifes demandées.

» Quand le tems eft venu de livrer les marchan-
» difes contractées, la vifite s'en fait dans un endroit
» public, où les marchands & les tifferands font
» admis.

» Il y a quatre perfonnes à chaque table de vifite,
» favoir un ou deux confeillers & deux autres em-
» ployés, les échantillons de chaque forte de
» marchandifes contractées font toujours fous leurs
» yeux.

» Lorfqu'à chaque table on a décidé de la qualité
» d'une piéce vifitée & de la forte dans laquelle elle
» doit entrer, on l'ouvre pour voir s'il n'y a pas de
» trous, ou d'autres défauts; on la mefure & fi elle
» n'eft pas conforme en tout à l'échantillon, on la
» rebute; fi elle s'y trouve conforme, on la range
» dans la claffe de fes pareilles, on forme enfuite des
» balles de toutes les piéces qui font de la même

» claſſe à proportion du nombre qu'il s'en trouve.

» Comme ces marchands rendent leurs toiles en
» écru ; on les donne à laver à un gros corps de blan-
» chiſſeurs à gages pendant toute l'année : les toiles
» ſont remiſes immédiatement après à un nombre
» d'autres gens pareillement gagés pour les battre &
» leur donner le dernier aprêt. Les employés de la
» *compagnie* les viſitent une ſeconde fois pour les
» aſſortir & fixer leurs qualités ; & enfin, ces toiles
» ſont emballées par des emballeurs payés & entre-
» tenus annuellement uniquement à cet effet.

» Les vaiſſeaux de la *compagnie* qui n'ont rien à
» démêler avec les gens du pays reçoivent leurs car-
» gaiſons des mains du conſeil, & il partent dans
» la ſaiſon convenable pour faire leur retour en
» France.

» Telle eſt la manutention qu'on eſt obligé d'ob-
» ſerver pour compoſer les cargaiſons qui forment
» les ventes de l'Orient, ſans laquelle elles ne ſe-
» roient ni dans leurs qualités, ni dans leurs auna-
» ges, ni préparées, ni blanchies convenablemsnt ;
» en un mot, elles ne ſeroient pas ce qu'on appelle
» marchandes.

» Voilà par quels moyens une *compagnie* puiſ-
» ſante & excluſive ſoutient & fait fleurir la bran-
» che de commerce dont l'exploitation lui eſt
» confiée.

» Mais ces moyens ſeront-ils également entre les
» mains des particuliers ? croit-on qu'ils puiſſent em-
» braſſer ce ſyſteme ſuivi, ces précautions de détail,
» ces rapports ſi étendus, ce concert & cette corref-
» pondance d'opérations, au moyen deſquels tous
» les comptoirs, toutes les forces & toutes les ref-
» ſources de la nation dans l'Inde ne ſont qu'un, &
» ſont conſtament dirigés vers un ſeul & même
» but ? c'eſt le contraire qui doit arriver dans l'état de
» liberté ».

Voilà ſans doute un beau plan, de belles meſures
& une entrepriſe de commerce bien conduite ; c'eſt
dommage que tout cela ne prouve rien en faveur
du Privilége excluſif ; j'en vais donner plus d'une
preuve.

1° Si tout cet appareil & toutes ces précautions
coûtoient plus à la *compagnie* qu'elles ne lui rapportent, elles ſeroient mauvaiſes, & on ne pourroit rien
faire de mieux que de s'en abſtenir, puiſque toute
dépenſe faite, pour le ſuccès du commerce, doit être
payée par le ſuccès même du commerce. Il ne ſuffit
donc pas de nous dire, que la *compagnie* fait ceci
& cela ; il faudroit ajouter encore & prouver, que les
dépenſes dans leſquelles la jette ce ſyſteme d'adminiſtration dans l'Inde, ſont payées par un excédent de
profit qui en eſt la ſuite, & que la *compagnie* ne prenant pas toutes ces précautions, les marchandiſes lui
revenant moins cher, & étant ſi l'on veut moins parfaites, elle ne gagneroit pas davantage ; or, c'eſt
ce qu'on ne prouve point & ce qu'on ne prouvera
jamais.

2° Lorſqu'on voit tout cet attirail de précautions
pour le ſuccès du commerce, employé par une com-

pagnie qui ſe ruine dans ſon commerce, n'eſt-on pas
fondé à croire, ou que les précautions ſont inutiles,
ou qu'elles coûtent trop cher ?

3° Ce beau tableau de l'adminiſtration de l'Inde
reſſemble parfaitement à ce que j'ai oui dire & lu
plus d'une fois de l'admiſtration de certaines manufactures privilégiées, de certains commerces excluſifs,
pour leſquels l'excluſion & le Privilége ſont pourtant
manifeſtement inutiles & contraires au bien général.

On connoît la manufacture d'abbeville des ſieurs
vanrobais ; on a entendu parler de l'ordre qui y regne,
de la diſcipline à laquelle les ouvriers ſont ſoumis,
des précautions priſes pour le choix des matieres,
pour la filature, pour la perfection de fabrication ;
en liſant ces détails dans les mémoires faits par ces
fabriquans pour ſoutenir leur privilége, beaucoup
de gens en concluoient, qu'on ne pouvoit fabriquer
de bon drap ſans privilége excluſif ; comme on prétend
ici que tant de ſoins ſont néceſſaires dans l'Inde pour
avoir de bonnes toiles. On diſoit auſſi, » telle eſt la
» manutention qu'on eſt obligé d'obſerver pour faire
» fabriquer de beaux draps. Voilà par quels moyens
» les négocians poſſeſſeurs d'un privilége excluſif
» ſoutiennent & font fleurir la branche de commerce
» qui leur eſt confiée ».

Cependant, il eſt reconnu (depuis environ un an),
qu'il eſt poſſible de fabriquer de beaux draps à abbeville, ſans privilége. On ſait que les Anglois & les
Hollandois en font d'auſſi beaux, on ſait même que
les draps de louviers, ceux de ſedan, ceux de carcaſſon-
ne, &c. le diſputent aux draps d'abbeville. Ne décou-
vrira-t-on pas auſſi quelque jour, que ſans conſeil à
pondichery & à chandernagor, ſans viſites de ſi
grand appareil, ſans blanchiſſeurs & ſans emballeurs
à gages, on peut tirer de l'Inde les mêmes toiles que
la *compagnie* nous fournit aujourd'hui.

4° Que la *compagnie* n'a-t-elle obtenu du Nabab de
Bengale ou d'Arcatte, des ſtatuts pour les tiſſerands
Indiens, & des réglemens pour le nombre des fils, la
largeur & la longueur des toiles ; elle nous les auroit
fait traduire de l'Indou & elle nous auroit aſſurés que
ſans ces réglemens, il lui ſeroit impoſſible d'avoir de
bonnes marchandiſes. Elle eût eu des raiſons auſſi
fortes pour nous le faire croire, que celles qu'elle
allégue aujourd'hui, pour nous prouver la néceſſité
d'un corps d'adminiſtration pour examiner des
toiles, d'un corps de blanchiſſeurs pour les blanchir & d'un corps d'emballeurs pour les emballer.

5°. Parlons plus ſérieuſement. Ne voit-on pas
encore ici que les défenſeurs du privilége excluſif,
donnent les pratiques que ſuit la *compagnie*, dans
l'adminiſtration de ſon commerce, comme les ſeules
qu'on puiſſe employer pour arriver au but, c'eſt-
à-dire, pour faire le commerce. Outre que cette
prétention ne peut avoir aucun fondement ſolide,
on peut la combattre par des aſſertions bien plus
vraiſemblables. Les toiles ſeront bien viſitées, bien
emballées par les négocians particuliers, parce qu'il

fera de leur intérêt que tout cela fe faffe avec foin, & qu'ils trouveront bien les moyens de faire bien faire, fans privilége exclufif, une chofe que leur intérêt demande qui foit bien faite. Les gens du pays actuellement employés à ces travaux, les continueront pour le commerce particulier ; les adminiftrateurs de la *compagnie* pourroient même les conferver pour cela, pendant les premieres années, & fe faire rembourfer par les négocians qui les employeront. On poura donc fe paffer très-facilement du privilége exclufif.

IV. Un autre inconvenient que l'on veut rendre particulier au commerce du bengale & de la côte, & dont l'application pourroit fe faire également à toute autre efpece de commerce, eft la prétendue néceffité des affortimens des retours. » Les cargai- » fons de la *compagnie* font, dit-on, afforties par » les employés de la *compagnie*, en différentes na- » tures de marchandifes, dont les unes fervent à fa- » ciliter la vente des autres, & qui toutes, dans leurs » qualités & quantités, font proportionnées à la » poffibilité de la confommation, & au goût des » confommateurs. Ces affortimens ne fe feront » jamais bien par le commerce particulier, il y » aura trop d'une marchandife & pas affez de » l'autre, les négocians ne pouvant fe concerter, fe » nuiront, &c. &c. «

Mais cette objection n'auroit-elle pas la même force contre la liberté du commerce avec nos colonies. Tous les vaiffeaux qui partent des différens ports du royaume ne fe concertent point fur la nature de leurs chargemens. Il en réfulte, à la vérité, des variations dans les prix des ventes, fuivant l'abondance ou la rareté des denrées importées dans les colonies, & c'eft ce qui fait le jeu du commerce. L'on ne voit pas que ce rifque, quoique très-réel, ait fait tomber ce commerce, & dégoûté les négocians François : pourquoi feroit-il plus funefte au commerce de l'Inde ? On peut être affuré qu'une année on apportera une trop grande quantité d'une efpece de toile, & pas affez d'une autre. Il en réfultera qu'un négociant gagnera plus que l'autre ; mais celui-ci aura fon tour dans une autre expédition. On croit inutile d'infifter d'avantage fur ces queftions tant de fois difcutées, & toujours à l'avantage de la liberté.

V. Je ne dirai qu'un mot de la néceffité d'avoir des capitaux confidérables pour le commerce de l'Inde, néceffité qu'on regarde comme un obftacle invincible au commerce particulier.

« Les retours, dit-on, ne peuvent arriver que » plus de deux ans après la mife hors des fonds. » Une entreprife qui exige des avances fi confidé- » rables, & dans laquelle il faut néceffairement » perdre fes fonds de vue pendant près de trois » années, eft au-deffus des forces des particuliers, » & ne peut être embraffée dans toute fon étendue » que par une *compagnie* exclufive ».

Je ne conviens point de cette impoffibilité de trou-

ver des fonds pour le commerce de l'Inde devenu libre. Les capitaux ne manquent pas en France ; ce font les emplois des capitaux qui y font gênés & reftraints en mille manières, & notamment par les priviléges, les *compagnies*, & toutes les entraves qu'y éprouve le commerce. Les capitaux fe portent par-tout où il y a des profits à faire, à moins que des obftacles, qui viennent toujours des hommes & jamais des chofes, ne s'oppofent à leur emploi ; il y aura à gagner dans le commerce, il s'y verfera donc des capitaux.

A la vérité, je n'affurerai pas que ce commerce aura, dès la premiere ou la feconde année, tous les capitaux qu'il emploie aujourd'hui. Je crois cependant que perfonne n'eft en droit de le nier. Mais ce qu'on peut efpérer fans le moindre doute, c'eft que, dès-que les chofes auront repris leur état naturel, ce commerce aura tous les fonds dont il a befoin.

D'ailleurs, comme je l'ai déjà remarqué à propos du commerce de Chine, les partifans du privilége ne peuvent faire cette difficulté de bonne-foi, puifqu'ils favent bien que la *compagnie* n'a jamais eu les capitaux dont elle avoit befoin pour l'exploitation de fon commerce ; que ce défaut de fonds l'a forcée conftamment & en mille occafions de refferrer fon commerce, loin de l'étendre.

Enfin, le commerce libre, qui fournit des capitaux immenfes à cent autres entreprifes plus confidérables & moins lucratives, en trouvera bien pour le commerce de l'Inde, auffi-tôt qu'il fera ouvert à la liberté.

VI. Enfin, la derniere objection qu'on oppofe à la fuppreffion du privilége exclufif, eft la puiffance des Anglois dans l'Inde, qui ne fouffriront jamais que le commerce libre s'y établiffe, & dont les violences ne peuvent être contenues que par une *compagnie* exclufive.

Développons cette objection dans les termes même employés par les mémoires que je parcours.

« Les François ne peuvent efpérer de fuccès » dans l'Inde, qu'aux dépens des autres nations » commerçantes ; mais fe flatte-t-on qu'elles voyent » froidement un événement auffi intéreffant pour » elles, fans y oppofer les plus grands obftacles, » peut-être même une violence ouverte ? C'eft une » vérité inconteftable que les François ne peuvent » rendre le commerce des Indes libre à tous les né- » gocians, fans forcer les Anglois & les Hollandois » à le faire de la même manière. S'il n'eft pas de » leur intérêt de le pratiquer ainfi, il eft indubi- » table qu'ils s'efforceront d'empêcher notre com- » merce par toutes fortes de moyens. Or, il leur » fera très-facile d'y réuffir dans les circonftances » actuelles.

» Tout eft changé dans l'Inde, & fur-tout dans » le Bengale pour les Européens. Les Anglois y » ont acquis une puiffance fi extraordinaire, ils y » ont des forces fi confidérables, ils y exercent, » foit

» foit ouvertement, foit fous le nom du nabab, » qu'ils tiennent dans leurs fers, une autorité fi » étendue, qu'on peut craindre à chaque inftant de » les voir s'emparer exclufivement de cette branche » de commerce. Ils fouffrent avec peine la concur-» rence des *compagnies* Européennes, & ils nous » font éprouver en particulier des obftacles que la » réunion & le concours de tous nos moyens ne » peuvent vaincre que très-difficilement. Des parti-» culiers, qui n'auront jamais autant de forces ni » de reffources qu'en a une *compagnie* nationale, qui » d'ailleurs feront néceffairement en rivalité les uns » avec les autres, pourront-ils réfifter à la concurren-» ce, à la puiffance des Anglois? Les Anglois les laiffe-» ront-ils exercer paifiblement leur commerce? L'on » a agité à Londres fi l'on s'empareroit exclufivement » du commerce de Bengale; enforte que l'Angle-» terre devint l'entrepôt général où toutes les na-» tions Européennes feroient forcées de venir s'ap-» provifionner de l'Inde. La queftion eft reftée in-» décife; mais elle feroit bientôt décidée, fi les » Anglois n'avoient plus à faire qu'à des particu-» liers ifolés dont ils ont mille moyens de traver-» fer & de ruiner les opérations.

» Enfin, fi cette branche de commerce fort un » inftant des mains de la *compagnie*, pour paffer » dans celles des Anglois, elle n'y rentrera que » très-difficilement, & peut-être jamais ».

On démêle dans ce que nous venons de voir quel-ques affertions qu'il eft important de diftinguer.

1°. Que les Anglois traverferont le commerce particulier dans l'Inde, plus fortement que le com-merce de la *compagnie*.

2°. Qu'ils y réuffiront plus facilement.

Examinons ces deux affertions:

Sur la première je remarque qu'alléguer la puif-fance actuelle des Anglois dans l'Inde, c'eft s'écar-ter du véritable état de la queftion. Il s'agit de fçavoir fi le commerce particulier eft poffible ou non, abf-traction faite de la fituation politique actuelle des puiffances Européennes dans l'Inde: cette fituation étant très-mobile, ayant été différente il y a peu d'années, & pouvant changer d'un moment à l'autre, ne doit entrer pour rien dans notre difcuffion, où il s'agit de rechercher fi, dans l'état commun & conftant, le commerce peut s'exercer & fe foute-nir fans privilége exclufif.

Si donc les preuves que nous avons données jufqu'à préfent, étoient folides, la queftion feroit déci-dée pour le gouvernement, fauf à lui à trouver des expédiens qui ne manqueront pas, & auxquels l'Angleterre ne fauroit fe refufer, de maintenir l'exécution des traités en Afie auffi bien qu'en Eu-rope.

Une autre obfervation bien décifive nous eft four-nie par l'aveu que font ici les défenfeurs du privi-lége. « C'eft, difent-ils, une vérité inconteftable » que les François ne peuvent rendre le commerce » des Indes libre, fans forcer les Anglois & les » Hollandois d'en faire autant, ainfi il eft indubita-

Commerce. Tome I. Part. II.

» ble que ces nations s'efforceront d'empêcher notre » commerce particulier par toutes fortes de moyens ».

Si cela eft, je demande ce que deviennent toutes les objections ci-deffus oppofées à la liberté. Si en confervant leur *compagnie*, les Anglois ont fi fort à craindre les effets de la liberté chez nous, il faut donc que le commerce libre foit poffible même en concurrence avec la *compagnie* Angloife.

Si la forme de *compagnie* & privilége exclufif eft fi avantageufe & fi indifpenfablement néceffaire au commerce de l'Inde (à moins qu'on ne pré-tende que c'eft pour les François feulement que le commerce de l'Inde a befoin d'un privilége), la violence ne leur fera pas néceffaire pour empêcher l'établiffement de notre commerce particulier; car ils feront feuls à l'abri des *funeftes effets de la concurrence*; feuls ils trouveront *des cargaifons préparées*, feuls ils pourront *faire blanchir, pré-parer, emballer leurs toiles*, feuls ils pourront, fans rifque, faire *des avances de fonds* dans les terres, feuls ils auront *des capitaux* à mettre au commerce de l'Inde; ils ne s'inquiéteront donc pas de nous voir rendre la liberté au nôtre; ou s'ils s'en inquiétoient, ce feroit une preuve évidente que le commerce particulier eft poffible.

On avance en fecond lieu, que les Anglois réuf-firont à empêcher notre commerce particulier.

Nous fommes convenus nous-mêmes plus haut, de la puiffance actuelle des Anglois dans l'Inde, & des obftacles qu'ils peuvent mettre à nottre com-merce de *compagnie*; nous ne nierons pas qu'ils ne puiffent traverfer auffi notre commerce parti-culier. Mais il faudroit nous prouver qu'ils auront plus de facilités pour cela, fi notre commerce y eft libre. Or, c'eft ce qui n'eft, ni vraifemblable, ni vrai. Nous l'avons déjà dit, le commerce particulier échappe bien plus aifément aux vexations & à la violence. Ses opérations, quoique plus grandes & plus étendues, font moins publiques, moins en butte à cette jaloufie nationale; préjugé funefte que l'ignorance enfanta, & qui fubfifte encore avec plus de force chez les Anglois, que chez nous.

Il eft conftant, qu'indépendamment du commerce que la *compagnie* Angloife fait dans le Bengale, tous les employés y font des achats immenfes pour leur compte, & qu'ils s'approprient même de pré-férence, les marchandifes les plus belles, & des meilleures qualités.

Cette circonftance contraire au bien de la *com-pagnie* Angloife, contraire en même-temps à l'intérêt de la nôtre, par la collufion qui doit néceffaire-ment s'établir entre les employés de l'une & de l'autre, eft infiniment favorable au commerce par-ticulier; en effet, les employés Anglois ne pouvant plus vendre leurs marchandifes à la *compagnie*, chercheront à s'en procurer le débouché par les vaiffeaux François, & pour cela, ou ils les char-geront à fret fur nos vaiffeaux particuliers, ou ils les vendront à des négocians François; avec le même bénéfice auquel ils les vendent à la com-

Kkkk

pagnie, & ils en recevront la valeur en lettres de change payables en Europe; ce genre de commerce différera peu de celui qui fubfiste aujourd'hui ; & en cédant à la fupériorité actuelle des Anglois dans l'Inde, nous ferions le commerce dans l'Inde.

On peut donner en preuve de cette facilité qu'aura le commerce François, lorfqu'il fera devenu libre, un fait qui a donné lieu à des plaintes très-graves & très-fondées de la part de la *compagnie* de France. Elle a été inftruite qu'il étoit arrivé à la fin de l'année dernière à Lifbonne deux cargaifons très-riches de marchandifes de Bengale & de la côte de Coromandel ; elle a été affurée que ces cargaifons avoient été chargées fur deux vaiffeaux Portugais, pour le compte des propres employés de la *compagnie* Françoife, & que probablement elles provenoient en partie des achats qu'ils avoient faits des Anglois. Ce que les employés ont fait en fraude du privilége de la *compagnie* ; il eft vrai-femblable qu'ils le feront bien plus aifément lorf-qu'ils pourront adreffer ces mêmes marchandifes à des correfpondans François, & que ces envois fe-ront par conféquent beaucoup plus confidérables. Difons encore qu'on fait que l'année dernière, il eft arrivé à l'Orient pour plus de deux millions de marchandifes de l'Inde en pacotilles par les vaiffeaux de la *compagnie*, & qu'il étoit encore refté à l'ifle de France le chargement d'un vaiffeau en marchan-difes de l'Inde, qui n'avoit pû trouver place fur les vaiffeaux de la *compagnie*.

A la vérité, cette manière de conduire le com-merce, pourra donner de moindres bénéfices; ce feroit même une dépendance honteufe de la nation : mais au moins, jufqu'à ce qu'on eût pris les mefures né-ceffaires pour nous en affranchir, le commerce parti-culier fe foutiendroit.

Certainement la *compagnie* ne peut pas oppofer au commerce particulier un état de foibleffe & de dépendance où elle fe trouve elle-même, & où elle n'a pas pû fe défendre de tomber. Il ne pouvoit rien arriver de pis à des commerçans libres & fans appui, que ce qui arrive aujourd'hui à la *compa-gnie*. Cet appareil, ce privilége exclufif, toute la forme donnée chez nous jufqu'à préfent au com-merce de l'Inde, n'ont pas empêché que tous les établiffemens de la *compagnie* n'aient été ruinés par les Anglois, qu'ils n'y foient devenus les maîtres de fon commerce, & ne lui dictent aujourd'hui les loix les plus dures. C'eft des Anglois qu'elle achete une grande partie de fes cargaifons. C'eft un fait connu. Les effets de la vente prochaine lui ont été vendus par les Anglois ; nos marchands n'ayant prefque plus la liberté d'acheter directement des tif-ferands, ni dans les harams, & étant obligés d'a-cheter de la feconde main. Que rifquons-nous donc à rendre la liberté ?

Mais pourquoi ferions-nous réduits à ces petits expédients. En ouvrant au commerce libre la route de l'Inde, le gouvernement ne le laiffera pas op-primer par les Anglois.

Les négociants particuliers, pour n'être pas réu-nis en *compagnie*, en feront-ils moins François & moins citoyens, en auront-ils moins de droit à la protection du roi, & cette protection ne fera-t-elle pas auffi efficace pour les mettre à l'abri des vio-lences de la *compagnie* Angloife, fi elle en exer-çoit ?

La *compagnie* Angloife elle-même, n'eft-elle pas foumife au gouvernement de la grande Bretagne, n'obfervera-t-elle pas les traités ? Car enfin, de deux chofes l'une, ou elle laiffera à notre commerce particulier toute la liberté qu'il a droit de récla-mer, d'après les conventions réciproques des deux nations en Europe ; ou, fi contre les ordres du mi-niftère Anglois, elle commet des hoftilités envers nos négocians, ce ne fera plus une guerre de *com-pagnie* à *compagnie* ; mais de la *compagnie* An-gloife avec la nation Françoife. Or, nous ne croyons pas que la *compagnie* Angloife puiffe jamais pren-dre un parti fi déraifonnable, & j'ajoute, fi con-traire à fes véritables intérêts. Elle ne peut donc fe-dispenfer de fe conformer, & elle fe conformera affurément, aux conventions réciproques des deux nations. Elle ne pourra donc pas employer la force contre l'établiffement du commerce François par-ticulier.

A la vérité, elle pourra fe fervir de tous les moyens que lui donneront fa conftitution, la gran-deur de fes capitaux, fes établiffements, &c. & il n'y a rien de plus jufte. Ce fera la lutte de la plus puiffante des *compagnies*, contre le plus difficile de tous les commerces particuliers. On verra là la force ou la foibleffe du privilége ou de la liberté ; & j'avoue que je ne crains pas pour la liberté.

En un mot, en pleine paix, & tant que les An-glois garderont la foi des traités, les particuliers feront tout ce que fait la *compagnie* : en état de guerre, les particuliers eux-mêmes, ou conferve-ront leur commerce au milieu de la guerre, ou le défendront avec autant & plus de fuccès que la *compagnie* : enfin, l'état défendra le commerce par-ticulier, comme il défendroit celui de la *compa-gnie*.

Je l'avouerai : cette objection tirée de la puif-fance des Anglois, me paroît dictée par une pufil-lanimité honteufe. N'eft-il pas bien étrange qu'on imagine qu'une nation puiffante comme la France, ne pourra pas faire jouir fes citoyens du droit des gens, & de la foi des traités.

Dira-t-on que le gouvernement n'aura pas les mêmes motifs pour protéger le commerce particu-lier; c'eft tout le contraire : il ne fera plus queftion de défendre des priviléges, une fociété particulière. Ce fera vraiment toute la nation, dont chaque mem-bre a droit à la protection du gouvernement, & un droit plus facré que celui d'une *compagnie* privi-légiée. Si l'on connoiffoit mieux les principes, on regarderoit une *compagnie* ; à raifon même de fon privilége exclufif, comme ayant abandonné tout droit à la protection publique, & comme chargée du foin de fe défendre elle-même. C'eft une petite fociété qui eft prefque en état de guerre avec tous les individus qui forment la grande, ou du moins qui s'en eft ifolée ; qui veut avoir fes affaires, fon profit, fon bien être à part des autres membres de l'état. C'eft donc à elle à trouver en elle-même tous les moyens de fe foutenir. Au contraire le négociant particulier n'a point relâché les chaînes qui le lient à la fociété pour s'en impofer de nouvelles : il tient immédiatement à l'état, qui lui doit toute fa protection au titre le plus rigoureux, & je ne crains pas de dire qu'il eft plus jufte de faire une guerre de dix ans pour venger la violation du droit des gens, faite en la perfonne d'un feul négociant particulier, que de dépenfer cent mille francs pour protéger une *compagnie* de commerce à privilége exclufif, fon fonds fût-il formé de cent mille actions.

Je ne puis quitter cet article fans me prévaloir encore ici d'un aveu qu'on fait à l'occafion du commerce de Chine dans les mémoires qui m'ont été communiqués ; aveu décifif en faveur du commerce de l'Inde. On dit « que cette permiffion accordée » aux particuliers pour le commerce de la Chine, » permiffion déjà refufée autant de fois qu'elle a été » demandée ; donnera une mortelle atteinte au pri- » vilége exclufif du commerce de la *compagnie* » dans les mers des Indes, parce que tous les vaif- » feaux qui auront la liberté de paffer le Cap de » Bonne-Efpérance, fauront bientôt éluder la dé- » fenfe d'aller aux Indes ; que leur intérêt fera plus » fort que le rifque, que les prétextes ne leur man- » queront jamais pour autorifer des relâches, & que » les moyens de fe procurer des pacotilles ne leur » échapperont pas ».

Si la feule permiffion de paffer le Cap, accordée à des négocians qui auroient la liberté d'aller en Chine, feroit *une atteinte mortelle* au privilége exclufif de la *compagnie* dans l'Inde, parce que ces négocians auroient un intérêt d'aller dans l'Inde plus grand que les rifques qu'ils effuyeroient ; fi les moyens de faire des pacotilles dans l'Inde ne man- queront pas à ces négocians ; donc le commerce de l'Inde n'eft pas impoffible, comme on le pré- tend ; & j'oferois ajouter que felon l'auteur lui- même, il faut qu'il foit facile, puifqu'il a fi grande peur de le voir s'établir auffi-tôt qu'on rendra la liberté à celui de Chine.

Telles font les raifons fur lefquelles nous croyons pouvoir établir la poffibilité du commerce de l'Inde fans privilége exclufif & par les feules reffources de la liberté. Nous n'avons négligé aucune des ob- jections, quoique plufieurs nous aient paru ne pas mériter de réponfes bien férieufes ; tandis que d'un autre côté, nous pouvons dire avec vérité, que nous n'avons pas recueilli à beaucoup près toutes les preuves que nous pouvions donner de notre fenti- ment.

Cette omiffion n'eft pas tout-à-fait volontaire, elle eft la fuite néceffaire de la nature de la caufe

que je défends ; Car pour prouver que le commerce s'établira dans l'Inde, par tous les argumens qu'on pourroit employer, il faudroit indiquer en détail tous les moyens qu'il prendra, & c'eft une chofe impoffible.

L'induftrie humaine libre, a tant d'activité, tant de foupleffe, d'intelligence, de fagacité, de conf- tance, qu'on n'a jamais le droit de prononcer qu'elle ne trouvera pas les moyens de renverfer ou de fur- monter toute efpèce d'obftacles, même quand on ne connoît aucun de ces moyens ; à plus forte raifon quand on en entrevoit quelques-uns, faut-il fe défen- dre de croire qu'elle n'en trouvera aucun autre. Cette réflexion, bien que générale ne doit pas paroî- tre vague, & quant à moi j'avoue que c'eft une de celles qui me font auguror le plus favorablement de la liberté, & que j'en tire une certitude prefque géométrique de la poffibilité de l'établiffement du commerce particulier dans l'Inde, malgré tous les faits allégués au contraire ; & tous les cris qui ef- frayent encore plus que les faits.

J'ai promis de prouver non feulement la poffibi- lité du commerce particulier de l'Inde, mais les avantages qu'apporteroit à l'état la fuppreffion du privilége exclufif.

J'aurois beaucoup à dire, fi je voulois faire au commerce de l'Inde l'application de tous les argu- mens généraux, employés par les meilleurs efprits en faveur de la liberté du commerce ; l'étendue qu'elle procure au commerce ; les moyens & les motifs qu'elle fournit pour l'accroiffement du com- merce, de la population & de la richeffe ; l'acti- vité qu'elle donne à l'agriculture, à la navigation, à tous les genres d'arts & d'induftrie, & à tous les principes du bonheur des fociétés ; les effets con- traires & funeftes produits par les priviléges exclu- fifs ; l'injuftice dont ils font accompagnés, en ce qu'ils ôtent à un grand nombre de citoyens le droit naturel & légitime de chacun à employer fes talens & fes fonds, &c.

Mais ces vérités font connues & établies, les par- tifans même du privilége de la *compagnie* ne les conteftent pas, tant qu'on veut bien leur permettre d'en excepter leur établiffement favori. Il nous fem- ble que ce feroit auffi prendre un foin inutile que de leur prouver en détail que chacune de ces rai- fons générales eft applicable au privilége de la *compagnie*. Les yeux qui fe ferment à la lumière ne verront pas, & quant à ceux qui l'aiment, ils n'ont pas befoin que nous la leur préfentions.

Nous nous bornerons donc ici à faire fentir deux avantages de la fuppreffion du privilége de la *com- pagnie*, qui feront les fuites de la liberté du com- merce de l'Inde en particulier ; l'accroiffement du commerce d'Inde en Inde, & l'amélioration des deux Colonies de l'Ifle de France & de Bourbon ; ces deux motifs, & fur-tout le dernier, peuvent feuls faire la plus forte impreffion.

Il fe fait dans l'Inde deux fortes de commerce,

le commerce d'Inde en Inde, & celui de l'Inde en Europe.

Toutes les *compagnies* ont éprouvé que le commerce d'Inde en Inde, qui demande de l'industrie, de l'activité, qui éprouve des variations rapides, dans lequel il faut profiter & prévoir même les circonstances, devoit jouir de la plus grande liberté possible; en conséquence, il est permis à tous les particuliers de commercer sur leurs propres vaisseaux, tant dans les comptoirs de leurs nations, que dans ceux des étrangers, ou dans les places qui sont sous la domination des princes du pays; on a même cherché à favoriser ce commerce, parce qu'il produit des droits de douane dans les comptoirs, au profit des différentes *compagnies*; qu'il contribue à étendre le crédit de la nation, & qu'enfin les *compagnies* elles-mêmes trouvent souvent de grandes ressources dans la fortune & dans le crédit de ces commerçans.

Les Anglois sont de tous les Européens ceux qui ont donné le plus d'étendue au commerce d'Inde en Inde, parce qu'ils passent dans ces pays avec des fonds considérables, qu'ils grossissent bientôt par les grands profits qu'ils y font.

Les François avoient commencé sous l'administration de M. Dupleix à s'y livrer avec beaucoup de succès: les malheurs de la guerre l'ont presque totalement ruiné. On voit, par des lettres récentes de Chandernagor, que malgré les obstacles que la nation Angloise ne cesse de nous opposer, le commerce d'Inde en Inde a repris avec assez de vigueur, & qu'à la fin de l'année 1767, il y avoit douze vaisseaux du port de 800 à 200 tonneaux qui y étoient employés.

Dans l'état actuel des choses, sous le joug du privilége de la *compagnie*, le commerce d'Inde en Inde éprouve une infinité de gênes & d'oppositions; la *compagnie* a seule le droit de porter des marchandises de l'Europe dans l'Inde, & d'en rapporter des retours; ainsi les particuliers sont totalement dans la dépendance de la *compagnie*; leur commerce est nécessairement restraint à de certaines espèces de marchandises, & ils ne peuvent se charger de celles qui sont propres pour la consommation d'Europe, ou ils ne peuvent s'en défaire qu'en les vendant aux agens de la *compagnie* qui leur font la loi.

D'ailleurs, ce n'est que dans les magasins de la *compagnie*, que les particuliers peuvent trouver une partie des marchandises qui leur sont nécessaires pour assortir leurs cargaisons, suivant les différentes places où ils veulent aller trafiquer, & ils sont obligés de les acheter cent pour cent au-dessus de leur valeur en Europe; enfin, ils dépendent de la *compagnie*, pour tous les effets nécessaires à l'armement de leurs vaisseaux, & souvent ils éprouvent de la part des chefs des comptoirs des contradictions qui déconcertent tous leurs projets & leurs spéculations, soit par des retards dans le départ de leurs vaisseaux, ou par des changemens de

destination auxquels ils sont forcés par des intérêts particuliers.

Malgré tous ces obstacles, ce commerce procure encore de très-grands bénéfices: Il est aisé de sentir combien il s'accroîtroit en peu de temps, & combien il deviendroit florissant, si ceux qui l'exercent pouvoient faire leurs retours en France. C'est alors que l'industrie, qui ne seroit plus sous le joug d'une *compagnie* exclusive, donneroit à ce commerce, toute l'étendue dont il est susceptible, ouvriroit de nouvelles branches, chercheroit de nouveaux débouchés pour nos manufactures, & multiplieroit les essais de toute espèce. Les négociants François auroient un avantage décidé sur ceux des autres nations Européennes; parce qu'au bénéfice que leur donne le commerce d'Inde en Inde, ils joindroient celui qu'ils feroient sur les retours en France. Cette liberté leur ouvriroit de plus les moyens de faire passer dans leur patrie, & d'y mettre en sûreté successivement, une partie de leurs bénéfices. Dans l'état actuel, ils n'ont d'autres ressources, que de charger des marchandises sur les propres vaisseaux de la *compagnie*, en fraude de son privilége, & au risque de la confiscation, ou de remettre leurs fonds à la caisse de la *compagnie* dans l'Inde, & de les convertir en lettres de change payables à six mois de vue; ainsi, ou ils courent des risques, ou ils perdent pendant dix-huit mois l'intérêt de leurs fonds.

Des lettres particulières de l'Isle de France, assurent qu'au départ des derniers vaisseaux, il y avoit dans cette Colonie, près de deux cargaisons de marchandises de l'Inde qui y restoient sans débouché. On soupçonne qu'un vaisseau particulier expédié pour le Cap, sous prétexte d'en tirer des vins, n'a eu réellement pour objet, que de transporter dans cette Colonie Hollandoise, une partie de ces marchandises; ces voyages détournés entraînent toujours des frais, & multiplient les risques; quel avantage, les négocians auxquels appartiennent ces marchandises n'en auroient-ils pas tirés, s'ils avoient pu les envoyer en France, & quel encouragement ne seroit-ce pas pour le commerce particulier?

Nous nous en tiendrons à ce petit détail, & nous en appellons au témoignage de toutes les personnes qui connoissent l'Inde, pour répondre aux questions suivantes.

Le commerce d'Inde en Inde, ne peut-il pas donner de très-grands bénéfices? n'est-il pas susceptible d'une étendue infiniment plus considérable? Le privilége de la *compagnie* ne s'oppose-t-il pas à son accroissement? Enfin, si le privilége étoit supprimé, le seul commerce d'Inde en Inde prenant l'étendue dont il est susceptible, ne seroit-il pas un objet plus important, plus avantageux, ou au moins, aussi avantageux que tout le commerce de la *compagnie*?

Nous ne croyons pas que des réponses à ces questions, faites par des personnes éclairées & impartiales, puissent être en faveur de la *compagnie* & de son privilége exclusif.

Je paſſe au deuxième avantage qui ſuivra de la liberté rendue au commerce de l'Inde.

Pour ſe convaincre de tout ce que les iſles de France & de Bourbon peuvent gagner au rétabliſſement de la liberté, il ne faut que jetter les yeux ſur ce qu'elles ont ſouffert du privilége, & ſur la manière dont elles ont été adminiſtrées.

Nous ne prétendons déſigner ni bleſſer perſonne : nous regardons même la plus grande partie des vices de l'adminiſtration de ces Colonies, comme des ſuites néceſſaires de l'exploitation du privilége, & comme venant des choſes bien plus que des hommes. Ce n'eſt point une ſatyre que nous faiſons, mais un tableau des maux qu'on cauſe, quand on perd de vue cette deviſe de toute bonne adminiſtration, *liberté*.

Les habitans de l'iſle de France ont long-temps gémi ſous le gouvernement le plus deſpotique, & le plus capable d'étouffer toute émulation ; leur ſort dépendoit entiérement du gouverneur, ſeul vendeur & ſeul acheteur pour la *compagnie*.

Ce n'étoit que dans les magaſins de la *compagnie*, que l'habitant pouvoit trouver les objets de ſes beſoins, & l'accès ne lui en étoit permis que du conſentement du gouverneur, qui pouvoit ainſi le priver des choſes les plus néceſſaires à la vie. De-là ces monopoles qui procuroient aux gardes magaſins & aux amis du gouverneur, des fortunes auſſi rapides qu'indécentes. Ils connoiſſoient la conſommation de l'iſle ; ils étoient des premiers inſtruits des envois faits par la *compagnie*, qui jamais n'étoient proportionnés aux beſoins ; d'après un calcul aſſuré, ils achetoient, ſous des noms empruntés, toute une partie de marchandiſes qu'ils revendoient enſuite à cent & deux cents pour cent de bénéfice.

C'étoit auſſi aux magaſins de la *compagnie*, que l'habitant devoit porter tout le produit de ſes cultures. On ſent combien le plus ou le moins de faveur pouvoit influer ſur la réception de ces denrées ; on voit que l'habitant étoit bien plus intéreſſé à ménager l'amitié du garde-magaſin & du gouverneur, qu'à s'attacher à la bonne qualité de ſes fournitures.

Le Colon dégoûté par ces vexations & par cette dépendance abſolue, n'avoit d'autre reſſource que de vivre aux dépens de la *compagnie*, s'il pouvoit en trouver les moyens ; ſi non dès qu'il avoit amaſſé quelque fortune, il ſe hâtoit de repaſſer en France, & il ne reſtoit dans la Colonie que l'indigent ou le favoriſé.

La liberté fera reprendre une face nouvelle à la Colonie, & l'induſtrie renaîtra dès qu'elle aura ſecoué le joug de l'excluſif.

Les vivres qui ſe recueillent à l'iſle de France, ſervent pour la conſommation des habitans & pour la relâche des vaiſſeaux ; ainſi ils auront à cet égard les mêmes débouchés qui ſubſiſtent aujourd'hui. Les habitans ne s'attacheront à faire des vivres qu'en proportion de la conſommation. Cette balance s'établira d'elle-même ; comme elle exiſte par tout, après avoir éprouvé différentes variations ; on doit bien

s'attendre que dans les premières années, il y aura trop, ou trop peu de vivres ; mais il ſera aiſé d'y remédier par une bonne adminiſtration ; s'il y en a trop, le gouverneur pourra en acheter pour le compte du roi, au prix qui lui ſera fixé, & les mettre en magaſin, en eſſayant des différens moyens pour les conſerver aux moindres frais poſſibles. Cette dépenſe, quand elle ſeroit en pure perte, ſera modique. Si la récolte ne paroît pas aſſez abondante, le gouverneur excitera les particuliers à faire des armemens pour Madagaſcar, pour le Cap, & pour les autres parties de l'Inde, où les vivres ſont ordinairement à très-bas prix.

Il favoriſera ſur-tout la multiplication des beſtiaux, & il ſuffira que les particuliers y trouvent leur avantage, pour s'y livrer, leur propre beſoin les y forcera. Juſqu'ici la *compagnie* a toujours eu pour ſon compte un troupeau deſtiné aux beſoins de ſes vaiſſeaux, & qui ſervoit à la nourriture de ſes employés, & des habitans les plus aiſés, parce que ce ſont toujours les plus favoriſés. Depuis l'établiſſement de l'iſle de France, on s'eſt plaint continuellement des abus énormes qui ſe commettoient ſur cet objet. Lorſque les habitans les plus riches, conſeillers & autres, n'auront plus cette reſſource, ils ſeront obligés de ſe pourvoir, par eux-mêmes, & ils ne pourront pas en conſommer pour leur uſage, qu'ils n'en vendent une partie ; parce qu'un habitant qui fait tuer un bœuf, ne peut le conſommer tout entier dans ſa famille ; de-là naîtra néceſſairement l'établiſſement des boucheries publiques, qui n'ont pu être encore formées juſqu'ici.

Alors, au lieu d'aller mendier des vivres au Cap, les vaiſſeaux François qui feroient le commerce d'Europe dans l'Inde, ou en Chine, en trouveroient en abondance, dans un établiſſement national.

La culture des terres dépend ſur-tout de la quantité des Noirs qui ſont introduits dans l'iſle. La *compagnie* s'étoit réſervé ce commerce, qui a été accompagné des plus grands abus. Le prix d'achat étoit très-médiocre, & devoit donner un très-grand bénéfice ; mais il étoit abſorbé par la quantité prodigieuſe de Noirs qui s'introduiſoient en fraude, & ces Noirs de pacotille, qui ne meurent jamais dans la traverſée, étoient tranſportés, nourris, & ſouvent même achetés aux dépens de la *compagnie*. Les Noirs de la *compagnie* ſe vendoient le plus ordinairement à crédit à ceux que l'on vouloit favoriſer ; les autres habitans n'avoient de reſſource que dans les Noirs de pacotille, qui ſe vendoient à un très-haut prix, parce que jamais les beſoins n'étoient ſuffiſamment remplis. Les Colons feront eux-mêmes ces traites. Il ſe formera des ſociétés qui multiplieront les Noirs, & ils s'enrichiront du bénéfice que la *compagnie* auroit dû y faire. On doit bien s'attendre que la concurrence fera augmenter le prix d'achat ; mais ils ne ſortiront jamais d'une certaine proportion, parce que du moment que ce commerce deviendroit moins favorable, l'empreſſement pour la traite diminueroit, & le prix lui-même reprendroit fon niveau. C'est un principe général que l'on ne doit jamais perdre de vûe. Toute espèce de commerce peut être forcé ; mais l'intérêt de l'acheteur & du vendeur, le ramène bientôt à fon vrai taux.

Il faut espérer que les administrateurs de la Colonie, n'abuseront pas de l'autorité qui leur est confiée, pour s'emparer de ce commerce au nom du roi, & l'interdire aux habitans. L'abus est trop important, pour que le ministère ne le prévienne pas dans la suite.

Le commerce de l'Inde, ainsi que celui de la Chine, se faisant principalement avec des matières d'argent, qui ne font point d'encombrement, tous les vaisseaux qui partiront d'Europe destineront la plus grande partie de leurs cargaisons en effets de consommation pour les colonies & les comptoirs de l'Inde ; la concurrence & la nécessité de compltter leurs chargemens, les obligeront de se contenter d'un gain modique.

La colonie sera abondamment pourvue de tous ses besoins par les vaisseaux particuliers, & elle deviendra le dépôt de toutes les marchandises d'Europe que l'on destinera pour le commerce de l'Inde.

Enfin, les habitans s'adonneront à toutes sortes de culture, & leur industrie sera excitée par les différentes spéculations qu'ils pourront faire sur le produit de leurs terres. Le sucre, l'indigo, la canelle, le coton, le poivre peuvent également y réussir, & les variations même, sur le plus ou le moins de faveur qu'éprouvent ces différentes denrées hâteront les succès, qui ne dépendront plus de la volonté, & souvent du caprice d'un gouverneur. Les bénéfices que donneront ces différentes cultures augmenteront nécessairement les capitaux.

Du moment que la liberté sera rendue à ce commerce, plusieurs négocians pourront se fixer à l'isle de France, ou au moins des facteurs de négocians François, qui, de-là, dirigeront leurs différentes opérations dans les autres parties de l'Inde. Ces négocians encourageront encore la culture, ils attireront des ouvriers, & accroîtront d'autant la population.

Alors, l'isle de France deviendra l'entrepôt du commerce de la France & de l'Europe même avec l'Asie. Si on y établit un port franc, bientôt toutes les nations s'empresseront d'y relâcher, ce qui y augmentera en peu de temps l'activité de la culture & du commerce.

M. de la Bourdonnaye avoit eu ce projet en partie. Il vouloit faire de l'isle de France l'entrepôt du commerce de la *compagnie*. Ce système avoit même été approuvé en France ; mais comme une *compagnie* ne peut jamais agir qu'à grands frais, il parut nécessaire de faire des magasins, & des établissemens qui auroient jetté dans des dépenses considérables, & qui peut-être auroient été inutiles, parce que beaucoup de gens étoient intéressés à s'opposer à cet arrangement qui leur ôtoit les moyens de faire la pacotille.

Aussi-tôt que cet établissement aura pris quelque consistance, fort peu de vaisseaux iront directement

de France dans l'Inde ; ils déposeront leurs effets & leurs marchandises à l'isle de France, & ils y prendront les cargaisons qui leur auront été préparées, ou qu'ils composeront des marchandises que le commerce particulier y aura apportées, en sorte que les vaisseaux reviendront en France très-aisément dans la même année. Il s'établira une navigation de l'isle de France dans l'Inde, qui se fera avec une très-grande économie d'hommes & d'argent, parce que l'on n'y emploiera que des lascards, très-bons matelots du pays, qui ne se nourissent que de ris, & dont la solde est infiniment au-dessous de celle du matelot François. Plusieurs de ces lascards pourront même s'établir dans la colonie, si on leur laisse le libre exercice de leur religion.

L'isle de Bourbon établie bien plus anciennement que l'isle de France, est en proportion plus peuplée & mieux cultivée. Jusqu'ici elle s'est abandonnée entièrement au café, qui est d'une qualité inférieure à celui de Moka, quoique le sol & le climat paroisse aussi favorable à cette production que celui de Moka d'où on a tiré les premiers plans. Il est très-probable que ce défaut de qualité ne vient que du peu de soin que les habitans prennent pour la culture de cette plante, pour en recueillir la graine à un degré de maturité convenable, & pour la faire sécher avec les précautions nécessaires. Leurs soins à cet égard, seroient purement gratuits, puisque bon ou médiocre ils en reçoivent toujours le même prix aux magasins de la *compagnie*. Lorsqu'ils les vendront aux Négocians particuliers, il s'établira différens prix en proportion des qualités, & alors les habitans s'appliqueront à mériter la préférence, & emploieront tous les moyens que leur dictera leur intérêt pour améliorer cette denrée, & pour en cultiver beaucoup d'autres qui y réussiroient très-bien, & sur-tout le coton qui y est d'une qualité presqu'égale à celui de l'Inde.

On éprouvera encore une fois ce que peut la liberté pour l'amélioration d'une colonie, comme on l'a éprouvé pour les isles de l'Amérique, qui ayant langui pendant près d'un siècle sous le joug des privilèges exclusifs, & notamment sous celui de la *compagnie des Indes*, ont tout-à-coup quadruplé leur richesse, leur commerce, leur population en vingt ans de liberté, & encore d'une liberté limitée. Enfin, il nous est impossible de prévoir & d'énoncer tous les avantages qui peuvent résulter de l'amélioration de ces deux colonies : nous dirons seulement que s'il pouvoit arriver que la liberté nous fît perdre le commerce de l'Inde, & quelle ne lui donnât pas au contraire un accroissement considérable, ces isles recevant par cette même liberté le degré de culture, de population & d'industrie dont elles sont susceptibles, seront encore pour nous une source de richesse & de force plus réelle & plus solide que tout le commerce de l'Inde.

Tel est l'avenir que j'ose annoncer, ou plutôt celui que le raisonnement & l'expérience promettent de concert.

RÉSUMÉ.

J'ai réduit toutes les questions relatives à la situation actuelle de la *compagnie des Indes* aux trois suivantes. 1°. Est-il de l'intérêt des actionnaires de conserver leur privilége exclusif ? 2°. Peuvent-ils l'exploiter ? 3°. La conservation de ce privilége est-elle utile pour l'état ?

Avant d'entrer dans l'examen de ces trois questions, j'ai fait une histoire succincte du commerce de l'Inde, depuis 1704 jusqu'en 1725, époque où la *compagnie* actuelle commence à avoir toute sa consistance, & où l'on peut connoître son capital de commerce dégagé des suites du systême. Ce récit me suggère quelques réflexions contre les priviléges en général ; & la chûte successive des anciennes *compagnies*, m'autorise à juger peu favorablement de celle-ci.

Je décide la première question à la négative, en prouvant 1°. Que le capital du commerce de la *compagnie* & son revenu libre ont constamment diminué depuis 1725 jusqu'à présent, & qu'il y a toutes sortes de raisons de croire qu'ils diminueront encore. 2°. Que les actionnaires ne peuvent espérer de rétablir & de conserver mieux leur capital en continuant le commerce, attendu la diminution actuelle & graduelle de leurs bénéfices.

Avant d'établir la première assertion, je remarque qu'on ne doit pas s'étonner de la nécessité où je me trouve d'instruire les actionnaires d'une diminution de leur capital & de leur revenu libre, qu'ils ne paroissent pas avoir pu ignorer. Je montre que les actionnaires eux-mêmes n'ont jamais bien connu leur véritable situation. J'assigne les causes de cette ignorance dans la forme de leurs bilans, & dans la situation arbitraire du dividende attaché à l'action. Je fais voir que la forme des bilans a toujours été vicieuse, en ce qu'on y a présenté comme capitaux de commerce les *fonds morts*, & qu'on n'en a pas distrait le *principal des rentes viagères* : ce vice dans la forme des bilans est prouvé par deux exemples ; la comparaison des bilans de 1743 & de 1756, avec celui de 1725. Je prouve aussi la fixation du dividende arbitraire & non déterminée d'après le revenu libre de la *compagnie*, par l'exemple des dividendes de 1722 & de 1736. Enfin, je cite un fait important, relatif aux honoraires des syndics & directeurs, qui confirme ce que j'ai avancé, que les actionnaires n'ont jamais bien connu les véritables bénéfices de leur commerce.

Je partage ensuite l'intervalle de 1725 à 1769 en quatre époques : la première de 1725 à 1736 ; la seconde de 1736 à 1743 ; la troisième de 1743 à 1756 ; la quatriéme de 1756 à 1764, & je montre dans ces quatre époques, par des états tirés des registres de la *compagnie*, la dégradation successive de son capital de commerce & de son revenu libre.

Pour cela je commence par reconnoître son capital libre en 1725 que je trouve être . 137,201,547 l.

& son revenu libre à la même époque de . . . . 8,290,538 l.

La situation de la *compagnie* au 30 juin 1736 ne me présente plus en capital libre que 128,163,303

& en revenu libre que . . . . . 6,973,112.

Au 30 juin 1743, je ne trouve plus en capital libre que 123,241.698

& en revenu libre que 6,785,451

Au 30 juin 1756, en capital . . . 138,215,725

& en revenu 4,274,611

Je remarque que quoique le capital de 1756 surpasse celui de 1725 de 1,014,178

la détérioration du capital de la *compagnie* est cependant plus forte dans cette époque que dans toutes les autres, parce qu'on trouve que dans l'intervalle de 1747 à 1756, le roi a donné à la *compagnie* 90,390,305

qui se trouvent consommés à la différence énoncée ci dessus.

Pour trouver ensuite la détérioration du capital & du revenu de la *compagnie* à l'époque actuelle, comparée à celles de 1725 & de 1756, je produis l'état de situation de la *compagnie* au premier avril 1769, fait & dressé par les députés & administrateurs , en conséquence des ordres de M. le contrôleur général.

Pour me mettre en état de comparer la situation actuelle de la *compagnie* avec celle des époques précédentes , je rétablis l'ordre qui a été suivi dans les bilans , & je fais voir par des observations sur cet état, que l'actif doit monter à 258,251,009

Le passif & les fonds morts à . . 191,465,186 l.

Ce qui ne laisse à la *compagnie* que . . . . 66,785,823 l.

D'où il résulte une diminution sur le capital de la *compagnie*.

De 1725 à 1769 de 70,415,724

De 1756 à 1769 de 71,429,902

Et en y ajoutant le montant de l'appel fourni par les actionnaires , ci 13,772,800 la diminution de 1725 à 1769 est de 84,188,524

De 1756 à 1769 de 85,202,702

Je fais voir aussi que le revenu libre de 1769 se trouve réduit de . 8,290,538

à . . . . 3,350,435 l.

Je remarque ensuite que toutes les causes, qui ont produit cette dégradation successive de capital & de revenu entre les mains de la *compagnie*, vices d'administration, frais d'établissemens, dépenses excessives , guerres en Europe , ou dans l'Inde , subsistent encore , quelques-unes avec plus de force , & qu'elles ameneront toujours les mêmes effets.

Après cela , pour tarir la source des espérances que les défenseurs de la *compagnie* pourroient former d'un état plus avantageux dans la suite, j'entreprends de faire voir que les actionnaires ne peuvent compter sur les bénéfices de leur commerce : ce que je prouve, 1°. En considérant les bénéfices de l'achat à la vente. 2°. Les bénéfices nets.

Quant aux premiers je montre d'abord leur diminution successive depuis 1725 jusqu'en 1756 par des états tirés des registres de la *compagnie* , où l'on voit les bénéfices du commerce de l'Inde proprement dite , après avoir été de $96\frac{1}{8}$ p. n'être plus que $58\frac{1}{18}$ p., & ceux du commerce de Chine, portés en 1736 jusqu'à $141\frac{1}{4}$ p. , se réduire en 1768 à $67\frac{1}{2}$ p. J'ajoute , & je prouve par des faits publics & par des lettres nouvellement reçues de l'Inde , que les troubles de ce pays & la puissance que les Anglois y ont acquise , sont des causes qui empêcheront encore les bénéfices de l'achat à la vente de remonter.

Passant ensuite à considérer les bénéfices nets , je produis huit états fournis par la *compagnie* des dépenses & des produits d'une expédition de douze vaisseaux : état servant à l'estimation des bénéfices nets & d'après lesquels la *compagnie* arbitre ses dépenses pour une expédition à . . . . 28,445,000 l.
Son produit total de vente à . . . 30,205,000
Et son profit net à 1,760,000

Je combats cette estimation & les preuves sur lesquelles elle est appuyée, par des observations qui montrent que la dépense réelle d'une expédition doit être portée à . . 30,210,200

Que le produit réel des retours , même y compris la gratification par tonneau & l'indemnité pour les cafés , deux articles étrangers au commerce & qui n'en sont pas le produit ne se montent qu'à 28,830,000

D'où résulte une perte sur chaque expédition de 1,380,200

A quoi j'ajoute dans une dernière observation que si l'on défalque des produits, comme on doit le faire, la gratification par tonneau & l'indemnité sur les cafés ; faisant 1,050,000 l. & en calculant comme la *compagnie* le bénéfice sur les envois à 35 pour cent & celui sur les retours à 75 , il ne lui reste de profit net que 710,000

Et en les fixant à 25 & à 70 pour cent , calcul dont nous prouvons la légitimité , la perte s'élève à . . . 2,430,200 l.

Je termine cette discussion par un tableau de la situation politique de l'Inde , tiré des lettres écrites des comptoirs de Pondichery & de Chandernagor ,

qui détruisent pour l'avenir , ou au moins pour long-temps , l'espérance de voir augmenter les bénéfices nets du commerce. A quoi j'ajoute la possibilité d'une guerre , & la considération des suites funestes qu'elle auroit pour la *compagnie* : ce qui termine l'examen de la première question.

ARRIVÉ à la seconde question ; je remarque en commençant , que s'il est raisonnable de juger de l'avenir par le passé ; la dégradation qu'ont toujours essuyée le capital & le revenu libre de la *compagnie* , est une raison suffisante pour empêcher les gens sages & le gouvernement d'espérer désormais un meilleur avenir.

J'entreprens ensuite de prouver que les actionnaires sont dans l'impuissance de continuer l'exploitation de leur privilége exclusif.

J'avance , 1°. que la *compagnie* a besoin pour cela d'un fonds nouveau de 60 millions 2°. Qu'elle ne peut se procurer une pareille somme , ni même la somme beaucoup moins considérable , à laquelle elle porte elle-même ses besoins.

Je prouve la première proposition , en mettant sous les yeux le résumé de l'état des dépenses auxquelles la *compagnie* reconnoît qu'il faut qu'elle fournisse d'ici au 31 décembre 1772 , & qui fait monter l'objet du besoin de la *compagnie* à . . . . 33,598,032 l.
sur quoi j'observe , que la somme des besoins se trouve ainsi réduite, 1°. parce qu'on a compté 45,240,000
pour le produit des deux ventes prochaines , qui doit être réduit d'après des observations précédentes par la déduction de . . . . 1,920,000, à 43,320,000
2°. parce qu'on a compté, comme il reste à recevoir en entier d'ici à décembre 1772 , dans le cas de continuation du commerce, une somme 28,012,861, qui provenant des créances sur le roi & sur les isles ne peut rentrer , ni de la manière nécessaire , ni assez tôt pour satisfaire aux besoins de la *compagnie* , ce qui la laisse à découvert de 30,164,797
à ajouter au montant des besoins, présentés dans l'état des députés , qui est de 33,598,032
Deux sommes qui forment ensemble un total de besoin pour la *compagnie* , de . . . . 93,762,829 l.
que la *compagnie* est manifestement dans l'impossibilité de se procurer.

Après ces calculs , je ne crains pas d'avancer que même en calculant les besoins de la *compagnie* comme elle-même , elle est encore dans l'impuissance d'y pourvoir sans compromettre la fortune de ses actionnaires & les droits de ses créanciers.

Je le prouve , 1°. En faisant remarquer la perte qu'ç suient sur la place les effets de la *compagnie* ,

&

& la néceſſité où elle ſe trouveroit par-là de payer un intérêt exorbitant & incompatible avec le ſoutien d'une entrepriſe de commerce, des nouveaux fonds qu'elle emprunteroit.

2°. Par l'impoſſibilité où elle eſt de donner aucune hypothéque à de nouveaux prêteurs, le principal de 180 millions ſur le roi étant abſorbé par les anciennes dettes, & par l'hypothéque accordée aux actionnaires par l'édit de 1764, & qu'eux-mêmes ont déja refuſé de céder à de nouveaux prêteurs : & l'extinction future des rentes viagères ne pouvant pas fournir une hypothéque meilleure.

Pour diſſiper l'illuſion que pourroient ſe faire pluſieurs actionnaires ſur la facilité avec laquelle le dernier emprunt a été rempli, j'indique les cauſes auxquelles il faut attribuer ce ſuccès ; qui ſont, la forme de loterie, la ſûreté du rembourſement, la briéveté du délai, la modicité de la ſomme, le haut prix de l'intérêt ; cauſes qui ne peuvent avoir lieu pour un emprunt plus conſidérable, perpétuel & tel qu'il faudroit qu'il fût, pour fournir aux beſoins de la *compagnie*.

Enfin, je fais voir l'abſurdité du projet de donner pour hypothéque les fonds mêmes du commerce, & les profits qu'il apportera.

Je finis par combattre les prétentions des défenſeurs du privilége aux ſecours du roi & de l'état, dans la ſituation critique où ſe trouve la *compagnie* pour relever ſon commerce, & j'y oppoſe trois réflexions.

La première eſt qu'une entrepriſe de commerce, qui ne ſe ſoutient pas par elle-même, doit être abandonnée.

La ſeconde eſt qu'il y a une infinité d'uſages à faire du revenu public, plus légitimes, plus importans & plus utiles, que d'aider la *compagnie* à ſoutenir un commerce ruineux par lui-même.

La troiſième a pour objet les demandes que la *compagnie* fait aujourd'hui au roi. J'y prouve qu'elles n'ont aucun fondement ſolide, & que ſi le roi les accordoit, ce ſecours ſeroit encore inſuffiſant.

J'ENTRE dans la troiſieme queſtion en faiſant remarquer qu'elle eſt inutile à traiter après les ſolutions que j'ai données aux deux premières.

Que s'il n'eſt pas de l'intérêt des actionnaires de continuer le commerce, réſultat où nous ſommes arrivés en traitant la première queſtion, on ne pourroit rien conclure, pour la conſervation de la *compagnie*, de ce qu'on reconnoîtroit qu'il eſt de l'intérêt de l'état de conſerver le privilége excluſif; parce l'intérêt de l'état n'eſt pas une raiſon ſuffiſante pour que des négocians continuent de faire un commerce ruineux. Je m'éleve à ce ſujet contre le patriotiſme vrai ou prétendu, mais toujours déplacé, qui doit, dit-on, engager les actionnaires à continuer le commerce de l'Inde, dût-il leur donner des pertes. Je trouve que beaucoup de gens qui s'en parent n'en ont pas le droit. A quoi j'ajoute que cette prétention eſt fondée ſur une idée fauſſe de la conſtitution de la ſociété

dans laquelle le mal conſtant d'un ordre de citoyens ne peut jamais être la route au bien général.

Je remarque encore qu'après avoir prouvé que les actionnaires ne peuvent pas continuer le commerce par eux-mêmes, & qu'ils ne peuvent pas eſpérer que l'état leur donne des ſecours pour le continuer, il eſt inutile de ſavoir ſi l'intérêt de l'état demande qu'on conſerve le privilége excluſif. Car en vain cette conſervation ſeroit-elle intéreſſante, ſi elle n'étoit pas poſſible. Il faudroit laiſſer la *compagnie* ſe détruire & s'en conſoler comme d'un malheur auquel il n'y a point de remède.

Cependant, pour ne laiſſer aucune défenſe aux partiſans du privilége, j'entreprends de faire voir.

1° Que les dépenſes que le gouvernement a faites pour le commerce excluſif de l'Inde ont été infiniment plus onéreuſes à l'état que ce privilége ne lui a apporté d'avantages.

2° Que ces avantages & même de plus grands, auroient pû & peuvent être procurés à l'état, ſans l'intervention d'une *compagnie* excluſive & par la liberté du commerce.

Pour prouver la première propoſition, j'évite d'entrer dans des calculs trop détaillés de ce que rend le commerce de l'Inde en bénéfice net ; comme auſſi de ce qu'auroient pû rendre à l'état de bénéfice les mêmes capitaux employés au commerce de l'Inde, ſi on les eût verſés dans d'autres entrepriſes. Je me contente d'énoncer d'une part, ce que l'état a dépenſé pour le privilége excluſif depuis 1725, & de l'autre le produit total des retours en marchandiſes de l'Inde depuis la même époque. Deux réſultats en grand, dont la comparaiſon doit faire décider au premier coup-d'œil ſi l'état a plus perdu que gagné à ſoutenir le privilége excluſif.

En remontant à l'établiſſement de la *compagnie* en 1717, & paſſant de-là à l'époque de 1723, je trouve le fonds capital originaire de la *compagnie*, de cent millions placés ſur le roi à trois pour cent : d'où je conclus que tout ce que la *compagnie* a reçu du roi, depuis cette époque, par-delà 3 millions de rente, a été une dépenſe gratuite de l'état, faite uniquement pour le maintien du privilége excluſif. Or je fais voir que, par-delà ces trois millions de rente, la *compagnie* a reçu du roi, indépendemment de 85 millions employés à la guerre de l'Inde, la ſomme de . . . . 376 millions.

D'un autre côté, je montre par des états tirés des livres de la *compagnie*, que le produit total des ventes des marchandiſes de l'Inde proprement dite (le ſeul commerce dont il ſoit ici queſtion, parce que c'eſt le ſeul pour lequel le privilége excluſif a été regardé comme utile.) Je montre, dis-je, que le produit total du commerce de l'Inde eſt de . . . . . 305,246,852 l. d'où il ſuit que l'année commune du produit du commerce de l'Inde, depuis 1725, juſqu'en 1756, eſt de . . . . 9,846,672 tandis que l'année commune de la

dépense de l'état pour le commerce
est de . . . . 8,586,420 l.

Que si on ajoutoit les frais de la guerre de l'Inde, qu'il faut regarder au moins en partie, comme faits pour le soutien du privilége exclusif, on auroit une année commune de dépenses de l'état de plus de 10 millions, pour un commerce qui rapporte en retour moins de 10 millions.

Je finis en remarquant que cent autres emplois annuels d'une partie si considérable du revenu public, auroient apporté à l'état des avantages infiniment plus grands que tous ceux qu'on attribue au commerce exclusif de l'Inde. Que nous avons une infinité de branches de commerce plus importantes, qui se soutiennent toutes seules, & non pas aux dépens du revenu public.

Que ce commerce de l'Inde qui n'apporte pas dix millions de retour, & qui occupe à peine 12 vaisseaux, doit paroître encore bien moins considérable, eu égard à l'immensité des pays qu'il embrasse & par comparaison avec le commerce de quelques isles de l'Amérique & S. Domingue, dont les retours sont évalués près de 100 millions, & qui occupent 500 vaisseaux de différents ports.

Je conclus enfin, qu'il n'y a point de subtilité qui puisse faire comprendre que l'état ait bien fait de sacrifier en 40 ans, plus de 400 millions, pour soutenir un commerce qui a rapporté en France environ 300 millions.

J'entreprens ensuite de prouver la possibilité du commerce libre & particulier dans l'Inde ; discussion que je fais précéder par quelques observations générales.

La première est que l'habitude & l'intérêt peuvent influer beaucoup sur l'opinion de ceux qui contestent cette possibilité ; or ces deux motifs ne peuvent agir sur l'esprit des défenseurs de la liberté.

Dans la deuxième, j'avance que quand le commerce particulier seroit abandonné à lui-même, sans protection & sans secours du gouvernement, il s'établiroit peut-être encore malgré tous les obstacles.

J'en donne pour garants la force de l'intérêt particulier & l'expérience de tout ce que la liberté a fait faire de difficile & de grand.

Je remarque que c'est la liberté & non les priviléges qui ont étendu le commerce.

Que les *compagnies* & les priviléges ne sont jamais qu'à la piste de l'industrie, & recueillent ce qu'elle a semé.

Que le commerce libre a, pour triompher des obstacles, deux puissans moyens que n'ont pas les *compagnies*. Le premier, l'épargne des frais inutiles ; le second, l'exemption des pertes causées par les négligences & les déprédations, vices inhérens aux *compagnies*.

Je conclus de ces réflexions que la liberté seule & sans secours vaincroit encore tous les obstacles ; mais j'indique les moyens qui pourront l'aider dans cette entreprise. Secours dans la protection du roi ;

dans les comptoirs mêmes de la *compagnie*, & dans tous les établissemens déja formés, qui pourront servir au commerce libre, comme ils servoient au commerce exclusif.

Je préviens l'opposition que pourroient faire des actionnaires, à l'usage qu'on feroit des établissemens de la *compagnie*, pour frayer la route à la liberté.

Je parcours ensuite les différentes espèces de commerce, exercées par la *compagnie*, & je prouve que les commerçans particuliers peuvent les exploiter.

J'explique comment le commerce de Moka pourra se faire.

Je réponds aux difficultés.

Je dis que le commerce de Surate, aujourd'hui perdu par la *compagnie*, ne peut que gagner à la liberté.

Je passe au commerce des poivres à la côte Malabar. Je remarque le peu d'importance dont il est, & en exposant la manière dont il se faisoit sous l'administration de M. Dupleix, je fais comprendre qu'il pourra se faire encore de la même manière.

Je réponds à quelques objections, & je trouve dans les aveux qu'elles renferment, de nouvelles preuves de la possibilité du commerce de la côte de Malabar, abandonné à la liberté.

J'établis en peu de mots la possibilité du commerce libre en Chine par des faits connus sur l'état, le gouvernement & la forme du commerce de ce pays. Je passe ensuite à résoudre les objections qu'on y oppose. La nécessité d'un comptoir sédentaire ; la grandeur des fonds dont ce commerce a besoin, les effets funestes de la concurrence à l'achat des marchandises de Chine.

Je me sers encore d'un aveu fait par les partisans du privilége, pour prouver que le commerce est possible sans privilége.

Je traite avec plus d'étendue l'objet du commerce de Bengale & de la côte de Coromandel, en commençant par quelques réflexions générales.

La première est qu'il seroit déraisonnable d'exiger que le commerce de l'Inde s'établît, dans les premières années, sur le même pied sur lequel il est aujourd'hui, & injuste de ne pas laisser faire à la liberté, pendant quelque temps, les essais qu'ont faits pendant plus d'un siècle les *compagnies* privilégiées.

La seconde est que les défenseurs de la liberté du commerce de l'Inde ne sont point du tout obligés de prouver positivement leur assertion, il leur suffit de répondre aux objections qu'on leur fait.

La troisième que toutes les objections contre la liberté, sont d'après la supposition que le commerce libre ne peut se faire que par les mêmes pratiques qu'emploie la *compagnie*, & qu'on connoît tous les moyens qu'il pourra employer. Supposition fausse & qu'on ne peut pas admettre.

J'expose ensuite, dans les propres termes des

ennemis de la liberté, une première objection contre le commerce libre de l'Inde, les inconvéniens de la concurrence.

J'y réponds : 1° en citant des exemples de commerces autrefois exclusifs, & restraints, aujourd'hui libres & florissans, contre lesquels on a opposé aussi les inconvéniens de la concurrence.

2° En remarquant que les négocians des différens ports du royaume connoîtroient aussi les dangers de la concurrence, & qu'ils ne s'y exposeront pas s'il y en a à craindre. Que leur opinion sur cela est d'une toute autre autorité que celle des défenseurs du privilége, attachés à la compagnie ou même absolument neutres. Enfin que la crainte des envois inconsidérés, fondée sur le caractère de la nation Françoise est une objection frivole.

3° Je nie que le commerce libre doive acheter plus chèrement que le commerce exclusif, plus chèrement, dis-je, en comptant, comme il faut faire, dans le prix de la marchandise de l'Inde, tout ce qu'on aura dépensé des deux parts pour exécuter l'achat.

4° Je fais voir, par une petite digression sur les causes qui déterminent la valeur vénale au marché, que la concurrence des acheteurs, à raison de leur plus grand nombre seulement, ne pourra influer que foiblement sur le prix des marchandises de l'Inde pour le hausser.

Je réponds à une objection, sur les effets de la concurrence, tirée de la nature du commerce de l'Inde. Je fais voir que ce n'est qu'un paralogisme, & que d'ailleurs elle combat aussi fortement contre le privilége que contre la liberté.

Je passe au second obstacle qu'éprouvera, dit-on, le commerce libre, l'impossibilité de trouver des cargaisons préparées. J'indique deux moyens qui pourront fournir cette ressource au commerce libre. Et je réponds aux difficultés & en particulier à celle qu'on tire du génie & du caractère des Indiens.

Je renverse aussi le troisième obstacle au commerce libre, la nécessité de faire auner, visiter, blanchir & emballer les toiles, en remarquant que ces précautions coutent peut-être plus qu'elles ne rapportent; que peut-être sont-elles aussi inutiles pour la conservation du commerce de l'Inde, que les formes d'administration de certaines manufactures privilégiées qui veulent prouver par-là la nécessité de leur privilége, &c. & enfin que toutes ces choses se feront par le commerce libre, aussi bien que par le commerce exclusif.

Je réponds en quatrième lieu à la difficulté tirée de la nécessité des assortimens.

Je prouve en cinquième lieu que le commerce libre pourra avoir autant de capitaux qu'en occupe aujourd'hui le commerce de l'Inde & de plus grands encore.

Enfin, je résous fort au long l'objection contre le commerce libre, tirée de la puissance des Anglois dans l'Inde.

Je remarque d'abord que ceux qui la proposent s'écartent de la question qui est générale & indépendante de la situation actuelle & momentanée des puissances Européennes dans l'Inde, situation qui peut changer à tout moment.

J'observe ensuite que cette objection suppose que le commerce de la compagnie Angloise a tout à craindre du commerce devenu libre, & que cette supposition, avouée d'ailleurs & énoncée par les défenseurs mêmes du privilége, ne peut être raisonnable qu'autant que le commerce libre est possible, même en concurrence avec les compagnies.

Je remarque que la puissance des Anglois dans l'Inde est un obstacle qui n'arrêtera pas le commerce particulier, parce que le commerce particulier achetera des Anglois eux-mêmes & des employés de la compagnie les marchandises dont il aura besoin, ce que je prouve par un fait récent & connu.

J'ajoute que c'est ce que fait ajourd'hui la compagnie elle-même, & qu'elle ne peut pas opposer au commerce particulier, un état de dépendance, dans lequel son privilége exclusif ne l'a pas empêché de tomber.

Mais je ne m'en tiens pas là, & je prouve que notre commerce libre, ne sera pas réduit à ces petits expédiens, qu'il sera protégé par le roi, & que la compagnie Angloise respectera les traités des deux nations. Que le gouvernement aura les mêmes motifs pour protéger les commerçans particuliers, & de plus puissans encore.

Enfin, je termine cette discussion, sur la possibilité du commerce de l'Inde, en remarquant qu'il est impossible de prévoir & de calculer toutes les ressources de l'industrie & de la liberté.

Vient ensuite un exposé des avantages que retirera la nation de la liberté. Je néglige d'énoncer tous ceux qui sont généraux, & je me borne à en indiquer deux particuliers au commerce de l'Inde; l'accroissement du commerce d'Inde en Inde, & l'amélioration des isles de France & de Bourbon.

Tel est le précis du mémoire que je viens de mettre sous les yeux du public. Quoique je puisse dire que j'y ai rassemblé une assez grande quantité de vérités sur cette matière importante, je dois prévenir que je ne me flatte pas de les avoir toutes recueillies. J'ai résolu la plus grande partie des difficultés; mais je n'ai pas employé la moitié des preuves que je pouvois donner de mon opinion ou plutôt de celle de toutes les personnes qui ont apporté quelque attention à l'étude des matières économiques.

Je finirai en protestant que dans la discussion qu'on vient de lire, je n'ai été guidé que par l'amour de la vérité & de la liberté, deux sentimens que je nourrirai toute ma vie, & qui me rendent ennemi des priviléges exclusifs & des fausses subtilités par lesquels on prétend les justifier. Ce n'est point la compagnie des Indes que j'attaque, c'est la liberté

L l l ij

que je défens. Je n'ai pas le doute le plus léger sur la bonté de ma cause ; cependant si quelqu'un croyoit avoir des objections *nouvelles* à ce sujet, je me ferois un plaisir de les résoudre, & je ne refuserai pas de me livrer encore à une discussion si intéressante pour le commerce du royaume, & pour un grand nombre de citoyens.

COMPAGNIE DES INDES OCCIDENTALES.

Avant de parler de l'établissement de cette *compagnie*, il faut dire quelque chose de celle qui fut faite pour la nouvelle France, sous le ministère du cardinal de Richelieu.

Cet habile ministre, capable de former en même temps les plus grands projets, & de les soutenir, achevoit de donner ses ordres pour soumettre la Rochelle au roi Louis XIII, lorsqu'il pensa à profiter de la paix que cette conquête alloit rétablir en France, en établissant cette *compagnie*. L'Edit en fut donné au camp devant cette ville, au mois de mai 1628.

Dès le mois d'avril de l'année précédente, plusieurs marchands, négocians, & autres personnes riches, & de grand crédit, s'étoient offerts de faire une *compagnie* de cent associés, pour soutenir les colonies déjà établies dans le Canada, & en envoyer de nouvelles dans ces vastes pays encore assez mal connus.

Ce fut à ces premiers associés, dont les principaux étoient les sieurs de Roquemont, Houel, Lattagnant, Dablon, Duchesne & Châtillon, que le roi par son édit fit cette concession, sous les priviléges & conditions contenus en seize articles.

Ces conditions furent, que dès cette même année 1629, la *compagnie* feroit passer dans la nouvelle France deux à trois cens hommes de tous métiers ; & pendant les quinze années suivantes, jusqu'à quatre mille de l'un & de l'autre sexe, qu'ils nourriroient & entretiendroient de tout pendant trois années ; parmi lesquels habitans il n'y auroit aucun étranger, mais seulement des naturels François & Catholiques.

Que les associés entretiendroient dans chaque habitation trois ecclésiastiques au moins, même davantage, s'il étoit jugé nécessaire.

Que faute par eux d'avoir fait passer jusqu'à quinze cens hommes, pendant les dix premières années des quinze de leur concession, ils restitueroient pour dédommagement de ladite inexécution, le prix des deux vaisseaux de guerre, que le roi leur accordoit par l'article 9 de son édit ; ce qui auroit aussi lieu, si dans les cinq restantes, le nombre entier de quatre mille hommes n'étoit point passé.

Enfin, que les associés pour toute redevance rendroient la foi & hommage ; suivant la coutume de France, à chaque mutation de roi, & offriroient une couronne d'or du poids de huit marcs.

Les priviléges furent la propriété à perpétuité, justice & seigneurie du fort & habitation de Quebec, avec tout le pays de la nouvelle France, le

long des côtes, depuis la Floride, en rangeant celle de la mer jusqu'au cercle arctique, pour latitude ; & depuis l'isle de Terre-Neuve, tirant à l'ouest, jusques dans le grand lac, dit la mer douce, pour longitude ; comme pareillement le long, & en remontant la rivière de S. Laurent, en avançant dans les terres.

La cession aussi en propriété de toutes les mines & minières, pour en jouir suivant les Ordonnances des rois de France.

La permission de fondre artillerie, & bâtir places & forteresses, où ils le jugeroient à propos.

Le trafic de tous les cuirs, peaux, pelleteries, & autres marchandises, qui se pourroient tirer desdits pays, à la réserve de la pêche des morues & baleines, qui resteroit libre à tous les sujets du roi, aussi bien que la traite desdites pelleteries, aux François déjà habitués en Canada, ou qui y passeroient, sans être aux dépens de la *compagnie* ; qui pourtant seroient obligés de porter aux commis des associés le produit de leur traite, pour les prix réglés par le huitième article de l'édit.

A ces priviléges, le roi ajouta le don de deux vaisseaux de guerre de deux à trois cent tonneaux, & de quatre coulevrines de fonte verte.

Cette *compagnie* réussit d'abord assez bien ; & c'est à elle proprement que l'on doit les grands établissemens que les François ont dans le Canada : mais ayant négligé d'y envoyer les secours nécessaires, les étrangers, & sur-tout les Hollandois, en firent bien-tôt presque tout le négoce.

L'on a vû ci-dessus l'établissement d'une *compagnie* pour l'isle de S. Christophe, l'une des Antilles, en 1622, & sa confirmation en 1642 ; c'est à elle que l'on doit toutes les colonies Françoises de ces isles, comme la Guadeloupe, de la Martinique, de Nieves, de S. Barthelemy, de S. Martin, de Sainte-Croix, &c.

Cette première *compagnie* ne subsista guères au-delà de l'année 1651. Le commandeur de Poincy, qui dès 1638, avoit été fait par le roi, gouverneur général des isles, traita avec elle le 24 mai 1651, & acquit à l'ordre de Malthe, dont il étoit grand-Croix, la propriété des isles de S. Christophe, de S. Barthelemy, de S. Martin, & de Sainte-Croix, traité qui fut confirmé deux ans après, par les lettres patentes de sa majesté, qui ne se réserva que la seule souveraineté de ce qui étoit compris dans la cession de la *compagnie* à l'ordre de S. Jean de-Jérusalem, avec l'hommage d'une couronne d'or de mille écus, à chaque mutation de roi, qui devoit être présentée par l'ambassadeur de l'ordre.

Les associés avoient déjà commencé à démembrer leur possession dès 1649 ; ce qu'ils avoient continué en 1650, par la vente de quelques-unes de leurs isles, aux sieurs du Parquet & d'Houel ; au premier, de la Martinique, de la Grenade, & de Sainte-Alouse ; & au dernier, de la Guadeloupe, la Marie-galande, la Désirade, & les Saintes.

Dans le temps que la *compagnie* des isles achevoit

de se défaire de ses fonds, & de se désunir, il s'en formoit une à Paris pour l'isle de Cayenne, sous le nom de France équinoxiale. Le sieur Poncet de Bretigny avoit déjà tenté un établissement dans cette partie de la Terre-ferme de l'Amérique ; mais avec si peu de succès, qu'il lui en avoit même couté la vie.

L'abbé de Lisle-Marivaux, docteur de sorbonne, Royville, gentilhomme de Normandie, & l'abbé de la Boulaye, intendant général de la marine, crurent être plus heureux ; & quoiqu'avec différens motifs, s'unirent pour cet important dessein.

Le zèle de la conversion des Sauvages, étoit l'unique motif qui animoit l'abbé de Marivaux ; de Royville avoit formé, à ce qu'ont publié depuis ses associés, de grands desseins pour se faire à lui seul une espèce de souveraineté dans ces lieux éloignés ; & l'abbé de la Boulaye ne pensoit qu'à faire fleurir le commerce & la marine de France, dont il avoit en partie la direction sous le duc de Vendôme.

Cette *compagnie* composée de quantité de personnes, également considérables par leurs emplois & par leurs richesses, obtint des lettres patentes sur la fin de 1651. Le 18 mai de l'année suivante, l'embarquement de 5 ou 600 hommes, engagés & levés pour cette colonie, se fit à Paris devant les thuilleries, pour se rendre à Rouen, dans de grands bateaux qu'on avoit préparés.

Mais, si on le peut dire, ce fut sous des auspices peu favorables ; soit à cause des troubles civils, dont cette grande ville étoit alors agitée ; soit à cause de la mort de l'abbé de Marivaux, l'ame de cette entreprise, qui devoit passer à Cayenne en qualité de directeur général ; qui étant tombé dans l'eau, en donnant les derniers ordres pour cet embarquement, ne pût jamais être secouru, & se noya malheureusement.

Ces tristes commencemens furent suivis d'évènemens encore plus tragiques : Royville, général, périt dans la route, & fut poignardé sur son bord par ses propres associés.

Sa mort sembla diviser les esprits, & les accoutumer au sang. A peine la colonie se formoit-elle à Cayenne, que les plus jeunes associés conspirèrent la mort des anciens, dont l'autorité & la sagesse les embarassoient. Trois furent arrêtés ; le plus coupable paya de sa tête, sa légèreté & sa perfidie ; les deux autres furent relégués dans des isles desertes : & il fut remarquable, que de tant de gens qui avoint trempé leurs mains dans le sang du général, il n'y en eut aucun qui ne périt par une mort funeste.

La colonie se sentit même de cette espèce d'anathême ; la misère, la faim, & la guerre en obligèrent les misérables restes, d'abandonner une terre qui, pour ainsi dire, dévoroit ses habitans ; & à la fin de décembre 1653, il ne resta plus rien dans Cayenne, de cette *compagnie* Françoise, que les cadavres de quatre ou cinq cents hommes qui y étoient péris, & une grande quantité d'armes, d'artillerie,

de meubles & d'ustenciles, dont les Sauvages profitèrent.

Il se fit néanmoins depuis une nouvelle *compagnie* de la France équinoxiale, qui servit comme de fondement à la grande *compagnie des Indes* orientales, dont on va parler.

Il ne faut cependant pas oublier de remarquer, qu'après plusieurs vicissitudes de gouvernement, tantôt des François, tantôt des Anglois, & tantôt des Hollandois, cette féconde partie de l'Amérique, connue sous le nom de Cayenne, est restée à la France.

Tel étoit l'état des colonies du Canada, de celles de Cayenne, & des isles Françoises ; par où l'on voit assez que si la France y acqueroit des domaines, elle ne profitoit guères du négoce qui s'y faisoit, qui aussi bien que celui des isles, étoit presque entièrement entre les mains des Hollandois, qui tous les ans y envoyoient un très-grand nombre de vaisseaux.

Ce fut pour remédier à un désordre préjudiciable à ses sujets, que le roi Louis XIV, établit la *compagnie royale des Indes* occidentales en 1664, dans le même temps qu'on travailloit à l'établissement de celle des Indes orientales, dont on vient de parler.

Les isles Françoises furent rachetées au nom de la nouvelle *compagnie* : l'ordre de Malthe, & les autres propriétaires furent remboursés. On traita avec ce qui restoit d'associés de la *compagnie* de la nouvelle France de 1628. Toutes les concessions furent révoquées, & des lettres patentes expédiées le 11 juillet 1664.

Par ces lettres, le roi accorda à cette nouvelle *compagnie*, en toute propriété, justice & seigneurie, le Canada, les isles Antilles, l'Acadie, les isles de Terre-neuve, l'isle de Cayenne & les pays de Terre-ferme de l'Amérique, depuis la rivière des Amazones, jusqu'à celle d'Orenoc, &c. avec faculté d'y faire seule le commerce pendant quarante ans, aussi-bien qu'au Sénégal, côtes de Guinée, & autres lieux d'Afrique.

Sa majesté ajouta encore à de si grands avantages, la remise de la moitié des droits pour les marchandises venant desdites terres ; le pouvoir de nommer les gouverneurs, & tous les officiers de guerre & de justice, même les prêtres & curés ; & enfin, le droit de déclarer la guerre, & faire la paix, lorsqu'elle le jugeroit nécessaire ; le roi ne se réservant que la foi & hommage-lige, & une couronne d'or du poids de trente marcs à chaque mutation de roi.

Ses armes furent un écusson en champ d'azur, semé de fleurs de lys d'or sans nombre ; deux Sauvages pour supports, avec une couronne trefsée.

Les fonds pour soutenir une si grande entreprise furent proportionnés, & si considérables, qu'en moins de six mois la *compagnie* équipa plus de quarante-cinq vaisseaux, avec lesquels elle prit possession de tous les lieux compris dans sa concession, & y établit son commerce. Cependant elle ne subsista guères qu'environ neuf ans. En 1674, le roi acquit pour lui-même, & réunit à son démaine, toutes les terres, isles & possessions qu'il lui avoit cédées, & remboursa toutes les actions des particuliers.

Cette révocation si subite, ne fut pas néanmoins entièrement causée par l'impuissance où se trouvoit la *compagnie* de se soutenir, quoiqu'elle eût fait de grandes pertes pendant la guerre avec l'Angleterre, & qu'elle eût même été obligée de faire des emprunts pour plus d'un million, & d'aliéner son droit exclusif pour le commerce des côtes d'Afrique.

Il lui restoit cependant encore de puissantes ressources; mais comme on ne l'avoit proprement établie, que pour faire rentrer dans les mains des François, le commerce des Indes d'occident, que les Hollandois en avoient arraché; elle ne paroissoit plus d'une si grande nécessité. Cette vûe se trouva alors toute remplie; les négocians François, à qui la *compagnie* avoit souvent accordé des permissions pour le négoce des isles Antilles, & du Canada, y ayant tellement pris goût, & s'étant si bien fait à cette navigation, qu'on ne devoit plus craindre qu'il repassât jamais chez les étrangers.

Les marchandises que les vaisseaux de la *compagnie* apportoient, & qui viennent encore de cette partie de l'Amérique qu'elle possédoit, sont les sucres, le tabac, le gingembre, l'indigo, la casse, les cotons, le caret, ou écaille de tortues; des cuirs, des pelleteries, sur-tout les riches fourures de castor & du loutre; des bois pour la teinture & la marqueterie.

Après la destruction de la première *compagnie*, l'établissement de Cayenne avoit été languissant & presque abandonné; les jésuites établis dans ce pays comme missionnaires, s'étant emparés de tout le commerce de la colonie.

A la suite de la dernière paix, M. le duc de Choiseul voulut peupler cette colonie; tout le monde sçait quels furent les moyens & les succès.

Sous l'administration de M. de Sartine, une nouvelle *compagnie* s'est formée pour le même objet; la guerre présente a du l'embarrasser. L'évènement seul apprendra si sa constitution la met à l'abri des inconvéniens qui ont ruiné toutes les autres.

COMPAGNIE DE LA CHINE. Quelques particuliers s'étant unis en France pour ce commerce, obtinrent des lettres-patentes de concession en 1660, par lesquelles le roi leur accordoit le privilège exclusif pour envoyer leurs vaisseaux dans la Chine, le Tunquin, la Cochinchine, & les isles adjacentes.

A peine cette *compagnie* se préparoit à faire ses premiers envois, qu'elle fut comme absorbée par celle des Indes orientales, qui fut établie en 1664.

C'est de cette dernière qu'on a vu sortir, par une espèce de restitution, la nouvelle *compagnie de la Chine*, que le sieur Jourdan forma sur la fin de 1697.

Le traité de ces deux *compagnies* est du 4 Janvier 1698, & l'homologation de ce traité par arrêt du conseil, du 22 du même mois.

Rien ne fut plus heureux que le début de cette nouvelle *compagnie*. L'amphitrite son premier vaisseau, parti au mois de mars 1698, fut de retour le 3 août 1700, avec une charge extrêmement riche.

Ce vaisseau se mit une seconde fois à la voile, aussi en mars 1701, & n'eut pas moins de fortune, & pour son retour, & pour sa cargaison, étant arrivé richement chargé au mois de septembre 1703; quoiqu'il eût couru fortune de périr au sortir de Canton, ce qui l'avoit retardé de beaucoup.

L'on eut tant d'espérance que cette *compagnie* se soutiendroit, que dès le premier retour de l'Amphitrite, le roi accorda une nouvelle concession pour quinze années, & qu'on fit partir encore trois vaisseaux: mais la guerre pour la succession d'espagne, après l'acceptation du testament de Charles II, par le roi Louis XIV, en faveur de Philippe duc d'Anjou, son arrière petit fils, découragea cette *compagnie*, qui se borna à ces cinq envois, dans la crainte des flottes Hollandoises & Angloises, si puissantes dans les mers de l'Inde & de la Chine. D'ailleurs, quelque division entre les associés, les empêcha de profiter de l'union qu'ils avoient faite avec une *compagnie de Saint-Malo*, formée par le célèbre Lepine-Danican.

Les marchandises qui furent apportées par les deux retours de l'Amphitrite, furent, des cuivres jaunes, en plaques, & en saumons; du tontenacq, autre espèce de métail, ou du minéral, approchant du cuivre; du thé, du camphre, de la rhubarbe, des soies écrues de Sina, & autres sortes; du sucre candy, du galangal, de l'esquine, des mirabolans, du poivre; quantité de paravans, de cabinets, d'éventails, de cabarets, de boëtes de laque, de porcelaines, de tabatières, des cheveux, de l'encre de la Chine; mêmes quelques pains d'or, qui furent envoyés à la monnoie.

Il y avoit eu dans le premier retour un assez grand nombre de diverses étoffes d'or, d'argent & de soie; la *compagnie*, qui avoit les mêmes privilèges que celle des Indes, pouvant en faire venir jusqu'à la somme de 150,000 liv. à la charge de la marque ordonnée par les arrêts du conseil du 27 janvier 1697, 14 août 1698, & 30 août 1700: mais au second voyage on crut plus à propos de s'abstenir de ce négoce, si préjudiciable aux manufactures de France; & l'Amphitrite, pour toutes étoffes, ne rapporta en 1703, que quelques lits brodés, des robes de chambre pour hommes & pour femmes, & des toilettes en petite quantité. Réunie depuis à la *compagnie des Indes*, elle a subi le même sort.

COMPAGNIE DU BASTION DE FRANCE. Deux marchands de Marseille, Thomas Linché & Carlin Didier, furent les premiers qui s'associèrent dans le quinzième siècle, pour la pêche du corail dans le golfe de Stora Courcoury; sur les côtes de Barbarie à l'extrémité du royaume d'Alger, & sur les frontières de celui de Tunis.

Ayant obtenu de la Porte, sur la fin du règne de Soliman II, un consentement pour s'y établir,

& ayant traité avec les Checqs, ou princes Maures du pays, ils commencèrent en 1561 cette petite forteresse, qu'on nomme le *baſtion de France*, dont les François ſont encore en poſſeſſion.

Le ſieur Moiſſac, auſſi Marſeillois, ayant entrepris de continuer cet établiſſement, qui n'avoit pas bien réuſſi à ſes deux compatriotes, obtint une conceſſion de Mahomet III, par le moyen de l'ambaſſadeur de France, lors réſident à Conſtantinople, laquelle M. Savary de Breves, qui lui ſuccéda, fit pareillement renouveller par Achmet I, fils & ſucceſſeur de Mahomet.

C'eſt cette confirmation, qui fait le vingt-unième article des nouvelles capitulations que cet habile miniſtre obtint en 1604, les plus amples, les plus avantageuſes, & les plus glorieuſes à la France, qui ayent été ſignées depuis.

Moiſſac & ſa *compagnie*, ne fut gueres plus heureux que les premiers entrepreneurs; & ce ne fut qu'au ſieur Sanſon Napollon, qui y paſſa en 1628, au nom de nouveaux aſſociés, que le *baſtion* dut ſa perfection; & la pêche & le commerce, le meilleur état où ils ont jamais été, ou devant, ou après.

Ce gouverneur ayant été tué à Tabarque, ville du royaume de Tunis, au mois de mai 1633, ſa colonie, qu'il avoit pouſſée juſqu'à plus de 800 habitans François, ſoit officiers, ſoit ſoldats, ou commis, ſoit corailleurs, fregatiers, & autres ouvriers, ſe diſſipa tellement, qu'un an après elle n'étoit pas compoſée de plus de 400 perſonnes.

D'autres *compagnies* tâchèrent depuis, mais aſſez inutilement, de remettre la pêche du corail ſur l'ancien pied; & de ſoutenir le commerce des cuirs & des grains: mais enfin il s'en fit une en 1673, qui auroit pû ſe flatter de quelque ſuccès, ſi la guerre de Hollande, commencée un an auparavant, & celles qui ont été preſque continuelles juſqu'à la fin du règne de Louis XIV, n'avoient traverſé cet établiſſement, & cauſé de grandes pertes aux aſſociés.

La conceſſion de cette *compagnie* n'eſt pas ſeulement pour la pêche du corail, qui ſe fait au *baſtion de France*, mais encore pour tout le commerce de cette côte juſqu'à Gigery; ce qui comprend la Calle, Cap de Roſe, Bonne & Colle; dont par ſes lettres patentes le roi lui accorde de faire le négoce, excluſivement à tous ſes autres ſujets.

Pour faire connoître l'état actuel de cette *compagnie*, nous allons tranſcrire deux mémoires imprimés dans les éphémérides économiques de l'année 1775 tom. onzième.

MÉMOIRE

Sur la compagnie royale d'Afrique *établie à Marſeille.*

Soliman II ayant donné l'iſle de Tabarque, ſituée entre la mer de Tunis & d'Alger, à Charles V, pour la rançon de Dragut, corſaire Turc, commandant treize galères qu'avoit priſes André Doria; cet empereur afferma la pêche du corail dans la mer de

cette iſle aux ſieurs Grimaldi & Lomellini, de Gênes.

En 1560, les nommés Tinchés & Didier, Provençaux, qui trafiquoient ſur les côtes voiſines de Tabarque, entreprirent de faire cette pêche dans la mer d'Alger, entre cette iſle & Bonne. Le Maure qui dominoit dans cette contrée, leur permit de faire un établiſſement, moyennant une forte redevance, dans un lieu qui fut depuis appellé le *baſtion de France*. (*Ce commerce étoit-il de la création de Colbert ?*)

En 1568, les corſaires Turcs qui s'étoient emparés de la ville d'Alger, inſultèrent les pêcheurs du baſtion, les maltraitèrent & s'emparèrent de cette place.

En 1597, les François obtinrent de la Porte la liberté de faire la pêche du corail dans les mers d'Alger: le baſtion de France fut rétabli, mais les Algériens s'en emparèrent peu de temps après.

En 1604, M. de Breves, nommé à l'ambaſſade de Conſtantinople, eut ordre de relâcher à Alger pour y négocier de paix; mais ſes démarches auprès de la milice furent ſans ſuccès.

A ſon arrivée à Conſtantinople, il renouvella les capitulations avec la Porte: la permiſſion accordée aux François de pêcher le corail dans les mers d'Alger y fut confirmée. *Le commerce n'étoit donc pas dans le néant ſous Henri IV & Sully.*

En 1637, Louis XIII profita de l'harmonie qui régnoit entre ſes ſujets & les Algériens, pour faire rebâtir un fort ſur les ruines du baſtion de France, & il en donna le commandement au ſieur Leſage.

Ce fort fut bientôt abandonné, & l'établiſſement pour la pêche & pour la traite fut transféré à la Cale, d'où les Anglois avoient été chaſſés, après avoir occupé cette place quelque temps.

Les Algériens ayant recommencé leurs hoſtilités contre les François, malgré les défenſes du grand-ſeigneur; Louis XIV les força à lui demander la paix: elle leur fut accordée en 1668.

En 1694, le nommé Héli, au nom de neuf intéreſſés, dont trois étoient de Paris, trois de Bayonne, & les trois autres de Marſeille, ſigna une convention avec le dey, le divan & la milice d'Alger, pour le *privilege excluſif & à perpétuité* de la pêche du corail dans les mers qui en dépendent, & de la traite des laines, de la cire, des cuirs, du ſuif & autres marchandiſes dans quelques lieux de la côte; ce qui leur a fait donner le nom de *conceſſion d'Afrique*. *Notez cette époque du privilége excluſif.*

Ce traité ou ottoman, porte entr'autres articles les conditions qu'on va rapporter.

ART. Ier. Nous déclarons Pierre Héli & ſa *compagnie*, nommés & avoués de l'empereur de France, pour la pêche du corail & autres négoces, propriétaires incommutables deſdites places du baſtion de France, la Cale, Cap de Roſe, Bonne & autres places en dépendances, excluant toutes autres perſonnes d'y faire aucun commerce ſans aveu & permiſſion expreſſe.

Art. VI. Défendons à tous les habitans de Bonne, de vendre à d'autres qu'audit Héli, cire, cuirs, laines, suifs, & autres marchandises, non plus que les cuirs des Agas, des Quoufy, qu'il paiera comme du temps de Sanfon, &c.

Art. IX. Que fi, par malheur, il arrivoit quelque différent qui causât rupture de paix avec l'empereur de France, ce que Dieu ne veuille, ledit Héli (chef de la *compagnie Françoife*) ne fera point inquietté ni recherché dans fon établiffement, n'entendant point mêler une caufe particulière avec la caufe générale, ni les affaires d'état avec le négoce qui s'introduit & s'exerce de bonne-foi; mais feront ledit Héli & fes commis, nos fermiers & nos bons amis, maintenus en poffeffion & jouiffance paifible dudit baftion & places en dépendantes, attendu le grand avantage qu'il en revient à la paie des foldats, & à tous les habitans du royaume.

Art. XI. Moyennant lefdites permiffions & priviléges que nous accordons audit Héli, nous défendons à tous autres d'aller dans lefdites places fans fon confentement, à la charge qu'il paiera à notre divan trente-quatre mille doubles d'or pour chaque année, en fix paiemens égaux, qui fe feront de deux en deux mois: au moyen de quoi nous promettons de le maintenir en paifible poffeffion & jouiffance dudit baftion & places en dépendantes.

Dans un traité fait le 15 juillet 1714, entre Affen, bey de Conftantine, qui eft lieutenant du dey d'Alger, & le fieur de Marle, gouverneur de la Calle, faifant pour la *compagnie d'Afrique*, il eft dit dans l'article 8: « ne pourra aucun bâtiment » étranger, de quelque nation que ce puiffe être, » même Mufulman, faire aucun chargement de » bled, orge & féves dans ladite ville de Bonne, » Tarcul, & autres endroits ci-deffus défignés, » fous quelque prétexte que ce foit ».

Et en l'art. X. « Et attendu que ledit commerce » eft d'un gros avantage pour la maifon du roi & » pour nous; enjoignons à l'aga de Bonne, & à » notre cadi, de tenir la main, pour que ledit de » Marle ne foit inquiété, par qui que ce foit, dans » fon commerce, fous quelque prétexte que ce puiffe » être; au contraire de l'aider en tout ce qu'ils » pourront, étant ainfi notre volonté ».

Par la ratification faite le 6 juillet 1731, entre le dey, le divan & la milice d'Alger, & le fieur Fenix, nouveau directeur de la *compagnie d'Afrique*, non-feulement les deux parties ratifient & confirment de nouveau les traités exiftans, mais encore elles acceptent & renouvellent le traité fait entre le bey de Conftantine & la *compagnie* en 1714. « Nous avons accepté, dit l'acte, en parlant » du dey d'Alger, un traité que le fieur Fenix nous » a préfenté, fait entre notre très-cher fils le bey » du côté du Levant, cacheté de fa tappe, au fujet » du commerce de Bonne, dans lequel font expli- » quées les ufances & coutumes qu'on donne à la » garnifon, comme auffi les droits du bey & ceux » du cadi. Après avoir vu, par le détail, les articles

» dudit traité de notre cher fils le bey, & entr'autres » celui par lequel la *compagnie* s'eft obligée de » prendre de lui deux cens caffis de bled, mefure de » Bonne, à dix piaftres le caffis; ce qui a été » accepté depuis long-temps par icelle & fes agens, » à condition qu'on a permis & permet à ladite » *compagnie* & à fes agens, d'en acheter au prix » du marché public, comme le font les habitans de » ladite ville, & au même prix, fur lequel prix les » marchands dudit baftion les prendront & accepte- » ront, fans qu'on puiffe prendre de part & d'autre » ni plus ni moins, que comme il fe vend au mar- » ché public; & qu'on ne pourra le vendre à autre » nation qu'aux François du baftion, quelle qu'elle » foit, que ce foit, Anglois, Génois, Hollandois, ni » Grecs, pas feulement un grain, foit de bled, orge » ou féves, ainfi qu'il eft expliqué dans ledit traité.

» A caufe de quoi, ajoute l'acte, ledit comman- » dant Fenix nous a requis d'écrire lefdites condi- » tions, auxquelles il ne pourra y avoir aucune forte » de changement ni contradiction; tous ceux qui » voudroient y contredire, nous n'en ferons pas » contens, & l'aga de la garnifon, & le cadi de la » ville feront obligés de les punir, & ceux qui leur » feroient rebelles, lefdits aga & cadi nous en aver- » tiront pour les faire punir nous-mêmes.

» Et à cet effet auffi, ledit commandant du baf- » tion, ou fes commis, font les feuls qui peuvent » négocier à la ville & port de Bonne, au port de » Stora & Tarcul; lefquelles échelles feront prohi- » bées par nous à toutes les autres nations, que nous » regardons à ce fujet comme rapineurs, les autres » François mêmes, qui ne font pas intéreffés au » baftion; que fi quelques autres que ceux du baftion » viennent négocier dans lefdits ports, ce fera contre » notre volonté. A caufe de rapinerie, & pour cela » il eft permis auxdits François, dudit baftion de les » chaffer defdits endroits, & de les empêcher d'y » négocier, fans que perfonne puiffe les en empê- » cher, ni dire pourquoi cela: Fait & écrit le » premier jour de la lune de Mohaman, l'an 1344, » avec tappe & paraphe à trois queues, ce qui » revient au 6 juillet 1731 ».

Ce traité, avec les nouvelles explications qu'il renferme, fut paffé l'année 1731 par l'agent de la *compagnie d'Auriol*, qui avoit obtenu en 1730 le privilége de ce commerce pour dix ans.

Après l'établiffement de la *compagnie royale d'Afrique*, par édit du mois de février 1741, le fieur *Duteil*, agent de la *compagnie*, paffa, le 15 décembre 1743, avec la république d'Alger, les actes de convention, écrits & ratification fem- blables, mot à mot, à ceux que l'on vient de rap- peller, & qui avoient été faits par le fieur Fenix, agent de la *compagnie d'Auriol*.

Ce traité, paffé en 1743, contenant ratification des précédens, tant de 1694, que de 1714, fut enregiftré au greffe de l'amirauté de Marfeille, le 28 janvier 1746.

Depuis lors, il y a eu diverfes ratifications des
mêmes

mêmes traités, faites entre la république d'Alger & les agens de la *compagnie royale d'Afrique*; la dernière est du 10 juin 1768.

A mesure que ces *compagnies* passoient ces traités en Barbarie, avec la permission du roi, sa majesté ordonnoit en France l'exécution des mêmes traités, par ses ordonnances, arrêts & réglemens.

Sans remonter jusqu'à l'origine des diverses *compagnies* qui ont fait le commerce de la Barbarie, on trouve dans un arrêt du conseil, du 4 juin 1719, que le roi avoit accordé, par un arrêt du 15 juin 1712, le privilége du commerce exclusif de la côte de Barbarie, à une *compagnie Françoise*, pour le terme de six ans, qui expirèrent au 31 décembre 1718, après lequel cette *compagnie* abandonna l'établissement en question.

On voit, dans l'arrêt du conseil, du 4 juin 1719, que sa majesté approuve & homologue les propositions à elle faites par la *compagnie des Indes*, qui fut subrogée aux droits de la *compagnie d'Afrique*, pour le temps & terme de vingt-quatre ans, à compter du premier janvier de ladite année 1719.

Dans l'article premier des propositions de la *compagnie des Indes*, approuvées par le roi, il est dit que cette *compagnie* sera subrogée à tous les droits, propriétés, facultés, franchises, exemptions & priviléges attribués à ladite *compagnie d'Afrique*, qui avoit fini le dernier décembre 1718.

Il y est stipulé que la *compagnie des Indes* sera, à l'exclusion de tous autres, le commerce des places & lieux dépendans des concessions établies dans les états d'Alger & de Tunis, sans troubles ni empêchemens, à peine de six mille livres d'amende pour chaque contravention, applicable, moitié au profit de la *compagnie des Indes*, & l'autre moitié aux pauvres des hôpitaux de l'hôtel-dieu de Marseille.

L'arrêt du conseil, après avoir homologué les propositions de la *compagnie des Indes*, qui sont annexées audit arrêt, ordonne que : « la *compagnie » des Indes* jouira, pendant vingt-quatre années, à » commencer du premier janvier de l'année 1719, » de tous les priviléges & exemptions dont ont joui, » ou dû jouir, les intéressés de l'ancienne *compa-» gnie d'Afrique*, en vertu de l'arrêt du conseil, » du 15 juin 1712, ensemble la propriété des places » en dépendantes, aux facultés, charges, clauses & » conditions portées par les traités faits avec les » puissances d'Alger & de Tunis ».

La *compagnie des Indes*, qui n'avoit obtenu le *privilége* du commerce *exclusif* d'Afrique, que pour vingt-quatre années, par l'arrêt qu'on vient de citer, l'obtint ensuite à *perpétuité*, par un édit du mois de juin 1725.

Mais la *compagnie des Indes*, ayant supplié sa majesté, en 1730, d'accepter la rétrocession, délaissement & transport qu'elle lui faisoit du commerce de la côte de Barbarie, pour en disposer en faveur de quelque *compagnie particulière*, qui eût son établissement à Marseille. Sa majesté accepta ledit transport, délaissement & rétrocession, par arrêt de son conseil, du 19 novembre 1730.

Et en même-temps, sa majesté, par un autre arrêt du conseil, du 21 novembre 1730, homologua la soumission en vingt articles qui lui fut présentée par Jacques Auriol, & ses associés, négocians de Marseille; & ce faisant, sa majesté a accordé « & » accorde audit Jacques Auriol & ses associés, tous » les droits, priviléges, franchises & exemptions » dont ont joui ou dû jouir les précédentes *compa-» gnies d'Afrique*; & en conséquence, ordonne » qu'ils seront mis en possession des places du cap » Nègre, de la Calle & dépendances, pour en jouir ». & y faire le commerce exclusif, sous le nom de » *compagnie d'Afrique*, pendant dix années, à » commencer au premier janvier de l'année pro-» chaine, aux charges, clauses, conditions & fran-» chises contenues dans les vingt articles de ladite » soumission; comme aussi aux facultés, clauses & » conditions portées par les traités faits avec les » puissances d'Alger & de Tunis ».

Le privilége du commerce exclusif dans les concessions accordées à la *compagnie d'Auriol*, étant expiré à la fin de l'année 1740, le ministre de la marine proposa à sa majesté l'établissement d'une nouvelle *compagnie*, sous le nom de *compagnie d'Afrique*.

Elle fut créée par un édit du mois de février 1741, qui fut enregistré au parlement de Provence le 23 mars de la même année.

Cette *compagnie* tient du roi en général, le privilége exclusif du commerce des ports du royaume d'Alger & de Tunis, à l'exception de ces deux capitales & plusieurs villes de ce dernier royaume, dont le commerce est libre. Elle tient aussi des souverains du pays, à titre de concessions, & selon les dispositions des conventions ci-dessus rapportées, le commerce des mêmes ports ou comptoirs, à l'exclusion de toute autre nation; ce qui n'a pas été fidélement exécuté à cause des interlopes, *c'est-à-dire, de vaisseaux étrangers qui se moquent du privilége exclusif.*

Le principal comptoir où se tient le directeur général des concessions, est la Calle, & la *compagnie* y entretient quelques soldats pour sa sûreté contre les Maures. Les autres ports sont peu considérables, & il n'y a que des agens pour le trafic.

La *compagnie* est obligée de payer annuellement au dey d'Alger, pour le prix de son privilége, ou aux Maures, pour se les attacher, des redevances appelées *lismes*, montant à plus de soixante mille livres, indépendamment du droit d'ancrage, pour les bâtimens qui y abordent, & ceux de sortie.

Le fonds de la *compagnie* est de douze cent mille livres, réparties en douze mille actions de mille livres l'une, qui ont été prises à Paris dans l'origine.

La chambre du commerce de Marseille a été obligée, par un article de l'édit de 1741, d'en prendre trois cent, & de garantir le paiement du dividende ou intérêt des neuf cens autres. (*ceci eſt à noter*).

Ce dividende eſt de ſix pour cent par an, & l'édit porte qu'il ſera fait des répartitions aux actionnaires, dans le cas où il y auroit des bénéfices au-delà d'une certaine ſomme.

Lorſque cette *compagnie* prit poſſeſſion de ces comptoirs, elle les trouva en ſi mauvais état, qu'elle fut obligée de prendre ſur ſes fonds, pour les réparations qu'il étoit indiſpenſable d'y faire.

La guerre de Tunis de 1742, qui ſuivit de près l'époque de ſa création, entraîna la perte du cap Negre dans le royaume de Tunis, qui fut raſé, & qui n'a pas été relevé depuis. Les employés de la *compagnie* furent réduits en eſclavage.

La peſte qui ravagea le royaume d'Alger, à-peu-près dans le même temps, avoit interrompu toutes les opérations de ſon commerce ; & la guerre déclarée en 1740, entre la France & l'Angleterre, auroit achevé de le détruire, ſi on n'avoit eu recours aux pavillons neutres, en uſant de quelques précautions indiſpenſables pour donner le change aux Barbareſques. Elles conſiſtoient à munir les capitaines d'expéditions Françoiſes, pour en faire uſage ſeulement vis-à-vis des Maures, qui autrement auroient pu arrêter ces bâtimens.

En 1744, les corſaires d'Alger enlevèrent la plus grande partie des pêcheurs de corail, cet acte de violence effraya tellement les gens de la Calle, que cette place fut abandonnée ; ſoixante-dix employés furent maſſacrés par les Maures, qui profitèrent de ce déſordre, & ils firent eſclaves une grande partie des habitans, qui n'obtinrent leur liberté qu'au moyen d'une forte rançon.

Tant de malheurs, qui ſembloient s'être réunis pour accabler la *compagnie*, déterminèrent, en 1746, le gouvernement à lui continuer pendant cinq autres années, le ſecours annuel de quarante mille livres que la chambre du commerce avoit été tenue de lui payer juſqu'à cette époque.

Les cinq années qui ſuivirent, furent moins malheureuſes que les précédentes ; malgré le haut prix des aſſurances, & les accidens de la guerre, la *compagnie* parvint non-ſeulement à recouvrer ſon capital, mais même eut un bénéfice de deux cent ſoixante-dix mille livres.

Depuis ce temps, la ſituation de la *compagnie*, en Barbarie, a été aſſez tranquille ; quelques faveurs accordées par le bey de Conſtantine, *aux interlopes*, des diſcutions peu conſidérables avec la régence d'Alger, & les naturels du pays, ſont à-peu-près les ſeuls obſtacles qu'elle ait éprouvés dans ſon commerce.

Il n'en eſt pas de même de ceux que les vices d'adminiſtration firent naître pendant pluſieurs années, & dont les cauſes méritent d'être obſervées.

Le peu de confiance que les actionnaires de Paris, affectoient de donner à la direction de Marſeille, fut la ſource d'une infinité de réclamations & de plaintes, qui ne ſe terminèrent que lorſque le miniſtère,

fatigué de leurs importunités, leur eût accordé la permiſſion de s'aſſembler & de nommer un directeur principal.

Le choix qu'ils firent, en 1755, pour remplir cette place importante, fut généralement déſapprouvé. Le directeur, par défaut d'intelligence, mit les affaires de la *compagnie* dans un tel déſordre, qu'il devint impoſſible de s'y reconnoître.

Les ſujets employés dans les conceſſions, choiſis parmi ſes protégés, ſans expérience & ſans talens, dégoûtèrent les Maures des environs de la Calle : les uns allèrent porter leurs marchandiſes aux étrangers, les autres, & ce fut le plus grand nombre, abandonnèrent la culture des terres, & ſe réduiſirent à vivre de racines.

Les adjoints du directeur principal, ne pouvoient avoir le temps ni la force néceſſaire pour le diriger. Le préſident avoit perdu l'influence qu'il doit avoir dans le bureau pour opérer le bien ; & le directeur mettoit en œuvre tous les moyens poſſibles pour lui dérober la connoiſſance des affaires : les bilans étoient retardés, & l'on y pallioit, avec grand ſoin, l'état réel & les maux de la *compagnie*. On y employoit comme partie du capital, des dettes reconnues mauvaiſes, & des créances ſimulées. Ces articles ſe trouvoient répétés dans chaque bilan, & lorſque les actionnaires de Paris ſe récrioient contre cette infidélité, le directeur ſe diſpenſoit de leur répondre, ou le faiſoit d'une manière captieuſe & obſcure. Enfin, en 1766, les malheurs de la *compagnie* étant parvenus au dernier période, le miniſtère reconnut la néceſſité d'y apporter un prompt remède ; le directeur fut révoqué, & le ſieur Martin fut nommé directeur principal, d'une voix unanime, par la chambre du commerce de Marſeille, & les actionnaires de Paris.

Il trouva les affaires de la *compagnie* dans un dérangement inconcevable ; ſon fonds capital réduit à 570,000 liv. les comptes des employés dans le plus grand déſordre ; & ce ne fut qu'en 1767 qu'il parvint à avoir l'état, au vrai, de la ſituation de la *compagnie*.

Lorſqu'on eût mis au jour la conduite du directeur, on trouva des malverſations qu'on n'avoit point ſoupçonnées juſques-là ; des menées & des pratiques entre lui & les commis à la recette, & un vuide conſidérable dans toutes les caiſſes.

Ce directeur & le receveur furent arrêtés, & leurs familles n'obtinrent leurs élargiſſemens, qu'en rembourſant à la *compagnie* une partie des ſommes qu'ils lui avoient enlevées.

Les ſoins que le ſieur Martin employa pour rétablir l'ordre & l'économie, & la manutention ſage avec laquelle il dirigea les conceſſions, eurent tout le ſuccès qu'on pouvoit en attendre.

Les directeurs des conceſſions furent pris parmi les employés de la *compagnie* qui avoient montré le plus de zèle & d'intelligence, & ils parvinrent à rappeller le commerce, dans tous les comptoirs, dont il s'étoit éloigné : tout réuſſit, & la *compagnie* eſt arrivée, dans fa proportion, à un point de profpérité qu'on n'auroit jamais ofé efpérer. Ses fonds, fuivant les comptes du premier décembre 1773, montoient à 4,812,445 liv. 3 f. 4 d.

Elle doit cet état floriffant aux foins qu'on a pris de conduire toutes les opérations privées de la *compagnie*, fur les principes d'une *compagnie* commerçante, de rendre fon adminiftration économe, fidele & exacte, tant en France qu'en Barbarie, de lui affurer toute la protection qu'elle devoit attendre au befoin des armemens du Roi. Elle a été également favorifée par les circonftances qui ont rendu la traite des bleds très-abondante (*pour elle*), ces dernières années, pendant que celle du Levant étoit *interceptée.*

Les directeurs affurent qu'on a dû à leur zèle, pendant les dernières années, la fubfiftance des provinces méridionales : mais ils n'ont pas été à l'abri de différentes accufations : elles ont été dans le temps, mifes fous les yeux du confeil, ainfi que les réponfes des directeurs. Ils fe font fait une loi de donner aux adminiftrateurs de Provence & de Marfeille, la charge de bled à vingt fois meilleur marché que le prix courant de la place, & prétendent qu'on doit leur favoir gré de cette modération.

Le gouvernement ne s'eft jamais mêlé de la manutention de fon commerce, qui eft entièrement entre les mains des directeurs repréfentans la *compagnie.*

Depuis l'année 1773, le roi a permis une nouvelle répartition, à raifon de 250 l. par action, faifant 300,000 livres : elle a eu lieu le premier de l'an 1774.

La *compagnie* a prêté au roi 1,200,000 liv. pour la conftruction des formes au port de Toulon. Cet arrangement a été autorifé par un arrêt du confeil du 26 février 1774, dont voici la teneur :

« Le roi ayant réfolu de faire faire au port de » Toulon, des formes pour la conftruction & le » radoub des vaiffeaux, *la compagnie d'Afrique* » auroit le 15 février dernier, une délibération, » par laquelle, pour accélérer l'exécution d'un ou- » vrage defiré depuis long-temps pour l'avantage de » la marine, & donner une preuve de fon zèle pour » le fervice de fa majefté, elle auroit offert de prê- » ter à fur & à mefure le befoin l'exigera, jufqu'à » concurrence de la fomme de 1,200,000 liv. moyen- » nant l'intérêt de cinq pour cent par an ; fi fa » majefté vouloit bien affecter, tant au paiement des » intérêts, qu'au remboursement du capital, la par- » tie de l'arfenal de Marfeille qui fera jugée inutile » au fervice de fa majefté, & approuver qu'elle fût » louée par ladite *compagnie d'Afrique*, jufqu'à » l'extinction, tant en principal qu'en intérêts, des » fonds qui auront été par elle avancés, à la charge » par elle de compter annuellement defdits loyers, » & fa majefté ayant agréé lefdites offres : ouï le » rapport, le roi étant en fon confeil, a homologué » la délibération de la *compagnie d'Afrique*, du » 15 janvier dernier, pour être exécutée felon fa » forme & teneur. Ordonne, en conféquence, fa

» majefté, que la fomme de 1,200,000 liv. offerte » par ladite *compagnie d'Afrique*, fera remife entre » les mains du tréforier général des Invalides de la » marine, à fur & à mefure que le befoin l'exigera, » fur les ordres qui feront donnés à cet effet, par le » fecrétaire 'état ayant le département de la marine, » pour être employée, fans aucun divertiffement, » à la conftruction des formes projettées au port de » Toulon ; veut, fa majefté, que pour dédomma- » ger la *compagnie d'Afrique* de l'avance de ladite » fomme de 1,200,000 liv. l'intérêt lui en foit compté, » à raifon de cinq pour cent par an, fans aucune » retenue, lequel commencera à courir, à compter » du jour des différens paiemens qui auront été faits, » & diminuera à raifon des remboursemens qui feront » faits fur le capital ; & pour faciliter ledit rembour- » fement, ainfi que le paiement des intérêts ; ot- » donne, fa majefté, que la partie de l'arfenal de » Marfeille, lavée en bleu fur le plan annexé à la » minute du préfent arrêt, & les autres bâtimens » dudit arfenal, qui pourront en être détachés fans » nuire au fervice de fa majefté, feront & demeu- » reront fpécialement affectés à l'amortiffement, tant » du capital que des intérêts, des fommes qui auront » été avancées par ladite *compagnie d'Afrique* ; à » l'effet de quoi, ordonne, fa majefté, qu'à la dili- » gence des directeurs de ladite *compagnie d'Afri- » que*, & en leur préfence, il fera procédé par- » devant le fieur intendant de la marine, au port » de Toulon, à une ou plufieurs adjudications, à » titre de loyer, des parties dudit arfenal qui pour- » ront être louées, pour les loyers en provenans, » être remis au tréforier général des invalides de la » marine, & fervir d'abord au paiement des intérêts, » & enfuite au remboursement des fommes avancées à la *compagnie d'Afrique*. Fait au » confeil d'état du roi, fa majefté y étant, tenu à » Verfailles, le 26 février 1774 ».

Après avoir rendu compte fommairement, des différentes variations qu'ont éprouvées les différentes *compagnies d'Afrique*, de la création de celle de 1741, de fes traités, de fes privilèges & de fa pofition actuelle, il convient d'entrer dans quelques détails plus particuliers fur fon adminiftration, la nature de fon commerce & fes comptoirs.

Adminiftration de la compagnie.

Le bureau, qui dirige toutes les opérations & affaires de la *compagnie*, eft à Marfeille, où aboutiffent toutes celles de fon commerce.

Ce bureau eft compofé d'un directeur principal, qui a des appointemens & des émolumens fixes, & qui eft l'inftrument & l'agent principal des ventes & des achats, & de tout ce qui doit être fait fur les délibérations du bureau ; de quelques autres directeurs dont le nombre varie, parce que l'édit porte que tout actionnaire qui fe préfentera, en dépofant vingt actions dans la caiffe, pourra être directeur (ce qui n'arrive pas dans le fait) ; de quatre députés de la chambre du commerce, & du fecrétaire archivaire de cette chambre, qui affiftent régulièrement aux affemblées comme directeurs nés : la chambre étant propriétaire du quart du capital de la *compagnie*, & garante du dividende des actions, a été mife par-là à la tête de cette adminiftration. Tous les directeurs y entrent gratuitement, & n'ont que des jetons ; le directeur général eft le feul payé.

Mais la *compagnie* entretient à fes gages, foit à Marfeille, à Paris ou dans fes comptoirs, les différens employés dont elle a befoin pour les écritures, la correfpondance ou autres fervices.

Elle a un agent à Paris : fes fonctions confiftent à payer les dividendes aux actionnaires établis dans cette ville, à leur communiquer les bilans qui lui font envoyés de Marfeille, & à correfpondre, avec le directeur principal, pour les objets où la *compagnie* peut avoir befoin de fes offices. M. Roftagny, député de Marfeille, au bureau du commerce, occupe cette place depuis 1772.

La *compagnie* entretient auffi un agent en Corfe, pour traiter avec les Corfes qui font la pêche du corail, & veiller à leur conduite. Le fieur de Monceaux exerce cet emploi.

La *compagnie* a pour commiffaire du roi, fous le titre de préfident, l'infpecteur du commerce de Marfeille, pour furveiller & autorifer fes délibérations, arrêter fes comptes & prendre connoiffance de toutes les affaires dont il doit être inftruit, pour en informer le miniftre dans les cas qui l'exigent.

Commerce de la compagnie d'Afrique.

On fe bornera à préfenter les motifs qui ont déterminé le gouvernement à accorder à la *compagnie* un privilége exclufif. Toute grace de cette efpèce s'oppofe en général à l'activité du commerce, & gêne l'émulation & l'induftrie des commerçans. Cette maxime, dont on ne peut contefter la vérité, paroiffoit s'oppofer à fon établiffement en 1741. Des confidérations politiques prédominèrent dans cette circonftance, & la néceffité parut dicter une exception contre la règle générale, en voici les motifs (*prétendus*).

Le privilége de la *compagnie* émane de la conftitution même du pays, la traite des bleds n'eft jamais libre & de commerce ouvert en Barbarie. C'eft un monopole du prince d'Alger & à Tunis.

On a toujours penfé que l'exploitation de ce commerce étoit un objet important à conferver, furtout pour l'approvifionnement de nos provinces du Midi, & que les dépenfes dont il eft chargé ne pouvoient être foutenues qu'au moyen d'une *compagnie*.

Ce commerce, par les redevances dont il eft tenu, peut être regardé comme le plus fort lien qui nous attache les Algériens, & comme le plus fûr gage de la fûreté de notre navigation dans la Méditerranée. C'eft fur les lifmes que la *compagnie* paie annuellement à la régence, & fur les tributs des Maures qui avoifinent la conceffion, qu'eft affigné le paiement de la milice ; le moindre retard mettroit le dey lui-même en danger, & le forceroit à fe

porter à quelqu'extrémité contre les François, pour éviter les fureurs d'une foldatefque impérieufe & infolente.

Louis XIV n'ayant pu obliger, par la force, les Algériens à refpecter fon pavillon, après vingt ans de guerre, pendant lefquels il fit bombarder leurs villes capitales, ordonna, en 1665, à M. le maréchal d'Eftrées, qui commandoit fes efcadres, de traiter avec les régences d'Alger & de Tunis, du privilége exclufif du cap Nègre, du baftion de France & de fes dépendances, dont les Anglois étoient en poffeffion, après les avoir enlevés à la France, & de l'obtenir à quelque prix que ce fût.

M. le maréchal d'Eftrées réuffit ; les progrès du commerce dans la Méditerranée, & la tranquillité de fa navigation, furent le réfultat de l'acquifition des conceffions.

Les redevances que les principaux commandans de la régence d'Alger, retirent de la *compagnie*, les intéreffent au maintien de la paix, & l'argent que cette *compagnie* répand en Barbarie pour fon commerce, fournit aux Maures les moyens de payer leurs impôts, affectés pour le paiement de la milice ; il en arrive qu'elle eft également intéreffée au maintien de la paix. Ce qui fe paffa en 1736 à Alger, en eft la preuve.

Il fut propofé au divan, avec l'impétuofité naturelle aux Turcs, de faire la guerre à la France ; les grands du pays craignant qu'on ne les accufât de préférer leur intérêt particulier au bien public, n'oférent pas s'y oppofer. Mais la milice déclara qu'à moins que la régence n'affurât fa folde fur d'autres fonds, que fur ceux provenans des tributs des Maures, elle n'y confentiroit pas. Après bien des débats, il fut décidé de maintenir la paix avec la France, par ce feul motif, & de faire la guerre aux Hollandois ; elle avoit raifon. Les négociations des Anglois à Alger, le defir qu'ils ont d'obtenir des conceffions pour nous chaffer de ce royaume, & pour approvifionner facilement leur flotte. Mahon & Gibraltar ont toujours fait appréhender au gouvernement, de rendre libres les conceffions, dans la crainte de les voir tomber entre leurs mains.

Ils ont tenté plufieurs fois de nous en dépofféder, en offrant de bien plus fortes conditions que celles que nous avons foufcrites ; & s'ils parvenoient à s'en emparer, ils feroient bientôt maîtres de l'efprit du dey & des officiers de la régence, & il leur fera facile de nous fufciter des tracafferies qui pourroient avoir des fuites fâcheufes.

Il eft encore un motif qui tient à la dignité du roi, & à celle de la couronne de France. Au moyen des lifmes de la *compagnie*, le roi eft le feul prince qui ne foit pas tributaire des Algériens.

Dans le fyftème de rendre la liberté à ce commerce, on ne fçauroit fe diffimuler que l'on doit prendre les plus grandes précautions pour ôter au dey toute méfiance fur un projet qu'il verroit d'un mauvais œil, & on ne fçauroit fe difpenfer de faire annuellement des facrifices confidérables, onéreux au tréfor royal, ce qui aviliroit à Alger le nom François. Réduits au niveau des autres puiſſances, les François ſeroient bientôt traités comme elles ; le dey ne mettroit plus de bornes à ſes extorſions, & on ne pourroit éviter une guerre , que le cabinet de Verſailles a toujours appréhendé avec juſte raiſon. Les Algériens y ſeroient d'autant plus portés, que n'étant plus retenus par aucun motif d'intérêt, ils s'abandonneroient à leur goût naturel pour la courſe.

Tels ſont les motifs politiques qui ont engagé le miniſtère à s'écarter des principes généralement adoptés ; ils méritent d'être peſés, parce qu'une fois la liberté des conceſſions décidée, il ne ſeroit plus temps de revenir ſur ſes pas avec une nation fière, ignorante & qui ſe laiſſe toujours guider par ſes caprices, & un intérêt ſouvent mal entendu.

Le commerce de la *compagnie* conſiſte principalement dans la traite des grains, & autres denrées qu'elle tire de Barbarie, en cuirs, laines & quelques autres articles ; elle a de plus, ſur la côte, le privilége de la pêche du corail, qui eſt quelquefois un objet fort utile, mais caſuel & précaire.

Il ſeroit encore plus avantageux, ſi les pêcheurs étoient plus expérimentés & moins timides.

Les Catalans & les Corſes paſſent pour les plus habiles coraïlleurs de l'Europe : les engins dont ils ſe ſervent ſont auſſi mieux entendus que les nôtres.

Les Génois établis à Tabarque avoient quelque réputation pour la pêche du corail, lors de la priſe de cette iſle par le bey de Tunis. Deux cents tabarquins qui, pendant cet événement, ſe trouvoient en mer, ſe réfugièrent à la Calle, & demandèrent au directeur d'être employés. En 1744, le dey d'Alger voulut, contre toute juſtice, avoir ces tabarquins ; il envoya, à cet effet, cinq chébecs, avec ordre au commandant de les demander hautement. Le directeur aima mieux abandonner le comptoir, avec tous ſes employés, que de les livrer ; mais en évitant les Algériens, ils tombèrent entre les mains des Maures. Cet événement priva la *compagnie* d'un grand nombre de coraïlleurs habiles, & elle ſe ſert actuellement de coraïlleurs Corſes.

La partie de la Barbarie où ſe trouvent les conceſſions, conſomme très-peu de marchandiſes, les fonds ou remiſes pour le commerce de la *compagnie*, ſe font en général avec des piaſtres qu'elle fait acheter en Eſpagne.

Les eſpèces d'or ont peu de crédit parmi les Maures, qui n'en connoiſſent pas le prix.

Des comptoirs de la compagnie.

LA CALLE.

C'eſt le comptoir principal, & le chef-lieu des établiſſemens de la *compagnie d'Afrique* ſur la côte de Barbarie.

La pêche du corail a été le principal objet de l'établiſſement de ce comptoir : dans la ſuite, on y ouvrit la traite du bled, qui eſt devenue conſidéra-

ble : on y achette auſſi de la cire & des cuirs, mais en aſſez petite quantité.

L'habitation des François à la Calle, & les défenſes extérieures, ont été faites par la *compagnie*, avec la permiſſion du dey d'Alger, & conformément au plan qui en a été dreſſé, ſans qu'il ſoit permis d'y rien ajouter. Les fortifications conſiſtent en différentes batteries, montées de ſeize pièces de canon en tout, dont les unes ſont de ſix, les autres de quatre livres de balles. Deux de ces batteries, l'une de quatre, & l'autre de deux canons, ſont deſtinées à défendre l'entrée du port.

Les fortifications de cette place, ne ſçauroient garantir d'inſultes les habitans, ſans une vigilance continuelle de la part du directeur & des employés que la *compagnie* y entretient. La garniſon eſt de cent vingt hommes qui ſont peu faits au métier de la guerre ; mais, en cas d'inſulte, on fait prendre les armes, non-ſeulement aux habitans, mais même aux pêcheurs de corail, ce qui forme tout enſemble environ trois cents cinquante perſonnes ; il y a des armes pour ſix cents.

BONNE.

Comptoir de la *compagnie d'Afrique*, dans la province de Conſtantine, où elle entretient un agent & quelques employés.

Le commerce de ce comptoir conſiſte en laines, que l'on nomme *conſtantines*, cuirs & cires, dont la traite a toujours été fort avantageuſe, lorſque les agens de la *compagnie* ont ſçu ſe concilier l'affection des puiſſances du pays. Outre cela, l'ottoman de 1694 permet à la *compagnie* de charger annuellement à Bonne, cinq cents caffis de bled, qui forment environ deux mille charges, ou deux mille cinq cents ſeptiers, meſure de Paris, juſqu'en 1760, la *compagnie* ne s'eſt pas ordinairement bornée à cette quantité ; mais depuis ce temps juſqu'en 1764, le bey de Conſtantine lui interdit abſolument cette traite, & finit par lui renvoyer ſon agent. La direction de Marſeille ayant paſſé en de meilleures mains, le choix des agens s'eſt reſſenti des bonnes intentions des directeurs, & tout eſt rentré dans l'ordre à Bonne, ainſi que dans les autres comptoirs.

LE COLLO.

Comptoir de la *compagnie* ſur les côtes de la province de Conſtantine. On n'y fait d'autre commerce que celui de la cire & des cuirs. Les infidélités des gens du pays, & le défaut d'intelligence des agens, ont forcé pluſieurs fois la *compagnie* à l'abandonner.

TABARQUE.

Cette petite iſle, ſituée ſur les côtes de Tunis, a toujours été l'objet de l'ambition des puiſſances maritimes de l'Europe : l'établiſſement que nous pourrions y faire, ſi les Barbareſques ne s'y oppoſoient pas, ſeroit peut-être le plus utile de tous ceux que nous avons en Barbarie, fur-tout pour la pêche du corail, qui y eſt très-abondant.

Elle appartenoit depuis long-temps à la famille Génoiſe des Lomellini, qui y entretenoit des pêcheurs de ſa nation, & quelques ſoldats pour en garder le château.

La première opération de la *compagnie*, en 1741, fut de ſe mettre en poſſeſſion de cette iſle. Ayant appris que les Lomellini la trouvoient onéreuſe, & cherchoient à s'en défaire, elle fit paſſer à Gênes le ſieur Fougaſſe, avec une procuration de leur part, pour traiter de cette acquiſition, avec le pouvoir d'en offrir juſqu'à trois cents mille livres, payables lorſqu'il en auroit été mis en poſſeſſion. Il devoit y être établi en qualité de gouverneur & de directeur général des conceſſions. Cette négociation n'eut pas de ſuccès, & la priſe de cette iſle, au mois d'août, par le fils du bey de Tunis, empêcha la *compagnie* de la regretter.

Au mois de juin 1742, M. de Saurin, officier de la marine, partit de la Calle avec trois cents hommes, la plûpart corailleurs, & peu faits aux attaques de terre, forma une entrepriſe contre cette iſle; mais il fut repouſſé avec perte de plus des deux tiers de ſa troupe, tués ou faits priſonniers par les Tuniſiens: il avoit été trahi par un Maure.

L'iſſue fâcheuſe de cette entrepriſe, faiſant craindre qu'elle n'aigrît l'eſprit du bey de Tunis, & ne lui donnât encore plus d'éloignement pour la paix; on prit le parti de la déſavouer, de répandre dans le public que le roi étoit très-mécontent de la conduite de M. de Saurin; & pour rendre la choſe plus probable, M. Fougaſſe, directeur général, qui avoit donné à la Calle des ſecours à cet officier pour ſon expédition, fut révoqué par un ordre du roi, & réduit à la ſeule qualité d'agent, ſous laquelle cependant il faiſoit toutes les fonctions de directeur.

Deux obſtacles principaux s'oppoſent à l'établiſſement des nations Européennes dans cette iſle.

1º. Parce que le dey d'Alger y prétend des droits de ſouveraineté: ce prince ſe fonde ſur ce que, du temps des Lomellini, elle lui payoit un tribut de quinze caiſſes de corail aſſorti, du poids de ſoixante-quinze caiſſes, & qu'en conſéquence le bey du Tunis ne peut en diſpoſer que de ſon aveu.

2º. Dans la guerre de Tunis, en 1742, le bey qui régnoit alors dans le pays, crut faire un grand coup de politique, en intéreſſant le grand ſeigneur à la propriété de cette iſle. Il lui en envoya les clefs; & en reconnoiſſant par-là ſa ſouveraineté, il ſe mit dans l'impoſſibilité de la céder ſans ſa permiſſion. D'ailleurs, ces deux régences ne pourroient voir ſans ombrage un établiſſement ſi voiſin de leurs côtes, & dont les poſſeſſeurs pourroient à volonté bloquer les ports de ces deux royaumes.

BIZERTE.

Ville maritime du royaume de Tunis. Avant la guerre de Tunis, en 1741, la *compagnie d'Afrique* y entretenoit un agent deſtiné uniquement à faciliter la communication entre le Cap-Négre & la Calle; mais elle n'y faiſoit aucun commerce, & il n'y avoit point de maiſons Françoiſes.

En 1768, M. de Seizieu, après une négociation très-longue, obtint du bey de Tunis, pour la *compagnie d'Afrique*, le privilège de la pêche du corail dans les mers de Bizerte; la *compagnie* tenta cette pêche avec les bateaux de la Calle; mais ils ne purent réuſſir, & les patrons aſſurèrent qu'il y avoit très-peu de corail dans ces mers; ce mauvais ſuccès ne rebuta pas les directeurs; ils imaginèrent que le peu d'expérience de leurs corailleurs en pourroient être la cauſe, & ils firent une convention avec les pêcheurs margueritains, pour l'exploitation de la pêche. Mais à peine les douze bateaux, qui avoient été expédiés de la côte de Gênes, furent-ils arrivés à Bizerte, que le bey de Tunis donna ordre à l'agent que la *compagnie* y avoit établi, d'évacuer promptement le comptoir, & défendit aux patrons margueritains de continuer la pêche dans les mers de ſon royaume.

Cette infraction porta un grand préjudice à la *compagnie*, non ſeulement par la perte de ſes eſpérances, mais par celle même des avances qu'elle avoit faites, quoiqu'avec ménagement, pour mettre en état le comptoir de Bizerte.

La guerre qui ſuivit fut terminée par un traité de paix, auquel fut jointe une convention particulière entre la *compagnie* & le bey de Tunis, par laquelle ce prince lui accordoit, pendant ſix ans, la pêche du corail libre de toute impoſition, & l'extraction pour le même temps & aux mêmes conditions de deux mille caffis de bled, avec la permiſſion de rétablir le comptoir du Cap-Négre, dans l'état où il étoit avant la démolition.

La *compagnie*, pour l'exploitation de cette pêche, eut recours aux corailleurs Corſes d'Ajaccio, avec leſquelles elle conclut ſucceſſivement différentes conventions, par l'entremiſe du ſieur de Monceaux, ſous-commiſſaire de la marine dans ce même port.

OBSERVATIONS

Sur le mémoire ci-deſſus, par M. l'abbé Baudeau.

Les partiſans du privilège excluſif aſſurent que le commerce des royaumes de Tunis & d'Alger ne peut jamais ſe faire que par une *compagnie* douée du monopole.

Cependant ils ſe plaignent que des *interlopes*, c'eſt-à-dire, des négocians ſans *compagnie* & ſans privilège, partagent continuellement ce commerce; ils avouent que les pancartes, les négociations des conſuls, la protection de la marine militaire, les droits & les préſens n'empêchent point ce commerce des interlopes.

Il pourroit bien ſe faire qu'il y eût une contradiction formelle entre ces deux aſſertions, & que la ſeconde fut une réfutation manifeſte de la première.

Ils atteftent pareillement que toutes les anciennes *compagnies* à privilége exclufif fe font ruinées, malgré le foin qu'on avoit eu de confirmer pour elles un droit de monopole à perpétuité : c'eft un aveu précieux.

On avoit fait une obfervation très-importante, dans le fort des difputes qui fe font élevées en 1769, fur le commerce des Indes; on avoit fpécifié toutes les *compagnies* à privilége exclufif, qui s'étoient élevées en France depuis que M. Colbert les avoit mis en vogue ; il fe trouvoit par l'évènement qu'elles avoient toutes fini par manger le capital des actionnaires ; que les directeurs les trompoient par de faux bilans pendant plufieurs années, & qu'enfuite ils fe trouvoient propriétaires d'édifices inutiles & difpendieux, créanciers de gens infolvables, mais redevables de dettes exigibles , & porteurs d'un titre illufoire fur un capital confommé, & fur des profits imaginaires.

Les anciennes *compagnies* d'Afrique fe font trouvées précifément dans le même cas, & celle qui fubfifte actuellement étoit, par les mêmes raifons, fur le penchant de fa ruine en 1767, ayant perdu plus de la moitié de fon capital, & les actionnaires étant obligés de fe paffer, en grande partie, de leurs intérêts ou dividendes.

Les progrès de fa reftauration furent affez minces jufqu'en 1770; mais ils furent très-rapides en 1771, 1772 & 1773. Dans ce court efpace de trois années, la *compagnie*, qui n'avoit plus que cinq cens foixante-dix mille livres de capital en 1767, a gagné de profit clair & net, en outre de ce fonds, quatre millions & environ trois cents mille livres.

Voici donc une exception au principe général, fi bien confirmé par toutes les autres expériences; il s'agit d'examiner avec foin qu'elle en peut être la caufe, à l'effet de connoître fi cette caufe eft naturelle ou factice, inhérente à la *compagnie*, ou étrangère à fa propre conftitution.

Jufqu'à la fin de 1770, le commerce des grains étoit abfolument libre entre le port de Marfeille & ceux des autres villes du royaume.

On avoit fait décider à la vérité, *par précaution*, (car il paroît qu'on prend de loin beaucoup de précautions très-fubtiles & très-éloignées en cette matière), que la ville de Marfeille étant *étrangère*, le commerce avec fon port cefferoit auffi-tôt que l'exportation à l'étranger feroit prohibée; mais l'édit de 1764 étoit en pleine vigueur, & le cas de la prohibition n'étoit pas encore arrivé.

C'eft à la fin de cette année 1770, qu'on renouvella toute défenfe d'embarquer dans nos ports des grains, des farines & d'autres fubfiftances pour les *pays étrangers*.

Marfeille fut comprife très-explicitement dans cette interdiction. Quand on dit Marfeille, il faut entendre toute la côte & l'intérieur du pays, jufqu'à une certaine diftance, parce que la province n'avoit point d'autre lieu de commerce & d'entrepôt, fpécialement pour les grains.

« Il femble » (dit une perfonne bien inftruite , & bien digne de foi à tous égards), « que les bleds » qui defcendent le Rhône pourroient fe répandre » en Provence, par Arles & par Tarafcon : mais » Arles & Tarafcon font fituées à l'extrémité de la » province; les frais de tranfport par Tarafcon fe- » roient confidérables ; Marfeille eft dans la pofition » la plus avantageufe, elle communique avec tous » les ports de la province, au milieu defquels elle » eft placée; elle eft à la diftance la plus commode » de la capitale, & c'eft cette heureufe fituation » qui la rend néceffairement le centre du commerce. » Les négocians ne font point établis dans Arles » & Tarafcon, & n'y feront point d'établiffement ; » ils ne fe tranfporteront point à Toulon , port » militaire, ni dans les petits ports qui font fur la » côte », (où d'ailleurs on auroit bien fçu les chicaner, jufqu'à ce qu'ils fuffent ruinés ou dégoûtés, comme on en pourroit citer des exemples frappants). « Marfeille eft le feul entrepôt de la Provence & » du royaume, & la Provence eft ifolée, quand le » port de Marfeille eft fermé ».

Prohiber à tous les ports du royaume la communication avec Marfeille, comme on fit très-formellement en 1770; c'étoit donc exclure les grains nationaux de prefque toute la Provence.

La *compagnie d'Afrique*, dont le commerce principal confifte à fournir de grains Marfeille & le pays, gagnoit donc néceffairement à cette prohibition.

Le mémoire qui lui eft favorable, remarque une autre caufe de profit pour elle, c'eft la guerre des Turcs & des Ruffes, qui rendoit le commerce du Levant prefque impoffible.

Mais ce n'eft pas tout : il y a deux autres circonftances, dont la première eft indiquée fous un point de vue qui n'eft peut-être pas le véritable, & dont la feconde eft abfolument paffée fous filence ; il faut en rendre compte.

Les bleds François étant exclus de Marfeille & de Provence, la *compagnie d'Afrique* pouvoit encore craindre, en premier lieu la concurrence des étrangers, & fur-tout des Anglois, qui s'étoient maintenus dans la poffeffion d'apporter des grains de Barbarie, même du Levant & d'ailleurs : en fecond lieu, celle des négocians mêmes de Marfeille qui feroient venir des bleds quelconques des pays étrangers.

Ecarter cette double concurrence, c'étoit certainement faire un coup de parti pour la *compagnie d'Afrique*, fur-tout dans les années de difette & de cherté ; c'eft ce qu'on a eu le bonheur d'efpérer.

La chambre du commerce de Marfeille (on fait à préfent que cette chambre & la *compagnie d'Afrique* font une feule & même chofe, puifque la chambre poffède un tiers des actions, & cautionne le dividende des autres), fit des repréfentations *contre les bleds du Levant*, fous prétexte d'en faire contre les Anglois, qui continuoient de tirer des grains à bon marché des Echelles, malgré la guerre des Ruffes dont ils étoient favorifés.

Une décifion du 15 juillet 1772, défendit l'introduction des bleds du Levant & de Barbarie dans le port de Marfeille, par des vaiffeaux Anglois.

Les officiers municipaux de cette ville, un peu moins inftruits du fonds de l'affaire, s'étoient contentés de demander, par une lettre du 27 avril 1771, qu'on y mît un petit impôt de 3 liv. 10 fols par tonneau.

Mais la chambre du commerce confultée (comme de raifon) par M. l'intendant, « *avoit demandé* » *l'exclufion abfolue;* attendu que le droit de 3 liv. » 10 fols ne feroit pas exclufif, par l'avantage que » procure aux Anglois, le bas prix de leur navi- » gation ». Ce qui fignifie probablement en d'autres termes, que la *compagnie d'Afrique vend nécef-fairement* fes bleds, quatre francs par tonneau *plus cher* que les Anglois.

Le parti de l'exclufion abfolue fut donc adopté, d'après l'avis *très-défintéreffé* de la chambre, & fans doute en vue du plus grand bien de la ville & de la province.

On mit pourtant l'année d'enfuite une modification à cette défenfe rigoureufe & abfolue; elle eft trop fingulière pour n'en pas faire la remarque.

On permit aux vaiffeaux Anglois, qui feroient chargés de bleds du Levant & d'Afrique, de fe préfenter dans le port de Marfeille, & d'y faire quarantaine.

Pendant qu'ils y auroient pris ce petit amufement; on auroit écrit à la perfonne chargée pour lors du détail de cette adminiftration; cette perfonne, après avoir pris fans doute les *informations convenables*, auroit *accordé* ou *refufé* la permiffion de vendre les grains; en cas de refus, le vaiffeau s'en feroit retourné, n'ayant perdu que fon temps, les frais de quarantaine, & peut-être quelque partie de fes grains échauffés, ou avariés de toute autre manière.

On fera tenté de croire que ceci eft un trait de plaifanterie; c'eft du férieux, & un fait que l'on ne doit pas révoquer en doute.

Les Anglois ne s'étant pas montrés fort curieux de cette quarantaine provifoire, en attendant une permiffion problématique; leur concurrence fut écartée; on voit que c'étoit la plus redoutable, puifqu'un impôt de 3 liv. 10 fols n'étoit pas capable de la dompter.

Mais les négociants de Marfeille pouvoient faire venir des grains étrangers; ils en pouvoient tirer du Levant, malgré les chicanes que les Ruffes faifoient à notre pavillon, & des ports de Barbarie, qui ne font pas compris dans le privilége exclufif de la *compagnie d'Afrique*.

C'eft ici qu'il falloit un coup de génie de la part des directeurs; ce coup fut fait, & réuffit.

Sous le fpécieux prétexte de faire le bien public & d'entrer dans les vues du gouvernement, qui vendoit alors des grains à perte dans tout le royaume

par les mains de fes *commiffionnaires*, (*ils n'y perdoient pas eux*), les directeurs annoncèrent qu'ils donneroient leurs grains à *vingt fols meilleur marché que les autres;* le mémoire en fait foi.

Les négociants particuliers auroient été bien fous de lutter avec une *compagnie* puiffante & protégée, qui pouvoit facrifier quelques millions pour les obliger à perdre. Ecoutons encore la perfonne refpectable que nous avons citée ci-deffus.

« La *compagnie d'Afrique* a conçu depuis dix- » huit mois » (ceci fut écrit en feptembre 1773) « le projet de faire tout le commerce des bleds » étrangers. Marfeille, en 1764, avoit eu l'avan- » tage d'enlever aux villes de Gênes & de Livour- » ne le commerce des grains; *elle étoit devenue* » *l'entrepôt de la Méditerranée;* tous les négo- » ciants faifoient venir à l'envi, des bleds de toutes » parts; c'étoit un flux & un reflux annuel d'envi- » ron *fix cents mille* charges de bled, & une cir- » culation de dix-huit à vingt millions, pendant fept » à huit ans. Ce commerce avoit toujours reçu de » nouveaux accroiffements, & n'étoit point encore » à fon dernier degré de profpérité ».

Voilà donc le mal que faifoit l'édit de 1764, à la ville de Marfeille & à la Provence : mal qu'on voulut guérir en 1771.

« L'annonce que fit, l'an paffé, la *compagnie d'Afrique* », (c'eft le mémoire qui continue), « de fes commiffions multipliées, & le nombre des » navires qu'elle mit en mer, ont déconcerté les » négociants : quelques-uns ont fait des pertes con- » fidérables, *parce que la compagnie a pratiqué le* » moyen de baiffer fes ventes au-deffous du prix de » leurs achats; *fervice funefte qui donnoit à la* » *province un avantage d'un moment, pour la* » *priver dans la fuite des reffources durables de la* » *concurrence.* Les négociants *n'ont pas ofé* » pourvoir en Sardaigne, dans le Nord, & même » à Tunis, des quantités néceffaires pour empêcher » la cherté.

» C'eft par cette conduite que la *compagnie* » *d'Afrique* s'empare de tout le commerce des *bleds* » *étrangers* », (les nationaux étoient exclus), « & » que la province perd tous les avantages qui pou- » voient réfulter de toute efpèce de concurrence, » foit des Anglois, foit des négociants François, à » Marfeille ».

Voyons quel fut le réfultat. La *compagnie* vendit en 1773 une beaucoup plus grande quantité de grains que jamais; c'eft pendant cette époque intéreffante que les directeurs « prétendent qu'on a » dû à leur zèle la fubfiftance des provinces mé- » ridionales ».

Pour fçavoir fi ce zèle étoit bien pur & bien défintéreffé, il faut connoître la manière dont ils usèrent alors du privilége exclufif qu'ils s'étoient procuré avec tant d'habileté. Nous continuons de copier mot à mot.

« On fait quel eft le prix d'achat, quels font les » frais

» frais d'équipage & de tranfport. On peut affurer
» que la charge de bled ne coûte pas plus de douze
» livres à la *compagnie* : qu'on la mette à dix-huit
» livres, & qu'on vende la charge trente-huit, on
» verra que, fur cent mille charges, la *compagnie*
» doit gagner douze cents mille francs; & il n'eft
» pas raifonnable qu'elle ait encore de plus, en
» *purs gains*, un excédent de huit cent mille livres,
» en portant le prix à trente-huit livres. *Tel eft*
» *cependant le prix actuel* ».

Nous n'ajoûterons rien à ce témoignage très-authen-
tique d'un témoin oculaire irréprochable. Après avoir
habilement écarté toute concurrence des étrangers
& des nationnaux, on vendroit *trente-huit francs*
la charge de bled qui en coutoit *douze*.

La fource de cette profpérité momentannée de la
compagnie d'Afrique étant ainfi connue, il eft douteux qu'on puiffe tirer avantage d'une pareille exception; la règle générale qui paroît condamner
les compagnies exclufives à une ruine inévitable,
n'en eft peut-être que mieux confirmée.

COMPAGNIE DU SÉNÉGAL. La première *compagnie* qui fe forma en France, pour le commerce du
Sénégal, ne fut d'abord qu'une fimple affociation
de quelques marchands de Dieppe, qui fans lettres
patentes, & fans conceffion du roi, entreprirent le
négoce des côtes d'Afrique, où ils s'établirent dans
une petite ifle du Niger, ou rivière de *Sénégal*,
qu'ils appellèrent l'iflette Saint-Louis.

Quelque temps après, des marchands de Roüen
acquirent d'eux l'habitation de l'iflette Saint-Louis,
& fes dépendances, & y continuèrent le commerce
jufqu'en 1664, qu'ils cédèrent leurs établiffements à
la nouvelle *compagnie des Indes occidentales*, qui
avoit obtenu parmi fes conceffions, le privilége
excluflf de faire tout le commerce d'Afrique, depuis
le Cap Blanc jufqu'au Cap de Bonne-Efpérance,
ce qui comprend plus de 1500 lieues de côtes.

Le contrat de ceffion fut paffé entre cette *compagnie* & les marchands de Roüen, le 28 novembre
de la même année 1664.

Environ dix ans après, la révocation des lettres
patentes de la grande *compagnie des Indes d'occident*, ayant été jugée convenable au bien du commerce de France; & cette *compagnie* ayant eu
permiffion du roi, de revendre fes habitations fur
les côtes d'Afrique, ce fut alors que fe forma une
compagnie, fous le nom de *compagnie de Sénégal*, qui entreprit d'établir & de foutenir le négoce
dans toute l'immenfe conceffion qui avoit appartenu
à la *compagnie d'occident*, qu'elle acquit d'elle
pour le prix de 78,000 liv., & en outre à la charge
d'un marc d'or par an, ou la valeur en ambre gris,
au domaine d'occident.

Le traité eft du 8 du mois de novembre 1673,
fait en faveur des fieurs Egrot, François & Raguenet, avec privilége d'un commerce exclufif pendant
trente années, aux mêmes exemptions & priviléges
dont avoit joui la *compagnie d'occident*, & dans
toute l'étendue de fa conceffion.

Commerce. Tome I. Part. II.

Il paroît par ce traité, que l'habitation confiftoit
alors en plufieurs bâtimens, tourelles, forts & enclos, tant en l'iflette de Saint-Louis, & ailleurs,
qui furent cédés auxdits fieurs Egrot, François &
Raguenet, avec tous les meubles, uftenciles, barques, canots, armes, vivres & munitions, Négres
& beftiaux fervans à ladite habitation; comme auffi
tous les effets & marchandifes qui étoient dans les
magafins. Ce contrat fut homologué par arrêt du
confeil du 11 dudit mois de novembre.

La nouvelle *compagnie* voulant augmenter fon
commerce, fit deux principaux établiffemens, l'un
dans l'iflette Saint-Louis, première habitation des
François, & l'autre dans l'ifle de Gorée, à 25 ou
30 lieues de l'ifle Saint-Louis. Cette dernière, auffi-
bien qu'Arguin, avoient appartenu aux Hollandois:
mais l'une ayant été prife par le maréchal d'Eftrées,
alors comte d'Eftrées, & l'autre par la *compagnie*,
elles étoient toutes deux reftées à la France, par
le feptième article du traité de Nimègue.

Le fieur Raguenet étant mort, fa veuve & le fieur
Egrot cédèrent leurs intérêts aux fieurs Bains & le
Brun, qui continuèrent le commerce de la *compagnie* avec le fieur François; ils y firent même plufieurs augmentations, & deux traités avec le roi,
pour la fourniture des Négres aux ifles Françoifes
de l'Amérique.

Le premier de ces traités eft du 16 octobre 1675,
& le fecond du 21 mars 1679, en exécution defquels leur privilége leur fut confirmé.

Par le dernier de ces traités, la *compagnie du
Sénégal* fe chargea de porter huit années confécutives 2000 Négres pour chacun an, aux ifles de la Martinique, Guadeloupe, Saint-Chriftophe, la Grenade,
Marie-Galante, Sainte-Croix, Saint-Martin, Cayenne, la Tortue, Saint-Domingue, & autres ifles,
& Terre-ferme de l'Amérique, & d'en fournir de
plus à fa majefté, rendus à Marfeille, tel nombre
qu'il lui plairoit pour le fervice de fes galères, au
prix & âge dont il conviendroit à fa majefté.

Ce traité fut homologué par arrêt du confeil du
25 mars de la même année, & conformément à ce
qui étoit porté par icelui; un autre traité fait en
1675 avec le nommé Oudiette, pour la fourniture
de 800 Négres aux ifles Françoifes, fut caffé; &
les 13 liv. de gratification par chaque Négre, pièce
d'Inde, qui lui avoit été accordée, transférées au
profit de ladite *compagnie* : fa majefté permettant
de plus à ladite *compagnie*, de vendre aux habitans
des ifles, les Négres de gré à gré, avec défenfes à
tous officiers des ifles, d'en régler le prix; & à
toutes perfonnes, de quelque qualité & condition
qu'elles fuffent, d'aller ou envoyer dans les côtes
de Guinée, depuis la rivière de Gambie, jufqu'au
Cap de Bonne-Efpérance, faire aucunes traites de
marchandifes & de Négres, ni d'en tranfporter dans
lefdites ifles de l'Amérique, à peine de confifcation au profit de la *compagnie*, & de 3000 liv. d'a-
mende, applicable moitié à fa majefté, & moitié
à la dite *compagnie*.

Nnnn

L'arrêt du conseil fut suivi de lettres patentes en forme de déclaration, du mois de juin ensuivant, enregistrées au parlement le 10 juillet de la même année, à la cour des aydes le 17, au parlement & à la cour des aydes de Rouen, les 1 & 4 août ; au parlement & à la cour des aydes de Guienne, les mêmes jour & mois ; & au parlement de Bretagne, le 29 aussi d'août.

Par ces lettres patentes le roi ordonne, que la *compagnie du Sénégal* jouiroit de l'exemption de la moitié des droits d'entrée des marchandises qui viendroient pour son compte, tant de la côte d'Afrique, que des isles & colonies Françoises de l'Amérique, ainsi que sa majesté l'avoit accordé à la *compagnie des Indes occidentales*.

Tous ces avantages n'empêchoient pas que cette *compagnie*, qui jusques-là n'avoit été composée que de trois personnes, ne fût trop foible pour soutenir les dépenses nécessaires pour ce commerce.

Ce fut cette considération qui porta M. Colbert à former une nouvelle *compagnie*, qui par le nombre & la richesse de ceux qui la composeroient, fût en état de pousser le négoce du *Sénégal*, autant qu'il étoit convenable pour le besoin des isles de l'Amérique, qu'on avoit principalement en vûe dans la traitte des Négres, qu'on vouloit solidement établir.

Le traité porte, que l'ancienne *compagnie* cède à la nouvelle les habitations qu'elle a au *Sénégal*, dans l'isle Saint-Louis, & autres lieux à elle appartenans sur les côtes d'Afrique ; comme aussi tous droits de traitte, facultés & priviléges dans l'étendue de sa concession, pour y commercer & trafiquer, à l'exclusion de tous autres, pendant vingt-quatre ans restans des trente de son privilége ; & encore tous les effets à elle appartenans, tant audit *Sénégal*, qu'isles Françoises de l'Amérique, sans aucun en excepter ; & enfin, tous les droits, priviléges & exemptions à elle accordés par les lettres patentes du roi, du mois de juin 1679, & par les arrêts rendus depuis en sa faveur ; à la charge par la nouvelle *compagnie* de payer 1,010,015 liv. à l'acquit de l'ancienne ; & en outre de payer le même marc d'or, que cette dernière devoit payer par chacune année, de redevance au domaine d'occident, ou la valeur en ambre gris.

Le roi ayant été informé, que quelques fonds qu'on eût établi pour soutenir le commerce de la nouvelle *compagnie du Sénégal*, la trop grande étendue de sa concession, qu'elle ne pouvoit remplir, étoit préjudiciable au commerce de la poudre d'or, & encore plus à la traite des Négres, de si grande importance aux colonies des isles, sa majesté révoqua le privilége exclusif de cette *compagnie*, par un arrêt de son conseil du 12 septembre 1684 ; & ayant au mois de janvier de l'année suivante, fixé sa concession depuis le Cap Blanc jusqu'à la rivière de Serre-Lyonne exclusivement ; elle donna ses lettres patentes pour l'établissement d'une nouvelle *compagnie*, sous le nom de *compagnie de*

Guinée, dont on parlera dans le paragraphe suivant.

Par le même arrêt du 6 janvier 1685, qui réduisoit la concession de la *compagnie du Sénégal*, aux bornes qu'on vient de dire, sa majesté lui accorda, comme pour la dédommager, l'entière propriété de tous les lieux qu'elle y occupoit, avec tous droits, seigneurie directe & justice, à la réserve seulement de la foi & hommage, & d'une redevance d'une couronne d'or de 30 marcs à chaque mutation de roi, outre le marc d'or par an, dont elle étoit chargée envers le domaine d'occident : lui confirmant d'abondant la propriété de l'isle de Gorée, dont sa majesté lui avoit fait don, par la déclaration de 1681 ; le privilége de porter aux isles Françoises de l'Amérique, les Négres provenans de sa traite dans l'étendue de sa concession ; & les exemptions qui lui avoient été précédemment accordées.

Les affaires de cette *compagnie* n'ayant pas eu tout le succès qu'on avoit espéré ; & son commerce, pendant plus de sept ans, n'ayant été soutenu que par les avances & le crédit du sieur d'Apougny, les autres associés ne se trouvant pas en état de le rembourser, ils prirent le parti de lui faire vente & cession de leurs droits audit commerce, moyennant 300,000 liv. qui seroient employées au paiement des billets faits par la *compagnie*.

Le contrat de cette vente, passé le 13 novembre 1694, fut homologué par un arrêt du conseil du 20 du même mois de novembre.

La *compagnie du Sénégal* a encore souffert trois divers changemens depuis celui-ci ; le premier, en 1696 ; le second, dans les premières années du dix-huitième siècle, & le troisième & dernier, en 1718.

Le sieur d'Apougny ayant ensuite de son traité avec ses associés, soutenu lui seul le commerce du *Sénégal* encore plus d'une année, songea à former une nouvelle *compagnie*.

Celle-ci fut la plus malheureuse. Ses actionnaires ayant long-temps luté contre la mauvaise fortune, &, ayant vû leurs billets décrédités, quoiqu'ils eussent doublé leurs fonds, & que le ministre leur fût favorable, la société fut enfin résolue ; les associés perdirent tous leurs fonds, & cédèrent leurs droits & priviléges à une nouvelle *compagnie*, où entrèrent les plus riches marchands de Rouen.

C'est cette dernière *compagnie*, qui après avoir heureusement continué son commerce près de dix années, & avoir même augmenté ses établissemens au *Sénégal*, de deux nouvelles habitations, fut enfin réunie en 1718 à la grande *compagnie des Indes*.

L'abbé de Mannet, auteur d'une histoire d'Afrique, avoit établi dernièrement pour ce commerce, une *compagnie* qui n'a pas été plus heureuse que les autres ; quoique les idées de cet ecclésiastique, sur le commerce des gommes, fussent très-solides.

COMPAGNIE DE GUINÉE. Le roi ayant trouvé à propos, comme on vient de le dire, de partager en deux *compagnies*, la concession qu'il avoit faite à la seule *compagnie du Sénégal*, donna ses lettres patentes fur la fin de janvier 1685, confirmatives à celle-ci, du partage qu'il lui avoit fixé par arrêt de fon confeil, du 6 du même mois; & attributives à la nouvelle, d'un privilége excluſif, pour faire feule, fous le titre de *compagnie de Guinée*, le commerce des côtes d'Afrique, depuis la rivière de Serre-Lyonne incluſivement, jufqu'au Cap de Bonne-Eſpérance.

Les principales claufes de ces lettres furent, que cette *compagnie* pourroit feule tranfporter aux ifles Françoifes, les Négres qu'elle auroit traités dans l'étendue de fa conceſſion, comme la *compagnie du Sénégal*, ceux achetés dans l'étendue de la fienne.

Que le dit privilége dureroit vingt années entières-

Qu'elle ne feroit tenue d'aucun dédommagement & indemnité envers ceux auxquels fa majefté avoit ci-devant accordé le privilége d'aller & de traiter dans les lieux qui lui étoient concédés.

Que les terres & poſſeſſions qu'elle occuperoit fur lefdites côtes, lui appartiendroient en toute propriété.

Qu'il lui feroit permis d'y conftruire des forts, y fondre des canons, & y entretenir garnifon; comme auſſi de faire tous traités avec les rois Négres.

Qu'après l'expiration de fon privilége, elle pourroit difpofer de fes habitations, armes, munitions, & autres effets, meubles & vaiſſeaux, comme de chofes à elle appartenantes en toute propriété.

Qu'elle ne fe pourroit fervir pour fon commerce, d'autres vaiſſeaux que de ceux à elle appartenans, ou aux fujets de fa majefté, & équipés dans fes ports.

Que les prifes des navires, qui traitteront dans les lieux de fa conceſſion, & tranfporteront des Négres aux ifles Françoifes, feront jugés par l'intendant defdites ifles, fi elles font faites à la hauteur & au-delà des ifles Canaries; & par les officiers des amirautés de France, fi elles font faites en deçà.

Qu'elle auroit la remife de la moitié des droits d'entrée pour les marchandifes qu'elle feroit apporter pour fon compte, tant defdites côtes, que des ifles.

Enfin, qu'elle jouiroit de toutes les exemptions, franchifes & immunités accordées à la *compagnie des Indes occidentales* en 1664, & depuis à celle du Sénégal; fous l'obligation néanmoins de faire porter chaque année par fes vaiſſeaux, dans les colonies Françoifes de l'Amérique, 1000 Négres de *Guinée*, & de porter pareillement par chacun an, dans le royaume, 1200 marcs de poudre d'or.

La *compagnie de Guinée* fubfifta fur ce pied jufqu'en 1701 : mais les intéreſſés ayant manqué de fatisfaire aux conditions de leur traité, fur-tout en ne fourniſſant pas chaque année le nombre des Négres, ſtipulé pour la fourniture des ifles Françoifes, fa majefté trouva à propos d'y pourvoir, & de fubftituer de nouveaux intéreſſés à ceux qui étoient

morts, ou qui n'étoient plus en état de payer leurs fonds.

Cette *compagnie*, dont la conceſſion ne finiſſoit qu'en 1705, fut prefque la feule qui profita de la guerre qui commença avec le fiècle pour la fucceſſion d'Efpagne. Elle traita avec la permiſſion du roi, pour la fourniture des Négres aux colonies Efpagnoles, & dura jufqu'en 1713, fous le nom de *compagnie de l'Aſſiente*, dont on va parler dans le paragraphe fuivant.

Le commerce de la *compagnie de Guinée*, étoit tout femblable à celui du Sénégal, tant pour les envois, que pour les retours.

COMPAGNIE DE L'ASSIENTE. C'eſt la même que la *compagnie de Guinée*. Elle prit ce nom Efpagnol, lorfqu'après la déclaration de la guerre entre l'Efpagne & les princes de la grande alliance, elle eut fait fon traité avec les miniſtres de Philippe V, nouveau roi d'Efpagne, pour le tranfport des Négres dans les ifles & Terre-ferme de cette monarchie en Amérique.

Ce traité fut figné à Madrid le 27 août de l'année 1701, par M. du Caſſe, chef d'efcadre des armées navales de fa majefté très-chrétienne, enfuite de la permiſſion de fadite majefté, & fur la procuration de la *compagnie royale de Guinée*. Il eſt qualifié : « Traité fait entre les deux rois, très-chrétien & » catholique, avec la *compagnie royale de Guinée*, » établie en France, concernant l'introduction des » Négres dans l'Amérique ». La ratification de fa majefté très-chrétienne, eſt du premier feptembre 1701.

Les claufes du traité des affientiftes François étant à-peu-près les mêmes que celui des affientiftes Anglois, qu'on doit donner par extrait au paragraphe des *compagnies Angloifes*, dans la fuite de cet article, on y renvoye le lecteur, pour ne point entrer dans une inutile répétition.

Sa majefté très-chrétienne, pour favorifer & foutenir les nouveaux engagemens pris par cette *compagnie* avec les Efpagnols, rendit un arrêt le 28 octobre 1701, par lequel elle ordonne :

1°. Que toutes les marchandifes que ladite *compagnie* feroit venir des pays étrangers, tant pour l'avitaillement & armement de fes vaiſſeaux, que pour fon commerce & la traite des Négres, auſſi-bien que celles qu'elle rapportera en retour de l'Amérique, jouiront du droit d'entrepôt, & ne pourront être aſſujetties à aucun droit; à condition par les preneurs defdites marchandifes, d'en fournir un état avant qu'elles arrivent au port de leur deftination, & qu'elles foient mifes dans des magafins, dont le principal commis des fermes du roi, auroit une clef.

2°. Que ladite *compagnie* pourra faire paſſer par le royaume, mais pendant la guerre feulement, les marchandifes de l'Amérique, provenant de fes retours, qu'elle aura deftinées pour les pays étrangers, ou pour les provinces du royaume réputées étrangères, & non sujettes aux cinq grosses fermes, sans payer aucuns droits.

3°. Que ladite *compagnie* jouira de l'exemption de la moitié des droits d'entrée sur le cacao, qu'elle fera venir dans le royaume, pour y être consommé.

4°. Enfin, qu'elle jouira pareillement de l'exemption des droits de sortie en entier sur toutes les marchandises qu'elle tirera du royaume, pour être transportées tant aux côtes d'Afrique, que dans l'Amérique.

La paix traitée à Utreck entre la France & l'Angleterre, mit fin à cette *compagnie*, qui dura jusqu'en 1713, que par un article secret, la traite des Négres fût cédée aux Anglois.

La première concession de la *compagnie de Guinée*, étoit finie dès l'an 1705 ; mais le roi Louis XIV, comme on l'a remarqué ci-devant, avoit trouvé bon, qu'à cause des engagemens pris pour cette fourniture des Négres, elle continuât de jouir des mêmes priviléges & exemptions, sous son nouveau nom de *compagnie de l'Affiente*, qu'elle avoit fait sous son ancien nom de *compagnie de Guinée*.

Louis XV dans la première année de son régne ayant cru plus convenable de laisser à tous ses sujets la liberté du commerce sur les côtes d'Afrique de la concession de cette *compagnie*, que de consentir à l'établissement d'une nouvelle, il fut donné par des lettres patentes du 16 janvier 1716, une permission générale à tous les négocians du royaume, de faire librement le commerce des Négres, & de la poudre d'or, depuis la rivière de Serre-Lyonne inclusivement, jusqu'au Cap de Bonne-Espérance ; à condition néanmoins de ne pouvoir armer leurs vaisseaux que dans les ports de Rouen, la Rochelle, Bordeaux & Nantes ; à la réserve des négocians de Saint-Malo, qui pourroient les armer dans leur propre port, leur accordant même plusieurs priviléges & exemptions contenues dans neuf articles, pour les animer à ce commerce.

COMPAGNIE DU CAP-VERD. C'est proprement la même que celle du Sénégal, sous un autre nom. Elle s'étoit formée avant l'établissement de la *compagnie d'occident*, faite en 1664 ; mais les côtes d'Afrique ayant été comprises dans la concession de cette dernière, on ne parla plus de celle du Cap, jusqu'à ce qu'en 1673, ainsi qu'on l'a dit, elle reparut sous le titre de Sénégal.

COMPAGNIE DE LA MER DU SUD. C'est proprement la *compagnie de l'Affiente*, dont on a parlé ci-dessus, qui mérite & qui porte cette qualité, ayant eu son principal établissement à Buenos-Ayres, ville & port de l'Amérique Espagnole, non loin du célèbre détroit, qui joint la mer du Nord à celle du Sud : mais il semble que l'on peut le donner aussi à ces célèbres associations, particulièrement des Malouins, qui ont apporté tant de richesses en France.

La guerre pour la succession d'Espagne, dont on a déja eu plus d'une occasion de parler dans cet article, & l'union intime de ces deux nations bel-

liqueuses, célèbres jusques-là par cet antipathie qu'on croyoit naturelle, & en quelque manière insurmontable, & qu'on voit maintenant si heureusement finie, a donné naissance à cette *compagnie*.

Les côtes du Chili & du Pérou, & tant de ports de la mer du Sud, de la domination Espagnole, fermés aux vaisseaux étrangers avec tant de sévérité, furent ouverts aux François, qui y portèrent l'abondance de toutes sortes de marchandises d'Europe, & qui en rapportèrent une quantité extraordinaire, soit en piastres, soit en pignes, de ces riches métaux qui se tirent des mines inépuisables du Potosi, ou des Lavadores du Chili.

Ce fut sur-tout en l'année 1709, année si remarquable par la rigueur & la longue durée du froid, que les retours des vaisseaux de ces *compagnies*, furent d'une richesse immense.

Il fut porté aux hôtels des monnoies de France, jusqu'à trente millions de matières d'or & d'argent ; & un ministre célèbre par son intelligence dans le maniment des finances, n'a point fait difficulté d'avouer, dans un écrit rendu public en 1716, que la France épuisée par une longue guerre, & une famine affreuse, avoit dû en partie son salut à un secours arrivé si à propos, & à la générosité des négocians, qui avoient offert au roi Louis XIV, l'usage de la moitié d'une si riche cargaison.

La paix d'Utreck, qui a fini cette ruineuse guerre, ayant fermé de nouveau aux François, aussi bien qu'aux autres nations d'Europe, la mer du Sud, & ses ports, Louis XV afin de leur en ôter même jusqu'au desir, en a défendu le commerce & la navigation, à tous ses sujets ; par sa déclaration donnée à Paris le 29 Janvier 1716.

COMPAGNIE DE LA BAYE D'HUDSON. C'est encore à la guerre pour la succession d'Espagne, que cette *compagnie* dût sa naissance, & à la paix d'Utreck sa dissolution.

Henry Hudson, Anglois de nation, mais armé par les directeurs de la *compagnie des Indes orientales de Hollande*, avoit découvert en 1612 cette baye & le détroit, qui porte son nom ; & une *compagnie* de sa nation qui s'y étoit établie, assez long-temps après, y faisoit un commerce considérable de riches pelleteries ; mais les François s'étant rendus maîtres de cette colonie assez florissante, pendant les premières années de cette guerre commencée vers le dix-huitième siècle, une *compagnie* s'établit à Quebeck, capitale de la nouvelle France, pour profiter du commerce qu'ouvroit cette nouvelle conquête. Mais la colonie & ses forts furent restitués à ses premiers maîtres, par l'article dixième du traité d'Utreck, & la *compagnie Angloise* en ayant été remise en possession, celle de la nouvelle-France eut seulement la liberté d'en retirer ses effets, armes, meubles & marchandises.

COMPAGNIE DU MISSISSIPI OU DE LA LOUISIANE.

Mississipi que d'autres nomment *Meschasipi*, signifie grande *rivière*, nom qu'il mérite par son long tours de plus de 800 lieues , commençant à être navigable à sept ou huit lieues de sa source.

Robert Cavelier de la Sale natif de Rouen , si fameux par ses découvertes au Sud & Sud-Ouest du Canada , fut le premier qui en eut la connoissance & qui osa en suivre le cours jusqu'au Golfe du Mexique , où il se décharge par deux embouchures.

Il avoit formé ce dessein dès l'année 1669. Ayant ensuite été fait gouverneur & propriétaire du fort de Frontenac en 1675 , où il prépara toute son entreprise : il revint en France trois ans après pour prendre les derniers ordres des ministres , & les mesures pour être soutenu dans l'établissement qu'il projettoit , pour le quel étant de retour en Canada , il partit en 1680.

Ce voyage fut heureux , la Louisiane & ses vastes contrées furent découvertes & parcourues , & la Sale fut porté sur le Mississipi jusqu'à l'Océan , où il arriva au mois d'avril 1682 , ou , comme d'autres veulent , avec plus de fondement , ce semble ; en 1683 , puisque c'est la datte que les lettres patentes du roi du 14 décembre 1712 donnent à cette découverte.

Le célebre aventurier vint lui-même porter en France la nouvelle de sa course , & de son heureux succès. Il y forma une nouvelle *compagnie* , obtint du roi des lettres patentes , & partit en 1684 avec quatre vaisseaux chargés d'habitans , de soldats & de tout ce qui étoit nécessaire pour la nouvelle colonie , qu'il alloit établir à l'embouchure de sa chere riviere.

La mer lui fut moins favorable que la terre. Il entra bien dans le Golfe du Mexique , mais il ne put reconnoître le fleuve qui lui avoit couté tant de courses, de fatigues & de dépenses.

Obligé de s'établir sur les rivages d'une autre riviere inconnue , il vit périr peu à peu sa colonie , & déja au mois de juin 1685 , il ne lui restoit pas cent personnes de tout sexe & de tout âge.

Plus affligé que découragé de ces contre-tems , il entreprit plusieurs courses pour retrouver le Mississipi , mais toujours inutilement.

Enfin dans celle qu'il fit en 1687 à la tête d'un petit parti , dont une partie se mutina contre lui ; il fut tué le 20 Mars d'un coup de fusil , qu'un scelerat nommé Ham , (qui presque sur le champ porta la peine de son crime ,) lui tira de derriere de grandes herbes , d'où il l'avoit espié.

La colonie sans chef se divisa. Quelques-uns prirent le chemin des Illinois , & arriverent par la riviere même du Mississipi , qu'ils reconnurent , mais un peu tard. D'autres sous la conduite d'Hiens autre scelerat , mais vengeur du massacre du sieur de la Sale , prirent une autre route , apparemment peu sûre , puisqu'on n'entendit plus parler deux ; & le peu qui ne voulurent suivre ni l'un ni l'autre parti , furent bientôt enlevés par les Epagnols , qui acheverent de détruire cette malheureuse colonie.

Ce qu'avoit inutilement tenté le sieur de la Sale , réussit sept ou huit ans après , sous la conduite de monsieur d'Hiberville , gentilhomme Canadien , déja fameux par d'autres entreprises. Le Mississipi fut reconnu ; les premiers fondemens d'une colonie jettés sur ses bords , & un fort bâti pour en assurer la possession aux François.

La colonie fut bien-tôt fortifiée par de nouveaux secours , que son fondateur lui mena dans un second voyage ; & il en avoit entrepris un troisiéme qui l'auroit approché de sa perfection , lorsqu'il mourut en route , empoisonné , dit-on , par les intrigues d'une nation célebre , qui craignoit un tel voisin ; & par sa mort laissa cette colonie dans le besoin de quelque autre personne capable de soutenir & d'achever un si beau projet.

Ce fut dans le sieur Antoine Crozat , secrétaire du roi , également célebre par l'illustre alliance , où sa fille a eu l'honneur d'entrer , & par ses immenses richesses amassées par les voyes légitimes & honorables du commerce de mer , qu'elle trouva en 1712 comme un second fondateur.

Par les lettres patentes que le roi lui accorda le 14 septembre de la même année , il fut établi pour faire seul le commerce pendant quinze années dans toutes les terres appartenantes à la France , connues présentement sous le nom de la *Louisiane* , qui sont bornées par celles des Anglois de la Caroline d'un côté , & par le nouveau Mexique de l'autre ; & en particulier dans l'isle Dauphine , appellée *autrefois du massacre* , & le *fleuve Saint-Louis* auparavant *Mississipi*.

Ces lettres patentes contiennent en seize articles les concessions , priviléges , & immunités attachés à ce nouveau commerce ; & aussi toutes les exceptions & les réserves qu'il plut à sa majesté d'y faire. On ne fera ici l'extrait que des principaux.

Le troisiéme de ces articles donne au sieur Crozat la propriété de toutes les mines , minieres , & minéraux , qu'il aura découverts & fait fouiller , pendant les quinze années de sa concession.

Le cinquiéme lui défend tout commerce des castors , même dans l'étendue de la *Louisianne* ; pour ne point préjudicier aux habitans de la nouvelle France , qui en font leur principal négoce.

Le huitiéme ordonne l'envoi de deux vaisseaux par an , pour soutenir les colonies , & entretenir le négoce de la *Louisianne*.

Les dix , onze , & douziéme articles parlent de l'exemption , ou totale , ou en partie de plusieurs droits , dont le roi fait remise au sieur Crozat , en faveur de ce nouvel établissement , & des dépenses qu'il lui convient faire pour le soutenir.

Enfin le quatorziéme lui permet la traite des Négres , qu'il ne pourra néanmoins faire que par lui-même , & seulement pour les vendre aux colonies de la *Louisiane* , & les en fournir.

Les principales marchandises , qui se tirent de cette colonie , sont diverses pelleteries , des peaux de différents animaux , des cuirs verds & des laines : celles qu'on espère , sont les soies , l'indigo , l'or , l'argent , plusieurs autres métaux ou minéraux , même des pierres précieuses & des perles.

COMPAGNIE D'OCCIDENT. La colonie de la *Loui-*

fiane commençoit à se fortifier, & profitoit déja des avantages de la paix conclue à Utreck en 1713, lorsque la mort de Louis XIV arrivée en septembre 1715, ayant fait prendre comme une nouvelle face à la France, on y prit aussi de nouvelles mesures pour l'avantage de cet établissement.

Le sieur Crozat ayant en même tems demandé à remettre son privilége au roi, la permission lui en fut accordée par arrêt du conseil d'etat du 23 du mois d'août 1717 ; & par un édit du même mois, enregistré en parlement le 6 du mois suivant, il fut établi une *compagnie* de commerce, sous le nom de *compagnie d'occident*, à qui, outre tout ce que comprenoit la concession de celle de la *Louisiane*, on réunit encore le traité du castor de *canada* qu'avoient eu les sieurs Aubert, Neret, & Gayot dès l'année 1706, & qui devoit expirer à la fin de 1717.

Les clauses & les conditions de cet établissement sont contenues & expliquées en 56 articles, une partie desquelles sont ordinaire à ces sortes de concessions, & l'autre partie ne peut convenir qu'à celle-ci, où les finances & le commerce semblent avoir un égal intérêt : celui-ci par le parfait établissement d'une colonie si utile pour tant de riches marchandises qu'on en peut tirer : celles-là par le débouchement d'une partie de ces billets que l'on appelloit *billets de l'état*, qui ne pouvoient sufsister plus long-tems sur le pied qu'ils étoient.

On ne parlera ici que des articles qui ont quelque chose de propre à la nouvelle *compagnie*.

Par le premier article, elle est établie sur le pied des édits des mois de mai & août 1664, donnés lors de l'établissement des grandes *compagnies des Indes orientales & occidentales* ; & encore conformément à ceux des mois d'août 1669, & décembre 1701, particuliérement pour la non-dérogeance, à l'égard des nobles qui y prendront des actions.

Le second article régle à 25 années la concession, & le privilége exclusif de faire tout le commerce de la *Louisiane* ; & pour le même tems, celui de recevoir tous les castors gras & secs, qui seront traités dans la colonie du Canada : le premier à commencer du jour de l'enregistrement des lettres patentes ; & l'autre seulement au premier janvier 1718, pour finir tous deux à la fin de 1742.

L'étendue de la *Louisiane* est fixée par le cinquiéme article, & les bornes de cette province déclarées les mêmes que celles accordées audit sieur Crozat par les lettres patentes de 1712. Sa Majesté cédant cette partie de l'Amérique découverte par ses ordres à la *compagnie d'occident*, en toute propriété, Seigneurie & justice, & ne se réservant, & à ses successeurs rois, que la seule foi & hommage, avec une couronne d'or du poids de trente marcs à chaque mutation de roi.

Il est défendu à la *compagnie* par le vingtiéme article, de se servir pour son commerce d'autres vaisseaux que de ceux à elle appartenans, ou aux Sujets des rois de France, dont les équipages seront François, & qui seront armés dans les ports du royaume ; & il

lui est pareillement fait inhibition de faire ses retours ailleurs qu'en France, aussi bien que d'envoyer en droiture de la *Louisiane* des vaisseaux sur les côtes de Guinée.

Par le vingt-deuxiéme, il est déclaré que tous les effets, marchandises, vivres, & munitions qui se trouveront embarqués sur les vaisseaux de la *compagnie*, seront censés & réputés lui apartenir, à moins qu'il n'apparoisse du contraire par des connoissemens en bonne forme.

Le 23e met au nombre des régnicoles, nonseulement les François qui passeront & s'établiront dans la *Louisiane*, mais encore ceux qui y naîtront des habitans François, & même des étrangers Européens faisant profession de la religion catholique, leur conserve les mêmes priviléges que s'ils étoient nés dans le royaume, les déclarant d'ailleurs par le 24e aticle, exempts de tous droits susceptibles d'impositions, tant sur leurs personnes & esclaves, que sur leurs marchandises pendant les 25 années que doit durer la concession.

Les 25, 26, 27, & 28 articles contiennent diverses exemptions, ou totales, ou en partie des droits d'entrée, de sortie, peages, travers, & autres impositions sur les marchandises & effets appartenans à la *compagnie*, soit qu'ils soient du crû du royaume, soit quelle les fasse venir des pays étrangers, en rapportant néanmoins par elle dans 18 mois des certificats qu'ils auront été déchargés dans les lieux de leur destination : ce qui s'entend pareillement aux marchandises du crû de la *Louisiane* appartenantes à la *compagnie*, qui viendront en France, qui ne payeront que la moitié des droits d'entrée pendant dix ans, à la réserve du plomb, du cuivre, & des autres métaux, pour lesquels sa majesté accorde une exemption totale.

Pour exciter la *compagnie* à faire construire des vaisseaux dans les pays de sa concession ; sa majesté par le 29e article lui accorde sur son trésor Royal, par forme de gratification, 6 livres par tonneau, pour les vaisseaux du port de 200 tonneaux & au dessus, & 9 livres aussi par tonneau pour ceux de 250 tonneaux & au dessus qui y auront été bâtis, seulement néanmoins pour la première fois qu'ils arriveront dans les ports du royaume.

Sa majesté ordonne par le 31e article, qu'il sera délivré par chaque année de ses magasins à la *compagnie* quarante milliers de poudre au prix coutant, pendant tous le tems de son privilége.

Dans le 32e article & suivans, jusques & y non compris le 41e il est traité des fonds de la *compagnie*, & de la maniere dont les billets de l'état y seront portés & reçus.

1°. Les actions sont fixées à cinq cent livres chacune, payables en Billets de l'état.

2°. Les billets des actions sont établis de deux sortes ; les uns d'une seule action, & les autres de dix ; les uns & les autres payables au porteur.

3°. La permission est accordée aux étrangers, d'acquerir tel nombre d'actions qu'ils jugeront à propos, & lesdites actions déchargées de tous droits d'aubeine, confiscation, répresailles, &c.

4°. Les actions sont regardées comme marchandises, & en cette qualité pourront être vendues, achetées, & négociées, ainsi que bon semblera aux propriétaires.

5°. Tout actionnaire qui aura 50 actions, aura droit de voix délibérative aux assemblées, & deux voix s'il en a cent, & ainsi par augmentation de 50 en 50.

6°. Les billets de l'état, qui feront le fonds des actions, seront convertis en rente au denier 25 ; dont les porteurs des actions jouiront.

7°. Les arrérages de l'année 1717 dûs pour les billets de l'état, qui seront portés à la *compagnie*, seront employés à son commerce, sans qu'il soit jamais loisible aux directeurs d'y employer aucune partie des années suivantes.

Dans le 41ᵉ article, le roi se réserve le premier choix des directeurs, laissant néanmoins à la *compagnie* la liberté d'en nommer trois nouveaux, ou de continuer les anciens après deux années révolues, depuis ladite nomination faite par sa majesté.

Le 42ᵉ ordonne que le bilan général des affaires de la *compagnie* sera dressé tous les ans par les directeurs; & les répartitions résolues & arrêtées dans une assemblée générale des actionnaires après ledit bilan arrêté; & par le 43ᵉ il est réglé que pour faciliter tant le payement des intérêts des actions, que celui des profits, il sera fait & affiché des états, pour avertir les actionnaires de l'ordre qui sera tenu chaque année, & que lesdits états seront même insérés dans les gazettes publiques.

Le 44ᵉ article déclare, que les actions & les effets de la *compagnie*, aussi bien que les appointemens de ses directeurs, Officiers, & employés ne pourront être saisis, non pas même pour les propres deniers & affaires de sa majesté, sauf néanmoins aux créanciers de faire saisir s'ils veulent les profits & les répartitions des actionnaires ; pour la liquidation desquels, les directeurs ne seront point obligés de faire voir leurs livres, ni rendre compte; mais en seront crus les comptes & états délivrés par le caissier général.

Le 45ᵉ parle de la suppression de tous les billets de l'état, qui auront été employés en actions de la *compagnie* lesquels seront brûlés dans l'hôtel de la ville de Paris, en présence des prévôt des marchands & échevins, & autres personnes commises à cet effet par le même article.

Les 46, 47, & 48 articles règlent les privilèges, droits, & fonctions des directeurs; & le 49, la manière de tenir les livres de la *compagnie*.

Par les 50 & 51 articles, le roi fait don à la *compagnie* des forts, magazins, maisons, canons, armes, poudres, brigantins, bateaux, pirogues, & autres ustenciles qui sont à la *Louisianne* appartenans à sa majesté, & pareillement des vaisseaux, marchandises, & effets remis à sa majesté par le sieur Crozat, à quelques sommes qu'ils puissent

monter, à la charge de transporter six mille blancs & trois mille noirs dans les pays de sa concession, pendant la durée de son privilége.

Le 52ᵉ article assure à la *compagnie* après l'expiration de son privilége, en cas qu'il ne lui soit point continué, la propriété à perpétuité de toutes isles & terres qu'elle aura habitées, ou fait habiter, avec les droits utiles, cens, & rentes qui seront dûs par les habitans; sa majesté renonçant à cet égard à tout droit de retrait ou autre, à condition que lesdites terres & isles ne pourront être vendues qu'à des sujets de sa majesté, à laquelle seront néanmoins remis par la dite *compagnie* les forts, armes, & munitions appartenans à la *compagnie*, dont la valeur lui en sera payée suivant la juste estimation qui en sera faite.

La construction des eglises, & l'établissement des curés & autres ecclésiastiques dans toute l'étendue de la concession, tant pour le service des habitans catholiques, que pour la conversion & l'instruction des Indiens, sont ordonnés & réglés par le 53ᵉ article.

Enfin des trois derniers articles, le 54ᵉ donne des armes à la *compagnie*, qui sont un écusson de sinople à la pointe ondée d'argent, sur la quelle est couché un fleuve au naturel, appuyé sur une corne d'abondance d'or au chef d'azur, semé de fleur-de-lis d'or, soutenu d'une fase en devise aussi d'or, ayant deux sauvages pour supports, & une couronne treflée. Le 55ᵉ lui permet de dresser des réglemens & statuts tels qu'il lui conviendra pour la direction & gouvernement de ses affaires, soit en France, soit dans les pays de sa concession, qui néanmoins seront confirmés par lettres patentes enregistrées en parlement : & par le 56ᵉ & dernier, pour ne point préjudicier aux autres colonies déja établies, il est fait défenses à la *compagnie* de transporter, ou recevoir à la *Louisiane* aucun habitant des autres colonies, sans une permission par écrit des gouverneurs généraux desdites colonies, visée des intendans ou commissaires ordonnateurs.

Pour achever de former cette *compagnie*, & y ajouter ce qui manquoit à sa dernière perfection, le roi donna au mois de décembre de l'année 1717 un nouvel édit, enregistré en parlement le 31 du mois aussi de décembre, par le quel en dix-huit articles rédigés en forme de réglement, on fixe le fonds de la *compagnie* à cent millions ; on assigne celui destiné pour le payement des arrérages des nouvelles rentes sur les fermes du roi; on régle la contribution que les actionnaires rentiers seront tenus de faire en cas qu'il fut besoin d'augmenter les fonds de la *compagnie* : on marque les jours d'assemblées, soit générales, soit particulieres des directeurs & actionnaires, les droits de ces derniers & les fonctions des premiers; enfin on assure la discipline & la police qui doit s'y observer, tant pour la tenue des livres, que pour celle de la caisse.

Le fonds de cette *compagnie* fixé à cent millions par l'édit du mois de décembre 1717 s'étant trouvé entiérement rempli, le seize juillet de l'année fuivante, la caiffe en fut fermée ; & dès le même mois on commença à payer les interêts des fix premiers mois de l'année courante pour les actions que chaque particulier y avoît prifes.

Peu de tems après la clôture de la caiffe, arriva de la *Louifiane* le premier vaiffeau, que la *compagnie royale d'Occident* y avoit envoyé, & ce retour, quoique pas extrémement riche, ne laiffa pas de donner de grandes efpérances du fucès de cette colonie, par quantité d'échantillons des précieufes marchandifes qui s'y trouvent ou qui s'y cultivent, & qu'on a lieu d'attendre en plus grande abondance, à mefure que l'établiffement des François & leur commerce avec les fauvages s'y fortifieront.

Toutes ces belles efpérances s'évanouïrent ; mais le commerce & la population abandonnés à eux-mêmes, commençoient à profpérer un peu, lorfqu'à la dernière paix la colonie de Miffiffipi fut cédée partie aux Anglois, partie aux Efpagnols.

Compagnie du Canada, autrement, Compagnie du Castor.

Avant l'établiffement des *compagnies pour les Indes occidentales*, les habitans des colonies de la nouvelle France, difpofoient à leur gré des caftors, qu'ils traitoient avec les Sauvages.

La *compagnie* de 1628, qui eût feule enfuite le droit d'en faire le négoce, n'ayant pu foutenir fes engagemens, les Hollandois firent long-temps prefque tout le commerce du Canada ; enlevant à très-bon compte la meilleure partie des caftors, qu'ils venoient revendre après très-chèrement aux François

Lorfque la *compagnie d'occident* fut établie en 1664, & tant qu'elle fubfifta, ce fut elle feule qui en fit le négoce ; & c'étoit de fes mains que les chapeliers & pelletiers de France les recevoient avec plus de profit, que lorfqu'ils paffoient par celles de leurs voifins.

Après la révocation des lettres patentes accordées à cette *compagnie*, le roi Louis XIV, ayant réuni à fa couronne les domaines d'occident, l'adjudication en fut faite à des fermiers particuliers ; & par arrêt du confeil du 11 mai 1675, il fut ordonné que le commerce & trafic du caftor, feroient remis en une feule main, qui fut celle de l'adjudicataire defdits domaines, à raifon de 4 liv. 10 f. la livre péfant, fans diftinction de qualités & efpèces.

Par un autre arrêt du 16 mai 1677, les caftors furent réduits à trois qualités, & à trois différens prix ; le gras & demi-gras, à 5 liv. 10 f. ; le fec & veüle, à 4 liv. 10 f. ; & le fec, à 3 liv. 10 fols.

Enfin, en 1695, fur la remontrance de Pointeau, fermier général des cinq groffes fermes, auxquelles les domaines d'occident &. du Canada avoient été remis, il fe fit une nouvelle fixation des prix & efpèces de caftor, par arrêt du confeil du 30 mai de la même année ; fçavoir, le caftor gras & veule, ou demi-gras, à 5 liv. 5 f. la livre, poids de marc ; le caftor gras d'été, & mitaines, à 2 liv. 12 f. 6 d.

& le caftor fec d'hyver, & Mofcovie, à 3 liv. 5 f.

Les chofes reftèrent fur ce pied jufqu'en 1699, que d'Aubanton de Villebois, directeur en Canada pour le fermier du domaine d'occident, n'ayant pû s'accommoder avec les habitans de la colonie, fur les prix des caftors, dont d'Aubanton n'offroit que des prix très-médiocres, tandis que peut-être eux de leur part ils en vouloient de plus confidérables, que la dépériffement du commerce de cette forte de pelleterie ne le comportoit pour lors ; l'affaire, qui d'abord fembloit terminée par une tranfaction entre les parties, du 10 octobre de la même année, fut portée au confeil, où par arrêt du 9 février 1700, la tranfaction paffée à Quebec, fut homologuée.

Cet arrêt, qui révoque la faculté accordée au fermier du domaine d'occident, de recevoir feul les caftors du Canada, baye du nord de Canada, & autres pays de la nouvelle France, à l'exception de l'Acadie, la transfère à la colonie dudit Canada, avec le privilége de faire librement à l'avenir, tant en France, que dans les pays étrangers, la vente & le négoce de tous les caftors provenans des traites dudit pays, à commencer par ceux de l'année 1699 ; le tout en payant le quart en efpèce au fermier du domaine d'occident, & fous d'autres conditions contenues dans ledit arrêt.

Enfin, la colonie de Canada s'étant affez légérement chargée par deux traités, du 20 avril & 9 juin de la même année 1700, de tous les caftors appartenans au fermier du domaine d'occident, & ayant pris fur le pied de 70,000 liv. par an, la ferme annuelle du quart qui en revenoit à ladite ferme, les grands emprunts où elle fut engagée en cette occafion, & les pertes confidérables caufées par la prife de fes vaiffeaux, la menaçant d'une ruine totale ; elle fut obligée fix ans après, de faire un nouveau traité avec une *compagnie*, qui fe chargea des engagemens où cette colonie étoit entrée en 1700.

Ce traité portant ceffion & fubrogation de tous les droits & priviléges de ladite colonie, contenus dans l'arrêt du 9 février 1700, fut confirmé & homologué par arrêt du confeil du 24 juillet 1706 ; & en conféquence il fut permis aux fieurs Aubat, Nerét & Gayot, principaux affociés de cette nouvelle *compagnie*, de vendre, trafiquer & négocier feuls pendant douze années, tant en France, que dans les pays étrangers, les caftors provenans des traites du Canada, baye du Nord de Canada, & autres lieux de la nouvelle France.

Enfin, ce traité étant pret de finir, & des raifons de politique & de commerce ayant obligé Louis XV, fous la régence de Philippe duc d'Orléans, d'établir en 1717 une nouvelle *compagnie d'occident*, ainfi qu'on l'a expliqué ci-deffus, en parlant de celle du Miffiffipi, ou Louifiane, les autres *compagnies* furent réunies, & de nouveaux directeurs nommés, comme on peut le voir dans l'article précédent.

Compagnie de l'Acadie. L'Acadie eft une grande

de province de l'Amérique feptentrionale, où les François avoient, avant la paix d'Utreck, une colonie affez floriffante.

Le commerce de toutes fortes de pelleteries, & fur-tout celui du caftor, s'y faifant avec fuccès, il fe forma en 1683 une *compagnie*, qui obtint des lettres patentes du roi.

L'adjudicataire du domaine d'occident l'ayant voulu troubler, fous prétexte qu'il avoit feul le privilége de recevoir tous les caftors qui fe traitoient dans l'Amérique Françoife, elle fut difpenfée par une déclaration du roi, du 10 avril 1684, de porter les caftors de fa traite à Quebec, & permis à elle de les apporter directement dans le royaume, pour les y vendre & trafiquer, ayant été en outre déchargée du droit de quart en efpèces.

De nouveaux troubles étant furvenus, l'exécution de la déclaration de 1684, fut encore ordonnée par arrêt du confeil du 20 Juillet 1694; & la permiffion confirmée aux intéreffés de cette *compagnie*, de vendre dans le royaume leurs caftors, fans payer aucuns droits, que ceux du tarif de 1664, jufqu'à la concurrence de deux milliers pefant.

Enfin, par arrêt du 9 janvier 1700, elle fut de nouveau maintenue dans fon droit; & permis à elle de faire apporter à la Rochelle, tous les caftors de la traite qu'elle auroit faite annuellement dans le pays de l'Acadie, qui ne pourroient cependant excéder la quantité de fix milliers par an, dont il n'en feroit vendu dans le royaume que deux milliers pefans; au prix, fçavoir, le caftor gras, au moins 7 liv.; & le fec, à 3 liv. 10 f. la livre pefant.

Cette *compagnie*, dont la conceffion étoit pour vingt années, finit en 1703. La guerre qui furvint pour la fucceffion d'Efpagne, & le dépériffement du commerce du caftor, l'empêchèrent d'en obtenir une nouvelle, qui n'auroit pas fans doute été heureufe; les Anglois, qui peu d'années auparavant avoient inutilement attaqué le Fort royal, l'ayant pris au mois de feptembre 1710; & l'Acadie leur ayant été cédée trois ans après par le traité de paix, figné à Utreck entre la France & l'Angleterre, le commerce du Canada refta prefque libre depuis cette époque jufqu'à la dernière paix, qui mit les Anglois en poffeffion de cette colonie très-difpendieufe.

COMPAGNIE DU LEVANT. Cette *compagnie* fut établie pour faire le commerce aux échelles de la mer Méditerranée, côte & pays de la domination du grand feigneur, côtes de Barbarie & d'Afrique.

Il s'étoit fait déjà plufieurs affociations de marchands, particulièrement de Marfeille & de Toulon, pour le commerce des échelles de la Méditerranée; quelques-uns même avoient obtenu des lettres patentes fous fociétés : mais la plus confidérable fut la *compagnie* qui fut établie en 1670, où entrèrent vingt riches négocians de Paris, de Lyon, de Marfeille.

Outre les priviléges contenus dans l'édit de fon Commerce. *Tome I. Part. II.*

établiffement, le roi, par un nouvel arrêt du 18 juillet de la même année, y en ajouta plufieurs autres; comme 10 liv. par chaque pièce de drap, que la *compagnie* enverroit au Levant, payables par le tréforier des bâtimens; exemption des droits d'entrée & fortie pour les victuailles & munitions de fes vaiffeaux; le prêt fait par fa majefté aux affociés, de 200,000 liv. fans intérêt, pour fix années, même avec engagement que les pertes de la *compagnie* feroient prifes fur cette fomme; enfin, plufieurs droits lucratifs & honorables pour les particuliers qui y avoient des actions.

Cette *compagnie* cependant perdit peu-à-peu de fon crédit & de fes droits; & l'on voit un arrêt du confeil d'état, du 17 novembre 1684, qui révoque le privilége qui lui avoit été accordé, de vendre feule les fenés venans du Caire : enfin, fa conceffion étant finie, elle ne fut point renouvellée, & la liberté du commerce eft reftée toute entière aux vaiffeaux François pour tout le commerce du Levant.

COMPAGNIE DU NORD. Le commerce de la mer Baltique & d'Archangel, fut le principal objet de cette *compagnie* : elle l'étendit cependant dans tous les pays du Septentrion, fur les côtes de la Zélande & de la Hollande, fur celles de l'Océan Germanique, en Danemarck, en Suède, en Norwège, &c.

Les lettres patentes de fon établiffement, font du mois de juin 1669; enregiftrées en parlement le 9 juillet fuivant.

Les actions furent réglées à 2000 liv. chacune; & il fut permis, tant aux naturels François, qu'aux étrangers, mêmes aux nobles, fans qu'ils puffent être réputés avoir dérogé à nobleffe, d'y entrer pour telles fommes qu'ils voudroient.

Sa conceffion fut pour vingt années, à commencer du mois de juillet; & afin de favorifer cet établiffement, le roi promit d'entrer pour un tiers dans le fonds capital que les directeurs auroient fait, & jugé fuffifant; confentant même que toutes les pertes qui pourroient arriver pendant les fix premières années, feroient prifes fur fon tiers; & qu'après lefdites fix années, les fommes qu'il auroit avancées, lui feroient rendues en deux autres années, mais fans intérêt, & déduction préalablement faite defdites pertes.

On peut voir dans la déclaration, quantité d'autres priviléges, exemptions de droits d'entrée & de fortie; & entr'autres, le paiement de la fomme de 3 liv. par chacune barique d'eau-de-vie, & de celle de 4 liv. pour chacun tonneau d'autres denrées & marchandifes; que la *compagnie* feroit fortir du royaume, dont les fonds feroient faits entre les mains des fermiers des droits du roi à Bordeaux, Brouage, Bayonne & rivière de Charente, le tout fans produire aucun effet que celui d'empêcher les armemens des particuliers.

COMPAGNIE DE SAINT-DOMINGUE. Cette *compagnie* eft la dernière qui ait été établie en France du règne de Louis XIV. Son établissement est de l'année 1698; & les lettres patentes, qui en furent données à Versailles au mois de septembre, contiennent en trente-cinq articles, les conditions, les priviléges, le lieu, l'étendue & la durée de cette concession.

Le temps est pour cinquante années; le lieu est l'île de Saint-Domingue, dans ce qui en appartient à la France; & l'étendue, cette partie de l'île située depuis & y compris le Cap Tiberon, jusqu'à la rivière de Naybe inclusivement, dans la profondeur de trois lieues dans les terres, à prendre sur les bords de la mer dans toute cette largeur.

Les principales conditions sous lesquelles la *compagnie* est établie, sont les suivantes.

1°. Que les fonds en seroient de 1,200,000 l. fournies à la caisse par égales portions, par chacun des douze directeurs nommés dans l'acte de société; à chacun desquels néanmoins il seroit permis de disposer d'une partie, & jusqu'à la moitié de son fonds, au profit de telles personnes qu'il voudroit; sans que cette cession n'excédant point ladite moitié, lui fît perdre la qualité de directeur, ou la pût acquérir à son cessionnaire.

2°. Que les douze directeurs gouverneroient seuls les affaires de la *compagnie*, sans l'intervention d'aucun actionnaire; & qu'ils auroient pour premier directeur, & président perpétuel, le secrétaire d'état, ayant le département de la marine.

3°. Que la *compagnie* seroit obligée de peupler la nouvelle colonie dans l'espace de cinq années, de 1500 Blancs tirés d'Europe, & de 2500 Négres; & après ledit temps, d'y faire passer par chacun an, 100 Blancs & 200 Négres.

4°. Qu'elle auroit au moins six vaisseaux, soit en paix, soit en guerre, outre ceux que le roi s'engageroit de lui fournir.

5°. Qu'elle seroit tenue d'entretenir, & de payer à ses dépens, les officiers & la garnison du fort, que sa majesté feroit construire dans le port où la *compagnie* auroit son principal établissement; ce qu'elle feroit aussi à l'égard des officiers, équipages, & avitaillemens des navires fournis par sadite majesté.

6°. Que la *compagnie* ne pourroit permettre aux habitans du Cap François, du Leogane, du petit Goave, & autres lieux, de venir s'établir dans toute l'étendue de sa concession.

Enfin, qu'elle seroit obligée de bâtir à ses dépens, des églises dans ces habitations, & d'y entretenir le nombre d'ecclésiastiques nécessaires pour les desservir, & pour travailler à l'instruction des Européens, des Indiens, Sauvages & Négres.

A l'égard des priviléges accordés à la *compagnie*, ils consistent premièrement, dans le droit exclusif de faire tous les établissemens & tout le commerce dans l'étendue de sa concession.

Secondement dans la permission de trafiquer, & même de s'établir dans les îles, pays & terres des côtes occidentales de l'Amérique, non occupées par les puissances d'Europe.

En troisième lieu, dans la propriété de toutes les terres incultes qui sont dans la partie de l'île de Saint-Domingue, qui lui a été cédée; avec la faculté de les vendre, inféoder, & donner à cens & rente, à telles conditions qu'elle jugera à propos, le roi ne s'en réservant que la seule foi & hommage-lige, & la redevance d'une couronne d'or du poids de six marcs, à la mutation de chaque roi.

Quatrièmement, dans la jouissance de toutes les mines & minières d'or, d'argent, de cuivre, de plomb, &c. sans payer d'autres droits que le vingtième.

Cinquièmement dans le don de deux flûtes, deux brûlots & deux corvettes, agréés, armés, & mis en état de naviger aux frais de sa majesté.

Sixièmement, dans la construction d'un fort, muni de canons, mortiers, poudre, boulets, & autres armes convenables; le tout semblablement aux dépens du roi.

Enfin, dans la remise de tous droits, pour les matières d'or, d'argent, perles & pierreries, venant des colonies de la *compagnie*: l'exemption des droits d'octroi, accordés aux villes du royaume; pour le passage de toutes les denrées, marchandises, munitions de guerre & de bouche, nécessaires pour lesdites colonies: & aussi de tous ceux d'entrée & de sortie pour pareilles denrées & choses venant des pays étrangers, ou des provinces du royaume, destinées pour les armemens des vaisseaux de la *compagnie*, ou pour être envoyées à Saint-Domingue.

Le roi ayant accordé à la *compagnie*, par l'article 23 de ses lettres patentes, la faculté de faire tels statuts & réglemens qu'elle jugeroit nécessaire pour la conduite, police & régie de son commerce, les directeurs usèrent de leur droit en 1716, & firent le 25 juin, dans leur bureau général établi à Paris, une délibération en forme de statuts & réglemens, homologuée en parlement le 2 septembre suivant.

Cette délibération contient en quatorze articles, tout ce qui regarde la propriété des terres de leurs colonies, leur culture, les droits & redevances dûs aux seigneurs, & plusieurs autres chefs de police, ainsi qu'il ensuit.

Le premier article enjoint aux habitans de représenter leurs actes de concession, pour leur en être délivré sans frais de nouveaux, par lesquels ils seront déclarés propriétaires incommutables, avec le droit d'en disposer par hérédité, ou autrement, suivant la coutume de Paris.

Le deuxième ordonne la confection d'un terrier général de la colonie.

Le troisième restreint la faculté de vendre & aliéner les terres, à ceux seulement qui en auront au moins défriché les deux tiers.

Le quatrième règle les concessions à mille pas chacune de terrein en quarré.

Le cinquième fixe les cens, les droits de lods &

ventes, & les droits d'échange; le cens à douze deniers par mille pas de terre, les lods & ventes au trentième, & les échanges au soixantième du prix des choses aliénées.

Le sixième traite des grands chemins, & des chemins de traverse; donnant aux uns soixante pieds, & aux autres trente pieds de largeur.

Par le septième, chaque propriétaire est tenu de laisser dans ses mille pas de concession, cent pas en quarré de bois propres à bâtir, ou d'y en semer la même quantité, s'il n'y en a pas.

Par le huitième, il est ordonné de planter le long des hayes & clôtures, cent pieds d'arbres des bois précieux qui croissent dans l'île, comme du bresillet, du fustel, du cèdre, de la grenadille, &c. qui servent à la teinture, ou à la marqueterie; & parmi les arbres fruitiers, des cacoyers & des cotonniers.

Le neuvième article fixe les bestiaux à vingt vaches & cinquante brebis, avec les mâles nécessaires pour les rendre fécondes, par chaque concession.

Le dixième, afin que les Noirs puissent rester dans l'obéissance, ordonne, que chaque habitant aura toujours un Blanc sur dix Noirs.

Dans l'onzième, on renouvelle plus expressément, & sous de plus grandes peines, les ordonnances du roi, qui interdisent aux habitans des îles, tout commerce avec les étrangers.

Les droits seigneuriaux & domaniaux sont établis par le douzième dans les colonies de la *compagnie*, sur le pied qu'ils s'exercent ou se payent dans les autres îles.

La culture des différentes productions propres au sol & au climat du pays, & particulièrement celle du tabac, est recommandée par le treizième.

Enfin, dans le quatorzième, les directeurs, après avoir très-humblement supplié sa majesté d'approuver & autoriser ces réglemens, en ordonne l'enregistrement au greffe de Saint-Louis, principal établissement de la colonie, & leur publication au prône de chaque paroisse.

Il y avoit apparence que cette *compagnie*, qui s'étoit soutenue avec honneur pendant la guerre, qui suivit de si près son établissement, le devoit pousser à sa dernière perfection pendant la paix, qui est toujours si favorable à ces sortes d'entreprises, & que les traités d'Utreck & de Rastadt, rétablirent dans l'Europe en 1713 & en 1715.

En effet, il n'y a jamais guères eu de *compagnie en France*, commencée, ce semble, sous de plus heureux auspices, & continuée avec une plus grande espérance de succès : mais le bien général de l'île de Saint-Domingue, ayant demandé que la liberté du commerce y fût rétablie, les intéressés à la *compagnie*, ainsi qu'il paroît par les lettres patentes en forme d'édit, qui en ordonnent la révocation, furent les premiers à souhaiter & à demander cette liberté de négoce, où il faut pourtant avouer, que de leur part, ils trouvoient de la commodité & de l'avantage.

Ce fut donc dans une assemblée générale des actionnaires de la *compagnie de Saint-Domingue*, tenue dans le bureau de Paris, au commencement de 1720, que les directeurs ayant représenté, que quoique depuis vingt-deux ans, que la *compagnie* avoit reçu ses lettres patentes, elle eût lieu de se flatter qu'aucune autre jusqu'alors n'eût plus solidement établi ses colonies; cependant ses succès même lui devenoient à charge; & que les pays de sa concession étoient déjà habités d'un si grand nombre de familles, & que le commerce qui s'y faisoit, étoit si considérable, qu'elle n'étoit plus en état de soutenir ses habitations avec ses seuls bâtimens, sans s'engager à plus de dépense qu'il ne lui convenoit de faire; que dans cette situation, il étoit de la prudence de ne pas se charger au-delà de leurs forces; & qu'enfin ils croyoient également utile au bien de la *compagnie* & des colonies, de supplier sa majesté, de rendre à tous ses sujets la liberté de commerce dans la partie de l'île de Saint-Domingue, qui leur appartenoit; & pour cela d'acquérir les fonds & les effets de la *compagnie*, qu'elle offroit de lui céder, en lui accordant une indemnité pour la non-jouissance de ce qui restoit encore de son privilège, & des terres qui lui avoient été concédées à perpétuité, qui fût proportionnée aux avances qu'elle avoit été obligée de faire jusqu'alors.

Le résultat de l'assemblée ayant été conforme à la proposition, & sa majesté ayant bien voulu les agréer & accepter, la *compagnie* fit sa cession le 2 avril de la même année 1720, pardevant Verani & Mahault, notaires au châtelet de Paris; ensuite de quoi le roi donna aussi dans le même mois ses lettres en forme d'édit, portant :

Que pour faire connoître la satisfaction qu'il avoit de cette *compagnie*, & en quelle considération étoient auprès de sa majesté, ceux qui s'engageoient à de pareilles entreprises, qui tournent à l'avantage du public; comme aussi pour ne pas différer davantage à donner à tous ses sujets la liberté de faire le commerce dans tous les pays concédés à ladite *compagnie*; sa majesté révoque, éteint & supprime cette *compagnie*: permet à tous ses sujets de trafiquer dans l'étendue de sa concession, chacun pour son compte particulier, en prenant seulement les passeports & congés ordinaires : approuvant néanmoins, confirmant, ratifiant & validant toutes les délibérations, ordres, mandemens, établissemens, graces, concessions, baux à ferme, &c. faits jusqu'à ce jour par les directeurs de la *compagnie*, au nombre de six, ainsi qu'il est porté par leurs actes de société, ses agens, secrétaires, commis, procureurs, caissiers, & tous autres ses officiers, tant sur les lieux qu'en France; à l'exception des ordres qui auroient pû être donnés par quelques-uns des directeurs, à l'insçu des autres, & des sommes reçues par les commis & préposés de ladite *compagnie*, dont ils n'auroient point compté : validant, approuvant, & confirmant pareillement les concessions des terres accordées par lesdits directeurs, agens, &

procureurs, & les ventes particulières des habitations, magafins, fonds & héritages, faites dans les pays concedés; à condition toutefois par les propriétaires defdites terres concedées, de fe conformer à la déclaration donnée par le feu roi, le 26 octobre 1713, concernant les autres terres de l'ifle de Saint-Domingue; fa majefté ordonnant que la compagnie fe pourvoiroit pardevant elle, pour obtenir le remboursement des effets qu'elle avoit actuellement exiftans; enfemble des fommes qui fe trouveroient lui être légitimement dûes, même pour obtenir une indemnité pour la non-jouiffance de leurs priviléges, & la privation des terres à elle concédées à perpétuité : fa majefté fe chargeant pour l'avenir, des foins de continuer cet établiffement.

Ces lettres-patentes furent enregiftrées au parlement le 29 avril 1720.

Peu de temps après la révocation & l'extinction de la *compagnie de Saint-Domingue*, il fe forma une fociété de plufieurs particuliers, qui offrirent au roi fix millions, pour être fubrogés aux droits de cette *compagnie*, aux conditions fpécifiées dans un long mémoire, que cette nouvelle fociété préfenta au confeil de marine : mais la *compagnie royale des Indes* ayant pris communication de ce mémoire, & ayant demandé au roi, qu'il plût à fa majefté lui donner la préférence, fous les offres qu'elle fit par fa foumiffion du 6 feptembre de la même année 1720, d'exécuter toutes les claufes & conditions propofées par ladite fociété; fa majefté, par arrêt de fon confeil d'état du 10 dudit mois, lui accorda fa demande; & en conféquence la fubftitua à tous les droits de la *compagnie de Saint-Domingue*, tant en France, qu'en Amérique.

COMPAGNIE DES GLACES. *Voyez* GLACE.

COMPAGNIES DES AUTRES NATIONS D'EUROPE, POUR LE COMMERCE, ET LES VOYAGES DE LONG COURS.

COMPAGNIES DE COMMERCE, établies à Vienne, & dans les Pays-Bas Autrichiens.

Le traité de Raftad entre la France & l'Empire, fut fuivi de l'établiffement de deux célèbres *compagnies* de commerce; l'une à Vienne, autorifée par des lettres patentes de l'empereur; & l'autre à Oftende, fous la protection de ce même prince, mais non pas encore fortifiée par fes lettres, jufqu'en 1723. L'on va d'abord parler de celle de Vienne, dont l'établiffement n'a aucune contradiction; & enfuite on rapportera dans un plus grand détail les commencemens de celle d'Oftende, fes progrès malgré les continuelles oppofitions des Hollandois; enfin la protection publique que fa majefté impériale lui a accordée, & que ce grand prince paroît enfin difpofé à lui confirmer par des chartres & des lettres patentes.

Compagnie d'Orient, établie à Vienne.

Cette *compagnie* a commencé en 1719; fon objet eft le commerce qu'on peut faire dans les états du grand-feigneur, par le Danube, & dans les ports maritimes de l'Autriche. Le fuccès de fon négoce fut fi grand & fi fubit, qu'elle en état en 1721 de faire une répartition de huit pour cent à fes actionnaires. Enfin l'empereur, pour lui continuer la protection qu'il lui avoit accordée par fes premières lettres, & en augmenter les priviléges, lui en fit expédier de nouvelles, par lefquelles, pour foutenir fon crédit & l'animer à faire de nouveaux efforts, il lui permet, 1º d'augmenter fes fonds de quinze cent actions, chaque action de la valeur de mille florins.

2º. Le privilége exclufif pendant vingt-un ans de conftruire feule des vaiffeaux de 60 pieds de quille dans les ports de la mer Adriatique appartenans à fadite majefté, foit pour fon propre ufage, foit pour celui d'autrui; dont les bois lui feront livrés préférablement à tous autres, & pris tant dans les forêts impériales, que dans les bois réfervés.

3º. Qu'elle pourra établir des ateliers pour la conftruction defdits vaiffeaux, où elle le trouvera à propos, & privativement à tous autres.

4º. Qu'elle aura le même privilége pour les cinq fabriques & manufactures fuivantes; fçavoir, pour les toiles propres pour les voiles, pour clous, &c. pour les cables & autres cordages deftinés aux manœuvres; pour les ancres & autres attirails de fer; pour la préparation des gaudrons, poix, calfats, &c. & pour la fonte de toutes fortes de canons de fer, le tout en telle quantité qu'on trouvera à propos, foit pour l'employer à l'armement defdits navires, foit pour en trafiquer au dedans ou au dehors du pays.

5º. Le privilége exclufif pendant vingt ans de faire tous les rafinages des fucres qui fe confommeront dans les pays héréditaires de l'empereur, avec défenfes à qui que foit d'entreprendre d'établir de telles rafineries, fous peine de confifcation.

6º Que fa majefté lui cédera par un contrat de vente en bonne forme, non-feulement tous les cuivres qui fe trouvent dans les pays qui lui appartiennent par droit de conquête; mais encore lui donnera la liberté d'acheter de ce métal dans toutes les mines de fes pays héréditaires, pour en faire & travailler toutes fortes d'uftenfiles de cuifine ou autres, qu'elle aura feule la faculté de faire paffer par eau, & vendre dans les pays étrangers.

7º Enfin pour procurer aux actionnaires un avantage dont aucun intéreffé dans quelqu'autre *compagnie* que ce foit, n'a pû jouir jufqu'à préfent, c'eft-à-dire, de pouvoir retirer fon capital dans quelque tems limité, fa majefté lui accorde une loterie difpofée de telle manière, que tant les anciens actionnaires, que ceux qui prendront de nouvelles actions, pourront retirer leur capital en argent comptant, & pour le moins le double en certains termes réglés, outre les lots particuliers qui pourront écheoir à chacun d'eux : on donnera ci-après un idée du projet de cette loterie.

Ces lettres patentes ayant été expédiées, la *compagnie* en donna part au public par des affiches, & lui notifia en même tems par un acte scellé de son sceau, délibéré en son bureau le 21 avril 1721, qu'il seroit fait incessamment une répartition de huit pour cent par an jusqu'au dernier décembre 1720, au prorata du temps que chaque actionnaire aura fourni ses fonds à la caisse. Et à l'égard des nouvelles actions, elle fit sçavoir que les livres pour en recevoir les soumissions, seroient ouverts pendant six mois ; & que pour la plus grande facilité des souscripteurs, le payement des actions ne seroit qu'en quatre payemens, chacun de 250 florins, & de trois mois en trois mois ; à condition toutefois que si le premier payement fait, on diffère de faire les trois autres au-delà des termes marqués, ce qui aura déja été fourni restera au profit de la *compagnie*.

Plan de la loterie accordée par sa majesté impériale, à la compagnie d'Orient, établie à Vienne.

Le fonds de cette loterie devoit être de 80 millions, dont celui de la *compagnie* seroit augmenté, & pour lequel on payeroit cinq pour cent d'intérêt aux actionnaires : les classes pour retirer les capitaux étoient fixées au nombre de cent, qui seroient tirées dans l'espace de vingt-cinq années, à raison de quatre classes par an.

Que par l'établissement de ces classes, les moins heureux des intéressés retireroient au moins leur capital, & ceux qui seroient favorisés de la fortune, pourroient avoir outre cela des lots considérables, composés de 27 millions qui leur seroient partagés dans lesdites 25 années.

Qu'on comprendroit aisément cette opération, si on faisoit réflexion que l'intérêt annuel de 80 millions à cinq pour cent, monte à cent millions pour les 25 années,

Que sur ce pied, comme on ne tireroit que quatre classes par an, leur intérêt & celui des classes qu'on ne tireroit que les années suivantes, produiroit au-delà de ce qui seroit nécessaire pour le remboursement du capital des premières, & ainsi de suite pendant les 25 années.

Qu'à l'égard des 27 millions qui seroient distribués en lots, les fonds s'en prendroient sur les profits que la *compagnie* feroit dans son commerce, sur les quatre-vingt millions du capital des actionnaires qui à raison de dix pour cent par an, (ce qu'on pouvoit regarder comme une fixation très basse) monteroient à deux cent millions, & qu'ainsi il resteroit à la *compagnie* un bénéfice de cent millions, après avoir distribué ou payé soit en capital, soit en lots, dans les termes prescrits, les cent dix-sept millions qu'on leur promettoit.

COMPAGNIE D'OSTENDE.

Presqu'aussi-tôt que les pays-bas espagnols eurent été cédés à l'empereur par le traité de Rastad, les marchands d'Ostende, d'Anvers & de quelques autres villes de Flandres & de Brabant, pensèrent à profiter de la protection & de la puissance de leur nouveau maître pour l'établissement de leur commerce.

Celui que les autres nations d'Europe font au-delà de la ligne & particuliérement aux Indes Orientales, les ayant tenté par sa réputation & ses richesses, ils formèrent d'abord une simple société sans octroi & sans lettres patentes du prince, & armèrent quelques vaisseaux pour l'Orient, dans l'espérance néanmoins qu'après leur premier retour, ils pourroient obtenir une chartre & s'établir sur le pied de *compagnie* régulière de commerce semblable à celles de France, d'Angleterre, & de Hollande.

Le commerce naissant de cette nouvelle société fut presque aussi-tôt troublé par les Hollandois, & en 1719, on apprit que dès le 19 décembre 1718, ils avoient enlevé sur les côtes d'Afrique un vaisseau d'Ostende richement chargé, quoique muni d'un passeport de l'empereur.

Dans la fin de la même année 1719, le prince voulant soutenir cet établissement, permit aux directeurs de recevoir des souscriptions ; & pour animer les actionnaires à souscrire, il accorda une modération à deux & demi pour cent de tous les droits dûs à sa majesté impériale sur les marchandises qui viendroient sur les vaisseaux de la *compagnie*, outre quantité d'autres priviléges qu'on leur fit espérer à la cour de Vienne, de leur accorder dans la suite.

Ce fut aussi vers le même tems que sa majesté impériale fit demander aux états généraux satisfaction sur l'enlevement du vaisseau d'Ostende avec des dédommagemens proportionnés à la perte que la *compagnie* y avoit faite. Mais bien loin que la demande de l'empereur fût écoutée, la *compagnie des Indes Orientales de Hollande* s'empara d'un second vaisseau Ostendois, dont il fut encore porté des plaintes aux états.

Comme elles furent aussi inutiles que les premières, les Ostendois résolurent de se soutenir par eux-mêmes, & ils armèrent quelques vaisseaux pour défendre leur commerce, & exercer des répresailles sur tous ceux qui entreprendroient de le troubler.

Les Ostendois ne tardèrent pas d'user de leurs droits. Un armateur de la *compagnie* prit un vaisseau de celle de Hollande, dont à leur tour les Hollandois demandèrent restitution ; mais ils n'eurent pour réponse du marquis de Prié gouverneur des pays-bas Autrichiens, que les intéressés à la *compagnie* d'Ostende étoient autorisés par des commissions impériales à repousser par la force ceux qui attaqueroient leurs vaisseaux, & qu'au surplus on en donneroit avis à la cour de Vienne.

Cette protection déclarée de l'empereur, ayant haussé le courage des intéressés à la *compagnie* impériale ; & fes actions prenant crédit, ils firent partir au commencement de 1720 cinq vaiffeaux richement chargés pour les Indes Orientales, malgré les menaces des Hollandois, qui de leur côté paroiffoient difpofés à continuer d'empêcher par la force un établiffement qu'ils croyoient tout-à-fait préjudiciable à leur commerce.

Un fi grand armement fut encore fuivi d'un plus confidérable en 1721, & les Oftendois équipèrent fix vaiffeaux ; dont trois furent deftinés pour la Chine, un pour Moka, un pour Surate & les côtes de Malabar, & le fixième pour Bengale : ces vaiffeaux furent le S. Jofeph, le wartemberg, la maifon d'Autriche, l'impératrice, la galère de Bruxelles, & la ville de Gand.

Les Hollandois de leur côté, pour arrêter le commerce & les grands progrès des Flamans & des Brabançons Autrichiens, ordonnèrent au mois d'avril de la même année, la confifcation d'un vaiffeau armé pour les Indes Orientales par les négocians de Bruges, & malgré les oppofitions des miniftres impériaux réfidans à la Haye, en indiquèrent la vente par des affiches au 28 du même mois.

Les Forbans Anglois ayant pris dans les mers de Madagafcar un navire d'Oftende richement chargé qui revenoit en Europe, cette nouvelle perte fembla décourager la compagnie impériale, qui n'en eut pas plutôt l'avis, qu'elle ordonna le défarmement d'un autre bâtiment qui étoit en charge dans le port d'Oftende, prêt à mettre à la voile pour les Indes : mais l'arrivée de deux de fes navires aux mois de mai & de juin 1721, & l'attente de deux autres qui arrivèrent en effet au mois de feptembre fuivant, tous richement chargés particulièrement de café, de drogues & d'épiceries, changea la face des affaires de la compagnie, qui par la vente de tant de précieufes marchandifes, fe trouva non-feulement en état de réparer toutes fes pertes, mais encore de continuer fon commerce avec plus de fuccès & de réputation que jamais.

Jufques là les intereffés à la compagnie d'Oftende, s'étoient toujours flattés, mais affez inutilement, qu'ils fe verroient à la fin autorifés par des lettres patentes impériales à faire le commerce des Indes Orientales. Il eft vrai que l'empereur avoit toujours eu deffein de leur accorder ces lettres, mais les vives repréfentations & les inftances continuelles des Hollandois en avoient fufpendu l'exécution : & quoiqu'il ne leur eût jamais refufé fes paffeports pour faire ce négoce, ils ne l'avoient fait jufques-là que comme une compagnie établie par l'autorité du prince.

Enfin ces lettres tant défirées & fi long-temps conteftées & différées, leur furent accordées au mois d'août 1723, mais les plus amples & les plus authentiques qu'aucune compagnie de commerce en eût encore reçu de la protection de fon fouverain.

Dès le mois de décembre de l'année précédente, le bruit courut que milord Cabham Anglois, directeur général du commerce à la cour de Vienne, avoit fait réuffir cette affaire ; & l'on ajoutoit qu'outre la

remife pour trois ans de tous les droits d'entrée & de fortie dûs à fa majefté impériale dans les pays-bas Autrichiens, l'empereur faifoit à la compagnie un don gratuit de trois cent mille écus pour la dédommager des pertes qu'elle pourroit faire dans les premières années de fon établiffement.

Sur les avis plus certains que la compagnie en eut, elle arma un vaiffeau pour le Bengale, dans la réfolution d'y prendre poffeffion du fort que le Mogol lui avoit permis de faire fur fes terres, pour la fureté du comptoir qu'elle y avoit déja établi : & pour trouver encore plus d'accès auprès de ce monarque, le fieur Cobbah commiffaire impérial s'embarqua fur ce vaiffeau, qui mit à la voile le 7 janvier 1723. Ce député étoit chargé de complimenter le Mogol de la part de l'empereur, & de lui préfenter fix canons de fonte aux armes de la maifon d'Autriche.

Ces premières nouvelles de l'expédition des lettres patentes de l'empereur en faveur de la compagnie d'Oftende, réunirent les Anglois & les Hollandois pour tâcher d'en obtenir la révocation, & ils travaillèrent avec d'autant plus de chaleur, qu'on répandit dans le public le plan fur lequel la compagnie devoit être établie.

Par ce plan 1°. Les directeurs font fixés au nombre de huit choifis parmi les plus riches & les plus habiles Négocians des Pays-Bas Autrichiens, avec chacun quatre mille livres d'appointemens par an, lefquels ne pourront refter en direction que pendant fix années, après lefquelles ils ne pourront être de nouveau choifis qu'ils n'ayent paffé un an entier hors d'emploi.

2°. Chaque année l'affemblée générale de la compagnie procédera à l'élection des perfonnes qui devront être propofées pour directeurs, dont la lifte fera préfentée à l'empereur, qui de trois perfonnes en pourra choifir une qui fera préférée aux autres.

3°. L'affemblée des directeurs ; la caiffe, les comptes & les bureaux de la compagnie fe tiendront à Anvers les trois premières années, & les trois autres années fuivantes, à Gand ou à Bruges, mais les ventes fe feront à Oftende ou à Bruges.

4°. Les fonds feront de dix millions de florins argent de change, divifés en dix mille actions de mille florins chacune.

5°. Les prifes que les vaiffeaux de la compagnie feront en tems de guerre fur les ennemis de l'état, lui appartiendront & fe vendront à fon profit.

6°. Toutes les provifions de guerre & de bouche de même que tous les agrès, artillerie, armes & généralement toutes les provifions navales, tant pour les vaiffeaux que pour la fureté des ports, forts, & factories de la compagnie, feront exemptes de payer aucuns droits, tant à fa majefté impériale, qu'à tous autres feigneurs, villes, ni communautés eccléfiaftiques des pays-bas.

7°. Enfin toutes fortes de marchandifes qui feront tranfportées dans les vaiffeaux de la compagnie qui viendront des Indes ou d'ailleurs, payeront fans exception d'aucunes, pour droit d'entrée & de fortie en Flandres , fçavoir jufqu'au mois de feptembre 1724, quatre pour cent , & après ce terme expiré fix pour cent.

La plupart des articles de ce projet font employés dans les lettres patentes, à la réferve pourtant de ceux qui regardent les fonds de la *compagnie* qui font un peu différens, comme on le peut voir plus bas.

Les chofes étoient en cet état, lorfque les lettres arrivèrent à Bruxelles. Elles parurent d'abord en Latin , en Allemand , en Flamand , en Anglois & en François , & l'on fongea même à les traduire en Efpagnol.& en Italien , elles font datées du 19 décembre 1722 , & contiennent cent trois articles, dont on ne donnera ici que l'extrait des principaux, la plupart des autres n'ayant rien de particulier & qui ne leur foit commun avec toutes les autres *compagnies* de commerce , ou fe trouvant dans le plan ci-deffus rapporté.

Dans le préambule, l'empereur prend non-feulement les titres qui lui appartiennent , ou comme empereur, ou comme chef de la maifon d'Autriche, mais auffi tous ceux de la couronne d'Efpagne , foit en Europe , foit dans les autres parties du monde; entr'autres le titre de roi des Indes Orientales & Occidentales, des ifles canaries , & des ifles & terres fermes de la mer Océane.

La conceffion de la *compagnie* eft pour 30 années. Ses limites , les Indes Orientales & Occidentales , toutes les côtes d'Afrique tant en deçà qu'au delà du Cap de Bonne-Efpérance ; enfin tous les ports , havres , lieux , rivières, où les autres nations trafiquent librement , en obfervant néanmoins les maximes & coutumes reçues & approuvées par le droit.

Le fonds de la *compagnie* eft fixé à fix millions de florins argent de change , en 6,000 actions de 1000 florins chacune.

Les actionnaires ne pourront avoir voix délibérative dans les affemblées générales, s'ils n'ont en propriété & fous leur nom au moins douze actions, ce qui pourtant ne s'entend que des nationaux , les étrangers n'y pouvant avoir ni féance ni voix , quelque nombre d'actions qu'ils puiffent avoir.

Les directeurs tiendront leurs affemblées à Anvers, & y réfideront pendant les trois premières années , & pendant les trois années fuivantes à Bruges ou à Gand , fuivant que l'affemblée générale le trouvera à propos ; ce qui fe continuera ainfi alternativement de trois ans en trois ans.

La *compagnie* aura la liberté d'embarquer de l'artillerie & autres attirails de guerre autant qu'elle aura befoin pour fa navigation & la fûreté de fon commerce, comme auffi toutes fortes de marchandifes, même celles de contrebande.

Elle pourra pareillement charger fur fes vaiffeaux toutes matières d'or & d'argent monnoyé ou non monnoyé, pourvû , à l'égard des efpèces, qu'elles n'ayent point cours dans les pays-bas Autrichiens.

Il lui fera loifible de mettre dans les forts , châteaux & places qu'elle aura acquis aux Indes , toutes fortes d'armes, canons, munitions de guerre & de bouche , de fondre des canons & autres armes en tels lieux & en tel nombre qu'elle en aura befoin , fur lefquelles les armes Impériales feront empreintes , & au-deffous celles de la *compagnie* : enfin de faire tout ce qu'elle croira néceffaire pour la défenfe & la confervation de fes places.

Elle pourra armer & équiper tel nombre de vaiffeaux de guerre ou marchands qui lui feront néceffaires , même faire conftruire fes vaiffeaux dans les ports des pays-bas, en Italie & ailleurs, excepté dans ceux d'Iftrie & de Dalmatie , appartenans à fa majefté impériale, où cette conftruction eft permife privativement à une autre *compagnie* [c'eft la *compagnie* d'Orient, établie à Vienne. *Voyez* le paragraphe précédent] avec laquelle *compagnie* celle d'Oftende pourra néanmoins convenir pour en acheter au moins deux ou trois vaiffeaux par an.

Il lui eft permis d'acquérir aux Indes des terres, d'y établir des factories & colonies ; d'y faire bâtir & conftruire des ports , havres , châteaux , fortereffes, de fe pourvoir d'artillerie, d'armes , de munitions de bouche & de guerre , d'y entretenir des garnifons pour les défendre , & de lever & tenir fur pied tel corps de troupes qu'elle jugera à propos dans l'étendue de fa conceffion.

Elle eft encore autorifée de traiter même au nom de fa majefté impériale avec les princes fouverains & états des Indes , pour la liberté de fon commerce, fans toutefois pouvoir déclarer la guerre à aucune puiffance fans le confentement de fadite majefté.

Pour reconnoiffance de cette conceffion & octroi la *compagnie* fera tenue à perpétuité d'offrir en forme d'hommage à fa majefté impériale & à fes hoirs & fucceffeurs à chaque mutation , un lion d'or couronné , du poids de 20 marcs, tenant les armes de la *compagnie* qui font une double aigle déployée , portant entre fes deux têtes un globe couronné.

Enfin fa majefté impériale promet de protéger la nouvelle *compagnie* , & la défendre envers & contre tous ceux qui l'attaqueront injuftement , même en cas de befoin, d'employer la force de fes armes pour la foutenir & maintenir dans la liberté entière de fon commerce & de fa navigation , de lui faire faire raifon de toutes les injuftices , injures & mauvais traitemens , en cas qu'aucune nation entreprît de l'y troubler, fongeant au furplus à lui procurer tous les avantages & facilités poffibles par les traités de paix , d'alliance & de commerce que fadite majefté fera à l'avenir.

Auffi-tôt que ces lettres-patentes eurent été publiées & regiftrées dans les cours fouveraines des pays-bas Autrichiens, les directeurs qui conformément au projet qu'on a donné ci-deffus , avoient été choifis & nommés par fa majefté impériale, prêtèrent ferment entre les mains du marquis de Prié confeiller d'état aulique , & plénipotentiaire de l'empereur aux pays-bas, tinrent peu de jours après leur première affemblée, où l'on convint que l'ouverture des livres de la *compagnie* fe feroit à Anvers le 11 août, pour recevoir les foufcriptions de ceux qui y voudroient prendre intérêt.

Les livres furent ouverts au jour marqué, & la preffe fût fi grande à foufcrire, que dès le lendemain les fonds furent remplis, prefque tous les principaux négocians & banquiers de Bruxelles, d'Oftende, de Nieuport, de Gand & Bruges, furent du nombre des foufcripteurs, outre quantité des plus grands feigneurs des cours de Vienne & de Bruxelles. Les foufcriptions fur la fin du mois d'août gagnoient déjà douze à quinze pour cent.

Tandis que les Oftendois dévoroient pour ainfi dire par avance les grandes richeffes qu'ils fe flattoient que cette nouvelle *compagnie* alloit apporter chez eux & dans tous les pays-bas Autrichiens; les *compagnies* Hollandoifes des Indes d'Orient & d'Occident, alarmées de voir de fi puiffans & de fi voifins compétiteurs, prêts à partager un commerce qu'elles avoient fi long-temps regardé comme un bien qui n'appartenoit qu'à elles, faifoient de continuelles inftances au près des états généraux, pour les exciter à continuer d'employer leur crédit dans la Cour de Vienne & dans les autres cours, pour arrêter un établiffement fi préjudiciable à leur commerce.

Elles avoient jufques-là préfenté à leurs hautespuiffances divers mémoires affez modérés; mais le péril approchant, l'on en vit deux nouveaux fe répandre dans le public, le premier du 29 juillet, & le fecond du 9 août 1723, où ils gardoient ce femble moins de mefure, & demandoient affez clairement aux états la liberté de difputer leurs droits par la force des armes, & de donner les ordres qu'elles jugeroient les plus convenables pour arrêter les commencemens & tous les progrès des entreprifes des habitans des pays-bas Autrichiens dans le diftrict de leur octroi.

Sans entrer ici dans la difcuffion des prétentions refpectives des anciennes *compagnies* de Hollande & de la nouvelle *compagnie* d'Oftende, on fe contentera de remarquer que celle-ci fe fonde fur la liberté naturelle qu'ont toutes les nations de faire tel commerce en tel lieu qu'il leur plaît, à moins que quelque convention particulière ne la leur ait ôtée, & que les Hollandois prétendent qu'il fe trouve de ces fortes de conventions entr'eux & les Oftendois, particulièrement par les traités de la Barrière & par celui de Munfter; l'article 25 du premier portant que le commerce & tout ce qui en dépend fubfiftera fur le pied établi par le traité de Munfter, & plufieurs articles de ce dernier confirmant les Hollandois dans la poffeffion exclufive de faire le commerce des grandes Indes par rapport aux fujets de fa majefté catholique, alors fouveraine de cette partie des pays-bas, qui eft paffée depuis fous la domination de l'empereur.

Tandis que les Hollandois agiffoient avec tant de vivacité contre la nouvelle *compagnie d'Oftende*, la France penfant avec plus de modération à l'utilité & à la fûreté de fon commerce, auffi bien qu'à l'exécution de fes ordonnances concernant les *compagnies étrangères*, particulièrement de celles de 1669 & 1670, fe crut obligée d'empêcher fes négocians de diffiper leurs fonds en s'intéreffant dans la *compagnie d'Oftende*; fur-tout l'heureufe fituation du royaume, & la protection que le roi y accorde au commerce, leur procurant tant de facilité d'en faire un meilleur ufage dans leur propre patrie.

Ce fut fur des motifs fi raifonnables, que fa majefté donna une déclaration le 16 août 1723, portant défenfes à tous fes fujets de s'intéreffer dans cette nouvelle *compagnie*.

Quatre articles compofent cette déclaration.

Par le premier, il eft fait expreffes inhibitions à tous fujets de fadite majefté de quelque qualité ou condition qu'ils foient, de s'intéreffer directement ni indirectement, fous leur nom ou fous d'autres, ou en quelque façon ou manière que ce foit, dans la *compagnie* du commerce nouvellement établie à Oftende, à peine contre les contrevenans de trois mille livres d'amende, & de confifcation de tous les fonds & effets qu'ils auront dans ladite *compagnie*; & en cas de récidive, d'un banniffement pour trois ans, outre ladite amende & confifcation; pour raifon defquelles peines il fera procédé contre eux par les voies extraordinaires, fuivant les difpofitions de l'ordonnance de 1670.

Par le fecond article fa majefté ordonne, qu'en cas que les fonds, intérêts & bénéfices appartenans à fefdits fujets dans ladite *compagnie*, ne puiffent être faifis & arrêtés, il foit prononcé contre eux outre ladite amende de trois mille livres, une condamnation d'une fomme équivalente à la valeur defdits effets pour tenir lieu de confifcation.

Le troifiéme article porte défenfes à tous mariniers, tous ouvriers, & généralement tous fujets de fa majefté, de s'engager au fervice de ladite *compagnie*, fous la peine de confifcation de corps & de biens, portée par l'édit du mois d'août 1660.

Enfin, le quatriéme article défend pareillement à toutes perfonnes d'attirer, enrôler ou prendre au fervice de ladite *compagnie*, aucun defdits fujets de fa majefté, en qualité d'officier, foldat, marinier, ouvrier, ou en quelqu'autre qualité ou manière que ce foit, & de vendre, faire vendre, acheter, louer ou équiper aucun vaiffeau pour le fervice de ladite *compagnie*, à peine du carcan pour la première fois, & des galères en cas de récidive; enfemble de confifcation, & de trois mille livres d'amende tant contre le vendeur que contre l'acheteur.

COMPAGNIE PORTUGAISE
SUR LES CÔTES D'AFRIQUE.

Cette *compagnie* eft la dernière qui ait été établie en Europe pour les voyages de long cours. Le véritable objet de fon établiffement eft la fourniture

des

des Négres aux colonies du Bresil, qui appartiennent à la couronne de Portugal.

Les lettres que fa majesté Portugaise lui a accordées, sont du commencement de l'année 1724, & portent :

1°. Que la nouvelle *compagnie* s'engage de faire construire à ses dépens une forteresse à l'embouchure de la rivière d'Angre, vis-à-vis l'isle de Corisco, qui appartient au roi de Benin proche la côte de Gabon, autrement appellée *Pongo*, à la hauteur d'un dégré trente minutes de latitude septentrionale.

2°. Qu'elle fournira telle quantité de Négres, dont les plantations Portugaises de l'Amérique auront besoin.

3°. Qu'il ne sera permis à aucuns vaisseaux Portugais, ni même étrangers, d'aller négocier sur cette côte, à peine de confiscation des bâtimens & des marchandises.

4°. Que si néanmoins quelques vaisseaux y abordoient par la tempête, ou autre cas de contrainte, les commis de la *compagnie* leur pourroient permettre de prendre de l'eau, & même pourroient leur vendre les vivres dont ils auroient besoin, sans néanmoins leur accorder d'y faire aucun commerce.

5°. Que la concession durera quinze années entières & consécutives; après lesquelles il sera loisible à sa majesté Portugaise d'en prolonger le terme, ou de rentrer en possession du pays concédé.

6°. Enfin, que ce dernier cas sadite majesté pourra reprendre les forts, artillerie, vaisseaux & autres effets de la *compagnie*, en les lui payant argent comptant, suivant l'estimation qui en sera faite.

Quelque temps après que ces lettres eurent été rendues publiques, la nouvelle *compagnie* fit publier & afficher à Lisbonne les conditions sous lesquelles on y pourroit prendre intérêt, les fonds dont elle seroit composée, & le prix de ses actions. Ces conditions sont exposées en douze articles, dont les principaux sont :

Que ses fonds ne seront que d'un million de crusades.

Que les actions vaudront mille crusades chacune dont les actionnaires paieront en souscrivant trois cent crusades comptant, pareille somme au mois de Décembre 1724; & les quatre cent crusades restantes, lorsque la *compagnie* jugera à propos d'en demander le paiement en avertissant six mois par avance.

Que ceux des actionnaires qui ne seront pas exacts à faire les paiemens aux termes prescrits, perdront les avances qu'ils auront déja faites.

Que la *compagnie* paiera à ses actionnaires, à commencer une année après la première entreprise, un dividend de cinq pour cent de la somme capitale qu'ils auront fournie, & ce à prendre sur les profits que la *compagnie* fera sous son commerce.

Enfin, que le chef ou commandant général, qui a entrepris de former cette *compagnie*, tirera quatorze pour cent sur les profits qu'elle fera, sur les-

quels il se charge de payer les commis & autres personnes qu'il jugera à propos d'employer sur les côtes d'Afrique, à Lisbonne, au Bresil ou ailleurs.

COMPAGNIE HOLLANDOISE DES INDES ORIENTALES. Les habitans des Pays-Bas ont toujours été célèbres par le commerce. Soit génie de nation, soit commodité de leurs rades & de leurs ports, il n'y a pas de peuple qui se soit davantage signalé dans le négoce, ou de proche en proche, ou par de longues navigations : & bien long-temps avant que les Romains eussent pénétré jusqu'aux Bataves, connus présentement sous le nom de Hollandois, ces peuples étoient renommés par le nombre de leurs vaisseaux, & par la richesse de leur trafic.

D'heureuses alliances ayant fait tomber ces fertiles provinces sous la domination Espagnole, la dureté du gouvernement, à quoi se joignit le zèle d'une nouvelle religion, les partagea bien-tôt entre leur ancien maître, & une république naissante. Une partie des dix-sept provinces resta fidèle ; l'autre, sous les braves princes de la maison de Nassau, aspira à une liberté, qui lui couta bien du sang, mais dont enfin elle fut assez heureuse de jouir, & qu'elle a même depuis portée, aussi-bien que sa puissance, bien au-delà de ses espérances.

Ce fut au milieu de ces guerres sanglantes, qui durèrent presque un demi siècle, que prit naissance la *compagnie des Indes orientales*.

Les Espagnols ayant fermé tous leurs ports à ces nouveaux républicains, qu'ils regardoient comme des rebelles ; & leur ayant même interdit toute sorte de commerce aux Indes d'orient & d'occident, dont ils étoient alors en quelque façon les maîtres ; la nécessité inspira à quelques particuliers de Zélande, de chercher de nouvelles routes pour la Chine & les Indes orientales par le Nord-Est, & en cotoyant, s'il étoit possible, la Norwège, la Moscovie, & la Tartarie.

Cette entreprise se fit en 1594, 1595 & 1596, par trois armemens différens, mais tous sans aucun succès ; les froids extrêmes de la nouvelle Zemble, & les glaces impénétrables du Weigats ayant ruiné ou rebuté les escadres qui y furent envoyées.

Tandis qu'on tentoit inutilement ce passage, il se fit à Amsterdam une seconde *compagnie*, sous le nom de *compagnie* des pays lointains, qui, sous la conduite de Corneille Houteman, fit partir quatre vaisseaux en 1595, par la route ordinaire des Portugais, avec ordre de conclure des traités avec les Indiens, pour le commerce des épiceries, & autres marchandises ; mais particulièrement dans les lieux où les Portugais n'étoient pas encore établis.

Cette petite flotte fut de retour deux ans & quatre mois après son départ, avec peu de gain à la vérité, mais avec de bonnes instructions & de grandes espérances.

L'ancienne *compagnie*, & une nouvelle, qui venoit tout fraîchement de s'établir encore à Amsterdam, s'étant unies, elles équipèrent une flotte de huit vaisseaux, qui, sous l'amiral Jacques Vanek, fit voile du Texel en 1598 ; & encore une autre de trois navires, qui leva l'ancre le 4 mai 1599.

Ces premiers armemens furent fuivis de tant d'autres, & il fe fit tant de *compagnies* nouvelles à Amfterdam, en Zélande, à Roterdam, &c. que les états généraux appréhendèrent enfin, avec affez de vrai-femblance, qu'elles ne fe nuififfent les unes aux autres.

Dans cette crainte, qui commençoit à fe juftifier par de triftes expériences, les directeurs de toutes les diverfes *compagnies* furent affemblés, & tous confentirent à l'union, dont le traité fut confirmé par les états le 20 mars 1602, époque certainement confidérable, puifqu'elle eft celle du plus folide & du plus célèbre établiffement de commerce, qui ait jamais été fait, & dont les fuites ont été les plus heureufes & les plus illuftres, foit par les richeffes immenfes qu'ils répandirent dans les provinces-unies, foit par les royaumes & les provinces que cette *compagnie* s'eft affujettis dans tant de diverfes contrées de l'Afie.

Le premier fonds de cette *compagnie* fut de fix millions fix cent mille livres ou florins, revenans à fept millions neuf cent mille livres, monnoie de France ; & la première conceffion ou octroi des états pour vingt-un ans, à commencer de la date de l'octroi, qui fut la même de la confirmation.

Soixante directeurs, divifés en diverfes chambres, furent établis pour la régie ; vingt dans celle d'Amfterdam, qui feule participoit aux fonds pour la moitié ; douze dans celle de Zélande, qui y étoit pour un quart ; quatorze dans celles de Delft & de Roterdam, qui fourniffoient enfemble un huitième ; & pareil nombre pour celles d'Enchufe & de Horn, qui auffi enfemble faifoient l'autre huitième.

Dix-fept directeurs furent encore tirés des foixante pour les affaires communes des quatre chambres, & cela fuivant la même proportion ; huit de la chambre d'Amfterdam, quatre de celle de Zélande, deux de celle de Delft & Roterdam, & deux de celle d'Enchufe & de Horn : pour le dix-feptième, il fe prend alternativement de Zélande, de la Meufe, où de Nort-Hollande. C'eft à cette feconde direction que fe règle le nombre, l'équipement & le départ des vaiffeaux.

La *compagnie* a droit de contracter des alliances avec les princes, dont les états font à l'eft du cap de Bonne-Efpérance, & dans le détroit de Magellan, le long du détroit & au-delà ; d'y bâtir des fortereffes, y mettre des gouverneurs & garnifons, & y établir des officiers de juftice & police : mais les traités fe font au nom des états ; & c'eft auffi au même nom que fe prêtent les fermens des officiers, tant de guerre que de juftice.

A la fin de chaque octroi, la *compagnie* eft obligée d'en obtenir un nouveau ; ce qu'elle a déja fait quatre fois depuis fix octroi ; fçavoir, un le 22 décembre 1622, pour vingt-un ans, comme le précédent, à courir du premier janvier 1647 ; un autre pour vingt-cinq ans déjà commencés le premier janvier de la même année ; un troifième le 7 février 1665, pour finir au 31 décembre 1700 ; & enfin, un dernier par avance, en date du 11 août 1698, pour finir en 1740 inclufivement.

Ces octrois coutent toujours des fommes confidérables à la *compagnie* : celui de 1647 s'obtint pour 1,600,000 l. ; & les deux fuivans, fur-tout le dernier, leur font encore revenus à de plus grandes fommes.

C'eft ce dernier octroi de 1698, qui a encore été confirmé fur la fin de 1717, par un placard des états généraux, par lequel il eft défendu à tous leurs fujets, d'envoyer leurs vaiffeaux, ni de naviger dans toute l'étendue de la conceffion de la *compagnie*, ni d'y faire commerce directement ou indirectement, auffi-bien que de s'affocier avec les étrangers pour ce négoce, ou de fervir fur leurs vaiffeaux.

On ne peut rien de plus fage, & de plus prudemment concerté, que la police & la difcipline avec lefquelles tout eft reglé dans cette *compagnie*, foit pour l'élection des directeurs des quatre chambres ; foit pour la régie des envois & des retours des vaiffeaux ; foit pour le choix des dix-fept directeurs particuliers, la vente des marchandifes, & les répartitions des profits ; foit enfin pour la politique de ces fouverains d'une partie des grandes Indes, auxquels cependant on reproche à ce dernier égard, une jaloufie contre les autres nations, quelquefois un peu fanguinaire, & une religion affez foible pour céder dans les occafions aux intérêts de leur commerce ; mais il faut avouer qu'ils ne font pas reftés apologiftes fur l'une & l'autre de ces plaintes.

Il feroit difficile de marquer tous les comptoirs, factories, réfidences ou loges, dans lefquels cette *compagnie* entretient des marchands & des commis ; n'y ayant point de lieu un peu confidérable pour le commerce, depuis le fond du golfe Perfique, jufqu'aux mers qui baignent les côtes de la Chine, où elle n'ait des établiffemens. Les principaux font, Taïouam, fur la côte de la Chine ; Nangifac, au Japon ; Malaca, Surate, Amboine, Banda, Siam, Conjumelle, les Moluques, Jamby, Achira, Ariacan, Wingurla, Colombo dans l'ifle de Ceylan, Bender-Abaffy, Palimban ; plufieurs fur la côte de Coromandel, & même à Ifpahan, capitale de la Perfe, d'où elle fait venir une grande quantité de foie par terre jufqu'au golfe Perfique, où elle en charge fes vaiffeaux ; enforte qu'on ne compte pas moins de quarante magafins ou comptoirs, & vingt-cinq fortereffes, appartenans à cette *compagnie* dans les Indes.

Quoique tous les comptoirs foient très-confidérables, ils ne peuvent cependant entrer en comparaifon avec Batavia, le centre de fon commerce ; & le cap de Bonne-Efpérance, l'entrepôt, ou, pour mieux dire, le lieu de rafraîchiffement de toutes fes flottes, foit pour l'aller, foit pour le retour.

C'eft fur-tout dans le premier de ces deux

établissemens, qu'elle paroît avec toute la pompe de la souveraineté ; & où son général, qui ne le cède guères en autorité, & en magnificence, à plusieurs grands princes, décide presque à son gré de la paix & de la guerre avec les princes de ces vastes régions de l'Asie, & même avec les nations de l'Europe, qui y sont établies.

Tout le monde sçait, qu'outre les riches marchandises dont le commerce est commun à tous les Européens dans les Indes Orientales, les Hollandois font en particulier, & eux seuls, celui des épiceries ; ce qui n'est pas un des moindres fonds qui leur produisent de si riches retours ; & il n'est guères aussi personne, qui ignore par quels moyens cet important négoce est passé dans leurs mains.

Il paroît néanmoins par un mémoire particulier qu'il n'y a que le poivre, le salpêtre & les soies, dont la *compagnie* puisse tirer des Indes une quantité raisonnable tous les ans. Toutes les autres drogueries & épiceries ensemble, ne pouvant faire année commune une cargaison de trois cent mille livres, ce qui ne suffiroit pas pour payer la dépense de l'armement & les frais de comptoirs à beaucoup près.

Liste des répartitions que la compagnie *Hollandoise des Indes Orientales a faites depuis son établissement jusqu'en* 1724.

Années.	Mois.	Répartitions.	
en 1605	en juillet	15	
1606	mars	75	
1607	juillet	46	
1608	avril	20	
1609	juin	25	pour cent en argent.
1610	août	50	
1612	décembre	57½	
1615	août	42½	
1616	février	62½	
1620	avril	37½	
1623	novembre	25	pour cent en clous de gérofle.
1625	août	20	
1627	mars	12½	
1629	janvier	25	
1631	janvier	17½	
1633	janvier	12½	pour cent en argent.
1633	décembre	20	
1635	mars	20	
1635	mai	12½	
1635	août	12	
1636	mars	25	pour cent en clous de gérofle.
1636	novembre	12½	
1637	mars	15	
1637	novembre	25	

Années.	Mois.	Répartitions.	
1638	octobre	19	pour cent en grabeau d'épiceries.
1638	novembre	25	pour cent en argent.
1640	janvier	15	pour cent en clous de gérofle.
1640	novembre	25	pour cent en argent.
1641	février	15	pour cent en clous de gérofle.
1641	novembre	25	
1642	décembre	50	pour cent en argent.
1643	janvier	15	pour cent en clous de gérofle.
1644	novembre	25	
1644	décembre	20	
1646	janvier	22½	
1646	décembre	25	
1648	janvier	25	
1649	janvier	30	
1650	janvier	20	
1651	janvier	15	
1652	janvier	25	
1653	janvier	12½	
1654	juin	15	
1655	janvier	12½	
1656	décembre	27½	pour cent en argent.
1658	décembre	40	
1659	décembre	12½	
1660	novembre	40	
1661	novembre	25	
1663	novembre	30	
1665	janvier	27½	
1668	juin	12½	
1669	juillet	12½	
1670	juin	40	
1671	juin	45	
1671	juillet	15	
1672	juin	15	
1673	juin	33⅓	pour cent en obligations sur la Hollande.
1676	février	25	pour cent en argent.
1679	janvier	12½	pour cent en obligations sur la Hollande.
1680	janvier	25	pour cent en obligations sur la *compagnie.*
1681	janvier	22½	
1682	juillet	33⅓	
1685	février	40	
1686	mai	12½	
1687	avril	20	pour cent en argent.
1688	avril	33⅓	
1689	avril	33⅓	

Années.	Mois.	Répartitions.	
1690	avril	40	
1691	août	20	
1692	avril	25	
1693	avril	20	pour cent en obliga-
1694	avril	20	tions.
1695	novembre	25	
1696	juin	15	
1697	juin	15	
1698	juin	15	
1698	septembre	15	
1699	juin	20	
1699	décembre	15	
1700	juillet	25	
1701	mai	20	
1702	mai	20	
1703	mai	25	
1704	juin	25	
1705	mai	25	
1706	mai	25	
1707	avril	25	
1708	mai	25	pour cent en obliga-
1709	mai	25	tions.
1710	mai	25	
1711	mai	25	
1712	mai	15	
1713	mai	30	
1714	mai	33 1/3	
1715	avril	40	
1716	mai	40	
1717	mai	40	
1718	mai	40	
1719	mai	40	
1720	mai	40	

Total des répartitions 2602 2/8 pour cent.
Ce qui revient à environ 22 2/8 pour cent du fonds capital.

Et depuis, il s'est encore fait une répartition de 33 pour cent au mois de juin 1721.

COMPAGNIE HOLLANDOISE DES INDES OCCIDENTALES. Cette *compagnie* s'établit en 1621, & ses lettres d'octroi furent du 10 juin de la même année, avec privilége exclusif de faire seule pendant vingt-quatre ans, tout le commerce des côtes d'Afrique, depuis le Tropique du Cancer, jusqu'au Cap de Bonne-Espérance : & pour l'Amérique, depuis la pointe Méridionale de Terre-neuve, par le détroit de Magellan, celui du Maire, ou autres, jusqu'à celui d'Anian, tant dans la mer du Nord, que dans la mer du Sud.

Les directeurs furent partagés en cinq chambres ; vingt pour celle d'Amsterdam, douze pour celle de Zelande, quatorze pour chaque chambre de la Meuse, & du quartier du Nord, & quatorze pareillement pour celle de Frise.

La régie, ou direction générale, fut confiée à dix-neuf directeurs, tirés de chaque chambre, à propor-

tion de ce qu'elle contribuoit au capital de la *compagnie* : huit pour Amsterdam, qui fournissoit cinq neuviémes ; quatre de Zelande, qui y étoit pour deux neuviémes ; & deux de la part de chacune des trois autres, qui ne contribuoient aussi chacune que pour un neuviéme. Le dix-neuvième directeur étoit choisi par les états généraux, qui même avoient droit d'en nommer plusieurs, suivant qu'ils l'estimoient à propos.

En 1747, le 4 juin, cette *compagnie* renouvella son octroi pour vingt-cinq années ; mais elle eut peine à remplir le tems de cette dernière concession, par les pertes immenses & les dépenses extraordinaires que lui avoient causées des entreprises heureuses d'abord, mais ruineuses par l'événement.

Telle fut entr'autres, la prise de la Baye de Todos los Sanctos, de Fernambouc, de la meilleure partie du Bresil sur les Portugais : succès certainement éclatants, & d'un profit immense pour cette *compagnie*, si elle eût pû s'y maintenir ; mais qui l'engagea ensuite dans les dépenses au dessus de ses forces, & la réduisit à un épuisement dont elle ne put se relever, bien qu'en 1629, son amiral Pierre Hain eût emmené en Hollande la flotte d'argent Espagnole, qui étoit d'une richesse infinie ; & que son espérance de s'emparer du reste du Bresil, parût si bien fondée, que Maurice, comte de Nassau, ne dédaigna pas de devenir son général dans cette nouvelle conquête.

La foiblesse de cette *compagnie*, qu'on avoit vainement tâché plus d'une fois d'unir à celle des Indes orientales, causa sa dissolution à l'expiration de son octroi ; & le 20 septembre 1674, une nouvelle *compagnie*, composée des anciens participans, & de leurs créanciers, obtint des lettres patentes des états, & entra dans les mêmes droits & les mêmes établissemens que la première, dont elle a joui assez heureusement, se soutenant toujours avec honneur.

Son premier fonds a été d'environ six millions de florins ; & ses principaux établissemens sont, l'un au Cap-Verd, & l'autre sur la côte d'or en Guinée, pour les côtes d'Afrique ; & les autres pour l'Amérique, à Tabago, à Curassao, & dans le nouveau pays-bas, situé entre la Virginie & la nouvelle Angleterre.

Les actions de cette *compagnie* furent réglées dans l'octroi de 1674, à cent livres de gros de capital, qui font six mille florins argent de banque.

En 1720 la *compagnie* obtint permission des états généraux de faire de nouvelles souscriptions sur le pied de 250 pour cent. On parle ailleurs du mauvais succès & du discrédit de ces souscriptions. On peut voir ce qu'on en a dit à l'article des actions.

On va seulement ajouter ici l'état de toutes les répartitions que cette *compagnie* a faites depuis son nouvel établissement jusqu'en 1721.

En 1679, 2 pour cent en argent.
1682, 8 pour cent en argent.
1684, 6 pour cent en obligations.
1687, 10 pour cent en obligations.
1691, 5 pour cent en obligations.
1692, 8 pour cent en argent.

1693, 5 pour cent en obligations.
1695, 4 pour cent en argent.
1697, 5 pour cent en argent.
1699, 5 pour cent en argent.
1700, 5 pour cent en argent.
1702, 4 pour cent en argent.
1704, 5 pour cent en argent.
1705, 4 pour cent en argent.
1708, 5 pour cent en récépissés.
1710, 4 pour cent en argent.
1712, 5 pour cent en argent.
1714, 4 pour cent en argent.
1716, 6 pour cent en argent.
1717, 4 pour cent en argent.
1721, 4 pour cent en argent.

Total des répartitions, 108 pour cent.

Compagnie Hollandoise de Surinam. Les Zelandois s'étant emparés de la colonie de Surinam sur les Anglois, pendant les guerres du dix-septième siécle entre l'Angleterre & la Hollande, les états de Zelande cédèrent en 1682, ce qui leur appartenoit de cette conquête, à la *compagnie* Hollandoise des Indes occidentales, qui le 23 décembre de la même année obtint des lettres patentes des états pour cette acquisition. La colonie est partagée en trois parts depuis ce temps-là, dont il y en a une à la ville d'Amsterdam, une autre à la *compagnie des Indes occidentales*, & la troisième à la famille, assez illustre en Hollande, des Somelsdiik. C'est aussi de ces trois Propriétaires qu'est composée la *compagnie de Surinam*, dont la conduite est confiée à dix directeurs; cinq de la part d'Amsterdam, quatre pour la *compagnie d'Amérique*, & un de la maison de Somelsdiik.

Cette *compagnie* fait partie de la *compagnie des Indes occidentales*.

L'octroi qui lui en fut accordé par les états généraux des Provinces-Unies, est du 23 septembre 1682.

Par cet octroi composé de trente-deux articles, sont réglés les droits dûs à la *compagnie*, les franchises & priviléges des Colons & Planteurs; le nombre des officiers de guerre & des magistrats municipaux, le conseil souverain, les jurisdictions criminelles & civiles; enfin toute la police concernant les anciens & les nouveaux habitans.

Les droits réservés à la *compagnie des Indes occidentales*, sont les droits de last pour les vaisseaux qui entreront à Surinam, ou qui en sortiront, à raison de trois livres par chacun last; le droit de poids pour les marchandises sur le pied de deux & demi pour cent, tant en arrivant qu'en partant, & la capitulation payable en sucre, tant pour les Blancs que pour les Noirs, à raison de cinquante livres de sucre par an. Outre ces trois droits, la *compagnie* jouit encore du privilége exclusif de faire seule la traitte des Négres, à la charge de fournir à la colonie, chaque année, le nombre d'esclaves dont elle

pourra avoir besoin, lesquels seront vendus publiquement, & présentés deux à deux aux acheteurs, sans aucune préférence du riche sur le pauvre : le paiement desquels Négres se fera en trois termes de six mois en six mois, suivant les clauses & conditions convenues entre les commis de la *compagnie* & les habitans.

Les franchises des colons & planteurs, consistent :

1°. à venir librement s'établir dans la colonie avec leur famille, bestiaux & marchandises, pourvû qu'ils soient sujets des états généraux, & d'en sortir pareillement en toute liberté lorsqu'ils le trouvent à propos, pour retourner en Hollande, ou aller s'établir en tout autre lieu.

2°. A n'être sujets à l'imposition d'aucun autre droit que ceux ci devant spécifiés, à la réserve du cas d'une extrême nécessité, soit pour le bien de l'état en général, soit pour celui de la colonie en particulier.

3°. A ne payer pour leurs frais & passage d'Europe à l'Amérique, que la somme de trente florins pour chaque personne au-dessus de douze ans y compris leur nourriture, & seulement quinze florins pour ceux qui n'auront pas atteint cet âge.

4°. Qu'ils auront la liberté de charger leurs effets sur tels vaisseaux qu'ils voudront, sans qu'on les puisse forcer d'en prendre d'autres que ceux qu'ils ont à eux ou qu'ils ont fretés.

5°. Que les vaisseaux que la *compagnie* employe à la traite des Négres, ne peuvent charger des marchandises pour le retour au préjudice des autres navires; mais seulement faire leur chargement des effets à elle appartenans & provenans de la vente de ses Négres, ou de ses droits & impositions.

6°. Que les marchands y étant arrivés avec leurs vaisseaux & marchandises, pourront se mettre aux lieux qu'ils trouveront les plus commodes & les plus convénables à leur commerce, moyennant néanmoins qu'ils n'apportent par-là aucune incommodité aux habitans, ni préjudice aux droits de la *compagnie*.

7°. Enfin, que le gouverneur & le conseil seront tenus sous leur serment, de maintenir tous les colons & marchands dans tous les susdits priviléges.

A l'égard du gouvernement, il sera entre les mains du conseil d'état, composé du gouverneur & de dix conseillers; lesquels conseillers à mesure que la colonie se fortifiera, pourront être augmentés jusqu'au nombre de quarante, le gouverneur au choix de la *compagnie*, mais toutefois avec l'approbation de leurs hautes-puissances; & les conseillers d'abord à la pluralité des voix des habitans, & ensuite à la nomination des conseillers mêmes, lorsque ces conseillers seront venus jusqu'à trente.

Quoique le gouverneur doive avoir la principale autorité dans les affaires tant politiques que militaires, elles ne pourront cependant être terminées que dans le conseil & à la pluralité des voix; & encore seulement qu'en conformité des ordres de la *compagnie*.

La justice criminelle sera pareillement de la compétence du gouverneur & du conseil d'état. Pour la justice civile, elle sera administrée par le gouverneur assisté de six conseillers choisis du nombre des habitans, dont trois sortiront tous les deux ans de charge. Tous lesquels conseillers, tant ceux du conseil d'état, que les autres, exerceront leurs charges sans aucun gage ni émolument.

Le gouverneur ni son conseil ne pourront charger la colonie d'autres impositions ni droits que ceux mentionnés ci-dessus sans l'approbation de la *compagnie*. Que cependant sous la même approbation ils pourront exiger quelques sommes modiques pour l'entretien des ministres, du service de l'église, des maîtres d'écoles & autres choses semblables, pour autant qu'ils le jugeront nécessaire & utile.

Enfin, comme il pourroit arriver que la colonie devînt à la charge de la *compagnie des Indes occidentales*, il sera en tout temps permis aux directeurs de ladite *compagnie* d'en faire un désistement, auquel cas ce sera à l'état d'en prendre soin & d'y mettre ordre.

Marchandises qui sont propres pour la colonie de Surinam.

Des briques pour bâtir des maisons.

Des essentes ou pièces de bois en forme de tuile, pour couvrir.

Des clous de toutes sortes; des pentures, des serrures, & autres quinquailleries & ouvrages de fer.

Des miroirs grands & petits; du corail rouge, &c.

Des haches, des serpes, & toutes sortes d'instrumens à remuer la terre, ou propres aux tonneliers, charpentiers & maçons.

Des chaînes de fer pour attacher les bateaux, de huit à dix pieds de long, avec leur cadenat.

Des pots & marmites de fer, des cannettes ou cruches de terre.

Des ouvrages de cuivre, comme caffetieres, pots à thé, chauderons, bassins.

Des aiguilles, des épingles; des cartes à jouer, des verres à bierre & à vin.

Des épiceries.

Des raisins secs, des prunes, du ris, du café, du thé.

Du lard & du bœuf salé en barils.

Du beurre, du fromage.

Du savon blanc & marbré.

Du papier & des livres à écrire, & d'autres papiers à plier.

De l'huile d'olive, & des huiles à brûler.

De la poudre & du plomb à giboyer.

Des vins rouges & blancs; de l'eau-de-vie & de la bierre.

Des dentelles, des rubans, & toutes sortes de galanteries.

Des petites étoffes de laine, & des étoffes de soie, légères.

Des toiles, tant de Hollande, que de Silésie.

Des toiles peintes de toutes sortes,

Des mousselines, batistes & gazes de toutes sortes.

Des boutons d'or, d'argent, de cuivre, ou autre métal; de poil de chameau, de soie, &c.

De la soie & du fil à coudre.

Des chapeaux; des bas de fil, de soie, & de laine.

Des souliers & des pantoufles pour hommes, pour femmes, & pour enfans.

Des éventails, des coëffes & coëffures; des gants pour hommes & pour femmes, enfin tout ce qui peut servir aux ameublemens & aux commodités de la vie.

Marchandises qu'on tire de Surinam.

Le plus grand commerce de cette colonie consiste en sucres, qui y valent ordinairement depuis sept à huit duites, jusqu'à douze ou quinze duites la livre; il en vient aussi de petits citrons, & des orangés confites, quelque rocou, des banilles qui sont grosses & bien nourries; mais qui ne sont pas si bonnes que celles que fournissent les Indes Espagnoles. On y a commencé (en 1718) des plantations de café qui y réussissent à merveille, & qu'on n'estime pas moins que celui du levant.

Les livres se tiennent à Surinam en florins, sous & penins. Les poids & mesures sont les mêmes qu'à Amsterdam.

Lorsqu'un navire est revenu de Surinam, le propriétaire le fait entièrement décharger, & fait mettre tous les sucres dans un magasin, où il les fait peser; après quoi il envoye un compte à celui auquel ils sont adressés, contenant le poids de chaque barique, à quoi monte le fret du tout, en rabatant quatorze pour cent pour la tare des bariques; pour le fret, il est réglé à tant de duites par livre.

L'on ne paye à Amsterdam aucun droit de sortie ou d'entrée pour les marchandises qui viennent de cette colonie, ou qui y retournent; & il n'en coute que trente sous pour le passe-port.

COMPAGNIE HOLLANDOISE DU NORD. Cette *compagnie* n'a pas un privilége exclusif; les particuliers ont droit, aussi-bien qu'elle, de faire leur commerce dans les lieux de sa concession; & l'avantage qu'elle reçoit de ses lettres patentes, consiste dans quelques autres priviléges d'assez peu de conséquence.

Il y a aussi en Hollande des *compagnies* pour la mer Baltique, pour la pêche de la nouvelle Zemble, du détroit de David, & du Groesland; mais ces pêches ne sont pas pour cela interdites à ceux qui veulent les entreprendre: toute la différence qu'il y a entre les pêcheurs de ces *compagnies* & ceux des particuliers, consistant seulement en ce qu'il n'est point permis à ceux-ci de descendre à terre, pour dépecer leur poisson, & y fondre leur lard, étant obligés de couper leurs baleines par morceaux, & de les apporter en Hollande, pour y être fondues; & qu'au contraire, les pêcheurs de la *compagnie* ont la licence de fondre à terre; ce qui rend leur chargement plus abondant & plus facile.

COMPAGNIE HOLLANDOISE DU LEVANT. Il n'y

à point proprement en Hollande, de *compagnie du Levant* : mais le commerce que les particuliers y font, est si confidérable, & d'une si grande conféquence pour la république même, que les états généraux n'ont point cru indigne d'eux d'en prendre foin, & d'y établir un ordre & des réglemens, que tous les négocians Hollandois, qui font ce négoce, font obligés d'obferver.

Pour veiller à l'obfervation de ces réglemens, les états ont établi à Amfterdam une chambre de direction, compofée de fix députés & d'un greffier, tous marchands, qui, fous l'autorité des bourguemeftres, ont foin de tout ce qui regarde la navigation & le commerce de la mer Méditerranée ; particulièrement de celui qu'ils entretiennent avec autant de profit que de réputation à Smirne & à Conftantinople.

C'eft cette *compagnie* qui nomme les confuls des échelles du levant, qu'elle eft néanmoins obligée de préfenter & de faire agréer aux états généraux. C'eft elle qui décide du nombre & de la force des convois néceffaires pour affurer la navigation des vaiffeaux marchands : elle régle auffi les différends qui furviennent entre les négocians au fujet de ce négoce : & elle a droit même, lorfqu'il le faut, d'ajouter de nouveaux réglemens aux anciens ; mais qui n'ont de force, qu'après qu'ils ont été confirmés par les états généraux.

COMPAGNIE ANGLOISE DES INDES ORIENTALES. L'on ne peut refufer à cette *compagnie* l'honneur du fecond rang parmi les *compagnies* établies en Europe, pour le commerce des grandes Indes ; à peine même cède-t-elle à celle de Hollande ; pour la richeffe de fes rétours : & fans les épiceries, dont cette dernière eft abfolument la maîtreffe, & de plus grands établiffemens qu'elle a dans tout l'Orient, il y a eu des tems que celle d'Angleterre pouvoit au moins fe flatter de quelque égalité.

On verra dans la fuite de cet article, les diverfes révolutions de la *compagnie Angloife* ; fa grandeur naiffante jufqu'en 1625 ; le plus haut point de fa gloire en 1662 ; fa décadence depuis 1680 ; fa chute prochaine en 1691 ; enfin, en 1698, fon rétabliffement dans un état plus glorieux que jamais, par fon union avec une nouvelle *compagnie*.

La *compagnie d'Angleterre* commença à fe former dans les dernières années du règne d'Elifabeth. L'émulation des fuccès heureux de leurs voifins dans les voyages de long cours, ayant engagé les Anglois à en tenter de pareils, cette princeffe accorda des lettres patentes aux marchands de Londres, qui s'étoient affociés pour cette entreprife ; & la charte qu'elle leur fit expédier en 1599, a depuis fervi de modéle pour toutes celles que la *compagnie* a obtenues des rois fes fucceffeurs.

La première flotte que les Anglois envoyèrent aux Indes, fut de quatre vaiffeaux, qui mirent à la voile en 1600. Elle revint avec une charge fi riche, qu'on compta en peu d'années jufqu'à vingt flottes, que la *compagnie* y avoit envoyées.

Jacques I. qui après la mort d'Elifabeth, avoit réuni fur fa tête les couronnes d'Angleterre & d'Ecoffe, protégea cette *compagnie* naiffante. Il confirma & augmenta par une nouvelle charte, tous les priviléges & les prérogatives qui lui avoient été accordés dans le régne précédent : & afin de faire voir combien il s'intéreffoit à cet établiffement, il envoya en 1608, & encore depuis en 1615, divers ambaffadeurs au Mogol, au roi du Japon, à celui de Perfe & à plufieurs autres princes des Indes, pour faire en fon nom ; & en celui de la *compagnie*, divers traités de commerce, dont quelques-uns fubfiftent encore.

L'on fçait fur-tout par combien de priviléges le roi de Perfe paya aux Anglois les fervices qu'ils lui rendirent, en lui aidant à chaffer d'Ormus les Portugais, qui fe fervoient de cette Ifle fameufe, & des forts prefque imprenables qu'ils y avoient élevés, comme d'une citadelle, pour fe maintenir dans l'ufurpation du commerce du Sein Perfique, qu'ils faifoient prefque feuls, depuis près d'un fiècle qu'ils s'en étoient emparés.

C'eft fous le régne de Charles II. que la *compagnie Angloife* a reçu le plus de faveurs, & fous lequel auffi elle a été plus floriffante ; fi pourtant on en excepte les cinq ou fix dernières années.

On compte jufqu'à quatre chartes de ce prince, par lefquelles il lui a accordé quelques nouveaux priviléges.

La première eft du 3 Avril 1661 : elle contient la confirmation des anciennes chartes, ou plutôt c'en eft une toute nouvelle, qui attribue à la *compagnie* quantité de droits, dont elle n'avoit point encore joui ; & augmenta ou éclaircit prefque tous ceux qui lui avoient été accordés par les chartes d'Elifabeth, & de Jacques I. On en parlera plus bas avec plus d'étendue, parce qu'elle eft proprement la bafe de tout le commerce de cette *compagnie*, & que c'eft encore aujourd'hui fur cette charte, que font fondés tous les priviléges & la police d'une nouvelle *compagnie* qui a été établie en 1698.

La feconde charte donnée par Charles II. eft du 27 Mars 1669. Par cette charte il cede à la *compagnie*, le port & l'ifle de Bombaye aux Indes Orientales, avec tous les droits régaliens, revenus, rentes, châteaux, bâtimens, fortifications, priviléges, franchifes, &c. tels qu'ils lui appartenoient par la ceffion que lui en avoit faite fa majefté Portugaife, ne s'en réfervant que la fouveraineté & l'hommage, comme relevant à l'avenir du château royal de Greenwich, comté de Kent ; & pour toute redevance, la fomme de dix liv. fterlings en or, de bonne monnoie d'Angleterre, payable chaque année le 30 feptembre au bureau de la douane de Londres.

Par la troifième charte, qui eft du 16 décembre

1614 Charles II. fait pareillement ceſſion à la *compagnie* Angloiſe, de l'iſle de Sainte-Hélène, comme lui appartenant par droit de conquête.

C'eſt cette iſle, qui depuis a ſervi d'entrepôt aux vaiſſeaux de la *compagnie*. Les Portugais la découvrirent dans les premiers tems de leur navigation aux Indes par le Cap de Bonne-Eſpérance. L'ayant abandonnée, elle fut poſſédée par les Hollandois, qui la quittèrent à leur tour, pour s'établir au Cap. Les Anglois y prirent poſte après eux; mais ils en furent chaſſés en 1672, par la *compagnie* de Hollande. Enfin, le capitaine Mondai, qui commandoit une eſcadre de ſa majeſté Britannique, l'ayant repriſe l'année ſuivante, ce fut le droit que Charles II. y avoit acquis par cette conquête, qu'il ceda à la *compagnie Angloiſe* par la charte de 1674.

Enfin, la quatrième charte, que la *compagnie* obtint de ce prince, ordonne l'éréction d'une cour de judicature, compoſée d'un legiſte, & de deux marchands, dans toutes les places, comptoirs, & autres lieux, qu'elle poſſede dans toute l'étendue de ſa conceſſion, pour juger tous les cas de ſaiſies & conteſtations au ſujet des vaiſſeaux, ou marchandiſes allant aux Indes, contre le privilége excluſif accordé par les Lettres Patentes de 1661; comme auſſi pour connoître de toutes les cauſes de marchandiſes, de marine, de navigation, d'achats, de ventes, d'échanges, de polices d'aſſurance, de lettres de change, &c. même de tous crimes commis en pleine mer, ou dans les pays, régions & territoires appartenans à la *compagnie*, dans l'Aſie, l'Afrique & l'Amérique, le tout néanmoins ſelon les us & coutumes des marchands, & les loix d'Angleterre.

Ces quatre chartes depuis furent confirmées par Jacques II. par une charte de la première année de ſon régne, dans laquelle il rapelle en détail les ceſſions de Bombaye & de Sainte-Hélène, & l'éréction de la cour de judicature, faite par les trois dernières; ordonnant ſeulement en général l'exécution de la première, dont on va ajouter ici l'extrait ſuivant la promeſſe qu'on en a faite ci-deſſus.

Cette charte conſiſte en vingt-huit articles : voici les principaux.

Par le premier, ſa majeſté Britannique érige la *compagnie* en une corporation, ou corps politique, ſous le nom de *gouverneur & compagnie des marchands de Londres*, trafiquans dans les Indes Orientales.

Le troiſiéme lui accorde un ſceau commun, pour ſervir dans toutes ſes expéditions; avec la faculté de le rompre & changer, quand elle le voudra, & d'en faire fabriquer & graver un nouveau.

Le quatrième établit un gouverneur & vingt-quatre aſſiſtans, tirés des actionnaires de la *compagnie*, pour avoir la direction des affaires, & ordonner du chargement & envoi des vaiſſeaux, & de tout le commerce qui ſe fera dans l'étendue de ſa conceſſion.

Le cinquiéme, le ſixiéme, le ſeptiéme, le huitiéme & le neuviéme nomment pour la première fois le gouverneur & les aſſiſtans, & réglent pour l'avenir la forme qui s'obſervera dans l'élection deſdits gouverneur & aſſiſtans, & d'un député-gouverneur, ou ſous-gouverneur, pour préſider en l'abſence, ou en cas de mort du gouverneur. Ils ordonnent auſſi devant qui les élus ſeront tenus de prêter ſerment, & quel il doit être. Enfin, ils marquent le tems que tous ces officiers doivent reſter en charge, & celui que ſe tiendront les cours, ou aſſemblées générales de la *compagnie*. A l'égard des aſſemblées générales, elles ſont fixées au mois d'avril de chaque année, depuis le 10 juſqu'au dernier; le jour reſtant au choix du gouverneur. Pour la durée des fonctions des officiers, elle eſt annuelle, & ils ne peuvent être continués ſans de grandes raiſons, ſeulement dans des occaſions rares & importantes.

Le dixiéme article fixe l'étendue de la conceſſion; & permet à tous ceux qui ſeront de la *compagnie*, leurs fils qui auront vingt-un ans, leurs apprentifs, facteurs & domeſtiques, de trafiquer & négocier librement par mer par toutes les routes & paſſages déja découverts, ou qui le ſeront par la ſuite, ſoit aux Indes, ou des Indes dans les autres parties & régions de l'Aſie, de l'Afrique, & de l'Amérique, au-delà du Cap de Bonne-Eſpérance, juſqu'au détroit de Magellan, & tous autres endroits dans leſdites bornes, où il ſe peut faire & exercer quelque commerce, ou trafic de marchandiſes, pourvu qu'il en ait été auparavant arrêté & délibéré par la *compagnie*; & pourvu auſſi que ledit commerce ne ſe faſſe pas dans les lieux déja occupés par les ſujets de quelqu'autre prince.

L'onziéme article donne pouvoir à la *compagnie*, de faire toutes les loix & ordonnances qu'elle jugera à propos, pour être obſervées par ſes facteurs, capitaines & maîtres de vaiſſeaux, & autres officiers qui ſeront à ſon ſervice; même de les révoquer, & en faire de nouvelles; & en cas de contravention auxdites loix, ordonner contre les contrevenans telles peines, amendes, ou punitions, qu'elle jugera juſtes & raiſonnables, ſans être obligée d'en rendre compte à qui que ce ſoit, non pas même aux officiers de ſa majeſté Britannique; à condition néanmoins que leſdites loix, ordonnances & conſtitutions ne ſeront point contraires à celles d'Angleterre.

Par le douziéme, ſa majeſté veut, que pour tous droits de douane, de *peſage*, ou autres, qui pourroient lui être dûs, à cauſe des marchandiſes venant des Indes ſur les vaiſſeaux de la *compagnie*, il lui ſoit accordé un délai d'une année pour leur entier paiement; ſçavoir ſix mois pour la première moitié & ſix autres mois pour l'autre moitié, en donnant néanmoins caution; ce qui s'obſerveroit auſſi pour les marchandiſes ſortant d'Angleterre, pour aller aux Indes; pour leſquelles même il ne s'en payeroit aucuns droits, ſi elles périſſoient avant d'être arrivées

aux

aux lieux de leur deſtination ; & qu'en cas qu'il en eût été payé , qu'ils lui ſeroient reſtitués ; en juſtifiant néanmoins par ladite *compagnie* , pardevant le grand tréſorier du royaume , de la perte deſdites marchandiſes.

Il eſt encore accordé par le même article un terme de treize mois , pendant lequel la *compagnie* , ou ceux des ſujets de S. M. B. qui auront acheté d'elle des marchandiſes venant des Indes , pourront les faire ſortir du royaume , ſans payer aucuns droits , pourvu qu'ils ſoient chargés ſur des vaiſſeaux Anglois , & qu'on rapporte les acquits du paiement de leurs droits d'entrée.

Le treiziéme article permet le tranſport des eſpèces d'argent étrangères hors du royaume , pour être employées au commerce de la *compagnie* dans les Indes ; même de celles qu'elle aura fait battre au coin d'Angleterre , dans la tour de Londres , provenant des matières deſdites monnoies étrangères ; pourvu néanmoins que la ſomme totale n'excède point 50,000 liv. ſterlings dans chaque voyage.

Par les quatorziéme & quinziéme articles , il eſt permis à la *compagnie* d'avoir ſix grands vaiſſeaux & ſix flutes , montés & équipés de toutes ſortes de munitions , ſoit de guerre , ſoit de bouche , avec cinq cens bons matelots Anglois , pour faire ſon commerce dans toute l'étendue de ſa conceſſion ; ſur leſquels ſa majeſté Britannique ne pourra mettre d'embargo , ſous quelque prétexte que ce ſoit , à moins qu'elle ne puiſſe abſolument ſe paſſer deſdits vaiſſeaux dans quelque occaſion de guerre preſſante & imprévue , où elle en auroit beſoin pour augmenter ſa flotte.

Le ſeiziéme accorde à la *compagnie* , un privilége excluſif , pour faire ſeule le commerce aux Indes , & ordonne la ſaiſie & confiſcation des vaiſſeaux & marchandiſes que les autres ſujets de ſa majeſté Britannique y pourroient envoyer ; l'empriſonnement des capitaines & maîtres de vaiſſeaux , qui les y auroient conduits ; les amendes en cas de récidive ; enfin , la caution de 1000 l. ſterlings , pour aſſurer & répondre qu'on n'ira plus dans la conceſſion de la *compagnie* , en contravention de cet article.

Le dix-neuviéme article oblige la *compagnie* de rapporter en Angleterre , au moins autant de matières d'or ou d'argent , qu'elle en aura tiré dans chacun de ſes voyages ; & marque les ports de Londres , de Darmouth & de Plimouth , pour les ſeuls du royaume , par leſquels il lui ſera à l'avenir permis de faire ſortir les eſpèces dont elle aura beſoin pour ſon négoce ; leſquelles matières & eſpèces d'or & d'argent ſeront enregiſtrées dans leſdits ports , ſoit en ſortant , ſoit en entrant ; mais cependant ſans payer aucuns droits.

Par le vingtiéme , il eſt défendu aux commis des douanes de S. M. B. de laiſſer entrer aucunes marchandiſes provenantes des lieux compris dans toute l'étendue de la conceſſion de la *compagnie* ,

à moins qu'il n'apparoiſſe d'une permiſſion par écrit , ſcellée de ſon ſceau , & ſignée par ſes officiers.

Le vingt-uniéme fixe à 500. liv. ſterlings , les ſommes qu'il eſt néceſſaire d'avoir dans le fonds capital de la *compagnie* , pour chaque voix délibérative ; accordant néanmoins la faculté à ceux qui y auront apporté une moindre ſomme , de ſe joindre pluſieurs enſemble , pour former une voix.

Le vingt-quatriéme article permet à la *compagnie* , d'envoyer des vaiſſeaux de guerre & des troupes , & de bâtir des châteaux & des forts dans tous les lieux de ſa conceſſion ; même d'y faire la paix ou la guerre avec toutes ſortes de peuples , qui ne ſont pas chrétiens ; & de tirer raiſon par les armes de ceux qui lui auroient cauſé quelque perte , ou interrompu ſon commerce.

Enfin , le vingt-ſixiéme lui accorde pareillement la permiſſion d'arrêter ou enlever tous les Anglois , & autres ſujets de S. M. B. qui trafiqueront dans les vaiſſeaux Indiens ou Anglois , ou qui habiteront dans tous les lieux dont le commerce lui a été cédé , ſans la permiſſion de ladite *compagnie*.

On a négligé d'extraire pluſieurs des vingt-huit articles dont eſt compoſée la charte de Charles II. du 3 avril 1662 , ou parce qu'ils ſont peu importants , ou parce qu'ils ne ſervent que d'explications à quelques-uns des autres.

Lorſque cette charte devint publique en Angleterre , le parlement ſembla trouver mauvais le privilége excluſif que le roi accordoit à la *compagnie* par le ſeiziéme article.

Cette queſtion n'étoit point nouvelle , & elle avoit été déja agitée ſous le règne de Jacques I. ; mais ce prince , nouvellement appellé au trône d'Angleterre , par la mort d'Eliſabeth , craignant de compromettre ſon autorité , aima mieux révoquer un pareil privilége , qu'il avoit accordé aux colonies de la Virginie , que de ſoutenir la prérogative royale.

Charles II fut plus hardi , ou plus heureux que ſon ayeul : la queſtion fut portée dans la cour de la loi commune d'Angleterre , où elle fut jugée en faveur du roi : mais malgré ce ſuccès , la *compagnie* ne profita guères de ce privilége ; & l'indulgence naturelle de ce prince , jointe aux ſommes conſidérables que les Interlopes lui fourniſſoient de temps en temps , firent que ceux-ci continuèrent leur commerce aux Indes , & que pendant tout ſon règne , la *compagnie* ne les en put empêcher.

Elle prit mieux ſes meſures ſous celui de Jacques II. ; ayant repréſenté à ce prince , combien il étoit de l'intérêt de ſa majeſté Britannique , & de celui de l'Angleterre , de la maintenir dans toute l'étendue de ſon droit , elle en obtint le premier avril 1685 , la charte dont on a parlé ci-devant ; par laquelle , outre la confirmation des quatre chartes de ſon prédéceſſeur , il fit de ſi expreſſes & de ſi rigoureuſes défenſes à tous ſes ſujets , qui ne font point de la *compagnie*, de faire le commerce des Indes, que les Interlopes en parurent entièrement exclus.

La proclamation pour l'exécution de la charte de Jacques II. par rapport au privilége exclusif de la *compagnie*, pour le commerce des Indes Orientales, est du même jour que la charte.

On remarquera en paffant, que l'indulgence que Charles II. avoit eue pour eux, étoit devenue si préjudiciable à la *compagnie*, sur la fin de son règne, que ses actions, qui en 1682 étoient montées à 370, baissèrent, presque tout d'un coup à 200.

Les actions de la *compagnie Angloife* n'étoient originairement que de 50 liv. sterlings; mais les directeurs ayant eu une répartition confidérable à faire en 1676, elle mit le profit en principal, au lieu de le retirer; tellement que les actions doublèrent, & devinrent de 100 livres sterlings.

La vente ou l'achat des actions n'ont pas un fi grand mouvement à Londres qu'en Hollande, où leur prix ne dépend souvent que du bruit le plus leger qui se répand, soit de guerre, soit de paix; au lieu qu'en Angleterre il roule ordinairement sur la difette ou l'abondance d'argent sur la place; sur l'heureux retour, ou sur la perte des vaiffeaux que la *compagnie* a en mer; & sur la bonne ou mauvaife vente des marchandifes, qui se fait deux fois l'année: savoir, au mois de mars, & au mois de feptembre.

En l'année 1685, qui fut une des plus heureufes années, & des plus favorables pour les retours de la *compagnie*, la vente du mois de feptembre, monta à 6,140,000 l. tournois; & il restoit encore dans les magasins de la *compagnie* pour environ 1,560,000 l. de marchandifes: aussi se fit-il une répartition de vingt-cinq pour cent sur le capital du fonds, payable dix pour cent comptant, & quinze pour cent au mois de mars suivant.

On juge affez que dans ce qu'on a dit ci-deffus du cours des actions en Angleterre, on n'a point entendu parler de cette manie subite, qui en 1719 & 1720, leur donna ce haut prix, qui a ruiné également les particuliers & l'état; défordre où le sage parlement de cette nation tâche préfentement d'apporter les remèdes nécessaires, (1721).

Le premier fonds de cette *compagnie* montoit à 369,891 liv. sterlings & 5 chelins, qui ayant doublé, comme on l'a dit ci-deffus, s'est compté depuis sur le pied de 739,782 liv. sterlings 10 ch. à laquelle somme, si l'on ajoute pour les profits faits par la *compagnie*, montans en 1685 à 963,639 l. sterlings 16 ch. 1 s. le total compose un fonds de 1,703,422 liv. sterlings 6 ch. 1 s. revenant, monnoie de France, à 22,144,486 l. on en donnera ci-après un état.

Lorfque quelqu'un achete des actions, après être convenu du prix avec celui qui les lui vend, ils vont enfemble chez le teneur de livres de la

compagnie, qui écrit fur fon livre : un tel jour, un tel a tranfporté à un tel, un tel nombre d'actions, ce que le vendeur & l'acheteur fignent fur le registre; enforte que toute la sûreté & la bonne foi de ce commerce confistent dans la fidélité des livres qui font tenus par la *compagnie*.

A l'égard de la police voici ce qui s'obferve; en quoi souvent il femble qu'on déroge à quelque article de la grande charte.

Pour pouvoir être membre de la *compagnie*, il faut être Anglois, ou naturalifé Anglois, & lui payer 5 liv. sterlings, en se faifant recevoir.

L'élection du gouverneur, du député-gouverneur & des vingt-quatre affistans, se fait tous les ans au mois d'avril à la pluralité des voix; pour être directeur, il faut avoir deux mille livres sterlings de fonds, tant ancien que nouveau; les voix se donnent par buletins, où l'on écrit son nom, & le nom de celui qu'on élit, en combinant les fommes, comme on l'a dit ci-deffus, quand son seul fonds n'est pas affez confidérable pour compofer une voix.

Le député & le fous-gouverneur ne peuvent être continués que deux années de fuite; mais ils peuvent y revenir. A l'égard des directeurs, on est obligé d'en changer fept ou huit tous les ans.

L'affemblée des directeurs se tient tous les mercredi & vendredi de chaque femaine : elle est ordinairement partagée en divers comités ou bureaux, mais qui tous ne décident rien qu'en comité général. Ces bureaux font ordinairement, l'un pour l'achat des marchandifes que la *compagnie* envoye aux Indes; l'autre pour le frettement des vaiffeaux; un troifiéme pour la difcuffion de ce qui se paffe aux Indes; un quatriéme pour avoir foin des magafins; & un cinquiéme pour la follicitation des affaires.

La *compagnie* a un fecrétaire & un teneur de livres : celui-ci a fous lui douze commis, & l'autre fix; tous jeunes gens qu'on met là pour s'instruire. Parmi ceux du teneur de livres, on reçoit des jeunes gens de condition, qui y servent fans appointemens pendant neuf années, après lequel tems, on les envoye dans les comptoirs des Indes, où ils gagnent beaucoup.

Le caiffier général & les gardes-magafins font encore du nombre des premiers commis de la *compagnie*. Le caiffier a fix commis, & le gardes-magafins plufieurs porteurs, pour tranfporter & placer les marchandifes pendant le jour, & veiller pendant la nuit, tant au dedans qu'au dehors des magafins, pour éviter les accidens du feu, ou autres femblables. Tous ces magafins font établis à Londres.

La *compagnie* n'a en propre que quelques petits vaiffeaux, dont elle se fert aux Indes : les autres vaiffeaux qu'elle emploie pour son commerce appartiennent à des particuliers, ordinairement à trois ou quatre des plus riches directeurs, ou à quelques puiffans négocians de Londres, qui les font bâtir exprès, pour les lui louer à fret à chaque voyage, suivant une charte-partie que la *compagnie* arente auparavant avec eux.

Les envois qui se font d'Angleterre aux Indes, font de l'or en lingots, des louis d'or de France, des pistoles d'Espagne, beaucoup de piastres, ou pièces de huit, & de l'argent en barres, ou même de la monnoie d'Angleterre battue à la tour de Londres; mais sous les conditions exprimées dans l'article treiziéme de sa charte.

Cet or & cet argent font ordinairement les trois quarts, ou les sept huitièmes de la cargaison des vaisseaux que la *compagnie* envoye; l'autre quart consiste en plomb, en fer de Suéde & d'Espagne, en canons de fer, en poudre, en méche, en draps d'Angleterre de diverses couleurs, en quantité de serges, & autres petites étoffes des manufactures du pays, dont elle débite environ pour six cent mille écus par an; en cochenille, en vif-argent, en vermillon, en corail brut d'Italie, & en ambre en grain, & autres petits ouvrages de France.

Les retours des Indes font du poivre, des drogues, du café, du coton filé, des toiles de coton, du salpêtre, des étoffes de soie avec de l'or & sans or, quantité de soies crues de Perse & de la Chine; enfin des cabinets, des paravents, & autres telles curiosités; avec presque toutes les autres marchandises qu'on peut voir ci-dessus au paragraphe de la *compagnie Françoise des Indes Orientales.*

Ces retours montent ordinairement à 900,000 l. sterlings par an & plus.

Quoique tout le commerce des Indes Orientales appartienne à la seule *compagnie*, & que par ses chartes, il lui ait été accordé exclusivement à tous autres; les particuliers bien qu'ils n'en soient pas membres, peuvent néanmoins y avoir part de deux manières; l'une en obtenant d'elle la permission d'y envoyer des vaisseaux suivant les conditions d'une charte-partie qu'ils passent avec elle; l'autre par le moyen des pacotilles qu'elle accorde aux propriétaires des vaisseaux qu'elle frette, & aux capitaines, officiers & matelots qui les commandent & qui les montent.

A l'égard de la pacotille, elle a été fixée par un réglement du 4 septembre 1686. Pour les conditions des chartes-parties, elles font pour l'ordinaire différentes suivant les conjonctures & les temps.

Les principales font; que les vaisseaux armés par les particuliers, porteront sans fret une certaine quantité d'argent & de marchandises pour le compte de la *compagnie*; qu'ils se chargeront d'un certain nombre de soldats à sa solde, pour les transporter dans ses comptoirs, sans payer de passage & de nourriture, & de mettre dans leur cargaison, outre les marchandises permises, de l'or, de l'argent, des joyaux, du corail brut, & toutes sortes de manufactures d'Angleterre, en payant à la *compagnie*, sçavoir, pour les manufactures de laine, 12 pour cent; pour l'or, l'argent & les joyaux, 2 pour cent; & pour le corail brut, aussi 12 pour cent.

Ces navires de permission, étant arrivés aux In-

des, y peuvent négocier de port en port en payant un certain droit suivant la nature des marchandises desquelles ils font commerce, dont ils rendent compte aux commis de la *compagnie*. Il ne leur est pas néanmoins libre de rapporter en Europe toutes sortes de marchandises, mais seulement celles qui leur font permises par le réglement de 1686, du nombre desquelles, les principales font du poivre, & les marchandises que l'on tire de la Chine, du Tunquin & du Japon; mais pourtant pour lesquelles ils payent aussi un droit.

A leur arrivée en Angleterre, il faut que la cargaison de ces vaisseaux soit consignée à la *compagnie* qui en fait la vente à l'enchère, à la première vente générale. Enfin, en cas qu'elle ait besoin de vaisseaux dans les Indes, ceux de ces navires de permission qui s'y trouvent, font obligés de la servir à certaines conditions aussi réglées par les délibérations de la *compagnie*.

La *compagnie* permet pareillement que les particuliers fassent le commerce des diamans, par les vaisseaux qu'elle envoye aux Indes, moyennant un certain droit convenu pour le fret; sçavoir 2 pour cent pour ceux qui font membres de la *compagnie*; 6 pour cent pour les Anglois qui n'en font point; & 8 pour cent pour les étrangers.

La *compagnie* a quatre principaux établissemens aux Indes; sçavoir à Surate, au golfe de Bengale, à la côte de Coromandel, & en Perse.

Ceux qui ont la direction générale de ses affaires dans ces quatre comptoirs, se distinguent par différens titres. Celui de Surate s'appelle le général; celui du Bengale, le chef; celui du Coromandel, le président; & celui de Perse, l'agent de la *compagnie*: on nomme néanmoins aussi quelquefois le directeur général de Surate, *le premier président de la compagnie.*

On n'entrera pas ici dans le détail des comptoirs particuliers qui relèvent de ces quatre principales résidences, en ayant parlé amplement ailleurs. *Voyez dans l'état général du commerce, celui que les nations d'Europe font aux Indes Orientales.*

On ajoutera seulement que lorsque les Anglois font sortis de Bantam, ils ont fait un nouvel établissement général à Priaman dans l'isle de Sumatra; mais il est peu considérable.

Les vaisseaux que la *compagnie* envoye au golphe de Bengale & à la côte de Coromandel, partent ordinairement aux mois de décembre & de janvier.

Lorsque les bâtimens qu'elle a frettés partent en flotte, elle nomme un amiral, un vice-amiral, & d'autres officiers généraux suivant le nombre des bâtimens. Aucuns des vaisseaux qu'elle envoye aux Indes ne font armés en guerre, & il n'en va point de tels sous sa commission; mais lorsqu'ils y font arrivés, si elle en a besoin, on les fait armer; & celui qui commande sur les lieux, leur donne une commission scellée du sceau de la *compagnie*, qui est autorisée par des lettres-patentes de S. M. B.

Enfin, la *compagnie* peut faire la guerre aux

rois & princes Indiens, qui ne font point alliés du roi d'Angleterre, fans en attendre les ordres de la cour de Londres, conformément au vingt-quatrième article de la grande charte de Charles II.

Avant que ce parler de la décadence de cette première *compagnie*, & de l'établissement de la nouvelle, à laquelle elle fut unie en 1698; on va donner un extrait de fes livres, dreffé en 1685, temps où elle étoit encore dans un état floriffant : on y joindra auffi l'état des vaiffeaux qu'elle a envoyés aux Indes depuis l'année 1684, jufqu'en 1687; ce qui achevera de donner une idée de fes fonds & de fon commerce.

Extrait des livres de la compagnie Angloife des Indes Orientales.

1 6 8 5.

liv. fterl.

Doit avoir

Pour les effets à Surate . . .	135,609 13 f.	2
Au fort S. George	342,722 15	6
A la baye de Bengale	286,022 10	2
Aux mers du Sud	90,911 12	10
Prêts à plufieurs navires . . .	23,851 3	7
Aux magafins de Londres . .	1,608,194 16	

La *compagnie* doit . . . 2,487,312 11 3

l. f. ft.

A plufieurs in-
téreffés . . 569,244 5
Pour frais à
Londres . . 175,646
Frais aux In-
des 4,000   783,890 5 2
Intérêts de l'ar-
gent . . . 15,000
Dettes aux In-
des 20,000

Refte de liquide 1,703,422 6 1

Le fonds de la *compagnie* eft de 739,782 liv. 10 fols, & fe trouve par le bilan ci-deffus de 1,703,422 liv. 6 fols, 1. ch. ce qui eft deux cent trente & un quart pour cent d'augmentation.

On ne met point en compte 111,417 liv. 2 fols 6 deniers de mauvaifes dettes en Europe, non plus que 719,464 liv. 16 fols, pour le fort S. George, Bombaye, S. Hélène, & autres places de la *compagnie*.

Il faut remarquer que cette balance eft dreffée fur e pied de la livre fterling, qui en 1685 valoit environ treize fois la livre tournois de France.

État des vaiffeaux Anglois envoyés aux Indes par la compagnie, ou avec fa permiffion depuis le 10 avril 1684, jufqu'au mois de feptembre 1687.

1684 Six vaiffeaux, fçavoir, trois pour Surate, un

pour le fort S. George, un pour le Tunquin, & un pour Mindanao.

1685 Six vaiffeaux, fçavoir, un pour Sainte-Hélène, deux pour Surate, deux pour les mers du Sud, & un pour Priaman à la baye de Coromandel.

1686 Neuf vaiffeaux, fçavoir, trois pour la côte de Coromandel & la baye de Bengale, cinq pour Bombaye, un pour Priaman & la baye.

1687 Sept vaiffeaux, fçavoir, quatre pour le fort S. George, un pour Sainte-Hélène & le fort S. George, & un pour le Tunquim.

Tous ces vaiffeaux devoient faire leurs retours en Angleterre.

Il en partit auffi quatre en 1685, & deux en 1686, qui devoient refter aux Indes pour faire le commerce d'Inde en Inde ; fçavoir, trois pour le fort S. George, deux pour Bombaye, & un pour Priaman.

Il y eut encore en 1686 cinq vaiffeaux de permiffion; fçavoir quatre pout le fort S. George, & un pour Surate ; & en 1687 trois; fçavoir, un pour Bombaye, un pour Madagafcar & Bombaye, & un pour la Chine.

Le nombre de tous ces vaiffeaux monte à quarante-quatre; fçavoir, vingt-huit pour le compte de la *compagnie* qui devoient revenir en Europe; fix auffi pour fon compte, qui devoient refter aux Indes ; & huit pour le compte des particuliers, à qui elle en avoit accordé la permiffion, fuivant la charte-partie réglée entr'elle & eux.

Cette première *compagnie Angloife*, avoit de temps en temps fouffert de grandes pertes : premièrement, en 1680, quand elle fut obligée de fe retirer de Bantam, où fes magafins furent pillés par les Hollandois, lorfque ces derniers, fous le prétexte de donner du fecours à fultan Agui, contre fultan Agom fon père, s'emparèrent de cette place, d'où ils exclurent tous les Européens.

Secondement, en 1682, quand le grand nombre d'interlopes, à qui Charles fecond accordoit trop facilement des permiffions, firent baiffer fes actions à plus de cent pour cent moins qu'elles n'avoient été auparavant.

En troifième lieu, en 1685, par la guerre que la *compagnie* eut à foutenir dans les Indes contre le grand mogol, pendant laquelle elle avoit été obligée d'abandonner fon comptoir de Surate, & de fe retirer à Bombaye; elle avoit néanmoins toujours réparé fes fonds & foutenu la réputation de fon commerce, comme on l'a pû voir par les états rapportés ci-deffus.

Mais enfin, la révolution arrivée en Angleterre, en 1688, & la guerre qui la fuit, pendant laquelle la *compagnie* fit des pertes incroyables par l'heureufe hardieffe des armateurs François qui lui enlevèrent plufieurs de fes flottes, la mirent dans l'état le plus périlleux où elle eût jamais été, & fi dangereux, que les Anglois eux-mêmes ne crûrent pas la pouvoir foutenir, & aimèrent mieux en établir une nouvelle, à laquelle néanmoins l'ancienne fut peu de temps après réunie.

La charte de cette seconde *compagnie* est de 1698, qui est l'année qui suivit celle où la paix fut conclue & signée à Riswich.

Ses fonds devinrent si considérables, & les souscriptions se firent avec tant de facilité, qu'un auteur célèbre, qui écrivoit dans le commencement de la guerre pour la succession d'Espagne, assure qu'en moins de deux ans, elle avoit mis en mer jusqu'à quarante vaisseaux équipés pour son commerce : ce qui étoit plus du double de ce que l'ancienne *compagnie* eut jamais fait dans les temps les plus florissans de son négoce; & qu'année commune elle envoyoit aux Indes un million sterling en argent, au lieu que l'autre n'avoit jamais passé en espèces la somme de cinq cent mille livres sterlings dans les plus fortes cargaisons qu'elle faisoit deux fois par an pour ses comptoirs des Indes.

On n'entrera pas ici dans un plus grand détail sur l'établissement de cette nouvelle *compagnie des Indes*, parce que la charte qui lui fut accordée par Guillaume III, ne contient rien de plus, du moins pour l'essentiel, que ce qui se trouve dans celle de Charles II, pour l'ancienne, dont on vient de parler si amplement, & que d'ailleurs par son union avec celle-ci, étant entrée en propriété de tous ses comptoirs & de tous ses effets dans les Indes, & ayant, pour ainsi dire, adopté tous les réglemens qu'elle avoit faits pour sa police & son gouvernement, particulièrement celui de 1686, il semble qu'on la doit plutôt regarder comme la même *compagnie* continuée, que comme une *corporation*, ainsi qu'on parle en Angleterre, faite sur un pied différent de la première.

On peut voir à l'article *Angleterre*, l'état actuel de cette *compagnie*.

COMPAGNIE ANGLOISE DE HAMBOURG. Il n'y a point en Angleterre de *compagnie de commerce* d'un établissement plus ancien que la *compagnie de Hambourg*, quoiqu'à la vérité elle n'y ait pas toujours été connue sous ce nom-là, ni restrainte dans des bornes aussi étroites qu'elle l'est aujourd'hui.

On l'appella d'abord *compagnie des marchands trafiquans à Calais, Hollande, Zelande, Brabant & Flandres*, & autres pays de la mer; ensuite on lui donna le nom général de *marchands avanturiers d'Angleterre*, parce qu'elle étoit composée de tous les marchands Anglois, qui trafiquoient au-de-là de la mer dans l'Océan Germanique, les Pays-Bas, & la mer Baltique : enfin elle s'est nommée la *compagnie des marchands avanturiers d'Angleterre*, trafiquans à Hambourg, qui est le nom qui lui est resté, à cause que c'est à présent le seul objet de son négoce.

Cette *compagnie*, aussi-bien que quelques autres *compagnies Angloises*, qui ont été formées sur son modèle, dont on parlera aussi dans la suite, est d'une espèce toute différente des autres *compagnies*, dont on a parlé jusqu'ici, & n'a guères de rapport au plan & au sistême ordinaire de ces sortes de sociétés.

En effet, ce n'est pas une société de plusieurs négocians, qui fournissent chacun une partie des sommes qui doivent composer le fonds capital de la *compagnie* : c'est une simple association, ou plutôt un corps de marchands qui n'ont rien de commun que l'octroi, & le privilège de négocier à Hambourg, & dans quelques autres villes d'Allemagne; chacun d'ailleurs faisant son négoce particulier, & pour son compte, en observant néanmoins certaine discipline, & divers réglemens qu'il n'appartient qu'à la *compagnie* d'établir ou de changer.

La première charte pour l'établissement de la *compagnie de Hambourg*, est du 5 février 1406, sous le règne de Henri IV roi d'Angleterre; elle fut depuis confirmée & augmentée de divers privilèges par les rois ses successeurs; entr'autres, par Henri V en 1413, par Henri VI en 1422, par Henri VII en 1493, 1505 & 1506, par Henri VIII en 1509, 1517 & 1531; par Edouard VI en 1547, par Marie en 1553, par Elisabeth en 1564 & 1586, par Jacques I en 1605, & par Charles II en 1661.

De tout ce grand nombre de chartes, il n'y a proprement que celles de Henri IV, de Henri VII, d'Elisabeth, de Jacques I & de Charles II, qui soient importantes, & qui accordent quelque chose de nouveau à cette *compagnie*, les autres n'étant que de simples confirmations : aussi ce ne sera que de ces cinq qu'on extraira la police & les privilèges de cette *compagnie*.

Avant la Charte de Henri IV, tous les marchands Anglois qui trafiquoient hors du royaume, se conduisoient dans le commerce qu'ils entretenoient avec les étrangers, suivant qu'ils le croyoient plus convenable à leur intérêt, sans aucune attention, ou pour le bien particulier des autres négocians, ou pour l'avantage général de la nation; ce qui très-souvent étoit préjudiciable aux uns & aux autres, & décréditoit le négoce des Anglois.

Henri IV ayant été averti de ce désordre, crut y remédier en réunissant tous les marchands de ses états dans un même corps, où sans perdre la liberté de trafiquer en particulier, & pour leur propre compte, ils ne laisseroient pas d'être gouvernés par une *compagnie* toujours subsistante, & d'être assujettis à des réglemens qui conserveroient la réputation du commerce général de la nation, & ne préjudicieroient pas à l'intérêt du particulier. Pour l'exécution de ce projet;

Il accorda la permission à tous les marchands Anglois qui trafiquoient au-de-là de la mer, & particulièrement à ceux de Calais, qui étoient alors de la domination Angloise, de s'associer en un corps politique, d'avoir des directeurs & gouverneurs, soit en Angleterre, soit dans les pays étrangers; d'y tenir des assemblées, soit pour la direction du négoce, soit pour le jugement des causes entre marchands; de faire des loix & des ordonnances; de punir par amende ou autrement, ceux qui y contreviendroient; & d'imposer des taxes modiques sur les marchandises & marchands, pour être employées aux befoins & avantage commun de l'affociation.

Ce peu d'articles que contenoit la charte de Henri IV, fut de beaucoup augmenté par celle de Henri VII.

Premièrement, il fut dit que les affociés de cette *compagnie* feroient appellés *compagnie des marchands avanturiers* trafiquans à Calais, Hollande, Zelande, Brabant & Flandres, & autres lieux de delà la mer.

2°. Qu'il leur feroit permis de s'affembler à Calais & fon abanlieu, ou ailleurs; & de nommer dans cette affemblée à la pluralité des voix, un ou plufieurs gouverneurs, & vingt-quatre directeurs, pour régler & gouverner la *compagnie* fuivant les loix & ordonnances, dont lefdits gouverneurs & directeurs feroient convenus enfemble.

3°. Qu'il ne fe régleroit & ne fe décideroit rien dans les affemblées, qu'elles ne fuffent au moins compofées de treize directeurs & du gouverneur, ou de fon député.

4°. Que celui qui auroit été nommé directeur, & qui refuferoit d'en faire les fonctions, payeroit vingt livres fterlings, dont la moitié appartiendra au roi, & l'autre à la *compagnie*.

5°. Que lefdits gouverneurs & directeurs pourroient faire des impofitions modiques, & condamner à des amendes; & pour les recevoir & en rendre compte, avoir un réceveur, qui ne feroit comptable qu'à la *compagnie*.

6°. Qu'ils auroient le droit de faire publier & proclamer les foires franches de Calais, & même de les prolonger de quinze jours, s'ils le trouvoient à propos.

7°. Que pour entrer dans la *compagnie*, & en être réputé membre, on payeroit par tête vingt marques fterlings, ainfi qu'il avoit été arrêté par le parlement.

8°. Que les membres de la fociété pourroient, en en obtenant permiffion, aller dans tous les états & pays étrangers non compris dans fa conceffion, pourvu qu'ils fuffent alliés de l'Angleterre.

9°. Qu'il feroit libre à la *compagnie* de fe choifir, dans Calais, des mefureurs, crocheteurs, emballeurs & ployeurs, pour avoir foin des marchandifes, qui ne dépendroient que d'elle feule.

10°. Enfin, que les *marchands avanturiers* membres de cette fociété, feroient tenus de fe trouver aux affemblées générales qui feroient indiquées par les gouverneurs & directeurs, foit à Londres, foit à Calais, foit autre part.

L'inexécution de ce dernier article, & la contravention à plufieurs des autres, caufant beaucoup de trouble & de retardement aux affaires de la *compagnie*; les gouverneurs & directeurs obtinrent une nouvelle charte par laquelle la peine de prifon fut ordonnée, tant contre ceux qui ne fe trouveroient pas aux affemblées fans caufe légitime, que contre ceux qui feroient rebelles & défobéiffans aux loix & ordonnances qui y auroient été faites.

On ne parlera pas ici des foires franches que Henri VII avoit établies à Calais en 1493, & dont

par le fixième article de la charte précédente, la direction avoit été donnée aux marchands avanturiers, parce qu'elles n'ont fubfifté qu'autant de temps que cette ville eft reftée entre les mains des Anglois.

Les gouverneurs & directeurs de la *compagnie*, ayant préfenté en 1564 une requête à la reine Elifabeth, pour l'explication & interprétation de quelques articles de la charte de Henri VII, & la confirmation de toutes les autres, qui lui avoient été jufques-là accordées; cette princeffe, par une charte de la même année, déclare :

1°. Que pour ôter toutes ambiguités, & faire ceffer toutes conteftations au fujet defdites chartes; elle incorpore de nouveau ladite *compagnie*, qui fera à l'avenir nommée, appellée, connue & incorporée fous les noms de *gouverneurs, affiftans & fociété des marchands avanturiers d'Angleterre*.

2°. Que comme par le paffé, elle fera conduite par un gouverneur & vingt-quatre affiftans, qui feroient à vie, mais qui pourroient être dépofés pour caufe jufte & raifonnable.

3°. Que tous les Anglois, qui jufques-là avoient été membres de ladite fociété, continueroient d'être reconnus pour tels.

4°. Que toutes autres perfonnes, qui en vertu de leur patrimoine, c'eft-à-dire, comme fils de marchands, ou à raifon de leur apprentiffage, auroient dû y être reçues, feroient faites membres de ladite corporation, fi elles le demandoient.

5°. Qu'elle auroit un fceau commun pour fceller les actes & expéditions.

6°. Que le gouverneur & les affiftans affemblés en comité, ou au moins treize d'entre eux, pourroient admettre dans leur fociété, & recevoir dans leur *compagnie*, toutes perfonnes qu'ils jugeront néceffaires, en telle forme & fous de telles conditions, diftinctions & diverfité de franchife qu'ils croiront être expédient de leur accorder.

7°. Que tous membres de la fociété pourroient en être exclus pour caufe de mauvaife conduite, par les gouverneurs & affiftans affemblés au moins au nombre de vingt.

8°. Que la ville de Hambourg, les places voifines & la Frife orientale, feroient réputées de la conceffion de la *compagnie*, de même que les villes de Hollande, de Zelande, de Brabant & de Flandre l'avoient toujours été, encore que dans les chartes précédentes elles n'euffent pas été fpécialement exprimées.

9°. Que les gouverneurs & affiftans auroient droit de régler & juger toutes conteftations & procès furvenus entre les membres de la *compagnie* dans toute l'étendue de fa conceffion.

10°. Que les gouverneurs ou députés du gouverneur pourroient indiquer des affemblées générales, tant en Angleterre qu'aux villes des états de-là la mer, où la *compagnie* eft établie.

11°. Qu'aucun membre de la *compagnie* ne pourra fe marier hors du royaume d'Angleterre, ou des états qui en dépendent, ni acquérir aucunes terres, fonds & héritages dans toutes les villes & lieux d'au-delà la mer, qui ne font pas de la domination Angloise; & que ceux qui le feront, feront *ipfo facto* privés de tous leurs privilèges, & exclus pour toujours de la fociété.

12°. Que les gouverneurs & directeurs affemblés au moins au nombre de treize, pourront faire & établir toutes fortes de loix nouvelles, confirmer ou annuller les anciennes, & veiller à ce qu'elles foient obfervées dans toute l'étendue de fa conceffion, par tous les marchands avanturiers, qui font membres de la *compagnie*, même par ceux qui n'y ont pas été reçus, qui trafiqueront dans tous les lieux avec permiffion de la *compagnie*, pourvu qu'elles ne foient point contraires aux loix d'Angleterre, & qu'elles ne préjudicient en rien, ni aux droits de l'état, ni à la prérogative royale.

13°. Que les jugemens rendus pour l'exécution defdites loix, feront exécutés fans appel, avec défenfes à tous maires, baillifs, fcherifs, connétables & jufticiers d'en connoître; lefquels au contraire prêteront tout aide & fecours, pour qu'ils foient pleinement accomplis; même feront tenus tous lefdits jufticiers, de recevoir dans leurs prifons les prifonniers qui y feront envoyés par les gouverneurs & affiftans de la *compagnie*.

14°. Que la *compagnie* fe choifira un ou plufieurs receveurs des amendes, qu'elle établira dans les lieux qu'elle jugera les plus convenables; lefquels receveurs, faute de paiement defdites amendes par ceux qui y auront été condamnés, pourront faire contr'eux toutes les pourfuites juftes & néceffaires, jufqu'à entière fatisfaction.

15°. Qu'elle pourra choifir pour le fervice & remuage des marchandifes, le nombre de mefureurs, emballeurs, empaqueteurs & crochéteurs qu'elle trouvera fuffifant pour ces différentes fonctions.

16°. Que ladite *compagnie* jouira & pourra jouir, tant en Angleterre, que dans tous les pays de de-là la mer, marqués pour fon commerce, de tous droits, privilèges, libertés, prééminences, franchifes, autorités, jurifdictions, coutumes, bénéfices & avantages, & autres chofes comprifes, fpécifiées, déclarées & accordées jufqu'alors, foit par les chartes des rois d'Angleterre, foit par aucun prince ou potentat étranger, dans les états defquels fe trouvent fitués lefdits lieux, où il eft libre à ladite *compagnie* des marchands avanturiers d'Angleterre, d'exercer fon négoce.

17°. Sa majefté Britannique fe réferve néanmoins la faculté, toutes les fois qu'il lui plaira, de révoquer & annuller la préfente charte par d'autres lettres-patentes fcellées du grand fceau d'Angleterre, adreffées aux gouverneurs & affiftans de ladite *compagnie*.

Vingt-deux ans après cette première charte, la reine Elifabeth en accorda une feconde à cette *compagnie*, par laquelle, après avoir confirmé & ratifié de nouveau toutes les anciennes, elle lui donne un privilège exclufif dans tous les lieux de fa conceffion; défendant à tous autres marchands Anglois, qui n'en font pas membres, d'y faire à l'avenir, ou y exercer aucun négoce; lui permettant en outre de mettre des taxes & impofitions, ou fur chacun des membres de la fociété, ou fur leurs marchandifes, comme elle le jugera plus à propos, dont le produit fera employé pour les befoins de la *compagnie*.

C'eft encore par cette charte, que lui fut accordée la permiffion de faire & inftituer dans chaque ville de fa conceffion, un confeil permanent, compofé d'un gouverneur & d'un nombre compétent d'affiftans choifis d'entre les membres de la fociété, pour prendre connoiffance des procès, & juger des conteftations pour fait de marchandifes qui pourroient furvenir entre lefdits affociés.

Enfin, un dernier privilège qui lui eft accordé par cette feconde charte d'Elifabeth, dont il n'eft point fait de mention dans aucune des précédentes, eft de porter feule par-tout où elle a le droit de trafiquer, toutes fortes de draps, de ferges, & autres étoffes & ouvrages de laine fabriquée dans les manufactures d'Angleterre, avec défenfes néanmoins de faire fortir, & envoyer au-delà de la mer aucune defdites marchandifes, dont le tranfport n'eft pas permis par les loix du royaume, à moins que les marchands avanturiers de ladite *compagnie* n'en ayent obtenu la permiffion expreffe & par écrit.

Depuis ce privilège accordé à la *compagnie*, les draperies & autres ouvrages de lainerie devinrent un des principaux objets de fon commerce. Elle y fut néanmoins troublée fous le règne fuivant, par l'établiffement d'une fociété, à qui on donna le nom de *compagnie des marchands avanturiers* du nouveau commerce de Londres.

Jacques I, l'avoit érigée en corps politique en 1616, en faveur de plufieurs particuliers qui s'offroient d'établir à Londres une manufacture pour la teinture des draps, & des métiers pour les apprêter; & fous ce prétexte, afin de donner plus de débit de leurs draperies aux nouveaux affociés, il en avoit interdit le négoce aux avanturiers d'Angleterre.

Heureufement pour ces derniers, le projet ne réuffit pas: la charte fut révoquée deux ans après; & pour rétablir les avanturiers dans leurs anciens privilèges, Jacques I. en donna une le 28 Janvier 1618, par laquelle non-feulement il leur reftitue en fon entier leur droit exclufif pour le débit des draperies & ouvrages de laine, comme draps, ferges, frifes, molletons, bas, &c. en Allemagne, aux pays-Bas, à Hambourg, & dans la Frife tant Orientale qu'Occidentale; mais encore leur permet de tenir dans toutes les douanes d'Angleterre, des commis, pour avoir l'œil à ce qu'on ne préjudicie point à leur commerce fur le fait des laineries, fous prétexte du négoce de pareilles marchandifes, qu'il étoit permis à tous les Anglois de faire en France, en Efpagne & dans quelques endroits du Nord, & autres pays étrangers.

Cette charte de Jacques premier eſt la dernière de celles que Charles II rappelle, & confirme dans ſa grande charte du premier janvier 1661.

Les révolutions arrivées dans les Pays-Bas, ſur la fin du ſeizième ſiècle, qui jettèrent les fonde-mens de la célèbre république de Hollande, qui acheva de s'y former dans les commencemens du dix-ſeptième, ayant empêché la *compagnie Angloiſe* d'y continuer ſon commerce avec autant de liberté qu'auparavant; elle fut comme obligée de le tour-ner preſque tout entier du côté de Hambourg, & des villes de l'Océan Germanique : changement qui accoutuma peu-à-peu les peuples à lui donner le nom de *compagnie de Hambourg;* nom qu'elle a conſervé juſqu'à préſent, quoique dans toutes les chartes qui lui ont été accordées depuis, on liſe toujours ſon ancien nom de *compagnie des mar-chands avanturiers* d'Angleterre : ce qu'on n'a fait apparemment que pour garder quelque uniformité entre les chartes qui lui ont donné les privilèges, & celles qui les lui confirment.

COMPAGNIE ANGLOISE DE MOSCOVIE. On forma le projet de cette *compagnie* ſur la fin du régne d'Edouard VI. Il s'exécuta dans les première & ſe-conde années de celui de Philippe & de Marie; mais il n'eut ſon entière perfection qu'en 1566, par l'acte du parlement, qui en confirma la charte, & par le conſentement royal que la reine Eliſabeth donna au bill de confirmation,

Quelques avanturiers Anglois qui alloient à la découverte des nouvelles terres, & qui prétendoient trouver un paſſage à la Chine par le Nord, s'étant avancés juſques dans la mer Blanche, & ayant abordé au port d'Archangel, où ils furent parfaitement bien reçus par les Moſcovites, demandèrent à leur re-tour en Angleterre des lettres-patentes, afin d'aſſu-rer le commerce de Ruſſie, pour lequel ils avoient formé une aſſociation.

La charte fut promiſe par Edouard VI, mais la mort de ce jeune prince ſurvenue peu de temps après, l'ayant empêché de la ſigner; Marie qui venoit tout nouvellement d'épouſer Philippe, Infant d'Eſpagne, la leur fit expédier le 26 février 1555.

Par cette charte, l'aſſociation eſt déclarée établie & érigée en corps politique, ſous le nom de *com-pagnie des marchands avanturiers* d'Angleterre, pour la découverte des terres, territoires, iſles, états & ſeigneuries inconnues, & jamais fréquentées avant qu'ils l'euſſent hazardé, ou qu'ils l'euſſent en-trepris par mer.

Les privilèges ſont, d'avoir un gouverneur, quatre conſuls, & vingt-quatre aſſiſtans pour la direction de ſon commerce; de faire pour ſon gouvernement & police toutes loix, actes & ſtatuts néceſſaires; d'admetre dans la ſociété autant & de telles perſon-nes que ſes directeurs jugeront à propos; de punir par amende ou autrement les contraventions aux réglemens; d'avoir des ſergens pour contraindre au paîment deſdites amendes, ſaiſies & confiſcations; ceux qui y auront été condamnés; même par voie

d'empriſonnement; d'envoyer des vaiſſeaux pour dé-couvrir de nouvelles terres & régions, & y établir ſon commerce; de lever & planter dans toutes leſ-dites terres, où ſes vaiſſeaux arriveront, la bannière & étendart royal d'Angleterre; de s'emparer des nouvelles terres découvertes, & en prendre poſſeſ-ſion au nom de leurs majeſtés Britanniques, enfin le privilège excluſif de trafiquer ſeule à Archangel, & autres ports de Moſcovie, non encore fréquen-tés par les Anglois.

L'on n'entre pas dans un plus grand détail des privilèges accordés à la *compagnie de Moſcovie*, par la charte des rois Philippe & Marie, parce qu'ils ſont contenus, expliqués, augmentés, & con-firmés dans le bill du parlement, dont on va don-ner un extrait plus circonſtancié.

Ce bill, comme on l'a dit, eſt du 13 du mois de ſeptembre de la huitième année du régne d'E-liſabeth. Il explique d'abord les motifs qui firent armer trois vaiſſeaux ſur la fin de celui d'Edouard VI; l'heureux ſuccès des avanturiers qui les comman-doient, & l'expédition des lettres-patentes, qui leur furent promiſes, qui ne purent néanmoins être ſcel-lées avant la mort de ce prince. Ayant enſuite rap-porté, comme en paſſant, une partie des droits, pouvoirs, juriſdictions, privilèges, franchiſes & li-bertés accordés à la nouvelle *compagnie de Moſ-covie*, par la charte de Philippes & de Marie, il entre dans les raiſons que le parlement a eu de les confirmer par un acte, & la reine Eliſabeth d'au-toriſer cet acte par ſon conſentement royal.

Ces raiſons ſont : que la *compagnie* depuis ſon établiſſement avoit fait de grandes dépenſes, non-ſeulement pour ſoutenir ſon commerce en Moſcovie par la mer Blanche & Archangel; mais encore pour pénétrer par la Ruſſie, le Volga, & la mer Caſ-pienne, dans l'Arménie, la Médie, l'Hircanie, la Perſe, & les autres états de l'Aſie majeure, & qu'elle les continuoit encore dans l'eſpérance de trouver un paſſage, pour aller au Cathay par le Nord, ce qui ſeroit d'un grand avantage pour la couronne d'An-gleterre : que cependant contre ce qui eſt porté par les lettres-patentes, pluſieurs Anglois, qui n'étoient pas membres de la *compagnie*, entreprenoient le même négoce, ce qui étoit capable de décréditer ce nouvel établiſſement, & de faire entièrement tomber ſon commerce en Ruſſie, qui y étoit encore naiſſant & mal aſſuré : que pour arrêter ce déſordre, il étoit ordonné par la reine, par les ſeigneurs eccléſiaſti-ques & ſéculiers, & par les communes aſſemblées en parlement, & par l'autorité dudit parlement :

1°. Que ladite ſociété, *compagnie* & commu-nauté faite & établie par leſdites lettres-patentes, attendu que ſon premier nom étoit trop long, & compoſé de trop de mots, ſeroit à l'avenir incor-porée & appellée par le ſeul nom de *ſociété des marchands Anglois, pour découvrir de nouveaux négoces.*

2°. Qu'en cette qualité, & ſous ce nom, elle ſeroit rendue capable en loi d'acquérir, d'avoir, tenir, posséder & retenir toutes sortes de terres, manoirs, rentes, &c. pourvu qu'ils n'excèdent pas 66 liv. sterlings 13 chelings cent marques par an, non tenus de sa majesté Britannique.

3°. Qu'elle pourroit jouir de tous autres biens, marchandises, meubles, immeubles, &c. & faire sous ledit nom toutes les autres choses, que font ou peuvent faire les autres communautés; comme aussi jouir de tous les priviléges, droits, exemptions, qui lui sont accordés par lesdites lettres.

4°. Qu'aucune partie ou portion du continent, des isles, ports, havres, rades, golfes, rivières, de quelque empereur, roi, prince, ou état que ce soit, inconnues avant la première entreprise faite par les marchands de ladite communauté, ou autres sujets du royaume d'Angleterre, & qu'ils n'avoient jamais fréquentées par mer, situées au nord, ou nord-ouest, & au nord-est de la ville de Londres, ni aucune partie du continent, des terres, ports, isles, &c. de l'obéissance de l'empereur de Russie, ni des pays de l'Arménie majeure, ou mineure, de la Médie, de l'Hircanie, de Perse, ou de la mer Caspienne, ne seront visitées & fréquentées par les autres sujets nés, ou naturalisés du royaume d'Angleterre, lesquels sujets n'étant pas membres de ladite compagnie, ne pourront y aller, pour y faire commerce directement, ou indirectement, si ce n'est par l'ordre, approbation & consentement du gouverneur, des consuls & assistans de ladite compagnie, ou de la plus grande partie d'entr'eux, sous peine ipso facto, contre ceux qui les feront, de saisie, confiscation de leurs vaisseaux, agreits & apparaux, & de toutes les denrées & marchandises, qui seront chargées sur lesdits bâtimens; la moitié desquelles choses confisquées appartiendra à S. M. B. & l'autre moitié à la compagnie.

5°. Que malgré lesdites défenses, il seroit néanmoins permis à tous les sujets de S. M. B. de continuer de naviger, & d'aller à la ville & au château de Nardhouse, & dans tous les ports, villes & côtes de Norwége, pour y faire le trafic de la pêche, & tout autre négoce que les Anglois ont coutume d'y faire.

6°. Qu'il ne sera pas permis à ladite compagnie, ni à aucun membre d'icelle, de transporter des ports d'Angleterre aucunes marchandises dans les lieux de leur nouveau commerce, autrement que sur des vaisseaux Anglois, non plus que d'en apporter desdits lieux, soit dans ledit royaume, soit en Flandres, si ce n'est pareillement sur des bâtimens de la nation, à peine de deux cent livres sterlings d'amende, applicable moitié à S. M. B. & l'autre moitié aux officiers des villes maritimes, qui pourroient avoir souffert de la contravention à cet article.

7°. Que la compagnie, ni aucun de ses membres ne pourront à l'avenir transporter d'Angleterre dans les lieux de sa concession, des draps, serges, ou autres étoffes de laine, de la fabrique du royaume, qu'elles n'y ayent été auparavant teintes & apprêtées, & que pour chaque pièce de draps, ou de serges, qu'ils feront sortir en contravention de cet article, ils paieront la somme de 5 liv. sterlings, moitié applicable à S. M. B. & l'autre moitié aux maîtres & gardes de la communauté des drapiers de la ville de Londres.

8°. Enfin, qu'en cas que la compagnie cesse d'elle-même pendant trois ans, en temps de paix, de décharger ses marchandises à la rade de l'abbaye de S. Nicolas en Russie, ou qu'elle ne les décharge pas en quelqu'autre port, ou rade sur ladite côte septentrionale de Moscovie, ou dans aucun autre endroit des états du Czar, non fréquenté auparavant par les Anglois; il sera permis à tous les autres sujets de S. M. B. de trafiquer à Nerva, pendant tout le temps que la compagnie aura discontinué son commerce en Russie; mais à condition de ne se servir pareillement que de vaisseaux Anglois.

Cette compagnie subsista avec réputation près d'un siècle entier, c'est-à-dire, jusqu'aux troubles, qui en 1646 coutèrent la vie à Charles premier. On a dit ailleurs que l'empereur, ou comme on l'appelle plus ordinairement, le Czar de Moscovie, ayant appris le parricide des Anglois, avoit chassé de ses états toute la nation, & que les Hollandois avoient profité de sa colère, pour s'établir en leur place. *Voyez le commerce particulier de l'Angleterre & de la Hollande en Moscovie, tome 1, page 254.*

Il est vrai que Charles II. étant remonté sur le trône après la mort de Cromwel, ce qui restoit de la compagnie de Moscovie, rétablit à Archangel une partie de son commerce; mais ce ne fut ni avec le même éclat, ni avec autant de succès qu'auparavant, les Russes s'étant accoutumés aux marchandises que les Hollandois leur avoient apportées, & ne pouvant plus prendre la même confiance en des peuples, dont le crime encore récent, leur avoit inspiré tant d'horreur.

Cette compagnie subsiste pourtant encore aujourd'hui en Angleterre, à-peu-près sur le pied de celle de Hambourg; dont on vient de parler, & des compagnies du Nord, & du Levant, dont on parlera dans la suite, c'est-à-dire, que les particuliers qui la composent font leur négoce pour leur propre compte, & payent pour en être membres un droit de 12 à 13 liv. sterlings, outre d'autres droits modiques, que son gouverneur, les consuls, & les assistans imposent de temps-en-tems pour les besoins de la compagnie, & de son commerce en général; ce qui va tout au plus à un pour cent de la valeur des marchandises.

Voyez au commerce d'Archangel & de Moscovie, les marchandises qu'on y porte, & celles qu'on en tire, tome 1. page 301.

COMPAGNIE ANGLOISE DU NORD, ou comme plusieurs l'appellent plus conformément à ses lettres patentes, COMPAGNIE ANGLOISE DE L'EST. Cette compagnie est établie sur le pied de celle de Hambourg, dont elle paroît un démembrement. La charte de son établissement est du septiéme août 1579, vingt-uniéme année du régne d'Elifabeth, reine d'Angleterre.

Par le premier article de fa charte, cette princeffe établit en corps politique, fous le titre & nom de *gouverneur, affiftans & fociété des marchands de l'Eft*, tous, & chacuns les négocians Anglois dénommés en ladite charte, & autres fes fujets, qui font véritables marchands, & non vendeurs en détail, ni artifans, qui avant le premier janvier 1568 ont exercé le négoce, & fait le commerce de fes états, en paffant par le Sund dans la Norwege, la Suède, la Pologne, la Livonie, la Pruffe, la Poméranie, & terres qui en dépendent; & encore Revel, Coninfberg, Elbing, Browfberg, Dantzic, Coppenhague, Effeneur, la Finlande, le Gotland, l'Elwland, & la Branthofine, à l'exception néanmoins de Nerva & de la Mofcovie, avec leurs dépendances.

La plupart des articles fuivans attribuent à la nouvelle *compagnie*, tous les droits, priviléges, & prérogatives, dont ont coutume de jouir ces fortes d'établiffemens; comme d'avoir un fceau, d'acquérir & pofféder des biens, meubles & immeubles, en Angleterre & autres états de S. M. B., d'être conduite & dirigée par un gouverneur, & vingt-quatre confeillers; de faire des loix pour fa police, d'impofer des taxes modérées fur les marchands & marchandifes, pour le bien commun de fon commerce; de prendre connoiffance des conteftations entre les marchands Anglois pour fait de commerce, & en juger définitivement; de tenir des affemblées générales & particulières; enfin tous les autres femblables priviléges, qu'on peut voir expliqués plus au long dans l'extrait des chartes pour la *compagnie* de Hambourg, qu'on a rapporté ci-deffus.

Les prérogatives, qui font propres à la *compagnie* de l'Eft, font:

1°. Qu'on n'admettra en aucune manière dans ladite fociété, les marchands déja membres d'une autre *compagnie*, non plus qu'aucun artifan, ou marchand vendant en détail.

2°. Que chaque marchand de la qualité requife, n'en feroit reçu membre qu'en payant fix livres fterlings treize chelins & quatre fols, que payeroient auffi les enfans & apprentifs des marchands déja admis dans la fociété.

3°. Que fi un membre d'une autre *compagnie* vouloit entrer dans celle de l'Eft, & renoncer aux franchifes de celle dont il étoit auparavant, il y feroit reçu fans payer aucun droit, pourvu qu'il fît obtenir la même grace à un marchand de l'Eft, qui voudroit remplir fa place dans la *compagnie* d'où il fortiroit.

4°. Que les marchands avanturiers d'Angleterre, & ceux qui trafiquent en Efpagne & en Portugal, qui n'auroient jamais fait le négoce dans les lieux de l'Eft défignés dans la charte, pourroient cependant être reçus membres de la *compagnie*, mais en payant quarante marques ou quatorze li-

vres fterlings pour eux & leur poftérité; & que leurs enfans ou apprentifs ne payeroient dans la fuite que le droit réglé ci-deffus pour ceux des anciens membres de la *compagnie*.

5°. Que cependant, malgré cette union des avanturiers d'Angleterre avec la *compagnie* de l'Eft, chacun refteroit dans fes droits; la *compagnie* de l'Eft. n'ayant aucune faculté de vendre, acheter, ni trafiquer dans le duché de Holftein, dans la ville de Hambourg & fur la rivière d'Elbe; mais feulement d'y faire paffer leurs marchandifes fous corde, & fans les défemballer; fans néanmoins que les avanturiers d'Angleterre puffent mettre aucun droit fur les marchandifes de ladite *compagnie* paffant ainfi de bout: lefdits avanturiers ne pouvant pareillement porter dans l'étendue de la conceffion de ladite *compagnie*, que les denrées & marchandifes dont ils négocioient auparavant à Anvers, à Hambourg, & ailleurs.

6°. Que les marchands de l'Eft ne pourroient tranfporter d'Angleterre dans les pays qui lui étoient accordés pour leur commerce, que des draps de couleurs, & apprêtés fuivant les loix du royaume; à la réferve néanmoins de deux cent pièces de draps blancs, qu'il leur feroit libre d'y envoyer chaque année par un privilége fpécial.

7°. Qu'excepté Coppenhague & Effeneure, dont le négoce étoit fpécialement accordé à la feule fociété des marchands de l'Eft; les avanturiers d'Angleterre qui lui feroient unis, pourroient négocier dans tout le refte du royaume de Danemarck, dans le duché de Mecklenbourg, dans la Jutlande, en Silefie, dans la Moravie, à Lubeck, à Vifmar, à Roftock, à Stetin, à Stralfund, & fur-tout l'Oder, fous la condition inferée dans l'article cinq.

8°. Qu'il feroit permis à chacun des marchands de l'Eft, d'emporter fur foi jufqu'à la fomme de dix livres fterlings d'efpèces au coin d'Angleterre, en partant pour leur commerce, fans être fujets aux peines portées par les Loix du royaume contre ceux qui en font fortir des monnoies d'or & d'argent.

Cette charte d'Elifabeth, & les priviléges qu'elle accorde à la *compagnie* de l'Eft, furent dans la fuite approuvés & confirmés, pour être exécutés fuivant leur forme & teneur par Charles II, qui lui en fit expédier les lettres patentes données à Weftminfter le 20 février de l'année 1661, de fon régne le treiziéme.

Le feul article que Charles changea, ou ajouta à la charte d'Elifabeth, fut, qu'aucune perfonne de quelque condition ou qualité qu'elle fût, demeurante dans la ville de Londres, ou à vingt mille aux environs, ne feroit admife & reçue dans ladite fociété, & ne tireroit aucun avantage de la préfente conceffion, ou des priviléges y contenus; qu'elle ne fût membre affranchi de ladite ville.

COMPAGNIE ANGLOISE DU LEVANT. Cette *compagnie* eft établie fur le pied de la *compagnie* des marchands avanturiers d'Angleterre, dont on a parlé ci-deſſus aſſez amplement , ſous le nom de *compagnie* de Hambourg ; c'eſt-à-dire , qu'elle n'a pas de caiſſe commune, où ſes actionnaires dépoſent leurs fonds , pour faire un ſeul & même commerce ; mais que le commerce y eſt libre , chaque aſſocié le faiſant pour ſon propre compte , en obſervant néanmoins les réglemens faits par la *compagnie* , & en contribuant ſuivant les conjonctures, de quelques ſommes, pour les dépenſes & les affaires communes.

Ce fut ſous le régne d'Eliſabeth que ſe fit cette célèbre aſſociation, qui ne s'eſt point démentie juſqu'à préſent , & qui rend le commerce des Anglois ſi floriſſant dans toutes les échelles du Levant , & particulièrement à Smirne , & à Conſtantinople.

Jacques premier en confirma la charte la troiſiéme année de ſon régne, (1606) & y ajouta quantité de nouveaux priviléges ; c'eſt lui auſſi qui y établit la police qu'elle obſerve encore aujourd'hui.

Les troubles de l'Angleterre ſous Cromwel en ayant cauſé beaucoup dans le gouvernement de cette *compagnie* , & s'y étant introduit parmi les membres, quantité de perſonnes, qui n'étoient pas de la qualité requiſe par les chartes d'Eliſabeth & de Jacques premier, ou qui ne s'y conduiſoient pas ſuivant les anciens réglemens ; Charles II. ne fut pas plutôt remonté ſur le trône , qu'il ſongea à rétablir cette *compagnie* dans ſa première réputation.

Sa charte eſt du 2 avril 1662 , & contient outre la confirmation de celle de Jacques premier, pluſieurs nouveaux articles, ou de police , ou de réformation.

La *compagnie* eſt établie en corps politique, capable de faire des loix pour ſon gouvernement avec un ſceau qui lui eſt propre , ſous le nom de *gouverneur, & compagnie des marchands d'Angleterre* , trafiquans aux mers du Levant.

Le nombre des marchands qui la compoſent, n'eſt point fixé ; chacun de ceux qui ont les qualités requiſes pouvant y entrer : il n'eſt néanmoins pour l'ordinaire jamais guères au-deſſous de trois cent.

La principale qualité qui y donne entrée , eſt d'être marchand en gros , de race , ou d'avoir fait ſon apprentiſſage , qui eſt de ſept ans en Angleterre.

Ceux qui ſe préſentent , s'ils ſont au-deſſous de vingt-cinq ans, donnent vingt-cinq livres ſterlings, c'eſt-à-dire , environ cent vingt écus ; & le double , s'ils ſont au-deſſus.

Les membres de la *compagnie* font ſerment à leur réception , de n'envoyer au Levant des marchandiſes que pour leur propre compte, & de ne les adreſſer qu'à des gens de la *compagnie* , ou à leurs facteurs.

La *compagnie* ſe gouverne par elle-même , & à la pluralité des voix ; le négociant qui ne fait

que pour mille écus de négoce y ayant la ſienne , comme celui qui en fait pour cent mille.

Pour le gouvernement de la *compagnie* , il y a un conſeil ou bureau établi à Londres, compoſé d'un gouverneur, d'un ſous-gouverneur , & de douze aſſiſtans, qui doivent tous être actuellement domiciliés à Londres , ou dans les fauxbourgs. Il y a auſſi un député de gouverneur dans toutes les villes & ports d'Angleterre , où il y a des membres de la *compagnie*.

C'eſt cette aſſemblée de Londres qui envoye les vaiſſeaux , & qui régle le tarif pour le prix que l'on doit vendre les marchandiſes d'Europe , qu'on porte au Levant ; & pour la qualité de celles dont on doit faire les retours.

C'eſt elle qui léve les taxes ſur ces marchandiſes , quand il en eſt beſoin , pour payer des avanies ou autres dépenſes communes à la nation , pour ce qui regarde ce commerce.

Elle préſente l'ambaſſadeur que le roi d'Angleterre entretient à la Porte ; elle élit les deux conſuls de Smirne & de Conſtantinople ; & c'eſt elle qui choiſit beaucoup de jeuneſſe de bonne maiſon , qu'on éléve dans diverſes échelles du Levant, pour lui apprendre de bonne heure le négoce ſur les lieux mêmes.

Un des plus beaux & des plus utiles réglemens de cette *compagnie* royale , eſt de ne pas laiſſer les conſuls de la nation, ni même l'ambaſſadeur , les maîtres des impoſitions ſur les vaiſſeaux & les marchandiſes , ſous le prétexte d'avanies ou d'autres frais extraordinaires.

Pour éviter ce déſordre, ſouvent ſi préjudiciable au commerce des autres nations, non-ſeulement la *compagnie* Angloiſe donne penſion à l'ambaſſadeur ; & aux conſuls ; mais encore à leurs principaux officiers, tels que ſont le miniſtre , le chancelier , le ſecrétaire , les interprêtes , & les Janiſſaires ; & cela afin que ces officiers, ſous quelque prétexte que ce ſoit , ne puiſſent lever , ni impoſer aucune ſomme nouvelle ſur les marchands, vaiſſeaux , ou marchandiſes.

Dans les cas extraordinaires , les conſuls , & l'ambaſſadeur lui-même ont recours à deux députés de la *compagnie* , qui réſident au Levant ; ou ſi l'affaire eſt importante , ils aſſemblent toute la nation. C'eſt-là que ſe décident & ſe réglent les préſens qu'il faut donner , les voyages qu'il faut faire , & tout ce qu'il y a à traiter ; & ſur la réſolution qui a été priſe , les députés ordonnent au tréſorier de donner les ſommes d'argent , les étoffes , ou les curioſités d'Europe , dont on eſt convenu.

Ce tréſorier eſt établi par la *compagnie* , & le fonds de la caiſſe ſe fait des taxes & impoſitions qu'elle-même , à la pluralité des voix , a jugé à propos de mettre ſur les marchandiſes , pour ſubvenir aux dépenſes communes de l'aſſociation.

Il eſt vrai cependant, que l'ambaſſadeur & les conſuls pourroient agir ſeuls dans toutes ces occafions; mais outre que c'est une claufe tacite des penfions qu'on leur paye, de ne rien faire que de l'avis des députés, ils aiment mieux en agir de la forte pour leur propre décharge.

Le commerce qui fe fait par les membres de cette *compagnie*, occupe tous les ans depuis vingt jufqu'à vingt-cinq vaiffeaux, de 25 à 30 pièces de canon.

Les marchandifes qu'on y porte, font, des draps de toutes fortes de couleurs, des ferges, de l'étain, du plomb, du poivre, de la cochenille; & beaucoup d'argent, que les vaiffeaux prennent en paffant à Cadix.

Les retours fe font en foies crues, en noix de galle, en poil de chèvre filé, en laines, en cotons, en maroquins, en cendres pour faire du verre & des favons, & en plufieurs gommes & drogues médicinales.

On eftime que le commerce que les marchands affociés dans cette *compagnie* font à Smirne, à Conftantinople, & à Scandarone, n'eft guères moins confidérable que celui des Indes; & qu'il eft même en quelque forte plus avantageux à l'Angleterre, à caufe qu'il confomme beaucoup plus de manufactures Angloifes que l'autre, qui fe fait prefque tout en argent.

Les lieux réfervés pour le commerce de la *compagnie*, font les états de la feigneurie de Venife dans le golfe de Venife, l'état de Ragufe, tous les états du grand feigneur, & toutes les échelles du Levant & de la Méditerranée; à l'exception de Carthagène, d'Alicante, de Denia, de Valence, de Barcelonne, de Marfeille, de Toulon, de Gènes, de Livourne, de Civita-Véchia, de Palerme, de Merena, de Malte, de Mayorque, de Minorque, de Corfe; & tous autres ports & places de commerce fur les côtes de France, d'Efpagne & d'Italie.

L'amende ordonnée contre ceux qui ne font pas membres de la *compagnie*, & qui font furpris faifant commerce dans l'étendue de fa conceffion, eft à raifon de vingt pour cent de l'eftimation des marchandifes dont ils auront été trouvés chargés.

COMPAGNIE ANGLOISE D'AFRIQUE. La *compagnie* établie en Angleterre pour le commerce d'Afrique ou de Guinée, eft gouvernée comme celle des Indes Orientales; fon privilège eft exclufif; & elle a un gouverneur & des directeurs, dont l'élection fe fait tous les ans à la pluralité des voix.

Elle envoye chaque année dix ou douze navires, du port d'environ 150 tonneaux, vers les côtes de Guinée, fur lefquels elle charge beaucoup d'ouvrages de fer, cifeaux, couteaux, moufquets; poudres, toiles de coton, & quelques autres marchandifes peu confidérables.

Les retours fe font en poudre d'or, en dents d'éléphant, en cire & en cuirs: mais le meilleur commerce eft la traitte des noirs qu'elle envoye à la Jamaïque, à la Barbade, & aux autres ifles

Angloifes de l'Amérique, même affez fouvent dans les ports de la nouvelle Efpagne.

Les ventes publiques des marchandifes de la *compagnie*, fe font à Londres cinq ou fix fois l'année, en la même forme & manière que les ventes de la *compagnie* des Indes Orientales.

La première charte qu'on trouve pour cette *compagnie*, eft du 18 décembre 1661. Charles II. y érige en corps politique, en faveur de Jacques duc d'Yorck & d'Albanie fon frère, pour le temps de mille années (c'eft-à-dire, dans le ftile des chartes Angloifes, à perpétuité) le commerce de toutes & chaque régions, pays, feigneuries & terres, continens, côtes & places, qui commencent au cap Blanc, fous le vingtiéme degré de latitude feptentrionale, & s'étendent jufqu'au cap de Bonne-Efpérance, fous le 34e dégré & demi ou environ de latitude méridionale; avec les ifles adjacentes, appartenantes à la couronne d'Angleterre, ou qui ne font pas poffédées par aucun prince chrétien.

Ces lettres patentes ayant été remifes peu de tems après entre les mains du roi, par le duc d'Yorck; & ayant été révoquées du confentement du prince; & des feigneurs & particuliers qui s'étoient affociés pour cette entreprife, S. M. B. donna une nouvelle charte en 1663, pour l'établiffement de la *compagnie* d'Afrique; où en confidération des perfonnes illuftres qui y prirent part, elle ajouta quantité de privilèges, qu'elle ne lui avoit point encore accordés; & fit divers réglemens, outre ceux qui avoient déja été faits pour fa police.

Les principaux affociés furent, la reine Catherine de Portugal, femme du roi; la reine Marie de France fa mère, veuve de Charles I; Jacques, duc d'Yorck, fon frère, Henriette-Marie, ducheffe d'Orléans, fa fœur, le prince Robert; enfin tout ce qu'il y avoit de plus confidérable parmi les pairs & les grands du royaume. Le refte des intéreffés, c'eft-à-dire, ceux qui devoient être chargés de la direction des affaires, furent choifis parmi les plus riches & les plus habiles négocians de Londres; particulièrement parmi ceux qui jufques-là s'étoient mêlé du commerce, dont la *compagnie* alloit être mife en poffeffion.

Le nom que l'on donna à cette illuftre affociation, répondit à la dignité des perfonnes qui la compofoient: elle fut nommée, la *compagnie royale des avanturiers d'Afrique*.

Sa conceffion fut augmentée de beaucoup; & S. M. B. lui céda pour mille ans (c'eft-à-dire, à perpétuité, comme on l'a déja remarqué) tout ce qui lui appartenoit, ou n'appartenoit point à d'autres, depuis le port de Salé dans la Barbarie Méridionale, jufqu'au Cap de Bonne-Efpérance, avec les ifles adjacentes & voifines de ce long efpace de côtes; ne s'en réfervant que l'hommage, & la redevance de deux éléphans, que la *compagnie* feroit tenue de préfenter à S. M. B. & aux tois d'Angleterre ſes ſucceſſeurs, toutes les fois que quelques-uns d'eux mettroient pied à terre, & viendroient dans les pays & colonies, ſitués dans toute l'étendue de ladite conceſſion.

Les priviléges que la charte lui accorde, ſont :

1°. Qu'elle ſera érigée en corps politique, d'effet & de nom ; & qu'en cette qualité, elle ſera elle & ſes avanturiers, capable en loi, d'avoir, de prendre, d'acquérir, de recevoir, de poſſéder & de jouir de tous manoirs, terres, héritages, rentes, libertés, priviléges, &c, qu'aucun autre des ſujets naturels de S. M. B. eût joui & poſſédé juſqu'alors.

2°. Qu'elle ſe ſervira d'un ſceau commun, pour l'expédition de ſes actes, dont l'empreinte ſera d'un côté un écuſſon chargé d'un éléphant avec deux négres pour ſupports ; & de l'autre, le portrait de ſa majeſté.

3°. Que pour la gouverner, il ſera choiſi à la pluralité des voix, de toutes les perſonnes dénommées dans la charte & autres avanturiers aſſociés à ladite compagnie, un gouverneur, un députe ou ſous-gouverneur, & vingt-quatre ou trente-ſix aſſiſtans, à ſon choix, ſuivant qu'elle le jugera plus à propos, dont l'élection ſe fera tous les ans.

4°. Que le gouverneur avec ſon députe, avec ſept députés des vingt-quatre, ou treize des trente-ſix, ſont autoriſés de prendre tout le ſoin & direction des affaires de la compagnie, ſoit en achetant ou vendant toutes les denrées & marchandiſes propres à envoyer en Afrique, ou qui en reviendront ; ſoit en équipant des vaiſſeaux, en établiſſant des comptoirs, & faiſant le choix de facteurs & commis, néceſſaire pour le bien & la direction de ſon commerce.

5°. Que le gouverneur, ſous-gouverneur, & aſſiſtans nouvellement élûs, prêteront le ſerment pardevant le grand chancelier, ou le garde des ſceaux, ou le grand tréſorier, qui ſeront alors, à moins que le gouverneur ne ſoit du ſang & de la maiſon royale ; auquel cas il ſera exempt de prêter ledit ſerment.

6°. Qu'il ſera permis auxdits gouverneur & aſſiſtans, de tenir des cours, & s'aſſembler quand ils le trouveront à propos ; & ainſi aſſemblés en nombre compétent, faire, ordonner, conſtituer, & établir des loix, ordonnances & conſtitutions, pour le gouvernement de la compagnie ; même, quand elles auront été faites, les annuller & révoquer, pour en faire de plus convenables ; & impoſer & infliger des peines à ceux qui les auront violées, ſoit par amende, ſoit par empriſonnement, pourvu que les loix & les peines ſoient juſtes, & s'accordent avec les loix d'Angleterre.

7°. Que les aſſociés & avanturiers pourront céder & tranſporter le tout ou partie des fonds qu'ils auront dans la compagnie, à telles perſonnes qu'ils jugeront bon, à la charge que leſdites ceſſions & tranſports ſoient faits en pleine cour, & ſoient enregiſtrés.

8°. Que la compagnie pourra mettre en mer

tels & autant de vaiſſeaux qu'elle jugera convenable à ſon commerce ; & les équiper & fournir d'artillerie, de munitions, & autres choſes propres à la guerre & pour leur défenſe.

9°. Que la compagnie aura la jouiſſance & propriété de toutes les mines d'or & d'argent, qui ſont ou ſeront trouvées dans toute l'étendue de ſa conceſſion ; & qu'elle pourra ſeule y traiter, à l'excluſion de tous autres avanturiers Anglois, de toutes marchandiſes du crû deſdits pays, comme auſſi d'y faire la traitte des négres.

10°. Qu'elle pourra équiper tels & autant de bâtimens qu'elle voudra, pour envoyer découvrir plus particuliérement les lieux qui lui ont été cédés, & y faire tous les établiſſemens néceſſaires.

11°. Que ladite compagnie payera néanmoins tous les droits de douane, ſubſides & impôts, qui ſeront dûs, & ſujets à être payés pour le tranſport des denrées & marchandiſes qu'elle envoyera en Afrique, & pour celles qu'on lui en rapportera.

12°. Que les ſeuls vaiſſeaux de la compagnie, ou ceux à qui ſes gouverneur & aſſiſtans en auront donné permiſſion par écrit, pourront trafiquer en Afrique dans les limites ci-devant preſcrites ; ni en rapporter des marchandiſes dans les ports d'Angleterre, à peine de ſaiſie & confiſcation deſdits vaiſſeaux & marchandiſes, applicable moitié à ſa majeſté Britannique, & moitié à la compagnie.

13°. Que les facteurs, maîtres de vaiſſeaux, matelots & membres de ladite compagnie, ne pourront trafiquer en ſecret, ou autrement, pour leur propre compte dans tous leſdits pays, ni en rapporter en Angleterre aucunes marchandiſes ; ſous les mêmes peines de ſaiſie & de confiſcation, applicable comme deſſus.

14°. S. M. B. ſe réſerve pour elle & ſes ſucceſſeurs, d'intervenir en tout temps, & lorſqu'ils le jugeront à propos, comme partageurs dans l'avanture de la compagnie, en y joignant, & y mettant un fonds proportionné à celui déjà fait par les autres avanturiers ; auquel cas ils ſeront reçus à avoir part aux profits & aux pertes qu'elle fera, à proportion des ſommes qu'ils y auront miſes.

15°. La compagnie, ou ſes gouverneurs & aſſiſtans, pourra nommer des capitaines & gouverneurs, pour commander dans les colonies qui s'établiront dans toute l'étendue de ſa conceſſion ; auxquels gouverneurs & capitaines, ſa majeſté accorde le pouvoir de commander les forces militaires qui s'y trouveront ; de leur faire faire montre, & de faire & exécuter tout ce qui eſt permis par les loix de la guerre ; ſoit au dehors, pour la défenſe deſdites colonies, contre l'invaſion des étrangers ; ſoit au dedans, pour appaiſer les ſoulevemens & troubles domeſtiques.

16°. Qu'en expliquant ce qui a été dit dans l'article 9, concernant les mines d'or, ſa majeſté se réserve , & à ses héritiers & successeurs , les deux tiers desdites mines , en fournissant deux tiers de tous les frais qu'il faudra faire pour le travail & transport dudit or ; l'autre tiers restant en propre à la *compagnie* , en contribuant pareilement de son tiers aux frais.

17°. La *compagnie* aura la jouissance de tous les priviléges de la ville & cité de Londres , aussi pleinement qu'aucunes autres *compagnies* de marchands établies par les lettres patentes de sa majesté Britannique , ou de ses prédécesseurs , en ont joui , ou en peuvent jouir.

18°. Enfin , sa majesté ordonne , tant pour elle , que pour ses héritiers & successeurs , à tous amiraux , vice-amiraux , généraux , commandans , capitaines , justiciers de paix , contrôleurs , collecteurs , visiteurs de douane , & à tous ses autres officiers & ministres , quels qu'ils soient , qu'ils ayent à aider & assister les avanturiers de la *compagnie* royale d'Afrique , leurs facteurs & commis , lorsqu'ils en seront requis : sadite majesté entendant , que tout ce qui est contenu dans les présentes charte & lettres patentes , ait son plein effet ; & qu'on supplée ou interprête en faveur de ladite *compagnie* , tout ce qui pourroit y avoir été omis , ou expliqué moins clairement , que ne l'a entendu sa majesté.

Cette charte de Charles II de 1663 , fut encore dans la suite confirmée par de nouvelles lettres patentes du même roi , du 27 septembre 1673 , qui furent suivies deux ans après d'une proclamation , dans laquelle Charles , en ordonnant l'exécution de l'article , par lequel il avoit accordé à la *compagnie* , un privilége exclusif sur toutes les côtes de l'Afrique , défendoit à tous ses sujets , qui n'en étoient pas membres , d'y trafiquer.

Enfin , les lettres-patentes , ni la proclamation , n'ayant pu encore empêcher les Interlopes de troubler le commerce de la *compagnie royale* d'Afrique , elle eut recours à la protection de Jacques II qu'elle avoit eu l'honneur de voir deux fois au nombre de ses avanturiers ; de qui elle obtint , dans la première année de son régne , une nouvelle & plus sévère proclamation , pour exclure du commerce des côtes d'Afrique , tous les Anglois qui ne seroient pas membres de la *compagnie* , ou qui n'en auroient pas obtenu la permission. Cette dernière proclamation est du premier avril 1685.

COMPAGNIE ANGLOISE DU SUD. Bien des personnes se sont imaginé , peut-être avec assez de fondement , que cette *compagnie* établie à Londres sur la fin du dix-septième siècle , avoit été dans son origine moins un véritable établissement de commerce , qu'un moyen de politique , pour trouver un secours prompt & suffisant dans les pressans besoins de l'Angleterre.

Les longues guerres entre la France & la Grande-Bretagne , avoient tellement épuisé l'un & l'autre état , qu'on est persuadé , que tandis qu'en France on employoit les divers moyens d'avoir de l'argent , qu'on a coutume d'y pratiquer dans les urgentes

nécessités ; on s'étoit pareillement servi en Angleterre , du prétexte , ou du fantôme d'une nouvelle *compagnie* , pour trouver dans les souscriptions de tant de riches marchands , (qu'on ne doutoit point qui n'y prissent des actions) du crédit , & des fonds en argent comptant ; seul moyen qu'on crût praticable , pour ne pas rebuter la nation déjà lasse de tant de subsides , & facile à s'effrayer , si on lui en demandoit de nouveaux.

Quoi qu'il en soit de cette idée , il est certain que les Anglois n'ont point songé sérieusement pendant toute la guerre pour la succession d'Espagne , à prendre un poste dans l'Amérique , du côté du Sud ; ce qui étoit le projet dont on avoit flatté un peuple si jaloux , de voir que les Espagnols en sont les seuls maîtres , & que d'ailleurs les fonds de cette *compagnie* ayant été apparemment détournés pour les dépenses de la guerre , comme on n'a pas lieu d'en douter , les actions en étoient baissées si considérablement , qu'elle fût probablement tombée tout-à-fait , sans le secours imprévu qu'elle reçut en 1713.

Lors de la première édition de ce Dictionnaire , l'Auteur n'avoit pas de quoi justifier ce qui vient d'être dit au sujet de l'établissement de cette *compagnie*, comme l'on nous a depuis communiqué d'excellens mémoires sur l'établissement de cette même *compagnie*, nous avons cru qu'on ne seroit pas fâché de voir ici celui qui nous a paru le plus exact , & qui parle avec le plus de sincérité des véritables motifs qui portérent le Parlement en 1710 à en autoriser la proposition , & à donner pouvoir à la reine Anne de lui accorder des lettres-patentes.

MÉMOIRE

Sur la compagnie de la mer du Sud, *dressé en* 1711.

Le parlement d'Angleterre tenu en 1710 , ayant pris une connoissance exacte de toutes les dettes de la nation , & des abus qui s'étoient commis au maniment des finances , travailla avec une grande application , non-seulement à découvrir les voleries qui s'étoient faites , mais encore à y remédier.

Par cette recherche on trouva la marine que les Anglois nomment *navy*, endettée de 5,139,539 liv. 5 s. 5 d. sterlings , ce qui provenoit non-seulement de ce qu'on avoit employé pour les troupes de terre , une partie des sommes qui avoient été destinées pour la marine ; mais aussi de ce qu'ayant commencé d'être un peu en arrière , tous ceux qui travailloient pour les fournitures de la flotte , pour se dédommager de la perte qu'ils étoient obligés de faire sur les billets qu'on leur donnoit en paiement , qui souvent avoit été jusqu'à quarante & à cinquante pour cent , s'avantageoient également sur le prix & sur la quantité desdites fournitures ; en sorte par exemple , que bien qu'ils n'eussent effectivement fourni que deux mille barils de bierre , ils en étoient pourtant payés pour cinq mille ; ce qui , à proportion , se pratiquoit aussi pour toutes les autres provisions.

L'on ajouta ensuite à cette dette de la marine ,

579,116 liv. sterlings, qui étoient dues par deux autres bureaux; sçavoir, l'ordonnance & le tranf port, comme on parle en Angleterre.

Comme il y avoit encore des dettes de la guerre dernière (commencée en 1688, & finie par le traité de Riswick en 1697) à quoi le parlement n'avoit point pourvu, que l'on connoissoit sous le nom de benturs, & auxquels néanmoins le même parlement faisoit payer de temps-en-temps quelques années d'intérêts; on les joignit aux deux premières sommes: ces dernières montoient à 1,018,625 liv. 17 sols sterlings.

Une quatrième espèce de dettes fut celle des fonds qui s'étoient trouvés déficiens, c'est-à-dire, qui n'avoient pas rendu tout ce pourquoi ils avoient été affignés, il y en avoit pour 1,318,952 liv. sterlings: dans ceux-ci étoient aussi compris les fonds levés l'année 1710, sur les générales impositions, sur lesquels on n'avoit pas encore emprunté.

Toutes ces sommes montoient en capital à 8,047,264 liv. sterlings, à quoi le parlement trouva bon d'ajouter tous les intérêts courus & à courir jusqu'au 25 novembre 1711, montant à 924,011 liv. sterlings, & 500,000 liv. que l'on levoit pour le service de la même année, le tout faisant la somme de 9,471,275 liv. à quoi le parlement se crut engagé de pourvoir comme à des dettes de la nation; quoiqu'une partie, ainsi qu'il fut prouvé, se trouvât provenir des abus & des malversations qu'avoient commis ceux qui avoient été chargés de la levée des deniers publics ou de leur distribution: cette sage assemblée aimant mieux laisser à de malhonnêtes gens des gains illégitimes, que de tromper quelques-uns de ceux qui avoient prêté sur la bonne-foi du gouvernement, & dont les fonds avoient été employés aux besoins de l'état.

Après cet examen des comptes & ce calcul des dettes de la nation, il ne fut plus question que de trouver les moyens d'acquitter une si grosse dette, & de prévenir pour l'avenir de si grands abus.

A l'égard du dernier, le parlement prit des mesures justes pour que tous les subsides accordés pour la marine, y fussent employés sans aucuns divertissemens à d'autres usages, & que l'on payât exactement toutes les provisions & les traités qui se feroient pour la flotte.

Pour ce qui est de l'acquit des dettes, le parlement engagea plusieurs fonds, les uns qui devoient être levés depuis 1716, & les autres qui devoient ne commencer qu'en 1720, mais durer toujours tant pour le paiement des intérêts à six pour cent, que jusqu'à l'entier remboursement du capital, le parlement s'engageant en attendant l'échéance de ces fonds, de pourvoir chaque année au paiement desdits intérêts, montant pour toutes lesdites dettes à 568,279 liv. 10 sols sterlings par an.

Les choses étant ainsi disposées, le parlement, pour faciliter l'enregistrement de tous ces fonds, & le paiement de leurs intérêts, ordonna par le même acte qui y avoit pourvû, qu'il seroit établi une com-

pagnie sous le nom de compagnie des mers du Sud, dans laquelle seroient incorporés ceux qui auroient des effets de la nature ci-dessus, autorisant la reine & lui donnant pouvoir d'accorder à ladite compagnie telle patente ou commission qu'elle jugeroit à propos, pour régler la manière dont ces sommes seroient incorporées, & pour nommer des commissaires chargés de recevoir les souscriptions; & ensuite un gouverneur & des directeurs pour conduire cette affaire, non-seulement pour tous ces effets, mais aussi pour la direction du commerce qu'on devoit entreprendre.

Les privilèges que le parlement accorda à la nouvelle compagnie, furent très-considérables; les principaux sont:

1°. Que le capital que les particuliers auroient dans la compagnie, seroit réputé un bien personnel qui ne seroit saisissable sous aucun prétexte, & qui seroit pour toujours exempt de toute sorte de taxe.

2°. Que les fonds qui devoient servir pour le paiement des intérêts, seroient remis chaque semaine au trésorier de la compagnie, & même qu'ils entreroient à la trésorerie, pour être payés tous les trois mois.

3°. Qu'à l'égard du commerce, la compagnie jouiroit d'un droit exclusif depuis la rivière d'Aranoca, jusqu'à la partie la plus méridionale de la terre de Feu, & de-là dans toutes les mers que l'on nomme du Sud, jusqu'à la partie la plus septentrionale de l'Amérique, & dans toutes les isles, pays & places desdites limites, qui sont réputées appartenir à la couronne d'Espagne; comme aussi dans tous les pays qui pourroient être découverts dans lesdites bornes, pourvu que ce ne fût pas à une distance de plus de 300 lieues du continent de l'Amérique à l'Ouest, à l'exception aussi du Bréfil, de Surinam, & des autres pays appartenans aux alliés de l'Angleterre.

4°. Que tous les vaisseaux Anglois, autres que ceux de la compagnie, qui iroient dans lesdites mers, seroient saisis par force & seroient confisqués au profit d'icelle, avec toute leur charge; & les propriétaires ou intéressés dans lesdits vaisseaux, condamnés en outre au double, au profit de ladite compagnie.

5°. Que la compagnie seroit seule propriétaire à toujours, de toutes les isles, villes, forts, & places qu'elle découvriroit, ou dont elle s'emparoit dans lesdites limites, sans être obligée d'en rendre aucun compte à la reine, ni à ses successeurs, quand même elle auroit été assistée dans lesdites prises & découvertes, des vaisseaux de guerre de sa majesté, en rendant seulement à la reine une redevance d'une once d'or par an, si elle le demandoit à ladite compagnie.

6°. Que pareillement les vaisseaux qui seroient pris dans lesdites limites, appartiendroient à la compagnie avec toute leur charge & effets, encore que les navires de sa majesté eussent été présens & eussent aidé ceux de ladite *compagnie* à les prendre & à s'en rendre maîtres.

7°. Que la reine pourroit donner pouvoir à la nouvelle *compagnie* de faire des loix pour le gouvernement de son commerce.

8°. Que le parlement accordoit à la *compagnie* 8,000 liv. sterlings par an, pour les frais annuels qui se feroient pour sa régie.

Ces huit premiers articles contiennent les priviléges de la *compagnie* : les deux suivans regardent quelques exceptions & obligations que le parlement lui prescrit.

1°. Que la *compagnie* ne pourroit aller dans les mers du Sud, ni en revenir que par le détroit de Magellan, ou autour de la terre de feu, ni y faire aucun commerce en marchandises des Indes Orientales ; & que ses vaisseaux ne pourroient non plus s'éloigner ni faire aucun négoce à plus de 300 lieues du continent de l'Amérique, depuis la terre de Feu, jusqu'à la partie la plus septentrionale de ladite Amérique, sous peine de confiscation de sesdits vaisseaux & de leur charge, dont les deux tiers appartiendroient à la *compagnie des Indes Orientales*.

2°. Qu'il seroit permis à la reine de lever sur le capital de ladite *compagnie du Sud*, un pour cent, pour favoriser la pêche de la grande Bretagne, & être employé suivant que sa majesté le trouveroit à propos.

Après que ce bil pour le paiement des dettes de la nation, & pour l'établissement d'une *compagnie des mers du Sud*, eut passé au parlement, & qu'il eut été autorisé par la reine, dans les formes ordonnées par les loix, sa majesté Britannique établit des commissaires pour recevoir les souscriptions ; & la presse y fut si grande, qu'au moins de huit jours il fut souscrit pour deux millions & demi sterlings d'effets déclarés par l'acte, & l'on espéroit que dans tout le cours de l'année il n'en resteroit plus aucun à souscrire.

Les officiers de la *compagnie* qui furent ensuite choisis par la reine, furent un gouverneur, un député-gouverneur, & vingt-quatre directeurs pris du nombre de ceux qui avoient souscrit au moins pour 3,000 liv. sterlings.

Le comte d'Oxford, qui avoit été l'auteur de ce projet, fut aussi chargé de son exécution, ayant été nommé pour premier gouverneur ; & la reine fit ce choix, afin que dans toute cette affaire il ne se fit rien que de concert avec la cour.

Lorsque les souscriptions furent avancées, les directeurs commencèrent à tenir des assemblées générales, où tous les souscripteurs furent conviés.

C'est dans ces assemblées que se propose tout ce qu'on croit avantageux à la *compagnie*, à sa régie & à son commerce ; & c'est-là aussi que les directeurs demandent aux actionnaires les sommes nécessaires pour soutenir les anciennes entreprises, ou pour en faire de nouvelles.

Les délibérations ne se prennent pas cependant sur le champ, & on laisse aux intéressés quelques

jours à y penser ; après quoi il est presque sûr qu'ils sont de l'avis des directeurs.

Les sommes nécessaires & accordées dans ces assemblées, se fournissent par les actionnaires à tant pour cent de l'intérêt que chacun d'eux a dans la *compagnie*.

C'est sur ces fonds que se fait toute la dépense, soit pour la construction, les achats & l'armement des vaisseaux, soit pour les marchandises de leur chargement, soit pour l'établissement des comptoirs dans les pays, soit enfin pour tant d'autres frais où l'exécution d'un si vaste projet ne pouvoit pas manquer d'engager une *compagnie* naissante.

Outre ces fonds fournis par les intéressés, les directeurs sont aussi autorisés à faire des emprunts sur leurs obligations, lesquelles engagent la *compagnie* comme si elle les faisoit elle-même.

Le gouverneur & les directeurs peuvent changer chaque année, la reine n'ayant eu la nomination que des premiers.

Tous les actionnaires, pourvû qu'ils ayent dans la *compagnie*, jusqu'à 300 liv. sterlings de capital, ont droit d'assister à l'assemblée pour l'élection des officiers, & d'y donner leurs voix ; ce qu'ils peuvent faire pareillement dans toutes les autres qui se tiennent pour les affaires considérables, comme lorsqu'il s'agit d'appeller de l'argent, c'est-à-dire, d'en demander aux actionnaires à proportion de leurs fonds, ou qu'il survient quelques difficultés importantes.

Cette *compagnie* ne fut pas seulement établie pour la nation Angloise, elle fut ouverte à tous les étrangers ; & les François même, quoiqu'en guerre avec l'Angleterre, n'en furent point exclus. Voici ce que l'auteur du mémoire, qui étoit Anglois, en écrivit à son correspondant qui étoit François :

« Voilà, monsieur, tout le détail que je puis vous » donner de cette affaire, & c'est l'abrégé de l'acte » du parlement, & de tout ce qui s'en est ensuivi. » Elle me paroît très-avantageuse, & si vous y vou- » lez prendre intérêt, vous le pouvez faire sous votre » nom, quoique François, ou sous tel autre nom » que vous trouverez à propos, avec entière liberté » d'en disposer quand vous le jugerez à propos.

» Vous pouvez présentement y entrer à un très- » bas prix, car pour soixante & quinze livres ster- » lings, vous pourrez avoir une action de cent liv. » dont vous retirerez régulièrement six liv. d'intérêt » par an ; & pour ce que vous seriez obligé de » payer pour le commerce, qui ne sçauroit aller » à ce que vous retirerez d'intérêt, vous aurez votre » part de ce qui reviendra dudit commerce : & quand » ce commerce ne réussiroit pas, & que cette *com-* » *pagnie* seroit obligée de l'abandonner, soit par » la difficulté de former des établissemens, soit par » une prompte paix, qui régleroit sans doute les » prétentions sur toute la monarchie Espagnole, » l'état ne laisseroit pas de payer toujours les inté- » rêts à six pour cent, de toutes les sommes, jus-
» qu'au

» qu'au remboursement du capital, que le parle-
» ment s'est réservé ».

Tout ce que le mémoire rapporte de l'établissement de cette *compagnie*, ne passant pas la fin
de l'année 1711, on peut en voir la suite ci-après;
c'est-à-dire, sa langueur jusqu'à la paix d'Utreck,
& ses ressources depuis qu'elle fut entrée en possession du traité de l'Assiente, que la France avoit eu
pendant toute la guerre pour la succession d'Espagne. A quoi il faut encore ajouter le triomphe chimérique des actions de cette *compagnie* en 1721,
leur prompte chûte dans le discrédit en 1722, l'infidélité de ses directeurs, la fuite de ses caissiers avec
ses fonds les plus clairs, la juste punition de ceux
qui avoient eu part à tous ces désordres; enfin,
les soins du parlement pour rétablir son crédit, &
l'heureux succès de ses soins, qui l'ont remise dans
sa première splendeur, & qui la soutiennent encore
présentement dans un état florissant, dont il n'y a
guères d'apparence qu'elle puisse déchoir, tant
que son crédit en particulier ne sera point séparé
de celui de la nation en général.

L'on a vû ci-dessus, (au paragraphe des *compagnies Françoises.*) que parmi les *compagnies* de
commerce établies en France, celle qu'on nommoit *compagnie de Guinée*, avoit changé de nom,
& étoit devenue *compagnie de l'Assiente*, c'est-à-
dire, s'étoit chargée de faire la traitte des Négres
pour l'Amérique Espagnole, conformément au traité
qu'elle fit avec les ministres de Philippe V, nouvellement monté sur le trône d'Espagne.

Ce fut dans cette traitte des Négres, qui par la
paix d'Utreck fut cédée aux Anglois, que la *compagnie Angloise du Sud*, trouva non-seulement
de quoi se relever de cet état si languissant, qui
sembloit annoncer sa chûte prochaine; mais encore
de quoi se mettre plus qu'en parallèle avec les *compagnies de commerce*, les plus florissantes en Angleterre.

Le traité de cette *compagnie* avec la cour d'Espagne, est du mois de mai 1713, pour durer trente
années, à la charge de fournir aux Espagnols jusqu'à
4,800 Négres, pièces d'Inde, par an, & même plus;
en ne payant néanmoins que la moitié du droit dû
au roi d'Espagne, pour l'excédent des Négres, que
les Anglois fourniroient pendant les vingt-cinq premières années de la ferme, ou assiente. On a dit
ailleurs que ce droit du roi, est de trente-trois piastres un tiers par pièce. *Voyez* ASSIENTE.

On donnera à la fin de cet article, un extrait du
traité fait entre l'Espagne & l'Angleterre, pour l'Af-
siente, ou ferme des Négres.

Le principal établissement de la *compagnie Françoise de l'Assiente*, avoit été à Buenos-Ayres,
ville considérable & de grand commerce sur la côte
de l'Amérique Méridionale, située par 35 dégrés
& demi de latitude Sud. La *compagnie Angloise
du Sud*, qui sans changer de nom, s'est chargée
de l'assiente ou ferme des Négres, a conservé le
même établissement; & c'est-là que ses vaisseaux

transportent & débarquent les Négres qu'ils ont été
traiter sur toutes les côtes d'Afrique, comprises
dans sa concession.

L'on ne peut douter que les premiers succès de
cette *compagnie* n'ayent été heureux, & qu'elle
n'en espère encore de plus grands, puisqu'outre
qu'on en a vû en cinq années hausser les actions
plus par comparaison que celles d'aucune *compagnie Angloise*, le roi Georges n'a pas dédaigné,
après y avoir pris pour 10,000 liv. sterlings d'actions, d'agréer la prière qu'elle lui fit au mois de
février 1718, d'en être le gouverneur, & pour ainsi
dire, le premier directeur; & qu'à peu près dans
le même temps elle a envoyé des présens considérables au gouverneur, & aux autres commandans
de Buenos-Ayres, où est le fort de son négoce, par
rapport à l'assiente, ou ferme des Négres.

On ne dira rien ici davantage du commerce que
fait cette *compagnie*, en ayant traité dans plusieurs
articles de ce Dictionnaire, suivant que la matière
l'a demandé. On peut voir, entr'autres, l'état général du commerce, & l'article de l'assiente. On parle
dans le premier, de la traitte des Négres en Guinée, & du négoce des Anglois à Buenos-Ayres;
& dans l'autre, l'on explique la manière de compter les Négres, & d'en payer le droit au roi d'Espagne.

*Extrait du traité pour l'assiente des Négres, con-
clu entre sa majesté Catholique Philippe V, &
la reine Anne d'Angleterre, & signé à Madrid
le 26 mars 1713.*

Le sieur Emmanuel-Manassès Gilligan, député
de sa majesté Britannique, ayant remis au roi d'Espagne, conformément aux préliminaires du traité
d'Utreck, un mémoire contenant 42 articles pour
le réglement de l'assiente, ou ferme des Négres;
sa majesté catholique l'ayant fait examiner par trois
ministres de son conseil des Indes, & ayant encore
voulu en avoir l'avis de son conseil d'état; souhai-
tant de conclure & perfectionner ce traité, malgré
les observations de ses ministres, qui l'avoient trouvé
en plusieurs choses contraire à ses intérêts, & ayant
en vûe de complaire à la reine de la Grande-Bretagne, accepta par un mémoire du 12 du mois de
mars, les 42 articles contenus dans le mémoire,
& le 26 du même mois en signa le traité, y ajoutant même de son propre mouvement un 43e article,
qui n'est pas le moins favorable de ceux qui ont
été accordés aux assientistes Anglois,

I. Par le premier article, sa majesté Britannique
s'oblige, pour les personnes qu'elle proposera, d'introduire dans les Indes occidentales de l'Amérique,
144,000 Négres, pièces d'Inde, des deux sexes, de
tout âge, à raison de 4,800 Négres chaque année,
dans l'espace de 30 années, à commencer du premier mai 1713, pour finir au même jour de l'année 1743.

II. La *compagnie* paiera à sa majesté catholique,
pour chaque Négre, pièce d'Inde, de la mesure

régulière de sept quarts, sans défauts, & n'étant point vieux, 33 ¼ piastres pour tous droits, y compris ceux d'Alcanala, Size, Union d'armes, Boqueron, & tous autres droits d'entrée; & si les ministres de sa majesté en exigeoient d'autres, ils lui seront remboursés, en produisant le procès-verbal que ses directeurs ou commis en auront fait faire pardevant notaire.

III. La *compagnie* fera une avance à sa majesté, de 200,000 piastres en deux paiemens égaux, dont elle se remboursera sur le montant des droits pendant le cours des dix dernières années du traité, à raison de 20,000 piastres par an.

IV. Elle paiera en la cour de Madrid, & non ailleurs, tant l'avance des 200,000 piastres, que les droits de l'introduction de six mois en six mois par moitié.

V. La *compagnie* ne paiera les droits que pour 4,000 Négres; sa majesté lui faisant grace de 800 restant, en considération des intérêts pour l'avance, & le paiement en cette cour.

VI. Après l'introduction de 4,800 Négres, pièces d'Inde, par année, elle pourra en introduire davantage, si elle le trouve à propos, dont elle ne paiera que la moitié du droit pendant les vingt-cinq premières années.

VII. La *compagnie* pourra faire son trafic avec des navires Anglois, ou Espagnols, à sa volonté, & avec des équipages de l'une ou de l'autre nation, à la charge que les commandans & matelots Anglois desdits navires, ne troubleront point l'exercice de la religion catholique, sous les peines portées par le premier article.

VIII. Elle pourra introduire des Négres dans tous les ports de la mer du Nord, & celui de Buenos-Ayres, à son option; mais seulement dans ceux où il y aura des officiers royaux, ou leurs lieutenans, pour faire la visite des vaisseaux, & en délivrer les certificats. A l'égard de ceux qu'elle introduira dans ports de la côte au Vent, Sainte-Marthe, Cumana, Maracaibo, ils ne pourront être vendus plus de 300 piastres chacun, avec la liberté dans les autres ports de la nouvelle Espagne, de les vendre à tel prix qu'elle voudra.

IX. Sa majesté lui accorde la permission de faire entrer jusqu'à 1,200 Négres, des 4,800 qu'elle doit fournir chaque année, par la rivière de la Plata; sçavoir, 800 à Buenos-Ayres, & 400 pour les provinces plus éloignées, & le Chily, avec la faculté à ses directeurs & commis, d'avoir dans ladite rivière, des maisons de bois, & non autres, & quelque terrein aux environs, pour le cultiver, ou élever des bestiaux, pour la commodité & entretien desdits commis & directeurs.

X. Sa majesté permet à la *compagnie*, de faire fretter à Panama, ou autres ports de la mer du Sud, des bâtimens de 400 tonneaux, pour transporter ses Négres dans tous les autres ports du Pérou, & non ailleurs; de les équiper à sa volonté; d'en nommer les officiers; & de rapporter le produit de

la vente desdits Négres audit port de Panama, en denrées du pays, comme réaux, barres d'argent, & plaques d'or, exemptes de tous droits d'entrée & de sortie : & pour l'armement desdits bâtimens, sadite majesté lui accorde la permission de faire venir d'Europe à Porto-bello, & de Porto-bello à Panama, tous les cordages, voiles, fers, &c. sans néanmoins qu'il lui soit permis de vendre aucun desdits agreits, mais seulement de les employer pour son propre usage.

XI. La *compagnie* pourra employer des Anglois ou des Espagnols, à son option, pour la régie de ses affaires, pourvu que le nombre des premiers n'excède pas celui de quatre ou de six dans chaque port, lesquels y seront traités & regardés comme sujets du roi.

XII. Après la publication de la paix, elle pourra envoyer deux navires de guerre, pour transporter ses directeurs, commis & agens dans les ports destinés à son commerce, pour y préparer leurs habitations, & tout ce qui sera nécessaire pour la réception de ses Négres; & encore un petit bâtiment, pour transporter ceux qui doivent passer à Buenos-Ayres; lesquels trois navires seront sujets à la visite des officiers royaux.

XIII. La *compagnie* pourra se choisir des juges-conservateurs dans les ports, auxquels elle donnera des appointemens de gré à gré, ou qui seront réglés par les officiers royaux : elle pourra néanmoins les révoquer avec cause légitime. Autres que lesdits juges ne pourront connoître de ses affaires; & il n'y aura appel de leur jugement, qu'au suprême conseil des Indes. Enfin, elle pourra choisir pour protecteur du traité, tel des principaux officiers du roi, qu'elle voudra, qui sera juge-conservateur privé, avec la permission de sa majesté.

XIV. Les vicerois, le conseil suprême, les présidens, gouverneurs, ni autres ministres de sa majesté, ne pourront arrêter les vaisseaux de la *compagnie*, sous quelque prétexte que ce soit.

XV. Ils ne pourront aussi saisir, ni se servir des biens ou effets de la *compagnie*; non plus que visiter les maisons de ses facteurs, à moins qu'ils ne justifient de quelques introductions défendues, & faites en fraude; auquel cas le juge-conservateur assistera à la visite : & ne pourront être saisies & confisquées, que les marchandises entrées en fraude, & non les fonds & effets de la *compagnie*, qui resteront libres.

XVI. La *compagnie* pourra se servir des matelots, voituriers, & autres officiers dont elle aura besoin, en leur payant leur salaire.

XVII. La *compagnie* pourra charger ses retours sur les flottes, gallions, & autres vaisseaux de guerre de sa majesté, sans payer aucuns droits d'entrée en Espagne, ni d'indult ordinaire ou extraordinaire.

XVIII. Depuis le premier jour de mai 1713 la *compagnie de France*, ni autre, ne pourra introduire des négres dans les Indes, sous peine de confiscation au profit de celle d'Angleterre, dont les facteurs pourront visiter les bâtimens qui arriveront à la côte, avec la permission & sous l'autorité des gouverneurs ; à la charge néanmoins par ladite *compagnie* de payer au roi, les droits desdits négres confisqués à son profit.

XIX. Sa majesté engage sa foi & parole royale, pour l'observation de toutes les conditions de ce traité ; conservant à la seule *compagnie*, & ses directeurs & facteurs, le commerce des négres dans tous les ports du nord des Indes orientales, de la domination Espagnole, y compris la rivière de la Plata & Buenos-Ayres ; dans laquelle rivière toutefois ladite *compagnie* ne pourra introduire plus de 1100 piéces d'Inde par an, comme il a été réglé ci-dessus.

XX. Sa majesté se réserve la connoissance des causes & procés, qui pourroient être intentés à la *compagnie* au sujet du présent traité ; & défend à tous juges & ministres d'en connoître.

XXI. Les vaisseaux destinés à ce commerce, ne pourront entrer dans les ports qu'après que les capitaines auront justifié n'avoir aucune maladie contagieuse.

XXII. Les navires seront visités, & si on y trouve des marchandises, elles seront confisquées, comme si elles avoient été déchargées à terre, mais non les négres, vivres & bâtimens ; sa majesté ne voulant permettre aucun commerce de marchandises dans ses états de l'Amérique : lesquelles marchandises seront estimées & brûlées en place publique, & les capitaines ou maîtres de vaisseau, condamnés au paiement des sommes à quoi pourra monter ladite estimation, & déclarés incapables d'être employés à l'avenir au service de la *compagnie*, aussi-bien que les directeurs & commis qui auront favorisé cette contrebande : sa majesté entendant que ses officiers & sujets qui y auront eu part, soient pareillement punis suivant la rigueur des loix.

XXIII. Les vivres qu'on débarquera pour l'entretien des négres, ne paieront aucuns droits ; & s'il y en avoit quelques-uns en danger d'être gâtés, ils pourront être vendus avec la permission des officiers royaux.

XXIV. Les négres étant débarqués, les droits seront dûs par la *compagnie*, mais non de ceux qui seront malades en danger de mort : sa majesté accordant quinze jours pour les faire traiter ; au bout desquels, s'ils sont encore en vie, les droits en seront également dûs.

XXV. Après la vente d'une partie des négres embarqués dans un vaisseau, fait dans un port, on pourra transporter dans un autre ceux qui resteront, & recevoir en paiement de l'or & de l'argent, qui ne paieront aucuns droits ; mais non les denrées & autres effets de la *compagnie*, dont elle sera tenue de payer les droits établis, moyennant quoi elle pourra les transporter d'un port à l'autre.

XXVI. Les vaisseaux de la *compagnie* pourront sortir des ports de la Grande-Bretagne ou d'Espagne, & y faire leurs retours, en faisant sçavoir leur

départ ; & laissant en retournant, un registre ou déclaration de leur chargement, sans qu'il leur soit néanmoins permis d'embarquer les fonds des Espagnols, ni se charger des passagers, sans une permission expresse de sa majesté catholique.

XXVII. Les prises que les vaisseaux de la *compagnie* armés en guerre, feront sur les ennemis des deux couronnes, ou sur les forbans, pourront être conduites dans les ports de sa majesté ; & après qu'elles y auront été déclarées bonnes & légitimes, s'il s'y trouve quelques négres, ils pourront être vendus à compte de ceux que la *compagnie* est chargée de fournir ; comme aussi les vivres & munitions qui lui seront inutiles : & à l'égard des marchandises, elles seront conduites à Carthagène, ou à Porto-Bello, pour y être mises en dépôt dans les magasins jusqu'à l'arrivée des gallions, pour être alors vendues au profit de la *compagnie*, à la réserve du quart du produit de la vente que sa majesté catholique se réserve franc & quitte ; les frais de vente & de magasinage, ensemble les droits ordinaires, devant se prendre sur les trois quarts restans. Pour ce qui est des vaisseaux, & autres bâtimens, où des marchandises auront été trouvées, ils appartiendront entièrement à ceux qui les auront pris, avec leurs armes, artillerie & autres agreits.

XXVIII. Leurs majestés Catholique & Britannique resteront intéressées dans le présent traité, pour chacun un quart des profits qui en reviendront ; à la charge par sa majesté catholique d'avancer à la *compagnie* un million de piastres, ou le quart de telle somme qu'elle jugera nécessaire, pour mettre cette affaire en réglé ; & si elle n'aimoit mieux que ladite *compagnie* en fît l'avance, dont sa majesté lui payeroit les intérêts, suivant les conditions portées par l'article.

XXIX. Après les cinq premières années, la *compagnie* rendra compte des profits, & payera à sa majesté ce qui lui en doit revenir.

XXX. Du produit du profit desdites cinq premières années, la *compagnie* se remboursera de son avance pour sa majesté, & des intérêts ; & de cinq ans en cinq ans elle rendra compte de la manière qu'il est dit ci-dessus.

XXXI. Si les profits des cinq premières années étoient plus que suffisans pour le remboursement de l'avance que la *compagnie* fera pour sa majesté, elle pourra se rembourser aussi du tout, ou partie des 200,000 piastres qu'elle a offertes par le troisiéme article du traité.

XXXII. Sa majesté accorde à la *compagnie*, après les trente ans du traité échus, trois autres années pour retirer ses effets, & former la balance générale de son compte, avec permission à ses navires d'entrer dans les ports de l'Amérique à cet effet.

XXXIII. Les débiteurs de la *compagnie* seront contraints au paiement de leurs dettes, comme pour les deniers de sa majesté.

XXXIV. La *compagnie*, pour l'entretien de ses

négres & de ses commis & facteurs, comme aussi pour l'armement de ses vaisseaux, pourra envoyer d'Europe dans les Indes, des habits, médicamens, provisions, agrets & apparaux par des bâtimens de 150 tonneaux, indépendamment de ceux qui leur serviront pour le commerce des négres, en donnant avis de leur départ & expédition au conseil d'Espagne; & encore à la charge de ne pouvoir vendre aucune de ces choses apportées par ces bâtimens, à moins que ce ne fût à des vaisseaux Espagnols qui en auroient absolument besoin pour leur retour en Europe; auquel cas les capitaines conviendront avec les facteurs de la *compagnie* pour l'achat.

XXXV. Sa majesté permet à la *compagnie* de prendre à ferme des terres proche de ses comptoirs, pour y faire des plantations, & les faire cultiver par les habitans ou les négres.

XXXVI. Sa majesté lui donne pareillement la permission d'envoyer un vaisseau de 300 tonneaux aux isles Canaries, pour charger des fruits, & prendre son registre pour l'Amérique, une seule fois pendant les trente ans du traité, de la même manière qu'il avoit été accordé aux *compagnies de France & de Portugal.*

XXXVII. Il sera expédié une cédule, ou ordonnance, afin que dans tous les ports de l'Amérique, on publie un indult, ou défense pour les négres de mauvaise entrée, à commencer du jour de ce traité, au profit de la *compagnie.*

XXXVIII. Pour la plus prompte expédition des affaires de la *compagnie*, sa majesté établira une junte de trois de ses ministres du conseil des Indes, où le procureur de sadite majesté, & le secrétaire du conseil assisteront.

XXXIX. Toutes les conditions accordées aux précédentes *compagnies*, qui ne seront point contraires à ce traité, y seront réputées insérées; & toutes les cédules expédiées en faveur des *compagnies*, le seront pareillement pour celle-ci.

XL. En cas de déclaration de guerre entre les deux couronnes, la *compagnie* aura un an & demi pour retirer ses effets des Indes & d'Espagne: que si elles traitoient avec d'autres nations, les vaisseaux de la *compagnie* resteroient neutres, sans pouvoir être inquiétés; qu'à cet effet ils porteroient des armes & pavillons différens, suivant ce qu'en ordonnera sa majesté, afin de pouvoir être reconnus.

XLI. Sa majesté déroge en faveur de ce traité, à toutes les loix, ordonnances, cédules, priviléges, établissemens, usages & coutumes, qui pourroient y être contraires.

XLII. Enfin, sa majesté catholique accorde à la *compagnie*, & ses directeurs, commis & ministres qu'elle employera, toutes les graces, franchises & priviléges accordés dans les traités précédens.

Un quarante-troisiéme article, mais qui est comme hors du corps du traité, accorde à la *compagnie* un vaisseau de 500 tonneaux chaque année, des trente que doit durer ledit traité, afin de pouvoir commercer dans les Indes; dans les profits duquel

vaisseau sa majesté catholique aura l'intérêt d'un quart, & en outre cinq pour cent sur le net des autres trois quarts qui appartiendront à la *compagnie* : à condition expresse, que les marchandises que chaque vaisseau portera, ne pourront être vendues qu'en temps de foires; & que si elles arrivent dans les ports avant que les foires se tiennent, elles seront déposées, en attendant, dans des magasins fermés à deux clefs, dont l'une restera aux officiers royaux, & l'autre aux facteurs de la *compagnie.*

Les conditions de ce traité furent acceptées par milord Lexington, ministre de sa majesté Britannique auprès du roi d'Espagne.

Quelques articles de ce traité ayant besoin d'explication, & la *compagnie de l'Assiente* en ayant fait diverses représentations, tant à Madrid qu'à Londres, il en fut signé un nouveau le 26 mai 1716, par le marquis de Bedmar, pour le roi d'Espagne, & M. Georges Bubbayant, pour sa majesté Britannique, qui fut approuvé & ratifié par sadite majesté Catholique, le 12 juin de la même année.

Dans le traité de l'Assiente du mois de mars 1713, il avoit été accordé à la *compagnie* la permission d'envoyer tous les ans un vaisseau de 500 tonneaux aux Indes, à condition que les marchandises de sa cargaison ne seroient vendues qu'en temps de foires, & seroient mises dans des dépôts jusqu'à l'arrivée des gallions, & de la flotte Espagnole; mais attendu que le retardement des vaisseaux d'Espagne pouvoit considérablement préjudicier au commerce de la *compagnie*, par le dépérissement de ses marchandises, elle demanda que les foires se tinssent tous les ans à Carthagène, à Porto-Bello, ou à la Vera-Crux; qu'on lui fît donner avis du départ des gallions, pour pouvoir expédier son vaisseau; & qu'en cas qu'il n'y eût point de foires, elle pût faire vendre sa marchandise après un certain temps.

Sa majesté catholique interprétant l'article du traité de 1713, déclare que les foires se tiendront réguliérement chaque année à la nouvelle Espagne & au Pérou: qu'on donnera en Angleterre un avis précis du temps auquel partiront la flotte & les gallions : qu'en cas qu'ils ne fussent point partis dans tout le mois de juin, il sera permis à la *compagnie* de faire partir son vaisseau, en informant la Cour de Madrid du jour de son départ: que ce vaisseau étant arrivé à l'un des trois ports de Carthagène, Porto-Bello & la Vera-Crux, sera obligé d'attendre la flotte & les gallions pendant quatre mois: enfin, qu'après ledit terme expiré, les facteurs de la *compagnie* auront permission de vendre leurs marchandises; bien entendu qu'en cas que le vaisseau aille au Pérou, ce sera à Carthagène & à Porto-Bello, & non à la mer du Sud.

La *compagnie* ayant remontré en second lieu, que le nombre & le prix des négres qu'elle devoit traiter en Afrique, étant incertain, il étoit impossible de sçavoir au juste la quantité de marchandises dont elle devoit charger ses vaisseaux; & que pour ne point manquer l'achat, elle étoit obligée d'en tranf- porter plus que moins ; enforte qu'il pouvoit fouvent arriver qu'elle en eût beaucoup de refte : que dans ce cas elle fupplioit fa majefté, que celles qui n'auroient point été troquées avec des négres, puffent être tranfportées aux Indes ; la *compagnie*, pour plus grande précaution, offrant de les mettre dans des dépôts en arrivant, pour les reprendre quand leurs vaiffeaux partiroient pour revenir en Europe, parce qu'autrement elle feroit contrainte de les jetter à la mer : fa majefté catholique n'accorde cette permiffion que pour les marchandifes des vaiffeaux Anglois, qui tranfporteront des négres à Buenos-Ayres, mais non pas pour ceux qui vont aux ports de Curaçao, de Carthagène, de Porto-Bello, de la Vera-Crux, Puerto-Rico, S. Domingue & autres ; à caufe que fa majefté Britannique a des ifles au vent de tous ces lieux, entr'autres, la Barbade & la Jamaïque, où les vaiffeaux de la *compagnie* pourront, en paffant, dépofer leurs marchandifes, ce qu'elle n'a pas pour Buenos-Ayres : à condition néanmoins qu'en arrivant dans ce dernier port, les facteurs de la *compagnie* donneront une déclaration defdites marchandifes ; & que toutes celles qui n'auront pas été déclarées, feront immédiatement confifquées & adjugées à fa majefté catholique.

La troifiême repréfentation de la *compagnie* contenoit, que l'exécution du traité n'ayant pas commencé en l'année 1713, ainfi qu'il avoit été ftipulé, elle avoit beaucoup perdu fur les négres qu'elle avoit achetés, pour être tranfportés dans les ports de fa majefté catholique pour la fourniture de ladite année, qu'elle avoit été obligée de vendre dans les ifles Angloifes ; & encore pour avoir manqué à envoyer aux Indes depuis trois ans, le vaiffeau de 500 tonneaux qui lui avoit été accordé ; fur quoi elle faifoit plufieurs offres & propofitions avantageufes au roi catholique.

Sa majefté ayant égard à cette repréfentation, accorde à la *compagnie* que fon traité ne commencera qu'au premier mai 1714 ; qu'à cet effet elle payera les droits des deux années échues le même jour 1716, comme auffi les 200,000 piaftres de l'avance ; & que pour la dédommager des trois années qu'elle n'a point envoyé de vaiffeaux aux Indes, elle lui permet de partager les 1,500 tonneaux de marchandifes en dix portions annuelles, à commencer de l'année 1717, & finiffant en 1727 ; enforte que le vaiffeau accordé par le traité de 1713, au lieu de 500 tonneaux, fera de 650 par chacune defdites dix années, chaque tonneau de deux pipes de Malaga, du poids de vingt quintaux.

Enfin, un quatriéme & dernier article porte, que le traité de l'Affiente, fait à Madrid le 26 mars 1713, fubfiftera, à la réferve des articles contenus dans le nouveau réglement.

COMPAGNIE DE LA PÊCHE BRITANNIQUE.

Parmi le grand nombre de *compagnies Angloifes* qui furent établies à Londres en 1620, celle pour la pêche Britannique ne fut pas une des moins confidérables.

Les grands fonds qu'on deftina pour fon exécution, la qualité des actionnaires qui s'y engagèrent par des foufcriptions, & l'importance du deffein, qui n'alloit pas moins qu'à ruiner le commerce de toutes les autres nations, firent croire d'abord qu'elle s'établiffoit fur de plus fermes fondemens que tant d'autres, dont les feuls noms fembloient annoncer la chûte prochaine : il ne paroît pas néanmoins qu'elle ait guères été au-delà du projet ; & fi on en parle ici, ce n'eft que pour faire voir jufqu'où alloient les vaftes idées de commerce, dont tous les peuples aimoient à fe flatter, depuis que la *compagnie Françoife des Indes* avoit pouffé fi loin le crédit de fes actions.

Les fonds de cette nouvelle *compagnie* furent fixés à trois millions de livres fterlings. Plus de cent cinquante membres de la chambre des Communes en furent les premiers foufcripteurs ; & pour achever de lui donner fa forme, on s'adreffa à fa majefté Britannique pour en obtenir des lettres-patentes, ou, comme on parle en Angleterre, pour en avoir une charte d'établiffement, dont l'expédition parut d'autant plus facile, que cette entreprife avoit déja été agréée par les Communes affemblées en comité.

La requête préfentée au roi, fut digérée en treize principaux articles, dont on va donner ici l'abregé des plus effentiels.

Par le premier, on établit une vérité qui ne peut être conteftée, que la richeffe & la puiffance des ifles Britanniques font fondées fur le commerce & la navigation.

Dans le fecond, on fait efpérer de les voir augmenter l'un & l'autre, par la paix déja établie dans une partie de l'Europe, &, qui, felon les apparences, alloit bien-tôt achever d'en réunir tous les peuples.

Le troifiéme fait remarquer que les Anglois voyant leurs voifins s'attacher avec foin à profiter d'une conjoncture fi favorable, pour augmenter leur négoce déja fi confidérable, il n'eft pas de la prudence de la nation de refter les inutiles fpectateurs de leurs nouveaux efforts, & de ne pas imiter leur ardeur pour étendre leur commerce & leur navigation.

Dans le quatriéme, on repréfente que le moyen le plus fûr pour y réuffir, eft l'accroiffement de la pêche qui convient mieux aux Anglois qu'à tous les autres peuples de l'Europe.

En cinquiéme lieu, on repréfente que fi le commerce des laines eft la bafe & la principale reffource du commerce de la Grande-Bretagne, la pêche eft principalement auffi ce qui fait fleurir celui des Hollandois, & que c'eft par cette voie, plus que par aucune autre, que leur puiffance maritime égale prefque celle d'Angleterre.

Sixiémement, que c'eft pour ces confidérations qu'on a établi un fonds par foufcription, affez grand pour donner à la pêche Angloise toute l'étendue qu'elle est capable d'avoir.

Septièmement, que par cet établissement, toutes les villes maritimes des trois royaumes pourront avoir part à la pêche, & qu'un nombre infini de pauvres qui languissent & qui meurent de faim faute d'emploi, y trouveront de quoi s'occuper & vivre commodément.

Huitièmement, que cette pêche se fera avec tout le soin & la diligence possible, nul bâtiment de pêcheur ne pouvant relâcher dans aucun port Anglois, qu'il n'y trouve quelqu'intéressé à la compagnie qui y sera établi pour y avoir l'œil.

Neuviémement, que cette pêche occupant & exerçant un grand nombre de matelots, il y en aura toujours de prêts pour le service des vaisseaux du roi, ou des marchands qui en manquent souvent, sans être obligé, comme il est arrivé tant de fois, d'avoir recours aux bateliers de la Tamise, qui sont de très-mauvais hommes de mer, & qu'on peut juger du nombre infini de nouveaux matelots qui vont se former sur les bâtimens de cette pêche universelle, par ceux que les Hollandois emploient à la seule pêche du hareng & de la baleine, qui montent à plus de trois mille hommes.

Onzièmement, que la nouvelle compagnie espère de réussir d'autant mieux à rendre son commerce supérieur à celui de ses voisins, qu'elle pourra fournir du poisson à plusieurs grandes villes d'Allemagne, par le moyen des ports que sa majesté Britannique a présentement sur l'Elbe, en qualité d'électeur de Hannovre, & qu'elle pourra le donner à meilleur marché que les Hollandois qui en font aujourd'hui le négoce, à cause que ce commerce se fera en quelque sorte de proche en proche.

Douzièmement, que la compagnie étant obligée d'avoir quantité de toutes sortes d'artisans à son service, elle les contiendra dans le devoir & empêchera ces murmures, qui leur sont si ordinaires quand ils manquent de travail, & qui peuvent dans de certaines circonstances être si préjudiciables à l'État.

Treizièmement, qu'enfin outre la pêche que la compagnie se propose de faire vers la côte Occidentale de la Grande-Bretagne, elle entreprendra aussi la pêche de la baleine en Groenland, & épargnera par-là à la nation plus de deux cent mille livres sterlings par an, qu'elle paye aux Hollandois pour l'huile & les côtes de baleine qu'ils viennent vendre en Angleterre.

Le projet de cette compagnie, dont après la chûte des actions en Angleterre on avoit cessé de parler, s'étant renouvellé en 1723, & les états généraux ayant appris par les bruits publics qu'on vouloit établir dans la Grande-Bretagne deux nouvelles compagnies; l'une pour la pêche de la baleine, l'autre pour celle du hareng; leurs hautes-puissances prirent la résolution d'interdire dans les pays de leur domination, l'entrée des baleines qui ne proviendroient pas de la pêche de leurs sujets; ce qui pourtant n'eut aucune suite, soit que les Anglois eussent une seconde fois abandonné le dessein de leur nouvelle compagnie, soit que les états généraux se fussent rendus aux raisons du marquis de Monteleon, ambassadeur d'Espagne, qui sur le bruit de l'interdiction du commerce de la baleine en Hollande, leur avoit présenté un mémoire pour leur faire voir combien cette interdiction seroit injuste, particulièrement à l'égard des Espagnols, les Biscayens ayant été les premiers de toute l'Europe à la pêche de la baleine, & ayant toujours joui de la liberté d'aller porter leurs poissons & leur huile dans tous les états de l'Europe, & particulièrement en Hollande.

COMPAGNIE ANGLOISE DE LA BAYE D'HUDSON.

On en a parlé au paragraphe des compagnies Françoises & à l'article d'Angleterre. C'est celle sur qui les François prirent pendant la guerre pour la succession d'Espagne, la colonie qu'elle avoit établie dans cette partie de l'Amérique septentrionale; laquelle lui fut ensuite restituée par un des articles du traité d'Utreck.

COMPAGNIE POUR LE COMMERCE DES ÉTATS DU ROI GEORGES EN ALLEMAGNE.

Cette compagnie n'est encore qu'en projet: il est cependant certain, qu'en 1717 on a commencé en Angleterre à travailler à son établissement; & que même les souscriptions ont été assez faciles, & assez abondantes.

Quoiqu'il ne paroisse pas que cette affaire soit consommée, (1719) il y a néanmoins grande apparence qu'elle réussira; puisqu'on ne doit pas douter d'y voir concourir d'un côté la complaisance de la nation Angloise, pour un prince qu'elle a placé sur le trône; & de l'autre la protection du nouveau roi, pour un établissement capable d'unir plus étroitement ses divers sujets, dont l'antipathie naturelle, ne laisse pas quelquefois d'échapper, malgré toute la politique du nouveau ministère.

On ne peut s'empêcher de remarquer, que le goût des compagnies & des actions avoit tellement fait progrès en Angleterre, depuis les fortunes immenses que les actionnaires de la compagnie du Sud sembloient y avoir fait, que tout y étoit devenu propre à y former des compagnies.

Voici les plus considérables de celles dont on y a ouvert les registres, pour recevoir les souscriptions.

La compagnie de la mutuelle assurance.

La nouvelle compagnie d'Afrique, formée par le duc de Chandois, qui avec ses associés en avoit acheté.

La compagnie pour acheter les effets de ceux qui ont fait banqueroute.

La compagnie pour la pêche Britannique.

La compagnie des lames d'épées.

Enfin pour faire voir jusqu'où a été poussée cette manie, une compagnie pour assurer les maisons contre les accidents du feu; & une autre, pour assurer la vie des personnes.

On juge assez que toutes ces compagnies sont

tombées avec les fortunes de la *compagnie* du Sud, qui les avoit fait imaginer : mais si on ne l'avoit vû de ses yeux, on ne croiroit jamais que tant de visions eussent pû entrer dans l'esprit d'une nation si éclairée sur ses intérêts, & qui connoît si bien les fondemens d'un bon & solide commerce.

COMPAGNIES DE COMMERCE ÉCOSSOISES. Quoique l'Ecosse fasse depuis long-temps une des plus belles parties du royaume de la Grande-Bretagne, une jalousie de nation les avoit presque toujours séparés, & les intérêts, soit de politique, soit de commerce, des deux peuples, étoient rarement les mêmes; comme chaque nation avoit son parlement, chaque nation avoit aussi ses *compagnies* de négoce.

Enfin, après plusieurs tentatives, toutes faites inutilement, depuis le régne de Jacques I, & particulièrement sous celui de Guillaume III, l'union des deux royaumes, & de leurs parlemens, ayant été faite en 1707, sous le régne de la reine Anne, les *compagnies* des Indes Orientales eurent le même sort; & celle d'Ecosse fut réunie presque en même temps à celle d'Angleterre.

Il s'étoit aussi formé en Ecosse, sur la fin du dix-septiéme siècle, une *compagnie* d'Afrique, qui fit beaucoup parler d'elle en 1699, par l'établissement qu'elle tenta de faire dans l'Isthme de Darien, qui sépare la partie méridionale de l'Amérique d'avec la septentrionale : mais le gouvernement d'Angleterre n'ayant pas trouvé à propos, ni d'avouer, ni de soutenir les premiers succès de cette *compagnie*, qui avoit alarmé l'Espagne, si jalouse de cette partie de ses états, la nouvelle colonie Ecossoise fut dissipée par les Espagnols en 1710; & l'on vit s'évanouir un des plus beaux projets qu'on eût encore formé, pour disputer à cette nation l'entière possession de ces riches contrées, dont elle prétend fermer l'entrée à tous les autres peuples.

Cette *compagnie* a aussi été depuis réunie à la *compagnie* Angloise.

COMPAGNIE DANOISE DU NORD. Cette *compagnie* fut établie à Coppenhague l'an 1647, par Frederic III du nom.

Non-seulement ses établissemens dans la Norwege sont considérables; mais elle envoie encore ses vaisseaux dans le Varanger, d'où elle pénètre par terre dans la Laponie Danoise, & bien avant dans la Laponie Moscovite, sur des traîneaux tirés par des rennes.

Elle fait aussi des envois pour le Borandai, & pour la Siberie, où ses commis s'avancent pareillement sur des traîneaux jusqu'au Panigorod, capitale de cette partie de l'empire des Moscovites.

Les marchandises propres au commerce de la Laponie, du Borandai & de la Siberie, sont des richedales, du tabac & des toiles. Celles qu'on en tire, ne consistent qu'en pelleteries, sur-tout en martres-zibelines, & en petit-gris.

COMPAGNIE DANOISE D'ISLANDE. Elle doit aussi son établissement au roi Frederic III, qui lui accorda ses lettres de concession la même année qu'il en

donna à celle du Nord. Il n'appartient qu'aux vaisseaux de cette *compagnie*, de faire le commerce de cette isle, moins fameuse par son négoce, que par son célébre volcan de la montagne d'Hecla, & par la réputation qu'ont ses habitans, d'être de grands magiciens.

Kirkebar, gros bourg, ou petite ville d'Islande, est un des magasins de cette *compagnie*, & la résidence de ses marchands & de ses commis.

COMPAGNIE DANOISE POUR LES INDES ORIENTALES. Les Danois ont commencé assez tard les voyages de long cours, au moins pour les grandes Indes; & ce n'est guères avant le milieu du dix-septiéme siècle, qu'ils ont fait voir leurs pavillons dans le Golfe de Bengale, & sur les côtes du Pegu.

Ils y font présentement un assez bon commerce; & il n'y a point d'année qu'on ne voye jusqu'à trois de leurs vaisseaux à la rade de Trinquebar, qui est leur principal comptoir, & où ils ont une forteresse considérable.

COMPAGNIES DE SUEDE. Le grand Gustave Adolphe avoit projetté une *compagnie* pour les grandes Indes; & l'on voit encore ses lettres patentes données à Stockolm le 14 juin 1626, par lesquelles il y invitoit ses sujets.

Mais les guerres, qui le rendirent si fameux, & où il mourut enfin dans les bras de la victoire, empêchèrent l'exécution de son projet, ses successeurs, l'ont repris & la *compagnie* subsiste actuellement, comme on peut voir à l'article *Suéde*.

Sous le régne de Christine sa fille, si connue par son amour pour les belles lettres, & par son abdication de la couronne de Suède, les Suédois tentèrent quelques établissemens dans les Indes Occidentales, où ils envoyèrent une colonie, à qui ils donnèrent le nom de *nouvelle Suéde*, & à la ville qu'ils y bâtirent, celui de Christine : mais cela dura peu, en ayant été chassés par les Hollandois, comme on le peut voir à l'article du commerce, que les Anglois font dans l'Amérique.

COMPAGNIE GÉNOISE DU LEVANT. Les Génois avoient eu dessein dès l'année 1645, de faire le commerce du Levant sous leur propre bannière, & avoient dès ce temps-là projeté la *compagnie*, qu'ils n'établirent que près de vingt ans après.

Le négoce des pièces de cinq sols avoit si bien réussi aux François, que les Italiens voulurent y avoir part; ce qui pourtant le fit tomber, comme on l'a dit ailleurs, à cause que celles qui furent fabriquées en Italie, étoient, ou toutes fausses, ou n'avoient que peu de fin.

Les Génois, qui s'étoient signalés dans cette mauvaise fabrique, ainsi que l'assure le chevalier Chardin, crurent qu'ils feroient mieux leurs affaires, s'ils pouvoient les porter au Levant sous leur propre bannière; au lieu qu'auparavant ils ne trafiquoient que sous celle de France, comme les autres nations qui n'avoient point de capitulations.

Pour faire réussir ce projet, qui en effet eut le

succès qu'ils fouhaitoient, ils formèrent en 1664, une *compagnie* du Levant ; & le marquis Durazzo un des principaux intéreſſés de cette nouvelle *compagnie*, fut chargé de la négociation avec la Porte, où il alla incognito avec le comte de Leſlé, ambaſſadeur extraordinaire de l'empereur.

Le grand viſir, irrité alors contre la France, à cauſe de l'affront que les François lui avoient fait recevoir au combat de S. Gottard, & au paſſage du Raab, ayant donné de bonnes paroles au marquis, il y retourna bientôt avec deux grands vaiſſeaux Génois, & y parut en public avec le caractère d'ambaſſadeur de la république.

Ce fut alors, que ſoutenu des ſollicitations & du crédit des miniſtres de l'empereur & d'Angleterre, mais encore plus du dépit du grand viſir pour l'affaire de Hongrie, il obtint des capitulations, malgré l'oppoſition de M. de la Haye le fils, alors ambaſſadeur de France ; & ce fut ainſi que s'acheva de ſe former la *compagnie* Génoiſe du Levant.

Tant que les Turcs continuèrent d'être entêtés des pièces de cinq ſols, qui ne leur ſervoient pas ſeulement de monnoie, mais dont les femmes Turques ou Grecques des iſles ſe faiſoient divers ornemens, ſoit à leurs coeffures, ſoit au bas de leurs veſtes ou jupes, qui en étoient preſque toutes brodées, les Génois firent aſſez bien leurs affaires ; mais au décri de cette monnoie, qui arriva en 1670, la *compagnie*, fut, pour ainſi dire, décriée avec elle ; & cet établiſſement, qui avoit coûté tant de peine & tant d'argent, qu'on avoit diſtribué parmi les officiers du Divan, auroit été entièrement diſſipé par le rappel du réſident de Gênes à Conſtantinople, & de ſon conſul de Smyrne, ſi la république n'eſt point craint de découvrir le motif honteux (c'eſt l'expreſſion du chevalier Chardin) qui l'avoit engagée à cette démarche, qui l'avoit preſque brouillée avec la France ; où s'il lui eût été facile, ſans ſe brouiller auſſi avec la Porte, d'en retirer ſon miniſtre & ſon conſul.

Depuis ce temps-là la *compagnie* n'a plus fait que languir ; & à peine voit-on de temps en temps quelque vaiſſeau Génois dans les échelles du Levant, y faire un aſſez miſérable commerce.

COMPAGNIE DES GRILLES. L'on nomme ainſi à Gênes *une aſſociation de marchands pour le négoce des nègres dans l'Amérique Eſpagnole.* Cet *compagnie* a été long-temps la ſeule qui y ait fait ce commerce, & c'étoit elle qui fourniſſoit tous ceux qui étoient néceſſaires pour le Pérou, où ils étoient envoyés de Porto-Bello, port célèbre de la mer du Nord.

Préſentement les Génois y en portent peu, les Anglois & les Hollandois, s'étant emparés de la traite de ces malheureux eſclaves, les uns à Porto-Bello & Buenos-Ayres, les autres à Carthagène, & dans la Venuezela.

¶ C'eſt par cette hiſtoire des grandes *compagnies* de commerce qu'on peut juger de leur utilité ; plus elles exigent de privilèges excluſifs & de ſacri-fices pécuniaires, moins elles réuſſiſſent ; parce que l'eſprit de domination, de cupidité, de monopole & de péculat qui en fait la baſe, accélère leur deſtruction.

COMPAGNIE de NAVIRES. Ce ſont pluſieurs vaiſſeaux marchands, qui font enſemble une eſpèce de charte partie, par laquelle ſous pluſieurs clauſes & conditions tendantes à la ſûreté commune, ils s'engagent à ne ſe point quitter, & à ſe défendre réciproquement pendant un voyage.

Ces ſortes d'aſſociations s'appellent, *conſerves* dans la mer du Levant.

Les principales conditions de ces chartes-parties ſont ; 1°. Que tels & tels ſeront reconnus pour amiral, vice-amiral, ou contre-amiral pendant le voyage.

2°. Que les navires qui n'ont point de canon, payeront telle ſomme par chaque cent livres de leur valeur, pour la dépenſe & frais de l'amiral, vice-amiral, & autres vaiſſeaux qui portent du canon.

3°. Qu'il n'y aura que l'amiral & contre-amiral, à qui il ſoit permis de porter des feux pendant la nuit, dont l'un ſera à l'avant de tous les vaiſſeaux, & l'autre à l'arrière.

4°. Que les vaiſſeaux en péril feront tels & tels ſignaux, pour être ſecourus ; comme d'une bonnete à la hune pendant le jour, & trois feux pendant la nuit, avec une amende réglée pour ceux qui n'auront pas été au ſecours.

5°. Que ceux qui reconnoîtront ſoit de nuit, ſoit de jour, quelque vaiſſeau étranger parmi la flotte, en donneront avis de jour, en hiſſant & amenant trois fois la miſene ; & de nuit, en élevant un feu.

6°. Si la flotte ayant mouillé l'ancre en quelque rade, l'amiral, du conſeil & avis des principaux capitaines & maîtres, trouve à propos de mettre à la voile, il en avertira par deux coups de canon ; & ſi c'eſt de nuit, chacun mettra un feu, pour ne point s'aborder les uns les autres.

7°. Si l'ennemi venoit à ſe mêler dans la flotte, tous les vaiſſeaux, tant ceux qui portent canon, que ceux qui n'en ont point, ſe tiendront ſerrés pour réſiſter ; & feront tous les frais, dommages, & pertes qu'on ſouffrira dans le combat, ſoit par le canon des ennemis, ſoit autrement, payés & rembourſés par toute la *compagnie* en général.

8°. Lorſque l'amiral déſirera que les maîtres viennent à bord, il mettra une banderole à la dunette, & tirera un coup de canon ; auxquels ſignaux ils ſeront tous obligés de s'y rendre, à peine d'une amende contre les défaillans.

9°. Nul vaiſſeau ne pourra entrer dans aucun port, ou ſe rendre à une rade, avant l'amiral & vice-amiral, leſquels ne pourront non plus le faire que le vaiſſeau le plus à l'arrière de toute la flotte ne ſoit aſſez avancé, & n'ait aſſez de jour pour y entrer.

10°. Enfin, ſi quelqu'un découvre une terre pendant la nuit, ou durant une brume, il fera les ſignaux

ſignaux convenus, ſoit en montrant des feux, ſoit autrement.

COMPAGNONAGE. Ce terme eſt en uſage dans quelques communautés des arts & métiers, pour ſignifier *le temps que les apprentifs ſont obligés de ſervir les maîtres en qualité de compagnons*, avant que de pouvoir aſpirer à la maîtriſe. C'eſt une eſpèce de ſervitude impoſée à la jeuneſſe induſtrieuſe.

COMPAGNONS. C'eſt parmi les artiſans, les apprentifs, qui ayant appris leurs métiers ſous les maîtres, mais n'ayant pas le moyen de parvenir à la maîtriſe, ou de lever boutique, travaillent dans celles des autres. Les *compagnons* travaillent ordinairement ou à leurs pièces, ou au mois, & à l'année.

Travailler à leurs pièces; c'eſt entreprendre certains ouvrages, & les rendre parfaits à un prix convenu.

Travailler au mois, ou à l'année; c'eſt s'engager chez un maître à raiſon de tant par mois, ou par an.

De quelque manière que les *compagnons* travaillent, ils ne peuvent quitter les boutiques & atteliers, où ils ont pris engagement, qu'ils n'ayent fini leurs ouvrages, ou achevé leur temps, ſous peine d'amende pécuniaire.

On appelle auſſi COMPAGNONS, dans les communautés des arts & métiers, ceux qui ſortent d'apprentiſſage, & qui avant que d'être reçus à la maîtriſe doivent encore ſervir chez les maîtres le temps porté par les ſtatuts.

COMPAGNONS, (*en terme de marine*.) Sont les matelots de l'équipage d'un vaiſſeau, d'une frégate, d'une barque, &c. qui aident à la manœuvre, & qui exécutent les ordres des capitaines, des pilotes, ou des maîtres. Les ordonnances de marine en France fixent l'âge des *compagnons* au deſſus de dix-ſept ans, & au-deſſous de cinquante ans. Les mêmes ordonnances font défenſes à toutes perſonnes d'acheter, des *matelots & compagnons*, des cordages, ferailles & autres uſtenſiles de navires, à peine de punition corporelle.

COMPAGNONS DE RIVIÈRE. On appelle ainſi *ceux qui travaillent ſur les ports*, à charger & décharger les marchandiſes, à les manier, les rouler, les ſerrer. On les nomme plus communément *forts*: ils y ont été établis par lettres-patentes du roi, & y ont des droits fixés par des arrêts.

COMPAN. Monnoie d'argent, qui a cours dans quelques endroits des Indes Orientales, particulièrement à Patane. Le *compan* vaut environ neuf fois monnoie de France, hauſſant néanmoins & diminuant avec le change: il eſt à-peu-près au même titre, & de la même valeur que le mamide ou mamoudi de Cambaye. *Voyez* LA TABLE.

COMPENSATION. Paiement, ou extinction d'une dette par une autre dette d'égale valeur ou équivalente. Cette manière de s'acquitter eſt très-commune dans le commerce; & l'on ne voit que

compenſations entre marchands, de dettes actives contre des dettes paſſives, ou au contraire.

COMPENSER. Donner en paiement à un créancier une ſomme qu'il doit, pareille à celle qu'il demande. Quand les ſommes ne ſont pas égales, on appelle alors cela *déduire*, c'eſt-à-dire, diminuer de la plus grande dette, ce à quoi monte la plus petite.

COMPLIMENTAIRE. On appelle quelquefois le *complimentaire* d'une ſociété, celui des aſſociés, ſous le nom duquel ſe fait tout le commerce de la ſociété. *Voyez* SOCIÉTÉ.

COMPOSER. Aſſembler pluſieurs parties, pour en faire un corps; pluſieurs ſommes, pour en faire un total.

On dit dans le ſtyle mercantil, *compoſer* une cargaiſon de vaiſſeau, *compoſer* le fonds d'une boutique, *compoſer* une facture; pour ſignifier l'*aſſemblage*, ou l'*aſſortiment* des diverſes marchandiſes dont on charge un vaiſſeau, dont on fait le fonds d'une boutique; & de même les marchandiſes que l'on comprend dans un état ou mémoire, que les marchands appellent une *facture*.

COMPOSER de ſes dettes avec ſes créanciers; c'eſt paſſer avec eux un contrat, faire un accommodement, en obtenir une remiſe, ou du temps pour payer.

COMPOSER une ſomme totale, ſoit de la recette; ſoit de la dépenſe, ſoit du finito d'un compte; c'eſt ajouter enſemble les ſommes qui font toutes ces parties d'un compte, les calculer; & par diverſes opérations arithmétiques, voir à quoi toutes ces choſes ſe montent.

COMPOSITEUR AMIABLE. On nomme ainſi *celui qui eſt choiſi pour accommoder une affaire, ou décider une conteſtation entre marchands & négocians*, qui veulent en ſortir amiablement. Il y a cette différence entre les arbitres établis par un compromis, & d'*amiables compoſiteurs*; que les arbitres ſont obligés de juger ſuivant les loix & les uſages conſtans du commerce; au lieu que les *compoſiteurs amiables* peuvent ſe relâcher par des conſidérations d'équité, & paſſer par-deſſus certaines formalités, qui peuvent avoir été ignorées ou omiſes par l'une des parties, pourvu néanmoins qu'il leur apparoiſſe qu'on a agi de bonne-foi.

COMPOSITION. Faire bonne *compoſition* d'une choſe, d'une marchandiſe; c'eſt la donner à un prix honnête, à bon marché. Prenez mon reſte, je vous en ferai bonne *compoſition*. Si vous voulez me faire bonne *compoſition* de vos toiles, je les prendrai toutes.

COMPROMETTRE. Se rapporter de la déciſion d'une conteſtation au jugement de quelqu'un: Prendre des arbitres pour régler ſes différends. Cette manière de finir les affaires eſt aſſez ordinaire entre marchands. Il y a même dans le réglement pour les aſſureurs & les polices d'aſſurance, un article exprès, qui oblige à *compromettre*, & de s'en rap-

Tttt

porter à des arbitres sur les contestations en fait d'assurances.

COMPROMIS. Traité ou contrat, par lequel des marchands ou autres personnes établissent un ou plusieurs arbitres, pour juger leurs procès & différends. Suivant l'usage ordinaire, les *compromis* doivent porter le nom des arbitres, le pouvoir de choisir un sur-arbitre en cas de besoin, un temps limité pour l'arbitrage, & une peine payable par celui qui ne voudra pas acquiescer à la sentence arbitrale. On y ajoute quelquefois d'autres clauses au gré des compromettans; mais ces quatre sont les principales. Le *compromis* doit être mis entre les mains des arbitres, parce que c'est le titre de leur pouvoir; mais il suffit de déposer chez un notaire l'original, & de leur en remettre une copie authentique.

Un *compromis* où l'on n'auroit point stipulé de peine, ne laisseroit pas d'être valable; mais la peine portée par le *compromis* est due par le contrevenant, nonobstant l'appel; & après l'appel, quand même l'appellant auroit acquiescé à la sentence arbitrale, s'il n'y a pas de nullité évidente.

Un *compromis* est imparfait, jusqu'à ce que ceux qui ont été établis arbitres aient accepté cette qualité. Quand ils l'ont une fois acceptée, ils ne peuvent plus s'en départir: le magistrat les peut contraindre à rendre leur sentence, & ne peut pas empêcher qu'ils ne la rendent.

Si plusieurs ont été pris pour arbitres, on ne peut contraindre l'un d'eux à donner seul son avis.

Un *compromis* dans lequel il n'y auroit ni temps ni jour limité aux arbitres pour juger, peut être révoqué par l'une ou l'autre des parties avant la sentence; & en ce cas les arbitres n'ont plus de pouvoir.

COMPTABLE. Celui qui est obligé de tenir compte d'une chose; on le dit particulièrement, en termes de marchandises & de finances, de celui qui rend un compte des deniers qu'il a touchés, ou des marchandises qu'il a vendues pour un autre. On appelle *oyant-compte*, celui qui reçoit le compte, à qui on le rend.

COMPTABLE. On appelle *quittances comptables*, les quittances & décharges qui sont en bonne forme, & qui peuvent être reçues dans un compte, pour en justifier les dépenses. Au contraire, les quittances non *comptables* sont celles, que l'oyant-compte peut rejetter, comme n'étant pas en forme compétente, ou ne justifiant pas assez l'emploi des deniers. *Voyez comme dessus*.

COMPTABLE. Il signifie aussi en Guienne, particulièrement à Bordeaux, le *fermier* ou *receveur* du droit qu'on a nomme *comptablie*.

COMPTABLIE. Bureau où se paient les droits de *comptablie*.

COMPTABLIE. Droit local qui se paie en quelques lieux de la Guienne. C'est un octroi accordé aux villes par les rois, pour satisfaire à leurs dettes ou à leurs besoins particuliers. On l'appelle *comptablie*, à cause que le receveur en est comptable aux

officiers municipaux de ces villes. C'est proprement sous un autre nom, le droit de sol pour livre, établi dans la plupart des principales villes du royaume pour l'entretien & réparation du pavé, des quais, des fontaines, des ports, & autres dépenses publiques. Il se lève ordinairement sur toutes les marchandises & denrées qui y entrent, ou qui en sortent.

COMPTANT, que l'on écrit quelquefois COMPTANT, & que l'on prononce CONTANT, se dit ordinairement entre personnes, qui trafiquent, qui vendent & achetent; pour signifier *de l'argent réel & effectif*, qui se donne sur le champ, pour le prix convenu de quelque marchandise ou denrée. J'ai vendu *comptant*: j'ai acheté *comptant*. En ce sens, il est opposé à crédit. Il y a plus d'avantage d'acheter *comptant*, que de prendre à crédit.

L'Auteur du Parfait Négociant donne aux marchands en détail qui vendent *comptant*, plusieurs excellentes règles, dont les principales sont; 1°. le temps de la vente des étoffes; 2°. leur qualité; 3°. le besoin qu'il a de les vendre; 4°. les personnes à qui il vend; 5°. les occasions qu'il a de s'en défaire.

Quand on dit, qu'une lettre ou billet de change est pour valeur reçue *comptant*; cela doit s'entendre, que la somme y contenue, a été payée à celui qui a tiré la lettre, ou fait le billet, en espèces réelles ou monnoie courante; & non en marchandises, lettres de change, ou autres effets.

COMPTANT. Se dit encore du fonds qui se trouve en argent monnoyé chez un banquier, marchand, négociant ou autre. On a trouvé dans la caisse d'un tel, deux cent mille livres d'argent *comptant*, & pour cent mille livres d'autres effets.

COMPTANT. Argent *comptant*; s'entend pareillement des monnoies d'or, d'argent, de billon, de cuivre, & autres ayant cours; ou, comme on dit depuis quelque temps en France, des espèces sonnantes, dont on stipule que les paiemens seront faits. Ce qui se dit par opposition aux billets, écritures & papiers qui sont reçus dans le public; qui, quoiqu'ils passent le plus souvent pour argent *comptant*, ne sont pas cependant compris sous ce terme, dans les promesses, obligations, & contrats, où il est convenu qu'on paiera argent comptant: sur-tout, lorsque, comme on vient de le dire, on a la précaution d'ajouter, que les paiemens se feront en espèces sonnantes, & non autrement.

COMPTANT. On appelle, *en terme de finance*, une *ordonnance de comptant*, une ordonnance que le roi donne, pour être payée & acquittée au trésor royal, où il n'est point expliqué la destination des sommes accordées, & pour le paiement de laquelle il n'est besoin d'aucunes formalités.

COMPTANT. Payer *comptant*. C'est payer sur le champ, & sans demander crédit.

COMPTE. Signifie en général *tout calcul* ou *supputation* qui se fait par voie d'arithmétique; soit par addition de plusieurs sommes, soustraction, multiplication, ou division.

COMPTE, parmi les marchands, négocians, & banquiers. Se dit de certains livres qu'ils tiennent respectivement dans leur négoce, des affaires qu'ils font ensemble.

Ces sortes de livres se tiennent en débit & crédit, c'est-à-dire, que le débit, qui est la recette du compte, s'écrit sur la page à gauche; & que le crédit, qui en est la dépense, s'écrit sur la page à droite; le débit se distinguant par le mot doit, que l'on met au commencement de la page, après le nom du débiteur : & le crédit se faisant connoître par le terme avoir, qui se met en tête de la page à côté.

Trois sortes de comptes sont absolument nécessaires pour la clôture des livres en parties doubles; sçavoir, le compte de capital, le compte de profits & pertes, & le compte de bilan.

Le compte de capital est un compte particulier, ouvert au débit du grand livre. Il contient tous les effets d'un négociant, c'est-à-dire, son argent comptant, ses marchandises, billets, promesses, obligations, parties arrêtées, meubles meublans, immeubles, & généralement tout ce qui peut lui appartenir en propre, franc & quitte de toutes dettes & hypotéques.

Cette espèce de compte se ferme tantôt par le débit, & tantôt par le crédit du compte de profits & pertes : par le débit, lorsque la perte excède le profit ; & par le crédit, quand le profit se trouve plus fort que la perte.

Le compte de profits & pertes est ouvert sur le grand livre. Il est composé de tous les gains & pertes qu'un négociant a pû faire dans son négoce : les pertes s'écrivent au crédit, & les profits se portent au débit.

Cette sorte de compte ne se solde qu'en deux occasions : la première, quand on veut clore les livres, pour en prendre de nouveaux : & la seconde, lorsque l'on est dans le dessein de se retirer entièrement du négoce.

Pour solder le compte des profits & pertes, il faut faire les additions séparées, tant du débit que du crédit, & soustraire la somme la plus foible, de la plus forte ; dont l'excédent, si c'est le profit qui excède la perte, se porte au crédit du compte de capital ; & au débit, si c'est la perte qui est plus forte que le profit.

Le compte de bilan ne s'ouvre au grand livre, que pour la clôture des livres. Quand il s'agit de la sortie des livres, on l'appelle compte du bilan de sortie ; & lorsqu'il est question de prendre de nouveaux livres, il est nommé compte de bilan d'entrée.

Dans le compte de bilan de sortie, on porte au débit tout ce qui est dû ; & au crédit, tout ce que l'on doit : & dans le compte de bilan d'entrée, on porte au débit tout ce qui est au crédit du compte de bilan de sortie ; & au crédit, tout ce qui est au débit de ce même compte de bilan de sortie.

Les marchands & négocians qui tiennent leurs livres en parties doubles, en ont un particulier,

qu'ils appellent le livre des comptes courans, sur lequel ils écrivent les copies de tous les comptes qu'ils dressent, & qu'ils envoyent à leurs commissionnaires ou correspondans, pour y avoir recours en cas de difficulté. Ce livre, qui est du nombre de ceux que l'on nomme communément livres auxiliaires, ou livres d'aides, se régle & se tient de la même manière que le grand livre, autrement livre d'extrait, ou de raison. Il y a quelques négocians qui expriment le terme de compte courant, par ces mots étrangers Conto Correnti.

M. Savary, dans son Parfait Négociant, liv. 3, chap. 2, de la seconde partie, donne d'excellentes leçons aux garçons, facteurs, ou commis des marchands grossiers, touchant la manière d'arrêter les comptes avec les détailleurs. On a crû le lecteur ne seroit pas fâché d'en voir les principales, qu'on rapportera même dans ses propres termes.

» 1°. Les garçons, facteurs, & commis des mar-
» chands grossiers doivent aller chez les marchands
» à qui les marchandises ont été vendues; pour arrê-
» ter le compte avec eux le plûtôt que l'on pourra,
» afin d'éviter les difficultés qui se rencontrent or-
» dinairement ; soit pour le prix, soit pour l'au-
» nage : car si l'on est trop long-temps la mémoire
» se perd facilement.

» 2°. En arrêtant les comptes, ils doivent bien
» prendre garde à ce qu'ils font, c'est-à-dire, de ne
» point accorder des tarres sur les pièces des mar-
» chandises ; qu'ils ne les ayent aunées eux-mêmes,
» pour voir si elles sont véritables ; & n'en pas donner
» par complaisance, parce que cela va contre l'intérêt
» de leurs maîtres.

» 3°. Pour arrêter un compte dans l'ordre, il
» faut tirer de sur le journal, un mémoire du nom-
» bre des pièces, contenant le numéro, l'aunage, &
» le prix que la marchandise a été vendue.

» 4°. Enfin, pour bien faire le compte, il faut
» confronter le mémoire que l'on porte, avec celui
» qui a été donné lors de la livraison de la marchan-
» dise, pour voir s'il est conforme sur chaque
» article; marquer les tarres, si aucuns y a ; la som-
» me à quoi elle monte ; & étant de retour au ma-
» gasin, la passer sur le livre de même, afin que la
» conformité se rencontre entre le livre de leur
» maître, & celui du marchand avec lequel ils au-
» ront arrêté le compte. Cette exactitude entretient
» la bonne correspondance qu'il doit y avoir entre
» les marchands en gros & en détail.

OUVRIR UN COMPTE. C'est le placer pour la première fois dans le grand livre. Ce qui se fait en écrivant en gros caractères, les nom, surnom & demeure de celui avec lequel on entre en compte ouvert. Ensuite on le charge des articles, soit en débit, soit en crédit, à mesure que les affaires se présentent.

Quand on a ouvert un compte à quelqu'un sur le grand livre, il faut en même-temps en faire mention sur le répertoire ou alphabeth, & marquer le folio du livre, où est placé ce compte, afin de le pouvoir trouver plus facilement.

Les marchands qui sont en *compte* ouvert, doivent acquitter les lettres de change qu'ils se tirent l'un sur l'autre.

COUCHER UNE SOMME SUR UN COMPTE. C'est enregistrer sur le grand livre, soit en crédit, soit en débet, les parties dont les particuliers deviennent débiteurs ou créditeurs.

POINTER LES PARTIES D'UN COMPTE. C'est mettre un point à côté de chaque partie, que le teneur de livres vérifie, pour justifier que la rencontre est juste.

CONTREPARTIE D'UN COMPTE. C'est, en terme de banque & de commis aux bureaux des fermes du roi, le registre que tient le contrôleur, sur lequel il couche & enregistre toutes les parties dont le teneur de livres, si c'est pour la banque; ou le receveur, si c'est pour les fermes du roi, charge le sien.

ORDRE D'UN COMPTE. C'est sa division dans les trois chapitres de la recette, de la dépense, & de la reprise.

EXAMINER UN COMPTE. C'est le lire exactement, en pointer les articles, & en vérifier le calcul, pour connoître s'il n'y a point d'erreur, si la solde en est bonne. J'ai examiné votre *compte*; il est juste; il n'y a rien à redire.

SOLDER UN COMPTE. C'est le calculer, le régler, l'arrêter, en faire la balance. On dit dans le même sens, *souder*, *fermer*, *balancer*, ou *clore un compte*. Quelques-uns se servent encore du mot étranger *solver*, qui a la même signification que *solder*.

On solde les *comptes* sur le grand livre en deux occasions: l'une, lorsqu'il s'agit de terminer entièrement d'affaire avec quelques débiteurs ou créditeurs, pour connoître ce qu'ils doivent, ou ce qui leur est dû; l'autre, quand il est nécessaire de porter les *comptes* sur le même livre à de nouveaux folios, ou sur un autre livre, pour les continuer, faute de place ou de papier.

Les habiles marchands & négocians doivent solder leurs *comptes* à la fin de chacune année, pour en ouvrir de nouveaux au commencement de la suivante. On dit aussi dans le même sens, *solder les livres*.

PASSER EN COMPTE. C'est tenir *compte* à quelqu'un d'une somme qu'on a reçue, ou de lui, ou pour lui.

APPURER UN COMPTE. C'est en faire juger tous les débats & en faire lever toutes les souffrances.

On appelle *les souffrances d'un compte*, les conditions mises en apostilles, sous lesquelles on consent de passer quelque article: comme, *alloué*, *en rapportant quitance*, ou *en justifiant de l'emploi*.

BORDEREAU DE COMPTE. C'est l'extrait d'un *compte*, dans lequel on comprend toutes les sommes tirées hors ligne, tant de la recette que de la dépense, afin de connoître le total de l'une & de l'autre, pour sçavoir s'il est dû par le comptable, ou si on lui doit.

DEBET DE COMPTE. C'est la somme dont la recette excède la dépense.

SOLDE, SOUTE, ou SOUDE DE COMPTE. C'est la somme dont le débit excède le crédit, ou le crédit le débit, quand le *compte* est bien vérifié & arrêté, que la balance en est faite. Je vous dois 300 l. par la solde de notre *compte*. Pour solde de *compte* il me revient tant. Quelques-uns disent, *reliquat*, ou *débet de compte*, qui signifie la même chose que *solde de compte*. Mais ces termes sont en usage au palais, & parmi les gens d'affaires, que dans le commerce, où l'on se sert aussi quelquefois du mot étranger *specia*, qui veut dire la même chose que *solde*.

LIGNE DE COMPTE. Est la somme qu'on tire à la marge blanche, qu'on laisse à côté d'un compte, sur la droite: elle contient en chiffres la somme couchée en toutes lettres dans le corps ou texte de l'article qui y répond. Je n'ai pas oublié de tirer en ligne de *compte*, les cent francs que je vous ai donnés au mois de mai dernier sur votre billet.

COMPTE EN BANQUE. C'est un fonds que les marchands, négocians & banquiers, ou autres particuliers, s'ils le veulent, déposent à la caisse commune d'une banque, pour s'en servir au paiement des lettres & billets de change, promesses & obligations, acquisitions de fonds & autres dettes, soit de leur négoce, soit contractées d'ailleurs, ou qui se fait par viremens de parties; c'est-à-dire, en cédant & transportant une partie ou le tout du fonds déposé à la banque, à son créancier, qui est mis au crédit de la banque, au lieu & place du cédant, pour les sommes qui lui sont transportées. *Voyez* VIREMENT DE PARTIES.

On se sert ordinairement dans les écritures mercantiles, de certains caractères, ou lettres initiales, pour signifier en abrégé les différentes sortes de *comptes*, qui se font entre les marchands & négocians. C. signifie *compte*: C. O. *compte ouvert*: C. C. *compte courant*: M. C. *mon compte*: S. C. *son compte*: L. C. *leur compte*: N. C. *notre compte*.

On dit qu'un homme montre à tenir les livres de *comptes*, lorsqu'il enseigne la manière de les tenir avec ordre, soit en parties simples, soit en parties doubles.

Les marchands & négocians sont obligés de représenter leurs livres de *comptes* en bonne forme, lorsqu'ils en sont requis judiciairement.

AFFIRMER UN COMPTE. C'est jurer & assurer qu'il est véritable. Les comptables, quand ils présentent leurs *comptes*, pour être examinés, ont coutume de mettre à la marge de la première page, ces mots: *présenté le tel jour*, & *affirmé véritable*.

DÉBATTRE UN COMPTE. C'est faire des remarques sur les divers articles d'un *compte*, soit pour en faire augmenter la recette, soit pour en faire diminuer la dépense. On appelle *débats & soutenemens de comptes*, les écritures qu'on fournit respective-ment, pour défendre ou combattre les articles d'un *compte*.

APOSTILLER UN COMPTE. C'eſt mettre à la marge de chaque article, de certains termes qui marquent ou qu'il n'y a aucun débat à faire, & qu'ils doivent paſſer tels qu'ils ont été portés; ou les raiſons du débat, & les conditions ſous leſquelles on les paſſe. Les termes les plus ordinaires ſont; pour la recette, *fait bonne recette*; & pour la dépenſe, *alloué*, lorſque l'on ne trouve rien à redire aux articles.

On appelle les *apoſtilles d'un compte*, les remarques que l'oyant-compte met à côté de chaque article, pour l'approuver, ou déſapprouver.

COMPTE EN PARTICIPATION. Eſt une eſpèce de *compte*, qui ſe fait entre deux marchands ou négo-cians, pour raiſon d'une ſorte de ſociété anonyme, que l'on appelle *ſociété participe* ou *ſociété par participation*.

COMPTE. Eſt auſſi un terme relatif, qui concerne une ſociété, quand deux, ou pluſieurs perſonnes, font des recettes ou des dépenſes les unes pour les autres; ou lorſqu'elles ont été faites par leur ordre. En ce ſens on dit, qu'un homme eſt de bon *compte*; pour faire entendre, qu'il eſt équitable, qu'il ne trompe point ſes aſſociés, ou ſes maîtres.

COMPTE. Se dit encore d'un calcul, ou dénom-brement qui ſe fait de pluſieurs choſes, ou quan-tités ſéparées, qui ſont d'une même eſpèce. C'eſt en ce ſens qu'on dit, du bois de *compte*; pour dire, du bois à brûler, dont chaque voie eſt com-poſée d'un certain nombre de bûches d'une certaine groſſeur.

GRAND COMPTE, OU COMPTE MARCHAND. Terme dont on ſe ſert dans le commerce de la morue, pour ſignifier *un certain nombre de morues*, ou, comme on dit, *des poignées de morues*.

A Orléans & en Normandie, le cent de morues, *grand compte*, ou *compte marchand*, eſt com-poſé de 132 morues, ou 66 poignées.

A Nantes & dans pluſieurs ports de France, le cent de morues, *grand compte*, ou *compte mar-chand*, n'eſt que de 124 morues, ou 62 poignées.

PETIT COMPTE. Se dit dans le même commerce des morues, du plus petit nombre de ce poiſſon, que les marchands donnent au cent.

A Paris, le cent de morues n'eſt que de 108 poiſſons, ou 54 poignées; ce qui s'appelle *petit compte*.

COMPTES FAITS. Se dit de certaines tables, ou tarifs, dans leſquels on trouve des réductions toutes faites, de poids, de meſures, de changes, d'eſ-comptes, d'intérêts, de monnoies, &c. Tels ſont ceux que Barrême, ce fameux arithméticien, a don-nés au public, en deux petits volumes, intitulés; l'un, *les Tarifs & Comptes faits du grand com-merce*; & l'autre, *livre des Comptes faits*, ou *le Tarif général des monnoies*.

COMPTE. Signifie encore, *gain, profit, avan-tage, bon marché*.

Voici les expreſſions les plus communes, où l'on ſe ſert de ce terme en fait de marchandiſes & de commerce. Les marchands ont bien fait leur *compte* ſur les marchandiſes qu'ils ont achetées cette année de la compagnie des Indes Orientales de France, à la vente de Nantes. Il y a des ouvriers qui travaillent à meilleur *compte* que les autres. On trouve ſon *compte* à acheter les marchandiſes de la première main dans les lieux de fabrique. Enfin, on dit, qu'un marchand a fait ſon petit *compte*, quand il a gagné raiſonnablement bien dans le négoce dont il s'eſt mêlé.

COMPTE. Se dit encore des débourſés & frais volon-taires, qui doivent tomber en pure perte, & qu'on ne pourra pas faire paſſer en *compte*. On dit: s'il dépenſe au-delà de ſes ordres, ce ſera ſur ſon *compte*: s'il ſe trompe dans ſon calcul, s'il ſe laiſſe voler, ce ſera pour ſon *compte*, c'eſt-à-dire, on ne lui en tiendra pas *compte*; ce ſera en pure perte pour lui.

COMPTE. Se dit auſſi de pluſieurs petites choſes, qui ſe prennent à la main, ou qu'on jette enſem-ble, pour compter avec plus de promptitude. Les eſpèces d'or & d'argent ſe comptent, ou ſe jettent ſur le comptoir deux à deux, trois à trois, quatre à quatre; & chaque jet ſe nomme *un compte*.

Le hareng blanc, le hareng ſor, les oranges, les citrons, les noix, les marons, les œufs, & pluſieurs autres ſemblables marchandiſes, ou menues denrées, qui ſe vendent au cent, ſe comptent par cinq, & chaque fois cinq s'appelle un *compte*; enſorte que vingt de ces *comptes* font un cent; & il eſt de l'uſage de donner quatre pour cent par-deſſus; ce qui fait que chaque cent de l'une de ces ſortes de choſes que l'on vend, ou qu'on achete, eſt toujours com-poſé de cent quatre.

COMPTE. Recevoir à bon *compte*, c'eſt recevoir à condition d'en faire déduction ſur ce qui eſt dû.

Payer à bon *compte*, c'eſt payer ſur & tant moins de ce qu'on doit.

COMPTE. Se dit encore en pluſieurs phraſes mer-cantiles, ou proverbiales, mais dans différentes ſigni-fications.

On dit: il en a pour ſon *compte*; pour dire, eſt trompé, il eſt pris pour dupe, il eſt attrapé.

Il prend la choſe ſur ſon *compte*; pour faire entendre, qu'une perſonne ſe charge d'une choſe, & qu'elle s'en rend garante.

Les bons *comptes* font les bons amis; pour dire, qu'on ne peut être ami, ſans ſe garder réciproque-ment la foi & la juſtice.

On dit encore: à tout bon *compte* revenir; pour faire comprendre, qu'on ne doit point craindre de recompter une deuxième fois, quand on n'a point trompé la première.

COMPTE BORGNE. Se dit en arithmétique, lorſ-qu'une ſomme eſt compoſée de nombres rompus, ou fractions, qui ne viennent pas ſi ſouvent à la bouche que les autres, comme dix-sept livres treize sols cinq deniers.

COMPTES RONDS. Ce sont au contraire ceux dont on se sert communément; comme dixaines, douzaines, quinzaines, centaines.

Une personne de bon *compte*, est une personne juste, avec laquelle il fait bon compter; qui ne fait point de mauvais incidens, qui ne chicane point sur des bagatelles.

Un homme qui ne tient ni *compte* ni mesure, est celui qui n'a aucun soin de ses affaires, qui les laisse aller en confusion, sans se mettre en peine d'y apporter aucun ordre.

On dit encore, que chacun veut avoir son *compte*; pour dire, que personne ne veut rien relâcher de ses intérêts.

PAPIER DE COMPTE. Est une sorte de grand papier fin, connu sous ce titre dans les papeteries; & chez les marchands merciers, qui se mêlent de faire le commerce de papier, sur lequel on écrit communément les *comptes*.

COMPTE, ou GOUTTE DE LAIT. Verroterie dont l'on se sert sur la côte d'Afrique pour faire la traite avec les noirs.

COMPTE-BRODÉ, ou CONTREBRODÉ. C'est une autre verroterie qui sert au même commerce; il y en a de bleu à fleurs blanches, & de rouge, les uns aussi à fleurs blanches, & d'autres à fleurs jaunes.

COMPTÉ. Ce qui a été mis en compte. On appelle *deniers comptés & non reçûs*, les sommes dont, dans les comptes en forme, on compose le chapitre de reprise.

COMPTÉ. Tout *compté*, tout rabattu, c'est-à-dire, toute déduction faite, vous me devez encore telle somme.

COMPTER. Supputer, calculer, nombrer par les régles d'arithmétique. On dit : *compter* aux jettons; *compter* à la plume.

COMPTER. Se dit aussi des paiemens qui se font en espèces, ou monnoie courantes. Je vais vous *compter* cette somme : vous faire ce paiement, tout en belles espèces; vous n'aurez que de l'or & de l'argent blanc, sans menue monnoie.

COMPTER. Se dit encore relativement à l'égard de ceux qui ont eu des sociétés, ou des affaires ensemble. Pour vivre en bonne intelligence, & pour bien faire ses affaires, il faut souvent *compter* les uns avec les autres. Les marchands doivent *compter* tous les six mois, tous les ans, avec les personnes auxquelles ils font crédit, afin d'éviter les fins de non-recevoir.

On dit d'un mauvais payeur, qu'il ne veut ni *compter*, ni payer; pour faire entendre, qu'on ne peut tirer raison de lui.

COMPTER PAR BREF ÉTAT. C'est *compter* sommairement, & sur de simples mémoires, ou bordereaux de compte.

COMPTER EN FORME. C'est lorsque le compte qu'on présente, est en bonne forme, & qu'il est libellé, suivant l'ordre des comptes; c'est-à-dire,

qu'il a les trois chapitres, de la recette, de la dépense, & de la reprise. On le dit encore, lorsqu'on examine un compte avec le légitime contradicteur.

COMPTER DE CLERC A MAÎTRE. C'est lorsqu'un comptable ne compte que de ce qu'il a reçu, sans qu'on le rende responsable d'autre chose, que de la recette des deniers.

COMPTER UNE CHOSE A QUELQU'UN. C'est lui en tenir compte; & quelquefois, c'est la mettre sur son compte.

COMPTER PAR PIÈCES. C'est *compter* en détail; ce qui est opposé à *compter* en gros.

COMPTER. On le dit aussi, en termes de librairie, pour signifier, *évaluer sur les feuilles d'un manuscrit*, qu'un Auteur donne pour imprimer, *combien le livre pourra contenir de feuilles d'impression*.

COMPTOIR. Espèce de table quarrée, à rebords, plus longue que large, sur laquelle on compte & on pese l'or & l'argent monnoyé.

Chez les marchands, négocians, & banquiers d'importance, le *comptoir* est placé hors le cabinet de la caisse; n'y ayant que la cloison entre-deux, qui a une ouverture qui s'ouvre & se ferme, quand on veut, en dedans, par laquelle le caissier fait sa recette & ses paiemens.

Chaque *comptoir* est ordinairement garni d'une balance à fléau, pendue au plancher par une tringle de fer, d'un trébuchet, de plusieurs gros poids de cuivre, d'un poids de marc, de même métal; d'une main pour mettre les espèces dans les sacs, après qu'elles ont été comptées; de ficelle pour les nouer; de papier pour écrire, & pour faire des étiquettes, & d'une écritoire garnie d'encre, canif, plumes, & poudre. Quelques-uns se servent de *comptoirs* portatifs, semblables au précédent, à l'exception qu'ils sont beaucoup plus petits, & sans pieds; étant destinés à mettre sur une table.

COMPTOIR. Se dit aussi parmi les marchands, particulièrement chez ceux qui vendent en détail, d'une manière de bureau ou table très-longue, & très-étroite, sans rebords, fermée d'un côté par le bas, & garnie de quelques tiroirs, qu'ils ont devant eux dans leurs boutiques ou magasins; sur laquelle ils déplient leurs marchandises, pour les faire voir, & comptent l'argent qu'ils reçoivent. C'est dans les tiroirs de ce *comptoir* qu'ils mettent leur argent pendant le jour, pour le porter le soir à la caisse.

COMPTOIR, que quelques-uns appellent aussi LOGE, quoique la loge soit différente & moindre, que le *comptoir*. Est encore un terme de négoce qui signifie *un bureau général de commerce*, établi en plusieurs villes des Indes, pour chaque nation de l'Europe. A Amandabat & à Surate, il y a des *comptoirs* de François, d'Anglois, de Hollandois; c'est-à-dire, des bureaux où ils font chacun en particulier leur trafic.

Les plus considérables *comptoirs*, qu'il y ait peut-être jamais eu pour le commerce, étoient ceux que les villes Anféatiques avoient autrefois établis à Novogrod, à Anvers, à Berghon, & autres villes de commerce d'Europe. C'étoit de fpacieux bâtimens fuperbement conftruits, qui avoient ordinairement trois ou quatre cent chambres magnifiquement meublées, qui entouroient une grande cour, avec plufieurs portiques, galleries, cabinets, magafins, & greniers propres à mettre & conferver toutes les fortes de marchandifes, qu'on y apportoit des différens pays. Chaque nation y avoit fon conful avec un juge particulier, avec plufieurs officiers & ferviteurs. Il y avoit même des colléges, des précepteurs gagés, pour enfeigner le commerce & les langues aux jeunes gens, que les parens y envoyoient. Il refte encore quelques-uns de ces magnifiques còmptoirs ; & la maifon des Ofterlins d'Anvers, auffi-bien que ce qu'on nomme préfentement le cloître à Berghen, en Norwergue, avoient été bâtis pour cet ufage, dans le tems que la confédération des villes Anféatiques étoit dans fa fplendeur.

On appelle auffi quelquefois comptoirs, quoiqu'improprement, le cabinet, ou bureau, où les négocians ont leurs livres, & font leurs écritures.

COMPTORISTE. Terme de quelque ufage parmi les négocians. Il fignifie homme de cabinet; ou plutôt, homme qui ne fort point de deffus les comptes de fon commerce; qui les dreffe; qui les examine, qui les calcule fans ceffe.

On le dit auffi d'un négociant ou d'un teneur de livres, qui eft habile dans les comptes.

CONCEPT. Ce terme eft en ufage parmi les négocians des pays-bas, & autres frontières de France, pour fignifier un projet, un deffein, une idée d'affaire. C'eft une corruption du mot latin conceptus, qui veut dire idée, ou penfée de quelque chofe. Les philofophes le nomment un être de raifon.

CONCESSION, permiffion, privilége, octroi de quelque grace que fait un fupérieur à fon inférieur. Ce terme eft très en ufage dans les édits, déclarations, & arrêts du confeil d'état du roi de France, & dans les lettres patentes, & chartes des autres fouverains, pour l'établiffement des compagnies de commerce, comme celles des Indes, d'Orient, ou d'Occident; celles d'Afrique, du Nord, du Levant, &c.

Conceffion, fignifie alors toutes les chofes concédées en général, & fingulièrement les pays, terres, côtes, ifles, &c. dans lefquelles le prince accorde aux affociés de faire le commerce privativement à tous autres de fes fujets: ainfi on dit, que Madagafcar eft dans la conceffion des Indes Orientales de France, & les côtes d'Afrique depuis le Cap-Verd jufqu'au Cap-de-bonne-Efpérance, dans celle du Sénégal du même royaume; pour faire entendre, qu'il n'eft point permis aux autres François d'envoyer leurs vaiffeaux, ni de faire des établiffemens dans ces endroits.

Concession, en fait de commerce, fignifie en général toute l'étendue d'un pays dans lequel il eft

permis à une compagnie de s'établir ou de faire fon négoce privativement à tout autre. En particulier il fe dit du terrein que ces compagnies donnent aux habitans pour le défricher, le cultiver; & le faire valoir, en leur rendant quelque redevance ou droit annuel. Dans le premier fens, la conceffion doit s'obtenir du prince qui l'accorde par les édits, déclarations, chartres, lettres-patentes, & arrêts du confeil. Dans le fecond fens, ce font les directeurs qui la concèdent par des contrats ou des arrêts de leurs compagnies, dont ils chargent les regiftres de leurs délibérations.

Voyez l'article des compagnies; vous y verrez l'étendue des conceffions qui ont été accordées à chaque compagnie, foit en France, foit dans les pays étrangers.

CONCESSIONNAIRE. Celui à qui appartient une conceffion. En France, on les nomme autrement colons & habitans; ces trois noms fe trouvent employés indifféremment dans les lettres-patentes accordées depuis 1664. En Angleterre on leur donne le nom de planteurs.

CONCHI. Efpèce de canelle, dont il fe fait un affez grand commerce au Caire : on la tire des Indes par la mer rouge : on y en vend encore de deux autres fortes; la zeilani, qui eft la véritable canelle de l'Ifle de Zeilan; & la malabari, qui eft la canelle grife des Portugais : celle-ci ne fe vend que le quart de la zeilani, étant peu eftimée.

CONCHYLE. Coquille de mer, de l'efpèce de celles qu'on nomme pourcelaine, buccine, ou cornet, laquelle renferme un petit poiffon, qui fournit un fuc propre à teindre en écarlate. Voyez ECARLATE.

CONCOMBRE. Plante reptile, qui porte un fruit du même nom.

La graine des concombres eft une des quatre femences froides que vendent les épiciers-droguiftes; c'eft auffi avec de petits concombres encore verds qu'on fait cette efpèce de falade, qu'on appelle des cornichons, qu'on confit au fel & au vinaigre; ce font auffi les épiciers & les vinaigriers, qui font le négoce des cornichons : on en envoye dans les pays du Nord.

« Les concombres, conformément au tarif de » 1664, paient en France les droits d'entrée fur » le pied de 10 fols du cent en nombre, & les » nouveaux fols pour livre ».

CONDITION. On dit que telles drogues, ou autres marchandifes fe font trouvées de bonne condition; pour dire qu'elles fe font trouvées bien conditionnées.

Vendre à condition, ou fans condition, c'eft-à-dire, que fi les marchandifes ne conviennent pas à l'acheteur, il peut les rapporter, & les rendre au vendeur, dans un certain temps. Il faut être prompt à rendre les marchandifes que l'on a achetées à condition; autrement cela pourroit faire naître des conteftations.

Vendre fans condition, fignifie au contraire,

vendre *purement & simplement,* sans que l'acheteur puisse avoir la faculté de rendre la marchandise au vendeur, supposé qu'elle ne lui convînt plus, après l'avoir achetée.

CONDITION. Se dit aussi des claufes, ou articles d'une société, d'un marché; en sorte que, lorsque l'on dit qu'un marchand fait ses *conditions;* cela doit s'entendre qu'il ne fait jamais de traité, de marché, qu'il n'y gagne. Cela signifie aussi, qu'il *s'explique si bien dans les conditions qu'il fait,* qu'elles ne sont susceptibles d'aucunes difficultés, lorsqu'il s'agit de les exécuter.

CONDITION. Signifie encore *avantage.* Si vous voulez vous associer avec moi, je ferai votre *condition bonne;* vous y trouverez votre compte.

CONDITION. Se dit aussi de toutes sortes d'offres, que l'on fait à quelqu'un, pour l'engager, pour le porter à faire quelque affaire: il a accepté les *conditions* que je lui ai offertes.

On dit qu'un garçon est hors de *condition,* quand il n'a point de maître à servir: ou, il a trouvé *condition,* quand il a trouvé un nouveau maître.

CONDITIONNÉ, CONDITIONNÉE. Se dit des chofes qui n'ont aucune défectuofité, ou imperfection; en ajoutant néanmoins le terme de *bien.* Ainfi, des marchandises bien *conditionnées,* font celles qui ne font ni tarrées, ni corrompues; ou qui ont toutes les qualités nécessaires, pour être de bonne vente. De la cochenille, de la morue, &c. bien *conditionnée.* C'est le contraire, quand le mot *mal* précède celui de *conditionné:* &, des marchandises mal *conditionnées,* font celles qui ont quelque défaut de fabrique, ou qui ont été gâtées par accident, ou autrement.

Quand on met dans une lettre de voiture, *lesquelles balles, ou caisses ayant été reçues bien conditionnées,* &c. Cela doit s'entendre que ces balles, ou caisses de marchandises doivent-être remises par le voiturier à celui à qui elles sont adressées, faines & entières, sans être mouillées, ni gâtées.

CONDORIN. Sorte de petit poids, dont les Chinois, particulièrement ceux de Canton fe servent, pour pefer & débiter l'argent dans le commerce; il est eftimé un fol de France. Les dix *condorins* font un mas, & dix mas font un taël. *Voyez* TAEL.

Les Malais ont un poids qu'ils nomment *conduris;* mais qui est différent du *condorin* de la Chine. *Voy.* LA TABLE.

CONDUIRE L'ETOFFE BOIS A BOIS. C'est en fait d'aunage, la mener doucement le long de l'aune, fans la tirer pour l'allonger.

M. Savary, chap. IV. du livre I. de la première partie de fon Parfait Négociant, met au nombre des obligations des marchands, non-feulement de ne point vendre à faux poids, & à fauffes mefures, c'eft-à-dire, qui foient moins pefans, & moins longs que ceux & celles portées par les ordonnances; mais encore, en aunant la marchandife, de la bien

conduire bois à bois, fans la tirer pour l'étendre davantage, afin d'en moins donner de l'aunage convenu.

CONDURI, en Malais, ou LAGA, en langage de Java. Efpèce de fève d'un beau rouge, avec une petite plaque noire fur le côté, qui croît dans quelques endroits des Indes Orientales. Les Javans & les Malais s'en fervent comme de poids, pour pefer l'or & l'argent.

CONFECTION. (*Terme d'épicier-droguifte.*) Efpèce de remède en forme d'électuaire folide.

CONFISCABLE. Qui peut être, ou qui doit être confifqué.

Une marchandise est *confifcable* pour bien des raifons. 1°. Si elle est de contrebande pour l'entrée & la fortie du royaume. 2°. Si la fabrique ou la vente en font prohibées & défendues par les ordonnances. 3°. Si elle n'est pas de la qualité requife par les réglemens. 4°. Si elle n'est pas déclarée aux bureaux, & fi elle entre ou fort en fraude des droits du roi. 5°. Si elle n'a pas les marques, plombs, poinçons de la fabrique de vifite, & autres. 6°. Si celui qui l'a faite, ou qui la vend, n'est pas maître du corps, ou de la communauté dans lesquelles, par les ftatuts, il est permis d'en faire, & d'en vendre. 7°. Si elle paffe, entre, ou fort par d'autres villes, ports, paffages, & bureaux, que ceux marqués, ou en général par les arrêts du confeil, ou en particulier, par les congés, permiffions, & acquits que les marchands & voituriers, en doivent prendre ou avoir. 8°. Enfin, fi quelque permife, & de bonne qualité, elle fe trouve dans des caiffes & ballots avec d'autres marchandifes fujettes à confifcation.

Ce font là les principales caufes & raifons, qui rendent une marchandife *confifcable:* elles font toutes expliquées, & quelques autres, qui fe préfentent plus rarement, dans les articles des ordonnances, & des réglemens, & dans tous ceux des corps & communautés de marchands, & des arts & métiers, où l'extrait de leurs ftatuts eft rapporté. On peut y avoir recours.

CONFISCATION. Adjudication faite en juftice, d'une marchandife faifie.

La *confifcation* a lieu dans tous les cas exprimés dans l'article précédent; mais feulement après que les juges royaux, ceux de police, ou les juges des fermes, fuivant qu'il leur appartient d'en connoître, l'ont prononcée & ordonnée.

Les articles 26, 28, 30, 31, & 43 de l'ordonnance du mois de juillet 1681, pour les fermes du roi, au titre commun deflites fermes; & celle du mois de février 1687, dans les quatre articles qui compofent le titre 13, réglent ce qui concerne la *confifcation* des marchandifes faifies par les commis.

On peut lire auffi les ordonnances des gabelles, & des aides, pour les *confifcations* des fels, & des marchandifes de vins, bières, cidres, & autres boiffons: auffi-bien que les divers réglemens pour les teintures & manufactures, de 1669, & autres femblables.

CONFISEUR,

CONFISEUR, ou CONFITURIER. Marchand qui fait, & qui vend des confitures; ou qui en fait venir des pays étrangers, & des provinces du royaume, pour en faire négoce en gros, ou en détail.

Quelques-uns mettent de la différence entre le *confiseur* & le *confiturier*, prétendant que le *confiseur* est celui qui fait effectivement les confitures qu'il vend; & le *confiturier*, celui qui fait commerce des confitures qu'il n'a pas faites. Cependant dans l'usage, & même dans le négoce de confitures, on ne fait point cette distinction; & *confiseur*, & *confiturier*, y ont une même signification.

CONFISQUER. Adjuger au fisc, ou à ceux qui en ont les droits, les marchandises, denrées, & choses saisies, pour être vendues à leur profit.

Il y a néanmoins des espèces de marchandises qui se confisquent, sans tourner au profit de qui que ce soit : telles étoient les toiles peintes, les écorces d'arbre, les étoffes des Indes, & quelques autres de cette espèce, qui se confisquoient & s'adjugeoient au fermier, pour être brûlées publiquement. Il en est de même des livres contre la religion & l'état.

CONFITURE. Nom que l'on donne aux fruits, aux racines, aux herbes, aux fleurs, & aux sucs ou jus, quand ils ont été préparés & cuits dans le sucre ou le miel, pour leur pouvoir conserver, ou pour les rendre plus agréables au goût.

Des *confitures* à demi-sucre, sont celles où l'on n'a mis que peu de sucre, pour leur laisser davantage du goût de fruit. Ces sortes de *confitures* doivent être mangées promptement, étant sujettes à tourner & à s'aigrir.

Le négoce des *confitures* est assez considérable en France, particulièrement à Paris.

Quoique Paris, Tours, Rouen, Orléans, Dijon, Sedan, Bordeaux, & plusieurs autres villes du royaume, fournissent quantité de belles & bonnes *confitures*; on ne laisse pas cependant d'en tirer quelques-unes des pays étrangers, particulièrement d'Italie, de Madère, & de quelques endroits des Indes, par les Hollandois & Portugais.

CONGÉ. Licence, ou permission, que donne un supérieur à un inférieur, de faire quelque chose, que l'inférieur ne peut faire licitement sans cette permission.

CONGÉ, *en terme de commerce de mer*. Est en France une espèce de passe-port, ou permission de naviger de M. l'amiral, que le maître d'un navire est obligé de prendre, lorsqu'il desire sortir du port, pour aller en mer. C'est ordinairement le receveur des droits d'amirauté, qui délivre ces *congés*.

Suivant l'ordonnance de marine, aucun vaisseau ne peut sortir d'un port sans un *congé*, qui doit être enregistré au greffe de l'amirauté du lieu de son départ, à peine de confiscation. Le maître du bâtiment n'est cependant pas obligé d'en prendre un, pour retourner au port de sa demeure, s'il est situé dans le ressort de l'amirauté où il a fait sa décharge.

Dans le *congé*, il est ordinairement fait mention du nom du maître, de celui du vaisseau, de combien

bien il est de tonneaux, & en quoi consiste sa charge; du lieu de sa destination, & de quel endroit il part.

Quand un bâtiment est entré dans un port, le maître doit représenter son *congé* au lieutenant de l'amirauté, dans l'instant qu'il fait son rapport; & s'il étoit obligé pendant son voyage de relâcher en quelque port, il doit déclarer à l'amirauté la raison de son relâchement, & y représenter son *congé*, sans être cependant tenu d'en reprendre un nouveau, pour se remettre à la mer.

Les greffes des amirautés sont ordinairement ouverts, pour les enregistremens des *congés*, depuis huit heures jusqu'à onze heures du matin, & depuis deux heures après midi jusqu'à six heures. *Titre 10 du livre 1 de l'ordonnance de la marine du mois d'août 1681.*

Si un maître de vaisseau étoit trouvé sans *congé*, il seroit regardé comme forban, ou écumeur de mer.

En Bretagne, on appelle *congé*, ou *brieux*, une certaine expédition, que les maîtres des navires sont tenus de prendre au bureau des fermes du roi, pour laquelle ils payent un droit domanial, que l'on nomme *droit de brieux*.

Tout ce qui est payé pour raison des *congés*, n'est point réputé du nombre des avaries : c'est le maître seul qui doit porter ces menus frais. *Art. 9. tit. 7 du liv. 3 de l'ordonnance ci-dessus rapportée.*

Le réglement du 24 octobre 1681, renouvellé & confirmé par des lettres-patentes du 27 janvier 1703, concernant les formalités qui doivent s'observer pour la construction ou achat des vaisseaux, tant dedans que dehors le royaume, contient aussi quelques articles au sujet des *congés* qu'on doit prendre à l'amirauté pour ces vaisseaux.

1°. Sa majesté fait défenses à tous ses sujets de prêter leur nom aux étrangers, & d'acheter d'eux aucuns vaisseaux par contrats simulés; & à tous maîtres, patrons, capitaines, &c, de prendre des *congés* pour les faire naviger sous pavillons François.

2°. Les *congés* ne doivent être donnés qu'aux vaisseaux qui sont actuellement dans les ports de France, & ne peuvent être accordés au plus que pour six mois, à la réserve de ceux pour les voyages de long cours, qui seront d'une année. Ces derniers *congés* ont été prorogés depuis jusqu'à deux années.

3°. Enfin, l'on peut prendre des *congés* pour des vaisseaux construits ou achetés dans les pays étrangers qui n'ont point encore abordé à aucun port du royaume, mais seulement pour trois mois; sans qu'on en puisse donner d'autres, si dans ledit temps ils ne sont pas amenés dans les ports de France.

CONGÉ. C'est encore une licence, ou permission, qu'un prince, ou ses officiers en son nom, donnent & accordent à quelque particulier, de faire un commerce qui est interdit aux autres.

CONGÉ. Se dit aussi de la permission par écrit, que donnent les commis des aydes, d'enlever les vins que l'on a achetés, après que le vendeur, ou l'acheteur, en ont payé les droits de gros, ou autres droits, s'il en est dû; ou du moins que la vente a été dénoncée au bureau dans les cas de l'ordonnance des aydes de 1680.

L'article 4 du titre 7 de cette ordonnance, concernant les droits de gros, porte; que le vin vendu en gros, ne pourra être enlevé, que la vente n'en ait été déclarée aux commis, & que le vendeur n'ait pris *congé* par écrit, à peine de confiscation, & de cent livres d'amende; dans lequel *congé* le vendeur est tenu de faire inférer les noms, sur-noms, & demeures des acheteurs, avec le prix du vin, à peine de nullité des *congés* : ce qui doit être aussi exécuté pour les vendanges vendues en gros.

L'article 5 enjoint pareillement à tous voituriers, d'avoir en main le *congé* pour les vins dont ils sont chargés, à peine de confiscation de leurs harnois & équipages; & 50 liv. d'amende, sans recours contre ceux qui les emploient, & ce outre la confiscation du vin.

CONGÉ AU MENU. On nomme ainsi à Bordeaux les *permissions* qui sont données aux marchands par les commis du grand bureau des fermes du roi, pour faire charger sur les vaisseaux qui sont en chargement, des marchandises par le *menu*, c'est-à-dire, en détail & en petites parties.

CONGÉ DE REMUAGE. C'est celui que l'on est obligé de prendre du commis, ou buraliste, lorsque l'on veut transporter le vin, que l'on a précédemment acheté, ou qui vient de son crû, d'un lieu à un autre, & d'une cave dans une autre cave.

L'ordonnance des aydes défend à tous, même aux exempts des droits d'aydes, d'enlever, ou faire enlever aucuns vins de leurs caves, celliers, & autres lieux, ni les transporter en d'autres maisons, sans prendre un *congé de remuage*, à peine de confiscation, & de cent livres d'amende.

CONGÉ. Se dit pareillement dans les communautés des arts & métiers, des *permissions* par écrit, que les garçons & compagnons sont tenus de prendre des maîtres chez qui ils travaillent, lorsqu'ils en sortent, pour justifier que c'est de leur bon gré qu'ils les quittent; que le temps pour lequel ils se sont engagés chez eux, est fini; & que les ouvrages qu'ils ont entrepris, sont faits.

Non-seulement presque tous les statuts des communautés contiennent cette obligation, mais encore elle est portée par diverses ordonnances du roi, & confirmée par plusieurs sentences du lieutenant de police, qui défendent aux maîtres, sous peine d'amende, & quelquefois sous peine d'interdiction de la maîtrise pour un temps, de suborner les compagnons des autres maîtres, ou de les retirer chez eux, & les retenir à leur service, sans un *congé* par écrit.

CONGÉ, se dit au consulat de l'*acte* que le siége donne au défendeur de sa comparution, lorsque le demandeur ne comparoît pas.

CONGRE. Gros poisson de mer qui ressemble à une anguille, dont la chair est très-ferme.

Le *congre* est peu estimé, il s'en fait cependant une pêche assez considérable sur les côtes de Bretagne, particulièrement du côté du port Louis, à deux lieues hors de l'isle de Groix. Cette pêche commence dans le temps que celle de la sardine finit.

Il seroit facile d'augmenter cette pêche, si on permettoit aux matelots des trois classes qui ne sont pas de service pour les vaisseaux du roi, d'y aller librement, étant certain qu'elle devient plus grande à mesure que le nombre des chaloupes augmente.

Aussitôt après la paix d'Utreck que cette liberté fut accordée, la pêche alla jusqu'à 600 quintaux.

CONIL, qu'on nomme autrement LAPIN. Animal qui fournit à la pelleterie, une sorte de fourrure; & au métier de chapelier, un poil propre à être employé dans certaine espèce de chapeaux.

CRIEURS DE PEAUX DE LAPIN. Ce sont de pauvres gens, qui font un petit négoce de *peaux de lapins*, de *fouines*, de *belettes*, & autres telles menues pelleteries, qu'ils ramassent dans les courses qu'ils font dans les rües de Paris, ou dans les villages des environs, & qu'ils vendent ensuite aux maîtres pelletiers. On les appelle *crieurs de peaux de lapins*, parce que dans les cris qu'ils font, pour avertir ceux qui ont de ces sortes de *peaux*, ils ne spécifient que celles des *lapins*.

CONNOISSEMENT, (*terme de commerce de mer*.) C'est une espèce d'acte, ou de reconnoissance sous signature privée, que le maître, ou capitaine d'un navire, donne à un marchand, des marchandises qu'il a fait charger dans son bord, avec soumission de les porter au lieu de leur destination, moyennant un certain prix.

Le mot de *connoissement* n'est en usage que sur l'Océan; & sur la Méditerranée, on dit *police de chargement*, qui a la même signification.

Suivant l'ordonnance de la marine du mois d'août 1681, tit. 2 du liv. 3, les *connoissemens* doivent être signés par le maître, ou par l'écrivain du navire; & doivent faire mention de la qualité & quantité des marchandises, des marques & numéros des balles, ballots ou caisses, du nom du marchand qui les a chargées, du nom de celui à qui elles doivent être remises ou consignées, du lieu du départ du vaisseau, de l'endroit où les marchandises doivent être déchargées, du nom du maître, du nom du bâtiment, & du prix qui a été convenu pour le port, fret, ou nolis.

Chaque *connoissement* doit être fait triple, dont l'un est pour le marchand qui a fait le chargement, l'autre, pour être envoyé à la personne à qui les marchandises doivent être remises dans le lieu de leur destination; & le troisième, qui doit rester entre les mains du maître du navire, ou de l'écrivain.

Vingt-quatre heures après qu'un vaisseau a été chargé, les marchands sont obligés de présenter au maître les *connoissemens* pour les signer, & de lui fournir les acquits de leurs marchandises, sous peine de payer l'intérêt du retardement.

Les facteurs, commissionnaires, & autres, qui reçoivent les marchandises mentionnées dans les *connoissemens*, sont tenus d'en donner le reçu aux maîtres qui le leur demandent, sous peine de tous dépens, dommages & intérêts, même de ceux du retardement.

Lorsqu'il se trouve de la différence dans les *connoissemens* d'une même marchandise, celui qui est entre les mains du maître, doit faire foi, s'il se trouve rempli de la main du marchand, ou de celle de son commissionnaire, & celui qui est entre les mains du marchand, doit être suivi, s'il est rempli de la main du maître.

Il faut remarquer, que le *connoissement* ne se fait que pour une partie de la marchandise chargée dans un navire : car quand un négociant charge tout le bâtiment pour son compte personnel, alors on appelle *charte-partie*, l'acte qui se fait entre lui & le maître, ou propriétaire du bâtiment.

Ces actes sont ordinairement imprimés avec des blancs, que l'on peut remplir suivant la différence des capitaines de vaisseaux, des marchandises qui s'y chargent, de leurs poids, & qualité de ceux à qui elles appartiennent, des personnes à qui elles s'adressent ; enfin, des ports d'où les navires doivent partir, & des lieux où ils doivent décharger. On y peut aussi ajouter toutes les clauses conformes aux us & coutumes de la mer, ou des ordonnances particulières que trouvent à propos, ou le maître du vaisseau qui reçoit la marchandise, ou le marchand, ou autre particulier qui la lui confie.

Pour distinguer ce qui est imprimé de ce qu'on y ajoute, on mettra dans les modèles suivans ce qui a été rempli, en lettres italiques, & l'imprimé en caractère courant.

CONNOISSEMENT FRANÇOIS.

Jesus, Maria, Joseph. *A Marseille le 7 mars 1723.*

A été chargé au nom de Dieu & de bon sauvement, au port & havre de cette ville, par *Monsieur Charles*, pour compte de Monsieur *Isabeau*, sur le *vaisseau* appellé *le Saint Jean-Baptiste*, commandé par le *capitaine Jacques Rebutty*, pour porter & conduire, Dieu aidant, *au Havre de Grace &* consigner à *Monsieur Pineau marchand* ou qui pour lui fera, les marchandises ci-après nommées : sçavoir, *deuxdits deux tonneaux de vin tenant huit milleroles*, No. 1. 2. *Deuxdites deux balles de vieilles tapisseries de Flandres à l'adresse de Monsieur Isabeau.* Lesquelles susdites marchandises ont été chargées sur *ledit vaisseau* bien conditionnées & marquées de la marque de contre : qu'ainsi remises que seront, Dieu aidant, *audit Havre* par *ledit sieur Pineau* ou qui pour lui fera, sans y avoir rien de mouillé ni de gâté, payera de nolis *soixante & quinze livres par tonneau, composé de quatorze milleroles*

mesure de cette ville pour le vin, & six livres pour les deux balles de tapisseries, &c.
Signé, GERMA Esc. que dit être.

CONNOISSEMENT DE HOLLANDE.

Je, *Charles Piquet*, maître après Dieu du navire nommé *la Sainte Anne*, ancré à présent devant Roterdam, pour avec le premier temps convenable (que Dieu donnera) suivre le voyage jusqu'au devant de la ville de *Saint Vallery*, là où sera ma droite décharge ; confesse avoir reçu dans mondit navire dessous le tillac de vous *Monsieur Guallence Hennequin*, les marchandises suivantes nombrées & marquées au nombre & marque ci-dehors mis ; le tout sec & bien conditionné : sçavoir, *un ballot contenant six demi-pièces de drap*, lesquelles marchandises je promets délivrer *à Messieurs Mausses & Anguieux* ou à son commis, facteur & entremetteur, sauf les périls & fortunes de la mer ; & pour l'accomplissement de ce que dit est, j'ai obligé par celle, ma personne, mes biens & mondit navire, fret, & apparaux ; en me montrant un de ces connoissemens, en me payant pour mon fret desdites marchandises la somme de *cinq livres* avec les avaries & devoirs accoutumés. En témoignage de vérité, j'ai signé de mon signe manuel trois connoissemens d'une même teneur, desquels l'un accompli, l'autre sera de nulle valeur. Fait à Roterdam, ce 15 septembre 1723.
Signé, CHARLES PIQUET.

CONODIS. Petite monnoie, dont on se sert à Goa, & dans tout le royaume de Cochin.

CONQUE. Mesure de grains, dont on se sert à Bayonne, & à S. Jean de Luz.

Trente *conques* font le tonneau de Nantes, qui revient à neuf septiers & demi de Paris. Il faut trente-huit *conques* pour le tonneau de Vannes & de Bordeaux, c'est-à-dire, environ dix pour cent plus que pour celui de Nantes.

On se sert aussi de la *conque* pour mesurer les fers à Bayonne. Deux *conques* composent un sac mesure de Dax.

CONSCIENCE. On dit, *en termes de commerce*, vendre en *conscience* ; pour dire, vendre sans surfaire ; & demander d'abord de sa marchandise le véritable prix qu'on en veut avoir, sans obliger l'acheteur à marchander.

Les Quaquers établis en Angleterre & en Hollande, ont coutume de vendre en *conscience*, & de ne surfaire jamais ; & peut-être seroit-il également commode à l'acheteur, & utile au vendeur, que tous les marchands en usassent de même : mais du moins est-ce un des principaux devoirs du vendeur, de ne pas abuser de la confiance qu'on veut bien avoir quelquefois en lui, quand on s'en rapporte à sa *conscience* ; comme il est aussi de la discrétion de l'acheteur, de ne plus marchander, quand une fois le marchand lui a dit son prix en *conscience*.

Travailler en *conscience*, signifie *en terme d'im-*

primerie, travailler à la *femaine* ou à la *journée*.

CONSEIL. Se dit d'une affemblée compofée de plufieurs officiers, ou notables perfonnes, prépofées pour délibérer fur les affaires publiques; ou pour juger & régler les conteftations qui naiffent entre particuliers.

CONSEIL DE COMMERCE. C'eft en France, une affemblée établie à Paris par déclaration du roi, dans laquelle on traite de tout ce qui concerne le commerce intérieur & extérieur du royaume, où font difcutés & examinés les propofitions, placets, & mémoires préfentés fur cette matière, & fur celles des manufactures, foit pour de nouveaux établiffemens, ou pour perfectionner ceux qui font déjà faits; & où enfin font réglés tous les différends qui furviennent au fujet du négoce, tant de terre que de mer, & autres affaires qui y ont rapport.

L'on ne peut guères faire remonter l'établiffement des *confeils*, ou *chambres du commerce* en France, au-delà du règne de Henri IV, & c'eft proprement à ce prince, fi digne du nom de grand, que les François font redevables des premières idées de tous les établiffemens qui fe font faits depuis dans le royaume; & qui ont fait connoître qu'une nation, qui ne cède à aucune autre pour le courage & la valeur, pouvoit auffi les égaler dans la perfection des arts & des manufactures, & dans tous les différens genres de négoce, où jufques-là on l'avoit cru moins propre que beaucoup d'autres.

Le *confeil de commerce*, que Henri IV établit vers l'an 1607, fut compofé de plufieurs officiers tirés du parlement, de la chambre des comptes, & de la cour des aides : mais à peine reffentoit-on les premiers effets d'un fi fage établiffement, que la mort funefte de ce grand roi, qui interrompit tant de projets avantageux, qu'il avoit formés pour la gloire du royaume & le bonheur de fes peuples, étouffa celui-ci dans fa naiffance, & rejetta, pour ainfi dire, les François dans leur première indolence, pour les affaires du commerce.

Sous Louis XIII, lorfque le cardinal de Richelieu, devenu premier miniftre, eut auffi été fait grandmaître & fur-intendant général de la navigation & du commerce, par la fupreffion de la charge de grand-amiral de France, on établit un nouveau *confeil de commerce*, à-peu-près fur le pied de celui du régne précédent, pour ce qui regardoit l'étendue de fa jurifdiction, mais avec un tout autre relief pour la qualité des perfonnes qui y entrèrent; le cardinal ayant voulu en être lui-même le chef, & fous lui, quatre confeillers d'état, & trois maîtres des requêtes.

Enfin, ce fecond *confeil du commerce* ayant eu le fort du premier, & ayant ceffé à la mort de Louis XIII, qui fuivit de près celle du cardinal, Louis XIV après une longue intermiffion, en établit un troifiéme; qu'on a vu encore fuivi d'un quatrième dans les premiers mois du régne de Louis XV, & c'eft de ces deux *confeils*, dont il eft principalement traité dans cet article.

Le *confeil* fous Louis XIV, fut d'abord établi en l'année 1700, par arrêt du confeil d'état du roi, du 29 juin, & fut compofé d'un confeiller d'état ordinaire au confeil royal des finances, qui en fut nommé préfident, & chez qui fe tenoit le *confeil*; du fecrétaire d'état, qui a le foin des fabriques & manufactures; du fecrétaire d'état, qui eft chargé du commerce de mer & des colonies étrangères; des deux directeurs des finances, d'un confeiller d'état ordinaire, de deux maîtres des requêtes, du lieutenant général de police, de treize députés du commerce, choifis & envoyés par treize des principales villes du royaume; d'un fecrétaire ou greffier, pour tenir les regiftres, & de deux fermiers généraux des fermes du roi, nommés par le contrôleur général, pour y être appellés lorfque la nature des affaires le demanderoit.

Louis XIV ayant depuis créé, par arrêt de fon confeil d'état du mois de mai 1708, fix commiffions ou charges d'intendans du commerce, pour autant de maîtres des requêtes, qui devoient avoir entrée & féance dans le *confeil de commerce*, établi en l'année 1700, & y faire le rapport des mémoires, demandes, propofitions & affaires qui leur feroient renvoyées, chacun fuivant fon département, & rendre compte des délibérations qui y auroient été prifes, au contrôleur général des finances, ou au fecrétaire d'état ayant le département de la marine, fuivant la nature defdites affaires : il fut donné un fecond arrêt du confeil le 5 juin enfuivant, pour nommer les commiffaires, dont à l'avenir le *confeil de commerce* devoit être compofé.

Les charges, ou commiffions d'intendans du commerce, furent fupprimées peu de temps après la mort de Louis XIV, arrivée le premier feptembre 1715 : l'édit de leur fuppreffion eft du mois d'octobre auffi 1715.

Dans la même année, le 14 décembre, le roi Louis XV, fous la régence de S. A. R. monfeigneur le duc d'Orléans, donna fa déclaration pour l'établiffement d'un nouveau *confeil du commerce*; & le 4 janvier 1716 il donna fon ordonnance en forme de réglement, pour fixer la qualité, le nombre & les fonctions des préfidens, confeillers, députés, & autres officiers qui le devoient compofer, ainfi qu'il enfuit.

Les députés des villes, & intéreffés aux fermes, y eurent feulement entrée & féance, mais fans voix délibérative; n'y affiftant que pour répondre fur les difficultés propofées, ou donner des éclairciffemens fur les affaires qui leur avoient été communiquées.

Poftérieurement, enfin les adminiftrateurs jugèrent à propos d'en revenir à un *confeil*, à un bureau, à des intendans, des députés & des infpecteurs du commerce, qui furent établis par un édit du mois de juin 1724, enregiftré en parlement le 16 du même mois.

Actuellement le *confeil du commerce* qui fe tient à Verfailles, eft compofé du roi, du chancelier, des miniftres de la marine & des finances, avec quelques conseillers d'état : il y a quatre inspecteurs généraux, quelques inspecteurs particuliers dans chaque généralité ; quinze députés des villes, de six maîtres des requêtes, intendans du commerce qui ne sont plus en charge, mais en commission, qui assistent au bureau du commerce à Paris. Chacun de ces intendans a son département. Ce n'est donc pas faute de loix & de législateurs, si le commerce de France n'est pas encore parvenu, malgré tant de soin, au dégré le plus éminent de perfection. Feu M. de Gournai, dont M. Trudaine se glorifioit d'avoir adopté la plus grandes parties des sentimens, prétendoit qu'il falloit réduire tout le code mercantil à ces quatre mots, *laissez faire, laissez passer* : en ajoutant bonne justice, bons chemins, bons ports, bons canaux navigables ; cette opinion rentreroit dans les principes de la science économique.

CONSEIL. Se dit aussi parmi les négocians, des avis qu'ils reçoivent dans les consultations qu'ils font aux plus habiles marchands & négocians d'entr'eux, sur les difficultés qui surviennent dans leur négoce & commerce ; & c'est aussi de la sorte que M. Savary, auteur du Parfait Négociant, a intitulé le second ouvrage qu'il a donné au public, connu sous le nom de *Parères*, ou *avis & conseils sur les plus importantes matières du commerce*, parce qu'en effet cet ouvrage si utile, n'est composé que des *conseils* que cet habile homme donnoit à ceux qui le consultoient ; & dont tant d'arrêts rendus en conformité établissent assez l'équité & la sagesse.

CONSEIL DES PRISES. C'est un *conseil* établi en France, & qui se tient durant la guerre pour juger des *prises* faites par les armateurs François sur les ennemis de l'état : il existe en ce moment ; il est composé de monseigneur le duc de Penthievre, amiral de France, du ministre de la marine, de huit conseillers d'état, & de quatre maîtres des requêtes, dont un fait la fonction de procureur général. Les appels se portent au conseil des finances, auquel est convoqué monseigneur l'amiral.

CONSEILLERS, (*en terme de commerce.*) S'entend des marchands établis dans les villes, où les diverses nations de l'Europe ont des consuls, & qui sont choisis pour les assister de leurs conseils.

CONSERVATEUR. Officier ou juge institué pour veiller à la conservation des privileges accordés par le prince à de certaines villes, corps & communautés.

JUGE CONSERVATEUR DES FOIRES. On appelle ainsi dans le commerce, un *juge* établi pour maintenir & conserver les franchises & les privileges des foires, & pour connoître des contestations qui y surviennent entre marchands, ou autres personnes fréquentans lesdites foires & y faisant négoce.

C'est aux premiers comtes de Champagne & de Brie, que le commerce est redevable de l'établissement de ces sortes de juges, aussi-bien que des foires franches, dont ils sont les *conservateurs*.

D'abord ils ne furent nommés que *gardes des* foires ; ensuite on les appella *gardes-conservateurs* ; enfin sur la fin du quinziéme siècle, ils prirent la qualité de *juges-gardiens & conservateurs* des privileges des foires, qui est le nom qu'ils retiennent encore présentement.

Dans chaque foire il y avoit deux gardes, un chancelier & deux lieutenans ; l'un pour les gardes & l'autre pour le chancelier. Le chancelier, qui étoit dépositaire du sceau, avoit voix délibérative avec les deux gardes, du moins avec un en l'absence de l'autre ; aucun jugement ne se pouvant rendre par un seul garde. Dans les causes difficiles, on appelloit quelques notables marchands, ou quelques-uns de ceux qui avoient long-temps exercé le commerce.

Sous ces cinq principaux officiers étoient plusieurs notaires & sergens, les uns pour expédier & passer sous le sceau de la foire, toutes sortes d'actes & d'obligations concernant le commerce qui s'y faisoit ; les autres, pour mettre en exécution les jugemens en foire par les gardes & le chancelier.

Les gardes, aussi-bien que le chancelier, étoient tenus, sous peine d'être privés de leurs appointemens, de se trouver à l'ouverture des foires de leur département, & d'y rester jusqu'à ce que *les plaidoiries fussent faites, & duement délivrées & finies* ; après quoi ils pouvoient y laisser leurs lieutenans, à la charge néanmoins d'y revenir, & de s'y trouver en personne lors de l'échéance des paiemens.

C'étoit aux gardes à faire la visite des halles & autres lieux, où les marchands forains exposoient leurs marchandises, afin qu'elles y fussent sûrement & commodément ; & c'étoit aussi à leur diligence, & devant eux, qu'étoient élus & nommés deux prudhommes de chaque art & métier, pour visiter les marchandises fabriquées & mises en vente aux foires par les marchands manufacturiers & ouvriers desdits arts & métiers, & voir si elles étoient de la nature, bonté & qualité requises.

Tous les marchands & fréquentans foires, étoient sujets à la jurisdiction des gardes & leurs justiciables : *Et*, comme portent les lettres-patentes de Philippes de Valois, de l'année 1349, qu'on rapportera ci-après à l'article des foires de Champagne & de Brie, *aux gardes seuls appartenoit la cour & connoissance de tous les cas, contrats & advenus esdites foires, & des appartenances & dépendances d'iceux, privativement à tous Juges ordinaires ; sauf néanmoins les appeaux aux gens tenans les jours de sa majesté seulement.*

Enfin, dans ces premiers temps, les jugemens rendus par les gardes des foires étoient tellement respectés, & d'une si grande autorité dans les pays étrangers, même pour parler le langage de ces siècles, parmi *les Mécréans*, qu'on a vu des prisonniers amenés en France, d'Angleterre & de Barbarie, où ils avoient été arrêtés en vertu des décrets de prise de corps, décernés par les *juges-conservateurs* des foires de Champagne & de Brie.

JUGES CONSERVATEURS DE LYON.

De tous les juges gardiens & *conservateurs* des franchifes des foires, qui font préfentement en France, il n'y en a point de plus célèbres que ceux de la ville de Lyon, ni dont les privilèges foient plus autorifés, la jurifdiction plus indépendante & plus étendue, & la réputation mieux établie, tant en dehors que dedans le royaume.

Ces juges, depuis leur établiffement, ont, pour ainfi dire, paffé par quatre états différens.

Lorfque les deux premières foires de Lyon furent établies en 1419, fous le règne de Charles VI, & enfuite augmentées d'une troifième par Charles VII, en 1443, elles eurent des *gardes conservateurs*, tels qu'en avoient les foires de Champagne & de Brie, fur le modèle defquelles cet établiffement fut fait, c'eft-à-dire, des gardes par commiffion, & non en titre d'offices.

Louis XI ayant ajouté, en 1462, une quatrième foire aux trois autres accordées aux habitans de cette ville par fes prédéceffeurs, en ôta la garde aux anciens *conservateurs*, & l'attribua au bailli de Mâcon, alors fénéchal de Lyon, ou à fon lieutenant; à la charge néanmoins de juger fommairement comme les gardes avoient fait auparavant, & de terminer les débats fans long procès, ni figure de *plaids*.

Cette union de la confervation avec la fénéchauffée ou fiège préfidial de Lyon, dura jufqu'au règne de François Ier, qui établit un fiège particulier pour les *juges conservateurs*, & qui, en 1535, régla par un édit la compétence de cette nouvelle jurifdiction.

Enfin, les prévôt des marchands & échevins de Lyon, ayant acquis tous les offices de cette jurifdiction, où la vénalité s'étoit introduite, ainfi que dans toutes les autres charges de judicature de France, elle fut unie au corps confulaire de la ville de Lyon, par un édit de Louis XIV de l'année 1655.

Les officiers *juges conservateurs*, qui compofoient alors la confervation, étoient, un préfident *juge conservateur*, un lieutenant, un enquêteur commiffaire examinateur, un procureur, & deux avocats du roi; enfin, un greffier, & plufieurs procureurs poftulans, qui tous furent rembourfés de leur finance; à la réferve du procureur du roi, & des procureurs poftulans, dont le rembourfement & la fuppreffion ne furent faites que treize ans après, en conféquence d'un arrêt contradictoire du confeil d'état du roi, le roi y féant; & d'un édit du mois de juillet de l'année fuivante, qui en ordonne l'exécution, & qui fert de règlement à la confervation. Cet édit fera ci-après rapporté en extrait.

Ce font donc les prévôts des marchands & échevins, qui font préfentement juges, gardiens & *confervateurs* des privilèges des foires de Lyon, & qui tiennent le fiège de la confervation, avec fix affeffeurs, ou commiffaires nommés par fa majefté, & choifis parmi les plus habiles marchands & négo-

cians, pour l'exercice de la juftice de cette jurifdiction, conjointement avec eux.

On parlera amplement dans l'article fuivant, de la jurifdiction de ces juges; mais on croit devoir remarquer auparavant, que l'union de la confervation au corps confulaire de la ville de Lyon, n'a proprement été qu'une reftitution qu'on lui a faite de fes anciens droits; puifqu'en effet, dès l'année 1464, Louis XI avoit accordé aux douze confeillers, ou confuls de cette ville, auxquels Henri IV, fubftitua depuis un prevôt des marchands & quatre échevins, le droit de nommer & choifir un, ou plufieurs prudhommes, pour accommoder à l'amiable les débats & procès arrivant en foire, avant qu'ils fuffent portés devant le fénéchal de Lyon, ou fon lieutenant; & qu'en 1583, Henri III leur accorda pareillement le droit de nommer chaque année deux notables marchands, pour être affeffeurs du *juge conservateur*, & affifter à la décifion des procès, à la manière des juges confuls.

CONSERVATION. Jurifdiction des juges confervateurs. On le dit auffi du lieu, où ces juges tiennent leur fiège.

Il n'y a plus guères aujourd'hui que la jurifdiction des juges confervateurs de Lyon, qui foit connue fous le nom de *confervation*, ou du moins, c'eft toujours d'elle que l'on entend parler dans le commerce; lorfque fans rien ajouter, il s'agit des fentences & jugemens rendus par la *confervation*.

Cette jurifdiction, comme on l'a vu par dans l'article précédent, n'avoit d'abord été établie, que pour connoître des débats, queftions & procès, qui étoient mûs entre les marchands, fréquentant les foires de Lyon, & pour raifon de marchandifes, & autres faits des foires; & l'édit de François I, de 1535, qui en régla alors la compétence, ne lui en attribue aucune autre.

Préfentement, & depuis l'édit de Louis XIV, du mois de juillet 1669, la *confervation* de Lyon connoît, privativement à tous autres juges, de toutes les affaires de commerce de cette ville; même hors des foires; même en matière criminelle.

De ces deux prérogatives, dont on parlera plus en détail dans la fuite, lorfqu'on donnera l'extrait des règlemens de cette jurifdiction; la première l'égale à toutes les autres jurifdictions confulaires du royaume, à qui elle a fervi de modèle; & la feconde, auffi-bien que quantité d'autres attributions, qui lui font particulières, la met dans un ordre en quelque forte fupérieur, & lui donne une compétence qui n'eft propre qu'à elle.

Cette vafte étendue de jurifdiction, que la confervation de Lyon s'étoit infenfiblement attribuée, & que par fucceffion de temps, elle s'étoit même fait confirmer par plufieurs arrêts ou règlemens du confeil d'état du roi, fut caufe, après qu'elle eut été réunie au corps confulaire, de quantité de conteftations entre elle & le préfidial, qui avoit toujours à cœur d'en avoir été, pour ainfi dire, exclus par l'acquisition des charges faites par les prévôt des marchands & échevins.

Ces contestations, & les entreprises continuelles des deux jurisdictions, sur ce qu'elles croyoient réciproquement être de leur compétence, fomentées à ce que l'on s'imaginoit par le procureur du roi, qui leur étoit encore commun, & qui avoit plus de penchant pour la sénéchaussée & le présidial, que pour la ville & la *conservation*, n'ayant pu être arrêtées par un jugement provisionnel de monseigneur Camille de Villeroy, archevêque de Lyon, & lieutenant général pour sa majesté; non plus que par plusieurs arrêts du parlement, furent enfin évoquées au conseil du roi, par arrêt du 21 Mai 1667, & depuis terminées par un arrêt contradictoire du même conseil, le roi y étant, du 23 décembre 1668, servant de réglement général, de la jurisdiction entre le prévôt des marchands & échevins, juges conservateurs, & le siége présidial de Lyon.

Pour assurer davantage l'exécution de ce célèbre arrêt, l'on vit paroître l'année suivante un édit donné à Saint-Germain-en-Laye au mois de juillet, & vérifié en parlement le 13 août de la même année 1669, le roi y séant en son lit de justice.

Cet édit, qui porte réglement pour la justice civile & criminelle du prévôt des marchands & échevins, juges gardiens, & conservateurs des priviléges de la foire de Lyon, avec attribution de pouvoir juger souverainement & en dernier ressort, jusqu'à la somme de 500 livres, est rédigé en dix-sept articles; desquels on va donner un extrait plus ou moins ample, suivant qu'ils paroîtront plus ou moins importans, par rapport à l'objet de ce Dictionnaire.

Sa majesté, après avoir loué d'abord le zèle des prévôt des marchands & échevins, qui les avoit portés en 1665, à acquérir de leurs deniers les offices qui composoient autrefois le siége de la *conservation*, pour procurer à leurs concitoyens, aussi-bien qu'aux étrangers, qui négocient avec eux, la distribution gratuite d'une justice prompte & sommaire: & après avoir, pour ainsi dire, rendu compte des motifs de l'arrêt de son conseil, du mois de décembre de l'année précédente 1668: Dit, déclare, statue; que conformément audit arrêt, tous les édits, déclarations, arrêts & réglemens donnés pour l'établissement & augmentation de la jurisdiction des juges conservateurs de Lyon, & l'union d'icelle au corps consulaire, seroient exécutés selon leur forme & teneur; & ce faisant.

1º. Que les prévôt des marchands & échevins de Lyon, juges conservateurs des foires, connoîtront privativement aux officiers de la sénéchaussée, & siége présidial de ladite ville, & à tous autres juges, de tous procès pour le fait de négoce & commerce de marchandises, circonstances & dépendances, soit en temps de foire, ou hors de foire, en matière civile & criminelle, de toutes négociations faites pour raison desdites foires & marchandises; de toutes sociétés, commissions, trocs, changes, rechan-

ges, virement de parties, courtage, promesses, obligations, & toutes autres affaires entre marchands & négocians, en gros ou en détail, manufacturiers des choses servant au négoce, & autres de quelque qualité & condition qu'ils soient; pourvu que l'une des parties soit marchand ou négociant, & que ce soit pour fait de négoce & marchandises, ou manufactures.

2º. Que tous ceux qui vendent des marchandises, & qui en achetent pour les revendre, ou qui portent bilan, & tiennent livres de marchand, ou qui stipulent des paiemens en temps de foire, seront justiciables des juges conservateurs, pour raison desdits faits de marchandises, & de foire, ou paiement.

3º. Que lesdits juges conservateurs connoîtront privativement aux officiers de la sénéchaussée, & siége présidial, des voitures, des marchandises & denrées, dont les marchands font commerce.

4º. Qu'ils connoîtront pareillement de toutes lettres de répit, banqueroutes, faillites & déconfiture de marchands, négocians & manufacturiers de choses servant au négoce, de quelque nature qu'elles soient; & en cas de fraude procéderont extraordinairement & criminellement contre les faillis, auxquels, & à leurs complices, ils feront & parferont le procès, suivant la rigueur des ordonnances, à l'exclusion de tous les juges; se transporteront aux maisons & domiciles desdits faillis; procéderont à l'apposition des scellés, confection des inventaires, vente judiciaire de leurs meubles & effets, même de leurs immeubles, par saisies, criées, vente & adjudication par décret; & à la distribution des deniers en provenant, en la manière accoutumée, &c. sans qu'aucune des parties puisse se pourvoir par raison de ce, pardevant les officiers de la sénéchaussée & siége présidial, ni ailleurs, sous quelque prétexte que ce soit, à peine de trois mille livres d'amende, & de tous dépens, dommages & intérêts, &c. à la charge néanmoins que les criées seront certifiées par les officiers de ladite sénéchaussée.

5º. Il est fait défenses auxdits officiers de la sénéchaussée & siége présidial, & à tous autres juges, de prendre aucune connoissance, ni s'entremettre à l'apposition desdits scellés, confection d'inventaires, décrêts, ventes, &c. des faillis, directement ni indirectement, sous prétexte de la certification desdites criées, préventions, requêtes à eux présentées par des créanciers non privilégiés; à peine de répondre des dommages & intérêts des parties en leur nom.

6º. Il est pareillement fait défenses à la cour du parlement de Paris, & à toutes autres cours, d'ordonner aucuns renvois auxdits officiers de la sénéchaussée & siége présidial, ni ailleurs, qu'aux juges conservateurs, de toutes les susdites matières, & autres sujettes à la *conservation*; & auxdits officiers de les exécuter, à peine de nullité, &c.

7º. Sa majesté attribue auxdits juges conservateurs, la connoissance & jugement de toutes lesdites matières, souverainement, & en dernier reffort, jufqu'à la fomme de cinq cent livres.

8°. Sa majefté ordonnant pour celles excédant lefdites cinq cent livres, que les fentences & jugemens de la *confervation* feront exécutés par provifion au principal, nonobftant oppofitions, ou appellations, & fans préjudice d'icelles.

9°. Que lefdites fentences & jugemens définitifs, ou provifionnels feront exécutés dans toute l'étendue du royaume fans vifa, ni paréatis, de même que s'ils étoient fcellés du grand fceau.

10°. Il eft défendu auxdits officiers de la fénéchauffée & fiége préfidial de Lyon, de prononcer par contrainte, par corps, & exécution provifionnelle de leurs ordonnances & jugemens, conformément aux rigueurs de la *confervation*, à peine de nullité, caffation de leurs jugemens, &c. fa majefté réfervant de prononcer ainfi aux feuls juges confervateurs.

11°. Que les marchands & négocians, fous les priviléges defdites foires, notoirement folvables, feront reçus pour caution, en exécution des fentences & jugemens des juges confervateurs, fans qu'ils foient tenus de donner déclaration & dénombrement de leurs biens, meubles & immeubles.

12°. Sa majefté éteint & fupprime les offices du procureur du roi, & des procureurs poftulans en la *confervation* des foires de Lyon, & les unit & incorpore de même que les autres offices de ladite jurifdiction, au corps confulaire de ladite ville de Lyon.

13°. Sadite majefté ordonne que les prévôt & échevins nommeront, & établiront de trois ans en trois ans, un officier de probité & fuffifance connue, pour faire la fonction de procureur du roi, fans que ledit officier ou gradué foit tenu de prendre aucune lettre de provifion & confirmation; & qu'en l'abfence ou empêchement légitime dudit procureur du roi, il pourra en être commis & nommé un autre, mais non jamais le même être continué au delà defdites trois années; & pareillement fans que lefdits prévôt des marchands & échevins puiffent à l'avenir ufer de la faculté qui leur avoit été accordée par l'édit de 1655, de nommer deux avocats en ladite jurifdiction.

14°. Que le titre de la forme de procéder par devant les juges-confuls des marchands, de l'ordonnance du mois d'avril 1667, fera fuivi & obfervé ponctuellement en ladite *confervation*; & que conformément à icelui, on ne s'y fervira du miniftère d'aucun avocat & procureur; mais feront tenues, les parties, de comparoître en perfonne à la première affignation, pour être ouies par leurs bouches; lefquelles parties pourront néanmoins, en cas de légitime empêchement, envoyer un mémoire contenant les moyens de leurs demandes, ou défenfes, figné d'elles, ou par un de leurs parens, voifins & amis, ayant de ce charge ou procuration fpéciale, à l'exception toutefois des matières criminelles, dès appofitions de fcellés, confections d'inventaires, faifies & criées, ventes & adjudications, tant de meubles

que d'immeubles, oppofitions à faifies-réelles, ordre & préférence, en la diftribution des deniers qui en proviendront; efquelles affaires feulement, & non autres, il fera permis de fe fervir du miniftère des avocats & procureurs.

15°. Qu'en interprétation de l'édit du mois de mai 1665, lorfqu'aucun du corps confulaire ne fera gradué, & qu'il s'agira des matières, dans lefquelles on peut fe fervir du miniftère des avocats & procureurs; les prévôt des marchands & échevins feront tenus de nommer un officier de la fénéchauffée & fiége préfidial, pour inftruire, juger lefdites affaires, & prononcer fuivant la forme prefcrite par ledit édit; fans qu'ils puiffent être tenus d'en nommer pour toutes les autres, qui ne feront point de la qualité fufdite; & fans que ledit officier du préfidial puiffe prétendre la préféance fur le prévôt des marchands, lequel tiendra toujours le premier rang & féance, encore qu'il ne fût point gradué.

16°. Il eft fait défenfes aux officiers de la fénéchauffée, d'élargir aucuns prifonniers, qui auront été conftitués de l'ordonnance des juges confervateurs, à peine d'en répondre en leur propre & privé nom.

17°. Enfin les droits du greffier de la *confervation*, font fixés pour tous jugemens, expéditions, procédures & autres actes, à deux fols fix deniers pour chaque rôle de groffe, à peine de concuffion, dont la connoiffance appartiendra aux juges confervateurs en première inftance, & par appel au parlement de Paris.

Les juges confervateurs de Lyon ont toujours été dans l'ufage, & en poffeffion de faire des réglemens concernant la police de leurs foires; des marchands qui y négocient fous leurs priviléges; des paiemens qui s'y font; des lettres-de-change qui s'y acceptent, & qui s'y tirent: enfin fur toutes les différentes matières de commerce, qui de temps en temps ont eu befoin d'être éclaircies, corrigées, ou de nouveau établies. Mais ces ordonnances de la *confervation* n'ont jamais d'autorité, que fous le bon plaifir du roi, & prefque toujours après avoir été confirmées & homologuées par des arrêts du confeil.

Les principaux de ces réglemens font, celui de l'année 1634, qui, ayant été comme abrogé par le non-ufage, a depuis été en quelque forte renouvellé par les réglemens fuivans.

Un fecond, connu fous le titre de règlement de la place des changes de Lyon, du 2 juin 1667, homologué au confeil le 7 juillet enfuivant, & enregiftré au parlement le 18 mai 1668. Il eft rédigé en 21 articles, dreffés d'abord dans la loge du change de Lyon, par les plus habiles négocians, marchands & banquiers de cette ville; & enfuite de nouveau examinés par fix marchands & banquiers de Paris, à ce commis par arrêt de la cour de parlement.

Un troifiéme du 14 mars 1678, qui régle provifionnellement ce qui fe doit pratiquer à l'égard des lettres-de-change payables à ordre, venant des pays étrangers. Celui-ci ne confifte qu'en un feul article,

article, pour être ajouté aux 21 articles du réglement de 1667.

Enfin, un quatriéme réglement aussi du 14 mars 1678, touchant le temps des paiemens, pour la vente & achat des soies grasses, des soies prêtes & ouvrées, & des marchandises qui en sont fabriquées.

CONSERVE. (*Terme de commerce de mer*) qui se dit de plusieurs navires marchands, qui s'unissent & se joignent pour faire même route, ou aller de compagnie, afin de s'escorter, s'entr'aider, & se défendre les uns & les autres en cas de besoin.

Ainsi on dit : il est sorti de Saint-Malo pour les isles de l'Amérique, tant de bâtimens marchands, qui vont de *conserve,* pour signifier qu'*ils font route ensemble.* Dans le même sens, on dit aussi : *aller de flotte,* ou, *aller d'escorte réciproque.*

Les bâtimens marchands qui vont de *conserve,* font entr'eux une espèce de société, qu'ils appellent *acte de conserve,* par lequel ils conviennent d'un amiral, même d'un vice-amiral & d'un contre-amiral, suivant que la flotte est nombreuse & considérable.

Par cet acte, ils s'engagent tous d'obéir à l'amiral, & s'obligent réciproquement à demeurer joints pendant le voyage, à s'attendre, s'il est nécessaire, à se donner des avis par certains signaux arrêtés. C'est l'amiral qui doit prescrire la route, & il est en droit de faire le signal de conseil, pour assembler les officiers dans son bord, & prendre leurs avis sur les conjonctures qui se présentent ; de même qu'il se pratique ordinairement dans les escadres de vaisseaux de guerre.

Les bâtimens marchands qui n'ont point de canon, & qui veulent être admis dans une flotte qui va de *conserve,* doivent payer en argent la protection que les autres qui en ont, veulent bien donner en cas de nécessité.

CONSERVE. Tous les vaisseaux des Provinces-Unies, qui sont destinés pour la mer Méditerranée, sont obligés de faire *conserve,* soit en allant soit en revenant ; ils ne peuvent partir seuls, mais seulement lorsqu'ils sont un certain nombre rassemblés, & que les navires sont ensemble une certaine quantité de pièces de canon : ce qui pourtant ne s'entend que de ceux qui chargent cueillette ou quintal ; les autres qui ne chargent que pour eux-mêmes, n'étant pas sujets aux mêmes réglemens.

Par ces réglemens, nul vaisseau ne peut charger à cueillette pour la Méditerranée, qu'il ne soit du port au moins de 180 lests, & qu'il ne soit armé de 24 petits canons, d'autres armes à proportion, & de 50 hommes d'équipages.

Le nombre de ces vaisseaux, qui doivent faire *conserve,* est de trois & au-dessus ; & s'il se trouve des vaisseaux étrangers dans les ports des Provinces-Unies, qui aillent aussi dans la mer Méditerranée, ils doivent se joindre aux vaisseaux Hollandois.

A l'égard des vaisseaux qui reviennent du Levant, ils ne peuvent mettre à la voile, qu'ils n'aient attendu un mois ou cinq semaines, du jour qu'ils seront

achevés de charger, afin que la *conserve* soit la plus nombreuse que faire se peut.

Ceux qui viennent de l'Est, du golfe de Venise, sont tenus de relâcher à Zante, où les vaisseaux, qui viennent du golfe, sont aussi obligés de toucher. Après 15 jours de séjour, ils peuvent partir, pourvu qu'ils soient au moins trois ou quatre montés ensemble de soixante-dix à quatre-vingt pièces de petit canon.

De Zante, les vaisseaux en *conserve* doivent relâcher à Livourne, où doivent aussi se rendre tous les vaisseaux qui viennent de l'Ouest, du golfe de Venise, où les uns & les autres sont tenus de rester encore quinze jours, pour que la flotte du retour soit plus nombreuse, & par conséquent plus en état de se défendre contre les ennemis & contre les pirates.

Les capitaines & maîtres de vaisseaux Hollandois, sont obligés d'observer tous ces réglemens, à peine de mille livres d'amende contre les contrevenans ; & de plus, sont tenus de se tenir joints, sans qu'aucun puisse, pour nulle raison que ce soit, se séparer de la flotte, sans la permission de l'amiral ; & encore seulement à la hauteur où les diverses destinations peuvent obliger quelques-uns à changer de route : ceux qui auroient ainsi quitté la flotte, ne pouvant plus être reçus sous la protection des navires de guerre de l'état, qui ont coutume de servir de *conserve* aux vaisseaux marchands Hollandois, qui font le commerce de la Méditerranée, & particulièrement du Levant.

CONSERVE ou CONVOY. Est encore *un terme de mer,* qui signifie *un* ou *plusieurs vaisseaux de guerre,* qui sont chargés de la conduite d'une flotte marchande, pour lui servir d'escorte & la garantir des insultes, que les ennemis de l'État ou les pirates lui pourroient faire.

CONSERVE. Espèce de confiture, qui fait une portion du négoce des marchands confiseurs, & des apothicaires. Il y a de la *conserve sèche,* & de la *conserve liquide.*

CONSIGE ou CONSIVE. On appelle à Lyon, *livre de consige,* le *livre du maître des coches,* sur lequel il consigne & enregistre les balles, ballots & paquets de marchandises, dont il se charge, pour en faire la voiture.

CONSIGE. Se dit aussi en Provence, du *registre* où les commis & les receveurs des bureaux, pour la réception des droits du roi, enregistrent les sommes qu'un marchand ou un voiturier leur consignent & déposent, pour sûreté que les marchandises déclarées auront été conduites à leur destination ; lesquelles sommes ils ne leur restituent qu'après que l'acquit à caution qu'ils en délivrent, leur a été rapporté bien & duement déchargé par les commis des bureaux des lieux pour lesquels ces marchandises étoient déclarées & destinées.

CONSIGE. Signifie encore dans les mêmes bureaux, la *somme que l'on consigne pour caution.* Ainsi l'on dit : il est resté entre les mains du commis, cent écus. de *consige* : la *consige* a été de deux cent liv.

CONSIGNATION. *Dépôt* que l'on fait en mains sûres, de sommes, de deniers, de billets & de papiers de conséquence, de marchandises & autres sortes d'effets, soit par autorité de justice, pour être ensuite délivrés à ceux à qui ils sont adjugés, soit volontairement pour être remis aux personnes à qui ils appartiennent, ou envoyés & conduits aux lieux pour lesquels ils sont destinés.

CONSIGNER. *Déposer* une chose en main tierce, en faire la consignation.

CONSIGNER. Signifie aussi, *remettre & adresser.* J'ai ordonné de *consigner* ce ballot à votre commissionnaire, c'est-à-dire, de le lui remettre. Je vous consigne vingt caisses de sucre par les rouliers d'Orléans, pour dire : je vous les adresse.

On dit aussi en ce sens, *consigner un vaisseau*; le remettre entre les mains du marchand, qui doit en faire le chargement.

CONSIGNER. Signifie encore, *enregistrer* des marchandises sur les livres des messagers, maîtres de coches, & autres voituriers publics, soit par eau, soit par terre.

CONSISTANCE. Se dit de la quantité de parties dont une chose est composée. Ainsi, en termes de bois, on dit : que la *consistance* d'une futaye est de mille arpens; que celle du bois taillis est de cinq cent; pour dire qu'ils contiennent ce nombre d'arpens.

CONSISTANCE. S'entend de la mauvaise qualité de certaines étoffes, quand on y met une préposition négative. Un taffetas qui n'a point de *consistance*, est un taffetas qui ne se soutient point. On le dit aussi des draps quand ils sont veules, & qu'ils n'ont pas été travaillés serrés.

CONSISTOIRE DE LA BOURSE. C'est ainsi qu'on nomme à Toulouse, le *bureau* où s'assemblent les prieur & consuls des marchands de cette ville, pour y tenir leur jurisdiction, juger les affaires des particuliers, ou y traiter de ce qui concerne celles de la bourse même.

CONSOMMATION. Les négocians se servent de ce mot, pour signifier *l'emploi qui se fait des marchandises.* Il n'y a point de *consommation.* Rouen est une ville d'entrepôt, & Paris une ville de *consommation.*

CONSTITUANT. Celui qui constitue un procureur pour agir en sa place. Il se dit aussi de celui qui crée & établit une rente.

CONSTITUTION DE PROCUREUR. Etablissement d'une personne pour agir en notre place, soit en justice, soit autrement.

CONSTITUTION DE RENTE. C'est la création & l'assignation d'un revenu annuel, à perpétuité, ou à son speu, suivant les clauses convenues entre les parties, ou conformément au denier de l'ordonnance, ce qu'on appelle vulgairement *au taux du roi*, pour être hypothéqué, pris & payé sur certains fonds & biens immeubles.

CONSULAIRE. Se dit de ce qui concerne la jurisdiction des juge & consuls. L'action d'un marchand contre un bourgeois, n'est pas un fait *consulaire.*

CONSULAIREMENT. A la manière des juge & consuls. Ainsi l'on dit : cette affaire, cette contestation a été jugée *consulairement*, pour faire entendre, qu'elle a été jugée suivant l'usage & les régles des juge & consuls, dont les jugemens s'exécutent par provision & par corps.

CONSULAT. Se dit de la charge de consul, & du temps qu'elle dure. Le *consulat* ne dure qu'un an. Tout marchand qui a passé par le *consulat*, peut aspirer à l'échevinage.

CONSULS DES MARCHANDS, qu'on appelle aussi les *juge & consuls*, & plus communément les *consuls* simplement, sont des marchands & négocians faisant actuellement commerce, ou qui l'ont fait précédemment; lesquels sont choisis pour faire pendant un an la fonction de juges dans une jurisdiction consulaire, & y connoître, dans leur ressort, de toutes les contestations entre marchands & négocians pour les affaires qui ont rapport au commerce.

Quelquefois par le terme de *consuls*, on entend la jurisdiction même que ces juges exercent, quelquefois aussi le lieu où ils tiennent leurs séances.

On trouve dans l'antiquité des vestiges de semblables jurisdictions.

Les Grecs avoient entr'eux certains juges, qui se transportoient eux-mêmes sur le port, entroient dans les navires, entendoient les différends des particuliers, & les terminoient sur le champ sans aucune procédure ni formalité, afin que le commerce ne fût point retardé.

Demosthène, dans son Oraison contre Phormion, fait mention de certains juges institués seulement pour juger les causes des marchands, ce qui prouve qu'il y avoit des espèces de juges consulaires à Athènes & à Rome.

Il y avoit à Rome plusieurs corps de métiers, tels que les bouchers, les boulangers & autres semblables, qui avoient chacun leurs jurés appellés *primates professionum* ; qui étoient juges des différends entre les gens de leur corps, auxquels il n'étoit pas permis de décliner leur jurisdiction, ainsi qu'il est dit dans *la loi vij.* au code *de jurisdictione omnium judicum* ; & dans *la loi première*, au titre *de monopoliis.*

Cet usage de déférer le jugement des affaires de chaque profession à des gens qui en sont, est fondé sur ce principe que Valère Maxime pose, *liv. VIII, chap. xj.* que sur chaque art il faut s'en rapporter à ceux qui y sont experts, plutôt qu'à toute autre personne : *artis suæ quibusque peritis de eadem arte potiusquam cuipiam, credendum.* Ce qui est aussi conforme à plusieurs textes de droit.

En France les marchands, négocians, & les gens d'arts & métiers, n'ont eu pendant long-temps d'autres juges que les juges ordinaires, même pour les affaires de leur profession.

La première confrairie des marchands qui s'établit à Paris, fut celle des marchands fréquentant la rivière; ils avoient un prévôt qui régloit leurs différends; les échevins de Paris mirent à leur tête ce prévôt, qu'on appelloit alors le *prévôt de la marchandise de l'eau*; & que l'on a depuis appellé simplement le *prévôt des marchands*: mais cet officier ni les échevins n'ont jamais été juges de tous les marchands de Paris; ils n'ont de jurisdiction que sur les marchands fréquentant la rivière.

Les jurés & gardes des communautés de marchands & des arts & métiers, n'ont sur les membres de leur communauté qu'une simple inspection sans jurisdiction.

Le juge conservateur des priviléges des foires de Brie & de Champagne, auquel a succédé le juge conservateur des foires de Lyon, & les autres conservateurs des foires, établis à l'*instar* de ceux-ci en différentes villes, n'ayant droit de connoître que des priviléges des foires, les autres affaires de commerce, qui étoient faites en temps de foire, étoient toujours de la compétence des juges ordinaires, jusqu'à ce qu'on ait établi des jurisdictions consulaires.

La plus ancienne de ces jurisdictions est celle de Toulouse, qui fut établie par édit du mois de juillet 1549.

On prétend que les chambres de commerce de Marseille & de Rouen étoient aussi établies avant celle de Paris.

Ce qui donna lieu à l'établissement de celle-ci, fut que Charles IX ayant assisté à la grand-chambre au parlement, au jugement d'un procès entre deux marchands que l'on renvoya sans dépens, après avoir consumé la meilleure partie de leur bien à la poursuite de ce procès pendant dix à douze années, le roi fut si touché de cet inconvénient par rapport au commerce, qu'il résolut d'établir des tribunaux dans toutes les principales villes où les différends entre marchands se vuideroient sans frais. Et effet, par édit du mois de novembre 1563, il établit d'abord à Paris une jurisdiction composée d'un juge & de quatre *consuls*, qui seroient choisis entre les marchands.

Il en créa dans la même année & dans les deux suivantes dans les plus grandes villes, comme à Bordeaux, Tours, Orléans & autres. La jurisdiction consulaire de Rouen fut établie par Henri II dès l'an 1556.

Par un édit de 1566, on en créa dans toutes les villes où il y avoit grand nombre de marchands.

Aux États de Blois les députés du tiers état firent des plaintes sur ce nombre excessif de jurisdictions consulaires, & en demandèrent la suppression; ce qui ne leur fut pas pleinement accordé. Mais par l'*article* 239 de l'ordonnance qui fut faite dans ces états, il fut ordonné qu'il n'y auroit plus de *consuls* que dans les villes principales & capitales des provinces, dans lesquelles il y a un commerce considérable; ce qui fut encore depuis restreint aux villes

où le roi a seul la police, par arrêt rendu aux grands jours de Clermont le 19 novembre 1582.

Il y a cependant eu depuis plusieurs créations de jurisdictions consulaires en différentes villes, & notamment en 1710 & 1711. On en donnera le dénombrement à la fin de cet article.

Toutes ces justices consulaires sont royales de même que les justices royales ordinaires, & elles sont toutes réglées à l'*instar* de celle de Paris, suivant l'*article* 1. du titre 12 de l'ordonnance du commerce, qui a déclaré l'édit de 1563 & tous autres concernant les *consuls*, duement registrés au parlement, communs pour tous les siéges des *consuls*.

A Paris & dans plusieurs autres villes, elles sont composées d'un juge & de quatre *consuls*; dans plusieurs autres villes, il n'y a qu'un juge & deux *consuls*.

Le juge est proprement le premier *consul*, où pour mieux dire il est le juge, c'est-à-dire, le chef du tribunal, & les *consuls* sont ses conseillers; on l'appelle vulgairement *grand juge-consul*, pour le distinguer des autres *consuls*: mais les ordonnances ne lui donnent d'autre titre que celui de *juge*.

A Toulouse, à Rouen, & dans quelques autres villes, on le nomme *prieur & consul*.

A Bourges, le juge est nommé *prévôt*.

La conservation de Lyon qui comprend la jurisdiction consulaire, a pour chef le prévôt des marchands qui y siége, avec les échevins & plusieurs autres assesseurs qui y font la fonction de *consuls*.

Les juge & *consuls* siégent en robe & avec le rabat. La véritable robe consulaire n'est proprement qu'un manteau. A Paris depuis quelques années, les juge & *consuls* portent une robe comme celle des gens de palais.

Il y a dans chaque jurisdiction consulaire un greffier en titre d'office, & plusieurs huissiers. A Paris les huissiers du châtelet font les significations, concurremment avec les huissiers des *consuls*.

La première élection des juges & *consuls* à Paris, en 1563, fut faite par les prévôt des marchands & échevins, qui assemblèrent à cet effet cent notables bourgeois, avec lesquels ils procédèrent à l'élection.

La charge ou fonction du juge & des *consuls* ne dure qu'un an, soit à Paris, ou dans toutes les autres villes où il y a une jurisdiction consulaire.

Trois jours avant la fin de leur année, les juge & *consuls* font assembler soixante marchands bourgeois de Paris, qui en élisent trente d'entre eux, dont quatre sont choisis pour scrutateurs; & ces trente marchands élus, sans partir du lieu & sans discontinuer, procèdent à l'instant avec les juge & *consuls*, à l'élection des cinq nouveaux juge & *consuls*.

A Toulouse & à Bordeaux, ces élections se font avec des formalités particulières, qui sont détaillées dans le Dictionnaire de Commerce, tom. II, pag. 601. & suiv.

Quatre qualités sont nécessaires pour être juge & *consul* à Paris, & de même dans plusieurs autres villes: il faut être actuellement marchand, ou l'avoir été ; être natif & originaire du royaume ; être demeurant dans la ville où se tient la jurisdiction.

Le *juge-conful* doit avoir au moins quarante ans & les autres *confuls* vingt-sept ans, à peine de nullité de leur élection.

On choisit le juge dans le collége des anciens *confuls*, en suivant cependant l'ordre du tableau. Ce juge est presque toujours de l'un des huit corps, ou communautés, dont les officiers sont électeurs de droit.

Les *confuls* qui doivent juger avec lui, ne peuvent être du même commerce, suivant la déclaration du mois de mars 1728, qui ordonne expressément que tant le juge que les quatre *confuls*, seront tous de commerce différent ; au moyen de quoi des cinq places, il y en a deux à remplir alternativement par des marchands du corps de la pelleterie, orfévrerie, bonneterie, librairie, & par des marchands de vin ; les trois autres places sont presque toujours remplies par la draperie, l'épicerie, l'apothicairerie & la mercerie.

Les nouveaux juge & *confuls* sont présentés par les anciens pour prêter serment. A Paris, ils le prêtent en la grand-chambre du Parlement. Ceux des autres villes du ressort prêtent le serment au bailliage ou sénéchaussée du lieu où ils sont établis.

En cas de mort du juge ou de quelqu'un des *confuls* pendant leur année, on en élit un autre.

Ceux qui sont élus ne peuvent se dispenser d'accepter cette charge sans cause légitime, & ils peuvent y être contraints, de même que pour les autres charges publiques.

Si quelqu'un d'eux est obligé de s'absenter pour long-temps, il doit en avertir le *confulat*, demander son congé ; & il doit être remplacé par un des anciens.

Ils ne peuvent être destitués du *confulat* que pour cause d'infamie, ou pour d'autres causes graves.

Les *confuls* de Paris ont d'abord tenu leur séance en la salle de la maison abbatiale de saint-Magloire, qui étoit alors rue saint-Denis : mais leur auditoire fut transféré quelques années après au cloître saint Merry, où il est présentement. Ils donnent audience, trois fois la semaine, de matin & de relevée, & sont dans l'usage de ne point désemparer le siége, qu'ils n'aient expédié toutes les causes qui se présentent ; tellement qu'il leur arrive souvent de tenir l'audience jusqu'à minuit. On compte quelquefois jusqu'à 56 mille sentences rendues aux *confuls* de Paris dans une même année.

Il est défendu aux juges & *confuls* de prendre aucunes épices, don, ni autre chose des parties, directement, ni indirectement, sous peine de concussion : le greffier a seulement un sou de chaque rôle des sentences.

Les parties assignées doivent comparoître en personne à la première assignation pour être ouies par leur bouche, si elles n'ont point d'excuse légitime de maladie ou absence ; auxquels cas elles doivent envoyer leurs réponses par écrit ; signées de leur main propre, ou au cas de maladie, signées d'un de leurs parens, voisins, ou amis, ayant de ce charge & procuration spéciale, dont il doit justifier à la première assignation : le tout sans aucun ministère d'avocat, ni de procureur.

Il n'y a point de procureurs en titre ni par commission aux *confuls* ; chacun y peut plaider sa cause ; ceux qui ne peuvent comparoître, ou qui n'ont pas assez de capacité pour défendre leurs droits, peuvent commettre qui bon leur semble : de-là vient que dans plusieurs jurisdictions consulaires, il y a des praticiens versés dans les affaires de commerce, qui s'adonnent à plaider les causes. Ils sont avoués du juge & des *confuls* pour ce ministère ; c'est pourquoi on les appelle improprement *postulans* & même *procureurs des confuls* : mais ils sont sans titre, & n'ont d'autre rétribution que celle qui leur est donnée volontairement par les parties.

Si la demande n'est pas en état d'être jugée sur la première assignation, les *confuls* peuvent ordonner que ceux qui n'ont pas comparu, seront réassignés, suivant l'arrêt du conseil du 24 décembre 1668, usage qui est particulier à ces jurisdictions.

Quand les parties sont contraires en faits, les *confuls* doivent leur donner un délai préfix à la première comparution, pour produire leurs témoins, lesquels sont ouïs sommairement en l'audience ; & sur leur déposition le différend est jugé sur le champ, si faire se peut.

Les *confuls* ne peuvent accorder qu'un seul délai, selon la distance des lieux & qualité de la matière, pour produire les pièces & témoins.

Il est d'usage dans les jurisdictions consulaires d'admettre la preuve par témoins pour toutes sortes de sommes, même au-dessus de 100 livres, quand il n'y en auroit pas de commencement de preuve par écrit ; cette exception étant autorisée par l'ordonnance de 1677, en faveur de la bonne foi qui doit être l'ame du commerce.

Les *confuls* peuvent juger au nombre de trois ; ils peuvent appeler avec eux tel nombre de personnes de conseil qu'ils aviseront, si la matière y est sujette, & qu'ils en soient requis par les parties.

Les matières de leur compétence sont :

1°. Tous billets de change faits entre marchands & négocians, dont ils doivent la valeur.

2°. Ils connoissent entre toutes personnes, des lettres de changes ou remises d'argent faites de place en place, parce que c'est une espèce de trafic qui rend celui qui tire ou endosse une lettre de change, justiciable des *confuls*.

Cependant si celui qui a endossé une lettre de change étoit connu notoirement pour n'être point marchand ni de qualité à faire commerce, & qu'il parût que l'on n'a pris ce détour que pour avoir contre lui la contrainte par corps, en ce cas le parlement reçoit quelquefois le débiteur appellant comme de juge incompétent, des sentences des *confuls* : ce qui dépend des circonstances.

3°. Les *consuls* connoissent de tous différends pour ventes faites, soit entre marchands de même profession, pour revendre en gros ou en détail ; soit à des marchands de quelque autre profession, artisans ou gens de métier, afin de revendre ou de travailler de leur profession ; comme à des tailleurs d'habits, pour des étoffes, passemens & autres fournitures ; boulangers & pâtissiers, pour blé & farine ; à des maçons, pour pierre, moilon, plâtre, chaux, &c. à des charpentiers, menuisiers, charrons, tonneliers & tourneurs, pour des bois ; à des serruriers, maréchaux, taillandiers, armuriers, pour du fer ; à des plombiers, fontainiers, pour du plomb ; & autres semblables.

Les marchands qui ont cessé de faire commerce, ne laissent pas d'être toûjours justiciables des *consuls* pour les négociations qu'ils ont faites par le passé.

Toutes personnes qui font commerce, c'est-à-dire, qui achetent pour revendre, deviennent à cet égard justiciables des *consuls*, quand même ce seroient des ecclésiastiques, ou autres privilégiés, parce qu'en trafiquant ils renoncent à leur privilége.

4°. Les femmes, marchandes publiques de leur chef, & les veuves qui continuent le commerce de leurs maris, sont aussi justiciables des *consuls* pour raison de leur commerce.

5°. Les *consuls* connoissent des gages, salaires, pensions des commissionnaires, facteurs, ou serviteurs des marchands, pour le fait du trafic seulement.

6°. Du commerce fait pendant les foires tenues dans le lieu de leur établissement, à moins qu'il n'y ait dans le lieu un juge - conservateur des priviléges des foires, auquel la connoissance de ces contestations soit attribuée.

7°. Ils peuvent connoître de l'exécution des lettres-patentes du roi, lorsqu'elles sont incidentes aux affaires de leur compétence, pourvu qu'il ne soit pas question de l'état & qualité des personnes.

8°. Les gens d'église, gentilshommes, bourgeois, laboureurs, vignerons, & autres qui vendent les grains, vins, bestiaux & autres denrées provenant de leur crû, ne sont pas pour cela justiciables des *consuls* ; mais il est à leur choix de faire assigner les acheteurs devant les juges ordinaires, ou devant les *consuls* du lieu, si la vente a été faite à des marchands & artisans faisant profession de revendre.

Les *consuls* ne peuvent connoître des contestations pour nourriture, entretien & ameublement, même entre marchands, si ce n'est qu'ils en fassent profession.

Ils ne peuvent pareillement connoître des inscriptions de faux, incidentes aux instances pendantes devant eux ; ce sont les juges ordinaires qui en doivent connoître.

Lorsqu'il y a procès-verbal de rébellion à l'exécution des sentences des *consuls*, il faut se pourvoir en la justice ordinaire pour faire informer & décreter.

Les sentences des *consuls* ne s'expédient qu'en papier timbré, non en parchemin.

Elles peuvent être exécutées par saisie de biens meubles & immeubles ; mais si on passe outre aux criées, il faut se pourvoir devant le juge ordinaire.

Elles emportent aussi la contrainte par corps pour l'exécution des condamnations qui y sont prononcées.

Quand la condamnation n'excéde pas 500 livres, elles sont exécutoires, nonobstant opposition ou appellation quelconques. Celles qui excédent 500 liv. à quelque somme qu'elles montent, sont exécutoires par provision en donnant caution.

Il est défendu à tous juges d'entreprendre sur la jurisdiction des *consuls*, & d'empêcher l'exécution de leurs sentences.

Les appellations qui en sont interjettées vont directement à la grand-chambre du parlement, lequel n'accorde point de défenses contre ces sentences ; & lorsque la condamnation n'excéde pas 500 livres, le parlement déclare l'appellant non-recevable en son appel.

Lorsque l'appel d'une sentence des *consuls* est interjetté comme de juge incompétent, la cause se plaide devant un des avocats généraux ; si l'appel est interjetté tant comme de juge incompétent qu'autrement, la cause est plaidée en la grand-chambre ; & en l'un & en l'autre cas si les *consuls* sont trouvés incompétens, on déclare la procédure nulle.

On n'accorde point de lettres de répi contre les sentences des *consuls*.

Il y a présentement soixante-sept jurisdictions consulaires dans le royaume. En voici la liste par ordre alphabétique, avec la date de leur création, autant qu'on a pu la recouvrer.

Auxerre,	
Angers,	mars 1564.
Abbeville,	
Amiens,	mars 1566.
Angoulême,	
Alençon,	
Arles,	mars 1720.
Alby,	
Agde,	
Autun.	
Bordeaux,	décembre 1563.
Beauvais,	juin
Bourges,	Août 1564.
Brioude,	juillet 1704.
Bayeux,	mars 1710.
Bayonne.	
Caen,	mars 1710.
Calais,	avril 1565.
Châlons-sur-Saône,	
Châlons-sur-Marne,	décembre 1564.
Chartres,	juillet 1566.
Châtellerault.	
Clermont en Auvergne,	avril 1565.
Compiegne,	

Dunkerque, février 1700.
Dièpe.
Dijon.
Grenoble, mars 1710.
Lille.
Lyon, décembre 1595.
Limoges, août 1602.
Langres, mars 1611.
Montpellier, mai 1691.
Montauban, ⎫
Le Mans, ⎬ mars 1710.
Marseille. ⎭
Morlaix, ⎫
Narbonne, ⎬
Nismes, ⎬ mars 1710.
Nevers, ⎬
Nantes, ⎭
Niort, octobre 1565.
Orléans, février 1563.
Paris, novembre 1563.
Poitiers, mai 1566.
La Rochelle, novembre 1565.
Rennes, mars 1710.
Reims, avril 1564.
Riom, mars 1567.
Rouen.
Saumur, juin 1566.
Sens, avril 1564.
Saint-Quentin, mars 1710.
Sedan, mars 1711.
Saint-Malo.
Saulieu.
Semur en Bourgogne.
Soissons.
Thiers, janvier 1565.
Toulouse, juillet 1649.
Tours, avril 1565.
Troyes, février 1563.
Valenciennes, ⎫
Vannes, ⎬
Vienne, ⎬ 1710.
Vire, ⎭
Xainte, mars 1710.

Voyez le Recueil des réglemens concernant les consuls, & les Instituts du droit consulaire, par Toubeau.

Plusieurs négocians instruits & zélés, pensent qu'il faudroit porter au moins à trois mille livres la somme pour laquelle on peut exécuter par provision les sentences consulaires.

Consuls François dans les pays étrangers, sont des officiers du roi établis en vertu de commission ou de lettres de provision de sa majesté dans les villes & ports d'Espagne, d'Italie, de Portugal, du Nord, dans les échelles du Levant & de Barbarie, sur les côtes d'Afrique & autres pays étrangers où il se fait un commerce considérable.

La fonction de ces *consuls* est de maintenir dans leur département les priviléges de la nation Françoise, suivant les capitulations qui ont été faites avec le souverain du pays; d'avoir inspection & jurisdiction, tant au civil qu'au criminel, sur tous les sujets de la nation Françoise qui se trouvent dans leur département, & singulièrement sur le commerce & les négocians.

Ces sortes de commissions ne s'accordent qu'à des personnes âgées de trente ans.

Ceux qui sont nommés *consuls*, doivent avan de partir prêter serment & faire enregistrer leurs provisions dans l'amirauté la plus prochaine de leur consulat, & les faire aussi enregistrer en la chambre du commerce, s'il y en a une de ce côté.

En arrivant dans le lieu de son consulat, il doit faire publier ses provisions en l'assemblée des marchands François qui se trouvent dans le lieu, & les faire enregistrer en la chancellerie du consulat.

Lorsqu'il s'agit d'affaires générales du commerce & de la nation, il doit convoquer tous les marchands, capitaines & patrons de vaisseaux François qui sont sur les lieux; & toutes ces personnes sont obligées d'y assister, sous peine d'amende arbitraire, applicable au rachat des captifs. Sur les résolutions prises dans ces assemblées, le *consul* donne des mandemens qui doivent être exécutés, & dont il envoie tous les trois mois des copies au lieutenant-général de l'amirauté la plus prochaine & en la chambre du commerce aussi la plus prochaine.

La jurisdiction de ces *consuls* embrasse plusieurs objets; car non-seulement elle tient lieu d'amirauté dans le pays & de jurisdiction consulaire, mais même de justice ordinaire.

Les jugemens du consulat doivent être exécutés par provision en matière civile, en donnant caution, à quelque somme que la condamnation se monte; en matière criminelle, définitivement & sans appel, lorsqu'il n'y échoit point de peine afflictive, pourvu qu'ils soient rendus avec deux députés de la nation, ou à leur défaut, avec deux des principaux négocians François, suivant la déclaration du roi du 25 mai 1722. Quand il échoit peine afflictive, le *consul* doit instruire le procès, & l'envoyer avec l'accusé par le premier vaisseau François, pour être jugé par les officiers de l'amirauté du premier port où le vaisseau doit faire sa décharge.

Le *consul* peut aussi faire sortir du lieu de son établissement les François qui y tiendroient une conduite scandaleuse, suivant l'*article 15 du titre jx* de l'ordonnance de 1581, qui enjoint aussi à tout capitaine & maître de vaisseau de les embarquer sur les ordres du *consul*, à peine de cinq cent livres d'amende, applicable au rachat des captifs.

L'appel des *consuls* des échelles du Levant & des côtes d'Afrique & de Barbarie, se relève au parlement d'Aix; l'appel des autres consulats est porté au parlement le plus prochain.

Si le *consul* a quelque différend avec les négocians du lieu, les parties doivent se pourvoir en l'amirauté la plus prochaine, suivant l'*article 19 du titre jx* de l'ordonnance de 1681.

Il y a dans quelques-unes des échelles du Levant

& de Barbarie un *vice-conful*, pour faire les fonctions du confulat dans les endroits où le *conful* ne peut être en perfonne.

Le *conful* a fous lui une efpèce de greffier qu'on nomme *chancelier* ; & la chancellerie eft le dépôt des actes & archives du confulat. *Voyez* CHANCELIER & CHANCELLERIE.

Il nomme auffi des huiffiers & fergens pour l'exécution de fes mandemens , & leur fait prêter ferment.

Il y a diverfes ordonnances du roi qui ont attribué aux *confuls* différens droits fur les marchandifes qui fe négocient par ceux de leur nation.

Voici l'état des confulats de France.

Noms des villes & ports d'Efpagne , de Portugal , d'Italie , du Nord , de Barbarie & des échelles du Levant , dans lefquelles la France entretient des confuls.

En Efpagne.

Madrid.	La Corogne.
Cadix.	Barcelone.
Séville & Sanlucar.	Saint Ander.
Malaga.	Bilbao.
Carthagène.	Oran.
Alicant.	Mayorque.
Valence.	Ifles Canaries.
Gijon.	

En Portugal.

Lifbonne.	Madère.
Porto.	

En Italie.

Nice.	Rôme.
Caillery.	L'état Eccléfiaftique.
Gènes.	Civita Vecchia.
Savone.	Sinigaglia.
Port-Maurice.	Naples & Sicile.
Livourne.	Meffine.
Porto-Ferrayo.	Palerme.
Ancone.	Venife.
Port-fano.	Ifles Vénitiennes.
Pezaro.	Ragufe.

Pays de la domination de l'empereur.

Triefte.	Oftende.

Pays du Nord.

Amfterdam.	Berghen.
Rotterdam.	Chriftianfandt.
Hambourg.	Elfeneur.
Dantzich.	Drontheim.
Stockolm.	Saint-Péterfbourg.

En Barbarie & en Levant.

L'Empire de Maroc.	Bagdat &fes dépendances.
Royaume d'Alger.	Salonique.
Royaume de Tunis.	La Canée.

Royaume de Tripoli de Barbarie,	Candie.
Dardanelles.	Chypre.
Levant.	Tripoly de Syrie.
Smyrne & dans les ifles de l'Archipel.	Lataquie.
Scio.	Alep.
Rhodes.	Stancho.
Morée.	Milo & l'Argentière.
Syrie & Paleftine.	Larta.
Saint-Jean d'Acre.	Athènes.
En Égypte.	Surate.
Roffette.	

Quand la France eft en guerre avec les puiffances des lieux où font établis ces *confuls* , & que le commerce eft interrompu , les *confuls* font obligés de fe retirer en France.

CONTAILLES. Les foies *contailles* font du nombre des bourres de foie , qui font les foies de la plus baffe qualité. On les appelle auffi *ftraffes* & *rondeleites.*

CONTERIE. Efpèce de raffade , ou groffe verrerie , qui fe fait dans les verreries de Venife.

La *conterie* fait une partie de cette légère mercerie , qui fert à traiter avec les Sauvages du Canada & les Nègres de Guinée.

CONTINENCE. (*Terme de jaugeage*). C'eft la quantité de mefures , comme de pots ou de pintes , que l'on trouve par la jauge que contient une futaille jaugée.

CONTINENCE. Mefure de *continence.* Se dit par oppofition à mefure d'étendue. Du nombre des mefures d'étendue font , l'aune , la verge , &c. & parmi les mefures de *continence* font , le boiffeau , le minot , le litron , le muid , demi-muid , la pinte , la chopine.

CONTRAT. En général, fignifie un *confentement* de deux ou de plufieurs perfonnes , qui s'obligent , ou qui promettent de leur bon gré de faire quelque chofe , ou de payer une fomme. Il fe dit auffi de l'inftrument par écrit, qui fert de preuve du confentement prêté , & de l'obligation paffée par les parties.

Il fe fait en France de bien des fortes de *contrats* ; mais comme ce Dictionnaire ne regarde abfolument que le commerce , il ne fera parlé dans cet article que de ceux qui y ont quelque rapport ; fçavoir, du *contrat* de vente, du *contrat* d'accord ou d'attermoyement , du *contrat* de ceffion ou d'abandonnement de biens, du *contrat* ou obligation à la groffe aventure , ou à retour de voyage , du *contrat* ou police d'affurance, & de quelques autres moins connus.

CONTRAT DE VENTE. Eft une convention de donner certaine chofe pour un certain prix : en forte que trois chofes principales doivent concourir à la perfection de ce *contrat* ; 1°. la chofe vendue ; 2°. le prix ; & 3°. le confentement.

La chofe do être certaine : ce qui eft facile , lorfqu'on vend un corps déterminé, tel que peut être un cheval, ou autre chose semblable ; mais lorsqu'il est question d'une quantité de vin, de blé, de fagots, de cotterêts, d'étain, de fer, &c. qui se vendent à la mesure, au compte, ou au poids ; la vente n'est point faite, que la marchandise ne soit mesurée, comptée ou pesée, à cause de l'incertitude, à moins que le vendeur n'ait vendu tout son vin, tous ses fagots, tout son étain en bloc & en tâche, & sans les vendre à la mesure, au compte ou au poids.

Il n'est pas permis de vendre les choses qui sont hors du commerce, telles que peuvent être les choses sacrées : cependant lorsque l'acquéreur est dans la bonne foi, le *contrat* doit subsister, à l'effet de lui attribuer des dommages & intérêts contre le vendeur.

Il y a d'autres choses dont le commerce est absolument défendu en France, comme du sel en quelques provinces ; ou avec les étrangers, de l'or, de l'argent, des pierreries, des munitions de guerre, des armes, des grains, & d'autres semblables marchandises dont la sortie n'est pas permise, & qui sont réputées de contrebande : hors cela, toutes choses peuvent être vendues, même les droits, même l'espérance d'une chose incertaine, comme de la dépouille d'une vigne, de l'exploitation d'une forêt, de l'événement d'une négociation maritime, &c. parce que ce n'est pas la chose incertaine qui est vendue ; mais c'est l'espérance, laquelle est certaine.

Dans la bonne régle, le prix de la vente doit être payé en argent monnoyé, autrement ce seroit un échange, & l'on ne pourroit pas faire la différence du prix d'avec la chose vendue : cependant il est de l'usage en France, que lorsqu'un héritage est échangé contre des choses mobiliaires qui peuvent être aisément estimées, telles que sont le vin, les grains, le bois à brûler & de charpente, le fer, le plomb, l'étain, l'or & l'argent en masse, &c. cela produit le même effet qu'une véritable vente, soit à l'égard des droits seigneuriaux, soit à l'égard du retrait lignager.

Le consentement étant le point le plus important de la vente, il doit être également exempt d'erreur & de violence, c'est-à-dire, à l'égard de l'erreur, que si elle se rencontre dans la substance de la chose achetée, elle rend le *contrat* nul : ce seroit autre chose, si l'erreur se rencontroit que dans les qualités de la chose vendue ; car pour lors elle ne donneroit pas lieu à la résolution du *contrat*, pourvu qu'il n'y eût point de dol personnel de la part de celui qui a vendu. Ainsi lorsque je veux acheter de l'étain, & qu'on me vend du plomb, la vente ne peut subsister, d'autant qu'on m'a trompé dans la substance même de la chose que j'ai eu dessein d'acheter : mais si j'ai cru acheter une horloge juste, & qu'elle ne le soit pas, en ce cas la vente doit subsister, parce que je ne suis trompé que dans les qualités de la chose qui m'a été vendue.

Une vente peut être faite purement & simplement, ou sous condition : si elle est faite purement & simplement, elle est parfaite, & doit avoir son effet, encore qu'il n'y ait point de *contrat* par écrit ; parce que l'écriture, en cette occasion, n'est point de l'essence du *contrat* ; elle ne doit servir que pour en faire la preuve, à moins que les parties n'aient voulu faire un *contrat* par écrit : en ce cas la vente n'est pas faite, que le *contrat* n'ait été signé ; de manière que dès l'instant que les parties sont demeurées d'accord d'avoir vendu & acheté, le *contrat* n'est plus nécessaire à leur égard.

La vente sous condition est suspendue, jusqu'à ce que la condition soit arrivée ; mais aussi elle est accomplie par l'événement de la condition, sans qu'il soit besoin d'un nouveau consentement des parties ; & même l'événement de la condition a un effet rétroactif, c'est-à-dire, que lorsque la condition est arrivée, on présume que la vente a été aussi parfaite, dans le moment du *contrat*, que si elle avoit été pure & simple, & sans condition.

Il faut observer qu'il y a beaucoup de différence entre la vente & la promesse de vendre. La vente chez les Romains obligeoit le vendeur à la tradition : en France elle transfére la propriété, si le vendeur est propriétaire ; mais la promesse de vendre n'oblige qu'à des dommages & intérêts, si on refuse de l'exécuter.

Encore que le vendeur ait stipulé que si le prix n'étoit pas payé dans un certain temps, la vente seroit nulle, il ne laisse pas, après le tems passé, d'avoir action pour se faire payer ; & cette clause s'entend toujours que la vente sera nulle, si bon semble au vendeur, parce que la clause n'a été mise qu'en sa faveur, autrement l'acquéreur seroit le maître de faire subsister, ou de résilier le *contrat* ; ce qui ne doit pas dépendre de la volonté d'un seul des contractans.

Quand le vendeur n'a point fixé de terme pour le payement du prix de la chose vendue, l'acheteur n'en peut avoir la propriété, jusqu'à ce qu'il ait payé le prix.

Lorsque dans le *contrat* de vente il y a des choses obscures, l'interprétation en doit toujours être faite contre le vendeur, qui se doit imputer la faute de ne s'être pas expliqué plus clairement.

La vente est un *contrat*, où la bonne foi est si nécessaire, que si le vendeur avoit caché à l'acheteur les défectuosités de la chose vendue, qui, suivant les apparences, l'auroient détourné de l'acheter, il est tenu des dommages & intérêts.

Le vendeur a son action personnelle contre l'acheteur, pour l'obliger à payer la chose vendue : mais il y a une distinction à faire entre les meubles & les immeubles ; car pour ce qui est des meubles, l'intérêt du prix n'en est dû que du jour de la demande qui en est faite en justice ; & pour ce qui regarde les immeubles, l'intérêt du prix en est dû, ou du jour de la livraison de la chose vendue, ou du jour qu'elle a été offerte.

Quand il est question d'immeubles, l'acquéreur n'est point censé avoir payé le prix, à moins qu'il ne ne rapporte les quittances ; au contraire en matière de meubles, on présume que le paiement a été fait dans le temps que la délivrance en a été faite, à moins que le vendeur n'ait des preuves contraires.

Ce qui reçoit cependant une exception à l'égard des marchands en gros & en détail, des boulangers, pâtissiers, apothicaires, dont les uns sont en droit de demander le paiement des marchandises, qu'ils ont vendues & fournies dans les six mois, à compter du jour de la livraison qu'ils en ont faite ; & les autres dans l'an, encore qu'il n'y ait ni parties arrêtées, ni promesses par écrit.

Le vendeur d'un immeuble, a un privilége spécial sur la chose vendue. Il n'en est pas de même des meubles ; car comme ils n'ont point de suite par hypothéque, le vendeur n'a son privilége sur la chose vendue, que quand elle est actuellement dans les mains de son débiteur ; mais dès l'instant qu'elle est passée en main-tierce, il n'y peut avoir aucun droit, à moins qu'il ne l'ait vendue sans jour & sans terme, dans l'espérance d'en être payé incessamment ; en ce cas il la peut suivre & revendiquer en quelqu'endroit qu'elle ait été transportée, afin d'être payé du prix de la vente.

Il y a des choses si privilégiées, comme le vin, le bled, & autres marchandises destinées pour la vie, qu'il y a des coutumes en France, qui donnent la permission de contraindre par corps, pour le paiement du prix, après une simple ordonnance du juge.

Lorsque la vente est entièrement parfaite, le vendeur doit être déchargé du péril de la chose, encore qu'elle soit actuellement en ses mains, d'autant que l'acheteur semble être en demeure de prendre la chose en payant le prix sitôt que la vente est parfaite ; mais s'il y a quelque chose de manque, par exemple, si la vente est faite sous une condition qui n'est pas encore arrivée ; si la marchandise qui a été vendue à la mesure, ou au poids, n'est encore ni mesurée, ni pesée, même à l'égard du vin, s'il n'est pas marqué & rempli, le danger doit tomber sur le vendeur, encore qu'il n'y ait pas eu de sa faute ; car, s'il y en avoit, quelle petite qu'elle fût, il en seroit tenu même après la perfection de la vente.

L'acquéreur en fait de meubles, n'a qu'une action personnelle contre son vendeur, pour l'obliger à lui livrer la chose vendue ; un simple contrat ne donnant pas la propriété à l'acheteur, s'il n'est suivi d'une tradition réelle : d'où il s'ensuit que si après avoir vendu mon cheval à un tel, sans le lui avoir livré, je vends & livre le même cheval à un tiers, c'est ce tiers qui en est le véritable propriétaire, & le premier n'a contre moi tout au plus qu'une action en dommages & intérêts, faute par moi de ne lui pouvoir faire la délivrance du cheval que je lui ai vendu. Il en doit être de même de toutes les autres ventes qui ont du rapport à celle-là.

Le vice de la chose vendue, qui n'est pas apparent, & qui ne peut être connu de l'acheteur, est

une cause légitime, pour pouvoir annuller certaines espèces de ventes, comme des chevaux, qui doivent être garantis par le vendeur de la courbature, pousse & morve.

CONTRAT D'ACCORD ou D'ATERMOYEMENT. Est un acte volontaire, qui se fait entre un débiteur & ses créanciers, par lequel ils lui font volontairement une remise d'une partie de leur dû, & lui donnent du terme pour acquitter le reste, ou d'une autre manière & sans aucune remise, lorsqu'ils lui donnent seulement du terme pour payer.

Ceux qui ont fait contrat d'atermoyement avec leurs créanciers, ne peuvent plus être reçus au bénéfice de cession. Arrêt du 11 février 1611.

Ils ne peuvent non plus être reçus agens de change, ou de banque, ou courtiers de marchandises. Ordonnance du mois de mars 1673, titre 2, article 3.

La même ordonnance, art. 8 du tit. 11, veut que les créanciers qui ont privilége sur les meubles, & ceux qui ont hypothéque sur les immeubles, ne soient point tenus d'entrer dans aucune composition, remise ou atermoyement, à cause des sommes pour lesquelles ils ont privilége ou hypothéque.

Les étrangers ne peuvent pas jouir du bénéfice de remise & d'atermoyement. Papon en son Recueil, liv. 9, tit. 30, art. 15.

Les contrats d'accord ou d'atermoyement doivent être homologués au châtelet, & non en la jurisdiction consulaire. Ainsi jugé par arrêt de la cour du parlement de Paris, du 27 mars 1702.

CONTRAT DE CESSION, ou D'ABANDONNEMENT DE BIENS. C'est lorsqu'un négociant se trouvant absolument hors d'état de pouvoir payer, il cede & abandonne tous ses biens & effets à ses créanciers.

CONTRAT ou OBLIGATION À LA GROSSE AVANTURE, ou À RETOUR DE VOYAGE. Est une espèce de société ou de convention qui se fait entre deux personnes, dont l'une envoie par mer des marchandises ou autres effets, & l'autre lui fournit une somme d'argent, sous condition de la retirer avec un certain profit, au cas que le voyage soit heureux, & de la perdre si les marchandises ou effets viennent à périr.

On nomme preneur, celui qui envoie les marchandises ; & donneur & bailleur, celui qui fournit les deniers.

Ces sortes de contrats peuvent être faits sous signature privée, ou par-devant Notaires, ou par le commis du greffe de la chambre des assurances, dans les lieux où il y en a d'établis ; & dans les pays étrangers où il y a des consuls de la nation Françoise, ils peuvent être faits en la chancellerie du consulat, en présence de deux témoins.

On peut donner de l'argent à la grosse avanture sur les corps & quille du vaisseau, ses agrès, apparaux, armement, & victuailles, conjointement ou séparément, & sur le tout ou partie de son chargement, pour un voyage entier, ou pour un temps limité,

Il n'eſt pas permis de prendre des deniers à la groſſe ſur les corps & quille du navire, ou ſur les marchandiſes de ſon chargement, au-delà de leur valeur, non plus que ſur le fret à faire pour le vaiſſeau, & ſur le profit eſpéré des marchandiſes, même ſur le loyer des matelots, ſi ce n'eſt en préſence & du conſentement du maître, & au-deſſous de la moitié du loyer.

Lorſqu'il y a un *contrat* à la groſſe & une police ou *contrat d'aſſurance* ſur un même chargement; le donneur à la groſſe eſt préféré aux aſſureurs, ſur les effets ſauvés du naufrage, pour ſon capital ſeulement.

Les *contrats à la groſſe* demeurent nuls, lorſqu'il arrive la perte entière des effets, ſur leſquels il a été prêté, pourvu que la perte ſoit arrivée par cas fortuit, dans le temps & dans les lieux des riſques.

Tout ce qui arrive par le vice propre de la choſe, ou par le fait des propriétaires, maîtres ou marchands chargeurs, n'eſt point réputé cas fortuit; s'il n'eſt autrement convenu par le *contrat*.

Ordonnance de la marine, du mois d'août 1681, tit: 5 du liv. 3.

CONTRAT ou POLICE D'ASSURANCE. Eſt une convention, par laquelle une perſonne que l'on nomme *aſſureur* ſe charge des périls d'une négociation maritime, en s'engageant aux dommages & pertes qui peuvent arriver ſur mer à un navire, ou aux marchandiſes dont il eſt chargé, ſoit par naufrages, tempêtes, échouemens, &c. pendant le voyage qu'il doit faire; & cela moyennant une certaine ſomme que l'on paye comptant, laquelle ſe nomme *prime*, ou *coût d'aſſurance*. *Voyez* POLICE.

CONTRACT MOHATRA. Les caſuiſtes donnent ce nom *au gain illicite* que font les marchands, en vendant leurs marchandiſes à plus haut prix qu'elles ne valent, & en les faiſant enſuite racheter pour leur compte, par des perſonnes interpoſées, à plus bas prix qu'ils ne les ont vendues: l'uſure n'eſt pas moins grande, quand un marchand ayant vendu ſes marchandiſes, bien que leur juſte prix, les reprend auſſi-tôt à perte pour l'acheteur.

CONTRACTANT, CONTRACTANTE. Celui, ou celle qui contracte, qui paſſe & qui ſigne un contrat, ou qui s'engage à ſon exécution.

CONTRACTATION. Tribunal établi en Eſpagne pour les affaires & le commerce des Indes Occidentales.

Ce conſeil eſt compoſé d'un préſident, de deux aſſeſſeurs, d'un fiſcal, de deux écrivains, & d'un officier chargé des comptes. Juſqu'à l'année 1717, il étoit toujours reſté à Séville, où s'étoit fait ſon premier établiſſement; mais pour plus d'expédition dans les affaires de négoce, il fut transféré à Cadix au commencement de cette année; l'on y transféra en même temps la juriſdiction conſulaire, dont le conſeil fut réduit à trois perſonnes.

CONTRACTER. Faire un contrat, une paction, une convention. Les religieux, les mineurs; les furieux, les interdits, les femmes en puiſſance de mari, & non autoriſées par eux, ſont incapables en France de *contracter*.

CONTRADICTEUR. Celui qui a droit, ou qui a une qualité de contredire. Il ſe prend quelquefois pour celui qui eſt chargé de l'examen d'un compte. Un compte ne peut ſe rendre qu'avec un légitime *contradicteur*. On dit plus ordinairement *oyant-compte*.

CONTRAINTE. On nomme ainſi *une ſentence ou autre titre*, en vertu deſquels on peut contraindre quelqu'un. Une ſentence des conſuls, qui condamne à payer par corps une certaine ſomme, s'appelle aſſez ſouvent *une contrainte par corps*. On dit, *décerner des contraintes*.

CONTRAVENTION. Action par laquelle on contrevient aux ordonnances du prince, & qu'on n'y ſatisfait pas.

Il ſe dit particulièrement en fait de commerce des marchands, voituriers & particuliers, qui veulent frauder les droits d'entrée & de ſortie, & autres telles impoſitions réglées par les édits, déclarations, ordonnances, ou arrêts du conſeil.

La confiſcation des marchandiſes & équipages; les amendes pécuniaires; & quelquefois la priſon, le fouet, les galères, même de plus grandes peines afflictives, ſont les punitions de ces ſortes de *contraventions*, auxquelles un honnête homme & un ſage négociant ne doivent jamais s'expoſer.

CONTRA-YERVA. Racine qui eſt apportée de la nouvelle Eſpagne, & qui eſt un alexitère, ou contre-poiſon ſouverain; il en vient auſſi du Pérou, où elle ſe trouve abondamment dans la province de Charcis, où l'on prétend qu'elle a pris ſon nom du mot d'*Yerva*, qui ſignifie en Eſpagnol *ellebore blanc*, plante dont le ſuc eſt un violent poiſon, & duquel les Péruviens empoiſonnent leurs flèches. Ainſi *contra-yerva* veut dire *contre-poiſon*.

« La racine de *contra-yerva* paye en France les » droits d'entrée à raiſon de 5 liv. le cent peſant, » avec les ſols pour liv.

CONTREBANDE. Marchandiſe qui s'achete, ou qui ſe vend, qui entre, ou qui ſort dans un état, au préjudice, & contre les ordonnances & les défenſes publiées de la part du prince.

Les marchandiſes de *contrebande* ne ſont pas ſeulement ſujettes à confiſcation; mais elles emportent auſſi celle de toutes les autres marchandiſes, dont le commerce eſt permis, qui ſe trouvent avec elles dans les mêmes caiſſes, balles & ballots; comme auſſi des chevaux, mulets, charettes & équipages des voituriers qui les conduiſent.

Souvent, à la confiſcation, ſont jointes des amendes pécuniaires, & des peines afflictives; comme le fouet, le banniſſement & les galères.

Il y a même des *contrebandes*, qui ſont défendues ſous peine de la vie.

Pour l'inſtruction & la commodité du lecteur, qui ſe mêle du commerce; on va donner ici deux états des métaux, marchandiſes, denrées, grains

légumes, armes, &c. autres chofes qui font déclarées en France, de *contrebande*; dont l'un contiendra les *contrebandes* d'entrée, & l'autre les
contrebandes de fortie.

*Marchandifes dont l'entrée eft défendue dans toute
l'étendue du royaume, terres & pays de l'obéiffance du roi, à peine de confifcation.*

Les étoffes de fil teint, ou peint, appellées *droguets de fil*, par arrêt du 22 novembre 1689.

Les glaces de miroirs, de toutes fortes, conformément à l'ordonnance de 1687, titre VIII,
article VII.

Les points de Venife, fuivant la même ordonnance, même titre, & même article.

Les fels étrangers, & certaines huiles de poiffon.

*Marchandifes dont la fortie eft défendue par toute
l'étendue du royaume, terres & pays de l'obéiffance du roi, à peine de confifcation.*

Les armes, munitions, inftrumens, & autres
affortimens de guerre; conformément à l'ordonnance
de 1697, titre VIII, article III, & fuivant tous les
traités de paix.

L'or & l'argent en barres, en-lingots, ou en
vaiffelle, monnoyé & non monnoyé; fuivant l'ordonnance de 1687, titre VIII, article III.

Les pierreries fines de toutes fortes, perles &
joyaux; par la même ordonnance, même titre, &
même article.

Les chevaux de toutes fortes; encore fuivant la
même ordonnance, mêmes titre & article.

Le chanvre, le lin, les laines, les grains & les
légumes du cru du royaume; conformément à la
même ordonnance, titre VIII, article VI.

Les chardons à drapiers; fuivant l'arrêt du 1 mars
1689.

Enfin, le fil, foit de lin, foit de chanvre, foit
d'étoupes.

Les rapés de raifins, pour faire du vinaigre, &
les vieux linges, drilles, & pâtes, propres à faire
du papier; auffi conformément à divers arrêts, dont
les dates ne font pas rapportées dans les tarifs.

Il faut remarquer que, lorfqu'on obtient des permiffions, ou paffeports, pour l'entrée ou la fortie
des marchandifes déclarées de *contrebande*; les marchands & voituriers doivent en acquitter les droits,
conformément aux tarifs des bureaux & des douanes du royaume, par lefquels ils entrent ou ils
fortent, ou fuivant les arrêts qui ont depuis augmenté ces droits.

CONTREBRODÉ. Efpèce de *raffade blanche*
& *noire*, dont les Européens fe fervent dans les
échanges qu'ils font avec les Nègres des côtes d'A-
frique, foit pour des efclaves, foit pour des marchandifes du cru du pays, comme l'or, la cire,
l'yvoire, &c. *Voyez* RASSADE.

CONTRE-ÉCHANGE. Ce qu'on donne en
efpèce, & non pas en argent, pour avoir une chofe.

CONTRE-LETTRE. Écrit fecret, acte particulier, foit pardevant notaires, foit fous feing privé,
qui détruit, annulle, échange ou altère un acte
public, & plus folemnel. Les *contre-lettres* font
plutôt tolérées que permifes, elles font même défendues en certains cas; & la bonne-foi du commerce
ne les y fouffre point, ou du moins rarement.

CONTRE-MAISTRE. On appelle *contre-
maître*, dans les manufactures confidérables de draperies, celui qui eft prépofé par l'entrepreneur,
pour avoir la vue fur tous les ouvriers; comme
cardeurs, trouffeurs, fileurs, tondeurs, accatif-
feurs, preffeurs, éplaigneurs, laineurs, trameurs,
foulons, foulonniers, tiffeurs, tifferands, pei-
gneurs, &c.

C'eft lui qui leur diftribue les matières & l'ouvrage; qui veille pour que chacun, fuivant fa profeffion, s'acquitte de fon devoir; qui tient les rôle
des ouvriers; qui les paie, ou les fait payer toutes
les femaines; enfin, qui eft chargé de tout le foin
& de tout le détail de la manufacture, & qui en
rend compte à l'entrepreneur.

CONTRE-MAITRE. (*Terme de marine*). C'eft
l'officier qui eft immédiatement au-deffous du maître d'équipage. Il a foin de vifiter le vaiffeau, de
le faire agréer, & d'examiner s'il eft garni de tous
les apparaux néceffaires pour le voyage. Il commande en l'abfence du maître.

CONTRE-MARQUE. Seconde marque que l'on
met à quelque chofe. Les ouvrages d'orfèvrerie
doivent avoir la marque, ou poinçon du maître
qui les fabrique; & pour *contre-marque* le poinçon de la ville où ils font faits, ou bien de la
communauté, fuivant les ufages des lieux. Les troifiémes & quatrièmes poinçons fe nomment auffi
contre-marque, & quelquefois feulement *marque*.
Ainfi l'on dit indifféremment, la *contre-marque*,
ou la *marque* des commis, pour le droit qui appartient au roi, de la marque de l'or & de l'argent.

CONTRE-MARQUE. Signifie auffi *les différentes
marques* qui fe mettent fur un ballot de marchandifes appartenantes à divers marchands, afin qu'il
ne foit point ouvert qu'en leur préfence, ou de
leurs garçons & commiffionnaires.

CONTRE-MARQUE. Se dit encore des *marques* ou
poinçons, que les effayeurs & affineurs mettent fur
l'or, l'argent & l'étain, pour témoigner qu'ils font
au titre, ou de la qualité requife par les ordonnances & réglemens.

CONTRE-PARTIE. Se dit, *en terme de ban-
que*, du regiftre que tient le contrôleur, fur lequel
il couche & enregiftre les *parties*, dont le teneur
de livres charge le fien.

CONTRE-PASSATION D'ORDRE, *en terme
mercantil*. Veut dire la même chofe que rétrocef-
fion, en terme de pratique.

LA CONTRE-PASSATION D'ORDRE fe fait, lorf-
qu'un ordre a été paffé au dos d'une lettre de change,
par une perfonne, au profit d'une autre, & que
cette autre redonne la même lettre de change en
paiement à celle qui la lui avoit déja donnée, &

Yyyy ij

qu'elle paffe fon ordre en fa faveur, de même que s'il le paffoit au profit d'une troifiéme perfonne, qui lui paieroit comptant le contenu en la lettre de change.

CONTRE-POINTE. C'eft la véritable manière de nommer ces efpèces de couvertures doubles & piquées, qui couvrent le deffus des lits; mais l'ufage l'emporte préfentement pour *courte-pointe.*

« A la douane de Lyon, où le tarif a confervé » l'ancien nom de *contre-pointe,* les *contre-pointes* » ou *Iodien* venant de Bourgogne, paient 12 fols » la douzaine d'ancienne taxation, & 3 fols pour » la nouvelle réapréciation ».

CONTRE-PORTER. Vendre des marchandifes, ou ouvrages en cachetté; les porter dans les rues, ou dans les maifons des particuliers. Il n'eft pas permis aux maîtres même, de quelque métier que ce foit, de *contre-porter* les ouvrages chez le bourgeois, à moins que ce ne foit des ouvrages de commande, ou que le bourgeois n'ait envoyé querir l'ouvrier. *Voyez* COLPORTER.

CONTRE-PORTEUR. Dans la plupart des anciens ftatuts & réglemens des communautés des arts & métiers, on nomme *contre-porteur* celui qu'on appelle préfentement colporteur, c'eft-à-dire, ces petits marchands qui portent par les rues & dans les maifons, leurs marchandifes & leur denrée, dans des mannes & des paniers, ou fur des inventaires pendus à leur col. Il eft défendu au *contre-porteur* de vendre par la ville, des ouvrages & marchandifes qui font réfervées aux maîtres des corps de métiers érigés en jurande, fous peine de confifcation & d'amende.

CONTREPOSER. *Terme de teneur de livres en parties doubles,* qui fignifie *mal-porter,* ou *mal-pofer* un article dans le grand livre, foit au débit, foit au crédit de quelque compte. On fe fert quelquefois des mots *retorner & extorner,* qui veulent dire la même chofe que *contrepofer.*

CONTREPOSITION. Avoir fait une *contrepofition.* C'eft avoir porté mal-à-propos dans un compte du grand livre un article pour un autre, foit en débit, foit en crédit. On fe fert auffi des termes *extorne & retorne,* au lieu de *contrepofition.*

CONTRE-PROMESSE. Ecrit fecret qui annulle une promeffe. Déclaration par laquelle celui au profit duquel la promeffe a été paffée, déclare qu'elle n'eft pas réelle, mais fimulée, & qu'il ne veut pas s'en fervir, comme n'ayant été faite que pour lui faire plaifir: c'eft la même chofe que contre-lettre. Ces fortes d'écrits ne font que trop communs dans le commerce, quoiqu'on ne puiffe diffimuler que la bonne-foi publique y eft prefque toujours bleffée.

CONTRIBUTION. Paiement que chacun fait de la part qu'il doit porter d'une dépenfe commune, ou d'une taxe.

Il y a des *contributions* volontaires, & des *contributions* involontaires.

Les volontaires font celles qui fe font de gré à gré, fans y être forcé; comme lorfqu'il s'agit du bien d'une fociété, ou de foutenir quelque affaire de négoce commune à plufieurs. L'on eft obligé de faire des fonds nouveaux, dont chacun doit fournir fa part au prorata de l'intérêt qu'il a dans la chofe.

Les *contributions* involontaires font celles qui fe font par contrainte, pour fatisfaire aux ordres du prince; comme quand il eft queftion à tout un corps de marchands, de payer une fomme à laquelle il a été taxé: les maîtres & gardes de ce corps en font le régalement fur tous les marchands qui le compofent, afin que chacun en puiffe porter fa part: ce qui fe fait ordinairement à proportion des facultés perfonnelles d'un chacun.

CONTRIBUTION AU SOL LA LIVRE, OU AU MARC LA LIVRE. C'eft un partage qui fe fait entre plufieurs créanciers, des effets mobiliaires d'une perfonne qui a fait faillite, ou banqueroute, lorfque ces effets ne fuffifent pas pour acquitter tout ce qu'elle doit; en forte que chaque créancier doit perdre à proportion de fon dû, par rapport au manque de fonds. C'eft ce que la Coutume de Paris, articles 179 & 180, appelle *le cas de déconfiture,* dont voici les termes.

« En cas de *déconfiture,* chacun créancier vient » à *contribution au fol la livre,* fur les biens » meubles du débiteur, & il n'y a point de préfé-» rence, ou prérogatives, pour quelque caufe que » ce foit, encore qu'aucun des créanciers eût fait » première faifie ».

« Le cas de la *déconfiture* eft quand les biens du » débiteur, tant meubles qu'immeubles, ne fuffifent » pas aux créanciers apparens; & fi pour empê-» cher la *contribution,* fe meut différend entre les » créanciers apparens fur la fuffifance, ou infuffi-» fance defdits biens; les premiers en diligence, » qui prennent les deniers des meubles par eux ar-» rêtés, doivent bailler caution de les rapporter, » pour être mis en *contribution,* au cas que lef-» dits biens ne fuffifent ».

Suivant les articles 95, 181 & 182 de la même coutume, les deniers provenans du prix de la vente & adjudication par décret d'un office vénal, font réputés meubles, & comme tels, fujets à *contribution au fol la livre,* entre tous les créanciers oppofans.

La *contribution* n'a point de lieu fur les effets mobiliaires donnés en nantiffement par un débiteur, à fon créancier, avant la faillite ou banqueroute ouverte.

Il en eft de même en matière de dépôt, lorfque la chofe mobiliaire dépofée fe trouve en nature.

Il y a une jurifprudence établie au palais, qui veut qu'en matière hypothécaire, la *contribution* n'ait lieu que lorfqu'il y a une concurrence de privilége. *Ainfi rapporté par M. Lange dans fon Praticien François, au titre des actions hypothécaires.*

Les *contributions au fol la livre* fe réglent, ou à l'amiable entre les créanciers & le débiteur, par un état particulier; ou en juftice, par un acte en forme, que l'on nomme *procès-verbal de contribution*.

La *contribution*, soit volontaire soit involontaire, se fait par une régle de trois, en posant pour premier terme la somme totale dûe à tous les créanciers; pour le second terme, la somme entière provenant de la vente des meubles, qui doit être partagée entr'eux; & pour le troisiéme, une livre de vingt sols.

En faisant l'opération de cette régle suivant l'usage ordinaire, il viendra au quatriéme terme, ce que doit avoir chaque livre de la somme du premier terme; ensorte que si une livre de cette somme ne doit avoir que quatre sols, un créancier, auquel il sera dû quatre cent livres, n'aura pour sa part de la *contribution*, que quatre-vingt livres; & par conséquent, il y aura à perdre pour lui les quatre cinquiémes de sa dette, qui montent à trois cent vingt livres, & ainsi des autres créanciers à proportion de leur dû. *Voyez* RÉGLE DE TROIS, *ou* RÉGLE DE COMPAGNIE.

CONTRIBUTION, ou RÉTRIBUTION, en fait de commerce de mer, se dit de la répartition qui se fait sur le corps d'un vaisseau, sa cargaison & son fret, du prix & valeur des choses jettées à la mer dans un péril pressant, pour éviter le naufrage du bâtiment, ou sa prise. Ces sortes de *contributions* se font au marc ou sol la livre, ou livre à livre, comme disent la plûpart des marins.

Dans l'ordonnance de la marine, du mois d'août 1681, il y a un titre particulier du jet, & de la *contribution*; c'est le huitiéme du livre 3, dont les articles qui le composent ont été trouvés si instructifs pour les marchands, négocians & autres qui font le commerce de la mer, qu'on a jugé à propos de les rapporter ici tout au long.

1°. Si par tempête, ou par chasse d'ennemis, ou de pirates, le maître se croit obligé de jetter en mer partie de son chargement, de couper, ou forcer ses mâts, ou d'abandonner ses ancres; il en prendra l'avis des marchands & des principaux de l'équipage.

2°. S'il y a diversité d'avis, celui du maître & de l'équipage sera suivi.

3°. Les ustensiles du vaisseau, & autres choses les moins nécessaires, les plus pesantes & de moindre prix, seront jettées les premieres, & ensuite les marchandises du premier pont: le tout néanmoins au choix du capitaine, & par l'avis de l'équipage.

4°. L'écrivain, ou celui qui en fera la fonction, écrira sur son registre, le plûtôt qu'il lui sera possible, la délibération; la fera signer à ceux qui auront opiné, sinon, fera mention de la raison pour laquelle ils n'auront pas signé, & tiendra mémoire, autant que faire se pourra, des choses jettées & endommagées.

5°. Au premier port où le navire abordera, le maître déclarera pardevant le juge de l'amirauté, s'il y en a, sinon devant le juge ordinaire, la cause pour laquelle il aura fait le jet, coupé, ou forcé ses mats, ou abandonné ses ancres; & si c'est

en pays étranger qu'il aborde, il fera sa déclaration devant le consul de la nation Françoise.

6°. L'état des pertes & dommages sera fait à la diligence du maître dans le lieu de la décharge du bâtiment; & les marchandises jettées & sauvées, seront estimées suivant le prix courant dans le même lieu.

7°. La répartition pour le paiement des pertes & dommages, sera faite sur les effets sauvés & jettés; & sur moitié du navire & du fret, au marc la livre de leur valeur.

8°. Pour juger de la qualité des effets jettés à la mer, les connoissemens seront représentés, même les factures, s'il y en a.

9°. Si la qualité de quelques marchandises a été déguisée par les connoissemens, & qu'elles se trouvent de plus grande valeur qu'elles ne paroissoient par la déclaration du marchand chargeur, elles contribueront, en cas qu'elles soient sauvées, sur le pied de leur véritable valeur; & si elles sont perdues, elles ne seront payées que sur le pied du connoissement.

10°. Si au contraire, les marchandises se trouvent d'une qualité moins précieuse, & qu'elles soient sauvées, elles contribueront sur le pied de la déclaration; & si elles sont jettées, ou endommagées, elles ne seront paiées que sur le pied de leur valeur.

11°. Les munitions de guerre & de bouche, ni les loyers & hardes des matelots, ne contribueront point au jet; & néanmoins ce qui en sera jetté, sera payé par *contribution* sur tous les autres effets.

12°. Les effets dont il n'y aura pas de connoissement, ne seront point payés, s'ils sont jettés: s'ils sont sauvés, ils ne laisseront pas de contribuer.

13°. Ne pourra aussi être demandé *contribution* pour le paiement des effets qui étoient sur le tillac, s'ils sont jettés ou endommagés par le jet, sauf au propriétaire son recours contre le maître; & ils contribueront néanmoins, s'ils sont sauvés.

14°. Ne sera fait non plus aucune *contribution*, pour raison du dommage arrivé au bâtiment, s'il n'a été fait exprès pour faciliter le jet.

15°. Si le jet ne sauve le navire, il n'y aura lieu à aucune *contribution*, & les marchandises qui pourront être sauvées du naufrage, ne seront point tenues du paiement, ni dédommagement de celles qui auront été jettées, ou endommagées.

16°. Mais si le navire ayant été sauvé par le jet, & continuant sa route, vient à se perdre, les effets sauvés du naufrage contribueront au jet sur le pied de leur valeur, en l'état qu'ils se trouveront, déduction faite des frais de sauvement.

17°. Les effets jettés ne contribueront en aucun cas au paiement des dommages arrivés depuis le jet aux marchandises sauvées, ni les marchandises au paiement du vaisseau perdu ou brisé.

18°. Si toutefois le vaisseau a été ouvert par délibération des principaux de l'équipage, & des marchands, si aucun y a, pour en tirer les mar-

chandifes, elles contribueront en ce cas à la réparation du dommage fait au bâtiment, pour les en
ôter.

19°. En cas de perte des marchandifes mifes dans
des barques, pour alléger le vaiffeau entrant en quelque port, ou rivière, la répartition s'en fera fur le
navire & fon chargement entier.

20°. Mais fi le vaiffeau périt avec le refte de fon
chargement, il n'en fera fait aucune répartition fur
les marchandifes mifes dans les alléges, quoiqu'elles
arrivent à bon port.

21°. Si aucuns des contribuables refufent de payer
leurs parts, le maître pourra, pour fûreté de la
contribution, retenir, même faire vendre par autorité de juftice, des marchandifes jufqu'à concurrence de leur portion.

22°. Si les effets jettés font recouvrés par les propriétaires, depuis la répartition, ils feront tenus
de rapporter au maître, & aux autres intéreffés, ce
qu'ils auront reçu dans la *contribution*, déduction
faite du dommage qui leur aura été caufé par le
jet, & des frais du recouvrement.

CONTUMAT. *Voyez* COUTUMAT.

CONVENIR. Demeurer d'accord d'une chofe.
Ces marchands viennent de *convenir* d'arbitres,
pour régler leurs conteftations. Je fuis *convenu* avec
un tel du prix de fes laines.

CONVENIR. Signifie auffi *traiter*, *contracter*.
Nous fommes *convenus* enfemble des principaux
articles de notre fociété.

CONVENTION. Traité, contrat, accord. J'ai
fait une telle *convention* avec ce marchand forain,
je dois prendre fes marchandifes fur un tel pied :
cette *convention* me fera avantageufe, j'y gagnerai
vingt pour cent.

CONVOI. *Terme de commerce de mer*, qui fe
dit des vaiffeaux de guerre, qui conduifent, ou qui
efcortent les flottes marchandes.

On appelle *lettres de convoi*, un billet ou écrit,
que le commandant de l'efcorte donne à chaque
capitaine, ou maître des vaiffeaux marchands, par
lequel on leur permet de fe mettre fous la protection
du *convoi*.

CONVOI. On nomme de la forte à Bordeaux, *un
des trois grands bureaux des fermes du roi*, qui
compofent le bureau général. C'eft dans ce bureau
que fe reçoivent les droits d'entrée & de fortie des
marchandifes qui y entrent & qui en fortent par mer
& qui font fujettes au *convoi*.

COPAL. Efpèce de *gomme*, d'une odeur agréable, & affez approchante de celle de l'encens, qui
vient de la nouvelle Efpagne. Les Indiens s'en fervoient pour brûler fur les autels de leurs Dieux.

Il faut préférer la plus blanche à celle qui eft rougeâtre, noire, ou terreufe.

COPALXOCOTL. Efpèce de *copal*, qui croît
dans la nouvelle Efpagne. Les Indiens l'appellent
auffi *pompoqua*; & les Efpagnols, *cerife gommeufe*.

COPARTAGEANT. Qui partage quelque chofe

avec un autre. Ils ne font que trois *copartageans*
dans la riche cargaifon de ce vaiffeau, qui arrive
des Indes. Ce terme eft peu d'ufage; on fe fert plus
ordinairement de celui d'intéreffé.

COPAU. On appelle *baume de copaü*, une
forte d'huile qui eft excellente pour la guérifon des
plaies, qui coule d'un arbre qui croît en quelques
endroits de l'Amérique.

La différence qu'il y a entre ce baume & celui
du Pérou; eft que ce dernier fe féche & fe durcit
à la fin, au lieu que l'huile de *copaü* ne fait que
s'épaiffir & devenir d'une couleur plus foncée, fans
fe durcir ni fe fécher.

Cette huile eft excellente pour fermer promptement toutes fortes de plaies faites avec le fer, le
bâton, les chûtes, & autres accidens, mais non pas
pour les coups de feu.

COPAYBA. Nom d'une plante, qui croît, à ce
que quelques-uns prétendent, fur les bords de la
rivière des Amazones, & qui produit un baume fi
excellent, qu'il furpaffe de beaucoup le baume du
Levant & celui du Pérou.

COPEAU. Menu bois qu'on enlève de deffus
quelque pièce de menuiferie, qu'on ébauche avec la
varlope, ou qu'on dreffe avec le rabot.

RAPÉ DE COPEAU. C'eft un tonneau rempli de
copeaux, fur lefquels les cabaretiers jettent du vin,
pour l'éclaircir promptement.

VIN DE COPEAU. C'eft du vin qui a paffé fur un
rapé de *copeau*.

COPEC, qu'on nomme auffi COPIQUE, &
KOPEKÉ. Monnoie qui fe fabrique, & qui a cours
en Mofcovie. *Voyez* LA TABLE DES MONNOIES.

COPIE. On appelle, *en termes de commerce*,
livre de copies de lettres, le regiftre fur lequel
les marchands font tranfcrire les lettres qu'ils reçoivent de leurs commiffionnaires & correfpondans.
Ce livre eft de ceux qu'il eft le plus néceffaire
de tenir dans un gros négoce.

COPOU. Efpèce de toile qui fe fabrique à la
Chine, & qui eft une forte de toile d'orties.

L'herbe dont on la fait, s'appelle *co*, & ne fe
trouve guères que dans la province de Fokien.
C'eft un arbriffeau rampant, ou, fi l'on veut, une
efpèce de lière; mais avec des feuilles rondes,
molles, vertes par dedans, blanchâtres & cotonnées
par dehors, beaucoup plus grandes que celles de
notre lière d'Europe.

Le petit bâton qui en fait le corps, & qui eft
cotonné comme les feuilles, produit le chanvre,
dont font tiffus les *copoux*.

Après qu'on l'a fait pourrir ou rouir dans l'eau,
on en lève la première peau, qui n'eft bonne à rien;
la feconde, qui eft très-fine, eft celle qui fert, en la
divifant feulement à la main en de très-petits filets,
fans la battre ni la filer.

La toile qu'on en fait, eft tranfparente, & affez
fine; mais fi fraîche & fi legère, qu'il femble qu'on

ne porte rien. On s'en sert dans les grandes chaleurs avec des surtous de cha.

COQUE DE LEVANT, que les apothiquaires appellent vulgairement *cuculi de levante* ; sans doute pour déguiser leur drogue, & lui donner du relief par ce jargon de la langue franque.

C'est une espèce de fruit de la grosseur d'un grain de chapelet, demi-rouge, & de la figure d'un petit rognon.

Ce fruit, qui tient fortement à la branche de l'arbre qui le produit, par une petite queue qui est aussi rouge, a au milieu un petit noyau, qui est ce qu'on appelle la *coque*, fort sujet à se vermoudre ; ce qui rend les *coques* légères, & de moindre qualité : aussi les faut-il choisir les plus pesantes qu'il se peut. Leurs autres bonnes qualités sont d'être nouvelles, grosses, & hautes en couleur.

« Les *coques de Levant* payoient les droits d'entrée en France, conformément au tarif de 1694, à raison de 50 s. le cent pesant ; & ceux de la douane de Lyon, pour les anciennes & nouvelles taxations, sur le pied de 4 l. 9 s. 3 d. le quintal ; mais par l'arrêt du 15 août 1685, elles ont été mises du nombre des marchandises venant du Levant, Barbarie, & autres terres & pays du grand-seigneur & du roi de Perse, sur lesquelles il est ordonné être levé vingt pour cent de leur valeur, avec les nouveaux sols pour livre. »

La *coque de Levant* sert à faire mourir la vermine : elle a aussi la vertu (mêlée à un appât, dont la composition est facile) d'enyvrer le poisson tout dans des eaux dormantes : mais les ordonnances des eaux & forêts le défendent sous des peines sévères, & qui véritablement ne le sçauroient être trop, pour punir, ou pour prévenir un crime qui est un véritable larcin, & qui fait encore plus de préjudice à ceux à qui appartient le poisson, que de profit au voleur ; la plupart du poisson mourant caché dans les joncs & les roseaux, dont les eaux dormantes sont toujours remplies.

COQUE DE NOIX ou BRU DE NOIX. C'est un des ingrédiens propres à la teinture.

COQUES. Œufs de poissons de mer, que l'on emploie, pour amorcer les filets, avec lesquels on pêche les sardines.

COQUES DE VERS A SOYE. Ce sont les cocons de soies, où les vers s'enveloppent à mesure qu'ils filent.

Ces *coques*, après que la soie a été dévidée de dessus, se lavent, se battent & se lessivent, pour en ôter une espèce de gomme, dont elles sont enduites en dedans, après quoi elles sont propres à être filées.

C'est de ces *coques* que sont faites une partie des bourres de soie, & des filoselles. On en fait aussi diverses fleurs & bouquets, après les avoir teintes de différentes couleurs.

COQUETIER. Marchand qui apporte à Paris des œufs & du beurre.

Le plus grand commerce qui se fasse de ces marchandises par ces sortes de voituriers, se fait par les *coquetiers* de Normandie, du pays du Maine, de la Brie & de Picardie.

Il y en a aussi qui se mêlent du négoce de la volaille ; mais alors ils sont plus communément appellés *poulaillers*.

COQUILLE. Écaille, ou coque dure, dont sont couverts les poissons, que l'on nomme *testacées*.

Il y a plusieurs sortes de *coquilles*, ou *coquillages*, qui servent de menues monnoies en Asie, en Afrique, & dans quelques lieux de l'Amérique. On les nomme *coris* en Asie, *bouges* & *zimbi* en Afrique, & *porcelaine* dans l'Amérique.

COQUILLE DE NACRE. Grande *coquille* platte, qui a le brillant, la couleur & l'éclat des plus belles perles d'Orient. Les ouvrages de laque de la Chine & du Japon, en sont ornés, & elles y font un assez bel effet. On s'en sert aussi en France dans la marqueterie & autres ouvrages de rapport.

« Par le tarif de 1664, ces *coquilles* ne payent à l'entrée que sur le pied de mercerie, c'est-à-dire, 4 l. du cent pesant : mais par l'arrêt du juillet 1692, les droits en ont été fixés à 10 l. du cent pesant. »

COQUILLE. Se dit figurément de toutes sortes de marchandises, dont un marchand fait négoce. Ce marchand vend bien ses *coquilles* ; pour dire, qu'il vend chèrement la marchandise qui est l'objet de son commerce.

On dit aussi proverbialement : à qui vendez-vous vos *coquilles* ? A ceux qui reviennent de S. Michel. Pour signifier, qu'on connoît parfaitement le prix des choses qu'on marchande, & que le vendeur semble vouloir surfaire.

COQUILLES, ou or en *coquilles*, argent en *coquilles*, métal en *coquilles*, sont toutes marchandises propres pour les peintres & évantaillistes, & viennent d'Aufbourg.

Les Allemands choisissent pour cet effet de très-petites *coquilles* de moules de rivière qui sont blanches, & mettent dans chacune une très-petite quantité de ces marchandises moulues & réduites en poudre, condensée avec une certaine gomme pour en empêcher la perte.

Si c'est du simple métal, c'est-à-dire, du cuivre ou léton couleur d'or, ils en mettent dans chaque *coquille* gros comme un pois : si c'est de l'argent, ils n'en mettent que gros comme un grain de vesse. Mais si c'est de l'or, ils n'en mettent pas plus gros que le plus petit grain de vesse ; la *coquille* & le papier qui l'enveloppe lié avec du fil, pèsent beaucoup plus que la marchandise qui est dedans.

CORAIL, ou CORAL.

Le sein Persique, la mer Rouge, la mer de Sicile & de Naples, la côte d'Afrique, vers le bastion de France, les isles de Majorque & de Corse, le cap de Quiers en Catalogne, les côtes de Provence, & quelques autres endroits de la Méditerranée, fournissent quantité de *corail*, qui s'y pêche, du moins dans la Méditerranée , depuis le commencement d'avril jufqu'à la fin de juillet.

Au baftion de France , il s'en pêche une affez grande quantité fous la direction d'une compagnie établie à Marfeille.

Il n'y a proprement que trois fortes de *corail*, le rouge, le blanc, & le noir ; car pour le couleur de rofe, ou de chair , il paffe pour la même efpèce que le rouge.

Le *corail* blanc eft le plus rare , & le plus cher ; mais c'eft le rouge que l'on employe ordinairement en médecine. Il faut le choifir gros, uni & luifant, en belles branches, d'un beau rouge ; & fur-tout qui ne foit couvert d'aucune matière tartareufe.

Il y a une efpèce de *corail* blanc , qui eft percé de différens trous ; & un *corail* noir , qu'on nomme *antipathes*, qui ne paroiffent pas de la même nature des autres ; mais ils ne font d'aucun ufage.

On tire du *corail* rouge , une teinture de magiftère , & un fel ; & en le broyant fur un marbre, on en fait de petits trochifques, qui eft ce qu'on appelle *corail préparé*.

Mais il n'y a plus guères que ceux qui font encore entêtés des remèdes, où l'on fait entrer les perles, qui fe fervent de cette préparation de *corail*.

Quelques-uns lui attribuent des vertus particulières , comme d'arrêter fubitement le fang, de défendre les maifons de la foudre , & d'en éloigner les mauvais génies : mais pour ajouter foi à toutes ces qualités fabuleufes, il faudroit être plus que crédule, pour ne rien dire de plus fort.

Ce qui eft certain, c'eft qu'on en employe beaucoup à faire des colliers, des chapelets, & d'autres ouvrages précieux, propres à orner les cabinets des curieux ; & que plufieurs nations en font une eftime route particulière, fingulièrement les Japonois qui le mettent au-deffus de toutes les pierres les plus précieufes.

« Le *corail* blanc & rouge , qui ne vient ni de » Barbarie , ni du Levant, paye en France les droits » d'entrée , conformément au tarif de 1664, 5 l. » du cent pefant : Et lorfqu'il vient du Levant & de » Barbarie, il eft du nombre des marchandifes fur lef- » quelles, fuivant l'arrêt du 15 août 1685 , il doit » être levé vingt pour cent de leur valeur.»

« Les droits que paye le *corail* à la douane de » Lyon, font différens ; fuivant fa qualité ; fçavoir : » « Le *corail* blanc & rouge , non ouvré, 13 f. 3 d. » d'ancienne taxation du quintal & 40 f. pour les » quatre pour cent. »

« Le *corail* taillé & en œuvre, paye 5 liv. du » quintal. »

Le *corail* fait une partie du commerce des Marfeillois. Il n'y a même préfentement qu'à Marfeille & à Gênes qu'on en faffe des bracelets & des colliers, qui fe débitent affez bien dans tout le Levant. Outre le *corail* rouge & le *corail* blanc, qui font les plus ordinaires, il y en a encore de couleur de

rofe , de couleur de chair ; de moitié rouge & moitié blanc , de feuille morte, & de gris de lin frifé ; mais ce dernier vient de l'Amérique, les autres étant ordinairement pêchés dans la Méditerranée , le long des côtes de Barbarie.

CORAIL. Il y a une efpèce de bois, auquel on a donné en Europe le nom de *bois de corail*, à caufe de la vivacité de fa couleur, fort approchante de celle du *corail*, plante maritime fi eftimée.

Ce bois croît dans les îles de l'Amérique , furtout dans celles que l'on appelle *les îles du Vent*. Quelques marchands droguiftes le fubftituent au bois de Santal ; mais il n'a aucune de fes propriétés, que fa couleur. Le bois de *corail* eft propre aux ouvrages de tour & de marqueterie.

Il y a encore aux îles deux efpèces d'arbres, qui ont ce même nom, qu'on leur a donné, à caufe de leurs fruits qui font rouges comme du *corail*, à la réferve d'une petite tache noire à l'endroit où eft le germe.

Ce font ces fruits que l'on appelle chez les marchands épiciers & droguiftes, *pois rouges* , ou *pois de l'Amérique*, qui font extrêmement amers ; & que quelques-uns prétendent qui ont la propriété, trempés dans le citron , de fouder l'or & l'argent, comme le borax.

CORAIL DE JARDIN. C'eft le nom que l'on donne au piment, ou poivre de Guinée.

CORALINE, ou MOUSSE MARINE , en latin *muscus marinus*. Eft une efpèce de plante, qu'on trouve attachée aux rochers, aux coquilles, & même au corail. Elle n'a point de tige ; mais fes branches fortent immédiatement de la racine. Il n'y a que celle qu'on pêche au baftion de France, qui ait quelque ufage dans la médecine ; encore n'en a-t-elle guères : on lui croit pourtant la propriété de faire mourir les vers des enfans , étant prife en poudre : elle fert auffi pour l'ornement des ouvrages de rocaille.

CORALINE. On nomme auffi de la forte , en quelques endroits du Levant , une chaloupe plate, dont fe fervent les coralleurs pour la pêche du corail. C'eft ce qu'on appelle un *fatteau* au baftion de France.

CORDA. Efpèce de groffe ferge croifée & drapée, toute de laine, qui n'eft propre qu'à vêtir les perfonnes de baffe condition. Quelques-uns lui donnent le nom de *pinchina*, quoiqu'elle n'ait qu'un rapport fort éloigné à l'étoffe qui porte ce nom.

L'article XIII de l'arrêt du confeil d'état du roi , du 27 avril 1706, fervant de réglement pour la manufacture des draperies de Romorentin, porte que les ferges croifées & les *cordas* gris de fer, & autres couleurs, feront compofées de cinquante-fix portées de trente-deux fils chacune, & trente-deux aunes d'attache de long, & feront fabriquées dans des lames & rots d'une aune & demi-quart, les lifières comprifes, pour être au retour du foulon, d'une aune

aune de large, & de vingt à vingt-deux aunes de long.

CORDAGE. Signifie en général toutes fortes de cordes.

CORDAGE étuvé. Est celui qui ayant été mis dans une étuve, ou lieu bien chaud, a ressuyé & jetté toute son humeur aqueuse.

CORDAGE blanc. Est du cordage qui n'a point encore passé par le goudron.

CORDAGE goudronné en fil. Est du cordage fait de fil de carret., qui avoit déjà été goudronné.

CORDAGE goudronné en étuve. Est du cordage qui a passé par le goudron chaud, en sortant de l'étuve. Chaque quintal de cordage peut prendre environ vingt livres de goudron.

CORDAGE refait. Est du cordage fait avec des cordes dont on s'est déjà servi. Le cordage tout-à-fait vieux, est propre à faire de l'étoupe, pour calfater les coutures des vaisseaux.

CORDAGE de rechange. Est du cordage qu'on met en réserve dans les navires, pour s'en servir au défaut de celui qui est en place.

Quand on dit, qu'un cordage est de six pouces, cela doit s'entendre, que le cordage a six pouces de circonférence ou de tour. Un cordage de soixante fils, est un cordage dont la grosseur est formée de soixante fils de carret.

Le cordage est composé pour l'ordinaire, de filasse de chanvre : il s'en fait un commerce considérable à Amsterdam. Ceux qui sont composés de chanvre de Conisberg, sont estimés environ vingt pour cent de plus, que ceux qui sont faits de chanvre de Moscovie. Il y a des inspecteurs établis à Amsterdam, pour les cables & cordages, de même que pour les chanvres. Ils se vendent au poids, & l'on déduit un pour cent pour le bon poids; & de plus, un pour cent de la valeur pour le prompt paiement.

« Suivant le tarif de 1664, les droits d'entrée & » de sortie du royaume, & des provinces réputées » étrangères, en doivent être payés; sçavoir, pour » l'entrée, à raison de 15 sols du cent pesant, & » pour la sortie, sur le pied de 40 sols aussi du cent » pesant ».

C'est une chose presqu'inconcevable, que la quantité de cordages qu'il faut pour agréer un vaisseau. Chaque cordage a son nom & son usage particulier.

Si les marchands, négocians & autres, qui se trouvent dans les occasions d'armer ou d'équiper des navires, pour aller en marchandise ou en course, soit pour leur compte, soit pour celui d'autrui, ont besoin de plus grandes lumières sur cette matière, ils pourront avoir recours au Dictionnaire de Marine.

CORDAGE. Se dit aussi de la manière ou de l'art de fabriquer les cordes. Ainsi l'on dit : ce cordage est bien fait, il est bon, pour faire entendre qu'il est bien travaillé, qu'il est uni & retors comme il faut. Le cordage ne se fait qu'à force de bras, de roues & de machines.

Quoique ce soit pour l'ordinaire les maîtres cor-

diers, qui fassent le négoce des cordes, cordages & ficelles; néanmoins les marchands merciers de Paris sont en droit d'en pouvoir vendre, suivant l'article 12 de leurs statuts du mois de janvier 1613. Il est aussi permis aux marchands épiciers, de vendre de la ficelle.

CORDAGE, en fait de marchandise de bo : à brûler, se dit du mesurage des bois de corde.

A Paris, il y a des officiers de police de ville, que l'on nomme jurés mouleurs de bois, qui sont préposés pour être présens dans les chantiers & sur les ports, lorsque l'on y fait le cordage, ou mesurage des bois, afin de tenir la main à ce que les marchands le fassent fidèlement, & que les bourgeois ne puissent être trompés.

CORDAGE. Se dit encore parmi les emballeurs, de la corde qu'ils ont liée ou garotée autour des balles, balots, caisses & paquets de marchandises. Ce terme se joint ordinairement au mot d'emballage. Ainsi l'on dit : il y a tant pour le cordage & emballage de cette marchandise, pour faire entendre qu'il faut tant ou qu'il a coûté tant, pour la corde, la toile, la paille & la peine de l'emballeur.

Le cordage & emballage des marchandises est un article, que les marchands & les commissionnaires ne doivent point omettre dans les factures, ou mémoires de frais qu'ils envoient à leurs correspondans ou commettans; car ce sont des déboursés qui doivent être confondus avec le prix de l'achat des marchandises, lorsqu'on en fait la vente ou le débit.

CORDE. Se dit ordinairement de plusieurs fils de chanvre, qu'on cordier a câblés ou tortillés ensemble, par le moyen d'une roue.

Lorsque la corde est d'une grosseur extraordinaire, on la nomme cable; & quand elle est extrêmement menue, on l'appelle ficelle.

On fait des sangles de corde, dont les tapissiers, bourreliers & selliers, font une très-grande consommation.

En Espagne & en Catalogne, on en fabrique des espèces de souliers, dont il se fait un très-grand usage dans le pays, & des envois considérables dans les Indes, jusqu'à en charger des navires entiers. Les Espagnols les nomment alpargates, & les Catalans, espardilles.

« Les cordages & ficelles paient en France les » droits d'entrée sur le pied de 15 s. du cent pesant, » & ceux de sortie à raison de 40 s.

« Le tarif de la douane de Lyon contient aussi » divers droits, que les cordes y paient, suivant leur » qualité, sçavoir :

« Les cordes étrangères, 3 s. 6 den. du quintal » d'ancienne taxation, & 4 sols de nouvelle réa-» préciation.

« Les cordes du royaume, 2 s. d'anciens droits, » & 3 s. de nouveaux.

« Les cordes appellées carrasses, 7 s. 6 den. la » balle, d'ancienne taxation, & 2 s. de la nouvelle.

« Les cordes simplement ainsi nommées, 7 s.

Zzz

» 6 den. auffi de la balle, d'anciens droits, & 3 f.
» du cent de nouveaux.

« Enfin, les *cordes* à faire mouveaux, 8 f. d'an-
» cienne taxation, & 2 f. de la nouvelle réapré-
» ciation, le tout avec les nouveaux fols pour livre.»

Il fe fait auffi des *cordes* de crin mêlé de chanvre,
& de plufieurs autres fortes de matières, telles que
font les boyaux de mouton ou d'agneau, l'écorce de
tilleul, le fer & le léton paffés par la filière, &c.

Les Indiens font leurs *cordes* d'écorce de cocos,
de magnay, ou d'autres arbres.

CORDES DE BOYAU. Sont celles qui fe font de
boyaux de mouton ou d'agneau, deffechés, & mis
en petites lanières ou filets fort étroits, qu'on tor-
tille un ou plufieurs enfemble.

Leur principal ufage eft pour appliquer fur les
inftrumens de mufique; tels que font les luths, les
thuorbes, les violes, les violons, les guitarres, les
harpes, les trompettes marines, les vielles, &c.

Il y en a de colorées de rouge & de bleu; mais
pour l'ordinaire elles font blanchâtres ou rouffâtres,
qui eft la couleur naturelle du boyau.

Plufieurs ouvriers & artifans fe fervent auffi de
cordes de boyau; les horlogers, pour leurs montres; les paumiers, pour leurs raquettes, les couteliers, cordiers, fileurs & fileufes, pour faire
tourner leurs roues & rouets; les tourneurs, pour
faire aller leurs tours, &c.

Les *cordes de boyau* font partie du négoce des
marchands du corps de la mercerie; il eft cependant
permis aux faifeurs d'inftrumens, d'en faire venir &
d'en vendre, pourvu que ce foit de celles propres
à leurs inftrumens.

Les lieux où il s'en fabrique le plus, font,
Rome & fes environs, Touloufe, Lyon & Paris.

Celles de Rome font les plus eftimées de toutes.
Elles viennent pour l'ordinaire par paquets affortis
de chanterelles & de fecondes; car il n'en eft envoyé
d'Italie prefque que de ces deux efpèces.

Les paquets des *cordes* deftinées pour le luth &
pour la guitare, font compofés de foixante bottes
ou cordes pliées en huit plis; & les paquets de
celles propres à la viole & au violon, font de trente
bottes, auffi pliées en huit plis.

Les *cordes* qui fe fabriquent aux environs de
Rome, que l'on nomme *cordes Foreftières*, font
des pareilles fortes que les Romaines, quoique
moins parfaites: on les envoie de même par paquets
affortis de foixante & de trente bottes; mais chaque
botte n'eft que de fept plis, ce qui les diftingue des
véritables Romaines, n'étant pas permis aux ouvriers
Foreftiers de les faire des mêmes longueurs que
celles qui fe font dans la ville de Rome.

Les *cordes* de Touloufe viennent par paquets
affortis, & les bottes pliées de la même manière
que les Romaines, auxquelles elles font néanmoins
de beaucoup inférieures, n'étant pas même fi eftimées que les Foreftières.

Lyon fournit une quantité prodigieufe de *cordes
de boyau*, afforties pour toutes fortes d'inftrumens

de mufique, dont il fe fait une très-grande confommation dans tout le royaume, fingulièrement à
Paris, & des envois confidérables dans les pays
étrangers, particulièrement en Hollande, en Angleterre, en Efpagne, en Portugal, en Allemagne, &
dans prefque tout le Nord.

Elles s'envoient par paquets, compofés d'un certain nombre de plus petits paquets pliés dans du
papier huilé, pour les mieux conferver; chaque
petit paquet contenant une certaine quantité de bottes, ou *cordes*, fuivant que les marchands les demandent, qui fe diftinguent par numéros; chaque
numéro fignifiant le *nombre des filets de boyau*,
dont les cordes font formées; enforte que celles du
N°. 1, ne font faites que d'un feul filet; celles du
N°. 2, de deux filets; celles du N°. 3, de trois
filets, & ainfi des autres *cordes*, à mefure qu'elles
augmentent de groffeur, y en ayant qui vont jufqu'au N°. 50, qui fervent de fixiémes aux baffes de
violes, & de dixiémes aux grands thuorbes.

Les menues *cordes de boyau* Lyonnoifes, deftinées
pour les chanterelles & fecondes, font très-peu eftimées, à caufe qu'on ne peut les monter fur les
inftrumens, auffi bien que celles d'Italie & de
Touloufe, n'étant ni fi fortes ni fi bien fabriquées.

Il ne s'en fait à Paris que de très-groffes, qui ne
peuvent tout au plus fervir qu'à certains artifans,
ou à faire des raquettes. On ne laiffe pas cependant
d'en faire une affez grande confommation en
France, & même quelques envois dans les pays
étrangers.

On appelle à Paris, *maîtres boyaudiers*, ceux
qui travaillent à la fabrique des *cordes à boyau*. Ces
maîtres y compofent une des communautés des arts
& métiers.

« Suivant le tarif de 1664, les *cordes de boyau*
» paient les droits d'entrée & de fortie du royaume,
» & des provinces réputées étrangères, fçavoir, pour
» la fortie, fur le pied de 3 liv. du cent pefant,
» & pour l'entrée, à raifon de 10 liv. auffi du cent
» pefant, étant regardées comme merceries, con-
» formément à l'arrêt du 3 juillet 1692 ».

« Il faut pourtant remarquer que fi les *cordes à
» boyau* font deftinées & déclarées pour les pays
» étrangers, elles ne paient que 40 f. de droits de
» fortie, fuivant l'arrêt cité ci-devant ».

« A l'égard des droits qui fe paient à la douane de
» Lyon pour cette marchandife, qui eft appellée
» dans le tarif de cette ville, *cordes de luth*, ils
» font à raifon de 15 f. la caiffe du poids de quinze
» livres, pour l'ancienne taxation, & de 30 f. pour
» la nouvelle réapréciation ».

CORDE. C'eft auffi le nom que l'on donne à une
certaine quantité de bûches ou de bois à brûler, qui
fe mefuroit autrefois avec une *corde*, & qui à préfent fe mefure entre deux membrures ou pièces de
bois de quatre pieds de hauteur, placées à huit
pieds de diftance l'une de l'autre; de forte que la
corde de bois doit avoir huit pieds de long fur quatre
pieds de haut.

Chaque *corde* de bois contient plus ou moins de bûches, suivant qu'elles sont plus ou moins grosses, ou qu'elles sont droites ou tortues, ou bien ou mal cordées.

Dans tous les bois & forêts de France, on ne peut faire aucune livraison de bois à brûler, que ce ne soit à la corde. *Ordonnance sur les bois & forêts, du 13 août 1669.*

Sur les ports & dans les chantiers de Paris, les marchands, dans la vente & débit qu'ils font des bois à brûler, que l'on nomme de *corde*, doivent se servir d'une sorte de mesure, que l'on appelle ordinairement *membrure*, & qui n'est autre chose qu'une *demi-corde ;* c'est ce que l'on nomme vulgairement une *voie de bois*, ainsi appellée, parce que la *demi-corde*, ou la membrure, fait la charge d'une charette.

La membrure ou *demi-corde*, doit avoir quatre pieds de haut sur quatre pieds de large, c'est-à-dire, quatre pieds de tous sens. Elle est composée de trois pièces principales de charpente, l'une qui en fait la base, & les deux autres les côtés qui sont arrêtés par le bas & en dehors, par deux moyens morceaux de bois, qui rendent la membrure solide, & en état de contenir & soutenir le bois.

Les bois à brûler qui n'ont pas au moins dix-sept pouces de grosseur, sont réputés bois de *corde*, ou bois taillis, & comme tels, doivent être vendus & débités à la *demi-corde*, ou membrure ; au contraire des autres bois, dont la grosseur est au-dessus de dix-sept pouces, qui se vendent au compte, & se mesurent avec l'anneau. *Ordonnance de la ville de Paris, du mois de décembre 1672.*

CORDE. S'entend aussi dans les manufactures de lainage, des fils qui composent la tissure des draps & autres étoffes de laine. Ainsi on dit : qu'un drap, qu'une ratine montre la *corde*, pour signifier *que le tondeur les a trop découverts en les tondant.*

On le dit pareillement des étoffes qui sont usées, & qui ont perdu tout leur lainage, ensorte qu'il n'y paroît plus que la toile, c'est-à-dire, les fils de la chaîne & de la tréme.

CORDE. On nomme ainsi les *chapelets* ou *comptes de veroterie*, qui entrent dans le commerce du Sénégal & de quelques autres côtes d'Afrique.

CORDEAU. Corde de médiocre grosseur, dont divers artisans se servent à différens usages.

Le *cordeau* des charpentiers n'a guères qu'une ligne de diamètre : il leur sert à aligner leur bois.

Le *cordeau* des jardiniers est à-peu-près de même grosseur : c'est avec quoi ils dressent les planches de leurs potagers, & font les alignemens de leurs plans.

Le *cordeau* des bateliers & pêcheurs, qu'on appelle aussi *cincenelle*, est du double plus gros. Ils s'en servent pour remonter les rivières contre leurs courans, en l'attachant d'un bout à un mât élevé à l'avant de leur bateau, & en descendant à terre pour le tirer de l'autre avec une espèce de bretelle faite du *cordeau* même.

L'ordonnance de la ville de Paris, de 1672, article 6 du chapitre 2, porte : qu'en cas de rencontre en rivière de bateaux montans & descendans, les bateaux montans, pour faciliter le passage des bateaux descendans, doivent faire voler par-dessus les descendans, la corde appellée *cincenelle ;* & au contraire, les descendans lâcher la leur, ensorte qu'elle passe par-dessous le montant.

CORDEAUX. C'est encore ainsi que dans le négoce des toiles, on appelle certaines *petites cordelettes* de fil d'épinay, qui ont des nœuds de distance en distance ; chaque nœud ayant une valeur particulière, suivant que les marchands le jugent à propos.

Les *cordeaux*, qui sont ordinairement attachés aux bouts des pièces de batifte & linons, que l'on envoie dans les blanchisseries, servent à faire ressouvenir ceux à qui elles appartiennent, de ce que chaque pièce leur a coûté en écru, afin d'en pouvoir fixer le prix, lorsqu'elles leur sont rapportées en blanc.

CORDEAUX. Ce sont aussi des espèces de lisières que l'on fait à certaines étoffes. On les nomme *cordeaux*, parce qu'elles sont cordées en forme de corde, & que les lisières sont plates. On se sert des gros & moyens plis, & pignons, c'est-à-dire, des laines de la plus basse qualité, pour faire les *cordeaux*.

CORDELAT. Etoffe de laine qui se fabrique à Albi, & aux environs de cette ville de Languedoc, dont le prix est fort médiocre, sa largeur n'étant que de deux pans, deux quarts, mesure du pays, qui reviennent à une demi-aune moins un seize, mesure de Paris.

Cette petite largeur de demi-aune moins un seize, a été autorisée par un arrêt du conseil du 15 juillet 1673, nonobstant l'article XXX du réglement général des manufactures, du mois d'août 1669, qui porte qu'on ne pourra faire aucunes étoffes de si petit prix qu'elles puissent être, qu'elles n'aient au moins une demi-aune de large, mesure de Paris.

CORDELIÈRE. Espèce de serge raze qui se fabrique dans quelques endroits de Champagne, particulièrement à Reims ; elles sont partie laine d'Espagne & partie laine Françoise.

CORDERIE. Espèce d'attelier ou lieu disposé d'une certaine manière, propre & commode pour fabriquer des cables ou cordes.

CORDES. Les relieurs de livres appellent *cordes*, des ficelles de diverses grosseurs, dont ils se servent pour faire la nervure des livres qu'ils relient.

On désigne la grosseur des *cordes* par le nom du format des livres. Ainsi il y a des *cordes* d'in-folio, d'in-quarto, d'in-octavo, &c. *Voyez* RELIEURE.

CORDIER. Artisan, qui fabrique & qui vend toutes sortes de cordes de chanvre, d'écorce de tilleul, ou de chanvre mêlé de poil ou de crin.

Les *cordiers* de Paris forment une communauté particulière.

CORDILLATS. Sortes d'étoffes de laine très-groffière, qui eft une efpèce de bure, ou gros drap, qui fe tirent d'Efpagne & de Languedoc.

Il y a auffi des *cordillats*, qu'on met du nombre des cadis. Ceux-là fe font en Provence, en Languedoc, en Dauphiné & à Caftres.

Enfin, il y a des *cordillats*, qui font des efpèces de revêches, qu'on fabrique en Rouergue & au Puy.

« Les *cordillats* d'Efpagne, de Languedoc &
» autres lieux, paient en France les droits d'entrée
» conformément au tarif de 1664, à raifon de 3
» livres la pièce de vingt-huit aunes ; & ceux de
» fortie, comme ferge, c'eft-à-dire, 4 liv. du cent
» pefant, le tout avec les fols pour livre.

» A l'égard des droits fixés par le tarif de la
» douane de Lyon, ils fe paient fuivant la qualité
» des *cordillats*, fçavoir :

» Les *cordillats* & cadis du Creft, Provence,
» Languedoc, Dauphiné & de Caftres, 4 liv. de la
» charge pour l'ancienne taxation, 15 fols le cent
» pour la nouvelle réapréciation, 26 fols 8 den. le
» quintal pour d'autres anciens droits, & pour la
» nouvelle réapréciation à proportion.

» Les *cordillats* & revêches de Rouergue & du
» Puy 45 fols de la charge pour l'ancienne taxation,
» & 10 fols pour la nouvelle réapréciation.

» Enfin les cadis & *cordillats* d'Efpagne 4 liv.
» de la balle d'ancienne & nouvelle taxation ».

CORDON DE CHAPEAU. Ce qui entoure le chapeau par le bas de la forme en dehors. La fabrique des *cordons de chapeaux* appartient aux maîtres paffementiers.

« Les *cordons de chapeaux* d'or & d'argent fin,
» ou mêlés avec foie, paient en France des droits
» d'entrée, conformément au tarif de 1660, 50
» fols la livre pefant. Les faux 16 fols, & ceux tout
» de foie 25 fols.

» Les droits de fortie pour les *cordons d'or &
» d'argent fin*, mêlés de foie, 10 fols auffi la livre,
» & ceux d'or, d'argent faux ou de foie 16 fols.

» A l'égard de toutes autres fortes de *cordons*
» fans or, argent ni foie, ils paient à l'entrée &
» à la fortie, fur le pied de mercerie, c'eft-à-dire,
» 10 liv. du cent pefant pour les droits d'entrée,
» fuivant l'arrêt du 3 juillet 1692, & 3 liv. pour
» les droits de fortie, conformément au tarif de
» 1664, modérés néanmoins & réduits à 2 livres
» par l'arrêt ci-deffus, lorfqu'ils vont au pays
» étranger ».

CORDON. Signifie auffi quelquefois *la lifière d'une étoffe*. Ce terme eft particulièrement en ufage dans les manufactures des provinces & généralités de Languedoc, d'Auch, Montauban, Bordeaux & Rouffillon.

L'article premier du règlement de 1721, pour les fabriques établies dans les quatre vallées d'Aure & lieux circonvoifins, porte que la chaîne des cadis étroits & fimples, fera de trente & une portées à vingt-huit fils chaque portée, dont huit fils feront pour les deux cordons ou lifières.

CORDONS DE MARTRES. On appelle *en terme de pelleterie*, *cordons de martres-zebelines*, plufieurs queues de ces animaux attachées enfemble.

« Les *cordons* ou *queues de martres-zebelines*,
» ou, comme les appelle le tarif de 1664, de *martres
» fublimes*, paient en France les droits d'entrée,
» conformément à ce tarif, fçavoir :

» Les petites queues à l'ordinaire, le *cordon
» d'environ de demi-aune, tenant quatorze queues,
» 16 fols, les grandes à proportion.

» Les pointes 40 fols du cent en nombre.

» A l'égard des droits de fortie réglés par le même
» tarif, ils paient à raifon de 13 fols le *cordon
» de la moyenne grandeur ordinaire, & les autres
» à l'équipolent ».

CORDON DE CHANVRE. C'eft du chanvre prêt à filer, plié & comme cordé en gros ou petits paquets.

Les *cordons* de l'affinage font les plus petits & les plus courts, noués du même chanvre par les deux bouts.

Les *cordons du chanvre*, propres aux cordonniers pour en faire leur fil à coudre les cuirs, font les plus longs, mais feulement attachés d'un bout ; ce qui forme une efpèce de tête.

CORDON, *en terme de corderie*. Sont les plus petites cordes, dont les plus groffes font formées. Les câbles font compofés de torons, & les torons de *cordons*.

CORDON, *en terme de commerce & de mefure de bois de chauffage*. Se dit du quart d'une corde de bois ; c'eft ce qu'on appelle à Paris *une demi-voie*.

CORDON. (*Terme de monnoie.*) C'eft ce qu'on nomme autrement *filet*, c'eft-à-dire, ce qui règne fur la circonférence des efpèces, ou pièces de monnoie.

CORDONNER. Mettre en forme de cordon, tortiller enfemble plufieurs fils d'or, d'argent, de foie, ou d'autres matières.

CORDONNERIE. L'art de faire des fouliers. On le dit auffi du lieu où on les expofe en vente.

Il y a à Paris dans le quartier des halles une rue nommée *de la Cordonnerie*, où tiennent leur boutique une partie des maîtres cordonniers, qui travaillent pour le menu peuple de cette grande ville, ou pour les habitans des bourgs & villages des environs.

Il y a encore fous les piliers des halles dix-fept piliers, parmi ceux qu'on appelle les *piliers de la tonnellerie*, auxquels on donne auffi le nom de *halle*, ou *place de la cordonnerie* ; parce que les pauvres maîtres cordonniers y ont droit d'étalage les jours de marchés, & qu'ils y expofent en vente les fouliers & pantoufles, pour hommes, pour femmes & pour enfans, qu'ils ont fabriqués & travaillés dans leurs chambres, n'ayant pas le moyen de tenir boutique.

CORDONNET. Menu cordon d'argent, de foie ou de fil, qui fe façonne au rouet & à la molette, dont l'ufage le plus ordinaire eft pour former des boutonnières de juste-au-corps & de veſtes, ou pour appliquer ſur des broderies, ſoit pour en marquer le deſſin, ſoit pour en augmenter le relief.

Il ſe fait du *cordonnet* de différentes groſſeurs, ſuivant la qualité de l'ouvrage où il doit ſervir. Les paſſementiers-boutonniers font & vendent les *cordonnets*: les marchands merciers les vendent ſans les faire.

CORDONNIER. Ouvrier qui fait des ſouliers, & autres eſpèces de chauſſures, comme bottes, bottines, mules, pantoufles, ſabots, babouches, &c.

Quoiqu'il n'y ait qu'une ſeule communauté de *cordonniers* dans la ville & fauxbourgs de Paris, & que tous puiſſent également travailler à toutes ſortes d'ouvrages de cordonnerie; il ſemble pourtant qu'ils ſe ſoient comme partagés d'eux-mêmes en quatre claſſes différentes. Les uns ne travaillent que pour hommes, d'autres ſeulement pour femmes, quelques-uns ne font que des ſouliers d'enfans, & d'autres encore ne s'adonnent qu'à travailler aux bottes & bottines: ils ſont tous néanmoins conduits par les mêmes ſtatuts, & gouvernés par les mêmes jurés.

La communauté des maîtres *cordonniers-ſaeurs* de la ville & fauxbourgs de Paris, eſt une des plus anciennes & des plus conſidérables de toutes celles qui y ont été érigées en corps de jurande depuis le treiziéme ſiècle.

FRÈRES CORDONNIERS.

L'on peut regarder comme une portion conſidérable de la communauté des maîtres *cordonniers* de Paris, & qui fait certainement honneur à ceux de cette vacation, les deux ſociétés ſéculières des frères chrétiens *cordonniers* des ſaints Creſpin & Crépinien, établies en la même ville depuis le milieu du dix-ſeptiéme ſiècle.

Henri-Michel Buch, de la ville d'Erlon, en Luxembourg, diocèſe de Trèves, en fit l'établiſſement en 1645; il y avoit déja quelque temps qu'il travailloit en commun avec ſix autres compagnons *cordonniers*, dont il étoit comme le chef, à cauſe que la lettre ou privilège du grand prévôt de l'hôtel avoit été obtenue ſous ſon nom.

L'eſprit de chriſtianiſme qui les avoit unis, & qui leur faiſoit mêler pluſieurs exercices de piété au travail de la cordonnerie, leur avoit inſpiré une union plus intime & plus propre à les porter à la vertu; ils dreſſèrent des réglemens & ſtatuts pour eux & leurs ſucceſſeurs, qu'ils ſignèrent le 2 février de la même année 1645.

Ces ſtatuts furent approuvés en 1664 par monſeigneur Hardouin de Péréfixe, & en 1693 par monſeigneur de Harlay, archevêques de Paris.

Les frères *cordonniers* ne ſont point ſujets aux viſites des jurés de la communauté, mais ſeulement à celles des officiers de la prévôté de l'hôtel, du grand prévôt, de laquelle un d'entr'eux prend ſes lettres & proviſions; tous les autres n'étant conſidérés que comme ſes garçons ou compagnons.

CORDOUAN. Eſpèce de cuir ou de maroquin.

« Les *cordouans* paient en France les droits » d'entrée & de ſortie comme maroquins, confor- » mément au tarif de 1663, ſçavoir; 40 ſols de la » douzaine à l'entrée, & 25 ſols à la ſortie.

» A l'égard des *cordouans* du Levant, ils ſont » du nombre des marchandiſes, ſur leſquelles ſui- » vant l'arrêt du conſeil du 15 août 1685, il doit » être levé 20 pour cent de leur valeur ».

L'on trouve dans le tarif de 1706, pour la levée du droit de vingt pour cent ſur les marchandiſes du Levant, aux bureaux de Marſeille & de Beauvoiſin, juſqu'à ſept ſortes de *cordouans* différens d'eſpèces & de prix. Ces *cordouans* ſont:

Les *cordouans* rouges d'Alep. Les *cordouans* blancs. Les *cordouans* de Smyrne. Les *cordouans* de Cheypre. Les *cordouans* de Satalie. Les *cordouans* en bazane. Et les *cordouans* jaunes d'Alep.

CORDOUANIER. Celui qui prépare & paſſe les cuirs nommés *cordouans*.

La communauté des *cordouaniers* étoit autrefois à Paris une des quatre communautés, qui donnoient la dernière préparation aux cuirs, après qu'ils avoient été tannés. Elle eſt aujourd'hui réunie à celle des corroyeurs.

CORGE ou COURGE. Terme dont on ſe ſert aux Indes orientales, dans le commerce des toiles de coton, pour ſignifier une *certaine quantité de pièces de toiles*. La corge eſt de vingt pièces; elle eſt particulièrement en uſage à Surate dans le blanchiſſement des toiles.

CORIANDRE. C'eſt tout enſemble le nom d'une graine & de la plante qui la porte.

Il faut choiſir la *coriandre* nouvelle, blonde, bien nourrie, très-groſſe, très-nette, & ſur-tout très-ſeche; cette dernière qualité lui eſt abſolument néceſſaire, ſans quoi elle ſe moiſit, & ſe gâte aiſément.

Il faut auſſi la ſerrer ſoigneuſement dans des lieux où les rats & les ſouris ne puiſſent aller; ces animaux l'aimant beaucoup, & en faiſant un grand dégât en peu de temps.

« La *coriandre* paye en France les droits d'entrée » à raiſon de 12 ſols le cent peſant, conformément » au tarif de 1664.

» A l'égard des droits de la douane de Lyon, » ils s'y paient, ſçavoir:

» Trois ſols neuf den. pour l'ancienne taxation, » trois den. pour la nouvelle réapréciation, quatre » ſols pour les anciens quatre pour cent, & un ſol » pour la nouvelle réapréciation ».

CORIS ou CAURIS. Petites coquilles très-blanches, qu'on apporte des îles Maldives, qui ſervent de menue monnoie dans la plus grande partie des Indes orientales, particulièrement dans les états du grand mogol.

Il se pêche aussi des *coris* aux Philippines, où les Espagnols les appellent *sigueies*. Les Siamois les nomment *bia*.

Les *coris* des Maldives servent aussi au commerce que les Européens font sur les côtes de Guinée, où les nègres qui les estiment beaucoup, les appellent des *bouges*.

Les *coris* se mesurent sur les côtes d'Afrique, dans une sorte de grand boisseau de cuivre jaune, semblable à un grand bassin, ou chaudron, qui en contient environ le poids de cent huit livres.

Non-seulement les nègres se servent de *coris* pour monnoie, mais ils en font encore des colliers & des brasselets pour se parer, les enfilant de la même manière qu'ils font les grains de rassades, quelquefois un à un, & quelquefois deux *coris* accolés ensemble; ce qui fait un assez bisare, mais pas désagréable effet, par le contraste de la peau noire du nègre, & de la blancheur extrême de la coquille. Ils en bordent aussi leurs bonnets & leurs pagnes.

CORMETI, Nom que les Turcs donnent à la cochenille.

CORMIER. Grand arbre qui produit les cormes.

Le bois de *cormier* est très-dur & très-serré; il s'employe ordinairement à faire des chevilles & des fuseaux, pour les rouets & lanternes des moulins; les menuisiers s'en servent aussi pour leurs outils. Celui destiné pour les chevilles & fuseaux doit se débiter par morceaux de trois à quatre pouces en quarré, sur seize ou dix-huit pouces de largeur; & celui pour les outils de menuisiers doit être mis en poteaux de trois ou quatre pouces en quarré, & en membrures de deux ou quatre pouces d'épaisseur sur six pouces de largeur, & six, neuf & douze pieds de longueur. Ce bois ainsi débité, se vend très-bien en France, particulièrement à Paris, où il s'en fait une consommation assez considérable. Quelques-uns prétendent que le bois de *cormier* mis dans un tas de bled, est capable d'en chasser toutes sortes d'insectes.

CORNADOS. Petite monnoie de compte dont on se sert en Espagne. C'est la quatrième partie du maravedis; à peu près comme en France les pites & les demi-pites sont les diminutions du denier. *Voyez* la TABLE DES MONNOIES.

CORNALINE, autrement SARDOINE. Pierre précieuse ordinairement rouge, tirant sur l'orangé. Elle est très-peu transparente. La *cornaline* est facile à graver, & les plus belles gravures de l'antiquité sont faites cette pierre.

CORNE. Partie dure, que quelques animaux ont à la tête & aux pieds.

BÊTES À CORNE en général. On nomme ainsi tous les animaux qui ont des cornes; mais *en terme de commerce de bestiaux*, il s'entend seulement des troupeaux de bœufs, de vaches & de chèvres.

CORNE; *en terme de manége & de commerce de chevaux*. Se dit d'un ongle dur & épais environ d'un doigt, qui régne autour du sabot du cheval, & qui environne la sole & le petit pied.

Les marchands de chevaux, les maquignons, & ceux qui se piquent d'être connoisseurs, prétendent qu'on peut tirer de la *corne* des chevaux quelque connoissance sur leurs mauvaises ou bonnes qualités. La *corne lisse*, par exemple, & bien unie, promet un excellent cheval; la *corne blanche* cerclée & raboteuse dénote le contraire. On peut voir ailleurs le reste de ces observations.

« Les *cornes* paient en France les droits d'entrée
» & de sortie suivant leurs différentes qualités, &
» conformément à divers tarifs.
» Les droits d'entrée réglés par le tarif de 1664,
» sont;
» Pour la *corne de licorne* 50 s. de la livre pesant.
» Pour les *cornes de bœufs* & *de vaches* 10 sols
» le millier en nombre.
» Pour les *cornes de cerfs* 5 sols le cent pesant.
» Pour les *cornes de moutons* 2 sols aussi du cent
» pesant.
» Et pour les *cornes plates* à faire peignes 15 s.
» pareillement du cent pesant.
» Les droits de sortie fixés par le même tarif, sont;
» Pour les *cornes de cerfs* 10 s. du cent pesant.
» Pour celles de moutons 3 sols.
» Pour celles de bœufs & vaches, le millier en
» nombre 14 sols.
» Et pour les *cornes de lanternes* le cent pesant,
» comme mercerie 3 livres, réduites pourtant à
» 2 liv. par l'arrêt du 3 juillet 1692, si elles sont
» déclarées pour être envoyées à l'étranger.
» A l'égard des droits de la douane de Lyon.
» Les *cornes de cerfs étrangères* paient 4 sols
» 3 den. pour l'ancienne taxation, & 1 sol pour la
» nouvelle.
» Les *cornes de cerfs de France* 3 s. d'anciens
» droits, & 1 s. 6 d. de nouveaux.
» Les *cornes d'Angleterre* pour faire lanternes,
» 3 liv. 5 sols de la balle d'ancienne taxation, &
» 15 sols pour la nouvelle réappréciation, le tout
» avec les nouveaux sols pour livre ».

CORNE ou CRUDITÉ DU CUIR. Se dit chez les tanneurs, & autres qui font négoce ou qui employent des cuirs forts, d'une certaine raie blanche, qui paroît dans les gros cuirs tannés, en les fendant par le milieu; ce qui fait connoître qu'ils n'ont pas été suffisamment nourris dans le plain & dans le tan. C'est un grand défaut dans les cuirs que d'y appercevoir de la *corne* ou de la *crudité*.

CORNET D'ÉCRITOIRE. C'est la partie de l'écritoire où l'on met l'encre. Il y en a d'or, d'argent, de cuivre, de corne, de plomb & de verre. Les *cornets de plomb* font partie du négoce des maîtres papetiers; les autres aussi-bien que ceux de plomb se vendent par les merciers: mais ce sont les orfévres qui font ceux d'or & d'argent.

CORNET D'ÉPICE. C'est un morceau de gros papier tourné en rond avec une pointe par le bas, dont les marchands épiciers se servent, pour mettre la plûpart des marchandises qu'ils vendent, surtout les drogues & épiceries. Il y a des marchandises qui se pesent avec le *cornet*.

Les confituriers se servent aussi de grands *cornets* de papier, pour mettre les dragées & confitures séches qu'ils vendent en détail.

CORNET DE POURPRE. Est une sorte de coquillage, ou plutôt de poisson à coquille, dont les teinturiers tirent une teinture, qui est très-estimée. On lui donne aussi le nom de *porcelaine*.

CORNICHONS. Petits concombres avortés & racornis, qu'on confit au vinaigre & au sel, pour en faire des salades.

CORNIER. *Terme de commerce, & d'exploitation de bois.*

On appelle *Pieds-corniers*, les chênes, ou autres gros arbres que les officiers des eaux & forêts choisissent & marquent dans les forêts, pour marquer les bornes des ventes & des coupes des bois, tant taillis que de haute futaye.

CORO. Droit qui se paie au roi d'Espagne pour l'or & l'argent, qui se tirent des mines du Chilly & du Pérou. Celui de l'or est du vingtiéme, & celui de l'argent du cinquiéme.

COROURE. Espèce de monnoie de compte, dont on se sert dans plusieurs endroits de l'Orient, particulièrement dans les états du Mogol, pour calculer les grandes sommes, comme on fait en France de millions & de milliars. Un *couroure* de roupies contient dix millions de roupies. *Voyez* LA TABLE.

CORPS. Se dit en général de plusieurs personnes qui composent, ou qui forment une jurisdiction, ou une compagnie. Ainsi on dit : le *corps de ville*, les *six corps des marchands*, les *corps & communautés des arts & métiers*, pour signifier le concours & l'assemblée de toutes les personnes, qui par leurs charges, leurs priviléges, ou leurs maîtrises, ont droit d'entrer, & d'être appellés dans ces compagnies.

Il y a encore diverses autres compagnies, ou jurisdictions, à qui on donne aussi le nom de *corps* : mais comme elles ont peu ou point du tout de rapport au commerce, on ne parlera ici que de ces trois, & aussi très-sommairement.

Le *corps de ville* de paris est composé d'un gouverneur, d'un lieutenant de roi, d'un prévôt des marchands, de quatre échevins, d'un procureur du roi, de vingt-six conseillers, d'un greffier, d'un receveur, de seize quarteniers, d'un premier huissier-audiencier, & de dix commissaires-huissiers.

C'est le prévôt des marchands, assisté des échevins & du procureur du roi, qui entre en connoissance de toutes les contestations qui surviennent entre les marchands, sur le fait des marchandises qui arrivent par eau sur les ports.

Il y a à Paris six *corps de marchands*, qui sont regardés comme les principaux canaux, par où passe tout le commerce de cette grande ville.

Le premier, est celui de la draperie.

Le second, est celui de l'épicerie.
Le troisiéme, est celui de la mercerie.
Le quatriéme, est celui de la pelleterie.
Le cinquiéme, est celui de la bonneterie.
Et le sixiéme, est celui de l'orfévrerie.

La communauté des marchands de vins de Paris a fait en divers temps des tentatives, pour se faire ériger en septiéme & dernier *corps* : mais les *six corps* s'y sont toujours opposés ; ensorte que l'on ne doit regarder les marchands de vins, que comme une communauté de marchands, qui ne se distingue des autres communautés, que parce qu'elle a des maîtres & gardes, qui ont la faculté de porter la robe de drap noir parementée de velours, ainsi que ceux des *six corps*.

CORPS. Se dit aussi des communautés des arts & métiers, c'est-à-dire, de toutes ces sortes d'artisans & d'ouvriers, qui ont été réunis en divers corps de jurande. On dit plus ordinairement *communauté*.

CORPS. Terme usité dans la jurisdiction consulaire, pour exprimer *l'étendue des condamnations* qu'on y prononce contre les négocians : *Nous avons condamné le défendeur à payer au demandeur la somme de tant ; au paiement de laquelle il sera contraint même par corps*, c'est-à-dire, par emprisonnement de sa personne.

CORPS DE NAVIRE. C'est tout le bâtiment, tout le vaisseau, sans y comprendre les voiles, cordages, agreits & apparaux. On peut faire assurer les *corps* & quille du navire.

CORPS. Signifie aussi quelquefois les *habits* ou les *armes*, qui servent à couvrir cette partie du *corps humain*, qui va du cou jusqu'à la ceinture. Ainsi les tailleurs disent, un *corps de pourpoint*, un *corps de jupe* ; & les armuriers, un *corps de cuirasse*, qu'on appelle aussi un *corselet*, quand il est léger.

« Les corps de cuirasse, ou corselets, sont du » nombre des armes, comme munitions, instrumens, » & autres assortimens de guerre, dont la sortie est dé- » fendue par toute l'étendue du royaume, terres & » pays de l'obéissance du roi, suivant l'ordonnance » de 1687, tit. 8, art. 3, aussi-bien que par tous » les traités de paix ».

CORPS. Se dit encore de la *matière* qui compose une étoffe, ou quelqu'autre ouvrage de manufacture. Le *corps d'un drap* ; le *corps d'une serge* ; le *corps du papier* ; le *corps d'un velours*. Dans ce sens, on dit de toutes ces choses ; le *corps de ce papier* est trop foible, est mal collé ; le *corps de ce drap*, de cette *serge*, est bon, est bien serré ; le *corps de ce velours* est trop lâche, est trop mince.

CORREAUX. On nomme ainsi à Bordeaux une espèce de *bateaux*, dont on se sert pour décharger les barques & autres bâtimens de sel qui se mettent en coutume pour être taillés au large.

CORRESPONDANCE. Relation, commerce réciproque, que deux personnes ont ensemble.

Il se dit, *en termes de commerce*, de la relation qu'un marchand entretient avec un autre marchand, un banquier avec un autre banquier, ou même tous deux avec de simples commissionnaires établis dans diverses villes du royaume, ou des pays étrangers, pour le fait de leur négoce & banque.

On dit qu'un négociant, qu'un banquier, ont de grandes *correspondances*, quand ils sont en relation d'affaires & de commerce avec quantité de banquiers & de négocians, tant du dedans, que du dehors du royaume.

CORRESPONDANT. Personne domiciliée dans un autre lieu que celui où l'on fait sa résidence, avec laquelle on est en commerce de banque ou de marchandise.

Quoiqu'il y ait quelque légère différence entre un *correspondant* & un commissionnaire; celui-ci n'étant pas toujours marchand, ou banquier, & l'autre ayant le plus ordinairement l'une de ces deux qualités; les fonctions & les obligations du *correspondant* & du commissionnaire sont trop semblables, pour ne pas craindre de répéter ici une partie de ce qu'on en a déjà dit à l'article de ces derniers : ainsi on peut y avoir recours.

CORRESPONDRE. Avoir relation avec quelqu'un, être son correspondant, ou qu'il soit le nôtre.

CORROYEUR, ou CONROYEUR. *Voyez* COURROYEUR.

CORROYES, ou CORROIS. *Terme de manufactures*, particulièrement en usage à Amiens. Ce sont de gros rouleaux de bois, autour desquels on roule les étoffes & les toiles, que l'on veut calandrer.

CORSAIRE. Pirate, forban, écumeur de mer. Celui qui court les mers avec un vaisseau armé en guerre, sans aucune commission, pour voler & piller les vaisseaux marchands. On appelle *armateur*, celui qui fait le même métier, mais avec commission, & qui n'attaque que des vaisseaux ennemis, & qui sont en guerre avec les princes & états, de qui il a commission.

La peine du *corsaire* est d'être pendu, s'il est pris; l'armateur au contraire, doit être traité en prisonnier de guerre.

CORSELET. Petite cuirasse, que les piqueurs portoient autrefois dans l'infanterie Françoise.

« Les *corselets* sont du nombre des marchandises, dont la sortie est défendue par toute l'étendue » du royaume, terres & pays de l'obéissance du roi, » à peine de confiscation, suivant l'ordonnance de » 1687, tit. 8, art. 3, & par tous les traités de » paix.

» Les *corselets* dorés paient les droits à la douane » de Lyon, sur le pied de 32 s. 6 d. la pièce pour » l'ancienne taxation ».

CORTEX CAPARIS. *Voyez* CAPRE.

« Cette drogue, qui est mise au nombre des épiceries, & dont il est parlé dans le tarif des entrées » de 1664, sous ce nom, & dans celui de Lyon de » 1632, sous le nom de *corticum capparis*, paie » conformément au premier de ces tarifs, 50 l.

» du cent pesant; & suivant le dernier, sçavoir : » 12 s. du quintal pour l'ancienne taxation; 2 s. » pour la nouvelle réapréciation; 13 s. 3 den. pour » les premiers quatre pour cent; & 4 s. pour leur » nouvelle réapréciation ».

CORTEIX, ou CORTICUM JUNIPERI. *Voyez* GENEVRE.

« Cette épicerie paie à la douane de Lyon; sçavoir; » 12 s. d'ancienne taxation; 1 s. de nouvelle réapré- » ciation; 13 s. 3 den. pour les anciens quatre pour » cent, & 2 s. pour leur nouvelle réapréciation ».

CORUNDA-GAUHAN. Nom que les habitans de l'isle de Ceylan donnent à l'arbre qui produit la canelle.

COSSA. Espèce de *graine de navette*, un peu plus grosse que la navette ordinaire. On en tire une huile, qui est bonne à brûler. Il en vient beaucoup de Normandie & de Champagne.

COSSARS BROUN. *Toiles de coton* écrues qui viennent des Indes Orientales; elles ont dix aunes de long sur trois quarts de large.

COSSAS. Gousse qui enveloppe les pois, les fèves, & autres légumes.

Les légumes secs, dont on fait commerce en France, soit avec les étrangers, soit dans l'intérieur du royaume, doivent être dépouillés de leurs *cossas*. Il faut au contraire, que ces sortes de légumes que l'on destine pour ensemencer les terres nouvellement défrichées, sur-tout dans les colonies de l'Amérique, soient conservés dans leurs gousses, ou *cossas*; l'expérience ayant fait connoître qu'ils germent, & produisent plus difficilement; & que souvent même ils ne germent point du tout, mais pourrissent inutilement dans la terre, lorsqu'ils sont transportés sans leurs *cossas* : ce qu'on a aussi observé à l'égard du froment & du seigle, qui ont été tirés des capsules de leur épy; y ayant apparence que la fève a plus de peine à se conserver dans les légumes & dans les bleds, lorsqu'ils sont exposés à l'air, & hors des enveloppes que la nature leur avoit données pour l'entretenir.

On a cru devoir faire cette remarque en faveur des compagnies, qui entreprennent des habitations dans des terres nouvellement découvertes, & particulièrement des François qui vont cultiver les vastes & fécondes campagnes de la Louisiane, qui faute de faire cette attention, ne recevoient pas de leurs peines le fruit qu'ils en espéroient, comme il est déja arrivé à plusieurs, attribuant à la mauvaise disposition du sol, ou du climat, ce qui ne vient que de ne pas employer des semences convenables.

COSSAS. Toile de mousseline unie & fine, que les Anglois rapportent des Indes Orientales; elle a seize aunes de long sur trois quarts de large.

Il y a aussi des *torps*, des *seers cossas*, des *doms cassas*, & des *bords cossas*, qui sont des mousselines de diverses fabriques, mais de même aunage que les simples *cossas*.

COSSE. (*Terme de parcheminier*). Ce qu'on nomme de parchemin en *cosse*, ou en *croûte*, n'est autre chose chofe que du parchemin, qui n'a point encore été raturé fur le fommier, & qui eft tel qu'il eft forti de la main du mégiffier.

CosSE. Eft auffi une efpèce de *fruit*, qui fe trouve dans quelques lieux des côtes de Guinée, particulièrement fur les bords de la rivière de Serre-Lionne, dont il fe fait un affez bon négoce.

Ce fruit eft de la figure d'un maron d'Inde, & a même un peu de fon amertume; mais feulement autant qu'il en faut pour piquer légèrement le palais, mais non pas pour trop l'irriter. Il y en a de deux fortes, de rouge & de blanc, également eftimés des Négres & des Portugais.

C'eft de ce fruit, que ces derniers, qui le tranfportent bien avant fur la rivière de Serre-Lionne, où il n'en croît point, font une partie de leur négoce avec ces Barbares, de qui ils tirent en échange des pagnes, ou tapis, qu'ils troquent en defcendant avec d'autres Négres, pour des marchandifes du pays; comme de la cire, du miel, de la gomme, &c. ou qu'ils vendent même aux autres Portugais, qui ne font pas ce commerce.

COSTE. Os long & menu, un peu tourné en arc. Les *côtes* font attachées à deux à l'épine du dos des animaux, & leur couvrent prefque toute la poitrine, où elles viennent fe réunir.

On appelle *arrêtes* dans les poiffons, ce qu'on nomme *côtes* dans les animaux terreftres, à la réferve néanmoins des baleines, aux groffes arrêtes defquelles on donne auffi le nom de *côtes.*

« Les *côtes* de baleines paient en France les droits » de fortie, comme baleine coupée, c'eft-à-dire, » à raifon de 15 f. du cent pefant ».

CosTE DE SOIE. *Soie* de médiocre qualité. C'eft ce qu'on nomme communément du *capiton*, ou du *fleuret.*

CosTE - ROUGE. Efpèce de *fromage*, que l'on tire de Hollande, dont la pâte eft dure & ferrée, comme celle du parmefan d'Italie.

CosTE-BLANCHE. Autre forte de *fromage* de Hollande, qu'on nomme auffi *pâte-molle*, pour le diftinguer de la côte-rouge; étant en effet d'une confiftance plus graffe & plus mollette.

CosTE, *en termes de chaircuitier.* Se dit du boyau de porc, qui fert d'enveloppe aux divers ingrédiens qui entrent dans la compofition du boudin & des faucifles.

L'article 11 des anciens ftatuts des chaircuitiers, leur défend de donner aux anciennes faucifles, *côte* de nouveaux boyaux.

CosTE-D'INDE, ou COSTUS-INDICUS, ou COSTUS-BLAVO, ou COSTUS-CORTICUS, ou COSTUS-CORTICOSUS, ou enfin ECORCE de WINTHERUS. Ce font les divers noms que les auteurs, qui ont traité des drogues, donnent ordinairement à la canelle blanche.

COSTE DE BALEINE. C'eft proprement ce qu'on appelle *fanons de baleine* avant qu'ils ayent été dépecés.

Il y a une fcience particulière à couper les *côtes*

Commerce. Tome I. Part. II.

de *la baleine*, & il faut pour cela grande quantité de différens inftrumens de fer.

La *côte* appartient aux propriétaires du vaiffeau, & à ceux de l'équipage qui font paiés à leurs rifques & fortune.

COSTUS ARABICUS. C'eft la racine d'un arbre fort femblable au fureau, qui croît en abondance en Arabie, d'où il a pris fon nom.

Le plus grand ufage de cette racine, eft d'être employée dans la compofition de la thériaque.

Il faut choifir les racines du *coftus*, belles, pefantes, d'un gris cendré au dehors, & d'un gris rougeâtre en dedans, mal-aifées à rompre, d'une odeur forte, d'un goût aromatique un peu amer.

« Le *coftus verus* ou *arabicus*, doux ou amer, » paie en France les droits d'entrée, conformément » au tarif de 1664, à raifon de 5 liv. du cent pefant. » Et à la douane de Lyon; fçavoir, 12 f. du » quintal pour l'ancienne taxation; 28 f. pour la » nouvelle réapréciation; 13 f. pour les anciens » quatre pour cent; & 30 f. pour leur nouvelle » réapréciation ».

COTE, que plufieurs écrivent QUOTE. Partie d'un tout qui eft divifé, pour en diftribuer à chacun fa part & portion, foit pour le gain, foit pour la perte. On dit: l'on a partagé le profit de cette fociété, il en revient tant à chaque affocié pour fa *cote-part.* On dit auffi, qu'il faut faire une *cote* mal taillée; pour dire, qu'il faut régler une chofe incertaine & embrouillée, à une fomme liquide, fans entrer dans la difcuffion des particularités pour la partager.

COTIGNAC, que quelques-uns appellent auffi CODIGNAC. C'eft une efpèce de confiture, ou gelée, plus folide que les gelées ordinaires, qui fe fait avec le fucre, le jus de coin, & un peu de vin blanc.

Le *cotignac* d'Orléans, foit en grandes boëtes, foit en petites boëtes, qu'on appelle des *friponnes*, eft fort eftimé; & il s'en fait par les confifeurs de cette ville, un commerce affez confidérable.

COTIGNAC. Se dit auffi de la pâte, ou gelée épaiffie de quelques autres fruits; comme du *cotignac* de grofeille, du *cotignac* d'abricots: mais il eft peu en ufage parmi les confifeurs de Paris: ils difent, pâte d'abricots, pâte de grofeille.

COTISATION. Divifion d'une fomme, qui doit être paiée par plufieurs.

COTISER. Marquer à chacun la part qu'il doit payer d'une fomme, ou impofée par autorité publique, ou convenue entre particuliers.

On dit auffi, fe *cotifer*, pour fignifier, fe *taxer* foi-même à une certaine fomme; convenir volontairement d'entrer pour une certaine portion dans le paiement d'une dette, d'une impofition.

ESTRE COTISÉ D'OFFICE. C'eft avoir fait régler fa *cote-part* par un fupérieur, ou le juge, lorfqu'on a cru être léfé dans l'inégalité de la cotifation.

COTITÉ, ou QUOTITÉ. Il fe dit ordinairement de la taxe que chacun paie d'une impofition,

Aaaaa

ou du cens que les vassaux doivent au seigneur. On s'en sert néanmoins aussi dans le négoce, pour signifier la *part*, la *portion* que chacun doit porter dans une société, ou compagnie de commerce.

COTON, ou COTTON. Espèce de bourre, ou laine blanche, propre à être filée.

L'arbre qui produit cette utile marchandise, croît communément en plusieurs endroits du Levant, & des Indes orientales & occidentales; sur-tout les isles Antilles en produisent en quantité. L'on en cultive aussi dans la Sicile & dans la Pouille.

Il y a une autre sorte de cotonier, qui rampe sur la terre, à-peu-près comme une vigne qui ne seroit point soutenue d'échalats. Le *coton* qu'on en recueille est estimé le plus fin.

Il se fait un très-grand commerce de *coton*, qu'on distingue, en *coton en laine*, & en coton filé.

Le *coton* en laine est celui qui est tel qu'il sort de sa coque, & d'où l'on a seulement tiré les grains. Il est propre à différens usages; comme à mettre entre deux étoffes, pour faire des couvertures piquées, des robes de chambre, &c.

Pour le *coton* filé, on entend assez ce que c'est, sans avoir besoin d'autre explication : on dira cependant que c'est de ce dernier *coton* dont on se sert, pour faire tant de divers ouvrages; & dont on fabrique des toiles, des bas, des camisolles, des couvertures, des tapisseries & des futaines ; on en fait même entrer dans la composition de quantité d'étoffes avec la soie, le fil de lin, & autres matières. Les toiles, que l'on appelle *mousselines*, sont aussi entièrement fabriquées de fil de *coton*.

Le *coton* en laine se tire ordinairement de Chypre, de Saint-Jean d'Acre & de Smyrne. Le meilleur & plus estimé, est celui qui est blanc, long & doux. Ceux qui l'achetent en balles, doivent prendre garde qu'elles n'ayent point été mouillées, l'humidité étant très-contraire à cette sorte de marchandise.

La récolte du *coton* en laine est très-considérable aux environs de Smyrne, & plus qu'en aucun lieu du Levant. On en seme la graine en juin, & on la recueille en octobre. Le sol y est si propre, qu'on en peut semer jusqu'à trois fois dans la même année ; & si les premières plantes ne viennent pas bien, on ne fait point de difficulté de les arracher, dans l'espérance d'une seconde, ou troisième récolte.

Le meilleur *coton* en laine est celui de la plaine de Darnamas, étant le plus beau & le plus blanc de tous ceux qui se vendent à Smyrne.

On en peut tirer de Smyrne, année commune, jusqu'à 10,000 balles, quoiqu'il s'en emploie pour le moins encore autant dans les manufactures du pays.

Des *cotons* filés, ceux de Damas, qu'on appelle *cotons d'Once*, & ceux de Jérusalem, qu'on nomme *Bazacs*, doivent être préférés à tous les autres, aussi-bien que les *cotons* des isles Antilles. Il les

faut choisir blancs, fins, unis, très-secs, & les plus également filés qu'il se pourra.

Les autres *cotons* filés sont, les demi-Bazacs, les *cotons* de Rames, les moyens Bazacs, les *cotons* de Beledin, de Gondezel ; les Payas de Montasin, les *cotons* Joseph, les Gêneguins, les Baquiers, les Josselards, dont il y a de deux sortes ; les *cotons* de l'Echelle-neuve, & ceux de Constantinople ; mais rarement les marchands de France se chargent-ils de ces sortes de *cotons*, qui ne sont pas d'un si bon débit, que ceux dont il est parlé ci-devant.

Les *cotons* en laine se vendent par balles. Il est d'usage à Amsterdam, de déduire sur le poids six pour cent, pour la tare, ou emballage, & deux pour cent, pour le bon poids. Outre cela on déduit ordinairement sur la valeur un pour cent, pour le prompt paiement.

Les *cotons* filés des Indes, connus sous les noms de *Tutucorin*, *Java*, *Bengale* & *Surate*, se divisent en quatre ou cinq sortes, qui se distinguent par les lettres A, B, C, &c. Ils se vendent dans des sacs, pour chacun desquels on déduit sur le poids une livre & demie sur les *cotons* filés de Tutucorin, qui sont les plus chers ; & deux livres sur le poids des autres sortes.

A l'égard des *cotons* filés de Fielebas, Smyrne, Alep & Jérusalem, on déduit à Amsterdam sur le poids, huit pour cent pour la tarre, & deux pour cent pour le bon poids ; & sur la valeur, un pour cent pour le prompt paiement.

Il y a deux sortes de *cotons* en Perse, l'une qui est une espèce de ouate, & l'autre qui ressemble assez au *coton* des isles Antilles.

COTON DE SIAM. On nomme ainsi aux isles Antilles une sorte de *coton soyeux*, dont la graine y a été apportée de Siam. Ce *coton* est d'une finesse extraordinaire ; en sorte qu'il surpasse même la soie par sa douceur, ce qui en rend le filage plus beau & plus facile. Sa couleur naturelle est de couleur de café clair ; on en fait aux isles des bas qui sont préférables aux bas de soie par leur éclat & leur beauté ; ils s'y vendent jusqu'à dix ou douze & quinze écus la paire. Il s'en fabrique pourtant très-peu à cause que cet ouvrage consomme beaucoup de temps ; de sorte que ce qu'on en fait est plus par curiosité que pour en faire un objet de commerce.

« Les droits d'entrée & de sortie de tous ces divers *cotons*, tant en laine, qu'en graine & que filés, à la réserve de ceux du Levant & des Indes, se paient en France, conformément au tarif de 1664 ; sçavoir, les droits d'entrée des *cotons* en laine & en graine, sur le pied de 3 liv. le cent pesant, & les *cotons* filés, sur celui de 10 liv.

» A l'égard des droits de sortie, ils sont de 2 liv. 10 s. pour les *cotons* en graine ; de 4 liv. pour les *cotons* en laine ; & de 6 liv. pour les *cotons* filés, aussi le cent pesant.

» Les *cotons* de Limoges paient les droits de la douane de Lyon sur le pied de 35 s. 6 den. le

» quintal d'ancienne taxation ; & de cinq f. de nou-
» velle réapréciation.

» Les *cotons* du Levant font du nombre des mar-
» chandifes venant du Levant, Barbarie, & autres
» terres du grand-feigneur & du roi de Perfe, fur
» lefquelles il eſt ordonné être levé vingt pour cent
» de leur valeur, fuivant l'arrêt du 15 août 1685 ».

COTONNÉES ou COTONNADES. Petites
étoffes de coton.

COTONNER. Mettre du coton dans quelque
chofe, pour la rendre plus douce, plus mollette
& plus chaude. On *cotonne* les courte-pointes &
les robes de chambre. Le coton, dont on fe fert
à cet ufage, doit être cardé avec des cardes fines.

On dit, *en termes de manufactures*, qu'un drap,
qu'une ratine, fe *cotonnent*, lorfqu'à l'ufer il fe
forme par-deffus une efpèce de bourre ; ce qui provient d'avoir été mal tondus, ou que la laine n'ait
pas été bien couchée.

COTONNEUX. Ce qui approche de la qualité
du coton, ou qui jette une efpèce de coton.

Il fe prend, *en termes de manufactures*, en bonne & mauvaife part. Une étoffe *cotonneufe* eſt quelquefois une étoffe mal tondue, & qui par l'ufage
jette de la bourre : quelquefois, au contraire, il
fe dit d'une étoffe, qui eſt mollette & chaude.

COTONNINE. Groffe *toile*, dont la chaîne
eſt de coton, & la trême de chanvre. On en fait
quelquefois des voiles pour les vaiffeaux & galères
du roi.

« Les *cotonnines* paient les droits de la douane
» de Lyon, à raifon de 2 f. la pièce d'ancienne
» taxation ; & de 6 den. pour la nouvelle réapré-
» ciation ».

COTONNIS. Les attlas *cotonnis* font des fatins qui viennent des Indes Orientales.

Les couvertures *cotonnis*, font des couvertures
de fatin, auffi des Indes, d'environ deux aunes &
un quart de large, fur deux aunes & demie de
long.

COTRET, ou COTTERET. Nom que l'on
donne à une forte de bois à brûler, qui n'eſt autre
chofe, que plufieurs menus morceaux, ou bâtons
courts, qui font reliés enfemble par les deux bouts
avec des hares.

On a donné ce nom à cette efpèce de bois, à
caufe qu'il en a été envoyé en premier lieu de la
forêt de Villiers-Cofterets.

Quoiqu'il femble que les *cotrets* ne foient pas
un objet de conféquence pour le commerce, on
dira cependant qu'ils ne laiffent pas de tenir un rang
affez confidérable dans le négoce des bois à brûler,
s'en confommant une quantité prodigieufe en divers
endroits, mais particulièrement à Paris.

Les *cotrets* fe diftinguent en *cotrets* de taillis,
qui font la plûpart faits de menus morceaux, ou
bâtons de bois rond ; ou en *cotrets* de quartiers, qui
font fabriqués de gros morceaux, ou rondins de bois,
refendus en plufieurs autres plus menus. Les meilleurs & les plus eftimés, font ceux de quartier,

étant ordinairement de hêtre, fans mélange d'autres
bois.

Toutes fortes de *cotrets* doivent avoir deux pieds
de longueur, fur dix-fept à dix-huit pouces de circonférence, ou de tour. On les mefure avec une
petite chaînette.

Les marchands de bois, avant que de mettre en
vente leurs *cotrets*, font obligés d'en faire porter
au bureau de la ville, une montre, ou échantillon,
pour fur le rapport des jurés mouleurs de bois,
qui les ont vifités, en faire régler le prix par les
prévôt des marchands & échevins, qui en tiennent
regiftre.

Les *cotrets* fe vendent par cent, avec quatre
cotrets par-deffus, c'eſt-à-dire, que les marchands
en délivrent aux bourgeois cent quatre pour cent.
« Ordonnance de la ville de Paris, du mois de dé-
» cembre 1672, chap. 17, art. 1, 21 & 27 : &
» Ordonnance du 13 août 1669, art. 15 du titre
» de la police & conférvation des forêts ».

Les *cotrets* arrivent ordinairement à Paris par
de grands bateaux. Ceux qui viennent de Normandie, en remontant par la rivière de Seine, fe vendent aux ports de l'Ecole & Malaquais ; & ceux
qui font envoyés par les rivières d'Yonne & de
Marne, entrantes dans la Seine, au-deffus de Paris,
fe débitent au port de la Grève.

On dit : châtrer un *cotret* ; pour dire en ôter
quelques bâtons. Il n'y a guères que les regratiers
qui fe mêlent de châtrer les *cotrets* ; ce qui eſt une
friponnerie, qui ne peut être foufferte en bonne
police.

Il eſt défendu aux crocheteurs & à tous autres,
de faire des amas de *cotrets* fur les ports de la ville
de Paris, pour les revendre ; & aux chandeliers,
fruitiers & regrattiers, d'en avoir chez eux plus
d'un millier à la fois, pour les revendre à la pièce,
& non en gros, & feulement au-deffous d'un demi-
quarteron ; avec défenfes de les vendre au-deffus
du prix fixé à l'hôtel-de-ville pour le détail, dont
ils doivent avoir la pancarte attachée dans leurs
boutiques ; comme auffi d'en expofer aucun qui
foit altéré, &, comme on a dit ci-deffus, châtré,
à peine de confifcation, & dans ce dernier-cas,
de punition corporelle.

COTTA. Efpèce de *mefure* de continence dont
on fe fert aux Maldives pour mefurer les cauris,
c'eſt-à-dire, cette forte de petites coquilles qui fervent de monnoie en quelques endroits de l'Afie, &
prefque fur toutes les côtes de l'Afrique. Le *cotta*
contient douze mille cauris.

COTTE DE MAILLE, qu'on nomme autrement JACQUE DE MAILLE. *Armure* faite en
forme de chemife, tiffue de plufieurs petits anneaux de fer. C'étoit autrefois un des plus importans ouvrages de la communauté des maîtres chaî-
netiers de Paris, & qui étoit propofé pour chef-
d'œuvre.

COTTE. Se dit des *chiffres* que l'on met au haut
de chaque page d'un regiftre public, ou des livres

des marchands, banquiers, agens de change, & autres, pour en marquer le nombre, & empêcher qu'on n'en enlève aucune feuille, ou cahier.

COTTE. Est encore la part & portion que chacun doit porter dans une dépense commune. On l'écrit aussi cotte & quote ; mais souvent dans différentes significations.

COTTÉ. On le dit des livres & registres, dont les pages, ou feuillets ont été chifrés. Ce registre, ce journal, sont cottés par premier & dernier.

COTTER. Se dit des chiffres que l'on met au haut & sur le coin de chaque feuillet d'un livre, en commençant par le premier, & finissant par le dernier. Il faut cotter toutes les feuilles du grand livre, pour trouver avec facilité les endroits où les comptes de chacun sont portés.

Les livres des négocians & marchands, tant en gros qu'en détail, doivent être signés sur les premier & dernier feuillets, par l'un des consuls, dans les villes où il y a jurisdiction consulaire ; & dans les autres, par le maire, ou l'un des échevins, sans frais, ni droits, & les feuillets paraphés & cottés par premier & dernier, de la main de ceux qui auront été commis par les consuls, ou maire & échevins, dont doit être fait mention au premier feuillet.

Les livres des agens de change & de banque, doivent aussi être cottés, signés & paraphés par l'un des consuls sur chaque feuillet. Ordonnance du mois de mars 1673, art. 3 & 4 du titre 5.

COTTERIE. Se dit parmi les artisans, d'un juré où d'un maître de la confrérie d'une communauté, à l'égard de ceux qui sont en même-temps en charge.

Un juré ne peut aller en visite tout seul, il faut qu'il attende sa cotterie, c'est-à-dire, celui qui est juré avec lui.

COTTERIE. Se dit aussi entre les apprentifs, compagnons & garçons d'un même métier & profession, comme pour se distinguer & se reconnoître. C'est ma cotterie. Ma cotterie, avez-vous de l'ouvrage ?

COTTIMO. Terme de commerce de mer, en usage dans les échelles du Levant.

C'est une imposition que les consuls, par ordre de la cour, ou du consentement des marchands, imposent à tant pour cent sur les vaisseaux, soit pour le paiement de quelques avanies, soit pour d'autres affaires communes de la nation.

L'arrêt du conseil de 1684, ordonne qu'il sera établi un cottimo, à raison de deux pour cent, sur les premières voiles de retour de l'échelle d'Alexandrie, pour une indemnité adjugée à la compagnie du Levant.

COTTINUS. C'est le coggyna de Théophraste, & le bois de Fustet des botanistes François. Ce bois est propre aux teinturiers, & aux ébénistes ou menuisiers de placage.

COUCHER, en termes de tondeurs de draps. Signifie, ranger le poil sur la superficie de l'étoffe, après qu'elle a été tondue à fin ; ce qui se fait, soit avec ce qu'on nomme le cardinal, soit avec la brosse, ou enfin avec ce qu'on appelle la tuile.

L'article 18 du réglement du 20 novembre 1708, concernant les draps destinés pour le Levant, qui se fabriquent dans les provinces de Languedoc, Dauphiné, Provence & autres, porte : que les tondeurs & pareurs ne pourront se servir de cardes de fer, pour coucher & parer les draps ; & ne pourront les garnir de long, à peine de 30 l. d'amende.

COUCHER. (Terme de compte.) C'est employer, comprendre dans un compte, un article d'achat ou de vente, de recette ou de dépense. Il signifie aussi écrire sur un registre le détail journalier de son commerce. Un négociant exact ne doit jamais omettre de coucher sur son journal tout ce qui regarde son négoce, pour le porter ensuite sur le grand livre.

COUCHON, ou COCON. C'est la coque de vers à soie. Voyez COCON.

COUDÉE. Mesure prise depuis le coude jusqu'à l'extrémité de la main.

Les anciens en avoient de trois sortes : la grande coudée, qui revenoit à huit pieds de roi deux pouces : la moyenne, qui étoit d'un pied dix pouces : & la petite, qui avoit un pouce & demi moins que le pied & demi de roi. C'est proprement celle-ci qu'on doit appeler coudée, & dont on entend parler, quand présentement on veut mesurer quelque chose à cette mesure.

La coudée ne sert proprement que pour mesurer les hauteurs. Ainsi l'on dit, que quelque chose a deux, quatre, dix, vingt coudées de haut ; & jamais, ou du moins presque jamais, quand on parle de la profondeur, ou de la longueur & largeur.

COUDRAN. Composition de certaines herbes mêlées de divers autres ingrédiens, dans laquelle les bateliers de Paris font tremper leurs cordages, pour empêcher qu'ils ne se pourrissent.

COUENE. Grosse peau que l'on lève de dessus le lard du pourceau.

Il y a à Paris des regrattières, qui ont leurs boutiques ou échopes, auprès de la halle couverte de la marée, qui ne font que le négoce des couenes de lard salé & de la graisse de viandes rôties, qu'elles achètent, pour ainsi dire, en gros des cuisiniers, traiteurs & rôtisseurs, & qu'elles revendent en détail au petit peuple. Ce sont elles aussi qui en carême font commerce des épinars, pois, féves, lentilles & autres légumes cuits.

COUETTE, qu'on écrit aussi COTTE. Signifie, en termes de tapissiers & fripiers de meubles, ce qu'on nomme plus communément lit de plumes.

COUFLES. C'est ainsi qu'on nomme les balles, dans lesquelles on apporte le séné du Levant. Voyez SÉNÉ.

COUIS. Espèce de sebiles dont on se sert dans les îles Françoises de l'Amérique à la place des sebiles de bois ordinaires, qui sont en usage en France, elles se font avec le fruit du callebassier.

COUIT, qu'on nomme aussi GUZ. Sorte d'aune

dont on fe fert à Mocha pour mefurer les toiles & les étoffes de foies, elle porte 24 pouces de long.

COULAGE. Il fe dit dans le commerce des vins, des bières, des cidres, des huiles & autres liqueurs, de la perte & diminution qui s'en fait par leur écoulement, ou imperceptible, ou fubit, hors de leurs futailles & tonneaux.

On appelle *marchandifes fujettes au coulage*, celles où il peut arriver du déchet; en s'écoulant hors des vaiffeaux où elles font contenues.

COULER. Se dit de toutes les chofes naturellement liquides, comme de l'eau, du vin, de l'huile; ou de celles qu'on liquifie par l'art, comme les métaux, quelques minéraux, le fucre, & autres chofes femblables.

COULER. Se dit encore des mauvaifes marchandifes, qu'on fait paffer à la faveur de bonnes. Ce marchand m'a trompé, il a *coulé* quelques pièces de drap médiocres parmi celles qu'il m'a livrées.

COULEUR. Dans le commerce, le mot de *couleur* fe prend fimplement; & l'on nomme *couleurs*, les drogues, dont les peintres & teinturiers fe fervent, auffi-bien que les teintes que produifent ces drogues diverfement mêlées & employées, foit pour colorer des étoffes, foit pour peindre des tableaux.

Les épiciers, qui les vendent toutes préparées, débitent à la livre celles qui font propres aux imprimeurs à huile, & celles qui conviennent aux peintres, enfermées dans des veffies de différens poids.

Les *couleurs* pour la détrempe fe vendent ordinairement comme les marchands les reçoivent, en pierre, en pain, ou en poudre; & ce font les peintres qui les préparent eux-mêmes.

Pour celles en miniatures, qui font toujours les plus belles & les plus fines de toutes les efpèces, elles fe débitent au gros ou à l'once, fuivant qu'elles font précieufes; les unes comme les blancs, le noir, l'inde, les maffcots, la terre d'ombre, &c. broyées avec un peu d'eau gommée, & réduites en petits morceaux de la groffeur d'un pois ou d'une lentille; les autres, comme le carmin, le vermillon, l'outremer, &c. en poudre impalpable. D'autres encore fe vendent telles que la nature les produit, comme le verd de veffie, & la pierre de fiel; auffi bien que la gomme, qui fert à préparer l'eau des peintres en miniatures.

Les marchands épiciers, qui font ce négoce, ont coutume de vendre avec ces *couleurs*, non-feulement les huiles de noix, ou de lin, qui font les meilleures pour la peinture; mais encore tout l'affortiment des peintres: telles que font les palettes, les broffes, les pinceaux, les hantes, pour mettre au bout; les vernis, même les toiles toutes imprimées.

COULEVRÉE. Plante affez commune, que l'on nomme autrement *brionne*. Les marchands épiciers-droguiftes font un affez grand négoce de fa racine.

COULT. Efpèce de *bois*, qui fert à la médecine & à la marqueterie. Il croît dans la nouvelle Efpagne.

COUODO. *Mefure de Portugal*, qui contient deux aunes & un quart de Hollande; l'aune de Hollande faifant quatre feptièmes d'aune de Paris. On s'en fert à Goa & dans les autres places des Indes, qui appartiennent aux Portugais, pour mefurer les étoffes, les toiles, & autres femblables marchandifes envoyées d'Europe: à l'égard de celles des manufactures du pays, elles fe vendent par pièces, & demi-pièces d'une certaine longueur déterminée. *Voyez* LA TABLE.

COUPANT. Pièce d'or ou d'argent du Japon.

Les *coupons*, foit qu'ils foient d'or ou d'argent, ont la forme ovale. Il y en a d'or du poids d'une once fix gros. Ces pièces font extrêmement longues & larges, leur grand diamètre étant de plus de quatre pouces, & le petit de deux pouces & demi.

Il y a d'autres *coupans* d'or environ du tiers des grands, tant pour leur forme, que pour leur poids.

Les *coupans* d'argent pèfent quatre grains moins que la pièce de trente fols de France, & paffent pourtant pour la même valeur. Ces pièces ne font pas proprement des monnoies, mais elles fe prennent au poids, & fervent comme de monnoie.

COUPANT. C'eft auffi un petit poids dont on fe fert dans l'ifle de Borneo, pour pefer les diamans. Dix *coupans* pèfent entre 30 & 40 carats. *Voyez* la TABLE DES POIDS & MESURES.

COUPARA. Efpèce de *lacque*.

COUPEROSE. Minéral qui fe trouve dans les mines de cuivre, & qui proprement eft une efpèce de vitriol.

Il y a de la *couperofe* de Pife, d'Angleterre, d'Allemagne, de Chypre, de Hongrie & d'Italie, qui ne diffèrent que par la couleur & la bonté, étant toutes un même minéral.

La *couperofe* blanche eft la *couperofe* d'Allemagne calcinée & mife enfuite dans de l'eau, puis filtrée & réduite en fel; & dont, lorfqu'elle commence à fe coaguler, on forme des pains de quarante ou cinquante livres, tels qu'on les apporte de Goffelar en Saxe. Cette *couperofe* de Saxe avant que d'être blanchie, eft d'un verd bleuâtre, claire & tranfparente.

La *couperofe* de Pife eft verdâtre & en petits morceaux; celle d'Angleterre d'un beau verd clair; celle de Chypre & de Hongrie, d'un bleu célefte, en morceaux taillés en pointe de diamant; & celle d'Italie d'un verd céladon, auffi tranfparente que le verre.

La *couperofe* eft d'un ufage très-commun dans la préparation de plufieurs marchandifes; mais fur-tout elle eft abfolument néceffaire à la teinture, où on la met parmi les drogues communes aux teinturiers du grand & du petit teint, qui ne peuvent s'en paffer dans les noirs.

Les chapeliers s'en fervent, particulièrement pour la teinture de leurs chapeaux; & c'eft auffi avec la *couperofe* & la noix de gale que les marchands merciers & papetiers compofent leur encre à écrire.

« Par le tárif de 1664, les droits d'entrée fur la *couperofe* ont été fixés, fçavoir ; à raifon de 20 fols du cent pefant pour la blanche, & fur le pied de 12 fols auffi du cent pefant pour la verte. Quant à la fortie, il n'eft rien dû de cette drogue, en juftifiant du paiement des droits d'entrée.

» Les droits que la *couperofe* paye à la douane de Lyon font de 4 fols 3 den. le quintal pour l'ancienne taxation, de 9 den. pour la nouvelle réapréciation, de 8 fols pour les anciens quatre pour cent, & de 2 fols pour leur nouvelle réapréciation ».

COUPIS. *Toiles de coton* à carreaux, que l'on apporte des Indes orientales, particulièrement de Bengale. Ces toiles ont huit aunes de long la pièce fur trois quarts à cinq fix de large.

COUPLE. Deux chofes de même efpèce qu'on joint enfemble. Une *couple* de piftoles ; ce font deux piftoles : une *couple* de paires de gands : ce font deux paires de gands.

COUPPE. Signifie, *en terme de commerce & d'exploitation de bois*, la quantité d'arpens de bois qu'il faut couper, & le temps propre pour le faire.

La faifon convenable pour la *coupe* des bois, eft ordinairement l'hiver, parce qu'alors ils font hors de féve.

On dit que des bois font en *coupe*, quand ils ont l'âge porté par les ordonnances.

Une *coupe* de bois reglée eft celle qui doit fe faire réglement dans la révolution d'un certain nombre d'années ; comme les bois taillis tous les neuf ans ; les demi-futayes tous les vingt ans ; d'autres tous les cinquante, & d'autres encore plus tard.

COUPE. Dans l'ufage ordinaire, & dans le langage de quelques tarifs de France, ne fignifie qu'*un gobelet* ou *une taffe* ; & en ce fens, il y a des *coupes* d'étain, de cuivre & d'acier.

Les *coupes* d'acier ne fe font guères qu'en Tourraine & dans le Limofin, où il fe fait un affez grand commerce de ce métal.

« Les *coupes* d'acier de Limoges & autres lieux de France, paient les droits de la douane de Lyon, à raifon de 5 fols du quintal pour l'ancienne taxation, & de 2 fols pour la nouvelle réapréciation.

» Les droits des *coupes* d'acier de Tourraine font de 8 fols auffi par quintal d'anciens droits, & 2 fols de nouveaux ».

COUPE-GORGE. Paffage fur les grands chemins, diffamé par les vols & les affaffinats qui s'y commettent. Il fe dit auffi, *en terme de commerce*, des boutiques des marchands, où l'on vend exceffivement cher. Cette boutique eft un vrai *coupe-gorge*, tout s'y vend au double.

COUPPER, Veut dire chez les marchands,

lever d'une pièce de drap ou d'autre étoffe, une certaine quantité d'aunes, propre à faire certains vêtemens. *Coupez-moi* un manteau de ce drap d'écarlate : *coupez-moi* une jupe de cette étoffe or & bleu, c'eft-à-dire, autant qu'il en faut de l'un ou de l'autre, pour en faire une jupe ou un manteau.

On dit auffi abfolument, *coupez-moi* tant d'aunes de toile, tant d'aunes de dentelle, &c. pour fignifier *aunez* & me *livrez* cette quantité de dentelle ou de toile.

COUPER, *en terme de mefurage de grains, de légumes & de fel*. Signifie lorfque la mefure eft pleine, la *racler* par-deffus avec la racloire.

COUPPERET. *Inftrument* tranchant & pefant, avec un taillant très-large & bien aceré, quelquefois tout de fer, & quelquefois avec un manche de bois, qu'on nomme *fentoir*. *Voyez* FENTOIR.

Les bouchers, cuifiniers & pâtiffiers s'en fervent pour dépecer leurs viandes.

Ce font les taillandiers qui les font & qui les vendent ; ils font auffi une partie du négoce de la quincaillerie.

COUPPEUR DE POIL. Ouvrier qui, avec des cifeaux, ou avec une forte de couteau fait exprès, coupe ou tond le poil de deffus les peaux de caftors & de lapins, pour le pouvoir carder & arçonner, afin d'être employé dans la fabrique de chapeaux. Les maîtres cardeurs de Paris, par leurs ftatuts, ont entr'autres qualités, celle de *coupeurs de poil*.

Les chapeliers appellent *coupeufes*, certaines femmes qu'ils occupent chez eux à couper le poil de ces mêmes peaux. Ils les nomment auffi *arracheufes* ou *éplucheufes* ; parce qu'elles arrachent ou épluchent le jarre, qui fe trouve fur la fuperficie des peaux de caftors, avant que le poil en ait été coupé.

COUPEURS. L'on appelle ainfi en Normandie, en Flandre & en Hollande, certaine efpèce de *commiffionnaires*, que les marchands de cheveux en gros envoyent dans les villages chercher & couper les cheveux des jeunes femmes & filles.

COUPPON. Partie retranchée & coupée d'un tout.

COUPON D'ACTION, Portion du dividende ou de la répartition d'une action.

Ces *coupons* ont été inventés pour faciliter le paiement des dividendes, & épargner à l'actionnaire le foin de faire dreffer des quittances à chaque demi-année.

On les appelle *coupons*, parce qu'en les coupant & retranchant de la police ou billet d'action à chaque divifion des fix mois, ils deviennent des quittances en forme, qui fuffifent au caiffier de la compagnie pour fa décharge, & à l'actionnaire pour recevoir fa demi-répartition, fans même avoir befoin de la figner.

COUPON. Se dit auffi de certains *morceaux de toile de batifte claire*, de deux aunes chacun, qui viennent de Picardie, d'Artois & du Cambréfis, pliés par petits paquets quarrés, couverts de papier brun.

COUPON. Se dit encore de ces morceaux d'étoffe ou de toile, d'une ou deux aunes, plus ou moins, qui font proprement des reftes de pièces qui ont été vendues.

Quand un *coupon* de drap, ou d'autre étoffe eft fuffifant pour faire un jufte-au-corps, ou quelque autre vêtement, fans qu'il s'y trouve de pérte; les marchands difent que c'eft un bon refte. Il eft plus facile de fe défaire des *coupons* de toiles, que des *coupons* d'étoffes, les derniers n'étant guères propres que pour les frippiers.

COUPON. On appelle pareillement des *coupons* de coutils, de petites pièces de ces fortes de toiles, qui n'ont ordinairement que quatre aunes, quatre aunes & demie ou cinq aunes de long; ces coutils fe font à Bruxelles.

COUPON, chez les marchands de bois flotté. Eft une certaine quantité de bûches liées enfemble avec des perches & des rouettes. Il faut dix-huit *coupons* pour former un train de bois flotté.

COURAMMENT, d'une manière ordinaire, d'une manière commune. On dit qu'une marchandife, qu'une denrée, qu'une étoffe fe vendent un tel prix tout *couramment*, pour fignifier qu'*il n'y a point à marchander*, que *c'eft leur prix courant & ordinaire*.

COURANT, COURANTE. (*Termes de monnoies & de commerce.*) On appelle *le prix courant* d'une étoffe, d'une denrée, d'une marchandife, le prix connu & ordinaire qu'on a coutume d'en donner.

On nomme *monnoie courante*, celle qui a cours & qu'on reçoit dans le commerce.

COURANT. On dit le *courant* des intérêts d'une fomme, des arrérages d'une rente, pour fignifier *ceux qui courent* actuellement, & qui ne font pas encore échus; ce qui les diftingue des anciens arrérages.

COURANT. On appelle *en terme d'aunage* de tapifferie de haute ou de baffe-liffe, de bergame, de cuir doré, &c. une aune *courante*, l'aune de ces tapifferies mefurée & eftimée dans fa longueur, fans avoir égard à fa hauteur. Ce qui eft oppofé à une aune quarrée, qui eft celle qui doit avoir une aune de haut & de large.

TOISE COURANTE. Se dit dans le même fens; mais outre qu'elle eft dans cette fignification oppofée à toife quarrée, elle l'eft encore à toife cube, qui eft une mefure qui a une toife de tout fens.

COURANT. Terme abbréviatif dont fe fervent les négocians pour exprimer le mois dans lequel ils écrivent : *j'ai eu l'honneur de vous écrire le 6e du courant*, c'eft-à-dire, le 6 du préfent mois. Il *vous plaira payer au dernier du courant*, c'eft-à-dire, au dernier jour du mois *courant*.

COURANT. Mouvement rapide des vagues de la mer, qui fe portent vers certains endroits avec tant de violence, que fouvent les vaiffeaux font obligés de s'y laiffer entraîner : on rencontre plufieurs de ces *courans* en allant aux ifles de l'Amérique.

COURBE. (*Terme de voiturier par eau.*) Il fignifie *deux chevaux accouplés enfemble*, qui fervent à conduire des bateaux, foit en montant foit en defcendant les rivières.

L'ordonnance de Louis XIV, du mois de décembre 1672, pour la ville de Paris, fait défenfe aux voituriers d'aller par rivière, autrement qu'entre foleil levant & couchant, fous prétexte de jour nommé, ou de plus grande diligence, fauf à eux de renforcer les *courbes* des chevaux, pour hâter la voiture.

COUREUR DE BOIS. L'on nomme ainfi en Canada, les *habitans qui vont faire la traitte des caftors & autres pelleteries*, & qui par le moyen des lacs vont chercher les Sauvages, amis des François, jufques dans leurs habitations les plus éloignées, où ils leur portent des marchandifes d'Europe, pour les échanger contre celles du pays.

COURIR. On dit que les intérêts d'une fomme commencent à *courir*, lorfqu'ils commencent à être dûs.

Les intérêts des fommes dûes pour marchandifes, ne *courent* que du jour que la demande en a été faite en juftice par le créancier, & qu'il eft intervenu un jugement, qui y condamne le débiteur.

COURIR. Une monnoie qui court. Eft la même chofe qu'une monnoie courante; c'eft-à-dire, qui a cours actuellement, & qui fe reçoit dans le négoce.

COURIR. Faire *courir* des billets. C'eft lorfqu'on a perdu quelque chofe de conféquence, comme joyaux, pierreries, vaiffelle d'argent, meubles, &c. envoyer des billets chez les joyailliers, orfévres & frippiers, contenant la qualité & defcription des chofes perdues, pour les prier d'arrêter ceux qui s'en trouveroient faifis, & qui viendroient pour les vendre.

COURIR SUR LE MARCHÉ D'AUTRUI. C'eft vouloir avoir une marchandife dont un autre eft en marché, en enchériffant fur lui, ou en offrant de meilleures conditions.

COURIR-FRANC. Terme de négoce de mer, qui fe dit lorfque les agens de banque ne prennent rien pour leurs falaires, des lettres-de-change qu'ils font fournir pour de l'argent comptant.

« Les commiffionnaires des négocians & banquiers » ne doivent pas faire payer à leurs commettans, » des courtages de lettres-de-change qu'ils auront » prifes de leur argent, pour la difpofition duquel » les agens de banque auront *couru-franc*; c'eft- » à-dire, qu'ils n'auront rien pris pour leurs peines, » n'étant pas jufte & raifonnable qu'ils miffent en » compte une chofe qu'ils n'auroient pas payée ». M. Savary, *Parfait Négociant, livre III, chap. IV de la deuxième partie.*

COURIR. On dit, *en terme de manufacture de draps*, que les fils *courent*, lorfque l'étoffe n'eft pas affez remplie de trème, ou qu'elle n'eft pas fuffifamment battue.

L'article XII du réglement du 20 novembre 1708, pour les draps qui se fabriquent dans les manufactures des provinces de Languedoc, Provence & Dauphiné, porte, que les tisserans seront tenus de tremper en pleine eau, la trême des draps mahons, de les battre suffisamment & également, & de les bien remplir de trême, observant de ne pas laisser courir les fils.

COURONNE, pièce de monnoie d'argent d'Angleterre, que les Anglois nomment *crown*, & que les François prononcent *croone*.

COURONNE. C'est aussi une monnoie d'argent de Danemarck. *Voyez* LA TABLE DES MONNOIES.

COUROU, monnoie de compte dont on se sert dans les états du grand-mogol. Le *courou* de roupies fait cent mille lacks de roupies, & le lack cent mille roupies. Un padan vaut cent mille *courous*, & le nil cent mille padans. *Voyez* LA TABLE DES MONNOIES.

COURROYE. Lanière ou morceau de cuir long & étroit, embelli de plusieurs ornemens d'or, d'argent ou de soie, dont les anciens François se servoient pour faire des ceintures, avant que la mode des habits courts eût succédé à celle des robes & habillemens longs.

COURROYEUR, CORROYEUR & CONROYEUR. Artisan qui courroye les cuirs, qui leur donne la dernière préparation, pour les disposer à être mis en œuvre, qui les teint, qui les amollit & qui les graisse.

Il y avoit autrefois à Paris quatre communautés d'artisans, qui travailloient aux cuirs, au sortir des mains du tanneur, & qui leur donnoient la dernière préparation; les *courroyeurs*, qui faisoient les cuirs blancs; les baudroyeurs, qui travailloient aux cuirs de couleur; les cordouaniers qui ne courroyoient que les cordouans, qui sont des espèces de maroquins; & les sueurs, qui donnoient aux cuirs le suin & la graisse. Ces quatre communautés avoient chacune leurs jurés; mais les jurés de toutes les quatre se réunissoient pour faire ensemble les visites chez les maîtres des quatre métiers.

L'on n'a pu découvrir dans quel temps s'est faite l'union de ces communautés; mais il y a déjà plusieurs siécles qu'on ne connoît plus que la seule communauté des *courroyeurs-baudroyeurs*, qui donne aux cuirs toutes les façons que les quatre autres leur donnoient.

COURS. Est un terme fort en usage parmi les négocians, & qui a plusieurs différentes significations dans le négoce.

COURS. Se dit des longs voyages qui se font sur mer, pour le commerce: ainsi les voyages des Indes sont appellés *voyages de long cours*.

COURS. Signifie aussi quelquefois la *mesure* & l'étendue d'une étoffe, d'une marchandise.

On dit qu'une tenture de tapisserie a vingt aunes de *cours*, pour dire qu'elle a vingt aunes d'étendue.

COURS, en termes de négoce de banque, veut dire ce qu'il en coûte pour faire des remises d'argent

d'une ville à une autre, ou, comme on dit, de place en place.

Ainsi, en parlant du change des places, on dit: Le *cours* du change de telle place, est sur un tel pied.

COURS. S'emploie souvent, en fait de monnoies pour faire entendre que certaines espèces sont, ou ne sont pas reçues dans le public, ou qu'elles y sont reçues pour plus ou moins de valeur.

Dans tous ces sens on dit: c'est une monnoie décriée, qui n'a plus de *cours*: ou, c'est une monnoie nouvelle qui n'a *cours* que depuis peu: ou bien, toutes sortes de monnoies étrangères ont à présent *cours* en France: ou encore, les monnoies de France ont *cours* dans les pays étrangers, sur un pied plus considérable que dans le royaume.

COURS. Signifie encore le *crédit* ou *discrédit*, que les billets d'un marchand, négociant ou banquier ont dans le négoce; de sorte que lorsque l'on dit, que les billets d'un marchand, d'un négociant, n'ont plus de *cours* sur la place, c'est-à-dire, que personne ne veut s'en charger, que l'on les trouve mauvais. Au contraire, lorsque l'on dit que les billets d'un négociant ou d'un marchand, ont grand *cours* sur la place, cela veut dire que tout le monde s'en veut bien charger, que l'on les trouve bons.

COURS. Se dit encore de la faveur que prennent ou que perdent, soit par les édits & déclarations des princes, soit le goût ou l'inconstance du public, qui les recherche ou n'en veut plus recevoir, les billets introduits dans le commerce.

COURS. Se dit aussi parmi les marchands, de la bonne ou mauvaise vente des marchandises, des étoffes, des denrées. On dit, en parlant des étoffes nouvelles, que c'est la mode qui leur donne le *cours*: & au contraire, des étoffes d'ancienne mode, qu'elles n'ont plus de *cours*; parce qu'elles ont perdu l'agrément de la nouveauté.

COURSE. Se dit du temps qu'un vaisseau marchand a mis à faire son voyage, sur-tout si c'est un voyage de long cours. L'Amphitrite n'a pas été deux ans à faire sa *course*.

COURSE. S'entend encore des incursions que l'on fait par mer sur les vaisseaux des ennemis de l'état. Les marchands de Saint-Malo ont armé cette année vingt vaisseaux, pour aller en *course* sur les Anglois & Hollandois: la *course* a été heureuse; les armateurs s'y sont enrichis.

On dit dans le même sens: aller en *course*, ou faire la *course*.

COURSE. Vaisseau armé en *course*, c'est un vaisseau armé par des particuliers pour courir sur les ennemis de l'état, pour interrompre leur commerce & leur navigation. Ces vaisseaux doivent avoir des commissions du prince, sans quoi ils sont réputés forbans & corsaires; & comme tels, ceux qui les montent peuvent être traités suivant la rigueur des loix.

Ii

Il y a en France divers réglemens concernant ces sortes de vaisseaux.

COURT D'ARGENT. Celui à qui il manque de l'argent, pour faire une acquisition, pour terminer une affaire. Ce marchand s'est trouvé *court d'argent* pour achever ses emplettes.

COURT. Prendre un marchand de *court*, c'est lui demander le paiement d'une lettre-de-change, d'une obligation, d'une dette, lorsqu'il n'a point, ou peu de fonds dans sa caisse.

COURTAGE. Profession de celui qui s'entremet de faire acheter, vendre, échanger & troquer des marchandises, ou de faire prêter de l'argent.

COURTAGE. Signifie aussi le *droit* ou *salaire*, qui se paie à celui qui exerce le *courtage*.

COURTAGE. Droit qui se lève à Bordeaux. La ferme de ce droit & le bureau où il se paie.

COURTAUD DE BOUTIQUE. *Terme injurieux & de mépris*, dont on se sert quand on veut ravaler la profession, quoiqu'honorable, des apprentifs & garçons des marchands, & sur-tout de ceux qui travaillent en boutique chez les artisans.

Quelques-uns croyent trouver l'étymologie de ce terme, dans les habits courts, dont autrefois il n'y avoit à Paris que le petit peuple, & sur-tout les gens de métier, qui se servissent.

COURTEPOINTE. *Couverture de lit*, qui traînoit autrefois jusqu'à terre, & qui présentement ne tombe que jusques sur ce qu'on appelle les *soubassemens*.

« Les couvertures, *courtepointes* & loudiers de » ploc ou poil, paient en France les droits d'entrée » sur le pied de 24 s. la douzaine, & ceux de sortie, » à raison de 22 s. le cent pesant.

» Les couvertures, *courtepointes*, loudiers & » tapis de Rouen, paient, comme mercerie, 3 liv. » du cent pesant, le tout avec les sols pour livre. »

COURTIER. Qu'on a nommé aussi COURATIER. Celui qui se mêle de faire, vendre, acheter, échanger & troquer des marchandises.

Henri III. fut le premier qui créa en titre d'office, les fonctions des *courtiers*, qui jusques-là avoient été entièrement libres; mais cette création n'eut lieu que sous le règne suivant, encore ne fut-elle exécutée que pour les *courtiers* de change; la même liberté ayant subsisté & subsistant encore presque sur l'ancien pied dans toutes les villes de France, à la réserve d'un petit nombre, où il y a des *courtiers* en titre d'offices, comme à Bordeaux, pour toutes sortes de marchandises; & à Paris, pour quelques espèces de marchandises seulement.

L'on compte à Paris au nombre des officiers de ville, qui dépendent des prévôt des marchands & échevins, trois sortes de *courtiers*.

1°. Les *courtiers* de chevaux pour les voitures de la marchandise par eau. Ceux-ci sont établis pour la navigation, & ont soin de visiter les chevaux pour le montage des coches & des bateaux, de biller les

cordes, & d'obliger les voituriers à réparer ou dépecer les bateaux qui ne sont plus en état de faire voyage.

Ces *courtiers* sont différens des *courtiers* de chevaux, qui s'entremettent de faire acheter, vendre ou troquer toutes sortes d'animaux de tirage & de charge, qui ne sont point à Paris en titre d'offices.

2°. Des jurés *courtiers* de vin sur les ports, pour visiter & goûter les vins qui y arrivent. C'est à eux de juger si les vins ne sont point chargés d'eau ou d'autre mauvais remplage, & d'avertir les acheteurs si les futailles & tonneaux sont de la jauge signifiée par la marque qui y est apposée par le jaugeur.

3°. Des *courtiers* de lards & graisses. Ces officiers sont préposés à la décharge & visite de ces sortes de marchandises dans les places où elles se vendent, & sont responsables à l'acheteur, de leur bonté, & au vendeur, du prix de sa marchandise.

L'on appelle aussi *courtier de sel*, de petits officiers de gabelle, qui assistent aux greniers les jours de distributions, & qui fournissent les minots aux mesureurs, & les toiles & bannes pour mettre sous les minots.

L'on appelle au Grand-Caire, & en plusieurs échelles du Levant, *censals*, les Arabes qui se mêlent du courtage : leur manière d'y traiter les affaires des marchands & d'y faire leur négociation, est si singulière, qu'elle a mérité un article particulier.

Les *courtiers* d'Amsterdam, nommés *Makelaers*, sont de deux sortes : les uns sont des espèces d'officiers, qu'on appelle *courtiers-jurés*, à cause du serment qu'ils prêtent pardevant les magistrats & bourguemestres : les autres sont ceux qui, sans commission & sans être avoués du magistrat, se mêlent du courtage. On donne à ceux-ci le nom de *courtiers ambulans*.

COURTIERS DE TRAITS DE BATEAUX. Ce sont de petits officiers établis sur les ports de la ville de Paris, qui se mêlent de la vente & achat des *traits & cordages* des bateaux chargés de marchandises qui arrivent dans lesdits ports, & que les maîtres desdits bateaux ne veulent pas renvoyer ou remporter avec eux.

COURTIGE. *Terme en usage à Marseille & dans le Levant*, pour signifier *ce qui manque sur la longueur que doivent avoir les étoffes*. Comme il y a presque toujours du *courtige* aux pièces qu'on envoye de chrétienté dans les Echelles, les marchands du pays s'avantagent de quelque chose sur les réductions pour n'être pas obligés de les mesurer toutes, & pour se dédommager en même temps de ce *courtige*.

COURTON. C'est la troisième des quatre sortes de filasse, que l'on tire du chanvre; les autres sont le chanvre, la filasse & l'étoupe; le *courton* est ainsi nommé, de ce qu'il est très-court.

COURT-PLIS. On nomme ainsi dans les réglemens pour les toiles à voiles qui se font en Bretagne.

Bbbbb

gne, le *plinge* defdites toiles qui a moins d'une aune de longueur.

COUSSIN. Oreiller, ou carreau.

COUST. Ancienne ortographe qu'on ne fuit plus. On dit : *coût* ou *prix* ; *coûtant* ou *prix coûtant* ; *coûter* ou *valoir* un certain prix.

COUSTUME. *Voyez* COUTUME.

COUTEAU. Uftenfile fervant à la table, fait d'un fer acéré, & tranchant du côté qui doit fervir à couper. Il y en a de plufieurs formes ; comme des *couteaux* plians, à reffort & fans reffort, des *couteaux* à gaine & quantité d'autres.

On fe fert de *couteaux* à tant d'ufages, qu'il feroit trop long de les rapporter tous ici : on va feulement expliquer les principaux de ceux qui fervent dans les manufactures, ou aux artifans des différens arts & métiers, dont il eft parlé dans ce Dictionnaire.

C'eft du mot de *couteau*, que la communauté des couteliers a pris fon nom.

« Les *couteaux*, de toutes fortes de façons & pays, » payent en France les droits d'entrée & de fortie, » comme mercerie ; fçavoir :

» Pour droits d'entrée, 10 l. du cent pefant, fui- » vant l'arrêt du 3 juillet 1692.

» Et pour droits de fortie, 3 l. conformément » au tarif de 1664, s'ils ne font pas de fabrique » Françoife, mais feulement 2 l. s'ils en font, &, » qu'ils foient déclarés & deftinés pour les pays » étrangers, à quoi ils ont été réduits par le même » arrêt du 3 juillet.

» A l'égard des droits de la douane de Lyon, les » *couteaux* de Tiers, & autres, payent 17 f. 6 d. » d'ancienne taxation, & 5 f. de nouvelle réapré- » ciation, de la charge. »

COUTEAUX. On appelle à Conftantinople, *premiers couteaux*, les peaux de bœuf, ou de vache, qu'on leve de deffus ces animaux, depuis le mois de juin jufqu'au mois de novembre. Ce font les meilleurs de tous ; auffi fe vendent-ils communément vingt-cinq pour cent plus que les paftremens, qui font les peaux qui fe font en novembre & en décembre. Les moindres de toutes ces peaux font celles du printemps.

COUTELERIE. C'eft l'art de faire des couteaux, & le lieu où on les vend. Il y a Paris la rue de la *coutelerie*, ainfi nommée du grand nombre des maîtres couteliers qui y ont leurs boutiques.

Ce terme comprend en foi toutes les fortes d'ou-vrages qui fe font par les couteliers ; comme ci-feaux, couteaux, rafoirs, &c. La *coutelerie* ne laiffe pas d'être un objet affez confidérable dans la marchandife de mercerie, où elle eft comprife fous le titre de *quincaille*.

La plus belle & la plus fine *coutelerie* fe fait à Paris, à Moulins, à Châtellerant, à Cône & à Langres : celle de Paris eft la plus eftimée ; il en vient auffi de très-bonne d'Angleterre.

COUTELIER. Celui qui fait, & qui vend des couteaux.

Dans les ftatuts de la communauté des maîtres

couteliers de la ville & fauxbourgs de Paris, ils prennent la qualité de *maîtres feures-couteliers*, *graveurs & doreurs* fur fer & acier trempé ; & non trempé.

COUTELIÈRE. *Etui de bois* couvert de cuir, où l'on met les couteaux de table. Ce font les maîtres gaîniers qui font ces étuis, & de qui les maîtres couteliers les achetent. Ils font auffi partie du négoce des quincailliers, qui vendent de la cou-telerie foraine.

COUTELINE. *Groffe toile* blanche, ou bleue, faite tout de fil de coton, qui vient des indes Orien-tales, particuliérement de Surate, dont les pièces contiennent quatorze aunes de long, fur trois quarts à cinq fix de large.

COUTIER. Celui qui fait, ou qui vend des *cou-tils*. C'eft un des noms des marchands, qui com-pofoient autrefois à Paris la communauté des cou-tepointiers, réunie à celle des tapiffiers en 1636.

COUTIL, ou COUTIS. Efpèce de toile très-forte & très-ferrée, ordinairement de fil de chan-vre, dont le principal ufage eft pour enfermer de la plume, pour faire des lits, des traverfins & des oreillers. On s'en fert auffi à faire des tentes pour l'armée, des jufte-au-corps, & des guêtres pour la chaffe.

Le réglement du 7 avril 1693, art. 1, veut, que les *coutils* foient compofés d'une même nature de fil, de pareille filure, fans aucune altération ni mélange ; & fans que les ouvriers y puiffent em-ployer au chef ni à la queue, au milieu ni aux lifieres ni à la chaîne, ni en la trême, du fil plus gros ou gâté, ni de moindre qualité ou valeur.

Les provinces de France où il fe fabrique le plus de *coutils*, font la Normandie & la Bretagne.

Les *coutils* de Normandie, auxquels l'on donne communément le nom de *coutils* de Coutance, parce que c'eft la ville de cette province où il s'en manufacture le plus, & d'où l'on prétend même qu'ils ont pris originairement leur nom, font ou en pièces, ou en demi-pièces ; les pièces contenant depuis cent vingt-deux jufqu'à cent trente aunes ; & les demi-pièces, depuis foixante-deux jufqu'à foixante-dix aunes. Il y en a de deux largeurs ; les uns de deux tiers, & les autres de trois quarts d'aune.

Les *coutils* de Bretagne font par pièces de vingt aunes de long, & leurs largeurs de deux tiers, de trois quarts, & d'une aune moins demi-quart.

Il vient auffi de Flandre certains *coutils* plus fins, & plus eftimés que les autres, que l'on appelle *coutils* de Bruxelles ; étant la ville du pays où il s'en fabrique davantage. Ils font ordinairement en petites pièces, ou coupons de cinq aunes, dont les largeurs font de deux aunes, d'une aune trois quarts, & d'une aune & demie.

On tire encore de Flandre une autre efpèce de *coutils* en pièces de dix aunes, fur demi-aune de large, qui font particuliérement propres à faire des oreillers.

On appelle *coutils de brin*, ou *grains grossiers*, ceux dont on se sert pour garnir les chaises & autres meubles.

Les vaisseaux de la compagnie des Indes Orientales de France, apportent quelquefois dans leurs retours, certaines manières de *coutils*, que l'on nomme *bolças*, qui se tirent ordinairement de Bengale; les uns de fil de coton, blancs & rayés; & d'autres à rayes jaunes, de fil de coton écru, dont les pièces contiennent pour l'ordinaire huit aunes de long, sur une aune moins demi-quart de large.

Il faut observer, que les longueurs & largeurs des *coutils* dont il est parlé en cet endroit, sont toutes réduites sur le pied de l'aune, mesure de Paris.

« Les *coutils* de toutes sortes payent en France
» les droits d'entrée, à raison de 6 l. la pièce de
» quinze aunes, suivant l'arrêt du 3 juillet 1692;
» & ceux de sortie, comme mercerie, c'est-à-dire,
» sur le pied de 3 l. le cent pesant, conformément
» au tarif de 1664; réduits néanmoins à 2 l. par
» le même arrêt du 3 juillet, s'ils sont de fabrique
» Françoise, & qu'ils ayent été déclarés pour les
» pays étrangers.

» A l'égard des droits, que les *coutis* payent à
» la douane de Lyon, ils sont réglés suivant leur
» nature & qualité; sçavoir :

» Les *coutils*, ou flaines de Normandie, 5 l. de
» la charge pour l'ancienne taxation, & 10 s. du
» cent pesant pour la nouvelle réapréciation.

» Les *coutils* rayés de soie, 10 s. la pièce d'an-
» ciens droits & 2 sols de nouveaux.

» Les *coutils* sans soie, 4 s. 6 d. aussi de la
» pièce pour l'ancienne taxation, & 2 sols 6 d. pour
» la nouvelle. »

COUTUMAT, que quelques-uns prononcent CONTUMAT. Il se dit en Guyenne, particulièrement à Bayonne, des lieux où se paye le droit de coutume.

Le *coutumat* de Bayonne contient jusqu'à dix-huit bureaux; sçavoir :

Bayonne,	Guiche,
S. Jean de Luz,	Urt,
Siboure,	Biaritz,
Hendaye,	Maindronde,
Anihos,	Irogne,
Isfatfon,	Bidart & Quetary,
Behobie,	Vieux Boucaut,
Bardos,	Uftaretz,
Haparce,	Ascain.

COUTUMES DE LA MER. *Voyez* US ET COUTUMES DE LA MER.

COUTUMES. Ce sont les droits qui se payent sur les côtes de Guinée, particulièrement dans les rivières de Gambie & de Sénégal, pour obtenir des rois négres la permission de faire commerce sur leurs terres.

Ces *coutumes* ne sont pas par-tout uniformes, les unes étant plus fortes, & les autres moins. Il y en a qui vont jusqu'à 2000 liv. monnoie de France, mais qui ne se payent qu'en marchandises propres

au pays; comme du fer, de l'eau-de-vie, des toiles, de la verroterie, des couteaux, &c.

COUTUMES. Se dit aussi de certains droits qui se payent à Bayonne, pour la sortie ou entrée des marchandises. On dit : *coutumes* de Bayonne, comme on dit : convoi & comptablie de Bordeaux.

COUTUMES. Signifient encore *un droit*, que les passagers & voituriers payent à l'entrée de quelques villes, bailliages & vicomtés de France, pour l'entretien des ponts, passages, chaussées & grands chemins.

Ces péages sont ordinairement indiqués par un morceau de bois pendu à une perche, que l'on appelle *billot* ou *billette*, auprès duquel est élevé un poteau, où est affichée la pancarte, ou tarif du droit.

Les voituriers, par les marchés qu'ils font avec les marchands, pour la voiture & le transport de leurs balots & marchandises, se chargent du paiement de ces sortes de *coutumes*, qui ne sont pas égales par-tout.

COUTUMES, Grande & petite *coutume*. Droits qui composent la recette de la comptablie de Bordeaux; ils montent ensemble à quatorze deniers maille pour livre de l'appréciation des marchandises, outre les deux sols pour livre de contrôle.

SE METTRE EN COUTUME. Il se dit à Bordeaux des barques & autres bâtimens chargés de sel, qui font leur déclaration aux bureaux de la comptablie & du convoi, pour être visités, & leur sel mesuré.

COUTURE. Art de coudre. En ce sens, on dit : mettre une fille chez une maîtresse couturière, pour apprendre la *couture*.

COUTURE, en termes de marine, & de calfateur. Signifie *la distance* qui se trouve entre deux bordages du vaisseau, qu'on remplit d'étoupe, de mousse & de calfat. On appelle *couture ouverte*, celle dont le calfat est sorti.

COUTURIÈRE. Ouvrière en couture.

La communauté des maîtresses *couturières* de la ville, fauxbourgs & banlieue de Paris, n'est pas fort ancienne.

COUVERT, en terme de teinturier. Se dit des teintures fortes & foncées, qui tirent sur l'obscur. On dit : ce bleu est un peu trop *couvert*; pour dire, qu'il n'est pas assez clair.

COUVERT, en terme de manufacture de lainerie. Se dit des étoffes qui n'ont pas été tondues d'assez près. Un drap trop *couvert* de laine, signifie *un drap* qui n'a pas été tondu comme il faut.

COUVERT. Terme de marchand de vin : on appelle *un vin couvert* lorsqu'il est fort rouge tirant sur le brun : l'Auvergnat est ordinairement fort *couvert*.

COUVERT. Veut dire aussi l'*envelope* d'un paquet de lettres. Il est peu d'usage.

COUVERT. On dit d'un négociant qui a fait banqueroute, qu'il a mis ses effets à *couvert*, lorsqu'il les a détournés, qu'il les a cachés, pour en frustrer ses créanciers.

COUVERTE. Ancien mot, qui fignifie la même chofe que COUVERTURE.

« Le tarif de Lyon de 1632, a confervé ce terme » dans la fixation des droits qui fe payent à la » douane de cette ville, pour cette forte de mar- » chandife.

» Ces droits font différens fuivant la nature & » qualité des *couvertes*; fçavoir:

» Les *couvertes* de Montpellier, d'*Avignon* & » autres femblables, 3 l. de la charge pour l'an- » cienne taxation; & 15 f. du cent pefant, pour la » nouvelle réapréciation.

» Les *couvertes* de laine d'*Auvergne*, 20 l. de » la charge d'anciens droits; & 5 f. du cent pefant » des nouveaux.

» Les *groffes couvertes de poil de chèvre* ou de » chien, 12 f. de la charge anciennement taxés; » & 3 f. de la réapréciation.

» Les *couvertes à poil de chien de Lorraine*, » 30 f. la balle d'ancienne taxation, & 1 fol de » nouvelle.

» Les *couvertes de cotonine piquées*, 11. pièce » d'anciens droits, & 5 f. de nouveaux.

» Les *couvertes piquées avec taffetas. Voyez* » VANNES.

» Les *couvertes de Catalogne & d'Efpagne*, » 3 l. pièce d'une part; & 7 f. 6 d. d'autre, d'an- » ciennes taxations; & 3 f. auffi d'une part, & » pareille fomme d'une autre, pour les nouvelles » réapréciations.

» Le même tarif parle d'une autre forte de *cou- » vertes* de Montpellier, outre celle ci-deffus em- » ployée, qui paye 30 f. de la balle, d'ancienne » taxation; & 15 f. de réapréciation. »

COUVERTURE DE LIT. Étoffe ordinaire- ment de laine blanche, qui fert à couvrir les lits, pour fe garantir de la fraîcheur de la nuit.

Il fe fabrique quantité de *couvertures* de laine à Paris & dans quelques provinces du royaume, par- ticulièrement en Normandie, en Auvergne & en Languedoc. La plûpart de celles qui fe font à Paris, fe fabriquent au fauxbourg S. Marceau; il y a auffi quelques métiers dans le fauxbourg S. Martin.

Des *couvertures* de Normandie, celles de Dar- nétal proche Rouen font les meilleures & les plus fines; les couverturiers y mêlant des laines d'An- gleterre & d'Efpagne avec des laines du pays.

Les *couvertures* de Vernon, autre ville de Nor- mandie, où il s'en fait auffi beaucoup, font moins eftimées, parce qu'il n'y entre aucune laine étrangère.

Les *couvertures* de Darnétal fe débitent à Rouen & à Paris; & pendant la paix, dans les pays étran- gers: celles de Vernon, à Beauvais, & dans les peti- tes villes d'alentour.

Outre les *couvertures* de laine qui fe font en France, on tire auffi quantité des pays étran- gers; entr'autres de Catalogne, d'Efpagne, de Flandre & d'Angleterre.

Celles de Catalogne, qui font très-belles & très- fines, ont confervé le nom du lieu de leur fabrique.

Quelques-uns néanmoins prétendent, que le mot de *Caftalogne*, ou *Caftelogne*, comme difent d'autres, vient de *Caftalana*, qui fignifie en latin, *la laine des agnelins*, dont on fuppofe que ces *couvertures* font fabriquées.

On fait auffi des *couvertures* de lit en foie & en coton.

« Les *couvertures* de laine qui viennent des pays » étrangers, payent en France les droits d'entrée » fuivant leur fineffe, conformément à l'arrêt du 7 » décembre 1688; fçavoir, celles de laine fine, » 6 l. de la pièce; & celles de laines groffes & mé- » diocres, 3 liv. Les unes & les autres ne peuvent » entrer que par Calais & S. Valery.

COUVERTURES DE MOUSSELINES. Il vient des Indes par le retour des vaiffeaux de la compagnie, des *couvertures de mouffelines* brodées à fleurs, qui font fort eftimées & affez rares. Leur longueur & largeur font de 3 aunes fur 2 aunes $\frac{1}{4}$.

COUVERTURES COTONIS. Ce font des *couvertu- res* ou *courtepointes*, d'une efpèce de fatin, que l'on tire des Indes d'orient.

COUVERTURE, *en terme de relieur*. Signifie ce qu'on met fur les livres en les reliant; ce qui s'en- tend également du *carton* & de *la peau* qu'on met deffus. On dit: une *couverture* de maroquin, de veau, &c.

COUVERTURE. *Terme de l'art de bâtir*, & en particulier, des maçons & des couvreurs.

Ce mot comprend en général tout ce qui fert à *couvrir* le comble d'une maifon; comme le plomb, l'ardoife, la tuile, le mairain, les rofeaux, la pail- le, &c. On le dit auffi du comble même.

COUVREUR. *Artifan* qui couvre les maifons.

COYEMBOURC. On nomme ainfi aux ifles Antilles *des efpèces de coffres* ou *caffettes* faites avec de groffes callebaffes d'arbres, que l'on coupe à la quatrième ou cinquième partie de leur lon- gueur, & qu'on couvre d'une autre partie de calle- baffe; elles fervent à ferrer les toiles, les dentelles; les étoffes de foie, & les papiers de conféquence que l'on veut fauver du pillage des ennemis: lorf- qu'ils font des defcentes, on les met en terre après les avoir liées & couvertes de lianne, ce qui empê- che que ce qu'on y met ne foit gâté par la pluie & par l'humidité. L'invention & le nom en viennent des Sauvages.

C R

CRABE. *Sorte de bois* qui vient de l'Amérique, dont on fait un affez bon commerce à la Rochelle. On n'a pû le trouver parmi les diverfes fortes de bois, dont le pere Labat a parlé dans fa relation des ifles Françoifes, à moins que ce ne foit le bois caraïbe, dont le nom feroit un peu corrompu.

Ce bois n'étant point tariffé, il eft du nombre des marchandifes qui doivent payer cinq pour cent de leur valeur par eftimation. Cette eftimation eft fixée au bureau de la Rochelle, du confentement des marchands, à 80 liv. le cent pefant.

CRAMOISI, rouge *cramoisi*. C'est une des sept couleurs rouges des teinturiers. Le demi-*cramoisi* est aussi une des sept couleurs.

CRAPAUDAILLE ou CRESPODAILLE. Espèce de *crépon de soie* fort delié. Le réglement de l'année 1667, fait pour les manufactures de draps d'or, d'argent & de soie, des villes de Paris, Lyon & Tours, porte que les *crapaudailles* seront, tant en chaîne qu'en trême, de bonne & pure soie, à peine de confiscation, & de vingt-quatre livres d'amende.

CRAPAUDINE, qu'on nomme aussi COUETTE & GRENOUILLE. C'est un *morceau de fer*, ou *de cuivre*, dans lequel tourne un pivot. *Voyez* COUETTE.

CRAQUELOT. L'on nomme ainsi *le hareng sor*, lorsqu'il est encore dans sa primeur.

CRAVATTE. Espèce de *collet*, que les hommes portent au cou, quand ils sont en juste-au-corps.

CRAVATTES. Il vient des Indes Orientales, particulièrement de Bengale, certaines mousselines, ou toiles de coton blanches, appellées *cravattes*, parce qu'on s'en sert ordinairement à faire des *cravattes*.

Ces mousselines sont de deux sortes; les unes brodées de fil de coton blanc; les autres rayées aussi de fil de coton blanc.

Les brodées sont de huit *cravattes* à la pièce; chaque *cravatte* longue d'une aune trois huit, & large de sept seize.

Les rayées sont de dix *cravattes* à la pièce; chaque *cravatte* d'une aune un tiers, d'une aune un quart, & d'une aune trois huit de long, sur diverses largeurs, depuis six seize jusqu'à demi-aune un seize ou neuf seize.

CRAVO DE MARENHAN. Les Portugais ont donné ce nom à l'arbre qui fournit la canelle giroflée.

CRAYE, *Pierre* blanche & très-tendre, qui sert à blanchir la vaisselle, les cuirs, les étoffes de laines. Quantité d'ouvriers l'employent aussi à marquer ou à dessiner leurs ouvrages.

Cette *craye* vient de Champagne, dont elle porte le nom, n'étant connue chez les marchands épiciers, & autres qui la vendent, que sous celui de *craye de Champagne*.

La *craye* des anciens venoit de l'isle de Crète, ou Candie; d'où le nom de *creta*, que cette isle porte en latin, avoit été donné à cette sorte de pierre. Ils en distinguoient de trois sortes, de blanche, de verdâtre & de noire; mais ils ne se servoient que de la blanche en médecine.

Les modernes en font aussi quelque usage pour la guérison des maladies, soit appliquée en remède topique, soit intérieurement, & prise avec le véhicule de quelque liqueur. On l'estime au dehors desséchante, déterssive, & propre à cicatriser les plaies & les ulcères; au dedans elle est bonne contre les ardeurs de l'estomach.

CRAYE DE BRIANÇON. Espèce de *pierre* assez approchante de la nature du talc; à la réserve qu'elle n'est pas si écailleuse, & qu'elle est plus dure.

Il y a deux sortes de *craye de Briançon*, la blanche & la verte. Toutes deux servent à ôter les taches de graisse de dessus les étoffes de soie.

Les tailleurs, tapissiers, couturières & autres semblables ouvriers & ouvrières travaillant en couture, s'en servent aussi pour marquer leur ouvrage.

Cette *craye* se tire de quelques carrières des environs de Briançon, ville de Dauphiné, d'où elle a pris son nom.

CRAYE ROUGE. Espèce de bol Arménien commun, mais en tout inférieur au véritable bol d'Arménie, étant très-frêle, & très-aisé à rompre. La meilleure croît en Egypte, & autour de Carthage: on en trouve aussi aux Indes occidentales; mais la plupart de celle qui en vient, n'est que l'ocre brûlé, & converti en *craye*.

Les charpentiers, & autres ouvriers en bois se servoient anciennement de *craye rouge*, pour marquer les différentes pièces des assemblages, auxquels ils travailloient; & c'est de-là que cette *craye* s'appelloit en latin *rubriqua fabrilis*. Présentement ces ouvriers n'employent plus à cet usage que la pierre noire, & la *craye* blanche.

« La *craye* blanche & autres, que le tarif de Lyon » appelle *croyes*, paient les droits de la douane de » cette ville sur le pied de 2 s. 6 den. d'ancienne ta- » xation, & 1 s. pour la nouvelle réapréciation ».

CRAYON. On appelle ainsi *toutes les pierres, terres & minéraux de couleurs*, dont on se sert, ou à dessiner, ou à peindre en pastel, soit qu'elles aient été broyées & réduites en pâte, soit qu'on les emploie dans leur consistance de pierre, après les avoir seulement sciées, ou coupées en petits morceaux longs & étroits.

On se sert de la pierre de mine, de la sanguine, & de la pierre noire, de cette dernière manière. Les *crayons* de toutes les autres couleurs sont au contraire des compositions de terre: il en vient de Hollande & d'Angleterre.

CRAYON. Se dit plus particulièrement de la mine de plomb, & c'est ainsi que cette pierre minérale s'appelle chez les marchands épiciers droguistes, & dans les tarifs des entrées. *Voyez* MINE DE PLOMB.

« Les *crayons* paient en France les droits d'en- » trée sur le pied de 20 s. le cent pesant ».

CRAYON. On appelle *marchands de crayons*, des petits marchands étallés à Paris sur les parapets du pont neuf, qui achètent en gros des épiciers la craye, la sanguine, la pierre noire & la mine de plomb, & qui les revendent en détail aux peintres & dessinateurs, après les avoir sciées, coupées, & aiguisées par le bout.

Ce sont aussi eux qui préparent & qui composent les divers *crayons*, qui servent à peindre en pastel, qui ne sont autre chose que divers boles, ou terre de couleurs pulvérisées, & réduites en pâte, avec un peu d'eau gommée.

Ces petits marchands vendent pareillement des

portes-crayons de cuivre, des compas de même
métal, des coquilles pour mettre détremper des
couleurs en miniature, des pinceaux, & quelques
autres petits inftrumens, qui fervent aux jeunes éle-
ves qui commencent à deffiner.

CRAYON. On nomme auffi crayons, de petites
baguettes, ou brochettes de bois de fept à huit pouces de longueur, creufées en dedans, & remplies
de mine de plomb. Les meilleurs viennent d'Angleterre, à caufe de la bonté de la mine qui vient
de ce pays-là. Ceux de Paris font moins bons ; ce
font les détailleurs de crayons qui font ceux-ci, &
qui vendent les uns & les autres.

PORTE-CRAYON. Petit inftrument qui fert à tenir
le crayon par un bout, lorfqu'on veut s'en fervir.
Il y en a d'argent, de cuivre & de corne ; les uns
à vis, les autres fans vis.

CRAYON. Se dit encore des deffins, & portraits
que l'on fait avec du crayon.

CRÉANCE. Titre d'une fomme due par un débiteur à un créancier.

LETTRE DE CRÉANCE, ou de crédit. Voyez LET-
TRE DE CRÉDIT.

CRÉANCIER. Celui à qui il eft dû quelque fomme ;
foit par contrat de conftitution, obligation, promeffe, ou autrement. Les loix des douze tables,
qui ont toujours fervi de fondement à la jurifprudence des Romains, permettoient au créancier de
mettre fon débiteur en pièces.

On admet en France diverfes fortes de créanciers ;
les uns fe nomment créanciers hypothécaires privilégiés ; les autres s'appellent fimplement créanciers hypothécaires ; & les derniers font nommés
créanciers chirographaires.

Les créanciers hypothécaires privilégiés, font
ceux qui ont des privilèges particuliers, affectés par
un contrat fur certains immeubles, par lefquels ils
font regardés comme leurs propres gages, par préférence à tous autres. Ces fortes de créanciers font
colloqués en ordre, fuivant la qualité de leur privilège.

Les créanciers fimplement hypothécaires, font
ceux dont les contrats de conftitution, obligation,
fentence de condamnation, ou autres titres, font
revêtus des formalités néceffaires, pour emporter
une hypothèque générale fur tous les biens des débiteurs. Ceux-ci-fe colloquent en ordre, fuivant la date
du titre de leur créance.

Les créanciers chirographaires, font ceux qui
n'ont d'autre titre pour fe faire payer, que de fimples promeffes, ou billets fous fignatures privées.
Ces derniers ne peuvent venir qu'à contribution fur
les meubles : il faut cependant remarquer qu'ils
deviennent créanciers hypothécaires, du moment
qu'ils ont fait reconnoître en juftice leurs billets,
ou promeffes, & qu'ils ont obtenu des fentences de
condamnation contre ceux qui en font les débiteurs.

Outre les trois efpèces de créanciers dont il vient
d'être parlé, il y en a encore une quatrième, que

l'on nomme créanciers engagiftes. Ces créanciers
engagiftes font ceux, qui en prêtant leur argent,
fe font fait donner des gages, pour la fûreté de ce
qu'ils ont prêté. On les appelle auffi prêteurs fur
gages ; mais cette manière de prêter n'eft nullement
approuvée, ni permife en France, quoiqu'elle le
fût autrefois chez les Romains.

Ce qu'on appelle direction de créanciers, eft
une affemblée qui fe fait entre les créanciers d'un
marchand, ou autre, qui leur a abandonné fes biens
& effets, pour éviter les frais de juftice, & tirer leur
paiement à l'amiable. Ceux de cette affemblée, qui
ont été choifis pour avoir foin des affaires qui regardent la direction, font nommés directeurs des
créanciers.

CRÉDIT. Se dit du prêt mutuel & réciproque,
qui fe fait de marchandifes ou d'argent, fur la
réputation de la probité & folvabilité d'un négociant.
Ainfi l'on dit : ce banquier a bon crédit, toutes les
bourfes lui font ouvertes : ce marchand eft en réputation, perfonne ne lui refufe crédit.

On dit, acheter à crédit, vendre à crédit, faire
crédit ; pour dire, que l'on ne paie pas comptant
les marchandifes qu'on achète.

CRÉDIT. Se dit auffi de la page à droite du grand
livre, ou livre d'extrait, ou de raifon, qui s'inti-
tule avoir, où l'on écrit tout ce que l'on a reçu,
pour raifon d'un compte, ou tout ce qui eft à fa
décharge. Ainfi l'on dit, je vous ai donné crédit,
j'ai paffé à votre crédit une telle partie.

CRÉDIT. On nomme lettres de crédit, ou de
créance, celles qu'on donne à des perfonnes de
confiance, pour prendre de l'argent fur des correfpondans, en des lieux éloignés, au cas qu'elles en
ayent befoin.

CRÉDIT. Se dit auffi du cours que les papiers,
ou écritures de commerce ont dans le public, &
parmi les négocians. On dit, que les billets d'une
compagnie ont pris crédit, lorfqu'ils fe reçoivent
volontiers, & fans efcompte par les marchands

Prendre crédit, fignifie pareillement dans le négoce, les actions de compagnie, pour être reçues
& achetées à plus haut prix qu'elles n'ont été créées.
En ce fens, on dit, que les actions de la compagnie des Indes Orientales de Hollande prennent
crédit, quand elles font dans le commerce à deux
& quatre pour cent, ou même davantage, plus
qu'elles n'étoient auparavant.

Difcrédit eft oppofé à crédit, & dire, que les
billets de monnoie font tombés dans le difcrédit ;
fignifie, qu'ils ne valent plus rien, que perfonne
ne s'en veut charger.

CRÉDITER UN ARTICLE, ou une partie dans
un livre, ou fur un compte. C'eft les porter à la
page à droite, que l'on nomme le côté du crédit.
On dit, je vous ai crédité pour la remife de cinq
cent livres, que vous m'avez faite, pour dire, j'ai
chargé cette fomme en crédit fur mon livre.

CRÉDITEUR. Terme dont les négocians fe fert

vent affez fouvent, pour fignifier un *créancier*, ou comme ils difent, celui qui doit avoir.

CRÉER UNE RENTE. C'eft en faire la conftitution, s'obliger de la payer annuellement, indiquer les fonds fur lefquels elle doit être établie, & les hypothéquer pour la fûreté du paiement.

CRÈS. Sortes de toiles de lin, qui fe fabriquent à Morlaix en Bretagne, & aux environs. Il y en a de quatre fortes; les *crès* larges, les *crès* communes, les *crès* grâtiennes, & les *crès* rofconnes.

CRESEAU, que quelques-uns écrivent auffi CREZEAU. Étoffe de laine croifée, qui eft une efpèce de groffe ferge à deux envers, couverte de poil des deux côtés.

Les *crefeaux* fe tirent prefque tous d'Angleterre & d'Ecoffe, où ils font auffi appellés *carifets*, ou *carèzes*. Leur largeur la plus ordinaire eft de demiaune demi-quart, les pièces contenant les unes 17 à 18 aunes, & les autres 22 à 24 aunes, le tout mefure de Paris. Il y en a de gros & de fins, quelquefois blancs, & quelquefois teints en différentes couleurs.

« Les droits de fortie de France, & des provin-
» ces réputées étrangères, s'en paient à raifon de
» tant du cent pefant, & pour l'entrée, fur le pied
» de tant de la pièce d'un certain aunage.

» Les *crefeaux* étrangers ne peuvent entrer en
» France que par les ports de Calais & de Saint-
» Vallery, conformément aux arrêts des 20 Décem-
» bre 1687, & 3 juillet 1692 ».

CRESME. La partie la plus épaiffe du lait, dont fe fait le beurre.

CRESME DE TARTRE, qu'on nomme auffi CRISTAL DE TARTRE. C'eft du *tartre* préparé de certaine manière, mais différente fuivant que cette drogue doit fervir, ou à la médecine, ou à la teinture. Les teinturiers du grand teint la mettent au nombre des drogues non colorantes.

« La *crème de tartre* paie en France les droits
» d'entrée à raifon de 3 liv. le cent pefant ».

CRESPAGE. Apprêt que l'on donne aux crêpes que l'on veut crêper, c'eft-à-dire, qu'on ne veut pas qui reftent liffes.

CRESPE, que l'on écrit auffi CRÊPE. Les perruquiers appellent *crefpes*, les cheveux qu'ils ont tortillés ou nâtés dans leur longueur, après les avoir frifés par en bas, & avant de les mettre au four. Cette façon les fait bouffer, & on les emploie dans les perruques ordinaires; mais on n'en met point dans celles qui imitent le naturel.

On nomme *cheveux crefpés*, des cheveux préparés comme ci-deffus, ou ceux qui font très-naturellement frifés.

CRESPE. Sorte d'*étoffe* non croifée, très-claire & très-légère, en forme de gaze, compofée d'une chaîne, & d'une trême d'une foie grèze, ou grège, c'eft-à-dire, telle qu'elle a été levée de deffus les cocons des vers qui l'ont produite; fi ce n'eft qu'elle a été torfe fur le moulin, ou rouet, avant que d'être mife en œuvre.

Les *crêpes* fe fabriquent avec la navette fur un métier à deux marches, de même que les gazes, les étamines, & autres femblables étoffes, qui n'ont point de croifure.

Il y a des *crêpes crêpés*, & des *crêpes liffes*, ou unis; les uns doubles, & les autres fimples.

La foie deftinée pour les *crêpes* crêpés, eft toujours plus torfe que celle qui s'emploie pour les liffes, ni ayant que le plus ou le moins du retors de la foie, & particulièrement de celle de la chaîne qui produife le crêpage; ce qui fe fait, lorfqu'au fortir du métier, on trempe l'étoffe dans l'eau claire, & qu'on la frotte avec un morceau de cire fait exprès, ce qui s'appelle *lui donner le crêpe*, ou *la crêper*.

Les *crêpes*, foit crêpés, foit liffes, fe blanchiffent ou fe teignent en noir fur le crû à froid, & s'apprêtent enfuite avec de l'eau gommée.

Les uns & les autres fervent à marquer le deuil que l'on porte de la mort de quelqu'un; les liffes pour les petits deuils, & les crêpés, pour les grands deuils.

L'invention des *crêpes* vient de Bologne en Italie. Elle fut apportée en France vers l'an 1667.

Les *crêpes*, tant crêpés que liffes, doubles ou fimples, ont des largeurs différentes, qui fe diftinguent par des numéros qui vont toujours en augmentant de deux en deux pour les nombres, & d'environ un trente-deuxième d'aune de Paris pour les largeurs par chaque nombre; & cela depuis le N°. 2, jufqu'au N°. 36, ce qui fait dix-huit fortes de numéros; fçavoir :

N°. 2, qui eft le plus étroit, N°. 4, N°. 6, N°. 8, N°. 10, N°. 12, N°. 14, N°. 16, N°. 18, N°. 20, N°. 22, N°. 24, N°. 26, N°. 28, N°. 30, N°. 32, N°. 34, & N°. 36, qui eft le plus large.

Il fe fabrique à Lyon & en Avignon, des efpèces de *crêpes* liffes tout de foie, larges de demiaune demi-quart, ou demi-aune jufte, fur quatrevingt à quatre-vingt-deux aunes de longueur, mefure de Paris, dont les femmes fe fervent auffi pour le deuil. On leur donne plus ordinairement le nom d'*étamine de foie. Voyez* ÉTAMINE, *vers le commencement de l'article.*

« Les *crêpes* liffes, & autres de toutes fortes,
» paient en France les droits d'entrée, conformément
» au tarif de 1667, même à la douane de Lyon,
» à raifon de 30 pour cent de leur valeur; &
» fuivant l'arrêt du 24 janvier 1690, ils ne peuvent
» entrer que par Auxonne & par Lyon.

» A l'égard des droits de fortie, ils font fixés par
» le tarif de 1664, fçavoir :

» Les *crêpes* de Reims fur le pied de 8 fols de
» la pièce, & les *crêpes* où il entre de l'or & de
» l'argent 40 fols de la livre ».

CRESPÉ, CRESPÉE. Ce qui tient de la nature & la qualité du crêpe ou du crêpon. Une étamine *crêpée* eft une étamine fabriquée à la manière du crêpon. Il vient d'Angleterre des étamines fortes, qu'on nomme ordinairement *crêpons d'Angleterre*, quoique ce ne foit que de véritables étamines crêpées.

On dit qu'une étoffe eft *crêpée*, qu'un drap eft

crépé, pour dire que l'une ou l'autre tiennent un peu du crépon, & qu'ils ne font pas travaillés uniment. Les étoffes & les draps fe crépent d'eux-mêmes, quand la chaîne eft trop torfe, & que la trême eft filée trop lâchement.

CRESPIN. On nomme ainfi en général *tous les outils & marchandifes*, qui fervent au métier de cordonnier & favetier; à la réferve néanmoins des cuirs qui ne font pas compris fous ce terme générique.

CRESPINE. Ouvrage du métier de Paffementier. C'eft un ouvrage à jour par le haut, & pendant par en bas en grands filets, ou franges, qui fe travaille avec l'aiguille, le crochet, la brochette, les pinces, & le fufeau à liffer.

Il fe fait des *crépines* de différentes couleurs, nuances & façons; de grandes, de petites, de doubles & de fimples.

Les matières les plus ordinaires qu'on y emploie font l'or, l'argent, la foie, le fleuret, la laine, le lin & le chanvre filé : on y fait auffi entrer du fil de fer, ou de léton.

Leur ufage eft pour enrichir les ornemens d'églife, les meubles, les caroffes, les chaifes roulantes & à porteurs, &c.

On les cloue, ou on les coud fur les étoffes, de manière que les filets ou franges tombent toujours perpendiculairement en en bas.

A Paris ce font les maîtres paffementiers-boutonniers, qui font en droit de fabriquer toutes fortes de *crépines* : il eft néanmoins permis aux marchands merciers d'en vendre, & d'en faire négoce.

CRESPON. Etoffe crêpée, non croifée, toute de laine, dont celle de la chaîne eft filée plus torfe que celle de la trême; ce qui en fait la crêpure.

Le *Crefpon* fe fabrique fur un métier à deux marches, ainfi que les étamines, & autres pareilles étoffes, qui n'ont ni façons, ni croifures.

Il fe tire des crefpons de divers endroits, tant de France, que des pays étrangers; & leurs longueurs & largeurs font différentes, fuivant les lieux où ils ont été fabriqués.

Ceux de Zurich en Suiffe, qui font les plus forts de tous, & dont il fe faifoit autrefois un négoce & une confommation affez confidérable en France, ont trois-huitiémes, c'eft-à-dire, demi-aune moins demi-quart de large, fur environ vingt-fix aunes de longueur, mefure de Paris. Ils viennent prefque tous, ou en blanc, ou en noir, ordinairement bon teint.

Les blancs, qui fe teignent en diverfes couleurs, comme rouge, couleur de feu, violet, bleu, &c. s'emploient à faire plufieurs vêtemens pour les cardinaux, les évêques, les gens de palais, & les femmes : les noirs fervent à faire des habits pour les gens d'églife, des robes de palais, habits de veuves, &c.

Les uns & les autres fe tirent prefque tous de Lyon; quelques marchands Suiffes, qui y font établis, les faifant venir en gros de Zurich, & en faifant des magafins, pour les revendre enfuite aux

négocians, foit de Lyon même, foit des autres provinces, ou des pays étrangers.

Il fe fait à Amiens des *crefpons* blancs, de laine rayée de fil, dont la chaîne doit être de trente-cinq portées de douze fils ou buhots chacune, de demi-aune un pouce de largeur, & de vingt-deux aunes de longueur, conformément à l'article 9 de l'arrêt du confeil d'état du 17 mars 1717, portant réglement pour les manufactures d'Amiens, dont les fabriquans n'ont point de ftatuts particuliers.

Le Languedoc, & particulièrement la ville de Caftres, fournit certains petits *crefpons* fort légers, & peu crépés, qui font de demi-aune jufte, ou de demi-aune moins un vingt-quatriéme de large, mefure de Paris, dont les femmes fe font des habits pour l'été. Ces fortes de *crefpons*, qui fe teignent en différentes couleurs, étoient autrefois en vogue, & il s'en confommoit beaucoup à Paris, & dans le refte du royaume; mais à préfent la mode en eft prefque perdue.

Il fe fabrique en Flandres, & fur-tout à Turcoing & à Lifle, quantité de petits *crefpons* fort légers, de différentes couleurs, les uns pleins ou unis, & les autres rayés, qui font prefque tous deftinés pour l'Efpagne.

Ceux de Turcoing font fort fins, & ont pour l'ordinaire trois huit d'aune de large, fur environ quarante-huit aunes de longueur, mefure de Paris; & ceux de Lifle, qui font beaucoup plus communs, ont, les uns trois-huit, & les autres fept feize de large, fur la même longueur que ceux de Turcoing.

On appelle *crefpon d'Angleterre*, ou *étamines jafpées*, certaines efpèces d'étamines un peu crêpées, foie & laine, qui fe manufacturent pour l'ordinaire à Alençon, à Angers & à Amiens.

L'on donne encore le nom de *crefpon* à une forte de petite étoffe crêpée, très-légère, toute de foie torfe, tant en chaîne qu'en trême, teinte fur le cru, dont les meilleurs viennent de Naples en Italie. Ceux du pays l'appellent *ritorti*. Il ne s'en voit guères en France de cette efpèce, la confommation en étant peu confidérable. Quelques-uns lui donnent auffi les divers noms de *crefpodaille* & de *crapaudaille*.

Il vient auffi des Indes orientales, par les vaiffeaux de la compagnie, quelques *crefpons* de foie, qui ne font pas beaucoup eftimés, & dont il ne fe fait qu'un très-médiocre débit. Les *crefpons* de la Chine font plus beaux, & de meilleure qualité : il y en a de blancs, & d'autres rayés de bleu : les rayés de bleu fe nomment *fouche*.

L'article 38 du réglement général du mois d'août 1669, fait pour les maîtres teinturiers en foie, laine & fil, des villes & bourgs du royaume, permet de teindre fur le cru, les foies deftinées pour la fabrique des crefpes, ou *crefpons*, & autres femblables étoffes de foie, qui fe font en plufieurs lieux.

CRETONNE. Sorte de toile blanche, qui fe fabrique en Normandie, du côté de Lizieux. Les *cretonnes*,

CRI

CRI

757

tonnes, ainſi appellées du nom de celui qui en a fabriqué le premier, ont la chaîne de chanvre, & la trême de lin.

Leurs largeurs ordinaires ſont de deux tiers, de trois quarts & demi, d'une aune, d'une aune demi-quart, de cinq quarts, & d'une aune & demie. La longueur des pièces eſt depuis ſoixante-dix juſqu'à quatre-vingt-quatre aunes, meſure de Paris.

Il s'en fait de fines, de moyennes & de groſſes, qui s'emploient en draps, ſerviettes & nappes, & en chemiſes pour hommes & pour femmes. Elles ſe conſomment preſque toutes en France, mais particulièrement à Paris.

CREUSET. *Vaiſſeau de terre ou de fer*, dont les monnoyeurs, les fondeurs, les vitriers, les chimiſtes, & pluſieurs autres artiſtes, ouvriers, ou artiſans, ſe ſervent pour mettre en fuſion les différens métaux & les diverſes matières ſur leſquels ils travaillent.

« Les *creuſets* de terre, que le tarif de Lyon » appelle *croſets* pour les orfèvres, paient les droits » à la douane de cette ville, à raiſon de quatre ſols » de la chargé pour l'ancienne taxation, & un ſol » pour la nouvelle réapréciation ».

CREUSON. On nomme ainſi à Milan l'*écu* ou *piaſtre* du pays. *Voyez* LA TABLE DES MONNOIES.

CREUX. *Terme de manufacture de lainage*, qui ſe dit particulièrement des draps mal fabriqués, & qui ſont trop lâches.

Ce défaut peut provenir de différentes cauſes : premièrement, de ce que les draps n'ont pas été ſuffiſamment remplis de trême : en ſecond lieu, de ce que le tiſſerand ne les a pas aſſez frappés ſur le métier : troiſiémement, de ce qu'ils ont été fabriqués de différentes qualités de laines, l'une ayant mieux foulé que l'autre : enfin, pour avoir été trop effondrés, ſoit ſur la perche par le chardon, ſoit par le tirage, en les arramant.

CREUXER, ou KREUX. C'eſt en Allemagne tout enſemble une *monnoie* courante, & une *monnoie* de compte. *Voyez* LA TABLE DES MONNOIES.

CREZEAU. *Voyez* CRESEAU.

CRI PUBLIC. Proclamation, ou publication qui ſe fait par des officiers de police, pour annoncer au peuple la vente de quelque marchandiſe. Tel étoit autrefois le *cri* qui ſe faiſoit par les crieurs de vin dans les places publiques, & le long des rues de Paris, pour enſeigner où les vins du crû des bourgeois ſe vendoient, & à quel prix. Cette coutume de vendre le vin bourgeois au *cri* d'un homme qui l'annonce, ſubſiſte encore en partie, mais ce ne ſont plus des officiers qui le font.

C'eſt auſſi au *cri* public que l'on annonce l'ouverture de la plûpart des foires; le rétabliſſement ou la liberté du commerce entre des nations auparavant ennemies, & réunies par un traité de paix; la défenſe d'enlever & de faire des magaſins de certains grains & denrées, comme de vins, de blés, &c. dans les temps de diſette : l'interdiction de quelques marchandiſes; telles, par exemple, que les toiles

Commerce. Tome I. Part. II.

peintes & étoffes des Indes, & pluſieurs choſes ſemblables, où le public à intérêt, particulièrement en fait de commerce : mais alors le crieur, qui eſt toujours un officier de ville, eſt accompagné de trompettes ou de tambours, ſuivant l'uſage des lieux.

CRI. Se dit auſſi de tout ce qui ſe crie à haute voix par la ville de Paris, ſoit pour l'achat, ſoit pour la vente, par les maîtres de la communauté des crieurs de vieux fers & vieux drapeaux; ou par certaines pauvres femmes, qu'on appelle *crieuſes de vieux chapeaux*; ou enfin, par toutes autres perſonnes qui vendent des menues denrées, légumes, fruits, &c. qu'elles portent dans des hottes, qu'elles étalent ſur des inventaires qu'elles ont devant elles, ou qu'elles conduiſent, chargées ſur des bourîques, ou de petits bidets qu'elles chaſſent devant elles.

CRIARD, CRIARDE. On appelle *dettes criardes*, les petites ſommes que l'on doit à pluſieurs créanciers, artiſans, marchands, ou autres; qui n'étant pas en état de faire long-temps crédit, viennent ſouvent en demander le paiement. On les nomme *criardes*, parce que le refus de les payer, ou la remiſe du paiement, engage ordinairement ces créanciers à crier après leurs débiteurs.

CRIARDES. On appelle auſſi de la ſorte, des toiles extrêmement gommées, dont les femmes font des eſpèces de jupons, pour ſoutenir, & comme enfler leurs jupes de deſſus. Ce nom leur vient d'un bruit, ou ſorte de cri que ces toiles font, lorſque celles qui en portent ſont obligées de faire quelque mouvement.

CRIBLE. Inſtrument à nettoyer & vanner les grains & les légumes ſecs. Il y a des *cribles* de fil de fer, qu'on appelle *cribles à pied*, qui ſont des eſpèces de tremies.

CRIC. *Inſtrument* très-utile & d'un grand uſage, pour lever toutes ſortes de fardeaux.

CRIÉE. Publication des meubles, hardes, tableaux, marchandiſes & autres choſes, dont la vente a été ordonnée en juſtice. Il ſe fait auſſi des *criées* volontaires, pour ſe défaire des effets d'une ſucceſſion, ou de ſes propres meubles & hardes; pour leſquelles néanmoins il faut obtenir auparavant permiſſion du juge.

C'eſt à ces ſortes de criées & de ventes, que les brocanteurs, & revendeuſes ſe trouvent en grand nombre, & où ils profitent ſouvent d'heureux haſards ſur leſquels ils font de grands profits.

CRIÉE. S'entend encore de la vente qui ſe fait à jour préfix, au plus offrant & dernier enchériſſeur, des marchandiſes arrivées par les vaiſſeaux des compagnies de commerce; & parce que ces ventes, ou *criées*, ſe font ordinairement, ſoit en France, ſoit dans les pays étrangers, dans les villes & ports de mer, où les navires ont abordé, & où ils ont été déchargés, on en publie le jour par des affiches dans les capitales, & dans les plus importantes villes de commerce.

CRIER A SON DE TROMPE. C'eſt rendre publiques

Ccccc

les ordonnances, défenses, permiffions, &c. faites, ou accordées par le prince, en les faifant publier à haute voix par un crieur accompagné de trompettes, pour avertir le peuple du cri qu'on va faire, afin que perfonne n'en puiffe prétendre caufe d'ignorance.

On crie ainfi les défenfes de fabriquer, vendre, porter, & fe fervir de certaines marchandifes, dont le commerce peut être préjudiciable à l'état, ou aux manufactures.

CRIER. C'eft auffi publier à haute voix, les enchères qui font mifes fur les chofes qui fe vendent par autorité de juftice, ou même qui fe vendent volontairement.

Ce font les huiffiers-prifeurs, qui font à Paris la fonction de crier dans les ventes publiques : ce qu'ils font en répétant plufieurs fois le prix qu'en offre le dernier enchériffeur; & en ne lui délivrant la chofe criée, qu'après avoir averti, que c'eft pour la troifiéme & dernière fois qu'ils la crient.

CRIEUR. Officier public établi pour annoncer les vins & marchandifes qui font à vendre, & pour publier les chofes perdues & égarées, afin de les pouvoir retrouver, en promettant une certaine récompenfe à ceux qui les auront trouvées.

A Paris, on fe contente préfentement de mettre des affiches aux carrefours & places publiques, pour la vente des marchandifes, & pour tâcher de retrouver ce qu'on a perdu; ce qui ne fe peut faire régulièrement, que par la permiffion du lieutenant général de police.

Le corps des jurés crieurs fubfifte néanmoins toujours à Paris, & y eft confidérable.

Les officiers qui le compofent, prennent entre leurs qualités, celles de jurés crieurs de corps & de vins; & ce font eux en effet, qui fervent feuls aux obféques & funérailles en la ville & fauxbourgs de cette capitale.

Les fonctions de ces officiers, qui font fujets à la jurifdiction des prévôt des marchands & échevins, & qui prêtent ferment entre leurs mains, font réglées par le quatorziéme chapitre de l'ordonnance de la ville de 1672.

Par le premier des quatre articles qui compofent ce chapitre, il eft défendu à tous autres qu'aux jurés crieurs, de crier vins en la ville & fauxbourgs de Paris, ni les perfonnes ou enfans égarés. Par le fecond, ils font chargés de fournir, non-feulement aux funérailles ordinaires, mais encore aux pompes funébres des rois & grands feigneurs, tout ce qui peut être néceffaire; & pour cela font tenus d'avoir dans leurs magafins, toutes les tentures de deuil, & autres chofes convenables pour les obféques; pour le loyer defquelles & leurs peines, ils jouiffent des droits qui leur font attribués, fuivant le tarif & pancarte étant au greffe de la ville.

Le troifiéme article fait défenfes à tous marchands de draps, tapiffiers & fripiers, d'entreprendre fur les fonctions des crieurs; de louer ni fournir aucuns draps, ferges, fatins, velours, robes, &c. fervant aux obféques & funérailles : réfervant néanmoins aux bourgeois la liberté d'en acheter, s'ils fe trouvent à propos; & aux marchands de draps, tapiffiers & fripiers, de fe fervir de leurs draps & ferges, pour tendre aux obféques du mari, femme & enfans feulement.

Aujourd'hui les jurés crieurs prétendent, que la liberté réfervée, par ce troifiéme article, aux bourgeois, marchands de draps, tapiffiers & fripiers, a été révoquée par plufieurs arrêts intervenus fous le règne de Louis XIV, & qu'eux feuls ont droit de tendre dans toutes les maifons des défunts, pendant que le corps y eft.

Enfin, le quatriéme & dernier article attribue aux prévôt des marchands & échevins, la connoiffance des conteftations formées pour raifon des droits attribués aux jurés crieurs.

Ces officiers font appellés jurés crieurs de corps, parce qu'autrefois ils annonçoient au fon d'une clochette, la mort des perfonnes nouvellement décédées, & quand elles devoient être enterrées; ce qui fe pratique toujours dans quelques villes du royaume.

Encore à préfent les crieurs, qui font au nombre de trente, font tenus d'affifter tous en robe, & la cloche à la main, à l'invitation qui fe fait aux cours fouveraines & autres corps à qui il appartient de droit de fe trouver aux funérailles des rois, reines, princes & grands-feigneurs, & de comparoître pareillement à leurs convois & enterremens.

Ils fe trouvent auffi aux convois des prévôts des marchands, des échevins, des juges-confuls, & autres tels magiftrats municipaux & officiers des fix corps des marchands; mais non tous, & feulement autant que chacun des défunts a droit d'en avoir, par les charges qu'il a exercées de fon vivant.

Enfin, il y en a toujours au moins un aux convois ordinaires, pour conduire le deuil, & régler les cérémonies & l'ordre de la marche.

Ce font les garçons, qu'on appelle femoneurs, qui vont porter par la ville ces avertiffemens, qu'on appelle des billets d'enterrement, qui contiennent les noms & les qualités des défunts, le jour de leur décès, & l'heure qu'ils doivent être enterrés & où ils le doivent être.

CRIEUR. On appelle encore ainfi celui qui fait fçavoir à haute voix; & en criant dans les rues, les efpèces de marchandifes, denrées, fruits & légumes qu'il porte & qu'il a à vendre; comme les crieurs de gazette, de petits pâtés, de cerifes, de moutarde & mille autres femblables, qu'on entend fans ceffe dans Paris.

Il y a auffi une forte de crieurs, qui ne crient & n'annoncent que ce qu'ils voudroient acheter : tels font, entr'autres, les crieurs de vieux fers & de vieux drapeaux, & les crieufes de vieux chapeaux & vieux fouliers, qu'on avoit auffi érigés en corps de jurande & foumis à des taxes comme les autres; mais qu'on n'a pas ofé recréer après la fuppreffion de 1776.

CRIN. Long poil qui croît au cou & à la queue des chevaux ou juments, & qui leur sert d'ornement.

Quoiqu'il semble que le *crin* soit un petit objet pour le commerce, on ne laisse pas d'en faire à Paris & dans plusieurs provinces du royaume, un négoce & une consommation très-considérable, par rapport aux différens usages auxquels un fort grand nombre d'ouvriers & artisans l'employent.

Le *crin* plat, c'est-à-dire, celui qui est encore tel qu'il a été tiré du cheval & de la jument, dont celui de la queue est le plus estimé, étant le plus fort & le plus long, s'employe à fabriquer une sorte de toile très-claire, que l'on nomme *rapatelle*, dont on se sert à faire des tamis ou sas.

Ce *crin* sert aussi à faire des hères, qui sont des espèces de tissus, ou étoffes très-grossières, les unes propres aux religieux, & les autres utiles aux brasseurs de bière.

Les perruquiers en font pareillement entrer dans la monture de leurs perruques : les luthiers en mettent aux archets de leurs instrumens, pour en faire raisonner les cordes de boyaux : & les pêcheurs en font des lignes pour prendre le poisson.

On en fait aussi de très-beaux boutons, des lesses & cordons de chapeau, des bracelets, des bagues, des aigrettes de chevaux, des brosses à peignes, des vergettes, & autres semblables ouvrages, pour plusieurs desquels il se teint en différentes couleurs, comme brun, rouge, verd, bleu, &c.

Enfin les cordiers en font des cordes en le mêlant avec du chanvre, desquelles on se sert pour l'ordinaire à faire des licols de chevaux, ou pour étendre du linge pour le faire sécher.

Quand le *crin* a été crépi, c'est-à-dire, cordé & bouilli pour le faire friser, ce qui est encore l'ouvrage des cordiers, il sert aux tapissiers à faire des sommiers, des matelats & des coussins ; à rembourer des chaises, fauteuils, tabourets, formes ou banquettes & autres semblables meubles ; aux selliers, pour mettre dans leurs carrosses, selles & coussinets; aux bourreliers, pour rembourer les bâts de chevaux & mulets, & les selettes des chevaux des chaises roulantes & charrettes.

CRIN. On appelle aussi *crin*, certains longs poils, qui se trouvent vers le bout de la queue des bœufs & vaches.

Cette sorte de *crin*, quoique de beaucoup inférieur en qualité à celui des chevaux & jumens, ne laisse pas cependant, quand il a été bien cordé, crépi & préparé d'être employé par les tapissiers & autres ouvriers & artisans, qui le mêlent avec du *crin* de cheval ou de jument.

Les *crins*, soit plats ou frisés, se tirent de tous les pays où il y a des chevaux & des jumens, des bœufs & des vaches ; mais quoique la France soit féconde en ces sortes d'animaux, elle ne laisse pas cependant de faire venir beaucoup de *crin* des pays étrangers. L'Irlande est l'endroit de l'Europe qui en fournit le plus. Il s'en tire néanmoins con-

sidérablement de Hollande ; ce pays étant regardé comme le magasin principal de cette sorte de marchandise.

Le *crin* véritable Hollande est fort estimé. Il égale même en qualité celui d'Irlande, quoique ce dernier passe ordinairement pour le meilleur de tous : mais pour celui de Moscovie, dont les Hollandois font un assez grand négoce, il n'est pas à beaucoup près comparable aux premiers.

Les *crins* noirs & blancs sont estimés les meilleurs, parce qu'ils sont tout de cheval ou de jument, sans mélange d'autres crins.

Pour ce qui est des *crins* gris, c'est-à-dire, ceux qui sont mêlés de blanc, de noir, de gris & de rouge, ils sont de beaucoup inférieurs en qualité aux noirs & aux blancs, n'étant pour l'ordinaire que de bœufs ou de vaches, fourrés de quelques mauvais *crins* de chevaux & de jumens.

Paris & Rouen sont les lieux où le *crin* se frise le mieux, mais surtout Paris. Il en vient cependant beaucoup de tout frisé, de Dublin en Irlande ; mais comme la frisure en est trop grossière, & qu'on ne l'a pas fait assez long-temps bouillir, cela est cause, que nonobstant sa bonne qualité naturelle, on l'estime bien moins, que celui qui se prépare à Paris & à Rouen, de quelqu'endroit qu'il puisse avoir été tiré.

Il vient aussi d'Allemagne quantité de *crins* frisés, qui en apparence valent mieux que ceux de France ; mais dans le fond ils ne sont pas à beaucoup près si bons, étant extrêmement courts, & mêlés de soie ou poil de porc, ce qui les rend plus durs & moins propres à conserver leur frisure.

A Paris, les marchands de fer, qui sont du corps de la mercerie, & les épiciers, font presque tout le négoce du *crin*, l'achetant en gros au quintal, pour le vendre en détail à la livre, aux artisans & ouvriers qui en font l'emploi.

« Les *crins*, ou queues de cheval, payent en
» France les droits d'entrée, à raison de 15 s. du
» cent pesant ; & pour ceux de sortie, sur le pied
» de 30 s.

« A l'égard des droits de la douane de Lyon, ils
» sont de 8 s. le quintal d'ancienne taxation ; & 2 s.
» de nouvelle réapréciation, le tout avec les sols
» pour livre. »

On vend à Amsterdam deux sortes de *crin*; du *crin* de Moscovie & du *crin* du pays.

CRINIER. *Artisan* qui prépare le *crin*, qui le fait bouillir pour le crépir ou friser, & qui le met en état d'être employé par les tapissiers ; selliers, bourreliers & autres ouvriers, qui se servent de *crin* crépi. Il se dit aussi du marchand qui le vend.

Les maîtres boisseliers de Paris sont appellés par leurs statuts, *boisseliers-criniers, faiseurs de sas & tamis* : cependant le droit & faculté de crépir le *crin*, leur a été enlevé par les maîtres cordiers ; & suivant les réglemens de ces derniers, il n'appartient qu'à eux de bouillir, crépir & friser le *crin* ; permis néanmoins aux boisseliers, de préparer & d'employer du *crin* plat , pour leurs fas & tamis.

CRISTAL. Espèce de *minéral* , ou de *pierre transparente* , que l'on peut tailler en différentes formes , & dont l'on fait des vases , des urnes , des gobelets , des flacons , des lustres , des girandoles , des miroirs , & autres fortes d'ouvrages , soit pour l'usage , soit pour l'ornement.

La perfection du *cristal* consiste en son brillant , sa netteté , sa transparence ; & l'on estime peu celui où il se trouve des pailles , des atômes , des nuages & de la rouille.

Ce sont les marchands épiciers-droguistes qui en font le commerce en gros : les lapidaires , qu'à cause du *cristal* on appelle aussi *cristalliers* , le débitent , le taillent , le polissent & le gravent ; & les marchands merciers , miroitiers & autres , le montent & l'emploient en différens ouvrages.

« Les *cristaux* payent en France les droits d'entrée sur le pied de 400 l. le cent pesant, conformément à l'arrêt du 30 janvier 1690. »

CRISTAL. Est aussi un corps factice , qui se fond dans les verreries ; il n'est véritablement que du verre , mais poussé par la fonte & par les matières dont on le fait à un dégré de perfection bien audessus du verre ordinaire , qui n'approche pourtant nullement du blanc & de la vivacité du *cristal* naturel.

CRISTAL , ou CRESME DE TARTRE. C'est une *drogue* propre à la teinture , & qui s'emploie ordinairement par les teinturiers du grand teint.

CRISTAUX A FACETTES. C'est une des espèces de verroterie , dont les Européens se servent pour faire la traite sur les côtes d'Afrique. Elles sont sur-tout propres pour le Sénégal.

CROC. *Instrument de fer* à deux pointes, l'une droite , & l'autre recourbée, qui s'emmanche à une longue & forte perche de chêne. Les passeurs d'eau , bateliers & pêcheurs à engins, s'en servent pour tirer, pousser & arrêter leurs flettes, bateaux & bachots.

Les maîtres passeurs d'eau de Paris , sont tenus par les Ordonnances de la ville , de tenir leurs flettes garnies d'avirons & de crocs, pour servir aux passages qui leur sont marqués par les prévôt des marchands & échevins.

CROCHE. Petite *monnoie de billon*, qui se fabrique à Basle en Suisse , & qui n'a cours que dans ce seul canton. *Voyez* LA TABLE DES MONNOIES.

CROCHET. Nom que l'on donne à une sorte de *balance* , que l'on appelle autrement *romaine* ou *peson.*

CROCHET. Il se dit pareillement d'une *mesure* dont se servent les blanchisseurs de toiles de la petite province de Beaujollois, pour mesurer & auner les toiles qu'ils ont mises au blanchissage , lorsqu'ils les vendent aux marchands. Le réglement de 1680 , ordonne que les *crochets* des blanchisseries aient cinq quartiers d'aune francs.

CROCHETEUR. *Portefaix* , homme de peine , qui gagne sa vie à transporter, avec des crochets

sur son dos , des marchandises , ou d'autres fardeaux. On lui donne assez souvent le nom de *gagne-denier*; & quelquefois, quoiqu'improprement, celui de *fort.*

Autrefois à Paris , les marchands & négocians ne se servoient que de *crocheteurs* , pour emballer leurs marchandises ; mais depuis qu'il y a des emballeurs en titre d'office , il ne leur est pas permis de le faire.

CROISAT ou GENOITE. *Monnoie d'argent* fabriquée à Gênes , qui a cours dans quelques villes d'Italie. *Voyez* LA TABLE DES MONNOIES.

CROISÉ , CROISÉE. *Terme de manufacture* , qui se dit des étoffes qui se fabriquent à quatre marches , & dont les fils, à cause de cette manière de les travailler, sont plus serrés que dans celles qui ne se font qu'à deux marches.

Parmi les étoffes de soie, les serges de soie , & les ras de Saint-Maur ; parmi celles de laine , les ras , les ratines , & les serges ; & parmi celles de coton & de fil , les basins , & les futaines sont *croisés.*

Les étoffes *croisées* , soit de laine , soit de soie , soit de fil & coton , sont toujours de meilleur usage , que celles qui sont sans croisure.

CROISELLE , ou CROISETTE. On appelle en France, *papier à la croiselle* , une espèce de papier qui se fabrique à Marseille , & qui est principalement propre pour le commerce du Levant , sur-tout pour celui de Constantinople , où il s'en débite par an plus de huit cent ballons , à raison de vingt-quatre rames le ballon.

CROISSANT. *Papier aux trois croissans.* C'est ainsi qu'on nomme à Constantinople, une espèce de *papier de France* , qui se fabrique dans plusieurs lieux de la Provence.

Cette espèce de papier, dont il se vend dans cette Echelle tous les ans environ cent balles , de douze rames chacune , est le seul , avec le papier à la croiselle , qui se fait à Marseille , & le papier de Venise , qui soit propre pour cette capitale de l'empire Ottoman.

CROON. Ancienne *monnoie d'argent*, qui se fabriquoit autrefois en Hollande , & dont il se trouve encore quelqu'une dans le commerce, particulièrement à Amsterdam.

Le *croon* vaut deux florins.

CROONE, ou COURONNE. *Monnoie d'argent*, qui se fabrique en Angleterre. *Voyez* COURONNE.

CROONE. *Monnoie de compte* du canton de Berne.

CROU , ou CARROA. Espèce de *monnoie de compte*, dont on se sert à Amadabath & presque dans tous les états du grand Mogol. Un laës vaut 100000 roupies ; cent laës valent un *crou*, & chaque *crou* font quatre arebs. *Voyez* LA TABLE DES MONNOIES.

CROUPON. Les tanneurs , & ceux qui font commerce de gros cuirs, appellent de cette manière les *cuirs de bœuf* & *de vache* tannés , lorsqu'ils n'ont ni tête, ni ventre, comme qui diroit, cuir de croupe. Ainsi on dit : un *croupon* de bœuf : un *croupon* de vache.

Quand on dit tout court, un *croupon* d'Avalon, cela doit s'entendre d'un *croupon* de cuir fort; parce qu'il ne fort guères de ces *croupons* des tanneries de la ville d'Avalon, qu'ils ne soient de cette qualité.

CROUPPE, qu'on appelle autrement CULÉE. *Terme de commerce de cuirs.* *Voyez* CULÉE.

CROUPPIER. *Associé secret*, qui prend part dans une entreprise de commerce, ou de finances, qui se fait sous le nom d'un autre, & qui en partage les gains & les pertes, à proportion de la part qu'il a prise dans l'affaire, de ses fonds & de ses avances.

Les marchands se servent plus volontiers du terme d'*associé anonyme*, que de celui de *croupier*, qui paroît avoir plus d'usage parmi les gens d'affaires, que chez les négocians.

CROUSTE. On nomme *cuir en croûte*, le cuir de vache, de cheval & de veau, qui a été plané, coudré & tanné, & qu'on a fait sécher, après avoir été tiré de la fosse au tan.

CROUSTE. On appelle aussi *parchemin en croûte*, ou *parchemin en cosse*, celui qui n'a point été raturé sur le sommier par le parcheminier, c'est-à-dire, qui est encore brut, & tel que le mégissier l'a préparé.

CROUSTE DE GARANCE. C'est le dessus de la *garance* pulvérisée, qui s'endurcit un peu, & qui forme une espèce de *croûte*, sur-tout quand les pipes ou sacs, dans lesquels on envoie cette drogue, propre à la teinture, ont contracté quelque humidité. Elle est du nombre des *garances* communes.

CROUTAC, ou demi DANTZIKHORS. *Monnoie d'argent*, qui a cours à Dantzick, à Riga, à Conisberg, & en d'autres villes du Nord. Les *croutacs* valent neuf gros, à prendre le gros pour dix-huit penius. *Voyez* LA TABLE DES MONNOIES.

CROWN, CROONE, ou COURONNE. *Monnoie d'argent* d'Angleterre, qui vaut soixante pences, ou penis. Quelques-uns, particulièrement les François, à cause du rapport qui paroît entre l'écu de France, & le *crovvn* d'Angleterre, qui sont tous deux d'argent, tous deux d'une forme presque égale, & tous deux divisés en soixante sols, ou pences, les croient de même valeur, parce qu'ils ne font pas de réflexion sur la différence du peni Anglois, & du sol François, ce dernier étant près d'un cinquiéme plus foible que l'autre, ce qui par conséquent augmente d'un cinquiéme la valeur du *crovvn* au-dessus de l'écu. *Voyez* LA TABLE DES MONNOIES.

CRU. Ce qui n'est pas *cuit*, ou qui n'a pas reçu sa parfaite *cuisson*.

On appelle des SOIES CRUES, celles qui n'ont pas été mises à l'eau bouillante, pour les devider de dessus les cocons, ou qui n'ont pas été bouillies dans l'eau & le savon blanc, pour être décreusées, avant que d'être mises à la teinture.

FIL CRU, qu'on nomme plus communément FIL

ESCRU. Est celui qui n'a point été mis à la lessive, soit pour le blanchir, soit pour le teindre.

TEINDRE SUR LE CRU, OU TEINDRE A DEMI-BAIN; ne se dit que de la teinture des soies. C'est mettre les soies à la *teinture*, sans les avoir auparavant parfaitement décreusées.

L'article 38 des statuts des teinturiers en soie, laine & fil, de 1669, leur défend de *teindre* aucune soie noire, ou couleur à demi-bain, autrement dit sur le *cru*; à la réserve de celles qui sont destinées à être emploiées aux petits velours à un poil de Lyon, & aux crêpes, crêpons, gazes & toiles de soie.

Il est aussi défendu aux manufacturiers, de mêler des soies cuites avec des soies *crues*, soit en chaîne, soit en trème, dans la même étoffe.

CRU. Se dit aussi d'un *cuir* qui n'a reçu aucune préparation, ni apprêt, & qui est encore tel qu'il a été levé de dessus le corps de l'animal: On l'appelle plus ordinairement *cuir verd*.

CRUES. C'est ce qu'on nomme *crès* dans le commerce des toiles de France; il s'en fait aussi en Flandres : les unes & les autres sont propres pour le commerce des isles Canaries : les Anglois y en portent beaucoup de ces dernières.

CRUYS-DAELDER. *Monnoie d'argent* qui se fabrique à Conisberg. *Voyez* LA TABLE DES MONNOIES.

CRUZADA, CRUZADE, ou CROISADE. *Monnoie d'argent* de Portugal.

Il y a deux sortes de *cruzades*, de vieilles & de nouvelles : les vieilles valent vingt-quatre vintins, à raison de vingt reys le vintin; les nouvelles n'ont cours que sur le pied de vingt vintins. *Voyez idem.*

C U

CUBEBE, qu'on nomme autrement POIVRE A QUEUE. *Fruit* qui est du nombre des drogueries & épiceries.

« Les cubebes paient en France les droits d'en- » trée, à raison de 4 liv. du cent pesant, confor- » mément au tarif de 1664.

» A l'égard des droits de la douane de Lyon, » au tarif de laquelle elles sont appellées *cu-* » *bibes*, ils se paient sur le pied de 32 s. 6 den. » d'ancienne taxation le quintal, & encore de 4 liv. » pour les anciens quatre pour cent ».

CUBIT, ou COUDÉE. C'est une des *mesures* applicatives, dont on se sert en Angleterre, pour mesurer les longueurs.

Au dessous du *cubit*, sont le pied, la poignée, l'inchs, ou doigt, & le grain d'orge; qui est la plus petite de toutes les mesures Angloises.

Au-dessus du *cubit*, sont l'yard, l'aune, le pas, la brasse, la perche, qu'on nomme aussi *gaule* & *verge*, & le *furlon*. *Voyez* LA TABLE DES POIDS ET MESURES.

CUCULI DE LEVANTE. C'est ce qu'on nomme autrement *coque de Levant*.

CUCURMA, ou CUCUMELLE, comme il est

dans le tarif de la douane de Lyon. Espèce de *cyperus*, ou de *souchet*.

CUEILLETE. (*Terme de commerce de mer*). C'est un amas de diverses sortes de marchandises, qu'un maître de vaisseau fait, & qui lui sont remises par plusieurs personnes; pour former la cargaison de son bâtiment. Ainsi on dit : charger un vaisseau à *cueillette*.

Ce terme n'est en usage que sur l'Océan : sur la Méditerranée l'on dit, charger au quintal.

CUEILLOIR. Petit *panier d'osier*, de forme ovale, dans lequel on vend de menus fruits, particulièrement des cerises, des groseilles & des prunes. On emplit les *cueilloirs* plus que comble, & les fruits s'y soutiennent avec des branches de châtaigners, ou de la plante qu'on appelle *fougère*.

Les fruitières ont coutume de parer le dessus de leurs *cueilloirs*, de ce qu'elles ont de plus beau fruit, pour servir de montre; à quoi assez souvent les acheteurs peu instruits sont trompés, quand ils achetent les paniers entiers.

CUENCA, *Laine de Cuenca*. C'est une des sortes de laines que les marchands de Bayonne tirent d'Espagne; ainsi nommées de *Cuenca* petite ville de Castille où il s'en recueille quantité.

CUIR. C'est la peau des animaux différemment préparée, suivant les divers usages à quoi elle peut être destinée, comme pour faire des meubles, des bottes & bottines, des souliers & pantoufles, des harnois de chevaux, des baudriers, ceinturons & bandoulières, des sceaux pour puiser de l'eau, à couvrir des livres, des coffres, des malles, des carrosses, des chaises roulantes & à porteurs, &c.

Les marchands forains & autres qui font venir ou qui amènent à Paris des *cuirs* tannés, passés en mégie, en huile, en marroquin ou autrement, soit qu'ils leur soient envoyés des pays étrangers, ou qu'ils viennent des fabriques du royaume, sont obligés de les faire décharger directement dans la halle aux *cuirs*, où dans le bureau à ce destiné, pour y être vendus & lotis entre les ouvriers & artisans qui les employent, ou qui leur donnent quelque nouvelle préparation; après néanmoins avoir été vus, visités, contrôlés & les droits payés aux officiers préposés à cet effet, qui y apposent certaines marques particulières, suivant les différens droits qui leur sont attribués. *Voyez* MARQUE, à l'endroit où il est parlé de celles qui s'impriment sur les cuirs, & des taxes qu'on a mises de nos jours sur cette MARQUE.

CUIR PASSÉ EN MÉGIE, *Voyez* MÉGIE.

CUIR DE RUSSIE, que l'on nomme par corruption CUIR DE ROUSSI. C'est un cuir où peau de vache, apprêté d'une manière particulière, qui n'est sçue que des seuls Russiens, peuples d'une contrée de Pologne appelée *Russie*, d'où il se tire.

CUIR DE POULE. C'est un nom que les gantiers donnent à une sorte de petit *cuir* très-mince & très-léger, qu'ils employent à faire des gants de

femme pour l'été. On l'appelle plus ordinairement CANEPIN.

CUIR BOUILLI. C'est du *cuir* fort qu'on a fait bouillir dans de la cire mêlée de quelques gommes ou résines.

DES CUIRS SECS DE BUENOS-AYRES.

Parmi les *cuirs secs* que les marchands François sont obligés de faire venir des pays étrangers (les *cuirs* du dedans ne suffisant pas à beaucoup près pour la consommation du royaume) ceux qui se tirent de Buenos-Ayres ont toujours eu la réputation d'être les meilleurs; & l'expérience que nos ouvriers en ont faite tant que la compagnie Françoise de l'Assiente a subsisté & en a apporté directement dans le royaume, les a pour ainsi dire dégoûtés de tous les autres, même de ceux des Indes, du Pérou & de Barbarie.

Il n'étoit pas cependant bien facile, depuis le traité d'Utreck, de se fournir de ces *cuirs*, les Anglois étant restés les seuls en possession du commerce de Buenos-Ayres, à l'exclusion des autres nations; & d'ailleurs étant impossible aux négocians de France d'en faire venir directement d'Angleterre, parce que suivant l'arrêt du 6 septembre 1701, il n'est permis d'apporter en France que les marchandises tarifées par ledit arrêt, & celles du crû d'Angleterre, d'Ecosse & d'Irlande, autres que celles prohibées par ledit arrêt.

Pour lever cet obstacle & introduire lesdits *cuirs* en France, sans préjudicier aux autres dispositions dudit arrêt de 1701; sa majesté après avoir vu l'avis des députés au bureau du commerce, & fait examiner le mémoire des fermiers généraux fourni à ce sujet, par un arrêt de son conseil du 7 mars 1724, permit à tous négocians François de faire venir directement d'Angleterre, dans tous les ports de France, les *cuirs secs de Buenos-Ayres*, dérogeant à cet égard seulement à la disposition dudit arrêt du 7 septembre, en ce qu'il fait défense d'apporter en France d'autres marchandises que celles du crû, ou fabriquées avec des matières du crû d'Angleterre, Ecosse & Irlande, autres que celles dont l'entrée est prohibée par ledit arrêt. Sa majesté ordonnant qu'il sera payé pour chacun desdits *cuirs de Buenos-Ayres*, vingt-cinq sols pour droits d'entrée du royaume; & que le droit de cinquante sols par chaque peau de bœuf d'Angleterre, continuera d'être perçu, ainsi qu'il l'a été depuis ledit arrêt du 6 septembre 1701; sa majesté voulant que les négocians qui feront venir d'Angleterre en France des *cuirs de Buenos-Ayres*, soient tenus à leur arrivée de les déclarer sous cette dénomination, & même de rapporter un certificat en bonne forme des directeurs de la compagnie du Sud, portant que les *cuirs* sont de *Buenos-Ayres*, & qu'ils proviennent des ventes de ladite compagnie : le tout à peine de confiscation desdits *cuirs*.

CUIR DORÉ. On appelle ainsi une espèce de

tapisserie faite de cuir, où sont représentées en relief diverses sortes de grotesques relevées d'or, d'argent, de vermillon, ou de différentes autres couleurs.

Cette tapisserie est composée de plusieurs peaux de mouton passées en basannes, coupées en feuilles quarrées, qu'on a cousues les unes avec les autres, après leur avoir donné une nouvelle préparation, qui les a disposées à recevoir le relief, l'or, l'argent, les couleurs & le vernis, dont les ouvriers les enrichissent.

Les lieux de France où il se fabrique le plus de tapisserie de *cuir doré*, sont Paris, Lyon & Avignon; il en vient aussi beaucoup de Flandre, qui se manufacturent presque toutes à Lille, à Bruxelles, à Anvers & à Malines, dont celles de cette dernière ville sont les plus estimées de toutes.

Plusieurs prétendent que les premières tapisseries de *cuir doré* qui se sont vues en France, venoient d'Espagne, & que ce sont les Espagnols qui en ont inventé la fabrique : cependant il ne s'en voit plus en France de leur manufacture, soit qu'ils l'ayent discontinué, ou qu'ils l'ayent transporté en Flandre.

« En France les tapisseries de *cuir doré* païent » les droits d'entrée & de sortie, tant du royaume » que des provinces réputées étrangères, sçavoir ; » celles de la fabrique de Lille & des provinces de » France réputées étrangères, sur le pied de 15 » livres du cent pesant, suivant le tarif du 18 sep- » tembre 1664 ; & celles des fabriques de Bruxelles, » Anvers, Malines, & autres pays étrangers, à » raison de 30 livres du cent pesant, conformément » au tarif du 18 avril 1667. Quant à la sortie du » royaume & des provinces réputées étrangères, » les unes & les autres ne doivent payer que 6 liv, » du cent pesant, conformément au même tarif de » 1664.

» Il faut remarquer que les *cuirs dorés* en » quarré, ou feuilles non jointes ensemble, sont » sujettes aux mêmes droits que les tapisseries de » *cuir doré* ».

CUIRASSE. Arme défensive, faite d'un fer fort battu, qui couvre le corps depuis le cou jusqu'à la ceinture, tant pardevant que parderrière. Ce sont les armuriers-heaumiers qui font à Paris les corps de *cuirasses*.

« Les *cuirasses* sont du nombre des marchandises » dont la sortie est défendue par toute l'étendue » du royaume, terres & pays de l'obéissance du » roi, à peine de confiscation, suivant l'ordonnance » de 1687, tit. 8, art. 3, & tous les traités de » paix ».

CUIT. Qui a passé par le feu, & qui y a reçu le degré de *cuisson* convenable à sa nature & à l'usage qu'on en veut faire.

SOIES CUITES. Ce sont des soies qui ont été mises dans l'eau bouillante encore en cocons, pour les devider plus facilement. On le dit aussi des soies qui ont été décreusées, c'est-à-dire, qui ont été bouillies dans l'eau & le savon blanc, lavées & passées à l'alun pour être teintes.

On les appelle ainsi par opposition aux soies crues, qui sont telles qu'elles ont été levées de dessus les cocons, sans avoir souffert le feu.

FIL CUIT. C'est le fil qui a passé par des lessives chaudes, faites de cendres, soit qu'on lui ait donné cette façon avant de le blanchir sur le pré, soit qu'il l'ait reçue pour être décrué ; pour le préparer à le mettre à la teinture.

On appelle *fil cru* ou *écru*, celui qui n'a reçu aucun des apprêts, & qui est tel qu'il est sorti de la main de la fileuse.

CUIVRE. Le *cuivre* qui n'a eu que la première fonte, est le *cuivre* commun & ordinaire.

Lorsqu'il a soutenu plusieurs fois le feu, & qu'on en a séparé les parties les plus grossières, on l'appelle *rosette*, & c'est le *cuivre* le plus pur & le plus net.

On appelle *cuivre vierge*, celui qui sort de la mine sans avoir souffert le feu.

Le *cuivre* naturel est rouge; & ce qu'on nomme *cuivre jaune* ou *leton*, est du *cuivre* jauni avec la calamine.

Il se trouve des mines de *cuivre* dans l'Asie & dans l'Amérique.

L'Europe a quantité de mines de *cuivre* : la Suède sur-tout, la Norwége, la Hongrie, & plusieurs endroits d'Allemagne en ont de très-abondantes: il s'en trouve aussi en Italie, en Savoye, en Lorraine, dans le Tirol, & même dans plusieurs provinces de France.

Le plus grand commerce & la plus grande consommation de *cuivre* qui se fasse en France, est celui de Suède. Il y entre ordinairement presque tout par Rouen, aussi-bien que celui qui vient de Hambourg.

Le *cuivre* qui vient de cette ville anséatique, est préparé & à demi façonné pour divers ouvrages.

Il y en a en chauderons non bordés, qu'on appelle *cuivre en fourure*, parce qu'ils sont fourés les uns dans les autres, depuis la plus grande sorte jusqu'à la plus petite. Les assortimens sont depuis une livre jusqu'à vingt livres : ils viennent dans des bannes qui sont des espèces de grandes manes quarrées, longues & profondes, faites de menus morceaux de bois entrelassés. Ces chauderons s'employent en marmites, fontaines & cuvettes.

Les *cuivres en fonds*, assortis depuis une livre jusqu'à cinquante livres, sont propres à faire des casseroles, des couvercles de marmites, & autres semblables ustensiles de cuisine.

Les *cuivres en plaques* ou *en planches*, sont de trois pieds & demi de large, sur quatre pieds de long. On en fait des chaudières pour les teinturiers & brasseurs de bière, des baignoires & des planches pour graver des tailles-douces. Leurs assortimens sont depuis douze, quinze, vingt, trente, quarante, cinquante, soixante, soixante-dix, jusqu'à quatre-vingt livres.

Les *cuivres*, qu'on appelle *monnoies de Suède*, font de petites planches, ou pièces quarrées & épaiſſes de trois écus blancs, & du poids de cinq livres & demie, aux quatre coins deſquels eſt gravée une couronne.

Ce *cuivre* eſt le meilleur, le plus doux & le plus maléable de tous les *cuivres rouges*, auſſi s'en ſert-on ordinairement dans les ouvrages de chaude-ronnerie qu'il faut emboutir.

Il vient encore de Suède une eſpèce de *cuivre rouge*, qu'on appelle *roſette*, quoiqu'aſſez impro-prement, puiſqu'il n'a reçu d'autre façon que celle de la première fonte au ſortir de la mine.

Ce *cuivre* qui eſt en grands pains ronds, d'environ un pouce & demi d'épaiſſeur, s'emploie communé-ment dans les monnoies pour les alliages des autres métaux, & pour en fabriquer des liards & deniers. Il s'en conſomme auſſi beaucoup dans les arſenaux; & les fondeurs en font pareillement entrer dans divers de leurs ouvrages. Toutes ces ſortes de *cuivre rouge* ſe vendent au poids.

La roſette de Norwége étant plus dure que les autres *cuivres*, eſt au plus propre pour la fonte des pièces d'artillerie : elle ne tient pourtant que le milieu pour la bonté parmi les *cuivres* d'Europe; entre leſquels ceux de Hongrie & de Suède ſont les meilleurs, & ceux d'Italie & de Lorraine les moindres.

On peut mettre ceux de France, de Savoye & du Tirol, au même rang que les *cuivres* de Norwége pour les ouvrages ordinaires.

Il y a du *cuivre* en Perſe, même en aſſez grande quantité; mais il eſt moins eſtimé que celui de Suède & du Japon, ne s'employant qu'aux ouvrages les plus groſſiers dans le pays, & ne s'en faiſant aucun commerce avec les étrangers.

L'Afrique a auſſi quelques mines de *cuivre*, & il en vient de Salé en pains plats du poids environ de dix livres. Ils ſe tiennent ordinairement deux à deux, à peu près comme ce que dans l'artillerie marine on appelle des *boulets à deux têtes*.

Le bon *cuivre rouge* doit être battu & non en roſette, quand on l'emploie à faire des ſtatues; il ſe forge également à chaud & à froid. Pour le *cuivre jaune*, il ne ſe bat que chaud, & ſe caſſe à froid.

On appelle *cuivre en mitraille* ou *mitraille de cuivre*, toutes ſortes de vieux chauderons, chau-dières, poëlons, fontaines, cuvettes, marmittes, platines, chandeliers, & autres pièces de batterie ou uſtenſiles de cuiſine, rouges ou jaunes, rompus, briſés, coupés par morceaux, même les rognures provenant des ouvrages de chauderonnerie.

Le *cuivre* en mitraille n'eſt propre qu'à refondre, ou à faire de la ſoudure pour braſer ou ſouder plu-ſieurs ouvrages.

Les lieux de France d'où il vient le plus de *cuivre* en mitraille, ſont Abbeville, Amiens, Reims, Troyes & Beauvais; il ſe transporte ordinairement dans de vieilles futailles : ainſi l'on dit, un tonneau

ou un baril de *mitraille*, pour dire un tonneau ou un baril rempli de cette eſpèce de marchandiſe.

« Toutes ſortes de *cuivre*, ſoit rouge ou jaune,
» ouvré, non ouvré ou en mitraille, paient au
» poids les droits d'entrée & de ſortie du royaume,
» & des provinces réputées étrangères; & ces droits
» ſont plus ou moins forts, ſuivant leurs différentes
» eſpèces & qualités.

» Les droits d'entrée réglés par le tarif de 1664,
» ſont de 5 livres le cent peſant du *cuivre* en chau-
» derons, chandeliers, landiers, platines & autres
» batteries.

» Deux liv. 10 ſols du *cuivre* & airain non ouvré,
» ſoit en roſette, ſoit en plaque.

» Et une livre du *cuivre* rompu en pots & mor-
» ceaux ou mitrailles.

» Le *cuivre* ou *laton* tiré en or, ou or & argent
» faux, trait ou filé, 20 liv. du cent peſant.

» Celui-ci paye 6 ſols la livre à la ſortie, & le
» *cuivre* de toutes ſortes non ouvré, 3 liv. le cent
» peſant.

» A l'égard des droits de la douane de Lyon,
» le *cuivre* tiré d'or paie 4 ſols de la livre d'an-
» cienne taxation, & 2 ſols pour la nouvelle réa-
» préciation.

» Le *cuivre* tiré en verges 12 ſols du quintal
» d'anciens droits, & 18 ſols de nouveaux.

» Le *cuivre* d'Allemagne, ou *roſette*, 9 ſols du
» quintal d'ancienne taxation, & 21 ſols pour la
» nouvelle.

» Les autres *cuivres* de toutes ſortes ancienne-
» ment taxés, & 22 ſols de nouvelle impoſition.

» Enfin, le *cuivre* ou *léton* vieux ou rompu,
» 5 ſols d'ancienne taxation, & 12 ſols de nouvelle
» réapréciation ».

L'on peut mettre parmi les ouvrages de *cuivre*, tous ceux qui ſont faits de fonte, de bronze ou de potin; puiſque tous ces métaux ne ſont que des compoſitions où le *cuivre* domine. On peut avoir recours à leurs propres articles, où ſeront expliqués la manière de les compoſer, & les proportions des métaux qu'on y fait entrer.

Les chymiſtes, gens qui aiment les beaux noms, ont donné au *cuivre* celui de *Venus*.

Ils appellent *ſaffran de Venus*, celui qui ſe fait de lames de *cuivre* ſtratifiées avec du ſel décrépité en poudre dans un creuſet, quand on les a éteintes dans l'eau, & ratiſſées avec des broſſes de fer.

L'eſprit de Venus autre préparation chymique, qui ſe fait avec le *cuivre*, a paſſé long-temps pour un véritable alkaeſt; mais l'on eſt déſabuſé de ſes vertus, & il eſt quantité d'autres diſſolvans qui ne lui cèdent en rien.

La chaux d'airain, que les marchands droguiſtes vendent ſous le nom d'*œſ-uſtum*, n'eſt autre choſe que du *cuivre rouge* calciné en un feu très-violent.

Le verd de gris, ou verdet, eſt proprement la rouille du *cuivre*.

CUIVRE tiré d'or ou d'argent, ou tiré en or &

en argent faux, comme d'autres difent. C'eſt ce qu'on appelle plus communément du *cuivre paſſé à la filière*, & réduit en un fil de léton très-délié. Il y en a de trait & de filé.

CUIVRE TIRÉ EN VERGES. C'eſt du *cuivre* paſſé groſſièrement par les premières filières. Il y en a de divers numéros ou échantillons. On l'appelle vulgairement *fil de léton*.

CULÉE. (*Terme de commerce de cuirs.*)

On nomme ainſi la *partie du cuir*, qui eſt la plus près de l'endroit où étoit la queue de l'animal. Les gros cuirs ſe marquent ſur la *culée* par les commis des vendeurs de cuirs, & les jurés du marteau de la halle aux cuirs. La marque des petits cuirs ſe met à la tète vers la joue. Quelques-uns difent *croupe*, au lieu de *culée.*

CULOT. Chez les orfévres, fondeurs & monnoyeurs, ſignifie *le morceau de métal* qu'on trouve au fond du creuſet, après que la matière qui y avoit été miſe a été fondue & refroidie. Les *culots* ſont pour l'ordinaire de forme cylindrique, un peu en pointe par le bas, qui eſt la figure que le creuſet leur a donné.

Il vient des Indes & d'Eſpagne, de l'argent en *culot*, de différens poids & titres.

Les plombiers appellent *du plomb en culot*, le vieux plomb qu'ils ont mis en maſſe ronde d'un côté, & platte de l'autre, en le faiſant refondre dans une poële de fer, dont il a pris la forme.

CULOT. Eſt auſſi le nom que l'on donne à *une ſorte de creuſet*, dans lequel on fond de l'or ou de l'argent.

CUMIN. C'eſt la graine d'une plante du même nom, aſſez ſemblable à celle du fenouil, laquelle croît en abondance dans l'iſle de Malte, où elle eſt ſemée & cultivée, à-peu-près comme le bled.

Cette graine, que l'on appelle auſſi *anis aigre*, & dont les marchands épiciers-droguiſtes font quelque négoce, eſt d'uſage en médecine, où elle eſt employée avec ſuccès dans le vertige, dans les coliques venteuſes & dans les enflures de bas-ventre, que l'on nomme *hydropiſie tympanique*. On l'eſtime encore très-bonne pour rappeller la chaleur naturelle dans les chevaux, les bœufs & autres ſemblables animaux domeſtiques.

Les pigeons en ſont très-friands, ce qui fait que pluſieurs s'en ſervent pour peupler leurs colombiers, en l'incorporant dans une ſorte de terre naturellement ſalée, ou dans quelqu'autre terre que l'on a imbibée d'urine ou de ſaumure.

Il y a bien des endroits où le débit du *cumin* eſt défendu, à cauſe du mauvais uſage qu'on en peut faire.

On tire par expreſſion de cette ſemence, de même que de l'anis ordinaire, une ſorte d'huile eſtimée ſouveraine pour les rhumatiſmes, pourvu qu'elle ne ſoit employée qu'avec précaution, & en petite quantité.

Le *cumin* doit être choiſi nouveau, verdâtre, bien nourri, d'une odeur forte, un peu déſagréa-

Commerce. Tome I. Partie II.

ble, ſur-tout qu'il ne ſoit point piqué ou vermoulu, à quoi il ſe trouve très-ſujet.

« Le *cumin* auquel le tarif de la douane de » Lyon a conſervé le nom Latin *cuminum*, y paie » quatre ſortes de droits; ſçavoir, 3 ſ. 9 den. du » quintal, d'ancienne taxation, 2 ſ. 3 den. pour la » nouvelle réapréciation, 4 ſ. pour les anciens qua- » tre pour cent, & 6 ſ. pour leur réapréciation.

« A l'égard des droits qu'il paie aux bureaux des » cinq groſſes fermes, conformément au tarif de » 1664, ils ſont de 20 ſ. du cent peſant ».

CUSCUTE. *Plante* qui croît attachée ſur celle du lin, & qui produit des filamens longs & déliés comme des cheveux. C'eſt une eſpèce d'*épithyme.*

CUVE. *Grand vaiſſeau de bois*, capable de contenir les liqueurs.

« Les *cuves de bois* paient en France les droits » de ſortie, à raiſon de 3 liv. la pièce, contenant » 10 muids, & les autres plus ou moins grandes, à » proportion ».

CUVÉE. La quantité de vin, ou d'une autre liqueur, que peut contenir une cuve. Une *cuvée* de vin : une *cuvée* de bière.

CUVETTE. (*Terme de plomberie.*) C'eſt une eſpèce de baſſin qui reçoit l'eau des chêneaux qui ſont autour des couvertures, & d'où elle tombe enſuite dans les tuyaux ou canaux de plomb. Il y a des *cuvettes* quarrées & d'autres en entonnoir. Les *cuvettes* ſe paient à tant le cent peſant miſes en œuvre & en place. *Voyez* l'article de la plomberie.

CUVIER. Médiocre *vaiſſeau rond* à trois pieds, dans lequel les lavandières & blanchiſſeuſes ſavonnent & blanchiſſent les dentelles & le menu linge.

CY

CY. (*Terme de teneur de livres.*) On ſe ſert de cet adverbe dans les comptes & livres des marchands, pour marquer qu'on tire en ligne, en chiffres communs, la ſomme qu'on a miſe tout au long dans un article.

EXEMPLE.

Payé à l'acquit de Pierre de la Mothe, cent livres, *cy* . . . . *L* 100 l.

Reçu de M. Jean-André, banquier de Lyon, en deux lettres-de-change, deux mille ſix cent livres, *cy* . . . . *L* 2600 l.

Les gens d'affaires & de finances ſe ſervent auſſi du *cy*, dans leurs comptes, avec cette ſeule différence, qu'ils répètent & tirent les ſommes en chiffres de finance. *Voyez* CHIFFRE.

CYGNE. *Oyſeau aquatique*, dont la forme a beaucoup de rapport à celle de l'oye domeſtique, quoique beaucoup plus grand, plus gros & plus fort.

Étant jeune, ſon plumage eſt de couleur griſâtre; & ce n'eſt qu'en vieilliſſant qu'il devient d'une blancheur éblouiſſante, qui eſt même paſſée comme en proverbe.

Quoiqu'il ſemble d'une première vue, que le

Ddddd

cygne ne foit utile que pour orner les canaux & pièces d'eau des lieux de plaifance ; on dira cependant qu'on en tire pour le négoce de trois fortes de marchandifes, qui font le duvet, les groffes plumes & la peau.

Le duvet fert à faire des couffins & oreillers ; les groffes plumes s'emploient à écrire ; ou pour faire des tuyaux de pinceaux ; & la peau feulement de fon duvet, étant bien paffée & apprêtée, eft une fourure très-chaude, qui fait une portion du négoce des marchands pelletiers.

Quelques-uns croient auffi cette peau fouveraine contre les rhumatifmes, en la mettant du côté du duvet fur la partie affligée. Prefque toutes ces fortes de marchandifes, qui fe tirent du *cygne*, s'envoient de Hollande.

CYPERUS LONG, ou SOUCHET LONG, qu'on nomme auffi GALANGA SAUVAGE. Efpèce de *petite racine*, dont l'ufage le plus ordinaire eft pour la médecine. Il y a un *cyperus* ou *fouchet* rond, qui eft pareillement une racine médicinale.

Le *cyperus* paie en France les droits d'entrée à raifon de 12 f. du cent pefant.

CYPRÈS. C'eft un arbre toujours verd, qui s'élève fort haut en pyramide. Il croît dans les bois montagneux, & on le cultive dans les jardins. L'on tire de la réfine de celui qui vient aux pays chauds, par le moyen des incifions que l'on fait à fon tronc. Les noix de cet arbre font employées avec fuccès dans la médecine. L'on prétend que la fumée qui fort de fon bois & de fes feuilles, lorfqu'on les brûle, chaffe les moucherons ; & que le bois & les feuilles de cet arbre étant mis dans les habits, les confervent contre les vers.

« Par le tarif de 1664, les noix de *cyprès* paient » 15 fols du cent pefant, & par celui de Lyon, 10 » fols du quintal ».

CYSTHEOLITHRE. Efpèce de *pierre marine*, qu'on trouve dans les groffes éponges.

Fin du premier Volume.

De l'Imprimerie de P. M. DELAGUETTE, rue de la Vieille-Draperie.

www.ingramcontent.com/pod-product-compliance
Lightning Source LLC
Chambersburg PA
CBHW060538280326
41932CB00011B/1331